Reinhard Greger

Haftungsrecht des Straßenverkehrs

Reinhard Greger

Haftungsrecht des Straßenverkehrs

3., neubearbeitete Auflage

1999

Walter de Gruyter · Berlin · New York

Sonderausgabe der Kommentierung: Greger, Haftungsrecht des Straßenverkehrs, Großkommentar zu §§ 7 bis 20 Straßenverkehrsgesetz und zum Haftpflichtgesetz unter Einschluß des Delikts-, Vertrags- und Versicherungsrechts sowie des Schadensregresses, 3., neubearbeitete Auflage

Dr. *Reinhard Greger*, o. Professor an der Universität Erlangen-Nürnberg,
Richter am BGH a. D.

♾ Gedruckt auf säurefreiem Papier,
das die US-ANSI-Norm über Haltbarkeit erfüllt.

Die Deutsche Bibliothek – CIP-Einheitsaufnahme

Greger, Reinhard:
Haftungsrecht des Strassenverkehrs : [Sonderausgabe der Kommentierung zu §§ 7 bis 20 Strassenverkehrsgesetz und zum Haftpflichtgesetz unter Einschluß des Delikts-, Vertrags- und Versicherungsrechts sowie des Schadensregresses] / Reinhard Greger. – 3., neubearb. Aufl. – Berlin ; New York : de Gruyter, 1999
ISBN 3-11-016454-X

Printed in Germany
Satz und Druck: Arthur Collignon GmbH, 10785 Berlin
Buchbindearbeiten: Lüderitz & Bauer GmbH, 10963 Berlin
Einbandgestaltung: Thomas Beaufort, Hamburg

Vorwort

Ein Kommentar zum Verkehrshaftpflichtrecht kann sich nicht auf die Erläuterung einzelner Gesetze, etwa des StVG, beschränken. Wie in kaum einem anderen Rechtsgebiet überlagern sich hier unterschiedliche Haftungssysteme (Gefährdungs-, Delikts- und Vertragshaftung), schadensersatzrechtliche Besonderheiten, Privatversicherungsrecht und Sozialrecht; ganz zu schweigen von den durch Verordnungsgeber und Rechtsprechung entwickelten Regelungen zum Verhalten und den Sorgfaltsanforderungen im Verkehr.

Ziel dieses Kommentars ist es daher, in praxisgerechter Weise sämtliche Rechtsfragen, die sich im Bereich der Verkehrsunfallhaftung stellen, zu behandeln. Dabei wurde als Ausgangspunkt das Spezialgesetz für den Straßenverkehr, das StVG, mit seinen dem Haftungsrecht gewidmeten §§ 7 bis 20 gewählt. Die übrigen Rechtsfragen wurden dort kommentiert, wo sich ein Bezug zur Gefährdungshaftung nach dem StVG ergab. Die anschwellende Stoffmenge einerseits, der Wunsch nach umfassender Dokumentation des für die Praxis wichtigen Materials andererseits führten indessen dazu, daß in manchem dieser einbezogenen Bereiche die Übersichtlichkeit verloren zu gehen drohte.

Aus diesem Grund wurden nunmehr die besonders wichtigen und umfangreichen Erläuterungen zum Sachschadensersatz sowie zum Schadensregreß in zwei Schlußanhängen verselbständigt. In einem völlig neuen Anhang zu § 16 wurde zudem erstmals die gesamte neuere Rechtsprechung zum Verkehrsverhalten des Kraftfahrers unter zivilrechtlichen Aspekten zusammengestellt und kommentiert. Damit dürfte das Ziel erreicht sein, dem Praktiker in *einem* Buch alle Informationen zu geben, die zur Abwicklung von Haftungsfällen im Straßenverkehrsrecht erforderlich sind.

Auch abgesehen von den vorgenannten konzeptionellen Änderungen stimmt die nunmehr vorgelegte 3. Auflage mit der Vorauflage nur noch in Bruchstücken überein. Das Werk wurde vollständig überarbeitet und neu gesetzt. Um den Anspruch auf eine umfassende Kommentierung des gesamten Verkehrsunfallhaftungsrechts deutlicher zu machen, wurde auch der Titel geringfügig geändert.

Die Neukonzeption erforderte eine etwas längere Herstellungszeit. Die Aktualität des Buches hat hierunter aber nicht gelitten. Rechtsprechung und Schrifttum wurden bis Herbst 1996 vollständig ausgewertet. Wichtige BGH-Entscheidungen wurden bis in das Frühjahr 1997 hinein nachgetragen, Gesetzesänderungen sogar noch während der Abschlußkorrektur im April 1997.

Meinem Berufsweg entsprechend, der mich von der Universität in die gerichtliche Praxis und von dort wieder zurück an die Universität geführt hat, habe ich mich bemüht, bei der Kommentierung sowohl wissenschaftlichen Ansprüchen als auch den Erfordernissen der Praxis gerecht zu werden. Die Rechtsprechung des BGH wird deswegen auch dort ausführlich wiedergegeben, wo ich ihr (ausnahmsweise) nicht folgen kann. Vor allem im Schadensersatzrecht ließen sich solche Divergenzen nicht ganz vermeiden. M. E. hat die Rechtsprechung dort im – berechtigten – Streben nach bestmöglicher Entschädigung des Verkehrsopfers der Abwehr mißbräuchlicher Ansprüche und dem Aspekt der ökonomischen Schadensregulierung manchmal zu wenig Aufmerksamkeit geschenkt. Es würde mich freuen, wenn meine Vorschläge zu mehr Rationalität in des Wortes doppelter Bedeutung führen könnten.

Bei der Korrekturarbeit und bei der Erstellung des tiefgegliederten Sachregisters haben mir viele Helfer wertvolle Dienste geleistet. Ihnen allen sei an dieser Stelle ebenso gedankt wie jenen, die mir durch ein positives Feedback gezeigt haben, daß es sich lohnt, die Arbeit an diesem Buch fortzuführen.

Erlangen, im April 1997 Reinhard Greger

Systematische Übersicht

Die vorliegende Darstellung umfaßt das gesamte Haftungsrecht, soweit es für den Straßenverkehr von Bedeutung ist. Ihr Aufbau orientiert sich an den beiden Spezialgesetzen des Haftungsrechts, StVG und HaftpflG. Die anderen, z. B. deliktischen, vertraglichen oder versicherungsrechtlichen Anspruchsgrundlagen sind bei § 16 StVG kommentiert. In einem Anhang zu § 16 StVG werden die Verkehrspflichten des Kraftfahrers dargestellt. Erläuterungen zum Schadensumfang finden sich, soweit es um Personenschäden geht, in §§ 10, 11 StVG, für Sachschäden im Schlußanhang I. Der Schlußanhang II behandelt die Haftungsausschlüsse und Regreßregelungen des Sozialversicherungs-, Dienst- und Versorgungsrechts. Neben dem Sachregister kann auch die nachstehende Übersicht dem Auffinden einzelner Themenbereiche dienen.

Schlußanhang I: Schadensberechnung bei Sachschäden

Schlußanhang II: Einflüsse des Sozialversicherungs-, Dienst- und Versorgungsrechts auf die zivilrechtliche Haftung

Abkürzungs- und Schrifttumsverzeichnis

a. A.	anderer Ansicht
aaO	am angegebenen Ort
ABl.	Amtsblatt
abl.	ablehnend
Abs.	Absatz
AcP	Archiv für die civilistische Praxis
ADAC	Allgemeiner Deutscher Automobilclub
ADSp.	Allgemeine Deutsche Spediteurbedingungen
a. E.	am Ende
ÄndG	Änderungsgesetz
a. F.	alte Fassung
AFG	Arbeitsförderungsgesetz v. 25. 6. 1969 (BGBl. I 582)
AG	Amtsgericht
AHB	Allgemeine Haftpflichtversicherungsbedingungen
AKB	Allgemeine Bedingungen für die Kraftfahrversicherung
Alt.	Alternative
Amtl. Begr.	Amtliche Begründung
Amtl. Bek.	Amtliche Bekanntmachung
Amtsbl.	Amtsblatt
Anh.	Anhang
Anl.	Anlage
AnwBl.	Anwaltsblatt
AO	Abgabenordnung
AOK	Allgemeine Ortskrankenkasse
AP	Nachschlagwerk des Bundesarbeitsgerichts (Arbeitsrechtliche Praxis)
AR	Automobil-Rundschau
ArbG	Arbeitsgericht
ArchivPF	Archiv für das Post- und Fernmeldewesen
Art.	Artikel
AtomG	Gesetz über die friedliche Verwendung der Kernenergie und den Schutz gegen ihre Gefahren i. d. F. v. 31. 10. 1976 (BGBl. I 3053)
AUB	Allgemeine Unfallversicherungsbedingungen
Aufl.	Auflage
AuR	Arbeit und Recht, Zeitschrift für Arbeitsrechtspraxis
AuslPflVG	Gesetz über die Haftpflichtversicherung für ausländische Kraftfahrzeuge und Kraftfahrzeuganhänger v. 24. 7. 1956 (BGBl. I 667, ber. BGBl. 1957 I 368)
AVG	Angestelltenversicherungsgesetz v. 20. 12. 1911 (RGBl. 989)
AVK	Allgemeine Versicherungsbedingungen der privaten Krankenversicherung
BAB	Bundesautobahn
BAG	Bundesarbeitsgericht
BAGE	Sammlung der Entscheidungen des Bundesarbeitsgerichts
BAT	Bundesangestelltentarifvertrag
Baumbach/Lauterbach	*Baumbach/Lauterbach*[55] Zivilprozeßordnung (1997) mit Name des Bearbeiters
BayBgm.	Zeitschrift „Der Bayerische Bürgermeister"
BayGemZ	Bayerische Gemeindezeitung
BayObLG	Bayerisches Oberstes Landesgericht
BayObLGSt	Entscheidungen des Bayerischen Obersten Landesgerichts in Strafsachen (Neue Folge seit 1951, die älteren Jahrgänge werden mit der Bandzahl zitiert)

BayObLGZ	Entscheidungen des Bayerischen Obersten Landesgerichts in Zivilsachen (Neue Folge seit 1951, die älteren Jahrgänge werden mit der Bandzahl zitiert)
BayStrWG	Bayerisches Straßen- und Wegegesetz
BayVGH	Bayerischer Verwaltungsgerichtshof
BayZ	Zeitschrift für Rechtspflege in Bayern (1905–1934)
BB	Zeitschrift „Der Betriebsberater"
BBahn	Zeitschrift „Die Bundesbahn"
BBahnG	Bundesbahngesetz
BBG	Bundesbeamtengesetz
Bd.	Band
BeamtVG	Beamtenversorgungsgesetz i. d. F. v. 16. 12. 1994 (BGBl. I 3858)
Becker/Böhme	*Becker/Böhme* Kraftverkehrshaftpflichtschäden[19] (1994)
Beil.	Beilage
betr.	betreffend
Betrieb	Zeitschrift „Der Betrieb"
BFH	Bundesfinanzhof
BFHE	Sammlung der Entscheidungen und Gutachten des Bundesfinanzhofs
BFStrG	Bundesfernstraßengesetz
BG	Zeitschrift „Berufsgenossenschaft"
BGB	Bürgerliches Gesetzbuch
BGBl.	Bundesgesetzblatt
BGH	Bundesgerichtshof
BGHSt.	Sammlung der Entscheidungen des Bundesgerichtshofs in Strafsachen
BGHWarn.	Rechtsprechung des Bundesgerichtshofs in Zivilsachen, soweit nicht in BGHZ enthalten, Fortsetzung von WarnR (seit 1961)
BGHZ	Sammlung der Entscheidungen des Bundesgerichtshofs in Zivilsachen
BKartA	Bundeskartellamt
BKGG	Bundeskindergeldgesetz i. d. F. v. 21. 1. 1982 (BGBl. I 14)
Blutalkohol	Zeitschrift „Blutalkohol"
Böhmer	*Böhmer* Das Reichshaftpflichtgesetz (1950)
Böhmer (SHG)	*Böhmer* Das Sachschadenhaftpflichtgesetz (1954)
BOKraft	Verordnung über den Betrieb von Kraftfahrunternehmen im Personenverkehr v. 21. 6. 1975 (BGBl. I 1573)
BOStrab	Betriebsordnung für Straßenbahnen v. 11. 12. 1987 (BGBl. I 2648)
BRDrucks.	Drucksache des Deutschen Bundesrats
BRRG	Beamtenrechtsrahmengesetz
Bruck/Möller	*Bruck/Möller* Versicherungsvertragsgesetz[8] (1983) mit Namen des Bearbeiters
BSG	Bundessozialgericht
BSGE	Entscheidungen des Bundessozialgerichts
BSHG	Bundessozialhilfegesetz
BStBl.	Bundessteuerblatt, Teil I, II oder III
BTDrucks.	Drucksachen des Deutschen Bundestags, geordnet nach Wahlperioden (seit 1949)
Buchst.	Buchstabe
Büro	Zeitschrift „Das juristische Büro"
BVerfG	Bundesverfassungsgericht
BVerfGE	Entscheidungen des Bundesverfassungsgerichts
BVerwG	Bundesverwaltungsgericht
BVerwGE	Entscheidungen des Bundesverwaltungsgerichts
BVG	Bundesversorgungsgesetz i. d. F. v. 22. 1. 1982 (BGBl. I 22)
DAR	Deutsches Autorecht, Rechtszeitschrift des ADAC, München
DAVorm	Der Amtsvormund

DB	Deutsche (Bundes)Bahn
Deutsch	*Deutsch* Haftungsrecht Erster Band: Allgemeine Lehren (1976)
d. h.	das heißt
DIN	Deutsche Industrienorm
DJ	Deutsche Justiz, Zeitschrift
DJT	Deutscher Juristentag
DJZ	Deutsche Juristenzeitung
DNotZ	Deutsche Notar-Zeitschrift
DÖV	Zeitschrift „Die öffentliche Verwaltung"
DR	Zeitschrift „Deutsches Recht" (1931–1942)
DRiZ	Deutsche Richterzeitung
DRiZRspr.	Beilage „Rechtsprechung" zu DRiZ (1925–1935 und 1951–1965)
Drucks.	Drucksache
DRZ	Deutsche Rechts-Zeitschrift (1946–1950)
DtZ	Deutsch-Deutsche Rechts-Zeitschrift
DVBl	Zeitschrift „Deutsches Verwaltungsblatt"
EBO	Eisenbahn-Bau- und Betriebsordnung v. 8. 5. 1967 (BGBl. II 1563)
Eckelmann	*Eckelmann* Schadensersatz für Kraftfahrzeugschäden[3] (1974)
EE	Eisenbahn- und verkehrsrechtliche Entscheidungen und Abhandlungen (1885–1935)
EFZG	Entgeltfortzahlungsgesetz v. 26. 5. 1994 (BGBl. I 1014)
EGBGB	Einführungsgesetz zum BGB
EGZPO	Einführungsgesetz zur Zivilprozeßordnung
EheG	Ehegesetz v. 20. 2. 1946 (AblKR 77)
1. EheRG	Erstes Gesetz zur Reform des Ehe- und Familienrechts v. 14. 6. 1976 (BGBl. I 549)
EKHG	österr. Eisenbahn- und Kraftfahrzeughaftpflichtgesetz
EKMR	Europäische Kommission für Menschenrechte
Erl.	Erläuterung
Erman	*Erman* Handkommentar zum Bürgerlichen Gesetzbuch[9] (1993) mit Name des Bearbeiters
ErwG	Gesetz über die erweiterte Zulassung von Schadenersatzansprüchen bei Dienst- und Arbeitsunfällen v. 7. 12. 1943 (RGBl. I 674)
Esser/Schmidt	*Esser/Schmidt* Schuldrecht Allgemeiner Teil, Teilbd. 1[8] (1995)
EurGRZ	Europäische Grundrechte-Zeitschrift
EuGVÜ	Übereinkommen der Europäischen Gemeinschaft über die gerichtliche Zuständigkeit und die Vollstreckung gerichtlicher Entscheidungen in Zivil- und Handelssachen (BGBl. 1972 II 774)
EvBl.	Evidenzblatt der Rechtsmittelentscheidungen (Wien, seit 1934)
EVO	Eisenbahnverkehrsordnung
EWiR	Entscheidungen zum Wirtschaftsrecht
f	und folgende Seite
FamRZ	Zeitschrift „Ehe und Familie im privaten und öffentlichen Recht" (seit 1954)
ff	und folgende Seiten
Filthaut	*Filthaut* Haftpflichtgesetz[4] (1994)
Fn.	Fußnote
Full	*Full* Zivilrechtliche Haftung im Straßenverkehr (1980)
FV	Finanzvertrag (BGBl. 1955 II 381)
GAL	Gesetz über eine Altershilfe für Landwirte v. 14. 9. 1965 (BGBl. I 1449)
Geigel	*Geigel* Der Haftpflichtprozeß[21] (1993)
GG	Grundgesetz für die Bundesrepublik Deutschland
ggf.	gegebenenfalls

GKG	Gerichtskostengesetz
Gottwald	*Gottwald* Schadenszurechnung und Schadensschätzung (1979)
Greger	*Greger* Beweis und Wahrscheinlichkeit (1978)
GrS	Großer Senat
Gruch.	Gruchot, Beiträge zur Erläuterung des deutschen Rechts (1857–1933)
GüKG	Güterkraftverkehrsgesetz
GVBl.	Gesetz- und Verordnungsblatt (Landesrecht)
GVG	Gerichtsverfassungsgesetz
HaftpflG	Haftpflichtgesetz
Hainmüller	*Hainmüller* Der Anscheinsbeweis und die Fahrlässigkeitstat im heutigen deutschen Schadensersatzprozeß (1966)
Halbs.	Halbsatz
HansGZ	Hanseatische Gerichtszeitung (1880–1927)
HansRGZ	Hanseatische Rechts- und Gerichtszeitschrift (1928–1943)
HansRZ	Hanseatische Rechtszeitschrift (1918–1927)
Hentschel/Born	*Hentschel/Born* Trunkenheit im Straßenverkehr[7] (1996)
HessVGH	Verwaltungsgerichtshof des Landes Hessen
HESt.	Höchstrichterliche Entscheidungen in Strafsachen (1948–1949)
HEZ	Höchstrichterliche Entscheidungen in Zivilsachen (1948–1950)
HGB	Handelsgesetzbuch
HGrG	Haushaltsgrundsätzegesetz v. 19. 8. 1969 (BGBl. 1969 I 1273, 1277)
Himmelreich/ Klimke/Bücken	Kfz-Schadensregulierung[6] (Fortführungsstand 1995)
h. L.	herrschende Lehre
h. M.	herrschende Meinung
Hofmann	*Hofmann* Haftpflichtrecht für die Praxis (1989)
HRR	Höchstrichterliche Rechtsprechung (1928–1942)
i. d. F.	in der Fassung
i. e. S.	im engeren Sinn
i. d. R.	in der Regel
IntAbk	Internationales Abkommen für den Verkehr mit Kraftfahrzeugen
IntVO	Verordnung über den internationalen Kraftfahrzeugverkehr
IPRax	Praxis des internationalen Privat- und Verfahrensrechts
IPRspr.	Die deutsche Rechtsprechung auf dem Gebiete des internationalen Privatrechts
i. S. d.	im Sinne des (der)
i. V. m.	in Verbindung mit
Jagusch/Hentschel	*Jagusch/Hentschel* Straßenverkehrsrecht[33] (1995)
JherJb.	Jherings Jahrbücher der Dogmatik des bürgerlichen Rechts (1857–1942)
JP	Zeitschrift „Juristische Praxis"
JR	Juristische Rundschau
JRPrV	Juristische Rundschau für die Privatversicherung (1924–1943)
Jura	Zeitschrift „Juristische Ausbildung"
JurZentr.	Mitteilungen der juristischen Zentrale des ADAC
JuS	Zeitschrift „Juristische Schulung"
Justiz	Zeitschrift „Die Justiz", Amtsblatt des Justizministeriums Baden-Württemberg
JW	Juristische Wochenschrift (1872–1939)
JZ	Juristenzeitung
KF	Karlsruher Forum
KFG	Kraftfahrzeuggesetz

KfzPflVV	Kraftfahrzeug-Pflichtversicherungsverordnung v. 29. 7. 1994 (BGBl. I 1837)
KG	Kammergericht
KGR	KG-Report
Krumme	*Krumme* Straßenverkehrsgesetz (1977)
KVO	Kraftverkehrsordnung
KVR	Kraftverkehrsrecht von A bis Z, herausgegeben von Dr. Weigelt, Loseblattausgabe
LAG	Landesarbeitsgericht
Lange	*Lange* Schadensersatz[2] (1990)
Larenz	*Larenz* Lehrbuch des Schuldrechts Allgemeiner Teil[14] (1987) und Besonderer Teil – Teilband II/1[13] (1986)
Larenz/Canaris	Lehrbuch des Schuldrechts Bd. II/2 Besonderer Teil[13] (1994)
LG	Landgericht
Lkw	Lastkraftwagen
LM	Nachschlagewerk des Bundesgerichtshofs, Loseblattsammlung, herausgegeben von Lindenmaier, Möhring u. a.
LS	Leitsatz
LSE	Lexikon straßenverkehrsrechtlicher Entscheidungen, herausgegeben v. Günther Xanke
LSG	Landessozialgericht
LuftVG	Luftverkehrsgesetz
LuK	Zeitschrift „Luft- und Kraftfahrt“
LZ	Leipziger Zeitschrift für Deutsches Recht (1907–1933)
Maassen	*Maassen* Beweisprobleme im Schadensersatzprozeß (1975)
MdE	Minderung der Erwerbsfähigkeit
MDR	Monatsschrift für Deutsches Recht
MedR	Zeitschrift „Medizinrecht“
Mertens	*Mertens* Der Begriff des Vermögensschadens im bürgerlichen Recht (1967)
MünchKomm	Münchner Kommentar zum Bürgerlichen Gesetzbuch[2/3] (1984 ff/1993 ff) mit Name des Autors
m. w. Nachw.	mit weiteren Nachweisen
NATO	North Atlantic Treaty Organization
NdsRpfl.	Zeitschrift „Niedersächsische Rechtspflege“
n. F.	neue Fassung oder neue Folge
NJ	Zeitschrift „Neue Justiz“
NJW	Neue Juristische Wochenschrift
NJW-RR	Neue Juristische Wochenschrift – Rechtsprechungsreport
NTS	NATO-Truppenstatut v. 19. 6. 1951 (BGBl. 1961 II 1190)
NTS-AG	Ausführungsgesetz zum NATO-Truppenstatut v. 18. 8. 1961 (BGBl. II 1183)
NuR	Zeitschrift „Natur und Recht“
NVwZ	Neue Zeitschrift für Verwaltungsrecht
NZA	Neue Zeitschrift für Arbeitsrecht
NZV	Neue Zeitschrift für Verkehrsrecht
ÖJZ	Österreichische Juristenzeitung
ÖRZ	Österreichische Richterzeitung (1904–1938 und seit 1954)
österr. OGH	Oberster Gerichtshof für Österreich
OG	Oberstes Gericht (DDR)
OGH	Oberster Gerichtshof für die britische Zone
OGHSt.	Entscheidungen des OGH in Strafsachen (1949–1950)
OGHZ	Entscheidungen des OGH in Zivilsachen (1949–1950)
OHG	Offene Handelsgesellschaft
OLG	Oberlandesgericht

OLG-NL	OLG-Rechtsprechung Neue Länder
OLGR	OLG-Report
OLGSt.	Entscheidungen der Oberlandesgerichte zum Straf- und Strafverfahrensrecht
OLGZ	Entscheidungen der Oberlandesgerichte in Zivilsachen
OVG	Oberverwaltungsgericht
OWiG	Ordnungswidrigkeitengesetz
Palandt	*Palandt* Bürgerliches Gesetzbuch[56] (1997), mit Name des Bearbeiters
PBefG	Personenbeförderungsgesetz i. d. F. v. 8. 8. 1990 (BGBl. I S. 1690)
PersVerk	Personenverkehr
PflVG	Pflichtversicherungsgesetz
Pkw	Personenkraftwagen
PostG	Gesetz über das Postwesen i. d. F. v. 3. 7. 1989 (BGBl. I S. 1449)
PostReiseO	Postreiseordnung
Pr. allg. LR	Preußisches allgemeines Landrecht
ProdHaftG	Produkthaftungsgesetz
Prölss/Martin	*Prölss/Martin* Versicherungsvertragsgesetz[25] (1992)
PrOVG	Preußisches Oberverwaltungsgericht (1877–1941), zitiert nach Band und Seite
Prütting	*Prütting* Gegenwartsprobleme der Beweislast (1983)
RBerG	Rechtsberatungsgesetz
RdA	Zeitschrift „Recht der Arbeit“
RdK	Das Recht des Kraftfahrers, Zeitschrift (1926–1943 und 1949–1955)
RdL	Zeitschrift „Recht des Landwirtschaft“
Recht	Zeitschrift „Das Recht“
RehaAnglG	Gesetz über die Angleichung der Leistungen zur Rehabilitation v. 7. 8. 1974 (BGBl. I 1881)
RG	Reichsgericht
RGBl.	Reichsgesetzblatt
RGRKomm.	Reichsgerichtsrätekommentar zum BGB[12] (1976 ff), mit Name des Bearbeiters
RGRspr.	Rechtsprechung des Reichsgerichts in Strafsachen (1879–1888)
RGWarn.	Rechtsprechung des Reichsgerichts, herausgegeben von Warneyer (1908–1943)
RGSt	Sammlung der Entscheidungen des Reichsgerichts in Strafsachen (nach Band und Seite)
RGZ	Sammlung der Entscheidungen des Reichsgerichts in Zivilsachen (nach Band und Seite)
RHaftpflG	Reichshaftpflichtgesetz
RKnappschG	Reichsknappschaftsgesetz v. 23. 6. 1923 (RGBl. I 431)
ROHG	Reichsoberhandelsgericht (Entscheidungen 1871–1880)
Rosenberg/Schwab/Gottwald	*Rosenberg/Schwab/Gottwald* Zivilprozeßrecht[15] (1993)
Rpfleger	Zeitschrift „Der deutsche Rechtspfleger“ (1931–1944 und seit 1948)
Rspr.	Rechtsprechung
Rüth/Berr/Berz	*Rüth/Berr/Berz* Straßenverkehrsrecht[2] (1988)
RuS	Zeitschrift „Recht und Schaden“
RVO	Reichsversicherungsordnung
S.	Seite
s.	siehe
s. a.	siehe auch
Sanden/Völtz	*Sanden/Völtz* Sachschadenrecht des Kraftverkehrs[6] (1994)
SchlHA	Schleswig-Holsteinische Anzeigen, Justizministerialblatt für Schleswig-Holstein (n. F. seit 1837)

Schloën/Steinfeltz	*Schloën/Steinfeltz* Regulierung von Personenschäden (1978)
Schneider	*E. Schneider* Beweis und Beweiswürdigung[5] (1994)
SchwbG	Schwerbehindertengesetz
SchwJZ	Schweizerische Juristenzeitung (1904 ff)
schwSVG	Schweizerisches Straßenverkehrsgesetz v. 19. 12. 1958 (SR 741.01)
SeuffA	J. A. Seufferts Archiv für Entscheidungen der obersten Gerichte in den deutschen Staaten (1847–1944)
SG	Sozialgericht
SGB	Sozialgesetzbuch (mit Angabe des Buches in römischer Ziffer)
SGb	Zeitschrift „Die Sozialgerichtsbarkeit"
SHG	Gesetz über die Haftpflicht der Eisenbahnen und Straßenbahnen für Sachschäden
SJZ	Süddeutsche Juristenzeitung (1946–1950)
Soergel	*Soergel* Bürgerliches Gesetzbuch mit Einführungsgesetz und Nebengesetzen[12] (1987 ff), mit Name des Autors
SoldG	Soldatengesetz i. d. F. v. 15. 12. 1995 (BGBl. I S. 1737)
Staudinger	*Staudinger* Kommentar zum Bürgerlichen Gesetzbuch[12] (1983), mit Name des Bearbeiters
Stein/Jonas	Zivilprozeßordnung[21] (1993 ff)
StGB	Strafgesetzbuch
Stiefel/Hofmann	*Stiefel/Hofmann* Kraftfahrtversicherung[14] (1989)
StPO	Strafprozeßordnung
StrG	Straßengesetz (Ländergesetze)
StVG	Straßenverkehrsgesetz
StVO	Straßenverkehrsordnung
StVZO	Straßenverkehrs-Zulassungs-Ordnung
SVG	Soldatenversorgungsgesetz v. 26. 7. 1957 in der Fassung der Bek. v. 19. 1. 1995 (BGBl. I S. 50)
SZ	Entscheidungen des österreichischen Obersten Gerichtshofs in Zivil- und Justizverwaltungssachen
Thomas/Putzo	*Thomas/Putzo* Zivilprozeßordnung[19] (1995)
TÜV	Technischer Überwachungsverein
u. a.	und andere, unter anderem
u. U.	unter Umständen
v.	vom
VAE	Verkehrsrechtliche Abhandlungen und Entscheidungen (1936–1944)
Venzmer	*Venzmer* Mitverursachung und Mitverschulden im Schadensersatzrecht (1960)
VersR	Zeitschrift „Versicherungsrecht"
VersWiss.	Zeitschrift „Versicherungswissenschaft, Versicherungspraxis und Versicherungsmedizin" (1947–1950, seitdem „Deutsche Versicherungszeitschrift für Sozialversicherung und Privatversicherung")
VerwArch.	Zeitschrift „Verwaltungsarchiv" (1893–1942 und seit 1957)
VerwRspr.	Verwaltungsrechtsprechung in Deutschland, Sammlung oberstrichterlicher Entscheidungen aus dem Verfassungs- und Verwaltungsrecht
VG	Verwaltungsgericht
VGH	Verwaltungsgerichtshof
VGT	Deutscher Verkehrsgerichtstag (Veröffentlichung der gehaltenen Referate und erarbeiteten Empfehlungen durch die Deutsche Akademie für Verkehrswissenschaft)
VkBl.	Verkehrsblatt
VkRdsch.	Zeitschrift „Verkehrsrundschau"

VM	Zeitschrift „Verkehrsrechtliche Mitteilungen"
VN	Der Versicherungsnehmer, Zeitschrift
VO	Verordnung
Vorb.	Vorbemerkung
VP	Zeitschrift „Die Versicherungspraxis" (1903–1943 und seit 1950)
VR	Verkehrsrechtliche Rundschau (1921–1944)
VRS	Verkehrsrechtssammlung (zitiert nach Band und Seite)
VVG	Gesetz über den Versicherungsvertrag
VW	Versicherungswirtschaft, Halbmonatsschrift der deutschen Individualversicherung
VwGO	Verwaltungsgerichtsordnung
VwV-StVO	Allgemeine Verwaltungsvorschrift zur Straßenverkehrsordnung v. 24. 11. 1970 (VkBl. 1970, 758, berichtigt VkBl. 1971, 30, zuletzt geändert VkBl. 1980, 520)
Wahrendorf	*Wahrendorf* Die Prinzipien der Beweislast im Haftungsrecht (1976)
Walter	*Walter* Die Haftung des Kraftfahrzeughalters (1962)
	Walter Die Regulierung des Kraftfahrzeugschadens[4] (1973)
WarnJ	Jahrbuch der Entscheidungen zum BGB und den Nebengesetzen, begründet v. Warneyer (1900–1938)
WarnRspr.	Rechtsprechung des RG (siehe RGWarn.)
WHG	Wasserhaushaltsgesetz
WJ	Informationen zum Versicherungs- und Haftpflichtrecht, herausgegeben von *Wussow*
WM	Zeitschrift „Wertpapiermitteilungen"
Wussow	*Wussow* Unfallhaftpflichtrecht[14] (1996)
	Wussow Systematik des Haftpflichtrechts (1958)
Wussow/ Küppersbusch	*Wussow/Küppersbusch* Ersatzansprüche bei Personenschaden[6] (1996)
WzS	Zeitschrift „Wege zur Sozialversicherung"
ZA	Zusatzabkommen v. 3. 8. 1959 zum Nato-Truppenstatut (BGBl. 1961 II 1218)
ZAkDR	Zeitschrift der Akademie für Deutsches Recht
ZBlSozVers	Zentralblatt für Sozialversicherung
ZBR	Zeitschrift für Beamtenrecht (1929–1943 und seit 1953)
ZDG	Zivildienstgesetz i. d. F. v. 28. 9. 1994 (BGBl. I S. 2811)
ZfS	Zeitschrift für Schadensrecht
ZfV	Zeitschrift für Versicherungswesen
ZMR	Zeitschrift für Miet- und Raumrecht
Zöller	*Zöller* Zivilprozeßordnung[20] (1997), mit Name des Bearbeiters
ZPO	Zivilprozeßordnung
ZRP	Zeitschrift für Rechtspolitik
zust.	zustimmend
zutr.	zutreffend
ZVkWiss.	Zeitschrift für Verkehrswissenschaft (1923–1944 und seit 1948)
ZVersWiss.	Zeitschrift für die gesamte Versicherungswissenschaft (1901–1943 und seit 1960)
ZVR	Zeitschrift für Verkehrsrecht (Österreich)
zw.	zweifelhaft
ZZP	Zeitschrift für Zivilprozeß (1879–1943 und seit 1950)

Einleitung

Übersicht

Schrifttum

Deutsch Das „allgemeine Lebensrisiko“ als negativer Zurechnungsgrund, VersR 1993, 1041; *Hofmann* Der Schadenersatzprozeß (1992); *Ch. Huber* Fragen der Schadensberechnung[2] (1995); *Roussos* Schaden und Folgeschaden (1992); *Schiemann* Argumente und Prinzipien bei der Fortbildung des Schadensrechts (1981); *Schiemann* Perspektiven des Rechts der Verkehrsunfallschäden, NZV 1996, 1; *Steffen* Der normative Verkehrsunfallschaden, NJW 1995, 2057; *Stoll* Haftungsfolgen im bürgerlichen Recht (1993).

I. Bedeutung und Funktion des Verkehrshaftungsrechts

Jedes Jahr ereignen sich in der Bundesrepublik Deutschland mehrere Millionen Straßenverkehrsunfälle[1]. Jeder dieser Unfälle ist für den einzelnen Betroffenen ein Ereignis von einschneidender Bedeutung. Auch wenn nur Sachschäden entstanden sind, erreichen diese zumeist eine Höhe, die das im Rahmen der privaten Lebensführung ohne weiteres Verkraftbare deutlich übersteigt. Ist es zu Personenschäden gekommen[2], so führen diese nicht selten zu schwerwiegenden Folgen für die gesamte Lebensführung des Opfers und seiner Angehörigen. Schon aus diesem Grund weist das Verkehrsunfallgeschehen ein hohes Konfliktpotential auf. Menschliche Wesenszüge, wie z. B. das Be- **1**

[1] 1994 betrug allein die Zahl der polizeilich erfaßten Unfälle 2,271 Millionen (Statistisches Bundesamt, Jahresbericht 1994 der Fachserie 8, Reihe 7 [Verkehrsunfälle], S. 34).

[2] 1994: 415.269 Verletzte, 9814 Getötete (Statistisches Bundesamt, aaO 38).

dürfnis nach Genugtuung für die erlittene Unbill, das Verdrängen eigener Schuld, die gegenüber einem anonymen und potenten Schuldner (Haftpflichtversicherer) besonders ausgeprägten Begehrlichkeiten schaffen zusätzliche Konflikte; ihnen stehen Organisationsstrukturen gegenüber, deren Repräsentanten bei der Vornahme der Schadensregulierung auch Kollektivinteressen (etwa der Versichertengemeinschaft oder der öffentlichen Hand) zu wahren haben und schon von daher den Einzelfall aus einer mehr generalisierenden Sicht betrachten.

2 All dies trägt dazu bei, daß der Verkehrsunfall sich trotz seiner Alltäglichkeit und Allgegenwärtigkeit als Ereignis von hoher Rechtsrelevanz darstellt. Aus diesem Grund wird bei der Schadensregulierung regelmäßig ein Rechtsanwalt in Anspruch genommen und hat die Rechtsschutzversicherung im Verkehrsbereich einen besonders hohen Verbreitungsgrad. Bei den Amtsgerichten sind etwa 12%, bei den Landgerichten etwa 8,5% aller erstinstanzlichen, gewöhnlichen Zivilprozesse Verkehrsunfallsachen[3].

3 Das Verkehrshaftungsrecht hat aber nicht nur einen gewichtigen Stellenwert im Rechtsleben, sondern vor allem auch eine immense wirtschaftliche Bedeutung. Die deutschen Kraftfahrt-Haftpflichtversicherer erbringen zur Zeit Schadensleistungen von mehr als 20 Milliarden DM im Jahr[4], die im wesentlichen den Institutionen der Gesundheitsfürsorge zufließen, aber auch für wichtige Wirtschaftszweige (Reparaturgewerbe, Autovermieter, Kraftfahrzeugsachverständige usw.) einen erheblichen Teil des Umsatzes darstellen. Hinter dem einzelnen Verkehrsunfall verbirgt sich somit ein Massenphänomen von bedeutender ökonomischer Relevanz, und der Umstand, daß dies den einzelnen Geschädigten (naturgemäß) nicht interessiert, vom Schadensrecht und seinen Anwendern aber in Rechnung gestellt werden muß, schafft beim Interessenausgleich zusätzliche Konfliktpunkte.

4 Das Verkehrshaftungsrecht muß also nicht nur den gerechten Ausgleich des einzelnen Schadensfalles bewirken, sondern zugleich ein Massenphänomen von erheblicher wirtschaftlicher Relevanz bewältigen. Dies macht es bei aller Sympathie für eine möglichst umfassende Schadlosstellung des Unfallgeschädigten unabdingbar, dieser auch gewisse Grenzen zu setzen. Hält man sich z. B. vor Augen, daß die deutschen Kraftfahrt-Haftpflichtversicherer jährlich etwa 1,5 Milliarden DM nur für Mietwagenkosten ausgegeben[5], so erscheint die Forderung, die Erforderlichkeit dieser Kosten im Einzelfall strenger zu prüfen, in einem anderen Licht, als wenn sie nur aus der Sicht des Unfallgeschädigten betrachtet wird.

5 Da es sich bei der Unfallschadensregulierung um die Bewältigung eines Massenphänomens handelt, muß sie sich nach Regeln vollziehen, die eine möglichst einfache und zügige Abwicklung gestatten. Eine gewisse Pauschalierung ist hierbei unabdingbar; ohne Verzicht auf manche Besonderheit des Einzelfalles läßt sich das Schadensvolumen nicht vernünftig bewältigen[6]. Leider trägt das Schadensrecht in seiner gegenwärtigen Ausgestaltung diesem Erfordernis nur bedingt Rechnung. Daß Instanzgerichte in einer sich tausendfach immer wieder in gleicher Weise stellenden Frage (etwa nach der Höhe der Eigenersparnis bei den Mietwagenkosten, nach den Erkundigungspflichten bei der Wahl des Mietwagentarifs, nach der Berücksichtigung des Restwerts beim wirtschaftlichen Totalschaden usw.) jahrelang unterschiedlich judizieren können, bis der BGH Gelegenheit erhält, durch ein Machtwort einer solchen Vergeudung an Rechtsverfolgungsaufwand ein Ende zu setzen, ist unerträglich. Wenn sich schon der Gesetzgeber

---

[3] Vgl. Statistisches Jahrbuch 1995, S. 368.

[4] Nach *Geier* VersR 1996, 1457 im Jahre 1994 ca. 24 Mrd. DM.

[5] *Küppersbusch* VGT 1994, 166; *Geier* VersR 1996, 1458.

[6] *Steffen* NJW 1995, 2059.

nicht für berufen hält, in solchen Fragen Klarheit zu schaffen, und wenn unser geltendes Rechtsmittelrecht es offenbar nicht zuläßt, derartige Fragen einer raschen höchstrichterlichen Entscheidung zuzuführen, dann sollte die Praxis die Initiative ergreifen. Durch freiwillige Selbstbindung an bestimmte Richtlinien, die z. B. auf Verbandsebene[7] oder – wie im Unterhaltsrecht seit langem praktiziert[8] – von den Gerichten erstellt werden, könnte mehr zur Rechtsverwirklichung und zum Rechtsfrieden bei der Schadensregulierung beigetragen werden als durch den Versuch, jeden Einzelfall nach individuellen Gerechtigkeitsvorstellungen zu entscheiden.

II. Zwecke und Prinzipien des Haftungsrechts

1. Risikoabwälzung als Hauptzweck

Jeder Wert trägt das Risiko der Entwertung in sich: das Leben kann vernichtet, **6**
die Gesundheit beschädigt, das Eigentum entzogen werden. Mit dem Risiko dieser Entwertung befaßt sich das Haftungsrecht. Seine Normen bestimmen, ob der Inhaber des Wertes auch das Integritätsrisiko zu tragen hat oder ob er dieses – in der Form eines Wiederherstellungs- oder Wertersatzanspruchs – auf einen anderen abwälzen kann. Der Hauptzweck des Haftungsrechts besteht also in der Regelung der Risikozuständigkeit[9]. Seine Aufgabe ist es, die „Rechtskreise der einzelnen", ihre Freiheits- und Interessensphären, voneinander abzugrenzen[10].

a) **Die grundsätzliche Risikozuständigkeit des Rechtsträgers** ist im Grunde eine **7**
Selbstverständlichkeit[11], die in dem überkommenen Grundsatz „casum sentit dominus" Ausdruck und in manchen ausländischen Rechtsordnungen sogar Eingang in das Gesetz gefunden hat[12]. Dem deutschen Haftungsrecht liegt er als ungeschriebenes Prinzip zugrunde. Da für erlittenen Schaden ein anderer nur in Anspruch genommen werden kann, wenn hierfür eine gesetzliche Grundlage besteht und deren Voraussetzungen im Einzelfall erfüllt sind, verbleibt der Schaden in allen anderen Fällen automatisch beim Geschädigten. Dies wird, obgleich im Grunde banal und selbstverständlich, in der Praxis nicht immer beachtet. Wenn auch noch nicht so auf die Spitze getrieben wie z. B. in den USA, besteht auch hierzulande eine Tendenz, für jeden Schadensfall einen möglichst leistungsfähigen Ersatzpflichtigen zu finden, auf den der Schaden abgewälzt werden kann. Überzogene Sicherungspflichten[13] und Sorgfaltsanforderungen sowie exzessive Beweiserleichterungen sind Ausdruck eines die eigene Risikozuständigkeit verdrängenden Anspruchs- oder Versorgungsdenkens, welches von der unzutreffenden Prämisse ausgeht, daß es für jeden Schadensfall einen Ersatzpflichtigen geben muß. In das allgemeine Lebensrisiko[14] fällt nicht nur die sog. höhere Gewalt, sondern auch die Gefahr, durch einen Unfall betroffen zu werden, für den ein Verantwortlicher überhaupt nicht oder nicht mit der erforderlichen Sicherheit oder nicht mit der erwünschten Zahlungsfähigkeit haftbar gemacht werden kann.

Im Straßenverkehrsrecht besteht für übergesetzliche Risikoverschiebungen im übri- **8**
gen umso weniger Anlaß, als bereits das geschriebene Recht die Schadenszuständigkeit des Geschädigten weiter als in anderen Bereichen reduziert, etwa durch die verschul-

---

[7] *Greger* NZV 1994, 14.
[8] „Düsseldorfer Tabelle" usw.
[9] *Deutsch* Haftungsrecht § 6 II 1; *ders.* JZ 1971, 244 f.
[10] So Prot. II, 567.
[11] *Larenz/Canaris* Bd. II/2 § 75 I 2 a.
[12] Z. B. § 1311 österr. ABGB.
[13] Vgl. hierzu *Larenz/Canaris* § 76 III 7 b; *Esser* JZ 1953, 129 ff; *Foerste* NJW 1995, 2605; *Lieb* MDR 1995, 992.
[14] Vgl. hierzu *Deutsch* VersR 1993, 1041.

densunabhängige Gefährdungshaftung des Kraftfahrzeughalters, den Direktanspruch gegen den Haftpflichtversicherer und den Entschädigungsfonds für Unfallopfer nach § 12 PflVG. Wenn ein weitergehender Schutz von Unfallopfern erwünscht oder geboten sein sollte, wäre es Sache des Gesetzgebers, einen solchen – etwa durch eine allgemeine Unfallversicherung – zu schaffen. Für die Anwendung des geltenden Haftungsrechts ist und bleibt dagegen die gesetzliche Risikoverteilung maßgeblich, die die grundsätzliche Schadenszuständigkeit dem Träger des Rechtsguts zuweist und die Verlagerung dieses Risikos von normativen Voraussetzungen abhängig macht.

b) Formen der Risikoverlagerung

9 aa) Die **Unrechtshaftung** ist der wichtigste und älteste Fall einer gesetzlich angeordneten Schadensabnahme[15]. Sie geht von dem Gedanken aus, daß es der Billigkeit entspricht, denjenigen, der durch unerlaubtes Verhalten schuldhaft einen Schaden an fremden Rechtsgütern verursacht hat, hierfür haftbar zu machen. Welches Verhalten unerlaubt, d. h. „rechtswidrig“ oder „widerrechtlich“ ist, bestimmt die Rechtsordnung[16]. Entscheidender Anknüpfungspunkt für die Haftung aber ist das Verschulden. Der Geschädigte wird von seinem Schaden also nur dann entlastet, wenn er dem anderen wenigstens Fahrlässigkeit, d. h. Nichtbeachtung der im Verkehr erforderlichen Sorgfalt (§ 276 Abs. 1 BGB) zur Last legen kann.

10 bb) Ein anderer Zurechnungsgedanke liegt der **Gefährdungshaftung** zugrunde, die im Zuge der Entwicklung immer schwerer beherrschbarer Gefahrenpotentiale durch den technischen Fortschritt zunehmende Bedeutung erlangt hat. Er besteht darin, daß die Rechtsgemeinschaft von dem, der erlaubtermaßen ein solches Gefahrenpotential (Eisenbahn, Kraftfahrzeug, Pipeline, Kernkraftwerk) schafft, die Übernahme des Schadensrisikos unabhängig von einem Verschulden soll fordern können[17]. Oft wird diese Risikoabwälzung auch eingeschränkt, etwa durch den Ausschluß „höherer Gewalt“ oder durch eine summenmäßige Haftungsbegrenzung.

11 cc) Die **Aufopferungshaftung** hat demgegenüber vergleichsweise geringe Bedeutung. Sie geht davon aus, daß dann, wenn jemand aufgrund übergeordneter Einzel- oder Allgemeininteressen einen Eingriff in geschützte Rechtsgüter hinnehmen muß, eine Schadloshaltung geboten ist.

12 dd) Bisher kaum als eigenständiger Zurechnungsgrund erkannt ist die **Anscheinshaftung**, die in kasuistischer Weise durch Rechtsfortbildung für die Fälle entwickelt worden ist, in denen es dem Geschädigten wegen undurchschaubarer Geschehensabläufe praktisch unmöglich ist, den Beweis einer schuldhaften Schädigung zu führen. Instrument der Risikoverlagerung ist in diesen Fällen das Beweisrecht: Dem Geschädigten werden unter im einzelnen geregelten Voraussetzungen, die zumeist auf das Wahrscheinlichmachen einer schuldhaften Schädigung hinauslaufen, Beweiserleichterungen gewährt (Beweislastumkehr, Anscheinbeweis, Beweis auf erste Sicht), als deren Folge nicht mehr ein erwiesener Sachverhalt, sondern bereits dessen Anschein die Haftung begründet. Das Beweisrecht ist jedoch nur Instrument dieser Risikoverlagerung, ihre Rechtfertigung muß sie in materiellrechtlichen Wertungen finden (z. B. daß es unbillig wäre, einem Unfallopfer deliktische Ansprüche zu versagen, weil nicht geklärt werden kann, warum ein Kraftfahrzeug auf den Gehweg geriet, oder weil es mit Sinn und Zweck einer Kaskoversicherung nicht vereinbar wäre, vom Versicherungsnehmer den vollen Beweis des Autodiebstahls zu verlangen)[18].

---

15 *Deutsch* Haftungsrecht § 1 I 1.

16 *Larenz/Canaris* § 75 I 2 b.

17 *Deutsch* Haftungsrecht § 1 I 1; *ders.* KF 1967, 2 ff; *Esser/Schmidt*, § 8 II 3; *Larenz/Canaris* § 84 I 2.

18 Näher hierzu § 16, 376 ff.

2. Prävention als Nebenzweck

Dem Haftungsrecht geht es also in erster Linie um die Verteilung von Schadensrisiken. Daß die drohende Schadensersatzverpflichtung daneben auch präventive Wirkung entfaltet (bei versicherten Risiken wenigstens rudimentär in Form von Regreßgefahren und Prämiennachteilen) ist ein bloßer, freilich erwünschter, Nebeneffekt[19]. Eine pönale Funktion ist dem Schadensersatz nach deutschem Recht gänzlich fremd[20]; auch die vom BGH anerkannte Genugtuungsfunktion des Schmerzensgeldes[21] macht dieses nicht zu einer strafähnlichen Sanktion[22]. 13

3. Versorgungszweck

Verschiedene gesetzliche oder richterrechtliche Regelungen des Schadensrechts lassen sich nicht vollständig mit der Abnahme eines Integritätsrisikos erklären, sondern scheinen von dem Gedanken mitbestimmt zu sein, daß die durch den Schadensfall gefährdete Daseinsvorsorge des Opfers (oder seiner Angehörigen) durch den Schädiger sichergestellt werden soll[23]. Dies gilt z. B. für die Ansprüche auf Ersatz vermehrter Bedürfnisse (§ 11 StVG, § 843 BGB), entgangenen Unterhalts (§ 10 StVG, § 844 Abs. 2 BGB) oder des Wertes der Haushaltsführung. Auch der Versorgungszweck ist aber letztlich nur ein Nebeneffekt der Risikoverlagerung. Das sonst vom Verletzten und seinen Angehörigen zu tragende Risiko, die materielle Lebensgrundlage durch ein zufälliges Ereignis zu verlieren, wird dem Schädiger auferlegt. Die Versorgung Bedürftiger wird im Sozialstaat auf andere Weise sichergestellt. Dem entspricht es, daß Schadensersatzleistungen der bezeichneten Art kaum jemals dem Verletzten zufließen, sondern im Regreßweg auf Sozialleistungsträger übergeleitet werden. Auf diesem Weg vollzieht sich dann gleichfalls eine Risikozuweisung: das Regreßrecht entscheidet darüber, ob der Schaden letztlich vom Kollektiv der Sozialversicherten, von der Staatskasse, vom Arbeitgeber usw. zu tragen ist, oder ob er beim Schädiger bzw. der für ihn eintretenden Gemeinschaft der versicherten Kraftfahrer verbleibt. 14

4. Ausgleichsprinzip

Der Ausgleich des Schadens ist weniger Zweck als vielmehr Methode des Haftungsrechts. Die von ihm bezweckte Risikoabwälzung vollzieht sich in der Form des Schadensersatzes: Der Schadensersatzanspruch tritt bei Vorliegen seiner Voraussetzungen an die Stelle des beeinträchtigten Rechtsguts. Dabei kann sich der Schadensersatz in zwei Grundformen vollziehen, nämlich im Wege der Naturalrestitution (Wiederherstellung des früheren Zustands, § 249 BGB) oder im Wege der Kompensation (Wertersatz, § 251 BGB). Welcher dieser Wege im Einzelfall zum Tragen kommt, ist weitgehend vom Gesetz vorgezeichnet. Schuldet der Schädiger, wie in der Regel, Naturalrestitution, gibt das Gesetz dem Geschädigten aber die Wahl zwischen Herstellung in Natur (Reparation) und Zahlung des hierfür erforderlichen Geldbetrages (sog. Ersetzungsbefug- 15

---

[19] *Deutsch* Haftungsrecht § 6 III 1; *Lange* Einl. III 2 b.

[20] Ganz anders das US-amerikanische Recht, welches in der Form der punitive or exemplary damages eine Art Strafgewalt des privaten Geschädigten kennt. Vgl. zur Unvereinbarkeit solcher Urteile mit dem deutschen ordre public BGHZ 118, 312.

[21] BGHZ 18, 149.

[22] S. hierzu § 16, 21.

[23] Eingehend zu diesem Versorgungsprinzip *Schiemann* Argumente und Prinzipien bei der Fortbildung des Schadensrechts (1981) 234 ff; krit. *Roussos* Schaden und Folgeschaden (1992) 13 ff.

nis, § 249 Satz 2 BGB), so daß sich also letztlich drei Formen des Schadensausgleichs unterscheiden lassen:

Reparation ist die Wiederherstellung des ursprünglichen Zustandes durch den Schädiger (der Unfallfahrer richtet z. B. den umgefahrenen Gartenzaun wieder auf);

Restitution geschieht dadurch, daß der Geschädigte durch Zahlung eines Geldbetrages in den Stand gesetzt wird, den Schaden beseitigen zu lassen (z. B. der Haftpflichtversicherer des Unfallfahrers bezahlt die Kosten der Autoreparatur);

Kompensation soll einen Ausgleich für den nicht mehr (voll) behebbaren Schaden verschaffen (z. B. das Unfallopfer erhält eine Entschädigung für die nicht mehr behebbare Erwerbsminderung).

16 Bei welchen Vermögensnachteilen es sich um ausgleichspflichtige Schadenspositionen handelt, sagt das Gesetz nicht. Der Begriff des Schadens wird von ihm vorausgesetzt. Die Wissenschaft versucht seit jeher, diesen Begriff zu bestimmen und abzugrenzen; das Schrifttum hierzu ist kaum noch zu überblicken[24]. Die Rechtsprechung hat auf die Herausarbeitung allgemeingültiger Kriterien verzichtet und wendet statt dessen einen normativen Schadensbegriff an, der mit Hilfe rechtlicher Wertungen über die Ersatzfähigkeit jeder einzelnen Position entscheiden soll[25]. Damit hat das Schadensersatzrecht zwar den Anschluß an den Standard der Wertungsjurisprudenz gewonnen[26]; da sich über Wertung aber trefflich streiten läßt, bietet das Schadensersatzrecht ein Bild der Uneinheitlichkeit und Unberechenbarkeit[27], wie es in anderen Rechtsgebieten kaum bekannt ist. Gefördert wird dies durch einen schier unerschöpflichen Einfallsreichtum beim Finden neuer Schadenspositionen und dadurch, daß die anzustellenden Wertungen auch von Seitenblicken auf die Praktikabilität und Finanzierbarkeit der Schadensregulierung beeinflußt werden.

5. Prinzip der Totalreparation

17 § 249 BGB liegt die Vorstellung von einem **vollständigen** Ausgleich zwischen Schädiger und Geschädigtem zugrunde. Ob der Geschädigte auf die Ersatzleistung überhaupt angewiesen ist, ist dabei ebenso unerheblich wie die etwaige Gefährdung der wirtschaftlichen Existenz des Schädigers durch die Höhe der Schadensersatzverbindlichkeit. Von den Fällen der Mitverantwortung des Geschädigten (Mitverschulden, mitwirkende Betriebsgefahr) abgesehen, gibt das Gesetz auch keine Möglichkeit, aus Billigkeitsgründen zu sog. vermittelnden Entscheidungen zu gelangen; es folgt unerbittlich dem Alles-oder-nichts-Prinzip. Nur die Beteiligten selbst haben es in der Hand (und machen hiervon im Haftungsrecht weithin Gebrauch), dessen Härte durch eine vergleichsweise Regelung zu entgehen.

18 Wirtschaftliche Erwägungen haben in das Schadensersatzrecht jedoch insoweit Eingang gefunden, als nach § 251 Abs. 2 BGB kein Ersatz für unverhältnismäßige Aufwendungen zu leisten ist. „Unverhältnismäßig" bezieht sich hierbei nicht etwa auf die Relation zwischen der Schadensersatzverbindlichkeit und dem Schuldnervermögen, sondern ausschließlich auf die Relation zwischen Herstellungsaufwand und Herstellungserfolg, wobei die „berechtigten" Belange des Gläubigers den Maßstab für die Verhältnismäßigkeit liefern.

---

[24] Grundlegend *Mommsen* Beiträge zum Obligationenrecht II: Zur Lehre vom Interesse (1855). Aus jüngerer Zeit *Schiemann* aaO, *Roussos* aaO, *Ch. Huber* Fragen der Schadensberechnung² (1995). Rechtsvergleichend *Stoll* Haftungsfolgen im bürgerlichen Recht (1993).

[25] Zusammenfassend *Steffen* NJW 1995, 2057.

[26] *Deutsch* Haftungsrecht, 423.

[27] *Schiemann* NZV 1996, 2.

6. Die Dispositionsfreiheit des Geschädigten

Man könnte aus dem Ausgleichsprinzip ableiten, daß Schadensersatz nur insoweit geschuldet wird, als der Geschädigte an einem Ausgleich des eingetretenen Schadens, also an einer Wiederherstellung, überhaupt interessiert ist. Die Rechtsprechung[28] versteht § 249 Satz 2 BGB, der auf den zur Herstellung **erforderlichen** Geldbetrag abstellt, jedoch dahin, daß der Schadensersatzanspruch auch dann in voller Höhe besteht, wenn der Geschädigte sich im Einzelfall mit einer nur teilweisen oder behelfsmäßigen Schadensbeseitigung abfindet oder von einer solchen ganz absieht, also etwa das Unfallfahrzeug im beschädigten Zustand weiter benutzt. Die damit anerkannte Dispositionsfreiheit des Geschädigten[29] führt dazu, daß der Schadensausgleich in der Praxis weithin fiktiv, d. h. ohne tatsächliche Reparation, abgewickelt wird[30]. 19

7. Bereicherungsverbot

In negativer Abgrenzung ergibt sich aus der Zweckbestimmung des Haftungsrechts, Verluste abzunehmen und auszugleichen, daß der Schadensersatz nicht zu einer Besserstellung des Geschädigten führen soll. Eine über die Restitutionsverpflichtung hinausgehende Belästigung des Schädigers findet im Gesetz keine Stütze und hat daher zu unterbleiben[31]. Die in der Parxis weithin anzutreffende Großzügigkeit bei der Zubilligung von Schadenspositionen (etwa für entgangene Nutzungsvorteile, für pauschalierte Auslagen oder für fiktive Aufwendungen) widerspricht diesem Bereicherungsverbot. Wie die Praxis lehrt, hat die verbreitete Geringschätzung dieses Prinzips mittlerweile zu überzogenen Begehrlichkeiten geführt. Häufig ist zu beobachten, daß Anspruchsteller mit großem Einfallsreichtum versuchen, so viel wie irgend möglich aus einem Unfall „herauszuschlagen" – von den Anreizen dieser Regulierungspraxis für Versicherungsbetrüger ganz zu schweigen. Durch stärkere Betonung des Bereicherungsverbots sollte dieser Entwicklung entgegengetreten werden. Wer so argumentiert, handelt sich zwar leicht den Vorwurf einer „Versicherungsfreundlichkeit" ein, allerdings schwerlich zu Recht. Da die Versicherer sich über die Prämien refinanzieren, ist bei ihnen ein gewichtiges Eigeninteresse an der Geringhaltung der Aufwendungen nicht zu erkennen. Letztlich geht die Aufblähung der Schadensersatzleistungen in jedem Fall zu Lasten der Versichertengemeinschaft, d. h. auch der an dem Schadensfall überhaupt nicht beteiligten Kraftfahrer. Es sollte zu denken geben, daß (insbesondere beim Sachschadenersatz) in keinem anderen Land Europas so hohe Leistungen gewährt werden wie bei uns[32]. 20

8. Mitverantwortung

Während das gemeine Recht und das englische common law dem mitwirkenden Verschulden eine haftungsausschließende Wirkung beilegten, hat der Gesetzgeber des BGB dem Richter in bewußter Abkehr von diesem starren Prinzip der Kulpakompensation eine Abwägung im Einzelfalle aufgetragen[33]. Dieser Rechtsgedanke, der in der Praxis häufig zu einer prozentualen Herabsetzung des Ersatzanspruchs führt, kommt auch im Bereich der Gefährdungshaftung zum Tragen (vgl. § 9 StVG, § 4 HaftpflG), und zwar auch in der Weise, daß gegenüber einer Haftung aus Verschulden die mitwir- 21

---

[28] Vgl. z. B. BGHZ 61, 58; 61, 347 ff; 63, 184; 66, 241; BGH NZV 1989, 465 m. Anm. *Hofmann*.

[29] *Steffen* NZV 1991, 2; NJW 1995, 2059.

[30] Vgl. hierzu § 7, 203 ff, auch zu den Schranken dieser Restitutionsform.

[31] *Lange* Einl. III 2a; a. A. *MünchKomm/Grunsky* vor § 249, 6 a, 7.

[32] Vgl. *Wezel* DAR 1991, 133.

[33] Vgl. *Deutsch* ZRP 1983, 137 m. Nachw.

kende Betriebsgefahr angerechnet wird (vgl. § 9, 103 ff). Teilweise auf Treu und Glauben, teilweise auf den Gleichbehandlungsgrundsatz zurückgeführt, ist die Schadensquotelung über den gesetzlich geregelten Bereich hinaus zu einem selbstverständlichen Element unseres Haftungsrechts geworden. Vereinzelt wird allerdings nicht ohne Berechtigung und mit Verweis auf ausländische Vorbilder geltend gemacht, daß die Gleichbehandlung von Schädiger und Geschädigtem durch dieses System häufig nur formal realisiert und das Ziel eines billigen Schadensausgleichs verfehlt wird[34]. Während nämlich das Unfallopfer zusätzlich zu den (u. U. lebenslang spürbaren) persönlichen Unfallfolgen auch noch finanzielle Lasten tragen muß, führt die Anrechnung seiner Mitverantwortung auf der Schädigerseite in der Regel nur zu einer Entlastung der Versichertengemeinschaft. Solange keine generelle Unfallversicherung eingeführt ist, werden sich solche Ungleichgewichtigkeiten zwar nicht ganz vermeiden lassen. Sie sollten bei der Haftungsabwägung aber bewußt gemacht werden und, von Fällen grober Eigengefährdung abgesehen, zu einer eher gemäßigten Belastung nichtmotorisierter Verkehrsteilnehmer führen. Wo es nur um die Schadensabwehr oder -beseitigung geht, sollte der, der die eigentliche Schadensursache gesetzt hat, deutlich stärker belastet werden[35].

III. System der Haftung nach dem StVG

22 Wegen der zunehmenden Gefährlichkeit des Straßenverkehrs hat der Gesetzgeber schon zu Beginn des 20. Jahrhunderts eine verschärfte Haftung derjenigen begründet, die die wesentlichste Gefahrenquelle in diesem Bereich, nämlich die mit Motorkraft angetriebenen Fahrzeuge, beherrschen[36]. Diese verschärfte Haftung des Kfz-Halters und -führers ist in den §§ 7 bis 20 StVG geregelt, wobei § 7 die Grundlage für die Halterhaftung, § 18 die Grundlage für die Führerhaftung ist. Die weiteren Vorschriften befassen sich im wesentlichen mit der näheren Ausgestaltung dieser Haftung.

23 Bei Unfällen mit Kraftfahrzeugen wird der Geschädigte sich in aller Regel primär auf die genannten Vorschriften stützen, da sie den für ihn einfachsten Weg zur Entschädigung bieten. Um den Halter nach § 7 StVG in Anspruch nehmen zu können, braucht er nur nachzuweisen, daß der Unfall sich beim Betrieb dessen Kraftfahrzeugs ereignet hat; daneben kann er sich ohne weitere Beweisbelastung nach § 18 an denjenigen halten, der das Kraftfahrzeug zum Unfallzeitpunkt geführt hat. In beiden Fällen ist es dann Sache des in Anspruch Genommenen, sich zu entlasten, wobei dieser Entlastungsbeweis unterschiedlich ausgestaltet ist:

der **Halter** kommt nur frei, wenn er die Unabwendbarkeit des Unfalls beweist,
der **Führer** nur, wenn er seine Schuldlosigkeit erfolgreich unter Beweis stellt.

24 Beide Beweise sind typischerweise schwer zu führen. Dies liegt zum einen daran, daß der Beweis eines Negativums (wie hier: Unabwendbarkeit, Nichtverschulden) immer besondere Schwierigkeiten bereitet, weil er die Widerlegung aller denkbaren Abläufe, aus denen sich ein Vorwurf ergeben könnte, bedingt. Im vorliegenden Bereich tritt die Komplikation hinzu, daß Verkehrsunfälle wegen ihres plötzlichen Eintritts und ihres dynamischen Ablaufs sehr häufig nicht exakt aufklärbar sind, so daß es vielfach zu der gegen den Halter oder Führer wirkenden non-liquet-Situation kommt. Schließlich trifft den Halter die zusätzliche Erschwernis, nicht nur das Aufwenden der erforderlichen Sorgfalt, sondern die Unabwendbarkeit des Unfallereignisses nachweisen zu müssen,

[34] *Deutsch* ZRP 1983, 138.
[35] Vgl. *Staudinger/Medicus* § 254, 94; *Medicus* 17. VGT, 65.
[36] Zur geschichtlichen Entwicklung s. Vorbem. 6 ff.

was noch höhere Anforderungen an den Grad der Sorgfalt stellt und kraft Gesetzes (vgl. § 7 Abs. 2 StVG) bei manchen Abläufen, etwa technischen Defekten des Kraftfahrzeugs, zum Ausschluß jeglicher Entlastungsmöglichkeit führt.

25 Ist der Geschädigte ebenfalls Halter oder Führer eines Kraftfahrzeugs, so wirkt diese Haftungs- und Beweisregelung aber zugleich – quasi spiegelbildlich – auch gegen ihn: er muß sich die Betriebsgefahr seines Kraftfahrzeugs anspruchsmindernd zurechnen lassen. § 17 StVG trifft nähere Anordnungen darüber, wie in einem solchen Fall die Haftungsabwägung vorzunehmen ist.

26 Bei Schädigung anderer Verkehrsteilnehmer steht dem Halter oder Führer selbstverständlich auch der Einwand des Mitverschuldens zu Gebote (§ 9 StVG). Auch insoweit trifft die Beweislast ihn. Hat er hierbei Erfolg, kommt es gleichfalls zu einer Abwägung der Haftungsanteile.

IV. Zusammenhang mit dem übrigen Haftungsrecht

27 Der bei einem Kraftfahrtunfall Geschädigte ist aber nicht auf die Ansprüche nach §§ 7, 18 StVG beschränkt. Er kann sich vielmehr, was § 16 StVG ausdrücklich klarstellt, auch auf das gesamte sonstige Haftungsrecht, insbesondere § 823 Abs. 1 und 2 BGB, stützen. Zwar trifft ihn dann die Beweislast für die weitergehenden Haftungsvoraussetzungen der betreffenden Vorschrift, insbesondere für das Verschuldenserfordernis, aber diesen Beweis zu führen kann für ihn von der Rechtsfolgenseite her von Interesse sein: so kennt das Deliktsrecht der §§ 823 ff BGB z. B. keine Höhenbegrenzung der Haftung wie § 12 StVG, auch Schmerzensgeld kann nur auf der Grundlage der §§ 823, 847 BGB beansprucht werden.

28 Üblicherweise legt der Geschädigte folglich die Voraussetzungen der Gefährdungshaftung nach §§ 7 ff StVG und jene der Haftung aus §§ 823 ff BGB nebeneinander dar. Je nach Lage des Falles kommen auch weitere Anspruchsgrundlagen in Betracht, z. B.,

- § 839 BGB in Verbindung mit Art. 34 GG (bei Schädigung durch einen Amtsträger bei Ausübung eines öffentlichen Amtes);
- § 829 oder § 832 BGB (bei von einem Kind verursachten Unfall);
- §§ 833, 834 BGB (bei von einem Tier verursachten Unfall);
- § 1 ProdHaftG (wenn der Unfall auf einem Herstellungsmangel des Fahrzeugs beruht);
- § 781 BGB (wenn ein konstitutives Schuldanerkenntnis abgegeben wurde);
- § 904 S. 2 BGB (wenn der Unfall auf die Abwehr einer Notlage zurückzuführen ist);
- § 22 Abs. 2 Satz 1 WHG (bei Gewässerverunreinigung);
- positive Vertragsverletzung (wenn der Unfallschaden im Rahmen eines Vertragsverhältnisses erlitten wird).

V. Zusammenhang mit dem Privat- und Sozialversicherungsrecht

29 In kaum einem anderen Gebiet wird das Haftungsrecht so stark von Regelungen der privaten und kollektiven Daseinsvorsorge überlagert wie bei der Regulierung von Verkehrsunfallschäden.

30 Auf seiten des Schädigers ist es vor allem die für Kraftfahrzeughalter obligatorische Haftpflichtversicherung, die – wirtschaftlich gesehen – zu einer Schadensverlagerung führt und – rechtlich gesehen – dem Geschädigten via Direktanspruch einen weiteren Haftpflichtschuldner verschafft. Den versicherten Kraftfahrzeughalter und den (mitversicherten) Kraftfahrzeugführer trifft eine wirtschaftliche Belastung durch den Schadensfall nur dann, wenn es (z. B. wegen Obliegenheitsverletzung) zu einem Versichererregreß kommt, wenn er durch Zurückstufung in der Schadensfreiheitsklasse einen Prä-

miennachteil erleidet oder wenn der Schaden die Deckungssumme der Haftpflichtversicherung übersteigt.

31 Aber auch auf der Seite des **Geschädigten** findet häufig eine Schadensverlagerung statt. Bei Bestehen einer Kaskoversicherung kann er seinen Fahrzeugschaden von dieser ersetzt verlangen. Personenschäden werden weitgehend durch die Träger der gesetzlichen Kranken-, Unfall- oder Rentenversicherung, durch einen privaten Krankenversicherer, durch den Dienstherren des verletzten Beamten oder (in Form der Entgeltfortzahlung) durch den Arbeitgeber aufgefangen. Da diese Vorsorgesysteme aber im Regelfall nicht zur Entlastung des Schädigers gedacht sind, findet weithin ein Forderungsübergang auf den Eintretenden statt. Dem Geschädigten verbleiben dann nur die nicht durch deren Leistungen gedeckten („inkongruenten") Bestandteile seines Schadensersatzanspruchs. Im Arbeits- und Dienstunfallsrecht findet u. U. sogar ein völliger Haftungsausschluß (mit Ausschluß auch des Regresses des Unfallversicherungsträgers) statt.

32 Als Konsequenz dieser Haftungsverlagerungen finden Haftpflichtprozesse oftmals nicht zwischen Geschädigtem und Schädiger, sondern zwischen Leistungsträgern und Haftpflichtversicherern statt. Dieser Schadensausgleich wird zudem durch Teilungs- oder andere Regreßabkommen in deutlicher Abkehr von den zivilrechtlichen Schadensersatzregelungen modifiziert. Aus alledem erhellt, daß eine Regulierung von Straßenverkehrsunfällen allein nach den BGB-Vorschriften nicht möglich ist, sondern die Regelungen des Privat- und Sozialversicherungsrechts mit zu berücksichtigen sind. Dies kann allerdings nicht bedeuten, daß dem Bestehen von Versicherungsschutz eine haftungsbegründende Wirkung beigelegt wird. Hier gilt vielmehr das sog. Trennungsprinzip[37]. Ob eine Haftung besteht, ist unabhängig von der versicherungsrechtlichen Lage nach den haftungsrechtlichen Normen zu bestimmen; das Versicherungsrecht entscheidet nur darüber, in welchem Umfang und wem gegenüber ein Versicherer für die daraus sich ergebenden Ansprüche einstehen muß.

33 Daß es in der Praxis gleichwohl – mehr oder weniger unterschwellige – Beeinflussungen des Haftungsrechts durch das Bestehen von Versicherungsschutz gibt, ist allerdings nicht zu leugnen. So ist *Lange*[38] uneingeschränkt beizupflichten, wenn er mutmaßt, daß die retardierenden Momente gegenüber einer extensiven Schadensbemessung im Recht des Kraftfahrzeugverkehrs sehr viel stärker gewesen wären, wenn die neu erarbeiteten Grundsätze in den eigenen Geldbeutel des Ersatzpflichtigen gegriffen hätten, und daß auch die zum Teil sehr hohen Anforderungen an Verkehrssicherungspflichten, elterliche Aufsichtspflichten usw. von einem Seitenblick auf die Versicherungssituation mitbestimmt sein mögen.

VI. Zusammenhang mit dem Beweisrecht

34 Das Beweisrecht regelt die gerichtliche Feststellung des Sachverhalts, der der Rechtsanwendung zugrunde zu legen ist. Dies bedeutet jedoch nicht, daß dem Beweisrecht etwa eine rein verfahrensrechtliche Bedeutung im Prozeß zukäme. Nicht nur die Regeln über die Beweislast, sondern auch die mannigfachen Beweiserleichterungen, die die Rechtsprechung im Bereich des Haftungs- und Versicherungsrechts geschaffen hat – allen voran der Anscheinsbeweis – bewirken eine Verlagerung haftungsrechtlicher Risiken, die sich auch bei der außergerichtlichen Schadensregulierung auswirkt. Schon dies macht den engen Zusammenhang zwischen Haftungsrecht und Beweisrecht deut-

[37] Zu dessen Durchbrechung bei der Billigkeitshaftung nach § 829 BGB s. § 16, 149.

[38] Einl. II 3. Ähnlich *Lieb* MDR 1995, 992.

lich. Wird weiter bedacht, daß das gerichtliche Verfahren darauf gerichtet ist, die materielle Rechtslage zu erkennen, nicht etwa unabhängig vom materiellen Recht Ansprüche zu schaffen, so erweist sich, daß viele beweisrechtliche Instrumentarien in Wirklichkeit materiellrechtliche Risikozuweisungen darstellen, also Modifizierungen des materiellen Haftungsrechts bewirken[39].

VII. Besonderheiten des Verkehrshaftpflichtprozesses

1. Klagehäufung

Bei Unfällen mit Kraftfahrzeugen besteht in der Regel ein Direktanspruch gegen die Haftpflichtversicherung (§ 3 Nr. 1 PflVG; s. § 16, 796 ff). Daneben auch den Halter und den Fahrer des Kraftfahrzeugs als Gesamtschuldner mitzuverklagen, besteht – vom Fall der Erschöpfung der Deckungssumme abgesehen – an sich kein Anlaß. Selbstverständlich ist es aber das gute Recht des Geschädigten, so zu verfahren. In der Praxis geschieht dies oft, um den Unfallgegner als Zeugen auszuschalten. Ist eine solche Absicht erkennbar (z. B. weil die Klage erst auf den Fahrer erweitert wurde, nachdem er als Zeuge benannt worden war, oder bei Erhebung einer offensichtlich unbegründeten Drittwiderklage), so kann ein derartiges Taktieren jedoch als Beweisvereitelung betrachtet und bei der Beweiswürdigung zu Lasten des Betreffenden verwertet werden (näher § 16, 357). Zudem wird das Gericht häufig gehalten sein, einer auf solche Weise herbeigeführten Beweisnot durch Parteivernehmung nach § 448 ZPO abzuhelfen (s. Rdn. 72). **35**

Die Klagen gegen Halter, Fahrer und Haftpflichtversicherer können, da **keine notwendige Streitgenossenschaft** besteht, unterschiedliches Schicksal haben. Zur teilweisen Rechtskrafterstreckung nach § 3 Nr. 8 PflVG s. § 16, 816 ff, zu Fragen der Prozeßvollmacht des Haftpflichtversicherers und zur Lösung von Interessenkonflikten zwischen diesem und dem Haftpflichtigen § 16, 821 ff. **36**

Haben die Beklagten **unterschiedliche allgemeine Gerichtsstände**, so ist eine gemeinsame Klage nur am Gerichtsstand des Unfallortes (§ 32 ZPO, § 20 StVG, § 14 HaftpflG) möglich. Wurden gesonderte Klagen beim selben Gericht erhoben, kommt Verbindung nach § 147 ZPO in Betracht; wurden sie bei verschiedenen, je für sich zuständigen Gerichten rechtshängig, müssen sie gesondert durchgeführt werden, weil weder eine Abgabe nach § 281 ZPO noch eine Gerichtsstandsbestimmung nach § 36 Nr. 3 ZPO möglich ist. Nur wenn der Unfallort im Ausland liegt, kann nach § 36 Nr. 3 ZPO verfahren werden, denn in diesem Falle fehlt es an einem „gemeinschaftlichen besonderen Gerichtsstand"[40]. **37**

2. Widerklage

Aufgrund von Verkehrsunfällen werden oftmals gegenseitig Ansprüche gestellt. Es ist sachgerecht, wenn diese durch Erhebung einer Widerklage in einem Prozeß abgehandelt werden. Wegen des Sachzusammenhangs ist die örtliche Zuständigkeit unproblematisch (§ 33 ZPO). Zu einer Verschiebung der sachlichen Zuständigkeit kann es jedoch nach § 506 ZPO kommen, wenn mit der Widerklage beim Amtsgericht ein vor das Landgericht gehörender Anspruch geltend gemacht wird (nicht aber, wenn die landgerichtliche Zuständigkeit nur bei Addition der Streitwerte erreicht würde; § 5 Halbs. 2 ZPO). **38**

---

[39] Näher hierzu § 16, 378.

[40] BayObLG VersR 1985, 841; 1986, 299; 1988, 642. Ebenso bei Unfall in der DDR vor dem Beitritt; BayObLG NZV 1991, 116.

39 Die Widerklage kann auf einen am Prozeß bisher nicht Beteiligten erstreckt (nicht aber ausschließlich gegen einen solchen erhoben) werden (**Drittwiderklage**)[41]. Dies kommt in Verkehrshaftungssachen häufig vor, weil der Beklagte für seine Schadensersatzansprüche auch (oder sogar in erster Linie) den gegnerischen Haftpflichtversicherer in Anspruch nehmen will (zu den Folgen einer nur zum Zweck der Beweisvereitelung erhobenen Drittwiderklage s. Rdn. 35). Der Drittwiderbeklagte muß beim Prozeßgericht seinen allgemeinen oder einen besonderen Gerichtsstand haben. Dies bereitet bei Klagen am Gericht des Unfallorts keine Schwierigkeiten; ansonsten bleibt ggf. nur der Weg des § 36 Nr. 3 ZPO[42]. Die Widerklage muß an den Dritten selbst zugestellt werden, sofern sich nicht ausnahmsweise der Prozeßbevollmächtigte des Klägers auch bereits für ihn bestellt hat.

40 Zur Frage der **anwaltlichen Vertretung** bei Identität des Haftpflichtversicherers auf Seiten des Beklagten und des Widerbeklagten s. § 16, 822.

3. **Feststellungsklage**

41 Das für die Zulässigkeit erforderliche **Feststellungsinteresse** (§ 256 Abs. 1 ZPO) fehlt in der Regel, wenn der Geschädigte in der Lage ist, auf Zahlung zu klagen[43]. Ob dies anders ist, wenn sich die Klage gegen ein Versicherungsunternehmen richtet, erscheint zweifelhaft[44]. Befindet sich der Schadensumfang aber noch in der Entwicklung, so kann sich das besondere Interesse an einer der noch nicht möglichen Leistungsklage vorgeschalteten Feststellungsklage aus deren verjährungsunterbrechender Wirkung ergeben (vgl. § 14, 99). In solchen Fällen ist die Feststellungsklage insgesamt zulässig, auch wenn der Schadensersatzanspruch teilweise schon beziffert werden könnte[45]. Konkretisiert sich der Schaden während des Prozesses, braucht – jedenfalls in 2. Instanz – nicht auf eine Leistungsklage übergegangen zu werden[46].

42 Häufig wird auch neben einer Zahlungsklage (bezüglich des bereits eingetretenen Schadens) auf Feststellung der Ersatzpflicht für Zukunftsschäden geklagt. Hier liegt ein Feststellungsinteresse schon dann vor, wenn künftige Schadensfolgen nur möglich sind, ihr Eintritt aber ungewiß ist[47]. Stellt sich während des Rechtsstreits heraus, daß mit künftigen Schäden nicht mehr zu rechnen ist, so erledigt sich die Hauptsache[48].

43 Zur Frage, ob und in welcher Form die **Beschränkung der Haftung** auf den Höchstbetrag nach § 12, auf die Versicherungssumme bzw. die Mindestversicherungssumme zum Ausdruck zu bringen ist, s. § 12, 33; § 16, 809 f). Zur Zulässigkeit des Übergangs zur Leistungsklage *Zöller/Greger* § 256, 15.

4. **Teilklage**

44 Gelegentlich wird versucht, das Prozeßkostenrisiko dadurch gering zu halten, daß (zunächst) nur ein **Teil des Schadens** eingeklagt wird. Der Kläger muß in diesem Fall aber klar zum Ausdruck bringen, welche Positionen seines Gesamtschadens Streitgegenstand sein sollen (also z. B. 50% der Reparaturkosten). Er kann auch mehrere Posi-

41 Näher *Zöller/Vollkommer* § 33, 18 ff.
42 BGH NJW 1991, 2838; 1993, 2120.
43 Näher, auch zu den Ausnahmen, *Zöller/Greger* § 256, 7a ff.
44 So aber *Hofmann* Der Schadenersatzprozeß, 243; abl. OLG Düsseldorf VersR 1995, 1301.
45 BGHZ 70, 39; BGH NJW 1984, 1554; VersR 1991, 788; OLG Karlsruhe VersR 1992, 370.
46 BGH NJW 1978, 210; zu möglicher Ausnahme für 1. Instanz BGH LM § 256 ZPO Nr. 5.
47 BGH NJW 1991, 2707.
48 BGH VersR 1972, 459.

tionen hilfsweise zur Entscheidung stellen, muß dann aber die Reihenfolge genau bezeichnen[49].

45 Vielfach werden auch nur **Restansprüche** eingeklagt, weil der Haftpflichtversicherer einen Teil des Schadens reguliert hat. Auch hier muß dargelegt werden, worauf sich der Restanspruch bezieht, d. h. wie die Versicherungsleistung verrechnet wird. Die Art der Verrechnung ergibt sich aus §§ 366 f BGB. Hat der Versicherer sich die Tilgungsbestimmung vorbehalten, ist noch keine Erfüllungswirkung eingetreten[50], so daß der Geschädigte seine Forderung in voller Höhe einklagen und nach erfolgter Verrechnungserklärung für erledigt erklären kann[51].

46 Genügt die Klage – auch nach gerichtlichem Hinweis – den vorstehenden Anforderungen nicht, ist sie als **unzulässig** abzuweisen.

47 Die Teilklage unterbricht die **Verjährung** nur hinsichtlich des Anspruchsteils, der Gegenstand des Rechtsstreits ist[52]. Wurde er nicht ausreichend bestimmt bezeichnet und die Klage daher als unzulässig abgewiesen (Rdn. 44 ff), so ist die Verjährung für jeden Anspruch bis zur Höhe der Klagesumme unterbrochen[53], sofern innerhalb von sechs Monaten neu geklagt wird (§ 212 Abs. 2 BGB; s. auch § 14, 85).

48 Der Beklagte kann die Risikobeschränkung durch Teilklage dadurch hinfällig machen, daß er bezüglich des Rests des vom Kläger behaupteten Anspruchs **negative Feststellungsklage** erhebt. Der Kläger kann dieser nicht dadurch das Feststellungsinteresse nehmen, daß er erklärt, er werde die Entscheidung über die Teilklage auch für den Rest als verbindlich anerkennen[54]. Erweitert er die Klage auf den restlichen Anspruch, ist die negative Feststellungsklage für erledigt zu erklären, sobald die Klage nicht mehr einseitig (s. § 269 Abs. 1 ZPO) zurückgenommen werden kann[55].

5. Unbezifferte Klageanträge

49 Die damit zusammenhängenden, insbesondere bei Schmerzensgeldklagen auftretenden Fragen sind in § 16, 61 ff behandelt.

6. Grundurteil

50 Bei Schadensersatzklagen kann über den Grund des Anspruchs vorab durch ein Zwischenurteil entschieden werden (§ 304 ZPO). Dies ist nur dann sinnvoll, wenn zur Ermittlung des Schadensersatzbetrages noch ein umfängliches Verfahren erforderlich ist, dem durch eine abweichende Grundentscheidung in der höheren Instanz der Boden entzogen werden könnte. Da das Zwischenurteil über den Grund mit den normalen Rechtsmitteln angefochten werden kann, kann den Parteien einen u. U. nutzlose Beweisaufnahme zum Betrag erspart werden. In manchen Fällen fördert es auch die Vergleichsbereitschaft, wenn über den Grund bereits abschließend entschieden ist. Oftmals führt der Erlaß eines Grundurteils wegen der damit verbundenen zweimaligen Eröffnung des Instanzenzuges aber auch zu erheblichen Prozeßverzögerungen. Es sollte daher nur in wirklich geeigneten Ausnahmefällen von dieser Möglichkeit Gebrauch gemacht werden. Besondere Beachtung muß der **Bindungswirkung** des Grundurteils für das Betragsverfahren geschenkt werden[56]; sie erfordert es, alle den Haftungsgrund be-

---

49 BGH NJW-RR 1989, 86.

50 BGH NJW 1991, 1607.

51 Hierzu eingehend *Blumberg* NZV 1992, 257 ff.

52 BGH VersR 1988, 401.

53 BGH NJW-RR 1988, 692.

54 BGH NJW-RR 1988, 749.

55 BGHZ 99, 340; BGH NJW 1973, 1500; *Zöller/Greger* § 256, 7 b.

56 Näher hierzu *Zöller/Vollkommer* § 304, 20 ff.

treffenden Einwendungen bereits im Grundverfahren vorzubringen, im Grundurteil zu bescheiden und ggf. durch Anfechtung dieses Urteils weiterzuverfolgen.

51 **Unzulässig** ist der Erlaß eines Grundurteils, wenn nur der Betrag[57] oder nur der Grund[58] oder nur die Zulässigkeit der Klage[59] streitig ist, desgleichen, wenn streitige Tatsachen sowohl für den Grund als auch für die Höhe des Anspruchs maßgeblich sind[60]. Ein Grundurteil darf auch nicht ergehen, solange nicht alle zum Grund gehörenden Anspruchsvoraussetzungen (Rdn. 52 f) festgestellt und die diesbezüglichen Einwendungen ausgeschlossen sind.

52 **Zum Grund des Anspruchs gehören** bei Schadensersatzklagen auch: die Sachbefugnis (Abtretung, Forderungsübergang; ggf. Ausspruch: „soweit nicht auf Sozialversicherungsträger übergegangen"), die Entstehung eines Schadens (hierbei genügt, daß mit hoher Wahrscheinlichkeit ein Schaden in irgendeiner Höhe entstanden ist[61]), Erlöschen des gesamten Anspruchs durch Erfüllung, Verzicht oder Aufrechnung[62], Verjährung des gesamten Anspruchs[63], die Subsidiarität nach § 839 Abs. 1 Satz 2 BGB. Zur Haftungsbegrenzung nach § 12 s. § 12, 34. Bei der Direktklage gegen den Haftpflichtversicherer muß auch die etwaige Erschöpfung der Versicherungs- bzw. Mindestversicherungssumme bereits im Grundverfahren berücksichtigt werden.

53 Auch über den **Mithaftungseinwand** (§ 254 BGB, §§ 9, 17 StVG) ist grundsätzlich bereits im Grundverfahren zu entscheiden, d. h. das Grundurteil legt auch die Haftungsquote fest. Dies geschieht bei materiellen Schadensersatzansprüchen z. B. durch den Ausspruch: „Die Klage ist dem Grunde nach zur Hälfte gerechtfertigt", beim Schmerzensgeld empfiehlt sich die Formulierung „unter Berücksichtigung eines Mitverschuldens des Klägers von 50%". Ausnahmsweise kann die Mithaftungsfrage jedoch dem Betragsverfahren vorbehalten werden, sofern ein völliger Haftungsausschluß nicht in Betracht kommt[64]. Der Vorbehalt muß ausdrücklich ausgesprochen werden[65]. Enthält das Grundurteil weder die Festsetzung einer Mithaftungsquote noch den Vorbehalt einer solchen, kann der Beklagte im Betragsverfahren eine Mithaftung nicht mehr einwenden.

54 Bei **Anspruchskonkurrenz** müssen sämtliche Anspruchsgrundlagen geprüft werden, sofern ihnen eine Bedeutung für die Höhe des Schadensersatzes zukommen kann[66]. Ergibt sich z. B., daß eine deliktische Haftung zu verneinen, eine solche nach § 7 aber zu bejahen ist, so wird der Anspruch „im Rahmen des StVG" dem Grunde nach für gerechtfertigt erklärt und die Klage im übrigen abgewiesen[67].

55 **Dem Betragsverfahren vorzubehalten** sind Fragen zur Schadensberechnung, zur Schadensminderungspflicht[68], zu Rentenbeginn und -dauer[69], während die haftungsausfüllende Kausalität in der Regel schon für die im Grundurteil zu treffende Feststellung der Wahrscheinlichkeit einer Schadensentstehung bedeutsam ist[70].

---

57 BGH NJW-RR 1989, 1149.
58 OLG Frankfurt NJW-RR 1986, 1353.
59 BGH NJW 1992, 2487.
60 BGH VersR 1992, 1465. So z. B., wenn die Behauptung eines gestellten Unfalls auch auf Vorschädigungen des Fahrzeugs gestützt wird, OLG Hamm NZV 1995, 403.
61 BGH NJW-RR 1991, 600; LM Nr. 16 Zu § 304 ZPO.
62 BGH NJW-RR 1994, 380; *Zöller/Vollkommer* § 304, 8; *MünchKomm-ZPO/Musielak* § 304, 20.
63 BGH NJW 1968, 2105.
64 BGHZ 76, 400.
65 BGHZ 110, 202.
66 BGHZ 72, 36.
67 *Zöller/Vollkommer* § 304, 18. Zu den Folgen einer Unterlassung dieses Ausspruchs s. BGH VersR 1962, 964.
68 *Zöller/Vollkommer* § 304, 15.
69 Nach BGHZ 11, 183 u. BGH VersR 1967, 1002 soll insoweit ausdrücklicher Vorbehalt erforderlich sein.
70 BGH NJW-RR 1991, 600.

7. Teilurteil

§ 301 ZPO bietet die Möglichkeit, über einen Teil des Streitgegenstands vorab zu entscheiden, wenn insoweit Entscheidungsreife besteht. Entgegen dem Aufbau der Vorschrift, die das Teilurteil als Regelfall und das Absehen von einem solchen als Ausnahme statuiert, sollte hiervon aber zurückhaltend Gebrauch gemacht werden, da die Aufspaltung des Rechtsstreits in mehrere Einzelprozesse zumeist nicht der Prozeßökonomie dient. Beim Erlaß von Teilurteilen unterlaufen auch häufig Verfahrensfehler. 56

Unzulässig ist ein Teilurteil über bloße Elemente der Schadensberechnung[71] sowie insbesondere dann, wenn es zugleich die Entscheidung über den Rest des Streitgegenstandes präjudiziert. Der entschiedene und der offengelassene Teil des Rechtsstreits müssen voneinander unabhängig sein; es darf nicht die Gefahr widersprüchlicher Entscheidungen im Teil- und im Schlußurteil – auch durch das Rechtsmittelgericht – bestehen[72], z. B. weil das Teilurteil über eine auch für den Rest bedeutsame Vorfrage[73] oder über unselbständige Rechnungsposten eines einheitlichen Schadensersatzanspruchs entscheidet[74]. Aus diesem Grund darf auch nicht der Schmerzensgeldanspruch wegen fehlenden Verschuldens durch Teilurteil abgewiesen werden, denn die Verschuldensfrage kann auch für den noch offenen materiellen Schadensersatzanspruch von Bedeutung sein[75]. Ggfs. ist zugleich mit dem Teilurteil ein Grundurteil über den Rest zu erlassen[76]. Hierbei muß eindeutig bestimmt werden, über welchen Teil des Klageanspruchs bereits abschließend entschieden wird[77]. Wurde Widerklage erhoben, so gilt das Postulat der Widerspruchsvermeidung auch für ein Teilurteil, welches nur über die Klage oder nur über die Widerklage entscheidet[78]. Bei wechselseitigen Ansprüchen aus demselben Verkehrsunfall wird eine Aufspaltung schon wegen der einheitlich vorzunehmenden Haftungsquotierung ausscheiden. 57

8. Beweisaufnahme

a) **Allgemeines zur Sachverhaltsfeststellung.** In Verkehrsunfallprozessen ist typischerweise nicht nur die rechtliche Beurteilung, sondern in besonderem Maße deren tatsächliche Grundlage, also der Hergang des Unfalls und das Ausmaß seiner Folgen, streitig. Die Aufklärung des Sachverhalts steht deshalb weithin im Vordergrund. Sie liegt nach dem zivilprozessualen **Beibringungsgrundsatz** in den Händen der Parteien. Der Richter hat nur darauf hinzuwirken, daß sie sich vollständig und eindeutig erklären (§ 139 ZPO), ist aber weder berechtigt noch verpflichtet, von sich aus den Sachverhalt zu erforschen. Die Erhebung von Beweisen setzt grundsätzlich einen Beweisantritt seitens der Partei voraus. 58

In gewissen Grenzen und stets nur im Rahmen des von den Parteien unterbreiteten Streitstoffs kann der Richter aber auch **von Amts wegen** zur Sachverhaltsermittlung beitragen. Im einzelnen kommt hier in Betracht: 59

aa) **Ladung der Parteien zur persönlichen Anhörung** (§ 141 ZPO). Von ihr sollte dann, wenn die Parteien eigene Kenntnisse von dem streitigen Lebenssachverhalt besit- 60

---

71 BGH NJW-RR 1989, 1149 (Zeiten der Erwerbsunfähigkeit).

72 BGHZ 107, 242; 120, 380; BGH NJW 1992, 2081; 1994, 932; NJW-RR 1994, 380.

73 BGH NJW-RR 1992, 1053.

74 BGH NJW-RR 1991, 1469. Bedenklich BGH NJW 1996, 1478 = JZ 1996, 1188 m. abl. Anm. *Müller*, wo die Zuerkennung eines Mindestschadens durch Teilurteil als zulässig angesehen wurde.

75 Z. B. hinsichtlich der Haftungsquote; OLG Köln NZV 1992, 241 LS.

76 BGH NJW 1992, 1770.

77 BGHZ 108, 260; BGH NJW 1992, 1770.

78 BGH NJW 1991, 2699.

zen, also z. B. den Unfall selbst erlebt haben, in aller Regel Gebrauch gemacht werden. Das Gericht kann auf diese Weise ein lebensnäheres Bild von dem tatsächlichen Geschehensablauf gewinnen als es schriftliche Darstellungen zu vermitteln vermögen, die nicht selten beschönigend sind oder Wesentliches verschweigen. Es kann Vorhaltungen machen, die Hintergründe von widersprüchlichen Darstellungen aufzuklären versuchen und aus dem Verhalten bei der Gegenüberstellung mit der Gegenpartei oder mit Zeugen Schlüsse für die Beweiswürdigung ziehen. Oft wird sich durch eine Parteianhörung im frühen ersten Termin sogar eine förmliche Beweisaufnahme vermeiden lassen, weil sich ergibt, daß es auf angetretene Zeugenbeweise gar nicht ankommt; das unmittelbare Gespräch mit den Parteien bietet zudem bessere Möglichkeiten für gütliche Streiterledigungen. Eine Parteianhörung kann auch die Grundlage für eine förmliche Parteivernehmung schaffen, indem sie die hierfür erforderliche Wahrscheinlichkeit der streitigen Tatsachenbehauptung vermittelt (s. Rdn. 72). U. U. kann der Richter sogar zur Parteianhörung verpflichtet sein, nämlich dann, wenn nur die Gegenseite einen Zeugen für ihre Unfallversion aufbieten kann; der Grundsatz der prozessualen Waffengleichheit gebietet es in solchen Fällen, der in Beweisnot befindlichen Partei wenigstens auf diesem Wege nicht nur rechtliches, sondern auch „tatsächliches" Gehör zu verschaffen[79].

61 bb) **Beiziehung von Akten, Einholung amtlicher Auskünfte** (§ 273 Abs. 2 Nr. 2) sind zulässig als terminsvorbereitende Maßnahmen, also nicht zu Beweiszwecken (was sich schon daraus ergibt, daß sie der Vorsitzende allein verfügen kann). Grundsätzlich setzen sie daher einen Beweisantritt der Partei voraus (§ 432 Abs. 1 ZPO). Als vorbereitende Maßnahmen sind sie aber auch insoweit zulässig, als sie der Ergänzung und Aufhellung des Parteivorbringens dienen sollen, insbesondere wenn sich eine Partei wenigstens mittelbar darauf bezogen hat. So können, wenn in der Klageschrift auf die polizeiliche Aufnahme des Unfalls hingewiesen wird, die entsprechenden Ermittlungsakten beigezogen werden (zur Frage der Verwertbarkeit darin enthaltener Zeugenaussagen oder Gutachten s. Rdn. 65, 67); wenn sich eine Partei auf eine bestimmte Straßenbeschilderung oder Ampelschaltung beruft, können diesbezügliche Unterlagen der Verwaltungsbehörde angefordert werden. Eine unzulässige, gegen die gerichtliche Neutralitätspflicht verstoßende Amtsermittlung wäre es jedoch, wenn das Gericht von sich aus nachforschen würde, ob gegen eine Partei ein Strafverfahren anhängig war, oder wenn es von sich aus den Inhalt von Akten eines anderen Zivilprozesses verwerten würde[80].

62 cc) **Augenschein oder Begutachtung** können auch ohne entsprechenden Beweisantrag vom Gericht angeordnet werden (§ 144 ZPO; näher Rdn. 63, 66).

b) Einzelne Beweismittel

63 aa) **Augenschein.** Er kommt insbesondere hinsichtlich der Unfallörtlichkeit oder bezüglich einer Unfallbeschädigung oder -verletzung in Betracht. Das Gericht kann ihn nach seinem Ermessen von Amts wegen anordnen (§ 144 ZPO); einem Beweisantrag (§ 371 ZPO) muß es, wenn es sich um eine erhebliche und beweisbedürftige Tatsache handelt, entsprechen[81]. Werden von einer Partei Fotografien vorgelegt, die einen eindeutigen Gesamteindruck vermitteln, und behauptet die beweispflichtige Partei keine abweichenden Merkmale, so kann von einer Ortsbesichtigung abgesehen werden[82].

64 bb) **Zeugen** dürfen in keinem Fall von Amts wegen, sondern nur auf Beweisantritt einer Partei vernommen werden (§ 373 ZPO). In diesem Falle besteht die Pflicht zur

---

79 LG Berlin DAR 1991, 151.
80 BVerfG NJW 1994, 1210.
81 *Rosenberg/Schwab/Gottwald* § 120 III 1.
82 BGH VersR 1988, 79; OLG Köln NZV 1994, 279.

Vernehmung, sofern die unter Beweis gestellte Tatsache erheblich und beweisbedürftig ist. Sie kann nicht deswegen abgelehnt werden, weil das Gericht den Zeugen nicht für glaubwürdig hält (z. B. naher Angehöriger einer Partei, Geschädigter nach Abtretung seiner Ansprüche).

Auch ein Zeuge, der das Unfallgeschehen nicht selbst beobachtet, sondern nur die 65
Erörterungen zwischen den Betroffenen nach dem Unfall mitgehört hat, darf nicht von vorneherein als untaugliches Beweismittel behandelt werden. Es ist durchaus möglich, daß mit seiner Hilfe ein mittelbarer Beweis geführt werden kann. Gerade die im unmittelbaren Anschluß an das Unfallgeschehen abgegebenen Äußerungen der Augenzeugen über die Unfallursache können für deren Feststellung von großer Bedeutung sein, weil sie in der Regel von Überlegungen zur Haftungsfrage unbeeinflußt sind.[83]

Unter den Voraussetzungen des § 377 Abs. 3 und 4 ZPO kann auch lediglich eine **schriftliche Auskunft** eingeholt werden. Die **Verwertung des Protokolls über die Vernehmung in einem anderen Verfahren** (z. B. Strafverfahren) ist Urkundenbeweis. Sie setzt voraus, daß die Akten des anderen Verfahrens zulässigerweise beigezogen (s. Rdn. 61) und zum Gegenstand der mündlichen Verhandlung gemacht wurden. Grundsätzlich ist sie auch ohne das Einverständnis und sogar gegen den Widerspruch der Parteien zulässig[84], nicht aber, wenn der Zeuge dort nicht ordnungsgemäß belehrt worden war[85]. In der Verwertung des Protokolls liegt keine Verletzung des rechtlichen Gehörs[86]. Beantragt eine Partei jedoch die Vernehmung des Zeugen, so ist dem stattzugeben[87]; es handelt sich hierbei nicht um einen Antrag auf „wiederholte" Vernehmung[88]. Die Richtigkeit der Zeugenaussage darf nicht aus Gründen bejaht oder angezweifelt werden, die sich nicht aus der Urkunde ergeben und für die sich auch sonst keine belegbaren Umstände finden lassen[89]: eine Beurteilung der Glaubwürdigkeit läßt die Urkunde nicht zu[90].

cc) **Sachverständige** kann das Gericht auch von Amts wegen zuziehen (§ 144 ZPO). 66
Einen Beweisantrag kann es wegen eigener Sachkunde ablehnen, doch ist bei nicht ganz einfachen technischen oder medizinischen Sachverhalten regelmäßig die Einholung eines Gutachtens geboten[91]. Entscheidet das Gericht ohne Zuziehung eines Sachverständigen, so muß es seine eigene Sachkunde den Parteien mitteilen[92] und in den Urteilsgründen darlegen[93]. Bei widersprüchlichen Gutachten verletzt das Gericht seine Aufklärungspflicht, wenn es dem einen Gutachten folgt, ohne sich mit dem anderen auseinanderzusetzen[94]. Ein Obergutachter kann, muß aber nicht bestellt werden, wenn eines der Gutachten vollständig und überzeugend ist[95].

Gutachten aus einem anderen Verfahren können, wenn sie zum Gegenstand der 67
mündlichen Verhandlung gemacht wurden, urkundenbeweislich verwertet werden[96], auch von Amts wegen und ohne Zustimmung der Parteien[97]. Reichen die dortigen Ausführungen jedoch nicht aus, um die von einer Partei dazu gestellten Fragen zu

---

[83] BGH NJW-RR 1990, 1276.
[84] *Rosenberg/Schwab/Gottwald* § 122 VII 1.
[85] BGH NJW 1985, 1470.
[86] BVerfG NZV 1993, 185.
[87] BGH VersR 1970, 322; NZV 1992, 403 m. Anm. *Hällmayer* 481.
[88] BGHZ 7, 122.
[89] BGH NJW 1982, 580; NZV 1992, 403 m. Anm. *Hällmayer* 481.
[90] BGH NZV 1995, 441.
[91] BGH VersR 1994, 984; NZV 1995, 230; *Rosenberg/Schwab/Gottwald* § 123 III 2 a.
[92] BVerfG JZ 1960, 124; BGH NJW 1970, 419.
[93] BGH NJW 1989, 2948; VersR 1993, 749.
[94] BGH VersR 1986, 467; NZV 1992, 359.
[95] BGH MDR 1980, 662; vgl. im übrigen zur Einholung eines weiteren Gutachtens § 412 ZPO.
[96] BGH VersR 1987, 1092.
[97] BGH NJW 1982, 2874.

beantworten, dann muß eine erneute (schriftliche oder mündliche) Begutachtung stattfinden[98].

68 **Privatgutachten** können als urkundlich belegtes Parteivorbringen verwertet werden. Hält das Gericht dieses für ausreichend, um die Beweisfrage zuverlässig zu beantworten, so kann es von der Beauftragung eines Gerichtsgutachters absehen, wenn der Gegner auf entsprechenden Hinweis keinen Beweisantrag stellt[99].

69 dd) **Parteivernehmung.** In vielen Fällen sind die Parteien selbst an dem verfahrensgegenständlichen Unfall beteiligt gewesen. Häufig stellt sich daher die Frage, ob auch ihr Wissen über den Unfallhergang in den Prozeß eingeführt werden kann. Soweit nicht von der (nur dem Geschädigten offenstehenden) Möglichkeit Gebrauch gemacht wird, die Ansprüche aus dem Unfall an einen Dritten abzutreten, der sie dann einklagt und den Geschädigten als Zeugen benennt, kommt auch eine Parteivernehmung nach §§ 445 ZPO ff in Betracht. Hierfür gelten im wesentlichen folgende Regeln:

70 Auf Antrag der **beweispflichtigen** Partei, die den ihr obliegenden Beweis mit anderen Beweismitteln nicht vollständig geführt oder andere Beweismittel nicht vorgebracht hat, ist die Vernehmung des **Gegners** durchzuführen (§ 445 ZPO), während ihre **eigene** Vernehmung nur mit Einverständnis des Gegners (§ 447 ZPO) oder unter den Voraussetzungen des § 448 ZPO (s. Rdn. 72) angeordnet werden kann. Die Vernehmung des Gegners setzt nicht voraus, daß der Beweisführer schon Anhaltspunkte für die Wahrheit der Behauptung erbracht hat, andere von ihm benannte Beweismittel sind aber vorrangig auszuschöpfen. Ersichtlich ins Blaue hinein aufgestellte Behauptungen (zum Zwecke der Ausforschung des Gegners) rechtfertigen eine Parteivernehmung nicht[100]. Ob vom Gegner gegenbeweislich benannte Beweismittel vorher ausgeschöpft werden, steht im Ermessen des Gerichts[101]. Unzulässig ist die Parteivernehmung des Gegners aber, wenn das Gericht bereits das Gegenteil der streitigen Behauptung als erwiesen ansieht (§ 445 Abs. 2 ZPO).

71 Die **nicht beweisbelastete** Partei kann nur die Vernehmung des **Gegners** beantragen, die von dessen Einverständnis abhängig ist und im gerichtlichen Ermessen steht (§ 447 ZPO).

72 Das Gericht kann **von Amts wegen** jede Partei ohne Rücksicht auf die Beweislast vernehmen, allerdings nur subsidiär und ergänzend, nämlich „wenn das Ergebnis der Verhandlungen und einer etwaigen Beweisaufnahme nicht ausreicht, um seine Überzeugung von der Wahrheit oder Unwahrheit der zu erweisenden Tatsache zu begründen" (§ 448 ZPO). Es müssen also zuvor alle etwa angebotenen, zulässigen und erheblichen Beweise erhoben werden. Ergibt sich nach dem Gesamtergebnis der Verhandlung eine gewisse Wahrscheinlichkeit für die Richtigkeit der streitigen Behauptung, so kann das Gericht nach seinem Ermessen eine der Parteien (dies muß keineswegs die beweisbelastete sein) oder beide ohne Bindung an einen Antrag vernehmen. Gerade in Verkehrsunfallsachen ist letzteres, wenn beide Parteien unmittelbare Wahrnehmungen zur Beweisfrage bekunden können, oft nicht nur sachgerecht, sondern auch aus Gründen der Waffengleichheit geboten.

73 Wo nicht zur förmlichen Parteivernehmung geschritten werden soll oder kann, bleibt im übrigen auch die Möglichkeit der Parteianhörung nach § 141 ZPO, die an keine besonderen Voraussetzungen geknüpft ist und ebenfalls verwertbare Erkenntnisse liefern kann (vgl. Rdn. 60).

---

[98] BGH NZV 1992, 231; 1995, 149.

[99] OLG Karlsruhe NJW 1990, 192; näher hierzu *Zöller/Greger* § 402, 2.

[100] BGH NJW-RR 1991, 891.

[101] *Stein/Jonas/Leipold* § 445, 12.

Zur **Schadenshöhe** darf das Gericht den Beweislastträger ohne weiteres vernehmen (§ 287 Abs. 1 S. 3 ZPO). **74**

Nach Maßgabe des § 452 (bzw. § 287 Abs. 1 S. 3) ZPO ist auch die **Beeidigung** der Partei zulässig, allerdings nur **einer** Partei, wenn beide zur selben Tatsache vernommen worden sind. **75**

Parteivernehmung und Beeidigung sind **nicht erzwingbar**, das Gericht darf ihre Verweigerung jedoch frei würdigen (§§ 446, 453 Abs. 2, § 454 ZPO). **76**

c) Die **Wiederholung einer Beweisaufnahme in der Berufungsinstanz** steht grundsätzlich im Ermessen des Gerichts[102]. Das Berufungsgericht muß aber von Amts wegen einen in erster Instanz erhobenen Beweis erneut erheben, wenn die vorhandenen Erkenntnismittel, insbesondere das Vernehmungsprotokoll und der Parteivortrag, keine eindeutige Grundlage für seine Überzeugungsbildung abgeben. Dies ist insbesondere der Fall, wenn die erstinstanzliche Beweisaufnahme mit einem nicht geheilten Verfahrensmangel behaftet ist[103], wenn Anhaltspunkte dafür bestehen, daß das Beweismittel wesentliche zusätzliche Erkenntnisse erbringen wird[104], wenn das Protokoll unklar, lückenhaft oder widersprüchlich ist[105], wenn ein Widerspruch zwischen der Wiedergabe einer Aussage im Protokoll und ihrer Verwertung im angefochtenen Urteil besteht[106], wenn das erstinstanzliche Gericht eine Aussage in ihrem objektiven und subjektiven Gehalt nicht gewürdigt hat und im Protokoll selbst keine Grundlage für eine Glaubwürdigkeitsbeurteilung enthalten ist[107], wenn ohne unmittelbaren Eindruck vom Beweismittel eine Würdigung nicht möglich ist[108]. **77**

All dies gilt entgegen einer häufig gebrauchten Formulierung nicht nur dann, wenn das Berufungsgericht von der Beweiswürdigung der ersten Instanz abweichen will, denn einen solchen Willen kann es überhaupt erst nach einer ordnungsgemäßen Beweisaufnahme bilden. Ausgeschlossen ist es aber nach vorstehenden Grundsätzen, daß das Berufungsgericht ohne eigene Beweisaufnahme von der Würdigung des Urteils- oder Erinnerungsvermögens oder der Wahrheitsliebe des Zeugen im angefochtenen Urteil abweicht[109] oder aufgrund derselben Beweisgrundlage zu einer erheblich abweichenden Schadensschätzung kommt[110], denn wenn die Niederschrift eine solche Divergenz zuläßt, besteht immer Anlaß zu eigener Beweiserhebung. Allein die Tatsache, daß andere, „überlegene" Beweismittel Anlaß zu der Abweichung geben, reicht nicht aus[111]. **78**

d) Zur **Beweiswürdigung und den Beweisanforderungen** s. § 16, 354 ff. **79**

9. Zum **Prozeßvergleich** s. § 16, 773; zur **Abänderungsklage** § 13, 27 ff. **80**

---

102 BGH NJW 1972, 585; 1982, 108; *Rosenberg/Schwab/Gottwald* § 139 IV 1b; *Nassall* ZZP 98, 313.

103 *Zöller/Greger* § 398, 5.

104 BGH NJW-RR 1986, 284.

105 BGH NJW 1976, 1743; 1982, 1053; VersR 1988, 290.

106 BGH NJW 1968, 1138; 1982, 109; 1982, 1053.

107 BGH VersR 1986, 970.

108 *Pantle* NJW 1987, 3163.

109 BGH VersR 1985, 268; 1985, 839; NJW 1991, 3286; NZV 1993, 266.

110 BGH NJW-RR 1988, 1371.

111 **A. A.** *Pantle* NJW 1987, 3162; offengelassen in BGH WM 1983, 1394 u. NZV 1993, 266.

Straßenverkehrsgesetz

Vorbemerkungen

Übersicht

Schrifttum

Zur Gefährdungshaftung allgemein

von Caemmerer Reform der Gefährungshaftung (1971); *Deutsch* Methode und System der Gefährdungshaftung, VersR 1971, 1; *Deutsch* Gefährdungshaftung – Tatbestand und Schutzbereich, JuS 1981, 317; *Esser* Grundlagen und Entwicklung der Gefährdungshaftung² (1969); *Kötz* Haftung für besondere Gefahr, AcP 170, 1; *Rinck* Die Gefährdungshaftung (1959); *Rümelin* Die Gründe der Schadenszurechnung und die Stellung des deutschen BGB zur objektiven Schadensersatzpflicht (1896); *E. Schmidt* Grundlagen des Haftungs- und Schadensrechts Bd. 1 (1972); *Weitnauer* Aktuelle Fragen des Haftungsrechts, VersR 1970, 598; *Zachert* Gefährdungshaftung und Haftung aus vermutetem Verschulden im deutschen und französischen Recht (1971)

Zum internationalen Haftungsrecht

von Bar Grundfragen des internationalen Deliktsrechts, JZ 1985, 961; *Buchta* Die nachträgliche Bestimmung des Schuldstatuts durch Prozeßverhalten (1986); *von Caemmerer* Vorschläge und Gutachten zur Reform des deutschen internationalen Privatrechts der außervertraglichen Schuldverhältnisse (1983); *Dörner* Internationales Verkehrsunfallrecht Jura 1990, 57; *Hepting* „Gastarbeiterunfälle" in der neuesten Rechtsprechung zum internationalen Deliktsrecht – wann ist bei Auslandsunfällen deutsches Recht anwendbar? DAR 1983, 97; *Hohloch* Das Deliktsstatut (1984); *Hohloch* Rechtswahl im internationalen Deliktsrecht, NZV 1988, 161; *Kittke* Die Regulierung von Kfz.-Unfällen zwischen der BRD und der DDR, DAR 1976, 281; *Kropholler* Ein Anknüpfungssystem für das Deliktsstatut RabelsZ 1969, 601; *Lemor* Gleicher Schadensersatz für Verkehrsopfer in Europa? VersR 1992, 648; *Lorenz* Einige Überlegungen zur Reform des deutschen internationalen Deliktsrechts, Festschrift für Coing (1982) Bd. II S. 255; *Lorenz* Internationalprivatrechtliche Probleme des Straßenverkehrsrechts, DAR 1983, 273; *Lorenz* Fortschritte bei der Auflockerung des Deliktsstatuts im internationalen Verkehrsunfallrecht, IPRax 1985, 85; *Mansel* Zur Kraftfahrzeughalterhaftung in Auslandsfällen, VersR 1984, 97; *Mummenhoff* Ausnahmen von der lex loci im internationalen Privatrecht, NJW 1975, 476; *Nanz* Zur Bestimmung des Deliktsstatuts im englischen, französischen und italienischen Privatrecht, VersR 1981, 212; *Neidhart* Unfall im Ausland – Schadensregulierung[4] (1995); *Renger* Perspektiven einer Vereinheitlichung von Haftung und Versicherung, VersR 1992, 653; *Schwarz* Unfallregulierung im europäischen Ausland, NJW 1991, 2058; *Seetzen* Das anzuwendende Recht bei Verkehrsunfällen mit Ausländern, insbesondere Gastarbeitern, NJW 1972, 1643; *Voigt* Die Geltendmachung von Ansprüchen deutscher Geschädigter aus Kfz-Haftpflichtschäden gegen Ausländer, NJW 1976, 451; *Wandt* Das anwendbare Recht auf Straßenverkehrsunfälle mit Auslandsberührung nach deutschem Internationalen Privatrecht, VersR 1990, 1301; *Weick* Das Tatortprinzip und seine Einschränkung bei internationalen Verkehrsunfällen, NJW 1984, 1993; *Wezel* Ungleicher Schadenersatz für Verkehrsopfer in Europa, DAR 1991, 133.

I. Das Rechtsinstitut der Gefährdungshaftung

1. Wesen und Herkunft

1 Die Haftung nach dem StVG unterscheidet sich von der deliktischen Haftung nach §§ 823 ff BGB im Kern dadurch, daß sie nicht an Vorsatz oder Fahrlässigkeit des Schädigers anknüpft, sondern an bestimmte Betätigungen, die per se, d. h. auch ohne Verschulden, in besonderem Maße gefahren- und damit schadensträchtig sind. Für diese neben die Verschuldenshaftung tretende (vgl. § 16) und in ihren Rechtsfolgen teilweise abweichend gestaltete Haftungsform ist die Bezeichnung „Gefährdungshaftung"[1] gebräuchlich geworden.

Unbeschadet dessen, daß auch das römische Recht schon gewisse Formen einer verschuldensunabhängigen Haftung (z. B. des Tierhalters) kannte, findet die moderne Gefährdungshaftung ihren eigentlichen Entstehungsgrund darin, daß die herkömmliche, an Rechtswidrigkeit und Verschulden orientierte Deliktshaftung den Besonderheiten des technischen Fortschritts nicht gewachsen war. Die Erfindung der Dampflokomotive ermöglichte es, Bewegungsenergien freizusetzen, die nur noch begrenzt beherrschbar waren. War der Betrieb einer Eisenbahn deshalb rechtswidrig? Verletzte er die im Verkehr erforderliche Sorgfalt? Da an der Ausnutzung der mit der technischen Entwicklung einhergehenden Vorteile (z. B. Wirtschaftsbelebung, Massenverkehr, Mobilität, Energieversorgung) auch ein überragendes Allgemeininteresse bestand, konnten diese Segnungen des modernen Zeitalters trotz ihrer Risiken nicht verboten und mußte ein Ausgleich für deren Zulassung gefunden werden. Die Kategorien der Rechtswidrigkeit und der Fahrlässigkeit erwiesen sich als unpassend[2]. Die Haftung für die Verwirklichung der Gefahr mußte vielmehr allein an die betreffende Betätigung angeknüpft werden, oder anders ausgedrückt: Die Zulassung der Gefahr wurde davon abhängig gemacht, daß ihre Verwirklichung durch Entschädigung ausgeglichen wird[3]. Auch wenn die Entstehung der ersten Haftungsgesetze für technische Anlagen wenig zielgerichtet verlief und von unterschiedlichen Erwägungen getragen war[4], läßt sie sich letztlich

[1] Geprägt von *Rümelin* 45.
[2] *Deutsch* Haftungsrecht § 3 III 1, § 22 I 1.
[3] *Deutsch* Haftungsrecht § 22 I 1; *v. Caemmerer* 15.
[4] Eingehende Nachweise bei *Lenz*, Haftung ohne Verschulden in deutscher Gesetzgebung und Rechtswissenschaft des 19. Jahrhunderts (1995) 57 ff.

wohl auf diese Grundgedanken zurückführen[5]. Hand in Hand mit der weiteren Verbreitung der Gefährdungshaftung ging die Entwicklung, durch Versicherung der technischen Risiken den Schaden auf die Allgemeinheit weiterzuverlagern, deren Interessen letztlich (auch) hinter der Zulassung der Gefahr stehen.

2. Gefährdungshaftung außerhalb des Straßenverkehrs

a) **Eisenbahnen.** Der Gedanke, daß für besonders gefährliche Unternehmungen eine von Verschulden unabhängige, gesetzliche Haftpflicht zu begründen sei, kam erstmals in der Vorschrift des § 25 preußisches Gesetz über die Eisenbahnunternehmungen vom 3. 11. 1838 (GS S. 505) zum Ausdruck, wonach die Gesellschaft zum Ersatz allen Schadens an beförderten Personen und Sachen und an anderen Personen und deren Sachen verpflichtet wurde; eine Entlastungsmöglichkeit bestand nur bei eigener Schuld des Beschädigten und bei unabwendbarem äußeren Zufall[6]. Durch das Gesetz betr. die Verbindlichkeit zum Schadenersatz für die bei dem Betriebe von Eisenbahnen, Bergwerken etc. herbeigeführten Tötungen und Körperverletzungen vom 7. 6. 1871 (RGBl. S. 207; RHaftpflG) wurde die Haftung des Eisenbahnunternehmers für Personenschäden reichseinheitlich geregelt und dem Landesrecht entzogen. Nach § 1 dieses Gesetzes haftete der Unternehmer für bei dem Betrieb der Eisenbahn entstandene Personenschäden, sofern er nicht beweisen konnte, daß der Unfall durch höhere Gewalt oder eigenes Verschulden des Verletzten verursacht wurde. Die Haftung für Sachschäden blieb zunächst noch der landesrechtlichen Regelung vorbehalten (vgl. Art. 105, 3 EGBGB), soweit nicht (bei beförderten Sachen) Vertragsrecht eingriff. Erst das Gesetz über die Haftpflicht der Eisen- und Straßenbahnen für Sachschaden vom 29. 4. 40 (RGBl. I S. 691) brachte auch insoweit die Rechtseinheit. Die beiden Reichsgesetze wurden 1978 durch das HaftpflG v. 4. 1. 1978 (BGBl. I S. 145) ersetzt. 2

b) **Luftverkehr.** Als Ersatz für das dem Grundeigentümer durch § 905 BGB entzogene Verbietungsrecht billigte ihm das RG[7] einen Anspruch auf Ersatz des Schadens zu, der durch die Betriebsgefahr des Luftverkehrs angerichtet worden ist, ohne daß etwa ein Verschulden des Unternehmers nachgewiesen zu werden brauchte. Dieser Rechtsentwicklung folgte dann auch der Gesetzgeber, indem er im Luftverkehrsgesetz vom 1. 8. 22 (RGBl. I S. 681) – noch weit über das RHaftpflG hinaus – dem beim Betrieb eines Luftfahrzeugs durch Unfall Geschädigten einen Anspruch auf Schadenersatz auch dann gab, wenn höhere Gewalt vorliegt; lediglich für die beförderten Personen und Sachen wurde die Gefährdungshaftung durch die Möglichkeit eines Entlastungsbeweises eingeschränkt (vgl. §§ 33, 44, 45 LuftVG). 3

c) **Sonstige Bereiche.** Als weitere Beispiele einer gesetzlich geregelten Gefährdungshaftung seien genannt die Haftung des Inhabers von Kernenergieanlagen (§ 25 i. V. m. § 7 AtomG) und die Haftung für die Verursachung von Schäden, die einem anderen durch eine nachteilige Veränderung des Wassers entstehen (§ 22 WHG). 4

d) **Erweiterung der Gefährdungshaftung.** Eine Ausdehnung der verschuldensunabhängigen Haftung auf andere Bereiche ist angesichts der fortschreitenden technischen Entwicklung diskutierbar und wird vielfach gefordert[8]. Sie erfordert jedoch ein Tätig- 5

---

[5] Vgl. z. B. die von *Lenz* aaO 67 wiedergegebene Begründung der Haftungsregelung im preußischen Eisenbahngesetz.

[6] Ausführlich zur Entstehungsgeschichte *Lenz* aaO 57 ff.

[7] RGZ 100, 69; 101, 102.

[8] *v. Caemmerer* 18 f; *Deutsch* VersR 1971, 2; *Kötz* AcP 170, 19 ff; *Weitnauer* VersR 1970, 598. Für gänzliche Ersetzung der Schadenshaftung durch ein System umfassenden Unfallversicherungsschutzes *v. Hippel* Schadensausgleich bei Verkehrsunfällen (1968) und NJW 1967, 1729.

werden des Gesetzgebers (wie z. B. in § 2 Abs. 1 Satz 3 des aus formellen Gründen vom BVerfG für nichtig erklärten Staatshaftungsgesetzes v. 26. 6. 1981, BGBl. I S. 553, für das Versagen technischer Einrichtungen). Eine Gefährdungshaftung ohne gesetzliche Grundlage ist abzulehnen[9]. Zu einer Quasi-Gefährdungshaftung gelangt die Rechtsprechung allerdings insoweit, als sie eine Beweislastumkehr oder einen Anscheinsbeweis für das Verschulden zuläßt (vgl. § 16, 378).

3. Entwicklung der Gefährdungshaftung bei Kraftfahrzeugen

6 **a) Entwurf von 1906.** In enger Anlehnung an § 1 RHaftpflG lautete § 1 des 1906 von der Regierung vorgelegten Entwurfs eines Gesetzes über die Haftpflicht für den bei dem Betriebe von Kraftfahrzeugen entstehenden Schaden (BR-Drucks. Nr. 7/1906):

„Wird bei dem Betrieb eines Kraftfahrzeugs ein Mensch getötet oder körperlich verletzt oder eine Sache beschädigt, so ist der Betriebsunternehmer verpflichtet, dem Verletzten den daraus entstehenden Schaden zu ersetzen ...

Die Ersatzpflicht ist ausgeschlossen, wenn der Unfall durch höhere Gewalt oder durch eigenes Verschulden des Verletzten verursacht worden ist. Im Falle der Beschädigung einer Sache steht das Verschulden desjenigen, welcher die tatsächliche Gewalt über die Sache ausübt, dem Verschulden des Verletzten gleich."

Die Begründung besagte dazu:

„Während vor dem Erlasse des Bürgerlichen Gesetzbuchs Automobile nur wenig auf öffentlichen Wegen verkehrten, hat in den letzten Jahren der Automobilverkehr in Deutschland bedeutend zugenommen. So erfreulich die Entwicklung dieses aussichtsreichen Verkehrsmittels und des darauf begründeten Industriebetriebs ist, so geht doch damit zugleich eine starke Vermehrung der durch Automobile verursachten Unfälle Hand in Hand. Zur Verhütung und zum Ausgleiche solcher Unglücksfälle hat sich das geltende bürgerliche Recht nicht als ausreichend erwiesen, auch nicht in Verbindung mit den erlassenen Polizeivorschriften. Denn wenn auch diese Vorschriften im Sinne des § 823 des Bürgerlichen Gesetzbuchs als Gesetze anzusehen sind, die den Schutz eines anderen bezwecken, so bedarf es doch, um die Schadensersatzpflicht zu begründen, neben dem Beweis eines Verstoßes gegen die polizeiliche Vorschrift noch des weiteren Nachweises, daß der Verstoß auf einem Verschulden beruht (§ 823 Abs. 2). Der Nachweis eines Verschuldens ist aber bei den durch Automobile veranlaßten Schäden mit besonderen Schwierigkeiten verknüpft. Die Raschheit, mit der sich die Vorgänge abspielen, die Erregung, in welcher sich der Geschädigte im Augenblicke des Unfalls befindet, sowie der Umstand, daß sehr häufig außer den Beteiligten keine Zeugen vorhanden sind, machen es nicht selten unmöglich, die näheren Umstände des Falles in der Weise festzustellen, wie es nach dem geltenden Rechte zur Begründung der Klage erforderlich ist. Gelingt es aber auch, ein Verschulden nachzuweisen, so wird dieses in der Regel nur den Lenker des Fahrzeugs treffen, dessen Haftung für den Verletzten meist ohne praktischen Nutzen ist; der Unternehmer selbst bleibt von der Haftung frei. Vollständig versagt das geltende Recht in den Fällen, in welchen der Unfall überhaupt nicht durch ein Verschulden, sondern durch die dem Automobilverkehr als solchem innewohnende Gefährlichkeit herbeigeführt worden ist.

Eine schärfere Regelung der Haftpflicht erscheint im Interesse der Sicherheit des Verkehrs geboten. Es entspricht auch der Billigkeit, daß der Unternehmer eines mit gemeiner Gefahr verbundenen Betriebs für den aus dem Betrieb entstehenden Schaden ohne Rücksicht auf eigenes Verschulden verantwortlich gemacht wird. Die Gefahren des Automobilbetriebs beruhen namentlich darauf, daß die Kraftfahrzeuge zur Entwicklung einer ungewöhnlichen Geschwindigkeit imstande und regelmäßig auch bestimmt sind. Infolge der erhöhten Geschwindigkeit ist die Zahl der Überholungen und Begegnungen mit anderen Fahrzeugen erheblich größer als bei gewöhnlichen Fuhrwerken; gerade beim Ausweichen und Überholen entstehen aber erfahrungsgemäß die meisten Unfälle, indem der Führer des Kraftfahrzeugs die in Betracht kommenden stets wechselnden Ver-

---

[9] Vgl. BGHZ 54, 332; BGH NJW 1975, 685: kein Anspruch aus Gefährdungshaftung bei Versagen einer Lichtsignalanlage.

hältnisse, wie die Geschwindigkeit des eigenen Fahrzeugs, die Entfernung und Bewegung anderer Fahrzeuge oder die Beschaffenheit der Fahrbahn fehlerhaft berechnet oder unrichtig einschätzt. Die große Lenkbarkeit der Kraftfahrzeuge ist zwar geeignet, manchen Zusammenstoß zu vermeiden, anderseits wird es aber dadurch, daß Automobile nicht auf Gleisen fahren und in der Lage sind, rasche Wendungen zu machen, wesentlich erschwert, ihnen auszuweichen. Hiervon abgesehen, darf von einer Verschärfung der Haftpflicht erhofft werden, daß größere Vorsicht Platz greifen und damit eine Herabminderung der Zahl der Unfälle eintreten wird."

Es sollte also nach dem Entwurf 1906 gehaftet werden bis zur höheren Gewalt, und die Haftpflicht sollte den Betriebsunternehmer treffen.

b) **Gegenentwurf.** Der Gegenentwurf wollte in jenen beiden Punkten – Haftung bis zur höheren Gewalt und Haftung des Betriebsunternehmers – eine Änderung erzielen, indem die Haftung nur für Verschulden (eigenes oder das des Personals) und für Fehler des Materials – mit Auferlegung der Beweislast an den Haftpflichtigen – vorgeschlagen und als Haftpflichtiger der Halter des Fahrzeugs bezeichnet wurde: **7**

„Wird bei dem Betriebe eines Kraftfahrzeugs ein Mensch getötet oder körperlich verletzt oder eine Sache beschädigt, so ist derjenige, für dessen Rechnung das Fahrzeug betrieben wird (der Halter des Fahrzeugs), verpflichtet, dem Verletzten den daraus entstehenden Schaden zu ersetzen, es sei denn, daß der Schaden weder auf Betriebsfehler oder auf Betriebsstörungen noch auf ein Verschulden des Fahrzeughalters zurückzuführen ist. Dem Verschulden des Fahrzeughalters steht das Verschulden desjenigen, dessen er sich zur Führung des Fahrzeugs bedient, gleich."

c) **Entwurf von 1908.** Diesen Gedanken des Gegenentwurfs schloß sich der – nicht mehr lediglich die Haftpflicht regelnde, sondern zu einem „Gesetz für den Verkehr mit Kraftfahrzeugen" erweiterte – Entwurf 1908 an. Sein § 1 lautete: **8**

„Wird durch ein im Betriebe befindliches Fahrzeug ein Mensch getötet, der Körper oder die Gesundheit eines Menschen verletzt oder eine Sache beschädigt, so ist der Halter des Kraftfahrzeugs verpflichtet, dem Verletzten den daraus entstehenden Schaden zu ersetzen.

Die Ersatzpflicht ist ausgeschlossen, wenn der Schaden weder durch ein Verschulden des Fahrzeughalters oder einer von ihm zur Führung des Fahrzeugs bestellten oder ermächtigten Person noch durch fehlerhafte Beschaffenheit des Fahrzeugs oder Versagen seiner Verrichtungen verursacht worden ist."

In **erster Lesung** gelangten folgende zwei Änderungsanträge zur Abstimmung:

Nr. 1: Wird bei dem Betrieb eines Kraftfahrzeugs ein Mensch getötet, der Körper oder die Gesundheit eines Menschen verletzt oder eine Sache beschädigt, so ist der Halter des Kraftfahrzeugs verpflichtet, dem Verletzten den daraus entstehenden Schaden zu ersetzen, es sei denn, daß der Unfall durch ein unabwendbares äußeres Ereignis oder durch eigenes Verschulden des Verletzten verursacht worden ist. Im Falle ... usw., wie Entwurf von 1906.

Nr. 2: Die Ersatzpflicht ist ausgeschlossen, wenn der Schaden durch höhere Gewalt oder durch eigenes Verschulden des Verletzten verursacht worden ist.

Ist der Schaden durch ein Kraftfahrzeug verursacht, das zur Zeit des Unfalls dem Berufe oder der Erwerbstätigkeit des Fahrzeughalters diente, so ist die Ersatzpflicht ausgeschlossen, wenn der Schaden weder durch ein Verschulden des Fahrzeughalters oder einer von ihm zur Führung des Fahrzeugs bestellten oder ermächtigten Person, noch durch fehlerhafte Beschaffenheit des Fahrzeugs oder Versagen seiner Vorrichtungen verursacht worden ist.

Antrag 1 wurde angenommen, 2 abgelehnt (KommBer. S. 8).

Damit war also in erster Lesung die dem RHaftpflG nachgebildete Haftung bis zur höheren Gewalt, gemildert in Anlehnung an die Tierhalterhaftung nach § 833 Satz 2 BGB, abgelehnt und der Begriff des „unabwendbaren äußeren Ereignisses" eingeführt worden, „weil die Judikatur des RG über den Begriff ‚höhere Gewalt' teilweise als abwegig bezeichnet werden müsse. Das österreichische Gesetz und die Materialien dazu führten übrigens ausführlich aus, was unter unabwendbarem Ereignis zu verstehen sei: die höhere Gewalt im Sinne der **herrschenden** Theorie und Judikatur und ferner ein sonstiges äußeres unabwendbares Ereignis. Der Begriff gehe also weiter als höhere Gewalt" (KommBer. S. 7/8).

In zweiter Lesung war beantragt, die Vorschriften über die Haftpflicht zu fassen:

„Die Ersatzpflicht ist ausgeschlossen, wenn der Unfall durch ein unabwendbares Ereignis verursacht wird, das weder auf einem Fehler in der Beschaffenheit des Fahrzeugs, noch auf einem Versagen seiner Verrichtungen beruht. Als unabwendbar gilt ein Ereignis insbesondere dann ..." usw., wie dann Gesetz geworden.

Dazu bemerkt der KommBer. (S. 9):

„Der Antrag bezweckt, den in der ersten Lesung aufgenommenen Begriff des unabwendbaren äußeren Ereignisses schärfer zu umgrenzen und sein Verhältnis zu der fehlerhaften Beschaffenheit des Fahrzeugs und dem Versagen seiner Verrichtungen festzustellen. ... Bei der Fassung nach Beschlüssen in erster Lesung ... sei es nicht ausgeschlossen gewesen, daß die Judikatur des Reichsgerichts, die bei Anwendung des Begriffs „höhere Gewalt" in einzelnen Fällen bedenklich weit gegangen sei, dennoch, obgleich dies die Absicht der Kommission nicht sei, hierher übernommen werden könnte. Deshalb habe man sich entschlossen, den Begriff des unabwendbaren Ereignisses noch näher zu umgrenzen."

Der Antrag wurde angenommen (KommBer. S. 9).

4. Weiterentwicklung zur no fault-Haftung

9 Nach dem seither geltenden Recht erhält das Unfallopfer zwar in vielen Fällen, aber keineswegs stets eine volle Entschädigung. Dem Unfallgegner steht der Entlastungsbeweis offen, zudem muß sich der Geschädigte eigenes Mitverschulden, ja sogar die eigene Betriebsgefahr anrechnen lassen. Nach dem no fault-Prinzip wird der Geschädigte dagegen unabhängig von Eigenverschulden entschädigt, und zwar von seinem eigenen Versicherer. Es ist – mit unterschiedlicher Ausprägung – in einigen Staaten der USA, in Neuseeland und Schweden verwirklicht[10]. In Deutschland wird eine Einführung – nach Ansätzen Ende der 60er Jahre[11] – gegenwärtig nicht verfolgt.

II. Entstehungsgeschichte des StVG

1. StVG und KFG

10 Das StVG geht unmittelbar zurück auf das Gesetz über den Verkehr mit Kraftfahrzeugen (KFG) vom 3. 5. 1909 (RGBl. S. 437). Dieses Gesetz wurde mit verschiedenen Änderungen und unter der neuen Bezeichnung „Straßenverkehrsgesetz" aufgrund Art. 8 des Gesetzes zur Sicherung des Straßenverkehrs vom 19. 12. 1952 (BGBl. I S. 832) neu bekanntgemacht. Es ist in dieser Fassung in Kraft getreten am 23. 1. 1953.

11 Das KFG als Vorläufer des StVG 1952 war aus einem Gesetzentwurf hervorgegangen, der ursprünglich nur die Haftpflicht wegen Unfällen im Kraftfahrzeugverkehr regeln wollte. Mit dem Anwachsen des Kraftfahrzeugverkehrs hatten die Unfälle zu Anfang des Jahrhunderts eine bis dahin unbekannte Höhe erreicht. Der Ruf nach Maßnahmen gegen die im Reichstag mehrfach so bezeichnete „Autoraserei", insbesondere nach Verschärfung der die Haftpflicht aus Unfällen regelnden Bestimmungen erhob sich allgemein. So wurde denn zunächst der „Entwurf eines Gesetzes über die Haft-

---

[10] Vgl. *Pfenningstorf* Rechtsschutz in Europa 1984, 9 ff; *Bäumer* Hat das deutsche Kraftfahrzeug-Haftpflichtversicherungssystem eine Zukunft? (1982).

[11] *v. Hippel* Schadensausgleich bei Verkehrsunfällen (1968); *Güllemann* Ausgleich von Verkehrsunfallschäden im Licht internationaler Reformprojekte (1969).

pflicht für den bei dem Betrieb von Kraftfahrzeugen entstehenden Schaden" am 10. 1. 1906 dem Bundesrat zur Beschlußfassung vorgelegt (Drucksachen des Bundesrates, Session 1906, Nr. 7). Der Entwurf war als rein zivilrechtlichen Inhalts im Reichsjustizamt ausgearbeitet worden.

In einem neuen Entwurf (Drucksachen des Bundesrats, Session 1908 Nr. 62) wurde ein Abschnitt „Verkehrsvorschriften" angefügt. Die Regelung des Verkehrs war bis dahin nicht der Reichszuständigkeit unterworfen; jedoch hatte der Bundesrat „Grundzüge, betr. den Verkehr mit Kraftfahrzeugen" vom 3. 5. 1906 aufgestellt, die von den Ländern teils im Gesetzes-, teils im Verordnungsweg mit Wirkung vom 1. 10. 1906 eingeführt worden waren. Mit dem KFG vom 3. 5. 1909 hatte das Reich die Kompetenz für das Gebiet des Kraftfahrzeugverkehrs an sich gezogen. **12**

Das KFG 1909 war nach Überschrift und Inhalt nicht ein Gesetz über den Verkehr mit Kraftfahrzeugen überhaupt, sondern ein Gesetz über den Verkehr mit Kraftfahrzeugen zur Abwendung von Schäden aus solchem Verkehr. Das zeigt sich insbesondere in den Gefahrverhütung bezweckenden Bestimmungen über Fahrzeug und Führer und in den Verkehrsvorschriften, ferner in den die Ersetzung von Unfallschäden regelnden Haftpflichtbestimmungen. Gedacht war das Gesetz als Maßnahme zum Schutze der unbeteiligten Öffentlichkeit; das kam, abgesehen von den Beratungen, namentlich zum Ausdruck in den Vorschriften, daß die Fahrzeuge verkehrssicher sein müssen, und im Ausschluß der Haftpflicht für Unfallschäden der Insassen und Betriebstätigen. **13**

An diesem Charakter des KFG als eines Gesetzes zum Schutze vor den Unzuträglichkeiten des Kraftverkehrs, also zur Erhaltung der Ordnung und Sicherheit auf den Straßen, hat auch das VerkSichG vom 19. 12. 1952 nichts geändert. Die Haftpflichtbestimmungen wurden ohnehin unverändert in das StVG übernommen. Auch aus der Änderung der Gesetzesbezeichnung können keine Schlüsse auf eine etwa beabsichtigte Änderung des Anwendungsbereichs der Haftpflichtnormen (z. B. eine Beschränkung auf den Verkehr auf öffentliche Straßen) gezogen werden. **14**

2. Die einzelnen Änderungen des Gesetzes

Änderungen der Haftungsvorschriften des StVG wurden im wesentlichen durch folgende Gesetze bewirkt: **15**

- Gesetz vom 23. 12. 1922 (RGBl. 1923 I S. 1): Änderung des § 12;
- Gesetz vom 21. 7. 1923 (RGBl. I S. 743): Änderung der Begriffsbestimmung des Kraftfahrzeugs in § 1 Abs. 2 und des § 8;
- Gesetz vom 10. 8. 1937 (RGBl. I S. 901): Änderung des § 12;
- Gesetz vom 7. 11. 1939 (RGBl. I S. 2223): Neuregelung der Haftung bei Schwarzfahrt und gegenüber Insassen, Änderung des § 12;
- Gesetz über Maßnahmen auf dem Gebiet des Verkehrsrechts vom 16. 7. 1957 (BGBl. I S. 710): Erweiterung der Haftpflicht durch Streichung des § 8 Abs. 2 und Einfügung des § 8 a, Änderung des § 12;
- Gesetz vom 15. 9. 1965 (BGBl. I S. 1362): Änderung des § 12;
- Gesetz vom 3. 12. 1976 (BGBl. I S. 3281): Änderung des § 13 Abs. 2;
- Gesetz zur Änderung schadensersatzrechtlicher Vorschriften vom 16. 8. 1977 (BGBl. I S. 1577): Änderung der §§ 12 und 14.

III. Internationales Haftungsrecht

1. Maßgeblichkeit des Tatortrechts

Von den unter Rdn. 18 ff behandelten Ausnahmen abgesehen gilt nach dem deutschen Kollisionsrecht (vgl. Art. 38 EGBGB) für die Delikts- wie für die Gefährdungs- **16** haftung das Recht des Tatorts[12]. Bei Verkehrsunfällen im Geltungsbereich des Grundgesetzes gelten also StVG, BGB usw. auch dann, wenn hieran Ausländer beteiligt sind, bei Unfällen im Ausland gilt das Haftungsrecht des betreffenden Staates. Rück- und Weiterverweisungen sind zu beachten[13].

Auflockerungen des Tatortprinzips werden vielfach gefordert[14] und von der Rspr. zunehmend vorgenommen (s. Rdn. 18 ff). Eine akzessorische Anknüpfung (etwa an das Vertragsstatut, wenn zwischen Schädiger und Opfer auch eine vertragliche Sonderbeziehung besteht, oder an das Kindschaftsstatut, wenn ein Kind durch einen Elternteil geschädigt wird) lehnt die Rechtsprechung ab[15].

17 **Tatort** ist der Ort, an dem das schädigende Ereignis stattgefunden hat[16], sowie jener, an dem der schädigende Erfolg, die Rechtsgutverletzung, eingetreten ist[17]. Im Verkehrshaftpflichtrecht werden beide in aller Regel zusammentreffen; bei Dauerverkehrswidrigkeiten (z. B. Fahren mit defekter Bremse) ist Tatort der Unfallort und jener, an dem der Verstoß begonnen wurde, also nicht auch jedes Transitland[18]. Der Eintritt weiterer Schadensfolgen ist für die Frage des anzuwendenden Rechts ohne Belang[19]. Daher richten sich z. B. auch die Unterhaltsersatzansprüche im Ausland lebender Hinterbliebener eines bei einem Unfall in Deutschland Getöteten nach deutschem Recht[20].

2. Ausnahmen

18 a) Bei **deutscher Staatsangehörigkeit von Schädiger und Geschädigtem** gilt nach § 1 der fortgeltenden[21] VO über die Rechtsanwendung bei Schädigungen deutscher Staatsangehöriger außerhalb des Reichsgebiets v. 7. 12. 1942 (RGBl. I 706) auch bei Unfällen im Ausland das deutsche Haftungsrecht, jedoch nur dann, wenn die Beteiligten auch ihren gewöhnlichen Aufenthalt im Bereich der deutschen Rechtsordnung haben[22]. Dies gilt auch, wenn deutsche juristische Personen durch einen Deutschen im Ausland geschädigt werden[23]. Beteiligung als Versicherer genügt nicht. Der spätere Übergang des Anspruchs auf eine Person mit anderer Staatsangehörigkeit ist ohne Einfluß. Ist nur einer von mehreren für den Unfall eines Deutschen Verantwortlichen ebenfalls Deutscher, so gilt im Verhältnis zu diesem das Heimat-, im übrigen das Tatortrecht.

19 Zu Unfällen zwischen Bewohnern der Bundesrepublik und der DDR s. Rdn. 28 ff.

20 b) **Bei gemeinsamer ausländischer Staatsangehörigkeit** ist in entsprechender Anwendung der sich aus der VO vom 7. 12. 1942 (Rdn. 18) ergebenden Rechtsgedanken das Heimatrecht der Beteiligten dann anzuwenden, wenn ihre Beziehungen zum Tatortland

---

12 RGZ 96, 96; BGHZ 23, 65; BGH NJW 1976, 1588. Zur historischen Entwicklung und Rechtsvergleichung *Hohloch* Das Deliktsstatut (1984).

13 LG Schweinfurt IPRax 1981, 26; LG Nürnberg-Fürth VersR 1980, 955 m. zust. Anm. *Dörner*; *Soergel/Kegel* Art. 12 EGBGB, 78; *MünchKomm/Kreuzer* Art. 38 EGBGB, 28; *Jayme* IPRax 1981, 17; *Hepting* DAR 1983, 100; **a. A.** *Nanz* VersR 1981, 217; *Dörner* Jura 1990, 62; *Wandt* VersR 1990, 1310.

14 *v. Bar* JZ 1985, 961; *v. Caemmerer* (Vorschläge und Gutachten) 17; *Lorenz* JZ 1985, 444; *Weick* NJW 1984, 1999. Übersicht bei *Dörner* VersR 1989, 557.

15 BGH VersR 1961, 518; 1992, 1239; JR 1977, 19; **a. A.** *Kropholler* RabelsZ 1969, 626 ff; *Dörner* Jura 1990, 58 (zweifelnd aber in JR 1994, 11).

16 BGHZ 25, 65.

17 BGHZ 52, 108.

18 *Dörner* Jura 1990, 60; **a. A.** *Stoll*, Festschrift Ferid (1978) S. 408, 410 Fn. 56.

19 RGZ 140, 29; BGHZ 52, 108; BGH NJW 1977, 1590.

20 BGH VersR 1978, 231.

21 BGHZ 34, 222; *Hohloch* 205.

22 BGHZ 87, 95; BGH NJW 1983, 2771 = JR 1984, 62 m. Anm. *Hohloch*.

23 § 1 Abs. 2 der VO; vgl. BayObLG VersR 1982, 371.

nur vorübergehender Natur sind[24]. Die Abwicklung des Unfalls zwischen niederländischen Urlaubern in Deutschland richtet sich daher nach ihrem Heimatrecht. Haben die Ausländer dagegen im Tatortland ihren gewöhnlichen Aufenthalt (z. B. Gastarbeiter), so verbleibt es bei der Maßgeblichkeit des Tatortrechts[25]. Zum Fall des gemeinsamen gewöhnlichen Aufenthalts in einem dritten Land s. Rdn. 21. Auch wenn nach vorstehenden Grundsätzen das gemeinsame Heimatrecht anzuwenden ist, ist eine evtl. Weiterverweisung zu beachten. So ist z. B. beim Unfall zweier Türken in Jugoslawien an sich türkisches Recht maßgeblich; dieses verweist jedoch auf das jugoslawische Recht weiter[26].

c) **Der gemeinsame gewöhnliche Aufenthalt** in einem anderen als dem Tatortland **21**
wird von der Rechtsprechung zunehmend als geeignet angesehen, die Maßgeblichkeit des Tatortrechts auszuschließen, da die Anknüpfung an die Rechtsordnung des gemeinsamen sozialen Umfelds der Unfallbeteiligten sachgerechter sei als die Anknüpfung an den mehr oder weniger zufälligen Tatort. Entgegen weitergehenden Tendenzen in der Rspr. der Instanzgerichte[27] und in der Literatur[28] hatte der BGH es allerdings lange Zeit abgelehnt, das Tatortprinzip generell zugunsten des gemeinsamen Aufenthalts der Beteiligten zu durchbrechen und die Anknüpfung an die übereinstimmende Rechtsumwelt der Deliktsbeteiligten nur dann zugelassen, wenn keiner der Beteiligten Staatsangehöriger des Tatortlandes ist[29] und die Fahrzeuge der Beteiligten im Aufenthaltsland zugelassen und versichert sind[30] oder zwischen Schädiger und Geschädigtem eine besondere (z. B. familiäre oder familienähnliche) Beziehung besteht[31]. In einer Entscheidung aus dem Jahre 1992[32] hat der BGH nunmehr auf die Einschränkung verzichtet, daß keiner der Beteiligten Staatsangehöriger des Tatortlandes sein darf, und im Wege der Rechtsfortbildung erkannt, daß dann, wenn bei einem Verkehrsunfall der gemeinsame[33] gewöhnliche Aufenthalt von Schädiger und Geschädigtem sowie die Zulassung und Versicherung des von ihnen benutzten Kraftfahrzeugs in dieselbe, vom Tatortrecht verschiedene Rechtsordnung weisen, diese für den Schadensausgleich auch dann maßgebend ist, wenn die Beteiligten Staatsangehörige des Tatortlandes sind. Dem steht auch nicht entgegen, daß nur der Geschädigte, nicht auch der (beim Unfall getötete) Schädiger an den früher gemeinsamen Aufenthaltsort zurückkehrt[34]. Hingenommen wird von dieser Rechtsprechung, daß mehrere durch einen Unfall Geschädigte nach

[24] BGHZ 57, 265.

[25] BGHZ 57, 265.

[26] OLG Köln NJW 1980, 2646 m. Anm. *Kropholler*, s. a. OLG Hamm VersR 1979, 976 für das iranische Recht.

[27] LG Frankfurt IPRspr. 1975, Nr. 20; LG Köln VersR 1977, 831; LG Berlin VersR 1979, 750; AG Berlin-Charlottenburg DAR 1981, 16; KG NJW 1981, 1162.

[28] Ausführlicher Überblick bei *Wandt* VersR 1990, 1304 ff.

[29] BGH VersR 1977, 56; dagegen *Wandt* VersR 1992, 156 ff.

[30] BGHZ 93, 214 = JZ 1985, 443, m. Anm. *Lorenz* = JR 1985, 372 m. Anm. *Hohloch*; ebenso BayObLG NZV 1988, 27, NJW-RR 1990, 893, OLG Köln NZV 1991, 192 u. VersR 1991, 1202.

[31] BGHZ 90, 294 = JZ 1984, 669 m. Anm. *v. Bar* = JR 1985, 21 m. Anm. *Hohloch*. Für nichteheliche Lebensgemeinschaft offenlassend, aber zur Bejahung neigend BGH NJW-RR 1988, 535.

[32] BGHZ 119, 137 = NJW 1992, 3091 m. Anm. *Rothoeft/Rohe* 1993, 974 = JZ 1993, 417 m. Besprechung *Zimmer* aaO 396 = LM Art. 38 EGBGB 1986 Nr. 4 m. Anm. *Geimer* = VersR 1992, 1237 m. Anm. *Wandt* = DAR 1993, 21 m. Anm. *Wezel* aaO 19.

[33] Nach Ansicht von *Wandt* VersR 1993, 416 ff soll es bereits ausreichen, wenn der Aufenthaltsstaat des *Geschädigten* mit dem Zulassungsstaat des Schädigerfahrzeugs identisch ist.

[34] BGH NZV 1993, 105.

unterschiedlichen Rechtsordnungen entschädigt werden, selbst wenn es sich um Familienangehörige (ohne gemeinsamen gewöhnlichen Aufenthalt) handelt[35].

22 d) Die **gemeinsame Zulassung und Versicherung des Fahrzeugs** in einem anderen als dem Tatortland reicht nach deutschem internationalen Privatrecht für sich allein nicht aus, um eine Ausnahme von der Anwendung des Tatortrechts zu begründen[36]. Dagegen knüpft Art. 4 des (von der Bundesrepublik Deutschland nicht unterzeichneten) Haager Übereinkommens über das auf Straßenverkehrsunfälle anzuwendende Recht vom 4. 5. 1971[37] grundsätzlich an den gemeinsamen Registrierungsort der Fahrzeuge an. Auf diesem Wege kann es bei Auslandsunfällen zu einer Rückverweisung auf das deutsche Recht kommen[38].

23 e) **Vereinbarung über das Deliktsstatut.** Die Parteien können im Rahmen der Privatautonomie über das anzuwendende Recht eine vertragliche Vereinbarung treffen[39]. Bei Verkehrsunfällen wird es sich in der Regel um nachträgliche Vereinbarungen handeln, aber auch Abmachungen vor dem Schadensfall (z. B. zwischen Fahrer und Fahrgast) sind möglich[40]. Die Vereinbarung kann auch stillschweigend getroffen werden[41], z. B. durch übereinstimmende Berufung auf die lex fori im Prozeß[42]. Sie darf aber nicht aufgrund eines hypothetischen Parteiwillens fingiert werden; es müssen konkrete Anhaltspunkte für einen realen Willen der Parteien vorliegen[43]. Unwirksam ist die Vereinbarung, wenn durch sie Rechte Dritter (z. B. des Versicherers) beeinträchtigt würden[44]. Da die Parteien nur auf Sachnormen verweisen können (Art. 4 Abs. 2 EGBGB), kann es zu einer Rück- oder Weiterverweisung nicht kommen. Auch im Geltungsbereich des Haager Straßenverkehrsübereinkommens (Rdn. 22) ist eine Rechtswahl zulässig[45].

3. Beschränkung der Anwendung ausländischen Rechts bei Ansprüchen gegen Deutsche

24 Nach Art. 38 EGBGB haftet ein Deutscher auch bei Anwendung ausländischen Tatortrechts nur insoweit, als er auch nach deutschem Recht haften würde[46]. Entscheidend ist, nach welcher Rechtsordnung sich der Schädiger im Ergebnis insgesamt besser stellt[47]. Er kann sich daher z. B. auch auf die Verjährungsregeln des deutschen Rechts berufen. Die Bestimmung des Haftungsumfangs richtet sich jedoch nicht ausschließlich nach Deliktsrecht; auch andere Ansprüche sind zu berücksichtigen. Haben die Beteiligten ein ausländisches Deliktsstatut durch Vereinbarung zur Anwendung gebracht, so ist hierin ein Verzicht auf den Schutz des Art. 38 EGBGB zu erblicken[48].

---

[35] BGH NZV 1993, 107 = VersR 1993, 307 m. Anm. *Lorenz*.

[36] BGH NJW 1977, 496; KG VersR 1983, 495.

[37] Der deutsche Text ist abgedruckt bei *Jayme/Hausmann* Internationales Privat- und Verfahrensrecht[8] (1996) Nr. 52; dort auch zum Geltungsbereich.

[38] LG Nürnberg-Fürth VersR 1980, 955 m. Anm. *Dörner*; *Lorenz* DAR 1983, 278.

[39] BGHZ 42, 389; 80, 199; 87, 103; *Kropholler* RabelsZ 1969, 639 ff; *Hohloch* NZV 1988, 162 ff.

[40] *Kropholler* RabelsZ 1969, 639 ff; *Lorenz* IPRax 1985, 87; *Hohloch* NZV 1988, 164.

[41] BGH NJW 1974, 410; 1981, 1606; *Kropholler* RabelsZ 1969, 642; *Hohloch* NZV 1988, 166 ff; a. A. *Schack* ZZP 100, 450.

[42] BGHZ 42, 389; *Dörner* JR 1994, 12 m. w. Nachw., auch zur Gegenansicht.

[43] *Kropholler* RabelsZ 1969, 642; *Lorenz*, Festschrift Coing Bd. II S. 274; *Wandt* VersR 1990, 1309; hierzu unter Hinweis auf die Frageobliegenheit des Gerichts *Schlosser* JR 1987, 161 und *Buchta* 60 ff.

[44] *Kropholler* RabelsZ 1969, 642 Fn. 139; *Lorenz* Festschrift Coing Bd. II S. 274; *Hohloch* NZV 1988, 165.

[45] Österr. OGH ZVR 1995, 277 m. w. Nachw., auch zur Gegenmeinung.

[46] Vgl. BGH VersR 1977, 374.

[47] *Dörner* Jura 1990, 61; **a. A.** *MünchKomm/Kreuzer* Art. 38 EGBGB, 316.

[48] *MünchKomm/Kreuzer* Art. 38 EGBGB, 57 ff; *Dörner* Jura 1990, 61.

4. Anwendungsbereich des Deliktsstatuts

Das nach den vorstehenden Grundsätzen ermittelte Deliktsstatut entscheidet über alle die Haftungsbegründungen und den Haftungsumfang betreffenden Fragen der Delikts- und der Gefährdungshaftung (z. B. Haltereigenschaft[49], Schuldfähigkeit, Verschuldensgrad, Mitverschulden, Haftungsausschluß, Schadensbemessung[50], Verjährung). Die Vorfrage (für § 10 Abs. 2 StVG, § 844 Abs. 2 BGB), ob ein Unterhaltsanspruch besteht, ist jedoch nach den hierfür geltenden Kollisionsregeln anzuknüpfen[51]. Die für den Unfallort geltenden Verkehrsregeln sind unabhängig vom Deliktsstatut stets verbindlich[52]. Nach ihnen ist bei der Haftungsabwägung auch die Schwere des Verkehrsverstoßes zu beurteilen[53], während ansonsten für die Frage, ob ein Verstoß grob fahrlässig war, jedenfalls bei Bestehen von Beziehungen zwischen den Beteiligten das abweichende Deliktsstatut maßgeblich ist[54]. Zur Erstreckung des Deliktsstatuts auf den Direktanspruch gegen den Haftpflichtversicherer s. § 16, 857. Für das unfallversicherungsrechtliche Haftungsprivileg (§ 636 RVO) besteht eine Sonderanknüpfung nach §§ 3 ff SGB-IV (vgl. Schlußanh. II, 97); zur Anknüpfung hinsichtlich des Forderungsübergangs auf Sozialversicherungsträger Schlußanh. II, 166 ff, auf öffentlichrechtliche Leistungsträger Schlußanh. II, 188. **25**

5. Hinweise zu den Regelungen in anderen Ländern

Auf Einzelheiten der Haftpflichtbestimmungen in anderen Ländern, die z. T. sehr voneinander abweichen und deren Vereinheitlichung auch innerhalb Europas bisher ohne greifbare Erfolgsaussicht geblieben ist[55], kann hier nicht eingegangen werden. Nachfolgende Hinweise auf Literatur und Entscheidungen zu den Regelungen einzelner Länder (alphabetisch geordnet) können jedoch weiterführen. **26**

Übersichten: *Neidhart* Unfall im Ausland[4]; *Wezel* DAR 1991, 133; *Schwarz* NJW 1991, 2058; *Lemor* VersR 1992, 648. **27**

Belgien: *Stummvoll* DAR 1963, 201.

Frankreich: *v. Bar* VersR 1986, 620 (neues Verkehrshaftpflichtrecht); *Wilmes* VersR 1986, 224 (dito); *Storp* DAR 1986, 311 (dito); *Philipp* DAR 1970, 40; *Sievers* VersR 1971, 99; *Kwalo* VersR 1971, 288 (immaterielle Schäden); *Hübner* VersR 1980, 795 (Verkehrssicherungspflicht); *Zwerger/Heirich* DAR 1983, 109; *Böhm* DAR 1983, 118 (Schmerzensgeld).

Großbritannien: *Kämmer* VersR 1973, 17; *Kötz* VersR 1979, 585.

Israel: OLG Köln NJW-RR 1988, 30 (Personenschaden, Verjährung).

Italien: *Allwag/Maggiani* DAR 1962, 221, 249; *Jung* DAR 1984, 142; *Wrangel* VersR 1982, 628; *Zwerger/Heirich* DAR 1983, 103; *Ferrari* NZV 1992, 19 (Haftung des Fahrzeugeigentümers); *Böhm* DAR 1983, 120 (immaterieller Schaden); OLG Wien ZVR 1992, 306 (sehr ausführlich zum Schadensersatz bei Körperverletzung).

Jugoslawien (ehem.): *Grosmann* AnwBl. 1976, 146; *Peuster* VersR 1977, 795; *Zwerger/Heirich* DAR 1983, 104; *Böhm* DAR 1983, 121 (immaterieller Schaden); *Kramer* DAR 1990, 437.

Niederlande: *Faber* DAR 1968, 180; *van den Reijden* DAR 1967, 41; *Lill* DAR 1971, 38.

Österreich: *Dittrich* DAR 1972, 225, 1976, 29 und 1977, 29 (Verkehrsvorschriften); *Zwerger/Heirich* DAR 1983, 107; *Böhm* DAR 1983, 116 (Schmerzensgeld).

Polen: *Lammich* VersR 1979, 798; *Janker/Kulesza* DAR 1991, 328 (Verkehrsrecht).

---

49 Hierzu *Mansel* VersR 1984, 102.

50 BGH NZV 1989, 106 = VersR 1989, 54 m. Anm. *Wandt* 266 (zur Vorteilsausgleichung).

51 Vgl. BGH VersR 1978, 346.

52 BGHZ 57, 265; NZV 1996, 272 (auch zur Irrevisibilität der ausländischen Normen).

53 BGH NZV 1996, 272.

54 BGH VersR 1978, 541; vgl. auch BGH NZV 1996, 273.

55 Vgl. *Renger* VersR 1992, 653.

Portugal: *Bujan* VersR 1978, 307; *Rau* VersR 1985, 921 (Höchstgrenzen Gefährdungshaftung).

Schweden: *Igney* VersR 1977, 16; *Lange-Fuchs* VersR 1977, 701; *Voigt* DAR 1978, 9.

Schweiz: *Zwerger/Heirich* DAR 1983, 108; *Böhm* DAR 1983, 117 (Schmerzensgeld); *Hofmann* VersR 1983, 1093 (Wert der Hausfrauenarbeit); *Neidhart* DAR 1991, 50.

Spanien: *Peuster* DAR 1977, 291; *Mittelmeier* VerR 1979, 1085 und 1980, 901; *Zwerger/Heirich* DAR 1983, 106.

Tschechoslowakei (ehem.): *Bystrá/Janker* DAR 1990, 328; *Plank* VersR Beil. Ausland 1992, 53 (Kfz.-Versicherung; auch für die Nachfolgestaaten).

Türkei: *Dural* VersR Beil. Ausland 1992, 61 (internationales Deliktsrecht); OLG Köln NZV 1993, 474, KG VersR 1983, 495 u. OLG Celle VersR 1983, 642 (Schmerzensgeld); LG Aachen DAR 1985, 4 (Nutzungsausfall); *Lorenz* DAR 1991, 128 (Haftungsrecht); *Dural* VersR 1985, 13, 23 (neues Straßenverkehrsgesetz); *Dural* VersR 1984, 106 (unbefugter Gebrauch eines Kraftfahrzeugs); *Krüger* VersR 1975, 680; *Dural* VersR 1982, 123 (Verjährung); *Özsunay* VersR 1993, 798 (Halterhaftung).

UdSSR (ehem.): *Majdanik-Sternik* VersR 1971, 18.

Ungarn: *Visiki* DAR 1976, 141 (Verkehrsvorschriften); *Lábady* VersR 1993, 916 (immaterieller Schaden).

IV. Haftungsrecht und deutsche Einigung

1. Regelung im Einigungsvertrag

28 Der durch den Einigungsvertrag[56] eingefügte Art. 232 § 10 EGBGB bestimmt, daß die §§ 823 bis 853 BGB im Beitrittsgebiet nur auf Handlungen anzuwenden sind, die am Tag des Beitritts (3. 10. 1990) oder danach begangen wurden. In entsprechender Weise wurde die Anwendbarkeit der §§ 7 bis 20 StVG und des HaftpflG geregelt[57]. Für vor dem Beitritt entstandene Schuldverhältnisse bleibt das bisher geltende Recht maßgebend (Art. 232 § 1 EGBGB). Dementsprechend ist für die folgende Darstellung zu differenzieren.

2. Schadensfälle vor 3. Oktober 1990

29 **a) Schadensfälle zwischen Bewohnern der DDR auf deren Gebiet.** Die Haftung richtet sich nach dem ZGB der DDR[58]. Dieser sieht in § 330 eine Haftung aus Verschulden vor, welches bei rechtswidriger Schädigung widerleglich vermutet wird, in § 345 Abs. 1 eine Gefährdungshaftung beim Betrieb eines Kraftfahrzeugs, für die keine Haftungshöchstgrenze besteht[59]. Für die Schadenshöhe gilt § 336 Abs. 1. Grundsätzlich wird nur der materielle Schaden ersetzt. Schmerzensgeld wird – sowohl bei der Verschuldens- als auch bei der Gefährdungshaftung nur unter der einschränkenden Voraussetzung gewährt, daß der Geschädigte durch den Gesundheitsschaden in der Teilnahme am gesellschaftlichen Leben gehindert oder in seinem Wohlbefinden erheblich oder längere Zeit beeinträchtigt wird (§ 338 Abs. 3). Die von den DDR-Gerichten zuerkannten Beträge lagen hierbei erheblich unter den bei § 847 BGB üblichen Sätzen[60]. Ersatz

[56] Vom 23. 9. 1990, BGBl. II S. 885.

[57] Anl. 1, Kap. III Sachgeb. B Abschn. III Nr. 14 bzw. Kap. XI Sachgeb. B Abschn. III Nr. 1 Buchst. i zum Einigungsvertrag.

[58] Vgl. hierzu *Gräf* Handbuch der Rechtspraxis in der DDR (1988) 227 ff; *Posch* RabelsZ 1987, 334. Zu den Verkehrsvorschriften der DDR s. *Weigelt* DAR 1978, 43.

[59] *Kittke* DAR 1977, 233; *Heßler* NZV 1991, 97.

[60] Vgl. OLG Düsseldorf VersR 1975, 1124; *Kittke* DAR 1977, 234; *Amend* NZV 1990, 453 f.

für merkantilen Minderwert wurde nur im Falle eines Verkaufs des Unfallfahrzeugs zuerkannt[61]; Mietwagenkosten wurden nur ersetzt, wenn der Geschädigte aufgrund seiner persönlichen Situation nicht auf öffentliche Verkehrsmittel verwiesen werden konnte[62].

Auch bei der Anwendung der genannten Vorschriften durch Gerichte der Bundesre- 30
publik Deutschland bleibt die Rechtspraxis in der ehemaligen DDR, einschließlich der Richtlinie des Plenums des OG, maßgeblich, soweit sie nicht von spezifisch sozialistischen Wertungen geprägt war[63]. Gegen die Schmerzensgeldvorschrift des § 338 Abs. 3 ZGB bestehen trotz der Abweichungen von § 847 BGB keine Bedenken der vorgenannten Art, jedoch sind die nach der Rechtspraxis der DDR üblichen Ausgleichsbeträge so anzuheben, daß den veränderten wirtschaftlichen Verhältnissen im Beitrittsgebiet Rechnung getragen wird; sie unterliegen daher auch nicht der Abwertung im Zuge der Währungsumstellung[64]. Die Vorschrift des § 340 ZGB, die eine Herabsetzung des Schadensersatzes aus Billigkeitsgründen ermöglicht, wenn lediglich Fahrlässigkeit vorlag und aufgrund der wirtschaftlichen Lage des Schuldners ein voller Schadensersatz nicht zu erwarten ist, hat sozialistischen Einschlag[65] und ist daher nicht mehr anzuwenden. Bei der Zubilligung von Mietwagenkosten bzw. Nutzungsausfallentschädigung und merkantilem Minderwert kann bei Unfällen, die sich zwischen der Öffnung der innerdeutschen Grenze am 9. 11. 1989 und der Vereinigung am 3. 10. 1990 ereignet haben, berücksichtigt werden, daß in dieser Zeit bereits der freie Handel mit Kraftfahrzeugen in der DDR begonnen hatte und sich die Einschätzung ihres Nutzungs- und Verkaufswertes westlichen Vorstellungen bereits annäherte[66].

b) **Schadensfälle zwischen Bürgern der Bundesrepublik Deutschland und der DDR.** 31
In Anlehnung an das internationale Privatrecht gilt auch in den deutsch-deutschen Haftungsfällen das Tatortprinzip, so daß sich der Schadensersatz nach dem Recht des jeweiligen Unfallorts richtet[67], liegt dieser in einem Drittland, ist dessen Recht maßgeblich[68]. Soweit nach diesen Grundsätzen DDR-Recht zur Anwendung kommt, kann dieses lediglich nach den in Rdn. 30 dargestellten Grundsätzen Modifizierungen erfahren, nicht deswegen, weil der Geschädigte seinen Wohnsitz in den alten Bundesländern hatte[69].

c) **Schadensfälle zwischen Bewohnern desselben Teils Deutschlands im anderen Teil.** 32
Hier ist die VO vom 7. 12. 1942 (Rdn. 20) bzw. die Rechtsprechung zu den Fällen gemeinsamen gewöhnlichen Aufenthalts (Rdn. 21) entsprechend anzuwenden[70].

d) Zur **versicherungsrechtlichen Abwicklung** s. § 16, 858. Daß ein Bewohner der 33
DDR seine Ansprüche wegen eines Unfalls im Bundesgebiet bei der Staatlichen Versicherung der DDR anmelden konnte, hinderte ihn nicht an der unmittelbaren Geltendmachung gegenüber dem bundesdeutschen Schädiger und seinem Haftpflichtversicherer[71].

---

61 OG NJ 1978, 362.
62 *Amend* NZV 1990, 453; *Kittke* DAR 1976, 286.
63 BGH NZV 1993, 389.
64 Eingehend zum Ganzen BGH NZV 1993, 389.
65 *Heßler* NZV 1991, 97.
66 BezG Potsdam NZV 1992, 324; VersR 1992, 1368.
67 KG VersR 1990, 394; *Heßler* NZV 1991, 98.
68 *Heßler* NZV 1991, 98.
69 Insoweit unzutreffend BezG Potsdam NZV 1992, 324.
70 BayObLG NZV 1991, 116; *Amend* NZV 1990, 454; *Heßler* NZV 1991, 98.
71 KG VersR 1990, 394 m. Anm. *Lorenz* u. *Rupf* unter Aufgabe von KG VersR 1989, 1275; hierzu auch *Wandt* IPRax 1990, 166.

3. Schadensfälle ab 3. Oktober 1990

34 In diesen Fällen gelten unabhängig vom Unfallort nur noch die Bestimmungen des BGB und der anderen bundesrechtlichen Haftungsnormen. Besonderheiten können sich bei Unfällen in der ehemaligen DDR noch ergeben, soweit Staatshaftung eingreift (s. hierzu § 16, 495), soweit übergangsweise fortbestehende Besonderheiten der Verkehrsvorschriften zu beachten waren[72] oder soweit die ermäßigten Anforderungen an die Straßenverkehrssicherungspflicht (§ 16, 562) Platz greifen.

§ 7
Schadensersatzpflicht des Halters und des Schwarzfahrers

(1) Wird bei dem Betrieb eines Kraftfahrzeugs ein Mensch getötet, der Körper oder die Gesundheit eines Menschen verletzt oder eine Sache beschädigt, so ist der Halter des Fahrzeugs verpflichtet, dem Verletzten den daraus entstehenden Schaden zu ersetzen.

(2) Die Ersatzpflicht ist ausgeschlossen, wenn der Unfall durch ein unabwendbares Ereignis verursacht wird, das weder auf einem Fehler in der Beschaffenheit des Fahrzeugs noch auf einem Versagen seiner Verrichtungen beruht. Als unabwendbar gilt ein Ereignis insbesondere dann, wenn es auf das Verhalten des Verletzten oder eines nicht bei dem Betrieb beschäftigten Dritten oder eines Tieres zurückzuführen ist und sowohl der Halter als der Führer des Fahrzeugs jede nach den Umständen des Falles gebotene Sorgfalt beobachtet hat.

(3) Benutzt jemand das Fahrzeug ohne Wissen und Willen des Fahrzeughalters, so ist er an Stelle des Halters zum Ersatz des Schadens verpflichtet; daneben bleibt der Halter zum Ersatz des Schadens verpflichtet, wenn die Benutzung des Fahrzeugs durch sein Verschulden ermöglicht worden ist. Satz 1 findet keine Anwendung, wenn der Benutzer vom Fahrzeughalter für den Betrieb des Kraftfahrzeugs angestellt ist oder wenn ihm das Fahrzeug vom Halter überlassen worden ist.

Übersicht

[72] Vgl. die Maßgaben zur StVO in Anl. 1 Kap. XI Sachgeb. B Abschn. III Nr. 14 zum Einigungsvertrag.

Schrifttum

Zur Halterhaftung allgemein:

Böhmer Ist die Halterhaftung eine reine Gefährdungshaftung? VersR 1961, 965; *Eglin* Die Betriebsgefahr von Kraftfahrzeugen (1970); *Esser* Grundlagen der Entwicklung der Gefährdungshaftung[2] (1969); *v. Hippel* Schadensausgleich bei Verkehrsunfällen, Haftungsersetzung durch Versicherungsschutz (1968); *Schultz* Gefährdungshaftung bei nicht öffentlichem Verkehr, VersR 1964, 575; *Stark* Die Haftpflicht aus Motorfahrzeugunfällen in rechtsvergleichender Sicht, SchwJZ 1959, 341; *Weimar* Ist die Halterhaftung eine reine Gefährdungshaftung? VersR 1961, 1072.

Zur Haftungsbegründung:

Adam § 830 Abs. 1 Satz 2 BGB und die Gefährdungshaftung, VersR 1995, 1291; *Bauer* Die Problematik gesamtschuldnerischer Haftung trotz ungeklärter Verursachung, JZ 1971, 4; *Böhmer* Der Begriff des Betriebsunfalls in § 7 KFG und in § 1 RHaftpflG, RdK 1950, 97; *Böhmer* Zur Haftung des Halters eines abgeschleppten Kraftfahrzeugs, JR 1971, 501; *Bydlinski* Aktuelle Streitfragen um die alternative Kausalität, Festschrift für Günther Beitzke (1979) S. 3; *Deutsch* Die Gesundheit als Rechtsgut im Haftungsrecht und Staatshaftungsrecht, 25 Jahre Karlsruher Forum (1983) 93; *Dunz* Gefährdungshaftung und Adäquanz in der neueren Rechtsprechung des BGH, VersR 1984, 600; *Gottwald* Kausalität und Zurechnung, KF 1986, 3; *Hartung* Mäglichkeiten und Grenzen des zivilen Haftpflichtrechts bei Massenauffahrunfällen, VersR 1981, 696; *Klimke* Probleme der überholenden Kausalität, ZfV 1972, 565, 593 und 719; *Klimke* Überholende Kausalität aus haftpflichtrechtlicher Sicht, ZfV 1972, 750 und 783; *Sourlas* Adäquanztheorie und Normzwecklehre bei der Begründung der Haftung nach § 823 Abs. 1 BGB (1973); *Stoll* Adäquanz und normative Zurechnung bei der Gefährdungshaftung, 25 Jahre Karlsruher Forum (1983) 184; *Tschernitschek* Zur Auslegung des Begriffs „Betrieb eines Kraftfahrzeugs" (§ 7 Abs. 1 StVG), VersR 1978, 996; *Weimar* Die gesamtschuldnerische Haftung Beteiligter nach § 830 I 2 BGB, MDR 1960, 463; *Weimar* Schadensersatzanspruch der durch Fernwirkung Geschädigten, MDR 1963, 887; *Weimar* Die Haftpflicht bei mehrfachem Überfahren, VN 1964, 169; *Weimar* Schreck- und Schockschäden, MDR 1964, 987.

Zum Halterbegriff:

Hofmann Minderjährigkeit und Halterhaftung, NJW 1964, 228; *Voss* Haltereigenschaft der öffentlichen Verwaltung bei beamten- und privateigenen Kraftfahrzeugen, VersR 1955, 201; *Weimar* Ehegatten als Tier- und Kraftfahrzeughalter, MDR 1963, 366; *Weimar* Wann wird der Dieb eines Kraftfahrzeugs zu dessen Halter? JR 1963, 378; *Weimar* Haftung minderjähriger Halter, ZfV 1964, 1003; *Weimar* Auch eine OHG oder BGB-Gesellschaft kann Halter sein, VP 1965, 163; *Weimar* Kraftfahrzeughaltereigenschaft bei Personengesellschaften, DAR 1976, 65.

Zur Haftung bei unbefugter Benutzung:

Gaisbauer Sicherung von Zugmaschinen gegen Unbefugte, VP 1965, 169; *Hohenester* Sorgfaltspflichten beim Verlassen des Kraftfahrzeugs, DAR 1958, 5; *Ruhkopf* Nachträgliche Genehmigung der Fahrt, VersR 1959, 322; *Weimar* Schwarzfahrt des Betreuers des Kraftfahrzeugs, MDR 1959, 17.

Zum Entlastungsbeweis:

Böhmer Wann muß der geschädigte Halter den Entlastungsbeweis nach § 7 Abs. 2 StVG führen? DAR 1974, 66; *Brüggemann* Hilfspersonen des Kraftfahrzeugführers, DAR 1957, 113; *Engels* Die neuen Erkenntnisse über die Reaktionszeiten des Kraftfahrers, DAR 1982, 360; *Gaisbauer* Fahren bei Sturm, VersR 1967, 1034; *Schoreit* Vertrauensgrundsatz und Kraftfahrzeughaftung, NJW 1966, 919; *Spiegel* Die neuen Erkenntnisse über die Reaktionszeit des Kraftfahrers, DAR 1982, 366; *Weimar* Wer ist beim Betrieb eines Kraftfahrzeugs angestellt, beschäftigt oder nur tätig? VP 1960, 148; *Weimar* Mitverschulden des Verletzten und unabwendbares Ereignis, JR 1960, 12; *Wussow* Ist die Ohnmacht des Fahrers ein unabwendbares Ereignis? DAR 1952, 162.

Entstehungsgeschichte

Vgl. Vorb. 10 ff. Wortlaut und Bezeichnung des § 7 sind seit Erlaß des KFG unverändert.

I. Systematik der Halterhaftung nach § 7

1. Die Betriebsgefahr als Grundlage der Haftung

1 a) Die Haftung des Kraftfahrzeughalters ist in § 7 als **Gefährdungshaftung** ausgestaltet. Sie knüpft an die vom Betrieb eines Kraftfahrzeugs ausgehende Gefahr an; auf ein Verschulden oder auch nur objektiv verkehrswidriges Verhalten kommt es nicht an[1]. Ganz rein ist das Prinzip der Gefährdungshaftung allerdings nicht durchgehalten. Der Halter kann sich vielmehr (in bestimmten Grenzen) durch den Nachweis eines unabwendbaren Ereignisses von der Haftung befreien (vgl. Rdn. 339 ff).

2 b) Die Haftung knüpft an die **abstrakte Betriebsgefahr** an, d. h. die besondere Gefahr, die das Kraftfahrzeug schlechthin, also jedes Kraftfahrzeug ohne Rücksicht auf die Begleitumstände des Einzelfalls, für andere Verkehrsteilnehmer mit sich bringt. Dem Geschädigten wird zivilrechtlich (im Rahmen des § 12) Schutz vor allen Gefahren gewährt, die mit dem Betrieb des Kraftfahrzeugs verbunden sind. Das Gesetz löst allerdings die Haftung des Halters vom konkreten Vorliegen einer für Kraftfahrzeuge typischen Gefahr und knüpft sie schlicht an den Betrieb des Kraftfahrzeugs. Der Halter ist für alle Schäden verantwortlich, die in ursächlichem Zusammenhang mit dem Betrieb des Kraftfahrzeugs stehen, auch wenn die Tatsache, daß es sich um ein Kraftfahrzeug

---

[1] BGH NJW 1972, 1808.

handelte, nach menschlicher Erfahrung ohne Bedeutung für Entstehung und Höhe des Schadens war.

c) Auf die im Einzelfall manifest gewordene **konkrete Betriebsgefahr** kommt es hingegen bei der Abwägung nach §§ 9, 17 an (vgl. § 9, 104). Die abstrakte Betriebsgefahr kann nämlich durch besondere Umstände (z. B. besonders gefahrträchtiges Fahrzeug, risikobehafteter Verkehrsvorgang, Verschulden des Führers) vergrößert sein („**erhöhte Betriebsgefahr**"), was bei der Bemessung der Haftungsquoten zu Buche schlägt. 3

Der Grad der Gefährlichkeit des Fahrzeugs für den Insassen oder Fahrer hat außer Betracht zu bleiben. Der Umstand, daß das Fahren auf einem Motorrad, Kleinkraftrad oder Fahrrad mit Hilfsmotor bei Zusammenstößen mit schwereren Fahrzeugen in der Regel zu schwereren Verletzungen führt als das Fahren im Kraftwagen, stellt keine Erhöhung der Betriebsgefahr dar und bleibt bei der Abwägung außer Betracht. Maßgebend allein ist die Gefährlichkeit für den anderen Verkehrsteilnehmer[2]. 4

2. Die gesetzliche Regelung

a) **Grundschema.** Der Aufbau der Vorschrift enthält manche Unklarheiten, vor allem in Abs. 2 und 3. Die Gefährdungshaftung des Halters ist so geregelt, als handle es sich um eine Verschuldenshaftung, die allerdings schon bei Nichtbeobachtung der nach den Umständen gebotenen äußersten Sorgfalt eingreift, wobei überdies die Beweislast so verteilt ist, daß der Halter die Beobachtung dieser Sorgfalt beweisen muß. Der Halter muß nach dieser eigenartigen Systematik den sog. „Entlastungsbeweis" führen. Überdies hat der Halter diesen Beweis nicht nur für sein eigenes Tun und Unterlassen zu führen, sondern auch für dasjenige des Führers des Kraftfahrzeugs und aller bei dem Betrieb beschäftigten Personen. Man darf allerdings nicht übersehen, daß das Gelingen oder Nichtgelingen des „Entlastungsbeweises" zwar der Kern der Vorschrift ist, daß aber zunächst zu prüfen ist, ob sie auf den gegebenen Sachverhalt überhaupt anwendbar ist. 5

b) **Die einzelnen Haftungsvoraussetzungen.** Da Grundlage der Haftung die Betriebsgefahr eines Kraftfahrzeugs ist, ist erste Voraussetzung, daß an der Schadensentstehung ein Kraftfahrzeug beteiligt ist (zum Begriff Kraftfahrzeug Rdn. 11 ff). Weitere Voraussetzung ist, daß „bei dem Betrieb" des Kraftfahrzeugs (Rdn. 21 ff) die adäquate Ursache (Rdn. 48 ff) für einen Unfall (Rdn. 125 ff) gesetzt wurde, der entweder zu einem „Personenschaden" (Rdn. 132 ff) oder zu einem „Sachschaden" (Rdn. 141 ff) geführt hat. Liegt entweder ein Personenschaden oder ein Sachschaden (oder beides) vor, so werden alle hiermit zusammenhängenden Schäden (auch Vermögensschäden) ersetzt (Rdn. 9); das Vorliegen eines Personen- oder Sachschadens ist also lediglich Voraussetzung jeder Haftung aus § 7 (Rdn. 129). Die Berechnung des Ersatzanspruchs (Rdn. 207 ff) ist von dieser Frage streng zu unterscheiden. Die Haftung trifft diejenige Person, die im Augenblick des Unfalls Halter war (hierzu Rdn. 231 ff). Nach Abs. 3 haftet ausnahmsweise auch ein Halter, der im Augenblick des Unfalls nicht mehr Halter war, nämlich dann, wenn der Unfall durch einen Dieb verursacht wird und der Halter den Diebstahl durch sein Verschulden ermöglicht hat (Rdn. 307). Wie ein Halter haftet auch diejenige Person, die zwar nicht Halter ist, aber das Kraftfahrzeug ohne Wissen und Willen des Halters benutzt (Rdn. 283 ff); sie haftet jedoch nicht, wenn der Halter sie für den Betrieb des Kraftfahrzeugs angestellt hat oder wenn der Halter ihr das Kraftfahrzeug „überlassen" hat. 6

---

[2] BGH VersR 1971, 1043.

7 c) **Die Einwendungen des Halters.** Der Halter und die an sich wie ein Halter haftenden Personen werden von der Gefährdungshaftung frei, wenn es ihnen gelingt, den **Entlastungsbeweis** nach Abs. 2 zu führen; diese Möglichkeit besteht aber nicht, wenn der Unfall durch einen Fehler in der Beschaffenheit des Fahrzeugs oder ein Versagen seiner Verrichtungen verursacht wurde (Rdn. 473 ff). Der Entlastungsbeweis ist geführt, wenn der Halter bewiesen hat, daß er selbst (Rdn. 357 ff), der Führer des Kraftfahrzeugs (Rdn. 360 ff) und alle bei dem Betrieb des Kraftfahrzeugs beschäftigten Dritten (Rdn. 465 ff) den Unfall trotz Beobachtung der äußersten nach den Umständen gebotenen Sorgfalt nicht verhindern konnten („unabwendbares Ereignis"; vgl. Rdn. 339 ff).

8 **Als sonstige Einwendungen** gegen die Haftung nach § 7 kann der Halter insbesondere geltendmachen, daß das Fahrzeug mit keiner höheren Geschwindigkeit als 20 km/h fahren kann (§ 8), daß der Verletzte oder die beschädigte Sache zur Zeit des Unfalls durch das Fahrzeug befördert wurde (§ 8 a) oder der Verletzte beim Betrieb des Fahrzeugs tätig war (§ 8), daß eigenes Verschulden des Verletzten vorliegt (§ 9), daß der Anspruch verjährt ist (§ 14), daß die erforderliche Anzeige unterblieben ist (§ 15), u. U. daß es sich um einen Arbeitsunfall handelt (§§ 636, 637 RVO a. F. bzw. §§ 104 ff SGB-VII; vgl. Schlußanh. II, 7 ff).

9 d) **Rechtsfolge.** Wer die Voraussetzungen des § 7 Abs. 1 erfüllt und sich nicht mit Erfolg auf eine haftungsausschließende Einwendung berufen kann, ist verpflichtet dem Verletzten den aus dem schädigenden Ereignis entstehenden Schaden zu ersetzen. Was unter „Schaden" zu verstehen ist, wird im StVG ebensowenig wie im BGB oder anderen deutschen Haftungsgesetzen definiert[3]. Die Begriffsbestimmungen in der Rechtslehre sind mannigfaltig und hier nicht im einzelnen zu referieren (vgl. Einl. 16). Zu folgen ist der Ansicht, daß der Schadensbegriff an ein vorrechtliches Verständnis anknüpft, welchem die Vorstellung eines als nachteilig empfundenen Zustandes zugrundeliegt, daß aber die Frage, welche Nachteile für die Rechtsanwendung relevant sein sollen, nach rechtlichen, normativen Kriterien zu entscheiden ist[4]. Der richtige Schadensbegriff ist somit zugleich naturalistisch als auch normativ[5]. § 7 Abs. 1 StVG besagt demnach, daß dem Geschädigten Ausgleich für die Unfallfolgen zu leisten ist, die sich nach normativer Wertung als Nachteile für seine vermögensrechtliche Situation – einen Ersatz immaterieller Schäden kennt das StVG nicht[6] – darstellen. Die Form des Ausgleichs richtet sich nach §§ 249 ff BGB. Wegen der Einzelheiten hierzu s. u. Rdn. 146 ff.

3. Verhältnis zu anderen Haftungsnormen

10 Eine etwaige Haftung aus unerlaubter Handlung (§ 823 BGB) oder aufgrund anderer Anspruchsgrundlagen steht völlig unabhängig neben der Haftung nach § 7 (§ 16; vgl. die Erläuterungen hierzu).

II. Der Begriff des Kraftfahrzeugs

1. Begriffsbestimmung

11 Nach § 1 Abs. 2 gelten als Kraftfahrzeuge – auch im Sinne der Haftungsbestimmungen des StVG – „Landfahrzeuge, die durch Maschinenkraft bewegt werden, ohne an

---

[3] Anders § 1293 österr. ABGB: „Schaden heißt jeder Nachteil, welcher jemandem an Vermögen, Rechten oder seiner Person zugefügt worden ist." S. hierzu *Schwimann/Harrer*, Praxiskommentar zum ABGB (1987) § 1293, 4 ff.

[4] *Lange* § 1 III 1.

[5] Vgl. auch *Larenz* I § 27 II a; *Deutsch* Haftungsrecht § 25 II; *Staudinger/Medicus* vor § 249, 34; *Soergel/Mertens* vor § 249, 45; *Steffen* NJW 1995, 2057.

[6] Dafür aber de lege ferenda der AK VI des

Bahngleise gebunden zu sein". In der ursprünglichen Fassung des Gesetzes vom 3. 5. 1909 hatte es statt „Landfahrzeuge" geheißen „Wagen oder Fahrräder". Durch die Gesetzesänderung vom 21. 7. 1923 wurde klargestellt, daß auch Kraftschlitten und Gleiskettenfahrzeuge Kraftfahrzeuge sind.

2. Die einzelnen Begriffsmerkmale

a) **Fahrzeuge** sind Einrichtungen zur Fortbewegung ohne Rücksicht auf den Zweck der Ortsveränderung. Die Beförderung von Personen oder Lasten ist kein Begriffsmerkmal; auch fahrende Arbeitsmaschinen können Kraftfahrzeuge sein, z. B. Pistenraupen[7] oder Aufsitzrasenmäher[8], desgleichen Spiel- oder Kleinstfahrzeuge wie z. B. Go Carts[9] oder motorgetriebene Skateboards[10]. Es muß sich aber um selbständige Fahrgeräte handeln. Daher stellt z. B. eine Seil- oder Schwebebahn ebensowenig ein Fahrzeug dar wie der Schlittschuhläufer, der sich von einem auf dem Rücken getragenen Propeller treiben läßt, oder der an einer Deichsel geführte Elektrowagen[11]. Die Geschwindigkeit ist für die Eigenschaft als Fahrzeug ohne Belang (vgl. jedoch § 8, wonach der Halter von der Haftung frei wird, wenn er beweist, daß das Fahrzeug auf ebener Bahn mit keiner höheren Geschwindigkeit als 20 km/h fahren kann). 12

b) **Landfahrzeuge** sind solche, die zur Fortbewegung von einem Punkt der Erdoberfläche zu einem anderen durch Bewegung auf der Erdoberfläche geeignet und bestimmt sind. Damit scheiden Wasser- und Luftfahrzeuge grundsätzlich aus. Sind sie aber ihrer technischen Einrichtung nach geeignet, auch als Kraftfahrzeuge auf den Straßen zu verkehren, so gelten sie für die Dauer solchen Verkehrs als Kraftfahrzeuge. Die mit Abflug und Landung notwendig verbundenen Bewegungen eines Luftfahrzeugs auf dem Erdboden machen dieses jedoch nicht zum Kraftfahrzeug; dies gilt auch für den Fall einer Notlandung auf einer Straße. 13

c) Nur die durch **Maschinenkraft** bewegten Landfahrzeuge sind Kraftfahrzeuge. Der Entwurf 1906 hatte noch den Begriff „durch elementare Triebkraft bewegt" verwendet. Der Entwurf 1908 vermied, wie seine Begründung besagt, „den ... nicht ohne Grund angefochtenen Ausdruck elementare Kraft" und ersetzte ihn durch **Maschinenkraft**, ohne diesen Begriff zu erläutern. Die Entstehungsgeschichte zeigt aber, daß man den Ausdruck **Maschinenkraft** im Gegensatz zur menschlichen, tierischen und Naturkraft gewählt hat. Es ist nicht zu verkennen, daß solche Auslegung des Begriffs Maschinenkraft in gewissem Grade willkürlich ist, nicht mit Notwendigkeit sich aus der Wahl des Ausdrucks ergibt. Sie fußt auf der historischen Entwicklung und auf der Ansicht, daß den bis zum Beginn der Neuzeit üblichen Antriebskräften (menschliche und tierische Kraft, Wind, Anziehungskraft der Erde) die neu in den Dienst der Menschheit gestellten „künstlichen" Kräfte entgegengestellt werden. Diese neuen Kräfte werden vor allem durch Umsetzung von Wärme oder Elektrizität in Bewegungsenergie gewonnen. Aber auch der Gyrobus, bei dem die Bewegungsenergie durch einen auf dem Fahrzeug angebrachten, schnell rotierenden Kreisel gespeichert wird, ist Kraftfahrzeug. 14

Die Maschine muß sich auf dem Fahrzeug befinden. Keine Kraftfahrzeuge sind daher die mit Hilfe einer Seilwinde von einem stationären Motor oder von einem anderen Kraftfahrzeug aus in Bewegung gesetzten Geräte, ebenso Anhänger[12] oder durch Anstoßen in Bewegung gesetzte Wagen. Ob das Fahrzeug auch die zur Energiespeicherung 15

VGT 1995, NZV 1995, 101; vgl. auch *Müller* VersR 1995, 493 f.

7 LG Waldshut-Tiengen VersR 1985 1173.

8 LG Osnabrück VersR 1984 254.

9 LG Karlsruhe VersR 1976, 252.

10 *Grams* NZV 1994, 172.

11 OLG Hamm VersR 1984, 883.

12 BGHZ 20, 385; vgl. hierzu Rdn. 89 ff.

benötigten Einrichtungen oder Materialien (Treibstoff, Akkumulatoren) mit sich führt, ist ohne Belang. Daher ist z. B. auch der Obus, dem die elektrische Kraft von außen durch Stromleitungen und Stromabnehmer zugeführt wird, Kraftfahrzeug[13]. Wird der Motor außer Betrieb gesetzt, so verliert das Fahrzeug hierdurch noch nicht seine Eigenschaft als Kraftfahrzeug. Bei Ausbau oder Defekt des Motors kommt es darauf an, ob ein neuerlicher Einbau oder eine Reparatur beabsichtigt ist. Erst wenn die bestimmungsgemäße Verwendung des Fahrzeugs geändert wird, (z. B. Einsatz als Anhänger, Verschrottung), hört es auf, Kraftfahrzeug zu sein[14]; andernfalls bleibt auch ein geschleppter Pkw Kraftfahrzeug[15].

16 d) **Keine Bindung an Bahngleise** darf vorliegen. Bahngleis ist hierbei jede durch Schienen gebildete Fahrbahn, nicht nur die einer Eisenbahn im engeren Sinne. Gleichgültig ist, aus welchem Stoff das Gleis besteht. Die vom Kraftfahrzeug selbst mitgeführten Gleisketten sind jedoch keine Gleise. Auch Fahrrinnen auf der Straße, die sich z. B. durch starke Beanspruchung gebildet haben und ein seitliches Abweichen erschweren oder unmöglich machen, nehmen einem Fahrzeug nicht die Eigenschaft als Kraftfahrzeug.

Gebunden an das Gleis ist das Fahrzeug, wenn es zwangsläufig der Schienenfahrbahn folgen muß. Die besondere Gefährlichkeit des Kraftfahrzeugs erblickte man bei Abfassung des Gesetzes darin, daß sich die Öffentlichkeit auf das Auftreten des einzelnen Kraftfahrzeugs wegen seiner Geschwindigkeit und Freizügigkeit, also der Plötzlichkeit des Erscheinens, nicht hinreichend sicher einstellen konnte. Diese Unberechenbarkeit fällt im wesentlichen fort, wenn ein Fahrzeug zwangsläufig einen bestimmten Weg nehmen **muß** und dieser Weg für jeden so deutlich erkennbar ist, daß er sich auf das Auftreten des Fahrzeugs einstellen kann. Dies ist der Fall, wenn erstens ein Schienenweg vorhanden ist – dieser fehlt z. B. beim Obus, nicht aber beim spurgeführten Omnibus – und zweitens das Fahrzeug von ihm nicht abweichen kann. Die zweite Voraussetzung ist gegeben, wenn das Fahrzeug entweder überhaupt nicht oder wenigstens nicht ohne weiteres den Schienweg verlassen kann. Dabei macht es keinen Unterschied, ob das Fahrzeug mit allen Wagenrädern an Schienen gebunden ist, oder nur mit einigen.

17 Ist nur der **Anhänger gleisgebunden**, nicht aber das ziehende Fahrzeug (z. B. Zugmaschine rangiert einen Güterwagen), so wird die Eigenschaft des Zugfahrzeugs als Kraftfahrzeug nicht aufgehoben. Es muß in diesem Fall zwar einen durch das Gleis vorgezeichneten Weg einhalten, ist aber nicht an das Gleis gebunden, sondern hat einen gewissen Spielraum zu seitlicher Abweichung.

18 **Dauernde Bindung** ans Gleis ist nicht erforderlich. Das gleiche Fahrzeug kann vielmehr zeitweilig Schienenfahrzeug und zeitweilig Straßenfahrzeug sein[16]. In diesen Fällen ist das Fahrzeug für die Dauer der Verwendung auf den Schienen nicht Kraftfahrzeug im Sinne des StVG; für die Haftung gilt das HaftpflG (vgl. § 1 HaftpflG, 2). Mit Aufhebung der Schienengebundenheit wird das Fahrzeug wieder zum Kraftfahrzeug. Bloßes Entgleisen macht ein Schienenfahrzeug jedoch nicht zum Kraftfahrzeug.

19 Die Beförderung von Schienenfahrzeugen auf der Straße mittels **Straßenroller** (vgl. § 49 a Abs. 9 Nr. 2 StVZO) unterfällt dem StVG, denn das Schienenfahrzeug steht in diesem Fall zwar auf den Schienen des Untersatzes, ist aber nur Gegenstand einer mit Straßenfahrzeugen auf der Straße durchgeführten Beförderung.

---

13 *Filthaut* NZV 1995, 53.
14 BayObLG VRS 11, 155.
15 A. A. OLG Frankfurt NJW 1985, 2961.
16 Z. B. der sog. DUO-Bus, s. *Filthaut* NZV 1995, 53.

3. Nicht zugelassene Kraftfahrzeuge

Die Zulassung des Fahrzeugs (§ 1 Abs. 1) ist für die Haftpflicht grundsätzlich bedeutungslos. Auch etwa vorschriftswidrig nicht zugelassene oder vom Zulassungszwang freigestellte Fahrzeuge stehen in der Haftpflicht den zugelassenen gleich. Zulassung ist die Ermächtigung zum Betrieb; die gesetzliche Haftpflicht gründet sich aber auf die Tatsache des Betriebs unabhängig von der Frage der Ermächtigung. Zur Frage, ob die Benutzung eines nicht zugelassenen Kraftfahrzeugs neben der Haftung nach § 7 auch eine solche nach § 823 BGB begründen kann, vgl. § 16, 131. **20**

III. Das Merkmal „bei dem Betrieb"

1. Bedeutung

Das Merkmal entscheidet darüber, ob ein bestimmter Schaden der Gefährdungshaftung des Kraftfahrzeughalters zugerechnet werden kann. In ihm verbinden sich Kausalitäts- und Zurechnungsfragen. Wie in anderen Bereichen des Haftungsrechts sind auch bei § 7 zwei Stufen der Zuordnung zu unterscheiden: **21**

1. der Zusammenhang zwischen dem Kraftfahrzeugbetrieb und dem schädigenden Ereignis (in § 7 Abs. 2 „Unfall" genannt; s. hierzu Rdn. 125);
2. der Zusammenhang zwischen dem Unfall und dem geltendgemachten Schaden.

Die erste, haftungsbegründende Relation kommt in § 7 Abs. 1 dadurch zum Ausdruck, daß er eine Verletzung oder Sachbeschädigung „bei dem Betrieb" eines Kraftfahrzeugs voraussetzt, die zweite (oft unscharf als haftungsausfüllende Kausalität bezeichnete) Relation ergibt sich aus der Rechtsfolgenbestimmung, wonach der „daraus entstehende", also auf die Verletzung bzw. Beschädigung zurückzuführende Schaden zu ersetzen ist.

Das Auseinanderhalten der beiden Zurechnungsrelationen ist schon aus beweisrechtlichen Gründen unerläßlich (s. Rdn. 146). Zudem stellen sich für den haftungsbegründenden Zusammenhang (Betrieb–Unfall) spezifische Zurechnungsfragen aufgrund der Besonderheiten der Gefährdungshaftung, während die Zuordnung des Schadens zum konkreten Schadensereignis den allgemeinen schadensrechtlichen Grundsätzen folgt. Vor allem bei mittelbar verursachten Schäden, z. B. Folgeunfällen, kommt dieser Differenzierung erhebliche Bedeutung zu.

Diesem Normaufbau folgend werden nach der Auslegung des Begriffs „Betrieb" im Sinne von § 7 zunächst der Zurechnungszusammenhang zwischen Betrieb und Schadensereignis (Rdn. 40 ff), dann die Definition dieses Schadensereignisses als „Unfall" (Rdn. 125 ff) und schließlich die Zurechnung zwischen Unfall und Schaden (Rdn. 146 ff) erläutert.

2. Verständnis des Gesetzgebers und Verhältnis zu § 1 HaftpflG

Die Worte „bei dem Betrieb eines Kraftfahrzeugs" sind dem § 1 RHaftpflG „bei dem Betriebe einer Eisenbahn" nachgebildet, haben in § 7 jedoch eine andere Bedeutung. **22**

In § 1 des Entwurfs 1906 lauteten die Eingangsworte: „Wird bei dem Betrieb eines Kraftfahrzeugs". Die Begründung bemerkte dazu, der Entwurf regele die Haftpflicht nach dem Vorbilde der Vorschriften des RHaftpflG. „Soweit möglich, schließt er sich auch in der Fassung den die Haftpflicht der Eisenbahn regelnden Vorschriften dieses Gesetzes an. Dadurch wird zugleich erreicht, daß für die Auslegung des neuen Gesetzes die reiche Rechtsprechung und Literatur über das Haftpflichtgesetz verwertet werden kann." Auch der Gegenentwurf hielt insoweit an der Fassung des Entwurfs 1906 fest. **23**

Der Entwurf 1908 schlug die Fassung vor: „Wird durch ein im Betriebe befindliches Kraftfahrzeug". Die Begründung besagte: „Als Voraussetzung für die Anwendung der Vorschriften des Entwurfs wird der Umstand bezeichnet, daß der Schaden durch ein im Betriebe befindliches Kraftfahrzeug verursacht wird. Im Betriebe befindlich ist das Fahrzeug nicht nur dann, wenn es durch die Kraft des Motors getrieben wird, sondern auch dann, wenn es – z. B. auf geneigter Fläche – unter Ausschaltung des Motors mit Hilfe des durch ihn gewonnenen Antriebs sich weiterbewegt, oder wenn es – z. B. bei Fahrtunterbrechungen – ohne völlige Abstellung des Motors zur Fahrt bereit steht".

Der eine der beiden zu § 1 gestellten und zur Abstimmung gelangten Änderungsanträge (Vorbem. 8) wollte die Fassung: „Wird bei dem Betrieb eines Kraftfahrzeugs" wiederherstellen und begründete das damit, die Fassung: „durch ein im Betriebe befindliches" ließe die Auslegung zu, daß nur unmittelbarer Schaden, nicht aber auch der mittelbare zu ersetzen sei (KommBer. S. 6). Der Antrag wurde angenommen; der KommBer. (S. 8) gibt über die Tragweite der Änderung der Eingangsworte keinen Aufschluß.

24 Nachdem der Gesetzgeber im Entwurf 1908 die enge Anlehnung an das RHaftpflG aufgegeben hatte, kann auch nicht mehr ohne weiteres als sein Wille unterstellt werden, die Rechtsprechung über dieses Gesetz für das StVG zu verwerten. Für die Auslegung des Begriffs „Betrieb eines Kraftfahrzeugs" ist somit nicht von vornherein die Auslegung des Begriffs „Betrieb einer Eisenbahn" als bindend zugrunde zu legen. Die sachliche Verschiedenheit der beiden Betriebsarten führt vielmehr auch zu verschiedener Auslegung der Begriffe in den beiden Gesetzen. Der Betrieb einer Eisenbahn ist die Gesamtheit der mit dem Bahnverkehr zusammenhängenden Vorgänge (§ 1 HaftpflG, 5); einem solchen Betrieb kann der eines Fahrzeugs tatsächlich und rechtlich nicht gleichgestellt werden[17]. Für die Auslegung des Begriffs „bei dem Betrieb" ist somit nur auf das einzelne Kraftfahrzeug abzustellen[18].

3. Entwicklung der Rechtsprechung

25 a) **Maschinentechnische Auffassung.** Nach dieser ursprünglich vertretenen Auffassung wurde unter dem Betrieb des Fahrzeugs nur das Einwirkenlassen der bestimmungsmäßigen Triebkräfte auf das Fahrzeug zum Zweck bestimmungsmäßiger Bewegung verstanden[19], also der Zeitraum vom Anlassen bis zum Stillstand. Diese Auslegung trug dem Gedanken Rechnung, daß die besondere Gefährlichkeit des Kraftfahrzeugs auf der beim Fahren entwickelten Energie beruht, die diejenige von Pferdefuhrwerken und Fahrrädern erheblich übertrifft. Andererseits gibt weder die Entstehungsgeschichte des StVG (KFG) noch der Wortlaut des § 7 für eine Einschränkung dieser Art einen Anhalt.

26 b) **Verkehrstechnische Auffassung.** Die Rechtsprechung ging in Deutschland bald dazu über, den Begriff zu erweitern. Dies beruht auf der Erkenntnis, daß die in § 7 StVG normierte Gefährdungshaftung nicht nur bei den Gefahren eingreift, die auf der besonderen Gefährlichkeit des Kraftfahrzeugs (erhebliche Bewegungsenergie) beruhen, sondern alle Gefahren umfaßt, die von einem Kraftfahrzeug und seiner Benützung ausgehen, auch soweit sie Pferdefuhrwerken in gleicher Weise eigen sind (so nächtliches Halten auf der Landstraße, unachtsames Aussteigen). Damit entfiel die innere Berechtigung dafür, nur das in Bewegung befindliche Kraftfahrzeug als in Betrieb befindlich anzusehen. Die Rechtsprechung ging dazu über, zahlreiche Sachverhalte dem Betrieb zuzurechnen, bei denen die bestimmungsgemäßen Triebkräfte nicht mehr auf das Kraftfahrzeug einwirkten. Vor allem ging das Reichsgericht zu der Ansicht über, der Betrieb

---

[17] OLG Köln DAR 1931, 279; 1932, 121.
[18] RGZ 122, 270.
[19] OLG Köln DAR 1932, 121.

ende nicht mit dem Abstellen des Motors oder dem Stillstand des Kraftfahrzeugs, sondern dauere bis zum Zustand „völliger Betriebsruhe“ an.

Als problematisch erwies sich hierbei insbesondere die Frage, ob ein unterwegs durchgeführtes Anhalten oder gar Parken des Kraftfahrzeugs dieses außer Betrieb setzt. Während das Reichsgericht zunächst[20] noch auf seiner Ansicht beharrte, der Betrieb dauere nur bei einer kürzeren Unterbrechung der Fahrer an und nur dann, wenn das Kraftfahrzeug jederzeit wieder in Betrieb gesetzt werden könne, und zu dem Ergebnis kam, das Kraftfahrzeug sei außer Betrieb, wenn auf der Landstraße der Treibstoff verbraucht sei und erst von fern geholt werden müsse, hat es später[21] die Meinung vertreten, der Betrieb dauere an, bis völlige Betriebsruhe eingetreten sei, und daher sei ein mit verstopfter Kraftstoffleitung nachts auf der Landstraße liegengebliebener Lkw noch in Betrieb. Der BGH[22] erachtete einen Lkw, der auf einer Bundesstraße nachts geparkt war, während der Fahrer schlief, als in Betrieb befindlich und stellte hierbei noch darauf ab, daß die Aussicht bestanden habe, in absehbarer Zeit weiterzufahren. In einer späteren Entscheidung aber[23] bezeichnete er auch ein Kraftfahrzeug als in Betrieb befindlich, das auf einer Schnellstraße mit Motorschaden liegengeblieben war. Die Ansicht des RG, daß nur ein kürzeres Anhalten zum Betrieb gehöre, und die noch in NJW 1957, 1878 geäußerte Ansicht, daß nur ein betriebsbereites Kraftfahrzeug in Betrieb sein könne, wurden ausdrücklich aufgegeben. Der BGH vertrat vielmehr nun die Ansicht, der Betrieb des Kraftfahrzeugs dauere fort, solange der Fahrer das Kraftfahrzeug im Verkehr belasse, also solange es nicht an einem Ort außerhalb des allgemeinen Verkehrs aufgestellt werde[24]. **27**

c) **Normativer Betriebsbegriff.** Der BGH hat in der grundlegenden und ausführlich begründeten Entscheidung BGHZ 29, 163 einer neuen Tendenz in der Rechtsprechung den Boden bereitet, die sich von einem herkömmlichen, an Wortlaut und allgemeinen Vorstellungen orientierten Verständnis des Merkmals „bei dem Betrieb“ löst und auf eine von Sinn und Zweck der Norm bestimmte Auslegung abstellt. Diese „normative“ Begriffsbestimmung geht aus von der Erkenntnis, daß ein rein maschinentechnisches oder ein zu enges verkehrstechnisches Verständnis des Begriffs „Betrieb“, wie es der Rechtsprechung des RG zugrundegelegen habe, angesichts der gewaltigen Zunahme des Verkehrs dem Sinn und Zweck des § 7 StVG nicht mehr gerecht würde, die Verkehrsteilnehmer vor den Gefahren des Kraftfahrzeugverkehrs zu schützen. Für die Frage, ob sich ein Unfall mit einem stehenden Fahrzeug bei dessen Betrieb ereignet habe, könne es nicht darauf ankommen, ob der Fahrer freiwillig eine Fahrpause eingelegt habe oder ob er durch einen Schaden am Fahrzeug gezwungen worden sei, auf der Fahrbahn zu halten; entscheidend sei, daß in beiden Fällen andere Verkehrsteilnehmer durch sein Fahrzeug auf der Fahrbahn gefährdet werden. Auch die Dauer des Stilliegens sei kein geeignetes Kriterium, da man sonst zu dem sinnwidrigen Ergebnis käme, daß der Halter eines längere Zeit stilliegenden und damit mehr Gefahren hervorrufenden Fahrzeugs in der Frage der Haftung bevorzugt würde. In Anbetracht der Gefahren, die von stilliegenden Fahrzeugen ausgehen, sei der Betriebsbegriff daher weit auszulegen. Der Betrieb eines auf der Fahrbahn liegengebliebenen Kraftfahrzeugs dauere fort, solange der Fahrer das Fahrzeug im Verkehr belasse und die dadurch geschaffene Gefahrenlage fortbestehe. Er werde im Sinne des § 7 erst unterbrochen, wenn das Fahrzeug von der Fahrbahn gezogen und an einem Ort außerhalb des allgemeinen Verkehrs aufgestellt werde. Der BGH nimmt in Kauf, daß er mit dieser Auslegung von den Vorstellungen des Gesetzgebers von 1908 abweicht, hält sich aber für berechtigt und verpflichtet, den Betriebsbegriff des § 7 den Erfahrungen und Erfordernissen der Neuzeit anzupassen, um auf diese Weise dem Willen des Gesetzes gerecht zu werden, der dahin **28**

[20] RGZ 122, 270.
[21] JW 1929, 2055.
[22] NJW 1957, 1878.
[23] BGHZ 29, 163 = LM § 7 StVG Nr. 22 m. Anm. *Hauss*.
[24] Ebenso OLG Karlsruhe VersR 1956, 260.

geht, einen weitgehenden Schutz gegen die Gefahren des Kraftfahrzeugverkehrs zu gewährleisten.

29 In Weiterverfolgung dieser Linie entschied der BGH wenig später[25], daß der Unfall, der sich mit einem auf der Fahrbahn geschobenen Motorrad ereignet, dessen Betrieb zuzurechnen ist, da die Gefahren, vor denen § 7 die Verkehrsteilnehmer schützen will, nicht nur von dem Motor und seiner Einwirkung auf das Kraftfahrzeug ausgehen, sondern von der gesamten Abwicklung des Verkehrs. Das Kraftfahrzeug selbst bilde im Verkehr eine erhebliche Gefahr.

30 Ausgehend von dieser teleologischen Auslegung des Betriebsbegriffs in § 7 hat der BGH in der Folgezeit mehrere Fälle entschieden, in denen zwar der Motor eines Kraftfahrzeugs in Gang, das Kraftfahrzeug aber zu anderen Zwecken als zur Fortbewegung im Verkehr eingesetzt war. Der BGH hat hierzu ausgeführt, § 7 wolle nur vor den Gefahren schützen, die von dem Kraftfahrzeug kraft seiner Eigenschaft als einer dem Verkehr dienenden Maschine ausgehen. Sobald ein Zusammenhang mit der Bestimmung des Kraftfahrzeugs als Beförderungsmittel im Verkehr nicht mehr bestehe, weil es z. B. nur noch als Arbeitsmaschine eingesetzt werde, verwirkliche sich nicht mehr die gerade von einem Kraftfahrzeug bei seinem bestimmungsmäßigen Gebrauch ausgehende Gefahr[26]. Wann die Maschinenkraft des Motors und die von ihm angetriebene Betriebseinrichtung des Fahrzeugs ihren Zusammenhang mit dessen Beförderungsfunktion und dem Straßenverkehr verloren haben, so daß die Schadensfolge nicht mehr vom Schutzbereich des § 7 umfaßt sei, lasse sich letztlich nur am Einzelfall unter Berücksichtigung aller Umstände entscheiden.

31 So hat der BGH es bei Schäden, die beim Entladen von Tankwagen entstanden waren, als entscheidend angesehen, ob die Gefahr wenigstens vom Vorhandensein des Kraftfahrzeugs im Verkehr ausgegangen sei, ob also jemand vor den Gefahren eines im Verkehr befindlichen Fahrzeugs, und sei es beim Entladen, geschützt werden müsse; habe sich der Schaden nämlich außerhalb des Verkehrsraumes ereignet, wobei sich nur die Funktion der Betriebseinrichtung des Tankwagens als Arbeitsmaschine ausgewirkt habe, so gehe es nicht um den Schutz eines „Verkehrsopfers", wie es Sinn und Zweck des § 7 entspreche. Daher gehöre es zwar zum Betrieb des Kraftfahrzeugs, wenn Öl aus einem undichten Schlauch auf die Straße laufe oder jemand über den Schlauch stolpere, nicht dagegen, wenn der Öltank im Hause beim Ladevorgang wegen Überfüllung überlaufe[27] oder wegen eines defekten Einfüllstutzens am Haus Öl ins Erdreich gelange[28]. Bei einer auf der Autobahn eingesetzten Arbeitsmaschine, die ihre Funktion (Sicherung von Mäharbeiten) während langsamer Fahrt verrichtet, hat der BGH den Zusammenhang mit der Eigenschaft als Verkehrsmittel bejaht[29].

4. Begriffsbestimmung

32 Der normativen, am Schutzzweck des § 7 orientierten Auslegung des Merkmals „bei dem Betrieb" (Rdn. 28 ff) ist zuzustimmen. „Bei dem Betrieb eines Kraftfahrzeugs" hat sich ein Unfall folglich ereignet, wenn sich eine Gefahr realisiert hat, die mit dem Kraftfahrzeug als **Verkehrsmittel** verbunden ist. Jede andere Abgrenzung des Anwendungsbereichs der Haftungsnorm führt zu Differenzierungen, die sachlich nicht zu rechtfertigen und damit letztlich willkürlich sind.

---

[25] VersR 1960, 804.

[26] BGH VersR 1975, 945 für das Entladen eines Silofahrzeugs mittels motorgetriebenen Kompressors; vgl. auch BGH VersR 1961, 263 u. 369 m. abl. Anm. *Böhmer*, wo ein Moped als Lichtquelle zur Warnung vor einem Unfall auf die Fahrbahn gestellt wurde.

[27] BGHZ 71, 212; 75, 48.

[28] BGH VersR 1993, 1155.

[29] NZV 1991, 185.

So ist es z. B. für die von einem abgestellten Kraftfahrzeug ausgehende Gefahr unerheblich, ob noch ein Zusammenhang mit einem bestimmten Verkehrsvorgang oder einem bestimmten Fahrtzweck besteht und ob es erst drei Minuten oder schon drei Tage an seiner Stelle steht. Die Gefährdungshaftung, bei der unabhängig von Rechtswidrigkeit und Verschulden nicht für ein bestimmtes Tun oder Unterlassen, sondern für das Betreiben einer gefährlichen Vorrichtung einzustehen ist, empfängt ihre Rechtfertigung allein aus dem Hervorrufen bestimmter Betriebsgefahren (bei § 7: Verkehrsgefahren). Bereits der die Haftung auslösende Umstand muß deshalb im Lichte dieses Normzwecks abgegrenzt werden. Es erscheint nicht angängig, zunächst von einem mehr oder weniger weiten, allein durch äußere Gegebenheiten (z. B. Motorkraft, Bewegung) oder subjektive Momente (z. B. Fahrtzweck) determinierten Betriebsbegriff auszugehen und erst im Rahmen der Kausalitätsprüfung bestimmte Betriebsauswirkungen für nicht zurechenbar zu erklären. Dem die Haftung nach § 7 auslösenden Merkmal „bei dem Betrieb“ ist vielmehr neben der (selbstverständlichen) kausalen Komponente eine normativ wertende von vorneherein immanent. **33**

Umgekehrt wäre es verfehlt, § 7 immer dann eingreifen zu lassen, wenn ein Kraftfahrzeug irgendwie an dem schadensstiftenden Vorgang beteiligt ist, z. B. bei einer Verwendung des Kraftfahrzeugs als Arbeitsmaschine außerhalb des Verkehrsraums oder beim Absturz eines Drachenfliegers, der sich im Schlepp eines Pkw hochziehen läßt[30]. Solche Fälle werden nicht von dem Zweck des § 7, haftungsrechtlichen Schutz vor den vom Kraftfahrzeugverkehr hervorgerufenen Gefahren zu bieten, erfaßt. **34**

Wegen der Abgrenzung im einzelnen vgl. die Übersicht in Rdn. 88 ff. **35**

5. Einzelfragen

a) **Unmittelbarer Zusammenhang mit der Verkehrsverwendung.** Die Gefahr muß aus der Verkehrsverwendung des Kraftfahrzeugs selbst hervorgehen, diese darf nicht nur eine bloße, gesonderter Betrachtung zugängliche Vorstufe des Gefährdungsvorgangs sein. Deshalb ist z. B. ein Schadensereignis, welches dadurch ermöglicht wurde, daß eine Person per Kraftfahrzeug an einen bestimmten Ort gelangt ist, nicht deswegen dem Betrieb dieses Kraftfahrzeugs zuzurechnen. Ebenso fehlt es an der notwendigen Verknüpfung, wenn allein die **Tatsache** eines Verkehrsunfalls (nicht dessen reale Auswirkungen wie Fahrbahnverschmutzung oder Hindernisbereitung) Auslöser für ein weiteres, eigenständiges Schadensereignis war, z. B. das Verunglücken eines zur Unfallstelle fahrenden Einsatzfahrzeugs oder die Schädigung eines Dritten durch einen Selbsttötungsversuch eines verunglückten Kraftfahrers[31]. Der Sturz eines Fußgängers auf einem mangelhaft geräumten Gehweg kann aus demselben Grund nicht dem Betrieb der Zugmaschine zugerechnet werden, mit deren Hilfe die Räumung vorgenommen wurde[32]. Ein besonderer räumlicher oder zeitlicher Zusammenhang zwischen Betrieb und Schadensereignis braucht jedoch nicht zu bestehen (vgl. Rdn. 59; zum Ursachenzusammenhang Rdn. 40 ff). **36**

b) **Keine Beschränkung auf kraftfahrzeugspezifische Gefahren.** Das RG hat bereits in RGZ 126, 333 klargestellt, daß nach § 7 nicht etwa nur für die dem Betrieb eines Kraftfahrzeugs eigentümlichen Gefahren (etwa die aus der Motorgetriebenheit oder der höheren Geschwindigkeit resultierenden) gehaftet wird. Der Halter eines Kraftfahrzeugs kann daher gegenüber dem Schadensersatzanspruch des Verletzten z. B. nicht **37**

---

30 OLG Koblenz VersR 1981, 988.

31 OLG Frankfurt [Kassel] NZV 1990, 395.

32 Österr. OGH ZVR 1989, 155.

einwenden, der Unfall hätte sich genau so ereignen können, wenn der Anhänger nicht von einer Zugmaschine, sondern von Pferden gezogen worden wäre[33]. Die unter diesem Aspekt etwas willkürlich erscheinende Beschränkung der Gefährdungshaftung auf Kraftfahrzeuge läßt sich damit rechtfertigen, daß diesen **in der Regel** eine höhere Betriebsgefahr innewohnt und der für den Straßenverkehr des 20. Jahrhunderts typische Gefährlichkeitsgrad durch das Auftreten der Kraftfahrzeuge bewirkt worden ist. Zudem kann auf die Pflichtversicherung für Kraftfahrzeuge verwiesen werden, deren Erstreckung auf alle Verkehrsteilnehmer schwerlich realisierbar erscheint.

38 c) **Ruhender Verkehr.** Aus Vorstehendem und den Ausführungen zum Schutzzweck des § 7 folgt, daß auch das ruhende Kraftfahrzeug – jedenfalls wenn es durch Inanspruchnahme von Verkehrsraum Gefahren für andere Verkehrsteilnehmer schafft – eine Gefährdungshaftung auslösen kann (vgl. hierzu Rdn. 96 ff).

39 d) **Verkehr außerhalb öffentlicher Straßen.** Während § 1 Abs. 1 nach seinem Wortlaut nur für den Betrieb eines Kraftfahrzeugs auf öffentlichen Wegen und Plätzen gilt, macht § 7 diese Einschränkung nicht. Hieraus und aus dem Schutzzweck des § 7 ergibt sich, daß er auch für Schäden gilt, die durch den auf Privatgrund durchgeführten Betrieb eines Kraftfahrzeugs verursacht worden sind[34]. Daher fällt auch der Zusammenstoß eines Skifahrers mit einer Pistenraupe (sofern nicht § 8 eingreift) in den Anwendungsbereich des § 7. Die gegenteilige Ansicht des LG Waldshut-Tiengen[35] stellt zu Unrecht darauf ab, daß hier die Verwendung als Arbeitsmaschine gegenüber der Verwendung als Verkehrsmittel im Vordergrund stehe, denn die hier zum Tragen gekommene Gefahr resultierte gerade aus der Verkehrsteilnahme des Fahrzeugs (vgl. Rdn. 30 f). Ein abgestelltes Fahrzeug wird allerdings nur dann eine unter § 7 fallende Betriebsgefahr hervorrufen können, wenn es sich innerhalb einer öffentlichen Wegen vergleichbaren Verkehrsfläche befindet oder auf eine solche einwirkt. Das außerhalb einer Verkehrsfläche (etwa in der Garage, im Garten oder auf einer Wiese) stehende Kraftfahrzeug fällt nach der oben (Rdn. 32 ff) gegebenen Definition des Merkmals „bei dem Betrieb" nicht in den Anwendungsbereich des § 7, es sei denn, daß es von dort aus (z. B. durch auslaufendes Öl, blendende Scheinwerfer) auf andere Verkehrsteilnehmer eingewirkt haben kann. Wird beim Öffnen oder Schließen des Garagentors ein anderes Fahrzeug beschädigt, so ist dies nicht mehr dem Betrieb des abgestellten Kraftfahrzeugs zuzurechnen[36].

IV. Der Kausalzusammenhang zwischen Betrieb und Schadensereignis

1. Bedeutung der Kausalität bei der Haftung nach § 7

40 Die Formulierung „bei dem Betrieb" bringt den selbstverständlichen Umstand zum Ausdruck, daß zwischen dem Betrieb des Kraftfahrzeugs und der Verletzung bzw. Schädigung des Anspruchsberechtigten ein Zusammenhang bestehen muß. Eine Haftung des Kraftfahrzeug-Halters wird nicht allein dadurch begründet, daß sich sein Fahrzeug zum Zeitpunkt eines Unfalls (zufällig) in unmittelbarer Nähe befand; der Betrieb dieses Fahrzeugs muß vielmehr zum Entstehen des Unfalls beigetragen haben[37]. Auch die

---

[33] Vgl. OLG Dresden VAE 1943, 30.

[34] BGHZ 5, 320; BGH VersR 1960, 635; 1981, 252; NZV 1995, 20; BAG VersR 1990, 546; OLG Karlsruhe VersR 1990, 1405; LG Stuttgart VersR 1988, 1192 (Verkehrsübungsplatz).

[35] VersR 1985, 1173.

[36] **A. A.** LG Hannover VersR 1986, 130.

[37] BGH VersR 1968, 176; 1969, 58; 1973, 83; 1976, 927.

Verwicklung in denselben Serienunfall begründet für sich allein noch keine Haftung[38]. Erforderlich ist vielmehr eine kausale Verknüpfung zwischen dem Betrieb und dem Schadensereignis (in § 7 Abs. 2 „Unfall" genannt), die sog. haftungsbegründende Kausalität.

Kausalitätsfragen können sich auch insoweit stellen, als es um den Zusammenhang zwischen dem Unfall und dem geltendgemachten Schaden geht (sog. haftungsausfüllende Kausalität; vgl. hierzu Rdn. 152 ff, zur Einordnung von Folgeunfällen bzw. -schäden Rdn. 149, 157 ff). **41**

Auch bei der Haftung nach § 7 genügt der reine Kausalzusammenhang nicht in jedem Fall zur Begründung einer Verantwortlichkeit. Die Zurechnungskritierien unterscheiden sich jedoch von jenen bei der deliktischen Haftung (s. Rdn. 44 ff). **42**

2. Kausalität und Zurechnung

a) **Allgemeines.** Es ist allgemein anerkannt, daß der naturwissenschaftliche Kausalitätsbegriff, der alle Bedingungen als (äquivalente) Ursachen ansieht, die zur Entstehung eines bestimmten Zustandes beigetragen haben, zu einem Ausufern der zivilrechtlichen Haftung und zu einer Verschiebung allgemeiner Lebensrisiken vom Betroffenen auf andere führen würde. Denjenigen, der lediglich eine entfernte Bedingung für die Entstehung des Schadens gesetzt hat, auf (u. U. vollen) Ersatz des Schadens haften zu lassen, wird als unbillig und unzumutbar angesehen. In Lehre und Rechtsprechung haben sich deshalb verschiedene Prinzipien für die Abgrenzung der rechtlich zurechenbaren Ursache entwickelt. Hierbei ist zwischen deliktischer Haftung und Gefährdungshaftung zu unterscheiden. **43**

b) Zurechnungskriterien bei deliktischer Haftung

aa) **Condicio sine qua non.** Auszugehen ist in jedem Fall von der Erkenntnis der Äquivalenztheorie, daß als Ursache nur eine Tatsache (ein Ereignis, eine Handlung, eine Unterlassung) angesehen werden darf, die nicht hinweggedacht werden kann, ohne daß der Erfolg entfiele. Ein Ereignis, das nach der Äquivalenzlehre („Bedingungstheorie") als Ursache ausscheidet, kann auch nach der Adäquanztheorie keinesfalls Ursache sein. Die Prüfung nach der Äquivalenzlehre muß mithin jeder anderen Prüfung vorausgehen[39]. Kann der Geschädigte schon die natürliche Kausalität[40] nicht beweisen, scheidet eine Haftung von vorneherein aus, so z. B. wenn nicht feststeht, daß der Unfall bei vorschriftsmäßigem Verhalten vermieden worden wäre. **44**

Diese **Vermeidbarkeitsbetrachtung** muß bei Verkehrsunfällen der Dynamik des Geschehensablaufs Rechnung tragen. So muß z. B., wenn die Kausalität zwischen dem Fahrverhalten eines Kraftfahrers und der Kollision mit einem querenden Fußgänger geprüft wird, nicht nur die „räumliche Vermeidbarkeit" (hätte ein sorgfältiger Fahrer den Pkw noch vor der Unfallstelle anhalten können?) sondern auch die „zeitliche Vermeidbarkeit" (hätte der Fußgänger bei rechtzeitigem Abbremsen des Pkw den Gefahrenbereich vor dessen Eintreffen verlassen können?) untersucht werden[41]. Zu den hierbei zuzubilligenden Reaktionszeiten s. Rdn. 365. **45**

---

[38] OLG Frankfurt VRS 75, 258.

[39] BGHZ 2, 138; 3, 267; BGH VersR 1970, 926; BayObLGZ 1962, 168.

[40] Z. B. zwischen Unfallschreck und Hirninfarkt, OLG Celle VersR 1980, 534.

[41] BGH NZV 1992, 359; OLG Hamm NZV 1995, 358.

46 Haben **mehrere Ursachen** beim Zustandekommen des Schadens zusammengewirkt, so beruht dieser auf jeder dieser Ursachen[42]. Die Frage, welche von mehreren Ursachen die wesentliche war, kann bei der Unfallversicherung eine Rolle spielen, nicht aber im Zivilrecht[43]. Hier werden vielmehr die für die Haftungsfrage „unwesentlichen" Ursachen nach dem Kriterium der Adäquanz ausgeschieden.

47 Zur Bedeutung von **Reserveursachen**, die denselben Erfolg herbeigeführt hätten, wenn das wegzudenkende Ereignis nicht stattgefunden hätte, s. Rdn. 61 f.

48 **bb) Adäquanz.** Nach ständiger Rechtsprechung und verbreiteter Meinung im Schrifttum muß die im Sinne der naturwissenschaftlichen Äquivalenzlehre festgestellte Kausalität zunächst den Filter der **Adäquanz** durchlaufen[44]. Nach der Rechtsprechung des BGH ist eine Handlung (oder Unterlassung) nur dann adäquat ursächlich, wenn sie im allgemeinen und nicht nur unter besonders eigenartigen, ganz unwahrscheinlichen und nach dem regelmäßigen Verlauf der Dinge außer Betracht zu lassenden Umständen zur Herbeiführung des Erfolges geeignet ist[45]. Bei der Beurteilung der Wahrscheinlichkeit ist von der Situation zum Zeitpunkt des die Haftung begründenden Ereignisses auszugehen; jedoch sind nicht nur die damals dem Ersatzpflichtigen bekannten Umstände zu berücksichtigen, sondern auch jene, die einem erfahrenen Beobachter damals bereits erkennbar waren oder mit deren Vorliegen er nach der Lebenserfahrung zu rechnen hatte („objektive nachträgliche Prognose")[46]. Verschiedentlich wird die Adäquanzformel auch positiv dahingehend formuliert, ob die Bedingung nach den bekannten Umständen die objektive Möglichkeit des eingetretenen Erfolgs nicht unerheblich erhöht hat[47]. Ähnlich definiert der österr. OGH[48] die Adäquanz dahingehend, daß es sich nicht um atypische Auswirkungen handeln darf; daß der Schädiger sie voraussehen konnte und vorausgesehen hat, sei nicht erforderlich. Die Zumutbarkeit der Haftung ist zwar die ratio der Adäquanztheorie, aber kein neben der Adäquanz zu prüfender Gesichtspunkt.

49 In der Lehre wird das Kriterium der Adäquanz teilweise als entbehrlich aufgegeben[49], teilweise auf den Bereich der Haftungsausfüllung beschränkt[50]. Der BGH hat die Frage offengelassen[51].

50 Bejaht wurde Adäquanz z. B. bei Herztod eines Kraftfahrers nach Zerstörung der Windschutzscheibe durch einen hochgeschleuderten Stein[52] oder nach einem Beinahe-Zusammenstoß mit einem auf die Fahrbahn laufenden Kind[53].

51 **cc) Schutzzweck der Norm.** Nach der neueren Rechtsprechung reicht die Adäquanzprüfung nicht aus, um die Zurechnung von Kausalabläufen sachgerecht einzugrenzen; die Schädigung muß vielmehr auch innerhalb des Schutzbereichs der verletzten Norm liegen[54]. Damit entscheidet letztlich eine normative Gesamtwürdigung über die Zu-

---

[42] BGH VersR 1970, 814; OLG München NJW-RR 1990, 41.

[43] BGH VersR 1968, 804.

[44] RGZ 81, 361; 158, 34; BGHZ 3, 261; 41, 125; *RGRKomm/Steffen* § 823, 79, 90; *Palandt/Heinrichs* vor § 249, 58; *Deutsch* § 11 IV; *Lange* § 3 VI 5. Unklar BGH NJW 1982 572: Verzicht auf Erfordernis der Adäquanz bei „allgemein zu vermeidender Gefahr"?

[45] BGHZ 3, 267; 7, 204; 57, 141; ähnlich österr. OGH ZVR 1995, 312.

[46] BGHZ 3, 267.

[47] BGHZ 57, 141.

[48] VersR 1983, 696.

[49] *MünchKomm/Grunsky* vor § 249, 42 ff; *Esser/Schmidt* § 33 II; *von Caemmerer* Das Problem des Kausalzusammenhangs im Privatrecht (1956); *Stoll* 25 Jahre KF 186. Zu den Gemeinsamkeiten zwischen beiden Abgrenzungen *Gottwald* KF 1986, 12.

[50] *Larenz* § 27 III b Fn. 65; *Sourlas* 88 ff.

[51] VersR 1993, 843.

[52] BGH VersR 1974, 1030.

[53] OLG Düsseldorf VersR 1992, 1233.

[54] BGHZ 3, 261; 12, 217; 19, 126; 27, 138; 35, 315; 57, 142; BGH NJW 1968, 2287; 1969, 372; VersR 1976, 639; 1978, 183; 1982, 297; *Larenz* § 27 III b 2; *Deutsch* § 16 III 3; *Lange* § 3 X.

rechnung. Durch Auslegung der verletzten Norm wird ermittelt, ob sie auch zur Verhütung bzw. Ausgleichung eines Schadens der eingetretenen Art geschaffen wurde[55]. Zum Schutzzweck der einzelnen Verkehrsvorschriften eingehend § 16, 100 ff.

Zur Bedeutung der Schutzzwecklehre im Bereich der Haftungsausfüllung, insbesondere bei Folgeschäden, vgl. Rdn. 155. 52

c) **Zurechnungskriterien bei § 7**

aa) Im Bereich des § 7 stellt sich die Problematik der Zurechnung insofern anders 53 dar, als hier bereits die teleologische Interpretation des Gesetzeswortlauts („bei dem Betrieb") ergibt, daß nur die **aus der spezifischen Betriebsgefahr erwachsene** Schädigung dem Kraftfahrzeughalter zugerechnet wird, d. h. die Gefahr, die sich aus der Verwendung des Kraftfahrzeugs als Verkehrsmittel ergibt (vgl. Rdn. 32 f). Anders als bei Haftungstatbeständen, hinter denen bestimmte Verhaltensgebote stehen, steht bei der Gefährdungshaftung die Relation zwischen Pflichtenverstoß, der dadurch geschaffenen Gefahrenlage und dem eingetretenen Erfolg nicht zur Diskussion[56]. Der Gesichtspunkt des Normzwecks fließt hier vielmehr bereits in die Definition des die Zurechnung auslösenden Umstands ein. Ist eine Schädigung auf die Teilnahme eines Kraftfahrzeugs am Verkehr zurückzuführen, so ist sie auch vom Schutzzweck des § 7 umfaßt. Von dieser klaren Linie weicht der BGH in letzter Zeit allerdings immer mehr ab, was zu Verwirrung, Rechtsunsicherheit und einer Verwässerung der Gefährdungshaftung führt.

So hat der BGH z. B. in einem Fall[57], in dem sich die unfallbedingte Erregung eines Beteiligten 54 durch das Verhalten des Schädigers bei der Unfallaufnahme zu einer Gehirnblutung mit Schlaganfall steigerte, zunächst bejaht, daß die Gesundheitsverletzung bei dem Betrieb des Kraftfahrzeugs erfolgt ist, dann aber die Zurechnung deswegen verneint, weil sich nicht die „von dem Kraftfahrzeug als solchem ausgehenden Gefahren aktualisiert haben", sondern ein eigenständiger, dem allgemeinen Lebensrisiko zuzurechnender Gefahrenkreis. Wenn es im konkreten Fall möglich sein sollte, die zu dem Schlaganfall führende Gesundheitsbeeinträchtigung von dem Verkehrsgeschehen als solchen abzukoppeln und allein den Vorkommnissen nach dem Unfall zuzuordnen, dann fehlt es bereits am Merkmal „bei dem Betrieb". Ist dagegen der Schlaganfall durch eine durchgängige Kausalkette mit dem Verkehrsvorgang verknpüft, was in dem entschiedenen Fall zu bejahen sein dürfte[58], so steht die Zurechenbarkeit grundsätzlich fest und es ist nur noch die Frage der Adäquanz (hier m. E. ebenfalls mit positivem Ergebnis) zu prüfen.

In dem bekannten Schweinepanik-Fall[59] hat der BGH den Gedanken eines die Zurechenbarkeit 55 hindernden „eigenständigen Gefahrenkreises" des Geschädigten weiterentwickelt. In diesem Fall war einem Schweinezüchter dadurch Schaden entstanden, daß seine Tiere durch das Geräusch eines Verkehrsunfalles in Panik geraten waren. Der BGH ging zwar davon aus, daß sich in diesem Lärm Gefahren des Kraftfahrzeugverkehrs verwirklichten und daß die Reaktion der Tiere mit dieser Lärmentwicklung und damit mit dem Betrieb des unfallverursachenden Kraftfahrzeugs ursächlich zusammenhing, verneinte aber gleichwohl die Zurechenbarkeit mit der Begründung, in dem Schadensfall habe sich „in erster Linie ein Risiko verwirklicht, das der Kläger dadurch selbst geschaffen hat, daß er seine Schweine unter Bedingungen aufgezogen hat, die sie für Geräusche, wie sie der Straßenverkehr mit sich bringt, besonders anfällig macht". Der Kläger habe dadurch für seinen Betrieb einen gegenüber der Kraftfahrzeugbetriebsgefahr eigenständigen Gefahrenkreis

---

[55] Näher *Larenz* § 27 III b 2; *Esser/Schmidt* § 33 III; *Lange* § 3 X.

[56] *Lange* § 3 X 9 und JZ 1976, 204 f; vgl. auch *Esser/Schmidt* § 33 III 1 b; *Deutsch* § 22 II 2; *Larenz* § 27 III b 1.

[57] BGHZ 107, 359 = JZ 1989, 1069 m. Anm. *v. Bar* = JR 1990, 112 m. Anm. *Dunz*. Ablehnend zu dieser Entscheidung auch *Börgers* NJW 1990, 2535.

[58] Ebenso *Börgers* NJW 1990, 2537; a. A. *v. Bar* JZ 1990, 1072.

[59] BGHZ 115, 84 = NZV 1991, 387.

geschaffen, dessen Risiken er selbst tragen müsse; eine Haftung für derartige Schäden werde vom Schutzzweck des § 7 nicht mehr erfaßt. Auch gegenüber dieser Entscheidung ist einzuwenden, daß sie die an sich klaren Grenzen des Schutzbereichs von § 7 (s. o. Rdn. 53) mit Überlegungen verwässert, die richtigerweise bei der Prüfung der Adäquanz oder einer Mithaftung aus mitwirkender Tiergefahr anzusiedeln wären[60].

56 bb) Auf das Korrektiv der **Adäquanz** sollte auch für den Bereich der Gefährdungshaftung nicht verzichtet werden[61]. Zwar werden Schädigungen, zu denen es nur bei ganz ungewöhnlichem Verlauf der Dinge kommen kann, meist nicht mehr auf die Verwendung eines Kraftfahrzeugs als Verkehrsmittel zurückzuführen sein und damit von vornherein außerhalb des Schutzbereichs des § 7 liegen. Da aber nicht ausgeschlossen werden kann, daß von § 7 umfaßte Betriebsgefahren in Einzelfällen außerhalb jeder Erfahrung liegende Unfallereignisse hervorrufen (z. B. bei mittelbarer Kausalität, Rdn. 63 ff), sollte das Kriterium der Adäquanz zur Selektion derartiger Kausalabläufe auch hier zur Verfügung stehen[62]. Da es sich bei der Adäquanz um ein objektives Zurechnungskriterium handelt, bestehen keine dogmatischen Hindernisse für ihre Heranziehung bei der Gefährdungshaftung. In Österreich ist für die dem § 7 entsprechende Vorschrift des § 1 EKHG in Rechtsprechung und Lehre anerkannt, daß zwischen Betrieb und Unfall ein adäquater Zusammenhang bestehen muß[63].

57 Die Haltung des BGH zu dieser Frage ist dagegen unklar. In VersR 1975, 945 schien er davon auszugehen, daß die Zurechnung bei § 7 durch Schutzzweck **und** Adäquanz begrenzt wird. In BGHZ 79, 259 hat er dann die Adäquanzgrenze bei reiner Gefährdungshaftung[64] bereits dort gesetzt, wo es sich bei dem Schadensereignis nicht mehr um eine spezifische Auswirkung derjenigen Gefahren handelt, hinsichtlich derer die Haftungsvorschrift (dort § 33 LuftVG) den Verkehr schadlos stellen will, und damit das Merkmal der Adäquanz für diese Fälle jeder eigenen Bedeutung als Zurechnungskriterium entkleidet. Weitergehend hat er dann in VersR 1982, 977 in einer die Haftung nach § 7 betreffenden Sache ausgeführt, auf eine „Voraussehbarkeit des Ursachenzusammenhangs im Sinne der sogenannten Adäquanz" komme es nicht an. Auf die Kritik von *Stoll*[65], dadurch seien unterschiedliche Zurechnungstheorien für die Verschuldens- und für die Gefährdungshaftung begründet worden, erwiderte *Dunz*[66] (Mitglied des erkennenden Senats), eigentlich habe die Adäquanzlehre insgesamt aufgegeben werden sollen. Ein klärendes Wort des BGH wäre wünschenswert.

58 cc) Die **allgemeinen Zurechnungsregeln**, also insbesondere auch die Schutzzwecklehre, können bei der Haftung nach § 7 jedoch insoweit zum Tragen kommen, als es um den **Entlastungsbeweis** des Halters (Abs. 2) geht (vgl. hierzu Rdn. 353 f). Auch die Vermeidbarkeitsbetrachtung (hätte der Kraftfahrer den Unfall bei vorschriftsmäßigem Verhalten vermeiden können?), die sich bei der deliktischen Haftung auf die Kausalität

---

60 Kritisch zu der Entscheidung auch *Kötz* NZV 1992, 218, dessen ökonomischem, auf die Ortsüblichkeit der schadensbegünstigenden Tätigkeit abstellendem Lösungsansatz aber ebenfalls nicht zugestimmt werden kann. *Deutsch* (JZ 1992, 97) begrüßt die Entscheidung hingegen als Beginn einer Neuordnung der haftungsrechtlichen Zuordnung, die sich von den herkömmlichen Instrumentarien löst.

61 *Stoll* 25 Jahre KF (1983) 184 ff; **a. A.** *Lange* § 3 VII 2; *Deutsch* § 11 IV 11.

62 Ähnlich *Schünemann* NJW 1981, 2796, jedoch unter Vermengung mit beweisrechtlichen Erwägungen; **a. A.** *Lange* NZV 1990, 427.

63 Österr. OGH ZVR 1995, 310 m. w. N.

64 D. h. ohne gesetzlich vorgesehene Entlastungsmöglichkeit; vgl. *Weber* DAR 1982, 169 Fn. 1.

65 25 Jahre KF (1983) 185.

66 VersR 1984, 600. Vgl. hierzu die Erwiderung von *Stoll* VersR 1984, 1133.

im Sinne der Bedingungstheorie (Rdn. 44) bezieht, wird bei der Halterhaftung erst im Rahmen des Unabwendbarkeitsbeweises angestellt.

dd) Ein **zeitlicher und örtlicher Zusammenhang** ist, auch wenn einige Entscheidungen des BGH[67] so verstanden werden könnten, kein zusätzliches Zurechnungskriterium für die Haftung nach § 7. Bei dem Betrieb eines Kraftfahrzeugs ist vielmehr auch der Unfall entstanden, der durch verlorene Ladungs- oder Fahrzeugteile zu einem Zeitpunkt hervorgerufen wird, als sich das betreffende Kraftfahrzeug schon lange von der späteren Unfallstelle entfernt hat (sog. Nachwirkungen des Betriebs). Das Kraftfahrzeug braucht zum Zeitpunkt des Unfalls nicht einmal mehr in Betrieb zu sein[68]. Auch das RG hat die Ansicht vertreten, daß die Haftung nach § 7 unabhängig vom nahen örtlichen und zeitlichen Zusammenhang dann eintritt, wenn der Unfall im inneren Zusammenhang mit einer dem Kraftfahrbetrieb eigentümlichen Gefahr steht[69]. 59

Bedeutung hat das Bestehen eines nahen zeitlichen und örtlichen Zusammenhangs jedoch insofern, als es dem Geschädigten den **Beweis** für das Vorliegen eines Kausalzusammenhangs zwischen Betrieb und Unfall (Rdn. 512) erleichtern kann. Dieser Beweis ist insbesondere in den Fällen problematisch, in denen es zu dem Unfall ohne eine Berührung zwischen den beteiligten Kraftfahrzeugen bzw. zwischen Kraftfahrzeug und Geschädigtem gekommen ist. In diesen Fällen wird von dem in Anspruch genommenen Halter häufig behauptet, sein Kraftfahrzeug habe sich rein zufällig und ohne Einfluß auf den Unfallablauf in der Nahe der Unfallstelle befunden; der Geschädigte sei z. B. allein durch eigenes Fehlverhalten und ohne hierzu, sei es auch nur durch psychische Einwirkung, veranlaßt worden zu sein, von der Fahrbahn abgekommen. Diese Behauptung zu widerlegen wird dem Geschädigten – er trägt die Beweislast für die haftungsbegründende Kausalität[70] – oftmals schwerfallen. Da er aber nach den allgemeinen Grundsätzen über den Kausalitätsbeweis nur die nach der Lebenserfahrung anzunehmende, wahrscheinliche Ursächlichkeit zu beweisen hat (sog. Anscheinsbeweis, kann er u. U. – nämlich bei typischen Geschehensabläufen – seiner Beweispflicht genügen, wenn er einen unmittelbaren zeitlichen und örtlichen Zusammenhang zwischen Betrieb und Unfall nachweist und der in Anspruch Genommene nicht den Beweis für Umstände erbringt, aus denen sich die Möglichkeit eines nicht ihm zuzurechnenden Unfallablaufs ergibt (s. Rdn. 512). Die bloße Anwesenheit in unmittelbarer Nähe des Unfallortes genügt jedenfalls – wie sich aus Vorstehendem ergibt – nicht zur Begründung einer Haftung nach § 7 (s. a. Rdn. 40). 60

3. Spezielle Kausalitätsprobleme

a) Die **überholende Kausalität**, auch hypothetischer Ursachenzusammenhang genannt, ist kein in den Fragenkreis der Verursachung fallendes Problem[71]. Die Kausalität des Betriebs eines Kraftfahrzeugs für einen Unfall wird nicht dadurch aufgehoben, daß der nämliche Schaden durch eine andere Ursache herbeigeführt worden wäre, wenn es nicht zu dem betriebsursächlichen Unfall gekommen wäre[72]. Ist z. B. bei einem 61

---

67 BGHZ 58, 165; BGH VersR 1956, 420; 1966, 934; 1969, 668; 1970, 61; 1972, 1074; 1973, 83.

68 Vgl. RGZ 170, 16; OLG Braunschweig VRS 3, 377; OLG Celle VRS 7, 172; OLG Hamburg MDR 1961, 321 (in diesen Fällen wäre allerdings nach heutiger Rspr. das Kraftfahrzeug noch in Betrieb).

69 RGZ 132, 265; 160, 130.

70 BGH VersR 1976, 927.

71 *MünchKomm/Grunsky* vor § 249, 79; *Larenz* § 30 I; *Lange* § 4 III; *Deutsch* § 12 III; *von Caemmerer* Das Problem der überholenden Kausalität im Schadensersatzrecht (1962) 4.

72 Vgl. BGH NJW 1982, 292.

Serienauffahrunfall auf der Autobahn bewiesen, daß das Kraftfahrzeug des Geschädigten mit einem in seinen Fahrstreifen ragenden Unfallfahrzeug kollidiert ist, so kommt es für den Kausalzusammenhang zwischen dem Betrieb dieses Fahrzeugs und dem Schaden nicht darauf an, ob der Geschädigte in anderer Weise in den Auffahrunfall verwikkelt worden wäre, wenn das genannte Fahrzeug ihm nicht im Weg gewesen wäre[73].

62 Die hypothetische Schadensursache kann aber für die Schadensberechnung Bedeutung haben. Nach BGHZ 29, 215 ist sie zwar für den unmittelbaren Schaden am Objekt unerheblich, weil mit der Schädigung sogleich der Anspruch auf Schadensersatz entstanden war und dem späteren Ereignis nach dem Gesetz keine schuldtilgende Kraft zukommt; bei der Berechnung entgangenen Gewinns, bei der Ermittlung des Schadens aus fortwirkenden Erwerbsminderungen oder ähnlichen über längere Zeit sich erstrekkenden Einbußen seien dagegen spätere Ereignisse und ihre hypothetische Einwirkung auf den Ablauf der Dinge u. U. zu berücksichtigen (arg. §§ 249, 252, 844 BGB; vgl. hierzu Rdn. 192). Von Bedeutung können hypothetische Abläufe auch in den Fällen sein, in denen bereits bei der Schädigung vorliegende Anlagen in dem betroffenen Gut binnen kurzem denselben Schaden verursacht hätten (vgl. Rdn. 193).

63 b) **Mittelbare Verursachung.** Im Gegensatz zu zahlreichen ausländischen Rechtssystemen kommt es nach deutschem Recht nicht darauf an, ob der Unfall unmittelbar oder nur mittelbar durch das Ereignis (hier: den Betrieb des Kraftfahrzeugs) verursacht worden ist, ob also erst Zwischenglieder die schädigende Wirkung unmittelbar ausgelöst haben. Der Schaden kann nach deutschem Recht auch dann durch den Führer des Kraftfahrzeugs verursacht sein, wenn eine körperliche Einwirkung auf den Verletzten oder auf die beschädigte (oder zerstörte) Sache fehlt. Eine Einwirkung kann sich vielmehr auch dadurch vollziehen, daß entweder der Betroffene selbst oder eine dritte Person von dem auf Schadenersatz in Anspruch Genommenen zu einem selbstgefährdenden bzw. schädigenden Verhalten veranlaßt worden ist. Zwingt z. B. die Fahrweise eines Kraftfahrzeugs ein anderes zur Fahrt in den Straßengraben und entsteht hierdurch ein Schaden, so hat sich der Unfall beim Betrieb des diese Abwehrmaßnahme verursachenden Kraftfahrzeugs ereignet.

64 Für den Kausalzusammenhang kommt es nicht darauf an, ob die zu einem schädigenden Verhalten veranlaßte Person den Schaden schuldlos, fahrlässig oder vorsätzlich herbeigeführt hat. Die früher gelegentlich vertretene Ansicht, daß ein vorsätzliches Handeln des Verletzten oder eines Dritten „den Kausalzusammenhang unterbreche", ist längst als irrig erkannt[74]. Nur wenn das erste Ereignis für das zweite Ereignis völlig unerheblich war, kann der Kausalzusammenhang als unterbrochen angesehen werden[75].

Im folgenden werden **Einzelfälle** mittelbarer Verursachung unter besonderer Berücksichtigung der Rechtsprechung dargestellt.

65 aa) Führt ein **eigenes Verhalten des Geschädigten** zu dem Unfall, so kann dieser dem Halter eines anderen Kraftfahrzeugs nur zugerechnet werden, wenn der Geschädigte durch dessen Betrieb zu seinem selbstgefährdenden Verhalten nicht nur veranlaßt, sondern geradezu „herausgefordert" wurde (sog. psychische Kausalität)[76] und wenn sich in dem Unfall die gesteigerte Gefahrenlage ausgewirkt hat[77]. Die Umstände, aus denen sich ergibt, daß er sich herausgefordert fühlen durfte, hat der Geschädigte zu beweisen[78].

---

73 BGH VersR 1975, 1026.

74 Vgl. BGHZ 12, 211; 17, 159; 24, 266; 58, 165.

75 BGHZ 58, 165.

76 Vgl. BGHZ 57, 31; 63, 191.

77 BGH VersR 1993, 843.

78 BGH NJW 1981, 570.

Eine **„Herausforderung"** ist z. B. zu **bejahen,** 66
- wenn ein Kraftfahrzeug durch plötzliches Anhalten oder Abbiegen ein hinter ihm fahrendes Kraftfahrzeug zum scharfen Abbremsen oder Ausweichen zwingt, wobei es verunglückt[79];
- wenn ein Kraftfahrzeug auf schmaler Straße ein entgegenkommendes Fahrzeug zum Ausweichen an den äußersten Straßenrand zwingt, so daß es in den Straßengraben gerät[80];
- wenn ein Kraftfahrer auf der Überholspur einer Autobahn seinen Vordermann durch Blinken und dichtes Auffahren dazu drängt, nach rechts in eine zu enge Lücke einzubiegen, wodurch es zu einem Unfall kommt[81];
- wenn ein Kraftfahrzeug den Führer eines entgegenkommenden Fahrzeugs blendet und dieser beim Versuch, anzuhalten, verunglückt.

Dagegen liegt z. B. **keine „Herausforderung"** vor, wenn ein Fahrzeug durch ein auf einer Schnellstraße haltendes Kraftfahrzeug zum Ausweichen auf die Überholspur veranlaßt wird[82]. 67

Bei einer – möglicherweise fehlerhaften – **Schreckreaktion** oder **Irritation** ist adäquate Kausalität dann zu bejahen, wenn ein Betriebsvorgang des anderen Kraftfahrzeugs zu einer solchen bei verständiger Betrachtung Anlaß geben konnte; war das Verhalten des Verletzten dagegen ganz ungewöhnlich und nach der Lebenserfahrung nicht zu erwarten, so entfällt der adäquate Zusammenhang[83]. 68

Adäquate Kausalität ist daher z. B. zu **bejahen,** 69
- wenn ein auf dem rechten Fahrstreifen der Autobahn fahrendes Kraftfahrzeug unmotiviert plötzlich bremst und ein im selben Moment überholender Pkw infolgedessen ebenfalls scharf abgebremst wird und ins Schleudern kommt[84];
- wenn ein Vorfahrtberechtigter durch das rasche Heranfahren des Wartepflichtigen an die Kreuzung zu übermäßigem Bremsen veranlaßt wird und ins Schleudern kommt[85];
- wenn ein Kraftfahrzeug mit mäßiger Geschwindigkeit an einem Unfallfahrzeug vorbeifährt und ein entgegenkommendes Fahrzeug eine Notbremsung vornimmt, obwohl genügend Platz für ein ungehindertes Begegnen vorhanden war[86];
- wenn sich ein Kraftfahrer beim hastigen Hupen, das ein anderer veranlaßt hat, verletzt[87];
- wenn ein Rad- oder Mofafahrer durch ein überholendes Kraftfahrzeug unsicher wird und stürzt[88]; daß der Überholvorgang zum Zeitpunkt des Sturzes bereits beendet war, steht der Adäquanz jedenfalls dann nicht entgegen, wenn es sich um ein außergewöhnliches, auch durch sein Betriebsgeräusch bedrohlich wirkendes Fahrzeug (z. B. Radlader) handelt[89];
- wenn ein Fußgänger oder Radfahrer durch die Fahrweise eines Kraftfahrzeugs verunsichert wird und stürzt[90] oder wenn der Radfahrer deswegen einen Schlenker nach rechts macht, den ein wartepflichtiger Kraftfahrer als Rechtsabbiegen mißdeutet, wodurch es erst zum Unfall kommt[91].
- wenn ein Fußgänger, durch plötzliches Auftauchen des Kraftfahrzeugs erschreckt, zu nahe ans Gleis tritt und von der Straßenbahn erfaßt wird[92].

Dagegen findet **keine Zurechnung** statt, wenn ein anderer das verkehrsrichtige Verhalten des Kraftfahrzeugführers falsch deutet und infolgedessen zu Schaden kommt[93]. 70

Bewußte Selbstgefährdung des Verletzten ist dann als vom Betrieb des anderen Kraftfahrzeugs „herausgefordert" anzusehen, wenn dieser bei dem Verletzten eine wenig- 71

---

79 OLG Dresden VAE 1942, 49.
80 KG VAE 1937, 115; OLG Dresden VAE 1939, 166.
81 BGH VersR 1968, 670.
82 BGH VersR 1960, 1140.
83 BGH VersR 1968, 765; NJW 1971, 134; vgl. auch RG DAR 1933, 23; OLG Hamburg DAR 1929, 112.
84 **A. A.** OLG München VRS 29, 446.
85 **A. A.** BGH VersR 1969, 58.
86 **A. A.** BGH VersR 1965, 999.
87 LG Traunstein NJW 1978, 2590.
88 OGH VRS 1, 108; BGH VersR 1972, 1074; vgl. auch RG VAE 1939, 28 für den Fall des gleichzeitigen Überholens durch zwei Kraftfahrzeuge.
89 **A. A.** Österr. OGH ZVR 1995, 310.
90 BGH VersR 1973, 83; NZV 1988, 63.
91 OLG Hamm NZV 1989, 274.
92 OLG Hamburg DAR 1929, 112.
93 OLG Stuttgart VersR 1964, 78.

stens im Ansatz billigenswerte Motivation hierzu gesetzt hatte, die z. B. auf Pflichterfüllung, Abwehr oder Nothilfe beruhen kann. Der Unfall muß auch auf die verfolgungstypische Risikoerhöhung zurückzuführen sein[94], da es sonst an der Adäquanz fehlt. Der BGH hat dies für Fälle vorwerfbaren Verhaltens des Schädigers, insbesondere Unfallflucht, die zu **gefährlicher Verfolgung** herausfordert, mehrfach entschieden[95], für die Gefährdungshaftung kann aber nichts anderes gelten. Bemerkt z. B. ein Verkehrsteilnehmer, daß ein anderes Kraftfahrzeug Ladung zu verlieren droht, und verunglückt er infolge des Versuchs, dieses zu stoppen, so ist der Unfall kausal mit dem Betrieb des anderen Kraftfahrzeugs verknüpft.

72 Zu Unrecht hat daher der BGH[96] die Zurechenbarkeit in einem Fall verneint, in dem ein Polizeifahrzeug ein anderes Kraftfahrzeug wegen starker Geräuschentwicklung und eines defekten Rücklichts verfolgte (was dessen Fahrer möglicherweise nicht erkannte) und infolge Straßenglätte und hoher Geschwindigkeit von der Fahrbahn abkam. Dieser Unfall ist nicht durch das bloße Vorhandensein des anderen Kraftfahrzeugs, sondern dadurch veranlaßt worden, daß ein verkehrswidriger Zustand dieses Fahrzeugs die Polizeibeamten zu einem gefahrerhöhenden Einschreiten unmittelbar veranlaßt hat. Damit hat sich in dem Unfall eine Gefahr aus dem Risikopotential niedergeschlagen, mit welchem der Betrieb des verfolgten Kraftfahrzeugs den Straßenverkehr belastete.

Die Zurechenbarkeit endet, sobald die typische Verfolgungssituation aufhört, also z. B. wenn der Verfolger das andere Fahrzeug an einer Abzweigung aus den Augen verliert[97]. Ob der Verfolgte dies erkannt hat, spielt dagegen keine Rolle[98].

73 Begibt sich ein Dritter in Gefahr, um **Unfallhilfe** zu leisten oder eine Gefahr abzuwehren (z. B. verlorene Ladung von der Straße zu schaffen), und kommt es hierbei zu einem (weiteren) Unfall, so ist dieser dem Betrieb des die Kausalkette auslösenden Fahrzeugs zuzurechnen[99]. Hierbei ist unerheblich, ob der Dritte aus freien Stücken oder aus beruflicher Verpflichtung (Sanitäter, Feuerwehr) eingesprungen ist und ob die Hilfeleistung dem Ersatzpflichtigen selbst oder einem anderen Unfallopfer galt.

74 Ein erkennbar besonders riskanter Rettungsversuch ist jedenfalls dann zurechenbar, wenn sich der andere durch leichtfertiges Verhalten in eine hilflose Lage gebracht hat[100] oder wenn in einer extrem bedrohlichen Situation der Retter seine Hilfsmöglichkeiten überschätzt[101]. Dagegen ist es z. B. dem die Hilfeleistung auslösenden Ereignis nicht mehr zuzurechnen, wenn sich ein Feuerwehrmann beim Schlauchaufrollen nach dem Einsatz den Fuß verstaucht[102].

75 Wegen der Zurechnung von **Folgeschäden und -unfällen** vgl. Rdn. 157 ff.

76 **bb)** Kam es zu dem Unfall durch das **Verhalten eines Dritten**, so reicht es aus, daß dessen Tun durch dem Kraftfahrzeughalter unmittelbar zurechenbare Umstände lediglich begünstigt worden ist[103]; eine „Herausforderung" wird nicht verlangt[104]. Im Bereich der haftungsbegründenden Kausalität wird es sich zwar im allgemeinen ebenfalls um Fälle von Schreckreaktionen oder „Herausforderung" handeln; für die Zurechnung weiterer Schadensfolgen aber (beim Unfallbeteiligten oder einem nur mittelbar Geschä-

---

[94] Krit. *Strauch* VersR 1992, 936.

[95] BGHZ 57, 31; 63, 191; 70, 376; BGH NJW 1964, 1363; 1978, 421; VersR 1981, 161; 1996, 715 (auch zur Frage des Mitverschuldens).

[96] NZV 1990, 425 m. zust. Anm. *Lange*; s. auch *Strauch* VersR 1992, 932 u. *Kunschert* NZV 1996, 486 f.

[97] *Kunschert* NZV 1996, 486.

[98] *Kunschert* NZV 1996, 487; a. A. OLG Nürnberg NZV 1996, 411.

[99] Offengelassen in BGH VersR 1981, 260.

[100] OLG Karlsruhe NZV 1990, 230.

[101] OLG Düsseldorf NZV 1995, 280: versuchte Rettung eines auf Bahngleis steckengebliebenen Kraftfahrers trotz herannahenden Zuges.

[102] BGH VersR 1993, 843.

[103] BGHZ 58, 166; 59, 144; BGH NJW 1979, 712.

[104] BGH VersR 1980, 87.

digten) kann die Erweiterung der Zurechenbarkeit auf Fälle bloßer Begünstigung erhebliche praktische Bedeutung haben. So hat z. B. der Unfallverursacher auch für die Folgen unsachgemäßer Hilfeleistung durch dritte Personen am Unfallort einzustehen (näher zur mittelbaren Verursachung im Bereich der haftungsausfüllenden Kausalität Rdn. 157 ff). Greift ein Dritter hingegen in völlig ungewöhnlicher Weise in das Geschehen ein, kann die Zurechenbarkeit entfallen[105].

cc) Unter die Haftung des Kraftfahrzeughalters fallen auch Schäden, die ein Tier angerichtet hat, wenn nur die Bedingungskette adäquat ist. Das ist der Fall, wenn z. B. ein Pferd, erschreckt durch das dem Kraftfahrzeug wesenseigene Betriebsgeräusch – eine nach der allgemeinen Lebenserfahrung als wahrscheinlich voraussehbare Folge – im Durchgehen, das wieder eine der Natur des Tieres eigene Folge des Erschreckens ist, einen Menschen verletzt oder wenn ein Hund infolge eines Unfallereignisses in Panik aus dem Unfallwagen auf die Straße springt und dadurch einen weiteren Unfall verursacht[106]. **77**

dd) Auch **leblose Sachen** können Zwischenglied eines mittelbaren Ursachenzusammenhangs sein. Wirft z. B. ein Kraftfahrzeug einen Baum oder einen Zaun um, und diese verletzen einen Menschen, so ist dieser Schaden ebenso beim Betrieb entstanden, wie wenn das Fahrzeug den Menschen durch unmittelbare Einwirkung verletzt hätte[107]. Bei dem Betrieb eines Lkw ereignet sich auch dann ein Unfall, wenn er auf einer Baustelle einen Gegenstand an einem Seil hinter sich herzieht, der einen anderen Arbeiter verletzt[108]. **78**

ee) Kommt es infolge einer **Sichtbeeinträchtigung** durch ein Kraftfahrzeug zum objektiv fehlerhaften Verhalten des Geschädigten oder eines Dritten, so ist der hierauf beruhende Unfall durch den Betrieb des Kraftfahrzeugs verursacht[109]. Die Verursachung ist deshalb z. B. zu bejahen, wenn ein Kraftfahrzeug mit Abblendlicht auf freier Strecke hält, ein entgegenkommendes Fahrzeug sich deshalb rechts hält und auf ein dort unbeleuchtet stehendes Fuhrwerk auffährt[110], oder wenn infolge der vom Scheinwerfer eines haltenden Kraftfahrzeugs ausgehenden Blendwirkung ein Radfahrer unter die Räder eines ihm entgegenkommenden, am Kraftfahrzeug vorbeifahrenden Fuhrwerks gerät. **79**

ff) Wegen **mittelbarer Schädigung Dritter**, d. h. nicht am Unfall selbst beteiligter Personen, s. Rdn. 164 ff. **80**

c) **Alternative Kausalität.** Nach § 830 Abs. 1 Satz 2 BGB ist bei einer von mehreren begangenen unerlaubten Handlung jeder der Beteiligten für den Schaden verantwortlich, wenn sich nicht ermitteln läßt, wer von ihnen den Schaden durch seine Handlung verursacht hat. Für diese Schadenszurechnung hat sich die Bezeichnung „alternative Kausalität" eingebürgert (weil entweder der eine oder der andere Beteiligte die Schadensursache gesetzt hat), aber treffender wäre wohl von einer Haftung aufgrund potentieller Kausalität zu sprechen: der an einer unerlaubten Handlung Beteiligte haftet schon für die Möglichkeit, daß gerade sein Tatbeitrag den Schaden verursacht hat. Ihre Rechtfertigung findet diese Zurechnung darin, daß es unbillig erschiene, den von einer gemeinschaftlich begangenen unerlaubten Handlung Betroffenen leer ausgehen zu lassen, weil jeder der Täter die Kausalität seines Tatbeitrags in Abrede stellt und der Geschädigte den oftmals schwierigen Beweis, wer von den Tätern den Schaden verur- **81**

---

105 OLG Düsseldorf NZV 1989, 114.
106 BGH NZV 1988, 17.
107 RG VAE 1939, 166; KG VAE 1938, 461.
108 BAG VersR 1966, 571.
109 KG VersR 1981, 485; a. A. OLG Frankfurt NJW 1965, 1334 m. Anm. *Rother*.
110 OLG München VersR 1966, 1167.

sacht hat, nicht führen kann. Es handelt sich bei § 830 Abs. 1 Satz 2 BGB somit nicht um einen Unterfall der Kausalität, sondern eher um eine Kausalitätsfiktion aus Gründen der Beweiserleichterung.

82 § 830 Abs. 1 Satz 2 BGB gilt (zumindest entsprechend) **auch für die Haftung aus §§ 7, 18 StVG,** da der Gesetzeszweck (Überwindung von Beweisschwierigkeiten) auch dann zutrifft, wenn der Geschädigte den mehreren (potentiellen) Schädigern kein schuldhaftes Handeln nachweisen kann, er aber nachweislich durch die Betriebsgefahr mehrerer Kraftfahrzeuge betroffen worden ist[111]. Ein solches Betroffensein muß aber feststehen, um die Gefährdungshaftung nicht ins Uferlose, etwa auf jeden den Ort eines unaufklärbaren Unfalls passierenden Kraftfahrer auszudehnen[112]. In Betracht kommt eine Anwendung des § 830 Abs. 1 Satz 2 BGB deshalb z. B., wenn eine auf der Straße liegende Person von mehreren Kraftfahrzeugen tödlich überrollt wurde, aber ungeklärt ist, welches von ihnen das erste war, oder wenn ein Fußgänger durch das Motorengeräusch mehrerer vorbeifahrender Krafträder erschreckt wird und stürzt.

83 Die Vorschrift kann nicht dazu herangezogen werden, um bei feststehender Gefährdungshaftung mehrerer eine Haftung der Haftpflichtversicherer für deliktische Ansprüche darauf zu stützen, daß einer der Fahrer schuldhaft gehandelt haben muß[113].

84 Voraussetzung für die Anwendung des § 830 Abs. 1 Satz 2 BGB ist in jedem Falle, daß die Haftenden zu einer Art **Haftungsgemeinschaft** aufgrund gemeinsamer Gefährdung verbunden sind. Das ist insbesondere der Fall, wenn sie an einem einheitlichen, den Schaden auslösenden Vorgang beteiligt waren. Ob im Einzelfall ein einheitlicher Vorgang gegeben ist, bestimmt sich nach der praktischen Anschauung des täglichen Lebens; dabei ist die Gleichartigkeit der Gefährdung von besonderer Bedeutung[114]. Nicht erforderlich ist, daß die Gefährdungshandlungen sich gleichzeitig abspielen oder daß ein subjektiver Zusammenhang zwischen den Haftenden besteht; sachlicher, räumlicher und zeitlicher Zusammenhang genügt[115]. Liegt ein solcher Zusammenhang vor, so greift die Haftung nach § 830 Abs. 1 Satz 2 BGB ein, wenn

1. bei jedem Beteiligten ein anspruchsbegründendes Verhalten (vom Nachweis der Kausalität abgesehen) gegeben war,
2. einer der Beteiligten den Schaden verursacht haben **muß** und
3. nicht feststellbar ist, welcher von ihnen den Schaden (bzw. den fraglichen Teil des Schadens) verursacht hat[116].

85 Die letztgenannte Voraussetzung ist nicht erfüllt, wenn einer der Schädiger für den gesamten Schaden haftet, weil er ihn festgestelltermaßen, wenn auch nur mittelbar, verursacht hat. Wird z. B. ein Radfahrer vom Pkw des A angefahren und sodann, weil er auf der Fahrbahn liegenbleibt, noch vom Pkw des B überrollt, und ist nunmehr streitig, ob bereits der erste oder erst der zweite Unfall den Tod des Radfahrers verursacht hat, so liegt kein Anwendungsfall des § 830 Abs. 1 Satz 2 BGB vor[117]. Der Erst-

---

[111] BGH VersR 1969, 1023; NJW 1971, 506; *Weimar* MDR 1960, 464; *Bauer* JZ 1971, 10; *Schantl* VersR 1981, 106; a. A. *Adam* VersR 1995, 1291.

[112] Dadurch dürften sich die Bedenken von *Adam* VersR 1995, 1292 erledigen.

[113] *Dunz* VersR 1985, 820 u. *Weber* VersR 1985, 1004 gegen *Fuchs-Wissemann* VersR 1985, 219.

[114] BGHZ 33, 292.

[115] BGH NJW 1969, 2136; VersR 1979, 956.

[116] BGHZ 33, 292; 67, 14; 72, 358; BGH VersR 1979, 956.

[117] BGHZ 72, 355 = NJW 1979, 544, 1202 m. abl. Anm. *Fraenkel*; BGH VersR 1982, 878 = JR 1983, 62 m. Anm. *Schneider*; anders noch BGHZ 55, 89 f; BGH NJW 1969, 2136; krit. *Deutsch* NJW 1981, 2731; *Hartung* VersR 1981, 699; *Gottwald* KF 1986, 20.

schädiger haftet nämlich nach den Grundsätzen der mittelbaren Verursachung (vgl. Rdn. 63 ff) in jedem Falle für die Tötung des Angefahrenen, und Sinn des § 830 Abs. 1 Satz 2 BGB ist es nicht, dem Geschädigten einen **zusätzlichen** Schuldner zu verschaffen[118]. Dies gilt auch, wenn der Erstschädiger (z. B. wegen Unfallflucht) unbekannt oder wenn er insolvent ist; ebenso wenn der andere Beteiligte (wegen erhöhter Betriebsgefahr) auf eine höhere Quote oder wenn er ohne die Beschränkung des § 12 haften würde. Kann der Geschädigte in einem solchen Fall nicht beweisen, daß der Schaden vom Zweitschädiger verursacht wurde, daß also z. B. der Tod erst infolge des Zweitunfalls eintrat, so verwirklicht sich lediglich ein den Schadensersatzkläger typischerweise treffendes Beweisrisiko; er befindet sich nicht in dem für § 830 Abs. 1 Satz 2 BGB charakteristischen „Alternativdilemma"[119], daß dem Geschädigten mehrere an der Gefährdungshandlung Beteiligte gegenüberstehen, er aber den Schadensverursacher nicht herauszufinden vermag. Zu den Auswirkungen dieser Rechtsprechung bei Massenauffahrunfällen s. *Hartung* VersR 1981, 696.

Eine Ausnahme von dem Vorstehenden gilt aber dann, wenn neben den am einheitli- **86**
chen Vorgang beteiligten Alternativtätern ein Dritter als **Nebentäter** steht (z. B. wenn außer dem Kraftfahrzeugbetrieb auch eine Verkehrssicherungspflichtverletzung zu dem Unfall beigetragen hat). Hier ist auf die Alternativtäter § 830 Abs. 1 Satz 2 BGB anzuwenden, denn es müßte, auch wenn der wahre Hergang ersichtlich wäre, in jedem Fall einer von ihnen neben dem Dritten haften[120].

Die Haftung nach § 830 Abs. 1 Satz 2 BGB geht, wenn für die Alternativtäter unter- **87**
schiedliche Haftungsquoten zum Tragen kämen, stets nur bis zur geringsten hypothetischen Haftungsquote, da nur erwiesene Verursachungsbeiträge in die Abwägung eingesetzt werden dürfen[121].

4. Einzelfälle

Im folgenden wird die oben (Rdn. 32) gewonnene Auslegung des Merkmals „bei dem **88**
Betrieb" auf einige besondere Fallgestaltungen angewandt. Hierzu wird die einschlägige Rechtsprechung dargestellt. Angesichts der Fortentwicklung der Judikatur kommt vielen älteren Entscheidungen allerdings keine aktuelle Bedeutung mehr zu. Sie sind gleichwohl in die Übersicht aufgenommen, um die Rechtsentwicklung und die Unhaltbarkeit mancher früher entwickelten Abgrenzungen aufzuzeigen; soweit ihr Ergebnis dem heutigen Stand der Judikatur nicht mehr entspricht, ist dies angemerkt. Spezielle Kausalitätsprobleme sind in dieser Übersicht nicht berücksichtigt. Insoweit ist auf Rdn. 65 ff zu verweisen.

a) **Anhänger.** Der Anhänger eines Kraftfahrzeugs ist selbst kein Kraftfahrzeug (vgl. **89**
Rdn. 15). Gleichwohl kann für Schäden, die durch einen Anhänger hervorgerufen werden, die Haftung nach § 7 eingreifen.

aa) **Angekuppelter Anhänger.** Zum Betrieb eines Kraftfahrzeugs gehören auch die **90**
durch den Anhänger des Kraftfahrzeugs herbeigeführten Schäden, die während einer Fahrt oder in Nachwirkung einer auf der Fahrt entstandenen Gefahrenlage verursacht sind. Bei dem Betrieb eines Kraftfahrzeugs ist ein Schaden daher auch dann verursacht, wenn die Berührung des geschädigten Verkehrsteilnehmers nicht mit dem Kraftfahr-

---

118 BGHZ 67, 14; 72, 358; krit. hierzu *Bydlinski* Festschrift Beitzke 18; vgl. auch 19. VGT (1981) 10.

119 BGHZ 72, 362.

120 BGHZ 72, 359.

121 BGHZ 72, 363; BGH VersR 1976, 995; 1979, 956; 1982, 878 = JR 1983, 62 m. Anm. *Schneider.*

zeug, sondern mit dessen Anhänger stattgefunden hat[122]. Die Betriebsgefahr des Anhängers ist ein Teil der Betriebsgefahr des ziehenden Kraftfahrzeugs[123]. Der Halter und der Führer des ziehenden Kraftfahrzeugs haben im Rahmen der Haftung nach dem StVG für vom Anhänger verursachte Schäden in gleicher Weise einzustehen, wie für vom Kraftfahrzeug unmittelbar verursachte[124]. Keine Gefährdungshaftung trifft hingegen denjenigen, der nur Halter des Anhängers ist. Er braucht sich auch nicht im Verhältnis zum Halter des ziehenden Fahrzeugs eine Betriebsgefahr anrechnen zu lassen[125].

91 bb) **Abgekuppelter Anhänger.** Bei dem Betrieb eines Kraftfahrzeugs ist ein Schaden auch dann verursacht, wenn sich ein Unfall durch Auffahren auf einen abgekuppelten Anhänger ereignet hat oder ein solcher Anhänger auf abschüssigem Gelände ins Rollen geraten ist[126] oder sonstwie einen Unfall verursacht hat. Die „Betriebsgefahr des Anhängers" ist auch in diesen Fällen nichts anderes als ein Teil der Betriebsgefahr des ziehenden Kraftfahrzeugs. Dessen Halter wird von der Haftpflicht nach § 7 – wie bei Kraftfahrzeugen – lediglich dann nicht erfaßt, wenn sich eine außerhalb des Schutzzwecks von § 7 liegende Gefahr verwirklicht hat, z. B. wenn sich der Anhänger außerhalb von Verkehrsflächen befand[127] oder wenn sich der Schaden infolge seiner Verwendung als Arbeitsmaschine ereignet hat (vgl. Rdn. 30). Ohne Bedeutung sind dagegen – entgegen einem Teil der Rechtsprechung[128] – der Grund und die Dauer des Abstellens des Anhängers. Auch der betriebsunfähig auf der Straße abgestellte oder nach Abkuppeln vom Zugfahrzeug dort geparkte Anhänger kann folglich noch eine Gefährdungshaftung des Halters des Zugfahrzeugs begründen[129]. Ob das Zugfahrzeug selbst zum Zeitpunkt des Unfalls noch in Betrieb ist, ist ohne Belang. Die normative Auslegung des Betriebsbegriffs (vgl. Rdn. 28 ff) ermöglicht es zwanglos, die durch den abgestellten Anhänger hervorgerufenen Verkehrsgefahren dem Zugfahrzeug, welches den Anhänger in die betreffende Lage gebracht hat, auch dann noch zuzurechnen, wenn dieses schon längst in seiner Garage steht. Etwas anderes mag gelten, wenn der Anhänger von Hand in den Verkehrsraum geschoben oder gezogen wird[130]. Allenfalls könnte hier dann, wenn dies unmittelbar der Vorbereitung einer Fahrt diente, an eine (haftungsbegründende) „Vorwirkung" des Betriebs des Kraftfahrzeugs gedacht werden. Wird der vom Zugfahrzeug auf Verkehrsgrund abgestellte Anhänger von einem Unbefugten in Bewegung gesetzt, so besteht mit dem Betrieb des ursprünglichen Zugfahrzeugs kein Zurechnungszusammenhang mehr[131].

92 b) **Abgeschleppte Kraftfahrzeuge** wurden bisher in ständiger Rechtsprechung den Anhängern gleichgestellt, d. h. sie wurden als nicht in Betrieb befindlich, aber am Betrieb des Schleppfahrzeugs teilnehmend angesehen (Betriebseinheit des Schleppzugs)[132].

---

122 OLG Kiel HRR 1931, Nr. 665.
123 BGHZ 20, 385.
124 BGH VersR 1961, 473; OLG Bamberg VersR 1960, 762.
125 **A. A.** OLG Düsseldorf MDR 1983, 59.
126 KG NZV 1992, 113.
127 Vgl. KG NZV 1992, 113; LG Heilbronn VersR 1966, 96.
128 RGZ 159, 150; RG JW 1934, 2334; OLG Hamm JW 1938, 2280; OLG Dresden VAE 1938, 408; 1942, 48; OLG Zweibrücken RdK 1939, 101; KG VAE 1939, 255; OLG Celle VRS 4, 110; NJW 1953, 1512; OLG Stuttgart RdK 1954, 6; OLG Bremen VersR 1984, 1084.
129 BGH VersR 1961, 473; 1971, 256; VRS 72, 39; OLG Stuttgart VersR 1960, 87; MDR 1960, 139; **a. A.** BGH VRS 4, 165; OLG Celle VRS 4, 110; OLG Stuttgart RdK 1954, 6; OLG Nürnberg VRS 10, 418.
130 Zu weitgehend österr. OGH VersR 1982, 910.
131 KG NZV 1992, 114.
132 RG DAR 1930, 201; BGH VersR 1963, 47; 1971, 611; OLG Düsseldorf RdK 1931, 341; OLG Kiel RdK 1932, 265; OLG Köln DAR 1932, 120; OLG Karlsruhe VRS 7, 477; OLG Bamberg VersR 1960, 762; OLG Celle NJW 1962, 253 m. abl. Anm. *Hartung*.

Diese in der Literatur[133] vielfach kritisierte Auffassung ist abzulehnen und wird auch in der neueren Rechtsprechung[134] nicht mehr aufrechterhalten. Auch das außer Betrieb gesetzte oder sogar betriebsunfähige Kraftfahrzeug bleibt Kraftfahrzeug und es bleibt „in Betrieb", solange von ihm eigene Verkehrsgefahren ausgehen. Daß dies beim abgeschleppten Kraftfahrzeug jedenfalls dann, wenn es noch gesteuert und anderweitig bedient werden muß, der Fall ist, steht außer Zweifel; wird es aufgebockt oder „auf den Haken genommen", mag etwas anderes gelten[135]. Schon der Vergleich mit dem von Menschenkraft geschobenen oder gezogenen Kraftfahrzeug – dieses ist zweifelsfrei „in Betrieb" – zeigt, daß der bisherige Standpunkt der Rechtsprechung nicht richtig sein kann.

c) **Geschobene Kraftfahrzeuge.** Ein Kraftfahrzeug ist auch dann in „Betrieb" im **93**
Sinne des § 7, wenn es auf Verkehrsgrund geschoben wird. Dies gilt nicht nur für das Anschieben eines Kraftfahrzeugs[136] sowie dann, wenn ein betriebsunfähiges Kraftfahrzeug geschoben[137] oder vorwärtsgestoßen wird[138], sondern auch dann, wenn ein an sich betriebsfähiges Kraftfahrzeug geschoben wird.

d) In sonstiger Weise **ohne eigene Motorkraft bewegte Kraftfahrzeuge** sind in Be- **94**
trieb, wenn von ihnen Verkehrsgefahren ausgehen. Der auf abschüssiger Straße rollende oder nur durch die Kraft des Anlassers vorwärtsbewegte Pkw[139] ist daher ebenso in Betrieb wie das Moped oder Mofa, welches nur durch Treten der Pedale vorwärtsbewegt wird.

Nicht bei dem Betrieb des Kraftfahrzeugs entstanden ist ein Unfall in einer **Waschan- 95**
lage, in der das Kraftfahrzeug ausschließlich durch eine Transportkette fortbewegt wird[140].

e) **Abgestellte Kraftfahrzeuge.** Bei dem Betrieb eines Kraftfahrzeugs entstanden ist **96**
ein Unfall auch dann, wenn er sich im kausalen Zusammenhang mit einem im Verkehrsraum abgestellten Kraftfahrzeug ereignet. Ob das Kraftfahrzeug im Rechtssinne **hält oder parkt** ist hierbei ebenso unerheblich wie der Zweck oder die Dauer des Abstellens[141]. Dies folgt daraus, daß auch das stehende Kraftfahrzeug im heutigen Straßenverkehr eine erhebliche Gefahrenquelle darstellt (vgl. Rdn. 28). Differenzierungen nach Zweck, Dauer oder Ort des Abstellens (vom Abstellen außerhalb des Verkehrsraums abgesehen) sind willkürlich, da sie sich mit Sinn und Zweck des § 7 nicht vereinbaren lassen[142]. Unrichtig ist es daher, das Parken am Ziel der Fahrt nicht mehr zum Betrieb des Kraftfahrzeugs zu rechnen[143].

Nur Kraftfahrzeuge, die **innerhalb des Verkehrsraums** abgestellt sind, sind im Sinne **97**
des § 7 in Betrieb[144]. Entscheidend ist hierbei nur, ob auf der fraglichen Fläche tatsäch-

---

133 *Böhmer* MDR 1963, 280; VersR 1972, 328; JR 1971, 501; *Hamann* NJW 1970, 1452; *Tschernitschek* VersR 1978, 1001; *Jung* DAR 1983, 154; *Klimke* VersR 1982, 523; weitere Nachw. bei BGH VersR 1978, 1070.

134 OLG Schleswig VersR 1976, 163; OLG Köln DAR 1986, 321; OLG Koblenz VersR 1987, 708; LG Hannover NJW 1978, 430 u. 2202 m. zust. Anm. *Darkow;* LG Nürnberg-Fürth DAR 1993, 232.

135 BGH VersR 1978, 1070.

136 OLG Stuttgart VersR 1956, 523.

137 BGH VersR 1960, 804; 1977, 624.

138 A. A. OLG Hamm VRS 13, 450.

139 Vgl. OLG Hamm VRS 13, 450.

140 KG VersR 1977, 626.

141 BGHZ 29, 167; BGH NZV 1995, 20.

142 Aus der Rspr. vgl. RGZ 132, 262; RG JW 1929, 912; BGH VersR 1955, 678; 1956, 420; 1957, 740; 1966, 817; OLG München VersR 1960, 569; 1966, 1167; OLG Bamberg VersR 1967, 562; OLG Köln VersR 1967, 165; OLG Stuttgart VersR 1955, 719; OLG Düsseldorf VersR 1956, 496; KG VersR 1978, 140.

143 So z. B. KG JW 1933, 1667.

144 Unrichtig daher OLG Königsberg JRPrV 1938, 381: Laufenlassen des Motors in der Garage als „Betrieb".

lich Verkehr stattfindet; ob es sich um öffentlichen oder privaten Grund handelt, ist ohne Belang (Rdn. 39). Auch auf Parkplätzen abgestellte Kraftfahrzeuge sind in Betrieb[145]. Desgleichen ist es ohne Belang, ob die Straße, auf der das Kraftfahrzeug abgestellt ist, dem „Schnellverkehr" dient[146] oder ob das Fahrzeug auf der Fahrbahn, einem Seitenstreifen oder einem Gleiskörper abgestellt ist.

98 Ob das Kraftfahrzeug zu **Verkehrszwecken** im Verkehrsraum abgestellt wurde oder aus anderen Gründen, ist ohne Bedeutung. Nicht zu folgen ist daher BGH VersR 1961, 263, wonach ein Unfall nicht bei dem Betrieb eines Mopeds entstanden sein soll, wenn dieses nur zu dem Zweck auf die Straße gestellt wurde, durch das Licht seines Scheinwerfers vor einer Unfallstelle zu warnen[147]. Auch ein in Arbeit befindlicher, auf Stützen abgestellter Autokran kann im Sinne des § 7 in Betrieb sein[148]. Selbst ein geradezu verkehrsfeindliches Abstellen des Kraftfahrzeugs auf der Straße – etwa als Hindernis – würde die Haftung nach § 7 begründen.

99 Stets muß sich aber eine Gefahr ausgewirkt haben, die **von dem abgestellten Kraftfahrzeug selbst** ausgeht. Der Halter braucht sich daher z. B. keine mitwirkende Betriebsgefahr anrechnen zu lassen, wenn sein geparktes Kraftfahrzeug durch eine Dachlawine beschädigt wird[149], und er haftet nicht nach § 7 für den Schaden, der durch das Betätigen eines Garagentors entsteht[150] oder den ein Passant dadurch erleidet, daß er, vom Fahrer angesprochen, unachtsam auf die Fahrbahn tritt[151]. Ebenso ist es nicht mehr dem Betrieb des Kraftfahrzeugs zuzurechnen, wenn ein Autofahrer als Fußgänger zur Entstehung eines Verkehrsunfalls beiträgt, nachdem er sein Kraftfahrzeug auf dem Seitenstreifen der BAB abgestellt hat und 200 m zurückgegangen ist, um einen von ihm verursachten Unfallschaden in Augenschein zu nehmen[152]. Wohl aber begründet es die Zurechnung, wenn es zu einem Unfall kommt, weil ein anderer Verkehrsteilnehmer dem verbotswidrig abgestellten Kraftfahrzeug ausweichen muß[153].

100 Eine Betriebsgefahr verwirklicht sich auch dann, wenn ein abgestelltes Motorrad umkippt[154], auch wenn dies durch Witterungseinflüsse bedingt ist. Dagegen fehlt jedenfalls die Adäquanz, wenn das Fahrzeug zum reinen Objekt außergewöhnlicher Naturgewalten wird[155] oder wenn ein Pferd von dem durch einen abgestellten Pkw reflektierten Sonnenlicht geblendet wird und scheut[156]. Wird ein ordnungsgemäß abgestelltes Kraftfahrzeug durch Brandstiftung in Brand gesetzt und dabei ein danebenstehendes Fahrzeug beschädigt, greift die Haftung nach § 7 nicht ein[157].

101 **f) Liegengebliebene Kraftfahrzeuge.** Kommt es durch ein Kraftfahrzeug, welches infolge eines Defekts oder wegen Treibstoffmangels innerhalb des Verkehrsraums liegengeblieben ist, zu einem Unfall, so ist dieser „bei dem Betrieb" des Kraftfahrzeugs entstanden. Das unter Rdn. 96 für abgestellte Fahrzeuge Ausgeführte gilt für diese Fälle entsprechend. Es kommt demnach nicht darauf an, wie lange das Liegenbleiben währt[158] und ob das Kraftfahrzeug wieder in Betrieb gesetzt werden kann.

102 Nicht zu folgen ist daher den älteren Entscheidungen, wonach ein Kraftfahrzeug trotz Verbleibens auf der Straße nicht mehr in Betrieb sein soll bei Benzinmangel[159], gebrochener Kardan-

---

145 **A. A.** *Jagusch/Hentschel* 5; *Schneider* MDR 1984, 907.
146 **A. A.** OLG Stuttgart VRS 21, 89.
147 Ebenso *Böhmer* VersR 1961, 369.
148 OLG Düsseldorf NZV 1989, 114.
149 BGH VersR 1980, 740.
150 **A. A.** LG Hannover VersR 1986, 130.
151 OLG Düsseldorf VersR 1990, 1403.
152 OLG Frankfurt VersR 1995, 599.
153 **A. A.** OLG Düsseldorf VersR 1982, 1200.
154 LG Nürnberg-Fürth NZV 1990, 396.
155 LG Nürnberg-Fürth NZV 1991, 476: Orkanbö.
156 Im Ergebnis ebenso LG Oldenburg ZfS 1991, 367.
157 OLG Hamburg VersR 1994, 1441.
158 BGHZ 29, 163.
159 RGZ 122, 270.

welle[160], Kupplungsschaden[161], gebrochener Luftleitung[162], Motorschaden[163] oder Reifenpanne[164].

Zu Recht bejaht hat die Rechtsprechung das Merkmal „bei dem Betrieb" dagegen,

- wenn ein Lkw nachts wegen Verstopfung der Benzinleitung auf der Landstraße hält[165];
- wenn ein Bus wegen eines Vergaserbrandes anhält[166];
- wenn ein Kraftfahrzeug wegen eines Motorschadens liegenbleibt[167];
- wenn ein Kraftfahrzeug wegen Kraftstoffmangels liegenbleibt[168];
- wenn an einem Kraftfahrzeug auf der Autobahn ein Reifen gewechselt wird[169].

g) **Verunglückte Kraftfahrzeuge.** Ereignet sich infolge eines Kraftfahrzeugunfalls ein weiterer Unfall, so kann sich die Zurechnung einmal aus der Verursachung durch den früheren, zu dem Erstunfall führenden Betrieb ergeben. Darüber hinaus ereignet sich der Zweitunfall aber (entsprechend dem unter Rdn. 101 Ausgeführten) auch „bei dem Betrieb" des unfallbedingt liegengebliebenen Kraftfahrzeugs, solange es sich innerhalb des Verkehrsraums befindet[170]. Diese Zurechnung kann insbesondere dann Bedeutung erlangen, wenn der Kraftfahrzeughalter zwar hinsichtlich der Beteiligung des Kraftfahrzeugs an dem Erstunfall, nicht aber hinsichtlich der Absicherung der Unfallstelle den Unabwendbarkeitsbeweis nach § 7 Abs. 2 führen kann. Kommt es zu dem Zweitunfall nur deshalb, weil ein Verkehrsteilnehmer durch ein außerhalb des Verkehrsraums zum Liegen gekommenes Unfallfahrzeug abgelenkt wurde, so scheidet eine Zurechnung auf dem letztgenannten Weg aus; im übrigen wäre die Adäquanz fraglich. **103**

Beim **Serienunfall** ist der Betrieb der früher verunglückten Fahrzeuge ursächlich für die Schäden der später hinzukommenden[171]. In umgekehrter Richtung ist eine Zurechnung nur möglich, wenn sich feststellen läßt, daß der bereits Verunglückte durch den nachfolgenden Unfallbeitrag nochmals betroffen worden ist. **104**

Die Rechtsprechung hat das Merkmal „bei dem Betrieb" zu Recht bejaht, wenn ein Kraftfahrzeug bewegungsunfähig wird, weil es mit einem Rad in den Straßengraben gerät[172], dagegen zu Unrecht verneint, wenn ein Kraftfahrzeug nach einem Unfall pflichtgemäß auf die Polizei wartet[173]. **105**

Ein Unfall im Zusammenhang mit der **Bergung** eines verunglückten Kraftfahrzeugs kann ebenfalls bei dessen Betrieb verursacht sein, so z. B. wenn es zu einem Unfall kommt, weil Fahrgäste eines verunglückten Busses einen auf dessen Verdeck gefallenen Laternenmasten herabwerfen[174]. **106**

Auch das mit einem Verkehrsunfall verbundene **Unfallgeräusch** ist eine Ausprägung der spezifischen Betriebsgefahr[175]. **107**

h) **Be- und Entladen.** Wie bereits unter Rdn. 96 ausgeführt wurde, bleibt ein Kraftfahrzeug während des Ladevorgangs „in Betrieb", sofern es sich auf einer dem Verkehr **108**

---

160 OLG Dresden VAE 1940, 183.
161 OLG Karlsruhe JW 1940, 2260.
162 RGZ 170, 16.
163 OLG Hamm VRS 2, 135; OLG Neustadt VersR 1953, 487.
164 OLG Karlsruhe NJW 1953, 1711.
165 RG JW 1929, 2055.
166 RG VAE 1940, 170.
167 BGHZ 29, 163; BGH VersR 1960, 1140; OLG Bamberg DAR 1951, 80.
168 BGH VersR 1977, 624.
169 BGH VersR 1969, 668.
170 BGHZ 58, 164; LG Schweinfurt NJW-RR 1993, 220 rechnet auch den Straßengraben noch zum Verkehrsraum.
171 OLG Celle VersR 1977, 258.
172 OLG München HRR 1939, Nr. 1508; LG Tübingen VkBl. 1950, 177.
173 OLG Celle VRS 7, 172; OLG Karlsruhe VRS 7, 415.
174 RG JW 1912, 650.
175 BGH NZV 1991, 387, wo allerdings zu Unrecht die Zurechenbarkeit einer Panikreaktion von Zuchtschweinen verneint wurde; vgl. hierzu Rdn. 55.

dienenden Fläche befindet. Unzweifelhaft „bei dem Betrieb" des Kraftfahrzeugs entstanden ist ein Unfall demnach dann, wenn ein anderes Fahrzeug auf das zum Zweck des Be- oder Entladens abgestellte Kraftfahrzeug auffährt oder wenn sonst die Anwesenheit des Kraftfahrzeugs auf der Straße zu einem Unfall führt (Rechtsprechungsnachweis s. o. Rdn. 96). Darüber hinaus aber sind auch Auswirkungen, die vom Ladegeschäft als solchem ausgehen, unter Umständen dem Betrieb des Kraftfahrzeugs zuzurechnen. Entscheidend ist nach Sinn und Zweck des § 7, ob sich in dem Unfall eine von dem Kraftfahrzeug als **Verkehrsmittel** ausgehende Betriebsgefahr verwirklicht hat (vgl. Rdn. 32); Schäden, die in keinem Zusammenhang mit Verkehrsvorgängen stehen, werden deshalb von § 7 nicht erfaßt[176]. Ob bei dem Ladevorgang die Motorkraft des Kraftfahrzeugs mitgewirkt hat, ist ohne Bedeutung.

109 **Beim Betrieb des Kraftfahrzeugs entstanden** ist daher z. B. ein Unfall, zu dem es dadurch kommt, daß
- beim Entladen eines Tankwagens Öl auf die Straße läuft[177];
- ein Fußgänger über den Abfüllschlauch eines Tankfahrzeugs stolpert[178];
- ein Fahrzeug gegen einen Stein prallt, der beim Beladen eines Lkw auf die Straße gefallen ist[179];
- ein Fußgänger von einem Sprengring getroffen wird, der beim Abladen eines Reserverads von diesem abspringt[180].

110 **Nicht dem Betrieb des Kraftfahrzeugs zuzurechnen** ist es dagegen z. B., wenn
- sich ein Arbeiter an einer auf dem Lkw angebrachten Arbeitsmaschine (z. B. Kreissäge, Teerkocher) verletzt;
- der Öltank im Haus überläuft, weil ihm die Pumpe des Tankfahrzeugs zuviel Öl zuführt[181];
- beim Einblasen von Futter in einen Silo durch einen vom Motor des Lkw angetriebenen Kompressor der Silo und weitere Sachen des Empfängers beschädigt werden[182];
- durch herabstürzendes Ladegut beim Kippen eines Lkw ein Arbeiter verletzt wird[183];
- beim Abheben eines Containers von einem Lkw das Container-Chassis mit angehoben wird[184];
- beim Ausbringen von Pflanzen- und Bodenbehandlungsmitteln durch landwirtschaftliche Fahrzeuge Schäden auf Nachbargrundstücken entstehen[185].

111 Zu Schäden durch Einwirkungen der Ladung s. auch Rdn. 115.

112 i) Unfälle beim **Ein- oder Aussteigen** sind dann bei dem Betrieb des Kraftfahrzeugs entstanden, wenn ein Zusammenhang mit dem Kraftfahrzeug als Verkehrsmittel, also mit Verkehrsvorgängen besteht.

Dies ist der Fall z. B.
- bei Unfällen infolge unachtsamen Öffnens der Tür[186];
- wenn eine an der Haltestelle wartende Person durch das Öffnen der Tür des Omnibusses verletzt wird[187];
- wenn der Kraftfahrzeugführer beim Aussteigen mit einem vorbeifahrenden Radfahrer zusammenprallt[188];
- wenn jemand bei dem Versuch, in Unruhe geratenen Fahrgästen aus einem mit Vergaserbrand liegengebliebenen Bus zu helfen, zu Boden gestoßen wird[189].

---

[176] Vgl. BGHZ 71, 212.
[177] BGHZ 71, 215.
[178] BGH aaO.
[179] OLG Stuttgart VkBl. 1960, 40.
[180] OLG Kassel VersR 1952, 435.
[181] BGHZ 71, 212; 75, 48; **a. A.** OLG München OLGZ 1971, 168; OLG Nürnberg VersR 1971, 915; KG VersR 1973, 665.
[182] BGH VersR 1975, 945.
[183] **A. A.** BGH VersR 1956, 422; dem könnte lediglich für den Fall der Verletzung eines anderen Verkehrsteilnehmers gefolgt werden.
[184] **A. A.** LG Duisburg VersR 1988, 1250.
[185] OLG Hamm MDR 1996, 149; *Schimikowski* VersR 1992, 930 f.
[186] RG DAR 1932, 122; KG VAE 1939, 112; OLG Dresden VAE 1940, 183; OLG Celle DAR 1951, 13 m. Anm. *Brüggemann*; OLG Stuttgart VkBl. 1955, 420.
[187] OLG München VersR 1952, 293.
[188] RGZ 126, 333.
[189] RG VAE 1940, 170.

Unfälle **vor oder nach** dem eigentlichen Ein- oder Aussteigevorgang sind dagegen nicht dem Betrieb des Kraftfahrzeugs zuzurechnen, so z. B. 113

- ein Unfall beim Überschreiten der Fahrbahn durch einen ausgestiegenen Insassen[190];
- der Versuch eines Lkw-Fahrers, einen von seinem Fahrzeug weggeschleuderten Pfosten von der Fahrbahn zu räumen[191];
- die Verletzungen, die ein Schulkind dadurch erleidet, daß es inmitten einer Schar an der Haltestelle wartender Kinder infolge des beim Anhalten des Busses entstehenden Gedrängels zu Fall kommt[192];
- wenn ein gehbehinderter Fahrgast nach dem Aussteigen ausrutscht und durch das Anfahren des Busses die Möglichkeit verliert, sich festzuhalten[193].

Fraglich ist die Zuordnung in den Fällen, in denen ein Fahrgast beim Ein- oder Aussteigen am Fahrzeug selbst verletzt wird, z. B. weil er an der Tür oder auf dem Trittbrett zu Sturz kommt. Wenngleich sich hier nicht eigentlich Verkehrsgefahren verwirklichen, ist der Zusammenhang des Unfalls mit der Nutzung des Kraftfahrzeugs als Verkehrsmittel doch so eng, daß er als „bei dem Betrieb" geschehen anzusehen ist[194]. Zu beachten sind in diesen Fällen aber die Haftungsausschlüsse nach §§ 8, 8 a. 114

k) Schäden durch **Herabfallen von Teilen des Kraftfahrzeugs oder Einwirkungen der Ladung** sind beim Betrieb des Kraftfahrzeugs entstanden, wenn sie in Zusammenhang mit einem Verkehrsvorgang stehen[195]. 115

Dies ist z. B. der Fall, wenn es zu einem Unfall kommt,

- weil sich ein Reifen, Auspuff oder sonstiges Teil von dem Kraftfahrzeug löst;
- weil ein Tankwagen ausläuft;
- weil Teile der Ladung von einem Lkw herabfallen[196], sei es auch infolge Auffahrens eines Dritten[197];
- weil von einem Autotransporter ein Pkw herunterfällt und Stunden später ein anderer auf das Wrack auffährt[198];
- weil durch das Streuen pulverförmigen Materials hinter einem Lkw eine Staubwolke entsteht[199];
- weil Streugut von einem Streufahrzeug gegen ein anderes Fahrzeug geschleudert wird[200];
- weil beim Bremsen eines Omnibusses ein Koffer aus dem Gepäcknetz auf einen Fahrgast stürzt[201].

Gerät während der Fahrt die Ladung in Brand, so sind Schäden durch Übergreifen des Feuers auf ein Anliegergrundstück gleichfalls dem Betrieb des Kraftfahrzeugs zuzurechnen[202]. 116

l) Ein Unfall, der durch das **Betriebsgeräusch** eines Kraftfahrzeugs hervorgerufen wird (etwa durch Verunsicherung eines anderen Verkehrsteilnehmers), ist – in den Grenzen der Adäquanz (Rdn. 68 f) dessen Betrieb zuzurechen[203]. 117

---

190 OLG Dresden VAE 1938, 408; BayObLG NJW 1955, 105; OLG Hamm DAR 1984, 20; KG VM 1986, 20; LG Karlsruhe VersR 1981, 143; AG Uelzen VersR 1967, 1057; a. A. LG Osnabrück NJW-RR 1987, 152.

191 A. A. OLG Köln NJW-RR 1987, 857.

192 LG Freiburg VersR 1982, 1083.

193 OLG Köln NZV 1989, 237.

194 BGH VersR 1956, 765; OLG Oldenburg VRS 10, 421; vgl. auch österr. OGH ZVR 1992, 218 (Handverletzung an scharfkantigem Fahrzeugteil).

195 Ähnlich RGZ 160, 129.

196 RG RdK 1940, 166.

197 LG Flensburg NZV 1989, 397.

198 A. A. LG Berlin VersR 1974, 274.

199 OLG Nürnberg OLGZ 1966, 408.

200 BGHZ 105, 65= NZV 1989, 18 m. Anm. *Kuckuk*; OLG Nürnberg NJW-RR 1987, 803; OLG Köln VersR 1988, 62; KG DAR 1988, 93; OLG Hamm NJW-RR 1988, 863; LG Köln VersR 1988, 642.

201 OLG Oldenburg DAR 1954, 206.

202 OLG Köln NZV 1991, 391.

203 A. A. österr. OGH ZVR 1995, 310 infolge m. E. unzutreffender Beurteilung der Adäquanz.

118 m) Das **Hochschleudern von Gegenständen**, insbesondere Steinen durch die Räder, ist dem Betrieb des Kraftfahrzeugs zuzurechen[204]. Zu Mähfahrzeugen s. Rdn. 122.

119 n) Führt die **Verschmutzung der Straße** durch die Reifen oder Gleisketten eines Kraftfahrzeugs (welches z. B. zuvor auf lehmigen Wegen oder durchs Gelände gefahren war) zu einem Unfall, so ist dieser bei dem Betrieb des Kraftfahrzeugs verursacht[205]. Welche Zeitspanne zwischen der Verschmutzung und dem Unfall liegt, ist ohne Bedeutung[206].

120 o) Ein Unfall beim **Tanken oder Warten** des Kraftfahrzeugs ist jedenfalls dann nicht beim Betrieb desselben entstanden, wenn es sich außerhalb des Verkehrsraums befindet. Kommt etwa ein Mechaniker beim Hantieren an dem Kraftfahrzeug in der Werkstatt durch das Kraftfahrzeug zu Schaden, so liegt kein Anwendungsfall des § 7 vor. Anders ist es hingegen, wenn sich eine mit dem Kraftfahrzeug als Verkehrsmittel verbundene Betriebsgefahr während des Aufenthalts an einer allgemein zugänglichen Zapfsäule realisiert (z. B. das Kraftfahrzeug rollt während des Tankens zurück; vergossenes Öl führt zum Sturz eines Kradfahrers). Kommt es während des Aufenthalts an der Tankstelle zur Explosion des Treibstoffbehälters des Kraftfahrzeugs, so ist eine hierbei entstehende Schädigung wohl nicht bei dem Betrieb des Kraftfahrzeugs entstanden[207].

121 p) Unfälle bei **Sonderveranstaltungen** (z. B. Rennen, Vorführungen) werden den beteiligten Kraftfahrzeugen nach § 7 zugerechnet; ob das Rennen auf öffentlichen Straßen oder auf Privatgrund ausgetragen wurde, ist ohne Bedeutung[208]. Dies gilt insbesondere, wenn bei dem Rennen Zuschauer verletzt wurden[209]. Teilnehmer an dem Rennen können sich dagegen untereinander nicht nach § 7 verantwortlich machen, da sie die mit der Eigenart solcher Veranstaltungen verbundenen Gefahren bewußt auf sich nehmen[210]; etwas anderes gilt lediglich für schuldhaft verursachte Schäden, die auch bei einem Rennen vermeidbar gewesen wären[211]. Schäden durch den Absturz eines Drachenfliegers, der von einem Kraftfahrzeug angeschleppt wurde, sind nicht dessen Betrieb zuzurechnen[212].

122 q) **Einsatz als Arbeitsmaschine.** Hier kommt es darauf an, ob der Unfall im Zusammenhang mit der Eigenschaft des Kraftfahrzeugs als Verkehrsmittel steht oder ob er ausschließlich auf seine Funktion als Arbeitsmittel zurückzuführen ist. Auf die Darstellung der BGH-Rechtsprechung hierzu in Rdn. 30 f wird Bezug genommen. Soweit in der dort zitierten Entscheidung NZV 1991, 185 darauf abgestellt wurde, daß das Arbeitsfahrzeug (Lkw mit Warntafel zur Absicherung von Mäharbeiten auf der Autobahn) seine Funktion „gerade während der Fahrt verrichtet", ist allerdings zu bemerken, daß es hierauf nicht entscheidend ankommt. Auch wenn das Absperrfahrzeug gestanden hätte, wäre es in den Auffahrunfall in seiner Eigenschaft als Verkehrsmittel verwickelt worden (vgl. Rdn. 98). Eindeutig der Verkehrsfunktion zuzurechnen ist es, wenn ein Räumfahrzeug einen Schneewall in die Fahrbahn eines anderen Fahrzeugs

---

204 Vgl. OLG Frankfurt VM 1958, 34; LG Lüneburg MDR 1961, 1014; LG München I VersR 1967, 914.

205 BGH VersR 1982, 977; OLG Schleswig NJW 1966, 1269; **a. A.** OLG Stuttgart NJW 1959, 2065 und 1960, 139 m. abl. Anm. *Fritze*.

206 **A. A.** *Dopfer* Justiz 1966, 335.

207 **A. A.** LG Aachen MDR 1955, 162.

208 Vgl. BGH VersR 1960, 635; BayObLG DAR 1929, 284; OLG Königsberg JRPrV 1938, 381; LG Hamburg VersR 1953, 488.

209 RGZ 150, 73; BGHZ 5, 318; OLG Hamburg DAR 1942, 46.

210 OLG Hamburg DAR 1942, 46.

211 OLG Koblenz JurZentr. 1952, 110.

212 BGH VersR 1981, 988.

schiebt[213], aber auch Lackschäden, die durch den von einem Streufahrzeug ausgeworfenen Splitt verursacht werden, sind dem Betrieb dieses Fahrzeugs zuzurechnen (s. Rdn. 115 m. Nachw.), desgleichen Schäden durch Steine, die von einer fahrbaren Mähmaschine vom Randstreifen auf die Fahrbahn geschleudert werden[214].

r) **Schäden durch Verkehrsanlagen und -einrichtungen** (z. B. Verkehrszeichen, Ampeln, Beleuchtungsvorrichtungen) fallen nicht unter die Haftung nach § 7, weil diese an den Betrieb des einzelnen Kraftfahrzeugs anknüpft. Hierin unterscheidet sie sich von der Haftung nach § 1 HaftpflG, die den Bahnbetrieb insgesamt umfaßt (§ 1 HaftpflG, 5). Deshalb kann z. B. die Rechtsprechung, die Stromschäden aus Fahrleitungen dem Betrieb der Eisenbahn zurechnet, auf den Obusbetrieb nicht übertragen werden[215]. In solchen Fällen kann aber § 2 HaftpflG eingreifen. 123

s) Auch **vorsätzliche Schädigungen mittels des Kraftfahrzeugs** fallen unter das Merkmal „bei dem Betrieb“ und begründen eine Haftung nach § 7. Wie BGHZ 37, 311 zutreffend ausgeführt hat, umfaßt der Schutzzweck des § 7 auch solche Gefahren, die der Benutzer des Kraftfahrzeugs bewußt und gewollt gegen einen anderen ausspielt, z. B. beim Zufahren auf den anderen in Tötungsabsicht. Das gleiche gilt, wenn von einem fahrenden Kraftfahrzeug aus Gegenstände auf andere Verkehrsteilnehmer geworfen werden[216]. In solchen Fällen haftet (neben dem selbstverständlich aus unerlaubter Handlung verantwortlichen Täter) also auch der Halter. 124

V. Unfall mit Personen- oder Sachschaden als konkreter Haftungsgrund

1. Allgemeines

Die Haftung nach § 7 greift nur ein, wenn ein Mensch getötet, der Körper oder die Gesundheit eines Menschen verletzt oder eine Sache beschädigt wurde. Zusätzlich ist, wie sich aus Abs. 2, § 14 ursprünglicher Fassung und § 15, insbesondere aber aus dem Schutzzweck der Gefährdungshaftung herleiten läßt, erforderlich, daß der Personen- oder Sachschaden durch einen **Unfall** entstanden ist; in der dem § 7 entsprechenden Norm des österreichischen Rechts (§ 1 EKHG) ist dies auch ausdrücklich ausgesprochen. Dieses Merkmal tritt an die Stelle der Widerrechtlichkeit, die bei der deliktischen Haftung vorliegen muß (s. § 16, 95), jedoch nicht in das System der Betriebshaftung nach § 7 paßt[217]. 125

Das Vorliegen eines Unfalls ist also Anspruchsvoraussetzung des § 7[218], andere von einem Kraftfahrzeug ausgehende Einwirkungen werden von dieser Vorschrift nicht erfaßt. Erst recht können nicht die Folgen allmählicher Einwirkungen einer Vielzahl von Kraftfahrzeugen über § 7 abgewickelt werden. Zu Unrecht hat OLG Frankfurt DAR 1987, 82 Mauerwerkschäden, die durch wiederholt am Haus vorbeifahrende Panzerkolonnen entstanden sind, der Halterhaftung nach § 7 zugerechnet, ohne sich mit der Problematik des Unfallmerkmals auseinanderzusetzen. Der Unfall bildet den sog. kon- 126

213 OLG Düsseldorf VersR 1993, 1417.
214 LG Karlsruhe MDR 1995, 1217.
215 A. A. *Filthaut* NZV 1995, 53 f.
216 *Weimar* MDR 1958, 746; LG Bayreuth NJW 1988, 1152.
217 A. A. *Geigel/Kunschert*, Kap. 25, 3; *Schneider/Schneider* MDR 1986, 991.
218 Zweifelnd BGHZ 37, 313; offengelassen in BGHZ 71, 339; a. A. *Jagusch/Hentschel* 1; *Schneider/Schneider* MDR 1986, 991; wohl wie hier *Geigel/Kunschert* Kap. 25, 3.

kreten Haftungsgrund[219], das Verbindungsglied zwischen der Haftungsbegründung und der Haftungsausfüllung (wegen der beweisrechtlichen Konsequenzen dieser Unterscheidung s. Rdn. 153).

2. Unfall

127 Ein Unfall ist ein plötzlich eintretendes Ereignis, das Schaden an Menschen oder Sachen verursacht[220].

128 a) Keine **Plötzlichkeit des Schadensereignisses** und damit keine Haftung nach § 7 ist z. B. gegeben, wenn eine Straße durch häufiges Befahren mit dem Kraftfahrzeug abgenützt oder zerstört wird, wenn angrenzende Gebäude durch fortgesetzte Erschütterungen seitens des Kraftfahrzeugs beschädigt werden, wenn durch dauernde Einwirkung von Motorenlärm die Nutzbarkeit eines Nachbargrundstücks beeinträchtigt wird, wenn durch Lärm, Erschütterungen und Abgase von Manöverfahrzeugen Bienenvölker zugrunde gehen[221] oder wenn sich ein Lkw-Fahrer durch monatelange Einwirkung des Motorengeräusches eine Ohrenkrankheit zuzieht. Führt der plötzliche Verlust von Öl, Kraftstoff o. dgl. zu einer verkehrsgefährdenden Verschmutzung der Fahrbahn, so ist ein Unfall zu bejahen, nicht dagegen bei allmählicher Verschlechterung der Straßenbeschaffenheit durch derartige Stoffe[222].

129 b) Die **Beschränkung auf Personen- und Sachschäden** ergibt sich aus dem Unfallbegriff, aber auch ausdrücklich aus § 7 Abs. 1. Reine Vermögensschäden[223] können daher eine Haftung nach § 7 nicht begründen, wie etwa ein infolge eines Verkehrsstaus entgangener Verdienst. Liegt aber ein Unfall mit Personen- oder Sachschaden vor, so sind auch dessen vermögensrechtliche Auswirkungen auf den Geschädigten – nach Maßgabe der für die Haftungsausfüllung geltenden Regeln (vgl. Rdn. 152 ff) – zu ersetzen. Auch Personen- oder Sachschäden nicht am Unfall selbst Beteiligter, also nur mittelbar Geschädigter, sowie die vermögensrechtlichen Auswirkungen dieser Schädigungen werden von § 7 erfaßt, nicht dagegen reine Vermögensbeeinträchtigungen bei mittelbar Geschädigten. Daher sind z. B. zu ersetzen Schäden eines Angehörigen des Unfallopfers infolge des beim Übermitteln der Unfallnachricht erlittenen Nervenzusammenbruchs, nicht dagegen Verdienstausfälle des Arbeitgebers des Unfallopfers wegen dessen Arbeitsunfähigkeit. Näheres hierzu s. Rdn. 164 ff, allgemein zu den Begriffen Personen- und Sachschaden Rdn. 132 ff).

130 c) **Absichtlich herbeigeführte Schadensfälle** sind, wenn sie die vorstehenden Merkmale erfüllen, ebenfalls Unfälle im Sinne des § 7[224], denn der Schutzzweck dieser Vorschrift umfaßt auch solche Gefahren, die der Benutzer eines Kraftfahrzeugs bewußt und gewollt gegen einen anderen ausspielt, etwa beim absichtlichen Zufahren auf den Geschädigten in Verletzungs- oder Tötungsabsicht[225]. Für den Beweis der absichtlichen Herbeiführung eines Unfalls (z. B. bei den aus betrügerischen Motiven provozierten Kollisionen) gelten die zu den einvernehmlich gestellten Unfällen entwickelten Grundsätze des Indizienbeweises (s. § 16, 352) entsprechend[226].

---

219 Zu diesem Begriff vgl. *Arens* ZZP 88 (1975), 1; *Stoll* AcP 176 (1976), 145.
220 BGHZ 37, 313.
221 Österr. OGH ZVR 1989, 151 m. Anm. *Karollus*.
222 OLG Köln VersR 1983, 289.
223 Vgl. hierzu *Schirmer* DAR 1992, 11.
224 BGHZ 37, 313.
225 AaO 316.
226 BGH NZV 1989, 468; OLG Hamm NZV 1994, 227.

d) **Mit Willen des Geschädigten herbeigeführte Schadensfälle** sind dagegen keine Unfälle[227]. In diesen Fällen entsteht zwar ein Schaden, der Träger des beschädigten Rechtsguts wird aber nicht von einem Schadensereignis betroffen, weil er die Beeinträchtigung selbst gewollt hat. Deshalb liegt z. B. kein eine Haftung nach § 7 begründender „Unfall" vor, wenn ein Zusammenstoß gemäß Verabredung zwischen den Beteiligten zum Zweck eines Versicherungsbetrugs absichtlich herbeigeführt wird (allenfalls wenn es hierbei über den verabredeten Sachschaden hinaus zu einem unbeabsichtigten Personenschaden kommt, kann insoweit wieder von einem Unfall die Rede sein; desgleichen dann, wenn die Manipulation nur mit dem Fahrer, nicht auch mit dem Eigentümer des geschädigten Fahrzeugs verabredet ist; vgl. § 16, 96). Zu der Beweisproblematik in solchen Fällen vgl. Rdn. 510 f. **131**

3. Personenschaden

Ein Personenschaden kann liegen in der Tötung eines Menschen oder der Verletzung des Körpers oder der Gesundheit eines Menschen. **132**

a) Die **Tötung**, d. h. die Vernichtung eines Menschenlebens, kann unmittelbar durch das Unfallereignis verursacht sein. Häufig wird durch den Unfall aber zunächst nur eine Körperverletzung hervorgerufen, die dann, ggf. infolge hinzutretender Umstände, zum Tode führt. Ist bei einer solchen mittelbaren Tötung der Zurechnungszusammenhang zu bejahen (Einzelheiten hierzu in Rdn. 157 ff), so treten die gleichen Haftungsfolgen ein wie bei sofortiger Tötung; zusätzlich sind die Kosten einer versuchten Heilung zu ersetzen (vgl. § 10 Abs. 1). Auch wenn zunächst eine Verletzung gar nicht erkennbar war, der Betroffene jedoch später nachweislich infolge des Unfalls verstarb, ist die Haftung gegeben, da dann eben doch eine (verborgene) Gesundheitsschädigung vorlag. Für die Todesfolge ist auch zu haften, wenn es zu ihr nur wegen einer besonderen Konstitution des Verletzten kommen konnte (vgl. auch Rdn. 178). **133**

Keine Tötung ist das unfallbedingte **Absterben einer Leibesfrucht**; hier ist lediglich eine Körperverletzung in der Person der Mutter gegeben (s. Rdn. 136). Dies gilt auch, wenn das Kind infolge der Unfallschädigung bei der Geburt stirbt[228]. **134**

b) **Körperverletzung** ist die Beeinträchtigung der körperlichen Unversehrtheit, **Gesundheitsverletzung** die Störung der inneren, somatischen oder psychischen Lebensvorgänge. Auch diese Veränderungen brauchen nicht unmittelbar nach dem schädigenden Ereignis in Erscheinung zu treten, wenn sie nur die adäquate Folge des Unfalls sind. **135**

Wird eine **Leibesfrucht** geschädigt und infolgedessen ein Mensch mit gesundheitlichen Beeinträchtigungen geboren, so kann dieser hierfür Schadensersatz nach § 7 verlangen[229]. Dies wird konsequenterweise auch dann zu gelten haben, wenn die Mutter selbst die haftpflichtige Kraftfahrzeughalterin ist[230]. Wird die Leibesfrucht getötet, so liegt in der dadurch bedingten Störung der physiologischen Abläufe zugleich eine Gesundheitsbeeinträchtigung der Mutter[231]. **136**

---

[227] BGHZ 71, 339; BGH VersR 1979, 514; OLG München NZV 1991, 427; a. A. OLG Frankfurt VersR 1978, 260; OLG Hamm NZV 1993, 69.

[228] BGHZ 58, 48.

[229] BGHZ 58, 48; BGH NJW 1985, 1390 m. Anm. *Deubner* = MedR 1985, 275 m. Anm. *Dunz*; *Stoll* JZ 1972, 365.

[230] Vgl. die in NZV 1992, 435 referierte Entscheidung des Supreme Court of New South Wales.

[231] OLG Oldenburg NJW 1991, 2355; a. A. OLG Düsseldorf NJW 1988, 777.

137 **Bereits vorhandene Leiden** schließen den Eintritt einer Körper- oder Gesundheitsverletzung nicht aus. Wird das bestehende Leiden durch den Unfall **verschlimmert**, so erfaßt die Haftung die dem Verletzten hierdurch entstehenden Mehraufwendungen bzw. -beeinträchtigungen[232]. Das gleiche gilt bei der durch den Unfall verursachten Beschleunigung des Verlaufs eines beim Unfall vorhandenen Leidens[233].

138 Kommt es zu der Verletzung nur infolge einer **krankhaften Anlage** bei dem Verletzten, so berührt dies die Haftung nicht. § 7 greift daher auch ein, wenn ein latenter Krankheitszustand durch den Unfall in ein akutes Stadium übergeführt wird[234], z. B. wenn ein herzleidender Kraftfahrzeugführer durch den Unfallschock ein Herzversagen erleidet[235] (vgl. auch Rdn. 178). Die Grenze der Zurechnung wird auch insoweit durch das Merkmal der Adäquanz gezogen.

139 Gesundheitsschäden, die durch **psychische Einwirkung** des Unfalls verursacht sind, müssen in gleicher Weise ersetzt werden, wie die durch körperliche Berührung entstandenen Schäden[236]. Allerdings ist der Begriff der Gesundheitsverletzung wegen der individuell sehr unterschiedlichen Anfälligkeit gegenüber psychischen Einwirkungen hier enger zu definieren[237].

140 Leichtere Nachteile für das gesundheitliche Allgemeinempfinden, die erfahrungsgemäß stets mit einem tief empfundenen Trauerfall verbunden sind, geben ebenso wie Erregung, Erschütterung oder Erschrecken keinen Ersatzanspruch. Wenn dagegen z. B. die Niedergeschlagenheit zu einer Depression von Krankheitswert führt, setzt der Ersatzanspruch ein, erst recht natürlich, wenn es zu körperlichen Symptomen wie Übelkeit, Erbrechen, Schlaflosigkeit oder Schwindel kommt[238]. Dies gilt (in den Grenzen der Adäquanz) auch dann, wenn es zu dem krankhaften Zustand durch eine abnorme psychische Disposition gekommen ist[239]. Näher zur Zurechnung von Schockschäden nicht unmittelbar Unfallbeteiligter Rdn. 165.

4. Sachschaden

141 a) In den Schutz der Gefährdungshaftung einbezogen sind grundsätzlich nur **Sachen außerhalb des Kraftfahrzeugs**. Für beförderte Sachen gilt sie nur unter den Voraussetzungen des § 8 a Abs. 1 Satz 2.

142 b) Nach § 7 ist zu haften für die **Beschädigung**, d. h. die nachteilige Veränderung einer Sache. Die völlige **Vernichtung** und der unwiederbringliche **Besitzverlust** sind ihr gleichzustellen[240]. Ob es sich um bewegliche oder unbewegliche Sachen handelt, ist unerheblich. Auch die verkehrsgefährdende Verunreinigung der Straßenoberfläche, z. B. durch auslaufende Betriebsstoffe oder Chemikalien, ist eine Sachbeschädigung i. S. d. § 7[241]. Auch Tiere sind Sachen im Sinne dieser Bestimmung. Sachschaden und nicht Personenschaden liegt ferner vor bei der Beschädigung eines künstlichen Glieds oder einer Zahnprothese[242].

143 c) Die bloße **Beeinträchtigung der Nutzbarkeit** ist keine Beschädigung im Sinne des § 7[243]. Insoweit unterscheidet sich der Haftungsumfang von jenem bei § 823 Abs. 1

[232] BGH VersR 1968, 648.
[233] BGH VersR 1966, 162.
[234] BGH VersR 1966, 637; 1968, 804; 1969, 802.
[235] BGH VersR 1974, 1030.
[236] BGH VersR 1986, 240, 448 m. Anm. *Dunz*; NZV 1991, 23; NJW 1991, 2347; OLG München VersR 1991, 354.
[237] *Deutsch* 25 Jahre Karlsruher Forum 95; *Bick* Haftung für psychisch verursachte Körperverletzungen, Diss. Freiburg 1970; s. a. BGHZ 56, 163; BGH NZV 1989, 309; *Deutsch/Schramm* VersR 1990, 715.
[238] BayObLG DJZ 1931, 368.
[239] BGHZ 56, 163.
[240] Für den Fall der Ausplünderung vgl. RG VAE 1939, 278.
[241] OLG Köln VersR 1983, 289; LG Köln VersR 1983, 287.
[242] RG JW 1924, 1870.
[243] Ebenso *Schirmer* DAR 1992, 17; **a. A.** *Geigel/Rixecker* Kap. 2, 9.

BGB. Während dort geschütztes Rechtsgut das Eigentum ist und dieses auch durch die Beeinträchtigung der Nutzbarkeit verletzt wird[244], knüpft § 7 an die Beschädigung einer Sache an. Hierunter läßt sich zwar noch die völlige, endgültige Besitzentziehung, nicht aber die bloße Nutzungsbeeinträchtigung subsumieren. Wird daher z. B. durch ein Unfallfahrzeug der Eingang zu einem Ladengeschäft – ohne Entstehung eines realen Schadens – blockiert, so sind hieraus erwachsende Beeinträchtigungen nicht nach § 7 (wohl aber ggfls. nach § 823 Abs. 1 BGB; vgl. § 16, 70) zu ersetzen.

d) Die **Beeinträchtigung eines Besitzrechts** an der Sache kann ebenso wie in § 823 **144**
Abs. 1 BGB eine Haftung begründen. Zwar sind anders als dort die „sonstigen Rechte" nicht als Schutzobjekte genannt, die Erstreckung der Haftung auf Besitzrechte (z. B. des Mieters, Pächters, Nießbrauchers, Leasingnehmers) folgt aber daraus, daß § 7 nicht auf das Eigentum, sondern auf die Beschädigung einer Sache abstellt. Liegt eine solche vor, so kann auch der Besitzberechtigte Ersatz eines ihm entstandenen Schadens, welcher freilich nicht Substanz-, sondern nur Nutzungs- oder Haftungsschaden sein kann, verlangen[245].

e) Ebenso zu beurteilen ist die **Beeinträchtigung eines Aneignungsrechts.** Wird daher **145**
z. B. ein jagdbares Tier durch die Kollision mit einem Kraftfahrzeug getötet, kann der Jagdberechtigte Ersatz für die Vereitelung seines Aneignungsrechts nach § 1 Abs. 1 BJagdG verlangen. Darauf, daß das Tier zum Zeitpunkt des Unfalls noch herrenlos war (§ 960 Abs. 1 BGB), kommt es nicht an, da § 7 nicht auf das Eigentum abstellt[246]. Der Wert des Aneignungsrechts ist nach § 287 ZPO zu schätzen.

VI. Der Schaden

1. Begriffsbestimmung

a) **Doppelte Bedeutung des Begriffs „Schaden".** Unter Schaden im Sinne des Haf- **146**
tungsrechts kann zweierlei verstanden werden: erstens die an dem geschützten Recht oder Rechtsgut hervorgerufene unmittelbare, reale Beeinträchtigung (z. B. der Verlust des Lebens, die Verletzung des Körpers, die Beschädigung der Sache) und zweitens die mittelbare Auswirkung dieser Beeinträchtigung auf den Vermögensbestand, d. h. die rechnerische Differenz zwischen dem jetzigen Wert des Vermögens und jenem, der ohne die Schädigung bestehen würde[247]. Wie bereits dargelegt wurde (Rdn. 9), ist Schaden im Sinne der Rechtsfolgenbestimmung des § 7 Abs. 1 der normativ zu bestimmende Nachteil im Vermögen des Verletzten. Auch der reale Schaden (im Sinne der Beschädigung eines bestimmten Rechtsguts) hat aber im Schadensersatzrecht Bedeutung, und zwar als Tatbestandsvoraussetzung der Haftungsnorm (s. o. Rdn. 6). Zwischen beiden Schadensbegriffen ist also klar zu unterscheiden: während die Beeinträchtigung eines Rechts oder Rechtsguts Voraussetzung dafür ist, daß überhaupt eine Haftung besteht („konkreter Haftungsgrund"), ist der Schaden im Sinne der Differenzrechnung nur von Bedeutung für die Bemessung des zu leistenden Schadensersatzes. Auch beweisrechtlich ist die Unterscheidung von großer Bedeutung, weil für die Feststellung der Rechtsbeeinträchtigung die strengen Voraussetzungen des § 286 ZPO, für die Bemessung des rechnerischen Schadens dagegen die Beweiserleichterungen des § 287 ZPO gelten[248].

---

244 BGHZ 55, 159; 67, 382; BGH VersR 1977, 965.

245 BGH VersR 1981, 161; OLG Kiel HRR 1938, Nr. 673.

246 A. A. *Weimar* WM 1981, 636.

247 Vgl. *Larenz* 349; *Mertens* 195 ff; *Lange* § 1 I.

248 BGHZ 4, 196; *Esser/Schmidt* § 33 VI 1 b; *Greger* 136 ff; vgl. § 16, 360 f.

147 b) **Konkreter Haftungsgrund bei § 7.** Bei der Haftung nach dem StVG wirkt nicht jede Beeinträchtigung eines Rechts oder Rechtsguts haftungsbegründend, sondern nur die Tötung eines Menschen, die Verletzung des Körpers oder der Gesundheit eines Menschen sowie die Beschädigung einer Sache. Diese Beeinträchtigungen können, soweit die übrigen haftungsbegründenden Merkmale erfüllt sind (Unfall bei dem Betrieb eines Kraftfahrzeugs), den „konkreten Haftungsgrund" für § 7 abgeben. Ob aber tatsächlich ein Schadensersatz zu leisten ist und in welcher Höhe, hängt von dem Vergleich des nach dem Unfall gegebenen Vermögensbestands mit dem hypothetischen Vermögensbestand bei Hinwegdenken des Unfalls ab.

148 Hieraus folgt, daß die **bloße Vermögensbeeinträchtigung** nicht zu einer Haftung nach § 7 führen kann; eine solche greift vielmehr nur ein, wenn die Vermögensbeeinträchtigung durch eine reale Schädigung im vorgenannten Sinne vermittelt wurde. Daher haftet der Halter eines Kraftfahrzeugs z. B. nicht, wenn durch sein Kraftfahrzeug eine Verkehrsstauung verursacht wurde und die hierdurch entstandene Verzögerung bei einem anderen Verkehrsteilnehmer zu einem Vermögensschaden geführt hat.

149 Bei **mittelbar verursachten Schäden** kann die Definition des konkreten Haftungsgrundes Schwierigkeiten bereiten. So kann z. B. zweifelhaft sein, ob die Folgeverletzung, die der Geschädigte aufgrund der beim Unfall erlittenen Erstverletzung erleidet (etwa der Sturz infolge unfallbedingter Gehbehinderung) in den Bereich der Haftungsbegründung fällt (mit der Konsequenz, daß auch für die u. U. problematische Kausalitätsfrage die Beweisanforderungen des § 286 ZPO gelten), oder ob es sich hier nicht um eine bloße Frage des Schadensumfangs handelt. Zutreffend erscheint es, die Abgrenzung in der Weise vorzunehmen, daß die Fälle, in denen es nur um vermögensrechtliche Auswirkungen der Fortentwicklung **einer** Rechtsbeeinträchtigung geht (z. B. erhöhte Heilungskosten, weil sich das beim Unfall erworbene Leiden verschlimmert), allein unter dem Gesichtspunkt der Schadensbemessung zu betrachten sind, während in den Fällen, in denen es zu einer **weiteren** Rechtsbeeinträchtigung gekommen sein soll (z. B. Sturz infolge einer früheren Verletzung), dieselbe als neuer „konkreter Haftungsgrund" anzusehen ist[249]. Beim Tod eines Unfallverletzten bildet bereits die Verletzung den Haftungsgrund, so daß für den Beweis des Kausalzusammenhangs zwischen Verletzung und Tod § 287 ZPO gilt[250]. Einzelheiten zu mittelbar verursachten Schäden in Rdn. 157 ff.

150 Dies gilt auch bei mittelbarer Schädigung **Dritter**. Solche können sich auf § 7 daher nur berufen, wenn sie infolge eines unter diese Vorschrift fallenden Unfalls einen Körper- oder Sachschaden erlitten haben. Sind sie dagegen ausschließlich in ihrem Vermögen betroffen, scheidet ein Ersatzanspruch nach § 7 aus.

151 c) **Normativer Schadensbegriff.** In Einzelfällen kann zweifelhaft sein, ob eine Beeinträchtigung des Verletzten als Vermögenseinbuße zu werten ist oder nicht. Die Frage etwa, ob der Entzug der Gebrauchsmöglichkeit einer Sache durch deren Beschädigung einen „Schaden" darstellt, läßt sich allein aufgrund natürlicher Betrachtungsweise nicht beantworten. Es ist deshalb im Prinzip allgemein anerkannt, daß bei der Abgrenzung des Schadensbegriffs auch rechtliche Wertungen zu berücksichtigen sind[251]. Wenn insoweit von einem „normativen" Schadensbegriff die Rede ist, sollte dieser allerdings nicht in einem Gegensatz zum Schadensbegriff im Sinne der Differenzhypothese gesehen wer-

---

[249] *Greger* 127; *Hainmüller* 140; *Wahrendorf* 48; *Arens* ZZP 88 (1975), 43; *Stoll* JZ 1972, 367 f und AcP 176 (1976), 193.

[250] BGH NJW 1992, 3298.

[251] BGHZ 43, 381; 50, 305 (GrS); 51, 111; 54, 47; 71, 240; 74, 231; 75, 366; *Palandt/Heinrichs* vor § 249, 13; *Honsell/Harrer* JuS 1991, 442.

den[252]. Auch für die Lehre vom normativen Schadensbegriff ist Grundlage der hypothetische Vermögensvergleich; sie beeinflußt diesen lediglich insoweit, als sie bestimmt, welche Positionen in den Vergleich einzubeziehen sind. Es handelt sich somit weniger um eine Korrektur als um eine Überformung oder Ergänzung der Differenzhypothese durch normative Wertungen[253]. Wie sich diese im konkreten Fall auswirken, ist bei den einzelnen Problemkreisen abgehandelt (vgl. z. B. zum Entzug von Gebrauchsvorteilen Schlußanh. I, 127 ff, zum Ersatz der Kosten von Maßnahmen zur Schadensvorsorge Rdn. 199, zum Ersatz fehlgeschlagener Aufwendungen Rdn. 197, zur Einbuße von Freizeit und Urlaub Schlußanh. I, 139 u. 160, zum Aufwand für die Abwicklung des Schadens Schlußanh. I, 163 ff, zum Verdienstausfall bei Lohnfortzahlung § 11, 71, zur Berücksichtigung überpflichtmäßiger Anstrengungen § 10, 100 u. § 11, 105, zum Ersatzanspruch bei Hinderung an der Haushaltsführung § 11, 145 ff).

2. Der Zurechnungszusammenhang zwischen Unfall und Schaden

a) **Haftungsbegründende und haftungsausfüllende Kausalität.** Da, wie eben ausgeführt, zwischen Vermögensschaden und schadenstiftendem Verhalten (Betrieb des Kraftfahrzeugs) als Zwischenstufe die konkrete Rechtsgutsverletzung (Unfall) eingebaut ist, ist auch der Kausalzusammenhang zwischen Verhalten und Schaden zweigeteilt zu sehen: die Ursächlichkeit des Verhaltens für den Unfall gehört zur Haftungsbegründung (daher üblicherweise als haftungsbegründende Kausalität bezeichnet), diejenige des Unfalls für die einzelne Vermögenseinbuße gehört zur Bemessung des Schadensersatzes (haftungsausfüllende Kausalität)[254]. Eine Zwitterstellung nimmt der Zurechnungszusammenhang zwischen dem Unfall und einem Folgeschaden ein: jedenfalls wenn dieser in einer neuerlichen Rechtsgutsverletzung besteht, ist er zum Haftungsgrund zu rechnen (vgl. Rdn. 149), obwohl er nach dem zur Haftungsausfüllung überleitenden (Erst)unfall liegt. Vgl. zur Problematik der Folgeschäden Rdn. 157 ff. **152**

Die Unterscheidung zwischen haftungsbegründender und haftungsausfüllender Kausalität hat insbesondere **beweisrechtliche Bedeutung**: während für erstere die Beweisanforderungen nach § 286 ZPO gelten, unterfällt letztere dem Anwendungsbereich des § 287 ZPO (vgl. hierzu Rdn. 146 u. § 16, 361). **153**

b) Das Kriterium der **Adäquanz** gilt auch (und gerade) im Bereich der haftungsausfüllenden Kausalität (vgl. hierzu Rdn. 49 ff). Schadensfolgen, die nur aufgrund eines ganz unwahrscheinlichen Geschehensablaufs durch den Unfall entstehen konnten, werden dem Schädiger daher nicht zugerechnet. Dies ist insbesondere in den Fällen mittelbarer Verursachung von Bedeutung (vgl. Rdn. 157 ff). **154**

c) Ob der **Schutzzweck der Haftungsnorm** neben der Adäquanz ein weiteres Korrektiv zur Ausscheidung billigerweise nicht zurechenbarer Schadensfolgen darstellt, ist streitig[255]. Für den Bereich der Haftungsbegründung (Zusammenhang zwischen Betrieb und Unfall) wurde oben (Rdn. 53) ausgeführt, daß sich die Beschränkung der Halter- **155**

---

[252] So aber *MünchKomm/Grunsky* vor § 249, 7 f, wonach anstelle des Vermögensvergleichs ausschließlich eine wertende Betrachtung über das Vorliegen eines Schadens entscheiden soll.

[253] *Deutsch* § 25 II 4; *Selb* KF 1964, 3; *Steffen* NJW 1995, 2057.

[254] *Palandt/Heinrichs* vor § 249, 55 f; BGHZ 4, 196; BGH NJW 1969, 1708. Zur – berechtigten – Kritik an diesem Begriff *Rosenberg/Schwab/Gottwald* § 116 II 4 b; *Gottwald* 78 ff; *Greger* 126.

[255] Bejahend z. B. *Palandt/Heinrichs* vor § 249, 62; BGHZ 27, 137 = JZ 1958, 742 m. Anm. *Boehmer*, BGHZ 57, 137 = JZ 1972, 438 m. Anm. *Lieb*; ablehnend z. B. *Larenz* § 27 III b 2; *Stoll* Kausalzusammenhang und Normzweck im Deliktsrecht (1968) 27 f.

haftung nach § 7 auf Schädigungen, die auf die spezifische Betriebsgefahr zurückgehen, bereits aus dem Haftungstatbestand ergibt. Dies läßt sich auf den Zusammenhang zwischen Unfall und Schaden, insbesondere die Frage der Zurechenbarkeit von Folgeschäden, nicht ohne weiteres übertragen. Ist es nämlich zum Unfall „bei dem Betrieb" des Kraftfahrzeugs gekommen, so hat nach dem Wortlaut von § 7 Abs. 1 der Halter dem Verletzten den „daraus entstehenden Schaden" zu ersetzen. Hieraus ergibt sich, daß die aus dem Merkmal „bei dem Betrieb" herzuleitende Haftungsbegrenzung sich nur auf das Zustandekommen der Tötung, Körperverletzung oder Sachbeschädigung bezieht, während die daraus entstehenden Schadensfolgen vermögensrechtlicher Art ohne bereits in der Haftungsnorm angelegte Begrenzungen zu ersetzen sind. Solche Begrenzungen sollten auch weder für die deliktische Haftung noch für die Gefährdungshaftung aus einem ungeschriebenen Schutzzweckgedanken hergeleitet werden. Ist ein (erster) konkreter Haftungsgrund gegeben (bei § 7 also ein zurechenbarer Unfall; vgl. Rdn. 125), so ist für alle hieraus erwachsenden adäquaten Schadensfolgen einzustehen, und zwar unabhängig davon, ob es sich bei ihnen um bloße Fortentwicklungen des Schadensumfangs oder um neue Rechtsgutsbeeinträchtigungen, beim Unfallbeteiligten oder einem Dritten, handelt.

156 Zu beachten ist aber, daß nur Folgen, die auf der Verletzung eines der in § 7 geschützten Rechtsgüter beruhen, zugerechnet werden können. Zu Recht hat BGHZ 27, 137 daher den Ersatz von **Strafverteidigerkosten** abgelehnt, die der bei einem Unfall Verletzte nach einem Freispruch mangels Beweises bezüglich seiner eigenen Unfallbeteiligung von dem Unfallgegner begehrte: allerdings nicht, wie der BGH argumentierte, weil diese Kosten außerhalb des Schutzbereichs des Gesetzes lägen, sondern weil es sich nicht um eine Folge der Verletzung des Anspruchstellers handelte (vgl. Schlußanh. I, 159).

d) **Mittelbar verursachte Schäden beim Unfallbeteiligten.** Hier sind folgende Fallgestaltungen zu unterscheiden:

157 aa) **Schadenserweiterungen.** Wie für den Bereich der Haftungsbegründung, so ist es auch für die Haftungsausfüllung – im Rahmen der Adäquanz – ohne Belang, ob Ursache und Folge unmittelbar oder nur qua Vermittlung durch ein neues Ereignis miteinander verknüpft sind (etwa ein „herausgefordertes" Verhalten des Geschädigten selbst, ein „begünstigtes" Tätigwerden eines Dritten; Einzelheiten vgl. Rdn. 63 ff.

158 Dem Unfall zuzurechnen sind daher z. B. auch
- die durch unsachgemäße Hilfeleistung Dritter am Unfallort hervorgerufene Verschlimmerung der Verletzungen;
- der durch die Unfallverletzung bedingte Selbstmord des Verletzten[256] (bei grobem Mißverhältnis zwischen dieser Reaktion und dem erlittenen Schaden wird die Bedingtheit allerdings zu verneinen sein);
- ein Schlaganfall, den der Geschädigte dadurch erleidet, daß eine durch den Unfall hervorgerufene Erregung, die ihrerseits bereits den Grad einer (psychischen) Gesundheitsverletzung erreicht, durch das Verhalten des Schädigers bei der Unfallaufnahme infolge Bluthochdrucks zu einer Gehirnblutung führt[257];
- die Folgen unrichtiger ärztlicher Behandlung des Verletzten, außer bei besonders grobem Kunstfehler des Arztes[258];

---

[256] Vgl. RG VAE 1937, 182; BGH NJW 1958, 1579.

[257] Anders BGHZ 107, 359 = JZ 1989, 1069 m. Anm. *v. Bar* = JR 1990, 112 m. Anm. *Dunz*, wo allerdings nach der etwas unklaren Begründung der Gesundheitsschaden „erst eigentlich" durch die Vorkommnisse nach dem Unfall ausgelöst worden ist (näher hierzu Rdn. 54).

[258] RGZ 102, 230; 140, 9; RG JW 1937, 990; BGH NJW 1963, 1672; 1965, 1177; OLG Celle VM 1957, 71; OLG Hamm VersR 1996, 585 (auch zur Frage des Innenausgleichs).

- die Erblindung des Verletzten, wenn bei ihm durch eine Kopfverletzung eine schizophrene Psychose ausgelöst wurde und er sich in diesem Zustand die Augen verletzt hat[259];
- die Verschlimmerung des unfallbedingten Nervenleidens durch die Erregung über den hartnäkkigen Widerstand des Ersatzpflichtigen gegen die begründeten Schadensersatzforderungen (anders, wenn die lange Dauer des Verfahrens vom Verletzten selbst durch seine maßlosen Forderungen verursacht war)[260];
- die Verletzung bei einem Sturz, der auf die unfallbedingte Beinamputation zurückzuführen ist[261];
- Verletzungen, die der Geschädigte bei einem zweiten Unfall nur deshalb erleidet, weil die Primärverletzungen noch nicht voll verheilt waren[262];
- der Tod des Verletzten durch Artilleriebeschuß, weil er infolge der unfallbedingten Beinamputation den Bunker nicht schnell genug erreichte[263].

Nicht zuzurechnen ist dagegen z. B. **159**

- der Tod des Verletzten, wenn er durch eine nicht unfallbedingte Operation verursacht wurde, die gelegentlich der Behandlung der Unfallverletzung durchgeführt wurde[264];
- der Tod des Verletzten infolge einer Grippeinfektion in der Klinik[265];
- der Vermögensnachteil, den der Geschädigte dadurch erleidet, daß er bei einem Unfall mit dem Ersatzwagen infolge falscher Beratung durch den Autovermieter geringere Leistungen aus der Unfallversicherung erhält als er bei einem Unfall mit dem eigenen Wagen erhalten hätte[266];
- die Sturzverletzung, die sich der vom Unfall selbst nicht körperlich betroffene Eigentümer des beschädigten Fahrzeugs bei der Schadensbesichtigung zuzieht[267].

bb) Folge- und Zweitunfälle. Ein **Folgeunfall**, den der Geschädigte deswegen erleidet, weil er nach dem Erstunfall zur Ermittlung des sich entfernenden Gegners aussteigt und aus Schrecken und Zeitdruck unaufmerksam die Fahrbahn überquert, ist auch dem Verursacher des Erstunfalls zuzurechnen[268]. Ebenso ist es zu beurteilen, wenn ein Fußgänger infolge des bei einem Unfall erlittenen Schocks nach 10 Minuten in ein anderes Kraftfahrzeug rennt, während eine Zurechnung dann nicht stattfindet, wenn dieses Verhalten nicht auf einem Schock, sondern auf Trunkenheit beruht[269]. Auch ein Sturz, den der Geschädigte beim Einholen des Warndreiecks nach der Unfallaufnahme erleidet, ist dem Unfallverantwortlichen zuzurechnen[270]. **160**

Zurechenbar ist ein **Zweitunfall**, den der Verletzte beim Transport ins Krankenhaus erleidet, weil der Rettungswagen wegen hoher Geschwindigkeit und Ausübung seiner Sonderrechte besonderen Gefahren ausgesetzt ist, nicht aber der Unfall, der ihm beim Heimweg vom Krankenhaus zustößt. Der Gesichtspunkt der Gefahrerhöhung ist entscheidend auch bei Unfällen, die in einem inneren Zusammenhang mit der Reparatur des Unfallfahrzeugs stehen. Daher sind z. B. Unfälle, die bei der abschließenden Testfahrt infolge eines übersehenen Defekts geschehen, in den Grenzen der Adäquanz zurechenbar, nicht aber ein Unfall, den der Überbringer des reparierten Fahrzeugs bei einer unerlaubten „Spritztour" verursacht[271]. **161**

Zur Anrechnung von Mitverschulden und Betriebsgefahr hinsichtlich des Zweitunfalls s. § 9, 4 f. **162**

---

259 BGH VersR 1969, 160.
260 RG LuK 1926, 110.
261 RGZ 119, 204, BGH VersR 1971, 443; vgl. auch österr. OGH ZVR 1989, 223 (Knieverletzung).
262 OLG Hamm NZV 1995, 282: Refraktur des Unterschenkels.
263 **A. A.** BGH NJW 1952, 1010; wie hier *U. Huber* JZ 1969, 682; *Kramer* JZ 1976, 344.
264 BGHZ 25, 86; BGH VersR 1968, 773; OLG Düsseldorf DAR 1991, 147.
265 **A. A.** RGZ 105, 264.
266 OLG Frankfurt NZV 1995, 354.
267 LG Aachen VersR 1985, 1097 LS.
268 BGH VersR 1977, 430.
269 BGH VersR 1970, 61.
270 LG Konstanz NJW-RR 1990, 43.
271 OLG Düsseldorf NZV 1995, 20.

163 cc) **Rechtswidrige Eingriffe.** Auch **rechtswidriges Verhalten**, zu dem sich Dritte aufgrund der durch den Unfall geschaffenen Lage verleiten lassen, steht in kausalem Zusammenhang mit dem Betrieb des Kraftfahrzeugs. Der Halter haftet daher z. B. wenn Teile der Ladung aus einem nach Verkehrsunfall ungesichert liegengebliebenen Lkw entwendet werden[272] oder wenn Tiere gestohlen werden, die nach der unfallbedingten Schädigung des Weidezauns entlaufen sind[273].

164 e) **Mittelbar verursachte Schäden bei Dritten.** Der Kraftfahrzeughalter haftet nach § 7 auch für Schäden, die infolge des Unfalls – in adäquater Weise – bei unbeteiligten Personen entstanden sind. Voraussetzung ist allerdings, daß der Dritte nicht nur in seinem Vermögen, sondern in einem der in § 7 genannten Schutzgüter betroffen ist (vgl. Rdn. 129). Dagegen braucht seine Schädigung nicht die Merkmale eines Unfalls im Sinne obiger Begriffsbestimmung (Rdn. 127) zu erfüllen; sie muß lediglich von einem solchen ausgehen. Unerheblich ist auch, ob die Schädigung dem Schutzzweck des § 7 zuzurechnen ist[274]: diese Frage ist lediglich für den Erstunfall von Belang. Die Zurechnung mittelbar verursachter Schäden bei Dritten ist folglich im Prinzip nicht anders abzugrenzen als die von Folgeschäden beim Unfallbeteiligten (Rdn. 157 ff.); zusätzlich erforderlich ist lediglich die – beweisrechtlich zum konkreten Haftungsgrund zu rechnende – eigene Rechtsgutverletzung beim Dritten. Sie liegt z. B. vor, wenn bei einem Unfall ein Schaltkasten zerstört wird und es infolge einer von den Stadtwerken fehlerhaft durchgeführten Notreparatur zu Störungen bei der Stromversorgung einer Gärtnerei und dadurch zu Schäden an Geräten und Pflanzen kommt[275].

165 Bejaht wurde die Zurechnung von der Rechtsprechung insbesondere bei den sog. **Schockschäden**, d. h. wenn ein naher Angehöriger eines schwer Verunglückten eine gesundheitliche (nervliche) Schädigung erleidet, weil er den Unfall mitansehen muß[276] oder durch die Nachricht von dem Unfall erschüttert wird[277]. Die ursprüngliche Beschränkung dieser Rechtsprechung auf tödliche Unfälle hat der BGH[278] zu Recht aufgegeben; die Nachricht von einem Unfall mit schweren Verletzungsfolgen ist in gleichem Maße geeignet, einen nahen Angehörigen erheblich zu schockieren. Für den Fall des unmittelbaren Miterlebens eines Unfalls sollte auch die Beschränkung auf nahe Angehörige aufgegeben werden, denn auch völlig fremde Personen können durch das Miterleben eines besonders schockierenden Unfalls einen Gesundheitsschaden erleiden[279]. Stets erforderlich ist es, daß es sich um eine echte Gesundheitsschädigung handelt (vgl. Rdn. 139 f); Beeinträchtigungen ohne Krankheitswert, wie sie nahe Angehörige erfahrungsgemäß bei Todesnachrichten erleiden, reichen nicht aus[280]. Bei der psychischen Beeinträchtigung einer Schwangeren, die zur Schädigung des Ungeborenen führt, kommt es nicht auf den Grad ihrer persönlichen Beeinträchtigung an, sondern darauf, ob der Gesundheitsschaden, der das Ungeborene getroffen hat, den Rahmen dessen übersteigt, was ein Kind im Mutterleib durch die Teilnahme am Lebensschicksal und

---

272 BGHZ 58, 166.

273 BGH NJW 1979, 712.

274 A. A. BGHZ 58, 167; OLG Hamburg NJW 1991, 849.

275 Vgl. OLG Hamburg NJW 1991, 849.

276 RG JW 1934, 2974; RG VAE 1938, 148; OLG München NJW 1959, 819 m. Anm. *Scherbauer*; LG Frankfurt NJW 1969, 2286.

277 RGZ 133, 271; BGHZ 56, 163; BGH NJW 1985, 1390 m. Anm. *Deubner* = MedR 1985, 275 m. Anm. *Dunz*; OLG Köln JW 1931, 1502.

278 NJW 1985, 1390 m. Anm. *Deubner* = MedR 1985, 275 m. Anm. *Dunz*.

279 *MünchKomm/Grunsky* vor § 249, 54 a; a. A. *Dunz* VersR 1986, 449; offengelassen von BGH VersR 1986, 242.

280 BGHZ 56, 163; BGH VersR 1984, 439; OLG Frankfurt NZV 1991, 270.

der jeweiligen Befindlichkeit der Mutter erleidet[281]. War der Unfallbeteiligte nur geringfügig verletzt worden, so liegt kein adäquater Kausalzusammenhang zwischen dem Unfall und dem Tod eines nahen Angehörigen vor, der sich über die Körperverletzung unnötig und unvorhersehbar erregt hat[282].

Spendet eine Mutter zur Rettung ihres verletzten Kindes eine Niere, so hat sie einen eigenen Schadensersatzanspruch gegen den Verletzten[283], denn ihr Opfer wurde durch die Verletzung des Kindes „herausgefordert" (vgl. Rdn. 71). Dagegen ist eine Zurechnung zu verneinen, wenn sich die Alkoholabhängigkeit einer Frau nach dem Unfalltod ihres Ehemannes nur deshalb verschlimmert, weil dieser nicht mehr stabilisierend auf sie einwirken kann[284]. **166**

Bei **Beschädigung von Anliegergrundstücken** (Gehweg, Radweg, Grünstreifen, Vorgarten o. ä.) durch Fahrzeuge, die durch den Unfall an der Durchfahrt gehindert werden und die Unfallstelle unter Benützung angrenzender Flächen umfahren, ist die Zurechnung ebenfalls zu bejahen. Der BGH lehnt sie allerdings unter Berufung auf eine „wertende Betrachtung", derzufolge diese Schäden nicht vom Schutzzweck des § 7 und des § 823 BGB umfaßt seien, ab[285]. **Straßenschäden,** die der zur Bergung eines Unfallfahrzeugs eingesetzte Kranwagen hervorruft, sind in gleicher Weise zuzurechnen[286]. **167**

Die Schädigung eines **Unfallhelfers** oder Hilfswilligen aus Anlaß seiner (beabsichtigten) Hilfeleistung (z. B. er verletzt sich beim Hinzueilen oder beim Bergen von Unfallopfern, seine Kleidung wird verschmutzt) ist dem für den Unfall Haftpflichtigen zuzurechnen[287]. Ob die Hilfeleistung erfolgreich oder auch nur erfolgversprechend war, ist ohne Belang; für völlig sinnlose Überreaktionen, mit denen vernünftigerweise nicht gerechnet werden kann, ist allerdings mangels Adäquanz nicht einzustehen. **168**

Ebenso besteht keine Zurechenbarkeit, wenn der Schaden nur zufällig **bei Gelegenheit** der Hilfeleistung eintritt, also nicht auf einem durch diese gesteigerten Risiko beruht[288]. Springt eine Mutter aus dem im Hochpaterre gelegenen Küchenfenster, weil sie beobachtet, wie ihr spielendes Kind von einem rückwärts fahrenden Pkw mitgeschleift wird, ist die beim Sprung erlittene Verletzung aber zurechenbar[289]. **169**

Entsteht durch das Eingreifen des Helfers einem **Unbeteiligten** ein Schaden (z. B. der Helfer nimmt Decken von einer Wäscheleine, um Flammen zu ersticken), so umfaßt die Haftpflicht auch diesen. Auch der Schaden, der dadurch entsteht, daß ein Rettungshubschrauber Weidetiere in Panik versetzt, ist daher dem Unfallverursacher zuzurechnen[290]. **170**

Ein **Mißverhältnis** zwischen dem ursprünglichen und dem durch die Hilfeleistung hervorgerufenen Schaden tangiert die Ersatzpflicht nur dann, wenn es voraussehbar und die Hilfeleistung damit unsinnig und inadäquat war. Zur Verantwortlichkeit für einen Zweitunfall aus Anlaß der Rettung vgl. Rdn. 73, zur Haftung bei Verfolgung von Unfallflüchtigen Rdn. 71 f. **171**

Folgeunfälle, die sich wegen des Erstunfalls ereignen, sind – abgesehen von ganz außergewöhnlichen Abläufen – dem die Kettenreaktion Auslösenden zuzurechnen. **172**

---

281 RGZ 133, 271; BGHZ 56, 163; BGH NJW 1985, 1390 m. Anm. *Deubner* = MedR 1985, 275 m. Anm. *Dunz*; OLG Köln JW 1931, 1502.

282 OLG Dresden VAE 1942, 51.

283 BGH VersR 1987, 1040 = JZ 1988, 152 m. Anm. *Stoll* = JR 1988, 199 m. Anm. *Giesen*; OLG Schleswig VersR 1987, 915.

284 BGH VersR 1984, 439; krit. hierzu *Grunsky* JZ 1986, 172.

285 BGHZ 58, 162; ihm folgend *Larenz* § 27 III b 5, *Esser/Schmidt* § 33 II 2 b; wie hier OLG Bremen VersR 1970, 424; LG Düsseldorf NJW 1955, 1031; *Palandt/Heinrichs* vor § 249, 76; *MünchKomm/Grunsky* vor § 249, 58.

286 LG Oldenburg NZV 1993, 156.

287 RGZ 50, 223, 164, 125; OLG Stuttgart NJW 1965, 112; OLG Karlsruhe VersR 1991, 353.

288 OLG Köln NJW-RR 1990, 669: Stolpern auf dem Weg zur Notrufsäule.

289 OLGR München 1993, 243.

290 A. A. LG Hannover VersR 1986, 48.

Dies gilt z. B. für Kollisionen mit verunglückten Fahrzeugen[291], für Auffahrunfälle im unfallbedingten Stau, für Unfälle durch Ausweichen vor einem wegen unfallbedingter Straßensperre anhaltenden Fahrzeug[292] oder wenn durch den Erstunfall ein Weidezaun beschädigt wurde und durch entlaufende Tiere weiterer Schaden entsteht[293].

173 f) **Selbständige Weiterentwicklung von Unfallfolgen.** Für die selbständig, d. h. nicht durch Vermittlung eines neuen Ereignisses hervorgerufene Erweiterung des Schadensumfangs ist die Zurechnung, in den Grenzen der Adäquanz, zu bejahen. Dies gilt z. B., wenn eine Augenverletzung allmählich zur Erblindung führt, wenn ein durch Nervenverletzung gelähmtes Bein atrophisch wird oder ein Gelenk mangels Benutzbarkeit versteift. Auch für die Folgen einer den Verletzten wegen der Verletzung befallenden Infektionskrankheit (z. B. Grasbrand, Wundstarrkrampf, Wundrose) hat der Ersatzpflichtige einzustehen[294], ebenso für eine sich aus den Unfallfolgen entwickelnde Drogenabhängigkeit[295].

174 Führen die Unfallverletzungen zu einer **Neurose**, so sind auch deren Auswirkungen dem Unfallhaftpflichtigen zuzurechnen, soweit sie nicht auf einer unangemessenen Erlebnisverarbeitung beruhen[296]. Daß sich die Neurose nur infolge einer besonderen seelischen Labilität entwickelt hat, schließt den Ersatzanspruch nicht aus[297]. Dagegen kann bei einer sog. Konversionsneurose (bei der das Unfallgeschehen unbewußt zum Anlaß genommen wird, latente innere Konflikte zu kompensieren), eine die Zurechnung ausschließende „unangemessene Fehlverarbeitung" jedenfalls dann bejaht werden, wenn der Unfall nur zufälliger, auswechselbarer Anlaß war, sich letztlich also nur das allgemeine Lebensrisiko verwirklicht hat[298].

175 Für die sog. **Begehrensneurose** (Rentenneurose), d. h. die Neurose, die durch die Aussicht auf Entschädigung und Rentenzahlung hervorgerufen wird, ist nach der Rechtsprechung des BGH unabhängig davon, ob dem Geschädigten eine Überwindung seiner Fehlhaltung möglich wäre, kein Ersatz zu leisten, weil es dem Sinn des Schadensersatzanspruchs widerspräche, wenn gerade durch die Tatsache seines Bestehens die Wiedereinführung in den sozialen Lebens- und Pflichtenkreis erschwert oder gar unmöglich gemacht würde[299]. Demgegenüber vertritt *Stürner*[300] mit beachtlichen Gründen die Ansicht, daß Schadensersatz zu leisten ist, wenn eine Rehabilitation fehlgeschlagen ist und kein Fall einer Schadensanlage (Rdn. 193) vorliegt.

176 Zuzurechnen ist auch eine **Drogensucht**, die sich aus den schwerwiegenden Dauerfolgen einer Unfallverletzung entwickelt[301].

177 Auch für den **Beweis der Unfallbedingtheit** eines Folge- oder Dauerschadens gilt § 287 ZPO (s. § 16, 360 f).

178 g) **Schadensbegünstigende Konstitution.** Auch wenn es zu einer bestimmten Schadensfolge oder zu dem gegebenen Ausmaß des Schadens nur dadurch kommen konnte,

---

291 BGH VersR 1975, 1026.

292 Zu eng OLG Karlsruhe NZV 1991, 269.

293 BGH NJW 1979, 712; OLG Celle VersR 1965, 903.

294 RG DAR 1931, 281.

295 Österr. OGH ZVR 1995, 181.

296 BGH VersR 1963, 261; 1968, 396; 1970, 272; aus medizinischer Sicht *Dahlmann* DAR 1992, 325; zu psychischen Veränderungen nach HWS-Verletzung OLGR Hamm 1995, 210.

297 BGH VersR 1986, 241; NZV 1993, 225; 1996, 353; vgl. auch Rdn. 180.

298 BGH VersR 1986, 242, 448 m. Anm. *Dunz*; NZV 1993, 225. OLG Hamm ZfS 1996, 51. Zur Problematik bei HWS-Schleudertraumata *Ritter* DAR 1992, 47.

299 BGHZ 20, 142; BGH NJW 1965, 2293; VersR 1968, 373; 1968, 396; 1979, 719; ähnlich *Lange* § 3 XI 2 c.

300 JZ 1984, 416.

301 Österr. OGH ZVR 1995, 181.

daß der Unfall eine besonders disponierte Person oder Sache betroffen hat, ist die Zurechnung – in den Grenzen der Adäquanz – zu bejahen[302]. Der Kraftfahrzeughalter, der das haftungsbegründende Risiko geschaffen hat, kann sich nicht mit dem Hinweis auf die besondere Konstitution des verletzten Rechtsguts entlasten. Er hat es auch sonst so zu nehmen wie es ist, also z. B. je nach dem Wert der Sache oder dem Einkommen des Verletzten mehr oder weniger Schadensersatz zu leisten.

Die Haftung erstreckt sich daher z. B. 179

- auf die Minderung der Erwerbsfähigkeit, die sich daraus ergibt, daß der Verletzte infolge eines bereits vorhandenen – bis dahin die Erwerbsfähigkeit nicht beeinträchtigenden – Leidens die unmittelbaren Unfallfolgen nicht auszugleichen vermag[303];
- auf die Dauerfolgen eines Verrenkungsbruchs, die nur wegen einer früheren Beinverletzung aufgetreten sind[304];
- auf die Auswirkungen einer beim Unfall erlittenen Gehirnerschütterung, wenn diese außergewöhnlich schwer sind, weil der Verletzte früher einmal einen Schädelbruch erlitten hatte[305];
- auf die Erwerbsunfähigkeit, die darauf zurückzuführen ist, daß sich eine (bei älteren Menschen häufig vorhandene) geringfügige Arteriosklerose, die bis dahin keine Behinderung im Erwerbsleben darstellte, durch die unfallbedingte Bettruhe und Verabreichung schmerzlindernder Medikamente so verschlimmert, daß schwere Ausfallserscheinungen (Hirnleistungsschwäche) die Folge sind[306].

Für Auswirkungen **psychischer Konstitutionsmängel** gilt Vorstehendes in gleicher Weise[307]. Zuzurechnen sind daher auch Verletzungsfolgen, die auf abnormer Erlebnisverarbeitung beruhen. Die Grenze der Zurechnung wird auch hier durch das Merkmal der Adäquanz gezogen[308]. Zum Problem der Begehrensneurose vgl. Rdn. 175. 180

3. Art und Umfang des Schadensersatzes

Hinweis: An dieser Stelle werden lediglich einige Grundsätze für die Schadensersatzleistung dargestellt; wegen Einzelheiten zu bestimmten Schadensposten vgl. Schlußanh. I (Sachschäden) und die Kommentierung zu §§ 10 und 11 (Personenschäden).

a) **Naturalrestitution.** Nach § 249 BGB ist Schadensersatz grundsätzlich durch Naturalrestitution zu leisten, d. h. es ist der Zustand herzustellen, der ohne das schädigende Ereignis bestehen würde. Das Gesetz geht hierbei (in Satz 1) von der Wiederherstellung in natura als Regelfall aus. Es ist jedoch anerkannt, daß bei Beschädigung vertretbarer, insbesondere fabrikneuer Sachen auch die Beschaffung einer entsprechenden Ersatzsache als Naturalrestitution anzusehen ist[309], und der BGH rechnet sogar die „Wiederbeschaffung“ von Gebrauchtfahrzeugen hierher[310]. 181

Nach § 249 Satz 1 BGB ist die Wiederherstellung Sache des Schädigers. Satz 2 begründet jedoch eine **Ersetzungsbefugnis des Gläubigers**: er kann bei den – hier allein interessierenden – Personen- und Sachschäden statt der Naturalherstellung den dazu 182

---

302 RGZ 155, 41; 159, 260; 169, 120; BGHZ 20, 139; 56, 165; BGH VersR 1959, 811; 1962, 351; 1966, 737; NJW 1974, 1510; OLG Celle VersR 1981, 1057 m. Anm. *Schulze*.

303 BGH VersR 1959, 811; 1966, 737.

304 BGH VersR 1964, 49.

305 BGH VersR 1969, 802.

306 BGH VersR 1969, 802.

307 RGZ 75, 19; BGH VersR 1968, 396; 1983, 750 LS; NZV 1996, 353; OLG Frankfurt JZ 1982, 201 m. Anm. *Stoll*; *Lange* § 3 XI 1 a; a. A. *Stoll* Gutachten zum 45. DJT (1964) 20.

308 Vgl. zu einem Fall ganz außergewöhnlicher Schadensanlagen OLGR Frankfurt 1994, 242, wo allerdings mit dem Schutzzweck argumentiert wird.

309 Vgl. *Lange* § 5 II 1.

310 BGH VersR 1972, 1025; BGH NZV 1992, 67 m. Anm. *Lipp*; kritisch *Lange* § 5 II 1. Zu den bedenklichen Konsequenzen *Lipp* NZV 1992, 71.

erforderlichen Geldbetrag verlangen, die Herstellung also, statt sie dem Ersatzpflichtigen zu überlassen, selbst in die Hand nehmen. Er ist nach h. M. grundsätzlich aber nicht zur Herstellung verpflichtet, kann den hierzu erforderlichen Betrag vielmehr auch anderweitig verwenden (vgl. Rdn. 203). Geldersatz kann er ferner verlangen nach Ablauf der zur Naturalherstellung gesetzten Frist (§ 250 BGB).

183 An die Wahl des Geldersatzanspruchs nach § 249 Satz 2 BGB ist der Geschädigte **gebunden**, d. h. er kann nicht mehr auf die Wiederherstellung durch den Schädiger zurückgreifen[311]. Hat er vom Schädiger Wiederherstellung verlangt, so kann er jedenfalls dann nicht mehr zum Geldersatzanspruch übergehen, wenn der Ersatzpflichtige bereits Dispositionen zur Herstellung getroffen hat[312].

184 Ein **gesetzlicher Forderungsübergang** erfaßt den Restitutionsanspruch im ganzen, so daß nicht etwa die Ersetzungsbefugnis beim Geschädigten verbleibt[313]. Ebenso erfaßt die **Rechtskraft** eines den Anspruch nach § 249 Satz 2 BGB abweisenden Urteils auch den Anspruch nach Satz 2, es sei denn die Abweisung gründe sich gerade auf die Form der Naturalherstellung[314].

185 b) **Kompensation.** Ausnahmsweise kann der Geschädigte nicht Wiederherstellung, sondern nur eine Entschädigung für die in seinem Vermögen entstandene Wertdifferenz verlangen, wenn einer der in § 251 BGB geregelten Fälle vorliegt:

186 aa) **Unmöglichkeit der Naturalherstellung** (§ 251 Abs. 1 1. Alt. BGB). Es ist gleich, ob sie auf rechtlichen oder tatsächlichen Gründen beruht, ob sie von Anfang an bestand oder erst nachträglich eingetreten ist und ob sie vom Schädiger zu vertreten ist (bei Herbeiführung durch den Geschädigten kommt allerdings u. U. § 254 Abs. 2 BGB in Betracht)[315]. Sie ist z. B. gegeben bei reinen Vermögensschäden (Verdienstausfall) und bei Zerstörung einer nicht vertretbaren Sache, z. B. eines einmaligen Bastlerstücks[316].

187 Auch **subjektive Unmöglichkeit** (Unvermögen zur Wiederherstellung) kann zum Anspruch nach § 251 Abs. 1 BGB führen, doch kann der Geschädigte hier auch nach § 249 Satz 2 BGB vorgehen[317].

188 bb) **Unzulänglichkeit der Naturalherstellung** (§ 251 Abs. 1 2. Alt. BGB) ist insbesondere gegeben bei Unzumutbarkeit der Reparatur, z. B. wegen des erheblichen Ausmaßes der Schäden (vgl. Schlußanh. I, 32 ff) oder zu langer Dauer[318].

189 cc) Wenn die Herstellung nur mit **unverhältnismäßigen Aufwendungen** möglich ist, kann der Ersatzpflichtige den Geschädigten wahlweise in Geld entschädigen (§ 251 Abs. 2 BGB). Unverhältnismäßig sind Aufwendungen dann, wenn sie unter Berücksichtigung berechtigter Belange des Gläubigers in keinem vernünftigen Verhältnis zum Herstellungserfolg stehen[319]. Bei dieser Abwägung können auch immaterielle Interessen des Geschädigten zu Buche schlagen[320]. Lehnt der Ersatzpflichtige den Herstellungsanspruch (berechtigt) ab, so kann der Geschädigte nur noch die Entschädigung, nicht etwa die Wiederherstellungskosten bis zur Grenze der Verhältnismäßigkeit beanspruchen[321].

---

[311] BGHZ 121, 26; 66, 246; RG JW 1937, 1145; OLG Stuttgart VersR 1978, 189; **a. A.** *Lange* § 5 IV 4; *MünchKomm/Grunsky* § 249, 13.

[312] OLG Düsseldorf ZfS 1995, 456.

[313] BGHZ 5, 110; *Lange* § 5 IV 3.

[314] *Lange* § 5 IV 3; *MünchKomm/Grunsky* § 249, 13.

[315] *Lange* § 5 VI 1.

[316] BGHZ 92, 85 = JZ 1985, 39 m. Anm. *Medicus*.

[317] *Lange* § 5 VI 1.

[318] *Lange* § 5 VI 2.

[319] *Lange* § 5 VII 1.

[320] *MünchKomm/Grunsky* § 249, 11.

[321] BGH NJW 1972, 1800; *Lange* § 5 VII 3.

c) **Immaterieller Schaden,** d. h. ein Schaden, der seinem Wesen nach nicht in Geld zu messen ist[322], berechtigt nach § 253 BGB nur in den durch Gesetz bestimmten Fällen zu Geldersatz. Der praktisch bedeutsamste Fall dieser Art ist das sog. Schmerzensgeld nach § 847 BGB. Da diese Vorschrift nur für die Haftung aus unerlaubter Handlung gilt, gibt es bei der Haftung nach dem StVG keinen Anspruch auf Schmerzensgeld (vgl. § 16, 20). **190**

Auch das sog. **Affektionsinteresse** (d. h. ein besonderer Liebhaber- oder Erinnerungswert der Sache für den Geschädigten) ist als immaterieller Schaden nach § 253 BGB nicht zu ersetzen. Wo aber die Grenze zum erstattungsfähigen Vermögensschaden liegt, kann im Einzelfall, z. B. bei der Beeinträchtigung von Annehmlichkeiten, Genüssen oder der Gebrauchsmöglichkeit einer Sache, fraglich sein (vgl. Schlußanh. I, 127, 139). Auch bei der Beurteilung der Verhältnismäßigkeit von Wiederherstellungskosten können immaterielle Werte eine Rolle spielen[323], so z. B. bei Verletzung eines Tieres (vgl. Schlußanh. I, 46). **191**

d) **Überholende Kausalität.** Wäre derselbe Schaden, der durch den Unfall entstanden ist, durch ein späteres Ereignis ebenfalls verursacht worden, so berührt dies die Ersatzpflicht dem Grunde nach nicht (vgl. Rdn. 61). Es kann sich aber auf die Bemessung solcher Ersatzleistungen auswirken, bei denen der Zeitfaktor eine Rolle spielt, wie bei Erwerbsminderungen, entgangenen Gebrauchsvorteilen, Rentenzahlungen usw.[324] Für den unmittelbaren Schaden an dem betroffenen Rechtsgut bleibt der Schädiger ersatzpflichtig[325] (zum Ausnahmefall der sog. Schadensanlagen s. Rdn. 193). Es würde eine unangemessene Begünstigung des Schädigers und Benachteiligung des Geschädigten darstellen, wenn die Einstandspflicht für den tatsächlich entstandenen Schaden durch das spätere Ereignis wieder entfiele. Ist also z. B. das bei einem Verkehrsunfall beschädigte und teilweise unbenutzbar gewordene Haus wenige Tage später durch eine (nicht unfallkausale) Explosion vollends zerstört worden, so haftet der Halter des Unfallfahrzeugs gleichwohl für den von ihm angerichteten Gebäudeschaden, für etwaige Mietausfälle aber nur bis zum Zeitpunkt der Explosion. **192**

e) **Schadensanlagen.** Wäre der durch den Unfall verursachte Schadenserfolg aufgrund eines bereits im Unfallzeitpunkt in dem betroffenen Rechtsgut angelegten Umstandes auch ohne den Unfall alsbald eingetreten, so ist dies bei der Schadensbemessung zu berücksichtigen[326]. War also der überfahrene Hund ohnehin kurz vor dem Verenden, die zum Einsturz gebrachte Mauer bereits baufällig oder der beschädigte Pkw schon vorher schrottreif, so ist der Ersatzanspruch des Geschädigten entsprechend geringer oder gänzlich ausgeschlossen. Dies folgt aus dem nach der Differenzhypothese anzustellenden Vermögensvergleich, in den das bereits mit einer Schadensanlage versehene Rechtsgut mit einem entsprechend verringerten Wert eingeht. **193**

Bei Körper- und Gesundheitsverletzungen ist eine solche Betrachtungsweise nicht möglich. Trug der Verletzte bereits die Anlage einer künftigen Krankheit in sich, die dann infolge des Unfalls lediglich früher ausbrach, so sind ihm gleichwohl die Heilbe- **194**

---

322 *Lange* § 2 I.

323 *Grunsky* 25 Jahre KF 101.

324 BGHZ 10, 6; 29, 215; 125, 56; *Larenz* § 30 I; *Deutsch* § 12 III 5; *Palandt/Heinrichs* vor § 249, 103.

325 BGHZ 29, 215; 125, 56; BGH VersR 1969, 803; *Larenz* § 30 I; *Deutsch* § 12 III 5; *Palandt/Heinrichs* vor § 249, 102, 104; a. A. *MünchKomm/Grunsky* vor § 249, 81 ff; *Esser/Schmidt* § 33 IV 1.

326 RGZ 129, 321; 156, 191; 169, 120; BGHZ 20, 280; 29, 215; *Larenz* § 30 I; *Esser/Schmidt* § 33 IV 2.

handlungskosten und sonstigen Einbußen bis zu dem Zeitpunkt zu ersetzen, zu dem die Krankheit ohnehin ausgebrochen wäre[327].

195 Zu beachten ist, daß sich die Frage der Berücksichtigung von Schadensanlagen – wie die der überholenden Kausalität – nur im Rahmen der Schadensbemessung, nicht bei der Haftungsbegründung stellt. In den vorstehend angeführten Fällen steht die Haftung dem Grunde nach also außer Frage. Auch für die Schadensbemessung kann die Schadensanlage nur Wirkung entfalten, wenn feststeht, daß sie nach aller Erfahrung den nämlichen Erfolg wie der Unfall herbeigeführt hätte; die bloße Möglichkeit genügt nicht[328].

196 Von den Fällen der Schadensanlage (dadurch gekennzeichnet, daß die Schadensfolge später ohnehin eingetreten wäre) sind die Fälle der **schadensbegünstigenden Konstitution** zu unterscheiden, in denen es zu einer Schadensfolge oder zu einer Erhöhung des Schadensumfangs nur deshalb kommt, weil der Unfall eine besonders veranlagte Person oder eine besonders beschaffene Sache betroffen hat. Hier geht es nicht um die Bewertung des beeinträchtigten Rechtsguts, sondern um die Frage, ob Schadensfolgen, zu denen es nur aufgrund einer diese begünstigenden Konstitution der unfallbetroffenen Person oder Sache kommen konnte, dem Schädiger zugerechnet werden können. Diese Frage ist, nach Maßgabe der durch das Adäquanzerfordernis gezogenen Grenzen, zu bejahen (vgl. Rdn. 178). Im Einzelfall können freilich auch beide Gesichtspunkte zusammentreffen[329].

197 f) **Nutzlos gewordene Aufwendungen** sind nach der sog. Frustrationslehre[330] als Schaden anzusehen und zu ersetzen, d. h. solche Ausgaben, die der Geschädigte vor dem Schadensfall getätigt oder für die er den Rechtsgrund vor dem Schadensfall gesetzt hat, die sich dann aber infolge des Schadensfalls als nutzlos erweisen, wie z. B. Vorhaltekosten für das beschädigte Fahrzeug; Vorbereitungen für eine vereitelte Reise; Eintrittskosten für einen vereitelten Theaterbesuch; der Lohn für den infolge Beschädigung einer Maschine beschäftigungslosen Arbeiter. Diese Lehre ist – mit der Rechtsprechung – abzulehnen[331]. Da die Aufwendungen nicht durch den Unfall bedingt sind, können sie schon mangels Kausalität nicht als Vermögensfolgeschaden definiert werden. Als ein solcher sind allenfalls die mit den Aufwendungen erkauften und infolge des Unfalls verlorenen Äquivalente anzusehen[332], also z. B. die Möglichkeit der Nutzung des Kraftfahrzeugs, die Leistung des Reiseveranstalters, die Berechtigung zum Besuch der Vorstellung, die Möglichkeit zur Gewinnerzielung durch Einsatz des Arbeiters. Soweit diese Vorteile kommerzialisiert sind, ist der Geschädigte durch Ersatzleistung in den Stand zu setzen, sie sich erneut zu verschaffen; eine Abrechnung auf der Basis seiner (früheren) Aufwendungen hingegen ist abzulehnen.

---

327 **A. A.** OLG Frankfurt NJW 1984, 1409 mit dem geradezu makabren Ergebnis, daß die Heilkosten bei einer Vorverlagerung der Krankheit um ein Jahr und lebenslanger Behandlung nur für das letzte Jahr vor dem Ableben des Verletzten zu ersetzen sind.

328 BGH VersR 1968, 804; 1969, 43; OLG Stuttgart VersR 1989, 643.

329 Vgl. OLG Frankfurt NJW 1984, 1409: durch einen vom Schädiger veranlaßten Sprung kommt es zur Verschlimmerung eines bereits vorhandenen Sanduhrneurinoms – Konstitutionsmangel –; dieses hätte ein Jahr später zu denselben Krankheitsfolgen geführt – Schadensanlage.

330 Vgl. *Mertens* 159; *Deutsch* § 26 II 7; *Löwe* VersR 1963, 307 u. NJW 1964, 701.

331 BGHZ 55, 151; 65, 174; 66, 280; 71, 237; BGH VersR 1977, 967; 1978, 838; *Lange* § 6 IV; *Stoll* JZ 1971, 593 u. 1976, 281; *Küppers* VersR 1976, 604; *Honsell/Harrer* JuS 1991, 448.

332 So auch *Esser/Schmidt* § 31 III 2.

Wer also durch Beschädigung seines Kraftfahrzeugs eine Theatervorstellung versäumt, kann den Preis für eine andere, gleichwertige Vorstellung ersetzt verlangen (selbst dann, wenn er eine Freikarte hatte). Ebenso sind die Kosten für einen Ersatzurlaub erstattungsfähig[333]. Für die Vereitelung der (durch Aufwendungen erkauften) Nutzbarkeit eines Kraftfahrzeugs ist nur in Form der Kosten eines Ersatzfahrzeugs bzw. – wenn man mit der h. M. bereits die abstrakte Gebrauchsmöglichkeit kommerzialisiert – in Form einer Nutzungsausfallentschädigung Ersatz zu leisten (vgl. Schlußanh. I, 93 ff), für die Verhinderung der Produktivität eines Arbeiters durch Erstattung des entgangenen Gewinns[334]. 198

g) **Aufwendungen zur Schadensvorsorge** können entgegen der Rechtsprechung (s. Rdn. 200) ebenso wie die nutzlos gewordenen Aufwendungen deswegen nicht als Schaden begriffen werden, weil sie nicht durch das schädigende Ereignis verursacht wurden[335]. Hatte der Geschädigte z. B. ein Reservefahrzeug für den Schadensfall bereitgestellt, so kann er die Aufwendungen hierfür nicht, auch nicht anteilig ersetzt verlangen. Die Schadensvorsorge gehört in die Sphäre des Geschädigten, gleich ob er sie im eigenen Interesse an einem ungestörten Betriebsablauf oder – wie bei Verkehrsbetrieben – aufgrund gesetzlicher Verpflichtung (§ 21 PBefG) getätigt hat. Daß der Ersatzpflichtige, der sich einem derart vorsorgenden Gläubiger gegenüber sieht, hierdurch begünstigt wird – er braucht auch keinen Nutzungs- oder Gewinnausfall zu ersetzen, da ein solcher nicht entstanden ist[336] – vermag eine andere Beurteilung nicht zu rechtfertigen, denn der Grundsatz, daß der Schädiger den Geschädigten so zu nehmen hat, wie er ist, muß auch zugunsten des Schädigers gelten[337]. 199

Die Rechtsprechung erkennt demgegenüber seit BGHZ 32, 280 den auf die Einsatzzeit eines Reservefahrzeugs entfallenden Kapitalaufwand als Maßnahme zur Schadensminderung und damit als erstattungspflichtigen Schaden an, und zwar auch dann, wenn das Reservefahrzeug nicht nur für fremdverschuldete Ausfälle bereitgehalten wird[338]. Der Geschädigte wird nach dieser Rechtsprechung – entgegen einem Grundprinzip des Schadensersatzrechts – besser gestellt, als er ohne das schädigende Ereignis stünde. 200

In jedem Fall zu ersetzen sind jedoch Aufwendungen, die nach dem Schadensereignis zur Abwehr eines größeren Schadens getätigt wurden und die der Geschädigte oder ein Dritter, der ihn haftbar macht, nach Sachlage für erforderlich halten durfte[339] (z. B. für die Bewachung eines Unfallwracks mit wertvoller Ladung; Erdaushub nach Tankwagenunfall). Dies ergibt sich schon daraus, daß der Geschädigte nach § 254 Abs. 2 BGB zur Schadensminderung verpflichtet ist, entsprechende Aufwendungen also in zurechenbarer Weise durch die Schädigung verursacht sind. Ob die Aufwendungen sich 201

---

[333] BGHZ 63, 98; OLG Bremen VersR 1969, 929.

[334] BGH VersR 1977, 965.

[335] *MünchKomm/Grunsky* vor § 249, 75; *Lange* § 6 VIII 4; *Larenz* § 29 II f; *Esser/Schmidt* § 32 III 2 b; *Deutsch* § 26 II 8; *Niederländer* JZ 1960, 617; *Klimke* NJW 1974, 81; **a. A.** *Palandt/Heinrichs* vor § 249, 43; *Mertens* 190; *Beuthien* NJW 1966, 1996. Vgl. auch *J. Schmidt* JZ 1974, 73.

[336] BGHZ 70, 199; BGH VersR 1978, 375; LG Offenburg VersR 1967, 243; *Lange* § 6 VIII 4 c.

[337] *Lange* § 6 VIII 4 a.

[338] BGHZ 70, 199; BGH NJW 1976, 286; vgl. auch OLG Düsseldorf VersR 1961, 1024; OLG Bremen VersR 1981, 860; OLG Hamm NZV 1994, 227; LG Offenburg VersR 1967, 242; ebenso österr. OGH ZVR 1995, 304. Zur Berechnung der Vorhaltekosten BGH VersR 1978, 375; *Klimke* VersR 1982, 1024 und 1985, 720; *Danner/Echtler* VersR 1978, 99; 1984, 820; 1986, 717; 1988, 335; 1990, 1066.

[339] *MünchKomm/Grunsky* vor § 249, 65; *Palandt/Heinrichs* vor § 249, 83; *von Caemmerer* VersR 1971, 973.

rückblickend als unnötig erweisen, ist ohne Bedeutung; entscheidend ist, ob sie aus der Sicht des Geschädigten für erforderlich gehalten werden durften.

202 h) **Vorteilsausgleichung.** Aus der für die Schadensberechnung anzustellenden Differenzrechnung (Vermögensstand mit und ohne schädigendes Ereignis) folgt auch, daß Vermögensvorteile, die der Geschädigte durch das Schadensereignis erlangt – sie können auch in ersparten Aufwendungen bestehen[340] – in Anrechnung zu bringen sind. Der Vorteil muß gerade durch die Verletzung des Anspruchstellers verursacht worden sein. Daher ist es z. B. auf den Schadensersatzanspruch des Verletzten ohne Einfluß, daß bei dem selben Unfall sein Bruder getötet wurde und er daher Alleinerbe seiner Mutter wird[341]. Bloßer Kausalzusammenhang zwischen Unfall und Vorteil genügt allerdings nicht, um die Anrechenbarkeit zu begründen. Die Rechtsprechung verlangt neben dem Merkmal der Adäquanz[342], welches hier jedoch nicht einschlägig ist[343], zu Recht eine an Sinn und Zweck der Ersatzpflicht orientierte Interessenabwägung[344]. Diese kann im Einzelfall eine Kürzung des Ersatzanspruchs wegen eines zugleich erlangten Vorteils ungerechtfertigt erscheinen lassen, nämlich dann, wenn es mit dem Wesen des betreffenden Vorteils nicht vereinbar wäre, daß er eine Entlastung des Schädigers von seiner Ersatzpflicht bewirkt. So ist z. B. anerkannt, daß freiwillige Zuwendungen Dritter, die aus Anlaß des Unfalls gewährt werden und dem Geschädigten zugutekommen sollen[345], sowie Leistungen einer Unfallversicherung[346] nicht anzurechnen sind. Für weite Bereiche des Schadensrechts ist das Problem durch einen gesetzlichen Forderungsübergang auf Dritte, welche schadensausgleichende Leistungen erbringen, gelöst (vgl. z. B. § 67 VVG für die Schadensversicherung[347], § 1542 RVO a. F. bzw. § 116 SGB-X für Leistungen der Sozialversicherungsträger, § 6 EFZG für die Lohnfortzahlung durch den Arbeitgeber; § 87 a BBG, § 52 BRRG für Leistungen nach den Beamtengesetzen). Einzelfragen zur Vorteilsausgleichung sind im Zusammenhang mit den betreffenden Schadensposten erörtert (insb. Schlußanh. I, 124; § 10, 32 ff, 80 ff; § 11, 24 f, 85 ff). Zur Beweislast s. Rdn. 504.

203 i) **Fiktive Aufwendungen.** Aus der Regelung des § 249 S. 2 BGB, wonach der Geschädigte den zur Schadensbeseitigung **erforderlichen** Geldbetrag verlangen kann, leitet die h. M.[348] die (begrenzte) Zulässigkeit einer fiktiven Abrechnung ab: auch solche Aufwendungen sind demnach grundsätzlich zu ersetzen, die der Geschädigte hätte machen dürfen, tatsächlich aber nicht gemacht hat, weil er auf eine (vollständige) Restitution verzichtet oder andere Formen des Schadensausgleichs gewählt hat. Als Beispiele sind zu nennen: Weiterbenützung oder Verkauf des beschädigten Autos, Verzicht auf eine Operation, Nichteinstellen einer Haushaltskraft. Wenngleich grundsätzlich zulässig, bereitet die Abrechnung auf der Basis fiktiver Aufwendungen im einzelnen doch

---

340 BGH VersR 1963, 931; KG VersR 1969, 190; *MünchKomm/Grunsky* vor § 249, 97, 98.

341 Vgl. BGH NJW 1976, 747.

342 BGHZ 8, 328; 10, 108; 49, 61; BGH NJW 1976, 747.

343 *MünchKomm/Grunsky* vor § 249, 95; *Lange* § 9 III 2; *Deutsch* § 26 III 1; *Esser/Schmidt* § 33 V 3; *Cantzler* AcP 156 (1957), 51 ff.

344 BGHZ 8, 329; 10, 108; 30, 33; 49, 62; 74, 113; 77, 151; BGH VersR 1979, 323. Zusammenfassend *Boelsen* BB 1988, 2187.

345 RGZ 92, 57; 141, 173; RG JW 1935, 3369; BGHZ 10, 107; 21, 114; BGH VersR 1973, 84; 1978, 249.

346 BGHZ 10, 109; 19, 99; 25, 328; BGH NJW 1957, 905; 1968, 837; 1971, 2069.

347 Wegen der hierzu zählenden Versicherungsarten vgl. BGHZ 52, 352.

348 BGHZ 54, 85; 61, 58; 61, 347; 63, 184; 66, 241; *MünchKomm/Grunsky* § 249, 17; *Lange* § 5 V 4; *Grunsky* NJW 1983, 2465 ff; *Karakatsanes* AcP 189 (1989), 19 ff; *Weber* VersR 1990, 934 ff u. 1992, 527 ff; *Steffen* NZV 1991, 2 f.

erhebliche Abgrenzungsprobleme. Sie stößt auch in der Literatur zunehmend auf Kritik[349].

In der Tat ist die ihr zugrunde liegende Auslegung des Tatbestandsmerkmals „erforderlich" nicht zwingend[350]. Mit den Materialien zu § 249 Satz 2 BGB läßt sich nur die Dispositionsfreiheit des Geschädigten, die beschädigte Sache nicht zu reparieren, sondern durch eine neue zu ersetzen[351], nicht aber die fiktive Schadensabrechnung belegen[352]. Richtig ist auch, daß die von der realen Schadensbeseitigung losgelöste Schadensabrechnung mit dem schadensersatzrechtlichen Grundsatz des Bereicherungsverbots (Einl. 20) in Konflikt geraten kann: das Schadensersatzrecht soll ausgleichen, nicht aber Gewinnchancen eröffnen[353], und der Dispositionsfreiheit des Geschädigten kann auch dadurch Rechnung getragen werden, daß man ihm bei Verzicht auf die Wiederherstellung die Minderung des Verkehrswerts seines beschädigten Gutes ersetzt[354]. Zu Recht wird darauf hingewiesen, daß die fiktive Abrechnung zu einer Aufblähung der Schadensersatzleistungen führt, die weithin zu Lasten der Versichertengemeinschaft geht, daß sie Schwarzarbeit und sicherheitsgefährdende Billigreparatur begünstigt und eine wesentliche Ursache für das Ausufern des Versicherungsbetrugs darstellt. **204**

Im übrigen führt auch die h. M. das Prinzip, daß der erforderliche Geldbetrag unabhängig vom tatsächlich gewählten Weg der Restitution zu ersetzen ist, nicht rein durch (was ihre Überzeugungskraft nicht eben erhöht). So ist anerkannt, daß die fiktive Schadensabrechnung nicht zu ungerechtfertigten Begünstigungen des Geschädigten führen darf, wie sie sich ergeben können, wenn für den Fall realer Restitution entwickelte Grundsätze (z. B. die Toleranzgrenze für über den Wiederbeschaffungskosten liegende Reparaturkosten, der abstrakte Nutzungsausfall) unkritisch übertragen werden (vgl. Schlußanh. I, 37 ff, 127 ff). Auch sei zu beachten, daß die Grenze zum Ersatz immaterieller Schäden nicht überschritten wird, weshalb fiktive Heilungskosten z. B. nicht beansprucht werden können. Diese Maßgaben führen zu einer beklagenswerten Uneinheitlichkeit des Schadensersatzrechts, zu Reibungsverlusten in der Schadensabwicklung und zur Vermehrung von Rechtsstreitigkeiten. Allerdings dürfte die Rechtsprechung zum Ersatz fiktiver Reparaturkosten bei Kraftfahrzeugschaden inzwischen so ausgestaltet worden sein, daß sie kaum zu anderen Ergebnissen führt als die an sich richtige Lösung, die bei nicht durchgeführter Reparatur lediglich den Ersatz der Wertminderung zubilligt: Der Verkehrswert eines nicht oder nicht ordnungsgemäß reparierten Unfallfahrzeugs dürfte (jedenfalls im seriösen Handel) kaum höher sein als der Wert im unbeschädigten Zustand abzüglich der gedachten, um Abzüge „neu für alt" bereinigten Wiederherstellungskosten. Die größeren Gefahren für eine gerechte Schadensregulierung dürften demnach auch nicht von der fiktiven Abrechnung als solcher, sondern von der oftmals zu großzügigen Begutachtungspraxis ausgehen (s. hierzu Schlußanh. I, 56). Die Einzelheiten sind bei den jeweiligen Schadensarten erörtert (vgl. z. B. für Sachschäden Schlußanh. I, 7, 17, 57, 66 ff; für Gesundheitsschäden § 11, 22; für Ersatzkräfte § 10, 140, 144, § 11, 111, 117; für Anwaltskosten Schlußanh. I, 151). **205**

k) Beweis des Schadensumfangs. Die hohen Beweisanforderungen des § 286 ZPO gelten hier nicht. § 287 ZPO räumt dem Richter vielmehr ein gewisses Schätzungser- **206**

---

[349] Vgl. *Köhler* Festschrift für Larenz 349 ff; *Larenz* § 28 I; *Esser/Schmidt* § 32 I 2 a; *Honsell/Harrer* JuS 1985, 162 ff u. 1991, 443 ff; *Schiemann* JuS 1988, 22.

[350] Vgl. hierzu eingehend *Honsell/Harrer* JuS 1985, 163 ff.

[351] So Prot. I 296.

[352] Entgegen *Weber* VersR 1992, 534.

[353] *Honsell/Harrer* JuS 1991, 445. Zum Bereicherungsverbot s. auch *Esser/Schmidt* § 30 II 3 c; *Lange* Einl. III 2 a.

[354] *Köhler* Festschrift für Larenz 368 f; *Honsell/Harrer* JuS 1991, 445.

messen ein (s. § 16, 360 ff). Dies darf aber nicht dazu führen, daß an die Stelle ohne weiteres möglicher Schadensnachweisungen eine reine Pauschalierung tritt[355]. Zu der Frage, inwieweit die Schadenshöhe durch Schätzgutachten bewiesen werden kann, obwohl auch ein Nachweis der realen Reparaturkosten möglich wäre, s. Schlußanh. I, 52 ff.

4. Umfang des Schadensersatzes

207 a) **Personenschäden.** Für sie enthält das StVG in §§ 10 und 11 ausdrückliche und abschließende Bestimmungen über die zu ersetzenden Vermögenseinbußen. So ist Geldersatz zu leisten (Naturalherstellung kommt in diesem Bereich so gut wie nie vor) nach § 10 Abs. 1 bei Todesfällen (nur) für die Kosten einer versuchten Heilung, für den Ausfall oder die Minderung der Erwerbsfähigkeit im Zeitraum zwischen Unfall und Tod, für die Vermehrung der Bedürfnisse in diesem Zeitraum, für die Beerdigungskosten und (nach § 10 Abs. 2) für den durch den Tod des Verletzten entzogenen Unterhalt der Unterhaltsberechtigten; nach § 11 ist im Falle der Körperverletzung oder Gesundheitsschädigung Schadensersatz nur durch Ersatz der Heilungskosten, des durch Minderung (oder Wegfall) der Erwerbsfähigkeit entstehenden Ausfalls und des durch Vermehrung der Bedürfnisse entstehenden Aufwands zu leisten (wegen der Einzelheiten vgl. die Erl. zu §§ 10, 11).

208 Die Gesamthöhe wird durch § 12 begrenzt.

209 b) **Sachschäden.** Im Gegensatz zu der Ersatzpflicht bei Personenschäden sind die Ersatzansprüche bei Sachschäden im Gesetz weder geregelt noch inhaltlich begrenzt. Ist mithin bei einem Unfall durch ein Kraftfahrzeug eine Sache beschädigt worden, so muß (bis zu den in § 12 genannten Höchstbeträgen) der gesamte dem Verletzten entstandene Vermögensschaden ersetzt werden, nicht etwa nur die durch die Reparatur entstehenden Aufwendungen. Wegen Einzelheiten s. Schlußanh. I.

VII. Anspruchsberechtigung

1. Der Verletzte als Anspruchsberechtigter

210 a) **Begriff der Verletzten.** Verletzter im Sinne des § 7 ist derjenige, dessen Sache beschädigt oder dessen Körper oder Gesundheit verletzt worden ist. Nur den in dieser Weise Geschädigten steht ein Schadensersatzanspruch zu (Ausnahme: § 10 für den Fall der Tötung).

211 Bei der Sachbeschädigung ist auch der berechtigte **Besitzer** (z. B. Mieter, Pächter, Nießbraucher, Leasingnehmer) „Verletzter“, da § 7 nicht auf das Eigentum abstellt[356], vgl. Rdn. 144. Der Leasingnehmer kann insbesondere Ersatz für den Ausfall der Nutzungsmöglichkeit (vgl. Schlußanh. I, 126, 131) sowie für seinen Haftungsschaden (Schlußanh. I, 172) beanspruchen. Zur Rechtslage bei Totalschaden vgl. Schlußanh. I, 24.

212 Gesundheitsverletzung kann auch die Schädigung eines **Ungeborenen** sein; daher hat das Kind einen Entschädigungsanspruch, welches infolge eines von der Mutter während der Schwangerschaft erlittenen Verkehrsunfalls oder Schockschadens geschädigt zur Welt kommt (s. Rdn. 136).

213 Die Beeinträchtigung **sonstiger Rechte** (im Sinne des § 823 Abs. 1 BGB) führt nicht zur Ersatzpflicht nach § 7; ebenso die Beeinträchtigung des Vermögens.

---

[355] OLG Köln NZV 1991, 429.

[356] BGH VersR 1981, 161; OLG Kiel HRR 1938, Nr. 673.

b) **Mittelbar Geschädigte.** Personen, die durch den Unfall nicht unmittelbar, sondern nur vermittels der Schädigung eines anderen betroffen werden, sind nur dann anspruchsberechtigt nach § 7, wenn auch in ihrer eigenen Person eine Verletzung im vorstehenden Sinne eingetreten ist. Haben sie ausschließlich Vermögensnachteile erlitten, besteht keine Anspruchsberechtigung. Der Unterschied zeigt sich z. B. bei der Beschädigung einer Stromleitung, die zu einem Stromausfall führt. Entsteht hierdurch einem Dritten ein Vermögensschaden, etwa weil sein Betrieb zeitweise nicht produzieren kann, so hat er keinen Ersatzanspruch[357]; kommt es hingegen zu einem adäquat verursachten Sachschaden (z. B. Schädigung von Bruteiern in einer Geflügelfarm), kann er diesen ersetzt verlangen[358]. Keinen eigenen Ersatzanspruch hat auch der Arbeitgeber des Verletzten wegen der für diesen vergeblich aufgewendeten Lohnkosten (vgl. aber § 11, 72) oder eines Verdienstausfalles, der Angehörige des Verletzten wegen der Ausgaben, die er zu dessen Betreuung getätigt hat (vgl. aber § 11, 9 ff) oder der Vertragspartner des Geschädigten, der wegen der unfallbedingten Verspätung einer Lieferung eine Einbuße erleidet. Diesen mittelbar am Vermögen Geschädigten mutet § 7 zu, den Verlust – auch soweit er materieller Verlust ist – als Schicksalsschlag selbst zu tragen. Der Angehörige, der infolge des Miterlebens des Unfalls oder infolge der Unfallnachricht einen Nervenschock erleidet, hat dagegen, da in seiner Gesundheit verletzt, selbst einen Anspruch auf Entschädigung (vgl. Rdn. 165). 214

c) **Anspruchsberechtigung ohne rechnerischen Schaden.** Die Verletzteneigenschaft (und damit die Anspruchsberechtigung nach § 7) hängt lediglich davon ab, ob eine reale Verletzung eines der in § 7 genannten Güter eingetreten ist; ob auch ein rechnerischer Schaden (Vermögensdifferenz) gegeben ist, ist hierfür dagegen unerheblich. „Verletzter" ist daher auch, wer seinen Schaden durch Versicherungsleistungen oder freiwilligen Leistungen Dritter ausgleichen konnte (vgl. zu dieser Einschränkung der Pflicht zur Vorteilsausgleichung Rdn. 202). Ebenso verhält es sich mit dem Verdienstausfall von Arbeitnehmern, die Anspruch auf Lohn- oder Gehaltsfortzahlung haben; hier gilt allerdings die Besonderheit, daß der Ersatzanspruch kraft Gesetzes oder kraft Abtretung auf den Arbeitgeber übergeht (vgl. § 11, 180 ff). Hat der Eigentümer einer beschädigten Sache deswegen keinen rechnerischen Schaden, weil er die Sache bereits an einen anderen verkauft hat und wegen vorzeitigen Gefahrübergangs (insbesondere bei Versendungskauf nach § 447 BGB) auch bei deren Untergang oder Beschädigung seinen Kaufpreisanspruch behält, so kann er nach h. M. den in Wirklichkeit beim Käufer eingetretenen Schaden geltend machen; die Ersatzleistung hat er an den Käufer herauszugeben, sofern er ihm nicht den Schadensersatzanspruch abtritt (sog. Drittschadensliquidation)[359]. 215

2. Ausschlüsse

a) Ist der **Halter** durch sein eigenes Kraftfahrzeug verletzt oder sonst geschädigt worden, so hat er keinen Schadensersatzanspruch aus § 7 (was wegen des Versicherungsschutzes[360] sowie beim Vorhandensein von Mithaltern [Rdn. 329] von Interesse sein könnte). Er muß sich vielmehr u. U. sogar die Betriebsgefahr seines Kraftfahrzeugs nach § 17 Abs. 1 Satz 2 auf seine Schadensersatzansprüche gegen andere Unfallbeteiligte anrechnen lassen (vgl. hierzu § 17, 40 ff). 216

---

357 BGHZ 29, 65.

358 BGHZ 41, 123.

359 BGH NJW 1968, 1567; VersR 1972, 1138; OLG Nürnberg NZV 1996, 194; *Lange* § 8 III 6; *Palandt/Heinrichs* vor § 249, 114.

360 Zur Frage des Bestehens eines Direktanspruchs des geschädigten Halters s. § 16, 803.

217 b) Der **Fahrer** und andere **bei dem Betrieb des Kraftfahrzeugs tätige Personen** stehen zwar nicht von vornherein außerhalb des Schutzbereichs des § 7[361], haben aber wegen des Haftungsausschlusses nach § 8 in der Regel keine Ansprüche aus Gefährdungshaftung gegen den Halter (s. aber auch § 8, 5). Sonstige **Insassen** haben einen solchen Anspruch nur unter den Voraussetzungen des § 8 a.

218 c) Der (vom Halter verschiedene) **Eigentümer** des Kraftfahrzeugs, z. B. der Leasinggeber, kann den Halter (Leasingnehmer) ebenfalls aus § 7 in Anspruch nehmen[362]. Daß die Gefährdungshaftung hier (anders als bei Mithaltern, Rdn. 329) eingreift, obwohl das schädigende Fahrzeug zugleich die beschädigte Sache ist, findet seinen Grund in der von den Beteiligten vorgenommenen Aufspaltung von rechtlicher und faktischer Herrschaftsgewalt.

219 d) Der **Mieter** kann gegen den Vermieter keine Ansprüche aus der Halterhaftung wegen eines Schadens geltend machen, der ihm selbst oder einem Rechtsvorgänger durch ein vertragswidriges Verhalten beim Gebrauch des Kraftfahrzeugs entstanden ist. Da er hierfür dem Vermieter gegenüber selbst aus positiver Vertragsverletzung auf Schadensersatz oder Freistellung von den Ansprüchen Dritter haftet, stellt die Berufung auf die Halterhaftung eine unzulässige Rechtsausübung (§ 242 BGB) dar[363].

3. Gesetzlicher Forderungsübergang auf Kaskoversicherer

220 a) **Anwendungsbereich.** Hat der Verletzte seinen Schaden von seinem Kaskoversicherer ersetzt bekommen, so geht sein Schadensersatzanspruch nach § 67 Abs. 1 VVG auf den Versicherer über. Es kommt auf die tatsächliche Leistung an; ob eine Leistungspflicht bestand, ist ohne Belang[364]. Gegen den berechtigten Fahrer und andere in der Haftpflichtversicherung mitversicherte Personen sowie gegen den Mieter und den Entleiher des versicherten Fahrzeugs ist der Rückgriff nach § 15 Abs. 2 AKB ausgeschlossen, nach § 67 Abs. 2 VVG auch gegen Angehörige, die mit dem geschädigten Versicherungsnehmer oder Versicherten[365] in häuslicher Gemeinschaft leben (s. hierzu Schlußanh. II, 150 ff). Zum Einfluß eines Teilungsabkommens zwischen Kasko- und Haftpflichtversicherer s. OLG Saarbrücken NZV 1990, 118.

221 b) **Voraussetzung der Kongruenz.** Der Übergang erstreckt sich nur auf die Schadensersatzansprüche, die sich auf den in das versicherte Risiko fallenden Schaden beziehen; die Leistung des Versicherers und die Schadensersatzforderung müssen in gewissem Sinne gleichartig, kongruent sein. Dies ist bei der Kaskoversicherung nur hinsichtlich der unmittelbaren Sachschäden (§ 12 AKB), nicht hinsichtlich der Sachfolgeschäden der Fall[366]. Für diese Abgrenzung kommt es nicht darauf an, ob der Versicherer nach dem Versicherungsvertrag oder den Versicherungsbedingungen zur Erstattung verpflichtet ist; maßgeblich ist vielmehr, ob der in Betracht kommende Schaden unmittelbar die Substanz des betroffenen Fahrzeugs berührt, dessen Wert mindert oder in der Notwendigkeit besteht, Geldmittel zur Beseitigung der Beschädigung aufzuwenden[367].

---

361 *Hohloch* VersR 1978, 19; a. A. LG Freiburg VersR 1977, 749.

362 BGH VersR 1983, 658; a. A. *Hohloch* NZV 1992, 5; *Schmitz* NJW 1994, 301.

363 BGHZ 116, 200; krit. *Gärtner* BB 1993, 1454 ff; s. auch § 16, 730.

364 BGH VersR 1963, 1192; BAG VersR 1968, 266.

365 Ist dies eine GmbH, genügt entsprechendes Verhältnis zum Alleingesellschafter (BGH NJW 1994, 585) oder Geschäftsführer (OLG Düsseldorf NJW-RR 1993, 1122) nicht.

366 BGHZ 13, 28; 25, 340; 44, 382; 47, 196; 50, 271; BGH VersR 1963, 1185.

367 BGH VersR 1958, 161; NJW 1982, 828.

Zum **unmittelbaren Sachschaden** in diesem Sinne zählen daher neben den Reparatur- bzw. Wiederbeschaffungskosten der technische und der merkantile Minderwert[368], die zur Feststellung der Schadenshöhe erwachsenen Sachverständigenkosten[369] sowie die Abschleppkosten[370]. **Sachfolgeschäden** sind dagegen Nutzungsausfall und Mietwagenkosten[371], Verdienstausfall, Auslagen, Schäden an der Ladung, Verlust von Treibstoff u. ä. 222

c) **Quotenvorrecht des Versicherungsnehmers.** Wird der Schaden des Versicherungs- 223
nehmers durch die Kaskoversicherung nur teilweise gedeckt (z. B. wegen Selbstbeteiligung) und bleibt auch die Schadensersatzforderung gegen den Schädiger (z. B. wegen Mitverantwortlichkeit des Verletzten) hinter dem Schaden zurück, so würde der Forderungsübergang nach § 67 Abs. 1 VVG dazu führen, daß der Geschädigte einen Teil seines Schadens selbst tragen müßte. Dies wäre mit dem Zweck des Versicherungsvertrages nicht zu vereinbaren. Die herrschende Differenztheorie gewährt dem Versicherungsnehmer daher das Quotenvorrecht: Der Schadensersatzanspruch verbleibt dem Geschädigten insoweit, als er vom Versicherer nicht entschädigt worden ist, und nur der darüber hinausgehende Anspruch geht auf den Versicherer über[372]. Beträgt z. B. der Schaden des Versicherungsnehmers 10 000 DM, die Versicherungsleistung wegen Selbstbeteiligung 9000 DM und der Anspruch gegen den Schädiger wegen hälftigen Mitverschuldens nur 5000 DM, so verbleibt dieser Anspruch in Höhe von 1000 DM dem Verletzten und geht nur in Höhe von 4000 DM auf den Versicherer über.

Bezieht sich der Ersatzanspruch des Geschädigten auf **kongruente und inkongruente** 224
Schadenspositionen (vgl. hierzu Rdn. 221 f), so muß der dem Geschädigten verbleibende Betrag für beide gesondert ermittelt werden, weil sich das Quotenvorrecht ebenso wie der Forderungsübergang nach § 67 Abs. 1 VVG nur auf die kongruenten Schäden erstrecken kann[373]. Der Geschädigte erhält von den inkongruenten Schäden (Sachfolgeschäden) den seiner Mitverantwortungsquote entsprechenden Teil und von den kongruenten Schäden (unmittelbaren Sachschäden) den Teil, der nach Abzug der Leistung der Kaskoversicherung zur vollständigen Deckung fehlt.

Beispiel: Gesamtschaden 12 000 DM, davon 10 000 DM kongruent, 2000 DM inkongruent; 225
Kaskoversicherung leistet wegen Selbstbeteiligung nur 9000 DM; Ersatzanspruch gegen den Schädiger beläuft sich wegen hälftigen Mitverschuldens auf 5000 DM; dem Geschädigten stehen dann 1000 DM (Hälfte des inkongruenten Schadens) + 1000 DM (kongruenter Schaden abzüglich Versicherungsleistung), mithin 2000 DM zu, und nur der Rest der Ersatzforderung von 3000 DM geht auf den Kaskoversicherer über.

Zur Berechnung des auf den Versicherer übergegangenen Schadensersatzanspruchs 226
müssen also abgezogen werden:

- der außerhalb des versicherten Risikos liegende Schaden;
- der vom Versicherer nicht gedeckte Kaskoschaden.

Hat der Kaskoversicherer mehr an den Geschädigten geleistet als dieser vom Schädi- 227
ger verlangen kann, so greift ebenfalls ein Quotenvorrecht des Versicherungsnehmers ein. Der Geschädigte kann daher auch dann einen etwaigen Selbstbehalt voll vom Schädiger verlangen, und nur der überschießende Anspruch geht auf den Versicherer

---

[368] BGH VersR 1958, 161; NJW 1982, 828; 1982, 829.

[369] BGH NJW 1982, 829; VersR 1985, 441.

[370] BGH NJW 1982, 829; a. A. *Müller* VersR 1989, 320.

[371] BGH NJW 1982, 827; a. A. *Müller* VersR 1989, 320.

[372] BGHZ 13, 28; 25, 340; 47, 196.

[373] BGHZ 25, 340; 47, 196; BGH NJW 1982, 830.

über[374]. Beträgt z. B. der nach den Versicherungsbedingungen errechnete Schaden 10 000 DM, der vom Schädiger zu ersetzende Schaden hingegen 9000 DM, und hat der Versicherer unter Abzug der Selbstbeteiligung dem Geschädigten 9000 DM erstattet, so kann dieser vom Schädiger noch 1000 DM beanspruchen, während nur die restliche Schadensersatzforderung von 8000 DM auf den Versicherer übergeht.

228 d) **Zeitpunkt und Ausmaß des Übergangs.** Er vollzieht sich gleichzeitig mit der Versicherungsleistung, ggf. also in Raten. Der Anspruch geht mit dem Inhalt über, den er zur Zeit des Übergangs hat. Bestehende Einwendungen bleiben dem Schuldner erhalten (§§ 412, 404 BGB). Ein vorher abgeschlossener Vergleich wirkt immer, ein nachher abgeschlossener nur unter den Voraussetzungen des § 407 BGB[375] gegen den Versicherer.

4. Abtretung

229 Schadensersatzansprüche können nach den allgemeinen Regeln (§§ 398 ff BGB) durch Vertrag abgetreten werden und stehen dann ausschließlich dem neuen Gläubiger zu. Im Bereich der Unfallschadensregulierung sind Abtretungen jedoch häufig wegen Verstoßes gegen das Verbot der Besorgung fremder Rechtsangelegenheiten gem. Art. 1 § 1 Abs. 1 RBerG, § 134 BGB nichtig. Dies ist dann der Fall, wenn sich Reparaturwerkstätten, Autovermieter, Unfallhilfefirmen, Finanzierungsinstitute oder Sachverständige, ohne im Besitze einer Erlaubnis nach dem RBerG zu sein, die Forderungen des Geschädigten abtreten lassen, um sie für diesen zu verfolgen[376]. Daß die Ansprüche nach dem Wortlaut des Abtretungsvertrages zur Sicherung der Ansprüche des Zessionars gegen den Geschädigten übertragen werden, steht der Nichtigkeit nicht entgegen, wenn es sich nach den Gesamtumständen um eine Abtretung zur Verfolgung und Durchsetzung der Ansprüche des Geschädigten handelt[377]. Solches Tätigwerden ist auch nicht wegen „unmittelbaren Zusammenhangs" mit dem eigenen Gewerbebetrieb nach Art. 1 § 5 Nr. 1 RBerG von der Erlaubnispflicht freigestellt[378]. Zulässig ist es nur, wenn der Unternehmer die sicherheitshalber abgetretene Schadensersatzforderung des Geschädigten einzieht, weil seine Forderung gegen diesen fällig und notleidend geworden ist, denn in diesem Fall nimmt er eigene Interessen wahr[379]. Weitergehend hält es der BGH für unbedenklich, wenn sich ein Mietwagenunternehmer von seinen unfallgeschädigten Kunden, die ihm ihre Ansprüche auf Ersatz der Mietwagenkosten sicherungshalber abgetreten haben, einen Unfallbericht fertigen läßt und diesen zusammen mit der Aufforderung, die Mietwagenkosten zu begleichen, an den Haftpflichtversicherer des Schädigers weiterleitet, sofern zweifelsfrei klargestellt ist, daß die Kunden für die Verfolgung und Durchsetzung ihrer Schadensersatzansprüche selber tätig werden müssen[380].

VIII. Der Halter als Ersatzpflichtiger

1. Bedeutung des Halterbegriffs

230 Die Pflicht zum Ersatz des beim Betrieb eines Kraftfahrzeugs entstandenen Schadens trifft diejenige Person, die im Augenblick des Unfalls Halter des Kraftfahrzeugs war.

---

374 BGHZ 47, 308.

375 Vgl. OLG Düsseldorf VersR 1995, 528.

376 BGH NZV 1994, 353 mit eingehenden Nachweisen aus der BGH-Rechtsprechung; ausführlich *Prütting/Nerlich* NZV 1995, 1.

377 BGH NZV 1994, 353; OLG Schleswig NZV 1994, 74; OLG Nürnberg NZV 1992, 366; *Chemnitz* ZfS 1993, 325.

378 BGH NZV 1994, 354 f; *Chemnitz* ZfS 1993, 327.

379 *Prütting/Nerlich* NZV 1995, 3 ff.

380 BGH NZV 1994, 353; ebenso für Kfz-Sach-

Darauf, ob sie auch noch Halter war, als der Schaden entstand (z. B. der Tod des Verletzten eintrat), kommt es nicht an. Entscheidend ist die tatsächliche Situation, nicht ein etwaiger Rechtsschein[381]. Aus dem Aufbau des Gesetzes ergibt sich, daß jedes Kraftfahrzeug mindestens einen Halter hat[382], und zwar von dem Augenblick an, in dem es erstmals in Betrieb gesetzt wird, bis zu dem Zeitpunkt, in dem der letzte Betrieb endet (zum Begriff „Betrieb" vgl. Rdn. 28 ff). Der Begriff Halter hat im ganzen StVG dieselbe Bedeutung[383], es wäre daher verfehlt, ihn aus haftungsrechtlichen Billigkeitserwägungen zu extensiv auszulegen und damit ungerechtfertigte Verantwortlichkeiten in straf- und bußgeldrechtlicher Hinsicht zu schaffen. Der Halterbegriff ist mit keinem anderen im bürgerlichen Recht gebräuchlichen Begriff identisch und mit keinem solchen Begriff verknüpft. Es kommt mithin nicht entscheidend darauf an, ob die in Frage kommende Person Eigentümer, Eigenbesitzer, unmittelbarer Besitzer, fehlerhafter Besitzer oder Besitzdiener ist. Hieraus ist der Schluß gezogen worden, das Halterverhältnis sei ein wirtschaftliches und tatsächliches, kein rechtliches[384]. Dem kann nicht beigepflichtet werden. Der Begriff „Halter" ist ebenso ein reiner Rechtsbegriff wie „Besitzer" oder „Eigentümer". Daß der Begriff nicht „gemeinverständlich" ist und daß deshalb eine Prozeßpartei, die einräumt, im entscheidenden Augenblick Halter gewesen zu sein, keine „Tatsache" im Sinne des § 288 ZPO zugesteht[385], steht nicht entgegen, sondern unterstreicht nur, daß es sich um einen der Rechtssprache angehörenden Begriff handelt. Im übrigen sollte man das Wort „Halterverhältnis" vermeiden und durch „Haltereigenschaft" ersetzen; denn die Rechtsstellung des Halters ist kein Rechtsverhältnis im Sinne des § 256 ZPO: eine Feststellungsklage ist unzulässig[386].

2. Inhalt des Begriffs

Nach der in ständiger Rechtsprechung vertretenen Definition ist Halter, wer das Fahrzeug nicht nur ganz vorübergehend für eigene Rechnung in Gebrauch hat und die Verfügungsgewalt darüber besitzt, die ein solcher Gebrauch voraussetzt[387]. **231**

a) Ein Kraftfahrzeug **in Gebrauch haben** bedeutet soviel wie Nutzen aus ihm ziehen. Insbesondere macht Gebrauch vom Kraftfahrzeug, wer an dem Betrieb ein wirtschaftliches Interesse hat[388]. Das ist nicht nur diejenige Person, die ihren Wagen aus beruflichen Gründen oder zu ihrem Vergnügen selbst fährt, sondern auch jeder, der seinen Wagen einem anderen zum Gebrauch überläßt, sofern er nur von der Überlassung **232**

---

verständigen AG Kassel NZV 1995, 155; a. A. *Prütting/Nerlich* NZV 1995, 4.

381 LG München I VersR 1984, 95.

382 RGZ 170, 182; OLG Hamburg HansRZ 1932, 380.

383 RG JW 1930, 2861; BayObLG JW 1930, 1975; 1932, 3223; OLG Hamm NJW 1955, 1162; VersR 1956, 326; VRS 17, 382; OLG Bremen NJW 1955, 1163 m. Anm. *Bruns*. Anders wohl österr. OGH ZVR 1990, 239 für § 5 Abs. 1 EKHG.

384 RGZ 127, 176; BayObLGSt 1926, 157; OLG Kiel VkBl. 1951, 171; österr. OGH ZVR 1990, 239.

385 RG DAR 1933, 139.

386 RG HRR 1935, 380.

387 RGZ 77, 349; 78, 182; 79, 314; 87, 138; 93, 223; 120, 159; 127, 175; 141, 402; 170, 184; BGHZ 5, 270; 13, 354; 32, 331; BGH VersR 1956, 219; 1957, 162; 1958, 646; 1962, 509; 1978, 233; BayObLG JW 1932, 3723; OLG Frankfurt VRS 1, 110; OLG Schleswig VkBl. 1951, 171; OLG München VersR 1952, 230; VkBl. 1957, 308; OLG Bamberg DAR 1953, 35; OLG Hamm NJW 1955, 1162 m. Anm. *Bruns*; VersR 1956, 326; VRS 17, 382; NZV 1990, 363; OLG Bremen NJW 1955, 1163 m. Anm. *Bruns*; OLG Stuttgart VersR 1958, 891; OLG Celle VersR 1960, 764.

388 RGZ 141, 403; OLG Karlsruhe HRR 1935, Nr. 1151; OLG Düsseldorf JW 1937, 3110; OLG Hamm VersR 1956, 131.

irgendeinen Vorteil hat. Dieser Vorteil wird häufig in dem Anspruch auf ein laufendes Entgelt (Mietzins) liegen[389], kann aber auch in etwas weniger Greifbarem bestehen.

233 So ist z. B. Halter auch der Geschäftsmann, der einem Beamten einen „Leihwagen" als Erkenntlichkeit für dessen „Unterstützung des Geschäfts" unentgeltlich zur Verfügung stellt[390], ebenso der Verlag, der einem Mitarbeiter einen Wagen für dessen Leistungen zur Verfügung stellt[391], der Inhaber einer Reparaturwerkstatt, der aus Entgegenkommen einem Kunden für die Reparaturzeit einen anderen Wegen unentgeltlich zur Verfügung stellt[392] oder der Verleiher, der seinen Wagen bei Kriegsausbruch der Militärverwaltung unentgeltlich überläßt[393]. Eine räumliche Beziehung des Halters zum Betrieb des Kraftfahrzeugs ist nicht erforderlich. Halter kann daher auch sein, wer ohne das Kraftfahrzeug auf eine längere Reise geht oder es für eine größere Fahrt einem anderen überläßt[394].

234 b) Das Merkmal **„für eigene Rechnung"** bedeutet, daß Halter nur derjenige sein kann, der die Kosten des Betriebes bestreitet. Es ist schon dann erfüllt, wenn wenigstens ein Teil der Kosten bestritten wird[395]. Beim Eigentümer liegt es stets vor, weil ihn die durch den Betrieb des Kraftfahrzeugs und den Zeitablauf entstehende Wertminderung des Kraftfahrzeugs trifft. Die vom Reichsgericht wiederholt gebrauchte Wendung, das Eigentum sei kein sicherer Hinweis auf die Haltereigenschaft, hat mithin nur den Inhalt, daß auch ein anderer neben dem Eigentümer Halter sein kann.

235 c) Der Gebrauch darf **nicht nur ganz vorübergehend** sein. Halten ist nicht eine augenblickliche Benutzung, sondern ein Vorgang von einiger Dauer. Wer ein Kraftfahrzeug für einige Fahrten oder einen eng begrenzten Zeitraum (z. B. einen Tag) mietet oder leiht, wird deshalb nicht zum Halter[396] (näher hierzu Rdn. 256 ff).

236 d) Mit **Verfügungsgewalt** ist nicht die Befugnis, das Eigentum oder den Besitz am Kraftfahrzeug zu übertragen gemeint, sondern die tatsächliche Möglichkeit, den Einsatz des Kraftfahrzeugs zu bestimmen. Da eine rechtsgeschäftliche Verfügungsbefugnis nicht erforderlich ist, kann auch ein Minderjähriger Halter sein[397]. Halter ist mithin nur, wer – wenigstens in groben Umrissen – tatsächlich bestimmen kann, wann, wo, durch welchen Führer und zu welchem Zweck das Kraftfahrzeug in Betrieb gesetzt werden soll. Wer daher z. B. für ein Kraftfahrzeug Steuer und Versicherung bezahlt und es auch für sein Geschäft angemeldet hat, ist nicht Halter, wenn er das Kraftfahrzeug einem Angehörigen zur ständigen Nutzung überläßt[398].

237 Halter ist auch, wer sich zur Ausübung seines Bestimmungsrechts eines **Vertreters** bedient. Das Gesetz fordert nicht, daß der Halter die für den Einsatz des Kraftfahrzeugs erforderlichen Anweisungen selbst erteilt. Vor allem bei größeren Unternehmen wäre es lebensfremd, wollte man verlangen, daß der Inhaber des Unternehmens alle Anweisungen – auch bei einem größeren Kraftfahrzeugpark – selbst gibt. Bei juristischen Personen ist eine solche Konstruktion schon begrifflich nicht möglich. Da aber der Begriff „Halter" einen einheitlichen Inhalt haben muß, muß die Übertragung der Ausübung der „Verfügungsmacht" an einen „Vertreter" auch in Fällen zulässig sein, in denen eine Person nur ein Kraftfahrzeug besitzt. Näheres zur Vertretung des Halters vgl. Rdn. 240.

---

389 BGHZ 5, 270; OLG Köln DAR 1935, 57; OLG Zweibrücken VAE 1942, 108.
390 OLG Dresden DAR 1942, 134.
391 RGZ 170, 182.
392 RG VAE 1936, 52.
393 RGZ 91, 271.
394 RG VAE 1936, 522.
395 RGZ 91, 271; RG DR 1944, 196; OLG Karlsruhe VR 1932, 601; OLG Köln DAR 1935, 57; KG DAR 1939, 235; OLG Zweibrücken VAE 1942, 108; OLG Celle VersR 1960, 764.
396 BGH VersR 1978, 233.
397 *Weimar* VP 1965, 76; *Wussow* ZfV 1965, 177.
398 OLG Zweibrücken VRS 45, 400; ähnlich österr. OGH ZVR 1990, 239.

Halter ist auch, wer nur **beschränkte Verfügungsgewalt** über ein Kraftfahrzeug hat. 238
Auch wer nicht alle Einzelheiten der durchzuführenden Fahrten kennt, kann Halter sein, sofern er in der Lage ist, Einfluß auf die Durchführung der Fahrten zu nehmen. Wird das Kraftfahrzeug jedoch einem anderen auf Dauer zur völlig freien Benutzung überlassen, geht die Haltereigenschaft verloren; dies gilt auch dann, wenn der Eigentümer weiterhin die Betriebskosten trägt und die Gebrauchsüberlassung das Entgelt für vertragliche Leistungen darstellt[399].

Verlust der Verfügungsgewalt führt nicht in jedem Falle zum Verlust der Haltereigen- 239
schaft. Da dem Begriff „Halter" eine gewisse Dauerhaftigkeit innewohnt (Rdn. 235), verbietet es sich, ein Ende der Haltereigenschaft anzunehmen, wenn das Kraftfahrzeug nur für eine Fahrt oder für einige Stunden nicht mehr der Verfügungsgewalt des bisherigen Halters untersteht[400]. Eine starre zeitliche Grenze läßt sich allerdings nicht angeben[401]. Entscheidend ist vielmehr, ob die Aufgabe oder – bei unbefugtem Gebrauch des Kraftfahrzeugs – der Entzug der Verfügungsbefugnis auf eine nicht nur ganz vorübergehende Dauer angelegt war (näher zu den Fällen des Diebstahls und der Gebrauchsentziehung Rdn. 276).

3. Vertretung des Halters

Der Halter kann sich bei der Ausübung seiner Rechte und Pflichten durch eine an- 240
dere Person vertreten lassen (Rdn. 237). Handelt der Vertreter im Rahmen einer solchen Ermächtigung, so übt er die Verfügungsgewalt für den anderen aus und nur der andere ist – sofern die übrigen Merkmale vorliegen – Halter. Dies gilt nicht nur für Organe juristischer Personen[402], auch solche des öffentlichen Rechts[403], und für die persönlich haftenden Gesellschafter von Personengesellschaften des Handelsrechts, sondern auch für Vormund und Pfleger, ja sogar unter Umständen für die Eltern. Zu weit dürfte freilich die Ansicht des OLG Düsseldorf gehen[404], Halter eines Kraftfahrzeugs, das im Betrieb einer Tochtergesellschaft eingesetzt ist, sei die Dachgesellschaft, wenn sie Eigentümerin sei, die Steuern und Versicherungsprämien sowie die Unterhaltskosten trage. Die Tochtergesellschaft ist eigenes Rechtssubjekt und handelt nicht in Vertretung der Dachgesellschaft, wenn sie Weisungen für den Einsatz des Kraftfahrzeugs gibt; sie ist daher unter Ausschluß der Dachgesellschaft Halterin des Kraftfahrzeugs. Das Aufsichtsrecht der Gemeinde über ein von ihr betriebenes wirtschaftliches Unternehmen macht die Gemeinde nicht zur Halterin der Kraftfahrzeuge jenes Unternehmens[405].

Dieselbe Person kann zugleich als Vertreter einem anderen die Halterstellung vermit- 241
teln und selbst Halter sein. Entscheidend für die Haltereigenschaft des Vertretenen ist, ob auch in seiner Person die vorstehend (Rdn. 231 ff) aufgeführten Merkmale gegeben sind. Dies ist z. B. der Fall, wenn er zeitweise das Kraftfahrzeug im eigenen Interesse und auf eigene Rechnung gebraucht.

---

399 Anders RGZ 170, 184.
400 RG WarnR 1927, Nr. 17; BGHZ 37, 311; BGH VersR 1960, 650.
401 Vgl. OLG München VkBl. 1957, 308: „wenige Tage".
402 Vgl. RG HRR 1932, Nr. 1872; OLG Celle JW 1937, 1074 m. Anm. *Müller*.
403 OLG Kiel HRR 1931, Nr. 329; OLG Dresden DAR 1936, 318.
404 VersR 1961, 286.
405 KG VR 1924, 646; OLG Dresden RdK 1927, 221.

4. Mehrheit von Haltern

242 Die vorstehend geschilderten Merkmale (nicht nur vorübergehender Gebrauch, auf eigene Rechnung, Verfügungsgewalt) können bezüglich eines Fahrzeugs auf mehrere Personen zutreffen[406]. Jede von diesen Personen ist dann Halter. Zu beachten ist bei der Prüfung solcher Tatbestände allerdings, daß derjenige nicht Halter ist, der von einem anderen – dem alleinigen Halter – beauftragt ist, das Kraftfahrzeug als sein Vertreter zu fahren, und der das Kraftfahrzeug nur im Rahmen dieser Ermächtigung – „für fremde Rechnung" – in Betrieb nimmt[407].

243 Sind dagegen mehrere Personen Halter („Mithalter"), so können sie ihre Befugnisse folgendermaßen verteilen: Entweder erteilen sie die zum Betriebe des Kraftfahrzeugs erforderlichen Anordnungen gemeinsam (und ein „Vertreter" fährt das Kraftfahrzeug), oder einer der „Mithalter" verfügt unmittelbar über das Kraftfahrzeug und der andere beschränkt sich darauf, in gewissen Fällen regelmäßig Einfluß zu nehmen[408], oder die Personen sind sich einig, daß jeder das Kraftfahrzeug für sich in dem Zeitraum benutzen darf, in dem der andere es nicht benötigt, und daß man Überschneidungen durch Vereinbarung oder durch gütliche Absprache im Einzelfall vermeidet[409]. In letzterem Falle, der häufig bei Ehegatten vorkommen wird, ist also nicht etwa abwechselnd der eine und der andere Verfügungsbefugte stunden- oder tageweise Halter; denn ein solch „geradezu schaukelhafter Wechsel" widerspräche dem Halterbegriff, dem eine gewisse Dauerhaftigkeit innewohnt[410]. Mithalterschaft liegt daher z. B. auch dann vor, wenn die städtische Feuerwehr einen der Knappschaft gehörenden Krankenwagen für diese gegen Kilometergeld benutzt, ihn im Notfall aber auch zu knappschaftsfremden Zwekken einsetzen darf[411] oder wenn ein Angestellter oder Beamter sein Kraftfahrzeug im Interesse des Arbeitgebers (Dienstherrn) fährt, aber das Recht hat, es auch zu Privatfahrten zu verwenden, und beide einen Teil der Betriebskosten (sei es auch nur die Wertminderung) tragen[412].

244 Mehrere Halter hat das Kraftfahrzeug ferner, wenn es im Eigentum einer nicht rechtsfähigen Personenmehrheit steht (Erbengemeinschaft, Gütergemeinschaft, Gesellschaft des BGB – Abweichendes gilt für die Personengesellschaften des Handelsrechts) und der Betrieb des Kraftfahrzeugs im gemeinsamen Interesse („auf Rechnung der Personenmehrheit") und auf Grund einer von allen Beteiligten erteilten Vertretungsmacht durchgeführt wird[413].

245 Mehrere Halter haften als **Gesamtschuldner**[414]. Sie können nicht nach außen wirksam vereinbaren, daß nur einer von ihnen bürgerlich-rechtlich haften solle. Zum Ausgleich im Innenverhältnis vgl. Rdn. 329.

5. Fehlen eines Halters

246 Es sind Fälle denkbar, in denen sich keine Person feststellen läßt, auf die alle oben bezeichneten Begriffsmerkmale zutreffen, so z. B. bei dem von seinem Eigentümer be-

---

[406] RGZ 120, 160; 127, 176; 141, 405; 170, 186; BGHZ 13, 355; BGH VersR 1958, 646; OLG Stuttgart DAR 1935, 56; OLG Köln DAR 1935, 57; OLG Kiel VkBl. 1951, 171; KG VRS 45, 220.

[407] OLG Bamberg DAR 1953, 35.

[408] BGH VersR 1958, 646.

[409] BGHZ 13, 351; RG DAR 1935, 38; VAE 1944, 14.

[410] RGZ 127, 176; BGHZ 13, 359; a. A. *Louis* JW 1934, 3128.

[411] OLG Breslau DAR 1930, 248.

[412] BGHZ 13, 351; OLG Schleswig VkBl. 1951, 171; OLG Hamm VRS 17, 382; OLG Celle VersR 1960, 764.

[413] Vgl. RG DAR 1931, 312, wonach alle Erben Halter seien, wenn ein Nachlaßverwalter den zum Nachlaß gehörenden Wagen allein benutze.

[414] OLG Hamm VersR 1956, 131.

triebsbereit aufgegebenen Kraftfahrzeug oder bei einer Kraftfahrzeugnutzung, bei welcher derjenige, der die Kosten ausschließlich trägt, sich jeglicher Verfügungsgewalt über das Kraftfahrzeug begeben hat. Da aber jedes Kraftfahrzeug vom ersten bis zum letzten Betrieb einen Halter haben muß, ist die Verantwortlichkeit des letzten Halters in solchen Fällen als fortbestehend anzusehen. Der letzte Halter des aufgegebenen Kraftfahrzeugs haftet also z. B., wenn durch das abgestellte Kraftfahrzeug ein Unfall entsteht. Verteilen sich die Haltermerkmale auf mehrere, so trifft die Verantwortlichkeit denjenigen, auf dessen Verfügungsgewalt dieses Auseinanderfallen zurückzuführen ist, also den, der trotz Tragens der Aufwendungen die Verfügungsgewalt einem anderen übertragen hat. Auf denjenigen abzustellen, bei dem die „Eigenschaften des Halters in größerem Umfang" vorhanden sind als bei den anderen[415], erscheint unzutreffend.

6. Anzeichen für das Vorliegen der Haltereigenschaft

Die Beantwortung der Frage, wer im Einzelfall Halter des Kraftfahrzeugs ist, hat **247**
von jeher erhebliche Schwierigkeiten bereitet. Weil die Sachverhalte sehr unterschiedlich sein können, suchte man nach Anzeichen, die auf die Haltereigenschaft einer Person hinweisen können. Solche Anzeichen sind:

a) Das Eigentum

Da in der Regel der Eigentümer die Macht hat, den Einsatz eines Kraftfahrzeugs zu **248**
bestimmen und ihn mindestens in Form der durch Nutzung und Zeitablauf hervorgerufenen Wertminderung stets auch „Kosten" treffen, ist das Eigentum ein gewichtiges Indiz für die Haltereigenschaft[416]; von einem Anscheinsbeweis (vgl. hierzu § 16, 362) sollte hierbei allerdings nicht gesprochen werden[417]. Hat der Eigentümer jede Verfügungsgewalt über das Fahrzeug auf Dauer aufgegeben oder verloren, ist er nicht mehr Halter (vgl. aber Rdn. 246: Fortwirken der Halterstellung, wenn betriebsbereites Kraftfahrzeug sonst halterlos würde).

b) Zulassung und Haftpflichtversicherung

Da das StVG zwar vorschreibt, daß das Kraftfahrzeug zum Verkehr auf öffentlichen **249**
Straßen einer Zulassung bedarf (§ 1 Abs. 1 Satz 1), nicht aber, daß die Zulassung nur eine bestimmte Person berechtige, Halter des Kraftfahrzeugs zu sein, kommt dem Eintrag im Kraftfahrzeugbrief und im Kraftfahrzeugschein keine wesentliche Bedeutung zu. Noch weniger ist maßgebend, wer den Vertrag hinsichtlich der Kraftfahrzeug-Haftpflichtversicherung abgeschlossen hat[418]. Die häufig vertretene Ansicht, ein Eigentümer, für den ausweislich des Kraftfahrzeugbriefes die Zulassung erteilt sei und der den Vertrag über die Haftpflichtversicherung abgeschlossen habe, müsse im Zweifel als Halter angesehen werden[419], ist mithin nicht berechtigt. Zulassung und Haftpflichtversicherung besagen nichts über die tatsächlichen Möglichkeiten, Anordnungen über den Einsatz des Kraftfahrzeugs zu treffen, und nur wenig über die Frage, wer das Kraftfahr-

---

[415] So RGZ 170, 185; OLG München VkBl. 1957, 308.

[416] RGZ 91, 269; 93, 222; 120, 160; 127, 174; 170, 182; RG VAE 1936, 426; OLG Köln DAR 1938, 268; OLG München VersR 1952, 230; OLG Bamberg DAR 1953, 35; OLG Stuttgart VersR 1958, 891; OLG Köln VersR 1968, 154.

[417] So aber RG JW 1931, 862.

[418] BGHZ 13, 351.

[419] RGZ 170, 182; RG DAR 1933, 173; BGH VersR 1958, 646; OLG Dresden VAE 1942, 134.

zeug tatsächlich gebraucht und auf wessen Rechnung es läuft[420]. Immerhin lassen sich gewisse Schlüsse dann ziehen, wenn Zulassung und Haftpflichtversicherung auf einen anderen als den Eigentümer des Kraftfahrzeugs lauten[421].

c) **Tatsächlicher Gebrauch**

250 Guten Aufschluß darüber, wer der Halter ist, kann in der Regel die Feststellung geben, wer das Kraftfahrzeug tatsächlich in Gebrauch hat, d. h. mit dem Kraftfahrzeug selbst fährt, mitfährt oder zumindest Güter befördert. Ist eine solche Person Eigentümer des Kraftfahrzeugs, so wird man wohl – soweit nicht gewichtige Anzeichen dagegen sprechen – davon ausgehen können, daß sie Halter des Kraftfahrzeugs ist. Zu beachten ist aber, daß zum tatsächlichen Gebrauch die übrigen Haltermerkmale (insbesondere „für eigene Rechnung" und Verfügungsgewalt) hinzukommen müssen und daß umgekehrt ein tatsächlicher Gebrauch im Sinne körperlicher Anwesenheit nicht **Voraussetzung** für die Halterstellung ist.

d) **Tragen der Aufwendungen**

251 Auch die Beantwortung der Frage, wer die laufenden Unkosten für das Kraftfahrzeug bezahlt, kann Aufschluß darüber geben, wer der Halter ist. Es handelt sich vor allem um die Aufwendungen für die Kraftfahrzeugsteuer, Haftpflichtversicherung, Kaskoversicherung, Wagenpflege, Reifen, Reparaturen, Kosten der Untersuchung nach § 29 StVZO, Garage. Hat ein anderer als der Eigentümer den Erwerb des Kraftfahrzeugs bezahlt und entsteht daher bei ihm der Buchführungsposten „Abschreibung", so kann dies darauf deuten, daß der Bezahlende und nicht der Eigentümer Halter ist. Weniger von Bedeutung ist, wer das Benzin und das Öl für die einzelne Fahrt bezahlt. Bei entsprechender Verfügungsgewalt kann allerdings Halter auch derjenige sein, der nur die Treibstoffkosten eines Kraftfahrzeugs trägt[422].

7. **Einzelfälle**

252 a) **Kauf eines Kraftfahrzeugs.** Maßgebender Zeitpunkt für den Übergang der Haltereigenschaft auf den Erwerber ist weder der Abschluß des Kaufvertrags noch der Eigentumsübergang oder die Zulassung auf den Käufer[423]; entscheidend ist vielmehr der Zeitpunkt, zu dem für den Erwerber der Gebrauch auf eigene Rechnung und die Verfügungsgewalt beginnen. Ohne Bedeutung ist daher ein vereinbarter Eigentumsvorbehalt[424], während die Übergabe des Fahrzeugs, der Schlüssel und Papiere ausschlaggebend sein kann[425]. Verkauft ein Taxiunternehmer ein Taxi unter Eigentumsvorbehalt und beschäftigt er zunächst den Käufer im Rahmen der ihm verbliebenen Genehmigung weiter, bis der Käufer eine eigene Genehmigung erhält, so fährt der Käufer in Vertretung des Verkäufers und letzterer bleibt Halter[426]. Für die Inzahlungnahme des Altwagens des Erwerbers gelten vorstehende Grundsätze gleichermaßen[427].

253 b) **Probefahrt.** Wer das Kraftfahrzeug einer Person, die es vielleicht kaufen will, für kürzere Zeit zur Probe überläßt, bleibt Halter, denn „Halten" ist nicht schon die

---

420 OLG Hamm NZV 1990, 363.
421 OLG Hamburg HansRZ 1932, 380.
422 OLG Hamm VRS 29, 378.
423 BGH VersR 1969, 907.
424 RGZ 87, 141; RG HRR 1933, Nr. 1022; VAE 1941, 136; OLG Bamberg DAR 1953, 35.
425 BGH VersR 1969, 907; OLG Köln DAR 1995, 485.
426 RGZ 87, 141.
427 Vgl. hierzu BayObLGSt 1958, 207.

vorübergehende Benutzung, sondern ein Vorgang von einiger Dauer[428]. Eine starre zeitliche Grenze läßt sich nicht angeben. Unzweifelhaft hat die einmalige Probefahrt keinen Einfluß auf die Halterstellung[429]. Ob dies auch bei einer Überlassung für 3 Wochen noch gesagt werden kann[430], erscheint allerdings fraglich. Neben der Zeitdauer wird insbesondere auch die Intensität und die Selbständigkeit der Benutzung ein wesentliches Kriterium für die Zuordnung der Haltereigenschaft sein.

c) Während der **Überführungsfahrt** zum Käufer ist dieser Halter[431], außer wenn der **254**
Verkäufer die Überführung selbst oder durch eine von ihm beauftrage Person durchführt[432]. Fährt zwar der Fahrer des Verkäufers, aber nur auf Bitte des neben ihm sitzenden Fahrers des Käufers, der den Wagen abholte, so ist Halter der Käufer[433]. Nimmt eine Person, welche den Kauf lediglich vermittelt hat, die Überführung vor, so kommt es darauf an, als wessen Vertreter sie handelt; sie selbst wird nicht Halter[434].

d) **Sicherungsübereignung, Verpfändung.** Durch die Sicherungsübereignung des **255**
Kraftfahrzeugs tritt in der Person des Halters regelmäßig ebensowenig eine Änderung ein wie durch die Verpfändung; denn der Pfandnehmer erhält zwar den Besitz (der Sicherungsnehmer das Eigentum), nicht aber das Recht, das Kraftfahrzeug in Betrieb zu nehmen. Wer sein Kraftfahrzeug einem anderen zur Sicherheit übereignet, fährt in der Regel nicht im Namen und für Rechnung des neuen Eigentümers weiter, sondern in eigener Verfügungsgewalt[435]. Anders verhält es sich jedoch, wenn der Sicherungsnehmer das Kraftfahrzeug für seine eigenen Zwecke einsetzt, von eigenen Leuten fahren läßt und für die Betriebskosten aufkommt; dann wird er – ggf. neben dem Sicherungsgeber – Halter, und zwar auch dann, wenn nicht das Volleigentum, sondern nur eine Anwartschaft auf das Eigentum auf ihn überging[436]. Zu dem Sonderfall, daß der Sicherungsgeber Handelsvertreter des Sicherungsnehmers ist, vgl. Rdn. 267.

e) **Leihe, Miete.** Bei Gebrauchsüberlassung im Rahmen eines Vertragsverhältnisses **256**
ist die Frage nach der Haltereigenschaft oft besonders schwer zu beantworten. In Betracht kommt neben der Halterstellung jeder der beiden Vertragspareien auch eine Mithalterschaft.

aa) **Der Vermieter oder Verleiher** eines Kraftfahrzeugs bleibt Halter, wenn es sich **257**
nur um eine **ganz vorübergehende Gebrauchsüberlassung** handelt. In diesem Fall verliert er zwar die Verfügungsgewalt, doch steht das dem Halterbegriff innewohnende Merkmal einer „gewissen Dauerhaftigkeit" (Rdn. 235) dem Verlust der Haltereigenschaft entgegen[437]. Es ist nicht möglich, eine scharfe zeitliche Grenze zu setzen, bei deren Überschreitung die Haltereigenschaft erlischt (vgl. Rdn. 260).

Der Vermieter oder Verleiher bleibt allerdings auch bei **längerer Gebrauchsüberlassung** dann Halter, wenn er sich einen Einfluß auf die Gestaltung der Fahrten vorbehält **258**
(und ausübt) oder wenn er sich das Recht vorbehält, entweder nach einem vorher abgestimmten Plan, nach einer im Einzelfall zu treffenden Vereinbarung oder auf einseitige Anforderung hin das Kraftfahrzeug selbst benutzen oder für eigene Zwecke einset-

---

[428] BGH VersR 1978, 233; RG Recht 1913, Nr. 584; 1914, Nr. 1747.
[429] RG WarnR 1927, Nr. 17.
[430] So RG Recht 1913, Nr. 584.
[431] RGZ 78, 179; RG VAE 1939, 291; *Haberkorn* DAR 1960, 4.
[432] KG DAR 1939, 235.
[433] RG WarnR 1927, Nr. 17.
[434] A. A. KG DAR 1939, 235.
[435] RGZ 141, 404; RG VAE 1939, 31; BGH VersR 1953, 283; OLG Danzig VR 1930, 390; OLG Karlsruhe DAR 1935, 136; OLG Bamberg DAR 1953, 35.
[436] OLG Hamm VersR 1956, 131.
[437] RGZ 127, 176; RG VAE 1936, 426; BGHZ 5, 270; 37, 311; 116, 202; OLG Köln DAR 1935, 57; 1938, 268.

zen zu dürfen. So bleibt z. B. der Vater Halter, der sein Fahrzeug dem Sohn zum Gebrauch überläßt, aber jederzeit noch darüber verfügen kann[438], nicht aber der Bruder, der das Fahrzeug seiner Schwester für längere Zeit zu alleiniger Benützung zur Verfügung stellt[439]. Der Vermieter bleibt insbesondere dann Halter, wenn er den Fahrer stellt und dieser den Wünschen des Entleihers zwar entsprechen darf, dessen Weisungen aber nicht unterworfen ist[440]. Der Vermieter bleibt aber nicht schon deshalb Halter, weil ihn die durch Zeitablauf verursachte Wertminderung des Kraftfahrzeugs trifft und er andererseits den Mietzins kassiert und die hierfür erforderliche Verfügungsmacht besitzt; hat er keinerlei Möglichkeit mehr, auf das Kraftfahrzeug einzuwirken, ist er nicht mehr Halter[441]. Wer seinen zum Verkauf bestimmten stillgelegten Wagen der Polizei zum Gebrauch übergibt, ohne sich eine Einwirkungsmöglichkeit vorzubehalten, ist nicht mehr Halter[442].

259 Bei **unbefugtem Gebrauch** durch den Mieter oder Entleiher bleibt der Vermieter (Verleiher) im Rahmen der soeben gezogenen Grenzen (Rdn. 257 f) Halter; also z. B. auch dann, wenn der Mieter die ihm vertraglich auferlegten Beschränkungen nicht einhält, z. B. den vereinbarten Führer entläßt und den Wagen selbst fährt[443] oder vertragswidrig nicht selbst fährt, sondern einem anderen das Kraftfahrzeug zur Benutzung überläßt[444] oder den Wagen zu anderen als den vereinbarten Zwecken verwendet[445].

260 bb) **Der Mieter oder Entleiher** wird in zahlreichen Fällen Halter, ohne daß die Haltereigenschaft des Vermieters oder Verleihers untergeht. Denn der Mieter oder Entleiher wird Halter, sobald er die Macht erhält zu bestimmen, welche Fahrten mit dem Kraftfahrzeug ausgeführt werden[446], oder – wie der BGH dies formuliert[447] – sobald er „die tatsächliche Verfügung über das Kraftfahrzeug frei ausüben kann". Hinzukommen muß allerdings, daß er das Kraftfahrzeug auf eigene Rechnung gebraucht – hieran kann es fehlen, wenn dem Entleiher keinerlei Unkosten aus den Fahrten erwachsen[448] – und daß der Gebrauch nicht nur ganz vorübergehend ist. Ist ihm das Kraftfahrzeug nur zu einer Fahrt überlassen, so wird er nicht Halter[449]. Das LG Berlin[450] hat entschieden, daß der Mieter eines Selbstfahrer-Kraftfahrzeugs Halter werde, wenn die Fahrt nicht festgelegt sei, und zwar auch, wenn der Mietvertrag nur für einen Tag abgeschlossen sei. Das OLG Hamm[451] hat ein Mädchen als Halterin angesehen, das von ihrem Vater das Recht erhielt, mit seinem Wagen drei Tage zu fahren und das Fahrziel selbst zu bestimmen. Die beiden letztgenannten Entscheidungen erscheinen jedoch zu weitgehend. Die Haltereigenschaft ist kein augenblicklicher Zustand, sondern ein solcher von gewisser Dauer. Zwar läßt sich keine starre Mindestzeit festlegen, bei einer Überlassung für wenige Tage wird es allerdings an der erforderlichen Dauerhaftigkeit fehlen. Im übrigen ist die Frage von Fall zu Fall auch unter Berücksichtigung der Intensität und der Selbständigkeit der Nutzung zu beantworten[452] (vgl. Rdn. 257 f).

---

438 OLG Koblenz VRS 65, 475.
439 OLG Hamm DAR 1976, 25.
440 RGZ 120, 160; BGH VersR 1960, 635; OLG Zweibrücken VAE 1943, 100.
441 Zu weitgehend daher RGZ 93, 224; BGHZ 5, 269; wie hier OLG Zweibrücken VRS 57, 375.
442 RG JW 1938, 2354.
443 BGHZ 5, 269.
444 BGH VersR 1957, 719.
445 OLG Köln DAR 1935, 57.
446 OLG Hamburg Recht 1919, Nr. 822.
447 BGHZ 32, 333.
448 OLG Zweibrücken VAE 1943, 100.
449 BGHZ 32, 334; 37, 311; OLG Rostock JW 1933, 855; OLG Karlsruhe DAR 1934, 41.
450 DAR 1936, 83.
451 DAR 1956, 111.
452 Beispiele aus der Rechtsprechung: RGZ 127, 177; RG VAE 1944, 14; BGHZ 5, 269; 32, 331; BGH VersR 1978, 233; OLG Hamm VersR 1991, 220; OLG Stuttgart DAR 1935, 56; OLG München VAE 1936, 281; OLG Köln DAR 1938, 268; OLG Zweibrücken VAE 1943, 100; OLG Düsseldorf MDR 1956, 677; LG München II VersR 1956, 182.

f) Der **Nießbraucher** ist Halter, wenn er das Kraftfahrzeug für eigene Rechnung gebraucht und die umfassende Verfügungsgewalt hierüber besitzt[453]. 261

g) Beim **Leasing** wird der Leasingnehmer Halter, während der Leasinggeber die Halterstellung in der Regel verliert[454]. Ausnahmsweise bleibt er Mithalter, wenn ihm Weisungsbefugnisse hinsichtlich des Einsatzes des Fahrzeugs und der einzelnen Fahrten vertraglich zugestanden wurden und er in der Lage war, diese auszuüben[455]. 262

h) Während des Aufenthalts in einer **Reparaturwerkstätte** ändert sich an der Halterstellung nichts. Probefahrten, die mit dem Kraftfahrzeug durchgeführt werden, werden in Vertretung des Bestellers ausgeführt. Weder der Angestellte oder Arbeiter, der die Fahrt ausführt, ist Halter, noch der Inhaber der Werkstatt[456]. Allerdings ist der Inhaber der Reparaturwerkstatt gegenüber dem Halter vertraglich verpflichtet, mit dem instandzusetzenden Fahrzeug so zu verfahren, daß sein Halter nicht von Dritten in Anspruch genommen wird[457]. Leiht oder vermietet der Inhaber der Werkstatt dem Kunden während der Reparaturzeit ein Kraftfahrzeug, so gelten die für Leihe und Miete (Rdn. 256 ff) aufgestellten Grundsätze. 263

i) Für **Sammelgaragen**, in denen die Angestellten des Garagenunternehmens vom Kunden ermächtigt sind, den abgestellten Wagen des Kunden nach Bedarf an eine andere Stelle der Garage zu fahren, gilt das gleiche wie für Reparaturbetriebe (vgl. Rdn. 263)[458]. 264

k) **Angestellte oder Arbeiter** fahren die dem Unternehmen gehörenden Kraftfahrzeuge in Vertretung des Unternehmers. Mithin ist dieser Halter, nicht aber der Angestellte oder Arbeiter (Rdn. 237). Das gilt auch für leitende Angestellte[459]. Ob der Unternehmer eine natürliche oder juristische Person ist, macht keinen Unterschied (vgl. Rdn. 269). 265

Hat der Angestellte oder Arbeiter das Recht, das dem Unternehmen gehörende Kraftfahrzeug auch zu **Privatfahrten** zu benutzen, so ist er neben dem Unternehmer Halter des Kraftfahrzeugs[460]. Dasselbe gilt, wenn der Arbeitnehmer ein ihm gehörendes Kraftfahrzeug mit Billigung des Unternehmers teilweise für Zwecke des Unternehmers (insoweit also in Vertretung des Unternehmers) fährt[461]. 266

l) **Handelsvertreter** sind in der Regel unter Ausschluß des Geschäftsherrn Halter der von ihnen beruflich benutzten Kraftfahrzeuge auch dann, wenn diese im Eigentum des Geschäftsherrn stehen[462]. Dieser ist nur dann neben dem Handelsvertreter Halter, wenn er ein Weisungsrecht des Inhalts hat, daß er Einfluß auf die Durchführung einzelner Fahrten nehmen kann[463], oder wenn er das Kraftfahrzeug gelegentlich auch für eigene geschäftliche Zwecke oder für Privatfahrten benutzt[464]. Wegen ihrer relativ selbständigen Stellung können Handelsvertreter in der Regel nicht als „Vertreter" des Geschäftsherrn im Sinne von Rdn. 240 angesehen werden. Abzulehnen ist die Ansicht des Reichsgerichts, der Geschäftsherr sei dann Halter, wenn der Handelsvertreter ihm sein Fahrzeug sicherungsübereignet habe[465]. Die vom Reichsgericht gegebene Begründung, 267

---

453 RGZ 78, 182.

454 BGH VersR 1983, 656.

455 BayObLG DAR 1985, 227.

456 RGZ 79, 312; 91, 272; 91, 304; 150, 137; KG JW 1929, 2063; *Greiff* DAR 1936, 71.

457 KG VAE 1936, 579.

458 OLG Hamburg VersR 1960, 330.

459 OLG Hamm NJW 1955, 1162 m. Anm. *Bruns*; OLG Bremen NJW 1955, 1163.

460 OLG Hamm VRS 17, 382; VGH Mannheim NJW 1987, 3030.

461 BGHZ 13, 358; OLG Köln DAR 1941, 17.

462 RG VAE 1937, 172; **a. A.** RG DAR 1933, 173.

463 RG VAE 1939, 31.

464 OLG Zweibrücken DAR 1933, 56.

465 RGZ 141, 404; ebenso OLG Karlsruhe HRR 1935, Nr. 1151.

der Geschäftsherr habe einen wirtschaftlichen Vorteil davon, daß der Handelsvertreter ein Kraftfahrzeug benutze, reicht für die Begründung der Haltereigenschaft nicht aus[466].

268 m) **Für Beamte** gelten die oben (Rdn. 265) für Angestellte und Arbeiter aufgestellten Grundsätze. Verwendet ein Beamter sein Dienstfahrzeug nur für Dienstfahrten, so ist ausschließlich die Behörde Halter[467]; verwendet er es auch für Privatfahrten, so wird er hierdurch neben seinem Dienstherrn Halter[468], auch wenn das Kraftfahrzeug seinem Dienstherrn gehört. Dasselbe gilt für ein „beamteneigenes" Kraftfahrzeug und für ein „anerkannt privateigenes" Kraftfahrzeug. In diesen beiden Fällen handelt es sich um ein Kraftfahrzeug, das der Beamte zwar vorwiegend für dienstliche Zwecke benützt, aber auch – wenn auch nur in geringem Umfang – zu Privatfahrten verwenden kann[469]. Benützt der Beamte ein ihm gehörendes Kraftfahrzeug mit Zustimmung des Dienstherrn für eine bestimmte Dienstfahrt, so wird hierdurch der Dienstherr nicht Halter, auch wenn er Kilometergeld bezahlt. Der Beamte bleibt vielmehr allein Halter[470].

269 n) **Juristische Personen, Gesellschaften.** Auch eine juristische Person kann Halter sein[471]. Fährt der Alleingesellschafter einer Einmann-GmbH einen Wagen nur für Zwecke des Unternehmens, so ist nicht der Gesellschafter, sondern die Gesellschaft Halter[472]. Da die offene Handelsgesellschaft und die Kommanditgesellschaft selbständig Rechte und Pflichten haben können (§ 124 HGB), können sie Halter eines Kraftfahrzeugs sein. Die Gesellschafter sind – ebenso wie bei der GmbH oder AG – nicht Halter, außer wenn sie ein Kraftfahrzeug der Gesellschaft auch für Privatfahrten benutzen[473]. Gleiches gilt für den stillen Gesellschafter[474]. Auch eine politische Partei kann Halter sein[475]. Eine Gesellschaft des bürgerlichen Rechts kann nicht Halter sein, weil ihr die Rechtspersönlichkeit fehlt[476]. Sind z. B. zwei Ärzte Inhaber einer Klinik, so sind beide Halter des der Berufsausübung dienenden Kraftfahrzeugs. Das gilt auch, wenn nur einer von beiden Eigentümer des Kraftfahrzeugs ist. Ist dagegen nur einer von beiden Inhaber der Klinik, der andere aber sein Angestellter, so ist nur der Inhaber der Klinik Halter, wenn der angestellte Arzt das Kraftfahrzeug nicht für Privatfahrten verwenden darf und verwendet.

270 o) **Auftragsverwaltung.** Leitet das Land im Rahmen der Auftragsverwaltung den Einsatz der dem Bund gehörenden Kraftfahrzeuge, so liegt die Verfügungsgewalt ausschließlich beim Land und nur dieses ist Halter[477].

271 p) Ein durch **Verwaltungsakt** in Anspruch genommenes oder beschlagnahmtes Kraftfahrzeug wechselt den Halter nicht, solange es von der Behörde nicht in Betrieb genommen wird. Geschieht dies, so wird diejenige Person oder öffentliche Körperschaft allein Halter, deren Verwaltungsaufgaben durch den Betrieb des Kraftfahrzeugs erfüllt werden[478]. Dies gilt auch, wenn die Inanspruchnahme nur einige Tage dauert. Wird

---

466 Vgl. auch *Weigelt* DAR 1936, 103.
467 OLG Schleswig VkBl. 1951, 171.
468 OLG Schleswig aaO; OLG Celle VersR 1960, 764.
469 RGZ 165, 372; OLG Celle VersR 1960, 764; *Voss* VersR 1955, 201.
470 BGHZ 29, 43.
471 BGH VersR 1958, 646.
472 KG DAR 1939, 177, zweifelnd OLG Celle JW 1937, 1074 m. Anm. *Müller.*
473 OLG Celle JW 1937, 1074, wo allerdings zu Unrecht angenommen wird, während einer persönlichen Fahrt sei der Gesellschafter nicht Mithalter, Rdn. 242.
474 BGH VersR 1962, 509.
475 RG VAE 1942, 33.
476 A. A. *Weimar* VP 1965, 163.
477 OLG München VkBl. 1957, 308.
478 RGZ 167, 12; OLG Frankfurt VRS 1, 110.

das beschlagnahmte Kraftfahrzeug einem anderen zum Gebrauch zugewiesen, so wird dieser in dem Augenblick Halter, in dem er das Kraftfahrzeug in Gebrauch nimmt. Gleichzeitig erlischt die Haltereigenschaft des Eigentümers[479]. Die Polizei, die einen verkehrswidrig geparkten Wagen abschleppen läßt, wird nicht Halter; denn sie handelt nur in Vertretung des Halters. Gleiches gilt, wenn die Polizei einen Wagen wegen Trunkenheit des Fahrers sicherstellt[480].

q) Die **Pfändung** eines Kraftfahrzeugs durch den Gerichtsvollzieher macht weder diesen oder den Staat noch den Vollstreckungsgläubiger zum Halter. Die bisherige Halterstellung bleibt vielmehr erhalten, auch wenn das Kraftfahrzeug nicht mehr benutzt werden kann, denn einen halterlosen Zustand darf es nicht geben. Mit der Übergabe an den Ersteigerer geht dann auch die Halterstellung auf diesen über. **272**

r) Der **Testamentsvollstrecker**, der ein Handelsgeschäft treuhänderisch für den Erben betreibt, wird Mithalter des zur Betriebseinrichtung gehörenden Kraftfahrzeugs[481]. **273**

s) Bei **Eheleuten** hängt die Frage, ob einer von ihnen Halter ist oder ob sie Mithalter sind, von der jeweiligen Ausgestaltung des Benutzungsverhältnisses ab. Trägt z. B. der Ehemann allein die Kosten des Kraftfahrzeugs und stellt er es seiner Frau nur zu gelegentlichen Fahrten zu Verfügung, so ist nur er Halter. Anders ist es hingegen, wenn beide für die Kosten aufkommen und das Kraftfahrzeug abwechselnd nutzen; es sind dann beide Halter, und zwar durchgehend, d. h. nicht nur während der von ihnen ausgeführten Fahrten. Wird ein Kraftfahrzeug nur im Geschäftsbetrieb der Ehefrau genutzt, so ist diese allein Halter auch dann, wenn das Kraftfahrzeug vom Ehemann gefahren wird[482]. Ist dagegen das auf Namen und Rechnung des einen Ehegatten laufende Kraftfahrzeug dem anderen zu völlig freier Verfügung überlassen, so ist letzterer Halter (vgl. Rdn. 236)[483]. **274**

t) Der Eigentümer eines **Anhängers** wird nicht zum Kraftfahrzeughalter, wenn sein Anhänger an das Kraftfahrzeug eines anderen Halters angehängt wird[484]. **275**

u) **Unbefugter Gebrauch.** Halter wird auch, wer ein fremdes Kraftfahrzeug, ohne hierzu befugt zu sein, für eigene Zwecke und nicht nur ganz vorübergehend in Betrieb setzt. Der Dieb wird mithin in dem Augenblick Halter, in dem er das fremde Kraftfahrzeug in Betrieb setzt[485]. Dagegen wird derjenige, der sich ohne Zueignungsabsicht nur vorübergehend den Gebrauch eines Kraftfahrzeugs anmaßt oder der das Fahrzeug nur zum Zweck des Ausschlachtens entwendet[486], nicht Halter. Dementsprechend erlischt die Haltereigenschaft des bisherigen Halters nicht, wenn sich eine unbefugte Person nur vorübergehend in den Besitz des Kraftfahrzeugs setzt (für einen Tag oder einige Tage), um das Kraftfahrzeug dem bisherigen Halter nach Gebrauch wieder zukommen zu lassen, während bei längerdauernder Entziehung durch einen Dieb die Halterstellung verloren geht[487]. Zu beachten ist aber, daß bei Diebstahl der bisherige Halter auch nach Erlöschen seiner Haltereigenschaft gemäß der Ausnahmevorschrift in Absatz 3 Satz 1 zweiter Halbsatz neben dem Dieb wie ein Halter haftet, wenn er den Diebstahl durch sein Verschulden ermöglicht hat[488] (vgl. Rdn. 303). Der bisherige Hal- **276**

[479] OLG Dresden VAE 1941, 182; OLG Frankfurt VRS 1, 110.
[480] BGH VersR 1956, 219.
[481] BGH Betrieb 1974, 2197.
[482] KG VRS 45, 220.
[483] Für den Fall der Zuweisung bei Getrenntleben OLG Koblenz NJW 1991, 3224.
[484] BGHZ 20, 385.
[485] RGZ 138, 320.
[486] KG NZV 1989, 273.
[487] BGH NZV 1997, 116.
[488] RGZ 138, 320; OLG Nürnberg VersR 1958, 202; *Stelzer* VersR 1958, 388.

ter haftet aber nach Absatz 3 Satz 2 nach dem Erlöschen seiner Haltereigenschaft nicht neben dem unbefugten Benutzer weiter, wenn er diesen für den Betrieb des Kraftfahrzeugs angestellt oder ihm das Kraftfahrzeug aus anderem Grund überlassen hat (Rdn. 304).

277 v) Der **Veranstalter einer Motorsportveranstaltung** wird nicht zum Halter der teilnehmenden Fahrzeuge[489].

IX. Die Ersatzpflicht bei unbefugter Kraftfahrzeugbenutzung

1. Geschichtliche Entwicklung

278 Die ursprüngliche Fassung des Abs. 3 lautete:

„Wird das Fahrzeug ohne Wissen und Willen des Fahrzeughalters von einem anderen in Betrieb gesetzt, so ist dieser anstelle des Halters zum Ersatz des Schadens verpflichtet."

Die Haftung des Halters bei Schwarzfahrten von Angestellten und Personen, denen er das Kraftfahrzeug überlassen hatte, wurde durch diese Fassung in der Regel nicht ausgeschlossen; denn bei solchen Fahrten war das Kraftfahrzeug meist mit Wissen des Halters in Betrieb gesetzt worden. Man empfand dies nach dem ersten Weltkrieg, als der Kraftverkehr einen starken Aufschwung nahm, als Unbilligkeit und erweiterte deshalb durch Neufassung der Vorschrift mit Gesetz vom 21. 7. 23 (RGBl. I 743) die Haftungsfreiheit des Halters auf die genannten Fälle. Abs. 3 lautete jetzt:

„Benutzt jemand das Fahrzeug ohne Wissen und Willen des Fahrzeughalters, so ist er anstelle des Halters zum Ersatze des Schadens verpflichtet. Daneben bleibt der Halter zum Ersatze des Schadens verpflichtet, wenn die Benutzung des Fahrzeugs durch sein Verschulden ermöglicht worden ist."

Somit kam es nun nicht mehr darauf an, ob das Kraftfahrzeug mit Willen des Halters in Betrieb gesetzt wurde, sondern darauf, ob die Benutzung des Kraftfahrzeugs im Augenblick des Unfalls dem Willen des Halters entsprach[490]. Das Gesetz vom 7. 11. 39 verfolgte den umgekehrten Zweck. Nun glaubte man, die bisher von Rechtsprechung und Schrifttum gebilligte und befürwortete Regelung „widerspreche unzweifelhaft dem Rechtsempfinden des Volkes"[491]; es sei unbillig, daß der Halter bei einer Schwarzfahrt seines Angestellten oder einer Person, der er das Kraftfahrzeug überlassen hatte, von der Haftung frei werde. Anstatt aber die ursprüngliche Fassung wiederherzustellen, fügte man einen neuen Satz an, der für solche Fälle die bisherige Regelung für unwirksam erklärte. Die Entstehungsgeschichte erklärt die unglückliche Fassung des Abs. 3, die den irrigen Schluß nahelegt, daß ein für den Betrieb des Kraftfahrzeugs Angestellter oder eine Person, der das Kraftfahrzeug zur Benutzung überlassen wurde, in keinem Fall als Halter hafte (vgl. Rdn. 279).

2. Bedeutung des § 7 Abs. 3

279 Für das richtige Verständnis des Abs. 3 ist es wichtig, sich vor Augen zu halten, daß die unbefugte Benutzung des Kraftfahrzeugs dann, wenn sie nicht nur vorübergehender Art ist, zum Halterwechsel führt, d. h. daß der frühere Verfügungsberechtigte seine Halterstellung verliert und der unbefugte Benutzer Halter wird (Rdn. 239). In solchen

---

[489] Vgl. österr. OGH ZVR 1989, 231 unter Aufgabe der früheren Rechtsprechung und Darstellung der abweichenden Rechtslage in der Schweiz.

[490] Vgl. auch RGZ 119, 352; 161, 149.

[491] Amtl. Begründung DJ 1939, 1771.

Fällen ergibt sich die Haftung des unbefugten Benutzers bereits aus Abs. 1, so daß Abs. 3 insoweit keine konstitutive Wirkung hat.

Abs. 3 Satz 1 hat somit nur folgende Bedeutung: 280

- auch die unbefugte Benutzung, die nicht zu einem Halterwechsel führt (sog. Schwarzfahrt), bewirkt, daß nur der Benutzer nach § 7 haftet, die Haftung des Verfügungsbefugten aber entfällt: Der Fall der vorübergehenden wird also dem der endgültigen Entziehung des Fahrzeugs haftungsrechtlich gleichgestellt (1. Halbsatz);
- bei schuldhaftem Ermöglichen der unbefugten Benutzung haftet der Verfügungsbefugte auch dann neben dem Benutzer weiter, wenn er infolge der Entziehung nicht mehr Halter ist: Insoweit wird also der Fall der endgültigen Entziehung dem der vorläufigen gleichgestellt (2. Halbsatz).

Die Funktion von Abs. 3 Satz 1 ist somit darin zu sehen, daß bei unbefugter Benutzung **ohne** Halterwechsel die gleiche Haftungssituation eintritt wie bei unbefugter Benutzung **mit** Halterwechsel. Zur Verdeutlichung möge folgendes Schema dienen, wobei H für den (bisherigen) Halter und U für den unbefugten Benutzer steht: 281

		Rechtslage ohne Abs. 3 Satz 1	Rechtslage nach Abs. 3 Satz 1
unbefugte Benutzung	Halterwechsel	H haftet nicht U haftet	H haftet nicht U haftet
nicht verschuldet	kein Halterwechsel	H haftet U haftet nicht	H haftet nicht U haftet
unbefugte Benutzung	Halterwechsel	H haftet nicht U haftet	H haftet U haftet
verschuldet	kein Halterwechsel	H haftet U haftet nicht	H haftet U haftet

Abs. 3 Satz 2 regelt den Exzess des befugten Benutzers. Auch hier ist wieder zu unterscheiden, ob es zum Halterwechsel kommt (der Angestellte oder Entleiher unterschlägt das Kraftfahrzeug) oder nicht (er macht eine nicht genehmigte Spritztour). Die Haftungsfolge läßt sich dann aus obigem Schema („Rechtslage ohne Abs. 3 Satz 1") ablesen. Die wesentliche Funktion des Satzes 2 besteht somit darin, daß es dann, wenn kein Halterwechsel stattfindet, bei der ausschließlichen Gefährdungshaftung des Halters verbleibt (vgl. Rdn. 319). 282

3. Benutzung ohne Wissen und Willen des Halters

Das entscheidende Merkmal für die Anwendbarkeit des Abs. 3 ist, ob das Kraftfahrzeug ohne Wissen und Willen des Halters benutzt wird. 283

a) **Benutzt** wird ein Kraftfahrzeug von demjenigen, der es für sich in Gebrauch nimmt. Darauf, ob er es auch selbst lenkt, kommt es nicht an, solange es in seinem Interesse gefahren wird[492]. Ob er es auf Dauer oder nur ganz vorübergehend nutzen will, ist insofern ohne Bedeutung; dieses Kriterium entscheidet aber u. a. darüber, ob er Halter des Kraftfahrzeugs wird oder ob es bei der bisherigen Halterstellung verbleibt (vgl. Rdn. 239). Wer ausschließlich im Interesse eines anderen fährt, ist nicht Benutzer, auch wenn der andere in Wirklichkeit keine Genehmigung des Halters hatte, das Kraft- 284

[492] BGH VRS 12, 89; VersR 1961, 348.

fahrzeug für sich einzusetzen[493]. Keine unbefugte Benutzung liegt mithin z. B. dann vor, wenn der vom Halter mit der Durchführung einer Fahrt beauftragte Fahrer einem anderen ohne Erlaubnis des Halters die Lenkung des Kraftfahrzeugs überläßt, ohne daß der Zweck der Fahrt geändert würde[494].

285 **Bei Zusammenwirken mehrerer** zum Zweck der unbefugten Benutzung eines fremden Kraftfahrzeugs sind diese sämtlich unbefugte Benutzer und haften als Gesamtschuldner.

286 Wer nur bei einem anderen **mitfährt**, ohne entscheidenden Einfluß auf die Gestaltung der Fahrt auszuüben, ist nicht Benutzer des Kraftfahrzeugs. Hat der Fahrgast allerdings den anderen erst dazu bestimmt, das Kraftfahrzeug unbefugt zu benutzen, so ist in der Regel auch der Fahrgast unbefugter Benutzer geworden, denn Benutzer des Kraftfahrzeugs kann auch sein, wer es nicht lenkt, sondern einen anderen mit der Lenkung beauftragt (Rdn. 284). Es kann deshalb sogar der Fall eintreten, daß ein unbefugter Benutzer (unter Vorspiegelung eines in Wirklichkeit nicht bestehenden Einverständnisses des Halters) den vom Halter für den Betrieb des Kraftfahrzeugs Angestellten beauftragt, eine Fahrt auszuführen[495].

287 b) **Ohne Wissen und Willen.** Entscheidendes Merkmal ist der Wille. An der Anwendbarkeit des Abs. 3 ändert sich daher – entgegen wortgetreuer Auslegung – nichts, wenn der Halter zufällig von der gegen seinen Willen erfolgenden Benutzung weiß (z. B. weil das Kraftfahrzeug vor seinen Augen gestohlen wird).

288 **Nachträgliches Einverständnis des Halters** mit der Benutzung durch den Unbefugten macht diesen zum befugten Benutzer. Darauf, ob der Halter sein Einverständnis mit der Unfallfahrt vor oder nach dem Unfall erklärt, kommt es nicht an[496]. Eine Genehmigung der Benutzung des Kraftfahrzeugs durch den Unbefugten für die Zukunft ist darin zu sehen, daß der Halter von der Benutzung erfährt und, obwohl ihm dies möglich wäre, nichts unternimmt, sie für die Zukunft zu verhindern. Im übrigen kommt ein stillschweigendes Einverständnis des Halters mit der Fahrt nur in Frage, wenn er von der Absicht des Benutzers Kenntnis hatte[497]. Bei Mithalterschaft genügt das Einverständnis eines der Halter, um eine unbefugte Benutzung auszuschließen. Zu beachten ist, daß bei langfristiger Gebrauchsüberlassung, etwa eines Mietfahrzeugs, die Halterstellung übergegangen sein kann, so daß dann das Einverständnis des neuen Halters, z. B. des Mieters, entscheidet (vgl. Rdn. 239).

289 **Das Einverständnis des Vertreters des Halters** macht die Benutzung des Kraftfahrzeugs ebenso zu einer befugten wie das Einverständnis des Halters selbst[498].

4. Die Haftung des unbefugten Benutzers

290 a) **Überblick.** Bei Übergang der Halterstellung (vgl. Rdn. 239) ergibt sich die Haftung unmittelbar aus Abs. 1. Wird der unbefugte Benutzer dagegen nicht zum Halter (insbesondere bei nur vorübergehender Benutzung), so greift Abs. 3 Satz 1 1. Halbsatz ein, der den Benutzer haftungsrechtlich einem Halter gleichstellt. Ausgeschlossen ist die Gefährdungshaftung des unbefugten Benutzers aber nach Abs. 3 Satz 2, wenn er für den Betrieb des Kraftfahrzeugs angestellt ist oder wenn ihm das Kraftfahrzeug vom Halter überlassen worden ist („Exzeß des befugten Benutzers"; vgl. Rdn. 292).

291 b) Zum **Begriff der unbefugten Benutzung** vgl. Rdn. 283 ff.

---

493 *Koffka* VAE 1939, 413.
494 RG DAR 1931, 379; OLG Bamberg VRS 7, 334; unentschieden RG JW 1932, 2013.
495 Vgl. OLG Dresden VAE 1938, 151.
496 RG RdK 1928, 332.
497 RG VAE 1939, 33.
498 RG DAR 1932, 284; BGH DAR 1955, 87.

c) **Haftungsausschluß bei Exzeß des befugten Benutzers** (Abs. 3 Satz 2). Satz 2 des Abs. 3 hat nicht nur die Funktion, die Haftung des Halters bei Schwarzfahrten von Angestellten und sonstigen berechtigten Benutzern entgegen Satz 1 aufrechtzuerhalten, sondern er bewirkt zugleich, daß die bezeichneten Benutzer von der haltergleichen Gefährdungshaftung freigestellt werden[499]. Dies ergibt sich eindeutig aus dem Wortlaut der Vorschrift, die einer Korrektur durch restriktive Interpretation insoweit nicht bedarf. Es ist kein Grund ersichtlich, der es erfordern würde, den Benutzer neben dem Halter der strengen Haftung nach § 7 zu unterwerfen. Sinn des Satzes 2 ist, bei gewollter Gebrauchsüberlassung den Halter nicht aus seiner Gefährdungshaftung zu entlassen, weil er durch Auswahl seiner Vertrauensperson das Risiko zu beeinflussen vermag, während bei der von vornherein unberechtigten und nicht schuldhaft ermöglichten Gebrauchsanmaßung der Halter von dieser Haftung nach Satz 1 frei werden soll. Im letzteren Fall bedarf es, um gleichwohl einen nach § 7 Verantwortlichen zu schaffen, der Konstituierung der haltergleichen Haftung des Benutzers nach Satz 1, im Fall des Satzes 2 hingegen besteht ein solches Bedürfnis nicht. 292

aa) **Anstellung für den Betrieb des Kraftfahrzeugs** liegt bei jedem vor, der vom Halter oder seinem Vertreter beauftragt ist, entweder das Kraftfahrzeug selbst zu lenken oder den Einsatz des Kraftfahrzeugs im einzelnen zu bestimmen. Dagegen gehört zu diesem Personenkreis nicht ohne weiteres jede Person, die vom Halter oder seinem Vertreter beauftragt ist, sonstige zum Betrieb des Kraftfahrzeugs gehörende Verrichtungen (z. B. Beladen, Abladen, Abkuppeln des Anhängers) vorzunehmen, insbesondere nicht der Beifahrer. Dieser ist für den Betrieb des Kraftfahrzeugs nur dann angestellt, wenn er den Fahrer abzulösen[500] oder ihm Weisungen für den Einsatz des Kraftfahrzeugs zu geben hat[501]. Wer vom Halter nicht beauftragt ist, das Kraftfahrzeug regelmäßig, aushilfsweise oder unter besonderen Umständen (z. B. nach Reparaturarbeiten) zu fahren, ist nicht „für den Betrieb angestellt" (wie z. B. der Wagenwäscher, Garagenwächter, Schaffner), denn der Begriff des „für den Betrieb Angestellten" deckt sich nicht mit dem Begriff des „bei dem Betrieb Beschäftigten" im Sinne des Abs. 2 (Rdn. 469)[502]. Der Wagenwäscher ist aber z. B. dann „angestellt", wenn er die Autoschlüssel erhält, um den Wagen zum Waschen zu fahren. Ein für den Betrieb Angestellter behält diese Eigenschaft auch dann, wenn er die Lenkung des Kraftfahrzeugs einem anderen überläßt, der in seinem Interesse oder im Interesse des Halters die Fahrt fortsetzt oder eine weitere Fahrt unternimmt. Sind für einen Halter mehrere Kraftfahrzeuge im Einsatz, so ist jeder für den Betrieb eines dieser Kraftfahrzeuge Angestellte auch für den Betrieb der anderen angestellt, selbst wenn es ihm verboten ist, sie zu fahren[503]. Der Ausdruck „angestellt" umfaßt jede entgeltliche Beschäftigung ohne Rücksicht auf den arbeitsrechtlichen Charakter. 293

bb) **Überlassung des Kraftfahrzeugs** bedeutet, daß der Halter einer anderen Person die tatsächliche Benutzungsmöglichkeit eingeräumt hat, ohne daß der andere Halter wird. Es handelt sich vor allem um manche Fälle der Leihe und Miete und diejenigen, in denen der Arbeitgeber einem Arbeitnehmer die Befugnis einräumt, ein Kraftfahrzeug des Halters für sich zu benutzen. Schließlich gehören hierher auch alle Fälle, in denen sich der Halter eines „Vertreters" (Rdn. 240) bedient; auch diesem ist das Kraftfahrzeug „überlassen". Hat der Halter bei der Überlassung Anordnungen dahin getroffen, daß 294

---

499 *Krumme* 39.
500 BGH VersR 1954, 84.
501 OLG Celle DAR 1951, 159.
502 BGH VRS 10, 2.
503 OLG Köln VersR 1958, 112.

der Berechtigte das Kraftfahrzeug nur benutzen dürfe, wenn es von einem bestimmten Fahrer gelenkt werde, so ist dies in diesem Zusammenhang ohne Bedeutung[504]. Dasselbe gilt, wenn der Halter die Benutzung des Kraftfahrzeugs nur auf einer bestimmten Strecke gestattet hat. „Überlassung" liegt nur vor, wenn sie zur Benutzung geschehen ist. Auf den Umfang und die Dauer der gestatteten Benutzung kommt es dagegen nicht an, auch nicht darauf, ob sie entgeltlich oder unentgeltlich erfolgt.

295 Keine Überlassung liegt vor, wenn der Halter eine befreundete Person beauftragt, einen Gegenstand aus dem Wagen zu holen oder den Wagen zu öffnen, damit er, mit einem Kleinkind nachkommend, sofort einsteigen kann[505]. Die Überlassung eines Kraftfahrzeugs an eine Reparaturwerkstatt in Kenntnis des Umstands, daß eine Probefahrt ausgeführt werden wird, ist Überlassung an den Inhaber der Werkstatt und die von diesem mit der Probefahrt Beauftragten[506]. Wer dem Betreiber einer Sammelgarage oder Werkstatt oder einem Gastwirt die Autoschlüssel zum Rangieren des Wagens aushändigt, überläßt das Kraftfahrzeug[507].

296 cc) Bei **Schwarzfahrt eines Dritten mit dem einer Vertrauensperson überlassenen Kraftfahrzeug** sind folgende Fälle zu unterscheiden:

297 – Hat die Vertrauensperson den Dritten in ihrem eigenen Interesse mit dem Führen des Kraftfahrzeugs **beauftragt**, so bleibt sie Benutzer (z. B. wenn der angestellte Führer des Kraftfahrzeugs wegen Übermüdung das Steuer einem Mitglied der Lademannschaft übergibt). Ihre Haftung ist daher nach Abs. 3 Satz 2 ausgeschlossen, wenn sie eine unbefugte Fahrt veranlaßt. Der Dritte ist in diesem Fall kein Benutzer im Sinne des Abs. 3 (Rdn. 284).

298 – **Weicht der beauftragte Dritte von seinem Auftrag ab**, so ist die Vertrauensperson, wenn es bei der Schwarzfahrt zu einem Unfall kommt, in diesem Zeitpunkt nicht mehr Benutzer und Abs. 3 schon aus diesem Grund nicht anwendbar. Der Dritte ist aber unbefugter Benutzer im Sinne des Abs. 3. Da ihm das Kraftfahrzeug von der Vertrauensperson des Halters überlassen wurde, wird das Haftungsprivileg des Satzes 2 aber auf ihn anzuwenden sein (Vertrauensperson zweiten Grades), ohne daß es darauf ankommt, ob der andere zu der Weiterüberlassung berechtigt war oder nicht. Die Gefährdungshaftung des Dritten kann nicht von diesem ihm oftmals nicht erkennbaren Umstand abhängig sein.

299 – Hat die Vertrauensperson die Benutzung durch den Dritten (in dessen Interesse) nur **zugelassen**, gilt Vorstehendes entsprechend.

300 – Benutzt ein Dritter das Kraftfahrzeug von vornherein **ohne Willen der Vertrauensperson** (und des Halters), so ist die Vertrauensperson nicht, der Benutzer aber nach Abs. 3 Satz 1 verantwortlich; Satz 2 ist auf diesen Fall nicht anwendbar.

301 dd) **Ende der Überlassung** ist erst die Beseitigung der tatsächlichen Möglichkeit, das Kraftfahrzeug zu benutzen. Die bloße Weisung des Halters, die Benutzung zu beenden, hat ebensowenig Wirkung wie der Ablauf des Vertragsverhältnisses zwischen Halter und Benutzer[508].

5. Die Haftung des (bisherigen) Halters

302 a) **Überblick.** Bei der unerlaubten Nutzung des Kraftfahrzeugs wird der (bisherige) Halter grundsätzlich von der Haftung nach § 7 frei. Dies ergibt sich für die Fälle, in denen er seine Haltereigenschaft verliert (vgl. Rdn. 239) aus der Nichtanwendbarkeit

---

504 BGHZ 5, 273.
505 BGH VersR 1970, 66.
506 BGH VersR 1967, 659.
507 OLG Karlsruhe VersR 1960, 565.
508 OLG Düsseldorf VRS 3, 96.

von § 7 Abs. 1, für die anderen Fälle aus § 7 Abs. 3 Satz 1[509]. Von dieser Haftungsbefreiung macht das Gesetz jedoch zwei Ausnahmen:

- bei schuldhaftem Ermöglichen der unbefugten Benutzung (Abs. 3 Satz 1 2. Halbsatz) und
- bei unbefugter Benutzung durch den, der zum Betrieb des Kraftfahrzeugs angestellt oder dem es überlassen ist (Abs. 3 Satz 2).

Hierbei ist – was sich aus dem Wortlaut nicht eindeutig ergibt – zu beachten, daß die erste Ausnahme (schuldhaftes Ermöglichen, Satz 1 2. Halbsatz) auch den Fall des Halterwechsels erfaßt, also auch eine Gefährdungshaftung des früheren Halters begründet[510]. Dies folgt aus der sinngemäßen Auslegung der Vorschrift. Ihr Sinn besteht darin, den Halter auch bei unbefugter Benutzung der strengen Haftung nach § 7 zu unterwerfen, wenn er diese Benutzung schuldhaft ermöglich hat. Es ist auch mit dem Gesetzeswortlaut ohne weiteres vereinbar, unter „Halter" im Sinne von Satz 1 2. Halbsatz den zu verstehen, der zum Zeitpunkt der Ermöglichung Halter war. **303**

Problematischer ist die Frage, ob auch die zweite Ausnahme (Satz 2) auf den Fall des Halterwechsels anzuwenden ist, d. h. ob auch beim Exzeß des befugten Benutzers der frühere, durch den Exzeß seiner Halterstellung verlustig gegangene Halter weiter (mit) haftet. Da Satz 2 nur die Anwendbarkeit von Satz 1 ausschließt, kommt es darauf an, welchen Regelungsgehalt dieser hat. Geht man davon aus, daß er im 1. Halbsatz nur den Fall der Schwarzfahrt ohne Halterwechsel betrifft (was naheliegt, da sich für den Fall des Halterwechsels die besagte Rechtsfolge schon aus § 7 Abs. 1 ergibt), so enthält auch Satz 2 keine Regelung für den Fall des Halterwechsels und es verbleibt für den Fall des Exzesses des befugten Benutzers bei der Haftungsfreiheit des früheren Halters. Zu einem anderen Ergebnis käme man nur, wenn man den 1. Halbsatz von Satz 1 so interpretieren würde, daß er den Fall des Halterwechsels deklaratorisch mit umfaßt und insoweit erst in der Umkehrung durch Satz 2 eine eigene Bedeutung bekommt mit der Wirkung, daß der die Benutzung des Kraftfahrzeugs einer Vertrauensperson überlassende Halter auch dann in der Gefährdungshaftung befangen bleibt, wenn er durch unbefugtes Handeln dieser Person seine Halterstellung verliert. Eine solche Konstruktion begegnet allerdings dogmatischen Bedenken, denn es dürfte nicht möglich sein, die Regelung einer Norm A, die in Norm B deklaratorisch wiederholt wird, dadurch aufzuheben, daß eine Norm C Norm B für unanwendbar erklärt. Es besteht auch keine sachliche Notwendigkeit, Abs. 3 Satz 2 über seinen Wortlaut hinaus auf die Fälle des Halterwechsels anzuwenden. Seine Funktion liegt darin, den unbefugten Benutzer, der nach Satz 1 an Stelle des Halters haften müßte, dann von dieser Haftung freizustellen, wenn er Vertrauensperson des Halters war und durch seinen Exzeß nicht selbst zum Halter geworden ist. Hat er sich dagegen zum Halter aufgeschwungen, so haftet er und nicht mehr der frühere Halter, wie sich aus § 7 Abs. 1 ergibt[511]. **304**

Der Fall, daß Satz 1 2. Halbsatz und Satz 2 zusammentreffen, ist praktisch kaum vorstellbar, denn es ist nicht ersichtlich, wie der Halter, der die Benutzung des Kraftfahrzeugs einem anderen überläßt, die unbefugte Benutzung durch diesen verschulden sollte. Die Haftungsfrage wäre jedenfalls nach Satz 2 in ausschließlicher Anwendung von § 7 Abs. 1, d. h. je nach Halterstellung zum Unfallzeitpunkt, zu lösen. **305**

---

509 OLG Hamm NZV 1995, 320.

510 RGZ 138, 320; OLG Nürnberg VersR 1958, 202.

511 BGH NZV 1997, 116.

306 In Rdn. 281 ist die Haftung bei unbefugter Benutzung schematisch dargestellt (maßgeblich ist die rechte Spalte). Wegen der **Beweislast** s. Rdn. 505 ff.

307 b) **Schuldhaftes Ermöglichen der unbefugten Benutzung.** Der (frühere) Halter haftet für den bei der unerlaubten Benutzung des Kraftfahrzeugs eingetretenen Unfall, wenn er die Benutzung durch sein Verschulden ermöglicht hat (vgl. hierzu § 14 StVO, § 38 a StVZO). Ihm muß also mindestens Fahrlässigkeit anzulasten sein, d. h. Außerachtlassen der im Verkehr erforderlichen Sorgfalt. Ein höheres Maß von Sorgfalt oder gar ein Unabwendbarkeitsbeweis wie in Abs. 2 wird von ihm aber nicht gefordert[512] (s. zur Beweislast auch Rdn. 506). Hinsichtlich des Verschuldenserfordernisses deckt sich § 7 Abs. 3 Satz 1 2. Halbsatz also mit dem in diesen Fällen ebenfalls einschlägigen § 823 Abs. 1 und 2 BGB. Er geht aber über die deliktische Haftung insoweit hinaus, als er die Haftung des Halters für jeden Unfall begründet, dessen Unabwendbarkeit er nicht beweisen kann (Abs. 2), während im Anwendungsbereich des § 823 BGB der Geschädigte nachweisen muß, daß der Unfall durch das Verschulden des Halters adäquat verursacht wurde[513] (vgl. § 16, 225). Dies wird häufig etwas ungenau so ausgedrückt, daß die deliktische Haftung einen „über das Ermöglichen einer Schwarzfahrt hinausgehenden Verstoß" des Halters voraussetzt[514].

308 aa) Nur **eigenes Verschulden** begründet die Haftung des Halters nach § 7 Abs. 3 Satz 1; das Verschulden eines Angestellten oder einer sonstigen Hilfsperson wird ihm mangels einer einschlägigen Zurechnungsnorm nicht angelastet[515]. § 278 BGB greift nicht ein, weil zwischen Halter und späterem Geschädigten noch kein Schuldverhältnis besteht.

309 bb) **Kausalzusammenhang** muß zwischen dem Verschulden und der unbefugten Benutzung bestehen. Daher haftet der Halter nicht nach § 7 Abs. 3, der sein Kraftfahrzeug mit einer unversperrten Tür auf der Fahrbahn stehen ließ, wenn der Benutzer eine andere Tür aufgebrochen hat[516]. Dagegen kann mit der Behauptung, der Schwarzfahrer hätte auch bei ordnungsgemäßer Sicherung Mittel gefunden, um das Fahrzeug in Betrieb zu setzen, die Kausalität nicht ausgeräumt werden: Es genügt, wenn die Mängel der Fahrzeugsicherung die unbefugte Benutzung jedenfalls nicht unerheblich erleichtert haben[517].

310 cc) Beim **Abstellen des Kraftfahrzeugs** sind grundsätzlich alle vorgeschriebenen und vorhandenen Sicherungen gegen unbefugte Benutzung zu betätigen[518], auch bei kurzzeitigem Verlassen[519].

311 Es sind also Türen und Fenster zu verschließen, der Zündschlüssel abzuziehen und aus dem Fahrzeug zu entfernen sowie das Lenkrad- oder Ganghebelschloß unter Einrasten zu verriegeln. Ein Schwenkfenster muß verschließbar sein; andernfalls haftet der Halter, auch wenn die Türen versperrt waren[520]. Türen und Fenster sind auch dann zu verschließen, wenn eine versteckt angebrachte Zündunterbrechung betätigt wird[521]. Bei Wagen ohne abschließbares Führerhaus genügt es, wenn sie ohne Benützung spezieller Schlüssel nicht in Gang gesetzt werden können[522]. Ob Pkw, die ohne Verdeck benützt werden dürfen (z. B. Kabrioletts), auch so abgestellt werden dürfen, hängt von Dauer und Örtlichkeit ab[523]. Die Türen müssen aber auch bei offenem Fahrzeug

---

512 Vgl. RGZ 119, 353; 135, 158; 136, 9; RG DRiZRspr. 1932, Nr. 510; JW 1934, 1647; VR 1936, 441; BGHZ 1, 390; BGH VersR 1960, 736; 1970, 66.

513 BGH VersR 1960, 736; 1966, 79; 1966, 166.

514 RGZ 136, 17; BGHZ 1, 390.

515 BGH NJW 1954, 392; KG VRS 61, 245.

516 OLG Köln VersR 1959, 652.

517 BGH VersR 1981, 40.

518 BGH VM 1970, 15.

519 OLG Hamm NZV 1991, 195.

520 Österr. OGH ZVR 1969, 240.

521 AG Offenbach NJW-RR 1988, 472.

522 OLG Frankfurt VersR 1983, 464.

523 Vgl. LG Aachen ZfS 1992, 126; LG Bonn VersR 1991, 221; AG Münster VersR 1991, 994.

verschlossen werden, weil die unbefugte Benutzung sonst erheblich erleichtert würde[524]. Bei Krafträdern und Mopeds müssen Zündung und Lenkung abgeschlossen sein[525]; das Abziehen des Zündkabels reicht nicht[526]. Besondere Maßnahmen, wie z. B. Ausbau der Batterie, müssen nur dann ergriffen werden, wenn das Tür- oder das Lenkradschloß gebrauchsunfähig ist[527]. Das Zurücklassen von Zweitschlüsseln im Wagen ist nicht nur objektiv pflichtwidrig, sondern in aller Regel auch fahrlässig[528].

Bleibt eine **zuverlässige Person beim Fahrzeug**, können sich derartige Vorkehrungen erübrigen[529]. Dagegen genügt es nicht, daß der Halter in der Nähe bleibt und das Kraftfahrzeug im Auge behält; in solchen Fällen ist zumindest der Zündschlüssel abzuziehen[530]. Dies gilt z. B. auch während des Bezahlens an einer Tankstelle. Schuldhaft handelt ferner, wer sich angetrunken im verschlossenen Fahrzeug schlafen legt, den Schlüssel aber sichtbar im Fahrzeug hängen läßt[531]. **312**

Beim Abstellen auf **Privatgrundstücken** sind grundsätzlich die gleichen Anforderungen zu stellen[532]. Je nach den Umständen des Einzelfalls können aber geringere Vorkehrungen als ausreichend erachtet werden[533], z. B. bei geschlossenem Tor und regelmäßigen Kontrollgängen[534]. In der verschlossenen Garage sind zumindest das Lenkradschloß einzurasten und der Zündschlüssel abzuziehen[535]; ist aber die Batterie ausgebaut, braucht bei einem in einem verschlossenen Schuppen abgestellten Kraftfahrzeug nicht zusätzlich der Zündschlüssel abgezogen und das Fahrzeug abgeschlossen zu werden[536]. Auf einem Betriebs- oder Baustellengelände kann, wenn ein Kraftfahrzeug z. B. wechselweise von verschiedenen Mitarbeitern gefahren wird, ein großzügigerer Maßstab angelegt werden[537]. Fahrlässig ist es jedoch, wenn der Zündschlüssel über das Wochenende in einem Fahrzeug belassen wird, das in einer ungenügend gesicherten Halle steht[538]. Dagegen dürfte die Aufbewahrung des Schlüssels im verschlossenen Wandschrank eines verschlossenen Bauwagens auf einem eingefriedeten Betriebsgelände auch dann den Anforderungen genügen, wenn das Betriebsgelände nicht bewacht wird[539]. Das ungesicherte Abstellen eines Kraftfahrzeugs an einer Reparaturwerkstätte oder in einer Sammelgarage (zum Zwecke des Rangierens durch das Personal) dürfte, sofern dortiger Übung entsprechend, nicht schuldhaft sein[540], fällt aber, da das Kraftfahrzeug überlassen wird, unter Abs. 3 Satz 2. **313**

dd) Beim **Verwahren der Schlüssel** zum Kraftfahrzeug ist auf die Gefahr unbefugter Benutzung Bedacht zu nehmen. Die Schlüssel (ggf. auch zur Garage) sind also so aufzubewahren, daß sie unzuverlässigen Personen nicht zugänglich sind. Dies können auch Familienangehörige oder sonstige Mitbewohner sein (auch minderjährige), jedoch nur, wenn Anhaltspunkte dafür bestehen, daß sie zu unbefugter Benutzung des Kraftfahrzeugs neigen[541]. **314**

---

524 **A. A.** OLG Düsseldorf VersR 1987, 798.
525 BGH NJW 1959, 629.
526 OLG Köln MDR 1995, 1121.
527 RGZ 138, 320; RG JW 1933, 828, 1404 m. Anm. *Peters*; KG VAE 1937, 320; LG Ulm VersR 1960, 94.
528 BGH VersR 1981, 40.
529 OLG Stuttgart VkBl. 1959, 275; zur Zuverlässigkeit s. OLG Bamberg VM 1975, Nr. 7.
530 Vgl. BGH VersR 1961, 42.
531 OLG Hamburg VersR 1971, 165.
532 OLG Düsseldorf NJW 1955, 1757 m. Anm. *Hartung*.
533 BGH VersR 1960, 1091; OLG Nürnberg VersR 1955, 767; OLG Celle DAR 1956, 138; OLG Köln VersR 1968, 561.
534 KG VersR 1982, 45.
535 Vgl. BGH VersR 1958, 413; OLG Hamburg VersR 1961, 14.
536 OLG Karlsruhe NZV 1992, 485.
537 BGH VersR 1971, 1019; s. auch OLG Frankfurt VersR 1983, 497: Vorführwagen auf nicht allgemein zugänglichem Betriebsgrundstück; LG Berlin VersR 1994, 1060 (strenger).
538 OLG Nürnberg VersR 1984, 948.
539 **A. A.** KG VM 1992, Nr. 102.
540 OLG Düsseldorf DAR 1975, 328; **a. A.** KG VersR 1968, 440.
541 Vgl. BGH VRS 8, 251; VersR 1961, 417; 1968, 575; OLG Köln DAR 1959, 297; OLG München VersR 1960, 862; 1960, 1055; OLG Oldenburg VRS 34, 241; OLG Düsseldorf VersR 1984, 895; OLG Hamm VersR 1987, 205; OLG Frankfurt VersR 1987, 54; zu restriktiv in einer Strafsache BayObLG NJW 1983, 637.

315 Mit der Wegnahme der in der Wohnung abgelegten Schlüssel durch einen vorher nie entsprechend auffällig gewordenen Bekannten braucht der Halter nicht zu rechnen[542]. Während des Aufenthalts in einer Gaststätte dürfen die Schlüssel nicht in der Tasche des Mantels bleiben, der frei zugänglich aufgehängt wird[543], wohl aber bei Abgabe an der Garderobe[544]. Auch wer die ausgezogene Jacke mit Schlüsseln und Papieren im Lokal vergißt, ermöglicht schuldhaft[545]. Vor einem Beifahrer ist der Kraftfahrzeugschlüssel auch bei nur kurzzeitiger Abwesenheit in Obhut zu nehmen, wenn Anhaltspunkte für Unzuverlässigkeit bestehen, z. B. bei Trunkenheit[546] oder einem gänzlich Unbekannten (Anhalter). Ob der Lkw-Fahrer bei einer Fahrtunterbrechung die Schlüssel vor dem Beifahrer in Verwahrung nehmen muß, wenn er diesen nicht näher kennt[547], wird von den Umständen des Einzelfalls abhängen. Zu Fahrzeugen auf Privatgrundstücken s. auch Rdn. 313.

316 ee) **Überlassen der Schlüssel** an eine andere Person begründet nur dann kein Verschulden, wenn der Halter an der Zuverlässigkeit keine Zweifel zu haben braucht[548]. Bei jungen Frauen andere Maßstäbe anzulegen als bei jungen Männern[549] erscheint nicht mehr zeitgemäß. Ein ausdrückliches Verbot, das Kraftfahrzeug zu benutzen, ist bei zuverlässigen Personen nicht erforderlich[550], während es bei unzuverlässigen in der Regel nutzlos sein wird und den Halter daher auch nicht entlastet. Werden die Schlüssel zum Zwecke der Benutzung des Kraftfahrzeugs überlassen, greift Satz 2 ein.

317 Nicht schuldhaft wird es in der Regel sein, wenn der Halter seine nicht fahrkundige Braut mit dem Schlüssel vorausschickt, damit diese für ihn und die Kinder aufschließe[551]. Gibt der Halter die Schlüssel einer zuverlässigen Person mit dem Auftrag, sie an eine bestimmte Person weiterzugeben, so trifft ihn kein Verschulden an der unbefugten Benutzung durch einen Boten, den der Beauftragte ohne sein Wissen eingeschaltet hat[552].

318 ff) **Abhandenkommen der Schlüssel.** Sind die Schlüssel unter Umständen abhandengekommen, die die Gefahr einer unbefugten Benutzung nahelegen, so ist der Halter zu besonderen Schutzvorkehrungen, z. B. Austausch des Zündschlosses, verpflichtet[553].

319 c) **Exzeß des befugten Benutzers.** Für die Schwarzfahrt einer Person, die er für den Betrieb des Kraftfahrzeugs angestellt oder der er das Kraftfahrzeug überlassen hat (Vertrauensperson) greift die Gefährdungshaftung des Halters ein, weil Abs. 3 Satz 2 den durch Satz 1 bewirkten Ausschluß von der Verantwortlichkeit nach Abs. 1 aufhebt. Dies gilt allerdings nur, solange der Halter nicht durch den Exzeß des befugten Benutzers seine Halterstellung verliert[554] (vgl. Rdn. 239). Ein Verschulden des Halters hinsichtlich der unbefugten Benutzung ist für das Eingreifen der Haftung nach § 7 nicht erforderlich.

320 aa) Zu den **Begriffen der Anstellung und Überlassung** vgl. Rdn. 293 f.

321 bb) Bei **Überlassung des Kraftfahrzeugs durch die Vertrauensperson an einen Dritten** bleibt die Haftung des Halters für eine Schwarzfahrt nach Abs. 3 Satz 2 bestehen, wenn die Vertrauensperson den Dritten in ihrem eigenen Interesse mit dem Führen des Kraftfahrzeugs beauftragt hat[555]; ob der Dritte die Schwarzfahrt auf Weisung der Vertrauensperson oder in Abweichung von seinem Auftrag unternimmt, ist hierbei ohne Be-

---

542 OLG Hamm VersR 1978, 949.
543 OLG Düsseldorf VersR 1989, 638.
544 A. A. LG Berlin VersR 1967, 788.
545 OLG Saarbrücken ZfS 1993, 295 m. Anm. *Diehl*.
546 BGH VRS 14, 197; OLG Frankfurt VersR 1986, 349 LS.
547 So BGH VersR 1960, 736.
548 Vgl. BGH VersR 1961, 417; 1970, 66; OLG Köln DAR 1957, 83.
549 So BGH VersR 1970, 66.
550 Vgl. OLG Karlsruhe VersR 1978, 262.
551 BGH VersR 1970, 66.
552 OLG Celle VersR 1961, 739.
553 OLG Hamm NZV 1990, 470.
554 BGH NZV 1997, 116.
555 BGH VersR 1957, 719; 1961, 348.

lang. Hat die Vertrauensperson das Kraftfahrzeug dem Dritten in einer Weise überlassen, daß sie selbst nicht mehr als Benutzer angesehen werden kann, der Dritte das Fahrzeug also im eigenen Interesse benutzt, so haftet der Halter ebenfalls für die Schwarzfahrt weiter[556]. Die Überlassung des Fahrzeugs an den Dritten zu dessen eigener Benutzung stellt nicht anders als die persönliche Schwarzfahrt einen Exzeß der Vertrauensperson dar, für den der Halter, der durch die Bestellung der unzuverlässigen Vertrauensperson das Risiko der Schwarzfahrt geschaffen hat, einstehen muß (vgl. auch Rdn. 299).

cc) Bei **eigenmächtiger Benutzung des einer Vertrauensperson überlassenen Kraftfahrzeugs durch einen Dritten** greift Abs. 3 Satz 2 nicht ein. Es gilt vielmehr allein Satz 1, wonach der Halter nicht haftet, es sei denn er hätte die unbefugte Benutzung schuldhaft ermöglicht, z. B. durch eine Weisung an die Vertrauensperson, das Kraftfahrzeug beim Abstellen nicht vollständig zu sichern oder durch das Unterlassen der Reparatur einer defekten Sicherungsvorrichtung. Aus diesem Grund hätte auch in dem Fall OLG Hamm VersR 1984, 1051 die Haftung des Halters verneint werden müssen, wo die Vertrauensperson das Fahrzeug einem Dritten überlassen hatte, der dann fahrlässig die unbefugte Benutzung durch einen anderen ermöglichte. 322

X. Verhältnis des Halters zu anderen Ersatzpflichtigen

1. Haftung nach außen

a) Die **Halter mehrerer Kraftfahrzeuge**, die an dem Unfall beteiligt waren, haften dem Geschädigten bei Vorliegen der Voraussetzungen nach dem StVG grundsätzlich als Gesamtschuldner (§ 840 Abs. 1 BGB analog)[557]. Bei aufeinanderfolgenden Schädigungen (Folgeunfall, Serienunfall) haftet der später hinzutretende Schädiger allerdings nur für den von ihm verursachten Zusatzschaden, und zwar je nachdem, ob dieser Zusatzschaden nach den Kausalitätsregeln auch noch dem Erstschädiger zuzurechnen ist, als Gesamt- oder als Einzelschuldner. Zum Problem der Alternativtäterschaft (wenn nicht feststellbar ist, ob der Schaden durch Kraftfahrzeug A oder Kraftfahrzeug B verursacht wurde) vgl. Rdn. 81 ff, zur Haftungsverteilung bei Mitverantwortlichkeit des Geschädigten § 9, 112 ff. 323

b) **Halter und Führer** desselben Kraftfahrzeugs haften ebenso wie Halter und Führer mehrerer unfallbeteiligter Fahrzeuge (letztere nach Maßgabe von Rdn. 323) nach außen als Gesamtschuldner[558]. 324

c) **Halter und sonstige Ersatzpflichtige** (gleich ob aus Gefährdungshaftung oder unerlaubter Handlung) haften ebenfalls, Verantwortlichkeit für denselben Schaden vorausgesetzt, analog § 840 Abs. 1 BGB als Gesamtschuldner. 325

2. Haftungsausgleich im Innenverhältnis

Der Ausgleich zwischen den Gesamtschuldnern ist für das Verhältnis zwischen mehreren Kraftfahrzeughaltern in § 17 Abs. 1 Satz 1, für das Verhältnis zwischen einem Kraftfahrzeughalter und einem Tierhalter oder Eisenbahnunternehmer in § 17 Abs. 2 i. V. m. Abs. 1 Satz 1 und für das Verhältnis des Kraftfahrzeugführers zu anderen Kraft- 326

---

[556] A. A. OLG Karlsruhe VersR 1960, 565; offengelassen in BGH VersR 1961, 348.

[557] Vgl. *Gelhaar* DAR 1954, 271.

[558] Vgl. BGH VersR 1970, 63.

fahrzeugführern, zu Haltern anderer Kraftfahrzeuge, zu Tierhaltern oder Eisenbahnunternehmern in § 18 Abs. 3 i. V. m. § 17 Abs. 1 Satz 1 geregelt. Im Verhältnis zwischen Halter und Führer desselben Kraftfahrzeugs regelt sich der Innenausgleich nach § 426 BGB, sofern zwischen ihnen keine vertraglichen Beziehungen bestehen (§ 18, 30). Beim Zusammentreffen der Halterhaftung mit sonstigen Ersatzpflichtigen gilt ebenfalls, vorbehaltlich besonderer Regelungen, § 426 BGB.

327 Der in § 840 Abs. 3 BGB zum Ausdruck kommende Rechtsgedanke, daß beim Zusammentreffen von verschuldensunabhängiger und verschuldensabhängiger Haftung beim Innenausgleich allein die letztere zum Tragen kommen soll, ist auf die Gefährdungshaftung nach § 7 nicht entsprechend anzuwenden[559]. Umgekehrt ist der nach § 7 Ersatzpflichtige aber auch nicht als Dritter im Sinne des § 840 Abs. 3 BGB anzusehen, der gegenüber einem nach §§ 833 bis 838 BGB Verantwortlichen im Innenverhältnis allein zur Schadenstragung verpflichtet wäre[560].

328 Maßgeblich für den Innenausgleich ist der jeweilige Verursachungsbeitrag. Hierbei ist, soweit die Voraussetzungen der Gefährdungshaftung erfüllt sind, die jeweilige Betriebsgefahr in Rechnung zu stellen (näher hierzu sowie zu weiteren Fragen des Ausgleichs § 17, 3 ff).

3. Haftung mehrerer nach § 7 Ersatzpflichtiger untereinander

329 a) **Ansprüche eines Halters gegen einen Mithalter desselben Kraftfahrzeugs.** Ein Kraftfahrzeug kann mehrere Halter haben (vgl. Rdn. 242 ff). Wird einer von ihnen beim Betrieb des Kraftfahrzeugs geschädigt, so kann er nicht aus § 7 einen Schadensersatzanspruch gegen den oder die anderen herleiten. In diesem Verhältnis kommen vielmehr nur die allgemeinen vertraglichen oder deliktischen Haftungsregelungen zum Zuge. Es ist nicht Sinn des § 7, den Halter vor der Betriebsgefahr seines eigenen Kraftfahrzeugs haftungsrechtlich in Schutz zu nehmen.

b) **Ansprüche des Halters gegen einen unbefugten Benutzer.** Hier ist zu differenzieren:

330 aa) Hat der Halter durch die unbefugte Benutzung seine **Haltereigenschaft verloren** (Rdn. 279), so steht er dem Kraftfahrzeug in haftungsrechtlicher Hinsicht grundsätzlich wie ein Unbeteiligter gegenüber; er hat daher Ersatzansprüche nach § 7, wenn er beim Betrieb des Kraftfahrzeugs geschädigt wird. Dies gilt aber dann nicht, wenn er die unbefugte Benutzung schuldhaft ermöglicht hat. Da seine Halterhaftung in diesem Fall erhalten bleibt (vgl. Rdn. 302), kann er nicht seinerseits Ansprüche aus der Gefährdungshaftung haben.

331 bb) Ist die **Haltereigenschaft nicht** auf den unbefugten Benutzer **übergegangen,** sondern beim bisherigen Halter verblieben, so greift § 7 nicht ein, und zwar auch dann nicht, wenn der Fall des Abs. 3 Satz 1 2. Halbsatz nicht vorliegt, also die Benutzung nicht durch Schuld des Halters ermöglicht worden ist. Der Übergang der Ersatzpflicht auf den Benutzer („an Stelle des Halters") nach Abs. 3 Satz 1 1. Halbsatz hat zur Voraussetzung, daß eine grundsätzliche Haftpflicht des Halters gegeben wäre; das ist aber bei Eigenschädigung des Halters nicht der Fall. In Frage kommt daher nur eine Haftung aus allgemeinem Recht.

---

[559] BGHZ 6, 28.

[560] OLG Hamm NJW 1958, 346; *Palandt/Thomas* § 840, 12.

c) **Ansprüche des unbefugten Benutzers gegen den Halter.** Ein Anspruch nach § 7 kann in diesem Verhältnis schon wegen § 8 nicht entstehen. Ersatzansprüche nach sonstigen Vorschriften sind theoretisch möglich, praktisch aber kaum vorstellbar. 332

d) **Ansprüche des Halters gegen den Halter eines anderen Kraftfahrzeugs.** Der Halter kann den anderen Unfallbeteiligten aus Verschuldens- und Gefährdungshaftung in Anspruch nehmen, muß sich aber den mitwirkenden Verursachungsbeitrag der Betriebsgefahr seines eigenen Kraftfahrzeugs anrechnen lassen (§ 7 Abs. 1 Satz 2; vgl. § 17, 40 ff). 333

XI. Haftungsausschluß bei unabwendbarem Ereignis

1. Überblick

a) **Gesetzgeberische Intention.** Der Gesetzgeber des KFG[561] hat es nicht für vertretbar gehalten, den Halter ohne jede Einschränkung für die vom Betrieb seines Kraftfahrzeugs ausgehenden Gefahren haften zu lassen, obwohl dies mit dem System der Gefährdungshaftung durchaus vereinbar wäre. Er hat es vielmehr zugelassen, daß sich der Halter durch den Nachweis eines unabwendbaren Ereignisses als Unfallursache von der Haftung befreien kann. Hieran hat das StVG im Gegensatz zu ausländischen Rechtsordnungen[562] trotz Pflichtversicherung und trotz der grundlegenden Veränderungen im Erscheinungsbild des Straßenverkehrs bis heute festgehalten[563]. 334

b) **Gesetzliche Konzeption.** Die Ausgestaltung des Entlastungsbeweises in § 7 Abs. 2 ist sehr kompliziert geraten. Es sind mehrere Stufen und verschiedene Kausalzusammenhänge zu unterscheiden (vgl. nachstehendes Schema). Zudem enthält die Entlastungsregelung des § 7 Abs. 2 eine materiellrechtliche und eine beweisrechtliche Komponente. Unter bestimmten Voraussetzungen ist eine Entlastung ausgeschlossen. 335

aa) **Materiellrechtliche Komponente.** Sie besteht darin, daß für den Haftungsausschluß nicht nur fehlendes Verschulden, d. h. Beachtung der im Verkehr erforderlichen Sorgfalt, sondern Unabwendbarkeit, d. h. größtmögliche Sorgfalt, gefordert wird (s. hierzu Rdn. 350 ff), und zwar nicht nur vom Halter, sondern auch vom Führer des Kraftfahrzeugs und jeder anderen beim Betrieb des Kraftfahrzeugs beschäftigten Person (vgl. Rdn. 347 f). Zu den Einzelheiten des Normaufbaus s. nachstehendes Schema. 336

bb) **Beweisrechtliche Komponente.** Noch einschneidender aber ist, daß § 7 Abs. 2 dem Halter den **Beweis** der Unabwendbarkeit auferlegt (s. hierzu Rdn. 513 f). Zusammen mit den hohen materiellen Anforderungen (Rdn. 336) führt dies dazu, daß sich die Halterhaftung – weitergehend als die auf Beweislastumkehr beschränkte Fahrerhaftung nach § 18 – als eine nur unter strengen Voraussetzungen zu entkräftende Gefährdungshaftung darstellt (wenngleich in anderen hierzu zählenden Haftungstatbeständen mit dem Begriff der „höheren Gewalt" die Entlastungsmöglichkeiten noch stärker eingeschränkt sind; vgl. § 1 Abs. 2 Satz 1 HaftpflG). 337

cc) **Ausschluß der Entlastungsmöglichkeit.** Es gibt außerdem Fälle, in denen der Halter selbst bei bewiesener Unabwendbarkeit haftet. Nach dem 2. Teil von Satz 1 greift der Haftungsausschluß nämlich dann nicht ein, wenn der Unfall auf einem Fehler in der Beschaffenheit des Fahrzeugs oder auf einem Versagen seiner Verrichtungen beruht (hierzu Rdn. 473 ff). Insoweit gilt also eine absolute Gefährdungshaftung. 338

---

561 Vgl. zur Entstehungsgeschichte Vorbem. 6 ff.

562 Z. B. Frankreich; vgl. *v. Bar* VersR 1986, 625; s. a. *v. Hippel* 64 f.

563 Zu Reformvorschlägen vgl. *v. Hippel* ZRP 1973, 29 f u. RabelsZ 1986, 765 f.

Systematik der Entlastung von der Halterhaftung

Unter Vorwegnahme der Einzelerläuterung in den folgenden Abschnitten läßt sich die Entlastungsregelung wie folgt darstellen:

(1) Sie greift ein, wenn der Geschädigte bewiesen hat, daß sich beim Betrieb des Kraftfahrzeugs ein Unfall ereignet hat, der zu einer Schädigung der in Abs. 1 genannten Art geführt hat.

(2) Sie hat Erfolg, wenn der Halter beweist, daß der Unfall durch ein Ereignis verursacht wurde, welches
- nicht auf einem technischen Versagen seines Kraftfahrzeugs beruht (Abs. 2 Satz 1) und
- weder von ihm noch vom Führer oder einem sonstigen mit dem Betrieb des Kraftfahrzeugs Beschäftigten bei Aufbietung größtmöglicher Sorgfalt abgewendet werden konnte (Abs. 2 Satz 2 Halbs. 2) und
- nicht seinem Risikobereich zuzurechnen ist (Abs. 2 Satz 2 Halbs. 1).

Schematisch kann dies wie folgt dargestellt werden:

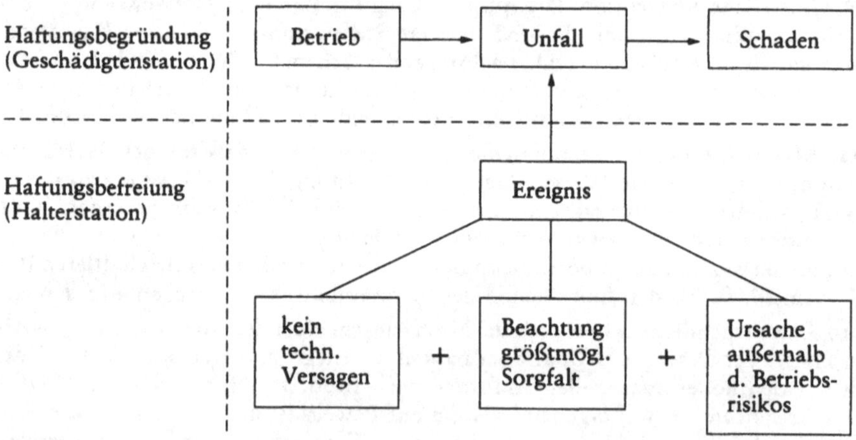

In jeder der dargestellten Beziehungen stellen sich Kausalitäts- und Zurechnungsfragen, die das Gesetz mit unterschiedlichen Formulierungen zum Ausdruck bringt und die jeweils eigenen Regeln folgen. Vgl. zur Beziehung

Betrieb – Unfall Rdn. 53 ff („bei dem“)
Unfall – Schaden Rdn. 152 ff („daraus entstehenden“)
Ereignis – Unfall Rdn. 339 („verursacht“)
techn. Versagen – Ereignis Rdn. 482 („beruht“)
Sorgfaltsverstoß – Ereignis Rdn. 353 ff („geboten“)
betriebsfremde Risiken – Ereignis Rdn. 344 („zurückzuführen“).

2. Der Begriff „unabwendbares Ereignis"

a) **Ereignis** ist ein mit dem Betrieb des Kraftfahrzeugs in Zusammenhang stehender äußerer Vorgang, der einen „Personenschaden" (Rdn. 132 ff) oder einen „Sachschaden" (Rdn. 141 ff) durch einen Unfall (Rdn. 127 ff) hervorgerufen hat[564]. Das „Ereignis" kann verschiedener Art sein. Zwar muß das Kraftfahrzeug im Augenblick des „Ereignisses" (nicht im Augenblick des Unfalls) in Betrieb gewesen sein, wenn § 7 zur Anwendung kommen soll; andererseits können aber auch solche Vorgänge darunter fallen, die nicht mit der eigentlichen Fortbewegung in Zusammenhang stehen. Zu dem Begriff „Ereignis" zählen alle dem Unfall vorausgehenden Gegebenheiten und das Verhalten und Unterlassen aller beteiligten Personen, soweit die Gegebenheiten, das Verhalten und das Unterlassen für den Unfall ursächlich waren. Da es hier nicht um haftungsbegründende Zurechnung geht, wird man insoweit von einem naturwissenschaftlichen Kausalitätsbegriff (Rdn. 43) ausgehen können. Es kommt daher nicht darauf an, ob der Unfall unmittelbar oder ob er mittelbar durch das Ereignis verursacht worden ist (vgl. Rdn. 63 ff). **339**

Die Haftungsbefreiung setzt lediglich voraus, daß der **Unfall** durch ein unabwendbares Ereignis verursacht wurde. Liegt diese Voraussetzung vor, so ist der Halter von der Haftung nach § 7 auch dann frei, wenn er die Entstehung einer bestimmten **Schadensfolge**, die sich (nachträglich) aus dem Unfall ergeben hat, nicht abgewendet hat. In solchen Fällen haftet allerdings der Halter unter Umständen nach BGB (vor allem § 823) für schuldhafte Unterlassungen. **340**

War der Unfall als solcher zwar unabwendbar, wäre er aber bei gesteigerter Sorgfalt möglicherweise **weniger folgenschwer** gewesen, so ist der Halter gleichwohl von der Haftung nach § 7 entlastet. Die gegenteilige Rechtsprechung übersieht, daß es auf das unabwendbare *Ereignis* ankommt (näher hierzu Rdn. 356; zur deliktischen Haftung in diesen Fällen s. § 16, 93). **341**

b) Der Begriff **„unabwendbar"** ist in Abs. 2 Satz 2 nicht definiert. Die (schwer verständliche) Vorschrift enthält vielmehr, wie die Worte „gilt insbesondere" zeigen, nur eine beispielhafte Aufzählung (keine Vermutung oder Fiktion, wie man wegen des Wortes „gilt" vermeinen könnte). Der Entlastungsbeweis ist vom Halter daher jedenfalls dann geführt, wenn **342**

– sowohl der Halter als auch der Führer jede nach den Umständen des Falles gebotene Sorgfalt beobachtet hat und
– das Ereignis auf das Verhalten des Verletzten oder eines nicht bei dem Betrieb beschäftigten Dritten oder eines Tieres zurückzuführen ist.

Unklar ist jedoch, in welchen weiteren Fällen Unabwendbarkeit vorliegen kann.

aa) Die Beachtung jeder gebotenen Sorgfalt (also eines besonders hohen Sorgfaltsgrades; s. Rdn. 350 ff) durch Halter und Führer ist **Grundvoraussetzung** jedes Entlastungsbeweises nach § 7 Abs. 2. Das Wort „insbesondere" darf auf sie nicht bezogen werden. Kann der Halter sie nicht beweisen, ist der Entlastungsbeweis bereits gescheitert, ohne daß es auf weiteres ankäme. **343**

bb) **Zusätzliche Voraussetzung** ist, daß der Unfall auf eine der beispielhaft aufgezählten Ursachen zurückzuführen ist; dies folgt aus der Verknüpfung der beiden Tatbestandselemente durch das Wort „und". Für die „Zurückführbarkeit", d. h. den Kausalzusammenhang, wird das in Rdn. 339 Gesagte entsprechend zu gelten haben. Diese **344**

---

564 BGH NJW 1957, 1477 für den gleichlautenden Begriff in § 1 Ziff. 1 AHB.

Aufzählung ist aber nicht abschließend. Gemeinsames Merkmal der aufgezählten Unfallursachen ist, daß sie nicht dem Risikobereich des Halters zuzurechnen sind. Dies trifft auch auf die folgenden Unfallursachen zu:

- höhere Gewalt (insbesondere Naturereignisse wie Erdrutsch, Überschwemmung, Blitzschlag usw.),
- Mängel der Straße oder von Verkehrseinrichtungen,
- technische Mängel eines anderen Kraftfahrzeugs.

Daß technische Mängel des eigenen Kraftfahrzeugs einer Entlastung stets entgegenstehen, folgt schon aus Abs. 2 Satz 1 (näher hierzu Rdn. 473 ff). Fraglich bleibt somit die Einordnung folgender Unfallursachen:

- körperliches oder geistiges Versagen des Kraftfahrzeugführers (s. Rdn. 345 f),
- Verhalten einer Person, die beim Betrieb des Kraftfahrzeugs beschäftigt ist (s. Rdn. 347 ff).

3. Zweifelsfälle beim Unabwendbarkeitsbegriff

345 a) **Körperliches oder geistiges Versagen des Kraftfahrzeugführers.** Fraglich ist, ob der Halter sich in diesen Fällen auf Unabwendbarkeit des Unfallereignisses berufen kann. War das Versagen (für Halter oder Führer) **vorhersehbar**[565] (z. B. bei Krankheit oder einem Gebrechen des Führers), so kann schon wegen des dann vorliegenden Sorgfaltsverstoßes kein Haftungsausschluß eingreifen (Rdn. 343).

346 Für die Fälle, in denen das Versagen in **unvorhersehbarer** und auch für den sorgfältigsten Führer nicht mehr ausgleichbarer Weise eintritt, ist eine Haftungsbefreiung zu verneinen[566]. In diesen Fällen verwirklicht sich ein mit dem Betrieb des eigenen Kraftfahrzeugs verbundenes Risiko, so daß eine Gleichstellung mit den in Abs. 2 Satz 2 aufgeführten Unfallursachen nicht gerechtfertigt ist.

347 b) **Unfallverursachung durch eine beim Betrieb des Kraftfahrzeugs beschäftigte Person.** Es ist denkbar, daß eine Person, die zwar nicht Führer des Kraftfahrzeugs, aber gleichwohl bei dessen Betrieb beschäftigt ist (z. B. Beifahrer, Ladearbeiter), eine Ursache zu dem Unfall gesetzt hat. In diesem Fall würde, käme es nur auf die Beachtung der äußersten Sorgfalt durch Führer und Halter an, der Haftungsausschluß nach Abs. 2 eingreifen, wenn diesen in keiner Hinsicht, auch nicht hinsichtlich der Auswahl der Beschäftigten, ein Vorwurf gemacht werden könnte. Auch mit der ersten Hälfte des Satzes 2 von Abs. 2 wäre dieses Ergebnis vereinbar, da sie, wie oben (Rdn. 342) ausgeführt, nur eine beispielhafte Aufzählung enthält. Unverständlich bliebe hierbei allerdings, weshalb in dieser Aufzählung nicht einfach vom Verhalten eines Dritten, sondern ausdrücklich vom Verhalten eines „nicht beim Betrieb beschäftigten“ Dritten die Rede ist. Diese Einschränkung wird man dahin zu verstehen haben, daß für das Verhalten eines beim Betrieb beschäftigten Dritten eigene Regeln gelten, Abs. 2 Satz 2 also nicht unmittelbar anwendbar ist. Was für diesen Fall aber gelten soll, ist dem Wortlaut des Gesetzes nicht zu entnehmen. Drei Möglichkeiten kommen in Betracht:

(1) der Halter haftet für jedes Verhalten eines beim Betrieb beschäftigten Dritten, auch rechtmäßiges[567];

---

565 OLG Hamm VkBl. 1950, 280. Zu den Anforderungen an die Selbstprüfung älterer Kraftfahrer s. BGH VersR 1988, 388.

566 BGHZ 23, 90; *Geigel/Kunschert* 25. Kap. 71; a. A. Voraufl.

567 So wohl RG JW 1912, 650; 1935, 424; BGHZ 23, 95.

(2) der Halter haftet, wenn der Dritte die äußerste nach den Umständen erforderliche Sorgfalt nicht beachtet hat[568];

(3) der Halter haftet, wenn der Dritte schuldhaft (§ 276 BGB) den Unfall verursacht hat[569].

Die erstgenannte Ansicht ist abzulehnen, denn es gibt keinen Anhalt und keine innere Rechtfertigung dafür, daß das Gesetz den Halter bei Handlungen „Dritter“ strenger haften lassen will als bei Handlungen des Führers des Kraftfahrzeugs. Aber auch für die Ansicht, daß es auf ein Verschulden des Dritten ankommen soll, läßt sich keinerlei Anknüpfungspunkt finden; für den gesamten Abs. 2 kommt es vielmehr auf ein Verschulden nicht an, so daß diese Auslegung systemwidrig erscheint. Zuzustimmen ist daher der zweiten Ansicht, d. h. daß die Haftung des Halters für ein Verhalten eines beim Betrieb des Kraftfahrzeugs beschäftigten Dritten nur entfällt, wenn dieser, der Führer und der Halter die äußerste nach den Umständen gebotene Sorgfalt beachtet haben und trotzdem den Unfall nicht vermeiden konnten. Einzelheiten vgl. Rdn. 465 ff. 348

c) **Rechtmäßiges Schädigerverhalten**, etwa zur Abwehr der Gefahr eines größeren Schadens, begründet Unabwendbarkeit[570]. Der Halter eines Streufahrzeugs, durch dessen Auswurf andere Kraftfahrzeuge beschädigt wurden, kann seine Haftung aber nicht allein unter Berufung auf die im Allgemeininteresse liegende Erfüllung seiner Streupflicht ausschließen; er haftet nur für solche Schäden nicht, die sich auch bei vorsichtigem Streuen nicht vermeiden lassen[571]. 349

4. Sorgfaltsmaßstab beim Unabwendbarkeitsbeweis

Mit dem **Begriff „jede nach den Umständen des Falles gebotene Sorgfalt“** (zur Bedeutung dieses Merkmals für den Entlastungsbeweis s. Rdn. 343) soll zum Ausdruck gebracht werden, daß der Grad von Sorgfalt, der nach § 276 BGB die Bejahung von Fahrlässigkeit ausschließt, für den Wegfall der Gefährdungshaftung des Kraftfahrzeughalters nicht ausreicht, d. h. daß auch für ein Verhalten gehaftet wird, welches im Anwendungsbereich des BGB nicht als fahrlässig gilt[572]. Der Unterschied liegt darin, daß § 276 BGB auf **die im Verkehr erforderliche** Sorgfalt abstellt, d. h. das Maß an Sorgfalt, das nach dem Urteil besonnener und gewissenhafter Angehöriger des betreffenden Verkehrskreises von den in seinem Rahmen Handelnden zu verlangen ist[573], während § 7 Abs. 2 „jede nach den Umständen des Falles gebotene Sorgfalt“ fordert, d. h. die **äußerste mögliche** Sorgfalt[574]. 350

Eine generelle Umschreibung dieses Sorgfaltsmaßstabs ist schwierig[575]. Hilfreich ist die Vorstellung von einem idealen, denkbar besten Halter bzw. Führer[576], der mit der 351

568 So OLG Kiel HRR 1940, Nr. 658; OLG Oldenburg DAR 1954, 206; *Lechner* JW 1935, 424.

569 *Walter* Haftung 87, 90.

570 OLG Hamm NJW 1988, 1096: Rammen eines flüchtigen Kraftfahrzeugs durch Polizeifahrzeug.

571 BGHZ 105, 65 = NZV 1989, 19 m. Anm. *Kuckuk* = JZ 1988, 1136 m. Anm. *Baumgärtel*.

572 RG JW 1931, 863; DAR 1939, 66; BGHZ 117, 337; BGH DAR 1951, 79; 1952, 149; VRS 4, 175; VersR 1959, 789; 1987, 159; a. A. *Böhmer* DAR 1956, 288.

573 BGH NJW 1972, 151.

574 BGH VersR 1966, 62.

575 Vgl. aus der älteren Rspr. die Formulierungen in RGZ 86, 151; 96, 131; 159, 312; 164, 280; RG JW 1928, 797; 1936, 3391 m. Anm. *Müller*; OGH VRS 1, 108; BGHZ 20, 259; BGH VersR 1953, 242; 1955, 764; 1956, 255; 1957, 587; 1959, 298; 1959, 789; 1959, 804; 1960, 35; 1960, 183; 1962, 164; 1966, 1076.

576 BGHZ 117, 337 = VersR 1992, 714 m. Anm. *Reiff* = DAR 1992, 257 m. Anm. *Ludovisy* 278 u. *Gebhardt* 295 = LM § 7 StVG Nr. 68 m. Anm. *Berz*; BGH VersR 1985, 864; 1987, 1035.

Gabe ausgestattet ist, alle erkennbaren Gefahrenmomente überblicken und das nach der Gesamtlage beste Verhalten geistesgegenwärtig wählen zu können. Dabei darf sich die Prüfung nicht auf die Frage beschränken, ob der Fahrer in der konkreten Situation wie ein „Idealfahrer" reagiert hat, sondern es ist auch zu fragen, ob ein „Idealfahrer" überhaupt in eine solche Gefahrenlage gekommen wäre[577]. Von diesem idealen Verkehrsteilnehmer darf allerdings nicht gefordert werden, was ein Mensch nicht zu leisten vermag: „Unabwendbar" bedeutet nicht, daß das schadensstiftende Ereignis absolut unvermeidbar war[578]. Da ein objektiver, idealtypischer Maßstab anzulegen ist, kommt es auf besondere persönliche Eigenschaften nicht an: für den Fahranfänger ist die Unabwendbarkeit genauso zu beurteilen wie für den Berufskraftfahrer. Auch für das Verhältnis zwischen Fahrlehrer und (auf dem Krad nachfahrendem) Fahrschüler kann nicht etwa wegen der speziellen Pflichtenstellung des Lehrers ein noch strengerer Sorgfaltsmaßstab zugrunde gelegt werden[579].

352 Das Maß des Gebotenen bestimmt sich nach der Sicht zum Zeitpunkt des Unfalls. Ein unabwendbares Ereignis liegt daher auch dann vor, wenn der Unfall durch ein Verhalten des Kraftfahrers hätte vermieden werden können, ein solches vor dem Unfall aber nicht geboten war (s. Rdn. 364). Wegen der näheren Einzelheiten vgl. hinsichtlich des Halters Rdn. 357 ff, hinsichtlich des Führers Rdn. 360 ff, hinsichtlich des beim Betrieb beschäftigten Dritten Rdn. 465 ff.

5. Zurechnungszusammenhang zwischen Sorgfaltsverletzung und Ereignis

353 a) **Kausalität.** Bei der Prüfung der Unabwendbarkeit ist zu beachten, daß sie nur durch eine für das Ereignis (und damit den Unfall) kausale Sorgfaltsverletzung ausgeschlossen wird[580] (zur Beweislast s. Rdn. 513). Unterläßt z. B. der Führer ein akustisches Warnsignal und stellt sich heraus, daß der Verletzte taub war, so war das Unterlassen für den Unfall nicht ursächlich[581]. Desgleichen tritt Entlastung ein, wenn der Führer gegenüber Kindern am Straßenrand zwar nicht das zu fordernde Maß an Aufmerksamkeit aufgewendet hat, der Unfall sich aber auch in diesem Falle ereignet hätte[582]. Zur Frage der zeitlichen und räumlichen Vermeidbarkeit bei Kollisionsunfällen s. Rdn. 45.

354 b) **Schutzzweck.** Es reicht aber andererseits nicht jeder Kausalzusammenhang aus, um Unabwendbarkeit zu verneinen. Unabwendbar im Rechtssinn kann ein Ereignis vielmehr auch dann sein, wenn ein besonders sorgfältiger Fahrer zwar nicht in der für den Unfall ursächlich gewordenen Weise gefahren wäre, dies aber nur im Hinblick auf eine andere Gefahr als die, die sich verwirklicht hat, getan hätte[583]. Es kommt also auch hier auf den Schutzzweck der betreffenden Sorgaltsanforderung an; das in § 16, 99 ff zum Schutzzweck der Verkehrsvorschriften Ausgeführte gilt hier entsprechend.

355 So wird Unabwendbarkeit z. B. nicht dadurch ausgeschlossen, daß ein Kraftfahrzeug nur deshalb zur Unfallsekunde am Kollisionsort war, weil sein Fahrer zuvor einen Streckenabschnitt mit einer etwas höheren als der äußerster Sorgfalt entsprechenden Geschwindigkeit befahren oder eine sonstige Verkehrswidrigkeit begangen hat. Steht fest, daß sich die durch den Verkehrsverstoß

---

[577] BGHZ 117, 337 (s. vorstehend).

[578] BGH VersR 1959, 804; 1962, 164; 1965, 81; 1966, 1076.

[579] *Kunschert* NZV 1989, 53.

[580] BGH VersR 1968, 51; OLG München VersR 1967, 67.

[581] RG Recht 1913, Nr. 2185.

[582] Vgl. BGH VersR 1982, 442; daß er möglicherweise weniger folgenschwer gewesen wäre, ist entgegen dieser Entscheidung ohne Belang; s. Rdn. 356.

[583] BGH VersR 1976, 927; 1985, 639; OLG Düsseldorf VRS 72, 31.

geschaffene Gefahrerhöhung im Augenblick des Unfalls bereits wieder neutralisiert hatte und deshalb nicht im Unfall wirksam geworden ist, dann hindert der Verkehrsverstoß nicht die Feststellung, daß der Unfall für den Kraftfahrer unabwendbar gewesen ist[584]. Im Falle BGH VersR 1976, 927 (ein Pkw hatte in sorgfaltswidriger Weise einen Bus überholt und hierbei ein entgegenkommendes, von einem Betrunkenen geführtes Kraftfahrzeug berührt, welches sich querstellte und mit dem klägerischen Kraftfahrzeug kollidierte) erscheint dieser Grundsatz allerdings zu Unrecht angewandt, weil der klagegegenständliche Unfall Folge des – nicht unabwendbaren – Erstunfalls war und der Haftungsausschluß daher auch dann versagen muß, wenn bezüglich des Folgeunfalls als solchen dem Überholenden kein Sorgfaltsverstoß anzulasten ist.

Weitere Beispiele: Unabwendbarkeit scheidet nicht schon deswegen aus, weil der Kraftfahrer verbotswidrig eine nur für Anlieger freigegebene Straße befuhr[585]; weil er zwar nicht das verunglückte, aber ein anderes Kind rechtzeitig sehen konnte und in bezug auf dieses die Geschwindigkeit hätte herabsetzen müssen[586]; weil er als Vorfahrtberechtigter das Rechtsfahrgebot verletzte[587].

c) Ein **Zusammenhang zwischen der Sorgfaltsverletzung und der Schadensfolge** ist **356**
für die Unabwendbarkeitsprüfung ohne Bedeutung. Der Halter haftet dann, wenn das **Ereignis** hätte abgewendet werden können (vgl. Rdn. 339). Hat er bewiesen, daß dies nicht der Fall war, d. h. daß es auch bei Beachtung der größtmöglichen Sorgfalt zu dem Unfall gekommen wäre, so ist er haftungsfrei. Er darf nicht für einzelne Unfallfolgen deswegen haftbar gemacht werden, weil er nicht beweisen kann, daß er auch diese nicht hätte vermeiden können, d. h. daß der Unfall bei idealem Verhalten dieselben Folgen gehabt hätte. Eine solche Verschärfung des Entlastungsbeweises findet im Gesetz keine Grundlage; davon abgesehen würde sie auch zu erheblichen praktischen Schwierigkeiten führen. Im Rahmen der Führung des Entlastungsbeweises müßte versucht werden, den inneren Ablauf eines nur gedachten Unfallgeschehens festzustellen. Damit wird auch ein Sachverständiger in der Regel überfordert sein. Erst recht ist nicht erkennbar, wie das konkrete Ausmaß der beim hypothetischen Unfallverlauf nicht entstandenen Schäden festgestellt werden soll. Da alles Unaufklärbare zu Lasten des Halters geht, wird seine Haftung bei einer solchen Betrachtungsweise also erheblich ausgedehnt. Im Hinblick auf die fehlende gesetzliche Grundlage bestehen deshalb Bedenken gegen die in der Rechtsprechung gebräuchliche Formulierung, der Halter müsse nachweisen, daß es auch bei idealer Fahrweise zu dem Unfall „mit vergleichbar schweren Folgen" gekommen wäre[588].

Ein anschauliches Beispiel für die Folgen dieser Sichtweise liefert das Urteil BGH VersR 1982, 441. Das OLG hatte dort festgestellt, der Zusammenstoß eines Pkw mit einem plötzlich auf die Straße rennenden Kind sei auch bei gesteigerter Aufmerksamkeit des Kraftfahrers nicht zu vermeiden gewesen. Damit, so der BGH, sei aber nicht festgestellt, daß sich der Unfall in gleicher Weise und in gleicher Schwere ereignet hätte, wenn der Wagen wenigstens teilweise abgebremst worden wäre. Ohne hierzu nochmals tatrichterliche Feststellungen zu ermöglichen, hat der BGH wegen dieser verbleibenden Ungewißheit auf volle Haftung aus § 7 erkannt.

Konsequent fortgeführt müßte diese Anwendung des § 7 zu einer nahezu uneingeschränkten Erfolgshaftung des Kraftfahrzeughalters führen, denn der Beweis, es sei auch nicht möglich gewesen, wenigstens die Unfallfolgen noch durch irgendeine Reaktion abzumildern, wird kaum jemals zu führen sein. Eine so weitgehende Erfolgshaftung hat der Gesetzgeber aber nicht gewollt. Seine Anordnung, der Halter müsse die Unabwendbarkeit des **Ereignisses** beweisen, ist daher beim Wort zu nehmen; die **Folgen**

---

584 BGH VersR 1987, 822.
585 OLG Köln VersR 1989, 1059 LS.
586 BGH VersR 1985, 865.
587 BGH VersR 1963, 163; **a. A.** OLG Köln NZV 1989, 437; 1991, 429; *Geigel/Kunschert* 25. Kap. 79.
588 So BGHZ 117, 337; ähnlich OLG Köln VersR 1992, 1366.

des Ereignisses müssen für diese Beweisführung außer Betracht bleiben. Lediglich bei der Verschuldenshaftung kann es zur Zurechnung einzelner Folgen eines an sich nicht zurechenbaren Unfalls kommen (s. § 16, 93).

6. Das für den Halter unabwendbare Ereignis

357 Wird das Kraftfahrzeug von einer anderen Person als dem Halter gefahren, so sind die dem Halter zur Verfügung stehenden Möglichkeiten, den Unfall abzuwenden, gering. Im wesentlichen beschränkt sich seine Sorgfaltspflicht auf die Auswahl eines zuverlässigen Fahrers und dessen Beaufsichtigung[589], auf die Überwachung der Instandhaltung des Kraftfahrzeugs und auf die Sicherung des Kraftfahrzeugs gegen Diebstahl und unbefugte Benutzung. Während für den letztgenannten Fall wegen Abs. 3 besondere Regeln gelten (vgl. Rdn. 307 ff), ist für die übrigen Fälle zu beachten, daß der Halter ein gesteigertes Maß an Sorgfalt, nämlich jede nach den Umständen des Falles gebotene (und nicht nur die im Verkehr erforderliche), beobachten muß, um sich entlasten zu können (vgl. zu dem Sorgfaltsmaßstab Rdn. 350 f).

358 Entsprechende Sorgfaltsverstöße des Halters haben jedoch kaum praktische Bedeutung. Hat der Halter nämlich eine ungeeignete Person mit dem Betrieb des Kraftfahrzeugs betraut (oder eine geeignete Person nicht genügend beaufsichtigt) und war der Unfall für diese Person auch bei Anlegung des vom Gesetz vorgeschriebenen strengen Maßstabes unabwendbar, so war die Pflichtverletzung des Halters für den Unfall nicht ursächlich und seine Haftung ist ausgeschlossen[590]. Hätte der Fahrer den Unfall bei Anwendung der äußersten Sorgfalt abwenden können, so tritt die Gefährdungshaftung des Halters schon aus diesem Grunde ein, ohne daß es auf dessen Pflichtverletzung bei der Auswahl des Fahrers noch ankommt. Gleiches gilt, wenn der Halter bei Auswahl eines beim Betrieb des Kraftfahrzeugs beschäftigten Dritten (z. B. eines Beifahrers, Schaffners, eines zum Beladen oder Entladen eingesetzten Arbeiters) oder bei dessen Beaufsichtigung die äußerste nach den Umständen gebotene Sorgfalt nicht beobachtet hat. Die Verantwortlichkeit des Halters könnte mithin vor allem dann ins Gewicht fallen, wenn bei Wartung und Pflege des Kraftfahrzeugs Versäumnisse unterlaufen sind. Aber auch darauf kommt es in den seltensten Fällen an, weil nach Absatz 2 Satz 1 die Ersatzpflicht des Halters stets eintritt, wenn der Unfall durch ein Ereignis verursacht wird, das auf einem Fehler in der Beschaffenheit des Fahrzeugs oder auf einem Versagen seiner Verrichtungen beruht.

359 War der Halter zugleich Führer des Kraftfahrzeugs, so ist auf die von einem Führer zu erwartende Sorgfalt (Rdn. 360 ff) abzustellen.

7. Das für den Führer unabwendbare Ereignis

360 a) **Grundsätze.** Die Haftung des Halters, der beim Unfall das Kraftfahrzeug nicht selbst gefahren hat, entfällt – ausgenommen den Fall der Schwarzfahrt nach Absatz 3 (Rdn. 302 ff) – nur, wenn das Ereignis auch für den Führer des Kraftfahrzeugs unabwendbar war (Rdn. 342). Zum Begriff des Führers s. § 18, 6 ff.

361 aa) **Unabwendbarkeit** ist zu bejahen, wenn auch ein mit den besten menschlichen Eigenschaften und Fahrtkenntnissen ausgestatteter geübter Fahrer trotz äußerster Sorgfalt und Aufmerksamkeit den Unfall nicht hätte vermeiden können. Dieses Idealbild eines Fahrers („der ideale Fahrer", „der denkbar beste Fahrer") muß mit der Gabe ausgestattet gedacht werden, alle erkennbaren Gefahrenmomente überblicken und das

---

[589] BGH VersR 1964, 1241.

[590] BGH VRS 9, 109.

nach der Gesamtlage beste Verhalten geistesgegenwärtig wählen zu können. Andererseits wird von ihm nicht gefordert, was ein Mensch nicht zu leisten vermag; vor allem braucht er nicht vorauszusehen, womit im allgemeinen nicht zu rechnen ist.

bb) Allein die **Beachtung der Verkehrsvorschriften** (StVO, StVZO usw.) besagt noch nichts über die Unabwendbarkeit. Der Entlastungsbeweis kann wegen der gesteigerten Sorgfaltsanforderungen vielmehr auch in Fällen versagen, in denen sich weder der Fahrer noch der Halter verkehrswidrig verhalten hat[591]. **362**

cc) Umgekehrt schließt ein **Verstoß gegen Verkehrsvorschriften** die Annahme eines unabwendbaren Ereignisses aus, wenn der Verstoß für den Unfall ursächlich war[592]. Fehlt es an einer Ursächlichkeit, so bleibt der Verstoß allerdings außer Betracht[593]. Es kann freilich auch schuldlose Verstöße gegen Verkehrsvorschriften geben[594]. So kann eine Amtspflicht einen solchen Verstoß rechtfertigen[595]. Zu beachten ist, daß § 1 StVO (Vermeidung der Gefährdung oder Belästigung anderer) allen anderen Verkehrsvorschriften vorgeht. Dies bedeutet, daß derjenige, der alle Vorschriften der StVO beachtet, trotzdem gegen § 1 StVO verstoßen kann. Andererseits rechtfertigt die Beachtung der in § 1 StVO enthaltenen Regel u. U. den formalen Verstoß gegen andere Regeln der StVO. Dies wirkt sich dahin aus, daß die Verkehrsvorschriften Ausnahmen dulden. So dürfen z. B. größere Kraftfahrzeuge einen größeren Sicherheitsabstand zum rechten Fahrbahnrand einhalten, ohne gegen die äußerste Sorgfalt zu verstoßen[596]. **363**

dd) **Entscheidender Zeitpunkt.** Ein unabwendbares Ereignis wird nicht schon durch die (rückschauende) Feststellung ausgeschlossen, der Unfall wäre bei einem anderen Verhalten des Führers möglicherweise vermieden worden, vielmehr ist von der Sachlage vor dem Unfall auszugehen und zu prüfen, ob der Kraftfahrer in dieser Lage die äußerste nach den Umständen zumutbare Verkehrssorgfalt beobachtet hat[597]. Hat der Fahrer die Gefahrenlage dadurch verursacht, daß er sich nicht selbst wie der denkbar beste Fahrer verhalten hat, so ist das Ereignis für ihn auch dann nicht unabwendbar, wenn in der nunmehr entstandenen Gefahrenlage der Unfall unvermeidbar geworden war[598]. **364**

ee) **Plötzliche Gefahrenlage.** Bei unerwartet auftretenden Ereignissen ist auch im Rahmen der Anforderungen des § 7 Abs. 2 dem Fahrer eine **Schreckzeit** zuzubilligen, sofern ihm daraus, daß ihn das Ereignis unerwartet trifft, kein Vorwurf zu machen ist[599]. Die Dauer der zuzugestehenden Schreckzeit hängt von den Umständen des Einzelfalles ab (konkrete Verkehrssituation, Erfordernis einer Blickzuwendung, Notwendigkeit einer Wahlentscheidung, Sichtbehinderung u. v. a.)[600]. In der Regel wird es sich um Bruchteile einer Sekunde handeln; die vielfach gebrauchte Bezeichnung „Schrecksekunde“ ist also irreführend. Die Zubilligung einer Schreckzeit führt zu einer entsprechenden Verlängerung der Vorbremszeit (Reaktionszeit plus Bremsansprechzeit), die üblicherweise, also beim reaktionsbereiten Fahrer, mit 0,7 bis 0,8 Sek. angesetzt wird[601]. Bei Annahme einer Reaktions- und Bremsansprechzeit von 1 Sek. soll nach **365**

---

591 BGH NJW 1972, 1808; 1973, 44; OLG Stuttgart/Karlsruhe DAR 1952, 27.

592 RG HRR 1930, Nr. 1504; OLG Neustadt VRS 8, 93.

593 OLG München VersR 1967, 67; LG Bonn VersR 1965, 1186; **a. A.** LG München II VersR 1966, 880. S. a. Rdn. 353 f.

594 BGH NJW 1958, 2066.

595 *Schneider* JR 1965, 222.

596 BGH VRS 20, 257; VersR 1966, 1076.

597 BGH VersR 1959, 804; 1966, 1076; VRS 22, 425; österr. OGH ZVR 1995, 139.

598 BGH VRS 22, 425.

599 BGH VersR 1958, 61; 1959, 455; 1962, 165; 1969, 162; VRS 23, 375.

600 Vgl. hierzu *Engels* DAR 1982, 360; *Spiegel* DAR 1982, 366.

601 BGH VRS 6, 436; 38, 44; VersR 1966, 830; 1974, 138; BayObLG VRS 58, 445; vgl. auch *Förste* DAR 1967, 204.

BGH VersR 1974, 138 die Zubilligung einer zusätzlichen Schreckzeit nicht mehr in Betracht kommen. Aus den konkreten Umständen (z. B. bei Notwendigkeit einer Blickzuwendung) können sich jedoch auch höhere Werte ergeben[602]. Zu beachten ist, daß im Rahmen des § 7 Abs. 2 der Kraftfahrzeugführer den Beweis der Unabwendbarkeit führen muß, so daß – anders als etwa im Strafverfahren – nicht im Zweifel zu seinen Gunsten von einer längeren Vorbremszeit ausgegangen werden kann.

366 Ist **sachwidriges Handeln** in plötzlicher Gefahrenlage nicht immer als Verschulden im Sinne des § 276 BGB anzusehen, so wird es dem Führer doch häufig als Mangel der ihm nach § 7 Abs. 2 obliegenden Sorgfalt auszulegen sein; allerdings kann auch dem denkbar besten Fahrer kein Vorwurf daraus gemacht werden, daß er bei einer ohne sein Verschulden plötzlich auftretenden erheblichen Gefahr, zu schnellem Handeln gezwungen, verwirrt oder kopflos (rückblickend betrachtet) eine falsche Maßnahme trifft, um der Gefahr zu entgehen[603]. Wohl aber ist er verantwortlich, wenn er zwar nicht in der Gefahr sachwidrig gehandelt, aber die Gefahr schuldhaft herbeigeführt, sich also vor ihrem Eintritt fahrlässig verhalten hat[604]. Fehlt dem Führer die für einen solchen nötige Geistesgegenwart, so kann Fahrlässigkeit darin gefunden werden, daß er sich mit einer Sache befaßt, von der er erkennt oder erkennen muß, daß er ihr nicht gewachsen ist[605]. An Geistesgegenwart und Aufmerksamkeit eines Kraftradfahrers sind dieselben Anforderungen zu stellen wie an einen Kraftwagenführer[606].

367 **ff) Ungünstige Straßen- und Witterungsverhältnisse.** Das Auftreten gefährlicher Naturereignisse ist notwendig mit dem Straßenverkehr verbunden. Der Umstand, daß jemand trotz erhöhter Gefahr am Verkehr teilnimmt, stellt mithin keinen Verstoß gegen die „äußerste" Sorgfalt dar. Dies gilt vor allem bei ungünstigen Sicht- und Straßenverhältnissen, die durch das Wetter hervorgerufen werden, z. B. bei Nebel, Schneegestöber, Schneewehen, Glatteis, Gewitterregen, regennasser oder durch Schneewälle eingeengter Fahrbahn, Steinschlag- oder Lawinengefahr. Auch der Umstand, daß eine Straße noch nicht modern ausgebaut (z. B. sehr schmal oder vom Regen aufgeweicht) ist, braucht keinen Kraftfahrer von der Benutzung abzuhalten, solange nicht Verkehrszeichen das Befahren verbieten. Eine Ausnahme gilt nur, wenn für den Kraftfahrer ohne weiteres vom fahrenden Kraftfahrzeug aus erkennbar ist, daß eine Straße oder ein bestimmtes Straßenstück für das von ihm gelenkte Fahrzeug durch eine Naturkatastrophe (Überschwemmung, Lawine, Mure) unbefahrbar geworden oder aus anderem Grund ganzjährig völlig ungeeignet ist. In allen übrigen Fällen verpflichten der Straßenzustand und die erkennbar durch die Natur drohenden Gefahren nicht zur Umkehr, sondern nur zu besonderen Maßnahmen (z. B. Anlegen von Schneeketten) und zu entsprechend vorsichtigem Fahren.

368 Nichtberücksichtigen der Straßen- oder Witterungsverhältnisse schließt die Annahme eines unabwendbaren Ereignisses, Kausalität für den Unfall vorausgesetzt, in der Regel aus. Ein Fahrer, der – vor allem nachts – einen offenen Gully oder ein Schlagloch übersieht, weil es mit Wasser gefüllt ist, oder das Kraftfahrzeug in eine Wiese, einen Acker oder einen Fluß fährt, weil die Straße – ohne daß dies angezeigt oder rechtzeitig erkennbar ist – plötzlich endet, kann allerdings die äußerste nach den Umständen

---

602 Vgl. OLG Hamm NZV 1995, 357; *Engels* DAR 1982, 360.

603 RGZ 86, 149; 92, 38; 96, 130; BGH VRS 10, 12; 10, 172; 10, 214; VersR 1959, 298; 1960, 907; 1962, 165; 1964, 754; 1966, 143; 1967, 883; 1987, 159.

604 RG JW 1931, 3365.

605 RG JW 1932, 2040.

606 RGZ 120, 159; RG DRZ 1929, 181.

gebotene Sorgfalt beobachtet haben. Nicht zu entschuldigen ist freilich in der Regel, wenn der Fahrer die Straße für breiter oder die Höhe der Äste über der Straße für größer hält, als sie in Wirklichkeit ist. Zwar kann er sich bei Unterführungen und Tunnels darauf verlassen, daß Verkehrszeichen die Durchfahrt verbieten, wenn sie nicht für alle Kraftfahrzeuge möglich ist, die die allgemein vorgeschriebenen Maße einhalten; dies gilt aber nicht für die Äste von Bäumen und für vorspringende Stockwerke alter Häuser in Ortschaften. Auch wenn ein Straßenstück besonders eng oder kurvenreich ist oder eine außergewöhnliche Steigung (oder ein Gefälle) aufweist, liegt darin, daß der Führer die Schwierigkeiten trotz guter Fahrkenntnis und Übung nicht zu meistern vermag, kein unabwendbares Ereignis, solange es dem „denkbar besten Fahrer" überhaupt möglich ist, die Strecke ohne Unfall zurückzulegen[607]. Der „denkbar beste Fahrer" erkennt auch sofort, wenn infolge starker Wölbung der Straße das Kraftfahrzeug nicht mehr senkrecht steht, seine Aufbauten daher über die Bordsteinkante ragen und ein Vordach oder eine Markise herunterreißen[608]. Ist dem Fahrer bekannt, daß auf der von ihm befahrenen Straße eine Zuverlässigkeitsfahrt stattfindet oder vor kurzem stattfand, so gehört zur äußersten Sorgfalt, daß er in einer unübersichtlichen Kurve besonders sorgfältig fährt, wenn die nur schlecht befestigte Fahrbahn durch die anderen Fahrzeuge schmierig geworden ist[609].

gg) Verkehrswidriges Verhalten des Verletzten oder eines Dritten. Auch im Rahmen **369** des § 7 Abs. 2 gilt der sogenannte Vertrauensgrundsatz (vgl. § 16, 227). Der Führer eines Kraftfahrzeugs kann – sofern die Umstände keinen konkreten Anlaß zu der Befürchtung geben, daß sich ein anderer Verkehrsteilnehmer verkehrswidrig verhalten wird – darauf vertrauen, daß alle anderen sich verkehrsgerecht verhalten und die Bestimmungen der StVO und der StVZO beachten[610]. Vor allem besteht keine Pflicht, auf eine Häufung von Verkehrsordnungswidrigkeiten und ausgesprochene Verkehrstorheiten anderer gefaßt zu sein[611]. Handelt ein anderer Verkehrsteilnehmer wider Erwarten verkehrswidrig, so kommt es nicht darauf an, ob dieser schuldhaft gehandelt hat oder nicht[612]. Der verletzte Verkehrsteilnehmer kann also auch ein schuldunfähiges Kind sein[613].

Legen die Umstände die Möglichkeit nahe, daß sich andere Verkehrsteilnehmer un- **370** richtig oder ungeschickt verhalten, so gehört zur äußersten Sorgfalt auch, daß der Fahrer hierauf Rücksicht nimmt[614]. Mit unbedachtem oder ungeschicktem Verhalten muß z. B. gerechnet werden, wenn alte Leute oder Kinder sich auf der Fahrbahn befinden oder sich anschicken, diese zu betreten. In allen Fällen muß damit gerechnet werden, daß ein durch den Führer des Kraftfahrzeugs in Gefahr gebrachter Verkehrsteilnehmer sich aus Angst oder Schrecken unzweckmäßig und kopflos verhält. Ein gewisses Maß an Geistesgegenwart darf aber vorausgesetzt werden[615].

Verhält sich ein anderer Verkehrsteilnehmer wider Erwarten unvorsichtig oder ver- **371** kehrswidrig, so liegen Reflexhandlungen in der menschlichen Natur und können auch dem „denkbar besten Fahrer" nicht zum Vorwurf gemacht werden. Hierzu gehört vor

607 KG DAR 1939, 103.
608 OLG Celle RdK 1940, 141.
609 BGH DAR 1955, 194.
610 BGH VersR 1953, 65; 1956, 255; 1967, 779; 1985, 864; VRS 10, 327; KG VM 1987, Nr. 21; *Schoreit* NJW 1966, 919; **a. A.** – ohne Begründung – OLG Bremen VersR 1960, 814.
611 KG DAR 1986, 323.
612 RGZ 92, 38.
613 OLG Dresden VAE 1941, 243.
614 BGH DAR 1955, 194; VersR 1973, 765.
615 RG JW 1931, 854.

allem ein plötzlich scharfes Bremsen und ein scharfes Einschlagen der Lenkung in Richtung von der Gefahrenquelle weg. Auch wenn nach dem Unfall rückblickend kein Zweifel bestehen kann, daß sich der Fahrer unzweckmäßig verhalten hat und daß der Unfall vermieden worden wäre, wenn er sich anders verhalten hätte, kann dem unvorhergesehenen und unverschuldet in die Gefahrenlage geratenen Führer des Kraftfahrzeugs kein Vorwurf gemacht werden und liegt ein unabwendbares Ereignis vor[616].

372 b) **Einzelfälle** (alphabetisch geordnet)

Ergänzend können die Nachweise im Anh. zu § 16 herangezogen werden, da bei schuldhafter Verletzung von Verkehrspflichten Unabwendbarkeit selbstverständlich ausscheidet. Umgekehrt bedeutet die Anführung in nachstehender Übersicht nicht, daß in diesen Fällen nicht auch Verschulden bejaht werden kann.

373 **Abbiegen** s. Rechtsabbiegen, Linksabbiegen, Grundstückseinfahrt.

374 **Abstand vom vorausfahrenden Fahrzeug** s. Auffahrunfall.

375 **Alkohol.** Daß das Fahren unter Alkoholeinfluß mit den Anforderungen an einen gewissenhaften Kraftfahrer unvereinbar ist, liegt auf der Hand. Problematisch ist in diesen Fällen nur die Kausalitätsfrage. War die Fahruntüchtigkeit (mit) unfallursächlich, so scheidet unabhängig von der Höhe der Blutalkoholkonzentration die Annahme von Unabwendbarkeit aus[617]. Fehlt es jedoch an der Kausalität, weil der Unfall auch für den nüchternen Fahrer unvermeidbar gewesen wäre, so begründet selbst die (ab 1,1‰ als bewiesen anzusehende) absolute Fahruntauglichkeit (vgl. hierzu § 16, 383) keine Haftung nach § 7[618]. Eine solche läßt sich nicht etwa daraus herleiten, daß der Fahrer in seinem Zustand überhaupt nicht hätte fahren dürfen, denn diese Pflichtwidrigkeit steht mit dem Unfall nicht in dem in Rdn. 353 dargelegten Zusammenhang. Da der Halter die Unabwendbarkeit beweisen muß, gehen Zweifel hinsichtlich der Feststellung, daß ein nüchterner Fahrer den Unfall hätte abwenden können, zu seinen Lasten[619]. Wegen der Schwierigkeit dieses Beweises ist die Trunkenheitsfahrt mit einem gesteigerten Haftungsrisiko verbunden, was wegen der besonderen Gefährlichkeit derartiger Fahrten aber auch gerechtfertigt erscheint.

376 **Ampel** s. Lichtzeichen.

377 **Anfahren.** Unabwendbar ist es für den Kraftfahrer, wenn er beim Anfahren einen soeben ausgestiegenen Mitfahrer überrollt, der von ihm unbemerkt vor dem Fahrzeug zu Fall gekommen und für ihn nicht wahrnehmbar ist[620].

378 **Anhänger.** Das Ausbrechen eines Anhängers infolge zu scharfen Bremsens ist nicht unabwendbar, sondern verschuldet[621].

379 **Anhalten.** Plötzliches oder unnötiges Anhalten vermeidet der mit äußerster Sorgfalt fahrende Führer eines Kraftfahrzeugs nach Möglichkeit, außer wenn er sich vergewissert hat, daß kein anderes Fahrzeug nachfolgt. Dies gilt ganz besonders bei schwierigen Verkehrsbedingungen, z. B. Schneetreiben und Schneematsch[622]. Nicht vorwerfbar ist es, wenn er vor einer Kreuzung wegen eines nahenden Sonderrechtsfahrzeugs anhält, obwohl nach der von diesem angezeigten Abbiegeabsicht ein Zusammenstoß nicht zu befürchten ist[623]. Schaltet eine Ampel so kurz vor ihm von grün auf gelb um, daß er nur durch eine scharfe, den Hintermann gefährdende Bremsung vor der Ampel zum

---

[616] BGH VersR 1959, 298; 1960, 907.
[617] Vgl. OLG Köln VersR 1960, 644: 0,99‰; OLG Braunschweig VersR 1967, 813: 0,44‰; *Hentschel/Born* 551.
[618] *Hentschel/Born* 552.
[619] OLG Bamberg VersR 1987, 909.
[620] OLG Saarbrücken NZV 1992, 75.
[621] BGH VersR 1973, 941.
[622] BGH VersR 1986, 489.
[623] AG Kulmbach VersR 1983, 741.

Stehen kommen kann, während er die Ampel noch bei gelb passieren könnte, so sieht er vom Anhalten ab[624]. Im übrigen wird er vor dem Anhalten, außer wenn es durch eine Verkehrsstauung hervorgerufen wird, stets rechts heranfahren[625] und durch Betätigen des Fahrtrichtungsanzeigers auf sein Vorhaben aufmerksam machen. Bei unerwartetem Anhalten, z. B. auf einer Schnellstraße, kann auch eine Warnung der Nachfolgenden durch wiederholtes Aufleuchtenlassen der Bremslichter geboten sein[626]. Auf der Autobahn ist zwar das Anhalten grundsätzlich untersagt; bei einer Verkehrsstauung muß aber auch der „denkbar beste Fahrer" anhalten[627] (zu den Sicherungsmaßnahmen im Falle einer Panne s. liegengebliebene Fahrzeuge). Der Fahrer eines Omnibusses mit Stehplätzen vermeidet ein ruckweises Anhalten schon aus Rücksicht auf seine Fahrgäste nach Möglichkeit.

Auffahrunfall (s. a. Hindernisse). Der „denkbar beste Fahrer" hält von seinem Vordermann so großen Abstand, daß er nicht auffährt, wenn der Vordermann plötzlich scharf bremsen muß. Er braucht sich jedoch grundsätzlich nicht darauf einzustellen, daß der Vordermann auf ein Hindernis auffährt, das ihm (dem Hinterherfahrenden) nicht sichtbar war, und dadurch plötzlich zum Halten kommt[628]. Etwas anderes kann allerdings gelten, wenn aufgrund der Fahrweise des Vordermannes mit einem solchen Zwischenfall gerechnet werden muß, z. B. weil er zu geringen Abstand zu seinem Vordermann hält oder weil er für die Sichtverhältnisse zu schnell fährt. Grundsätzlich muß der Abstand zu einem vorausfahrenden Fahrzeug die Strecke deutlich übersteigen, die der nachfolgende in der Reaktions- und Bremsansprechzeit zurücklegt[629]. Ereignet sich der Unfall zwar nicht durch Auffahren auf den Vordermann, aber dadurch, daß der Fahrer – um ein Auffahren zu vermeiden – ohne Rücksicht auf den übrigen Verkehr am haltenden Fahrzeug vorbeizufahren versucht, so liegt kein unabwendbares Ereignis vor[630]. Bremst der Vordermann, so bremst der „denkbar beste Fahrer" so vorsichtig, als es ohne Auffahren auf den Vordermann möglich ist. Fährt trotzdem sein Hintermann auf, so liegt ein unabwendbares Ereignis vor, das auch den Schaden umfaßt, der dadurch entsteht, daß das eigene Kraftfahrzeug auf den Vordermann geschleudert wird; daß der Fahrer mit einem nur sehr geringen Abstand vom Vordermann gehalten hat, als sein Hintermann auffuhr, stellt keine Pflichtwidrigkeit dar, da es beim Halten keinen Sicherheitsabstand gibt[631]. Unabwendbar ist das Auffahren auch, wenn das Fahrzeug beim Abbremsen auf einer Ölspur ins Rutschen gerät[632]. Im Großstadtverkehr darf ein mit 30 km/h fahrender Omnibus auf 7 m an seinen Vordermann heranfahren, ohne die äußerste Sorgfalt zu verletzen. Hält der Vordermann überraschend, weil sich ein anderer Wagen vor ihm in eine Lücke drängt, so ist das Auffahren für den Omnibusfahrer ein unabwendbares Ereignis[633]. Dasselbe soll für eine Straßenbahn gelten, wenn der vor ihr fahrende Kraftwagen wegen eines betrunkenen Fußgängers überraschend bremsen muß[634]. Nach Ansicht des OLG Frankfurt[635] kann der Fahrer einer Straßenbahn seinen Abstand von einem vor ihm fahrenden Pkw verringern, wenn andernfalls eine zügige Abwicklung des Verkehrs nicht mehr möglich ist. 380

Unabwendbar kann das Auffahren insbesondere im Falle eines **Spurwechsels** des Vordermannes mit anschließendem abrupten Anhalten sein, weil sich hierdurch der 381

624 A. A. OLG Karlsruhe VRS 72, 168.
625 OLG Hamburg VkBl. 1950, 327.
626 BGH VersR 1986, 490.
627 OLG Köln VRS 15, 325; OLG Düsseldorf VersR 1962, 455.
628 OLG Hamm VRS 71, 212.
629 BGH VersR 1968, 51.
630 BGH VersR 1960, 35.
631 OLG Köln VRS 15, 325.
632 OLG Hamm VersR 1985, 1095 LS.
633 BGH VersR 1968, 51; zw.
634 OLG Bamberg VersR 1966, 786.
635 VersR 1967, 851.

Bremsweg ohne Zutun des Auffahrenden verkürzt. So ist z. B. für den Fahrer einer Straßenbahn das Auffahren auf einen Kraftwagen unabwendbar, der sich unmittelbar vor der Straßenbahn nach links auf das Gleis einordnet und dort anhält[636]. Für den Fahrer eines überholenden Kraftfahrzeugs ist ein Unfall unabwendbar, der sich dadurch ereignet, daß das überholte Fahrzeug ohne Ankündigung nach links einschwenkt[637]; dies gilt freilich nur, wenn kein besonderer Anlaß zum Einschwenken erkennbar war[638].

382 **Aussteigen.** Mangelnde Sorgfalt, insbesondere beim Türöffnen, schließt die Annahme eines unabwendbaren Ereignisses aus. Der Fahrer hat vor allem nach rückwärts Ausschau zu halten, ehe er von innen die Tür des Kraftfahrzeugs öffnet oder ein Öffnen durch einen Mitfahrer duldet[639]. Er muß sich aber auch vergewissern, daß sich nicht von vorne ein Fahrzeug mit geringem Seitenabstand nähert[640]. Der lebensfremden Statuierung einer Pflicht des Fahrers, zurückgelassene Fahrgäste über die gebotene Sorgfalt beim Öffnen der Tür zu belehren[641], bedarf es nicht, da dem Halter ein Sorgfaltsverstoß der Fahrgäste ohnehin zugerechnet wird (vgl. Rdn. 470).

383 **Ausweichen** (s. a. Gegenverkehr). Wer auf ein Bankett, einen Parkstreifen oder eine Busparkbucht ausweicht, muß berücksichtigen, daß andere Verkehrsteilnehmer dort nicht mit fließendem Verkehr rechnen[642]. Bei reflexartigem Ausweichen wegen eines plötzlich die Fahrbahn betretenden Kindes ist die Berührung mit einem daneben fahrenden Fahrzeug unabwendbar[643].

384 **Bewußtseinsstörung.** S. hierzu Rdn. 345.

385 **Engstelle.** Nähern sich zwei Kraftfahrzeuge einer Engstelle von entgegengesetzter Richtung, so kann derjenige Fahrer, der die Engstelle deutlich eher erreicht, sich darauf verlassen, daß der andere vor der Engstelle anhält[644]. Dagegen fährt bei etwa gleichzeitigem Erreichen der Engstelle der besonders sorgfältige Kraftfahrer auch dann, wenn in seiner Fahrtrichtung das Zeichen 308 der StVO („Vorrang vor dem Gegenverkehr") angebracht ist, erst in die Engstelle ein, wenn er sicher sein kann, daß der andere seinen Vorrang beachtet. Kommt dem Fahrer eines Lkw auf schmaler, mit Schneematsch bedeckter Straße ein anderer Lkw entgegen, so hat er sofort zu bremsen[645]. Nicht verkehrsgerecht verhält sich der Fahrer eines Lastzugs, der auf einer engen und unübersichtlichen Straße an einem haltenden Lkw so langsam vorbeifährt, daß ein entgegenkommender Pkw, dessen Führer die Situation erst auf 65 m erkennen konnte, frontal auffährt; der Lkw-Fahrer hätte einen Warnposten aufstellen müssen[646]. Auch der Fahrer eines überbreiten Ackerschleppers darf nicht ohne deutliche Warnung des Gegenverkehrs auf eine unübersichtliche, enge Kurve zufahren[647].

386 **Fahrtrichtungsanzeiger.** Bei der Wahl des Zeitpunkts zum Betätigen des Fahrtrichtungsanzeigers bemüht sich der äußerst sorgfältige Fahrer, naheliegende Mißverständnisse anderer Verkehrsteilnehmer (z. B. bei kurz aufeinanderfolgenden Einmündungen) zu vermeiden. Auch bei Vorhandensein einer automatischen Rückstelleinrichtung vergewissert er sich, daß der Anzeiger unmittelbar nach Beendigung des Abbiegens zurückgenommen wird. Ein Kraftfahrer, der an einer Kreuzung, an der die von ihm be-

---

636 BGH DAR 1962, 53.
637 BGH VersR 1962, 566.
638 BGH VersR 1965, 82.
639 KG VAE 1939, 112; OLG Hamburg DAR 1940, 54.
640 BGH VersR 1981, 533.
641 So OLG Celle DAR 1951, 13.
642 OLG Düsseldorf VersR 1984, 1153.
643 KG VRS 72, 250; s. a. Kinder.
644 OLG Neustadt VRS 7, 174.
645 OLG Stuttgart VersR 1965, 1110 LS.
646 BGH VersR 1968, 847.
647 OLG Köln NZV 1989, 113.

nutzte Vorfahrtstraße nach links „abknickt", geradeaus fahren will und deshalb seinen rechten Blinker einschaltet, kann sich nicht auf ein unabwendbares Ereignis berufen, wenn durch das Blinken ein anderer Kraftfahrer irritiert wird und es dadurch zu einem Unfall kommt[648]. Zum Vertrauen auf den gesetzten Fahrtrichtungsanzeiger s. Anh. § 16, 84.

Fußgänger (s. a. Kinder). Verkehrswidriges Verhalten von Fußgängern stellt für den 387
Führer eines Kraftfahrzeugs ein unabwendbares Ereignis dar, wenn er nach den konkreten Umständen damit nicht zu rechnen brauchte. Ein solches unvorhersehbares Verhalten liegt z. B. vor, wenn ein Fußgänger im Laufschritt nachts eine Straße überquert, obwohl von beiden Seiten Kraftfahrzeuge herannahen[649]; wenn er trotz roter Fußgängerampel auf die Fahrbahn tritt[650]; wenn nachts Fußgänger nebeneinander auf der Fahrbahn gehen und durch eine Bewegung nach rechts zu erkennen geben, das Kraftfahrzeug solle sie links überholen, im letzten Augenblick aber wieder nach links springen[651]; wenn ein Fußgänger hinter einer abfahrenden Straßenbahn hervor die andere Fahrbahnhälfte überqueren will und dabei an den auf den Gleisen wartenden anderen Personen vorbei in ein nur noch 10 m entferntes Kraftfahrzeug läuft[652]; wenn ein Fußgänger, der aus dem haltenden Linienbus ausstieg, mit solcher Geschwindigkeit hinter diesem auf die Fahrbahn läuft, daß ein mit 2 m Abstand und 50 km/h vorbeifahrender Pkw nicht mehr rechtzeitig halten kann[653]; wenn ein Fußgänger nachts vor einem herannahenden Motorrad die Straße überquert, plötzlich in der Mitte der Straße stehen bleibt und zurück in die Bahn des Motorrads läuft[654]. Außerhalb von geschlossenen Ortschaften braucht auch der vorsichtigste Fahrer nicht damit zu rechnen, daß eine alte Frau langsam die Straße überquert[655]. Ebenso liegt ein unabwendbares Ereignis vor, wenn eine Person, die neben einem Pkw auf dem Seitenstreifen der BAB steht, sich plötzlich vor ein herannahendes Fahrzeug wirft[656] oder wenn ein Arbeiter an der BAB-Baustelle während der zwangsläufig sehr dichten Vorbeifahrt eines Lkw stürzt[657].

Dagegen muß, wer bei Dunkelheit oder regennasser Straße durch Wohngebiet fährt, 388
damit rechnen, daß Fußgänger, die er wegen der schlechten Lichtverhältnisse und der Blendwirkung entgegenkommender Fahrzeuge nur schwer erkennen kann, die Fahrbahn überqueren; eine Geschwindigkeit von 45 km/h kann unter solchen Umständen zu hoch sein[658]. Der Fahrer muß die gesamte Fahrbahn, auch den für die Gegenrichtung vorgesehenen Teil, beobachten[659], ebenso den Bereich unmittelbar neben der Fahrbahn. Zu weit geht jedoch die vom BGH[660] vertretene Ansicht, der Kraftfahrer dürfe „ganz allgemein" nicht darauf vertrauen, daß ein auf dem Bankett gehender Fußgänger dort bleiben und nicht auf die Fahrbahn treten werde: Dem ist nur zuzustimmen, wenn der Vertrauensgrundsatz durch besondere Umstände (wie sie dort wegen der Nähe eines Weinfestes vorgelegen haben mögen) aufgehoben ist[661]. Der „denkbar beste Fahrer" gibt bei der Annäherung an einen die Fahrbahn überquerenden Fußgänger nie ein unnötiges Warnsignal, das diesen verwirren kann[662]. Im übrigen gibt er aber in jedem Fall ein Warnzeichen, in dem Anhaltspunkte dafür gegeben sind, ein Fußgänger wolle mit der Überquerung der Fahrbahn vor dem Kraftfahrzeug beginnen.

---

648 OLG Frankfurt MDR 1977, 671.
649 BGH VersR 1959, 199; 1960, 183.
650 KG VM 1987, Nr. 21.
651 OLG Düsseldorf DAR 1954, 108.
652 LG München VersR 1956, 309.
653 OLG Hamm VRS 34, 281.
654 AG Essen MDR 1959, 660.
655 OLG Hamm VersR 1967, 1056.
656 OLG Hamm VersR 1993, 1168 LS.
657 OLG Celle NZV 1996, 31.
658 BGH bei *Bode-Weber* DAR 1969, 116.
659 BGH NJW 1987, 2377.
660 NZV 1989, 265.
661 Ebenso *Kääb* NZV 1989, 266.
662 Vgl. BGH VersR 1962, 360 und zur Lichthupe BGH VersR 1977, 434.

Das gilt vor allem, wenn er nachts bemerkt, daß mehrere Fußgänger von links her die Fahrbahn zu überqueren beginnen. Er darf nicht davon ausgehen, sie würden in der Straßenmitte stehen bleiben[663]. Überquert ein von rechts kommender Fußgänger vor dem Kraftfahrzeug die Fahrbahn, so darf dessen Fahrer nicht nach links ausweichen; er muß vielmehr versuchen, hinter dem Fußgänger vorbeizukommen[664]. Am Neujahrsmorgen ist wegen des gehäuften Auftretens betrunkener oder übermüdeter Fußgänger besondere Vorsicht geboten[665], ebenso in der Nähe von Volksfesten[666] sowie an Stellen, an denen sich erfahrungsgemäß Fußgänger auf der Fahrbahn befinden[667]. Gesteigerte Sorgfaltsanforderungen bestehen gegenüber Kindern, Hilfsbedürftigen und älteren Menschen (vgl. § 3 Abs. 2 a StVO und Rdn. 370).

389 **Gegenverkehr** (s. a. Engstelle). Der Kraftfahrer kann, solange keine Anhaltspunkte für das Gegenteil bestehen, darauf vertrauen, daß ein entgegenkommendes Fahrzeug seine rechte Seite einhält und genügend nach rechts ausweicht[668]. Kommt ein Kraftfahrzeug auf der ihm gebührenden Straßenseite mit Fahrlicht in ruhiger Bewegung einem Fahrer entgegen, so braucht dieser nicht damit zu rechnen, daß das Kraftfahrzeug in die eigene Fahrbahn geraten wird[669]. Auch der denkbar beste Fahrer braucht nicht damit zu rechnen, daß die Bremsen eines entgegenkommenden Kraftfahrzeugs versagen[670], daß es, durch Verschulden Dritter abgedrängt, plötzlich seine Fahrlinie versperrt[671], daß der Führer eines in unübersichtlicher Kurve entgegenkommenden Kraftfahrzeugs sich grob verkehrswidrig verhält, insbesondere überholt[672] oder daß ein entgegenkommender Wagen infolge scharfen Bremsens ins Schleudern gerät[673]. Unabwendbar ist es, wenn der Fahrer infolge des plötzlich auf seine Fahrbahnseite geratenen Fahrzeugs bremst anstatt ungebremst auf die Gegenfahrbahn auszuweichen, wo mit Schleudergefahr zu rechnen ist[674], oder wenn es ihm nicht gelingt, einen Frontalzusammenstoß zu vermeiden, weil das auf seiner Fahrbahnhälfte entgegenkommende Kraftfahrzeug ihm nur noch einen Abstand von 7 cm zum Fahrbahnrand beläßt[675].

390 Auf voll ausgebauter Autobahnstrecke braucht auch der gewissenhafteste Fahrer nicht mit Gegenverkehr zu rechnen[676].

391 **Geschwindigkeit** (s. a. Hindernisse auf der Fahrbahn). Die Einhaltung einer den jeweiligen Verkehrs-, Wetter- und Sichtverhältnissen angepaßten Geschwindigkeit ist fundamentale Pflicht jedes Fahrzeugführers (§ 3 Abs. 1 StVO). Er kann sich deshalb nicht auf Unabwendbarkeit berufen, wenn er infolge nicht angepaßter Geschwindigkeit auf verkehrswidriges Verhalten eines anderen nicht sicher reagieren konnte[677]. Der denkbar beste Kraftfahrer beachtet darüber hinaus und neben den ausdrücklich angeordneten Geschwindigkeitsbeschränkungen aber auch die lediglich empfohlene **Richtgeschwindigkeit** auf den Autobahnen von 130 km/h (VO v. 21. 11. 1978, BGBl. I S. 1824)[678]. Unabwendbar ist ein Autobahnunfall deshalb nur dann, wenn der Halter

---

663 BGH VersR 1968, 848; OLG Karlsruhe NJW-RR 1987, 1249.
664 BGH VersR 1965, 1054; 1970, 818; 1980, 868.
665 BGH VersR 1968, 897.
666 Vgl. BGH NZV 1989, 265 m. Anm. *Kääb*.
667 Z. B. Autobahntankstellen, OLG Frankfurt VersR 1982, 1204.
668 BGH VRS 11, 107.
669 BGH VRS 10, 172.
670 OLG Celle VersR 1961, 813 LS.
671 OLG Koblenz VersR 1984, 896 LS.
672 BGH VersR 1961, 809; 1974, 997; zum Erfordernis des Fahrens auf Sicht vgl. BGH VersR 1983, 153 und OLG Karlsruhe VersR 1987, 695.
673 OLG Nürnberg VersR 1968, 78; OLG Celle VersR 1979, 264.
674 OLG Frankfurt VersR 1987, 469.
675 OLG Zweibrücken NZV 1988, 22.
676 LG Darmstadt VersR 1966, 1144.
677 OLG Frankfurt VersR 1981, 238.
678 BGHZ 117, 337 = VersR 1992, 714 m. Anm. *Reiff* = DAR 1992, 257 m. Anm. *Ludovisy* 278 u. *Gebhardt* 295 = LM § 7 StVG Nr. 68 m. Anm. *Berz* = EWiR § 7 StVG 1/

beweist, daß keine Überschreitung dieser Geschwindigkeit zu ihm beigetragen hat, etwa weil der Unfall sich auch bei deren Einhaltung ereignet hätte[679].

Glatteis. Das nur stellenweise **Auftreten von Glatteis** ist lediglich an Stellen, an denen hiermit im allgemeinen nicht zu rechnen und auch kein Warnzeichen aufgestellt ist, ein unabwendbares Ereignis, nicht jedoch bei Temperaturen um den Gefrierpunkt oder darunter an Stellen, die erfahrungsgemäß zur Eisbildung neigen[680], wie z. B. Brücken, Brückenrampen, Unterführungen, Waldstücken, überhöhten Kurven, bei denen an der Außenseite Schnee angehäuft ist (gefrierendes Tauwasser). Ist eine Brücke (vor allem bei Nacht oder Nebel oder im Stadtverkehr) für den Fahrer als solche nicht erkennbar, so kann das durch unvermutetes Glatteis auf der Brücke und ihren Rampen verursachte Schleudern ein unabwendbares Ereignis sein[681]. Aus dem eisfreien Zustand eines Teils der Straße darf allerdings nicht ohne weiteres darauf geschlossen werden, daß die folgenden Strecken den gleich guten Zustand aufweisen[682]. 392

Das **Fahren** auf geschlossener Glatteisdecke oder auf den erkennbar mit Glatteis überzogenen Stellen der Straße erfordert insofern besondere Sorgfalt, als jedes plötzliche Gasgeben oder scharfe Bremsen ebenso zum Schleudern führen kann wie ruckweises oder zu starkes Betätigen der Lenkung. Der „denkbar beste Fahrer" erkennt sofort, wenn sich die nicht angetriebenen Räder oder sämtliche Räder infolge zu starker Betätigung der Bremse nicht mehr drehen, und lockert sofort die Bremse[683]. Das Rutschen des Kraftfahrzeugs kann er vermeiden[684]. Ein Verstoß gegen die besonderen Fahrregeln bei Glatteis (dasselbe gilt für glattgefahrenen Schnee) schließt die Annahme eines unabwendbaren Ereignisses stets aus, wenn die Möglichkeit nicht auszuschließen ist, daß der Unfall hierauf beruht[685]. 393

Die einzuhaltende **Geschwindigkeit** richtet sich nach den jeweiligen Gegebenheiten. Wenn keine besondere Gefahrenquelle erkennbar ist, braucht er nicht so langsam zu fahren, daß er im Fall einer unvermutet entstehenden Gefahrenlage „auf kürzeste Entfernung" anhalten kann, also z. B. nicht langsamer als 20 km/h in geschlossenen Ortschaften und 40 km/h auf freier Strecke . Bei besonderen Gefahrenlagen (z. B. Gefälle, Annäherung an Engstelle, scharfe Kurve, Spiegeleis) ist aber langsamer zu fahren. Unfälle, die sich trotz dieser mäßigen Geschwindigkeiten und trotz sachgemäßer Betätigung der Bremsen ereignen, sind unabwendbar. Wird ein Kraftfahrer durch das unvorhersehbare, verkehrswidrige Verhalten eines anderen Verkehrsteilnehmers auf das Glatteis am Straßenrand gedrängt oder auf glatter Straße zu plötzlichem Bremsen gezwungen, so ist das hierdurch verursachte Schleudern des Kraftfahrzeugs unabwendbar[686]. Damit, daß ein entgegenkommender Kraftradfahrer stürzt, muß der denkbar beste Fahrer auch bei glatter Straße nicht rechnen[687]. 394

92, 597 m. Anm. *v. Bar/Grothe*; OLG Schleswig NZV 1993, 152; *Reiff* VersR 1992, 291 f; *Greger* NZV 1990, 270; **a. A.** OLG Celle ZfS 1991, 150; *Jagusch/Hentschel* § 3 StVO 55 c. Im Ergebnis (aber ohne Bezugnahme auf die Richtgeschwindigkeits VO) ebenso OLG Köln NZV 1992, 34, OLG Hamm NZV 1992, 33; anders OLG Hamm NZV 1990, 269.

679 BGHZ 117, 337 (s. vorstehend); OLG Köln VersR 1992, 1366 m. Anm. *Reiff*.

680 BGH VersR 1979, 1055.

681 OLG Hamburg VersR 1956, 352; zu weitgehend LG Bonn MDR 1957, 163.

682 BGH VersR 1979, 1055.

683 OLG Oldenburg DAR 1956, 75.

684 OLG Dresden RdK 1940, 103.

685 OLG Kiel HRR 1931, Nr. 1450; OLG Naumburg RdK 1939, 9; OLG Dresden RdK 1940, 103; 1940, 104; OLG Bremen VersR 1956, 198; LG Bonn MDR 1957, 163.

686 BGH VersR 1960, 403.

687 BGH VersR 1959, 455.

395 **Grundstücksausfahrt.** Bei fehlender Sicht auf die Straße hat sich der Ausfahrende einweisen zu lassen, z. B. bei Rückwärtsausfahren[688]. Beansprucht ein Lkw beim Einbiegen in die Fahrbahn deren gesamte Breite, so müssen bei Unübersichtlichkeit Warnposten aufgestellt werden[689]. Dies generell bei Sichtbehinderung an der Ausfahrt zu fordern[690] erscheint als zu weitgehend; auch hier muß ein vorsichtiges Hineintasten zugelassen werden[691]. Bei der Annäherung an eine Ausfahrt darf sich der Kraftfahrer darauf verlassen, daß niemand herausfahren wird, ohne nach § 10 StVO den fließenden Verkehr zu beachten[692].

396 **Grundstückeinfahrt.** Wenn der Kraftfahrer wegen zu geringer Breite der Fahrbahn nicht in einem Bogen in das Grundstück einfahren kann, sondern unter völligem Blokkieren der Fahrbahn nochmals zurückstoßen muß, muß er, wenn er nur so eine Gefährdung des fließenden Verkehrs ausschließen kann, eine Hilfsperson zuziehen, die ihn einweist und die Straße absichert; auf einen völlig unaufmerksamen Verkehrsteilnehmer, der das Verkehrsgeschehen überhaupt nicht verfolgt und trotz des rechtzeitig und deutlich sichtbaren Hindernisses nicht anhält, braucht sich der Abbieger jedoch nicht einzustellen[693].

397 **Haltestelle.** Der Fahrer eines Omnibusses, der an einer Haltestelle gehalten hat, darf diesen nur mit größter Rücksicht auf den fließenden Verkehr wieder anfahren[694]; die Pflicht der anderen Verkehrsteilnehmer, ihm das Abfahren von der Haltestelle zu ermöglichen (§ 20 Abs. 5 StVO, Abs. 2 a. F.), ändert hieran nichts.

398 Ein Kraftfahrer, der an einem haltenden Linienbus vorbeifährt, muß aufmerksam und reaktionsbereit sein, um ausgestiegene und die Fahrbahn überquerende Fahrgäste nicht zu gefährden[695]. Ein Seitenabstand von 1 m ist auch bei 40 km/h zu gering[696].

399 Zum Schutz der Aussteigenden muß der Fahrer eines Linienbusses nahe an die Bordsteinkante heranfahren, insbesondere bei Glatteis[697]. Zumindest muß er warnen[698].

400 Der Fahrer eines Schulbusses muß bei der Annäherung an die Haltestelle damit rechnen, daß die wartenden Schüler an den Bus herandrängen. Er muß den Bus daher mit weniger als Schrittgeschwindigkeit ausrollen lassen, und die Schüler, auch mit Hilfe des Außenspiegels, im Auge behalten, um ggf. sofort anhalten zu können. Mehr – etwa Anhalten schon vor der Haltestelle – ist von ihm aber nicht zu verlangen[699].

401 **Hindernisse auf der Fahrbahn.** Mit Hindernissen auf der Fahrbahn (abgesprungene Radkappen oder Zwillingsräder, heruntergefallene Ski, Koffer, Ladung) rechnet der „denkbar beste Kraftfahrer" auch in der Nacht[700]. Er rechnet auch mit unbeleuchtet liegengebliebenen Kraftfahrzeugen[701] und fährt daher immer „auf Sicht", d. h. nur so schnell, daß er noch anhalten oder ausweichen kann, wenn er bei den gegebenen Sichtverhältnissen (eigenes Abblendlicht, Mondlicht, Licht entgegenkommender oder in gleicher Richtung fahrender Fahrzeuge, Kurve, Kuppe) das Hindernis erkennen kann[702]. Auch auf der Autobahn ist stets „auf Sicht" zu fahren[703]. Auf ein durch den Vordermann verdecktes und erst durch dessen plötzliches Ausweichen sichtbar werdendes

688 KG VM 1987, Nr. 53.
689 BGH VersR 1968, 1162.
690 So LG Düsseldorf VersR 1981, 290.
691 Vgl. BayObLG VRS 61, 386; NZV 1990, 81.
692 BGH VersR 1970, 159; OLG Karlsruhe VersR 1983, 567 LS.
693 BGH VersR 1979, 532.
694 BGH VRS 11, 246.
695 BGH VersR 1968, 702.
696 BGH VersR 1969, 860.
697 BGH VersR 1969, 518.
698 OLG Karlsruhe VersR 1981, 266.
699 BGH VersR 1982, 270.
700 OLG Frankfurt NZV 1991, 270.
701 BGH VersR 1965, 88; 1987, 1241 (Panzer mit Tarnanstrich!); NZV 1988, 57.
702 BGH DAR 1960, 16; VersR 1974, 997.
703 Vgl. hierzu BGH NJW 1984, 2412.

Hindernis braucht man sich nur dann einzustellen, wenn aufgrund der Fahrweise des Vordermanns (z. B. unangepaßte Geschwindigkeit) eine solche Reaktion nicht außerhalb des Erwartbaren liegt. Einer Unfallstelle darf man sich nur mit verringerter Geschwindigkeit nähern[704]. Bei eingeschaltetem Warnblinklicht muß man auch mit Gefahren rechnen, die nicht von dem blinkenden Fahrzeug ausgehen, und die Geschwindigkeit so herabsetzen, daß man vor einem plötzlich auftauchenden Hindernis (z. B. Unfallfahrzeug) anhalten kann[705].

Hochschleudern von Steinen s. Steine. **402**

Kinder (s. a. Haltestelle). Befinden sich Kinder auf dem Gehsteig oder am Straßen- **403**
rand, so rechnet der sorgfältige Kraftfahrer damit, daß sie unbedacht in die Fahrbahn laufen, und stellt seine Fahrweise darauf ein. Das gilt unabhängig von einer starren Altersgrenze stets dann, wenn nach den erkennbaren Umständen (Körpergröße, Verhalten) mit einer unbedachten Handlungsweise gerechnet werden muß[706]. Kann er nicht sicher sein, daß ein für ihn **sichtbares** Kind sein Fahrzeug wahrgenommen hat, gibt er ein Warnzeichen oder fährt mit einer Geschwindigkeit oder einer Distanz an dem Kind vorbei, die eine Gefährdung ausschließt[707]. Setzt ein Kind vor dem herannahenden Kraftfahrzeug zum Überqueren der Fahrbahn an, so kann es je nach den Umständen geboten sein, ein Warnzeichen zu unterlassen und statt dessen abzubremsen[708]. Daß ein auf der Fahrbahn befindliches Kleinkind stehenbleiben und ihn durchfahren lassen würde, darf der ideale Kraftfahrer nicht erwarten[709], auch dann nicht, wenn sich das Kleinkind unter unmittelbarer Aufsicht eines Erwachsenen befindet[710]. Fährt ein Kind in einer von rechts einmündenden steilen Seitenstraße schnell mit dem Roller herab, so muß der Kraftfahrer davon ausgehen, es werde nicht rechtzeitig anhalten[711].

Radfahrenden Kindern gegenuber ist der Vertrauensgrundsatz ebenfalls einge- **404**
schränkt. So muß z. B. mit einer Gefährdung gerechnet werden, wenn Kinder auf der linken Fahrbahnseite[712] oder auf schmalem Gehweg mit Rädern entgegenkommen[713] oder nebeneinanderfahren[714]; ebenso bei knapp schulpflichtigen Kindern, die mit Kinderfahrrädern auf einer Kreisstraße entgegenkommen, wenn auf der gegenüberliegenden Straßenseite Grundstückseinfahrten zu sehen sind[715]. Fährt ein Kind mit dem Fahrrad auf einem nur 80 cm breiten Gehweg, noch dazu mit einem Eis in einer Hand, so muß ein nachfolgender Busfahrer von einem Vorbeifahren absehen, wenn er wegen geringer Breite der Straße keinen vergrößerten Sicherheitsabstand einhalten kann[716].

Der Kraftfahrer muß auch den an die Straße **angrenzenden Bereich** daraufhin beob- **405**
achten, ob ein Kind auf die Straße laufen oder fahren könnte[717]. Das Nichtwahrnehmen wahrnehmbarer Kinder schließt ein unabwendbares Ereignis aus[718].

War ein Kind zu dem Zeitpunkt, zu dem ein rechtzeitiges Anhalten unter Berücksich- **406**
tigung der Schreckzeit (Rdn. 365) noch möglich war, für den Fahrer **nicht sichtbar**, so

---

704 BGH bei *Bode* DAR 1975, 95.
705 OLG Köln VRS 68, 354; einschränkend bei fließendem Autobahnverkehr und blinkendem Fahrzeug auf der Standspur BayObLG NJW-RR 1986, 773 und LG Bielefeld NZV 1991, 235.
706 OLG Schleswig VersR 1987, 825; **a. A.** OLG München VersR 1984, 395: bis zur Vollendung des 14. Lebensjahres.
707 BGH VersR 1953, 85; 1960, 1114; 1968, 475; OLG Hamm VM 1986, Nr. 26.
708 Vgl. BGH VersR 1962, 360.
709 OLG Frankfurt VersR 1985, 71 LS.
710 OLG Karlsruhe VersR 1982, 450.
711 BGH VersR 1969, 79.
712 OLG München NZV 1988, 66.
713 BGH VersR 1985, 1088; OLG Stuttgart VRS 74, 401; OLG Hamm NZV 1991, 152.
714 BGH VersR 1967, 659.
715 OLG Oldenburg VersR 1980, 340.
716 BGH NJW 1987, 2375.
717 BGH VersR 1965, 501; 1970, 820.
718 BGH VersR 1961, 837; 1982, 441; OLG Köln NZV 1992, 233.

liegt ein unabwendbares Ereignis vor, wenn das Kind plötzlich vor sein Fahrzeug läuft[719]. Auch unter der Geltung des § 3 Abs. 2a StVO braucht sich der Kraftfahrer nicht darauf einzustellen, daß jederzeit, z. B. zwischen geparkten Autos, ein Kind auftauchen kann[720], es sei denn, er hätte bei gehöriger Beobachtung schon vor der Sichtbehinderung durch das geparkte Fahrzeug erkennen können, daß das Kind sich auf die Fahrbahn zu bewegt[721]. Er braucht auch nicht damit zu rechnen, daß aus einer privaten Grundstücksausfahrt hinter einem radfahrenden Kind ein weiteres, für ihn nicht erkennbares herausfahren würde[722].

407 Wenn jedoch konkrete Anhaltspunkte für das mögliche Auftauchen eines Kindes bestehen, kann der sich hierauf nicht einstellende Kraftfahrer den Unabwendbarkeitsbeweis nicht führen, z. B. wenn eine junge Frau so an einem haltenden Wagen hantiert, als helfe sie einem Kind heraus[723], wenn sich auf einer bekanntermaßen zum Spielen benutzten Straße andere Kinder auf der gegenüberliegenden Seite befinden[724], wenn gerade Kindergarten- oder Schulschluß ist[725] oder wenn ein Schulbus soeben anfährt[726]. Dasselbe gilt, wenn zwischen den parkenden Fahrzeugen zwar nicht das Kind, aber das Vorderrad eines Kleinkinderfahrrades sichtbar war; der Kraftfahrer darf nicht darauf vertrauen, daß das Rad von einem Erwachsenen geschoben wird[727]. Das Warnzeichen „Kinder“ kann je nach den örtlichen und zeitlichen Gegebenheiten Anlaß geben, mit dem Auftauchen vorher nicht zu sehender Kinder zu rechnen[728], nicht aber bei Dunkelheit außerhalb üblicher Schul- und Spielzeit[729]. Der (ohnehin schwer erkennbare) Umstand, daß es sich um eine kinderreiche Gegend handelt, reicht nicht aus, konkrete Anhaltspunkte für das plötzliche Auftauchen von Kindern zu begründen[730], ebensowenig das Befahren eines Wohngebiets mit am Straßenrand geparkten Autos[731]. Ist von zwei Kindern am Straßenrand nur eines sichtbar und läuft dann das andere vor das herannahende Kraftfahrzeug, so ist der Unfall entgegen OLG Düsseldorf VRS 72, 31 unabwendbar, weil sich nicht die die gesteigerte Sorgfaltspflicht auslösende Gefahr verwirklicht hat (vgl. Rdn. 354).

408 Der Verkehrsgerichtstag 1991 hat im Anschluß an die Ausführungen von *Scheffen*[732] an den Gesetzgeber appelliert, den Unabwendbarkeitsbeweis gegenüber Kindern bis zur Vollendung des 10. Lebensjahres völlig abzuschaffen[733].

409 **Ladung** (s. a. Überladen). Die Ladung muß so verstaut und befestigt sein, daß sie auch bei ungünstigsten Verhältnissen (Sturm, unebenes Gelände, scharfes Bremsen) weder ihre Lage gefahrbringend verändern noch herabstürzen kann[734].

410 **Lichtzeichen** (s. a. Fußgänger, Linksabbiegen, Radfahrer). Einer ampelgeregelten Kreuzung darf sich auch der denkbar beste Fahrer mit der vollen zugelassenen Geschwindigkeit nähern, wenn die Kreuzung frei ist und die Ampel für ihn Grün zeigt. Kann er beim Umschalten auf Gelb nicht mehr vor der Kreuzung anhalten, so verhält

---

719 BGH VersR 1985, 639; KG VRS 61, 241; NZV 1988, 104; OLG Karlsruhe DAR 1984, 19; OLG Köln VersR 1980, 338; OLG Hamm VersR 1993, 711.

720 *Scheffen* VersR 1987, 122.

721 OLG Hamm NZV 1991, 194.

722 BGH VersR 1985, 864; a. A. *Scheffen* DAR 1991, 122 u. MDR 1992, 225.

723 BGH VersR 1985, 639.

724 BGH VersR 1967, 607.

725 OLG Karlsruhe NZV 1989, 188.

726 OLG Oldenburg NZV 1988, 104.

727 BGH VersR 1981, 1054.

728 BGH VRS 33, 350; 42, 362; OLG Koblenz VRS 48, 465; 62, 335; KG VRS 56, 131; OLG Köln VersR 1989, 206.

729 OLG Frankfurt VersR 1982, 152.

730 **A. A.** AG Köln VRS 63, 9.

731 **A. A.** OLG Hamm NZV 1990, 474.

732 DAR 1991, 121 ff.

733 S. NZV 1991, 103.

734 RG RdK 1940, 166; OLG Düsseldorf MDR 1984, 945.

er sich nicht sorgfaltswidrig, wenn er noch über die Kreuzung fährt[735]; dies kann zur Vermeidung eines gefährlichen scharfen Abbremsens sogar geboten sein (s. auch Anhalten). Der Zusammenstoß mit einem aus der Querstraße schon bei Gelb in die Kreuzung einfahrenden Fahrzeug ist für ihn unabwendbares Ereignis, es sei denn ein besonders umsichtiger und geistesgegenwärtiger Fahrer hätte infolge besonderer Umstände die Verkehrswidrigkeit des anderen noch so rechtzeitig bemerken können, daß ein Anhalten vor dem Anprall geglückt wäre[736]. Der Zusammenstoß mit einem bei Rot einfahrenden Sonderrechtsfahrzeug kann unabwendbar sein, wenn dieses nur das Blaulicht, nicht auch das Martinshorn eingeschaltet hatte[737].

Nach dem Umschalten der Ampel auf Grün fährt der sorgfältige Fahrer erst in die **411** Kreuzung ein, wenn er sich vergewissert hat, daß sie von Nachzüglern des Querverkehrs (z. B. aufgehaltenen Abbiegern, langsamen Fußgängern) frei ist[738].

Ist für den Fahrer erkennbar, daß es wegen Ausfalls einer Lichtzeichenanlage zu **412** gefährlichen Situationen auf einer Kreuzung kommt, so ist er nicht entlastet, wenn er sich nicht auf das plötzliche Abbremsen seines Vordermanns einstellt. Zeigt eine Ampel wegen eines Defekts Dauerrot, so darf auch der denkbar beste Fahrer nach gehöriger Wartezeit das Signal mißachten; er hat sich beim Einfahren in die Kreuzung aber so umsichtig zu verhalten, daß eine Gefährdung des Querverkehrs ausgeschlossen ist.

Liegenbleiben des Fahrzeugs. Fällt die Antriebskraft aus oder wird das Kraftfahrzeug **413** aus anderen Gründen bewegungsunfähig, so benützt der denkbar beste Fahrer die letzte Bewegungsenergie, um es nach Möglichkeit außerhalb der Fahrbahn oder jedenfalls außerhalb besonderer Gefahrenzonen (z. B. in Kurve, hinter Kuppe, auf Überholspur), abzustellen. Gelingt dies nicht mehr, so ist das Fahrzeug im Rahmen des Möglichen nachträglich, z. B. durch Schieben, in die nach den Umständen am wenigsten gefahrenträchtige Position zu verbringen. Bei einem Reifenschaden auf der Autobahn darf der Kraftfahrer nicht sofort anhalten, wenn sich an der betreffenden Stelle kein ausreichend breiter Randstreifen, in ca. 130 m Entfernung aber eine Ausbuchtung befindet; er muß sein Fahrzeug vielmehr dorthin ausrollen lassen, auch wenn dabei Reifen und Felge Schaden nehmen[739]. Kann der Kraftfahrer nicht umhin, auf einer Autobahn ohne Randstreifen anzuhalten, so muß er sein Kraftfahrzeug nach Möglichkeit von der Fahrbahn herunter bis unmittelbar an die Leitplanke heranfahren und darf dort nicht, um seinen Mitfahrern das Aussteigen nach rechts zu ermöglichen, einen Abstand lassen, wenn das Kraftfahrzeug dann noch in die Fahrbahn ragt[740].

Kann das Pannenfahrzeug nicht vollständig von der Fahrbahn gebracht werden, so **414** ist es unverzüglich durch Warnmittel abzusichern; sind solche nicht verfügbar und ist die Stelle unübersichtlich, auch durch Warnposten.

Linksabbiegen. Vor dem Linksabbiegen hat der Kraftfahrer auch darauf Bedacht zu **415** nehmen, daß er nicht durch Radfahrer oder Fußgänger oder einen Stau in der Seitenstraße gehindert wird, die Fahrspur des Gegenverkehrs rechtzeitig vor einem herannahenden Fahrzeug freizumachen. Halten an einer durch Lichtzeichen geregelten Kreuzung Fahrzeuge des Gegenverkehrs an, so biegt der äußerst sorgfältige Fahrer gleichwohl noch nicht nach links ab, wenn sich ein Fahrzeug des Gegenverkehrs nähert, welches offensichtlich keine Anstalten zum Anhalten macht[741]. Er rechnet auch mit der Möglichkeit, daß für einzelne Fahrspuren oder Fahrzeugarten (z. B. Radfahrer, Bus,

[735] OLG Köln VersR 1965, 906.
[736] BGH VersR 1966, 829.
[737] KG VersR 1987, 823.
[738] KG VersR 1970, 164.
[739] BGH VersR 1979, 323.
[740] BGH aaO.
[741] Vgl. BayObLG VRS 48, 227/229; OLG Hamm VersR 1972, 1016.

Straßenbahn) gesonderte Signale vorhanden sind. Wenn dem Linksabbieger durch einen Grünpfeil die Sperrung des Gegenverkehrs angezeigt wird, darf er grundsätzlich darauf vertrauen, daß er gefahrlos abbiegen kann[742]. Die vom KG in einer anderen Entscheidung[743] vertretene Auffassung, der ordentliche Kraftfahrer überquere auch in einem solchen Fall die Gegenfahrbahn erst, wenn der Gegenverkehr auf allen Fahrstreifen zum Stehen gekommen sei, erscheint für den Regelfall als zu weitgehend; etwas anderes gilt aber dann, wenn der Linksabbieger erkennen mußte, daß ein entgegenkommendes Fahrzeug noch in die Kreuzung einfahren würde.

416 Auch ein besonders sorgfältiger Fahrer darf davon ausgehen, daß ein entgegenkommender Wagen, der links blinkt und sich nach links einordnet, auf der Kreuzung anhält, bis diese freigeworden ist[744].

417 **Lücke in Kolonne** s. Vorbeifahren an stehender Kolonne.

418 **Nebel.** Ist für den Kraftfahrer erkennbar, daß er in eine Nebelbank einfahren muß, so reduziert er seine Geschwindigkeit so rechtzeitig, daß er bereits bei Erreichen des Nebels auf Sicht fährt. Nicht zu billigen ist die Ansicht des OLG Düsseldorf[745], der denkbar beste Fahrer fahre bei Nebel auf den Straßenbahngleisen, um sich besser orientieren zu können. Besonders gefährliche Fahrmanöver nimmt der äußerst sorgfältige Fahrer bei Nebel, wenn überhaupt, so nur unter größten Sicherheitsvorkehrungen vor. Will er z. B. mit einem Lastzug bei starkem Nebel und Glatteis aus einem Nebenweg in eine Hauptstraße einbiegen, so stellt er Warnleuchten an der Hauptstraße auf[746].

419 **Ölspur.** Allein das Vorhandensein einer Ölspur macht das Abkommen auf die Gegenfahrbahn nicht zu einem unabwendbaren Ereignis; der Halter muß vielmehr alle in Betracht kommenden Fahrfehler (grundloses Bremsen, überhöhte Geschwindigkeit, Übersehen der Ölspur) ausschließen[747].

420 **Omnibus** (s. a. Haltestelle). Der denkbar beste Fahrer nimmt bei seiner Fahrweise besondere Rücksicht auch auf die Fahrgäste und vermeidet daher ruckhaftes Anfahren und Bremsen. Ein leichter Ruck beim Anfahren von einer Haltestelle wird allerdings unvermeidbar sein[748], insbesondere wenn sich der Fahrer in eine Lücke des fließenden Verkehrs einfädeln muß. Unabwendbar für den Fahrer ist es auch, wenn ein Fahrgast infolge einer automatischen Bremsung stürzt, die ein anderer durch mißbräuchliche Betätigung des Nottüröffners ausgelöst hat[749], oder wenn er über das selbsttätige Schließen der Tür erschrickt und stürzt[750]. Fällt durch einen vermeidbaren Ruck ein Koffer aus dem Gepäcknetz, so ist die hierdurch verursachte Verletzung eines Fahrgastes nicht unabwendbar[751]. Bringt ein Fahrer die Fahrgäste durch verkehrswidriges Verhalten in Gefahr, so muß er damit rechnen, daß sie in der Angst unbedacht und unzweckmäßig handeln[752].

421 **Parkplatz.** Auf der Fahrspur zwischen den Parkboxen eines Parkplatzes sind ständige Bremsbereitschaft und Schrittgeschwindigkeit einzuhalten, weil immer mit rangierenden Fahrzeugen zu rechnen ist[753]. Im Parkhaus ist so zu fahren, daß jederzeit auf kürzeste Distanz angehalten werden kann[754].

---

[742] BGH NZV 1992, 108; KG VersR 1975, 427.
[743] Bei *Darkow* DAR 1972, 146.
[744] BGH VersR 1969, 75.
[745] VRS 1, 71; abl. auch *Carl* daselbst.
[746] OLG Oldenburg DAR 1961, 310.
[747] OLG Köln NZV 1994, 230.
[748] LG Bielefeld MDR 1957, 292 LS.
[749] LG Regensburg VRS 71, 169.
[750] OLG Nürnberg NZV 1989, 354.
[751] Vgl. OLG Oldenburg DAR 1954, 206.
[752] RG VAE 1939, 221 LS.
[753] OLG Oldenburg VersR 1983, 1043.
[754] KG VRS 64, 103.

Pferdefuhrwerk. Nehmen Pferdefuhrwerke am Straßenverkehr teil, so braucht auch der „denkbar beste Führer eines Kraftfahrzeugs“ nicht damit zu rechnen, daß die Pferde scheuen, es sei denn, daß hierfür durch besondere Umstände Anlaß besteht (Hupen des Kraftfahrzeugs, Lautsprecher, sehr große Annäherung an die Pferde). Werden die Pferde allein dadurch scheu, daß der Führer 25 m von ihnen entfernt den Anlasser des Kraftfahrzeugs betätigt, so liegt ein unabwendbares Ereignis vor[755]. 422

Polizeibeamter. Weisungen oder Zeichen eines Polizeibeamten befreien den „denkbar besten Fahrer“ nicht von der Rücksichtnahme auf andere Verkehrsteilnehmer. Wird die Fahrtrichtung durch Handzeichen freigegeben und ereignet sich ein Unfall, weil sich ein anderer Verkehrsteilnehmer noch in der Kreuzung befindet oder verkehrswidrig in diese einfährt, so liegt kein unabwendbares Ereignis vor, wenn das verkehrswidrige Verhalten rechtzeitig zu erkennen war[756]. 423

Radfahrer (s. a. Kinder, Rechtsabbiegen, Seitenabstand). Unabwendbar ist für einen Kraftfahrer der Zusammenstoß mit einem Radfahrer, der ohne ein Zeichen zu geben zwei Sekunden vor dem in gleicher Richtung fahrenden Kraftfahrzeug den Radweg nach links verläßt, um die Straße zu überqueren[757], oder der an einer Fußgängerampel trotz Rotlichts die Fahrbahn quert[758]. Der denkbar beste Kraftfahrer versucht, wenn er bei ausreichender Straßenbreite trotz Gegenverkehr einen Radfahrer überholt und dieser kurz vor Beginn des Überholvorgangs nach links fährt, rechts am Radfahrer vorbeizukommen, oder er gibt, wenn er nach links lenkt, gleichzeitig Hupzeichen[759]. Beim Heranfahren an eine Vorfahrtstraße mit Radweg muß der Wartepflichtige damit rechnen, daß Radfahrer den Radweg auch in verbotener Richtung (z. B. entgegen der Einbahnstraße) benützen[760]. 424

Rechtsabbiegen. Beim Abbiegen nach rechts gerät der „denkbar beste Fahrer“ nur dann über die Mitte der Straße, in die er einbiegt, hinaus, wenn sich dies wegen der geringen Breite dieser Straße und der Ausmaße seines Kraftfahrzeugs nicht vermeiden läßt[761]. Bei großen Kraftfahrzeugen (vor allem Lastzügen und Omnibussen) läßt es sich beim Einbiegen in enge Straßen häufig nicht vermeiden, daß der Führer des Kraftfahrzeugs vor dem Einschlagen der Lenkung zunächst nach links ausholt und sich bis zur Straßenmitte oder über diese hinaus begibt. Durch dieses Verhalten kann bei nachfolgenden Fahrern leicht der Eindruck entstehen, das große Fahrzeug wolle nach links abbiegen. Dessen Fahrer ist daher gehalten, sich vor dem Einschlagen der Lenkung nach rechts zu vergewissern, daß kein nachfolgendes Kraftfahrzeug rechts zum Vorfahren angesetzt hat. Will ein Lkw-Fahrer nach dem Aufenthalt an einer Ampel nach rechts abbiegen, so muß er damit rechnen, daß in dem für ihn nicht einsehbaren Raum rechts von seinem Fahrzeug ein Radfahrer Aufstellung genommen haben könnte, der nach Freigabe des Verkehrs geradeaus weiterfährt[762]. Dies gilt ganz besonders, wenn rechts ein Radweg angelegt ist, aber auch sonst bei ausreichendem Raum für ein – in § 5 Abs. 8 StVO jetzt ausdrücklich zugelassenes – Rechtsvorbeifahren von Radfahrern. Um sich die nötige Gewißheit zu verschaffen, daß kein Radfahrer in den „toten Winkel“ eingefahren ist, muß der Lkw-Fahrer während des Aufenthalts an der Ampel ständig den rechten Außenspiegel im Blick behalten. 425

---

755 OLG Braunschweig OLGZ 43, 94.
756 OLG Köln JW 1931, 893.
757 BGH VersR 1966, 692; OLG Oldenburg DAR 1957, 99.
758 KG VM 1987, Nr. 21.
759 BGH VersR 1966, 62.
760 BGH VersR 1982, 94; a. A. österr. OGH ZVR 1992, 327; hierzu *Greger* NZV 1993, 382.
761 KG VAE 1938, 241.
762 OLG Hamm VRS 73, 280; BayObLG DAR 1988, 99.

426 **Rechtsfahrgebot** (s. a. Gegenverkehr). Auch auf einer breiten Fernstraße ist möglichst weit rechts, d. h. in der Regel mit maximal 1 m Abstand vom rechten Fahrbahnrand zu fahren. Verstößt ein Kraftfahrer hiergegen, so ist er auch dann nicht entlastet, wenn er einen Abstand von 1 m zur Mittellinie eingehalten hat, aber mit einem entgegenkommenden Überholer zusammenstößt[763]. Der Fahrer eines größeren Kraftfahrzeugs (z. B. Omnibus) darf einen Sicherheitsabstand zum rechten Fahrbahnrand einhalten[764]. Zum Schutzzweck des Rechtsfahrgebots bei Vorfahrtsverletzungen s. Rdn. 355.

427 **Regen.** Fahren auf regennasser Fahrbahn erfordert bei entsprechend gefährlichem Untergrund (insbesondere Blaubasalt, Kleinpflaster[765]) ähnliche Sorgfalt wie Glatteis (s. dort). Auf die Gefahr von Aquaplaning stellt sich der sorgfältige Kraftfahrer bei der Wahl seiner Geschwindigkeit ein.

428 **Reifenschaden** (zur Abgrenzung vom technischen Fehler bzw. Versagen vgl. Rdn. 490). Auch der denkbar beste Fahrer braucht grundsätzlich nicht damit zu rechnen, daß ein Nagel oder Steinsplitter einen Reifen beschädigen wird[766].

429 **Schnee.** Für Schneeglätte gilt das unter Glatteis Gesagte entsprechend. Bei Schneematsch fährt der denkbar beste Fahrer besonders sorgfältig. Er beachtet vor allem, daß ein Kraftfahrzeug, das in einer ausgefahrenen Spurrille fährt, nur schwer aus dieser herausgelenkt werden kann, ferner daß in überhöhten Kurven das Kraftfahrzeug dazu neigt, in Richtung zum Kurvenmittelpunkt zu rutschen[767]. Kommt dem Fahrer eines Lkw auf schmaler, mit Schneematsch bedeckter Straße ein anderer Lkw entgegen, so hat er sofort zu bremsen[768].

430 Die Verwendung von Schneeketten wird auch beim denkbar besten Fahrer nur in extremen Situationen, insbesondere bei Bergstrecken, vorausgesetzt. Kommt der Anhänger eines Lkw auf einer Gefällstrecke ins Rutschen und stellt sich der Lastzug quer, so liegt ein unabwendbares Ereignis nur vor, wenn auch das Anlegen von Schneeketten das Verhalten des Anhängers nicht hätte beeinflussen können[769].

431 **Schulbus** s. Haltestelle.

432 **Seitenabstand.** Soweit die Verkehrslage es erlaubt, hält der denkbar beste Fahrer einen seitlichen Sicherheitsabstand von den neben ihm in gleicher Richtung fahrenden Kraftfahrzeugen. Mehr als 1 m Abstand zu halten, ist nur bei besonders schlechter Straße, Glatteis und Sturm erforderlich, außerdem auch beim Vorbeifahren an Radfahrern. Kann ein genügender Sicherheitsabstand nicht gewahrt oder beibehalten werden, so bleibt der „denkbar beste Fahrer" hinter dem Nachbarn zurück. Dies gilt vor allem, wenn sich ein Radfahrer oder Motorradfahrer zwischen zwei Kraftfahrzeuge oder zwischen ein Kraftfahrzeug und den Straßenrand gezwängt hat. Der „denkbar beste Fahrer" nimmt auf solch verkehrswidriges Verhalten anderer Rücksicht und bemüht sich, von sich aus den nötigen Sicherheitsabstand wiederherzustellen. Dieser beträgt für den „denkbar besten Fahrer", der einen Radfahrer überholt, 1,50 bis 2 m; ein Abstand zwischen Bordsteinkante und Kraftfahrzeug von 1,30 m ist zu gering bemessen[770]. Handelt es sich bei den Radfahrern um Kinder oder um unsicher fahrende alte Leute, so vergrößert der Kraftfahrer den Sicherheitsabstand oder unterläßt das Überholen, wenn ein der Gefahr entsprechender Abstand nicht eingehalten werden kann. Dies gilt vor allem dann, wenn der kindliche oder unsichere Radfahrer (z. B. ein mit schwerer

---

[763] BGH VersR 1979, 528.
[764] BGH VRS 20, 257; VersR 1966, 1076.
[765] Vgl. OLG Hamm VRS 3, 106.
[766] OLG Celle RdK 1950, 44 m. Anm. *Brüggemann.*
[767] BGH VersR 1958, 646.
[768] OLG Stuttgart VersR 1965, 1110 LS.
[769] OLG München VersR 1961, 119.
[770] BGH VersR 1955, 764.

Last beladenes Rad) während des Überholvorgangs auf einen Teil der Fahrbahn oder des Banketts ausweicht, der wegen seiner Beschaffenheit (grobe Steine, Schlaglöcher) die Unsicherheit des Radfahrers verstärken muß. In solchen Fällen kann u. U. sogar ein Sicherheitsabstand von 2 m noch zu gering sein, jedenfalls dann, wenn ohne weiteres eine günstigere Stelle zur Überholung des Radfahrers hätte abgewartet werden können[771]. Während eines Sturmes berücksichtigt der denkbar beste Fahrer, daß ein überholter Radfahrer oder Motorradfahrer während des Überholvorgangs in den Windschatten und damit aus seiner bisherigen Fahrtrichtung gerät. Er hält deshalb auch bei Radfahrern, die nicht unsicher wirken, einen seitlichen Abstand von mehr als 1,50 m[772]. Wer einen Lkw mit Anhänger überholen will, muß damit rechnen, daß der Anhänger ein wenig schleudert, und daher auf ausreichenden Seitenabstand achten[773]. Der Überholende muß darauf achten, daß ein angemessener Seitenabstand auch bei sich ändernder Verkehrssituation gewahrt bleibt[774]. Beim Vorbeifahren an einem stehenden Müllfahrzeug muß der Kraftfahrer ein unachtsames Verhalten der Müllwerker einkalkulieren und mindestens 2 m Abstand halten oder mit Schrittgeschwindigkeit fahren[775].

Sonderrechtsfahrzeuge (s. a. Lichtzeichen). Bei Annähern eines Sonderrechtsfahrzeugs ist die Fahrweise nicht nur auf dieses, sondern auch auf zu befürchtende anomale Fahrmanöver anderer Verkehrsteilnehmer, die sofort freie Bahn schaffen wollen, einzustellen[776]. **433**

Auch der Halter des Sonderrechtsfahrzeugs selbst kann sich nur durch den Nachweis größtmöglicher Sorgfalt seines Fahrers entlasten. Der Sorgfaltsmaßstab ist nach den speziellen Umständen des Einsatzes des Fahrzeugs zu bestimmen. An die Absicherung eines Mähfahrzeugs auf der Autobahn sind hohe Anforderungen zu stellen[777]. **434**

Steine. Von den Rädern weggeschleuderte Steine können ein unabwendbares Unfallereignis begründen[778]. Liegt diese Gefahr aber aufgrund besonderer Umstände nahe (unbefestigte Straße, Baustelle) so ist die Geschwindigkeit zu ermäßigen[779]. Langsamer als 30 km/h braucht aber außerhalb geschlossener Ortschaften auch der „denkbar beste Fahrer" nicht zu fahren[780]. Hat ein Fahrzeug **Zwillingsreifen**, so können sich Steine zwischen die beiden Reifen klemmen und später weggeschleudert werden. Auf schlechten Straßen läßt sich dies nicht vermeiden. Der Führer des Kraftfahrzeugs muß aber seine Zwillingsreifen in dieser Hinsicht überprüfen, wenn er die schlechte Straße verläßt und sich auf eine Straße mit festem Belag begibt, auf der er mit wesentlich höherer Geschwindigkeit weiterzufahren gedenkt. Dies gilt vor allem beim Verlassen von Kiesgruben, von Baugelände und von anderem nichtbefestigten Gelände[781]. Ohne einen solchen konkreten Anlaß besteht jedoch keine Verpflichtung zu einer Untersuchung vor Fahrtbeginn[782]. **435**

Steinschlag. Auch wenn erkennbare Steinschlaggefahr besteht (weil schon frisch heruntergefallene Steine auf der Fahrbahn liegen) oder ein entsprechendes Warnzeichen **436**

---

771 BGH VersR 1957, 587.

772 BGH RdK 1953, 29 m. Anm. *Pohle*; *Gaisbauer* VersR 1967, 1034.

773 BGH VersR 1979, 841.

774 BGH DAR 1975, 73.

775 OLG Hamm NJW-RR 1988, 866.

776 OLG Düsseldorf VersR 1987, 1140 LS.

777 BGHZ 113, 164 = NZV 1991, 185 m. Anm. *Kunschert* u. abl. Bespr. *Lippold* NZV 1992, 63.

778 LG Lüneburg MDR 1961, 1014; AG Lahr VersR 1961, 334; LG Münster VersR 1982, 1012 LS.

779 BGH VersR 1974, 1030.

780 A. A. OLG Koblenz VersR 1955, 237.

781 OLG Frankfurt VM 1958, 34.

782 AG Halle-Saalekreis VersR 1996, 211; a. A. LG München I VersR 1967, 914.

aufgestellt ist, darf der Führer des Kraftfahrzeugs weiterfahren. In diesem Fall liegt ein unabwendbares Ereignis vor, wenn ein Stein in solcher Nähe vor dem Kraftfahrzeug herabrollt, daß ein Ausweichen oder rechtzeitiges Anhalten nicht möglich ist, vorausgesetzt, daß die Geschwindigkeit des Kraftfahrzeugs schon vorher dieser Gefahr entsprechend herabgesetzt worden war.

437 **Straßenglätte** s. Glatteis, Regen, Schnee, Verschmutzung der Straße.

438 **Streufahrzeug.** Die Ladefläche eines Streufahrzeugs muß so abgesichert sein, daß weder Erschütterungen noch Luftzug zu Gefährdungen anderer Verkehrsteilnehmer durch herabfallenden Sand oder Splitt führen können. Unvermeidbar dagegen ist es, wenn ein im ordnungsgemäßen Streuvorgang weggeschleuderter Stein oder Sandklumpen die Windschutzscheibe eines anderen Kraftfahrzeugs zerschlägt[783]. Bei Lackschäden kann nicht in jedem Fall Unabwendbarkeit bejaht werden, insbesondere nicht beim Entstehen schrotschußähnlicher Schäden[784].

439 **Sturm.** Bei Sturm und starkem Wind nimmt der denkbar beste Fahrer darauf Rücksicht, daß beim Verlassen von Waldungen und beim Befahren von Dämmen und Brükken häufig starker Seitenwind einsetzt, der das Kraftfahrzeug aus der Bahn tragen kann oder jedenfalls die Lenkung beeinflußt. Umgekehrt berücksichtigt er beim Einfahren in Waldungen und Unterführungen (auch unter Brücken), daß das Kraftfahrzeug durch den plötzlichen Wegfall des Seitenwindes aus seiner bisherigen Fahrtrichtung gerät, wenn die Lenkung nicht sofort hierauf eingestellt wird. Gleiches gilt, wenn das Kraftfahrzeug in den Windschatten eines vorbeifahrenden, überholenden oder überholten Kraftfahrzeugs gerät. Beim Überholen eines Radfahrers nimmt der sorgfältige Fahrer darauf Rücksicht, daß der Radfahrer unsicher werden kann, wenn er in den Windschatten gerät; er hält deshalb einen seitlichen Abstand von mehr als 1,50 m[785].

440 Der denkbar beste Fahrer berücksichtigt auch, daß bei Sturm Zweige und Äste von den Bäumen gerissen werden, ja sogar ganze Bäume auf die Straße stürzen können. Anzuhalten braucht er deshalb allerdings nicht. Wird ein herabfallender Ast auf die Windschutzscheibe geschleudert, so liegt ein unabwendbares Ereignis selbst dann vor, wenn schon andere Äste auf der Straße liegen[786]. Kein unabwendbares Ereignis ist dagegen im allgemeinen das Hineinfahren in einen umgestürzten Baum oder liegenden Ast. Besondere Sorgfalt erfordern die bei Sturm oft in wenigen Sekunden entstehenden Schneewehen. Denn hier ist ein allzustarkes Herabmindern der Geschwindigkeit nicht möglich, weil sonst das Kraftfahrzeug in der Schneewehe stecken bleibt. Daß bei Sturm die Ladung eines Lkw oder die Koffer und Zeltsäcke auf dem Dach eines Pkw besonders sorgfältig befestigt sein müssen, weiß jeder sorgfältige Fährer eines Kraftfahrzeugs[787].

441 **Sturz eines anderen Verkehrsteilnehmers.** Bremst der Kraftfahrer und entsteht dabei ein nicht mit dem Fahrzeug zusammenhängendes Geräusch, weil ein nachfolgender Mopedfahrer neben dem Kraftfahrzeug gestürzt ist, so liegt ein unabwendbares Ereignis vor, wenn der Fahrer des Kraftfahrzeugs nicht sofort hält und der Wagen daher über den Fuß des Mopedfahrers rollt[788]. Damit, daß ein entgegenkommender Kradfah-

---

783 LG Lübeck DAR 1955, 136.

784 BGHZ 105, 65 = NZV 1989, 18 m. Anm. *Kuckuk* = JZ 1988, 1136 m. Anm. *Baumgärtel*; OLG Nürnberg VM 1987, 77; OLG Braunschweig VersR 1989, 95.

785 BGH RdK 1953, 29 m. Anm. *Pohle*; *Gaisbauer* VersR 1967, 1034.

786 LG Kiel DAR 1952, 119 m. teilweise abl. Anm. von *Krille*; *Gaisbauer* VersR 1967, 1034.

787 RG RdK 1940, 166.

788 BGH VersR 1966, 146.

rer stürzt, muß auch der denkbar beste Fahrer, auch bei schneeglatter Straße, nicht rechnen[789].

442 **Tiere** (s. a. Pferdefuhrwerk, Wildwechsel). Durch das Verhalten eines Tieres verursachte Unfälle sind für den Führer eines Kraftfahrzeugs unabwendbar, wenn das Tier erst in sein Blickfeld trat, als der Unfall trotz Anwendung zweckmäßiger Maßnahmen (Bremsen, Ausweichen) nicht mehr vermieden werden konnte[790], oder wenn das Tier zwar vorher zu sehen war, mit seinem das Kraftfahrzeug gefährdenden Verhalten aber nicht gerechnet zu werden brauchte. Ob das Tier beaufsichtigt oder unbeaufsichtigt war, spielt in diesem Zusammenhang keine Rolle. Auch wenn das gefährliche Verhalten des Tieres auf dem Zuruf seines Herrn beruhte, gilt nichts anderes[791]. Nicht gebilligt werden kann freilich die Ansicht des OLG Stuttgart[792], daß ein sorgfältiger Kraftfahrer beim Ansichtigwerden eines in der Obhut einer Person stehenden Hundes nicht nur seine Geschwindigkeit herabzumindern, sondern auch Warnzeichen zu geben habe. Auch bei der Durchfahrt durch Dörfer, in denen mit dem Herauslaufen von Tieren auf die Straße zu rechnen ist, muß die Geschwindigkeit nur dann besonders reduziert werden, wenn solche Tiere sichtbar sind. Beim Überholen oder bei der Begegnung mit einer Herde ist so langsam zu fahren, daß beim Ausbrechen eines Tieres sofort angehalten werden kann.

443 **Trunkenheitsfahrt** s. Alkohol.

444 **Überholen** (s. a. Seitenabstand). Der denkbar beste Fahrer überholt nur, wenn dadurch kein **Gegenverkehr** und auch kein links in gleicher Richtung gehender Fußgänger gefährdet werden kann. Bemerkt er, daß auch im Gegenverkehr überholt wird, so daß sich die zum Überholen freie Strecke für ihn verkürzt, so bricht er den Überholvorgang ab[793]. Er achtet auch darauf, daß sich vor dem zu überholenden kein langsameres, das Einscheren hinderndes Fahrzeug befindet und auch keine Seitenstraße vorhanden ist, auf der ein solches Fahrzeug herannahen und sich vor den zu Überholenden setzen[794] oder die zum Überholen benötigte Fahrbahnhälfte sperren könnte[795]. Innerhalb geschlossener Ortschaften achtet er auch darauf, ob von links ein Fußgänger Anstalten trifft, die Fahrbahn zu überqueren und daher in die andere Richtung blickt[796]. Er vermeidet auch auf einer Bundesstraße ausreichender Breite mit hoher Geschwindigkeit zwischen zwei sich begegnenden Lastzügen hindurchzufahren, so daß ein Wartepflichtiger ihn vorübergehend nicht bemerken kann[797]. Die irrige Annahme, die Bundesstraße setze sich geradeaus fort, während sie einen für den Überholenden zunächst nicht erkennbaren Knick nach links macht, aus dem Gegenverkehr auftaucht, entlastet auch einen ortsunkundigen Fahrer nicht[798]. Wer hinter einem anderen Kraftfahrzeug eine langsame Militärkolonne überholt, muß auf schmaler Straße damit rechnen, daß sein Vordermann wegen Gegenverkehrs plötzlich bremst, um sich nach rechts in die Kolonne einzuordnen[799].

445 Vor Einleitung des Überholvorgangs und nochmals unmittelbar vor dem Ausscheren vergewissert sich der Fahrer, daß kein **nachfolgendes Fahrzeug** zum Überholen ansetzt[800]. Er sieht vom Überholen ab, wenn er nach den Umständen (z. B. dicht auffahrender, blinkender Nachfolger, schnell herankommendes Motorrad) damit rechnen

789 BGH VersR 1959, 455.
790 Vgl. OLG Marienwerder DAR 1931, 215.
791 *Dickertmann* DAR 1957, 143.
792 OLG 43, 95.
793 OLG München VersR 1976, 1143.
794 BGH VersR 1968, 1041.
795 OLG Düsseldorf VkBl. 1950, 159.
796 OLG Oldenburg VersR 1959, 138.
797 BGH VersR 1967, 883.
798 BGH VersR 1970, 62.
799 BGH VersR 1970, 63.
800 Vgl. BGH VersR 1959, 633; 1968, 1041.

muß, seinerseits, sei es auch verkehrswidrig, überholt zu werden. Hat er sich an einer Autobahneinfahrt soeben erst in den Verkehr auf der Normalspur eingegliedert, so darf er nicht im selben Zug auf die Überholspur überwechseln, sondern muß zunächst das Verkehrsgeschehen hinter sich beobachten[801].

446 Für den Fahrer eines überholenden Kraftfahrzeugs ist ein Unfall unabwendbar, der sich dadurch ereignet, daß das **überholte Fahrzeug** ohne Ankündigung nach links einschwenkt[802]; dies gilt freilich nur, wenn kein besonderer Anlaß zum Einschwenken erkennbar war[803]. Auf der Autobahn muß der Überholende einen auf dem rechten Fahrstreifen dicht hinter einem anderen Fahrzeug Fahrenden mit erhöhter Aufmerksamkeit und Reaktionsbereitschaft beobachten[804]; zur Bedeutung der Richtgeschwindigkeit s. Rdn. 391). Der in einer Kolonne nach Beendigung eines Überholverbots an dritter Stelle Fahrende darf nicht sogleich zum Überholen ansetzen, sondern muß zunächst seinem Vordermann die Chance eines Überholens einräumen; nützt dieser sie nicht, so kann auch der Idealfahrer die beiden voranfahrenden Fahrzeuge in einem Zug überholen[805]. Ein auf der Autobahn fahrender Kraftfahrer braucht auch bei Anwendung der äußersten Sorgfalt nicht damit zu rechnen, daß der vor ihm fahrende Wagen plötzlich verbotswidrig dazu ansetzt, den Mittelstreifen an einer Notübergangsstelle zu überqueren[806], oder daß dieser ungewollt auf den Grünstreifen gerät und von diesem nahezu rechtwinklig über die bisher benutzte Fahrbahn fährt[807]. Der auf der Überholspur Fahrende muß es bemerken, wenn ein Wohnwagengespann über eine längere Strecke Schlingerbewegungen ausführt, und von einem Überholen absehen[808].

447 Wird bei ausreichender Straßenbreite trotz Gegenverkehrs ein Radfahrer überholt, und fährt dieser kurz vor Beginn des Überholvorgangs nach links, so versucht der beste Kraftfahrer, rechts am Radfahrer vorbeizukommen oder er gibt, wenn er nach links lenkt, gleichzeitig Hupzeichen[809].

448 Der Kraftfahrer verstößt gegen die ihm obliegende Sorgfaltspflicht, wenn er sich in dem Zeitpunkt, in welchem er sich auf das Überholen konzentrieren muß, darum bemüht, seinen Beifahrer, der im Schlaf gegen seine rechte Schulter gesunken war, auf seinen Platz zurückzuschieben[810].

449 **Überladen** (Überschreiten des Höchstgewichts oder der Achslast) schließt ein unabwendbares Ereignis aus, solange nicht erwiesen ist, daß es auf das Entstehen des Unfalls nicht eingewirkt haben kann[811].

450 **Unfall.** Unabhängig davon, ob der Erstunfall ein unabwendbares Ereignis darstellt, kann sich der Kraftfahrer für einen Zweitunfall nicht auf Unabwendbarkeit berufen, wenn er das Unfallfahrzeug unnötigerweise in gefährlicher Position belassen hat, z. B. an einer vereisten Stelle, wenn es trotz Beschädigung noch bedingt fahrfähig war[812].

451 **Verschmutzung der Straße** (s. a. Ölspur). Der Kraftfahrer muß auch die Gegenfahrbahn daraufhin beobachten, ob sich dort Verschmutzungen (Schlamm, Ölspur u. ä.) befinden und sich ggf. auf ein Übergreifen auf die eigene Fahrbahnhälfte einstellen[813]. Sind Warnzeichen „Gefahrenstelle“ (Zeichen 101) und „Schleudergefahr“ (Zeichen 114) bei einem Zementwerk aufgestellt, so ist ein Fahrer nicht entlastet, der auf dem Zementstaub ins Schleudern kommt, weil ein vorausfahrender Lastzug leicht

801 BGH VersR 1986, 170.
802 BGH VersR 1962, 566; OLG Frankfurt VersR 1993, 1500; AG Hildesheim VersR 1984, 1179.
803 BGH VersR 1965, 82.
804 OLG Köln VersR 1992, 1366 m. Anm. *Reiff*.
805 BGH VersR 1987, 156; kritisch *Schirmer* AnwBl. 1988, 89.
806 BGH VersR 1957, 787.
807 BGH VersR 1962, 178.
808 OLG Köln DAR 1995, 484.
809 BGH VersR 1966, 62.
810 BGH VersR 1979, 841.
811 BGH VersR 1959, 387; 1961, 615.
812 OLG Stuttgart VersR 1977, 1016.
813 BGH VersR 1964, 926.

bremst[814]. Ist dem Fahrer bekannt, daß auf der vor ihm befahrenen Straße eine Zuverlässigkeitsfahrt stattfindet oder vor kurzem stattfand, so gehört zur äußersten Sorgfalt, daß er in einer unübersichtlichen Kurve besonders vorsichtig fährt, wenn die nur schlecht befestigte Fahrbahn durch die anderen Fahrzeuge schmierig geworden ist[815]. Entsprechendes gilt, wenn auf der Straße erkennbar Viehtrieb stattfand oder durch landwirtschaftliche oder Baustellenfahrzeuge Verschmutzungen hervorgerufen wurden.

Vorbeifahren an stehendem Fahrzeug (s. a. Engstelle). Es gelten dieselben Grundsätze 452
wie beim Überholen. Das Vorbeifahren ist nur gestattet, wenn der Fahrer sicher sein kann, daß der Gegenverkehr nicht gefährdet wird; im Zweifel hat er anzuhalten[816]. Der Gegenverkehr ist sorgfältig zu beobachten[817].

Vorbeifahren an stehender Kolonne. Beim Vorbeifahren an einer in gleicher Fahrt- 453
richtung zum Stehen gekommenen Kolonne (z. B. auf einer Überholspur, Abbiegerspur, Sonderfahrstreifen) muß der Kraftfahrer darauf achten, ob von den Fahrzeugen der Kolonne größere Lücken freigelassen werden. Ist damit zu rechnen, daß die Lücke (z. B. an einer Kreuzung oder Grundstücksausfahrt) für Fahrzeuge oder Fußgänger im Querverkehr oder für entgegenkommende Linksabbieger freigehalten wird, muß er sich darauf einstellen, daß solche Verkehrsteilnehmer bis zur Erlangung freier Sicht auf den nicht von der Kolonne besetzten Straßenraum aus der Lücke herausfahren bzw. -treten. Zu diesem Zweck muß er entweder einen ausreichenden seitlichen Abstand von der Kolonne einhalten oder seine Geschwindigkeit so bemessen, daß er vor einem aus der Lücke herauskommenden Verkehrsteilnehmer anhalten kann[818].

Vorfahrt. Gibt die örtliche Situation zu Zweifeln über die Vorfahrt Anlaß, so muß 454
der Kraftfahrer von der Regelung ausgehen, die ihm ungünstiger ist und ihm eine höhere Sorgfalt abverlangt[819]. Vor der Änderung des § 10 Satz 1 StVO durch die Verordnung vom 22. 3. 1988 (in Kraft seit 1. 10. 1988) durfte er z. B. eine über abgesenkte Bordsteine geführte Zufahrt nicht als Grundstücksausfahrt ansehen, wenn Anhaltspunkte dafür bestanden, daß es sich um eine von rechts einmündende Straße handelt, und sich der Zufahrt nur vorsichtig nähern[820]. Daß die Einmündung nur schwer zu erkennen ist[821], entlastet den Wartepflichtigen nicht. Aber auch den tatsächlich Bevorrechtigten trifft in solcher Situation eine gesteigerte Sorgfaltspflicht: Er muß sich darauf einstellen, daß andere Verkehrsteilnehmer die unklare Lage mißdeuten könnten[822].

Auch der denkbar beste Fahrer darf sich, wenn er an einer unübersichtlichen Ein- 455
mündung **wartepflichtig** ist, vorsichtig in die bevorrechtigte Straße hineintasten, bis er die nötige Übersicht hat; er muß dabei so langsam fahren, daß er beim Ansichtigwerden eines Vorfahrtberechtigten auf der Stelle anhalten kann[823]. Dies ist ihm auch gestattet, wenn er zunächst vor der Einmündung angehalten hatte. Läßt sich der Vorfahrtberechtigte durch dieses Verhalten zu kopflosen Reaktionen hinreißen, so liegt für den Fahrer des wartepflichtigen Fahrzeugs ein unabwendbares Ereignis vor[824]. Ist die Sicht in die vorfahrtsberechtigte Straße aber nur vorübergehend, z. B. durch einen ein-

814 BGH VersR 1974, 265.
815 BGH DAR 1955, 194.
816 BGH VersR 1964, 1145.
817 BGH VRS 25, 438.
818 Vgl. BayObLGSt 1965, 28.
819 BGH VersR 1977, 58; 1987, 308; 1988, 80.
820 BGH VersR 1987, 306.
821 Z. B. gänzlich unbedeutendes Altstadtgäßchen, vgl. OLG Frankfurt VersR 1981, 579.
822 BGH VersR 1977, 58; 1987, 308; OLG Frankfurt VersR 1973, 353; OLG Koblenz VRS 49, 449; OLG Nürnberg DAR 1983, 87; OLG Köln VRS 61, 285; OLG Stuttgart VRS 69, 390.
823 BGH VersR 1977, 524; 1981, 336.
824 OGH VRS 1, 291; OLG Nürnberg VRS 15, 257.

biegenden Lkw behindert, so sieht der sorgfältige Fahrer von einem Hineintasten ab und wartet, bis die Sichtbehinderung behoben ist[825]. Mit einem langen und schwerfälligen Fahrzeug darf an einer unübersichtlichen Stelle nur nach Aufstellen eines Warnpostens in die bevorrechtigte Straße eingefahren werden[826].

456 An einer bevorrechtigten Einbahnstraße genügt es für den Ausschluß einer Abwendbarkeit des Unfalls nicht, wenn der Wartepflichtige nur in die Richtung blickt, aus der erlaubtermaßen Fahrzeuge kommen können. Daß das in falsche Richtung fahrende Fahrzeug kein Vorfahrtsrecht hat[827] ändert hieran nichts. Ist die an sich bevorrechtigte Straße gesperrt, so kann nur dann darauf vertraut werden, daß aus ihr kein Fahrzeug kommt, wenn es sich um eine vollständige Absperrung durch entsprechende Vorrichtungen handelt; eine Sperrung durch Zeichen 250 allein genügt nicht[828]. Wer nach rechts in eine bevorrechtigte Straße einbiegen will, auf der sich von rechts mehrere Fahrzeuge nähern, muß nur bei besonderen Anzeichen damit rechnen, daß eines dieser Fahrzeuge zum Überholen auf die Gegenfahrbahn ausschert[829].

457 Der **Vorfahrtberechtigte** braucht mit einer Verletzung seiner Vorfahrt in der Regel nicht zu rechnen; ein unabwendbares Ereignis liegt deshalb grundsätzlich nur dann nicht vor, wenn er die drohende Verletzung seines Vorrechts hätte erkennen können und müssen[830]. Infolge der Beweislastverteilung nach Abs. 2 muß der Vorfahrtberechtigte beweisen, daß keine besonderen Umstände auf die bevorstehende Vorfahrtsverletzung so rechtzeitig hindeuteten, daß er hätte anhalten können[831].

458 Der Grundsatz, daß der Vorfahrtberechtigte ohne gegenteilige Anhaltspunkte nicht mit einer Verletzung seines Vorrechts zu rechnen braucht, gilt auch, wenn er den Wartepflichtigen nicht sehen kann, z. B. weil er durch einen einbiegenden Lkw verdeckt ist[832], und grundsätzlich auch dann, wenn ihm das Vorfahrtsrecht deshalb zusteht, weil er von rechts kommt[833] (s. aber auch Rdn. 460). Auch einer unübersichtlichen Kreuzung oder Einmündung darf sich der besonders sorgfältige Fahrer daher mit einer Geschwindigkeit nähern, die ein Anhalten vor einem zunächst nicht sichtbaren, die Vorfahrt mißachtenden Fahrzeug unmöglich macht (der Sinn der Vorfahrtsregelung, den Verkehr flüssig zu halten, würde sonst vereitelt)[834]. Mit dem zulässigen „Hineintasten" eines Wartepflichtigen (s. Rdn. 455) muß der Vorfahrtberechtigte aber rechnen; er muß daher einen entsprechenden Abstand zum Fahrbahnrand halten und stets reaktionsbereit sein[835]. Bei dichtem Nebel muß er sich darauf einstellen, daß der Wartepflichtige sein Herannahen bei zu großer Geschwindigkeit nicht rechtzeitig wahrnehmen kann[836]. Sehr weitgehend verlangt BGH VersR 1976, 343, daß der Vorfahrtberechtigte sich bei Annäherung an eine verkehrsreiche Einmündung darauf einstellt, ein wartender Kraftfahrer werde versuchen, sich rasch in eine Lücke der Fahrzeugkolonnen auf der Vorfahrtstraße hineinzudrängen. Ein für den Vorfahrtberechtigten unabwendbares Ereignis liegt vor, wenn er wegen erkennbar drohender Vorfahrtsverletzung durch den Warte-

---

825 BGH VersR 1977, 524.
826 BGH VersR 1984, 1148.
827 Vgl. BGH VersR 1982, 94.
828 BayObLG VRS 65, 154.
829 Strenger OLG Düsseldorf VRS 60, 416. Näher hierzu Anh. § 16, 74.
830 BGH VersR 1961, 69; 1975, 37; 1977, 524; 1985, 785; OLG Stuttgart RdK 1954, 59; VersR 1983, 252; OLG München VersR 1959, 863; OLG Köln NJW 1960, 727; DAR 1960, 136; VersR 1984, 645; LG Tübingen MDR 1960, 400; LG Frankenthal DAR 1967, 243.
831 BGH VersR 1975, 37.
832 BGH VersR 1977, 524.
833 BGH VersR 1985, 785.
834 Vgl. BGH VRS 10, 327; VersR 1967, 283; LG Bremen VersR 1960, 815.
835 BGH VersR 1981, 336; OLGR Frankfurt 1994, 99.
836 OLG Nürnberg DAR 1989, 107.

pflichtigen so scharf bremsen muß, daß der Hintermann auffährt oder ein Insasse verletzt wird[837].

Ein Verstoß gegen das **Rechtsfahrgebot** steht der Annahme von Unabwendbarkeit grundsätzlich nicht entgegen, da dieses Gebot nicht dem Schutz des Querverkehrs dient (vgl. Rdn. 354 f). 459

An einer Kreuzung, an der mangels besonderer Regelung der Grundsatz **„rechts vor links"** gilt, vertraut jeder Verkehrsteilnehmer darauf, daß ein etwa von rechts Kommender nur mit mäßiger Geschwindigkeit herankommt, weil er seinerseits auf etwaige bevorrechtigte Fahrzeuge achten muß. Daher ist im Falle eines Zusammenstoßes der von rechts Kommende nur entlastet, wenn er beweisen kann, daß der Unfall nicht auch auf eine diesen Umständen nicht angepaßte Geschwindigkeit zurückzuführen ist[838]. Zu weitgehend hält BGH VersR 1985, 785 einen mit unverminderter Geschwindigkeit von 52 km/h in die (für den Wartepflichtigen unübersichtliche) Kreuzung einfahrenden Kradfahrer deswegen für entlastet, weil er freie Sicht in die für ihn von rechts kommende Straße hatte. Nicht auf ein unabwendbares Ereignis berufen kann sich der Halter auch, wenn der Führer seines Kraftfahrzeugs zwar vorfahrtsberechtigt war, aber aus einem unbedeutenden, schwer einsehbaren Nebenweg kam; hier muß sich der Fahrer so vorsichtig hineintasten, als wenn er wartepflichtig wäre[839]. Desgleichen ist Unabwendbarkeit zu verneinen, wenn der Bevorrechtigte vor der Kreuzung seine Geschwindigkeit erheblich erhöht hat[840]. Der Halter haftet auch, wenn der Führer sein Kraftfahrzeug trotz seiner Vorfahrt beim Einfahren in die Kreuzung zunächst fast zum Halten bringt und dadurch beim Wartepflichtigen den Eindruck erweckt, er wolle auf die Vorfahrt verzichten, dann aber weiterfährt[841]. Der Halter ist aber entlastet, wenn die Minderung wegen der Unübersichtlichkeit zweier von rechts einmündender Straßen erforderlich war, auch wenn der Fahrer aus diesem Grund der von links kommenden Straße kein Augenmerk gewidmet hat[842]. 460

Wer auf einer **Autobahn** fährt, verletzt die äußerste Sorgfalt nicht, wenn er nicht in Rechnung stellt, daß der sich auf einer Zufahrt nähernde Lastzug beim Einfahren in die Autobahn nicht nur die Normalspur, sondern auch die Überholfahrbahn sperren wird[843]. Dagegen wurde Unabwendbarkeit für einen Lastzugfahrer verneint, der auf einen sich unter Verletzung der Vorfahrt einfädelnden Lastzug auffuhr, weil er eine Ausgleichsbremsung unterließ[844]. 461

Nicht auf Unabwendbarkeit berufen kann sich der Vorfahrtberechtigte, der durch Betätigen der Lichthupe den Eindruck eines **Vorfahrtverzichts** hervorruft, dann aber zügig weiterfährt[845]. 462

Wildwechsel (s. a. Tiere). Das Zeichen 142 zur StVO („Wildwechsel") veranlaßt den sorgfältigen Kraftfahrer zu erhöhter Reaktionsbereitschaft; auch für den denkbar besten Fahrer kann jedoch der Zusammenstoß mit einem kurz vor dem Fahrzeug auf die Straße tretenden Wild unvermeidbar sein. Ist kein Warnzeichen aufgestellt, so ist der Zusammenstoß mit Wild dennoch nicht unabwendbar, wenn Ort und Zeit (z. B. Waldrand vor Beginn der Tagesdämmerung) die Gefahr eines Wildwechsels nahelegen. Der ideale Fahrer muß dann im Rahmen seiner Sichtmöglichkeiten auch das angrenzende Gelände beobachten, um sich möglichst schnell auf nahendes Wild einstellen zu kön- 463

---

[837] OLG Köln NJW 1960, 727.
[838] BGH VersR 1977, 917.
[839] OLG Düsseldorf VRS 73, 299.
[840] OlG Bremen VersR 1960, 814.
[841] OLG Düsseldorf NJW 1949, 114.
[842] LG Frankenthal VersR 1972, 407.
[843] BGH VRS 10, 327.
[844] OLG Hamm NZV 1993, 436.
[845] OLG Koblenz NZV 1991, 428.

nen. Nur wenn ein Tier, das auch bei aufmerksamster Beobachtung nicht zu erkennen war, plötzlich in kürzester Entfernung in die Fahrbahn läuft, ist dem Kraftfahrer auch im Rahmen der Entlastung nach § 7 Abs. 2 eine falsche Reaktion im ersten Schrecken zuzubilligen[846]. Eine Geschwindigkeit von 90 km/h auf einer nicht mit Zeichen „Wildwechsel" gekennzeichneten BAB-Strecke durch Waldgebiet ist nicht zu hoch[847]. Bleibt Wild auf der Fahrbahn stehen, so ist sofort abzublenden. Springt ein Reh über die Fahrbahn, so ist, da sich diese Tiere regelmäßig in Rudeln bewegen, mit dem Auftauchen weiterer Tiere zu rechnen. Es ist daher auch dann abzubremsen, wenn das sichtbare Tier die Straße noch gefahrlos vor dem Kraftfahrzeug überqueren konnte[848]. Bei einem Kleintier und hoher Geschwindigkeit des Fahrzeugs ist ein Ausweichversuch in der Regel verkehrswidrig[849].

464 **Wölbung der Straße.** Der sorgfältige Kraftfahrer erkennt sofort, wenn infolge starker Wölbung der Straße das Kraftfahrzeug nicht mehr senkrecht steht, seine Aufbauten daher über die Bordsteinkante ragen und ein Vordach oder eine Markise herunterreißen werden[850].

8. Das für eine beim Betrieb beschäftigte Person unabwendbare Ereignis

465 a) **Bedeutung der Regelung.** Auch wenn der Halter und der Führer des Kraftfahrzeugs die äußerste nach den Umständen erforderliche Sorgfalt beobachtet haben, entfällt die Haftungsbefreiung des Halters dann, wenn ein bei dem Betrieb des Kraftfahrzeugs beschäftigter Dritter durch eine mit dem Betrieb zusammenhängende Handlung unter Verstoß gegen die äußerste nach den Umständen erforderliche Sorgfalt den Unfall verursacht hat (Rdn. 347 f).

466 b) **Bei dem Betrieb beschäftigt** ist jeder, der mit Willen des Halters, seines Vertreters (Rdn. 240) oder des Führers des Kraftfahrzeugs eine Handlung vornimmt, die zum „Betrieb" (Rdn. 28 ff) gehört[851]. Stillschweigende Einwilligung genügt.

467 Die **Einwilligung** des Halters (bzw. seines Vertreters oder Führers) unterscheidet den beim Betrieb Beschäftigten von dem „beim Betrieb des Kraftfahrzeugs Tätigen" nach § 8 (s. Rdn. 469 u. § 8, 5). Sinn und Zweck der Vorschrift ist, den Halter nicht von dem Einstehen für diejenigen zu befreien, denen er die Möglichkeit einer Einflußnahme auf den Betrieb des Kraftfahrzeugs eingeräumt hat. Die Einwilligung des Halters oder einer der anderen in Frage kommenden Personen liegt auch vor, wenn der Betreffende die Handlung widerspruchslos duldet, obwohl er davon Kenntnis hat. Sie braucht sich nicht auf die mit dem Betrieb zusammenhängende Handlung zu erstrecken, durch die der Unfall verursacht wurde; es genügt, daß sie sich auf eine andere zum Betrieb gehörende Beschäftigung bezieht.

468 Darauf, ob der Dritte in sozialer **Abhängigkeit** (Arbeitsvertrag, elterliche Gewalt) von einer der in Frage stehenden Personen steht, kommt es ebensowenig an, wie auf die **Dauer** der Beschäftigung[852].

469 **Ähnliche Begriffe:** Der „bei dem Betrieb Beschäftigte" muß nicht ein „für den Betrieb angestellter" Benutzer (Abs. 3) sein[853]; andererseits geht der Begriff „bei dem Betrieb

---

846 BGH VersR 1987, 158.
847 KG NZV 1993, 313.
848 BGH VRS 60, 169.
849 OLG Karlsruhe NJW-RR 1988, 28.
850 OLG Celle RdK 1940, 141.
851 BGH VRS 10, 2; ähnlich, aber wohl zu weitgehend *Bezold* DAR 1933, 97, der jeden zu dieser Kategorie rechnet, der eine im unmittelbaren Zusammenhang mit dem in Betrieb befindlichen Kraftfahrzeug stehende Beschäftigung ausübt.
852 RG JW 1935, 424.
853 BGH VRS 10, 2.

des Kraftfahrzeugs tätig“ in § 8 insofern weiter, als dort eine Einwilligung des Halters nicht erforderlich ist, um dessen Haftung auszuschließen[854]. Auch kann es vorkommen, daß der „bei dem Betrieb Beschäftigte“ nicht (im Sinne des § 8) beim Betrieb tätig ist; dies gilt vor allem immer dann, wenn der bei dem Betrieb Beschäftigte nicht mehr als die Allgemeinheit der typischen Betriebsgefahr des Kraftfahrzeugs ausgesetzt ist, wie dies – nach herrschender Ansicht – bei den Insassen des Kraftfahrzeugs der Fall sein soll.

c) **Einzelfälle**

aa) **Insassen.** Da das Einsteigen und Aussteigen einschließlich des Öffnens und Schließens der Wagentür zum Betrieb des Kraftfahrzeugs gehört (Rdn. 112 ff) und da zumindest der Führer des Kraftfahrzeugs damit einverstanden ist, daß diese mitfahrenden Personen ein- und aussteigen, ist jeder Insasse eine beim Betrieb des Kraftfahrzeugs beschäftigte Person[855]. Mithin ist die Haftungsbefreiung des Halters bei jedem Unfall ausgeschlossen, der dadurch verursacht wird, daß ein Insasse (oder eine als Insasse vorgesehene Person) beim Ein- oder Aussteigen oder beim Öffnen oder Schließen der Türen die äußerste nach den Umständen gebotene Sorgfalt außer acht läßt[856]. Das gilt auch für die Fahrgäste eines Omnibusses und auch bei unbefugtem Öffnen der Tür mittels Nothahn[857]. Ohnehin ist die Halterhaftung nicht auf die vom Einverständnis umfaßten Betriebsvorgänge beschränkt (Rdn. 467 a. E.). Sie greift z. B. auch ein, wenn der Insasse den Fahrer stört, seinen Arm aus dem geöffneten Fenster streckt oder etwas aus dem Fenster wirft. **470**

bb) **Hilfs- oder Aufsichtspersonen.** Beim Betrieb beschäftigt ist jede Person, die mit Willen des Halters, seines Vertreters oder des Führers des Kraftfahrzeugs das Kraftfahrzeug belädt oder entlädt, einen Anhänger ankuppelt oder abkuppelt, während einer Fahrt Treibstoff, Öl oder Wasser nachfüllt (auch an Tankstellen), einen abgeschleppten Kraftwagen lenkt, auf dem Anhänger als Bremser sitzt, das Kraftfahrzeug nach Ausfall des Anlassers anschiebt, auf einem Parkplatz beim Verschieben des Kraftfahrzeugs (auch ohne Motorkraft) hilft, das Kraftfahrzeug in eine Parklücke oder eine Einfahrt einweist, Hindernisse beseitigt, die das Kraftfahrzeug an der Weiterfahrt hindern[858], bei der Fahrt durch eine Menschenmenge dem Kraftfahrzeug als Wegbereiter vorausgeht oder zu diesem Zweck auf dem Trittbrett mitfährt[859], oder dem Führer bei der Ausfahrt aus Grundstücken oder Parkplätzen durch Einwinken behilflich ist, sich wieder in den fließenden Verkehr einzuordnen. Lotsen, Schaffner, Omnibuskontrolleure und mitfahrende Angestellte und Mechaniker sind schon wegen ihrer Eigenschaft als Insassen beim Betrieb beschäftigt; dasselbe gilt für den Fahrlehrer, den Fahrschüler, den Betreuer eines dem Führer nur zur Probe überlassenen Kraftfahrzeugs. Aufsichtsbeamte, deren Aufgabe es ist, den Betrieb gerade dieses Kraftfahrzeugs im Auge zu behalten, sind „beim Betrieb beschäftigt“, auch wenn sie nicht mitfahren[860]. Dasselbe gilt für denjenigen, der eine Kraftfahrzeugkolonne führt und in einem nicht am Unfall beteiligten Kraftfahrzeug sitzt[861]. **471**

d) **Haftung des Halters gegenüber dem beim Betrieb Beschäftigten.** Es sind Fälle denkbar, in denen der beim Betrieb Beschäftigte durch den auf seinen Sorgfaltsverstoß **472**

---

854 OLG Celle DAR 1932, 267.
855 RG JW 1935, 424; a. A. *Walter* Haftung 87.
856 RG JW 1935, 424; OLG Celle DAR 1951, 13; a. A. offenbar KG VAE 1939, 112.
857 A. A. LG Regensburg VRS 71, 169.
858 RG JW 1912, 650.
859 BGH VRS 10, 2.
860 BGH DAR 1952, 117.
861 OLG Celle v. 18. 4. 55, 5 U 12/55.

zurückzuführenden Unfall selbst verletzt wurde. In diesen Fällen stellt sich die Frage, ob es gerechtfertigt ist, daß der Verletzte einen Anspruch gegen den Halter hat, obwohl der Haftungsgrund von ihm selbst gesetzt wurde. Zumeist wird das Problem freilich deswegen nicht zum Tragen kommen, weil der Haftungsausschluß nach § 8 (gegenüber beim Betrieb des Kraftfahrzeugs tätigen Personen) oder nach § 8 a (gegenüber Insassen) eingreift. Da sich der Begriff des beim Betrieb „Tätigen" jedoch nicht mit dem des beim Betrieb „Beschäftigten" deckt (Rdn. 469, § 8, 5) und für § 8 außerdem ein unmittelbarer zeitlicher Zusammenhang zwischen Tätigsein und Unfall gefordert wird (§ 8, 5), und da der Haftungsausschluß gegenüber Insassen nach § 8 a eine Ausnahme bei entgeltlicher und geschäftsmäßiger Beförderung erleidet, sind unter bestimmten Voraussetzungen Konfliktsfälle der geschilderten Art denkbar (Beispiel: ein Fahrgast in einem Linienbus irritiert den Fahrer in vorwerfbarer Weise und kommt bei dem hierdurch entstehenden Unfall zu Schaden). Die Rechtsprechung versagt dem Verletzten in solchen Fällen ohne nähere Begründung einen Anspruch gegen den Halter[862]. Richtiger erscheint es jedoch, einen Anspruch nach § 7 zu bejahen (vgl. Rdn. 217) und ihm lediglich den Einwand des Eigenverschuldens nach § 9 entgegenzuhalten.

9. Fehler in der Beschaffenheit des Fahrzeugs und Versagen seiner Verrichtungen

473 a) **Bedeutung der Regelung.** Ein Fehler in der Beschaffenheit des Fahrzeugs oder ein Versagen seiner Verrichtungen (technisches Versagen) schließt, wenn hierauf der Unfall beruht, die Haftungsbefreiung des Halters auch dann aus, wenn er, der Führer des Kraftfahrzeugs und alle bei dem Betrieb beschäftigten Dritten die äußerste, nach den Umständen gebotene Sorgfalt beobachtet haben (§ 7 Abs. 2 Satz 1 Halbsatz 2). Dies gilt auch, wenn der „Fehler" oder das „Versagen" nur beiläufig bei der Entstehung des Unfalls mitgewirkt hat, die „Hauptursache" aber eine andere (ein Tier, ein unbeteiligter Dritter usw.) gewesen ist. Hat der „Fehler" oder das „Versagen" zwar den Umfang des Schadens vergrößert, hätte sich aber der Unfall auch ohne den „Fehler" oder das „Versagen" – wenn auch nicht in so schwerer Form – ereignet, so bleibt der „Fehler" oder das „Versagen" ganz außer Betracht, da § 7 Abs. 2 mit Vorbedacht nur auf die Verursachung des Unfalls, nicht aber auf die Verursachung des Schadens abstellt (vgl. Rdn. 340 f). Den Beweis, daß der Unfall nicht auf einem Fehler in der Beschaffenheit des Fahrzeugs und nicht auf einem Versagen der Verrichtungen beruht, muß der Schädiger führen (Rdn. 514).

474 b) **Begriffsbestimmung.** Mit „Fehlern in der Beschaffenheit" sind die auf der Konstruktion und auf der Bauausführung, aber auch mangelhafter Unterhaltung des Fahrzeugs und seiner Teile beruhenden Unfallursachen gemeint, während die sprachlich unglücklich gefaßten Worte „Versagen seiner Verrichtungen" die von derartigen Mängeln unabhängigen, plötzlich auftretenden Defekte erfassen wollen.

475 Die gelegentlich erörterte Frage, ob der Ausdruck „Versagen seiner Verrichtungen" richtig ist, oder es „Vorrichtungen" heißen muß, kann nicht zweifelhaft sein. Verkündet ist der Wortlaut „Verrichtungen". Berichtigung ist nicht erfolgt. Die Reichstagsvorlage (988 aus 1907/1909) enthält „Verrichtungen". Der KommBer. zwar gibt (S. 5) den Entwurf mit dem Wort „Vorrichtungen" wieder, und der oben erwähnte, in erster Lesung gestellte (und abgelehnte) zweite Antrag spricht auch von „Vorrichtungen" (KommBer. S. 6). Der Antrag zweiter Lesung, auf dem die Fassung des Gesetzes beruht, enthält aber (KommBer. S. 9) „Verrichtungen"; daß der Antrag unter Änderung angenommen worden sei, ist aus dem KommBer. nicht ersichtlich. Man wird also die verkündete

[862] BGH VersR 1957, 363; OLG Oldenburg DAR 1956, 245.

Fassung auch als der Absicht des Gesetzgebers entsprechend erachten müssen. Bei der Wiedergabe des StVG in BGBl. III 9231–1 steht: „Vorrichtungen"; dabei handelt es sich aber um ein offensichtliches Versehen.

aa) **Ein Fehler in der Beschaffenheit** liegt dann nicht vor, wenn das Fahrzeug so 476
beschaffen ist und arbeitet, wie dies bei derartigen Fahrzeugen normaler Beschaffenheit der Fall ist. Erscheinungen, die dem Wesen des Kraftfahrzeugs der betreffenden Art nach dem Stand der Technik entsprechen, sind nicht als Fehler anzusehen.

bb) **Versagen einer Verrichtung** ist gegeben, wenn ein Fahrzeugteil die „Funktion", 477
die ihm im Betrieb, im Zusammenwirken aller Teile zukommt, nicht oder nicht ordnungsmäßig erfüllt[863]. Ein Versagen der Verrichtungen folgt zwar regelmäßig aus einer nicht einwandfreien Beschaffenheit; an ein solches ist aber hier wohl nicht gedacht, weil die beiden Begriffe – Beschaffenheit des Fahrzeugs und Versagen seiner Verrichtungen – einander gegenübergestellt worden sind. Was auf Konstruktions-, Bau- und Unterhaltungsmängel zurückzuführen ist, sollte nach dem Willen des Gesetzgebers nicht als Versagen der Verrichtungen des Fahrzeugs bezeichnet werden[864]; darunter ist vielmehr nur eine Regelwidrigkeit zu verstehen, der keiner der drei Mängel zugrunde liegt.

c) **Maßgeblicher Zeitpunkt.** Der für die „Fehlerhaftigkeit" oder das „Versagen" maß- 478
gebende Zeitpunkt liegt nicht während des Unfallverlaufs, sondern an seinem Beginn, also unmittelbar vor dem Unfall. Die Haftungsbefreiung des Halters entfällt mithin nur, wenn das Kraftfahrzeug schon vor dem Unfall nicht mehr in allen Teilen einwandfrei war oder arbeitete. Entsteht also der Unfall nur deshalb, weil infolge einer durch die Verkehrslage bedingten Überbeanspruchung, etwa der Bremsen, ein Defekt eintritt, und konnte sich dies nur ereignen, weil das betreffende Fahrzeugteil nicht mehr einwandfrei war, so ist der Unfall durch Fehler in der Beschaffenheit des Fahrzeugs oder durch Versagen seiner Verrichtungen verursacht. Werden aber erst durch den Unfall oder durch Naturereignisse Teile des Kraftfahrzeugs (Lenkung, Bremsen, Räder) beschädigt und ruft das Kraftfahrzeug wegen dieser Beschädigung weitere Schadensfolgen hervor (z. B. indem es Fußgänger auf dem Bürgersteig überfährt), so ist der Unfall nicht durch Fehler in der Beschaffenheit des Kraftfahrzeugs oder durch Versagen seiner Verrichtungen verursacht, auch wenn die beschädigten Teile nicht mehr einwandfrei waren.

d) **Äußere Einwirkungen.** Wird das technische Versagen durch eine äußere Einwir- 479
kung hervorgerufen (z. B. der Reifen verliert wegen eines überfahrenen Nagels Luft), so greift der Vorbehalt in Abs. 2 Satz 1 nicht ein. Sein Sinn und Zweck liegt darin, den Halter für solche Unfälle uneingeschränkt einstehen zu lassen, die auf einen technischen Defekt seines Kraftfahrzeugs zurückgehen. In den genannten Fällen ist Auslöser des Unfalls jedoch nicht die Technik des Fahrzeugs, sondern die betreffende äußere Einwirkung. Es kann keinen Unterschied machen, ob es zu dem Unfall dadurch kommt, daß der Führer einem im letzten Moment sichtbar werdenden Metallteil auf der Straße reflexhaft auszuweichen versucht, oder dadurch, daß er dieses Metallteil überfährt und das Fahrzeug wegen Luftloswerdens eines Reifens aus der Spur gerät. In solchen Fällen handelt es sich also nicht um ein Versagen einer Verrichtung; der Entlastungsbeweis steht dem Halter offen[865]. Dies gilt auch, wenn zwischen der Beschädigung des Fahrzeugteils und dem Unfall ein zeitlicher Abstand besteht (z. B. ein durch ein Schadensereignis in Mitleidenschaft gezogener Reifen wird erst anläßlich einer besonderen Bean-

---

863 BGH VRS 15, 14; OLG Celle DAR 1949, 44; *Weitnauer* NJW 1968, 194.

864 Zust. österr. OGH VRS 9, 73.

865 OLG Naumburg JW 1933, 2159.

spruchung luftlos). Fährt der Fahrer allerdings trotz einer Beschädigung, die er kannte oder bei Anwendung größtmöglicher Sorgfalt kennen mußte, weiter, kann der Halter den Entlastungsbeweis nicht mehr führen.

480 e) **Verschulden Dritter.** Ob das Versagen der Verrichtung auf einem schuldhaften Verhalten einer anderen Person (z. B. Hersteller, Monteur, Wartungspersonal) beruht, ist für den Ausschluß der Entlastungsmöglichkeit ohne Belang. Der Halter haftet rein objektiv für den technischen Zustand seines Fahrzeugs.

481 f) **Natürliche Abnützung** und Materialermüdung sind zwar keine „Fehler", führen aber zum Versagen der betreffenden Verrichtungen und schließen damit die Haftungsbefreiung des Halters aus, wenn sie einen Unfall verursachen[866].

482 g) **Kausalität.** Trotz Vorliegens eines technischen Defekts wird der Halter von der Entlastungsmöglichkeit des Abs. 2 dann nicht ausgeschlossen, wenn der Defekt für den Unfall nicht ursächlich war. Da der Halter beweisen muß, daß der Unfall nicht auf einem technischen Versagen beruht (vgl. Rdn. 514), gehen diesbezügliche Unklarheiten zu seinen Lasten. Wie auch in anderen Bereichen der Haftungszurechnung genügt nicht jeder (natürliche) Kausalzusammenhang; die Unfallgefahr muß vielmehr gerade durch das technische Versagen erhöht, der Schadenseintritt begünstigt worden sein. Daher ist Kausalität z. B. zu verneinen, wenn ein Kraftfahrzeug wegen einer Motorpanne innerhalb einer geschlossenen Ortschaft ordnungsgemäß am Straßenrand abgestellt und dort sodann in einen Unfall verwickelt wird. Zu bejahen ist sie hingegen, wenn das Kraftfahrzeug auf der Überholspur der Autobahn liegenbleibt und ein anderes auffährt. Aber auch das Liegenbleiben auf der Standspur der Autobahn ist noch derart gefahrerhöhend, daß die Kausalität zwischen dem Versagen und einem Auffahrunfall zu bejahen ist. Ein Unfall, der auf den besonderen Gefahren des Abschleppens beruht, ist nicht mehr dem technischen Versagen zuzurechnen.

h) **Einzelfälle** (alphabetisch geordnet).

483 **Anhänger.** Zu den Teilen des Kraftfahrzeugs, deren Versagen die Haftungsbefreiung ausschließt, gehören auch alle Teile des Anhängers und der Kupplung zwischen Zugmaschine und Anhänger[867].

484 Das **Ausspuren** des Anhängers ist als solches kein Versagen einer Verrichtung; die Haftungsbefreiung kann jedoch dann entfallen, wenn es auf einem Konstruktionsmangel oder auf dem Versagen der Bremsen beruht. Dagegen kann ein unabwendbares Ereignis vorliegen, wenn das Ausspuren auf anderen Ursachen beruht, z. B. wenn der Straßenrand einbricht[868]. Kein Versagen der Verrichtungen liegt auch vor, wenn sich der Anhänger auf einer Gefällstrecke wegen Glatteis querstellt[869]; hier wird vielmehr regelmäßig eine Sorgfaltsverletzung des Führers gegeben sein (vgl. Rdn. 392 f).

Automatische Regelungssysteme. Das Versagen eines Regelungssystems zur automatischen Geschwindigkeits- oder Abstandsregulierung schließt die Haftungsbefreiung nach § 7 Abs. 2 Satz 1 aus[870].

485 **Bremsleuchte.** Das Versagen einer Bremsleuchte ist Versagen einer Verrichtung[871].

486 **Fahrtrichtungsanzeiger.** Der Ausfall eines Fahrtrichtungsanzeigers ist Versagen einer Verrichtung; darauf, ob seine Aufgabe in anderer Weise, z. B. durch Herausstrecken des Arms, erfüllt werden kann, kommt es nicht an[872].

---

866 OLG Naumburg JW 1933, 2159; OLG Düsseldorf VersR 1959, 912.

867 OLG Naumburg JW 1938, 3053.

868 BGH VRS 15, 17.

869 OLG Naumburg RdK 1939, 9; a. A. OLG Braunschweig NJW 1953, 1513; beiläufig auch BGH VRS 15, 17.

870 *Janker* DAR 1995, 477.

871 OLG Dresden VAE 1939, 328.

872 A. A. OLG Kiel HRR 1935, 123.

Fenster (s. a. Windschutzscheibe). Löst sich ein Fenster eines Omnibusses schon bei geringem Druck aus seiner Verankerung und stürzt ein Fahrgast infolgedessen aus dem Bus, so beruht dieser Unfall auf einem Fehler in der Beschaffenheit des Kraftfahrzeugs[873]. 487

Kraftstoffzufuhr. Aussetzen der Kraftstoffzufuhr kann ein unabwendbares Ereignis sein, beruht aber dann stets auf einem Versagen der Verrichtungen[874]. 488

Ölspur. Für das Hinterlassen einer Ölspur kann sich der Halter in keinem Fall entlasten, da sie immer auf einem technischen Defekt beruht[875]. 489

Reifen. Das Zerplatzen oder allmähliche Luftloswerden eines Reifens stellt ein Versagen einer Verrichtung dar[876]. Beruht das Luftloswerden jedoch auf einer äußeren Einwirkung (z. B. Überfahren eines Nagels, Steines o. ä.), so kann sich der Halter bei einem durch den Reifenschaden verursachten Unfall u. U. auf Unabwendbarkeit berufen[877] (vgl. Rdn. 479). Diese Möglichkeit scheidet selbstverständlich aus, wenn es zu der Beschädigung des Reifens nur deshalb kommen konnte, weil er unzulässig stark abgefahren war[878]. 490

Hat ein Reifen weniger als die vorgeschriebene Profiltiefe[879], so liegt ein Fehler in der Beschaffenheit vor. Er wird für einen Unfall auf trockener, griffiger Fahrbahn allerdings in der Regel nicht ursächlich sein[880], ebenso wenn Wasser mehr als 2 mm hoch auf der Fahrbahn steht[881]. 491

Schleudern (s. a. Anhänger). Schleudern des Kraftfahrzeugs ist als solches kein Versagen seiner Verrichtungen[882]. Es kann zwar auf einem solchen Versagen (etwa der Lenkung oder der Bremsen) beruhen, ebensogut aber auf einem Fehler des Fahrers. Der Ausschluß der Entlastungsmöglichkeit greift daher nur ein, wenn ein zugrundeliegender technischer Defekt feststeht; andernfalls kommt es auf den dem Halter obliegenden Nachweis einer Beobachtung der erforderlichen Sorgfalt an[883]. 492

Schlußleuchte. Erlischt die Schlußleuchte oder eine Petroleumlampe, die als Schlußleuchte angebracht war, so versagt eine Verrichtung des Kraftfahrzeugs[884]. 493

Tür. Deckt die Tur in einem Omnibus in geschlossenem Zustand die Einstiegsöffnung im Fußboden durch eine Platte ab, so ist dies kein Konstruktionsfehler, auch wenn hierdurch für einen auf der Platte stehenden Fahrgast beim Öffnen der Tür die Gefahr des Hinausfallens entsteht; allerdings wird der denkbar sorgfältigste Halter (durch Anbringen eines Hinweises), Schaffner oder Fahrer (durch Warnung) dieser Gefahr vorbauen[885]. Die automatische Bremsung eines Omnibusses beim Öffnen der Tür während der Fahrt ist kein Versagen im Sinne des § 7 Abs. 2 Satz 1[886]. 494

Stromabnehmer. Nicht fehlerhaft ist die plötzliche elektrische Entladung mit blendendem Feuerschein der Stichflamme an der Oberleitung der Straßenbahn[887]. 495

---

873 Österr. OGH ZVR 1991, 116.
874 OLG Bamberg DAR 1951, 80.
875 OLG Bamberg VRS 72, 88.
876 Österr. OGH ZVR 1990, 241.
877 OLG Celle RdK 1949, 44.
878 KG VAE 1937, 463.
879 Seit 1. 8. 1990: 1,6 mm (VO v. 23. 7. 1990, BGBl. I, 1489).
880 BGH VersR 1968, 785; OLG München VersR 1966, 945; OLG Zweibrücken DAR 1967, 300.
881 OLG Zweibrücken DAR 1967, 300.
882 OLG Naumburg RdK 1939, 9; a. A. *Weitnauer* NJW 1968, 194.
883 BGH VersR 1960, 403; KG DAR 1928, 443; OLG Bremen VersR 1956, 198.
884 OLG Kiel HRR 1931, Nr. 665.
885 OLG Oldenburg DAR 1956, 245.
886 LG Regensburg VRS 71, 169.
887 KG JW 1932, 807.

496 **Warndreieck, Warnleuchte.** Versagen die beim Halten in der Nacht hinter dem Fahrzeug aufgestellten Warnleuchten oder Fackeln oder fällt ein wegen einer Panne aufgestelltes Warndreieck um, so handelt es sich nicht um ein Versagen von Verrichtungen, da keine Teile des Kraftfahrzeugs betroffen sind (anders dagegen bei Ausfall der eingebauten Warnblinkanlage).

497 **Windschutzscheibe.** Zersplittert die Windschutzscheibe wegen eines herabgefallenen Astes oder eines hochgeschleuderten Steins und kommt es durch die Sichtbeeinträchtigung zu einem Unfall, so liegt kein Versagen von Verrichtungen vor, da Ursache des Unfalls eine Einwirkung von außen ist[888].

XII. Sonstige Haftungsausschließungsgründe

1. Nach dem StVG

498 kann der Halter seiner Gefährdungshaftung außer der Unabwendbarkeit des Ereignisses folgende Einwendungen entgegensetzen:
- Geschwindigkeit des Kraftfahrzeugs nicht höher als 20 km/h auf ebener Bahn (s. § 8);
- Tätigsein des Verletzten beim Betrieb des Kraftfahrzeugs (s. § 8);
- Beförderung des Verletzten bzw. der beschädigten Sache durch das Kraftfahrzeug (soweit nicht im Rahmen entgeltlicher und geschäftsmäßiger Personenbeförderung; s. § 8 a);
- erheblich überwiegendes Mitverschulden des Verletzten (s. § 9);
- Verjährung (s. § 14);
- nicht rechtzeitige Anzeige des Unfalls (s. § 15);
- erhebliches Überwiegen der mitwirkenden Betriebsgefahr des anderen unfallbeteiligten Kraftfahrzeugs (s. § 17).

2. Nach §§ 636, 637 RVO a. F. bzw. §§ 104, 105 SGB-VII

499 Der Haftungsausschluß für Personenschäden bei Arbeitsunfällen zugunsten des Unternehmers (§ 636 RVO a. F., § 104 SGB-VII) sowie im Verhältnis von Betriebsangehörigen untereinander (§ 637 RVO a. F., § 105 SGB-VII) gilt auch für die Gefährdungshaftung nach dem StVG. Auf ihn kann sich z. B. der Arbeitgeber des Verletzten berufen, wenn es zu dem Unfall kam, weil ein ihm gehörender Lkw auf dem Betriebsgelände nicht mit äußerster Sorgfalt rangiert wurde, oder ein Arbeitnehmer, der mit seinem eigenen Pkw bei einer betrieblichen Tätigkeit einen Kollegen verletzt. Einzelheiten dieses Haftungsausschlusses sind im Schlußanh. II, 7 ff dargestellt.

3. Vertraglicher Haftungsausschluß

500 Die Haftung nach § 7 kann grundsätzlich ebenso wie die deliktische oder vertragliche Haftung durch Vereinbarung zwischen Halter und Verletztem ausgeschlossen werden. Praktische Bedeutung kann diese Möglichkeit im Bereich der Gefährdungshaftung allerdings kaum erlangen. Beziehungen zwischen Halter und Verletztem werden vor dem Unfall allenfalls im Falle der Beförderung bestehen. Diese Fälle werden jedoch durch § 8 a Abs. 1 weitgehend von der Gefährdungshaftung ausgenommen. Für die

---
888 Vgl. LG Kiel DAR 1952, 119.

verbleibenden Fälle der entgeltlichen und geschäftsmäßigen Beförderung normiert § 8 a Abs. 2 zudem ein Freizeichnungsverbot für Personenschäden, so daß ein vertraglicher Haftungsausschluß nur für Sachschäden entgeltlich und geschäftsmäßig beförderter Personen in Betracht kommt. Näher zu vertraglichen Haftungsausschlüssen § 16, 302 ff.

XIII. Beweisrechtliche Fragen

1. Die Verteilung der Beweislast

§ 7 Abs. 1 bewirkt dadurch, daß er die Haftung des Halters nicht an eine schuldhafte Pflichtwidrigkeit, sondern an den Betrieb des Kraftfahrzeugs anknüpft, eine erhebliche Erleichterung der den Geschädigten sonst im Haftungsprozeß treffenden Beweisführungslast. Abs. 2 mildert die Haftung des Halters zwar materiellrechtlich dadurch ab, daß er sie bei völlig einwandfreiem Verhalten des Halters, seiner Leute und der Technik seines Fahrzeugs entfallen läßt, legt aber, indem er die Unabwendbarkeit des Unfalls als Haftungsausschlußtatbestand normiert, die Beweislast für dieses einwandfreie Verhalten dem Ersatzpflichtigen auf. Der Geschädigte bekommt somit – abweichend von den sonst im Schadensprozeß geltenden Regeln – auch dann Schadensersatz, wenn der in Anspruch Genommene sich völlig beanstandungsfrei verhalten hat, dies aber nicht beweisen kann. **501**

a) **Die Beweislast des Verletzten.** Der Verletzte hat demnach für die Haftung nach § 7 lediglich zu beweisen **502**

- die Entstehung eines Schadens (Rdn. 146 ff),
- durch einen Unfall (Rdn. 127 ff),
- beim Betriebe eines Kraftfahrzeugs (Rdn. 32 ff; einschließlich Kausalzusammenhang),
- die Haltereigenschaft des Beklagten,
- die Höhe des unfallbedingten Schadens.

Zu den Beweisanforderungen im einzelnen Rdn. 509 ff.

b) **Die Beweislast des Halters.** Der Halter hat zu beweisen, **503**

- daß ein unabwendbares Ereignis vorliegt, also ein auch durch äußerste Sorgfalt des Halters und seiner Leute (einschließlich des Fahrers) nicht zu verhinderndes Ereignis (Rdn. 339 ff);
- daß dieses unabwendbare Ereignis nicht auf einem Fehler in der Beschaffenheit des Fahrzeugs oder einem Versagen seiner Verrichtungen beruht (Rdn. 473 ff);
- Daß der Unfall durch das unabwendbare Ereignis verursacht worden ist.

Macht der Halter sonstige Haftungsausschließungsgründe geltend (s. Rdn. 498 ff), so hat er deren Voraussetzungen zu beweisen. Ebenfalls in seine Beweislast fallen die Umstände, aus denen er ein Mitverschulden des Verletzten oder eine Vorteilsanrechnung (Rdn. 202)[889] herleiten will. **504**

c) Beweislast bei unbefugter Benutzung des Kraftfahrzeugs

aa) Der **Verletzte**, der den **unbefugten Benutzer** in Anspruch nehmen will, hat die unter a) angeführten Umstände mit der Maßgabe zu beweisen, daß an die Stelle der **505**

---

[889] S. hierzu BGH VersR 1979, 323.

Haltereigenschaft des Beklagten die Eigenschaft als unbefugter Benutzer i. S. d. Abs. 3 Satz 1 tritt.

506 Will er den (früheren) **Halter** belangen, obwohl dieser bewiesen hat, daß das Kraftfahrzeug im Zeitpunkt des Unfalls durch oder für einen unbefugten Benutzer in Betrieb war, so muß er die Halterstellung zum Zeitpunkt des Beginns der Schwarzfahrt und zusätzlich die schuldhafte Ermöglichung der Schwarzfahrt beweisen (Rdn. 307 ff)[890]. Nimmt er ihn aus Abs. 3 Satz 2 in Anspruch (vgl. Rdn. 319 ff), so hat er für die dort genannten Voraussetzungen (Anstellung des Benutzers zum Betrieb des Kraftfahrzeugs bzw. Überlassung des Kraftfahrzeugs) Beweis zu erbringen[891].

507 bb) Den **Halter** trifft die Beweislast dafür, daß das Kraftfahrzeug durch oder für einen unbefugten Benutzer, also ohne sein Wissen und Wollen, in Betrieb war.

508 cc) Der **unbefugte Benutzer** ist, wenn er nach Abs. 3 Satz 1 in Anspruch genommen wird, beweisrechtlich in derselben Situation wie ein Halter nach Rdn. 503 f. Will er geltend machen, daß er wegen Anstellung zum Betrieb des Kraftfahrzeugs oder Überlassung des Kraftfahrzeugs durch den Halter nicht haftet (Rdn. 292 ff), so hat er diese Umstände zu beweisen.

2. Die Beweisanforderungen

509 a) **Grundsatz.** Nach § 286 Abs. 1 ZPO ist der Beweis dann geführt, wenn der Richter die Überzeugung von der Wahrheit der streitigen Behauptung erlangt hat[892]. Eine gesetzliche Beweiserleichterung enthält lediglich § 287 ZPO, wonach über die Frage, ob ein Schaden entstanden sei und wie hoch er sich belaufe, nach freier Überzeugung befunden werden kann. Diese Vorschrift, die notfalls sogar zu freier Schätzung ermächtigt, gilt nur für die Schadensbemessung und darf auf den Bereich der Haftungsbegründung nicht übertragen werden[893]. Inwieweit für die hier in Rede stehenden Beweisführungen Erleichterungen oder Besonderheiten gelten (z. B. Anscheinsbeweis), ist im folgenden dargestellt.

510 b) **Beweis des Unfalls.** Wie unter Rdn. 125 ff dargelegt wurde, ist Voraussetzung für die Haftung nach § 7 das Vorliegen eines Unfalls, d. h. eines plötzlich eintretenden schädigenden Ereignisses, welches den Geschädigten gegen seinen Willen betrifft. Die Beweislast für diese Anspruchsvoraussetzung trifft den Geschädigten. In der Regel bereitet dieser Beweis auch keine Schwierigkeiten, weil schon das äußere Bild des Schadensereignisses eindeutig auf einen Unfall in vorstehendem Sinne hindeutet. Seit sich die Fälle häufen, in denen Schadensfälle zum Zweck des Versicherungsbetruges fingiert werden, wird jedoch vom beklagten Haftpflichtversicherer nicht selten die Unfreiwilligkeit des Unfalls bestritten. Der dem Kläger damit aufgebürdete Beweis der Unfreiwilligkeit aber ist, wie jeder Beweis subjektiver Merkmale, u. U. schwierig. Dem Geschädigten werden oftmals keine Beweismittel zur Verfügung stehen, um nachzuweisen, daß er den Unfall nicht mit dem Gegner verabredet hatte. Der BGH hat daher entschieden, es sei nicht Sache des aus § 7 klagenden Geschädigten, den Beweis eines unfreiwillig

---

890 BGH NJW 1954, 392; VersR 1970, 67; OLG Düsseldorf RdK 1933, 284; OLG Köln VRS 5, 1; eine Beweislastumkehr entsprechend § 7 II erwägend BGH NJW 1981, 114.

891 *Koffka* VAE 1939, 413.

892 BGHZ 53, 255; BGH DRiZ 1967, 239; 1969, 53; Betrieb 1969, 918. Vgl. weiterhin – jeweils auch zur Ablehnung abweichender Lehren – *Greger* 113 ff; *Gerh. Walter* Freie Beweiswürdigung (1979) 88 ff, 148 ff. Näher hierzu § 16, 359.

893 BVerfG NJW 1979, 413; BGHZ 4, 196; BGH VersR 1957, *529*; 1958, 124; 1961, 183; 1963, 945; 1964, 408; 1969, 327; 1971, 442; *Greger* 129 ff; a. A. *Gottwald* 78 ff. Näher hierzu § 16, 361.

erlittenen Unfalls zu führen; vielmehr müsse der in Anspruch genommene Beklagte beweisen, daß der Kläger mit diesem „Unfall“ einverstanden gewesen war[894]. Den Beweisschwierigkeiten des Beklagten (in der Regel der Haftpflichtversicherer des „Unfallgegners“) trägt die Rechtsprechung weithin dadurch Rechnung, daß sie bei besonders auffallenden Umständen des Unfallablaufs einen Anscheinsbeweis[895] oder – was eher zutrifft (s. § 16, 373) – einen Indizienbeweis eingreifen läßt.

Diese Beweisregelung vermag jedoch nicht zu überzeugen. Sie verstößt gegen den **511** allgemeinen Beweislastgrundsatz, daß der Kläger die anspruchsbegründenden Merkmale zu beweisen hat, ohne daß dies durch übergeordnete Gesichtspunkte gerechtfertigt wäre. Es sollte nicht übersehen werden, daß die Beweisproblematik für den Kläger erst akut wird, wenn der Beklagte hinreichend verdächtige Umstände[896] vorträgt, die entgegen dem äußeren Bild für eine gewollte Selbstschädigung sprechen[897]. In diesem Fall aber kann dem Kläger durchaus angesonnen werden, die Verdachtsmomente auszuräumen bzw., wenn ihm dies nicht gelingt, auf die Vorteile der Gefährdungshaftung zu verzichten und den Beklagten aus unerlaubter Handlung in Anspruch zu nehmen[898]. Er muß ihm dann zwar ein Verschulden nachweisen, braucht aber nicht den Beweis eines „Unfalls“ zu führen, sondern kann es dem Beklagten überlassen, sein (des Klägers) Einverständnis mit der Schädigung als Rechtfertigungsgrund[899] zu beweisen (vgl. § 16, 96 u. 352). Auf die vom BGH für den Bereich der Kaskoversicherung entwickelten Beweisgrundsätze kann hier wegen der gänzlich anderen Rechtsnatur auch insoweit nicht abgestellt werden, als es um den Direktanspruch gegen den Haftpflichtversicherer geht[900]. Im übrigen kann die Frage der Unfreiwilligkeit bzw. der Einwilligung oftmals dahingestellt bleiben, weil dem Kläger wegen nicht zusammenpassender Schadensbilder schon der Nachweis nicht gelingt, daß der geltend gemachte Schaden bei dem behaupteten Unfallereignis entstanden ist[901].

c) **Beweis des Kausalzusammenhangs zwischen Betrieb und Unfall.** Der Kläger hat **512** zu beweisen, daß der Unfall „bei dem Betrieb“ des Kraftfahrzeugs des Beklagten entstanden ist und mithin auch den (adäquaten) Kausalzusammenhang zwischen Betrieb und Unfall (Rdn. 53 ff). Es genügt nicht, daß das Kraftfahrzeug des Beklagten zur Unfallzeit an der Unfallstelle war, vielmehr muß der Kläger beweisen, daß der Betrieb dieses Fahrzeugs zum Entstehen des Unfalls beigetragen hat, d. h. daß es ohne den betreffenden Betriebsvorgang nicht zu dem Unfall gekommen wäre. Dieser Beweis ist oftmals schwierig, weil sich hypothetische Geschehensabläufe (was wäre geschehen, wenn das Kraftfahrzeug nicht dort gefahren wäre) menschlicher Erkenntnis und damit auch einem gesicherten Nachweis entziehen. Vom Kläger kann daher – wie dies in Form des sog. Anscheinsbeweises auch sonst für den Beweis der Kausalität anerkannt ist (§ 16, 377) – kein hundertprozentiger Beweis der Betriebsursächlichkeit verlangt

---

894 BGHZ 71, 345; BGH VersR 1978, 865; 1979, 281; 1979, 514; OLG Köln VersR 1977, 938; OLG Frankfurt VersR 1987, 756; 1988, 275; OLG Hamm NJW-RR 1987, 1239; OLG Karlsruhe VersR 1988, 1287; a. A. OLG Köln VersR 1975, 959; 1975, 1128.

895 BGH VersR 1979, 514; OLG Celle NZV 1988, 182; OLG Hamm VersR 1993, 1418.

896 Vgl. hierzu § 16, 352 m. Nachw.

897 Vgl. für die entsprechende Problematik bei der Unfallversicherung RGZ 156, 118; BGH VersR 1972, 244.

898 Die Beweislage bei Gefährdungs- und Deliktshaftung ist keineswegs gleich, wie *Geyer* VersR 1989, 885 meint: bei § 823 BGB spielt der Unfallbegriff, bei § 7 StVG die Rechtswidrigkeit keine Rolle (vgl. Rdn. 125).

899 BGHZ 24, 27.

900 So aber OLG München VersR 1987, 672; vgl. dagegen BGHZ 71, 343.

901 OLG Frankfurt VersR 1992, 717; OLG Köln NJW-RR 1995, 546; OLG Hamm NZV 1994, 483.

werden. Es muß vielmehr genügen, wenn der Kläger soviel beibringt, daß nach allgemeiner Erfahrung von der Ursächlichkeit des Betriebs für den Unfall auszugehen ist, also eine erhebliche Wahrscheinlichkeit für die Kausalität besteht. Dies wird ihm insbesondere bei Bestehen eines engen räumlichen und zeitlichen Zusammenhangs zwischen Betrieb und Unfall (s. Rdn. 60) und bei Vorliegen eines typischen Unfallhergangs ohne allzu große Schwierigkeiten möglich sein. Fliegt z. B. ein Stein gegen die Windschutzscheibe eines Pkw, während ein Lkw in einem Baustellenbereich mit erheblicher Geschwindigkeit entgegenkommt, so ist der ursächliche Zusammenhang mit dem Betrieb des Lkw prima facie als erwiesen anzusehen[902]. Auf die Feststellung eines typischen Geschehensablaufs kann jedoch nicht verzichtet werden; bloße Vermutungen (wie z. B. in dem von BGH VersR 1982, 274 aufgehobenen Urteil) genügen nicht[903]. Die Vollbremsung eines an unübersichtlicher Stelle überholenden Kraftfahrers begründet z. B. keinen Anscheinsbeweis für eine Unfallursächlichkeit der Fahrweise des Überholten[904]. Durch den Nachweis von Tatsachen, aus denen sich die ernsthafte Möglichkeit eines nicht vom Betrieb eines Kraftfahrzeugs abhängigen Unfallhergangs ergibt, kann der Beklagte den Anscheinsbeweis erschüttern, so daß der Kläger beweisfällig bleibt.

513 d) **Beweis der Unabwendbarkeit des Unfalls.** Läßt sich der Sachverhalt durch die Beweisaufnahme nicht völlig klären und bleibt die Möglichkeit offen, daß das Ereignis nicht unabwendbar war, so haftet der Halter[905]. Der Halter muß z. B. beweisen, daß der Führer des Kraftfahrzeugs alle Möglichkeiten zur Verhinderung des Unfalls erschöpft hat, oder daß, soweit Möglichkeiten ungenutzt geblieben sind, diese auch für einen äußerst gewandten Fahrer trotz äußerster Sorgfalt nicht erkennbar waren. Hat der Führer den Unfall durch fahrtechnische Maßnahmen verursacht, so obliegt es dem Halter, zu beweisen, daß sie notwendig waren[906]. Sind Pflichtwidrigkeiten erwiesen, die für den Unfall ursächlich sein können, z. B. Trunkenheit des Fahrers, so hat der Halter zu beweisen, daß keine Ursächlichkeit vorliegt[907]. Der Halter ist daher z. B. nicht entlastet, wenn der Führer unter Alkoholeinfluß gefahren ist und die, wenn auch entfernte, Möglichkeit offen bleibt, daß er infolgedessen Handlungen unterlassen hat, die den Unfall verhindert hätten[908]. Die bloße Behauptung einer Pflichtverletzung ist aber, wenn der Sachverhalt hierfür keinen Anhalt gibt, nicht geeignet, dem Halter die Beweislast dafür aufzuerlegen, daß die Pflichtwidrigkeit nicht begangen worden sei[909].

514 Es ist zunächst Sache des Halters, darzulegen und unter Beweis zu stellen, daß der Unfall auf einem bestimmten unabwendbaren Ereignis beruht. Der Kläger kann sodann bestreiten, daß dieses Ereignis unabwendbar war. Er kann aber auch behaupten, daß ein anderes, von ihm zu benennendes und nicht unabwendbares Ereignis Ursache des Unfalls war. Der Halter ist sodann gezwungen, diesen Vortrag zu widerlegen[910]. Dem Halter ungünstige Möglichkeiten des Geschehensablaufs, deren Vorliegen der Verletzte nicht behauptet hat, bleiben nach dem Beibringungsgrundsatz der ZPO aber außer Betracht. Der Halter ist darüber hinaus auch nicht gezwungen zu beweisen, daß alle vom Verletzten als möglich bezeichneten Geschehensabläufe nicht in Betracht kommen; Geschehensabläufe, die der Verletzte nur als möglich bezeichnet und für deren Vorlie-

---

902 BGH VersR 1974, 1030.
903 Vgl. auch österr. OGH ZVR 1989, 180.
904 OLG München VersR 1983, 468.
905 RGZ 162, 3; 164, 273; OGH VRS 1, 291; BGH VRS 4, 565; VersR 1957, 340; 1959, 789; 1960, 907.
906 OGH VRS 1, 108; BGH NJW 1954, 185; OLG Köln VersR 1960, 644.
907 BGH VersR 1982, 442; OLG Hamm RdK 1933, 64.
908 OLG Oldenburg VRS 8, 260.
909 RGZ 162, 3.
910 Vgl. BGH VersR 1959, 804.

gen er keine Anhaltspunkte angeben kann, darf das Gericht außer Betracht lassen[911]. Diese Grundsätze gelten auch, wenn der Verletzte behauptet, Verrichtungen des Kraftfahrzeugs hätten versagt.

Von einem **Anscheinsbeweis** sollte im Zusammenhang mit dem Entlastungsbeweis nach § 7 Abs. 2 nicht besprochen werden[912]. Der Anwendungsbereich des sog. Anscheinsbeweises ist auf die Feststellung von Kausalität und Verschulden zu beschränken (vgl. § 16, 364 ff). Ob ein Unfall wirklich unabwendbar war, hängt von den konkreten Umständen des Einzelfalles ab. Sind diese festgestellt, bedarf es des Anscheinsbeweises nicht, sind sie es nicht, so kann auch die Heranziehung typischer Geschehensabläufe nicht weiterhelfen. Es kann auch nicht etwa daraus, daß für ein Verschulden des einen Unfallbeteiligen ein Anscheinsbeweis spricht, auf die Unabwendbarkeit des Unfalls für den anderen geschlossen werden[913]. **515**

e) Zum **Beweis des Schadens** (Entstehung und Höhe) s. § 16, 360 f. **516**

§ 8
Ausschluß der Halterhaftung

Die Vorschriften des § 7 gelten nicht, wenn der Unfall durch ein Fahrzeug verursacht wurde, das auf ebener Bahn mit keiner höheren Geschwindigkeit als zwanzig Kilometer in der Stunde fahren kann, oder wenn der Verletzte bei dem Betrieb des Kraftfahrzeugs tätig war.

Übersicht

Schrifttum

Bombhard Entlastungsbeweis bei langsamen Kraftfahrzeugen, VersR 1962, 1140; *Brüggemann* Hilfspersonen des Kraftfahrzeugführers, DAR 1957, 113.

Entstehungsgeschichte

Das KFG hatte die jetzt in § 8 a enthaltene Regelung, daß Insassen gegen denjenigen, in dessen Fahrzeug sie befördert wurden, sich nicht (damals in keinem Falle) auf die Haftung aus dem Gesetz berufen können, mit der jetzt in § 8 verbliebenen Regelung zusammen gefaßt. § 8 Nr. 2 lautete bis 1923 dahin, daß § 7 nicht anzuwenden sei,

„wenn der Unfall durch ein Fahrzeug verursacht wurde, das nur zur Beförderung von Lasten dient und auf ebener Bahn eine auf 20 km begrenzte Geschwindigkeit in der Stunde nicht übersteigen kann."

---

911 RGZ 162, 3.

912 So aber z. B. OLG Zweibrücken NZV 1988, 22.

913 OLG Naumburg NZV 1995, 73.

Durch Art. IX des Gesetzes vom 21.7.23 (RGBl. I 743) wurde die Einschränkung „das nur zur Beförderung von Lasten dient" gestrichen.

Durch Art. II Nr. 3 des Gesetzes vom 7.11.39 (RGBl. I 2223) erhielt § 8 Abs. 1 mit Wirkung ab 1.4.40 den Text, der nunmehr Inhalt des alleinigen Absatzes des § 8 ist. Die Vorschrift, daß die Haftung auch ausgeschlossen sei, wenn der Verletzte bei dem Betrieb des Kraftfahrzeugs tätig war, wurde dabei aus Nr. 2 in den neuen Absatz 1 übernommen.

Durch Art. I Nr. 4 des MaßnahmenG vom 16.7.57 (BGBl. I 710) wurde mit Wirkung ab 17.7.57 der durch das Gesetz vom 7.11.39 geschaffene Absatz 2 gestrichen. Die Regelung über den Haftungsausschluß gegenüber Insassen wurde in einem neu geschaffenen § 8 a ausführlicher gefaßt.

I. Inhalt der Vorschrift

1 Seit der Schaffung des § 8 a enthält § 8 nur noch zwei Ausnahmen von den Haftungsvorschriften der §§ 7, 18: für Halter und Führer langsam fahrender Fahrzeuge (Rdn. 2 ff) und für Personen, die bei dem Betrieb des Kraftfahrzeugs tätig sind (Rdn. 5 f). Die Ausnahme zugunsten langsam fahrender Kraftfahrzeuge hat ihren Grund darin, daß mit den Haftpflichtbestimmungen des KFG den Folgen der „Autoraserei" begegnet werden sollte und die Besorgnis herrschte, bei einer Einbeziehung langsamer Fahrzeuge würde der Kraftverkehr übermäßigen Belastungen ausgesetzt; der Haftungsausschluß gegenüber beim Betrieb Tätigen beruht auf der Erwägung, daß sich solche Personen freiwillig in Gefahr begeben[1]. Die Berechtigung dieses Haftungsausschlusses wird von *Kötz*[2] mit beachtlichen Gründen in Frage gestellt. § 8 gilt für Personenschäden und Sachschäden, soweit sie auf § 7 oder § 18 gestützt werden können[3]; dagegen wird die Haftung aus anderen Rechtsgründen, vor allem aus unerlaubter Handlung, nicht von § 8 eingeschränkt. Da § 8 die langsamen Fahrzeuge von der Gefährdungshaftung ausnimmt, braucht sich der Halter bzw. Fahrer eines solchen Fahrzeugs auch keine mitwirkende Betriebsgefahr anrechnen zu lassen (vgl. § 17, 11).

II. Langsam fahrende Kraftfahrzeuge

1. Grundsatz

2 § 8 erfaßt solche Kraftwagen und Krafträder, bei denen entweder die Bauart oder der tatsächliche Zustand schon ohne weiteres ausschließt, daß sie schneller als 20 km/h fahren, oder an denen man Vorrichtungen angebracht hat, die eine Überschreitung dieser Grenze verhindern.

2. Beschränkung durch Bauart oder Zustand

3 Die Haftungsbefreiung entfällt schon dann, wenn es möglich ist, mit dem Kraftfahrzeug einige hundert Meter geringfügig schneller zu fahren[4]. Es kommt nicht darauf an, ob das Kraftfahrzeug wegen besonderer Umstände gerade im Zeitpunkt des Unfalls nicht schneller als 20 km/h fahren konnte. Maßgebend ist vielmehr, ob es unter ande-

---

[1] RG JW 1937, 1769.

[2] In: Gutachten und Vorschläge zur Überarbeitung des Schuldrechts Bd. II (1981) 1814.

[3] OLG Düsseldorf RdK 1928, 110.

[4] LG Tübingen DAR 1952, 6 LS.

ren Umständen, vor allem ohne Ladung, eine höhere Geschwindigkeit erreichen könnte[5]. Da es auf den tatsächlichen Zustand des Kraftfahrzeugs ankommt, kann die Ansicht des Reichsgerichts nicht gebilligt werden, die Haftungsfreiheit trete dann nicht ein, wenn die Unmöglichkeit, schneller als 20 km/h zu fahren, nur auf heruntergewirtschaftetem Zustand des Fahrzeugs beruht[6]; der tatsächliche Zustand ist in einem solchen Fall nur dann nicht entscheidend, wenn er ohne längere oder schwierige Arbeit (s. Rdn. 4) behoben werden könnte. Auch wenn ein Kraftfahrzeug stets nur mit einem Anhänger in Betrieb gesetzt wird und dann nicht schneller als 20 km/h fahren kann, so bleibt trotzdem die Haftung auch auf Fahrten mit Anhänger nach §§ 7, 18 bestehen, wenn das Kraftfahrzeug ohne Anhänger schneller als 20 km/h fahren könnte[7].

3. Beschränkung durch besondere Vorrichtungen

Der Haftungsausschluß wird nur durch solche Vorrichtungen herbeigeführt, die nur 4
in längerer oder schwieriger Arbeit beseitigt werden können[8], soweit eine Beseitigung überhaupt technisch möglich ist. Das RG[9] hat angenommen, daß eine Stunde noch nicht als „längere Arbeit" gilt (wohl Grenzfall). Ist die Vorrichtung ohne besondere Schwierigkeiten auszuschalten, so tritt auch dann kein Haftungsausschluß ein, wenn sie im Zeitpunkt des Unfalls wirksam arbeitete[10]. Unerheblich ist auch, daß der Fahrer mangels technischer Kenntnisse außerstande war, die Vorrichtung zu beseitigen[11], oder gar nicht wußte, daß es eine Möglichkeit gab, die Vorrichtung unwirksam zu machen[12]. Es nützt dem Halter und Fahrer nichts, daß die amtliche Geschwindigkeitsprüfung die Wirksamkeit der Vorrichtung bestätigt hat, wenn das Kraftfahrzeug im Zeitpunkt des Unfalls doch schneller fahren konnte[13]. Daß es infolge des Eingriffs alsbald fahruntüchtig wird, ändert hieran nichts, selbst wenn die Geschwindigkeitsbegrenzung im Kraftfahrzeugbrief oder im Typschein vermerkt ist[14]. Die Möglichkeit, durch Ausrüstung mit größeren Reifen die Geschwindigkeit auf über 20 km/h zu erhöhen, führt nicht dazu, daß die Haftungsbefreiung nach § 8 entfällt[15].

III. Bei dem Betrieb Tätige

1. Begriff

Er ähnelt dem des „bei dem Betrieb beschäftigten Dritten" in § 7 Abs. 2, stimmt mit 5
jenem aber nicht überein (§ 7, 466 ff). Der Halter braucht nach § 7 Abs. 2 nur für Handlungen von Personen einzustehen, die er oder der Fahrer mit einer Tätigkeit im Rahmen des Betriebs des Kraftfahrzeugs betraut hat – wobei freilich auch bloße Duldung genügt (§ 7, 467) –; dagegen verliert auch derjenige nach § 8 seinen auf das StVG gestützten Schadenersatzanspruch, der sich ohne Willen des Halters und Fahrers oder sogar gegen deren Willen am Kraftfahrzeug zu schaffen macht[16]. Entscheidendes Abgrenzungsmerkmal für das Tätigsein beim Betrieb ist, daß die betreffende Person durch

---

[5] KG HRR 1929, Nr. 9/10 S. 7.
[6] RG VR 1933, 584.
[7] OLG Kiel VAE 1938, 189.
[8] RGZ 86, 72; 128, 152; RG DAR 1929, 90; 1930, 263; JW 1933, 824; BGHZ 9, 123; BGH VersR 1959, 238; 1985, 245.
[9] DAR 1930, 263.
[10] RG HRR 1926, Nr. 1525.
[11] BGH VersR 1959, 238.
[12] BGHZ 9, 123; KG VAE 1943, 52.
[13] OLG Celle DAR 1951, 28 m. abl. Anm. *Brüggemann*; BGHZ 9, 123; a. A. *Schrammen* DAR 1952, 3.
[14] A. A. LG Aachen MDR 1983, 583.
[15] BGH VersR 1977, 228.
[16] OLG Düsseldorf RdK 1928, 110.

ihre nahe Beziehung zum Betrieb der Gefährdung besonders ausgesetzt ist[17]. Es genügt daher nicht, wenn der Geschädigte die Betriebstätigkeit lediglich veranlaßt hat (etwa als Arbeitgeber des Fahrers), faktisch aber in den Tätigkeitsbereich und seine Gefahren nicht einbezogen war[18]. Der Haftungsausschluß greift auch nicht ein, wenn der beim Betrieb Tätige, insbesondere der Fahrer, eine eigene Sache beschädigt, die nicht infolge der Betriebstätigkeit, sondern nur zufällig in den Gefahrenkreis des Kraftfahrzeugs geraten ist (Beispiel: Fahrer eines fremden Kraftfahrzeugs fährt auf ein eigenes auf)[19]. Darauf, ob der Halter oder der Fahrer das Recht hatte, dem beim Betrieb Tätigen Weisungen zu erteilen, kommt es nicht an[20], ebensowenig darauf, ob es sich um eine Dauerbeziehung oder eine ganz kurzzeitige Tätigkeit handelt[21]. Beim Betrieb kann auch derjenige tätig sein, der kein Entgelt erhält und auch derjenige, der in keinen vertraglichen Beziehungen zum Halter, zum Vertreter des Halters oder zum Fahrer steht[22]. Entscheidend ist aber, daß die Tätigkeit im Zeitpunkt des Unfalls entfaltet wurde. Ereignet sich der Unfall auch nur einige Sekunden nach dem Abschluß der Tätigkeit (z. B. derjenigen des Beladens des Kraftfahrzeugs oder des Heranschiebens eines Anhängers an den Lkw), so besteht die Haftung aus § 7 und § 8 kommt nicht mehr zum Zug[23]. Zu dem Begriff „bei dem Betrieb" vgl. § 7, 32.

2. Einzelfälle

6 Selbstverständlich fällt unter § 8 der Führer des Kraftfahrzeugs, auch wenn er noch Fahrschüler ist[24]. Dagegen greift der Haftungsausschluß bei einem Unfall zwischen den Krädern von Fahrlehrer und Fahrschüler nicht ein, wenn der verletzte Schüler die Fahrschule wegen der Betriebsgefahr des Lehrerkrades in Anspruch nimmt[25], während umgekehrt der Fahrlehrer als Betriebstätiger auch hinsichtlich des Schülerkrades angesehen werden muß. Der zur Ablösung des Fahrers mitfahrende Beifahrer ist während der Zeit, in der er nicht auf den Betrieb einwirkt, nicht beim Betrieb tätig[26]. Ein Insasse ist beim Betrieb tätig, wenn er die Wagentüre öffnet[27], nicht aber beim Ausrutschen auf dem Trittbrett[28]. Ein Wagenwäscher ist beim Betrieb des Kraftfahrzeugs nur tätig, solange er den Wagen mit Motorkraft bewegt. Dagegen ist beim Betrieb tätig, wer anstelle des Halters während einer Fahrt Anweisungen erteilt oder sogar Handreichungen leistet, wer beim Beladen oder Entladen mitwirkt oder auf einem Aufstellplatz oder in einer Großgarage das Kraftfahrzeug mit Motorkraft rangiert. Es genügt auch schon, wenn dem Fahrer (z. B. durch einen Tankwart, Mechaniker oder auch durch einen völlig unbeteiligten Passanten) ein Winkzeichen gegeben wird[29], oder wenn dem Kraftfahrzeug durch Anschieben aus einer Schneemulde herausgeholfen wird[30], sofern der Betreffende sich hierdurch der Betriebsgefahr des Kraftfahrzeugs in gesteigertem

[17] BGH NJW 1954, 393; VersR 1956, 640; OLG Dresden VAE 1939, 401.
[18] BGHZ 116, 205.
[19] *Hohloch* VersR 1978, 19; *Greger* NZV 1988, 108; a. A. LG Freiburg VersR 1977, 749; *Kunschert* NZV 1989, 62.
[20] BGH VersR 1962, 540.
[21] BGH VersR 1956, 640; OLG Dresden VAE 1939, 401; a. A. OLG München (Augsburg) NZV 1990, 393.
[22] BGH NJW 1954, 393; OLG Dresden VAE 1939, 401.
[23] RG HRR 1934, Nr. 950.
[24] KG NZV 1989, 150 m. Anm. *Kunschert.*
[25] *Kunschert* NZV 1989, 152; verkannt vom KG aaO.
[26] A. A. BAG JZ 1964, 257 LS.
[27] OLG München VersR 1966, 987.
[28] BGH VersR 1956, 765.
[29] OLG Celle DAR 1932, 267; a. A. RG DAR 1933, 187; BGH NJW 1954, 393.
[30] A. A. OLG München (Augsburg) NZV 1990, 393.

Maße aussetzt. Angestellte des Veranstalters eines Rennens sind nicht ohne weiteres beim Betrieb der Kraftfahrzeuge tätig[31], so z. B. nicht als Starthelfer, wenn sie von einem Fahrzeug angefahren werden, dem sie nicht geholfen haben[32].

IV. Verhältnis zum Haftungsausschluß nach § 636 RVO a. F. bzw. § 104 SGB-VII

In vielen Fällen kann sich ein Haftungsausschluß gegenüber einem beim Betrieb des Kraftfahrzeugs Tätigen auch aus § 636 RVO a. F. bzw. der Nachfolgevorschrift des § 104 SGB-VII ergeben (vgl. hierzu Schlußanh. II, 7 ff). Dieser Haftungsausschluß bezieht sich – anders als § 8 – nicht nur auf die Haftung nach dem StVG, sondern auf alle Haftungsgründe, vor allem auch auf die Haftung aus unerlaubter Handlung; er gilt jedoch weithin nicht für Wegeunfälle (vgl. Schlußanh. II, 35 ff). 7

V. Verjährung

Die Verjährungsfrist beginnt erst zu laufen, wenn der Verletzte erfährt, das Kraftfahrzeug, das er für ein langsamfahrendes gehalten hatte, genieße wegen der Ausschaltbarkeit des Regulators nicht die Vorteile des § 8[33]. 8

VI. Beweislast

Der Halter oder Fahrer, der behauptet, sein Kraftfahrzeug sei ein langsamfahrendes im Sinn des § 8, hat dies darzulegen und zu beweisen[34], dasselbe gilt für seine Behauptung, der Verletzte sei im Zeitpunkt des Unfalls beim Betrieb des Kraftfahrzeugs tätig gewesen[35]. Wegen Einzelheiten der Beweisführung vgl. *Bomhard* VersR 1962, 1140. 9

§ 8a
Haftung gegenüber Insassen

(1) Ist eine durch ein Kraftfahrzeug beförderte Person getötet oder verletzt worden, so haftet der Halter dieses Fahrzeugs nach § 7 nur dann, wenn es sich um entgeltliche, geschäftsmäßige Personenbeförderung handelt. Ist eine durch ein Kraftfahrzeug beförderte Sache beschädigt worden, so haftet der Halter dieses Fahrzeugs nach § 7 nur, wenn eine durch das Kraftfahrzeug unter den Voraussetzungen des Satzes 1 beförderte Person die Sache an sich trägt oder mit sich führt. Die Geschäftsmäßigkeit einer Personenbeförderung im Sinne der Sätze 1 und 2 wird nicht dadurch ausgeschlossen, daß die Beförderung von einer Körperschaft oder Anstalt des öffentlichen Rechts betrieben wird.

31 RG DAR 1933, 42.
32 RG DAR 1935, 160; a. A. OLG Hamburg HRR 1935, Nr. 125.
33 RGZ 124, 115.
34 OLG Köln VersR 1988, 194.
35 RGZ 124, 115; 128, 152; RG Recht 1928, Nr. 626; VR 1934, 100; *Bomhard* VersR 1962, 1140; a. A. für die entsprechende Regelung des österr. Rechts (§ 3 EKHG) österr. OGH ZVR 1989, 189, hierzu *Greger* NZV 1990, 60 (II).

(2) Die Verpflichtung des Halters, wegen Tötung oder Verletzung beförderter Personen Schadensersatz nach Absatz 1 Satz 1 in Verbindung mit § 7 zu leisten, darf weder ausgeschlossen noch beschränkt werden. Entgegenstehende Bestimmungen und Vereinbarungen sind nichtig.

Übersicht

Schrifttum

Freytag Schutz der mitfahrenden Ehefrau, ZfV 1964, 102; *Mädrich* Haftungs- und versicherungsrechtliche Probleme bei Kfz-Fahrgemeinschaften NJW 1982, 859; *Sievers* Haftung bei Schäden von Kraftfahrzeuginsassen, ZfV 1964, 507; *Weimar* Zweifelsfragen zur entgeltlichen, geschäftsmäßigen Personenbeförderung MDR 1958, 569 und MDR 1966, 207; *Weimar* Haftung bei Verletzung oder Tötung mitgenommener Personen, VP 1971, 30.

Entstehungsgeschichte

Schon der Entwurf 1906 sah in Abweichung vom RHaftpflG vor, daß die Haftung nach dem StVG gegenüber Insassen nicht gelten solle. Nahezu wörtlich übereinstimmend mit § 6 des Entwurfs 1906 enthielt sodann § 2 des Regierungsentwurfs 1908 folgenden Text:

„Die Vorschriften des § 1 finden keine Anwendung:

1. wenn zur Sache des Unfalls das Fahrzeug zur Beförderung der Verletzten oder der beschädigten Sache diente oder der Verletzte bei dem Betriebe des Fahrzeugs tätig war."

Der Bundesrat (RTDrucksache Nr. 988, 1907/1909) gab der Vorschrift, die in dieser Form als § 8 Nr. 1 Gesetz wurde, folgende Fassung:

„wenn zur Zeit des Unfalls der Verletzte oder die beschädigte Sache durch das Fahrzeug befördert wurde oder der Verletzte bei dem Betriebe des Fahrzeugs tätig war."

Obwohl man bald feststellen konnte, daß das Kraftfahrzeug ebenso zum Massenverkehrsmittel wurde, wie es bis zum ersten Weltkrieg allein die Eisenbahn, die Straßenbahn und die Untergrundbahn gewesen waren, und obwohl das LuftVG vom 1.8.22 (RGBl. I 681) auch für Luftfahrzeuge eine Gefährdungshaftung gegenüber Insassen eingeführt hatte (die allerdings abdingbar war), konnte man sich nicht entschließen, auch bei Kraftfahrzeugen die Gefährdungshaftung gegenüber Insassen einzuführen. Man befürchtete, daß die Belastung der Kraftfahrzeughalter durch eine solche Vorschrift unangemessen hoch werden würde. Der 35. Deutsche Juristentag in Salzburg

(1928) forderte, den Insassen von Kraftfahrzeugen im öffentlichen Verkehr einen Anspruch aus Gefährdungshaftung zu geben.

Erst das Änderungsgesetz vom 7. 11. 1939 (RGBl. I, 2223) führte in Art. II Nr. 3 die Gefährdungshaftung des Halters gegenüber den Insassen seines Kraftfahrzeugs (und die Vermutung der Schuld des Fahrers im Fall der Verletzung von Insassen des Kraftfahrzeugs) – allerdings mit der vom Juristentag vorgeschlagenen Beschränkung – ins Gesetz ein. § 8 wurde völlig neu gefaßt. Die neue Vorschrift kam in dessen Absatz 2.

Das Maßnahmengesetz vom 16. 7. 1957 (BGBl. I, 710) brachte eine neuerliche Änderung des Textes. Man entschloß sich bei dieser Gelegenheit, die Regelung aus § 8 herauszunehmen und einen neuen § 8 a zu schaffen. Der eigentliche Grund für die Änderung lag darin, daß – worauf der Vorlagebericht des Bundestags (BTDrucksache 1265 der 2. Wahlperiode) hinwies – über die Auslegung des Begriffs „öffentlicher Verkehr" in Rechtsprechung und Schrifttum Zweifel entstanden waren. Dieser Begriff stammte nämlich aus dem PBefG 1934 und diente dort zur Abgrenzung genehmigungspflichtiger Fahrten von genehmigungsfreien. Die bei der Auslegung des PBefG 1934 entstandenen Schwierigkeiten hatten auch die Anwendung des § 8 Abs. 2 zweifelhaft werden lassen. Man hatte zunächst geglaubt, dem durch Neufassung des PBefG abhelfen zu können, doch hatte sich gezeigt, daß das Tauziehen der vom PBefG betroffenen oder begünstigten Interessengruppen verhinderte, daß der längst vorliegende Entwurf eines PBefG vom Bundestag gebilligt werden konnte. So schlug der Bundestags-Rechtsausschuß (BTDrucksache Nr. 2700 der 2. Wahlperiode) dem Plenum vor, den in der Vorlage eines Entwurfs für die Neufassung des § 8 Abs. 2 angegebenen Gesetzeszweck, die Gefährdungshaftung für Insassen auf alle Arten des genehmigungspflichtigen Personenverkehrs zu erstrecken, auf anderem Weg zu erreichen: An die Stelle einer Verweisung auf das PBefG sollte eine eigene Begriffsbestimmung im StVG treten. Es heißt dann im Vorlagebericht des Rechtsausschusses wörtlich weiter:

„Die Gefährdungshaftung des Kraftfahrzeughalters gegenüber den Insassen besteht hiernach dann, wenn es sich um eine entgeltliche geschäftsmäßige Personenbeförderung handelt. Als geschäftsmäßig in diesem Sinne ist im Anschluß an die Rechtsprechung zu ähnlichen Vorschriften (vgl. z. B. RGSt 72, 315) eine Personenbeförderung dann anzusehen, wenn der Unternehmer beabsichtigt, sie in gleicher Art zu wiederholen und sie dadurch zu einem dauernden oder wenigstens zu einem wiederkehrenden Bestandteil seiner Beschäftigung zu machen."

Neben dieser Erstreckung der Haftung auf alle entgeltlichen geschäftsmäßigen Beförderungen, vor allem also auch auf den Kraftdroschken-, Ausflugswagen- und Werkverkehr, brachte das Maßnahmengesetz eine erhebliche Einschränkung der Haftung bei Sachschäden. Während bis dahin seit 1939 für alle im öffentlichen Verkehr beförderten Sachen die Gefährdungshaftung galt, wurde diese im Jahre 1957 auf die Sachen beschränkt, die eine beförderte Person an sich trägt oder mit sich führt. Die Trennung des § 8 a von den im PBefG geltenden Begriffsbestimmungen ist damit vollzogen.

I. Inhalt der Vorschrift

§ 8 a ordnet an, daß sich die Gefährdungshaftung des Halters nach § 7 und die gegen 1
den Fahrer sprechende Schuldvermutung des § 18 bei entgeltlicher und geschäftsmäßiger Beförderung auch auf Schäden beziehen, die die Insassen desjenigen Kraftfahrzeugs erlitten haben, dessen Halter oder Fahrer in Anspruch genommen werden soll (Abs. 1 Satz 1; vgl. Rdn. 14 ff). Dies besagt umgekehrt, daß in allen Fällen, in denen die erwähnten Voraussetzungen nicht vorliegen, die Insassen keinen Anspruch aus Gefährdungshaftung oder vermutetem Verschulden gegen den Halter und den Fahrer desjeni-

gen Kraftfahrzeugs haben, in dem sie befördert wurden. *Kötz*[1] hält diesen Haftungsausschluß für nicht gerechtfertigt, *Hohloch*[2] sogar für verfassungswidrig. Der VGT 1995 hat seine Abschaffung empfohlen[3].

Ferner wird durch § 8 a die Haftung für Schäden an beförderten Sachen erheblich eingeschränkt (Abs. 1 Satz 2; vgl. Rdn. 26).

II. Geltungsbereich

2 Die Halterhaftung gilt in allen ihren Einzelheiten, also auch hinsichtlich der Bestimmungen über den Entlastungsbeweis, Schwarzfahrten, langsame Fahrzeuge, Betriebstätige, Haftungsgrenzen und Verjährung, bei geschäftsmäßig entgeltlicher Beförderung auch im **Verhältnis des Halters zu den Insassen**. Dasselbe gilt für das Verhältnis des Fahrers zu den Insassen. Nach dem Gesetzestext bleibt zwar unklar, ob die Haftung gegenüber Insassen unabhängig davon gelten soll, ob es sich um ein langsamfahrendes Kraftfahrzeug (Höchstgeschwindigkeit 20 km/h) handelt. Die Bejahung einer solchen Haftung würde aber dem Sinn der Regelung in § 8 widersprechen, für langsamfahrende Kraftfahrzeuge Haftungserleichterungen zu schaffen. Gleiches gilt für die Vorschrift in § 8 über beim Betrieb Tätige.

3 § 8 a gilt **nur für Ansprüche nach dem StVG**. Die Insassen können mithin, wenn der Halter oder der Fahrer des Kraftfahrzeugs, in dem sie bei der Unglücksfahrt befördert wurden, ihren Sachschaden oder ihre Körperverletzung schuldhaft herbeigeführt hat, den Schuldigen auf Grund unerlaubter Handlung (§§ 823 ff BGB) oder – sofern ein solcher zustande kam – auf Grund des Beförderungsvertrages auf Schadenersatz in Anspruch nehmen. Dieselbe Rechtslage gilt für die Hinterbliebenen eines Insassen, wenn dieser bei dem Unfall getötet wurde.

4 **Keinen Einfluß** hat § 8 a ferner auf die Ansprüche, die den bei einem Kraftfahrzeugunfall Verletzten gegen den Halter und den Fahrer eines **anderen am Unfall beteiligten Kraftfahrzeugs** zustehen. Solche Ansprüche können sich daher nicht nur auf unerlaubte Handlung stützen, sondern auch auf § 7 oder § 18 StVG. Der andere Unfallbeteiligte kann dem verletzten Insassen auch nicht die Betriebsgefahr des benutzten Kraftfahrzeugs entgegenhalten (§ 17, 42). Wegen der Fragen, die bei Geltendmachung solcher Ansprüche dadurch entstehen können, daß der Inanspruchgenommene von dem Halter oder von dem Fahrer desjenigen Kraftfahrzeugs Freistellung von seiner Verbindlichkeit verlangt, in dem der Verletzte befördert wurde, vgl. § 17, 12.

III. Der Begriff „Beförderung"

5 Die Regelung des § 8 a bezieht sich nur auf Ansprüche von Personen, die mit dem Kraftfahrzeug desjenigen befördert wurden, den sie als Halter in Anspruch nehmen wollen; gleiches gilt für die Inanspruchnahme des Fahrers dieses Kraftfahrzeugs. Beförderung ist ein Verbringen von einem Ort zum anderen[4], wobei die Entfernung nur einige Meter zu betragen braucht und durchaus auf ungewöhnliche Weise geschehen kann[5]; auch die Rundfahrt, bei der Ausgangsort und Zielort identisch sind. Es gelten aber die in den Rdn. 6 ff dargelegten Besonderheiten.

---

[1] In: Gutachten und Vorschläge zur Überarbeitung des Schuldrechts Bd. II (1981) 1813.
[2] VersR 1979, 208.
[3] NZV 1995, 101.
[4] BGHZ 37, 318; BGH NZV 1994, 355.
[5] S. OLG Koblenz NZV 1993, 193: auf dem Dach eines Pkw.

1. Beförderungswille

Beförderung liegt nur vor, wenn irgendeine Person – sei es der Beförderte, der Fahrer, der Halter, der Eigentümer des Fahrzeugs oder ein Dritter – den Willen hat, es solle der Betreffende mit dem Fahrzeug von einem Ort zum anderen verbracht werden[6]. Befördert wird daher auch der „blinde Passagier“, von dessen Anwesenheit im – oder außen am – Fahrzeug weder der Halter noch der Fahrer etwas bemerkt hat[7]. Nicht befördert wird derjenige, der, ohne mitfahren zu wollen, sich im Omnibus von einem Fahrgast verabschiedet, sofern sich der Omnibus plötzlich in Bewegung setzt[8]. Merkt allerdings der Fahrer, daß sich der Besucher im Omnibus befindet, und nimmt er an, dieser wolle mitfahren, so reicht diese Annahme des Fahrers aus, um den Tatbestand der Beförderung zu begründen. Wichtig ist das subjektive Tatbestandsmerkmal vor allem dann, wenn jemand bei der Abfahrt auf das Trittbrett springt: Will er mitfahren, so liegt Beförderung selbst dann vor, wenn er nur den Haltegriff festhält, mit den Füßen aber das Trittbrett nicht erreicht. Wer das Kraftfahrzeug vor oder bei der Abfahrt nur berührt, ohne die Absicht zu haben, selbst mitzufahren, wird – wenn das Fahrzeug plötzlich anfährt – nicht befördert. Das gilt auch für denjenigen, der Koffer eines anderen Reisenden auf das Dach eines Omnibusses hebt, um sie dort zu verstauen – und zwar selbst dann, wenn er dabei auf der Dachleiter des Omnibusses steht – oder für denjenigen, der sich an einer Haltestelle auf das Trittbrett stellt, um dem Fahrer ein Päckchen zu überreichen oder eine Auskunft zu geben. 6

Da der rein tatsächliche Wille entscheidet und der Tatbestand kein Rechtsgeschäft voraussetzt, wird auch ein drei Jahre altes Kind befördert, das sich von allen unbemerkt vor der Abfahrt in einem Kraftfahrzeug versteckt hat, um heimlich mitzufahren. Hat es dagegen angenommen, das Fahrzeug werde nicht benutzt, so liegt keine Beförderung vor. 7

2. Ausschluß des Fahrers

Nicht befördert wird derjenige, der das Kraftfahrzeug lenkt[9]. Dies gilt sowohl für den angestellten Fahrer, den Fahrzeugmieter und den Fahrschüler[10], als auch für die Person, der der Halter das Kraftfahrzeug aus Gefälligkeit überlassen hat. Selbst wenn der Halter im Kraftfahrzeug sitzt und nur vorübergehend einem Fahrgast die Lenkung überlassen hat, wird der Fahrgast in dieser Zeit nicht befördert. Hat der Vermieter des Kraftfahrzeugs dem Selbstfahrer aus Gefälligkeit einen Fahrer beigegeben, so wird der Selbstfahrer in den Zeiträumen befördert, in denen er das Kraftfahrzeug nicht selbst lenkt. Dasselbe gilt für den Fahrschüler, solange er lediglich mitfährt. Die Gefährdungshaftung gegenüber dem Fahrer ist jedoch nach § 8 2. Alt. ausgeschlossen. 8

3. Anfang und Ende der Beförderung

Sie umfaßt alle Sachverhalte, die die Beförderung unmittelbar vorbereiten oder ihr unmittelbar folgen. Zur Beförderung gehört mithin vor allem das Ein- und Aussteigen[11], das Beladen und Ausladen. Beginn und Ende der Beförderung fallen mit dem Zeitpunkt zusammen, in dem die Person oder Sache in körperliche Verbindung mit dem Kraftfahrzeug tritt. Das Warten an der Omnibushaltestelle und die Überquerung 9

[6] RGZ 131, 191; OLG Oldenburg RdK 1954, 74.

[7] OLG Hamm VRS 2, 294.

[8] OLG Oldenburg RdK 1954, 74.

[9] Unzutreffend daher OLG Hamm MDR 1995, 154; § 8 führt aber zum selben Ergebnis.

[10] KG NZV 1989, 150 m. Anm. *Kunschert*.

[11] OLG Oldenburg VRS 10, 421.

der Fahrbahn vor dem Einsteigen oder beim Umsteigen von einer Omnibuslinie in die andere gehören bei Personen nicht zur Beförderung. Desgleichen wird ein Fahrgast nicht befördert, der während eines Aufenthalts an einer Haltestelle oder einem Parkplatz mit dem Vorsatz ausgestiegen ist, vor der Weiterfahrt des Omnibusses wieder einzusteigen. Ist der Fahrgast ausgestiegen und kommt er dann am Rand des Radfahrwegs zu Fall, so ist dies kein Unfall bei der Beförderung, auch wenn der Fahrgast auf der Fahrbahn nur einen Schritt gemacht hat[12]. Das Abspringen von einem fahrenden Fahrzeug gehört ebenso wie das ordnungsgemäße Aussteigen zur Beförderung, und zwar auch dann, wenn es geschieht, um einem dem Fahrzeug drohenden Unfall zu entgehen[13].

4. Örtlichkeit

10 Ebenso wie bei der Haftung aus § 7 macht es bei der aus § 8 a keinen Unterschied, ob sich der Unfall auf öffentlichem Verkehrsgrund abgespielt hat. Auch Fahrten, die ausschließlich auf privatem Gelände verlaufen, wie die innerhalb eines Bauernhofes oder eines industriellen Werkes, führen zur Haftung nach § 8 a.

5. Rechtsbeziehungen zwischen den Beteiligten

11 Diese spielen bei der Haftung aus § 8 a allenfalls für die Frage eines vertraglichen Haftungsausschlusses (nach Abs. 2 nur zulässig für Sachschäden des Beförderten) eine Rolle (vgl. Rdn. 31). Im übrigen kommt es aber darauf, ob zwischen dem Insassen und dem Fahrer oder zwischen dem Insassen und dem Halter oder Fahrzeugeigentümer ein Vertrag abgeschlossen wurde, nicht an, da § 8 a an die bloße Tatsache des Befördertwerdens anknüpft[14].

6. Zweck der Beförderung

12 Er spielt allenfalls bei der Frage eine Rolle, ob die Beförderung entgeltlich ist (Rd. 15), bleibt aber im übrigen außer Betracht. Auch der im Omnibus mitfahrende Reiseleiter wird „befördert".

7. Mitfahren auf Anhänger und in abgeschlepptem Fahrzeug

13 Das Mitfahren auf einem Anhänger des Kraftfahrzeugs ist Beförderung durch das Kraftfahrzeug. Wird eine Kraftfahrzeug von einem anderen abgeschleppt, so werden die Insassen des geschleppten Kraftfahrzeugs von dem Halter und Fahrer des schleppenden Kraftfahrzeugs befördert[15]. Dagegen wird der Lenker des abgeschleppten Kraftfahrzeugs, das sich während des Abschleppens ebenfalls in Betrieb befindet (§ 7, 92), nicht befördert (vgl. Rdn. 8). Befördert wird von einem Kraftschlitten auch, wer sich auf Skiern von diesem ziehen läßt[16].

IV. Verletzung oder Tötung beförderter Personen

14 Die Haftung des Halters bzw. Fahrers eines Kraftfahrzeugs gegenüber den Insassen dieses Kraftfahrzeugs oder deren Hinterbliebenen aus Gefährdungshaftung (§ 7) oder

---

[12] BGH VersR 1970, 179.

[13] OGH DAR 1951, 24; vgl. auch österr. OGH VR 1933, 40.

[14] RGZ 131, 192; vgl. auch RG JW 1932, 2025 m. Anm. *Lurje*.

[15] A. A. KG JW 1932, 808 LS.

[16] OLG Düsseldorf RdK 1931, 31.

vermutetem Verschulden (§ 18) tritt nur ein, wenn der verletzte oder getötete Insasse nicht nur geschäftsmäßig, sondern auch entgeltlich befördert wurde. § 8 a weicht damit von der Regelung der Genehmigungspflicht nach § 1 PBefG ab. Die Haftung nach StVG gegenüber den Insassen ist davon abhängig, daß die Beförderung bei der Fahrt, auf der sich der Unfall ereignet hat, geschäftsmäßig **und** entgeltlich erfolgt[17]. Mit einem Fahrzeug, das regelmäßig nur zu geschäftsmäßig entgeltlichen Fahrten eingesetzt ist, wie eine Kraftdroschke oder ein Mietomnibus, kann ausnahmsweise eine unentgeltliche Mitnahme ausgeführt werden mit der Folge, daß dem unentgeltlich beförderten Fahrgast gegenüber die Haftung nach § 7 StVG nicht eintritt.

1. Entgeltlichkeit der Beförderung

a) Der **Begriff** der Entgeltlichkeit ist weit auszulegen. Entgeltlich ist daher nicht nur eine Beförderung, bei der entweder der Insasse oder eine andere Person irgendeine Gegenleistung erbringen muß, sondern auch jede Beförderung, die in sonstiger Weise, auch nur mittelbar, dem wirtschaftlichen Interesse des Eigentümers des Kraftfahrzeugs, des Halters, des Fahrers oder desjenigen, der sonst die Beförderung übernommen hat[18], dient, wie dies z. B. bei der Beförderung von Arbeitskräften zum Arbeitsplatz oder von Geschäftspartnern der Fall ist[19]. § 1 Abs. 1 Satz 2 PBefG („Als Entgelt sind auch wirtschaftliche Vorteile anzusehen, die mittelbar für die Wirtschaftlichkeit einer auf diese Weise geförderten Erwerbstätigkeit erstrebt werden") ist entsprechend anzuwenden. Entgeltliche Beförderung liegt mithin vor, wenn ein Handelsvertreter mit seinem Wagen eine Kolonne von Untervertretern an ihren Einsatzort fährt, auch wenn den Untervertretern die Fahrt nicht in Rechnung gestellt wird[20]. 15

b) **Wirtschaftliches Interesse.** Nach BGHZ 80, 303 soll allerdings nicht jede Zahlung oder sonstige Zuwendung die Beförderung zu einer entgeltlichen machen. Der BGH führt zur Begründung aus, Sinn und Zweck des § 8 a lägen darin, die grundsätzliche Haftungsfreistellung gegenüber beförderten Personen nur für die Fälle aufzuheben, in denen die Beförderung einem wirtschaftlichen Interesse des Halters oder Fahrers dient; die Einbeziehung in die Gefährdungshaftung solle gleichermaßen das Äquivalent sein für den – möglicherweise auch nur mittelbar erstrebten – wirtschaftlichen Vorteil. Deshalb liege in Abweichung von dem üblichen Wortsinn des Begriffs „entgeltlich" z. B. keine im Sinne des § 8 a entgeltliche Beförderung vor, wenn dem Halter oder Fahrer ein Zuschuß zu den Betriebskosten gewährt wird oder wenn sich Arbeitskollegen auf ihrem Weg von und zur Arbeitsstelle abwechselnd mit ihren Wagen mitnehmen (sog. **Fahrgemeinschaft**). Auch § 1 Abs. 2 PBefG, wonach solche Beförderungsvorgänge diesem Gesetz nicht unterliegen, bei denen das Entgelt die Betriebskosten nicht übersteigt, wird vom BGH zur Begründung herangezogen. 16

Diese Rechtsprechung vermag jedoch nicht zu überzeugen. Auch wenn man mit dem BGH davon ausgeht, daß der Wegfall der Haftungsbefreiung ein Äquivalent für das wirtschaftliche Interesse des Halters oder Fahrers sein soll, muß man in den Fällen der Fahrtkostenbeteiligung und der Fahrgemeinschaft zur Bejahung einer Gefährdungshaftung gelangen, denn es läßt sich nicht leugnen, daß der Halter oder Fahrer in diesen Fällen ein wirtschaftliches Interesse, nämlich das der Kostenersparnis, verfolgt. In aller Regel kann davon ausgegangen werden, daß der Halter bzw. Fahrer die Einschränkungen, Erschwernisse und Risiken, die in der Mitnahme anderer, ihm persönlich nicht 17

[17] BGHZ 80, 303; **a. A.** *Brenzel* VersR 1960, 580.
[18] BGH NZV 1991, 348.
[19] BGH NJW 1981, 1842.
[20] OLG Düsseldorf VersR 1961, 286.

verbundener Personen liegen (Rücksichtnahme auf vereinbarte Fahrzeiten, Umwege, Haftungsrisiko in zivil- und strafrechtlicher Hinsicht usw.), nur im Hinblick auf diesen wirtschaftlichen Vorteil auf sich nimmt (anders mag es sein, wenn er eine Person aus echter Gefälligkeit mitnimmt und hierfür ein Trinkgeld oder dergleichen annimmt; s. Rdn. 22). Im Hinblick darauf ist es im Gegensatz zum BGH nicht als unbillig anzusehen, wenn der Halter bzw. Fahrer zum Ausgleich für seine Kostenersparnis mit dem Risiko behaftet bleibt, dem Mitgenommenen nicht nur bei Verschulden, sondern auch nach § 7 bzw. § 18 zu haften. Auch aus der Sicht des Verletzten ist die Haftungserweiterung gerechtfertigt, weil er sich die entsprechenden Ansprüche durch den Kostenbeitrag „erkauft" hat. Auf § 1 Abs. 2 PBefG schließlich kann schon deswegen nicht abgestellt werden, weil § 8 a und das PBefG von der Entstehungsgeschichte (s. o.) und der Zwecksetzung her isoliert zu betrachten sind. Die Fälle des Fahrtkostenzuschusses und der Fahrgemeinschaft sind daher als entgeltliche Beförderung im Sinne des § 8 a anzusehen[21].

18 Die Fahrt in einem **Krankentransportwagen** des Roten Kreuzes oder einer anderen Einrichtung ist trotz des caritativen Charakters entgeltlich i. S. d. § 8 a, da sie, wenn sie in Rechnung gestellt wird, der betreffenden Einrichtung auch einen wirtschaftlichen Vorteil bringt[22].

19 c) **Empfänger des Entgelts.** Darauf, ob das Entgelt dem Halter, dem Eigentümer oder dem Fahrer des Kraftfahrzeugs oder dem sonst die Beförderung Besorgenden bezahlt wird und darauf, ob alle diese Personen wissen, daß einem von ihnen ein Entgelt bezahlt wird, kommt es nicht an. Entgeltliche Personenbeförderung kann daher auch auf Schwarzfahrten (§ 7 Abs. 3) durchgeführt werden; denn Zweck der Vorschrift ist es, denjenigen Insassen haftungsmäßig zu bevorzugen, der für die Fahrt eine Gegenleistung erbracht hat oder zu dessen Gunsten sie ein Dritter erbracht hat. Die vom OGH geäußerte und lediglich mit Gesichtspunkten der Billigkeit begründete Ansicht, der Halter hafte nur, wenn er in die Entgeltlichkeit einer Fahrt eingewilligt habe[23], geht ohne ausreichenden Grund an dem Schutzzweck der Norm vorbei. Es geht nicht an, von dem Fahrgast zu fordern, er müsse sich vor der Fahrt vergewissern, wer Halter des Fahrzeugs sei und ob diese Person die Entgeltlichkeit der Fahrt gebilligt habe. Daß die Ansicht des OGH nicht richtig sein kann, ergibt sich schon daraus, daß auch der Fahrer nach dem StVG unabhängig davon haftet, ob er ein Entgelt für die Fahrt erhält, sofern nur die Fahrt für den Beförderten eine entgeltliche war, z. B. weil dieser zwar dem Halter des Fahrzeugs und dem Fahrer nichts bezahlt hat, wohl aber dem Eigentümer des Fahrzeugs. Die Ansicht des OGH[24], daß nur die Haftung desjenigen eintrete, der das Entgelt erhalten habe, ist mit dem Gesetz nicht in Einklang zu bringen.

20 d) **Empfänger mittelbarer wirtschaftlicher Vorteile.** Auch hier (s. Rdn. 16) ist es ohne Bedeutung, ob das wirtschaftliche Interesse an einer Fahrt, für die der Insasse nichts bezahlt, beim Eigentümer, Halter, Fahrer oder dem sonst die Beförderung Durchführenden liegt. Wirtschaftliche Interessen anderer Personen bleiben jedoch ebenso unberücksichtigt, wie persönliche immaterielle Interessen des Eigentümers, Halters oder Fahrers. Wirtschaftliches Interesse an der Beförderung von Hotelgästen hat der Unternehmer des Hotels, an der Beförderung von Fluggästen der Luftverkehrsunternehmer.

---

21 Ebenso OLG Köln NJW 1978, 2556; wie der BGH *Jagusch/Hentschel* 5; *Mädrich* NJW 1982, 861. Zur versicherungsrechtlichen Problematik (Verstoß gegen die Verwendungsklausel des § 2 Nr. 2 a AKB) vgl. *Kuntz* ZfV 1979, 534 und *Mädrich* NJW 1982, 862.

22 **A. A.** zur früheren Gesetzesfassung BGH VRS 13, 18.

23 OGH NJW 1950, 143; vgl. auch OLG Bamberg NJW 1949, 506; ebenso *Weimar* MDR 1966, 207.

24 DAR 1951, 24.

e) **Erbringer des Entgelts.** Ohne Bedeutung ist, wer das Entgelt für die Fahrt bezahlt[25]; entgeltlich ist auch eine Fahrt, die ein Dritter dem Insassen schenkungsweise zuwendet. 21

f) Die **Höhe des Entgelts** ist ohne Bedeutung (vgl. zum Fahrtkostenzuschuß Rdn. 16). Ein bloßes Trinkgeld macht aber, jedenfalls wenn es nicht vor Vereinbarung der Beförderung zugesagt war, die Beförderung nicht zu einer entgeltlichen (ebenso wie Sachleistungen, z. B. Zigaretten, Einladung zum Essen), weil es hier am wirtschaftlichen Interesse (Rdn. 16) fehlt. Unzutreffend daher OGH DAR 1951, 24, wonach es nicht auf den Zeitpunkt der Zusage, sondern auf Art und Höhe des Trinkgelds ankomme. 22

g) **Mitfahrt bei Beförderung von Gütern.** Bezahlt der Beförderte lediglich die Gepäckbeförderung oder die Beförderung von Gütern und fährt er zur Begleitung seiner Sachen selbst – wenn auch „gratis" – mit, so liegt in der Regel entgeltliche Personenbeförderung vor[26]. Das gleiche gilt für die Mitfahrt im Abschleppwagen bei entgeltlichem Abschleppen. 23

2. Geschäftsmäßigkeit der Beförderung

Als geschäftsmäßig ist eine Personenbeförderung dann anzusehen, wenn der Unternehmer beabsichtigt, sie in gleicher Art zu wiederholen und sie dadurch zu einem dauernden oder wenigstens zu einem wiederkehrenden Bestandteil seiner Beschäftigung zu machen[27]. Es wird mithin weder vorausgesetzt, daß die wiederholten Fahrten der Erzielung eines Gewinnes dienen, noch daß sie einen Gewerbebetrieb darstellen oder einem solchen dienen. Schon die erste entgeltliche Fahrt ist geschäftsmäßig, wenn derjenige, der sie durchführt, beabsichtigt, in Zukunft mehrere solche Fahrten auszuführen. Beabsichtigt er nur, eine weitere derartige Fahrt in Zukunft auszuführen, so ist die entgeltliche Fahrt nicht geschäftsmäßig[28]. Nimmt ein Kraftfahrzeughalter häufig Personen in seinem Fahrzeug unentgeltlich mit, so tritt die Haftung nach StVG auch dann nicht ein, wenn er ausnahmsweise einmal hierfür ein Entgelt erhält. 24

Der letzte Satz des Absatzes 1, in dem gesagt wird, daß die Vorschrift auch für **Körperschaften und Anstalten des öffentlichen Rechts** gelte, ist überflüssig, weil dies selbstverständlich ist; dies erkennt auch der Bericht des Rechtsausschusses an[29]. 25

V. Beschädigung beförderter Sachen

1. Inhalt der Regelung

Der Schutz der Gefährdungshaftung bezieht sich grundsätzlich nur auf Sachen außerhalb des Kraftfahrzeugs. Die Beschädigung beförderter Sachen wird nur unter den engen Voraussetzungen des Abs. 1 Satz 2 erfaßt. Beschädigung ist auch der unfallbedingte Verlust, etwa die Unauffindbarkeit eines Schmuckstücks. 26

2. Haftungsvoraussetzungen

a) **Von einem Insassen getragene oder mitgeführte Sache.** Durch das Maßnahmegesetz 1957 wurde der Kreis der beförderten Sachen, bei deren Beschädigung oder Ver- 27

---

[25] BGH NJW 1981, 1842.
[26] OGH NJW 1950, 143.
[27] BGH NJW 1981, 1842; NZV 1991, 349 (auch zur diesbezüglichen Darlegungslast des Verletzten); OLG Celle NZV 1992, 485; OLG Düsseldorf NJW 1961, 837; OLG Frankfurt VersR 1978, 746.
[28] BGH VersR 1969, 161.
[29] BTDrucksache 2700 der 2. Wahlperiode.

nichtung nach dem StVG gehaftet wird, erheblich eingeschränkt; die Merkmale „An-Sich-Tragen" und „Mit-Sich-Führen" wurden neu ins Gesetz eingeführt. Während das erstere keiner Erläuterung bedarf, ist das letztere schwerer abzugrenzen. Gemeint sind nicht nur die Sachen, die der Beförderte selbst nach Ende der Beförderung wegzutragen vermag, sondern alle, die er im Rahmen des für seine persönliche Beförderung geschlossenen Vertrages zu demselben Bestimmungsort befördern läßt, auch wenn ein anderes Fahrzeug oder ein Anhänger als Beförderungsmittel dient. Nicht erfaßt werden dagegen Sachen, die aufgrund eines eigenen Beförderungsvertrags befördert werden (Reisegepäck). In wessen Eigentum die Sachen stehen, ist ohne Belang.

28 b) **Entgeltliche und geschäftsmäßige Beförderung des Insassen:** s. Rdn. 5 ff.

29 c) **Beschädigung während der Beförderung.** Hierzu gehört auch das Ein- und Ausladen sowie das Umladen von einem Fahrzeug in ein anderes. Eine vor dem Verladen nur gegen das Kraftfahrzeug gelehnte Sache wird nicht befördert; wird sie durch das Anfahren des Kraftfahrzeugs zerstört, so wird nicht nach dem StVG gehaftet.

30 d) **Unfall.** Diese Haftungsvoraussetzung (s. § 7, 125 ff) gilt auch hier. Die Haftung nach § 7 greift daher nicht ein, wenn die Sache sonstwie durch die Beförderung (Hitze, Kälte, Erschütterung) verdirbt. Die Erschütterung ist nur dann ein „Unfall", wenn sie auf einer plötzlichen Einwirkung von außen (z. B. Schlagloch) beruht.

VI. Abdingbarkeit

31 Im Gegensatz zur Haftung für Personenschäden kann diejenige für Sachschäden im Beförderungsvertrag beschränkt oder ganz ausgeschlossen werden (Abs. 2). Eine solche Sondervorschrift enthielt z. B. § 18 PostG für den Postreisedienst.

VII. Verhältnis zur Vertragshaftung

32 Bei Bestehen eines Beförderungsvertrages kann der Geschädigte seinen Vertragspartner unabhängig von § 8 a auch aus Vertragsverletzung in Anspruch nehmen (§ 16). Haftungsvoraussetzung ist dann zwar anders als bei der Gefährdungshaftung nach StVG ein Verschulden des Kontrahenten bzw. seines Erfüllungsgehilfen; dem Geschädigten kommt insoweit jedoch eine Beweislastumkehr zustatten (vgl. § 16, 752). Die Vorschrift des Abs. 2 über die Unabdingbarkeit der Haftung nach § 8 a Abs. 1 Satz 1, § 7 gilt für die vertragliche Haftung nicht.

VIII. Beweislast

33 Der Verletzte, der den Halter nach dem StVG in Anspruch nehmen will, hat zu beweisen, daß sich das Ereignis, das seinen Schaden verursacht hat, bei dem Betrieb des Kraftfahrzeugs zugetragen hat, dessen Halter der Inanspruchgenommene ist. Legt der Halter dar, daß der Verletzte bzw. seine Sache von dem Kraftfahrzeug befördert wurde, so entfällt die Haftung aus StVG[30]. Es ist nun Aufgabe des Verletzten zu beweisen, er sei entgeltlich und geschäftsmäßig befördert worden, bei Sachbeschädigung zusätzlich die Voraussetzungen des Abs. 2 Satz 2. Entsprechendes gilt für die Haftung des Führers nach §§ 18, 8 a.

---

[30] RG RdK 1928, 223.

§ 9
Mitverschulden des Verletzten

Hat bei der Entstehung des Schadens ein Verschulden des Verletzten mitgewirkt, so finden die Vorschriften des § 254 des Bürgerlichen Gesetzbuchs mit der Maßgabe Anwendung, daß im Falle der Beschädigung einer Sache das Verschulden desjenigen, welcher die tatsächliche Gewalt über die Sache ausübt, dem Verschulden des Verletzten gleichsteht.

Übersicht

Schrifttum

Aurnhammer Das Problem der Schadensquote, VersR 1974, 1060; *Böhmer* Zum Begriff der tatsächlichen Gewalt über eine beschädigte Sache im Sinne des § 9 StVG, VersR 1961, 582; *Böhmer* Das Verschulden des Fahrers erhöht die Betriebsgefahr, MDR 1965, 878; *Böhmer* Abwägung, wenn den Kraftfahrer kein Verschulden trifft, JR 1966, 92; *Böhmer* Die Schadensverteilung nach dem Maß der Verursachung gilt nicht bei jedem Schadensfall, JR 1973, 51 und MDR 1973, 196; *Danner* Sicherheitsgurt und Mitverschulden, 16. Deutscher Verkehrsgerichtstag (1978) 42; *Finger* Mitwirkendes Verschulden und Haftung für Dritte, JR 1972, 406; *Greger* Mitverschulden und Schadensminderungspflicht – Treu und Glauben im Haftungsrecht? NJW 1985, 1130; *Lepa* Schmerzensgeld, Mitverschulden (1990); *Ludolph* Beweiswert unfallmedizinischer Gutachten nach Verstößen gegen die Anschnallpflicht, NJW 1982, 2595; *Rother* Grenzen des mitwirkenden Verschuldens, NJW 1966, 326; *Rother* Die „vorwiegende Verursachung", VersR 1983, 793; *Schmidt* Kraftfahrzeug gegen Radfahrer, DAR 1968, 281; *Schneider* Zusammentreffen eines Mitverschuldens bei der Entstehung des Schadens und eines solchen bei dessen Niedrighaltung, MDR 1966, 455; *Weimar* Schadensersatzansprüche des Verletzten, der sich aus sittlicher Pflicht in Gefahr begab, VP 1972, 168.

Entstehungsgeschichte

Der Entwurf 1908 enthielt bereits (in § 3) eine dem jetzigen § 9 entsprechende Vorschrift; sie wich in der Fassung nur insofern davon ab, als der Inhalt des jetzigen § 9 in zwei Absätze zerlegt war. Die Begründung sagte dazu:

„Das Bürgerliche Gesetzbuch stellt bei den allgemeinen Vorschriften über den Schadensersatz im § 254 den Grundsatz auf, daß, wenn bei der Entstehung eines Schadens ein Verschulden des Verletzten mitgewirkt hat, die Verpflichtung zum Ersatze sowie der Umfang des zu leistenden Ersatzes von den Umständen, insbesondere davon abhängt, inwieweit der Schaden vorwiegend von dem einen oder dem anderen Teile verursacht worden ist. Diese Bestimmung muß auch gegenüber der besonderen Ersatzpflicht, die der Entwurf einführt, zur Anwendung kommen. Um dies außer Zweifel zu setzen, ist im § 3 Abs. 1 eine entsprechende Vorschrift getroffen."

In der Reichsratsvorlage waren beide Absätze in der aus der jetzigen Fassung des § 9 ersichtlichen Weise zusammengezogen; die Bestimmung wurde, ohne Debatte, angenommen. § 9 ist seit seinem Inkrafttreten unverändert geblieben.

I. Bedeutung der Vorschrift

1 § 9 hat, soweit er auf § 254 BGB verweist, nur klarstellende Bedeutung, denn § 254 BGB enthält einen allgemeinen Rechtsgedanken, der auch ohne ausdrückliche Vorschrift im StVG auf die Gefährdungshaftung des Kraftfahrzeughalters anzuwenden wäre. Dies zeigt sich z. B. darin, daß die Rechtsprechung § 254 BGB auch auf die Ansprüche gegen den Eisenbahnunternehmer aus § 1 RHaftpflG angewendet hat, obwohl diese Vorschrift – im Gegensatz zu § 1 a RHaftpflG – keine Verweisung enthielt[1]. Auch die Begründung zum KFG (vgl. „Entstehungsgeschichte") geht wohl nur von deklaratorischer Bedeutung aus.

[1] Vgl. RGZ 53, 75; BGHZ 2, 355; BGH NJW 1951, 357.

Die eigentliche Bedeutung des § 9 liegt somit darin, daß er im Falle der Beschädigung einer Sache für die nach § 254 BGB vorzunehmende Abwägung das Verschulden desjenigen, welcher die tatsächliche Gewalt über die Sache im Zeitpunkt des Unfalls ausgeübt hat, dem Verschulden des Verletzten gleichstellt. Ein solcher Sachverhalt – gedacht war vor allem an die Beachtlichkeit des Verschuldens des Kutschers eines Pferdefuhrwerks – kommt verhältnismäßig selten vor (Einzelheiten Rdn. 15 ff). Zu beachten ist, daß diese Sondervorschrift (entsprechende Regelungen enthalten § 4 HaftpflG und § 34 LuftVG) nur für Ansprüche gegen den Halter oder Fahrer nach dem StVG gilt, nicht aber für die Haftung aus unerlaubter Handlung[2]. Soweit der Schädiger auch nach den allgemeinen Vorschriften haftet, ist § 254 BGB also unmittelbar und ohne die in § 9 bestimmte Erweiterung anzuwenden[3]. Ein Entlastungsbeweis, wie ihn § 831 BGB kennt, ist in § 9 nicht vorgesehen. 2

Trotz der nur deklaratorischen Bedeutung der Verweisung auf § 254 BGB sollte § 9 in den von ihm erfaßten Fällen zitiert werden, d. h. dann, wenn die Haftung für den bei einem Unfall entstandenen Schaden auf Grund von § 7 oder § 18 StVG den Halter oder Fahrer eines Kraftfahrzeugs trifft, während der Verletzte am Unfall weder als Halter oder Fahrer eines Kraftfahrzeugs noch als Bahnunternehmer (Straßenbahnunternehmer) oder Tierhalter (Tierhüter) beteiligt war. Nur § 254 BGB ist hingegen zu zitieren, wenn keiner der am Unfall Beteiligten als Halter oder Fahrer eines Kraftfahrzeugs am Unfall beteiligt war oder wenn nur der Verletzte, nicht aber der Schädiger, als Halter oder Fahrer eines Kraftfahrzeugs beteiligt war. Waren schließlich sowohl Anspruchsteller als auch Anspruchsgegner als Halter oder Fahrer eines Kraftfahrzeugs oder war der Verletzte als Bahnunternehmer oder Tierhalter beteiligt, so greift § 17 als Sondervorschrift ein (vgl. § 17, 40). Zu beachten ist, daß sich § 9 nur auf die Gefährdungshaftung des Kraftfahrzeughalters (§ 7) und die Haftung des Kraftfahrzeugführers aus vermutetem Verschulden (§ 18) bezieht, also dann nicht angeführt werden darf, wenn den Halter oder Fahrer ein Verschulden und damit eine Haftung aus unerlaubter Handlung trifft[4]. 3

II. Mitverschulden bei der Entstehung des Schadens

1. Die Anwendung des § 254 BGB

Durch die (deklaratorische) Verweisung des § 9 auf § 254 BGB ist klargestellt, daß auch bei Schadensersatzansprüchen nach dem StVG dann, wenn bei der Entstehung des Schadens ein Verschulden des Beschädigten mitgewirkt hat, die Verpflichtung zum Ersatze sowie der Umfang des zu leistenden Ersatzes von den Umständen, insbesondere davon abhängt, inwieweit der Schaden vorwiegend von dem einen oder dem anderen Teil verursacht worden ist. Bei einem dem Schädiger zuzurechnenden Folgeschaden (§ 7, 157 ff), beschränkt sich die Anwendung des § 254 BGB ggf. auf diesen. 4

Die Rechtsprechung hat in erweiternder Anwendung dieses Rechtsgedankens § 254 BGB auf die Fälle ausgedehnt, in denen den Verletzten kein „mitwirkendes Verschulden" trifft, in denen er aber, wäre nicht ihm, sondern einem anderen ein Schaden entstanden, aus Gefährdungshaftung in Anspruch genommen werden könnte, d. h. sie rechnet über den Wortlaut des § 254 BGB hinaus auch eine **„mitwirkende Betriebsgefahr"** an[5]. Für den Anwendungsbereich des § 9 hat diese Erweiterung jedoch kaum 5

2 BGH VersR 1980, 740; 1992, 456.
3 BGH VersR 1965, 523.
4 BGH NJW 1965, 1273.
5 BGHZ 6, 319 = NJW 1952, 1015 m. abl. Anm. *Berchtold*; BGH VRS 5, 163; 5, 251; 6, 1; 9, 4; 9, 93; OLG Oldenburg DAR 1956, 129; OLG München VersR 1961, 1049; s. auch *Palandt/Heinrichs* § 254, 3; *Esser/Schmidt* § 35 I 4; *Larenz* § 31 I b; *Gerhardt* NJW 1954, 139. Gegen diese Rspr. *Böhmer* NJW 1956, 1665; JR 1956, 290; 1958, 254; 1960, 130; 1972, 57; DAR 1957, 146; MDR 1957, 21; 1960, 366; *Venzmer* 93 Fn. 3. A. A. auch die ältere Rspr. (vgl. OLG

Bedeutung, da dann, wenn der Verletzte Kraftfahrzeughalter oder -fahrer, Eisenbahnunternehmer oder Tierhalter ist, die Sondervorschrift des § 17 Abs. 1 Satz 2, Abs. 2 eingreift (zu diesen Fällen vgl. § 17, 40 ff). Ausnahme: Durch den Betrieb eines Kraftfahrzeugs wird ein Fußgänger verletzt; dieser erleidet später bei einem Unfall mit seinem eigenen Kraftfahrzeug infolge der Primärverletzungen weitergehende Schäden; hier muß er sich auf den weitergehenden Schaden die Betriebsgefahr seines Kraftfahrzeugs anrechnen lassen[6]. Zur Frage, ob sich der Eigentümer, der nicht Halter des Kraftfahrzeugs ist, dessen Betriebsgefahr anrechnen lassen muß, s. Rdn. 18.

2. Mitwirkendes Verschulden des Verletzten

6 a) **Begriff des Verschuldens.** Ein Verschulden im Sinne des § 254 BGB liegt stets vor, wenn der Verletzte vorwerfbar gegen Rechtsvorschriften (z. B. der StVO) verstoßen und hierdurch die Entstehung des Schadens mitverursacht hat. Mögen diese Normen auch (primär) dem Schutz der anderen dienen, muß er sich doch seinen Verursachungsanteil auf den eigenen Schaden anrechnen lassen. Darüber hinaus ist ein Mitverschulden aber auch dann zu bejahen, wenn der Verletzte vorwerfbar gegen eine geschriebene oder ungeschriebene Rechtspflicht verstoßen hat, die in erster Linie seinen eigenen Schutz bezweckt (sog. „Verschulden gegen sich selbst“[7]).

7 Beispiele für geschriebene Normen dieser Art sind § 21 a StVO (Gurt- und Helmpflicht) sowie § 14 Abs. 3 Nr. 4 BOKraft (Festhaltepflicht für Fahrgäste). Aber auch aus berufsgenossenschaftlichen Unfallverhütungsvorschriften (z. B. Tragen von Schutzkleidung), Verwaltungsanordnungen, vertraglichen Abmachungen oder vorangegangenem Tun können sich Rechtspflichten ergeben, deren Verletzung zur Anwendung des § 254 Abs. 1 BGB führt. Schließlich kommen zur Begründung eines „Verschuldens gegen sich selbst“ auch ungeschriebene Verhaltensmaßregeln in Betracht, die derart anerkannt sind, daß allgemein mit ihrer Einhaltung gerechnet werden darf[8].

8 Die letztgenannte Fallgruppe kommt vor allem dort zum Tragen, wo sich Schädiger und Geschädigter im Rahmen eines sozialüblichen, mit Schadensrisiken behafteten Kontakts gegenübergetreten sind, also insbesondere im Straßenverkehr oder im Rahmen einer Verkehrssicherungspflicht. Hier hat derjenige, der für die Unfallrisiken etwa eines Kraftfahrzeugs oder eines öffentlichen Wegs einzustehen hat, ein schutzwürdiges Interesse daran, daß andere, die durch ihre Verkehrsteilnahme dieses Risiko aktualisieren, die allgemein anerkannten Maßregeln zur Unfallverhütung beachten. Den Verkehrsteilnehmer trifft also eine aus seiner Sozialbezogenheit herzuleitende Rechtspflicht zum Selbstschutz.

9 Der BGH hat diesen Rechtsgedanken zwar in seiner Entscheidung zur Rechtfertigung der bußgeldbewehrten Gurtpflicht[9] herangezogen, als generelle Grundlage des selbstschädigenden Mitverschuldens ist er in der Rechtsprechung bisher aber nicht herausgearbeitet worden. Dort wird zumeist auf die objektive Seite der Pflichtwidrigkeit überhaupt nicht eingegangen und Mitverschulden rein unter dem Aspekt der Vorwerfbarkeit definiert als Außerachtlassen derjenigen Sorgfalt, die ein verständiger Mensch zur

---

München HRR 1940, Nr. 1021; OLG Neustadt DAR 1951, 98).

[6] OLG Hamm NZV 1995, 282.

[7] RGZ 112, 287; 149, 7; BGHZ 3, 49; 9, 318; 33, 142; 34, 363; 35, 321; 57, 145; 74, 25; BGH DAR 1954, 58; VersR 1958, 379; 1978, 923; 1978, 1070; 1979, 250; 1979, 369; NJW 1970, 946; *Palandt/Heinrichs* § 254, 1; *MünchKomm/Grunsky* § 254, 2; *Lange* § 10 VI 1 e; *Larenz* § 31 I a; a. A.. *Venzmer* 99; *Rother* NJW 1966, 326.

[8] Näher hierzu *Greger* NJW 1985, 1132.

[9] BGHZ 74, 25.

Vermeidung eigenen Schadens anzuwenden pflegt[10]. Zunehmend wird der Mitverschuldensvorwurf auch auf den Gesichtspunkt von Treu und Glauben gestützt[11], was bei der deliktischen Haftungsbegründung systemfremd ist und zu einer unbefriedigenden, weil unberechenbaren Kasuistik führt. Sachgerechte Lösungen lassen sich dagegen erzielen, wenn die Annahme eines „Verschuldens gegen sich selbst" davon abhängig gemacht wird, ob die betreffende Verhaltensmaßregel in einem Maße allgemein anerkannt ist, welches gestatten würde, sie in eine Norm des positiven Rechts (nach Art des § 21 a StVO) zu gießen. Dies würde auch der gelegentlich zu beobachtenden Tendenz der Gerichte entgegensteuern, in zu weitem Umfang eine Mitverantwortlichkeit des Geschädigten zu bejahen.

Nach Vorstehendem kommt es nicht darauf an, ob der Verletzte für sein Verhalten **10**
seinerseits einem anderen haftpflichtig wäre. Dies zeigt sich auch im Bereich der **Staatshaftung**. Handelte der Verletzte nämlich für einen Träger öffentlicher Gewalt, so unterliegen seine Ansprüche ggf. der Kürzung wegen Mitverschuldens, obwohl für den durch ihn verursachten Schaden eines anderen nach Art. 34 GG nicht er, sondern der Träger öffentlicher Gewalt einzustehen hat[12].

b) **Zurechenbarkeit.** Auch Mitverschulden ist nur zurechenbar im Rahmen von Ad- **11**
äquanz[13] und Normzweck[14] (vgl. hierzu § 7, 48 ff). Hat der Geschädigte z. B. eine besondere Schutzvorkehrung unterlassen, die wegen eines gefahrenträchtigen körperlichen Gebrechens geboten war, so führt dies nur dann zu seiner Mitverantwortung, wenn sich gerade die Gefahr verwirklicht hat, die die Pflicht zu der Schutzmaßnahme begründete, nicht aber dann, wenn sich das Fehlen des Schutzes nur wegen eines ganz außergewöhnlichen Geschehensablaufs verhängnisvoll auswirken konnte[15]. Aus demselben rechtlichen Gesichtspunkt kann sich auch der Abschleppunternehmer, der ein verbotswidrig geparktes Kraftfahrzeug beim Abschleppen beschädigt, nicht darauf berufen, der Geschädigte habe den Schaden durch sein falsches Parken mitverschuldet[16]. Wird ein Radfahrer, der trotz vorhandenen Radwegs die Fahrbahn benutzt, durch einen Vorfahrtsverletzer angefahren, so fehlt es ebenfalls am Zurechnungszusammenhang, denn die Pflicht zur Radwegbenutzung dient nicht der Verhütung derartiger Unfälle[17].

c) **Zurechnungsfähigkeit** des Verletzten (vgl. §§ 827, 828 BGB) ist bei der Begrün- **12**
dung eines Mitverschuldens im Sinne des § 254 BGB ebenso erforderlich wie beim Verschulden im Rahmen der Haftungsbegründung[18]; die Erläuterungen zu § 16, 84 ff gelten daher sinngemäß (zur Zurechnung eines Verschuldens des gesetzlichen Vertreters s. Rdn. 23). § 827 Satz 1 BGB schließt z. B. die Anrechnung eines Mitverschuldens des Verletzten aus, wenn seine Unvorsichtigkeit durch den Schock ausgelöst worden war,

---

[10] BGHZ 9, 318; BGH NJW 1965, 1076; 1979, 1368. In diesem Sinn auch *Lepa* 68 f, der „Verschulden" durch „Nachlässigkeit" ersetzt.

[11] BGH NJW 1972, 335; 1980, 1519; 1982, 168; *Lepa* 60. Kritisch hierzu *MünchKomm/Grunsky* § 254, 2; *Esser/Schmidt* § 35 I 2; *Larenz* § 31 I a; *Greger* NJW 1985, 1132.

[12] Vgl. BGH NJW 1959, 985 = JZ 1960, 174 m. Anm. *Schröer*; OLG Köln VersR 1957, 417.

[13] RG JW 1937, 1057; BGHZ 3, 47; BGH NJW 1952, 537; 1957, 217.

[14] BGH VersR 1970, 813; 1978, 1070; 1979, 542; OLG Bamberg VersR 1988, 585.

[15] Im Ergebnis ebenso BGH NJW 1982, 168, allerdings unter Abheben auf Treu und Glauben. Vgl. *Greger* NJW 1985, 1130.

[16] Vgl. BGH VersR 1978, 1070.

[17] OLG Köln NZV 1994, 278.

[18] RGZ 108, 89; 156, 202; OGH NJW 1950, 905; BGHZ 9, 317; 24, 327; BGH VersR 1962, 635; 1962, 811; 1963, 873; KG NZV 1995, 109; OLG München DAR 1953, 114; OLG Celle VersR 1954, 461; OLG Hamm VRS 9, 161 m. zust. Anm. *Goltermann*; OLG Schleswig SchlHA 1957, 97; a. A. *Haberkorn* MDR 1960, 554; *Böhmer* MDR 1962, 778.

den er durch den Unfall erlitten hatte[19]. Die entsprechende Anwendung von § 827 Satz 2 BGB[20] ist geboten, wenn der Verletzte sich in Volltrunkenheit versetzt hat und sich in unzurechnungsfähigem Zustand von einem fahruntüchtigen Fahrer hat befördern lassen[21]. Eine (dem Haftungsrecht an sich unbekannte) „verminderte Schuldfähigkeit" kann sich bei der Abwägung der Haftungsanteile auswirken (vgl. Rdn. 101).

13 Bei **Minderjährigen** im Sinne des § 828 Abs. 2 BGB ist darauf abzustellen, ob der Verletzte die zur Erkenntnis der Gefährlichkeit (für sich selbst) erforderliche Einsicht gehabt hat; diesbezüglich kann die Altersgrenze anders liegen als für die Erkenntnis der Verantwortlichkeit für eine Fremdschädigung, da Gefahren für sich selbst meist früher wahrgenommen werden als Gefahren für andere[22]. Die Erkenntnis des Nutzens von Kinderrückhalteeinrichtungen (§ 21 Abs. 1 a StVO) kann von Kindern grundsätzlich nicht erwartet werden[23]. Der Verkehrsgerichtstag 1991 hat sich dafür ausgesprochen, bei der Haftung nach dem StVG gegenüber Kindern bis zur Vollendung des 10. Lebensjahres den Einwand der Mithaftung de lege ferenda auszuschließen[24].

14 Die **Billigkeitshaftung des Schuldunfähigen** nach § 829 BGB ist auch im Rahmen des § 254 BGB zu beachten[25], dürfte sich allerdings nur in Ausnahmefällen auswirken[26]. Voraussetzung für eine Berücksichtigung der durch den Unzurechnungsfähigen gesetzten Unfallursache ist, daß die Billigkeit die Anrechnung *erfordert*; daß sie die Anrechnung lediglich *rechtfertigt*, genügt nicht[27]. Bei der Gefährdungshaftung nach § 7, die ohnehin auf Höchstbeträge beschränkt ist und im Regelfall von der Pflichtversicherung des Schädigers abgedeckt wird, wird regelmäßig kein Anlaß zur Anwendung von § 829 BGB bestehen[28], auch wenn der Geschädigte sozialversichert ist[29]. Bei späterer Veränderung der wirtschaftlichen Verhältnisse kann unter den Voraussetzungen des § 323 ZPO Abänderungsklage erhoben werden. Möglich ist auch, ein die Ersatzpflicht des Schädigers feststellendes Urteil mit dem Vorbehalt des Einwandes der Mithaftung aufgrund spiegelbildlicher Anwendung des § 829 BGB zu versehen; doch ist hierfür kein Raum, wenn eine grundlegende Veränderung der für die Billigkeitsentscheidung wesentlichen wirtschaftlichen Verhältnisse nach Sachlage nicht zu erwarten ist[30]. Näher zur Billigkeitshaftung § 16, 145 ff.

3. Zurechnung des Verschuldens eines Dritten

15 a) **Inhaber der tatsächlichen Gewalt über die beschädigte Sache.** Nach der in § 9 enthaltenen Sonderregelung wird das Verschulden desjenigen, der zur Zeit des Unfalls die tatsächliche Gewalt über die beschädigte Sache innehatte, dem Verschulden des Verletzten gleichgestellt (vgl. Rdn. 2).

16 aa) **Begriff der tatsächlichen Gewalt.** Die tatsächliche Gewalt üben der Besitzer und der Besitzdiener aus (§§ 854, 855 BGB). Es handelt sich um ein rein tatsächliches Ver-

---

19 BGH VersR 1977, 430.
20 Vgl. BGH VersR 1971, 473.
21 OLG Hamm MDR 1996, 149.
22 OLG Celle NJW 1968, 2146.
23 Gegen eine Mithaftung auch *Etzel* DAR 1994, 304, allerdings unter unzutreffender Berufung auf den Schutzzweck der Norm.
24 S. NZV 1991, 103.
25 BGHZ 37, 102 = VersR 1962, 823 m. Anm. *Böhmer*; BGH VersR 1964, 385; OLG München DAR 1953, 114; OLG Hamm VersR 1954, 418; OLG Celle VersR 1954, 461; OLG Stuttgart VersR 1958, 473; *Palandt/Heinrichs* § 254, 13; *Larenz* § 31 I a; *Lange* § 10 VI 4; a. A. *Böhmer* MDR 1962, 778.
26 *Böhmer* VersR 1962, 778.
27 BGH NJW 1969, 1762; VersR 1973, 925.
28 BGHZ 73, 190; BGH VersR 1982, 441; OLG Karlsruhe VRS 78, 166; KG NZV 1995, 110; a. A. OLG Schleswig SchlHA 1957, 97.
29 BGH NJW 1973, 1795.
30 OLG Karlsruhe VersR 1989, 925; OLG Frankfurt VRS 76, 97.

hältnis; darauf, ob die tatsächliche Gewalt berechtigt oder unberechtigt ausgeübt wird, kommt es nicht an. Auch der Dieb fällt darunter[31]. Das Herrschaftsverhältnis, das eine Einwirkung auf die Sache gestattet, darf nicht nur ganz vorübergehender Natur sein und führt zu den Rechtsfolgen des § 9 nur, wenn es von jedem erkannt werden kann, der darauf achtet[32].

bb) **Beispiele.** Der Eigentümer hat sich das Verschulden dessen anrechnen zu lassen, 17
der sein (des Eigentümers) Pferdefuhrwerk kutschiert, mit seinem Ochsen pflügt, sein Reitpferd reitet, sein Vieh zur Weide treibt, sein Fahrrad fährt, seinen Handwagen auf der Straße schiebt oder seinen Koffer zur Bahn trägt. Ausgenommen sind die Fälle, in denen der Unfall durch typische Tiergefahr mitverursacht wurde; denn diese Fälle regeln sich nach § 17 Abs. 2 (vgl. Rdn. 3). Außerdem fallen alle Fälle unter § 9, in denen ein Fuhrunternehmer, sei es mit Pferdefuhrwerk oder Lastkraftwagen, fremde Waren befördert. Hat der Eigentümer eines Kraftfahrzeugs durch dessen Entwendung seine Halterstellung verloren (vgl. § 7, 276) und wird das Fahrzeug sodann bei einem Unfall beschädigt, so muß sich der Eigentümer, der den anderen Unfallbeteiligten aus Gefährdungshaftung in Anspruch nimmt, das Verschulden des Entwenders anrechnen lassen[33].

Ein neuer Anwendungsbereich für § 9 ergibt sich infolge der zunehmenden Verbrei- 18
tung des **Kraftfahrzeug-Leasing.** Bei dieser Vertragsgestaltung ist der Eigentümer des Fahrzeugs (der Leasinggeber) nicht dessen Halter (vgl. § 7, 262). Er bräuchte sich daher auf seinen Anspruch gegen einen anderen Kraftfahrzeughalter das Mitverschulden des Leasingnehmers (oder des sonstigen Fahrers des Leasingfahrzeugs) nach den allgemeinen Vorschriften nicht anrechnen zu lassen. Über § 9 wird das Verschulden des Inhabers der tatsächlichen Gewalt über das Fahrzeug aber dem Geschädigten zugerechnet[34]. Ob auch hier die mitwirkende Betriebsgefahr dem Mitverschulden gleichsteht (vgl. Rdn. 5), ist streitig. Die besseren Gründe sprechen für diese Gleichstellung[35]. Sie entspricht dem System des StVG (vgl. § 17) und vermeidet, daß der Schädiger dem Leasinggeber zunächst voll haftet und sodann im Wege des Gesamtschuldnerregresses seinen Ausgleich mit dem Leasingnehmer suchen muß[36]. Folge dieser Auffassung ist, daß der Leasinggeber, wenn er vom Halter des anderen Kraftfahrzeugs vollen Schadensersatz aus Gefährdungshaftung begehrt, die Unabwendbarkeit des Unfalls für den Leasingnehmer und seinen Fahrer beweisen muß. Bei deliktischer Haftung gilt dies nicht[37] (vgl. Rdn. 2). Zur Haftung des Leasingnehmers gegenüber dem Leasinggeber s. § 7, 218.

b) **Mitberechtigte.** Können Miteigentümer wegen der Beschädigung von Sachen, die 19
in ihrem gemeinsamen Eigentum stehen, Schadensersatz beanspruchen, dann mindert sich regelmäßig der Schadensersatzanspruch, wenn einem der Miteigentümer ein Mitverschulden bei der Beschädigung zur Last fällt. Die Minderung richtet sich nach dem Verhältnis der Verantwortungsanteile und der Größe des betreffenden Miteigentumsanteils: Bei Miteigentum von 50% und einer Mitverantwortung von 50% ist der Gesamt-

---

31 OLG Hamm NZV 1995, 320.

32 RGZ 77, 209; OLG München SeuffA 64, 483; *Böhmer* VersR 1961, 582.

33 OLG Hamm NZV 1995, 320.

34 Offenbar übersehen in BGH VersR 1983, 657 f; vgl. hierzu OLG Hamm NZV 1995, 234; *Klimke* VersR 1988, 329; *Kunschert* VersR 1988, 13. Wie hier LG Hamburg VersR 1988, 1302.

35 Ebenso LG Hamburg VersR 1986, 583; a. A. LG Hamburg VersR 1988, 1302; *Kunschert* VersR 1988, 14, der jedoch vermutetes Verschulden i. S. d. § 18 genügen lassen will. Im Ergebnis wie hier, jedoch unter erweiternder Auslegung von § 17 Abs. 1 Satz 2 *Schmitz* NJW 1994, 301 f.

36 So BGH VersR 1983, 658.

37 OLG Hamm NZV 1995, 234.

anspruch also um 25% zu kürzen[38]. Dies gilt allerdings nur für den gemeinschaftbezogenen Schaden, den jeder Miteigentümer nach § 1011 BGB insgesamt geltend machen kann; wenn einem Berechtigten wegen des Entzugs der Sache ein besonderer Folgeschaden entsteht, den der andere nicht hat, kommt es auf die individuelle Mitverantwortung an. Bei Beteiligung an einem Sondervermögen (z. B. Stiftung oder Personenhandelsgesellschaft) kann das Mitverschulden über § 31 BGB zugerechnet werden[39].

c) **Hilfspersonen**

20 aa) Nach § 254 Abs. 2 Satz 2 BGB hat der Verletzte auch für das Verschulden seiner **Erfüllungsgehilfen** (§ 278 BGB) einzustehen, und zwar nach der erweiternden Auslegung, welche diese Vorschrift in der Rechtsprechung erfahren hat, auch dann, wenn sich das Verschulden auf die Schadensentstehung (§ 254 Abs. 1 BGB) bezieht[40]. Voraussetzung hierfür ist jedoch nach h. M. das Bestehen einer schuldrechtlichen Sonderbeziehung zwischen Schädiger und Geschädigtem[41]. Im Anwendungsbereich der Gefährdungshaftung nach dem StVG ist eine solche wohl nur im Rahmen der entgeltlichen Personenbeförderung denkbar.

21 bb) Bestand zwischen Schädiger und Geschädigten vor dem Unfall keine schuldrechtliche Verbindung, so kommt nur eine Haftung für **Verrichtungsgehilfen** nach § 831 BGB – mit der dort vorgesehenen Entlastungsmöglichkeit – in Betracht[42] (s. hierzu § 16, 153 ff). Zu beachten ist, daß ein Entlastungsbeweis des geschädigten Halters eines Kraftfahrzeugs für dessen Fahrer nach § 831 BGB in keinem Fall möglich ist, da dann, wenn auch der Geschädigte Kraftfahrzeughalter ist, nicht § 9 i. V. mit § 254 Abs. 1 BGB, sondern § 17 Abs. 1 Satz 2 gilt (Rdn. 3) und der Halter sich die durch das Verschulden seines Fahrers erhöhte Betriebsgefahr anrechnen lassen muß[43].

22 Gegenüber dem Insassen seines Kraftfahrzeugs ist der Fahrer in der Regel nicht Verrichtungsgehilfe, so daß sein Verschulden dem Insassen nicht anzurechnen ist. Etwas anderes kann gelten, wenn der Insasse ein weisungsberechtigter Vorgesetzter des Fahrers ist. Allerdings muß die Weisungsgebundenheit auch bei der konkreten Fahrt bestanden haben. Hat z. B. der Fahrer seinen Chef nur gelegentlich einer von ihm ohnehin durchgeführten Fahrt mitgenommen, so wird er nicht als Verrichtungsgehilfe anzusehen sein; daß er den anderen nur wegen des bestehenden Arbeitsverhältnisses mitgenommen hat, steht dem nicht entgegen[44].

23 d) **Gesetzliche Vertreter.** Die Zurechenbarkeit eines Verschuldens des gesetzlichen Vertreters ist ebenfalls in § 278 BGB geregelt, so daß das in Rdn. 20 Ausgeführte entsprechend gilt. Dies bedeutet, daß das Verschulden des gesetzlichen Vertreters dann außer Betracht zu bleiben hat, wenn vor dem Unfall keine Rechtsbeziehungen zwischen dem Schädiger und dem Verletzten bestanden und wenn sich das Verschulden nur auf die Entstehung des Schadens bezieht[45]. Der Fall einer bereits vor dem Unfall bestehen-

[38] BGH VersR 1992, 455.

[39] BGHZ 68, 151.

[40] RGZ 62, 106; 140, 7; BGHZ 1, 249; ebenso *Palandt/Heinrichs* § 254 60; *Staudinger/Medicus* § 254, 76; *Larenz* § 31 I d; a. A. *Esser/Schmidt* § 35 III 1.

[41] RGZ 62, 346; 75, 257; 164, 269; BGHZ 1, 248; 3, 46; 5, 378; 24, 325; 73, 192; BGH VersR 1962, 783; 1967, 385; 1975, 133; 1980, 740; *Palandt/Heinrichs* § 254, 60; a. A. *Larenz* § 31 I d; *Deutsch* § 20 I 2.

[42] RGZ 75, 258; 77, 212; 79, 319; 142, 362; BGHZ 1, 249; 3, 49; BGH VersR 1975, 133; *Palandt/Heinrichs* § 254, 61; *Böhmer* NJW 1961, 62.

[43] BGHZ 12, 124; BGH VersR 1959, 729; 1965, 712; 1979, 542.

[44] BGH VersR 1978, 868.

[45] BGHZ 1, 248; 9, 319; 73, 192; BGH NJW 1952, 1050 m. Anm. *Breetzke*; VersR 1957, 587; 1959, 1009; 1962, 783; 1980, 938; OLG Neustadt DAR 1951, 98; OLG Düsseldorf MDR 1959, 37.

den Sonderrechtsbeziehung ist im Bereich des § 9 vor allem bei entgeltlicher Beförderung im Kraftfahrzeug gegeben. Trifft z. B. die Eltern des verletzten Kindes an einem Schaden im Rahmen solcher Beförderung ein Mitverschulden, etwa wegen mangelnder Beaufsichtigung, so muß sich das Kind dies anrechnen lassen[46]. Es kann der ihm ungünstigen Anwendung des § 278 BGB auch nicht etwa dadurch entgehen, daß es seine Ansprüche lediglich auf § 7 StVG, § 1 HaftpflG oder § 823 BGB stützt[47]. Ein vertragsähnliches Verhältnis zwischen dem Kind und dem Beförderer, das zur Anwendung des § 278 BGB zwingt, besteht auch dann, wenn die Eltern lediglich einen Beförderungsvertrag zugunsten des Kindes (als eines Dritten) abgeschlossen haben.

Das Verschulden des gesetzlichen Vertreters kann aber dem Vertretenen nur dann entgegengehalten werden, wenn die Handlung oder Unterlassung des gesetzlichen Vertreters gerade **in Ausübung der gesetzlichen Vertretung** in bezug auf das Mitverschulden des Vertretenen geschah[48], also z. B. nicht, wenn Eltern eine eigene Obhutspflicht gegenüber dem Kind verletzen und es durch das hinzutretende Verschulden eines Dritten verunglückt[49]. In diesem Fall sind gesetzlicher Vertreter und Dritter Nebentäter, die dem Kind gesamtschuldnerisch haften[50], soweit nicht die Grundsätze des BGH über die Zurechnungseinheit (Rdn. 117) zum Tragen kommen. 24

Da die gesetzliche Vertretung von beiden Elternteilen gemeinschaftlich wahrzunehmen ist, hat ein vom Vater oder von der Mutter allein geschlossener Beförderungsvertrag an sich nur dann Wirkung zum Vorteil oder Nachteil des Kindes, wenn der andere Elternteil zugestimmt hatte; nach der Erfahrung des Lebens kann aber eine solche Zustimmung allgemein als erteilt gelten, so daß sich das Kind Nachlässigkeiten eines Elternteils bei der Beförderung als Mitverschulden anrechnen lassen muß. Allerdings erstreckt sich die allgemein von dem anderen Elternteil erteilte Ermächtigung nicht auf eine Fahrt, die dem Zweck dient, das Kind zu entführen und dem anderen Elternteil vorzuenthalten (einen solchen Fall betrifft BGH VersR 1955, 342). 25

Das Verschulden **anderer Aufsichtspersonen** ist dem Verletzten (unter den Voraussetzungen von Rdn. 23) dann zuzurechnen, wenn diese mit Willen des gesetzlichen Vertreters tätig geworden sind; auf ein etwaiges Auswahlverschulden kommt es nicht an[51]. 26

c) **Mittelbare Schädigung.** Nach § 846 BGB müssen sich Personen, die, obwohl nicht in eigenen Rechtsgütern betroffen, nach §§ 844, 845 BGB ausnahmsweise einen Ersatzanspruch gegen den Schädiger haben (insbesondere die Hinterbliebenen im Falle der Tötung), ein Mitverschulden des unmittelbar Geschädigten zurechnen lassen. Dies gilt, trotz Fehlens einer entsprechenden gesetzlichen Regelung, auch für die Ansprüche Dritter nach §§ 10, 11, 13[52]. Ein Eigenverschulden (etwa mangelhafte Aufsicht) müssen sie sich ohnehin entgegenhalten lassen[53]. Trifft ein solches mit einer Mithaftung des unmittelbar Geschädigten zusammen, so mindert sich der Ersatzanspruch um beide Anteile[54]. 27

Auf den Fall der mittelbaren Schädigung Dritter **an eigenen Rechtsgütern** (z. B. bei gesundheitsschädigendem Schock wegen des Unfalls eines Angehörigen; vgl. § 7, 165) ist § 846 BGB nicht, auch nicht entsprechend, anwendbar[55]. Der BGH gelangt jedoch zum gleichen Ergebnis, indem er das Mitverschulden des Erstgeschädigten dem mittelbar Geschädigten nach § 242 BGB mit der Begründung zurechnet, die psychisch vermittelte Schädigung beruhe nur auf einer besonderen persönlichen Bindung an den unmit- 28

---

46 BGHZ 9, 319.
47 BGHZ 9, 319; 24, 325.
48 BGH VersR 1955, 342; *Böhmer* JZ 1955, 699; MDR 1956, 401; **a. A.** *Staks* JZ 1955, 606.
49 OLG Hamm RuS 1995, 455.
50 BGH VersR 1955, 344.
51 BGHZ 24, 328.
52 BGH NJW 1961, 1966.
53 OLG Düsseldorf MDR 1959, 37.
54 OLG Köln VersR 1992, 894.
55 BGHZ 56, 163; **a. A.** RGZ 157, 13.

telbar Verletzten[56]. Dem ist nicht zuzustimmen. Abgesehen von der fragwürdigen Begründung (die zudem versagt, wenn die mittelbare Schädigung nicht auf der Verletzung eines nahen Angehörigen beruht; vgl. § 7, 165), erscheint das gewonnene Ergebnis auch nicht als Gebot der Billigkeit[57]. Der mittelbar Geschädigte hat, da in eigenen, durch das Haftpflichtrecht geschützten Rechten verletzt, einen eigenen, vom Anspruch des Erstgeschädigten unabhängigen Anspruch gegen den Schädiger. Er braucht sich hierauf mangels einer Zurechnungsnorm ein Drittverschulden (hier: des Erstgeschädigten) ebensowenig anrechnen zu lassen wie das verletzte Kind für ein Mitverschulden seiner Eltern einzustehen hat[58] (Rdn. 23). Etwas anderes gilt nur, wenn Eltern, die aus Erschütterung über den Tod ihres Kindes einen Gesundheitsschaden erlitten haben, an dem Unfall wegen Verletzung ihrer Aufsichtspflicht (§ 16, 174 ff) mitschuldig sind; hier handelt es sich aber um die Anrechnung eigenen Mitverschuldens.

4. Einzelfälle

29 a) Wann ein **Mitverschulden infolge eines Verkehrsverstoßes** vorliegt, ergibt sich aus den Vorschriften der StVO und der StVZO sowie aus den allgemeinen Verkehrspflichten. Es kann daher auf die Erläuterungen hierzu in § 16, 217 ff sowie im Anh. zu § 16 verwiesen werden. Rechtsprechungsnachweise zur Abwägung der Haftungsanteile finden sich in § 17, 66 ff; § 16, 294 ff u. 679 f. Im folgenden werden lediglich einige besonders typische Fälle eines Mitverschuldens durch Verkehrsverstoß behandelt.

30 **Alkoholeinfluß** beim Verletzten führt nicht in jedem Falle zu einer Mitverantwortung für den Schaden. Erforderlich ist vielmehr auch hier die Feststellung einer Kausalität zwischen der Trunkenheit und dem Unfall. Der Schädiger muß also beweisen, daß die Alkoholbeeinträchtigung sich auf den Unfall ausgewirkt hat[59]. Daß der Verletzte in seinem Zustand gar nicht am Verkehr hätte teilnehmen dürfen, genügt hierbei nicht. Entscheidend ist, ob ihm hinsichtlich des konkreten Unfallablaufs ein alkoholbedingtes Fehlverhalten anzulasten ist.

31 Ein Mitverschuldensvorwurf trifft in der Regel den **Radfahrer**, der entgegen § 2 Abs. 4 Satz 2 StVO einen vorhandenen Radweg nicht benutzt[60]. Zum Zurechnungszusammenhang zwischen dem Verstoß und einem Unfall s. aber Rdn. 11.

32 Bei **Fußgängern** ergibt sich ein Mitverschulden häufig daraus, daß sie an ungeeigneter Stelle die Fahrbahn zu überqueren versuchen[61].

33 b) **Unterlassene Gefahrenabwehr durch Mitfahrer**. Einem Mitfahrer kann grundsätzlich nicht vorgeworfen werden, er habe sich darum kümmern müssen, ob der Fahrer den Anforderungen der Verkehrslage Rechnung trägt; für die Führung des Kraftfahrzeugs trägt vielmehr im Grundsatz allein der Fahrer die Verantwortung[62]. Es kann daher von einem Fahrgast z. B. im allgemeinen nicht verlangt werden, den Fahrer zu langsamerem Fahren, zum Absehen von einem Überholvorgang oder dergleichen aufzufordern bzw. bei riskantem Fahrstil des Fahrers sein Fahrzeug zu verlassen.

34 Eine Ausnahme von diesem Grundsatz ergibt sich jedoch in den Fällen der **Selbstgefährdung**, d. h. wenn der Fahrgast weiß oder bei Anwendung der gebotenen Sorgfalt

---

[56] BGHZ 56, 163.

[57] OLG Hamm VersR 1982, 557 hat daher – allerdings unter Berufung auf besonders krasse Umstände des Einzelfalles – eine Anrechnung abgelehnt.

[58] Ablehnend bzw. kritisch gegenüber BGHZ 56, 163 auch *Deubner* JuS 1971, 622; *Selb* JZ 1972, 122; *Schünemann* VersR 1978, 116. Wie der BGH *Palandt/Thomas* § 846, 2; *Lange* § 10 XI 5 c.

[59] OLG Schleswig VersR 1975, 290.

[60] OLGR Hamm 1994, 175; vgl. auch § 16, 241 sowie *Bouska* NZV 1991, 132, der – zu weit gehend – bei Verstößen im innerörtlichen Bereich von einem Mitverschuldensvorwurf absehen will.

[61] Vgl. § 16, 255. Vgl. im übrigen den Rechtsprechungsnachweis bei *Greger* NZV 1990, 413 ff.

[62] BGHZ 35, 320.

hätte erkennen können (wegen des Maßstabs des zum Selbstschutz Gebotenen s. Rdn. 6 ff), daß er sich durch den Antritt der Fahrt bzw. deren Fortsetzung in erhebliche, naheliegende Gefahr begibt.

Dies ist insbesondere der Fall, wenn der Mitfahrer weiß, daß der Fahrer **alkoholbedingt fahruntüchtig** ist oder wenn sich ihm Zweifel an dessen Fahrtüchtigkeit nach den Umständen aufdrängen mußten[63]. Allein die Kenntnis, daß der Fahrer alkoholische Getränke zu sich genommen hatte, reicht hierbei nicht[64]; dies gilt auch, wenn die Fahrt erst spät in der Nacht begann[65] oder wenn der Fahrer, nach Alkohol riechend, aus einer Diskothek kam[66]. Alkoholgeruch allein ist kein Umstand, der den Schluß auf Fahruntüchtigkeit aufdrängt[67]. Nur wenn der Fahrgast weiß, daß der Fahrer erhebliche Mengen Alkohol zu sich genommen hat, oder wenn Ausfallserscheinungen wahrzunehmen sind, ist eine Mitverantwortung zu bejahen und – soweit möglich – auch ein Abbruch der Mitfahrt zu verlangen[68]. Eigene Trunkenheit des Mitfahrers entlastet diesen grundsätzlich nicht, auch nicht jugendliches Alter[69]. Nach BGH NJW 1985, 2534 ist er auch bei einer Blutalkoholkonzentration von 1,89‰ noch in der Lage, die Fahruntüchtigkeit des Fahrers zu erkennen. Bei Volltrunkenheit ist § 827 Satz 2 BGB entsprechend anzuwenden (vgl. Rdn. 12). 35

Hat der Mitfahrer erkannt oder hätte er erkennen müssen, daß der Fahrer **übermüdet** ist und die Gefahr des Einschlafens naheliegt, so muß er ebenfalls Konsequenzen ziehen[70]. Allerdings kann von ihm nicht verlangt werden, bei einer nächtlichen Fahrt nach mäßigem Alkoholgenuß selbst wachzubleiben, um den Fahrer am Einschlafen hindern zu können[71]. 36

Weiß der Mitfahrer, daß der Fahrer **keine Fahrerlaubnis** hat, so gereicht ihm dies nur dann zum Verschulden, wenn sich ihm infolge zusätzlicher Umstände (z. B. Fehlen jeglicher Fahrpraxis, jugendliches Alter, gravierende Charaktermängel) die gesteigerte Selbstgefährdung aufdrängen mußte. 37

Entsprechendes gilt bei **technischen Mängeln** des Fahrzeugs; nur wenn sie die Gefährlichkeit der Fahrt, dem Mitfahrer ohne weiteres erkennbar, erheblich erhöhen, ist ein anrechenbares Mitverschulden zu bejahen. OLG Celle[72] hat dies bei Mitfahrt auf dem Rücksitz eines PKW bei ausgebautem Vordersitz jedenfalls nach den im Jahre 1975 herrschenden Anschauungen verneint. 38

Das **Verbleiben in einem verunglückten Fahrzeug** kann, insbesondere auf nächtlicher Autobahn, ein erhebliches Mitverschulden hinsichtlich der bei einem Folgeunfall erlittenen Verletzungen begründen[73]. 39

c) **Gefahrerhöhung durch Mitfahrer.** Hat der Mitfahrer den Fahrer selbst zu riskantem Fahren angehalten, etwa zu besonderer Eile getrieben, so trifft ihn, bei Ursächlichkeit für den Unfall, eine Mitverantwortung. Das gleiche gilt, wenn er den Fahrer erschreckt, irritiert (z. B. durch Nachahmen eines Martinshorns), vorsätzlich oder fahrlässig falsch informiert (z. B. „rechts frei“), ablenkt (z. B. durch Neckereien während der Fahrt[74]) oder ihm ins Steuer greift. Reine Schreckreaktionen (z. B. Aufschrei bei plötzlicher Gefahr, der den Fahrer zu Fehlreaktion veranlaßt) können ihm allerdings nicht angelastet werden. 40

d) **Nichttragen des Schutzhelms.** Nach § 21 a Abs. 2 StVO haben die Führer von Krafträdern und ihre Beifahrer während der Fahrt Schutzhelme zu tragen[75]. Für Verletzungen, die durch Verstoß gegen diese Vorschrift verursacht werden, sind sie mitverant- 41

---

63 BGHZ 34, 355; BGH VersR 1961, 427; 1971, 473; 1979, 938; OLG Saarbrücken VersR 1961, 928.
64 BGH VersR 1970, 624; OLG Koblenz NZV 1992, 278.
65 BGH VersR 1979, 938.
66 OLG Frankfurt VersR 1987, 1142.
67 OLG Frankfurt NZV 1989, 112.
68 Vgl. KG DAR 1989, 305.
69 OLG Schleswig NZV 1995, 357.
70 BGH VersR 1961, 518.
71 BGH VersR 1979, 938; strenger OLG Düsseldorf VersR 1968, 852.
72 VersR 1981, 81.
73 AG Wiesbaden NZV 1995, 492.
74 Beispiel: OLG Hamm NZV 1995, 481.
75 Zur Verfassungsmäßigkeit der Vorschrift BVerfG VM 1982, Nr. 94.

wortlich. Dies kann insoweit zu einer Kürzung des Schadensersatzanspruchs führen, die je nach Verursachungsbeitrag und Verschuldensgrad des Ersatzpflichtigen von 20% bis 100% gehen kann.

42 Für **Kleinkrafträder** mit einer durch die Bauart bestimmten Höchstgeschwindigkeit von nicht mehr als 40 km/h (Mopeds) wurde die Helmpflicht erst durch Verordnung vom 24. Mai 1978[76] in § 21 a Abs. 2 StVO eingefügt (in Kraft getreten am 27. 7. 1978). Da nicht mit ausreichender Sicherheit festgestellt werden könne, daß es schon vor dem Inkrafttreten dieser Vorschrift allgemeiner Überzeugung der Mopedfahrer entsprochen hätte, zum eigenen Schutz mit Schutzhelm zu fahren, will der BGH für Unfälle vor diesem Zeitpunkt ein Mitverschulden entfallen lassen[77]. Der Ansicht des BGH wird zu folgen sein, da sich andernfalls keine zeitliche Grenze für die Begründung von Mitverschulden durch Nichttragen des Schutzhelms festsetzen ließe.

43 Für **Mofas** (§ 4 Abs. 1 Satz 2 Nr. 1 StVZO) wurde die Helmpflicht zum 1. 10. 1985 eingeführt[78]. Für Unfälle vor diesem Zeitpunkt gilt das in Rdn. 42 Gesagte entsprechend[79]. Zum „auffrisierten" Mofa s. LG München II VersR 1986, 375.

44 Für **Radfahrer** besteht keine gesetzliche Helmpflicht. Es entspricht auch (noch) nicht allgemeiner Überzeugung, daß für diese Verkehrsteilnehmer das Tragen eines Schutzhelms geboten ist[80]. Eine Mitverantwortung aus diesem Gesichtspunkt ist daher abzulehnen.

45 **Unzumutbarkeit** der Helmbenutzung – mit der Folge, daß eine vorwerfbare Selbstgefährdung ausscheidet – kann nur bei Vorliegen besonderer, insbesondere körperlicher oder gesundheitlicher Gründe bejaht werden. Brillenträger sind nicht von der Helmpflicht befreit, wenn mit Hilfe einer sogenannten Sportbrille zumutbare Abhilfe möglich ist[81].

46 Zur **Art des Schutzhelms** ist in § 21 a Abs. 2 StVO zwar vorgeschrieben, daß er amtlich genehmigt, d. h. mit Prüfzeichen versehen sein muß. Soweit nicht ohnehin die Ausnahmeverordnung vom 19. 3. 1990[82] i. V. mit der Verordnung vom 22. 12. 1992[83] eingreift, hat das Tragen eines anderen Helms zivilrechtlich jedoch nur Bedeutung, wenn die Verletzung mit vorschriftsmäßigem Helm nicht oder nicht in dieser Schwere eingetreten wäre.

47 Für den **Beweis der Kausalität** gelten auch hier die Regeln des sog. Anscheinsbeweises (vgl. § 16, 362 ff). Erleidet ein Kraftradfahrer bei einem Unfall Kopfverletzungen, vor denen der Helm allgemein schützen soll, so ist nach diesen Regeln die Kausalität der unterlassenen Helmbenutzung zu bejahen[84].

48 e) **Nichtanlegen des Sicherheitsgurts.** § 21 a Abs. 1 StVO schreibt (mit bestimmten Ausnahmen) das Anlegen der für das betreffende Fahrzeug vorgeschriebenen (Rdn. 53 ff) Sicherheitsgurte vor. Das durch diese – entgegen verschiedenen Angriffen[85] nicht verfassungswidrige – Vorschrift angeordnete Verhalten entspricht nach

---

76 BGBl. I S. 636.
77 BGH VersR 1979, 369; 1979, 1104; a. A. OLG München NJW 1978, 324 = JR 1978, 200 m. Anm. *Schlund*; vgl. auch BGH NJW 1969, 1898.
78 BGBl. I S. 500.
79 Vgl. OLG Schleswig NZV 1991, 233.
80 OLG Nürnberg NZV 1991, 230.
81 VGH VersR 1983, 440.
82 BGBl. I S. 555.
83 BGBl. I S. 2481.
84 BGH VersR 1983, 440.
85 AG Albstadt NJW 1985, 927; *Jagusch* NJW 1976, 135; 1977, 940; *Geiger* DAR 1976, 324; *Dehner/Jahn* JuS 1988, 30 ff; wie hier EKMR EurGRZ 1980, 170; BVerfG (Vorprügungsausschuß) 1 BvR 37/76 v. 25. 5. 1976 u. 1 BvR 365/76 v. 31. 1. 1977 sowie NJW 1987, 180; BGHZ 74, 25; BGH VersR 1980, 824; 1981, 57; OLG München VersR 1979, 1157; OLG Hamm NJW 1985, 1790; OLG Stuttgart NJW 1985, 3085; *Jagusch/Hentschel* § 21 a StVO 5; *Schlund* DAR 1976, 61.

heutigen Erkenntnissen[86] dem wohlverstandenen Interesse jedes Kraftfahrers und Beifahrers, so daß der Verstoß hiergegen als Verschulden gegen sich selbst zu werten ist mit der Folge einer zumindest anteiligen Mithaftung des Geschädigten für die Verletzungen, die durch den Gurt vermieden worden wären[87]. Es handelt sich um ein Mitverschulden bei der Entstehung des Schadens (§ 254 Abs. 1 BGB), nicht um ein solches nach § 254 Abs. 2 BGB, weil es um die Entstehung einzelner Verletzungen geht[88].

Auch dem **Insassen des eigenen Kraftfahrzeugs** kann der in Anspruch genommene **49**
Halter oder Fahrer den Mitverschuldenseinwand wegen Nichtanlegens des Gurtes entgegenhalten. Daß sich der Fahrer selbst nicht angeschnallt hat, steht dem nicht entgegen[89]; lediglich wenn er den Fahrgast dazu veranlaßt hatte, den Gurt nicht zu benutzen, oder wenn ihn ausnahmsweise eine besondere Fürsorgepflicht trifft (Anh. § 16, 170), kann etwas anderes gelten.

Ausnahmen von der Gurtanlegepflicht kommen nur in den in § 21 a Abs. 1 Satz 2 **50**
StVO ausdrücklich geregelten Fällen sowie dann in Betracht, wenn eine Ausnahmegenehmigung nach § 46 Abs. 1 Satz 1 Nr. 5 b StVO erteilt wurde oder auf Antrag erteilt worden wäre; dies ist nur bei Gefahr ernsthafter Gesundheitsschäden, denen auf anderem Wege nicht vorgebeugt werden kann, der Fall[90]. Die Ausnahme für **Taxifahrer** (§ 21 Abs. 1 Satz 2 Nr. 1 StVO) gilt nicht für längere Leerfahrten[91], die Ausnahme für **Lieferanten** (aaO Nr. 2) nur für langsame Fahrten über kürzeste Entfernungen[92]. Fahrten in **Schrittgeschwindigkeit** (aaO Nr. 3) sind nur ausgenommen, wenn es sich um Fahrvorgänge handelt, die ähnlich ungefährlich sind wie die dort beispielhaft genannten[93], also nicht im „Stop and Go"-Verkehr[94]. Die nach der früheren Nr. 4 bestehende Ausnahmeregelung für **Kinder** bis 12 Jahre auf hinteren Sitzen[95] wurde mit Wirkung vom 1. 4. 1993 ersetzt durch die verschärften Vorschriften über Kinderrückhalteeinrichtungen in § 21 Abs. 1 a StVO[96]. Generelle Ausnahmen für Jugendliche[97], Fahrlehrer[98] oder Frauen bestehen nicht[99]. Auch bei Schwangeren bringt der Gurt wesentlich mehr Vorteile als Gefahren[100]. Geringfügige subjektive Beschwerden rechtfertigen es nicht, von der Benutzung abzusehen[101]. **Vergessen** infolge Erregung kann das Unterlassen des Anschnallens allenfalls in extremen Ausnahmesituationen entschuldigen. Dagegen trifft den Beifahrer kein Mitverschulden, wenn er infolge **Alkoholisierung** vor dem Angurten einschläft; hier handelt der Fahrer schuldhaft, wenn er trotz fehlender Sicherung des Schlafenden losfährt.[102]. – Ein **Airbag** ersetzt den Sicherheitsgurt nicht[103].

---

[86] Vgl. hierzu BGHZ 74, 25; *Danner* VGT 1976, 35 ff u. 1978, 42 ff; *Händel* NJW 1978, 1243.

[87] BGHZ 74, 25; BGH VersR 1979, 532; 1980, 824; 1981, 57; OLG Braunschweig VersR 1977, 477; 1978, 627; OLG München VersR 1979, 1157; 16. VGT (1978) 7; *Jagusch/Hentschel* § 21 a StVO 9.

[88] BGHZ 74, 36; BGH VersR 1981, 57; **a. A.** OLG Braunschweig VersR 1977, 477; 1978, 627.

[89] Offengelassen von BGH VersR 1979, 532.

[90] BGHZ 119, 268 = NZV 1993, 23.

[91] So seit der Änderungsverordnung v. 22. 3. 1988 (BGBl. I S. 405) ausdrücklich § 21 a Abs. 1 Satz 2 Nr. 1 StVO; zum früheren Recht ebenso BGHZ 83, 71; *Rüth/Berr/Berz* § 21 a StVO 4; *Mindorf* DAR 1985, 283; **a. A.** für das Ordnungswidrigkeitenrecht OLG Celle DAR 1988, 140; OLG Hamm VersR 1988, 174.

[92] Vgl. Begründung zur VO v. 27. November 1975, VkBl. 1975, 675; OLG Zweibrücken DAR 1989, 349; OLG Düsseldorf NZV 1992, 40.

[93] Vgl. OLG Stuttgart VM 1986, 24.

[94] OLG Celle VRS 72, 211.

[95] Krit. hierzu *Notthoff* DAR 1992, 292.

[96] Näher *Hentschel* NJW 1993, 711 u. Anh. § 16, 171.

[97] OLG Celle VersR 1983, 463 LS.

[98] OLG Hamm VM 1986, 31.

[99] BGH VersR 1981, 548.

[100] Vgl. *Sefrin* Deutsches Ärzteblatt 1983, 44.

[101] OLG Frankfurt VersR 1987, 823.

[102] OLG Frankfurt FamRZ 1987, 384.

[103] OLG Celle NZV 1990, 81.

51 Im **stehenden Fahrzeug** besteht nach dem Wortlaut des § 21 a Abs. 1 Satz 1 StVO („während der Fahrt“) keine Anschnallpflicht[104]. Es bestehen aber vom Schutzzweck der Vorschrift her Bedenken gegen eine zu enge Auslegung, die auch kurze, verkehrsbedingte Fahrtunterbrechungen ausnimmt[105]. Generell ausgenommen von § 21 a StVO ist lediglich der ruhende Verkehr. Der in einem parkenden Auto sitzende oder Startversuche in seinem liegengebliebenen Fahrzeug vornehmende Fahrer[106] wird von der Vorschrift daher nicht erfaßt. Gleichwohl kann in besonders gefährlichen Verkehrssituationen die allgemeine Pflicht zur Schadensverhütung ein Anlegen der Gurte gebieten.

52 Das **nicht ordnungsgemäße Anlegen** der Gurte steht dem Nichtanlegen gleich[107], ebenso das Fahren mit defektem Gurt[108].

53 Für **Unfälle vor Inkrafttreten des § 21 a Abs. 1 StVO** (1. Januar 1976) entfällt nach der Rechtsprechung des BGH der Mitverschuldenseinwand gegen den nicht angeschnallten Fahrer oder Beifahrer, weil sich angesichts der jahrelangen Diskussion um die Anschnallpflicht nicht mit der erforderlichen Sicherheit feststellen lasse, daß sich schon vor ihrer Normierung in der StVO die Kraftfahrer allgemein der Erforderlichkeit des Anschnallens bewußt gewesen wären[109]. Diese Auffassung ist zwar nicht unanfechtbar, weil mehr dafür spricht, daß der Verordnungsgeber mit § 21 a Abs. 1 StVO den Bewußtseinswandel in den betroffenen Kreisen weniger bewirkt als vielmehr nachvollzogen hat (so war z. B. bereits seit 1. Januar 1974 die Ausrüstung mit Gurten für neu in den Verkehr kommende Kraftfahrzeuge durch § 35 a Abs. 7 StVZO vorgeschrieben); im Interesse der Rechtssicherheit und Praktikabilität ist aber, da sich eine andere zeitliche Grenze kaum ziehen lassen wird, der Bestimmung des 1. Januar 1976 zum Stichtag für den Mitverschuldenseinwand zuzustimmen.

54 Für **Altfahrzeuge**, d. h. solche, die vor dem 1. April 1970 in den Verkehr gekommen sind, besteht kein gesetzlicher Zwang zur Nachrüstung mit Sicherheitsgurten; Fahrzeuge, die zwischen 1. April 1970 und 31. Dezember 1973 erstmals in den Verkehr gekommen sind, mußten bis zur nächsten Hauptuntersuchung nach dem 1. Januar 1976, spätestens bis 1. Januar 1978 nachgerüstet werden (§ 35 a Abs. 7 i. V. m. § 72 Abs. 2 StVZO). Zur Ausnahmeregelung für ehemalige **DDR-Fahrzeuge** s. *Hentschel*, NJW 1990, 1455. – Da § 21 a Abs. 1 StVO nur bei **vorgeschriebenen** Gurten gilt, besteht bzw. bestand für den Benutzer von Fahrzeugen, die unter die genannten Befreiungen fallen, auch dann keine gesetzliche Anschnallpflicht, wenn die Fahrzeuge **freiwillig** mit Gurten ausgerüstet wurden[110]. Gleichwohl sollte ein Mitverschulden in solchen Fällen bejaht werden[111]. Die Vorschrift des § 72 Abs. 2 StVZO über die Freistellung von der Nachrüstungspflicht will lediglich den technischen Schwierigkeiten Rechnung tragen, die dem Einbau von Gurten bei älteren Fahrzeugen vielfach entgegenstehen; sie kann jedoch für Benutzer eines solchen Fahrzeugs keine Ausnahme von der Erkenntnis begründen, daß das Anlegen des Sicherheitsgurts zur Schadensverhütung geboten ist. Mitverschuldenseinwand und die Regelung in § 21 a StVO brauchen keineswegs völlig konform miteinander zu gehen; § 254 BGB kann vielmehr auch bei einem nicht gesetzlich geregelten Verschulden gegen sich selbst eingreifen[112].

---

[104] OLG Celle VersR 1986, 1200.

[105] Ebenso LG Hannover NJW-RR 1989, 1510.

[106] OLG Bamberg VersR 1985, 345.

[107] Vgl. KG VRS 62, 247; OLG Hamm NJW 1985, 3087; 1986, 267; OLG Oldenburg VM 1986, 44; OLG Düsseldorf NZV 1991, 241; AG Braunschweig NJW 1985, 3088.

[108] BayObLG VRS 79, 382.

[109] BGH VersR 1979, 532; **a. A.** OLG Braunschweig VersR 1977, 477.

[110] BGH VersR 1979, 532.

[111] Ebenso OLG Karlsruhe VRS 65, 96.

[112] Ebenso *Fuchs-Wissemann* DRiZ 1983, 312; vgl. auch BGH VersR 1980, 824, wo nur unterstützend mit § 21 a StVO argumentiert wird.

Für Mitfahrer auf den **Rücksitzen** eines Pkw besteht eine Anschnallpflicht erst seit Inkrafttreten der Änderungsverordnung vom 6. Juli 1984 (1. August 1984). Zuvor bestand keine allgemeine Überzeugung, die die Annahme eines Verschuldens gegen sich selbst begründen könnte[113]. Die Ausrüstungspflicht für Neufahrzeuge (§ 35 a Abs. 7 Satz 2 StVZO) änderte hieran nichts. 55

Ist ein Fahrzeug vorschriftswidrig nicht mit Gurten ausgerüstet, so soll den **Beifahrer** ein Mitverschulden nach BGH VersR 1983, 150 nicht schon deswegen treffen, weil er von der Mitfahrt nicht Abstand genommen hat. Dies wird indes von den Umständen des Falles abhängen; häufig wird eine Weigerung zumutbar sein[114]. Der BGH hat auch einschränkend ausgeführt, die obige Auffassung gelte jedenfalls für einen Unfallzeitpunkt im Februar 1978, d. h. kurz nach dem Stichtag für die Nachrüstung. 56

Bei einem **Auslandsunfall** ist einem Deutschen, der den Gurt nicht angelegt hat, aus den in Rdn. 54 angestellten Erwägungen auch dann ein Mitverschulden vorzuwerfen, wenn das betreffende ausländische Recht keinen Gurtzwang kennt[115]. 57

Den **Beweis**, daß der Verletzte nicht angeschnallt war, muß der Schädiger führen. Die erlittenen Verletzungen können hierbei Beweisanzeichen sein, sind jedoch mit Vorsicht zu würdigen. So kann es z. B. zu einem Aufprall auf die Windschutzscheibe auch bei einem Vorbeugen während der Fahrt gekommen sein. Ein Anscheinsbeweis wird mangels typischen Geschehensablaufs kaum in Betracht kommen[116]. Zur Möglichkeit des Herausgeschleudertwerdens s. OLG Koblenz NZV 1992, 278. 58

Auch die **Kausalität** der Unterlassung für die fragliche Verletzungsfolge muß feststehen. Die Beweislast trägt der Schädiger. Wie stets beim Kausalitätsbeweis genügt auch hier, daß die Ursächlichkeit nach der – hier wohl regelmäßig durch medizinische Gutachten zu erhärtenden – Lebenserfahrung anzunehmen, d. h. wahrscheinlich ist (vgl. § 16, 377). Die Rechtsprechung behilft sich auch hier mit dem sog. Anscheinsbeweis[117] (vgl. § 16, 362 ff), kommt dabei aber, worauf *Landscheidt*[118] zutreffend hinweist, mit dem Erfordernis des typischen Geschehensablaufs in Konflikt. 59

Ein Einfluß des unterlassenen Anschnallens auf die Entstehung von Sachschäden dürfte kaum denkbar sein, so daß eine Kürzung des Schadenersatzanspruchs regelmäßig nur in bezug auf Personenschäden (und deren vermögensrechtliche Folgen) in Betracht kommt[119]. 60

Behauptet der Verletzte, dieselben Verletzungen wären auch mit angelegtem Gurt entstanden, so bestreitet er die – vom Schädiger zu beweisende – Kausalität zwischen Verstoß gegen die Anschnallpflicht und Verletzung. Demgegenüber stellt die Behauptung, bei angelegtem Gurt wären andere Verletzungen entstanden, eine Berufung auf einen hypothetischen Kausalablauf dar, für den der Verletzte beweispflichtig ist[120]. Auch kann mit dieser Behauptung nur die Mitverantwortung für solche Schadensfolgen abgewendet werden, bei denen der Zeitfaktor eine Rolle spielt, also z. B. für Verdienst- 61

113 OLG Koblenz VersR 1983, 568; OLG Celle VersR 1985, 787; LG Würzburg DAR 1985, 255.

114 Vgl. KG VM 1987, Nr. 91 für den Fall defekter Gurte in 1984.

115 KG VersR 1982, 1199.

116 Weitergehend wohl BGH NZV 1990, 386.

117 Vgl. BGH VersR 1980, 824; 1981, 548; OLG München VersR 1979, 1157; OLG Bamberg VersR 1982, 1075; 1985, 786; OLG Hamm VersR 1987, 205; NZV 1989, 76 LS; OLG Zweibrücken VersR 1993, 454; *Händel* NJW 1979, 2290; *Ludolph* NJW 1982, 2595; VGT 1978, 7.

118 NZV 1988, 8.

119 BGH VersR 1981, 57.

120 Im Ergebnis ebenso BGH VersR 1980, 824; OLG Karlsruhe NZV 1989, 470.

ausfall während eines bestimmten Zeitraums, nicht für die Heilungskosten (vgl. § 7, 192).

62 Soweit ein kausales Mitverschulden wegen Nichtangurtens zu bejahen ist, hat das Gericht für die hiervon betroffenen Schadensfolgen – und nur für diese[121] – eine besondere **Haftungsquote** festzusetzen. Die Verantwortung des Schädigers für die fragliche Verletzung entfällt im Regelfall nicht gänzlich, weil er die haftungsbegründende Ursache für den Unfall gesetzt hat. Trifft den Verletzten auch an der Entstehung des Unfalls ein Mitverschulden, so sind mithin für die einzelnen Schadensfolgen unterschiedliche Haftungsquoten zu bilden (vgl. Rdn. 98). Für die Bemessung der Quote sind die Umstände des jeweiligen Einzelfalls ausschlaggebend. Es wäre daher nicht richtig, in den fraglichen Fällen die Ansprüche des Verletzten pauschal um 20% zu kürzen[122]. Hat das Unterlassen des Gurtanlegens gegenüber dem Verursachungs- und Verschuldensbeitrag des Schädigers erhebliches Gewicht, können durchaus Kürzungen von 50% oder höher gerechtfertigt sein[123]. Der Fahrer kann dem verletzten Beifahrer in der Regel nur eine geringere Mitverantwortungsquote anrechnen, weil ihn der zusätzliche Vorwurf trifft, nicht auf die Einhaltung des Gurtzwangs geachtet zu haben[124].

63 Wenngleich die Bemessung der Mithaftungsquote ganz von den Umständen des Einzelfalles, insbesondere auch von der Schwere des den Schädiger treffenden Vorwurfs, abhängt, mag nachstehende **Rechtsprechungsübersicht** (geordnet nach der den Verletzten treffenden Mithaftung) Anhaltswerte liefern (weitere Nachweise bei *Berr* DAR 1990, 343 ff).

10%:	OLG Braunschweig VersR 1978, 627 (Schädiger grob fahrlässig)
20%:	OLG Frankfurt ZfS 1986, 1 (Schädiger grob fahrlässig)
30%:	OLG Düsseldorf DAR 1985, 59 (Schlüsselbein- und Lendenwirbelbruch)
	OLG Frankfurt VersR 1987, 670 (Schädiger grob fahrlässig)
	OLG Hamm DAR 1996, 24 (Gesichtsverletzungen; Fahrer und Beifahrerin alkoholisiert)
⅓:	OLG Celle VersR 1983, 463 LS (15jähriger Beifahrer)
	OLG Karlsruhe NZV 1990, 151 (alkoholisierter Fahrer)
40%:	LG Saarbrücken DAR 1984, 323 (völlige Erblindung)
	LG Bielefeld VersR 1986, 98 (schwere Augenverletzungen)
50%:	OLG München VersR 1985, 868 (Gesichtsverletzungen einer Kosmetikerin; zw.)
	OLG Saarbrücken VersR 1987, 774 (völlige Erblindung)
	LG Darmstadt VersR 1980, 342 (Knieprellung, Platzwunden)
	KG VRS 62 247 (schwere Augenverletzungen)
60%:	BGH VersR 1981, 548 (Schädelpressung)
⅔:	OLG Bamberg VersR 1985, 786 (Mitfahren bei Fahrer ohne Führerschein)
	LG Ravensburg DAR 1988, 166 (hinausgeschleuderter Beifahrer)
100%:	OLG Hamm VRS 59 5 (Platzwunde an der Stirn)
	OLG Frankfurt RuS 1980, 124 (nur Gefährdungshaftung)

64 f) **Nichtbenutzen von Kinderrückhalteeinrichtungen**. Obwohl sich § 21 Abs. 1 a StVO nur gegen den Fahrer richtet, kann es als Mitverschulden des Kindes angesehen werden, wenn es in einem Auto ohne solche Einrichtungen mitfährt, vorhandene Ein-

---

121 Unrichtig daher OLG Celle DAR 1979, 306; KG VersR 1979, 1031; gegen pauschale Kürzung wie hier BGHZ 74, 25; BGH VersR 1981, 57; OLG München VersR 1979, 1157.

122 BGH VersR 1981, 57 gegen KG VersR 1979, 1031; vgl. auch BGH VersR 1983, 154; KG VersR 1981, 64.

123 BGH VersR 1981, 57; KG VersR 1983, 176; für höhere Quoten (bis zu 100% bei Zusammentreffen mit reiner Betriebsgefahr) *Landscheidt* NZV 1988, 10.

124 KG VersR 1982, 1200.

richtungen nicht benutzt oder während der Fahrt außer Funktion setzt. In der Regel wird jedoch die Verschuldensfähigkeit fehlen (vgl. Rdn. 13). Zur Haftung der Eltern in solchen Fällen s. § 16, 287.

g) **Unfallhilfe.** Wer bei einem Unfall Hilfe leistet, muß sich im eigenen Interesse so umsichtig verhalten, daß die Gefahr, seinerseits zu Schaden zu kommen, nicht unnötig erhöht wird[125]. Erleidet er gleichwohl einen Schaden, so kann der für den Erstunfall Verantwortliche ihm jedoch ein Mitverschulden nur entgegenhalten, wenn unter Berücksichtigung der gesamten Umstände ein anderes Verhalten erwartet werden konnte. Es ist in Rechnung zu stellen, daß der Unfallhelfer in der konkreten Situation unter Umständen nicht seine ungeteilte Aufmerksamkeit dem Schutze der eigenen Person widmen konnte[126]. Wenn er in einer außergewöhnlichen Gefahrensituation die Eigensicherung vernachlässigt, um andere Verkehrsteilnehmer zu warnen, darf ihm dies nicht als Mitverschulden angelastet werden (so aber OLG Hamm NZV 1994, 394: bei einer heimtückischen Fahrbahnverunreinigung auf nächtlicher Autobahn müsse sich ein Verunglückter schnellstens in Sicherheit begeben statt das Warndreieck aus dem Kofferraum zu holen). 65

h) **Verfolgungsfahrt.** Kommt es bei der Verfolgung eines anderen Verkehrsteilnehmers, die dieser durch sein Verhalten herausgefordert hat (vgl. § 7, 71 f), zu einem auf das gesteigerte Risiko zurückzuführenden Unfall, so kann dem Verfolgenden ein Mitverschulden nur entgegengehalten werden, wenn das für ihn erkennbare Ausmaß des Risikos zum Zwecke der Verfolgung außer Verhältnis steht[127]. 66

i) **Schadensbegünstigende Konstitution.** Wußte der Geschädigte, daß er wegen eines Konstitutionsmangels im Falle einer Verletzung besonderen gesundheitlichen Risiken ausgesetzt sein würde, so kann ihm das Unterlassen solcher Schutzvorkehrungen als Mitverschulden angelastet werden, mit deren Vornahme nach allgemeiner Anschauung im sozialen Verkehr gerechnet werden kann (vgl. Rdn. 6 ff). Bei besonderer Verletzlichkeit der Bauchdecke z. B. muß eine Leibbinde getragen werden[128]. Hat sich jedoch ein vom Schutzumfang der betreffenden Vorkehrung nicht umfaßtes Risiko verwirklicht, so entfällt die Zurechenbarkeit der Mitverursachung (vgl. Rdn. 11). Daß sich der mit einem Konstitutionsmangel Behaftete überhaupt in eine gefahrträchtige Situation begeben hat, kann ebenfalls nur dann zu einer Mithaftung führen, wenn dies gegen die allgemein akzeptierten (ungeschriebenen) Normen des Selbstschutzes verstieß und der eingetretene Schadensfall innerhalb des Schutzzwecks dieser Normen liegt[129]. Zutreffend verneint OLG Koblenz VRS, 72 403 ein Mitverschulden eines Bluters wegen Mitfahrt auf einem Mokick. 67

5. Schaden durch Schadensabwehrmaßnahme

Erleidet das Unfallopfer einen Schaden gerade dadurch, daß es eine ihm nach den vorstehenden Grundsätzen abverlangte Maßnahme zur Anwendung eines Schadens ergriffen hat (Hauptbeispiel: Gurtverletzung), so ist dieser Schaden dem schädigenden Ereignis zuzurechnen, also vom hierfür Verantwortlichen zu ersetzen. Ist ein solcher Verantwortlicher nicht vorhanden (Unfall ohne Fremdbeteiligung) oder nicht feststellbar (Unfallflucht), so muß der Geschädigte den Schaden, falls nicht ein Anspruch gegen die Verkehrsopferhilfe (§ 16, 859 ff) in Betracht kommt, selbst tragen. Dies gilt auch, 68

125 BGH VersR 1977, 36; 1981, 260.
126 BGH VersR 1981, 260.
127 BGHZ 57, 31; BGH VersR 1981, 162.
128 BGH NJW 1982, 168.
129 Zu weitgehend z. B. OLG Celle VersR 1981, 1058.

wenn die Maßnahme, wie beim Sicherheitsgurt, vom Staat unter Sanktionsandrohung angeordnet ist. Ein Aufopferungsanspruch kommt nicht in Betracht, da die Maßnahme im wesentlichen dem einzelnen und nicht dem Allgemeinwohl dient.[130]

III. Mitverschulden hinsichtlich des Umfangs des Schadens

1. Rechtssystematische Einordnung von § 254 Abs. 2 BGB

69 Während sich **§ 254 Abs. 1 BGB** auf das Mitverschulden bei der Entstehung eines Schadens (im Sinne einer realen Schädigung) bezieht, betrifft Abs. 2 dieser Vorschrift (jedenfalls die 2. und 3. Alternative) die Situation **nach** Eintritt einer solchen Schädigung, d. h. die Pflicht des Geschädigten, vermeidbare Folgeschäden oder Weiterungen (des Schadens im realen wie auch im vermögensrechtlichen Sinn; vgl. § 7, 146) abzuwenden (Schadensminderungspflicht). Die in der 1. Alternative normierte Warnungspflicht wird allerdings sowohl auf die Schadensentstehung als auch auf den Schadensumfang zu beziehen sein.

70 **§ 249 Satz 2 BGB**, wonach der Geschädigte (nur) den zur Herstellung erforderlichen Geldbetrag verlangen kann, geht dem § 254 Abs. 2 BGB vor. Daher kann ein Geschädigter, der höhere als die zur Schadensbeseitigung erforderlichen Ausgaben macht, diese schon nach § 249 Satz 2 BGB nicht ersetzt verlangen; einer Anwendung des § 254 Abs. 2 BGB bedarf es nicht. Die Frage, welche der genannten Vorschriften anzuwenden ist, hat erhebliche praktische Bedeutung, denn die Erforderlichkeit hat der Geschädigte, den Verstoß gegen den Schadensminderungspflicht der Schädiger zu beweisen.

2. Inhalt der Schadensminderungspflicht

71 § 254 Abs. 2 BGB setzt eine Verpflichtung des Geschädigten zur Begrenzung des in Gang gekommenen Schadensverlaufs voraus und ordnet für den Fall einer schuldhaften Verletzung dieser Pflicht an, daß der Geschädigte für den dadurch verursachten Teil des Schadens keinen Ersatz erhält. Die Verpflichtung und ihr Umfang ergeben sich aus dem gesetzlichen Schuldverhältnis, das durch den Haftungsfall zwischen Schädiger und Geschädigtem entstanden ist. Im Rahmen dieser Rechtsbeziehung hat der Geschädigte im zumutbaren Umfang auch die Interessen des Haftpflichtigen zu wahren. Er darf nicht im Vertrauen auf seinen Ersatzanspruch einem Ausufern des Schadens tatenlos zusehen, wenn es ihm möglich und zumutbar ist, dem entgegenzuwirken. Dies ist eine echte Rechtspflicht[131], deren Umfang nach den Besonderheiten des Einzelfalles, insbesondere nach dem Maßstab der Zumutbarkeit, zu bestimmen ist. Der Heranziehung von § 242 BGB bedarf es hierbei (ebenso wie im Falle des Abs. 1, s. o. Rdn. 9) entgegen gängiger Praxis[132] nicht.

3. Zurechnung des Verschuldens eines Dritten

72 Nach § 254 Abs. 2 Satz 2 BGB ist auf die Erfüllung der Schadensminderungspflicht § 278 BGB entsprechend anzuwenden. Ein Mitverschulden von gesetzlichen Vertretern

[130] *Jagusch/Hentschel* § 21 a StVO 10; **a. A.** *Müller* 1983, 593; *Allgaier* VersR 1993, 676.

[131] RGZ 139, 133; BGHZ 3, 49; *MünchKomm/Grunsky* § 254, 38; *Esser/Schmidt* § 35 II 2; *Larenz* § 31 I c; **a. A.** BGHZ 4, 174; *Lange* § 10 VI 1 a; ferner BGH NJW 1951, 798 und VersR 1965, 1174: keine „besondere“ Rechtspflicht.

[132] Vgl. RGZ 83, 19; 141, 356; BGHZ 4, 174; *Palandt/Heinrichs* § 254, 32; *Larenz* § 31 I c. Näher hierzu *Greger* NJW 1985, 1134.

oder Hilfspersonen in bezug auf diese Verpflichtung muß sich der Geschädigte also zurechnen lassen. Nicht jede in die Schadensbeseitigung eingeschaltete Person ist aber Erfüllungsgehilfe des Geschädigten: So wird z. B. der den Verletzten operierende Arzt oder der mit der Reparatur des Unfallwagens beauftragte Werkstattinhaber nicht in Erfüllung einer Verbindlichkeit des Geschädigten tätig, wenn er durch Fehler Mehraufwendungen verursacht. Für diese hat der Schädiger aufzukommen, sofern er dem Geschädigten nicht ein Auswahl- oder sonstiges Eigenverschulden nachweisen kann (Schlußanh. I, 51) oder wegen besonders grober Fehlleistungen der Zurechnungszusammenhang zu verneinen ist (§ 7, 157 ff). Auch der Sachverständige, der durch fehlerhafte Begutachtung des Schadens überhöhte Aufwendungen hervorruft, ist nicht Erfüllungsgehilfe[133]; anders kann es jedoch liegen, wenn dem Sachverständigen die Koordination der gesamten Schadensbeseitigung übertragen wurde [134].

4. Kosten der Schadensminderung

a) **Ersatzpflicht.** Den Ersatz der bei der Niedrighaltung entstehenden Unkosten schuldet der Schädiger als Ersatz des durch den Unfall entstandenen Schadens, und zwar sogar dann, wenn die zur Niedrighaltung ergriffenen Maßnahmen dem ausdrücklich erklärten Willen des Schädigers widersprochen haben. Es sind also nicht die Grundsätze der Geschäftsführung ohne Auftrag anzuwenden. Der Schädiger hat vielmehr durch den Unfall die Aufwendungen verursacht und muß sie nach den Bestimmungen, aus denen sich seine Haftung ergibt, und in den durch diese Bestimmungen gezogenen Grenzen ersetzen[135]. Die Kosten der Vorhaltung von Ersatzfahrzeugen sind nicht durch den Unfall verursacht und daher nicht als Schadensminderungskosten erstattungspflichtig[136]; näher hierzu § 7, 199 f. 73

b) **Unnötiger Aufwand.** Ein Fehlgreifen in den zu ergreifenden Maßnahmen wirkt sich nur dann zum Nachteil des Verletzten aus, wenn es dem Verletzten als Fahrlässigkeit anzurechnen ist, wenn er also bei einigem Nachdenken hätte erkennen können, daß die Maßnahmen entweder unverhältnismäßige Aufwendungen erfordern werden oder ungeeignet sind, den Schaden so niedrig zu halten, wie es durch andere naheliegende Maßnahmen ohne weiteres möglich gewesen wäre. 74

c) **Vorteilsausgleich.** Entsteht dem Verletzten aus den Maßnahmen ein Vorteil, so hat er ihn sich anrechnen zu lassen, soweit anzunehmen ist, daß er sich ihn einmal – wenn auch zu einem anderen Zeitpunkt – freiwillig verschafft hätte, oder er sich in Geld realisieren läßt. 75

5. Warnungspflicht

a) **Bedeutung.** Die Pflicht, den Ersatzpflichtigen auf die Gefahr der Entstehung eines besonders hohen Schadens hinzuweisen (§ 254 Abs. 2 Satz 1 1. Alt. BGB) kann im Einzelfall auch für die Haftungsbegründung Bedeutung haben, wird jedoch zumeist relevant, wenn es um Folgen einer bereits eingetretenen Schädigung geht. Sie entsteht z. B., wenn es dem Verletzten wegen der erlittenen Körperverletzung, wegen Fehlens der erforderlichen wirtschaftlichen Mittel oder aus einem anderen Grund unmöglich ist, die zur Niedrighaltung des Schadens erforderlichen Maßnahmen unverzüglich zu ergreifen, oder wenn es ihm zwar möglich wäre, sie zu ergreifen, sie ihm aber unter 76

---

[133] LG Köln NJW 1975, 57.

[134] OLG Hamm NJW-RR 1993, 914: ölverseuchtes Grundstück.

[135] BGHZ 10, 21.

[136] A. A. BGHZ 32, 280.

den gegebenen Umständen wegen der für ihn entstehenden Nachteile nicht zuzumuten sind. Nicht hinzuweisen braucht der Verletzte den Schädiger auf drohende erhebliche Nachteile z. B., wenn dieser ohnedies weiß, daß sie drohen[137], wenn er mit solchen Folgen rechnen muß[138] oder wenn nicht anzunehmen ist, daß der Schädiger eine wirtschaftlichere und dem Geschädigten auch zumutbare Form der Schadensbeseitigung ermöglichen könnte[139]. Desgleichen trifft ihn kein Mitverschulden, wenn die drohende Schadenshöhe für ihn selbst nicht vorhersehbar war[140].

77 b) **Ursächlichkeit des Verstoßes.** Verstößt der Verletzte gegen seine Hinweispflicht, so bekommt er nur den Schaden ersetzt, der auch entstanden wäre, wenn der Schädiger von dem drohenden hohen Schaden Kenntnis gehabt hätte. Hätte der Schädiger ebenfalls nichts gegen die Entstehung tun können, so hat er trotz Unterlassens der Warnung den vollen Schaden zu ersetzen[141]; desgleichen, wenn er die Warnung – was der Geschädigte zu beweisen hat – unbeachtet gelassen hätte[142].

78 c) **Beispiele.** Der wichtigste Fall der Hinweispflicht ist der, daß der Verletzte nicht die erforderlichen Mittel besitzt, um die Reparatur des beschädigten Wagens zu bezahlen oder sich anstelle des zerstörten Wagens einen anderen Wagen anzuschaffen, und hieraus wirtschaftliche Nachteile erwachsen. Diese können darin bestehen, daß der Verletzte seinen Beruf nicht mehr ausüben kann oder daß er einen Bankkredit aufnehmen oder seine Kaskoversicherung in Anspruch nehmen muß (wodurch er seinen Anspruch auf Beitragsermäßigung wegen Schadensfreiheit verliert). Daß der Verletzte, dessen Wagen repariert werden muß oder der sich einen anderen Wagen kaufen muß, weil sein Wagen zerstört ist, in der Zwischenzeit mit dem Taxi fährt oder ein Mietfahrzeug in Anspruch nimmt, ist selbstverständlich und voraussehbar. Der Hinweis an den Schädiger wird nur erforderlich, wenn sich die Reparatur oder die Wiederbeschaffung ungewöhnlich verzögert und der Schädiger Abhilfe leisten könnte. Hinweisen muß der Verletzte auch darauf, daß sein Gewerbebetrieb zum Erliegen kommt, weil er durch die erlittene Körperverletzung die Leitung und die erforderlichen Arbeiten nicht mehr ausführen kann und finanziell nicht in der Lage ist, eine Ersatzkraft anzuwerben und zu besolden.

6. Einzelfälle

79 Im folgenden werden einige grundsätzliche Fragen erörtert. Weitere Einzelheiten sind bei den Erläuterungen zu den einzelnen Schadenspositionen dargelegt (zu §§ 7, 10, 11).

80 a) **Kreditaufnahme durch den Verletzten.** Der Verletzte darf unter bestimmten Voraussetzungen zur Regulierung des Unfallschadens einen Kredit aufnehmen und die Finanzierungskosten als Unfallschaden – nicht etwa nur nach Mahnung als Verzugsschaden – dem Schädiger in Rechnung stellen (vgl. Schlußanh. I, 166 ff). Eine **Pflicht** zur Kreditaufnahme hat aber nur derjenige Verletzte, der das benötigte Kraftfahrzeug im Rahmen eines Gewerbebetriebes oder Berufes benötigte und gefahren hat[143]. Hat sich der Verletzte das Fahrzeug dagegen nur zu seinem Vergnügen oder zu seiner Bequemlichkeit gehalten, so kann der Schädiger – von krassen Fällen abgesehen[144] – von ihm nicht verlangen, daß er für die Reparatur oder Ersatzbeschaffung Verpflichtungen eingeht ohne zu wissen, ob er die entstehenden Unkosten vom Schädiger ersetzt bekommt. Eine solche Ungewißheit besteht immer dann, wenn sich der Schädiger weigert, die Ersatzpflicht anzuerkennen. Hat der Verletzte kein Geld, die Reparatur zu bezahlen, und unterläßt er es deshalb, einen Instandsetzungsauftrag zu erteilen, so muß er den Schädiger hierauf hinweisen[145].

---

137 BGH NJW 1951, 229.
138 *Meyer* NJW 1965, 1419.
139 BGH VersR 1985, 1091.
140 BGH VersR 1964, 950.
141 BGH VersR 1996, 380.
142 BGH Betr. 1956, 110.
143 Vgl. BGH VersR 1963, 1161.
144 OLG Oldenburg VRS 33, 84.
145 OLG Schleswig VersR 1967, 68.

b) **Eine Pflicht zur Inanspruchnahme der Kaskoversicherung** hat der Eigentümer eines kaskoversicherten Kraftfahrzeugs nur dann, wenn er auf andere Weise die Reparatur oder bei Totalschaden die Beschaffung des Ersatzfahrzeugs nicht finanzieren könnte und der Verletzer die sofortige Finanzierung ablehnt[146]. Dies gilt natürlich nur dann, wenn die Verzögerung, die wegen Fehlens ausreichender Finanzierung entstehen würde, wirtschaftliche Nachteile mit sich bringen würde, die der Verletzte vom Schädiger ersetzt haben möchte[147]. Könnte der Geschädigte die Kosten der Schadensbeseitigung auch durch einen Kredit finanzieren, so muß er prüfen, auf welchem Wege geringere Kosten entstehen. Hierbei sind den zu erwartenden Kreditkosten die Nachteile durch Rückstufung in der Kaskoversicherung gegenüberzustellen[148]; zur Erstattungsfähigkeit der Nachteile aus Inanspruchnahme der Kaskoversicherung s. Schlußanh. I, 175. 81

Richtet sich der Schadensersatzanspruch gegen den berechtigten Fahrer des beschädigten Fahrzeugs oder eine sonstige von dessen Haftpflichtversicherung umfaßte Person, gegen den Mieter oder Entleiher, so kann dieser Schuldner ein erhebliches Interesse daran haben, daß der Geschädigte die Kaskoversicherung in Anspruch nimmt, da diese gegen ihn nach § 15 Abs. 2 AKB nicht Rückgriff nehmen könnte. Eine Verpflichtung des Geschädigten hierzu läßt sich jedoch aus § 254 Abs. 2 BGB nicht herleiten, weil der Schaden nicht gemindert, sondern nur verlagert würde. Unter bestimmten Voraussetzungen kann die Inanspruchnahme des Schädigers anstatt der Kaskoversicherung jedoch unzulässige Rechtsausübung (§ 242 BGB) sein, so wenn der Geschädigte dem Fahrer vor Antritt der Fahrt erklärt hat, der Wagen sei kaskoversichert oder wenn der Fahrer sich auf Bitten des Eigentümers und in dessen Interesse ans Steuer gesetzt hat[149]. 82

c) **Auch zur Inanspruchnahme eines Mietfahrzeugs** kann der Verletzte dann, wenn sein Einkommen oder Gewerbebetrieb bei Fehlen eines Kraftfahrzeugs wirtschaftlich nachteilig beeinflußt werden würde, für die Zeit bis zum Abschluß der Reparatur oder dem Eintreffen des Ersatzfahrzeugs verpflichtet sein (Schlußanh. I, 87). Sind Gütertransporte auszuführen und ist das hierfür vom Unternehmer eingesetzte Fahrzeug betriebsunfähig geworden, so sind die Dienste eines Güterbeförderungsunternehmens in Anspruch zu nehmen. Einzelheiten zur Schadensminderungspflicht bei Inanspruchnahme eines Mietwagens s. Schlußanh. I, 97. 83

d) **Verzögerungen bei der Reparatur bzw. Ersatzbeschaffung** gehen in der Regel schon deswegen zu Lasten des Geschädigten, weil er nur den zur Herstellung **erforderlichen** Betrag verlangen kann (§ 249 Satz 2 BGB; vgl. Rdn. 70). Er darf das Unfallfahrzeug auch bei einer Meinungsverschiedenheit mit dem Haftpflichtversicherer über den richtigen Reparaturweg nicht längere Zeit unrepariert herumstehen lassen[150]. Keinen Verstoß gegen die Schadensminderungspflicht stellt es aber dar, wenn der Geschädigte eine angemessene Überlegungsfrist hinsichtlich der Art des Schadensausgleichs (Reparatur oder Ersatzbeschaffung) in Anspruch nimmt (vgl. Schlußanh. I, 107) oder wenn er die Werkstätte, die gewöhnlich den Wartungsdienst an seinem Fahrzeug durchführt, mit der Reparatur beauftragt, auch wenn das Abschleppen dorthin etwas mehr kostet[151] und die Zeit des Wartens auf den Beginn der Arbeiten geringfügig verlängert wird. Kein Kraftfahrer ist verpflichtet, die Reparatur selbst durchzuführen, außer wenn er den Wartungsdienst und Reparaturen an seinen Fahrzeugen selbst vorzunehmen 84

---

146 Näher *Schmalzl* VersR 1992, 677.

147 OLG München VersR 1966, 668.

148 *Himmelreich/Klimke/Bücken* 3306; OLG München VersR 1984, 1054.

149 BGH NJW 1986, 1813; LG Osnabrück DAR 1994, 33; s. a. § 16, 336.

150 KG NZV 1995, 311.

151 OLG Hamm VersR 1970, 43.

pflegt und hierfür eine eigene Werkstätte unterhält, in der auch die durch den Unfall hervorgerufenen Schäden ohne Schwierigkeit behoben werden können (vgl. Schlußanh. I, 58 f). Für Pflichtwidrigkeiten der Reparaturwerkstätte bei der Ausführung des Reparaturauftrags hat der Geschädigte nicht einzustehen; § 278 BGB ist nicht anwendbar (vgl. Schlußanh. I, 51).

85 e) **Heilbehandlung und Operation**. Der Verletzte hat sich nach dem Unfall unverzüglich in **ärztliche Behandlung** zu begeben, sofern die Körperschäden nicht ganz geringfügig sind[152]. Tut er das nicht, so bekommt er Schadensersatz, auch Ersatz für Mehraufwendungen durch Pflegebedürftigkeit und Ersatz des Verdienstausfalls nur für Schäden und Behinderungen, die trotz der ärztlichen Behandlung entstanden oder verblieben wären.

86 Von dem Verletzten muß verlangt werden, daß er, soweit er dazu imstande ist, zur Heilung oder Besserung seiner Krankheit oder Schädigung die nach dem Stande der ärztlichen Wissenschaft sich darbietenden **Mittel** anwendet; er darf in der Regel nicht anders handeln, als ein verständiger Mensch, der die Vermögensnachteile selbst zu tragen hat, es bei gleicher Gesundheitsstörung tun würde[153]. Allerdings muß – will der Schädiger den Schadensersatzanspruch des Verletzten mindern – im Einzelfall bewiesen sein, daß eine Maßnahme gesundheitsfördernd gewesen wäre, die Schmerzen oder die Entstellung gemindert hätte oder die Bewegungsfähigkeit des Verletzten gebessert hätte. Die Beweislast hierfür trägt der Schädiger[154]; hierbei kommen ihm die für den Kausalitätsbeweis geltenden Erleichterung (sog. Anscheinsbeweis; vgl. § 16, 362 ff) zugute.

87 Auch medizinisch indizierte Behandlungsweisen, die mit **Unannehmlichkeiten oder Risiken** behaftet sind, sind nach Maßgabe obiger Grundsätze vom Verletzten hinzunehmen, wie z. B. Streckverband, Gips, Bestrahlungen, Elektroschock, Hormonbehandlung, Antibiotica. Unzumutbar sind lediglich solche Behandlungen, die so große Schmerzen oder Risiken hervorrufen, daß ein verständiger Mensch sich ihnen auch bei Fehlen eines Ersatzpflichtigen nicht unterziehen würde. Als unzumutbar hat der BGH[155] auch das lebenslange Tragen einer Augenklappe angesehen, das zeitweilige Tragen nur dann, wenn es mit nachhaltigen Gesundheitsgefahren für den Verletzten verbunden ist.

88 Einer **Operation** muß sich der Verletzte unterziehen, wenn sie erhebliche Aussicht auf weitgehende Wiederherstellung oder jedenfalls Besserung bietet und nicht mit unverhältnismäßigen Gefahren oder Schmerzen verbunden ist[156], ein gewisses Restrisiko muß freilich, da mit jeder Operation verbunden, hingenommen werden[157]. Medizinische Indikation allein reicht nicht[158].

89 Auch die Behandlung in einer **geschlossenen Anstalt** (Nervenheilanstalt) ist zumutbar, wenn sie eine Besserung des Gesundheitszustands bewirkt[159]; ebenso der Aufenthalt in einem Rehabilitationszentrum[160].

---

152 RGZ 72, 220; BGH VersR 1964, 94; OLG Hamburg SeuffA 68, Nr. 28.

153 RGZ 60, 149.

154 **A. A.** RGZ 60, 152.

155 NZV 1989, 305.

156 RGZ 139, 134; BGHZ 10, 18; BGH VersR 1961, 1125; 1987, 408 = 559 m. Anm. *Deutsch*; NZV 1989, 305; 1994, 271; OLG Köln VRS 4, 248; OLG München VersR 1960, 952; OLG Oldenburg NJW 1978, 1200; VersR 1986, 1220; OLG Frankfurt NZV 1993, 471 (Zweitoperation).

157 OLG Düsseldorf VersR 1975, 1031.

158 BGH NZV 1994, 271.

159 RGZ 60, 150.

160 BGH VersR 1970, 272.

Nur bei **Verschulden** des Verletzten kann die Ablehnung einer indizierten Heilbehandlung zur Minderung von Schadensersatzansprüchen führen[161]. Befindet sich der Verletzte in schlechter körperlicher Verfassung, so ist die hierdurch bedingte Verringerung seiner Entschlußkraft zu seinen Gunsten zu berücksichtigen, und zwar nicht nur, wenn sie unfallbedingt ist[162]. Bei unterschiedlichen Auffassungen zwischen mehreren Ärzten kann dem Verletzten aus seiner Entscheidung gegen eine der strittigen Behandlungsweisen in aller Regel kein Vorwurf gemacht werden[163]. Das gleiche gilt, wenn er sich, ärztlich beraten, einer im Ergebnis wirkungslosen Behandlung unterzogen hat; auch deren Kosten sind also zu ersetzen. 90

Die **Kosten** einer Operation oder sonstigen Behandlung müssen, sofern hierfür nicht die Krankenversicherung des Geschädigten (mit der Möglichkeit des Rückgriffs) zunächst aufkommt, vom Ersatzpflichtigen übernommen bzw. vorgestreckt werden; andernfalls kann das Unterbleiben einer kostspieligen Maßnahme dem Verletzten nicht als Mitverschulden angerechnet werden[164]. 91

Der **Verstoß gegen ärztliche Verhaltensmaßregeln** (z. B. Bettruhe, Unterlassen von Rauchen, Sport usw.) begründet ein Verschulden des Verletzten hinsichtlich dadurch hervorgerufener weiterer Gesundheitsbeeinträchtigungen und führt insoweit zum Ausschluß der Verantwortlichkeit des Schädigers. Droht eine die Unfallfolgen verschlimmernde Gewichtszunahme des Verletzten, so hat dieser durch Diätkost und Bewegung sein Gewicht niedrig zu halten[165]. 92

Entsteht aus dem Unfall eine **neurotische Fehlhaltung** bei dem Verletzten, so greift § 254 Abs. 2 BGB ein, sofern diese Fehlhaltung durch zumutbaren Willensakt oder geeignete Rehabilitationsmaßnahmen überwunden werden könnte[166]; zum Problem der sog. Begehrensneurose s. § 7, 175. 93

f) **Zur Inanspruchnahme der Krankenkasse** ist der Verletzte dem Schädiger gegenüber im allgemeinen nicht verpflichtet, denn hierdurch tritt für den Schädiger in der Regel keine Ersparnis ein, weil die Ersatzansprüche des Verletzten nicht erlöschen, sondern auf den Versicherer übergehen, und zwar bei der privaten Krankenversicherung nach § 67 VVG und bei der Sozialversicherung nach § 116 Abs. 1 SGB-X (vgl. § 11, 27 f). 94

g) Einsatz der Arbeitskraft des Verletzten. Der Verletzte ist dem Schädiger gegenüber verpflichtet, die ihm nach dem Unfall verbliebene Arbeitskraft zwecks Minderung seines Verdienstausfalls einzusetzen, soweit ihm dies zugemutet werden kann. Eingehend hierzu § 11, 100 ff. 95

h) Einsatz der Arbeitskraft des hinterbliebenen Ehegatten. Eine Witwe, deren Mann den Familienunterhalt allein bestritten hatte, muß, wenn der Mann durch den Unfall ums Leben gekommen ist, zur Minderung ihrer Ansprüche nach § 10 Abs. 2 StVG eine Arbeit nur dann annehmen, wenn ihr dies nach Alter, Vorbildung und sozialer Stellung zuzumuten ist und sich ihre Pflichten im Haushalt durch den Tod erheblich vermindert haben (Einzelheiten s. § 10, 100 ff). 96

Muß die Witwe für minderjährige Kinder sorgen und sich daher von ihrem Ersatzanspruch gegen den Schädiger nichts oder nur wenig kürzen lassen, so ist in der Regel nicht 97

---

161 RGZ 129, 401 = JW 1931, 1463 m. Anm. *Feuchtwanger*; dazu *Homberger* JW 1931, 3268; RGZ 139, 132; RG JW 1935, 1402; BGHZ 10, 18; KG VersR 1953, 257; 1955, 458.

162 RGZ 139, 135.

163 RGZ 129, 398; OLG Hamburg SeuffA 68, Nr. 28.

164 RGZ 83, 20; BGH VersR 1961, 1125.

165 OLG Hamm VersR 1960, 859.

166 BGH VersR 1962, 280; 1970, 272.

abzusehen, ob die Witwe, wenn die Kinder herangewachsen sein werden, mehr Zeit haben wird, um ihre Arbeitskraft im Interesse des Schädigers einzusetzen. In diesem Fall ist mithin die künftige Minderung ihres Anspruchs, da noch ungewiß, im Urteil nicht zu berücksichtigen; vielmehr ist der Schädiger auf § 323 ZPO zu verweisen[167].

IV. Die Haftungsverteilung

1. Aufspaltung der Abwägung hinsichtlich einzelner Schadensfolgen

98 Bei der Bemessung der Haftungsquote ist vorab zu beachten, daß diese nicht hinsichtlich sämtlicher Schadensfolgen gleich zu sein braucht. Es können vielmehr einzelne Schadensfolgen durch eine zusätzliche Pflichtwidrigkeit des Verletzten verursacht worden sein; hinsichtlich dieser ist dann ggf. eine eigene Haftungsverteilung vorzunehmen. So verhält es sich insbesondere bei Verstößen gegen die Schadensminderungspflicht nach § 254 Abs. 2 BGB[168] oder dann, wenn eine bestimmte Schädigung auf das Unterlassen gebotener Schutzvorkehrungen des Verletzten (z. B. Anlegen des Sicherheitsgurts; vgl. Rdn. 48 ff) zurückzuführen ist[169]. Die zusätzlichen Schadensfolgen gehen freilich nicht unbedingt allein zu Lasten des Verletzten, denn sie sind, vom Fall fehlender Adäquanz abgesehen, durch das haftungsbegründende Ereignis mitverursacht. In der Regel wird aber diesbezüglich der Verursachungsbeitrag des Verletzten höher zu veranschlagen sein als hinsichtlich der anderen Schadensfolgen; bei Verstößen gegen die Schadensminderungspflicht wird das Mitverschulden häufig derart überwiegen, daß die Haftung des Schädigers insoweit im Ergebnis doch völlig entfällt[170].

2. Kriterien und Grundsätze für die Abwägung

99 Nach § 254 BGB richtet sich die Aufteilung (Quotelung) des Schadens in erster Linie danach, inwieweit der Schaden durch den Schädiger und durch den Verletzten verursacht worden ist. Des weiteren ist insbesondere das Verschulden der Beteiligten maßgeblich; ggf. sind auch sonstige Begleitumstände in die Waagschale zu werfen. Die Abwägungskriterien müssen feststehen, ggf. also bewiesen werden (s. Rdn. 123; zur Eventualfeststellung Rdn. 124).

100 a) **Maß der Verursachung.** Entscheidend für die Schadensquotelung ist nach § 254 Abs. 1 BGB, inwieweit der Schaden von dem einen oder dem anderen Teil verursacht worden ist (zur Kausalität des Mitverschuldens vgl. Rdn. 11), d. h. wessen Verursachungsbeitrag den Schadenseintritt in höherem Maße wahrscheinlich gemacht hat[171]. Dasselbe ist gemeint, wenn in der Rechtsprechung von Begriffen wie „wichtigste Ursache"[172], „wirksame Ursache"[173], „Ursache von mehr Gewicht"[174], „entscheidende Ursache"[175], „erheblich näher liegende Ursache"[176], „Ursache von naturgemäß besonderer Bedeutung"[177] oder „Hauptursache"[178] die Rede ist. Bei der Aufstellung der für

---

167 BGH VRS 9, 88.

168 BGH VersR 1979, 960.

169 Vgl. BGH VersR 1979, 369; 1979, 1104.

170 OLG Bremen VersR 1976, 560; *Lange* § 10 XII 5 e; *Palandt/Heinrichs* § 254, 51; *MünchKomm/Grunsky* § 254, 59.

171 BGH NJW 1952, 537; 1963, 1447; 1969, 789; VersR 1988, 1238; *Palandt/Heinrichs* § 254, 46; *MünchKomm/Grunsky* § 254, 60; *Staudinger/Medicus* § 254, 92; *Lange* § 10 XII 1; *Dunz* NJW 1964, 2133; a. A. *Rother* VersR 1983, 793, der allein auf das Maß des Verschuldens abstellen will.

172 OLG Stuttgart RdK 1953, 203 LS.

173 BGH VersR 1957, 269.

174 BGH VersR 1956, 585.

175 OLG Stuttgart VersR 1958, 864.

176 OLG Hamburg VersR 1958, 777.

177 BGH VersR 1958, 851.

178 BGH VersR 1959, 49.

diese Abwägung erforderlichen Ursachenkette ist nicht etwa auf den Idealfall abzustellen, daß sich alle Verkehrsteilnehmer völlig verkehrsgerecht verhalten, sondern darauf, wie sich der Verkehr nach der Lebenserfahrung im allgemeinen abzuspielen pflegt.

b) Maß des Verschuldens. Wenngleich bei der Schadensabwägung nach § 254 BGB **101** in erster Linie vom Maß der Verursachung auszugehen ist, bedarf das hierdurch gewonnene Ergebnis doch der Korrektur bei unterschiedlichem Grad des beiderseitigen Verschuldens[179]. Trifft besonders grobes Verschulden mit leichter Fahrlässigkeit zusammen, so kann die Mitverantwortung auch völlig entfallen; dies gilt erst recht beim Zusammentreffen von erheblichem Verschulden mit bloßer Betriebsgefahr (s. Rdn. 107). Nur ein nachgewiesenes und als unfallursächlich erwiesenes Verschulden ist bei der Abwägung als solches zu berücksichtigen[180], nicht also vermutetes Verschulden nach § 831 BGB oder § 18 (vgl. § 17, 55). Ein Verschulden Dritter, für die der Geschädigte einzustehen hat (vgl. Rdn. 15 ff), fällt jedoch ins Gewicht[181]. Besondere persönliche Umstände, wie z. B. die beschränkte Einsichtsfähigkeit bei Jugendlichen, Kindern oder Behinderten, sind bei der Bewertung des Verschuldens zu beachten[182].

Bei **grober Fahrlässigkeit** eines Beteiligten ist, wenn sie mit minderschwerem Ver- **102** schulden des anderen (oder bloßer Betriebsgefahr; Rdn. 107) zusammentrifft, in aller Regel eine Auswirkung auf die Haftungsverteilung anzunehmen; gebieten nicht Verursachungsmaßstab oder besonders hohe Betriebsgefahr etwas anderes, so wird der grob Fahrlässige (gleich ob Schädiger oder Geschädigter) den Schaden allein zu tragen haben[183]. Grobe Fahrlässigkeit liegt vor, wenn die im Verkehr erforderliche Sorgfalt in besonders schwerem Maße verletzt wird, wenn also das nicht beachtet wird, was im gegebenen Fall jedem einleuchten mußte, und wenn schon einfachste, ganz naheliegende Überlegungen nicht angestellt wurden[184]. Hierbei sind – anders als beim Fahrlässigkeitsbegriff im allgemeinen – auch subjektive Besonderheiten zu berücksichtigen[185]. Insbesondere muß dem Handelnden die Gefährlichkeit seines Verhaltens bekannt sein[186]; Umstände, die ihm wegen der besonderen Lage des Falles nicht vorgeworfen werden können, haben außer Betracht zu bleiben[187]. Grobe Fahrlässigkeit kann z. B. auch entfallen, wenn eine verständliche Verärgerung die Aufmerksamkeit beeinträchtigte[188]. Wegen weiterer Einzelheiten zur groben Fahrlässigkeit s. Schlußanh. II, 70 ff.

c) Betriebsgefahr. Zu Lasten des Ersatzpflichtigen, der den Entlastungsbeweis nach **103** § 7 Abs. 2 nicht führen kann, ist auch die Betriebsgefahr seines Kraftfahrzeugs in Rechnung zu stellen, also auch dann, wenn er dem Fahrer des Unfallkraftfahrzeugs kein Verschulden nachweisen kann. Sie ist im Einzelfall in Bezug zu setzen zu den übrigen Kriterien der Haftungsabwägung.

aa) Ermittlung der konkreten Betriebsgefahr. Die Prüfung der Betriebsgefahr, die **104** von dem Kraftfahrzeug im Augenblick des Unfalls ausging, gehört zur Prüfung des

179 RGZ 68, 422; 69, 59; 141, 357; 169, 95; BGH VersR 1954, 59; 1955, 627; NJW 1969, 789; *Palandt/Heinrichs* § 254, 47; *MünchKomm/Grunsky* § 254, 61; *Lange* § 10 XII 2.

180 BGHZ 12, 124; BGH VersR 1955, 310; 1956, 732; 1957, 63 u. 98 m. zust. Anm. *Böhmer*; 1961, 234; 1961, 249; 1966, 164; 1975, 1121; OLG Celle DAR 1951, 81.

181 RG JW 1938, 2274.

182 BGH VRS 5, 4; OLG Celle VersR 1955, 396; OLG Oldenburg DAR 1955, 303; OLG Bamberg VersR 1965, 989; OLG Celle NZV 1991, 228; LG Tübingen RdK 1953, 46.

183 BGH VersR 1961, 357; 1963, 438; 1969, 713; 1969, 738.

184 RGZ 141, 131; 163, 106; BGHZ 10, 16; BAG VersR 1968, 296; vgl. auch *Sanden* VersR 1967, 1013.

185 BGHZ 10, 17; BGH NJW 1972, 476; *Sanden* VersR 1967, 1013.

186 *Lohe* VersR 1968, 303.

187 *Weingart* VersR 1968, 427.

188 BGH VersR 1972, 197.

Ausmaßes der Verursachung des Unfalls[189]. Es muß daher die konkrete Betriebsgefahr festgestellt werden (zum Begriff und zur Unterscheidung von der abstrakten Betriebsgefahr s. § 7, 2 f). Von Bedeutung ist nur derjenige Teil der allgemeinen Betriebsgefahr des Kraftfahrzeugs, der sich nachgewiesenermaßen in dem Unfall niedergeschlagen hat[190]. Fährt jemand z. B. ein völlig verkehrsunsicheres Kraftfahrzeug, so hat dieser Umstand außer Betracht zu bleiben, wenn sich der Unfall in gleicher Weise mit einem in Ordnung befindlichen Kraftfahrzeug ereignet hätte[191]; desgleichen bleibt eine alkoholbedingte Fahruntüchtigkeit des Fahrers unberücksichtigt, wenn sie sich auf den Unfall nicht ausgewirkt hat[192].

105 bb) **Erhöhte Betriebsgefahr.** Die Betriebsgefahr fällt bei der Abwägung stärker ins Gewicht, wenn sie durch bestimmte Umstände erhöht wird. Häufigster Fall ist die Gefahrerhöhung durch schuldhaftes Fehlverhalten des Fahrers. Aber auch aus der Art des Kraftfahrzeugs (ein Lastzug hat eine höhere Betriebsgefahr als ein Moped), aus seiner Beschaffenheit (z. B. bei technischen Mängeln) oder aus der konkreten Verkehrssituation (Überholvorgang, hohe Geschwindigkeit) kann sich, sofern diese Umstände einen Unfallbeitrag geleistet haben, eine Erhöhung der Betriebsgefahr ergeben. Wegen Einzelheiten hierzu vgl. § 17, 57 ff.

106 cc) **Gewichtung der Betriebsgefahr.** Ist dem Verletzten zwar ein Verschulden, nicht aber ein grobes Verschulden nachzuweisen, so hat der lediglich aus § 7 oder § 18 zum Ersatz Verpflichtete – sofern die Betriebsgefahr seines Kraftfahrzeugs nicht erhöht war – dem Verletzten in der Regel ein Fünftel des entstandenen Schadens zu ersetzen[193].

107 Bei **grobem Verschulden** des Verletzten hat die Gefährdungshaftung in der Regel völlig zurückzutreten[194]. Es ist nicht Sinn der Gefährdungshaftung, dem Verkehrsteilnehmer, der sich selbst grob verkehrswidrig verhalten hat, Schadensersatzansprüche gegen einen anderen zu verschaffen, der lediglich den Unabwendbarkeits- bzw. Nichtverschuldensbeweis nicht zu führen vermag. Dem durch grobes Eigenverschulden verletzten Verkehrsteilnehmer kann vielmehr angesonnen werden, dem in Anspruch genommenen Kraftfahrzeughalter bzw. -führer ein Verschulden nachzuweisen oder den Schaden zur Gänze selbst zu tragen. Zu Recht wurde z. B. gegenüber einem Fußgänger eine Gefährdungshaftung verneint, der bei regnerischem Wetter und lebhaftem Verkehr bei Rotlicht eine Straße zu überqueren versuchte[195]. Unter besonderen Umständen (hoher Verursachungsbeitrag der Betriebsgefahr, erhöhte Betriebsgefahr, Milderungsgründe auf seiten des Verletzten) kann freilich eine Mithaftung (kaum über ein Fünftel) in Betracht zu ziehen sein.

108 Ein **leichtes Verschulden** des Verletzten kann umgekehrt hinter der Betriebsgefahr völlig zurücktreten, wenn deren Verursachungsbeitrag wesentlich überwiegt, also insbesondere bei besonders gefährlichen Fahrzeugen oder Fahrmanövern. Bei Gefahrerhöhung durch (nachgewiesenes) Verschulden gilt Rdn. 105.

109 **Einzelheiten** zur Bemessung der mitwirkenden Betriebsgefahr sind in § 17, 57 ff zusammengestellt, Rechtsprechungsnachweise zum Mitverschulden von Kraftfahrzeuginsassen in § 16, 300 f.

---

189 BGHZ 6, 319.

190 BGH VersR 1962, 375; 1966, 165; 1966, 586; 1967, 138; NZV 1995, 145.

191 BGH VersR 1958, 541.

192 BGH NZV 1995, 145.

193 BGH VersR 1967, 902; vgl. auch OLG Hamburg VersR 1966, 887: drei Zehntel.

194 Vgl. BGH VersR 1961, 592; 1962, 788; 1965, 566; 1966, 39; 1969, 571; 1969, 614; OLG Oldenburg VRS 8, 259; OLG Köln VersR 1976, 1095.

195 OLG Köln VersR 1976, 1095.

dd) **Außerhalb des Bereichs der Gefährdungshaftung** gibt es auch keine anrechenbare Betriebsgefahr. Bei der Abwägung bleibt also die „Betriebsgefahr" eines Fahrrads oder Pferdefuhrwerks auch dann unberücksichtigt, wenn sie entscheidend den Unfallablauf bestimmt hat. Das gleiche gilt für Kraftfahrzeuge, die nicht schneller als 20 km/h fahren können und für die daher nach § 8 die Gefährdungshaftung nach § 7 nicht gilt. Soweit RG und BGH für Kleinkrafträder, die seinerzeit ebenfalls nicht der Gefährdungshaftung nach dem StVG unterlagen, eine andere Ansicht vertreten haben, kann dem nicht zugestimmt werden[196]. Das Einstehenmüssen für die Betriebsgefahr kann im Bereich des Mitverschuldens nicht weiter reichen als im Bereich der Haftungsbegründung und bedarf als Ausnahme vom geltenden Verschuldensprinzip der gesetzlichen Grundlage. Zu einer Mithaftung kann es in diesen Fällen daher nur kommen, wenn die „Betriebsgefahr" des betreffenden Fahrzeugs durch ein Verschulden des Verletzten oder seines Verrichtungsgehilfen erhöht ist. Dann aber ist Zurechnungsgrund nicht mehr die Betriebsgefahr, sondern das Verschulden. Im Interesse der Klarheit sollte daher von „Betriebsgefahr" nur dort gesprochen werden, wo der Ersatzpflichtige einer Gefährdungshaftung unterworfen ist. Es verwirrt nur, wenn man z. B. bei der deliktischen Haftung eines Einweisers, der den Zusammenstoß des klägerischen Kraftfahrzeugs mit einem Schienenfahrzeug verschuldet hat, bei der Abwägung die „Betriebsgefahr" beider Fahrzeuge anlastet[197]; hier sollte allein mit den Begriffen des Verursachungsbeitrags und des Verschuldens gearbeitet werden. 110

d) **Sonstige Umstände**, wie z. B. verwandtschaftliche Beziehungen, Gefälligkeit, Übernahme einer besonderen Gefahr im Interesse des Schädigers[198], können allenfalls in Ausnahmefällen bei der Schuldabwägung Berücksichtigung finden. Kein Raum ist bei der Haftungsaufteilung nach § 254 BGB aber für bloße Billigkeitserwägungen. So dürfen z. B. die wirtschaftlichen Verhältnisse der Beteiligten, die Unfallfolgen oder das Bestehen von Versicherungsschutz nicht als Abwägungskriterien herangezogen werden[199]. Auszugehen ist von dem Grundsatz, daß für Begründung oder Ausschluß einer Mithaftung keine anderen Kriterien gelten können als für Begründung oder Ausschluß einer Haftung nach außen. 111

3. Abwägung bei Mehrheit von Ersatzpflichtigen

a) **Beteiligung mehrerer Ersatzpflichtiger an einer Schädigung.** Ist der Verletzte durch den Betrieb mehrerer Kraftfahrzeuge oder durch ein Kraftfahrzeug und einen anderen Schädiger gleichzeitig geschädigt worden, so kann er deren Halter, wenn sie den Entlastungsbeweis nicht führen können, und ggf. den weiteren Schädiger als Gesamtschuldner auf vollen Schadensersatz in Anspruch nehmen (§ 840 Abs. 1 BGB analog). Die Abwägung nach § 9 StVG, § 254 BGB bereitet dann u. U. Schwierigkeiten, weil der Verursachungsbeitrag des Verletzten im Verhältnis zum einen Schädiger höher oder geringer sein kann als im Verhältnis zum anderen oder im Verhältnis zur Gesamtheit der Schädiger. Zu beachten ist aber, daß das Problem nur auftritt, wenn tatsächlich ein und dieselbe Schädigung durch die mehreren Ersatzpflichtigen verursacht wird (sog. Nebentäterschaft), nicht dagegen bei aufeinanderfolgenden Schädigungen, wie sie bei Serien- oder Folgeunfällen gegeben sind. Dort haftet der Zweitschädiger nur für den Schaden, der durch seinen Beitrag noch zusätzlich hervorgerufen wurde (vgl. § 7, 323); 112

---

196 Vgl. RG VAE 1938, 358; BGH VRS 9, 427; wie hier OLG Neustadt VRS 5, 163.

197 So BGH VersR 1981, 354.

198 OLG Hamm VersR 1983, 275.

199 BGH VersR 1978, 183; *Palandt/Heinrichs* § 254, 49; *MünchKomm/Grunsky* § 254, 66; *Lange* § 10 XII 4; *Lepa* 76f; teilweise a. A. *Schlierf* NJW 1965, 676; *Böhmer* MDR 1962, 442.

der Verletzte kann von ihm daher nur den Zusatzschaden ersetzt verlangen und hat diesen, sofern der Erstschädiger nicht nach den Regeln der adäquaten Kausalität als Gesamtschuldner mithaftet, gesondert mit ihm abzurechnen und ggf. auch eine gesonderte Mitverschuldensabwägung durchzuführen[200].

113 Nach Rechtsprechung und h. L. ist die Gewichtung des Mitverschuldens bei der Nebentäterschaft nicht durch Einzelabwägung (im Verhältnis Geschädigter – einzelner Schädiger), sondern in Verbindung mit einer **Gesamtschau** (Verhältnis Geschädigter – die Schädiger) vorzunehmen[201]. Der Unterschied zwischen beiden Methoden liegt darin, daß z. B. bei gleich großem Verursachungsbeitrag der zwei Schädiger und des Geschädigten dieser bei Einzelabwägung die Hälfte, bei Gesamtschau aber zwei Drittel seines Schadens ersetzt bekommt. Dies ist allerdings nur die Quote, die ihm im Ergebnis insgesamt zustehen soll; den einzelnen Schädiger soll er nach dieser Ansicht gleichwohl höchstens bis zu dem Betrag in Anspruch nehmen können, der sich bei Einzelabwägung ergäbe. Im Beispielsfall könnte er also vom Schädiger A maximal 50% verlangen, während er sich wegen der restlichen 16⅔% (Differenz zu zwei Dritteln) an B halten könnte. Ein Gesamtschuldverhältnis zwischen den Schädigern wird bei dieser Konstruktion – entgegen BGHZ 30, 212 – nicht angenommen werden können, weil sonst die Leistung des einen Schädigers die Schuld des anderen nach § 422 BGB zum Erlöschen bringen würde, also nicht zu erklären wäre, wieso dieser den überschießenden Betrag zu leisten hat[202]. Rechtsprechung und h. L. begegnen diesem Einwand mit einer Aufspaltung der von jedem Schädiger zu erbringenden Leistung in einen Gesamtschuld- und einen Einzelschuldanteil[203], doch erscheinen derartige Versuche, die jeder gesetzlichen Grundlage entbehren, als mehr oder weniger willkürliche Hilfskonstruktionen, mit denen die Konsequenzen einer verfehlten Ausgangsposition ausgeräumt werden sollen[204].

114 Es ist daher dem Vorschlag von *Lange*[205] zu folgen, das Außenverhältnis der Nebentäter stets nach einer einheitlichen, nach Gesamtabwägung zu ermittelnden Haftungsquote zu bestimmen, auf die jeder als Gesamtschuldner in Anspruch genommen werden kann. Die Bedenken des BGH (die wohl den Anlaß für die oben dargestellte Rechtsansicht gebildet haben), daß es bei Nebentäterschaft – anders als bei gewollter Mittäterschaft – nicht vertretbar sei, den Schädigern ihre Tatbeiträge wechselseitig zuzurechnen[206] und sie das Risiko der Insolvenz eines von ihnen beim Innenausgleich tragen zu lassen, erscheinen unbegründet. Bei fehlender Mitverantwortung des Geschädigten ist anerkannt, daß Nebentäter grundsätzlich als Gesamtschuldner haften[207], also jeder auf den vollen Betrag mit dem Risiko, den Ausgleichsanspruch gegen die Mitschädiger realisieren zu können. Die Tatsache, daß den Geschädigten eine Mitverantwortung an dem Schaden trifft, verändert die Situation nicht so entscheidend, daß diese Konsequenz nunmehr unerträglich wäre. Es erscheint nicht gerechtfertigt, den Geschädigten gleichsam einem weiteren Nebentäter gleichzustellen und an dem Risiko der Insolvenz

---

200 Vgl. BGH VersR 1964, 49; KG VersR 1962, 839.

201 BGHZ 30, 203; 54, 284; 61, 354; OLGR Düsseldorf 1994, 216; *MünchKomm/Grunsky* § 254, 70; *Palandt/Heinrichs* § 254, 57; *Lepa* 85 ff; *Eibner* JZ 1978, 50.

202 *Lange* § 10 XIII 3 b.

203 So BGH VersR 1959, 608; OLG Celle OLGZ 1974, 203; *MünchKomm/Grunsky* § 254, 71; *Palandt/Heinrichs* § 254, 57; *Steffen* DAR 1990, 43; vgl. auch *Eibner* JZ 1978, 50. In BGH NZV 1991, 109 wurde von der Aufspaltung abgesehen.

204 Kritisch zur Rspr. des BGH auch *Lange* § 10 XIII 3 c; *Keuk* AcP 168, 175; *Ries* AcP 177, 551; *Koch* NJW 1967, 181; *Reinelt* JR 1971, 177.

205 § 10 XIII 3 c.

206 Vgl. BGH VersR 1995, 428.

207 BGHZ 17, 221; 30, 208; BGH LM § 840 Nr. 7 a; *Palandt/Thomas* § 840, 2; *Erman/Drees* § 840, 4.

eines der Schädiger zu beteiligen[208]. Immerhin ist er durch ein Ereignis, zu dem jeder der Nebentäter eine Bedingung gesetzt hat, geschädigt worden; das ihn treffende Mitverschulden aber kann mit einem haftungsbegründenden Verschulden nicht auf eine Stufe gestellt werden. Es bestehen daher auch Bedenken gegen die von *Lange*[209] erwogene Möglichkeit, den Geschädigten im Falle der Insolvenz eines Nebentäters in den Gesamtschuldnerausgleich einzubeziehen und proportional seiner Quote zu beteiligen. Der mitverantwortliche Geschädigte braucht vielmehr außer der Kürzung seines Ersatzanspruchs keine weiteren Nachteile hinzunehmen.

Im oben genannten Beispielsfall haften die beiden Schädiger folglich auf ⅔ des Schadens als Gesamtschuldner; die Zurückführung ihrer Haftung auf je ⅓ vollzöge sich ausschließlich im Wege des Innenausgleichs nach § 426 BGB. Nach h. M. würden die Beklagten dagegen zur Zahlung von 50% des Schadens als Gesamtschuldner und weiteren 16⅔% je als Einzelschuldner verurteilt[210]. **115**

b) **Beteiligung mehrerer Ersatzpflichtiger an einer einheitlichen Schadensursache.** Bei der Gesamtabwägung des Mithaftungsanteils des Verletzten gegen die Beiträge mehrerer Schädiger ist zu berücksichtigen, daß nicht in jedem Fall für jeden einzelnen Ersatzpflichtigen eine eigene Quote anzusetzen ist. Dies wäre nämlich, da mit zunehmender Zahl der Nebentäter der vom Geschädigten selbst zu tragende Haftungsanteil immer geringer wird, dann unangemessen, wenn die Mitverantwortlichkeit einzelner Nebentäter sich auf ein und denselben Verursachungsbeitrag bezieht, wie dies z. B. im Verhältnis zwischen Geschäftsherrn und Verrichtungsgehilfen[211] oder zwischen Halter und Fahrer eines Kraftfahrzeugs der Fall ist[212] oder zwischen Tätern, die eine einheitliche Schadensursache geschaffen haben, bevor sie mit dem Beitrag des Ersatzberechtigten zusammentraf[213]. Es liegt auf der Hand, daß in diesen Fällen der Haftungsanteil des Geschädigten nicht davon abhängen kann, wie viele Personen für die Schaffung der einheitlichen Gefahr verantwortlich sind. Diese Personen sind daher zu einer **Haftungseinheit** zusammenzufassen, die in die Gesamtschau nur mit **einer** Quote eingeht. Es handelt sich hierbei aber nur um eine Frage der richtigen Quotierung innerhalb der Gesamtschau nach Rdn. 113 ff. Ansonsten gelten für die Haftung die dort dargestellten Grundsätze in gleicher Weise. Auch nach dem zwischen gesamt- und einzelschuldnerischer Haftung differenzierenden Konzept der Rechtsprechung haften die Mitglieder der Haftungsgemeinschaft für ihre gemeinsame Quote – aber entgegen der hier vertretenen Meinung (Rdn. 114) nur für diese[214] – stets als Gesamtschuldner. Zu den Ausgleichsansprüchen zwischen ihnen vgl. § 17, 36 a. E. **116**

c) **Beteiligung eines oder mehrerer Schädiger und des Geschädigten an einer einheitlichen Schadensursache.** In diesem Fall soll nach der Rechtsprechung des BGH eine **Zurechnungseinheit** zwischen dem oder den Ersatzpflichtigen und dem Geschädigten bestehen, weil diese für einen einheitlichen Verursachungsbeitrag gemeinsam verantwortlich sind. Folge hiervon ist, daß dieser Beitrag bei der Gesamtschau nur einmal angesetzt werden kann, d. h. im Verhältnis zu dem oder den außerhalb der Zurechnungseinheit stehenden Schädiger(n) gestaltet sich die Haftung so, als würde der Tat- **117**

---

208 So aber *Steffen* DAR 1990, 42; **a. A.** *Keuk* AcP 168, 175 ff; *Koch* NJW 1967, 181 ff.

209 § 10 XIII 3 c.

210 Vgl. auch die weiteren Berechnungsbeispiele bei *Steffen* DAR 1990, 45.

211 RGZ 136, 287; BGHZ 6, 3; BGH VersR 1979, 1107; NZV 1989, 351.

212 Vgl. OLG Celle OLGZ 1974, 203.

213 Vgl. BGHZ 54, 283: mehrere Personen waren dafür verantwortlich, daß der Anhänger, auf den der Verletzte auffuhr, nachts unbeleuchtet auf der Straße stand; BGH VersR 1980, 770: ein Schädiger hat ein Seil über die Straße gespannt, der zweite unterlassen, es zu kennzeichnen.

214 Vgl. BGH VersR 1995, 428.

beitrag des anderen Mitschädigers dem Geschädigten zugerechnet; zwischen diesen muß ein gesonderter Ausgleich innerhalb der Einheit stattfinden[215]. Eine Gesamtschuld kann hierbei nur innerhalb und außerhalb der Zurechnungseinheit angenommen werden, nicht aber zwischen dem (den) zur Einheit gehörenden und dem (den) außenstehenden Schädiger(n)[216]. Damit widerspricht die Lehre von der Zurechnungseinheit § 840 Abs. 1 BGB und ist abzulehnen. Die Gesamtabwägung ist auch in diesen Fällen gem. Rdn. 114 vorzunehmen. Zum Ausgleichsanspruch zwischen den Schädigern vgl. § 17, 37.

118 Die Rechtsprechung hat die Grundsätze der Zurechnungseinheit z. B. in folgenden Fällen angewendet: Ein Polizeibeamter steht mit einem betrunkenen Kraftfahrer, den er soeben gestellt hat und der Widerstand leistet, auf der Straße (einheitlicher Verursachungsbeitrag) und wird dort von einem unaufmerksamen Fahrer erfaßt[217]; ein Pkw-Fahrer veranlaßt die später Geschädigte, sein unbeleuchtetes Pannenfahrzeug bei Dunkelheit auf der Straße zu schieben, ein anderer fährt auf[218]; ein Kind wird durch Verschulden eines Kraftfahrers und eines Aufsichtspflichtigen verletzt: Aufsichtspflichtiger und Kind bilden eine Zurechnungseinheit[219]; Zusammenstoß zwischen einem Pkw und einem Kind, das, mit einem Spielkameraden durch ein Seil verbunden, von diesem über die Straße gezogen wurde: die beiden Kinder bilden eine Zurechnungseinheit[220]. Auch beim Serienauffahrunfall sind entsprechende Konstellationen denkbar (s. § 17, 78). Zu Unrecht hat dagegen OLG Frankfurt VersR 1988, 750 eine Zurechnungseinheit in folgendem Fall angenommen: mehrere Pkw waren mit einem auf der Autobahn stehenden Lkw kollidiert und in der Nähe liegengeblieben. Anschließend fuhr ein anderer Lkw auf den Lkw auf; in dieses Unfallgeschehen wurden auch die liegengebliebenen Pkw verwickelt. In diesem Fall lagen gesonderte Unfallereignisse vor. Die Auffahrunfälle mit dem Pkw hatten lediglich dazu geführt, daß diese sich noch im Bereich der Unfallstelle befanden; sie hatten aber keinen Verursachungsbeitrag zu dem Auffahrunfall des Lkw geleistet. Daher bestand kein Anlaß, zwischen den Pkw-Fahrern und dem Halter des stehenden Lkw eine Zurechnungseinheit anzunehmen.

119 d) **Alternativtäterschaft.** Nach § 830 Abs. 1 Satz 2 BGB, der auch im Bereich der Gefährdungshaftung gilt, kann das Gericht, wenn sich mehrere in anspruchsbegründender Weise verhalten haben, aber nicht festzustellen ist, wessen Verhalten für den Unfall kausal war, jeden der Beteiligten zum Schadensersatz verurteilen (vgl. § 7, 81 ff). Trifft in einem solchen Fall den Geschädigten ein Mitverschulden, so kann es sein, daß dieses gegenüber den (gedachten) Verursachungsbeiträgen der Alternativschädiger unterschiedlich ins Gewicht fällt. Es kann aber jeder nur zu der geringsten (hypothetischen) Haftungsquote verurteilt werden (s. § 7, 87).

120 e) **Einfluß von Haftungsfreistellungen.** Zu der Frage, ob sich eine Haftungsprivilegierung bei einem der Schädiger auf den Ersatzanspruch des Geschädigten gegen den anderen auswirkt s. § 17, 23 ff.

4. Bezifferung der Quote

121 Ist die Abwägung nach vorgenannten Grundsätzen vollzogen, so setzt das Gericht die Haftungsquoten ziffernmäßig fest, und zwar in der Regel in Bruchteilen oder in Prozenten (zu dem hierbei bestehenden Ermessensspielraum s. Rdn. 125; zur abweichenden Praxis beim – im Bereich des § 9 nicht interessierenden – Schmerzensgeld § 16, 31). Die Quote braucht nicht für alle Schadenspositionen gleich zu sein (vgl. Rdn. 98). Quoten unter 20% sollten schon deswegen nicht festgesetzt werden, weil ohnehin nur Annäherungswerte gefunden werden können und weil bei derart geringen Haftungsanteilen die Mithaftung völlig hinter dem überwiegenden Verursachungsbei-

---

[215] BGHZ 61, 213; BGH VersR 1978, 735.
[216] BGH NZV 1996, 359.
[217] BGHZ 61, 213.
[218] BGH NZV 1996, 359.
[219] BGH VersR 1978, 735; OLG Stuttgart NZV 1992, 185; krit. *Sundermann* JZ 1989, 930.
[220] BGH VersR 1983, 131 = 634 m. Anm. *Hartung*.

trag der anderen Seite zurücktreten sollte[221]. Zur Bemessung der Quote im Einzelfall vgl. die Übersichten in § 17, 66 ff (Kraftfahrzeuge), § 16, 294 ff (andere Verkehrsteilnehmer, Fahrgäste), § 16, 679 f (Verkehrssicherungspflicht).

5. Beweisfragen

a) **Beweislast.** Der Ersatzpflichtige muß den Verursachungsbeitrag des Geschädigten nach Grund und Gewicht beweisen[222]. Die Beweislastregel des § 282 BGB kann hier nicht herangezogen werden[223]. **122**

b) **Feststellung der Abwägungskriterien.** Die für die Haftungsverteilung als Grundlage herangezogenen Tatsachen müssen feststehen, d. h. im Prozeß nach § 286 ZPO bewiesen sein[224]; Vermutungen (z. B. des Verschuldens nach § 18; vgl. Rdn. 101), Wahrscheinlichkeiten oder Unterstellungen genügen nicht. Auch die Beweiserleichterung nach § 287 ZPO greift insoweit nicht ein. Ein Anscheinsbeweis (vgl. § 16, 362 ff) kommt dann in Betracht, wenn bei entsprechender Sachlage im Bereich der Haftungsbegründung ein solcher eingreifen würde[225], also nicht für die Feststellung **grober** Fahrlässigkeit (vgl. § 16, 372), wohl aber z. B. für die Frage, ob das Nichtanlegen des Sicherheitsgurts für eine Verletzung ursächlich war (Rdn. 59). Für den **Kausalitätsbeweis** gelten die auch sonst zuzubilligenden Erleichterungen, d. h. die Beschränkung auf den Nachweis der nach der Lebenserfahrung anzunehmenden Kausalität (vgl. § 16, 377). § 287 ZPO ist hingegen auch im Bereich der Kausalität des Mitverschuldens nicht anwendbar[226]. **123**

c) Beruht die Inanspruchnahme des Schädigers auf einer **Wahlfeststellung** (d. h. es kann nicht festgestellt werden, welche von mehreren ausschließlich in Betracht kommenden Verhaltensweisen er verwirklicht hat, jede von ihnen begründet aber seine Haftung), so kann für die Gewichtung eines Mitverschuldens des Verletzten entsprechend oben genannter Beweislastverteilung nur von demjenigen Geschehensablauf ausgegangen werden, der ihn weniger belasten würde. Umgekehrt darf jedoch der Verursachungsbeitrag des Schädigers nicht auf der Grundlage dieses nur unterstellten Unfallverlaufs bemessen werden, denn auch ihm darf nur sein erwiesener Tatbeitrag zur Last gelegt werden, d. h. die für ihn günstigere Alternative[227]. Hier müssen bei der Abwägung demnach zweierlei Schadensabläufe zu Grunde gelegt werden, die sich tatsächlich nicht miteinander vereinbaren lassen; es werden Größen zueinander in Beziehung gesetzt, zwischen denen keine reale Beziehung besteht. In solchen Fällen gleichwohl einen „gemeinsamen Nenner" zu finden, wird nur durch einen vermittelnden Schadensausgleich nach Billigkeit möglich sein. Dies ist unbefriedigend, aber unausweichliche Folge der Zulassung einer Alternativfeststellung zum Haftungsgrund (zur ähnlichen Problematik bei § 830 Abs. 1 Satz 2 BGB vgl. Rdn. 119). **124**

d) Für die **Bestimmung der Haftungsquote** kann ein voller Beweis nicht verlangt werden. So wie dem Verletzten nicht zugemutet werden kann, den Betrag seines Schadens auf Mark und Pfennig genau zu beweisen, kann auch vom Ersatzpflichtigen nicht verlangt werden, den Haftungsanteil des Verletzten auf einzelne Prozente genau nach- **125**

---

221 BGH VersR 1979, 528; OLG Hamm VersR 1971, 914.

222 RGZ 114, 77; 159, 261; BGH VersR 1978, 183; OLG Oldenburg VRS 8, 260.

223 BGHZ 46, 267.

224 BGH VersR 1957, 236; 1957, 571; 1968, 646; OLG Frankfurt VersR 1974, 472.

225 Vgl. RG JW 1910, 37; BGH VersR 1957, 529.

226 A. A. BGH VersR 1957, 236; 1957, 571; 1968, 646; 1986, 1208.

227 BGH VersR 1978, 185.

zuweisen. Wie bei der Schadensbezifferung ist daher § 287 ZPO (zumindest sinngemäß) auch hier anzuwenden[228], d. h. das Gericht hat einen gewissen Ermessensspielraum und kann auch zu einer Schätzung greifen (vgl. § 16, 360).

V. Prozeßrechtliche Fragen

1. Grundurteil

126 a) Die Mitverantwortlichkeit des Geschädigten für das **Entstehen des Schadensereignisses** betrifft den Haftungsgrund. Sie ist daher vor Erlaß eines Grundurteils zu klären und ggf. in diesem, mit Festsetzung der Haftungsquote, auszusprechen[229]. Der BGH läßt es aber zu, ausnahmsweise die Frage des Mitverschuldens durch ausdrücklichen Vorbehalt im Grundurteil dem Nachverfahren zu überlassen, sofern der Einwand nur zu einer Minderung, nicht zur Beseitigung der Schadenshaftung führen kann[230] und das Mitverschulden mit dem Haftungsgrund nicht deswegen untrennbar verknüpft ist, weil beides sich aus einem einheitlich zu würdigenden Schadensereignis ableitet[231]. Nach Erlaß eines Feststellungsurteils ist dagegen ein nachträglicher Mitverschuldenseinwand im keinem Fall mehr möglich (s. Rdn. 129).

127 b) Ein Mitverschulden hinsichtlich der **Auswirkungen des Schadensereignisses** ist dagegen erst im Nachverfahren zu berücksichtigen. Da es sich hinsichtlich einzelner Unfallfolgen oder Schadensposten unterschiedlich ausgewirkt haben kann, ist es fehlerhaft, bereits im Grundurteil eine globale Mitverschuldungsquote festzusetzen[232]. Dies gilt z. B. auch, wenn der Ersatzpflichtige sich auf einen Verstoß des Verletzten gegen die Anschnallpflicht (§ 21 a StVO) beruft.

2. Beschränkung der Revision

128 Kann die Frage des Mitverschuldens dem Nachverfahren überlassen werden (Rdn. 126 f), so kann das OLG, gleich ob es hiervon Gebrauch gemacht hat oder nicht, die Revisionszulassung wirksam auf diesen Einwand beschränken (BGHZ 76, 397). Es hat auch die Möglichkeit, die Revision nur für den auf die Verletzung der Anschnallpflicht gegründeten Einwand des Mitverschuldens und nicht auch für den gleichzeitig beschiedenen Einwand des Mitverschuldens am Zustandekommen des Unfalls zuzulassen[233].

3. Rechtskraftwirkung eines Feststellungsurteils

129 Ist die Schadensersatzverpflichtung rechtskräftig festgestellt worden, so kann in einem späteren Verfahren über die Höhe des Schadens ein Mitverschulden nicht mehr geltend gemacht werden[234]. Dies gilt auch dann, wenn die Tatsachen, auf die der Mitverschuldenseinwand gestützt wird, im Vorprozeß nicht vorgetragen worden waren, denn für die Rechtskraftpräklusion ist allein entscheidend, daß die Tatsachen zum Zeitpunkt der letzten mündlichen Verhandlung vorgelegen haben und damit hätten vorgetragen werden können[235]. Unter dieser Voraussetzung ist daher auch der Einwand einer Verletzung der Schadensminderungspflicht präkludiert[236].

---

228 BGHZ 60, 184; BGH VersR 1957, 236; 1957, 571; 1961, 368; 1968, 646; *Lange* § 10 XVIII; *Greger* 195; *Klauser* JZ 1968, 169; *Arens* ZZP 88 (1975) 44.

229 BGHZ 76, 397; BGH VersR 1981, 57.

230 BGHZ 1, 36; 63, 119; 76, 400; BGH VersR 1981, 57.

231 BGHZ 63, 119; BGH VersR 1981, 57.

232 BGH VersR 1979, 960; 1981, 57.

233 BGH VersR 1981, 57.

234 BGH VersR 1982, 877.

235 BGH VersR 1988, 1139.

236 BGH VersR 1988, 1139.

§ 10
Ersatzpflicht bei Tötung

(1) Im Falle der Tötung ist der Schadensersatz durch Ersatz der Kosten einer versuchten Heilung sowie des Vermögensnachteils zu leisten, den der Getötete dadurch erlitten hat, daß während der Krankheit seine Erwerbsfähigkeit aufgehoben oder gemindert oder eine Vermehrung seiner Bedürfnisse eingetreten war. Der Ersatzpflichtige hat außerdem die Kosten der Beerdigung demjenigen zu ersetzen, dem die Verpflichtung obliegt, diese Kosten zu tragen.

(2) Stand der Getötete zur Zeit der Verletzung zu einem Drittel in einem Verhältnisse, vermöge dessen er diesem gegenüber kraft Gesetzes unterhaltspflichtig war oder unterhaltspflichtig werden konnte, und ist dem Dritten infolge der Tötung das Recht auf Unterhalt entzogen, so hat der Ersatzpflichtige dem Dritten insoweit Schadensersatz zu leisten, als der Getötete während der mutmaßlichen Dauer seines Lebens zur Gewährung des Unterhalts verpflichtet gewesen sein würde. Die Ersatzpflicht tritt auch dann ein, wenn der Dritte zur Zeit der Verletzung erzeugt, aber noch nicht geboren war.

Übersicht

Schrifttum

Ackmann Die deutsche und amerikanische Rechtsprechung zur Anrechenbarkeit von Erbschaftsstamm und -erträgen auf Unterhaltsersatzansprüche im Wege der Vorteilsausgleichung JZ 1991, 818 u. 967; *Becker* Die nichteheliche Lebensgemeinschaft im Schadensrecht VersR 1985, 201; *Böhmer* Ersatz für Trauerkleidung DAR 1951, 106; *Böhmer* Beerdigungskosten und Unterhaltsersparnis RdK 1953, 5; *Drees* Schadensberechnung bei Unfällen mit Todesfolge (1990); *Drees* Berechnung des Unterhaltsschadens bei Ausfall des mitverdienenden Ehegatten VersR 1985, 611; *Dunz* Freie Lebensgemeinschaft der Unfallwitwe VersR 1985, 509; *Eckelmann* Schadensersatz bei Verletzung oder Tötung einer (berufstätigen) Frau oder Ehefrau[4] (1974); *Eckelmann* Schadensersatz für Personenschäden (1974); *Eckelmann* Bewertung der Arbeit der Hausfrau und Schadensersatz bei ihrem Ausfall in der höchstrichterlichen Rechtsprechung DAR 1987, 44; *Eckelmann/Nehls* Schadensersatz bei Verletzung und Tötung (1987); *Eckelmann/Schäfer* Beitrag zur Schadensregulierung bei Personenschäden nach Unfalltod wegen Ausfalls von Geldunterhalt DAR 1981, 365; *Eckelmann/Nehls/Schäfer* Beitrag zum Schadensersatz bei Ausfall von Hausfrauen und Müttern im Haushalt nach Unfalltod DAR 1982, 377; *Eckelmann/Nehls/Schäfer* Die Berechnung des Schadensersatzes bei Ausfall von Geldunterhalt nach Unfalltod des Ehemannes/Vaters NJW 1984, 945; *Fleer* Modifizierte Nettomethode und Schadensersatzanspruch der Hinterbliebenen nach § 844 Abs. 2 BGB VersR 1974, 108; *Höring* Ersatz für entgangene Zukunftssicherung VersR 1955, 72; *John* Einfluß der vorzeitig angefallenen Erbschaft auf den Ersatzanspruch JZ 1972, 543; *Krebs* Ansprüche der Witwe VersR 1961, 293; *Ludwig* Die Unzulänglichkeit des Schadensersatzes beim Ausfall einer Hausfrau und Mutter DAR 1986, 375; *Millauer* Ansprüche der berufstätigen Ehefrau NJW 1967, 1061; *Reinicke* Vorteilsausgleichung bei entgangenem Unterhalt und entgangenen

Diensten, MDR 1952, 460; *Scheffen/Pardey* Die Rechtsprechung des BGH zum Schadensersatz beim Tod einer Hausfrau und Mutter (1985); *Schulz-Borck/Hofmann* Schadensersatz bei Ausfall von Hausfrauen und Müttern im Haushalt[2] (1983); *Theda* Die Beerdigungskosten nach § 844 Abs. 1 BGB DAR 1985, 10; *Thiele* Gedanken zur Vorteilsausgleichung AcP 167 (1967) 193; *Thierfelder* Wegfall von Ansprüchen der Witwe bei Wiederverheiratung? NJW 1961, 641; *Weichlein* Die Höhe des Schadensersatzes bei Verletzung oder Tötung einer Hausfrau (1977); *Weimar* Wegfall von Ansprüchen der Witwe bei Wiederverheiratung? NJW 1960, 2181; *Weyer* Schadensersatz wegen Ausfalls der Hausfrau und Mutter VersR 1971, 1111; *Wussow* Zusammentreffen der Ansprüche mehrerer Familienmitglieder FamRZ 1967, 189.

Geschichtliche Entwicklung. Die Vorschrift war bereits wörtlich im Entwurf 1906 enthalten. Anträge hierzu wurden nicht gestellt; sie wurde unverändert angenommen (Komm. Ber. S. 25) und auch später nicht mehr geändert.

I. Bedeutung und Inhalt der Vorschrift

1. Anspruchsberechtigung nicht unmittelbar Verletzter

Im Grundsatz geht das StVG ebenso wie § 823 Abs. 1 BGB (im Gegensatz zu § 823 **1**
Abs. 2 BGB) davon aus, daß nur demjenigen Geschädigten Ersatzansprüche gegen den Schädiger zustehen, der selbst entweder einen Sachschaden oder einen Personenschaden erlitten hat, während alle diejenigen Betroffenen leer ausgehen (§ 7 Abs. 1 StVG), die lediglich einen Vermögensschaden erlitten haben (sog. Dritte). Von diesem im Interesse der Haftungsbegrenzung aufgestellten Grundsatz normiert § 10 zwei Ausnahmen zugunsten von Pietätspflichten, nämlich für die Durchführung einer standesgemäßen Beerdigung des Unfallopfers und die Versorgung der Witwe und der Waisen. Der zum Tragen der Beerdigungskosten Verpflichtete und die Unterhaltsberechtigten haben daher, obgleich nicht unmittelbar Verletzte, einen eigenen Anspruch auf Schadensersatz (§ 10 Abs. 1 Satz 2, Abs. 2). Sie erwerben diesen Anspruch nicht als Rechtsnachfolger des Getöteten, sondern originär. Die Selbständigkeit des Anspruchs zeigt sich z. B. darin, daß die Ausschlußklausel des § 11 Nr. 3 AKB ihn nicht erfaßt, wenn nur der Getötete, nicht aber der Hinterbliebene zu dem dort genannten Personenkreis gehört[1].

2. Ansprüche für Krankheitszeiten vor dem Ableben

Abs. 1 Satz 1 hat im wesentlichen nur klarstellende Funktion. Stirbt der Verletzte, **2**
ehe der Schädiger seine bereits entstandenen Ansprüche nach § 11 befriedigt hat, so gehen diese ohnehin auf die Erben des Verletzten über, und zwar ohne Rücksicht darauf, ob der Tod eine Folge des Unfalls war. § 10 Abs. 1 Satz 1, der diese Rechtslage für den besonderen Fall feststellt, daß der Tod auf dem Unfall beruhte, besagt also nichts Neues. Er gibt nicht etwa einem Miterben abweichend von § 2039 Satz 1 BGB das Recht, vom Schädiger Zahlungen an ihn allein zu verlangen[2]. Ferner gewährt er auch nicht etwa den Erben Ansprüche, die der Getötete nicht hatte, sondern bezieht sich nur auf die beim Tod bereits vorhandenen Ansprüche. Insbesondere hatte der Erblasser schon einen Anspruch gegen den Schädiger auf Freistellung von den Zahlungsansprüchen des Krankenhauses und der Ärzte, auch wenn diese noch nicht Rechnung gestellt hatten (§ 11, 23).

Eine eigene Bedeutung hat Abs. 1 Satz 1 allenfalls insoweit, als ihm zu entnehmen **3**
ist, daß die Kosten eines Transportes von der Unfallstelle ins Krankenhaus und die

[1] BGH VersR 1978, 54.

[2] RG VAE 1936, 587; a. A. KG VR 1927, 404.

Aufnahme im Krankenhaus auch dann unter die Heilungskosten fallen, wenn der beim Unfall Verletzte beim Beginn der Beförderung bereits tot war oder unterwegs gestorben ist.

3. Kein Ausschluß von Ansprüchen des Erben aus Sachschäden

4 Keinesfalls kann aus der Vorschrift entnommen werden, der Erbe dürfe nur Ansprüche des Erblassers aus Personenschäden geltend machen, nicht aber solche aus Sachschäden. Der Erbe kann vielmehr den Schaden, den der Verstorbene durch die Beschädigung seines Wagens beim Unfall erlitten hat, ebenso ersetzt verlangen, als lebte der Erblasser noch. Zu beachten ist freilich, daß dies nur für Schäden gilt, die zu Lebzeiten des Erblassers entstanden waren; Schäden, die der Erbe selbst durch den Unfall erleidet, werden – wenn sie nicht auf einer unmittelbaren Verletzung des Erben beim Unfall beruhen – nur im Rahmen der von § 10 normierten Ausnahmen ersetzt (Rdn. 16 ff).

4. Kein Ausschluß von Ansprüchen aus anderen Rechtsgründen

5 § 10 enthält keine ausschließliche Regelung in dem Sinne, daß Ansprüche Dritter, die auf andere Rechtsgründe (z. B. Vertrag, Geschäftsführung ohne Auftrag oder ungerechtfertigte Bereicherung) gestützt werden, ausgeschlossen wären. Wer den Transport des Verletzten ins Krankenhaus bezahlt oder selbst durchgeführt oder die Heilungskosten bezahlt hat, hat selbst einen Anspruch gegen den Schädiger, weil er dessen Aufgabe übernommen hat, die Unfallfolgen soweit wie möglich abzuwenden oder zu verringern.

6 Ebenso steht es, wenn ein Dritter, der hierzu nicht verpflichtet gewesen wäre, den Hinterbliebenen des Getöteten Unterhalt gewährt, weil diese sonst Sozialhilfe in Anspruch nehmen müßten. Denn dieser Dritte erfüllte eine gesetzliche Verpflichtung des Schädigers, deren Erfüllung in öffentlichem Interesse lag, und kann daher sogar dann Ersatz seiner Aufwendungen verlangen, wenn der Schädiger die Unterhaltsgewährung durch den Dritten mißbilligt hat (§ 679 BGB).

5. Kein Einfluß auf Ansprüche Dritter aus eigener Verletzung

7 Die Frage, inwieweit Personen, die selbst nicht am Unfall beteiligt sind, aber infolge des Miterlebens oder der Unfallnachricht körperlich geschädigt werden, Ersatzansprüche haben, wird von § 10 weder im positiven noch im negativen Sinn geregelt (vgl. hierzu § 7, 165 und zur Frage der Anrechenbarkeit von Mitverschulden § 9, 28).

6. Kein Ersatzanspruch für den Wegfall von Dienstleistungen

8 Im Gegensatz zu § 845 BGB sieht das StVG keinen Ersatzanspruch für den Wegfall von Dienstleistungen durch den Tod des gesetzlich zu Diensten Verpflichteten vor. Auch eine entsprechende Anwendung der Vorschrift scheidet aus[3]. Dieser Unterschied in der Regelung kommt jedoch nur selten zur Auswirkung, seit der BGH entschieden hat, daß die Mitarbeit eines Ehegatten im Haushalt oder im Erwerbsgeschäft des anderen keine Dienstleistung im Sinne des § 845 BGB darstellt[4], so daß sich der Ersatzanspruch des Ehemannes im Falle der Tötung seiner Frau allein nach § 844 Abs. 2 BGB

---

[3] RGZ 57, 52; 139, 295.

[4] BGHZ 51, 109; 59, 172; 77, 157.

bzw. § 10 Abs. 2 StVG richtet[5]; vgl. § 16, 12. Bedeutung kann das Fehlen einer § 845 BGB entsprechenden Vorschrift aber z. B. für die familienrechtlich geschuldeten Dienstleistungen von Kindern nach § 1619 BGB haben (vgl. § 16, 10). Die – insbesondere aus Art. 3 GG hergeleiteten – Gründe für die Herausnahme der Mitarbeitspflicht von Ehegatten aus dem Anwendungsbereich des § 845 BGB lassen sich auf diese Dienstleistungen nicht übertragen[6].

7. Keine Ersatzpflicht für nach dem Tod des Verletzten eintretende Vermögensschäden

Von den in § 10 geregelten Ausnahmen abgesehen haftet der Schädiger nicht für **9** Unfallfolgen, die erst nach dem Tod des Verletzten eingetreten sind[7]. Auch die Erben, die diese Folgen zu tragen haben, sind „Dritte" im Sinne der in Rdn. 1 dargelegten Grundsätze. Erleidet z. B. der Wagen, in dem der Getötete fuhr und der diesem gehörte, beim Unfall Totalschaden, so hat der Schädiger den Erben zwar die Kosten für einen gebrauchten gleichwertigen Wagen zu erstatten, ihnen aber keinen Nutzungsausfall zu zahlen und ihnen die Aufwendungen für einen Mietwagen auch dann nicht zu erstatten, wenn sie nach dem Tod des Erblassers auf den Wagen dringend angewiesen waren. Ein solcher Fall wird vor allem dann eintreten, wenn die Erben das Geschäft des Verstorbenen weiterführen[8]. Der Erbe kann den Ersatz des ihm durch den Unfall entstandenen Schadens auch nicht etwa unter dem Gesichtspunkt fordern, die Gewißheit, daß weitere Schadensfolgen eintreten werden, sei schon zu Lebzeiten des Erblassers entstanden, der den Unfall um einige Stunden überlebt habe. Denn während nach § 1922 BGB die Gesamtheit der wertbezogenen Rechtsverhältnisse auf die Erben übergeht und diese daher nach § 1967 Abs. 2 BGB auch für solche Schadensfolgen anderer Unfallbeteiligter einzustehen haben (eine Haftung des Erblassers unterstellt), die erst nach dem Tod des Erblassers entstehen, haben sie umgekehrt keinen Ersatzanspruch für Schadensfolgen, die das Vermögen des Erblassers erst nach dessen Tod treffen[9].

So hat BGH VersR 1962, 337 einen Ersatzanspruch der Erben dafür verneint, daß infolge des **10** Todes des Erblassers eine im Aufbau befindliche Fabrikanlage nicht vollendet werden konnte, so daß die vom Erblasser bestellten Maschinen nicht abgenommen werden konnten und ein Abstandsgeld an die Lieferanten gezahlt werden mußte. Die Erben können mithin auch keinen Ersatz für Prozeßkosten verlangen, wenn infolge des Todes des Erblassers ein Rechtsstreit erforderlich geworden ist. War der Getötete Notar, so braucht der Schädiger die Kosten der Auflösung des Notariats, die den Erben entstehen, nicht zu ersetzen[10]. Die Ersatzpflicht für die Folgen der Erwerbsminderung des an den Unfallfolgen Sterbenden bedeutet nicht, daß dessen Erben auch den Vermögensverlust ersetzt bekämen, der dadurch entsteht, daß nach dem Tod des Verletzten dessen Erwerbsgeschäft aufgelöst werden muß und kein Erlös zu erzielen ist, der dem Wert des Unternehmens und der in dieses eingebrachten Sachen entspricht[11]. Etwas anderes gilt, wenn das Geschäft noch zu Lebzeiten des Verletzten aufgelöst oder veräußert werden muß (§ 11, 118 f).

8. Kein Anspruch auf Ersatz von Anwaltskosten

Wegen der Beschränkung des Hinterbliebenen auf die in § 10 genannten Ansprüche **11** können die Kosten einer außerprozessualen Rechtsberatung von ihm nicht geltend gemacht werden. Sie sind ebenfalls als Verzugsschäden erstattungsfähig. Rechtsanwalts-

5 BGH NJW 1980, 2196.
6 BGHZ 69, 380.
7 BGH VersR 1979, 324.
8 OLG Dresden VAE 1940, 184 und 224 m. Anm. *Küster*.
9 BGH VersR 1965, 1077.
10 BGH VersR 1968, 554; vgl. auch BGH VersR 1970, 41.
11 BGH VersR 1972, 460.

kosten, die anläßlich der Geltendmachung des Rentenanspruchs gegenüber einem Sozialversicherungsträger entstehen, können weder nach § 10 noch als Verzugsschaden ersetzt verlangt werden[12].

9. Kein Anspruch auf Ausgleich steuerlicher Nachteile

12 Wegen der Beschränkung des § 10 auf Beerdigungskosten und Unterhaltsschaden kann für steuerliche Nachteile, die der Tod des Verletzten mit sich bringt (z. B. Verlust der Begünstigung durch den Splitting-Tarif, der erhöhten Pauschal- und Höchstbeträge für Werbungskosten und Sonderausgaben), kein Ersatz verlangt werden[13]. Zur Erstattung der für Unterhaltsersatzrenten zu zahlenden Einkommensteuer vgl. Rdn. 106.

II. Allgemeine Anspruchsvoraussetzungen

13 Die besonderen in § 10 geregelten Ersatzansprüche entstehen nur, sofern der Schädiger eine Ersatzpflicht gegenüber dem unmittelbar Verletzten hatte (Rdn. 14), und nur soweit dem Schädiger keine Einwendungen gegenüber dem unmittelbar Verletzten zustanden (Rdn. 15).

1. Ersatzpflicht gegenüber dem Getöteten

14 Die in § 10 den „Dritten" zugesprochenen Ansprüche setzen voraus, daß der Schädiger dem unmittelbar Geschädigten, hier also dem infolge des Unfalls Verstorbenen, die diesem durch den Unfall erwachsenen Schäden zu ersetzen hatte. Darauf, ob der Getötete selbst einen Schaden erlitten hat, kommt es freilich nicht an, es genügt das Bestehen einer theoretischen Ersatzpflicht des Schädigers. Die unerlaubte Handlung muß geeignet gewesen sein, solche Schäden zu verursachen und solche Ersatzansprüche zu begründen. Zum Begriff der Tötung vgl. § 7, 133.

2. Einwendungen des Schädigers

15 Aus Vorstehendem ergibt sich, daß der Schädiger dem mittelbar geschädigten Dritten alle Einreden und Einwendungen entgegenhalten kann, die ihm gegen Ansprüche des Getöteten gegeben gewesen wären. Das **mitwirkende Verschulden** des Getöteten oder die Betriebsgefahr seines Kraftfahrzeugs mindert die Ersatzansprüche des Dritten in Anwendung des §§ 9, 17 StVG und § 254 BGB oder schließt sie ganz aus; § 846 BGB ist entsprechend anwendbar[14]; s. a. § 9, 27). Hat der unmittelbar Verletzte vor dem Unfall gegenüber dem Schädiger ganz oder teilweise auf Ersatzansprüche **verzichtet**, so hat auch der Dritte nach dem Tod des Verzichtenden keine oder nur die geminderten Ansprüche[15]. Dagegen berührt ein Verzicht des Verletzten nach dem Unfall die Ansprüche der Dritten nicht[16].

III. Heilungskosten und Erwerbsminderung

16 Diese Schäden werden nach den in § 11 aufgestellten Grundsätzen ersetzt, da es sich um Ansprüche handelt, die dem Erblasser vor seinem Tode erwachsen sind. Es wird

---

12 BGH LM Nr. 3 zu § 10 StVG.
13 BGH VersR 1979, 672; *Kullmann* VersR 1993, 387; a. A. *Drees* 51.
14 BGH VersR 1957, 198; NJW 1961, 1966.
15 BGH VersR 1961, 846.
16 *Palandt/Thomas* § 844, 1.

daher auf die Erläuterungen zu § 11 verwiesen. Die Besonderheit des § 10 Abs. 1 Satz 1 besteht lediglich darin, daß Kosten für die Beförderung des Verletzten ins Krankenhaus (sie gehören ebenfalls zu den Heilungskosten)[17] und Krankenhaus- sowie Arztkosten, die erst nach dem Tod des Verletzten entstanden sind, so behandelt werden, als seien sie schon vor seinem Tod entstanden (Rdn. 3).

IV. Beerdigungskosten

Die in § 10 getroffene Regelung stimmt mit der entsprechenden Regelung beim Recht der unerlaubten Handlungen (§ 844 Abs. 1 BGB) überein. **17**

1. Anspruchsberechtigung

a) **Personenkreis.** Anspruchsberechtigt ist jede Person, die familienrechtlich verpflichtet ist, die Beerdigungskosten zu tragen. Dies ist in der Regel der Erbe (§ 1968 BGB). Hilfsweise sind kraft Gesetzes zur Tragung der Beerdigungskosten verpflichtet und daher ersatzberechtigt: die Verwandten in gerader Linie (§ 1615 Abs. 2 BGB), der Ehegatte (§ 1360 a Abs. 3 BGB) und der unterhaltspflichtige geschiedene Ehegatte, sofern die Ehe nach den vor 1. 7. 1977 geltenden Vorschriften geschieden wurde (§ 69 Abs. 2 EheG i. V. m. Art. 12 Nr. 3 Abs. 2 1. EheRG; das neue Scheidungsrecht enthält keine entsprechende Bestimmung mehr). Die Verpflichtung kann auch (anders als bei § 10 Abs. 2) vertraglich übernommen worden sein. Den Anspruch aus § 10 hat jedoch derjenige nicht, der die Kosten tatsächlich gezahlt hat, ohne hierzu verpflichtet zu sein[18], außer wenn er sich den Anspruch von dem eigentlich zur Tragung der Kosten Verpflichteten hat abtreten lassen. Auch ein Anspruch aus Geschäftsführung ohne Auftrag kommt in Betracht[19]. **18**

b) **Forderungsübergang bei Anspruch auf Sterbegeld.** Hat der Hinterbliebene Anspruch auf Zahlung eines Sterbegeldes, so sind hinsichtlich seiner Anspruchsberechtigung folgende Fälle zu unterscheiden: **19**

aa) Beim Tode eines Sozialversicherten hatte der **Sozialversicherungsträger bei Schadensfällen vor dem 1. Januar 1989** Sterbegeld zu zahlen (z. B. nach §§ 201 ff, 589 RVO a. F.). Der Anspruch auf Ersatz der Beerdigungskosten ging dann in Höhe seiner Leistungspflicht nach § 1542 RVO a. F. bzw. (ab. 1. 7. 1983) § 116 SGB-X auf ihn über, obwohl Ersatzberechtigter nicht der Versicherte, sondern ein unbeteiligter Dritter war[20]. Dem Sozialversicherungsträger stand unter Geltung von § 1542 RVO a. F. im Verhältnis zu dem Dritten, der die entstandenen Kosten tragen mußte und getragen hat, das Quotenvorrecht zu (s. Schlußanh. II, 142; zur Rechtslage ab Inkrafttreten des § 116 Abs. 3 SGB-X am 1. 7. 1983, Schlußanh. II, 145). Dies hatte zur Folge, daß dann, wenn den Getöteten eine Mitverantwortung am Unfall traf und deshalb der Ersatzanspruch gegen den Schädiger geringer war als die entstandenen Aufwendungen, der Ersatzberechtigte nur den verbleibenden Rest erhielt oder leer ausging[21]. Darauf, ob der Verstorbene Pflichtversicherter oder freiwillig bei einer Ersatzkasse Weiterversicherter war, kommt es nicht an[22]. **20**

Bei **Schadensfällen nach dem 31. Dezember 1988** besteht ein Anspruch auf Sterbegeld gegen die Krankenversicherung nur noch, wenn der Getötete am 1. Januar 1989 bereits **21**

---

[17] RG JW 1905, 143.
[18] BGH NJW 1962, 793.
[19] OLG Saarbrücken VersR 1964, 1257; KG VersR 1979, 379.
[20] BGH VersR 1959, 231; 1981, 675.
[21] OGHZ 4, 16.
[22] BGH VersR 1986, 699.

gesetzlich krankenversichert war (vgl. § 58 SGB-V). Insofern verbleibt es bei dem dargestellten Forderungsübergang. War der Getötete hingegen zum genannten Zeitpunkt noch nicht gesetzlich krankenversichert, so kommt nur noch bei Leistungspflicht der Unfallversicherung, also bei Arbeitsunfällen, ein Forderungsübergang in Betracht[23]; ansonsten verbleibt der Anspruch aus § 10 Abs. 1 S. 2 dem Hinterblieben.

22 bb) Wenn der Getötete **Beamter** war und den Hinterbliebenen ein Sterbegeld nach § 18 BeamtVG, ein Beitrag zu den Überführungs- und Bestattungskosten bei Dienstunfällen nach § 33 Abs. 4 S. 2 BeamtVG oder Beihilfe zusteht, geht der Anspruch nach § 10 in der betreffenden Höhe auf den Dienstherren über (§ 87 a BBG), denn zwischen beiden Ansprüchen besteht sachliche Kongruenz[24]. Dem Dienstherrn steht kein Quotenvorrecht zu[25]; vgl. § 87 a Satz 2 BBG. Dies bedeutet, daß nur der Teil des Schadensersatzanspruchs auf den Dienstherrn übergeht, der nach Deckung des entsprechenden Schadens des Hinterbliebenen verbleibt (näher zum Quotenvorrecht Schlußanh. II, 184).

23 cc) Bei **Angestellten im öffentlichen Dienst** wird nach § 41 BAT ebenfalls ein Sterbegeld bezahlt. Hier kommt es aber mangels einer § 87 a BBG entsprechenden Regelung nicht zu einem gesetzlichen Forderungsübergang[26]. Zur Frage der Vorteilsausgleichung vgl. Rdn. 33 f.

24 dd) Zahlt eine **private Versicherung** Sterbegeld, so findet nach § 67 VVG ebenfalls ein Forderungsübergang statt. Mit dem Quotenvorrecht verhält es sich wie beim Beamten (Rdn. 22).

2. Umfang des Anspruchs

25 Der Berechtigte wird hinsichtlich der Beerdigungskosten wie ein Verletzter behandelt, kann also grundsätzlich jeden Vermögensschaden ersetzt verlangen, soweit er ihm durch die „Beerdigung" entstanden ist (zur Kausalität vgl. Rdn. 31). Daß die Feuerbestattung der Beerdigung gleichzusetzen ist, ist jetzt unstreitig, desgleichen, daß der Begriff „Beerdigung" sehr weit auszulegen ist. Die Erstattungspflicht besteht allerdings nur in dem Umfang, in dem Aufwendungen wirklich gemacht wurden[27], und soweit diese standesgemäß waren, also den Gebräuchen des Personenkreises entsprachen, zu dem der Verstorbene gehörte (§ 1968 BGB)[28]. Bei kleinen Kindern ist daher nur ein geringerer Aufwand erstattungsfähig[29]. Anordnungen des Erblassers bzw. der totenfürsorgeberechtigten Angehörigen über Art und Ort der Bestattung sind im Rahmen des § 1968 BGB zu berücksichtigen[30].

26 a) **Zu ersetzende Aufwendungen** sind z. B., jeweils im Rahmen des Üblichen und Angemessenen[31]:

– Die Aufwendungen für Vorbereitung und Durchführung der **Beisetzung**, wie z. B. die Gebühren für Leichenschau und Leichenpaß, Waschen, Einkleiden und Aufbahren der Leiche, Beschaf-

---

[23] Näher *Drees* 13.

[24] BGH VersR 1977, 427; zur Beihilfe *Drees* 12.

[25] BGHZ 22, 136.

[26] BGH VersR 1978, 249.

[27] *Hagemann* RdK 1940, 52.

[28] RGZ 139, 393; BGH NJW 1960, 910; VersR 1974, 140; OLG Köln JW 1938, 811; VersR 1951, 85; OLG Hamm VRS 2, 105; NJW-RR 1994, 155; OLG Karlsruhe VersR 1956, 542 u. 595 m. Anm. *Böhmer* u. 631 m. Anm. *Schultze*; OLG Düsseldorf MDR 1961, 940; KG VersR 1979, 379; *Böhmer* RdK 1953, 5. Einschränkend bei unverhältnismäßigen Bewirtungskosten wegen angeblicher Bräuche einer Romasippe OLG Celle, Urt. v. 4. 1. 1990 – 5 U 207/88.

[29] OLG Köln VersR 1951, 85.

[30] RGZ 154, 270; BGH VersR 1974, 140; OLG Saarbrücken VersR 1964, 1257.

[31] Ins einzelne gehend OLG Köln JW 1938, 811; OLG Düsseldorf MDR 1961, 940; *Drees* 8 f; *Theda* DAR 1985, 10 ff.

fung des Sarges oder der Urne, geistliche und weltliche Feiern mit Musik[32], der Versand von Trauerkarten an Verwandte und Bekannte, Zeitungsanzeigen[33]; Telegramme an nahe Angehörige, Ausschmückung der Leichenhalle und des Grabes einschließlich der Kränze[34], Blumenbepflanzung, soweit sie zur Grundausstattung des Grabes gehört[35]; Trauerkleider für die nächsten Verwandten[36] und für vermögenslose Angehörige[37], nicht aber für kleine Kinder[38]; Mietwagen für die Fahrt der Trauergäste zum Friedhof[39]; angemessene Bewirtungskosten[40]; Kosten der Übernachtung der nächsten Angehörigen am Ort des Begräbnisses[41]; Verdienstausfall der nächsten Angehörigen für den Tag der Beerdigung[42]; Verdienstausfall dessen, der die Vorbereitungen für die Feierlichkeiten getroffen hat, für einen weiteren Tag[43], Danksagungskarten einschließlich Porto[44] und schließlich die üblichen Trinkgelder[45].

– Die Kosten einer zur Dauereinrichtung bestimmten und geeigneten **Grabstätte**[46]. Hierzu gehören auch die Aufwendungen für den Grabstein mit Sockel und Inschrift (oder eines entsprechenden Metall- oder Holzkreuzes), soweit sie der hierzu Verpflichtete voraussichtlich aufgewendet hätte, wäre der Unfallbeteiligte aus anderer Ursache gestorben[47]. Die Tatsache, daß der Verstorbene vermögenslos war und sich noch in der Berufsausbildung befand, oder daß der Erbe für seine Klage das Armenrecht (Prozeßkostenhilfe) bewilligt erhalten hat, steht der Zubilligung eines Anspruchs auf Ersatz eines der Ortssitte und Gepflogenheit entsprechenden Grabsteins nicht entgegen[48]. Der Stein darf nicht aufwendiger sein, als es der wirtschaftlichen und gesellschaftlichen Stellung des tödlich Verunglückten entspricht[49]. Bei Beisetzung im Familiengrab können Grabsteinkosten nicht deshalb verlangt werden, weil bei Ableben eines weiteren Familienmitglieds eine neue Grabstelle angelegt werden muß[50]. Zum Doppelgrab s. Rdn. 30. **27**

– Die Kosten einer notwendigen **Überführung** der Leiche. Sie ist bei der Feuerbestattung zu dem Ort erforderlich, an dem sich das nächste Krematorium befindet, im übrigen können die Kosten der Überführung nur beim Vorliegen besonderer Gründe ersetzt verlangt werden[51], vor allem dann, wenn ein Familiengrab besteht[52] oder wenn der Verstorbene die Beerdigung an einem bestimmten Ort aus beachtlichen Gründen (Beerdigung neben dem vorverstorbenen Ehegatten) gewünscht hat[53] oder der Tod auf einer Reise eingetreten ist[54]. Auch bei einem in Deutschland verunglückten Gastarbeiter wird die Überführung des Leichnams in die Heimat in der Regel standesgemäß sein[55]. **28**

– Die Kosten einer **Exhumierung oder Umbettung** der Leiche, sofern deren Voraussetzungen[56] gegeben sind[57]. **29**

---

32 OLG Celle HRR 1939, Nr. 55.
33 KG VAE 1938, 22.
34 OLG Köln DAR 1956, 646; a. A. KG DAR 1934, 32.
35 OLG Köln VersR 1956, 647 m. Anm. *Pikart*.
36 RG WarnR 1928, Nr. 127; KG DAR 1929, 297; LG Ulm VersR 1968, 183; a. A. KG DAR 1934, 32.
37 OLG Kiel JW 1931, 668.
38 OLG Koblenz VRS 67, 409.
39 OLG Köln JW 1938, 811.
40 BGH VersR 1960, 357; OLG Hamm VersR 1972, 405; LG Karlsruhe VersR 1957, 725; LG Ulm VersR 1968, 183; LG München I VersR 1975, 73.
41 OLG Hamm VersR 1972, 405; wegen Reisekosten s. Rdn. 30.
42 KG DAR 1929, 297.
43 OLG Hamm DAR 1956, 217.
44 OLG Kiel JW 1931, 668.
45 OLG Köln JW 1938, 811.
46 RGZ 160, 256; BGH VersR 1974, 140.
47 RGZ 139, 393; RG JW 1937, 1490; OLG Kiel JW 1931, 668; HRR 1930, Nr. 1502; OLG Karlsruhe VersR 1955, 153; 1956, 542.
48 OLG München EE 49, 66.
49 OLG Düsseldorf VersR 1995, 1195; KG DAR 1928, 421; LG Hof VersR 1950, 183.
50 OLG Koblenz VRS 67, 409.
51 RGZ 66, 308; BGH NJW 1960, 911; OLG Karlsruhe/Freiburg VersR 1954, 12.
52 OLG Stettin OLGZ 24, 63.
53 RG WarnR 1925, Nr. 203.
54 OLG Karsruhe/Freiburg NJW 1954, 720.
55 Vgl. LG Gießen DAR 1984, 151.
56 Hierzu *von Blume* AcP 112, 367; RGZ 108, 220; OLG Hamburg OLGZ 16, 262.
57 OLG Karlsruhe/Freiburg VersR 1954, 12; OLG München NJW 1974, 703.

30 **b) Nicht zu ersetzende Aufwendungen**
sind z. B. solche für die standesamtliche Beurkundung des Todes und die Ausfertigung der Urkunde, die Testamentseröffnung, die Erteilung des Erbscheins[58], die Verteilung des Nachlasses unter die Erben, die Umschreibung der Konten und der Grundstücke, die Nachlaßverwaltung, die Einsetzung eines Leiters für den verwaisten Gewerbebetrieb, die Mehrkosten für ein Doppelgrab, das auch für die noch lebende Ehefrau des Verunglückten bestimmt ist[59], die Mehrkosten für einen Doppelgrabstein[60] oder ein Familiendenkmal[61], die Grabmiete (sie wird nur für das erste Jahr oder die von der Friedhofsverwaltung vorgeschriebene Mindestdauer ersetzt); die Instandhaltung der Grabstätte und des Grabsteins und die laufende Bepflanzung des Grabes[62]; Kränze von Verwandten und Freunden; Reisekosten von Angehörigen zur Beerdigung, außer wenn ausnahmsweise der Erbe wegen der Höhe des Nachlasses und der Bedürftigkeit des Verwandten solche Reisekosten tragen müßte[63]; Aufwendungen für eine gebuchte, aber wegen der Beerdigung nicht angetretene Reise[64].

3. Ursachenzusammenhang

31 Die Beerdigungskosten sind auch dann voll zu ersetzen, wenn der Verstorbene in hohem Alter stand oder schon vor dem Unfall schwerkrank war, wenn die Kosten also auch ohne den Unfall bald erwachsen wären[65]. Die Pflicht zu vollem Ersatz der Beerdigungskosten hat der Schädiger mithin auch dann, wenn das den Unfall herbeiführende Ereignis den tödlichen Verlauf einer Krankheit lediglich beschleunigt oder begünstigt hat.

4. Vorteilsausgleichung

32 Von den Anschaffungskosten für Trauerkleidung ist abzuziehen die Ersparnis, die dadurch entsteht, daß die Beschaffung bzw. Abnützung anderer Kleidung – vor allem während des Trauerjahres – erspart wird[66]. Diese Ersparnis wird üblicherweise mit der Hälfte der Gestehungskosten angesetzt[67], ist aber je nach der Art der Bekleidungsgegenstände (Schuhe, Strümpfe, Handschuhe, Unterkleider, Herrenanzüge, Damenkleider, Trauerflor, Hüte) verschieden. Kann dem Beteiligten wegen seiner schlechten wirtschaftlichen Verhältnisse ein Beitrag zu den Anschaffungskosten nicht zugemutet werden, so entfällt die Kürzung[68]. Bei Beträgen unter 600,– DM will das LG Ulm[69] von einer Kürzung ohne weiteres absehen.

33 Im übrigen findet eine Vorteilsausgleichung nicht statt. Der Schädiger kann mithin – nach Maßgabe von Rdn. 34 – nicht einwenden, der zum Tragen der Beerdigungskosten Verpflichtete haben von anderer Seite folgende Leistungen erhalten oder zu erhalten:

---

[58] OLG Köln VersR 1982, 558.
[59] BGH VersR 1974, 140.
[60] OLG Köln VersR 1976, 373; a. A. OLG München NJW 1968, 252.
[61] OLG München EE 49, 66.
[62] RGZ 160, 256; BGH VersR 1974, 140; OLG Hamm VRS 2, 105; KG DAR 1974, 225; OLG München NJW 1974, 704; LG Rottweil VersR 1988, 1246.
[63] BGHZ 32, 72; sehr weitgehend LG Darmstadt ZfS 1990, 6: Reise einer Gastarbeiterfamilie zur Beerdigung des Sohnes in der Türkei.
[64] BGH NZV 1989, 308.
[65] OLG Kiel JW 1931, 668.
[66] BGH VersR 1973, 224; OLG Hamm DAR 1956, 217; a. A. OLG Karlsruhe VersR 1956, 542 u. 631 m. abl. Anm. *Schultze*; OLG Hamm VersR 1973, 1110; LG Köln VersR 1953, 38 m. abl. Anm. *Wussow*; LG Düsseldorf VersR 1967, 985; LG Münster DAR 1986, 121.
[67] BGH VersR 1973, 224; OLG Dresden VAE 1941, 117; OLG Köln VersR 1956, 646 (40%) m. Anm. *Pikart*; OLG Hamm VersR 1982, 961; LG Karlsruhe VersR 1957, 725.
[68] KG DAR 1928, 421; OLG Schleswig MDR 1952, 747.
[69] VersR 1968, 183.

Sterbegeld[70], Feuerbestattungskosten, Lebensversicherungssummen, Unfallversicherungssummen[71], Leistungen der Insassenversicherung[72], freiwillige Zahlungen des Arbeitgebers oder Pensionszahlungen auf Grund des Arbeitsvertrags[73], Zahlungen aus einer öffentlichen Sammlung[74].

Zu unterscheiden von der Frage der Anrechenbarkeit solcher Leistungen anderer Personen ist die, ob der zur Tragung der Beerdigungskosten Verpflichtete den gesamten Anspruch selbst geltend machen darf oder ob ein Teil davon auf den anderen übergegangenen oder diesem abzutreten ist. Diese Frage beantwortet sich unterschiedlich je nach den Rechtsbeziehungen des Verstorbenen zu dem anderen. In Betracht kommt ein gesetzlicher Anspruchsübergang beim Sterbegeld nach sozial- oder versorgungsrechtlichen Vorschriften (vgl. Rdn. 19 ff), während bei Sterbegeldzahlungen durch den Arbeitgeber eine Verpflichtung der ersatzberechtigten Angehörigen besteht, ihre Ansprüche an den Arbeitgeber abzutreten[75]. 34

Die Tatsache, daß derjenige, der die Beerdigungskosten zu tragen hat, als Erbe oder Vermächtnisnehmer etwas aus dem **Nachlaß** des Verstorbenen erhält, berührt den Entschädigungsanspruch ebensowenig wie der Umstand, daß der Berechtigte sich durch den Tod in Zukunft **Unterhaltsleistungen** erspart[76]. Erst recht kann der Ersatzpflichtige nicht geltend machen, der Getötete habe ohnehin nur noch kurze Zeit zu leben gehabt[77]. 35

V. Ansprüche wegen entgangenen Unterhalts

1. Überblick

a) **Umfang der Ansprüche.** Wird bei einem Unfall ein Beteiligter getötet, so hat dies im allgemeinen für den Ehegatten des Getöteten und für sonstige Verwandte, vor allem für die Kinder, erhebliche finanzielle Nachteile zur Folge, weil der Verletzte seine Arbeitskraft zum Wohle der Familienmitglieder eingesetzt hatte. Da diese Personen „Dritte" im Sinne des Schadensersatzrechts sind, würden sie den ihnen durch den Unfall verursachten Schaden selbst zu tragen haben, wenn ihnen nicht § 10 StVG (entsprechend § 844 BGB) besondere Ersatzansprüche zuerkennen würde, die sich freilich in engen Grenzen halten. Abgesehen davon, daß selbstverständlich der Tod durch das den Unfall herbeiführende Ereignis adäquat verursacht oder mitverursacht sein muß (vgl. hierzu Rdn. 14), setzt die Entstehung solcher Ansprüche zweierlei voraus: Erstens muß zwischen dem Verstorbenen und dem Anspruchsteller eine familienrechtliche Beziehung bestanden haben, aus der – sofern die weiteren Voraussetzungen hierfür eintreten – Unterhaltsansprüche bestehen oder entstehen können (Rdn. 45 ff), und zweitens muß feststehen, daß diese weiteren Voraussetzungen eingetreten wären oder fortbestanden hätten, wenn sich der Unfall nicht ereignet hätte (Rdn. 49 ff). Die genannten weiteren Voraussetzungen sind insbesondere die Bedürftigkeit des Anspruchstellers und die Leistungsfähigkeit des Getöteten. Es muß daher auch geprüft werden, wie sich die Vermögenslage der Familienmitglieder entwickelt hätte, wenn der Verstorbene weitergelebt hätte und beim Unfall nicht gesundheitlich beeinträchtigt worden wäre. Nur wenn diese Prüfung ergibt, daß der Verletzte dem Anspruchsteller hätte Unterhalt gewähren 36

---

70 BGH VersR 1978, 249; s. hierzu Rdn. 34.
71 RGZ 146, 289; 148, 164; RG DJ 1938, 792; 1940, 1396.
72 RGZ 139, 393.
73 RGZ 151, 334.
74 RG DJ 1935, 1703.
75 Vgl. BGH VersR 1978, 250.
76 OLG Düsseldorf NJW 1952, 309; *Böhmer* RdK 1953, 5.
77 OLGR Düsseldorf 1994, 218.

können und müssen, sind dessen Ansprüche gegen den Schädiger berechtigt, und zwar in der Höhe des entgangenen Unterhalts[78] und unter Berücksichtigung der Mitverantwortung des Verstorbenen für den Unfall (§§ 9, 17 StVG, § 254 BGB)[79].

37 Da das Gesetz nur auf die familienrechtliche **Verpflichtung**, Unterhalt zu leisten, abstellt, kommt es nicht darauf an, ob und in welcher Höhe der Verpflichtete seine Schuld bis zu seinem Tod erfüllt hat[80]. Immerhin können aus dem Verhalten, das der Getötete bis zum Unfall gezeigt hat, Schlüsse in der Richtung gezogen werden, daß er zur Leistung von Unterhalt imstande war. Auch für die Höhe des geschuldeten Unterhalts lassen sich in diesem früheren Verhalten gewisse Anhaltspunkte finden (Rdn. 108).

38 b) **Unterhaltsrückstände** werden von der Ersatzpflicht nach § 10 Abs. 2 nicht erfaßt[81]. Das Gegenteil läßt sich auch nicht damit begründen, daß der Getötete sie um Falle seines Weiterlebens hätte tilgen können, denn § 10 Abs. 2 begründet einen Schadensersatzanspruch wegen Verlust des Rechts auf Unterhalt, nicht wegen Verlust der Verwirklichungsmöglichkeit von rückständigen Unterhaltsforderungen.

39 c) **Rechtsnatur und Entstehung der Ansprüche.** Die Ansprüche aus § 10 Abs. 2 sind auf Leistung von Schadensersatz gerichtet, unterliegen also nicht den für Unterhaltsansprüche geltenden Sonderregeln[82]. Sie entstehen bereits mit der Verletzung des Unterhaltspflichtigen; die Todesfolge gehört zur haftungsausfüllenden Kausalität[83].

40 d) **Ausgeschlossene Ansprüche.** Außerhalb der in § 10 oder in § 844 BGB bestimmten Grenzen haben die Hinterbliebenen keine Ansprüche gegen den Schädiger. Wenn der Bundesgerichtshof der Witwe auch über den mutmaßlichen Todeszeitpunkt des Ehegatten hinaus einen Anspruch gegen den Schädiger auf Zahlung der Witwenrente aus der Rentenversicherung zuerkennt, die ihr infolge des Unfalltodes des Mannes entgeht (Rdn. 170), so geschieht dies im Rahmen des vom Verstorbenen geschuldeten Unterhalts; keinesfalls will der BGH daneben einen selbständigen Anspruch eröffnen. Es handelt sich vielmehr um eine Sachlage, die derjenigen entspricht, wie sie besteht, wenn ein freiberuflich tätiger Ehemann getötet und dadurch gehindert wird, für eine Altersversorgung der Witwe ausreichendes Kapital zurückzulegen[84]. Keinesfalls kann daraus gefolgert werden, die Witwe könne vom Schädiger auch Ersatz des Schadens verlangen, der ihr infolge des Unfalltodes des Mannes dadurch entsteht, daß die Kinder ihre Berufsausbildung nicht vollenden und daher nicht in dem Maße zu ihrem Unterhalt beitragen können, wie dies bei ungestörter Berufsausbildung der Fall gewesen wäre. Ebensowenig können gegen den Schädiger Ansprüche aus dem eherechtlichen Versorgungsausgleich gerichtet werden[85].

41 e) **Form der Ersatzleistung.** Der Ersatz des Unterhaltsschadens ist für die Zukunft grundsätzlich in Form einer Rente zu gewähren (§ 13 Abs. 1; wegen der Einzelheiten vgl. Erl. zu dieser Vorschrift).

42 f) **Berechnung der Ansprüche.** Grundlage für die Bemessung des Unterhaltsersatzanspruchs des Hinterbliebenen ist das (bereinigte) Nettoeinkommen des Getöteten (s. Rdn. 118 ff). Hiervon sind die fixen Kosten der Haushaltsführung (Rdn. 126 ff) abzu-

---

[78] BGH VersR 1966, 588; OLG Nürnberg VersR 1966, 526.

[79] BGHZ 4, 170.

[80] BGH VersR 1969, 897; 1971, 423; 1974, 906; OLG Stuttgart OLGZ 2, 440.

[81] BGH VersR 1973, 620; KG NJW 1970, 476; OLG München NJW 1972, 586; **a. A.** OLG Nürnberg FamRZ 1968, 476; VersR 1971, 921.

[82] OLG Hamburg RdK 1929, 352.

[83] BGH NZV 1996, 229 = JR 1996, 505 m. abl. Anm. *Fuchs*.

[84] BGH VersR 1954, 325; 1970, 128.

[85] OLG Koblenz FamRZ 1982, 175.

ziehen. Sodann ist nach den in Rdn. 131 ff, 157 dargestellten Grundsätzen der Anteil jedes einzelnen Unterhaltsberechtigten an diesem bereinigten Einkommen festzulegen. Ihm ist der auf den einzelnen Hinterbliebenen entfallende Anteil an den fixen Kosten hinzuzurechnen (Rdn. 126; in der Praxis werden Herausrechnung und anteilige Erstattung der Fixkosten allerdings oft durch pauschale Erhöhung der Quote ersetzt, vgl. Rdn. 133). Dem so ermittelten Betrag sind ggf. die Aufwendungen zur Erhaltung des Krankenversicherungsschutzes (Rdn. 113, 150) hinzuzurechnen, des weiteren die auf die Ersatzleistung zu entrichtenden Steuern (Rdn. 106). Anspruchsmindernd sind ggf. zu berücksichtigen Vorteilsausgleich (Rdn. 80 ff), Verstöße gegen die Schadensminderungspflicht (Rdn. 100 ff) und Mitverschulden des Getöteten (Rdn. 15).

Bestand die entgangene Unterhaltsleistung (auch) in Dienstleistungen in Haushalt **43**
oder Geschäft, so richtet sich der hierfür geschuldete (zusätzliche) Ausgleich nach den in Rdn. 136 ff dargestellten Grundsätzen.

Im übrigen vgl. wegen der Einzelheiten der Berechnung des Unterhaltsersatzan- **44**
spruchs Rdn. 107 ff (Ehegatten) und 147 ff (Kinder).

2. Anspruchsvoraussetzungen

a) **Gesetzliche Unterhaltspflicht.** Kraft Gesetzes unterhaltspflichtig sind nur die aus **45**
Regeln des Familienrechts (§§ 1360 ff, 1569 bis 1586 b, 1601 ff, 1615 a ff, 1736, 1739, 1751, 1754, 1770 BGB und §§ 26, 37 EheG) Unterhaltspflichtigen, nicht dagegen diejenigen Personen, die aus unerlaubter Handlung oder Gefährdungshaftung zur Leistung einer Unterhaltsrente verpflichtet sind; letztere schulden bei genauer Betrachtung keinen Unterhalt, sondern Schadenersatz für Unterhalt. Wird also z. B. bei einem Unfall derjenige getötet, der einem blinden Schulkameraden unterhaltspflichtig war, weil er ihn als Kind an beiden Augen verletzt und dadurch die Blindheit herbeigeführt hatte, so erhält der Blinde von dem Schädiger nichts. Auch wer dadurch geschädigt ist, daß ein vertraglich begründeter Anspruch auf Gewährung des Lebensunterhalts durch den Tod des Verpflichteten wegfiel, erhält keinen Ersatzanspruch[86]. Erst recht geht derjenige leer aus, dem ein anderer freiwillig und ohne eine Verpflichtung hierzu zu haben, Unterhalt geleistet hatte[87]. Stiefkinder haben keinen Anspruch, auch wenn der getötete Elternteil für sie so gesorgt hat, als seien es seine eigenen Kinder[88]. Entsprechendes gilt bei Verlobten oder Partnern einer nichtehelichen Lebensgemeinschaft[89].

Im einzelnen sind folgende Personen unter bestimmten Voraussetzungen kraft Gesetzes unter- **46**
haltsberechtigt: der Ehegatte bei bestehender Ehe (§ 1360 BGB), der Ehegatte nach Scheidung der Ehe (§§ 1569 bis 1586 b), der Ehegatte nach Aufhebung (§ 37 EheG) oder Nichtigerklärung (§ 26 EheG) der Ehe, Verwandte in gerader Linie (§ 1601 BGB), auch das nicht eheliche Kind (§ 1615 a BGB) sowie das Adoptivkind (§ 1736 BGB). Wer nach dem Tod des Verletzten geboren wird, hat dieselben Rechte wie ein Kind des Verletzten, sofern er von diesem erzeugt ist (§ 10 Abs. 2 Satz 2).

b) **Zum Zeitpunkt des Unfalls.** Der für das Bestehen der Verwandtschaft mit dem **47**
Getöteten maßgebende Zeitpunkt ist der der Körperverletzung, nicht etwa der des Todes. Der Zeitpunkt des Unfalls ist daher auch dann maßgebend, wenn erst später Verletzungsfolgen entstehen. Dasselbe gilt für die nicht auf Verwandtschaft beruhenden Unterhaltsverpflichtungen (Adoption, Eheschließung, Zeugung des Nasciturus); hier kommt es, wie das Gesetz ganz allgemein sagt, darauf an, daß „die Verhältnisse" schon im Zeitpunkt der Verletzung bestanden haben. Darauf, ob die sonstigen Voraussetzun-

[86] BGH VersR 1979, 1066.
[87] LG Tübingen RdK 1950, 157.
[88] BGH VersR 1969, 998; 1984, 189.
[89] OLG Frankfurt VersR 1984, 449; *Becker* VersR 1985, 204.

gen für das Entstehen einer Unterhaltspflicht (insbesondere die Bedürftigkeit des Hinterbliebenen, s. Rdn. 65) in diesem Zeitpunkt schon bestanden haben, kommt es nicht an; es genügt die durch die „Verhältnisse" begründete Anwartschaft auf eine Unterhaltsberechtigung gegenüber dem Verletzten[90]. Kinder, die erst nach der Körperverletzung gezeugt wurden und die Witwe, die den Verletzten nach dessen Verletzung geheiratet hatte[91], gehen mithin leer aus. Das Gericht ist bei der Prüfung der Frage, ob die Zeugung vor oder nach der Verletzung erfolgt ist, nicht an Beweisregeln oder gesetzliche Vermutungen gebunden, sondern hat die Feststellung in freier Beweiswürdigung (§ 286 ZPO) zu treffen. Die Verlobung begründet keine Anwartschaft auf Unterhalt[92]. Da der Legitimation eines unehelichen Kindes durch die nachfolgende Eheschließung der Eltern (§ 1719 BGB) keine Rückwirkung beigelegt ist, hat ein solches Kind, wenn die Eltern erst nach dem Unfall heiraten, gegenüber dem Schädiger nur die Ansprüche, die es ohne seine Legitimation haben würde.

48 Für die Anwendung des § 10 bleiben selbstverständlich auch solche Verhältnisse außer Betracht, die schon vor dem Unfall geendet hatten; dies gilt vor allem für eine ohne Unterhaltspflicht des Verletzten geschiedene Ehe. War zur Zeit des Unfalls ein **Scheidungsverfahren** anhängig, so entfällt der Unterhaltsanspruch, wenn der Schädiger nachweist, daß die Ehe unter Ausschluß eines Unterhaltsanspruchs des Hinterbliebenen geschieden worden wäre[93]; er endet an dem Tag, an dem das Urteil voraussichtlich rechtskräftig geworden wäre[94]. War noch kein Scheidungsantrag erhoben, so bleibt die Absicht, sich scheiden zu lassen, unberücksichtigt[95].

49 c) **Tatsächlicher Unterhaltsanspruch.** Steht fest, daß der Getötete die Stellung eines gesetzlich Unterhaltsverpflichteten gegenüber dem Anspruchsteller hatte, so ist weiter zu prüfen, ob unter den Umständen des konkreten Falles ein tatsächlicher Unterhaltsanspruch bestand oder in der Zukunft bestanden hätte. Diese Prüfung umfaßt vor allem drei Umstände: die Bedürftigkeit des Unterhaltsberechtigten (Rdn. 50 f), die Leistungsfähigkeit des Getöteten (Rdn. 53) und die Frage, ob der Getötete unter mehreren Verpflichteten „an der Reihe" war, den Unterhalt zu gewähren (Rdn. 54). Das Ergebnis der Prüfung ist die Feststellung, welchen Unterhalt der tödlich Verletzte dem Berechtigten in bestimmten Zeiträumen **geschuldet** hätte, wäre er nicht beim Unfall verletzt worden. Auf die tatsächliche **Leistung** von Unterhalt kommt es dagegen nicht an. Beachtlich ist indessen u. U. der Einwand, der Unterhaltsanspruch wäre aus tatsächlichen Gründen **nicht realisierbar** gewesen (Rdn. 55).

50 aa) **Bedürftigkeit des Berechtigten.** Voraussetzung der Unterhaltspflicht ist grundsätzlich, daß der Berechtigte in dem Zeitraum, für den er Unterhalt fordert, ganz oder teilweise außerstande ist, sich selbst zu unterhalten (§ 1602 Abs. 1 BGB). Eine Ausnahme gilt für den gegenseitigen Unterhaltsanspruch der Ehegatten. Jeder von beiden muß einen angemessenen Beitrag zum Familienunterhalt leisten, auch wenn der andere nicht bedürftig ist (Rdn. 63). Wehrpflichtige sind während des Wehrdienstes grundsätzlich nicht bedürftig, weil ihr Unterhalt durch den Wehrsold sichergestellt wird; bei besonderem Unterhaltsbedarf kann aber ein Ergänzungsanspruch gegen die Eltern bestehen[96]. Wird ein berufstätiger Sohn getötet, der seine Mutter laufend finanziell unterstützt hat, so braucht der für den Unfalltod des Sohnes Verantwortliche nicht in die weggefallenen Zahlungen des Sohnes einzutreten, wenn die Mutter keinen Unterhalts-

---

[90] RG JW 1931, 3310 m. Anm. *Landsberg*.
[91] RG VAE 1937, 111.
[92] LG Tübingen RdK 1950, 125 LS; KG NJW 1967, 1089; a. A. *Reichel* DJZ 1931, 562.
[93] OLG Hamm VersR 1992, 511.
[94] RGZ 152, 363.
[95] BGH VersR 1969, 350; 1974, 700.
[96] BGH NJW 1990, 713.

anspruch hatte, weil sie imstande war, sich selbst zu unterhalten (§ 1602 BGB), also z. B. ihren Lebensunterhalt durch eine zumutbare Erwerbstätigkeit zu bestreiten. Zumutbar kann hierbei auch eine Tätigkeit in einem anderen als dem erlernten Beruf sein, auch eine solche unterhalb der bisherigen beruflichen Qualifikation.

Ein minderjähriges unverheiratetes Kind braucht, um seinen Unterhalt zu bestreiten, 51
sein **Vermögen** nicht anzugreifen (§ 1602 Abs. 2 BGB). Alle anderen Personen haben dann keinen Unterhaltsanspruch, wenn sie ihren Lebensbedarf aus dem Ertrag oder Stamm ihres Vermögens bestreiten können; der Stamm muß allerdings nur angegriffen werden, wenn dessen Verwertung bei Berücksichtigung der voraussichtlichen Lebensdauer nicht unwirtschaftlich oder unzumutbar ist[97].

Sozialhilfeleistungen mindern die Bedürftigkeit nicht[98]. Dies gilt auch dann, wenn 52
der Sozialhilfeträger den Unterhaltsanspruch wegen der Beschränkungen des § 91 BSHG nicht auf sich hätte überleiten können[99].

bb) **Leistungsfähigkeit des Verpflichteten.** Unterhaltspflichtig ist nicht, wer bei Be- 53
rücksichtigung seiner sonstigen Verpflichtungen außerstande ist, ohne Gefährdung seines angemessenen Unterhalts den Unterhalt zu gewähren (§ 1603 Abs. 1 BGB). Eltern müssen aber darüber hinaus alle verfügbaren Mittel zu ihrem und der Kinder Unterhalt gleichmäßig verwenden, außer wenn ein anderer unterhaltspflichtiger Verwandter oder ein Vermögen des Kindes vorhanden ist (§ 1603 Abs. 2 BGB). Sie haften den Kindern nach ihren Erwerbs- und Vermögensverhältnissen, und zwar unabhängig vom Bestand der Ehe.

cc) **Reihenfolge der Unterhaltsverpflichteten.** Ein kraft Gesetzes Unterhaltspflich- 54
tiger hat nur dann tatsächlich Unterhalt zu leisten, wenn nicht ein anderer, gleichfalls Unterhaltspflichtiger nach dem Gesetz vorrangig einzutreten hat[100]. So sind z. B. die Abkömmlinge vor den Verwandten der aufsteigenden Linie unterhaltspflichtig, wobei nähere Abkömmlinge vor den entfernteren haften; auch unter den Verwandten der aufsteigenden Linie haften die näheren vor den entfernteren (§ 1606 BGB). Ist ein Verwandter wegen Unvermögens nicht unterhaltspflichtig oder ist er nicht greifbar, so hat der nach ihm haftende Verwandte Unterhalt zu gewähren (§ 1607 BGB). Der Ehegatte haftet vor den Verwandten, sofern er nicht außerstande ist, ohne Gefährdung seines angemessenen Unterhalts den Unterhalt zu gewähren (§ 1608 BGB). Sind mehrere Bedürftige da, die vom Unterhaltsverpflichteten nicht alle voll versorgt werden können, so bestimmt § 1609 BGB die Reihenfolge. Mehrere gleich nahe Verwandte haften anteilig nach ihren Erwerbs- und Vermögensverhältnissen (§ 1606 Abs. 3 BGB), also nicht als Gesamtschuldner.

dd) **Realisierbarkeit des Unterhaltsanspruchs.** Obgleich es nicht auf den tatsächlich 55
geleisteten, sondern den geschuldeten Unterhalt ankommt, kann der Schädiger doch einwenden, der Unterhaltsanspruch wäre faktisch nicht realisierbar gewesen, etwa wegen permanenter Arbeitsscheu des Schuldners. In diesem Fall hätte der Hinterbliebene nämlich keinen Schaden erlitten[101]. An den Nachweis der Durchsetzbarkeit des Unterhaltsanspruchs dürfen aber keine zu hohen Anforderungen gestellt werden. Nach § 287 ZPO muß es ausreichen, wenn eine gewisse Wahrscheinlichkeit dafür besteht, daß sich die titulierten Unterhaltsansprüche trotz der Leistungsunwilligkeit des Verpflichteten langfristig doch hätten realisieren lassen[102].

---

[97] BGH VersR 1966, 283; 1985, 1140.

[98] BGHZ 78, 207; BGH FamRZ 1983, 574; 1984, 366; 1985, 1245.

[99] BGHZ 115, 228.

[100] BGH NZV 1988, 218.

[101] BGH NJW 1974, 1373; KG ZfS 1987, 133.

[102] OLG Bremen FamRZ 1990, 403.

3. Mehrheit von Unterhaltsverpflichteten

56 a) **Vorrang des Getöteten.** Der Umstand, daß durch den Unfalltod des bisher Verpflichteten andere Personen unterhaltspflichtig geworden sind, hindert das Entstehen des Ersatzanspruchs des Unterhaltsberechtigten nicht. Dies ergibt sich daraus, daß in § 13 Abs. 2 StVG (wie in § 844 Abs. 2 BGB) auf § 843 Abs. 4 BGB verwiesen ist. Das bedeutet nicht etwa, daß der Ersatzanspruch auch dann entstünde, wenn ein erst in zweiter Linie zum Unterhalt Verpflichteter beim Unfall tödlich verletzt wird, der in erster Linie Unterhaltsverpflichtete aber in der Lage ist, den Unterhalt zu gewähren. Vielmehr ist mit der Verweisung auf § 843 Abs. 4 BGB lediglich gemeint, daß dem Ersatzanspruch des Unterhaltsberechtigten die Tatsache nicht entgegensteht, daß infolge des Unfalltodes des in erster Linie Verpflichteten ein erst in zweiter Linie Verpflichteter (Rdn. 54) unterhaltspflichtig geworden ist. Der Ersatzanspruch wegen Entziehung des Unterhaltsanspruchs besteht mithin auch dann, wenn der Getötete zwar zur Gewährung von Unterhalt verpflichtet gewesen wäre, aber keinen Unterhalt geleistet hat, vielmehr ein anderer Verwandter für den Unterhalt des Dritten gesorgt hat. Dasselbe gilt für Zeiträume nach dem Tod des unmittelbar Verletzten, in denen ein Dritter für den Unterhalt des Bedürftigen aufgekommen ist. Daher kann sich der Schädiger nicht darauf berufen, dem Witwer sei durch den Wegfall der Dienste seiner tödlich verunglückten Frau kein Schaden entstanden, weil nunmehr die Tochter die Haushaltsarbeit übernommen habe[103].

57 Der Vorrang der Schadensersatzpflicht des Schädigers gegenüber der Unterhaltspflicht eines anderen nach § 13 Abs. 2 StVG, § 843 Abs. 4 BGB gilt auch im Verhältnis zu einem in die Unterhaltspflicht des Getöteten eingetretenen **Erben** (gesetzlich vorgesehen beim Tod eines geschiedenen Ehegatten, § 1586 b Abs. 1 BGB bzw. § 70 Abs. 1 EheG i. V. m. Art. 12 Nr. 3 Abs. 2 1. EheRG). Die von RGZ 74, 376 vertretene Ansicht, der Schädiger sei von seiner Verpflichtung frei, wenn der Erbe des Getöteten an dessen Statt infolge des Unfalls in seiner Eigenschaft als Erbe unterhaltspflichtig wurde, ist mit dem Sinn des § 843 Abs. 4 BGB nicht vereinbar. Die Vorschrift bringt den allgemeinen Rechtsgedanken zum Ausdruck, daß auf den Schaden keine Leistungen anderer anzurechnen sind, die nach ihrer Natur dem Schädiger nicht zugute kommen sollen[104].

58 b) **Vorrang anderer Verpflichteter.** Eine Ausnahme von dem Grundsatz des Nachrangs anderer Unterhaltsverpflichteter gilt dann, wenn die durch den Tod des Verletzten unterhaltspflichtig gewordene Person den Unterhalt des Hinterbliebenen aus dem Vermögen des Verstorbenen zu leisten verpflichtet und in der Lage ist[105]. Denn insoweit ist dem Hinterbliebenen nicht „infolge der Tötung das Recht auf Unterhalt entzogen". Es hat lediglich die Person des Leistenden, nicht aber die Vermögensmasse gewechselt, aus der Unterhalt geleistet wird. Der Schädiger braucht aber nur insoweit nicht einzustehen, als der Unterhalt aus den Erträgnissen des überkommenen Vermögens geleistet werden kann und muß.

59 Bei **Wiederverheiratung** des Berechtigten tritt die Ersatzpflicht des Schädigers ebenfalls zurück. Der durch die neue Ehe begründete Unterhaltsanspruch ist, jedenfalls soweit in zumutbarer Weise realisierbar, anzurechnen, denn § 843 Abs. 4 BGB gilt nur für den Fall, daß ein anderer „aus Anlaß des Unfalls" unterhaltspflichtig wird[106]; vgl. Rdn. 172.

---

[103] BGH VRS 20, 81.

[104] BGH NJW 1963, 1051, 1446 m. Anm. *Ganssmüller*; VersR 1970, 41.

[105] RGZ 69, 294; 72, 438; JW 1936, 2306; BGH VersR 1969, 951; *Palandt/Thomas* § 844, 6.

[106] BGH VersR 1970, 524; 1979, 55.

c) **Gemeinsam Unterhaltsverpflichtete.** Sind mehrere Personen nebeneinander in der Weise unterhaltspflichtig, daß sie zum Unterhalt eines Dritten gemeinsam beizutragen haben, so haftet der Schädiger nur für den Anteil, der auf den Getöteten getroffen hätte. Das gilt insbesondere für Unterhaltsansprüche des Kindes gegen seine Eltern (vgl. Rdn. 155). Diese haften seit 1. 7. 58 nicht mehr als Gesamtschuldner für den vollen Unterhalt, sondern gleichrangig nach Anteilen (§ 1606 Abs. 3 BGB)[107]. Während der Vater in der Regel durch seine Erwerbstätigkeit zum Unterhalt beisteuert[108], erbringt in der Regel die Mutter die geschuldete Leistung durch ihre Arbeit im Haushalt und bei der Pflege des Kindes. Sind beide Elternteile berufstätig, so schulden sie dem Kind Unterhalt im Verhältnis ihrer Einnahmen, wobei sich der Prozentsatz zugunsten desjenigen verschiebt, der im Haushalt und bei der Pflege des Kindes größere körperliche Leistungen erbracht hat, die ihm als Unterhaltsleistungen anzurechnen sind. Dabei kommt es auf die rechtliche Verpflichtung zu solch körperlicher Arbeit an. Zu beachten ist, daß die Arbeitsleistung desjenigen Ehegatten, der das Kind ohne fremde Hilfe versorgt und pflegt, vom Gesetz ebenso hoch gewertet wird, wie die Aufwendungen für die Verköstigung, Bekleidung, Unterrichtung und Unterkunft des Kindes sowie dessen sonstigen täglichen Bedarf[109]. 60

4. Besondere Unterhaltsformen

a) **Persönliche Dienstleistungen als Unterhalt.** Inhalt der Unterhaltspflicht ist nicht etwa nur das Zurverfügungstellen von Geld; sie umfaßt vielmehr auch die gesamte persönliche Sorge um die Person des Betreuten und die damit zusammenhängenden Dienste, Bemühungen und Aufwendungen[110], auch die besonderen Pflegeleistungen bei körperlicher Behinderung[111]. Die Dienstleistungspflicht der Kinder im elterlichen Haushalt oder Betrieb (§ 1619 BGB) gehört jedoch nicht hierher (vgl. Rdn. 8). Derjenige, der wegen Tötung des Unterhaltsverpflichteten Ersatz zu leisten hat, hat zwar nicht selbst dafür zu sorgen, daß dem Unterhaltsberechtigten die erforderliche Pflege zukommt, hat ihm aber durch Geldleistungen zu ermöglichen, fremde Hilfskräfte zu entlohnen, die die Pflege und Sorge übernehmen[112]. Wegen der Einzelheiten der Berechnung vgl. Rdn. 136 ff. 61

b) **Unterhaltsbeitrag der Ehegatten.** Die Pflicht jedes Ehegatten, zum Unterhalt der Familie beizutragen (§ 1360 BGB), bildet die Grundlage für ein entsprechendes Recht des anderen Ehegatten. Dieser kann nicht nur Unterhalt für sich verlangen, sondern auch einen Beitrag zum Unterhalt der Kinder. Der Anspruch auf einen Beitrag zum Familienunterhalt erlisch jedoch mit dem Ende der Ehe. Das hat zur Folge, daß beim Unfalltod eines Ehegatten der andere vom Schädiger nur noch Ersatz für den Wegfall seiner eigenen Unterhaltsberechtigung fordern kann, also nicht Ersatz für den Wegfall der den Kindern zustehenden Unterhaltsforderung (Rdn. 114). Die Höhe der Anteile des Ehegatten und der Kinder am ausgefallenen Unterhalt bemißt sich nach den Umständen des Einzelfalles[113]. 62

Die Bedürftigkeit des anderen Ehegatten spielt im Rahmen der Unterhaltsverpflichtung nach § 1360 BGB keine Rolle. Dies gilt auch für die an ihre Stelle tretende Schadensersatzpflicht nach § 10 Abs. 2. Ein eigenes Einkommen des überlebenden Partners 63

---

[107] Vgl. *Massfeller* DNotZ 1957, 365; *Habscheid* Rpfleger 1957, 327.

[108] BayObLG NJW 1964, 1084.

[109] Vgl. BVerfG NJW 1960, 1711; BGHZ 8, 377.

[110] BGH NJW 1957, 537; 1965, 1710; VRS 31, 20.

[111] BGH NZV 1993, 21.

[112] BGH VersR 1953, 149.

[113] BGH NJW 1972, 251.

hat jedoch insofern Bedeutung, als es eine Verpflichtung zu Barunterhaltsbeiträgen gegenüber dem Getöteten begründet hatte, deren Wegfall im Rahmen der Vorteilsausgleichung zu berücksichtigen ist[114]; vgl. Rdn. 98 und zur Berechnungsweise Rdn. 134. Zur Anrechnung von Einkünften, die der Unterhaltsberechtigte durch eine im Rahmen seiner Schadensminderungspflicht geschuldete Verwertung seiner Arbeitskraft erzielt oder erzielen könnte, vgl. Rdn. 100 ff. Zum Einfluß einer Wiederverheiratung oder Begründung einer eheähnlichen Lebensgemeinschaft s. Rdn. 172, 174.

64 Wird eine Ehefrau getötet, so hat der Witwer nach § 10 Abs. 2 (und wenn den Schädiger ein Verschulden trifft, auch nach § 844 BGB) einen Schadensersatzanspruch wegen Wegfalls der Dienste der Frau im **Haushalt**[115]. Entsprechendes gilt bei Tötung des Ehemannes, wenn dieser (wie meist bei der sog. Doppelverdienerehe) einen Beitrag zur Haushaltsführung nach § 1360 Abs. 2 BGB geschuldet hatte[116]. Einzelheiten zur Berechnung s. Rdn. 136 ff.

5. Künftige Unterhaltsansprüche

65 a) **Ersatzfähigkeit.** Das die gesetzliche Unterhaltspflicht begründende Verhältnis muß bereits zum Zeitpunkt des Unfalls bestanden haben (vgl. Rdn. 47); dagegen kommt es nicht darauf an, ob auch die zu einer tatsächlichen Unterhaltsberechtigung führenden Umstände bereits zu diesem Zeitpunkt vorliegen oder erst später eintreten. Daher ist z. B. ein Unterhaltsanspruch auch dann gegeben, wenn der Anspruchsteller zur Unfallzeit noch ein ausreichendes Einkommen bezog, später aber aus Altersgründen auf die finanzielle Unterstützung durch den getöteten Angehörigen angewiesen wäre. Der – angesichts der kurzen Verjährungsfrist des § 14 naheliegenden – Gefahr der Verjährung solcher Ansprüche kann durch Erhebung einer Klage auf Feststellung der künftigen Ersatzpflicht begegnet werden (vgl. zur Zulässigkeit, insbesondere zur Frage des Feststellungsinteresses Rdn. 178 ff).

66 b) **Beweisanforderungen.** Da künftige Entwicklungen – hier bezüglich Bedürftigkeit des Berechtigten, Leistungsfähigkeit und Rangfolge des Verpflichteten – nie mit Sicherheit vorhergesagt werden können, läßt die Rechtsprechung die **Wahrscheinlichkeit** eines künftigen Unterhaltsschadens für den Erlaß eines Feststellungsurteils ausreichen[117]. Dies ist zutreffend. Das für den Erlaß eines positiven Feststellungsurteils erforderliche Rechtsverhältnis kann auch schon dann bestehen, wenn noch kein bezifferbarer Schaden entstanden ist; ausreichend ist bereits eine Vermögensgefährdung, d. h. die Wahrscheinlichkeit eines Schadens[118]. Ob eine solche im Einzelfall gegeben ist, hängt von den jeweiligen Gesamtumständen ab. Spricht die Lebenserfahrung nach dem gewöhnlichen Lauf der Dinge für einen hypothetischen Unterhaltsanspruch gegen den Getöteten, so ist die Feststellungsklage begründet. Hierbei sollten an das Maß der Wahrscheinlichkeit keine allzu hohen Anforderungen gestellt werden[119].

---

[114] BGH VersR 1983, 727.
[115] BGHZ 51, 111.
[116] Vgl. BGH VersR 1982, 291.
[117] RG WarnR 1911, 123; BGHZ 4, 133; BGH VersR 1952, 210; 1953, 481; OLG Freiburg DRZ 1950, 567 m. zust. Anm. *Rosenberg*; OLG Düsseldorf MDR 1965, 135; OLG Celle NJW-RR 1988, 990; LG Braunschweig VersR 1972, 567; kritisch *Schwab* ZZP 85, 246.
[118] BGHZ 4, 133; *Greger* 145.
[119] BGHZ 4, 133, RG JW 1911, 153, OLG Freiburg DRZ 1950, 567: „gewisse Wahrscheinlichkeit"; BGH VersR 1952, 210; 1953, 481: „nicht eben entfernt liegende Möglichkeit"; zu weitgehend aber OLG Celle NJW-RR 1988, 990 und LG Braunschweig VersR 1972, 567, wonach bloße Möglichkeit genügen soll; zu streng dagegen wohl OLG Hamburg DJZ 1904, 752; OLG Karlsruhe DJZ 1916, 546; OLG Köln JW 1933, 1895; OLG Dresden JW 1936, 1389.

Der BGH hat eine ausreichende Wahrscheinlichkeit künftiger Unterhaltsgewährung z. B. angenommen beim Tod der Tochter des 47jährigen Klägers[120] und sogar beim Tod des 5jährigen Kindes 33- bzw. 30jähriger Eltern[121]. Auch bei der Tötung des 9jährigen Sohnes eines Rechtsanwalts, von dessen Vorsorge für die Altersversorgung ausgegangen wurde, hat der BGH der Feststellungsklage stattgegeben, weil bei der Unvorhersehbarkeit der Entwicklung keine Gewähr gegeben sei, daß wirtschaftliche Not immer ferngehalten bleibe[122]. 67

Den Einwand eines **Vorteilsausgleichs** wegen ersparten Kindesunterhalts läßt der BGH im Rahmen der Feststellungsklage nur zu, wenn bereits jetzt festgestellt werden könnte, daß diese Ersparnis den entgangenen Unterhalt erreicht oder überstiegen hätte; ansonsten ist die Frage erst bei Eintritt der Unterhaltsbedürftigkeit des Klägers zu prüfen[123]. 68

6. Mehrheit von Unterhaltsberechtigten

Leiten von dem Unfalltod eines Familienangehörigen mehrere Unterhaltsberechtigte (der Ehegatte, Kinder) Ersatzansprüche gegen den Schädiger ab, so sind sie keine Gesamtgläubiger. Vielmehr ist für jeden der Gläubiger die ihm zustehende Forderung eigens zu berechnen und, wenn ein Urteil ergeht, getrennt zuzusprechen[124]. Das stößt oft auf erhebliche Schwierigkeiten, weil die Höhe des Unterhalts von der Leistungsfähigkeit und damit auch von der Höhe des den Geschwistern (dem überlebenden Elternteil) geschuldeten Unterhalts abhängt. Dadurch entsteht eine der Gesamtgläubigerschaft angenäherte Stellung[125], die zur Folge hat, daß die Zulässigkeit eines unbestimmten Klageantrags in der Rechtsprechung wohlwollend beurteilt wird (s. aber Rdn. 182). Während sonst verlangt wird, daß die Unterhaltsgeschädigten mit Rücksicht auf die Bestimmtheit des Klageantrags (§ 253 Abs. 2 Nr. 2 ZPO) die Größenordnung jedes einzelnen der erhobenen Ansprüche angeben und die zur Fixierung der Ansprüche nötigen tatsächlichen Unterlagen beibringen, genügt es in einem solchen Fall, wenn außer den tatsächlichen Unterlagen der gemeinsame Unterhaltsbedarf in den durch die Leistungspflicht des Getöteten gezogenen Grenzen dargetan und gemeinsam der Antrag gestellt wird, das Gericht möge innerhalb des Gesamtschadensbetrages den Unterhaltsschaden des einzelnen Klägers nach § 287 ZPO schätzen und jedem Kläger das ihm Zustehende zusprechen. Der bei einem solchen Rechtsstreit neben den Kindern beteiligte unterhaltsgeschädigte Elternteil darf sich auch in Namen der Kinder mit einem solchen Antrag einverstanden erklären, auch wenn dieser zu einer ihm günstigeren Aufteilung führen kann. Denn mit einer Erklärung des hier geschilderten Inhalts ist kein sachlichrechtlicher Teilverzicht verbunden; das Innenverhältnis der Kläger bleibt vielmehr unberührt[126]. Der BGH[127] hat es auch zugelassen, daß die am Rechtsstreit nicht mehr beteiligte Witwe im Berufungsverfahren über die Klage der Kinder Abänderungsklage nach § 323 ZPO erhebt, um zu erreichen, daß ihr bei einer Kürzung der Unterhaltsersatzansprüche der Kinder ein entsprechend erhöhter Betrag zugesprochen wird. Diese mit der Prozeßrechtsdogmatik schwerlich vereinbare Rechtswohltat findet lediglich in Billigkeit und Prozeßökonomie ihre Stütze. 69

7. Gesetzlicher Forderungsübergang

a) **Anwendungsbereich.** In bestimmten Fällen gehen die Ansprüche des Unterhaltsberechtigten auf einen Dritten über, so daß sie vom ursprünglichen Anspruchsinhaber 70

---

120 BGHZ 4, 133.
121 BGH VersR 1952, 210.
122 BGH VersR 1953, 481.
123 BGH VersR 1952, 210.
124 BGH VersR 1972, 743; 1973, 84; 1979, 423.
125 BGH NJW 1972, 1716.
126 BGH NJW 1972, 1716.
127 NZV 1989, 353.

nicht mehr geltend gemacht werden können. Gesetzlich vorgesehen ist ein solcher Forderungsübergang für Fallgestaltungen, bei denen ein **Sozialversicherungs- oder öffentlichrechtlicher Versorgungsträger** dem Geschädigten seinerseits Leistungen zum Ausgleich des Schadens erbringt (§ 116 Abs. 1 SGB-X, § 87 a Satz 1 BBG, § 30 Abs. 3 SoldG, § 81 a BVG). Sinn dieser Regelungen ist es, zu vermeiden, daß der Verletzte doppelt entschädigt oder der Schädiger ungerechtfertigt entlastet wird.

71 Die Zahlung von **Nachversicherungsbeiträgen** durch den Dienstherrn eines getöteten Beamten an den Rentenversicherungsträger nach § 8 SGB-VI bzw. § 1232 RVO, § 9 AVG bewirkt keinen Rechtsübergang nach § 87 a BBG. Der Dienstherr erbringt hier keine Leistungen an die Hinterbliebenen, sondern überträgt nur den bei ihm für den Getöteten gebildeten Pensionsdeckungsstock auf den statt seiner leistungspflichtig gewordenen Rentenversicherer. Auf diesen gehen daher nach § 116 Abs. 1 SGB-X bzw. § 1542 RVO, § 77 Abs. 2 AVG die Ersatzansprüche nach § 10 Abs. 2 über[128].

72 Nicht in Betracht kommt dagegen bei Ansprüchen nach § 10 Abs. 2 StVG ein Rechtsübergang auf **private Versicherer** nach § 67 Abs. 1 VVG, denn diese Vorschrift gilt nur im Bereich der Schadensversicherung, nicht bei einer Summenversicherung wie z. B. Lebens- oder Unfallversicherung. Auch eine Zusatzversorgungskasse, bei der die Höhe der zu zahlenden Renten im voraus fixiert ist, kann sich aus diesem Grund nicht auf § 67 VVG berufen; sie kann Ansprüche gegen den Schädiger nur kraft Abtretung durch die Hinterbliebenen geltend machen[129]. Dasselbe gilt für den **Arbeitgeber,** der aufgrund tarif- oder arbeitsvertraglicher Regelung Leistungen an die Hinterbliebenen erbracht hat[130]. Derartige Abtretungen werden allerdings wegen daneben eingreifender Legalzessionen (Rdn. 70) in der Regel ins Leere gehen.

73 b) Die **allgemeinen Grundsätze** des gesetzlichen Forderungsübergangs sind in Schlußanh. II, 100 ff dargestellt.

74 c) **Kongruenz zwischen Ersatzanspruch und Leistungspflicht des Dritten** ist Grundvoraussetzung des Forderungsübergangs (vgl. hierzu Schlußanh. II, 117 ff).

75 Für den Unterhaltsersatzanspruch nach § 10 Abs. 2 besteht sachliche Kongruenz insbesondere mit einer **Witwen- oder Waisenrente**[131] bzw. den an die Hinterbliebenen bezahlten **Versorgungsleistungen.** Auch die Witwen- und Waisenbeihilfe nach § 48 BVG ist sachlich kongruent[132]. Die Pflegezulage nach § 35 BVG dient demselben Zweck wie der Schadensersatzanspruch wegen weggefallener Pflegeleistungen des getöteten Ehegatten[133].

76 Da zum Unterhalt auch die **Führung des Haushalts** und die persönliche Betreuung gehören (§ 1360 BGB; vgl. Rdn. 62), gehen auch diesbezügliche Ansprüche wegen der Kongruenz mit der vom Sozialversicherungsträger zu zahlenden Hinterbliebenenrente auf diesen über[134].

77 Ebenso verhält es sich mit dem Anspruch auf **Vorsorge für Krankheitsfälle,** der in der Regel durch Verschaffung von Krankenversicherungsschutz (sei es auch im Rahmen der beitragsfreien Familienkrankenhilfe nach § 10 SGB-V) erfüllt wird. Die zur Erhaltung des Krankenversicherungsschutzes der Hinterbliebenen erforderlichen Beträge sind daher – als Rechnungsposten des einheitlichen Unterhaltsersatzanspruches – mit den Rentenleistungen des Sozialversicherungsträgers auch insoweit kongruent, als diese Beiträge (in Form der Einbehaltung nach §§ 255 f SGB-V) von den Hinterbliebenen selbst zu tragen sind[135]. Hatte sowohl der getötete als auch der andere

---

128 BGHZ 74, 227.
129 BGH VersR 1980, 1072.
130 Vgl. *Blunk* VersR 1986, 639.
131 BGH NJW 1987, 2293.
132 BGH VersR 1984, 36.
133 BGH NZV 1993, 21.
134 BGH VersR 1982, 291 m. Anm. *Gitter* JR 1982, 204 u. *Sieg* SGb 1982, 322; OLG Frankfurt NZV 1993, 474; **a. A.** noch BGH VersR 1959, 633; OLG Frankfurt VersR 1980, 287 = 1981, 136 m. zust. Anm. *Perkuhn.*
135 BGH NZV 1989, 306 m. Anm. *Fuchs*; **a. A.** *Wussow/Küppersbusch* 467. Zur Kongruenz und Höhe der Beiträge zur Rentnerkrankenversicherung s. a. BGH VersR 1960, 1122; 1969, 899; 1978, 323; 1978, 346; OLG Karlsruhe VersR 1978, 1060.

Elternteil des unterhaltsberechtigten Kindes Anspruch auf Familienkrankenhilfe, so kann der Rentenversicherungsträger nur die Hälfte seiner Beiträge zur Rentnerkrankenversicherung gegen den Schädiger geltendmachen[136].

Beamte erbringen den Schutz ihrer Angehörigen vor Krankheitskosten teilweise durch Verschaffung der **Beihilfeberechtigung**. Daher sieht der BGH[137] auch die Beihilfeleistungen des Dienstherrn an die Hinterbliebenen des Beamten als sachlich kongruent mit dem Unterhaltsersatzanspruch gegen den Schädiger an mit der Folge, daß der Schädiger dem Dienstherrn alle Beihilfeleistungen zu ersetzen hat, die er während der mutmaßlichen Lebensdauer des Getöteten an die Angehörigen erbringt; bei Tötung eines von zwei beihilfeberechtigten Elternteilen halbiert er den Erstattungsanspruch des Dienstherrn[138]. Da diese Leistungen eine erhebliche Höhe erreichen können, erwägt der BGH in VersR 1986, 464 eine Verpflichtung der Hinterbliebenen, auf ein Angebot zur Ablösung der Beihilfe durch einen entsprechenden, vom Schädiger zu bezahlenden Krankenversicherungsschutz einzugehen. Diese Auffassung überzeugt nicht. Der Anspruch der Angehörigen gegen den Verunglückten auf Vorsorge für den Krankheitsfall kann nicht gleichgesetzt werden mit der beamtenrechtlichen Beihilfeberechtigung. Diese verkörpert nicht den Vorsorgeanspruch, sondern macht ihn (in Höhe des Beihilfesatzes) obsolet. Als Bestandteil des Unterhaltsanspruchs kann daher nur ein (bei bestehender Beihilfeberechtigung des Beamten latenter) Anspruch auf Zahlung der zu einer Volldeckung erforderlichen Krankenversicherungsbeiträge angesehen werden. Bei Tötung des Beamten geht dann der Unterhaltsersatzanspruch lediglich in dieser Höhe auf den Dienstherrn über. **78**

Kein Forderungsübergang auf die öffentlichrechtliche Körperschaft findet statt, wenn den Hinterbliebenen eines getöteten Soldaten nach § 12 SVG **Übergangsbeihilfe** gewährt wird; denn diese dient nicht Unterhaltszwecken[139]. **79**

8. Vorteilsausgleichung

Daß bei der Berechnung des Schadens die wirtschaftlichen Vorteile anzurechnen sind, die der Schadensfall dem Geschädigten gebracht hat (§ 7, 202), muß auch der Unterhaltsberechtigte sich grundsätzlich entgegenhalten lassen. Dieser Grundsatz wird allerdings erheblich durch zwei Regeln eingeschränkt: Erstens sind nur Vorteile, die nach wertender Betrachtung in einem inneren Zusammenhang mit dem Einzelschaden stehen, zu berücksichtigen[140] und zweitens nur solche, deren Anrechnung dem Geschädigten „zumutbar" ist[141]. Nicht anzurechnen ist z. B. – da nicht durch den Tod des Unterhaltsverpflichteten verursacht – die Arbeitslosenhilfe, die die Witwe wegen ihrer eigenen Arbeitslosigkeit erhält[142] oder – mangels inneren Zusammenhangs – der Zinsgewinn aus dem durch den Tod des Ehegatten veranlaßten Verkauf des gemeinsamen ausgeübten Betriebs[143]. Nicht „zumutbar" ist die Anrechnung freiwilliger Leistungen Dritter, auch wenn sie wegen des Unfalltodes des Unterhaltsverpflichteten erfolgen, und solcher Leistungen Dritter, die aufgrund eines Vertrages zwischen dem Erblasser und dem Dritten erfolgen, für den der Erblasser Gegenleistungen erbracht hat (z. B. Unfallversicherungsvertrag; vgl. Rdn. 93). Ferner ist es nicht zumutbar, ersparte Aufwendungen für den getöteten Ehegatten auch insoweit anzurechnen, als dieser durch unentgeltliche Versorgung der erstehelichen Kinder des Hinterbliebenen diesem Aufwendungen erspart[144] oder soweit er den schwerbehinderten Hinterbliebenen in einem weit über die normale Unterhaltspflicht hinausgehenden Maße gepflegt hatte[145]. Im **80**

---

[136] BGH VersR 1978, 346; a. A. *Drees* 45.
[137] VersR 1986, 464.
[138] BGH NZV 1989, 227.
[139] OLG Hamm NJW 1969, 1213.
[140] BGHZ 8, 329; BGH NJW 1959, 1078; VersR 1979, 323; 1984, 354.
[141] BGHZ 10, 108; OLG Celle MDR 1965, 42.
[142] BGHZ 4, 178.
[143] BGH VersR 1984, 353; *Grunsky* JZ 1986, 173 f.
[144] BGH VersR 1984, 190.
[145] OLG Zweibrücken NJW-RR 1989, 479.

Bereich der sozialen Absicherung findet statt einer Anrechnung häufig ein Forderungsübergang auf den Leistungsträger statt (s. Rdn. 70 ff).

81 a) **Nachlaß.** Ist der Unterhaltsberechtigte zugleich Erbe des Getöteten, so kommt eine Vorteilsausgleichung hinsichtlich der ihm anfallenden Erbschaft in Betracht. Eine Anrechnung ist jedoch nur insoweit gerechtfertigt, als der Anfall der Erbschaft dem Unterhaltsberechtigten Vorteile bringt, die er ohne den Unfall (nach dem wahrscheinlichen Verlauf der Dinge) nicht gehabt hätte.

82 aa) Der **Stammwert** des Nachlasses ist daher nur dann (ggf. teilweise) anzurechnen, wenn davon auszugehen ist, daß er dem Unterhaltsberechtigten ohne den vorzeitigen Unfalltod nicht oder nur teilweise zugefallen wäre[146]. Dies ist z. B. dann der Fall, wenn die Erbmasse voraussichtlich für die Erfüllung der Unterhaltspflicht verbraucht worden wäre[147], oder wenn der Ersatzberechtigte eine geringere Lebenserwartung hatte als der Getötete[148]. Die Entscheidungen BGH VersR 1957, 265 und 1967, 1154, in denen bei Beerbung eines Kindes durch einen Elternteil eine Anrechnung der Erbschaft abgelehnt wurde, werden von *Lange* (aaO) zu Recht in Frage gestellt, weil es hier nach dem wahrscheinlichen Verlauf der Dinge nicht zu einer Beerbung gekommen wäre[149]. Gewißheit des Nichtanfalls der Erbschaft ist, wie bei allen hypothetischen Abläufen, nicht zu fordern; es genügt eine aus dem gewöhnlichen Verlauf der Dinge herzuleitende Wahrscheinlichkeit[150].

83 bb) **Erträgnisse** des Nachlasses (z. B. Gewinn aus einem Wirtschaftsbetrieb, Mieteinnahmen, Zinsen) sind nicht anzurechnen, wenn sie vom Erblasser zur Vermehrung oder Erhaltung des Vermögens verwendet, z. B. in das Mietgrundstück[151] oder den Bauernhof[152] reinvestiert worden wären, weil der Ersatzberechtigte mit dem Anfall der auf diese Weise erhöhten Erbmasse ohnehin hätte rechnen können[153]. Anzurechnen sind dagegen die Erträgnisse, die vom Getöteten ohnehin zum Unterhalt des Hinterbliebenen verwendet worden wären[154]. Hätte der Getötete die Erträgnisse weder für jenen Unterhalt verwendet noch dem Vermögen wieder zugeführt, sondern verbraucht, so entsteht dem Hinterbliebenen durch die Erträgnisse des Nachlasses ebenfalls ein anrechenbarer Vorteil[155]. Der Anrechnung von Erträgnissen kann der Ersatzberechtigte nicht mit der Begründung begegnen, daß bei längerer Lebensdauer des Getöteten die Erbschaft größer gewesen wäre[156].

84 Gehört zum Nachlaß ein Wirtschaftsbetrieb, der unter unentgeltlichem **Einsatz der eigenen Arbeitskraft** des Erben oder eines Miterben fortgeführt wird, so mindern dessen Erträgnisse, soweit nach obigen Grundsätzen überhaupt anrechenbar, den Ersatzanspruch nur insoweit, als der Hinterbliebene (im Rahmen seiner Schadensminderungspflicht, d. h. der Zumutbarkeit) zu der Arbeitsleistung gehalten ist[157]. Hat der Ersatzberechtigte bereits bisher im Betrieb mitgearbeitet, wird ihm dies in der Regel minde-

---

146 BGHZ 8, 328; BGH VersR 1957, 265; 1961, 836; 1963, 545; NJW 1974, 1236; 1979, 760; OLG Frankfurt VersR 1991, 595.

147 BGH VersR 1974, 700.

148 *Lange* § 9 IV 4 c bb; **a. A.** *Ackmann* JZ 1991, 971 f.

149 Vgl. auch *Thiele* AcP 167 (1967) 234; *John* JZ 1972, 546.

150 Vgl. *John* JZ 1972, 546.

151 BGH VersR 1962, 322.

152 BGH VersR 1961, 855.

153 *Lange* § 9 IV 4 c cc.

154 BGH NJW 1974, 1236; 1979, 760; OLG Frankfurt VersR 1991, 595; *Lange* § 9 IV 4 c cc; *Ackmann* JZ 1991, 972.

155 *MünchKomm/Grunsky* vor § 249, 110 a; *Palandt/Heinrichs* vor § 249, 140: *Rudloff* Festschrift v. Hippel (1967) 455 f; **a. A.** BGH NJW 1979, 761; *Ackmann* JZ 1991, 969 ff.

156 BGH VersR 1960, 1097 = MDR 1961, 221 m. Anm. *Pohle*.

157 RGZ 72, 440; 154, 241; RG JW 1907, 130; BGHZ 58, 14; BGH VersR 1957, 783; 1963, 635; 1963, 733; 1967, 260.

stens im bisherigen Umfang weiter zugemutet werden können; dies gilt grundsätzlich auch für eine Witwe, die noch Kinder zu versorgen hat[158]. Hat der Erbe die persönliche Weiterführung des ererbten Betriebs übernommen, obwohl sie ihm nicht zuzumuten wäre, so beschränkt sich der als Vorteil auf den Schaden anzurechnende Betrag auf den objektiven Wert der Nutzung des in dem Geschäft steckenden Vermögens; ein Anhaltspunkt hierfür kann der erzielbare Pachtzins sein[159]. Bei Veräußerung des Betriebs ist nicht der Erlös (Stammwert!), sondern nur dessen Zinsertrag absetzbar[160].

Bei **Tötung beider Eltern** sind die Erträgnisse des jeweiligen Nachlasses, soweit nach obigen Grundsätzen anrechenbar, auf die zugehörigen Unterhaltsansprüche zu verrechnen. Hierbei ist jedoch zu beachten, daß die Erträgnisse aus der einen Erbschaft sich auf Bestand oder Umfang des Unterhaltsanspruchs gegen den anderen Elternteil (und damit auch den diesbezüglichen Ersatzanspruch) auswirken können[161]. **85**

cc) Die **Erhöhung der Unterhaltsleistungspflicht des anderen Elternteils** infolge des von Todes wegen erworbenen Vermögens kann für die Kinder des Getöteten ebenfalls einen ausgleichspflichtigen Vorteil darstellen[162]; § 843 Abs. 4 BGB steht dem nicht entgegen, weil hier nur die Person des Unterhaltspflichtigen, nicht aber die Quelle des Unterhalts gewechselt hat[163]; vgl. Rdn. 58. **86**

b) Fällt dem Hinterblieben ein **Vermächtnis** oder ein **Pflichtteil** zu, so gilt das zum Anfall eines Nachlasses Ausgeführte entsprechend[164]. Nach BGH VersR 1960, 1097 mindern die gesetzlichen Zinsen aus dem Betrag des Pflichtteils den Unterhaltsersatzanspruch nach § 254 Abs. 2 BGB auch dann, wenn die Witwe ihren Pflichtteilsanspruch nicht alsbald nach dem Todesfall geltend gemacht und den Schuldner nicht in Verzug gesetzt hat. **87**

c) Steht der Ehefrau nur die **Nutznießung** am Hof ihres getöteten Mannes zu, gilt hinsichtlich der Erträgnisse das zur Erbschaft Ausgeführte entsprechend[165]. **88**

d) **Zugewinnausgleich.** Der Ausgleichsanspruch der Witwe aus der gesetzlichen Zugewinngemeinschaft, der durch den Unfalltod des Mannes fällig wird, gehört zu ihrem eigenen Vermögen, so daß der Ertrag hieraus nicht ausgleichungspflichtig ist. Daß das Gesetz den Ausgleichsanspruch, wenn der Ehepartner stirbt, nicht gemäß der in §§ 1372 ff BGB vorgesehenen Berechnung gewährt, sondern als Erhöhung des Erbteils um ein Viertel (§ 1931 BGB), ändert nichts daran, daß dieser zusätzliche Erbteil kein durch den Unfalltod erworbenes Vermögen der Frau darstellt, sondern lediglich eine Verwirklichung des ihr schon vorher zustehenden Anspruchs[166]. **89**

e) Für eine **Bausparsumme,** die für die Errichtung eines Wohnhauses mit Räumen für das Geschäft des Mannes vorgesehen war und der Witwe nach dem Unfalltod des Mannes zugeflossen ist, gilt das zur Erbschaft Ausgeführt auch dann, wenn sie der Witwe nach § 331 BGB zugefallen ist[167]. **90**

f) **Freiwillige Leistungen Dritter,** die aus Anlaß des Todesfalles gegenüber dem Hinterbliebenen erbracht werden, sind dann nicht auf den Unterhaltsersatzanspruch anzurechnen, wenn es nicht Sinn der Leistung ist, den Ersatzpflichtigen zu entlasten. Dies wird in aller Regel der Fall sein, so z. B. beim Ertrag einer Sammlung für den Hinter- **91**

158 BGH VersR 1957, 785.
159 BGHZ 58, 18.
160 BGH VersR 1969, 713.
161 BGHZ 62, 126; vgl. auch OLG Köln VersR 1978, 972.
162 BGHZ 58, 20.
163 BGH VersR 1965, 376; 1969, 951.
164 BGH VersR 1960, 1097; 1961, 846; OLG München VersR 1967, 190.
165 BGH VersR 1969, 951.
166 **A. A.** wohl BGH VersR 1968, 770.
167 BGH VersR 1969, 713.

bliebenen[168], bei freiwilligen Unterhaltsleistungen eines Dritten[169], bei freiwilligen Zahlungen des Arbeitgebers[170], des Versicherers[171] oder öffentlicher Körperschaften[172]. Nicht anzurechnen sind auch die freiwilligen Leistungen der US-amerikanischen Veterans' Administration an die Hinterbliebenen eines tödlich verunglückten Armeeangehörigen[173].

92 g) **Leistungen aufgrund arbeitsrechtlicher Verpflichtung.** Ist der Arbeitgeber des Verstorbenen aufgrund Tarif- oder Arbeitsvertrags zur Zahlung einer Hinterbliebenenrente (z. B. sog. Dreimonatsrente) verpflichtet, so sollen diese Leistungen, wenn nicht eine abweichende Bestimmung getroffen ist, den Hinterbliebenen ohne Rücksicht darauf zukommen, ob sie Ersatzansprüche gegen einen Schädiger haben. Diese Leistungen stellen nämlich einen Teil des Entgelts für geleistete Arbeit dar. Es wäre unbillig, wollte man ihn aus der Tatsache, daß ein für den Unfalltod Verantwortlicher vorhanden ist, zum Nachteil der Witwe einen Gewinn ziehen lassen[174].

93 h) **Versicherungsleistungen.** Die aufgrund einer **Lebensversicherung** des Getöteten erlangten Zahlungen sind nicht anzurechnen, auch nicht deren Zinserträgnisse[175]. Es widerspräche dem Sinn des Versicherungsverhältnisses, wenn die Versicherungsleistungen, die der Versicherungsnehmer zu Lebzeiten durch seine Prämien erkauft hat, dem Schädiger zugute kämen. Das gleiche gilt für Leistungen aufgrund einer **Unfallversicherung**[176]. Wer Versicherungsnehmer ist und wer die Prämien tatsächlich aufgebracht hat, ist ohne Bedeutung[177].

94 Auch für die **Insassen-Unfallversicherung** gilt im Prinzip, daß die Versicherungsleistung nicht zu einer Minderung des Schadensersatzanspruchs im Wege der Vorteilsausgleichung führt[178]. Der Versicherungsnehmer kann allerdings ihre Verrechnung auf den Schadensersatzanspruch des Verletzten anordnen, und zwar nicht nur dann, wenn er selbst haftpflichtig ist, sondern auch dann, wenn er zu dem Haftpflichtigen in näherer Beziehung, z. B. als Angehöriger, steht. Die Anrechnung muß gegenüber dem Geschädigten spätestens im Zeitpunkt der Auszahlung der Versicherungsleistung erklärt oder zumindest vorbehalten werden[179].

95 i) **Leistungen eines Sozialversicherungs- oder Sozialhilfeträgers** sind nicht anzurechnen, führen aber in der Regel zu einem Forderungsübergang (s. Rdn. 70 ff). Auch soweit dies nicht der Fall ist, wie z. B. bei Leistungen der US-amerikanischen Social Security, findet wegen der sozialen Zweckbestimmung keine Anrechnung statt[180], desgleichen bei Eingreifen des Familienprivilegs nach § 116 Abs. 6 SGB-X[181]. Zur Frage, ob sich bereits zu Lebzeiten des Unterhaltspflichtigen erbrachte Sozialhilfe auf den Unterhaltsersatzanspruch auswirkt, s. Rdn. 52.

96 k) **Kindergeld** nach dem BKGG, welches bisher an den getöteten Unterhaltspflichtigen geleistet wurde und nunmehr an den überlebenden Elternteil weitergezahlt wird,

---

168 RG JW 1935, 3369.
169 RGZ 92, 57.
170 RGZ 136, 86; 141, 173; BGHZ 10, 108.
171 RG JW 1936, 1667 m. Anm. *Carl*.
172 RG DR 1941, 1457.
173 OLG München VersR 1985, 482; *Thümmel* VersR 1986, 417.
174 BGHZ 10, 107; BGH VersR 1969, 898.
175 BGH VersR 1979, 323, wo die frühere Unterscheidung zwischen Risiko- und Sparversicherungen (vgl. BGHZ 39, 249) aufgegeben wurde.
176 BGHZ 10, 109; BGH VersR 1969, 350.
177 BGH NJW 1968, 837.
178 BGHZ 19, 94; 25, 328; BGH VersR 1962, 85; 1963, 521.
179 BGHZ 80, 8; vgl. auch BGHZ 64, 266.
180 OLG Celle VersR 1967, 164; *Thümmel* VersR 1986, 417.
181 OLG Bamberg VersR 1994, 995; **a. A.** *Geigel/Plagemann* 30. Kap. 84.

bleibt bei der Berechnung des Unterhaltsschadens außer Betracht. Das Kindergeld hat den Zweck, die Unterhaltslast des Unterhaltsverpflichteten zu erleichtern, und berührt nicht die zivilrechtliche Unterhaltspflicht. Da § 10 Abs. 2 an letztere anknüpft, entscheidet für die Höhe des Ersatzanspruchs allein der nach den §§ 1601 ff BGB geschuldete Betrag[182].

l) **Unterhaltsleistungen Dritter.** Nach § 13 Abs. 2 in Verbindung mit § 843 Abs. 4 **97**
BGB ist die Unterhaltspflicht eines Dritten für den Schadensersatzanspruch gegen den Schädiger ohne Bedeutung (Rdn. 56). § 843 Abs. 4 BGB betrifft jedoch nur den Fall, daß die Unterhaltspflicht des Dritten aus Anlaß des Unfalls entstanden ist, regelt also z. B. nicht die Frage, ob bei Wiederverheiratung des hinterbliebenen Ehegatten dessen Unterhaltsanspruch aus der neuen Ehe den Schädiger entlastet[183]: hier geht es nicht um Vorteilsausgleichung, sondern um die Berücksichtigung einer nachträglichen Verminderung des Schadensumfangs (vgl. Rdn. 172).

m) **Ersparte Aufwendungen,** z. B. für den Unterhalt des Getöteten oder die Ausbil- **98**
dung des erst später (möglicherweise) unterhaltspflichtig werdenden Kindes, sind auf den Ersatzanspruch anzurechnen, jedenfalls soweit es nicht Billigkeitsgründe ausnahmsweise verbieten, die Ersparnis als Vorteil anzusehen[184]. Hat der Hinterbliebene eigene Einkünfte (z. B. eine Rente) teilweise auch für persönliche Bedürfnisse des Ehegatten aufgewendet, so vermindert sich sein Unterhaltsschaden insoweit, als er diese Beträge jetzt für sich verwenden kann (zur Schadensberechnung in diesen Fällen und zum Einfluß einer Mithaftungsquote s. Rdn. 135. Zu Recht ist im Schrifttum[185] aber darauf hingewiesen worden, daß es zu unbilligen Ergebnissen führt, wenn der hinterbliebene Ehemann für den Wegfall der Haushaltsführung durch seine Frau nur die fiktiven Lohnkosten einer Ersatzkraft der untersten Gehaltsstufen erhält, sich aber den aus seinem, oft höheren Einkommen berechneten Unterhaltsbeitrag anrechnen lassen muß; von der Billigkeitsklausel des BGH sollte daher großzügig Gebrauch gemacht werden. Dem Rückgriff nehmenden Sozialversicherungsträger oder Dienstherrn (Rdn. 70 ff) gegenüber kann sich der Schädiger nicht auf die Ersparnis berufen, die durch Wegfall etwaiger für den Verunglückten erbrachter Versorgungsleistungen eingetreten ist[186].

n) **Wegfall von Dienstleistungen.** Der Umstand, daß der hinterbliebene Ehegatte in- **99**
folge des Unfalltodes des anderen keine Dienste im Haushalt oder Beruf mehr zu leisten braucht, ist kein anrechenbarer Vermögensvorteil[187]. Eine andere Frage ist, ob er aus Gründen der Schadensminderung gehalten ist, seine frei werdende Arbeitskraft für eine Erwerbstätigkeit auszunützen (vgl. Rdn. 100).

9. Schadensminderungspflicht

a) **Einsatz der Arbeitskraft.** Der hinterbliebene Ehegatte kann aufgrund § 254 Abs. 2 **100**
BGB verpflichtet sein, seine durch den Tod des anderen freigewordene Arbeitskraft

---

182 BGH VersR 1979, 1029.

183 BGH VersR 1970, 524.

184 Vgl. BGHZ 56, 389; unentschieden BGHZ 4, 137. Grundsätzlich für Anrechnung *MünchKomm/Mertens* § 844, 32, dagegen *Eckelmann/Boos* VersR 1978, 213; *Ludwig* DAR 1986, 381; *Eckelmann* DAR 1987, 45. Zur Billigkeitsproblematik s. Rdn. 80.

185 *Ludwig* DAR 1986, 381; *Eckelmann* DAR 1987, 45.

186 BGH VersR 1953, 229; 1971, 636.

187 RGZ 152, 211; 154, 240; RG JW 1938, 1816; BGHZ 4, 171; *Krebs* VersR 1961, 293.

dazu zu verwenden, am Erwerbsleben teilzunehmen[188]. Unterläßt er dies, so wird das erzielbare Einkommen auf den Unterhaltsersatzanspruch angerechnet, wobei dann, wenn der Schädiger nur anteilig haftet, primär auf den nicht gedeckten Teil des Unterhaltsschadens anzurechen ist; nur soweit das Einkommen diesen übersteigt, mindert es den Ersatzanspruch gegen den Schädiger[189]. Dies folgt daraus, daß dem Hinterbliebenen nicht zuzumuten ist, primär für den Schädiger zu arbeiten. Entscheidend für die Arbeitspflicht sind die Umstände des Einzelfalles, insbesondere die wirtschaftlichen und sozialen Verhältnisse der Eheleute, Alter, Gesundheitszustand, Leistungsfähigkeit, Berufsausbildung, evtl. frühere Berufstätigkeit und nicht zuletzt das Vorhandensein von betreuungsbedürftigen Kindern[190]. Ob die Ehegatten eine solche Erwerbstätigkeit geplant hatten, ist ohne Belang[191]. Von der ihm bis dahin zustehenden Freizeit braucht der Hinterbliebene nichts zu opfern, um den Schädiger zu entlasten[192]. Erzielt der Hinterbliebene durch eine über die beschriebene Verpflichtung hinausgehende Arbeitsleistung ein Einkommen, so kommt dies nicht dem Schädiger zugute[193].

101 Grundsätzlich ist dem Ehegatten nicht zuzumuten, die **Betreuung der Kinder** den Großeltern, fremden Leuten oder einem Heim zu überlassen, um eine Arbeitsstelle annehmen zu können. Die Rechtsprechung verneint daher die Arbeitspflicht einer Witwe, die ein kleines oder mehrere Kinder zu betreuen hat[194]. Kinder im schulpflichtigen Alter bedürfen allerdings in der Regel keiner ganztägigen Betreuung mehr, so daß eine Teilzeitarbeit zumutbar ist[195].

102 Bei **älteren Menschen** ist zu berücksichtigen, daß eine tiefgreifende Änderung der Lebensverhältnisse u. U. nicht mehr zumutbar ist[196]. Bei einer 45jährigen Frau wird dies allerdings nicht ohne weiteres gesagt werden können[197]. Bei einer 50jährigen, etwas kränklichen Frau ohne Berufsausbildung hat BGH VersR 1966, 1047 eine Arbeitspflicht verneint, ebenso bei einer 52jährigen, die drei Kinder großgezogen hat[198].

103 Hatte der Hinterbliebene wegen der Eheschließung ein Studium oder eine sonstige **Ausbildung** abgebrochen, so muß ihm zugestanden werden, daß er diese Ausbildung zunächst beendet. Einen über den Ersatzanspruch wegen entgangenen Unterhalts hinausgehenden Zuschuß zu den Ausbildungskosten braucht der Schädiger allerdings nicht zu leisten.

104 b) **Fortführung des ererbten Geschäfts.** War der Hinterbliebene schon zu Lebzeiten des Getöteten in dessen Erwerbsgeschäft unentgeltlich tätig und hat er das Geschäft geerbt, so ist er im Rahmen des Zumutbaren verpflichtet, weiterhin im gleichen Umfang im Geschäft tätig zu sein; der hierdurch erzielte reine Geschäftsgewinn mindert die Ersatzansprüche gegen den Schädiger (vgl. Rdn. 84 m. Nachw.).

105 c) **Berücksichtigung des geringeren Wohnraumbedarfs.** Der hinterbliebene Ehegatte ist in der Regel nicht verpflichtet, in eine kleinere Wohnung umzuziehen[199] oder den

---

[188] RGZ 154, 236; BGHZ 4, 170; BGH VersR 1955, 354; 1962, 1088; 1966, 1047; 1969, 469; 1976, 878; OLG Köln FamRZ 1992, 55; OLG Düsseldorf NZV 1993, 473; **a. A.** die ältere Rspr., vgl. RGZ 5, 110; 72, 439.

[189] BGHZ 16, 274; BGH VersR 1955, 355; 1962, 1063; OLG Nürnberg VersR 1978, 774; **a. A.** *Drees* 58.

[190] Einzelheiten mit Nachw. bei *Drees* 52 ff sowie Rdn. 101 ff.

[191] BGH VersR 1976, 877; **a. A.** *Drees* 54: die von ihm als maßgeblich angesehene Entwicklung der Verhältnisse ohne den Unfall ist jedoch für die Beurteilung der Schadensminderungspflicht kein geeigneter Maßstab.

[192] OLG Stuttgart RdK 1954, 90.

[193] RGZ 154, 240; BGHZ 4, 170; 49, 62; 55, 332; BGH NJW 1974, 602; BGH VersR 1987, 157; **a. A.** OGHZ 1, 317 m. abl. Anm. *Schale*.

[194] BGH VersR 1955, 36; 1955, 354; 1966, 977; 1967, 259; 1969, 469.

[195] BGH VersR 1955, 275; 1960, 320; 1983, 688.

[196] Vgl. BGH VersR 1962, 1176; OLG München VersR 1962, 649.

[197] BGH VersR 1962, 1088.

[198] BGH VersR 1962, 1176.

[199] BGH VersR 1974, 32.

durch den Tod des anderen in der Ehewohnung freigewordenen Raum durch (Unter)-vermietung zu verwerten[200]. Tut er dies trotzdem, so verbleiben ihm die Einnahmen aus der Vermietung. Auch ein alleinstehender Hauseigentümer braucht keinen Mieter aufzunehmen[201].

10. Steuern

Der Schädiger muß den Hinterbliebenen, falls sie die Unterhaltsersatzrenten versteuern müssen, diese Steuern ersetzen[202]. Dies wird grundsätzlich der Fall sein, da die als Schadensersatz gezahlten Renten nicht den steuerfreien Unterhaltsrenten gleichzusetzen, sondern als wiederkehrende Leistungen i. S. d. § 22 EStG anzusehen sind[203]. Sonstige Steuernachteile durch den Todesfall sind nicht erstattungspflichtig (s. Rdn. 12). **106**

11. Berechnung des Ersatzanspruchs des hinterbliebenen Ehegatten

a) **Grundsätze.** Der Hinterbliebene hat das Recht, so gestellt zu werden, wie wenn der Ehegatte am Leben geblieben wäre. Der Ersatzpflichtige muß die Witwe daher in den Stand setzen, die Lebensweise fortzuführen, auf die sie zu Lebzeiten ihres Mannes einen Anspruch gehabt hätte[204]. Aus diesem Grund können Unterhaltstabellen, die (wie z. B. die „Düsseldorfer Tabelle") auf den Fall doppelter Haushaltsführung zugeschnitten sind, nicht zur Grundlage der Schadensberechnung gemacht werden[205]. Die vielfach geübte Methode, das um die fixen Kosten verminderte Nettoeinkommen des Getöteten durch die Zahl der Personen zu teilen, die bis zum Tod ihres Ernährers von dessen Einnahmen lebten, und dann den Schadensersatzanspruch wieder um die fixen Kosten zu vermehren[206], kann allenfalls dazu dienen, die Höhe der Summe der Ansprüche aller Hinterbliebenen in groben Umrissen abzustecken. Richtig ist, daß beim Tod des Ernährers einer Familie die fixen Kosten in der Regel ohne Rücksicht auf die Zahl der Hinterbliebenen unverändert oder nahezu unverändert weiterlaufen und – wenn auch nur einmal – voll ersetzt werden müssen. Trotzdem müssen die Ansprüche aller Hinterbliebenen getrennt betrachtet werden. Ausgangspunkt für die Höhe des Unterhaltsanspruchs ist die tatsächliche Arbeitsleistung des Getöteten und die Feststellung, wieviel er gearbeitet und verdient hätte, wäre er noch am Leben. Die Frage, ob der Getötete zu einer solchen Arbeitsleistung verpflichtet gewesen wäre, bleibt außer Betracht. Es kann sich also der Schädiger nicht darauf berufen, der Verstorbene sei ungewöhnlich fleißig gewesen und der Unterhalt dürfe nur aus der Arbeitsleistung eines Durchschnittsbürgers berechnet werden. Andererseits kann die Witwe aber auch nicht mit Erfolg vortragen, ihr Mann hätte mehr leisten können, wenn er gewollt hätte, oder er hätte den Beruf wechseln und in dem anderen Beruf mehr verdienen können. **107**

Der Schaden, den die Hinterbliebenen durch den Verlust von Unterhaltsansprüchen erleiden, kann nicht dem Teil des Einkommens des Verstorbenen gleichgesetzt werden, der über dessen eigenen Bedarf hinausging[207]. Es ist vielmehr festzustellen, welche Beträge seines Einkommens der Verstorbene, wenn er am Leben geblieben wäre, hätte aufwenden müssen, um seinen unterhaltsberechtigten Angehörigen denjenigen Lebens- **108**

200 LG Lüneburg VersR 1966, 272.

201 OLG Celle VersR 1966, 246.

202 BGH VersR 1970, 183; 1979, 670; NJW 1985, 3011; näher hierzu *Drees* 49 f.

203 BGH VersR 1979, 670; 1987, 410; *Kullmann* VersR 1993, 385 m. Nachw. der BFH-Rechtsprechung.

204 BGH VersR 1952, 97; 1957, 128; 1961, 543; 1966, 588; 1968, 770; 1970, 183; 1972, 176.

205 BGH VersR 1986, 40; *Drees* 41.

206 *Fischer* VersR 1970, 21.

207 BGH VersR 1966, 588; 1968, 770; 1987, 157.

unterhalt zu verschaffen, auf den sie nach den familienrechtlichen Vorschriften Anspruch gehabt hätten[208]. Im Regelfall ist allerdings davon auszugehen, welchen Unterhalt der Verstorbene der Witwe gewährt hat; der Ersatzpflichtige hat – wenn der Verstorbene weder besonders geizig noch besonders freigebig gewesen ist – die Witwe in die Lage zu setzen, ihre Lebensweise so fortzuführen, wie wenn der Getötete noch lebte[209]. Je höher das vom Verstorbenen erzielte Einkommen war, um so weniger kann davon ausgegangen werden, daß es in vollem Umfang zum Unterhalt der Familie (anstatt z. B. zur Vermögensbildung) zu verwenden war[210]. Hierbei verbietet sich jedoch eine schematische Betrachtungsweise. Es ist im Einzelfall konkret festzustellen, welchen Betrag die Ehegatten absprachegemäß einer Vermögensbildung zuführen wollten[211]. Sparleistungen sind nicht unbedingt der Vermögensbildung zuzurechnen. Häufig dienen sie vielmehr dazu, größere Ausgaben anzusparen, die gleichwohl den Lebenshaltungskosten zuzurechnen sind[212].

109 Der vom Einkommen des Mannes nach Bestreitung des Unterhalts verbleibende Rest bleibt bei der Berechnung des Ersatzanspruchs der Frau außer Betracht. Sie hat mithin keinen Anspruch auf Ersatz des Schadens, der ihr dadurch entsteht, daß der Mann sein Vermögen nicht mehr mehrt und daß hierdurch ihr Ausgleichsanspruch (§§ 1371, 1372 BGB) geringer ist, als er bei längerer Lebensdauer des Mannes gewesen wäre. Hat der Mann die nicht als Unterhalt geschuldeten Beträge auf Sparkonto oder in anderer Weise angelegt, so hat die Witwe keinen Anspruch gegen den Schädiger auf Zahlungen, die den Sparraten oder einem Teil davon entsprechen. Eine Ausnahme bilden die Aufwendungen zur Alterssicherung (vgl. Rdn. 113). Was für diese gilt, gilt aber nicht für Rücklagen zur späteren Vergrößerung des Gewerbebetriebes[213].

110 Ergibt sich, daß eine **Steigerung des Einkommens** von einem gewissen Zeitpunkt an zu erwarten ist, so hat der Schädiger der Witwe von diesem Zeitpunkt an einen entsprechend höheren Lebensstandard zu ermöglichen. Hierbei ist allerdings in Rechnung zu stellen, daß mit zunehmendem Einkommen möglicherweise auch der Anteil gewachsen wäre, den die Ehegatten zur Vermögensbildung verwendet hätten[214]. Entsprechend sinkt der Ersatzanspruch der Witwe von dem Tag an, an dem mit einer **Verringerung des Einkommens** des Mannes zu rechnen war, also vor allem vom Tag seiner Pensionierung oder der Aufgabe beruflicher Tätigkeit an. Zu berücksichtigen ist auch, daß der Lebensstandard der Eltern steigt, wenn die Kinder ins Erwerbsleben eintreten und keines Unterhalts mehr bedürfen.

111 Für die Ermittlung des hypothetischen künftigen Einkommens ist nach § 287 ZPO festzustellen, welches Einkommen der Unterhaltspflichtige bei gewöhnlichem Lauf der Dinge unter Berücksichtigung der mutmaßlichen Entwicklung seiner Verhältnisse und des Einkommens vergleichbarer Beschäftigter in den einzelnen Zeitabschnitten erzielt hätte[215]; s. auch Rdn. 171. Bei Selbständigen kann diese Feststellung erhebliche Schwierigkeiten bereiten (z. B. bei Betriebsaufgabe nach dem Tod des Unternehmers); hier wird sich oftmals nur ein Mindestertrag errechnen lassen[216]. Zur Frage des Einflusses einer (hypothetischen) Ehescheidung s. Rdn. 48.

---

208 BGH VersR 1958, 702; 1959, 713; 1961, 543; 1966, 588; 1968, 770; 1969, 897; 1970, 183; 1971, 423; 1974, 906; OLG Bamberg VersR 1956, 664; OLG Stuttgart VersR 1959, 1057.

209 BGH VersR 1962, 322; LG Tübingen RdK 1953, 46.

210 BGH VersR 1961, 543; 1966, 588.

211 BGH VersR 1987, 158.

212 BGH NJW 1983, 1733; VersR 1987, 158.

213 BGH VersR 1967, 260.

214 OLG Bamberg VersR 1982, 856.

215 OLG Stuttgart VersR 1958, 1058.

216 Vgl. LG Aachen VersR 1986, 774.

Zu beachten ist, daß der Unterhaltsersatzanspruch auch den **Wegfall der Dienste** des Getöteten im Haushalt oder in Beruf oder Geschäft des Hinterbliebenen umfaßt, soweit diese Mitarbeit im Rahmen der Unterhaltspflicht nach §§ 1360 ff BGB geschuldet war (vgl. Rdn. 8, 64 und § 16, 12; zur Berechnung Rdn. 136 ff). 112

Zur Unterhaltspflicht eines Ehegatten gehört ferner in der Regel (bei Berufstätigen) die Verschaffung einer den Verhältnissen entsprechenden **Altersversorgung und Krankenversicherung.** Daher sind ggf. auch die Beiträge für eine Weiterversicherung zu erstatten[217] oder es ist Ersatz dafür zu leisten, daß der Hinterbliebene wegen des vorzeitigen Todes des Ehegatten keinen (vollen) Rentenanspruch erwerben kann[218]; vgl. Rdn. 125, 170. 113

Einen **Anspruch auf Familienunterhalt,** wie ihn nach § 1360 BGB jeder Ehegatte zu Lebzeiten des anderen hat, kann der Hinterbliebene gegen den Schädiger nicht geltend machen[219]. Alle Hinterbliebenen, also auch die Kinder, haben einen eigenen Anspruch auf Ersatz ihres jeweiligen Unterhaltsschadens, der eigenen Regeln hinsichtlich Höhe und Dauer folgt[220]. Der hinterbliebene Ehegatte kann den für die Kinder benötigten Unterhalt daher nicht aus eigenem Recht vom Schädiger fordern, sondern nur als gesetzlicher Vertreter in deren Namen. Dies ist vor allem dann von Bedeutung, wenn ein Forderungsübergang (Rdn. 70 ff) stattgefunden hat, der sich hinsichtlich des Ehegatten und der Kinder verschieden auswirkt. 114

Bei **Getrenntleben** der Ehegatten richtet sich das Bestehen und die Höhe eines Unterhaltsanspruchs nach den Lebensverhältnissen und den Erwerbs- und Vermögensverhältnissen[221]; eine etwaige Trennungsschuld bleibt außer Betracht. Zum Unterhaltsrecht bei geschiedenen Eheleuten s. §§ 1569 ff BGB. 115

Nicht beigepflichtet werden kann der gelegentlich vertretenen Ansicht, die Witwe habe überhaupt keine Ansprüche, wenn ihr Ehemann schon nach **kurzer Dauer der Ehe** tödlich verletzt werde[222]. Die Begründung dieser Ansicht mit dem Hinweis auf §§ 242, 254 BGB läßt sich nicht halten. 116

Zum Ausgleich durch den Todesfall erlangter Vorteile vgl. Rdn. 80 ff, zur Frage der Arbeitspflicht des Hinterbliebenen Rdn. 100 ff, zur Erstattung der für die Rente zu entrichtenden Steuern Rdn. 106. 117

b) Nettoeinkommen des Getöteten als Berechnungsgrundlage. Das Nettoeinkommen des Getöteten, in der Regel also sein Lohn oder Gehalt abzüglich Steuern und Sozialversicherungsbeiträgen, ist Ausgangspunkt für die Ermittlung des Unterhaltsanspruchs des Hinterbliebenen[223]. 118

Zum Nettoeinkommen gehören bei **Arbeitnehmern** auch Zusatzleistungen des Arbeitgebers, die nicht durch konkrete Mehraufwendungen aufgezehrt werden, wie Gratifikationen, Weihnachtsgeld, Urlaubsgeld, Leistungszulagen u. ä.[224], die Erlaubnis zur Nutzung des Firmenwagens[225], Einkaufsrabatte, Steuerrückerstattungen, Einkünfte aus Nebentätigkeiten, ggf. Krankengeld oder Arbeitslosenunterstützung. Nach dem (hypothetischen) Eintritt in den **Ruhestand** ist das maßgebliche Einkommen aufgrund der Leistungen der Rentenversicherung, des Dienstherrn oder Arbeitgebers sowie etwaiger Einkünfte aus Versicherungen und Kapitalvermögen zu ermit- 119

---

217 BGH VersR 1971, 717.

218 BGHZ 32, 246.

219 BGH VersR 1960, 801; a. A. RG SeuffA 57, 217.

220 BGHZ 11, 181; BGH VersR 1953, 210; 1960, 801.

221 § 1361 BGB; näher *Drees* 24 ff.

222 LG Bielefeld VersR 1968, 783.

223 BGH VersR 1958, 528; 1959, 713; 1961, 855; 1962, 322; 1971, 717; OLG Stuttgart VersR 1958, 1057; 1969, 720.

224 BGH VersR 1971, 153.

225 BGH VersR 1987, 508.

teln. **Sozialleistungen** gelten als Einkommen, sofern von ihnen nicht ein konkreter Mehrbedarf bestritten werden muß[226]. Auch **Einkommensteuererstattungen** sind dem Einkommen hinzuzurechnen[227].

120 Bei **Selbständigen** ist der Nettogewinn zugrunde zu legen[228] und u. a. um die Rücklagen für Investitionen zu vermindern[229]. Bei **Mitarbeit im Betrieb** des Ehegatten ist nicht das vereinbarte Gehalt, sondern das wirkliche Arbeitseinkommen des Getöteten zugrundezulegen, das sich nach seinem Beitrag zum Geschäftsgewinn des gemeinsam ausgeübten Betriebs bemißt[230].

121 Da die Einkommensverhältnisse in der Regel bei frei Berufstätigen erheblichen Schwankungen unterliegen und auch bei Arbeitnehmern nicht immer gleich bleiben, muß der Berechnung der Unterhaltspflicht ein fiktives **Durchschnittseinkommen** zugrundegelegt werden. Dabei bilden die Einkommensverhältnisse im letzten Jahr vor dem Tod den Ausgangspunkt für die Berechnung des monatlichen Durchschnittseinkommens[231]. Absehbare Veränderungen in der Zukunft sind aber zu berücksichtigen (vgl. Rdn. 171).

122 **Einkünfte aus dem Vermögen** sind, soweit sie zum Unterhalt zu verwenden wären (Rdn. 51), dem Nettoeinkommen hinzuzurechnen. War der Getötete an einer Gesellschaft beteiligt (an einem Unternehmen) und hat er die ihm zustehenden **Entnahmen** nicht in voller Höhe getätigt, so ist von dem Betrag auszugehen, den er hätte entnehmen dürfen[232].

123 Nicht dem Nettoeinkommen hinzuzurechnen sind Einkünfte aus **verbotener Tätigkeit**[233], **Auslösungen** und Aufwandsentschädigungen, die zur Deckung eines entsprechenden Mehrbedarfs verwendet worden wären[234], sowie das **Kindergeld** nach dem Bundeskindergeldgesetz[235].

124 c) **Abzug von Beiträgen zur Vermögensbildung.** Das Nettoeinkommen ist um die Teile zu bereinigen, die nicht für Unterhaltszwecke, sondern zur Vermögensbildung verwendet wurden, denn auf die weitere Teilhabe an der Vermögensbildung durch den Ehegatten bezieht sich der Unterhaltsersatzanspruch nicht (vgl. Rdn. 109). Zu diesen auszuscheidenden Einkommensteilen gehören z. B. die Aufwendungen für die Tilgung von Schulden aus Anlaß der Schaffung eines Eigenheims[236]. Die hierauf zu zahlenden Zinsen hingegen dienen nicht der Vermögensbildung, sondern – jedenfalls auch – der Finanzierung des Wohnbedarfs und sind daher als fixe Kosten zu behandeln[237]; vgl. hierzu und zur höhenmäßigen Begrenzung Rdn. 128.

125 Nicht zur Vermögensbildung im vorstehenden Sinn zählen **Aufwendungen zur Alterssicherung**, zu denen Erwerbstätige, die nicht sozialversicherungspflichtig sind und keinen Anspruch auf Pension haben, gegenüber ihrem Ehegatten verpflichtet sind (z. B. durch Ansammlung von Rücklagen oder den Abschluß einer Lebensversicherung). Sie dürfen vom Nettoeinkommen nicht abgezogen werden; diese Beträge müssen dem Hinterbliebenen vielmehr, da zum Unterhalt gehörend, vorweg zugestanden werden[238]. Das gilt auch für freiberuflich Tätige, die einer Altersversorgung angehören müssen, sofern die Leistungen dieser Kassen so gering sind, daß ein standesgemäßer Lebensunterhalt im Alter nicht gewährleistet ist[239]. Dem Hinterbliebenen zuzubilligen sind auch die Prämien, die der Ehegatte für eine Lebens- oder Unfallversicherung weiter hätte zahlen müssen, wenn er nicht vorzeitig gestorben wäre[240].

---

226 BGH NJW 1981, 1314; Einzelheiten bei *Drees* 33.
227 BGH NZV 1990, 306.
228 BGH VersR 1984, 353.
229 BGH VersR 1967, 259.
230 BGH VersR 1984, 353.
231 OLG Karlsruhe VRS 8, 113; *Hüskes* VersR 1959, 250; *Wittkämper* Betrieb 1964, 1228.
232 BGH VersR 1968, 770.
233 Straftaten, Schwarzarbeit; OLG Köln VersR 1969, 382.
234 OLG Saarbrücken VersR 1977, 727.
235 BGH VersR 1979, 1029; vgl. Rdn. 96.
236 BGH VersR 1984, 962; 1986, 265; 1988, 956.
237 BGH NZV 1990, 186.
238 BGH VersR 1954, 325; 1964, 779; 1967, 260; 1971, 717.
239 BGH VersR 1956, 38; vgl. auch BGH VersR 1952, 97.
240 BGHZ 39, 249.

d) **Vorwegerstattung der fixen Kosten.** Aus dem nach obigen Grundsätzen ermittelten Nettoeinkommen sind dem unterhaltsberechtigten Ehegatten die fixen Kosten der Lebensführung, da sie sich durch den Wegfall des Getöteten nicht (wesentlich) verringern, voll zur Verfügung zu stellen[241]. Bei Vorhandensein weiterer Unterhaltsberechtigter sind sie zunächst vom Nettoeinkommen abzuziehen und sodann anteilig der Unterhaltsquote wieder zuzuschlagen (Rdn. 130, s. aber wegen der in der Praxis weithin üblichen Pauschalierung Rdn. 133). 126

Fixe Kosten sind die weitgehend von der Zahl der Haushaltsmitglieder unabhängigen laufenden Aufwendungen für Wohnung und Wohnungseinrichtung, Heizung, Gas, Strom, Wasser, Abgaben, Telefon, Zeitung, Rundfunk, Fernsehen und für Versicherungen, also alle immer wiederkehrenden Ausgaben für die wirtschaftliche Basis der Lebensführung[242]. Auch Rücklagen für Schönheitsreparaturen und Hausratserneuerung gehören dazu[243]. Ob auch die Kosten für ein Auto[244], eine Putzfrau oder Hauspersonal hierher gehören, richtet sich nach den jeweiligen Verhältnissen. 127

Wohnten die Ehegatten im **eigenen Haus**, so kann, da das Unterhaltsrecht keinen Anspruch auf Erstellung eines Eigenheims umfaßt, vom Schädiger nicht verlangt werden, daß er dessen Erhaltung finanziert. Der Hinterbliebene kann daher als fixe Kosten nicht die Zins- und Tilgungszahlungen für die Baudarlehen einsetzen, soweit sie die Höhe des Mietzinses für eine (unter Berücksichtigung des reduzierten Wohnbedarfs) vergleichbare Wohnung übersteigen[245]. Ist das Haus unbelastet, kann kein fiktiver Mietwert angesetzt werden[246]. *Eckelmann/Schäfer*[247] wollen dagegen stets die fiktiven Mietkosten zugrundelegen; dies trägt den individuellen Gegebenheiten nicht hinreichend Rechnung. 128

Die fixen Kosten des Haushalts ändern sich im allgemeinen, soll der Lebensstandard aufrechterhalten bleiben, durch den Tod des Mannes nicht oder nicht erheblich. Soweit Ersparnisse eintreten (vor allem bei den Versicherungen), muß die Witwe sie sich anrechnen lassen; im übrigen bekommt sie die fixen Kosten vom Schädiger voll ersetzt[248]. Die fixen Kosten können sich dadurch erhöhen, daß beim Ehemann die Krankenversicherungsbeiträge durch den Arbeitgeber abgeführt wurden, also vom Nettolohn nicht gezahlt zu werden brauchten, während die Witwe die Beiträge zur Krankenversicherung selbst aufzubringen hat. Abzüge sind im allgemeinen nur zu machen, wenn die Familie bis zum Tod des Mannes über ihre Verhältnisse gelebt hat[249]. 129

Entfallen die fixen Kosten auf mehrere Hinterbliebene, so sind sie für die Berechnung der einzelnen Ansprüche entsprechend den jeweiligen Verhältnissen aufzuteilen, zwischen der Witwe und einem Kind z. B. im Verhältnis 2:1, bei zwei Waisen z. B. im Verhältnis 2:1:1[250] (allgemein zum Verhältnis zwischen mehreren Unterhaltsberechtigten vgl. Rdn. 69). 130

e) **Aufteilung des restlichen Einkommens.** Die Festlegung der Unterhaltsquote, d. h. des Anteils des Hinterbliebenen am nach Aussonderung der fixen Kosten verbleibenden Resteinkommen ist nach den Umständen des Einzelfalls vorzunehmen. Auszugehen ist von dem Grundsatz, daß jedem Ehegatten die Hälfte des verfügbaren Einkommens zusteht, weil beide in gleicher Weise am ehelichen Lebensstandard teilnehmen; dem 131

---

241 BGH VersR 1986, 40.
242 BGH VersR 1987, 1242; NZV 1988, 136 m. Anm. *Nehls*.
243 OLG Hamm VersR 1983, 927.
244 Vgl. hierzu BGH NZV 1988, 137 m. Anm. *Nehls*.
245 BGH VersR 1984, 962; NZV 1988, 137 m. Anm. *Nehls*; OLG Braunschweig VersR 1979, 1124; a. A. österr. OGH ZVR 1989, 120.
246 OLG Köln VersR 1990, 1285 LS.
247 VersR 1981, 370.
248 RGZ 159, 24; BGH VersR 1952, 97; 1961, 855; OLG Stuttgart VersR 1959, 1057; *Fischer* VersR 1970, 21.
249 BGH VersR 1952, 97; 1959, 713; OLG Bamberg VersR 1956, 664.
250 Vgl. BGH VersR 1972, 176; NZV 1988, 138 m. Anm. *Nehls*; *Drees* 42.

berufstätigen Ehegatten wird im allgemeinen jedoch ein etwas höherer Anteil zugebilligt, weil er infolge seiner Erwerbstätigkeit auch höhere Ausgaben haben wird[251]. Somit stehen z. B. der nicht erwerbstätigen, kinderlosen Witwe je nach Lage des Falles neben den fixen Kosten ca. 45% des verbleibenden Nettoeinkommens zu[252]. Beim Vorhandensein von Kindern kann sich diese Quote je nach deren Zahl auf ca. 38% (ein Kind) bis ca. 25% (4 Kinder) vermindern[253]. Bei nicht erwerbstätigen, Rente beziehenden Ehegatten wird in der Regel eine Aufteilung nach gleich hohen Quoten vorzunehmen sein[254].

132 Wenngleich eine gewisse Pauschalierung unumgänglich ist, sind doch stets im Rahmen des tatrichterlichen Schätzungsermessens die Besonderheiten des konkreten Falles (etwa besonders hoher Arbeitseinsatz[255] oder durch persönliche Umstände bedingter besonders hoher Eigenbedarf des Unterhaltspflichtigen) zu beachten. Dies gilt vor allem auch dann, wenn der hinterbliebene Ehegatte ebenfalls zum Familienbarunterhalt beigetragen hat. Hier ist die dem Einzelfall adäquate Verteilung des Familieneinkommens, auch unter Berücksichtigung der Pflicht zur Mithilfe im Haushalt, herauszufinden[256]; näher hierzu Rdn. 134.

133 In der Regulierungspraxis werden die fixen Kosten vielfach nicht gesondert errechnet, sondern durch Erhöhung der üblichen Quoten (vgl. Rdn. 131), die dann aus dem vollen Nettoeinkommen zu errechnen sind, berücksichtigt. Diese Methode verdient im Grundsatz den Vorzug, weil auch die aufwendige konkrete Berechnung nur eine Scheingenauigkeit liefern kann. Allerdings besteht mangels gesicherter statistischer Daten kein Konsens über die Höhe der Pauschale. Nach der Tabelle bei *Schloën/Steinfeltz*[257] beträgt die Quote des hinterbliebenen Ehegatten dann 50%, bei Vorhandensein von Kindern zwischen ca. 42% (ein Kind) und ca. 28% (vier Kinder). Hierbei dürften sich in der Regel zu niedrige Sätze ergeben[258]. *Eckelmann*[259] schlägt vor, die Fixkosten pauschal auf 35 bis 50% des ausgabefähigen Einkommens zu bemessen und im übrigen die normale Quotentabelle (Rdn. 131) anzuwenden.

134 f) **Berücksichtigung eigenen Einkommens des Unterhaltsberechtigten.** Hatte der hinterbliebene Ehegatte bereits zum Unfallzeitpunkt durch eigenes Arbeits- oder Renteneinkommen zum Barunterhalt der Familie beigetragen, so ist dies bei der Bemessung des Unterhaltsersatzanspruchs wie folgt zu berücksichtigen[260]:

Zunächst wird der Unterhaltsanspruch des Hinterbliebenen nach vorstehenden Grundsätzen errechnet, d. h. es werden vom Nettoeinkommen des Getöteten die fixen Kosten abgezogen, aus dem Rest der Anteil des Hinterbliebenen entsprechend seiner Unterhaltsquote errechnet und sodann die fixen Kosten wieder hinzugerechnet. Aller-

---

251 BGH NJW 1982, 42; VersR 1987, 508.

252 *Eckelmann/Nehls/Schäfer* NJW 1984, 947: 47,5%, gebilligt von BGH VersR 1987, 508; enger noch BGH VersR 1971, 717 (40% als Regel), ebenso *Schloën/Steinfeltz* Kap. 6 Rdn. 355.

253 Für höhere Quote *Eckelmann/Schäfer* VersR 1981, 372; s. a. *Drees* 38 f.

254 OLG Stuttgart FamRZ 1978, 252; OLG Bremen FamRZ 1979, 123; OLG Karlsruhe FamRZ 1981, 551.

255 OLG Düsseldorf NZV 1993, 473: Quote der nicht erwerbstätigen, kinderlosen Ehefrau nur 40%.

256 Vgl. z. B. BGH VersR 1983, 726: Rentnerehepaar; BGH VersR 1984, 81: Taxiunternehmer.

257 Kap. 6 Rdn. 357.

258 Vgl. *Eckelmann/Nehls/Schäfer* NJW 1984, 949; *Eckelmann/Freier* DAR 1992, 128.

259 DAR 1989, 96.

260 Vgl. BGH VersR 1983, 726; 1984, 81; 1984, 353; 1984, 963; NZV 1994, 475 (jeweils mit Berechnungsschemata); *Drees* VersR 1985, 613 ff.

dings sind die fixen Kosten nunmehr nicht in voller Höhe zu berücksichtigen, sondern nur insoweit, als sie aus dem Einkommen des Getöteten zu tragen waren, d. h. sie sind im Verhältnis der Einkünfte der beiden Ehegatten aufzuteilen. Der so errechnete Unterhaltsanspruch des Hinterbliebenen ist nunmehr um den Betrag zu mindern, den er aus seinem Einkommen zum Unterhalt des anderen beizutragen hatte, denn dieser Betrag steht künftig ihm selbst zur Verfügung. Er errechnet sich analog zum eigenen Unterhaltsanspruch auf der Basis seines Nettoeinkommens, jedoch wird der Anteil an den fixen Kosten nicht wieder hinzugerechnet, weil insoweit keine Ersparnis eintritt.

Zur Verdeutlichung möge folgende Beispielrechnung[261] dienen, die von der Tötung eines Ehemannes bei einem Gesamtfamilieneinkommen von 3000 DM, fixen Kosten von 800 DM und einem Aufteilungsschlüssel im Verhältnis 4 (Mann) : 4 (Frau) : 2 (Kind) ausgeht:

Entgangener Unterhaltsbaranteil		
Einkommen Mann	2400 DM	
abzüglich anteiliger fixer Kosten	− 640 DM	
verfügbares Manneseinkommen	1760 DM	
hiervon 4/10		704 DM
zuzüglich anteiliger fixer Kosten Mann		+ 640 DM
		1344 DM
abzüglich ersparter Unterhaltsbeitrag an den Mann		
Fraueneinkommen	600 DM	
abzüglich anteiliger fixer Kosten	− 160 DM	
verfügbares Fraueneinkommen	440 DM	
hiervon 4/10		− 176 DM
		1168 DM

Dieses Berechnungsschema kann im Einzelfall durch vielfältige Besonderheiten modi- 135
fiziert werden, wie z. B. durch den Umstand, daß der Hinterbliebene infolge der Tötung des Ehegatten nicht mehr im selben Umfang wie vorher erwerbstätig sein kann oder Aufwendungen für die Kinderbetreuung machen muß bzw. ohne unentgeltliche Hilfe Angehöriger machen müßte[262]. Eine andere Berechnungsweise kann auch dann geboten sein, wenn die Ehefrau wegen der Geburt eines Kindes ihre Erwerbstätigkeit bei Fortleben des Mannes aufgegeben hätte[263]; vgl. zur Nichtanrechnung überobligationsmäßiger Leistungen Rdn. 100. Noch nicht berücksichtigt sind auch die beiderseitigen Beiträge zur Haushaltsführung (vgl. hierzu Rdn. 136 ff) sowie etwaige über die Unterhaltsersparnis hinausgehende Vorteilsausgleichungen (vgl. hierzu Rdn. 180 ff). War im Einzelfall das Einkommen des getöteten Ehegatten niedriger als das des hinterbliebenen, so läßt sich mit vorstehendem Berechnungsschema die Unterhaltsersparnis ermitteln, die ggfs. auf den Anspruch wegen entgangener Haushaltsführung anzurechnen ist[264]. Schließlich ist zu beachten, daß dann, wenn der Schädiger (z. B. wegen Mitverschuldens des Getöteten) nur auf eine Quote haftet, eine Anrechnung ersparter Unterhaltsbeiträge nur insoweit vorgenommen werden darf, als sie den vom Hinterbliebenen selbst zu tragenden Schadensteil übersteigen[265]: der Hinterbliebene würde sonst gewissermaßen für den Schädiger arbeiten.

g) Ersatz für entgangene Dienste

aa) Dienstleistungen des Ehegatten als Unterhaltsschaden. Die Haushaltsführung 136
und die Mitarbeit im Geschäft des Ehegatten stellen, soweit nach § 1360 BGB geschul-

261 Übernommen aus BGH VersR 1984, 354.
262 Vgl. BGH VersR 1987, 157.
263 BGH VersR 1987, 157.
264 Vgl. BGH VersR 1984, 81.
265 BGH VersR 1983, 727; 1987, 72.

det[266], ebenfalls Unterhaltsleistungen (sog. Naturalunterhalt) dar (s. Rdn. 8, 64), so daß bei Tötung des diese Dienste leistenden Ehegatten ein entsprechender Ersatzanspruch besteht. Entscheidend ist auch hier der rechtlich geschuldete, nicht der tatsächlich geleistete Umfang der Dienste[267] (s. auch Rdn. 108).

137 In welchem **Umfang** die Ehegatten durch Dienstleistungen zum Familienunterhalt beitragen, bestimmen sie allerdings weitestgehend selbst[268], denn gesetzlich geschuldet ist die Haushaltstätigkeit grundsätzlich so, wie es dem Einvernehmen der Ehegatten entspricht (vgl. § 1356 Abs. 1 S. 1 BGB). Diese Einvernehmensregelung ist festzustellen und, sofern sie sich im Rahmen des Angemessenen hält (s. § 1360 S. 1 BGB) auch für die Zukunft zugrundezulegen. Es kann daher nicht ohne weiteres aus dem Vorliegen einer Doppelverdiener-Ehe auf eine Aufteilung der Haushaltstätigkeit zu gleichen Teilen geschlossen werden[269]. Regeln die Ehegatten die Haushaltsführung aber in dieser Weise, so kann ein Anspruch des Hinterbliebenen aus § 10 Abs. 2 nicht etwa mit der Erwägung verneint werden, der Verlust der Mitarbeit des Getöteten im Haushalt werde dadurch aufgewogen, daß die eigene Verpflichtung gegenüber dem anderen weggefallen sei[270]. Zahlreiche Arbeiten fallen auch in dem dezimierten Haushalt unvermindert an. Der Wert des Unterhaltsdefizits ist daher meßbar an dem zeitlichen Mehraufwand, den der Hinterbliebene im Vergleich zu früher zu erbringen oder durch eine Hilfskraft abzudecken hat.

138 Die tatsächlichen Verhältnisse spielen auch insofern eine Rolle, als bei zerrütteter Ehe und langjährigem Getrenntleben in der Regel der Kausalzusammenhang zwischen Unfall und Verlust des Anspruchs auf Haushaltsführung fehlt[271].

139 Arbeitsleistungen beim Eigenheimbau gehören nicht zur Erfüllung der Unterhaltspflicht. Viel zu weitgehend ist die Ansicht des österr. OGH[272], der Schädiger schulde als entgangenen Naturalunterhalt auch den Wert solcher Arbeitsleistungen, und zwar sogar dann, wenn sie gegenüber einem Dritten erbracht werden, damit dieser seinerseits beim Bau des eigenen Hauses Hilfe leiste.

140 **bb) Möglichkeiten des Ausgleichs.** Für den Ausgleich des Ausfalls kommen im Wesentlichen vier Wege in Betracht: Die Anstellung einer Ersatzkraft, die Unterstützung durch einen Verwandten gegen entsprechende Vergütung, die unentgeltliche Hilfe eines Angehörigen oder die Mehrarbeit des Hinterbliebenen. Im Sinne möglichst weitgehender Restitution können grundsätzlich die Dienste einer Ersatzkraft in Anspruch genommen und die hierfür aufzuwendenden Kosten ersetzt verlangt werden (Einzelheiten Rdn. 141 ff). Verzichtet der Hinterbliebene auf die Anstellung einer Ersatzkraft oder läßt er nur einen Teil der anfallenden Arbeiten von einer solchen erledigen[273], so gewährt die Rechtsprechung einen Anspruch, der sich grundsätzlich an der fiktiven Vergütung einer Ersatzkraft orientiert (Rdn. 144 ff). Ist jedoch im Einzelfall eine zumutbare Lösung im Rahmen des Familienverbandes möglich, die zu einem geringeren Aufwand führt, so soll sich nach neuer Rechtsprechung des BGH der Ersatzanspruch auf den Betrag beschränken, der erforderlich ist, um den Verwandten angemessen zu entschädigen[274]. Dieser Auffassung kann nicht zugestimmt werden[275]. Sie verstößt gegen

---

266 Hierzu *Moritz* VersR 1981, 1101.
267 BGH VersR 1971, 423; 1979, 670.
268 BGH VersR 1984, 81; NZV 1993, 22.
269 BGHZ 104, 113 = NZV 1988, 60 m. Anm. *Schlund.*
270 BGHZ 104, 113 = NZV 1988, 60 m. zust. Anm. *Schlund*; *Wussow/Küppersbusch* 306; *Macke* NZV 1989, 254; a. A. noch BGH VersR 1984, 963.
271 LG Bayreuth VersR 1982, 607.
272 ZVR 1989, 229.
273 Vgl. BGHZ 54, 84; BGH VersR 1986, 790.
274 BGH VersR 1982, 874; 1982, 953 = 1192 m. zust. Anm. *Hofmann*; ebenso *Scheffen/Pardey* 8.
275 So auch *Grunsky* NJW 1983, 2470; *Eckelmann/Boos/Nehls* DAR 1984, 297.

den Grundsatz, daß freiwillige Opfer den Schädiger nicht entlasten dürfen (vgl. § 843 Abs. 4 BGB), und führt zu großen Schwierigkeiten dann, wenn der Hinterbliebene auf eine fremde Hilfe überhaupt verzichtet. Soll er dann – wie bisher – die fiktiven Kosten einer Ersatzkraft beanspruchen können oder soll das Gericht gehalten sein, die gesamte Verwandtschaft daraufhin zu überprüfen, ob jemandem die Unterstützung des Hinterblieben zumutbar wäre, um sodann den Ersatzanspruch entsprechend kürzen zu können? Richtigerweise wird in allen Fällen, in denen eine bezahlte Ersatzkraft nicht in Anspruch genommen wird, eine Entschädigung zu leisten sein, die sich nach dem Wert des in Form von Arbeitsleistungen bisher erbrachten Unterhaltsbeitrags bemißt (vgl. Rdn. 146).

cc) **Berechnung des Anspruchs bei Anstellung einer Ersatzkraft.** Wird zum Ausgleich der entgangenen Dienste eine Ersatzkraft angestellt, so sind die hierfür aufzuwendenden Kosten zu erstatten, und zwar der Bruttobetrag einschließlich Steuern und Arbeitgeberbeiträge zur Sozialversicherung[276]. Die Höhe des Arbeitseinkommens des hinterbliebenen Ehegatten stellt keine Begrenzung für diesen Anspruch dar, denn zum Familieneinkommen gehörten auch die Leistungen des haushaltführenden Ehegatten[277]. Die Kosten sind aber nur dann voll erstattungsfähig, wenn die Dienste der Ersatzkraft hinsichtlich Umfang und Qualifikation jene des Ehegatten nicht übersteigen. Die eingehenden Untersuchungen von *Schulz-Borck/Hofmann*, die auch die Zustimmung der Rechtsprechung gefunden haben[278] und die zu differenzierten Tabellen für unterschiedliche Haushaltstypen geführt haben[279], liefern gute Anhaltswerte. 141

Als **Zeitaufwand** sind z. B. für einen aus dem Witwer und zwei minderjährigen Kindern bestehenden Haushalt vom BGH[280] ca. 48 Wochenstunden für angemessen erachtet worden, bei zwei Kindern im vorschulpflichtigen Alter ca. 60 Wochenstunden[281], bei einem Kind 35 Stunden[282]. Sind Familienangehörige zur Mithilfe verpflichtet, so ist dies bei der Bemessung des Arbeitszeitbedarfs durch entsprechende Abzüge zu berücksichtigen. Deren Berechtigung und Höhe hängen bei Kindern von den konkreten Umständen ab (Bedarf an Mithilfe, Fähigkeiten des Kindes, Gesundheitszustand, Belastung durch Schule oder Berufsausbildung). Als Anhaltswert nimmt die Rechtsprechung bei Kindern ab ca. 12 bis 14 Jahren eine Stunde täglich[283] an. Auch für den Ehemann richtet sich der Umfang der Mitarbeitspflicht nach den jeweiligen Umständen, insbesondere dem Ausmaß der Berufstätigkeit beider Ehegatten[284]. 142

Hinsichtlich der **Qualifikation** ist zu beachten, daß im Regelfall nicht die Anstellung einer ausgebildeten Fachkraft (z. B. Hauswirtschaftsmeisterin), sondern nur die einer Hauswirtschafterin oder Haushaltshilfe beansprucht werden kann[285]. 143

dd) **Berechnung des Anspruchs bei Verzicht auf Anstellung einer Ersatzkraft.** In diesen Fällen ist die Höhe der Unterhaltsersatzrente nach der Rechtsprechung grundsätzlich (vgl. die Einschränkung in Rdn. 140) an den fiktiven Kosten einer Hilfskraft zu orientieren (zur Kritik dieser Rechtsprechung s. Rdn. 146). Hiernach ist von den Kosten einer vergleichbaren, nach BAT bezahlten Ersatzkraft auszugehen[286], sofern nicht we- 144

---

276 BGH VersR 1973, 940; 1974, 604.
277 BGH VersR 1971, 1065; 1982, 952.
278 Vgl. BGH VersR 1979, 670; 1982, 952; 1984, 81; NZV 1988, 60; OLG Hamm VersR 1980, 723.
279 AaO 13 ff.
280 VersR 1979, 670.
281 BGH VersR 1982, 952; NZV 1990, 307.
282 BGH VersR 1984, 876.
283 BGH VersR 1972, 950; 1973, 939; 1983, 459; NZV 1990, 308; zu Recht einschränkend *Eckelmann/Nehls/Schäfer* DAR 1982, 383 und *Ludwig* DAR 1986, 379.
284 Vgl. *Schulz-Borck/Hofmann* Nr. 2.1.4; *Scheffen/Pardey* 14; BGH NJW 1974, 1238; OLG Hamburg VersR 1988, 136.
285 BGH VersR 1979, 670.
286 BGH VersR 1971, 1045; 1972, 743; 1972, 948.

gen der örtlichen Verhältnisse eine Haushaltshilfe zu günstigeren Bedingungen angestellt werden kann[287]. Zunächst ist festzustellen, für wieviele Stunden eine Haushaltshilfe beschäftigt werden müßte, um den Haushalt im bisherigen Umfang weiterzuführen; die Verkleinerung des Haushalts durch den Todesfall ist dabei in Rechnung zu stellen[288], desgleichen die besondere Situation bei arbeitsteiliger Haushaltsführung[289]. Die so gefundene Stundenzahl (vgl. auch Rdn. 142) ist sodann mit der sich aus dem BAT ergebenden Stundenvergütung zu multiplizieren, wobei je nach Umfang und Qualität der anfallenden Aufgaben, auch dem Alter der mitzubetreuenden Kinder, auf die Vergütungsgruppen VIII, VII oder – in Ausnahmefällen – VI b (mittlere Altersstufe, ledig) abzustellen ist[290]. Bedarf es keiner Befähigung zu selbständiger Haushaltsführung, etwa weil der Hinterbliebene schon bisher maßgeblich mitgearbeitet hat und die Regie übernehmen kann, kann BAT X angemessenen sein[291]. Bei einem Haushalt kleinsten und einfachsten Zuschnitts kann es auch angemessen sein, lediglich die Kosten einer Zugehfrau als Berechnungsgrundlage heranzuziehen[292].

145 Maßgeblich ist allein das fiktive Netto-Gehalt, denn für die Bestimmung des Wertes der Unterhaltsleistung haben Beträge, die einer Ersatzkraft nicht selbst zufließen würden, außer Betracht zu bleiben[293]. Der BGH läßt zu, das maßgebliche Gehalt durch Abzug einer Pauschale von 30% vom Bruttogehalt zu ermitteln[294]. Unberührt hiervon bleibt die Verpflichtung des Schädigers, dem Geschädigten die Steuern zu ersetzen, die er auf die Ersatzleistung zu entrichten hat (vgl. Rdn. 106).

146 Die von der Rechtsprechung zugelassene fiktive Abrechnung begegnet von ihrem Ansatz her den generell gegen eine solche zu erhebenden Bedenken (vgl. § 7, 203). Auch der Vorschlag, nur die konkret entstandenen Mehraufwendungen (z. B. für Kindergarten, Wäscherei) zu erstatten[295], trifft nicht den Kern des Problems. Auszugehen ist vielmehr davon, daß es sich bei dem hier in Rede stehenden Anspruch um einen Unterhaltsersatzanspruch handelt (Rdn. 136). Zu ersetzen sind also nicht irgendwelche tatsächlichen oder fiktiven Aufwendungen, sondern der Wert der entgangenen Unterhaltsleistungen (§ 10 Abs. 2 Satz 1). Dieser ist nach den konkreten Verhältnissen der Familie zu bestimmen (vgl. §§ 1360, 1360 a Abs. 2 Satz 1 BGB), also unter Berücksichtigung von Familieneinkommen, Größe des Haushalts, Umfang der Arbeiten usw. Die fiktiven Kosten einer Ersatzkraft können hierbei Anhaltspunkte liefern (insoweit zutreffend spricht der BGH[296] von „Orientierungsrahmen"). Ihr Bruttobetrag bildet zugleich die obere Grenze, da höhere Aufwendungen nicht „erforderlich" im Sinne von § 249 BGB sein können.

---

287 BGH VersR 1982, 952.

288 BGH VersR 1982, 952 = 1192 m. zust. Anm. *Hofmann*; a. A. *Eckelmann* 80 ff.

289 Vgl. BGH NZV 1988, 60 m. Anm. *Schlund*.

290 Vgl. *Schulz-Borck/Hofmann* Tabelle 4; *Ludwig* DAR 1986, 380; BGH VersR 1972, 743; 1972, 948; 1973, 84; 1973, 939; 1979, 670; zu weitgehend (BAT V c) OLG Frankfurt VersR 1981, 241.

291 BGH NZV 1988, 60 m. Anm. *Schlund*; abl. *Eckelmann* DAR 1989, 95.

292 BGH VersR 1974, 32.

293 BGHZ 86, 372 = JR 1983, 414 m. Anm. *Schlund*; BGH VersR 1973, 85 (hinsichtlich der Arbeitgeberanteile zur Sozialversicherung); 1982, 952 = 1192 m. zust. Anm. *Hofmann*; LG Berlin DAR 1979, 304; *Schulz-Borck/Hofmann* 2.2.2; *Wussow/Küppersbusch* 266; 15. VGT (1977) 10; a. A. OLG Frankfurt VersR 1981, 241 = 338 m. abl. Anm. *Hofmann*; österr. OGH ZVR 1993, 149; *Grunsky* NJW 1983, 2470; JZ 1986, 176; *Ludwig* DAR 1986, 380; *Drees* 64 f.

294 BGHZ 86, 377; BGH VersR 1987, 72.

295 *Honsell/Harrer* JuS 1991, 447.

296 Z. B. NZV 1990, 307.

12. Berechnung des Ersatzanspruchs des ehelichen Kindes

a) **Grundsätze.** Beim Unfalltod des Vaters werden sich in der Regel andere Ansprüche gegen den Schädiger ergeben als beim Unfalltod der Mutter. Dies liegt daran, daß jeder Elternteil dem ehelichen Kind den Unterhalt jeweils in der durch die Lebensumstände gegebenen Form schuldet (Rdn. 60). Auch hier kommt es daher nicht auf das bloß theoretische Bestehen einer Unterhaltspflicht an, sondern auf den Unterhalt, den der beim Unfall Getötete dem Kinde in dem jeweiligen Zeitraum hätte zukommen lassen müssen (näher hierzu Rdn. 107). Beim Tod beider Eltern hat das Kind zwar Anspruch auf vollen Unterhaltsersatz; in der Regel werden jedoch (z. B. wegen teilweisen Forderungsübergangs) die Ansprüche gegen Vater und Mutter gesondert auszuweisen sein[297]. 147

Bei der Bemessung des Unterhaltsersatzanspruchs von Kindern ist es in besonderem Maße erforderlich, absehbare Zukunftsentwicklungen prognostisch zu berücksichtigen, d. h. nach Zeitabschnitten zu differenzieren (vgl. hierzu Rdn. 171, 176). 148

Der Unterhaltsersatzanspruch des Kindes setzt sich – ebenso wie der des überlebenden Elternteils – zusammen aus entgangenem Unterhalt in Natur und Geld und aus einem Anspruch wegen Wegfalls der persönlichen Dienste des Getöteten. Der Unterhalt eines noch in der Ausbildung befindlichen Kindes richtet sich nach der Lebensstellung und den wirtschaftlichen Verhältnissen der Eltern. Das bedeutet aber nicht, daß dem Kind eine der Lebensführung der Eltern entsprechende Lebensgestaltung (eigener Wagen, Urlaubsreisen in ferne Länder) ermöglicht werden müßte. Vielmehr rechtfertigt bei überdurchschnittlich guten wirtschaftlichen Verhältnissen der Eltern die besondere Lage des noch in der Ausbildung befindlichen Kindes eine Begrenzung des Unterhalts nach oben deshalb, weil es noch keine berufliche Lebensstellung besitzt und den Eltern das Recht zusteht, im Interesse einer Erziehung zur Sparsamkeit Einschränkungen nach billigem Ermessen vorzunehmen[298]. Maßgebend ist mithin hier die Handhabung durch den verstorbenen Elternteil, sofern sie keinen Ermessensmißbrauch darstellte. 149

Zum Unterhalt gehört auch der Anspruch auf **Pflege im Krankheitsfall** einschließlich Deckung der Heilungskosten. Ist nur ein Elternteil erwerbstätig, so erfüllt er diesen Anspruch durch Abschluß einer Krankenversicherung für das Kind bzw. bei gesetzlicher Krankenversicherung dadurch, daß er dem Kind die Leistungen der Krankenkasse nach § 10 SGB-V verschafft; der andere Elternteil schuldet nur die tatsächlichen Fürsorgeleistungen im Rahmen der Pflicht zur Haushaltsführung[299]. Entfällt durch den Tod des erwerbstätigen Elternteils der (kostenlose) Versicherungsschutz nach § 10 SGB-V, so muß der Ersatzpflichtige die nunmehr anfallenden Kosten für eine Krankenversicherung des Kindes erstatten, auch soweit diese vom Rentenversicherungsträger aufzubringen sind[300]; zum Anspruchsübergang auf diesen s. Rdn. 77. Standen beide Elternteile in einem krankenversicherungspflichtigen Arbeitsverhältnis, so schuldet der Schädiger bei der Tötung eines Elternteils nur 50% des (fiktiven) Beitrags zu einer Krankenversicherung[301]. 150

Eine Verpflichtung des Kindes, durch **eigene Arbeit** den Unterhaltsanspruch zu mindern oder in Wegfall zu bringen, besteht nur ausnahmsweise. Vor Beendigung der Berufsausbildung des Kindes ist dieses zwar nach § 1619 BGB verpflichtet, in einer seinen Kräften und seiner Lebensstellung entsprechenden Weise den Eltern in ihrem Hauswe- 151

---

297 Vgl. *Drees* 76.
298 BGH VersR 1973, 84.
299 BGH VersR 1980, 844.
300 BGH VersR 1978, 346.
301 BGH VersR 1978, 346.

sen und Geschäft Dienste zu leisten; es ist aber nicht verpflichtet, bei fremden Leuten Dienste zu leisten, um Geld zu verdienen. Es wäre auch nicht angängig, aus § 1602 Abs. 2 BGB zu entnehmen, daß das Kind nach dem Zeitpunkt der Volljährigkeit seine Berufsausbildung nicht fortsetzen dürfe, sondern sich einen Arbeitsplatz suchen müsse. Die Tatsache, daß infolge des Todes eines Elternteils oder beider Elternteile die Dienstleistungspflicht in deren Hauswesen und Geschäft sich aus tatsächlichen Gründen (Auflösung des Haushalts oder Geschäfts) verringert oder ganz wegfällt, stellt für das Kind keinen Vermögensvorteil dar, der zu einer Minderung des Ersatzanspruchs führt (Rdn. 99). Wird der Haushalt nach dem Tod des Elternteils (oder beider Eltern) weitergeführt, so ist allerdings bei der Berechnung des Anspruchs des Kindes wegen Wegfalls der Arbeitsleistung des Vaters und der Mutter im Haushalt zu berücksichtigen, inwieweit das Kind im Haushalt, lebte der Verstorbene noch, hätte mithelfen müssen (vgl. hierzu Rdn. 142).

152 Ab wann das Kind einer Erwerbstätigkeit nachzugehen hat, um sich seinen eigenen Unterhalt zu verdienen, richtet sich nicht nach dem Eintritt der Volljährigkeit[302]. Der maßgebende Zeitpunkt ist vielmehr der des regulären Abschlusses der **Berufsausbildung** (vgl. Rdn. 166). Dabei hat das Kind sich nach den Anordnungen der Eltern zu richten (§§ 1626, 1627 BGB), jedoch nur bis es volljährig wird. Von da an bestimmt es über seinen Ausbildungsweg grundsätzlich selbst[303]. Allerdings hat es nur Anspruch auf die Ermöglichung *einer* adäquaten, d. h. seinen Fähigkeiten entsprechenden und sich in den Grenzen der wirtschaftlichen Leistungsfähigkeit seiner Eltern haltenden Berufsausbildung (§ 1610 Abs. 2 BGB); ein Zweitstudium oder eine weitere Berufsausbildung braucht der Unterhaltsverpflichtete grundsätzlich nicht zu finanzieren[304]. Etwas anderes kann jedoch gelten, wenn die erste Ausbildung auf einer Fehleinschätzung der Begabungen oder Neigungen des Kindes beruhte, wenn die Zweitausbildung eine von vornherein angestrebte Weiterbildung darstellt oder während der ersten Ausbildung eine besondere, die Weiterbildung erfordernde Begabung des Kindes deutlich wurde[305]. Im Rahmen der wirtschaftlichen Zumutbarkeit haben die Eltern ein Studium auch dann zu finanzieren, wenn das Kind nach dem Abitur zunächst eine damit in sachlichem Zusammenhang stehende praktische Ausbildung durchlaufen hat[306]. Soweit nach den jeweiligen Umständen angemessen, kann das Kind verpflichtet sein, durch eigene Erwerbstätigkeit neben der Ausbildung, z. B. Ferienarbeit, zum Unterhalt beizutragen.

153 **Nach Abschluß der Ausbildung** hat das Kind einen Unterhaltsanspruch gegen beide Elternteile nur, wenn es (durch Krankheit, unverschuldete Arbeitslosigkeit usw.) in eine Notlage gerät.

154 Ein Kind mit **eigenem Vermögen** kann von seinen Eltern, solange es seine Berufsausbildung nicht abgeschlossen hat, Unterhalt insoweit verlangen, als die Erträgnisse seines Vermögens zum Unterhalt einschließlich der Ausbildungskosten nicht ausreichen. Dies gilt aber nur bis zum Eintritt der Volljährigkeit. Von da an muß es den Stamm seines Vermögens aufzehren, ehe es Unterhalt von seinen Eltern verlangen kann (§ 1602 Abs. 2 BGB). Eine Ausnahme gilt, wenn es unzumutbar, insbesondere unwirtschaftlich ist, das Vermögen anzugreifen.

---

302 OLG Hamm NJW-RR 1987, 539.

303 OLG Düsseldorf FamRZ 1978, 613.

304 BGHZ 69, 190; BGH FamRZ 1981, 437; NJW-RR 1991, 1156; OLG Braunschweig VersR 1967, 813; VGH Baden-Württemberg FamRZ 1980, 628; VGH München NJW 1990, 2576. Ausnahmefall (Kind wurde in inadäquate Ausbildung gedrängt): BGH FamRZ 1991, 322.

305 BGHZ 69, 190; BGH FamRZ 1980, 1115; 1981, 346; 1981, 437.

306 BGH NJW 1989, 2253.

Die **Unterhaltspflicht des überlebenden Elternteils** schließt nach § 13 Abs. 2 StVG, § 843 Abs. 4 BGB den Ersatzanspruch des Kindes gegen den für den Unfalltod des anderen Elternteils Verantwortlichen nicht aus und mindert ihn nicht (Rdn. 56). Zu beachten ist aber, daß der Schädiger nur für den Teil der gemeinsamen Unterhaltspflicht haftet, der auf den Getöteten entfiel (s. Rdn. 60). Wird der Vater beim Unfall getötet und war die Mutter nicht im Erwerbsleben gestanden, hatte sie vielmehr nur den Haushalt besorgt, so umfaßt der Ersatzanspruch des Kindes gegen den Schädiger den gesamten Unterhalt mit Ausnahme der persönlichen Dienste der Mutter, die diese weiterhin dem Kinde allein schuldet[307]. War die Mutter neben dem Vater berufstätig, so kann, wenn der Vater getötet wird, das Kind vom Schädiger nur den auf den Vater entfallenden Teil des Unterhalts ersetzt verlangen, nicht seinen vollen Unterhalt. Wird in einem solchen Fall die Mutter getötet, so entstehen Ersatzansprüche in Höhe ihrer Pflicht, zum Unterhalt des Kindes beizutragen[308]. Zu beachten ist hierbei, daß bei Berufstätigkeit der Ehefrau der Ehemann zu erhöhter Mithilfe im Haushalt verpflichtet ist[309]. 155

Hat die Witwe infolge des Unfalltodes ihres Mannes dessen Unternehmen geerbt, so mindern sich hierdurch die Ersatzansprüche der Kinder gegen den Schädiger. Es ist aber nicht etwa so, daß die Kinder sich einen „erhöhten" Unterhaltsanspruch gegen ihre Mutter auf ihre Schadenersatzansprüche „anrechnen" lassen müßten[310], denn dieser Unterhaltsanspruch gegen die Mutter konnte sich durch den Tod des Vaters nicht erhöhen. Vielmehr greift der Grundsatz ein, daß die in § 843 Abs. 4 BGB enthaltene Regel nicht gilt, wenn nur die Person des Unterhaltspflichtigen, nicht aber die Quelle des Unterhalts gewechselt hat (vgl. Rdn. 58, 86). 156

b) Berechnung des materiellen Unterhalts. Sie vollzieht sich im Prinzip wie beim Ehegattenunterhalt (anteilige Fixkosten plus Anteil am Resteinkommen, Rdn. 126 ff). Da jedes Kind einen eigenen Anspruch auf Ersatz des gerade ihm entgangenen Anteils am Familienunterhalt hat (vgl. Rdn. 69), ist in jedem Falle ein den jeweiligen Umständen entsprechender Verteilungsschlüssel zu finden. Insbesondere das Alter des Kindes und sein Ausbildungsbedarf beeinflussen die Höhe seiner Quote[311]. Auch ist bei besonders hohem Einkommen des Getöteten zu berücksichtigen, daß sich aus der Natur des Unterhaltsanspruchs eine Begrenzung nach oben ergibt[312]. 157

Allgemeingültige Quoten können daher nicht angegeben werden. Anhaltswerte liefern aber die Tabellen bei *Wussow/Küppersbusch* Rdn. 251 (mit einer Tendenz zu niedrigeren Werten) und bei *Eckelmann/Nehls* S. 119 (mit höheren Sätzen)[313]. Der BGH räumt dem Tatrichter hier ein Schätzungsermessen (§ 287 ZPO) ein. Er hat z. B. bei zwei unterhaltsberechtigten Kindern eine Quote von je 20% (bis zum 11. Lebensjahr) und 23,5% (ab dem 12. Lebensjahr) nicht beanstandet[314], in früheren Urteilen allerdings auch wesentlich niedrigere Quoten für vertretbar gehalten[315]. Zu einem Sonderfall (Kind lebte im Haushalt des tödlich verunglückten, geschiedenen 158

307 BayObLGSt 64, 8; LG Mönchengladbach MDR 1961, 1016.
308 BGH FamRZ 1967, 380; VersR 1970, 41; OLG Braunschweig VersR 1967, 813.
309 BGH VersR 1974, 32; 1974, 885.
310 A. A. OLG München VersR 1967, 190.
311 BGH VersR 1987, 1243 = FamRZ 1988, 696 m. Anm. *Nehls*; BGH NZV 1988, 136 m. Anm. *Nehls*; *Macke* NZV 1989, 252; *Eckelmann/Freier* DAR 1992, 128; a. A. OLG Hamm NZV 1989, 271 m. zust. Anm. *Küppersbusch*.
312 BGH VersR 1987, 1243 = FamRZ 1988, 696 m. Anm. *Nehls*; *Macke* NZV 1989, 252 f.
313 Kritisch hierzu BGH VersR 1986, 266.
314 NZV 1988, 136 m. Anm. *Nehls*.
315 In VersR 1986, 40 15–20% bei einem Kind, in NJW 1986, 715 m. Anm. *Eckelmann/Nehls* u. NZV 1990, 186 je 15% bei zwei Kindern. Kritisch gegenüber einer Quote von je 22,5% bei zwei Kindern auch BGH VersR 1987, 1244.

Vaters zusammen mit dessen Verlobter; Mutter war von Unterhaltsansprüchen freigestellt) vgl. OLG Hamm NJW-RR 1990, 452 (Quote: 25%).

159 Der durch Quotelung gefundene Betrag muß aber im Einzelfall durch einen überschlägigen Vergleich mit den unterhaltsrechtlich geschuldeten Sätzen abgeglichen werden[316]. Anhaltspunkte liefern daher auch die bei verschiedenen Oberlandesgerichten gebräuchlichen Unterhaltstabellen, die allerdings, da auf doppelte Haushaltsführung zugeschnitten, nicht ohne weiteres in das Schadensersatzrecht übernommen werden können[317]. Ist auch der hinterbliebene Elternteil berufstätig, so ist dessen finanzieller Unterhaltsbeitrag, der sich auch nach der Höhe seines Einkommens richtet, ggf. mit zu berücksichtigen. Ferner ist zu berücksichtigen, daß sich infolge seiner Erwerbstätigkeit u. U. seine Pflicht zur Hausarbeit ermäßigt und teilweise auf den anderen Ehegatten verlagert[318].

160 Bei **Tötung beider Elternteile** und Fortführung des Haushalts (z. B. durch Großmutter) hält der BGH[319] eine genaue Prüfung der fixen Kosten auf etwaigen Minderbedarf (Kinder lesen z. B. keine Zeitung) sowie eine besonders sorgfältige Schätzung der Quote (weil hier nicht die Möglichkeit zu einem Ausgleich des Unterhaltsbedarfs innerhalb der verbliebenen Familieneinheit besteht) für veranlaßt; je 15% bei zwei Kindern und voll berufstätigen Eltern seien keine Unterbewertung. Wird der bisherige elterliche Haushalt aufgelöst, so sind die dem Kind gutzubringenden Fixkosten nach seinem Anteil an den fixen Kosten des aufnehmenden Haushalts zu bemessen[320]. Bei Unterbringung in einem Heim o. ä. werden die Fixkosten regelmäßig in den hierfür aufzubringenden Kosten (s. Rdn. 162) enthalten sein.

161 c) **Bewertung entgangener Dienstleistungen.** Schuldete der Getötete dem Kind im Rahmen der Unterhaltspflicht persönliche Dienstleistungen (Haushaltsführung, Betreuung, Erziehung, vgl. Rdn. 61), so richtet sich die Berechnung des insoweit eingetretenen Ausfalls nach den in Rdn. 140ff dargestellten Regeln, d. h. grundsätzlich nach den Kosten einer für diese Aufgaben angestellten Ersatzkraft. Hinsichtlich Zeitbedarf und Qualifikation der Ersatzkraft ist ausschließlich auf die Situation der Waisen abzustellen; die Eigenversorgung der Betreuungsperson hat außer Betracht zu bleiben[321]. Wurde auf Anstellung einer Ersatzkraft verzichtet, bemißt die Rechtsprechung den Anspruch nach den fiktiven Kosten einer solchen[322] (vgl. Rdn. 144f; zur Kritik dieser Rechtsprechung Rdn. 146). Nimmt die Ersatzkraft auch Aufgaben gegenüber anderen Hinterbliebenen wahr, so ist der auf den einzelnen Anspruchsteller entfallende Anteil festzustellen.

162 Wird durch den Todesfall eine **auswärtige Unterbringung** (Heim, Pflegeeltern) erforderlich, so sind die hierfür anfallenden Kosten, soweit angemessen, als Unterhaltsschaden zu ersetzen[323]. Wird das Kind unentgeltlich, z. B. bei Großeltern, untergebracht, so sollten nach früherer Rechtsprechung des BGH die Kosten einer vergleichbaren Unterbringung bei einer fremden Familie, d. h. der volle Pflegesatz für die Unterbringung

---

316 Eingehend *Macke* NZV 1989, 250ff.

317 BGH VersR 1985, 367; 1986, 40; *Macke* NZV 1989, 250; s. a. *Nehls* FamRZ 1988, 697. Für Anwendbarkeit bei in der Heimat lebenden Kindern eines ausländischen Arbeitnehmers OLG Hamm NZV 1989, 271 m. Anm. *Küppersbusch*, auch zur Berücksichtigung des Kaufkraftgefälles.

318 Vgl. BGH VersR 1974, 32; 1974, 885; 1985, 366.

319 NJW 1986, 715 m. Anm. *Eckelmann/Nehls*; DAR 1986, 51 m. Anm. *Eckelmann/Nehls* 284.

320 *Drees* 77.

321 *Drees* 78; vgl. auch BGH VersR 1982, 952.

322 BGH NZV 1990, 307; OLG Stuttgart VersR 1993, 1536.

323 BGH VersR 1971, 1045; OLG Düsseldorf VersR 1985, 699.

in Pflegestellen, als Anhalt dienen[324]. Jetzt hebt der BGH mehr auf die im Einzelfall angemessene Vergütung der Aufnehmenden ab[325]. Auch hier sollte die in Rdn. 146 dargelegte Betrachtungsweise zugrundegelegt werden.

13. Berechnung des Ersatzanspruchs des nichtehelichen Kindes

Dem nichtehelichen Kind stehen gegen seinen Vater und seine Mutter Unterhaltsansprüche zu (Rdn. 46). Werden Vater und Mutter oder wird einer von beiden durch einen Unfall getötet, so entstehen dem nichtehelichen Kind anstelle des weggefallenen Unterhaltsanspruchs Ersatzansprüche gegen den Schädiger in gleicher Höhe; auch das nichteheliche Kind hat ein Recht, so gestellt zu werden, als lebten beide Elternteile noch. **163**

Nach § 1615 c BGB ist für die Bemessung des Unterhaltsanspruchs eines Kindes, das noch keine selbständige Lebensstellung erlangt hat, die Lebensstellung beider Eltern zu berücksichtigen. Dies geschieht im allgemeinen durch prozentuale Zuschläge zum Regelunterhalt nach § 1615 f BGB in Verbindung mit der RegelunterhaltsVO, der den – grundsätzlich unabhängig von Bedürftigkeit und Leistungsfähigkeit zu zahlenden – Mindestunterhalt darstellt[326]. Die Zahl der sonst noch zu unterhaltenden Kinder ist bei beiden Elternteilen zu berücksichtigen[327].

Bei dem Elternteil, der das Kind tatsächlich betreut, ist für die Bemessung des Ersatzanspruchs auch der Wert der entgangenen Dienste in Rechnung zu stellen[328]; zur Berechnung vgl. Rdn. 161 f. **164**

14. Dauer der Ersatzpflicht

Die Schadensersatzrente ist entsprechend ihrer Zweckbestimmung, den Verlust des Unterhaltsanspruchs auszugleichen, so lang zu zahlen wie auch die Unterhaltsleistungen gewährt worden wären. Die Ersatzpflicht endet daher mit dem Zeitpunkt, zu dem die Unterhaltspflicht des Getöteten geendet hätte, z. B. durch Wegfall der Bedürftigkeit des Berechtigten oder der Leistungsfähigkeit des Verpflichteten. Sie endet nach § 10 Abs. 2 Satz 1 aber spätestens im Zeitpunkt des mutmaßlichen Ablebens des Unterhaltsverpflichteten. **165**

a) **Mutmaßliche Beendigung der Unterhaltspflicht.** Die Unterhaltspflicht gegenüber Kindern endet nicht mit dem Eintritt der Volljährigkeit, sondern erst mit der Beendigung der Ausbildung (Einzelheiten Rdn. 152). Wird eine Unterhaltsersatzrente durch Urteil ausgesprochen, so hat das Gericht, das auch über die Dauer der Zahlungspflicht entscheiden muß, in einer vorausschauenden Betrachtung festzustellen, welchen Ausbildungsweg das Kind bei Fortleben des Getöteten eingeschlagen hätte und wie lange dieser dauern würde[329]. Hierbei sind bereits absehbare Entwicklungen zu berücksichtigen, z. B. eine Studienzeit über das 27. Lebensjahr hinaus[330]. Erweist sich die Hypothese später als unzutreffend, kann das Urteil nach § 323 ZPO abgeändert werden. Bei kleinen Kindern soll nach der Rechtsprechung des BGH[331] die Verurteilung zur **166**

---

[324] BGH VersR 1971, 1045; 1974, 601.

[325] BGH VersR 1985, 367; NJW 1986, 715 u. DAR 1986, 284 je m. Anm. *Eckelmann/Nehls*; vgl. auch OLG Hamm NJW-RR 1990, 453; a. A. OLG Koblenz FamRZ 1983, 391: bei Tötung beider Eltern Düsseldorfer Tabelle.

[326] Vgl. *Palandt/Diederichsen* § 1615 f, 2.

[327] LG Lüneburg NJW 1973, 2112.

[328] OLG München VersR 1982, 376.

[329] BGH VersR 1966, 588.

[330] OLG Köln VersR 1990, 1285 LS.

[331] VersR 1983, 688.

Rentenzahlung auf die Zeit bis zur Vollendung des 18. Lebensjahres beschränkt werden; hinsichtlich etwaiger weiterer Ansprüche soll nur ein Feststellungsurteil ergehen.

167 Hätte eine bereits beantragte **Ehescheidung** zum Ausschluß von Unterhaltsansprüchen des hinterbliebenen Ehegatten geführt, so ist dies zu berücksichtigen (vgl. Rdn. 48).

168 **Wiederverheiratung** oder **Adoption** bringen den Unterhaltsersatzanspruch nicht zum Erlöschen. Zur Frage, inwieweit sie Einfluß auf die Rentenhöhe haben, vgl. Rdn. 172 f.

169 b) **Mutmaßliche Lebensdauer des Getöteten.** Die Ersatzpflicht endet zu dem Zeitpunkt, an dem der tödlich Verunglückte voraussichtlich gestorben wäre, wenn sich der Unfall nicht ereignet hätte. Diesen Zeitpunkt hat das Gericht nach freier Überzeugung (§ 287 ZPO) zu bestimmen. Anhaltspunkte bieten hierbei die Sterbetafeln des Statistischen Bundesamtes, veröffentlicht im jeweiligen Statistischen Jahrbuch[332]. Individuelle Umstände, die für eine geringere oder höhere Lebenserwartung sprechen, können berücksichtigt werden[333]; zur Beweislast s. Rdn. 177.

170 Eine Ausnahme von dem Grundsatz, daß die Schadensersatzansprüche des Hinterbliebenen durch den mutmaßlichen Zeitpunkt des Todes des Unterhaltsverpflichteten begrenzt sind, macht der BGH[334] für den Fall, daß die Witwe eines verunglückten Arbeitnehmers oder Beamten infolge dessen vorzeitigen Ablebens keine Witwenrente aus der Rentenversicherung bzw. keine Versorgungsleistungen erhält. In solchen Fällen ist auch nach dem mutmaßlichen Todeszeitpunkt Ersatz für jene entgangene Altersversorgung zu leisten. Der Grund hierfür liegt darin, daß der Getötete nicht durch Ausnützung seiner Arbeitskraft die Voraussetzungen für den Erwerb eines Renten- oder Versorgungsanspruchs seiner Ehefrau herbeiführen konnte, wozu er aufgrund seiner auch die Altersversicherung umfassenden Unterhaltspflicht gehalten gewesen wäre. Diese Rechtsprechung scheint zwar dem Wortlaut des § 10 Abs. 2 zu widersprechen[335], findet ihre Rechtfertigung aber darin, daß der Getötete aus dem während seiner mutmaßlichen Lebenszeit bezogenen Einkommen die Aufwendungen erbracht hätte, die den Versorgungsnachteil der Witwe verhindert hätten. Sie entspricht damit der Rechtsprechung zur Rentenbemessung für hinterbliebene Ehegatten freiberuflich tätiger Personen, wonach die Pflicht zur Bildung von Rücklagen für die Altersversorgung des Ehegatten zu berücksichtigen ist (vgl. Rdn. 125). Gemeinsamer Rechtsgedanke ist, daß der Schädiger nicht dadurch entlastet werden darf, daß die geringeren Versorgungsaufwendungen erst mit zeitlicher Verschiebung zu einem Schaden des Unterhaltsberechtigten führen[336].

15. Änderung der Höhe des Ersatzanspruchs

a) Prognoseentscheidung und Abänderungsmöglichkeit

171 Später eintretende Umstände, die die Höhe des Unterhaltsanspruchs gegen den Getöteten beeinflußt hätten, sind auch für den Ersatzanspruch nach § 10 Abs. 2 beachtlich (z. B. Beginn einer kostspieligen Ausbildung, Eintritt in den Ruhestand; vgl. Rdn. 110 f). Sie sind nach Möglichkeit im Wege der Prognose, d. h. durch Differenzierung nach Zeitabschnitten, von vorneherein zu berücksichtigen. Sieht sich der Richter trotz der durch § 287 ZPO eröffneten Möglichkeiten nicht in der Lage, einzelne für die Höhe der Rente maßgebliche Faktoren in seine Prognose einzubeziehen, dann muß

---

332 BGH VersR 1972, 176.
333 BGH NJW 1972, 1515; 1979, 1248.
334 BGHZ 32, 248 im Anschluß an *Wussow* DR 1940, 1866; 1941, 590; DAR 1951, 3; a. A. RG JW 1906, 570; RGZ 155, 20. Näher hierzu *Drees* 29 m. w. Nachw.
335 Kritisch daher *Herzberg* NJW 1990, 2526 f.
336 *Drees* VersR 1992, 1169 ff.

er dies in den Entscheidungsgründen deutlich machen, um insoweit den Weg einer Abänderungsklage nach § 323 ZPO offenzuhalten. Auf diesem Weg sind auch Entwicklungen, mit denen zum Zeitpunkt der Entscheidung überhaupt noch nicht gerechnet werden konnte, geltend zu machen (vgl. § 13, 27 ff). Zur Anpassung eines Rentenvergleichs s. § 16, 771.

b) Einzelfälle

aa) **Wiederverheiratung.** Nach ständiger Rechtsprechung ist der Unterhaltsanspruch, den der hinterbliebene Ehegatte durch eine neue Eheschließung erlangt, auf den Anspruch nach § 10 Abs. 2 schadensmindernd anzurechnen[337], auch dann, wenn der getötete Ehegatte seinen Unterhaltsbeitrag durch Dienstleistungen im Geschäft des anderen erbracht hat, der neue Ehegatte hingegen mit seinem Verdienst aus einer Erwerbstätigkeit zum Unterhalt beiträgt[338]. Auf den Unterhaltsersatzanspruch des Kindes hat die Eheschließung des hinterbliebenen Elternteils dagegen keinen Einfluß; die tatsächliche Betreuung durch die Stiefmutter mindert ihn nicht, da ihr keine gesetzliche Unterhaltspflicht zugrunde liegt[339]. **172**

bb) **Adoption.** Da das adoptierte Kind gegenüber dem Annehmenden unterhaltsberechtigt wird, müßte es an sich zu einer Anrechnung auf den Unterhaltsersatzanspruch kommen. Der BGH[340] hat dies aber abgelehnt. Durch § 1755 Abs. 1 Satz 2 BGB hat der Gesetzgeber dies im Ergebnis bestätigt; für vor dem Beitritt in der DDR begründete Annahmeverhältnisse gilt die Vorschrift jedoch nicht (Art. 234 § 13 Abs. 1 EGBGB). **173**

cc) **Nichteheliche Lebensgemeinschaft.** Zu Unrecht hat es der BGH[341] auch abgelehnt, die Versorgung, die der hinterbliebene Ehegatte in einer eheähnlichen Lebensgemeinschaft als Äquivalent für seine dort geleisteten Dienste erhält, schadensmindernd anzurechnen. Richtig ist zwar, daß die bei Wiederverheiratung anzuwendenden Grundsätze auf diesen Fall nicht einfach übertragen werden können. Nicht einzusehen ist aber, warum die Einschränkung der Bedürftigkeit des Hinterbliebenen, die mit der neuen Lebensgestaltung einhergeht, hier anders als bei Aufnahme einer zumutbaren Erwerbstätigkeit (Rdn. 100) nicht auf den Ersatzanspruch durchschlagen soll. Der Weg, über den der BGH (aaO) in solchen Fällen gleichwohl zu einer Anspruchsminderung gelangen will – Verletzung der Schadensminderungspflicht durch Nichtaufnahme einer Erwerbstätigkeit – erscheint gekünstelt und unnötig. **174**

dd) Wegen **Aufnahme einer Erwerbstätigkeit** vgl. Rdn. 100 ff, wegen **Veränderungen des Einkommens**, z. B. Eintritt in den Ruhestand Rdn. 110 f, 121. **175**

ee) Bei **Kindern** kann wegen des altersbedingten Entwicklungsprozesses kaum jemals ein nicht nach Zeitabschnitten differenzierter Unterhaltsersatzanspruch zugesprochen werden. Außer dem voraussichtlichen Ausbildungsweg sind z. B. zu berücksichtigen: die Veränderung seines Anteils am Gesamtunterhaltsbedarf der Familie wegen steigender Bedürfnisse (vgl. Rdn. 157), bei den (fiktiven) Kosten einer Ersatzkraft die Verringerung des Betreuungsaufwands ab dem Schulalter und die etwa ab 12 bis 14 Jahren bestehende Pflicht zur Mitarbeit im Haushalt (vgl. Rdn. 142) sowie die geringeren Anforderungen an die Qualifikation der Ersatzkraft bei Kindern über 14 Jahre (vgl. Rdn. 144). Zum Ganzen eingehend BGH NZV 1990, 307. **176**

---

337 BGHZ 26, 293; BGH VersR 1958, 627; 1969, 425; 1979, 55.

338 BGH VersR 1970, 522.

339 OLG Stuttgart VersR 1993, 1536.

340 BGHZ 54, 269 = JZ 1971, 657 m. krit. Anm. *Rother*; a. A. *Schultze/Bley* NJW 1971, 1137.

341 BGHZ 91, 357 = VersR 1984, 936 = JZ 1985, 86 m. Anm. *Lange*; ebenso *Drees* 49; a. A. *Dunz* VersR 1985, 509.

16. Beweisfragen

177 Die Verteilung der Beweislast weicht von derjenigen ab, die gilt, wenn ein Unterhaltsberechtigter Forderungen gegen den Unterhaltsverpflichteten erhebt. Bei Klagen gegen den Schädiger muß nämlich derjenige, der den Ersatzanspruch geltend macht, beweisen, daß der Unterhaltsverpflichtete leistungsfähig gewesen wäre[342]. Bei der Prüfung der Frage, wie hoch die Unterhaltspflicht des Getöteten in dem Zeitraum gewesen wäre, für den nun Ersatz wegen Wegfalls der Unterhaltspflicht gefordert wird, wird das Gericht allerdings in den meisten Fällen von seiner Befugnis, eine Schätzung vorzunehmen (§ 287 ZPO), Gebrauch machen müssen, weil sichere Feststellungen über die hypothetische Entwicklung der Verhältnisse nicht getroffen werden können. Die Schätzungsbefugnis bezieht sich aber nicht auf die Frage, ob überhaupt ein Unterhaltsanspruch gegen den Getöteten entstanden wäre[343]. Den insoweit bestehenden Beweisschwierigkeiten hilft bereits das materielle Recht ab, indem es die Wahrscheinlichkeit eines Unterhaltsentgangs genügen läßt (vgl. Rdn. 66). Behauptet der Schädiger, die Unterhaltspflicht des Verstorbenen hätte vorzeitig geendet, z. B. durch Ehescheidung, so hat er das zu beweisen[344]. Desgleichen trägt er die Beweislast für die Behauptung, der Getötete wäre zur Zeit des Unfalls oder kurz danach ohnehin an einer Krankheit verstorben oder aus gesundheitlichen Gründen vorzeitig erwerbsunfähig geworden[345].

17. Prozeßrechtliche Fragen

178 a) **Feststellungsklage.** Besteht zum Zeitpunkt der Tötung zwar schon das eine Unterhaltspflicht begründende familienrechtliche Verhältnis, ist aber eine Bedürftigkeit der Unterhaltsberechtigten noch nicht gegeben, oder eine Bezifferung des Anspruchs noch nicht möglich, so kann der Unterhaltsberechtigte Feststellungsklage (§ 256 Abs. 1 ZPO) erheben (vgl. Rdn. 65). Es ist auch möglich, eine unbegründete Leistungsklage in eine Feststellungsklage umzudeuten[346].

179 Das zur Zulässigkeit erforderliche **Feststellungsinteresse** ergibt sich in der Regel schon daraus, daß die kurzen Verjährungsfristen (§ 14 StVG, § 852 BGB) einer Verwirklichung des Ersatzanspruchs bei einer in Zukunft etwa eintretenden Unterhaltsbedürftigkeit des Berechtigten entgegenstehen, wenn dieser kein Feststellungsurteil erwirkt hat. Ein schriftliches Anerkenntnis[347] kann das Feststellungsinteresse entfallen lassen, doch kann die Feststellungsklage nicht deswegen als unzulässig abgewiesen werden, weil der Geschädigte noch nicht versucht habe, ein solches Anerkenntnis zu erlangen[348]. Ein befristeter Verzicht auf die Verjährungseinrede beseitigt das Feststellungsinteresse nicht[349]. Ob der Eintritt eines Unterhaltsschadens im Einzelfall mit Wahrscheinlichkeit erwartet werden kann, ist keine Frage des Feststellungsinteresses[350], sondern der Begründetheit der Klage (vgl. Rdn. 66).

180 Wegen der **Möglichkeit einer späteren Erhöhung des Unterhaltsschadens** kann nicht neben der bereits möglichen Leistungsklage zusätzlich eine entsprechende Feststellungs-

---

342 BGH DAR 1960, 73; OLG München VersR 1964, 102.

343 BGH NJW 1974, 1373; *Greger* 140; a. A. RGZ 90, 226; RG JW 1927, 2371; BGH VersR 1960, 179; *Klauser* JZ 1971, 230.

344 RG VAE 1937, 111; OLG Naumburg JW 1936, 1797.

345 BGH NJW 1972, 1515.

346 BGH NJW 1984, 2295 m. Anm. *Dunz*.

347 Vgl. BGH VersR 1985, 62.

348 A. A. OLG Celle NZV 1988, 183.

349 OLG Celle NZV 1988, 183; OLG München VersR 1992, 213 LS.

350 So allerdings BGHZ 4, 133; OLG Dresden JW 1936, 1389; OLG Köln VersR 1951, 85; OLG Zweibrücken MedR 1984, 27; wie hier dagegen BGH VersR 1952, 210; 1953, 481; OLG Freiburg DRZ 1950, 567.

klage erhoben werden. Da spätere Änderungen der Höhe des (hypothetischen) Unterhalts im Wege der Abänderungsklage nach § 323 ZPO geltendgemacht werden können, bestünde für eine solche Feststellungsklage kein Feststellungsinteresse.

Für eine **negative Feststellungsklage** des Schädigers oder seines Haftpflichtversicherers ist angesichts der kurzen Verjährungsfristen (§ 14 StVG, § 852 BGB) in der Regel kein Raum, solange noch die Aussicht besteht, mit dem Verletzten zu einer Einigung zu kommen. Der Umstand, daß der Verletzte die Annahme eines ihm angebotenen Abfindungsbetrages ablehnt, weil die Auswirkungen des Unfalls noch nicht zu übersehen sind, begründet noch kein rechtliches Interesse an einer negativen Feststellungsklage mit dem Ziel, höhere Ersatzansprüche des Verletzten zu verneinen[351]. **181**

b) **Einen unbestimmten Klageantrag** läßt der BGH in Abweichung von § 253 Abs. 2 Nr. 2 ZPO insoweit zu, als es um die Aufteilung des Gesamtanspruchs auf mehrere Unterhaltsberechtigte geht (vgl. Rdn. 69). Des weiteren soll ein unbestimmter Klageantrag nach der Rechtsprechung auch hinsichtlich Rentenhöhe und -dauer ausreichend sein, wenn der Kläger nur die Bemessungsgrundlagen hierfür darlegt[352]. Ob diese Ausnahmen vom Bestimmtheitsgebot des § 253 Abs. 2 Nr. 2 ZPO tatsächlich erforderlich sind, erscheint fraglich. Die Schwierigkeit der exakten Berechnung des Unterhaltsschadens dürfte kein ausreichendes Argument liefern, weil es nicht unzumutbar erscheint, vom Geschädigten zu verlangen, daß er sich hinsichtlich des begehrten Betrages festlegt. Wollte man allein die Schwierigkeit der exakten Schadensberechnung zur Rechtfertigung eines unbestimmten Klageantrags ausreichen lassen, müßte dies in weiten Bereichen des Schadensrechts zur Zulassung solcher Anträge und damit zur Durchlöcherung des gesetzlichen Bestimmtheitsgebotes führen. **182**

c) Wegen Besonderheiten bei **Verurteilung zu einer Rente** s. § 13, 24 ff. **183**

§ 11
Ersatzpflicht bei Körperverletzung

Im Falle der Verletzung des Körpers oder der Gesundheit ist der Schadensersatz durch Ersatz der Kosten der Heilung sowie des Vermögensnachteils zu leisten, den der Verletzte dadurch erleidet, daß infolge der Verletzung zeitweise oder dauernd seine Erwerbsfähigkeit aufgehoben oder gemindert oder eine Vermehrung seiner Bedürfnisse eingetreten ist.

Übersicht

351 BGH VersR 1969, 238.

352 Vgl. RGZ 140, 213; BGHZ 4, 138.

Schrifttum

Becker Schadensersatz wegen verletzungsbedingter Beeinträchtigung in der Haushaltsführung auch für Unverheiratete, MDR 1977, 705; *Boelsen* Schadensersatzleistungen und Vorteilsausgleich bei Schadensfällen mit einkommenssteuerrechtlichem Hintergrund, BB 1988, 2187; *Breuer/Labuhn* Auswirkungen der Zuzahlungspflichten des Versicherten auf den Regreß nach § 116 SGB-X, VersR 1983, 914; *Drees* Schadensersatzansprüche nach unfallbedingter Pensionierung, VersR 1987, 739; *Drees* Schadensersatzansprüche wegen vermehrter Bedürfnisse, VersR 1988, 784; *Dunz* Haftungsverhältnisse nach Pensionierung eines durch Drittverschulden verletzten Beamten, VersR 1984, 905; *Eckelmann/Boos* Schadensersatz bei Ausfall der Hausfrau, VersR 1978, 210; *Eckelmann/Nehls* Schadensersatz bei Verletzung und Tötung (1987); *Eckelmann/Nehls/Schäfer* Beitrag zum Schadensersatz bei Verletzung von Kindern, Schülern, Lehrlingen oder Studenten wegen ihrer Verzögerung in der Ausbildung, Verdienstausfalls und vermehrter Bedürfnisse, DAR 1983, 337; *Ganßmüller* Die Tantieme und andere umzurechnende Vergütungsteile beim Erwerbsschaden des Gesellschafter-Geschäftsführers, VersR 1978, 805; *Gründig* Schadensersatz für den Verlust von Einnahmen aus gesetzwidrigem oder sittenwidrigem Tun (1995); *Grunsky* Schadensersatz bei Verletzung eines Gewerbetreibenden oder Freiberuflers, DAR 1988, 400; *Guyenz* Die Erstattung von Aufwendungen im Zusammenhang mit Personenschädigungen und Tötung (1985); *Hartung* Steuern beim Personenschaden, VersR 1986, 308; *Hartung* Sozialversicherungsbeiträge beim Personenschaden, VersR 1986, 520; *Hofmann* § 845 BGB im Zeichen der Gleichberechtigung, VersR 1961, 481; *Ch. Huber* Fragen der Schadensberechnung? (1995); *Hüffer* Regreß des Sozialversicherungsträgers oder Drittschadensersatz? VersR 1984, 1009; *Jahnke* Entgeltfortzahlung und Regreß des Arbeitgebers im Schadenfall seines Arbeitnehmers, NZV 1996, 169; *Karakatsanes* Zur Zweckgebundenheit des Anspruchs aus § 249 S. 2 BGB bei noch nicht durchgeführter Herstellung, AcP 189 (1989) 19; *Klimke* Erstattung schadensadäquater Heilungskosten, VersR 1971, 882; *Klimke* Ersatzansprüche eines Taxiunternehmers im Falle eines Haftpflichtschadens, VersR 1972, 903 und 1973, 397; *Knobbe-Keuk* Möglichkeiten und Grenzen abstrakter Schadensberechnung, VersR 1976, 401; *Knobbe-Keuk* „Steuervorteile" und Schadensersatz 25 Jahre KF (1983) 134; *Kuckuck* Die Tantieme eines GmbH-Geschäftsführers im Schadensersatzrecht, BB 1978, 283; *Kullmann* Schadensersatz und Steuern, VersR 1993, 385; *Landau/Imhof-Gildein* Arbeitswissenschaftliche Bewertung der Haushaltsarbeit zur Festlegung von Schadenersatzansprüchen, DAR 1989, 166; *Lieb* „Wegfall der Arbeitskraft" und normativer Schadensbegrifff, JZ 1971, 358; *Marschall von Bieberstein* Reflexschäden und Regreßrechte (1967); *Marschall von Bieberstein* Zur Schadensberechnung bei Verdienstausfall, VersR 1975, 1065; *Pardey* Der Haushaltsführungsschaden bei Lebensgemeinschaften, DAR 1994, 265; *Ritze* Zum Ausgleich unfallbedingt verkürzter künftiger Rentenleistungen, NJW 1983, 2624; *Ruhkopf/Book* Über die Haftpflichtansprüche körperlich verletzter, freiberuflich tätiger Personen und Gewerbetreibender wegen Gewinnentgangs, VersR 1970, 690 und 1972, 114; *Scheffen/Pardey* Die Rechtsprechung des BGH zum Schadensersatz beim Ausfall von Haushaltsführung und Bareinkommen[3] (1994); *Schiemann* Perspektiven des Rechts der Verkehrsunfallschäden, NZV 1996, 1; *Schulz-Borck/Hofmann* Schadensersatz bei Ausfall von Hausfrauen und Müttern im Haushalt[3] (1987); *Sieg* Der Umfang des auf den Arbeitgeber übergegangenen

Ersatzanspruchs des verletzten Arbeitnehmers, VersR 1964, 8; *Spengler* Berechnung des Verdienstausfalls von Kraftdroschken-Haltern nach Verkehrsunfällen, VersR 1972, 1008; *Spindler* in: Schadenersatz und Steuern (hrsg. von der Arbeitsgemeinschaft Verkehrsrecht im Deutschen Anwaltverein, 1993) S. 7; *Stamm* Berücksichtigung häuslicher Ersparnisse bei unfallbedingtem Krankenhausaufenthalt, VersR 1975, 690; *Steffen* Ersatz von Fortkommensnachteilen und Erwerbsschäden aus Unfällen vor Eintritt in das Erwerbsleben, DAR 1984, 1; *Stürner* Der Erwerbsschaden und seine Ersatzfähigkeit, JZ 1984, 412, 461; *Weimar* Der Schadensersatzanspruch wegen vermehrter Bedürfnisse, VP 1969, 17; *Weitnauer* Aktuelle Probleme des Rückgriffs des Versicherers gegen den Schädiger, Betrieb 1968, 879; *Weitnauer* Gleichberechtigung und vermehrte Bedürfnisse im Sinne der §§ 843 Abs. 1 BGB, 11 StVG, 36 LuftVG und 3 a RHG, VersR 1963, 305

Geschichtliche Entwicklung

Die Vorschrift befand sich bereits im Entwurf 1906, allerdings mit der sich aus der damaligen Fassung des § 1 ergebenden Abweichung, daß von einer Verletzung der Gesundheit nicht die Rede war. Als dieser Begriff in § 1 des Entwurfs 1908 aufgenommen wurde, wurde der damalige § 5 – der dem jetzigen § 11 entsprach – entsprechend ergänzt. Seitdem ist die Vorschrift unverändert geblieben.

I. Stellung der Vorschrift im System des Haftungsrechts

1. Ansprüche Dritter

1 Anders als im Falle der Tötung eines Unfallbeteiligten (§ 10) erwerben dritte Personen dadurch, daß eine Person infolge des Unfalls lediglich eine Körperverletzung erleidet, keinen eigenen Anspruch, auch wenn der Unfall sie finanziell hart und ohne ihr Verschulden trifft. Dieser Grundsatz gilt nicht nur für die Gefährdungshaftung und das vermutete Verschulden des Schädigers nach dem StVG, sondern auch für die Haftung des Schädigers aus unerlaubter Handlung nach dem BGB. Der Grund für diese die Betroffenen erheblich benachteiligende Vorschrift liegt darin begründet, daß unser geltendes Recht, abgesehen von den Bestimmungen in § 254 BGB und §§ 9, 17 StVG, von dem „Alles oder Nichts"-Prinzip ausgeht, also den Schädiger auch bei geringem Verschulden mit dem vollen, seine Leistungsfähigkeit u. U. weit übersteigenden Schaden belastet und zum Ausgleich der darin beruhenden Härten den Kreis der Anspruchsberechtigten auf die in eigenen Rechtsgütern Verletzten einschränkt. Eine Ausnahme von diesem Grundsatz stellt im Ergebnis die Regelung des Rückgriffs bei der Lohnfortzahlung dar, weil hier der Arbeitgeber wegen seiner nutzlosen Aufwendungen für den Verletzten den Schädiger in Anspruch nehmen kann (s. Rdn. 180). Andere Ausnahmen von der gesetzlichen Regelung, daß nur dem „Verletzten" Ansprüche zustehen, läßt aber weder das Gesetz noch die Rechtsprechung zu; eine analoge Anwendung des § 10 Abs. 2 scheidet aus[1]. Insbesondere haben also die Personen, die ihren Unterhalt von dem Verletzten bezogen haben und finanziell darunter leiden müssen, daß dieser durch den Unfall erwerbsunfähig geworden ist, keine Ansprüche gegen den Schädiger. Von diesem kann allerdings der Verletzte seinen gesamten Ausfall ersetzt verlangen, also auch insoweit, als er das Geld benötigt, um seine Unterhaltspflichten zu erfüllen. Auf-

[1] BGH NJW 1986, 984 = JZ 1986, 451 m. Anm. *Dunz* = JR 1986, 414 m. Anm. *v. Einem.*

wendungen, die Dritten im Zusammenhang mit der Wiederherstellung der Gesundheit des Verletzten entstehen (z. B. für Besuche im Krankenhaus) können u. U. von diesem als Heilungskosten liquidiert werden (s. Rdn. 9 f).

2. Ansprüche des Verletzten

Wer „Verletzter" ist, und daher Ansprüche nach § 11 (und – soweit die Voraussetzungen hierfür vorliegen – nach §§ 249 ff, 842, 843 BGB) gegen den Schädiger geltend machen kann, ist in § 7, 135 ff dargelegt. Zu beachten ist, daß die Vorschrift nur die bei Personenschäden gegebenen Ansprüche regelt, nicht aber Ansprüche aus Sachschäden (§ 7, 142). Erleidet ein Fuhrunternehmer Einbußen, weil sein Lkw beim Unfall zerstört wird, so ist § 11 nicht anzuwenden. 2

Wie das BGB gewährt auch das StVG keinen Ersatzanspruch für den Personenschaden als solchen, sondern nur für dessen vermögensrechtliche Folgen. Andere Rechtsordnungen erkennen zunehmend einen autonomen Charakter des Personenschadens als Nichtvermögensschaden an, stehen hierbei jedoch vor erheblichen Bewertungsproblemen[2]. Die deutsche Lösung, immaterielle Schäden nur über § 847 BGB („Schmerzensgeld"; hierzu § 16, 20 ff) auszugleichen, verdient – auch wenn sie gelegentlich zu einer unzulänglich erscheinenden Entschädigung des Unfallopfers führen mag – den Vorzug gegenüber einer sonst drohenden Kommerzialisierung des Personenschadens. 3

§ 11 gibt einen Anspruch auf Ersatz von Heilungskosten (Rdn. 5 ff), auf Ersatz der durch Vermehrung der Bedürfnisse entstehenden Unkosten (Rdn. 41 ff) und auf Ersatz der Mindereinnahmen durch Aufhebung oder Minderung der Erwerbsfähigkeit des Verletzten (Rdn. 60 ff). Im BGB ist von einem Ersatz für Heilungskosten nicht die Rede. Dies bedeutet aber nicht etwa, daß solche Ersatzansprüche bei einer Haftung aus unerlaubter Handlung nicht gegeben wären. Vielmehr gilt nach der Regelung des BGB (§§ 823, 249) der Grundsatz, daß alle Schäden zu ersetzen sind, die dem Verletzten als Folge der beim Unfall erlittenen Körperverletzung erwachsen. § 842 BGB, der darauf hinweist, daß dazu auch die Nachteile für Erwerb und Fortkommen des Verletzten gehören, hat lediglich klarstellenden Charakter. Dasselbe gilt für die Vorschrift in § 843 BGB, daß bei Vermehrung der Bedürfnisse eine Geldrente gefordert werden kann. Dagegen enthält § 11 StVG als die Haftung nach dem BGB erweiternde Spezialvorschrift eine erschöpfende Aufzählung der Ansprüche aus Gefährdungshaftung, die bei einer Körperverletzung entstehen. Entgangener Gewinn und Nachteile für das berufliche Fortkommen werden dort zwar nicht ausdrücklich erwähnt, die in § 11 geregelte Ersatzpflicht für Vermögensnachteile durch aufgehobene oder verminderte Erwerbsfähigkeit läuft jedoch in der Regel auf dasselbe hinaus (vgl. Rdn. 60; Ausnahme: Rdn. 61). Einen Schadensersatzanspruch wegen beeinträchtigten Urlaubsgenusses gibt es im Rahmen von § 11 ebensowenig wie bei der Haftung aus unerlaubter Handlung[3]. 4

II. Ersatz der Heilungskosten

1. Umfang des Anspruchs

a) **Begriff der Heilungskosten.** Unter Heilung ist die Wiederherstellung des körperlichen Zustandes zu verstehen, der ohne den Unfall bestünde; Heilungskosten sind die 5

[2] Vgl. *Busnelli* VersR 1987, 952.
[3] Hierzu BGH VersR 1983, 392 = JR 1983, 494 m. Anm. *Gitter*.

hierfür erforderlichen Kosten und zwar nicht nur für ärztliche Behandlung, Krankenhaus und Medikamente, sondern auch sämtliche in Zusammenhang damit stehenden Nebenkosten (Einzelheiten s. Rdn. 6 ff; zur Kausalität zwischen Unfall und Verletzung § 7, 152). Das Ziel völliger Wiederherstellung wird sich häufig nicht erreichen lassen. Daher gehören zu den Heilungskosten auch die Aufwendungen für Maßnahmen, die einen Zustand herstellen sollen, der den Verletzten von Schmerzen und Behinderungen und sonstigen Beeinträchtigungen, z. B. seines Aussehens, möglichst freistellt.

6 b) **Einzelposten.** Zu den Heilungskosten gehören hauptsächlich die Ausgaben für den Krankentransport, die Wiederbelebung, eine Bluttransfusion, Laboruntersuchungen, das Krankenhaus, die Bemühungen der Ärzte, des Pflegepersonals, der Nachtwachen, der Krankengymnastin und des Bademeisters, sowie für Medikamente, Betäubungsmittel, Verbandstoffe, Operationssaalbenutzung, Bestrahlungen, künstliche Gliedmaßen, Krücken, Rollstühle, Zahnprothesen, Brillen, Hörapparate, Kuraufenthalte in Heilbädern[4] sowie einen der Wiederherstellung dienlichen Erholungsaufenthalt[5].

7 Die Heilung umfaßt aber auch **kosmetische Operationen**[6] und die Anschaffung von Epithesen (künstliche Nase, künstliche Ohrmuschel usw.). Die kosmetische Beseitigung einer Unfallnarbe muß der Schädiger auch bezahlen, wenn sie reizlos verheilt war und keine weiteren Funktionsstörungen zu befürchten waren (zur Frage der Verhältnismäßigkeit s. Rdn. 19).

8 Auch die **Nebenkosten der Heilung** kann der Verletzte ersetzt verlangen[7]. Dazu zählen die Aufwendungen für Hauspflege[8], ggfs. notwendige Kräftigungsmittel[9], Obst, Obstsäfte, kräftigende Kost während der Rekonvaleszenz[10], u. U. Telefonkosten im Krankenhaus[11] und, soweit üblich, Trinkgelder für Pflegepersonal[12]. Die Kosten für Lesestoff[13], Unterhaltungsspiele[14] oder für einen Miet- oder Münzfernseher[15] sind in der Regel der privaten Lebensführung zuzurechnen und nur erstattungsfähig, wenn sie ausnahmsweise zur Förderung des Heilungsprozesses geboten waren.

9 Aufwendungen, die den Angehörigen des Verletzten für medizinisch gebotene **Besuche im Krankenhaus** entstehen, kann der Verletzte nach der – sehr weitgehenden – Rechtsprechung ebenfalls ersetzt verlangen[16], ohne Bedeutung ist hierbei, ob zwischen dem Besucher und dem Verletzten eine Unterhaltspflicht besteht[17]. Medizinisch, d. h. zur Erzielung des Heilerfolges, geboten sind in der Regel aber nur Besuche nächster Angehöriger[18]; Ausnahmen sind (insbesondere bei Alleinstehenden) denkbar[19], jedoch ist es mit der gesetzlichen Beschränkung auf Kosten der Heilung nicht vereinbar, von

[4] KG VAE 1936, 576.
[5] LG Tübingen VersR 1953, 213.
[6] KG DAR 1980, 341.
[7] Ausführlich *Guyenz* 25 f, 42 ff.
[8] RGZ 151, 298.
[9] KG DAR 1968, 181.
[10] RGZ 151, 298.
[11] OLG Nürnberg VersR 1964, 176; OLG München VersR 1985, 1096 LS; OLG Düsseldorf NJW-RR 1994, 352; LG Lüneburg VersR 1975, 1016.
[12] KG DAR 1975, 282; LG Hanau VersR 1969, 623; LG Lüneburg VersR 1975, 1016; *Schleich* DAR 1988, 148: ca. 80 DM für 10 Tage.
[13] OLG Köln VersR 1989, 1309.
[14] BGH VersR 1957, 790.
[15] OLG Köln NZV 1989, 113; OLG Düsseldorf NJW-RR 1994, 352; *MünchKomm/Grunsky* § 249, 25 a, b; *Pardey* NJW 1989, 2314.
[16] BGH VersR 1961, 272; 1964, 532; 1967, 714; 1979, 350; NZV 1991, 225 m. Bespr. *Grunsky* JuS 1991, 907 u. *Neumann-Duesberg* NZV 1991, 455; OLG Celle NJW 1962, 51; OLG Hamm VersR 1972, 1174; OLG Braunschweig ZfS 1990, 152 (3jähriges Kind).
[17] *Seidel* VersR 1991, 1321; **a. A.** *Schiemann* NZV 1996, 4: nur Ehegatten und Verwandte in gerader Linie.
[18] BGH NZV 1991, 225.
[19] *Schleich* DAR 1988, 145; *Grunsky* JuS 1991, 908.

der medizinischen Notwendigkeit abzusehen und auch Besuche zu reinen Unterhaltungszwecken einzubeziehen[20]. Ist der Verletzte (z. B. wegen Bewußtlosigkeit) gar nicht in der Lage, den Besuch wahrzunehmen, so können die Kosten eines Besuches, den die Angehörigen aus moralischen Gründen gleichwohl unternehmen, nicht den „Kosten der Heilung" zugeordnet werden[21]. Besteht ein Anspruch des Verletzten, so ist es unerheblich, daß die Angehörigen die Kosten (zunächst) selbst aufgewendet haben. Der Besucher selbst (oder ein Dritter, der die Kosten trägt) hat keinen eigenen Anspruch aus § 11 oder unerlaubter Handlung gegen den Schädiger, weil er nicht in eigenen Rechtsgütern verletzt ist; ebenso scheidet ein Anspruch aus § 426 BGB (zwischen Unterhalts- und Schadensersatzpflicht besteht kein Gesamtschuldverhältnis) oder ungerechtfertigter Bereicherung aus[22], entgegen der Rechtsprechung auch ein Anspruch aus Geschäftsführung ohne Auftrag (s. § 16, 785). Zur Frage, ob der Besucher Abtretung des Ersatzanspruchs des Verletzten verlangen kann s. *Seidel* VersR 1991, 1325 m. w. Nachw.

Zu den nach der Rechtsprechung erstattungsfähigen Besuchskosten gehören die Aufwendungen für die Fahrt[23], bei Benützung eines Kraftfahrzeugs die reinen Betriebskosten[24]. Falls unumgänglich, sind auch Übernachtungskosten und Verpflegungsmehraufwand[25] zu ersetzen, desgleichen ein Verdienstausfall des Besuchers[26] oder der Aufwand für zwischenzeitliche Betreuung der Kinder[27], keinesfalls aber ein rein fiktiver Aufwand[28]. Verdienstausfall des Vaters ist dem verletzten Kind grundsätzlich auch dann zu ersetzen, wenn der Vater selbständig tätig ist; im Rahmen der Schadensminderungspflicht ist der Ausfall aber durch entsprechende Dispositionen möglich gering zu halten[29]. Arbeit im Haushalt kann regelmäßig nachgeholt werden, so daß für entsprechenden Zeitverlust kein Erstattungsanspruch besteht[30]. Die Aufwendungen für mitgebrachte Blumen sind, da vom Heilungszweck nicht mehr umfaßt, nicht zu ersetzen[31], die Kosten für Spielsachen, die dem verletzten Kind den Aufenthalt im Krankenhaus erträglich machen sollen, nur, wenn dies zur Förderung des Heilungsprozesses geboten war[32]. Die Häufigkeit der Besuche hängt von den Umständen des Einzelfalles (z. B. Alter des Patienten, Behandlungsdauer, Hilfsbedürftigkeit) ab[33]. Für vermehrte Zuwendung, die Eltern ihrem Kind in ihrer Freizeit zuteil werden lassen, können sie keinen Ersatz beanspruchen[34]. 10

---

20 So aber *Grunsky* JuS 1991, 909.

21 A. A. OLG Saarbrücken NZV 1989, 25; LG Saarbrücken NJW 1988, 2958; *Neumann-Duesberg* NZV 1991, 456.

22 Ausführlich m. w. Nachw. *Seidel* VersR 1991, 1322 ff.

23 BGH NZV 1991, 225 (nur für die wirtschaftlichste Beförderungsart); OLG München VersR 1954, 545; OLG Nürnberg VersR 1964, 176; OLG Hamm NJW 1972, 1521; NZV 1993, 151 LS (auch zur Berücksichtigung steuerlicher Vorteile); OLG Frankfurt VersR 1981, 239; OLG Koblenz VersR 1981, 887.

24 OLG Celle DAR 1975, 269; OLG Braunschweig ZfS 1990, 152; OLG Hamm NZV 1993, 151 LS (Berücksichtigung der Abnutzung); *Wussow/Küppersbusch* Rdn. 166; *Seidel* VersR 1991, 1320; a. A. (auch Vorhaltekostenanteil) *Wussow* WJ 1981, 192; *Schleich* DAR 1988, 146. Für Anlehnung an § 9 Abs. 3 ZSEG OLG Hamm NJW 1995, 599.

25 BGH NZV 1991, 226.

26 BGH VersR 1961, 545; nach *Schiemann* NZV 1996, 4 nur Stundensatz eines durchschnittlichen Arbeitnehmers.

27 BGH NZV 1990, 111; a. A. LG Köln VersR 1975, 145.

28 OLG Frankfurt VersR 1981, 239.

29 BGH VersR 1985, 785; NZV 1991, 226; krit. *Grunsky* JuS 1991, 908 f.

30 BGH NZV 1991, 226.

31 A. A. LG Oldenburg ZfS 1985, 40; *Schleich* DAR 1988, 146 f: 12 bis 20 DM pro Woche.

32 Vgl. BGH VersR 1957, 790.

33 Näher hierzu *Schleich* DAR 1988, 145 f. Aus der Rspr. s. OLG Hamm NJW 1972, 1521 (hilfloser Patient); OLG Koblenz VersR 1981, 887 (18jähriger Schwerverletzter); LG Wiesbaden VersR 1955, 640 (Aufenthalt über ein Jahr); LG Lüneburg VersR 1975, 1016 (täglicher Besuch des Ehegatten).

34 BGH VersR 1989, 188 = JZ 1989, 344 m. zust. Anm. *Grunsky* = JR 1989, 236 m. abl. Anm. *Schlund*.

11 Muß ein Verwandter die zur endgültigen Ausheilung erforderliche **Pflege** eines aus dem Krankenhaus entlassenen Schwerverletzten übernehmen, so zählen auch die Reisekosten – selbst wenn er das Flugzeug benützte – und der Verdienstausfall der Pflegeperson zu den Heilungskosten[35]. Ebenso sind zu erstatten die Aufwendungen, die durch die Heranziehung eines Angehörigen zur Pflege im Krankenhaus[36] oder durch notwendige gemeinsame Unterbringung (bei Kleinkindern) entstehen[37].

12 Nebenkosten, die nur mittelbar der Heilung dienen, wie der Umzug in eine gesündere Wohnung, wird man unter die – ebenfalls erstattungspflichtigen – vermehrten Bedürfnisse (Rdn. 41 ff) einreihen müssen.

13 Kosten für das **Durchgangsarztverfahren**, das von den Berufsgenossenschaften durch Vertrag mit der kassenärztlichen Bundesvereinigung für alle Arbeitsunfälle eingeführt worden ist, die eine – wenn auch nur kurz dauernde – Arbeitsunfähigkeit zur Folge haben, gehören nur insoweit zu den Heilungskosten, als sie für eine Heilbehandlung oder für erste Hilfe anfallen[38].

14 **Finanzierungskosten** hat der Schädiger ebenfalls als Heilungskosten zu ersetzen, wenn der Verletzte einen Kredit aufnehmen mußte, weil er nicht über so viel Barmittel verfügte, um die Kosten der Heilung zu verauslagen, und wenn er den Schädiger rechtzeitig auf diese Lage aufmerksam gemacht hatte. Der Verletzte ist verpflichtet, sich um eine Vorfinanzierung (um einen Kredit) zu bemühen, wenn der Schädiger den erforderlichen Vorschuß verweigert und durch das Nichtergreifen von Maßnahmen eine Verschlechterung des Gesundheitszustands oder ein Dauerschaden droht. In einer solchen Lage kann der Verletzte auch verpflichtet sein, seine private Krankenkasse oder – wenn er im Staatsdienst steht – die Vorschüsse der Beihilfestelle in Anspruch zu nehmen, weil andernfalls seine Ansprüche wegen Verstoßes gegen die Schadensminderungspflicht gekürzt werden (Rdn. 27). Verliert er dadurch seinen Anspruch auf Beitragsrückerstattung, ist ihm dieser Nachteil zu ersetzen[39].

15 c) **Erforderlichkeit.** Erforderliche Kosten im Sinn von § 249 Abs. 2 BGB sind alle Aufwendungen, die vom Standpunkt eines verständigen Betrachters bei der gegebenen Sachlage als zweckmäßig und angemessen angesehen werden konnten[40].

16 Daher brauchen in der Regel die Mehrkosten einer **auswärtigen Behandlung** nicht bezahlt zu werden, wenn tüchtige Ärzte am Wohnort des Verletzten vorhanden sind. Ausländer dürfen sich allerdings in ihrem Heimatort behandeln lassen, wenn schwierige Eingriffe erforderlich sind. Außerdem können die Kosten der Behandlung bei einem Arzt oder einer Klinik im Ausland (einschl. Reisekosten) dann ersetzt verlangt werden, wenn diese Behandlung z. B. wegen einer nur dort praktizierten Behandlungsmethode auf ärztlichen Rat in Anspruch genommen wurde[41]. Ausländischen Soldaten sind die höheren Behandlungskosten in einem Armeekrankenhaus zu ersetzen (BGH NZV 1989, 106). Ist die Behandlung für den Soldaten kostenlos, steht dies einem Schadensersatzanspruch nicht entgegen[42]. Wird ein notwendiger **Erholungsaufenthalt** in einem anderen Land gewählt, so hat der Verletzte die Fahrtkosten selbst zu tragen[43], sofern der dortige Aufenthalt nicht aus Klimagründen besondere Heilungsaussichten versprach.

17 Auf das **Urteil eines Arztes** über die Erforderlichkeit einer Maßnahme darf sich der Verletzte grundsätzlich verlassen. Nicht zu billigen ist daher die Ansicht des LG Düssel-

---

35 OLG Düsseldorf NJW 1973, 2112.
36 OLG Hamm NJW 1972, 1521.
37 Vgl. *Schleich* DAR 1988, 149.
38 Vgl. *Vollmar* VersR 1958, 436. Enger *Peters* VersR 1959, 10; dagegen *Klick* VersR 1963, 903.
39 Vgl. OLG Köln NZV 1990, 465; a. A. *Schmidt* VersR 1966, 617.
40 RGZ 99, 183; BGH VersR 1969, 1040; 1970, 129; OLG Neustadt VersR 1954, 436; LG Koblenz NJW-RR 1986, 702.
41 OLG Hamburg NZV 1988, 105.
42 OLG Celle NZV 1989, 187.
43 LG München I VersR 1958, 654.

dorf[44], der Verletzte dürfe sich nicht allein aufgrund Anordnung seines Hausarztes einer Kur unterziehen, sondern müsse vorher einen Facharzt zu Rate ziehen.

Die Kosten einer höheren als der allgemeinen **Pflegeklasse** im Krankenhaus sind jedenfalls dann zu ersetzen, wenn die dortige Behandlung aus medizinischer Sicht geboten war[45]. Darüber hinaus besteht aber auch dann ein Anspruch auf Erstattung dieser Mehrkosten, wenn dem Verletzten eine Unterbringung in der allgemeinen Pflegeklasse deswegen nicht zuzumuten ist, weil er sich auch bei Fehlen eines ersatzpflichtigen Schädigers in der ersten oder zweiten Klasse behandeln lassen würde[46]; hierfür können zurückliegende Klinikaufenthalte[47], die Notwendigkeit einer besonders schwierigen oder langwierigen Behandlung[48] oder das Bestehen einer entsprechenden Versicherung Anhaltspunkte liefern. 18

d) **Verhältnismäßigkeit.** Unverhältnismäßige Aufwendungen erhält nach dem auch hier anwendbaren § 251 Abs. 2 BGB der Verletzte nicht ersetzt, auch wenn sie „erforderlich" im Sinn von § 249 Abs. 2 BGB waren. Es handelt sich dabei vor allem um besonders teure Heilmethoden oder Kuraufenthalte, sofern nur eine äußerst geringe Aussicht besteht, daß sie zur Besserung der unfallbedingten Körperschäden beitragen werden, oder sofern der zu erwartende Grad der Besserung so gering ist, daß die ungewöhnliche Höhe der Kosten in keinem tragbaren Verhältnis dazu steht[49]. Ist die Beseitigung einer unbedeutenden Narbe mit unverhältnismäßig hohen Kosten verbunden, so können diese nicht ersetzt verlangt werden, jedoch erhöht sich hierfür, soweit gegeben, der Schmerzensgeldanspruch des Verletzten[50]. Entscheidend für die Beurteilung der Verhältnismäßigkeit ist die Sicht eines verständigen Beurteilers zum Zeitpunkt des Ergreifens der fraglichen Maßnahme. 19

e) **Erfolglose Aufwendungen.** Auch die Kosten für Maßnahmen, die sich nachträglich als erfolglos herausstellen, von denen aber nach medizinischer Erfahrung anzunehmen war, sie könnten Erfolg haben, sind zu ersetzen. Die Kosten einer versuchten Heilung können auch **wiederholt** anfallen. Der Verletzte hat das Recht, einen mißglückten Versuch (z. B. eine orthopädische Operation) wiederholen zu lassen, solange nur einige Aussicht besteht, daß er zu einer Besserung führen könnte. 20

Verstirbt der Verletzte trotz der Heilungsversuche, so können die bisherigen Aufwendungen, wie § 10 Abs. 1 klarstellt, von den Erben geltend gemacht werden. 21

f) **Fiktive Aufwendungen** sind nicht zu ersetzen, weil andernfalls der Gesundheit im Widerspruch zum Rechtsgedanken des § 253 BGB ein wirtschaftlicher Wert beigemessen würde[51]. Anders als beim Sachschaden, wo die fiktive Abrechnung von der Rechtsprechung grundsätzlich anerkannt ist (Schlußanh. I, 66 ff; s. auch § 7, 203 ff), hat sich hier die Verletzung nicht unmittelbar im Vermögen, sondern in einem nicht materiell bewertbaren Rechtsgut niedergeschlagen und tritt der Vermögensschaden erst später ein, nämlich wenn die zur Heilung erforderlichen Aufwendungen getätigt werden[52]. Bedeutung erlangt diese Frage z. B., wenn der Verletzte eine zur völligen Wiederherstellung an sich erforderliche und verhältnismäßige Maßnahme nicht vornehmen läßt, was 22

---

44 VersR 1966, 95.

45 BGH VersR 1964, 257.

46 BGH VersR 1970, 129; OLG Neustadt VersR 1954, 436; OLG Stuttgart VersR 1957, 546.

47 LG Ravensburg DAR 1981, 294.

48 OLG Düsseldorf VersR 1985, 644.

49 BGH VersR 1967, 80.

50 BGH VersR 1975, 342.

51 BGH VersR 1986, 550 = JZ 1986, 640 m. Anm. *Zeuner* = JR 1986, 365 m. Anm. *Hohloch*; *Grunsky* NJW 1983, 2469; a. A. *Rinke* DAR 1987, 14; s. a. 20. VGT (1982) 10.

52 *Karakatsanes* AcP 189 (1989), 36 ff.

insbesondere im Bereich kosmetischer Operationen vorkommt[53], oder wenn er auf einen Kuraufenthalt oder auf die Einnahme bestimmter Medikamente oder Kräftigungsmittel verzichtet (hier würde wohl auch der Nachweis der Erforderlichkeit auf Schwierigkeiten stoßen). Daß die Anwendung wegen des Fehlens der erforderlichen Mittel unterbleibt, dürfte wegen der zumeist möglichen Inanspruchnahme einer Krankenversicherung oder eines Kredits (Rdn. 14) kaum vorkommen[54].

2. Entstehung des Anspruchs

23 Der Anspruch auf Ersatz der zur Heilung erforderlichen Kosten entsteht im Augenblick des Unfalls[55], nicht etwa erst nach Inanspruchnahme des Arztes, Einnahme der Medikamente usw. Der Schädiger ist daher verpflichtet, die Heilungskosten vorzuschießen. Zur Berücksichtigung von Schadensanlagen vgl. § 7, 193.

3. Vorteilsausgleichung

24 **Lebenshaltungskosten**, die während des Krankenhausaufenthalts **erspart** werden (insbesondere für Verpflegung, u. U. auch für Wohnung)[56], sind von den Krankenhauskosten abzuziehen[57]. Je nach Lebenszuschnitt ist die Einsparung für Verpflegung im Bereich zwischen 10 und 20 DM pro Tag anzusetzen[58]. Auch bei nicht Erwerbstätigen und Kindern ist die Ersparnis zu berücksichtigen[59], nicht aber bei einem Soldaten, der von der Bundeswehr unentgeltlich verpflegt wird[60]. Die Einsparung wird nicht durch vermehrte Nebenausgaben im Krankenhaus aufgewogen[61]. Auch auf den privaten Krankenversicherer, Sozialversicherungsträger, Dienstherrn usw. geht nur der um die häusliche Ersparnis gekürzte Betrag der Krankenhauskosten über[62] (vgl. aber Rdn. 38). Im Falle des verletzten Soldaten (s. o.), bei dem wegen der Teilnahme an der Gemeinschaftsverpflegung keine häusliche Ersparnis eintritt, kann auch gegenüber dem Bund als Zessionar des Heilungskostenanspruchs (§ 30 Abs. 3 SoldG, § 87 a BBG) keine entsprechende Kürzung vorgenommen werden, obwohl er die für den betreffenden Soldaten bestimmte Gemeinschaftsverpflegung erspart hat[63]. Ist ein Mitverschulden des Verletzten zu berücksichtigen, so ist die häusliche Ersparnis nicht in voller Höhe von dem ihm verbleibenden Anspruch abzuziehen, sondern es ist umgekehrt die ihm zustehende Quote auf der Grundlage der gekürzten Heilungskosten zu berechnen.

25 Auf die Kosten eines Kuraufenthalts wird ein **ersparter Erholungsurlaub** nicht anzurechnen sein, weil die Kur in der Regel wohl *neben* den allgemeinen Jahresurlaub treten soll; unterläßt der Verletzte in dem betreffenden Jahr ausnahmsweise eine Urlaubsreise, so sollte dies nicht zu einer Kürzung seiner Heilungskosten führen[64].

---

[53] Vgl. OLG Celle VersR 1972, 468; OLG Stuttgart VersR 1978, 188.

[54] Vgl. hierzu BGH NJW 1958, 627; OLG Neustadt VRS 7, 321.

[55] RGZ 151, 302; BGH VersR 1958, 176.

[56] Vgl. OLG Nürnberg VersR 164, 176.

[57] BGH VersR 1965, 786; NJW 1971, 240; *Schmalzl* VersR 1995, 516.

[58] OLG Hamm NJW-RR 1995, 599: 10 DM; OLG Oldenburg RuS 1989, 85: 20 DM; *Jahnke* NZV 1996, 178: 22 DM.

[59] OLG Braunschweig VersR 1969, 249; OLG München VersR 1978, 373; KG VersR 1979, 137; OLG Celle NZV 1991, 228 m. Anm. *Schröder* NZV 1992, 139.

[60] BGH VersR 1978, 251.

[61] KG VersR 1968, 259; OLG Saarbrücken VersR 1976, 271.

[62] *Schmalzl* VersR 1995, 516.

[63] BGH VersR 1978, 251.

[64] A. A. KG VAE 1936, 576.

4. **Schadensminderungspflicht** (allgemein hierzu § 9, 71).

a) Der Verletzte darf nicht durch **unvernünftiges Verhalten** den Heilungserfolg beeinträchtigen oder sich über ärztliche Anordnungen hinwegsetzen. Er muß sich erforderlichen Behandlungsmaßnahmen unterziehen (vgl. hierzu, insbesondere auch zur Frage der Duldung einer Operation § 9, 85 ff). 26

b) **Die Inanspruchnahme der privaten Krankenversicherung** ist im allgemeinen nicht durch die Schadenminderungspflicht geboten[65]. Ersparnisse für den Schädiger können durch die Inanspruchnahme nicht eintreten, weil die Ersatzansprüche des Verletzten nach § 67 VVG auf den Versicherer übergehen (Rdn. 30). Die Inanspruchnahme des Versicherers durch den Verletzten kann allenfalls dann geboten sein, wenn dieser die Heilungskosten nicht aus eigenen Mitteln verauslagen kann, denn sie wird häufig billiger kommen, als die Finanzierung durch eine Bank. Der Schädiger muß dem Verletzten die entstehenden Nachteile (Verlust des Anspruchs auf Prämienrückvergütung usw.) als Finanzierungskosten ersetzen (Rdn. 14). Der Verletzte darf seine eigene Krankenversicherung jedenfalls immer dann in Anspruch nehmen, wenn er andernfalls seine Ansprüche gegen diese wegen Fristablauf verlieren würde und der Schädiger nicht rechtzeitig vorher die Kosten beglichen hat[66]. Eine Pflicht des Verletzten, den Schädiger darauf hinzuweisen, daß er seine Privatversicherung in Anspruch nehmen müsse, wenn der Schädiger nicht sofort Vorschuß leiste, wird man nicht verlangen können. Denn ein solches Verhalten entspricht der Regel, so daß eine Hinweispflicht nach § 254 Abs. 2 BGB entfällt. 27

c) Die **Krankenkassen der Sozialversicherung** (Allgemeine Ortskrankenkasse, Betriebskrankenkasse) muß der Verletzte ebenfalls nicht in Anspruch nehmen[67]. Sozialleistungen sind verzichtbar (§ 46 Abs. 1 SGB-I), ihre Inanspruchnahme führt zu Regreßansprüchen der Sozialversicherungsträger (vgl. Rdn. 37; Schlußanh. II, 130). Daß häufig Teilungsabkommen zwischen Haftpflichtversicherern und Krankenkassen der Sozialversicherung bestehen, ändert nichts an der Wahlfreiheit des Verletzten[68]. 28

5. **Forderungsübergang**

a) **Allgemeines.** Ein Übergang der Forderung des Verletzten auf Ersatz von Heilungskosten findet statt, wenn ein Privatversicherer, ein öffentlicher Dienstherr oder ein Sozialversicherungsträger solche Kosten getragen oder ersetzt hat. Voraussetzung ist in jedem Fall die **sachliche und zeitliche Kongruenz** zwischen empfangener Leistung und Ersatzanspruch (vgl. hierzu Schlußanh. II, 117 ff). Die Voraussetzung der sachlichen Kongruenz ist für die Heilungskosten nach § 11 bei den Leistungen für ambulante und stationäre Behandlung[69] durchwegs erfüllt. Eine Ausnahme macht die Rechtsprechung lediglich für die Besuchskosten (Rdn. 9)[70] sowie für die Mehrkosten bei Unterbringung in der zweiten und ersten Pflegeklasse[71]. 29

b) **Private Versicherer**

aa) **Grundsatz.** Hat der Verletzte seine Krankenversicherung oder seine private Unfallversicherung (diese übernimmt die Heilungskosten nur für das erste Jahr nach dem 30

[65] *Ortschig* NJW 1952, 290; *Schmidt* VersR 1966, 617.
[66] *Geigel* NJW 1952, 733.
[67] OLG Schleswig NJW 1955, 1234.
[68] **A. A.** *Plagemann/Schafhausen* NZV 1991, 50 f.
[69] Überblick über die Leistungen der Krankenversicherung nach dem Gesundheitsreformgesetz bei *Arnau* VersR 1991, 850.
[70] Vgl. OLG München VersR 1978, 373.
[71] BGH VersR 1973, 566.

Unfall, § 8 VI Abs. 1 AUB, und nur subsidiär neben dem Krankenversicherer) in Anspruch genommen, so geht sein Schadenersatzanspruch insoweit auf den Versicherer über, als dieser ihm für Heilungskosten Ersatz geleistet hat und sein Anspruch gegen den Schädiger Heilungskosten betrifft (§ 67 Abs. 1 VVG).

31 bb) **Maßgeblicher Zeitpunkt** für den Forderungsübergang und damit den Verlust der Aktivlegitimation des Verletzten ist der der tatsächlichen Leistung des Versicherers. Anders als beim Übergang auf Sozialversicherungsträger und Dienstherrn (vgl. Rdn. 35 ff) fällt der Anspruch hier also zunächst dem Verletzten zu, der ihn auch klageweise geltend machen kann.

32 cc) Ob für den Versicherer eine **Verpflichtung zur Leistung** bestand, ist für den Rechtsübergang unerheblich[72].

33 dd) Dem Verletzten steht das **Quotenvorrecht** zu (zum Begriff s. Schlußanh. II, 142); das bedeutet, daß der Privatversicherer den Forderungsübergang nur in derjenigen Höhe gegenüber dem Schädiger geltendmachen darf, die es dem Verletzten gestattet, durch Geltendmachung des nicht übergegangenen Teils der Forderung den Teil der Heilungskosten voll abzudecken, den ihm der Versicherer nicht erstattet hat und nicht erstatten muß. Versicherer und Versicherungsnehmer sind also nicht Gesamtgläubiger; dies kommt zur Auswirkung, wenn zu ihrer Befriedigung keine für beide ausreichende Summe zur Verfügung steht[73]. Die Leistungen des Privatversicherers wirken sich nicht schadenmindernd aus.

34 ee) **Zum Ausschluß des Rückgriffs gegenüber Familienangehörigen** (§ 116 Abs. 6 SGB-X bzw. § 67 Abs. 2 VVG) vgl. Schlußanh. II, 150 ff.

35 c) **Öffentliche Dienstherren.** Nach § 87 a BBG und den entsprechenden Vorschriften der Landesbeamtengesetze (vgl. § 52 BRRG) findet ein gesetzlicher Forderungsübergang auch auf den Dienstherrn eines Beamten statt, der bei dessen Verletzung zu Leistungen an ihn verpflichtet ist (s. Schlußanh. II, 182 ff). Zu beachten ist aber, daß der Dienstherr zur Zahlung einer Beihilfe zu den Heilungskosten nicht verpflichtet ist, wenn dem verletzten Beamten ein Schadensersatzanspruch gegen einen Dritten zusteht (Nr. 3 Abs. 4 Satz 1 BhV). In diesem Bereich kann es folglich auch nicht zu einem Forderungsübergang auf den Dienstherrn kommen[74]. Leistet dieser ohne rechtliche Verpflichtung eine Beihilfe, so verbleibt ihm nur ein evtl. Rückforderungsanspruch gegen den Beamten.

36 Bei Verletzung eines **Angehörigen des Beamten** kommt ein Forderungsübergang nach § 87 a BBG im übrigen schon deswegen nicht in Betracht, weil diese Vorschrift nur Schadensersatzansprüche des Beamten selbst erfaßt[75].

37 d) **Sozialversicherungsträger.** Erbringt ein Träger der Sozialversicherung (z. B. Ortskrankenkasse, Ersatzkasse, Betriebskrankenkasse, Innungskrankenkasse) Leistungen für ambulante oder stationäre Heilbehandlung, so gehen die Schadensersatzansprüche des Verletzten, soweit kongruent (Rdn. 29), auf ihn über (§ 116 Abs. 1 SGB-X; für Schadensfälle vor dem 1. Juli 1983 § 1542 Abs. 1 RVO; vgl. Schlußanh. II, 99 ff). Durfte der Verletzte die zweite Pflegeklasse des Krankenhauses in Anspruch nehmen (vgl. Rdn. 18), während der Sozialversicherer ihm nur die Kosten der dritten erstattete, so

---

72 BGH NJW 1964, 101; OLG Nürnberg VersR 1966, 621.

73 BGHZ 13, 28; 25, 340; 44, 382; 47, 308.

74 OLG Koblenz VersR 1967, 962; OLG München VersR 1972, 472; OLG Hamm VersR 1977, 151; *Wilts* VersR 1966, 13; **a. A.** *Marschall von Bieberstein* VersR 1965, 1134.

75 OLG München VersR 1972, 473; OLG Hamm VersR 1977, 151.

verbleiben die Ansprüche hinsichtlich der Mehrkosten mangels sachlicher Kongruenz dem Verletzten[76]. Dasselbe gilt für Zuzahlungen, die der Geschädigte erbringen muß; um diese Beträge mindert sich der Regreßanspruch des Sozialversicherers[77]. Überhaupt kein Forderungsübergang findet statt, wenn der Sozialversicherer keine Leistungen erbracht hat, weil der Verletzte sich privat behandeln ließ (vgl. Schlußanh. II, 130).

Da der Verletzte sich bei stationärer Behandlung **ersparte Verpflegungskosten** anrechnen lassen muß (Rdn. 24), kann auch nur der entsprechend geminderte Ersatzanspruch auf den Sozialversicherer übergehen. War dem Geschädigten aber auch ein Anspruch auf Ersatz von Verdienstausfall erwachsen und auf den Sozialversicherer übergegangen, so kommt es, da der Verletzte die Verpflegungskosten sonst aus seinem Erwerbseinkommen hätte begleichen müssen, auf diesem Weg doch zu einem Anspruchsübergang in voller Höhe[78] (s. a. Rdn. 193, zum Arbeitgeberregreß bei Entgeltfortzahlung Rdn. 184). Eine Zuzahlungspflicht ändert hieran nichts, denn sie hat nichts mit der häuslichen Verpflegung zu tun[79]. 38

Der Ersatzanspruch geht auf den Sozialversicherungsträger grundsätzlich nur bis zur Höhe seiner eigenen Leistungen über. Zu einer (fragwürdigen) Ausnahme hiervon kam es aber bei Schadensfällen vor 1. Juli 1983 infolge der nach § 1542 Abs. 2 i. V. m. § 1524 RVO a. F. zugelassenen **Pauschalierung** der Berechnung (vgl. Voraufl. Rdn. 39). Sie konnte dazu führen, daß ein Haftpflichtiger bei Einschaltung eines Sozialversicherers zu dessen alleinigem Vorteil wesentlich höhere Zahlungen zu leisten hatte als bei Inanspruchnahme durch den Verletzten selbst. Durch die Neuregelung der Pauschalierung in § 116 Abs. 8 SGB-X hat der Gesetzgeber diesen Einwänden – für Schadensfälle nach dem 30. Juni 1983, (Art. II §§ 22, 25 SGB-X) – weitgehend Rechnung getragen (vgl. hierzu Schlußanh. II, 111). Bei Mithaftung des Verletzten oder Überschreitung einer Höchsthaftungssumme ist die Pauschale nach § 116 Abs. 2 und 3 SGB-X zu kürzen (hierzu Schlußanh. II, 145 ff). Die **Vereinbarung** einer Pauschalierung ist in § 116 Abs. 9 SGB-X ausdrücklich zugelassen. 39

e) Die **Einzelheiten** zum Forderungsübergang auf Sozialversicherungsträger und Dienstherren sind im Schlußanhang II, 100 ff erörtert. 40

III. Ersatz vermehrter Bedürfnisse

1. Begriff

a) **Definition.** Unter Vermehrung der Bedürfnisse versteht man alle Mehrausgaben, die den Zweck haben, diejenigen Nachteile auszugleichen, die dem Verletzten infolge dauernder Beeinträchtigung seines körperlichen Wohlbefindens entstehen[80]. Insbesondere zählen hierzu Aufwendungen, die dem Verletzten dadurch entstehen, daß er die Dienstleistungen fremder Personen infolge seiner unfallbedingten Körperbehinderung oder Erkrankung in Anspruch nehmen muß, oder Gerätschaften, Diätkost, Verkehrsmittel oder andere Hilfsmittel benötigt, um einen seinen früheren Gewohnheiten ent- 41

---

76 BGH VersR 1973, 566.

77 Vgl. *Breuer/Labuhn* VersR 1983, 914.

78 BGH VersR 1965, 786; 1984, 583; NJW 1971, 240; OLG Saarbrücken VersR 1976, 271; KG DAR 1977, 217; OLG Celle VersR 1977, 1027; a. A. LG Münster MDR 1984, 52.

79 *Schleich* DAR 1988, 150; a. A. *Wussow/Küppersbusch* 175; *Breuer/Labuhn* VersR 1983, 916.

80 BGH VersR 1974, 162; NJW 1982, 757.

sprechenden Lebensstil aufrechterhalten zu können. Abzustellen ist auf die Lage, in der sich der Verletzte befinden würde, hätte sich der Unfall nicht ereignet. Zu den vermehrten Bedürfnissen zählt auch die durch den Unfall entstandene Notwendigkeit, eine andere Wohnung zu beziehen. Durch die Vermehrung der Bedürfnisse können einmalige Kosten entstehen (Anschaffungskosten, Umzugskosten); in der Regel kehren aber die Aufwendungen laufend wieder[81]. Daher sieht § 13 für die Gewährung des Schadensersatzes grundsätzlich Rentenform vor (vgl. Rdn. 46).

Wegen der für den Forderungsübergang erforderlichen Kongruenz (vgl. Rdn. 59) sind die vermehrten Bedürfnisse von den Heilungskosten und vom Erwerbsausfall abzugrenzen (vgl. Rdn. 42 ff).

42 b) **Abgrenzung gegenüber den Heilungskosten.** Die Aufwendungen, die der Wiederherstellung der Gesundheit dienen, sind Heilungskosten (Rdn. 5); unter dem Gesichtspunkt der Vermehrung der Bedürfnisse zu ersetzen sind dagegen solche Kosten, die für eine noch nicht absehbare Zeit oder für dauernd erforderlich sind, um verbleibende Unfallbeeinträchtigungen auszugleichen. Hierunter fällt auch die Beschaffung von Medikamenten und Arztkosten, die mit einer gewissen Regelmäßigkeit immer wieder anfallen, um den im Rahmen des Möglichen wiederhergestellten Gesundheitszustand zu erhalten[82].

43 c) **Abgrenzung gegenüber dem Verdienstausfall.** Lebenshaltungskosten, die während der unfallbedingten Verlängerung der Ausbildungszeit anfallen, ohne daß ihnen Arbeitseinkommen gegenübersteht, fallen nicht unter die vermehrten Bedürfnisse; insoweit kann nur Verdienstausfall wegen verzögerten Eintritts in das Berufsleben (Rdn. 162) geltend gemacht werden[83]. Soweit Mehrausgaben dazu dienen, eine Erwerbstätigkeit zu ermöglichen oder Einkommenseinbußen zu verhindern, fallen sie ebenfalls nicht unter „Vermehrung der Bedürfnisse", sondern sind als Schadensminderungskosten bei der Berechnung des Verdienstausfalls zu berücksichtigen (Rdn. 106). Ein Verdienstausfall kann mithin in einem solchen Fall auch dann vorliegen, wenn das Arbeitseinkommen durch den Unfall nicht beeinträchtigt worden ist. Das hat zur Folge, daß die Ersatzansprüche insoweit auf den Sozialversicherungsträger (die Berufsgenossenschaft) übergehen, wenn eine Unfallrente wegen Erwerbsminderung gewährt wird. Hierzu können z. B. zählen erhöhte Fahrtkosten zum Arbeitsplatz, die Kosten einer zusätzlichen Schreibkraft oder eines Begleiters auf Geschäftsreisen, Aufwendungen für eine Umschulung oder einen Umzug.

44 Ist die unfallverletzte **Hausfrau** bei ihrer Tätigkeit im ehelichen Haushalt behindert, so steht dies einem Verdienstausfall gleich; um eine Vermehrung der Bedürfnisse der Hausfrau handelt es sich nur insoweit, als die Haushaltführung der Befriedigung eigener Bedürfnisse dient (vgl. Rdn. 148).

45 d) **Eine Abgrenzung gegenüber dem Schmerzensgeld** ist schwierig, da auch dieses teilweise dazu bestimmt ist, dem Verletzten Anschaffungen zu ermöglichen, die einen Ausgleich für die erlittenen Dauerschäden (Körper- und Gesundheitsschäden) schaffen. Die Abgrenzung ist von Bedeutung, wenn der Schädiger nur aus Gefährdungshaftung Schadensersatz schuldet, weil er in diesem Fall kein Schmerzensgeld zu zahlen hat; ähnlich steht es, wenn der Verletzte sich durch Teilabfindungsvergleich entweder nur hinsichtlich des Schmerzensgeldes oder nur hinsichtlich der Vermehrung der Bedürfnisse hat abfinden lassen. Der Unterschied zwischen beiden Ersatzansprüchen liegt in folgendem: Der Ersatz wegen Vermehrung der Bedürfnisse betrifft stets nur konkrete

---

[81] BGH NJW 1982, 757.
[82] Vgl. OLG Hamburg OLGZ 36, 143.
[83] BGH VersR 1992, 1235.

Aufwendungen, wobei es allerdings nicht darauf ankommt, ob der Verletzte die Ausgaben getätigt hat oder ob er sie aus Mangel an Mitteln unterlassen mußte[84]; vgl. Rdn. 58. Dagegen gilt das Schmerzensgeld, abgesehen von seiner Funktion als Ausgleich für die erlittenen Schmerzen und für die Notwendigkeit eines Krankenhausaufenthalts oder eines Krankenlagers, die durch Dauerschäden entstandenen Behinderungen und Unbequemlichkeiten insoweit ab, als durch Beschaffung von Pflege und Geräten ein Ausgleich nicht möglich ist, wie z. B. hinsichtlich der Hinderung an einer bestimmten Freizeitgestaltung (Wandern, Tanzen, Sport usw.).

2. Form und Bemessung der Ersatzleistung

Nach § 13 ist der Mehrbedarf grundsätzlich in Form einer vierteljährlich vorauszahl- **46**
baren Rente zu ersetzen. Der Verletzte kann aber (für zukünftige Aufwendungen nur aus wichtigem Grund) Kapitalabfindung wählen (§ 13, 4 u. 13). Dies ist insbesondere dann sachgerecht, wenn der Mehrbedarf durch eine einmalige Anschaffung gedeckt werden kann[85]. Wenn Aufwendungen in variabler Höhe anfallen, ist unter Einbeziehung der Kosten langlebiger Gegenstände[86] im Wege der Schätzung eine Durchschnittsrente festzusetzen[87]. Mehrbedarfsrenten unterliegen nicht der Einkommensteuer[88].

3. Einzelfälle

Kosten einer **Pflegeperson** oder einer sonstigen Hilfskraft (zur Haushaltshilfe bei Verletzung **47**
der Hausfrau vgl. Rdn. 56) fallen unter die vermehrten Bedürfnisse[89]. Zur Rechtslage, wenn solche Kosten nur deswegen nicht angefallen sind, weil Verwandte die Pflege des Verletzten unentgeltlich übernommen haben vgl. Rdn. 58.

Der behindertengerechte **Ausbau der Wohnung** dient ebenfalls dem Ausgleich vermehrter Be- **48**
dürfnisse. Bei einem Neubau (z. B. behindertengerechter Anbau an das Haus der ihn betreuenden Eltern), kann der Verletzte aber nur die Kosten (insbesondere für Beschaffung und Verzinsung des erforderlichen Kapitals) geltendmachen, in denen sich der durch sein Gebrechen bedingte Mehraufwand niederschlägt, weil die übrigen Kosten das allgemein bestehende Bedürfnis nach Wohnraum decken[90]. Muß der Geschädigte zum Ausgleich seiner Behinderung viel schwimmen, so können auch die Kosten eines privaten Schwimmbeckens geschuldet sein[91].

Ein **Wohnungswechsel** kann außer wegen der Notwendigkeit eines Berufswechsels (vgl. hierzu **49**
Rdn. 43) z. B. infolge einer unfallbedingten Gehbehinderung[92], oder aus medizinischen Gründen (gesündere Lage) erforderlich werden. In einem solchen Fall ist neben den Umzugskosten auch der evtl. Mehrbetrag an Miete, Fahrtkosten usw. zu ersetzen[93]. Die Verschaffung von Wohnungseigentum kann vom Schädiger allerdings grundsätzlich nicht verlangt werden.

Bei Kindern kann sich die Notwendigkeit ergeben, **Privatunterricht** in Anspruch zu nehmen, **50**
wenn keine geeignete Schule erreichbar ist[94]. Ist die Unterbringung in einem **Internat** für Körperbehinderte erforderlich, so sind auch die Kosten für Familienheimfahrten zu erstatten[95].

Von der Ersatzpflicht umfaßt werden auch die Kosten, die dadurch entstehen, daß der Geschä- **51**
digte nur noch in einer sog. **beschützenden Werkstätte** beschäftigt werden kann[96].

---

84 RGZ 151, 300; BGH VersR 1958, 176.
85 BGH NJW 1982, 758.
86 Vgl. OLG Celle VersR 1975, 1104.
87 RG JW 1935, 2949; *Drees* VersR 1988, 789.
88 BFH NJW 1995, 1238.
89 RGZ 151, 298; KG DAR 1933, 150; VersR 1982, 978; OLG Nürnberg VersR 1986, 174.
90 BGH NJW 1982, 758.
91 OLG Nürnberg VersR 1971, 260 (allerdings unter dem Gesichtspunkt der Heilungskosten); *Geigel/Rixecker* 4. Kap. 110; a. A. österr. OGH VersR 1992, 259 m. abl. Anm. *Huber* VersR 1992, 545.
92 RG WarnR 1919, 195.
93 Vgl. OLG Dresden VAE 1941, 116.
94 RG WarnR 1914, Nr. 13.
95 OLG Hamm DAR 1994, 498.
96 BGH NZV 1991, 387; OLG Hamm VersR 1992, 459.

52 Die Aufwendungen für häufige **Benutzung öffentlicher Verkehrsmittel** sind bei einem infolge des Unfalls Gehbehinderten im Rahmen der vermehrten Bedürfnisse zu ersetzen[97].

53 Ausgaben zur **Stärkung oder Schonung** des Verletzten (z. B. Medikamente, medizinische Behandlungen, Bäder, Kuren, Stärkungsmittel, Mehraufwendungen für Diätkost) können sowohl zu den Heilungskosten als auch zu den vermehrten Bedürfnissen rechnen (zur Abgrenzung s. Rdn. 42).

54 **Fahrzeuge und sonstige technische Hilfsmittel** (Rollstuhl, Zusatzeinrichtungen im Kraftfahrzeug, spezielles Schuhwerk, Brillen usw.) fallen ebenfalls unter die vermehrten Bedürfnisse. Die Tatsache, daß der Unfallgeschädigte wegen der erlittenen Verletzungen (z. B. Querschnittslähmung) auf einen Pkw angewiesen ist, begründet jedoch keinen Anspruch darauf, daß der Schädiger auf Dauer jeweils die vollen Anschaffungskosten eines solchen ersetzt. Er hat vielmehr (neben den notwendigen Sonderausrüstungen) nur den durch die unfallbedingte Mehrbeanspruchung des Fahrzeugs bedingten Teil der Betriebs- und Anschaffungskosten zu tragen[98]. Ausnahmsweise sind die Kosten der Erstbeschaffung voll erstattungsfähig, wenn der Pkw nur wegen der Verletzungen angeschafft wurde[99]. Dabei ist es grundsätzlich Sache des Geschädigten, für welches Fahrzeug er sich entscheidet, solange dieses preislich nicht außer Verhältnis zu seinem gesamten Lebenszuschnitt steht[100].

55 Auch ein **erhöhter Verschleiß** an Kleidung o. ä. begründet unter diesem Gesichtspunkt einen Ersatzanspruch.

56 Die Kosten einer **Haushaltshilfe** sind nur dann vermehrte Bedürfnisse, wenn durch sie vereitelte Dienste ausgeglichen werden, die der Verletzte nicht gegenüber unterhaltsberechtigten Angehörigen, sondern nur für sich zu leisten hätte[101]. Im anderen Fall ergibt sich der Schadensausgleich aus dem Gesichtspunkt des Verdienstausfalls[102] (vgl. Rdn. 145 ff). Diese – auch für den Forderungsübergang bei kongruenten Leistungen Dritter wichtige – Unterscheidung ist Konsequenz der Rechtsprechung, die dem nicht erwerbstätigen, haushaltsführenden Ehegatten einen eigenen Anspruch wegen Verdienstausfalls gibt.

57 Muß der Verletzte beabsichtigte **Eigenleistungen beim Hausbau** von Dritten durchführen lassen, so handelt es sich nicht um vermehrte Bedürfnisse[103]; die Einbußen durch Vereitelung des Eigenbaus können lediglich unter dem Aspekt des Gewinnentgangs erfaßt werden (vgl. Rdn. 61).

4. Fiktive Aufwendungen

58 Das Unterlassen von Aufwendungen, die eigentlich wegen Vermehrung der Bedürfnisse erforderlich gewesen wären, z. B. für medizinisch indizierte Stärkungsmittel oder eine Haushaltshilfe vermindert den Anspruch des Verletzten nicht[104]. Er entfällt nicht dadurch, daß der Verletzte das Bedürfnis in anderer Weise, z. B. durch unzumutbare Anstrengungen oder Verzichtsleistungen, ausgleicht[105]. Dasselbe gilt, wenn Verwandte die Pflege des Verletzten oder Arbeiten im Haushalt unentgeltlich übernehmen[106]. Der Verletzte kann in diesen Fällen den Nettolohn, der für eine Hilfskraft bezahlt werden müßte, beanspruchen[107]. Erbringt der Schädiger selbst die Pflegeleistungen (z. B. als

---

[97] BGH NJW 1965, 102.
[98] Vgl. BGH VersR 1992, 619: Automatikgetriebe.
[99] OLGR München 1995, 265.
[100] OLG München VersR 1984, 246.
[101] Vgl. BGH VersR 1974, 162.
[102] **A. A.** die frühere Rechtsprechung (RGZ 129, 55; OLG Nürnberg VersR 1964, 954).
[103] So aber – zumindest im LS – OLG Köln VersR 1991, 111.
[104] BGH NJW 1958, 627; VersR 1992, 619.
[105] KG VersR 1982, 978.
[106] RG VAE 1937, 44; BGH VersR 1963, 463.
[107] BGH VersR 1992, 619; OLG Hamm DAR 1994, 496; **a. A.** (nur angemessener Ausgleich bei Mühewaltung von Angehörigen) BGH VersR 1978, 149; 1986, 174; OLG Hamm NZV 1994, 68.

Angehöriger, Lebensgefährte), so erlischt insoweit der Schadensersatzanspruch; der Verletzte kann also nicht die fiktiven Pflegekosten gegen den Haftpflichtversicherer geltend machen[108].

5. Forderungsübergang

Der Anspruch des Verletzten wegen Vermehrung seiner Bedürfnisse geht mangels 59
Kongruenz (vgl. Schlußanh. II, 117 ff) nicht auf den (**Sozial-**)**Versicherungsträger** über, der dem Verletzten wegen Minderung der Erwerbsfähigkeit eine Rente zahlt[109], wohl aber auf den **Dienstherrn**, der seinem verletzten Beamten einen Hilflosigkeitszuschlag (§ 34 Abs. 2 BeamtVG) oder Unfallausgleich (§ 35 BeamtVG)[110] oder nach seinem Ausscheiden eine Grundrente gewährt[111]. Desgleichen besteht Kongruenz mit Pflegegeldern und ähnlichen Leistungen[112], insbesondere aus der Pflegeversicherung[113]. Der aus der Beschäftigung des Verletzten in einer beschützenden Werkstatt erwachsende Ersatzanspruch ist kongruent mit der vom **Träger der Sozialhilfe** geleisteten Eingliederungshilfe[114]. Kein Verhältnis kongruenter Deckung besteht zwischen dem Anspruch wegen Vermehrung der Bedürfnisse und den Aufwendungen der privaten oder öffentlichen Krankenkassen für Heilungskosten; gleiches gilt für ähnliche Aufwendungen **privater Unfallversicherer** oder einer **Berufsgenossenschaft**. Dies ist von Bedeutung, weil der Anspruch des Verletzten wegen vermehrter Bedürfnisse auch Kosten für Medikamente, Hilfsmittel und Hauspflege umfassen kann. Soweit der Sozialversicherer oder die Krankenkasse neben den Aufwendungen für die Heilung auch Leistungen zum Ausgleich vermehrter Bedürfnisse gewährt, geht der Anspruch des Verletzten aus diesem Grunde auf den Versicherer über. Stets aber gehen nur Forderungen über, die denselben Zeitraum betreffen wie die Leistungen des Sozialversicherungsträgers. Ist keine Vermehrung der Bedürfnisse eingetreten, so kommt ein Forderungsübergang wegen des Unfallausgleichs nicht in Betracht[115]. Wegen weiterer Einzelheiten zum Forderungsübergang vgl. Schlußanh. II, 100 ff.

IV. Ersatz für Aufhebung oder Minderung der Erwerbsfähigkeit

1. Übersicht

§ 11 gewährt dem Verletzten ebenso wie § 842 BGB einen Anspruch gegen den Schä- 60
diger auf Ersatz der Vermögensnachteile, die ihm dadurch entstehen, daß infolge der Verletzung seine Erwerbsfähigkeit zeitweise oder dauernd aufgehoben wird. Anders als § 842 BGB enthält er aber nicht nur eine Klarstellung des nach §§ 249, 252 BGB ohnehin Geschuldeten, sondern eine abschließende Regelung dessen, was ein lediglich nach dem StVG Haftpflichtiger bei Körperverletzungen zu ersetzen hat (Rdn. 4). Zu diesen Vermögensnachteilen gehört vor allem der infolge der unfallbedingten Beeinträchtigung

---

108 Vgl. OLG München (Augsburg) NJW-RR 1995, 1239, auch zu der Frage, ob der Schadensersatzanspruch nach § 426 Abs. 2 BGB auf die (unterhaltspflichtige) Pflegeperson übergeht. Zum englischen Recht vgl. die in NZV 1996, 309 referierte Entscheidung des House of Lords.

109 BGH VersR 1958, 454; 1970, 899; 1974, 162; 1977, 916.

110 BGH VersR 1965, 563; 1970, 1034; NJW 1982, 758; KG NZV 1992, 236.

111 BGH VersR 1964, 1307; 1985, 990.

112 Vgl. OLG Frankfurt ZfS 1990, 6; OLG München NJW-RR 1995, 164.

113 Näher hierzu *Wiesner* VersR 1995, 142; *Jahnke* VersR 1996, 927.

114 Vgl. BGH VersR 1996, 350.

115 BayObLG VersR 1968, 949.

der Erwerbsfähigkeit entgangene Verdienst (vgl. Rdn. 67 ff) oder Gewinn (vgl. Rdn. 109 ff). Ist ein Verdienst nur deswegen nicht entgangen, weil der Arbeitgeber Lohn oder Gehalt fortgezahlt hat, so ändert dies an der Ersatzpflicht dem Grunde nach nichts; es ändert sich allenfalls durch einen Forderungsübergang die Aktivlegitimation (vgl. Rdn. 180 ff). Neben dem Verdienstausfall wegen der Hinderung an einer bisher ausgeübten Erwerbstätigkeit sind nach § 11 auch Nachteile für das berufliche Fortkommen (Rdn. 159) zu ersetzen. Daß § 11 diese im Gegensatz zu § 842 BGB nicht ausdrücklich erwähnt, rechtfertigt keinen gegenteiligen Schluß[116]. Der Schaden, der z. B. darin besteht, daß ein Kind, wenn es dereinst ins Berufsleben tritt, weniger Einkommen hat, als es ohne die unfallbedingte körperliche oder geistige Behinderung der Ausbildung haben würde, ist im Rahmen der Minderung der Erwerbsfähigkeit ebenso zu entschädigen, wie die künftigen unmittelbaren Auswirkungen einer Körperbehinderung auf die Verdienstmöglichkeit (vgl. Rdn. 160). Daß die Beeinträchtigung der Heiratsaussichten einen Erwerbsschaden darstellen kann, wird in einer Zeit, in der auch Frauen durch eigene Berufstätigkeit Einkommen erzielen können, allenfalls dann in Betracht kommen, wenn durch den Unfall eine konkret beabsichtigte, besonders lukrative Heirat vereitelt worden ist (vgl. Rdn. 165 f). Da die nicht berufstätige Hausfrau spätestens seit Inkrafttreten des Gleichberechtigungsgesetzes vom 18. 7. 1957 keine Dienstleistungen im Sinne von § 845 BGB mehr erbringt, sondern ihre Arbeit im Haushalt einer Erwerbstätigkeit gleichzuerachten ist, hat sie auch einen eigenen Anspruch aus § 11 (Rdn. 145), anders als Hauskinder, die familienrechtlich geschuldete Dienste (§ 1619, BGB) leisten (vgl. Rdn. 155). Da aus dem Arbeitseinkommen in der Regel auch die Altersvorsorge bestritten wird, sind auch diesbezügliche Nachteile im Rahmen des Erwerbsschadens zu berücksichtigen (vgl. Rdn. 172).

61 Nicht unter § 11 StVG fallen dagegen Gewinneinbußen, die nichts mit der Beeinträchtigung der Erwerbsfähigkeit zu tun haben, etwa aus der Vereitelung einer nicht zu Erwerbszwecken ausgeübten sportlichen oder künstlerischen Betätigung oder von Eigenleistungen beim Hausbau. Solche können bei deliktischer Haftung aber ersatzfähig sein (vgl. § 16, 8).

2. Ursächlichkeit des Unfalls

62 Zwischen der Erwerbsminderung und dem Unfall muß Kausalzusammenhang bestehen (vgl. hierzu § 7, 152 ff); der Unfall braucht allerdings nicht die alleinige Ursache zu sein (vgl. zur mittelbaren Kausalität § 7, 157 ff, zu den Fällen schadensgeneigter Konstitution § 7, 178, zur Berücksichtigung hypothetischer Kausalabläufe § 7, 192 ff). Auch nach Wiederherstellung der vollen Arbeitsfähigkeit kann noch ein unfallbedingter Erwerbsschaden vorliegen[117]. Änderungen der Lebensplanung müssen nicht zu einer Unterbrechung des Zurechnungszusammenhangs führen[118]; s. auch Rdn. 83. Einzelfälle:

63 Muß der bei einem Verkehrsunfall Verletzte unfallbedingt in einen anderen Beruf wechseln, in dem er über viele Jahre tätig ist und mehr verdient als in seiner früheren Stellung, und wechselt er dann, ohne aufgrund der Unfallverletzungen oder der beruflichen Situation bei seinem neuen Arbeitgeber dazu veranlaßt worden zu sein, um sich weiter zu verbessern, erneut den Beruf, dann kann es an einem haftungsrechtlichen Zusammenhang mit dem Unfallereignis fehlen, wenn er nunmehr berufliche Fehlschläge mit Einkommenseinbußen erleidet[119].

---

[116] *Steffen* DAR 1984, 2; *Medicus* DAR 1994, 442.
[117] BGH NJW 1991, 2422.
[118] BGHZ 74, 221; OLG Hamburg NJW-RR 1991, 1431.
[119] BGH NZV 1992, 25.

Hat der Geschädigte sein Arbeitsverhältnis nach unfallbedingter Kündigung in einem Vergleich mit dem Arbeitgeber aufgegeben, so unterbricht dies den Zurechnungszusammenhang zwischen Unfall und Erwerbsschaden dann nicht, wenn der Vergleich der Prozeßlage entsprach[120].

Wurden durch die Verletzung die Voraussetzungen dafür geschaffen, vorzeitiges Altersruhegeld zu beanspruchen, so kann der haftungsrechtliche Zusammenhang zwischen der Verletzung und der mit dem Ausscheiden aus dem Erwerbsleben verbundenen Einkommensminderung nicht deswegen verneint werden, weil der Verletzte aus eigenem Entschluß von dieser Möglichkeit Gebrauch gemacht hat[121]. Dies gilt auch, wenn erst durch das Hinzutreten weiterer, unfallunabhängiger Schäden die Voraussetzungen hierfür entstanden sind[122].

Der Zurechnungszusammenhang entfällt auch nicht dadurch, daß sich der Verletzte, statt bei seinem bisherigen Arbeitgeber bestehende Beschäftigungs- und Weiterbildungsmöglichkeiten zu nutzen, auf Rat des Arbeitsamts in einen anderen Beruf umschulen läßt, in dem er dann weniger erfolgreich ist[123].

3. Konkrete Berechnung des Erwerbsschadens

Im Gegensatz zu der bei der Sozialversicherung und bei der Unfallversicherung geltenden Regelung besteht der Ersatzanspruch nicht in einem nach dem abstrakten Prozentsatz der Körperbehinderung (Minderung der Erwerbsfähigkeit, MdE) zu berechnenden Satz. Vielmehr muß festgestellt werden, welchen **konkreten** Verdienstausfall der Verletzte aufgrund des Unfalls erlitten hat[124]. Es ist durchaus möglich, daß ein Verletzter bei einer MdE von 30% in seinem Beruf nicht mehr in der Lage ist, 70% seiner bisherigen Einnahmen zu erzielen, während ein anderer bei gleichem Grad der abstrakten Erwerbsminderung imstande ist, dasselbe zu verdienen wie vor seinem Unfall. Umgekehrt bewirkt die Anknüpfung an die konkrete Erwerbseinbuße, daß ein unfallbedingter Erwerbsschaden nicht in jedem Fall mit der Wiederherstellung der vollen Arbeitsfähigkeit endet, sondern erst bei Wegfall der konkreten Umstände, die den Geschädigten an der Wiederaufnahme einer gleichwertigen Erwerbstätigkeit hindern[125]. Insbesondere bei älteren Arbeitnehmern kommt es auch vor, daß sie durch relativ geringfügige Dauerschäden beim Wettbewerb auf dem Arbeitsmarkt erheblich benachteiligt werden und deshalb keinen Arbeitsplatz finden, obwohl sie ihn mit der verbliebenen Leistungsfähigkeit voll ausfüllen könnten; in einem solchen Fall ist ebenfalls der volle Verdienstausfall zu ersetzen[126]. Maßgebend sind also stets die konkreten Verhältnisse, unter denen der Verletzte bisher gearbeitet hat und künftig arbeiten wird. Da sich exakte Feststellungen über hypothetische Abläufe und zukünftige Entwicklungen nicht treffen lassen, sind Wahrscheinlichkeitsurteile und Schätzungen vorzunehmen, was durch § 287 ZPO ermöglicht wird. Dabei dürfen keine zu hohen Anforderungen gestellt werden[127]. Die Ausgangstatsachen müssen aber bewiesen werden[128]. Unzulässig ist es, dem Verletzten gleichsam pauschal einen abstrakt geschätzten „Mindestschaden" zuzusprechen[129]. 64

120 BGH VersR 1988, 963.
121 BGH VersR 1986, 813.
122 OLG Bamberg NZV 1996, 316.
123 OLG München RuS 1994, 380.
124 RGZ 136, 18; 165, 241; RG JW 1932, 2029; 1933, 770; 1933, 830 u. 1405 m. Anm. *Bezold*, BGH VersR 1956, 132; 1956, 218; 1957, 132; 1964, 529; 1965, 1153; 1968, 396; 1977, 625; 1978, 1170; 1995, 424; OLG Nürnberg VersR 1960, 1007.
125 BGH NJW 1991, 2422.
126 RG JW 1931, 2725; DRiZ 1933, Nr. 33; JRPrV 1937, 324; BGH VersR 1953, 27; 1968, 396; KG JW 1927, 1525.
127 BGH NZV 1995, 184.
128 BGH NZV 1988, 134 m. Anm. *Gottwald*.
129 BGH NZV 1995, 183.

65 Aus dem Gesagten ergibt sich zugleich der **Ausschluß fiktiver Erwerbsschäden.** Ein Geschädigter, der tatsächlich nicht am Erwerbsleben teilnimmt, kann nicht geltend machen, daß er bei Verwertung seiner (zerstörten) Arbeitskraft ein bestimmtes Einkommen hätte erzielen können (vgl. Rdn. 156). Nicht ausgeschlossen wird dadurch allerdings, daß in den Fällen, in denen der Ausfall von Arbeitsleistungen durch den Einsatz einer Hilfskraft aufgefangen werden könnte, tatsächlich aber auf andere, überobligationsmäßige Weise ausgeglichen wurde, der Schadensersatz auf der Grundlage der fiktiven Kosten einer Ersatzkraft bemessen wird (vgl. Rdn. 117, 152).

4. Form der Ersatzleistung

66 Zu der Frage, ob der Schadensersatz für Verdienstausfall in Form einer Rente oder durch Kapitalentschädigung zu leisten ist, vgl. die Erl. zu § 13. Dort finden sich auch Ausführungen zu Einzelheiten im Zusammenhang mit der Ratenzahlung (z. B. Dauer, Anpassung, Sicherheitsleistung).

5. Der Verdienstausfall bei unselbständiger Tätigkeit

67 a) **Umfang.** Er besteht in dem Unterschied zwischen dem Einkommen, das der Verletzte erzielt hätte, wenn sich der Unfall nicht ereignet hätte, und demjenigen, das er in Wirklichkeit erzielt. Es kommt mithin nicht auf den medizinischen Grad der Erwerbsminderung an (diese abstrakte Berechnung gilt für das Recht der Sozialversicherung), sondern auf den im Einzelfall entstehenden Schaden (Rdn. 64).

68 Der Einkommensunterschied kann sowohl darauf beruhen, daß die körperliche oder geistige Leistungsfähigkeit durch den Unfall vermindert wurde, wie auch darauf, daß der Verletzte infolge seiner vorübergehenden unfallbedingten Arbeitsunfähigkeit (wegen deren langer Dauer) seine Stellung verloren hat oder als Beamter zwangspensioniert wurde. Erfahrungsgemäß gelingt es einem durch einen Unfall aus seiner beruflichen Laufbahn Geworfenen auch bei Wiedererlangung der vollen Arbeitsfähigkeit häufig nicht mehr, eine berufliche Stellung zu erlangen, die der vorherigen gleicht. Auch diesen Schaden muß der Schädiger ersetzen. Die Ersatzpflicht endet mithin nicht etwa ohne weiteres in dem Augenblick, in dem der Verletzte nach ärztlicher Ansicht wieder voll erwerbsfähig geworden ist[130]. Der Ersatzpflichtige muß den Verletzten bei der Suche nach einem geeigneten neuen Arbeitsplatz ggf. unterstützen[131], vor allem die hierfür erforderlichen wirtschaftlichen Voraussetzungen schaffen (Erwerb von Handwerkszeug, eines Kraftwagens, Reisen zur Bewerbung um eine Stelle). Auch die Kosten einer erforderlich gewordenen Umschulung muß er bestreiten[132].

69 Der Schadensersatz umfaßt auch **Nebeneinkünfte**, soweit sie nicht einen bloßen Aufwendungsersatz (wie z. B. Fahrtkostenzuschüsse, Spesenausgleich) darstellen[133]; eine dem Verletzten normalerweise von seinem Arbeitgeber gewährte Auslösung für auswärtige Arbeit ist daher nur insoweit zu ersetzen, als der Verletzte bei der auswärtigen Arbeit tatsächlich keine besonderen Aufwendungen hatte[134]. Ersatzpflichtig ist auch eine Gefahrenzulage, Erschwerniszulage[135], Nachtdienstzulage, Bordzulage[136] oder

---

[130] BGH NJW 1991, 2422.
[131] RGZ 160, 121.
[132] RGZ 160, 121; RG Recht 1917, Nr. 1229.
[133] OLG Oldenburg VersR 1966, 43; OLG Düsseldorf VersR 1996, 334; LG Flensburg DAR 1991, 460.
[134] BGH VersR 1979, 624; OLG Frankfurt MDR 1964, 843; OLG München VersR 1986, 69; vgl. auch OLG Nürnberg VersR 1968, 976; OLG Düsseldorf VersR 1972, 695; *Schmalzl* VersR 1977, 1137.
[135] OLGR Hamm 1996, 90.
[136] BGH VersR 1967, 1080.

ähnliches. Wegen Gratifikationen, Urlaubsentgelt und vermögenswirksamer Leistungen s. Rdn. 79. Vom Ersatzanspruch umfaßt sind auch Einkünfte aus Nebentätigkeiten[137].

Verbotene Tätigkeiten begründen keine Ersatzpflicht. So stellt z. B. ein entgangener Verdienst, der nur unter Verstoß gegen die Arbeitszeitordnung hätte erzielt werden können, keinen erstattungsfähigen Schaden dar[138]. Weitere Beispiele: Rdn. 122 ff. Nicht zu einem Ausschluß des Ersatzanspruchs führt es dagegen, wenn Sozialversicherungsbeiträge für mehrere „geringfügige Beschäftigungen" im Sinne von § 8 Abs. 1 SGB-IV, die zusammen die Grenze der Geringfügigkeit übersteigen, nicht der Krankenkasse gemeldet wurden[139]. **70**

b) **Einfluß der Lohn- oder Gehaltsfortzahlung.** Die Lohnfortzahlung im Krankheitsfall, also auch bei einem Unfall, ist heute der gesetzliche Regelfall (§ 3 EFZG), ist jedoch seit der Änderung durch das Gesetz vom 25. 9. 1996 (BGBl. I 1476; geändert durch Gesetz vom 12. 12. 1996, BGBl. I 1859) bei Fehlen tarifvertraglicher Regelungen und Nichtvorliegen eines Arbeitsunfalls[140] auf 80% des Arbeitseinkommens beschränkt (§ 4 Abs. 1 EFZG) und in den ersten vier Wochen eines Arbeitsverhältnisses völlig ausgeschlossen (§ 3 Abs. 3 EFZG). Vor Inkrafttreten des EFZG am 1. Juni 1994 galt für Handlungsgehilfen § 63 HGB, für die technischen Angestellten § 133 c Abs. 2 GewO, für die übrigen Angestellten § 616 Abs. 2 BGB und für Arbeiter § 1 LFZG. § 48 SeemannsG modifiziert das EFZG für Besatzungsmitglieder von Seeschiffen. Für Beamte gelten unverändert § 82 BBG bzw. die entsprechenden landesrechtlichen Vorschriften. Der Lohnforzahlungsanspruch greift nicht ein bei grobem Verstoß des Arbeitnehmers gegen die dem Verkehrsteilnehmer im Straßenverkehr obliegenden Pflichten oder sonstigem „Verschulden gegen sich selbst", wie z. B. pflichtwidrigem Nichtanlegen des Sicherheitsgurts[141]. Er ist im allgemeinen auf sechs Wochen beschränkt (Einzelheiten: § 3 EFZG). **71**

Infolge der Lohnfortzahlung tritt der Schaden, wirtschaftlich betrachtet, nicht beim Verletzten, sondern beim Arbeitgeber ein, der die ausgefallene Arbeitskraft weiter bezahlen muß. Dieser hat jedoch keinen Ersatzanspruch gegen den Schädiger, da er nicht in eigenen durch § 7 geschützten Rechtsgütern beeinträchtigt ist. Das Ergebnis, daß der Schädiger durch die Lohnfortzahlung seitens des Arbeitgebers entlastet würde, widerspräche jedoch der Billigkeit. Nach den für die Vorteilsausgleichung entwickelten Regeln (vgl. § 7, 202) ist daher bei normativer Betrachtung ein Erwerbschaden des Verletzten trotz der Lohnfortzahlung zu bejahen[142], die Doppelbegünstigung des Verletzten ist durch Überleitung seines Schadensersatzanspruchs auf den Arbeitgeber (durch cessio legis oder Abtretung) zu vermeiden (Rdn. 180 ff). **72**

c) **Weiterzahlung des vollen Gehalts trotz unfallbedingter Leistungsminderung.** Beschäftigt der Arbeitgeber den Verletzten nach Wiedererlangung der Arbeitsfähigkeit zum vollen Gehalt weiter, obwohl er infolge einer verbliebenen Behinderung nicht **73**

---

137 RG VAE 1936, 428; BGH VersR 1957, 574; OLG Hamm VersR 1979, 745.

138 BGH VersR 1986, 596.

139 BGH NZV 1994, 183 gegen OLG Karlsruhe NJW-RR 1993, 918.

140 Hierzu zählt auch der Wegeunfall gemäß § 8 Abs. 2 SGB-VII, wie sich aus der Bezugnahme auf den Begriff des Arbeitsunfalls i. S. des SGB-VII in § 4 Abs. 1 Satz 2 EFZG (i. d. F. des Gesetzes v. 12. 12. 1996; BGBl. I 1859) ergibt. A. A. zur früheren Fassung des EFZG *Löwisch* NZA 1996, 1013; im Ergebnis wie hier *Preis* NJW 1996, 3375.

141 BAG VersR 1982, 659; LAG Berlin NJW 1979, 2327; *Weber* DAR 1983, 9; a. A. LAG Düsseldorf DAR 1981, 94.

142 BGHZ 7, 47; 13, 360; 21, 112; 43, 381; BGH NJW 1953, 1346; 1976, 326; *Larenz* § 30 II d (Fiktion eines Schadens); *Lange* § 9 XI 1 b. Für Beamte vgl. BGHZ 59, 154; BGH VersR 1980, 455.

mehr dieselbe Leistung wie zuvor erbringen kann, so läßt sich dieser Fall dem der Lohnfortzahlung (Rdn. 71) nicht ohne weiteres gleichstellen. Es ist vielmehr zu unterscheiden:

- beschäftigt der Arbeitgeber ihn deshalb weiter, weil er im eigenen Interesse auf seine, wenn auch geschmälerte, Arbeitskraft nicht verzichten will (z. B. wegen der besonderen Erfahrung), so entsteht kein Erwerbsschaden und somit auch kein Ersatzanspruch, der auf den Arbeitgeber übergehen könnte[143];
- wird die Überzahlung (für den ausgefallenen Teil der Leistung) ausschließlich aus sozialen Erwägungen geleistet, so rechtfertigt sich eine Gleichbehandlung mit der Lohnfortzahlung[144]; dies ist z. B. bei einem von der Post gewährten „personengebundenen Zuschlag" der Fall[145].

d) **Berechnung des Verdienstausfalls**

74 aa) **Grundsätze.** Auszugehen ist von der Erwerbstätigkeit des Verletzten im Zeitpunkt des Unfalls. Es ist zu ermitteln, notfalls nach § 287 ZPO zu schätzen, welchen Verdienst er nach dem mutmaßlichen Verlauf der Dinge[146] gehabt hätte, wenn sich der Unfall nicht ereignet hätte. Diese Berechnung ist für jeden Zeitraum, in dem sich eine Änderung gegenüber dem vorhergehenden Zeitraum ergeben hätte, gesondert vorzunehmen. Bei schwankenden Einkünften ist für größere Zeitabschnitte jeweils das Durchschnittseinkommen zu berechnen oder zu schätzen[147]; hierbei ist ggf. auch zu berücksichtigen, daß der Verletzte vor dem Unfall mit gewisser Regelmäßigkeit zeitweise beschäftigungslos war[148]. Mutmaßliche Beförderungen, aber auch Einkommensminderungen (z. B. Eintritt in den Ruhestand) sind zu berücksichtigen (näher Rdn. 81 ff). Sodann sind die tatsächlichen Einnahmen des Verletzten in den einzelnen Zeitabschnitten festzustellen oder – wenn Ansprüche für die Zukunft geltend gemacht werden – zu schätzen. Der Unterschiedsbetrag ist zu ersetzen, soweit er auf der unfallbedingten Verletzung beruht (zum Berechnungsmodus Rdn. 75 ff).

75 bb) **Berechnungsmethode.** Bei sozialversicherungspflichtigen Arbeitnehmern besteht die Besonderheit, daß das Arbeitseinkommen zum Teil nicht ausbezahlt, sondern als Lohn- und Kirchensteuer sowie als Sozialversicherungsbeitrag vom Arbeitgeber unmittelbar abgeführt wird. Weder die Brutto- noch die Nettovergütung entspricht indessen dem vom Haftpflichtigen zu ersetzenden Erwerbsschaden. Dies liegt insbesondere daran, daß die Schadensersatzleistung anders versteuert wird als das Arbeitsentgelt; auch sozialversicherungsrechtlich bestehen Unterschiede, die allerdings für Schadensfälle ab 1. Juli 1983 durch einen gesetzlich angeordneten Forderungsübergang (Rdn. 177) an Bedeutung verloren haben. Zur Ermittlung des wirklichen Erwerbsschadens stehen zwei Methoden zur Verfügung: Es kann vom **Bruttolohn** ausgegangen werden, wobei dann u. U. eine Ersparnis von Steuern und Sozialabgaben im Wege des Vorteilsausgleichs zu berücksichtigen ist, oder es sind zum **Nettolohn** alle weiteren Belastungen steuerlicher oder sozialversicherungsrechtlicher Art hinzuzurechnen.

76 Welche Methode den Vorzug verdient, ist streitig[149]. Allgemein anerkannt ist lediglich, daß in den Fällen der **Entgeltfortzahlung** dem Arbeitgeber das Bruttoentgelt ein-

---

143 BGH VersR 1967, 1068; OLG Celle VersR 1974, 1208.
144 *Jahnke* NZV 1996, 177.
145 OLG Hamm VersR 1992, 66 LS.
146 RGZ 63, 197; RG JW 1932, 1249.
147 BGH VersR 1964, 76.
148 Celle VersR 1979, 920; OLG Hamm RuS 1995, 256.
149 Für Bruttolohnmethode: *Staudinger/Medicus* § 252, 35; MK-BGB/*Grunsky* § 252, 7; RGRK/*Boujong* § 843, 69; *Marschall v. Bieberstein* VersR 1975, 1065; *Scheffen* VersR 1990, 927. Für Nettolohnmethode: *Wussow/Küppersbusch* 54; *Hofmann* NZV 1993, 139.

schließlich der Arbeitnehmer- und Arbeitgeberbeiträge zur Sozialversicherung zu erstatten ist (vgl. Rdn. 180 ff). Für die **übrigen Fälle** (d. h. bei Fehlen oder nach Beendigung einer Lohnfortzahlung) bestehen sogar innerhalb des BGH unterschiedliche Ansichten. Der III. Zivilsenat folgt der Bruttolohnmethode[150], der VI. Zivilsenat geht vom Nettolohn aus[151]. Zu einer Anrufung des Großen Senats ist es bisher nicht gekommen, weil die beiden Senate davon ausgehen, daß es sich nur um unterschiedliche Berechnungsmethoden handelt, die – richtig angewandt – zu übereinstimmenden Ergebnissen führen müssen[152]; es gehe nicht um normative Fragen, sondern nur um die Wahl des zweckmäßigeren Berechnungsmodus[153]. Dies ist im Grundsatz richtig, erfordert aber hinsichtlich der Darlegungs- und Beweislast sowie in den Fällen nur quotenmäßiger Haftung nähere Maßgaben[154], die nicht außerhalb jeden Zweifels stehen (vgl. Rdn. 77 f u. 87). Aus dogmatischer Sicht erscheint die Bruttolohnmethode schon deswegen vorzugswürdig, weil sie eine unterschiedliche Behandlung gegenüber den Fällen der Lohnfortzahlung vermeidet; zudem trägt sie dem Umstand Rechnung, daß – wirtschaftlich betrachtet – der Bruttolohn das Arbeitsentgelt darstellt, welches sich nur aufgrund besonderer Abführungsregelungen auf einen Nettobetrag reduziert. Da der BGH aber beide Berechnungsmethoden zuläßt, wird nachstehend dargestellt, welche Grundsätze bei jeder von ihnen zu beachten sind. Wegen der Rechtslage im Fall von Lohn- oder Gehaltsfortzahlung s. Rdn. 180 ff, wegen des Forderungsübergangs bei Lohnersatzleistungen von Sozialversicherungsträgern Schlußanh. II, 99 ff.

Nach der sog. **modifizierten Nettolohntheorie** bekommt der Arbeitnehmer vom **77**
Schädiger grundsätzlich nur den Nettolohn ersetzt. Bei der Ermittlung des fiktiven Nettoeinkommens wird allein auf die vom Arbeitgeber ausbezahlten Nettobezüge des Geschädigten abgestellt, besonders steuerrechtliche Regelungen wie Sonderausgaben oder außergewöhnliche Belastungen bleiben unberücksichtigt[155]. Über den Nettolohn hinausgehende Beträge kann der Geschädigte nur als eigene Schadenspositionen geltend machen; er muß sie also darlegen und ggf. beweisen. In Betracht kommen in erster Linie die **Steuern** (Einkommensteuer, Kirchensteuer)[156], die er für die Schadenersatzleistungen zu zahlen hat (§ 24 Nr. 1 EStG; vgl. Rdn. 86 ff). Die Höhe dieses Steuerbetrages läßt sich nur schwer berechnen, denn er ist, wenn er als Schadensersatz gezahlt wird, wiederum zu versteuern; der BGH empfiehlt ein „Abtasten anhand der Steuertabelle"[157]. Zudem fallen Einkommensverlust und Schadensausgleich oft nicht in denselben Veranlagungszeitraum, so daß sich „Progressionsdifferenzen" ergeben können[158]. Hinsichtlich der **Beiträge zur Sozialversicherung** ist zu differenzieren: Bei **Schadensfällen vor dem 1. Juli 1983**, können die Kosten einer freiwilligen Weiterversicherung geltend gemacht werden, sofern eine solche möglich und wirtschaftlich sinnvoll ist (Rdn. 173); andernfalls besteht nur ein Anspruch auf Ersatz eines etwaigen Rentenver-

150 BGH VersR 1965, 793; 1975, 37; vgl. auch VII. Senat VersR 1970, 223; OLG Celle VersR 1972, 468; KG VersR 1972, 960; OLG Hamm VersR 1985, 1194; *Hartung* VersR 1986, 309. Kritisch zu dieser Divergenz *Hartung* VersR 1981, 1008.

151 BGH VersR 1957, 574; 1958, 528; 1970, 640; 1983, 149; ihm folgend OLG Bamberg VersR 1978, 451; OLG Frankfurt VersR 1979, 920; zweifelnd *Stürner* JZ 1984, 463.

152 BGH NZV 1995, 63 = LM § 249 (Ha) BGB Nr. 51 m. Anm. *Rüßmann*.

153 BGHZ 42, 80; 43, 380; BGH VersR 1965, 786.

154 Vgl. *Hofmann* NZV 1993, 139 ff u. 1995, 94.

155 BGH NZV 1995, 64.

156 Zur Berechnung (nach Einkommensteuer-, nicht Lohnsteuertabelle) BGH DAR 1988, 24. Vgl. auch *Hartung* VersR 1986, 310 f.

157 NZV 1995, 65; ebenso *Kullmann* VersR 1993, 386.

158 S. hierzu *Rüßmann* LM § 249 (Ha) BGB Nr. 51.

kürzungsschadens infolge unterbliebener oder verringerter Beitragszahlungen (Rdn. 172). Bei **Schadensfällen nach dem 30. Juni 1983** geht der Anspruch auf Zahlung von Beiträgen zur Vermeidung von Nachteilen in der Rentenversicherung nach § 119 SGB-X auf den Rentenversicherungsträger über, wobei mit Wirkung vom 1. Januar 1992, aber auch für Unfälle seit 1. Juli 1983[159], der Beitragsanspruch nicht mehr davon abhängig ist, daß dem Geschädigten durch das Unterbleiben von Beitragszahlungen tatsächlich ein Rentennachteil entsteht (§ 62 SGB-VI; vgl. Schlußanh. II, 170).

78 Nach der **Bruttolohnmethode** kann der Geschädigte den vollen Bruttoverdienst einschließlich der Arbeitgeberbeiträge zur Sozialversicherung beanspruchen. Es ist Sache des Ersatzpflichtigen, darzulegen und ggf. zu beweisen, daß der Geschädigte hierdurch Vorteile erlangt, die er sich anrechnen lassen muß. Hierunter fallen nach der Rechtsprechung gewisse **Steuervergünstigungen** bis hin zu der im Falle quotenmäßiger Haftung auftretenden Progressionsdifferenz[160] (die Besteuerungsgrundlage ist beim Bruttoeinkommen höher als bei der um die Quote gekürzten Ersatzleistung; näher Rdn. 86 ff). Bei Schadensfällen vor dem 1. Juli 1983 kann ein ausgleichspflichtiger Vorteil sich auch daraus ergeben, daß der Geschädigte **Sozialversicherungsbeiträge** erspart hat, ohne dadurch Rentennachteile zu erleiden (bei Unfällen nach diesem Zeitpunkt ist der Forderungsübergang auf den Sozialversicherungsträger nach § 119 SGB-X zu beachten; für Beiträge ab 1. Januar 1992 wird der entsprechende Einwand zudem durch § 62 SGB-VI abgeschnitten; vgl. Rdn. 177 u. Schlußanh. II, 170). Den Schwierigkeiten, die sich daraus ergeben, daß der Schädiger die steuerlichen und sozialversicherungsrechtlichen Auswirkungen des Schadensfalles nicht im einzelnen kennt, wird durch die auch in anderen Fällen anerkannte Modifizierung der Behauptungslast begegnet, wonach der Beweispflichtige zwar die für ihn günstige Tatsache (hier: den auszugleichenden Vorteil) darlegen muß, die zur näheren Bestimmung erforderlichen Einzelangaben aber dem Gegner obliegen, der allein die hierzu erforderliche Kenntnis hat[161]. Letztlich kann der anzurechnende Betrag ohnehin nur im Wege der Schätzung (§ 287 ZPO) ermittelt werden[162]. Bei Anwendung der Bruttolohnmethode ist vom Bruttolohn selbstverständlich nicht nur bei der Feststellung auszugehen, was der Verletzte ohne den Unfall in den einzelnen Zeitabschnitten verdient hätte, sondern auch bei der Feststellung, welche Einnahmen er trotz der unfallbedingten Behinderung hat (oder haben können, wenn er wollte). Der Unterschied zwischen beiden Beträgen ist der zu ersetzende Verdienstausfall. Er erhöht sich, wie bereits ausgeführt, um die Arbeitgeberanteile zur Rentenversicherung und mindert sich u. U. infolge des unter Rdn. 86 ff behandelten Vorteilsausgleichs für eingesparte Steuern und Sozialabgaben.

79 cc) **Lohnzusatzleistungen.** Verliert der Geschädigte infolge der unfallbedingten Einbuße seiner Arbeitsfähigkeit den Anspruch auf eine ihm sonst zustehende Gratifikation (Weihnachtsgeld, Urlaubsgeld)[163] oder auf vermögenswirksame Leistungen[164], so ist ihm auch dieser Ausfall zu ersetzen. Der Ersatzanspruch erhöht sich ferner, wenn dem Arbeitnehmer oder Beamten bezahlter **Jahresurlaub** gewährt wird, um den Betrag, der dem Bruttolohn während des ihm zustehenden Jahresurlaubs entspricht, gemindert in dem Verhältnis, in dem die Zahl der Tage der völligen Dienstunfähigkeit zur Zahl 365

---

[159] *Küppersbusch* NZV 1992, 59.

[160] BGH NZV 1995, 64 = LM § 249 (Ha) BGB Nr. 51 m. Anm. *Rüßmann*; hierzu *Hofmann* NZV 1995, 94.

[161] BGH VersR 1987, 669 (wo allerdings zu Unrecht auch von Beweislast die Rede ist) u. NZV 1995, 64. Allgemein zur sog. sekundären Behauptungslast *Zöller/Greger* vor § 284, 34.

[162] BGH NZV 1992, 314.

[163] BGH VersR 1972, 566.

[164] LG Mannheim VersR 1974, 605.

steht[165]. Der Schädiger soll nicht dadurch entlastet werden, daß der Verletzte aufgrund gesetzlicher oder tarifvertraglicher Regelung durch krankheitsbedingten Arbeitsausfall in urlaubsrechtlicher Hinsicht keinen Nachteil erleidet.

e) **Prognose des künftigen Verdienstes.** Bei der Bemessung des Verdienstausfalls sind, 80
wenn er für einen längeren Zeitraum zu ersetzen ist (z. B. bei Dauerschäden), die wahrscheinlichen Einkommensentwicklungen zu berücksichtigen.

aa) **Verdienststeigerungen** können sich insbesondere aus der allgemeinen Einkom- 81
mensentwicklung (Tariferhöhungen usw.)[166], aber auch aus dem beruflichen Fortkommen des einzelnen ergeben. Hierbei wird von der durchschnittlichen Entwicklung eines vergleichbaren Erwerbstätigen auszugehen sein. Das Bestehen von Prüfungen darf aber nicht nach statistischen Werten, sondern muß konkret beurteilt werden[167]. Für einen außergewöhnlichen beruflichen Aufstieg müßte der Geschädigte hinreichende Anhaltspunkte nachweisen. Ergibt sich kein Anhaltspunkt für eine Steigerung, so muß von einem gleichbleibenden Einkommen ausgegangen werden[168]. Es ist auch nicht ohne weiteres davon auszugehen, daß ein Verletzter, der vor dem Unfall nicht regelmäßig gearbeitet hat, künftig eine ständige Erwerbstätigkeit ausgeübt hätte[169]. Bei auffallend häufigem Wechsel der Arbeitsstelle kann zwar davon ausgegangen werden, daß der Verletzte auch die zum Unfallzeitpunkt ausgeübte Tätigkeit alsbald aufgegeben hätte, doch schließt dies allein noch nicht aus, daß er anschließend wieder Arbeit gefunden hätte[170]. Dies gilt auch dann, wenn der Verletzte längere Zeit nur unregelmäßigen Tätigkeiten, z. B. als Aushilfe, nachging[171]. Vgl. auch zu den Nachteilen für das Fortkommen Rdn. 159.

bb) **Verdienstminderungen** sind ebenfalls zu berücksichtigen, insbesondere auch im 82
Rahmen sog. überholender Kausalität (vgl. § 7, 192). Der Ersatzanspruch kann sich daher z. B. ermäßigen oder ganz entfallen, wenn der Verletzte einen zweiten Unfall erleidet, aus nicht unfallbedingten Gründen erkrankt oder in sonstiger Weise (z. B. durch wirtschaftlichen Niedergang des Arbeitgebers) seinen Arbeitsplatz verloren hätte[172]; ggf. muß der Verletzte darlegen und nachweisen, daß er ohne das Schadensereignis wieder Arbeit gefunden hätte[173]. Auch die ggf. mit dem **Eintritt in den Ruhestand** verbundene Einkommensminderung ist in Rechnung zu stellen[174]; der hierfür maßgebliche Zeitpunkt ist nach den Umständen des Einzelfalles durch Schätzung zu ermitteln[175]. Bei Fehlen von Anhaltspunkten für eine abweichende Entwicklung ist von einem Eintritt in den Ruhestand bei nicht selbständig Tätigen mit der Vollendung des 65. Lebensjahrs auszugehen[176]. Dies gilt auch für Frauen, obwohl diese unter bestimmten Voraussetzungen bereits zu einem früheren Zeitpunkt Anspruch auf Altersrente haben[177]. Bei ausländischen Arbeitnehmern ist zu berücksichtigen, daß die **Rückkehr in das Heimatland** in aller Regel ebenfalls mit einer Einkommensminderung verbunden ist.

---

165 BGHZ 59, 109; 59, 154.
166 Vgl. OLG Düsseldorf VersR 1980, 931.
167 Vgl. BGH NJW 1973, 701; OLG Köln NJW 1972, 59.
168 OLG Hamm VersR 1954, 420 u. 500 m. Anm. *Möring*.
169 OLGR München 1995, 4.
170 BGH NZV 1990, 185; VersR 1995, 470.
171 BGH NZV 1995, 183.
172 BGH VersR 1965, 493; OLG Zweibrücken VersR 1978, 67; OLG Karlsruhe VRS 78, 1.
173 OLG Karlsruhe VRS 78, 1.
174 BGH VersR 1960, 82; 1968, 945; 1976, 663.
175 Vgl. BGH u. OLG Nürnberg VersR 1986, 173.
176 BGH VersR 1988, 464: NZV 1989, 345; 1995, 441.
177 BGH VersR 1995, 1447 m. zust. Anm. *Frahm*; dort auch zur Regelaltersgrenze bei Bewohnern der ehemaligen DDR.

83 cc) **Maßgeblicher Zeitpunkt für die Prognose** ist nicht in jedem Fall der des Unfalls. § 252 Satz 2 BGB („erwartet werden konnte") ist nicht in diesem einschränkenden Sinn zu verstehen[178]. Vielmehr sind auch Entwicklungen, die zu diesem Zeitpunkt noch nicht absehbar waren, in Rechnung zu stellen. Dies gilt grundsätzlich auch dann, wenn der Verletzte seine Lebensgestaltung später aufgrund einer neuen Willensentscheidung geändert hat (z. B. ein ursprünglich rückkehrwilliger Gastarbeiter bleibt nach Eheschließung in Deutschland[179]). Der Schädiger kann nicht verlangen, daß sich der Verletzte in seinem Interesse an der zum Unfallzeitpunkt bestehenden Lebensplanung festhalten läßt. Andererseits ist aber auch hier der Grundsatz zu beachten, daß dem Verletzten nicht infolge des Unfalls mehr zufließen darf als er sonst erhalten hätte. Daher müßten Entscheidungen außer Betracht bleiben, die mit dem Ziel getroffen werden, höheren Schadensersatz zu erhalten[180].

84 dd) **Beweisfragen.** Kommt es auf die künftige Einkommensentwicklung an, so ist eine gesicherte Feststellung naturgemäß nicht möglich. Nach § 252 Satz 2 BGB reicht es daher aus, den mit Wahrscheinlichkeit zu erwartenden Gewinn festzustellen. Hierin soll nach der etwas unklaren BGH-Rechtsprechung eine über § 287 ZPO hinausgehende Beweiserleichterung liegen[181]. Dies ist jedoch nur im Ergebnis richtig. § 252 Satz 2 BGB ist eine materiell-rechtliche Vorschrift[182]. Sie ordnet an, daß auch der (laut nachträglicher Prognose; vgl. Rdn. 83) wahrscheinliche Gewinn vom Schädiger zu ersetzen ist. Ob ein Gewinn im konkreten Fall tatsächlich wahrscheinlich war und in welcher Höhe, ist dann vom Gericht nach § 287 ZPO zu ermitteln[183]. Die Grundlagen für die Ermittlung des wahrscheinlichen Verdienstes hat der Verletzte beizubringen[184]. § 287 ZPO gestattet nicht eine völlig abstrakte Berechnung des Erwerbsschadens im Sinne eines pauschalierten „Mindestschadens", sondern verlangt die Darlegung konkreter Anhaltspunkte für die Schadensermittlung[185]. Darlegungs- und beweispflichtig ist der Verletzte. Beruft sich der Schädiger auf eine überholende Kausalität oder Reserveursache (§ 7, 192 f), trifft insoweit ihn die Beweislast[186].

85 f) **Vorteilsausgleichung.** Fallen dem Verletzten dadurch, daß er trotz Nichtarbeitens den Lohn vom Schädiger ersetzt bekommt, Vorteile zu, so sind diese nach den Regeln über den Vorteilsausgleich von der Ersatzleistung abzuziehen. Bei der (hier vertretenen) Bruttolohntheorie (vgl. Rdn. 75 ff) kommt u. U. eine Berücksichtigung von Ersparnissen an Steuern und Sozialversicherungsbeiträgen im Wege der Vorteilsausgleichung in Betracht. Die Beweislast trägt, wie auch sonst bei der Vorteilsausgleichung (§ 7, 504), der Schädiger; der Geschädigte ist jedoch in gewissem Umfang darlegungspflichtig (Rdn. 78).

86 aa) **Ersparte Einkommensteuer.** Der Geschädigte muß zwar auch die zum Ausgleich des Erwerbsschadens empfangene Schadensersatzleistung versteuern (§ 24 Abs. 1 Nr. 1

---

178 BGHZ 29, 398.

179 BGHZ 74, 221.

180 BGHZ 74, 221; *Stürner* JZ 1984, 415.

181 BGHZ 29, 398; BGH JZ 1961, 27; DRiZ 1963, 25; ebenso RG JW 1907, 828; 1929, 2508; 1931, 3088; *Soergel/Mertens* § 252, 1; *E. Schneider* AP § 252 BGB Nr. 2.

182 So auch BGHZ 54, 55 (VI. Senat) ohne Eingehen auf die abweichende Ansicht des III. Senats in BGHZ 29, 399. Vgl. auch *Soergel/Siebert/Schmidt*[10] §§ 249–253, 44; *Steindorff* JZ 1961, 12; *Klauser* JZ 1968, 168.

183 *Greger* 135; vgl. auch BGHZ 54, 55.

184 BGHZ 2, 310; 54, 55; BGH NJW 1964, 661; VersR 1973, 423; BAGE 20, 100; BAG NJW 1972, 1437; OLG Köln VersR 1980, 240; OLG Frankfurt VersR 1981, 1036; MDR 1995, 1012.

185 BGH VersR 1995, 470; NZV 1995, 183.

186 *Medicus* DAR 1994, 448.

EStG), jedoch kommen ihm hierbei u. U. besondere Vergünstigungen zugute (geringerer Steuersatz, Freibeträge, Progressionsdifferenz). Nach der Rechtsprechung des BGH sind unfallbedingte Steuerersparnisse dem Schädiger gutzubringen, wenn nicht gerade der Zweck der Steuervergünstigung einer solchen Entlastung entgegensteht[187].

Der BGH hat eine Anrechnung für folgende Fälle bejaht: 87

- der Geschädigte bezieht neben der Schadensersatzzahlung Leistungen aus der Sozialversicherung, die gemäß § 3 Nr. 1a oder Nr. 2 EStG steuerfrei sind bzw. Erwerbsunfähigkeitsrenten aus der gesetzlichen Rentenversicherung, die gemäß § 22 Nr. 1a EStG nur mit ihrem Ertragsanteil der Besteuerung unterliegen[188];
- dem Geschädigten wird gemäß § 3 Nr. 9 EStG bei der Versteuerung einer Abfindung wegen vorzeitiger Lösung des Arbeitsverhältnisses ein Steuerfreibetrag gewährt[189];
- der Geschädigte kann als Empfänger von Versorgungsleistungen einen Freibetrag nach § 19 Abs. 2 EStG in Anspruch nehmen[190];
- der Geschädigte kommt dadurch, daß die Schadensersatzleistung wegen einer Mithaftungsquote hinter dem entgangenen Verdienst zurückbleibt, in den Genuß eines niedrigeren Steuersatzes (Progressionsdifferenz)[191].

Dagegen beläßt er folgende Vergünstigungen dem Geschädigten: 88

- den ermäßigten Steuersatz nach § 34 Abs. 1, Abs. 2 Nr. 2 EStG bei Kapitalentschädigungen[192], und zwar unabhängig davon, ob es im konkreten Fall zu einer zusätzlichen Progressionswirkung durch die einmalige Leistung (deren Vermeidung die Steuervergünstigung an sich dienen soll) kommt[193];
- den Pauschbetrag für Körperbehinderte nach § 33 b EStG[194];
- den Vorteil aus einer Verjährung[195] oder Ermäßigung der Steuerschuld (z. B. zwischenzeitlicher Wegfall einer Ergänzungsabgabe[196].

Dieser differenzierenden, die Schadensregulierung nicht unerheblich erschwerenden 89 Rechtsprechung ist zu Recht entgegengehalten worden, daß eine Entlastung des Schädigers mit Sinn und Zweck von Steuervergünstigungen in keinem Fall vereinbar ist, daß sie vielmehr wie freigiebige Zuwendungen Dritter dem Geschädigten zugute kommen sollten[197]. Ganz besonders gilt dies für die Progressionsdifferenz. Sie beruht auf einer Gestaltung des Steuertarifs, die eine Schonung des geringer Verdienenden bezweckt. Dieser Zweck muß unabhängig davon zum Tragen kommen, aus welchem Grund sich das zu versteuernde Einkommen verringert hat[198]. Zu beachten ist allerdings, daß dann, wenn von einem Vorteilsausgleich wegen Ersparnissen bei der Einkommensteuer

---

187 BGH VersR 1986, 162; NZV 1989, 345; 1992, 313; 1995, 64 = LM § 249 (Ha) BGB Nr. 51 m. Anm. *Rüßmann.*

188 BGH VersR 1986, 162 = 264 m. Anm. *Hartung*; VersR 1987, 669; 1988, 464; a. A. *Boelsen* BB 1988, 2191.

189 BGH NZV 1989, 345.

190 BGH NZV 1992, 314.

191 BGH NZV 1995, 64 = LM § 249 (Ha) BGB Nr. 51 m. Anm. *Rüßmann*; *Hofmann* NZV 1993, 140; a. A. zu Recht *Lange* Schadensersatz § 6 XIII 4; *Kullmann* VersR 1993, 389; *Hartung* VersR 1981, 1009 u. 1986, 314.

192 BGHZ 74, 115; BGH VersR 1970, 223; 1980, 529; KG VersR 1972, 960; OLG Celle VersR 1980, 582; *Boelsen* BB 1988, 2189; *Grunsky* DAR 1988, 410; a. A. OLG Frankfurt VersR 1979, 86; *Wussow/Küppersbusch* 82; *Spengler* VersR 1972, 1008; *Klimke* VersR 1973, 397; *Ruhkopf/Book* VersR 1973, 781; *Späth* VersR 1978, 1004; *Hofmann* VersR 1980, 808.

193 BGH NZV 1994, 270.

194 BGH VersR 1958, 528; 1988, 464; *Boelsen* BB 1988, 2190.

195 BGHZ 53, 137.

196 BGH WM 1970, 637; *Wussow/Küppersbusch* 83; a. A. *Kullmann* 33.

197 *Knobbe-Keuk* 25 Jahre KF 137 ff mit eingehender Begründung aus dem Wesen der Einkommensteuer.

198 *Kullmann* VersR 1993, 389; *Hartung* VersR 1981, 1009 u. 1986, 314.

abgesehen wird, die Brutto- und die modifizierte Nettomethode zu unterschiedlichen Ergebnissen führen – ein Grund mehr, den Erwerbsschaden generell nach der Bruttomethode zu berechnen (vgl. hierzu Rdn. 76).

90 bb) Eine **Ersparnis von Rentenversicherungsbeiträgen** war bei Schadensfällen vor dem 1. Juli 1983 auf den Schadensersatzanspruch, der nach der Bruttolohntheorie (Rdn. 78) diese Ausgaben (einschließlich Arbeitgeberanteile) umfaßt, dann anzurechnen, wenn der Verletzte dadurch, daß infolge der Arbeitsunfähigkeit keine oder geringere Beiträge geleistet werden, keine Nachteile für seine Altersversorgung zu gewärtigen hatte. Da in einem solchen Fall eine freiwillige Weiterversicherung, soweit überhaupt möglich, nicht sinnvoll gewesen wäre, wäre der Verletzte um die entsprechenden Beträge bereichert worden[199]. Bei Schadensfällen nach dem 30. Juni 1983 besteht in jedem Fall ein Beitragsanspruch des Trägers der Rentenversicherung (Rdn. 177), so daß dieser Fall von Vorteilsausgleich seine Bedeutung verloren hat.

91 cc) **Ersparnis von Beiträgen zur Arbeitslosenversicherung.** Auch diese Beiträge sind nach der Bruttolohntheorie an sich an den Verletzten zu zahlen. Beiträge zur Arbeitslosenversicherung braucht ein arbeitsunfähiger Verletzter aber nicht mehr zu leisten; er kann sich auch nicht freiwillig weiterversichern. Ihre Ersparnis ist deshalb ein Vorteil, den sich der Verletzte anrechnen lassen muß[200]. Soweit Sozialversicherungsträger Beiträge zur Arbeitslosenversicherung zu entrichten haben (vgl. § 186 Abs. 1 AFG), steht ihnen der entsprechende Erstattungsanspruch nach § 116 Abs. 1 SGB-X zu[201].

92 dd) Eine **Ersparnis von Beiträgen zur Krankenversicherung** ist ebenfalls zu berücksichtigen, wenn diese Beiträge dem Verletzten nach der Bruttolohntheorie (Rdn. 78) zu ersetzen sind, eine entsprechende Beitragspflicht für ihn aber nicht besteht[202]. Übernimmt ein Dritter (z. B. Rentenversicherer) die Krankenversicherungsbeiträge, greift u. U. ein Forderungsübergang auf diesen ein (vgl. Schlußanh. II, 107).

93 ee) **Sozialleistungen** sind grundsätzlich nicht anzurechnen, da nicht zur Entlastung des Schädigers bestimmt (vgl. § 7, 202). Dies gilt z. B. für Erwerbsunfähigkeitsrenten eines Sozialversicherungsträgers[203], Übergangsgelder, Maßnahmen der Berufshilfe, Krankengeld[204], Leistungen der Sozialhilfe[205], Arbeitslosenhilfe[206]. In diesen Fällen findet jedoch häufig ein gesetzlicher Forderungsübergang (Rdn. 189 ff) statt, so daß der Geschädigte selbst in entsprechender Höhe nicht aktivlegitimiert ist.

94 ff) **Leistungen von Privatversicherern** führen nicht zu einer Vorteilsausgleichung[207]. Das gilt auch dann, wenn die Prämien ganz oder teilweise vom Arbeitgeber getragen worden waren[208].

95 gg) **Leistungen des Arbeitgebers** sollen nicht den Schädiger entlasten und sind daher nicht ausgleichspflichtig. Dies gilt nicht nur für die Lohnfortzahlung (Rdn. 71), sondern z. B. auch für eine aus sozialen Gründen gezahlte „Pension"[209] oder eine im Kündigungsschutzprozeß vereinbarte Abfindung[210].

---

[199] Vgl. BGH VersR 1986, 915.
[200] BGH VersR 1967, 380; 1986, 915; 1988, 184; KG VersR 1975, 863; OLG Celle VersR 1979, 918; *Dickertmann* VW 1950, 164.
[201] *Geigel/Plagemann* 4. Kap. 146.
[202] Z. B. wegen beitragsfreier Versicherung; vgl. BGH VersR 1981, 478; 1986, 915.
[203] BGH NJW-RR 1991, 1177.
[204] BGH VersR 1976, 756.
[205] Vgl. BGH FamRZ 1961, 28.
[206] BGH VersR 1956, 118.
[207] LG Düsseldorf VersR 1966, 95 für Insassenunfallversicherung.
[208] BGH VersR 1968, 361.
[209] BGH VersR 1978, 249.
[210] BGH NZV 1990, 225.

hh) Ersparnis durch die Berufstätigkeit bedingter Aufwendungen ist grundsätzlich anzurechnen, wobei weggefallene Steuervorteile jedoch den Vorteil mindern[211]. Dies gilt insbesondere für die Kosten der Fahrt zwischen Wohnung und Arbeitsstätte. Diese Kosten sind auch dann auf den Verdienstausfall anzurechnen, wenn der für die Fahrten benützte Pkw bei dem Unfall beschädigt worden ist; nicht etwa sind diese Ersparnisse auf den Anspruch wegen Nutzungsausfall (Schlußanh. I, 127 ff) anzurechnen[212]; wichtig bei Forderungsübergang hinsichtlich des Erwerbsschadens. Denn die Ersparnis beruht darauf, daß der Verletzte wegen des Unfalls nicht mehr zur Arbeit fahren kann, nicht auf der Beschädigung seines Wagens. 96

Auch die Ersparnis sonstiger Aufwendungen, die ausschließlich berufsbedingt und vom Verletzten aus dem Arbeitsverdienst zu bestreiten waren, ist anzurechnen. Zu denken ist hierbei an die Kosten für Anschaffung, Instandhaltung und Reinigung von Berufskleidung, für vom Arbeitnehmer selbst zu beschaffendes Werkzeug oder Material, für eine Zweitwohnung am Arbeitsplatz u. dgl.[213]. Dies darf aber nicht so weit gehen, daß jede Veränderung in der Lebensführung, zu der der Verletzte durch den Unfall veranlaßt worden ist, zur Kürzung seines Ersatzanspruchs führt, so z. B. wenn er auf das Halten eines Pkw für die Zukunft verzichtet, weil er ihn hauptsächlich beruflich benützt und für private Zwecke nur in begrenztem Umfang Bedarf hat, oder wenn er künftig mehr zu Hause ißt als in Gaststätten[214]. Entscheidendes Kriterium ist, ob die betreffenden Aufwendungen *rein* berufsbedingt waren oder auch auf einer bestimmten Lebensgestaltung, die über den beruflichen Zweck hinausging, beruhten. 97

ii) Möglichkeit zur Haushaltsführung. Ist der Verletzte infolge des Unfalls zwar arbeitsunfähig, kann er aber den Haushalt seiner Familie besorgen, so kommt im Hinblick auf diesen Umstand eine Minderung seines Anspruchs auf Ersatz des Verdienstausfalls in Betracht[215]. Dies wird allerdings nur dann zu gelten haben, wenn hierdurch eine wirtschaftliche Besserstellung der Familie erreicht worden ist (z. B. durch Wegfall einer bezahlten Haushaltshilfe, Ermöglichen einer Erwerbstätigkeit der Ehefrau). Hilft der Verletzte im Haushalt nur mit, um seine Frau zu entlasten, erscheint eine Kürzung seines Schadensersatzanspruchs nicht angebracht. Zur Frage der Schadensminderungspflicht in diesem Zusammenhang vgl. Rdn. 103. 98

jj) Einkommen aus einer ersatzweise aufgenommenen Erwerbstätigkeit ist anzurechnen. Es handelt sich hierbei jedoch nicht um einen Fall von Vorteilsausgleichung; der Erwerbsschaden besteht vielmehr von vorneherein nur in der verletzungsbedingten Einkommensdifferenz (näher Rdn. 100 ff). Einen Mehrverdienst infolge unfallbedingter Umschulung braucht sich der Verletzte nicht als Vorteil anrechnen zu lassen[216]. 99

g) Schadensminderungspflicht

aa) Der Verletzte ist nach § 254 Abs. 2 BGB zur ehestmöglichen **Verwertung seiner verbliebenen Arbeitskraft** verpflichtet. Er muß sie im Rahmen des Zumutbaren so nutzbringend wie möglich verwerten[217]. 100

Kann er nicht an seinen früheren Arbeitsplatz zurückkehren, so hat er sich mit allen zur Verfügung stehenden Mitteln um einen neuen zu bemühen[218], ggfs. auch durch Fortbildung oder Um- 101

---

211 BGH VersR 1980, 455; *Kullmann* VersR 1993, 389 f; eingehend zur Berechnung *Jahnke* NZV 1996, 179.

212 BGH VersR 1980, 455.

213 Vgl. OLG Bamberg VersR 1967, 911.

214 Vgl. BGH VersR 1980, 455.

215 BGHZ 74, 226.

216 BGH VRS 65, 89; VersR 1987, 1239; OLG Nürnberg NZV 1991, 267.

217 BGHZ 91, 365; BGH NZV 1992, 313; NJW 1996, 652.

218 BGH VersR 1959, 374; 1961, 1018.

schulung[219]; s. Rdn. 104. Zumutbare Arbeitsangebote (hier können die Kriterien für die Gewährung von Arbeitslosenunterstützung herangezogen werden) darf er nicht ausschlagen, ohne des Ersatzanspruchs in Höhe des erzielbaren Einkommens verlustig zu gehen. Die genannte Mitwirkungspflicht trifft ihn auch dann, wenn er wegen des Unfalls eine Rente erhält[220] oder als Beamter in den Ruhestand versetzt wurde[221]. Die Annahme einer geringer bewerteten Stellung ist ebenso wie ein Ortswechsel nicht von vorneherein unzumutbar; es kommt auf die Umstände des Einzelfalls an, wobei auch die unfallbedingten Beeinträchtigungen in Rechnung zu stellen sind[222]. Daß eine – ansonsten gleich dotierte – Anstellung deswegen abgelehnt werden kann, weil sie mit weniger Verantwortung, keinen Tantiemezahlungen und keinen Verbesserungsmöglichkeiten verbunden ist, erscheint als zu weitgehend[223]. Dasselbe gilt für die Ansicht des OLG Frankfurt[224], einem Verletzten, der sich in Ausbildung für einen Handwerksberuf befand, sei nicht zuzumuten, eine Anstellung als ungelernte Arbeitskraft anzunehmen. Niemand ist aber verpflichtet, trotz erheblicher Schmerzen unter Aufbietung seiner äußersten Willenskraft zu arbeiten, um die Ersatzpflicht des Schädigers zu verringern[225]. Der Verletzte ist auch nicht gehindert, von seinem Recht auf vorzeitiges Altersruhegeld Gebrauch zu machen[226]; vgl. Rdn. 171.

102 Das Einkommen aus der ersatzweise aufgenommenen Tätigkeit darf ein Geschädigter, den eine **Mithaftung** für die erlittenen Verletzungen trifft, nicht vorrangig auf den eigenen Haftungsanteil verrechnen. Da sein Schaden von vorneherein nur in der Einkommensdifferenz besteht, muß die entsprechende Quote dieses Mindereinkommens zu seinen Lasten gehen[227].

103 bb) Vom Verletzten kann unter Umständen auch verlangt werden, seine Arbeitskraft auf die **Führung des Haushalts** zu verwenden; entscheidend sind Zumutbarkeit und Wirtschaftlichkeit. Entsteht hierdurch für die Familie ein wirtschaftlicher Vorteil (z. B. weil eine Haushaltshilfe erspart wird oder der bisher den Haushalt versorgende Ehegatte erwerbstätig sein kann), so ist der Wert der Haushaltsführung (vgl. Rdn. 150 ff) auf den Erwerbsschaden anzurechnen[228]; vgl. Rdn. 98.

104 cc) Kann der Verletzte nicht mehr in seinem erlernten Beruf, wohl aber in einem anderen arbeiten, so kann eine **Umschulung** zumutbar sein[229], auch wenn sie mit vorübergehender Trennung von der Familie verbunden ist[230]. Pflegebedürftigen kann letzteres in der Regel allerdings nicht zugemutet werden[231]. Eine Pflicht, an Umschulungsmaßnahmen teilzunehmen, besteht nur, wenn Aussicht auf einen Erfolg der Umschulung und eine nutzbringende Tätigkeit in dem neuen Beruf besteht[232]. Der Verletzte muß bei den Umschulungsmaßnahmen ernsthafte Mitwirkungsbereitschaft zeigen[233]. Im Alter von über 55 Jahren ist es dem Verletzten im allgemeinen nicht mehr zuzumuten, sich einer Umschulung zu unterziehen und den Beruf zu wechseln[234]. Wegen der Kosten der Umschulung (Ausbildungskosten, Verdienstausfall) s. Rdn. 106; zur Frage der Anrechnung eines umschulungsbedingten Mehrverdienstes Rdn. 99.

105 dd) Einkünfte, die durch **überpflichtmäßige Anstrengungen** erzielt werden, braucht sich der Verletzte nicht anrechnen zu lassen[235]. Er verstößt aber gegen seine Schadens-

---

219 BGHZ 10, 20; BGH VersR 1962, 1101.
220 BGH VersR 1979, 425.
221 BGH VersR 1963, 337; 1983, 488; OLG Frankfurt NZV 1993, 471.
222 Vgl. BGH VersR 1955, 39; 1974, 142.
223 So aber OLG Hamm VersR 1995, 669.
224 NZV 1991, 188; abl. auch *Wussow* WJ 1990, 131.
225 RG JW 1937, 1916.
226 BGH VersR 1986, 812.
227 BGH NZV 1992, 313.
228 BGHZ 74, 226.
229 BGH VersR 1961, 1018; 1967, 954.
230 BGHZ 10, 18.
231 BGH VersR 1962, 1100; 1969, 77.
232 BGHZ 10, 20; BGH VersR 1991, 438.
233 OLG Köln VersR 1991, 111.
234 RG VAE 1939, 66.
235 BGH VersR 1974, 142.

minderungspflicht, wenn durch dieses Verhalten die Ausheilung der Unfallverletzungen verzögert oder verhindert wird und hierdurch weiterer Schaden entsteht[236].

ee) Die **Kosten der Schadensminderung** (z. B. der Umschulung, des Umzugs)[237] sind vom Schädiger zu ersetzen (vgl. § 9, 73 ff). Sie zählen nicht zu den „vermehrten Bedürfnissen" (vgl. Rdn. 41 ff), was u. U. für die Frage eines Forderungsübergangs bedeutsam ist (vgl. Rdn. 191 f). Hat ein Sozialversicherer zum Zweck der beruflichen Rehabilitation Umschulungskosten aufgewendet, so sind diese vom Schädiger nicht nur dann zu ersetzen, wenn der Verletzte nach § 254 BGB zur Umschulung verpflichtet war, sondern auch dann, wenn die Umschulung bei verständiger Beurteilung der Erfolgsaussichten und des Verhältnisses dieser Aussichten zum wirtschaftlichen Gewicht des anderenfalls absehbaren Erwerbsschadens geeignet und sinnvoll erscheint[238]. Hierbei dürfen weder an die Erfolgs- noch an die Schadensprognose zu hohe Anforderungen gestellt werden[239]. Ist der Verletzte auf seinen Wunsch für eine höher qualifizierte Arbeit ausgebildet worden, obwohl die Umschulung zu einem seiner bisherigen Tätigkeit gleichwertigen Beruf möglich und zumutbar gewesen wäre, so sind die Mehrkosten nicht zu ersetzen[240]. Hat er sich zunächst einer anderen beruflichen Tätigkeit zugewendet, so unterbricht dies den Zurechnungszusammenhang zwischen Schädigung und späterer Umschulung nur dann, wenn hierin eine eigenständige Entscheidung über den weiteren beruflichen Lebensweg lag, für die der Unfall lediglich äußerer Anlaß war[241]. Zur Frage einer Vorteilsausgleichung s. Rdn. 99. **106**

ff) Die **Beweislast** dafür, daß es dem Verletzten möglich und zumutbar war, eine andere als die ihm infolge des Unfalls unmöglich gewordene Arbeit aufzunehmen, trägt der Schädiger[242]. Der Verletzte ist jedoch, da er seine Fähigkeiten und Neigungen selbst am besten kennt und in der Regel auch über die für ihn in Betracht kommenden Arbeitsmöglichkeiten besser informiert ist, verpflichtet, an der Feststellung, ob er seiner Schadensminderungspflicht genügt hat, mitzuwirken. Er hat daher im Rahmen seiner **Darlegungslast** den Schädiger darüber zu unterrichten, welche Arbeitsmöglichkeiten ihm zumutbar und durchführbar erscheinen und was er bereits unternommen hat, um einen angemessenen Arbeitsplatz zu erhalten. Demgegenüber ist es Sache des Schädigers, zu behaupten und zu beweisen, daß der Verletzte entgegen seiner Darstellung in einem konkret bezeichneten Fall ihm zumutbare Arbeit hätte aufnehmen können. Hat der Schädiger eine konkret zumutbare Arbeitsmöglichkeit nachgewiesen, so wird es Sache des Verletzten sein, darzulegen und zu beweisen, warum er diese Möglichkeit nicht hat nutzen können[243]. **107**

gg) **Beweisanforderungen.** Die Frage, ob der Verletzte einen bestimmten Arbeitsplatz tatsächlich erhalten hätte, läßt sich kaum jemals mit völliger Sicherheit beantworten. Es muß – wie immer, wenn es um hypothetische Entwicklungen geht – eine nach der Lebenserfahrung anzunehmende Wahrscheinlichkeit genügen. Hat sich der Verletzte überhaupt nicht oder nur unzureichend um Arbeit bemüht, so kann, wenn ein in entsprechender Situation Befindlicher bei entsprechendem Einsatz jedenfalls zu einem ge- **108**

---

236 BGH VersR 1974, 142.

237 Vgl. BGH VersR 1962, 136; OLG Celle VersR 1962, 292.

238 BGH VersR 1982, 767; OLG Köln VersR 1985, 94; OLG Celle VersR 1988, 1252; OLG Schleswig VersR 1991, 355; OLG Koblenz VersR 1995, 549.

239 BGH VersR 1982, 791.

240 BGH VersR 1987, 1239; LG Osnabrück ZfS 1990, 120.

241 BGH NZV 1991, 265.

242 RGZ 160, 120; BGHZ 10, 20; BGH VersR 1962, 1100; 1967, 953; 1971, 348; 1972, 975; 1979, 425.

243 BGH VersR 1979, 425.

wissen Zeitpunkt einen Arbeitsplatz gefunden hätte, der Schluß gerechtfertigt sein, daß dies auch beim Verletzten der Fall gewesen wäre (BGH VersR 1979, 425 spricht in diesem Zusammenhang von einem Anscheinsbeweis).

6. Gewinnausfall bei selbständig Tätigen

109 Für den Anspruch eines selbständig Tätigen (Freiberufler, Unternehmer u. dgl.) gelten die vorstehenden Regeln im Grundsatz entsprechend. Einige Besonderheiten ergeben sich jedoch daraus, daß der entgangene Gewinn in diesen Fällen häufig viel schwerer zu ermitteln ist als bei einem Arbeitnehmer mit im wesentlichen konstantem Einkommen. Ein kurzfristiger Ausfall wird von Selbständigen häufig durch entsprechende Termingestaltung aufgefangen werden können[244]. Außerdem besteht beim Selbständigen u. U. die Möglichkeit, Ausfälle durch Einsatz einer Ersatzkraft zu vermeiden (hierzu Rdn. 116 f). Auf der anderen Seite kann es bei Selbständigen zu nachwirkenden Einbußen dadurch kommen, daß sich Kunden wegen des zeitweiligen Ausfalls oder wegen geschwundenen Vertrauens in die Leistungsfähigkeit des Verletzten abwenden oder daß sich das Erreichen der Gewinnzone beim Aufbau eines Geschäftes verschiebt[245].

110 a) **Berechnung des Gewinnausfalls.** Auch für Selbständige gilt, daß der Schaden **konkret** zu ermitteln ist. Er kann nicht abstrakt aufgrund des Grades der Erwerbsminderung errechnet werden (vgl. Rdn. 64), sondern muß sich in einer tatsächlichen Minderung des Betriebsergebnisses niedergeschlagen haben[246].

111 Der Erwerbsschaden kann auch nicht abstrakt anhand der **fiktiven Kosten einer Ersatzkraft** (Geschäftsführer, Betriebsleiter, Handwerksmeister u. ä.) berechnet werden. Eine solche Art der Schadensberechnung hat der BGH abgelehnt, weil der Wegfall oder die Beeinträchtigung der Arbeitskraft für sich gesehen kein ersatzfähiger Schaden sei; die Grundsätze des normativen Schadens (§ 7, 151) seien hierfür nicht heranzuziehen[247] (anders die Rechtsprechung zum „Erwerbsschaden" einer Hausfrau, wo es allerdings nicht um den Ersatz eines ausgefallenen Gewinnes geht; vgl. hierzu Rdn. 145 ff). In Betracht kommt eine Erstattung fiktiver Aufwendungen außerdem unter dem Aspekt der Schadensminderungskosten (Rdn. 117). Ferner können sie in geeigneten Fällen zur Schätzung des entgangenen Gewinns herangezogen werden, z. B. bei voll mitarbeitenden Kleinunternehmern[248].

112 Maßgeblich ist daher auch hier die **Differenzhypothese**, d. h. der Vergleich zwischen dem tatsächlich eingetretenen Betriebsergebnis und dem hypothetischen, welches bei Mitarbeit des Verletzten zu erzielen gewesen wäre[249]. Der Vergleich ist unter Berücksichtigung aller Besonderheiten des konkreten Falles zu ziehen; die Vorlage einer Bilanz oder einer Gewinn- und Verlustrechnung wird hierfür in der Regel nicht genügen[250]. So kann es z. B. eine Rolle spielen, wenn sich die Erwerbsfähigkeit wegen schlechten

---

244 OLG Karlsruhe VersR 1981, 755: eintägige Schließung einer Arztpraxis.

245 Vgl. *Grunsky* DAR 1988, 402.

246 BGH VersR 1992, 973; a. A. *Grunsky* DAR 1988, 404.

247 BGHZ 54, 50; BGH VersR 1978, 179; 1992, 973; für weitergehende Zulassung dieser Berechnungsweise *Medicus* DAR 1994, 442, *Berger* VersR 1981, 1105 u. 17. VGT (1980) 14.

248 Vgl. BGH VersR 1966, 1158; 1972, 1068; *Stürner* JZ 1984, 464.

249 BGH VersR 1961, 247; 1961, 703; 1961, 1140; 1963, 662; 1964, 76; 1966, 445; 1968, 970; 1969, 466; 1978, 1170; NJW 1993, 2673.

250 BGH NJW 1993, 2673.

Gesundheitszustands auch ohne den Unfall vermindert hätte[251]. Einflüsse auf das Betriebsergebnis, die mit dem unfallbedingten Ausfall nichts zu tun haben (insbesondere Konjunkturschwankungen, Entwicklung des Betriebsumfangs und der betreffenden Branche), sind beim tatsächlichen Ergebnis zu eliminieren, beim hypothetischen aber zu berücksichtigen[252]. Zu beachten sind auch Auswirkungen einer „Phasenverschiebung". Beispielsweise kann ein besonders hoher Gewinn nach Wiederaufnahme der Tätigkeit auf der Erledigung liegengebliebener Aufträge beruhen[253], es kann aber auch zu nachwirkenden Einbußen wegen des zeitweiligen Ausfalls kommen[254]. Bei gut organisierten Unternehmen mit Mitarbeitern wirkt sich ein kurzzeitiger Ausfall des Chefs möglicherweise überhaupt nicht gewinnmindernd aus[255]. In der Regel wird die Einholung eines betriebswirtschaftlichen Gutachtens unerläßlich sein, welches dann die Grundlage für die richterliche Schätzung nach § 287 ZPO abgibt[256].

Kann der Verletzte **konkret entgangene Geschäfte** oder die unfallbedingte Beendi- **113**
gung einer gewinnbringenden Vertragsbeziehung[257] nachweisen, so ist der Gewinn, der sich hieraus nach Abzug der Kosten ergeben hätte, zu ersetzen. Im Rahmen der Vorteilsausgleichung ist aber ggf. zu berücksichtigen, daß der Verletzte die wegen des Ausfalls freigebliebene Arbeitskapazität anderweitig nutzen konnte.

Für die **Dauer** des Schadensersatzes kommt es noch stärker als bei Unselbständigen **114**
(vgl. Rdn. 82) auf die Umstände des Einzelfalls an[258]. Während bei jenen die Altersgrenze für die Renten- bzw. Pensionsberechtigung einen wichtigen Anhaltspunkt liefert, gibt es keinen Erfahrungssatz des Inhalts, daß ein Unternehmer oder freiberuflich Tätiger seine Tätigkeit im entsprechenden Alter einstellt. Unter Umständen wird der Beruf vielmehr bis ins hohe Alter fortgeführt[259], wenn auch – was bei der Bemessung zu berücksichtigen ist – vielfach mit geringeren Einkünften[260].

In der Rechtsprechung wurde z. B. bei einem Arzt bis zum 75. Lebensjahr Erwerbstätigkeit **115**
angenommen[261], bei einem anderen bis über das 78. Lebensjahr hinaus[262]. Bei einem Viehhändler ging das OLG Tübingen[263] von einer Erwerbstätigkeit bis zum 68. Lebensjahr aus, während das OLG Celle[264] entschied, ein Unternehmer, der seinen Lastzug selbst fahre, könne diese Tätigkeit in der Regel nicht über die Vollendung des 65. Lebensjahres hinaus ausüben.

b) **Kosten einer Ersatzkraft.** Ist es möglich und zumutbar, den Ausfall des Verletzten **116**
(zeitweise) durch eine Ersatzkraft zu überbrücken, so ist der Verletzte nach § 254 Abs. 2 BGB gehalten, zur Vermeidung eines größeren Gewinnausfalls von dieser Möglichkeit Gebrauch zu machen. Die Kosten der Ersatzkraft – dies kann in einem Kleinunternehmen auch die Ehefrau sein[265] – sind ihm in voller Höhe als Kosten der Schadensminderung zu ersetzen, wenn dadurch ein Betriebsergebnis erzielt worden ist, das jedenfalls nicht höher lag als es ohne das Schadensereignis durch den Unternehmer selbst hätte voraussichtlich erreicht werden können[266]; zusätzlich zu ersetzen ist ein trotz dieser

---

251 BGH VersR 1961, 1140.
252 Vgl. BGH VersR 1961, 703; 1961, 1140; OLG Neustadt VRS 17, 327.
253 BGHZ 55, 329.
254 BGH VersR 1961, 703; OLG Frankfurt VersR 1979, 87.
255 BGH VersR 1966, 957.
256 BGH VersR 1970, 860; zu den betriebswirtschaftlichen Rechenmethoden bei Betriebsunterbrechungsschäden s. *Frotz* VersR 1995, 1021. Eine grob unrichtige Berechnungsweise beanstandet BGH NZV 1997, 174.
257 BGH VersR 1996, 380 (Beratervertrag).
258 RG JW 1932, 2029; 1933, 830 u. 1405 m. Anm. *Bezold*; OGH NJW 1949, 340 m. Anm. *Dahs*; *Böhmer* DAR 1951, 181.
259 RG RdK 1927, 221.
260 BGH VersR 1956, 174; 1963, 433: im allgemeinen ab Vollendung des 65. Lebensjahres.
261 BGH VersR 1964, 778.
262 OLG Braunschweig VRS 2, 124.
263 RdK 1946, Nr. 35.
264 RdK 1953, 79.
265 BGH VersR 1961, 704.
266 BGH, NZV 1997, 174.

Vorkehrung noch entgangener Gewinn. Liegen die Kosten der Ersatzkraft (Bruttokosten abzüglich etwaiger Steuerersparnisse) über dem zu erwartenden Gewinnausfall, so mindert dies den Anspruch auf Erstattung dieser Kosten nur, wenn die Unwirtschaftlichkeit der Einstellung von vorneherein auf der Hand lag. Kommt es infolge besonderer Tüchtigkeit der Ersatzkraft zu einer Gewinnsteigerung, so braucht sich der Verletzte dies nicht auf den Ersatzanspruch anrechnen zu lassen.

117 Wird die Einstellung einer Ersatzkraft durch **unentgeltliche Leistungen** Dritter entbehrlich (z. B. Einsatz von Angehörigen, Mehrarbeit von Mitarbeitern), so soll dies den Schädiger nicht entlasten. Daher können auch die fiktiven Kosten einer Ersatzkraft im Rahmen der Schadensminderungskosten, ggf. zuzüglich gleichwohl eingetretenen Gewinnausfalls, beansprucht werden. Voraussetzung ist aber, daß ohne das unentgeltliche Einspringen des Dritten die Einstellung einer Ersatzkraft tatsächlich zur Schadensminderung geboten gewesen wäre; keineswegs kann der entsprechende Betrag etwa als Minimalschaden ohne weiteren Nachweis ersetzt verlangt werden (vgl. Rdn. 111).

118 c) **Verkauf des Unternehmens.** Den Mindererlös, der beim Verkauf des Unternehmens oder der Betriebsgrundstücke und der Betriebseinrichtung entsteht, hat nicht nur derjenige Schädiger zu ersetzen, der aus unerlaubter Handlung haftet, sondern auch derjenige, der nur aus Gefährdungshaftung Schadenersatz schuldet[267]. Daher umfaßt die Feststellung des Gerichts, der Schädiger habe den durch Minderung der Erwerbsfähigkeit entstandenen Schaden zu ersetzen, auch den Anspruch des Verletzten auf Ersatz des Mindererlöses beim Verkauf des Unternehmens[268]. Der Mindererlös, der durch einen Verkauf nach dem Tod des Verletzten eintritt, ist nicht zu ersetzen, weil es sich um einen den Erben entstandenen Schaden handelt (§ 10, 9). Zu ersetzen ist der Mindererlös bei der Veräußerung einzelner Betriebsmittel ebenso wie bei der Veräußerung des ganzen Betriebs.

119 d) **Stillegung des Unternehmens.** Muß ein Kaufmann oder Gewerbetreibender sein Unternehmen wegen der unfallbedingten Körperverletzung stillegen, so hat ihm der Schädiger den vollen Reingewinn, der dem Verletzten hierdurch entgeht, zu ersetzen[269]. Eine Stillegung kann auch dann erforderlich werden, wenn die Arbeitskraft des Verletzten nur beeinträchtigt ist, mit der restlichen Arbeitskraft aber ein wettbewerbsfähiger Betrieb nicht aufrechterhalten werden kann[270]. Ist dagegen eine Fortführung mit Hilfe einer Hilfskraft möglich, kann er nur deren Kosten geltendmachen[271]; vgl. auch Rdn. 130. Wäre ihm später wegen Besserung seines Zustandes die Wiedereröffnung des Geschäfts mit Hilfe eines Angestellten möglich und unterläßt er dies, so tritt eine Minderung des Ersatzanspruchs nur ein, wenn dem Verletzten das Eingehen des Risikos einer Wiedereröffnung zuzumuten war[272]. Der entgehende Reingewinn wird, soweit nicht andere Anhaltspunkte gegeben sind, bei einem Unternehmen, das schon länger bestand, nach dem durchschnittlichen Reingewinn der letzten fünf Jahre berechnet.

120 e) **Geschäftliche Fehlleistungen.** Der Schädiger hat auch für die Folgen geschäftlicher Fehlleistungen einzustehen, soweit sie auf einer unfallbedingten psychischen Beeinträchtigung beruhen[273].

121 f) Wegen der **Hinderung an der Eröffnung eines Geschäftsbetriebs** vgl. Rdn. 163.

---

[267] RGZ 136, 19; BGH VersR 1972, 460.
[268] RG JW 1908, 455.
[269] BGH LM Nr. 1 zu § 843 BGB.
[270] BGH VersR 1968, 396.
[271] OLG Koblenz VersR 1991, 194.
[272] BGH LM Nr. 1 zu § 843 BGB.
[273] BGH VersR 1966, 931.

g) **Verbotene oder sittenwidrige Geschäfte** dürfen bei der Berechnung des Verdienstausfalls nicht berücksichtigt werden[274]. Dies gilt auch dann, wenn für den Verletzten keine greifbare Gefahr bestand, die Gesetzwidrigkeit oder Sittenwidrigkeit werde Anlaß zu einer zwangsweisen Unterbindung des Geschäftsbetriebs sein[275]. 122

Beispiele für verbotene und damit nicht erstattungspflichtige Einkünfte sind solche aus Schwarzarbeit[276], Bestechungsgelder[277], Gewinne, die unter Umgehung des GüKG[278] oder des PBefG[279], des Rechtsberatungsgesetzes[280] oder des Rabattgesetzes[281] erzielt worden wären usw. (zur Frage der Genehmigungsfähigkeit s. Rdn. 125). Beispiel für eine sittlich mißbilligte Erwerbstätigkeit ist die Prostitution (s. Rdn. 137). 123

Verbotsnormen, die nur die Vornahme eines Rechtsgeschäfts verhindern sollen, nicht aber dessen zivilrechtliche Wirksamkeit tangieren, schließen auch den Ersatzanspruch wegen Gewinnausfalls nicht aus[282]. Dies gilt z. B. für gewerbepolizeiliche Vorschriften[283], Nebentätigkeitsbestimmungen für Beamte[284], vertragliche Konkurrenzklauseln u. ä. 124

Bedurfte es zur Durchführung bestimmter gewinnbringender Geschäfte einer **Genehmigung** (z. B. nach dem Rechtsberatungsgesetz), so kann der Verletzte den entgangenen Gewinn nur ersetzt verlangen, wenn er den Nachweis erbringen kann, daß er die Genehmigung beantragt und erhalten hätte. Daß er sie bei nur gedachter Antragstellung erhalten hätte, genügt nicht[285]. Unerheblich ist es entgegen dieser Entscheidung auch, ob der Verletzte die Genehmigungspflicht entschuldbar oder jedenfalls nur aufgrund leichter Fahrlässigkeit nicht gekannt hat. Es geht hier nur um die Frage, ob der Verletzte von dem Ersatzpflichtigen etwas haben will, was ihm zu erlangen versagt war; auf subjektive Momente kommt es hierbei nicht an[286]. 125

h) **Vorteilsausgleich.** Wegen der Frage, welche Vorteile sich der Verletzte auf seinen Ersatzanspruch anrechnen lassen muß, kann auf die in Rdn. 85 ff dargelegten Grundsätze verwiesen werden. Durch den Arbeitsausfall ersparte Aufwendungen schlagen sich bereits in der Berechnung des Gewinns nieder, unter dem der nach Abzug der Kosten verbleibende Reinverdienst zu verstehen ist. Besonderheiten für Selbständige ergeben sich insbesondere hinsichtlich der steuerrechtlichen Auswirkungen des Schadensfalls. 126

aa) **Einkommensteuer.** Der Vorteil, daß die Ersatzleistung nach § 34 EStG ggf. einem ermäßigten Steuersatz unterliegt, soll dem Ersatzpflichtigen nicht zugute kommen (vgl. Rdn. 88). Wird ein Erwerbsausfall (teilweise) durch die Einstellung einer Ersatzkraft vermieden (Rdn. 116), so wirkt sich deren Entlohnung zwar gewinn- und damit steuermindernd aus; dieser Vorteil dürfte in der Regel aber durch die von der Ersatzkraft bewirkte Gewinnsteigerung aufgewogen werden und kann daher im allgemeinen außer Betracht bleiben. 127

---

274 BGH VersR 1964, 654; 1976, 941; für Ersatz eines dem Verletzten *möglichen* Einkommens *Gründig* 190 ff (auch rechtsvergleichend).
275 BGH VersR 1954, 498.
276 OLG Köln VersR 1969, 382; LG Oldenburg NJW-RR 1988, 1496; vgl. Gesetz zur Bekämpfung der Schwarzarbeit.
277 BGH VersR 1954, 498.
278 BGH NJW 1955, 1313.
279 BGH VersR 1956, 219; KG OLGZ 1972, 408.
280 BGH VersR 1974, 968.
281 OLG Stuttgart VersR 1973, 773.
282 BGH NJW 1980, 775.
283 BGH NJW 1968, 2286; a. A. *Stürner* VersR 1976, 1012.
284 Vgl. BGH VersR 1961, 23.
285 A. A. BGH VersR 1974, 968.
286 *Lange* § 6 X 6.

128 bb) **Umsatzsteuer.** Ein Vorteil, der sich daraus ergibt, daß Schadensersatzrenten wegen entgangenen Verdiensts nicht der Umsatzsteuer unterliegen, ist anzurechnen[287].

129 cc) **Gewerbesteuer.** Sie erfaßt nur die im gewerblichen Betrieb unmittelbar erwirtschafteten Einnahmen (BFHE 93, 466). Damit unterliegen Entschädigungen für die Aufgabe eines Gewerbebetriebs von vorneherein nicht der Gewerbesteuer[288]. Entschädigungen für entgangenen Ertrag aus dem werbenden Betrieb stellen nur dann steuerpflichtigen Gewerbeertrag dar, wenn es sich um Leistungen einer vom Gewerbetreibenden selbst abgeschlossenen Versicherung handelt, deren Prämien als Betriebsausgaben behandelt wurden[289]. Nicht gewerbesteuerpflichtig ist dagegen die Ersatzleistung des Schädigers bzw. seines Haftpflichtversicherers für einen unfallbedingten Erwerbsausfall[290]. Infolgedessen muß sich ein Gewerbetreibender, der vom Schädiger Ersatz wegen Verdienstausfalls fordert, im Wege der Vorteilausgleichung das auf seinen Ersatzanspruch anrechnen lassen, was er an Gewerbesteuer erspart[291].

130 i) **Schadensminderungspflicht.** Die unter Rdn. 100 ff dargelegten Grundsätze gelten für Selbständige sinngemäß. Auch der Selbständige hat seine verbliebene Arbeitskraft im Rahmen des Möglichen und Zumutbaren schadensmindernd einzusetzen[292]; bei einem nicht zu erheblichen Ausfall kann von ihm auch verlangt werden, unterbliebene Geschäfte oder Arbeitsleistungen nach seiner Genesung durch eine maßvolle Verlängerung der täglichen Arbeitszeit nachzuholen[293]. Ist es möglich, den drohenden Verdienstausfall durch Einstellung einer Ersatzkraft oder Arbeitsverlagerung auf Mitarbeiter abzuwenden oder zu vermindern, so ist der Verletzte verpflichtet, von dieser Möglichkeit Gebrauch zu machen[294], andernfalls hat er den vermeidbaren Ausfall (unter Berücksichtigung der fiktiven Kosten der Ersatzkraft) selbst zu tragen. Ist abzusehen, daß die Kosten einer Ersatzkraft, die als Schadensminderungskosten vom Schädiger zu tragen sind (vgl. § 9, 73), höher sein werden als der zu erwartende Gewinnausfall, so ist die Ersatzpflicht des Schädigers auf letzteren beschränkt, es sei denn, der Verletzte habe (z. B. aus Wettbewerbsgründen oder zur Erhaltung des Kundenstamms) ein besonderes wirtschaftliches Interesse daran, daß sein Betrieb ungestört weiterläuft.

131 k) Wegen der **beweisrechtlichen Fragen** vgl. Rdn. 84.

132 l) **Ein unbezifferter Klageantrag** (als Ausnahme vom Bestimmtheitserfordernis des § 253 ZPO) ist bei Klagen auf Ersatz eines Erwerbsschadens nicht für zulässig zu erachten. Die frühere Rechtsprechung des BGH[295], die eine solche Klageerhebung im Hinblick auf die Schätzungsbefugnis des Gerichts nach § 287 ZPO zugelassen hatte, erscheint als zu weitgehend und wurde daher in späterer Zeit zu Recht in Frage gestellt[296]. Der unbezifferte Klageantrag widerspricht der gesetzlichen Regelung und belastet den Prozeß mit Unklarheiten und Unsicherheiten. Seine Zulässigkeit sollte daher auf Fälle echter Unmöglichkeit oder Unzumutbarkeit der Bezifferung (z. B. bei dem im Ermessen des Gerichts stehenden Schmerzensgeld nach § 847 BGB) beschränkt werden. In den hier in Frage stehenden Fällen ist es dem Schadensersatzkläger aber, trotz zweifellos bestehender Schwierigkeiten, durchaus zuzumuten, den von ihm begehrten Betrag anzugeben. Er kennt seine wirtschaftliche Situation am genauesten und ist daher besser als jeder Außenstehende in der Lage, abzusehen, inwieweit sich die Folgen des

---

287 BGH VersR 1987, 669; *Kullmann* VersR 1993, 392.
288 BFHE 117, 483.
289 BFHE 79, 107.
290 BFHE 84, 258; s. auch *Spindler*.
291 BGH VersR 1979, 519; 1987, 669.
292 BGH VersR 1959, 374.
293 BGH VersR 1971, 544.
294 BGH VersR 1966, 851; OLG Köln NZV 1994, 194 LS.
295 VersR 1959, 694.
296 Vgl. BGH VersR 1970, 127.

Unfalls auf sein Einkommen ausgewirkt haben. Mit § 287 ZPO allein läßt sich die Zulassung unbezifferter Anträge nicht rechtfertigen, weil diese Vorschrift für jede Schadenbemessung gilt und das Bestimmtheitsgebot des § 253 ZPO somit konsequenterweise für das gesamte Schadensersatzrecht als obsolet betrachtet werden müßte.

m) Einzelfälle

Taxiunternehmer. Ein Verdienstausfall eines Taxiunternehmers wird häufig als Folge von Beschädigungen des Wagens entstehen, kann aber auch auf seiner Verletzung beruhen. Die von *Berger*[297] angegebene Berechnungsmethode hat den Vorzug der Klarheit. Es empfiehlt sich, die Ausfallzeit nicht in Tagen oder Wochen, sondern nach der Zahl der ausgefallenen Schichten zu bestimmen, jedenfalls dann, wenn das Taxi in mehreren Schichten gefahren worden war. Anhand der Fahrtenbücher und des Betriebsergebnisses der drei letzten Monate vor dem Unfall (bei Saisonbetrieben der vergleichbaren drei Monate des Vorjahrs) wird festgestellt, wie viele von den tatsächlich möglichen Schichten im Durchschnitt wirklich gefahren wurden. In dem hieraus zu errechnenden Verhältnis ist die Zahl der theoretisch möglichen Schichten, die unfallbedingt ausgefallen sind, zu kürzen. Sind Schichten nur teilweise ausgefallen, so sind die Bruchstücke zusammenzuzählen und ist auf diese Weise die Zahl der ganzen ausgefallenen Schichten zu errechnen. Es erübrigt sich, aus der durchschnittlichen Bruttoeinnahme pro Schicht die durchschnittliche Nettoeinnahme pro Schicht zu errechnen, weil der Schädiger neben dem Gewinnausfall auch die trotz des Unfalls weiterlaufenden Unkosten ersetzen muß. Durch das Stillegen der Droschke wird im allgemeinen nur der Treibstoff und das Motoröl gespart, ferner ein Anteil an der Reifenabnutzung. Die von *Berger* (aaO) angegebenen Erfahrungssätze betragen 30% Ersparnis bei Dieselkraftdroschken und 35% Ersparnis bei Benzinkraftdroschken. Der unfallbedingte Schaden errechnet sich, wenn die durchschnittliche Bruttoeinnahme pro Schicht mit der Zahl der ausgefallenen Schichten multipliziert wird und schließlich der Prozentsatz an Ersparnis abgezogen wird. Häufig wird sich ein Ausfall durch Einsatz eines Ersatzfahrers allerdings vermeiden lassen (vgl. Rdn. 130). 133

Transportunternehmer. Die Errechnung des Schadens, der durch das krankheitsbedingte Stillegen eines Lkw entsteht, geschieht auf ähnliche Weise wie bei Taxis (Rdn. 133). Zu beachten ist, daß auch hier der Schädiger nicht nur den Ausfall an Reingewinn, sondern daneben auch die laufenden Unkosten zu erstatten hat, soweit sie durch das Stillegen nicht entfallen. Weitere Einzelheiten bei *Danner* ZfV 1962, 143. 134

Landwirt. Die Berechnung kann auf verschiedenen Wegen erfolgen, z. B. aufgrund der jährlichen Roheinnahmen (Reinertrag abzüglich allgemeiner Betriebskosten, Grundsteuern, Abgaben und Durchschnittsaufwendungen an Investitionen), durch Ermittlung der landwirtschaftlichen Nutzfläche je 100 ha in Verbindung mit dem Großviehbestand, dem Maschinenbestand und den Investitionen, durch Ermittlung des Gewinnes eines vergleichbaren Betriebes oder durch Ansatz des für angestellte Kräfte oder mitarbeitende Kinder üblichen Stundenlohnes. Auch hier gilt aber (vgl. Rdn. 111), daß der Verdienstausfall nicht abstrakt nach den für die Einstellung eines Landwirtschaftsmeisters zu zahlenden Kosten berechnet werden darf, wenn nicht feststeht, daß die Hoferträge tatsächlich zurückgegangen sind[298]. 135

Zugunsten eines **Handelsvertreters** ist zu berücksichtigen, wenn das Unternehmen, dessen Erzeugnisse er vertreibt, nach seinem Unfall einen beachtlichen Aufschwung genommen hat. Den Maßstab kann das Geschäftsergebnis der nunmehr tätigen anderen Handelsvertreter bilden[299]. Auch der Umstand, daß bei längerer Tätigkeit die greifbare Aussicht bestand, die Stellung eines Generalvertreters zu erhalten, fällt ins Gewicht. Behauptet der Verletzte, er hätte, wäre er nicht durch den Unfall hieran gehindert gewesen, durch Vermittlung eines Großauftrags hohe Provisionen verdient, so sind an den Nachweis, daß das Geschäft zustandegekommen wäre, im Rahmen des § 287 ZPO strenge Anforderungen zu stellen, die wenigstens eine hohe Wahrscheinlichkeit darzutun geeignet sind[300]. 136

---

[297] VersR 1963, 514; siehe dazu auch BGH VersR 1966, 595.

[298] *Scheffen* VersR 1990, 928.

[299] BGH VersR 1963, 682.

[300] BGH VersR 1964, 95.

137 **Prostituierte.** Die rechtliche Duldung der Prostitution ändert nichts daran, daß aus ihr gezogene Gewinne sittenwidrig und damit nicht ersatzpflichtig sind[301]. Da dieses Unwerturteil nicht aufgespalten werden kann, ist die Auffassung des BGH abzulehnen, Ersatz sei wenigstens in Höhe eines existenzdeckenden Einkommens zu gewähren, das von jedem gesunden Menschen erfahrungsgemäß erzielt werden kann[302]. Sie widerspricht auch dem Grundsatz, daß die abstrakte Beeinträchtigung der Arbeitskraft keinen ersatzpflichtigen Schaden darstellt (vgl. Rdn. 156). Dem BGH folgend stellt OLG Düsseldorf NJW 1984, 2474 auf die unterste Leistungsstufe bei den Tariflöhnen ab.

138 **Sonstige.** Architekturbüro: OLG Frankfurt VersR 1979, 87; Arzt: OLG München NJW 1987, 1484; Steuerberater: BGH VersR 1966, 957; Zahnarzt: OLG Hamm NZV 1995, 317; OLG Nürnberg VersR 1968, 481; Geschäftsinhaber: BGH VersR 1968, 970; Großhändler: BGH VersR 1961, 703; Kraftfahrzeughändler: BGH VersR 1966, 851; Elektromeister: BGH VersR 1961, 1140; Inhaber einer Kraftfahrzeugreparaturwerkstatt: BGH VersR 1969, 466; Schneiderin: BGH VersR 1964, 76; Zahntechniker: BGH VersR 1966, 445; Erfinder: BGH VersR 1967, 903; Fahrlehrer: BGHZ 55, 329; Portraitmaler: BGH VersR 1969, 376; Erwerbsgeschäft in Gütergemeinschaft: BGH VersR 1994, 316.

7. Verdienstausfall eines Gesellschafters

139 Bei einem Gesellschafter kann durch Arbeitsunfähigkeit in zweifacher Hinsicht ein Erwerbsschaden entstehen; durch Wegfall einer für seine Geschäftsführung oder Mitarbeit im Unternehmen der Gesellschaft gezahlten Tätigkeitsvergütung (Rdn. 140 f) und durch Minderung seiner Beteiligung am Gesellschaftsgewinn bzw. am Kapitalkonto (Rdn. 142 f). Ferner kommt in Betracht, daß er für seine verhinderte Geschäftsführertätigkeit eine Ersatzkraft anstellt (Rdn. 144).

140 a) **Tätigkeitsvergütung.** Der Gesellschafter ist insoweit wie ein Arbeitnehmer zu behandeln. Er kann also vom Schädiger Ersatz der auf die Zeit der Arbeitsunfähigkeit entfallenden Vergütung verlangen. Wie bei der Lohnfortzahlung für Arbeitnehmer steht seinem Anspruch nicht entgegen, daß die Gesellschaft ihm seine Bezüge trotz seiner Arbeitsunfähigkeit weiterbezahlt hat[303] (vgl. Rdn. 71 f). Unerheblich ist, ob der Gesellschafter im Innenverhältnis verpflichtet ist, seinen Ersatzanspruch an die Gesellschaft abzutreten[304] oder ob er dieser gegenüber auf Vergütung verzichtet hat[305].

141 Voraussetzung für die vorstehend geschilderten Rechtsfolgen ist allerdings, daß es sich um eine echte Tätigkeitsvergütung, nicht etwa um eine verdeckte Gewinnausschüttung oder verdeckte Entnahmen handelt[306]. Für die demnach vorzunehmende Schätzung, welcher Teil einer Gesellschaftervergütung ein echtes „Gehalt" darstellt, können die Beträge, welche die Steuerbehörden als Tätigkeitsvergütung, also als absetzbare Betriebsausgaben der Gesellschaft anerkennen, als Anhaltspunkte dienen[307]. Allein die Tatsache, daß eine Vergütung von Umsatz oder Gewinn des Unternehmens abhängig

---

[301] BGHZ 67, 119; OLG Hamburg VersR 1977, 85; *Born* VersR 1977, 118; **a. A.** österr. OGH SZ 54/70; OLG Düsseldorf NJW 1970, 1852; LG Offenburg VersR 1973, 69 und mit Einschränkungen *Stürner* VersR 1976, 1016.

[302] BGHZ 67, 119 = JZ 1977, 173 m. Anm. *Stürner*; wie hier *Geigel/Rixecker* 4. Kap. 99; *Schiemann* NZV 1996, 4; für Ersatz eines erzielbaren Einkommens *Gründig* 190 ff.

[303] BGHZ 7, 30; 21, 112; BGH VersR 1963, 369 = NJW 1963, 1446 m. Anm. *Ganssmüller*; VersR 1967, 83; 1970, 38; 1971, 570; 1977, 374.

[304] Vgl. BGH VersR 1964, 1243; BGH NJW 1963, 1051; 1970, 96; 1970, 1271; 1978, 41.

[305] BGH VersR 1992, 1411.

[306] BGH VersR 1964, 1243; 1977, 863; 1992, 1411; MDR 1967, 121; zur Ein-Mann-GmbH s. OLGR Hamm 1995, 271.

[307] BGH VersR 1977, 863; 1992, 1411.

ist, nimmt ihr nicht den Charakter als Tätigkeitsvergütung[308]. Liegt eine verdeckte Gewinnausschüttung vor, so kann dem Gesellschafter nur daraus ein Schaden erwachsen, daß sich der Gewinn der Gesellschaft infolge des unfallbedingten Ausfalls seiner Tätigkeit vermindert hat[309].

b) **Verringerung der Gewinnbeteiligung bzw. des Kapitalkontos.** Ist durch den Ausfall der Tätigkeit des Gesellschafters bei der Gesellschaft eine Minderung des Gewinns eingetreten, so ist der hierin liegende Schaden der Gesellschaft bzw. der anderen Gesellschafter als Drittschaden nicht ersatzpflichtig. Eine Ersatzpflicht besteht jedoch gegenüber dem verletzten Gesellschafter insofern, als sich die Gewinnminderung auf seine Gesellschaftsbeteiligung ausgewirkt hat[310]. Dabei kommt es nicht darauf an, ob eine Gewinnminderung nur infolge überpflichtmäßiger Anstrengungen der anderen Gesellschafter vermieden wurde[311]. **142**

Eine – nicht überzeugende – Ausnahme von diesen Grundsätzen macht der BGH allerdings für den Fall, daß der geschäftsführende **Alleingesellschafter** einer Kapitalgesellschaft infolge Unfallverletzung arbeitsunfähig wird und seiner Gesellschaft dadurch ein Gewinn entgeht: diesen Verlust soll der Gesellschafter als eigenen Schaden von dem für den Unfall Verantwortlichen ersetzt verlangen können[312]. Obgleich der BGH in dieser Entscheidung hervorhebt, daß der Alleingesellschafter damit nicht einen Schaden der von seinem eigenen Vermögen gesondert zu betrachtenden Gesellschaft geltendmacht (denn der Gesellschaft ist ja kein erstattungspflichtiger Schaden entstanden), sondern daß es nur um die richtige Bemessung des seinem eigenen Vermögen durch die Einbußen im Gesellschaftsvermögen vermittelten Schadens geht, führt seine Auffassung im Ergebnis doch zu einer Durchbrechung der rechtlichen Selbständigkeit von Gesellschafts- und Gesellschaftervermögen, ohne daß hierfür ein dringender Grund bestünde. Das Argument des BGH, der Schädiger dürfe keinen Vorteil daraus ziehen, daß er statt eines Einzelkaufmanns eine Ein-Mann-Gesellschaft geschädigt hat, überzeugt nicht, da der Vergleich mit der Haftungssituation bei einer regulären Gesellschaft wohl näher läge. Entscheidend sollte daher auch hier sein, inwieweit sich der Gewinnausfall der Gesellschaft im eigenen Vermögen des Gesellschafters niedergeschlagen hat[313]. **143**

c) **Ersatzkraft.** Erhält der als Geschäftsführer arbeitende Gesellschafter keine Vergütung, sondern nur die Gewinnbeteiligung, so ist er bei eigenem Ausfall zur Anstellung einer Ersatzkraft verpflichtet und kann deren Kosten liquidieren[314]. **144**

8. Erwerbsschaden des den Haushalt führenden Ehegatten

a) **Rechtliche Einordnung.** Seit Inkrafttreten des Gleichberechtigungsgesetzes am 1. Juli 1958 hat die unfallverletzte Ehefrau, die keiner Erwerbstätigkeit nachgeht, sondern den Haushalt führt, einen eigenen Schadensersatzanspruch wegen ihrer Beeinträchtigung in der Führung des Haushalts[315]. **145**

Während die Ehefrau nach der früheren Rechtslage (§ 1356 Abs. 2 a. F. BGB) zu unentgeltlichen Arbeiten im Hauswesen verpflichtet war und bei Aufhebung ihrer Fähigkeit hierzu dem Mann ein Ersatzanspruch wegen entgangener Dienste (§ 845 BGB) gegen den Schädiger zustand, führt sie nach § 1356 Abs. 1 n. F. BGB den Haushalt in **146**

308 BGH VersR 1977, 863.

309 BGHZ 61, 383; BGH VersR 1977, 376; 1992, 1411.

310 BGH VersR 1962, 622; 1964, 1243; 1967, 83; 1977, 227; 1977, 374; 1979, 179.

311 BGH VersR 1964, 1243; zweifelnd *Stürner* JZ 1984, 464.

312 BGH NJW 1977, 1283 m. Anm. *Hüffer.*

313 Ablehnend zur Begründung der Entscheidung auch *Hüffer* NJW 1977, 1285, der aber über die Konstruktion einer Drittschadensliquidation zum selben Ergebnis gelangt.

314 BGH VersR 1963, 433; 1964, 1243; *Stürner* JZ 1984, 465.

315 BGHZ 38, 55; 50 (GrS), 306.

eigener Verantwortung und erfüllt dadurch in der Regel ihre Verpflichtung, durch Arbeit zum Unterhalt der Familie beizutragen. Die Frau gibt also ihre Arbeitskraft nicht mehr mit der Heirat in der Form unentgeltlicher Dienste weg. Sie verwertet sie vielmehr als ihren fortlaufenden Beitrag zum Familienunterhalt, der in dem korrespondierenden Recht auf Unterhalt seine Anerkennung findet[316]. Diese Betrachtungsweise rechtfertigt es, die Aufhebung oder Beeinträchtigung der Fähigkeit zur Haushaltsführung als einen eigenen Erwerbsschaden der Ehefrau anzusehen, ohne gegen den Grundsatz zu verstoßen, daß die abstrakte Minderung der Arbeitskraft keinen ersatzpflichtigen Schaden darstellt. Der Umstand, daß die Ehefrau trotz des Ausfalls ihrer Arbeitsleistung vom Ehemann weiter alimentiert wird, steht der Bejahung eines bei ihr selbst eingetretenen Schadens nicht entgegen. Das Auffangen der Verletzungsfolgen hat den Charakter eines internen Ausgleichs durch die eheliche Lebensgemeinschaft und mindert nach § 843 Abs. 4 BGB den Ersatzanspruch gegen den Schädiger nicht. Die verletzte Frau kann den Schädiger deshalb aus eigenem Recht auf Ersatz ihres ganzen, in der Verminderung ihrer häuslichen Arbeitsleistung bestehenden Schadens in Anspruch nehmen, gleichviel wie er von der ehelichen Lebensgemeinschaft aufgefangen wird, insbesondere unabhängig von der tatsächlichen Anstellung einer Ersatzkraft[317].

147 Führt der **Ehemann** den Haushalt, während die Frau einer Erwerbstätigkeit nachgeht, gilt das Vorstehende entsprechend. Teilen sich die Ehegatten die Haushaltsführung, weil beide berufstätig sind, so kommt ein dem Umfang der für den Haushalt entfalteten Tätigkeit entsprechender Ausfallschaden in Betracht. Im übrigen ist zu beachten, daß nicht nur Hausarbeit im engeren Sinn hierher gehört. Ein Erwerbsschaden kann vielmehr z. B. auch darin liegen, daß der Verletzte gehindert ist, Gartenarbeiten oder Renovierungsarbeiten an der Wohnung selbst auszuführen, und die Dienste eines Handwerkers in Anspruch nehmen muß[318]. Nicht hierher gehören dagegen Eigenleistungen beim Hausbau; diese gehen über die als Unterhalt geschuldete Haushaltsführung weit hinaus (§ 10, 139; zur rechtlichen Einordnung dieser Einbußen vgl. Rdn. 61).

148 Ein Erwerbsschaden in vorstehendem Sinne liegt aber nur insoweit vor, als die Versorgung des Haushalts im Rahmen des Familienunterhalts vorgenommen wird, nicht also hinsichtlich des Teils der Hausarbeit, der auf die **Befriedigung der eigenen Bedürfnisse** entfällt[319]. Daher stellt die Haushaltstätigkeit einer oder eines Alleinstehenden keine der Erwerbstätigkeit vergleichbare Arbeitsleistung dar; unfallbedingte Nachteile, insbesondere die Kosten für eine Hilfskraft, sind insoweit nur unter dem Gesichtspunkt vermehrter Bedürfnisse (Rdn. 56) erstattungspflichtig[320]. Bei Ehegatten ist festzustellen, welcher Teil der Hausarbeit auch bei ausschließlicher Selbstversorgung anfallen würde (vermehrte Bedürfnisse) und welcher Teil auf den Familienunterhalt entfällt[321]. Die Unterscheidung kann insbesondere für die Frage der Aktivlegitimation (gesetzlicher Forderungsübergang) von Bedeutung sein (vgl. Rdn. 59).

149 b) **Voraussetzung** ist, daß tatsächlich ein **Beitrag zum Familienunterhalt** beeinträchtigt worden ist. Der Anspruch entfällt daher, wenn die Haushaltsarbeit auch ohne den Unfall voll von einer Haushaltshilfe erledigt worden wäre; er reduziert sich, wenn die unfallunabhängig beschäftigte Hilfskraft von Arbeitszeit oder Qualifikation her die

---

316 BGHZ 38, 57 ff.

317 BGHZ 38, 59 f; 50 (GrS), 306; BGH VersR 1973, 84; OLG Celle VersR 1981, 357; OLG Frankfurt VersR 1982, 981.

318 BGH NZV 1989, 388; OLG München NJW-RR 1986, 194; OLG Hamm NZV 1989, 72.

319 BGH VersR 1974, 162.

320 BGH VersR 1958, 456; 1974, 162.

321 BGH VersR 1974, 162; 1985, 356.

Hausarbeit nur teilweise bewältigt hätte[322]. Wegen fehlenden Bezugs zum Familienunterhalt kann auch eine Großmutter, die freiwillig die Obhut über ein Enkelkind übernommen hat, keine Entschädigung dafür verlangen, daß ihr durch ein Unfallereignis die Betreuung des Enkelkindes für einige Zeit unmöglich geworden ist[323]. Ebensowenig kann ein Erwerbsschaden der hier behandelten Art bejaht werden bei Beeinträchtigung von Haushaltsarbeiten für den **nichtehelichen Lebensgefährten**[324] oder ein erwachsenes Kind, das sich selbst unterhalten kann[325]. Insoweit besteht auch kein Ersatzanspruch wegen vermehrter Bedürfnisse[326]. Bei nichtehelichen Lebensgemeinschaften kommt u. U. die Annahme einer entgeltlichen Tätigkeit in Betracht (s. Rdn. 156).

c) **Berechnung.** Ausgangspunkt der Berechnung ist die Feststellung, welche Arbeits- **150**
leistung die Hausfrau (der Hausmann) ohne den Unfall **tatsächlich erbracht** hätte; anders als beim Unterhaltsschaden (§ 10, 37) ist nicht entscheidend, welche Leistungen sie rechtlich geschuldet hätte[327]. Es kommt deshalb auch auf die **tatsächliche** Mithilfe anderer Familienangehöriger an. Absehbare Veränderungen in der Zukunft (Verkleinerung der Familie, Mithilfe des pensionierten Ehemannes usw.) sind zu berücksichtigen[328].

Die Erwerbsminderung ist **konkret**, nicht etwa nach einer abstrakten Erwerbsunfä- **151**
higkeitsquote, zu bestimmen[329]. Es kommt darauf an, was die oder der Verletzte trotz der Beeinträchtigung noch im Haushalt erledigen kann; die für die verbleibenden Arbeiten erforderlichen Stundenzahlen sind zu schätzen[330]. Anhaltspunkte bieten die Tabellen von *Reichenbach/Vogel*[331], *Ludolph/Hierholzer*[332] und nach dem sog. Münchner Modell[333]. Behinderungen geringen Umfangs, insbesondere wenn sie durch Einsatz technischer Geräte kompensiert werden können, müssen außer Betracht bleiben[334]. Das konkrete Ausmaß der Beeinträchtigung muß vom Verletzten dargelegt werden[335]. Keine entschädigungspflichtige Beeinträchtigung der Haushaltsführung liegt in der Regel im Verlust des Geruchs- und Geschmackssinns[336].

Auch wenn der Anspruch nicht von der Anstellung einer Ersatzkraft abhängig ist **152**
(Rdn. 146), orientiert sich die Praxis bei der Bemessung des Ausfallschadens an den tatsächlichen oder fiktiven **Kosten einer Ersatzkraft**[337]. Dem ist insoweit zuzustimmen, als diese Kosten Anhaltspunkte für die Schadensschätzung (§ 287 ZPO) liefern können[338]. Es sollte jedoch nicht aus den Augen verloren werden, daß der Ausfall auf seiten des haushaltführenden Ehegatten im Grunde im Wert der Alimentierung durch den erwerbstätigen Ehegatten besteht, die nur dank der familienrechtlichen Verbindung ungeachtet der unfallbedingten Beeinträchtigung fortgesetzt wird (vgl. Rdn. 146). Ge-

322 BGH VersR 1989, 1274.
323 OLG Celle VersR 1983, 40.
324 OLG Düsseldorf VersR 1992, 1419; **a. A.** LG Zweibrücken NJW 1993, 3207 m. abl. Bespr. *Raiser* NJW 1994, 2672; *Pardey* DAR 1994, 268 ff; *Ch. Huber* FS Steffen 201 ff.
325 OLG Düsseldorf VersR 1992, 1419.
326 **A. A.** OLG Düsseldorf aaO hinsichtlich des volljährigen Kindes.
327 BGH VersR 1974, 1016; OLG Oldenburg VersR 1993, 1492.
328 BGH VersR 1974, 1016.
329 *Stürner* JZ 1984, 465; *Pardey* DAR 1994, 266; **a. A.** OLG Frankfurt VersR 1980, 1122 m. abl. Anm. *Schmalzl* VersR 1981, 388 u. *Klimke* VersR 1981, 1083.
330 BGH VersR 1989, 1274; OLGR München 1995, 63; OLG Köln VersR 1981, 690.
331 VersR 1981, 812.
332 VGT 1989, 205; s. auch VersR 1990, 597.
333 *Ludwig* DAR 1991, 401 ff; *Ludolph* VersR 1992, 293.
334 OLG Oldenburg VersR 1993, 1491.
335 Näher hierzu *Pardey* DAR 1994, 266 f; *Scheffen/Pardey* 130 ff.
336 So OLG Düsseldorf VersR 1982, 881.
337 BGHZ 50 (GrS), 306.
338 Vgl. BGH VRS 61, 83.

nau genommen müßte also der Wert dieser Alimentierung ermittelt werden. Dieser wird sich nach den Einkommensverhältnissen des erwerbstätigen Ehegatten und dem Lebenszuschnitt der Familie vor dem Unfall richten. Hinsichtlich des auf die Selbstversorgung entfallenden Teils der Hausarbeit sind auf jeden Fall die entsprechenden Kosten einer Ersatzkraft zu berechnen (vgl. Rdn. 148, 58). Da die verletzte Ehefrau im Regelfall noch in der Lage sein wird, die Haushaltsführung zu leiten, können anders als bei der Tötung der Hausfrau (§ 10, 144) grundsätzlich nur die Kosten einer Hilfskraft (Vergütung etwa nach BAT X) beansprucht werden[339]. Nur wenn ausnahmsweise die Unterstützung durch eine ausgebildete Fachkraft geboten ist (z. B. während stationärer Behandlungen)[340], können deren Kosten angesetzt werden, und zwar auch dann, wenn tatsächlich nur eine weniger qualifizierte Kraft angestellt wurde[341]. Soweit Ersatz für vermehrte Bedürfnisse zu leisten ist (Rdn. 148) oder eine Ersatzkraft tatsächlich angestellt wurde, ist vom Bruttolohn, soweit Anhaltspunkte für die Bemessung des Erwerbsschadens gesucht werden, vom Nettolohn auszugehen[342]. Dieser kann jedoch nur einen Orientierungsrahmen geben; letztlich entscheidend sind die Verhältnisse des konkreten Haushalts[343]. Eine Bewertung der Hausarbeit nach arbeitswissenschaftlichen Grundsätzen, wie sie in jüngster Zeit von *Landau*[344] und *Imhof-Gildein*[345] vertreten wird, ist wegen ihrer Kompliziertheit und der unzutreffenden Anlehnung an die Bewertung abhängiger Arbeit abzulehnen[346].

153 d) **Zeitliche Begrenzung.** Die Rente ist in der Regel bis zum 75. Lebensjahr zu gewähren, da dann im allgemeinen die eigene Haushaltsführung endet[347].

9. Erwerbsschaden des im Geschäft des anderen mitarbeitenden Ehegatten

154 Erbringt der Ehegatte die Mitarbeit im Rahmen seiner Verpflichtung, zum Familienunterhalt beizutragen, so gelten die vorstehenden Grundsätze entsprechend[348]. Leistet er über seine Unterhaltspflicht hinausgehende Dienste unentgeltlich, so kann sich ein Erwerbsschaden nur daraus ergeben, daß infolge des Wegfalls seiner Dienste das Familieneinkommen sinkt und sich damit auch sein Unterhaltsanspruch mindert. Der Erwerbsschaden fällt weg, soweit der bisher mitarbeitende Ehegatte seine verbliebene Arbeitskraft, ggf. nach Umschulung oder im Haushalt, anderweitig verwerten kann.

10. Erwerbsschaden des im Geschäft der Eltern mitarbeitenden Kindes

155 Ein Kind, welches im elterlichen Betrieb aufgrund seiner familienrechtlich geschuldeten Mitarbeit (§ 1619 BGB) unentgeltliche Dienste leistet, erleidet keinen Verdienstaus-

---

339 BGHZ 104, 121; OLG Oldenburg VersR 1993, 1491; näher hierzu und zu den Einzelheiten der Berechnung *Schulz-Borck/Hofmann* 3.1.1; *Schulz-Borck* VGT 1989, 225; *Pardey* DAR 1994, 270 f; *Scheffen* VersR 1990, 930.

340 OLG Oldenburg NJW-RR 1989, 1429.

341 BGH VersR 1989, 1274.

342 Vgl. hierzu *Eckelmann* VersR 1978, 211; OLG Schleswig ZfS 1995, 10; a. A. OLG Hamburg VersR 1985, 647 = 950 m. abl. Anm. *Hofmann*; *Schiemann* NZV 1996, 5. Zur Situation im Falle des Todes des Haushaltsführenden vgl. BGHZ 86, 372 u. § 10, 145.

343 So auch *Geigel/Rixecker* 4. Kap. 155. Eingehend zu den Bewertungskriterien *Ch. Huber* 441 ff.

344 VGT 1989, 207.

345 DAR 1989, 166.

346 Vgl. auch die Entschließung des Arbeitskreises V des VGT 1989, NZV 1989, 103; *Hofmann* NZV 1990, 8 (ablehnend); *Jung* DAR 1990, 161 (befürwortend).

347 OLG Hamm NJW-RR 1995, 599.

348 BGHZ 77, 157.

fall, wenn es unfallbedingt hieran gehindert wird[349]; an seiner Stelle haben die Eltern bei deliktischer Haftung des Schädigers einen Ersatzanspruch nach § 845 BGB (vgl. § 16, 9 ff). Bei bloßer Gefährdungshaftung ist für diesen Ausfall kein Ersatz zu leisten, weil das StVG keine Verweisung auf § 845 BGB enthält. Ein zu ersetzender Verdienstausfall des Kindes kann aber dann entstehen, wenn es sich entschließt oder nach anzunehmendem Verlauf bei Hinwegdenken des Unfalls entschlossen hätte, eine Erwerbstätigkeit aufzunehmen, und wenn es durch verbliebene Unfallfolgen hierin beeinträchtigt ist.

11. Nicht erwerbstätige Verletzte

Personen, die zur Zeit des Unfalls keiner Erwerbstätigkeit nachgingen (z. B. ehrenamtlich für Religionsgemeinschaften oder caritative Einrichtungen Tätige[350], Schüler, Studenten, Rentner, Sozialhilfeempfänger, Arbeitsscheue) und auch nicht wegen Führung eines Ehehaushalts Erwerbstätigen gleichgestellt sind (vgl. Rdn. 145 ff), haben keinen Anspruch auf Schadensersatz wegen Verdienstausfalls. Dies gilt auch für unentgeltliche Dienstleistungen in einer nichtehelichen Lebensgemeinschaft; allerdings kann u. U. in einer als Äquivalent hierfür empfangenen Versorgung ein ersatzpflichtiges Entgelt gesehen werden[351]. Ob der Verletzte die Möglichkeit gehabt hätte, seine Arbeitskraft gewinnbringend einzusetzen, spielt keine Rolle, da die bloße Beeinträchtigung der Arbeitskraft keinen Vermögensschaden darstellt. Daher kann z. B. auch ein Dritter, der dem Verletzten Leistungen zum Lebensunterhalt gewährt, nicht im Wege eines Forderungsübergangs Ersatzansprüche gegen den Schädiger erwerben. Nur wenn der Verletzte nachweisen kann, daß er von einem bestimmten Zeitpunkt an eine Erwerbstätigkeit ausgeübt oder in einer anderen Tätigkeit ein höheres Einkommen erzielt hätte und hieran durch die Unfallverletzungen gehindert würde, kommt insoweit ein Schadensersatzanspruch in Betracht (vgl. Rdn. 160 ff). Der Verletzte, der auf dem Hof seiner Schwiegereltern gegen Gewährung eines Taschengelds gearbeitet hat, weil er damit rechnete, ihm werde dereinst der Hof übergeben werden, hat einen Verdienstausfall nur in Höhe des Taschengeldes[352]; erst von dem Zeitpunkt an, zu dem ihm der Hof übergeben worden wäre, hätte sich der Unfall nicht ereignet, erhält er seinen Verdienstausfall als Landwirt ersetzt. **156**

Arbeitslose, die Arbeitslosengeld (§§ 100 ff AFG) oder Arbeitslosenhilfe (§§ 134 ff AFG) bezogen, diesen Anspruch aber infolge des Unfalls verloren haben, weil sie wegen ihrer Verletzung dem Arbeitsmarkt nicht mehr zur Verfügung stehen, erleiden hingegen einen „Erwerbsschaden"[353]. Dies gilt auch dann, wenn sie nunmehr in gleicher Höhe Krankengeld beziehen. Der Anspruch geht dann auf die Krankenkasse über[354]. **157**

Ein **Berufsunfähiger**, der durch den Unfall erwerbsunfähig wird, kann einen Anspruch auf Ersatz des ihm entstehenden Rentenschadens haben[355]. **158**

---

[349] BGHZ 69, 380; OLG Frankfurt VersR 1982, 909.

[350] OLG Celle NJW 1988, 2618. Vgl. hierzu auch *Gotthardt* JuS 1995, 12; *Stürner* JZ 1984, 415; österr. OGH ZVR 1992, 119.

[351] Vgl. RGRK/*Boujong* § 843, 38; *Geigel/Schlegelmilch* 4. Kap. 206; *Becker* MDR 1977, 705 u. VersR 1985, 205. Zur Frage eines Haushaltsführungsschadens s. Rdn. 149.

[352] OLG München RdL 1957, 153.

[353] BGH VersR 1984, 639; 1984, 862; im Ergebnis zust. *Denck* NZA 1985, 377.

[354] BGH VersR 1984, 639; 1984, 862.

[355] OLG Hamm RuS 1995, 258.

12. Nachteile für das Fortkommen

159 Im allgemeinen beeinträchtigen Unfälle, die die Erwerbsfähigkeit beeinflussen, auch das berufliche Fortkommen. Der Schädiger hat daher nicht nur die Einkommenseinbuße auszugleichen, die sich bei gedachter Fortsetzung der zur Zeit des Unfalls ausgeübten Tätigkeit errechnet, sondern es sind auch künftige Erhöhungen des Einkommens, die der berufliche Aufstieg mit sich gebracht hätte, wäre er nicht durch den Unfall vereitelt worden, zu berücksichtigen (vgl. Rdn. 81). Der besonders schwer zu führende Beweis derartiger hypothetischer Entwicklungen wird durch § 287 ZPO erleichtert (vgl. hierzu Rdn. 84). Ein außergewöhnliches Fortkommen wird das Gericht der Schadensbemessung aber nur zugrundelegen können, wenn hierfür konkrete Anhaltspunkte bestehen. So kann z. B. die Behauptung, ein Handwerker hätte sich später selbständig gemacht und dann ein wesentlich höheres Einkommen erzielt, nur als erwiesen angesehen werden, wenn bereits Dispositionen in diese Richtung getroffen worden sind oder z. B. ein elterlicher Betrieb zur Übernahme anstand. Zum Fortkommensschaden eines Handelsvertreters, der unfallbedingt einen „schlechteren Bezirk" übernehmen mußte, s. BGH VersR 1963, 682.

13. Beeinträchtigung der Aufnahme einer Erwerbstätigkeit

160 a) Bei **Verletzung vor Eintritt in das Berufsleben** hat der Schädiger als Erwerbsschaden das Einkommen zu ersetzen, das durch Aufnahme einer Erwerbstätigkeit nach Abschluß der Ausbildung erzielt worden wäre, wenn der Verletzte nicht durch die Unfallfolgen an der Aufnahme der beabsichtigten Tätigkeit gehindert worden wäre. Der Verletzte muß darlegen und beweisen, welchen Beruf er ergriffen und welches Einkommen er hierbei erzielt hätte; doch muß für den Nachweis dieser hypothetischen Umstände genügen, daß sich aus konkreten Anhaltspunkten in Verbindung mit der allgemeinen Lebenserfahrung eine erhebliche Wahrscheinlichkeit des betreffenden Vorbringens ergibt[356]. Von dem so ermittelten hypothetischen Einkommen ist das tatsächlich erzielte bzw. bei Beachtung der Schadensminderungspflicht (vgl. Rdn. 100 ff) erzielbare abzuziehen[357]. In die Differenzrechnung ist auch das Einkommen einzubeziehen, das der Verletzte vor der hypothetischen Aufnahme der ursprünglich beabsichtigten Tätigkeit erzielt (z. B. weil das hierfür nötige Studium entfällt)[358]. Ist, z. B. bei einem Kind, noch nicht abzusehen, welche berufliche Laufbahn ihm trotz der Schädigung erreichbar bleibt, so kommt eine Feststellungsklage in Betracht[359]; steht jedoch fest, daß der Verletzte sein Leben lang keinen Beruf wird ausüben können, so kann sogleich eine Rente (ab dem Zeitpunkt des hypothetischen Eintritts ins Berufsleben) zuerkannt werden[360].

161 Wird ein Kind schon **vor oder ganz zu Beginn der Ausbildung** verletzt, so fehlt es regelmäßig an jedem Anhaltspunkt für das mit Wahrscheinlichkeit erreichte Ausbildungsergebnis. Im allgemeinen lassen sich aus dem Lebensverlauf des Kindes bis zum Unfallzeitpunkt keine ausreichenden Schlüsse ziehen. Im Einzelfall können aus dem

---

356 Vgl. BGH VersR 1980, 627; OLG Köln NJW 1972, 59; OLG Frankfurt VersR 1989, 48; OLG Karlsruhe DAR 1989, 104; ZfS 1990, 151 (Studium); *Medicus* DAR 1994, 446; *Stürner* JZ 1984, 461 f; *Eckelmann/Nehls/Schäfer* DAR 1983, 347; *Steffen* DAR 1984, 1.

357 Vgl. BGH VersR 1965, 489.

358 **A. A.** OLG Frankfurt VersR 1983, 1083; zweifelnd *Stürner* JZ 1984, 462.

359 RG Recht 1907, Nr. 3810; WarnR 1912, Nr. 256.

360 OLG Köln NJW 1972, 59; eingehend *Eckelmann/Nehls/Schäfer* DAR 1983, 337; *Scheffen* VersR 1990, 928 f.

tatsächlichen Ausbildungsverlauf nach dem Unfall jedoch gewisse Rückschlüsse auf Intelligenz, Charakter und Strebsamkeit des Kindes möglich sein. Ist das Kind so schwer verletzt, daß jegliche Ausbildungsmöglichkeit und Arbeitsleistung entfällt, muß sich die Schätzung an anderen Anhaltspunkten orientieren. Es erscheint bedenklich, hierbei zu sehr auf das soziale Umfeld des Kindes (Berufe der Eltern und Geschwister, Familientradition, Vermögensverhältnisse) abzustellen[361]. Ebenso unbefriedigend wäre es jedoch, in Ermangelung verwertbarer Anhaltspunkte nur einen Mindestschaden zuzubilligen[362]. Entsprechend dem Vorschlag von *Scheffen*[363] wird daher bei derartigen Sachverhalten von einem durchschnittlichen Einkommen auszugehen sein, wobei für das Abstellen auf selbständige oder unselbständige Berufe auch das soziale Umfeld eine gewisse Berücksichtigung finden kann.

Wird der Eintritt in das Erwerbsleben durch den Unfall **verzögert** (z. B. wegen Unterbrechung der Ausbildung), so ist der hierdurch hervorgerufene Verdienstausfall zu ersetzen[364]. Auch für Verzögerungen durch einen Vorlesungsstreik, denen der Verletzte ohne den Unfall nicht ausgesetzt gewesen wäre, hat der Schädiger einzustehen[365]. Zugrundezulegen ist das Einkommen, das in dem Zeitraum der Verzögerung erzielt worden wäre (zu den Beweisanforderungen Rdn. 160). Anderweitige Einkünfte während dieser Zeit (z. B. nach dem BAföG) sind anzurechnen[366]. **162**

b) Wird der Verletzte durch den Unfall an der **Aufnahme eines beabsichtigten Geschäftsbetriebs** gehindert, weil die unfallbedingte Körperbehinderung ihm die damit verbundene Arbeitsleistung nicht mehr gestattet, so wird der Verletzte im allgemeinen nicht näher dartun können, was er im Falle der Geschäftseröffnung verdient hätte. Die Gerichte legen in solchen Fällen im allgemeinen der Schätzung des Schadens den Lohn zugrunde, den ein Arbeitnehmer in vergleichbarer Stellung (z. B. als Filialleiter eines kaufmännischen Betriebes) erfahrungsgemäß verdient. Demgemäß hat das OLG München[367] dem Schwiegersohn eines Bauern, dem der Bauer wegen des Unfalls den Hof nicht – wie eigentlich beabsichtigt – übergab, von dem vermutlichen Tag der Übergabe an den Lohn eines Großknechts als Verdienstausfall zuerkannt. Gegen die Handhabung der Gerichte ist, wenn Erkenntnisquellen für eine wirklichkeitsnähere Schätzung fehlen, nichts einzuwenden; es müßte dabei aber berücksichtigt werden, daß der Verdienst eines selbständigen Unternehmers regelmäßig etwas höher liegt als der eines Arbeitnehmers, auch wenn man beachtet, daß der Teil des Gewinns, der als Kapitalertrag anzusehen ist, vom Schädiger nicht ersetzt werden muß. Bloße gedankliche Vorbereitungen für den Aufbau einer selbständigen Existenz bilden keine ausreichende Grundlage für die Ermittlung eines Verdienstausfallschadens, wenn ein konkretes Planungsstadium noch nicht einmal ansatzweise erreicht worden ist[368]. **163**

c) Die **Vereitelung einer beabsichtigten Tätigkeit als Hausfrau** (Hausmann) ist in konsequenter Fortführung der Rechtsprechung zum Erwerbsschaden des den Haushalt versorgenden Ehegatten (vgl. Rdn. 145 ff) ebenfalls ein Umstand, der einen Schadensersatzanspruch nach § 11 begründen kann[369]. Da sich der Zuschnitt der (hypothetischen) Familie oftmals nicht feststellen lassen wird, muß bei der Bewertung der Hausarbeit **164**

---

361 *Scheffen* VersR 1990, 928; **a. A.** *Medicus* DAR 1994, 447.
362 *Scheffen* VersR 1990, 928; *Medicus* DAR 1994, 447.
363 VersR 1990, 928.
364 Vgl. *Eckelmann/Nehls/Schäfer* DAR 1983, 337 m. Nachw.
365 BGH VersR 1985, 62; **a. A.** *Grunsky* JZ 1986, 172; zweifelnd *Medicus* DAR 1994, 443.
366 KG DAR 1971, 296.
367 RdL 1957, 153.
368 OLG Hamm NZV 1994, 109.
369 BGHZ 38, 60.

von einer „statistischen Durchschnittsfamilie" ausgegangen werden[370]. Einkünfte aus einer (zumutbaren) anderweitigen Verwertung der Arbeitskraft sind anzurechnen. Zur Vereitelung einer beabsichtigten Eheschließung vgl. Rdn. 165 f.

14. Hinderung an Eheschließung

165 Allein der Umstand, daß der oder die Verletzte wegen einer unfallbedingten Behinderung oder Entstellung voraussichtlich keinen Ehepartner finden kann, begründet keinen Erwerbsschaden[371]. Dieser richtet sich vielmehr allein danach, welche Berufstätigkeit der Verletzte noch ausüben kann und welche er ohne den Unfall hätte ausüben können. Die Vereitelung einer bestimmten Lebensplanung begründet keinen Ersatzanspruch nach § 11; sie ist allenfalls bei der Zubilligung eines Schmerzensgeld (bei deliktischer Haftung, § 847 BGB) zu berücksichtigen.

166 Etwas anderes mag gelten, wenn eine **konkret beabsichtigte Heirat** durch den Unfall vereitelt worden ist[372]. Erleidet der oder die Verletzte hierdurch eine materielle Einbuße, weil die durch den eigenen Beitrag zum Familienunterhalt erlangte Alimentation das durch eigene Erwerbstätigkeit für den Betreffenden Erreichbare überstiegen hätte, so ist diese der Berechnung des Ausfallschadens zugrundezulegen.

15. Vorzeitiger Eintritt in den Ruhestand

167 a) Wird ein **Beamter** infolge des Unfalls vorzeitig in den Ruhestand versetzt, so ist ihm sein volles Gehalt bis zu dem Zeitpunkt zu ersetzen, an dem er ohne den Unfall pensioniert worden wäre; in Höhe der dem Beamten gezahlten Versorgungsbezüge geht der Ersatzanspruch allerdings nach § 87 a BBG auf den Dienstherrn über (s. Schlußanh. II, 182 ff). Darauf, ob beim Beamten nach seiner Versetzung in den Ruhestand tatsächlich noch irgendwelche gesundheitliche Unfallfolgen vorliegen, kommt es für die Entstehung des Ersatzanspruchs nicht an[373]. Nach dem Zeitpunkt der regulären Pensionierung ist die Differenz zwischen dem Ruhegehalt, das bei einer nicht durch den Unfall unterbrochenen Dienstzeit erdient worden wäre, und dem tatsächlich erdienten zu ersetzen[374]. Im allgemeinen ist von der regulären Altersgrenze (65. Lebensjahr) auszugehen, dem Schädiger steht aber der Nachweis offen, daß der Verletzte vorzeitig wegen Dienstunfähigkeit ausgeschieden wäre oder vorzeitige Pensionierung beantragt hätte[375]. Zu den steuerlichen Auswirkungen vgl. *Drees* VersR 1987, 742 und Rdn. 86 ff.

168 Wird ein Beamter infolge des Unfalls pensioniert, nimmt er aber danach eine **andere Erwerbstätigkeit** auf, so mindern seine Einnahmen hieraus seinen Ersatzanspruch gegen den Schädiger. Auf den Dienstherrn geht daher nur noch der verminderte Ersatzanspruch über[376]. Hätte der Beamte die Möglichkeit, seine Arbeitskraft nach der Pensionierung gegen Entgelt einzusetzen, unterläßt er dies aber, so verstößt er gegen seine Schadenminderungspflicht (§ 254 Abs. 2 BGB; vgl. Rdn. 100). Dies hat zur Folge, daß sich der auf den Dienstherrn übergegangene Anspruch in gleicher Weise mindert, wie

---

370 *Medicus* DAR 1994, 450.

371 *Weimar* VersR 1961, 782.

372 RG WarnR 1912, 256; Recht 1929, Nr. 33; BGH JZ 1959, 365; *Stürner* JZ 1984, 415; a. A. *MünchKomm/Mertens* § 842, 12.

373 BGH VersR 1960, 1092.

374 BGH VersR 1960, 82; 1967, 955; OLG Celle VersR 1960, 617.

375 *Drees* VersR 1987, 742.

376 BGH VersR 1961, 595; 1969, 538; *Kallfelz* VersR 1963, 204.

wenn der Beamte die anderweitige Arbeit aufgenommen hätte[377]. Hätte der Zusatzerwerb (mindestens) die Höhe der Pensionsbezüge erreicht, so entfällt der Anspruch des Dienstherrn[378]; s. auch Rdn. 198.

Auch bei **ungerechtfertigter Pensionierung** ist Ersatz nach vorstehenden Grundsätzen zu leisten. Den Zivilgerichten ist die Möglichkeit genommen, zu prüfen, ob der Dienstherr den Beamten mit Recht in den Ruhestand versetzt hat; denn insoweit greift die Tatbestandswirkung des Verwaltungsaktes ein[379]. Der Zivilrichter hat aber zu prüfen, ob die Pensionierung eine Folge des Unfalls ist[380]. Nach *Heuss*[381] hat der Schädiger die Möglichkeit, die Verfügung, durch die der Beamte in den Ruhestand versetzt wurde, wegen Rechtswidrigkeit im Verwaltungsstreitverfahren anzufechten. Hiergegen bestehen Bedenken. Erwägenswert ist hingegen der Vorschlag von *Dunz*[382], jedenfalls dem Regreß des Dienstherrn in solchen Fällen den Einwand unzulässiger Rechtsausübung entgegenzusetzen[383]. Dessen Beweis dürfte dem Schädiger allerdings in der Regel sehr schwer fallen. **169**

Die Witwe und die Kinder eines wegen des Unfalls vorzeitig in den Ruhestand versetzten Beamten können vom Schädiger nicht den Unterschiedsbetrag fordern, um den ihre Versorgungsbezüge infolge der vorzeitigen Versetzung in den Ruhestand geringer sind, als wenn der Beamte die Altersgrenze im Dienst erreicht hätte[384]. Sie können auch als Erben des Verstorbenen keine in diese Richtung gehenden Ansprüche erheben, denn es handelt sich nicht um einen Schaden, den der Verstorbene erlitten hatte[385]. **170**

b) Beim Bezug **vorzeitigen Altersruhegeldes** ist dem Verletzten die Differenz zwischen Vollverdienst und Rente zu belassen, falls der vorgezogene Ruhestand unfallbedingt war[386]; vgl. Rdn. 62 f, zum Forderungsübergang Rdn. 192. **171**

16. Nachteile in der Rentenversicherung

a) **Art des Nachteils.** Dem Verletzten könnte dadurch ein Nachteil entstehen, daß während der Zeit seiner Arbeitsunfähigkeit keine (bzw. bei verminderter Arbeitskraft geringere) Beiträge zur Rentenversicherung geleistet werden. Führt dies zur **Minderung seines Rentenanspruchs**, so liegt hierin ein nach § 11 ersatzpflichtiger Schaden. Ob ein solcher entsteht und in welcher Höhe, kann jedoch in aller Regel erst nach Eintritt des Versicherungsfalls endgültig festgestellt werden, so daß zunächst nur eine Feststellungsklage in Betracht käme. Das Sozialversicherungsrecht bietet indessen Möglichkeiten, solche Rentennachteile von vorneherein zu vermeiden; hierauf erstreckt sich die Ersatzpflicht des Unfallverantwortlichen. Im einzelnen ist zu unterscheiden: **172**

b) **Schadensfälle vor dem 1. Juli 1983:** Hatte der Geschädigte die Möglichkeit einer **freiwilligen Versicherung**, so kann er vom Schädiger Ersatz der Beiträge verlangen, die er aufwenden muß, um seine Altersversorgung ungeschmälert zu erhalten[387]. Voraussetzung dieses Ersatzanspruchs ist, daß die Möglichkeit zur freiwilligen Weiterversiche- **173**

---

377 BGH VersR 1969, 75; 1969, 538; *Kallfelz* aaO.
378 BGH VersR 1983, 489.
379 BGH VersR 1969, 538; 1983, 488; *Heuss* VersR 1963, 212; *Drees* VersR 1987, 153; a. A. für das Verhältnis des Schädigers zum Dienstherrn BGH VersR 1960, 1094; dagegen *Wussow* WJ 1960, 189.
380 BGH VersR 1969, 75; 1969, 538.
381 VersR 1963, 213.
382 VersR 1984, 907.
383 Ebenso *Drees* VersR 1987, 744.
384 BGH VersR 1962, 568; 1969, 75.
385 LG Stuttgart VersR 1989, 98.
386 BGH VersR 1982, 166.
387 BGHZ 43, 378; 46, 332; 69, 347; NZV 1994, 63.

rung im konkreten Fall tatsächlich besteht[388]; ob der Verletzte die Ersatzleistung entsprechend verwendet, ist ohne Belang[389]. Daß die künftige Rente durch das Ausbleiben der betreffenden Beiträge tatsächlich beeinträchtigt wird, braucht nicht festzustehen; es genügt grundsätzlich die Möglichkeit solcher Nachteile[390]. Ist die (behauptete) Absicht des Verletzten, sich freiwillig weiterzuversichern, aber wirtschaftlich unvernünftig, weil er in seiner Rentenversicherung bereits eine derart gesicherte Position erlangt hat, daß seine künftigen Renten durch den Ausfall nicht mehr oder allenfalls geringfügig beeinträchtigt werden können („unfallfeste Position")[391], so ist ein Anspruch auf Zahlung der betreffenden Beiträge zu verneinen[392]. Nicht berührt wird der Anspruch dadurch, daß die Berufsgenossenschaft dem Verletzten eine Unfallrente zahlt, durch die eine etwaige spätere Verkürzung des Altersruhegeldes ausgeglichen sein könnte[393], oder dadurch, daß der Rehabilitationsträger die Beiträge zur Rentenversicherung aufbringen mußte[394]. Ebensowenig kommt dem Umstand, daß hinter dem Schädiger ein Haftpflichtversicherer steht, eine Gefährdung des Anspruchs auf Ausgleich der späteren Rentendifferenz also nicht zu besorgen ist, eine Bedeutung für das Bestehen des Anspruchs auf sofortige Schadloshaltung zu[395].

174 Wurden die Arbeitseinkünfte und damit die Sozialversicherungsbeiträge durch die Verletzung lediglich **vermindert**, so bestand für den Verletzten keine Möglichkeit, für den späteren Rentennachteil sogleich Ausgleich zu verlangen, etwa in Form der Beiträge für eine Höherversicherung[396]. Hatte der Geschädigte eine rentenversicherungspflichtige Tätigkeit jedoch aufgenommen, ohne hierzu unter dem Gesichtspunkt der Schadensminderungspflicht verpflichtet zu sein, so hat der Schädiger die auf die erzielten Einkünfte abgeführten Pflichtversicherungsbeiträge zur Rentenversicherung (Arbeitgeber- und Arbeitnehmeranteile) als Teile des Verdienstausfallschadens zu ersetzen[397]. Für Monate, die bereits teilweise mit Pflichtbeiträgen belegt waren, konnten freiwillige Beiträge nicht geleistet werden[398].

175 Trotz der Schwierigkeit, die Höhe der erforderlichen Beitragsleistung zu beziffern, muß der Verletzte auch insoweit einen **bestimmten Klageantrag** stellen (§ 253 Abs. 2 Nr. 2 ZPO)[399]. Es empfiehlt sich, eine Auskunft des Rentenversicherers einzuholen.

176 Hat der Verletzte später einen **Rentennachteil**, obwohl er die vom Schädiger gezahlten Ersatzleistungen zur freiwilligen Weiterversicherung verwendet hat, so ist er nicht gehindert, diesen zusätzlichen Schaden noch geltend zu machen[400]. Dasselbe gilt, wenn er keine Fortentrichtung von Beiträgen verlangt hat. Hat er die Ersatzleistungen dagegen nicht zweckentsprechend eingesetzt, so scheidet ein Ersatz eines künftigen Rentenschadens insoweit aus, als er durch die mögliche Weiterversicherung vermieden worden wäre.

---

388 Vgl. BGH VersR 1979, 622, wo bei einem Gastarbeiter die Wartezeit nach § 1233 Abs. 1 a. F. RVO nicht erfüllt war; BGH NZV 1994, 63: keine Höherversicherung für die Zeit ab 1. 1. 1992; zur nachträglichen Leistung von freiwilligen Beiträgen gem. Art. II § 22 Abs. 2 SGB-X vgl. BGH NZV 1994, 64; *Ritze* VersR 1990, 952f; *Greger* NZV 1991, 18.

389 KG VersR 1975, 862.

390 BGHZ 69, 349.

391 Wegen der sozialversicherungsrechtlichen Voraussetzungen dieser Position s. BGH VersR 1987, 1049 m. Anm. *Hartung*; *Patzak* VersR 1988, 100. Kritisch gegenüber dem Lösungsweg des BGH *Fuchs* NJW 1988, 2005.

392 BGHZ 69, 350; BGH VersR 1979, 1104.

393 BGH VersR 1977, 1158.

394 BGH VersR 1981, 427.

395 BGHZ 69, 347.

396 BGH VersR 1983, 663.

397 BGH NZV 1994, 63.

398 *Wussow/Küppersbusch* 71.

399 Vgl. BGH VersR 1979, 1104, wo für den Erlaß eines Grundurteils eine Ausnahme gemacht wurde.

400 BGHZ 69, 347.

c) Für **Schadensfälle ab 1. Juli 1983** hat § 119 SGB-X insoweit eine Änderung bewirkt, als er den Beitragsanspruch eines Versicherungspflichtigen unter bestimmten Voraussetzungen[401] auf den Sozialversicherungsträger überleitet, um sicherzustellen, daß die Ersatzleistungen tatsächlich für die soziale Absicherung verwendet werden[402]. Der übergeleitete Ersatzanspruch sollte nach der Rechtsprechung jetzt auch Beiträge umfassen, die auf Monatsteile entfallen[403], jedoch weiterhin nicht bestehen, wenn der Versicherte bereits eine „unfallfeste Position" erlangt hatte[404]. Durch den am 1. Januar 1992 in Kraft getretenen, gemäß § 300 Abs. 1 SGB-VI jedoch auch für frühere Schadensfälle geltenden § 62 SGB-VI, hat sich die Rechtslage entscheidend geändert. Nach der genannten Vorschrift wird „durch die Berücksichtigung rentenrechtlicher Zeiten ein Anspruch auf Schadensersatz wegen verminderter Erwerbsfähigkeit nicht ausgeschlossen". Dies bedeutet, daß der Beitragserstattungsanspruch jetzt unabhängig davon besteht, ob der Geschädigte bereits eine unfallfeste Position erlangt hatte[405] und selbst dann, wenn er infolge des Unfalls neben der Erwerbsunfähigkeitsrente aus der gesetzlichen Rentenversicherung eine Verletztenrente aus der gesetzlichen Unfallversicherung erhält, die ihn auch nach dem Erreichen der Altersgrenze absichert[406]. Wegen weiterer Einzelheiten zum Forderungsübergang s. Schlußanh. II, 170 ff. **177**

17. Sonstige Vermögensnachteile

Auch Nachteile, die durch den Wegfall des Arbeitseinkommens mittelbar verursacht werden, fallen unter die Ersatzpflicht, wie z. B. Einbußen, die dadurch entstehen, daß ein Erwerbstätiger die Belastung für sein Eigenheim nicht mehr tragen kann und es deswegen zum Verkauf[407] oder zur Zwangsversteigerung kommt[408]. Die Gefahr eines solchen Schadens muß der Verletzte aber nach Kräften abwenden, zumindest dem Schädiger rechtzeitig anzeigen (§ 254 Abs. 2 BGB). Aufwendungen, deren Rechtsgrund bereits vor dem Schadensfall gelegt worden war, können nicht deswegen, weil sie sich infolge der Verletzung als nutzlos erweisen, ersetzt verlangt werden[409] (s. § 7, 197). Übt der Geschädigte unfallbedingt eine nicht mehr krankenversicherungspflichtige Tätigkeit aus, so sind ihm die Mehrkosten für eine private Krankenversicherung zu ersetzen[410]. Ein Beitragszuschlag zur Krankentagegeldversicherung wegen Risikoerhöhung durch Unfallfolgen kann dagegen nicht als Fortkommensschaden angesehen werden[411]. **178**

18. Entgangene Annehmlichkeiten

Muß der Geschädigte infolge der Körperverletzung auf bestimmte Annehmlichkeiten (z. B. bei der Freizeit- und Urlaubsgestaltung) verzichten, so kann dies allenfalls – wenn zugleich deliktische Haftung eingreift – bei der Bemessung des Schmerzensgeldes **179**

---

401 Wegen Einzelheiten vgl. die Checkliste von *Küppersbusch* VersR 1988, 666.
402 BT-Drs 9/95, 29.
403 BGH VersR 1986, 594; 1987, 599; *Ritze* VersR 1983, 217 ff u. NJW 1983, 2624 f; *Deinhardt* VersR 1984, 705; *Stelzer* VersR 1985, 712 ff u. NJW 1985, 183; a. A. *Küppersbusch* VersR 1983, 207; *Hüffer* VersR 1984, 203 u. 1011; *v. Einem* NJW 1984, 1222; 1985, 2630 u. JR 1989, 23.
404 BGHZ 101, 211 ff = VersR 1987, 1048 m. Anm. *Hartung* = JR 1989, 18 m. Anm. *v. Einem*.
405 BGHZ 116, 260; BGH NZV 1995, 352. S. hierzu auch *Nixdorf* NZV 1995, 337; *von der Heide* VersR 1994, 274.
406 BGH NZV 1995, 352; *Nixdorf* NZV 1995, 337.
407 RGZ 95, 174; RG JW 1908, 455.
408 RGZ 141, 173.
409 A. A. *Stürner* JZ 1984, 416 für weiterlaufende Mietkosten für Betriebsräume.
410 OLG Karlsruhe NZV 1994, 396.
411 A. A. BGH VersR 1984, 696.

berücksichtigt werden; ein Schadensersatzanspruch besteht insoweit nicht (zur Vereitelung der Jagdausübung BGHZ 55, 146; zur Beeinträchtigung des Urlaubsgenusses BGH VersR 1983, 392 in zutreffender Abgrenzung zur Rechtslage bei vertraglicher Haftung). Näher zu dem Problem Schlußanh. I, 139.

19. Forderungsübergang

a) **Auf Arbeitgeber.** Zahlt der Arbeitgeber einem Arbeitnehmer trotz der unfallbedingten Arbeitsunfähigkeit aufgrund arbeitsrechtlicher Vorschriften das Arbeitsentgelt weiter, so soll dies nicht den Schädiger entlasten (vgl. Rdn. 72). Der Schadensersatzanspruch des Arbeitnehmers wird daher in Höhe des fortgezahlten Lohns auf den Arbeitgeber übergeleitet. Bis 31. Mai 1994 war dieser Forderungsübergang in unterschiedlicher Weise geregelt[412]: Bei Arbeitern[413] ging der Schadensersatzanspruch kraft Gesetzes auf den Arbeitgeber über (§ 4 Abs. 1 LFZG), bei den übrigen Gruppen von Beschäftigten, denen Gehaltsfortzahlung gewährt wird (vgl. Rdn. 71) kam es zum gleichen Ergebnis durch eine Abtretung, zu der der Verletzte nach Tarifvertrag (z. B. § 38 I c BAT) oder Einzelarbeitsvertrag verpflichtet war[414]. Das am 1. Juni 1994 in Kraft getretene EFZG[415] hat die Rechtslage vereinheitlicht: § 6 Abs. 1 EFZG ordnet nunmehr für alle Arbeitnehmer und zur Berufsausbildung Beschäftigte den gesetzlichen Forderungsübergang an. Gemäß § 48 Abs. 1 SeemannsG gilt dies auch für Seeleute. Zur Rechtslage bei Beamten, Richtern und Soldaten s. Rdn. 198. Nicht aufgehoben wurde § 10 LFZG, so daß es nach wie vor zu einem weiteren Übergang der Schadensersatzforderung auf Krankenkassen kommen kann, die dem Arbeitgeber einen Teil des fortgezahlten Entgelts zu erstatten haben[416]. Erbringt der Arbeitgeber über das EFZG hinausgehende Leistungen, bedarf es weiterhin der Abtretung[417].

aa) **Umfang.** Maßgeblich ist der vom Arbeitgeber gezahlte Bruttobetrag einschließlich Arbeitnehmer- und Arbeitgeberanteil zur Sozialversicherung[418], also zur Arbeitslosen-, Kranken-, Renten- und Pflegeversicherung, sowie zu Zusatzversorgungseinrichtungen. Außerdem gehören zu dem übergangsfähigen Anspruch alle Leistungen, die als „Arbeitsentgelt" (s. § 4 Abs. 1 a LFZG) angesehen werden, d. h. aufgrund des Arbeitsvertrags vom Arbeitgeber verlangt werden können[419], also z. B. auch der auf die Zeit der Arbeitsunfähigkeit entfallende Anteil[420] an der Weihnachtsgratifikation[421] sowie am Urlaubsentgelt[422] und Urlaubsgeld[423] etwaige vermögenswirksame Leistungen[424], Überstundenvergütungen, die vor dem Unfall über drei Monate hinweg gezahlt worden

---

412 Zur Rechtslage in der ehemaligen DDR s. *Schleich* DAR 1993, 410, 413; in Österreich österr. OGH ZVR 1994, 224 und *Greger* NZV 1995, 16.

413 Gegen analoge Anwendung auf Angestellte BGH NZV 1989, 351.

414 BGHZ 21, 112.

415 Art. 53 des PflegeversicherungsG v. 26. 5. 1994, BGBl. I, 1914.

416 S. hierzu *Schleich* DAR 1993, 417 u. 1994, 377; *Jahnke* NZV 1996, 179.

417 *Jahnke* NZV 1996, 172.

418 BGHZ 43, 378.

419 BGHZ 59, 114; eingehend *Schleich* DAR 1993, 414 ff u. *Jahnke* NZV 1996, 174 ff.

420 Zur Berechnung s. BGH NZV 1996, 356 f.

421 BGH VersR 1972, 566; NZV 1996, 355; näher hierzu *Mittelmeier* VersR 1987, 847.

422 BGHZ 59, 113 f; OLG Stuttgart VersR 1988, 1295; näher hierzu *Mittelmeier* VersR 1987, 847 ff; zur Berechnung bei Schwerbehinderten *Drees* VersR 1983, 321. BGH NZV 1996, 355 und OLGR München 1995, 206 rechnen auch das auf Freistellungstage entfallende Arbeitsentgelt hierher.

423 BGH VersR 1986, 651; NZV 1996, 355; OLGR München 1995, 206.

424 LG Mannheim VersR 1974, 605.

sind[425], Gefahren- und Sozialzulagen, laufend gezahlte Prämien, Tantiemen u. dgl. sowie Beiträge zu den Sozialkassen des Baugewerbes[426] (s. auch Rdn. 79).

Nicht von dem Forderungsübergang erfaßt werden Gehaltszuschläge, durch die konkrete Aufwendungen abgegolten werden sollen (z. B. Schmutzzulagen, Auslösen; diese gehören nach § 4 Abs. 1 a Satz 1 EFZG nicht zum fortzuzahlenden Arbeitsentgelt), sowie Aufwendungen des Arbeitgebers, die nur seinem eigenen Interesse dienen, wie z. B. Beiträge zur Berufsgenossenschaft[427] oder Lasten, die in sein unternehmerisches Risiko fallen wie z. B. Gemeinkostenzuschläge, allgemeine Verwaltungs- und Geschäftskosten, Beiträge zu privater Unfall- oder Haftpflichtversicherung, Pensionsrückstellungen, Umsatzausfälle, Kosten für Ersatzkräfte, Abfindung im Kündigungsschutzprozeß[428]. Das gleiche gilt für Lasten, die der Arbeitgeber im Interesse der Allgemeinheit zu tragen hat, z. B. die Lohnsummensteuer[429], die von den Arbeitgebern des Baugewerbes gezahlte Winterbauumlage[430] oder das Entgelt für einen Zusatzurlaub nach dem SchwbG[431]. Selbstverständlich sind auch Anwaltskosten, die dem Arbeitgeber aus Anlaß des Regresses entstehen, nicht Teil der übergangsfähigen Arbeitsvergütung; sie können daher, da der Arbeitgeber keinen eigenen Schadensersatzanspruch hat, allenfalls unter dem Gesichtspunkt des Verzugsschadens vom Schädiger ersetzt verlangt werden[432]. **182**

Infolge der Arbeitsunfähigkeit **ersparte Aufwendungen des Arbeitnehmers** (Rdn. 96 f) sind, da sie dessen Erwerbsschaden mindern, auch von der Regreßforderung des Arbeitgebers in Abzug zu bringen. Zur Ersparnis häuslicher Verpflegungskosten bei stationärer Heilbehandlung s. Rdn. 184. **183**

bb) **Zeitpunkt.** Der Forderungsübergang auf den Arbeitgeber nach § 6 EFZG findet (ebenso wie früher nach § 4 LFZG) nicht schon zum Zeitpunkt des Unfalls, sondern erst zum Zeitpunkt der Leistung des Arbeitgebers statt[433]. Daher kann ein zwischenzeitliches Erlöschen des Ersatzanspruchs (z. B. durch einen Abfindungsvergleich zwischen Verletztem und Haftpflichtversicherer des Schädigers) auch dem Arbeitgeber entgegengehalten werden (§§ 412, 404 BGB)[434]. Hat auch ein Sozialversicherungsträger eine mit dem Erwerbsschaden kongruente Leistung erbracht, so hat der Übergang auf ihn, da bereits zum Zeitpunkt des Unfalls vollzogen (Schlußanh. II, 120), Vorrang gegenüber dem Übergang auf den Arbeitgeber[435]. Dies ist z. B. der Fall hinsichtlich des Teils des Arbeitseinkommens, das auf ersparte häusliche Verpflegungskosten entfällt[436]; vgl. Rdn. 38, 193: die Anrechnung dieser Ersparnis geht letztlich also zu Lasten des Arbeitgebers[437]. **184**

Da es nur auf die tatsächliche Leistung des Arbeitgebers ankommt, ist es für die Frage des Forderungsübergangs ohne Bedeutung, ob eine Verpflichtung zu der Lohnfortzahlung bestand. **185**

cc) Ein **Befriedigungsvorrecht** bei nicht voll realisierbarer Ersatzforderung (zum Begriff s. Schlußanh. II, 144) steht dem Arbeitgeber nicht zu (§ 6 Abs. 3 EFZG). – Die Frage eines **Quotenvorrechts** bei eingeschränkter Ersatzpflicht (Schlußanh. II, 140 ff) **186**

---

425 OLG Koblenz VersR 1975, 1056.

426 BGH VersR 1986, 650; OLG Oldenburg VersR 1975, 719; eingehend hierzu *Wussow/Küppersbusch* 66.

427 BGH VersR 1976, 340; OLG Oldenburg VersR 1975, 719.

428 *Jahnke* NZV 1996, 176 f.

429 LG Münster VersR 1976, 599.

430 BGH VersR 1986, 650.

431 BGH VersR 1980, 82; OLG Düsseldorf VersR 1985, 69; s. hierzu *Drees* VersR 1983, 319 u. – differenzierend – *Stürner* JZ 1984, 462.

432 Vgl. *Engelke* VersR 1982, 762, Eichner DAR 1989, 356 u. *Jahnke* NZV 1996, 177 mit Nachweisen aus der divergierenden Rspr.

433 BGH VersR 1978, 660.

434 *Jahnke* NZV 1996, 172 m. w. Nachw.

435 OLG Celle VersR 1977, 1027.

436 BGH VersR 1984, 584.

437 Einzelheiten bei *Wussow/Küppersbusch* 168 ff; *Jahnke* NZV 1996, 178 f.

wurde im Verhältnis Arbeitgeber–Arbeitnehmer bisher kaum akut, da letzterer in der Regel seinen vollen Lohn weitergezahlt bekam. Seit der Begrenzung der Lohnfortzahlung auf 80% des Bruttoentgelts (Rdn. 71) stellt sich jedoch die Frage, ob die – etwa wegen Mitverschuldens – gekürzte Schadensersatzforderung in Höhe des nicht abgedeckten Verdienstausfalls dem Arbeitnehmer verbleibt oder bis zur völligen Schadloshaltung des Arbeitgebers auf diesen übergeht. Sie wird durch § 6 Abs. 3 EFZG, der nur die *Geltendmachung* des übergegangenen Anspruchs (also das Befriedigungsvorrecht), nicht den Übergang selbst regelt, nicht beantwortet, ist aber nach der in dieser Vorschrift zum Ausdruck kommenden Tendenz und in Anbetracht der Rechtsprechung zur entsprechenden Problematik beim Beamten (Schlußanh. II, 184) zu Lasten des Arbeitgebers zu entscheiden. Dieser trägt somit das Lohnzahlungsrisiko in den Mitverschuldensfällen in gleicher Höhe wie vor der Änderung des § 4 Abs. 1 EFZG.

187 dd) **Ausschluß des Übergangs gegenüber Familienangehörigen.** § 67 Abs. 2 VVG ist nach Sinn und Zweck auch auf den Forderungsübergang nach § 6 EFZG bzw. § 4 LFZG entsprechend anzuwenden[438]. Der Arbeitgeber kann daher bei einem in häuslicher Gemeinschaft mit dem Verletzten lebenden Angehörigen nicht Rückgriff nehmen. Das Bestehen einer Haftpflichtversicherung ändert hieran nichts[439]. Näher zum Angehörigenprivileg Schlußanh. II, 150 ff.

188 ee) **Anrechnung von Mitverschulden.** Ein Mitverschulden des Arbeitnehmers hinsichtlich Entstehung oder Höhe des Schadens (vgl. § 9) kann der Schädiger auch dem Arbeitgeber gegenüber einwenden, auf den der Anspruch auf Ersatz des Erwerbsschadens übergegangen ist (§§ 404, 412 BGB). Hat an dem Unfall ein Verschulden des Arbeitgebers mitgewirkt, so führt dies ebenfalls zur Minderung seiner Regreßansprüche gegen den Zweitschädiger, und zwar auch dann, wenn die Voraussetzungen des § 636 RVO a. F. bzw. § 104 SGB-VII vorliegen, der Arbeitgeber sich also dem Arbeitnehmer gegenüber auf einen Haftungsausschluß berufen könnte[440].

189 b) **Auf Sozialversicherungsträger** kann der Ersatzanspruch nach § 116 Abs. 1 SGB-X (bei Schadensfällen vor 1. Juli 1983 § 1542 Abs. 1 RVO, § 77 Abs. 2 AVG, § 109 RKnappschG, übergehen. Außerdem kommt ein Übergang von Beitragsansprüchen nach § 119 SGB-X in Betracht (vgl. hierzu Rdn. 177).

190 aa) **Kongruenz.** Der Forderungsübergang findet nur statt, soweit der Sozialversicherungsträger für denselben Zeitraum Leistungen erbracht hat oder erbringt, die zudem demselben Zweck dienen sollen wie der Schadensersatzanspruch (sachliche und zeitliche Kongruenz; vgl. Schlußanh. II, 117 ff).

191 Mit dem Anspruch auf Ersatz des Erwerbsschadens kongruent sind insbesondere Erwerbs- oder Berufsunfähigkeitsrenten der Rentenversicherung, Renten der Berufsgenossenschaft, Kinderzuschuß und Kinderzulage[441]; s. aber Rdn. 195, sowie Krankengeld, auch wenn auf freiwilliger Weiterversicherung beruhend[442] oder an die Stelle von Arbeitslosenunterstützung tretend[443]; s. Rdn. 157. Leistungen, die der Sozialversicherungsträger im Rahmen der beruflichen Rehabilitation für die Umschulung des Verletzten erbringt, sind (in dem in Rdn. 104 beschriebenen Umfang) mit Schadensersatzansprüchen wegen Beeinträchtigung der Erwerbsfähigkeit kongruent[444].

192 Keine Kongruenz besteht dagegen zwischen einer Verletztenrente und einem Anspruch auf Ersatz vermehrter Bedürfnisse (vgl. Rdn. 59); anders verhält es sich allerdings bei solchen Aufwendungen, die der Verletzte, um seinen Einnahmeverlust aufzufangen, für eine Ersatzkraft gemacht

---

438 BGH VersR 1976, 567; OLG Celle VersR 1976, 93; OLG Hamm VersR 1977, 746.
439 BGH VersR 1976, 567.
440 BGHZ 54, 177.
441 BGH VersR 1983, 52.
442 BGH VersR 1976, 756; 1977, 768.
443 BGH VersR 1984, 639; 1984, 862.
444 BGH VersR 1982, 767; *Westphal* VersR 1982, 1126.

hat[445]. Die Zahlung von Altersruhegeld ist mit dem Verdienstausfallschaden nicht kongruent, soweit sie auf dem Erreichen der Altersgrenze beruht[446], wohl aber bei Gewährung vorzeitigen Altersruhegelds wegen der unfallbedingten Behinderungen[447]. Wegen der Beiträge von Versicherungsträgern zur Kranken-, Renten- oder Arbeitslosenversicherung s. Schlußanh. II, 107 ff.

Soweit Leistungen der Krankenkasse für stationäre Behandlung auf **ersparte häusliche Verpflegung** entfallen, sind sie mit dem Erwerbsschaden kongruent, weil die Verpflegungskosten ohne den Unfall aus dem Erwerbseinkommen zu tragen gewesen wären, die Übernahme der Verpflegungskosten also dem teilweisen Ersatz des Erwerbsschadens diente; daher geht auch insoweit der Schadensersatzanspruch über (Rdn. 38). Dies gilt auch für den Erwerbsschaden wegen Verhinderung an der Haushaltsführung[448]. 193

Die wegen **Verminderung der Fähigkeit zur Haushaltsführung** vom Schädiger zu zahlende Rente ist mit einer Erwerbsunfähigkeitsrente[449] oder Verletztenrente[450] des Sozialversicherungsträgers insoweit kongruent, als es sich um Ersatz eines Erwerbsschadens handelt (vgl. Rdn. 145 ff). Dem Forderungsübergang auf den Sozialversicherungsträger steht auch nicht entgegen, daß die Tätigkeit im Haushalt von der Sozialversicherung ausgeschlossen ist und der Rentenanspruch sich daher nur aus einer früheren, pflichtversicherten Tätigkeit ergeben kann[451]. Es wäre eine ungerechtfertigte Besserstellung des den Haushalt führenden Ehegatten, wenn ihm neben einer Erwerbsunfähigkeitsrente auch der volle Schadensersatzanspruch wegen Beeinträchtigung seiner Tätigkeit verbliebe. Auch eine Benachteiligung des Ehegatten gegenüber einem Alleinstehenden (der die Kosten einer Hilfskraft als vermehrte Bedürfnisse geltendmachen kann) liegt nicht vor, da auch beim Verheirateten für den auf die Eigenversorgung entfallenden Teil der Haushaltsführung nur unter dem Gesichtspunkt der vermehrten Bedürfnisse Ersatz zu leisten ist, also nur der Teil der Schadensersatzforderung auf den Sozialversicherungsträger übergeht, der für reinen Erwerbsschaden zu leisten ist[452]. 194

Kinderzuschuß und Kinderzulage nach § 270 SGB-VI, § 583 RVO sind zwar mit dem Verdienstausfallschaden sachlich kongruent (Rdn. 191). Da aber ihre Gewährung nach § 4 Abs. 1 Nr. 1 BKGG zum Wegfall des Kindergeldes führt, muß der Rückgriff des Sozialversicherungsträgers auf den das Kindergeld übersteigenden Betrag beschränkt werden[453]. 195

bb) Wegen **sonstiger Fragen** im Zusammenhang mit dem Forderungsübergang auf Sozialversicherungsträger s. Schlußanh. II, 100 ff. 196

c) Ein Forderungsübergang auf **Privatversicherer** nach § 67 Abs. 1 VVG (vgl. § 7, 220 ff und Rdn. 30 ff) findet nur bei der Schadensversicherung, nicht jedoch bei den sog. Summenversicherungen statt. Daher führen Leistungen der Berufs- oder Erwerbsunfähigkeitsversicherung, der Krankenhaus- oder Krankentagegeldversicherung[454] sowie der Unfall- oder Insassenunfallversicherung nicht zu einer cessio legis. Bei der Krankenhaustagegeldversicherung besteht jedoch nach § 11 AVB ein Abtretungsanspruch[455]. 197

d) Auf den **Dienstherrn** eines Beamten oder Soldaten, dem trotz Dienstunfähigkeit das Gehalt weitergezahlt wird, geht insoweit der Anspruch auf Ersatz des Erwerbsschadens (der durch die Fortzahlung der Dienstbezüge nicht ausgeschlossen wird; vgl. Rdn. 72) über (§ 87 a BBG, § 52 BRRG, § 30 III SoldG). Dasselbe gilt für Versorgungsleistungen, die mit Schadensersatzansprüchen eines pensionierten Beamten kongruent 198

---

445 BGH VersR 1977, 916.
446 BGH VersR 1982, 166.
447 BGH VersR 1986, 813.
448 LG Regensburg VersR 1982, 885; a. A. OLG Zweibrücken NZV 1992, 150; *Wussow/Küppersbusch* 174.
449 BGH VersR 1974, 162.
450 BGH VersR 1985, 356.
451 BGH VersR 1974, 163; a. A. BGH VersR 1968, 194; *Deutsch* SGb 1974, 393; *Lange* FamRZ 1983, 1183; s. auch *Fuchs* 184.
452 BGH VersR 1974, 163.
453 BGH VersR 1983, 52; vgl. auch BGH VersR 1978, 861; VRS 67, 88.
454 BGHZ 52, 352.
455 Vgl. *Stürner* JZ 1984, 412.

sind: Unfallruhegehalt, Übergangsgeld und Unterhaltsbeitrag, nicht aber die Unfallentschädigung gem. § 43 BeamtVG[456]. Die Grundrente nach § 31 BVG ist nur mit dem Ersatzanspruch wegen vermehrter Bedürfnisse (s. Rdn. 59), nicht mit jenem wegen der Erwerbs- und Fortkommensnachteile kongruent[457]. Maßgeblich ist die Höhe der Bruttobezüge[458] einschließlich anteiligen Urlaubsgelds, Urlaubsentgelts[459] und Weihnachtsgelds[460] sowie vermögenswirksamer Leistungen (vgl. Rdn. 181). Die Belastung des Dienstherrn mit dem Umstand, daß Zeiten der Dienstunfähigkeit ruhegehaltsfähig sind, findet keine Entsprechung in einem übergangsfähigen Ersatzanspruch des Beamten, so daß dem Dienstherrn ein Rückgriff verschlossen ist[461]. Ein Verstoß des Beamten gegen die Schadensminderungspflicht (unterlassener Zusatzerwerb neben Pension) wirkt sich wegen des aus § 87 a Satz 2 BBG hergeleiteten Vorrechts zu Lasten des Dienstherrn aus (vgl. Schlußanh. II, 184). Wegen weiterer Einzelheiten zum Forderungsübergang s. Schlußanh. II, 182 ff.

199 e) Auf den **Träger der Arbeitslosenversicherung**, der dem Verletzten Unterstützung gewährt, geht der Anspruch auf Ersatz des Erwerbsschadens nach § 127 AFG i. V. m. § 116 SGB-X über (bei Unfällen vor 1. Juli 1983 nach §§ 127, 140 AFG a. F.; ab 1. Januar 1998 nach § 116 Abs. 10 SGB-X). Zum Zeitpunkt des Rechtsübergangs vgl. Schlußanh. II, 122; wegen weiterer Fragen die Erl. zu § 116 SGB-X in Schlußanh. II, 100 ff.

200 f) Zum Forderungsübergang auf den **Träger der Sozialhilfe**, der dem Verletzten Leistungen nach dem BSHG erbracht hat oder erbringt, vgl. Schlußanh. II, 112, 127 ff. Zu beachten ist auch hier, daß nur kongruente Ansprüche übergehen, also nur solche, die die Deckung des Lebensbedarfs zum Gegenstand haben[462].

§ 12
Höchstbetrag der Haftung

(1) Der Ersatzpflichtige haftet

1. **im Falle der Tötung oder Verletzung eines Menschen nur bis zu einem Kapitalbetrag von fünfhunderttausend Deutsche Mark oder bis zu einem Rentenbetrag von jährlich dreißigtausend Deutsche Mark;**
2. **im Falle der Tötung oder Verletzung mehrerer Menschen durch dasselbe Ereignis, unbeschadet der in Nummer 1 bestimmten Grenzen, nur bis zu einem Kapitalbetrag von insgesamt siebenhundertfünfzigtausend Deutsche Mark oder bis zu einem Rentenbetrag von fünfundvierzigtausend Deutsche Mark; diese Beschränkung gilt jedoch in den Fällen des § 8 a Abs. 1 Satz 1 nicht für den ersatzpflichtigen Halter des Kraftfahrzeugs;**
3. **im Falle der Sachbeschädigung, auch wenn durch dasselbe Ereignis mehrere Sachen beschädigt werden, nur bis zu einem Betrag von einhunderttausend Deutsche Mark.**

(2) Übersteigen die Entschädigungen, die mehreren auf Grund desselben Ereignisses nach Absatz 1 zu leisten sind, insgesamt die in Nummer 2 Halbsatz 1 und Nummer 3 bezeichneten Höchstbeträge, so verringern sich die einzelnen Entschädigungen in dem Verhältnis, in welchem ihr Gesamtbetrag zu dem Höchstbetrag steht.

---

456 *Drees* VersR 1987, 745.
457 BGH VersR 1964, 1307; 1965, 563; 1985, 990.
458 BGHZ 42, 76.
459 BGHZ 59, 154.
460 BGH VersR 1972, 566.
461 BGH VersR 1982, 1193.
462 BGH VersR 1970, 1053; **a. A.** BGH VersR 1973, 713.

Dazu bestimmt Art. 5 des G. vom 16. 8. 77 (BGBl. I 1577), das die vorher geltenden Höchstbeträge heraufgesetzt hat:

(1) Die Vorschriften dieses Gesetzes finden mit Ausnahme von Artikel 4 keine Anwendung, wenn das schädigende Ereignis vor seinem Inkrafttreten (1. 1. 1978) eingetreten ist.

(2) Ist nach den Vorschriften des Reichshaftpflichtgesetzes, des Straßenverkehrsgesetzes oder des Luftverkehrsgesetzes wegen der Tötung oder Verletzung eines Menschen Schadensersatz zu leisten, so kann der Ersatzberechtigte, soweit es nach seinen Verhältnissen aus Billigkeitsgründen erforderlich ist und dem Ersatzpflichtigen zugemutet werden kann, Schadensersatz bis zur Höhe der in Artikel 1 Nr. 6, Artikel 2 Nr. 1 und Artikel 3 Nr. 1 und 3 bestimmten Beträge auch dann verlangen, wenn das schädigende Ereignis vor dem Inkrafttreten dieses Gesetzes eingetreten ist. Dies gilt nicht, soweit nach diesen Gesetzen eine Schadensersatzpflicht bisher nicht bestand. Im übrigen findet Artikel 7 des Gesetzes über Maßnahmen auf dem Gebiet des Verkehrsrechts und Verkehrshaftpflichtrechts vom 16. Juli 1957 (BGBl. I S. 710) sinngemäße Anwendung.

Art. 7 des Gesetzes vom 16. Juli 1957 (BGBl. I 710) hat folgenden Wortlaut:

(1) Ist nach den Vorschriften des Straßenverkehrsgesetzes wegen der Tötung oder Verletzung eines Menschen Schadensersatz zu leisten, so kann der Ersatzberechtigte, soweit es nach seinen Verhältnissen aus Billigkeitsgründen erforderlich ist und dem Ersatzpflichtigen zugemutet werden kann, Schadensersatz bis zur Höhe der in Artikel 1 Nr. 5 bestimmten Beträge auch dann verlangen, wenn das schädigende Ereignis vor dem Inkrafttreten dieses Gesetzes eingetreten ist. Soweit der Schadensersatz durch Entrichtung einer Geldrente zu leisten ist, gilt dies nur für diejenigen Rentenbeträge, die nach dem Inkrafttreten dieses Gesetzes fällig werden.

(2) Absatz 1 ist auch anzuwenden, wenn der Ersatzpflichtige und der Ersatzberechtigte sich vor dem Inkrafttreten dieses Gesetzes dahin geeinigt haben, daß der Ersatz durch Entrichtung einer Geldrente zu leisten ist; dies gilt nicht, wenn und soweit die bisherigen Haftungshöchstbeträge für die Bestimmung der Höhe der Rentenbeträge nicht maßgebend waren oder wenn sich aus den Vereinbarungen der Beteiligten etwas anderes ergibt.

(3) Absatz 1 gilt nicht,

1. *wenn vor dem Inkrafttreten dieses Gesetzes dem Ersatzberechtigten durch rechtskräftiges Urteil statt einer Geldrente ein Kapitalbetrag auf Grund der bisher geltenden Vorschriften zuerkannt worden ist, oder*
2. *wenn der Ersatzpflichtige und der Ersatzberechtigte sich vor dem Inkrafttreten dieses Gesetzes dahin geeinigt haben, daß als Schadensersatz für die Zukunft ein Kapitalbetrag zu entrichten ist, oder*
3. *wenn und soweit die Ersatzansprüche auf einen anderen übergegangen sind.*

(4) Ist durch rechtskräftiges Urteil auf Entrichtung einer Geldrente erkannt oder ist eine Verpflichtung zur Zahlung einer Geldrente in einem gerichtlichen Vergleich oder in einer vollstreckbaren Urkunde (§ 794 Nr. 1 und 5 der Zivilprozeßordnung) übernommen, so kann der Ersatzberechtigte im Wege der Klage eine den vorstehenden Vorschriften entsprechende Abänderung verlangen; die Vorschrift des § 323 Abs. 2 und 3 der Zivilprozeßordnung sind entsprechend anzuwenden.

(5) Der sich aus Absatz I ergebende Anspruch verjährt in zwei Jahren von dem Zeitpunkt an, in welchem der Ersatzberechtigte Kenntnis von den Umständen erlangt, aus denen sich der Anspruch ergibt, jedoch frühestens vom Inkrafttreten dieses Gesetzes an. Im übrigen gelten für die Verjährung die Vorschriften des § 14 Abs. 2, 3 des Straßenverkehrsgesetzes entsprechend.

(6) Der in Absatz 1 bestimmte Anspruch kann insoweit nicht geltend gemacht werden, als auf dem Straßenverkehrsgesetz beruhende Schadensersatzansprüche gemäß §§ 14, 15 des Straßenverkehrsgesetzes nicht geltend gemacht werden können.

Übersicht

Schrifttum

Arndt Rückwirkende Änderung der Haftungssummen, RdK 1926, 37; *Inselmann* Einfluß der in § 13 enthaltenen Regelung auf die Höchstbeträge des § 12, RdK 1938, 320; *Wussow* Zur Anwendung des § 12 Abs. 2 StVG, NJW 1959 563.

Entstehungsgeschichte

Der Entwurf 1906 enthielt keine ziffernmäßige Begrenzung der Haftpflicht. Bei Beratung in der Reichstagskommission tauchte der zunächst von der Regierung bekämpfte Gedanke einer Beschränkung auf.

Der Entwurf 1908 machte sich diesen zu eigen und schlug in § 6 auch schon die Höchstsummen vor, die später Gesetz wurden. In der Begründung (S. 10 der Reichstagsvorlage Nr. 988) führte er aus, nur die feste Begrenzung der Ersatzpflicht verschaffe den Fahrzeughaltern die Möglichkeit, sich gegen die verschärfte Haftung ohne unverhältnismäßige Kosten zu versichern.

Bei Beratung war beantragt worden (KommBer. 21) die Vorschrift durch den Zusatz zu ergänzen:

Über diese Beträge hinaus haftet der Ersatzpflichtige insoweit, als die Billigkeit nach den Umständen insbesondere nach den Verhältnissen der Beteiligten, eine Schadloshaltung erfordert und ihm nicht die Mittel entzogen werden, deren er zum standesmäßigen Unterhalte, sowie zur Erfüllung seiner gesetzlichen Unterhaltspflichten bedarf.

Der Antrag wurde zunächst angenommen, in zweiter Lesung aber wieder gestrichen, nachdem ausgeführt worden war, bei Nichtbegrenzung der Haftsummen würden die Versicherungsprämien, wie das in Österreich der Fall gewesen, so ungeheuer in die Höhe schnellen, daß der Minderbemittelte, außerstande, sich zu versichern, das Wagnis selbst tragen müßte (KommBer. 25).

Nach Inkrafttreten der Vorschrift machte der Wechsel des Geldwertes wiederholt eine Anpassung der Haftungssummen derforderlich. Das Gesetz vom 23. 11. 1922 (RGBl. 1923, I 1) ermächtigte in der Inflationszeit die Reichsregierung, mit Zustimmung des Reichsrats die seit 1909 geltenden Höchstbeträge zu ändern. Diese Ermächtigung wurde mit Gesetz vom 6. 2. 1924 (RGBl. I 1179) erneuert. Bis 1922 hatten die Höchstsummen betragen: Bei Tötung oder Verletzung *eines* Menschen 50 000,– M oder 3000,– M Jahresrente, Erhöhung bei mehreren Verletzten auf insgesamt 150 000,– M (9000,– M Rente). Bei Sachschäden 10 000,– M. Im Gesetz vom 23. 11. 1922 wurden erhöht der Betrag von 50 000,– M auf 5 000 000 M, der Rentenbetrag auf 250 000 M, der Betrag von 150 000 M auf 12 500 000 M, der Gesamtrentenbetrag auf 1 000 000 M sowie der Betrag für Sachschäden auf 1 000 000 M. Aufgrund der erteilten Ermächtigung änderte die Reichsregierung neuerlich die Haftungssummen durch VO vom 3. 10. 1923 (RGBl. I 932) und VO vom 6. 2. 1924 (RGBl. I 42). In der VO von 1924 wurden die Höchstbeträge auf die Hälfte der Höhe von 1909 herabgesetzt; als Wertmaß wurde die wertbeständige Goldmark eingeführt. Das Maßnahmengesetz vom 16. 7. 57 (BGBl. I 710), in Kraft seit 19. 7. 1957, stellte die Höchstsummen von 1909 wieder her. Das Gesetz zur Änderung der Haftungshöchstbeträge nach dem StVG vom 15. 9. 1965 (BGBl. I 1352) erhöhte mit Wirkung ab 1. 10. 1965 die Höchstbeträge auf 250 000,– DM bzw. 15 000,– DM Jahresrente bei Personen- und 50 000,– DM bei Sachschäden, kannte aber keine über die Haftungshöchstbeträge hinausgehende Haftungsbegrenzung mehr bei Unfällen mit mehreren Verletzten. Die mehreren Verletzten hatten sich vielmehr seit 1. 10. 1965 in die sonst dem Alleinverletzten zustehende Haftungshöchstsumme zu teilen. Durch Gesetz vom 16. 8. 1977 (BGBl. I 1577), in Kraft seit 1. 1. 1978, wurden die nunmehr geltenden Höchstbeträge sowie erneut ein Summenhöchstbetrag für den Fall der Verletzung oder Tötung mehrerer eingeführt.

Eine weitere Änderung des § 12 wurde durch die Einführung der Gefährdungshaftung gegenüber Insassen öffentlicher Verkehrsmittel im Jahre 1939 erforderlich, denn andernfalls würde bei Unfällen, die eine Verletzung mehrerer Insassen zur Folge haben, der auf jeden Insassen treffende Entschädigungsbetrag unangemessen gering. Eingeführt wurde die Vorschrift, durch die der Summenhöchstbetrag bei Verletzung mehrerer Insassen außer Kraft gesetzt wurde, gleichzeitig mit § 8 Abs. 2 durch Gesetz vom 7. 11. 1939 (RGBl. I 2223). Bei Wegfall des Summenhöchstbetrags durch Gesetz vom 15. 9. 1965 (BGBl. I 1352) blieb die Ausnahme für die Insassenhaftung insoweit bestehen, als der Einzelhöchstbetrag für unanwendbar erklärt wurde. Seit 1. 1. 1978 besteht wieder die frühere Regelung.

Der Verkehrsgerichtstag 1995 hat eine Heraufsetzung der Höchstbeträge empfohlen (Entschließung 2 des Arbeitskreises VI; NZV 1995, 101).

I. Zweck der Vorschrift

Die summenmäßige Haftungsbeschränkung wurde im Jahre 1909 eingeführt, um die 1
Versicherungsprämien für die Haftpflichtversicherung in erträglichen Grenzen zu halten. Diesem Gesichtspunkt kommt seit der Einführung der Pflichtversicherung, die sich auch auf die unbegrenzte Haftung aus unerlaubter Handlung bezieht, nur noch eine zweitrangige Bedeutung zu. Die Notwendigkeit einer summenmäßigen Begrenzung der Haftung beruht nunmehr in erster Linie auf der Erwägung, daß sie bei Vorschriften, die eine Haftung ohne Verschulden vorsehen, das gebotene Gegenstück zur Ausweitung des Haftungstatbestandes ist.

II. Anwendungsbereich

1. Haftpflichtansprüche

Die Höchstbeträge nach § 12 gelten für die Haftung des Kraftfahrzeughalters nach 2
§ 7 und für die des Kraftfahrzeugführers nach § 18. Sie gelten nicht, wenn der Anspruch

des Verletzten auch aus dem Gesichtspunkt der unerlaubten Handlung (§ 823 BGB; vgl. hierzu § 16, 6 ff) begründet ist. Von den sonstigen Gefährdungshaftungstatbeständen sehen §§ 9, 10 HaftpflG und § 37 LuftVG, nicht aber §§ 833, 834 BGB und § 22 WHG eine Haftungsbegrenzung vor.

2. Ausgleichsansprüche

3 Bei Ausgleichsansprüchen nach § 17 Abs. 1 S. 1 gilt § 12 ebenfalls[1]. Wird mithin der Halter oder Führer eines Kraftfahrzeugs von einem anderen Unfallbeteiligten, der die Ansprüche des Verletzten erfüllt hat, auf teilweisen Ersatz der Aufwendungen in Anspruch genommen, so braucht er, soweit er nur aus § 7 oder § 18 haftet, nie mehr als den Haftungshöchstbetrag zu zahlen[2].

3. Mithaftung des Verletzten

4 Nach der Rechtsprechung des RG und des BGH soll die Verpflichtung des geschädigten Halters, bei eigener Mitverantwortung einen Teil des Schadens mitzutragen (vgl. § 9, 5; § 17, 40), nicht auf die Höchstgrenzen des § 12 begrenzt sein[3]. Diese Ansicht beruht auf einer Verkennung des Zwecks der summenmäßigen Haftungsbegrenzung. Diese ist etwa seit 1910 unersetzlicher Ausgleich für fast alle Fälle des Haftens ohne Verschulden geworden, die seitdem eingeführt wurden. Damals setzte sich die Rechtsüberzeugung durch, daß der Schaden des hierfür mitverantwortlichen Verletzten aufzuteilen sei, auch wenn den Verletzten kein Verschulden trifft. Wird dem Verletzten auferlegt, ohne Verschulden einen Teil seines eigenen Schadens zu tragen (wie z. B. in § 17 Abs. 1 Satz 2) und haftet der Verursacher des Unfalls ihm aus unerlaubter Handlung, so wäre es grob unbillig, dem Verletzten die Tragung eines über die Haftungsgrenzen des § 12 hinausgehenden Schadens zuzumuten (s. auch § 17, 47).

III. Einzelheiten der Haftungsbegrenzung

1. Personen- und Sachschaden

5 Der Höchstbetrag von 100 000,– DM für den Ersatz von Sachschäden tritt neben den Höchstbetrag von 500 000,– DM für Personenschäden. Der für den Ersatz von Personenschäden zur Verfügung stehende Betrag mindert sich mithin (anders als in § 37 Abs. 4 LuftVG) nicht, wenn ein Unfall außer Personenschäden auch Sachschäden hervorgerufen hat.

6 Der Höchstbetrag wegen eines Personenschadens umfaßt sämtliche durch den Tod oder die Verletzung einer Person entstandenen Ansprüche; er umfaßt mithin neben dem Unterhaltsschaden der Witwe auch die Kosten der versuchten Heilung und die Beerdigungskosten[4].

2. Mehrere Schadensposten

7 Setzt sich der Schaden aus mehreren Posten zusammen, ist aber nur eine Person geschädigt, so kann diese nach BGHZ 50, 271 nicht nach ihrem Belieben einen oder mehrere der Schadensposten bis zur Erschöpfung des Höchstbetrages geltend machen

[1] BGH DAR 1957, 129.
[2] BGH VersR 1964, 1145.
[3] RGZ 149, 213; BGH NJW 1956, 1068; VRS 11, 108.
[4] BGH DAR 1969, 101.

und auf die Geltendmachung der übrigen verzichten (woran u. U. wegen eines gesetzlichen Forderungsübergangs ein Interesse bestehen kann). Die Normierung der Höchstbeträge in § 12 bewirkt vielmehr eine verhältnismäßige Kürzung jedes ersetzt verlangten Schadenspostens, und zwar in dem Verhältnis, in dem die Haftungshöchstsumme zum Gesamtbetrag des Schadens steht. Der Schädiger, der dartut, daß der Geschädigte Anspruch auf Ersatz weiterer Schadensposten hat, muß daher auch deren Höhe dartun, wenn er die geltendgemachten Posten teilweise zu Fall bringen will.

3. Mithaftung des Verletzten

Trifft den Verletzten ein mitwirkendes Verschulden (oder eine mitwirkende Verantwortung nach § 17 Abs. 1 Satz 2), so wird der Höchstbetrag nicht etwa im Verhältnis des mitwirkenden Verschuldens verringert. Vielmehr erhält der Verletzte den vollen ihm unter Berücksichtigung seiner Mithaftung zustehenden Schadenersatz, wenn dieser sich innerhalb der Höchstgrenzen des § 12 hält. Übersteigt die Forderung den Höchstbetrag, so ist nur dieser geschuldet. Haben sich mehrere Verletzte in den Höchstbetrag zu teilen (Rdn. 18 ff), so nimmt jeder mit dem Betrag an der Verteilung teil, der ihm unter Beachtung seiner Mitverantwortung zusteht[5]. **8**

4. Kapitalbetrag und Rente

Die Vorschrift besagt nicht etwa, daß bei Personenschäden neben einem Kapitalbetrag von 500 000,– DM noch eine Rente von jährlich 30 000,– DM zu zahlen sei. Vielmehr ist nur das eine oder andere geschuldet. Besteht der Schadenersatz in einer Rente, so ist allerdings fast immer daneben noch ein Kapitalbetrag für Heilungskosten oder Beerdigungskosten geschuldet. Dieser kürzt den Höchstbetrag für die Rente[6]. Er ist bei der Berechnung der Kürzung aber nicht etwa, wie man früher annahm[7], in voller Höhe zu berücksichtigen; vielmehr gilt der oben Rdn. 7 behandelte Grundsatz auch hier, daß die Verteilung der Haftungshöchstsumme auf verschiedene Schadensposten nach Quoten zu erfolgen hat[8]. Bei der Berechnung der Kürzung ist davon auszugehen, daß der Betrag von 30 000,– DM 6% von 500 000,– DM ausmacht. Die Haftungssumme von 500 000,– DM ist zunächst um alle Beträge zu mindern, die als Kapital geschuldet sind[9]; dabei ist der Kapitalbetrag allerdings, auch wenn er schon voll ausbezahlt wurde, nur mit der sich nach Abs. 2 errechnenden Quote in Ansatz zu bringen, 6% des Restes entspricht sodann dem Höchstbetrag der daneben geschuldeten Jahreshöchstrente[10]. **9**

Um eine Kürzung der Rente zu vermeiden, kann teilweise statt eines Kapitalbetrags Rente gefordert werden. Verdienstausfall und Ersatz für vermehrte Bedürfnisse kann der Verletzte für die Vergangenheit nach freier Wahl entweder als Kapital oder Rente fordern; desgleichen Heilungskosten (§ 13, 14). Fordert der Verletzte den bereits aufgelaufenen Betrag als Kapital, so ist er ihm voll zuzusprechen[11]; die Rente für die Zukunft verringert sich hierdurch entsprechend (Rdn. 9). Für die Vergangenheit können mithin in diesem Fall mehr als 30 000,– DM pro Jahr verlangt werden, auch soweit es sich um Verdienstausfall oder Vermehrung der Bedürfnisse handelt[12]. Der Schuldner ist **10**

---

[5] RGZ 87, 404; RG JW 1930, 2943 m. Anm. *Fromherz*; BGH VRS 7, 34.

[6] RGZ 136, 84.

[7] RGZ 156, 392; RG JW 1931, 854 m. Anm. *Müller*.

[8] BGHZ 51, 226.

[9] BGH VersR 1969, 569.

[10] RGZ 156, 392; BGHZ 51, 226; BGH VRS 22, 189.

[11] BGH VersR 1956, 17; 1964, 638; VRS 22, 189.

[12] RGZ 151, 9; RG VAE 1937, 322; BGH VersR 1956, 17; VRS 22, 189.

nicht berechtigt, durch einseitige Erklärung die Rentenschuld in eine Kapitalschuld umzuwandeln[13]. Nur der Gläubiger ist berechtigt, Kapital statt Rente zu verlangen. Das kann er auch stillschweigend erklären[14]. Zwar kann er einen Schadensposten als Kapital, den anderen als Rente fordern, er darf aber denselben Schadensposten nicht zerreißen, z. B. auch den Zukunftsschaden nicht teilweise als Rente, teils als Kapitalabfindung geltend machen[15]. Er muß sich für das eine oder andere entscheiden. Bei hohen kurzfristigen Schäden ist also für den Verletzten die Kapitalzahlung günstiger als die Rentenzahlung. Bei einer voraussichtlichen Laufzeit von mehr als 16 Jahren ist die Rente günstiger; die Pflicht zur Rentenzahlung endet nicht etwa bei Erreichen der für Kapitalleistungen geltenden Grenzen von 500 000,– DM. Ist nach der Klagebegründung nicht klar, ob für die Vergangenheit Kapital oder Rente gefordert wird, so hat der Richter sein Fragerecht auszuüben oder den Willen des Klägers durch Auslegung zu ermitteln[16].

5. Gesetzlicher Forderungsübergang

11 a) **Auswirkungen hinsichtlich kongruenter Forderungen.** Ein Forderungsübergang wirkt sich bei der Berechnung des Höchstbetrages dann zu Ungunsten des Verletzten aus, wenn ein **Sozialversicherungsträger** mit Quotenvorrecht (Schlußanh. II, 142) eine kongruente Forderung infolge gesetzlichen Übergangs erworben hat (zum Begriff der Kongruenz vgl. Schlußanh. II, 117, zu den Rechtsgrundlagen des Forderungsübergangs Schlußanh. II, 99 ff). Ein Rentenanspruch kann in einem solchen Fall dem Verletzten (oder Hinterbliebenen) für Vergangenheit und Zukunft nur noch in Höhe des Unterschieds zwischen den im betreffenden Jahr von den Sozialversicherungsträgern zu erbringenden Leistungen und 30 000,– DM zustehen. Hat ein Sozialversicherungsträger, der über die Haftungsgrenze des § 12 hinausgehende Leistungen erbracht hat, einen **Abfindungsvergleich** geschlossen, mit dem er sich zur Zahlung eines geringeren Betrages verpflichtet hat, so kann ein Sozialhilfeträger den erlassenen Teil der Schadensersatzforderung nicht mehr nach § 90 BSHG a. F. auf sich überleiten[17].

12 Ist die Forderung auf einen **Privatversicherer** oder bei Verletzung eines Beamten auf den **Staat** übergegangen, so steht dem Verletzten das Quotenvorrecht zu (§ 7, 223; § 11, 33; Schlußanh. II, 184). Das bedeutet, daß die dem Verletzten verbliebenen Ansprüche anteilsmäßig (Rdn. 7) zu berechnen und von 500 000,– DM abzuziehen sind, damit sich der dem Privatversicherer oder Staat zustehende Restbetrag der Haftungssumme ergibt[18].

13 Haben **mehrere Sozialversicherungsträger** Leistungen wegen unfallbedingter Schäden zu erbringen, so sind sie Gesamtgläubiger. Das Gericht hat also nicht den Teil des Haftungsbetrages zu errechnen, der auf jeden Versicherungsträger trifft, sondern nur den Betrag, der auf alle Sozialversicherungsträger insgesamt trifft[19]. Dasselbe gilt, wenn ein **öffentlicher Dienstherr und Sozialversicherungsträger** Leistungen zu erbringen haben[20]. Zum Quotenvorrecht in diesen Fällen s. Schlußanh. II, 162.

14 b) **Auswirkungen hinsichtlich inkongruenter Forderungen.** Schadensersatzansprüche bezüglich solcher Schadensposten, zu deren Ausgleich die Leistung des Sozialversicherungsträgers, Dienstherrn oder Privatversicherers nicht bestimmt ist, verbleiben dem

---

[13] BGH VersR 1969, 569.
[14] BGH VersR 1969, 569.
[15] BGH VersR 1968, 664.
[16] BGH VersR 1964, 638.
[17] BGH NZV 1997, 36.
[18] Vgl. für die Kaskoversicherung BGHZ 47, 196; 50, 271.
[19] BGHZ 28, 68.
[20] BGH VersR 1960, 85.

Verletzten bzw. Hinterbliebenen. Insoweit kommt es, wenn der Schaden die Höchstbeträge nach § 12 übersteigt, zu einer Konkurrenz zwischen Geschädigtem und Legalzessionar, die nicht nach den Grundsätzen über das Quotenvorrecht zu lösen ist. Hier greift vielmehr der Rechtsgedanke der verhältnismäßigen Aufteilung, den § 12 Abs. 2 für den Fall der Verletzung mehrerer Personen aufstellt, in entsprechender Anwendung ein[21] (Schlußanh. II, 147). Sind bei dieser Sachlage ein Kapitalbetrag und eine Rentenleistung zueinander in Relation zu setzen, so ist für die Rente der Kapitalbetrag anzusetzen, der bei der in § 12 Abs. 1 Nr. 1 zugrundegelegten sechsprozentigen Verzinsung den Jahresbetrag der Rente ergibt[22]; s. a. Rdn. 9.

c) Zur Bedeutung des § 12 im Rahmen eines **Teilungsabkommens** s. § 16, 846. **15**

6. Künftige Schäden

Beim Zusammentreffen bezifferbarer Schäden mit in Zukunft zu erwartenden, ihrer **16**
Höhe nach nicht feststehenden Schäden ist es, wenn nur eine Person beim Unfall einen Schaden erlitten hat (und auch nicht mehrere Hinterbliebene anspruchsberechtigt sind), nicht angängig, die voraussichtliche Höhe der Zukunftsschäden zu schätzen und, wenn unter Berücksichtigung dieser Schäden die Höchsthaftungssumme überschritten wird, die bereits ziffernmäßig feststehenden Ansprüche zu kürzen[23]. Eine Kürzung kommt auch dann nicht in Betracht, wenn der Verletzte Ansprüche für die Vergangenheit geltend macht und daneben der Sozialversicherer aufgrund Forderungsübergangs ebenfalls, die Summe der Ansprüche für die Vergangenheit aber 500 000,– DM nicht übersteigt[24]. Dies wird nur erforderlich, wenn weitere Verletzte oder Hinterbliebene Ansprüche stellen (Rdn. 18 ff). Ist dagegen nur eine Person aus dem Unfall forderungsberechtigt, so sind dieser alle geltendgemachten Ansprüche in zeitlicher Reihenfolge so lange zuzusprechen, bis der Höchstbetrag erschöpft ist. Dies gilt lediglich insofern nicht, als eine Rente verlangt wird[25]. Diese darf stets nur bis zu dem im Gesetz bestimmten und gegebenenfalls nach Rdn. 9 gekürzten jährlichen Höchstsatz zuerkannt werden.

Wird in einem Urteil dem Verletzten ein bestimmter Betrag oder eine laufende Rente **17**
zugesprochen und daneben die Ersatzpflicht des Schädigers für Zukunftsschäden festgestellt, so ist im feststellenden Teil des Urteils die Beschränkung auf den von § 12 gesetzten Rahmen auszusprechen (näher hierzu und zu den Folgen der Unterlassung Rdn. 33).

7. Mehrere Verletzte

Erlitten bei einem Unfall mehrere Personen Sach- oder Personenschäden, so haben **18**
sich diese in den Haftungshöchstbetrag für Sachschäden (Abs. 1 Nr. 3) und den absoluten Höchstbetrag für Personenschäden (Abs. 1 Nr. 2) zu teilen. Besonderheiten gelten, wenn Insassen nach § 8 a Ansprüche gegen den Halter aus Gefährdungshaftung für Personenschäden geltend machen (vgl. Rdn. 23).

a) **Identität des haftungsbegründenden Ereignisses.** Eine Pflicht zur Teilung entsteht **19**
nur, wenn die Ansprüche der mehreren Verletzten aus „demselben Ereignis" entstanden sind. Unter Ereignis ist der tatsächliche Vorgang zu verstehen, der den Unfall hervorgerufen hat (§ 7, 339). Hat ein Ereignis mehrere Unfälle verursacht, so sind alle dabei Verletzten zur Haftungsgemeinschaft zusammengefaßt und müssen sich in die Höchst-

[21] BGHZ 51, 226; BGH VersR 1958, 324; 1968, 786.

[22] BGHZ 51, 226.

[23] BGH VRS 22, 189.

[24] BGH VRS 22, 189.

[25] RG JW 1931, 854.

haftungssummen teilen. Das gilt vor allem bei sogenannten Serienunfällen, wie sie nicht selten entstehen, wenn ein Kraftfahrzeug nach einem Unfall auf der Autobahn liegen bleibt und weitere Kraftfahrzeuge auffahren. Eine zeitliche Grenze besteht nicht. Die Haftungsgemeinschaft dehnt sich auch noch auf die Insassen und den Halter eines nach Stunden auffahrenden oder durch Ausweichbewegung von der Fahrbahn abkommenden Kraftfahrzeugs aus, sofern der erste Unfall hierfür ursächlich war. Andererseits ist zu beachten, daß keine Haftungsgemeinschaft entsteht, wenn ein Kraftfahrzeug auf einer Fahrt mehrere Unfälle erleidet. Dies gilt auch dann, wenn die Unfälle auf einem fortwährenden Dauerzustand (z. B. Trunkenheit des Fahrers oder Funktionsuntüchtigkeit der Bremsen) beruhen. Ein solcher Zustand ist kein Ereignis im Sinne des § 12.

20 b) **Zusammentreffen von Gefährungshaftung und deliktischer Haftung.** Haftet der Halter – was nur in Ausnahmesituationen denkbar ist – einem Verletzten aus § 7, einem anderen aber aus unerlaubter Handlung, so bleibt letzterer für die nachfolgend dargestellte Ermittlung des Haftungshöchstbetrages außer Betracht. Dem bzw. den allein nach StVG Anspruchsberechtigten bleibt also der gesamte Höchstbetrag nach § 12 Abs. 1 Nr. 1 bzw. Nr. 2 erhalten.

21 c) **Haftungsbegrenzung bei Personenschäden.** Der Haftungsumfang wird bei Tötung und/oder Verletzung mehrerer Menschen in zweifacher Hinsicht begrenzt: durch den Höchstbetrag für jeden einzelnen (Abs. 1 Nr. 1: 500 000 DM oder jährliche Rente von 30 000 DM) und durch den Summenhöchstbetrag, der die absolute Grenze für den insgesamt zu leistenden Betrag setzt (Abs. 1 Nr. 2: 750 000 DM oder jährlich Rente von 45 000 DM). Übersteigt der gesamte Personenschaden den Summenhöchstbetrag, so ist die jedem einzelnen zu leistende Entschädigung verhältnismäßig zu kürzen (Abs. 2). Liegt der Schaden bei einem der Verletzten bereits über dem Einzelhöchstbetrag, so ist der Abzug von letzterem vorzunehmen.

22 Da ein **Verteilungsverfahren** (wie etwa beim Konkurs) nicht vorgesehen ist, entsteht für den Verletzten bei Vorhandensein mehrerer Anspruchsberechtigter die Schwierigkeit, bei der Bezifferung seines Klageantrags die möglicherweise zum Überschreiten des Summenhöchstbetrags führenden Ansprüche der anderen in Rechnung zu stellen. Noch schwieriger ist die Situation des Ersatzpflichtigen, der die Anspruchsminderung nach § 12 zu beweisen hat (Rdn. 32). Für den Verletzten wird, wenn es nicht möglich ist, das Vorgehen gegen den Schädiger mit den anderen Verletzten zu koordinieren und die Haftungssumme entsprechend aufzuteilen, in Betracht zu ziehen sein, zunächst eine Klage auf Feststellung der Ersatzpflicht mit Vorbehalt der Begrenzung nach § 12 Abs. 2 zu erheben. Auf seiten des Ersatzpflichtigen könnte bei Inanspruchnahme durch einen Verletzten an die Möglichkeit einer Streitverkündung (§ 72 ZPO) gedacht werden. Eine Hinterlegung des Haftungsbetrags nach § 372 BGB scheidet dagegen aus, weil es sich nicht um **eine** Forderung handelt, die von mehreren in Anspruch genommen wird, sondern um **mehrere** Forderungen[26].

23 Für **Ansprüche der durch das Kraftfahrzeug beförderten Person** gegen dessen Halter bei entgeltlicher Benutzung (§ 8 a Abs. 1 Satz 1) gilt der Summenhöchstbetrag nicht (§ 12 Abs. 1 Nr. 2 Halbsatz 2). Derartige Personen können ihre Ansprüche – bis zur Grenze der Nr. 1 – gegen den Ersatzpflichtigen auch dann voll geltend machen, wenn weitere Verletzte vorhanden sind und der Summenhöchstbetrag nach Nr. 2 überschritten wird. Umgekehrt beeinträchtigen die Ansprüche beförderter Personen die Ansprüche anderer Verletzter nicht; es wird gleichsam so angesehen, als seien die beförderten Personen nicht durch „dasselbe Ereignis" verletzt worden.

---

[26] *Wussow* NJW 1959, 563.

Gegenüber mehreren **Hinterbliebenen eines Getöteten** greift nach dem klaren Wortlaut des § 12 Abs. 1 Nr. 2 („Tötung mehrerer Menschen“) nicht die Summenbegrenzung nach Nr. 2, sondern die Einzelbegrenzung nach Nr. 1 ein[27]. Sie haben sich also bei Überschreitung des Kapitalbetrags von 500 000 DM bzw. des Rentenbetrags von jährlich 30 000 DM in entsprechender Anwendung des Abs. 2 in die genannten Beträge zu teilen. 24

d) **Haftungsbegrenzung bei Sachschäden.** Der Höchstbetrag beläuft sich hier, gleich ob eine oder mehrere Sachen beschädigt wurden, einheitlich auf 100 000 DM. Ist mehreren Geschädigten bei einem diesen Betrag übersteigenden Gesamtschaden Ersatz zu leisten, so ist nach Abs. 2 eine anteilsmäßige Kürzung der Entschädigungen vorzunehmen; Rdn. 21 f gelten insoweit entsprechend. Eine Sonderregelung für durch das Kraftfahrzeug beförderte Sachen besteht nicht. 25

8. Rechtsverfolgungskosten, Zinsen

Notwendige Rechtsverfolgungskosten, die dem Geschädigten nach § 7 zu ersetzen sind (Schlußanh. I, 140 ff) sind in die Höchstbeträge nach § 12 nicht einzurechnen, sondern ggfl. zusätzlich zu erstatten. Es wäre sinnwidrig, Kosten, die dem Geschädigten zur Rechtsverfolgung zwangsläufig entstehen, mittels Kürzung seiner Ersatzansprüche zu seinen Lasten gehen zu lassen[28]. Der Höchstbetrag erhöht sich dagegen nicht um Zinsen für Rücklagen, die der Ersatzpflichtige zur Erfüllung seiner Verbindlichkeit gebildet hat[29]. 26

IV. Änderungen der gesetzlichen Höchstbeträge

1. Gesetzliche Regelung

Die in § 12 normierten Haftungshöchstbeträge wurden vom Gesetzgeber wiederholt geändert (vgl. den Abschnitt „Geschichtliche Entwicklung“). Damit entsteht die Frage, welcher Betrag maßgeblich ist, wenn der Höchstbetrag nach einem Unfall geändert wurde. Sie wurde vom Gesetzgeber jeweils durch Übergangsregelungen geklärt (hinsichtlich der letzten Änderung oben im Anschluß an den Text des § 12 abgedruckt). 27

2. Begrenzte Rückwirkung der Änderungen

Die gesetzlichen Übergangsvorschriften stimmen – während diejenige von 1923 keinerlei Rückwirkung auf zurückliegende Unfälle vorsah – seit der Änderung von 1924 (Art. II des Gesetzes vom 2. 2. 1924 RGBl. I 42) in folgendem überein: **Sachschäden** aus Unfällen, die vor dem Inkrafttreten der Änderung liegen, werden nur im Rahmen der früher geltenden Höchstsummen ersetzt. Dies gilt grundsätzlich auch für **Personenschäden**; doch kann, wenn die Billigkeit[30] dies fordert, vom Inkrafttreten an Schadensersatz nach der neuen, dem Verletzten günstigeren Regelung verlangt werden. Diese Rückwirkung der Änderungsgesetze verstößt nicht gegen das Grundgesetz[31]. Das Maßnahmengesetz vom 16. 7. 1957 brachte erstmals eine noch mehr ins Einzelne gehende 28

---

[27] RGZ 127, 183; BGH VersR 1967, 903.

[28] BGH VersR 1968, 998; 1969, 1043 für die im Verwaltungsverfahren nach dem NTS und dem hierzu ergangenen Gesetz entstandenen Kosten; *Nixdorf* VersR 1995, 257.

[29] BGH NZV 1997, 37.

[30] BGH VRS 14, 334; LG Berlin VersR 1968, 249.

[31] BGH VersR 1960, 151.

Übergangsregelung für solche Ersatzansprüche. Sie ist oben im Anschluß an den Gesetzestext des § 12 abgedruckt und gilt nach Art. 2 des Gesetzes vom 15. 9. 1965 sowie nach Art. 5 des Gesetzes vom 16. 8. 1977 auch für die am 1. 10. 1965 bzw. am 1. 1. 1978 in Kraft getretenen Gesetzesänderungen.

29 Der **Billigkeit** entspricht die erhöhte Haftung des Ersatzpflichtigen dann, wenn es ihm nach seinen wirtschaftlichen Verhältnissen zuzumuten ist, den Mehrbetrag aufzubringen und wenn dies auch aus der Sicht des Verletzten zum gerechten Schadensausgleich geboten ist[32]. Sind die wirtschaftlichen Verhältnisse des Verletzten so gut, daß er nicht aus Billigkeitsgründen Schadensersatz verlangen kann, dann braucht nicht geprüft zu werden, ob dem Schädiger eine Zahlung zuzumuten wäre[33]. Nicht der Billigkeit entspricht es, wenn der Betrag nicht dem Verletzten zugutekommt, sondern einem Dritten, auf den die Forderung übergegangen ist[34].

30 Greift die Rückwirkung aus Billigkeitsgründen nur zugunsten **eines von mehreren Geschädigten** ein, so ist dessen Anspruch unter Anwendung der Grundsätze des § 12 Abs. 2 zu berechnen. Hierbei sind die Ansprüche der Mitgeschädigten in der Höhe in Ansatz zu bringen, die sie erreichen würden, wenn die Rückwirkung auch ihnen zugute käme. Der nach dieser Berechnung auf den durch die Rückwirkung begünstigten Geschädigten entfallende Betrag darf dann aber nicht etwa aufgrund des Umstandes, daß die Ansprüche der anderen wegen der Begrenzung durch die alten Höchstbeträge in Wirklichkeit geringer sind, entsprechend erhöht werden. Hierdurch würde der Betreffende entgegen dem Sinn der Rückwirkungsvorschrift besser gestellt, als er stünde, wenn sich der Unfall schon unter der Geltung des neuen Rechts ereignet hätte. Sein Anteil an dem gemeinschaftlich zu beanspruchenden Höchstbetrag bleibt daher verhältnismäßig gemindert um die **unterstellten** Ansprüche der Mitgeschädigten[35].

31 Der für Personenschäden angeordneten Rückwirkung ist **keine zeitliche Grenze** gezogen; sie greift auch für Unfälle ein, die so weit zurückliegen, daß bis zur Entschädigungszahlung das Gesetz zweimal geändert wurde[36].

V. Beweislast

32 An sich ergibt sich die Begrenzung der Haftung auf die in § 12 bestimmten Summen aus dem Gesetz. Beweisschwierigkeiten können sich jedoch dann ergeben, wenn eine verhältnismäßige Kürzung des Klageanspruchs in Betracht kommt, weil mehrere Geschädigte vorhanden sind und die Summe der Ansprüche den Haftungshöchstbetrag übersteigt. Dies geltend zu machen, ist Sache des Schädigers. Behauptet er, weitere Verletzte hätten berechtigte Forderungen aus demselben Unfall, so muß er beweisen, daß solche berechtigten Forderungen bestehen und wie hoch sie sind[37].

VI. Prozessuales

33 Die Haftungsbeschränkung muß im Tenor eines **Feststellungsurteils** zum Ausdruck kommen; sie kann andernfalls in einem nachfolgenden Leistungsprozeß nicht mehr

---

[32] Z. B. bei einem Fürsorgeempfänger, dem ein haftpflichtversicherter Schädiger gegenübersteht; BGH VersR 1960, 151.

[33] BGH VersR 1961, 446; OLG Hamm VersR 1973, 378.

[34] BGH VersR 1968, 303.

[35] BGH NJW 1972, 1466.

[36] RG JR 1926, Nr. 276; BGH VRS 31, 411; *Arndt* RdK 1926, 37.

[37] BGH NJW 1972, 1466.

geltend gemacht werden[38]. Das Fehlen eines solchen Anspruchs ist jedoch unschädlich und begründet weder eine Rechtskraftwirkung noch eine Beschwer, wenn der Schaden des Klägers den Höchstbetrag offensichtlich nicht überschreiten wird oder wenn sich die Beschränkung eindeutig aus dem Zusammenhang von Urteilsformel und Entscheidungsgründen ergibt[39]. Ist die Beschränkung im landgerichtlichen Urteil versehentlich unterblieben und legt der Verletzte Berufung ein, so kann das OLG nicht etwa unter Hinweis auf das Fehlen der Beschränkung dem Verletzten einen Betrag zuerkennen, der den Höchstbetrag übersteigt[40]. Es muß vielmehr die Urteilsformel berichtigen. Bei Feststellungsklagen darf nicht übersehen werden, daß, wenn die Haftungssumme des § 12 bereits erreicht ist, das nach § 256 ZPO erforderliche Feststellungsinteresse entfallen kann. Dies gilt aber nur, wenn bereits feststeht, daß die Haftungshöchstsumme durch die übrigen Ansprüche bereits erschöpft ist[41]. Das Gericht kann mithin nicht durch Zwischenurteil den Rentenanspruch dem Grunde nach für berechtigt erklären und gleichzeitig den Feststellungsantrag für die übrigen Ansprüche mit der Begründung abweisen, die Haftungshöchstsumme werde voraussichtlich durch die Rente allein erschöpft werden[42]. Haben auch andere Verletzte aus demselben Unfall Ansprüche geltend gemacht und läßt sich daher, weil deren Berechtigung zweifelhaft ist, noch gar nicht übersehen, ob ein Teil der Haftungssumme noch für den Feststellungsanspruch zur Verfügung steht, so ist Klage dahin zu erheben, daß Feststellung der Zahlungspflicht für weitere Schäden „vorbehaltlich einer Herabsetzung der Ansprüche des Klägers gemäß § 12 Abs. 2 StVG" begehrt wird[43]. Ergibt ich aus der Klagebegründung, daß der Kläger nur Ansprüche nach dem StVG geltend machen will, so führt das Fehlen der Beschränkung im Klageantrag nicht zu einer kostenpflichtigen Teilabweisung[44].

Im **Grundurteil** (vgl. Einl. 50 ff) kommt die Haftungsbeschränkung dadurch zum Ausdruck, daß das Gericht den Anspruch nur „im Rahmen des StVG" für gerechtfertigt erklärt. Wird ein solches Grundurteil rechtskräftig, so kann im nachfolgenden Betragsverfahren die Frage der höhenmäßigen Begrenzung der Haftung nicht mehr zur Entscheidung gestellt werden. Enthält hingegen die Entscheidung über den Haftungsgrund keine Aussage über eine höhenmäßige Haftungsbegrenzung, kann diese im Betragsverfahren geltend gemacht werden[45]. **34**

§ 13
Ersatz in Form einer Rente

(1) Der Schadensersatz wegen Aufhebung oder Minderung der Erwerbsfähigkeit und wegen Vermehrung der Bedürfnisse des Verletzten sowie der nach § 10 Abs. 2 einem Dritten zu gewährende Schadensersatz ist für die Zukunft durch Entrichtung einer Geldrente zu leisten.

(2) Die Vorschriften des § 843 Abs. 2 bis 4 des Bürgerlichen Gesetzbuchs finden entsprechende Anwendung.

(3) Ist bei der Verurteilung des Verpflichteten zur Entrichtung einer Geldrente nicht auf Sicherheitsleistung erkannt worden, so kann der Berechtigte gleichwohl Sicherheits-

38 *Zöller/Vollkommer* § 322, 10; *Wussow* WJ 1990, 113.
39 BGH VersR 1981, 1180.
40 BGH VRS 23, 348.
41 BGH VersR 1961, 1115.
42 RG JW 1931, 854 m. Anm. *Müller.*
43 BGH VersR 1961, 1115.
44 *Geigel/Rixecker* 4. Kap. 181.
45 *Wussow* WJ 1990, 114.

leistung verlangen, wenn die Vermögensverhältnisse des Verpflichteten sich erheblich verschlechtert haben; unter der gleichen Voraussetzung kann er eine Erhöhung der in dem Urteil bestimmten Sicherheit verlangen.

§ 843 Abs. 2 bis 4 BGB lauten:

(2) Auf die Rente finden die Vorschriften des § 760 Anwendung. Ob, in welcher Art und für welchen Betrag der Ersatzpflichtige Sicherheit zu leisten hat, bestimmt sich nach den Umständen.

(3) Statt der Rente kann der Verletzte eine Abfindung in Kapital verlangen, wenn ein wichtiger Grund vorliegt.

(4) Der Anspruch wird nicht dadurch ausgeschlossen, daß ein anderer dem Verletzten Unterhalt zu gewähren hat.

§ 760 BGB lautet:

(1) Die Leibrente ist im voraus zu entrichten.

(2) Eine Geldrente ist für drei Monate vorauszuzahlen; bei einer anderen Rente bestimmt sich der Zeitabschnitt, für den sie im voraus zu entrichten ist, nach der Beschaffenheit und dem Zwecke der Rente.

(3) Hat der Gläubiger den Beginn des Zeitabschnitts erlebt, für den die Rente im voraus zu entrichten ist, so gebührt ihm der volle auf den Zeitabschnitt entfallende Betrag.

Übersicht

Schrifttum

Geyer Kapitalisierung dynamischer Renten, NJW 1974, 1170; *Hüskes* Zur Berechnung von Schadensrenten nach §§ 843, 844 Abs. 2 BGB, VersR 1959, 250; *Nehls* Kapitalisierungstabellen (1977); *Nehls* Kapitalisierung von Schadensersatzrenten, VersR 1981, 407; *Preußner* Die Kapitalisierung von Renten wegen entgangenen Unterhalts, VersR 1967, 840; *Schlund* Juristische Grundlagen der Kapitalisierung von Schadensersatzrenten, VersR 1981, 401; *Schlund/Schneider* Rentenkapitalisierung unter Berücksichtigung der mutmaßlichen Lebensdauer des Unterhaltsberechtigten, VersR 1976, 210; *Schneider* Kapitalisierung von Schadensersatzrenten, VersR 1981, 493; *Schneider/Schlund/Haas* Kapitalisierungs- und Verrentungstabellen (1977).

Entstehungsgeschichte

Die Vorschrift war schon im Entwurf 1906 enthalten und blieb bis 1952 unverändert. Absatz 2 Satz 2 hatte ursprünglich gelautet: „Das Gleiche gilt für die dem Verletzten zu entrichtende Geldrente von der Vorschrift des § 850 Abs. 3 und für die dem Dritten zu entrichtende Geldrente von der Vorschrift des § 850 Abs. 1 Nr. 2 ZPO." Dieser Satz 2 wurde anläßlich der Neubekanntmachung des Gesetzes am 19. 12. 1952 (BGBl. I 837), die aufgrund des ersten Straßenverkehrssicherungsgesetzes erfolgte, als gegenstandslos gestrichen. Sonstige Änderungen des Gesetzestextes sind unterblieben mit Ausnahme der Streichung der in Absatz 2 enthalten gewesenen Verweisung auf § 708 Nr. 6 ZPO (jetzt § 708 Nr. 8 ZPO) durch die Vereinfachungsnovelle vom 3. 12. 1976 (BGBl. I 3281).

I. Bedeutung der Vorschrift

Die Vorschrift hat einen zweifachen Inhalt. Sie bestimmt, daß bei Personenschäden 1 der Ersatz für Verdienstausfall und Vermehrung der Bedürfnisse (nach § 11) sowie der Ersatz für entgehenden Unterhalt (nach § 10 Abs. 2) im Regelfall für die Zukunft nicht als Kapitalabfindung, sondern als Rente zu gewähren ist, und regelt außerdem die Einzelheiten einer solchen Rente. Das Schwergewicht ruht nicht auf diesen Einzelheiten, sondern auf dem Grundsatz des Schadensersatzes in Rentenform. Erhält ein Verletzter, dessen Erwerbsmöglichkeiten durch einen Unfall gemindert worden sind oder der ganz erwerbsunfähig geworden ist, als Schadenersatz einen Kapitalbetrag, so besteht die Gefahr, daß er ihm später durch wirtschaftliche Fehldispositionen oder durch Geldentwertung verloren geht. Ähnlich liegen die Verhältnisse, wenn bei einem Unfall der Ernährer der Familie getötet wurde. Deshalb hat der Gesetzgeber angeordnet, daß der Schadenersatz in solchen Fällen grundsätzlich durch Entrichtung einer Geldrente zu leisten ist. Dieses Ziel wird freilich nur in seltenen Fällen erreicht, weil den Haftpflichtversicherern daran gelegen ist, jeden Schadensfall möglichst schnell restlos abzuwickeln, und weil sie deshalb entgegenkommend berechnete Kapitalabfindungen anzubieten pflegen, die sich die Verletzten oder Hinterbliebenen nach Abschluß eines Abfindungsvergleichs auszahlen lassen (Rdn. 12). Der Gesetzgeber ist nicht so weit gegangen, den Grundsatz der Vertragsfreiheit in diesem Punkte einzuschränken. § 13 Abs. 1 ist Sondervorschrift gegenüber § 843 Abs. 1 BGB, der den gleichen Grundsatz, allerdings nicht beschränkt auf Zukunftsschäden, aufstellt.

II. Regelung für Zukunftsschäden

1. Grundsätzlich Rente

Nach § 13 Abs. 1 kann dann, wenn – jeweils für die Zukunft – entweder die Vor- 2 aussetzungen für die Gewährung eines Ersatzanspruchs wegen Verdienstausfalls oder Vermehrung der Bedürfnisse gegeben sind, also dem Verletzten ein Anspruch nach § 11 zusteht, oder wenn unterhaltsberechtigte Hinterbliebene nach **§ 10 Abs. 2** einen Ersatzanspruch wegen Tötung des Unterhaltsverpflichteten haben, vom Geschädigten nur Ersatz in Form einer Rente, nicht als Kapitalabfindung, verlangt werden.

2. Zeitlicher Anwendungsbereich

Die Vorschrift gilt nur für den für die **Zukunft** zu leistenden Schadenersatz. Der 3 Zeitpunkt, von dem an nur eine Geldrente, nicht aber die Kapitalabfindung gefordert werden kann, ist im Rechtsstreit der der mündlichen Verhandlung[1]. Dies gilt auch bei der Geltendmachung von Ansprüchen nach dem NTS; hier ist nicht etwa auf den Zeitpunkt der Entscheidung des Amtes für Verteidigungslasten abzustellen[2].

3. Ausnahmsweise Kapitalabfindung

4 a) Nach § 13 Abs. 2 i. V. m. § 843 Abs. 3 BGB kann der Verletzte eine Kapitalabfindung statt der Rente verlangen beim Vorliegen eines **wichtigen Grundes.** Ein solcher ist gegeben, wenn zu erwarten ist, daß der Wegfall der Rente einen günstigen Einfluß auf den psychischen Zustand des Verletzten haben und er sich wieder ins Erwerbsleben eingliedern wird[3]. Wenn bei den Ansprüchen gegen mehrere Schädiger die Frage entsteht, ob Kapitalabfindung statt Rente gefordert werden kann, gegen einen der Schädiger aber dahin beantwortet worden ist, daß Kapitalabfindung zu gewähren ist, wird dies in der Regel ein wichtiger Grund sein, auch gegen die anderen Schuldner einen gleichen Anspruch zuzulassen. Wird gleichzeitig entschieden, so sind die Verhältnisse aller Beteiligten zu berücksichtigen. Das Reichsgericht ging sogar so weit, es als unzulässig anzusehen, den einen Schädiger zur Rente, den anderen aber zur Kapitalabfindung zu verurteilen[4].

5 Ob es als wichtiger Grund genügt, daß der Verletzte die Abfindung zur Gründung oder zur Übernahme eines Erwerbsgeschäftes begehrt, erscheint fraglich; jedenfalls sind die Aussichten für einen erfolgreichen Betrieb des Geschäfts sorgfältig zu prüfen[5]. Es kann auch angebracht sein, auf einen entsprechenden Klageantrag die Kapitalabfindung nur für einige Jahre zuzuerkennen und von einem späteren Zeitpunkt an eine Rente zuzusprechen[6]. Schließlich liegt ein wichtiger Grund für eine Kapitalabfindung vor, wenn die Durchsetzung künftiger Ansprüche auf erhebliche Schwierigkeiten stoßen würde, wie z. B. bei einem Ausländer, der nicht haftpflichtversichert ist. Dem Ersatzpflichtigen steht kein Recht zu, Kapitalabfindung zu wählen[7].

6 b) **Zeitpunkt der Wahl.** Der Geschädigte kann das Wahlrecht zugunsten eines Kapitalbetrags auch dann noch ausüben, wenn er vorher bereits Rentenleistungen erhalten hat; deren evtl. Anrechnung bleibt der Kapitalisierung, d. h. der Festsetzung des Abfindungsbetrages, vorbehalten[8].

7 c) **Prozessuale Fragen.** Bei schwer bezifferbaren Rentenbeträgen genügt der Kläger dem Gebot der Bestimmtheit des Klageantrags, wenn er in der Klagebegründung die Berechnungsgrundlagen mitteilt[9]. Fordert der Verletzte eine Kapitalabfindung, so darf ihm das Gericht nicht statt dessen eine Rente zusprechen[10]. Dem Risiko, mit der Klage abgewiesen zu werden, wenn das Gericht zu dem Ergebnis kommt, es liege kein triftiger Grund für eine Kapitalabfindung vor, begegnet der Kläger zweckmäßig dadurch, daß er eine Rente mit einem Hilfsantrag fordert[11]. Im übrigen hat das Gericht, wenn kein solcher Hilfsantrag gestellt ist, die Pflicht, den Kläger, ehe es die Klage abweist, darauf aufmerksam zu machen, daß er mit einem Anspruch auf Rente durchdringen könnte, und ihm Gelegenheit zur Umstellung des Klageantrags zu geben. Eine solche Umstellung ist keine Klageänderung, ebensowenig wie die Umstellung des Klageantrags von Rente auf Kapitalabfindung. Überhaupt handelt es sich im Sinn des Prozeßrechts

---

1 BGHZ 59, 187; BGH VersR 1972, 1030; s. auch RGZ 156, 392; BGH VersR 1964, 639: Urteilserlaß.
2 BGH VersR 1972, 1019; 1972, 1030; 1974, 550.
3 RGZ 73, 418.
4 RGZ 68, 430.
5 Vgl. RG JW 1933, 840.
6 RG Recht 1917, Nr. 1631.
7 A. A. *Schlund* VersR 1981, 403.
8 RG Recht 1917, Nr. 1631; 1923, Nr. 37; BGH NJW 1982, 758.
9 BGHZ 4, 141; BGH VersR 1959, 694.
10 RGZ 136, 375; vgl. auch RGZ 110, 150.
11 RGZ 136, 375.

(Rechtshängigkeit) und der Verjährung nicht um verschiedene Ansprüche[12]. Ob ein wichtiger Grund vorliegt, der den Verletzten berechtigt, eine Kapitalabfindung zu verlangen, entscheidet der Richter nach pflichtgemäßem Ermessen. Das Revisionsgericht kann nur überprüfen, ob die maßgebenden Grundsätze beachtet wurden[13].

d) **Gesamtgläubiger.** Sind mehrere Sozialversicherungsträger aufgrund Forderungs- 8
übergangs Gesamtgläubiger geworden, so muß die Erklärung, daß eine Kapitalabfindung gefordert werde, von allen Gläubigern gemeinsam abgegeben werden[14].

e) **Abfindende Wirkung** hat die Zahlung des Kapitals hinsichtlich der Ansprüche 9
wegen Vermehrung der Bedürfnisse und wegen Verdienstausfalls sowie bei Ansprüchen Hinterbliebener hinsichtlich des Ersatzanspruchs wegen Wegfalls der Unterhaltsleistungen des Getöteten. Die abfindende Wirkung tritt mit Rechtskraft des Urteils oder des gerichtlichen Vergleichs ein, auch wenn der Verletzte oder Hinterbliebene nicht ausdrücklich auf die Geltendmachung künftiger Ansprüche verzichtet[15]. Eine spätere Abänderung des Abfindungsbetrags (entsprechend § 323 ZPO) ist nicht möglich[16].

f) Bei der **Berechnung der Kapitalabfindung** ist von der mutmaßlichen Dauer der 10
Rentenzahlungspflicht, ggf. also der Lebenserwartung des Gläubigers auszugehen. Man verwendet, um sie festzustellen, die vom Statistischen Bundesamt errechneten „Allgemeinen Deutschen Sterbetafeln"[17], bei Ausländern die entsprechenden Tabellen des Heimatlandes. Besondere persönliche Umstände sind zu berücksichtigen (z. B. Krankheit, gefährlicher Beruf). Dem Umstand, daß die Kapitalabfindung dem Verletzten, verglichen mit der Rente, einen Zinsgewinn bringt, ist durch Berücksichtigung einer angemessenen Verzinsung Rechnung zu tragen. Nach BGHZ 79, 187 ist ein Abzinsungssatz von 5 bis 5,5%, bezogen auf die Bruttorente, zugrundezulegen. Die Dynamik der Rente bzw. des Gehaltsniveaus ist durch Zu- bzw. Abschläge zu berücksichtigen[18]. Dem Vorschlag von *Schmid*[19], den Kapitalbetrag so zu bemessen, daß er einen Zinsertrag erbringt, der dem Einkommen vor der Schädigung entspricht, kann nicht gefolgt werden, weil er die Höhe der Abfindung völlig loslöst von der zu erwartenden Rente.

g) **Steuerliche Fragen.** Es ist zu berücksichtigen, daß bei der Kapitalabfindung, so- 11
weit der Schadensersatzanspruch auf einer Minderung oder auf dem Wegfall der Erwerbsfähigkeit beruht, eine Ersparnis an Einkommensteuer eintritt. Während die Rente in diesem Fall nach § 24 Nr. 1 Buchst. a EStG ebenso versteuert werden muß wie das entgangene Arbeitseinkommen (§ 11, 86), besteht zwar für die Abfindungssumme ebenfalls eine Steuerpflicht[20], die Steuer ist aber zu dem ermäßigten Satz des § 34 Abs. 1 EStG zu berechnen[21]. Dies beruht darauf, daß eine Abfindung zu den außerordentlichen Einkünften zählt, weil die Entschädigung an die Stelle von entgehenden Einnahmen mehrerer Jahre tritt[22]. Eine Rente wegen Vermehrung der Bedürfnisse unterliegt – ebenso wie eine diesbezügliche Kapitalabfindung – der Einkommensteuer nicht, da sie dem Ausgleich einer Verletzung höchstpersönlicher Güter dient und es sich lediglich um durchlaufendes Geld handelt[23].

---

12 RGZ 77, 216.
13 RG JW 1933, 840.
14 BGH VersR 1972, 1017; 1972, 1029.
15 RGZ 73, 420.
16 BGHZ 79, 187; 19. VGT (1981), 10.
17 BGHZ 79, 187; OLG München VersR 1958, 249; abgedruckt bei *Becker/Böhme* 561 ff; s. dort die auf ihrer Grundlage errechneten Kapitalisierungstabellen; hierzu auch *Schlund/Schneider* VersR 1976, 812.
18 Hierzu *Nehls* VersR 1981, 286, 407; zum voraussichtlichen Eintritt in den Ruhestand und zur Wiederverheiratungschance s. *Schlund* VersR 1981, 404.
19 DAR 1981, 129.
20 BFHE 145, 320; BFH BStBl. 1961, III 101.
21 Vgl. BFH BStBl. 1960, III 72; OLG München VersR 1958, 249.
22 *Schick* NJW 1967, 963.
23 BFH NJW 1995, 1238; *Schick* NJW 1967, 963.

4. Freiwillig gewährte Kapitalabfindungen

12 Sie sind aufgrund freier Vereinbarung der Parteien auch dann möglich, wenn der Verletzte nach dem Gesetz nur eine Rente verlangen könnte. Sie sind sogar die Regel (Rdn. 1). Allerdings kann der Schädiger in keinem Fall verlangen, daß sich der Verletzte mit einer einmaligen Zahlung abfinden läßt. Auch Treu und Glauben (§ 242 BGB) können den Verletzten nicht zwingen, sich abfinden zu lassen. Die Verpflichtung des Schädigers, den Schaden für die Zukunft durch Zahlung einer Rente auszugleichen, kann dieser nur durch Abschluß eines Vertrages mit dem Verletzten („Abfindungsvergleich") in eine Verpflichtung zur Zahlung eines Kapitals umwandeln. Einzelheiten über den Abfindungsvergleich, der die Grundlage solcher Zahlungen bildet, und die Möglichkeiten, ihn später außer Kraft zu setzen, s. § 16, 761 ff.

III. Regelung für bereits entstandene Schäden

1. Wahlrecht des Geschädigten

13 Das grundsätzliche Verbot, Kapitalabfindung statt Rente zu verlangen, gilt nur für den Zukunftsschaden (vgl. Rdn. 3, auch zum maßgeblichen Zeitpunkt). Bei vergangenheitsbezogenen Ansprüchen aus dem StVG hat der Verletzte die Wahl, den Verdienstausfall und den Schaden durch Vermehrung der Bedürfnisse bis zur Höchstgrenze von jährlich 30 000 DM zu verlangen oder in Kapitalform geltend zu machen[24], wobei dann die Begrenzung auf jährlich 30 000,– DM nicht gilt[25]; vgl. § 12, 10. Dasselbe Recht haben die Hinterbliebenen hinsichtlich des Ersatzanspruchs für entgangenen Unterhalt, den der Schädiger trotz Fälligkeit nicht erfüllt hat. Zum Zeitpunkt der Ausübung der Wahl vgl. Rdn. 6.

14 Der BGH[26] geht sogar so weit, auch die Geltendmachung von **Heilungskosten** für die Vergangenheit als Rente zuzulassen. Diese Erstreckung auf die Heilungskosten rechtfertigt sich aus dem Umstand, daß es kein gesetzliches Verbot gibt, Schadenersatz für andere als die in § 13 bezeichneten Schäden in Rentenform zu fordern[27]. Vielmehr erlaubt die in § 13 enthaltene Ausnahmeregelung, die in bestimmten Fällen die Forderung von Kapital verbietet, keine Umkehrung.

2. Auswirkungen

15 Wählt der Verletzte oder Hinterbliebene für die Vergangenheit die **Rente**, so hat er den Vorteil, in Zukunft die Rente (ohne zeitliche Beschränkung) bis zum ungekürzten jährlichen Höchstbetrag von 30 000,– DM zu erhalten; dagegen wird die Rente für die Zukunft in der in § 12, 9 angegebenen Weise gekürzt, wenn für die Vergangenheit ein **Kapitalbetrag** gefordert wird. Im allgemeinen wird der Verletzte für die Vergangenheit den Kapitalbetrag wählen, wenn ihm für die Zukunft nur geringe Ersatzansprüche zustehen, für die Vergangenheit aber sehr hohe, während er sich für die Vergangenheit die Rente nachzahlen lassen wird, wenn er für die Zukunft hohe Rentenansprüche geltend machen will.

---

[24] RG JW 1938, 954 m. Anm. *Gülde*; BGH VersR 1964, 638.
[25] RGZ 133, 183; 136 18.
[26] VersR 1964, 777.
[27] RGZ 86, 431.

3. Forderungsübergang

Hat ein Sozialversicherer dem Verletzten oder Hinterbliebenen Rentenleistungen gewährt und sich in Höhe dieser Leistungen die Ansprüche auf den Sozialversicherungsträger übergegangen, so kann der Verletzte für die Vergangenheit nicht mehr wählen, ob hierfür Rente oder ein Kapitalbetrag übergegangen ist; der Übergang ist vielmehr in Form einer Rente erfolgt; eigene Ansprüche für denselben Zeitraum kann der Verletzte ebenfalls nur noch als Rente fordern, und zwar nur bis zum Unterschiedsbetrag zwischen der empfangenen Jahresrente und 30000,– DM. Die entgegengesetzte Ansicht des Reichsgerichts[28] beruht darauf, daß dieses eine Rentennachforderung für die Vergangenheit als in jedem Falle zu unzulässig ansah[29]. Besteht wegen Forderungsübergangs auf mehrere Legalzessionare Gesamtgläubigerschaft (Schlußanh. II, 161), so können sie nur durch gemeinsame Erklärung bewirken, daß anstelle einer Rente Kapitalabfindung geschuldet wird[30]. 16

4. Prozessuale Fragen

Da dem Verletzten (Hinterbliebenen) im allgemeinen ein Recht zur Wahl zusteht, muß der Klageantrag erkennen lassen, ob für die Vergangenheit Kapital oder Rente gefordert wird[31]. Das Gericht darf nur das zusprechen, was mit der Klage verlangt wird. Der Kläger kann wirksam beide Arten des Schadenersatzes in der Form eines Haupt- und eines Hilfsantrags zur Entscheidung des Gerichts stellen[32]. Weitere Einzelheiten s. Rdn. 7. 17

IV. Einzelheiten der Rentengewährung

1. Bemessung der Rente

Wegen der Höhe der Rente vgl. die Erl. zu §§ 10, 11; wegen der Dauer der Rentenzahlung s. § 10, 165 ff sowie § 11, 82 u. 114. 18

2. Geldrente

Sie ist die einzige nach dem StVG zugelassene Form der Gewährung. Der Verletzte kann also keine Naturalleistungen verlangen. 19

3. Vorauszahlung

Drei Monate im voraus ist die Rente zu zahlen (§ 13 Abs. 2 i. V. m. § 843 Abs. 2 Satz 1, § 760 Abs. 1 und 2 BGB). Das bedeutet aber nicht, daß der monatliche Betrag jeweils schon zwei Monate vor dem Ersten des Monats zu zahlen wäre. Gemeint ist vielmehr, daß die Rente jeweils für ein Vierteljahr im ganzen zu Beginn des Vierteljahrs zu zahlen ist. Dabei ist nicht auf Kalendervierteljahre abzustellen, sondern auf den Beginn der Zahlungspflicht. Die nächsten Zahlungen sind drei, sechs, neun und zwölf Monate später fällig. Verlangt der Verletzte mit seiner Klage monatliche Zahlung, ohne die vierteljährliche Zahlungsweise zu erwähnen, so darf ihm das Gericht nur monatliche Zahlungen zusprechen. Stirbt der Berechtigte, so dürfen seine Erben, wenn ein 20

[28] RG JW 1937, 2360.
[29] RGZ 133, 184; anders BGH VersR 1964, 777.
[30] BGH VersR 1972, 1030.
[31] BGHZ 4, 141.
[32] RGZ 136, 375.

Recht auf vierteljährliche Zahlungsweise bestand, den letzten Vierteljahresbetrag behalten oder, wenn er trotz Fälligkeit noch nicht gezahlt war, fordern (§ 760 Abs. 3 BGB).

4. Sicherheitsleistung

21 Eine Pflicht zur Sicherheitsleistung hat der Schädiger grundsätzlich nicht. Solange nur ein Feststellungsanspruch gegeben ist, kommt eine Sicherheitsleistung überhaupt nicht in Betracht[33]. Steht die Pflicht zur Rentenzahlung fest, so räumt § 843 Abs. 2 Satz 2 BGB, auf den in § 13 verwiesen ist, dem Richter die Möglichkeit ein, nach pflichtgemäßem Ermessen eine Sicherheitsleistung anzuordnen, wenn die besonderen Umstände eine naheliegende Gefährdung der Durchsetzung des Anspruchs dartun und der Schädiger nicht freiwillig Sicherheit leistet. Ist der Schädiger haftpflichtversichert und überschreitet der Schaden die Deckungssummen voraussichtlich nicht, so kommt eine Pflicht zur Sicherheitsleistung im allgemeinen nicht in Betracht. Das gilt auch dann, wenn Versicherer eine ausländische Versicherungsgesellschaft ist[34]. Das Bestehen einer Haftpflichtversicherung hindert ein Entstehen der Pflicht zur Sicherheitsleistung allerdings nicht in jedem Fall[35]. Besteht bei einem Anspruch auf Rente eine Pflicht zur Sicherheitsleistung, so richten sich die Einzelheiten nach §§ 232 bis 240 BGB.

22 Entsteht eine Gefährdung des Rentenanspruchs erst **nach Rechtskraft des Urteils**, so kann Sicherheitsleistung oder Erhöhung der bereits geleisteten Sicherheit nachträglich verlangt werden (§ 13 Abs. 3). Diese Vorschrift erstreckt die Wirkung des § 324 ZPO, der nur für unerlaubte Handlungen gilt, auf die Haftung aus StVG. Der Schädiger hat allerdings kein Recht, nachträglich die Freigabe seiner Sicherheit zu verlangen, wenn der Grund für die Sicherheitsleistung wegfällt[36]. Die Freigabe muß nur dann erfolgen, wenn nachträglich die Pflicht zur Rentenzahlung wegfällt oder nur noch eine geringere Rente, als im Urteil angeordnet, geschuldet ist (Rdn. 27).

V. Beschränkte Pfändbarkeit der Rente

23 Nach § 850 b Abs. 1 Nr. 1 u. 2 ZPO sind Renten, die wegen einer Verletzung des Körpers oder der Gesundheit zu entrichten sind, desgleichen Renten wegen Entziehung einer Unterhaltsforderung, nur pfändbar, wenn die Vollstreckung in das sonstige bewegliche Vermögen des Schuldners zu einer vollständigen Befriedigung des Gläubigers nicht geführt hat oder voraussichtlich nicht führen wird und wenn nach den Umständen des Falles, insbesondere nach der Art des beizutreibenden Anspruchs und der Höhe der Bezüge, die Pfändung der Billigkeit entspricht. Bis zum Gesetz vom 19. 12. 1952 befand sich in § 13 eine ausdrückliche Verweisung auf die entsprechende Vorschrift der ZPO. Die Verweisung ist, da entbehrlich, gestrichen worden.

VI. Prozeßrechtliche Fragen

1. Grundurteil

24 Eine Vorabentscheidung über den Grund des Anspruchs auf Zahlung einer Schadensrente darf nur ergehen, wenn eine hohe Wahrscheinlichkeit dafür besteht, daß der

---

[33] RGZ 60, 416.
[34] RGZ 157, 348.
[35] RG JW 1935, 2949.
[36] A. A. *Baumbach/Lauterbach/Hartmann* § 324, 3; *Thomas/Putzo* § 324.

Kläger einen fortlaufenden Schaden erlitten hat[37]. Es ist zulässig, den Rentenanspruch ohne zeitliche Begrenzung dem Grunde nach für gerechtfertigt zu erklären und die Entscheidung über Beginn und Ende der Rente dem Betragsverfahren ausdrücklich vorzubehalten[38]. Auch die Wahl zwischen Rente und Kapitalabfindung kann dem Betragsverfahren überlassen bleiben[39].

2. Zeitbestimmung im Urteil

Die Dauer der Rente, also ihr Beginn und ihr Ende, müssen in dem Urteil festgelegt **25**
werden, das die Verpflichtung des Schädigers zur Zahlung einer Rente an den Verletzten oder Hinterbliebenen anordnet.

3. Bindung an Anträge

§ 308 ZPO verbietet es, daß sich das Gericht über die im Klageantrag vorgenommene **26**
Zuordnung bestimmter Rentenbeträge zu bestimmten Zeiträumen hinwegsetzt. Es darf daher auch dann nicht für einzelne Monate mehr als beantragt zusprechen, wenn es bezüglich anderer Monate hinter dem Antrag zurückblieb. Daß das Gericht befugt ist, die bis zum Zeitpunkt der letzten mündlichen Verhandlung aufgelaufenen Rentenbeträge in einer Summe zusammenzufassen, ändert hieran nichts[40].

4. Abänderungsklage

a) **Anwendungsbereich.** Ändern sich später die Verhältnisse (dies gilt vor allem, **27**
wenn sich später weitere Gesundheitsschäden bemerkbar machen), so ist eine Änderung der Höhe der Rente auch noch dann möglich, wenn sie durch Urteil festgesetzt ist (§ 323 ZPO). Voraussetzung der in diesem Fall zu erhebenden Klage auf Abänderung ist, daß eine wesentliche Änderung derjenigen Umstände eingetreten ist, die für die Höhe und Dauer der Rente bei Erlaß des Urteils maßgebend waren. Zugelassen sind nur Gründe, die nach Schluß der mündlichen Verhandlung in dem Verfahren entstanden sind, in dem das Urteil erging, und durch Einspruch nicht mehr geltendgemacht werden können[41]. Solche Gründe können Anlaß geben, die Rente für die Zukunft zu erhöhen oder zu kürzen. Auf diesem Wege kann auch eine erhebliche Veränderung der Kaufkraft des Geldes berücksichtigt werden[42]. Bei Kapitalabfindung ist eine Abänderungsklage nicht zulässig[43].

Ist die Rente durch **gerichtlichen Vergleich** festgesetzt worden, so gilt dasselbe (§ 323 **28**
Abs. 4 i. V. m. § 794 Abs. 1 Nr. 1 ZPO). Nur wenn vereinbart ist, daß die Rente unter allen Umständen gleich hoch bleiben soll, ist eine Abänderung ausgeschlossen. Die Worte „zwecks endgültiger Regelung" enthalten einen solchen Ausschluß nicht[44]. Eine unwesentliche Veränderung der Verhältnisse wird nicht dadurch zur wesentlichen, daß im ersten Urteil die damaligen Verhältnisse unrichtig beurteilt worden waren[45]. Insbesondere läßt sich mit der Abänderungsklage keine andere Beurteilung des im früheren Urteil verneinten Ursachenzusammenhangs zwischen dem Unfall und dem Körperscha-

---

37 BGH VersR 1961, 23; 1964, 1113.

38 RG RdK 1927, 222; BGHZ 11, 183; BGH VersR 1965, 84.

39 BGHZ 59, 147; BGH NJW 1978, 544.

40 BGH NZV 1990, 116.

41 Wegen Einzelheiten s. *Rosenberg/Schwab/Gottwald* § 158 V 3.

42 BGH VersR 1966, 37; OLG München VersR 1984, 246.

43 BGHZ 79, 192.

44 BGH VersR 1968, 450.

45 BGH VersR 1969, 236.

den erreichen. Ein **außergerichtlicher Vergleich** kann nicht nach § 323 ZPO abgeändert werden (s. hierzu § 16, 565 ff).

29 b) **Erhöhung der Rente.** Ist ein auf den Unfall zurückzuführender neuer Schaden entstanden, nachdem eine Rente durch Urteil oder gerichtlichen Vergleich festgelegt wurde, und kann Ersatz für den Schaden nur in Form einer Rente verlangt werden, so ist der Klageantrag auf Erhöhung der bisher laufenden Rente zu richten. § 323 ZPO schaltet verfahrensrechtlich die Möglichkeit aus, in einem solchen Fall eine zweite Rente neben der ersten zu fordern[46]. Das gilt natürlich dann nicht, wenn zunächst nur Klage auf einen Teilbetrag der Rente erhoben gewesen war und Erfolg hatte. In einem solchen Fall kann der restliche Teilbetrag neben der bereits zugesprochenen Rente gefordert werden. Ist durch Feststellungsurteil die Ersatzpflicht festgelegt und ist später Leistungsurteil für einen bestimmten Zeitabschnitt ergangen, so kann eine Erhöhung der Rente für diesen Zeitraum nur auf dem Weg des § 323 ZPO erreicht werden, nicht durch eine neue, auf das Feststellungsurteil gestützte Leistungsklage[47]. Das Recht, die laufende Rente den später sich ändernden Verhältnissen anpassen zu lassen, verjährt nicht. Für eine Feststellungsklage, die die Befugnis, eine spätere Änderung zu verlangen, durch Urteilsspruch bestätigt haben möchte, fehlt es daher am Rechtsschutzinteresse[48].

30 c) **Kapital statt Rente.** Verlangt der Verletzte oder Hinterbliebene für den neu entstandenen unfallbedingten Schaden keine Rente, sondern einen Kapitalbetrag, und ist er hierzu berechtigt, so kommt § 323 ZPO nicht in Betracht. Eine solche Forderung kann mithin nur durchdringen, wenn sie nicht verjährt ist (§ 14).

31 d) **Rente nach Kapitalabfindung.** Ist einmal anstelle einer Rente ein Kapitalbetrag gefordert und gezahlt worden und hat der Verletzte oder Hinterbliebene dabei nicht ausdrücklich bestimmt, daß damit nur der bis zu einem bestimmten Zeitpunkt entstehende Schaden abgegolten sein solle, so ist der Kapitalbetrag in der Regel eine Abfindung für den gesamten Schaden aus Verdienstausfall und Vermehrung der Bedürfnisse bzw. beim Hinterbliebenen für den gesamten Schaden wegen entgehenden Unterhalts und eine spätere Nachforderung ist auch bei erheblicher Veränderung der Verhältnisse ausgeschlossen. Die Abfindung nach § 843 Abs. 3 BGB hat mithin dieselbe Wirkung wie der Abschluß eines Abfindungsvergleichs (Rdn. 9). Eine entsprechende Anwendung von § 323 ZPO kommt in solchen Fällen nicht in Betracht.

32 e) **Rente nach Klageabweisung.** Ist durch Urteil der Anspruch auf eine Rente rechtskräftig abgewiesen worden, weil weder ein Verdienstausfall noch eine Mehrung der Bedürfnisse entstanden sei bzw., weil keine Bedürftigkeit des Unterhaltsberechtigten bestehe, entstehen aber später solche Schäden und ist der Anspruch nicht verjährt, so kann erneut Klage auf Schadenersatz erhoben werden. § 323 ZPO ist in solchen Fällen nicht anzuwenden[49]. War die Klage abgewiesen worden, weil eine Haftung des Schädigers nicht bestehe, so kann auch eine spätere Klage keinen Erfolg haben, weil die materielle Rechtskraft des ersten Urteils entgegensteht. Beruhte die Klageabweisung dagegen darauf, daß der Forderungsübergang auf Sozialversicherungsträger die Forderung des Verletzten übersteige, und ändert sich später die Sachlage, etwa durch Entstehen weiterer Gesundheitsschäden, so kann eine spätere Klage des Verletzten auf Rente Erfolg haben. Es ist auch denkbar, daß eine Rente unter Anwendung des § 323 ZPO nachträglich durch Urteil von einem bestimmten Zeitpunkt an aberkannt, durch ein

---

[46] BGHZ 34, 115; BGH VersR 1960, 346.
[47] BGH VersR 1968, 1066.
[48] BGHZ 34, 110.
[49] BGH NJW 1982, 578; *Rosenberg/Schwab/Gottwald* § 158 II a. E.; a. A. RGZ 162, 281.

weiteres Urteil aber von einem noch später liegenden Zeitpunkt an wieder zuerkannt wird[50].

f) **Herabsetzung der Rente.** Die Höhe des Rentenanspruchs kann sich auch dadurch ändern, daß der Verletzte später einen zweiten Unfall erleidet, für dessen Folgen ein anderer einzustehen hat. Steht fest, daß sich die Verhältnisse in einem bestimmten Punkt zugunsten des Verletzten geändert haben, so ergibt sich hieraus nicht ohne weiteres, daß die Klage des Schädigers auf Kürzung der künftigen Rentenzahlungen Erfolg haben muß. Das Gericht ist vielmehr gehalten, auch bei der Abänderungsklage alle die Höhe der Rente bestimmenden Umstände einer Prüfung zu unterziehen. Dabei kann sich ergeben, daß sich die Lage in anderer Hinsicht zum Nachteil des Verletzten oder Hinterbliebenen verändert hat, so daß trotz Richtigkeit der vom Schädiger aufgestellten Behauptungen eine Herabsetzung der Rente nicht in Betracht kommt[51]. Das gilt sogar dann, wenn sich der Forderungsübergang auf Sozialversicherungsträger erhöht hat, weil diese nun eine höhere Rente an den Verletzten oder Hinterbliebenen zahlen. Auch ein solcher Sachverhalt hat nicht notwendig zur Folge, daß sich die Rentenforderung des Verletzten oder Hinterbliebenen in gleichem Maße verringert, wie sich der Forderungsübergang erhöht[52]. 33

g) **Klagebefugnis bei Legalzession.** Auch der Sozialversicherer, auf den eine Forderung des Verletzten oder Hinterbliebenen in vollem Umfang übergegangen ist, ist befugt, die Abänderungsklage zu seinen eigenen Gunsten zu erheben[53]. Das gilt allerdings nicht für den Träger der Sozialhilfe[54] bei Schadensfällen vor dem 1. Juli 1983 (vgl. Schlußanh. II, 127). Denn hier trat ein Forderungsübergang erst durch die Überleitungsanzeige nach § 90 BSHG ein und grundsätzlich nur für die Vergangenheit. Leistungen, die der Träger nach der Überleitungsanzeige erbringt, bewirken den Übergang zwar auch, aber erst in dem Augenblick, in dem sie erbracht werden und nur dann, wenn die Leistungen nicht länger als zwei Monate unterbrochen waren[55]. Diese bloße Anwartschaft gibt dem Träger der Sozialhilfe kein Recht, im eigenen Namen Abänderungsklage zu erheben. Er muß sich vielmehr vom Sozialhilfeempfänger hierzu ermächtigen lassen. 34

VII. Kein Einfluß der Unterhaltspflicht Dritter

Durch Verweisung auf § 843 Abs. 4 BGB ordnet § 13 Abs. 2 an, daß der Anspruch auf Geldrente nicht dadurch ausgeschlossen oder gemindert wird, daß ein anderer dem Verletzten Unterhalt zu gewähren hat. Das gilt für Ansprüche der Hinterbliebenen aus § 10 ebenso wie für Ansprüche des Verletzten selbst aus § 11. Die Vorschrift entspricht einem allgemeinen Grundsatz des Schadenersatzrechts und ist mithin nicht nur – wie ihr Wortlaut sagt – auf Geldrenten anzuwenden, sondern auf alle Ansprüche aus § 10 oder § 11 StVG sowie aus § 843 oder 844 BGB[56]. So gilt die Regelung z. B. auch für die Heilungskosten. Da der Grundsatz bei den Ausführungen zu § 10 und § 11 berücksichtigt ist, erübrigt es sich, hier auf seine Einzelheiten einzugehen. 35

---

50 RG JW 1925, 55 m. Anm. *Schmidt-Ernsthausen.*

51 BGH VersR 1960, 415.

52 BGH VersR 1963, 1033.

53 LG Duisburg MDR 1965, 668 u. 1966, 335 m. abl. Anm. *Künkel.*

54 *Künkel* aaO; a. A. LG Duisburg aaO.

55 BGHZ 20, 132; KG NJW 1954, 761.

56 RGZ 47, 211; 65, 162; RG JW 1909, 137; 1911, 774; 1913, 1147.

§ 14
Verjährung

Auf die Verjährung finden die für unerlaubte Handlungen geltenden Verjährungsvorschriften des Bürgerlichen Gesetzbuchs entsprechende Anwendung.

§ 852 BGB hat folgenden Wortlaut:

(1) Der Anspruch auf Ersatz des aus einer unerlaubten Handlung entstandenen Schadens verjährt in drei Jahren von dem Zeitpunkt an, in welchem der Verletzte von dem Schaden und der Person des Ersatzpflichtigen Kenntnis erlangt, ohne Rücksicht auf diese Kenntnis in dreißig Jahren von der Begehung der Handlung an.

(2) Schweben zwischen dem Ersatzpflichtigen und dem Ersatzberechtigten Verhandlungen über den zu leistenden Schadensersatz, so ist die Verjährung gehemmt, bis der eine oder andere Teil die Fortsetzung der Verhandlungen verweigert.

(3) Hat der Ersatzpflichtige durch die unerlaubte Handlung auf Kosten des Verletzten etwas erlangt, so ist er auch nach der Vollendung der Verjährung zur Herausgabe nach den Vorschriften über die Herausgabe einer ungerechtfertigten Bereicherung verpflichtet.

Übersicht

Schrifttum

Brox Erhöhung wiederkehrender Leistungen durch Abänderungs- oder Zusatzklage, NJW 1961, 853; *Büning* Die Verjährung der Ansprüche aus unerlaubten Handlungen (1964); *Henckel* Die Grenzen der Verjährungsunterbrechung, JZ 1962, 335; *Krebs* Anmerkungen zur Verjährung im Haftpflichtrecht, VersR 1959, 163; *Lepa* Die Verjährung im Deliktsrecht, VersR 1986, 301; *Meyer* Der Verjährungsablauf nach § 852 BGB und die Wirkungen eines gesetzlichen Rechtsübergangs, VersR 1957, 761; *Münzberg* Feststellungsurteil und Verjährung einzelner Unfallfolgen, NJW 1960, 1605; *Peters* Die Kenntnis vom Schaden als Verjährungsvoraussetzung bei § 852 I BGB, JZ 1983, 121; *Rölle* Beginn der Verjährung nach Unfällen, DAR 1959, 311; *Wurz* Feststellungsurteil und Verjährung einzelner Unfallfolgen, NJW 1960, 470 und 1606.

Entstehungsgeschichte

Der Entwurf 1906 enthielt in § 5 folgende, dem § 8 RHaftpflG im wesentlichen entsprechende Bestimmung:

„Die in den §§ 1 bis 3 bestimmten Ansprüche auf Schadenersatz verjähren in zwei Jahren von dem Unfall an. Gegen denjenigen, welchem der Getötete Unterhalt zu gewähren hatte, beginnt die Verjährung mit dem Tode. Im übrigen finden die Vorschriften des Bürgerlichen Gesetzbuchs über die Verjährung Anwendung".

Der Entwurf 1908, dessen Fassung dann Gesetz wurde, lehnte sich an einen bei Beratung des Entwurfs 1906 gestellten Antrag an.

Die Vorschrift war seit 1909 unverändert geblieben, erhielt aber mit Wirkung zum 1. 1. 1978 (Gesetz vom 16. 8. 1977, BGBl. I, 1577) die jetzige Fassung einer Verweisung auf das BGB. Gleichzeitig wurde der bisherige § 14 Abs. 2 über die Hemmung von Verhandlungen als § 852 Abs. 2 BGB in das allgemeine Recht der Verjährungshemmung bei unerlaubten Handlungen übernommen. Diese Regelung gilt seit 1. 1. 1978 für Ansprüche aus dem StVG in gleicher Weise wie für unerlaubte Handlungen und für die Haftung aus dem Haftpflichtgesetz (dort § 11). Seitdem beträgt die Verjährungsfrist einheitlich drei Jahre. Für Unfälle vor dem genannten Zeitpunkt bleibt es bei der zweijährigen Verjährungsfrist (Art. 5 Abs. 1 des Gesetzes vom 16. 8. 1977).

I. Allgemeines

1. Gesetzliche Regelung

1 § 14 verweist auf die Verjährungsvorschriften des BGB über unerlaubte Handlungen. Diese sind in § 852 BGB enthalten. Ergänzend gelten die allgemeinen Vorschriften über die Verjährung in §§ 194 bis 225 BGB.

2. Zweck der Verjährungsvorschriften

2 Alle Verjährungsvorschriften dienen demselben Zweck, nämlich „der Behelligung mit veralteten Ansprüchen ein Ziel zu setzen"; in den Motiven zum BGB (Bd. 10 S. 291) liest man: „Der Verkehr erträgt es nicht, daß lange verschwiegene, in der Vergangenheit vielleicht weit zurückliegende Tatsachen zur Quelle von Anforderungen in einem Zeitpunkt gemacht werden, in welchem der in Anspruch genommene Gegner infolge der verdunkelnden Macht der Zeit entweder nicht mehr oder doch nur schwer noch in der Lage ist, die ihm zur Seite stehenden entlastenden Umstände mit Erfolg zu verwerten." Dem auf Leistung von Schadenersatz in Anspruch Genommenen wird es, je mehr Zeit seit dem Unfall verstrichen ist, immer schwerer, Beweismittel zu beschaffen, die die Behauptung des Verletzten entkräften können. Der Zeitablauf führt zu einer stetigen Verschlechterung der Aussichten des in Anspruch Genommenen, im Prozeß der Wahrheit zum Sieg zu verhelfen. Denn während der Verletzte die Zeit nutzen und Beweismittel sammeln konnte, weiß der in Anspruch Genommene bis zur Mahnung des Verletzten oft gar nichts davon, daß er einen Unfall verursacht haben könnte oder daß der Unfall, den er für belanglos hielt, schwere Folgen für einen anderen Beteiligten gehabt hat. Daher geben alle Haftungsvorschriften demjenigen, der von einem Verletzten oder angeblich Verletzten in Anspruch genommen wird, nach Ablauf einer gewissen Zeit das Recht, den Anspruch schon allein durch die Berufung auf den Zeitablauf wirksam abzuwehren. Von großer Bedeutung ist die Verjährung auch für den Geschäftsbetrieb der Versicherungsunternehmen, bei denen die Kraftfahrer gegen Haftpflicht pflichtversichert sind.

Die erhebliche Bedeutung für den Rechtsfrieden und die Rechtssicherheit[1], insbesondere für eine ordnungsgemäße Abwicklung der Haftpflichtschäden hat das Reichsgericht dadurch anerkannt, daß es den Verjährungsausschluß, soweit er in ausländischen Rechten enthalten ist, als unvereinbar mit der Rechtsordnung in Deutschland und daher als nach Art. 30 EGBGB unwirksam angesehen hat[2]. Das gilt aber nicht, wenn die Verjährungsfrist nach dem ausländischen Recht lediglich länger sind als die deutschen[3]. In dieser Hinsicht ist dem Rechtsinstitut der Verjährung, das vielen ausländischen Rechten unbekannt ist, die dort geltende Regelung über das Verbot der Klageerhebung nach Ablauf bestimmter Fristen gleichzusetzen.

Wegen der Unentbehrlichkeit der Verjährung für ein geordnetes Rechtsleben kann nur in Ausnahmefällen die Berufung auf die Verjährung gegen Treu und Glauben verstoßen (Rdn. 115 ff). Die Verjährung, so sagen die Motive (aaO), verlangt Opfer, die die Betroffenen dem Gemeinwohl bringen müssen.

3. Geltendmachung der Verjährung

3 Nach deutschem Recht darf der Richter den Eintritt der Verjährung nicht beachten, wenn sich der Beklagte nicht darauf beruft (vgl. § 222 BGB). Der Richter darf den

---

[1] RGZ 120, 359.
[2] RGZ 106, 85; 136, 432.
[3] RGZ 151, 201; OLG München HRR 1938, Nr. 1020.

Beklagten auch nicht darauf hinweisen, daß er sich auf die Verjährung berufen könnte; es ist nicht Aufgabe des Richters, eine Partei auf ein ihr günstiges neues Vorbringen hinzuweisen[4]. Wie die Einrede der Verjährung vorgebracht wird, ist ohne Bedeutung; es genügt, wenn der Beklagte erklärt, schon deshalb nicht zur Leistung verpflichtet zu sein, weil so viel Zeit verstrichen ist. Er muß die Erklärung auch nicht etwa im Prozeß abgeben; sie kann gegenüber demjenigen, der Ansprüche geltend macht, formlos und unabhängig von einem Verfahren vorgebracht werden; dieser Vorgang kann dann freilich vom Richter nur beachtet werden, wenn auf ihn im Verfahren hingewiesen wird. Auch nach Geltendmachung der Verjährung kann die Forderung noch erfüllt werden (Rdn. 4). Der Schuldner kann auch noch im Prozeß die Einrede fallen lassen; dies bedeutet allerdings in der Regel keinen Verzicht auf sie[5]. In der Revisionsinstanz kann sich niemand auf Verjährung berufen, der die Einrede in den Tatsacheninstanzen nicht vorgebracht hat[6].

4. Wirkung der Verjährung

a) **Leistungsverweigerungsrecht.** Die verjährte Forderung bleibt erfüllbar; der 4
Schuldner ist jedoch berechtigt, die Leistung zu verweigern (§ 222 Abs. 1 BGB). Ist bei Rentenansprüchen das „Stammrecht" verjährt, so bezieht sich diese Wirkung auch auf die einzelnen wiederkehrenden Leistungen[7]. Nebenleistungen, vor allem Zinsen und Kosten, werden von der Verjährung des Hauptanspruchs mit umfaßt (§ 224 BGB). Dazu gehören auch Ansprüche auf Ersatz des durch den Verzug entstandenen Schadens[8].

b) Eine **erbrachte Leistung** kann, auch wenn der Leistende sich vorher auf die Ver- 5
jährung berufen hatte, nicht zurückgefordert werden (§ 222 Abs. 2 BGB).

c) **Aufrechnung.** Mit einer verjährten Forderung kann aufgerechnet werden, wenn 6
der Schuldner dieser Forderung später seinerseits gegen den Gläubiger der Forderung Ansprüche erhebt. Voraussetzung ist lediglich, daß sich in irgendeinem Zeitpunkt vor Eintritt der Verjährung beide Ansprüche aufrechenbar gegenübergestanden haben (§ 390 Satz 2 BGB).

5. Verhältnis zur Verwirkung

Die Verwirkung eines Anspruchs kann schon vor der Verjährung eintreten; darin 7
liegt gerade ihre besondere Bedeutung in der Praxis[9]. Sie kommt in Betracht, wenn der Berechtigte ein Recht längere Zeit nicht geltend macht, obwohl er dazu in der Lage wäre, und der Verpflichtete sich mit Rücksicht auf das gesamte Verhalten des Berechtigten darauf einrichten durfte und eingerichtet hat, daß dieser sein Recht auch in Zukunft nicht geltend machen werde[10]. Es ist jedoch um so seltener Raum für eine Verwirkung, je kürzer die Verjährungsfrist ist[11]. Bei der hier geltenden kurzen Verjährungsfrist von drei Jahren ist davon auszugehen, daß dieser Zeitraum dem Geschädigten für die Geltendmachung seiner Ansprüche grundsätzlich ungeschmälert erhalten bleiben soll[12]. Soweit die 30jährige Verjährung gilt, darf der Verwirkungseinwand andererseits nicht allein auf die zunehmenden Beweisschwierigkeiten gestützt werden, denn dies würde

---

[4] Vgl. *Zöller/Greger* § 139, 11 m. w. Nachw., auch zur Gegenmeinung.
[5] BGHZ 22, 267.
[6] BGHZ 1, 234; BAG VRS 26, 474.
[7] BGH VersR 1979, 55.
[8] RG SeuffA 82, Nr. 183.
[9] BGH NZV 1992, 275; 1992, 356.
[10] BGH NJW 1982, 1999.
[11] BGH LM BGB § 242 (Cc) Nr. 46.
[12] BGH NZV 1992, 275.

im Ergebnis darauf hinauslaufen, daß lange Verjährungsfristen kaum noch ausgeschöpft werden könnten. Das durch Richterrecht geschaffene Institut der Verwirkung darf in seiner Anwendung aber nicht dazu führen, daß die gesetzliche Verjährungsregelung in weitem Maße unterlaufen wird[13].

II. Verzicht auf die Verjährungseinrede

1. Vor Eintritt der Verjährung

8 a) **Ausschluß eines Verzichts.** Auf die Verjährung kann, solange sie nicht eingetreten ist, weder einseitig noch durch Vertrag verzichtet werden (§ 225 Satz 1 BGB). Diese zwingende Vorschrift kann auch nicht dadurch umgangen werden, daß der Schuldner verspricht, er werde sich auf die Verjährung nicht berufen oder er werde, wenn sie eingetreten sei, auf ihre Geltendmachung verzichten[14]. Immerhin kann ein solcher Verzicht dann, wenn der Verletzte hierdurch veranlaßt wird, seine Ansprüche zunächst nicht einzuklagen, zur Folge haben, daß der Schädiger gegen Treu und Glauben verstößt, wenn er sich später auf Verjährung beruft (s. Rdn. 115; zur zeitlichen Begrenzung des Einwands Rdn. 118). Der in einem Teilungsabkommen erklärte Verzicht auf die Einrede der Verjährung erfaßt solche Forderungen nicht, die der Abkommenspartner bereits verjährt erworben hat[15].

9 b) **Gleichkommende Vereinbarungen.** Die Parteien können aber auf andere Weise verhindern, daß Verjährung eintritt. Sie können einen konstitutiven Schuldanerkenntnisvertrag schließen (§ 16, 753) oder eine Vereinbarung treffen, die ein Feststellungsurteil über die Schadensersatzpflicht ersetzt. Beides bringt die 30jährige Verjährungsfrist des § 218 Abs. 1 BGB zur Anwendung. Der BGH bejaht eine solche Vereinbarung bereits dann, wenn sich aus einem Anerkenntnis des Schuldners ergibt, daß durch dieses die Erhebung einer Feststellungsklage des Geschädigten vermieden werden sollte[16]. Nehme der Geschädigte diese Anerkenntniserklärung an, was spätestens mit der Geltendmachung der an sich verjährten Ansprüche geschehe, so komme eine vergleichsähnliche Vereinbarung zwischen den Parteien zustande, durch die der Geschädigte auf die Erlangung eines Feststellungsurteils und der Anspruchsgegner auf eine gerichtliche Feststellung der gegen ihn gerichteten Ersatzansprüche verzichteten. Es brauche sich hierbei nicht um ein konstitutives Schuldanerkenntnis im Sinne des § 781 BGB zu handeln; konstitutiv wirke dieses Anerkenntnis lediglich insofern, als es den Anspruch von der Einrede der kurzen Verjährung befreie. An die Bejahung eines solchen Anerkenntnisses dürfen keine zu geringen Anforderungen gestellt werden; darin, daß der Haftpflichtversicherer des Unfallgegners einen auf Zukunftsschäden gerichteten Vorbehalt in einer Abfindungserklärung des Geschädigten akzeptiert, liegt eine solche Befreiung von der Verjährungseinrede noch nicht[17].

2. Nach Eintritt der Verjährung

10 kann der Schädiger wirksam darauf verzichten, sich auf sie zu berufen[18]. Der Verzicht kann auch stillschweigend erklärt werden, setzt aber stets voraus, daß der Schädi-

---

[13] BGH NZV 1992, 356.
[14] BGH VRS 24, 93.
[15] LG Bielefeld NZV 1990, 235.
[16] VersR 1985, 63; 1986, 685; LG Bielefeld NZV 1990, 193.
[17] BGH NZV 1992, 356; OLG Hamm NZV 1994, 72.
[18] BGHZ 57, 209; BGH VersR 1962, 809.

ger wußte, daß die Verjährung bereits eingetreten ist, oder daß er sich zumindest darüber im klaren war, daß die Ansprüche möglicherweise schon verjährt sind[19]. Der Verzicht kann für einen bestimmten Zeitraum erklärt werden; überschreitet der Verletzte diese Frist auch nur geringfügig, so kann der Ersatzpflichtige mit Fug und Recht Verjährung einwenden[20]. Fällt bei einem befristeten Verzicht auf die Erhebung der Verjährungseinrede der letzte Tag der Frist auf einen Feiertag, so kann der Schuldner sich für den Fall, daß der Gläubiger am nächsten Werktag eine Klageschrift bei Gericht einreicht und diese demnächst zugestellt wird, auf Verjährung nur berufen, wenn er ausdrücklich erklärt hatte, die Wirkungen des Verzichts sollten ungeachtet des Feiertags mit dessen Ablauf enden[21]. Soll der Verzicht nach dem erkennbaren Willen des Verzichtenden für alle Zeiten wirksam bleiben, so kommt ihm trotzdem diese Wirkung nicht zu; er hat in einem solchen Falle vielmehr nur zur Folge, daß vom Tage der Erklärung an eine neue Verjährungsfrist läuft[22]. Nicht gebilligt werden kann die Ansicht des OLG Köln[23], wenn ein Haftpflichtversicherer auf die Einrede verzichte, habe dies keine Wirkung für und gegen den von ihm vertretenen Ersatzpflichtigen selbst; der Haftpflichtversicherer überschreite vielmehr durch einen solchen Verzicht erkennbar seine Vertretungsmacht. Diese Ansicht steht nicht nur in Widerspruch mit der umfassenden dem Haftpflichtversicherer eingeräumten Vertretungsmacht (§ 10 Nr. 5 AKB), sondern würde, wollte man ihr folgen, zu dem unannehmbaren Ergebnis führen, daß der Haftpflichtversicherer auf die Einrede der Verjährung nie wirksam verzichten könnte[24].

III. Beginn der Verjährungsfrist

1. Übersicht

Die Verjährungsfrist beginnt in dem Zeitpunkt zu laufen, in welchem der Verletzte **11**
(Rdn. 15 ff) von dem Schaden (Rdn. 25) und von der Person des Ersatzpflichtigen (Rdn. 30 ff) Kenntnis erlangt. Eine zusätzliche Überlegungsfrist ist insoweit nicht eingeräumt[25]. Erlangt er entweder vom Schaden oder von der Person des für den Unfall Verantwortlichen (des „Schädigers") keine Kenntnis, so beginnt die Verjährung mit dem Unfall; die Frist beträgt aber in einem solchen Fall nicht drei Jahre, sondern dreißig Jahre (Rdn. 38). Das „Kennenmüssen" steht der Kenntnis nicht gleich (Rdn. 14).

2. Begriff der Kenntnis

a) Tatsachenkenntnis. Mit „Kenntnis" ist gemeint, daß der Ersatzberechtigte alle **12**
Tatsachen kennt, auf die er eine erfolgversprechende Klage – und zwar wenigstens eine Feststellungsklage – stützen könnte (näher Rdn. 33). Absolute Sicherheit ist nicht erforderlich. Es darf daher nicht bis zum Abschluß polizeilicher Ermittlungen gewartet werden, wenn sich bei dem gegebenen Kenntnisstand zumindest eine Mitverantwortlichkeit für den Schaden ergibt; die Kenntnis soll nicht zur gesicherten Durchführung eines Rechtsstreits ausreichen, sondern nur die Verjährungsfrist, in welcher die etwa

---

19 BGH VRS 20, 187; VersR 1979, 646; OLG Köln VersR 1982, 461; s. a. OLG Celle VersR 1983, 563; OLG Hamm VersR 1996, 243.

20 BGH VersR 1962, 809.

21 BGH NJW-RR 1990, 1532.

22 OLG Karlsruhe NJW 1964, 1135.

23 NJW 1955, 713 m. abl. Anm. *Lent*.

24 S. a. *Schirmer* VersR 1970, 112.

25 RG JW 1937, 1237.

noch offenen Fragen geklärt werden können, in Lauf setzen[26]. Für die Kenntnis des Sozialversicherungsträgers (vgl. Rdn. 21) ist es ausreichend, wenn ihm die Umstände bekannt sind, aus denen sich eine, wenn auch nur entfernte, Möglichkeit ergibt, daß er dem Verletzten Leistungen zu gewähren haben wird[27].

13 b) **Rechtsirrtum.** Zur „Kenntnis" ist nicht erforderlich, daß der Verletzte alle Tatumstände zutreffend rechtlich würdigt und davon überzeugt ist, daß das Verhalten des Schädigers eine haftungsrechtliche Verantwortung begründet[28]. Nur ausnahmsweise kann eine auf Rechtsunkenntnis beruhende Ungewißheit den Beginn der Verjährungsfrist hinausschieben. Das Reichsgericht hat seine ursprüngliche Ansicht, die Frist beginne erst zu laufen, wenn der Ersatzberechtigte nicht nur den Schaden und den Schädiger kenne, sondern auch wisse, daß ein Gesetz ihm das Recht gebe, von diesem Schadenersatz zu verlangen, bald erheblich eingeschränkt. Es betonte, daß Rechtsunkenntnis den Beginn der Frist nur dann hinausschiebe, wenn hierauf die Unsicherheit des Ersatzberechtigten beruhe, welche von mehreren in Betracht kommenden Personen er in Anspruch nehmen könne[29]. Der BGH[30] hat sich dieser einengenden Meinung des Reichsgerichts angeschlossen. Die Verjährung beginnt aber auch dann zu laufen, wenn der Geschädigte verkennt, daß den Anspruchsgegner eine Mitverantwortung für den Unfall trifft[31]. Unbillig erscheint die Ansicht des Reichsgerichts[32], die durch Rechtsunkenntnis verursachte Unsicherheit, welche Körperschaft für den seine Amtspflicht verletzenden, dem Namen nach bekannten Beamten einzustehen habe, hindere den Beginn der Verjährungsfrist nicht. Gerade diese Rechtsfragen sind oft von besonderer Schwierigkeit[33]. Mit Recht sieht daher der BGH[34] eine solche auf Rechtsunkenntnis beruhende Ungewißheit, sofern nicht durch Bewilligung der Prozeßkostenhilfe eine gerichtliche Klärung erfolgt ist, als ausreichend an, den Beginn der Verjährungsfrist hinauszuschieben.

14 c) **Kennenmüssen** (fahrlässige Unkenntnis) ist der Kenntnis nicht gleichzustellen[35]. Der Grund hierfür liegt in dem Umstand, daß den Verletzten in keinem Fall eine Rechtspflicht oder eine sittliche Pflicht trifft, den Ersatzpflichtigen ausfindig zu machen und die Grundlagen für die Geltendmachung von Ersatzansprüchen zu klären[36]. Nicht der Verletzte hat den Sachverhalt zu klären; die sittliche Pflicht hierfür trifft vielmehr den Ersatzpflichtigen. Dieser erleidet, wenn er sich nicht meldet, den Rechtsnachteil, daß die Verjährung der gegen ihn gerichteten Ansprüche nicht beginnen kann. Deshalb beginnt die Verjährung auch nicht etwa in dem Zeitpunkt, in dem der Geschädigte anläßlich einer polizeilichen Anzeige aufgrund ungesicherter Vermutungen über den Unfallhergang berichtet hat[37]. Der Geschädigte ist nicht verpflichtet, Nachforschungen bei der Polizei anzustellen[38] oder einen anhängigen Strafprozeß gegen den Schädiger zu verfolgen, um nach dessen rechtskräftigem Abschluß alsbald die für eine Schadensersatzklage erforderlichen Informationen zu erhalten[39]. Er braucht also auch nicht einen Rechtsanwalt zu beauftragen, um Akteneinsicht in dem laufenden Strafverfahren

---

[26] BGH VersR 1990, 497.
[27] BGH VersR 1969, 921; 1978, 660.
[28] BGH VersR 1983, 1160; 1986, 1081.
[29] RGZ 76, 63; 142, 283; 142, 352.
[30] VersR 1959, 1040; 1961, 910; 1966, 632.
[31] BGH NZV 1990, 114.
[32] RGZ 142, 352.
[33] Vgl. BayObLGZ 1954, 22.
[34] VRS 15, 177.
[35] BGH VersR 1968, 1165; 1969, 380; 1970, 89; NZV 1996, 446.
[36] RG JW 1920, 147 m. zust. Anm. *Isaac*; BGH VersR 1955, 234; VRS 11, 100; KG DAR 1932, 267.
[37] BGH VersR 1970, 89.
[38] BGH NZV 1996, 447.
[39] BGH VersR 1990, 539.

zu erhalten[40]. Zu weitgehend lastete das OLG Nürnberg[41] einem Versorgungsamt an, daß es sich nicht nachdrücklich genug um die Übersendung der Strafakten bemüht hat. Auch wenn der Verletzte oder Hinterbliebene bewußt alle Ermittlungen unterläßt, kann dies dem Ersatzpflichtigen nicht zugute kommen[42]. Zum Nachteil gereicht dem Ersatzberechtigten ein solches Unterlassen nur, wenn er sich naheliegenden, ohne besondere Kosten und Mühen zugänglichen Erkenntnisquellen verschließt, was insbesondere bei der Identifizierung des an sich bekannten Schädigers eine Rolle spielt (s. hierzu Rdn. 31). Seine Unkenntnis steht dann der vom Gesetz verlangten positiven Kenntnis gleich[43].

3. **Inhaber der Kenntnis**

a) Die besagte Kenntnis muß nach § 852 Abs. 1 BGB beim **Verletzten** vorliegen (zum Begriff vgl. § 7, 210). Bei Ansprüchen nach § 10 entscheidet die Kenntnis des ersatzberechtigten Hinterbliebenen. **15**

b) **Bei Geschäftsunfähigen oder -beschränkten** kommt es auf die Kenntnis des gesetzlichen Vertreters an[44]. Bei Minderjährigen genügt Kenntnis eines vertretungsberechtigten Elternteils[45]. Erfährt der gesetzliche Vertreter nichts von dem Schaden, so tritt die Verjährung dreißig Jahre nach dem Unfall ein. Hat das durch den Unfall elternlos gewordene Kind keinen gesetzlichen Vertreter mehr, so beginnt der Lauf der Frist erst, wenn ein Vormund bestellt worden ist und dieser Kenntnis von den Ersatzansprüchen und vom Ersatzverpflichteten erhält. Wird der Verletzte durch den Unfall geschäftsunfähig, so beginnt die Verjährung erst, wenn ihm ein Betreuer mit die Schadensregulierung umfassendem Aufgabenkreis (bis 31. 12. 1991: Vormund) bestellt ist und dieser Kenntnis vom Schaden und von der Person des Ersatzpflichtigen erlangt. Hat der Geschäftsunfähige inzwischen einen Vergleich mit dem Schädiger abgeschlossen, so beginnt die Verjährungsfrist erst, wenn der Betreuer bzw. Vormund erfahren hat, daß der Verletzte schon beim Abschluß des Vergleichs geschäftsunfähig war[46]. War allerdings zunächst vorläufige Betreuung (Vormundschaft) angeordnet und auf dieser Grundlage ein Betreuer bzw. Vormund bestellt gewesen, der von den anspruchsbegründenden Tatsachen wußte, so läuft die Verjährungsfrist schon von dessen Kenntnis an. Hieran ändert die Aufhebung der vorläufigen Betreuung bzw. Vormundschaft nichts[47]. Wird bei einem Unfall ein Kind im Mutterleib verletzt, so beginnt die Verjährung mit der Kenntnis des gesetzlichen Vertreters des Kindes, frühestens jedoch mit der Geburt des Kindes. Ebenso ist es, wenn der Erzeuger eines Kindes vor dessen Geburt bei einem Unfall getötet wird, hinsichtlich der Ersatzansprüche wegen entgehenden Unterhalts. **16**

c) Bei **juristischen Personen** ist grundsätzlich die Kenntnis des Organs maßgebend (zum Wissensvertreter s. Rdn. 19); besteht dieses aus mehreren Personen, so beginnt die Frist, wenn einer davon Kenntnis erhält. Hat eine **Handelsgesellschaft** einen Prokuristen, in dessen Aufgabengebiet die Regelung solcher Schäden gehört, so läuft die Frist schon, wenn der Prokurist Kenntnis erhält[48]. Ansprüche, die einer **Erbengemeinschaft** zustehen, sind, wenn der Erblasser die Kenntnis vom Schaden und von der Person des **17**

---

[40] BGH NJW 1994, 3092; a. A. OLG Hamm MDR 1992, 1032.
[41] VersR 1986, 1109.
[42] RG JW 1920, 147 m. zust. Anm. *Isaac*; RG VAE 1937, 323; BGH VersR 1963, 285; KG DAR 1932, 267; *Rölle* DAR 1959, 311.
[43] BGH VersR 1989, 915; 1990, 498.
[44] BGH VersR 1958, 592; 1963, 161.
[45] OLG Frankfurt VersR 1992, 708 LS.
[46] BGH VersR 1968, 1165.
[47] BGH VersR 1968, 1165.
[48] OLG Danzig VR 1927, 46.

Ersatzpflichtigen nicht mehr hat erwerben können (Rdn. 24), erst dann dem Beginn der Verjährung ausgesetzt, wenn jeder der Miterben die erforderliche Kenntnis erlangt[49].

18 d) **Wissensvertreter.** Die Kenntnis eines Dritten ist dem Verletzten in Heranziehung des Rechtsgedankens von § 166 BGB dann zuzurechnen, wenn er sich des Dritten wie eines Vertreters bedient hat oder wenn er zumindest erkennbar und wissentlich geduldet hat, daß der Dritte als sein Vertreter auftritt[50]. Dies gilt erst recht, wenn er den anderen, z. B. einen Rechtsanwalt, mit den erforderlichen Tatsachenermittlungen[51], der Einsicht in die staatsanwaltschaftlichen Ermittlungsakten[52] oder der Geltendmachung der Schadensersatzansprüche[53] beauftragt hat. Bloße Hilfstätigkeiten bei der Abwicklung von Schadensfällen, wie sie z. B. der Kompaniechef für die Wehrbereichsverwaltung leistet[54], reichen jedoch nicht.

19 Bei juristischen Personen ist der für die Vorbereitung und Verfolgung des Anspruchs zuständige Bedienstete Wissensvertreter[55], auch dann, wenn innerhalb der Behörde noch weitere Stellen mit der Bearbeitung des Schadensfalles befaßt sind[56]. Es genügt allerdings für die Zurechnung der Kenntnis, daß der informierte Bedienstete nur mit der vorbereitenden Klärung, nicht auch mit der Geltendmachung des Anspruchs betraut ist[57].

20 e) **Gesetzlicher Forderungsübergang.** Hier ist für die Frage, auf wessen Kenntnis es für den Beginn der Verjährungsfrist ankommt, zu unterscheiden, ob der Forderungsübergang kraft Gesetzes bereits im Zeitpunkt des Schadensfalls oder erst später eingetreten ist. Ob dem Geschädigten (wie beim Übergang auf Sozialhilfeträger möglich; vgl. Schlußanh. II, 129) eine Einziehungsermächtigung verbleibt, ist unerheblich[58].

21 aa) Vollzieht sich der **Übergang im Zeitpunkt des Unfalls** (z. B. nach §§ 1542 a. F. RVO, 116 SGB-X, 87 a BBG; vgl. Schlußanh. II, 121 ff, so ist allein die Kenntnis des Zessionars maßgebend für den Beginn der Verjährungsfrist hinsichtlich der übergegangenen Ansprüche oder Teile von Ansprüchen; auf die Kenntnis des Verletzten kommt es insoweit überhaupt nicht an[59], ebensowenig auf die Kenntnis eines anderen Leistungsträgers[60]. Entscheidend ist die Kenntnis des für die Vorbereitung und Verfolgung der Regreßansprüche zuständigen Bediensteten der verfügungsbefugten Dienststelle[61]. Die Kenntnis des den Rentenantrag des Versicherten entgegennehmenden Versicherungsamtes genügt nicht[62]. Bei Schadensfällen von Soldaten kommt es nicht auf die Kenntnis des Dienstvorgesetzten, sondern auf die der für die Abwicklung zuständigen Wehrbereichsverwaltung an[63].

22 bb) **Bei späterem Übergang** (z. B. nach § 67 Abs. 1 VVG oder bei einem zum Unfallzeitpunkt noch nicht sozialversicherten Verletzten) muß es der Erwerber der Forderung gegen sich gelten lassen, wenn der Verletzte vor dem Übergang Kenntnis erlangte (§§ 404, 412 BGB). Der Erwerber der Forderung wird so behandelt, als habe er in

---

49 OLG Celle VersR 1964, 416.
50 BGH VersR 1977, 739.
51 BGH VersR 1968, 453.
52 BGH VersR 1984, 161; OLG Hamburg VersR 1991, 1263.
53 RG WarnR 1934, Nr. 187.
54 BGH VersR 1985, 735.
55 BGH VersR 1986, 917.
56 BGH VersR 1992, 627.
57 BGH VersR 1994, 491.
58 BGH NZV 1996, 402.
59 BGHZ 48, 181; BGH VersR 1979, 547; 1983, 536.
60 OLG Köln MDR 1992, 652.
61 BGH VersR 1985, 735; 1986, 164; 1986, 917; NZV 1996, 403. S. auch Rdn. 19.
62 BGH VersR 1977, 739.
63 BGH VersR 1985, 735; OLG Schleswig VersR 1982, 1058 m. Anm. *Perkuhn*.

jenem Zeitpunkt selbst Kenntnis erlangt[64]. Hatte der Verletzte vor dem Übergang keine Kenntnis, so kommt es für den übergegangenen Teil der Forderung nur noch auf die Kenntnis des Erwerbers an[65]. Hatte der Versicherungsträger schon vor dem Übergang Kenntnis, der Verletzte dagegen nicht, so zählt der Zeitpunkt, zu dem der Versicherungsträger Kenntnis erlangte[66].

cc) Bei **Wechsel des leistenden Sozialversicherungsträgers** ist § 404 BGB ebenfalls anzuwenden, so daß der zweite die während der Gläubigerschaft des ersten verstrichene Verjährungsfrist gegen sich gelten lassen muß[67]. 23

f) **Gesamtrechtsnachfolge.** Für Ansprüche, die in der Person des Erblassers entstanden sind, kommt es auf dessen Kenntniserlangung an, hat eine solche nicht mehr stattgefunden, auf die jedes einzelnen Miterben[68]. Bei originären Ansprüchen der Hinterbliebenen (§ 10 StVG) entscheidet allein deren Kenntnis (Rdn. 15). 24

4. Inhalt der Kenntnis

a) **Kenntnis vom Schaden.** Um zu vermeiden, daß sich der Gesamtschaden in viele Einzelposten mit jeweils eigenem Verjährungsschicksal aufspaltet, geht das Gesetz vom Grundsatz der Schadenseinheit aus[69]. Der Verletzte muß lediglich allgemeine Kenntnis vom Eintritt eines Schadens haben, d. h. wissen, daß eigene Sachen beim Unfall beschädigt wurden bzw. er selbst an seinem Körper irgendeine Verletzung erlitten hat. Für den Beginn der Verjährung genügt es, wenn er die (möglichen) schädigenden Folgen des Unfalls im allgemeinen kennt, auch wenn er über Einzelheiten noch nicht Bescheid weiß[70]; über den Schaden braucht er nicht mehr zu wissen, als zur Erhebung einer Feststellungsklage erforderlich ist[71], insbesondere noch nicht seine Höhe. Die Verjährung umfaßt, sofern der Verletzte erkannt hat, daß er körperlich verletzt worden ist, alle Schadensfolgen, die er als möglich voraussehen kann[72]. Dasselbe gilt für alle als möglich erkennbaren Folgen eines dem Verletzten bekannten Sachschadens. Der Verletzte muß daher bei Vorhersehbarkeit noch nicht bezifferbarer Schadensfolgen Feststellungsklage erheben, um dem Verjährungsrisiko zu entgehen[73]. 25

Etwas anderes gilt nur für **unvorhersehbare Schadensfolgen.** Verschlimmert sich eine Gesundheitsstörung nachträglich in völlig unerwarteter Weise, stellt sich heraus, daß die körperlichen Beeinträchtigungen nicht, wie anfangs angenommen, vorübergehender Art, sondern ein Dauerleiden sind oder treten weitere bis dahin nicht vorhersehbare unfallbedingte Schäden auf, so beginnt hinsichtlich dieser Unfallfolgen die Verjährung erst in dem Zeitpunkt, in dem der Verletzte davon erfährt[74]. 26

Daß im Gefolge einer beim Unfall erlittenen schweren Kopfverletzung wegen einer hierbei erlittenen Hirnschädigung nach Jahren epileptische Anfälle auftreten, ist im Sinne dieser Recht- 27

---

64 BGH VersR 1982, 546; 1984, 136.

65 RGZ 152, 117; BGH VersR 1959, 34; 1960, 630; a. A. OLG Schleswig VersR 1959, 819.

66 RGZ 152, 118; BGH VersR 1963, 131.

67 BGH VersR 1978, 660.

68 OLG Celle VersR 1964, 416.

69 BGHZ 67, 373; BGH NJW 1988, 965; *Lepa* VersR 1986, 303; a. A. *Peters* JZ 1983, 121.

70 BGH VersR 1961, 753; 1962, 86; 1963, 631; 1978, 350; 1979, 155; OLG Nürnberg VersR 1960, 1006; OLG Koblenz VersR 1994, 866.

71 RGZ 157, 18 = JW 1938, 970 m. Anm. *Herschel*; RGZ 168, 219; BGHZ 6, 202; BGH VersR 1964, 1201; 1968, 1163; 1970, 89; BAG NJW 1959, 260.

72 RGZ 85, 427; 119, 208; RG JW 1936, 2398; 1937, 994; BGH VersR 1978, 350; 1979, 55; 1979, 155; 1982, 703.

73 A. A. *Peters* JZ 1983, 121.

74 RGZ 119, 208; BGH VRS 13, 247; VersR 1968, 1163; 1973, 371; 1979, 55; 1979, 646; OLG Köln NJW-RR 1993, 601; OLG Nürnberg VersR 1960, 1006.

sprechung nicht unvorhersehbar[75]. Sind alle Beteiligten, einschließlich der behandelnden Ärzte, von nur vorübergehenden Verletzungsfolgen ausgegangen, so fehlt Vorhersehbarkeit auch dann, wenn die später aufgetretenen Folgen alsbald nach dem Unfall in medizinischen Fachkreisen vorhersehbar gewesen sind[76]. Treten unvorhergesehene Spätfolgen nach einem Abfindungsvergleich ein, so beginnt die Verjährung für die weiteren Ansprüche zu laufen, sobald für den Verletzten erkennbar wird, daß die weitere Schadensentwicklung ein so krasses und unzumutbares Mißverhältnis zwischen Schaden und Abfindungssumme ergibt, daß der Schädiger sich nach Treu und Glauben nicht mehr auf den Abschluß des Vergleichs berufen kann[77]. Sind Ersatzansprüche eines verletzten Beamten wegen seines Verdienstausfalls auf seinen Dienstherrn übergegangen und muß der Beamte wegen des unfallbedingten Leidens in den Ruhestand versetzt werden, so beginnt die Verjährungsfrist für denjenigen Teil der Ansprüche, der das Ruhegehalt betrifft, sobald der Dienstherr weiß, daß die ihm bekannten Unfallfolgen zur Pensionierung führen können[78]. Weiß der Verletzte nicht, ob das Leiden, das ihn befallen hat, auf den Unfall zurückzuführen ist, so beginnt die Verjährung erst, wenn ein Arzt ihn darüber aufklärt, daß höchstwahrscheinlich eine unfallbedingte Verletzung die Ursache ist[79]. Hat der Verletzte kurz nach dem Unfall einen weiteren Unfall mit Körperverletzung erlitten, so ist dies auf den Lauf der Verjährungsfrist für etwaige spätere Folgeschäden bezüglich des Erstunfalls ohne Einfluß[80]. Daß die Erneuerung einer Kieferprothese wegen Verschleißes erforderlich wird, ist vorhersehbar[81].

28 Erhöht sich bei Anspruch auf **wiederkehrende Leistungen** der Schaden durch Ansteigen der Lebenshaltungskosten, so beginnt für den dadurch begründeten Anspruch auf Erhöhung der Rente die Verjährung erst in dem Zeitpunkt, zu welchem der Verletzte die Kenntnis erlangt hat, daß es sich um eine nachhaltige Entwicklung handelt[82]; zum Umfang einer Verjährungsunterbrechung in diesen Fällen s. Rdn. 99.

29 Die Verjährung der Ersatzansprüche von **Hinterbliebenen** eines beim Unfall Getöteten beginnt für jeden einzelnen Ersatzberechtigten, sobald er vom Tod des Unterhaltsverpflichteten erfährt. Die Kenntnis davon, daß der Unterhaltsverpflichtete beim Unfall verletzt wurde, setzt die Frist noch nicht in Gang[83]. Gegen eine Witwe, die ihren durch Wiederverheiratung ganz oder teilweise weggefallenen Unterhaltsersatzanspruch nach Auflösung der neuen Ehe wieder (ungeschmälert) geltend machen will (vgl. § 10, 172), läuft die Verjährungsfrist erst vom Auflösungszeitpunkt an[84].

30 b) **Kenntnis vom Ersatzpflichtigen** setzt einmal voraus, daß er weiß, wie der Betreffende heißt und wo er wohnt (Rdn. 31), zum anderen aber auch das Wissen, daß den Betreffenden als Halter oder Führer eines am Unfall beteiligten Kraftfahrzeugs eine Haftung für die Unfallfolgen trifft. Kommen mehrere Personen nebeneinander als Schadenersatzpflichtige in Betracht, so läuft hinsichtlich jeder Person eine eigene Verjährungsfrist[85].

31 aa) **Personalien.** Weiß der Verletzte, wer den Schaden verursacht hat, so kennt er gleichwohl die Person des Ersatzpflichtigen erst, wenn er seinen Namen und seine ladungsfähige Anschrift weiß. Hierbei steht Kennenmüssen oder Kennenkönnen der Kenntnis nicht gleich[86], s. a. Rdn. 14. Nur wenn er eine sich ohne weiteres anbietende,

---

75 BGH VersR 1979, 646.
76 BGH NZV 1991, 143, allerdings unter Berufung auf § 242 BGB; vgl. zu dieser bedenklichen Begründung *Peters* NZV 1991, 145.
77 BGH VersR 1968, 1165.
78 BGH VRS 22, 404; NJW 1965, 909; VersR 1967, 496; OLG Köln VersR 1970, 189.
79 BGH VersR 1959, 994; 1960, 752.
80 BGH VersR 1979, 1106.
81 OLG Zweibrücken VersR 1994, 1439.
82 BGH VersR 1979, 55.
83 OLG Koblenz VersR 1967, 668.
84 BGH VersR 1979, 55; KG VersR 1981, 1080.
85 *Rölle* DAR 1959, 311.
86 *Lepa* VersR 1986, 305.

auf der Hand liegende Erkenntnismöglichkeit nicht wahrnimmt, wird ihm dies als Kenntnis zugerechnet[87].

32 Ist ihm z. B. das polizeiliche Kennzeichen des beteiligten Kraftfahrzeugs bekannt, so wird er so behandelt, als kenne er den Halter und dessen Anschrift. Damit weiß aber der Verletzte noch nicht, wer das Fahrzeug geführt hat, es sei denn, er habe Gewißheit, daß der Halter selbst den Wagen gefahren habe. Kennt er den Namen des Fahrers, nicht dessen Anschrift, so muß er sich nur dann so behandeln lassen, als sei ihm die Anschrift bekannt, wenn sich diese mühelos feststellen, z. B. dem Adreßbuch entnehmen läßt[88]. Ähnliches gilt, wenn dem Verletzten zwar nicht das Kennzeichen des anderen Kraftfahrzeugs bekannt ist, er aber die Firma auf dem Fahrzeug gelesen hat und anhand des Telefonbuchs ohne weiteres die Anschrift des Unternehmens feststellen kann[89]. Sind jedoch Ermittlungen erforderlich, die mehr Umstände machen, so beginnt die Verjährungsfrist erst, wenn der Verletzte herausgefunden hat, wie die ladungsfähige Anschrift des Schädigers lautet. Zur ladungsfähigen Anschrift gehört bei juristischen Personen auch die Kenntnis vom vertretungsberechtigten Organ, beim Minderjährigen auch diejenige vom gesetzlichen Vertreter. Ist ein Ersatzpflichtiger, der dem Verletzten bekannt war, gestorben, so wird der Lauf der Frist nicht dadurch gehindert, daß der Verletzte nicht weiß, wer Erbe ist[90].

33 **bb) Anspruchbegründende Tatsachen.** Der Verletzte weiß erst dann, wer der Ersatzpflichtige ist, wenn er alle Umstände kennt, die die Ersatzpflicht gerade dieser Person auslösen[91]. Die Kenntnis von den anspruchsbegründenden Tatsachen ist vorhanden, wenn der Geschädigte aufgrund der ihm bekannten Tatsachen gegen eine bestimmte Person eine Klage (zumindest eine Feststellungsklage) erheben kann, die so viel Erfolgsaussichten bietet, daß sie ihm – wenn auch nicht risikolos – zuzumuten ist[92]. Maßgebend ist, ob ein verständiger Mensch, der die Prozeßkosten selbst aufzubringen hätte, in der Lage des Verletzten das Risiko eines Rechtsstreits auf sich nehmen würde, ohne mehr vorbringen zu können als im gegebenen Augenblick der Verletzte[93]. Daß er zur Höhe der Ansprüche noch keine Einzelheiten vortragen kann, steht nicht entgegen, da ihn dies nicht hindert, Feststellungsklage zu erheben.

34 Vor allem dann, wenn der Verletzte beim Unfall eine Gehirnerschütterung erlitten und dadurch das Erinnerungsvermögen an die letzten Minuten und Sekunden vor dem Unfall verloren hat, beginnt die Verjährungsfrist erst zu laufen, wenn er durch dritte Personen sichere Kenntnis von der Entstehung des Unfalls und damit von der Ersatzpflicht des anderen erlangt hat. Hellt sich das Erinnerungsvermögen im Verlauf des Heilungsvorgangs auf, so beginnt die Verjährung mit der Rückkehr des Erinnerungsvermögens für die anspruchbegründenden Tatsachen. Hat der Verletzte Körperschäden erlitten, die ihn unfähig machen, sich ein klares Urteil über die anspruchsbegründenden Tatsachen zu bilden, so kennt er den Ersatzpflichtigen nicht[94]. Solange die Witwe des beim Zusammenstoß mit einem entgegenkommenden Lastzug ums Leben gekommenen Pkw-Insassen nicht weiß, wie sich der Unfall ereignet hat, läuft die Frist nicht[95].

35 Ist die Frage, wer von mehreren in Betracht kommenden und dem Namen nach bekannten Personen der Ersatzpflichtige ist, noch zweifelhaft, so beginnt die Verjäh-

---

87 BGH VersR 1985, 367; 1987, 820; 1988, 465.

88 BGH VRS 17, 245.

89 OLG Saarlouis VR 1927, 307.

90 OLG Neustadt MDR 1963, 413.

91 BGH VersR 1973, 232; 1976, 166; 1979, 1027.

92 RGZ 76, 63; 124, 114; 157, 18 = JW 1938, 970 m. Anm. *Herschel*; BGHZ 6, 202; BGH VersR 1955, 234; 1957, 534; 1957, 641; 1959, 274; 1959, 1040; 1960, 754; 1960, 1144; 1961, 158; 1961, 753; 1961, 910; 1979, 547; 1982, 898; VRS 11, 100; OLG München HRR 1940, Nr. 157; KG VersR 1954, 178; OLG Frankfurt VersR 1984, 1174.

93 Vgl. BGHZ 6, 202; BGH VersR 1968, 1163; OLG Köln VersR 1970, 49.

94 BGH VersR 1959, 445; 1961, 701; 1961, 886; 1964, 302.

95 BGH VersR 1970, 89.

rungsfrist erst mit dem Zeitpunkt, in dem begründete Zweifel darüber, wer von ihnen den Schadenersatz schuldet, nicht mehr bestehen[96]. Dies muß nicht immer erst nach Abschluß eines Rechtsstreits gegen eine der alternativ in Betracht kommenden Personen der Fall sein[97]; ggf. ist die Verjährung gegen den anderen potentiellen Verantwortlichen durch Streitverkündung zu unterbrechen[98]. Bei einem Unfall, an dem zahlreiche Fahrzeuge beteiligt waren, kann es durchaus sein, daß dem Verletzten die Einsicht in die Strafakten noch nicht die Kenntnis verschafft hat, auch der später Beklagte komme als Schädiger in Betracht[99], wohl aber erhält er sie bei Kenntnis der Anklageschrift[100]. Hat der Ersatzberechtigte zunächst eine Person in Anspruch genommen, von der sich dann durch die Beweisaufnahme ergab, daß sie nicht Halter des anderen Kraftfahrzeugs war, so beginnt die Frist zur Geltendmachung von Ansprüchen gegen den richtigen Halter erst, wenn der Ersatzberechtigte Mitteilung vom Inhalt der Zeugenaussagen erhält[101]. Stellt die Staatsanwaltschaft das Ermittlungsverfahren gegen denjenigen, den der Verletzte für den am Unfall Schuldigen gehalten hatte, mangels ausreichenden Tatverdachts ein, so fehlt dem Verletzten in der Regel die Kenntnis, daß dieser den Unfall verschuldet habe[102]. Das gleiche muß gelten, wenn der Schädiger im zweiten Rechtszug freigesprochen wird[103].

36 Die Wirkung der Kenntnis wird nicht dadurch beeinträchtigt, daß der Verletzte weiß oder befürchtet, der Schädiger werde **Einwendungen** bringen, sobald der Anspruch geltend gemacht werde[104]. Solche Einwendungen können zum Inhalt haben, es sei Haftungsausschluß vereinbart, oder den Verletzten treffe ein so stark überwiegendes Verschulden am Unfall, daß kein Schadenersatz geschuldet sei. Auch der Umstand, daß der Schädiger in der Lage ist, wirksam aufzurechnen und dadurch die Forderung zunichte zu machen, hindert die Verjährung nicht. Nach RGZ 124, 114 soll die Verjährungsfrist aber nicht laufen, solange der Ersatzberechtigte ernsthafte Zweifel haben kann, daß das Schädigerfahrzeug mehr als 20 km/h fahren konnte (§ 8).

37 Will der Verletzte Schadensersatzansprüche auch aus **unerlaubter Handlung** herleiten, so beginnt insoweit die Verjährungsfrist erst, wenn er Kenntnis von Umständen erlangt, aus denen sich ein Verschulden des Ersatzpflichtigen ergibt[105]. Es ist daher möglich, daß die Verjährungsfrist für die Ansprüche aus dem StVG früher zu laufen beginnt als für die Ansprüche aus unerlaubter Handlung[106]. Zum Inhalt der Kenntnis bei Amtshaftungsansprüchen vgl. § 16, 492 f.

IV. Dauer der Verjährungsfrist

38 Sie beträgt drei Jahre von der Kenntnis an, und wenn der Ersatzpflichtige 27 Jahre lang keine Kenntnis erlangte, 30 Jahre vom Unfall an gerechnet (§ 852 Abs. 1 BGB). Für Unfälle vor dem 1. 1. 1978 gilt die zweijährige Verjährungsfrist nach § 14 a. F.

---

[96] RG JW 1935, 3154; BGH VersR 1964, 927; 1979, 1107.
[97] So aber OLG Hamm NZV 1993, 270.
[98] OLG Köln VersR 1992, 334.
[99] BGH VersR 1978, 564.
[100] BGH VersR 1983, 273.
[101] OLG Köln JW 1920, 395 m. Anm. *Schmidt-Ernsthausen*; OLG Stuttgart RdK 1954, 40.
[102] RG JW 1937, 2361; a. A. OLG Köln VersR 1970, 49.
[103] A. A. OLG Celle VersR 1960, 281.
[104] BGH VersR 1959, 274; a. A. BGH VersR 1970, 89.
[105] BGH VRS 18, 330; VersR 1967, 775; OLG Neustadt DAR 1955, 113.
[106] BGH VersR 1959, 1045; OLG München HRR 1940, Nr. 157.

weiter (s. vor Rdn. 1). Die Frist ist nach §§ 187, 188 BGB zu berechnen (§ 186 BGB). Die Verjährungsfrist endet mithin im Regelfall nach drei Jahren mit dem Ablauf desjenigen Tages, der dieselbe Tageszahl und Monatsbezeichnung trägt, wie derjenige Tag, an dem der Verletzte (oder Hinterbliebene) Kenntnis vom Schaden und der Person des Ersatzpflichtigen erlangte. Ein gesetzlicher Forderungsübergang hat auf die Dauer der Verjährungsfrist keinen Einfluß[107]. Der Direktanspruch gegen den Haftpflichtversicherer verjährt spätestens in zehn Jahren von dem Schadensereignis an (§ 3 Nr. 3 Satz 2 Halbs. 2 PflVG; vgl. § 16, 813).

Rechtskräftig festgestellte Ansprüche verjähren in 30 Jahren, desgleichen Ansprüche aus einem vollstreckbaren Vergleich (§ 218 Abs. 1 BGB) oder einer Vereinbarung der in Rdn. 9 behandelten Art. Die Rechtskraftwirkung erstreckt sich auch auf den Rechtsnachfolger (§ 325 ZPO)[108]. **39**

V. Hemmung der Verjährung

1. Bedeutung

Die Zeit, in der aus besonderen Gründen die Verjährung gehemmt ist, wird in die Verjährungsfrist nicht eingerechnet (§ 205 BGB). Nach Beendigung der Hemmung läuft die Verjährungsfrist weiter, es läuft also lediglich der vor der Hemmung noch nicht verbrauchte Rest der Frist. Die Vorschriften über die Hemmung sind als Ausnahmevorschriften eng auszulegen[109]. Die wesentlichsten Hemmungsgründe sind Bestehen eines Leistungsverweigerungsrechts (§ 202 BGB), Stillstand der Rechtspflege (§ 203 Abs. 1 BGB), höhere Gewalt (§ 203 Abs. 2 BGB), familienrechtliche Beziehungen (§ 204 BGB) und die Hemmung durch Verhandlungen zwischen dem Schädiger (oder seinem Versicherer) und dem Verletzten (§ 852 Abs. 2 BGB). Schließlich gibt es noch die Ablaufhemmung in einigen Fällen, in denen der Verletzte vor Gericht nicht auftreten kann (§ 206 BGB) sowie bei Nachlaßsachen (§ 207 BGB). Im folgenden werden nur die wichtigsten Hemmungsgründe behandelt; im übrigen ist auf die Kommentierungen zum BGB zu verweisen. **40**

2. Hemmung durch Leistungsverweigerungsrecht

a) Die Vereinbarung einer **Stundung** führt in der Regel zugleich zu einer Unterbrechung der Verjährung (Rdn. 75 ff), da sie ein Anerkenntnis der Forderung (§ 208 BGB) enthält. Das bedeutet, daß die Verjährungsfrist von vorne beginnt, zugleich aber in ihrem Lauf gehemmt wird. **41**

b) Ein zeitlich begrenztes **pactum de non petendo** begründet ein Leistungsverweigerungsrecht, das zu einer Hemmung der Verjährung führt. Ein solches kann z. B. liegen in der Vereinbarung, der Verletzte solle erst eine Vorentscheidung oder den Abschluß der Ermittlungen des Schuldners abwarten[110] oder zunächst versuchen, einen Dritten auf Ersatz des Schadens in Anspruch zu nehmen[111], in der gemeinsamen Beauftragung **42**

---

107 BGH VersR 1957, 802.

108 Zum Verhältnis Familienversicherung – Pflichtversicherung vgl. BGH NZV 1990, 310.

109 RGZ 120, 359 = JW 1928, 2839 m. Anm. *Mügel.*

110 BGH LM Nr. 3 zu § 202 BGB.

111 BGH LM Nr. 5 zu § 202 BGB.

eines Rechtsanwalts zur Inanspruchnahme eines Dritten wegen des Schadensfalls[112] oder in der Vereinbarung eines Schiedsgutachtens[113]. Zur Stillhaltepflicht aufgrund eines Teilungsabkommens s. § 16, 848. Kein pactum de non petendo liegt vor, wenn der Haftpflichtversicherer des Schädigers dem Verletzten im Laufe der Regulierungsverhandlungen eine Prüfung zusagt und ihn um Geduld bittet[114]; insoweit kann aber § 852 Abs. 2 BGB eingreifen (vgl. Rdn. 59 ff). Wird bei einem außergerichtlichen Vergleich ein Punkt ausgeklammert, über den man sich nicht einigen konnte, so liegt insofern kein pactum de non petendo vor[115].

43 c) Das Bestehen eines **vorübergehenden rechtlichen** Hindernisses begründet ebenfalls eine Hemmung nach § 202 Abs. 1 BGB[116]. Hat z. B. eine Berufsgenossenschaft nach dem tödlichen Unfall eines Versicherten einen Arbeitsunfall verneint und deshalb einen Anspruch der Hinterbliebenen auf Entschädigung abgelehnt, das Sozialgericht jedoch später den Bescheid aufgehoben und die Berufsgenossenschaft verurteilt, den Hinterbliebenen eine Rente zu gewähren, so ist die Verjährung der auf die Berufsgenossenschaft übergegangenen Ansprüche in der Zeit vom Erlaß des Ablehnungsbescheids bis zur Rechtskraft des sozialgerichtlichen Urteils gehemmt, weil der Ersatzpflichtige bis zu diesem Zeitpunkt die Zahlung aufgrund der Feststellung der Berufsgenossenschaft hätte verweigern können[117].

3. Hemmung durch höhere Gewalt

44 Höhere Gewalt hemmt die Verjährung, wenn sie den Verletzten innerhalb der letzten sechs Monate der Verjährungsfrist hindert, seine Ansprüche durch Klage geltend zu machen (§ 203 BGB). Höhere Gewalt liegt nur vor, wenn das hindernde Ereignis oder der die Klageerhebung unmöglich machende Zustand vom Kläger auch durch die äußerste ihm zumutbare Sorgfalt nicht hätte verhindert werden können. Dabei muß sich der Kläger das Verschulden seines Prozeßbevollmächtigten grundsätzlich als eigenes zurechnen lassen[118]. Ist der Ersatzberechtigte erkrankt, so wird die Verjährung nur gehemmt, wenn ihm die Besorgung seiner Angelegenheiten unmöglich wird und er nicht einmal mehr in der Lage ist, einen anderen mit der Wahrnehmung zu beauftragen[119].

45 Der häufigste Fall der höheren Gewalt ist der, daß der Kläger durch unverschuldete **Armut** an der Prozeßführung verhindert ist. Er hat in einem solchen Fall nur dann alles ihm Zumutbare getan, wenn er ein Gesuch um Prozeßkostenhilfe (§ 117 ZPO) versehen mit den zur Glaubhaftmachung der Armut erforderlichen Unterlagen und unter ausreichender Darlegung der für seine Rechtsverfolgung maßgebenden Gründe beim Gericht eingereicht hat[120]. Es genügt, wenn das Gesuch am Tage des Ablaufs der Verjährungsfrist eingereicht wird[121]. Die Hemmung dauert bis zum Abschluß des Prozeßkostenhilfeverfahrens und eine angemessene Zeit danach. Das Verfahren darf nicht schuldhaft verzögert werden[122]. Die Klage muß unverzüglich nach Abschluß des Prozeßkosten-

112 OLG Hamm NJW-RR 1993, 215.
113 RGZ 142, 263.
114 OLG München VersR 1967, 565.
115 OLG Nürnberg VersR 1970, 92.
116 BGHZ 10, 310.
117 BGH VersR 1969, 856; s. a. KG VersR 1981, 1080.
118 BGHZ 17, 204.
119 BGH VersR 1963, 93.
120 BGHZ 70, 235; BGH VersR 1981, 482; NJW 1989, 3149.
121 BGHZ 70, 235 in Abweichung von der früheren Rechtsprechung, die so frühzeitige Einreichung verlangt hatte, daß das Gericht nach dem gewöhnlichen Geschäftsgang noch vor dem Ablauf hierüber entscheiden konnte; BGHZ 17, 202; 37, 122.
122 Vgl. hierzu BGH VersR 1987, 820.

hilfeverfahrens erhoben werden[123]. Seine verjährungshemmende Wirkung endet mit Zugang des ablehnenden Beschlusses, wenn die Partei dagegen zwar Beschwerde einlegt, das Rechtsmittel aber freiwillig nicht weiterbetreibt[124]. Wird ein Prozeßkostenhilfegesuch vor Beginn der letzten sechs Monate der Verjährungsfrist zurückgewiesen, so tritt keine Hemmung der Verjährung ein[125].

Ein **Irrtum** über die tatsächliche oder rechtliche Lage hemmt die Verjährung grund- **46** sätzlich nicht[126]. Etwas anderes kann allenfalls bei einem trotz größter Sorgfalt nicht vermeidbaren Irrtum gelten, der die Rechtsverfolgung vorübergehend ganz aussichtslos erscheinen läßt[127]. Auch eine dem geltendgemachten Anspruch entgegenstehende ständige Rechtsprechung begründet grundsätzlich keine Hemmung[128].

4. Hemmung wegen familienrechtlicher Beziehungen

Sie besteht nach § 204 BGB bei Ansprüchen zwischen Ehegatten bis zur Rechtskraft **47** des Scheidungsurteils oder des die Ehe aufhebenden Urteils, ferner zwischen Eltern und Kindern, auch nichtehelichen und Adoptivkindern. Die Adoption beendet die Hemmung zwischen dem Kind und seinen leiblichen Eltern (vgl. § 1757 BGB). Hemmung besteht auch zwischen Vormund und Mündel für die Dauer der Vormundschaft, desgleichen zwischen Betreuer und Betreutem sowie zwischen Pfleger und Pflegling (§ 1915 BGB); gleiches gilt, wenn einer Person ein Beistand bestellt ist (§ 1685 BGB). Keine Hemmung besteht zwischen Stiefkind und Stiefvater (Stiefmutter). Auch alle anderen verwandtschaftlichen Beziehungen rufen keine Hemmung hervor.

Der Auffassung von *Salje*[129], daß bei Ansprüchen zwischen Ehegatten aus Straßen- **48** verkehrsunfällen die Hemmung nach § 204 BGB nicht eingreift, ist der BGH[130] nicht gefolgt. Nach dieser Entscheidung gilt der Hemmungsgrund des § 204 S. 1 BGB auch dann, wenn ein Haftpflichtversicherer für den Anspruch einzutreten hat; er ergreift dann auch den Direktanspruch gegen diesen (§ 3 Nr. 3 S. 4 PflVG).

5. Hemmung durch Anmeldung beim Haftpflichtversicherer

Nach § 3 Nr. 3 Satz 3 PflVG wird die Verjährung des Haftpflichtanspruchs auch **49** dadurch gehemmt, daß der Geschädigte seinen Direktanspruch gegen den Versicherer (§ 3 Nr. 1 PflVG; vgl. § 16, 797 ff) bei diesem anmeldet. Die Hemmung dauert bis zum Eingang der schriftlichen Entscheidung des Versicherers.

a) **Anforderungen an die Anmeldung.** Da das PflVG – anders als Art. 8 Abs. 2 **50** Satz 1 des Anhanges I zum Europäischen Übereinkommen über die obligatorische Haftpflichtversicherung für Kraftfahrzeuge – keine bestimmte Form vorschreibt, genügt eine formlose Anmeldung, mit der der Geschädigte unter Hinweis auf ein bestimmtes Schadensereignis einen Schaden geltend macht[131]. Aus der Anmeldung muß lediglich hervorgehen, daß gegen den Haftpflichtigen aus einem bestimmten Ereignis Ersatzansprüche erhoben werden; die einzelnen Ansprüche brauchen noch nicht näher bezeichnet und beziffert zu werden[132]. Das Versäumen der Anmeldefrist nach § 3 Nr. 7

[123] BGHZ 70, 239.
[124] BGH VersR 1991, 1262.
[125] OLG Köln NJW 1994, 3360.
[126] BGHZ 24, 134; BGH NJW 1968, 1381.
[127] BGH VersR 1972, 394.
[128] BAG NJW 1972, 1077; a. A. BGH Betrieb 1961, 1257.
[129] VersR 1982, 922.
[130] VersR 1987, 561.
[131] BGHZ 74, 395; BGH VersR 1978, 423.
[132] BGH VersR 1978, 423; 1979, 1104; 1982, 547; 1982, 675.

PflVG ist für die Hemmungswirkung ohne Einfluß[133]. Es kommt auch nicht darauf an, ob sich an die Anmeldung Regulierungsverhandlungen oder sonstige Erklärungen des Versicherers anschließen[134].

51 b) Bei **Mehrheit von Geschädigten** muß jeder seinen Ersatzanspruch anmelden, um in den Genuß der Hemmung zu kommen, denn nach § 3 Nr. 3 Satz 3 PflVG ist nicht der Unfall, sondern der Anspruch anzumelden[135]. Eine Ausnahme läßt der BGH[136] jedoch wegen der engen Verknüpfung der Ansprüche dann zu, wenn nur der hinterbliebene Ehegatte seinen Anspruch angemeldet hat, außer ihm aber auch noch ein hinterbliebenes und vom Anmeldenden gesetzlich vertretenes Kind anspruchsberechtigt ist.

52 c) **Umfang der Hemmung.** Die Hemmung erfaßt nicht nur den Direktanspruch gegen den Versicherer, sondern auch den Ersatzanspruch gegen den Schädiger selbst (§ 3 Nr. 3 Satz 4 PflVG)[137], und zwar auch dann, wenn der Ersatzanspruch die Deckungsverpflichtung des Versicherers übersteigt[138]. Will der Versicherer demgegenüber die Verhandlungsführung (mit Auswirkung auf die Verjährungshemmung) beschränken, muß er dies eindeutig zum Ausdruck bringen[139].

53 Die Hemmung bezieht sich auf alle Ansprüche, die dem Anmeldenden aus dem Unfall erwachsen sind, auch wenn sie in der Meldung noch nicht näher bezeichnet wurden[140] und auch soweit sie auf eintrittspflichtige Leistungsträger übergegangen sind[141]. Ist der Haftpflichtversicherer gegenüber dem Versicherungsnehmer gemäß § 7 V 2 AKB von der Leistungspflicht teilweise frei, so wird die Verjährung des auf einen Sozialversicherungsträger übergegangenen Schadenersatzanspruchs auch hinsichtlich des unter der Leistungsfreigrenze liegenden Sockelbetrags gehemmt[142].

54 d) **Ende der Hemmung.** Nach § 3 Nr. 3 Satz 3 PflVG endet die Hemmung (mit der Folge, daß die Verjährungsfrist weiterläuft) mit dem Eingang der **schriftlichen Entscheidung** des Versicherers. Eine Entscheidung in diesem Sinne liegt nur dann vor, wenn das Schreiben eindeutig erkennen läßt, daß die mit dem Anspruchsteller geführten Verhandlungen als beendet betrachtet werden, und zwar entweder im ablehnenden[143] oder im stattgebenden Sinn[144]. Das Erfordernis der Schriftlichkeit besteht auch bei positiver Entscheidung[145]. Auch ein Vergleichsangebot kann eine „Entscheidung" sein[146], eine Überweisung allenfalls unter ganz besonderen Umständen[147]. Bei bloßer Zahlung fehlt die Schriftlichkeit[148].

55 Die Äußerung des Versicherers muß jedoch in jedem Fall **eindeutig und endgültig** sein[149]. Es genügt nicht, wenn der Versicherer in seinem Schreiben zwar Einwendungen gegen den Anspruch erhebt, ihn jedoch nicht ablehnt, sondern zum Ausdruck bringt, daß er um eine weitere Klärung des Sachverhalts bemüht ist[150]; anders, wenn er –

[133] BGH VersR 1975, 279; 1982, 651.
[134] BGH VersR 1987, 937.
[135] BGHZ 74, 393.
[136] AaO.
[137] Vgl. BGH VersR 1977, 282; 1977, 739; 1982, 651.
[138] BGH VersR 1982, 546; 1984, 441.
[139] Vgl. BGH NZV 1989, 145.
[140] BGH VersR 1978, 423.
[141] BGH VersR 1982, 674.
[142] BGH VRS 66, 262.
[143] BGHZ 67, 372.
[144] BGHZ 114, 299; BGH NZV 1992, 231; 1996, 142; *Schirmer* VersR 1970, 116; *v. Bar* NJW 1977, 143.
[145] BGH NZV 1992, 231.
[146] Zu eng OLG München NZV 1989, 193.
[147] So aber OLG München NZV 1992, 283.
[148] BGH NZV 1996, 142.
[149] BGH VersR 1982, 1006; NZV 1991, 151; OLG München VersR 1982, 173; OLG Köln VersR 1983, 959; **a. A.** OLG München NZV 1992, 322: nur eindeutig, nicht endgültig.
[150] BGH VersR 1979, 1120.

vorerst – ablehnt, weil wegen fehlender Unterlagen eine sachliche Prüfung noch nicht möglich sei[151]. Auch die bloße Erklärung, auf die Einrede der Verjährung verzichten zu wollen, führt nicht zur Beendigung der Hemmung[152].

Die Entscheidung muß auch **umfassend** sein[153]. Sie muß dem Geschädigten zweifelsfreie Klarheit über alle Forderungen aus dem Unfall verschaffen. Eine positive Entscheidung des Versicherers beendet die Verjährungshemmung deshalb nur dann, wenn der Geschädigte aufgrund dieser Entscheidung sicher sein kann, daß auch künftige Forderungen aus dem Schadensfall, sofern sie der Höhe nach ausreichend belegt sind, freiwillig bezahlt werden[154]. Daß Einzelpositionen anerkannt werden und der Anspruchsgrund nicht bestritten wird, reicht hierfür nach Ansicht des BGH[155] nicht aus. Auch ein Teilvergleich, der Zukunftsschäden ausklammert, beendet die Hemmung nicht[156]. **56**

Durch ein **Verhalten des Geschädigten** kann die Beendigung der Verjährungshemmung nicht herbeigeführt werden; dies würde dem auf Schutz des Geschädigten vor Verjährung seiner Ansprüche gerichteten Zweck des § 3 Nr. 3 Satz 3 PflVG zuwiderlaufen[157]. Daher endet die Hemmung nicht etwa deswegen, weil der Geschädigte sich trotz Schweigens des Versicherers längere Zeit, selbst jahrelang, nicht mehr meldet[158]. Allerdings kann es gegen Treu und Glauben (§ 242 BGB) verstoßen, wenn der Geschädigte aufgrund des Verhaltens des Versicherers, z. B. seiner Zahlungen, keinen Anlaß hatte, noch auf einen schriftlichen Bescheid zu warten und erst nach Jahren mit neuen Forderungen an den Versicherer herantritt; in diesem Fall kann sich der Versicherer ggf. auf den Ablauf der Verjährungsfrist berufen[159]. **57**

Gegenüber dem **Schädiger** (vgl. Rdn. 52) wirkt die Hemmung auch dann weiter, wenn der Versicherer ihm den Versicherungsschutz entzieht[160]. **58**

6. Hemmung durch Verhandlungen über den Schadensfall

Daß Vergleichsverhandlungen die Verjährung hemmen, war eine in § 14 Abs. 2 angeordnete Besonderheit, die nur für Ansprüche aus dem StVG und für solche gegen den Unternehmer einer Straßenbahn oder Eisenbahn wegen Sachschäden (§ 6 Abs. 2 SHG) galt, seit Einfügung des § 852 Abs. 2 BGB mit Wirkung vom 1. 1. 1978 aber ganz allgemein gilt. **59**

a) Begriff der Verhandlungen. Es unterbrechen nicht nur solche Verhandlungen die Verjährung, die auf eine außergerichtliche Erledigung hinzielen; es ist vielmehr jeder Meinungsaustausch zwischen dem Ersatzberechtigten und dem Ersatzverpflichteten (oder dessen Haftpflichtversicherer) über den Schadensfall eine Verhandlung über den Schadenersatz, sofern der Ersatzverpflichtete oder sein Versicherer nicht sofort mitteilt, daß er jeden Schadenersatz ablehne[161]. Lehnt derjenige, an den der Verletzte wegen Vergleichsverhandlungen herantritt, solche Verhandlungen ab, so liegt in diesem Aus- **60**

---

151 OLG Karlsruhe VersR 1988, 351.
152 BGH VersR 1978, 423.
153 BGHZ 114, 303; BGH NZV 1992, 231.
154 BGH NZV 1996, 142.
155 NZV 1996, 142.
156 Nichtannahmebeschluß des BGH zu OLG Hamm VersR 1996, 78.
157 BGH VersR 1977, 335; 1978, 93.
158 BGH VersR 1978, 93.
159 BGH VersR 1978, 423; OLG Düsseldorf NZV 1990, 74; 1990, 192 f.
160 KG NJW-RR 1993, 917.
161 RG JW 1932, 2022; BGH VersR 1962, 615; 1965, 1151; 1969, 857; 1988, 718; 1991, 475; VRS 16, 93; OLG Saarbrücken VersR 1990, 1024.

tausch von Erklärungen keine Verhandlung[162]. Auch die formularmäßige Bestätigung des Empfangs einer Forderungsanmeldung reicht noch nicht[163], wohl aber, wenn der Haftpflichtversicherer auf die Schadensmeldung des Verletzten antwortet, er werde nach Abschluß der Ermittlungen oder des Strafverfahrens auf die Angelegenheit zurückkommen[164].

61 b) **Beschränkung der Verhandlungen.** Sind die Verhandlungen ausdrücklich auf einen von mehreren abtrennbaren Anspruchskomplexen beschränkt, z. B. auf die Reparaturkosten oder auf den Verdienstausfall, so hemmen sie auch nur die Verjährung der zu dem Komplex gehörenden Ansprüche. Das gleiche gilt, wenn der Haftpflichtversicherer des Ersatzpflichtigen nur bis zur Höhe der Deckungssumme mit dem Geschädigten verhandelt. Dies muß er dem Geschädigten aber eindeutig erkennbar machen[165]. Hinsichtlich verschiedener konkurrierender Anspruchsgrundlagen besteht keine Abtrennbarkeit der Verhandlungen[166].

62 c) **Person des Verhandelnden.** Zu Vergleichsverhandlungen befugt ist nicht nur der Ersatzberechtigte oder -verpflichtete selbst (oder sein gesetzlicher Vertreter), sondern auch eine von ihm bevollmächtigte Person (z. B. ein Rechtsanwalt). Der Haftpflichtversicherer ist nach § 10 Abs. 5 AKB zu Regulierungsverhandlungen bevollmächtigt, so daß auch seine Verhandlungen die Verjährung hemmen. Dies gilt auch dann, wenn die Ansprüche des Geschädigten, deretwegen der Versicherer mit ihm verhandelt hat, die Deckungssumme übersteigen[167]. Bei Selbstversicherung nach § 2 Abs. 2 PflVG beziehen sich wegen der entsprechenden Anwendung von § 10 Abs. 5 AKB Verhandlungen mit dem Fahrzeughalter auch auf den Ersatzanspruch gegen den Fahrer[168].

63 Soweit die Forderung auf einen Dritten (z. B. auf einen Versicherer oder auf den Dienstherrn) übergegangen ist, ist dieser allein in der Lage, solche Verhandlungen mit verjährungshemmender Wirkung zu führen. Verhandlungen, die der Verletzte mit dem Haftpflichtversicherer des Schädigers führt, hemmen die Verjährung desjenigen Teils der Ersatzansprüche nicht, der auf den Sozialversicherer übergegangen ist[169].

64 d) **Beginn der Hemmung.** Er fällt auf den Zeitpunkt der Anspruchsanmeldung, wenn der Schädiger, sein Haftpflichtversicherer oder eine von diesem oder vom Schädiger bevollmächtigte Person daraufhin eine Erklärung abgibt, aus der der Ersatzberechtigte entnehmen kann, daß eine gewisse Verhandlungsbereitschaft bestehe oder daß der Verpflichtete oder sein Versicherer möglicherweise beabsichtige, die Ansprüche des Verletzten wenigstens teilweise zu befriedigen[170].

65 e) **Ende der Hemmung.** Das Ende der Verhandlungen tritt ein, sobald der **Ersatzverpflichtete** auf eine Anfrage oder einen Vorschlag des Ersatzberechtigten keine Antwort mehr gibt. Maßgebend ist der Zeitpunkt, zu dem eine Antwort spätestens zu erwarten gewesen wäre[171]. Das Ende tritt stets dann ein, wenn der Schädiger unmißverständlich erklärt, er lehne jede Ersatzleistung ab, oder mitteilt, er halte weitere Verhandlungen für zwecklos[172] oder wenn der Haftpflichtversicherer des Schädigers dem Ersatzberech-

[162] OLG Karlsruhe VersR 1967, 667.
[163] BGH VersR 1959, 36; 1965, 1151; 1969, 859; 1975, 441; OLG Stuttgart VersR 1971, 1178.
[164] BGH Vers 1975, 440; **a. A.** OLG Düsseldorf OLGZ 1966, 535; LG Stuttgart VersR 1966, 151.
[165] BGH VersR 1978, 533; 1985, 1141.
[166] OLG Hamburg VersR 1991, 1263.
[167] BGH VersR 1970, 549; 1978, 533.
[168] BGH MDR 1965, 198.
[169] OLG Frankfurt VersR 1966, 1056; **a. A.** *Lepa* VersR 1986, 306.
[170] BGH VersR 1959, 36.
[171] BGH VersR 1963, 146; 1966, 619.
[172] BGH VersR 1960, 831; KG VAE 1938, 358.

tigten eine ausführliche Stellungnahme zuleitet, in der dargelegt ist, warum die erhobenen Ansprüche nicht befriedigt werden[173]. Darauf, ob der Schädiger oder sein Bevollmächtigter die Haftung bestreiten, kommt es nicht an[174].

Werden vorläufige Zahlungen geleistet, so beendet die Einstellung der Zahlungen 66
die Hemmung. Dem Verletzten steht es allerdings frei, noch ein Schreiben an den Schädiger zu richten und nach dem Grund der Zahlungseinstellung zu fragen. Dann endet die Verjährung zu dem Zeitpunkt, in dem nach allgemeiner Lebenserfahrung mit einer Antwort spätestens zu rechnen gewesen wäre. Antwortet der Haftpflichtversicherer auf eine Anfrage des Ersatzberechtigten, er könne derzeit keine Erklärungen zum Ersatz der in Zukunft entstehenden Heilungskosten abgeben, der Ersatzberechtigte müsse gegebenenfalls später die Notwendigkeit der aufgewendeten Kosten nachweisen, so sind die Verhandlungen über jene Kosten noch nicht beendet[175].

Die Verhandlungen enden aber auch, wenn der **Ersatzberechtigte** sich nicht mehr 67
äußert, obwohl eine Äußerung nach Sachlage zu erwarten gewesen wäre[176]. Maßgeblich ist der Zeitpunkt, in dem eine Antwort auf die letzte Anfrage des Ersatzpflichtigen spätestens zu erwarten gewesen wäre, falls die Regulierungsverhandlungen mit verjährungshemmender Wirkung hätten fortgesetzt werden sollen[177]. Waren die Vergleichsverhandlungen dadurch zum Ruhen gekommen, daß der Ersatzberechtigte Antrag auf Sozialrente gestellt hatte, so enden die Verhandlungen an dem Tag, an dem der Ersatzverpflichtete, der sich schriftlich zur Fortsetzung der Verhandlungen erboten hatte, mit einer Antwort rechnen konnte[178].

Verlieren die Verhandlungspartner den Gegenstand der Verhandlungen (die Schadens- 68
ersatzansprüche) aus den Augen, so endet die Hemmung[179]. Wurde für die außergerichtliche Regulierung von Schäden eines schwerverletzten Kindes mit dem Haftpflichtversicherer eine Verhandlungspause vereinbart, so ist es grundsätzlich Sache des Haftpflichtversicherers, die Initiative wegen einer Wiederaufnahme der Verhandlungen zu ergreifen, wenn er die Hemmung einer Verjährung der Ersatzansprüche beenden will[180].

War die Verjährungsfrist schon fast abgelaufen, als die Verhandlungen begannen, 69
und endet sie mithin schon wenige Tage oder Wochen nach Abbruch der Verhandlungen, so kann der Ersatzberechtigte, der in der kurzen Zeit die für eine Klageerhebung nötigen Unterlagen nicht mehr zu beschaffen vermag, der Verjährungseinrede des Ersatzpflichtigen den Arglisteinwand entgegenhalten[181].

f) **Verhältnis zur Unterbrechung.** Zu beachten ist, daß es bei Vergleichsverhandlun- 70
gen auch zu einer Unterbrechung der Verjährung kommen kann (vgl. Rdn. 81). Ist die Verjährung dadurch unterbrochen worden, daß der Schädiger oder sein Haftpflichtversicherer anläßlich der Verhandlungen einräumt, der Grund des Anspruchs werde nicht bestritten, so hat die zugleich hemmende Wirkung der Vergleichsverhandlung die Wirkung, daß die Verjährungsfrist erst nach deren Scheitern zu laufen beginnt. Die Einleitung eines Vorschaltverfahrens nach § 210 BGB steht dem Fortbestehen einer Verjährungshemmung nicht im Wege, wenn die Parteien weiter verhandeln[182].

---

173 OLG Nürnberg VersR 1966, 1144 LS.
174 BGH VersR 1970, 327.
175 KG VAE 1938, 358.
176 BGH VersR 1963, 145; 1977, 336.
177 BGH NZV 1990, 227.
178 BGH VersR 1967, 502.
179 OLG Stuttgart VersR 1967, 508.
180 BGH VersR 1986, 490.
181 BGH VRS 16, 1.
182 BGH VersR 1988, 718.

7. Ablaufhemmung bei Fehlen voller Geschäftsfähigkeit

71 a) **Wesen der Ablaufhemmung.** Sie greift ein, solange ein geschäftsunfähiger oder nur beschränkt geschäftsfähiger Gläubiger keinen gesetzlichen Vertreter hat, und über dessen Bestellung bzw. die Erlangung der vollen Geschäftsfähigkeit hinaus noch sechs Monate. Nach Verstreichen der sechs Monate tritt sodann die Verjährung sofort ein, es sei denn, die Verjährungsfrist wäre bis dahin ohnedies noch nicht abgelaufen. Der bezeichnete Mangel hat somit nur dann hemmende Wirkung, wenn er innerhalb der letzten sechs Monate der Verjährungsfrist vorliegt, dann aber unabhängig von seiner Dauer. Bei fehlender Geschäftsfähigkeit auf Seiten des Ersatzpflichtigen gilt § 206 BGB nicht; hier ermöglicht § 57 ZPO eine Klageerhebung.

72 b) **Gesetzliche Vertreter** ehelicher minderjähriger Kinder sind die Eltern gemeinschaftlich (§ 1629 Abs. 1 BGB), nach dem Tode eines Elternteils der Überlebende, nach der Ehescheidung derjenige, dem das Familiengericht die elterliche Gewalt überträgt (§ 1671 BGB). Bei nichtehelichen minderjährigen Kindern steht die gesetzliche Vertretung grundsätzlich der Mutter zu (§ 1705 BGB). Minderjährigen ohne vertretungsberechtigte Eltern muß das Vormundschaftsgericht einen Vormund bestellen (§ 1773 BGB), für Volljährige, die für bestimmte Aufgabenkreise der Betreuung bedürfen, wird ein Betreuer bestellt, der in seinem Aufgabenkreis die gesetzliche Vertretung ausübt (§ 1902 BGB). Fallen die Ersatzansprüche aus dem Unfall in diesen Aufgabenkreis, so endet die Ablaufhemmung sechs Monate nach der Bestellung. Die Geschäftsunfähigkeit eines Verletzten kann sich auf die mit seinen Ansprüchen aus dem Unfall zusammenhängenden Fragen beschränken und bewirkt dann eine Hemmung der Verjährung auf diesem Gebiet[183]. Das Fehlen eines handlungsfähigen Organs einer juristischen Person begründet keine Ablaufhemmung nach § 206 BGB[184].

8. Ablaufhemmung bei Erbfall

73 Zum Wesen der Ablaufhemmung vgl. Rdn. 71. Anders als im dort behandelten Fall des § 206 BGB tritt Ablaufhemmung hier auch dann ein, wenn der klagehindernde Umstand auf seiten des Schuldners liegt (§ 207 BGB), d. h. wenn der Schädiger stirbt. Die Verjährung tritt sechs Monate nach dem Zeitpunkt ein, in dem die Erben die Erbschaft annehmen oder in dem ein Nachlaßverwalter, Nachlaßkonkursverwalter oder Nachlaßpfleger bestellt wird. Ist im Testament des Verstorbenen ein Testamentsvollstrecker bestimmt, so laufen die sechs Monate von dem Tag an, an dem dieser sein Amt annimmt. Stirbt der Verletzte, so tritt in gleicher Weise Ablaufhemmung ein, jedoch nur hinsichtlich der Ansprüche, die in der Person des Toten bereits entstanden waren, nicht jedoch hinsichtlich der den Hinterbliebenen unmittelbar zustehenden Ansprüche aus § 10 StVG.

VI. Unterbrechung der Verjährung

1. Bedeutung

74 „Unterbrechung" bedeutet, daß die Verjährungsfrist neu und in voller Dauer von dem unterbrechenden Ereignis an zu laufen beginnt (§ 217 BGB). Unterbrechend wir-

---

[183] BGH VersR 1969, 906; 1969, 1020.
[184] RGZ 156, 300 = JW 1938, 516 m. Anm. *Roth*; BGH NJW 1968, 693.

ken ein Anerkenntnis des Schädigers oder dem Anerkenntnis gleichgestellte Sachverhalte (Rdn. 75 ff) sowie eine Klageerhebung und ihr gleichgestelltes Vorgehen des Verletzten oder Hinterbliebenen (Rdn. 82 ff). Die Unterbrechung tritt nur ein, wenn die Verjährung noch nicht abgelaufen ist. Bei der Unterbrechung durch Klageerhebung beginnt nicht sofort die neue Verjährungsfrist zu laufen; vielmehr beginnt sie im Regelfall erst nach der rechtskräftigen Entscheidung (§ 211 BGB; vgl. Rdn. 109).

2. Unterbrechung durch Anerkenntnis

a) Begriff des Anerkennens. Unter „Anerkennen" im Sinne des § 208 BGB ist nicht nur das ausdrückliche Schuldanerkenntnis des Schädigers (vgl. § 16, 753), sondern jedes tatsächliche Verhalten gegenüber dem Geschädigten zu verstehen, aus dem sich ein Bejahen des Bestehens des Anspruchs unzweideutig ergibt[185], insbesondere eine Zahlung (zur Teilzahlung s. Rdn. 80), aber u. U. auch eine Auskunfterteilung[186]. Es handelt sich um keine Willenserklärung im Sinne des bürgerlichen Rechts. Daher braucht das Verhalten nicht in einer positiven Handlung zu bestehen[187]. Das tatsächliche Verhalten des Schuldners gegenüber dem Gläubiger muß aber ergeben, daß sich der Schuldner bewußt ist, daß die Forderung besteht[188]. 75

Dies ist z. B. bei einer Bitte um Stundung der Fall[189], nicht aber bei einer Erklärung, man werde sich um die Sache kümmern[190] oder bei einem „anerkennenden" Verhalten im Strafverfahren, z. B. Zahlung einer Geldauflage[191]. Die Anfrage des Haftpflichtversicherers, mit welcher Abfindung sich der Verletzte zufriedengeben würde, enthält kein Anerkenntnis[192], ebensowenig der Vergleichsvorschlag eines Rechtsanwalts im Rahmen außergerichtlicher Verhandlungen[193]. Ob die Erklärung der Aufrechnung mit einer bestrittenen Forderung gegen eine unbestrittene Forderung ein Anerkenntnis im Sinne des § 208 BGB darstellt, hängt von den Umständen des Einzelfalls ab[194]. Die Beifügung der Worte „ohne Anerkennung einer Rechtspflicht" schließt ein Bewußtsein des Bestehens der Forderung nicht ohne weiteres aus[195]; vgl. aber Rdn. 80. Dasselbe gilt für die Worte, der Versicherer behalte sich sämtliche Einwendungen vor für den Fall, daß eine außergerichtliche Einigung nicht erzielt werden könne, jedenfalls dann, wenn die Verhandlungen nur über die Höhe geführt wurden[196]. Näher zu Vergleichsverhandlungen s. Rdn. 81. 76

Zu beachten ist, daß dem Anerkenntnis eine **weitergehende Wirkung** als die einer Verjährungsunterbrechung zukommt, wenn es sich um ein konstitutives Schuldanerkenntnis nach § 781 BGB (s. § 16, 753) oder um ein Anerkenntnis handelt, welches nach dem Parteiwillen ein Feststellungsurteil ersetzen soll (s. Rdn. 9). 77

b) Beschränktes Anerkenntnis. Ein Anerkenntnis dem Grunde nach reicht für die unterbrechende Wirkung aus[197], und zwar auch dann, wenn der Schädiger die Höhe der vom Verletzten (Hinterbliebenen) geltend gemachten Ansprüche ausdrücklich bestreitet[198]. Das Anerkenntnis kann allerdings auch in diesem Zusammenhang wirksam auf einen abgrenzbaren Teil der Ansprüche beschränkt werden, z. B. auf die lediglich 78

---

185 BGH VersR 1969, 567.
186 BGH FamRZ 1990, 1107.
187 BGH NJW 1965, 1430.
188 BGHZ 58, 103; BGH VersR 1972, 372; 1972, 398.
189 BGH NJW 1978, 1914.
190 OLG Koblenz NJW-RR 1990, 61.
191 OLG Düsseldorf NJW-RR 1990, 1178; OLGR Düsseldorf 1994, 114; zu Ratenzahlungen aufgrund einer Bewährungsauflage s. LAG Frankfurt NJW 1966, 1678.
192 BGH VersR 1966, 536.
193 OLG Hamburg VersR 1990, 899.
194 Vgl. BGH NJW 1989, 2469 gegenüber BGHZ 58, 103.
195 BGH VersR 1972, 398.
196 BGH VersR 1972, 372.
197 RGZ 113, 238; BGH VersR 1965, 1149.
198 RGZ 63, 389; 73, 133; BGH VersR 1960, 831.

aus der Haftung nach dem StVG berechtigten Ansprüche, oder auf einen bestimmten Bruchteil aller in Frage kommenden Ansprüche[199]. Hat mithin der Schädiger vorgebracht, er habe wegen hohen Mitverschuldens des Verletzten nur ein Drittel des Schadens zu ersetzen, so verjähren alle Ansprüche in Höhe der restlichen zwei Drittel, wenn sie nicht rechtzeitig gerichtlich geltend gemacht werden. Erkennt der Haftpflichtversicherer an, daß der Witwe Ansprüche wegen entgehenden Unterhalts zustehen, soweit nicht ein Forderungsübergang wegen einer noch zu berechnenden Sozialrente erfolgt, so ist hinsichtlich dieses noch zu berechnenden Unterschiedsbetrags die Verjährung auch dann unterbrochen, wenn der Haftpflichtversicherer später zu der Ansicht gelangt, wegen der Arbeitspflicht der Witwe bestehe kein derartiger Unterschiedsbetrag[200]. Hat der Verletzte bestimmte Ansprüche geltend gemacht, so wirkt sich das Anerkenntnis des Ersatzpflichtigen nicht auf Ansprüche aus, die nicht geltend gemacht wurden[201].

79 Erklärungen des Haftpflichtversicherers unterbrechen die Verjährung nicht nur hinsichtlich der Ansprüche gegen den Halter, sondern auch hinsichtlich derjenigen gegen den Fahrer[202]. Zahlungen des Versicherers bewirken auch dann die Unterbrechung hinsichtlich des Versicherungsnehmers, wenn dieser über die Deckungssumme[203] oder über die Höchstsumme nach § 12 StVG hinaus[204] persönlich in Anspruch genommen wird. Ist ein Teil der Forderung auf einen Sozialversicherungsträger oder ein privates Versicherungsunternehmen übergegangen, so wirkt eine Unterbrechung, die vor dem Übergang erfolgt ist, für beide nun selbständig gewordenen Teile der Forderung, ein Anerkenntnis des Schädigers nach dem Forderungsübergang aber nur hinsichtlich des Teils der Forderung, der demjenigen zusteht, dem gegenüber anerkannt wurde[205]. Sind zwei Personen bei einem Unfall verletzt worden und sind ihre Ansprüche auf denselben Versicherungsträger übergegangen, so wirkt ein auf eine der Forderungen beschränktes Anerkenntnis des Schädigers nicht auch für die andere Forderung[206].

80 c) Wie ein Anerkenntnis wirkt die **Teilzahlung**. Bezieht sie sich nur auf eine bestimmte Gruppe von Schäden (z. B. nur auf das Schmerzensgeld), so bewirkt sie keine Unterbrechung der Verjährung anderer Schadensgruppen[207]; bezieht sie sich auf mehrere Schadensgruppen, so wird in der Regel die Verjährung aller Forderungen unterbrochen, die demjenigen zustehen, dem Zahlung geleistet wird[208]. Letzteres ist in der Regel anzunehmen, wenn die Begrenzung auf einzelne Schadensarten nicht eindeutig zum Ausdruck gebracht wurde[209]. Wird die Zahlung mit der Bemerkung versehen, daß die Haftung nicht anerkannt werde, so unterbricht sie nicht über den gezahlten Betrag hinaus[210]. Abschlagszahlungen des Versicherers bewirken die Unterbrechung hinsichtlich des Schuldners auch insoweit, als er über die Deckungssumme hinaus in Anspruch genommen werden soll[211]. Zahlungen an die Krankenkasse des Verletzten, auf die des-

---

199 BGH VersR 1980, 831; 1973, 233; OLG Stuttgart VersR 1967, 888; OLG Nürnberg VersR 1970, 92.
200 BGH VersR 1963, 187.
201 OLG Düsseldorf VersR 1960, 1053.
202 BGH VersR 1964, 1199; 1972, 372.
203 BGH VersR 1970, 549; 1972, 398.
204 BGH VersR 1979, 284.
205 OLG Düsseldorf VersR 1962, 1213.
206 BGH VersR 1969, 921.
207 So bei Zahlung der Heilungskosten: RG Recht 1914, Nr. 464; bei der Zahlung von Schmerzensgeld: OLG Oldenburg VersR 1967, 384; für das Verhältnis vermehrte Bedürfnisse – Haushaltsführungsschaden OLG Koblenz NJW-RR 1994, 1049; bei Teilvergleich: OLG Stuttgart VersR 1967, 888.
208 RGZ 135, 12; BGH VersR 1968, 277.
209 BGH VersR 1969, 567; 1986, 97.
210 OLG Köln VersR 1967, 463.
211 BGH VersR 1970, 549; 1972, 398; einschränkend OLG Braunschweig NJW-RR 1989, 799 für den Fall, daß der Versicherer ausdrücklich erklärt, nur im Rahmen des bestehenden Deckungsschutzes regulieren zu wollen.

sen Ansprüche teilweise übergegangen sind, unterbrechen die Verjährung der dem Verletzten verbliebenen restlichen Ansprüche und Teile von Ansprüchen nicht[212].

d) **Vergleichsverhandlungen** unterbrechen die Verjährung dann, wenn der Ersatzpflichtige dabei einräumt, er schulde Schadenersatz aus dem Unfall, und wenn daher die Verhandlungen nur über die Höhe der Ansprüche gepflogen werden[213]. Die Meinung des Reichsgerichts[214], das Anerkenntnis werde durch das Scheitern der Vergleichsverhandlungen unwirksam, läßt unbeachtet, daß das Anerkenntnis keine Willenserklärung ist und daher auch nicht auflösend bedingt abgegeben werden kann. Das Scheitern der Verhandlungen kann es in keinem Fall ungeschehen machen. Unterbricht das Angebot eines bestimmten Abfindungsbetrages die Verjährung oder die Tatsache, daß die Parteien sich darüber einig sind, irgendein Betrag sei geschuldet, und daß sie deshalb nur über die Höhe der Ansprüche verhandeln, so beginnt mit dem Scheitern der Verhandlungen die neue Verjährungsfrist (Rdn. 70). Läßt der Schädiger oder sein Haftpflichtversicherer bei den Verhandlungen die Frage, ob überhaupt etwas geschuldet ist, offen, so greift lediglich die Hemmung nach § 852 Abs. 2 BGB ein. 81

3. Unterbrechung durch gerichtliche Geltendmachung

a) Unterbrechungshandlungen

aa) **Klageerhebung** (§ 209 Abs. 1 BGB). Jede Klage auf Befriedigung oder Feststellung des Anspruchs sowie auf Erteilung der Vollstreckungsklausel oder Erlaß des Vollstreckungsurteils unterbricht die Verjährung (zur Auswirkung von Mängeln vgl. Rdn. 83, zum Unterbrechungszeitpunkt Rdn. 102). Die Erhebung einer negativen Feststellungsklage und die Verteidigung gegen sie unterbrechen die Verjährung nicht, denn es wird ein Vorgehen vorausgesetzt, das darauf gerichtet ist, der Anspruch solle dem Beteiligten zugesprochen werden[215]. Unterbrechende Wirkung hat auch die Widerklage[216] sowie die Zwischenfeststellungsklage nach § 256 Abs. 2 ZPO[217]. 82

Mängel der Klageerhebung beeinträchtigen die Unterbrechungswirkung nicht in jedem Falle. Die Klageerhebung muß **wirksam,** d. h. durch Zustellung einer den wesentlichen Erfordernissen des § 253 ZPO entsprechenden Klageschrift oder in der Form des § 261 Abs. 2 ZPO erfolgt sein; auf ihre **Zulässigkeit** kommt es dagegen nicht an[218], ebensowenig auf ihre ausreichende Substantiierung[219]. 83

Unwirksam ist die Klage z. B., wenn sie keinen bestimmten Antrag enthält (zum Problem des unbezifferten Antrags vgl. § 16, 61 f). Der Umstand, daß die mit einer Teilklage geltendgemachte Forderung nicht auf einzelne Schadensposten aufgegliedert ist, beeinträchtigt die Unterbrechungswirkung nicht[220], jedoch muß im Laufe des Prozesses die notwendige Abgrenzung der einzelnen Ansprüche nachgeholt werden, damit klargestellt ist, in welcher Höhe die Verjährung der Einzelforderungen unterbrochen ist. Andernfalls entfällt rückwirkend die verjährungsunterbrechende Wirkung[221]. Eine falsche Bezeichnung des Beklagten ist unschädlich, wenn er aufgrund der Bezeichnung ohne weiteres feststellbar ist[222]. Zustellungsmängel können durch Heilung rückwirkend unbeachtlich werden[223]. 84

---

212 OLG Oldenburg VersR 1967, 384.
213 BGH VersR 1965, 1149; 1969, 567.
214 Recht 1908, Nr. 255; JW 1911, 32; WarnR 1933, Nr. 146; ebenso BGH WM 1970, 548.
215 BGH VersR 1972, 644.
216 RGZ 149, 326.
217 RGZ 66, 13.
218 BGHZ 78, 5.
219 BGH VersR 1967, 856; 1979, 764.
220 BGH VersR 1967, 855 = ZZP 82, 141 m. Anm. *Arens.*
221 BGH VersR 1984, 783.
222 BGH NJW 1977, 1686.
223 BGH NJW 1960, 1947.

85 **Unzulässigkeit,** die die Unterbrechung nicht hindert, liegt z. B. vor, wenn bei einer Teilklage der geltendgemachte Anspruchsteil nicht ausreichend bestimmt bezeichnet[224] (s. auch Rdn. 84) oder wenn die Klage bei einem unzuständigen Gericht erhoben wird[225]; allerdings muß in diesem Falle innerhalb von sechs Monaten nach rechtskräftiger Abweisung der Klage erneut geklagt werden, damit die Unterbrechungswirkung erhalten bleibt (§ 212 BGB). Eine Feststellungsklage unterbricht auch bei Fehlen des Feststellungsinteresses nach § 256 Abs. 1 ZPO[226] und im übrigen jedenfalls dann, wenn der Beklagte wenigstens Anspruchsgrund und Ausmaß der bevorstehenden wirtschaftlichen Belastung erkennen kann[227].

86 **Klageerhebung im Ausland** unterbricht die Verjährung nur, wenn die Voraussetzungen für eine Anerkennung des Urteils im Inland (§ 328 ZPO) gegeben sind[228] oder wenn es sich um einen Vertragsstaat des EuGVÜ handelt[229].

87 Die **Klage eines Nichtberechtigten** unterbricht grundsätzlich nicht. Anders verhält es sich jedoch, wenn der Kläger vom Anspruchsinhaber zur Prozeßführung ermächtigt war (gewillkürte Prozeßstandschaft[230]), und zwar unabhängig davon, ob er das nach Prozeßrecht für die Zulässigkeit der Prozeßstandschaft erforderliche Eigeninteresse hat[231]. Die Klage eines vollmachtlosen Vertreters bzw. die Zustellung an einen solchen kann vom Berechtigten rückwirkend genehmigt werden[232]. Nach gesetzlichem Forderungsübergang kann nur noch die Klage des neuen Gläubigers die Unterbrechung bewirken[233], es sei denn der Verletzte wäre befugt, Klage auf Leistung an den Zessionar (z. B. Versicherer) zu erheben[234]. Stand dem Kläger die Forderung bei Klageerhebung nicht zu, so kann die Unterbrechungswirkung nicht rückwirkend durch Abtretung herbeigeführt werden[235], Unterbrechung tritt vielmehr erst mit Wirksamwerden des Erwerbs ein[236].

88 **Klagerücknahme** hat zur Folge, daß die Unterbrechungswirkung entfällt (§ 212 Abs. 1 BGB); sie kann jedoch durch neuerliche Klage innerhalb von sechs Monaten wiederhergestellt werden (Abs. 2 aaO).

89 bb) **Zustellung eines Mahnbescheids** (§ 209 Abs. 2 Nr. 1, §§ 688 ff ZPO). Im Mahnbescheid muß erkennbar gemacht sein, um welchen Anspruch es sich handelt[237]; es genügt jedoch die Bezugnahme auf ein dem Schuldner bekanntes Schreiben[238]. Bei fehlender Berechtigung des Antragstellers gilt Rdn. 87 entsprechend[239]. Zum Zeitpunkt der Unterbrechung s. Rdn. 104.

90 cc) **Antrag bei Gütestelle** (§ 209 Abs. 2 Nr. 1a BGB, § 794 Abs. 1 Nr. 1 ZPO).

91 dd) **Anmeldung im Konkurs** (§ 209 Abs. 2 Nr. 2 BGB, §§ 138 ff KO), nicht im Vergleichsverfahren (§ 55 VerglO: nur Hemmung). Die Unterbrechung bleibt auch dann wirksam, wenn die Konkurseröffnung auf Beschwerde hin aufgehoben wird[240].

92 ee) **Prozeßaufrechnung** (§ 209 Abs. 2 Nr. 3 BGB). Greift die Aufrechnung durch, so erlischt die Forderung; die Fälle, in denen die Aufrechnung die Verjährung unterbricht,

---

224 BGH NJW-RR 1988, 692.
225 RGZ 115, 140 = JW 1927, 658 m. Anm. *Reichel*; BGHZ 86, 322; OLG München VersR 1960, 952.
226 BGHZ 39, 291.
227 OLG Düsseldorf ZMR 1985, 235.
228 RGZ 129, 390.
229 OLG Düsseldorf NJW 1978, 1752.
230 BGH NJW 1957, 1838; VersR 1967, 162.
231 BGH NJW 1980, 2461.
232 RGZ 86, 245.
233 RGZ 61, 170; 85, 429; BGH VersR 1965, 611.
234 RG Recht 1930, Nr. 1982.
235 BGH VersR 1967, 162.
236 BGH NJW 1958, 338.
237 BGH NJW 1993, 862.
238 BGH NJW 1967, 2354; OLG Hamm Rpfleger 1967, 115.
239 Vgl. auch BGH NJW 1972, 1580.
240 OLG Celle NJW 1959, 941.

sind mithin diejenigen, in denen die erklärte Aufrechnung wirkungslos ist, weil sie vom Gericht als unzulässig angesehen oder, da nur hilfsweise geltend gemacht, nicht berücksichtigt wird. Sind mehrere Forderungen in dieser Weise hilfsweise zur Aufrechnung gestellt worden, so tritt die Unterbrechung für alle ein, und zwar ohne Rücksicht darauf, ob im Zivilprozeß eine Reihenfolge dieser Forderungen angegeben war oder nicht[241]. Die Unterbrechungswirkung entfällt, wenn nicht innerhalb von sechs Monaten nach der Beendigung des Prozesses Klage erhoben wird (§ 215 BGB). Zum Umfang der Unterbrechungswirkung s. Rdn. 101; zum Zeitpunkt der Unterbrechung Rdn. 105.

ff) **Streitverkündung** (§ 209 Abs. 2 Nr. 4 BGB). Sie muß nach § 72 ZPO zulässig sein[242]. Hierfür reicht es allerdings aus, wenn der Streitverkündende in diesem Augenblick lediglich annimmt, einen Anspruch auf Schadloshaltung gegen denjenigen zu haben, dem er den Streit verkündet, oder diesen alternativ zu dem Beklagten in Anspruch nehmen zu können[243]. Mangels Zulässigkeit der Streitverkündung tritt dagegen keine Unterbrechungswirkung ein bei gesamtschuldnerischer Haftung von Beklagtem und Streiverkündetem[244]. Das Reichsgericht[245] hatte die Meinung vertreten, die Streitverkündung unterbreche die Verjährung nur dann, wenn derjenige, der den Streit verkündete, im Prozeß unterliege. Diese Meinung steht jedoch mit dem Gesetz in Widerspruch und wird daher auch vom BGH[246] abgelehnt. 93

gg) **Vollstreckungshandlungen** (§ 209 Abs. 2 Nr. 5 BGB). Werden sie auf Antrag der Berechtigten oder wegen Mangels der gesetzlichen Voraussetzungen aufgehoben, so entfällt die Unterbrechungswirkung (§ 216 BGB); unschädlich ist es dagegen, wenn sie furchtlos bleiben. 94

hh) **Adhäsionsverfahren.** Die Geltendmachung des Anspruchs im Strafverfahren gegen den Schädiger (§§ 403 ff StPO) ist der Erhebung der Klage gleichzustellen. 95

ii) **Antrag auf Vorentscheidung einer Behörde** (§ 210 BGB). Hängt die Zulässigkeit des Rechtswegs von vorhergehender Entscheidung einer Behörde ab, so unterbricht die Einreichung des Gesuchs bei der Behörde in gleicher Weise wie die Klage, sofern innerhalb von drei Monaten nach Erledigung des Gesuchs Klage erhoben wird. Dies gilt z. B. auch für den Entschädigungsantrag nach Art. 8 Abs. 6 und 7 des Finanzvertrags für durch Kraftfahrzeuge der Stationierungsstreitkräfte verursachte Schäden[247]. 96

kk) Für einen **Antrag auf Bestimmung des zuständigen Gerichts** (§ 36 ZPO) gilt das in Rdn. 96 Ausgeführte entsprechend (§ 210 BGB)[248]. 97

ll) **Handlungen ohne Unterbrechungswirkung** sind z. B. die einfache Mahnung, der Antrag auf Abweisung einer negativen Feststellungsklage oder einer Widerklage[249], sowie der Antrag auf Beweissicherung, dem nur in Sondervorschriften außerhalb des Haftpflichtrechts Unterbrechungswirkung beigelegt ist. 98

b) **Umfang der Unterbrechungswirkung.** Der Inhalt der Klageanträge begrenzt den Umfang der Unterbrechung, der für den Umfang der Kenntnis maßgebliche Grundsatz der Schadenseinheit (Rdn. 25) gilt hier also nicht[250]. Klagt der Verletzte zunächst nur 99

---

241 BayObLGZ 66, 353.
242 RGZ 58, 79.
243 BGHZ 8, 80.
244 Vgl. OLG Hamm MDR 1986, 1031 für das Zusammentreffen von deliktischer Haftung eines Verkehrsteilnehmers mit Amtshaftung aus Verletzung der Verkehrssicherungspflicht.
245 JW 1913, 32.
246 BGHZ 36, 214 = LM Nr. 11 zu § 209 BGB m. Anm. *Kreft*.
247 BGH VersR 1977, 647.
248 Vgl. BGHZ 53, 270.
249 RGZ 153, 383; RG HRR 1936, Nr. 1209; BGH VersR 1963, 90; 1963, 957; 1972, 644.
250 BGH VersR 1982, 582; 1984, 868; NJW 1983, 2813; 1988, 966.

einen Teilbetrag ein, so verjähren ggfs. die restlichen Ansprüche[251]. Liegt zunächst nur ein nicht aufgegliederter Antrag wegen verschiedener Teilansprüche vor, so wird die Verjährung für jeden Teilanspruch in Höhe der Gesamtsumme unterbrochen, nicht aber hinsichtlich des weiteren die Gesamtsumme übersteigenden Teils der Einzelansprüche[252]. Wurde über einen Hilfsantrag nicht entschieden, weil das Gericht dem Hauptantrag stattgegeben hat, so entfällt rückwirkend die verjährungsunterbrechende Wirkung[253]. Eine Ausdehnung der unterbrechenden Wirkung auf andere Teile der Forderung, wie sie bei der Teilzahlung (Rdn. 80) u. U. eintritt, gibt es bei der Klageerhebung nicht. Bei der Klage auf Zahlung einer dauernden Rente wird jedoch auch hinsichtlich späterer Erhöhungen des Schadens die Verjährung unterbrochen[254], desgleichen bei einer betragsmäßigen Anpassung des Klageantrags an die fortschreitende Schadensentwicklung bzw. die veränderten wirtschaftlichen Verhältnisse[255]. Erhebt der Verletzte zulässigerweise eine unbezifferte Klage, so wird die Verjährung auch insoweit unterbrochen, als der Verletzte später die von ihm vorgetragenen Umstände in einer ihm günstigeren Weise beurteilt[256]. Eine Feststellungsklage reicht aus, die Verjährung für alle von ihr erfaßten Ansprüche zu unterbrechen, auch soweit sie erst nach Rechtskraft des Urteils fällig werden[257]. Wird sie aber ausdrücklich auf einen Teil des Schadens beschränkt (z. B. den materiellen Schaden), so unterbricht sie nur insoweit[258]. Der Übergang von einem Zahlungs- auf einen Freistellungsantrag läßt die Identität des Anspruchs im Sinne der §§ 209, 194 Abs. 1 BGB unberührt[259].

100 Die Unterbrechung wirkt grundsätzlich nur im Verhältnis **zwischen den Klageparteien.** Eine Klage gegen den Halter unterbricht mithin nicht die Verjährung gegenüber dem Fahrer desselben Fahrzeugs. Entsprechendes gilt bei teilweisem Übergang der Forderung auf einen anderen. Hier unterbricht die Klageerhebung nur hinsichtlich des Teils der Forderung, der dem Kläger zusteht. Klagt mithin der Sozialversicherungsträger auf Erfüllung des Teils der Ansprüche, der auf ihn übergegangen ist, so wird die Verjährung hinsichtlich desjenigen Teils der Ansprüche nicht unterbrochen, der beim Verletzten verblieben ist.

101 Bei der **Prozeßaufrechnung** (s. Rdn. 92) wird die Verjährung nur hinsichtlich des zur Aufrechnung verwendeten Teils der Forderung unterbrochen, also nicht über die Klageforderung hinaus[260].

c) **Zeitpunkt der Unterbrechung**

102 **aa) Klageerhebung.** Der Zeitpunkt der Verjährungsunterbrechung bei Klageerhebung ist der des Eingangs einer ordnungsgemäßen Klageschrift bei Gericht (§ 270 Abs. 3 ZPO), sofern die Zustellung der Klageschrift „demnächst" (ab Ablauf der Verjährungsfrist[261]) erfolgt. Damit die Zustellung als „demnächst" bezeichnet werden kann, darf den Kläger kein Verschulden an der Verzögerung treffen[262], auch kein leichtes Mitverschulden[263]. Er muß darüber hinaus alles in seinen Kräften Stehende tun,

[251] BGH VersR 1984, 391.
[252] BGH NJW-RR 1988, 692.
[253] BGH NJW 1968, 693.
[254] BGH NJW 1970, 1682; VersR 1979, 373.
[255] BGH NJW 1982, 1810; VersR 1984, 868.
[256] BGH VersR 1974, 1018.
[257] RGZ 61, 170; RG JW 1914, 408; 1927, 843; BGH NJW 1952, 740; VRS 4, 344; **a. A.** *Wurz* NJW 1960, 470.
[258] OLG München VersR 1996, 63.
[259] BGH VersR 1985, 238.
[260] RGZ 57, 372; BGH NJW 1990, 2681; OLG Karlsruhe VersR 1977, 482.
[261] BGH NJW 1986, 1347.
[262] BGHZ 25, 77; 69, 361; BGH NJW 1971, 892.
[263] BGH VersR 1968, 984; NJW 1991, 1746.

um eine Beschleunigung zu erreichen[264]. Das Verschulden des Büropersonals eines Anwalts ist dem Kläger nicht anzulasten[265], wohl aber das Verschulden des Anwalts[266].

Es schadet zwar nichts, wenn der Verletzte den Prozeßkostenvorschuß (§ 65 GKG) nicht gleichzeitig mit Einreichung der Klageschrift einzahlt[267]. Wird er aber von der Geschäftsstelle zur Einzahlung aufgefordert, so muß er dieser Aufforderung unverzüglich, in der Regel binnen zwei Wochen nachkommen[268]. Bleibt die Anforderung länger als ca. 3 Wochen aus, muß er nachfragen, den selbst errechneten Vorschuß einzahlen oder Antrag nach § 65 Abs. 7 GKG stellen[269]. Der Anwalt muß für eine rechtzeitige Zahlung der Prozeßgebühr sorgen und gegebenenfalls den Korrespondenzanwalt nachdrücklich mahnen[270]. Ein Verschulden liegt z. B. vor, wenn der Ersatzberechtigte in der Klageschrift die Einzahlung der selbst berechneten Verfahrensgebühr ankündigt, dann aber mehr als drei Monate lang nichts unternimmt, um das in seinem Machtbereich liegende zu unternehmen, die Voraussetzungen für eine Zustellung zu schaffen[271]. Der Verletzte ist nicht entschuldigt, wenn er seine Rechtsschutzversicherung gebeten hat, den Vorschuß zu zahlen, diese aber zu spät zahlt[272]. Fehlen dem Kläger die Mittel, den Gebührenvorschuß einzuzahlen, so trifft den Kläger stets dann ein Verschulden an der Verzögerung der Zustellung der Klageschrift, wenn er nicht gleichzeitig den Antrag nach § 65 Abs. 7 GKG gestellt hat, ihm mit Rücksicht auf seine Vermögenslage die Einzahlung des Vorschusses zu erlassen[273]. Ein solches Gesuch muß auch dann Erfolg haben, wenn der Kläger zwar nicht arm im Sinne der Vorschriften über die Prozeßkostenhilfe (§§ 114 ff ZPO) ist, aber augenblicklich über keine flüssigen Mittel verfügt (z. B. weil er hilflos im Krankenhaus liegt). Statt den Antrag nach § 65 Abs. 7 GKG zu stellen, kann der Kläger auch beantragen, die Klageschrift vor Bestimmung des Verhandlungstermins zuzustellen[274]. Eine solche Zustellung vor Terminbestimmung ist wirksam[275]. Das Gericht muß sie auf Antrag anordnen[276], weil andernfalls die arme Partei mit einem Risiko in der Verfolgung ihrer Ansprüche belastet würde, dem ein zahlungsfähiger Verletzter nicht ausgesetzt ist[277]. Das Risiko besteht in erster Linie darin, daß dem Kläger auch solche Nachlässigkeiten seines Prozeßbevollmächtigten angerechnet werden, die diesem während des Prozeßkostenhilfebewilligungsverfahrens unterlaufen. Eine solche Nachlässigkeit des Klägers oder seines Prozeßbevollmächtigten hat zwei nachteilige Folgen: Erstens hört die Nebenwirkung des Prozeßkostenhilfeverfahrens, die Verjährung zu hemmen (Rdn. 45), auf, und zweitens ist die Zustellung der Klageschrift, wenn sie nach Abschluß dieses Verfahrens erfolgt, nicht mehr „demnächst" im Sinne von § 270 Abs. 3 ZPO ausgeführt[278]. Hieraus ergibt sich, daß das Gericht, sofern keine rechtzeitige Zustellung der Klageschrift vor Terminbestimmung erfolgt ist, die Prozeßkostenhilfe versagen muß, wenn das Verfahren, das ihre Bewilligung zum Gegenstand hat (§§ 114 ff ZPO) nachlässig betrieben wird und hierdurch Verjährung eintritt. In einem solchen Falle kann es dem Verletzten auch nichts mehr nützen, wenn er nach Erlaß des versagenden Beschlusses den Gebührenvorschuß einzahlt und wenn sodann die Klageschrift zugestellt wird; wendet der Schädiger Verjährung ein, so muß die Klage abgewiesen werden[279]. 103

bb) Beim **Mahnbescheid** ist der Tag des Eingangs des Antrags bei Gericht maßgebend, wenn er demnächst (Rdn. 102) erlassen und zugestellt wird (§ 693 Abs. 2 ZPO). 104

cc) Bei der **Aufrechnung** kommt es nicht auf den Zeitpunkt der Erklärung gegenüber dem Kläger, sondern auf den der Geltendmachung im Prozeß an. 105

---

264 BGH NJW 1967, 779.
265 OLG Köln NJW 1967, 887.
266 BGH VersR 1969, 255.
267 BGH NJW 1986, 1347; 1993, 2811.
268 BGH NJW 1986, 1347.
269 BGHZ 69, 364; BGH VersR 1992, 433.
270 BGH VersR 1969, 255.
271 BGH VersR 1967, 698; OLG Nürnberg VersR 1968, 381.
272 BGH VersR 1961, 713; 1968, 1062.
273 BGH LM Nr. 9 zu § 261 b ZPO.
274 OLG München NJW 1966, 1517; OLG Nürnberg MDR 1967, 669.
275 BGHZ 11, 177 = NJW 1954, 640 m. Anm. *Lent*; BGH VersR 1965, 1149.
276 OLG München NJW 1966, 1517.
277 BGH LM Nr. 8 zu § 261 b ZPO.
278 BGH VersR 1968, 368; 1969, 57.
279 BGH VersR 1968, 368.

106 dd) Bei der **Streitverkündung** tritt die Unterbrechung mit Einreichung des sie enthaltenden Schriftsatzes ein, sofern er „demnächst" zugestellt wird (§§ 73, 270 Abs. 3 ZPO), ansonsten mit der Zustellung an den Dritten.

107 ee) Bei **Zwangsvollstreckungsmaßnahmen** wird die Verjährung unterbrochen, wenn der Gerichtsvollzieher eine Handlung vornimmt. Hat das Gericht die Zwangsvollstreckung durchzuführen, wie bei der Pfändung und Überweisung einer Forderung, so tritt die Unterbrechung schon im Zeitpunkt des Eingangs des Antrags ein.

108 d) **Ende der Unterbrechung.** Grundsätzlich beginnt die neue Verjährungsfrist mit dem unterbrechenden Ereignis. In den praktisch wichtigsten Fällen gelten jedoch Besonderheiten.

109 aa) Bei der **Klageerhebung**, der **Aufrechnung** und der **Streitverkündung** beginnt die neue Frist mit der Zustellung des den Rechtsstreit beendenden Urteils[280] oder mit der Wirksamkeit eines das Verfahren abschließenden Vergleichs oder mit der sonstigen Erledigung des Verfahrens (§§ 211, 215 BGB)[281]. Wird der Prozeß – ohne triftigen Grund[282] – nicht weiterbetrieben, so ist die letzte Prozeßhandlung der Parteien oder des Gerichts maßgebend (§ 211 Abs. 2 BGB). Bloße Untätigkeit der Parteien führt aber dann nicht zu einem Stillstand des Prozesses im Sinne des § 211 Abs. 2 BGB, wenn das Gericht von Amts wegen für den Fortgang des Verfahrens zu sorgen hat[283]. Dies ist z. B. auch dann der Fall, wenn die Parteien Auflagen, die ihnen in einem Beweisbeschluß gemacht wurden, nicht erfüllen[284] oder wenn nach Rechtskräftigwerden eines Grundurteils des Berufungsgerichts kein Termin zur Fortsetzung des Rechtsstreits im Betragsverfahren bestimmt wird[285]. Sieht das Gericht mit ausdrücklichem Einverständnis des Klägers von einer Terminbestimmung auf unbestimmte Zeit ab, so geht die Verantwortung für das Betreiben des Prozesses vom Gericht wieder auf den Kläger über[286]. Hat das Gericht durch Beschluß das Ruhen des Verfahrens angeordnet, so beendet dies die Unterbrechung[287], jedoch ist wegen § 251 Abs. 2 ZPO drei Monate lang die Verjährung gehemmt, sofern nicht jederzeitige Wiederaufnahme möglich ist[288]. Im Falle einer Aussetzung nach §§ 148 f ZPO endet die durch die Klageerhebung eingetretene Unterbrechung der Verjährung mit der Erledigung des anderen Verfahrens[289].

110 Wird der in Stillstand geratene Prozeß von einer Partei **weiterbetrieben**, so wird die Verjährung hierdurch wie bei Klageerhebung erneut unterbrochen (§ 211 Abs. 2 Satz 2 BGB). Unter den Begriff des Weiterbetreibens fällt jede Prozeßhandlung, die dazu bestimmt und geeignet ist, den stillstehenden Prozeß wieder in Gang zu bringen[290]. Sie braucht kein der Klageerhebung vergleichbares Gewicht zu haben; es genügt ein (auch erfolgloser)[291] Antrag, aus dem sich ergibt, daß die Partei sich um die Fortführung des Prozesses kümmert, z. B. ein Aussetzungsantrag[292] oder ein Antrag auf Verweisung an das zuständige Gericht[293], desgleichen die Zahlung der Verfahrensgebühr[294].

111 Bei Verurteilung zu **künftigen Leistungen** beginnt der Lauf der Verjährung nicht mit der Rechtskraft des Urteils, sondern erst mit der Fälligkeit der Leistung[295]. Denn der Grundsatz, daß die Verjährungsfrist frühestens mit der Fälligkeit eines Anspruchs zu

---

280 OLG Nürnberg OLGZ 1966, 388.
281 RGZ 66, 13.
282 BGH NJW 1979, 811; 1987, 371.
283 BGH VersR 1976, 37; 1977, 646.
284 BGH VersR 1978, 1142; NJW-RR 1994, 889.
285 BGH VersR 1979, 1006.
286 BGH MDR 1983, 747.
287 BGH NJW 1983, 2497; VersR 1988, 390.
288 BGH NJW 1968, 693.
289 BGH VersR 1989, 600.
290 RGZ 97, 67; BGHZ 73, 10 f.
291 BGHZ 73, 11.
292 BGH VersR 1988, 390.
293 BGH VersR 1976, 37.
294 BGHZ 52, 51.
295 OLG Celle NJW 1964, 820.

laufen beginnt, gilt auch hier. Der Anspruch auf jede dieser Einzelleistungen verjährt in einem solchen Fall grundsätzlich erst nach dreißig Jahren (Rdn. 114).

bb) Bei **Mahnverfahren** gilt das zur Klageerhebung Ausgeführte (Rdn. 109) entsprechend, wenn sich das Streitverfahren unmittelbar anschließt (§§ 213 Satz 1, 212 a, 211 BGB); im übrigen endet die Unterbrechung mit Rechtskraft des Vollstreckungsbescheides. Bei Stillstand des Verfahrens findet § 211 Abs. 2 BGB entsprechende Anwendung. Ist ein Mahnverfahren nicht weiterbetrieben worden und hat daher die Verjährungsfrist nach dieser Vorschrift erneut zu laufen begonnen, so unterbricht die Einzahlung der restlichen halben Prozeßgebühr die Verjährung dann, wenn der Antrag auf Terminbestimmung schon vorher gestellt war oder gleichzeitig gestellt wird[296]; desgleichen unterbricht der Terminsantrag, wenn die restliche Hälfte alsbald gezahlt wird[297]. **112**

cc) Bei **Anmeldung im Konkurs** dauert die Unterbrechung fort, bis der Konkurs beendigt, d. h. seine Aufhebung (§ 163 KO) oder Einstellung (§§ 202 ff KO) öffentlich bekanntgemacht ist[298]. **113**

e) **Dauer der neuen Verjährungsfrist.** Die nach der Unterbrechung beginnende Verjährungsfrist ist im allgemeinen ebensolang wie diejenige, die vor der Unterbrechung lief. Ist jedoch ein Anspruch durch Urteil, gerichtlichen Vergleich oder vollstreckbare Urkunde rechtskräftig zuerkannt worden, so verjährt er erst nach dreißig Jahren (§ 218 Abs. 1 BGB). Das gilt aber nicht, soweit sich das Urteil auf künftige Rentenzahlungen bezieht. Insofern verbleibt es bei der kurzen Verjährung (§ 218 Abs. 2 BGB). Das bedeutet, daß Rentenleistungen, die bis zur Rechtskraft eines Feststellungsurteils fällig geworden sind, in dreißig, später fällig werdende jeweils drei Jahre nach ihrer Fälligkeit verjähren[299]. **114**

VII. Arglisteinwand

1. Anwendungsbereich

Der Einwand unzulässiger Rechtsausübung (§ 242 BGB) ist gegenüber der Verjährungseinrede begründet, wenn der Ersatzpflichtige durch sein Verhalten den Ersatzberechtigten bewogen hat, von der Erhebung einer Feststellungsklage abzusehen und auf diese Weise die Verjährungsfrist auf dreißig Jahre zu verlängern. **115**

Das ist z. B. dann der Fall, wenn er erklärt hat, er werde auf die Verjährungseinrede verzichten[300], wenn der Gläubiger aus dem gesamten Verhalten des Schuldners für diesen erkennbar das Vertrauen gewinnen konnte, es würden lediglich sachliche Einwendungen, nicht aber Verjährung geltend gemacht[301], wenn der Ersatzpflichtige durch häufigen Wohnungswechsel oder unrichtige Anmeldung bei der Meldestelle der rechtzeitigen Inanspruchnahme entgangen ist[302], wenn der Ersatzberechtigte infolge der falschen Auskunft eines bei der schadenersatzpflichtigen Körperschaft tätigen Beamten die Klage verspätet erhoben hat[303], oder wenn der Ersatzberechtigte aus dem Verhalten des Schädigers oder des Haftpflichtversicherers mit Recht den Schluß ziehen konnte, seine Ansprüche würden wenigstens teilweise befriedigt werden[304]. Der Umstand, daß der auf Schadensersatz in Anspruch Genommene die Einrede der Verjährung erst zu einem späten **116**

---

296 BGHZ 52, 50.
297 BGHZ 55, 216.
298 BGHZ 64, 3.
299 BGH NJW-RR 1989, 215.
300 BGH VersR 1960, 517; 1982, 365; 1984, 689; 1986, 1080; OLG Hamm VersR 1983, 787; krit. *Honsell* VersR 1975, 104.
301 BGH VersR 1982, 444.
302 OLG Königsberg HRR 1941, Nr. 111.
303 BGH VersR 1967, 704.
304 OLG Hamburg VersR 1965, 1084.

Zeitpunkt erhebt, begründet für sich allein auch dann noch nicht die Gegeneinrede der unzulässigen Rechtsausübung, wenn er einer Klageerweiterung zuvor nicht widersprochen hat[305]. Hat der Ersatzpflichtige oder sein Haftpflichtversicherer sich auf Regulierungsverhandlungen mit dem Verletzten eingelassen, so braucht der Arglisteinwand nicht bemüht zu werden, weil in solchen Fällen die Verjährung gehemmt wird (§ 852 Abs. 2 BGB; vgl. Rdn. 59 ff).

117 Dem Schuldner ist es nicht verwehrt, sich auf Verjährung zu berufen, wenn der Verletzte von einer Klage deswegen Abstand genommen hat, weil er mit Rücksicht auf das Ansehen des Schuldners mit einer pünktlichen Erfüllung seiner Forderungen rechnen konnte[306]. Auch der Umstand, daß der Schuldner gegen Haftpflicht versichert ist, nimmt ihm nicht etwa das Recht, sich auf Verjährung zu berufen[307]. Hat jedoch der Schädiger den Verletzten ausdrücklich an seine Haftpflichtversicherung verwiesen, so kann eine Berufung auf die anschließend eintretende Verjährung rechtsmißbräuchlich sein, wenn der Versicherer den Deckungsschutz verneint und Verhandlungen ablehnt[308].

In jedem Fall muß aber der Ersatzpflichtige, dem der Verjährungseinwand unter Berufung auf § 242 BGB versagt werden soll, durch ein eigenes Verhalten zum Unterbleiben rechtzeitiger Anspruchserhebung beigetragen haben. Daß die Verjährung im Einzelfall zu einem das Opfer sehr belastenden Ergebnis führt, gehört zu ihrem Wesen und begründet keine unzulässige Rechtsausübung[309].

2. Wirkung

118 Die Wirkung des Arglisteinwands ist nicht die einer Unterbrechung oder Hemmung der Verjährung. Der aus § 242 BGB abzuleitende Vertrauensschutz gilt vielmehr nur so lange, wie die den Einwand der unzulässigen Rechtsausübung begründenden tatsächlichen Umstände fortdauern. Ändert sich die Sachlage dahin, daß der Verletzte nicht mehr erwarten darf, sein Schuldner werde die Einrede der Verjährung nicht erheben, oder war der Verzicht von vorneherein befristet[310], so muß er seine Ansprüche alsbald gerichtlich geltend machen. Nutzt er eine für die Vorbereitung der Klage erforderliche angemessene Übergangsfrist, die je nach den Umständen auf einige Wochen, allenfalls auch auf wenige Monate bemessen werden kann, nicht zur Klageerhebung, so ist der Schuldner nicht mehr gehindert, sich auf die Verjährung zu berufen[311]. Das gilt auch dann, wenn die Parteien rechtswirksam vereinbart hatten, die Verjährung vom Eintritt eines bestimmten Ereignisses an als gehemmt zu betrachten, über ein Ende der Hemmung aber nichts verabredet wurde[312]. Es ist nicht etwa so, daß ein unwirksamer Verzicht (Rdn. 8) nachträglich wirksam würde, wenn die Verjährung eintritt und der Ersatzpflichtige seinen Verzicht nicht „widerruft"[313]; der Ersatzberechtigte muß vielmehr die Geltendmachung seiner Ansprüche zügig weiterbetreiben[314]. Ist ein Teil der Ansprüche auf einen Sozialversicherungsträger übergegangen und hat der Schädiger diesem erklärt, er werde den Einwand der Verjährung nicht bringen, so kann der Verletzte nicht geltend machen, es verstoße gegen Treu und Glauben, wenn der Schädiger sich ihm gegenüber auf Verjährung beruft[315].

---

305 BGH VersR 1988, 953.
306 BAG NJW 1967, 174.
307 BGH VersR 1965, 1000.
308 BGH VersR 1969, 451.
309 *Peters* NZV 1991, 144, der zu Recht kritisiert, daß BGH NZV 1991, 143 unnötig auf § 242 BGB zurückgegriffen hat.
310 Vgl. BGH MDR 1986, 838.
311 RG HRR 1940, Nr. 980; BGH VersR 1955, 454; 1955, 695; 1956, 46; 1957, 667; 1958, 862; 1960, 515; 1961, 701; 1962, 372; 1963, 145; 1978, 527; 1979, 284; MDR 1986, 838; OLG Hamburg VersR 1978, 45.
312 BGH VersR 1962, 372.
313 OLG Hamm VersR 1967, 587.
314 OLG Köln VersR 1991, 197.
315 BGH VRS 13, 81.

VIII. Konkurrenz mit anderen Anspruchsgrundlagen

1. Vertragliche Ansprüche

Ansprüche nach dem StVG können (in Ausnahmefällen; vgl. § 8 a) mit gleichberechtigten vertraglichen Ansprüchen zusammentreffen. Im allgemeinen gilt bei einem derartigen Zusammentreffen, daß jeder Anspruch nach seinen eigenen Regeln verjährt[316]. Bei Ansprüchen aus Leih- oder Mietvertrag ist jedoch dann, wenn die Verjährung aus Vertrag eher eintritt als die aus unerlaubter Handlung, die kürzere Verjährungsfrist auch für die Ansprüche aus unerlaubter Handlung maßgebend[317] (vgl. § 16, 748 ff). Wegen des begrenzten Anwendungsbereichs der Gefährdungshaftung innerhalb von Vertragsverhältnissen kommt diese Regelung jedoch gegenüber Ansprüchen nach dem StVG kaum zum Tragen. **119**

2. Ansprüche nach § 22 WHG

Im WHG fehlt eine Regelung über die Verjährung der in § 22 normierten Ansprüche aus Gefährdungshaftung, wie sie insbesondere gegen den Halter eines auslaufenden Tankwagens infolge des Versickerns von Erdöl, Benzin, Wein oder anderen Flüssigkeiten entstehen können (vgl. § 16, 787 ff). Nach BGHZ 57, 176 ist hierauf aber § 852 BGB entsprechend anzuwenden. **120**

3. Direktanspruch gegen den Haftpflichtversicherer

Haftungs- und Direktanspruch unterliegen hinsichtlich Beginn, Unterbrechung und Hemmung der Verjährung weitgehend demselben Schicksal (§ 3 Nr. 3 Satz 1, 2 u. 4 PflVG; vgl. § 16, 813). **121**

IX. Beweislast

Der Ersatzpflichtige, der sich auf Verjährung beruft, hat deren Beginn[318] und Ablauf zu beweisen; der Ersatzberechtigte dagegen hat zu beweisen, wie lange und aus welchem Grunde der Lauf der Frist gehemmt und unterbrochen war. Beruft er sich auf unzulässige Rechtsausübung, so muß er dartun, warum der Einwand der Verjährung Treu und Glauben widerspricht. **122**

§ 15
Anzeige an den Schädiger

Der Ersatzberechtigte verliert die ihm auf Grund der Vorschriften dieses Gesetzes zustehenden Rechte, wenn er nicht spätestens innerhalb zweier Monate, nachdem er von dem Schaden und der Person des Ersatzpflichtigen Kenntnis erhalten hat, dem Ersatzpflichtigen den Unfall anzeigt. Der Rechtsverlust tritt nicht ein, wenn die Anzeige infolge eines von dem Ersatzberechtigten nicht zu vertretenden Umstandes unterblieben ist oder der Ersatzpflichtige innerhalb der bezeichneten Frist auf andere Weise von dem Unfall Kenntnis erhalten hat.

---

316 BGHZ 66, 315.
317 BGHZ 55, 392; BGH NJW 1964, 1225.
318 *Rölle* DAR 1959, 311.

Übersicht

Entstehungsgeschichte

Der Entwurf 1906 enthielt noch keine entsprechende Bestimmung. Der Entwurf 1908 fügte sie – damals unter der Bezeichnung § 9 – ein. Zum Unterschied von der jetzigen Fassung wurde aber gefordert, daß der Ersatzberechtigte den Schaden (nicht den Unfall) anzuzeigen habe. Entsprechend hieß es in Satz 2, daß der Rechtsverlust nicht eintrete, wenn der Ersatzpflichtige auf andere Weise von dem Schaden Kenntnis erhalten habe. Die Reichstagskommission änderte in Satz 1 den Ausdruck „Schaden" zunächst in „Beschädigung" mit der Begründung (Komm. Ber. S. 28), auch der Umfang des Schadens müsse angezeigt werden. In zweiter Lesung ersetzte man das Wort „Beschädigung" durch das Wort „Unfall". Der Kommissionsbericht bemerkte dazu, die Änderung sei lediglich redaktioneller Natur. In Satz 2 ließ man dagegen das Wort „Schaden" stehen. In dieser Fassung wurde die Vorschrift Gesetz. Die herrschende Meinung erblickte in dem Umstand, daß in Satz 2 das Wort „Schaden" nicht in „Unfall" geändert worden war, lediglich ein Versehen. Art. X des Gesetzes vom 21. 7. 1923 (RGBl. I, 743) brachte die entsprechende Berichtigung des Gesetzestextes.

I. Zweck der Vorschrift

1 Die amtliche Begründung lautet (RT-Drucksache Bd. 248 Nr. 988 S. 5595/5600): „Der Ersatzpflichtige hat ein berechtigtes Interesse an der schleunigen Feststellung des Sachverhalts, da ihm nach dem Entwurfe die Beweispflicht in bezug auf die Ursachen des Unfalls obliegt. Er darf deshalb verlangen, daß er so rasch als möglich von dem Schaden, für den er verantwortlich gemacht werden soll, Kenntnis erhält. Mit Rücksicht hierauf setzt der Entwurf in § 9 dem Ersatzberechtigten eine Ausschlußfrist von einem Monat, binnen deren er dem Gegner den Schaden anzuzeigen hat. Der Rechtsverlust soll jedoch, um Härten zu vermeiden, nicht eintreten, wenn die Anzeige infolge eines von dem Ersatzberechtigten nicht zu vertretenden Umstandes unterblieben ist oder der Verpflichtete innerhalb der bezeichneten Frist auf andere Weise von dem Schaden Kenntnis erhalten hat." Die Anzeigepflicht dient also der Wahrung der Rechte des Ersatzverpflichteten nur insoweit, als ihn die Beweislast nach § 7 als Halter oder nach § 18 als Fahrer trifft. Sie bezieht sich mithin nicht auf die Höhe des Schadens; denn diese hat der Ersatzberechtigte zu beweisen.

II. Die Ausschlußfrist

2 Die Vorschrift betrifft nicht wie § 14 die Verjährung, sondern bestimmt, daß die Ansprüche des Verletzten oder Hinterbliebenen erlöschen, wenn er der Anzeigepflicht schuldhaft nicht nachkommt. Es handelt sich also um eine nicht nur auf Einrede hin zu beachtende Ausschlußfrist.

1. Beginn der Frist

Er fällt auf den Zeitpunkt, in dem auch die Verjährung nach § 14 zu laufen beginnt (vgl. hierzu § 14, 11 ff). Es wäre unrichtig, aus Satz 2 folgern zu wollen, bei § 15 sei ein Kennenmüssen der positiven Kenntnis gleichzustellen[1]. Lediglich dann, wenn erwiesen ist, daß der Verletzte arglistig Nachforschungen nach dem Schädiger unterlassen hat, um ihm die Verteidigung gegen den Ersatzanspruch zu erschweren, und daß andererseits der Schädiger ergebnislos alles in seiner Macht stehende getan hat, den Ersatzberechtigten ausfindig zu machen, ist der Anspruch auf Schadenersatz verwirkt[2]. Wegen Einzelheiten zu der Frage, wer die Kenntnis haben und die Anzeige erstatten muß vgl. Rdn. 7. 3

2. Keine Unterbrechung oder Hemmung

Die entsprechenden für die Verjährung geltenden Vorschriften sind unanwendbar. An ihre Stelle tritt die Sonderregelung in Satz 2 (Rdn. 11). 4

3. Dauer und Berechnung der Frist

Die Berechnung der Frist von zwei Monaten richtet sich nach §§ 187, 188 BGB. Auf § 14, 38 wird verwiesen. 5

III. Die Anzeige

1. Inhalt und Form

Für die Anzeige ist keine Form vorgeschrieben. Sie kann also auch telefonisch oder mündlich erstattet werden. Letzteres wird häufig unmittelbar nach dem Unfall am Unfallort erfolgen. Mitzuteilen ist der Unfall (§ 7, 127), nicht der entstandene Schaden. Auch wenn nach längerer Zeit unvorhergesehene Spätfolgen auftreten, entsteht keine neue Anzeigepflicht, sofern die Anzeige vom Unfall rechtzeitig erfolgt war. Die Mitteilung vom Unfall muß klarstellen, wer geschädigt worden ist und ob der Geschädigte einen Sachschaden oder einen Personenschaden oder beides erlitten hat. Im übrigen muß die Anzeige lediglich Hinweise auf Ort und Zeit des Unfalls und auf das Fahrzeug enthalten, das den Unfall verursacht haben soll. Diese Angaben sind erforderlich, damit der Ersatzpflichtige in die Lage versetzt wird, den Dingen nachzugehen und Feststellungen zum Sachverhalt zu treffen. Über die Art der Ansprüche braucht die Meldung nichts zu enthalten, erst recht nichts über die voraussichtliche Höhe der Ansprüche. 6

2. Person des Anzeigenden

Anzeigepflichtig ist der Ersatzberechtigte, der Ersatzansprüche geltend machen will. Er kann sich einer anderen Person bedienen. Die Anzeige wirkt sogar, wie sich aus dem zweiten Halbsatz des Satz 2 ergibt, wenn der andere keine Vollmacht hatte. Auch ein Minderjähriger kann daher die Anzeige erstatten. Weiß nur der verletzte Minderjährige von dem Unfall, nicht aber sein gesetzlicher Vertreter, so läuft die Frist erst, wenn dieser Kenntnis erlangt. Der Begriff „Ersatzberechtigter" umfaßt den körperlich Verletzten, den durch Sachschaden Geschädigten, den Unterhaltsberechtigten (dem durch einen tödlichen Unfall des Unterhaltsverpflichteten das Recht auf Unterhalt entzogen 7

---

[1] RG Recht 1920, Nr. 484.

[2] OLG Hamburg Recht 1919, Nr. 823.

wurde) und denjenigen, der verpflichtet ist, die Beerdigungskosten zu tragen. Ist mit dem Unfall die Forderung auf einen Sozialversicherungsträger, auf den Dienstherrn des Verletzten oder Getöteten oder auf dessen Arbeitgeber übergegangen, so ist derjenige zur Erstattung der Anzeige verpflichtet, auf den die Forderung übergegangen ist. Sind mehrere Personen durch einen Unfall geschädigt, so wirkt in der Regel die Anzeige des einen Geschädigten zugunsten der anderen (Satz 2, zweiter Halbsatz). Voraussetzung ist freilich, daß die Anzeige die Mitteilung enthält, daß auch der andere geschädigt wurde, und den Hinweis, ob dieser einen Sachschaden oder einen Personenschaden erlitten hat (Rdn. 6). Wer aufgrund Forderungsübergangs ersatzberechtigt ist, braucht keine Anzeige zu erstatten, wenn der unmittelbar Verletzte schon Anzeige erstattet hatte; wer als Unterhaltsberechtigter nach § 10 Abs. 2 Ansprüche geltend machen will, braucht keine Anzeige zu erstatten, wenn der Verstorbene schon Anzeige erstattet hatte. Der Hinterbliebene muß also in diesem Fall dem Ersatzverpflichteten nicht mitteilen, daß der beim Unfall verletzte Unterhaltsverpflichtete seinen Verletzungen erlegen ist. Insofern schadet es mithin nichts, daß der Ersatzverpflichtete zunächst nicht weiß, wer forderungsberechtigt ist und worin der Schaden besteht. Hatte der Getötete keine Anzeige erstattet, so läuft für den Unterhaltsberechtigten eine neue Frist, die mit der Kenntnis vom Todesfall beginnt.

3. Zugang der Anzeige

8 Die Anzeige muß dem Ersatzpflichtigen innerhalb der Zweimonatsfrist zugehen (§ 130 BGB); nicht erforderlich ist, daß der Ersatzverpflichtete von der Anzeige Kenntnis nimmt. Zu richten ist die Anzeige an die Person, von der nach dem StVG Schadenersatz gefordert werden soll, also an den Halter (§ 7), Fahrer (§ 18) oder unbefugten Benutzer (§ 7 Abs. 3). Die Anzeige kann auch an den Haftpflichtversicherer des Ersatzpflichtigen gerichtet werden, da dieser bevollmächtigt ist, alle in Abwicklung des Schadenfalles erforderlichen Erklärungen abzugeben und entgegenzunehmen. Nicht bevollmächtigt ist der Versicherungsvertreter, der den Abschluß der Versicherung vermittelt hat und die Prämien kassiert (§ 44 VVG)[3]. Ist der Ersatzpflichtige minderjährig, so muß die Anzeige dem gesetzlichen Vertreter erstattet werden. Bei juristischen Personen, die mehrere verfassungsmäßige Vertreter haben, genügt der Zugang an einen von diesen. Bei Körperschaften des öffentlichen Rechts sind die Verordnungen zu beachten, die deren Vertretung regeln.

IV. Unterlassen der Anzeige

1. Wirkung

9 Grundsätzlich bringt der Fristablauf die Ansprüche zum Erlöschen, und zwar ohne weiteres. Diese Rechtsfolge tritt nicht ein, wenn entweder die Anzeige erstattet wurde (Rdn. 6 bis 8) oder nicht erstattet werden konnte (Rdn. 11) oder wenn der Ersatzpflichtige auf andere Weise vom Unfall erfahren hat (Rdn. 13). Der Richter hat das Erlöschen zu beachten, wenn die Parteien einen Sachverhalt vortragen, aus dem sich diese Rechtsfolge ergibt. Es steht nicht in der Macht der Parteien, die Folge rückgängig zu machen, sofern sie nicht einen Vertrag schließen, der gleichartige Ansprüche neu entstehen läßt. Zahlt der Ersatzpflichtige in Unkenntnis der Gesetzesvorschrift, so kann er das Geleistete zurückfordern.

[3] Vgl. dazu BGH VersR 1963, 524.

Nur Ansprüche aus dem StVG gehen verloren, wenn die Anzeige versäumt wird. Die Ansprüche aus Vertrag oder unerlaubter Handlung bleiben bestehen (§ 16). Wer aufgrund Vertrages das Recht hat, von einem anderen die Befreiung von seinen Verbindlichkeiten aus dem StVG zu verlangen, braucht diesem keine Anzeige zu erstatten[4]. Von der Anzeige ist auch befreit, wer nach § 17 Ausgleichung von einem anderen für den Unfall Verantwortlichen verlangen kann[5]. Auch Ausgleichungsansprüche aus bürgerlichem Recht bleiben unberührt. 10

2. Unschädlichkeit des Unterlassens

a) **Entschuldigte Versäumnis.** Unterbleibt die Anzeige wegen eines Grundes, den der Ersatzberechtigte nicht zu vertreten hat, so ist der Rechtsverlust nicht eingetreten. Ein Wiedereinsetzungsverfahren ist hierfür nicht vorgesehen; die Wirkung tritt vielmehr ohne weiteres ein. Die Worte „nicht zu vertreten" bedeuten soviel wie „ohne Verschulden" (vgl. § 276 BGB). Dem Ersatzberechtigten darf mithin keine Nachlässigkeit vorzuwerfen sein. Das Verschulden des gesetzlichen Vertreters oder des vom Ersatzberechtigten beauftragten Rechtsanwalts ist dem Verschulden des Ersatzberechtigten gleichzustellen. Wenn der Verletzte den Ersatzpflichtigen nicht sogleich ausfindig machen kann, so ist er nur entschuldigt, wenn er auch nicht ermitteln kann, bei welchem Unternehmen der Ersatzpflichtige haftpflichtversichert war; denn die Anzeige kann auch dem Versicherer erstattet werden. Leidet der Verletzte so sehr unter den Unfallfolgen, daß er weder mündlich noch schriftlich Meldung erstatten kann, so ist er nur entschuldigt, wenn er auch außerstande ist, einen Bekannten oder sein Pflegepersonal damit zu beauftragen, oder wenn die beauftragte Person den Auftrag übernimmt, aber nicht durchführt. Entschuldigt ist der Ersatzberechtigte auch, wenn der ordnungsgemäß der Post oder einem Boten übergebene Brief verloren geht. Er ist nicht verpflichtet, die Sendung einschreiben zu lassen. Für das Verschulden der Post oder des Boten braucht der Ersatzberechtigte nicht einzustehen. § 278 BGB ist unanwendbar, da es sich nicht um eine Verbindlichkeit, sondern um eine Obliegenheit handelt. 11

Eine **Nachholung** der schuldlos versäumten Anzeige nach Wegfall des Hinderungsgrundes sieht § 15 nicht vor. Es kann aber, wenn er allzulange zögert, seine Ansprüche geltend zu machen, Verwirkung nach den allgemeinen von der Rechtsprechung zu § 242 BGB entwickelten Grundsätzen eintreten. 12

b) **Anderweitig erlangte Kenntnis des Ersatzpflichtigen.** Die Versäumung der Anzeigefrist ist auch dann unschädlich, wenn der Ersatzpflichtige innerhalb der Frist in irgendeiner anderen Weise Kenntnis von dem Unfall, d. h. den in Rdn. 6 genannten Umständen, erlangt hat. 13

V. Beweislast

Der Ersatzpflichtige hat zu beweisen, daß der Ersatzberechtigte in einem Zeitpunkt Kenntnis erlangt hat, der mehr als zwei Monate vor der Anzeige liegt. Ist dies bewiesen oder unbestritten dargelegt, so hat der Ersatzberechtigte zu beweisen, daß er während des gesamten Laufs der zwei Monate ohne Verschulden außerstande war, die Anzeige zu erstatten[6]. Statt dessen kann er auch beweisen, daß der Ersatzverpflichtete innerhalb dieser zwei Monate vom Unfall Kenntnis erlangt hat. 14

---

[4] KG VAE 1937, 178.
[5] BGHZ 11, 170.
[6] RG Recht 1923, Nr. 793.

§ 16
Haftung aus anderen Rechtsgründen

Unberührt bleiben die bundesrechtlichen Vorschriften, nach welchen der Fahrzeughalter für den durch das Fahrzeug verursachten Schaden in weiterem Umfang als nach den Vorschriften dieses Gesetzes haftet oder nach welchen ein anderer für den Schaden verantwortlich ist.

Übersicht

Schrifttum

Zur Haftung aus unerlaubter Handlung (ohne Verletzung der Verkehrssicherungspflicht):

v. Bar Verkehrspflichten (1980); *Becker* Das Recht der unerlaubten Handlungen (1976); *Berr* Grundsätze der Baustellenabsicherung an Straßen aus rechtlicher Sicht, DAR 1984, 6; *Bötticher* Zur Ausrichtung der Sanktion nach dem Schutzzweck der verletzten Privatrechtsnorm, AcP 158 385; *von Caemmerer* Wandlungen des Deliktsrechts, Festschrift für den Deutschen Juristentag (1960) Bd. II 49; *Canaris* Verstöße gegen das verfassungsrechtliche Übermaßverbot im Recht der Geschäftsfähigkeit und im Schadensersatzrecht, JZ 1987, 993; *Deutsch* Fahrlässigkeit und erforderliche Sorgfalt (1963); *Deutsch* Zurechnungsfähigkeit und Verschulden, ein Beitrag zum Anwendungsbereich des § 829 BGB, JZ 1964, 86; *Deutsch* Die Haftung des Tierhalters, JuS 1987, 673; *Diederichsen* Zur Rechtsnatur und systematischen Stellung von Beweislast und Anscheinsbeweis, VersR 1966, 211; *Diederichsen* Fortschritte im dogmatischen Verständnis des Anscheinsbeweises, ZZP 81 (1968) 45; *Diederichsen* Haftungsfreistellungen zwischen Familienmitgliedern, in: 25 Jahre Karlsruher Forum (1983) 141; *Dunz* Das verkehrsrichtige Verhalten, NJW 1960, 507; *Ebert* Der Schutzzweck von Geschwindigkeitsvorschriften als Problem objektiver Erfolgszurechnung, JR 1985, 356; *Eckelmann* Der Schadensersatzanspruch bei Verletzung oder Tötung der Mutter wegen Beeinträchtigung oder Ausfall in der Haushaltsführung und Kinderbetreuung (1965); *Fraenkel* Tatbestand und Zurechnung bei § 823 Abs. 1 BGB (1979); *Gerstenberg* Der unbezifferte Klageantrag und der Dornröschenschlaf des § 92 II ZPO, NJW 1988, 1352; *Greger* Das Gefährdungsausschlußgebot in der StVO – Sorgfaltsnorm oder Leerformel? NJW 1992, 3267;

Hacks/Ring/Böhm Schmerzensgeld-Beträge[17] (1995); *Hanau* Kausalität der Pflichtwidrigkeit (1971); *Hauß* Entwicklungslinien des deutschen Schadensersatzrechts, ZVersWiss 1967, 151; *U. Huber* Zivilrechtliche Fahrlässigkeit, Festschrift für E. R. Huber (1973) 253; *U. Huber* Verschulden, Gefährdung und Adäquanz, Festschrift für Wahl (1973) 301; *Jahnke* Haftungs- und Verschuldensbeschränkungen bei der Abwicklung von Haftpflichtfällen VersR 1996, 294; *Klauser* Möglichkeit und Grenze richterlicher Schadensschätzung (§ 287 ZPO), JZ 1968, 167; *Knoche* Vorgetäuschte und vorsätzlich herbeigeführte Versicherungsfälle (1991); *Krause* Die Beschränkung der Außenhaftung des Arbeitnehmers VersR 1995, 752; *Kürschner* Schmerzensgeld bei Gefährdungshaftung? NZV 1995, 6; *Kummer* Die Haftpflicht bei Gefälligkeitsfahrten (1963); *Kuntz* Schmerzensgeld (1981); *Hermann Lange* Rechtswidrigkeit und Handlungsbegriff im Zivilrecht, Festschrift für Dölle I (1963) 169; *Lemcke-Schmalzl/Schmalzl* Tendenzen und Entwicklungen in der neueren Schmerzensgeldrechtsprechung, MDR 1985, 272 u. 358; *Lepa* Beweislast und Beweiswürdigung im Haftpflichtprozeß (1988); *Lepa* Schmerzensgeld, Mitverschulden (1990); *Lepa* Beweiserleichterungen im Haftpflichtrecht NZV 1992, 129; *Lepa* Der Anscheinsbeweis in der Rechtsprechung des BGH, Festschrift für Merz (1992), 387; *E. Lorenz* Immaterieller Schaden und billige Entschädigung in Geld (1981); *Mühlhaus* Ursächlichkeit eines Fahrfehlers, DAR 1965, 13; *Müller* Zum Ausgleich des immateriellen Schadens nach § 847 BGB VersR 1993, 909; *Münzberg* Verhalten und Erfolg als Grundlagen der Rechtswidrigkeit und Haftung (1966); *Musielak* Die Grundlagen der Beweislast im Zivilprozeß (1975); *Musielak* Zur gerichtlichen Praxis bei der Bemessung des Schmerzensgeldes, VersR 1982, 613; *Musielak/Stadler* Grundfragen des Beweisrechts (1984); *Nipperdey* Rechtswidrigkeit, Sozialadäquanz, Fahrlässigkeit, Schuld im Zivilrecht, NJW 1957, 1777; *Nipperdey* Tatbestandsaufbau und Systematik der deliktischen Grundtatbestände, NJW 1967, 1985; *Nödl*, in: Schadensersatz bei Beteiligung von Kindern und Jugendlichen (1987) 57; *Ott/Schäfer* Schmerzensgeld bei Körperverletzungen JZ 1990, 563; *Pienitz* Der Minderjährige im Haftpflichtrecht[2] (1960); *Prölß* Beweiserleichterung im Schadensprozeß (1966); *Prütting* Beweiserleichterungen für den Geschädigten KF 1989, 1 ff; *Rocke* Die Grenzen des Anscheinsbeweises beim Kraftfahrzeugunfall, in: 25. Deutscher Verkehrsgerichtstag (1987) 108; *Rother* Haftungsbeschränkung im Schadensrecht (1965); *Scheffen* Aktuelle Fragen zur Höhe des Schmerzensgeldes NZV 1994, 417; *Schimmelpfennig* Die Grenzen des Anscheinsbeweises beim Kraftfahrzeugunfall, in: 25. Deutscher Verkehrsgerichtstag (1987) 75; *Schmid* Die Aufsichtspflicht nach § 832 BGB, VersR 1982, 822; *Schmid* Haftungsprobleme des § 2 Abs. 5 StVO, DAR 1982, 149; *Schneider* Beweis und Beweiswürdigung[5] (1994); *Stoll* Das Handeln auf eigene Gefahr (1961); *Stoll* Haftungsverlagerung durch beweisrechtliche Mittel, AcP 176, 145; *Streibel* Die Grenzen des Anscheinsbeweises beim Kraftfahrzeugunfall, in: 25. Deutscher Verkehrsgerichtstag (1987) 95; *Streng* Zum rechtlichen Zusammenhang zwischen überhöhter Geschwindigkeit und Verkehrsunfall, NJW 1985, 2809; *Voß* Vererblichkeit und Übertragbarkeit des Schmerzensgeldanspruchs VersR 1990, 821; *Walter* Der Anwendungsbereich des Anscheinsbeweises, ZZP 90 (1977), 270; *Walter* Freie Beweiswürdigung (1979); *Weitnauer* Rechtswidrigkeit und Verschulden VersR 1961, 1057; *Weitnauer* Verkehrsrichtiges Verhalten, NJW 1962, 1190; *Weitnauer* § 823 Abs. 2 BGB und die Schuldtheorie, JZ 1963, 631; *Weitnauer* Fahrlässigkeit und Rechtswidrigkeit, VersR 1963, 992; *Weitnauer* Wahrscheinlichkeit und Tatsachenfeststellung, KF 1966, 3; *Welzel* Fahrlässigkeit und Verkehrsdelikte (1961); *Wiese* Der Ersatz der immateriellen Schäden (1964); *Wiethölter* Der Rechtfertigungsgrund des verkehrsrichtigen Verhaltens (1960); *Wiethölter* § 823 II BGB und die Schuldtheorie, JZ 1963, 205; *Wimmer* Schuldfrage bei Fehlleistungen von Kraftfahrern, NJW 1959, 1753.

Zur Haftung aus Verkehrssicherungspflicht:

v. Bar Verkehrspflichten (1980); *Berr* Verkehrssicherungspflichten in geschwindigkeitsbeschränkten Bereichen, DAR 1991, 281; *Berz* Straßenbeleuchtung und Verkehrssicherungspflicht, DAR 1988, 2; *Birk* Ersatzpflicht für Dachlawinenschäden, NJW 1983, 2911; *Bode* Verletzung der Verkehrssicherungspflicht, DAR 1965, 63; *Drees* Die Verkehrssicherungspflicht des Waldbesitzers, NuR 1989, 164; *Gaisbauer* Die Verkehrssicherungspflicht des Hauseigentümers gegen das Abrutschen von Schnee vom Dach, VersR 1971, 199; *Jahn* Das Verhältnis zwischen der Verkehrssicherungspflicht und der Straßenunterhaltungspflicht, NJW 1964, 2041; *Jahn* Die rechtlichen Grundlagen der Verkehrssicherungspflicht, JR 1965, 247; *Kleinewefers-Wilts* Die Verkehrssicherungspflichten auf öffentlichen Straßen, VersR 1965, 397; *Landscheidt/Götker* Straßenverkehrssicherungspflichten der Gemeinde, NZV 1995, 89; *Leenen* Verkehrssicherungspflicht und Wildgefahr, DAR 1973, 317; *Maaß* Anmerkung zu der Verkehrssicherungspflicht des Hauseigentümers bei sog. Dachlawinen, DAR 1983, 313; *Mertens* Verkehrspflichten und Deliktsrecht, VersR 1980, 397; *Nedden* Die Verkehrssicherungspflicht der Länder und Gemeinden auf öffentlichen Straßen, BB 1967, 1230; *Schlund* Verkehrssicherungspflicht auf öffentlichem Grund[2] (1993); *Schlund* Streupflicht als Verkehrssicherungspflicht, DAR 1988, 6; *Schlund* Die Dachlawine als Haftungstatbestand im Rahmen der Verkehrssicherungspflicht, DAR 1994, 49; *Schmid* Der Umfang der Räum- und Streupflicht auf öffentlichen Straßen und Wegen, NJW 1988, 3177; *Schröder* Verkehrssicherungspflicht gegenüber Unbefugten, AcP 179 (1979), 567; *Vollmer* Haftungsbefreiende Übertragung von Verkehrssicherungspflichten, JZ 1977, 371; *Walldorf* Die Verkehrssicherungspflicht auf öffentlichen Straßen, VersR 1965, 930; *Westen* Zur Frage einer Garantie- und Risikohaftung für sog. Verkehrspflichtverletzungen, Festschrift für *F. v. Hippel* (1967) 591.

Zur Amtshaftung (einschl. Haftung für Stationierungsschäden u. enteignungsgleichem Eingriff):

Böhmer Zur Frage der Amtspflicht gegenüber einem Dritten im Sinne des § 839 BGB, JZ 1965, 487; *Frowein* Staatshaftung gegenüber Ausländern, JZ 1964, 358, 409; *Jox* Zur Haftung bei fehlerhafter Ampelschaltung, NZV 1989, 133; *Lang* Die Haftung der öffentlichen Hand bei Verkehrsunfällen, VersR 1988, 324; *Neufelder* Amtspflichtverletzung gegenüber Ausländern, NJW 1974, 979; *Ossenbühl* Staatshaftungsrecht[3] (1983); *Rieger* Stationierungsschädenrecht (1963).

Zur Haftung für Produktmängel:

Birkmann Produktbeobachtungspflicht von Kraftfahrzeugen, DAR 1990, 124; *Kullmann* Die Produktbeobachtungspflicht des Kraftfahrzeugherstellers im Hinblick auf Zubehör, BB 1987, 1957; *Landscheidt* Die Produkthaftung für Kraftfahrzeuge und Zubehör, NZV 1989, 169; *Mayer* Das neue Produkthaftungsrecht, VersR 1990, 691; *Reinelt* Gefährdungshaftung statt Verschuldenshaftung im Produkthaftungsrecht, DAR 1988, 80; *Steffen* Die Bedeutung der „Stoffgleichheit" mit dem „Mangelunwert" für die Herstellerhaftung aus Weiterfresserschäden, VersR 1988, 977; *v. Westphalen* Das neue Produkthaftungsgesetz, NJW 1990, 83.

Zur Haftung aus Vertrag, Anerkenntnis, Vergleich:

Jahnke Die vergleichsweise Regulierung von Schadensfällen, VersR 1995, 1145; *Schiefer* Ausschluß und Grenzen der Arbeitgeberhaftung für unfallbedingte Schäden des Arbeitnehmers bei Dienstfahrten mit Privat-Pkw, NJW 1993, 966.

Zur Geschäftsführung ohne Auftrag:

Böhmer Zur Selbstaufopferung in kritischer Lage, JR 1967, 178 und JZ 1968, 98; *Deutsch* Die Selbstopferung im Straßenverkehr, AcP 165 (1965), 193; *Frank* Die Selbstopferung des Kraftfahrers im Straßenverkehr, JZ 1982, 737; *Helm* Haftung und Versicherung bei der Selbstaufopferung des Kraftfahrers, VersR 1968, 209 und 318; *Imlau* Selbstaufopferung des Kraftfahrzeughalters und Betriebsgefahr, NJW 1963, 1039; *Kallfelz* Selbstaufopferung des Kraftfahrers, MDR 1963, 544; *Kallfelz* Höhe des Selbstaufopferungsanspruchs, VersR 1963, 709; *Körner* Die Selbstaufopferung von Kraftfahrern bei verkehrswidrigem Verhalten anderer, DAR 1962, 11; *Pfleiderer* Ansprüche des Kraftfahrers bei Selbstaufopferung, VersR 1961, 675; *Rogalski* Der Selbstaufopferungsanspruch der Kraftfahrer (1965); *Weimar* Geschäftsführung ohne Auftrag bei Hilfeleistung an Verkehrsopfern, MDR 1964, 821.

Zur Haftung des Haftpflichtversicherers:

Backhaus Die Konkurrenz zwischen den Verweisungsprivilegien des Staatshaftungsrechts und des Pflichtversicherungsrechts, VersR 1984, 16; *Baumann* Leistungspflicht und Regreß des Entschädigungsfonds für Schäden aus Kraftfahrzeugunfällen (1969); *Clasen* Teilungs- und Regreßverzichtsabkommen mit Haftpflichtversicherern (1961); *Denck* Verdrängung des Haftungsrechts durch Teilungsabkommen, NJW 1982, 2048; *Deppe-Hilgenberg* Direktanspruch, Regreß, Regreßbeschränkungen und Reflex im Rahmen der Kfz-Haftpflichtversicherung (1992); *Freyberger* Prozessuale Möglichkeiten des Haftpflichtversicherers beim gestellten Versicherungsfall, NZV 1992, 391; *Gottwald/Adolphsen* Zur Prozeßführung des Versicherers bei gestellten Verkehrsunfällen, NZV 1995, 129; *Hofmann* Unfälle mit nicht versicherten Kraftfahrzeugen, NZV 1991, 409; *Kaiser* Risikozuweisung durch Teilungsabkommen (1981); *Liebscher* Die gemeinsame Klage gegen Haftpflichtversicherung und Versicherungsnehmer, NZV 1994, 215; *Müller-Stüler* Der Direktanspruch gegen den Haftpflichtversicherer (1966); *Plagemann/Schafhausen* Teilungsabkommen mit Sozialversicherungsträgern und ihre Auswirkung auf Dritte, NZV 1991, 49; *Reiff* Zivilprozessuale Probleme der Haftpflichtversicherung insbesondere bei gestellten Verkehrsunfällen, VersR 1990, 113; *Weber* Der Entschädigungsanspruch gegen den Verein „Verkehrsopferhilfe", DAR 1987, 333; *Wussow* Teilungsabkommen zwischen Sozialversicherer und Haftpflichtversicherern[4] (1975).

Entstehungsgeschichte

Im Entwurf 1906 hieß es: „Unberührt bleiben die reichsgesetzlichen Vorschriften, nach welchen der Betriebsunternehmer für den bei dem Betriebe ... entstehenden Schaden ..." Diese Fassung entsprach der des damaligen § 1: „Wird bei dem Betrieb eines Kraftfahrzeugs ein Mensch getötet ..." Entwurf 1908 hatte in § 1 die Bestimmung vorgesehen: „Wird durch ein in Betrieb befindliches Kraftfahrzeug ein Mensch getötet ..." und der Entwurf des § 10 lautete: „Unberührt bleiben die reichsgesetzlichen Vorschriften, nach welchen der Fahrzeughalter für den durch das Fahrzeug verursachten Schaden ..." Der Reichstag stellte zu § 1 die Fassung des Entwurfs 1906 „Wird bei dem Betrieb ..." wieder her, unterließ es aber, nun der Vorschrift über die weitergehende Haftung die Fassung von 1906 wieder zu geben. Ein gleiches Versehen ist bei der Fassung des § 8 unterlaufen. Die textliche Abweichung der Grundvorschrift (§ 7) hat weder bei § 8 noch bei § 16 Bedeutung, sondern beruht auf einem redaktionellen Versehen. „Durch das Fahrzeug verursacht" bedeutet nichts anderes als „beim Betrieb"; dies geht schon daraus hervor, daß es sich bei § 16 gerade darum handelt, eine Haftung hervorzuheben, die über diejenige des § 7 hinausgeht, also über diejenige „beim Betrieb".

Seit dem Erlaß des KFG erfolgte keine Änderung des Gesetzestextes mehr. Die Neubekanntmachung vom 19. 12. 1952 ersetzte lediglich das Wort „reichsgesetzlichen" durch „bundesrechtlichen".

I. Bedeutung der Vorschrift

1. Verhältnis des StVG zu anderen Haftungsnormen

1 a) **Halterhaftung.** Da das Straßenverkehrsgesetz in §§ 7 bis 17 besondere Vorschriften über die Haftung der Halter von Kraftfahrzeugen aufstellt, liegt der Gedanke nahe, diese Sonderregelung schließe die Haftung des Halters aus anderen Vorschriften aus. § 16 stellt klar, daß dies nicht der Fall ist, daß vielmehr der Halter nach anderen bundesrechtlichen Regelungen ebenso haftet, als gäbe es die Sonderregelung in §§ 7 bis 17 StVG nicht. Die Sonderregelung des StVG schafft eine zusätzliche Haftungsgrundlage, die neben die Haftung aus anderen bundesrechtlichen Vorschriften tritt, deren Voraussetzungen im Einzelfall erfüllt sind.

2 b) **Haftung anderer Personen.** Zwar läge es nicht gerade nahe, die Haftungsvorschriften des StVG dahin auszulegen, daß hierdurch die Haftung anderer Personen ausgeschlossen werden solle; doch stellt § 16 – vorsichtshalber – klar, daß die Haftung anderer für Schäden, die durch den Betrieb eines Kraftfahrzeugs verursacht sind, bestehen bleibt, sofern sie nach anderen Vorschriften (oder nach § 18 StVG) begründet ist.

3 c) **Umfang der Haftung bei Anspruchskonkurrenz.** Die Formulierung „in weiterem Umfang" will besagen, daß einerseits die (vor allem nach § 12 beschränkte) Höhe der

Ansprüche des Verletzten nach anderen Vorschriften weiter gehen kann als nach dem StVG, und daß andererseits nach anderen Vorschriften auch gewisse dritte Personen Ansprüche geltend machen können, denen nach dem StVG keine Ansprüche zustehen. Außerdem wird mit den Worten „in weiterem Umfang" darauf hingewiesen, daß das BGB Ersatzansprüche bei gewissen Schäden zuerkennt, bei deren Entstehung nach StVG kein Ersatz geschuldet wird. Es handelt sich vor allem um Schadenersatz wegen Vermögensschäden (vgl. Rdn. 7) und Schmerzensgeld (§ 847 BGB, unten Rdn. 20 ff). Dritte haben nach dem StVG nur Anspruch auf Ersatz der Kosten für die Beerdigung des Verletzten (§ 10 Abs. 1) und des ihnen entgangenen Unterhalts (§ 10 Abs. 2), während nach § 845 BGB auch Schadenersatz für entgangene Dienste des Verletzten geschuldet wird (Rdn. 9). Liegen die Voraussetzungen einer Haftung aus unerlaubter Handlung vor, so kann der Verletzte seine Ansprüche gegen den Halter, soweit sie über die vom StVG gesetzten Grenzen hinausgehen, auf die Bestimmungen des BGB über die Haftung aus unerlaubter Handlung stützen. Gleiches gilt für andere im Einzelfall zutreffende Vorschriften. Die Worte „in weiterem Umfang" sollen freilich nicht besagen, daß eine Haftung nach anderen Vorschriften dann ausgeschlossen sei, wenn das StVG im Einzelfall überhaupt keinen Anspruch gewähre. Die Verjährung ist für jede Anspruchsgrundlage gesondert zu prüfen.

d) **Prozeßrechtliche Fragen.** Auch wenn ein Anspruch sowohl auf das StVG als auch 4 auf §§ 823 ff BGB oder andere Vorschriften gestützt werden kann, liegt ein einheitlicher Streitgegenstand vor. Da der Kläger nicht gehalten ist, dem Gericht die seinen Anspruch begründenden Rechtsvorschriften zu bezeichnen, und da unrichtige oder unvollständige Hinweise nicht zu seinem Nachteil gereichen dürfen, hat das Gericht auch dann den vom Kläger vorgetragenen Sachverhalt im Hinblick auf §§ 823 ff BGB (oder andere Vorschriften) zu prüfen, wenn die Klage ausdrücklich nur auf das StVG gestützt worden ist[1]. Sind die geltendgemachten Ansprüche schon nach dem StVG in voller Höhe gerechtfertigt, so kann (und sollte) das Gericht es allerdings dahinstehen lassen, ob sie daneben auch nach anderen Vorschriften gerechtfertigt wären. Eine Verschuldensprüfung kann freilich auch im Rahmen der Haftung nach dem StVG erforderlich sein, wenn eine Haftungsabwägung nach § 17 vorzunehmen ist (vgl. § 17, 30). Steht für das Gericht fest, daß der Beklagte aus §§ 7, 18 StVG haftet, während es bezüglich eines behaupteten Verschuldens noch Beweis erheben muß, so kann es nicht etwa bezüglich der Haftung aus dem StVG ein Teil-Grundurteil erlassen; möglich ist aber, wenn ein Feststellungsantrag gestellt ist, ein Teilurteil, in dem der Anspruch im Rahmen der Höchstbeträge nach § 12 festgestellt wird[2].

2. Praktische Anwendung des § 16 und Aufbau der Kommentierung

Eines Zurückgreifens auf die nach § 16 unberührt bleibenden Vorschriften bedarf es 5 nur dann, wenn entweder eine andere Person als ein Kfz-Halter nach § 7 in Anspruch genommen oder ein über den Umfang der Halterhaftung hinausgehender Schaden geltendgemacht werden soll. Im folgenden werden daher zunächst die Besonderheiten hinsichtlich des Haftungsumfangs (Rdn. 6 ff) und anschließend die allgemeinen Voraussetzungen der beiden wichtigsten deliktischen Haftungstatbestände (§ 823 Abs. 1 BGB: Rdn. 67 ff; § 823 Abs. 2 BGB: Rdn. 97 ff) dargestellt, jeweils bezogen auf die Besonderheiten des Straßenverkehrsrechts. Es folgen Erläuterungen zu Sonderbereichen der deliktischen Haftung (Billigkeitshaftung: Rdn. 145 ff; Haftung für Verrichtungsgehilfen: Rdn. 153 ff; Haftung wegen Verletzung der Aufsichtspflicht: Rdn. 174 ff; Haftung für

---

[1] RGZ 129, 60; RG VAE 1938, 327.

[2] BGHZ 72, 34.

Tiere: Rdn. 190 ff) sowie eine Zusammenstellung einzelner Verkehrspflichten, deren Verletzung eine deliktische Haftung im Straßenverkehr auslösen kann (Rdn. 217 ff sowie Anh. zu § 16). Die Verkehrssicherungspflicht im engeren Sinne, d. h. die Verantwortlichkeit für den verkehrssicheren Zustand der Verkehrswege, wird in einem eigenen Abschnitt (Rdn. 528 ff) dargestellt, desgleichen die Amtshaftung (Rdn. 429 ff). Behandelt werden außerdem Mitverschulden (Rdn. 293 ff), Haftungsausschlüsse (Rdn. 302 ff), Verjährung (Rdn. 342 ff) und Beweisfragen (Rdn. 346 ff).

II. Haftung aus unerlaubter Handlung

1. Allgemeines zum Haftungsumfang

6 a) **Überblick.** Die Haftung aus unerlaubter Handlung (§§ 823 ff BGB) geht insbesondere in folgenden Punkten über die Haftung aus dem StVG hinaus:

- sie ist nicht der Höhe nach begrenzt (vgl. zur Gefährdungshaftung § 12);
- sie erstreckt sich u. U. auch auf bloße Vermögensnachteile (vgl. Rdn. 7);
- sie besteht auch gegenüber Dritten wegen entgangener Dienste des Getöteten oder Verletzten (vgl. Rdn. 9);
- sie erstreckt sich auch auf immaterielle Schäden (Schmerzensgeld; vgl. Rdn. 20 ff).

Zum Ausgleich dafür ist die Haftung aus unerlaubter Handlung von zusätzlichen Voraussetzungen (insbesondere Verschulden) abhängig (vgl. Rdn. 67 ff). Die Verjährungsregelung ist jetzt mit der für Ansprüche nach dem StVG identisch (vgl. Rdn. 342).

7 b) **Vermögensnachteile.** Reine Vermögensschäden sind auch bei Haftung aus unerlaubter Handlung grundsätzlich nicht zu ersetzen[3]. § 823 Abs. 1 BGB setzt vielmehr die Verletzung eines der dort genannten Rechtsgüter oder absoluten Rechte voraus (s. Rdn. 68 ff); lediglich der aus einer solchen Verletzung erwachsende Vermögensnachteil ist zu ersetzen. Insoweit ergibt sich kein Unterschied zur Haftung nach dem StVG (vgl. § 7, 129). Auch die etwas unterschiedlichen Formulierungen in § 11 StVG und in § 842 BGB hinsichtlich des Umfangs der Ersatzpflicht bei Körperschäden begründen praktisch kaum einen Unterschied: Nachteile für das Fortkommen sind auch nach § 11 zu ersetzen (vgl. § 11, 159); lediglich entgangener Gewinn, der nichts mit der Beeinträchtigung der Erwerbsfähigkeit zu tun hat, wird von § 11 nicht erfaßt (§ 11, 61). Beim Verstoß gegen ein Schutzgesetz sind auch reine Vermögensnachteile zu ersetzen, wenn dies dem Schutzzweck des betreffenden Gesetzes entspricht (vgl. Rdn. 97 ff).

2. Entgangener Gewinn

8 Soweit Gewinneinbußen auf eine unfallbedingte Beeinträchtigung der Erwerbsfähigkeit zurückzuführen sind, deckt sich der deliktische Schadensersatz mit jenem aus Gefährdungshaftung (vgl. § 11, 4). Bei deliktischer Haftung sind jedoch auch sonstige Vermögensnachteile ersatzfähig, die auf dem unfallbedingten Ausbleiben eines Gewinnzuflusses beruhen, etwa der Verlust der Chance, aus einer nur als Hobby betriebenen künstlerischen oder sportlichen Betätigung Einkünfte zu erzielen oder der Wegfall in Aussicht stehender unentgeltlicher Zuwendungen. Hätte der Verletzte ohne den Unfall **Eigenleistungen beim Bau eines Hauses** erbracht, so entgeht ihm mit dem Wegfall dieser Möglichkeit gleichfalls ein Gewinn[4]. Der Ersatzanspruch kann sogar die höhere Zins-

---

[3] Vgl. *Schirmer* DAR 1992, 11.

[4] BGH NZV 1989, 387 m. Anm. *Grunsky*; 1990, 111; OLG München NZV 1990, 117; OLG Zweibrücken NZV 1995, 315.

belastung infolge der Vergabe der betreffenden Arbeiten umfassen[5]. In all diesen Fällen müssen aber an Darlegung und Beweis hohe Anforderungen gestellt werden, um „bloße Schadenskonstruktionen abzuwehren"[6] bzw. „den Schadensersatz nicht zum Ausgleich von Träumen werden zu lassen"[7]. Im Fall des Hausbaus kann die Ersatzfähigkeit zwar nicht davon abhängen, ob im Unfallzeitpunkt bereits eine Baugenehmigung vorgelegen hat[8]; dem Tatrichter muß aber aufgrund konkreter Anhaltspunkte, insbesondere bereits vor dem Unfall eingeleiteter Schritte, die Überzeugung vermittelt werden, daß das Bauvorhaben tatsächlich angegangen worden wäre, daß es realisierbar gewesen wäre und daß der Verletzte dabei Eigenleistungen erbracht hätte[9].

3. Ersatzansprüche wegen entgangener Dienste

Nach § 845 BGB hat – anders als nach dem StVG – der Ersatzpflichtige im Falle 9
der Tötung, der Verletzung des Körpers oder der Gesundheit demjenigen durch Entrichtung einer Geldrente Ersatz zu leisten, dem der Verletzte kraft Gesetzes zur Leistung von Diensten in dessen Hauswesen oder Gewerbe verpflichtet war. Ein Ersatzanspruch entsteht nur, wenn die Pflicht zur Leistung von Diensten schon im Zeitpunkt der Verletzung bestanden hat[10].

a) **Anwendungsbereich.** Die Pflicht des **Kindes** zu Dienstleistungen im Haushalt oder 10
Erwerbsgeschäft[11] besteht, solange es dem elterlichen Hausstand angehört und von den Eltern erzogen oder unterhalten wird (§ 1619 BGB, ebenso für nichteheliche Kinder gegenüber ihrer Mutter § 1705 BGB und für Adoptivkinder § 1754 BGB). Hat sich das Kind eine eigene Wohnung genommen, so gehört es auch dann nicht mehr zum elterlichen Hausstand, wenn es regelmäßig Hilfeleistungen in der elterlichen Wohnung erbringt[12]. „Erzogen" wird es bis zur Vollendung des 18. Lebensjahres[13]. Die Pflicht der Kinder erlischt aber nicht mit ihrer Volljährigkeit. Das ist vor allem von Bedeutung bei Kindern, die im Betrieb des landwirtschaftlichen Anwesens der Eltern oder in deren Erwerbsgeschäft mitarbeiten und weiterhin dem Hausstand der Eltern angehören; allerdings nur, solange die Kinder außer einem Taschengeld oder einer Ausbildungsvergütung[14] keine Entlöhnung erhalten, solange also kein Arbeitsverhältnis besteht[15]. Wird dem Kind eine Vergütung bezahlt, so steht dies der Annahme einer familienrechtlichen Dienstverpflichtung auch dann entgegen, wenn sie deutlich niedriger ist als die übliche Vergütung; die Arbeitsleistung kann auch nicht in einen familienrechtlichen und einen vertraglichen Teil aufgespalten werden[16]. Es kommt nicht selten vor, daß der Sohn, dem später der Hof oder das Geschäft übergeben werden soll, noch viele Jahre nach Erreichen der Volljährigkeit im elterlichen Haushalt bleibt[17]. Ob er seine Dienstleistung auf arbeitsrechtlicher oder familienrechtlicher Grundlage erbringt, ist nach den Um-

---

[5] BGH NZV 1990, 112.
[6] BGH NZV 1989, 387 m. Anm. *Grunsky*; 1990, 111; OLG Hamm NZV 1995, 480.
[7] *Geigel/Rixecker* 4. Kap. 93.
[8] So aber OLG München NZV 1990, 117. Vgl. dagegen die aaO mitgeteilte Begründung des Nichtannahmebeschlusses des BGH.
[9] BGH NZV 1989, 387 m. Anm. *Grunsky*.
[10] OLG München NJW 1965, 1439; KG NJW 1967, 1089.
[11] Hierzu vgl. RGZ 162, 116; OLG Köln HRR 1937, Nr. 698. Zum Umfang der Mitarbeitspflicht eines über 14 Jahre alten Kindes vgl. BGH VersR 1973, 941; OLG Karlsruhe VersR 1988, 1128.
[12] OLG Nürnberg VersR 1992, 188.
[13] BGH VersR 1991, 429.
[14] BGH VersR 1991, 429.
[15] BGH VersR 1965, 1202; 1966, 735; 1969, 952; VersR 1991, 429.
[16] OLG Köln VersR 1991, 1292.
[17] RGZ 162, 119; BGHZ 69, 380; BGH VRS 14, 340; NJW 1972, 429; VersR 1991, 429; OLG Stuttgart VersR 1990, 902; ZfS 1991, 83; OLG Celle NZV 1990, 434.

ständen des Einzelfalles festzustellen; eine Vermutung für letzteres besteht nicht[18]. Seine Dienstpflicht gegenüber den Eltern erlischt an dem Tag, an dem er entweder einen eigenen Hausstand gründet oder das Geschäft (den Hof) übergeben erhält[19]. Dies ist noch nicht der Fall, wenn er den Hof praktisch allein betreibt, der Wert seiner Arbeit aber den Eltern als Inhabern des Hofes zugute kommt und diese dafür für seinen Unterhalt – durch Gewährung von Kost und Logis sowie die Finanzierung seiner weiteren Lebensbedürfnisse – verantwortlich bleiben[20]. Wird er schon vorher durch einen Unfall getötet, so hat das Gericht an Hand der Gegebenheiten (z. B. einer in Bälde beabsichtigten Heirat des Sohnes) den Zeitpunkt zu schätzen, von dem an der Ersatzanspruch gegen den Schädiger wegfällt. Der Anspruch der Eltern entfällt auch, wenn der Sohn seine verbliebene Arbeitskraft anderweitig nutzt oder in zumutbarer Weise nutzen könnte; einen etwaigen Verdienstausfall infolge des Unfalls kann dann nur noch er selbst geltend machen[21].

11 Die **Mutter** hat gegenüber ihren Kindern ebensowenig eine Arbeitspflicht[22] wie der **Vater**, beide sind nur zu Unterhalt verpflichtet, der – zumindest teilweise – durch Zurverfügungstellen von Nahrung, Kleidung und Wohnung und außerdem durch persönliche Sorge und Dienste gewährt werden kann. Auch aus dem durch das Gesetz zur Neuregelung des Rechts der elterlichen Sorge vom 18. 7. 1979 (BGBl. I S. 1061) eingefügten § 1618 a BGB ergibt sich keine Dienstleistungspflicht der Eltern[23]. Den Kindern steht daher bei Verletzung oder Tötung ihrer Eltern kein Anspruch aus § 845 BGB gegen den Schädiger zu; bei Tötung eines Elternteils können sie Ansprüche aus § 844 BGB herleiten, bei Verletzung haben die Unterhaltsverpflichteten eigene Ansprüche (vgl. § 11, 145 ff).

12 Ein **Ehegatte** erbringt durch die Führung des Haushalts dem anderen gegenüber keine Dienstleistung im Sinne des § 845 BGB, sondern seinen Unterhaltsbeitrag, so daß für die Ersatzansprüche das Vorstehende entsprechend gilt (vgl. zum Fall der Tötung § 10, 8, zum Fall der Verletzung § 11, 145 ff). Ebenso verhält es sich mit der Mitarbeit eines Ehegatten im Geschäft des anderen, die im Rahmen der Verpflichtung, zum Familienunterhalt beizutragen, geleistet wird (vgl. § 11, 154). Geht die Mitarbeit über diesen Rahmen hinaus (z. B. um dem anderen Ehegatten zu ermöglichen, einer wissenschaftlichen oder künstlerischen Neigung nachzugehen), so besteht für ihren Wegfall weder nach § 844 Abs. 2 BGB noch nach § 845 BGB ein Ersatzanspruch[24].

13 Für rein **tatsächliche** Dienstleistungen ohne gesetzliche Verpflichtung oder für **vertragliche** Pflichten gilt § 845 BGB nicht, also auch nicht, wenn die Eheleute ein Gesellschaftsverhältnis eingegangen sind und auf dieser Grundlage ein Unternehmen betreiben[25], oder wenn ein Ehegatte Arbeitnehmer des anderen Ehegatten geworden ist, sei es auch nur aus Gründen der Steuerersparnis. Für Kinder, die im Unternehmen der Eltern mitarbeiten, gilt dasselbe.

14 b) **Umfang des Anspruchs.** Während das Reichsgericht die Ansicht vertreten hatte[26], § 845 BGB gebe keinen Schadensersatzanspruch, sondern einen Anspruch auf Entschädigung nach Billigkeitsgrundsätzen, so daß z. B. die Grundsätze über die Vorteilsausgleichung unanwendbar seien, ist der BGH[27] von dieser Ansicht abgerückt und behan-

---

[18] BGH VersR 1972, 302; 1991, 429; anders noch BGH VersR 1958, 231; 1960, 133.
[19] BGH VersR 1965, 1202; 1966, 735.
[20] BGH VersR 1991, 429.
[21] BGHZ 69, 380.
[22] **A. A.** OLG Karlsruhe VersR 1961, 740.
[23] OLG Bamberg VersR 1985, 290; offengelassen für schwierige Lebenslagen von BGH VersR 1985, 291.
[24] BGHZ 77, 157.
[25] BGH NJW 1962, 1612.
[26] RGZ 152, 208.
[27] BGHZ 4, 123.

delt die Ansprüche als Schadensersatzansprüche, freilich mit gewissen Einschränkungen. Geschuldet ist nur Ersatz für die entgehenden Dienste, nicht dagegen Ersatz für sonstige Schäden, etwa Einbußen im Betrieb[28]. Ob der Dienstverpflichtete die Dienste tatsächlich geleistet hätte, ist ohne Belang[29].

c) **Vorteilsausgleich.** Bei der Berechnung ist es im Falle der Tötung des Verpflichteten zu berücksichtigen, wenn die Unterhaltspflicht hinsichtlich Wohnung und Verpflegung durch dasselbe Ereignis weggefallen ist[30]. Der Wegfall anderer Aufwendungen als für Wohnung und Verpflegung des Getöteten (z. B. Schulgeld, Studiengebühren) soll allerdings nach Ansicht des BGH wegen der besonderen Natur des Anspruchs unberücksichtigt bleiben[31]. Eine anderweitige Rente ist nicht anzurechnen, soweit sie einem anderen Zweck dient als dem Ausgleich für die entgangenen Dienste[32]; insoweit findet mangels kongruenter Deckung auch kein Forderungsübergang auf den Versicherungsträger statt[33]. Zum Forderungsübergang bei kongruenten Leistungen s. Rdn. 18. 15

d) **Berechnung des Anspruchs.** Die auf § 845 BGB gestützten Ansprüche werden ebenso berechnet wie Ansprüche aus § 10 StVG oder § 844 BGB (vgl. hierzu § 10, 136 ff u. 161). Ohne Einfluß auf die Höhe des Anspruchs ist, ob der Dienstberechtigte die Arbeiten nun selbst ausführt[34], ob er sich eine bezahlte Hilfskraft nimmt oder ob eine andere familienrechtlich zu Diensten verpflichtete Person die Stelle des Verstorbenen einnimmt (letzteres ergibt sich aus § 843 Abs. 4 BGB, der für entsprechend anwendbar erklärt ist). Anhaltspunkt für die Höhe des Anspruchs ist der Lohn oder das Gehalt, das einer anstelle des Verletzten oder Getöteten anzunehmenden Hilfskraft gezahlt werden muß (einschließlich Sozialleistungen und räumlicher Unterbringung) oder – falls keine solche Hilfskraft eingestellt worden ist – netto gezahlt werden müßte[35]. 16

e) Die **Dauer der Rente** bemißt sich danach, wie lange der Verletzte voraussichtlich zu der Dienstleistung verpflichtet gewesen wäre. 17

f) **Forderungsübergang auf den Sozialversicherungsträger** (Schlußanh. II, 99 ff), der Leistungen zum Ausgleich des Erwerbsschadens zu erbringen hat, findet auch dann statt, wenn der Dienstberechtigte den gewissermaßen auf ihn verlagerten Erwerbsschaden des Verletzten nach § 845 BGB geltend macht[36]. 18

g) **Internationales Recht.** Ist auf einen Schadensersatzanspruch nach einem Verkehrsunfall deutsches Deliktsrecht anzuwenden und ist im Rahmen des § 845 BGB hinsichtlich der Dienstleistungspflicht an eine ausländische Rechtsordnung anzuknüpfen, die eine vergleichbare familienrechtliche Dienstverpflichtung des „Hauskindes" nicht kennt, einen entsprechenden Schaden der Eltern aber schon allein aufgrund ihrer deliktsrechtlichen Normen ausgleichen könnte, so ist die sich hieraus ergebende Divergenz (beide Rechtsordnungen würden – jeweils für sich allein betrachtet – einen Schadensersatz gewähren, der bei der international-privatrechtlich gebotenen getrennten Anknüpfung an das Deliktsstatut einerseits, das für die Dienstverpflichtung heranzuziehende Recht andererseits entfällt) unter Anwendung des Rechtsinstituts der kollisionsrechtlichen Angleichung der Schadensersatznormen zu überwinden[37]. 19

---

28 RG JW 1904, 357; BGHZ 69, 380.
29 BGH Betr. 1959, 487.
30 BGHZ 4, 123; BGH VRS 4, 413; VersR 1961, 856.
31 BGHZ 4, 131; BGH VersR 1961, 856.
32 BGH NJW 1962, 800.
33 Vgl. BGH FamRZ 1960, 267.
34 RGZ 152, 208; RG JW 1937, 1490; BGH NJW 1952, 459; VersR 1959, 833; 1973, 84.
35 BGHZ 4, 132; 50, 306; BGH VersR 1952, 289; 1952, 432; OLG Bremen VersR 1954, 342; LG Kiel NJW 1967, 357 m. Anm. *Feaux de la Croix*; *Weyer* DRiZ 1971, 261.
36 BGHZ 69, 380; BGH VersR 1967, 176.
37 OLG Köln NZV 1995, 448.

4. **Schmerzensgeld**

20 a) **Anwendungsbereich.** Ausgleich für immaterielle Schäden (sog. Schmerzensgeld) wird nach § 847 BGB – als Ausnahme von § 253 BGB – nur gewährt, wenn eine unerlaubte Handlung im Sinn des BGB vorliegt, in diesem Falle aber auch bei den Sondertatbeständen der §§ 829[38], 831[39], 839[40] und 833[41]. Die Frage, ob ein Schmerzensgeldanspruch bei Gefährdungshaftung de lege ferenda begründet werden sollte, wird – m. E. zu Unrecht – zunehmend bejaht[42].

21 b) **Rechtsnatur.** Die Besonderheit der nach § 847 BGB zu gewährenden Entschädigung liegt darin, daß nicht ein Vermögensschaden ausgeglichen werden soll; vielmehr wird dem Vermögen des Verletzten etwas zugeführt, was er ohne den Unfall nicht erhalten hätte. Die Entschädigung soll dem Verletzten nach der grundlegenden Entscheidung des Großen Zivilsenats des BGH vom 6. 7. 1955[43] einen angemessenen **Ausgleich** für erlittene Schmerzen, Verunstaltungen und Beeinträchtigungen des körperlichen und seelischen Wohlbefindens bieten und außerdem dem Gedanken Rechnung tragen, daß der Schädiger dem Verletzten für das, was er ihm angetan hat, **Genugtuung** schuldet. Eine Aufspaltung des Schmerzensgeldes in einen Betrag zur Ausgleichung und einen zur Genugtuung ist aber unzulässig; beides sind lediglich Bemessungsgrundlagen, in denen zwei Wirkungsweisen ein und desselben Anspruchs zum Ausdruck kommen[44]. Der Genugtuungsfunktion wohnt zweifellos auch ein pönales Element inne[45]. Dieses stellt aber nur einen Nebeneffekt dar. Es wäre schon aus verfassungsrechtlichen Gründen bedenklich, das Schmerzensgeld als eine Art Privatstrafe (etwa nach Art der punitive damages des US-amerikanischen Rechts) zu verstehen[46]. Auch der Präventionsgedanke[47] ist kein das Wesen des Schmerzensgeldes bestimmender Faktor; er kann jedoch bei der Bemessung des Anspruchs im Einzelfall – weniger bei fahrlässigen Unfallverletzungen als z. B. bei planmäßigen Beeinträchtigungen des Persönlichkeitsrechts – Bedeutung erlangen[48]. In neuerer Zeit wird zunehmend in Frage gestellt, ob es für die Bemessung der Entschädigung nach § 847 BGB überhaupt des Rückgriffs auf den Genugtuungsgedanken bedarf[49]. Ein Abrücken von der Doppelfunktion des Schmerzensgeldes würde indessen eine erneute Befassung des Großen Zivilsenats erforderlich machen. Grundsätzlich zur Höhe der Entschädigung Rdn. 45 ff.

22 c) **Verhältnis zum materiellen Schaden.** Da der Schmerzensgeldanspruch mit dem Anspruch auf Ersatz des Vermögensschadens keine rechtliche Einheit bildet, ist der Übergang von einem zum anderen eine Klageänderung[50]. Der Anspruch auf Schmerzensgeld verjährt, wenn nur Ersatz des Vermögensschadens mit der Klage geltend gemacht worden ist. Ein Feststellungsurteil, das zum Ersatz „jeden weiteren Schadens"

---

[38] RGZ 169, 394; BGHZ 76, 279.

[39] RGZ 129, 61; OLG Frankfurt VersR 1975, 267.

[40] BGHZ 12, 283; 26, 76.

[41] RGZ 50, 252; BGH VersR 1977, 866.

[42] Vgl. *MünchKomm/Mertens* vor § 823, 25; 20. VGT (1982) 8; 33. VGT (1995) NZV 1995, 101; *Küppersbusch* VersR 1982, 618; *Kötz* VersR 1982, 624. Dagegen mit eingehender Begründung *Kürschner* NZV 1995, 6 ff, auch rechtsvergleichend (aaO 10).

[43] BGHZ 18, 149.

[44] BGH VersR 1961, 164.

[45] *Lange* § 7 IV 2.

[46] Vgl. *Bötticher* MDR 1963, 359; *Honsell* VersR 1974, 205.

[47] Allgemein zum Präventionszweck im Schadensersatzrecht Einl. 13. Ansätze in der Rechtsprechung: BGHZ 35, 369 (Persönlichkeitsrecht), OLG Karlsruhe NJW 1973, 853 (Regulierungsverhalten). Zur Präventivfunktion des Schmerzensgeldes aus ökonomischer Sicht *Ott-Schäfer* JZ 1990, 566.

[48] BGH VersR 1995, 309.

[49] Vgl. *E. Lorenz* 32 ff; *Ott-Schäfer* JZ 1990, 573; *Nehlsen-v. Stryk* JZ 1987, 119; s. auch *Müller* VersR 1993, 912 ff.

[50] RGZ 149, 167; 170, 39.

aus einer Gesundheitsverletzung verpflichtet, erstreckt sich grundsätzlich auch auf immaterielle Schäden; anders ist es nur, wenn der Urteilstenor ausdrücklich Einschränkungen enthält oder sich sonst aus dem Parteivorbringen und dem Urteil eindeutige Hinweise auf eine von den Parteien und dem Gericht gewollte Beschränkung auf materielle Schäden ergeben[51].

d) **Anspruchsvoraussetzungen.** Berechtigt ist nur der Verletzte und nur dann, wenn sein Körper oder seine Gesundheit verletzt worden ist. Führt das Unfallereignis unmittelbar den Tod herbei, besteht kein Schmerzensgeldanspruch[52]. Der Körperschaden muß durch den Unfall verursacht worden sein, sei es auch nur mittelbar wie beim Nervenzusammenbruch der Mutter beim Unfall ihres Kindes[53]. 23

Kommt es infolge des Unfalls zum Absterben der **Leibesfrucht,** so kann die Mutter nach OLG Düsseldorf NJW 1988, 777 in Ermangelung einer eigenen Körperverletzung hierfür kein Schmerzensgeld beanspruchen; insoweit zutreffend weist jedoch OLG Oldenburg NJW 1991, 2355 darauf hin, daß in der dadurch bedingten Störung der physiologischen Abläufe im mütterlichen Organismus eine eigene Gesundheitsbeeinträchtigung liegen kann. Liegt keine Beschädigung der Gesundheit vor, sondern nur **seelischer Schmerz,** so erhält der Betroffene kein Schmerzensgeld[54]. Keinen Anspruch hat daher auch die Ehefrau wegen unfallbedingten Nachlassens der Potenz des Mannes[55]. Die allgemeine Behauptung des Geschädigten, der „Schock" habe zu einer Verschlechterung des Gesundheitszustands geführt, reicht für ein Schmerzensgeld nicht aus[56]. Psychische Störungen von Krankheitswert können jedoch einen Schmerzensgeldanspruch begründen[57], und zwar auch dann, wenn die Veranlagung des Verletzten für sie mitursächlich war[58]. Dies gilt auch für eine Wesensänderung des Verletzten infolge einer Hirnschädigung[59]. Bei **Bagatellverletzungen** und leichtem Verschulden tritt das Bedürfnis für Ausgleich und Genugtuung soweit hinter dem mit der Teilnahme am Verkehr verbundenen Lebensrisiko zurück, daß ein Schmerzensgeldanspruch zu verneinen ist[60]. Entgegen *Lange*[61] und *Schiemann*[62] ist auch eine solche Versagung als durch das dem Richter eingeräumte Ermessen gedeckt anzusehen. 24

e) **Sonderfälle.** Bei **Zerstörung der Empfindungsfähigkeit**, etwa durch schwere Hirnschädigung, vertrat die Rechtsprechung früher die Ansicht, daß weder für einen Ausgleich im herkömmlichen Sinne noch für eine Genugtuung durch das Schmerzensgeld Raum sei, weil der Verletzte den Zusammenhang der Zahlung mit seinem Zustand nicht erfassen könne, und trug dem durch Zubilligung eines lediglich symbolischen Schmerzensgeldes Rechnung[63]. Diese Rechtsprechung hat der BGH mit Urteil vom 13. 10. 1992 aufgegeben[64]. Der Verlust an personaler Qualität stelle schon für sich 25

---

51 BGH VersR 1953, 497; 1985, 664.

52 BGH NJW 1976, 1148; KG NZV 1996, 445.

53 RGZ 133, 273; 157, 14; BGHZ 8, 249.

54 OLG Köln VersR 1982, 558; LG Köln VN 1964, 147.

55 LG Augsburg NJW 1967, 1513 u. 1914 m. Anm. *Selb*.

56 BGH VersR 1972, 745.

57 BGHZ 18, 157.

58 BGHZ 20, 139.

59 BGH VersR 1979, 739: Unfall als Verursachungsbeitrag zu späterer Straffälligkeit, die zu Unterbringung in psychiatrischem Krankenhaus führt.

60 15. VGT (1977) 9; BGH NJW 1992, 1043; VersR 1983, 838; OLG Celle VersR 1973, 717; 1980, 358; KG VersR 1975, 51; 1978, 569; OLG München VersR 1979, 726; LG Aachen VersR 1977, 1059; 1983, 45; LG Düsseldorf VersR 1979, 456; LG Oldenburg VersR 1979, 581; LG Freiburg VersR 1980, 1080; LG Rottweil VersR 1980, 1127; LG Osnabrück VersR 1980, 1152; LG Frankfurt VersR 1981, 583; AG Bielefeld ZfS 1995, 372 LS; **a. A.** LG Oldenburg MDR 1982, 143; AG Köln VersR 1980, 246 = 1981, 565 m. abl. Anm. *Jordan* und 1981, 1041 m. Anm. *Menken*; AG Paderborn VersR 1981, 344; AG Seesen VersR 1982, 53.

61 § 7 IV 3.

62 NZV 1996, 3.

63 BGH VersR 1976, 660; 1982, 880; s. a. OLG Stuttgart VersR 1986, 1198; OLG München NZV 1991, 426.

64 BGHZ 120, 1 = NJW 1993, 781 m. krit. Anm. *Deutsch* = LM § 847 BGB Nr. 89 m. Anm. *Schmidt-Salzer*; bestätigt durch BGH NJW 1993, 1531 = LM § 847 BGB Nr. 90 m. Anm. *Teichmann*; OLG Hamm RuS 1993, 339 m. Anm. *Lemcke*.

einen auszugleichenden immateriellen Schaden dar, unabhängig davon, ob der Betroffene die Beeinträchtigung empfinde. Es handle sich bei Schäden dieser Art um eine eigenständige Fallgruppe, bei der die Zerstörung der Persönlichkeit durch den Fortfall der Empfindungsfähigkeit im Mittelpunkt stehe und einer eigenständigen Bewertung im Rahmen der Schmerzensgeldbemessung zugeführt werden müsse, die der zentralen Bedeutung dieser Einbuße für die Person gerecht werde. Je nach dem Ausmaß der Beeinträchtigung und dem Grad der verbliebenen Erlebnis- und Empfindungsfähigkeit seien Abstufungen vorzunehmen, um den Besonderheiten des jeweiligen Schadensfalles Rechnung zu tragen. Nicht zulässig sei es dagegen, wegen des Wegfalls der Empfindungsfähigkeit Abstriche von dem an sich angemessenen Schmerzensgeld vorzunehmen. Die übrigen Bemessungskriterien (z. B. Verschuldensgrad, wirtschaftliche Leistungsfähigkeit des Schädigers, s. Rdn. 28 ff) sind aber, wie der BGH in NJW 1993, 1531 klargestellt hat, auch in diesen Fällen zu berücksichtigen. Dasselbe gilt für den Umstand, daß der Verletzte wegen baldigen Todes seinen Zustand nicht mehr lange ertragen mußte[65]. Der Rechtsprechungswandel ist insoweit zu begrüßen, als er zur Abkehr von dem wenig systemgerechten Gedanken einer „nur symbolhaften" Zahlung geführt hat. Das Verbot von „Abstrichen" dient allerdings wohl mehr optischen Zwekken. In der Sache wird es dabei bleiben müssen, daß das Schmerzensgeld in diesen Fällen wesentlich niedriger liegt als bei einem Opfer, welches Tag für Tag sein Leiden bewußt erlebt. Die Schwierigkeit liegt in der Bewertung jenes „Verlustes an personaler Qualität", der nach der jetzigen Sicht des BGH durch eine billige Entschädigung ausgeglichen werden soll. Anhaltspunkte für die (selbstverständlich stark einzelfallbezogene) Bemessung geben die zitierten Entscheidungen.

26 Auf den Fall des ohne Wiedererlangung des Bewußtseins **verstorbenen Unfallopfers** läßt sich der vorstehend wiedergegebene Rechtsprechungswandel nicht übertragen. Hier kann das Schmerzensgeld, an dessen höchstpersönlicher Natur auch die seit 1990 bestehende Vererblichkeit (Rdn. 56) nichts geändert hat[66], keine ausgleichende oder genugtuende Funktion mehr erfüllen. Den Erben gegenüber entsprechend zu wirken liegt nicht in seiner Zweckbestimmung. In diesen Fällen bleibt es daher bei der bisherigen Rechtsprechung, wonach nur ein „symbolisches" Schmerzensgeld zuzubilligen ist[67]. Auch ein solches wird indessen nur in Betracht kommen, wenn der Verletzte den Unfall um einen erheblichen Zeitraum überlebt, also z. B. noch wochenlang im Koma gelegen hat. Ob der Tod augenblicklich (Rdn. 23) oder nach kurzer Bewußtlosigkeit eingetreten ist, kann für das Schmerzensgeld keinen Unterschied machen; andernfalls würde die gesetzgeberische Entscheidung gegen einen eigenen Schmerzensgeldanspruch der Angehörigen von Unfallopfern unterlaufen.

27 Bei einem **Kleinstkind** kann die Genugtuungsfunktion nur beschränkt zum Tragen kommen; dies kann mindernd berücksichtigt werden[68].

28 f) **Bemessungsfaktoren.** Nach § 847 BGB sind die gesamten nichtvermögensrechtlichen Folgen zu entschädigen, die ein Unfall für den **körperlichen, gesundheitlichen und seelischen Zustand** des Verletzten nach sich zieht[69].

---

[65] OLGR Oldenburg 1996, 7; **a. A.** OLGR München 1996, 111.

[66] Vgl. die Begründung des Änderungsgesetzes vom 14. 3. 1990, BTDrucks. 11/4415 S. 4.

[67] BGH VersR 1981, 447; OLG Karlsruhe VersR 1988, 59; OLG Stuttgart VersR 1994, 736; OLG Düsseldorf NZV 1996, 318; *Hammen* VersR 1989, 1123; s. a. KG NJW-RR 1995, 91; österr. OGH VersR 1984, 347.

[68] OLG Stuttgart VersR 1992, 1013; zu weitgehend aber AG Bochum VRS 86, 98.

[69] BGHZ 18, 157; BGH VersR 1956, 197; 1957, 61.

Zu berücksichtigen sind vor allem das Ausmaß der erduldeten Schmerzen und derjenigen, die als Unfallfolge noch in der Zukunft zu erwarten sind, die Art und Schwere der Verletzung und etwaiger Dauerfolgen[70], die Dauer und Art der Behandlung, die Dauer der Arbeitsunfähigkeit, die Beeinträchtigung der Lebensfreude (durch Ausfall des Gebrauchs von Gliedmaßen oder sonstiger Körperfunktionen, durch die Unmöglichkeit zu wandern oder Sport zu treiben) oder der Berufsausübung[71], erlittene Todesangst[72], seelische Erschütterungen, Bedrückung und Sorgen. In diesem Zusammenhang kann auch das Bewußtsein des Verletzten, in Zukunft berufsunfähig zu sein, – neben dem Schaden durch Verdienstausfall – nochmals berücksichtigt werden, desgleichen die Minderung der Heiratsaussichten[73]. Gleiches gilt zugunsten desjenigen, der infolge des Unfalls seine Prüfung erst ein Jahr später ablegen kann[74]. Auch der beste Zahnersatz ist kein voller Ausgleich für gesunde Zähne[75]. Ein junger Mensch leidet unter Dauerschädigungen mehr als ein älterer[76]. Psychische Vorschädigungen sind anspruchsmindernd zu berücksichtigen[77]. 29

Von erheblicher Bedeutung ist auch das Ausmaß des **Verschuldens** des Schädigers[78]. 30
Dies gilt nicht nur zugunsten des Verletzten, sondern auch – bei besonders leichtem Verschulden – zu seinen Ungunsten[79].

Auch **Mitverschulden** des Verletzten ist – nach dem Rechtsgedanken des § 254 BGB 31
– zu berücksichtigen[80]. Deshalb kann ein Grundurteil dahin ergehen, bei der Bemessung des Schmerzensgeldes sei eine bestimmte Haftungsquote zu berücksichtigen[81]. Dagegen ist es nicht möglich, das Schmerzensgeld in der Weise zu berechnen, daß ein (gedachter) Gesamtanspruch um eine bestimmte Quote gekürzt wird, weil es ein „volles" oder „an sich angemessenes" Schmerzensgeld nicht gibt[82]. Die Praxis formuliert daher korrekt wie folgt: „Das Schmerzensgeld ist auf der Grundlage einer Mithaftung von 30% mit DM ... zu bemessen". Da das Mitverschulden somit nur ein Bemessungsgesichtspunkt unter mehreren ist, kann das Berufungsgericht im Rahmen seiner Ermessungsausubung zum selben Schmerzensgeldbetrag wie die Vorinstanz auch dann gelangen, wenn es das Mitverschulden anders bewertet[83].

Bei der Bemessung muß der Schaden, der durch Schädigung des Vermögens entstand, 32
unberücksichtigt bleiben[84]. Die **wirtschaftlichen Verhältnisse des Geschädigten** sind aber zu berücksichtigen. Lebt er in einem Land mit geringeren Lebenshaltungskosten oder in sehr einfachen Verhältnissen, wird die Entschädigung niedriger zu bemessen sein[85], während demjenigen mehr zuzusprechen ist, bei dem ein geringer Betrag wegen seiner guten Vermögensverhältnisse nicht zu einem billigen Ausgleich führen würde[86]. Daß der Geschädigte sich ohnehin alles leisten kann, hindert seinen Schmerzensgeldan-

70 Vgl. LG Oldenburg MDR 1990, 630: 500000 DM bei Querschnittslähmung und weiteren vielfältigen Behinderungen eines Kindes.
71 OLG München VersR 1985, 868.
72 OLG München VersR 1959, 959.
73 BGH VersR 1959, 458; OLG Nürnberg VersR 1967, 716.
74 OLG Karlsruhe NJW 1960, 2058.
75 OLG München VersR 1964, 52.
76 BGH NZV 1991, 150.
77 OLG Frankfurt NZV 1993, 67: Konversionsneurose.
78 BGH VersR 1979, 622; 1982, 400; NJW 1993, 1531.
79 A. A. BGH VersR 1958, 849.
80 BGH VersR 1956, 500; *Koebel* NJW 1957, 1009.
81 BGH VersR 1966, 593; OLG Bremen NJW 1966, 781; OLG Nürnberg NJW 1967, 1516; OLG Celle NJW 1968, 1785; OLG Köln VersR 1989, 207.
82 BGH VersR 1970, 624; JR 1984, 501 m. Anm. *Lindacher*; OLG Karlsruhe VersR 1988, 60; *Lange* § 7 IV 4.
83 BGH NZV 1991, 305.
84 BGH VRS 12, 405; VersR 1958, 50; 1982, 552.
85 OLG Köln ZfS 1994, 47.
86 Ebenso wohl *Lepa* Schmerzensgeld, Mitverschulden 31 f; a. A. *Lange* § 7 IV 3; *Geigel/Kolb* Kap. 7 Rdn. 32; OLG Schleswig NJW-RR 1990, 470.

spruch nicht[87]. Hat der Schädiger schuldhaft seinen Haftpflichtversicherungsanspruch verloren, so darf der Wegfall nicht zu Lasten des Geschädigten berücksichtigt werden[88].

33 Auch die **wirtschaftlichen Verhältnisse des Schädigers** können von Bedeutung sein. Einem vermögenden Schädiger kann eine höhere Leistung abverlangt werden als einem in ärmlichen Verhältnissen lebenden[89]. Dabei kann sich auch zugunsten des Verletzten auswirken, daß für den Schädiger eine gesetzliche oder freiwillige **Haftpflichtversicherung**[90] oder eine **öffentlich-rechtliche Körperschaft**[91] einzutreten hat oder daß er einen **Freistellungsanspruch** gegen einen weiteren Schädiger hat[92]. Das Bestehen einer Haftpflichtversicherung darf aber auch nicht zur Zuerkennung eines den sonst üblichen Rahmen sprengenden extrem hohen Schmerzensgeldes führen[93] (s. a. Rdn. 46).

34 Hat der Unfall dem Verletzten **Vorteile** gebracht, so sind sie nur dann zu berücksichtigen, wenn sie auf der Körperverletzung beruhen, nicht wenn sie die Folge von Begleitumständen sind[94]. Nicht zu berücksichtigen sind auch Leistungen, die dem Ausgleich eines materiellen Schadens dienen sollen, selbst wenn ein solcher im Einzelfall gar nicht entstanden ist (z. B. bei der Verletztenrente aus der gesetzlichen Unfallversicherung für einen Schüler, der keinerlei Erwerbseinbußen erlitten hat[95] oder beim Unfallausgleich nach § 35 BeamtVG[96]). Nicht zu berücksichtigen sind Vorteile, die der Empfang des Schmerzensgeldes dem Verletzen zusätzlich verschafft, z. B. die Möglichkeit zur vorzeitigen Tilgung eines Baudarlehens[97].

35 Der Schmerzensgeldanspruch erhöht sich, wenn der Unfall die **Lebenserwartung** des Verletzten herabgesetzt hat[98]. Der Grund hierfür liegt in der psychischen Belastung durch das Wissen um diesen Umstand. Auf der anderen Seite ist aber auch die Dauer der Leidenszeit ein Bemessungsfaktor[99].

36 Das **Alter** des Verletzten kann insofern eine Rolle spielen, als Dauerfolgen von einem in jungen Jahren Betroffenen im allgemeinen länger ertragen werden müssen. Im hohen Alter können körperliche Behinderungen demgegenüber auch als besonders belastend empfunden werden, so daß ein genereller Altersabschlag nicht gerechtfertigt ist[100]. Bei Zubilligung einer Rente lassen sich hier am ehesten gerechte Lösungen finden. Bedenklich erscheint es, den Umstand schmerzensgeldmindernd zu werten, daß das noch junge Opfer vier Jahre nach dem Unfall aus nicht unfallbedingten Gründen verstarb[101].

37 Wer von seinem **Ehegatten** oder einem **Verwandten** verletzt wird, kann kein so hohes Schmerzensgeld verlangen wie ein von einem Fremden Verletzter; dies ergibt sich aus den sozialen Bindungen zwischen Familienmitgliedern, auf denen das gesamte Unterhaltsrecht fußt[102].

---

87 *Lange* § 7 IV 3.
88 BGH VersR 1967, 607.
89 BGHZ 18, 160.
90 BGHZ 18, 166; BGH VersR 1966, 561; NJW 1993, 1531; *Füchsel* VersR 1970, 16; *Lepa* Schmerzensgeld, Mitverschulden 32.
91 BGHZ 18, 162; BGH VersR 1964, 389.
92 BGHZ 18, 165.
93 OLG Frankfurt VersR 1990, 1287 (ob diese Voraussetzung im konkreten Fall vorlag, erscheint allerdings fraglich; vgl. hierzu auch *Wussow* WJ 1990, 119).
94 Vgl. *Hüffer* VersR 1970, 211.
95 BGH VersR 1982, 552.
96 OLG Hamm VersR 1994, 1356.
97 BGH VersR 1986, 390.
98 OLG Köln NJW 1967, 1968 m. Anm. *Teplitzky.*
99 Vgl. *Lange* § 7 IV 3; s. a. OLG Karlsruhe VersR 1988, 60; OLGR Oldenburg 1996, 7.
100 Ebenso *Lange* § 7 IV 3; *Lepa* Schmerzensgeld, Mitverschulden 29; LG Köln VersR 1990, 1129 m. Anm. *Esser.*
101 So OLG Düsseldorf VersR 1989, 1203.
102 BGH VersR 1967, 286; OLG Schleswig NZV 1992, 190; **a. A.** OLG München NZV 1989, 471.

Familiäre Auswirkungen können berücksichtigt werden, wenn sich feststellen läßt, daß Ehe- und Erziehungsprobleme ihren wesentlichen Grund in den Folgen der Unfallverletzungen haben[103]. 38

Auch der **Anlaß** des Schadensereignisses kann eine Rolle spielen. So ist es z. B. zugunsten des Schädigers zu berücksichtigen, daß sich die Verletzung des Mitfahrers auf einer Gefälligkeitsfahrt ereignet hat[104]. Dies gilt erst recht, wenn dem Verletzten bekannt war, daß der Fahrer Alkohol getrunken hat, und zwar unabhängig davon, ob dem Verletzten ein Mitverschulden anzulasten ist[105]. 39

Beschleunigt der Unfall den Ablauf einer **schon vorher bestehenden tödlichen Erkrankung**, so ist Maßstab für das Schmerzensgeld der Zeitraum, um den sich der Ablauf beschleunigt[106]. 40

Auch das **Regulierungsverhalten** kann bei der Bemessung des Schmerzensgeldes zugunsten des Verletzten berücksichtigt werden, so z. B. wenn der Ersatzpflichtige sich längere Zeit zu Unrecht weigert, einen Vorschuß auf die Ansprüche des Verletzten zu leisten[107] oder wenn er offenbar unbegründete Einwendungen aufrechterhält[108]; desgleichen die Tatsache, daß Kränkungen in den Schriftsätzen der Gegenseite enthalten sind[109], oder eine lange Prozeßdauer, die nicht der Verletzte zu vertreten hat[110]. Bei unklarer Sach- oder Rechtslage muß dem Schädiger und seinem Versicherer aber zugebilligt werden, daß sie vor einer Klärung nicht zu leisten brauchen[111]. 41

Bei der **Billigkeitshaftung** nach § 829 BGB kommen Schmerzensgeldansprüche nur in krassen Ausnahmefällen und mit Nachrang gegenüber wichtigeren Ersatzansprüchen – etwa solchen, die den Lebensunterhalt des Geschädigten sichern sollen – in Betracht[112]; vgl. Rdn. 150. 42

Eine **Bestrafung** des Schädigers läßt die Genugtuungsfunktion des Schmerzensgeldes grundsätzlich nicht zurücktreten[113]. Es ist auch genau zu prüfen, ob das Strafurteil dem Verletzten im Einzelfall wirklich eine ins Gewicht fallende Genugtuung zu verschaffen vermag[114]. 43

Ob der Geschädigte eine **sinnvolle Verwendungsmöglichkeit** für das Schmerzensgeld hat, ist kein zulässiger Bemessungsgesichtspunkt[115]. 44

g) Höhe des Schmerzensgeldes. Mit der Festlegung der Bemessungsfaktoren ist noch nichts über die Höhe des im Einzelfall zu zahlenden Schmerzensgeldes gesagt. Das Gesetz spricht nur von „billiger Entschädigung". Anerkanntermaßen hat der Richter bei der Bemessung der „billigen Entschädigung" im Einzelfall einen weiten Ermessensspielraum[116]; er muß sich allerdings an den Beträgen orientieren, die in anderen Fällen 45

---

103 OLG Köln NZV 1995, 399.
104 BGHZ 18, 158.
105 BGH VersR 1979, 622.
106 OLG Nürnberg VersR 1959, 960.
107 BGH VersR 1967, 256; 1969, 134; OLG Hamburg VersR 1966, 499; OLG Karlsruhe NJW 1973, 851; OLG München NZV 1993, 434.
108 OLG Nürnberg ZfS 1995, 452.
109 BGH VersR 1964, 1103.
110 OLG Celle NJW 1968, 1677.
111 KG NJW 1970, 515; LG Köln VersR 1990, 1131 m. Anm. *Esser*; *Lepa* Schmerzensgeld, Mitverschulden 29.
112 BGHZ 76, 282.
113 BGH VersR 1995, 351; *Müller* VersR 1994, 914; a. A. OLG Celle JZ 1970, 548 m. zust. Anm. *Deutsch*; OLG Düsseldorf NJW 1974, 1289; *Lemcke-Schmalzl/Schmalzl* MDR 1985, 273 m. w. Nachw.; Voraufl.
114 Vgl. OLG Celle NZV 1993, 349; LG Köln VersR 1990, 1130 m. Anm. *Esser*.
115 So BGH NZV 1991, 150 gegen entsprechende Erwägungen des Berufungsgerichts bei einem Hochbetagten.
116 Vgl. die empirische Untersuchung von *Musielak* VersR 1982, 613.

von der Rechtsprechung zuerkannt worden sind[117]. Bei der Heranziehung von älteren Präjuduzien ist nicht nur die zwischenzeitliche Geldentwertung, sondern auch die in der Rechtsprechung zu beobachtende, vom VGT 1996 befürwortete[118] Tendenz zu höheren Beträgen bei gravierenden Verletzungen zu berücksichtigen[119]. Erhebliche Abweichungen von den so gefundenen Beträgen muß der Richter begründen[120].

46 Die Ausübung des Ermessens ist grundsätzlich **nicht revisibel.** Das Revisionsgericht kann einen Schmerzensgeldbetrag nicht deswegen beanstanden, weil er ihm als zu hoch oder zu niedrig erscheint. Seiner Aufhebung unterliegt ein Urteil jedoch dann, wenn es nicht den Anforderungen des § 287 ZPO entspricht. Es muß insbesondere das Bemühen um eine angemessene Beziehung der Entschädigung zu Art und Dauer der Verletzungen unter Berücksichtigung aller für die Höhe des Schmerzensgeldes maßgeblichen Umstände erkennen lassen und darf nicht gegen Rechtssätze, Denkgesetze und Erfahrungssätze verstoßen[121]. Zur Überprüfung auf die Einhaltung dieser Grenzen hat der Tatrichter die tatsächlichen Grundlagen seiner Schätzung darzulegen; er darf auch nicht ohne ausreichende Darlegung erheblich von der Schmerzensgeldbemessung der ersten Instanz oder der eigenen Streitwertfestsetzung abweichen[122].

47 *Ott-Schäfer*[123] erachten, von einer ökonomischen, die Präventivfunktion des Schmerzensgeldes in den Vordergrund rückenden Betrachtungsweise aus, die in der Bundesrepublik Deutschland zuerkannten Beträge – insbesondere bei schweren Körperverletzungen – als systematisch zu niedrig und halten zumindest eine Verdreifachung für geboten, aber auch eine Verneunfachung noch für funktionsgerecht. Gegen eine solche Aufblähung des Schmerzensgeldvolumens, wie sie z. B. aus den USA bekannt ist, sind aber gewichtige Bedenken anzumelden[124]. Ökonomische Kosten/Nutzen-Rechnungen erscheinen in einem Bereich, der ausschließlich von immateriellen Gütern handelt, fehl am Platze. Eine Kommerzialisierung von Schmerzen, Leid, Ärger und anderen immateriellen Beeinträchtigungen entspricht nicht deutscher Rechtstradition (vgl. § 253 BGB). Dementsprechend stoßen Berichte über Millionenentschädigungen an Unfallopfer in den USA hierzulande auf Unverständnis und Befremden. Zudem kommen derart hohe Leistungen ohnehin nur dort in Betracht, wo hinter dem Schädiger ein Versicherer oder der Staat steht. Dies würde nicht nur zu einer beträchtlichen Erhöhung der Kfz-Haftpflichtversicherungsprämien führen[125], sondern auch die Schere zwischen dem Schmerzensgeldniveau in versicherten Schadensfällen und jenem in nicht versicherten Fällen in einem Maße auseinandergehen lassen, welches mit dem Gebot der Gleichheit vor dem Gesetz nicht mehr vereinbar wäre. Als „billig" im Sinne des § 847 Abs. 1 BGB sollte daher auch künftig die Entschädigung angesehen werden, die sich in dem durch ständige Rechtsprechung gebildeten Rahmen (unter Berücksichtigung der Geldwertentwicklung) bewegt. Letztlich muß man sich mit der Erkenntnis abfinden, daß eine echte Kompensation von Leid durch Geld ohnehin nicht möglich ist.

---

[117] BGH VersR 1970, 136; Hilfsmittel hierbei sind Schmerzensgeld-Tabellen, z. B. von *Hacks/Ring/Böhm*, oder entsprechende Sammlungen auf Disketten oder CD-ROM.

[118] NZV 1996, 102.

[119] OLG Köln MDR 1992, 646.

[120] BGH VersR 1976, 968.

[121] BGHZ 80, 8; BGH VersR 1970, 1110; 1975, 852; 1981, 677; NZV 1991, 150; 1991, 226; *Lemcke-Schmalzl/Schmalzl* MDR 1985, 362.

[122] BGH NZV 1988, 139; 1991, 226.

[123] JZ 1990, 563 ff.

[124] Ebenso *Scheffen* NZV 1994, 420; *Deutsch* NJW 1993, 784.

[125] So auch *Ott-Schäfer* JZ 1990, 573. Auf Schmerzensgelder entfallen knapp 10% der Schadensaufwendungen der Kfz-Haftpflichtversicherer (vgl. *Küppersbusch* VersR 1982, 619).

ee) **Übergangsrecht nach dem Einigungsvertrag.** Soweit ein Unfall noch nach DDR-Recht zu regulieren ist (vgl. Vorbem. 28ff), richtet sich der Ausgleich immaterieller Schäden nach § 338 Abs. 3 ZGB. Diese Vorschrift ist trotz deutlicher Unterschiede gegenüber § 847 BGB – insbesondere dem Fehlen einer Genugtuungsfunktion – verfassungsrechtlich unbedenklich. Ausgangspunkt für die Bemessung des Ausgleichsanspruchs ist der Betrag, der in der ehemaligen DDR in einem entsprechenden Fall geschuldet worden wäre. Dieser ist jedoch der bis zum Zeitpunkt der letzten mündlichen Tatsachenverhandlung eingetretenen Entwicklung der wirtschaftlichen Verhältnisse im Beitrittsgebiet anzupassen. Er unterliegt nicht der Währungsumstellung im Verhältnis 2:1[126]. **48**

h) Form der Ersatzleistung

aa) **Kapital oder Rente.** Das Schmerzensgeld wird in der Regel in Form eines Kapitalbetrags zugesprochen, kann aber auch in Rentenform zugebilligt werden. Dies kommt insbesondere bei Dauerschäden in Betracht, so z. B. beim Verlust von Gliedmaßen oder wichtigen Körperfunktionen[127], bei Verlust des Augenlichts[128], des Geruchssinns[129], bei Ertaubung[130], bei Hirnschäden[131], bei fortwährendem Schmerzempfinden[132], beim Wegfall der Zeugungsfähigkeit oder bei Beeinträchtigung der Gehfähigkeit[133]. Die Leistung des Schmerzensgeldes als Rente ist auch dann erwägenswert, wenn der Schädiger wegen seiner schlechten Vermögensverhältnisse einen Einmalbetrag in angemessener Höhe nicht zu leisten vermag[134] oder der Verletzte wegen hohen Alters nur noch eine geringe Lebenserwartung hat[135]. Hingegen darf es nicht Zweck einer Schmerzensgeldrente sein, den Geldwertschwund aufzufangen, der dem normalerweise geschuldeten Kapital anhaftet[136]. **49**

Feste Grenzen zwischen der Schuld von Kapital und derjenigen einer Rente können nicht gezogen werden, es kann auch beides nebeneinander zugesprochen werden[137]. Die Entscheidung liegt letzten Endes im **Ermessen** des Tatrichters[138]. Er hat darüber zu befinden, welche Form der Entschädigung (Kapital oder Rente oder beides) dem Einzelfall am besten gerecht wird[139]. Auch wenn wegen eines Dauerschadens in erster Linie eine Rente in Frage käme, kann der Richter in geeigneten Fällen eine Kapitalsumme zusprechen. Auch dann, wenn mit der Klage nur ein Kapitalbetrag verlangt ist, hat das Gericht eine Rente zuzusprechen, wenn dies der Billigkeit entspricht und die Höhe des Schmerzensgeldes in das Ermessen des Gerichts gestellt worden ist[140]. Die Rente muß (nach Kapitalisierungsgrundsätzen) in einem ausgewogenen Verhältnis zum angemessenen Kapitalbetrag stehen[141]. **50**

---

126 Zu alledem BGH NZV 1993, 389.
127 OLG Nürnberg VersR 1964, 1179.
128 BGH VersR 1957, 66; OLG Stuttgart VersR 1983, 470.
129 OLG Frankfurt VersR 1987, 1141.
130 OLG Stuttgart VersR 1961, 956.
131 BGH VersR 1958, 801; 1968, 475; OLG Celle NdsRpfl. 1961, 200; OLG Stuttgart VersR 1961, 956; OLG Hamm VersR 1990, 865; NZV 1990, 469.
132 OLG Frankfurt VersR 1992, 621.
133 BGH VersR 1958, 801; 1961, 460; OLG Hamburg VersR 1958, 419; OLG Karlsruhe VersR 1959, 540; OLG Celle MDR 1959, 842; OLG Frankfurt VersR 1983, 545.
134 BGHZ 18, 167.
135 BGH NZV 1991, 150.
136 *Lemcke-Schmalzl/Schmalzl* MDR 1985, 277.
137 BGH VersR 1958, 530; 1959, 458; OLG Celle MDR 1959, 842.
138 BGH VersR 1957, 66; 1961, 460; 1976, 967; 1981, 1178; VRS 22, 421.
139 BGH VersR 1968, 475; 1968, 946.
140 *Lepa* Schmerzensgeld, Mitverschulden 51 f.
141 BGH VersR 1970, 134; OLG Hamm NZV 1990, 469 mit Darstellung des Rechengangs.

51 Obwohl das Schmerzsgeld als Rente keinen Anspruch auf regelmäßig wiederkehrende Leistungen darstellt, sondern einen einheitlichen Anspruch[142], soll nach Ansicht des BGH im Verfahren nach § 323 ZPO eine spätere **Änderung** der Rente erfolgen können[143]. Die Rente kann zeitlich gestaffelt ausgesprochen werden, insbesondere wird bei Kindern eine ansteigende Rente den Verhältnissen am besten gerecht[144].

52 Nach früherer Rechtsprechung hing von der Form der Ersatzleistung deren **einkommensteuerliche Behandlung** ab: während sie als Kapitalabfindung zweifellos nicht steuerpflichtig ist, sollte sie als Rente dem § 22 Nr. 1 Satz 1 EStG unterfallen[145]. Letzteres wird nach dem Urteil des BFH[146] zur Steuerfreiheit der Mehrbedarfsrenten nach § 843 Abs. 1 BGB nicht mehr aufrecht zu erhalten sein.

53 bb) Ein **Teilschmerzensgeld** für einen bestimmten Zeitraum kann wegen der Einheitlichkeit des Anspruchs grundsätzlich nicht zugesprochen werden[147] (zu der Ausnahme für Zukunftsschäden mit der Zäsur der letzten mündlichen Verhandlung s. Rdn. 55).

54 i) **Zinsen.** Das Schmerzensgeld ist auch dann ab Rechtshängigkeit zu verzinsen (§ 291 BGB), wenn der Verletzte die Höhe des Schmerzensgeldes in das Ermessen des Gerichts gestellt hat[148].

55 k) **Zukünftige Entwicklungen.** Läßt sich die weitere Entwicklung der nachteiligen Folgen für die Gesundheit des Verletzten noch nicht übersehen[149], so kann Schmerzensgeld für den Zeitraum zwischen dem Unfall und der letzten mündlichen Verhandlung gefordert und daneben die Feststellung begehrt werden, daß für die anschließenden Zeiträume ebenfalls Schmerzensgeld geschuldet sei[150]. Wird keine derartige Beschränkung der Leistungsklage auf ein Teil-Schmerzensgeld vorgenommen, so erfaßt die Rechtskraft des Urteils auch alle vorhersehbaren künftigen Entwicklungen des Körperschadens[151]. Der Verletzte kann daher ein weiteres Schmerzensgeld nur für solche Verletzungsfolgen einklagen, mit deren Eintritt nicht ernstlich zu rechnen war[152]. Ist im Urteil des Vorprozesses festgestellt worden, daß der Beklagte verpflichtet ist, dem Kläger allen weiteren immateriellen Schaden zu ersetzen, so bezieht sich dieser Anspruch ebenfalls nur auf nicht vorhersehbare Spätschäden[153]. Die Erhebung einer solchen Feststellungsklage kann zur Unterbrechung der Verjährung angezeigt sein, doch ist das Feststellungsinteresse nach § 256 Abs. 1 ZPO nur gegeben, wenn die Möglichkeit irgendwelcher Spätfolgen nicht entfernt liegt[154]. Bei schweren Verletzungen, insbesondere Kopfverletzungen, wird diese Voraussetzung in aller Regel erfüllt sein[155]. Eine Schmerzensgeldrente kann späteren Änderungen der Bemessungsgrundlagen nach § 323 ZPO angepaßt werden[156].

56 l) **Übertragbarkeit und Vererbung des Schmerzensgeldanspruchs.** Der Anspruch war nach der vielfach kritisierten[157] Regelung des § 847 Abs. 1 Satz 2 BGB a. F. nur über-

---

142 BGH LM Nr. 23 zu § 75 Einl. Pr. allg. LR; VersR 1968, 1168.

143 BGHZ 18, 167; BGH VersR 1968, 475; zu den Voraussetzungen s. auch OLG Nürnberg VersR 1992, 623.

144 OLG Celle VersR 1961, 761.

145 RFH RStBl. 1933, 133.

146 NJW 1995, 1238.

147 OLG Düsseldorf NZV 1995, 449.

148 BGH NJW 1965, 1376; KG VersR 1972, 281.

149 Zu dieser Voraussetzung s. OLG Celle VersR 1973, 60; OLG Oldenburg NJW-RR 1988, 615.

150 BGH VersR 1966, 144.

151 BGH NZV 1988, 99.

152 BGHZ 18, 167; BGH VersR 1976, 440; NZV 1995, 225; *Prütting/Gielen* NZV 1989, 330.

153 BGH VersR 1973, 371; 1980, 975.

154 BGH VersR 1967, 256 und 843 m. Anm. *Kühn.*

155 BGH NZV 1989, 432.

156 BGHZ 18, 149.

157 *Ebel* VersR 1978, 204; 15. VGT (1977) 9. Eingehend zu der Gesamtproblematik mit umfangreichen Nachweisen *Voß* VersR 1990, 821.

tragbar und vererblich, wenn er anerkannt oder rechtshängig geworden war. Um einen Zwang zu vorzeitiger Beschreitung des Rechtsweges zu vermeiden, behalf sich die Regulierungspraxis vielfach mit dem rechtlich bedenklichen, vom BGH aber akzeptierten Mittel eines Verzichts des Schädigers auf die Geltendmachung der fehlenden Rechtshängigkeit[158]. Durch Gesetz vom 14. 3. 1990 wurde § 847 Abs. 1 Satz 2 BGB jedoch mit Wirkung vom 1. 7. 1990 gestrichen. Damit sind Schmerzensgeldansprüche jetzt ohne Beschränkung übertragbar und vererblich. Auch einer Willensbekundung des Verletzten hinsichtlich der Geltendmachung des Schmerzensgeldanspruchs bedarf es hierfür nicht[159]. Daher kann den Erben auch dann ein Schmerzensgeldanspruch zustehen, wenn der Verletzte verstorben ist, ohne das bei dem Unfall verlorene Bewußtsein wiedererlangt zu haben (vgl. Rdn. 26). Zu den Problemen, die sich ergeben, wenn der Schädiger selbst Erbe ist, s. *Greger* NZV 1991, 17.

Die folgenden Erläuterungen haben daher nur noch für Abtretungen und Erbfälle vor 1. 7. 1990 Bedeutung.

Als **vertragliche Anerkennung** genügt ein formloses deklaratorisches Anerkenntnis, **57**
das auch auf den Grund des Anspruchs beschränkt sein kann[160]. Die Ankündigung, man werde sich gegenüber den Erben nicht auf die fehlende Rechtshängigkeit berufen, reicht als Anerkenntnis nicht aus[161].

Maßgebend für die **Rechtshängigkeit** ist die Zustellung der Klage an den Beklagten **58**
(§§ 262, 253 Abs. 1 ZPO)[162]; die Einreichung der Klage bei Gericht genügt nicht[163]. Dies gilt auch, wenn Antrag auf Prozeßkostenhilfe oder auf Erlaß eines Mahnbescheids gestellt wird. Die Rechtshängigkeit tritt in letzterem Fall erst ein, wenn der Mahnbescheid zugestellt ist, vorausgesetzt, die Sache wird nach Widerspruch alsbald an das zuständige Gericht abgegeben (§ 696 Abs. 3 ZPO)[164]. Die §§ 270 Abs. 3, 693 Abs. 2 ZPO sind nicht entsprechend anwendbar, denn es geht hier nicht um die Wahrung einer Frist[165]. Für die Auslandszustellung kann nichts anderes gelten[166]. Zur Geltendmachung im Adhäsionsverfahren nach §§ 403 ff StPO vgl. *Eggert* VersR 1987, 546. Ist die Klage dem Schädiger rechtzeitig zugestellt worden, so kann sie wegen des gesetzlichen Schuldbeitritts nach § 3 Nr. 1 PflVG nachträglich auf dessen Haftpflichtversicherer erstreckt werden[167].

Auch die Klageerhebung vor einem **unzuständigen Gericht** begründet Rechtshängig- **59**
keit im Sinne des § 847 Abs. 1 Satz 2 BGB a. F.[168]. Dagegen muß der in einem anderen Rechtsweg anhängig gemachten Klage diese Wirkung abgesprochen werden[169]. Nach

---

158 Vgl. BGH NZV 1990, 147 m. abl. Anm. *Prütting/Gielen*; OLG Nürnberg VersR 1983, 469; *Finzel* VersR 1986, 324; abl. OLG Hamm VersR 1988, 804; OLG Stuttgart DAR 1990, 15; LG München I AnwBl. 1986, 458; *MünchKomm/Mertens* § 847, 51.

159 BGH NZV 1995, 144; KG NJW-RR 1995, 91.

160 BGH NJW 1973, 620.

161 BGH NZV 1990, 147 m. insoweit zust. Anm. *Prütting/Gielen*; OLG Stuttgart VersR 1980, 933; a. A. OLG Stuttgart DAR 1990, 15.

162 BGH VersR 1961, 515; 1961, 661; 1977, 452; NJW 1976, 1890; OLG Köln VersR 1975, 1156.

163 **A. A.** OLG Nürnberg VersR 1968, 508; OLG Köln VersR 1976, 837; *Rauscher* NJW 1985, 597; *Jauernig* NJW 1986, 35.

164 BGH NJW 1974, 493; VersR 1977, 475; OLG Düsseldorf VersR 1959, 483; OLG Schleswig MDR 1961, 320.

165 BGH VersR 1976, 1045; 1981, 447.

166 LG Hamburg DAR 1967, 275.

167 BGH VersR 1981, 447.

168 BGH VersR 1981, 447.

169 **A. A.** LG Lüneburg NJW 1985, 2279; *Jauernig* NJW 1986, 35; *Roeder* VersR 1987, 142; *Prütting/Gielen* NZV 1989, 332 f.

den anderen Verfahrensordnungen kann Rechtshängigkeit bereits durch bloße Einreichung eines Schriftsatzes bei Gericht begründet werden (vgl. §§ 81 Abs. 1, 90 Abs. 1 VwGO, §§ 90, 94 Abs. 1 SGG, §§ 64 Abs. 1, 66 Abs. 1 FGO). Zwar bestimmten § 41 Abs. 3 Satz 5 VwGO, § 52 Abs. 3 Satz 5 SGG und § 34 Abs. 3 Satz 5 FGO damals ausdrücklich, daß die so begründete Rechtshängigkeit auch nach Rechtswegverweisung fortbesteht, doch durfte diese Regelung auf die Wirkung des § 847 Abs. 1 Satz 2 BGB a. F. nicht bezogen werden[170]. Diese wesentlich ältere Vorschrift nahm eindeutig auf den Rechtshängigkeitsbegriff der ZPO Bezug. Wenn spätere Verfahrensordnungen einen abweichenden Begriff normiert haben, so kann dieser jedenfalls dann nicht in bestehende Spezialregelungen eingreifen, wenn diese dadurch ad absurdum geführt würden. Ein absurdes und vom Gesetzgeber sicher nicht gewolltes Ergebnis wäre es aber, wenn Schmerzensgeldklagen sicherheitshalber beim Verwaltungs-, Sozial- oder Finanzgericht eingereicht werden müßten, um das Risiko einer nicht mehr rechtzeitigen Zustellung zu vermeiden[171].

60 Der Eintritt der Rechtshängigkeit mußte auch vom **Willen des Verletzten** oder seines gesetzlichen Vertreters getragen sein, d. h. die Vererblichkeit des Schmerzensgeldanspruchs erforderte zusätzlich eine Erklärung des Verletzten selbst, den Anspruch geltend machen zu wollen[172]. War die Klage auf Schmerzensgeld zwar namens des bewußtlosen Verletzten, aber ohne Vollmacht erhoben, so konnte auch eine Genehmigung der Klageeinreichung durch die Erben nicht die Vererblichkeit des Schmerzensgeldanspruchs bewirken. Eine vor dem Unfall erteilte Blankovollmacht mit dem Auftrag, Schmerzensgeldansprüche in jedem Fall geltend zu machen, genügte nicht[173]. Rechtzeitige Klageerhebung bei bis zum Tode bewußtlosen Verletzten konnte daher nur durch Bestellung eines Pflegers (§ 1910 BGB) erreicht werden[174]. Auch dieses Erfordernis besteht bei Erbfällen nach dem 1. 7. 1990 nicht mehr[175].

61 m) **Unbezifferter Klageantrag.** Weil die Bemessung des Schmerzensgeldes im Ermessen des Gerichts steht, läßt es die Rechtsprechung zu, abweichend von § 253 Abs. 2 Nr. 2 ZPO im Klageantrag von der Angabe eines bestimmten Betrages abzusehen[176]. Hierdurch wird der besonderen Lage des Klägers Rechnung getragen, der die gerichtliche Ermessensentscheidung schwerlich genau vorhersehen kann, bei zu niedrigem Ansatz aber wegen § 308 ZPO, bei zu hohem wegen kostenverursachender Teilabweisung Nachteile erleidet[177]. Dem Bestimmtheitsgebot ist aber, auch wegen des berechtigten Interesses des Beklagten, den Umfang des Streitgegenstandes in etwa abschätzen zu können, durch zwei Mindesterfordernisse des Klageantrags Rechnung zu tragen:

– dem Gericht müssen die tatsächlichen Grundlagen für die Bemessung des Schmerzensgeldes vorgetragen werden[178];

---

170 Ebenso LG Marburg NJW 1985, 2280; LG Hildesheim VersR 1989, 53; *Lepa* Schmerzensgeld, Mitverschulden 47.

171 *Jauernig* NJW 1986, 35 zieht daher umgekehrt den Schluß, daß auch bei Klage vor dem ordentlichen Gericht die Einreichung genügen muß.

172 BGHZ 69, 323; BGH VersR 1984, 867; NZV 1990, 148; **a. A.** noch BGH NJW 1967, 2304.

173 BGH VersR 1984, 867; **a. A.** *Rauscher* NJW 1985, 599.

174 Vgl. BGH VersR 1986, 292.

175 BGH NZV 1995, 145.

176 BGHZ 45, 91.

177 Kritisch gegenüber dieser Rechtsprechung *Gerstenberg* NJW 1988, 1352, der das Kostenproblem über § 92 Abs. 2 ZPO lösen will.

178 BGHZ 4, 138; 45, 92; BGH NJW 1970, 281; 1974, 1551.

– der Kläger muß die Größenordnung angeben, in der er sich ungefähr das angemessene Schmerzensgeld vorstellt, z. B. in Form eines Mindestbetrages[179]. Die Rechtsprechung verfährt hier sehr großzügig. Nach ihr kann die Vorstellung des Klägers auch aus einer Streitwertangabe oder der Höhe des eingezahlten Prozeßkostenvorschusses erschlossen werden. Es genüge sogar, wenn der Kläger sich die gerichtliche Festsetzung des Streitwerts oder des Wertes der Beschwer stillschweigend zu eigen mache und dadurch zu verstehen gebe, daß diese Werte seinen Vorstellungen von der Höhe des begehrten Betrages entsprechen[180].

Hat der Kläger einen in dieser Weise bestimmten, aber unbezifferten Antrag gestellt, so wird zwar bei **Zubilligung eines niedrigeren Schmerzensgeldes** seine Klage „im übrigen" abgewiesen[181]; eine Kostenbeteiligung nach § 92 Abs. 1 ZPO trifft ihn aber jedenfalls dann nicht, wenn die Abweichung lediglich der gerichtlichen Ermessensausübung zuzuschreiben ist. Beruht sie dagegen darauf, daß der Kläger mit einem wesentlichen Bemessungsgesichtspunkt beweisfällig geblieben ist (Beispiel: die behauptete Dauerschädigung wurde im eingeholten Gutachten nicht erwiesen) oder daß eine Einwendung des Beklagten durchgreift (z. B. Mitverschulden), oder war die Mindestforderung des Klägers schon bei Zugrundelegung seines eigenen Vorbringens völlig übersetzt, so ist er billigerweise an den Kosten zu beteiligen. **62**

Ein **höheres Schmerzensgeld** darf das Gericht ohne Verstoß gegen § 308 ZPO zuerkennen; eine prozentuale Begrenzung besteht hierfür nicht[182]. **63**

Der **Streitwert** ist nach dem Betrag zu beziffern, den das Gericht bei Zugrundelegung des Klagevorbringens als angemessen erachtet, darf jedoch einen vom Kläger geforderten Mindestbetrag nicht unterschreiten[183]. **64**

Durch **Versäumnisurteil** kann ein höheres als das vom Kläger angegebene Schmerzensgeld zugesprochen werden, wenn sein Vorbringen dies rechtfertigt. Läßt sein Vortrag nur die Zuerkennung eines geringeren Betrages zu, so ist insoweit ein Teilversäumnisurteil zu erlassen und die Klage im übrigen durch unechtes Versäumnisurteil abzuweisen[184]. **65**

An der für die Zulässigkeit eines Rechtsmittels erforderlichen **Beschwer** fehlt es, wenn der vom Gericht zugesprochene Betrag der vom Kläger angegebenen Größenordnung entspricht, z. B. den genannten Mindestbetrag erreicht oder übersteigt[185]. Das gilt auch, wenn sich die für die Schmerzensgeldbemessung maßgeblichen Verhältnisse während des Prozesses geändert haben (z. B. Nachoperationen durchgeführt werden mußten); der Kläger muß in einem solchen Fall also auch seine Mindestangabe anpassen[186]. Dagegen ist der Kläger beschwert, wenn sein Klageantrag oder eine zusätzlich abgegebene Erklärung so auszulegen ist, daß er einen Mindestbetrag geltend machen wollte und der zuerkannte Betrag niedriger ist[187] oder wenn ihm das Gericht statt der **66**

---

[179] BGH VersR 1977, 861; 1982, 96; *Dunz* NJW 1984, 1734; a. A. *Husmann* VersR 1985, 715; hierauf erwidernd *Bähr* VersR 1986, 533 und *Allgaier* VersR 1987, 31.

[180] BGH VersR 1984, 540; 1984, 740 = JR 1984, 501 m. Anm. *Lindacher*; *Prütting/Gielen* NZV 1989, 329 f.

[181] BGH VersR 1984, 541.

[182] BGH NZV 1996, 353 = JZ 1996, 1080 m. Anm. *Schlosser*. *Zöller/Greger* § 253, 14 a; a. A. OLGR Düsseldorf 1994, 239: 20%; *Dunz* NJW 1984, 1736; *Steinle* VersR 1992, 425.

[183] Vgl. *Zöller/Herget* § 3, 16 „Unbezifferte Klageanträge".

[184] *Zöller/Herget* § 331, 7.

[185] BGHZ 45, 91; BGH NJW 1969, 1427; 1970, 198; VersR 1977, 916; *Lepa* Schmerzensgeld, Mitverschulden 53.

[186] BGH VersR 1977, 916; *Lepa* Schmerzensgeld, Mitverschulden 53 f.

[187] BGH NZV 1992, 73.

in erster Linie beantragten Geldrente einen nur hilfsweise beantragten (gleichwertigen) Kapitalbetrag zugesprochen hat[188]. Aus einer nach Verkündung des Ersturteils eingetretenen Änderung der BGH-Rechtsprechung, die ein höheres Schmerzensgeld rechtfertigen würde, kann der Kläger, dem ein seinen Vorstellungen entsprechendes Schmerzensgeld zuerkannt worden ist, keine Beschwer ableiten[189]. Bei Klageabweisung ist er – was für die Revisionssumme bedeutsam sein kann – gleichfalls nur in Höhe der von ihm angegebenen Größenordnung beschwert; dies gilt auch bei der Bezeichnung als Mindestbetrag[190].

5. Allgemeine Voraussetzungen der Haftung nach § 823 Abs. 1 BGB

67 a) **Übersicht.** Die Haftung nach § 823 Abs. 1 BGB greift ein, wenn vorsätzlich oder fahrlässig eines der dort genannten absoluten Rechte oder Rechtsgüter widerrechtlich verletzt wird. Die wesentlichen Unterschiede gegenüber der Gefährdungshaftung nach § 7 StVG liegen also in folgenden Punkten:

- während § 7 StVG eine Sachbeschädigung, Tötung oder Verletzung des Körpers oder der Gesundheit voraussetzt, stellt § 823 Abs. 1 BGB auf die Verletzung eines absoluten Rechts oder Rechtsguts ab; hieraus können sich bei der Beschädigung von Sachen Unterschiede ergeben (vgl. Rdn. 70);
- das Merkmal der Widerrechtlichkeit spielt bei § 7 StVG keine Rolle (vgl. Rdn. 95);
- wer Ansprüche aus § 823 Abs. 1 BGB herleiten will, muß – anders als bei § 7 StVG – ein Verschulden (Vorsatz oder Fahrlässigkeit) beweisen (vgl. Rdn. 74);
- hieraus ergeben sich auch Unterschiede für die Zurechnung im Rahmen des Kausalzusammenhangs (vgl. Rdn. 90 f) und der Haftungsausfüllung (vgl. Rdn. 75).

68 b) **Rechtsgutverletzung.** Durch § 823 Abs. 1 BGB geschützte Rechtsgüter sind: Leben, Körper, Gesundheit, Freiheit, Eigentum sowie sonstige absolute Rechte. Als „sonstiges Recht" kommen im Bereich der Verkehrshaftung u. U. das Recht am eingerichteten und ausgeübten Gewerbebetrieb sowie das Recht zum Besitz in Betracht. Kein „sonstiges Recht" ist der Gemeingebrauch an einer Straße[191]. Wird aber durch einen Unfall die Nutzbarkeit eines Verkehrsmittels vereitelt, kommen Ansprüche aus Verletzung des Eigentums hieran in Betracht (s. Rdn. 70).

69 aa) Bei **Personenschäden** ergeben sich keine Abweichungen von der Gefährdungshaftung, so daß auf die Erl. zu §§ 10, 11 Bezug genommen werden kann.

70 bb) Bei **Sachschäden** ist zu beachten, daß § 7 an die **Beschädigung einer Sache** anknüpft (vgl. § 7, 142), während nach § 823 Abs. 1 BGB auch andere **Eingriffe in das Eigentum** die Haftung auslösen können. Eine physische Beeinträchtigung der Sache ist hier also nicht unbedingt erforderlich; es genügt auch, wenn die Benutzbarkeit der Sache verhindert worden ist. Haftung nach § 823 Abs. 1 BGB kann daher auch dann eintreten, wenn lediglich die Bewegungsmöglichkeit eines Fahrzeugs blockiert worden ist[192], oder wenn ein Grundstück infolge einer polizeilichen Anordnung, die wegen Explosionsgefahr nach einem Unfall erlassen worden ist, vorübergehend nicht benutzt werden kann[193].

71 Beim **Blockieren eines Verkehrswegs** durch einen Unfall kann daher der Verkehrsunternehmer, der sein Verkehrsmittel zeitweise nicht nutzen kann, hieraus resultierende

---

[188] BGH VersR 1984, 739.
[189] **A. A.** OLG Nürnberg VersR 1994, 735.
[190] BGH NZV 1996, 194; **a. A.** (nur untere Grenze) BayObLG NZV 1989, 28.
[191] BGH NJW 1977, 2265.
[192] BGHZ 55, 159; vgl. auch BGHZ 67, 382.
[193] BGH NJW 1977, 2265.

Schäden (z. B. Verdienstausfall oder die Kosten eines zur Schadensminderung oder im öffentlichen Interesse gebotenen Ersatzverkehrs) vom Unfallschuldigen ersetzt verlangen[194]. Der bloße Zeitverlust durch einen unfallbedingten **Verkehrsstau** ist allerdings kein ersatzfähiger Schaden; vorübergehende Hinderung am Gemeingebrauch einer öffentlichen Straße ist entschädigungslos hinzunehmen[195] (vgl. auch Schlußanh. I, 139). Auch wenn es zu echten Vermögenseinbußen durch die Nutzungsvereitelung gekommen ist (etwa Versäumung eines Geschäftstermins), ist deren Zurechenbarkeit, auch unter dem Gesichtspunkt des Mitverschuldens, genau zu prüfen: gewisse Verzögerungen im Verkehrsablauf müssen bei der Terminplanung einkalkuliert werden[196].

Die deliktische Haftung bei Sachschäden kann insofern auch enger sein als die Gefährdungshaftung, als letztere nicht nur dem Eigentümer Schadensersatzansprüche verschafft (vgl. § 7, 144). Allerdings wird dieser Unterschied dadurch relativiert, daß auch das Recht zum Besitz als von § 823 Abs. 1 BGB geschütztes Recht angesehen wird[197]. Zu beachten ist, daß auch mittelbare Eigentumsverletzungen von § 823 Abs. 1 BGB erfaßt werden[198]. Es ist aber genau zu prüfen, ob bei dem mittelbar Geschädigten tatsächlich eine Eigentumsverletzung und nicht nur eine Vermögensschädigung eingetreten ist. So wäre es etwa verfehlt, einem Unternehmer, der seine Produktion auf sog. just-in-time-Lieferungen eingestellt hat, Ersatz für Produktionsausfälle zuzusprechen, die auf eine unfallbedingte Lieferverzögerung zurückzuführen sind.

cc) Das **Recht am eingerichteten und ausgeübten Gewerbebetrieb** ist als „sonstiges 72
Recht" i. S. d. § 823 Abs. 1 BGB anerkannt. Bei Haftpflichtfällen im Straßenverkehr wird hieraus allerdings in aller Regel kein Anspruch hergeleitet werden können, weil Voraussetzung hierfür eine unmittelbar gegen den Gewerbebetrieb als solchen gerichtete, betriebsbezogene Beeinträchtigung ist[199]. Hieran fehlt es z. B., wenn der Betrieb mittelbar dadurch beeinträchtigt wird, daß die Stromzufuhr[200] oder der Fernsprechanschluß[201] unterbrochen oder daß ein Angestellter verletzt wird[202]. Auch Störungen des Bahnverkehrs durch Verkehrsunfälle sind in der Regel nicht als unmittelbar betriebsbezogene Eingriffe anzusehen[203], desgleichen das unbeabsichtigte Blockieren einer Zufahrt[204].

dd) Als (geschütztes) **Recht zum Besitz** kommt bei der Straßenverkehrshaftung vor 73
allem das Besitzrecht des Leasingnehmers in Betracht (vgl. hierzu § 7, 211).

c) **Verschulden.** Die Haftung aus § 823 Abs. 1 BGB setzt eine vorsätzliche oder fahr- 74
lässige Pflichtwidrigkeit voraus. Außerdem dürfen keine besonderen Schuldausschließungsgründe vorliegen (Rdn. 81 ff).

aa) **Vorsatz** ist die bewußte und gewollte Herbeiführung des schädigenden Ereignis- 75
ses. Bedingter Vorsatz, d. h. das bewußte Inkaufnehmen, reicht aus[205]. Nicht erforder-

---

194 LG Bielefeld NZV 1991, 315; AG Bonn NZV 1992, 450 (Falschparker); **a. A.** LG Frankenthal ZfS 1990, 336; LG Freiburg ZfS 1989, 189. Im Ausgangspunkt ebenso *Grüneberg* ZfS 1991, 255, der einen Ersatzanspruch aber für den Regelfall (nicht überzeugend) aus dem Gesichtspunkt des Handels auf eigene Gefahr verneint.

195 BGH NJW 1977, 2265.

196 Ähnlich *Grüneberg* ZfS 1991, 255, jedoch unter dem Aspekt fehlender Rechtswidrigkeit.

197 Vgl. *Palandt/Thomas* § 823, 13.

198 Beispiel: durch den Unfall wird die Stromleitung eines Energieversorgungsunternehmens beschädigt, der Stromausfall führt zu Verderb von Eiern in den Brutapparaten eines angeschlossenen Betriebs; vgl. BGHZ 41, 125.

199 BGHZ 29, 165.

200 BGH VersR 1977, 1006.

201 OLG Oldenburg VersR 1975, 866.

202 BGHZ 7, 30.

203 *Grüneberg* ZfS 1991, 255; **a. A.** *Kunz* VersR 1982, 26.

204 AG Rheinbach VersR 1986, 1131.

205 RGZ 153, 51; BGHZ 7, 311; BGH VersR 1954, 591.

lich ist, daß der Täter den Unfall in allen Einzelheiten, insbesondere auch Art und Umfang der Schadensfolgen, vorhergesehen hat[206]. Zum Vorsatz gehört nach h. M. jedoch das Bewußtsein der Rechtswidrigkeit, so daß bei einem Verbotsirrtum die Haftung entfällt[207] (vgl. Rdn. 81).

76 bb) **Fahrlässigkeit** liegt nach § 276 Abs. 1 Satz 2 BGB bei demjenigen vor, der die im Verkehr erforderliche Sorgfalt außer acht läßt. Hierbei darf nicht allein auf den objektiven Verstoß gegen eine Verhaltenspflicht, auch Verletzung der äußeren Sorgfalt genannt, abgestellt werden (s. hierzu Rdn. 78). Es muß vielmehr ein subjektives Moment, das Außerachtlassen der **inneren Sorgfalt**, das Hinwegsetzen über Erkennbarkeit und Vermeidbarkeit der Tatbestandsverwirklichung, hinzutreten[208], so z. B. daß der Pflichtenträger sich der Pflichtwidrigkeit nicht bewußt war, obwohl sie ihm bewußt werden konnte, oder daß er sich keine Gedanken gemacht hat[209]. Häufig wird sich zwar die innere Fahrlässigkeit schon anhand des äußeren Sorgfaltsverstoßes feststellen lassen. Es geht aber zu weit, wenn der BGH[210] schreibt, die Verletzung der äußeren Sorgfalt indiziere entweder die der inneren oder es spreche ein Anscheinsbeweis für die Verletzung der inneren Sorgfalt. Eine solche Gleichschaltung verkennt, daß in vielen Fällen die Vorwerfbarkeit eines Pflichtenverstoßes nur aufgrund von Umständen beurteilt werden kann, die sich einer typisierenden Betrachtungsweise entziehen.

77 Für die Prüfung von Erkennbarkeit und Vermeidbarkeit ist nicht auf das Können, die Geistesgegenwart und die Entschlußfähigkeit der wegen Schadenersatz in Anspruch genommenen Person abzustellen, sondern ein **objektiver Maßstab** anzulegen, der auf einen besonnenen, gewissenhaften Angehörigen des betreffenden Verkehrskreises (z. B. Kraftfahrer, Fußgänger, Halter) abstellt[211]. Zwar sind an diesen angesichts der Gefährlichkeit des Straßenverkehrs strenge Anforderungen zu stellen; doch darf dies nicht dazu führen, jeden objektiven Verstoß gegen Verkehrsregeln als schuldhaft zu bezeichnen und damit den Begriff der unerlaubten Handlung seines Sinngehalts zu entkleiden. Zu fordern ist nicht „jede nach den Umständen des Falles gebotene Sorgfalt" wie in § 7 Abs. 2 Satz 2, sondern nur die gewöhnliche Sorgfalt (vgl. zu dem allerdings nicht sehr erheblichen Unterschied Rdn. 228). In BGH VersR 1972, 559 wird mit Recht darauf hingewiesen, daß nicht das Unterlassen jeder denkmöglichen Sicherheitsmaßnahme ein Verschulden darstellt; es genüge vielmehr, daß ein Sicherheitsgrad erreicht wird, der nach der im betreffenden Bereich herrschenden Verkehrsauffassung für erforderlich erachtet werde. Anders als bei der Gefährdungshaftung ist Maßstab bei der Haftung aus unerlaubter Handlung nicht der ideale Fahrer, der an alle Möglichkeiten denkt und in jeder Situation optimal reagiert, sondern derjenige, der sein Verhalten auf die allgemeinen Verkehrsbedürfnisse ausrichtet. Hierbei darf grundsätzlich auf verkehrsgerechtes Verhalten der anderen Verkehrsteilnehmer vertraut werden (sog. Vertrauensgrundsatz, vgl. Rdn. 227). Eingerissene Verkehrsunsitten entlasten den Schädiger nicht[212]. Dagegen begründen Fahrfehler und Fehlreaktionen infolge unvermuteter Ge-

---

206 RGZ 69, 344; 136, 10; 148, 165; BGH NJW 1953, 542; BGH VersR 1971, 806.

207 RGZ 72, 6; 84, 194; BGHZ 67, 280; 69, 142; BGH VersR 1966, 875; NJW 1985, 135; *Larenz* § 20 II; *Esser/Schmidt* § 26 I; **a. A.** *MünchKomm/Hanau* § 276, 58; *Enneccerus/Nipperdey* II § 210 I 2; *Nipperdey* NJW 1957, 1780.

208 *Larenz* § 20 IV; *Deutsch* § 18 III u. JZ 1988, 993; *v. Bar* 175; *Greger* NJW 1992, 3270.

209 BGH VersR 1958, 522; 1978, 870; *v. Bar* 175.

210 VersR 1986, 766.

211 BGH VersR 1968, 395; *Deutsch* § 18 IV 4; *v. Bar* 177 f.

212 *Deutsch* § 18 II 1 unter Bezugnahme auf die Protokolle der Kommission für die II. Lesung des Entwurfs des BGB S. 604.

fahrensituationen nicht den Vorwurf der Fahrlässigkeit[213]. Besondere persönliche Eigenschaften (etwa Sehschwäche, geringe Intelligenz) entlasten den Schädiger nicht[214]; bei jugendlichem oder hohem Alter wird jedoch eine gruppenspezifische Betrachtung angestellt[215] (näher Rdn. 86).

Unter **äußerer Sorgfalt**, der zweiten Komponente des Fahrlässigkeitsbegriffs, ist das „sachgemäße" Verhalten zu verstehen, d. h. das einer tatbestandlichen Verhaltensnorm oder den allgemeinen Anforderungen zum Schutz eines Rechtsguts vor Gefahren entsprechende Verhalten[216] (z. B. die zweite Rückschau vor dem Linksabbiegen, die Einhaltung eines Sicherheitsabstands beim Überholen, die Abgabe eines Warnzeichens bei unklarem Verhalten eines Fußgängers). Dieses Fahrlässigkeitselement – eigentlich das grundlegende, denn auf die innere Sorgfalt kommt es nur an, wenn eine Verletzung der äußeren feststeht – stimmt überein mit den von der Rechtsprechung herausgearbeiteten „Verkehrspflichten"[217] (näher hierzu Rdn. 217 ff). **78**

Abweichende Fahrlässigkeitsmaßstäbe können im Hinblick auf die ausdrückliche und abschließende Regelung in § 276 Abs. 1 Satz 2 BGB nur durch den Gesetzgeber begründet werden. Dies ist z. B. geschehen für das Verhältnis zwischen Ehegatten (§ 1359 BGB), zwischen Eltern[218] und Kindern (§ 1664 Abs. 1 BGB) sowie zwischen Gesellschaftern (§ 708 BGB) („Sorgfalt wie in eigenen Angelegenheiten"): hier wird der objektiv-typisierende Maßstab der inneren Fahrlässigkeit (s. Rdn. 77) durch einen subjektiven ersetzt[219]. Diese Haftungsprivilegierung gilt jedoch nach der Rechtsprechung nicht für die Haftung als Teilnehmer am Straßenverkehr. Hier greift der Grundsatz ein, daß die Sorgfaltsanforderungen bei allen Teilnehmern am Verkehr gleich sein müssen; niemand soll sich darauf berufen können, er verletze gewöhnlich die Verkehrsvorschriften[220] (vgl. aber zu der evtl. eingreifenden Stillhaltepflicht zwischen Angehörigen Rdn. 326). Zu Recht wendet ein Teil des Schrifttums § 1664 BGB auch auf die Verletzung der Aufsichtspflicht gegenüber Kindern nicht an[221]. **79**

In der Rechtsprechung findet sich häufig die Formulierung, bei bestimmten Verkehrsvorgängen schulde der Kraftfahrer eine **gesteigerte Sorgfalt**, oft auch als „höchstmögliche", „äußerste" Sorgfalt o. ä. bezeichnet[222]. Gestützt wird dies darauf, daß in den entsprechenden Vorschriften der StVO (z. B. über das Wenden [§ 9 Abs. 5] oder über das Ausfahren aus einem Grundstück [§ 10]) vom Kraftfahrer verlangt wird, sich so zu verhalten, „daß eine Gefährdung anderer Verkehrsteilnehmer ausgeschlossen ist"[223]. Formulierungen in der amtlichen Begründung zur StVO 1970 und zu den durch spätere **80**

---

213 BGH VersR 1982, 443; OLG Hamm VersR 1984, 1076; NZV 1992, 186 (Aufschaukeln eines Wohnanhängers); 1996, 410 (Ausweichen vor Rehen).

214 BGHZ (GrS) 24, 27; BGH VersR 1968, 378; *Deutsch* § 18 IV 2.

215 BGHZ 39, 286; *Deutsch* § 18 IV 2.

216 *Deutsch* § 18 III 3; *ders.* Fahrlässigkeit und erforderliche Sorgfalt 95 f; *U. Huber* Festschrift E. R. Huber 265. Kritisch *Larenz* § 20 IV.

217 *v. Bar* 175.

218 Nicht übertragbar auf andere Personen; BGH NZV 1996, 64.

219 Vgl. *Deutsch* § 18 VI 2.

220 BGHZ 46, 317; 53, 352; 61, 104; 68, 220; BGH VersR 1971, 836; 1973, 941; NJW 1988, 1208; OLG Karlsruhe Justiz 1976, 511. OLG Hamm NJW 1993, 542 will diese Ausnahme nur bei Pflichtverletzungen als Kraftfahrer eingreifen lassen. Vgl. auch *Bern* NZV 1991, 452.

221 Vgl. *Sundermann* JZ 1989, 933 ff m. w. Nachw.

222 Z. B. BGH VersR 1985, 835; OLG Karlsruhe VersR 1989, 925; OLG Hamm VersR 1979, 266; KG VRS 70, 465; OLG München NZV 1990, 274. Weitere Nachw. bei *Greger* NJW 1992, 3269.

223 Weitere Vorschriften dieser Art: § 2 Abs. 3 a, § 3 Abs. 2 a, § 5 Abs. 4, § 7 Abs. 5, §§ 14, 20 Abs. 1 StVO.

Änderungen eingefügten Vorschriften legen tatsächlich die Annahme nahe, daß der Verordnungsgeber einen von § 276 Abs. 1 Satz 2 BGB abweichenden Sorgfaltsmaßstab normieren wollte[224]. Dies ist jedoch wegen des Vorrangs des Gesetzes nicht möglich. Die „Gefährdungsausschlußtatbestände" der StVO können daher nur so verstanden werden, daß sie den Kraftfahrer in den betreffenden Verkehrssituationen zu besonders umsichtigem Verhalten aufrufen sollen. Der Kraftfahrer schuldet auch in diesen Fällen nicht mehr als die „im Verkehr erforderliche Sorgfalt" des § 276 Abs. 1 Satz 2 BGB; ihm soll nur, gewissermaßen mittels „psychologischer Schockwirkung"[225], verdeutlicht werden, daß hierzu in den genannten Verkehrssituationen ein besonders umsichtiges Verhalten gehört. Gegen eine solche Normtechnik bestehen Bedenken. Beim Wort genommen verlangen die betreffenden Vorschriften etwas Unmögliches, denn bei der Komplexität des heutigen Verkehrsgeschehens kann eine Gefährdung anderer kaum jemals völlig ausgeschlossen werden. Es bleibt also unklar, welches Verhalten die Vorschriften anordnen. Damit verstoßen sie gegen das Bestimmtheitsgebot[226] (vgl. Anh. § 16, 36 u. 112).

81 cc) **Schuldausschluß durch Irrtum.** Irrte der Schädiger über die Tatbestandsverwirklichung oder über die Rechtswidrigkeit seines Verhaltens, so kann ihm grundsätzlich **kein Vorsatz** angelastet werden (s. o. Rdn. 75). Handelt es sich allerdings um die Verletzung eines Schutzgesetzes (§ 823 Abs. 2 BGB) aus dem Straf- oder Ordnungswidrigkeitenrecht, so erfaßt der dort geltende Grundsatz, daß nur der unvermeidbare Verbotsirrtum entlastet (§§ 17 StGB, 11 Abs. 2 OWiG), auch die zivilrechtliche Haftung[227]. Die Beweislast für den Verbotsirrtum trägt der, der sich darauf beruft.

82 Ist der Vorsatz wegen Verbotsirrtums zu verneinen, kommt gleichwohl Haftung wegen **Fahrlässigkeit** in Betracht. Vom Fahrlässigkeitsvorwurf entlasten kann nur der Irrtum, der entschuldbar ist, d. h. nicht seinerseits auf Fahrlässigkeit beruht[228].

83 Zur erforderlichen Sorgfalt i. S. d. § 276 Abs. 1 Satz 2 BGB gehört es auch, die **Rechtmäßigkeit** des eigenen Verhaltens zu überprüfen und sich hierüber zu informieren. Daher entlastet nur der entschuldbare Rechtsirrtum den Schädiger auch vom Fahrlässigkeitsvorwurf. An die Entschuldbarkeit sind hierbei strenge Anforderungen zu stellen. Die für ihn geltenden Verkehrsvorschriften muß jeder Verkehrsteilnehmer kennen, über Änderungen muß er sich auf dem laufenden halten. Grundsätzlich muß er auch über die Konkretisierung der Verkehrsvorschriften durch die Rechtsprechung Bescheid wissen[229], doch dürfen die Anforderungen hier nicht überspannt werden. Kann sich der Schädiger für seine Rechtsansicht auf die Entscheidung eines Kollegialgerichts berufen, so wird sein Irrtum in der Regel zu entschuldigen sein, es sei denn, es wäre für ihn erkennbar gewesen, daß es sich bei der Entscheidung um eine allgemein für unvertretbar gehaltene Abweichung von der h. M. gehandelt hat. Bei zweifelhafter Rechtslage darf er sich nicht seine eigene Rechtsanschauung zurechtlegen; vielmehr muß er sich so verhalten, daß Gefahren möglichst vermieden werden.

84 dd) **Schuldunfähigkeit.** Nicht zurechnungsfähig sind Bewußtlose oder krankhaft Geistesgestörte, die sich in einem die freie Willensbestimmung ausschließenden Zustand befinden (§ 827 BGB), sowie Kinder, die das siebente[230] Lebensjahr noch nicht

---

224 Näher *Greger* NJW 1992, 3268.
225 *Mühlhaus* DAR 1975, 244; ähnlich *Krümpelmann* Festschrift Lackner 302.
226 Näher *Greger* NJW 1992, 3272 f.
227 BGH NJW 1962, 911; 1985, 135; **a. A.** *Mayer-Maly* AcP 170, 159 ff.
228 Vgl. *Deutsch* § 18 V 1.
229 Krit. hierzu *Westerhoff* NJW 1985, 457.
230 Für Heraufsetzung auf 10 Jahre *Scheffen* DAR 1991, 125, für Prüfung dieser Frage durch den Gesetzgeber der Arbeitskreis II des VGT 1991 (s. NZV 1991, 103).

vollendet haben (§ 828 Abs. 1 BGB). Jugendliche zwischen 7 und 18 Jahren sowie Taubstumme sind nicht zurechnungsfähig, wenn sie bei Begehung der schädigenden Handlung nicht die erforderliche Einsicht haben (§ 828 Abs. 2 BGB; s. Rdn. 86 f). Das Vorliegen eines solchen Zustands hat der zu beweisen, der sich darauf beruft[231]. Zu der in solchen Fällen in Betracht kommenden Billigkeitshaftung s. Rdn. 145 ff.

Bewußtlosigkeit kann durch Krankheit oder krankhafte Erscheinungen (Blutdruck- 85
schwankungen, Fieber, Epilepsie u. a.), durch Medikamente und durch Alkohol herbeigeführt werden[232]. Die bloße Minderung der Verstandes- oder Willenskraft stellt keinen die freie Willensbestimmung ausschließenden Zustand dar. Deshalb kann ein wegen Geisteskrankheit oder Geistesschwäche Entmündigter schuldfähig sein[233]. Auch der Unfall selbst kann einen Unfallschock hervorrufen, der zur Bewußtseinsstörung führt, so daß derjenige, der im Schock handelt, für seine Handlungen nicht verantwortlich ist. Eine solche Gesundheitsfolge des Unfalls ist aber nur in außergewöhnlichen Fällen denkbar[234]. Für Alkohol und sonstige berauschende Mittel gilt nach § 827 Satz 2 BGB die Besonderheit, daß die Haftung wegen Fahrlässigkeit bestehen bleibt, wenn der durch sie Berauschte schuldhaft in diesen Zustand geraten ist. Auch ansonsten kann sich eine Verantwortlichkeit für den im Zustand der Schuldunfähigkeit verursachten Unfall daraus ergeben, daß sich der Schädiger nicht über seine Fahrtüchtigkeit vergewissert hat (vgl. Rdn. 232). Für die Unzurechnungsfähigkeit wegen Alkoholgenusses gibt es keine bestimmte Promillegrenze; Fahruntüchtigkeit genügt nicht[235].

Bei **Jugendlichen** und **Taubstummen** ist — auch für die Beweisführung — die Frage 86
des Verschuldens (Fahrlässigkeit) von der Frage der Einsichtsfähigkeit (§ 828 Abs. 2 BGB) zu unterscheiden.

Der **Verschuldensnachweis** obliegt dem Kläger. Er hat zu beweisen, daß der Jugendliche nach den Maßstäben des § 276 BGB schuldhaft gehandelt hat, d. h. daß er die konkrete Gefährlichkeit seines Verhaltens erkennen konnte. Zwar ist das Maß der erforderlichen Sorgfalt, die der Täter beobachtet haben muß, um frei von Haftung zu sein, nach objektiven Maßstäben zu bemessen. Hierbei muß aber das Alter des Kindes berücksichtigt werden[236]. Fährlässigkeit liegt also nur vor, wenn ein Jugendlicher der betreffenden Altersgruppe die Gefährlichkeit seines Tuns unter den z. Z. der Tat gegebenen Umständen hätte erkennen müssen[237]. Da es nur auf die Merkmale der Altersgruppe ankommt, haben die individuelle Willensfähigkeit des Jugendlichen und sein persönliches Hemmungsvermögen außer Betracht zu bleiben.

So kann z. B. ein Elfjähriger erkennen, daß er sich selbst gefährdet, wenn er ohne Beachtung 87
des Fahrverkehrs eine verkehrsreiche Straße überquert[238], nach OLG Stuttgart NZV 1992, 185 auch schon ein normal entwickelter Siebenjähriger; ein Achtjähriger weiß, daß das Abspringen von einem Lkw gefährlich ist[239]. Dagegen kann von ihm nicht das Bewußtsein erwartet werden, daß es falsch ist, die Straße schräg zu überqueren, um den Abstand zum herannahenden Verkehr zu vergrößern[240].

---

231 BGH VersR 1982, 849; 1986, 1241 = JZ 1987, 40 m. Anm. *Baumgärtel* = JR 1987, 238 m. Anm. *Dunz*.

232 Nach AG Dortmund NZV 1992, 325 auch durch einen Hustenanfall wegen Verschlukkens eines Bonbons.

233 RGZ 108, 90; RG JW 1912, 24.

234 BGH VersR 1966, 458.

235 OLG Köln VersR 1995, 205 (selbst 3–3,3‰).

236 BGH VersR 1964, 1023.

237 BGH VersR 1964, 1023; 1967, 158; 1970, 374; OLG Bamberg VersR 1965, 989; Überblick bei *Geigel/Schlegelmilch* 16. Kap. 42.

238 BGH VersR 1966, 831.

239 KG VersR 1966, 297.

240 OLG Schleswig NZV 1993, 471.

88 Dem Beklagten obliegt dagegen der **Beweis der fehlenden Einsichtsfähigkeit**, d. h. er muß nachweisen, daß er die zur Erkenntnis der Verantwortlichkeit erforderliche Einsicht nicht besessen habe[241]. Hier kommt es auf die Eigenschaften des Täters an, vor allem die, in denen er sich von seinen Altersgenossen unterscheidet. Maßgebend ist hier nicht, ob der Jugendliche den schädlichen Erfolg seines Tuns oder Unterlassens vorhersehen konnte, sondern lediglich, ob er das Unrecht seines Tuns oder Unterlassens erkennen konnte[242]. Dabei kommt es in erster Linie auf die geistige und sittliche Reife an[243]. Mit schlechten Schulzeugnissen allein kann dieser Beweis in der Regel nicht geführt werden[244]. Im allgemeinen hat ein Jugendlicher Unrechtseinsicht, wenn er die Gefährlichkeit seines Verhaltens kennt[245] oder wenn er fähig gewesen wäre, sie zu erkennen. Hatte der Jugendliche zwar die erforderliche Einsicht, war er aber nicht in der Lage, seiner Einsicht entsprechend zu handeln, so entfällt seine Haftung nicht[246]. Zu den medizinischen und psychologischen Grundlagen der Entscheidung über die haftungsrechtliche Verantwortlichkeit s. *Nödl* 57 ff und *Neuhaus* VGT 1991, 72 ff.

89 Liegen Verschulden und Einsichtsfähigkeit vor, so haftet der Jugendliche **uneingeschränkt**. Eine Begrenzung bei leichter Fahrlässigkeit, Existenzgefährdung des Jugendlichen und Versicherungsschutz des Opfers ist weder aus dem Gesetz noch – wie das OLG Celle[247] gemeint hat – aus der Verfassung abzuleiten. Erst recht ist es nicht möglich, die „Wertungen und Zielsetzungen des Jugendstrafrechts“ als Argumente für eine Haftungsbeschränkung heranzuziehen, wie dies *Kuhlen* (sogar zu Lasten des nicht versicherten Opfers!) befürwortet hat[248]. Zu Recht haben *Lorenz*[249] und *Canaris*[250] geltend gemacht, daß sich das Problem der existenzgefährdenden Haftung für leichte Fahrlässigkeit nicht nur bei Jugendlichen stellt. Während *Canaris* als generelle Lösung des Problems seine Lehre vom Einwand des Rechtsmißbrauchs bei übermäßiger Haftung anbietet (vgl. hierzu Rdn. 327), wäre es nach *Lorenz* allein Sache des Gesetzgebers, Abhilfe zu schaffen. Ob hierfür aus praktischer und rechtsethischer Sicht ein wirkliches Bedürfnis besteht, erscheint indes fraglich[251].

90 d) **Zurechnungszusammenhang.** Zwischen dem schuldhaften Verhalten und der Rechtsverletzung sowie zwischen dieser und dem Schaden muß ein kausaler Zusammenhang bestehen. Wegen der Unterscheidung zwischen haftungsbegründender und haftungsausfüllender Kausalität kann auf § 7, 152, wegen des zivilrechtlichen Kausalitätsbegriffs auf § 7, 40 ff, wegen der mittelbaren Verursachung auf § 7, 63 ff Bezug genommen werden.

91 Besonderheiten ergeben sich bei der deliktischen Haftung jedoch aus der **Schutzzwecklehre.** Nach dieser mittlerweile von der Rechtsprechung übernommenen Lehre[252]

---

241 BAG NJW 1967, 220; OLG Stuttgart VersR 1957, 67.

242 RGZ 146, 216; 156, 193; BGH VersR 1953, 28; 1954, 118; 1954, 221; 1959, 732; 1964, 385; 1965, 503; OLG Neustadt VRS 5, 32; OLG Braunschweig VersR 1954, 460.

243 BGH VersR 1957, 131; 1959, 393; 1959, 732; 1960, 633; OLG Celle VersR 1957, 46; OLG Hamm VersR 1959, 540; OLG München VersR 1960, 862.

244 OLG Stuttgart VersR 1957, 67.

245 OGH NJW 1950, 905; BGH VersR 1954, 221; OLG München VersR 1964, 931.

246 BGH VersR 1970, 467; 1984, 641; **a. A.** OLG Nürnberg OLGZ 1967, 143. Für Gesetzesänderung *Scheffen* DAR 1991, 123.

247 VersR 1989, 709 m. Anm. *Lorenz*. Ähnlich LG Bremen NJW-RR 1991, 1432: Regreßklage des Versicherers sei wegen Rechtsmißbrauchs zur Zeit unbegründet.

248 JZ 1990, 273.

249 VersR 1989, 712.

250 JZ 1990, 679.

251 Verneinend auch die Antwort der Bundesregierung auf eine Frage des Abgeordneten *Holtz* (BTDrucks. 11/6628).

252 Vgl. *Esser/Schmidt* § 33 III; *Larenz* § 27 III 2; BGHZ 27, 138; 35, 315; 57, 142; BGH NJW 1968, 2287; 1969, 372; VersR 1976, 639; 1978, 183; 1982, 297.

bedarf die Adäquanzlehre (§ 7, 48), durch die nur gänzlich unwahrscheinliche Kausalabläufe von der Zurechenbarkeit ausgenommen werden, der Korrektur durch eine wertende Beurteilung: für einen Schaden soll dann gehaftet werden, wenn er nach Art und Entstehensweise unter den Schutzzweck der verletzten Norm fällt („Rechtswidrigkeitszusammenhang"). Dies gilt nicht nur für die eigentlichen Schutzgesetzverletzungen nach § 823 Abs. 2 BGB, sondern auch für § 823 Abs. 1 BGB[253] (wegen Einzelheiten zum Schutzzweck verkehrsrechtlicher Normen s. Rdn. 100 ff). Die Haftung entfällt daher z. B. für solche Schadensfolgen, die dem Schadensereignis gegenüber zwar adäquat, bei wertender Betrachtung aber dem allgemeinen Lebensrisiko des Verletzten zuzurechnen sind[254].

Auch die Problematik des sog. **rechtmäßigen Alternativverhaltens** ist vom Schutzzweck der jeweiligen Haftungsnorm aus zu beurteilen[255]. Damit sind jene Fälle gemeint, in denen der Schädiger geltend macht, der Schaden wäre (möglicherweise) auch dann eingetreten, wenn er sich rechtmäßig verhalten hätte, seine Haftung aber nicht schon mangels Kausalität nach der condicio-sine-qua-non-Formel (§ 7, 44 ff) entfällt. So verhält es sich z. B., wenn er wegen eines Unfalls in Anspruch genommen wird, der auf verbotswidriges Parken seines Kraftfahrzeugs zurückzuführen ist, und wenn er behauptet, die gleiche Unfallsituation hätte sich auch aufgrund eines zulässigen Haltens seines Kraftfahrzeugs ergeben können. Die Beachtlichkeit derartiger Einwände richtet sich danach, ob (und inwieweit) der Schaden gleichwohl vom Schutzzweck der verletzten Norm erfaßt wird. Im Beispielsfall wäre die Haftung zu bejahen (d. h. der Einwand des rechtmäßigen Alternativverhaltens als unbeachtlich anzusehen): Schutzzweck der Parkverbote ist (auch) die Freihaltung der Fahrbahn im Interesse der Sicherheit und Flüssigkeit des Verkehrs; daß die StVO, um einem Bedürfnis nach der Zulassung kurzfristigen Verweilens Rechnung zu tragen, unter bestimmten Voraussetzungen das bezeichnete Interesse des fließenden Verkehrs zurücktreten läßt und das Risiko von Störungen des Verkehrsablaufs im Rahmen einer Interessenabwägung in Kauf nimmt, ändert hieran nichts, denn der Parkende hat den Bereich dieses ausnahmsweise in Kauf genommenen Risikos verlassen und damit den Schutzzweck der Grundnorm verletzt[256]. 92

Wäre es auch bei rechtmäßigem Verhalten (z. B. Einhaltung der zulässigen Höchstgeschwindigkeit) zu dem Unfall gekommen, hätte dieser dann jedoch **weniger schwere Folgen** gehabt, so beurteilt sich die Verantwortlichkeit für die bei normgerechtem Verhalten ausgebliebenen Folgen gleichfalls nach dem Schutzzweckgedanken. Besteht der Zweck der übertretenen Vorschrift gerade auch darin, besonders schwere Folgen eines Unfalls zu vermeiden, so sind solche Folgen dem Übertretenden auch dann anzulasten, wenn der Unfall als solcher ihm nicht zuzurechnen ist. Bei Geschwindigkeitsvorschriften wird ein solcher Schutzzweck regelmäßig zu bejahen sein: sie sollen nicht nur Unfälle überhaupt verhüten, sondern im Falle eines auf anderer Ursache (etwa der Unvorsichtigkeit eines Fußgängers) beruhenden Unfalls auch dessen Folgen mindern. Zur entsprechenden Problematik bei der Gefährdungshaftung vgl. § 7, 356). 93

Zur Zurechnung **alternativer Kausalität** bei Tatbeteiligung mehrerer (§ 830 Abs. 1 Satz 2 BGB) vgl. § 7, 81 ff. Anders als bei der Gefährungshaftung muß im Rahmen 94

---

253 Vgl. BGHZ 27, 138; 32, 205; BGH NJW 1968, 2287; zur Geltung für § 7 StVG vgl. § 7, 53 ff.
254 Vgl. BGH NJW 1968, 2287.
255 *Staudinger/Medicus* § 249 111 f; *Lange* § 4 XII 5.
256 Österr. OGH ZVR 1990, 328. Im Ergebnis ebenso (ohne nähere Begründung) OLG Hamm NZV 1991, 271.

der deliktischen Haftung aber feststehen, daß jeder der Beteiligten rechtswidrig[257] und schuldhaft gehandelt hat. War einer der Beteiligten deliktsunfähig nach §§ 827, 828 BGB, so scheidet eine Haftung der anderen potentiellen Schädiger aus[258].

95 e) **Widerrechtlichkeit.** Ein wesentlicher Unterschied zur Haftung nach § 7 StVG liegt auch darin, daß nur die widerrechtliche Verletzung des fremden Rechtsguts zur deliktischen Haftung führt. Allerdings wird die Widerrechtlichkeit als haftungsbegründendes Merkmal in § 823 BGB vom Verschuldenserfordernis überlagert, so daß sie hier kaum eigenständige Bedeutung hat[259]. Im Bereich des Verkehrshaftpflichtrechts kommen auch kaum Rechtfertigungsgründe in Betracht. Allenfalls die Rechtfertigung durch Notstand kann gelegentlich praktische Bedeutung haben; sie greift z. B. ein, wenn jemand, um der Verletzung durch ein Fahrzeug zu entgehen, dieses (§ 228 BGB) oder eine andere Sache, z. B. den Gartenzaun beim Ausweichmanöver (§ 904 BGB), beschädigt. Ob sich der Schädiger verkehrswidrig verhalten hat, ist entgegen verbreiteter Lehre[260] keine Frage der Widerrechtlichkeit, sondern der Fahrlässigkeit und damit des Verschuldens[261].

96 Eine gewisse Bedeutung hat in letzter Zeit der Rechtfertigungsgrund der **Einwilligung** erlangt, da in nicht unerheblichem Umfang fingierte Fahrzeugkollisionen zum Zwecke des Versicherungsbetruges herbeigeführt werden. Die Einwilligung muß der in Anspruch genommene Versicherer beweisen (s. hierzu Rdn. 352, 373; zu den prozeßrechtlichen Fragen, die sich aus dem Interessenkonflikt mit dem Versicherungsnehmer ergeben, Rdn. 816 ff). Der in Rechtsprechung und Schrifttum verschiedentlich erörterte Fall, daß lediglich dem Fahrer, nicht aber dem Eigentümer des beschädigten Fahrzeugs die Verabredung des „Unfalls" nachgewiesen werden kann, dürfte bei sachgerechter und lebensnaher Beweiswürdigung[262] kaum vorkommen (immerhin ist der Eigentümer der alleinige Nutznießer der Aktion). Muß gleichwohl von Gutgläubigkeit des Eigentümers ausgegangen werden, so kann sich der Haftpflichtversicherer in der Regel wegen der vorsätzlichen Schadensherbeiführung auf den Risikoausschluß des § 152 VVG berufen (wegen etwaiger Ansprüche gegen die Verkehrsopferhilfe s. § 12 Abs. 1 Nr. 3 VVG; vgl. hierzu Rdn. 859 ff). Ist jedoch auch auf der Schädigerseite der Fahrzeughalter gutgläubig (z. B. weil, wie häufig, ein Mietwagen benutzt wird), so kommt eine Eintrittspflicht für die Halterhaftung nach § 7 in Betracht[263], die in der Regel zu einer Schadensteilung nach § 17 Abs. 1 Satz 2 führen wird[264]. § 9 ist hier nicht anwendbar und würde im übrigen ebenfalls nur eine Reduzierung, keinen Ausschluß der Haftung bewirken[265]. Für eine Zurechnung der Einwilligung des Fahrers zu Lasten des Eigentümers besteht keine Rechtsgrundlage[266].

---

257 BGHZ 72, 358; BGH VersR 1979, 822.

258 OLG Schleswig MDR 1983, 1023; a. A. *RGRKomm/Steffen* § 830, 17 m. w. Nachw.

259 Vgl. *Deutsch* § 14 IV.

260 BGHZ (GrS) 24, 21 = NJW 1957, 986 m. Anm. *Bettermann*; *Welzel* NJW 1968, 425; *Nipperdey* NJW 1967, 1991; *Wiethölter* Der Rechtfertigungsgrund des verkehrsrichtigen Verhaltens.

261 *Staudinger/Werner* 81 ff vor § 276; mit Einschränkungen *Larenz* § 79 III 2 c; offengelassen in BGH VersR 1987, 906.

262 Vgl. OLG Celle NZV 1988, 182; *Dannert* NZV 1993, 15 (allerdings unter unzutreffender Heranziehung des Anscheinsbeweises, vgl. Rdn. 373). Auch die Eigentümerstellung wird in solchen Fällen kritisch zu prüfen sein; vgl. OLG Hamm VersR 1993, 1094 LS; *Lemcke* RuS 1993, 121.

263 Vgl. BGH VersR 1971, 459; *Dannert* NZV 1993, 14; s. auch Rdn. 806.

264 OLG Hamm NZV 1993, 68; OLG Schleswig NZV 1995, 114.

265 Übersehen von OLG Stuttgart NZV 1990, 314; zutr. OLG Hamm NZV 1993, 69 f; *Jagusch/Hentschel* § 17 StVG, 4.

266 Dafür aber (ohne Angabe einer Vorschrift) OLG Celle NZV 1991, 269 und *Dannert* NZV 1993, 15.

6. Haftung wegen Verstoßes gegen ein Schutzgesetz (§ 823 Abs. 2 BGB)

Nach § 823 Abs. 2 BGB trifft auch denjenigen die deliktische Haftung, der gegen ein den Schutz des Verletzten bezweckendes Gesetz verstößt. Zumeist wird diese Haftung mit jener aus § 823 Abs. 1 BGB zusammentreffen; sie setzt jedoch nicht die Verletzung eines der dort genannten absoluten Rechte oder Rechtsgüter voraus und umfaßt daher auch reine Vermögensnachteile. Außerdem braucht sich die Fahrlässigkeit nicht auf die Rechtsgutsverletzung, sondern nur auf den Gesetzesverstoß zu beziehen; Voraussehbarkeit der Schädigung ist daher nicht erforderlich[267]. 97

a) **Begriff des Schutzgesetzes.** Schutzgesetz im Sinn des § 823 Abs. 2 BGB ist eine Norm, der die Bestimmung innewohnt, den einzelnen Mitgliedern eines Personenkreises (zu dem der Geschädigte gehört) einen besonderen Rechtsschutz zu verleihen. Der Umstand, daß eine Norm bestimmten Personen zum Vorteil gereicht, genügt mithin nicht. Ob die Norm ein Schutzgesetz darstellt, ergibt sich aus ihrem Inhalt und ihrem Zweck. Maßgebend ist, ob der Gesetzgeber den besonderen Schutz der Mitglieder eines Personenkreises (als einzigem Zweck des Gesetzes oder neben anderen Zwecken) gewollt und diesen Willen zum Ausdruck gebracht hat[268]. Die Schutzwirkung des Gesetzes muß von ihm unmittelbar gewollt sein und darf sich nicht nur als Reflexwirkung eines in seiner Hauptrichtung anders gerichteten Zweckes ergeben[269]. Oft ergibt sich die Absicht des Gesetzgebers, an die Verletzung der von ihm geschützten Interessen auch deliktische Schadensersatzansprüche zu knüpfen, erst aus umfassender Würdigung des Zusammenhangs, in den er die Norm gestellt hat[270]. Zur Begründung der Haftung genügt es somit nicht, daß ein Gesetz allgemein betrachtet als Schutzgesetz qualifiziert werden kann. Erforderlich ist vielmehr, daß es – in persönlicher und sachlicher Hinsicht – gerade den Schutz gewähren will, den der Verletzte im konkreten Fall in Anspruch nimmt (vgl. Rdn. 99). Bei Beachtung dieser Grenze erscheinen die rechtsstaatlichen Bedenken nicht begründet, die *Peters*[271] daraus herleitet, daß § 823 Abs. 2 BGB auf Vorschriften Bezug nimmt, die nicht unter haftungsrechtlichen Gesichtspunkten erlassen wurden. 98

b) **Begrenzung der Haftung durch den Schutzzweck der Norm.** Wer gegen ein Schutzgesetz verstößt und hierdurch einen Schaden hervorruft, ist zum Schadenersatz nur verpflichtet, wenn der Schaden an einem Rechtsgut eingetreten ist, das die Schutzvorschrift sichern will, und durch eine Gefahr, vor der sie das Rechtsgut bewahren will[272]. Verkehrsvorschriften wollen zumeist nicht vor allen, sondern jeweils nur vor bestimmten Gefahren des Straßenverkehrs schützen, so daß die Verletzung einer solchen Norm nicht in jedem Falle zur Haftung nach § 823 Abs. 2 BGB führt (Einzelfälle: Rdn. 100 ff). Dies gilt nicht nur hinsichtlich der Art der Gefahrverwirklichung, sondern auch hinsichtlich der Person des Verletzten oder der Art der Rechtsgutsverletzung. Daher haftet z. B. der Kraftfahrer einem Kind, das für ihn vor dem Unfall nicht erkennbar war, nicht deswegen, weil er in bezug auf ein anderes Kind vorsichtiger hätte fahren müssen[273] und kann derjenige, der ein fremdes Fahrrad eigenmächtig benutzt, den Eigentümer nicht für dessen verkehrsunsicheren Zustand haftbar machen[274]. Die 99

[267] BGH VersR 1972, 1072.
[268] BGHZ 7, 207; 12, 148; 22, 296; 29, 102; BGH MDR 1951, 97; VersR 1973, 921; 1975, 45; 1978, 921; OLG Frankfurt NJW 1955, 109; *Knöpfle* NJW 1967, 697.
[269] BGHZ 66, 390.
[270] BGH VersR 1978, 609.
[271] JZ 1983, 913.
[272] BGHZ 19, 126; 22, 296; 27, 140; 28, 365; 29, 102; BGH NJW 1957, 1762; VersR 1972, 1072; 1975, 37; 1975, 45; 1977, 524; 1978, 921; OLG Karlsruhe NJW 1957, 874; OLG Düsseldorf NJW 1957, 1153.
[273] BGH NZV 1991, 23.
[274] OLG Braunschweig NZV 1992, 152.

Verletzung einer Norm, die nur Leib, Leben und Sachwerte schützen will, kann nicht zur Haftung für einen reinen Vermögensschaden führen (zur Frage, ob der Schutzzweckgedanke auch auf Vermögensfolgeschäden anderer Rechtsgutsverletzungen anzuwenden ist, vgl. § 7, 155). So kann etwa der Arbeitgeber des Verletzten den durch dessen unfallbedingten Ausfall entstandenen Verlust oder der durch eine unfallbedingte Verkehrsstockung aufgehaltene Kraftfahrer seine hierdurch hervorgerufenen Vermögenseinbußen nicht unter Berufung auf einen Verstoß des Schädigers gegen die StVO ersetzt verlangen[275].

100 c) **Einzelfälle zum Schutzzweck** (nach Paragraphen geordnet)

§ 21 StVG (Zulassen des Fahrers ohne Fahrerlaubnis) ist Schutzgesetz[276], auch zum Schutz des Beifahrers.

101 **§ 1 Abs. 2 StVO.** Diese Generalklausel für das Verhalten im Straßenverkehr ist Schutzgesetz im Sinne des § 823 Abs. 2 BGB[277], denn Zweck dieser Vorschrift ist es, die Schädigung anderer zu vermeiden. Wird daher in einem konkreten Fall ein Verstoß gegen § 1 Abs. 2 StVO bejaht, so ist damit zugleich die Aussage über die Verletzung seines Schutzzwecks getroffen (vgl. das Beispiel in Rdn. 102). Auch eine mittelbare Schädigung (z. B. das Angefahrenwerden an der Unfallstelle durch einen Dritten) kann nach BGH NJW 1972, 1806 noch vom Schutzzweck des § 1 Abs. 2 StVO erfaßt sein.

102 **§ 2 StVO.** Das **Verbot der Gehwegbenutzung** (Abs. 1) mit Fahrzeugen (auch Fahrrädern) schützt nur den Fußgängerverkehr, nicht z. B. einen Kraftfahrer, der aus einer Grundstücksausfahrt kommend den Gehweg überqueren will[278]. In diesen Fällen kann sich jedoch eine Haftung des Radfahrers aus § 1 Abs. 2 StVO ergeben, denn dieser muß, wenn er schon verbotenerweise auf dem Gehweg fährt, besonders in Rechnung stellen, daß ein etwa aus einer Ausfahrt Kommender nicht mit seinem Auftauchen rechnet, und so langsam fahren, daß er sofort anhalten kann[279]. Hat der Verletzte seinerseits ebenfalls unbefugt den Gehweg befahren, ist er nicht in den Schutzbereich des Verbots einbezogen[280]. Das **Rechtsfahrgebot** (Abs. 2) dient nur dem Schutz der Verkehrsteilnehmer, die sich in Längsrichtung auf derselben Straße bewegen, also dem Gegen- und Überholverkehr[281]. Es dient also nicht auch dem Schutz derer, die diese Straße, auch als Fußgänger, überqueren[282] oder in sie einbiegen[283] oder aus dem Gegenverkehr nach links abbiegen wollen[284]. Ein Schutz des Seitenverkehrs kann sich jedoch an unübersichtlichen Einmündungen aus § 1 Abs. 2 StVO ergeben, weil der bevorrechtigte Verkehr sich dort auf ein Hineintasten von Wartepflichtigen einstellen muß (vgl. Anh. § 16, 92). Das Rechtsfahrgebot verfolgt auch den Zweck, dem Gegenverkehr einen Teil der Fahrbahn zur Verfügung zu halten, in dem es ihm möglich ist, wegen plötzlich auftretender Situation Fahrmanöver vorzunehmen, deren Auswirkungen sich innerhalb der dynamischen Spurweite auf der rechten Fahrbahnhälfte bewe-

---

[275] BGH NJW 1977, 2265.

[276] BGH NJW 1979, 2309.

[277] BGH NJW 1972, 1806; AG Frankfurt/M. NJW-RR 95, 728 (Bespritzen eines Fußgängers).

[278] *Haarmann* NZV 1992, 176; *Grüneberg* NZV 1992, 282; a. A. OLG Hamburg NZV 1992, 281; *Jagusch/Hentschel* § 2 StVO 29.

[279] *Grüneberg* NZV 1992, 283.

[280] OLG Frankfurt VersR 1996, 1122 m. zust. Anm. *Looschelders*; *Haarmann* NZV 1992, 176; *Greger* NZV 1997, 40; offenlassend BGH NJWE-VHR 1996, 114; übersehen von OLG Düsseldorf NZV 1997, 36.

[281] BGH NZV 1991, 23 und ständige Rechtsprechung; eingehend mit zahlreichen Nachweisen *Haarmann* NZV 1993, 374.

[282] BGH VersR 1964, 1069; 1975, 37; OLG Köln VersR 1984, 645.

[283] BGH VersR 1963, 163; 1977, 524.

[284] Denn diese dürfen sich nicht über die Fahrbahnmitte hinaus einordnen; BGH VersR 1981, 837; a. A. OLG Schleswig RuS 1990, 233.

gen; es schützt daher auch die Ausweichbewegung innerhalb des Fahrstreifens wegen einer geöffneten Tür eines am rechten Fahrbahnrand parkenden Kraftwagens[285].

Die **Radwegbenutzungspflicht** (Abs. 4 Satz 2) dient der Unfallverhütung durch Trennung von Kraftfahrzeug- und Radfahrverkehr („Verkehrsentmischung"). Daher ist, wenn es trotz vorhandenen Radwegs zu einer Kollision zwischen Kraftfahrzeug und Radfahrer auf der Fahrbahn kommt, der Schutzzweck dieser Vorschrift betroffen, und zwar auch bei Unfall mit einem stehenden Kraftfahrzeug[286]. **103**

§ 3 StVO. § 3 Abs. 1 Satz 2 StVO, wonach der Fahrzeugführer seine Geschwindigkeit insbesondere den Straßen-, Verkehrs- und Sichtverhältnissen anzupassen hat, ist ein Schutzgesetz i. S. von § 823 Abs. 2 BGB auch zugunsten der anderen Verkehrsteilnehmer, die von der mit überhöhter Geschwindigkeit verbundenen Unfallgefahr in erster Linie betroffen sind[287]. Nicht mehr vom Schutzzweck des § 3 Abs. 1 StVO erfaßt ist jedoch ein Unfall, zu dem es dadurch kommt, daß ein infolge überhöhter Geschwindigkeit ins Schleudern geratenes Fahrzeug auf dem Seitenstreifen der BAB liegenbleibt und später ein gleichfalls wegen überhöhter Geschwindigkeit schleuderndes Fahrzeug gegen dieses prallt[288]. **104**

Geschwindigkeitsbegrenzungen haben nicht den Zweck, zu verhindern, daß sich ein bestimmtes Fahrzeug zu einem bestimmten Zeitpunkt an einer bestimmten Stelle befindet. Daher genügt die bloße Tatsache, daß ein Kraftfahrer verbotswidrig zu schnell gefahren war, mithin bei Beachtung der Verkehrsvorschriften noch nicht an der Stelle gewesen wäre, an welcher er dann mit dem Verletzten zusammengestoßen ist, nicht für die Begründung eines Zurechnungszusammenhangs. Entscheidend ist vielmehr, ob sich die zu hohe Geschwindigkeit auf die Vermeidbarkeit des Unfalls ausgewirkt hat, d. h. der Kraftfahrer die kritische Situation ohne Unfall hätte meistern können, wenn er zum Zeitpunkt der Erkennbarkeit der Gefahr die erlaubte Geschwindigkeit eingehalten hätte[289]. Für die Berechnung der Stelle, an der der Fahrer die Gefahr erkennen konnte, ist hierbei auf die tatsächlich gefahrene, nicht auf die an sich zulässige Höchstgeschwindigkeit abzustellen[290]. Es ist also z. B. zunächst rückzurechnen, wo sich der Fahrer befand, als das auf die Straße laufende Kind für ihn sichtbar wurde; sodann ist zu ermitteln, ob der Zusammenstoß vermieden worden wäre, wenn der Fahrer an dieser Stelle die zulässige Geschwindigkeit eingehalten hätte. **105**

Ohne Bedeutung ist es hierbei nach einer umstrittenen Entscheidung des 4. Strafsenats des BGH[291], wenn der Unfall dann nur dank der eigenen Fortbewegung des anderen Verkehrsteilnehmers vermieden worden wäre. Dem ist zuzustimmen. Der Schutzzweck von Geschwindigkeitsbeschränkungen würde zu sehr verengt, wenn die Haftung davon abhängig gemacht würde, daß der andere Verkehrsteilnehmer sein Verhalten am Vertrauen auf die Einhaltung der zugelassenen Geschwindigkeit orientiert hat[292]. Wie der BGH in der genannten Entscheidung ausführt, dient § 3 StVO dem Schutz anderer Verkehrsteilnehmer vor den Gefahren hoher Geschwindigkeiten. Diese Gefahren verwirklichen sich auch dann, wenn der Fahrzeugführer infolge überhöhter Geschwindigkeit nicht mehr so bremsen kann, daß der andere noch die Chance hat, einer Kollision **106**

---

285 KG VM 1985, Nr. 109.

286 *Jagusch/Hentschel* § 2 StVO 67; a. A. LG München I DAR 1992, 346 m. abl. Anm. *Berr*.

287 BGH VersR 1972, 1073; 1985, 638.

288 OLG Braunschweig VersR 1995, 977.

289 BGH VersR 1977, 524; DAR 1985, 62.

290 OLG Bremen NZV 1988, 142.

291 BGHSt 33, 61; krit. hierzu *Streng* NJW 1985, 2809, *Ebert* JR 1985, 356, *Puppe* JZ 1985, 295. Zur Auffassung des 4. Strafsenats neigend auch OLG Bremen NZV 1988, 142.

292 So *Streng* NJW 1985, 2809.

zu entgehen. Die Erwägung von *Streng*[293], bei einer anderen Konstellation der Bewegungsabläufe hätte es gerade infolge vorschriftsmäßiger Geschwindigkeit zum Unfall kommen können, stellt auf rein hypothetische Vorgänge ab und kann daher die Rechtsansicht des BGH nicht erschüttern.

107 Bei einer räumlich begrenzten Geschwindigkeitsbeschränkung, z. B. innerhalb geschlossener Ortschaft, einer durch Verkehrszeichen angeordneten Verbotsstrecke oder einer Engstelle, ist die Schutzwirkung jedoch grundsätzlich auf den Geltungsbereich beschränkt[294]. Ein Fußgänger, der kurz hinter dem Ortsende von einem bereits innerorts mehr als 50 km/h fahrenden Kraftfahrzeug erfaßt wird, kann sich deshalb nur dann auf den Schutz des § 3 Abs. 3 Nr. 1 StVO berufen, wenn er sich auf die Einhaltung der zulässigen Geschwindigkeit durch den Kraftfahrer eingerichtet hatte.

108 Die Geschwindigkeitsbegrenzung für bestimmte Arten von Kraftfahrzeugen hat auch den Zweck, solche Fahrzeuge von einem gefahrvollen Überholen auszuschließen[295].

109 Das aus § 3 Abs. 2 a StVO herzuleitende Gebot, bei Anwesenheit von Kindern, alten und hilflosen Menschen besonders aufmerksam, mit verringerter Geschwindigkeit und erhöhter Bremsbereitschaft zu fahren, schützt nur denjenigen, der diese Pflichten im konkreten Fall selbst ausgelöst hat, nicht einen anderen, mit dessen Anwesenheit der Kraftfahrer nicht rechnen mußte[296].

110 Zu der Frage, ob Geschwindigkeitsbeschränkungen auch den Zweck haben, besonders schwere Unfallfolgen zu vermeiden, s. Rdn. 93.

111 **§ 4 StVO.** Das Gebot, vom Vorausfahrenden angemessenen Abstand zu wahren, bezweckt auch, dem Fahrer die Übersicht über die Fahrbahn zu verbessern und ihm eine Reaktion auf plötzlich auftauchende Gefahren zu ermöglichen; es dient damit auch dem Schutz von Fußgängern auf der Fahrbahn[297].

112 **§ 5 StVO.** Ein Überholverbot dient nicht nur der Sicherung des Gegenverkehrs, sondern auch der des Nachfolgeverkehrs; ereignet sich bei einem Zuwiderhandeln ein Unfall, so kann auch derjenige seine Ansprüche hierauf stützen, der selbst verbotswidrig überholt hat[298]. Der aus einem Grundstück Ausfahrende wird durch ein Überholverbot nicht geschützt[299]. Die Vorschrift, daß ein links eingeordnetes Fahrzeug rechts zu überholen ist (Abs. 7 S. 1), dient nicht dem Schutz eines von links kommenden Wartepflichtigen[300].

113 **§ 7 StVO.** Abs. 5 dient nicht dem Schutz des Gegenverkehrs, insbesondere wenn er einen gesperrten Fahrstreifen benutzt[301].

114 **§ 8 StVO.** Das Gebot, an eine nicht durch Verkehrszeichen geregelte Kreuzung nur mit mäßiger Geschwindigkeit heranzufahren, dient auch dem Schutz des Wartepflichtigen[302], nicht aber dem eines die Fahrbahn querenden Fußgängers[303]. Auch das Stoppschild dient nicht dem Schutz eines jenseits der Kreuzung die Fahrbahn querenden Fußgängers[304].

115 **§ 9 StVO.** Die Rückschaupflicht nach § 9 Abs. 1 Satz 4 StVO schützt auch den Fahrer eines Fahrzeugs, das einem zum Überholen ansetzenden Fahrzeug unmittelbar und damit für den abbiegenden Fahrer möglicherweise nicht sichtbar folgt[305].

---

293 AaO.
294 BGH VersR 1985, 638; OLG Düsseldorf NZV 1992, 238; OLG Hamm VRS 61, 354.
295 BGH VersR 1969, 900.
296 BGH NZV 1991, 23; OLG Köln VersR 1996, 210.
297 OLG München NJW 1968, 653.
298 BGH VersR 1968, 578.
299 OLG Saarbrücken VM 1980, Nr. 50.
300 **A. A.** österr. OGH ZVR 1995, 264.
301 KG VersR 1979, 1031.
302 BGH VersR 1977, 917.
303 **A. A.** OLG Celle VRS 49, 25.
304 OLG Düsseldorf VersR 1978, 744.
305 OLG Karlsruhe VersR 1988, 413.

Der Schutzzweck des Abs. 5 bezieht sich nicht ausschließlich auf den fließenden Verkehr. Geschützt wird z. B. auch ein Grundstücksausfahrer vor der durch einen Rückwärtsfahrer geschaffenen Gefahrenlage[306]. Nicht geschützt werden dagegen Personen auf dem Grundstück gegenüber einem in dieses Einfahrenden[307]. 116

§ 12 StVO. In erster Linie bezwecken Park- und Haltverbote die Freihaltung der Fahrbahn im Interesse der Sicherheit und Flüssigkeit des Durchgangsverkehrs[308]. Daher wird ein Unfall, der auf die Anwesenheit des Fahrzeugs im Verbotsbereich, etwa die hierdurch bedingte Fahrbahnverengung, zurückzuführen ist, vom Schutzzweck des Verbots umfaßt. Wurde gegen ein eingeschränktes Haltverbot oder ein Parkverbot verstoßen, so kann sich der betreffende Fahrer nicht darauf berufen, daß der Unfall sich bei einem erlaubten Halten ebenso hätte ereignen können, denn sein Verhalten hat jedenfalls eine unfallkausale Gefahrerhöhung bewirkt[309]. Die Verbote dienen aber auch dem Schutz der die Fahrbahn überquerenden Fußgänger. Dies hat BGH VersR 1983, 438 für den Fall des **absoluten** Haltverbots entschieden; es muß jedoch, wendet man die Rechtsprechung des BGH zur Gefahrerhöhung konsequent an, auch bei den sonstigen Verstößen gelten[310]. Der haftungsbegründende Kausalbeitrag wird in diesen Fällen regelmäßig in einer Sichtbehinderung liegen[311]. Einbezogen in den Schutzbereich sind weiterhin die Ein- und Ausfahrenden an einer gegenüberliegenden Grundstücksausfahrt[312]. Der Schutzzweck des Parkverbots auf Vorfahrtstraßen außerhalb geschlossener Ortschaften umfaßt den fließenden Verkehr in beiden Richtungen[313]. Das Verbot, vor Lichtzeichen und negativen Vorfahrtzeichen so zu halten, daß diese verdeckt werden, dient auch dem Schutz des Querverkehrs[314]. Das Verbot des Parkens auf Gehwegen bezweckt auch, Fußgänger davor zu schützen, daß sie sich auf dem Gehweg an einem Fahrzeug verletzen[315]. Ein Baustellenhaltverbot dient nicht dem Schutz von Vermögensinteressen des Straßenbauunternehmers[316]. Ist ein Parkplatz durch ein entsprechendes Zusatzschild zum Zeichen 314 einer bestimmten Fahrzeugart (z. B. nur Pkw) vorbehalten, so kann das dadurch begründete Verbot einer Benutzung durch andere Fahrzeuge auch dem Schutz der zugelassenen Fahrzeuge dienen; ob dies allerdings auch gilt, wenn ein Pkw einen Lkw-Parkplatz benutzt[317], ist zu bezweifeln. 117

§ 14 StVO. Die vorgeschriebenen Maßnahmen gegen unbefugte Benutzung bezwecken auch den Schutz vor Verkehrsverstößen während der Schwarzfahrt[318] sowie vor Unfällen bei der Verfolgung des unbefugten Benutzers[319]. 118

§ 15 StVO. Der Verstoß gegen die Pflicht zur Absicherung liegengebliebener Fahrzeuge ist ein solcher gegen ein Schutzgesetz[320]. 119

§ 20 StVO. Die Vorschrift, daß an haltenden Schulbussen nur mit mäßiger Geschwindigkeit vorbeigefahren werden darf (Abs. 1 a a. F.), diente nicht dem Schutz eines die Straße überquerenden Erwachsenen[321]. Seit der Änderung des § 20 mit Wirkung vom 120

306 OLG Köln VersR 1992, 332.
307 OLG Düsseldorf NZV 1993, 198.
308 BGH VersR 1987, 259; OLG Hamm NZV 1991, 271; österr. OGH ZVR 1990, 328.
309 BGH VersR 1987, 260; OLG Karlsruhe VersR 1991, 1260 LS; OLG Hamm NZV 1991, 271 (Halten in zweiter Reihe); LG Nürnberg-Fürth NZV 1991, 434; österr. OGH NZV 1991, 262.
310 OLG München VersR 1985, 869; a. A. OLG Schleswig NZV 1991, 188.
311 Hieran fehlte es z. B. in OLG Köln VersR 1993, 122.
312 OLG Köln NJW-RR 1987, 478.
313 BGH VersR 1987, 259.
314 OLG Köln NZV 1990, 268.
315 LG Karlsruhe NJW-RR 1987, 479.
316 LG Stuttgart NJW 1985, 3028.
317 So OLG Köln NZV 1991, 471.
318 BGHZ 37, 311; BGH NJW 1971, 459.
319 BGH VersR 1981, 40.
320 BGH VersR 1969, 895.
321 OLG Hamm VRS 60, 38.

1. August 1995 besteht diese Unterscheidung zwar nicht mehr. Jedoch dürfte sich der Schutzzweck der Norm nach wie vor nur auf Busbenutzer beziehen.

121 **§ 21 a StVO.** Das Anschnallgebot dient nicht dazu, Beschädigungen des Kraftfahrzeugs durch einen bei starkem Bremsen gegen die Frontscheibe prallenden Fahrgast zu vermeiden[322].

122 **§ 25 StVO.** Die Vorschrift, daß Fußgänger die Gehwege zu benützen haben, dient in erster Linie dem Schutz der Fußgänger[323]. Dasselbe gilt für Fußgängerüberwege; diese schützen nicht den eine Vorfahrtstraße kreuzenden Fahrzeugverkehr[324].

123 **§ 32 StVO.** Das Verbot von Fahrbahnverschmutzungen und Verkehrshindernissen dient fraglos dem Schutz des fließenden Verkehrs[325], nicht aber dem Schutz spielender Kinder vor herumliegenden Gegenständen[326]. Das Aufstellen von Blumenkästen, Pollern, Metallschwellen u. ä. auf der Fahrbahn zum Zweck der **Verkehrsberuhigung** verstößt gegen § 32 StVO, wenn dadurch der Verkehr gefährdet oder erschwert werden kann[327]. Dies ist außerhalb verkehrsberuhigter Zonen (Zeichen 325/326 der StVO)[328] zu bejahen, so daß die bezeichneten Maßnahmen nur mit einer Ausnahmegenehmigung der Straßenverkehrsbehörde (§ 46 Abs. 1 Nr. 8 StVO) vorgenommen werden dürfen[329]. Dagegen fallen bauliche Maßnahmen zur Geschwindigkeitshemmung (Fahrbahnverengungen, Aufpflasterungen) nicht unter den Begriff „Gegenstände" im Sinne von § 32 StVO[330]. Zu den Anforderungen der Verkehrssicherungspflicht in diesen Fällen s. Rdn. 591 ff.

124 **§ 37 StVO.** Das Gebot, bei „Rot" vor der Kreuzung zu halten, dient auch dem Schutz des entgegenkommenden Verkehrsteilnehmers, der nach links abbiegen will[331]. Eine ca. 15 m vor der Kreuzung stehende Fußgängerampel dient jedoch nicht dem Schutz von entgegenkommenden Linksabbiegern[332].

125 **§ 38 StVO.** Die Warnung durch ein gelbes Blinklicht an einem Reinigungsfahrzeug bezieht sich nur auf Gefahren, die von dem Fahrzeug bzw. von diesem aus ausgeführten Arbeiten ausgehen[333].

126 **§ 40 StVO.** Das Warnzeichen „Kinder" (Zeichen 136) dient nur deren Schutz, nicht dem Schutz der Insassen eines Kraftfahrzeugs[334].

127 **§ 41 Abs. 2 StVO.** Ein **Haltegebot** (Zeichen 206) dient nicht dem Schutz eines jenseits der Kreuzung die Fahrbahn querenden Fußgängers[335].

128 Die Einrichtung von **Sonderwegen** (Nr. 5, Zeichen 237 ff) dient auch dem Schutz der zugelassenen Benutzer (insbesondere Fußgänger und Radfahrer) vor solchen Gefahren, die durch die nicht zugelassenen Verkehrsteilnehmer (vgl. Buchst. a der genannten Vorschrift), hervorgerufen werden. Nicht zuzustimmen ist daher der Ansicht des LG Bonn[336], der Sturz eines Radfahrers wegen des plötzlichen Auftauchens eines Reitpferdes auf dem Radweg bei Dunkelheit sei nicht vom Schutzweck des Benutzungsverbotes

---

322 LG Frankfurt/M. NJW-RR 1994, 924.
323 BGH VersR 1969, 1022.
324 KG VersR 1977, 377.
325 BGH VersR 1961, 442; OLG Frankfurt NZV 1991, 469.
326 OLG Düsseldorf NJW 1957, 1153.
327 OLG Frankfurt NZV 1991, 469; *Jagusch/Hentschel* § 32 StVO, 8; a. A. OLG Hamm NZV 1994, 400.
328 Hierzu *Berr* DAR 1991, 281; *Stollenwerk* VersR 1995, 21.
329 OLG Frankfurt NZV 1991, 470; *Gall* NZV 1991, 135.
330 A. A. *Gall* NZV 1991, 135.
331 BGH VersR 1981, 837.
332 BGH VersR 1982, 701.
333 OLG Düsseldorf NZV 1992, 188.
334 OLG Hamburg VersR 1976, 945.
335 OLG Düsseldorf VersR 1978, 744.
336 NZV 1994, 363.

erfaßt. Der Schutzzweck eines Sonderfahrstreifens für Linienomnibusse (Zeichen 245) besteht dagegen nur darin, einen flüssigen Linien- und Taxiverkehr zu gewährleisten[337].

Die Mißachtung eines **Verkehrsverbots** (Nr. 6) kann Verstoß gegen ein Schutzgesetz **128a**
sein[338]. Dies gilt jedoch dann nicht, wenn der Schaden unabhängig von der Gefahr, vor der das Verbot schützen soll, eingetreten ist. So haftet z. B. der Fahrer eines Pkw, der verbotswidrig in eine nur für Anlieger freigegebene Straße einfährt, seinen Insassen bei einem Begegnungszusammenstoß nicht schon wegen der Mißachtung des Verbots[339]. Der Schutzzweck des Verkehrsverbots durch Zeichen 262 besteht in erster Linie darin, Fahrzeuge fernzuhalten, für die die Tragfähigkeit der Straße auf Dauer nicht ausreicht, nicht aber darin, Unfälle mit entgegenkommenden Fahrern, die trotz des Verkehrsverbots mit der Begegnung von voluminösen Fahrzeugen rechnen müssen, zu verhindern[340]. Das Zeichen 268 („Schneeketten sind vorgeschrieben") dient auch dem Zweck, Unfälle durch hängenbleibende Fahrzeuge, auch anläßlich ihrer Bergung, zu vermeiden[341]. Dagegen dient es nicht dazu, das Erreichen einer über 50 km/h liegenden Geschwindigkeit zu verhindern[342].

Aus welchem Grund ein **Streckenverbot** (Nr. 7), insbesondere eine Geschwindigkeits- **129**
beschränkung angeordnet wurde, ist für seinen Schutzumfang unerheblich. Ist ein Unfall durch zu hohe Geschwindigkeit verursacht worden, kann der Verursacher also nicht geltend machen, die Begrenzung diene einem anderen Zweck (z. B. Lärmschutz) als der Verhütung eines Unfalls der konkreten Art[343].

§ 41 Abs. 3 StVO. Ununterbrochene Mittellinie (Nr. 3) und Sperrfläche (Nr. 6) die- **130**
nen in erster Linie dem Schutz des Gegenverkehrs[344]. Sie schützen aber dort, wo sie sich wegen der Enge der Fahrbahn faktisch wie ein Überholverbot auswirken, auch das Vertrauen des Vorausfahrenden, nicht mit einem Überholtwerden rechnen zu müssen[345], desgleichen den auf die Gegenfahrbahn einbiegenden Verkehr[346].

§ 18 StVZO. Darauf, daß ein unfallbeteiligtes Kraftfahrzeug nicht zum Verkehr zuge- **131**
lassen war, beruht der Unfall in der Regel nicht[347].

§§ 20 ff StVZO. Keine Schutzgesetze sind die Vorschriften über die Betriebserlaubnis **132**
und den Fahrzeugbrief[348].

§ 27 StVZO. Veräußert jemand sein Kraftfahrzeug, ohne die Veräußerung gem. § 27 **133**
Abs. 3 Satz 1 StVZO der Zulassungsstelle mit Namen und Anschrift des Erwerbers anzuzeigen, so kann er aus Verletzung dieser Vorschrift haftbar sein, wenn der Erwerber mit dem nicht zugelassenen Fahrzeug fährt, nicht aber wegen Verletzung von § 1 PflVG, denn diese Vorschrift trifft nur den Inhaber der Sachherrschaft[349].

§ 29 d StVZO. Die in Absatz 1 geregelten Pflichten des Halters dienen nach h. M. **134**
nicht dem Verkehrsschutz[350].

---

337 KG VersR 1982, 583.
338 BGH VersR 1955, 183.
339 BGH VersR 1970, 159; s. a. OLG Köln VersR 1982, 154.
340 OLG Hamm NJW-RR 1990, 526.
341 Vgl. österr. OGH NZV 1991, 262.
342 Vgl. österr. OGH NZV 1992, 479.
343 Vgl. österr. OGH NZV 1991, 262.
344 OLG Hamm NJW 1959, 2323; OLG Düsseldorf DAR 1976, 214.
345 BGH VersR 1987, 908; OLG Hamm VM 1986, Nr. 8.
346 OLG Köln NZV 1990, 72; LG Aachen VersR 1992, 334; a. A. OLG Düsseldorf VRS 63, 60.
347 BGH VersR 1966, 1156; vgl. auch österr. OGH VersR 1985, 199.
348 BGH VRS 56, 110.
349 BGH VersR 1974, 754.
350 BGH VersR 1980, 457; *Jagusch/Hentschel* § 29 d StVZO, 7; *Cypionka* JuS 1983, 23; a. A. OLG München VersR 1973, 236; *Schlosser* JuS 1982, 660.

135 **§ 36 StVZO.** Die Vorschrift über die Mindesttiefe des Reifenprofils ist ein Schutzgesetz[351]. Ihre Verletzung führt jedoch nur dann zur Haftung des Fahrers und des Halters, wenn diese nicht den Nachweis führen, daß der Unfall sich auch bei ausreichendem Profil in gleicher Weise ereignet hätte[352]. Wer als Halter oder Fahrer wegen des schlechten Zustands eines Reifens damit rechnen muß, daß dieser platzt, hat auch dafür einzustehen, daß er nach dem Platzen des Reifens auf der Autobahn langsam fahren muß und daß deshalb ein anderes Kraftfahrzeug auf seinen Wagen auffährt[353]. Zwar braucht der Reservereifen nicht hinsichtlich der Profiltiefe dem § 36 Abs. 2 StVZO zu entsprechen. Einen Reservereifen mit geringerer Profiltiefe darf aber ein Taxi- oder Mietwagenunternehmer dem Fahrer oder Mieter des Wagens nicht mitgeben; er würde durch diesen Verstoß gegen seine Verkehrssicherungspflicht für Unfälle einzustehen haben, für die der schlechte Zustand des inzwischen vom Fahrer oder Mieter montierten Reifens ursächlich ist[354].

136 **§ 142 StGB.** Die Strafvorschrift für unerlaubtes Entfernen vom Unfallort bezweckt primär den Schutz von Vermögensinteressen, nämlich des Interesses des bei einem Verkehrsunfall Geschädigten an der Erhaltung der Beweismöglichkeiten zur Durchsetzung seiner Ersatzansprüche[355]. Ihr Schutzzweck umfaßt auch Schäden, die ein Dritter erleidet, weil er im Interesse des Geschädigten den flüchtenden Schädiger verfolgt[356].

137 **§ 248 b StGB** schützt zwar den Berechtigten gegen unbefugten Gebrauch seines Kraftfahrzeugs, nicht aber andere Verkehrsteilnehmer[357].

138 **§ 317 StGB** ist kein Schutzgesetz zugunsten der einzelnen Fernsprech- oder Fernschreibteilnehmer. Erleiden diese daher durch eine unfallbedingte Unterbrechung der Fernmeldeverbindung einen Vermögensschaden, so haben sie keinen Ersatzanspruch gegen den Unfallverursacher[358].

139 **§ 6 PflVG** ist Schutzgesetz, setzt aber „Gestattung" des Betriebs des nicht versicherten Fahrzeugs voraus; hieran fehlt es, wenn der Halter das Fahrzeug unversichert veräußert hat und der Erwerber später damit fährt[359] oder wenn eine vom Halter erteilte Erlaubnis zur Benutzung des Fahrzeugs auf nichtöffentlichen Wegen dazu mißbraucht wird, das Fahrzeug auch auf öffentlichen Wegen zu benutzen[360]. Außerdem schützt die Vorschrift den Geschädigten nur davor, seine Ansprüche nicht realisieren zu können, nicht vor der Schädigung als solcher[361]. In mehrfacher Hinsicht verkannt ist der Schutzzweck des § 6 PflVG in der Entscheidung des OLG Nürnberg NZV 1993, 273, derzufolge der Überlasser des nicht versicherten Fahrzeugs nach § 823 Abs. 2 BGB für die Verletzung einer Person haften muß, die in dem Pkw mitfuhr, nachdem die Entleiherin des Wagens diesen einem Dritten überlassen hatte.

140 Die **Gefahrgutverordnung Straße** (GGVS) ist Schutzgesetz zugunsten geschädigter Grundeigentümer[362].

141 Auf die **Bauordnungen** der Länder können Ersatzansprüche desjenigen, der durch einen Unfall von der Stromversorgung abgeschnitten wird und hierdurch einen Vermögensschaden erleidet, nicht gestützt werden[363].

---

351 BGH VersR 1969, 1025.
352 BGH VersR 1969, 615.
353 BGH VersR 1968, 1165.
354 BGH VersR 1968, 1033.
355 BGH VersR 1981, 161.
356 Vom BGH aaO offengelassen.
357 BGHZ 22, 296.
358 BGH VersR 1977, 616.
359 BGH VersR 1974, 754; 1979, 766.
360 BGH NZV 1988, 140; zum Irrtum über die Öffentlichkeit des Weges s. OLG Zweibrücken NZV 1990, 476.
361 BGH VersR 1980, 457.
362 OLG Hamm NJW-RR 1993, 914.
363 BGHZ 66, 388.

d) **Verschulden.** Der für die Haftungsbegründung erforderliche Verschuldensgrad richtet sich nach der Regelung in dem betreffenden Schutzgesetz: verlangt es Vorsatz, so kann auch ein Anspruch nach § 823 Abs. 2 BGB nur bei Vorsatz entstehen, ansonsten genügt Fahrlässigkeit[364]. Kann gegen ein Schutzgesetz auch ohne Verschulden verstoßen werden (im Verkehrshaftpflichtrecht kaum praktisch), so ist nach § 823 Abs. 2 Satz 2 BGB zur Begründung der Haftung gleichwohl mindestens Fahrlässigkeit erforderlich. Die Fahrlässigkeit (Voraussehbarkeit) braucht sich nur auf den Gesetzesverstoß, nicht auch auf die Schädigung zu beziehen (vgl. Rdn. 97). Weitere Einzelheiten zum Verschulden s. Rdn. 74 ff. **142**

e) **Widerrechtlichkeit** ist auch bei § 823 Abs. 2 BGB erforderlich (näher hierzu Rdn. 95). **143**

f) Wegen **Beweisfragen** vgl. Rdn. 346 ff. **144**

7. Billigkeitshaftung

a) **Anwendungsbereich.** Nach § 829 BGB kann der Bewußtlose, Geisteskranke, Taubstumme, Jugendliche oder das Kind zu einer Billigkeitshaftung herangezogen werden, wenn ihm in einem der in §§ 823 bis 826 BGB bezeichneten Fälle die Einsichtsfähigkeit fehlt und daher wegen Unzurechnungsfähigkeit die Haftung entfällt (vgl. Rdn. 84 ff). Dies gilt auch bei der Feststellung eines Mitverschuldens nach § 254 BGB (vgl. § 9, 14). Auch im Fall des § 830 Abs. 1 Satz 2 BGB ist § 829 BGB anwendbar[365]. Die Rechtsprechung befürwortet eine entsprechende Anwendung für den Fall, daß ein Jugendlicher zwar einsichtsfähig ist, aber aus altersgruppenbedingten Gründen nicht fahrlässig gehandelt hat (vgl. Rdn. 86)[366]. Dem ist nicht zuzustimmen[367]. Der vom Gesetzgeber bewußt eng gefaßte § 829 BGB würde sonst über den Bereich der Schuldunfähigkeit hinaus auf Fälle fehlender Fahrlässigkeit erstreckt und müßte dann konsequenterweise stets angewendet werden, wenn dem Schädiger kein Fahrlässigkeitsvorwurf gemacht werden kann. Verursacht dagegen ein Kfz-Führer infolge plötzlicher Bewußtlosigkeit einen Schaden, für den er aus diesem Grunde nicht verantwortlich ist, so kann die Billigkeit es erfordern, ihn zum teilweisen Ersatz des Schadens heranzuziehen[368]. Die Billigkeitshaftung kann neben die Gefährdungshaftung treten, sofern die Billigkeit einen über diese hinausgehenden Schadensausgleich erfordert[369]. **145**

b) Die **Voraussetzungen** der Billigkeitshaftung liegen vor, wenn die Billigkeit sie erfordert, der Ersatz des Schadens nicht von einem aufsichtspflichtigen Dritten erlangt werden kann und dem Jugendlichen, Bewußtlosen usw. nicht die Mittel entzogen werden, deren er zum standesgemäßen Unterhalt sowie zur Erfüllung seiner gesetzlichen Unterhaltspflichten bedarf (§ 829 BGB). **146**

aa) **Keine Haftung Aufsichtspflichtiger.** Die Gründe, warum von einem Aufsichtspflichtigen kein Ersatz erlangt werden kann, können auf tatsächlichem (Fehlen eines Aufsichtspflichtigen; Vermögenslosigkeit des Aufsichtspflichtigen) oder rechtlichem Gebiet liegen. **147**

bb) **Keine Entziehung des Unterhalts.** Handelt es sich um ein unterhaltsberechtigtes Kind, so werden ihm die Mittel zu standesgemäßem Unterhalt nicht entzogen, soweit **148**

---

364 BGHZ 46, 21.

365 RGZ 74, 145.

366 BGHZ 39, 281; OLG Braunschweig VersR 1954, 460; ebenso *Geigel/Schlegelmilch* Kap. 16 Rdn. 21.

367 *Wilts* VersR 1963, 1098; *Böhmer* MDR 1964, 278.

368 BGHZ 23, 90.

369 BGHZ 23, 90; *RGRKomm/Steffen* § 829, 4.

es den Unterhalt von seinen Eltern erhält. Zu berücksichtigen sind nur solche Kosten des standesgemäßen Unterhalts, deren Entstehung mit einer gewissen Wahrscheinlichkeit zu erwarten ist[370].

149 cc) **Billigkeit.** Die Billigkeit muß die Ersatzpflicht erfordern, nicht nur erlauben[371]. Von Bedeutung sind die Vermögensverhältnisse des Schädigers und des Verletzten, der Grad der Einsicht des Täters, der Grad der Pflichtwidrigkeit und Schuld. Insbesondere bei erheblichem Gefälle zwischen Schädiger und Geschädigtem hinsichtlich der wirtschaftlichen Verhältnisse oder hinsichtlich des beiderseitigen Verschuldens kann die Billigkeit eine Schadloshaltung erfordern[372]. Der Umstand, daß der Schädiger gegen Haftpflicht versichert ist, kann für sich allein eine Billigkeitshaftung nicht begründen[373]. Dies gilt jedenfalls für eine freiwillige Haftpflichtversicherung. Für den Bereich der Pflichtversicherung hat der BGH indessen im Hinblick auf deren auch dem Schutz des Opfers dienende Funktion eine bedenkliche Durchbrechung des versicherungsrechtlichen Trennungsprinzips zugelassen: In Ausnahmefällen soll das Bestehen des Versicherungsschutzes nicht nur für die Höhe des Schadensersatzes (vgl. hierzu Rdn. 150), sondern schon für das Ob einer Haftung Bedeutung haben können[374]. Tritt auf seiten des Verletzten ein Unfall- oder Sozialversicherer ein, so scheidet insoweit eine Heranziehung des § 829 BGB aus[375]. Unbillig wäre es, den Schuldunfähigen für ein Verhalten haften zu lassen, welches bei einem Schuldfähigen mangels Fahrlässigkeit nicht zu einer Verantwortlichkeit führen würde (wird dies beachtet, kommt es nicht zu dem Wertungswiderspruch bei der Haftung von Kindern einerseits und Jugendlichen andererseits, auf den der BGH die in Rdn. 145 dargestellte analoge Anwendung des § 829 BGB stützt).

150 c) Für **Art und Höhe des Ersatzes** ist zunächst § 249 BGB maßgebend. Daneben entscheidet aber auch insoweit die Billigkeit (vgl. hierzu Rdn. 149). Ist der Schädiger gegen Haftpflicht versichert, so kann – sofern Billigkeitshaftung dem Grunde nach zu bejahen ist (vgl. Rdn. 149) – die Deckungssumme bei der Bemessung der Entschädigung berücksichtigt werden[376]; dies gilt nach BGHZ 76, 279 jedenfalls im Bereich der (auch den Schutz des Opfers bezweckenden) Pflichtversicherung, während bei freiwilliger Haftpflichtversicherung der Versicherungsschutz des Schädigers nicht zur Zubilligung von Beträgen führen dürfte, die dessen finanzielle Möglichkeiten sonst schlechthin überschreiten würde. Die Zubilligung eines Schmerzensgeldes kommt im Rahmen des § 829 BGB nur in Betracht, wenn seine Versagung (z. B. bei schweren Verletzungen mit Dauerfolgen) im Einzelfall dem Billigkeitsempfinden kraß widersprechen würde[377]. Es kann auch die Zahlung einer Rente geschuldet sein. Ist diese durch Urteil oder Vergleich festgelegt, so ist eine Änderung im Verfahren des § 323 ZPO statthaft.

151 d) **Verfahrensrechtliches.** Ist die Klage gegen einen Jugendlichen lediglich darauf gestützt, dieser habe die zur Kenntnis der Verantwortlichkeit erforderliche Einsicht besessen (§ 828 BGB), so kann ihr nicht nach § 829 BGB stattgegeben werden, solange der

---

370 OLG Stuttgart VersR 1961, 455.

371 BGH NJW 1969, 1762; VersR 1973, 925; 1995, 98.

372 BGHZ 76, 284; BGH VersR 1958, 487; 1979, 645; *RGRKomm/Steffen* § 829, 13.

373 BGHZ 23, 90; 76, 279; BGH VersR 1958, 485 = MDR 1958, 838 m. Anm. *Pohle*; VersR 1962, 811; NJW 1979, 2096 = JR 1980, 18 m. Anm. *Knütel*; OLG Hamburg ZfS 1990, 41; OLG Karlsruhe ZfS 1993, 293; LG Dortmund ZfS 1995, 366; LG Kiel VersR 1968, 80; **a. A.** *Marschall v. Bieberstein* BB 1983, 467; *Schiemann* LM § 829 BGB Nr. 10.

374 BGHZ 127, 186 = LM § 829 BGB Nr. 10 m. zust. Anm. *Schiemann* = MDR 1995, 992 m. abl. Anm. *Lieb*.

375 *RGRKomm/Steffen* 15.

376 BGHZ 23, 90.

377 BGH VersR 1995, 96.

klägerische Vortrag nicht entsprechend ergänzt ist[378]. Auf den Schlüssigkeitsmangel hat das Gericht ggf. hinzuweisen. Ist ein Schadensersatzanspruch erst in Zukunft zu erwarten, so kann zunächst gegen den Jugendlichen Feststellungsklage erhoben werden[379]; sie ist insoweit abzuweisen, als auch ein voll Deliktsfähiger, wäre er statt des Jugendlichen an dem Unfall beteiligt gewesen, keinen Schadenersatz schulden würde[380].

e) **Verjährung.** Der Beginn der dreijährigen Verjährung (§ 852 Abs. 1 BGB) wird 152
nicht dadurch verschoben, daß der Verletzte im unklaren darüber ist, ob der Aufsichtspflichtige seiner Aufsichtspflicht genügt hat[381]. Dagegen läuft die Frist nicht, solange der Verletzte nicht weiß, daß es an einer Verantwortlichkeit des Täters fehlt[382].

8. Haftung für Verrichtungsgehilfen (§ 831 BGB)

a) **Allgemeines.** Nach § 831 BGB haftet derjenige, der einen anderen für sich tätig 153
werden läßt (Geschäftsherr), für den Schaden, den der andere (Verrichtungsgehilfe) einem Dritten widerrechtlich zufügt. Der Grund für diese Haftung liegt nicht im Verschulden des Verrichtungsgehilfen, sondern im Verschulden des Geschäftsherrn bei der Auswahl oder Beaufsichtigung des Gehilfen oder bei der Beschaffung seiner Vorrichtungen oder Gerätschaften. Dieses Verschulden wird nach § 831 BGB vermutet. Es ist Sache des Geschäftsherrn, diese Vermutung zu entkräften. Das Wesen des § 831 BGB liegt somit in einer Umkehrung der Beweislast hinsichtlich des Verschuldens desjenigen, der den anderen zu der Verrichtung bestellt hat[383].

§ 831 BGB stellt darüber hinaus noch eine zweite Vermutung auf, nämlich die, daß 154
der Mangel der Sorgfalt des Geschäftsherrn für den Schaden ursächlich gewesen sei. Diese Vermutung kann der Geschäftsherr entkräften, indem er nachweist, daß der Schaden auch bei Anwendung der gebotenen Sorgalt entstanden wäre.

Aufgrund dieser **Beweisregelung** hat der **Verletzte** in der Regel nur darzulegen, daß 155
ihm durch eine zu der Verrichtung bestellte Person widerrechtlich ein Schaden zugefügt wurde[384]. Zum Begriff der **Widerrechtlichkeit** ist auf Rdn. 95 zu verweisen; wie dort auch ausgeführt ist, gehört die Frage, ob sich der Schädiger verkehrsrichtig verhalten hat, nicht zum Merkmal der Widerrechtlichkeit, so daß der Verletzte insoweit keinen Nachweis zu erbringen braucht. Darauf, ob der Verletzte die Person des Schadensverursachers kennt, kommt es nicht an; es genügt vielmehr, wenn er den Unfall nach Art, Zeit und Umständen so bezeichnet, daß sich das Tätigwerden einer Hilfsperson ergibt[385].

Aufgabe des **Geschäftsherrn** ist es sodann, zu beweisen, daß das Verhalten rechtmä- 156
ßig war[386], d. h. daß dem Gehilfen für seine Schädigung ein Rechtfertigungsgrund zur Seite stand. Der Nachweis verkehrsrichtigen Verhaltens vermag das Merkmal der Widerrechtlichkeit nicht auszuschließen[387] (vgl. Rdn. 95); er kann aber, wie sogleich darzulegen ist, für den Entlastungsbeweis hinsichtlich der Kausalität Bedeutung haben. Kann der Geschäftsherr die Widerrechtlichkeit nicht ausräumen, so kann er sich entlasten, indem er nachweist, daß ihn kein Verschulden hinsichtlich der Auswahl oder Leitung des Gehilfen oder der Beschaffung seiner Vorrichtungen und Gerätschaften

---

378 RGZ 74, 146.
379 BGH VersR 1958, 485; 1962, 811.
380 BGH VersR 1962, 811.
381 RGZ 133, 6.
382 RGZ 94, 222.
383 RGZ 139, 304; 140, 392; 142, 368.
384 Vgl. hierzu BGH NJW 1994, 2756.
385 RGZ 159, 290; RG JW 1933, 824.
386 BGH VersR 1957, 656.
387 **A. A.** BGHZ (GrS) 24, 21.

trifft (vgl. Rdn. 162 ff). Schließlich bleibt ihm noch die Möglichkeit, den Beweis zu erbringen, daß ein derartiges Verschulden nicht ursächlich für den Schaden war, d. h. daß dieser auch bei Beachtung der gebotenen Sorgalt eingetreten wäre (vgl. Rdn. 173). Dies kann z. B. dann der Fall sein, wenn der Gehilfe sich bei der Schädigung verkehrsrichtig verhalten hat, weil ein etwaiges Auswahlverschulden dann ohne Auswirkung geblieben ist.

157 Ein **Verschulden** (und damit auch **Schuldfähigkeit**) braucht beim Verrichtungsgehilfen nicht gegeben zu sein. Wohl aber haftet der Geschäftsherr nur, wenn er selbst deliktsfähig ist oder die Voraussetzungen des § 829 BGB vorliegen[388]. Verursacht der Verrichtungsgehilfe den Schaden im Zustand der Handlungsunfähigkeit (z. B. Bewußtlosigkeit), so ist § 831 BGB nicht anwendbar[389]. Handelt er schuldhaft, so haftet er selbst (entweder aus § 823 BGB oder aus § 18 StVG) neben dem Geschäftsherrn. Steht fest, daß das Verhalten des Geschäftsherrn ursächlich für das Verhalten des Verrichtungsgehilfen war und daß das Verhalten des Geschäftsherrn schuldhaft und pflichtwidrig war, so haftet dieser wegen unerlaubter Handlung aus § 823 BGB, ohne daß es des Umwegs über § 831 BGB bedürfte. Ist eine juristische Person des bürgerlichen oder öffentlichen Rechts Geschäftsherr, so liegt ein zur Haftung nach § 823 BGB führendes Verschulden schon dann vor, wenn sie es unterlassen hat, einen verfassungsmäßigen oder besonderen Vertreter zu bestellen, obwohl ihre Organe nicht in der Lage waren, die Aufsichtspflicht der juristischen Person in gleicher Weise zu erfüllen, wie dies eine natürliche Person hätte tun können (sogenannte Organisationsmängel)[390].

158 b) **Verrichtungsgehilfe** ist derjenige, dem von einem anderen, von dessen Weisungen er abhängig ist, eine Tätigkeit übertragen worden ist[391]. Die Bestellung braucht nicht durch ein Rechtsgeschäft zu erfolgen. Vielmehr genügt auch ein nur tatsächliches Abhängigkeitsverhältnis[392], wie das des minderjährigen Sohnes oder des wegen seines Studiums vom Vater finanziell abhängigen Sohnes oder Stiefsohnes. Die Geschäftsherreneigenschaft gegenüber dem Fahrer ist also mit der Haltereigenschaft nicht ohne weiteres identisch[393]. Die Bestellung zum Verrichtungsgehilfen kann auch durch eine hierzu befugte Mittelsperson geschehen, z. B. durch einen anderen Verrichtungsgehilfen.

159 Nicht Verrichtungsgehilfe ist der selbständige Unternehmer (auch Subunternehmer)[394], der im Auftrag eines anderen Verrichtungen vornimmt; denn er unterliegt hinsichtlich der Durchführung nicht dessen Weisungen[395]. Daher ist z. B. kein Verrichtungsgehilfe der Mietwagenunternehmer, der von einem Auftraggeber für dessen Fahrten ständig herangezogen wird, oder der Fuhrunternehmer, der für ein Industrieunternehmen regelmäßig dessen Erzeugnisse zu den Großabnehmern fährt. Keine Verrichtungsgehilfen sind die verfassungsmäßig berufenen Vertreter einer Körperschaft (§ 31 BGB), die durch die Satzung vorgesehen sind. Auch Angestellte, die den Titel Direktor führen, sind Verrichtungsgehilfen, wenn sie nicht verfassungsmäßig berufene Vertreter sind[396]. Hat ein Unternehmer einen Angestellten zum Leiter seiner Niederlagen bestellt und ihm einen Wagen zur Verfügung gestellt, so ist der Angestellte bei Geschäftsfahrten, nicht aber bei den (ihm vom Unternehmer gestatteten) Privatfahrten[397] Verrichtungsgehilfe. Kein Verrichtungsgehilfe ist auch der Bekannte, dem der Halter seinen Wagen gefälligkeitshalber überlassen hat[398]. Wer einen Wagen zur Benützung mit der Auflage erhalten hat, für den verkehrssicheren Zustand zu sorgen,

---

388 KG NZV 1995, 110.
389 BGHZ 39, 103; BGH VersR 1978, 1163.
390 Vgl. RGZ 89, 136; 162, 166; BGHZ 11, 151; 27, 280.
391 BGH VersR 1960, 354; OLG Köln DAR 1965, 22.
392 BGH VRS 26, 182.
393 RG VAE 1940, 6.
394 BGH NJW 1994, 2756.
395 BGH NJW 1969, 2005.
396 *Böhmer* MDR 1960, 445.
397 BGH NJW 1969, 2005.
398 RG JW 1935, 35.

ist insoweit Verrichtungsgehilfe[399]. Nicht Verrichtungsgehilfe ist die Hilfsperson, die regelmäßig vom Arbeitsplatz mit dem eigenen Kraftwagen nach Hause zu fahren pflegt und die von ihrem Arbeitgeber mit einer Bestellung nur gelegentlich einer solchen Fahrt, die ohnedies an der Unfallstelle vorbeigeführt hätte, betraut wurde[400]. Dagegen kann ein Verwandter des Halters dessen Verrichtungsgehilfe sein, wenn der Halter ihm während einer gemeinsamen Fahrt die Führung des Wagens überlassen hat; Voraussetzung ist allerdings – wie oben bereits erwähnt –, daß ein Abhängigkeitsverhältnis des Fahrers vom Halter bestand und der Fahrer alle Weisungen des Halters zu befolgen hatte. Eine solche Gehorsamspflicht hat BGH VRS 26, 182 beim Stiefsohn angenommen; sie obliegt in der Regel nur den Kindern gegenüber ihren Eltern. Keine Weisungsgebundenheit besteht dagegen für den Schwiegersohn oder im Verhältnis zwischen Ehegatten[401]. Die Gesellschafter einer Personengesellschaft (Gesellschaft des bürgerlichen Rechts, OHG, KG) haften für den Geschäftsführer, wenn sie ihm gegenüber weisungsberechtigt sind, nicht ohne weiteres aber für andere Gesellschafter[402]. Für den nicht rechtsfähigen Verein wird heute überwiegend die entsprechende Anwendung des § 31 BGB anstelle von § 831 BGB bejaht[403].

c) **In Ausführung der Verrichtung**, nicht nur gelegentlich derselben, muß der Scha- **160**
den zugefügt sein. In Ausführung der Verrichtung begangen ist jede Handlung, die in den Kreis der dem Verrichtungsgehilfen übertragenen Tätigkeit fällt und hiermit in innerem Zusammenhang steht; dies gilt auch dann, wenn der Verrichtungsgehilfe seine Befugnisse im Einzelfall (irrtümlich oder eigenmächtig) überschritten hat[404].

Der innere Zusammenhang bleibt bestehen, wenn der Fahrer hinsichtlich der Fahrstrecke von **161**
den erteilten Weisungen abweicht, nicht jedoch, wenn er verbotswidrig einen Bekannten mitnimmt, der dann auf der Fahrt zu Schaden kommt[405]. Bei einer Schwarzfahrt, die er ohne Wissen und Wollen des Halters vornimmt, handelt der Fahrer in der Regel nicht in Ausführung der Verrichtung[406]. Eine verkehrsübliche Hilfeleistung steht, selbst wenn der Geschäftsherr solche Tätigkeit allgemein untersagt hat, in Zusammenhang mit dem Aufgabenbereich des angestellten Fahrers[407]. Zu eng erscheint daher die Ansicht des OLG Hamburg[408], wonach der Zusammenhang fehlen soll bei Schäden, die der Kraftfahrer eines Transportunternehmens bei vertraglich nicht geschuldeter Mithilfe beim Entladen verursacht.

d) Der **Entlastungsbeweis** kann nicht mit der Erwägung abgeschnitten werden, daß **162**
sich aus der schädigenden Handlung selbst die Unzulänglichkeit der Auswahl und Beaufsichtigung des Verrichtungsgehilfen ergebe[409]. Der Entlastungsbeweis geht dahin, daß der Verrichtungsgehilfe bei der Bestellung zu der Verrichtung einem sorgfältigen Menschen nach Lage der Umstände als tüchtig und zuverlässig erscheinen mußte (vgl. Rdn. 163 ff), daß ihn der Geschäftsherr in der Zwischenzeit zwischen Bestellung und Unfall ausreichend beaufsichtigt hat, ohne daß ihm Nachteiliges bekannt geworden ist (Rdn. 168 ff) und daß, falls ein Mangel des Kraftfahrzeugs oder einer sonstigen Vorrichtung den Unfall herbeigeführt haben könnte, entweder kein Mangel vorlag oder den Geschäftsherrn an seinem Vorliegen kein Verschulden trifft (vgl. Rdn. 172). Schließlich kann sich der Geschäftsherr auch noch dadurch entlasten, daß er die fehlende Kausalität seines (vermuteten) Versagens für den Unfall beweist (Rdn. 173). Für die Beantwortung der Frage, wann ein Entlastungsbeweis geführt ist, gibt es keine festen Regeln[410]; die nachfolgende Übersicht kann daher nur Anhaltspunkte liefern[411].

---

399 BGH VersR 1969, 1025.
400 BGH VersR 1958, 549.
401 BGH VersR 1972, 832; OLG Nürnberg VersR 1954, 132; a. A. RG JW 1932, 2024.
402 BGHZ 45, 311.
403 Vgl. *Palandt/Heinrichs* § 54, 12.
404 RG VR 1930, 127; BGH VRS 8, 333; 8, 334; 25, 401; BGH VersR 1966, 1074.
405 BGH NJW 1965, 391.
406 BGH Betrieb 1970, 2314; hier evtl. Haftung nach § 7 Abs. 3 StVG oder § 823 BGB.
407 OLG Nürnberg VersR 1965, 70.
408 VersR 1974, 52.
409 BGH VRS 5, 35.
410 BGH DAR 1951, 176.
411 S. a. *Kiser* VersR 1984, 213.

163 aa) **Auswahl.** An die Auswahl eines Kraftfahrzeugführers sind strenge Anforderungen zu stellen[412].

Dies gilt vor allem bei der Einstellung eines Fahrers als Omnibusfahrer[413]. Der Halter oder Eigentümer muß sich beim letzten Arbeitgeber nach den Eigenschaften des Einzustellenden erkundigen; die Einsichtnahme in Zeugnisse genügt nicht[414]. Bei günstiger Auskunft brauchen schriftliche Zeugnisse nicht verlangt zu werden[415]. Auch hinsichtlich eines nicht mit Zeugnissen belegten Zeitraums hat der Halter oder Eigentümer Erkundigungen einzuziehen[416]. War der Fahrer einen Monat lang nicht für den Halter tätig gewesen, so muß sich dieser bei erneuter Einstellung des Führers über die Fortdauer der Tauglichkeit vergewissern[417]. Der Halter hat sein Augenmerk vor allem auf die körperlichen und charakterlichen Eigenschaften des Führers zu richten, da diese beim Erwerb der Fahrerlaubnis nicht geprüft werden. Allerdings können gute Charaktereigenschaften den Mangel an Fahreigenschaften nicht ersetzen[418]. Bei einem Anfänger, der noch keinen Arbeitsplatz hatte, sind jedenfalls Erkundigungen über die sittliche Reife anzustellen[419]; außerdem ist der Führer in der ersten Zeit besonders sorgfältig zu überwachen[420]. Ein mehrfach wegen Fahrens mit einem nicht zugelassenen Kraftfahrzeug geahndeter Mann darf nicht als Lastzugführer beschäftigt werden[421]. Die Ansicht des OLG Celle, daß bei Einstellung eines Fahrers für einen Lkw ein Sachverständiger hinzugezogen werden müsse[422], ist dahin klarzustellen, daß eine Person hinzuzuziehen ist, die etwas von dem Fahren eines Lastzugs versteht.

164 Die Haftung aus § 831 BGB hat nicht zur Voraussetzung, daß der Schaden gerade durch diejenige Eigenschaft des Bestellten verursacht wurde, die seine sorgfältige Auswahl in Frage stellt[423]. Ein zu Trunkenheit neigender Fahrer führt also die Haftung seines Dienstherrn aus § 831 auch bei einem Unfall herbei, den er in nüchternem Zustand verursacht hat. Der Schutzzweck des § 831 BGB wird somit weiter gefaßt als es den allgemeinen Grundsätzen der deliktischen Zurechnung entspräche[424]; die Grenze bildet jedoch das Fehlen des Kausalzusammenhangs (vgl. Rdn. 167, 173).

165 Ist der Verrichtungsgehilfe durch eine **Mittelsperson** bestellt worden, so muß der Geschäftsherr beweisen, daß er bei der Auswahl der Mittelsperson (z. B. eines höheren Angestellten) durch sorgfältige Prüfung zu der Überzeugung gelangen konnte, daß sie nur geeignete und zuverlässige Personen mit einer Verrichtung betrauen werde (dezentralisierter Entlastungsbeweis)[425]. Auch insofern muß allerdings für ausreichende Überwachung gesorgt sein[426] in der Richtung, daß der Unternehmer oder Dienstherr allgemeine Sicherheits- und Aufsichtsanordnungen erteilt und ihre Durchführung stichprobenweise überprüfen läßt. Nach BGH Betrieb 1973, 1645 ist auch nachzuweisen, daß die Mittelsperson ihrerseits den Verrichtungsgehilfen sorgfältig ausgewählt hat.

166 Der Nachweis, daß die Auswahl ordnungsgemäß vorgenommen wurde, läßt sich durch den Beweis **ersetzen,** daß der Fahrer an seinem jetzigen Arbeitsplatz lange Jahre zufriedenstellend gearbeitet hat und unfallfrei gefahren ist[427]. Hat der Geschäftsherr bei der Einstellung des Kfz-Führers dessen Fähigkeiten nicht geprüft, so kann der Entlastungsbeweis durch den — allerdings schwierigen — Nachweis geführt werden, daß das

---

412 BGH DAR 1951, 176; Betrieb 1965, 324; VersR 1974, 138; OLG Stuttgart VersR 1954, 241; OLG Karlsruhe VersR 1955, 312.
413 BGH VersR 1957, 463; 1959, 852; VRS 18, 322.
414 RG DAR 1929, 197; 1931, 285; VR 1933, 273; VAE 1937, 43.
415 RG VAE 1938, 299.
416 RG VR 1929, 129.
417 RG DAR 1930, 362.
418 RG VAE 1937, 400.
419 RG RdK 1928, 198.
420 KG VAE 1937, 406; OLG Braunschweig VAE 1938, 292.
421 BGH VersR 1966, 929.
422 VkBl. 1953, 550.
423 BGH VersR 1961, 848; NJW 1978, 1681.
424 *MünchKomm/Mertens* § 831, 55.
425 BGH NJW 1952, 418.
426 BGH VersR 1964, 297.
427 RG HRR 1932, Nr. 445; KG VM 1995, 52 f; OLG Köln VersR 1958, 724.

Ergebnis einer solchen Prüfung die Tauglichkeit des Fahrers ergeben hätte, wenn diese durchgeführt worden wäre[428]. Dagegen läßt sich der Entlastungsbeweis nicht durch den Nachweis führen, daß der Schaden nur möglicherweise auch von einem tüchtigen Fahrer nicht hätte vermieden werden können[429]; es muß vielmehr bewiesen werden, daß sich ein mit Sorgfalt ausgewählter Fahrer nicht anders verhalten haben würde (vgl. Rdn. 167, 173).

Liegt eine Verletzung der Aufsichtspflicht oder der Pflicht zur sorgfältigen Auswahl des Verrichtungsgehilfen vor, so braucht das Gericht die **Ursächlichkeit** der Pflichtverletzung für den Schaden nicht zu erörtern. Der Geschäftsherr kann sich aber durch den Nachweis entlasten, auch ein sorgfältig ausgewählter Fahrer würde nicht anders gehandelt haben, als es im gegebenen Fall geschehen ist[430]; vgl. Rdn. 173. **167**

bb) Beaufsichtigung. Zwar haftet der Halter nach § 831 BGB, wenn er entweder bei der Auswahl des Kfz-Führers oder bei dessen Beaufsichtigung nicht mit ausreichender Sorgfalt verfahren ist. Hinsichtlich des zu fordernden Ausmaßes der Sorgfalt herrschen aber gewisse Wechselbeziehungen. Bei mangelnder Sorgfalt in der Auswahl tritt Haftung auch bei bester Aufsicht ein, wenn nur ein kurzer Zeitraum zwischen Einstellung des Führers und dem Unfall vergangen ist[431]. Jedenfalls zwingt mangelhafte Sorgfalt bei der Auswahl zu verstärkter Aufsicht. Ein sehr gut ausgewählter Führer muß schon nach verhältnismäßig kurzer Zeit strenger Überwachung nur noch gelegentlich stichprobenweise überwacht werden. Die Ansicht des Reichsgerichts[432], zehnmonatige Tätigkeit bei dem Halter genüge nicht, ist abzulehnen. Die Überwachungspflicht des Halters ergibt sich hinsichtlich des Fahrers aus der Gefährlichkeit der Verrichtung, zu der er bestellt ist[433]; feste Regeln über Art und Umfang der Überwachung lassen sich nicht aufstellen[434]. War eine Überwachung erforderlich, so ist der Entlastungsbeweis nur geführt, wenn erwiesen ist, daß der Unternehmer hierbei keinen Anlaß gefunden hat, an der Eignung des Fahrers zu zweifeln[435]. Die Aufsicht der Verkehrspolizei enthebt den Halter dieser Pflicht nicht[436]. Den Umfang bestimmt im allgemeinen die Zumutbarkeit der Maßnahmen[437]; hierbei dürfen die Anforderungen nicht überspannt werden[138]. **168**

Einzelanweisungen sind bei langjährig erprobten Fahrern nicht erforderlich[439]; bei ihnen kann sich die Aufsicht auf gelegentliche Stichproben beschränken[440]. Der Geschäftsherr muß allerdings Vorkehrungen dagegen treffen, daß der Fahrer den Wagen in fahruntüchtigem Zustand lenkt[441]. Es genügt nicht, wenn der Halter überprüft oder überprüfen läßt, daß die bei ihm beschäftigten Führer bei Dienstbeginn nüchtern sind; er muß auch Stichproben bei Dienstende anstellen[442]. Bei kleineren Betrieben genügt eine gelegentliche Überwachung durch den Halter selbst, auch wenn er kein Fachmann ist[443]. Bei Betrieben mit zahlreichen Kraftfahrzeugen muß aber eine planmäßige unauffällige Überwachung durch Aufsichtspersonen eingerichtet sein[444]. Das gilt z. B. auch für die Post[445]. Staatsbehörden haben zu diesem Zweck besondere Überwachungseinrichtungen zu **169**

---

428 RG Recht 1906, Nr. 459; OLG Zweibrücken BayZ 1906, 446; KG DAR 1932, 166.
429 RG JW 1907, 333.
430 BGH VersR 1955, 745.
431 RGZ 159, 314.
432 RGZ 135, 156.
433 RGZ 78, 107; 79, 101; 87, 1; 120, 161; 128, 149.
434 BGH VersR 1970, 84; 1970, 327; 1970, 318; 1970, 1157.
435 BGH VersR 1963, 955.
436 RG DAR 1931, 46.
437 KG VAE 1937, 467.
438 BGH VersR 1984, 67.
439 RGZ 158, 356.
440 KG VAE 1939, 109; OLG Düsseldorf VRS 8, 111; OLG Karlsruhe VersR 1955, 312.
441 BGH VRS 21, 328.
442 RG VR 1930, 515.
443 RG VAE 1936, 132; OLG Dresden VAE 1942, 70.
444 RGZ 128, 149; RG DAR 1934, 10.
445 BGH DAR 1951, 176.

schaffen[446]. Der Halter kann die Ausführung der Überwachung einem Dritten übertragen, z. B. bei einer Droschke der Droschkeninnung oder dem Droschkenversicherungsverein[447]. Die Auswahl der Fahrtstrecke kann der Halter im allgemeinen dem Führer überlassen[448]. Erlangt der Halter Kenntnis davon, daß der Führer Verkehrsvorschriften übertreten hat oder daß wegen eines solchen Vorwurfs gegen den Führer ein Ermittlungsverfahren eingeleitet ist, so muß er ihn nicht unbedingt sofort entlassen[449], wohl aber belehren und die Überwachung verschärfen[450]. Die verschärfte Überwachung darf erst gemildert werden, wenn der Verrichtungsgehilfe sich während eines längeren Zeitraums als zuverlässig erwiesen hat[451]. Der Halter braucht nicht ohne besonderen Anlaß hinter seinem Fahrer herzufahren, außer wenn Anhaltspunkte dafür vorhanden sind, daß er sich nicht verkehrsgerecht verhält. Im allgemeinen genügt es vielmehr, wenn er beim Mitfahren und bei gelegentlichem Vorbeifahren seine Beobachtungen anstellt[452]. Ob eine unauffällige Kontrolle erforderlich ist, richtet sich nach den Verhältnissen des Einzelfalls[453]. Sie ist erforderlich in der ersten Zeit der Tätigkeit eines neu angestellten Fahrers[454], erübrigt sich aber, wenn ein Fahrer nach sorgfältiger Prüfung eingestellt worden war und sich seitdem in langjährigem Dienst bewährt hat[455]. Eine Pflicht des Halters, den Fahrer fortlaufend weiter zu schulen, gibt es nicht, auch nicht bei der Post[456].

170 Besondere Sorgfalt ist erforderlich, wenn es sich um einen Krankentransportwagen handelt[457], oder wenn der Geschäftsherr erfährt, daß sein Fahrer nachlässig wird und trinkt[458]. Zur Überwachung eines in einem Großunternehmen tätigen Lastzugfahrers genügt eine ständige Auswertung des Fahrtschreiberdiagramms nicht[459]. Hat ein Unternehmer nur einen Lastzug laufen, so kann er diesen nicht so genau überwachen, wie dies bei Unternehmen mit mehreren Lastzügen der Fall ist; die Überwachung darf aber nicht ganz fehlen[460]. Ist ein Fahrer sorgfältig ausgewählt und überwacht und hat er sich bewährt, so braucht der Halter ihn nicht auf die Einhaltung bestimmter Verkehrsvorschriften besonders aufmerksam zu machen[461]. Wohl aber gehört es zu den Pflichten des Halters, den Dienst der angestellten Fahrer so einzuteilen, daß keiner in übermüdetem Zustand zu fahren braucht[462]. Ein Fuhrunternehmer muß seine Gehilfen allgemein anweisen, seine Kraftfahrzeuge regelmäßig zu überprüfen, auch wenn keine Mängel hervorgetreten sind[463]. Der angestellte Lenker eines Pferdefuhrwerks, zu dessen Aufgaben das Befahren einer verkehrsreichen Bundesstraße gehört, muß vom Geschäftsherrn regelmäßig überwacht und auf die besonderen Gefahren der Wegstrecke und auf die Möglichkeiten ihrer Vermeidung hingewiesen werden[464]. Daß für eine Zugmaschine, die nicht mehr als 20 km/h fahren kann, die Gefährdungshaftung des § 7 nicht gilt, ist kein Grund, geringere Anforderungen an die Sorgfalt des Halters bei der Überwachung seines Fahrers zu stellen[465]. Fahrer von Linienbussen öffentlicher Verkehrsbetriebe müssen gelegentlich unvermutet und unauffällig durch Personen kontrolliert werden, die sie nicht kennen[466]. Die Fahrer müssen auch darüber belehrt werden, in welcher Weise an Haltestellen bei Glatteis an die Bordkante heranzufahren ist[467]. Wer seinen Kraftwagen einem anderen mit der Weisung überläßt, für den verkehrssicheren Zustand zu sorgen, muß den Zustand der Reifen überwachen[468]. Die Notwendigkeit einer ärztlichen Überprüfung des Fahrers besteht nur, wenn für den Halter

---

446 OLG München DRW 1941, 274.
447 RG VAE 1937, 42.
448 RG VAE 1942, 200; 1944, 19.
449 OLG Köln VersR 1966, 766.
450 RG DAR 1932, 165; VR 1932, 338; KG DAR 1931, 284; DRW 1939, 168; OLG Kiel RdK 1932, 67.
451 OLG Dresden OLGZ 1928, 292.
452 BGH VersR 1955, 745.
453 BGH VersR 1958, 29; 1961, 330; OLG Karlsruhe VkBl. 1953, 444; VersR 1955, 312; OLG Nürnberg MDR 1960, 923.
454 BGH VersR 1959, 994.
455 BGH VersR 1960, 473; 1965, 473; 1966, 364; 1966, 490; 1983, 669.
456 OLG Stuttgart VAE 1937, 401.
457 BGH VersR 1963, 239.
458 OLG Stuttgart RdK 1954, 89.
459 OLG Düsseldorf VersR 1962, 1092.
460 OLG Düsseldorf VRS 8, 111.
461 BGH VersR 1960, 328.
462 KG DAR 1929, 195.
463 BGH VersR 1956, 382.
464 BGH VersR 1965, 37.
465 BGH VersR 1969, 906.
466 BGH VersR 1969, 518.
467 BGH VersR 1969, 518.
468 BGH VersR 1969, 1025.

des Kraftfahrzeugs (oder den Unternehmer einer Straßenbahn) Grund dafür besteht, an der körperlichen Tauglichkeit des Fahrers zum Führen von Fahrzeugen zu zweifeln. An die Anforderungen für den Entlastungsbeweis, den der Inhaber einer Fahrschule wegen eines von ihm angestellten Fahrlehrers führen will, ist ein strenger Maßstab anzulegen[469]. Fährt der Lenker eines Baggers, der nicht zum Fahren auf öffentlichen Straßen zugelassen ist, verbotswidrig gelegentlich auf öffentlichem Verkehrsgrund und schreitet der Halter nicht dagegen ein, so haftet der Halter aus § 831 BGB, wenn der Baggerfahrer neuerdings eine öffentliche Straße befährt und dabei einen Unfall verursacht[470]. Ein Kraftfahrer, der nur Lastkraftwagen gefahren hat, muß, ehe er erstmals einen Tankwagen führt, auf die besonderen Schwierigkeiten und Gefahren eines solchen Transports hingewiesen werden, einschließlich des Befüllens von Tankanlagen. Schriftliche Anweisungen oder das einmalige Mitfahren eines erfahrenen Begleiters genügen nicht[471].

Fehlende Einwirkung durch den im Kraftfahrzeug **mitfahrenden Halter** führt im allgemeinen dessen Haftung nach § 831 BGB nicht herbei[472], wohl aber, wenn der Halter Unvorsichtigkeiten bemerkt und nicht darauf gedrungen hat, daß sie in Zukunft unterbleiben[473]. Voraussetzung ist freilich, daß der Halter die Befugnis hatte, dem Fahrer Anweisungen zu geben[474] (vgl. auch Rdn. 158 f). Bei nur unzweckmäßigem Handeln des Führers besteht keine Pflicht einzugreifen[475]. Ein solcher Eingriff muß vielmehr grundsätzlich schon deshalb unterlassen werden, weil er den Führer unsicher machen könnte[476]. Vor allem ist jeder gewaltsame Eingriff auch im Falle der Gefahr eine Pflichtwidrigkeit des Halters[477]. Fährt der Führer mit einer für die betreffende Wegstrecke zu hohen Geschwindigkeit und erkennt dies der Halter, so hat er den Führer des Kraftfahrzeugs, wenn dieser sein Angestellter ist, anzuweisen, die Geschwindigkeit der Gefährlichkeit der Strecke anzupassen[478]. Der Halter darf nicht dulden, daß sein Führer sich unterwegs betrinkt[479] oder trotz offensichtlicher Übermüdung weiterfährt[480]. Die Pflicht, in solchen Fällen und bei überhöhter Geschwindigkeit einzugreifen, trifft auch den mitfahrenden Vertreter des Halters, sofern diesem die Befugnis eingeräumt ist, dem Führer des Kraftfahrzeugs Anweisungen zu geben[481]. Nicht gebilligt werden kann die Ansicht des Reichsgerichts, daß dann, wenn ein Kraftfahrzeug zwei Halter hat, die sich in der Lenkung ablösen, der eine das Recht und die Pflicht habe, dem anderen Anweisungen zu erteilen[482]. Zu beachten ist, daß die Möglichkeit, dem Fahrer Weisungen zu erteilen, für sich allein denjenigen, der dieses Weisungsrecht hat, noch nicht zum Geschäftsherrn des Fahrers (im Sinne des § 831 BGB) macht. Hinzukommen muß vielmehr, daß der Weisungsberechtigte den Fahrer auch zu dieser Verrichtung bestellt hatte. Bei einer Kapitalgesellschaft ist diese Geschäftsherr und sind es nicht etwa auch die Mitglieder ihres Vorstands. Der Entlastungsbeweis des Unternehmens kann mithin nicht daran scheitern, daß der von einem Firmenfahrer im Firmenwagen beförderte Direktor des Unternehmens den Fahrer nicht während der Fahrt überwacht hat[483]. 171

cc) **Beschaffung von Vorrichtungen.** Hierunter fällt auch die Verpflichtung des Kraftfahrzeughalters, für verkehrssicheren Zustand des Fahrzeugs zu sorgen. Der Halter muß daher beweisen, daß kein unfallursächlicher Mangel vorgelegen hat oder daß er ihn vor dem Unfall nicht bemerken konnte, obwohl er in dieser Richtung alles ihm Zumutbare getan hat[484]. Der Nachweis, daß sich das Fahrzeug vor dem Unfall in Reparatur befunden hat und daß der Inhaber der Werkstätte angewiesen war, alle bemerkbaren Mängel zu beheben, reicht zur Entlastung nicht aus[485]. 172

---

469 KG VersR 1966, 1036 = 1967, 44 m. Anm. *Gaisbauer* = 1967, 85 m. Anm. *Schmidt.*
470 BGH VersR 1966, 1074.
471 BGH VersR 1973, 713.
472 RG RdK 1928, 115; DAR 1933, 149.
473 BGH NJW 1953, 779; VRS 9, 421; *Schmidt-Ernsthausen* JW 1921, 627.
474 RG JW 1915, 89; BGH DAR 1953, 94; KG VAE 1936, 280.
475 RG DAR 1932, 123; 1932, 232.
476 RG JW 1932, 781; VAE 1938, 70.
477 RG VAE 1936, 340; OLG Stuttgart DAR 1951, 65.
478 RG JW 1911, 41; DAR 1929, 395.
479 OLG Hamburg VkBl. 1950, 399.
480 OLG Dresden VAE 1941, 166.
481 RG JW 1932, 781 m. Anm. *Isaac.*
482 RG VAE 1941, 11.
483 BGH VersR 1962, 475.
484 BGH VersR 1966, 564.
485 BGH VersR 1966, 564.

173 dd) **Fehlende Kausalität.** Kann der Geschäftsherr sich nicht nach den vorstehenden Grundsätzen entlasten, so hat er die Möglichkeit, die fehlende Kausalität seines (vermuteten) Versagens unter Beweis zu stellen (vgl. Rdn. 167). Diesen Beweis kann er auch dadurch führen, daß er verkehrsrichtiges Verhalten seines Gehilfen nachweist, denn besser könnte sich auch der optimal ausgewählte und überwachte Gehilfe nicht verhalten.

9. Haftung wegen Verletzung der Aufsichtspflicht

174 a) **Allgemeines.** Wer kraft Gesetzes oder Vertrags die Aufsicht über eine Person ausübt, die wegen ihres geistigen oder körperlichen Zustands der Beaufsichtigung bedarf, ist nach § 832 BGB zum Ersatz des Schadens verpflichtet, den der Beaufsichtigte einem Dritten widerrechtlich zufügt. Das Gesetz stellt für diese Fälle die Vermutung auf, daß der Aufsichtspflichtige seine Aufsichtspflicht verletzt habe und daß dies die Ursache des Schadens sei. In beiden Fällen ist die Führung eines Entlastungsbeweises zulässig. Dieser bezieht sich – im Gegensatz zu § 831 BGB – nicht darauf, ob der Aufsichtspflichtige seine Pflichten im allgemeinen erfüllt hat, sondern darauf, ob er hinsichtlich der Vermeidung des den Schaden verursachenden Ereignisses alles getan hat, was ihm seine Pflicht vorschreibt[486]. Außerdem kann sich der Aufsichtspflichtige auch durch den Nachweis fehlender Ursächlichkeit seiner Pflichtverletzung für den Schaden entlasten. Die bloße Möglichkeit, daß der Unfall sich auch bei der Erfüllung der Aufsichtspflicht ereignet hätte, genügt hierfür nicht[487]. Eine Haftung **gegenüber dem Aufsichtsbedürftigen** selbst ergibt sich aus § 832 BGB nicht[488] (vgl. hierzu Rdn. 287).

175 b) **Aufsichtsbedürftig** sind alle Minderjährigen[489]; dagegen wird eine Aufsicht über Personen, die an körperlichen und geistigen Gebrechen leiden, nur geführt, wenn sie im Einzelfall einer solchen bedürfen.

176 c) **Kraft Gesetzes zur Aufsicht verpflichtet** sind bei Kindern beide Elternteile nebeneinander, bei nichtehelichen Kindern jedoch nur die Mutter, ferner der Vormund sowie der Pfleger, wenn es ihm bei der Bestellung übertragen worden ist und in dem Umfang, in dem dies geschah.

177 Keine gesetzliche Aufsichtspflicht haben Ehegatten untereinander, der Stiefvater, die Stiefmutter, das Vormundschaftsgericht, der Beistand und der Gegenvormund. Dasselbe gilt für Eltern, denen das Vormundschaftsgericht das Personensorgerecht entzogen hat, und zwar auch dann, wenn der Vormund oder Pfleger das Kind bei ihnen beläßt[490]. Im allgemeinen trifft auch den Vorgesetzten, Dienstherrn, Haushaltsvorstand keine gesetzliche Aufsichtspflicht (vgl. aber §§ 6, 9 BerufsbildungsG, § 76 HGB). In Betracht kommt allerdings stets eine Haftung aus Verletzung der Verkehrssicherungspflicht (vgl. Rdn. 180) sowie bei Amtsträgern und Lehrern aus § 839 BGB.

178 d) **Vertraglich zur Aufsicht verpflichtet** sind Kindermädchen, Pflegeeltern sowie die Träger von Kindergärten, Horten, Privatschulen, Heimen und Heilanstalten für Kinder und Jugendliche[491]; bei geschlossener Anstalt einer Körperschaft des öffentlichen Rechts greift dagegen Amtshaftung ein; ebenso bei Lehrern an öffentlichen Schulen (s. hierzu Rdn. 442). Ohne Bedeutung ist, mit wem der zur Aufsicht verpflichtende Vertrag abgeschlossen wurde[492]. § 832 BGB ist daher auch anwendbar auf den Inhaber eines

---

486 BGH VersR 1965, 137; NJW 1968, 1672.
487 RG Recht 1922, Nr. 1154.
488 OLG Hamm NJW 1993, 542.
489 RGZ 52, 73.
490 OLG Düsseldorf NJW 1959, 2120.
491 BGH VersR 1984, 460.
492 *Staudinger/Schäfer* 32; *RGRKomm/Kreft* 23.

privaten Heims, der durch Vertrag mit dem Stadtjugendamt die Aufsicht übernommen hat[493] sowie auf verantwortliche Bedienstete einer der oben genannten Einrichtungen[494].

Die Leitung eines Altersheims trifft keine Aufsichtspflicht hinsichtlich des Verhaltens der Heimbewohner im Straßenverkehr[495]. Dulden zwei Elternpaare die gegenseitigen Besuche ihrer Kinder, so liegt der Beaufsichtigung des fremden Kindes kein Vertrag zugrunde[496]. Auch bei Aufnahme eines nichtehelichen Kindes in den ehelichen Haushalt kann nicht davon ausgegangen werden, daß der Ehepartner durch stillschweigenden Vertrag eine Aufsichtspflicht übernimmt[497]. In solchen Fällen greifen vielmehr die in Rdn. 180 wiedergegebenen Gesichtspunkte ein. 179

e) Eine **sonstige Aufsichtspflicht**, die weder auf Vertrag noch auf Gesetz beruht, führt in keinem Fall zu der in § 832 BGB enthaltenen Beweisregelung. Dies bedeutet aber nicht, daß nicht auch die Verletzung einer solchen, sich nur aus den tatsächlichen Verhältnissen ergebenden Aufsichtspflicht zur Leistung von Schadenersatz an den Geschädigten verpflichten würde. Eine solche Pflicht kann sich vielmehr aus der allgemeinen Verkehrspflicht ergeben, wonach derjenige, der eine Gefahrenlage geschaffen hat, die daraus für andere entstehenden Gefahren zu verhüten hat; bei Pflichtverletzung tritt Haftung nach § 823 BGB ein. Eine solche Gefahrenlage liegt z. B. vor, wenn ein Kleinkraftrad fremden Jugendlichen zugänglich ist[498] (vgl. im übrigen Rdn. 223 f). Eine Umkehrung der Beweislast findet aber nicht statt. Aus der Sonderregelung des § 832 BGB ergibt sich vielmehr, daß dann, wenn weder eine gesetzliche noch eine vertragliche Aufsichtspflicht besteht, der Verletzte den vollen Beweis des Verschuldens des Aufsichtspflichtigen zu führen hat. Dies gilt vor allem, wenn eine Person in Anspruch genommen werden soll, die die Aufsicht nur aus Gefälligkeit übernommen hat[499], und zwar auch dann, wenn sich ein Kind ohne seine Eltern bei Verwandten aufhält[500]. 180

f) **Übertragung der Aufsicht.** Der kraft Gesetzes Aufsichtspflichtige muß die Aufsicht nicht persönlich ausüben. Gibt er das Kind in ein Heim oder Internat, so hat er eine Aufsichtspflicht nur während der Zeit, in der sich das Kind nicht dort befindet (Ferien, Wochenenden). Im übrigen beschränkt sich seine Pflicht auf leitende Anordnungen. Überhaupt wird der Aufsichtspflichtige seiner Pflicht durch die Übertragung nie ganz ledig[501]. Sind beide Eltern berufstätig, so genügen die Eltern ihrer Aufsichtspflicht, wenn sie in der Zeit ihrer Abwesenheit eine im Haushalt lebende Verwandte oder eine andere vertrauenswürdige Person mit der Aufsicht über das Kind beauftragen und diese stichprobenweise auf ihre Zuverlässigkeit prüfen; nach ihrer Rückkehr müssen sie sich über das Verhalten des Kindes in der Zwischenzeit berichten lassen und danach die weiteren Maßnahmen einrichten[502]. 181

Wer die Aufsichtspflicht vertraglich übernommen hat (z. B. als Träger einer Einrichtung) haftet für das Verhalten seines hierfür eingesetzten Personals nach § 831 BGB, ggfs. auch nach §§ 31, 89 BGB[503]. Ob derjenige, der die Aufsicht tatsächlich ausübt, dies vertraglich übernommen hat, ist für seine eigene Haftung von Bedeutung (Rdn. 178), nicht aber für die Haftung desjenigen, der ihm die Aufsicht übertragen hat. 182

g) Das **Ausmaß der Aufsicht** richtet sich nach den besonderen Gegebenheiten des konkreten Falles[504]. Entscheidende Bedeutung kommt neben den Anschauungen des 183

---

493 BGH VersR 1965, 48.
494 OLG Köln OLGZ 34, 121: leitender Arzt.
495 **A. A.** OLG Celle VersR 1961, 739.
496 BGH VersR 1968, 1043.
497 **A. A.** OLG Düsseldorf NJW-RR 1992, 857.
498 RG DAR 1931, 181; BGH VRS 4, 404.
499 LG Osnabrück VersR 1954, 518.
500 **A. A.** LG Heilbronn VersR 1955, 414.
501 BGH VersR 1968, 903.
502 BGH VersR 1968, 903.
503 BGH VersR 1984, 460 (Leiter einer Landesklinik).
504 BGH VersR 1968, 903; 1984, 968; 1986, 1210; 1988, 84. Zu den Anforderungen bei älteren, insbesondere psychisch auffälligen Jugendlichen BGH VersR 1984, 462; OLG

Verkehrs dem Alter[505], dem Charakter und der geistigen Entwicklung des Beaufsichtigten zu[506]. Keinesfalls ist der Aufsichtspflichtige gehalten, den Beaufsichtigten ständig im Auge zu behalten[507]; unter Umständen kann eine Belehrung genügen[508]. Entscheidend ist, was verständige Eltern nach vernünftigen Anforderungen tun müssen, um Schädigungen Dritter durch das Kind zu vermeiden[509]. Das Maß der Aufsicht muß aber auch mit dem Erziehungsziel, die wachsende Fähigkeit und das wachsende Bedürfnis des Kindes zu selbständigem verantwortungsbewußten Handeln einzuüben, in Einklang gebracht werden[510].

184 Der Aufsichtspflichtige muß insbesondere sicherstellen, daß Kleinkinder nicht unbeaufsichtigt, etwa durch offene Wohnungs- oder Gartentüren, **auf Verkehrsflächen gelangen**[511].

185 Nimmt der Aufsichtspflichtige **mit dem Kind** am Straßenverkehr teil, so bestimmt sich das gebotene Maß der Aufsicht nach der konkreten Gefahrensituation. Die Verantwortung für ein besonderes Fahrverhalten bei einer gemeinsamen Radtour kann nicht mit dem Hinweis darauf in Abrede gestellt werden, daß Kinder dieses Alters auf vertrauten Wegen bereits alleine am Straßenverkehr teilnehmen dürfen[512]. Eine allgemeine Belehrung des Kindes genügt dann nicht, wenn das Alter des Kindes noch so gering ist, daß es allein – an der in Frage kommenden Straßenstelle – nicht dem Straßenverkehr überlassen werden dürfte[513]. Der Aufsichtspflichtige braucht das Kind, von besonders gefährlichen Situationen abgesehen, nicht an der Hand zu führen, wenn dieses sich daran gewöhnt hat, seine Anordnungen im Straßenverkehr zu befolgen. Dies kann bei einem Zweieinhalbjährigen aber noch nicht vorausgesetzt werden[514]. Es ist auch zu bedenken, daß Einzelanordnungen erforderlich sind, weil erfahrungsgemäß Kinder in Begleitung Erwachsener weniger auf den Straßenverkehr achten, als wenn sie allein unterwegs sind. Außerdem ist die Gefahr unbedachten Verhaltens durch Ablenkung in Rechnung zu stellen[515] und bei ungewohnten und schwierigen Vorgängen der unmittelbare Einfluß zu verstärken[516]. Pflichtwidrig handeln Kindergärtnerinnen, die erst unmittelbar vor der zu überquerenden Straße für ein geordnetes Verhalten der Kindergruppe sorgen[517].

186 Es ist aber unter bestimmten Voraussetzungen auch zulässig, **Kinder allein** am Straßenverkehr teilnehmen zu lassen. Vor allem kommt es hierbei auf die örtlichen Verhältnisse, z. B. auf die Verkehrsbedeutung der Straße, sowie auf das Alter des Kindes an[518].

187 Ein **Spielen** auf der Fahrbahn, auch auf Dorfstraßen, die nicht dem überörtlichen Verkehr dienen, darf nicht gestattet werden[519], es sei denn, es handle sich um eine für den Verkehr gesperrte oder als Spielstraße ausgewiesene Straße. Das OLG Bremen[520] erachtete es 1956 für zulässig, daß eine Hausfrau ihr zweijähriges Kind nicht ständig beaufsichtigt, wenn es auf der Straße spielt. Das kann aber bei der jetzigen Verkehrsdichte nicht mehr gelten. Das Spielverhalten der Kinder muß durch häufige Stichproben überwacht werden[521]. Ein unter vier Jahre altes Kind ist im allgemeinen trotz aller Ermahnungen nicht zu bewegen, ausreichend auf den Straßenverkehr

---

Hamm FamRZ 1990, 741; näher zum Umfang der elterlichen Aufsichtspflicht *Kaessmann* VGT 1987, 284.

505 RGZ 52, 73.

506 BGH VersR 1965, 137; 1968, 903; NJW 1995, 3385; OLG Freiburg VersR 1954, 87.

507 BGH VersR 1957, 340; FamRZ 1964, 84; OLG München VersR 1954, 544; OLG Stuttgart VersR 1955, 685; OLG Köln VersR 1955, 347; LG Kiel VersR 1957, 812 m. Anm. *Schmalzl*.

508 Vgl. *Schmid* VersR 1982, 822.

509 BGH VersR 1980, 279.

510 OLG Celle NJW-RR 1988, 216.

511 OLG Düsseldorf RuS 1990, 372.

512 BGH VersR 1988, 84.

513 OLG Celle FamRZ 1966, 107.

514 OLG Düsseldorf VersR 1992, 1233.

515 LG Münster NZV 1991, 396: Blumenpflükken unmittelbar neben der Fahrbahn.

516 OLGR Hamm 1994, 245: Überqueren eines Fußgängerüberwegs durch Vierjährigen mit Roller.

517 OLG Schleswig NZV 1995, 24.

518 Vgl. BGH VersR 1957, 340; OLG Celle VersR 1969, 333.

519 OLG Dresden VAE 1940, 53.

520 VersR 1958, 64.

521 KG VR 1926, 343; LG Berlin VersR 1954, 439; LG Lüneburg VersR 1954, 533; LG Passau VersR 1956, 428 LS.

zu achten[522]. Überläßt ein Vater seinem vierjährigen Sohn einen Roller, so muß er ihn darauf hinweisen, daß er nicht auf der Fahrbahn fahren darf[523]. Das Rollerfahren auf der Gehbahn ist nicht zu beanstanden, sofern das Kind stichprobenweise daraufhin überwacht wird, daß es nicht zu nahe an Fußgängern vorbeifährt[524].

Unbeaufsichtigtes **Radfahren** darf einem etwa 8jährigen Kind, welches sein Fahrrad sicher beherrscht, über die Verkehrsregeln eingehend unterrichtet ist und sich bereits gewisse Zeit im Verkehr bewährt hat, gestattet werden[525]. Eine stichprobenweise Überwachung (durch heimliches Beobachten oder Erkundigung bei Dritten) ist geboten[526]. Bleiben Eltern untätig, obwohl im Verkehrskreis des Kindes Fahrradwettfahrten auf der Straße unternommen werden und damit zu rechnen ist, daß sich das Kind daran beteiligen werde, so genügen sie ihrer Aufsichtspflicht nicht[527]. Bei Kindern unter 7 Jahren darf die unbeaufsichtigte Teilnahme am Straßenverkehr mit dem Fahrrad im allgemeinen nicht gestattet werden[528]. Etwas anderes kann jedoch für das dem Kind vertraute Radeln auf einem nahe der Wohnung gelegenen Rad- und Fußweg gelten[529]. Ob ein Kind in Begleitung eines erwachsenen Radfahrers auf einer Straße ohne Gehweg fahren darf, richtet sich nach den Umständen (Alter, Erfahrung, Verkehrsdichte, Gefährlichkeit). In jedem Fall muß der Erwachsene hinter dem Kind fahren, da er nur so die Möglichkeit zu ständiger Überwachung und Einwirkung hat[530]. 188

Bezüglich der **Kraftfahrzeugbenutzung** durch Minderjährige sind besondere Anforderungen zu stellen. Die Aufsichtspflicht bezieht sich auch darauf, daß der Minderjährige, der noch keinen Führerschein hat, das elterliche Kraftfahrzeug nicht benützen kann[531]. Wissen die Eltern aus früheren Vorfällen, daß der Minderjährige zum Fahren ohne Fahrerlaubnis neigt, müssen sie einschneidende Vorkehrungen (Wegsperren der Schlüssel, Ausbau der Batterie) treffen[532]. Bei der Führung eines Kraftfahrzeugs, für das der Minderjährige eine Fahrerlaubnis besitzt, dürfte für den Aufsichtspflichtigen in der Regel keine Überwachungspflicht durch Stichproben bestehen. Stellt der Vater fest, daß sein minderjähriger Sohn betrunken ist, so muß er ihn daran hindern, ein Kraftfahrzeug zu lenken[533]. Dies gilt auch sonst, wenn der gesetzliche Vertreter ein pflichtwidriges Verhalten des minderjährigen Kraftfahrzeugführers bemerkt[534]. 189

10. Haftung für Tiere (§§ 833, 834 BGB)

a) **Allgemeines.** Wird ein Verkehrsunfall durch ein Tier verursacht, so wird der Geschädigte u. U. haftungsrechtlich insofern begünstigt, als er dem für das Tier Verantwortlichen nach §§ 833, 834 BGB kein Verschulden nachzuweisen braucht. Das gilt jedoch nur, wenn es sich um ein **selbsttätiges Tierverhalten** (hierzu Rdn. 198) handelt[535]. Folgte das Tier bei dem unfallursächlichen Verhalten der Leitung durch einen Menschen, dann haftet dieser nach allgemeinen deliktsrechtlichen Grundsätzen. Die nachstehenden Erläuterungen befassen sich ausschließlich mit der Haftung nach §§ 833, 834 BGB; Einzelheiten zur Verschuldenshaftung für Tiere unter menschlicher Leitung s. unter Rdn. 263 ff. 190

---

522 BGH VersR 1968, 903.
523 BGH VersR 1958, 85.
524 BGH VersR 1968, 301.
525 OLG Nürnberg VersR 1962, 1116; OLG Oldenburg VersR 1963, 491.
526 BGH VersR 1965, 606.
527 BGH VersR 1961, 838.
528 OLG Köln VersR 1969, 44.
529 OLG Celle NJW-RR 1988, 216.
530 A. A. LG Nürnberg-Fürth NZV 1996, 153.
531 BGH VRS 4, 404.
532 OLG München MDR 1984, 757.
533 BGH DAR 1952, 40.
534 RG VAE 1940, 82.
535 BGH NJW 1952, 1329; BGH VersR 1966, 1074; OLG Düsseldorf VersR 1970, 334; 1981, 83; OLG Schleswig VersR 1983, 470; a. A. *MünchKomm/Mertens* § 833, 16; *Kreft* in: 25 Jahre KF 156; *Deutsch* JuS 1987, 675 f.

191 **Für Wildunfälle** besteht grundsätzlich keine Haftung. Der Jagdberechtigte ist weder Tierhalter noch Tierhüter, auch das BJagdG sieht keine Haftung vor[536]. Wird ein Reh von einem Jagdhund auf eine Straße gehetzt, so kann allerdings der Hundehalter nach § 833 BGB haften[537]. Zur Haftung aus Verletzung der Verkehrssicherungspflicht s. Rdn. 672.

192 b) **Die Haftung des Tierhalters.** Der Tierhalter haftet im Regelfall nach § 833 Satz 1 BGB ohne die Möglichkeit einer Entlastung, wenn durch sein Tier ein Mensch getötet oder verletzt wird oder eine Sache beschädigt wird. Die Haftung ist, wenngleich Gefährdungshaftung, der Höhe nach nicht begrenzt und umfaßt auch Schmerzensgeld. Sie ist von der Schuldfähigkeit des Halters unabhängig[538] und besteht auch gegenüber einer Person, die sich – wie z. B. ein Reiter – freiwillig der Tiergefahr ausgesetzt hat[539] (vgl. auch Rdn. 203). Ein Entlastungsbeweis ist nur bei Haustieren und nur in den unten Rdn. 204 ff dargelegten Fällen zugelassen. Kann ein schuldhaftes Verhalten nachgewiesen werden, ergibt sich die Haftung auch aus § 823 BGB. Wegen des Verhältnisses zu einem Mitschädiger vgl. § 840 Abs. 3 BGB, § 17 Abs. 2 StVG (näher hierzu § 17, 2), wegen der Anrechnung der Tiergefahr bei Schädigung des Halters Rdn. 214, zur Mithaftung des Tierhüters Rdn. 216.

193 Der Halter haftet nur, wenn die **Unfallbeteiligung seines Tieres feststeht.** Dieser dem Geschädigten obliegende Beweis bereitet oft Schwierigkeiten, wenn das Tier selbst durch den Unfall nicht in Mitleidenschaft gezogen wurde, sondern z. B. nur Verkehrsreaktionen hervorgerufen hat, oder wenn es nicht eindeutig identifizierbar ist. Auf bloße Vermutungen (etwa weil der Hund des Beklagten häufig in der betreffenden Gegend streune) kann eine Verurteilung nicht gestützt werden. **§ 830 Abs. 1 Satz 2 BGB** ist jedoch auch auf die Tierhalterhaftung anwendbar[540]. Waren daher die Tiere verschiedener Halter an einem einheitlichen Gefährdungsvorgang beteiligt (vgl. § 7, 84), kann der Geschädigte jeden der Halter in Anspruch nehmen, ohne beweisen zu müssen, daß gerade dessen Tier den Schaden verursacht hat. Diese Beweiserleichterung greift z. B. dann ein, wenn mehrere Pferde gemeinsam durchgehen und hierbei Schaden anrichten[541]. Dagegen reicht allein der Nachweis, daß Tiere des Beklagten in zeitlicher und räumlicher Nähe zu einem Unfall entwichen waren, nicht für eine Verurteilung aus; zu einer Anwendung des § 830 Abs. 1 Satz 2 BGB gelangt man in diesem Fall auch nicht mit Hilfe der Erwägung, es könnten in der Umgebung der Unfallstelle zur selben Zeit auch noch Tiere anderer Halter entwichen sein[542].

194 aa) **Begriff des Tierhalters.** Tierhalter ist, wer die Bestimmungsmacht über das Tier hat, aus eigenem Interesse für seine Kosten aufkommt und das wirtschaftliche Risiko seines Verlustes trägt. Entscheidend ist also, in wessen Gesamtinteresse das Tier gehalten wird und wessen Wirtschaftsbetrieb oder Haushalt es dient[543]. Auf Eigentum und unmittelbaren Besitz kommt es nicht an[544]. Ob der Ehegatte Mithalter ist, richtet sich nach den konkreten Umständen[545]. Auch bei längerdauernder Überlassung des Tieres an einen Dritten, z. B. im Wege der Vermietung, Verwahrung oder Leihe bleibt die

[536] OLG Hamm VersR 1957, 472 = 723 m. zust. Anm. *Weimar.*
[537] LG Mosbach VersR 1955, 383.
[538] **A. A.** *Deutsch* JuS 1987, 678: §§ 827 ff BGB analog.
[539] BGH VersR 1974, 356; 1977, 865; 1982, 367; 1984, 287; 1988, 609; NJW 1992, 2474.
[540] BGHZ 55, 96.
[541] So der Fall BGHZ 55, 96.
[542] **A. A.** OLG Köln NZV 1990, 351.
[543] BGH VersR 1956, 574; 1976, 1176; 1988, 609.
[544] BGH NZV 1990, 306: Mutter als Halterin des der 13jährigen Tochter gehörenden Pferdes.
[545] LG Wuppertal MDR 1993, 1064.

Tierhaltereigenschaft bestehen, solange die eingangs genannten Voraussetzungen vorliegen[546]. Daß der Dritte das Tier auch für eigene Zwecke nutzt, steht nicht entgegen, solange sich nicht der Schwerpunkt der Nutzung des Tieres auf den Dritten verlagert[547].

Der Viehhändler und der Metzger werden mit Erwerb des Tieres Tierhalter[548], dagegen ist **195** weder der Tierarzt Halter noch der Kauflustige, der mit dem Pferd eine Probefahrt unternimmt, oder der Gerichtsvollzieher, der ein Pferd gepfändet hat[549]. Der Tierschutzverein, der sich eines entlaufenen Hundes annimmt, wird nicht Halter[550]. Dasselbe gilt für einen Privatmann, der sich vorübergehend eines solchen Hundes annimmt[551]. Wer eine zugelaufene Katze längere Zeit betreut und versorgt, wird aber Halter[552].

Derjenige, dem ein Tier entlaufen ist, ist für alle Schäden verantwortlich, die das **196** Tier von nun an verursacht, auch wenn dem Halter jede Einwirkungsmöglichkeit verlorengegangen ist[553]. Dieser für den Tierhalter ungünstige Zustand endet erst, wenn sich ein anderer das Tier angeeignet hat. Hat sich ein Dritter ohne Wissen und Wollen des Halters des Tieres bemächtigt, so kann § 7 Abs. 3 entsprechend angewendet werden[554].

Tiere in freier Wildbahn haben keinen Halter. Auch für die Anwendung des Satzes 1 **197** kommen mithin im wesentlichen nur Haustiere in Betracht, daneben Bienen, gezähmte Tiere, wilde Tiere nur im zoologischen Garten, im Zirkus oder in der Tierhandlung.

bb) Selbsttätiges Tierverhalten. Die Haftung nach § 833 BGB umfaßt nur Fälle, in **198** denen das Verhalten des Tieres nicht auf den Willen und die Leitung eines Menschen zurückgeht; entspricht das Verhalten der Leitung eines Menschen, so gilt dieser allein als der Handelnde[555] (s. Rdn. 190). Dies ist z. B. auch der Fall, wenn eine Schafherde unter Führung des Schäfers eine Straße überquert[556]. Auch wenn das Tier unter Leitung eines Menschen steht, z. B. ein Pferd unter der des Kutschers oder Reiters, fallen jedoch willkürliche Bewegungen des Tieres (Durchgehen, Hochsteigen, Ausschlagen, Beißen, ein Sprung zur Seite) unter § 833 BGB[557]. Wird ein Tier von Dritten vorsätzlich auf eine Straße getrieben, so entfällt die Haftung des Halters nur dann, wenn es durch die menschliche Einwirkung gezwungen war, sich in eine bestimmte Richtung zu bewegen, nicht wenn es nur weggejagt und dann sich selbst überlassen wurde[558]. Für ausgebrochene Rinder, die durch Polizeibeamte von der Bundesstraße in eine Nebenstraße getrieben und dort in einen Unfall verwickelt wurden, hat OLG Düsseldorf VersR 1995, 232 wohl zu Recht die Halterhaftung bejaht.

Soweit in der Rechtsprechung gefordert wird, es müsse sich um **typisches Tierverhalten**, um die Manifestation tierischer Unberechenbarkeit handeln[559], ist dies mißverständlich[560]. Allerdings kommt eine Anwendung des § 833 BGB nicht in Betracht, wenn der Unfall auf die bloße Anwesenheit des Tieres zurückzuführen ist, z. B. ein Radweg durch ein Reitpferd verengt wird[561], oder wenn ein äußeres Ereignis nur mechanisch auf das Tier einwirkt, z. B. ein Pferd durch den Anprall eines Kraftfahrzeugs **199**

---

546 BGH NZV 1990, 306.
547 BGH VersR 1988, 609 mit ausführlichem Nachweis der älteren Rspr.
548 OLG Düsseldorf VersR 1983, 543.
549 OLGR Hamm 1994, 209.
550 LG Mönchengladbach VersR 1967, 486.
551 LG Düsseldorf VersR 1968, 99.
552 LG Paderborn NJW-RR 1996, 54.
553 BGH VersR 1965, 1102; *Wilts* VersR 1965, 1019.
554 *Deutsch* JuS 1987, 676.
555 BGH NJW 1952, 1329.
556 LG Nürnberg-Fürth NZV 1994, 282.
557 RG JW 1909, 218; BGH VersR 1963, 1141; 1966, 1073; NJW 1992, 2474; OLG Düsseldorf VersR 1995, 186.
558 BGH NZV 1990, 306.
559 Vgl. BGHZ 67, 129.
560 Vgl. *MünchKomm/Mertens* § 833, 13.
561 LG Bonn NZV 1994, 363.

umgeworfen wird und auf einen Fußgänger fällt[562]. Führt jedoch ein als Hindernis auf der Fahrbahn liegender Tierkörper zu einem Unfall, so greift § 833 BGB ein, wenn er durch ein vorangegangenes Bewegungsverhalten des Tieres dorthin gelangt ist[563]. Ein selbsttätiges Tierverhalten liegt auch dann vor, wenn ein äußeres Ereignis anreizend auf das Tier einwirkt (z. B. Scheuen eines Pferdes wegen eines herannahenden Kraftfahrzeugs[564]).

200 Die **Beweislast** für willkürliches Tierverhalten trägt der Geschädigte[565]. Hiervon will BGH NZV 1990, 306 dann eine Ausnahme machen, wenn sich der Tierhalter darauf beruft, ein Dritter habe das Tier in eine solche Zwangssituation versetzt, daß es sich nur in der den Schaden verursachenden Weise verhalten konnte. Dies erscheint mit allgemeinen Beweislastgrundsätzen kaum vereinbar. Allerdings kann den Halter eine sekundäre Behauptungslast[566] treffen.

201 cc) **Mittelbare Verursachung.** Ein unmittelbarer Kontakt zwischen Tier und Geschädigtem ist nicht erforderlich. Es genügt eine Einwirkung des Tieres auf ein anderes Tier oder auf einen Menschen, wenn das andere Tier oder der Mensch infolge der Einwirkung einen Schaden hervorruft.

202 So haftet der Halter, wenn das Tier einen Fahrzeugführer zu unfallursächlichem Bremsen oder Ausweichen zwingt[567], wenn ein Hund eine Schafherde in panische Flucht versetzt[568], wenn ein Hund ein Reh auf die Fahrbahn eines Kraftfahrzeugs treibt[569] oder wenn ein Pferd durchgeht und ein Insasse des Wagens deshalb abspringt. Springt ein gutartiger Hund einen Menschen in harmloser Weise an, so soll nach RG JW 1908, 41 ein durch die Abwehrbewegung oder das Erschrecken des Menschen hervorgerufener Unfall dann keine adäquate Folge des Verhaltens des Tieres sein, wenn kein Anlaß zu irgendwelchen Befürchtungen bestand (zweifelhaft).

203 dd) Ein **Haftungsausschluß** gegenüber Personen, die sich freiwillig der Tiergefahr ausgesetzt haben (insbesondere Reitern), ist nicht aus dem Gesichtspunkt des Handelns auf eigene Gefahr abzuleiten[570]. Dies gilt auch bei Überlassung aus Gefälligkeit; § 599 BGB oder §§ 8, 8 a StVG sind nicht entsprechend anwendbar[571]. Bei besonderer Gefahrerhöhung greifen aber die Grundsätze des Mitverschuldens ein.

204 ee) **Entlastungsbeweis.** Die Haftung des Tierhalters ist im Grundsatz eine Gefährdungshaftung ohne Entlastungsmöglichkeit. Durch den im Jahre 1908[572] angefügten Satz 2 wurde sie jedoch zugunsten des Halters eines Nutztieres (d. h. eines Haustiers, welches dem Beruf, der Erwerbstätigkeit oder dem Unterhalt des Tierhalters zu dienen bestimmt ist), in eine Haftung aus vermutetem Verschulden umgewandelt: Der Halter solcher Tiere wird von der Haftung frei, wenn er den Nachweis führt, daß er bei der Beaufsichtigung des Tieres die im Verkehr erforderliche Sorgfalt beobachtet hat oder daß der Schaden auch bei Anwendung dieser Sorgfalt entstanden wäre.

205 Unter **Haustier** versteht man nur diejenigen in der Hauswirtschaft zur dauernden Nutzung oder Dienstleistung gezüchteten oder gehaltenen zahmen Tiere, die der Beaufsichtigung und dem beherrschenden Einfluß des Halters unterstehen[573]. Dazu gehören

---

562 **A. A.** *Deutsch* JuS 1987, 675 f.
563 OLG Celle VersR 1980, 431.
564 RGZ 82, 113.
565 OLG Düsseldorf VersR 1970, 333; *Honsell* MDR 1982, 799; *Palandt/Thomas* § 833, 21; **a. A.** *Baumgärtel* in: 25 Jahre KF 86.
566 Vgl. *Zöller/Greger* vor § 284, 34.
567 BGH VersR 1957, 167; OLG Düsseldorf NJW-RR 1992, 475.
568 OLG München VersR 1984, 1095.
569 OLG Nürnberg VersR 1959, 573.
570 BGH VersR 1977, 864; 1982, 366; 1986, 345; 1207 = JR 1987, 108 m. Anm. *Dunz*; **a. A.** *Deutsch* NJW 1978, 1998; JuS 1987, 677; *Dunz* JZ 1987, 63 ff. Vgl. auch Rdn. 325.
571 BGH NJW 1992, 2474; **a. A.** *Westerhoff* JR 1993, 497 ff.
572 Ges. v. 30. 5. 08, RGBl. 313.
573 RGZ 158, 391.

auch gewisse Tierarten, die Anweisungen des Menschen im allgemeinen nicht zu befolgen pflegen (Tauben, Kaninchen, Katzen). Andererseits wird die Biene, die sich in gleicher Weise der Beaufsichtigung entzieht, nicht als Haustier angesehen[574], während folgsame Tiere, wie ein Affe, nicht als Haustiere gelten, obwohl sie mit dem Halter in engeren Beziehungen zusammenleben als etwa eine Taube.

Das Haustier ist nur dann dem **Beruf**, der **Erwerbstätigkeit** oder dem **Unterhalt** des Tierhalters zu dienen bestimmt, wenn eine dieser Funktionen wesentliche Bedeutung hat. Tiere, die nur zum Sport oder zur Annehmlichkeit gehalten werden, scheiden von vorneherein aus. **206**

Daher fällt nicht unter § 833 Satz 2 BGB das Trabrennpferd eines nicht in erheblichem Umfang zu Erwerbszwecken betriebenen Gestüts[575] sowie das Reitpferd eines Idealvereins[576], während sich ein Reitverein, der seine Pferde überwiegend oder jedenfalls in einem so erheblichen Umfang wie ein wirtschaftliches Unternehmen zu Erwerbszwecken nutzt, auf § 833 Satz 2 BGB berufen kann[577]. Das gleiche gilt bei einem Trabertrainer, der das Pferd bei Trabrennen einsetzen wollte[578], sowie bei Pferdehaltern, die ihre Tiere zum Ausritt vermieten[579], solange dies nicht nur gelegentlich geschieht[580]. Auch ein Polizeipferd fällt unter § 833 Satz 2 BGB[581]. Hunde fallen dann unter die Vorschrift, wenn sie für die Bewachung von Gewerbebetrieben oder landwirtschaftlichen Anwesen eingesetzt sind, oder wenn sie einem Jäger als Jagdhund[582] oder einem Blinden zum Führen dienen. Bei Katzen kommt es auf die Umstände des Einzelfalles an[583]; dienen sie, wie in der Regel in landwirtschaftlichen Anwesen, dem Schutz von Vorräten, läßt sich ihre Eigenschaft als Erwerbstier bejahen[584]. **207**

Entscheidend ist die **Zweckbestimmung**. Ob das Nutztier auch im Zeitpunkt des Unfalls als solches eingesetzt wurde, ist unerheblich. Daher fallen Arbeitspferde auch dann unter § 833 Satz 2 BGB, wenn sie als Zugtiere bei einem Umzug verwendet werden[585]. **208**

Anforderungen an den Entlastungsbeweis: Der Tierhalter muß entweder die Beachtung der im Verkehr erforderlichen Sorgfalt oder die fehlende Kausalität eines Sorgfaltsmangels beweisen. Bleibt unklar, worauf das schadensstiftende Tierverhalten zurückzuführen ist, geht dies zu seinen Lasten[586]. Für das Maß der im Verkehr erforderlichen Sorgfalt gibt § 28 StVO Anhaltspunkte. Übergibt der Tierhalter das Tier einem Tierhüter, so hat er den Entlastungsbeweis dahin zu führen, daß er bei der Auswahl und Beaufsichtigung des Tierhüters die nötige Sorgfalt beobachtet hat, daß er ihm die erforderlichen Weisungen erteilt und ihn mit den erforderlichen Gerätschaften ausgestattet hat[587]. Anweisungen sind vor allem erforderlich, wenn das Tier besonders unangenehme Eigenschaften hat[588]. Darauf, ob der Tierhüter den Unfall rechtswidrig oder schuldhaft verursacht hat, kommt es bei der Haftung aus § 833 BGB nicht an. **209**

An den Halter, der **Pferde** zum Ausritt im Straßenverkehr vermietet, sind strenge Anforderungen zu stellen. Er darf das Pferd nur einem Reiter überlassen, der ausreichend auf das Tier einwir- **210**

---

574 RGZ 158, 391; *Weimar* VN 1965, 126; **a. A.** *Rohde* VersR 1968, 227.
575 OLG Düsseldorf VersR 1995, 186.
576 BGH VersR 1982, 366; 1982, 670.
577 BGH VersR 1986, 346 = JR 1986, 240 m. Anm. *Haase*; kritisch zu dieser Diskrepanz *Deutsch* JuS 1987, 679.
578 OLG Düsseldorf VersR 1993, 115.
579 BGH VersR 1986, 1077.
580 OLG Düsseldorf NJW-RR 1992, 475: Pony eines Landwirts.
581 OLG Frankfurt VersR 1985, 646.
582 OLG Bamberg NJW-RR 1990, 735.
583 LG Ravensburg VersR 1986, 823.
584 LG Bielefeld VersR 1982, 1083; LG Kiel NJW 1984, 2297.
585 OLG Koblenz NZV 1992, 76.
586 OLG Koblenz NZV 1992, 76.
587 BGH VersR 1953, 516; OLG Düsseldorf VersR 1967, 1100; KGR Berlin 1994, 254.
588 RGZ 76, 225; RG Recht 1911, Nr. 2147; 1911, Nr. 2435; OLG Colmar Recht 1912, Nr. 426.

ken kann und Erfahrung mit den Gegebenheiten des Straßenverkehrs hat[589]. Als Zugtiere dürfen Pferde nur eingesetzt werden, wenn sie ausreichend auf diese Aufgabe vorbereitet wurden[590].

211 Eine **Katze** kann nicht daran gehindert werden, sich auf die Fahrbahn zu begeben[591]; dasselbe gilt in ländlichen Gemeinden auch für Hühner und anderes Geflügel. Auch ein friedfertiger **Hund** darf nicht unbeaufsichtigt auf der Straße herumlaufen[592]. Vor allem ein Hund, der zum Streunen neigt, muß sorgfältig verwahrt werden[593], desgleichen ein Hund, der nicht im Hause, sondern in einem umhegten Gelände oder in einem Zwinger gehalten wird[594]. Ein Jagdhund darf nicht unangeleint zur Nachsuche auf ein angeschossenes Wild angesetzt werden, wenn die Gefahr besteht, daß der Hund in den öffentlichen Straßenverkehr gelangt[595]. Junge Hunde sind besonders unberechenbar[596].

212 **Vieh oder Pferde**, die sich auf der Weide befinden, müssen daran gehindert werden, diese eigenmächtig zu verlassen[597], insbesondere durch einen ausreichend hohen und stabilen Zaun. Bei einer Pferdekoppel reicht ein 125 cm hoher, vierfacher Stacheldrahtzaun[598]; bei Rindern ist eine Höhe von 110 bis 120 cm erforderlich[599]. Die Sicherung des Weidetores durch eine bloße Hanf- oder Drahtschlaufe genügt nicht, wenn die naheliegende Gefahr besteht, daß unbefugte Dritte das Tor öffnen und nicht wieder ordnungsgemäß verschließen, so daß die Tiere auf eine nahegelegene Straße laufen können; hier ist vielmehr die Sicherung durch ein Schloß erforderlich[600]. Auf entlegenen Weiden, etwa im Gebirge, sind die Anforderungen geringer[601]. Nicht nur hinsichtlich der Möglichkeit, das Weidetor zu öffnen, sondern auch hinsichtlich der Standfestigkeit des Weidezaunes[602] und der Abwehrkraft eines elektrischen Weidezaunes[603] sind angesichts der durch Vieh dem Verkehr drohenden Gefahr strenge Anforderungen zu stellen[604]. In der Nähe verkehrsbedeutender Straßen sind Weidezäune täglich zu kontrollieren[605]. Die Stabilität von Pfosten ist sorgfältig, nicht nur optisch, zu prüfen[606]. Örtliche Freiweiderechte ändern nichts an der Pflicht des Tierhalters zur Absicherung der Weide[607]. Schafe müssen, wenn sie von einem Hirten mit Hütehund bewacht werden, nicht durch einen Weidezaun gegen Entweichen gesichert werden[608]. Sehr strenge Anforderungen stellt OLG München NZV 1991, 189 (Vorkehrungen auch für den Fall einer Panik unter den Schafen, wenn vielbefahrener Verkehrsweg in der Nähe). – Auch ein Pferdestall muß, jedenfalls wenn er in der Nähe der Autobahn und in einem dicht besiedelten Gebiet liegt, stets verschlossen und der Schlüssel sicher verwahrt werden[609]. Wird im Winter ein Rind über den Hof geführt und stürzt es, weil nicht gestreut war, so haftet der Halter, wenn es nach dem Sturz entweicht und einen Unfall verursacht[610]. Ein Reitpferd darf bei der Rast auf einer Wiese nicht frei herumlaufen[611].

213 c) Die **Haftung des Tierhüters** nach § 834 BGB tritt neben diejenige des Halters (sofern dieser sich nicht nach Rdn. 204 ff entlastet hat). Es ist keine Gefährdungshaftung wie beim Halter nach § 833 Satz 1, sondern eine Haftung aus vermutetem Ver-

---

589 BGH VersR 1986, 1079.
590 OLG Koblenz NZV 1992, 76.
591 OLG Oldenburg VersR 1957, 742.
592 RG JW 1933, 832.
593 RG WarnR 1929, Nr. 99.
594 BGH VersR 1964, 779.
595 OLG Bamberg NJW-RR 1990, 735.
596 OLG Koblenz VersR 1955, 313.
597 BGH VersR 1959, 759; LG Flensburg MDR 1969, 924.
598 OLGR Hamm 1994, 210.
599 OLG Köln VersR 1993, 616; s. auch OLG Düsseldorf NZV 1988, 21.
600 BGH VersR 1964, 595; 1966, 186; 1966, 758 = 849 m. Anm. *Schmidt*; 1967, 906; 1976, 1086; NZV 1990, 305; OLG Celle DAR 1967, 189; OLG Oldenburg DAR 1964, 217.
601 Sehr streng aber österr. OGH ZVR 1993, 364 bei Pferden auf einer Bergweide; s. auch NZV 1995, 17.
602 Vgl. OLG Hamm VersR 1982, 1009.
603 Hierzu OLG Frankfurt VersR 1982, 908.
604 OLG Nürnberg VersR 1966, 42; LG Flensburg VersR 1987, 826.
605 OLG Hamm NZV 1989, 234.
606 LG Ravensburg VersR 1986, 452.
607 BayObLG VRS 14, 372.
608 BGH VersR 1963, 308.
609 BGH NZV 1990, 305.
610 OLG München VersR 1966, 1083; OLG Oldenburg NZV 1991, 115.
611 BGH VersR 1964, 1197.

schulden, also mit Entlastungsmöglichkeit wie beim Halter eines Nutztiers nach § 833 Satz 2 BGB (vgl. Rdn. 204). Voraussetzung ist auch hier, daß der Unfall auf ein **selbsttätiges Tierverhalten** zurückgeht (vgl. Rdn. 198). Der Hüter haftet daher nur nach § 823 BGB, d. h. bei nachgewiesenem Verschulden, wenn er Vieh über die Straße treibt, dagegen nach § 834 BGB, wenn ein einzelnes Tier durchgeht. Tierhüter ist, wer die Aufsicht **durch Vertrag** mit dem Halter oder einem Dritten übernommen hat, wie z. B. beim Ausreiten eines gemieteten Pferdes[612]. Die Aufsicht braucht nicht Hauptpflicht aus dem Vertrag zu sein, eine bloß tatsächliche Übernahme der Beaufsichtigung, z. B. durch einen Familienangehörigen[613], genügt aber nicht. Der Hufschmied und der Tierarzt sind auch für die Dauer der Behandlung des Tieres keine Tierhüter, ebenso weisungsgebundene Bedienstete wie Stallburschen, Kutscher usw. oder der Gerichtsvollzieher bezüglich eines gepfändeten Pferdes[614]. Der Tierhüter kann, wenn er auf einem Fahrrad fährt, auf einen ihn frei begleitenden Hund nicht ausreichend einwirken[615].

d) **Anrechnung der Tiergefahr.** Kommt der Halter selbst durch ein Verhalten seines 214
Tieres zu Schaden (auch in Form einer Verletzung des Tieres), so muß er sich gegenüber einem Mitschädiger die Tiergefahr anrechnen lassen (analog zur Anrechnung der Betriebsgefahr; vgl. § 17, 40). Hierbei ist auch der Rechtsgedanke des § 840 Abs. 3 BGB heranzuziehen, d. h. bei Zusammentreffen mit einer Verschuldenshaftung des Mitverantwortlichen unterbleibt die Anrechnung der Tiergefahr[616]. Dies gilt jedoch nicht, wenn der Mitverantwortliche Halter oder Führer eines Kraftfahrzeugs ist[617] (§ 17 Abs. 2, § 18 Abs. 3; vgl. § 17, 2). Auch eine „umgekehrte analoge Anwendung" des § 840 Abs. 3 BGB auf den Fall, daß den vom Tier Geschädigten ein Mitverschulden trifft, kommt[618] nicht in Betracht, denn hier geht es nicht um eine Mithaftung, sondern um die originäre Haftung des Tierhalters. Hier gilt ausschließlich § 254 Abs. 1 BGB.

Wird der **Tierhüter** selbst verletzt, ist sein Verursachungsbeitrag gegen den des Tier- 215
halters abzuwägen; bei schuldhaftem Handeln des Hüters wird letzterer allerdings in der Regel zurücktreten[619].

e) **Gesamtschuldnerische Haftung von Tierhalter und Tierhüter** tritt ein, wenn sich 216
beide nicht nach Rdn. 204 ff, 213 entlasten konnten. Fällt einem von ihnen ein nachgewiesenes Verschulden zur Last, während der andere nur aus §§ 833 f BGB haftet, wird der Schuldige beim Innenausgleich in der Regel den vollen Schaden zu tragen haben. Dasselbe wird zugunsten des Halters zu gelten haben, wenn ihm nur ein Beaufsichtigungsmangel anzulasten ist[620].

11. Verkehrspflichten

Im Haftungsrecht des Straßenverkehrs tritt die unerlaubte Handlung im Sinne der 217
§§ 823 ff BGB regelmäßig nicht in der Form des Übergriffs in fremde Rechtsgüter auf, sondern als Auswirkung einer sorgfaltswidrigen Nichtbeherrschung von Schadensrisiken aus der Sphäre des Schädigers. Die Rechtsprechung hat daher – zunächst im Bereich der Verantwortlichkeit für den sicheren Zustand von Verkehrswegen[621] – die

[612] BGH VersR 1987, 199.
[613] OLG Nürnberg NJW-RR 1991, 1500; OLG Düsseldorf ZfS 1992, 77.
[614] OLGR Hamm 1994, 209.
[615] OLG Königsberg HRR 1941, Nr. 883.
[616] BGH NZV 1995, 20; OLG Schleswig NJW-RR 1990, 470; OLG Hamm NJW-RR 1990, 795.
[617] Wohl übersehen in BGH NZV 1995, 20.
[618] Entgegen *Lemcke* RuS 1995, 55.
[619] OLG Celle RuS 1993, 299 LS.
[620] Vgl. BGH NJW 1980, 2348; KGR Berlin 1994, 255.
[621] RGZ 54, 58; 68, 358; 106, 340; 163, 26.

Verletzung von sog. Verkehrspflichten als Grundlage der deliktischen Haftung in diesen Fällen herausgearbeitet. Es handelt sich bei ihnen um die Normierung von Sorgfaltsanforderungen, die derjenige zu beachten hat, der eine potentielle Gefahrenquelle beherrscht; diese sind mit der äußeren Sorgfalt als Element der Fahrlässigkeit (s. Rdn. 76, 78) identisch[622]. Darüber hinaus haben die Verkehrspflichten aber auch die Funktion, die Haftungszuständigkeit für bestimmte Risiken überhaupt erst zuzuweisen. Die Aussage, daß der Grundeigentümer bei Glätte streuen muß, daß der Kraftfahrzeughalter die Schlüssel sicher verwahren muß und dergleichen, bezieht sich nicht nur auf die Bestimmung der für den Verkehr erforderlichen Sorgfalt im Sinne des § 276 Abs. 1 Satz 2 BGB, sondern sie begründet eine Pflichtenstellung, ähnlich jener aus einem Schutzgesetz im Sinne des § 823 Abs. 2 BGB[623]. Wie dort ist auch bei den Verkehrspflichten die Haftungsbegrenzung durch den Schutzzweck zu beachten, jedoch sind die Verkehrspflichten – anders als die Schutzgesetze – ausschließlich auf die Schutzgüter des § 823 Abs. 1 BGB bezogen[624].

218 Der BGH leitet die Verkehrspflichten aus dem allgemeinen Grundsatz ab, daß derjenige, der eine Gefahrenquelle schafft oder andauern läßt, alle nach Lage der Verhältnisse notwendigen Vorkehrungen zum Schutze Dritter treffen muß, betont aber zugleich, daß nicht gegen alle denkbaren Möglichkeiten eines Schadenseintritts Vorsorge getroffen werden muß; haftungsbegründend werde eine Gefahr erst dann, wenn sich für ein sachkundiges Urteil die naheliegende Möglichkeit ergibt, daß Rechtsgüter anderer verletzt werden[625]. Im einzelnen ist die Rechtsprechung zu den Verkehrspflichten zwangsläufig sehr kasuistisch, teilweise unsystematisch und nur wenig um dogmatische Fundierung bemüht. „Sorgfaltspflichten" – schon dieser Begriff ist unscharf[626] – werden aus geschriebenen Rechtssätzen (etwa aus der StVO und StVZO) ebenso abgeleitet wie aus dem allgemeinen Gebot, fremde Rechtsgüter nicht zu verletzen. Die Rechtsprechung zu den für den Straßenverkehr geltenden Verhaltenspflichten wird nachfolgend sowie (wegen der Einzelheiten zum Verhalten des *Kraftfahrers* im Verkehr) im Anhang zu § 16 wiedergegeben. Die Verkehrs*sicherungs*pflicht im engeren Sinne, d. h. die Verantwortlichkeit für den sicheren Zustand von Verkehrswegen, wird wegen ihrer Bedeutung und der Bezüge zur Amtshaftung in einem gesonderten Abschnitt (Rdn. 528 ff) behandelt.

a) Kraftfahrzeughalter

219 **aa) Zustand des Fahrzeugs.** Der Halter ist für den verkehrssicheren Zustand des Kraftfahrzeugs verantwortlich[627]. Ein neues oder generalüberholtes Kraftfahrzeug braucht er aber zunächst nicht auf Betriebssicherheit untersuchen zu lassen; anders beim Kauf eines gebrauchten Kraftfahrzeugs von Privat bzw. ohne Gewährleistung[628]. Beim Erwerb eines Gebrauchtfahrzeugs im Kfz-Handel darf grundsätzlich davon ausgegangen werden, daß die aufgezogenen Reifen noch verkehrssicher sind[629]; ebenso beim Kauf gebrauchter Reifen im Handel[630]. Der Halter ist nicht verpflichtet, sich fortlau-

---

[622] *v. Bar* 175.

[623] Eingehend zu den Verkehrspflichten *RGRKomm/Steffen* § 823, 137 ff; *MünchKomm/Mertens* § 823, 177 ff; *v. Bar* 101 ff; *Deutsch* § 10 III 5.

[624] BGH NJW 1987, 2671.

[625] St. Rspr.; vgl. z. B. BGH NZV 1990, 305.

[626] „Denn es gibt keine Pflicht zur Sorgfalt, sondern nur die Aufwendung von Sorgfalt in bezug auf die Erfüllung einer Pflicht" (*v. Bar* 50).

[627] BGH VRS 37, 271.

[628] BGH NZV 1995, 310; RG DAR 1933, 40.

[629] OLG Stuttgart NZV 1991, 68.

[630] OLG Frankfurt VRS 78, 174.

fend vom vorschriftsmäßigen Zustand des Fahrzeugs zu überzeugen; er hat jedoch nach § 31 Abs. 2 StVZO die Inbetriebnahme zu untersagen, wenn ihm bekannt ist oder bekannt sein muß, daß das Fahrzeug einschließlich Ladung den Vorschriften nicht entspricht. Der unvorschriftsmäßige Zustand muß ihm nur dann bekannt sein, wenn ihn nach anderen Vorschriften eine Untersuchungspflicht trifft. Eine allgemeine Untersuchungspflicht besteht für den Halter nicht.

Auch ein Busunternehmer ist nicht verpflichtet, das Fahrzeug trotz amtlicher Zulassung auf etwaige Konstruktionsmängel, etwa an der Türautomatik, zu untersuchen[631]. Nach OLG Köln NZV 1992, 279 soll er jedoch dafür verantwortlich sein, daß die Fahrgäste im Nachläufer eines Gelenkbusses nicht wegen der dort auftretenden Querbeschleunigungskräfte von den Sitzen rutschen können. 220

Hinsichtlich der **Erhaltung der Betriebssicherheit** des Kraftfahrzeugs kann sich der Halter einer Hilfsperson bedienen, die die zur Pflege des Wagens und Beurteilung der Betriebssicherheit erforderliche Sachkunde besitzt und von deren Tauglichkeit und Zuverlässigkeit sich der Halter mit der erforderlichen Sorgfalt vergewissert hat[632]. Im allgemeinen genügt es auch, den Wagen regelmäßig zur Inspektion in eine Fachwerkstatt zu bringen[633]. Zeigen sich aber zwischendurch Mängel, muß er sie unverzüglich beheben lassen[634]. Bei schlechtem Allgemeinzustand muß er mit verborgenen Mängeln rechnen[635]. Allein aus der Untersuchung des Kraftfahrzeugs nach § 29 StVZO darf der Halter nicht ohne weiteres den Schluß ziehen, daß keine Mängel vorhanden seien[636]. 221

Ist vorhersehbar, daß das Fahrzeug während der **Überlassung an einen Dritten** vorschriftswidrig wird (z. B. bei bereits weit abgefahrenen Reifen), so ist die Überlassung schuldhaft, wenn der Halter nicht sicher sein kann, daß der Dritte entweder den Mangel rechtzeitig beheben lassen oder das Fahrzeug nicht weiterbenutzen wird[637]. Die Überlassung eines verkehrsunsicheren Fahrzeugs an einen Dritten begründet die deliktische Haftung auch diesem gegenüber, selbst wenn der Wunsch zur Fahrt von diesem selbst ausging[638]. 222

bb) Schutz vor ungeeignetem Fahrer. Der Halter handelt schuldhaft, wenn er das Kraftfahrzeug einer ungeeigneten, z. B. bekanntermaßen leichtsinnigen, Person anvertraut. Er hat sich über ihre Charaktereigenschaften, soweit möglich, vorher zu vergewissern. Überlassen an einen Betrunkenen begründet die Haftung für Unfälle, die auf der Fahruntauglichkeit beruhen[639]. Setzt sich die unzuverlässige Person eigenmächtig ans Steuer, hat der Halter sie unmißverständlich und nachdrücklich zum Verlassen des Fahrersitzes aufzufordern[640]. Der Halter muß sich auch vergewissern, daß der Fahrer die Fahrerlaubnis besitzt; in der Regel muß er sich den Führerschein zeigen lassen[641]. Die Haftung setzt allerdings voraus, daß der Eignungsmangel für den Unfall kausal war[642]. Der ungeeignete Fahrer selbst wird von der Schutzwirkung der vorgenannten Pflichten grundsätzlich nicht erfaßt[643]; eine Ausnahme mag bei Überlassung des Kraftfahrzeugs durch einen Erwachsenen an einen Jugendlichen gelten[644]. 223

---

631 OLG Köln VRS 64, 407.
632 RG VAE 1938, 93.
633 BGH VersR 1961, 848; 1965, 473; 1976, 148.
634 BGH VersR 1969, 1025.
635 BGH VersR 1976, 148.
636 BGH VersR 1965, 473 a. A. für Untersuchung eines Dampfkessels RGZ 145, 374.
637 BayObLG NZV 1990, 442.
638 OLG Köln NZV 1992, 405.
639 BGH VRS 34, 354.
640 BGH VersR 1984, 1153.
641 BGH VRS 34, 354; OLG Nürnberg VersR 1962, 937; OLG Frankfurt VersR 1974, 560; OLG Hamm VersR 1977, 757.
642 BGH VersR 1971, 117.
643 BGH NZV 1991, 109.
644 BGH VersR 1978, 183; NZV 1991, 110.

224 cc) **Schutz vor unbefugter Benutzung.** Der Halter eines Kraftfahrzeugs haftet für Unfälle, die sich auf einer Schwarzfahrt ereignen, nicht nur nach § 7 Abs. 3 StVG (§ 7, 279 ff), sondern u. U. auch aus unerlaubter Handlung (§ 823 BGB), denn er ist verpflichtet, alle zumutbaren Maßnahmen zu ergreifen, um sein Kraftfahrzeug vor einer Benutzung durch Unbefugte zu bewahren[645]. Wegen der Einzelheiten kann auf § 7, 310 ff Bezug genommen werden.

225 Anders als bei § 7 Abs. 3 StVG muß der Verletzte, der sich auf deliktische Haftung berufen will, aber nachweisen, daß der Unfall (und nicht nur die Schwarzfahrt) durch das Verschulden des Halters adäquat verursacht wurde[646]. Dies ist auch mit der in der Rechtsprechung verschiedentlich anzutreffenden Formulierung gemeint, die Haftung aus unerlaubter Handlung trete nur ein, wenn sich das Verschulden des Halters nicht in der Ermöglichung der Schwarzfahrt erschöpft, sondern sich darüber hinaus darauf bezogen hat, daß das Kraftfahrzeug in verkehrsgefährlicher Weise benutzt worden ist[647]. Es ist zwar eine allgemeine Erfahrungstatsache, daß Schwarzfahrer und Autodiebe die Achtung vor fremden Rechtsgütern vermissen lassen und daher durch rücksichtsloses Fahren häufig Unfälle verursachen[648], doch kann damit allein der Kausalitätsbeweis nicht geführt werden. Es kommt auf die Umstände des Einzelfalles an[649]. Der Ursachenzusammenhang fehlt, wenn sich der unbefugte Benutzer verkehrsgerecht verhalten und keiner Verkehrsvorschrift zuwidergehandelt hat[650]. Verursacht der Schwarzfahrer (z. B. Dieb) einen Unfall bei dem Versuch, sich durch Flucht mit dem Fahrzeug der Festnahme durch die Polizei zu entziehen, so ist der Zurechnungszusammenhang zu bejahen, weil durch die mangelhafte Sicherung des Fahrzeugs die Gefahr eines derartigen Verlaufs der Schwarzfahrt voraussehbar in nicht unerheblicher Weise erhöht wird[651]. Der unbefugte Benutzer selbst wird von der Schutzwirkung der Vorschriften über die Sicherung des Kraftfahrzeugs grundsätzlich nicht erfaßt. Zur Kausalität zwischen mangelhafter Sicherung und Schwarzfahrt s. § 7, 309.

b) **Kraftfahrzeugführer**

226 aa) **Allgemeines zum Verkehrsverhalten.** Selbstverständliche Pflicht des Fahrzeugführers ist es, die in den einschlägigen Vorschriften (insbesondere StVO und StVZO) niedergelegten **Verkehrsregeln** einzuhalten. Diesen ist jedoch nicht für jede denkbare Verkehrssituation eine eindeutige Handlungsanweisung zu entnehmen. Hier kommt es auf die richtige Ausfüllung von Generalklauseln (z. B. § 1 Abs. 2 StVO) und die sachgerechte Zuweisung von Vor- und Nachrangstellungen an, die letztlich von der Rechtsprechung getroffen wird, aber auch dem einzelnen Verkehrsteilnehmer abverlangt werden muß. Darüber hinaus gebietet es die „im Verkehr erforderliche Sorgfalt" aber auch, erkennbar gefahrträchtige Situationen nach Möglichkeit zu entschärfen bzw. das Entstehen solcher Situationen überhaupt zu vermeiden. Dies kann im Einzelfall sogar dazu

---

[645] RGZ 136, 10; BGH VersR 1952, 279; 1955, 184; 1958, 413; 1959, 179; 1960, 736; 1961, 417; 1965, 988; 1966, 79; 1970, 66; 1978, 183; 1981, 40; VRS 30, 166; OLG Düsseldorf VRS 10, 100; OLG Nürnberg VersR 1958, 118; 1958, 202 = 388 m. zust. Anm. *Stelzer*; OLG Köln DAR 1959, 297; VersR 1966, 766; OLG München VersR 1960, 862.

[646] BGH VersR 1960, 736; 1966, 79; 1966, 166.

[647] RGZ 135, 155; 136, 17; BGHZ 1, 390; BGH VersR 1979, 766.

[648] RGZ 136, 10; RG VAE 1942, 33; BGH VersR 1955, 184; 1958, 413; VRS 14, 416; OLG Naumburg DAR 1940, 66; OLG Köln VRS 4, 355; LG Verden/Aller VersR 1954, 376.

[649] RGZ 136, 10.

[650] BGH VersR 1955, 184; OLG Düsseldorf VRS 10, 100.

[651] BGH VersR 1981, 40.

führen, daß der Fahrer bestimmte Verkehrsregeln nicht befolgen darf, wenn gerade dadurch, z. B. infolge verkehrswidrigen Verhaltens anderer, eine Unfallgefahr heraufbeschworen würde[652].

Nach dem sog. **Vertrauensgrundsatz** darf der Fahrer sich grundsätzlich auf verkehrs- 227
gerechtes Verhalten der anderen Verkehrsteilnehmer verlassen. Insbesondere muß er sich nicht auf grobe Verkehrsverstöße einstellen[653]. Bestehen aber nach der konkreten Verkehrssituation Anhaltspunkte für verkehrswidriges Verhalten anderer, so muß das eigene Fahrverhalten hierauf eingestellt werden. Dies gilt in besonderem Maße solchen Personen gegenüber, von denen verkehrsrichtiges Verhalten nicht ohne weiteres erwartet werden kann[654], wie z. B. Kinder, alte Menschen, Gebrechliche, Betrunkene. Nicht auf den Vertrauensgrundsatz berufen kann sich auch, wer selbst durch sein Verhalten eine schwierige oder unklare Verkehrslage geschaffen oder die Verkehrsregeln mißachtet hat[655].

Als **Sorgfaltsmaßstab** dürfen für die Begründung der deliktischen Haftung nicht die 228
hohen Anforderungen der Rechtsprechung zu § 7 Abs. 2 StVG (s. § 7, 350) herangezogen werden. Entscheidend ist nach § 276 BGB die „im Verkehr erforderliche“, nicht die „äußerst mögliche“ Sorgfalt (näher Rdn. 76). Allerdings darf der Unterschied auch nicht überschätzt werden. Die Zumutbarkeitsgrenze des § 7 Abs. 2 StVG und die Erforderlichkeitsgrenze des § 276 Abs. 1 Satz 2 BGB liegen nicht so weit auseinander, wie die oftmals erheblich differierenden Ergebnisse von Gefährdungs- und Verschuldenshaftung glauben machen könnten; hierfür ist in weit höherem Maße die unterschiedliche Beweislastregelung verantwortlich. Vielfach wird sich nur einzelfallbezogen feststellen lassen, ob der „denkbar beste“ Kraftfahrer sich anders verhalten hätte, als der seinen Verkehrspflichten genügende.

Nach der Rechtsprechung trifft den Kraftfahrer bei den Verkehrsvorgängen, für die 229
die StVO einen **Ausschluß der Gefährdung anderer** verlangt (z. B. § 9 Abs. 5, § 10), eine Pflicht zu gesteigerter Sorgfalt. Dadurch wird jedoch kein besonderer Fahrlässigkeitsmaßstab begründet, sondern es werden lediglich in verfehlter, weil unbestimmter Weise, Verkehrspflichten begründet (vgl. Rdn. 80; Anh. § 16, 36 u. 112).

Zu beachten ist, daß nicht jeder Verkehrsverstoß ohne weiteres zur Haftung für 230
einen damit zusammenhängenden Unfall führt. Nach den Grundsätzen über den **Zurechnungszusammenhang** tritt die Haftung vielmehr nur dann ein, wenn die Vermeidung des betreffenden Unfallgeschehens von der Schutzwirkung der verletzten Verkehrsvorschrift erfaßt wird (Rdn. 91). So dient z. B. das Rechtsfahrgebot nur dem Schutz des Gegen- und Überholverkehrs, so daß ein hierauf beruhender Zusammenstoß mit einem querenden Fahrzeug von der Schutzwirkung nicht erfaßt wird (weitere Einzelfälle s. Rdn. 100 ff).

bb) Einzelfälle zum Verkehrsverhalten. Die umfangreiche und kasuistische Recht- 231
sprechung hierzu ist im Anhang zu § 16 dargestellt.

cc) Fahruntüchtigkeit. Nicht nur während der Fahrt, sondern auch schon vor deren 232
Antritt, treffen den Führer (ggfs. haftungsbegründende) Sorgfaltspflichten. Insbesondere ist er verpflichtet, sich stets zu vergewissern, ob er nach seinen körperlichen und geistigen Fähigkeiten überhaupt imstande ist, den Erfordernissen des Straßenverkehrs

[652] BGH VersR 1954, 367; 1959, 297; 1960, 925; 1960, 1113; 1961, 261; 1963, 282; 1964, 1053; 1968, 577; 1975, 373.

[653] BGHZ 14, 232; BGH VersR 1971, 440; 1972, 459; KG DAR 1986, 323.

[654] BGH VersR 1961, 423; 1963, 239; 1969, 518; 1973, 765.

[655] BGH VersR 1967, 157; 1971, 179; OLG Oldenburg VersR 1985, 1096.

zu genügen. Er handelt schuldhaft, wenn er sich ein Nachlassen seiner Leistungsfähigkeit nicht zu Bewußtsein bringt, obwohl er es bei sorgfältiger Selbstkontrolle hätte bemerken können[656]. Daß er für das Unfallgeschehen selbst infolge Bewußtseinsstörung nicht verantwortlich gemacht werden kann, entlastet ihn dann nicht.

233 Der BGH stellt an die Selbstprüfung hohe Anforderungen. Der Kraftfahrer braucht den genauen Grund für seine Beeinträchtigung nicht zu erkennen. Es genügt, daß er Ausfälle registrieren muß, die Anlaß zu Zweifeln an der Fahrtüchtigkeit geben. Ebenso kann der Fahrer auch für einen plötzlichen, sich vorher nicht wahrnehmbar ankündigenden Ausfall verantwortlich gemacht werden, wenn besondere Mängel seiner körperlichen oder geistigen Gesundheit, von deren Vorhandensein er Kenntnis hat oder haben müßte, zu solchem Versagen führen können[657]. Anlaß zu besonders kritischer Selbstprüfung besteht bei vorangegangener Krankheit und fortgeschrittenem Lebensalter, ggfs. noch verschärft durch erschwerende Fahrtumstände (z. B. schwülwarmes Wetter, lange Nachtfahrt). Der BGH[658] hat zwar eine generelle Verpflichtung, sich ab Erreichen einer gewissen Altersstufe auf die Fahrtüchtigkeit untersuchen zu lassen, verneint, einen Kraftfahrer aber dann für verpflichtet gehalten, sich – ggfs. unter Hinzuziehung eines Arztes – hierüber zu vergewissern, wenn er bei selbstkritischer Prüfung altersbedingte Auffälligkeiten erkennt oder erkennen muß, die sich auch nach laienhafter Beurteilung auf seine Fahrtüchtigkeit auswirken können.

234 dd) **Ermöglichen unbefugter Benutzung.** Der Führer haftet ebenso wie der Halter für die Folgen eines Unfalls, den er in zurechenbarer Weise dadurch verursacht, daß er das Fahrzeug einer ungeeigneten Person überläßt oder die unbefugte Benutzung des Fahrzeugs, z. B. durch Unterlassen der vorgeschriebenen Sicherheitsvorkehrungen, ermöglicht (vgl. Rdn. 224 und wegen Einzelheiten zu den einschlägigen Sorgfaltspflichten § 7, 310). Überläßt ein Jugendlicher bei einer Schwarzfahrt das Steuer einem mitfahrenden Jugendlichen, so ist er für einen von diesem verursachten Unfall mitverantwortlich. Wegen der eigenen Verletzungen kann der zweite Schwarzfahrer den ersten aber nicht haftbar machen, denn er hat sich aus eigenem Antrieb zu einem gesetzwidrigen und selbstgefährlichen Tun entschlossen[659].

235 ee) **Besondere Pflichtenstellung.** Der Führer eines **Abschleppfahrzeugs** muß die Zeitspanne zwischen dem Einholen des Warndreiecks und dem Wegfahren des Gespanns so kurz wie möglich halten; an einer unübersichtlichen Stelle muß er das Gespann zunächst aus dem Gefahrenbereich bringen, bevor er das Warndreieck einholt[660]. – Zu den Anforderungen an einen Kraftfahrer, der sich bei schneeglatter Straße **abschleppen läßt** vgl. OLG Schleswig NZV 1992, 319. – Der Fahrer eines **Schulbusses** ist zwar verpflichtet, gegen ein ihm erkennbares, die Sicherheit beeinträchtigendes Verhalten der beförderten Schüler einzuschreiten, er ist aber nicht ohne weiteres verpflichtet, außerhalb seines Fahrzeugs die Ordnung an der Bushaltestelle aufrechtzuerhalten[661] (zur gebotenen Sorgfalt beim Anfahren der Haltestelle vgl. Anh. § 16, 216). – Den **Omnibusfahrer** trifft keine Verpflichtung, ständig Laub aus dem Fahrgastraum zu entfernen; er ist auch nicht verpflichtet, mit dem Anfahren zu warten, bis ein zugestie-

[656] BGH VersR 1955, 343; 1959, 446; 1974, 594; 1988, 388 (Ermüdung); 1967, 808 = JZ 1968, 103 m. Anm. *Deutsch* (Sehvermögen); OLG Köln VersR 1996, 208.

[657] BGH DAR 1958, 194; VersR 1988, 389; weniger streng BGH NZV 1995, 157 für die strafrechtliche Verantwortlichkeit eines Epileptikers ohne Krankheitseinsicht.

[658] VersR 1988, 389.

[659] BGH VersR 1978, 183.

[660] OLG Hamm VersR 1984, 245.

[661] LG Freiburg VersR 1982, 1083.

gener Fahrgast Platz genommen hat[662], oder sich vorher zu vergewissern, daß alle Fahrgäste sicheren Halt gefunden haben[663]. Etwas anderes gilt nur, wenn er bemerkt hat, daß ein schwer gehbehinderter oder blinder Fahrgast den Wagen bestiegen hat[664]. Vor dem Anfahren muß er über den rechten Außenspiegel den Bereich vor dem rückwärtigen Einstieg beobachten, auch wenn er zugleich auf den fließenden Verkehr achten muß[665]. Kann er nicht nahe am Bordstein halten, muß er die Fahrgäste darauf hinweisen[666]. – Den **Taxifahrer** trifft kein Verschulden, wenn er einem betrunkenen Fahrgast nach dem Aussteigen nicht über die Straße hilft[667]. – Beim **Ansprechen eines Passanten** auf dem gegenüberliegenden Gehweg braucht ein Fahrzeugführer nicht darauf Bedacht zu nehmen, daß der Passant unachtsam auf die Fahrbahn laufen könnte, um zu ihm zu gelangen. Dies gilt auch bei einem älteren Menschen, nicht aber ohne weiteres bei einem Kind[668]. – **Fahrlehrer**: s. Rdn. 285.

c) **Insasse eines Kraftfahrzeugs**

aa) Der **Fahrgast** braucht sich, sofern nicht eine ihm in die Augen fallende außergewöhnliche Gefahrenlage besteht, zu deren Abwehr beizutragen er imstande ist, um die Führung des Kraftfahrzeugs nicht zu kümmern[669]. Er braucht daher, auch wenn er neben dem Lenker des Kraftfahrzeugs sitzt, diesen auf gewöhnliche im Straßenverkehr auftretende Gefahren (z. B. auf einen die Fahrbahn betretenden Fußgänger, auf ein die Vorfahrt mißachtendes anderes Kraftfahrzeug) nicht aufmerksam zu machen[670]. Der Insasse darf während der Fahrt schlafen. Die Ansicht des Reichsgerichts, er dürfe nicht schlafen, wenn der Führer des Kraftfahrzeugs besonders schnell fahre[671], ist überholt. Unternimmt der Insasse gemeinsam mit dem Führer eine Schwarzfahrt, so darf er nicht mit dem Führer zusammen soviel trinken, daß dieser fahruntüchtig wird; zumindest muß er dann die Weiterfahrt verhindern[672]. Generell läßt sich aber eine Verpflichtung des Mitfahrers, den betrunkenen Fahrer an der Fahrt zu hindern oder zum Abbruch der Fahrt zu veranlassen, nicht bejahen[673]. Haftbar macht sich der Insasse, der beim Anhalten eine Wagentür öffnet, ohne auf den Verkehr zu achten[674], desgleichen ein Insasse, der es übernimmt, die rückwärtige Fahrbahn zu beobachten, und der beim Linkseinbiegen den Führer des Kraftfahrzeugs nicht darauf aufmerksam macht, daß soeben ein anderes Kraftfahrzeug zum Überholen angesetzt hat[675]. Erst recht macht sich derjenige Beifahrer haftbar, der aktiv in das Verkehrsgeschehen eingreift, z. B. indem er einen anderen Verkehrsteilnehmer durch Gesten, Beschimpfungen u. dgl. ablenkt[676]. 236

Bleibt das Kraftfahrzeug auf der Fahrbahn liegen, so ist der Insasse verpflichtet, sich nach Weisung des Fahrers an der **Absicherung des Kraftfahrzeugs** gegen das Auffahren anderer Kraftfahrzeuge zu beteiligen. Gibt der Fahrer keine solchen Anweisungen, so 237

662 LG Berlin VRS 65, 405.
663 LG Kiel VersR 1981, 663.
664 BGH NZV 1993, 108; weitergehend OLG Köln NJW-RR 1990, 1361: Kontrollblick erforderlich; wegen Doppeldeckerbus s. LG Berlin NZV 1989, 278; vgl. auch den Rechtsprechungsüberblick von *Filthaut* NZV 1993, 301 f.
665 OLG Düsseldorf VersR 1996, 345.
666 OLG Karsruhe VersR 1981, 266.
667 OLG Hamm DAR 1984, 20.
668 OLG Düsseldorf VersR 1990, 1403.
669 BGH VersR 1960, 319; 1961, 427; 1966, 567; 1968, 198; 1979, 939.
670 RG DAR 1930, 199; 1933, 149; WarnR 1935, Nr. 130; HRR 1938, Nr. 311.
671 Recht 1913, Nr. 169.
672 RG SeuffA 82, Nr. 49; s. a. BGH VersR 1971, 350.
673 BGH VersR 1966, 567; 1979, 939.
674 RG VR 1933, 411.
675 BGH VRS 20, 161.
676 OLG Hamm VersR 1987, 671.

entsteht eine entsprechende Pflicht des Insassen nur, wenn die entstandene Gefahr offensichtlich ist und die zu ergreifenden Abwehrmaßnahmen jedermann geläufig sind[677]. Muß ein liegengebliebenes Kraftfahrzeug wegen besonderer Gefahrenlage schnellstmöglich von der Straße geschafft werden, so handelt der Beifahrer nicht vorwerfbar, der sich, obwohl er keine Fahrerlaubnis hat, auf Bitten des Fahrers ans Steuer setzt, um beim Wegschieben des Wagens behilflich zu sein; er schuldet in einer solchen Notsituation nur sein Bestes und ist nicht zu dem verpflichtet, was von einem Kraftfahrer im Verkehr an sich zu fordern ist[678]. Strenger sind die Pflichten eines Berufskraftfahrers, der als Zweitfahrer im Lastzug mitfährt. Er hat unabhängig vom Erstfahrer die Sicherung des nachts liegengebliebenen Lastzugs unverzüglich durchzuführen[679].

238 bb) Den mitfahrenden **Halter** kann auch dann, wenn er nicht schon nach § 831 BGB für den Fahrer als seinen Verrichtungsgehilfen einzustehen hat (vgl. Rdn. 158 f) eine deliktische Haftung treffen. Auch ihn trifft aber als Insassen seines Kraftfahrzeugs nicht die Pflicht, dem Straßenverkehr seine Aufmerksamkeit zu schenken[680]. Zu weit ging die frühere Ansicht des RG, der Halter sei in allen Fällen, in denen er eine Gefahr erkannt habe oder sie ohne besondere Aufmerksamkeit hätte erkennen können, zum Eingreifen verpflichtet, wenn er in der Lage sei, sie abzuwenden[681]. Schon das Reichsgericht hatte diese Verpflichtung in seinen späteren Entscheidungen erheblich eingeengt. Es hatte betont, daß sich für den mitfahrenden Eigentümer nur ausnahmsweise eine Pflicht zum Eingreifen ergebe, nicht schon in jedem Falle, in dem der Fahrer unzweckmäßig handle, und ganz besonders dann nicht, wenn der Halter die Lage nicht völlig übersehe und sein Eingreifen daher die Gefahr vergrößern könne[682]. Grundsätzlich werden an den mitfahrenden Halter – von Grenzfällen abgesehen – über die Sorgfaltspflichten anderer Insassen hinausgehende Anforderungen nur zu stellen sein, wenn er dem Fahrer gegenüber weisungsbefugt ist; in diesen Fällen wird sich die Haftung schon aus § 831 BGB ergeben. Es läßt sich daher auch die Ansicht des Reichsgerichts[683] nicht aufrechterhalten, daß sogar die Ehefrau des Halters verpflichtet sei, dafür zu sorgen, daß der Führer des Kraftwagens vor der Abfahrt die Wagentüren ordnungsgemäß schließe. Dagegen trifft ihn natürlich wie jeden anderen Insassen die Pflicht, eine während der Fahrt aufgehende Tür wieder zu schließen[684].

239 d) **Radfahrer.** Für sie gelten die allgemeinen Ausführungen zu den Pflichten eines Kraftfahrzeugführers (Rdn. 226 ff u. Anh. zu § 16) im wesentlichen entsprechend. Außerdem gelten folgende Besonderheiten[685]:

240 aa) Ständige **Beherrschung des Fahrzeugs** muß gewährleistet sein. Freihändiges Fahren ist verboten (§ 23 Abs. 3 Satz 3 StVO), einhändiges Fahren nur dann, wenn dadurch die Fahrsicherheit beeinträchtigt wird, etwa durch Halten eines sperrigen Gegenstandes in der anderen Hand[686]. Ab 1,6‰ ist jeder Radfahrer fahruntüchtig[687].

---

677 OLG München VersR 1966, 858.

678 BGH VersR 1977, 624.

679 BGH VersR 1968, 199.

680 OLG Zweibrücken VAE 1943, 118.

681 RG JW 1905, 289; 1908, 405; 1909, 276; 1910, 105; 1910, 148; 1911, 40; 1911, 218; 1915, 89; 1921, 627 m. Anm. *Schmidt-Ernsthausen*; 1928, 1723 m. Anm. *Bezold*; 1932, 2024; WarnR 1913, Nr. 209; 1915, Nr. 19; 1915, Nr. 151; 1917, Nr. 28.

682 RG JW 1932, 781; 1932, 782; SeuffA 86, Nr. 83.

683 DAR 1931, 311.

684 Vgl. RG DAR 1931, 311.

685 Vgl. auch die ausführliche Zusammenstellung bei *Blumberg* NZV 1994, 254 ff.

686 Vgl. KG VM 1981, Nr. 109.

687 OLG Hamm NZV 1992, 198; OLG Celle NJW 1992, 2169; offenlassend BayObLG NZV 1992, 290; für 1,5‰ LG Verden NZV 1992, 292; zum früheren Grenzwert von 1,7‰ s. BGH VersR 1987, 1006.

bb) Wo **Radwege** vorhanden sind, müssen sie von Radfahrern benutzt werden (§ 2 Abs. 4 Satz 2 StVO), auch von Rennradfahrern. Eine Ausnahme besteht nur, wenn die Benutzung des Radwegs unmöglich (Sperrung, z. B. durch parkende Kraftfahrzeuge) oder unzumutbar (mangelhafte Schneeräumung), nicht wenn sie nur beschwerlich ist oder das Erzielen höherer Geschwindigkeiten, etwa eines Rennradfahrers, hindert. Wird der Radfahrer auf der Fahrbahn in einen Unfall verwickelt, so wird in aller Regel ein Zurechnungszusammenhang mit dem Verstoß gegen die Benutzungspflicht bestehen (verneinend für einen Vorfahrtunfall OLG Köln NZV 1994, 278). Bei entsprechender Anordnung muß auch ein **links der Straße liegender Radweg** benutzt werden (§ 41 Abs. 2 Nr. 5 Buchst. a StVO). Fehlt eine solche Anordnung, ist die Benutzung des linken Radwegs verboten. Entsprechendes gilt für die Benutzung eines Radwegs entgegen der Fahrtrichtung einer Einbahnstraße[688]. Ist kein Radweg vorhanden, wohl aber ein rechts der Fahrbahn liegender Seitenstreifen, so muß dieser benutzt werden (§ 2 Abs. 4 Satz 3 StVO). 241

cc) **Gehwege** dürfen Radfahrer nur bei Kennzeichnung als gemeinsamer Fuß- und Radweg (Zeichen 240) benutzen; in diesem Fall muß auf Fußgänger Rücksicht genommen werden. Das heißt, daß dort, wo mit Fußgängern zu rechnen ist, nur mit mäßiger Geschwindigkeit gefahren werden darf. Ein knappes Vorbeifahren an einem Fußgänger ist nur zulässig, wenn der Radfahrer sicher sein kann, daß der Fußgänger sein Herankommen, ggfs. nach einem Klingelzeichen, bemerkt hat oder wenn er so langsam fährt, daß er auf eine etwaige Seitenbewegung des Fußgängers rechtzeitig reagieren kann. Zur Gehwegbenutzung durch radfahrende Kinder bis zum achten Lebensjahr s. § 2 Abs. 5 StVO. 242

dd) Muß die Fahrbahn benutzt werden, so ist **möglichst weit rechts** zu fahren (§ 2 Abs. 2, 4 Satz 1 StVO), je nach den örtlichen Verhältnissen und dem nötigen Sicherheitsabstand[689] maximal 1 m vom Fahrbahnrand[690]. Zur Beseitigung eines Mangels am Fahrrad muß der Radfahrer, soweit möglich, die Fahrbahn verlassen[691]. Auch auf einem Radweg muß Entgegenkommenden rechts ausgewichen werden[692]. 243

ee) Beim **Wechsel der Fahrlinie**, auch wenn er aus einer verkehrswidrigen Position in der Fahrbahnmitte nach rechts schwenkt, muß der Radfahrer auf nachfolgende Verkehrsteilnehmer achten[693], ebenso beim – unzulässigen – Ausweichen nach links auf einen abgetrennten Gehweg[694]. Ganz besonders gilt dies, wenn der Radfahrer von einem Radweg aus auf die Fahrbahn einschwenkt[695]. Wird im Rahmen einer organisierten Radwanderung im Pulk gefahren, soll ein leichtes Ausscheren ohne Rückschau und Ankündigung zulässig sein[696]. 244

ff) Beim **Überholen** eines anderen Radfahrers ist ein ausreichender Seitenabstand einzuhalten; dieser richtet sich nach den jeweiligen Verhältnissen und kann geringer sein als bei der Überholung durch ein Kraftfahrzeug[697]. Auf einem 1,7 m breiten Radweg darf jedenfalls dann überholt werden, wenn dies durch mehrfaches Klingeln angezeigt wurde[698]. Befindet sich neben dem Radweg ein durch eine durchgezogene Linie abgetrennter Gehweg, darf dieser zum Überholen nicht mitbenutzt werden[699]. Der 245

---

688 BGH NJW 1982, 334.
689 Hierzu BGH VersR 1955, 764.
690 Vgl. OLG Saarbrücken VM 1980, Nr. 53.
691 BayObLG VRS 16, 307: nachts.
692 OLG Hamm NZV 1995, 316.
693 OLG München (Augsburg) NZV 1992, 234.
694 OLG Hamm NZV 1995, 316.
695 Vgl. BGH VersR 1968, 256.
696 OLG Düsseldorf NZV 1996, 236.
697 OLG Frankfurt NZV 1990, 188.
698 OLG Frankfurt NZV 1990, 188; vgl. auch OLG München VRS 69, 254.
699 OLG Hamm NZV 1995, 316.

Überholende braucht nicht damit zu rechnen, daß der andere ohne Handzeichen und Rückschau plötzlich nach links abbiegt[700].

246 gg) Das **Rechtsüberholen wartender Fahrzeuge** ist seit Einfügung des § 5 Abs. 8 StVO mit Wirkung vom 1. 10. 1988 zulässig, wenn ausreichender Raum (mindestens 1 m) vorhanden ist und der Radfahrer langsam und vorsichtig fährt, so daß er z. B. auf unbedachtes Öffnen der Beifahrertür reagieren kann; zuvor war seine Zulässigkeit umstritten[701]. Zwischen einem anhaltenden und einem parkenden Fahrzeug durchzwängen darf er sich nicht[702].

247 hh) **Vorbeifahren an Kraftfahrzeug.** Wird die linke Tür eines haltenden Kraftfahrzeugs geöffnet, so darf der Radfahrer nur mit einem Sicherheitsabstand vorbeifahren[703]. Dies gilt nicht, wenn der Radfahrer keinen Anhalt für die Befürchtung haben konnte, die Tür könne plötzlich geöffnet werden, und wenn sie weiter geöffnet wurde, als zur Ausschau erforderlich war[704]. Dasselbe gilt, wenn er an einem Kraftfahrzeug vorbeifährt, das soeben vor ihm angehalten hat[705]. Ein Radfahrer, der an parkenden Wagen vorbeifährt, muß nicht damit rechnen, daß ihn eine von hinten kommende Straßenbahn trotz des zu engen Zwischenraums zu überholen versucht[706].

248 ii) Beim **Linksabbiegen** kann der Radfahrer wählen, ob er sich wie ein Kraftfahrzeug (unter Beachtung des rückwärtigen Verkehrs) einordnet oder in der in § 9 Abs. 2 Satz 3, 4 StVO beschriebenen Weise „indirekt" abbiegt. Von einem Radweg aus muß dann in der indirekten Weise abgebogen werden, wenn der Radweg sich jenseits der Kreuzung fortsetzt und dort eine Abzweigung für Linksabbieger eingerichtet ist („Radwegeführung", § 9 Abs. 2 Satz 5 StVO). Fehlt eine solche Wegführung, darf der Radfahrer vor der Kreuzung den Radweg verlassen und sich auf der Straße einordnen[707]. Beim Verlassen des Radwegs ist der Vorrang des Fahrverkehrs nach § 10 StVO zu beachten. Die Abbiegeabsicht ist durch **Armausstrecken** anzuzeigen, welches nicht während des gesamten Abbiegevorgangs beizubehalten ist, sondern nur solange, bis der Radfahrer davon ausgehen kann, daß von seiner Absicht betroffene Verkehrsteilnehmer diese erkannt haben[708].

249 kk) Eine **Geschwindigkeit** von 25 km/h ist auf einem 2,3 m breiten, neben parkenden Autos verlaufenden Radweg zu hoch[709].

250 e) **Fußgänger.** Ihre Verhaltenspflichten – die fast nur bei der Mitverschuldensfrage Bedeutung gewinnen – sind in § 25 StVO eingehend geregelt. Im Grundsatz gilt, daß sie sich von der Fahrbahn fernzuhalten haben. Nur wo dies unvermeidbar ist (mangels Gehweg oder zum Überqueren) dürfen sie die Fahrbahn betreten, müssen dann aber auf den Fahrverkehr achten. Nur unter bestimmten Voraussetzungen ist ihnen ein Vorrecht eingeräumt (vgl. Anh. zu § 16, 194 ff). Im einzelnen gilt folgendes:

251 aa) **Benutzen der Fahrbahn.** Ist ein Gehweg oder Seitenstreifen vorhanden, so dürfen Fußgänger nur dann, wenn deren Benutzung unzumutbar ist, auf der Fahrbahn gehen (§ 25 Abs. 1 Satz 2 StVO). Hierbei ist ein strenger Maßstab anzulegen. Unannehmlichkeiten wegen schlechten Zustands oder geringer Breite des Gehwegs reichen nicht[710],

---

700 OLG München VRS 69, 254.

701 Bejahend OLG Hamm VRS 37, 267; verneinend OLG Düsseldorf VersR 1983, 1169; LG Mönchengladbach NZV 1990, 195 m. abl. Anm. *Greger.*

702 OLG München RuS 1996, 53.

703 OLG Oldenburg VersR 1963, 490.

704 BGH VersR 1960, 1079.

705 KG VRS 16, 361.

706 BGH VersR 1968, 582.

707 OLG Hamm NZV 1990, 26 m. zust. Anm. *Hentschel.*

708 OLG Hamm NZV 1990, 26.

709 KG VM 1984, Nr. 103.

710 OLG Köln DAR 1958, 333.

ebensowenig die Notwendigkeit einer Fahrbahnüberquerung wegen nur einseitig vorhandenen Gehwegs[711]. Bei besonders schlechtem Zustand von Gehweg oder Seitenstreifen (z. B. Aufweichung, Vereisung, tiefer Schnee) kann aber Unzumutbarkeit der Benutzung bejaht werden[712]. Bestehen andere zumutbare Möglichkeiten, das Begehen der Fahrbahn zu vermeiden (z. B. neben der Straße verlaufender Pfad oder Sommerweg), so ist hiervon Gebrauch zu machen[713].

Benutzt der Fußgänger zulässigerweise die Fahrbahn, so muß er den Fahrverkehr 252
besonders sorgfältig beobachten[714] und jede vermeidbare Behinderung oder Gefährdung ausschließen[715]. Zur einzuhaltenden Fahrbahnseite vgl. § 25 Abs. 1 Satz 3 StVO und *Rüth/Berr/Berz* § 25 StVO, 10 ff. In erkennbaren Gefahrsituationen ist er verpflichtet, die Fahrbahn – soweit möglich – zu verlassen[716]. Nähert sich bei Nebel oder Dunkelheit ein Kraftfahrzeug, muß er zumindest an den Fahrbahnrand herantreten[717].

Das **Nebeneinandergehen** zweier Personen auf der Fahrbahn ist nur gestattet, wenn 253
kein Fall des § 25 Abs. 1 Satz 4 StVO vorliegt und die Fahrbahn so breit ist, daß trotzdem noch zwei Kraftfahrzeuge gut aneinander vorbeifahren können[718]. Naht bei starkem Nebel ein Fahrzeug, so hat einer der beiden Fußgänger hinter den anderen zu treten[719]. Dreierreihen sind – jedenfalls nachts – verboten[720]. Ein erlaubtermaßen auf der Fahrbahn gehender Fußgänger muß, ehe er andere Fußgänger überholt, nach hinten blicken, ob ein Fahrzeug naht[721].

Vor dem **Heruntertreten vom Gehweg** (wegen einer Baustelle usw.) auf die Fahrbahn 254
oder beim Verlassen des Banketts (wegen eines dort haltenden Fahrzeugs) hat sich der Fußgänger zu vergewissern, daß er kein Fahrzeug gefährdet[722]. Er darf nicht unachtsam hinter Bäumen oder zwischen parkenden Wagen hervor auf die Fahrbahn treten[723].

bb) Überqueren der Fahrbahn. Grundsätzlich steht es dem Fußgänger frei, wo er die 255
Fahrbahn überqueren will. Es gelten jedoch folgende Ausnahmen[724]:

(1) Wenn es die Verkehrslage erfordert, muß der Fußgänger eine erreichbare Kreuzung, Einmündung, Verkehrsampel oder Markierung (Fußgängerfurt, Zebrastreifen) aufsuchen (§ 25 Abs. 3 Satz 1 StVO). Unter Verkehrslage ist hierbei nicht nur die Dichte und Schnelligkeit des Verkehrs zu verstehen. Auch die Sichtverhältnisse[725] und die körperliche Disposition des Fußgängers[726] gehören hierher[727]. Als zumutbaren Umweg hat die Rechtsprechung z. B. 50 m angesehen[728]. Bei

---

711 BGH NJW 1957, 223.

712 RG VAE 1937, 479; BGH VersR 1956, 55; VRS 32, 205; BGH NJW 1969, 1958; OLG Oldenburg DAR 1952, 5; OLG Hamburg VersR 1955, 312; OLG München OLGZ 1965, 9.

713 BGH VRS 12, 21; VersR 1960, 149; OLG Hamm StVE § 25 StVO Nr. 1; *Rüth/Berr/Berz* § 25 StVO 8; **a. A.** *Jagusch/Hentschel* § 25 StVO 12.

714 BGH VersR 1954, 96; 1956, 55; 1968, 1093; DAR 1954, 109; OLG Düsseldorf RdK 1953, 12; OLG München VersR 1958, 250; OLG Celle VersR 1970, 187.

715 BGH VersR 1957, 413.

716 BGH DAR 1954, 69; 1956, 55; VersR 1972, 258; OLG Düsseldorf VersR 1975, 1052; OLG Hamm VersR 1975, 357; 1985, 357; NZV 1995, 483; OLG Celle DAR 1984, 124 m. Anm. *Berr*; **a. A.** BGH VersR 1967, 706.

717 BGH VersR 1968, 603.

718 BGH VersR 1956, 55; 1968, 1093; OLG Köln DAR 1955, 218.

719 OLG Freiburg DAR 1952, 106.

720 RG DAR 1937, 286; BGH VersR 1968, 1093.

721 BGH DAR 1954, 109.

722 BGH VRS 14, 296; OLG Karlsruhe VersR 1957, 169.

723 BGH VersR 1968, 804.

724 Nicht für Radwege, KG VM 1984, Nr. 103.

725 KG DAR 1977, 70; OLG Köln DAR 1978, 17.

726 OLG Hamm VRS 49, 297; weil sie über seine Verweildauer auf der Fahrbahn bestimmt.

727 Enger *Jagusch/Hentschel* § 25 StVO 43; offenlassend BGH VersR 1977, 337.

728 KG DAR 1978, 107; s. a. KG VersR 1979, 355.

besonders ungünstigen Verhältnissen müssen aber auch noch größere Umwege in Kauf genommen werden[729].

(2) Aus der allgemeinen Pflicht zur Gefahrenabwendung (§ 1 Abs. 2 StVO) kann sich auch unabhängig von § 25 Abs. 3 StVO das Gebot ergeben, das Überschreiten der Fahrbahn an einer bestimmten Stelle zu unterlassen, etwa außerorts zwischen zwei Kurven[730], auf einer breiten Ausfallstraße bei Vorhandensein einer Fußgängerunterführung[731] oder – sofern man der vorstehend vertretenen weiten Auslegung des § 25 Abs. 3 Satz 1 StVO nicht folgt – bei ungünstigen Sichtverhältnissen in unmittelbarer Nähe eines Überwegs[732].

256 Ein Fußgänger, der den Gehweg oder den Straßenrand verlassen will, um die Fahrbahn zu überqueren, muß sich **vergewissern**, daß er hierdurch kein Fahrzeug behindert oder gefährdet[733]. Auch während des Überschreitens muß er ständig den Fahrverkehr beobachten[734]. Ganz besonders vorsichtig hat er sich in die Fahrbahn hineinzutasten, wenn er zwischen haltenden Fahrzeugen hindurch oder hinter ihnen hervortritt[735] oder wenn er aus einem Gartentor unmittelbar auf die Fahrbahn einer nicht mit Bürgersteigen versehenen Straße tritt[736]. Da der Fußgänger sowohl nach links als auch nach rechts blicken muß, kann ihm ein Zusammenstoß mit einem von links kommenden Kraftfahrzeug nicht vorgeworfen werden, wenn dieses verkehrswidrig zu schnell gefahren ist und daher erst während der Beobachtung des von rechts kommenden Verkehrs in den Sichtbereich gekommen ist[737]. Das Warnzeichen eines Kraftfahrers (Hupe, Lichthupe) darf ein bereits auf der Fahrbahn befindlicher Fußgänger nur bei zusätzlichen Anzeichen (z. B. Anhalten, Handzeichen) als Aufforderung zum Weitergehen verstehen[738].

257 Auch an einem **geschützten Übergang** (Zebrastreifen, Ampel) darf der Fußgänger nicht blindlings darauf vertrauen, daß herankommende Kraftfahrer seinen Vorrang (§ 26 StVO) beachten. Er muß sich daher vor Betreten des Übergangs mindestens durch einen beiläufigen Blick nach den Seiten über die Verkehrslage vergewissern und bei erkennbarer Gefährdung abwarten[739]. Auch wenn er sich schon auf dem gesicherten Übergang befindet, darf er sich nicht ohne weiteres auf verkehrsgerechtes Verhalten herannahender Kraftfahrer verlassen, wenn er durch einen beiläufigen Blick zur Seite eine konkrete Gefährdung für sich erkennen und noch abwenden kann[740]. Wer nur extrem langsam gehen kann, muß dies – auch an einer Ampel – in Rechnung stellen und in besonderem Maße auf den Straßenverkehr achten[741].

258 Der **Vertrauensschutz** ist eingeschränkt. Auf leicht erkennbare Geschwindigkeitsüberschreitungen von Kraftfahrzeugen müssen sich Fußgänger einstellen und den Vorrang des Fahrverkehrs beachten[742]. Dagegen braucht der Fußgänger mit verbotswidrig schnellem Fahren eines für ihn noch nicht sichtbaren Kraftfahrzeugs nicht zu rechnen[743]. Will er noch vor einem herannahenden Fahrzeug die Fahrbahn überqueren, so muß er, wenn diesem ein schneller fahrendes Kraftfahrzeug folgt, eine Gefährdung

---

[729] OLG Celle VersR 1990, 911: 60 m bei dreispuriger Straße im Berufsverkehr bei Dunkelheit und Nässe.

[730] KG VM 1978, Nr. 64.

[731] OLG München VersR 1978, 928.

[732] BGH VersR 1977, 337.

[733] BGH VersR 1957, 413; 1960, 323; 1965, 1054; 1966, 877; 1967, 457; OLG Hamm DAR 1958, 339.

[734] BGH VersR 1961, 856 = 996 m. Anm. *Venzmer*; 1962, 1012; OLG Nürnberg VersR 1956, 70; KG VersR 1979, 1031.

[735] BGH VersR 1960, 323; KG VersR 1980, 284; VRS 70, 116; OLG Hamm NZV 1993, 314.

[736] BGH VersR 1967, 862.

[737] BGH VersR 1966, 660; 1980, 868.

[738] BGH VersR 1977, 434.

[739] BGH VersR 1982, 876; 1983, 667; KG VersR 1977, 1008.

[740] BGH VersR 1982, 876.

[741] KG VM 1977, Nr. 49.

[742] OLG Düsseldorf DAR 1976, 190.

[743] BGH VersR 1980, 868.

durch den sich abzeichnenden Überholvorgang in Rechnung stellen[744]. – Ein Fußgänger, der hinter einer Kreuzung oder Einmündung die Fahrbahn überqueren will, darf nicht blindlings darauf vertrauen, daß ein nahendes Kraftfahrzeug entsprechend dem gesetzten Blinker abbiegen wird; er darf zwar mit dem Überschreiten beginnen, muß das Fahrzeug aber im Auge behalten[745]. Keinesfalls darf er annehmen, ein nicht blinkendes Fahrzeug werde dem Verlauf der abknickenden Vorfahrtstraße folgen[746]. – Dagegen darf der Fußgänger hinter einem einparkenden Kraftfahrzeug auf die Fahrbahn treten, wenn das Fahrzeug bereits eine Position erreicht hat, in der die rechten Räder dicht am Bordstein stehen; daß der Motor noch läuft, ist unschädlich[747]. – Er darf grundsätzlich auch darauf vertrauen, daß ein abbiegender Kraftfahrer seinen Vorrang nach § 9 Abs. 3 Satz 3 StVO beachten wird[748]. Ob dies auch dann noch gilt, wenn er die Fahrbahn ca. 3 bis 5 m neben der Überwegmarkierung betritt[749], erscheint wegen § 25 Abs. 3 Satz 2 StVO fraglich[750].

Grundsätzlich ist die Fahrbahn **zügig** zu überqueren (§ 25 Abs. 3 Satz 1 StVO). Plötzliches Zurücklaufen muß unterbleiben[751]. Nur in Ausnahmefällen, z. B. bei breiter Fahrbahn, darf der Fußgänger in der Mitte stehenbleiben, um in dem von rechts kommenden Verkehrsstrom eine Lücke abzuwarten[752], nicht aber auf einer schmalen, noch dazu schlecht ausgeleuchteten Straße außerhalb geschlossener Ortschaft[753] oder auf einer nur 7,2 m breiten, verkehrsreichen Ortsstraße bei Dunkelheit und Nässe[754]. Der Fußgänger muß berücksichtigen, daß überholende Kraftfahrzeuge von rechts[755] oder von links nahen können[756]. Er muß daher auch den eben durchquerten – von links kommenden – Verkehrsstrom im Auge behalten, zumal ein Fußgänger für die zur Überholung ansetzenden Fahrzeuge oft erst im letzten Augenblick sichtbar wird[757]. Wenn der BGH[758] die Ansicht vertritt, der Fußgänger müsse sogar an Stellen, an denen Überholverbot besteht, mit Überholvorgängen rechnen, so geht dies zu weit. Ist dagegen deutlich erkennbar, daß kein Überholvorgang bevorsteht, so braucht ein Fußgänger, der die Straßenmitte erreicht hat, nicht damit zu rechnen, daß ein von links kommendes Kraftfahrzeug unter Benutzung der anderen Fahrbahnhälfte versuchen werde, noch vor ihm vorbeizufahren[759]. 259

In jedem Fall muß die Fahrbahn **rechtwinklig** überquert werden[760]. 260

cc) **Alkoholisierung.** Zwar gibt es für betrunkene Fußgänger keinen absoluten BAK-Grenzwert für Verkehrsuntüchtigkeit[761]; selbst bei 3,28‰ kann nicht ohne weiteres auf Verkehrsuntüchtigkeit und damit ein Verbot eigenverantwortlicher Verkehrsteilnahme geschlossen werden[762]. Dies schließt aber nicht aus, aufgrund der Gegebenheiten des Einzelfalles die Feststellung zu treffen, ein Fußgänger habe in seinem Zustand über- 261

744 BGH VersR 1983, 1037.
745 KG VersR 1979, 1031.
746 OLG Oldenburg NZV 1994, 26.
747 KG VM 1975, Nr. 128.
748 KG DAR 1981, 322.
749 So OLG Köln VM 1975, Nr. 1.
750 Ebenso *Jagusch/Hentschel* § 9 StVO 43.
751 OLG München VersR 1978, 928; KG VersR 1988, 90.
752 BGH NJW 1960, 2255; OLG München NZV 1994, 188.
753 BGH VersR 1983, 1038.
754 OLG Hamm VRS 78, 5; s. a. OLG Celle DAR 1990, 179.
755 BGH VersR 1983, 1038.
756 BGH VersR 1956, 571; a. A. OLG Dresden VAE 1938, 306.
757 OLG München VersR 1960, 1003.
758 VersR 1956, 571.
759 BGH VersR 1961, 84; OLG München VersR 1959, 1036; 1960, 46.
760 OLG Neustadt RdK 1955, 104; OLG München VersR 1959, 1036.
761 *Hentschel/Born* 155.
762 BayObLG bei *Rüth* DAR 1982, 246.

haupt nicht mehr am Straßenverkehr teilnehmen dürfen[763]. Alkoholisierung entlastet den verkehrswidrig die Fahrbahn betretenden Fußgänger auch nicht, solange nicht ausnahmsweise ein Fall des § 827 BGB vorliegt[764].

262 dd) **Sonderfälle.** Ein Fußgänger, der in einer von ihm nicht verschuldeten Gefahrenlage weitergeht, statt stehenzubleiben, handelt in der Regel nicht schuldhaft[765]. Wer aus Höflichkeit einen verkehrsunsicheren alten Fußgänger oder einen Blinden über die Fahrbahn führt, übernimmt ihm gegenüber die Sorgfaltspflicht[766]. Überquert ein Fußgänger an einer Straßenkreuzung, die links von ihm liegt, im Schutz eines ihm entgegenkommenden Lastzugs die Fahrbahn, so braucht er, wenn er die Mitte erreicht hat, nicht damit zu rechnen, daß ihn von links, hinter dem Lastzug hervor, ein Moped anfährt[767]. Eilt ein Kind auf die Fahrbahn zu, hält es aber dann doch am Fahrbahnrand an, so handelt es verkehrswidrig und muß dem Kraftfahrer, der durch scharfes Bremsen ins Schleudern kam, gegebenenfalls seinen Schaden ersetzen[768]. Auf gemeinsamen Fuß- und Radwegen (Zeichen 240) können Fußgänger den von ihnen benutzten Wegteil frei wählen; sie brauchen nicht fortwährend nach herankommenden Radfahrern Umschau zu halten, sondern können darauf vertrauen, daß solche sich ggfs. durch Klingeln bemerkbar machen[769]. Wer auf der Fahrbahn stehend sich mit einem Fahrzeugführer unterhält, ist zu sorgfältiger Beobachtung des Verkehrs auf der Fahrbahn verpflichtet[770]. Wer ein Kraftfahrzeug anschiebt, ist nicht verpflichtet, wie ein Fußgänger den Vorrang des Fahrverkehrs zu beobachten[771].

f) Führen und Treiben von Tieren

263 aa) Wer ein **Gespannfuhrwerk** im Straßenverkehr lenkt, hat die Pflicht, auf andere Verkehrsteilnehmer zu achten, die Verkehrsregeln zu beachten und seine Geschwindigkeit so einzurichten, daß er Menschen oder Sachen nicht gefährdet und die anderen Verkehrsteilnehmer nicht unnötig behindert[772]. Die für den Fahrverkehr bestehenden Verkehrsvorschriften gelten entsprechend.

264 Bei längerem Halten des Wagens müssen alle Maßnahmen ergriffen werden, die üblich sind, um das Durchgehen der Pferde zu verhüten[773]. Es ist zulässig, Pferdegespanne mit 0,50 m Abstand zwischen Pferd und Gehsteig abzustellen, weil bei geringerem Abstand Fußgänger gefährdet werden könnten[774]. Bei der Bemessung des seitlichen Abstands von einem geparkten Fahrzeug muß berücksichtigt werden, daß es durch das Verhalten des Pferdes zu seitlichen Abweichungen kommen kann[775]. Pferde, die leicht scheuen, dürfen auf Straßen mit Kraftfahrzeugverkehr überhaupt nicht eingesetzt werden[776].

265 bb) Für **Reiter** und Führer von Pferden gelten die für den Fahrverkehr getroffenen Regelungen sinngemäß (§ 28 Abs. 2 StVO; dort auch zur Beleuchtungspflicht; für Reiter ergibt sich diese aus § 1 StVO).[777] Ein Pferd, das quer über die Straße geführt wird, muß jedenfalls dann nach beiden Seiten beleuchtet sein, wenn mit einem längeren Verweilen auf der Fahrbahn gerechnet werden muß[778].

266 cc) Für das **Führen und Treiben von Vieh** gelten neben den allgemeinen Verkehrsvorschriften die Sonderregeln über die Beleuchtung nach § 28 Abs. 2 StVO. Der Treiber einer Viehherde muß jederzeit in der Lage sein, auf jedes einzelne Tier ausreichend

---

763 Näher hierzu *Rüth* in: *Rüth/Berr/Berz* § 2 StVZO 19f.
764 OLG Köln VersR 1987, 513.
765 BGH VRS 21, 277.
766 OLG Hamm VRS 12, 45.
767 BGH VkBl. 1968, 154.
768 BGH VkBl. 1968, 156.
769 KG VersR 1977, 770.
770 OLG Saarbrücken VM 1979, Nr. 104.
771 OLG Saarbrücken VM 1977, Nr. 93.
772 RG JW 1906, 465; 1911, 152; WarnR 1909, Nr. 280; 1910, Nr. 328; OLG München HRR 1938, Nr. 95.
773 RG HRR 1937, Nr. 1223.
774 OLG Nürnberg VersR 1982, 174 LS.
775 OLG Köln VersR 1981, 78.
776 BGH VersR 1956, 502.
777 *Jagusch/Hentschel* § 28 StVO, 17.
778 Vgl. KG VM 1978, Nr. 64.

einzuwirken[779]. Bei größeren Herden muß außer dem Treiber mindestens eine zweite Person für die Absicherung sorgen[780], bei Schafherden können neben dem Schäfer gute Hütehunde genügen[781]. – Sinngemäß gilt auch das **Rechtsfahrgebot**, jedoch ist nicht erforderlich, daß die Tiere stets auf der rechten Fahrbahnseite gehalten werden können[782]. Ist dies nicht möglich und nach den Sichtverhältnissen damit zu rechnen, daß Gegenverkehr die Herde nicht rechtzeitig wahrnimmt, muß ein Warnposten in ausreichendem Abstand vorangehen[783].

g) **Schienenfahrzeuge.** Vgl. hierzu die Erl. zu § 12 HaftpflG. **267**

h) Sonstige Einwirkungen auf die Sicherheit des Verkehrs

aa) **Verletzung der Verkehrssicherungspflicht.** Die Verkehrssicherungspflicht im engeren Sinne, d. h. die Pflicht, für den sicheren Zustand der Verkehrswege zu sorgen, wird wegen ihrer erheblichen Bedeutung und der Bezüge zur Staatshaftung in Rdn. 528 ff gesondert behandelt. **268**

bb) **Eingriff in Verkehrsvorgänge.** Wer einen Fahrzeugführer durch Erschrecken, Hindernisbereiten, Bewerfen u. dgl. **zu plötzlichem Bremsen veranlaßt**, haftet für einen dadurch hervorgerufenen Unfall[784]. Ebenso kommt eine deliktische Haftung desjenigen in Betracht, der durch ein falsches **Winkzeichen** einen Unfall hervorruft[785]. Der Veranstalter einer **Treibjagd** muß dafür Sorge tragen, daß hochgemachtes Wild nicht auf eine stark befahrene Straße springt (Treibrichtung, Postenkette, ggf. Warnposten)[786]. Wegen Sprengarbeiten, Holzfällarbeiten u. dgl. vgl. die Nachweise in Rdn. 636. **269**

cc) **Verabreichen von Alkohol.** Wer einem Kraftfahrer Alkohol verabreicht, obwohl er weiß, daß dieser seine Fahrt anschließend fortzusetzen gedenkt, macht sich gegenüber Verkehrsteilnehmern, die bei einem Unfall verletzt oder geschädigt werden, der sich auf der Weiterfahrt infolge der Alkoholisierung ereignet, nur dann schadensersatzpflichtig (aus unerlaubter Handlung, § 823 BGB), wenn er erkennen mußte, daß hierdurch die Fahrtüchtigkeit des Kraftfahrers erheblich beeinträchtigt wurde. Als Anhaltspunkt kann der von der Rechtsprechung verwendete Grenzwert von 1,1‰[787] angesehen werden. Die Ersatzpflicht tritt allerdings nur ein, wenn die Betrunkenheit des Gastes für denjenigen, der ihm den Alkohol verabreicht hat, erkennbar war und dieser es unterlassen hat, mit allen ihm zu Gebote stehenden angemessenen und zumutbaren Mitteln zu verhindern, daß der Betrunkene eine Fahrt mit dem Kraftfahrzeug unternimmt oder fortsetzt[788]. Ist dem Wirt nicht bekannt, daß der Gast mit einem Kraftfahrzeug gekommen ist, oder ist dieser in der Tat zu Fuß gekommen, so hat der Wirt nur dann Maßnahmen zu ergreifen, wenn der Gast beim Verlassen der Gaststätte erkennbar in eine lebensbedrohliche Lage gerät[789]. Diese Haftung kann außer einem Gastwirt[790] auch andere Personen[791] betreffen, wie den Auftraggeber für die Fahrt, der dem Fahrer Schnaps bezahlt[792]. **270**

---

[779] OLG Hamm VersR 1952, 390; BayObLG bei *Rüth* DAR 1966, 258.

[780] OLG Celle VRS 9, 412; OLG Nürnberg VersR 1968, 285 m. Anm. *Schmidt*; BayObLG VRS 44, 366.

[781] OLG Oldenburg DAR 1957, 16.

[782] BayObLG VRS 57, 211.

[783] BayObLG NZV 1989, 482.

[784] Vgl. z. B. LG Bonn VersR 1982, 1206: Schüler bewerfen Linienbus mit Schneebällen, Fahrgast stürzt wegen plötzlicher Bremsung.

[785] Vgl. OLG Koblenz NJW 1962, 1515; OLG Düsseldorf VersR 1986, 471; AG Hannover VersR 1985, 351 m. Anm. *Onnasch*.

[786] BGH VersR 1976, 593; LG Aachen VersR 1992, 74 m. Anm. *Gaisbauer* 472.

[787] BGHSt 37, 89.

[788] BGH BB 1964, 154.

[789] OLG München NJW 1966, 1165.

[790] RG JW 1938, 1241.

[791] RG JW 1932, 3720.

[792] OLG Dresden VAE 1942, 28.

271 Die Haftung besteht auch gegenüber dem Kraftfahrer, dem der Alkohol verabreicht wurde, selbst; sie besteht unter gewissen Umständen auch gegenüber einem Fußgänger, der auf einer von Kraftfahrzeugen viel befahrenen Landstraße oder Bundesstraße heimzukehren gedenkt. Dafür, daß ein Fußgänger oder Radfahrer im Stadtverkehr infolge der Trunkenheit verunglückt, hat der Gastwirt in keinem Falle einzustehen. Er ist nicht verpflichtet, den Gast heimzubegleiten oder die Polizei zu verständigen.

272 dd) **Inverkehrbringen eines mangelhaften Fahrzeugs.** Beruht ein Unfall auf einem Fabrikations- oder Konstruktionsfehler eines Kraftfahrzeugs oder Kraftfahrzeugteils, so kommt eine Haftung desjenigen in Betracht, der das gefahrbringende Produkt in den Verkehr gebracht hat.

273 Eine Haftung des **Herstellers** konnte bis zum Inkrafttreten des Produkthaftungsgesetzes allein aus der allgemeinen Verkehrspflicht zur Abwendung selbstveranlaßter Gefahren abgeleitet werden. Für spätere Schadensfälle greift daneben die durch das vorerwähnte Gesetz begründete Gefährdungshaftung ein. Der Gesamtkomplex der Herstellerhaftung wird daher in Rdn. 686 ff gesondert behandelt.

274 Der **Importeur** haftet für Schäden aus Produktmängeln nicht im gleichen Maße wie der Hersteller, denn er ist an der Produktion selbst nicht beteiligt. Seine Pflichtenstellung ähnelt vielmehr der des Händlers[793] (s. Rdn. 275). Bei Einfuhr aus Ländern mit niedrigem technischen Stand können jedoch die Sorgfaltspflichten durch seine genaueren Einsichten in die Bezugsquelle gesteigert sein[794]. Außerdem ist zu beachten, daß die Gefährdungshaftung nach dem Produkthaftungsgesetz auch den Importeur erfaßt, der das Produkt aus einem Drittstaat in die EU eingeführt hat (vgl. Rdn. 691).

275 Eine deliktische Haftung des **Vertriebshändlers** für Schäden, die durch Produktmängel hervorgerufen werden, kann bejaht werden, wenn er eine Pflicht zur Untersuchung der Ware verletzt hat. Eine generelle Untersuchungspflicht besteht für ihn zwar nicht[795]. Sie kann aber unter Umständen entstehen, so z. B. wenn er an der Zuverlässigkeit des Herstellers zweifeln muß, weil ihm bereits mehrere Schadensfälle bekannt geworden sind[796] oder weil konkrete Umstände den Verdacht eines Mangels und damit eine Überprüfung nahelegen[797]. Bei Produkten, die (wie Kraftfahrzeuge) individuell, d. h. nicht als Massenware, gehandelt werden, kann erwartet werden, daß der Händler im Rahmen der Ablieferungsinspektion eine Prüfung auf Verkehrssicherheit vornimmt.

276 Außerdem kann sich eine Haftung des Händlers daraus ergeben, daß er Instruktionen des Herstellers nicht an den Kunden weitergibt und dadurch eine unfallursächliche Fehlbedienung hervorruft[798] oder daß er seine Kenntnis von einem Rückruf des Herstellers nicht sicherstellt[799], ferner aus Eingriffen oder Einwirkungen in seinem Herrschaftsbereich. Eine Gefährdungshaftung nach dem Produkthaftungsgesetz kommt für den Händler nur in Form einer Auffanghaftung in Betracht, falls der Hersteller nicht festgestellt werden kann (s. Rdn. 691).

277 Der **Gebrauchtwagenhändler** haftet für die Beschädigung des verkauften Fahrzeugs, wenn dieses infolge (für ihn erkennbar) falscher Bereifung verunglückt, nicht nur aus Vertrag, sondern auch aus § 823 Abs. 1 BGB, da der Mangel der Bereifung das Fahrzeug als solches nicht im Ganzen entwertet, sondern an der ansonsten mangelfreien Sache erst später einen zusätzlichen Schaden hervorgerufen hat[800].

---

793 BGH NJW 1980, 1220.
794 *RGRKomm/Steffen* § 823, 273; offengelassen in BGH NJW 1980, 1220.
795 BGH VersR 1956, 259.
796 BGH NJW 1968, 2238.
797 Vgl. BGH VersR 1956, 259; 1960, 855; 1977, 839; 1980, 1219.
798 Vgl. OLG München VersR 1980, 1052.
799 OLG Karlsruhe Justiz 1981, 239.
800 BGH NJW 1978, 2241.

Der **Vermieter** – er ist ohnehin in der Regel der Halter des Fahrzeugs – ist dafür verantwortlich, daß keine ihm erkennbaren Sicherheitsmängel vorliegen. 278

Der Inhaber einer **Reparaturwerkstatt** haftet für Unfälle, die auf Fehler bei der Instandsetzung zurückzuführen sind[801]. Wegen der besonderen Gefährlichkeit solcher Fehler treffen den Inhaber einer Reparaturwerkstatt besonders strenge Organisationspflichten. Es genügt nicht, wenn er für die Ausführung der Arbeiten geeignete Personen bestellt, für deren Tätigkeit er sich nach § 831 BGB entlasten kann. Vielmehr muß er – ggf. durch Organe oder sonstige Vertreter i. S. d. §§ 30, 31 BGB – besondere Anordnungen erlassen, die eine ordnungsgemäße Ausführung der Reparaturen gewährleisten[802]. Vor allem muß er die Anweisungen des Herstellerwerkes über Verwendung und Einbau von Ersatzteilen an die Monteure weitergeben und auf ihre Beachtung durch den für die Schlußabnahme zuständigen Meister hinwirken. Bei besonders kritischen Arbeiten, z. B. Verwechslungsgefahr bei bestimmten Ersatzteilen, muß er zusätzlich spezielle Anordnungen dahingehend treffen, daß die Mitarbeiter mit gesteigerter Sorgfalt zu Werke gehen[803]. 279

Im Rahmen der Wartungsinspektion hat die Werkstatt auch die Pflicht, Sicherheitsmängel aufzudecken und dem Kunden bekanntzugeben[804]. Wegen weiterer Einzelheiten s. Rdn. 718. 280

ee) **Nichtverhindern gefahrträchtiger Kraftfahrzeugbenutzung.** Die Verpflichtung, den Verkehr vor ungeeigneten und unbefugten Kraftfahrzeugführern zu schützen, trifft nicht nur Halter und Fahrer (vgl. Rdn. 223 f, 234), sondern u. U. auch andere Personen in vergleichbarer Garantenstellung. 281

Der **Verkäufer** eines Kraftfahrzeugs ist nicht generell verpflichtet, die Fahrerlaubnis des Kunden zu überprüfen, bevor er ihm das Fahrzeug überläßt. Die Rechtsprechung bejaht eine solche Verpflichtung – im Rahmen des Zumutbaren – allerdings dann, wenn konkrete Anhaltspunkte für eine verbotene oder gefährliche Benutzung bestehen, etwa bei jugendlichem Aussehen des Käufers oder bei Veräußerung eines stillgelegten Fahrzeugs[805]. Diese Auffassung geht zu weit. Sie begründet eine Garantenstellung des Verkäufers, die diesen in Konflikt mit seiner vertraglichen Verpflichtung zur Übergabe der Kaufsache bringt[806]. Nur in Extremfällen, bei einer mit Händen zu greifenden Gefahrenlage, kann der Verkäufer als verpflichtet angesehen werden, eine Benutzung des verkauften Kraftfahrzeugs durch den Erwerber zu verhindern bzw. einen Kaufvertrag nur mit der Abrede abzuschließen, daß der Käufer für eine gefahrlose Verbringung des Kraftfahrzeugs zu sorgen hat. 282

Die **Reparaturwerkstatt** ist verpflichtet, Gefahren abzuwenden, die sich durch eine unbefugte Benutzung des Kraftfahrzeugs, auch seitens des eigenen Personals, ergeben können[807]. 283

Ein **Passant**, der zufällig beobachtet, wie ein Betrunkener sich ans Steuer setzt, ist grundsätzlich nicht zum Einschreiten verpflichtet. Zur Haftung aus vorangegangenem Verabreichen von Alkohol s. Rdn. 270. 284

---

801 Vgl. BGH VersR 1962, 43 (Motorradlenker); 1963, 385 (Bremsluftzufuhr); NZV 1993, 145 (Handbremse); OLG Düsseldorf NZV 1996, 197 (Moped-Hinterradmantel).

802 BGHZ 4, 3.

803 BGH VersR 1978, 722.

804 BGH VersR 1967, 707: schlechte Bremsen.

805 Vgl. BGH VersR 1966, 626; 1979, 766; VRS 34, 359; KG VRS 45, 60; OLG Köln VersR 1969, 741; OLG München VersR 1982, 172.

806 *Schmid* MDR 1980, 47.

807 Vgl. BGH VersR 1962, 644; OLG München NJW 1959, 1226; OLG Köln VersR 1973, 1074.

285 Der **Fahrlehrer** haftet sowohl anderen Verkehrsteilnehmern als auch dem Fahrschüler gegenüber, wenn er Aufgaben stellt, die den Schüler nach Ausbildungsstand und Fähigkeiten überfordern[808], oder wenn er den Anforderungen an eine sorgfältige Überwachung[809] nicht genügt (s. a. § 18, 22). Besonders hohe Sorgfaltsanforderungen treffen ihn bei der Ausbildung von Zweiradfahrschülern, weil hier die unmittelbare Einwirkungsmöglichkeit fehlt[810].

286 So haftet er z. B. für den Sturz des auf dem Krad nachfolgenden Schülers, der darauf zurückzuführen ist, daß die Blickverbindung durch zu schnelles Vorausfahren unterbrochen wurde[811]. Entgegen OLG Hamm VersR 1985, 598 wird man ihn im Regelfall auch dafür verantwortlich machen müssen, daß der Schüler beim Linksabbiegen dem Fahrschulwagen folgt, obwohl Gegenverkehr naht. Allenfalls bei einem schon fortgeschrittenen Schüler oder ausdrücklicher Vereinbarung größerer Selbständigkeit kann etwas anderes gelten. Zwischen Lehrer und Schüler muß nach § 5 Abs. 2 Satz 1 DurchführungsVO zum Fahrlehrergesetz eine Funkverbindung bestehen, die es dem Fahrlehrer ermöglicht, den Schüler anzusprechen[812]. OLG München DAR 1988, 56 bejahte die Notwendigkeit einer Sprechfunkverbindung bereits für die Zeit vor Inkrafttreten dieser Vorschrift[813].

287 **ff) Verletzung der Aufsichtspflicht gegenüber Kindern.** Eltern und sonstige Aufsichtspflichtige (Rdn. 176 ff) haften Dritten gegenüber aus § 832 BGB (Rdn. 174 ff). Dem Kind selbst gegenüber können sie aber, ggf. neben einem Dritten, aus dem Gesichtspunkt einer Verkehrspflichtverletzung (§ 823 BGB) haftpflichtig werden[814]. Häufig korrespondiert diese Pflichtenstellung mit der Aufsichtspflicht nach § 832 BGB: so sind die Eltern z. B. auch dem Kind gegenüber verpflichtet, eine seine Fähigkeiten übersteigende Teilnahme am Straßenverkehr, ein Spielen auf der Fahrbahn oder eine Kraftfahrzeugbenutzung zu unterbinden (näher zum Inhalt der Aufsichtspflicht Rdn. 183 ff). Außerdem haften sie dem Kind selbstverständlich dann, wenn sie ihm durch eigenes verkehrswidriges Verhalten Schaden zugefügt haben, etwa unvorsichtiges Überschreiten der Fahrbahn zusammen mit dem Kind, verbotswidrige Beförderung auf einem Fahrrad oder Fahrradanhänger, Mitnahme im Auto ohne Kindersicherung (Anh. § 16, 171). Die Aufsichtspflichtigen dürfen auch nicht zulassen, daß das Kind von einem ungeeigneten Fahrer oder in einem verkehrsunsicheren Fahrzeug mitgenommen wird. Wird das Kind mit ihrem Willen in einem fremden Fahrzeug mitgenommen, müssen sie dafür Sorge tragen, daß die vorgeschriebenen Rückhalteeinrichtungen benutzt werden[815].

288 **Auf die Haftungsmilderung nach § 1664 BGB** können die Eltern sich nach der Rechtsprechung nicht berufen, wenn sie eine ihnen als Verkehrsteilnehmern obliegende Verhaltenspflicht verletzt haben (vgl. Rdn. 79); nach einer im Schrifttum mit guten Gründen vertretenen Ansicht[816] ist das Haftungsprivileg auf die Verletzung der Aufsichtspflicht generell nicht anwendbar. Mit einem anderen Unfallverantwortlichen haften sie ggf. als Gesamtschuldner[817]. Auf den **Innenausgleich** ist § 840 Abs. 2 BGB nicht anwendbar, da es sich nicht um eine Haftung nach § 832 BGB handelt, doch kann

---

808 OLG Frankfurt NJW-RR 1988, 26.

809 Vgl. BGH VersR 1969, 1037; 1972, 455; KG NJW 1979, 993; OLG Düsseldorf NJW-RR 1988, 24; LG Hannover NJW-RR 1988, 1301.

810 BGH VRS 10, 225; KG NZV 1989, 150 m. Anm. *Kunschert*; OLG Hamm NZV 1991, 354.

811 LG Memmingen VersR 1984, 1158.

812 Übersehen von LG Karlsruhe VersR 1995, 977.

813 In den alten Bundesländern 1. 10. 1986 (vgl. VO v. 23. 7. 1990, BGBl. I, 1484); in den neuen Bundesländern: 1. 11. 1991 (vgl. Anl. I Kap. XI Sachgeb. B Abschn. III Nr. 9 zum Einigungsvertrag).

814 BGHZ 73, 193 f.

815 *Etzel* DAR 1994, 303 f.

816 *Sundermann* JZ 1989, 933 ff m. w. Nachw.

817 BGHZ 73, 195; OLG Düsseldorf VersR 1982, 300.

u. U. der Grundsatz zum Tragen kommen, daß der Haftungsanteil eines Täters gegenüber dem Unterlassen eines Obhutspflichtigen wesentlich stärker ins Gewicht fällt[818]. Sind die Eltern ausnahmsweise nach § 1664 BGB haftungsfrei, weil sie keine ihnen als Verkehrsteilnehmern obliegende Pflicht verletzt und die in eigenen Angelegenheiten übliche Sorgfalt angewendet haben, so berührt dies die Haftung des Mitverantwortlichen nicht; er hat auch keinen Ausgleichsanspruch gegen die Eltern[819]. Beim Regreß eines Versicherers ist ggf. der Einfluß eines Angehörigenprivilegs zu beachten[820] (vgl. § 17, 28). Ein Mitverschulden des Kindes kommt in der Regel nicht in Betracht (§ 9, 12 ff), auch nicht über eine Zurechnung des elterlichen Verschuldens (§ 9, 23). Liegt ein solches aber vor, sind bei der Quotelung ggf. die Grundsätze der Zurechnungseinheit zu beachten (§ 9, 95).

Ereignet sich der Unfall im Rahmen einer **gesetzlich unfallversicherten Beziehung**[821], **289**
so greift ggf. die Haftungsfreistellung nach § 637 Abs. 4 RVO a. F. bzw. § 106 SGB-VII ein (vgl. hierzu und zum Einfluß auf die Haftung eines weiteren Unfallbeteiligten Schlußanh. II 54, 10).

gg) Verletzung von Obhutspflichten über Tiere. Wer die Obhut über ein Tier ausübt, **290**
haftet dafür, daß durch dieses keine Gefahren für den Straßenverkehr heraufbeschworen werden. Diese aus § 823 BGB abgeleitete Haftung steht neben der verschuldensunabhängigen Haftung des Tierhalters und des Tierhüters nach §§ 833, 834 BGB. Sie kann also auch andere Personen als den Halter und den durch Vertrag zur Aufsicht Verpflichteten treffen[822], setzt aber einen Verschuldensnachweis voraus. – Wegen der Anforderungen an die sichere Verwahrung von Tieren, insbesondere auf der Weide, vgl. Rdn. 212.

hh) Sport und Spiel sind nach § 31 StVO auf **Fahrbahnen und Seitenstreifen** – **291**
außerhalb der durch Schilder ausdrücklich dafür zugelassenen Straßen – verboten. Der Verstoß gegen dieses Verbot begründet die Haftung bzw. Mithaftung für einen dadurch hervorgerufenen Unfall. Unter das Verbot fallen z. B. Jogging, Rollschuh- oder Rollbrettfahren, Skifahren, Rodeln[823] und Radrennfahren; dagegen ist es einem Rennradfahrer nicht verwehrt, zu Trainingszwecken mit einem vorschriftsmäßigen Fahrrad unter Beachtung der StVO auf öffentlichen Straßen zu fahren.

Auf **Gehwegen** gilt nur der Grundsatz des § 1 Abs. 2 StVO, d. h. Sport und Spiel **292**
erlangen dort erst dann haftungsrechtliche Relevanz, wenn der Ausübende das allgemeine Gebot der Rücksichtnahme auf die anderen Verkehrsteilnehmer mißachtet. Die sportliche Betätigung darf also nur so ausgeübt werden, daß sich andere Gehwegbenutzer rechtzeitig auf sie einstellen können. Die Benutzung von nicht durch § 24 Abs. 1 StVO freigestellten Fortbewegungsmitteln ist auch auf den Gehwegen verboten; dies gilt insbesondere für Skateboards[824] und Inline-Skater; die Ansicht von *Grams*[825], Skater hätten in erster Linie den Radweg, bei Fehlen den Gehweg und bei Fehlen eines solchen die Fahrbahn zu benutzen, findet in der StVO keine Grundlage.

---

[818] Vgl. BGH NJW 1980, 2348.
[819] BGHZ 103, 338; OLG Hamm NJW 1993, 543; NZV 1994, 69; krit. hierzu *Sundermann* JZ 1989, 931 ff.
[820] BGHZ 73, 195.
[821] Z. B. Kindergartenausflug: vgl. OLG Schleswig NZV 1995, 24.
[822] Z. B. den Eigentümer eines nicht verschließbaren Stalls, BGH NZV 1990, 305.
[823] OLG München DAR 1984, 89.
[824] *Jagusch/Hentschel* § 24 StVO, 6; a. A. *Scheffen* NZV 1992, 387.
[825] NVZ 1997, 65.

12. Mitverschulden

293 a) **Grundsätze.** Die Haftung aus unerlaubter Handlung kann dadurch gemildert oder ausgeschlossen sein, daß den Verletzten an dem Unfall ein Mitverschulden (§ 254 BGB) trifft. Die wichtigsten Grundsätze hierzu sind in den Erl. zu § 9 behandelt.

294 b) **Einzelfälle zur Haftungsverteilung** sind, soweit die Betriebsgefahr eines Kraftfahrzeugs zu berücksichtigen ist, in § 17, 66 ff zusammengestellt, für Fälle von Verletzung der Verkehrssicherungspflicht in Rdn. 679. Zur Amtshaftung s. Rdn. 491. Im folgenden werden daher nur Entscheidungen nachgewiesen, die sich mit der Haftungsverteilung zwischen nichtmotorisierten Verkehrsteilnehmern oder mit dem Mitverschulden von Kraftfahrzeuginsassen beschäftigen. Von einer Wiedergabe der Haftungsquoten wird abgesehen, da es gerade in diesem Bereich sehr auf die Umstände des Einzelfalles ankommt.

aa) Fahrrad gegen Fahrrad

295 **Überholen:** OLG Hamm NZV 1995, 316 (Ausscheren auf abgetrennten Gehweg während Überholvorgangs).

Kreuzungszusammenstoß: BGH VersR 1971, 909; OLG Düsseldorf VkBl. 1950, 159.

Linksabbiegen: OLG München VersR 1985, 769 LS (Kollision mit Überholer).

Gegenverkehr: BGH VersR 1988, 85 (radfahrendes Kind stößt auf Gehweg mit erwachsener Radfahrerin zusammen); BGH NZV 1992, 318 (Zusammenstoß zwischen stark alkoholisiertem und Radweg in falscher Richtung befahrendem Radfahrer).

bb) Radfahrer gegen Fußgänger

296 **Betreten der Fahrbahn:** BGH DAR 1957, 211; VersR 1967, 179; 1968, 804; OLG Karlsruhe NZV 1991, 25 (Rennradfahrer); AG Kenzingen VersR 1987, 212.

Kind: BGH VersR 1962, 635; OLG Nürnberg VersR 1962, 1116.

cc) Sonstige Radfahrerunfälle

297 Das **Mitfahren auf dem Gepäckträger** aus jugendlichem Leichtsinn kann zur völligen Haftungsfreiheit des das Fahrrad lenkenden Spielgefährten führen (OLG Braunschweig NZV 1991, 152).

dd) Sonstige Fußgängerunfälle

298 BGH NJW 1961, 1622, VersR 1968, 301 (rollerfahrendes Kind fährt Fußgänger an); LG Berlin VersR 1972, 56 (Fußgänger stolpert über von spielenden Kindern gezogenen Gummifaden).

ee) Unfälle mit Tieren

299 **Radfahrer und Pferd:** OLG Düsseldorf NJW-RR 1992, 475 (Radfahrerin fährt auf Radweg weiter, obwohl sie Unruhe eines entgegenkommenden Pferdes bemerkt).

ff) Mitverschulden von Kraftfahrzeuginsassen

300 **Ablenkung des Fahrers:** OLG Hamm NZV 1995, 481 (mit m. E. zu hoher Haftungsquote des massiv abgelenkten Fahrers).

Mitfahren bei Fahrer ohne Fahrerlaubnis: BGH VersR 1985, 965; OLG Köln VersR 1984, 545; OLG Bamberg VersR 1985, 786; OLG Hamm VersR 1987, 205; LG Stuttgart VersR 1985, 150.

Mitfahren bei Fahruntüchtigem: BGH VersR 1969, 380; 1971, 473; OLG Celle VersR 1982, 960 LS; OLG München VersR 1986, 925; OLG Koblenz VersR 1989, 405; OLG Frankfurt ZfS 1991, 150; OLG Hamm MDR 1996, 149.

Nichtangurten: s. § 9, 63 und *Berr* DAR 1990, 343 ff.

Kraftradbeifahrer ohne Helm: OLG Nürnberg DAR 1989, 296 m. Anm. *Berr.*

gg) Mitverschulden von Benutzern öffentlicher Verkehrsmittel

Nicht ausreichendes Festhalten: OLG Stuttgart VersR 1971, 674; OLG Düsseldorf VersR 1986, 64; OLG Hamm RuS 1993, 335; LG Hanau VersR 1971, 727 m. Anm. *Schmalzl* 873; LG Hamburg VersR 1971, 136; LG Wiesbaden VersR 1975, 481; LG Düsseldorf NZV 1991, 475. 301

Sturz beim Aussteigen: OLG Frankfurt VersR 1975, 381.

13. Haftungsausschlüsse

Insbesondere im Verhältnis zum verletzten Mitfahrer oder zum geschädigten Eigentümer des benützten Kraftfahrzeugs beruft sich der Fahrer häufig auf einen Ausschluß seiner deliktischen Haftung (zur Gefährdungshaftung des Halters s. § 8 a Abs. 2). Ein solcher kann sich aus ausdrücklicher Vereinbarung (Rdn. 303 ff), aber auch aus stillschweigender Übereinkunft (Rdn. 312 ff) ergeben. Besondere Haftungsbeschränkungen gewährt die Rechtsprechung Arbeitnehmern, die wegen schuldhafter Schädigung ihres Arbeitgebers belangt werden (Rdn. 329 ff). Die aus dem Unfallversicherungs- bzw. Versorgungsrecht folgenden Haftungsfreistellungen sind im Schlußanhang II dargestellt. 302

a) Vertraglicher Haftungsausschluß

aa) Abschluß. Ein vertraglicher Haftungsausschluß für Fahrlässigkeit ist zulässig (§ 276 Abs. 2 BGB). Er bezieht sich nicht nur auf die Haftung aus Vertrag, sondern auch auf diejenige aus anderen Rechtsgründen. Darauf, ob ein Beförderungsvertrag geschlossen wurde oder die Mitnahme des Insassen lediglich tatsächlich als Handlung außerhalb des bürgerlichen Rechtsverkehrs vorgenommen wird, kommt es nicht an[826]. Der Vertrag kann ausdrücklich oder durch schlüssige Handlungen (stillschweigend) geschlossen werden. Maßgebend für den Inhalt ist – wenn keine ausdrückliche Vereinbarung geschlossen wurde – das gesamte Verhalten der Beteiligten, während es auf den Willen der Beteiligten nicht ankommt, soweit er nicht zum Ausdruck gekommen ist[827] (näher hierzu Rdn. 312 ff). Soweit das AGBG einschlägig ist, also z. B. bei Verwendung vorgedruckter Formulare, beschränkt sich der Haftungsausschluß nach dessen § 11 Nr. 7 auf leichte Fahrlässigkeit[828]. 303

bb) Geschäftsfähigkeit der Beteiligten ist Voraussetzung der Wirksamkeit des Haftungsausschlußvertrags. Auf seiten des Führers des Kraftfahrzeugs genügt – da der Vertrag ihm nur einen Vorteil bringt – beschränkte Geschäftsfähigkeit, nicht aber auf seiten des Mitfahrenden[829]. Sein gesetzlicher Vertreter kann jedoch den Haftungsausschluß nachträglich genehmigen oder schon vor der Fahrt einwilligen. Die Einwilligung ist nicht ohne weiteres in der Erteilung der Erlaubnis zur Teilnahme an der Fahrt zu sehen, auch wenn es sich um eine Gefälligkeitsfahrt (vgl. Rdn. 318 ff) handelt. Der gesetzliche Vertreter ist nach § 1629 Abs. 2, § 1795 Abs. 2, § 181 BGB nicht in der Lage, 304

---

[826] RGZ 128, 229; 141, 262; RG JW 1911, 28; 1911, 714; 1915, 275; 1934, 2033 m. Anm. *Lechner*; DAR 1930, 136; 1932, 90; RdK 1933, 76; BGHZ 2, 159; BGH VersR 1955, 278; OLG Karlsruhe VersR 1955, 630; OLG Düsseldorf VersR 1959, 568.

[827] RGZ 65, 313; 67, 431; 145, 390; RG JW 1915, 275; DAR 1930, 136; 1932, 90; 1932, 232; 1936, 145; 1939, 226; RdK 1933, 76; VAE 1936, 338; BGHZ 2, 159; BGH VRS 7, 6; VersR 1957, 299; 1961, 846; OLG Düsseldorf RdK 1932, 94; VersR 1959, 568; OLG Dresden VAE 1936, 430; OLG Naumburg DAR 1939, 106; OLG Jena DAR 1941, 76; OLG Celle RdK 1950, 122; OLG Hamm VRS 1, 177; OLG Schleswig VRS 2, 1; OLG Kassel VersR 1954, 38; OLG Karlsruhe VersR 1955, 630.

[828] *Jahnke* VersR 1996, 299.

[829] RGZ 141, 262; BGH VRS 14, 401; OLG Bamberg NJW 1949, 506; OLG Schleswig VRS 2, 1; OLG Celle MDR 1961, 413.

einen Haftungsausschluß mit sich selbst zu vereinbaren, wenn er selbst das Kraftfahrzeug führt. Dagegen widerspricht die Ansicht, die Einwilligung des Vaters oder der Mutter allein sei wirkungslos, weil die Eltern nur gemeinsam ihr Kind vertreten können, den tatsächlichen Gegebenheiten. In der Regel ermächtigen sich vielmehr die Eltern gegenseitig, Verträge ihres Kindes, die dem täglichen Leben angehören, ohne Mitwirkung des anderen Elternteils zu genehmigen[830]. Ist der Mitfahrende während der Fahrt geschäftsunfähig, z. B. sinnlos betrunken[831], so ist zu prüfen, ob er auch schon geschäftsunfähig war, als er mit dem Führer des Kraftfahrzeugs vereinbarte, daß er mitfahren dürfe; liegt diese Vereinbarung vor Eintritt der Trunkenheit, so ist der Haftungsausschluß wirksam[832].

305 cc) Eine **Anfechtung** des Haftungsausschlusses kann, da es sich um eine Willenserklärung handelt, wegen Irrtums (§ 119 BGB) oder wegen arglistiger Täuschung (§ 123 BGB) erfolgen. Dies kommt z. B. in Betracht, wenn der Mitfahrer nicht gewußt hat, daß das Kraftfahrzeug nicht verkehrssicher ist[833].

306 dd) Unwirksamkeit des Haftungsausschlußvertrags wegen **Sittenwidrigkeit** ist zwar denkbar[834], doch werden solche Fälle wohl kaum jemals vorkommen. Insbesondere kann es in der Regel nicht als sittenwidrig bezeichnet werden – wie das Reichsgericht annahm – wenn der Mitfahrer mit dem Führer des Kraftfahrzeugs vereinbart, er werde ihn nur in Anspruch nehmen, wenn kein Dritter für den Schaden einzustehen habe. So ist es z. B. rechtlich unbedenklich, den Haftungsverzicht dahin zu formulieren, daß der Mitfahrer auf alle Ansprüche gegen den Führer des Kraftfahrzeugs verzichtet, die nicht durch dessen Haftpflichtversicherung gedeckt sind[835]. Die gegenteilige Ansicht[836] übersieht, daß der Versicherer ohne Vereinbarung des Haftungsausschlusses ohnedies voll eintreten müßte, durch ihn also nicht unbillig belastet wird. Auch bei entgeltlicher Beförderung ist die Vereinbarung eines Haftungsausschlusses durchaus nicht schlechthin sittenwidrig. Die Haftung des Halters nach § 8 a bleibt auch bei Vereinbarung des Haftungsausschlusses stets bestehen (§ 8 a Abs. 2) und garantiert dem Mitfahrer ein Maß an Ersatzforderungen, welches die Unsittlichkeit des Abbedingens anderer Ansprüche im allgemeinen ausschließen wird.

307 ee) Ob der Haftungsverzicht **auf einzelne Ansprüche beschränkt** ist, ist Frage der Vertragsgestaltung oder -auslegung im Einzelfall. Auch beim konkludent abgeschlossenen Verzichtsvertrag ist dies durch interessengerechte Auslegung zu ermitteln. Sie wird häufig dahin gehen, daß der Mitfahrer nur auf solche Ansprüche verzichtet, die nicht durch die Haftpflichtversicherung des Fahrers gedeckt sind[837].

308 ff) Eine **Beschränkung des Haftungsausschlusses auf leichte Fahrlässigkeit** ist möglich, kann aber in den Verzichtsvertrag (auch den durch konkludentes Handeln geschlossenen) nicht ohne weiteres hineininterpretiert werden. Entscheidend ist auch hier die Interessenlage im konkreten Fall. Auszugehen ist allerdings davon, daß vertragliche Haftungsmilderungen im Zweifel eng und gegen den, der sich freizeichnen will, auszu-

---

830 BGH VersR 1955, 342 bezieht sich auf die Rechtslage vor Nichtigerklärung des § 1629 Abs. 1 BGB a. F.

831 RG DAR 1930, 136; OLG Oldenburg VRS 4, 4.

832 OLG Düsseldorf RdK 1932, 94.

833 BGH VersR 1952, 350.

834 RG VAE 1939, 326.

835 BGH VersR 1960, 549; OLG Stuttgart VersR 1961, 384.

836 Vgl. OLG Celle RdK 1941, 16; OLG Karlsruhe/Freiburg VRS 7, 170.

837 Vgl. BGH VersR 1961, 427; 1961, 518; OLG Saarbrücken VersR 1961, 928; OLG Hamburg VersR 1970, 188.

legen sind[838]. Insbesondere bei stillschweigendem Haftungsausschluß (Rdn. 312 ff) kann im allgemeinen nicht von einer Erstreckung auf grob verkehrswidriges Verhalten ausgegangen werden[839].

gg) **Haftungsausschluß durch Aushang o. ä. Hinweis im Fahrzeug.** Liegt der Beförderung des Fahrgastes ein Vertrag zugrunde, so kann einer solchen Erklärung (z. B. er fahre auf eigene Gefahr), wenn sie vom Fahrgast nicht ausdrücklich oder schlüssig (das bloße Mitfahren genügt hierbei nicht!) angenommen wird, schon deswegen keine Bedeutung zukommen, weil der Beförderungsvertrag üblicherweise bereits vorher zustande gekommen ist. Gleiches muß aber auch dann gelten, wenn es sich um eine bloße Mitnahme ohne vertragliche Grundlage handelt. Im übrigen wäre ggfs. die Beschränkung auf leichte Fahrlässigkeit durch § 11 Nr. 7 AGBG zu beachten (vgl. Rdn. 303). Zum einseitigen Haftungsausschluß bei der Verkehrssicherungspflicht vgl. Rdn. 681. **309**

hh) Eine **vertragliche Einheitsregelung zwischen Arbeitgeber und Arbeitnehmern** (z. B. Haftungsausschluß bei Benutzung des Betriebsparkplatzes) ist nur dann wirksam, wenn sie den beiderseitigen Interessen angemessen Rechnung trägt; dies hängt von den Umständen des Einzelfalles ab[840]. **310**

ii) Der Haftungsverzicht kann auch **Wirkung auf Ansprüche Dritter** haben. So setzen z. B. die Ansprüche Dritter wegen Unterhalts (§ 844 Abs. 2 BGB) und wegen entgangener Dienste (§ 845 BGB) das Bestehen einer Ersatzpflicht des Führers des Kraftfahrzeugs gegenüber dem Verletzten voraus. Hat dieser die Haftung ganz oder teilweise vertraglich ausgeschlossen, so sind auch die Ansprüche Dritter in gleichem Maße eingeschränkt[841]. Ist infolge vereinbarten Haftungsausschlusses ein Anspruch des Verletzten gegen den Führer des Kraftfahrzeugs, in dem er fuhr, nicht entstanden, so kann auch kein Anspruch auf den Träger der Sozialversicherung übergehen. Der Ausschluß ist vielmehr auch gegenüber dem Träger der Sozialversicherung wirksam[842]. Zur Wirkung auf Ausgleichsansprüche bei Mehrheit von Schädigern vgl. § 17, 23 ff. **311**

b) Stillschweigender Haftungsausschluß

aa) **Allgemeines.** Bei der Annahme eines Haftungsverzichts ohne ausdrückliche Abrede ist Zurückhaltung geboten. Es darf nicht zu einer unzulässigen Fiktion von Willenserklärungen kommen. Nur wenn das Verhalten der Beteiligten aus besonderen Gründen eindeutig dahingehend zu verstehen ist, daß sie sich über die Nichterhebung von Ersatzansprüchen im Falle eines Schadenseintritts einig waren, darf von einem Haftungsausschluß ausgegangen werden[843]. Die wichtigsten Fallgruppen sind im folgenden dargestellt. **312**

bb) **Gewerbliche Kraftfahrzeugvermietung.** Hier kann von einer stillschweigenden Vereinbarung des Haftungsausschlusses zugunsten des mit leichter Fahrlässigkeit den Wagen beschädigenden Mieters ausgegangen werden, wenn und soweit der Mieter im Vertrag die Bezahlung oder Erstattung der Prämie für die Kaskoversicherung (hinsichtlich der von ihm durchzuführenden Fahrten) übernommen hat[844]; s. auch Rdn. 731. **313**

---

838 BGHZ 22, 69; 54, 305; BGH NJW 1978, 261.

839 OLG Frankfurt VersR 1983, 927.

840 BAG VersR 1990, 545.

841 RGZ 65, 313; RG JW 1930, 2854 m. Anm. *Bezold*; BGH VersR 1961, 846; OLG Koblenz VersR 1953, 403; OLG Oldenburg DAR 1956, 296.

842 RGZ 167, 213; OLG Dresden RdK 1940, 141; OLG Düsseldorf VersR 1959, 568; LG Frankenthal DAR 1956, 277.

843 Vgl. BGH NZV 1993, 431 m. w. Nachw.

844 BGHZ 22, 113; OLG Köln VersR 1966, 530.

314 cc) Ein **Fahrschüler** haftet dem Fahrlehrer dann nicht für einen von ihm herbeigeführten Schaden, wenn sein Versagen im Straßenverkehr auf mangelhaftem Wissen oder Können beruht[845]. Zur Haftung des Fahrschülers gegenüber Dritten vgl. § 18, 24.

315 dd) **Probefahrt.** Beschädigt der Kaufinteressent das ihm zur Probefahrt überlassene Fahrzeug eines **gewerblichen Händlers**, so haftet er diesem nicht, wenn nur leichte Fahrlässigkeit vorliegt und die Beschädigung in Zusammenhang mit den einer Probefahrt eigentümlichen Gefahren besteht[846]. Zur Begründung wird mit Recht auf einen vom Händler geschaffenen Vertrauenstatbestand verwiesen[847]. Bei der Probefahrt mit einem Gebrauchtwagen, dessen Verkauf der Händler lediglich für den Eigentümer vermittelt, hat der BGH den Haftungsausschluß daraus hergeleitet, daß der Händler den Kaufinteressenten trotz dessen Widerstandes und offenkundiger Unsicherheit dazu gedrängt hatte, sich selbst ans Steuer des Wagens zu setzen[848]. Sehr weitgehend bejaht OLG Karlsruhe DAR 1987, 380 eine Wirkung des stillschweigenden Haftungsverzichts auch gegenüber einem Dritten, der sein Fahrzeug einem Händler für Vorführfahrten mit Kaufinteressenten zur Verfügung gestellt hat. Zur Haftung des vermittelnden Händlers gegenüber seinem Auftraggeber s. Rdn. 725. Wird die Probefahrt vom **privaten Verkäufer** eines Gebrauchtwagens gewährt, so kann, von außergewöhnlichen Fallgestaltungen abgesehen, ein Haftungsausschluß nicht bejaht werden[849]; hier fährt der Interessent, wenn er bei einer Probefahrt selbst steuern will, auf eigenes Risiko. Ein Vertrauenstatbestand wie beim gewerblichen Verkäufer besteht hier nicht[850].

316 Wird der **mitfahrende Händler bei der Probefahrt verletzt**, so ist der Kaufinteressent nach BGH VersR 1980, 426 ihm gegenüber von der Handlung frei, soweit er – wie dies nach § 11 Nr. 3 AKB a. F. der Fall war – insoweit keinen Versicherungsschutz hat. Der BGH hat diese Auffassung auf die Erwägung gestützt, daß der Händler die Möglichkeit hat, sich durch Beitritt zur Berufsgenossenschaft Versicherungsschutz zu verschaffen. Da der Probefahrer seit der Neufassung von § 11 Nr. 3 AKB mit Wirkung ab 1. 1. 1977 hinsichtlich der Personenschäden des Halters den Schutz dessen Haftpflichtversicherung genießt, hat diese Entscheidung für Schadensfälle nach diesem Datum keine Bedeutung mehr. Im Verhältnis zum privaten Verkäufer des Kraftfahrzeugs hat sie ohnehin keine Geltung.

317 ee) Wegen weiterer Fälle **unentgeltlicher Gebrauchsüberlassung** s. Rdn. 733.

318 ff) **Gefälligkeitsfahrt.** Allein die Tatsache, daß der Fahrer die Unglücksfahrt im Interesse eines anderen und aus Gefälligkeit ihm gegenüber unternommen hat, rechtfertigt es nicht, einen stillschweigenden Haftungsverzicht dieses anderen anzunehmen[851]. So haftet der Fahrer z. B. grundsätzlich auch dann für die verschuldete Verletzung eines Insassen, wenn er diesen unentgeltlich und gefälligkeitshalber mitgenommen hat; ebenso hat er in der Regel für die schuldhafte Beschädigung eines Kraftfahrzeugs einzustehen, das er für den Eigentümer aus Gefälligkeit an einen anderen Ort überführen wollte.

319 Die Rechtsprechung hat allerdings unter besonderen Umständen im Einzelfall gleichwohl einen stillschweigenden Haftungsverzicht – jedenfalls für leichte Fahrlässigkeit

---

[845] OLG Düsseldorf NJW 1966, 736.

[846] BGH VersR 1972, 863; OLG Düsseldorf VersR 1978, 25; 1978, 156; OLG Köln NZV 1992, 279.

[847] *Jox* NZV 1990, 53 ff m. w. Nachw.

[848] VersR 1979, 352; krit. *Stöfer* NJW 1979, 2553.

[849] OLG Schleswig VersR 1982, 585; OLG Zweibrücken NZV 1990, 466; OLG Köln NZV 1996, 313.

[850] *Jox* NZV 1990, 55 f.

[851] BGHZ 41, 81; BGH VersR 1978, 625; 1979, 136; 1992, 1147; NZV 1993, 431; *RGRKomm/Steffen* vor § 823, 64; *Jahnke* VersR 1996, 300; **a. A.** OLG Frankfurt VersR 1987, 912 (für Sachschäden); *Hoffmann* AcP 167, 394.

– bejaht, und zwar insbesondere zwischen Fahrer und Halter des Kraftfahrzeugs. Hierfür war insbesondere maßgeblich, daß nach der bis 31. 12. 1976 geltenden Fassung von § 11 Nr. 3 AKB der Fahrer keinen Versicherungsschutz im Verhältnis zum Halter des von ihm benutzten Kraftfahrzeugs genoß und somit z. B. für Verletzungen des mitfahrenden Halters selbst aufzukommen hatte. Dies führte zu dem als unbillig empfundenen Ergebnis, daß der verletzte Halter zwar den Schutz seiner Kranken- bzw. Sozialversicherung genoß, der Fahrer aber, der sich dem Halter lediglich gefällig erweisen wollte, im Wege des Regresses für den gesamten Schaden aufzukommen hatte. Zur Rechtfertigung der Konstruktion eines stillschweigenden Haftungsausschlusses in solchen Fällen wurde angeführt, daß unterstellt werden könnte, Fahrer und Halter hätten, wären sie sich dieser Konsequenzen bewußt gewesen, einen ausdrücklichen Haftungsverzicht vereinbart, denn der Halter hätte sich unter den gegebenen Umständen einem solchen Ansinnen des für ihn tätig werdenden Fahrers gar nicht verschließen können. Da seit der Neufassung von § 11 Nr. 3 AKB die Haftpflichtversicherung in Fällen der geschilderten Art auch für Personenschäden (nicht allerdings Sach- und Vermögensschäden) des Halters eintritt, hat sich das Problem der Gefälligkeitsfahrt etwas entschärft. Es stellt sich im wesentlichen nur noch in bezug auf Sachschäden oder bei fehlendem Versicherungsschutz. Ansprüche Dritter (z. B. nach § 10) waren schon von § 11 Nr. 3 AKB a. F. nicht erfaßt, so daß der BGH[852] diesen gegenüber den stillschweigenden Haftungsverzicht nicht wirken ließ.

Besondere Umstände, die die Annahme eines stillschweigenden Haftungsverzichts rechtfertigen können, hat der BGH z. B. angenommen **320**

- wenn ein Kolonnenführer einen ihm unterstellten Arbeitskollegen beauftragt, bei der gemeinsamen Heimfahrt von der Arbeitsstelle das Steuer seines Kraftfahrzeugs zu übernehmen[853];
- wenn Halter und Fahrer sich auf der Rückfahrt aus dem gemeinsam verbrachten Urlaub am Steuer des Kraftwagens abgewechselt haben[854];
- wenn der Halter den Fahrer aus eigenem Interesse nachdrücklich mit der Führung seines Kraftfahrzeugs beauftragt, obwohl letzterer erst seit kurzem die Fahrerlaubnis besitzt und den Wagen nicht kennt[855].

Nicht genügen soll es dagegen nach der Rechtsprechung des BGH, daß Halter und Fahrer befreundet waren und der Fahrer den Halter aus Gefälligkeit gefahren hat[856]. Auch für Gefälligkeitsfahrten gegenüber Angehörigen gilt insoweit nichts Besonderes[857] (vgl. jedoch Rdn. 326). **321**

Als **gegen einen stillschweigenden Haftungsverzicht** sprechender Gesichtspunkt wird das Bestehen von Haftpflichtversicherungsschutz gewertet[858]. **322**

Auf **Ansprüche Dritter** (und damit auch den Gesamtschuldnerausgleich bei Inanspruchnahme durch Dritte) kann eine stillschweigende Haftungsfreistellung nicht erstreckt werden[859]. **323**

---

852 VRS 65, 178.

853 BGH VersR 1978, 625 unter Abstellen auf die zum Einsatz gelangte dienstliche Autorität.

854 BGH VersR 1979, 136 unter Abstellen auf ein gesellschaftsähnliches Verhältnis zwischen beiden, das auch in der Teilung der Unkosten seinen Ausdruck gefunden habe; einschränkend OLG Celle NZV 1988, 141.

855 BGH VersR 1980, 384; OLG Celle NZV 1993, 187.

856 BGHZ 41, 81; 43, 76; BGH VersR 1966, 40.

857 *RGRKomm/Steffen* vor § 823, 65; *Jahnke* VersR 96, 300 m. w. Nachw.

858 BGH VersR 1992, 1145. Nach BGH NZV 1993, 431 ändert hieran auch der beschränkte Regreß des Versicherers (z. B. bei Schwarzfahrt) nichts (krit. *Hofmann* ZfS 1993, 344.

859 OLG Frankfurt NJW-RR 1992, 608.

324 Ist das beschädigte Fahrzeug **kaskoversichert**, so kann der Eigentümer zwar nicht wegen stillschweigenden Haftungsverzichts, u. U. aber wegen Rechtsmißbrauchs an der Inanspruchnahme des berechtigten Fahrers gehindert sein (vgl. § 9, 82).

325 gg) **Bewußte Selbstgefährdung, Handeln auf eigene Gefahr.** Die Haftung eines Fahrers kann u. U. dadurch ausgeschlossen oder gemindert sein, daß der verletzte Mitfahrer sich freiwillig und bewußt einer besonders gesteigerten Unfallgefahr ausgesetzt hat (z. B. bei Mitfahren auf dem Dach des Pkw[860] sowie insbesondere bei Mitfahrt trotz Trunkenheit des Fahrers). Diese Haftungsmilderung ergibt sich jedoch nicht aus einem stillschweigend vereinbarten Haftungsverzicht und – entgegen der früher in der Rechtsprechung vertretenen Auffassung[861] – auch nicht aus einer fingierten Einwilligung in die mögliche Verletzung, sondern ggfs. aus § 254 BGB[862] (Einzelheiten hierzu s. § 9, 33 ff). Allein aus der Benutzung eines Verkehrsübungsplatzes[863] oder der Teilnahme an einem Fahrerlehrgang[864] oder an einer Motorradrallye[865] kann jedenfalls ein Haftungsverzicht nicht abgeleitet werden.

326 c) **Haftungsausschluß zwischen Angehörigen.** Auch Ehegatten und sonstige Angehörige haften einander grundsätzlich nach den allgemeinen Vorschriften (zum Verschuldensmaßstab s. Rdn. 79). Der BGH hat jedoch aus § 1353 Abs. 2 Satz 2 BGB die Rechtspflicht eines Ehegatten abgeleitet, einen Schadensersatzanspruch gegen den anderen nicht geltend zu machen, solange dieser sich um einen anderweitigen Ausgleich des Schadens bemüht[866] (zur Rechtslage bei Vorhandensein eines Mitschädigers s. § 17, 29). Diese Stillhaltepflicht besteht nicht, wenn die Ehegatten schon zum Zeitpunkt des Schadensereignisses getrennt leben[867]. Trennen sich die Eheleute nach dem Schadensereignis, so entfällt sie nicht ohne weiteres[868]. Für das Verhältnis zwischen Eltern und Kindern läßt sich eine entsprechende Haftungsbeschränkung aus § 1618 a BGB herleiten[869].

327 d) **Übermaßverbot.** *Canaris*[870] hat darauf hingewiesen, daß die Geltendmachung außerordentlich hoher Schadensersatzforderungen gegen das aus der Verfassung abzuleitende Übermaßverbot verstoßen kann. In solchen Fällen komme daher der Rechtsmißbrauchseinwand gemäß § 242 BGB in Betracht[871]. Dem kann jedoch nur für extreme Fälle von Unbilligkeit zugestimmt werden, so z. B. wenn der Geschädigte auf die Schadensersatzzahlung des Schädigers nicht angewiesen ist, dieser durch sie aber in seiner wirtschaftlichen Existenz ruiniert wird. Der Schutz des Schuldners vor einer Vernichtung seiner wirtschaftlichen Existenz ist bereits durch den Vollstreckungsschutz gewährleistet. Bei der Feststellung der Rechtsmißbräuchlichkeit darf auch die Präventivfunktion des Schadensersatzrechts nicht außer acht gelassen werden. Eine generelle Haftungsreduktion bei besonders hohen Schäden wäre Sache des Gesetzgebers. Zu

---

860 OLG Koblenz NZV 1993, 193.

861 RGZ 130, 169; 141, 265; RG JW 1934, 2033 m. Anm. *Lechner*; DAR 1936, 145; VAE 1939, 201; BGHZ 2, 159; BGH VRS 4, 88; 5, 2; 16, 81; VersR 1953, 85; 1955, 309; 1957, 733; 1958, 309; 1959, 386; NJW 1958, 905; OGH NJW 1950, 143; VRS 2, 131; OLG Dresden VAE 1936, 430; 1937, 401; OLG Freiburg VersR 1951, 206; OLG Karlsruhe MDR 1956, 550.

862 BGHZ 34, 355; BGH VersR 1961, 427; 1961, 518; OLG Saarbrücken VersR 1961, 928. Dagegen *Dunz* JZ 1987, 65 ff: Handeln auf eigene Gefahr als Reduktion der deliktischen Verkehrspflichten des anderen.

863 LG Fulda NZV 1988, 145.

864 OLG Karlsruhe VersR 1990, 1405.

865 OLG Koblenz NZV 1995, 21.

866 BGHZ 53, 356; 61, 105; 63, 58; 75, 135; BGH NJW 1983, 624; 1988, 1208. Zustimmend *Bern* NZV 1991, 453.

867 BGHZ 53, 352.

868 BGH NJW 1988, 1208.

869 *Diederichsen* 144.

870 JZ 1987, 993.

871 AaO 1002.

Recht wird die Ableitung einer Haftungsermäßigung aus der Verfassung daher im Schrifttum zumeist abgelehnt[872].

In der Rechtsprechung neigt das BAG einer Haftungsbeschränkung aus verfassungsrechtlichen Gründen zu[873], während sie der BGH ablehnt[874]. Auch in der Stellungnahme zu dem vorgenannten Vorlagebeschluß[875] distanziert er sich ausdrücklich von den verfassungsrechtlichen Erwägungen des BAG und führt aus, die angestrebte Haftungserleichterung für Arbeitnehmer sollte nicht auf das Mißverhältnis zwischen Schaden und Arbeitseinkommen oder auf die Gefährdung der wirtschaftlichen Existenz des Arbeitnehmers gestützt werden, weil sich mit dieser Begründung auch eine Haftungsfreistellung ohne Rücksicht auf das Verschulden begründen ließe; damit aber wäre die gesetzliche Konzeption der Haftung für jedes Verschulden aufgehoben, was eine durch die Verfassung nicht gebotene und nicht zulässige Rechtsfortbildung durch Richterrecht darstellen würde. Der Große Senat des BAG ist diesen Bedenken jedoch nicht gefolgt; seine Bemerkung im Beschluß vom 27. 9. 1994[876], auch die Grundkonzeption des BGB müsse sich an den Grundrechten messen lassen, scheint eher darauf hinzudeuten, daß er die Tür zu einer Haftungsbeschränkung aus verfassungsrechtlichen Gründen, insbesondere Art. 2 Abs. 1 GG, offenhalten will[877]. 328

e) Haftungsbeschränkung zugunsten des Arbeitnehmers gegenüber dem Arbeitgeber

aa) Allgemeines. Die Rechtsprechung hat aus dem Gedanken einer billigen Risikoabwägung zwischen Arbeitgeber und Arbeitnehmer Grundsätze über eine Einschränkung der Haftung des Arbeitnehmers entwickelt. Die zugrundeliegende Erwägung besteht darin, daß der Arbeitnehmer das Risiko, durch leichtes Verschulden Schäden zu verursachen, die zu seiner Vergütung außer Verhältnis stehen, nicht allein tragen soll, wenn er dieses Risiko auf Veranlassung und im Interesse des Arbeitgebers übernommen hat. Zunächst war die Haftungsbeschränkung auf sog. gefahrgeneigte Tätigkeiten beschränkt worden[878]. Seit der Entscheidung des Großen Senats des BAG vom 27. 9. 1994 gilt sie jedoch für alle Arbeiten, die durch den Betrieb veranlaßt sind und aufgrund eines Arbeitsverhältnisses geleistet werden[879]. Dogmatisch abgeleitet wird diese Rechtsfortbildung aus einer entsprechenden Anwendung des § 254 Abs. 1 BGB: Dem Arbeitgeber wird das Betriebsrisiko als Abwägungsgesichtspunkt bei der Haftungsverteilung zugerechnet (näher hierzu Rdn. 338). 329

bb) Anwendungsbereich. Die Haftungsmilderung gilt für Sach-, Personen- und Vermögensschäden. Sie gilt nicht nur für den vertraglichen Anspruch, sondern auch für den Anspruch aus unerlaubter Handlung[880]. 330

cc) Voraussetzungen. Grundvoraussetzung ist das Bestehen eines **Arbeitsverhältnisses** oder Ausbildungsverhältnisses. Eine Aushilfstätigkeit geringen Umfangs reicht aus[881]. Nicht erfaßt wird dagegen ein selbständiges Dienstverhältnis[882], also auch nicht 331

---

872 Vgl. *Medicus* AcP 192, 66ff; *Krause* JR 1994, 494ff; befürwortend dagegen *Baumann* BB 1994, 1305ff.

873 Vgl. den Vorlagebeschluß seines Großen Senats an den Gemeinsamen Senat der obersten Gerichtshöfe des Bundes aus Anlaß der Änderung der Rechtsprechung zur Arbeitnehmerhaftung, NJW 1993, 1734.

874 BGHZ 108, 309; BGH NZV 1994, 143.

875 NJW 1994, 856.

876 DAR 1994, 506.

877 Abl. hierzu *Krause* JR 1994, 499; zust. *Baumann* BB 1994, 1305f.

878 Ständige Rechtsprechung seit BAGE 5, 1.

879 BAG DAR 1994, 503; vgl. auch den Vorlagebeschluß des BAG an den Gemeinsamen Senat der Obersten Gerichtshöfe des Bundes NJW 1993, 1732 und die zustimmende Äußerung des BGH NJW 1994, 856.

880 BAG VersR 1967, 169.

881 OLG Köln VersR 1991, 78.

882 BGH NJW 1963, 1100 m. abl. Anm. *Isele*.

der Geschäftsführer einer GmbH[883]. Zur Regreßbeschränkung im **Beamtenverhältnis** s. § 78 BBG, § 46 BRRG. Ein **Dritter**, dem der Arbeitnehmer das Fahrzeug des Arbeitgebers überlassen hat, kann sich auf die Haftungsmilderung nicht berufen[884].

332 Wer seinen Wagen in eine Instandsetzungswerkstätte und dort nach besonderer Weisung des Reparaturunternehmers über die Reparaturgrube fährt, ist bei diesem Vorgang nicht Arbeitnehmer; er haftet daher dem Unternehmer, dem er dabei einen Schaden zufügt[885]. Die Grundsätze finden auch bei einem Leiharbeiterverhältnis gegenüber Schadensersatzansprüchen des entleihenden Arbeitgebers Anwendung[886].

333 Des weiteren muß der Arbeitnehmer den Schaden im Rahmen seiner **betrieblichen Tätigkeit** verursacht haben. Betrieblich veranlaßt sind solche Tätigkeiten des Arbeitnehmers, die ihm arbeitsvertraglich übertragen worden sind oder die er im Interesse des Arbeitgebers für den Betrieb ausführt[887]. Dies ist z. B. nicht der Fall, wenn der Arbeitnehmer eigenmächtig seine Arbeitspflicht überschreitet, es sei denn, daß er unverschuldet eine akute Notsituation annimmt, die sein Einspringen erforderlich macht[888]. Weicht ein Kraftfahrer von der vorgeschriebenen Route ab, so verläßt er grundsätzlich den Bereich der betrieblichen Tätigkeit[889]. Etwas anderes kann jedoch gelten, wenn die Abweichung dazu diente, wegen Überschreitens der Höchstlenkzeit eine Erholungspause in der eigenen Wohnung einzulegen[890]. Die Heimfahrt von der Arbeitsstelle ist im Regelfall keine betriebliche Tätigkeit[891].

334 dd) **Ausschluß bei schwerer Schuld.** Die Haftungsmilderung greift nicht ein, wenn der Arbeitnehmer in bezug auf Pflichtverstoß und Rechtsgutverletzung **vorsätzlich** gehandelt hat[892]. Nach der bisherigen Rechtsprechung schied eine Beschränkung der Haftung auch bei **grober Fahrlässigkeit** des Arbeitnehmers in aller Regel aus[893]. Hiervon ist das BAG jedoch im Urteil vom 12. 10. 1989 abgerückt[894]: auch grobe Fahrlässigkeit ist jetzt nur noch ein Abwägungsgesichtspunkt bei der Verteilung der Haftung (s. auch Rdn. 338).

335 ee) **Einfluß von Versicherungsschutz.** Ob der Arbeitnehmer den Schutz einer **Haftpflichtversicherung** genießt, ist für die Haftungsmilderung – wie auch im unmittelbaren Anwendungsbereich des § 254 BGB (vgl. § 9, 111) – ohne Bedeutung[895]. Der BGH läßt allerdings für den Bereich der Pflichtversicherung für Kraftfahrzeuge die Haftungsmilderung entfallen[896], und zwar sogar dann, wenn der Arbeitnehmer nur Begünstigter aus einem geschäftsplanmäßigen Regreßverzicht ist[897]. Es handelt sich hierbei um einen weiteren Fall, in dem das versicherungsrechtliche Trennungsprinzip[898] – die Versicherung richtet sich nach der Haftung, nicht die Haftung nach der Versicherung – für den Bereich der Kraftfahrzeug-Pflichtversicherung eingeschränkt wird (s. auch Rdn. 149).

336 Bei **Bestehen einer Kaskoversicherung** für das vom Arbeitnehmer beschädigte Kraftfahrzeug des Arbeitgebers ist letzterer verpflichtet, vorrangig seine Kaskoversicherung

---

883 A. A. *Pullen* BB 1984, 989.
884 LAG Köln VersR 1990, 1371.
885 BGH VersR 1968, 452.
886 BGH VersR 1973, 1120; OLG München VersR 1984, 271.
887 BAGE 19, 41; BAG DAR 1994, 506.
888 BGH NJW 1976, 1229.
889 LAG München NZV 1990, 477.
890 BAG Betrieb 1984, 1482.
891 Vgl. für eine Ausnahme LAG München VersR 1989, 1170.
892 Vgl. BAG NJW 1968, 718.
893 St. Rspr. seit BAGE (GrS) 5, 18, eingehend nachgewiesen in BAG NZV 1990, 67. Vgl. auch *Hanau/Rolfs* NJW 1994, 1441.
894 BAG NZV 1990, 66; ebenso NZV 1995, 396 und LAG Nürnberg NZV 1991, 196.
895 LAG Düsseldorf Betrieb 1954, 520; OVG Saarlouis NJW 1968, 1796.
896 BGHZ 116, 200; BGH NJW 1972, 440.
897 BGHZ 117, 151.
898 Vgl. hierzu BGHZ 41, 84; 43, 79; BGH VersR 1971, 565; *v. Bar* AcP 181, 289 ff; *Gärtner* BB 1993, 1459.

in Anspruch zu nehmen; deren Regreß gegen den Arbeitnehmer ist nach § 15 Abs. 2 AKB ausgeschlossen.

Bei **Nichtbestehen einer Kaskoversicherung** kann der Arbeitgeber schon aus diesem Grund verpflichtet sein, einen Teil des Schadens selbst zu tragen. Jedenfalls bei Überlassung eines hochwertigen Fahrzeugs an den Arbeitnehmer ist er nämlich aufgrund seiner Fürsorgepflicht gehalten, das hohe Schadensrisiko durch Abschluß einer Kaskoversicherung vom Arbeitnehmer abzuwenden[899]. Hierbei kann eine Selbstbeteiligung vorgesehen werden, auf die sich dann die – ggfs. noch gemilderte – Haftung des Arbeitnehmers reduziert. 337

ff) Wirkung der Haftungsmilderung. Nach der früheren Rechtsprechung richtete sich der Umfang der Haftungsmilderung nach dem Grad des Verschuldens des Arbeitnehmers. Bei grober Fahrlässigkeit sollte er in der Regel voll, bei ganz leichter Fahrlässigkeit überhaupt nicht und im Bereich dazwischen quotenmäßig haften[900]. Auch diese „Haftungstrias" hat der Große Senat des BAG im Beschluß vom 27. 9. 1994[901] aufgegeben: Ob und ggfs. in welchem Umfang der Arbeitnehmer an den Schadensfolgen zu beteiligen ist, soll allein im Rahmen einer Abwägung der Gesamtumstände, insbesondere von Schadensanlaß und Schadensfolgen, nach Billigkeits- und Zumutbarkeitsgesichtspunkten, ermittelt werden[902]. Zu den Umständen, denen je nach Lage des Einzelfalles ein unterschiedliches Gewicht beizumessen ist und die im Hinblick auf die Vielfalt möglicher Schadensursachen auch nicht abschließend bezeichnet werden können, gehören der Grad des dem Arbeitnehmer zur Last fallenden Verschuldens, die Gefahrgeneigtheit der Arbeit, die Höhe des Schadens, ein vom Arbeitgeber einkalkuliertes oder durch Versicherung deckbares Risiko, die Stellung des Arbeitnehmers im Betrieb und die Höhe des Arbeitsentgelts, in dem möglicherweise eine Risikoprämie enthalten ist. Auch können u. U. die persönlichen Verhältnisse des Arbeitnehmers, wie die Dauer seiner Betriebszugehörigkeit, sein Lebensalter, seine Familienverhältnisse und sein bisheriges Verhalten, zu berücksichtigen sein. Eine summenmäßige Begrenzung der Haftung (etwa in bezug auf das Monatseinkommen) wird zwar im Schrifttum verschiedentlich befürwortet und bei den Instanzgerichten möglicherweise auch unausgesprochen praktiziert[903]; mit der Forderung des BAG nach einer Gesamtabwägung ist sie indessen nicht vereinbar[904]. 338

gg) Bei **Schädigung eines Dritten** bleibt die Haftung des Arbeitnehmers unberührt[905]. Er haftet daher voll, wenn er ein vom Arbeitgeber geleastes Fahrzeug[906] oder Transportgut eines Dritten beschädigt[907]. Gegebenenfalls kann sich der Arbeitnehmer 339

---

899 OLG Stuttgart NJW 1980, 1169; LAG Bremen Betrieb 1979, 1235; LAG Rheinland-Pfalz Betrieb 1981, 223; ArbG Münster Betrieb 1973, 2200; ArbG Kassel BB 1981, 1641; a.A. BAG NJW 1968, 1846; DAR 1988, 355; NZV 1990, 68.

900 BAGE (GrS) 5, 1; BAG VersR 1960, 552; 1970, 939; 1971, 552; 1976, 742; 1977, 555; 1988, 946 = DAR 1988, 352 m. Anm. *Jung*; BGH VersR 1991, 1040. A. A. BAG VersR 1983, 940 (völlige Haftungsbefreiung auch bei mittlerer Fahrlässigkeit).

901 DAR 1994, 506; bestätigt in BAG NZV 1995, 396. Vgl. auch *Hanau/Rolfs* NJW 1994, 1441.

902 Ebenso LAG Nürnberg DAR 1996, 327.

903 Vgl. hierzu *Hanau/Rolfs* NJW 1994, 1442 unter Hinweis auf LAG Nürnberg NZV 1991, 197.

904 So auch BAG NZV 1995, 397.

905 BGHZ 108, 305; BGH NZV 1994, 143 mit umfangreichem Nachweis der Gegenstimmen im Schrifttum; *Lepa* NZV 1997, 140. Im Grundsatz ebenso mit Vorschlägen zur Abmilderung *Krause* VersR 1995, 752ff.

906 BGHZ 108, 305.

907 BGH NZV 1994, 143 gegen OLG Celle NZV 1993, 395.

jedoch auf haftungsbeschränkende Geschäftsbedingungen oder eine ergänzende Vertragsauslegung im Verhältnis zwischen Arbeitgeber und Drittem berufen[908]. Außerdem hat er einen Freistellungsanspruch gegen den Arbeitgeber (vgl. Rdn. 742). Daß der Arbeitnehmer bei Insolvenz des Arbeitgebers u. U. voll verhaftet bleibt, ist unbefriedigend, aber de lege lata nicht zu umgehen[909].

340 hh) **Wirkung der Haftungsbeschränkung beim Schadensregreß:** vgl. § 17, 27.

f) **Haftungsausschlüsse bei Arbeits- und Dienstunfällen**

341 Die im Unfallversicherungs- und Beamtenrecht geregelten Haftungsbeschränkungen sind nunmehr im Schlußanhang II erläutert.

14. **Verjährung**

342 a) **Bei Unfällen nach dem 31. 12. 1977** (d. h. nach Inkrafttreten des Gesetzes zur Änderung schadensersatzrechtlicher Vorschriften vom 16. 8. 1977) gelten für die Verjährung deliktischer Ansprüche (§ 852 BGB) dieselben Regeln wie für die Ansprüche nach dem StVG. Auf die Erl. zu § 14 kann daher verwiesen werden. Zu beachten ist, daß Verhandlungen zwischen den Parteien, die schon vor dem Stichtag begonnen haben, die Verjährung erst von diesem Zeitpunkt ab, nicht aber rückwirkend hemmen[910].

343 b) **Bei Unfällen vor dem 1. 1. 1978** verjähren die Ansprüche aus unerlaubter Handlung und jene aus der Gefährdungshaftung nach § 7 StVG jedoch zu verschiedenen Zeitpunkten, weil § 14 StVG eine Verjährungsfrist von zwei Jahren vorsah. Außerdem fehlte für die deliktischen Ansprüche eine § 14 Abs. 2 StVG a. F. entsprechende Regelung über die Hemmung der Verjährung durch Regulierungsverhandlungen. Die frühere Rechtslage (mit Ausnahme der Hemmungsregelung) gilt für die Regulierung der Altfälle fort (Art. 5 des Gesetzes zur Änderung schadensersatzrechtlicher Vorschriften vom 16. 8. 1977, BGBl. I 1577).

344 Über die Zulassung des **Arglisteinwandes** gelangte die Rechtsprechung allerdings in vielen Fällen doch zu einem § 14 Abs. 2 StVG (jetzt: § 852 Abs. 2 BGB) entsprechenden Ergebnis. Sie hatte nämlich den Grundsatz entwickelt, daß der Ersatzpflichtige, der sich auf Vergleichsverhandlungen eingelassen hat, gegen Treu und Glauben verstößt, wenn er sich nach Abbruch der Verhandlungen und in den ersten Wochen danach auf die Verjährung beruft, die im Verlauf der Verhandlungen eingetreten ist[911].

345 Der Arglisteinwand wurde als unbegründet angesehen, wenn der Verletzte mit der Klageerhebung nicht wegen der schwebenden Verhandlungen zugewartet hatte, sondern weil er irrig annahm, die Verjährungsfrist habe noch nicht zu laufen begonnen[912]. Als nicht verspätet angesehen hat der BGH eine Klageerhebung 4 Tage nach dem endgültig einen Vergleich ablehnenden Schriftsatz der Gegenseite[913], auch eine Klageerhebung 10 Tage nach Eingang des klarstellenden Schriftsatzes[914], schließlich sogar eine Klageerhebung nach einem Monat und vier Wochen[915]. Das

---

908 BGHZ 108, 305; BGH NZV 1994, 143. Eingehend hierzu *Baumann* BB 1994, 1302; *Krause* VersR 1995, 753.

909 Ebenso *Gitter* NZV 1990, 415; der von ihm aufgezeigte Weg, den Arbeitgeber durch Zurückhalten der Arbeitsleistung zum Abschluß einer Versicherung zu bewegen, erscheint wenig praktikabel.

910 BGH VersR 1983, 690.

911 BGHZ 9, 6 = MDR 1953, 353 m. Anm. *Schmid-Loßberg*; BGH VersR 1957, 392; 1960, 1094; 1964, 66; OLG Düsseldorf VersR 1960, 1053; OLG München VersR 1960, 573.

912 BGH VersR 1955, 454.

913 BGH VersR 1958, 51.

914 BGHZ 9, 6.

915 BGH VersR 1960, 1094.

Reichsgericht[916] hatte eine Klageerhebung nach vier Wochen noch als rechtzeitig angesehen. Als verspätet hat die Rechtsprechung die Klageerhebung durchwegs angesehen, wenn nach dem Scheitern der Verhandlungen mehr als zwei Monate verstrichen waren[917] (zu diesem Zeitpunkt § 14, 65). Der Arglisteinwand gegenüber der Verjährungseinrede wird durch Zeitablauf auch dann unzulässig, wenn der Ersatzpflichtige unter ausdrücklichem Hinweis auf die bereits eingetretene Verjährung über deren Eintritt weiterverhandelt hat[918] oder wenn er vor Eintritt der Verjährung wirkungslos auf die Geltendmachung der Verjährung verzichtet hat[919]. In diesem Fall soll nach Ansicht der Rechtsprechung der Zeitraum, innerhalb dessen der Arglisteinwand zulässig sein soll, etwas länger bemessen werden. Hat er nur bis zu einem bestimmten Zeitpunkt auf die Geltendmachung verzichtet, so darf er sich auf Verjährung berufen, wenn die Zeit verstrichen ist[920]. Der Arglisteinwand ist übrigens auch gegeben, wenn zwar im Verlauf der Verhandlungen die Verjährung noch nicht eingetreten ist, die Frist aber so kurz nach dem Abbruch der Verhandlungen abläuft, daß eine ordnungsgemäße Vorbereitung der Klage nicht mehr möglich ist[921]. Die in § 270 ZPO vorgesehene und in § 14, 102 f näher dargestellte Rückwirkung der Klageerhebung gilt auch für die angemessene Frist, die nach Scheitern der Vergleichsverhandlungen eingehalten werden muß, wenn diese sich über den Ablauf der Verjährungsfrist hingezogen haben[922]. Besonderheiten ergeben sich, wenn während der Vergleichsverhandlungen der Schädiger stirbt und nun Klage gegen die Erben erhoben werden muß[923].

15. Beweisfragen

a) **Beweislast.** Die Regeln über die Beweislast bestimmen, wie der Richter zu entscheiden hat, wenn er aufgrund seiner Beweiswürdigung weder das Vorliegen noch das Nichtvorliegen einer behaupteten Tatsache festzustellen vermag (sog. „non liquet“). Sie erfüllen diese Funktion dadurch, daß sie anordnen, ob der Richter so zu entscheiden hat, als sei das fragliche Tatbestandsmerkmal gegeben, oder so, als sei es nicht gegeben. **346**

aa) **Grundregel.** Jede Partei trägt die Beweislast für die Voraussetzungen der ihr günstigen Normen[924]. Wer also aus unerlaubter Handlung einen Ersatzanspruch herleiten will, muß die schuldhafte unerlaubte Handlung, die Schädigung und den beide verbindenden Ursachenzusammenhang beweisen, des weiteren die Höhe des Schadens, wofür allerdings Beweiserleichterungen nach § 287 ZPO bestehen (vgl. Rdn. 360 f). Wer sich auf Schuldunfähigkeit oder einen anderen Haftungsausschluß berufen will, trägt hierfür die Beweislast (vgl. Rdn. 84). Abweichende Beweislastlehren, die das Risiko der Unaufklärbarkeit nach anderen Kriterien (z. B. nach Gefahrenbereichen oder nach Wahrscheinlichkeit der zu beweisenden Behauptung) verteilen wollen, sind abzulehnen[925]. **347**

bb) Bei **Verletzung eines Schutzgesetzes** (§ 823 Abs. 2 BGB) trägt ebenfalls der Anspruchsteller umfassend, d. h. für Gesetzesverletzung, Schädigung, Schadenshöhe und Ursachenzusammenhang, die Beweislast[926]. In der (vornehmlich älteren) Rechtsprechung[927] wurde zwar verschiedentlich die Auffassung vertreten, daß sich für den Kausalitätsbeweis in diesen Fällen die Beweislast umkehre, d. h. auf den Beklagten übergehe, doch ist insoweit keine einheitliche Linie erkennbar. In zahlreichen anderen Fäl- **348**

---

916 RGZ 115, 139.
917 RGZ 128, 215; BGH VersR 1955, 695; 1958, 862; 1959, 513; 1960, 475; 1961, 831; 1963, 359; 1964, 66; VRS 13, 161; OLG Düsseldorf VersR 1960, 1053; 1963, 97; OLG Stuttgart VersR 1967, 888; OLG Celle VRS 14, 246; OLG München VersR 1960, 573.
918 BGH VersR 1960, 1094.
919 BGH VersR 1969, 857.
920 BGH VersR 1969, 857.
921 BGH VersR 1963, 359; 1963, 753.
922 BGH VersR 1964, 297.
923 BGH VersR 1968, 591.
924 *Rosenberg/Schwab/Gottwald* § 117 II 1.
925 Vgl. *Rosenberg/Schwab/Gottwald* § 117 II 5; *Prütting* 212 ff.
926 BGH NJW 1985, 1774.
927 RGZ 1, 271; 10, 11; 10, 140; 95, 68; RG SeuffA 40, 147; JW 1916, 38; BGH VersR 1955, 105; 1956, 492; 1961, 160; 1964, 942.

len halfen RG und BGH dem in Beweisnot befindlichen Kläger mit Erleichterungen wie Anscheinsbeweis (s. Rdn. 362 ff) und § 287 ZPO (s. Rdn. 360 f), teilweise lehnten sie eine Beweislastumkehr für die hier zu behandelnden Fälle auch ausdrücklich ab[928]. Letzterem ist zuzustimmen. Bei richtigem Verständnis der Anforderungen an den Kausalitätsbeweis (s. hierzu Rdn. 377) besteht für eine Beweislastumkehr contra legem kein Anlaß.

349 cc) **Vereitelung der Beweisführung** (z. B. durch Vernichten von Unterlagen, Beseitigen von Unfallspuren, Unfallflucht) führt nicht zu einer Umkehrung der Beweislast, sondern ist lediglich bei der Beweiswürdigung zu berücksichtigen[929] (vgl. Rdn. 357).

350 dd) Bezüglich des **Mitverschuldens**, auch in Form der Verletzung der Schadensminderungspflicht, trägt der Schädiger die Beweislast (vgl. § 9, 122).

351 ee) Zur Beweisregelung bei der Haftung für **Verrichtungsgehilfen** vgl. Rdn. 153 ff.

352 ff) Die **Einwilligung** in die Schädigung muß derjenige beweisen, der sich zum Ausschluß seiner Haftung darauf beruft. Dies ist insbesondere bei den zum Zwecke eines Versicherungsbetrugs fingierten Unfällen von Bedeutung (vgl. Rdn. 96; zur Gefährdungshaftung in diesen Fällen § 7, 510). Wie stets, wenn es um den Beweis subjektiver Momente geht, dürfen die Anforderungen an den Beweisgrad nicht überspannt werden. Eine auffällige Häufung verdächtiger Umstände wird in der Regel ausreichen, um die Überzeugung von einem gestellten Unfall zu begründen[930]. Es handelt sich dann – entgegen verbreiteter Ansicht[931] – um einen Indizien- oder Anzeichenbeweis, nicht um einen Anscheinsbeweis (vgl. Rdn. 373). Zu Recht spricht *Weber*[932] vom Mut des Tatrichters, sich aus den typischen Anzeichen des „Unfalls" die Überzeugung vom wirklichen Geschehen zu verschaffen. Mit Wahrscheinlichkeitsberechnungen (etwa nach dem Bayes'schen Theorem) hat dies nichts zu tun[933].

353 b) Besonderheiten der **Beweisaufnahme** in Verkehrsunfallsachen werden in Einl. 58 ff behandelt.

354 c) **Beweiswürdigung.** Ob der Richter eine streitige Behauptung als bewiesen erachtet, hat er nach **freier Überzeugung** zu entscheiden (§ 286 Abs. 1 ZPO; Prinzip der freien Beweiswürdigung). An gesetzliche Beweisregeln ist er grundsätzlich nicht gebunden (§ 286 Abs. 2 ZPO; eng begrenzte Ausnahmen gelten für die Beweiskraft von Urkunden). Gleichwohl ist seine Freiheit nicht grenzenlos. Der Richter muß die Gründe für seine Überzeugungsbildung im Urteil angeben (§ 286 Abs. 1 Satz 2 ZPO) und darf

---

928 Vgl. RGZ 29, 139; BGH VersR 1957, 429.

929 *Rosenberg/Schwab/Gottwald* § 117 II 6a und h. M.; **a. A.** RGZ 60, 152; 87, 440; 105, 259; LG Hechingen VersR 1987, 319; LG Düsseldorf DAR 1990, 62 m. Anm. *Dittmann* über die verfehlte Konstruktion einer Aufklärungspflicht. *Prütting* KF 1989, 15 f leitet aus einer Analogie zu § 427 S. 2, § 444 ZPO eine eigenständige richterliche Sanktionsmöglichkeit ab.

930 Vgl. die Zusammenstellungen von *Knoche* 92 ff, *Kääb* NZV 1990, 7; *Geyer* VersR 1989, 885 f; *Goerke* VersR 1990, 708 ff; *Lemcke* RuS 1993, 123 ff. Aus der Rechtsprechung statt vieler OLG Karlsruhe VersR 1995, 953; OLG Hamm NZV 1988, 143; VersR 1991, 113; OLG Celle NZV 1988, 182; OLG Zweibrücken VersR 1988, 970; VRS 76, 13; OLG Hamburg VersR 1989, 179; OLG Köln VersR 1989, 163; OLG Saarbrücken DAR 1989, 64; KG NZV 1991, 73; OLG Koblenz VersR 1990, 396; OLG Stuttgart VersR 1990, 1221; LG Frankfurt VersR 1988, 699; LG Paderborn VersR 1990, 63; LG Köln VersR 1991, 440; LG Darmstadt VersR 1990, 1021. Zum sog. Berliner Modell (gestellter Unfall mit gestohlenem Fahrzeug) s. OLG Hamm NZV 1995, 321.

931 *Knoche* 193 ff; *Schneider* 296; Rechtsprechungsnachweise in § 7, 510.

932 DAR 1979, 113.

933 BGH NZV 1989, 468 m. Anm. *Rommé*; *Rüßmann* ZZP 103, 65.

sich hierbei nicht auf allgemeine Wendungen beschränken[934]. Bei Verstößen gegen die Denk- oder Naturgesetze unterliegt sein Urteil der Aufhebung durch das Revisionsgericht. Bloße Erfahrungsregeln besitzen diese Verbindlichkeit nicht. Mit ihnen muß der Richter sich aber ggf. im Rahmen der Beweiswürdigung auseinandersetzen. Besondere Bedeutung mißt ihnen die Rechtsprechung beim Anscheinsbeweis bei (s. Rdn. 362).

Die Beurteilung der **Glaubwürdigkeit** eines Zeugen setzt voraus, daß alle an der **355**
Entscheidung beteiligten Richter dessen Aussage miterlebt haben oder daß ihnen der persönliche Eindruck des vernehmenden Richters durch entsprechende Vermerke im Protokoll, zu denen sich auch die Parteien erklären konnten, vermittelt wurde[935]. Ob die Glaubwürdigkeit bejaht oder verneint werden soll, spielt dabei keine Rolle[936].

Der Richter ist nicht gehindert, einem Zeugen, der im Fahrzeug der beweisführenden **356**
Partei zum Unfallzeitpunkt **Beifahrer** war, geringeren Beweiswert beizumessen als einem außenstehenden Unfallzeugen. Er kann diese Beweiswürdigung auf die Erfahrungstatsache stützen, daß es bei Zeugen im eigenen Fahrzeug, ganz besonders natürlich bei zusätzlich bestehender freundschaftlicher oder verwandtschaftlicher Bindung, zu einem (oftmals unbewußten) Solidarisierungseffekt kommt, und daß der Beifahrer das zum Unfall führende, meist überraschend einsetzende, sekundenschnell ablaufende und mit Schockwirkung verbundene Geschehen oft nur bruchstückhaft wahrnimmt, so daß sich tatsächlich Wahrgenommenes sehr leicht mit eigenen Rückschlüssen und Erklärungsversuchen vermengen kann. Es wäre aber unzulässig, den Beifahrerzeugen generell jeden Beweiswert abzusprechen oder ihnen einen Beweiswert nur für den Fall zuzusprechen, daß ihre Aussagen durch objektive Gesichtspunkte gestützt werden[937]. Die Frage der Glaubwürdigkeit ist vielmehr in jedem Einzelfall aufgrund der besonderen Umstände, auch des persönlichen Eindrucks, zu beantworten[938]. Im übrigen ist zu beachten, daß es in Verkehrsunfallsachen auch bei außenstehenden Zeugen wegen der Plötzlichkeit und Schnelligkeit des Ablaufs sehr leicht zu Fehleinschätzungen kommen kann; auch dort sind Solidarisierungstendenzen nicht selten.

Auch aus einer **Erschwerung der Beweisführung** durch eine Partei kann der Richter **357**
im Rahmen der Beweiswürdigung Schlüsse ziehen[939], so z. B. wenn der Schädiger oder der Verletzte durch Beseitigung von Unfallspuren[940] oder durch Ausschlachten seines Kraftfahrzeugs[941] die Aufklärung des Sachverhalts unmöglich gemacht hat, wenn er einen offensichtlich als Beweismittel wichtigen Gegenstand nicht aufbewahrt[942] oder fälschlich behauptet, ihn nicht mehr zu besitzen[943], wenn er als Verkehrssicherungspflichtiger nach Einleitung eines Verfahrens zur Beweissicherung den Zustand der Unfallstelle verändert[944], wenn er Unfallflucht begangen hat[945] oder wenn er seinen Arzt nicht von der Schweigepflicht entbindet[946]. Auch wenn ein unmittelbar am Unfall Beteiligter, insbesondere Kraftfahrzeugführer, unnötigerweise und offensichtlich nur zum Zweck der Ausschaltung als Zeuge mitverklagt bzw. im Wege der Drittwiderklage zur

---

934 BGH NJW 1961, 2061; *Lepa* 49.
935 BGH NJW 1991, 1180; 1991, 3284.
936 BGH NJW 1992, 1966.
937 BGH NJW 1974, 2283; 1988, 566 m. Anm. *Walter*; *Rocke* 25. VGT 116 f; *Greger* NZV 1988, 13; *Reinecke* MDR 1989, 115; *Prütting* KF 1989, 5.
938 Vgl. OLG München VersR 1982, 678.
939 Vgl. *Zöller/Greger* § 286, 14; *MünchKomm-ZPO/Prütting* § 286, 75 ff.
940 LG Düsseldorf DAR 1990, 62 m. Anm. *Dittmann* (Bremsspuren einer Straßenbahn).
941 RG JW 1933, 2393.
942 OLG München VersR 1992, 320.
943 Z. B. das Unfallfahrzeug, OLG Stuttgart NZV 1993, 73.
944 OLG Köln VersR 1992, 355.
945 BGH VersR 1966, 730; OLGR Hamm 1994, 86.
946 Vgl. BGH VersR 1964, 945.

Partei gemacht wird, kann dies im Rahmen der Beweiswürdigung Berücksichtigung finden[947].

358 d) **Beweisanforderungen.** Die Frage, welches Ergebnis die Beweiswürdigung erbracht haben muß, damit eine Behauptung als bewiesen angesehen werden kann, regelt die Lehre vom Beweismaß oder Beweiskriterium[948].

359 aa) **Allgemeines Beweismaß** ist nach § 286 Abs. 1 ZPO die Überzeugung des Richters von der Wahrheit der streitigen Behauptung. Die Erwägung, daß der Richter aufgrund der begrenzten menschlichen Erkenntnisfähigkeit vielfach nicht in der Lage ist, die objektive Wahrheit zu ermitteln, darf nicht dazu führen, bloße Wahrscheinlichkeiten für ausreichend zu erachten[949]. Erforderlich ist, daß der Richter die subjektiven Gewißheit erlangt hat; das Bewußtsein, irren zu können, steht dem nicht entgegen.

360 bb) **Beweiserleichterung nach § 287 ZPO.** Nach dieser Vorschrift kann der Richter nach freier Überzeugung entscheiden, ob ein Schaden entstanden sei und wie hoch er sich belaufe. Er braucht also – anders als nach § 286 Abs. 1 ZPO – nicht die Überzeugung von der Wahrheit der entsprechenden Behauptung zu gewinnen. In der Rechtsprechung ist anerkannt, daß § 287 ZPO dem Richter bezüglich der Schadensfestsetzung ein Schätzungsermessen einräumt[950]. Die Schätzung muß freilich auf – von den Parteien beizubringenden – Grundlagen beruhen; sie darf nicht „in der Luft schweben"[951]. Allerdings kann der Richter auch die Anforderungen an die Darlegung der Bemessungsgrundlagen herabsetzen[952]; den Beweislastgrundsatz, daß jede Partei die ihr günstigen Umstände darzutun und das Risiko ihrer Feststellbarkeit zu tragen hat, muß er beachten[953]. Wesentlicher Parteivortrag darf auch bei § 287 ZPO nicht übergangen werden[954]. Verweigert eine Partei die ihr zumutbare Mitwirkung bei den Tatsachenfeststellungen, so kann sie sich nicht auf die Beweiserleichterung nach § 287 ZPO berufen[955]. Sie kann das Gericht auch dann nicht auf eine pauschalierte Schätzung verweisen, wenn sie den tatsächlichen Betrag ohne weiteres belegen könnte[956]. Die tatsächlichen Grundlagen der Schätzung sind im Urteil darzulegen[957]. Die Revisionsinstanz kann jedoch nur nachprüfen, ob die Schätzung auf grundsätzlich falschen oder offenbar unsachlichen Erwägungen beruht und ob entscheidungserhebliche Tatsachen außer acht gelassen worden sind[958].

361 § 287 ZPO bezieht sich nur auf die Ermittlung des **Schadens**, der durch ein nach § 286 ZPO festgestelltes Geschehen hervorgerufen wurde; auf die Feststellung des **Haf-**

---

947 *Lepa* 13.

948 Vgl. hierzu *Prütting* 74 ff u. KF 1989, 6 ff; *Greger* 8 ff, 101 ff.

949 So die ganz h. M. (Nachweise bei *Greger* 59 ff, 75 ff; *Walter* Freie Beweiswürdigung 88 ff, 132 ff). **A. A.** *Maassen* 153 ff; *Gottwald* 208. Eingehend hierzu im Sinne der h. M. *Prütting* 77 ff.

950 RGZ 9, 416; 31, 88; 83, 65; BGHZ 29, 215; 54, 55; BGH NJW 1964, 589; VersR 1965, 280; 1965, 489; 1965, 491; 1966, 162; 1969, 160.

951 BGHZ 29, 400; 54, 55; BGH VersR 1961, 610; 1978, 283; OLG Düsseldorf VersR 1993, 1124 (Darlegung zu Vorschäden); *Schneider* 216 ff.

952 BGH MDR 1978, 735; VersR 1992, 619; *Klauser* JZ 1968, 168; *Arens* ZZP 88, 46; *Greger* 133; **a. A.** RG JW 1931, 1188 m. abl. Anm. *Matthiessen*.

953 BGH VersR 1961, 610; 1965, 489; *Klauser* JZ 1968, 169; *Greger* 134. Zu den Darlegungs- und Beweisanforderungen bei HWS-Syndromen s. OLG Hamm NZV 1994, 189; 1995, 151; DAR 1995, 74; OLGR Hamm 1995, 211; *Wedig* DAR 1995, 60.

954 BGH VersR 1992, 1410.

955 BGH NJW 1981, 1454; OLG Frankfurt VersR 1991, 1070; OLG Hamm NJW-RR 1990, 42.

956 OLG Köln NZV 1991, 429 (Ab- und Anmeldekosten).

957 BGH VersR 1967, 1095.

958 BGHZ 3, 176; BGH VersR 1965, 1054; 1978, 283.

tungsgrundes darf er nicht erstreckt werden[959] (zur Abgrenzung von Haftungsgrund und Haftungsausfüllung vgl. § 7, 40 f). Daher sind auch der reale Verletzungserfolg (die Schädigung im Sinne der Rechts- oder Rechtsgutsverletzung) sowie die haftungsbegründende Kausalität nach § 286 Abs. 1 ZPO zu beweisen; erst bei der Feststellung des Schadensumfangs einschließlich der sog. haftungsausfüllenden Kausalität setzt der Anwendungsbereich des § 287 ZPO ein. Infolge unrichtiger Abgrenzung zwischen Haftungsgrund und Haftungsausfüllung wird hiergegen in der Rechtsprechung immer wieder verstoßen[960]. Zur Frage, wann es sich bei der Verursachung von Folgeschäden um haftungsbegründende und wann um haftungsausfüllende Kausalität handelt, vgl. § 7, 149, 152; zur Abgrenzung bei Mitverschulden § 9, 123, 125. Näher zur Abgrenzung des Anwendungsbereichs von § 287 ZPO *Schneider* 186 ff; *Greger* 136 ff, 168 m. w. N.

e) Anscheinsbeweis

aa) **Wesen.** Der Anscheinsbeweis, auch prima-facie-Beweis oder Beweis des ersten **362**
Anscheins genannt, spielt in Haftungsprozessen, insbesondere in Verkehrsunfallsachen, eine sehr bedeutsame Rolle und wird gemeinhin mit der Verwendung von Erfahrungssätzen im Rahmen der Beweiswürdigung erklärt[961]. Er wird jedoch in der Regulierungs- und Spruchpraxis weitgehend viel zu schematisch angewendet[962] und führt dann sehr leicht zu einer rechtswidrigen Beweisantezipation. Fehlerhaft ist es z. B., bei einer sog. typischen Unfallsituation, etwa dem Ausfahren aus einem Grundstück, einen der Beteiligten unabhängig von der abstrakten Beweislastverteilung von vornherein in Rechtfertigungszwang zu setzen. Bevor ein Rückgriff auf Erfahrungssätze im Rahmen eines Anscheinsbeweises in Betracht gezogen werden kann, muß zunächst einmal festgestellt werden, daß im konkreten Fall tatsächlich ein „typischer Geschehensablauf" im Sinne der BGH-Rechtsprechung (s. nachstehend) vorliegt. Dies muß, sofern nicht unstreitig, derjenige, der sich auf einen Anscheinsbeweis berufen will, voll nachweisen; alle zum Gegenbeweis angebotenen Beweismittel sind auszuschöpfen. Erst wenn die „konkrete Typizität" feststeht, kann der exakte Nachweis des Unfallhergangs durch die Anwendung von Erfahrungssätzen ersetzt werden. Fehlerhaft ist daher die in instanzgerichtlichen Entscheidungen häufig anzutreffende Begründung, es spreche ein Beweis des ersten Anscheins gegen den Beklagten „als" Ausfahrer, Spurwechsler o. ä.[963] Die Fehler und Unsicherheiten bei der Anwendung des Anscheinsbeweises sind auf das Fehlen einer fundierten dogmatischen Herleitung dieses im Lauf der Zeit durch Richterrecht entstandenen Rechtsinstitus zurückzuführen (s. Rdn. 375).

Heute können in der Rechtsprechung des BGH folgende **Grundsätze über den An- 363**
scheinsbeweis ausgemacht werden[964]:

- Seine Anwendung setzt einen **typischen Geschehensablauf** voraus, d. h. einen Sachverhalt, bei dem eine ohne weiteres naheliegende Erklärung nach der allgemeinen

---

[959] BVerfG NJW 1979, 413; BGHZ 4, 196; 58, 53.

[960] Vgl. z. B. RGZ 10, 64; 97, 13; BGHZ 2, 140; 7, 203; BGH VersR 1957, 198; 1960, 57; NJW 1961, 868; 1964, 405; richtig dagegen BGHZ 4, 196; BGH VersR 1961, 160; 1969, 327; 1969, 378; 1982, 756; NJW 1968, 985; 1968, 2291; 1969, 1708.

[961] Vgl. *Rosenberg/Schwab/Gottwald* § 115 III 1; *Prütting* 94 ff u. KF 1989, 12 f.

[962] *Rocke* 25. VGT 117. Für größere Zurückhaltung und verstärkte Berücksichtigung von Erkenntnissen der Unfallanalyse auch die Empfehlung des 25. VGT (1987) 8.

[963] Treffend OLG München NZV 1989, 277; *Lepa* NZV 1992, 130 f (Anknüpfen an Gesamtschau, nicht bloßen Sachverhaltskern).

[964] Aus der Literatur vgl. *Rosenberg/Schwab/Gottwald* § 115 III; *Prütting* 94 ff; *Schneider* 229 ff; *Kollhosser* AcP 165 (1965) 46; *Diederichsen* ZZP 81 (1968) 45; *Walter* ZZP 90 (1977) 270; *Greger* VersR 1980, 1091; *Lepa* NZV 1992, 129 ff u. Festschrift Merz 387 ff.

Lebenserfahrung zu finden ist und angesichts des typischen Charakters die konkreten Umstände des Einzelfalles für die tatsächliche Beurteilung ohne Belang sind[965]. Dieser Sachverhalt muß feststehen[966].

- Die Typizität ist aufgrund einer **Gesamtschau des Geschehensablaufs** zu prüfen; es darf nicht an ein Einzelelement des Sachverhalts (etwa das Abkommen von der Fahrbahn) angeknüpft werden[967].
- Die Erfahrungssätze müssen die **volle Überzeugung** des Richters von dem behaupteten Geschehensablauf begründen; es genügt nicht, daß die Darstellung der beweispflichtigen Partei nur wahrscheinlich gemacht wird[968].
- Der Tatrichter ist zur Beachtung der Erfahrungssätze **verpflichtet**, wenn er einen Sachverhalt der geschilderten Art festgestellt hat. Sein Urteil unterliegt revisionsgerichtlicher Aufhebung, wenn er einen Erfahrungssatz nicht oder nicht richtig anwendet[969].
- Der Anscheinsbeweis führt nicht zu einer Umkehr der Beweislast[970]. Seine Wirkung entfällt vielmehr schon dann, wenn der Gegner des Beweisführers Tatsachen beweist, die die **ernsthafte Möglichkeit eines anderen Geschehensablaufs** ergeben; diese Tatsachen bedürfen allerdings des vollen Beweises[971]. Ist auf diese Weise der Anscheinsbeweis ausgeräumt, so trifft die beweispflichtige Partei wieder die volle Beweislast für ihre Behauptung[972].
- Ob der Anscheinsbeweis durch den Nachweis der Möglichkeit eines anderen Geschehensablaufs entkräftet ist, ist eine Frage der tatrichterlichen Würdigung; die **Revisionsinstanz** kann nur prüfen, ob der Tatrichter insoweit von richtigen rechtlichen Voraussetzungen ausgegangen ist, d. h. den Begriff der ernsthaften Möglichkeit nicht verkannt hat[973].

364 bb) **Anwendungsbereich.** Als Hauptanwendungsbereiche lassen sich in der Rechtsprechung der Beweis der Kausalität und der des Verschuldens feststellen; bezüglich anderer Tatbestandsmerkmale wird der Anscheinsbeweis zwar gelegentlich herangezogen, zumeist aber für unanwendbar erklärt.

365 **Der Anscheinsbeweis der Kausalität** greift ein, wenn der Ursachenzusammenhang zwischen einem haftungsbegründenden Verhalten und einem Schadenserfolg wegen der Typizität des Geschehensablaufs nach der Lebenserfahrung anzunehmen ist. Sind in einem solchen Fall keine Tatsachen nachgewiesen, die für einen anderen Ablauf sprechen, so kann und muß der Richter den Ursachenzusammenhang als gegeben ansehen. Hauptanwendungsgebiet dieses Anscheinbeweises sind Fälle, in denen der Schädiger gegen solche Schutzgesetze, Unfallverhütungsvorschriften oder allgemeine Pflichten zur Schadensverhütung verstoßen hat, die gerade einem Schadensereignis der eingetretenen Art entgegenwirken sollen[974], und nunmehr behauptet, der Schaden wäre auch ohne

---

965 BGH NJW 1951, 360; VersR 1953, 69; 1956, 696; 1956, 793; 1957, 234; 1969, 834; 1986, 344; NZV 1990, 387.

966 BGH NJW-RR 1988, 790.

967 BGH VersR 1986, 344; NZV 1996, 277.

968 BGH NJW 1951, 360; 1962, 31; 1966, 1263; NJW-RR 1988, 789; VersR 1953, 69; 1958, 91.

969 BGHZ 8, 239; 11, 227; 17, 191; 18, 311; BGH VersR 1954, 288; 1954, 401; 1956, 577; 1956, 793; 1964, 263; 1971, 842; NJW-RR 1988, 789. Siehe hierzu auch *Lepa* Festschrift Merz 395 f.

970 BGHZ 2, 1; 39, 103; BGH NJW 1951, 360; VersR 1955, 523.

971 BGHZ 2, 1; 6, 169; 8, 239; BGH VersR 1953, 69; 1954, 401; 1955, 760; 1956, 793; 1957, 252; 1958, 91; 1964, 263.

972 BGHZ 2, 1; 6, 169.

973 BGH VersR 1969, 136; 1972, 767.

974 Vgl. hierzu BGH VersR 1968, 1144; 1975, 1008; 1986, 917 (Schutzgesetz); BGH VersR 1960, 614; 1970, 344; 1983, 440; 1984, 776 (Unfallverhütungsvorschrift).

diesen Verstoß eingetreten, oder in denen es um die Beurteilung schwer oder überhaupt nicht erfaßbarer Abläufe medizinischer, chemischer oder physikalischer Art geht (Einzelfälle Rdn. 381 ff).

Der Anscheinsbeweis des Verschuldens kommt dem Kläger zu Hilfe, der nicht nur **366**
den Kausalzusammenhang zwischen einem Schadenserfolg und einer haftungsbegründenden Handlung, sondern diese selbst, das „Verschulden" des Beklagten, zu beweisen hat (ebenso dem Beklagten zum Nachweis eines Mitverschuldens). Er bewirkt, daß ein Verschulden als bewiesen angesehen wird, wenn ein typischer Geschehensablauf vorliegt, bei dem die Erfahrung dafür spricht, daß der Schadenserfolg auf ein schuldhaftes Verhalten zurückzuführen ist und keine Tatsachen nachgewiesen sind, die für einen anderen Hergang sprechen (Einzelfälle Rdn. 396 ff).

Sind nach der Lebenserfahrung mehrere Geschehensabläufe typisch, so ist der Beweis **367**
des ersten Anscheins geführt, wenn alle typischen Abläufe auf ein Verschulden des Beklagten hinweisen. Weist nur eine der mehreren Möglichkeiten nach der Lebenserfahrung auf ein Verschulden hin, so ist der Beweis des ersten Anscheins erst geführt, wenn der Verletzte bewiesen hat, daß die anderen möglichen Geschehensabläufe hier nicht in Betracht kommen. Darauf, ob nach den Erfahrungen des täglichen Lebens oder nach der besonderen Sachlage eine größere Wahrscheinlichkeit für die eine oder andere Möglichkeit besteht, kommt es nicht an[975]. Weisen alle nach der Lebenserfahrung typischen Geschehensabläufe auf ein Verschulden des Schädigers hin, so hat dieser den Beweis des ersten Anscheins erst entkräftet, wenn er bewiesen hat, daß keiner dieser Abläufe in Betracht kommt[976].

Die **Fahruntüchtigkeit** bedarf unterhalb der Grenze der absoluten Fahruntauglichkeit **368**
individueller Feststellung; sie kann daher nicht durch Anscheinsbeweis festgestellt werden[977].

Die **Täterschaft** kann nicht mittels Anscheinsbeweis festgestellt werden. Unzulässig **369**
wäre es z. B. mittels Anscheinsbeweis den Schluß zu ziehen, daß der Halter eines Kraftfahrzeugs auch dessen Führer zur Unfallzeit war[978].

Ebensowenig kann aus dem Eigentum an einem Fahrzeug mittels Anscheinsbeweis **370**
auf die **Haltereigenschaft** geschlossen werden (vgl. § 7, 248).

Der Beweis der **Unabwendbarkeit des Unfalls** (§ 7 Abs. 2) kann nicht nach den **371**
Grundsätzen des Anscheinsbeweises geführt werden (vgl. § 7, 515).

Das Vorliegen **grober Fahrlässigkeit** kann ebenfalls nicht mit Hilfe des Anscheinsbe- **372**
weises festgestellt werden, da die insoweit anzustellende Wertung alle subjektiven Gegebenheiten des Einzelfalls zu berücksichtigen hat (vgl. Schlußanh. II, 93) und sich damit nicht auf typische Geschehensabläufe stützen kann[979] (s. aber Rdn. 374).

Schließlich können auch **individuelle Willensbetätigungen** nicht mittels Anscheinsbe- **373**
weises erwiesen werden[980]. Zu Unrecht wird daher dem Versicherer, der einen fingier-

---

975 BGH VersR 1954, 224; 1964, 1063; 1969, 751; 1978, 945.

976 BGH VRS 10, 128.

977 BGH NZV 1988, 17; *Hoffmann* NZV 1997, 59 f.

978 OLG Hamm MDR 1972, 626.

979 BGH VersR 1967, 909; 1968, 668; 1969, 77; 1970, 568; 1972, 171; 1974, 593; 1978, 541; VRS 65, 350; OLG Hamburg VersR 1970, 148; OLG Nürnberg VersR 1995, 331; OLG Köln VersR 1990, 390; OLG Karlsruhe TranspR 1995, 439. *Sanden* VersR 1967, 1013; a. A. BAG VersR 1968, 296; *Hoffmann* NZV 1997, 60 f.

980 BGH NJW 1987, 1944: Freitod; kritisch *Lepa* Festschrift Merz 399.

ten Unfall behauptet, vielfach ein Anscheinsbeweis zugestanden[981]. Es ist ein ganz normaler Vorgang im Rahmen der freien Beweiswürdigung, wenn das Gericht sich seine Überzeugung von der Unfallmanipulation aufgrund von verdächtigen Indiztatsachen verschafft[982] (vgl. zur Beweisproblematik bei Behauptung eines gestellten Unfalls Rdn. 352).

374 Die Unanwendbarkeit des Anscheinsbeweises schließt selbstverständlich nicht aus, daß der Richter im Wege des **Indizienbeweises** (auch Anzeichenbeweis genannt) im Rahmen der freien Beweiswürdigung aus bestimmten Feststellungen mittelbar die Überzeugung vom Vorliegen eines bestimmten Tatbestandsmerkmals gewinnt; insbesondere bei subjektiven Merkmalen wird dies oftmals gar nicht anders möglich sein. Auch hierbei wird Erfahrungswissen verwertet. Es fehlt aber die den Anscheinsbeweis kennzeichnende revisible Beweisvergünstigung[983].

375 cc) **Rechtsnatur.** Die Regeln des Anscheinsbeweises haben ihre Wurzel in den tatsächlichen Vermutungen des gemeinen Rechts, die vom ROHG in Haftpflichtprozessen aus Schiffskollisionen zu besonderen, schließlich gewohnheitsrechtlich anerkannten Beweislastregeln fortentwickelt wurden[984]. Etwa ab 1930 wurde der Anscheinsbeweis von der Rechtsprechung dann als Vorgang der richterlichen Beweiswürdigung angesehen[985]. Dem haben sich BGH und h. L. angeschlossen[986]. In der Literatur wird aber auch die Auffassung vertreten, daß beim Anscheinsbeweis eine Reduzierung des Beweismaßes auf einen gewissen Grad von Wahrscheinlichkeit stattfindet[987]. Der österr. OGH rechnet den Anscheinsbeweis zur unanfechtbaren Beweiswürdigung[988].

376 Verschiedentlich wird der Anscheinsbeweis auch in Bezug zum materiellen Recht gesetzt[989]. Dieser Ansatz überzeugt. Es entspricht der Funktion des Anscheinsbeweises, in bestimmten, durch besondere Beweisschwierigkeiten gekennzeichneten Fällen das – materiellrechtlich determinierte – Haftungsrisiko zu Lasten des wahrscheinlichen Schädigers zu verschieben. Derartige Risikozuweisungen vermag nur das materielle Recht (ggf. in Verbindung mit den Beweislastregeln) zu bewirken. Ein beweisrechtliches Verständnis des Anscheinsbeweises gerät dagegen mit dem Grundsatz der freien Beweiswürdigung bzw. dem gesetzlichen Beweismaß der richterlichen Wahrheitsüberzeugung in Konflikt[990].

377 Hinter dem Anscheinsbeweis verbergen sich somit Modifizierungen des materiellen Haftungsrechts. **Beim Anscheinsbeweis der Kausalität** handelt es sich darum, daß an die Stelle des Merkmals „Kausalität" – wie ausdrücklich in § 119 Abs. 1, § 2087 Abs. 1 BGB – die „nach der Lebenserfahrung anzunehmende Kausalität" gesetzt wird, weil in zahlreichen Fällen die Feststellung, wie das Geschehen sich bei Hinwegdenken des

---

[981] BGH VersR 1979, 514; OLG Celle NZV 1988, 182; OLG Zweibrücken VersR 1988, 970; VRS 76, 13; OLG Frankfurt VersR 1989, 858; OLG München NZV 1990, 32; OLG Köln RuS 1995, 412; *Knoche* 193 ff; *Geyer* VersR 1989, 885.

[982] Ebenso *Lemcke* RuS 1993, 124 f.

[983] Diesen Unterschied läßt *Hoffmann* (NZV 1997, 61) bei der Zulassung eines Anscheinsbeweises grober Fahrlässigkeit unbeachtet.

[984] Vgl. *Greger* VersR 1980, 1097 f m. Nachw.

[985] Vgl. RGZ 134, 237.

[986] BGH NJW 1951, 360; VersR 1953, 69; 1953, 241; *Rosenberg/Schwab/Gottwald* § 115 III 3; *Baumbach/Lauterbach/Hartmann* § 286 Anh. 3 B; *Stein/Jonas/Leipold* § 286, 99; *Musielak/Stadler* 159 ff.

[987] *Musielak* 120 ff; *Weitnauer* KF 1966, 13 ff u. Verhandlungen des 46. DJT E 73.

[988] VersR 1984, 1203.

[989] *Diederichsen* VersR 1966, 217 u. ZZP 81, 63; *Hauß* NJW 1967, 970 u. ZVersWiss. 1967, 157; *Walter* ZZP 90, 283; *Hoffmann* NZV 1997, 58.

[990] Näher hierzu und zum folgenden *Greger* VersR 1980, 1101 ff.

haftungsbegründenden Umstands entwickelt hätte, von niemanden mit Sicherheit getroffen werden kann. So gesehen ist der typische Geschehensablauf (im Sinne der Judikatur) nur ein Hilfsmittel zur Feststellung der Wahrscheinlichkeit – aber keineswegs das einzige. Auch ohne Typizität des Geschehens kann sich der Richter eine Überzeugung von der wahrscheinlichen Ursächlichkeit bilden.

Beim **Anscheinsbeweis des Verschuldens** geht es um mehr als eine beweisrechtlich **378** orientierte Interpretation eines materiell-rechtlichen Tatbestandsmerkmals. Ein strikter Verschuldensbeweis ist keineswegs objektiv unmöglich. Das pflichtwidrige Verhalten ist eine sinnlicher Wahrnehmung zugängliche Realität, deren Beweis nicht am Fehlen von Erkenntnismitteln, sondern allenfalls am Fehlen (zulänglicher) Beweismittel scheitern kann. Soll deshalb, wie dies mit der Anscheinsbeweis-Judikatur geschieht, zum Zweck einer billigen Verteilung des Beweisrisikos für bestimmte Fälle eine Haftung für wahrscheinliches Verschulden begründet werden, so bedarf es hierzu der Statuierung eigener materiellrechtlicher Haftungsnormen. Derartige Normen haben die Gerichte durch ihre Rechtsprechung zum Anscheinsbeweis, also durch Richterrecht geschaffen und lediglich irrtümlich dem Beweisrecht zugeordnet. Die Rechtsprechung verlangt den Beweis eines Verschuldens und betrachtet diesen als erbracht, wenn von einem typischen Geschehensablauf auszugehen ist. Damit baut sie aber in den Beweisvorgang ein systemfremdes Element ein, welches man entweder als Beweismaßreduzierung oder als Beweiswürdigungsregel – und damit in jedem Fall als Verstoß gegen § 286 ZPO – qualifizieren muß. Eliminiert man dieses Element, so sinkt der typische Geschehensablauf gewissermaßen auf die materiellrechtliche Ebene herab: das typischerweise vorliegende Verschulden ersetzt das Merkmal des Verschuldens im gesetzlichen Haftungstatbestand.

Wer eine solche Umgestaltung materiellrechtlicher Tatbestände für unmöglich hält[991], müßte konsequenterweise die Judikatur zum Anscheinsbeweis insgesamt ablehnen (wofür in der Tat vieles spräche). Geht man aber davon aus, daß hier wirksames Richterrecht entstanden ist, so muß man dieses im Sinne ungeschriebener Haftungsnormen interpretieren.

Für den Bereich des Anscheinsbeweises im Straßenverkehr könnte die Haftungsnorm etwa wie folgt formuliert werden:

„Wer am Straßenverkehr teilnimmt, ist zum Ersatz des einem anderen entstehenden Schadens verpflichtet, wenn dieser nach dem typischen Geschehensablauf auf ein fahrlässiges Verhalten des Schädigers zurückzuführen ist, es sei denn, daß sich aus bestimmten Tatsachen die Möglichkeit eines fehlenden Verschuldens ergibt".

Diese dem materiellen Recht angehörende Norm statuiert eine verschuldensunabhängige Quasi-Gefährdungshaftung, die durch den Nachweis der realen Möglichkeit schuldloser Schadensverursachung ausgeräumt werden kann. Sie erklärt zugleich den engen Zusammenhang der Anscheinsbeweisregeln mit der Beweislastverteilung. Denn auch bezüglich dieser Haftungsnorm kann es zum non liquet kommen; die Beweislast trifft dann hinsichtlich des ersten Satzteils den Kläger und hinsichtlich des zweiten („es sei denn, daß") den Beklagten. Kann also der Kläger den ihm obliegenden Beweis des gefahrtypischen Verhaltens und des typischen Geschehensablaufs nicht führen oder gelingt dem Beklagten der Beweis der Möglichkeit fehlenden Verschuldens, so bedeutet dies, daß die Anscheinshaftungsnorm nicht zur Anwendung kommen kann. Es braucht jedoch nicht zu bedeuten, daß die Haftung des Beklagten endgültig entfällt; vielmehr ist zu prüfen, ob er nach den allgemeinen Haftungsnormen und Beweislastgrundsätzen

---

[991] Z. B. *Prütting* 99 f.

zu verurteilen ist. Dieses Nebeneinander von Anscheinshaftung und normaler Haftung erklärt zugleich, weshalb die Anscheinsbeweisregeln, obwohl sie eine Beweislastverteilung (nämlich für die Anscheinshaftung) beinhalten, kein non liquet bezüglich des normalen Haftungstatbestandes voraussetzen.

379 Die materiellrechtliche Deutung des Anscheinsbeweises läßt sich mit der bisherigen Handhabung durch die Rechtsprechung ohne weiteres vereinbaren. Dies gilt im Ergebnis auch bezüglich der Revisibilität. Was bisher zumeist als revisionsgerichtliche Kontrolle der Beweiswürdigung im Rahmen der Kausalitäts-Anscheinsbeweises angesehen wird, ist in Wirklichkeit nichts anderes als die materiellrechtliche Prüfung, ob der Tatrichter das Merkmal der Kausalität zutreffend, d. h. in dem oben wiedergegebenen Sinn, verstanden hat, und die Handhabung des Verschuldens-Anscheinsbeweises durch den BGH stellt nichts anderes dar als die Kontrolle der Anwendung der oben wiedergegebenen Anscheinshaftungsnorm. Es handelt sich also um ganz normale Fälle der Überprüfung der Anwendung materiellen Rechts.

380 Eine grundlegende, in der Praxis allerdings wenig bedeutsame Auswirkung auf den Anwendungsbereich dürfte die Zuordnung der Anscheinsbeweisregeln zum materiellen Recht lediglich bei Haftungsfällen im Ausland haben, auf welche das Tatortrecht anzuwenden ist. Hier wird bisher durchwegs der Anscheinsbeweis als zur lex fori gehörig angewendet[992]; richtigerweise ist jedoch darauf abzustellen, ob auch das anzuwendende ausländische Recht einen modifizierten Kausalitätsbegriff bzw. eine Anscheinshaftung kennt.

dd) Einzelfälle zum Anscheinsbeweis der Kausalität

381 **Alkoholeinfluß.** Der Ursachenzusammenhang zwischen alkoholbedingter Fahruntauglichkeit und einem Unfall kann zwar grundsätzlich mittels Anscheinsbeweis festgestellt werden[993]; dies gilt jedoch nicht, wenn Umstände zu dem Unfall geführt haben, die auch ein Nüchterner nicht hätte meistern können[994], z. B. Glatteis[995], plötzliches Auftauchen eines Fußgängers[996]. Dagegen kann bei einer Blutalkoholkonzentration von 1,9‰ und drei abgefahrenen Reifen von der Ursächlichkeit dieser Umstände für das Schleudern eines Pkw auf regennasser Straße auch dann ausgegangen werden, wenn der Fahrer durch einen entgegenkommenden Bus behindert wird[997]. Bei einem Begegnungszusammenstoß kommt es auf den konkreten Unfallhergang an; ob auch der andere Unfallbeteiligte alkoholisiert war, ist dagegen ohne Bedeutung[998]. Die leichte Alkoholisierung eines Unfallbeteiligten kann nicht ohne weiteres mittels Anscheinsbeweis als unfallursächlich angesehen werden[999].

382 Liegt ein betrunkener Fußgänger auf der Straße[1000] oder wird er nachts radschiebend angefahren[1001] oder verunglückt er sonst in einer Situation, die ein Nüchterner gemeistert hätte[1002], so ist davon auszugehen, daß seine Alkoholisierung hierfür (mit-)ursächlich war.

383 Unklar an der Rechtsprechung des BGH zu dieser Fallgruppe ist, ob der Umstand, daß auch ein Nüchterner die Situation nicht hätte meistern können, Voraussetzung für

---

[992] Vgl. *Soergel/Siebert* vor Art. 7 EGBGB Rdn. 389.

[993] BGHZ 18, 311; BGH VersR 1972, 292; 1985, 779; 1986, 142; OLG Frankfurt VersR 1985, 759; *Hoffmann* NZV 1997, 60.

[994] BGH VersR 1960, 479; 1961, 620; 1961, 693; 1963, 357; 1965, 81; 1966, 585.

[995] OLG Frankfurt NJW-RR 1987, 91.

[996] OLG Stuttgart VersR 1980, 243; OLG Zweibrücken VersR 1995, 429.

[997] BGH VersR 1964, 1145.

[998] **A. A.** OLG Schleswig NZV 1991, 233.

[999] BGH VersR 1962, 132.

[1000] BGH VersR 1976, 729.

[1001] BGH VersR 1956, 195.

[1002] BGH VersR 1957, 509; 1964, 846.

die Anwendung des Anscheinsbeweises (und damit vom Kläger zu beweisen) ist, oder ob es sich hierbei um die dem Beklagten obliegende Entkräftung des Anscheinsbeweises handelt. Richtigerweise wird zu differenzieren sein. Bei absoluter Fahruntauglichkeit eines Kraftfahrers – sie ist nach neueren wissenschaftlichen Erkenntnissen ab 1,1‰ als bewiesen anzusehen[1003] – kann deren Kausalität für einen Verkehrsunfall ohne weiteres als prima facie erwiesen angesehen werden, sofern nicht der Beklagte Tatsachen nachweist, aus denen sich die Möglichkeit eines unabhängig von der Fahruntauglichkeit ablaufenden Unfallgeschehens ergibt. Bei einer geringeren Alkoholisierung hingegen sowie bei Unfallbeteiligten ohne Kraftfahrzeug ist bereits zur Begründung eines typischen Geschehensablaufs erforderlich, daß die konkrete Unfallsituation für eine Ursächlichkeit der Trunkenheit spricht. Dies gilt auch für Radfahrer; daß der BGH[1004] nunmehr auch für sie einen allgemeinen Grenzwert der alkoholbedingten absoluten Fahruntauglichkeit festgesetzt hat, spielt für die hier zu beurteilende Frage keine Rolle.

Fehlen der Fahrerlaubnis. Die Kausalität des Fehlens der vorgeschriebenen Fahrer- **384**
laubnis läßt sich nicht mittels Anscheinsbeweises feststellen[1005].

Lenkzeitüberschreitung. Bei regelwidrigem Abkommen von der Fahrbahn spricht der **385**
Anscheinsbeweis dafür, daß der Unfall durch eine festgestellte Verletzung der Arbeitszeitbestimmungen verursacht worden ist[1006].

Auffahren infolge mangelhafter Beleuchtung oder Absicherung. Die fehlende oder **386**
mangelhafte Beleuchtung eines Fahrzeugs ist nach dem ersten Anschein ursächlich, wenn ein anderes Fahrzeug auffährt[1007], der Anscheinsbeweis entfällt jedoch, wenn das Fahrzeug aufgrund anderweitiger Beleuchtung von weitem gut sichtbar war[1008]. Die fehlende Beleuchtung einer auf der Straße getriebenen Viehherde[1009] oder einer Baustelle[1010] ist als kausal für den Sturz eines Kraftradfahrers anzusehen. Wird ein liegengebliebenes Fahrzeug nicht ausreichend abgesichert oder nicht ordnungsgemäß abgestellt, so ist diese Unterlassung prima facie kausal für das Auffahren eines anderen Fahrzeugs[1011]. Der Anscheinsbeweis ist jedoch entkräftet, wenn dessen Fahrer durch Grüßen eines entgegenkommenden Fahrers erheblich abgelenkt war[1012].

Geschwindigkeitsüberschreitung. Steht fest, daß ein Kraftfahrer die auf dem betref- **387**
fenden Straßenabschnitt zulässige Höchstgeschwindigkeit überschritten hat, so ist davon auszugehen, daß dies der Grund für sein Unvermögen war, vor einem Zusammenstoß rechtzeitig auszuweichen oder anzuhalten[1013]. Fährt ein Kraftfahrer zu schnell und in fahruntauglichem Zustand an einer haltenden Straßenbahn vorbei, so ist dies nach dem Anscheinsbeweis kausal für das Überfahren eines auf die Fahrbahn eilenden

---

1003 BGHSt 37, 89; *Salger* NZV 1990, 1; das zugrundeliegende Gutachten des Bundesgesundheitsamts ist abgedruckt in NZV 1990, 104. Zum früheren Beweisgrenzwert von 1,3‰ s. BGHSt 21, 157; 22, 352; BGH NJW 1982, 588. Zur Berechnung BGH NZV 1988, 220.

1004 BGHSt 34, 133 unter Aufgabe von BGHSt 19, 82; BGH NJW 1987, 1826 (1,7‰; inzwischen herabgesetzt auf 1,6‰, vgl. OLG Hamm NZV 1992, 198; offenlassend BayObLG NZV 1992, 290; weitergehend [1,5‰] LG Verden NZV 1992, 292).

1005 BGH VersR 1959, 277; 1962, 374; OLG Köln VersR 1966, 596; einschränkend OLG Hamburg VersR 1982, 873.

1006 OLG Köln VersR 1988, 1078.

1007 BGH VersR 1955, 760; 1957, 429; 1958, 532; 1959, 613; 1961, 860; 1962, 633; 1964, 296; 1964, 621; 1968, 646.

1008 BGH VersR 1961, 1015.

1009 BGH VersR 1959, 805.

1010 BGH VersR 1964, 1082.

1011 BGH VersR 1956, 409; 1968, 646; vgl. auch BGH VersR 1969, 636.

1012 BGH VersR 1971, 318.

1013 BGH VRS 4, 262.

Fußgängers[1014]. Das Überschreiten der für Lastzüge bestehenden Geschwindigkeitsbegrenzung ist als kausal für solche Unfälle anzusehen, die durch die Begrenzung gerade vermieden werden sollen[1015].

388 **Begegnungsunfälle.** Hat bei einem Begegnungszusammenstoß einer der beiden Fahrer seine rechte Straßenseite nicht eingehalten, so spricht der erste Anschein dafür, daß diese Verkehrswidrigkeit die Unfallursache war[1016]. Das gleiche gilt bei zu dichtem Vorüberfahren an einer begegnenden Kolonne[1017] und vor allem dann, wenn der Kraftfahrer die durchlaufende weiße Sperrlinie überfahren hat[1018]. Wird ein Kraftfahrer unmittelbar nach dem Überholen eines sichtbehindernden Fahrzeugs vom Gegenverkehr überrascht und stößt er deshalb auf der für ihn linken Fahrbahnseite mit einem entgegenkommenden Fahrzeug zusammen, so spricht der Anscheinsbeweis für einen Kausalzusammenhang zwischen dem Überholvorgang und dem Unfall[1019].

389 **Fahrzeugmängel.** War ein Wagen, dessen Reifen nicht alle die vorgeschriebene Profiltiefe hatten, bei nasser oder vereister Fahrbahn ins Schleudern geraten, so spricht der Anschein dafür, daß der schlechte Reifenzustand für den Unfall ursächlich war. Dies gilt aber nicht bei trockener, staubfreier Fahrbahn, denn auf ihr haften abgefahrene Reifen sogar besser als Reifen mit Profil[1020]. Für das Unvermögen, ein aus anderem Grund ins Schleudern gekommenes Kraftfahrzeug wieder abzufangen, kann die Ursächlichkeit der abgefahrenen Reifen aber mittels Anscheinsbeweis festgestellt werden[1021].

Steht das Lastreglerventil am Anhänger auf halb statt auf leer und blockieren die Räder infolge des zu starken Bremsdrucks und bricht daher der Anhänger seitlich aus, so deutet das auf einen Ursachenzusammenhang mit der falschen Ventileinstellung hin[1022]. Kausalität besteht prima facie auch zwischen einer Delle in der Radfelge[1023] oder einer fehlerhaften Bremsvorrichtung des Fahrzeugs und einem Unfall[1024]. Nach BGH VersR 1968, 1144 soll allerdings dann, wenn nicht dargetan ist, daß ein mit defekter Bremse fahrender Radfahrer, hätte er mit guter Bremse beim Erkennbarwerden der Gefahr gebremst, den Zusammenstoß hätte vermeiden können, der erste Anschein nicht dafür sprechen, daß die Mangelhaftigkeit der Bremse Ursache des Unfalls war[1025].

390 **Unfälle mit Fußgängern.** Das Halten einer Straßenbahn auf einem Fußgängerüberweg ist nach dem ersten Anschein Unfallursache, wenn ein hinter der Straßenbahn auf die Gleise tretendes Kind von einer entgegenkommenden überfahren wird[1026]. Das unaufmerksame Betreten der Fahrbahn durch einen Fußgänger ist prima facie die Ursache dafür, daß der Fußgänger infolge Erschreckens über ein herannahendes Fahrzeug zu Fall kommt[1027].

391 **Zweitunfall.** Fährt ein Kraftfahrzeug auf ein anderes und sodann ein weiteres auf, so spricht der erste Anschein dafür, daß der erstgenannte Fahrer auch das Auffahren des dritten Fahrzeugs verursacht hat[1028]. Ist ein mit 2,2‰ Blutalkohol auf der Fahrbahn gehender Fußgänger von einem Motorradfahrer angefahren worden und läuft er 5 Minuten später hinter einem haltenden Wagen hervor grob fahrlässig in einen Pkw,

---

1014 BGH VersR 1957, 529.
1015 BGH VersR 1969, 900.
1016 BGH VersR 1964, 166; einschränkend BGH VersR 1963, 945; OLG Karlsruhe VersR 1987, 693.
1017 BGH VersR 1967, 473.
1018 BGH VersR 1968, 698.
1019 BGH VersR 1982, 893.
1020 BGH VersR 1968, 785.
1021 BGH VersR 1958, 186.
1022 BGH VersR 1968, 395.
1023 BGH VersR 1969, 834.
1024 BGH VersR 1971, 80.
1025 BGH VersR 1968, 1144.
1026 BGH VersR 1975, 1007.
1027 BGH VersR 1974, 196.
1028 OLG Hamburg VersR 1967, 478.

der ihn tödlich überfährt, so spricht der erste Anschein nicht dafür, daß der erste Unfall Ursache des zweiten war, weil der Fußgänger beim ersten einen Schock erlitten hat[1029].

Sturz. Stürzt ein vorbeifahrender Radfahrer in dem Augenblick, in dem der Autofahrer die Tür öffnet, so spricht der Anscheinsbeweis für Kausalität zwischen Öffnen und Sturz. **392**

Die **Nichterkennbarkeit eines Vorfahrtzeichens** ist prima facie kausal für einen Unfall in der Kreuzung[1030]. **393**

Todesursache. Wird der Insasse eines an einen Baum gefahrenen Kraftwagens unmittelbar nach dem Unfall sterbend aus dem Wagen geborgen, so spricht der erste Anschein für die Ursächlichkeit des Unfalls für den Tod, wenn die festgestellten Verletzungen geeignet waren, den Tod herbeizuführen[1031]. **394**

Verletzungsursache. Nach BGH VersR 1983, 986 spricht der Beweis des ersten Anscheins für die Kausalität zwischen einer Knieverletzung und einer Notbremsung. Zum Beweis der Ursächlichkeit des Nichtangurtens s. § 9, 59. **395**

ee) Einzelfälle zum Anscheinsbeweis des Verschuldens

Abkommen von der Fahrbahn. Für ein schuldhaft verkehrswidriges Verhalten des Fahrers spricht es, wenn das Kraftfahrzeug gegen einen Lichtmast, ein Verkehrszeichen, eine Leitplanke, einen Begrenzungspfahl, einen Begrenzungsstein, einen Baum o. ä. fährt[1032], oder auf andere Weise von der Fahrbahn abkommt[1033], z. B. auf den Grünstreifen, in eine Wiese, den Straßengraben oder auf die Gehbahn (zum Abkommen auf die Gegenfahrbahn vgl. Rdn. 405). Allein dieses „Kerngeschehen“ reicht jedoch für die Annahme eines Anscheinsbeweises nicht aus; vielmehr muß das ganze feststehende Unfallgeschehen typisch dafür sein, daß der die Fahrbahn verlassende Verkehrsteilnehmer schuldhaft gehandelt hat[1034]. Dies wird in der Regel beim schlichten Abkommen der Fall sein; ist jedoch ein anderer Verkehrsteilnehmer beteiligt, werden zumeist mehrere Geschehensabläufe plausibel sein. Bei Kurvenunfällen können nach neuen Erkenntnissen der Unfallanalyse Anscheinsregeln nur mit Vorsicht herangezogen werden[1035]. **396**

Der Anscheinsbeweis greift nicht ein, wenn sich ein Tier auf der Fahrbahn befand[1036], das abkommende Fahrzeug von einem anderen behindert[1037] oder berührt wurde[1038]. Er kann entkräftet sein, wenn die Fahrbahn nicht erkennbare Unebenheiten aufwies[1039], der Fahrer durch den Beifahrer massiv irritiert wurde[1040], für den Fahrer nicht bemerkbar die Servolenkung ausgefallen ist[1041] oder ein Reifen Luft verloren **397**

1029 BGH VersR 1970, 61.
1030 BGH VersR 1960, 317.
1031 OLG München VersR 1967, 484.
1032 RG JW 1932, 3704; BGHZ 8, 239 = NJW 1953, 584 m. Anm. *Bezold*; BGH VersR 1953, 69; 1959, 445; 1962, 252; 1962, 1010; 1984, 44; OLG Hamburg VersR 1970, 188.
1033 RG HRR 1933, Nr. 751; VAE 1936, 440; BGH NJW 1951, 195; VersR 1956, 799; 1958, 566; 1966, 693; BAG NJW 1967, 269; OLG Karlsruhe VersR 1957, 47; VersR 1994, 698; OLG Nürnberg VersR 1964, 1184; OLG Stuttgart VersR 1966, 531; OLG Celle VersR 1985, 787; OLG Köln VersR 1990, 390; LG Köln DAR 1984, 30.
1034 BGH NZV 1996, 277.
1035 *Schimmelpfennig* 25. VGT (1987) 76ff; Entschließung des 25. VGT 8.
1036 BGH VersR 1964, 1102; OLG Stuttgart VersR 1974, 503.
1037 BGH NZV 1996, 277; VersR 1967, 557; 1967, 583; OLG Köln VersR 1982, 708; OLG Frankfurt VersR 1991, 1194.
1038 BGH VersR 1961, 444.
1039 BGH VersR 1953, 207; 1966, 344; OLG Nürnberg VersR 1964, 1183.
1040 KG VersR 1985, 369.
1041 OLG Düsseldorf VersR 1993, 1249.

hat[1042] oder wenn sich der Unfall bei einer Probefahrt mit einem nicht verkehrssicheren Fahrzeug ereignete[1043]. Steht fest, daß Glatteisbildung der Grund für das Abkommen von der Fahrbahn gewesen sein kann, so ist hierdurch der gegen den Fahrer sprechende Beweis des ersten Anscheins nicht entkräftet; er muß vielmehr dartun, daß das Auftreten von Glatteis an dieser Stelle unvorhersehbar war (vgl. Rdn. 409). Auch die bloße *Möglichkeit*, daß der Fahrzeugführer von einem anderen Fahrzeug abgedrängt oder sonst behindert worden ist, reicht zur Entkräftung nicht aus[1044]. Kleine, nicht ungewöhnliche Fahrbahnunebenheiten erschüttern den Anscheinsbeweis nicht[1045].

398 **Auffahren auf ein Hindernis.** Ein Verschulden des Kraftfahrers ist prima facie erwiesen, wenn er auf ein Hindernis, z. B. einen querstehenden Anhänger, ein geparktes Fahrzeug oder einen auf der Fahrbahn liegenden Gegenstand, auffährt[1046].

399 Der Anscheinsbeweis wird nicht dadurch entkräftet, daß das Hindernis nicht beleuchtet war[1047], wohl aber durch den Beweis von Tatsachen, aus denen sich die Möglichkeit ergibt, daß es erst unmittelbar vor dem Fahrzeug auf die Fahrbahn kam. Will der Auffahrende geltend machen, ihn treffe an dem Unfall deswegen kein Verschulden, weil das Hindernis durch ein vorausfahrendes Fahrzeug, das erst im letzten Moment die Spur gewechselt habe, verdeckt gewesen sei, so genügt allein dieser Vortrag zur Erschütterung des Anscheinsbeweises nicht. Erforderlich ist vielmehr der Nachweis, daß ein zum Versperren der Sicht geeignetes Fahrzeug vorausgefahren ist, daß dieses erst unmittelbar vor dem Hindernis die Fahrspur gewechselt hat und daß dem Nachfahrenden ein Ausweichen zumindest erheblich erschwert war[1048].

400 Der Nachweis, daß der Fahrer während der letzten Sekunden vor dem Aufprall ohne Reaktion auf die drohende Gefahr gefahren ist, reicht nicht aus, den gegen ihn sprechenden Anscheinsbeweis zu entkräften, solange nicht dargetan ist, daß das Fehlen einer Reaktion auf einem Umstand beruhte, den der Fahrer nicht zu vertreten hat. Aus dem Fehlen einer Reaktion kann insbesondere, solange weitere Anhaltspunkte fehlen, nicht geschlossen werden, aus der Heizungsanlage müsse Kohlenmonoxid ausgetreten sein, denn der Fahrer kann ebensogut aus anderem Grund eingeschlafen sein[1049]. Wird nach dem Unfall festgestellt, daß der Bremshebel der Fußbremse gebrochen ist, so liegt nahe, daß dieser Bruch sich unmittelbar vor dem Unfall ereignet hat und Ursache dafür war, daß der Fahrer nicht gebremst hat, so daß in einem solchen Fall der gegen den Fahrer sprechende Beweis des ersten Anscheins ausgeräumt ist[1050].

401 **Auffahren auf vorausfahrendes Fahrzeug.** Der Beweis des ersten Anscheins spricht, wenn ein Kraftfahrzeug auf ein vor ihm in gleicher Richtung fahrendes anderes Kraftfahrzeug auffährt, dafür, daß der Fahrer entweder unaufmerksam war, oder daß er keinen ausreichenden Sicherheitsabstand gewahrt hatte. Diese wahlweise Feststellung reicht aus, ein Verschulden darzutun[1051]. Dasselbe gilt, wenn er auf ein erkennbar verkehrsbedingt anhaltendes Fahrzeug auffährt, sofern dieses nicht ungewöhnlich stark abgebremst wurde[1052]. Der Anscheinsbeweis gilt auch, wenn sich der Auffahrunfall

---

[1042] OLG Köln VRS 76, 256; vgl. jedoch auch OLG Hamm NZV 1993, 354, wo erwiesen wurde, daß der Druckabfall nicht unfallursächlich sein konnte.

[1043] BGH VersR 1957, 234.

[1044] OLG Hamm VRS 76, 112.

[1045] OLG Celle VersR 1985, 787.

[1046] BGH VersR 1954, 288; 1959, 1034; 1966, 567; OLG Koblenz VRS 68, 32.

[1047] BGH VersR 1959, 1034; 1960, 1118; 1963, 1026; 1966, 567; 1969, 1023; a. A. RG HansRZ 1926, 776.

[1048] BGH NZV 1989, 105.

[1049] BGH VersR 1967, 709.

[1050] BGH VRS 4, 91.

[1051] BGH VRS 10, 98; VersR 1964, 263; OLG Köln VersR 1970, 91.

[1052] BGH VersR 1969, 859.

auf der linken Fahrbahnhälfte ereignet und der Vorausfahrende verlangsamt hat, weil er aus dem Überholen heraus links abbiegen wollte[1053]. Er ist grundsätzlich auch bei Auffahrunfällen von Straßenbahnen anwendbar[1054]. Prima facie ist daher auch das Verschulden des Straßenbahnfahrers erwiesen, der auf einen weithin sichtbaren Bus aufgefahren ist[1055].

Das Auffahren als solches muß bewiesen sein. Kann der Unfall auch auf einem Zurücksetzen des anderen Kraftfahrers beruhen, greift der Anscheinsbeweis nicht ein[1056]. Es gibt auch keinen Anscheinsbeweis für ein Auffahren. Die Neigung der Straße hat nur indizielle Bedeutung[1057].

Der Anscheinsbeweis ist *ausgeräumt*, wenn Tatsachen bewiesen sind, aus denen sich die ernsthafte Möglichkeit ergibt, daß das andere Fahrzeug erst kurz vor dem Auffahrenden in dessen Fahrspur gelangt ist[1058] oder grundlos stark abgebremst wurde[1059]; die bloße Möglichkeit eines solchen Ablaufs genügt nicht[1060], auch nicht die Möglichkeit einer Bewußtseinsstörung[1061]. Der gegen den Fahrer eines Straßenbahnzugs sprechende Anscheinsbeweis, er sei schuldhaft auf das von ihm fahrende Kraftfahrzeug aufgefahren, ist ausgeräumt, wenn feststeht, daß das Kraftfahrzeug so nahe vor dem Straßenbahnzug nach links auf das Gleis gefahren war, daß die Notwendigkeit einer Schnellbremsung der Straßenbahn ernstlich in Erwägung gezogen werden mußte[1062]. Der gegen den Auffahrenden sprechende Anscheinsbeweis wird nicht durch den Nachweis ausgeräumt, daß sich hinter dem vorausfahrenden Fahrzeug eine Kondenswolke gebildet hatte[1063]. Ausgeräumt wird der Anscheinsbeweis jedoch durch den Nachweis, daß das angefahrene Fahrzeug kurz vor dem Unfall das andere überholt und sich vor dieses gesetzt hatte[1064]. **402**

Beim **Serienauffahrunfall** ist der für ein Verschulden des Auffahrenden sprechende Anscheinsbeweis nur begrenzt anwendbar, da bei der Vielgestaltigkeit dieses Unfalltyps[1065] in der Regel kein ausreichend typischer Geschehensablauf feststellbar ist[1066]. Auch für den letzten Fahrer der Kette gilt er nicht, wenn möglicherweise der Vordermann seinerseits aufgefahren war und dadurch eine unvermutete Bremswegverkürzung für den Nachfolgenden hervorgerufen hat. In solchen Fällen entfällt bereits die Grundlage für eine Schuldunterstellung, so daß dem Letztauffahrenden nicht die Last des Gegenbeweises zugeschoben werden darf, auch nicht beschränkt auf den Heckschaden des Vordermanns[1067]. Entsprechendes gilt für einen Fahrer in der Mitte der Kette: Da **403**

1053 BGH VersR 1969, 900.
1054 OLG Düsseldorf NZV 1994, 28 unter Aufgabe von VersR 1976, 499 u. 1988, 90.
1055 BGH VersR 1958, 626.
1056 OLG Köln VersR 1986, 668 LS; LG Köln NZV 1991, 476.
1057 A. A. LG Stuttgart NZV 1990, 236.
1058 BGH VersR 1975, 332; 1987, 908; OLG Düsseldorf VRS 63, 340; KG VRS 65, 189; VM 1992, Nr. 31; OLG Karlsruhe VersR 1991, 1071; OLG Köln VersR 1991, 1195.
1059 OLG Köln DAR 1995, 485.
1060 Zu weitgehend daher BGH VersR 1960, 1118.
1061 OLG Oldenburg NZV 1991, 156.
1062 OLG München VersR 1967, 167; OLG Düsseldorf NZV 1994, 28; OLG Hamm VersR 1988, 1250.
1063 OLG München VersR 1967, 691.
1064 OLG Köln VersR 1970, 91.
1065 Vgl. *Heitmann* VersR 1994, 135 f.
1066 *Lepa* NZV 1992, 132.
1067 A. A. OLG Karlsruhe VersR 1982, 1150; OLG Düsseldorf NZV 1995, 486 m. abl. Anm. *Greger*; *Himmelreich/Klimke/Bükken* 46 c; *Heitmann* VersR 1994, 137 f. KG DAR 1995, 482 betrifft den Fall, daß nach der Verkehrslage (dichtes Auffahren des Vordermannes) mit einem Auffahrunfall gerechnet werden muß, und steht damit nicht im Gegensatz zur hier vertretenen Meinung. *Lepa* NZV 1992, 132 nimmt bei unvermuteter Bremswegverkürzung wohl Erschütterung des Anscheinsbeweises an.

es in solchen Fällen häufig zu einem Aufschieben durch den Nachfolger kommt, fehlt die für einen Verschuldensvorwurf erforderliche Typizität[1068]. Die Versicherungswirtschaft versucht, den Aufklärungsproblemen bei Massenunfällen (über 50 beteiligte Fahrzeuge) durch ein spezielles Regulierungsverfahren abzuhelfen[1069].

404 Ereignet sich ein Auffahrunfall in zeitlichem und räumlichem Zusammenhang[1070] mit dem **Einfahren in die Bundesautobahn**, so spricht ein Anscheinsbeweis weder für ein Verschulden des die Autobahn benutzenden Fahrers[1071] noch für ein solches des Einfahrenden[1072]; hier fehlt es an ausreichender Typizität des Geschehensablaufs.

Greift der Anscheinsbeweis zu Lasten des Auffahrenden ein, so ist damit noch nicht festgestellt, daß **den anderen** kein Verschulden trifft oder der Unfall für ihn gar unabwendbar war[1073].

405 **Begegnungszusammenstöße.** Der erste Anschein spricht grundsätzlich gegen den Fahrer, der mit einem entgegenkommenden Fahrzeug in dem Zeitpunkt zusammenstieß, in dem er sich nicht auf seiner rechten Fahrbahnhälfte befunden hat[1074]. Dies gilt auch beim Überfahren des Mittelstreifens auf der Autobahn[1075], beim Zusammenstoß auf dem mittleren von drei Fahrstreifen, wenn das andere Fahrzeug diesen zum Überholen benutzt hatte[1076] sowie bei einem jugendlichen Radfahrer, der auf die linke Fahrbahnhälfte gerät[1077]. Der Kollisionsort auf der Gegenfahrbahn darf jedoch nicht isoliert betrachtet werden. Fehlt es bei einer Gesamtbetrachtung aller Umstände an der Typizität des Geschehensablaufs, so greift kein Anscheinsbeweis ein[1078]. Dies ist z. B. der Fall, wenn das Abkommen auf einer abrupten Lenkbewegung beruht, die durch das Verkehrsgeschehen hervorgerufen sein kann[1079]. Das Nichteinhalten der rechten Seite der eigenen Fahrbahnhälfte begründet, von ungewöhnlichen Verkehrslagen abgesehen, keinen Anscheinsbeweis[1080], daher auch nicht ein Zusammenstoß in der Fahrbahnmitte[1081]. Es besteht auch kein Anscheinsbeweis dafür, daß das Abkommen eines Fahrzeugs nach rechts auf einem Überfahren der Mittellinie durch ein entgegenkommendes beruht[1082].

406 Der für ein Verschulden sprechende Anschein wird ausgeräumt, wenn ein äußerer Anlaß nachgewiesen ist (z. B. eine unrichtig gezogene weiße Leitlinie oder ein entlaufenes Rind), der es vielleicht rechtfertigen konnte, die rechte Straßenhälfte zu verlassen[1083]. Dagegen wird der Anscheinsbeweis nicht dadurch entkräftet, daß zur Unfallzeit starker Wind herrschte[1084], daß ein Versagen der Lenkeinrichtung behauptet wird[1085] oder daß sich der Unfall an einer Haltestellenbucht ereignete, in der sich ein links blinkender, anfahrender Bus befand[1086]. Der Luftdruckabfall in einem Reifen

---

1068 OLG Nürnberg DAR 1982, 329; OLG Frankfurt VRS 75, 256; *Heitmann* VersR 1994, 137.

1069 Näheres hierzu *Heitmann* VersR 1994, 139 f.

1070 S. hierzu KG VM 1996, Nr. 8.

1071 BGH VersR 1982, 672.

1072 A. A. OLG Koblenz VersR 1994, 361.

1073 OLG Naumburg NZV 1995, 73.

1074 BGH VersR 1955, 189; 1957, 733; 1960, 1017; 1961, 846; 1964, 239; 1965, 188; 1966, 270; 1968, 668; 1969, 636; 1986, 344; OLG Frankfurt VRS 78, 262.

1075 BGH VersR 1958, 91; 1967, 557; 1967, 583; 1967, 709.

1076 BGH VersR 1962, 642.

1077 BGH VersR 1970, 467.

1078 BGH VersR 1959, 466; 1959, 519; 1960, 1017; 1964, 1103; 1986, 344.

1079 Vgl. BGH VersR 1986, 344.

1080 BGH VersR 1963, 945; 1967, 473.

1081 OLG Saarbrücken DAR 1984, 149.

1082 BGH VersR 1961, 137.

1083 BGH VersR 1966, 239; 1976, 587.

1084 BGH VersR 1966, 270.

1085 BGH VersR 1954, 288.

1086 OLG Düsseldorf VersR 1982, 777.

entkräftet den Anscheinsbeweis nicht, wenn er nach sachverständigem Urteil keinen Kausalbeitrag zu dem Unfall geleistet hat[1087]. Bei Kurvenunfällen ist nach neuen Erkenntnissen der Unfallanalyse nur mit Vorsicht auf Anscheinsgrundsätze zurückzugreifen[1088].

Überholen. Der Anscheinsbeweis spricht gegen den Überholer, der links einen Fuß- **407** gänger anfährt[1089]. Beim Zusammenstoß zwischen einem überholenden und dem überholten Fahrzeug spricht der Anscheinsbeweis nur unter bestimmten Voraussetzungen (z. B. nahender Gegenverkehr, Fahrbahnverengung) für ein Verschulden des Überholers[1090].

Er greift nicht ein, wenn ein Radfahrer mit 2 m Abstand überholt wird, auch wenn **408** Sturm herrscht[1091], wenn ein Kradfahrer einen anderen auf der Mittellinie der Straße fahrend überholt[1092] oder wenn der überfahrene Mopedfahrer während des Überholtwerdens wegen eines in die Fahrbahn laufenden Kindes stürzt[1093].

Schleudern. Der Anscheinsbeweis spricht für ein Verschulden des Fahrers bei Schleu- **409** dern auf regennasser[1094], vereister[1095], oder schneeglatter Straße[1096] sowie allgemein in einer Verkehrslage, die bei ordnungsgemäßer Fahrweise ohne weiteres zu meistern war[1097]. Er greift jedoch nur ein, wenn die Glätte erkennbar war, nicht, wenn sie plötzlich und ohne warnende Anzeichen auftrat[1098]. Bei Ausbrechen des Anhängers in einer Kurve ist ein Verschulden des Fahrers prima facie erwiesen[1099]. Rutschen auf Schneematsch in leicht ansteigender und seitlich überhöhter Kurve begründet nach zweifelhafter Ansicht des BGH[1100] keinen Anscheinsbeweis für ein Verschulden, da dies auch einem vorsichtigen Fahrer passieren könne.

Kollisionen an Kreuzungen und Einmündungen. Beim Zusammenstoß an einer Kreu- **410** zung oder Einmündung spricht grundsätzlich der Anscheinsbeweis für ein Verschulden des Fahrers, der aus der untergeordneten Straße eingefahren[1101] oder beim Linksabbiegen mit einem entgegenkommenden Fahrzeug zusammengestoßen ist[1102]; ob der Vorfahrtberechtigte bei sorgsamer Fahrweise noch hätte anhalten oder ausweichen können, ist unerheblich[1103]. Allerdings kann die für einen Anscheinsbeweis ausreichende Typizität nur bejaht werden, wenn die Sichtverhältnisse an der Unfallstelle so sind, daß ein mit realistischerweise zu erwartender Geschwindigkeit fahrender Vorfahrtberechtigter rechtzeitig gesehen werden kann[1104]. An einer Ampel mit Linksabbiegerpfeil greift bei ungeklärter Ampelstellung kein Anscheinsbeweis zu Lasten des Abbiegers ein[1105].

Ein verkehrswidriges Verhalten des Vorfahrtberechtigten allein räumt den Anscheins- **411** beweis nicht aus[1106]. Fuhr er ohne Licht, entfällt der Anscheinsbeweis; ob dann ihn ein

---

1087 OLG Hamm NZV 1993, 354.
1088 *Schimmelpfennig* 25. VGT (1987) 77 ff; Entschließung des 25. VGT 8.
1089 BGH VersR 1964, 594.
1090 BGH VersR 1975, 331; 1975, 765.
1091 BGH RdK 1953, 29 m. Anm. *Pohle*.
1092 BGH VersR 1988, 1302 LS.
1093 OLG Celle VersR 1968, 153.
1094 BGH VersR 1960, 523; 1961, 232; 1963, 955; 1970, 284; 1971, 439.
1095 BGH VersR 1961, 63; 1963, 585; 1967, 475; 1967, 882; 1969, 895.
1096 BGH VersR 1962, 786; 1966, 1077; 1971, 842.
1097 BGH VersR 1964, 532; 1968, 670.
1098 BGH VersR 1961, 63; 1963, 585; 1965, 690; 1967, 475; 1967, 882; 1969, 895.
1099 BGH VersR 1962, 378.
1100 VersR 1958, 647.
1101 BGH VersR 1960, 597; 1963, 1075; 1964, 48; 1976, 365; BGH VRS 5, 182; OLG Oldenburg DAR 1953, 95; OLG Frankfurt VRS 80, 111.
1102 BGH VersR 1964, 639.
1103 BGH VRS 5, 182; VersR 1963, 1075.
1104 OLG Nürnberg VRS 87, 22.
1105 BGH VersR 1996, 513; OLG Hamm NZV 1990, 189.
1106 KG DAR 1984, 85.

unfallursächliches Verschulden trifft, läßt sich nicht prima facie, sondern nur anhand der konkreten Umstände beantworten[1107]. Die Möglichkeit einer zu hohen Geschwindigkeit des Vorfahrtberechtigten genügt nicht zur Entkräftung des Anscheinsbeweises; diese würde vielmehr den Beweis von Umständen voraussetzen, aus denen sich die ernsthafte Möglichkeit einer so hohen Geschwindigkeit ergibt, daß das andere Fahrzeug beim Anfahren des Wartepflichtigen für diesen noch nicht sichtbar oder noch zu weit entfernt war, um von ihm als gefährdet angesehen werden zu müssen[1108]. Hierbei sind die konkreten Sichtbedingungen (z. B. Nebel) zu berücksichtigen[1109].

412 Kein Anscheinsbeweis greift ein, wenn der Wartepflichtige nach rechts einbog und dabei gegen einen von rechts kommenden Verkehrsteilnehmer stieß, weil dieser beim Überholen auf die linke Straßenseite geraten war. Hier wäre ein Verschulden nur gegeben, wenn für den Wartepflichtigen Anzeichen für ein beabsichtigtes Überholen bestanden hätten; das Vorhandensein solcher Anzeichen läßt sich aber nicht mittels allgemeiner Erfahrung feststellen[1110]. Liegt der Kollisionsort hinter dem Einmündungsbereich, fehlt es in der Regel an einem typischen Ablauf, weil es sich dann auch um einen vom Bevorrechtigten zu vertretenden Auffahrunfall handeln kann (vgl. Anh. § 16, 76).

413 **Unfälle an Grundstücksein- oder -ausfahrten.** Stößt mit dem Fahrzeug desjenigen, der nach links in ein Grundstück einfährt, ein entgegenkommendes Fahrzeug zusammen, so spricht der erste Anschein für ein Verschulden des Einfahrenden[1111]. Dasselbe gilt, wenn ein Fahrzeug im Bereich der Ausfahrt auf einen aus dem Grundstück Ausfahrenden auffährt, während es bei einer Kollision ca. 30 m hinter der Ausfahrt näherer Feststellungen zur Geschwindigkeitsdifferenz bedarf[1112]. Wenn auf einen nach rechts oder links in ein Grundstück Einfahrenden ein hinter ihm sich in gleicher Richtung bewegendes Fahrzeug auffährt oder durch die Reaktion auf den Einbiegevorgang ins Schleudern gerät, spricht gegen diesen Fahrer und nicht gegen den Einbiegenden der erste Anschein[1113].

414 **Anfahren vom Fahrbahnrand.** Ereignet sich ein Zusammenstoß beim Anfahren vom Fahrbahnrand[1114] oder beim Rückwärtsfahren von einem Parkstreifen auf die Fahrbahn[1115], so spricht der Anscheinsbeweis für das Verschulden des Anfahrenden.

415 **Wenden.** Stößt ein wendendes Kraftfahrzeug mit einem Fahrzeug des fließenden Verkehrs zusammen, so deutet der typische Geschehensablauf auf ein unfallursächliches Fehlverhalten des Wendenden hin[1116]. Bei erheblicher Geschwindigkeitsüberschreitung des anderen Verkehrsteilnehmers kann dieser Anscheinsbeweis jedoch ausgeräumt sein. Voraussetzung hierfür ist die ernsthafte Möglichkeit, daß der andere bei Beginn des Wendemanövers noch so weit entfernt war, daß seine Gefährdung für ausgeschlossen gehalten werden durfte[1117].

416 **Rückwärtsfahren.** Bei einer Berührung zwischen einem rückwärtsfahrenden Kraftfahrzeug und einem anderen Verkehrsteilnehmer ist prima facie vom Verschulden des Rückwärtsfahrenden auszugehen[1118].

1107 A. A. KG VersR 1983, 839.

1108 BGH VersR 1986, 579; OLG Stuttgart VersR 1982, 1175 läßt bereits Zweifel an der Erkennbarkeit genügen; OLG Oldenburg VersR 1995, 1457 stellt zu geringe Anforderungen.

1109 OLG Köln VersR 1988, 859.

1110 BGH VersR 1982, 903; OLG Köln VersR 1994, 191.

1111 BGH VersR 1959, 613.

1112 OLG München NZV 1989, 278.

1113 OLG Celle NJW 1966, 2020; a. A. OLG Köln DAR 1956, 13.

1114 OLG Düsseldorf VersR 1977, 60; 1978, 852.

1115 OLG Frankfurt VersR 1982, 1079.

1116 BGH VersR 1985, 990.

1117 BGH VersR 1985, 990.

1118 KG VM 1988, Nr. 30 LS.

Unfälle mit Fußgängern. Stößt ein Kraftfahrzeug auf seiner rechten Fahrbahnseite mit einem von rechts kommenden Fußgänger zusammen, so spricht ein Anscheinsbeweis für Unaufmerksamkeit des **Fußgängers**[1119]. Dasselbe gilt, wenn der Fußgänger durch das Herannahen eines Kraftfahrzeugs derart erschreckt wird, daß er zu Fall kommt[1120]. Wird ein Fußgänger auf der Fahrbahn liegend überfahren und steht fest, daß er in hohem Maße alkoholbedingt verkehrsunsicher war, so spricht der Anscheinsbeweis dafür, daß er durch die Trunkenheit, also verschuldetermaßen, auf die Fahrbahn gelangt ist[1121]. Allein aus dem Verunglücken auf der Fahrbahn kann jedoch nicht auf ein Verschulden des Fußgängers geschlossen werden[1122]. Insbesondere greift ein solcher Anscheinsbeweis nicht ein, wenn der Zusammenstoß in[1123] oder jenseits der Fahrbahnmitte[1124] geschieht. **417**

Aus dem Anfahren eines die Fahrbahn überquerenden Fußgängers kann nur dann prima facie auf ein Verschulden des **Kraftfahrers** geschlossen werden, wenn der Fußgänger bei „Fahren auf Sicht" rechtzeitig erkennbar war, z. B. wenn er von links kam[1125]. Trat der Fußgänger (aus der Sicht des Kraftfahrers) von rechts auf die Fahrbahn oder ist dies nicht auszuschließen, so läßt sich ein Verschulden des Kraftfahrers nicht mittels Anscheinsbeweises feststellen[1126]. **418**

Der Rechtsprechung, wonach das Anfahren eines am rechten Straßenrand in gleicher Richtung gehenden Fußgängers prima facie auf einem Verschulden des Kraftfahrers beruht[1127], ist nicht zuzustimmen, da derartige Unfälle keinen hinreichend typischen Ablauf haben[1128]. **419**

Aus § 3 Abs. 2 a StVO kann nicht abgeleitet werden, daß beim Unfall mit einem **Kind** oder einer anderen **hilfsbedürftigen Person** in jedem Fall ein Anscheinsbeweis gegen den Kraftfahrer spricht[1129]. Es muß vielmehr feststehen, daß er das Kind gesehen hat oder mit ihm rechnen mußte[1130]. **420**

Fahrzeugmängel. Beruht ein Unfall auf einem technischen Mangel des Fahrzeugs, so kann hieraus dann auf ein Verschulden des Führers geschlossen werden, wenn die Mangelhaftigkeit schon vor dem Unfall ohne weiteres erkennbar war. Dies gilt vor allem für Fahren mit unvorschriftsmäßiger Beleuchtung oder ohne Beleuchtung[1131] oder mit nicht funktionstüchtigen Bremsen. Aus dem bloßen Vorhandensein von Mängeln am Kraftfahrzeug kann jedoch auf Fahrlässigkeit des Führers nicht geschlossen werden, wenn nicht feststeht, daß die Schäden schon früher aufgetreten sind oder erkennbar waren. So hat der Bundesgerichtshof den Beweis des ersten Anscheins für ein Verschulden abgelehnt, als bei einem Lkw aus ungeklärter Ursache das Bremspedal klemmte und auch die Handbremse wegen Verölung der Bremsbacken nur unzurei- **421**

1119 BGH VersR 1953, 242; OLG Düsseldorf DAR 1977, 268; a. A. OLG München VersR 1968, 480.

1120 BGH VersR 1974, 196.

1121 BGH NJW 1976, 897.

1122 BGH VersR 1956, 488.

1123 BGH VersR 1958, 169; 1966, 873.

1124 BGH VersR 1958, 550; 1961, 84.

1125 BGH VersR 1983, 1037; OLG Celle VersR 1986, 450; OLG Köln ZfS 1993, 258.

1126 BGH VersR 1968, 603; 1968, 804; 1983, 1039; OLG Celle VersR 1986, 450; OLG Düsseldorf DAR 1977, 268; OLG Karlsruhe VersR 1989, 302.

1127 So BGH VersR 1967, 257; OLG Zweibrücken VersR 1977, 1135.

1128 Ebenso OLG München VersR 1987, 317 bei Trunkenheit des Fußgängers.

1129 OLG Karlsruhe VersR 1986, 771; *Jagusch/Hentschel* § 25 StVO, 55; a. A. AG Köln NJW 1982, 2008; VRS 63, 9; 72, 256; für Betrunkenen LG Köln VersR 1984, 796.

1130 OLG Hamm NJW-RR 1987, 1250.

1131 BGH VRS 9, 427; VersR 1962, 633.

chend bremste[1132]. Das Versagen der Kardanwelle ist nur in den seltensten Fällen vorher erkennbar und läßt daher nicht auf ein Verschulden schließen[1133].

Mangels Typizität besteht kein Anscheinsbeweis dafür, daß das Ausschlagen eines Fahrradlenkers auf einem (vom Fahrradvermieter zu vertretenden) Lösen des Lenkergriffs beruht[1134] oder daß das Lösen eines linken Hinterrades auf ein Verschulden der Werkstatt zurückgeht, die zuvor Karosseriearbeiten am rechten Heckteil ausgeführt hat[1135].

422 **Unbefugte Benutzung des Kraftfahrzeugs.** Haben Zweitschlüssel in der Ablage oder im Handschuhfach eines abgestellten Wagens gelegen, soll der erste Anschein dafür sprechen, daß sie dort vom den Wagen überwiegend nutzenden Halter als Reserveschlüsse abgelegt worden sind[1136].

423 **Verlust von Fahrzeugteilen oder Ladung.** Lösen sich Teile vom Kraftfahrzeug, vor allem Felgen, Reifen[1137], ein Zwillingsrad[1138], ein Reservereifen[1139] oder Gepäck oder Ski vom Dachständer, so spricht dies für eine schuldhafte Pflichtwidrigkeit des Fahrers.

424 Ausgeräumt ist der Anscheinsbeweis beim Abspringen eines Zwillingsrades, wenn ausreichende Anhaltspunkte dafür dargetan sind, daß möglicherweise in der Reparaturwerkstatt die Radmuttern überzogen worden waren[1140].

425 **Öffnen der Wagentüre.** Stößt ein Vorbeifahrender mit der Wagentür eines stehenden Kraftfahrzeugs zusammen, so spricht der erste Anschein dafür, daß die Tür unvorsichtig geöffnet wurde[1141].

426 **Stürze mit Krad.** Der Sturz eines Kradfahrers begründet den Anschein, daß er zu schnell oder unvorsichtig fuhr[1142]. Stürzt ein Kradfahrer nach einer Kurve, die er mit Grenzgeschwindigkeit durchfahren hat, so spricht der Anscheinsbeweis für sein Verschulden[1143]. Dieser Anscheinsbeweis greift dagegen nicht ein, wenn ein Kradfahrer stürzt, nachdem kurz vor ihm ein anderes Krad verunglückt und explodiert war; denn der Gestürzte kann auch erschrocken oder durch ein Fahrzeugteil getroffen worden sein[1144].

427 Das **Übersehen eines Verkehrszeichens** beruht prima facie auf Fahrlässigkeit[1145].

428 **Unzulängliche Verkehrsregelung.** Ist eine Gefahrenstelle unzureichend oder irreführend beschildert, so spricht nach BGH VersR 1969, 539 der erste Anschein für ein Verschulden der Beamten der zuständigen Behörde (zweifelhaft).

III. Amtshaftung

1. Überblick

429 Kommt es zu einem Unfall durch Verletzung einer dem Geschädigten gegenüber bestehenden Amtspflicht, so richtet sich der **Schadensersatzanspruch gegen den Amtsträger persönlich** nicht nach § 823, sondern nach § 839 BGB. Eine Rechtsgutsverletzung im Sinne von § 823 Abs. 1 BGB ist demnach nicht vorausgesetzt; es kann auch die

---

1132 BGH VersR 1956, 696.
1133 BGH VersR 1956, 161.
1134 BGH WM 1982, 1230.
1135 OLG Stuttgart VersR 1981, 89.
1136 BGH NJW 1981, 114; zw.
1137 OLG Neustadt VRS 11, 15.
1138 BGH VersR 1961, 424.
1139 OLG Düsseldorf MDR 1962, 53.
1140 BGH VersR 1961, 424.
1141 AG Köln VRS 72, 265.
1142 OLG Düsseldorf VersR 1981, 263.
1143 BGH VersR 1962, 1208.
1144 BGH VersR 1957, 445.
1145 BGH VersR 1955, 183; 1960, 597.

Zufügung bloßen Vermögensschadens genügen, sofern er vom Schutzzweck der verletzten Amtspflicht umfaßt wird (vgl. hierzu für den Bereich des Straßenverkehrs Rdn. 440). Die Haftung des Beamten ist auf der anderen Seite aber dadurch eingeschränkt, daß sie bei Fahrlässigkeit hinter anderweitigen Ersatzmöglichkeiten zurücktritt (§ 839 Abs. 1 Satz 2 BGB; zu den erheblichen Einschränkungen dieser Subsidiaritätsklausel durch die jüngere Rechtsprechung vgl. Rdn. 483 ff).

Nach Art. 34 GG tritt an die Stelle der persönlichen Haftung des Beamten nach § 839 BGB die dieser Vorschrift nach Voraussetzungen und Umfang entsprechende Haftung des Staates oder sonstigen Dienstherrn, sofern der Beamte in Ausübung des ihm anvertrauten öffentlichen Amtes gehandelt hat. Diese auf der persönlichen Haftung des Beamten aufbauende Haftungsverlagerung sollte durch Gesetz vom 26. 6. 1981 (BGBl. I 553) durch eine originäre Staatshaftung ersetzt werden; das Gesetz wurde jedoch wegen fehlender Gesetzgebungskompetenz des Bundes vom BVerfG[1146] für nichtig erklärt. Gegenüber Ausländern ist die Staatshaftung eingeschränkt (vgl. Rdn. 479). **430**

In den **neuen Bundesländern** gilt das Staatshaftungsgesetz der DDR neben § 839 BGB, Art. 34 GG fort (vgl. Rdn. 495 f). **431**

2. Verhältnis zu sonstigen Anspruchsgrundlagen

a) **Gegen den Beamten.** Im Anwendungsbereich des § 839 BGB sind Ansprüche nach allgemeinem Deliktsrecht (§ 823 ff BGB) ausgeschlossen, gleich ob die Haftung (bei Ausübung öffentlicher Gewalt) nach Art. 34 GG auf den Staat übergegangen oder (bei Tätigwerden innerhalb des privatrechtlichen Geschäftskreises des Dienstherrn) bei seiner Person verblieben ist[1147]. Ist der Beamte Halter des Kraftfahrzeugs, so bleibt seine Haftung nach § 7 StVG unberührt[1148]; dagegen haftet er nicht neben dem Dienstherrn als Kraftfahrzeugführer nach § 18 StVG[1149] (vgl. Rdn. 433). Zu § 640 RVO a. F., § 110 SGB-VII s. Schlußanh. II, 66. **432**

b) **Gegen den Dienstherrn.** Eine Haftung für den Beamten nach §§ 89, 30, 31 oder § 831 BGB kommt nur bei Tätigwerden im privatrechtlichen Geschäftskreis des Dienstherrn in Betracht. Hat der Beamte in Ausübung öffentlicher Gewalt gehandelt, dann haftet der Staat nach § 839 BGB, Art. 34 GG ohne Entlastungsmöglichkeit[1150]. Ist der Dienstherr auch Halter des Kraftfahrzeugs, mit dem der Beamte den Unfall verursacht hat, so haftet er auch nach § 7 StVG[1151]. Die Haftung für vermutetes Verschulden nach § 18 StVG geht auf den Dienstherrn über, wenn der Beamte die Unfallfahrt in Ausübung öffentlicher Gewalt unternommen hat[1152]. In diesem Fall muß also der Dienstherr fehlendes Verschulden des Beamten beweisen. **433**

3. Voraussetzungen der Haftung nach § 839 BGB

a) **Beamteneigenschaft.** Das Merkmal „Beamter" in § 839 BGB hat unterschiedliche Bedeutung, je nach dem, ob es sich um die persönliche Haftung des Beamten bei Tätig- **434**

1146 NJW 1983, 25.

1147 RG JW 1937, 1706 = 1967 m. Anm. *Reuss*; BGHZ 3, 101; 13, 25; 34, 99; BGH VersR 1984, 1070.

1148 RGZ 165, 374; BGHZ 29, 43.

1149 OGH NJW 1950, 695; BGH VersR 1958, 320; 1959, 455 = JZ 1960, 174 m. Anm. *Schröer*; OLG Hamburg VersR 1952, 376; LG Düsseldorf VersR 1965, 1211; LG Aachen VersR 1983, 591.

1150 BGHZ 68, 219.

1151 BGHZ 50, 271; 68, 219.

1152 BGH VersR 1958, 321; 1983, 461.

werden im privatrechtlichen Geschäftskreis des Dienstherrn (Rdn. 435) oder ob es sich um die Haftung des Dienstherrn bei hoheitlicher Tätigkeit (Rdn. 436) handelt.

435 aa) **Bei privatrechtlicher Tätigkeit** ist maßgeblich der beamtenrechtliche Beamtenbegriff (vgl. § 6 Abs. 2 BBG, § 5 BRRG)[1153].

436 bb) **Bei hoheitlicher Tätigkeit** ist – wie sich aus der Fassung des Art. 34 GG ergibt – allein entscheidend, ob der betreffenden Person öffentliche Gewalt anvertraut ist; ob sie nach Beamtenrecht die Eigenschaft eines Beamten hat, ist unerheblich[1154]. Die Rechtsbeziehung zwischen der öffentlichrechtlichen Körperschaft und der handelnden Person kann auch privatrechtlicher Natur sein.

437 Die Staatshaftung greift daher z. B. auch ein für angestellte Kraftfahrer einer Behörde[1155], Angehörige der freiwilligen Feuerwehr[1156], zur Erfüllung hoheitlicher Aufgaben herangezogene Mitarbeiter von Hilfsorganisationen[1157], Zivildienstleistende[1158], Abschleppunternehmer[1159], Sachverständige des TÜV[1160], TÜV-Angestellte, die Kraftfahrzeuge im polizeilichen Auftrag zur Untersuchungsstelle fahren[1161] und Schülerlotsen[1162].

438 Bei der Beurteilung der Rechtsstellung **selbständiger privater Unternehmer**, die der Staat zur Erfüllung seiner Aufgaben durch privatrechtlichen Vertrag heranzieht, ist darauf abzuheben, ob die öffentliche Hand in so weitgehendem Maß auf die Durchführung der Arbeiten Einfluß genommen hat, daß sie die Arbeiten des privaten Unternehmers wie eigene gegen sich gelten lassen und es so angesehen werden muß, wie wenn der Unternehmer lediglich als Werkzeug der öffentlichen Behörde bei der Durchführung ihrer hoheitlichen Aufgaben tätig geworden wäre[1163]. Dadurch wird dem Umstand Rechnung getragen, daß in solchen Fällen die Zielsetzung der Tätigkeit, auf die etwa bei Realakten wie der Teilnahme am öffentlichen Verkehr abzustellen ist, für sich genommen eine sachgerechte Begrenzung der Staatshaftung nicht ermöglicht. Die auf privatrechtlicher Grundlage beruhende Heranziehung privater Unternehmer zur Erfüllung hoheitlicher Aufgaben umfaßt Fallgestaltungen, die sich sowohl durch den Charakter der jeweils wahrgenommenen Aufgabe als auch durch die unterschiedliche Sachnähe der übertragenen Tätigkeit zu dieser Aufgabe sowie durch den Grad der Einbindung des Unternehmers in den behördlichen Pflichtenkreis voneinander unterscheiden. Je stärker der hoheitliche Charakter der Aufgabe in den Vordergrund tritt, je enger die Verbindung zwischen der übertragenen Tätigkeit und der von der Behörde zu erfüllenden hoheitlichen Aufgabe und je begrenzter der Entscheidungsspielraum des Unternehmers ist, desto näher liegt es, ihn als Beamten im haftungsrechtlichen Sinn anzusehen[1164].

439 b) **Verletzung einer Amtspflicht gegenüber dem Geschädigten.** Der Unfall muß darauf beruhen, daß der Beamte (oder sonstige Amtsträger) eine Dienstpflicht verletzt hat, die ihm gerade dem Geschädigten als „Dritten“, nicht nur der Allgemeinheit oder seiner Behörde gegenüber oblag. Ob der Geschädigte i. S. d. § 839 Abs. 1 BGB „Dritter“ ist, richtet sich danach, ob die Amtspflicht – wenn auch nicht notwendig allein, so doch auch – den Zweck hat, gerade sein Interesse wahrzunehmen. Nur wenn sich aus den die Amtspflicht begründenden und sie umreißenden Bestimmungen sowie aus der

---

1153 BGHZ 42, 178.
1154 RGZ 142, 192; 151, 386; BGHZ 2, 350; BGH NJW 1972, 2088.
1155 OLG München HRR 1942, 648.
1156 BGHZ 20, 290.
1157 OLG Düsseldorf VersR 1971, 185.
1158 BGHZ 118, 304.
1159 BGH NZV 1993, 223.
1160 BGHZ 49, 108; BGH VersR 1973, 317; 1994, 216; OLG Köln VersR 1989, 1196.
1161 OLG München VersR 1995, 1054.
1162 OLG Köln NJW 1968, 655.
1163 BGHZ 48, 103; BGH VersR 1971, 867; 1980, 459; NZV 1993, 223.
1164 BGH NZV 1993, 223.

besonderen Natur des Amtsgeschäfts ergibt, daß der Geschädigte zu dem Personenkreis zählt, dessen Belange nach dem Zweck und der rechtlichen Bestimmung des Amtsgeschäfts geschützt und gefördert werden sollen, besteht ihm gegenüber bei schuldhafter Pflichtverletzung eine Schadensersatzpflicht. Hingegen ist anderen Personen gegenüber, selbst wenn die Amtspflichtverletzung sich für sie mehr oder weniger nachteilig ausgewirkt hat, eine Ersatzpflicht nicht begründet. Es muß mithin eine besondere Beziehung zwischen der verletzten Amtspflicht und dem geschädigten „Dritten" bestehen. Dabei muß eine Person, der gegenüber eine Amtspflicht zu erfüllen ist, nicht in allen ihren Belangen immer als „Dritter" anzusehen sein. Vielmehr ist jeweils zu prüfen, ob gerade das im Einzelfall berührte Interesse nach dem Zweck und der rechtlichen Bestimmung des Amtsgeschäfts geschützt werden soll. Es kommt demnach auf den Schutzzweck der Amtspflicht an[1165].

aa) Bei **Teilnahme am Straßenverkehr** besteht gegenüber den anderen Verkehrsteil- **440**
nehmern (als „Dritten") die Amtspflicht, die Verkehrsregeln zu beachten und Schädigungen der in § 823 Abs. 1 BGB genannten Rechtsgüter zu vermeiden[1166]. Sie besteht jedoch nicht gegenüber den Verwandten des Verletzten oder den Erben des Getöteten[1167] oder einem Dritten, der durch den Unfall lediglich einen Vermögensschaden erleidet[1168]. Außerdem ist auch hier die Schutzwirkung der betreffenden Verkehrsvorschrift zu beachten: die genannte Amtspflicht besteht nur demjenigen Verkehrsteilnehmer gegenüber, der von der konkret in Rede stehenden Vorschrift geschützt werden soll[1169], also z. B. nicht gegenüber dem Eigentümer des vom Beamten benützten Kraftfahrzeugs[1170].

bb) Die Pflicht zur **Verhinderung einer vorschriftswidrigen Benutzung von Dienst-** **441**
fahrzeugen obliegt den betr. Aufsichtspersonen auch gegenüber den gefährdeten Verkehrsteilnehmern[1171].

cc) **Aufsichtspflichten,** z. B. von Lehrern oder Fürsorgern, bestehen nicht nur gegen- **442**
über den Schutzbefohlenen (insoweit werden Schadensersatzansprüche wegen § 637 Abs. 1 RVO a. F. bzw. § 105 Abs. 1 SGB-VII in der Regel nicht in Betracht kommen; vgl. Schlußanh. II, 54 ff), sondern auch gegenüber Dritten, auf die sich das zu beaufsichtigende Verhalten auswirken kann, also auch Verkehrsteilnehmern, die, z. B. durch ausgelassene Spiele, gefährdet werden[1172]. § 832 BGB ist daneben nicht anwendbar, d. h. die Beweislast für das Aufsichtsverschulden trifft den Geschädigten[1173].

dd) Die **Straßenverkehrsbehörden** sind gegenüber den Verkehrsteilnehmern ver- **443**
pflichtet, durch sachgerechte **Verkehrsregelung,** insbesondere Anbringung von Verkehrszeichen und -einrichtungen (§ 44 Abs. 1, § 45 Abs. 3, 4 StVO), für die Sicherheit und Leichtigkeit des Verkehrs zu sorgen[1174] (zur hiervon zu unterscheidenden, grundsätzlich bürgerlichrechtlichen Verkehrssicherungspflicht s. Rdn. 464 u. 528 ff, zur Verkehrsregelung an Baustellen Rdn. 625). Die Amtspflicht besteht auch gegenüber einem

---

1165 BGHZ 106, 331; 110, 9; BGH NZV 1992, 149.
1166 BGHZ 42, 180; 68, 217; BGH VersR 1966, 493; 1969, 189; 1974, 1018; 1985, 638.
1167 BGH VersR 1968, 554.
1168 BGH VersR 1973, 275; 1981, 252.
1169 BGH VersR 1985, 638.
1170 BGH NZV 1992, 149.
1171 BGH VersR 1983, 638.
1172 RGZ 125, 86; BGHZ 13, 26; *Münch-Komm/Papier* § 839, 219; a. A. OLGR Celle 1995, 131.
1173 BGHZ 13, 28.
1174 BGH NJW 1952, 1214; VersR 1956, 320; 1957, 776; 1959, 33; 1972, 1127; 1981, 336; 1985, 835; NZV 1988, 58; OLG Hamburg VersR 1954, 20; OLG Hamm VkBl. 1954, 39; OLG Stuttgart VersR 1958, 865; OLG Celle VersR 1967, 382.

Verkehrsteilnehmer, der ein nicht mehr zum Verkehr zugelassenes Kraftfahrzeug benützt[1175].

444 Der **Inhalt** der Verkehrsregelungspflicht bestimmt sich nach ihrem Zweck, den Verkehr zu erleichtern und Verkehrsgefahren zu verhüten[1176]. Innerhalb dieses Rahmens steht die Regelung des Verkehrs im Ermessen der Behörde. Sie braucht nur solche Maßnahmen zu ergreifen, die objektiv erforderlich und zumutbar sind[1177]. Kann der Verkehrsteilnehmer mit der gebotenen Sorgfalt etwaige Gefahren selbst abwenden, so ist ein Einschreiten der Straßenverkehrsbehörde nicht erforderlich[1178].

445 Sie ist daher z. B. grundsätzlich nicht gehalten, enge Straßen zu Einbahnstraßen zu erklären, auch wenn sie vorübergehend eine größere Verkehrsdichte bewältigen müssen[1179] oder die Vorfahrt an Kreuzungen durch Verkehrszeichen zu regeln[1180]. Ist eine Kreuzung allerdings so gefährlich, daß die Möglichkeit von Unfällen auch für den Fall naheliegt, daß die Verkehrsteilnehmer die von ihnen zu verlangende Sorgfalt walten lassen, so kann eine Verkehrsregelung, zumindest die Aufstellung von Gefahrzeichen, zwingend geboten sein[1181]. Wird die Vorfahrt abweichend vom Grundsatz „Rechts vor Links" geregelt, so muß die Regelung dem Straßencharakter, der Verkehrsbelastung, der übergeordneten Verkehrslenkung und dem optischen Eindruck der Straßenbenutzer entsprechen[1182]. Einzelheiten zur Verkehrsregelung enthält die VwV-StVO.

446 **Verkehrszeichen und -einrichtungen** sind so zu gestalten, daß sie für einen mit den Verkehrsvorschriften vertrauten, durchschnittlich aufmerksamen, weil durch das Verkehrsgeschehen in Anspruch genommenen Verkehrsteilnehmer deutlich erkennbar sind[1183]. Ein gewisses Maß von Umsicht muß aber vom Verkehrsteilnehmer, insbesondere wenn er sich erst in den fließenden Verkehr eingliedern will, erwartet werden. Es ist daher nicht geboten, eine Einbahnstraße an jeder Stelle, an der von einer angrenzenden Fläche in sie eingefahren werden kann (Tankstelle, Grundstücksausfahrt), als solche zu kennzeichnen, sofern die Verkehrsregelung bei sorgfältiger Beobachtung des Umfeldes hinreichend klar zutage tritt[1184].

447 Bei einer Änderung der Verkehrsregelung, z. B. durch Umstellung von Lichtsignalen, ist die Straßenverkehrsbehörde nicht stets zu besonderen Warnhinweisen verpflichtet[1185], bei der Umkehrung einer Vorfahrtregelung aber kann dies für eine Übergangszeit durchaus geboten sein. Wird die Fahrtrichtung einer Einbahnstraße umgekehrt, kann es sich als erforderlich erweisen, die Anwohner zu informieren[1186]. Bei Einbau einer Verkehrsinsel braucht die vorhandene Leitlinie (Zeichen 340) nach OLG Düsseldorf NZV 1996, 366 nicht entfernt zu werden (zw.). Eine Hinweispflicht besteht ferner, wenn mit der betreffenden Verkehrsregelung unter den gegebenen Umständen üblicherweise nicht gerechnet wird, wie z. B. bei Straßenbahngegenverkehr in einer Einbahnstraße[1187].

1175 BGH NJW 1966, 1456.

1176 OLG Frankfurt VersR 1984, 473.

1177 BGH NZV 1988, 58.

1178 BGH NZV 1988, 58 (Vorfahrtregelung für Straßenbahn bei Verlassen einer Fußgängerzone); OLG Stuttgart NZV 1990, 268 (Höhenunterschied zwischen Fahrbahn und Bankett); OLG Düsseldorf NJW-RR 1994, 1443/1444 (Einmündung eines Geh- und Radwegs in Ortsstraße); OLG Düsseldorf NZV 1996, 366 (Einbau einer Verkehrsinsel auf Leitlinie [Zeichen 340]; zw.).

1179 BGH bei *Bode-Weber* DAR 1969, 99.

1180 BGH VersR 1959, 33; OLG Bremen DAR 1963, 107.

1181 BGH VersR 1981, 336.

1182 BGH NZV 1988, 59.

1183 BGH VersR 1961, 689; 1963, 42; 1972, 1127; 1985, 836; OLG Frankfurt VersR 1988, 914 LS.

1184 BGH VersR 1985, 836; KG DAR 1955, 256.

1185 BGH NZV 1991, 148; OLG Frankfurt VersR 1984, 393; OLG Stuttgart VersR 1989, 627.

1186 LG Bonn NZV 1993, 34.

1187 LG Heidelberg VersR 1982, 1156.

448 Bei **fehlerhafter Verkehrsregelung** haftet die verantwortliche Körperschaft für hierdurch verursachte Unfälle, so z. B. bei Fehlen eines notwendigen Verkehrszeichens[1188] oder bei Anbringung irreführender Verkehrszeichen[1189]. Auch eine fehlerhafte Programmierung von Lichtsignalanlagen gehört hierher[1190]; die ordnungsgemäße Wartung von Signalanlagen gehört hingegen zur Verkehrs*sicherungs*pflicht, vgl. Rdn. 464). Nicht fehlerhaft ist es, wenn eine Fußgängerampel so geschaltet wird, daß sie für die beiden Fahrtrichtungen zeitversetzte Grünphasen hat; ob dies auch dann gilt, wenn in der Nähe eine untergeordnete Straße einmündet, so daß für Einbiegende durch das für sie sichtbare Rotlicht der falsche Eindruck einer Sperrung des aus der Gegenrichtung kommenden Verkehrs entstehen kann, muß indes bezweifelt werden[1191].

449 Der Fehler muß von ihr **verschuldet** sein; eine verschuldensunabhängige Haftung für das Versagen technischer Einrichtungen leitet der BGH jedoch jetzt – in Abkehr von seiner früheren Rechtsprechung[1192] – aus enteignungsgleichem Eingriff ab (vgl. Rdn. 864ff). Ob bezüglich des Verschuldens ein Anscheinsbeweis eingreifen kann[1193] muß bezweifelt werden (vgl. Rdn. 428); erst recht abzulehnen ist eine Umkehr der Beweislast[1194].

450 **Verkehrsregelungspflicht und Verkehrssicherungspflicht** (zu den Begriffen Rdn. 464) können sich im Einzelfall überschneiden, denn auch der Verkehrssicherungspflichtige ist unter bestimmten Voraussetzungen berechtigt und verpflichtet, Gefahrzeichen aufzustellen (vgl. Rdn. 556, 565 ff). In solchen Fällen können Ansprüche gegen beide Pflichtenträger bestehen[1195]. Keiner von ihnen kann geltend machen, er habe sich auf die Pflichterfüllung durch den anderen verlassen[1196]. Es besteht aber keine generelle Amtspflicht des Straßenbaulastträgers, die Bestimmung der Straßenbaubehörde, wo ein Verkehrszeichen anzubringen ist, zu überprüfen[1197]. Ist der Verkehrssicherungspflichtige eine Privatperson, so muß sich der Geschädigte wegen des Verweisungsprivilegs des § 839 Abs. 1 Satz 2 BGB primär an diese halten[1198]; die Rechtsprechung des BGH zur Unanwendbarkeit des Verweisungsprivilegs bei Haftung aus Verletzung der Verkehrssicherungspflicht (s. Rdn. 534) läßt sich auf diesen Fall nicht übertragen. Obliegt jedoch auch die Verkehrssicherungspflicht einer Behörde, so kann der Geschädigte beide Pflichtenträger wahlweise in Anspruch nehmen, weil § 839 Abs. 1 Satz 2 BGB in solchen Fällen nicht eingreift.

451 ee) Die **Polizei** ist den Verkehrsteilnehmern gegenüber verpflichtet, die zur Gefahrenabwehr erforderlichen Maßnahmen zu treffen, und zwar auch dann, wenn ein anderer, etwa aufgrund einer Pflicht zur Verkehrssicherung oder zur Wegereinigung, zur Beseitigung der Gefahrenquelle verpflichtet ist[1199]. Diese Verpflichtung geht aber nicht über die Verkehrssicherungspflicht des eigentlich Verantwortlichen hinaus; es besteht daher keine Rechtspflicht der Polizei, anläßlich der Aufnahme glatteisbedingter Unfälle auch

---

1188 OLG München NVwZ 1993, 505.
1189 OLG Karsruhe VersR 1984, 1077; OLG Hamm NZV 1995, 275.
1190 Vgl. BGH VersR 1966, 1080; 1967, 602; 1971, 867; 1978, 963; NZV 1991, 147; OLG Celle VRS 33, 401.
1191 So aber BGH NZV 1991, 147 m. abl. Anm. *Menken*.
1192 BGHZ 54, 332.
1193 So BGH VersR 1969, 539.
1194 A. A. OLG Düsseldorf MDR 1976, 842.
1195 BGH VersR 1956, 320; 1957, 375; 1957, 776; OLG Köln MDR 1967, 589; OLG München NVwZ 1993, 505.
1196 BGH VersR 1960, 998.
1197 So für Nordrhein-Westfalen OLG Düsseldorf VersR 1990, 423.
1198 RG DR 1944, 111; OLG Hamburg VersR 1954, 20; OLG München DAR 1954, 157.
1199 BGH VersR 1964, 925: Ölspur; OLG Hamm NZV 1993, 192: Granulat zum Abdecken einer Ölspur; OLG Koblenz NZV 1994, 108: Absicherung einer Unfallstelle.

die nicht streupflichtigen Glättestellen an die für die Winterwartung zuständigen Behörden zu melden[1200]. Wegen der Subsidiarität dieser Haftung nach § 839 Abs. 1 Satz 2 BGB s. Rdn. 485.

452 ff) Nach § 29 d Abs. 2 StVZO hat die **Zulassungsstelle**, sobald sie erfährt, daß ein Kraftfahrzeug nicht (mehr) haftpflichtversichert ist, unverzüglich dafür zu sorgen, daß das Fahrzeug nicht mehr in den Verkehr kommt, indem sie den Fahrzeugschein einzieht und das Kennzeichen entstempelt[1201]. Diese Amtspflicht obliegt der Zulassungsstelle nicht nur der Allgemeinheit, sondern auch den Verkehrsteilnehmern oder Mitfahrern gegenüber, die durch ein nichtversichertes Fahrzeug zu Schaden kommen können. Infolgedessen können diese als „Dritte" i. S. des § 839 BGB vom Träger der Zulassungsstelle Ersatz verlangen[1202], und zwar auch bei Standortverlegung des Fahrzeugs von der Zulassungsstelle, die das Kennzeichen erteilt hat[1203]. Diese Haftung ist nach neuerer Rechtsprechung des BGH[1204] auf die Mindestversicherungssumme nach § 4 Abs. 2 PflVG beschränkt. Die durch § 29 d Abs. 2 StVZO begründete Amtspflicht der Zulassungsstelle zum unverzüglichen Handeln soll die Verkehrsteilnehmer nicht vor Unfallschäden überhaupt, sondern nur vor denjenigen Nachteilen schützen, die ihnen dadurch entstehen können, daß sie durch ein nicht versichertes Kraftfahrzeug geschädigt werden und deshalb ihre Ansprüche auf Ersatz der ihnen durch ein solches Kraftfahrzeug zugefügten Schäden nicht in dem durch das PflVG gewährleisteten Umfang realisieren können. Der Schutzbereich dieser Amtspflicht umfaßt daher nur den Schaden, den ein Verkehrsteilnehmer dadurch erleidet, daß er nicht aufgrund der gesetzlich vorgeschriebenen Pflichtversicherung von einem Versicherer Ersatz seines Unfallschadens erlangen kann. Dem Schutz des Halters des nicht versicherten Fahrzeugs dient die genannte Amtspflicht nicht[1205]. Zur Passivlegitimation bei Amtspflichtverletzung der Zulassungsstelle s. Rdn. 480.

453 gg) Die Überwachungspflichten der **Technischen Überwachungsvereine** (TÜV) dienen nur dem Schutz der Allgemeinheit vor Gefährdung durch den Betrieb verkehrsunsicherer Kraftfahrzeuge, nicht auch dem Schutz des Fahrzeugeigentümers vor Vermögensschäden[1206].

454 hh) Die aus der **Straßenbaulast** sich ergebenden Unterhaltungspflichten bestehen lediglich der Allgemeinheit gegenüber[1207]. Sie überschneiden sich aber häufig mit der (fakultativ ebenfalls öffentlichrechtlichen) Verkehrssicherungspflicht (s. Rdn. 529).

455 ii) **Gegenüber Trägern öffentlicher Gewalt** können ebenfalls Amtspflichten im Sinne des § 839 BGB bestehen. „Dritter" im Sinne des Amtshaftungsrechts ist die andere Körperschaft aber nur dann, wenn der Beamte ihr bei Erledigung seiner Dienstgeschäfte in einer Weise gegenübertritt, wie sie für das Verhältnis zwischen ihm und seinem Dienstherrn einerseits und dem Staatsbürger andererseits charakteristisch ist.

1200 OLG Hamm NVwZ-RR 1994, 70.

1201 Einzelheiten mit Rspr.-Nachw. bei *Lang* VersR 1988, 326; zum Umfang der erforderlichen Aktivitäten auch OLG München DAR 1989, 423; OLG Düsseldorf VersR 1994, 859; zu den Anforderungen an die eine solche Amtspflicht auslösende Mitteilung des Haftpflichtversicherers OLGR Rostock 1996, 119.

1202 BGH VersR 1961, 131; 1980, 457; 1981, 1154; DAR 1965, 178; OLG Düsseldorf VersR 1994, 859.

1203 BGH VersR 1981, 1154, auch zur Haftung der um Amtshilfe ersuchten Zulassungsstelle am neuen Standort.

1204 BGHZ 111, 272; **a. A.** BGH VersR 1965, 591; 1980, 457; *Wussow* WJ 1990, 142; Voraufl.

1205 OLG Düsseldorf NJW-RR 1988, 219; OLG Köln VersR 1993, 319.

1206 BGH VersR 1973, 317; *Hübner* VersR 1985, 703.

1207 BGH NJW 1967, 1325.

Dies ist dann nicht der Fall, wenn der Dienstherr des Beamten und die andere Körperschaft bei der Erfüllung einer ihnen gemeinschaftlich übertragenen Aufgabe derart zusammenwirken, daß sie im Rahmen dieser Aufgabe als Teil eines einheitlichen Ganzen erscheinen[1208].

Keinen Amtshaftungsanspruch hat daher das Deutsche Rote Kreuz als anerkannte Beschäftigungsstelle gem. § 3 ZDG gegen die Bundesrepublik Deutschland wegen der Beschädigung eines ihrer Fahrzeuge durch einen Zivildienstleistenden[1209]. Dagegen ist es zu weitgehend, den Beamten des Jugendamts, der die Aufsicht über sporttreibende Minderjährige ausübt, und einen Streife fahrenden Polizeibeamten als „Teile eines einheitlichen Ganzen" anzusehen, weil beide letztlich der Verkehrssicherheit dienen[1210]. **456**

c) **Verschulden.** Die Amtspflichtverletzung muß vorsätzlich oder fahrlässig begangen sein. Fahrlässig handelt, wer bei Beobachtung der für einen Beamten erforderlichen Sorgfalt hätte erkennen können, daß er einer Amtspflicht zuwiderhandelt. Daß der Beamte den Schaden vorhersehen konnte, ist nicht erforderlich[1211]. Stets richtet sich die erforderliche Sorgfalt nicht nach dem Verhalten eines besonders gewissenhaften Beamten, sondern danach, wie sich ein pflichtgetreuer Durchschnittsbeamter verhalten hätte[1212]. Hat ein Verwaltungsgericht oder ein anderes Kollegialgericht die Amtshandlung für rechtmäßig erklärt, kann dies ein Gesichtspunkt sein, ein Verschulden des handelnden Bediensteten zu verneinen. Nach der Rechtsprechung[1213] soll dies sogar als Regel gelten, und zwar selbst dann, wenn die betreffende Entscheidung in einer höheren Instanz abgeändert wurde. Allerdings läßt der BGH[1214] so viele Ausnahmen von dieser Regel zu, daß ihr kaum noch Aussagekraft zukommt[1215]. Umgekehrt trifft eine Behörde, die ihre vertretbare, wenn auch in einem späteren Rechtsstreit mißbilligte Rechtsmeinung aufgrund sorgfältiger rechtlicher und tatsächlicher Prüfung gewonnen hat, auch dann nicht ohne weiteres der Vorwurf der Fahrlässigkeit, wenn sie sich in der Folgezeit einer gegen sie ergangenen nicht rechtskräftigen Entscheidung nicht beugt[1216]. **457**

Erhöhte Sorgfalt ist bei Einsatz einer besonders gefährlichen Maschine (z. B. Schneepflug, Streufahrzeug, Kehrmaschine) aufzuwenden[1217]. Zum Verschulden eines Polizeibeamten bei der Verkehrsregelung s. OLG Koln NZV 1993, 64. **458**

Unzurechnungsfähigkeit des Beamten (z. B. Bewußtlosigkeit) führt auch hinsichtlich der Amtshaftung nach § 827 BGB zur Haftungsfreiheit. Die Anwendung des § 829 BGB kommt bei der Amtshaftung nicht in Betracht. **459**

4. Voraussetzungen der Staatshaftung nach Art. 34 GG

a) **Grundsatz.** Die Haftung des Beamten entfällt und wird durch die Haftung der Anstellungskörperschaft ersetzt, wenn zu den vorstehenden Voraussetzungen (wegen des abweichenden Beamtenbegriffs vgl. Rdn. 434 ff) hinzukommt, daß der Schädiger in Ausübung eines öffentlichen Amtes, also hoheitlich, gehandelt hat. **460**

1208 BGHZ 26, 232; 27, 210; 60, 371.

1209 BGH VersR 1983, 833 = JZ 1983, 764 m. abl. Anm. *Papier.*

1210 So aber OLG Düsseldorf VersR 1992, 825.

1211 BGH NJW 1965, 963.

1212 RGZ 156, 51.

1213 RGZ 106, 406; BGHZ 17, 153; 27, 338; 97, 107; BVerwG NVwZ 1991, 270. Weitere Nachw. bei *Hofmann* Kap. 1.4 Rdn. 22; *RGRKomm/Kreft* § 839, 296.

1214 Vgl. BGHZ 73, 164; BGH NJW 1985, 43 (einfache, leicht zu beantwortende Rechtsfrage); BGHZ 27, 343; BGH VersR 1980, 459 (eindeutiger Rechtsfehler des Gerichts). Weitere Nachw. bei *Schmidt* NJW 1993, 1631.

1215 Für ihre Aufgabe daher *Schmidt* NJW 1993, 1631.

1216 BGH NJW 1994, 3158.

1217 BGH VersR 1966, 589.

461 b) **Begriff der Ausübung eines öffentlichen Amtes.** Entscheidend ist, ob die Zielsetzung, die mit der schadensauslösenden Tätigkeit des Beamten verfolgt wurde, dem Bereich der hoheitlichen Verwaltung zuzurechnen ist und ob bejahendenfalls zwischen dieser Zielsetzung und der schädigenden Handlung ein so enger äußerer und innerer Zusammenhang besteht, daß die Handlung ebenfalls noch als dem Bereich hoheitlicher Betätigung angehörend angesehen werden muß[1218]. In Fällen, in denen es um die Amtshaftung für eingeschaltete Hilfspersonen geht, ist darauf abzustellen, ob die Tätigkeit der Hilfsperson unmittelbar in den hoheitlichen Aufgabenbereich der haftenden Körperschaft fällt[1219]. Ob dies für den Geschädigten oder sonstige Dritte erkennbar ist, ist ohne Belang[1220].

462 Hoheitliche Verwaltung liegt nicht nur beim Einsatz staatlicher Zwangsmittel vor, sondern auch bei der sog. schlichten Hoheitsverwaltung, etwa der öffentlichrechtlich organisierten Daseinsvorsorge[1221], der Unterhaltung öffentlicher Verkehrswege[1222] oder dem öffentlichrechtlich organisierten Rettungsdienst (vgl. Rdn. 471). Auszuscheiden sind dagegen Tätigkeiten in Wahrnehmung bürgerlichrechtlicher Belange der Körperschaft. Darauf, ob der Beamte verpflichtet war, die hoheitliche Tätigkeit auszuüben, kommt es nicht an[1223]. Zur Ausübung öffentlicher Gewalt gehört auch die sie unmittelbar vorbereitende oder sie bestimmungsgemäß abschließende Benutzung öffentlicher Straßen[1224]; es muß ein engerer Zusammenhang zwischen der Fahrt und der hoheitlichen Betätigung bestehen[1225]. Hierfür ist nicht Voraussetzung, daß die hoheitliche Tätigkeit die Verwendung eines Kraftfahrzeugs zwingend erfordert. Es genügt, wenn zwischen der Fahrt und der geplanten hoheitlichen Tätigkeit am Zielort ein so enger innerer Zusammenhang gegeben ist, daß diese sich bei natürlicher Betrachtungsweise in den Bereich hoheitlicher Tätigkeit einfügt und nicht nur in einer äußeren, zeitlichen und gelegenheitsmäßigen Beziehung zu der hoheitlichen Betätigung steht[1226].

463 Der BGH hat dies bejaht für die Fahrt einer Lehrerin in ein Schullandheim[1227]. Nicht darunter fällt dagegen die Fahrt eines Beamten zwischen Wohnung und Dienststelle. Desgleichen ist der Zusammenhang mit der Amtsausübung dann als aufgelöst zu betrachten, wenn der Beamte die Fahrt nach einer mehrstündigen Unterbrechung und erheblichem Alkoholgenuß fortsetzt[1228]. Ob auf der Fahrt Hoheitsrechte in Anspruch genommen werden, ist ohne Belang[1229].

c) Einzelfälle

464 aa) **Verkehrssicherungspflicht und Verkehrsregelungspflicht.** Die öffentlich-rechtliche Körperschaft kann wählen, ob sie ihre Verkehrs*sicherungs*pflicht in privatrechtlicher oder in hoheitlicher Form erfüllt (vgl. Rdn. 529). Bei Wahrnehmung der Pflicht zur Verkehrs*regelung* handelt die Körperschaft hingegen stets hoheitlich[1230] (s. a. Rdn. 443). Die beiden Pflichten unterscheiden sich dadurch, daß es bei der Verkehrssicherung um die Abwehr von Gefahren geht, die der Zustand einer Sache (insbesondere der Straße) hervorruft, während durch die Verkehrsregelung die aus dem Verkehr

---

1218 BGHZ 42, 176; 68, 219; 69, 130f; 108, 232; BGH NZV 1991, 347; 1992, 148.
1219 Vgl. BGHZ 39, 358; 49, 108; 108, 230; BGH VersR 1961, 184; 1968, 691; 1973, 317; 1973, 962; NZV 1991, 347.
1220 BGHZ 118, 310.
1221 BGH NJW 1973, 1650.
1222 BGHZ 21, 50; 113, 164 = NZV 1991, 185 m. Anm. *Kunschert*.
1223 BGH VersR 1961, 438.
1224 RG JW 1937, 241; DR 1941, 269; BGH VersR 1960, 258; 1963, 971.
1225 BGHZ 42, 176; BGH VersR 1979, 225.
1226 BGH NZV 1992, 148.
1227 NZV 1992, 148.
1228 BGH NZV 1988, 176 m. Anm. *Drees*.
1229 A. A. OLG Stuttgart NJW 1964, 727 m. Anm. *Isele*.
1230 BGH VersR 1981, 336.

auf der Straße sich ergebenden Gefahren vermieden werden sollen. So ist z. B. beim Betrieb einer Lichtzeichenanlage der fehlerhafte Schaltplan ein Verstoß gegen die Verkehrsregelungspflicht, der Defekt infolge mangelhafter Unterhaltung ein Verstoß gegen die Verkehrssicherungspflicht[1231]. Wegen Einzelheiten zur Verkehrssicherungspflicht s. Rdn. 528 ff, zur Verkehrsregelungspflicht Rdn. 443 ff.

bb) **Dienstfahrten.** An der Eigenschaft einer Fahrt als Ausübung hoheitlicher Gewalt 465
ändert die Tatsache nichts, daß der Beamte nicht einen Dienstwagen benützt, sondern ein **privateigenes Kraftfahrzeug**[1232].

Macht ein Beamter auf einer Dienstfahrt, die aus den genannten Gründen als Ho- 466
heitsfahrt anzusehen ist, während der Mittagspause einen **Umweg** von einigen Kilometern, um einzukehren, so wird hierdurch die Ausübung hoheitlicher Gewalt nicht unterbrochen[1233]. Dasselbe gilt, wenn während einer Hoheitsfahrt eine Übernachtung erforderlich wird, für die Fahrt zu einem nahegelegenen Gasthof.

In Ausübung öffentlicher Gewalt werden nahezu alle Fahrten der **Bundeswehr**[1234] 467
und des Bundesgrenzschutzes unternommen, auch wenn sie nur Übungszwecken dienen, desgleichen die Fahrten der Stationierungsstreitkräfte[1235] (s. Rdn. 498 ff). Dienstfahrten eines Soldaten mit einem Dienstkraftwagen dienen stets gleichzeitig der Erhaltung der Fahrsicherheit von Fahrer und Wagen[1236]. Auch eine dienstlich angeordnete Fahrt mit dem Privatwagen eines Soldaten ist eine Dienstfahrt[1237]. Ein Soldat der Bundeswehr, der mit einem Dienstwagen eine Schwarzfahrt unternimmt, haftet dem Verletzten aus § 18 StVG und aus § 823 BGB. Die Bundesrepublik haftet neben ihm aus § 839 BGB, Art. 34 GG, wenn dem Soldaten durch eine Unaufmerksamkeit des Wachpostens die Schwarzfahrt ermöglicht wurde[1238]. Der Soldat selbst haftet bei der Schwarzfahrt nicht nach § 839 BGB und die Bundesrepublik muß daher auch nicht nach Art. 34 GG für ihn einstehen[1239]. Hieran ändert der Umstand nichts, daß dem Soldaten die Privatfahrt verboten war. Die Amtshaftung tritt aber ein, wenn der Wachhabende einer Fahrbereitschaft, der die Verwendung der Fahrzeuge zu überwachen hat, ein Fahrzeug zu einer nicht dienstlichen Fahrt benutzt[1240].

Die Fahrt eines **Zivildienstleistenden**, der bei einer privatrechtlichen Beschäftigungs- 468
stelle eingesetzt wird, ist Ausübung eines öffentlichen Amtes, wenn sie im Rahmen des zivilen Ersatzdienstes ausgeführt wird, also z. B. die Rettungsfahrt mit einem Fahrzeug des Deutschen Roten Kreuzes[1241]. Zu dieser sehr weiten Auslegung des Begriffs „öffentliches Amt" hat der BGH sich wohl vor allem aus Billigkeitsgründen (Gleichbehandlung mit Soldaten) bestimmen lassen; ob sie auch dann eingreift, wenn die Beschäftigungsstelle den Zivildienstleistenden zur Wahrnehmung von Aufgaben heranzieht, die den Anforderungen des ZDG widersprechen, hat er offengelassen.

Auch Fahrten der **Polizei** finden in aller Regel in Ausübung öffentlicher Gewalt 469
statt[1242]. Dies gilt vor allem für die Ausführung von Verkehrskontrollen[1243], für Streifenfahrten[1244] und für die Fahrausbildung[1245] sowie die Beförderung von Polizeibeam-

---

1231 BGH VersR 1971, 867; 1972, 788.
1232 RG DR 1944, 1071; BGHZ 29, 38; BGH NZV 1992, 148.
1233 RG VAE 1942, 151.
1234 BGH VersR 1968, 664; 1972, 1017; 1973, 35; für die Wehrmacht RG VAE 1937, 119; 1937, 403; 1938, 399.
1235 BGH VersR 1968, 398; 1968, 400.
1236 BGH VersR 1969, 569.
1237 BGH VersR 1981, 753.
1238 LG Karlsruhe VersR 1967, 239.
1239 BGH VersR 1969, 189.
1240 BGH VersR 1969, 189.
1241 BGHZ 118, 304.
1242 RG VAE 1937, 255; OLG Dresden VAE 1936, 43.
1243 BGH VRS 16, 167.
1244 OLG Oldenburg VersR 1963, 1087.
1245 BGHZ 49, 274; BGH NZV 1988, 176 m. Anm. *Drees*.

ten[1246]. Auch die Mitnahme des Besuchers eines von der Polizei veranstalteten „Tages der offenen Tür“ im Beiwagen eines Polizeimotorrads fällt in den hoheitlichen Tätigkeitsbereich, weil durch die Veranstaltung die Einsatzfähigkeit der Polizei demonstriert werden sollte[1247].

470 Fahrten der **Feuerwehr**, auch der freiwilligen Feuerwehr, sind ebenfalls Ausübung öffentlicher Gewalt[1248], und zwar auch dann, wenn es sich nur um Probefahrten oder um Fahrten zu Ausbildungszwecken handelt[1249]. Anders verhält es sich dagegen bei einer Probefahrt anläßlich des Ankaufs eines Wagens[1250].

471 Der **Rettungsdienst** ist in den Ländern teilweise öffentlichrechtlich[1251], teilweise privatrechtlich[1252] organisiert. Im ersteren Fall ist die Wahrnehmung der rettungsdienstlichen Aufgaben sowohl im ganzen wie im Einzelfall der hoheitlichen Betätigung zuzurechnen. Das Führen eines Rettungswagens im rettungsdienstlichen Einsatz stellt sich mithin als Ausübung eines öffentlichen Amts i. S. d. Art. 34 S. 1 GG dar. Dies gilt auch dann, wenn der Kraftfahrzeugführer dem Träger des Rettungsdienstes von einer freiwilligen Hilfsorganisation zur Verfügung gestellt worden ist[1253]. Bei privatrechtlicher Organisation kann es zu einer Staatshaftung dann kommen, wenn ein Zivildienstleistender als Fahrer tätig geworden ist (vgl. Rdn. 468).

472 In **Bauangelegenheiten** ist die Dienstfahrt eines Beamten, die der Bauberatung dient, hoheitliche Aufgabe, nicht dagegen eine Dienstfahrt zur Beaufsichtigung der Bauarbeiten eines Staatsgebäudes[1254]. Der Transport von Straßenbaumaterial durch die Bediensteten eines Straßenbauamts ist in der Regel hoheitliche Tätigkeit[1255], ebenso Fahrten des Straßenbaupersonals[1256]. Wegen Fahrten in Wahrnehmung der Verkehrssicherungspflicht vgl. Rdn. 535.

473 Im **Post- und Fernmeldewesen** war bis zur Postreform[1257] fast durchgängig die Ausübung öffentlicher Gewalt bejaht worden, so z. B.

bei der Personenbeförderung[1258] sowie bei der Beförderung und Zustellung von Briefen und Paketen[1259], desgleichen beim Entleeren der Briefkästen[1260], ja sogar bei Fahrten vom Postamt zur Garage[1261], bei Verbringung eines Anhängers zu einem anderen Ort[1262] und beim Zurückbringen eines ausgeliehenen Postomnibusses[1263], nicht jedoch bei Überführung eines Postomnibusses zur Reparatur[1264]. Schließlich wurden alle Dienstfahrten zu folgenden Zwecken in Ausübung öffentlicher Gewalt ausgeführt: Telegrafie[1265], Fernsprechdienst, einschließlich Fernmeldebaudienst[1266],

---

1246 RGZ 125, 98; 140, 415; 155, 186; RG JW 1937, 2516; OLG Hamm VR 1929, 357.
1247 BGH VersR 1981, 252.
1248 RGZ 129, 307; RG DR 1941, 1294; BGH NJW 1956, 1633; VersR 1957, 267; 1958, 886; VRS 23, 258; OLG Stuttgart MDR 1955, 355; OLG Celle NJW 1960, 676; OLG Düsseldorf NJW-RR 1994, 1444.
1249 BGH NJW 1956, 1633.
1250 BGH MDR 1962, 803.
1251 Z. B. Nordrhein-Westfalen (BGH NZV 1991, 347).
1252 Z. B. Baden-Württemberg (BGHZ 118, 306).
1253 BGH NZV 1991, 347; entgegen *Bloch* NJW 1993, 1513 kommt es daher nicht darauf an, ob auch die Hilfsorganisation Träger von Hoheitsrechten ist.
1254 OLG München HRR 1942, Nr. 648.
1255 BGH VersR 1962, 378.
1256 BGHZ 21, 48.
1257 Eingeleitet durch Poststrukturgesetz v. 8. 6. 1989 (BGBl. I 1026), vollendet durch das Postneuordnungsgesetz v. 14. 9. 1994 (BGBl. I 2325).
1258 BGHZ 20, 102; OLG Nürnberg VersR 1958, 252; OLG Braunschweig VRS 6, 402.
1259 RGZ 158, 83; 164, 273; RG VAE 1941, 12; BGHZ 16, 111; OLG Karlsruhe VRS 7, 423; OLG Köln VRS 13, 334; OLG Hamm VersR 1987, 1225 LS.
1260 OLG München HRR 1941, Nr. 964.
1261 OLG Karlsruhe NJW 1953, 1915.
1262 OLG Oldenburg VRS 9, 255.
1263 BGH VersR 1958, 767.
1264 BGH VersR 1957, 449.
1265 RGZ 165, 365.
1266 BGH VersR 1957, 590; 1962, 824; 1963, 971; 1979, 547; LG Köln VersR 1989, 1160 m. Anm. *Haarmann*.

Rundfunk und Fernsehen, einschließlich Entstörung[1267], Postscheckverkehr[1268], Postsparkassendienst.

474 Das Inkrafttreten des Poststrukturgesetzes am 1. 7. 1989 hatte zunächst nichts an dieser Zuordnung zum hoheitlichen Bereich geändert[1269], trotz der im Telekommunikationsbereich schrittweise eingeführten Privatisierung der Benutzungsverhältnisse auch nicht für Dienstfahrten im Rahmen des Fernmeldebaus[1270]. Seit 1. 7. 1991 war jedoch zu differenzieren: soweit Dienstfahrten im Rahmen von Monopoldienstleistungen der Post durchgeführt wurden, also in Bereichen, in denen privater Wettbewerb nicht eröffnet worden war (Briefbeförderung, Betrieb des Fernmeldenetzes), blieb es bei der Staatshaftung, desgleichen bei Fahrten, die der Leitung, Überwachung und Sicherung des Postbetriebs dienten, während im übrigen fiskalische Tätigkeit vorlag[1271]. Seit der Umwandlung der bis dahin öffentlichrechtlichen Unternehmen Postdienst, Telekom und Postbank in Aktiengesellschaften mit Wirkung vom 1. 1. 1995 scheidet eine Staatshaftung im Postbereich aus.

475 Im Gegensatz zur Post war der Betrieb der **Bahn** schon vor der Privatisierung keine Ausübung öffentlicher Gewalt[1272].

476 **Weitere Fälle hoheitlicher Fahrten:** Kurierfahrten zur Beförderung der Dienstpost[1273]; Dienstfahrt von Beamten des Wasserwirtschaftsamtes zur Funktionsprüfung eines Speichersees[1274]; Fahrt eines Richters zu einem Ortstermin[1275]; Müllabfuhr[1276]; Dienstfahrt eines Justizvollzugsbediensteten zu Schießübungsplatz[1277]; Streudienst[1278]; Mähfahrzeug auf Autobahn[1279]; Verbringung eines polizeilich sichergestellten Kraftfahrzeugs zur Untersuchungsstelle durch TÜV-Angestellten[1280].

477 **Weitere Fälle nicht hoheitlicher Fahrten:** Fahrten für privatrechtlich betriebene kommunale Einrichtungen wie Versorgungsbetriebe oder Verkehrsbetriebe[1281]; Schulbusbetrieb im Auftrag der Gemeinde[1282].

478 cc) **Sonstige Fälle** (soweit für die Haftung im Straßenverkehr von Bedeutung). Als **hoheitliche** Tätigkeit ist anzusehen: das Veranlassen des Abschleppens eines Fahrzeugs seitens der Polizei[1283]; das Bergen und Abschleppen eines Unfallfahrzeugs durch einen von der Polizei beauftragten Unternehmer[1284]; die Tätigkeit des Angestellten der Autobahnmeisterei bei Entgegennahme der Anrufe von Notrufsäulen und Veranlassung von Hilfe[1285]; die Prüftätigkeit der TÜV-Sachverständigen[1286]. Das Schließen der Bahnschranken ist dagegen **privatrechtlich** zu qualifizieren[1287]. Auch die kommunale Straßenreinigung ist keine Ausübung eines öffentlichen Amtes[1288].

1267 RG DR 1941, 1225 m. Anm. *Reuss.*
1268 RG DR 1940, 38.
1269 *Allgaier* VersR 1991, 637.
1270 OLG Nürnberg MDR 1993, 127; *Haarmann* VersR 1991, 159; **a. A.** *Kunschert* VersR 1990, 285.
1271 *Allgaier* VersR 1991, 637; ebenso für Fernmeldebau OLG Karlsruhe NJW 1994, 2033, für Briefzustellung OLG Nürnberg NJW 1994, 2032, für Briefkastenentleerung KG VM 1993, Nr. 109, für Postbeförderung OLG München NJW-RR 1994, 1442.
1272 RGZ 161, 341; 162, 364; RG DR 1944, 491.
1273 BGH VersR 1956, 50.
1274 LG Weiden VersR 1970, 190.
1275 **A. A.** BGH VersR 1965, 1101.
1276 BGH VersR 1983, 461; OLG Frankfurt VersR 1986, 1028; OLG Hamm NZV 1996, 453.
1277 LG Duisburg VersR 1983, 93 m. Anm. *Schultz.*
1278 KG DAR 1988, 93.
1279 BGHZ 113, 164.
1280 OLG München VersR 1995, 1054.
1281 RGZ 63, 374.
1282 BGH VersR 1973, 394; OLG Hamm MDR 1983, 130.
1283 BGH NJW 1977, 628; **a. A.** OLG Nürnberg JZ 1967, 61 m. Anm. *Medicus.*
1284 BGH NZV 1993, 223.
1285 OLG Celle DAR 1964, 215.
1286 BGHZ 49, 108; BGH VersR 1973, 317.
1287 BGH VersR 1954, 36.
1288 KG OLGZ 1980, 459.

479 d) **Verbürgung der Gegenseitigkeit bei Ausländern.** Gegenüber Ausländern wird die Haftung des Staates durch reichs- und landesrechtliche Vorschriften, die ihre Wirksamkeit durch Art. 34 GG nicht verloren haben[1289], teilweise von der Verbürgung der Gegenseitigkeit abhängig gemacht. Diese Vorschriften wurden zwar durch das Staatshaftungsgesetz vom 26. 6. 1981 aufgehoben, haben aber durch dessen Nichtigerklärung wieder Wirksamkeit erlangt. Das Erfordernis der Verbürgung der Gegenseitigkeit ist nicht verfassungswidrig[1290], seine Aufhebung durch den Gesetzgeber wird aber vielfach gefordert[1291]. Eine Zusammenstellung von Staaten, mit denen die Gegenseitigkeit verbürgt ist, findet sich z. B. bei *Palandt/Thomas*[1292]. Ist die Haftung des Staates nach diesen Vorschriften ausgeschlossen, so haftet der Beamte persönlich nach § 839 BGB. Ohne Belang ist die fehlende Verbürgung der Gegenseitigkeit, wenn die Forderung auf einen inländischen Sozialversicherungsträger übergegangen ist[1293]. Zur abweichenden Rechtslage in den neuen Bundesländern s. Rdn. 496.

5. Haftende Körperschaft

480 a) **Maßgeblichkeit der Anstellung.** Nach Art. 34 GG haftet in den Fällen der übergeleiteten Haftung die Körperschaft, in deren Dienst der Beamte steht. Dies ist in der Regel die Körperschaft, die ihn angestellt hat und folglich auch besoldet. Entscheidend ist aber, welche Körperschaft ihm das Amt, bei dessen Wahrnehmung es zu der Amtspflichtverletzung gekommen ist, übertragen hat[1294]. Daß der Beamte im konkreten Einzelfall Aufgaben einer anderen Körperschaft wahrgenommen hat, ändert hieran nichts[1295]. Nur bei förmlicher Abordnung geht die Haftung auf die andere Körperschaft über[1296]. Bei echter Doppelstellung (z. B. Landratsamt in Bayern) haftet die Körperschaft (Staat oder Landkreis), deren Aufgaben im Einzelfall wahrgenommen worden sind[1297]. Keine Doppelstellung in diesem Sinn haben die Bediensteten der Kreisverwaltung, die staatliche Aufgaben (z. B. der Straßenverkehrszulassungsbehörde) wahrnehmen; für sie haftet der Landkreis als Anstellungskörperschaft[1298], sofern nicht das Landeskommunalrecht ausdrücklich die Haftung des Staates begründet (wie in Baden-Württemberg, Bayern, Schleswig-Holstein)[1299] oder eine Haftung des Staates daraus folgt, daß den in seinem Dienste stehenden Leiter der Verkehrsabteilung ein Organisationsverschulden trifft[1300]. Für Angestellte gilt das Vorstehende entsprechend[1301]. Für TÜV-Sachverständige haftet das Land[1302], für Zivildienstleistende, die bei einer privatrechtlichen Beschäftigungsstelle eingesetzt sind (vgl. Rdn. 468) die Bundesrepublik Deutschland[1303].

481 b) **Haftung mehrerer Körperschaften.** Sind für einen Schaden mehrere Fahrer verantwortlich, die von verschiedenen öffentlichrechtlichen Körperschaften beschäftigt sind,

---

1289 BGHZ 13, 241; 76, 375; BGH VersR 1961, 857.
1290 BVerfG NVwZ 1983, 89; 1991, 661; BGH NJW 1981, 518; VersR 1984, 1069; NZV 1989, 17.
1291 Vgl. *Gramlich* NVwZ 1986, 448.
1292 § 839, 5.
1293 BGH VersR 1987, 386; OLG Frankfurt VersR 1985, 1191; gegen diese Differenzierung *Breuer* NJW 1988, 1567.
1294 BGHZ 53, 219; BGH VersR 1990, 521.
1295 BGHZ 2, 350; 91, 243; BGH VersR 1981, 353.
1296 RGZ 168, 361; BGHZ 34, 20.
1297 BGH LM Nr. 24 zu Art. 34 GG; BayObLGZ 1955, 10.
1298 BGHZ 87, 202 für Rheinland-Pfalz; BGHZ 99, 326 für Hessen.
1299 Vgl. *Lang* VersR 1988, 325.
1300 BGHZ 111, 275.
1301 BGHZ 6, 215.
1302 BGHZ 49, 115.
1303 BGHZ 118, 311.

so haften letztere als Gesamtschuldner[1304]. Dasselbe gilt, wenn neben der verkehrsregelungspflichtigen auch die verkehrssicherungspflichtige Körperschaft haftet[1305] oder für Versäumnisse der Zulassungsstelle (Rdn. 480) neben Bediensteten des Landkreises auch solche des Landes verantwortlich sind[1306]. Der Ausgleich zwischen ihnen erfolgt nach §§ 840, 426 BGB[1307].

6. Subsidiarität der Amtshaftung

a) **Grundsätze.** Nach § 839 Abs. 1 Satz 2 BGB haftet der Beamte bzw. der Staat dann nicht, wenn der Schaden fahrlässig herbeigeführt wurde und der Verletzte auf andere Weise Ersatz erlangen kann. Dieses „Verweisungsprivileg" gilt nur für die Amtshaftung, nicht für etwaige konkurrierende Ansprüche[1308]. Sein Anwendungsbereich ist durch die Rechtsprechung zudem erheblich eingeschränkt worden, insbesondere im Bereich der Haftung im Straßenverkehr (vgl. Rdn. 483 ff). Haftet der Beamte wegen Mitverschuldens des Verletzten nur für eine Quote des Schadens, so muß sich der Verletzte eine anderweitige Ersatzmöglichkeit auf die Quote anrechnen lassen[1309]. **482**

b) **Unanwendbarkeit des Verweisungsprivilegs.** Hat der Amtsträger bei der dienstlichen **Teilnahme am allgemeinen Straßenverkehr** einen Unfall verschuldet, so hat nach der jüngeren Rechtsprechung des BGH die Subsidiarität der Amtshaftung gegenüber dem Grundsatz der haftungsrechtlichen Gleichbehandlung aller Verkehrsteilnehmer zurückzutreten[1310]. Dies gilt jedoch, da insoweit keine Gleichheit besteht, nicht, wenn der Amtsträger Sonderrechte nach § 35 Abs. 1 StVO in Anspruch genommen hatte[1311]. Von diesem Ausnahmefall abgesehen kann der Geschädigte den Staat also auch dann in Anspruch nehmen, wenn er daneben Ersatzansprüche, z. B. gegen einen Zweitschädiger oder eine Unfallversicherung, hat. Dieser im Gegensatz zur früheren Rechtsprechung[1312] stehende Grundsatz gilt auch für Unfälle, die sich vor Verkündung der Entscheidung BGHZ 68, 217 ereignet haben[1313]. Mag diese Rechtsprechung auch im Ergebnis befriedigen, so muß sie als sehr weitgehende Rechtsfortbildung contra legem doch Bedenken begegnen. Wenn man sie aber bejaht, muß man sie konsequenterweise auch auf den Fall der **persönlichen Haftung** des Beamten nach § 839 Abs. 1 Satz 1 BGB erstrecken, d. h. auch bei einer nicht dem hoheitlichen Bereich zuzuordnenden Dienstfahrt kann der Geschädigte nicht auf anderweitige Ersatzmöglichkeiten verwiesen werden[1314]. **483**

Zur entsprechenden Judikatur bei **Verkehrssicherungspflichtverletzungen** vgl. Rdn. 534. **484**

Anwendbar ist das Verweisungsprivileg dagegen im Rahmen der Haftung der Zulassungsstelle (Rdn. 452)[1315]; desgleichen bei der Haftung wegen Verletzung der Verkehrsregelungspflicht[1316] im Rahmen der Gefahrenabwehr durch die Polizei[1317] oder bei **485**

1304 RGZ 141, 286; RG JW 1936, 249 LS.

1305 OLG München NVwZ 1993, 505.

1306 Offengelassen in BGHZ 111, 276.

1307 BGHZ 9, 65.

1308 BGHZ 6, 23.

1309 BGH VersR 1968, 71; OLG Köln NJW 1966, 887; BayObLG NVwZ-RR 1991, 230.

1310 BGHZ 68, 217; BGH VersR 1979, 225; 1979, 547.

1311 BGHZ 85, 225; 113, 164 = NZV 1991, 185 m. Anm. *Kunschert.*

1312 Vgl. BGHZ 61, 101.

1313 BGH VersR 1979, 348.

1314 Ebenso *Geigel/Kunschert* 20. Kap. 117; *Kunschert* NZV 1991, 187; VersR 1990, 285; a. A. *Haarmann* VersR 1991, 162.

1315 BGH VersR 1981, 1154.

1316 OLG Hamm NZV 1995, 275.

1317 BGH VersR 1984, 759; OLG Koblenz NZV 1994, 108; OLG Hamm NZV 1993, 192, wo die Unanwendbarkeit allerdings daraus abgeleitet wurde, daß die Polizei anstelle des eigentlich Verkehrssicherungspflichtigen hätte tätig werden müssen; fragwürdig.

Fehlentscheidungen anläßlich der behördlich angeordneten Polizeibegleitung eines Schwertransports[1318]. Es fehlt in diesen Fällen an der inhaltlichen Übereinstimmung der Rechte und Pflichten des Amtsträgers mit denen aller übrigen Verkehrsteilnehmer bzw. Verkehrssicherungspflichtigen.

486 c) **Begriff des anderweitigen Ersatzes.** Grundsätzlich schließt jeder auf Ersatz desselben Schadens gerichtete Anspruch gegen einen Dritten (nicht gegen die in Anspruch genommene Körperschaft selbst[1319]) die Amtshaftung aus[1320]. Abweichendes kann sich allerdings aus dem Zweck des anderweitigen Ersatzanspruchs ergeben. Insbesondere dann, wenn der Verletzte die andere Ersatzmöglichkeit unter Aufwendung eigener Mittel oder durch von ihm verdiente Leistungen Dritter erlangt hat, hält der BGH nunmehr – im Gegensatz zur früheren Rechtsprechung[1321] – das Verweisungsprivileg des Staates nicht mehr für anwendbar.

487 So hat er z. B. nicht mehr als anderweitigen Ersatz im Sinne des § 839 Abs. 1 Satz 2 BGB angesehen die Leistungen der gesetzlichen Unfall- oder Rentenversicherung[1322], der gesetzlichen Krankenversicherung[1323], der privaten Krankenversicherung[1324] und der Kaskoversicherung[1325]. Auch gegenüber Ansprüchen aus einer Lebensversicherung[1326], dem Lohnfortzahlungsanspruch[1327] und dem Anspruch auf Grundrente nach dem BVG[1328] wurde die Subsidiarität der Amtshaftung verneint. Ob diese Einschränkungen des Verweisungsprivilegs auch bei der persönlichen Haftung des Beamten nach § 839 BGB (vgl. Rdn. 429) gelten, hat BGHZ 79, 31 offengelassen[1329]. Leistungen des Haftpflichtversicherers des Schädigers sind aber, da nicht vom Verletzten erkauft, anderweitiger Ersatz[1330]. Zum Zusammentreffen mit seinerseits subsidiärem Direktanspruch nach § 3 PflVG s. *Backhaus* VersR 1984, 16.

488 d) Ob die **Unmöglichkeit anderweitigen Ersatzes** auf dem Fehlen eines anderen Schuldners oder darauf beruht, daß er aus tatsächlichen Gründen nicht oder nicht in voller Höhe in Anspruch genommen werden kann, ist unerheblich[1331]. Nicht auf Unmöglichkeit berufen kann sich der Verletzte, wenn er eine früher vorhandene Ersatzmöglichkeit schuldhaft versäumt[1332] oder freiwillig, etwa im Vergleichswege aufgegeben hat[1333]. Beruht die Versäumung jedoch auf fehlender Kenntnis von der Schadenentstehung, so soll nach RGZ 145, 258 die Amtshaftung auch dann nicht ausgeschlossen sein, wenn die Unkenntnis verschuldet war.

489 Der Verletzte braucht sich nicht auf Ersatzansprüche verweisen zu lassen, die er nicht oder jedenfalls nicht in absehbarer und angemessener Zeit durchsetzen kann. Auch weitläufige, unsichere oder im Ergebnis zweifelhafte Wege des Vorgehens gegen Dritte braucht er nicht einzuschlagen. Die Ausnutzung anderweitiger Ersatzmöglichkeiten muß mithin dem Geschädigten **zumutbar** sein[1334]. Daran kann es fehlen, wenn der Geschädigte einen vollstreckbaren Titel auf anderweitigen Schadensausgleich gegen einen Dritten erwirkt hat, der Anspruch aber wegen Vermögensverfalls des Dritten wirtschaftlich nicht mehr durchsetzbar ist und sich (erst) im Amtshaftungsprozeß ergibt, daß eine andere Ersatzmöglichkeit auch noch gegen einen weiteren Dritten in

---

1318 OLG Düsseldorf NZV 1989, 236.
1319 BGHZ 13, 88; 50, 271.
1320 BGHZ 28, 301; 61, 357; 68, 223.
1321 RGZ 138, 209; 145, 56; 152, 20; 158, 176; 161, 199; 171, 173; RG JW 1935, 1084; BGHZ 62, 397; BGH VersR 1973, 1066.
1322 BGHZ 70, 7; BGH VersR 1983, 638.
1323 BGHZ 79, 26.
1324 BGHZ 79, 35.
1325 BGHZ 85, 230; OLG Hamm VersR 1982, 795.
1326 RGZ 155, 191; BGH VersR 1958, 886.
1327 BGHZ 62, 380.
1328 BGHZ 62, 394.
1329 S. auch *Krohn* VersR 1991, 1088.
1330 BGH VersR 1984, 761.
1331 BGH MDR 1959, 107; OLG Stuttgart NJW 1964, 727.
1332 BGH VersR 1960, 325; 1960, 663; OLG Düsseldorf DNotZ 1966, 630.
1333 BGHZ 118, 369 f.
1334 BGH VersR 1993, 575.

Betracht kommt[1335]. Besteht ein anderweitiger Ersatzanspruch gegen einen Schädiger im Ausland, so kann Unmöglichkeit bejaht werden, wenn die Verfolgung des Anspruchs einschließlich eventueller Zwangsvollstreckung mit unzumutbaren Erschwernissen und Verzögerungen verbunden wäre[1336]. Unzumutbar kann die Inanspruchnahme des Dritten auch sein, wenn es sich um einen nahen Angehörigen handelt, so z. B. bei Schädigung durch einen Beamten und den Ehegatten des Verletzten[1337].

e) **Beweis- und prozeßrechtliche Fragen.** Der Kläger muß darlegen und ggf. beweisen, daß aus dem vorgetragenen Sachverhalt sich ergebende anderweitige Ersatzmöglichkeiten nicht realisierbar sind[1338]; dem Beklagten steht es frei, weitere Ersatzansprüche aufzuzeigen[1339]. Der Verletzte ist nicht verpflichtet, zunächst gegen den Dritten gerichtlich vorzugehen; er kann die Unmöglichkeit der Ersatzerlangung im Prozeß gegen den Beamten bzw. Staat nachweisen[1340]. Gelingt dieser Nachweis nicht, so wird die Amtshaftungsklage als zur Zeit unbegründet abgewiesen[1341], sie kann also wiederholt werden, wenn sich später herausstellt, daß ein anderweitiger Ersatzanspruch nicht besteht oder nicht durchsetzbar ist[1342]. Der Verletzte kann gegen die Körperschaft und den Dritten auch gleichzeitig Klage erheben; über den Amtshaftungsanspruch kann dann erst entschieden werden, wenn die Frage der Haftung des Dritten geklärt ist[1343]. Wird die Klage gegen den Dritten abgewiesen, so verliert der Verletzte seinen Anspruch nicht, wenn er keine Berufung einlegt und auf die Berufung der Körperschaft das OLG zu der Ansicht gelangt, es hafte der Dritte[1344]; denn der Anspruch gegen den Dritten besteht nicht, weil er rechtskräftig abgewiesen ist. 490

7. Mithaftung

Auch bei der Amtshaftung muß sich der Geschädigte ein Mitverschulden (§ 254 BGB) oder eine mitwirkende Betriebsgefahr (§ 9, 5) anrechnen lassen. Hierbei gilt jedoch der Grundsatz, daß der Bürger nicht klüger zu sein braucht als die mit der Angelegenheit befaßten Beamten[1345]. Dies enthebt den Kraftfahrer allerdings nicht der Verpflichtung zu umsichtigem Handeln bei einer erkennbar fehlerhaften Verkehrsregelung. Auch einer polizeilichen Weisung darf er nicht blindlings folgen[1346]. 491

8. Verjährung

Die für den Beginn der Verjährung erforderliche Kenntnis muß im Falle der Staatshaftung neben den allgemeinen und besonderen Haftungsvoraussetzungen auch die an Stelle des Beamten haftende Körperschaft umfassen[1347], denn es geht hier nicht um Rechtsunkenntnis, sondern um die Ungewißheit, welcher von mehreren in Betracht kommenden der richtige Ersatzpflichtige ist. 492

Der Beginn der Verjährung setzt auch die Kenntnis des Verletzten voraus, daß andere Ersatzmöglichkeiten im Sinne des § 839 Abs. 1 Satz 2 BGB nicht vorhanden sind[1348], 493

[1335] BGH VersR 1993, 575.
[1336] BGH NJW 1976, 2074.
[1337] BGHZ 61, 101.
[1338] BGH VersR 1964, 639.
[1339] BGH Betr. 1969, 788.
[1340] BGH VersR 1960, 663.
[1341] BGHZ 37, 377.
[1342] BGH VersR 1973, 443.
[1343] BGH VersR 1958, 451; BayObLGZ 1964, 427; KG NJW 1968, 1971.
[1344] KG NJW 1968, 1971.
[1345] BGH VersR 1990, 790.
[1346] Vgl. OLG Köln NZV 1993, 64.
[1347] BGH VRS 15, 177; VersR 1960, 515; 1960, 788; a. A. RGZ 142, 352; 168, 221; BGH VersR 1957, 428; 1957, 641.
[1348] RGZ 161, 375; RG JW 1926, 2284 m. Anm. *Riemann*; BGH Betrieb 1958, 1360; VersR 1960, 788; 1985, 642; 1993, 438.

hierbei hindert das vermeintliche Vorhandensein einer anderweitigen Ersatzmöglichkeit die Verjährung nicht, wenn die Klage entgegen der Erwartung des Verletzten Erfolg versprechen würde[1349]. Dies gilt aber seit BGHZ 68, 217 nicht mehr bei Amtshaftung aufgrund der Teilnahme am Straßenverkehr oder Verletzung der Verkehrssicherungspflicht, weil es auf das Fehlen anderweitiger Ersatzmöglichkeiten dort seither nicht mehr ankommt (vgl. Rdn. 483, 534). Vor dieser Änderung der Rechtsprechung war es für den Verletzten jedoch unzumutbar, vor der Klärung anderweitiger Ersatzmöglichkeiten Klage zu erheben; dies ist bei der Prüfung der Verjährungsfrage zu berücksichtigen[1350]. Zumutbar ist die Erhebung einer Feststellungsklage dagegen, wenn der Geschädigte weiß, daß die anderweitige Ersatzmöglichkeit den Schaden mindestens teilweise nicht deckt[1351].

9. Beweislast

Hierfür gelten die allgemeinen Grundsätze (Rdn. 347 ff). Auch das Verschulden des Amtsträgers muß der Geschädigte beweisen[1352]. Die Beweiserleichterung des § 287 ZPO kommt ihm erst zugute, wenn Amtspflichtverletzung und Verschulden feststehen[1353]. Zur Beweislastverteilung bezüglich des anderweitigen Ersatzes im Sinne von § 839 Abs. 1 Satz 2 BGB s. Rdn. 490.

10. Staatshaftungsrecht in den neuen Bundesländern

In den neuen Bundesländern besteht seit dem Beitritt der DDR am 3. Oktober 1990 eine Konkurrenz zweier Staatshaftungssysteme[1354]. Zum einen gilt auch dort die Amtshaftung nach § 839 BGB, Art. 34 GG. Daneben gilt aber aufgrund des Einigungsvertrages[1355] das StHG der DDR[1356] mit bestimmten Modifizierungen als Landesrecht weiter[1357]. Da die Regelungsgegenstände nicht identisch sind – das Bundesrecht normiert eine zivilrechtliche Amtswalterhaftung, die vom Staat übernommen wird, das Landesrecht eine unmittelbare öffentlichrechtliche Haftung des Staates – sind für die Haftung von Ländern und Kommunen beide Regelungen nebeneinander anwendbar, während sich die Haftung für Bedienstete des Bundes selbstverständlich nur nach § 839 BGB, Art. 34 GG richtet. Gegen die Wirksamkeit der Überleitung des StHG in das Recht der neuen Länder bestehen keine Bedenken[1358], gegen ihre Sachgerechtigkeit sehr wohl[1359]. In der guten Absicht, ein gegenüber dem im Reformansatz steckengebliebenen Staatshaftungsrecht der Bundesrepublik vermeitlich fortschrittlicheres Recht am Leben zu erhalten, dürfte nicht ausreichend bedacht worden sein, daß die Übernahme der auf eine ganz andere Gesellschafts- und Eigentumsordnung zugeschnittenen Normen eine

---

[1349] BGH VersR 1967, 711.

[1350] BGH VersR 1979, 547.

[1351] BGH VersR 1988, 514.

[1352] A. A. bei Verkehrssicherungspflichtverletzung OLG Karlsruhe MDR 1990, 722.

[1353] *Geigel/Kunschert* 20. Kap. 114.

[1354] Zur Rechtslage und -entwicklung in der SBZ bzw. DDR seit 1945 s. *Janke* NJ 1993, 444.

[1355] Art. 9 Abs. 1 Satz 1, Abs. 2 i. V. m. Anl. II Kap. III Sachgeb. B Abschn. III Nr. 1 (BGBl. II 1168).

[1356] Gesetz v. 12. 5. 1969 (GBl. I 34), geändert durch Gesetz v. 14. 12. 1988 (GBl. I 329).

[1357] In Sachsen-Anhalt Änderung durch Gesetz v. 24. 8. 1992 (GVBl. 655), Neubekanntmachung und Änderung in Gesetz zur Regelung von Entschädigungsansprüchen im Lande Sachsen-Anhalt v. 16. 11. 1993 (GVBl. 721).

[1358] *Lörler* DtZ 1992, 135; a. A. *Schullan* VersR 1993, 287; kompetenzrechtliche Bedenken auch bei *Ossenbühl* NJW 1991, 1203.

[1359] Vgl. *Krohn* VersR 1991, 1092 f; *Schullan* VersR 1993, 283 ff; *Lörler* DtZ 1992, 135. Bejahend dagegen *Büchner-Uhder* NJ 1991, 153.

Dimension der Staatshaftung eröffnete, die weit über die Reformziele hinausging[1360]. Zudem wurde dadurch ein Haftungsgefälle zwischen alten und neuen Bundesländern (zu Lasten der letzteren) geschaffen, welches auf Dauer nicht hingenommen werden kann[1361].

Die wesentlichste Besonderheit des Staatshaftungsrechts der neuen Bundesländer liegt darin, daß die Haftung nicht von einem Verschulden abhängt, sondern als reine Erfolgshaftung ausgestaltet ist (§ 1 StHG), für die auch die Drittbezogenheit der verletzten Pflicht keine Rolle spielt und eine Entlastungsmöglichkeit, etwa durch den Nachweis größtmöglicher Sorgfalt nicht vorgesehen ist[1362]. Ausländer sind, unabhängig von Wohnsitz, Aufenthalt und Gegenseitigkeitsverbürgung, voll in den Haftungsschutz einbezogen (§ 10 StHG). Hinsichtlich Subsidiarität (§ 3 Abs. 3 StHG) und Haftungsumfang (§ 3 Abs. 2 StHG sowie ausdrücklich zur Schadensminderungspflicht § 2 StHG) entspricht das jetzige Landesrecht zwar nicht mehr dem zu DDR-Zeiten bestehenden Rechtszustand[1363], aber weitgehend jenem nach dem BGB. Soweit § 1 DDR-StHG als Schuldner des Ersatzanspruchs „das jeweilige staatliche oder kommunale Organ" bezeichnet, ist er in Anpassung an die bundesrechtliche ZPO so auszulegen, daß die Anstellungskörperschaft passivlegitimiert ist[1364]. **496**

Auf die Verletzung von Verkehrssicherungspflichten findet das StHG keine Anwendung[1365]. Vgl. hierzu Rdn. 531. **497**

IV. Haftung für Schäden durch Angehörige ausländischer Truppen

1. Überblick

Ist ein Unfall durch ein Mitglied in Deutschland stationierter ausländischer Streitkräfte (einschließlich des zivilen Gefolges[1366]) verursacht worden, so gelten grundsätzlich die Regeln des StVG und des BGB, wenn sich der Unfall im Gebiet der Bundesrepublik Deutschland ereignet hat. Für die Geltendmachung der Ansprüche gelten aber Besonderheiten. Hierbei ist zu unterscheiden, ob es sich um Truppen aus **Signatarstaaten des NATO-Truppenstatuts** (NTS; hierzu Rdn. 503 ff) oder aus der **ehemaligen Sowjetunion** (Rdn. 525 ff) handelt. Für Militärpersonal aus **Drittländern** bestand bisher weder eine Haftung des Entsendestaats noch der Bundesrepublik Deutschland[1367]. Am 20. 7. 1995 ist jedoch das Streitkräfteaufenthaltsgesetz[1368] in Kraft getreten, wonach die Bundesrepublik die Ansprüche für den Entsendestaat abgilt; für die Abgeltung gelten die Vorschriften des NTS weithin entsprechend[1369]. **498**

2. Behandlung außerhalb des Dienstes verursachter Unfälle

Die besonderen Vorschriften über die Geltendmachung von Stationierungsschäden (Rdn. 503 bzw. 525) beziehen sich auf dienstlich verursachte Unfälle. Bei nicht in Ausübung des Dienstes verursachten Unfällen kann gegen den Schädiger oder gegen den Halter des schädigenden Kraftfahrzeugs unmittelbar vor deutschen Gerichten vorge- **499**

1360 Eingehend *Lörler* DtZ 1992, 136 f; *Krohn* VersR 1991, 1092 f.
1361 *Krohn* VersR 1991, 1093.
1362 Vgl. *Ossenbühl* NJW 1991, 1203.
1363 Vgl. *Ossenbühl* NJW 1991, 1205; *Krohn* VersR 1991, 1092 f; *Lörle* DtZ 1992, 136.
1364 *Ossenbühl* NJW 1991, 1206.
1365 *Uecker* NZV 1992, 304; *Bergmann/Schumacher* DtZ 1994, 2.
1366 Zum Begriff Art. I Abs. 1 Buchst. b NTS.
1367 *Heitmann* VersR 1992, 163.
1368 BGBl. 1995 II 554.
1369 Vgl. *Jahnke* VersR 1996, 305.

gangen und auch vollstreckt werden (Art. VIII Abs. 6 Buchst. d und Abs. 9 NTS). Das Verfahren bietet mithin im allgemeinen keine Besonderheiten; zu beachten sind aber die Vorschriften über das Armenrecht in Art. 31 ZA, über Zustellungen in Art. 32 und 36 ZA, über die Ladungen in Art. 37 ZA, über die Säumnis in Art. 33 ZA und über die Zwangsvollstreckung in Art. 34 und 35 ZA und in Art. 5 NTS-AG. Zur Frage der Haftpflichtversicherung s. Rdn. 856.

500 Ein Vorgehen gegen das Truppenmitglied scheidet aber aus, wenn dem Geschädigten eine **freiwillige Zahlung des Entsendestaates** (ex gratia payment) angeboten und diese von ihm als volle Befriedigung angenommen wurde (Art. VIII Abs. 6 Buchst. b bis d NTS; für Ansprüche gegen Truppen der GUS vgl. Art. 24 Abs. 6 des in Rdn. 525 genannten Vertrages). Ein solcher Anspruch geht in keinem Fall auf den Träger der Sozialversicherung über. Dieser kann aber nach Bereicherungsgrundsätzen vom Verletzten den Betrag herausverlangen, der – wenn man die Leistungen der Sozialversicherung hinzurechnet – den Gesamtschaden übersteigt[1370].

501 Art. VIII Abs. 7 NTS stellt klar, daß Schädigungen, die sich aus der **unbefugten Benutzung** von Armeefahrzeugen ergeben, als außerdienstliche Handlungen gelten. Dies gilt nach der genannten Vorschrift aber dann nicht, wenn die Truppe oder das zivile Gefolge selbst haftbar ist, z. B. wegen schuldhaften Ermöglichens der Schwarzfahrt oder aufgrund der Halterhaftung nach § 7 Abs. 3.

502 Über die Frage, ob die schädigende Handlung in Ausübung des Dienstes geschah oder ob die Fahrzeugbenutzung unbefugt war, erteilt die Truppe nach Art. 41 Abs. 11 ZA eine Bescheinigung (vgl. Rdn. 511 f).

3. NATO-Truppen

503 a) **Rechtsgrundlagen.** Schäden durch Angehörige der Stationierungs-Streitkräfte in der Bundesrepublik Deutschland, die vor dem 5. 5. 1955 verursacht wurden, gelten als Besatzungsschäden und sind nach dem Gesetz über die Abgeltung von Besatzungsschäden vom 1. 12. 1955 (BGBl. I 734) abzuwickeln. Für Schäden zwischen 5. 5. 1955 (12 Uhr) und 30. 6. 1963 gilt Art. VIII FV (BGBl. 1955 II 381). Die nach dem 30. 6. 1963 verursachten Schäden beurteilen sich nach dem NATO-Truppenstatut vom 19. 6. 1951 (NTS), nach dem Zusatzabkommen zu dem Abkommen zwischen den Parteien des Nordatlantikvertrages über die Rechtsstellung ihrer Truppen hinsichtlich der in der Bundesrepublik Deutschland stationierten ausländischen Truppen vom 3. 8. 1959 (ZA), nach dem Unterzeichnungsprotokoll zum Zusatzabkommen vom 3. 8. 1959 (UP) und nach dem Gesetz zum NATO-Truppenstatut und den Zusatzvereinbarungen vom 18. 8. 1961 (NTS-AG). Nur auf diese Schäden beziehen sich die nachfolgenden Ausführungen.

b) Geltungsbereich des NTS

504 aa) **Entsendestaaten.** Das NTS gilt im Verhältnis zu Belgien, Kanada, Dänemark, Frankreich, Italien, Luxemburg, den Niederlanden, Norwegen, Portugal, Großbritannien und Nordirland, den USA, Türkei und Griechenland. Das ZA und das UP gelten im Verhältnis zu Belgien, Kanada, Frankreich, den Niederlanden, Großbritannien und Nordirland und den USA.

505 bb) **Schadensgebiet.** Das NTS erfaßt seit seinem Inkrafttreten (Rdn. 503) Schäden in den alten Bundesländern, in Berlin jedoch erst seit der Aufhebung des Besatzungssta-

---

1370 BGH VersR 1968, 170.

tus im Rahmen der deutschen Vereinigung[1371]. Im Gebiet der ehemaligen DDR werden NATO-Truppen nicht stationiert; kommt es dort – z. B. auf der Durchfahrt nach Berlin – zu Schäden, greift das NTS ebenfalls ein[1372].

c) **Grundzüge der Regelung.** Die Streitkräfte der Entsendestaaten unterstehen ebensowenig wie diese selbst der deutschen Gerichtsbarkeit. Nach Art. VIII Abs. 5 NTS und den hierzu ergangenen weiteren Vorschriften können aber Schadensersatzansprüche gegen sie geltend gemacht werden; Rechtsstreitigkeiten führt die Bundesrepublik Deutschland für den betreffenden Entsendestaat. Dagegen unterstehen die Mitglieder der Truppe (Art. I Abs. 1 Buchst. a NTS) und die Mitglieder des zivilen Gefolges (aaO Buchst. b) persönlich zwar der deutschen Gerichtsbarkeit. Gegen sie darf aber aus einem Urteil, das in der Bundesrepublik in einer aus der Ausübung des Dienstes herrührenden Angelegenheit ergangen ist, nicht vollstreckt werden (Art. VIII Abs. 5 Buchst. g NTS). Infolge dieser Vorschrift führt das an sich zulässige[1373] Vorgehen gegen solche Personen vor den deutschen Gerichten nicht zu dem gewünschten Erfolg. Nach dem Finanzvertrag, der auf Schadensfälle vor dem 1. 7. 1963 anzuwenden ist, war ein solches Vorgehen unzulässig gewesen. **506**

d) **Geltendmachung von Ersatzansprüchen gegen die Bundesrepublik Deutschland.** Der Ersatz von Drittschäden, also Schäden, die einem anderen als dem Entsendestaat oder der Bundesrepublik Deutschland entstanden sind, kann gegen die Bundesrepublik Deutschland geltend gemacht werden, wenn der Schaden durch Handlungen oder Unterlassungen von Mitgliedern einer Truppe oder eines zivilen Gefolges in Ausübung des Dienstes oder durch eine andere Handlung, Unterlassung oder Begebenheit in der Bundesrepublik Deutschland verursacht ist, für welche die Truppe oder das zivile Gefolge eines Entsendestaates rechtlich verantwortlich ist (Art. VIII Abs. 5 NTS, Art. 41 ZA, Art. 6 ff NTS-AG). Die Geltendmachung unterliegt aber besonderen Regeln[1374]. **507**

aa) **Erfaßte Ansprüche.** In dem vorgenannten Verfahren können nur Ansprüche aus Gefährdungshaftung und unerlaubter Handlung geltend gemacht werden, ferner z. B. auch Ansprüche der Polizei wegen Ersatzvornahme bei einem Unfall eines Lkw, bei dem Öl auslief[1375]. Des weiteren fallen unter die Vorschriften des NTS Ausgleichsansprüche zwischen Gesamtschuldnern (§ 426 BGB) wegen Inanspruchnahmen vorstehender Art[1376] sowie der Bereicherungsanspruch des Haftpflichtversicherers eines neben dem Truppenangehörigen an dem Unfall Beteiligten, der lediglich aufgrund eines Teilungsabkommens (vgl. Rdn. 852) in Anspruch genommen wurde[1377], nicht aber vertragliche Ansprüche, also auch nicht Ansprüche aus Beförderungsvertrag oder Dienstvertrag (UP Abs. 1 zu Art. 41 ZA[1378]). Solche Ansprüche sind vielmehr im Zivilprozeß ohne weiteres gegen das Mitglied der Truppe oder des zivilen Gefolges zu verfolgen, mit dem der Vertrag geschlossen wurde; zu beachten sind freilich die Vorschriften der Art. 31 bis 39 ZA über Ladung, Zustellung und Zwangsvollstreckung. Ausgeschlossen sind von der Prozeßstandschaft der Bundesrepublik ferner Ansprüche aus Schwarzfahrten, wenn die Benutzung eines Fahrzeugs der Streitkräfte des Entsendestaates unbefugt war und die Truppe oder das zivile Gefolge für sie rechtlich nicht verantwortlich ist (Art. VIII Abs. 7 NTS). **508**

1371 Vereinbarungen v. 25. 9. 1990 (BGBl. II 1250 ff, 1274).

1372 *Heitmann* VersR 1992, 160 f.

1373 BGH NJW 1964, 104.

1374 Zu Einzelheiten des Verwaltungsverfahrens bestehen Abkommen; vgl. BAnz Nr. 233 a v. 13. 12. 1989.

1375 BGHZ 54, 21.

1376 BGH VersR 1979, 838; 1981, 134.

1377 BGH VersR 1981, 76.

1378 *Rieger* BB 1963, 753.

509 Hat ein bei den Stationierungsstreitkräften beschäftigter **deutscher Arbeitnehmer** einen Drittschaden (den Schaden eines anderen als der Bundesrepublik oder des Entsendestaats) verursacht, so ist der Schaden nicht nach Art. VIII Abs. 5 erste Alternative NTS gegen die Bundesrepublik geltend zu machen, da er nicht zum zivilen Gefolge der Truppe (Art. I Abs. 1 Buchst. b NTS) gehört. Der Arbeitnehmer haftet dem Verletzten persönlich. Aus dem Urteil kann ohne weiteres gegen ihn vollstreckt werden. Auch zivile Arbeitnehmer, die staatenlos sind oder einem Staate angehören, der nicht Vertragsstaat der NATO ist, gehören nicht zum zivilen Gefolge und haften daher nur persönlich. Eine Haftung der Bundesrepublik für den Entsendestaat kann aber in solchen Fällen eintreten, wenn der Entsendestaat für dienstliche Handlungen oder Unterlassungen des Arbeitnehmers „rechtlich verantwortlich" ist (Art. VIII Abs. 5 zweite Alternative NTS). Diese Verantwortlichkeit ist gegeben, wenn entweder die Voraussetzungen der §§ 89, 31 i. V. mit §§ 823 ff BGB vorliegen oder diejenigen des § 831 BGB.

510 Ansprüche von Mitgliedern der Truppe oder ihres zivilen Gefolges **gegen ihren eigenen Staat** können nicht gegenüber der Bundesrepublik geltend gemacht werden, wenn die Ansprüche auf einem Schaden beruhen, den Mitglieder ihrer eigenen Truppe oder ihres zivilen Gefolges verursacht haben[1379].

511 bb) **Nachweis der Dienstbezogenheit.** Der Nachweis, daß die Handlung oder Unterlassung, die den Schaden verursacht hat, in Ausübung des Dienstes begangen worden ist (Art. VIII Abs. 5 NTS) und daß die Benutzung des Kraftfahrzeuges nicht unbefugt war (Art. VIII Abs. 7 NTS), ist durch Bescheinigung der Truppe zu führen, zu der der Schädiger oder das schädigende Kraftfahrzeug im Zeitpunkt der Verursachung gehörte. Bei Meinungsverschiedenheiten kann die Entscheidung eines Schiedsrichters herbeigeführt werden (Art. VIII Abs. 8 NTS), und zwar unter den Voraussetzungen des Art. 12 Abs. 5 NTS-AG auch auf Antrag des deutschen Gerichts. Den deutschen Gerichten ist eine eigene Entscheidung über diese Tatfragen versagt[1380].

512 Ist die Klage erhoben, ehe die Bescheinigung eingeholt wurde, so ist die Klage unzulässig; sie kann aber zulässig werden, wenn die deutsche Behörde die Entschließung bei zügiger Bearbeitung noch vor der letzten mündlichen Verhandlung vor dem Tatsachengericht hätte herbeiführen können[1381]. Liegen die Voraussetzungen für eine Geltendmachung nicht vor (entweder keine in Ausübung des Dienstes begangene Handlung oder Unterlassung, oder unbefugte Benutzung bei der Schwarzfahrt), so kann der Entsendestaat unmittelbar nach Billigkeitsgrundsätzen freiwillige Zahlungen, sogenannte „ex-gratia"-Leistungen, erbringen (Art. VIII Abs. 6 und 7 NTS). Ein Anspruch hierauf besteht nicht. Bei Schwarzfahrten, für die die Truppe oder das zivile Gefolge eines Entsendestaates verantwortlich ist, kann jedoch gegen diese auf dem eingangs erwähnten Weg wegen unerlaubter Handlung vorgegangen werden (Art. VIII Abs. 7 NTS).

513 cc) **Anzuwendendes Recht.** Die Ansprüche des Verletzten richten sich nach deutschem Recht, soweit nicht NTS, ZA, UP und NTS-AG Sonderregelungen bringen. Der Fall ist materiellrechtlich so zu behandeln, als habe die Bundeswehr oder einer ihrer Angehörigen oder Kraftwagen den Schaden verursacht (§ 839 BGB i. Verb. mit Art. 34 GG; §§ 823 ff BGB; §§ 89, 31 BGB; §§ 7 ff StVG). Maßgebend sind in der Regel die Grundsätze der Amtshaftung (§ 839 BGB, Art. 34 GG; vgl. hierzu Rdn. 429 ff) und die Gefährdungshaftung nach § 7 StVG, nicht aber §§ 823, 831 BGB. Denn die Haftung

---

1379 OLG Zweibrücken NJW 1985, 1298.

1380 Zum Umfang der Bindungswirkung: BGH VersR 1966, 975; 1968, 596.

1381 BGH VersR 1969, 284.

der Bundesrepublik würde sich nach diesen Vorschriften richten, wäre der Unfall von einem Soldaten der Bundeswehr verursacht worden[1382]. Das Verweisungsprivileg nach § 839 Abs. 1 Satz 2 BGB ist auch hier nicht anwendbar, wenn sich der Unfall bei Teilnahme am allgemeinen Straßenverkehr ereignet[1383] (vgl. hierzu Rdn. 483). Daß die Truppen oder ihr ziviles Gefolge von bestimmten Vorschriften des deutschen Rechts befreit sind (vgl. insbesondere Art. 57 Abs. 4, 5 ZA) schließt für die Handlungen ihrer Mitglieder die Rechtswidrigkeit nicht aus (Art. 41 Abs. 8 Satz 1 ZA). Die Streitkräfte müssen sich also haftungsrechtlich so behandeln lassen, als ob die Befreiungsvorschrift nicht bestünde[1384]. Dies gilt nicht für Befreiungen, die in gleicher Weise auch die Bundeswehr für sich in Anspruch nehmen könnte (z. B. § 35 StVO). In solchen Fällen steht dem Verletzten ein Anspruch also nur zu, wenn ein Mitglied der Bundeswehr, hätte es unter gleichen Umständen den Unfall verursacht, einen Schadenersatzanspruch ausgelöst hätte.

dd) **Schuldner des Anspruchs** ist in allen Fällen der Entsendestaat. Der Anspruch wird aber von der Bundesrepublik Deutschland für den Entsendestaat erfüllt, die gegen diesen gewisse Ersatzansprüche hat (Art. VIII Abs. 5 NTS). Wird im Wege der Klage vorgegangen, so ist diese gegen die Bundesrepublik zu richten (Art. 12 Abs. 1 NTS-AG); diese führt den Rechtsstreit im eigenen Namen für den Entsendestaat (Prozeßstandschaft). Das Urteil hat auf Leistung „für den Entsendestaat" zu lauten (Art. 25 NTS-AG). **514**

ee) **Geltendmachung der Ansprüche.** Die Ansprüche müssen innerhalb von 3 Monaten geltend gemacht werden (Art. 6 Abs. 1 NTS-AG). Der Antrag hat die geltend gemachten Ansprüche dem Grunde und – soweit möglich – der Höhe nach zu bezeichnen und soll alle für die Bearbeitung wesentlichen Angaben unter Hinweis auf die Beweismittel enthalten (Art. 9 Abs. 2 NTS-AG). Die Anmeldung muß zumindest soviel enthalten, daß es der Behörde möglich ist, sich ein ungefähres Schadensbild zu machen und die voraussichtlich zu erbringenden Ersatzleistungen zu überschauen[1385]. **515**

Die **Frist für den Antrag** beginnt, wenn der Verletzte von dem Schaden und den Umständen Kenntnis erlangt, aus denen sich ergibt, daß die Truppe oder das zivile Gefolge eines Entsendestaats für den Schaden rechtlich verantwortlich ist oder daß ein Mitglied oder ein Bediensteter einer Truppe oder eines zivilen Gefolges den Schaden verursacht hat (Art. 6 Abs. 1 NTS-AG). Sie beginnt für Ansprüche, die im Augenblick des Schadensereignisses auf den Sozialversicherungsträger übergehen, erst, wenn dieser die erforderliche Kenntnis erlangt[1386], während es für den nach § 67 VVG auf den Haftpflichtversicherer übergegangenen Ausgleichsanspruch des Versicherungsnehmers auf dessen Kenntnis ankommt[1387]. Zum Begriff „Kenntnis" s. § 14, 12. Nach Ablauf von zwei Jahren seit dem Unfall kann der Anspruch nicht mehr geltend gemacht werden. War der Schaden allerdings vor Ablauf dieser Frist nicht erkennbar, so beginnt sie erst mit dem Zeitpunkt zu laufen, in dem der Geschädigte bei Anwendung der im Verkehr erforderlichen Sorgfalt von dem Schaden hätte Kenntnis erlangen können (Art. 6 Abs. 4 NTS-AG). **516**

Die Geltendmachung hat schriftlich bei der **zuständigen deutschen Behörde** zu erfolgen, doch gilt die Frist auch als gewahrt, wenn der Anspruch innerhalb der Frist bei **517**

1382 BGH VersR 1972, 1017; 1972, 1020; 1973, 35.

1383 BGH VersR 1981, 134.

1384 BGHZ 38, 21; BGH VersR 1980, 939; 1981, 134.

1385 Sehr weitgehend BGH VersR 1979, 838 für etwaige Ausgleichsansprüche nach § 426 BGB.

1386 BGH NJW 1967, 2208.

1387 BGH VersR 1979, 838.

einer Dienststelle der Truppe oder des zivilen Gefolges geltend gemacht worden ist, die allgemein für die Behandlung von Entschädigungsansprüchen zuständig ist oder der an dem Schadensfall beteiligte Mitglieder oder Bedienstete der Truppe oder des zivilen Gefolges unterstehen (Art. 6 Abs. 2 NTS-AG). Zuständige deutsche Behörde ist diejenige Behörde der unteren Verwaltungsstufe der Verteidigungslastenverwaltung (Amt für Verteidigungslasten), in deren Bezirk das schädigende Ereignis stattgefunden hat (Art. 8 Abs. 1 und 2 NTS-AG)[1388], für Schadensfälle in Berlin und den neuen Bundesländern das Landesamt für Verteidigungslasten[1389].

518 Wird der Anspruch von der zuständigen Behörde nicht oder nicht in vollem Umfang anerkannt – dies wird dem Antragsteller in einer mit Gründen versehenen Entschließung mitgeteilt – so kann der Antragsteller innerhalb von zwei Monaten nach Zustellung der Entschließung Klage vor den ordentlichen Gerichten gegen die Bundesrepublik Deutschland erheben (Art. 12 Abs. 1, 3 NTS-AG). Diese **Klagefrist** wird auch in Lauf gesetzt, wenn das Amt für Verteidigungslasten den Anspruch schon dem Grunde nach ablehnt, ohne zur Höhe des Schadens Stellung zu nehmen[1390]. Hat die Behörde fünf Monate nach Eingang des Antrags bei ihr noch keine Entschließung mitgeteilt, so kann ebenfalls Klage gegen die Bundesrepublik erhoben werden.

519 Die Behörde braucht keine Entschließung zu erlassen, wenn sie sich mit dem Antragsteller über die Entschädigung geeinigt hat. Die Entschließung des Amts für Verteidigungslasten ergeht im Rahmen fiskalischer Tätigkeit und ist kein Hoheitsakt. Sie gehört zum Gebiet des bürgerlichen Rechts; mithin ist die vertragliche Vereinbarung über die Höhe der Entschädigung wie ein Vergleich nach § 779 BGB zu behandeln[1391].

520 ff) **Fristversäumung.** Die **Anmeldefrist** nach Art. 6 NTS-AG ist eine materiellrechtliche Ausschlußfrist, deren Nichteinhaltung von Amts wegen zu beachten ist. Ihre Versäumung führt zum Verlust des Anspruchs, nicht zum Entstehen eines Prozeßhindernisses. Eine trotz Versäumung der Anmeldefrist erhobene Klage ist daher nicht unzulässig, sondern unbegründet. Die **Klagefrist** nach Art. 12 Abs. 3 NTS-AG stellt hingegen eine vorprozessuale Ausschlußfrist dar, deren Ablauf zur Unklagbarkeit des Anspruchs führt und somit den Rechtsweg vollständig und endgültig verschließt[1392]. Bei der Klagefrist nach Art. 12 Abs. 3 NTS-AG handelt es sich also um eine von Amts wegen zu prüfende Prozeßvoraussetzung; für die Fristwahrung gelten §§ 270, 696 Abs. 3 ZPO[1393] (vgl. hierzu § 14, 102). Die Frist ist auch gewahrt, wenn innerhalb der Frist ein unzuständiges Gericht angerufen wurde und die Sache später an das zuständige Gericht gelangt ist[1394] oder wenn ein beim Prozeßgericht zugelassener Rechtsanwalt die Einreichung der Klage durch einen nicht postulationsfähigen Anwalt vor Fristablauf genehmigt[1395]. Vom Geschädigten zunächst übersehene Schadenspositionen (z. B. die steuerliche Belastung einer Unterhaltsrente) können nicht mehr nachträglich geltend gemacht werden[1396].

521 Auf beide Fristen sind die Vorschriften der ZPO über Notfristen entsprechend anzuwenden (Art. 6 Abs. 3, Art. 12 Abs. 3 Satz 2 NTS-AG). Es kann daher dem Verletzten sowohl von der Behörde, bei der der Schadenersatz zu beantragen ist, als auch von dem Gericht der ordentlichen Gerichtsbarkeit **Wiedereinsetzung in den vorigen Stand**

[1388] Verzeichnis in BAnz Nr. 139 a v. 30. 7. 1991.
[1389] *Heitmann* VersR 1992, 161.
[1390] BGH VersR 1985, 88.
[1391] BGH VersR 1970, 518.
[1392] BGHZ 111, 341; BGH NZV 1996, 193.
[1393] BGH VersR 1979, 738; OLG Karlsruhe NZV 1990, 28.
[1394] BGHZ 34, 230; BGH VersR 1979, 738.
[1395] BGHZ 111, 339 m. Anm. *Vollkommer* EWiR § 78 ZPO 1/90, 1025.
[1396] BGH VersR 1987, 409.

für die jeweils versäumte Frist gewährt werden. Voraussetzung ist nach § 233 ZPO, daß der Verletzte ohne Verschulden gehindert worden ist, die Frist einzuhalten. Mangelnde Kenntnis der Anmeldefrist entlastet den Anspruchsteller nicht[1397]. Eine Versäumung, die in dem Verschulden eines Vertreters (gesetzlichen Vertreters oder Bevollmächtigten) ihren Grund hat, ist nicht unverschuldet (§ 85 Abs. 2 ZPO). Die Wiedereinsetzung muß innerhalb einer zweiwöchigen Frist beantragt werden, die mit dem Tage beginnt, an dem das Hindernis wegfällt (§ 234 Abs. 1 und 2 ZPO). Nach Ablauf eines Jahres, vom Ende der versäumten Frist an, kann die Wiedereinsetzung nicht mehr beantragt werden (§ 234 Abs. 3 ZPO). Der Antrag ist bei Versäumung der Anmeldefrist nach Art. 6 NTS-AG beim Amt für Verteidigungslasten zu stellen; lehnt dieses den Antrag ab, so prüft das ordentliche Gericht, ob er begründet war[1398].

gg) **Einfluß der Fristversäumung auf Gesamtschuldnerausgleich.** Ist dem Verletzten **522**
neben dem Angehörigen der Stationierungsstreitkräfte ein weiterer Schädiger verantwortlich und hat er diesen in Anspruch genommen, die Anmelde- oder die Klagefrist nach dem NTS dagegen verstreichen lassen, so hat er zwar seinen eigenen Anspruch gegen die Bundesrepublik verloren, der Zweitschädiger (bzw. aufgrund Anspruchsübergangs nach § 67 VVG sein Haftpflichtversicherer) ist jedoch dadurch nicht gehindert, seinen Ausgleichsanspruch nach § 426 Abs. 1 BGB gegen die Bundesrepublik geltend zu machen[1399]. Allerdings muß auch dieser Ausgleichsanspruch innerhalb der Frist des Art. 6 Abs. 1 NTS-AG angemeldet worden sein[1400].

hh) **Verjährung.** Die Verjährungsvorschriften des deutschen Rechts (§§ 852 BGB, 14 **523**
StVG) werden durch die Vorschriften des NTS und des NTS-AG nicht berührt. Für die absolute Verjährungsfrist nach § 852 Abs. 1 Halbsatz 2 BGB wird dies in Art. 6 Abs. 4 NTS-AG ausdrücklich klargestellt. Die Verjährung wird durch die Anmeldung der Ansprüche beim Amt für Verteidigungslasten unterbrochen (§ 210 BGB), und zwar für alle Ansprüche, auf die sich die Anmeldung erstreckt hat[1401].

ii) **Bindungswirkung der Entscheidung des Amtes für Verteidigungslasten.** Hat das **524**
Amt bestandskräftig entschieden, so sind der Antragsteller und die Bundesrepublik hieran grundsätzlich gebunden. Die Bindung entfällt aber, wenn es nicht mit Treu und Glauben vereinbar wäre, die Bundesrepublik an der Entscheidung festzuhalten, etwa weil der Geschädigte Tatsachen verschwiegen hat, die zu einer völlig anderen Würdigung des Sachverhalts führen[1402]. Ebenso kann die Bindungswirkung entfallen, wenn der Schaden noch nicht endgültig abgewickelt ist, z. B. bei Zubilligung einer laufenden Rente, die unter mehreren Berechtigten unrichtig aufgeteilt wurde[1403], die sich aufgrund der neuen Rechtsprechung zum Verweisungsprivileg nach § 839 Abs. 1 Satz 2 BGB (Rdn. 483) als zu niedrig erweist[1404] oder für die sich nachträglich die Notwendigkeit einer Anrechnung auf andere Ansprüche ergibt[1405]. Auf die Geltendmachung von Ansprüchen *durch* die ausländischen Streitkräfte (z. B. gegen andere Unfallbeteiligte) erstreckt sich die Bindungswirkung nicht[1406].

4. Truppen der UdSSR bzw. GUS

a) **Rechtsgrundlagen.** Die Ersatzpflicht für Unfälle in der DDR richtete sich nach **525**
Art. 11 des Stationierungsabkommens zwischen den Regierungen der UdSSR und der

---

1397 OLG Karlsruhe NZV 1990, 73.
1398 BGH VersR 1968, 947.
1399 BGH VersR 1981, 134.
1400 BGH VersR 1979, 838; 1981, 134.
1401 BGH VersR 1977, 646.
1402 BGH VersR 1976, 1156.
1403 BGH VersR 1979, 423.
1404 BGH VersR 1980, 257.
1405 OLG Hamm VersR 1987, 1223.
1406 OLG Köln NZV 1993, 194.

DDR und Art. 22, 25 des Rechtshilfeabkommens[1407]. Für Schadensfälle seit dem 3. 10. 1990 gilt der Vertrag zwischen der Bundesrepublik Deutschland und der UdSSR über die Bedingungen des befristeten Aufenthalts und die Modalitäten des planmäßigen Abzugs der sowjetischen Truppen vom 12. 10. 1990 (AufhV)[1408]. Er hat ungeachtet der Veränderungen im Staatsgefüge der UdSSR seine Gültigkeit behalten; verantwortlich ist nunmehr der betreffende Nachfolgestaat[1409]. Schadensgebiet war vor dem 3. 10. 1990 das Territorium der DDR, jetzt ist es das gesamte Bundesgebiet[1410].

526 b) **Regelung für Schäden vor dem 3. 10. 1990.** Das Stationierungs- und das Rechtshilfeabkommen regelten zwar nur den Schadensausgleich zwischen den Regierungen. Sie gingen jedoch davon aus, daß dem durch sowjetische Truppen, diesen angehörende Personen oder deren Familienmitglieder geschädigten Bürger der DDR oder eines Drittstaates ein Schadensersatzanspruch nach dem Recht der DDR zusteht. Schuldner des Anspruchs waren der Schädiger bzw. die Streitkräfte, soweit diese nach dem Recht der DDR für die Schädigung einzustehen hatten, jedoch stellte sich die DDR für die Regulierung als Anspruchsadressatin des Geschädigten zur Verfügung. Der Schaden war gegenüber der Staatlichen Versicherung der DDR geltend zu machen[1411]. Für ihn hat nunmehr die Bundesrepublik Deutschland einzutreten[1412]. In der Regel wird die Geltendmachung eines solchen Anspruchs aber daran scheitern, daß es sich bei der Festlegung der Entschädigung durch die Staatliche Versicherung der DDR um eine abschließende Entscheidung handelte (die auch keiner gerichtlichen Kontrolle unterlag). Hieran muß sich der Geschädigte auch gegenüber der Bundesrepublik festhalten lassen[1413].

527 c) **Regelung für Schäden seit dem 3. 10. 1990.** Sie entspricht weitgehend dem NTS. Anspruchsschuldner ist der entsendende Staat; der nach deutschem Recht und von deutschen Behörden und Gerichten zu beurteilende Anspruch ist aber gegen die Bundesrepublik Deutschland geltend zu machen (Art. 24 AufhV). Ansprüche sind innerhalb einer Frist von drei Monaten seit Erlangung der Kenntnis von Schaden und Schadensumständen, spätestens innerhalb von zwei Jahren seit dem Schadensereignis, bei der Oberfinanzdirektion (Bundesvermögensabteilung) geltend zu machen, in deren Bezirk das schädigende Ereignis stattgefunden hat[1414]. Klage kann nur innerhalb von zwei Monaten nach Zustellung der ganz oder teilweise abschlägigen Entschließung der OFD, und zwar gegen die Bundesrepublik Deutschland als Prozeßstandschafterin, erhoben werden[1415]. Wegen weiterer Einzelheiten vgl. die entsprechend anwendbaren Erläuterungen zum NTS[1416].

V. Haftung aus Verletzung der Verkehrssicherungspflicht

1. Rechtliche Einordnung

528 a) **Verkehrssicherungspflicht und allgemeine Verkehrspflichten.** Die Verkehrssicherungspflicht ist nicht umfassend gesetzlich geregelt. Das Rechtsinstitut ist vielmehr von

---

1407 Auszugsweise wiedergegeben in BGH NZV 1995, 228.
1408 BGBl. 1961 II 256; zur Rückwirkung s. Art. 27 des Vertrags.
1409 *Heitmann* VersR 1992, 162 (Fußn. 24).
1410 *Heitmann* VersR 1992, 162.
1411 Zum Ganzen BGH NZV 1995, 228.
1412 Offengelassen in BGH NZV 1995, 229.
1413 BGH NZV 1995, 229.
1414 Art. 4 § 2 des Ausführungsgesetzes zum AufhV v. 21. 12. 1990 (BGBl. 1991 II 256).
1415 Art. 4 § 5 Ausführungsgesetz.
1416 S. auch *Heitmann* VersR 1992, 162; *Reus* MDR 1993, 414.

der Rechtsprechung geschaffen worden. Das Reichsgericht, das den Begriff im wesentlichen geprägt hat, stützte sich auf einen Satz des gemeinen Rechts, der besagte: Wer Räume oder Örtlichkeiten der Allgemeinheit zugänglich macht – mithin einen Verkehr für andere eröffnet – ist für die verkehrssichere Beschaffenheit der Sache verantwortlich[1417]. Hieraus entwickelte sich der gewohnheitsrechtliche Rechtssatz, daß jeder, der im Verkehr eine Gefahrenquelle schafft oder unterhält, die notwendigen und zumutbaren Vorkehrungen zum Schutze anderer zu treffen hat[1418]. Er beschränkt sich längst nicht mehr auf die Sicherung von Verkehrswegen und sonstigen allgemein zugänglichen Örtlichkeiten, sondern umfaßt auch sonstige potentielle Gefahrenquellen (vgl. hierzu und zur rechtsdogmatischen Einordnung Rdn. 218). Im folgenden wird jedoch nur auf die Verkehrssicherungspflicht im engeren Sinne (für Straßen, Wege, Plätze) eingegangen; die sonstigen für den Bereich des Straßenverkehrs bedeutsamen Verkehrspflichten sind in Rdn. 219 ff sowie im Anhang zu § 16 behandelt.

b) **Verkehrssicherungspflicht und Amtshaftung.** Die Verkehrspflichten gehören dem **529**
bürgerlichen Recht an (s. Rdn. 217 f). Die Verletzung der Verkehrssicherungspflicht führt somit grundsätzlich zur Haftung nach § 823 BGB[1419], und zwar auch dann, wenn sie sich bei Gelegenheit einer hoheitlichen Tätigkeit ereignet[1420]. Dem öffentlichen Recht gehört jedoch die in Landesgesetzen den Gemeinden übertragene polizeiliche Straßenreinigungs- und/oder -beleuchtungspflicht[1421] sowie die Pflicht der Straßenverkehrsbehörden zur (sachgerechten) Verkehrs*regelung* an[1422] (hierzu s. Rdn. 443). Außerdem haben die öffentlichrechtlichen Körperschaften nach der Rechtsprechung des BGH die Möglichkeit, die Erfüllung der Straßenverkehrssicherungspflicht für öffentliche Straßen hoheitlich zu organisieren und den im Dienste der Körperschaft stehenden Personen die Verkehrssicherungspflicht als Amtspflicht gegenüber den Verkehrsteilnehmern aufzuerlegen; es greift dann die Amtshaftung nach § 839 BGB, Art. 34 GG ein[1423]. Die bloße Übertragung der Überwachung der Straßensicherheit auf das Straßenbauamt einer Stadt und die Veröffentlichung dieser Übertragung in der Tagespresse reicht nicht aus, um eine hoheitliche Organisation der Straßenverkehrssicherungspflicht zu begründen[1424].

In zahlreichen Straßen- und Wegegesetzen der Länder wurde inzwischen ausdrücklich be- **530**
stimmt, daß die Verkehrssicherungspflicht hinsichtlich der öffentlichen Straßen in Ausübung eines öffentlichen Amtes wahrgenommen wird. Demnach tritt z. B. in Hamburg (§ 5 WegeG), in Baden-Württemberg[1425], in Bayern[1426], in Niedersachsen[1427], in Nordrhein-Westfalen[1428] und in Rheinland-Pfalz[1429] bei Verletzung der Verkehrssicherungspflicht für öffentliche Straßen Amtshaftung

---

1417 RGZ 54, 53.

1418 RGZ 58, 334; 68, 358; 121, 407; 147, 275; 154, 25; 155, 1; BGHZ 9, 373 = NJW 1953, 1297, 1625 m. Anm. *Frisius*; BGHZ 14, 83; 16, 95; 24, 124; BGH DAR 1952, 133 m. Anm. *Guelde*; NJW 1953, 1865; VersR 1959, 228; 1959, 711; 1961, 139; 1968, 72; 1969, 1022; FamRZ 1968, 149; BayObLGZ 1957, 157; 1961, 39. Zu dem abweichenden System des französischen Rechts (Gefährdungshaftung des Sachhalters) s. *Brandt/Brandes* VersR 1991, 1111.

1419 BGHZ 9, 373; 54, 168.

1420 Vgl. OLG Karlsruhe NJW 1994, 1291 (Glätte als Folge von Fernmeldebauarbeiten).

1421 BGHZ 27, 278; 32, 352; BGH VersR 1961, 953; 1962, 1015; 1964, 631; 1974, 911; BGH VRS 41, 5; OLG Düsseldorf VersR 1979, 426.

1422 BGH NJW 1962, 1767; VersR 1969, 539; 1981, 336.

1423 BGHZ 60, 54.

1424 BGH VersR 1969, 35.

1425 § 67 StrG; BGH VersR 1979, 542; 1980, 48.

1426 Art. 72 BayStrWG; BGH VersR 1981, 733; BayObLG VersR 1972, 862; 1991, 666.

1427 § 10 Abs. 1 NStrG; BGHZ 60, 54; BGH VersR 1983, 636; 1991, 72.

1428 § 9 a StrG; BGH VersR 1979, 1055; 1970, 282; 1990, 1149; NZV 1989, 17.

1429 § 48 Abs. 2 StrG; BGH NZV 1995, 144.

ein. Zur Rechtslage in Hessen vgl. BGH VersR 1967, 604; 1982, 577; OLG Frankfurt VersR 1968, 380; für Schleswig-Holstein LG Lübeck SchlHAnz. 1966, 66.

531 In den **neuen Bundesländern** galt bis zum Inkrafttreten eigener Straßengesetze der (wie das Staatshaftungsgesetz der DDR, vgl. Rdn. 495) in das Landesrecht der neuen Bundesländer übergeleitete § 23 der DDR-StraßenVO v. 22. 8. 1974[1430]. In den jetzt geltenden Straßengesetzen der neuen Länder ist die Straßenverkehrssicherungspflicht hoheitlich ausgestaltet[1431]. Bei ihrer Verletzung gelten somit § 839 BGB, Art. 34 GG. Die Geltung des übergeleiteten Staatshaftungsgesetzes ist ausdrücklich ausgeschlossen[1432].

532 Auch im Fall hoheitlicher Wahrnehmung der Verkehrssicherungspflicht durch Bedienstete tritt die Haftung der Körperschaft nur an die Stelle der sonst bestehenden Haftung nach §§ 823, 831 BGB; die privatrechtliche Verpflichtung der Körperschaft, für eine ordnungsgemäße Organisation der Verkehrssicherung zu sorgen, wird hierdurch nicht berührt. Wird diese Verpflichtung verletzt, so haftet die Körperschaft auch im Falle hoheitlicher Organisation der Verkehrssicherungspflicht nach §§ 823, 31, 89 BGB[1433] (s. a. Rdn. 572). Unberührt bleibt auch die Beweislastregelung in § 836 BGB, wenn die Amtspflichtverletzung zugleich dessen Tatbestand verwirklicht[1434].

Ist die öffentlichrechtliche Körperschaft als Grundeigentümer für eine nicht dem öffentlichen Verkehr gewidmete Verkehrsfläche sicherungspflichtig, so haftet sie stets privatrechtlich[1435]; ebenso bei Pflichtigkeit als Anliegerin (Rdn. 600). Dasselbe gilt, wenn die Körperschaft die Verkehrssicherungspflicht für eine Privatstraße durch Vertrag mit dem Eigentümer übernimmt[1436].

c) **Besonderheiten bei hoheitlicher Ausgestaltung der Verkehrssicherungspflicht**

533 aa) Für den **Umfang der Pflicht** gilt nichts Besonderes; der Inhalt der Amtspflichten entspricht der allgemeinen Verkehrssicherungspflicht[1437].

534 bb) Die **Unanwendbarkeit der Subsidiaritätsklausel** (§ 839 Abs. 1 Satz 2 BGB) hat der BGH im Anschluß an seine neuere Rechtsprechung zur Amtshaftung bei Teilnahme am Straßenverkehr (s. Rdn. 483) auch für den Bereich der Verletzung der Straßenverkehrssicherungspflicht bejaht[1438]. Zur Begründung verweist er auch hier auf den Grundsatz der haftungsrechtlichen Gleichbehandlung. Die Pflicht, für die Sicherheit der Straßen zu sorgen, entspreche auch bei öffentlichrechtlicher Ausgestaltung als Amtspflicht der allgemeinen Verkehrssicherungspflicht; zudem stehe sie in engem Zusammenhang mit den Pflichten, die einem Amtsträger als Teilnehmer am allgemeinen Straßenverkehr obliegen. Der BGH hat diese Rechtsprechung auf die Fälle übertragen, in denen es nicht um die eigentliche Durchführung der Streu- und Räumpflicht der Gemeinde, sondern um die bei dieser verbliebene Verpflichtung geht, die Einhaltung

1430 GBl. I 515; vgl. hierzu *Uecker* NZV 1992, 300 sowie eingehend, auch zum Zeitpunkt des Außerkrafttretens in den einzelnen Ländern *Bergmann/Schumacher* DtZ 1994, 3.

1431 Nachweise bei *Bergmann/Schumacher* DtZ 1994, 4.

1432 Vgl. § 65 des StrWG von Mecklenburg-Vorpommern und § 10 Abs. 1 Satz 2 der Straßengesetze von Brandenburg, Sachsen, Sachsen-Anhalt und Thüringen.

1433 BGHZ 27, 283 = NJW 1958, 1234, 1819 m. Anm. *Nedden*; BGH VersR 1959, 389; 1959, 1027; LG Traunstein VersR 1960, 93.

1434 BGH VersR 1991, 72.

1435 OLG Düsseldorf NJW 1993, 152.

1436 Vgl. OLG Köln VersR 1990, 321.

1437 BGHZ 60, 54; BGH VersR 1980, 946.

1438 BGHZ 75, 134; 123, 102; BGH VersR 1980, 282; 1980, 946; 1981, 347; 1991, 73.

der auf die Anlieger übertragenen Pflichten zu überwachen und erforderlichenfalls zu erzwingen (Rdn. 600)[1439]. Auf die Verletzung der Verkehrsregelungspflicht (vgl. Rdn. 443 ff) oder der polizeilichen Pflicht zur Gefahrenabwehr läßt sich diese Rechtsprechung dagegen nicht übertragen (Rdn. 485).

cc) **Fahrten in Erfüllung der Verkehrssicherungspflicht.** Ereignet sich bei einer Fahrt, **535**
die der Erfüllung der Verkehrssicherungspflicht insofern dient, als der Straßenzustand beobachtet oder eine Gefahr beseitigt werden soll, ein Unfall, bei dem ein anderer geschädigt wird, und war die Fahrt hoheitlich organisiert, wurden also die mitwirkenden Personen als Beamte mit Amtspflichten gegenüber den Verkehrsteilnehmern tätig, so tritt Haftung nach § 839 BGB, Art. 34 GG ein[1440].

2. Träger der Pflicht

a) **Grundsatz.** Die Verkehrssicherungspflicht trifft denjenigen, der in der Lage ist, **536**
die zur Abwendung der Gefahr erforderlichen Maßnahmen zu treffen, in der Regel also den Eigentümer oder Besitzer. Für den verkehrssicheren Zustand einer Straße haftet somit diejenige (natürliche oder juristische) Person, welche die tatsächliche Möglichkeit und privatrechtliche Befugnis hat, auf den Straßenzustand einzuwirken[1441], d. h. wer die Straße tatsächlich und aufgrund einer Rechtspflicht verwaltet[1442]. Dies ist, soweit eine Verkehrssicherungspflicht öffentlichrechtlicher Körperschaften in Betracht kommt, die Straßenbaubehörde[1443], d. h. die Behörde, welche die Aufgaben des beteiligten Trägers der Straßenbaulast nach den gesetzlichen Vorschriften wahrnimmt (§ 45 Abs. 2 Satz 2 StVO). Es haftet mithin diejenige Körperschaft, der die für den Streckenabschnitt zuständige Straßenbaubehörde unterstellt ist. Häufig wird diese verkehrssicherungspflichtige Körperschaft mit dem Träger der Straßenbaulast identisch sein. Diese Identität ist gegeben, wenn der Träger der Baulast selbst verpflichtet ist, nicht nur die Mittel für den Bau und den laufenden Unterhalt der Straße bereitzustellen, sondern auch die Pflicht hat, den Bau und die Instandhaltung der Straße selbst durchzuführen. Dies ist jedoch durchaus nicht immer der Fall[1444]. Bei Mautstraßen haftet der Betreiber[1445].

b) **Übertragung der Verkehrssicherungspflicht** ist, da es sich um eine privatrechtliche **537**
Verpflichtung handelt, nicht nur durch Gesetz oder Satzung möglich, sondern auch durch bürgerlichrechtlichen Vertrag[1446]. Der Übertragende bleibt aber verpflichtet, die Ausführung zu überwachen[1447]. Er haftet bei Verletzung dieser Pflicht aus § 823 bzw. § 839 BGB, kann sich also nicht nach § 831 BGB exkulpieren[1448]. Oftmals wird ohnehin der Vertrag dahin auszulegen sein, daß der Übernehmer die Pflicht nur zusätzlich

---

[1439] BGHZ 118, 368.

[1440] BGHZ 21, 48; vgl. auch OLG Bremen VersR 1968, 501.

[1441] Vgl. RGZ 68, 161; 121, 404; BGHZ 6, 195; BGH VersR 1955, 11; 1957, 200; 1957, 238; OLG Celle VersR 1955, 397.

[1442] BGH VersR 1968, 749; 1968, 1167; 1969, 35.

[1443] BGH NJW 1968, 443.

[1444] BGHZ 24, 124.

[1445] Vgl. österr. OGH ZVR 1990, 57 u. NZV 1990, 303: Autobahn-AG. Für privat finanzierte und betriebene Bundesfernstraßen ebenso *Schmidt* NVwZ 1995, 39.

[1446] RG JW 1938, 3163; VAE 1938, 459; BGH VersR 1966, 266; OLG Hamm VkBl. 1950, 104; OLG Düsseldorf VersR 1958, 833; *Baumgärtel* MDR 1959, 190; a. A. *Geigel/Schlegelmilch* 14. Kap. 173; *v. Bar* VersR 1981, 761; OLG Koblenz VersR 1955, 253; OLG Hamm VersR 1955, 622.

[1447] BGH VRS 12, 86; VersR 1982, 577; OLG Düsseldorf VersR 1959, 339; OLG Frankfurt VersR 1980, 634; OLG Nürnberg NZV 1991, 311.

[1448] Vgl. LG Göttingen VersR 1981, 760 m. Anm. *v. Bar.*

zu dem bisher Verpflichteten übernimmt. Dies gilt vor allem bei einem Vertrag mit einem Bauunternehmer[1449]. In jedem Fall bedarf es einer klaren, ausdrücklichen Abmachung, um von der unmittelbaren Sicherungspflicht frei zu werden[1450]. Übernimmt jemand vertraglich die „Verantwortlichkeit" für die Straße, so übernimmt er die Verkehrssicherungspflicht[1451]. Dagegen bewirkt die tatsächliche Durchführung verkehrssichernder Maßnahmen für sich allein keinen Übergang der Verkehrssicherungspflicht auf denjenigen, der die Maßnahmen vorgenommen hat[1452]; dies hindert freilich nicht, daß derjenige, der sie tatsächlich durchführt, neben dem anderen verkehrssicherungspflichtig wird und insbesondere für Fehler bei der Durchführung der Maßnahmen haftet[1453]. Übernimmt für einen Anlieger mit Zustimmung der Ortspolizeibehörde ein anderer die Reinigung, so haftet der Anlieger für Pflichtwidrigkeiten des anderen grundsätzlich nicht[1454]. Wer als Hauswart, Reinigungsunternehmen oder als Angestellter eines solchen Unternehmens die Verkehrssicherungspflicht für einen anderen übernimmt, haftet selbst, wenn er die übernommene Pflicht verletzt[1455], und zwar auch gegenüber dem Übertragenden[1456].

538 c) **Eilzuständigkeit.** Aus der Verpflichtung der **Polizei** zur Gefahrenabwehr kann sich ergeben, daß diese bei erkannter Gefahr Sofortmaßnahmen zur Verkehrssicherung ergreifen, insbesondere vor der Gefahrenstelle warnen muß[1457]. Dadurch tritt sie aber nicht an die Stelle des Verkehrssicherungspflichtigen, sondern erfüllt nur ihre eigene Aufgabe (wichtig wegen des Verweisungsprivilegs, vgl. Rdn. 485).

539 d) **Einzelheiten.** Im einzelnen bestimmt sich die Verkehrssicherungspflicht wie folgt:

aa) **Bundesfernstraßen** (Autobahnen und Bundesstraßen) werden, obwohl Träger der Straßenbaulast der Bund ist (§ 5 BFStrG), von den Ländern nach Art. 90 Abs. 2 GG als Auftragsangelegenheit verwaltet; verkehrssicherungspflichtig ist mithin das Land, weil sich allein beim Land die tatsächliche Möglichkeit und die rechtliche Befugnis vereinigen, die von der Straße ausgehenden Gefahren zu mindern[1458]. In Nordrhein-Westfalen wurde dem Landschaftsverband die Verkehrssicherungspflicht übertragen[1459]. Ausgenommen von der Verkehrssicherungspflicht des Landes oder Landschaftsverbandes sind Ortsdurchfahrten der Bundesstraßen in größeren Gemeinden (Einzelheiten s. § 5 Abs. 2 bis 4 BFStrG). Trotz der Verkehrssicherungspflicht des Landes oder Landschaftsverbandes haftet in Ausnahmefällen die Bundesrepublik, aber nur wenn Bundesorgane unsachliche Weisungen erteilen[1460] oder im Einzelfall ihre Aufsichtspflicht verletzen[1461].

540 bb) Für **Landstraßen** (Staatsstraßen, Kreisstraßen) sowie deren Ortsdurchfahrten ist auf die unterschiedlichen Regelungen über die Straßenbaulast und die Verwaltung der Straßen in den Straßengesetzen der Länder zu verweisen[1462].

1449 BGH VRS 9, 106; VersR 1960, 349; OLG Düsseldorf VersR 1958, 833.
1450 BGH VersR 1988, 516.
1451 BGH VersR 1957, 234.
1452 OLG Neustadt VersR 1959, 959.
1453 OLGR Düsseldorf 1995, 6.
1454 KG NJW 1968, 605.
1455 BGH VersR 1970, 38.
1456 BGH VersR 1989, 526: Wohnungseigentümer.
1457 Vgl. OLG Hamm NZV 1993, 192: mit Granulat abgestreute Ölspur, auch zur Verneinung einer Haftung der Feuerwehr, die das Abstreuen vorgenommen hat.
1458 BGH VersR 1955, 108; 1956, 67; 1959, 228; 1980, 48; NJW 1980, 582; OLG Frankfurt MDR 1959, 126; OLG Oldenburg VRS 31, 161.
1459 BGH VersR 1960, 850; OLG Köln VRS 13, 329.
1460 BGHZ 16, 98.
1461 BGH NJW 1956, 1028.
1462 Übersicht bei *Geigel/Schlegelmilch* 14. Kap. 65 ff.

cc) Für **Gemeindestraßen** obliegt die Verkehrssicherungspflicht außerorts wie innerorts den Gemeinden, ggfs. Verbandsgemeinden[1463]. Dies gilt auch für sonstige öffentliche Straßen (z. B. öffentliche Feld- und Waldwege), die in der Straßenbaulast der Gemeinde stehen. Entscheidend sind die jeweiligen landesrechtlichen Regelungen. Die Verkehrssicherungspflicht der Gemeinde erstreckt sich auch auf die im Eigentum der Anlieger stehenden Teile des Bürgersteigs[1464]. 541

dd) **Für Privatstraßen** (Eigentümerwege) und für den Verkehr freigegebene **Grundstücke** ist der Eigentümer oder der Verfügungsberechtigte verkehrssicherungspflichtig[1465]. So ist für das Gelände einer Tankstelle der Pächter, für das einer Reparaturwerkstatt der Inhaber des Gewerbebetriebs verantwortlich. Für ein Werkgelände ist der Unternehmer, für einen öffentlichen Parkplatz der Eigentümer, jedoch – wenn es sich um Verkehrsgrund der Gemeinde handelt – diese verantwortlich. Entsprechendes gilt für Feld- und Forstwege, soweit sie nicht Gemeindewege (Rdn. 541) sind. Auf ihnen trifft die Verkehrssicherungspflicht denjenigen, durch dessen Feld oder Wald sie führen[1466]. Handelt es sich um mehrere Personen, so hat jeder von ihnen die volle Verkehrssicherungspflicht. Nicht gebilligt werden kann die Ansicht, auf tatsächlich öffentlichen, also nicht eigens gewidmeten Wegen[1467] oder auf Forstwirtschaftswegen[1468] bestehe keine Verkehrssicherungspflicht. Vielmehr ist jeder verkehrssicherungspflichtig, der öffentlichen Verkehr auf seinem Grundstück zuläßt[1469] (zur Frage des Bestehens einer Verkehrssicherungspflicht gegenüber Unbefugten s. Rdn. 555), auch bei sog. Trampelpfaden, wo freilich mit erhöhter Sorgfalt der Benutzer gerechnet werden darf[1470]. Bei Gastwirten erstreckt sich die Pflicht auf den gesamten Außenbereich einschließlich Zugänge und Parkplätze[1471]. Sie umfaßt nach fragwürdiger Ansicht des BGH[1472] auch Personen, die nicht die Absicht haben, das Lokal zu besuchen. 542

ee) Für **Straßenkreuzungen, Einmündungen und Bahnübergänge** gelten die Bestimmungen der BundesfernstraßenkreuzungsVO v. 2. 12. 1975[1473], der Landesstraßengesetze und des EisenbahnkreuzungsG i. d. F. v. 21. 3. 1971[1474]. Für die Beseitigung einer Sichtbeeinträchtigung können die Baulastträger beider Straßen gesamtschuldnerisch haftbar sein[1475]. 543

ff) Für **Umleitungsstrecken** wegen Sperrung einer Straße ist verkehrssicherungspflichtig, wer es für die gesperrte Strecke ist[1476]. 544

gg) Einwirkungen anderer auf den Straßenzustand können für diese eine Pflicht zur Abwehr hierdurch entstandener Gefahren begründen. Auf diese Weise entsteht z. B. eine Verkehrssicherungspflicht des Fernmeldeunternehmens, wenn im Straßenkörper Fernsprechkabel verlegt werden[1477], wenn ein Fernsprechmast auf die Straße stürzt[1478], wenn nach der Beendigung von Fernmeldebauarbeiten der Gehweg instandzusetzen 545

1463 Vgl. zur Rechtslage in Rheinland-Pfalz BGH VersR 1984, 890; OLG Koblenz VersR 1982, 1105; MDR 1982, 848, in Niedersachsen OLGR Celle 1995, 174.

1464 OLG Koblenz VersR 1960, 162.

1465 OLG Düsseldorf VersR 1983, 544.

1466 OLG Köln VersR 1988, 1181.

1467 OLG München NJW 1954, 1452.

1468 OLG Hamm VersR 1985, 597.

1469 OLG Oldenburg NJW 1989, 305; OLG Brandenburg VersR 1996, 478: ehemaliger Postenweg an Grenzanlage der DDR.

1470 Vgl. OLG Düsseldorf NZV 1993, 152; OLG Brandenburg NZV 1997, 77.

1471 BGH NJW 1985, 482; OLG Düsseldorf VersR 1983, 925.

1472 NJW 1987, 2671.

1473 BGBl. I 2984; OLG Celle VersR 1989, 1194.

1474 BGBl. I 337.

1475 OLG Nürnberg VersR 1991, 1420.

1476 KG VAE 1938, 187.

1477 BGH VRS 16, 86.

1478 OLG Stuttgart VRS 7, 276.

ist[1479] oder wenn der Deckel eines Kabelschachts in die Gehbahn ragt[1480]. Des weiteren haftet, wer auf der Straße sonstige Arbeiten vornimmt, z. B. den Deckel eines Gullys entfernt[1481], (zu Baustellen s. im übrigen Rdn. 546) oder wer die Straße verschmutzt (Rdn. 596). Der Betreiber eines Lkw-Parkplatzes kann für eine „Eisfalle" haftbar sein, die dadurch entsteht, daß beim Ausfahren auf die Straße Niederschlagswasser von den Planen schwappt und gefriert[1482]. Oftmals bleibt aber eine Mitverantwortung der Körperschaft, die die Straße verwaltet[1483]. Deshalb hat der für die Straße Verkehrssicherungspflichtige auch für die Tragfähigkeit eines in die Fahrbahn eingelassenen Schachtdeckels einzustehen, den ein anderer dort befugterweise angebracht hat[1484].

546 hh) **Baustellen.** Für die Verkehrssicherung ist zunächst der verantwortlich, dem die Bauleitung übertragen ist[1485]. Außerdem ist der Bauunternehmer verpflichtet, während der Dauer des Baus die Baustelle so abzusichern, daß erkennbare Gefahren von Dritten ferngehalten werden[1486]. Hat der Bauunternehmer die Baustelle geräumt, sei es auch nur wegen einer Unterbrechung der Bauarbeiten mit zwischenzeitlicher Wiedereröffnung des Verkehrs, so trifft die Verkehrssicherungspflicht nicht mehr ihn, sondern den für die Straße Verantwortlichen[1487]. Desgleichen endet seine Verkehrssicherungspflicht, wenn er die Fortführung der Arbeiten einem anderen Bauunternehmer überträgt[1488]. Den Bauherrn trifft dann eine Verkehrssicherungspflicht, wenn sich ihm das Vorhandensein besonderer Gefahren aufdrängen muß oder wenn er Anlaß zu Zweifeln hat, ob der Unternehmer oder der Bauleiter seinen Verpflichtungen nachkommt und wenn er zur Abhilfe durch eigene Anordnungen in der Lage ist[1489]. Näher hierzu Rdn. 624 f.

547 ii) **Straßenbahn- und Busbetriebe.** Für einwandfreie Beschaffenheit der Straßendecke in der Gleiszone (zwischen den Schienen und am äußeren Rand derselben) ist das Straßenbahn- oder Bahnunternehmen verantwortlich, das die Gleise benützt[1490]. Den Straßenbaulastträger trifft aber u. U. eine Überwachungspflicht[1491]. Das Straßenbahnunternehmen ist auch verpflichtet, dafür zu sorgen, daß die Fahrgäste ungefährdet ein- und aussteigen können. Das gleiche gilt für Omnibus- und Obusbetriebe[1492]. Dies bedeutet nicht unbedingt, daß der Verkehrssicherungspflichtige auch die Kosten von Schutzeinrichtungen zu tragen hat; u. U. kann er die wegeunterhaltspflichtige Behörde auffordern, die notwendigen Maßnahmen zu veranlassen.

548 kk) Auch **Sondernutzungsberechtigte** sind verkehrssicherungspflichtig. Das gilt vor allem für jeden, der einen Mast auf dem Bürgersteig (oder gar auf der Fahrbahn) aufstellen darf[1493]. Befindet sich eine Waage auf öffentlichem Verkehrsgrund, so muß derjenige, der sie betreibt, sie auch sichern[1494]. Verkehrssicherungspflichtig ist auch der Veranstalter eines Radrennens[1495].

1479 BGH VersR 1982, 1198.
1480 OLG München ArchivPF 1956, 258 m. Anm. *Aubert.*
1481 BGH VersR 1961, 371.
1482 Österr. OGH ZVR 1996, 47.
1483 BGH VersR 1957, 776 für eine von der Zollverwaltung errichtete Straßensperre; BGH VersR 1960, 511 für eine von der Gemeinde betriebene Waage mit Abweisstein.
1484 BGH VersR 1967, 1155.
1485 BGH VersR 1977, 543; LG Frankenthal MDR 1958, 337; s. a. OLG Karlsruhe VRS 48, 194.
1486 BGH VersR 1971, 233; 1974, 780; 1977, 544; 1982, 577; 1989, 731; OLG Bamberg VersR 1971, 233; OLG Köln NZV 1995, 22.
1487 OLG Hamm NJW-RR 1987, 1507; VersR 1993, 1369; LG Koblenz VersR 1982, 1085.
1488 OLG Schleswig MDR 1982, 318.
1489 Vgl. BGH VersR 1960, 824; Betrieb 1976, 2300; **a. A.** BGH VersR 1959, 998.
1490 BGH VersR 1961, 236; KG VAE 1938, 520.
1491 OLG Düsseldorf VersR 1988, 1296 LS.
1492 LG Krefeld DAR 1988, 852.
1493 BGH VersR 1958, 51.
1494 BGH VersR 1960, 511.
1495 BGH VRS 8, 16.

ll) **Anlieger.** Der Eigentümer eines an einer öffentlichen Straße liegenden Grundstücks hat schädliche Einwirkungen zu vermeiden, die von seinem Grundstück ausgehen und die Verkehrsteilnehmer gefährden (vgl. hierzu Rdn. 631). Ihn kann auch, kraft Übertragung, die Streupflicht oder Reinigungspflicht für den Gehweg treffen (vgl. Rdn. 595, 600 ff). **549**

mm) **Sonstige Verursacher von Gefahren** können ebenfalls verkehrssicherungspflichtig bezüglich einer Straße werden. So hat z. B. derjenige, der in der Nähe einer Straße Sprengarbeiten ausführt, den Gefahren entgegenzuwirken, die hieraus für die Straßenbenutzer entstehen können[1496]. Entsprechendes soll für Gartenarbeiten gelten[1497]. Zum Abschießen von Nebelmunition neben einer Straße bei einer militärischen Übung vgl. OLG Frankfurt VersR 1986, 1124 (mit m. E. unrichtiger Anwendung des Verweisungsprivilegs; s. Rdn. 534). Zur Frage einer Verantwortlichkeit der Baumschutzbehörde bei Schäden durch geschützte Bäume s. *Otto* NJW 1996, 356 ff. **550**

nn) **Verkehrssicherungspflicht kraft tatsächlicher Übung.** Streiten zwei Körperschaften über die Rechtsfrage, welche von beiden auf einer Straße bei Winterglätte zu streuen hat, so ist die Körperschaft, die tatsächlich jahrelang gestreut hat, verpflichtet, solange weiter zu streuen, bis die unter ihnen bestehenden Zweifel ausgeräumt sind[1498]. Das gleiche gilt ganz allgemein für die Verkehrssicherungspflicht, z. B. hinsichtlich eines Brückengeländers[1499]. Wer eine Straße laufend streut, ist für die ordnungsgemäße Ausführung des Streuens verantwortlich, auch wenn er zum Streuen gar nicht verpflichtet war[1500]. **551**

3. Umfang der Pflicht

a) **Grundsätze.** Die Verkehrssicherungspflicht darf nicht mißverstanden werden als Pflicht zur völligen Gefahrloshaltung der Verkehrswege. Es ist unzulässig, allein daraus, daß die Beschaffenheit des Verkehrswegs einen Unfall (mit)verursacht hat, eine Haftung wegen Verletzung der Verkehrssicherungspflicht herzuleiten. Diese Pflicht findet vielmehr dort ihre Grenze, wo die Vermeidung der Gefahr nicht vom Verkehrsteilnehmer selbst erwartet werden kann. Positiv ausgedrückt: sie reicht so weit, wie das Vertrauen des Verkehrsteilnehmers in die Sicherheit des Verkehrsweges Schutz verdient. Gefahrenquellen, auf die sich der Benutzer nach allgemeiner Anschauung einstellen muß, braucht der für den Straßenzustand Verantwortliche nicht zu beseitigen. **552**

Aus Vorstehendem folgt, daß der Umfang der Verkehrssicherungspflicht in hohem Maße von den Umständen des Einzelfalles und der Bewertung des Vertrauensschutzes abhängig ist. Die ausgeprägte Kasuistik der Rechtsprechung zur Verkehrssicherungspflicht findet hierin ihre Erklärung. Einige allgemeine Grundsätze lassen sich jedoch aufstellen:

- Die Sicherheitserwartung des Benutzers ist in hohem Maße von der Art des Verkehrswegs, insbesondere seiner Verkehrsbestimmung und -bedeutung abhängig (näher Rdn. 553).
- Die Erkennbarkeit der Gefahr spielt eine wesentliche Rolle (hierzu Rdn. 556 und zu der damit zusammenhängenden Frage, inwieweit eine Warnung vor der Gefahr ausreicht, Rdn. 565 ff).

1496 BGH VersR 1958, 850.

1497 LG Bielefeld NVwZ 1996, 727: Hochschleudern von Splitt durch Rasenmäher; sehr weitgehend.

1498 BGHZ 31, 219.

1499 BGH VersR 1956, 768.

1500 BGH VersR 1973, 825; BayObLGZ 56, 256.

– Die Gesichtspunkte der Zumutbarkeit (im Hinblick auf den finanziellen Aufwand) und der Verhältnismäßigkeit (in bezug auf das Ausmaß der drohenden Gefahr) beeinflussen die Intensität der Sicherungspflicht.
– Rechtsvorschriften und technische Regelwerke können für die Abgrenzung der schutzwürdigen Sicherheitserwartung von Bedeutung sein.

Im folgenden werden Umfang und Inhalt der Verkehrssicherungspflicht näher erläutert: Einzelheiten zu den verschiedenen Fallgestaltungen sind der anschließenden Übersicht (Rdn. 574 ff) zu entnehmen.

553 b) **Maßgeblichkeit des Verkehrsaufkommens und der Verkehrsbestimmung.** Der Umfang der Verkehrssicherungspflicht wird von Art und Häufigkeit der Benutzung des Verkehrswegs maßgebend bestimmt[1501]; er ist daher auf einem Wanderweg[1502] oder auf einer Privatstraße, auf der der Eigentümer öffentlichen Verkehr lediglich duldet, geringer als auf einer öffentlichen Straße[1503], auf einer Schnellverkehrsstraße größer als auf einem wenig und mit geringer Geschwindigkeit befahrenen Gemeindeverbindungsweg.

554 Begrenzt wird die Verkehrssicherungspflicht auch durch die **erkennbare Verkehrsbestimmung.** Maßgeblich ist das äußere Erscheinungsbild, nicht die Beschilderung nach der StVO[1504]. Ist erkennbar, daß eine Straße von einer bestimmten Stelle an nicht mehr für Lastkraftwagen benutzbar ist, so endet an dieser Stelle die Pflicht, die Straße in einem für Lastkraftwagen benutzbaren Zustand zu erhalten[1505]. Das gleiche gilt, wenn eine Straße – z. B. ein Gemeindeverbindungsweg – in ihrem ganzen Verlauf für schwere Fahrzeuge ungeeignet ist und dies jedem Straßenbenutzer ohne weiteres – auch bei Nacht – erkennbar ist[1506]. Der Grundsatz ist auch auf andere nur für bestimmte Verkehrsarten errichtete Straßen anzuwenden, vor allem für Radfahrwege und Fußpfade, auch wenn auf ihnen der übrige Verkehr nicht durch Verbotszeichen ausgeschlossen ist. Aber auch hinsichtlich einzelner Teile ein und derselben Straßen können aufgrund der unterschiedlichen Zweckbestimmung unterschiedliche Anforderungen bestehen, z. B. geringere für einen Parkstreifen[1507] oder für das Bankett (näher Rdn. 580). Bei einer erkennbar nur provisorisch eingerichteten Verkehrsfläche ist die Verkehrssicherungspflicht reduziert[1508]. Zur Verkehrssicherungspflicht in verkehrsberuhigten Bereichen und Fußgängerzonen vgl. *Ruf* Die Gemeinde 1988, 616.

555 Grundsätzlich besteht keine Verkehrssicherungspflicht gegenüber Personen, die einen öffentlichen Weg **außerhalb seiner Widmung oder Freigabe** benutzen[1509] oder Privatgrund unbefugt betreten[1510], denn diesen kann in der Regel keine schutzwürdige Sicherheitserwartung zugebilligt werden. Etwas anderes kann jedoch gelten, wenn sich eine Gefahr verwirklicht hat, die von der Verbotswidrigkeit der Benutzung unabhängig war (also z. B. der Unfall des einen Radweg benutzenden Kradfahrers sich ebenso bei Benutzung eines Fahrrades hätte ereignen können), oder wenn es dem Sicherungspflichtigen zuzumuten war, sich auf eine üblich gewordene, ihm bekannte Fehlnutzung

---

1501 BGH VersR 1963, 38; 1964, 727; 1980, 946.
1502 OLGR Düsseldorf 1995, 287.
1503 BGH VersR 1968, 68; OLG München NJW 1954, 1452.
1504 BGH VersR 1989, 848.
1505 BGH VRS 14, 3; 14, 412; VersR 1959, 275.
1506 OLG Nürnberg BB 1959, 1277; LG Hechingen VersR 1959, 440.
1507 OLG Hamm NJW-RR 1992, 1442; OLGR Frankfurt 1994, 74.
1508 BGH VersR 1986, 704 (Anrampung an Straßenbaustelle); OLG Koblenz VersR 1982, 780 (Parkplatz); LG Koblenz VersR 1986, 497 (Gehweg).
1509 BGH NJW 1966, 1456.
1510 OLG München VersR 1992, 210; OLG Düsseldorf VersR 1983, 141 LS.

des Weges[1511] bzw. Grundstücks[1512] einzustellen. Insbesondere von Kindern kann die Beachtung von Verboten nicht ohne weiteres erwartet werden[1513].

c) **Erkennbarkeit der Gefahr.** Die Verkehrssicherungspflicht für öffentliche Straßen geht dahin, daß die Straße so angelegt und in einem solchen Zustand erhalten wird, daß sie keine Gefahrenstellen aufweist, mit denen ein sorgfältiger Benutzer nach dem äußeren allgemeinen Erscheinungsbild nicht zu rechnen braucht[1514]. Potentielle Gefahrenquellen, die bei üblicher Aufmerksamkeit ohne weiteres erkennbar sind, brauchen nicht beseitigt zu werden[1515]; der Benutzer muß die Straße grundsätzlich so hinnehmen, wie sie sich ihm erkennbar darbietet[1516]. Insbesondere darf er nur mit einem Sicherheitsstandard rechnen, der auf einer Straße der betreffenden Art üblich ist. Die Erkennbarkeit einer nicht ohne weiteres erkennbaren Gefahr kann auch durch **Warnzeichen** oder ähnliche Einrichtungen begründet werden. Zu dieser (geringsten) Form der Gefahrenabwehr vgl. Rdn. 565 ff. 556

Aus Vorstehendem folgt bereits, daß der Sicherungspflichtige sich auf den sorgfältigen, aufmerksamen, die Verkehrsvorschriften beachtenden Verkehrsteilnehmer einstellen kann. Auf eine naheliegende **Möglichkeit vorschriftswidrigen Verhaltens** von Straßenbenutzern ist freilich Bedacht zu nehmen[1517]. Insbesondere dann, wenn bereits geringe Unaufmerksamkeiten, Gewöhnungseffekte oder typische Fehlreaktionen erhebliche Gefahren heraufbeschwören können, kann eine Abwendungspflicht bestehen[1518]. Keinesfalls braucht aber der Verkehrssicherungspflichtige auf alle denkbaren Verstöße von Verkehrsteilnehmern gegen Sorgfaltspflichten Rücksicht zu nehmen[1519]. Vor allem braucht er das Verhalten völlig Unaufmerksamer, ganz Unverständiger oder Betrunkener nicht einzuplanen[1520]. Gegenüber Kindern, die sich unbefugt in einen Gefahrenbereich begeben, können Sicherungspflichten aber auch dann bestehen, wenn der Gefahrenbereich einen besonderen Anreiz ausübt und die damit verbundenen Gefahren für Kinder nicht ohne weiteres erkennbar sind[1521]. Da der Umfang der Verkehrssicherungspflicht von objektiven Maßstäben abhängt, wäre es fehlerhaft, umgekehrt aus dem Vorliegen eines erheblichen Verschuldens des Geschädigten schließen zu wollen, eine Verkehrssicherungspflicht habe nicht bestanden[1522]. 557

d) **Räumliche Grenzen.** Gegenstand der Verkehrssicherungspflicht sind alle Örtlichkeiten, die nach dem Willen des Verfügungsberechtigten von anderen Personen als dem Besitzer betreten werden sollen oder von denen Einwirkungen auf den Verkehr ausgehen können. Die Verkehrssicherungspflicht an öffentlichen Straßen bezieht sich also nicht nur auf die Fahrbahn, sondern sie umfaßt – freilich mit unterschiedlichen Inhalten – Straßengrund, Straßenunterbau, Straßendecke, Bankette, Brücken, Durchlässe, Dämme, Gräben, Entwässerungsanlagen, Böschungen, Stützmauern, Mittelstreifen und die Sicherheitsstreifen beiderseits der Straße, ferner auch die Verkehrszeichen, die Verkehrseinrichtungen und die Bepflanzung (Einzelheiten s. Rdn. 574 ff). 558

1511 Vgl. BGH VersR 1956, 794: Krad auf Radweg.

1512 Vgl. OLG Köln VersR 1992, 71: Abkürzung in Grünanlage.

1513 BGH VersR 1975, 87; 1975, 88; 1978, 561; OLG München VersR 1988, 961; *Möllers* VersR 1996, 157.

1514 BGH VersR 1979, 542; 1979, 1009; 1979, 1055; 1980, 946.

1515 BGH VRS 12, 407; VersR 1957, 785; 1958, 609; 1959, 435.

1516 BGH VersR 1980, 946.

1517 BGH VersR 1963, 652; OLG Oldenburg VRS 31, 161.

1518 BGH VersR 1973, 32; 1978, 561.

1519 OLG Düsseldorf VersR 1966, 298.

1520 BGH VersR 1968, 399.

1521 BGH VersR 1995, 672; weitergehend *Möllers* VersR 1996, 154 ff.

1522 BGH VersR 1963, 38.

559 Die räumlichen Grenzen der Verkehrssicherungspflicht liegen dort, wo für einen mit den örtlichen Verhältnissen nicht vertrauten Verkehrsteilnehmer erkennbar die **Grenze der Benutzbarkeit** der Grundstücke zum öffentlichen Verkehr liegt[1523]. Der Verkehrssicherungspflichtige hat aber auch zu bedenken, daß der Fahrer geringfügig von der eigentlichen Fahrbahn abkommen kann[1524] oder daß Fußgänger an bestimmten Stellen der Straßenböschung bei einem Gewitter Schutz suchen[1525]. Bei unbefestigten Seitenstreifen, Banketten usw. sind die Sicherheitsanforderungen aber, der geringeren Sicherheitserwartung des Benutzers entsprechend, niedriger[1526]. Das überwucherte Gelände neben einem landwirtschaftlichen Weg braucht nicht von Hindernissen freigehalten zu werden[1527]. Geht eine Gefahr für den Straßenverkehr von einem angrenzenden Privatgrundstück aus (z. B. morscher Baum, sichtbehindernde Hecke), so ist der für die Straße Verkehrssicherungspflichtige ggfs. neben dem Grundeigentümer verantwortlich[1528]; näher Rdn. 631 ff.

560 e) **Zumutbarkeit, Verhältnismäßigkeit.** Stets ist zu beachten, daß Verkehrssicherheit, die jeden Unfall ausschließt, nicht erreicht werden kann. Daher muß nicht jeder abstrakten Gefahr durch vorbeugende Maßnahmen begegnet werden. Vielmehr bedarf es nur solcher Sicherungsmaßnahmen, die ein verständiger und vorsichtiger Mensch für ausreichend halten darf, um andere vor Schäden zu bewahren, und die ihm zuzumuten sind[1529]. Der Stand der Technik setzt hier Maßstäbe[1530], jedoch kann eine ständige, sofortige Anpassung an neue technische Entwicklungen nicht vorausgesetzt werden[1531]. Nicht zumutbar ist eine Gefahrenabwehr, die übermäßige Kosten verursacht; hier wird aber im Regelfall zumindest eine Warnpflicht verbleiben. Bei der Beurteilung der Verhältnismäßigkeit spielt das Ausmaß der drohenden Gefahr, d. h. die Wahrscheinlichkeit eines Schadens und sein zu erwartender Umfang, eine maßgebliche Rolle.

561 Auf Passanten mit **Sehbehinderung** braucht sich der Verkehrssicherungspflichtige nur einzustellen, wenn ihm bekannt ist, daß solche an der fraglichen Stelle häufiger auftreten[1532]. Akustische Warnungen sind im allgemeinen nicht geboten[1533]. Bei besonders tückischen Gefahrenstellen, insbesondere Baugruben auf dem Gehweg, ist es allerdings in der Regel zumutbar, für eine feste Absperrung (statt bloßer Warnschilder oder Leitkegel) zu sorgen[1534].

562 In den **neuen Bundesländern** konnte von den Verkehrssicherungspflichtigen nicht verlangt werden, daß sie das vernachlässigte Straßennetz kurzfristig dem westdeutschen Standard angleichen. Diese allgemein bekannte Situation führte auch zu einer geringeren Sicherheitserwartung. Während einer mehrjährigen Übergangszeit, die nicht einheitlich bemessen werden kann, sondern nach Verkehrsbedeutung der Straße und Gefährlichkeit des Mangels abzustufen ist, können dort daher nur geringere Anforderungen gestellt werden[1535]. Besondere Gefahrenstellen müssen aber auch während dieser

1523 BGH VersR 1957, 777; 1966, 562.
1524 BGH VersR 1965, 483.
1525 BGH VRS 23, 13; sehr weitgehend.
1526 OLG Düsseldorf VersR 1994, 574.
1527 OLG Karlsruhe DAR 1989, 465.
1528 BGH VersR 1980, 946.
1529 BGH VersR 1975, 812; 1978, 1163; 1980, 67.
1530 BGH VersR 1966, 166.
1531 *RGRKomm/Steffen* § 823, 181.
1532 Etwa in der Nähe einer Blindenanstalt; KG VersR 1976, 862.
1533 AG Augsburg VersR 1955, 722.
1534 A. A. LG Heidelberg VersR 1989, 1106.
1535 KG NZV 1993, 108; 1995, 231; OLG Dresden VersR 1996, 21; LG Halle DtZ 1996, 60; LG Neubrandenburg NZV 1994, 75; *Bergmann/Schumacher* DtZ 1994, 4 ff mit zahlreichen weiteren Rechtsprechungsnachweisen.

Übergangszeit wenigstens notdürftig beseitigt[1536], zumindest muß vor ihnen gewarnt werden[1537].

563 **f) Einfluß von Vorschriften und technischen Regelwerken.** Bestehen für bestimmte Bereiche der Verkehrssicherung Rechtsvorschriften, so begründet deren schuldhafte Mißachtung eine Haftung aus Verletzung der Verkehrssicherungspflicht. Voraussetzung ist jedoch, daß der Zweck der Vorschrift tatsächlich auf den Schutz des verletzten Verkehrsteilnehmers gerichtet ist. Es ist denkbar, daß z. B. landesrechtliche Vorschriften über die bauliche Gestaltung von Straßen ganz anderen Zwecken dienen sollen (z. B. Umweltschutz; polizeiliche Zwecke; Förderung des gemeindlichen Zusammenlebens[1538]). Ist dies der Fall, so kann die Vorschrift gleichwohl mittelbaren Einfluß auf den Umfang der Verkehrssicherungspflicht haben, denn sie kann eine entsprechende Verkehrserwartung begründen, auf die sich der Sicherungspflichtige einstellen muß, oder Anhaltspunkte für die Beurteilung der Zumutbarkeit liefern. Dasselbe gilt für technische Regelwerke (z. B. DIN)[1539]. Eine Verletzung der Verkehrssicherungspflicht kann also nicht allein aus der Nichtbeachtung technischer Straßenbauvorschriften hergeleitet werden[1540].

564 **g) Einfluß vertraglicher Beziehungen.** Bei entgeltlicher Straßenbenutzung (Mautstraße) kann sich aus dem Straßenbenutzungsvertrag eine über das allgemeine Maß hinausgehende Verpflichtung zur Verkehrssicherung ergeben[1541], z. B. zu einem durchgängigen Abstreuen der Straße auch außerorts. Zur Haftungsfreizeichnung s. Rdn. 681.

4. Inhalt der Pflicht

565 **a) Warnung oder Beseitigung.** Grundsätzlich ist die Gefahrenquelle zu beseitigen. Eine Warnung kann jedoch ausreichen, wenn die Beseitigung unzumutbar ist oder wenn die Gefahr allein durch den Hinweis (bei Zugrundelegung obiger Grundsätze) ausreichend gebannt wird. Von der Verkehrsbedeutung und -bestimmung der Straße hängt es wiederum ab, ob sich der Benutzer der Straße darauf verlassen kann, daß er wenigstens durch Warnzeichen oder auf andere Weise auf nicht ohne weiteres erkennbare Gefahren hingewiesen wird. Kennzeichnungspflichtig sind im allgemeinen nur solche Straßenstellen, deren Beschaffenheit die Möglichkeit eines Unfalls nahelegt, weil der Verkehrsteilnehmer die Gefahr trotz Anwendung der im Verkehr erforderlichen Sorgfalt nicht oder nicht rechtzeitig erkennen kann[1542], wie z. B. eine plötzliche Verengung[1543] oder ein unvermutetes Ende der Straße[1544]. Daß sich an der Stelle jahrelang kein Unfall ereignet hat, steht der Qualifizierung als Gefahrenstelle nicht entgegen[1545].

566 Das Aufstellen von Warnschildern allein genügt aber nicht in jedem Falle zur Erfüllung der Verkehrssicherungspflicht[1546]. So kann es geboten sein, unverzüglich die Gefahrenstelle durch Straßenbaumaßnahmen zu beseitigen, weil trotz des vorhandenen Warnzeichens ein sorgfältig fahrender und das Warnzeichen beachtender Fahrer der

---

1536 LG Berlin NZV 1992, 411; LG Dresden DAR 1994, 327.
1537 LG Leipzig NZV 1994, 235.
1538 Vgl. etwa BGH MDR 1971, 649.
1539 OLG Hamm NZV 1995, 484; *Marburger* Die Regeln der Technik im Recht 441 ff; *Graf v. Westphalen* Betrieb 1987 Beil. Nr. 11.
1540 OLG Frankfurt VersR 1984, 473.
1541 So z. B. österr. OGH ZVR 1990, 54 u. NZV 1990, 303 zur Kompletträumung einer Mautautobahn.
1542 BGH VersR 1965, 516; 1968, 399; 1968, 1090; 1969, 80.
1543 BGH VersR 1963, 652.
1544 BGH VRS 4, 498; 16, 131; 18, 268; OLG Nürnberg VersR 1958, 632.
1545 BGH VersR 1968, 399.
1546 BGH VRS 13, 3; VersR 1968, 1090; 1983, 39.

Gefahr zum Opfer fallen kann[1547] oder weil mit einer Unterschätzung der Gefahr gerechnet werden muß.

567 Die Befugnis der Straßenbaubehörden zur Anbringung von Warnschildern ergibt sich aus § 45 Abs. 3 Satz 3 StVO; jedoch gehen Maßnahmen der Straßenverkehrsbehörden vor. Letztere handeln hoheitlich (vgl. Rdn. 443). Der Verkehrssicherungspflichtige darf sich nicht darauf verlassen, daß der Verkehrsregelungspflichtige tätig wird und umgekehrt[1548]. Zugelassen sind nur die Gefahrzeichen und sonstigen Verkehrseinrichtungen nach der StVO (§ 45 Abs. 4 StVO). Ihre Anbringung darf nicht ihrerseits Gefahren hervorrufen, etwa weil sie mißverständlich oder verwirrend sind[1549].

568 Besteht lediglich eine Pflicht zur Aufstellung von Warnzeichen, so ist deren Verletzung nicht kausal für einen Unfall, wenn der Verunglückte die Gefahr gekannt oder in vorwerfbarer Weise nicht gekannt hat.

569 Gefahrenquellen, deren Beseitigung nicht möglich oder nicht zumutbar ist, die aber bei Dunkelheit allein aufgrund eines Warnschildes nicht ausreichend abgesichert werden, sind zu **beleuchten**. Auch die Beleuchtungspflicht ist Ausfluß der (im Prinzip privatrechtlichen) Verkehrssicherungspflicht. Sie ist zu unterscheiden von der in einigen Landesstraßengesetzen[1550] normierten öffentlich-rechtlichen Straßenbeleuchtungspflicht, die in erster Linie polizeilichen, aber auch wirtschaftlichen und sozialen Zwekken dient[1551]; näher hierzu Rdn. 619 ff.

570 b) Für die **Abwehr von Gefahren, die von anderen Verkehrsteilnehmern ausgehen**, ist nicht der Verkehrssicherungspflichtige, sondern der Verkehrsregelungspflichtige verantwortlich[1552]. Anders verhält es sich jedoch, wenn durch Verhalten von Verkehrsteilnehmern bleibende Gefahrenquellen entstanden sind, z. B. durch Unfälle, Verschmutzung oder auf die Straße gebrachte Gegenstände[1553].

571 c) **Überwachungspflicht.** Die Wahrnehmung der Verkehrssicherungspflicht bedingt eine laufende Kontrolle der Straße; der Verkehrssicherungspflichtige muß sie daher in angemessenen Zeitabständen begehen oder sonst überprüfen lassen[1554]. Die Häufigkeit richtet sich nach der Verkehrsbedeutung der Straße. Bei einer Landesstraße hat OLG Karlsruhe NZV 1988, 21 einen dreitägigen Turnus nicht beanstandet, bei Gemeindeverbindungswegen genügt eine gelegentliche Begehung. Übernimmt eine Behörde die Verwaltung einer Straße von einer anderen Stelle, so muß sie sich sogleich über den Straßenzustand unterrichten[1555].

572 d) **Organisationspflicht.** Öffentlich-rechtliche Körperschaften und sonstige juristische Personen sind für ausreichende Organisation der Erfüllung ihrer Verkehrssicherungspflicht verantwortlich. Sie haben die geeigneten Anordnungen zu treffen, um die regelmäßige Unterhaltung und Beaufsichtigung des Straßenwesens zu gewährleisten, den Vollzug, die Angemessenheit und das Zureichen dieser Anordnungen zu sichern, ferner deren stete Übereinstimmung mit den sich schnell ändernden Verkehrsbedürfnissen. Schließlich haben sie die Einrichtung ihrer Organisation, deren Arbeit und die Tätigkeit der dafür bestellten Bediensteten im allgemeinen zu beaufsichtigen[1556] (siehe

---

[1547] BGH VRS 13, 3; VersR 1968, 1090.
[1548] BGH VersR 1960, 998.
[1549] BGH VersR 1966, 360; 1967, 348.
[1550] Übersicht bei *Graf v. Westphalen* Betrieb 1987 Beil. Nr. 11, S. 7.
[1551] *Berz* DAR 1988, 2.
[1552] BGH VRS 4, 173.
[1553] RGZ 121, 404; BGHZ 12, 124; BGH VersR 1957, 109.
[1554] BGH VRS 11, 408; 14, 1; OLG Nürnberg VersR 1958, 171; OLG Frankfurt DAR 1984, 19.
[1555] BGH VersR 1958, 380.
[1556] RGZ 89, 136; 113, 293; 128, 149; 153, 360; RG DAR 1931, 213; BGHZ 11, 151; 27, 278 = NJW 1958, 1234, 1819 m. Anm. *Nedden*.

auch Rdn. 532). Größere Körperschaften haben für diese Aufgaben einen besonderen Vertreter nach § 30 BGB zu bestellen; schon die Unterlassung einer Organbestellung dieser Art ist ein Organisationsmangel und damit auch ein Verstoß gegen die Verkehrssicherungspflicht der Körperschaft, der zur Haftung ohne Möglichkeit eines Entlastungsbeweises führt[1557]. Die Einsetzung eines Straßenmeisters ist z. B. Bestellung eines solchen besonderen Vertreters, für dessen Pflichtverletzung die Körperschaft nach den §§ 30, 31, 89 BGB ohne Entlastungsmöglichkeit haftet[1558], während dann, wenn die Organisation ausreichend war und der Verstoß gegen die Verkehrssicherungspflicht nur auf einem Versagen der für die Ausführung bestellten Angestellten oder Arbeiter beruht, im Rahmen der bürgerlich-rechtlichen Haftung der Entlastungsbeweis nach § 831 BGB möglich ist[1559].

e) Eine Verpflichtung zum modernen **Ausbau alter Straßen** besteht an sich nicht[1560]. **573**
Auch fehlende Überhöhung einer Kurve ist in der Regel nicht zu beanstanden[1561]. Ergeben sich aus dem Straßenzustand aber unvermutete Gefahren oder endet eine Ausbaustrecke, kann zumindest die Pflicht zur Aufstellung von Gefahrenzeichen bestehen[1562] (vgl. hierzu Rdn. 565 ff; zur Situation in den neuen Bundesländern Rdn. 562). Die Entscheidung darüber, in welcher Reihenfolge Ausbaumaßnahmen durchgeführt werden, steht im Ermessen des Baulastträgers. Unzulässig ist es, aus andernorts getroffenen besonderen Maßnahmen zur Erhöhung der Verkehrssicherheit (z. B. Linksabbiegerspur, Bahnunterführung) eine Verletzung der Verkehrssicherungspflicht abzuleiten.

5. Einzelfälle

a) Anlage des Verkehrswegs

aa) **Allgemeines.** Grundsätzlich hat der Benutzer den Verkehrsweg so hinzunehmen, **574**
wie er sich ihm erkennbar darbietet. Er kann den Verkehrssicherungspflichtigen z. B. nicht deswegen haftbar machen, weil die Straße an einem Steilhang entlangführt, Kurven, Kreuzungen oder ein starkes Gefälle aufweist. Bei außergewöhnlichen Verhältnissen kann jedoch zumindest ein Hinweis geboten sein.

bb) **Einzelfälle** (alphabetisch geordnet)

Abgrund neben der Straße

BGHZ 24, 124; BGH DAR 1952, 133 m. Anm. *Guelde* (Wasserlauf neben Straße); VersR 1959, **575**
711 (Brückenauffahrt); 1959, 1043 (Uferpromenade); 1963, 950 (Fluß neben Straße); 1966, 562 (Autobahnparkplatz); OLG München VersR 1960, 211 (Dorfstraße); OLG Stuttgart DAR 1953, 236 (Straßengraben); OLG Düsseldorf VersR 1971, 967 (Steilhang); OLG Karlsruhe VersR 1973, 355 (Parkplatz).

Einmündung

BGH VersR 1959, 33 (durch Wald verdeckte Einmündung). **576**

1557 RGZ 89, 136; 113, 296; 128, 158; 153, 360; RG DAR 1931, 213; BGHZ 11, 151; 27, 280; OLG Hamm MDR 1954, 736; BayObLGZ 1955, 91; OLG Karlsruhe VkBl. 1959, 550; *Himmelmann* JR 1931, 249; *Kröner* DRiZ 1959, 233; a. A. *Neumann-Duesberg* NJW 1966, 715.

1558 BayObLGZ 1955, 91; OLG Karlsruhe VkBl. 1959, 550; vgl. auch BGHZ 27, 278 = NJW 1958, 1234, 1819 m. Anm. *Nedden*.

1559 RGZ 154, 24; OLG Hamm MDR 1954, 736; *Böhmer* MDR 1956, 401; *Kröner* DRiZ 1959, 234; a. A. *Heyen* NJW 1955, 326.

1560 BGH VersR 1957, 378; 1966, 290.

1561 BGH VersR 1959, 435.

1562 BGH VersR 1958, 332.

Grundstückausfahrt

577 BGH Betrieb 1965, 1740 (gefährliche Werksausfahrt); OLG Düsseldorf VersR 1978, 851.

Gefälle

578 LG Wiesbaden NJW 1952, 1098 (unvermutetes starkes Gefälle).

b) **Bauliche Beschaffenheit des Verkehrswegs**

579 aa) **Allgemeines.** Der Verkehrssicherungspflichtige hat die Straße – im Rahmen der in Rdn. 552 ff gezogenen Grenzen – in einen baulichen Zustand zu bringen bzw. in einem solchen Zustand zu halten, von dem keine Gefahren für den Benutzer ausgehen. Er darf sie auch nicht in der gutgemeinten Absicht der Verkehrsberuhigung in einen Zustand bringen, der Verkehrsgefahren heraufbeschwört (näher hierzu Rdn. 591). Auf Extremnutzungen (z. B. Rennräder mit besonders dünner Bereifung) braucht er den Straßenbelag nicht abzustellen; es ist Sache solcher Benutzer, auf entsprechende Gefahren zu achten[1563]. Wegen der einzelnen Ausprägungen dieser Verpflichtung s. die Rechtsprechungsübersicht in Rdn. 580 ff.

bb) **Einzelfälle** (alphabetisch geordnet)

Bankett

580 An die **Tragfähigkeit** sind nicht die gleichen Anforderungen wie bei der Fahrbahn zu stellen (BGH VersR 1962, 59; 1989, 848; OLG Hamm VersR 1983, 466). Ist bei enger, kurvenreicher Straße mit dem Befahren des Banketts durch schwere Fahrzeuge zu rechnen, müssen aber Vorkehrungen gegen ein Abrutschen getroffen werden (BGH VersR 1962, 574). Ist die mangelnde Tragfähigkeit ohne weiteres erkennbar, bedarf es keiner Warnung (BGH VersR 1956, 220; 1964, 617; 1965, 516). Weitere Einzelfälle: BGH VersR 1957, 666; 1959, 830; 1969, 280; BGH LM § 823 BGB [Dc] Nr. 27; § 823 BGB [Ea] Nr. 35; OLG Koblenz VersR 1964, 1255; OLG Hamm VersR 1973, 379; OLG Karlsruhe VersR 1978, 573; OLG München VersR 1980, 293.

Die **Abgrenzung** von der Fahrbahn muß bei schlechter Erkennbarkeit gekennzeichnet sein (BGH VersR 1958, 13; OLG Köln VRS 8, 81; OLG Celle VRS 9, 253). Dies gilt aber nicht, wenn diese nur auf Schneebelag beruht (OLG Celle VRS 78, 9; OLG Stuttgart NZV 1990, 268; s. a. BayObLG VersR 1961, 716).

Auf einen erheblichen **Höhenunterschied** muß hingewiesen (BGH DAR 1959, 296), eine gefährliche Abbruchkante beseitigt werden (OLG Schleswig NZV 1995, 153).

Das **Ablagern von Gegenständen** auf dem Bankett ist nicht generell, sondern allenfalls bei schlechter Erkennbarkeit pflichtwidrig (BGH VRS 4, 178 [Kieshaufen]; OLG Bamberg VersR 1981, 960 [Erdhaufen]).

Bordsteinkante

581 **Gefährlicher Zustand:** BGH VersR 1958, 531 (vorspringend); 1962, 665 (Wiederbeginn nach 25 m breiter Einfahrt); LG Oldenburg VersR 1959, 200 (überstehend).

Erkennbarkeit: OLG Hamburg VersR 1977, 970; OLG Düsseldorf VersR 1994, 574 (auf Seitenstreifen).

Ende der Straße

582 **Unvermutetes Ende der Straße:** BGH NJW 1952, 1214; VRS 16, 131; 18, 268; OLG Nürnberg VersR 1958, 632.

Oberflächenbelag

583 **Blaubasalt:** BGH VersR 1957, 238; 1957, 378; 1958, 262; 1959, 469; 1959, 828; 1960, 237; 1960, 996; 1963, 1045; 1966, 290; OLG Düsseldorf VRS 8, 107; OLG Hamm VersR 1964, 152.

Splitt: BGH VersR 1973, 637; LG Weiden VRS 17, 405.

Aufgeweichter Teer: OLG Bamberg VersR 1970, 845; 1979, 262.

[1563] OLGR Düsseldorf 1996, 17.

Lockere Lavalithschicht: BGH VersR 1960, 712; LG Koblenz VersR 1986, 497 (provisorischer Fußweg).

Fehlende Feinschicht: OLG Köln VersR 1986, 557 LS; OLG Düsseldorf VersR 1989, 274.

Belagwechsel: BGH VersR 1959, 435; OLG Koblenz VersR 1993, 1417 (Gehweg).

Grobe Steine auf Gehweg: OLG München VersR 1989, 862.

Oberflächenschäden

Frostaufbrüche: BGH VersR 1960, 235 (Bundesstraße); OLG Nürnberg VersR 1958, 171 (Bundesstraße); 1971, 918 (Autobahn); OLG Oldenburg NdsRpfl. 1958, 187 (entlang Straßenbahnschiene); OLG Frankfurt MDR 1959, 126; OLG Stuttgart VersR 1972, 868 (stark befahrene Bundesstraße); LG Aachen VersR 1987, 1100 (Anliegerstraße). **584**

Schlaglöcher: BGH VersR 1958, 604; 1959, 729; 1960, 712; 1961, 550; OLG Oldenburg VM 1966, 52; OLG Nürnberg NZV 1996, 149 (Autobahnbaustelle).

Hitzeaufbrüche: OLG Celle VersR 1984, 1172; LG Darmstadt VersR 1989, 1210; LG Heidelberg VersR 1992, 703 (BAB).

Spurrillen: LG Heidelberg VersR 1989, 970 (Waldweg).

Parkstreifen: OLGR Frankfurt 1994, 74.

Lockere Gehwegplatten: OLG Düsseldorf VersR 1996, 518.

Quergefälle

BGH VersR 1960, 237 (mit Blaubasalt); 1960, 998 (abschüssige Kurve); 1961, 162 (Ortsdurchfahrt von Landstraße); OLG Hamm VkBl. 1954, 39. **585**

Querrinne

BGH VersR 1971, 475 (unvermutete Querrinne im Großstadtverkehr); OLG Schleswig VersR 1964, 1258 m. Anm. *Böhmer* und OLG Brandenburg VersR 1996, 517 (provisorisch zugeschüttet); OLG Düsseldorf VersR 1985, 554 LS (10 cm tief, erkennbar); OLG Düsseldorf VersR 1991, 1419 (Wirtschaftsweg); LG Limburg NJW-RR 1990, 862 (Gefahr nur für Frontspoiler). **586**

Schachtdeckel

Tragfähigkeit: BGH VersR 1965, 483; 1967, 1155; OLG Hamm VersR 1977, 970. **587**

Herausragen: BGH VRS 12, 407 (12 mm über Bürgersteig); VersR 1964, 746 (3 mm); OLG Koblenz VersR 1976, 739; 1976, 1163; OLG Hamm VersR 1979, 1033; 1984, 292 LS (einige cm über Straßenbelag; Fußgänger stürzt, obwohl gut erkennbar); OLG Karlsruhe MDR 1984, 54 (2 cm über Straßenbelag); VersR 1993, 332 m. Anm. *Gaisbauer* 849 (4–5 cm, wenig befahrene Sackgasse); OLG Düsseldorf VersR 1983, 250 LS (1,5 cm über Straßenbelag); VersR 1985, 397 (7 cm hohe Erhöhung der Fahrbahndecke rund um Kanaldeckel). Auf einer noch nicht fertiggestellten Straße muß mit herausragenden Kanaldeckeln gerechnet werden (OLG Köln VersR 1958, 457; OLG Düsseldorf VersR 1959, 529; 1993, 1029; OLG Saarbrücken VersR 1972, 207; KG VersR 1973, 351; 1977, 37; OLG München VersR 1977, 939 = 1978, 66 m. abl. Anm. *Schulze*); OLG Koblenz VersR 1993, 1246. Dasselbe gilt für Verkehrsflächen, die nicht für den allgemeinen Verkehr bestimmt sind (OLG Stuttgart DAR 1983, 355: Pkw fährt gegen 20 cm herausragenden, durch Gras verdeckten Kanaldeckel auf nur von landwirtschaftlichen Fahrzeugen benutztem Wiesenweg; LG Oldenburg VersR 1982, 1061: Radfahrer stürzt auf Sandweg neben Ladestraße über 10 cm herausragenden Deckel).

Hochdrücken: OLG Düsseldorf VersR 1988, 161 (durch starken Regen); OLG Köln VersR 1992, 1268 (in Überflutungsbereich).

Schlitze: BGH VersR 1983, 39 (parallel zur Fahrtrichtung); OLG Düsseldorf VersR 1978, 768 (zu breit).

Sicherung gegen Abheben: BGH VersR 1976, 149; 1990, 498; OLG Celle NdsRpfl. 1982, 132; NZV 1992, 239; LG Aachen VersR 1987, 78 LS; VersR 1991, 442 LS.

Tiefliegend: OLG München VersR 1962, 994.

Tragfähigkeit

BGH VersR 1958, 380 (zu schwacher Unterbau); 1958, 563 (Umleitungsstraße); 1964, 323 (Holzabfuhrweg); 1973, 126 (Überprüfung nach Bauarbeiten); 1983, 88 (Forstweg); OLG Düsseldorf VersR 1992, 71. **588**

Unebenheiten

589 **Bodenwelle:** OLG Schleswig VersR 1980, 1150 (bei drei aufeinanderfolgenden Wellen, die letzte mit Sprungschanzeneffekt, genügt Warnschild nicht; Geschwindigkeitsbeschränkung erforderlich); OLG Hamm NZV 1996, 494 (Warnung bei Gefahr für Motorradfahrer); LG Limburg NJW-RR 1986, 192 (verkehrsberuhigter Bereich).

Bushaltestelle: BGH VersR 1970, 179.

Fahrbahnrand: OLG Düsseldorf VersR 1982, 858; OLG Hamm VersR 1984, 948 LS, OLG Düsseldorf VersR 1986, 397 LS (Höhenunterschied zum Seitenstreifen); OLG Celle VersR 1988, 857 (10 cm tiefer Absatz neben Radweg).

Fußgängerüberweg: OLG Celle VersR 1987, 315 (Straße mit Gleiskörper, mit Unebenheiten muß gerechnet werden).

Gehweg: BGH VRS 32, 244; OLG Hamburg VersR 1978, 470; OLG Karlsruhe VersR 1978, 970; OLG Frankfurt VersR 1979, 58; 1982, 449; OLG Schleswig VersR 1989, 627; OLG Hamm VersR 1988, 467 (Höhenunterschiede); OLG Hamm VersR 1986, 349 (Höhenunterschied zu Garagenzufahrt); OLG Oldenburg VersR 1995, 599 (zu Privatgrundstück); OLG Düsseldorf VersR 1985, 397 LS (herausragende Begrenzungssteine zu Parkplatz); OLG Düsseldorf VersR 1993, 1416; OLG Frankfurt NJW-RR 1994, 348 (unebener Plattenbelag); BGH VersR 1969, 35 (schadhafte Platten); OLG Karlsruhe VersR 1959, 861 (Kopfsteinpflaster); OLG Düsseldorf VersR 1983, 349 LS (Platten wegen Baustelle vorübergehend entfernt); OLG Hamm VersR 1984, 292 LS (stufenförmige Unterteilung in Längsrichtung); OLG Hamm VersR 1993, 1030 LS (scharfkantige Höhendifferenz von 2,5 cm); OLG Köln ZfS 191, 256 (mehr als 2 cm Niveauunterschied); OLG Düsseldorf VersR 1996, 603 (6 cm tiefes Loch in Fußgängerzone); VersR 1995, 1440 (Gehwegplatten mit Höhendifferenz). OLG Düsseldorf VersR 1983, 542 (10 cm tiefes Loch auf Wanderweg).

Hoffläche: LG Duisburg VersR 1983, 164.

Niveauunterschied: OLG Düsseldorf VersR 1994, 982 (Fußgängerbereich), NVwZ-RR 1994, 481 (zu Gleiskörper).

Pflaster: BGH VersR 1959, 435 (Mulde); BGH DVBl. 1966, 403 (Verkehrsknotenpunkt); OLG Oldenburg VRS 6, 82 (Nebenstraße); OLG Neustadt MDR 1955, 32 (Notpflasterung); OLG Frankfurt VersR 1959, 506 (Steine durch Kinder entfernt); OLG Koblenz VersR 1985, 844; OLG Oldenburg VersR 1987, 57 LS, OLG Hamm NZV 1991, 471 (Fußgängerzone); OLG Köln NZV 1992, 365 (Fußgängerzone; Mulde mit 2,5 cm hoher Kante), VersR 1994, 1321 (Absenkung im Gleisbereich der Straßenbahn auf vielbegangenem Platz); OLG Düsseldorf NJW-RR 1995, 1114 (baumbestandener Parkplatz).

Schienen: OLG München ZfS 1990, 295 (4 cm herausragende Straßenbahnschienen).

Vertiefung: BGH VersR 1962, 326 (durch Wasserrohrbruch); OLG Braunschweig VRS 26, 295 (Betonstraße); OLG Düsseldorf VersR 1982, 1076 (durch Nachsacken des Erdreichs nach Probebohrung); OLG Frankfurt VersR 1984, 394 (flache Mulde); OLG Celle NZV 1989, 72 (Loch in Fahrbahnmitte, Fußgänger stürzt); OLG Düsseldorf VersR 1993, 1125 (Aussparung in Fahrbahndecke); LG Frankfurt/M. VersR 1989, 928 LS (Dorfstraße); LG Aachen VersR 1990, 102; LG Aschaffenburg NJW-RR 1991, 1129 (Überwachung nach Behebung eines Rohrbruchs).

Verengung

590 BGH VersR 1958, 531 (plötzlich); BGH VersR 1958, 563 (Umleitung zu eng); BGH VersR 1960, 349 (durch Straßenbahn); OLG Oldenburg VRS 15, 322 (Seitenstreifen endet); OLG Nürnberg VersR 1965, 1037 (Parkstreifen endet); OLG Karlsruhe VersR 1977, 971 (Bachbrücke).

c) Verkehrsberuhigende Maßnahmen

591 aa) **Allgemeines.** Geschwindigkeitshemmende Hindernisse sind nur dann mit der Verkehrssicherungspflicht vereinbar, wenn sie von allen Verkehrsteilnehmern (auch Zweiradfahrern und Fahrzeugen mit geringer Bodenfreiheit) gefahrlos passiert werden können, wenn sie ausreichend kenntlich gemacht sind bzw. unübersehbar vor ihnen gewarnt wird und wenn sie auch bei in Rechnung zu stellenden Unaufmerksamkeiten

oder Verkehrsverstößen keine unverhältnismäßigen Gefahren heraufbeschwören[1564]. Wird diesen Anforderungen nicht genügt, kommt auch eine Haftung nach § 823 Abs. 2 BGB i. V. m. § 32 StVO in Betracht (s. Rdn. 123).

bb) Einzelfälle

Mittelinseln sind am wenigsten problematisch. Hier reicht im allgemeinen die Kennzeichnung durch Zeichen 222 der StVO[1565]. 592

Seitliche Verengungen durch Bauminseln oder Pflanzbeete dürfen den Straßenbenutzer nicht überraschen. Er muß durch bauliche Maßnahmen, Warnbaken oder Markierungen auf die Verengung vorbereitet werden; ein erst an der Insel selbst angebrachter Pfahl, noch dazu ohne Reflektor, reicht keinesfalls[1566]. Vor einer zweiten Ausbuchtung innerhalb ein und derselben Engstelle braucht nicht besonders gewarnt zu werden[1567].

Für auf die Fahrbahn gesetzte **Blumenkästen, Barrieren und Poller** gilt dies in noch höherem Maße. Sie müssen mit eigener Lichtquelle oder Reflektoren, die jedenfalls am Beginn des verkehrsberuhigten Bereichs deutlich ins Auge fallen müssen, versehen sein[1568]. Eine wenige Meter vor dem Hindernis beginnende Sperrfläche reicht keinesfalls[1569]. Innerhalb eines verkehrsberuhigten Bereichs (Zeichen 325/326 der StVO) können die Anforderungen geringer sein, da dort ohnehin nur mit Schrittgeschwindigkeit gefahren werden darf[1570]. Für die Verschiebung eines Pollers durch Unbefugte haftet die Gemeinde nach OLGR Düsseldorf 1996, 16 nicht.

Fahrbahnschwellen und Aufpflasterungen sind nur in Verbindung mit Geschwindigkeitsbeschränkungen und Warnschildern zulässig und müssen grundsätzlich so ausgestaltet sein, daß sie von allen zum Verkehr zugelassenen Fahrzeugen bei Einhaltung der vorgeschriebenen Höchstgeschwindigkeit ohne Beschädigung passiert werden können[1571]. Dem allgemeinen innerstädtischen Verkehr dienende Straßen müssen auch für tiefliegende Omnibusse[1572] und für Fahrzeuge mit besonders geringer Bodenfreiheit gefahrlos passierbar sein[1573]; bei besonders ausgeschilderten verkehrsberuhigten Zonen sind dagegen Einschränkungen vertretbar[1574]. Läßt die Gemeinde in der verkehrsberuhigten Zone einen gewissen Lastverkehr zu, muß auch dieser die Rampen bei vorsichtiger Fahrweise gefahrlos passieren können[1575]. Auch für Zweiradfahrer müssen die Schwellen gefahrlos passierbar sein[1576]. Parkplatzzufahrt: LG Saarbrücken ZfS 1991, 79.

d) Verschmutzung

aa) **Allgemeines.** Eine allgemeine Pflicht, die Fahrbahnen frei von jeglicher Verschmutzung zu halten, besteht nicht. Jedenfalls muß aber eine außergewöhnliche und 593

1564 Rechtsprechungsüberblick bei *Landscheidt/Götker* NZV 1995, 92 f, *Berr* DAR 1991, 281 ff und nachfolgend.

1565 OLG Düsseldorf VersR 1989, 208; vgl. auch LG Aachen VersR 1992, 1242 zu noch nicht fertiggestellten Inseln, sowie Rdn. 447.

1566 OLGR Hamm 1994, 110.

1567 OLG Düsseldorf VersR 1996, 518.

1568 OLG Nürnberg NZV 1990, 433; OLG Hamm NZV 1994, 400; NJW 1996, 733; OLG Celle NZV 1991, 353; LG Koblenz DAR 1991, 456.

1569 OLG Celle NZV 1991, 353; OLG Hamm NZV 1994, 400; **a. A.** OLG Düsseldorf NJW 1996, 731.

1570 Vgl. LG Oldenburg ZfS 1990, 401; *Berr* DAR 1991, 281.

1571 BGH NZV 1991, 385; OLG Hamm NZV 1992, 483.

1572 OLG Köln DAR 1992, 376 m. Anm. *Berr*; VersR 1992, 1262.

1573 BGH NZV 1991, 385; OLG Düsseldorf VersR 1996, 602; *Berr* DAR 1991, 283 ff; **a. A.** OLG Hamm NZV 1990, 352 (durch vorgenanntes BGH-Urteil aufgehoben); NJW 1990, 2474.

1574 BGH NZV 1991, 386; OLG Düsseldorf VersR 1989, 1196; NJW 1993, 1017; OLG Hamm NZV 1993, 231.

1575 LG Aachen VersR 1990, 1118.

1576 OLG Hamm NZV 1990, 352; zu den Anforderungen in verkehrsberuhigten Bereichen OLG Köln VersR 1993, 1545.

für den Kraftfahrer nicht vorhersehbare Verschmutzung, die Schleuder- oder Rutschgefahr mit sich bringt, vom Verkehrssicherungspflichtigen beseitigt werden (Einzelfälle Rdn. 597).

594 bb) Das **Ausmaß der Reinigungspflicht** richtet sich nach der Verkehrsbedeutung der Straße. So kann z. B. auf Landstraßen oder in Dörfern eine mäßige Verschmutzung, mit der der Verkehrsteilnehmer rechnen muß, im allgemeinen nicht beanstandet werden[1577], desgleichen und erst recht auf einem der Landwirtschaft dienenden Wirtschaftsweg[1578]. Die Pflicht zur Beseitigung der Verschmutzung besteht allerdings erst, wenn der Verkehrssicherungspflichtige oder sein Organ (vor allem der Straßenmeister) auf die Verschmutzung aufmerksam gemacht wurde oder durch regelmäßige Begehung der Straße durch einen Straßenwärter ihm die Verschmutzung hätte zur Kenntnis gelangen müssen. Sichtkontrolle vom Fahrzeug aus genügt[1579]. Im Herbst ist an Straßen, die mit Laubbäumen gesäumt sind, für regelmäßige (wenn auch nicht ständige) Beseitigung des Laubes zu sorgen. Erneuert sich die Verschmutzung an einer bestimmten Stelle (Zufahrt zu einer Baustelle, einer Kiesgrube) während eines gewissen Zeitabschnitts laufend, so muß der Verkehrssicherungspflichtige Warnzeichen aufstellen[1580]. Das gleiche gilt (jedenfalls an Straßen mit größerer Verkehrsbedeutung), wenn an Strecken, über die regelmäßig Vieh getrieben wird, die sofortige Beseitigung des Unrats nicht gewährleistet ist[1581].

595 cc) **Öffentlich-rechtliche Reinigungspflicht.** Unabhängig von der Verkehrssicherungspflicht kann die Reinigungspflicht den Gebietskörperschaften auch als öffentlich-rechtliche Last übertragen sein und weitergehen als jene[1582]. Bei Verletzung bestehen dann Amtshaftungsansprüche[1583]. Nach den einschlägigen landesrechtlichen Vorschriften[1584] ist weitgehend die Übertragung dieser Wegereinigungspflicht auf die Anlieger vorgesehen. In diesem Fall bestimmt sich der Umfang ihrer Reinigungspflicht nach diesen Vorschriften, auch wenn er enger ist als aufgrund der privatrechtlichen Verkehrssicherungspflicht; die Gemeinde bleibt dann zur Ergänzung der Maßnahmen nach verkehrssicherungsrechtlichen Gesichtspunkten verpflichtet[1585]. Außerdem trifft sie eine Überwachungspflicht. Der Anlieger haftet in jedem Fall nur nach § 823 BGB.

596 dd) **Verursacherhaftung.** Neben dem für die Straße Verkehrssicherungspflichtigen haftet auch der Verursacher der Verschmutzung für deren pflichtwidrige Nichtbeseitigung. Wer z. B. die Straße vor seiner Hofeinfahrt verschmutzt, hat die Gefahrenstelle unmittelbar nach Beendigung seiner Arbeit zu beseitigen, auch wenn es sich nur um eine kleine Stelle handelt[1586].

597 ee) **Rechtsprechungsübersicht** (alphabetisch geordnet):

Ackererde: BGHZ 16, 95; OLG Oldenburg MDR 1958, 843; OLG Bamberg VRS 15, 174, OLG Neustadt MDR 1959, 758; OLG Schleswig NZV 1992, 31.

Baustelle: BGH VersR 1959, 708; Betrieb 1966, 148 (Transport von Aushub).

Hundekot: OLG Hamm VersR 1980, 685.

Landwirtschaft: OLG Oldenburg VRS 34, 244; OLG Düsseldorf VersR 1981, 659.

Laub: OLG Nürnberg NZV 1994, 68.

Militär: OLG Stuttgart NJW 1959, 2065; LG Hechingen VersR 1983, 94 m. Anm. *Riecker.*

1577 OLG Stuttgart NJW 1959, 2065.

1578 OLG Düsseldorf VersR 1981, 659; OLG Köln VersR 1996, 207.

1579 OLG Hamm NZV 1995, 353.

1580 BGH VersR 1959, 708.

1581 BGH VersR 1961, 1121 m. Anm. *Venzmer.*

1582 BGH VersR 1963, 335; 1970, 1154.

1583 BGHZ 27, 278; 32, 256.

1584 Überblick bei *RGRKomm/Steffen* § 823, 196.

1585 *RGRKomm/Steffen* § 823, 197.

1586 OLG Oldenburg VRS 34, 244.

Ölspur: BGH VersR 1956, 778; 1958, 330; 1964, 925; OLG Hamm VersR 1994, 726; OLGR Düsseldorf 1995, 6 (Ausführungsfehler bei Beseitigung durch an sich nicht unterhaltungspflichtige Stadt).

Sand: OLG Düsseldorf VersR 1981, 387 (dünne Schicht).

Schlamm: OLG Celle VersR 1955, 397; OLG Düsseldorf VersR 1985, 94 (von Trampelpfad auf Parkplatz); OLG Karlsruhe NZV 1988, 20 (von Feldweg eingeschwemmt); LG Kreuznach VersR 1965, 345 (Tauwetter).

Splitt: OLG Hamm NZV 1989, 235.

Steine: Düsseldorf VersR 1996, 602 LS (Schotter vom Fahrbahnrand).

Vieh: BGH VersR 1961, 1121 m. Anm. *Venzmer*; OLG München DAR 1954, 157; OLG Köln VersR 1996, 207.

e) Schnee- und Eisglätte

aa) **Allgemeines.** Die winterlichen Wetterbedingungen bringen für den Straßenverkehr besondere Gefahren mit sich. Sie völlig auszuschalten, kann dem Verkehrssicherungspflichtigen nicht zugemutet werden. Soweit der Umfang der Räum- und Streupflicht nicht durch Rechtsvorschriften präzisiert ist, gilt auch hier der allgemeine Grundsatz, daß nur besondere Gefahren, mit denen nicht gerechnet werden muß, zu beseitigen sind, und auch dies nur im Rahmen des Verhältnismäßigen und Zumutbaren. Unter Umständen kann eine Warnung ausreichend, aber auch geboten sein. Wird eine besondere Glättegefahr durch einen Straßenanlieger hervorgerufen (z. B. durch Kondensation von Wasserdampf aus den Kühltürmen eines Kraftwerks), so trifft die Pflicht zur Gefahrenabwehr auch diesen[1587]. **598**

bb) Träger der Räum- und Streupflicht ist grundsätzlich der Verkehrssicherungspflichtige[1588]. Darüber hinaus bestehen besondere landesrechtliche Regelungen, die der betreffenden Gebietskörperschaft die Räum- und Streupflicht als öffentlich-rechtliche Last auferlegen[1589]. Die Nichterfüllung dieser Pflicht führt zur Amtshaftung, die die private Verkehrssicherungspflicht verdrängt[1590]. Bei Einschaltung eines Privatunternehmens bleibt die Körperschaft überwachungspflichtig (Rdn. 537). Streiten sich zwei Körperschaften darüber, wer von ihnen auf einer Straße zu streuen hat, so muß die Körperschaft, die bisher gestreut hatte, bis zur Klärung der Lage weiter streuen[1591]. **599**

Hinsichtlich der Gehwege[1592] ist die Pflicht weitgehend durch Rechtssatz auf die **Anlieger** übertragen; diese haften ggfs. im Rahmen der Übertragung privatrechtlich nach allgemeinen Grundsätzen, die Gemeinde bleibt jedoch überwachungspflichtig (Amtspflicht)[1593] und haftet auch, wenn sie eine unklare, unzureichende Regelung trifft[1594]. Ist die Gemeinde selbst Anliegerin, haftet sie nicht nach Amtshaftungs-, sondern nach allgemeinen privatrechtlichen Grundsätzen[1595]. **600**

Auch die Eigentümer von Schienengrundstücken sind in diesen Fällen streupflichtig[1596], ebenso jene von Ruinengrundstücken[1597], bei zwangsverwalteten Häusern der Zwangsverwalter[1598]. Mit- **601**

[1587] BGH VersR 1985, 641; OLG Köln NZV 1995, 111.

[1588] BayObLGZ 1957, 160.

[1589] Vgl. *RGRKomm/Steffen* § 823, 196; *Schlund* DAR 1988, 7; zu den neuen Bundesländern s. *Bergmann/Schumacher* DtZ 1994, 4.

[1590] BGH VersR 1985, 973.

[1591] BGHZ 31, 219 = LM Nr. 75c zu § 823 (Dc) BGB m. Anm. *Pagendarm*.

[1592] Zum Begriff OLG Köln VersR 1993, 1286.

[1593] BGH NJW 1966, 2311; zum Verweisungsprivileg s. Rdn. 534.

[1594] OLG Köln VersR 1988, 827.

[1595] BGH NZV 1992, 315; OLG Düsseldorf VersR 1996, 79.

[1596] OLG München VersR 1992, 591.

[1597] OLG Hamburg VersR 1955, 125.

[1598] KG JW 1937, 1073.

oder Wohnungseigentümer sind gemeinsam mit der Streupflicht belastet[1599]. Bei Eigentumsübertragung geht die Streupflicht auch dann nicht vor der Umschreibung auf den Erwerber über, wenn ein vorzeitiger Übergang von „Nutzungen und Lasten" vereinbart ist[1600].

602 Der Haus- oder Wohnungseigentümer kann seine Streupflicht auf die **Mieter** abwälzen (BGH VRS 12, 86), jedoch trifft ihn in diesem Fall weiterhin eine Überwachungspflicht[1601]. Dasselbe gilt bei Übertragung auf einen Hausmeister[1602]. Eine Wohnungseigentümergemeinschaft genügt ihrer Überwachungspflicht nicht schon durch die Bestellung eines für die Durchführung der Hausordnung verantwortlichen Verwalters[1603]. Überträgt der Streupflichtige die Ausführung einem **Reinigungsunternehmen** oder einer anderen Person, so ist im Zweifel anzunehmen, daß er sich des Unternehmens (der Person) nur als Verrichtungsgehilfen bedienen will, daß er also bei deren Pflichtverletzung nach § 831 BGB haftet[1604].

603 Wer wegen Alters oder Krankheit nicht streuen kann, muß dafür sorgen, daß ein anderer streut[1605]. Wer eine Straße laufend streut, ist für die ordungsgemäße Ausführung verantwortlich, auch wenn er rechtlich zum Streuen nicht verpflichtet war[1606]. Ein Anlieger, der vor seinem Haus einen Streifen von Schnee freischaufelt, muß ihn auch streuen[1607].

604 Die Räum- und Streupflicht des Anliegers bezieht sich auf die gesamte Grundstücksfront, nicht nur auf die Teile des Gehwegs, von denen aus ein Zugang zu dem Grundstück möglich ist[1608].

605 cc) **Umfang der Streupflicht.** Die Streupflicht diente ursprünglich nur dem Schutz der Fußgänger, so daß für die **Fahrbahn** nur in Ausnahmefällen eine Streupflicht bejaht wurde[1609], wie z. B. dort, wo sich Fußgängerüberwege befinden, wo die Fußgänger sie in Längsrichtung benützen müssen oder sie im allgemeinen zu überschreiten pflegen[1610]. Der zunehmende Fahrzeugverkehr hat eine Erweiterung mit sich gebracht, doch gilt auch heute für die Fahrbahnen nur eine beschränkte Streupflicht. Diese besteht allerdings nicht nur gegenüber dem Kraftfahrzeug-, sondern auch gegenüber dem Radfahrverkehr[1611]. Daß vielfach in einem größeren Umfang gestreut wird, darf nicht zum Schluß auf eine entsprechende Rechtspflicht führen[1612]. In jüngster Zeit führen Belange des Umweltschutzes wieder zu einer Reduktion der Winterdienste, insbesondere der Verwendung von Auftausalz[1613]. Den Gemeinden steht bei der Aufstellung ihrer Streupläne ein gewisses Ermessen zu; ihre Leistungsfähigkeit begrenzt die Sicherheitserwartungen des Verkehrs[1614].

606 **Innerhalb geschlossener Ortschaften** – entscheidend ist hierbei die zusammenhängende, wenn auch nur einseitige Wohnbebauung, nicht das Ortsschild[1615] – muß die

---

1599 BGH VersR 1985, 244 = JR 1985, 332 m. Anm. *Baumgärtel*.

1600 BGH NJW 1990, 111 m. Anm. *Jerschke* DNotZ 1991, 591; OLG Hamm NJW 1989, 839.

1601 BGH BB 1957, 15; VersR 1962, 238; 1984, 1190; 1985, 244; OLG Köln VersR 1996, 246; OLG Frankfurt VersR 1980, 51; 1985, 768.

1602 Zu den Anforderungen an die Überwachungspflicht s. OLG Celle VersR 1990, 169.

1603 BGH VersR 1985, 244.

1604 RG JW 1931, 1690; BGH VersR 1957, 62; OLG Oldenburg VersR 1956, 523.

1605 BGH VersR 1970, 182.

1606 BayObLGZ 56, 256; a. A. OLG Neustadt VersR 1959, 959.

1607 BGH VersR 1969, 1022.

1608 OLG München VersR 1992, 591: Böschung eines Bahngrundstücks.

1609 RG JW 1913, 859; HRR 1929, Nr. 1091; SeuffA 88, 142; BGH VersR 1955, 295; 1960, 323; VRS 10, 254; OLG Breslau JW 1937, 1260; OLG Hamm RdK 1950, 46; OLG Bamberg VkBl. 1951, 60; OLG Düsseldorf RdK 1953, 67; OLG Stuttgart DAR 1953, 236.

1610 BGH NJW 1960, 41; 1969, 378; BayObLGZ 1957, 157; OLG Hamburg VersR 1958, 33; OLG München VersR 1961, 569.

1611 BGH NJW 1965, 100.

1612 OLG Köln VersR 1990, 322.

1613 Vgl. *Schmid* NJW 1988, 3177.

1614 BGH VersR 1990, 1151; OLG Frankfurt NVwZ-RR 1995, 4.

1615 BGH VersR 1967, 504; OLG Celle NdsRpfl. 1983, 275; OLG Köln VersR 1985, 789.

Fahrbahn bei Auftreten von Glatteis an allen **gefährlichen und verkehrswichtigen Stellen** gestreut werden[1616]. Dies gilt ungeachtet der etwas abweichenden Fassung der Straßenreinigungsgesetze auch in Nordrhein-Westfalen[1617] und Berlin[1618]. Die vorausgesetzte Verkehrsbedeutung kann insbesondere bei Ortsdurchfahrten von Bundesstraßen sowie bei städtischen Hauptverkehrsstraßen bejaht werden[1619]. Sie erstreckt sich nicht auf den Einmündungsbereich von Nebenstraßen[1620]. „Gefährliche Stellen" sind vor allem solche, an denen häufig gebremst werden muß, wie Kreuzungen[1621] und Lichtzeichenanlagen, aber auch scharfe Kurven[1622], Engstellen und Gefällstrecken[1623]. Der Einstufung im Streuplan der Gemeinde kommt nur Indizwirkung zu; Rechtspflichten lassen sich aus ihr allein nicht ableiten[1624]. An **besonders gefährlichen Stellen** (zum Begriff s. Rdn. 609) muß auch innerorts unabhängig von der Verkehrswichtigkeit gestreut werden[1625], weil die Verkehrssicherungspflicht hier nicht geringer sein kann als außerhalb geschlossener Ortschaften. Eine gewisse Verkehrsbedeutung muß freilich vorausgesetzt werden, so daß z. B. reine Anliegerstraßen außer Betracht bleiben.

Die Fahrbahn muß außerdem dort gestreut werden, wo sie **von Fußgängern mitbenutzt** werden muß, z. B. an belebten und unentbehrlichen Überwegen[1626]. Allerdings dürfen hierbei keine zu hohen Anforderungen gestellt werden. Die Pflicht beschränkt sich auf Bereiche mit erheblichem Fußgängerverkehr, besteht also in der Regel nicht in Wohngebieten außerhalb des Ortskerns[1627]. Es genügt auch, wenn in einem bestimmten Bereich *eine* Möglichkeit zum gefahrlosen Überqueren der Straße geschaffen wird[1628]. Eine Verpflichtung, einen gestreuten Übergang zu schaffen, besteht auch nicht allein deswegen, weil ein Gehweg wegen Bauarbeiten gesperrt ist[1629]. **607**

Parkplätze werden nicht wie Fahrbahnen behandelt, brauchen also auch bei Verkehrswichtigkeit und Gefährlichkeit nicht vollständig bestreut zu werden. Auch hinsichtlich der Fahrspuren besteht eine Streupflicht nur, wenn sie von den Fahrzeuginsassen nicht nur wenige Schritte betreten werden müssen, um zum Ausgang zu gelangen, und wenn es sich um einen belebten Parkplatz handelt[1630]. **608**

Außerhalb geschlossener Ortschaften besteht eine Streupflicht nur an **besonders** gefährlichen Stellen, d. h. Stellen, deren Gefährlichkeit der Verkehrsteilnehmer trotz der **609**

1616 BGHZ 6, 3; 31, 75; 40, 380; BGH VersR 1955, 295; 1956, 158; OLG Karlsruhe VersR 1955, 509; OLG Frankfurt NJW 1988, 2546; OLG München NJW-RR 1990, 1121.

1617 BGHZ 112, 74.

1618 KGR Berlin 1994, 160.

1619 BGHZ 31, 220; 40, 380. Eingehend *Schmid* NJW 1988, 3179.

1620 OLG Frankfurt NJW 1988, 2546; OLG Hamburg NJW 1988, 3212; *Schmid* NJW 1988, 3180; **a. A.** OLG Stuttgart NJW 1987, 1831; OLG Karlsruhe VersR 1989, 158; OLG München VersR 1992, 1371.

1621 Nicht generell, sondern nur bei erschwerenden Umständen; vgl. OLG Celle VersR 1989, 158; OLG Karlsruhe VersR 1989, 158.

1622 BGHZ 6, 3; 31, 75; 31, 219; 40, 380; BGH VersR 1959, 389; 1963, 40; 1964, 630; 1972, 903.

1623 BGH NJW 1963, 37; OLG München VersR 1989, 1092 LS; OLG Hamm NJW-RR 1989, 611.

1624 OLG Hamburg NZV 1989, 235; OLG Brandenburg VersR 1995, 1439; weitergehend OLG Karlsruhe NZV 1989, 148.

1625 OLG Hamburg NJW 1988, 3213; **a. A.** *Schmid* NJW 1988, 3179.

1626 BGH VersR 1959, 1027; 1967, 981; 1969, 667 = 848 m. Anm. *Gaisbauer*; 1985, 569; OLG Düsseldorf VersR 1990, 319.

1627 BGH NZV 1991, 266; **a. A.** *Schmid* NJW 1988, 3181.

1628 BGH VersR 1985, 569; BayObLG VersR 1991, 666.

1629 BGH NZV 1991, 266.

1630 BGH NJW 1966, 202; weitere Nachweise bei *Berr* DAR 1989, 454 und in Rdn. 618.

auf Straßen im Herbst, Winter und Frühjahr zu fordernden schärferen Beobachtung des Straßenzustandes nicht rechtzeitig erkennen[1631] oder trotz Kenntnis von der Gefahr und Anwendung höchster Sorgfalt nicht meistern kann, z. B. vereiste Strecken mit erheblichem Längs- oder Quergefälle[1632]. Die Streupflicht besteht außerhalb geschlossener Ortschaften mithin nur da, wo die dem Verkehrsteilnehmer im Hinblick auf die Witterungs- und Straßenverhältnisse zuzumutende Sorgfalt auch bei Beachtung allgemeiner Erfahrungssätze zur Vermeidung von Schäden nicht ausreicht[1633]. So muß z. B. jeder sorgfältige Kraftfahrer mit Glatteis rechnen auf Brücken[1634], an Waldbestand[1635] und an Stellen mit unterschiedlicher Wind- und Sonneneinwirkung[1636]. Eine gewisse Verkehrsbedeutung, wenn auch nicht „Verkehrswichtigkeit" im Sinne der Rdn. 606, muß allerdings hier ebenfalls gegeben sein[1637]. Die Regelung in § 3 Abs. 3 FStrG, wo angeordnet ist, daß die Träger der Straßenbaulast die Bundesfernstraßen bei Schnee- und Eisglätte nach besten Kräften räumen und streuen sollen, ist nur eine Empfehlung und begründet keine Rechtspflicht[1638].

Gehwege sind **innerhalb geschlossener Ortschaften** grundsätzlich allgemein zu streuen, d. h. nicht nur an gefährlichen und verkehrswichtigen Stellen, jedoch ist die Zumutbarkeit, z. B. infolge begrenzter Leistungsfähigkeit einer kleinen Gemeinde, zu beachten[1639]. Der Fußweg oder Bürgersteig braucht nicht in voller Breite bestreut zu werden[1640]. Es genügt, wenn zwei Fußgänger vorsichtig aneinander vorbeigehen können, was bei ca. 80 bis 100 cm Breite gewährleistet ist[1641]. Ist kein Bürgersteig vorhanden, so ist die Fahrbahn in einer dem Fußgängerverkehr entsprechenden Breite zu streuen[1642]; das gilt sinngemäß auch in verkehrsberuhigten Bereichen (Zeichen 325/326 der StVO) und Fußgängerzonen[1643], bei vorübergehender Sperrung durch eine Baustelle jedoch nicht, wenn der „Fußgängerstreifen" bis in die Fahrbahnmitte hineinreichen würde[1644]. Bei einseitigem Gehweg genügt dessen Sicherung[1645]. Außerdem müssen die Zugänge zu den Grundstücken und zu den Übergängen über die Fahrbahn gestreut sein[1646], nicht aber von einem einseitigen Gehweg zu den gegenüberliegenden Grundstücken[1647]. An Haltestellen muß der Gehweg bis zum Randstein gestreut werden[1648]. Auch Abkürzungswege über einen öffentlichen Platz, die sich von selbst gebil-

---

1631 BGHZ 31, 75; 45, 147; BGH VersR 1973, 249; 1979, 1055; OLG Bamberg VersR 1966, 370; OLG Braunschweig VersR 1968, 260; OLG Köln DAR 1990, 346 m. Anm. *Berr.*

1632 OLG Nürnberg NZV 1991, 311.

1633 BGHZ 31, 73; BGH NJW 1952, 1087; VersR 1956, 68; 1959, 763; VkBl. 1963, 50; OLG Köln VersR 1953, 403; 1958, 711; OLG Oldenburg DAR 1956, 129; OLG Stuttgart VRS 13, 332; OLG Karlsruhe VersR 1960, 837; 1961, 1004.

1634 BGH VersR 1970, 904; 1972, 563; a. A. noch BGHZ 31, 73; BGH VersR 1968, 303.

1635 OLG Hamm VersR 1982, 556 LS; LG Heidelberg VersR 1982, 201.

1636 BGH NJW 1963, 38.

1637 *Schmid* NJW 1988, 3179.

1638 BGH VRS 44, 241; VersR 1979, 1055; 1987, 934; OLG Köln VersR 1958, 711.

1639 BGH VersR 1985, 569.

1640 OLG Köln VersR 1954, 67; OLG Hamburg VersR 1954, 358; OLG Celle VersR 1955, 286; OLG Bamberg NJW 1975, 1787; LG Augsburg VersR 1954, 374; LG Dortmund VersR 1965, 1211.

1641 BGH VersR 1967, 981; 1971, 417; OLG München VersR 1959, 216; KG VersR 1966, 855; OLG Hamburg NJW 1975, 1787.

1642 BGH VersR 1969, 377; BayObLGZ 1963, 253.

1643 Näher *Berr* DAR 1991, 285.

1644 BGH NZV 1991, 266.

1645 Offengelassen von BayObLGZ VersR 1991, 667. Nach BVerwG NJW 1990, 265 soll es aber im Ermessen der Gemeinde liegen, alle Anlieger mit der Sicherungspflicht zu belasten.

1646 OLG Köln VersR 1954, 67.

1647 BayObLG VersR 1991, 666.

1648 BGH NJW 1967, 2199 LS.

det haben, sind zu streuen[1649], nicht dagegen unbedeutende Fußwege am Ortsrand[1650] oder in einer Parkanlage[1651], Gehwege in unbebauten oder nur gewerblich genutzten Zwischenbereichen von Ortsteilen[1652] oder unbeleuchtete Abkürzungswege nach Einbruch der Dunkelheit[1653]. **Außerhalb** geschlossener Ortschaften besteht für den Fußgängerverkehr allenfalls in ganz besonderen Ausnahmefällen eine Sicherungspflicht, etwa bei hohem Fußgängeraufkommen und besonderer Gefährlichkeit[1654].

Für **Radwege** gelten **innerorts** dieselben Grundsätze wie für die Fahrbahnen (Rdn. 606)[1655], **außerorts** diejenigen für Gehwege, Rdn. 610[1656]. **611**

dd) **Zeitliche Begrenzungen.** Es muß keinesfalls ununterbrochen gestreut werden. Grundsätzlich besteht zwischen 22 Uhr und 7 Uhr[1657] keine Streupflicht[1658], es sei denn es handle sich um eine Stelle mit typischer Häufung von Fußgängerverkehr in der Nacht (Theater, Gaststätte, Bahnhof)[1659] oder um eine extreme Gefahrensituation wegen ganz außergewöhnlicher Umstände[1660]. Die Streuarbeiten müssen aber morgens so frühzeitig einsetzen, daß der Hauptberufsverkehr bereits geschützt wird[1661]. Für die Streupflicht des Anliegers gelten die Zeitbestimmungen in der sie begründenden Regelung[1662]. Auf einem Wochenmarkt besteht die Streupflicht nur während der Öffnungszeit[1663]. Für einen Glätteunfall, der sich außerhalb des Zeitraums ereignet, für den eine Streupflicht besteht, muß der Pflichtige dann haften, wenn der Unfall erwiesenermaßen darauf zurückzuführen ist, daß die Streupflicht schon zu dieser Zeit nicht erfüllt wurde[1664]. **612**

In der Regel ist nicht zumutbar, daß sogleich mit Beginn der Glätte alle Gefahrenstellen gestreut sind; eine angemessene Zeit ist zuzubilligen[1665]. Vorbeugendes Streuen ist allenfalls bei ganz besonderen Wetterlagen und Gefahrenstellen geboten[1666]. Eine Verpflichtung, im ganzen Stadtgebiet Temperaturmeßgeräte zu unterhalten, besteht nicht, eine Pflicht zu Kontrollfahrten nur dann, wenn die Witterungsverhältnisse eine Glatteisbildung nahelegen[1667]. Auf ein als unzuverlässig bekanntes Frostwarngerät darf sich der Sicherungspflichtige bei solchen Wetterlagen nicht verlassen[1668]. Ist für die **613**

1649 OLG Hamm VkBl. 1950, 104.

1650 BayObLG VersR 1967, 758.

1651 OLG Düsseldorf VersR 1989, 1090.

1652 OLG Düsseldorf VersR 1996, 79.

1653 BGH VRS 25, 242.

1654 BGH NZV 1995, 144; weitergehend *Schmid* NJW 1988, 3181.

1655 Vgl. OLG Hamm NZV 1993, 394 für den Fahrradverkehr in verkehrsberuhigtem Bereich; LG Aachen VersR 1990, 323, das Erfordernis der Verkehrsbedeutung offenlassend.

1656 BGH NZV 1995, 144.

1657 Sonntags 9 Uhr; OLG Hamm VersR 1988, 693.

1658 BGH VersR 1972, 563; 1984, 891: je nach örtlichen Gegebenheiten u. U. schon ab 20 Uhr; OLG Köln VersR 1990, 322.

1659 BGHZ 40, 383; BGH NJW 1960, 432; 1987, 2671; VersR 1963, 662; 1972, 563; 1985, 973; OLG Celle VersR 1958, 387.

1660 LG Frankfurt VersR 1983, 892.

1661 BGH VersR 1985, 271; OLG Frankfurt VersR 1995, 45.

1662 OLG Hamm VersR 1991, 1419.

1663 OLG Düsseldorf VersR 1982, 1054.

1664 BGH VersR 1984, 41; 1984, 891; KG VersR 1993, 1369; OLG Düsseldorf VersR 1984, 1173 LS.

1665 BGH VersR 1958, 289; 1959, 1055; 1969, 667; 1970, 1130; 1973, 249; 1979, 1055; 1985, 973; OLG Karlsruhe VersR 1955, 630; OLG Düsseldorf VersR 1956, 699; OLG München VersR 1994, 983; OLG Celle VRS 73, 248 (Beweislast beim Geschädigten).

1666 BGHZ 40, 381; BGH VersR 1958, 289; 1959, 134; BGH VersR 1985, 189; 1985, 973; OLG Frankfurt VersR 1987, 204; OLG München VersR 1994, 983; OLG Hamm VersR 1993, 1285.

1667 OLG Hamm VersR 1982, 806; OLG Düsseldorf VersR 1983, 299 LS.

1668 Österr. OGH ZVR 1990, 340; vgl. auch NZV 1991, 106.

Streupflicht des Anliegers eine feste Zeit bestimmt, so hat er grundsätzlich (durch entsprechend früheren Beginn des Streuens) deren Einhaltung sicherzustellen[1669], es sei denn die Glätte tritt überraschend auf[1670].

614 Während der maßgeblichen Zeit muß das Streuen wiederholt werden, wenn das Streugut durch den dichten Verkehr weggeschleudert wird[1671] oder witterungsbedingt seine Wirkung verliert[1672]. Wird die Streuung (z. B. infolge Dauerregens auf den gefrorenen Boden oder wegen Schneefalls) binnen kurzem wirkungslos, so kann sie unterbleiben[1673]. Es muß nicht etwa pausenlos weitergestreut werden[1674], außer an besonderen Brennpunkten des Fußgängerverkehrs[1675]. Dies bedeutet aber nicht, daß bei drohendem Schneefall das Streuen stets unterbleiben dürfte[1676].

615 **ee) Art des Streuens.** Es reicht aus, wenn mit der Streuung erreicht wird, daß ein Fußgänger bei Anwendung der bei Glatteis erforderlichen besonderen Vorsicht den Weg ohne Gefahr benutzen kann[1677]. Es kann nicht verlangt werden, daß die Gehbahn gleichmäßig mit Sand bedeckt ist. Dies gilt um so mehr bei Fußgängerüberwegen über die Fahrbahn, da die Einwirkung der Fahrzeuge nicht auszuschalten ist[1678]. Die Verwendung von Salz ist nicht generell geboten, teilweise sogar ortsrechtlich untersagt. An besonders gefährlichen Stellen, z. B. Gefällestrecken, kann jedoch Salzstreuung erforderlich sein[1679]. Keine Verletzung der Verkehrssicherungspflicht wird dadurch begründet, daß infolge Salzstreuung getautes Wasser gefriert und von Schnee verdeckt wird[1680].

616 **ff) Glatteiswarnung.** Fußgänger brauchen nicht vor Glatteis gewarnt zu werden. Sie haben die Möglichkeit, die Straßenbeschaffenheit laufend selbst festzustellen. Dagegen fehlt den Kraftfahrern diese Möglichkeit, weil das Kraftfahrzeug bei kurvenfreier gleichmäßiger Fahrt auf Glatteis in der Regel keine Reaktionen zeigt. Hieraus haben Rechtsprechung und Schrifftum in begrenzten Maßen eine Pflicht des Verkehrssicherungspflichtigen zur Aufstellung von Warnzeichen abgeleitet. Als Glatteiswarnung ist das Zeichen 114 der StVO mit rechteckigem Zusatzschild anzubringen („Gefahr unerwarteter Glatteisbildung"). Die Pflicht, ein Warnzeichen anzubringen, besteht aber außerhalb geschlossener Ortschaften nur für Stellen, an denen wegen außergewöhnlicher Gefährlichkeit oder wegen Unvorhersehbarkeit der Glatteisbildung eine Streupflicht für die Fahrbahn besteht[1681] und eine ausreichende Streuung nicht sichergestellt ist[1682]. Die Kenntnis der Erfahrungstatsache, daß bei Temperaturen um den Gefrierpunkt und darunter in Waldstücken und auf Brücken (und dort, wo sich parallel zur Straße ein Gewässer befindet) die Straße häufig auch dann mit einer Glatteisschicht bedeckt ist, wenn sie im freien Gelände trocken und eisfrei ist, gehört zur Fahrausbil-

1669 OLG Nürnberg VersR 1964, 1180.
1670 BGH VersR 1955, 456; 1966, 90; 1970, 1131.
1671 BGH VersR 1969, 667.
1672 BGH VersR 1968, 1161; OLG Hamm VersR 1984, 194; 1984, 645.
1673 OLGR Hamm 1995, 223.
1674 OLG Celle VersR 1955, 408.
1675 So BGH NJW 1985, 482 für Gastwirt und NZV 1993, 387 für Treppe eines Busbahnhofs bei gefrierendem Regen.
1676 BGH VersR 1963, 1047; *Schlund* DAR 1988, 10 f.
1677 KG VersR 1965, 1105; 1966, 855.
1678 OLG Hamburg VersR 1958, 33.
1679 Vgl. OLG Hamm NJW-RR 1989, 611 (auch zur Art des Salzes); KG NJW 1990, 1370; LG Bochum VersR 1982, 608 LS; österr. OGH ZVR 1990, 55 u. NZV 1990, 303 f.
1680 OLG Koblenz MDR 1981, 1017.
1681 RG JW 1935, 273; BGH VersR 1959, 763; OLG Stuttgart VRS 13, 332; VersR 1960, 332.
1682 BGH VRS 12, 408; OLG Oldenburg MDR 1958, 843; OLG Düsseldorf VersR 1989, 626.

dung. Vor derartigen erfahrungsgemäß zur Glatteisbildung neigenden Stellen braucht daher kein Warnzeichen angebracht zu werden, das auf Vereisungsgefahr hinweist[1683].

gg) **Durch das Räumen oder Streuen hervorgerufene Gefahren** können eine eigene Gefahrabwendungspflicht begründen, so z. B. wenn Fußgänger an einer viel begangenen Straße durch den vom Räumfahrzeug angehäuften Schnee zur Benutzung der glatten Fahrbahn gezwungen werden[1684]. Dagegen liegt kein Verstoß gegen die Verkehrssicherungspflicht vor, wenn der Schneepflug auch teilweise den Bankettbereich freiräumt und ein Lkw bei dessen Befahren beschädigt wird[1685]. Wegen der Pflicht zur Entfernung des Streuguts vgl. OLG Hamm NZV 1989, 235; ZfS 1991, 115. **617**

hh) **Rechtsprechungsübersicht** (alphabetisch geordnet) **618**

Abkürzungsweg: BGH VersR 1963, 661; OLG Hamm VkBl. 1950, 104.

Anliegerstraße: BGH VersR 1956, 68; OLG Koblenz VersR 1983, 568; OLG Düsseldorf VersR 1966, 247.

Brücke: BGHZ 31, 73; BGH VersR 1960, 853; 1970, 904; OLG Oldenburg DAR 1956, 129; OLG Karlsruhe VersR 1961, 1004; 1980, 538; OLG Düsseldorf VersR 1965, 992; 1977, 745; 1979, 57.

Einmündung: OLG Stuttgart NJW 1987, 1831; OLG Frankfurt NJW-RR 1988, 154; OLG Hamburg NJW 1988, 3212; OLG Karlsruhe NZV 1989, 147; OLG München VersR 1992, 1371.

Eisbuckel: OLG Hamm VersR 1964, 1254.

Eisscholle: BGH NJW 1958, 1234 = 1819 m. Anm. *Nedden*.

Eisstreifen auf Fahrbahn: OLG Köln VersR 1985, 789 (Hangwasser); OLG Düsseldorf VersR 1983, 274 (gefrierendes Tauwasser).

Eisstreifen auf Gehweg: KG VersR 1966, 855 (Tropfwasser); LG Koblenz VersR 1982, 1085 (Wasserzufluß von Grundstück).

Fußgängerüberweg: BGH VersR 1955, 295; 1985, 569; 1987, 989; BayObLGZ 1957, 161; OLG Hamburg VersR 1958, 33; OLG Nürnberg VersR 1970, 773; OLG Karlsruhe VersR 1987, 1047 LS; OLG Düsseldorf VersR 1988, 274; 1990, 319; OLG Köln VersR 1989, 101.

Fußgängerzone: OLG Karlsruhe VersR 1983, 188; OLG Frankfurt VersR 1995, 45.

Fußweg: s. Gehweg.

Gaststätte: BGH NJW 1985, 482; 1987, 2671; VersR 1988, 278; OLG München VersR 1987, 1120.

Gefälle: BGH NJW 1952, 1087; OLG Köln VersR 1953, 403; OLG Nürnberg VersR 1958, 616; OLG Karlsruhe VersR 1977, 61; 1979, 358.

Gefrierender Regen: BGH NZV 1993, 387; DAR 1992, 460; OLG Frankfurt VersR 1983, 498 LS; OLG Hamm VersR 1982, 1081; 1984, 194 u. 645.

Gehweg: BGH VersR 1967, 226; 1971, 416; NZV 1991, 265 (durch Baustelle gesperrt); 1995, 144; BayObLG VersR 1967, 758; OLG Bamberg NJW 1975, 1787; OLG Karlsruhe VersR 1976, 346; OLG Düsseldorf VersR 1982, 961; OLG München VersR 1989, 815 (Eisplatte durch Tropfwasser).

Grundstückszugang: OLG Köln VersR 1954, 67.

Haltestelle: BGH Betrieb 1967, 1543; VersR 1983, 377; 1983, 637 (Schneewall); OLG Düsseldorf NJW-RR 1988, 664; LG Krefeld DAR 1988, 165.

Kirchenvorplatz: OLG Düsseldorf VersR 1961, 642.

Kraftwerk: BGH VersR 1985, 641; OLG Köln NZV 1995, 111 (Kondensation von Wasserdampf).

Kreuzung: BGH VersR 1965, 690.

Kurve: LG Aachen MDR 1960, 48.

Nebel: BGH NJW 1963, 37.

Parkhausausfahrt: OLG Köln VersR 1990, 321.

1683 BGH VersR 1960, 157; 1960, 323.

1684 OLG Karlsruhe (Freiburg) NJW-RR 1990, 1504.

1685 OLG München VersR 1992, 1491 LS.

Parkplatz: BGH NJW 1966, 202; 1985, 482; VersR 1983, 162; KG VersR 1965, 1105; OLG Düsseldorf VersR 1983, 564; 1992, 847; 1993, 1545 LS; OLG Celle NdsRpfl. 1983, 155, VersR 1995, 598; OLGR Celle 1995, 27; OLG München VersR 1992, 210 LS; OLGR Dresden 1996, 30; OLG Frankfurt VersR 1986, 1030; OLG Karlsruhe VersR 1989, 45; LG München I VersR 1983, 765; LG Heidelberg VersR 1985, 249. S. auch *Berr* DAR 1989, 453 ff.

Parkweg: OLG Düsseldorf VersR 1989, 1090.

Privatstraße: BGH VersR 1975, 349.

Quellwasser: BGH MDR 1987, 560.

Radweg: BGH NZV 1995, 144; LG Aachen VersR 1990, 323.

Schneewall durch Straßenräumung: OLG Nürnberg NZV 1993, 231.

Schnellstraße: BGH VersR 1972, 563 (nachts); 1979, 1055 (Ausfahrt).

Tankstelle mit Waschanlage: OLG Köln NZV 1994, 361 m. Anm. *Landscheidt*.

Tankstellenzufahrt: OLG Stuttgart NJW 1969, 1966.

Treppe: BGH VersR 1984, 1190; NZV 1993, 387 (Busbahnhof).

Unterführung: BGH NJW 1966, 1162.

Verkehrsberuhigter Bereich: OLG Hamburg VersR 1989, 45; OLG Hamm NZV 1993, 394; LG Aachen VersR 1987, 1232.

Wochenmarkt: OLG Düsseldorf VersR 1982, 1054.

f) Dunkelheit

619 **aa) Allgemeines.** Die Verkehrssicherungspflicht begründet – auch für innerörtliche Straßen – keine generelle Beleuchtungspflicht[1686]. Eine solche besteht vielmehr nur dort, wo eine Gefahrenstelle infolge der Dunkelheit nicht ausreichend erkennbar ist und auch durch Warnzeichen nicht genügend abgesichert werden kann, sowie dann, wenn eine spezifische Verkehrsgefahr gerade durch die Dunkelheit heraufbeschworen wird. Aus der straßenverkehrsrechtlichen Beleuchtungspflicht läßt sich keine Haftung des Verkehrssicherungspflichtigen ableiten, da sie eine andere Zweckbestimmung hat[1687] (vgl. Rdn. 569). Es erscheint auch als zu weitgehend, allein darin, daß Fußgänger, Radfahrer usw. in Ortschaften gehäuft auftreten, eine Gefahrerhöhung zu erblikken, die – unter dem Aspekt der Verkehrssicherungspflicht – eine durchgehende Beleuchtung gebietet[1688]. Die Verkehrssicherungspflicht erfordert eine solche vielmehr nur dort, wo gerade die Dunkelheit besondere Gefahren hervorruft, etwa an einer vielbegangenen Ortsstraße ohne Gehsteig, an einer Treppe u. dgl. mehr. Die Ausleuchtung eines Gehwegs muß auch im Bereich von Pollern nicht so vorgenommen werden, daß durch geparkte Fahrzeuge keine dunklen Stellen entstehen können[1689]. Selbstverständlich dürfen nicht durch eine unsachgemäße Beleuchtung vermeidbare Verkehrsgefahren hervorgerufen werden, etwa durch Blendung oder das Sehvermögen unnötig beeinträchtigenden Wechsel zwischen beleuchteten und nicht beleuchteten Abschnitten[1690].

620 **bb) Dauer und Intensität der Beleuchtung.** Sie richten sich nach den örtlichen Gegebenheiten und Verkehrsverhältnissen[1691]. Bei geringerer Verkehrsbedeutung der Straße kann es vertretbar sein, die Beleuchtung in der späten Nacht, wenn der Verkehr praktisch zum Erliegen gekommen ist, zu reduzieren oder abzuschalten[1692]. Eine Laterne,

---

1686 BGHZ 36, 237; BGH VRS 41, 5; *Berz* DAR 1988, 3; zu weitgehend BayObLG VRS 12, 193; OLG Neustadt VersR 1953, 486; *RGRKomm/Steffen* § 823, 192; *Graf v. Westphalen* Betrieb 1987 Beil. Nr. 11, S. 9.

1687 BGH VRS 41, 5.

1688 A. A. *Berz* DAR 1988, 3.

1689 OLG Düsseldorf NJW 1995, 2172.

1690 *Berz* DAR 1988, 4.

1691 RGZ 55, 28; OLG Köln VersR 1955, 172; LG Tübingen VersR 1965, 1062.

1692 OLG Köln VersR 1955, 172; *Berz* DAR 1988, 4 f.

die nicht die ganze Nacht brennt, muß aber durch Zeichen 394 StVO gekennzeichnet sein; ansonsten besteht Haftung für einen Unfall infolge unterbliebener Eigenbeleuchtung eines abgestellten Fahrzeugs[1693].

Auch Art und Intensität der Beleuchtung sind nach den konkreten Verhältnissen zu bestimmen. Technische Regelwerke (z. B. DIN 5044) mögen für die straßenrechtliche Beleuchtungspflicht (s. Rdn. 569) Bedeutung haben, den Umfang der Verkehrssicherungspflicht präjudizieren sie nicht[1694]. 621

cc) **Überwachungspflicht.** Wie allgemein im Rahmen der Verkehrssicherungspflichten ist auch bezüglich der ordnungsgemäßen Beleuchtung eine ständige Kontrolle geboten. Die Häufigkeit richtet sich nach der Verkehrsbedeutung der Straße, dem Ausmaß der Gefahr und der Zumutbarkeit[1695]. Bei einem Fußweg von geringer Verkehrsbedeutung z. B. ist ein Intervall von fünf Tagen nicht zu groß[1696]. 622

dd) Einzelfälle

Baustelle: BGH VersR 1966, 266; 1977, 543; OLG Bremen VkBl. 1950, 211; OLG Celle VersR 1968, 76; OLG Köln VersR 1971, 324 (Fußgänger); OLG Stuttgart VersR 1974, 395 (Fußgänger). 623

Fahrbahnteiler: BGH VRS 16, 241; OLG Hamm VersR 1978, 160.

Haltestelle: BGH VersR 1970, 179.

g) Baustellen

aa) **Allgemeines.** Der Verkehrssicherungspflichtige (zur Verantwortlichkeit s. Rdn. 546) hat die Baustelle – im Rahmen des Zumutbaren – so abzusichern, daß ihm erkennbare Gefahren von Verkehrsteilnehmern fergehalten werden[1697]. Die Sicherungspflicht besteht auch, wenn die Baustelle außerhalb der Straße liegt, aber Gefahren für den Verkehr hervorruft, z. B. weil sie einen falschen Eindruck über den Verlauf der Straße erweckt[1698]. Der Bauunternehmer darf Absicherungen erst entfernen, wenn die Straßenbeschaffenheit einwandfrei ist oder anderweitige Maßnahmen zur Warnung vor der schlechten Beschaffenheit der Straße (einschließlich des Bürgersteigs) veranlaßt worden sind[1699]. Er hat die Arbeitskräfte laufend zu überwachen, ob sie dieser Verpflichtung nachkommen[1700]. Er muß auch dafür sorgen, daß Unbefugte keine Materialien oder sonstige Gegenstände von der Baustelle auf die frei gebliebene Verkehrsfläche verbringen. Insoweit beschränkt sich jedoch seine Pflicht auf verkehrsübliche Sicherungsmaßnahmen[1701]. Die Sicherungspflicht erstreckt sich auch auf eine vorübergehend verlegte Fahrbahn[1702] und auf den Zufahrtsweg zur Baustelle[1703]. Geringfügige Fahrbahnverschmutzungen müssen von den Verkehrsteilnehmern hingenommen werden[1704]. 624

Der Unternehmer ist bei Arbeiten, die sich auf den Straßenverkehr auswirken, nach § 45 Abs. 6 StVO verpflichtet, vor Beginn der Arbeiten von der Straßenverkehrsbe- 625

1693 BGHZ 36, 237.

1694 A. A. *Graf v. Westphalen* Betrieb 1987 Beil. Nr. 11, S. 10ff; nach *Berz* DAR 1988, 5 und 1995, 352 liefern sie nur Anhaltspunkte.

1695 Näher *Berz* DAR 1995, 352.

1696 OLG München VersR 1976, 740.

1697 BGH VRS 9, 106; NJW 1971, 752; OLG Bamberg VersR 1971, 233; wegen Einzelheiten vgl. die vom Bundesminister für Verkehr herausgegebene Richtlinie für die Sicherung von Arbeitsstellen an Straßen.

1698 BGH VersR 1982, 577; 1989, 731.

1699 BGH VersR 1960, 798.

1700 RG HRR 1931, Nr. 1217.

1701 OLG Düsseldorf VRS 5, 143.

1702 OLG Köln NZV 1995, 22.

1703 OLG Hamburg VRS 9, 408; 9, 410; *Starke* BB 1955, 333.

1704 OLG Köln VersR 1992, 335.

hörde bzw. der Straßenbaubehörde[1705] **Anordnungen** darüber einzuholen, wie die Arbeitsstellen abzusperren und zu kennzeichnen sind, ob und wie der Verkehr, auch bei teilweiser Straßensperrung, zu beschränken, zu leiten und zu regeln ist und ob und wie der Unternehmer die gesperrten Straßen und Umleitungen zu kennzeichnen hat[1706]. Die Ausführung der Anordnungen ist bürgerlich-rechtlicher Natur[1707]. Sind dagegen unzutreffende Anordnungen getroffen, so haftet in erster Linie die Behörde aus hoheitlicher Tätigkeit, neben ihr aber der Unternehmer bzw. Bauleiter, wenn sie erkannt haben oder unschwer erkennen konnten[1708], daß die von der Behörde angeordneten Maßnahmen nicht ausreichen, und die Baustelle gleichwohl eröffneten[1709]. Amtshaftung tritt auch ein, wenn die Behörde die Ausführung ihrer zutreffenden Anordnungen unzureichend überwacht und sich wegen Zuwiderhandlung gegen die Anordnungen ein Unfall ereignet[1710]. In solchen Fällen tritt die Haftung der Behörde neben die bürgerlich-rechtliche Haftung des Unternehmers.

626 **bb) Rechtsprechungsübersicht** (alphabetisch geordnet)

Ablagerung von Baumaterial: OLG Düsseldorf (NJW-RR 1993, 597).

Absicherung: OLG Oldenburg NZV 1992, 405 (Asphaltarbeiten in Fahrbahnmitte; Leitkegel reicht nicht); OLGR Düsseldorf 1995, 287 (Flatterband reicht bei geringem Niveauunterschied).

Absperreinrichtungen: BGH VersR 1962, 1158 (auf Fahrbahn zurückgelassen).

Arbeitsgeräte: KG VersR 1977, 230 (Hineinragen in Verkehrsraum).

Aufgrabung: BGH VRS 13, 15; 16, 86; VersR 1962, 519; OLG Schleswig VRS 8, 84; OLG Hamm VersR 1955, 622; OLG Düsseldorf DAR 1983, 356 und OLG München VersR 1992, 702 (Baugrube im Bereich der Straßenbahngleise); OLG Nürnberg VersR 1962, 1191 (Einsinken in zugeschüttete Aufgrabung); OLG Bamberg VersR 1983, 61 (Kabelgraben; kein Übergang zu unbewohntem Haus); LG Düsseldorf MDR 1961, 768; LG München I NZV 1989, 195 (Behelfsbrücke).

Autobahn: BGH VRS 9, 106; VersR 1966, 266; LG Ellwangen VersR 1988, 1247 LS.

Bagger: OLG Celle VersR 1961, 740.

Beendete Bauarbeiten: BGH VersR 1960, 798; OLG Bremen VersR 1978, 873; OLG Bamberg VersR 1981, 960; OLG Celle VersR 1989, 157.

Beleuchtung: s. Rdn. 623.

Beschilderung: OLG Koblenz NJWE-VHR 1996, 70 (verdrehtes Warnschild; Überwachungspflicht).

Gehweg: BGH VersR 1986, 704 (provisorisch hergerichtet); OLG Düsseldorf VRS 6, 81; NJWE-VHR 1996, 20 (Unebenheit); OLG Stuttgart VersR 1967, 485 (Stahlgewebeplatte); KG VersR 1973, 1146 (blinder Fußgänger); OLG Celle VersR 1989, 157 (offene Baumscheibe); LG Frankfurt NZV 1989, 117 (zugeschüttete Aufgrabung nicht gegen Befahren gesichert).

Gerüst: OLG Nürnberg NZV 1992, 31 (auf Gehweg); OLG Hamm VersR 1993, 712 (in Fahrbahnbereich ragend).

Markierungen: OLG Düsseldorf VersR 1981, 960 (Beseitigung nach Bauarbeiten).

Splitthaufen: BGH VersR 1960, 636.

Stahlplatte: OLG Karlsruhe VRS 78, 321 (als Abdeckung).

Unebenheiten: OLG Düsseldorf MDR 1962, 52; OLG Hamm NJW-RR 1987, 1507 (Fehlen der letzten Asphaltdecke); OLG Karlsruhe VRS 79, 344 (abgefräste Fahrbahn, herausragender Hydrant).

Verkehrsregelung: OLG Frankfurt VersR 1964, 1252 (halbseitige Sperrung, unübersichtlich: Ampel oder Posten); KG VersR 1978, 766 (Hinweis für Fußgänger, wenn bei halbseitiger Sperrung mit Fahrzeugverkehr aus beiden Richtungen gerechnet werden muß).

Verschleppen von Gegenständen auf die Fahrbahn: BGHZ 12, 124; OLG Düsseldorf VRS 5, 143; LG Saarbrücken NZV 1993, 236.

[1705] Zur Zuständigkeit s. § 45 Abs. 1 und 2 StVO; vgl. *Berr* DAR 1984, 7.

[1706] BGH VersR 1989, 731.

[1707] BGH VersR 1958, 185.

[1708] OLG München VersR 1993, 1546.

[1709] BGH VersR 1977, 543.

[1710] *Clasen* NJW 1972, 1930.

h) Bäume

Der für die Straße Verkehrssicherungspflichtige kann neben dem Eigentümer von neben der Straße stehenden Bäumen (s. hierzu Rdn. 631 ff) dafür verantwortlich sein, daß von diesen keine Gefahren für den Verkehr ausgehen[1711]. Erforderlich ist jedoch, daß der Baum nach der Verkehrsanschauung noch dem Straßenbereich zuzuordnen ist; dies ist nicht der Fall bei einem Baum, der „unauffällig im Wald steht"[1712]. Soweit die Verantwortlichkeit reicht, müssen Bäume, die standunsicher geworden sind und auf die Straße zu stürzen drohen, saniert oder beseitigt werden, desgleichen morsche Äste. Dies bedingt eine ständige Überwachung der Straßenbäume (unabhängig vom Grundeigentum)[1713], an die jedoch keine zu hohen Anforderungen gestellt werden dürfen[1714]. Es braucht nicht jeder einzelne Baum abgeklopft zu werden[1715], aber Anzeichen für einen Verfall ist nachzugehen[1716]. Straßenwärter müssen entsprechend instruiert werden[1717]. Nach einem Unwetter sind zusätzliche Untersuchungen geboten[1718]. Die Pflicht, für die Standsicherheit von Straßenbäumen zu sorgen, dient auch dem Schutz von Anliegergrundstücken vor Beschädigung[1719]. Untersagt die Umweltbehörde das Fällen eines nicht mehr standsicheren Baumes, verletzt sie eine Amtspflicht auch gegenüber einem geschädigten Verkehrsteilnehmer[1720]. 627

Äste dürfen nicht in den **Luftraum** der Straße hineinragen[1721], bei Durchgangsstraßen mit Lkw-Verkehr bis in eine Höhe von 4 m[1722]. Im übrigen entscheiden die örtlichen Verhältnisse (Verkehrsbedeutung, Breite, Geschwindigkeit)[1723]. Bei geringer Verkehrsbedeutung können 3,60 m genügen[1724]. Ragt ein Baumstamm, schwer abschätzbar, in 3,40 m Höhe in den Luftraum über der Straße, muß vor dieser Gefahrenstelle gewarnt werden[1725]. Dagegen hat es das OLG Düsseldorf[1726] nicht beanstandet, daß der Stamm einer Platane in ca. 3,20 m Höhe um 20 cm in den Luftraum ragt. 628

Für Laubfall, Sturmschäden, herabfallende Früchte und insbesondere für Gefahren, die beim Abkommen von der Fahrbahn drohen, ist der Verkehrssicherungspflichtige nicht verantwortlich, u. U. aber für eine vermeidbare Sichtbehinderung[1727]. Befindet 629

1711 BGH VersR 1960, 32; 1974, 89; 1980, 946; NJW 1985, 1774.

1712 BGH NZV 1989, 346 m. Anm. *Steinert*.

1713 OLG Oldenburg VersR 1980, 778.

1714 Einzelheiten: OLG Düsseldorf VersR 1983, 61; 1992, 467; NJW-RR 1995, 726 (auch zur Frage, ob schon in der Wahl der Baumart eine Pflichtverletzung liegen kann); OLGR Düsseldorf 1995, 148; OLG Köln NZV 1993, 434; VersR 1990, 287; 1992, 1370 (Naturdenkmal); 1994, 1489; OLG Zweibrücken VersR 1994, 1489 und DAR 1992, 302 m. Anm. *Berr*; OLG Frankfurt VersR 1993, 988; OLG Hamm VersR 1994, 357; OLG Karlsruhe VersR 1994, 358 u. OLG Stuttgart VersR 1994, 359 je m. Anm. *Breloer* 359; OLGR Dresden 1995, 72; OLGR München 1995, 101. Eingehende Nachweise auch bei *Landscheidt/Götker* NZV 1995, 90 und *Drees* NuR 1989, 164.

1715 BGH VersR 1956, 768; 1959, 257; 1960, 32; 1962, 262; 1965, 475; 1974, 88.

1716 OLG Stuttgart VersR 1974, 681; OLG Bamberg VersR 1976, 571; OLG Oldenburg VersR 1977, 845; OLG Braunschweig MDR 1980, 312; OLG Köln NZV 1991, 190.

1717 BGH VersR 1965, 475.

1718 LG Heidelberg VersR 1982, 810.

1719 BGH NZV 1993, 386.

1720 OLG Hamm NZV 1994, 27 m. abl. Anm. *Otto* 191; **a. A.** *Otto* NJW 1996, 356 ff.

1721 BGH VersR 1968, 72.

1722 OLG Düsseldorf VersR 1974, 1114; OLG Zweibrücken VersR 1995, 111.

1723 OLG Brandenburg VersR 1995, 1051; OLG Hamm VersR 1995, 1206.

1724 OLG Köln NZV 1991, 426; OLG Schleswig NZV 1994, 71; ebenso für breite innerstädtische Straße OLG Düsseldorf VersR 1989, 273; s. auch *Landscheidt/Götker* NZV 1995, 91.

1725 OLG Hamm NZV 1992, 185.

1726 VersR 1996, 602.

1727 BGH VersR 1980, 946: Hecke auf dem Mittelstreifen.

sich ein umgestürzter Baum als Hindernis auf der Fahrbahn, so greift die Verkehrssicherungspflicht des für die Straße Verantwortlichen ein, sobald er von dem Vorfall Kenntnis hat oder haben muß[1728].

630 **Rechtsprechungsübersicht** (alphabetisch geordnet)

Herabfallende Äste: BGH VRS 12, 1; OLG Oldenburg VersR 1958, 634; OLG München DAR 1985, 25; OLG Frankfurt VersR 1988, 519; LG Heidelberg VersR 1983, 280; LG Frankfurt NJW-RR 1987, 795; s. auch Fußn. zu Rdn. 627.

Hineinragende Äste: BGH VersR 1959, 275 (Feldweg); 1968, 72; OLG Celle VersR 1959, 322 (Landstraße); OLG Oldenburg VersR 1963, 1234; OLG Düsseldorf VersR 1974, 1114; OLG Schleswig VersR 1977, 1037; OLG Köln VRS 59, 222; OLG München VersR 1988, 859 LS; s. auch Fußn. zu Rdn. 628.

Nähe zur Fahrbahn: OLG Köln VRS 22, 2; OLG Nürnberg VersR 1965, 1037.

Sichtbehinderung: s. Rdn. 636.

Umstürzender Baum: BGH NZV 1989, 346; OLG Celle VersR 1958, 693; OLG München VersR 1959, 212; OLG Stuttgart BWVBl. 1960, 110; OLG Köln VersR 1963, 738; OLG Düsseldorf VersR 1982, 202.

Windbruch: OLG München VersR 1959, 927.

i) Gefahren, die von angrenzenden Grundstücken ausgehen

631 aa) **Der für die Straße Verkehrssicherungspflichtige** ist grundsätzlich nicht dafür verantwortlich, daß von fremden Grundstücken oder Bauwerken, die an der Straße stehen, keine Gefahren ausgehen[1729]. Anders verhält es sich jedoch, wenn die Gefahr durch die Anlage der Straße bedingt ist. So ist etwa bei der Führung durch steinschlaggefährdetes Gelände Vorsorge gegen diese Gefahr zu treffen[1730]. Zwar ist der für die Straße Verantwortliche nicht gezwungen, Steinschlag oder Lawinen durch kostspielige Verbauungen oder Bauwerke von der Straße fernzuhalten oder an jeder Einmündung eines Feldwegs Sandfangrinnen zum Schutz gegen das Eingeschwemmtwerden von Erdreich anzubringen[1731]. Er hat jedoch zumindest die Verkehrsteilnehmer durch Warnzeichen auf Stellen hinzuweisen, an denen in erhöhter Weise und für den Verkehrsteilnehmer nicht ohne weiteres erkennbar die Gefahr von Verschmutzung, Steinschlag oder Lawinen besteht. Gelangen Steine nicht durch Naturkräfte, sondern von Menschenhand auf die Straße, so kommt eine Haftung der Straßenbaubehörde allenfalls unter dem Gesichtspunkt unterlassenen Einschreitens gegen den Grundeigentümer in Betracht; diese ist gegenüber der Haftung des Verursachers subsidiär (§ 839 Abs. 1 S. 2 BGB)[1732]. Gegen Sichtbehinderung in den Kurven braucht der für die Straße Verantwortliche keine Maßnahmen zu ergreifen, sofern die Sichtbehinderung dadurch verursacht ist, daß Anlieger ihre Grundstücke erlaubterweise (zum Stapeln von Holz oder zur Errichtung von Rübenmieten) nutzen. Auch Warnzeichen sind in einem solchen Fall nicht erforderlich[1733]. Sind Steine, Äste o. dgl. auf die Fahrbahn gelangt, so muß der Verkehrssicherungspflichtige sie beiseiteräumen lassen. Aber auch diese Pflicht entsteht nicht unmittelbar nach Herabfallen des Steins, sondern erst, wenn der Pflichtige die Gefahr erkannt hat oder bei ordnungsgemäßer Überwachung (vgl. Rdn. 571) erkennen konnte. Zu Gefahren durch Bäume neben der Straße s. Rdn. 627 ff.

632 bb) Den **Eigentümer oder Besitzer des Grundstücks** trifft die Pflicht, erkennbare Gefahren für den Verkehr auf der Straße im Rahmen der Zumutbarkeit zu unterbinden. Genaugenommen handelt es sich hierbei nicht um eine Verkehrssicherungspflicht, denn

[1728] BGH NZV 1989, 347 m. Anm. *Steinert.*
[1729] BGH NJW 1953, 1865.
[1730] BGH VersR 1967, 1197.
[1731] OLG Karlsruhe NZV 1988, 20.
[1732] OLG Düsseldorf MDR 1988, 496.
[1733] OLG Koblenz NJW 1961, 2208.

der Anlieger ist nicht für den Verkehrsweg als solchen verantwortlich, sondern um eine Ausprägung der allgemeinen Verkehrspflichten (Rdn. 218). Die Anforderungen dürfen auch nicht überspannt werden.

Vermietung oder Verpachtung befreit den Grundeigentümer nicht von seinen Pflichten; er haftet ggfs. neben dem Besitzer[1734]. 633

Bei **Ablösung von Gebäudeteilen** kann Haftung des Eigentümers, Besitzers oder Unterhaltungspflichtigen[1735] aus §§ 836 ff BGB eingreifen; es gilt dann die dort geregelte Verschuldensvermutung[1736]. Voraussetzung ist aber, daß der Schaden in unmittelbarem Zusammenhang mit dem Ablösungsvorgang steht, d. h. „mit der bewegend wirkenden Kraft"; dies ist dann nicht der Fall, wenn ein Fahrzeug auf das auf der Straße liegende Gebäudeteil auffährt, wohl aber dann, wenn das Teil so kurz vor das herannahende Fahrzeug fiel, daß dieses praktisch in das herabstürzende Hindernis hineinfuhr[1737]. 634

Die Sicherungspflicht des **Waldeigentümers der -besitzers** bezieht sich nur auf Bäume im Fallbereich einer Straße, nicht auf alle „wilden" Parkplätze[1738]. Gegenüber dem Erholungsverkehr im Walde selbst ist er nur für von ihm selbst geschaffene, atypische Gefahrenlagen verantwortlich[1739]. Wegen des Umfangs der Sicherungspflichten in bezug auf Bäume s. Rdn. 627 ff. Für Gefahren, die von einem Waldgrundstück ausgehen kommt neben der Haftung der Kommune als Waldbesitzerin auch eine solche des Landes als Inhaber des forsttechnischen Betriebes in Betracht[1740]. Durch **Übertragung des Revierdienstes** auf staatliche Forstbeamte verliert die Gemeinde nicht ohne weiteres die Verkehrssicherungspflicht für ihr Waldgrundstück[1741]. 635

cc) **Einzelfälle** (alphabetisch geordnet) 636

Bäume: s. Rdn. 627 ff.

Dachlawine: Hierfür haftet der Hauseigentümer nur, wenn er die vorgeschriebenen oder nach den örtlichen Verhältnissen erforderlichen Sicherheitsvorkehrungen unterlassen hat (*Gaisbauer* VersR 1971, 199; *Scherer* ZMR 1967, 34). Beispiele aus der Rechtsprechung: BGH VersR 1955, 82; OLG München NJW 1965, 1085; VersR 1965, 908 = 1059 m. Anm. *Gaisbauer*; 1965, 1037; 1967, 88; OLG Stuttgart DAR 1964, 214; VersR 1973, 356; MDR 1983, 316 m. Anm. *Schmalzl*; OLG Celle VersR 1982, 775; 1982, 979; OLG Karlsruhe NJW 1983, 2946; NJW-RR 1986, 1404 (Kirche); OLG Koblenz DAR 1987, 86 (Turm); OLG Köln VersR 1988, 1244; OLG Nürnberg NZV 1994, 153 (geknicktes Dach); LG Berlin VersR 1967, 69; LG Traunstein VersR 1963, 1088; LG Gießen VersR 1966, 198; LG Konstanz VersR 1965, 1013; LG Kempten VersR 1968, 102; LG Rottweil VersR 1983, 499; LG Koblenz VersR 1986, 351; LG Köln NJW-RR 1986, 1404; LG Duisburg NJW-RR 1986, 1405; LG Passau NJW-RR 1987, 1508; LG München I DAR 1987, 57; AG St. Blasien VersR 1982, 103; AG Altenkirchen DAR 1983, 232; AG Völklingen DAR 1983, 327; AG Alzey VersR 1987, 775. S. auch *Riedmaier* VersR 1990, 1316 ff; *Schlund* DAR 1994, 49.

Eiszapfen: OLG Celle NJW-RR 1988, 663 (an Dachrinne).

Fallobst: LG Bochum ZfS 1990, 335.

Förderband: OLG Hamm VRS 17, 309.

Gebäudeteile: BGH NJW 1993, 1782 (Ablösung von Dachteilen bei Sturm); VersR 1991, 72 (Fallrohr einer Autobahnbrücke); OLG Köln VersR 1992, 1018 (Kamin); OLG Frankfurt NJW-RR 1992, 164 u. OLG Düsseldorf VersR 1993, 841 (Dachziegel); LG Ansbach NJW-RR 1996, 278 (Kirchturmziegel); AG Schweinfurt NZV 1992, 412 (Dachhaut eines Hochhauses bei Orkan).

Haustüre: KG VAE 1936, 337.

Hausvorsprung: OLG Braunschweig VersR 1962, 1068.

Holzfällarbeiten: OLG Hamm NZV 1989, 233.

Quellwasser: BGH MDR 1987, 560 (Vereisung).

1734 OLG Zweibrücken VersR 1994, 1489.

1735 Dazu gehört auch der Wohnungseigentumsverwalter, BGH NJW 1993, 1782.

1736 BGH VersR 1991, 72.

1737 BGH VersR 1991, 73.

1738 OLG Koblenz NZV 1990, 391.

1739 *Drees* NuR 1989, 166 f m. w. Nachw.

1740 OLG Frankfurt DAR 1984, 116.

1741 Vgl. BGH VersR 1988, 958 und NZV 1989, 346; (zur Rechtslage in Rheinland-Pfalz).

Ruine: BGH NJW 1953, 1865 (Einsturz); VersR 1955, 11 (Trümmer gelangen auf Fahrbahn); BGH VRS 16, 329 (ungesicherte Kelleröffnungen zur Straße hin).

Sichtbehinderung: BGH VersR 1960, 317 u. 1965, 1096 (Zweige verdecken Vorfahrtzeichen); BGH VersR 1961, 1044 (Schuttrutsche); OLG Koblenz NJW 1961, 2208 (Holzlager). **Bäume oder Sträucher** an einer Einmündung brauchen nicht entfernt zu werden (vgl. zur entsprechenden Befugnis der Straßenbaubehörde z. B. § 30 Abs. 4 Satz 1 StrG NRW), wenn bei vorsichtiger Fahrweise ein rechtzeitiges Erkennen vorfahrtberechtigter Fahrzeuge möglich ist (OLG Düsseldorf NZV 1990, 310; für Einmündung eines Fuß- und Radwegs OLG Düsseldorf NJW-RR 1994, 1443).

Sportplatz: BGH VRS 18, 48, LG Aachen NJW-RR 1988, 665, LG Ellwangen VersR 1991, 1265 (Ballschutzzaun).

Sprengarbeiten: BGH VersR 1958, 850.

Steinschlag: BGH NJW 1968, 246; 1985, 1773; OLG Zweibrücken VersR 1990, 401 (Haftung des Straßenbaulastträgers); OLG Köln VersR 1990, 401 (Haftung des Eigentümers); OLG Koblenz NVwZ-RR 95, 629.

Tropfeis: OLG Hamm NJWE-VHR 96, 44.

Wurzelstock: OLG Frankfurt DAR 1984, 116.

k) Sonstige Verkehrsgefahren

637 **Ampeldefekt**

BGH VersR 1972, 788 (Schaltungsdefekt); OLG Celle VersR 1982, 76; OLG Köln NZV 1992, 364 (Kontrollpflicht bei quarzuhrgesteuerter Engstellenampel); OLG Koblenz NZV 1994, 192 (vom Wind verdrehter Ampelmast); LG Köln VersR 1985, 602; LG Bochum DAR 1988, 61 (fehlende Schute). Wegen fehlerhafter Programmierung der Ampel s. Rdn. 448.

Arbeitsfahrzeuge

638 BGH VersR 1966, 589 (Kehrmaschine zur Splittentfernung auf Autobahn); BGH VersR 1981, 733 (bewegliche Baustelle auf Autobahn).

Bahnübergang

639 BGH VersR 1958, 644 (Anschlußgleis, fehlende Sicherung); 1964, 1024 (unbeschrankt); 1965, 84 (Straße kreuzt nicht rechtwinklig); 1967, 132 (Beleuchtung von Bahnschranken); NZV 1994, 146 (Blinkanlage durch Laub verdeckt; vgl. hierzu auch das Berufungsurteil des OLG Hamm NZV 1993, 28 m. Anm. *Filthaut*); KG VersR 1967, 956 (Zugang zu öffentlichem Bad über Gleisanlage mit Rangierbetrieb); OLG Hamm VersR 1982, 557 (unbeschrankt); NZV 1994, 437 (erst aus 30 m Entfernung sichtbar, keine Warnbaken); OLG Köln NZV 1990, 152 (Straßenkreuzung durchschneidend); OLG Frankfurt NZV 1994, 154 (Fuß- und Radweg); NJW-RR 1994, 1114 (über die EBO hinausgehende Anforderungen bei besonders unübersichtlichem Übergang); OLG Celle NZV 1994, 435 (kein Einbau von Halbschranken erforderlich).

Böschung

640 BGHZ 37, 165 (Steinkreuz); OLG Düsseldorf VersR 1984, 1153 LS (eingelassene Treppe, Neigung); OLG Nürnberg NZV 1991, 390 (durch Gras verdeckter Stein).

Brücke

641 **Ablösung von Teilen:** BGH VersR 1991, 72 (Regenfallrohr).

Korrosion der Hängeseile: BGH NZV 1988, 97.

Fehlendes bzw. schadhaftes Geländer: BGHZ 14, 83; BGH VersR 1956, 768.

Gefährliche Auffahrt: BGH VersR 1959, 228; 1959, 711.

Beschränkte Durchfahrtshöhe: OLG Bamberg VersR 1994, 1470 (Anforderungen an Kennzeichnung); OLGR Dresden 1995, 245 (Werksstraße).

Einkaufswagen

642 LG Marburg VersR 1986, 668, LG Augsburg NJW-RR 1989, 1110, LG Nürnberg-Fürth NZV 1990, 356, AG Osnabrück NZV 1989, 356 m. Anm. *Greger*, AG Schwandorf VersR 1992, 1372 (abschüssiger Parkplatz); AG Augsburg ZfS 1991, 79 (abseits des Parkplatzes auf Straße stehend);

LG Berlin VersR 1988, 720; LG Dortmund NJW-RR 1988, 865; LG Aachen VersR 1989, 148; LG Köln VersR 1989, 1280; LG Mönchengladbach NJW-RR 1989, 1111; LG Nürnberg-Fürth NZV 1990, 276; LG Baden-Baden NZV 1991, 157; LG Amberg NJW-RR 1992, 1120; AG Grevenbroich VersR 1989, 1267; AG Geilenkirchen NJW-RR 1986, 1225; AG Brühl NJW-RR 1988, 865. S. a. *Piepenbrock* VersR 1989, 122; *Grüneberg* NZV 1992, 304.

Eiszapfen

OLG Celle NJW-RR 1988, 663; LG Wuppertal VersR 1986, 1110 LS (an Straßenlaterne). **643**

Fähre

OLG Karlsruhe NZV 1993, 153 (keine Absperrung der Landerampe). **644**

Freileitung

OLG Köln NZV 1995, 22 (Durchfahrtshöhe bei Umleitungsstrecke). **645**

Glaswand

OLG Köln NJW-RR 1994, 349 (in Fußgängerbereich). **646**

Gleise

OLG Hamm VersR 1981, 389 (Überwechseln von Trambahngleisen in Fahrbahn); LG Düsseldorf NZV 1992, 368 (Nässe nach Reinigungsarbeiten). **647**

Graben

OLG Oldenburg NdsRpfl 1994, 45 (offene Gräben in Ostfriesland). **648**

Gully

OLG Hamm ZfS 1991, 41 (für Radfahrer gefährliche Rillen). **649**

Haltestelle

LG Hannover VersR 1989, 627 (Wartehäuschen); AG Wiesbaden NZV 1992, 156 (Bank). **650**

Hindernisse (zu verkehrsberuhigenden Maßnahmen s. Rdn. 591f)

Absperrvorrichtung: OLG Oldenburg VRS 31, 161 (Sperrbock). S. auch Kette, Poller, Schranke, Seitenstreifen; zu Rasenschutzvorrichtungen *Berr* DAR 1991, 282. **651**

Begrenzungsstein: OLG München VersR 1956, 581.

Betonklotz: BGH DAR 1952, 41 (von Sprengung).

Feuerwehrschlauch: OLG Düsseldorf NJW-RR 1994, 1444 (Schlauchbrücke).

Fahrradständer: LG Koblenz MDR 1989, 1099.

Gerüst: BGH VRS 8, 172.

Haufen: BGH VersR 1960, 636 (Splitt auf Dorfstraße); 1961, 442 (Sand vor Haus); OLG Celle VersR 1959, 859 (Sand auf Sommerweg); 1965, 1083 (Splitt); OLG Nürnberg VersR 1971, 918 (Teer auf Autobahn).

Kette: OLG Düsseldorf VersR 1993, 1108.

Markierungsstange: OLG Koblenz VersR 1982, 780 (schrägstehend).

Mauer: AG Düsseldorf NZV 1991, 435 (zu niedrige Begrenzungsmauer auf Tankstellengrundstück).

Poller, Pfosten, Pfähle: OLG Düsseldorf VersR 1983, 463 u. 544 (Pfahl); 1991, 927 (Betonpoller auf Gehweg neben Garageneinfahrt); 1992, 893 (Pfosten auf Parkstreifen unterbrechender Bauminsel); OLG Köln VersR 1993, 1497 (Granitsteine auf Gehweg); OLG Hamm VersR 1994, 698 (umgeklappter Sperrpoller mit 13 cm Höhe); OLGR Düsseldorf 1994, 280 (Pfostenstumpf auf Gehweg); LG Hannover VersR 1984, 592 (Eisenpfahl); LG Duisburg ZfS 1991, 296 (Betonpoller); LG Aachen NZV 1994, 196 (Poller auf Fußweg). S. auch *Berr* DAR 1991, 282.

Schranke: OLG Köln NZV 1991, 66 (am Ende eines Wirtschaftswegs); OLG Frankfurt VersR 1985, 149 LS (Beleuchtung).

Seil: BGH VersR 1967, 755 (Spannseil auf Werksgrundstück); OLG Stuttgart VersR 1981, 361 (von Kran herabhängend).

Stein: OLG Nürnberg NZV 1991, 390 (im Böschungsbereich); OLG Koblenz NZV 1993, 67 (2,5 m neben der Fahrbahn); OLG Hamm NZV 1996, 493 (Findling zum Schutz von Grünanlage).

Tonne: OLG Hamm NZV 1991, 152 (Gehwegverengung durch Mülltonne); 1996, 453 (Mülltonnen auf Radweg); AG Kehl VersR 1960, 1149 (leere Teertonnen).

Toranschlag: OLG München VersR 1994, 832 (keine Rücksicht auf tiefergelegte Fahrzeuge).

Umgestürzter Mast: BGH NJW 1954, 913; VersR 1956, 320; 1958, 51; OLG Stuttgart VRS 7, 246; OLG Koblenz VersR 1989, 159.

Umgestürztes Verkehrszeichen: LG Heidelberg VersR 1986, 351 LS.

Verankerung: OLG Nürnberg VersR 1964, 348 (eines Telefonmasten auf Fußweg).

Kinder

652 BGH VersR 1977, 817 u. OLG Düsseldorf VersR 1982, 77 (Spielplatz; Absicherung zur Straße); 1981, 849 (Schulbushaltestelle; Absicherung zur Straße).

Leitplanke

653 OLG Celle NZV 1990, 432 (nicht abgerundete oder versenkte Holmenden seit 1975 auch an Kreisstraßen pflichtwidrig).

Minen

654 BGH VersR 1957, 109 (im Grünstreifen neben der Straße).

Parkhaus

655 AG Osnabrück NJW-RR 1990, 37 (kein Hinweis auf Gefahr für Frontspoiler durch Steigung der Rampe).

Rolltor

656 LG Mönchengladbach VersR 1981, 1140 (Parkhaus); LG Köln VersR 1982, 609 (Parkhaus); AG Pforzheim VersR 1985, 1199 (Hotelgarage).

Rolltreppe

657 OLG Düsseldorf NJW-RR 1994, 1442 (Überwachung); OLG Oldenburg VersR 1964, 1234 m. Anm. *Ruhkopf* (unverzügliches Anhalten bei Notfall); zu Recht einschränkend *Kunz* MDR 1982, 186.

Seitenstreifen

658 OLG Düsseldorf VersR 1981, 358 (Betonplatte); NZV 1989, 117 (Findling); VersR 1994, 574 (Bordsteinkante); OLGR Dresden 1995, 105 (Stein).

Sichtbehinderung

659 OLG Karlsruhe VersR 1983, 188 (durch Wahlplakat); OLG Koblenz NZV 1989, 392 (hohes Gras auf der Böschung).

Steinkreuz

660 BGHZ 37, 165 (an Böschung, fällt bei Berührung um).

Stufe

661 LG Hannover VersR 1989, 627 (Wartehäuschen; 28 cm Niveauunterschied).

Treppe

662 BGH VersR 1982, 854 (in Böschung); OLG Celle VersR 1977, 671 (Kinderwagenrampe nicht deutlich abgesetzt); OLG Bamberg VersR 1981, 356 (erste Stufe erhöht); OLG Düsseldorf VersR 1984, 1153 LS; OLG Frankfurt VersR 1985, 71 LS (Ausbröckelungen); 1987, 204 (zu kurzer Handlauf).

Überdachung

663 OLG Schleswig NZV 1996, 495 (Tankstellendach unter 4 m); LG Tübingen VersR 1987, 827 (Tankstelle).

Überflutung

664 BGH VersR 1961, 806 (Autobahn); 1968, 555 (verstopfter Entwässerungsgraben); 1970, 545; 1973, 254; OLG Koblenz VersR 1967, 480; OLG Saarbrücken VM 1973, 59; OLG München

VersR 1980, 197; OLG Frankfurt NVwZ 1987, 734; OLGR Düsseldorf 1994, 203 (verstopfter Gully); LG München I VersR 1962, 995 (Autobahn); LG Fulda DAR 1964, 102 (fehlender Abfluß an Bundesstraße).

Unfallhäufung

BGH VersR 1966, 290; 1969, 80 (Fußgängerunfälle). 665

Unterspülung

BGH VRS 10, 83; VersR 1954, 414; 1962, 326; OLG Nürnberg VRS 29, 401. 666

Verkehrseinrichtungen

Fahrbahnteiler: OLG Düsseldorf DAR 1968, 153. 667
Schwellen: LG Aurich u. LG Oldenburg DAR 1989, 69 (zur Verkehrsberuhigung).
Spiegel: OLG Frankfurt NZV 1989, 191 (keine Vorkehrungen gegen Beschlagen oder Vereisen).
Straßenlampe: LG Aachen NZV 1989, 29 (Herabfallen eines Aufsatzes).
Verkehrsinsel: OLG Düsseldorf VersR 1989, 208 (zur Verkehrsberuhigung).
Wegweiser: OLG Köln VersR 1991, 77 (Scheibe löst sich).

Verkehrszeichen

OLG Zweibrücken VersR 1986, 821 (Standrohr eines Verkehrszeichens hält Anstoß eines Pkw nicht stand und erschlägt Passanten). 668

Vermessungsarbeiten

OLG Köln VersR 1966, 834 (auf der Autobahn). 669

Waage

Abweisstein: BGH VersR 1960, 511. 670
Tragfähigkeit: OLG Stuttgart VersR 1973, 260.

Weidetiere

Die Sicherungspflichten sind im Zusammenhang mit der Tierhalterhaftung behandelt (Rdn. 212). Sie treffen aber auch andere Personen als den Halter, z. B. den Vermieter eines Pferdestalls (vgl. BGH NZV 1990, 305). 671

Wildwechsel

OLG Celle VersR 1967, 382 (Kennzeichnungspflicht); BGHZ 108, 273 u. OLG Frankfurt VRS 75, 82 (keine Pflicht, an Kreisstraße Wildschutzzaun anzubringen; krit. hierzu *Kötz/Schäfer* JZ 1992, 355). 672

l) Rennveranstaltungen

Go-Cart-Bahn: OLG Karsruhe VersR 1986, 479. 673
Motorradrennen: OLG Koblenz VersR 1984, 1053; OLG Saarbrücken DAR 1991, 102 (Absichern der Leitplankenpfosten).
Radrennen: BGH VersR 1986, 705 u. OLG Karlsruhe VersR 1986, 662 (Abpolstern von Leitplanken); OLG Stuttgart VersR 1984, 1098 (Sicherung gegen querende Fußgänger).

6. Umfang der Haftung

a) **Rechtsgrundlagen.** Die Haftung aus Verletzung der Verkehrssicherungspflicht fällt unter § 823 Abs. 1 BGB, bei hoheitlicher Ausgestaltung der Verkehrssicherungspflicht (vgl. Rdn. 529 ff) ergibt sich die Schadensersatzpflicht aus § 839 BGB, Art. 34 GG. In jedem Falle besteht für **reine Vermögensschäden** keine Ersatzpflicht. Dies ergibt sich bei der bürgerlich-rechtlichen Haftung aus dem eingeschränkten Rechtsgüterschutz nach § 823 Abs. 1 BGB, bei der Amtshaftung daraus, daß die zugrundeliegende Amtspflicht nur den Inhalt hat, die Straßenbenutzer vor Gefahren für Leben, Gesundheit, 674

Eigentum oder sonstige absolute Rechte zu bewahren, nicht aber vor jedem Vermögensschaden[1742].

675 b) **Geschützter Personenkreis.** Sofern nach den in Rdn. 555 dargestellten Grundsätzen überhaupt eine Verletzung der Verkehrssicherungspflicht vorliegt, haftet der Verantwortliche unabhängig davon, ob sich der Verletzte im Rahmen bestimmungsgemäßer Nutzung auf dem Verkehrsweg bzw. Grundstück befand[1743].

676 c) **Schutzumfang bei untypischem Unfallhergang.** Wer eine Sicherungsmaßnahme, die wegen einer bestimmten voraussehbaren Gefahr geboten war, unterlassen hat, kann dann, wenn es zu einem Schaden gekommen ist, der bei Einhaltung dieser Maßnahme nicht eingetreten wäre, seine Verantwortlichkeit nicht mit der Berufung darauf verneinen, daß sich jene Gefahr, deretwegen er etwas hätte tun oder lassen müssen, nicht verwirklicht hatte, sondern eine andere Gefahr, die ganz ungewöhnlich gewesen war. Zu seiner Haftung genügt es, daß sich der Unfall immerhin innerhalb des Gefahrenkreises ereignet hat, der ihn zu jener Sicherungsmaßnahme hätte veranlassen müssen[1744].

7. Mitverschulden

677 a) **Allgemeines.** Bei Mitverschulden des geschädigten Verkehrsteilnehmers mindert sich sein Schadensersatzanspruch nach Maßgabe des § 254 BGB. Dies gilt auch, wenn ihn zwar kein Verschulden trifft, er aber bei der Unglücksfahrt ein Kraftfahrzeug benützt hat und sich dessen Betriebsgefahr anrechnen lassen muß[1745] (vgl. § 17, 40). Der Insasse eines Kraftfahrzeugs, das infolge Verschuldens des Verkehrssicherungspflichtigen verunglückt ist, muß sich ein mitwirkendes Verschulden des Fahrers oder eine Betriebsgefahr nicht anrechnen lassen. Es haften vielmehr der Verkehrssicherungspflichtige und der Fahrer als Gesamtschuldner (§ 840 BGB). Hat der Verletzte den Unfall weitaus überwiegend durch sein Verschulden herbeigeführt, so hat er nach § 254 BGB überhaupt keinen Ersatzanspruch[1746].

678 Ein Mitverschulden kann vor allem darin liegen, daß der Geschädigte, obwohl er die Gefahr kennt oder mit ihr rechnen muß, nicht die **zur Vermeidung eines Eigenschadens zuzumutenden Vorkehrungen** trifft, also z. B. bei Glätte oder Glättegefahr nicht besonders langsam und vorsichtig fährt oder in einem Baustellenbereich nicht auf Vertiefungen achtet[1747]. Auch wer einen ersichtlich sehr glatten oder sonst sehr gefährlichen Weg ohne Notwendigkeit benutzt, kann für seinen Schaden mitverantwortlich gemacht werden[1748]. Sehr weitgehend lastet es aber OLG Düsseldorf NJW-RR 1989, 735 einem Hotelgast als Mitverschulden an, daß er einen Zugangsweg vor dem Unfall bereits mehrere Tage benutzt hat, ohne die Glätte zu rügen. Wer ein Fahrzeug mit tief herabgezogenem Frontspoiler fährt, muß besonders auf Hindernisse[1749] und Fahrbahnunebenheiten achten[1750] und ggfs. bestimmte Bereiche (Aufkantungen, Baustellenstraßen) meiden[1751] oder mit größter Vorsicht befahren (verkehrsberuhigte Zonen; vgl. Rdn. 592).

1742 BGH VersR 1973, 275.

1743 Vgl. OLG Celle NJW-RR 1989, 1419: Benützung eines Parkplatzes als Abkürzung.

1744 BGH VersR 1961, 465; 1978, 962.

1745 OLG München VersR 1961, 1049.

1746 BGH VersR 1981, 733; OLG München VersR 1961, 383; OLG Düsseldorf VersR 1966, 370.

1747 OLG München VersR 1995, 719.

1748 OLG Düsseldorf VersR 1992, 1418; OLG Brandenburg NZV 1997, 78 (Radfahrerin benutzt statt der Fahrbahn Trampelpfad mit behelfsmäßiger Brücke).

1749 OLG München VersR 1994, 832: Toranschlag.

1750 OLG Düsseldorf VersR 1993, 1167; OLG Hamm NZV 1993, 67; LG Limburg NJW-RR 1990, 862.

1751 OLG Hamm OLGZ 1994, 301.

Kein Mitverschulden liegt aber darin, daß mit einem tiefergelegten, aber straßenverkehrsrechtlich zugelassenen Fahrzeug eine dem allgemeinen Verkehr gewidmete Straße befahren wird[1752]. Wegen der Anforderungen, die an einem besonders unübersichtlichen Bahnübergang an das Verhalten eines Kindes gestellt werden können, vgl. OLG Frankfurt NJW-RR 1994, 1114.

b) Einzelfälle zur Haftungsverteilung

aa) Verkehrssicherungspflichtiger und Kraftfahrzeug

Glätte

BGH VersR 1966, 1139 (Glatteis, gerade noch ausreichendes Profil); OLG Oldenburg DAR 679
1956, 75 (Verletzung der Streupflicht, fehlerhaftes Bremsen); OLG Düsseldorf VersR 1968, 806 (Befahren erkannter Glättestelle); NJW-RR 1989, 735 (ständige Benutzung eines vereisten Weges in Hotelgelände); OLG Hamm VersR 1982, 171 (Fahrer muß an nicht gestreutem Gefälle hinter Kuppe mit verunglückten Fahrzeugen rechnen); NJW-RR 1989, 611 (Lastzug an Gefällestrecke mit 8–12 km/h zu schnell); OLG München VersR 1989, 1092 (Gefälle, scharfe Kurve; ortskundiger Fahrer kann Gefahr vermeiden); OLG Frankfurt VersR 1983, 498 LS (besondere Sorgfalt bei gefrierendem Regen); LG Mannheim VersR 1975, 937 (gefrorene Pfütze aus Wasserrohrbruch, Mißachten eines Warnpostens); LG München I VersR 1983, 765 (Spiegeleis auf Parkplatz, nicht rechtzeitig gestreut).

Überflutung

OLG Köln VersR 1992, 1268 (hochgedrückter Kanaldeckel schlägt gegen Linienbus); LG Essen VersR 1983, 190 (Einfahren in überflutete Unterführung).

Verschmutzung

OLG Karlsruhe VersR 1973, 972 LS (zu schnelles Fahren auf unbefestigtem Feldweg mit verschmutzter Fahrbahn); OLG Schleswig NZV 1992, 31 (Feldarbeiten).

Tragfähigkeit

OLG Stuttgart VersR 1973, 260 (Befahren einer Bodenwaage mit Lkw); LG Frankfurt NZV 1989, 117 (Befahren eines wegen Bauarbeiten unbefestigten Gehwegs).

Unebenheit

BGH VersR 1971, 475 (Querrinne); OLG Saarbrücken VersR 1972, 207 (herausragender Kanaldeckel auf unfertiger Straße); OLG Stuttgart VersR 1972, 868 (hoher Frostaufbruch); LG Heidelberg VersR 1983, 190.

Bankett

OLG Schleswig NZV 1995, 153 (Abbruchkante).

Bäume

OLG Köln VRS 22, 2 (zu nahe an Straße, Lkw bei Gegenverkehr zu schnell); KG VRS 39, 408 u. VersR 1971, 183 (zu niedriger Ast); KG VersR 1973, 187 (geneigter Baum).

Baustelle

BGH VersR 1966, 779 (Verkehrsregler an Baustelle, überhöhte Geschwindigkeit); 1981, 733 (Sperranhänger eines Bautrupps auf Autobahn nicht ausreichend gesichert, aber gelbe Springlichter schon aus 1 km erkennbar).

Gefahren von angrenzendem Grundstück

BGH VersR 1980, 740, LG Karlsruhe VersR 1983, 788 u. AG Düren NJW-RR 1986, 191 (Abstellen des Kfz vor dachlawinengefährdetem Gebäude).

[1752] OLG Hamm NZV 1992, 484.

Ampeldefekt

OLG Köln NZV 1992, 364 (feindliches Grün an Baustellenampel); OLG Koblenz NZV 1994, 192 (Rotlichtverstoß an schwer erkennbarer Ampel).

bb) Verkehrssicherungspflichtiger und Radfahrer oder Fußgänger

Glätte

680 BGH VersR 1970, 182 (Fußgänger benutzt glatte Fahrbahn statt gefrorenen Rasenstreifen am Straßenrand); 1985, 90 (Kraftfahrer begibt sich auf eisglatten Parkplatz, um sein Kraftfahrzeug zu holen); 1985, 570 (Übersteigen eines Schneewalls); OLG Nürnberg VersR 1970, 773 (vereiste Fahrbahn voller Schlaglöcher, Fußgänger benutzt keinen Stock); OLG Hamm VersR 1984, 795 LS (Fußgänger hält sich nicht an Jägerzaun fest: kein Mitverschulden); LG Heidelberg VersR 1982, 402 (unbestreuter, unebener Weg, Fußgänger hätte auf anderer Straßenseite ausgebauten, ebenen Feldweg benutzen können).

Unebenheit

BGH VersR 1969, 515 (Unebenheit im Pflaster, Fußgängerin stolpert); OLG Hamburg VersR 1962, 344 (Loch an Straße, dem Fußgänger bekannt); OLG Celle VersR 1988, 858 (Seitenstreifen 10 cm tiefer, Radfahrer unaufmerksam); LG Berlin VersR 1973, 327 (Unebenheit auf unbefestigtem Gehweg, Fußgänger stürzt); LG Heidelberg VersR 1973, 724 (aufgefüllter Graben, Fußgänger stürzt); LG Oldenburg VersR 1982, 1061 (herausragender Kanaldeckel auf Sandweg neben Ladestraße; Radfahrerin stürzt); LG Aachen VersR 1990, 102 (Absackung; Rennradfahrer stürzt).

Baustelle

BGH VersR 1986, 704 (Benutzung eines provisorischen Gehwegs).

Hindernisse

OLG Stuttgart VersR 1967, 485 (Baustahlgewebe auf Fußweg); OLG Düsseldorf VersR 1991, 1153 (Radfahrer gegen Bauminsel); OLG Hamm NZV 1996, 453 (Mülltonnen auf Radweg); LG Hamburg VersR 1972, 653 (Kellertreppe auf Gehsteig); LG Flensburg VersR 1973, 476 (Stolpern über Baumstumpf); LG Heidelberg VersR 1974, 688 (unachtsame Fußgängerin stürzt über mangelhaft abgesicherte Abdeckung eines Wassereinlaufs).

8. Haftungsausschluß

681 Durch einseitigen Aushang (z. B. Schild, Anschlag) kann sich der Pflichtige nicht von der Haftung für die Verletzung grundlegender Verkehrssicherungspflichten freizeichnen[1753]. Liegt der Benützung des Verkehrswegs ein Vertrag zugrunde (z. B. bei Mautstraßen), so kann die Haftung für Verletzungen der Verkehrssicherungspflicht durch allgemeine Geschäftsbedingungen nicht unter das sich aus dem Deliktsrecht ergebende Maß herabgesetzt werden, denn es wäre eine unangemessene Benachteiligung im Sinne des § 9 AGBG, wenn der Verkehrsteilnehmer bei entgeltlicher Straßenbenutzung weniger geschützt wäre als bei unentgeltlicher.

9. Beweisfragen

682 Der Geschädigte hat die schuldhafte Verletzung der Verkehrssicherungspflicht und deren Kausalität für seine Schädigung zu beweisen. Beruht die Schädigung auf der Ablösung eines Bauwerkteiles, so regelt sich die Beweislast auch dann nach § 836 BGB, wenn die mangelhafte Unterhaltung des Bauwerks eine Amtspflichtverletzung darstellt[1754].

[1753] BGH VersR 1982, 493.

[1754] BGH VersR 1991, 72.

a) Für den **Kausalitätsbeweis** sind die generell angezeigten Erleichterungen zu gewähren (sog. Anscheinsbeweis; vgl. Rdn. 362 ff). Nach diesen Grundsätzen sieht die Rechtsprechung die Ursächlichkeit eines Verstoßes gegen die Streupflicht z. B. als erwiesen an, wenn der Verletzte innerhalb der zeitlichen Grenzen der Streupflicht zu Fall gekommen ist[1755], nicht jedoch bei einem Unfall nach dem Ende der Streupflicht[1756]. Auf die Grundvoraussetzung jedes Anscheinsbeweises, den „typischen Geschehensablauf" (Rdn. 362) kann aber auch hier nicht verzichtet werden. Ob jede Verkehrssicherungspflicht auf einer Erfahrenstypik beruht, die die Feststellung rechtfertigt, daß sich die Gefahr, der sie steuern soll, bei pflichtgemäßem Verhalten nicht verwirklicht, ist zu bezweifeln; entscheidend ist immer der konkrete Hergang, nicht eine abstrakte Verhaltensnorm. Die vereinzelt in der Rechtsprechung des BGH[1757] anzutreffende Ansicht, bei der Amtshaftung sei bereits die Amtspflichtverletzung konkreter Haftungsgrund und die Frage der Verursachung des Schadens durch diese Pflichtverletzung daher der Haftungsausfüllung, d. h. dem Anwendungsbereich des beweiserleichternden § 287 ZPO zuzuordnen, ist abzulehnen[1758], desgleichen eine ebenfalls verschiedentlich befürwortete Umkehr der Beweislast[1759]. 683

b) Beim **Verschuldensbeweis** ist die Zulassung eines Anscheinsbeweises im Bereich der Verkehrssicherungspflichten problematisch. Die Rechtfertigung für die mit dem Anscheinsbeweis des Verschuldens verbundene Quasi-Gefährdungshaftung (vgl. Rdn. 378) liegt bei der Haftung zwischen Verkehrsteilnehmern darin, daß sich Unfallabläufe häufig nicht eindeutig rekonstruieren lassen und daß in der Teilnahme am Verkehr regelmäßig die Bereitschaft zur Übernahme eines gewissen, in der Regel durch Versicherung abgedeckten Haftungsrisikos gesehen werden kann. Zudem gibt es besonders typische Unfallsituationen, in denen das Verschulden eines Beteiligten nach allgemeiner Erfahrung so nahe liegt, daß ein abweichender Hergang zunächst außer Betracht gelassen werden kann. All dies ist bei der Inanspruchnahme aus Verletzung der Verkehrssicherungspflicht nicht, zumindest nicht in gleichem Maße der Fall. Diese Haftung knüpft allein an die Herrschaft über eine potentielle Gefahrenquelle an. Typische Pflichtwidrigkeiten sind hier kaum ersichtlich. Vor allem aber wird es hier in aller Regel möglich sein, die objektive Pflichtverletzung (das Loch in der Straße, die überhängenden Äste, das Fehlen des Warnschildes usw.) eindeutig festzustellen; die Frage der subjektiven Vorwerfbarkeit ist in der Regel kein Beweisproblem, sondern eine Angelegenheit richterlicher Wertung, nämlich der Definition der verkehrsüblichen Sorgfalt. Mit Recht hat der BGH daher z. B. einen Anscheinsbeweis für ein Verschulden des Verkehrssicherungspflichtigen bei Stürzen eines Fußgängers[1760] abgelehnt. 684

Eine **Umkehr der Beweislast** entsprechend der für positive Vertragsverletzungen anerkannten Beweislastverteilung nach Gefahrenbereichen (vgl. Rdn. 752) ist abzulehnen. Da es bei der Verkehrssicherungspflicht an einer bereits vor dem Schadensfall bestehenden rechtlichen Sonderverbindung zwischen den Parteien fehlt, gebietet die gerechte Risikoverteilung, am allgemeinen Beweislastgrundsatz (vgl. Rdn. 347) festzuhalten. Der BGH hat die Frage, ob auch bei der Geltendmachung von Ansprüchen aus Verletzung 685

1755 OLG Köln VersR 1996, 246.

1756 BGH VersR 1984, 41.

1757 BGHZ 7, 287; 58, 343; BGH VersR 1956, 45; 1957, 373; 1958, 782; 1959, 453; 1960, 905; 1961, 610; 1963, 60; 1969, 422; 1974, 782 (vor allem Fälle unterlassener oder unrichtiger Beratung).

1758 Ebenso BGH VersR 1965, 91.

1759 Z. B. in BGH VersR 1961, 610; 1963, 60; 1974, 782; OLG Frankfurt MDR 1981, 764; wie hier dagegen BGH VersR 1965, 91. Zum Meinungsstand im Schrifttum *Brandt/Brandes* VersR 1991, 1109 ff.

1760 BGH VersR 1955, 251: in Badeanstalt; BGH VersR 1965, 520: auf Treppe; BGH VersR 1954, 224: Glatteis ohne Schnee.

der Verkehrssicherungspflicht eine Beweislastverteilung nach Gefahrenbereichen vorzunehmen ist, in VersR 1978, 842 offengelassen; in VersR 1967, 685 dürfte er sie allerdings bejaht haben, indem er entschied, es sei bei feststehendem Verstoß gegen die Streupflicht Sache des Verantwortlichen, zu beweisen, daß er alles Zumutbare getan hat, um die Beachtung der Streupflicht zu sichern.

VI. Haftung für Produktmängel

1. Überblick

686 Wird ein Verkehrsunfall durch einen technischen Mangel eines beteiligten Fahrzeugs hervorgerufen, so stellt sich die Frage nach einer Verantwortlichkeit des Herstellers gegenüber dem Unfallgeschädigten. Da vertragliche Beziehungen zwischen Geschädigtem und Produzent in aller Regel nicht bestehen[1761], kommt in erster Linie eine Haftung aus unerlaubter Handlung, nämlich Verletzung der Verkehrspflicht, fehlerhafte und schadensträchtige Produkte nicht in den Verkehr zu bringen, in Betracht. Seit dem Inkrafttreten des Produkthaftungsgesetzes (ProdHaftG) am 1. 1. 1990 wird diese deliktische Haftung durch eine verschuldensunabhängige Gefährdungshaftung[1762] überlagert. Dadurch wird dem Geschädigten der Nachweis des Haftungsgrundes erleichtert (wenngleich die Rechtsprechung auch für die deliktische Inanspruchnahme bereits erhebliche Erleichterungen beweisrechtlicher Art geschaffen hatte, s. u. Rdn. 703). Allerdings geht die Haftung nach dem ProdHaftG in anderer Hinsicht, insbesondere auf der Rechtsfolgenseite, weniger weit. Auch lassen sich nicht alle bereits bisher anerkannten Verantwortlichkeiten des Herstellers mit dem ProdHaftG auffangen. Die deliktische Produzentenhaftung wird daher auch in Zukunft Bedeutung haben; § 15 ProdHaftG läßt sie ausdrücklich neben der Gefährdungshaftung bestehen. Die nachfolgende Darstellung behandelt dementsprechend zuerst die Haftung nach dem ProdHaftG und sodann die Produzentenhaftung nach §§ 823 ff BGB. Sie beschränkt sich auf die Fragen, die bei Unfällen im Straßenverkehr Bedeutung erlangen können.

2. Verschuldensunabhängige Produkthaftung

a) Haftungsvoraussetzungen

687 aa) Ein **Personen- oder Sachschaden** muß entstanden sein (§ 1 Abs. 1 ProdHaftG), ausgeschlossen sind also Vermögensschäden und immaterielle Schäden. Zur Abgrenzung der Personenschäden (Tötung, Körper- oder Gesundheitsverletzung) kann auf § 7, 132 ff verwiesen werden. Ob der Verletzte ein Endabnehmer des Produzenten oder ein unbeteiligter Dritter ist, spielt keine Rolle. Der Begriff des Sachschadens hingegen ist in § 1 Abs. 1 Satz 2 ProdHaftG einschränkend definiert: anders als bei der deliktischen Haftung[1763] werden nur Schäden an anderen Sachen (also nicht an dem fehlerhaften Produkt selbst) erfaßt; zudem muß die beschädigte Sache ihrer Art nach zum privaten Gebrauch bestimmt und auch hauptsächlich verwendet worden sein. Die Beschädigung eines Kraftfahrzeugs, das hauptsächlich zu beruflichen oder gewerblichen Zwecken

---

1761 Zu vertraglichen Ansprüchen des Käufers eines Kraftfahrzeugs gegen den Verkäufer s. Rdn. 721 ff.

1762 Gegen die Bezeichnung als Gefährdungshaftung *Deutsch* VersR 1988, 1197.

1763 Zu dieser Diskrepanz *Landscheidt* NZV 1989, 170 f.

eingesetzt wird, ist durch das ProdHaftG also nicht geschützt, ebensowenig der Schaden, der am Fahrzeug selbst durch ein fehlerhaftes Einzelteil entsteht[1764].

bb) Produktfehler. Dieser Begriff ist in § 3 ProdHaftG näher definiert. Wesentliches Merkmal ist, daß das Produkt nicht die berechtigterweise zu erwartende Sicherheit bietet. Ob dieses Sicherheitsdefizit auf fehlerhafter Konstruktion, mangelhafter Fabrikation oder auf unzulänglicher Instruktion des Verbrauchers beruht, ist für den Fehlerbegriff des § 3 ProdHaftG ohne Belang. „Berechtigte" Sicherheitserwartung ist nicht die subjektive Einschätzung des jeweiligen Benutzers, sondern der nach allgemeiner Verkehrsanschauung für erforderlich gehaltene Grad an Sicherheit[1765]. Totale Sicherheit kann vom Verkehr nicht erwartet werden, ebensowenig (im Bereich der Instruktion) eine Warnung vor Gefahren, die allgemeinem Erfahrungswissen angehören[1766] oder die sich nur bei einer mißbräuchlichen, völlig zweckfremden Verwendung ergeben[1767]. Allein aus einer späteren Verbesserung der Produktreihe darf nicht auf Fehlerhaftigkeit der älteren Produkte geschlossen werden (§ 3 Abs. 2 ProdHaftG); dies schließt es jedoch nicht aus, eine Produktveränderung als Indiz für eine Fehlerhaftigkeit der früheren Produktgestaltung zu werten[1768]. Was technisch bereits machbar ist, sich in der Verkehrserwartung aber noch nicht voll durchgesetzt hat, begründet keinen Sicherheitsstandard in vorstehendem Sinn. Ein Kraftfahrzeug kann daher zum gegenwärtigen Zeitpunkt nicht etwa deswegen als fehlerhaft angesehen werden, weil es nicht mit einem automatischen Blockierverhinderer ausgerüstet ist[1769]. Da es für die Sicherheitserwartung auch auf die „Darbietung" des Produkts durch den Hersteller ankommt (§ 3 Abs. 1 Buchst. a ProdHaftG), muß er sich auch an durch seine Werbung und seine Preisgestaltung geweckten Erwartungen festhalten lassen[1770]. 688

Daß der Produktfehler im Verantwortungsbereich des Herstellers seine Wurzel hat, braucht der Geschädigte für die Haftung nach dem ProdHaftG – anders als bei der deliktischen Produzentenhaftung – nicht darzutun; es ist vielmehr Sache des Herstellers, sich auf den Haftungsausschluß nach § 1 Abs. 2 Nr. 2 ProdHaftG zu berufen (vgl. Rdn. 695). Dasselbe gilt für den Einwand, der Fehler sei nach dem Stand von Wissenschaft und Technik nicht erkennbar gewesen (§ 1 Abs. 2 Nr. 5 ProdHaftG). Eine Produktbeobachtungspflicht statuiert das ProdHaftG nicht; hier kann aber die deliktische Haftung eingreifen (s. Rdn. 701)[1771]. 689

cc) Kausalität. Der geltendgemachte Schaden muß durch den Produktfehler entstanden sein. Hieran fehlt es bei einem behaupteten Instruktionsmangel z. B. bereits dann, wenn der Anwendende die mangelhafte Gebrauchsanweisung gar nicht gekannt bzw. nicht beachtet hat[1772]. 690

b) Haftpflichtige. Die verschuldensunabhängige Haftung trifft den Hersteller des schadenstiftenden Produkts sowie denjenigen, der das für den Schaden ursächliche Grundmaterial oder Teilprodukt[1773] hergestellt hat oder sich als Hersteller ausgibt (§ 4 Abs. 1 ProdHaftG). Nach § 4 Abs. 2 ProdHaftG gilt aber auch derjenige als Hersteller, 691

1764 *v. Westphalen* NJW 1990, 84; *Mayer* VersR 1990, 693.

1765 *Palandt/Thomas* § 3 ProdHaftG 8.

1766 BGH VersR 1959, 524; 1975, 924; 1986, 654; OLG Bamberg VersR 1977, 772.

1767 BGH NJW 1981, 2514; *Palandt/Thomas* § 3 ProdHaftG 11.

1768 *v. Westphalen* NJW 1990, 89.

1769 *Reinelt* DAR 1988, 81 f.

1770 Vgl. *v. Westphalen* NJW 1990, 88.

1771 Vgl. *v. Westphalen* NJW 1990, 85; *Birkmann* DAR 1990, 124.

1772 BGH VersR 1986, 654.

1773 Für die Haftung des Teileherstellers vgl. den Haftungsausschluß nach § 1 Abs. 3 ProdHaftG. Hierzu *v. Westphalen* NJW 1990, 86.

der das Produkt zum Zwecke des gewerblichen Vertriebs in den Bereich der EG eingeführt hat. Darunter fällt auch der Reimporteur[1774]. Subsidiär (bei Nichtfeststellbarkeit des Herstellers bzw. Importeurs) haftet der Lieferant, insbesondere also der Verkäufer (§ 4 Abs. 3 ProdHaftG).

c) **Haftungsumfang**

692 aa) Für **Personenschäden** haftet der Hersteller wie nach §§ 10, 11 StVG (§§ 7 ff ProdHaftG); er schuldet also kein Schmerzensgeld. Sind Personenschäden durch ein Produkt oder durch gleiche Produkte mit demselben Fehler verursacht worden, so ist die Haftung auf insgesamt 160 Millionen DM beschränkt (§ 10 Abs. 1 ProdHaftG). Absatz 2 trifft eine dem § 12 StVG entsprechende Regelung für den Fall der unzureichenden Haftungssumme bei mehreren Geschädigten.

693 bb) Bei **Sachschäden** hat der Geschädigte einen Selbstbehalt von 1125 DM zu tragen (§ 11 ProdHaftG).

694 d) **Mitverschulden.** Die Anrechnung eines mitwirkenden Verschuldens des Geschädigten ist analog § 9 StVG geregelt (§ 6 Abs. 1 ProdHaftG). Mitverursachung durch einen Dritten, etwa einen anderen Verkehrsteilnehmer, führt nicht zu einer Minderung der Verantwortlichkeit des Herstellers gegenüber dem Geschädigten (§ 6 Abs. 2 ProdHaftG); der Ausgleich zwischen mehreren Schädigern vollzieht sich wie bei § 17 StVG (§ 6 Abs. 2 Satz 2, § 5 Satz 2 ProdHaftG).

695 e) **Haftungsausschlüsse.** Abweichend von anderen Gefährdungshaftungstatbeständen kann sich der Hersteller zu seiner Entlastung nicht auf Unabwendbarkeit oder höhere Gewalt berufen. § 1 Abs. 2 ProdHaftG zählt jedoch eine ganze Reihe von Entlastungsmöglichkeiten auf, deren Voraussetzungen der Haftpflichtige zu beweisen hat. Nach Nr. 2 kann sich der Hersteller dadurch von der Haftung befreien, daß er die Fehlerfreiheit des Produkts im Zeitpunkt des Inverkehrbringens nachweist. Die Beweisführung ist ihm hierbei erleichtert: es genügt, wenn er Umstände nachweist, die für seine Behauptung sprechen[1775]. Nr. 5 enthält einen Haftungsausschluß für Entwicklungsrisiken; dieser gilt nur bei Konstruktions-, nicht bei Fabrikationsfehlern[1776]. Der Hersteller eines Teilprodukts kann sich nach § 1 Abs. 3 ProdHaftG durch den Nachweis entlasten, daß der Fehler des Endprodukts durch dessen Konstruktion oder die Anleitungen dessen Herstellers verursacht worden ist.

696 f) **Beweislast.** Der Geschädigte muß lediglich die oben in Rdn. 687 bis 691 behandelten Fragen beweisen; ein Verschuldensnachweis ist nicht erforderlich. Die entlastenden Umstände (insbesondere Rdn. 694, 695) muß der Hersteller beweisen (§ 1 Abs. 4 ProdHaftG). Hierbei gewährt ihm § 1 Abs. 2 Nr. 2 ProdHaftG insoweit eine Erleichterung, als er hinsichtlich der Mangelfreiheit im Zeitpunkt des Inverkehrbringens nur Umstände nachweisen muß, die dies wahrscheinlich erscheinen lassen.

697 g) **Unabdingbarkeit.** Die Ersatzpflicht des Herstellers nach dem ProdHaftG kann nicht im voraus durch Parteivereinbarung ausgeschlossen oder beschränkt werden (§ 14 ProdHaftG).

698 h) **Verjährung und Erlöschen des Anspruchs.** Die Verjährung ist in § 12 ProdHaftG in enger Anlehnung an § 852 BGB geregelt, jedoch mit dem Unterschied, daß schon

---

[1774] *Palandt/Thomas* § 4 ProdHaftG 7.

[1775] Näher hierzu *Landscheidt* NZV 1989, 172, der die Vorschrift allerdings als Beweiswürdigungsregel auffaßt, während es sich in Wirklichkeit um eine besondere Ausgestaltung der materiellrechtlichen Voraussetzungen der Haftungsbefreiung handelt.

[1776] BGH NJW 1995, 2162.

die fahrlässige Unkenntnis von Schaden, Fehler und Person des Ersatzpflichtigen die Verjährungsfrist in Lauf setzt. Zehn Jahre nach dem Inverkehrbringen erlischt der Anspruch, sofern noch kein Rechtsstreit oder Mahnverfahren anhängig ist (§ 13 Abs. 1 ProdHaftG). Ein Prozeßkostenhilfeantrag reicht zur Fristwahrung, wenn Klagezustellung „demnächst" im Sinne von § 270 Abs. 3 ZPO erfolgen kann[1777].

i) **Zeitlicher Anwendungsbereich.** Nach seinem § 16 gilt das ProdHaftG nicht für Produkte, die vor seinem Inkrafttreten am 1. 1. 1990 in den Verkehr gebracht worden sind (§ 16 ProdHaftG). **699**

3. Produkthaftung wegen Verletzung einer Verkehrspflicht

a) Haftungsvoraussetzungen

aa) **Schädigung eines Rechtsguts im Sinne des § 823 Abs. 1 BGB.** In Betracht kommen also vor allem Tötungen, Körper- oder Gesundheitsverletzungen sowie Beschädigungen fremden Eigentums. Ob es sich um ein Rechtsgut des Erwerbers des Produkts, eines Benutzers oder eines Dritten handelt, ist ohne Belang. Auch der an dem fehlerhaften Produkt selbst eintretende Schaden kann von der Produkthaftung erfaßt werden[1778]. Der Schaden darf in diesem Fall allerdings nicht stoffgleich sein mit dem „Mangelunwert", der dem Produkt bereits im Augenblick des Eigentumsübergangs anhaftet[1779]. Diese Stoffgleichheit fehlt in der Regel, wenn ein Defekt an einem funktionell abgrenzbaren Teil geeignet ist, das Gesamtprodukt zu zerstören oder zu beschädigen, z. B. wenn eine fehlerhafte Bereifung[1780] oder ein hängenbleibender Gasseilzug[1781] zu einem Unfall und dieser zur Beschädigung des ganzen Autos führt. **700**

bb) **Schuldhafte Verletzung einer Verkehrspflicht.** Der Hersteller muß zumindest fahrlässig gegen eine ihm beim Inverkehrbringen des Produkts obliegende Sorgfaltspflicht zum Schutze des Verkehrs verstoßen haben. Dies kann der Fall sein, wenn bereits bei der **Konstruktion** der Grund für das spätere Schadensereignis gelegt wurde, obwohl dies nach dem Stand von Technik und Wissenschaft vermeidbar gewesen wäre[1782]. Über den jeweiligen Entwicklungsstand hat sich der Hersteller auch durch Beobachtung der Mitbewerber auf dem Laufenden zu halten[1783]. Ebenso haftet der Hersteller für Fehler bei der **Fabrikation**, die sich durch ordnungsgemäße Organisation und Überwachung hätten vermeiden lassen, nicht aber für (unvermeidbare) „Ausreißer"[1784]. Auch Erzeugnisse von Zulieferern müssen vor der Verarbeitung im Rahmen des Möglichen kontrolliert werden[1785]. Soweit erforderlich, muß der Hersteller auch durch sachgemäße **Instruktion** des Produktanwenders auf die Vermeidung sonst drohender Gefahren hinwirken[1786]. Hierbei dürfen die Anforderungen aber nicht (wie dies in der US-amerikanischen Rechtsprechung geschehen ist) überspannt werden; vor Mißbräuchen und Gefahren, die jedem Verständigen unmittelbar einleuchten, braucht der Hersteller nicht zu warnen. Schließlich kann den Produzenten aber auch eine Pflicht **701**

1777 So BGH VersR 1987, 39 zu § 12 Abs. 3 VVG; *Mayer* VersR 1990, 698; a. A. *Palandt/Thomas* § 13 ProdHaftG 5.

1778 BGHZ 67, 359.

1779 BGHZ 86, 256; BGH NJW 1985, 2420; eingehend *Steffen* VersR 1988, 977; hierzu kritisch *Foerste* VersR 1989, 455.

1780 BGH NJW 1978, 2241.

1781 BGHZ 86, 256.

1782 BGHZ 80, 186; vgl. LG Frankfurt/M. NZV 1990, 34 zur Konstruktion eines Fahrradlenkers.

1783 BGH VersR 1989, 1308.

1784 BGH VersR 1960, 855; NJW 1968, 247.

1785 BGH VersR 1960, 855.

1786 BGHZ 80, 186; OLG Hamm NZV 1993, 310.

zur **Produktbeobachtung** treffen[1787], aus der sich, wenn Gefahren erkennbar werden, eine Verpflichtung zu nachträglichen Warnhinweisen[1788] oder sogar eine Rückrufpflicht[1789] ergeben kann. Die Beobachtungspflicht beschränkt sich nicht auf die Bewährung des eigenen Produkts. Sie kann sich auf die Gesamtentwicklung der Technik auf dem betreffenden Gebiet, einschließlich der Produktentwicklung bei den wichtigsten Mitbewerbern[1790], sowie auch darauf beziehen, Gefahren aufzudecken, die aus der Kombinierung des Produkts mit Erzeugnissen anderer Hersteller (Zubehör) entstehen können[1791].

702 b) **Haftpflichtige.** Die deliktische Produzentenhaftung trifft den (tatsächlichen) Hersteller des fehlerhaften End- oder Teilprodukts, jeden in verantwortlicher Weise in den Produktionsprozeß Eingeschalteten (Geschäftsleiter, Herstellungsleiter[1792]), sowie denjenigen, der am Markt wie ein Hersteller auftritt. Importeure und Händler trifft keine Produzentenhaftung in vorstehendem Sinn; für sie können aber Überprüfungspflichten bestehen, wenn die besonderen Umstände des Falles hierzu Anlaß geben[1793]. Auch obliegt der inländischen Vertriebsgesellschaft eines ausländischen Herstellers dann die Produktbeobachtungs- und Instruktionspflicht, wenn sie den Hersteller auf dem deutschen Markt repräsentiert und von ihm mit der Produktinformation der Händler und Erwerber beauftragt ist[1794].

703 c) **Beweislast.** Der Geschädigte muß beweisen, daß sein Schaden durch einen Produktfehler verursacht worden ist, der aus dem Verantwortungsbereich des in Anspruch genommenen Herstellers stammt (zu letzterem s. aber Rdn. 704). Für den Kausalitätsnachweis gelten auch hier die allgemeinen Erleichterungen (vgl. Rdn. 365, 377). Bei Verletzung der Instruktionspflicht hat der Geschädigte außerdem zu beweisen, daß objektiv Anlaß zu einer Warnung bestand[1795]. Den Beweis dafür, daß der Geschädigte einen Warnhinweis unbeachtet gelassen hätte, muß der Hersteller führen[1796]. Insbesondere aber trifft den Produzenten nach der Rechtsprechung seit BGHZ 51, 91 die Beweislast dafür, daß ihn an dem (vom Geschädigten nachgewiesenen, aus seinem Organisationsbereich stammenden, schadensursächlichen) Produktfehler kein Verschulden trifft. Er hat sich also hinsichtlich der Erfüllung seiner Organisations- und Überwachungspflichten, der Beachtung der erforderlichen Sorgfalt durch seine Bediensteten, der Nichterkennbarkeit von Mängeln oder Instruktionsbedürfnissen usw. zu entlasten. Diese Beweislastumkehr gilt auch für den im Produktionsbereich verantwortlichen Geschäftsleiter[1797].

704 In seiner jüngeren Rechtsprechung hat der BGH auch für den Beweis, daß der Fehler im Verantwortungsbereich des Herstellers entstanden ist – unter bestimmten Umständen – eine Beweislastumkehr zu Lasten des Herstellers aus der Verletzung einer Be-

---

1787 BGHZ 80, 199; eingehend (insbesondere bezogen auf Kraftfahrzeuge) *Birkmann* DAR 1990, 124; aus Sicht des Kfz-Sachverständigen *Burckhardt* NZV 1990, 11. Zur Produktbeobachtungspflicht des Importeurs s. BGH VersR 1994, 319.

1788 BGHZ 80, 193; OLG Frankfurt NZV 1996, 147.

1789 *Schwenzer* JZ 1987, 1059; s. auch *Birkmann* DAR 1990, 129; *Wegener* DAR 1990, 130 ff; ablehnend die Empfehlung des VGT 1990, NZV 1990, 103.

1790 BGH VersR 1989, 1307.

1791 BGHZ 99, 167 = JR 1988, 241 m. zust. Anm. *Schmitz* = BB 1987, 721 m. Anm. *Schmidt-Salzer*; *Kullmann* BB 1987, 1957. Zur Rechtslage nach Inkrafttreten des ProdHaftG *Landscheidt* NZV 1989, 172 f.

1792 Vgl. BGH NJW 1975, 1827; 1987, 732.

1793 BGHZ 67, 359.

1794 BGHZ 99, 167.

1795 BGHZ 80, 186.

1796 BGH NJW 1975, 824.

1797 BGH NJW 1975, 1827.

fundsicherungspflicht abgeleitet[1798]. Dies kommt in Betracht, wenn der Hersteller aufgrund seiner dem Verbraucher gegenüber bestehenden Sicherungspflicht als verpflichtet anzusehen ist, seine Produkte unter Sicherung des Befundes zu überprüfen. Kommt er dieser Befundsicherungspflicht nicht nach, so soll der Hersteller – was kaum je möglich sein wird – den Beweis führen müssen, daß es sich im konkreten Schadensfall nicht um einen Produktfehler aus seinem Bereich gehandelt hat. Auf den Beweis, daß der Schaden durch einen Mangel verursacht wurde, vor dem der Hersteller im Rahmen seiner Produktbeobachtungspflicht (Rdn. 701 a. E.) hätte warnen müssen, ist diese Beweislastumkehr nicht anwendbar[1799].

4. Produkthaftung wegen Verletzung eines Schutzgesetzes

Eine Haftung des Herstellers kann sich auch daraus ergeben, daß er durch das Inverkehrbringen des fehlerhaften Produktes gegen eine zum Schutz des Verkehrs vor der betreffenden Gefahr erlassene Rechtsvorschrift verstößt. Im Bereich des Straßenverkehrs kommt dem jedoch geringe Bedeutung zu, da der vor allem als Schutzgesetz im Sinne des § 823 Abs. 2 BGB zu qualifizierende § 3 Gerätesicherheitsgesetz nach § 1 Abs. 2 Nr. 1 dieses Gesetzes für Fahrzeuge, die verkehrsrechtlichen Vorschriften unterliegen, nicht gilt. In Betracht kommen hier also vor allem Verstöße gegen technische Ausstattungsvorschriften der StVZO. Näher zur Haftung wegen Verletzung eines Schutzgesetzes Rdn. 97 ff. **705**

5. Internationale Produkthaftung

Soll ein ausländischer Hersteller aus Produkthaftung in Anspruch genommen werden, richtet sich die Frage des anzuwendenden Rechts nach den Regeln des internationalen Deliktsrechts (Vorbem. 5)[1800]. **706**

VII. Haftung aus Vertrag

1. Allgemeines

Neben Gefährdungshaftung und deliktischer Haftung spielt auch die Haftung aus positiver Vertragsverletzung[1801] bei Unfällen im Straßenverkehr (andere Haftungsfälle bleiben im folgenden außer Betracht) eine wichtige Rolle. Sie greift dann ein, wenn zwei oder mehr Personen miteinander in vertraglichen Beziehungen stehen und es zu den Vertragspflichten einer der beiden Personen gehört, für den Nichteintritt eines Unfallschadens zu sorgen. Die Vertragshaftung schließt die Haftung aus unerlaubter Handlung und die Haftung aus dem StVG nicht aus, sondern tritt neben sie. Sie ist teilweise enger (kein Schmerzensgeld, keine Ansprüche Dritter), teilweise geht sie weiter. Der Verletzte wird sich vor allem dann (zusätzlich) auf Vertrag stützen, wenn die Haftungsgrenzen des § 12 StVG überschritten werden. Einen weiteren Vorteil für den **707**

1798 BGHZ 104, 323 = NJW 1988, 2611 m. Anm. *Reinelt* = VersR 1988, 930 m. Anm. *Foerste*. Zur Anwendbarkeit dieser Grundsätze im Kraftfahrzeugbereich *Birkmann* DAR 1989, 281 ff.

1799 Vgl. BGHZ 99, 181. Zweifelnd *Birkmann* DAR 1990, 129 f.

1800 Eingehend hierzu *Wandt* Internationale Produkthaftung (1995). Vgl. ferner OLG Köln VersR 1993, 110; *Mayer* VersR 1990, 700 f u. DAR 1991, 84.

1801 Zum Begriff vgl. *Larenz* § 24 I.

Verletzten bietet die Vertragshaftung dadurch, daß die Verjährung später (in der Regel erst nach 30 Jahren) eintritt, daß infolge der weitgehenden Anwendung der sich aus § 282 BGB ergebenden Grundsätze häufig den Beklagten die Beweislast trifft (Rdn. 752) und daß dieser für Handlungen und Unterlassungen seiner Erfüllungsgehilfen nach § 278 ohne die Möglichkeit eines Entlastungsbeweises haftet. Die Haftung setzt Verschulden (Vorsatz oder Fahrlässigkeit) des Schädigers oder seines Erfüllungsgehilfen voraus; jedoch greift insoweit häufig die genannte Beweiserleichterung für den Geschädigten ein.

2. Abgrenzung von Gefälligkeitsverhältnissen

708 Vertrag ist die von zwei oder mehr Personen erklärte Willensübereinstimmung über die Herbeiführung eines bestimmten rechtlichen Erfolges. Wesensmerkmal ist daher der Wille, eine rechtliche Bindung zu begründen[1802]. Hierbei entscheidet nicht der innere Wille, sondern es kommt darauf an, wie sich das Verhalten der Beteiligten bei Würdigung aller Umstände einem objektiven Beobachter darstellt[1803].

709 Kein Vertrag liegt daher bei Handlungen vor, die lediglich aus Gefälligkeit ohne rechtliche Verpflichtung erfolgen. Hierzu zählt in der Regel die unentgeltliche Mitnahme im Kraftfahrzeug, und zwar ohne Rücksicht darauf, ob der Halter oder Führer des Kraftfahrzeugs den anderen zur Mitfahrt aufgefordert hat[1804]. Eine reine Gefälligkeit liegt auch dann vor, wenn der im Kraftfahrzeug Mitgenommene dem Fahrer ein Trinkgeld gibt.

710 Ein Vertrag kann dagegen angenommen werden, wenn vor der Fahrt eine Beteiligung des Mitfahrers an den Unkosten vereinbart wird[1805], wenn ein Gastwirt seinen ständigen Gast auf seinem Kraftrad nach Hause fährt[1806], wenn ein Patient den Arzt durch ein eigenes oder fremdes Kraftfahrzeug holen läßt[1807], wenn ein Kraftfahrzeughändler einen Interessenten zu einer Probefahrt einlädt, auch wenn der Kauf eines anderen Kraftfahrzeugs als des gefahrenen in Betracht gezogen wurde[1808] sowie bei der sog. Fahrgemeinschaft, z. B. von Arbeitskollegen[1809]. Wer einem anderen Verkehrsteilnehmer Winkzeichen gibt, die andeuten sollen, er könne vorbeifahren, haftet in keinem Falle aus Vertrag, wenn der andere diesem Wink folgt und hierdurch einen Unfall verursacht[1810].

3. Einzelfälle

711 a) **Beförderungsvertrag.** Bei diesem Vertrag (in der Regel Werkvertrag) besteht neben der Pflicht, den anderen oder seine Sachen zu befördern, die weitere Pflicht, die Fahrt ohne Schaden für seine Gesundheit oder sein Eigentum durchzuführen[1811].

712 Für die Haftung des **Spediteurs** gelten die Sondervorschriften des ADSp, für den **Frachtführer** die der KVO, bei grenzüberschreitendem Verkehr die der CMR[1812]. Bei bestimmten Gütern ist die Anwendbarkeit der KVO durch die Freistellungsverordnung

---

[1802] BGHZ 56, 208; BGH NJW 1992, 498.
[1803] BGHZ 21, 107; 88, 382.
[1804] RGZ 65, 18; 128, 229; 141, 262; 145, 390; BGH NJW 1992, 498; OLG Köln JW 1931, 1975; OLG Bamberg NJW 1949, 506; LG Düsseldorf NJW 1968, 2379.
[1805] RG VAE 1937, 118.
[1806] OLG Dresden VAE 1937, 118.
[1807] RG JW 1941, 401.
[1808] BGH VersR 1968, 777.
[1809] Vgl. hierzu, auch zur Einordnung als Werk- oder Gesellschaftsvertrag, *Mädrich* NJW 1982, 860.
[1810] OLG Frankfurt NJW 1965, 1334 m. Anm. *Rother*; s. hierzu Rdn. 269.
[1811] OLG Nürnberg VRS 5, 403.
[1812] Zu Abgrenzungsfragen vgl. BGH VersR 1978, 318; 1978, 946.

zum GüKG v. 29. 7. 1969[1813] ausgeschlossen[1814]. Der Frachtführer ist gegenüber dem Spediteur nach § 35 Abs. 3 KVO bzw. Art. 25 CMR nur zur Erstattung der Wertminderung, nicht von Reparaturkosten verpflichtet[1815].

Das **Befestigen des Ladeguts** ist grundsätzlich Sache des Fuhrunternehmers. Auch den Auftraggeber kann jedoch die Haftung treffen, so z. B. beim Lohnfuhrvertrag (Stellung eines Lkw mit Fahrer zur Verfügung des Auftraggebers[1816]) oder wenn sich eine entsprechende Nebenpflicht aus dem Kaufvertrag über die zu transportierende Sache ergibt[1817]. **713**

Der **Versender gefährlicher Güter** (vgl. § 5 a ADSp) haftet dem Spediteur auch ohne Verschulden für den diesem durch jenes Gut entstandenen Schaden, wenn er es ihm ohne einen besonderen Hinweis auf seine Gefährlichkeit übergeben hatte. Jedoch muß dieser nicht schriftlich erfolgt sein; es genügt auch, wenn der Spediteur ihn bei der Übergabe des Gutes erhält. Wenn dieser ohnehin die Gefährlichkeit kannte, kann er sich nicht darauf berufen, daß der vorgeschriebene Hinweis unterblieben war[1818]. **714**

Zur Haftungsbeschränkung im früheren **Postreisedienst** s. § 18 PostG a. F. **715**

Anspruchskonkurrenz: Die Beschränkung der Vertragshaftung des Frachtführers wegen Verlust oder Beschädigung, die § 430 HGB anordnet, berührt den Umfang der daneben gegebenen Haftung aus § 823 Abs. 1 BGB nicht[1819] (vgl. aber Art. 28 CMR). Ebenso ist der Eigentümer des beschädigten Gutes nicht gehindert, den unfallschuldigen Lkw-Fahrer aus Delikt in Anspruch zu nehmen, obwohl der vertragliche Anspruch gegen den Frachtführer bereits verjährt ist[1820]. **716**

b) **Reparaturvertrag.** Der Unternehmer einer Instandsetzungswerkstätte oder einer Tankstelle haftet für Schäden, die dem Kunden aus mangelhafter Werkleistung entstehen, nicht nur nach dem Gewährleistungsrecht (§ 635 BGB), sondern auch aus positiver Vertragsverletzung, sofern es sich um außerhalb des Werkes eintretende sog. **Mangelfolgeschäden** handelt. Darunter fallen z. B. die Folgen eines Unfalls, der auf einen Reparaturfehler zurückzuführen ist. Für solche Schadensersatzansprüche gilt die Verjährungsfrist des § 195 BGB, nicht die kurze Frist des § 638 BGB[1821]. Der BGH läßt die letztere nur bei solchen Mangelfolgeschäden eingreifen, die in einem engen und unmittelbaren Zusammenhang mit dem Mangel stehen[1822]. Einen solchen nimmt er an, wenn die Werkleistung darauf gerichtet war, ihre Verkörperung in einem weiteren Werk zu finden, in dem sich der Schaden dann geäußert hat, z. B. wenn ein fehlerhafter Ölwechsel zu einem Motorschaden geführt hat[1823]. Davon kann bei einem Unfall nicht die Rede sein. **717**

Der Unternehmer ist verpflichtet, nicht nur diejenigen Wartungs- und Reparaturarbeiten auszuführen, für die ihm ausdrücklich Auftrag erteilt wurde, sondern darüber hinaus den Auftraggeber auf alle Mängel des Kraftfahrzeugs hinzuweisen, die er bei den Arbeiten bemerkt, die ihm hätten in die Augen fallen müssen oder auf die sich im allgemeinen der Wartungsdienst erstreckt[1824]. **718**

1813 Neufassung durch Bekanntmachung v. 8. 6. 1993, BGBl. I, 1003.

1814 Vgl. hierzu BGH VersR 1978, 935.

1815 BGH NJW 1980, 2021; *Helm* IPrax 1981, 46.

1816 BGH VersR 1977, 662.

1817 BGH VersR 1977, 517.

1818 BGH VersR 1978, 133.

1819 BGH VkBl. 1968, 117.

1820 OLG Hamburg NJW-RR 1993, 914.

1821 BGH NJW 1993, 924.

1822 BGHZ 37, 344; 48, 258; 55, 392; 58, 228; BGH NJW 1983, 2440.

1823 BGHZ 98, 45. Zur Abgrenzung s. auch BGH NJW 1993, 924.

1824 BGH VM 1957, 1; VersR 1967, 707; OLG Köln NJW 1966, 1468.

719 Der Tankwart, der nach dem Tanken die Motorhaube schließt, ohne sich zu überzeugen, daß der Verschluß eingerastet ist, haftet für einen Unfall, der sich wegen Aufklappens der Motorhaube durch den Fahrwind ereignet[1825]. Der Unternehmer, der nichts dagegen eingewendet hat, als sein Angestellter mit einem Kunden vereinbarte, er werde dessen Wagen nach der Reparatur zurückfahren, haftet nicht für die Folgen eines Unfalls, der sich auf dieser Fahrt ereignet[1826]. Wird bei einer Probefahrt, die ein im Reparaturunternehmen Beschäftigter mit dem Kundenfahrzeug ausführt, ein Dritter schuldhaft verletzt, so hat der Kunde einen vertraglichen Anspruch gegen den Inhaber der Werkstätte auf Freistellung von seiner Haftung aus § 7[1827]. Zur Obhutspflicht des Reparaturunternehmers s. BGH NJW 1983, 113; AG Cuxhaven NZV 1988, 187.

720 Die **Schutzwirkung** des Reparaturvertrages erstreckt sich nicht auf einen Dritten, der das reparierte Fahrzeug vom Auftraggeber kauft; dem Dritten können jedoch deliktische Ansprüche zustehen, weil der Unternehmer, der durch fehlerhafte Bearbeitung oder Wartung einer Sache Gefahren schafft, aus Verletzung der Verkehrssicherungspflicht haftet[1828] (vgl. Rdn. 279).

c) Kauf

721 aa) **Untersuchungspflichten des Verkäufers.** Kommt es infolge eines die Verkehrssicherheit beeinträchtigenden Mangels eines Kraftfahrzeugs zu einem Unfall, so haftet der gewerbliche Verkäufer, wenn er schuldhaft eine Untersuchungspflicht verletzt hat.

722 Bei einem **fabrikneuen Fahrzeug** hat der Kraftfahrzeughändler zwar eine Probefahrt mit Prüfung der Bremsen durchzuführen, im übrigen aber keine umfassende Prüfpflicht[1829]. Dies gilt allerdings nicht für Mängel, die für ihn offensichtlich sind. Hat der Verkäufer vertraglich die Pflicht übernommen, den Wagen vor der Auslieferung prüfen zu lassen, und übersieht der vom Verkäufer beauftragte Kraftfahrzeugmeister eine Delle an der Felge, die die Luft aus dem schlauchlosen Reifen entweichen läßt, so haftet der Verkäufer für seinen Erfüllungsgehilfen, wenn sich ein Unfall ereignet[1830]. Bei Fabrikationsfehlern greift in der Regel keine vertragliche Haftung ein, weil zwischen Käufer und Hersteller keine Vertragsbeziehung besteht und den Händler an der Auslieferung des mangelhaften Fahrzeugs kein Verschulden treffen wird. Es kann in diesen Fällen jedoch die Produzentenhaftung eingreifen (vgl. hierzu Rdn. 686 ff).

723 Der Händler, der den **Verkauf eines Gebrauchtwagens** übernommen hat, ist verpflichtet, diesen auf solche Mängel hin zu untersuchen, mit deren Vorhandensein er bzw. seine Angestellten als Fachleute rechnen mußten, und etwa festgestellte Mängel dem Käufer zu offenbaren[1831]. Bestätigt ein Vertragshändler einer bestimmten Autofirma beim Verkauf eines Gebrauchtwagens der entsprechenden Marke, daß der Wagen sich in technisch einwandfreiem Zustand befindet, so haftet er wegen fälschlicher Zusicherung der Betriebssicherheit gem. § 463 BGB, wenn die aufgezogenen Reifen nicht der Betriebserlaubnis entsprechen und der Käufer daher mit dem Fahrzeug verunglückt; ein etwaiger formularmäßiger Gewährleistungsausschluß würde diese Haftung nicht ausschließen, hierfür bedürfte es vielmehr eines ausdrücklichen Haftungsausschlusses[1832]. Die Haftung des Händlers wird nicht dadurch ausgeschlossen, daß er den Gebrauchtwagen lediglich als Vertreter des Eigentümers verkauft[1833].

[1825] OLG Oldenburg DAR 1967, 274; LG Essen VersR 1968, 562 m. Anm. *Kampgens.*

[1826] BGH VersR 1968, 472.

[1827] RGZ 150, 134; vgl. auch – insbesondere zum Rückgriff des Haftpflichtversicherers gegen den Unternehmer – BGHZ 117, 151 und hierzu *Gärtner* BB 1993, 1454 ff.

[1828] BGH NZV 1993, 145.

[1829] BGH VersR 1956, 259.

[1830] BGH VersR 1969, 834.

[1831] BGHZ 63, 386; BGH NJW 1979, 1707.

[1832] BGH NJW 1978, 2241.

[1833] BGH NJW 1979, 1707.

bb) **Aufklärungspflichten bezüglich Versicherungsschutz.** Besteht für das Fahrzeug kein Haftpflichtversicherungsschutz mehr, so muß der Händler den Käufer jedenfalls dann auf diesen Umstand hinweisen, wenn er erkennen kann, daß bei ihm insoweit Fehlvorstellungen bestehen. Er haftet sonst aus positiver Vertragsverletzung für die Ersatzansprüche, denen sich der Käufer infolge eines Unfalls mit dem nicht versicherten Fahrzeug ausgesetzt sieht[1834]. 724

Gibt ein Kfz-Händler, der den Auftrag zur Vermittlung des Verkaufs eines Gebrauchtwagens übernommen hat, bei Abschluß des Vermittlungsvertrages keine Erklärung zum Versicherungsschutz für eine Probefahrt ab, so darf der Eigentümer des nicht vollkaskoversicherten Gebrauchtwagens die Annahme des Auftrags dahin verstehen, der Händler werde für eine Fahrzeugversicherung sorgen. Unterläßt der Händler dies, muß er den Eigentümer im Falle der Beschädigung des Fahrzeugs durch einen probefahrenden Kaufinteressenten wegen positiver Vertragsverletzung so stellen, als hätte er eine Vollkaskoversicherung für das in seine Obhut genommene Fahrzeug abgeschlossen[1835]. Ein Händler, der aufgrund der Sonderbedingungen für Kraftfahrzeughandel und -handwerk eine eingeschränkte Fahrzeugversicherung abgeschlossen hat, haftet dem Kunden wegen unrichtiger Auskunft, wenn er ihm rät, bei einer Überführungsfahrt zum Werk und zurück mit rotem Kennzeichen keinen eigenen Versicherungsvertrag abzuschließen[1836]. 725

cc) Ein **Reifenhändler** muß sicherstellen, daß er keine schon acht Jahre alten Reifen in den Verkehr bringt[1837]. 726

d) Der **Sachverständige**, der das Kraftfahrzeug vor der Zulassung zu prüfen hat, sei es als Prüfung eines ganzen Typs (§ 20 StVZO) oder eines einzelnen Kraftfahrzeugs (§ 21 StVZO), das in Sonderausfertigung oder im Selbstbau hergestellt ist, hat alle nach dem Stand der Wissenschaft üblichen Methoden anzuwenden, um festzustellen, ob das Kraftfahrzeug verkehrssicher ist. Dasselbe gilt für die Prüfung von Kraftfahrzeugteilen (§ 22 StVZO). Da ein Vertragsverhältnis mit dem Sachverständigen nur für den besteht, der ihm den Auftrag erteilt hat, kommt für eine Haftung bei Unfällen nur der Sachverständige in Betracht, der sein Gutachten für die Erteilung einer Einzelerlaubnis erstattet hat. 727

e) **Fahrzeugvermietung**

aa) Der **Vermieter** hat dafür zu sorgen, daß der Selbstfahrer ein betriebstüchtiges und den Vorschriften entsprechendes Kraftfahrzeug erhält, dessen Bereifung sich in gutem Zustand befindet. Allgemeine Geschäftsbedingungen, wonach der Mieter Mängelfreiheit des Kraftfahrzeugs anerkennt, entlasten den gewerbsmäßigen Vermieter nicht[1838]. Bei Vermietung eines Fahrrads haftet der Vermieter, wenn der Lenkergriff infolge seiner Beschaffenheit oder eines Konstruktionsmangels nicht festsitzt[1839]. 728

bb) Haftung des **Mieters**. Zeigt sich während der Mietzeit ein Mangel am Kraftfahrzeug, so hat der Mieter dem Vermieter unverzüglich Anzeige zu machen (§ 545 BGB). Unterläßt er die Anzeige, so macht er sich gegenüber dem Vermieter schadenersatzpflichtig und hat bei einem auf dem Mangel beruhenden Unfall keine Schadenersatzansprüche aus positiver Vertragsverletzung[1840]. 729

1834 BGH NZV 1989, 107; 1991, 108.
1835 BGH VersR 1986, 492.
1836 BGH VersR 1973, 411.
1837 LG Frankfurt/M. NZV 1992, 194. Zum Verschulden bei Runderneuerung OLG Koblenz VRS 77, 427; AG Bad Urach ZfS 1990, 182.
1838 BGH Betrieb 1967, 118.
1839 BGH WM 1982, 1230.
1840 BGH VRS 35, 83.

730 Im übrigen haftet der Mieter für die **schuldhafte Beschädigung** des Fahrzeugs, z. B. durch einen Unfall. Zu seiner vertraglichen Pflicht gehört es auch, sich so zu verhalten, daß dem Vermieter durch den Gebrauch des Fahrzeugs keine Belastung mit Schadensersatzpflichten entsteht. Verletzt er oder sein Erfüllungsgehilfe diese Vertragspflicht schuldhaft, macht er sich dem Vermieter gegenüber aus positiver Vertragsverletzung schadensersatzpflichtig[1841]; ggf. hat er ihn von Ansprüchen Dritter freizustellen. Erleidet der Mieter selbst einen Schaden durch das Kraftfahrzeug (etwa weil sein Erfüllungsgehilfe damit eine ihm gehörende Sache beschädigt), so ist er aus dem Gesichtspunkt der unzulässigen Rechtsausübung gehindert, gegen den Vermieter Ansprüche aus dessen Halterhaftung zu erheben[1842].

731 Verspricht der gewerbliche Autovermieter in Allg. Geschäftsbedingungen dem Mieter, ihn gegen Zahlung eines Entgelts von der Haftung für Unfallschäden ohne Selbstbeteiligung **freizustellen**, so muß er diese Volldeckung nach dem Leitbild einer Vollkaskoversicherung ausgestalten[1843]. Versicherungsschutz muß daher auch bestehen für den Fall, daß der Mieter das Fahrzeug einem Dritten überläßt; eine entgegenstehende Klausel wäre nach § 9 Abs. 1 AGBG unwirksam[1844]. In der Vereinbarung der Volldeckung liegt zugleich ein Verzicht auf die Inanspruchnahme des Dritten wegen leicht fahrlässig verursachter Schäden[1845]. Die gegen Entgelt gewährte Haftungsbefreiung kann für den Fall grober Fahrlässigkeit ausgeschlossen werden[1846], ebenso für den Fall unerlaubten Entfernens vom Unfallort, sofern der Mieter nicht nachweist, daß dieses keine nachteiligen Folgen für den Vermieter hatte[1847]. Unwirksam ist aber die Klausel, wonach der Mieter die Beweislast dafür tragen soll, daß Vorsatz und grobe Fahrlässigkeit nicht vorgelegen haben[1848]. Ist im Mietvertrag ausdrücklich Teilkaskoversicherung vereinbart, erfaßt die Freistellung nur darunter fallende Schäden[1849]. Eine Mitverschulden begründende Pflicht des Vermieters, den Mieter auf das Fehlen einer Fahrzeugversicherung hinzuweisen, besteht nicht[1850].

732 f) **Leihe.** Das zur Haftung des Vermieters Gesagte gilt entsprechend mit der Maßgabe, daß der **Verleiher** nach § 599 BGB nur für Vorsatz und grobe Fahrlässigkeit[1851] haftet. Diese Beschränkung gilt auch gegenüber einer Person, die lediglich in die Schutzwirkung des Leihvertrages einbezogen ist, etwa gegenüber dem Mitfahrer auf einem geliehenen Motorrad[1852] und auch für die deliktische Haftung[1853].

733 Für den **Entleiher** kann sich eine Beschränkung der Haftung auf grobe Fahrlässigkeit aus den von der Rechtsprechung entwickelten Grundsätzen für Probefahrten[1854] (Rdn. 315) oder aus einem schutzwürdigen Vertrauen auf das Bestehen einer Vollkaskoversicherung ergeben. So kann z. B. der Kraftfahrzeugverkäufer, der dem Käufer für die Dauer einer Garantiereparatur ein anderes Kraftfahrzeug leiht, für von diesem leicht fahrlässig verursachte Schäden keinen Ersatz verlangen, wenn er es unterlassen hat, den Käufer auf fehlenden Kaskoversicherungsschutz hinzuweisen, obgleich er wußte,

1841 BGHZ 116, 200.
1842 BGHZ 116, 200; krit. *Gärtner* BB 1993, 1454 ff.
1843 BGHZ 22, 114; 65, 120; 70, 306.
1844 BGH NJW 1981, 1211.
1845 BGH NJW 1982, 987; VRS 65, 348.
1846 BGH VersR 1974, 492; 1974, 975.
1847 BGH NJW 1982, 167; OLGR Düsseldorf 1995, 39.
1848 BGHZ 65, 118.
1849 OLG Düsseldorf NJW-RR 1994, 1375.
1850 OLG Hamm Betrieb 1982, 1557.
1851 Verneint von OLG Stuttgart VersR 1993, 192 bei unterlassenem Hinweis auf möglichen Scheinwerferausfall am Motorrad.
1852 Vgl. OLG Köln DAR 1988, 59.
1853 OLG Stuttgart VersR 1993, 192.
1854 OLG Hamm NZV 1990, 350: Überlassung eines Neufahrzeugs mit roten Kennzeichen, weil rechtzeitige Zulassung nicht mehr möglich war.

daß dieser beim Kauf des jetzt von ihm zu reparierenden Fahrzeugs entscheidenden Wert auf Vollkaskoversicherung gelegt hatte[1855]. Dagegen kann der Kunde einer Reparaturwerkstatt, dem auf eigenen Wunsch für die Dauer der Reparatur ein Ersatzfahrzeug kostenlos zur Verfügung gestellt wird, nicht auf das Bestehen einer Vollkaskoversicherung vertrauen[1856].

g) Der **Veranstalter eines Rennens** hat dafür zu sorgen, daß die Zuschauer dem Rennen ungefährdet zusehen können. Die Rennfahrer sind bei diesem Vertrag seine Erfüllungsgehilfen, für deren Pflichtwidrigkeiten er daher nach § 278 BGB ebenso einzustehen hat[1857] wie für eine Pflichtwidrigkeit seines Rennleiters. Der Veranstalter des Rennens muß sich vor dessen Beginn persönlich oder durch eine hierfür bestimmte verläßliche Person überzeugen, daß die erforderlichen Sicherungsmaßnahmen getroffen worden sind[1858]. Andererseits steht er auch mit den Rennfahrern in Vertragsbeziehungen und schuldet ihnen die ordnungsgemäße Sicherung der Strecke und die fachgerechte Durchführung des Rennens. Insbesondere hat er darüber Anordnungen zu treffen, wer ein Rennen für beendet erklärt und anordnet, daß das nächste beginnt. Inhalt der Rennbedingungen, denen sich jeder unterwirft, der sich zur Teilnahme meldet, ist üblicherweise, daß die Rennfahrer auf alle Schadenersatzansprüche verzichten. Der vertragliche Haftungsausschluß bezieht sich nicht nur auf das Rennen selbst, sondern auch auf das offizielle Training, umfaßt aber nicht Vorsatz und grobe Fahrlässigkeit. Er gilt gewohnheitsrechtlich auch in den Fällen, in denen er nicht ausdrücklich vereinbart wurde. Zur Verkehrssicherungspflicht bei Rennveranstaltungen s. Rdn. 673. 734

h) Der **Inhaber eines Parkhauses, Parkplatzes** oder eines sonstigen Sammeleinstellplatzes ist für die Bewachung der Kraftfahrzeuge verantwortlich, wenn er Besitzer des Abstellraumes bleibt[1859]. Es genügt allerdings, wenn er einen Kaskoversicherungsvertrag für die eingestellten Fahrzeuge abschließt. Daß durch einen solchen kein Ersatz für Nutzungs- und Verdienstausfall erfolgt, löst keine weitergehende Haftung des Kaufhausbesitzers aus, der die Parkplätze zur Verfügung gestellt hat[1860]. Ist bei einem bewachten Parkplatz die Haftung für Verlust von Handelsware aus den bewachten Kraftfahrzeugen vertraglich ausgeschlossen, so wirkt der Haftungsausschluß auch bei grobem Verschulden von Verrichtungsgehilfen[1861]. Ein Garagenunternehmer haftet aus eigenem Verschulden, wenn er vom Kunden die Fahrzeugschlüssel in Empfang nimmt, ohne Maßnahmen gegen einen Mißbrauch durch sein Personal zu ergreifen. Daß er seine Haftung für Verschulden seines Personals ausgeschlossen hat, steht nicht entgegen[1862]. 735

i) **Gastwirt.** Ist im Rahmen des Beherbergungsvertrages (sei es auch ohne gesonderte Berechnung eines Entgelts) ein Mietvertrag für das Abstellen des Fahrzeugs des Gastes auf einem Parkplatz oder in einer Sammelgarage abgeschlossen, so haftet der Gastwirt nach § 538 Abs. 1 BGB ohne Verschulden, wenn das Fahrzeug infolge eines Mangels der Abstellfläche (z. B. herabfallende Äste) beschädigt wird; die Haftung für solche Gefahren wird auch durch ein Schild „Parken auf eigene Gefahr" nicht ausgeschlossen[1863]. 736

k) Wer einem anderen den **Auftrag** erteilt, seinen Wagen aus Gefälligkeit streckenweise zu lenken, haftet dafür, daß die Haftpflichtversicherung für den Wagen ord- 737

1855 BGH VersR 1979, 280; noch weitergehend OLG Hamm NZV 1993, 349.
1856 LG Nürnberg-Fürth NZV 1996, 203.
1857 RG JW 1930, 2925 m. Anm. *Endemann*; JRPrV 1936, 279; OLG München VersR 1951, 21.
1858 OLG Stuttgart DAR 1933, 165.
1859 KG VersR 1968, 440.
1860 BGH VersR 1972, 102.
1861 BGH VersR 1968, 795.
1862 BGH VersR 1974, 574.
1863 BGHZ 63, 333.

nungsgemäß in Kraft ist und daß insbesondere die Prämien bezahlt sind. Wegen eines Schadens, den der Auftraggeber bei einer solchen Fahrt erleidet, haftet der Fahrer nicht, wenn der Versicherer den Schaden hätte tragen müssen, wäre die Prämie bezahlt gewesen[1864].

738 Erleidet der Beauftragte bei der Durchführung des Auftrags unverschuldet einen Schaden oder wird er einem Dritten gegenüber haftpflichtig (z. B. aus Gefährdungshaftung), so hat er gegen den Auftraggeber, sofern ihm nicht Vorsatz oder grobe Fahrlässigkeit zur Last fällt, einen Ersatz- bzw. Freistellungsanspruch analog § 670 BGB[1865]. Dies gilt auch im Rahmen von Geschäftsbesorgungsverhältnissen[1866], bei entgeltlichem Tätigwerden – sei es auch nur gegen eine Kostenpauschale – aber nur bei besonderer Vereinbarung[1867].

l) **Arbeitsverhältnis**

739 aa) Die **Haftung des Arbeitnehmers** gegenüber dem Arbeitgeber für verschuldete Schäden ergibt sich auch aus Verletzung des Arbeitsvertrags. Verursacht der Arbeitnehmer durch grobe Verletzung seiner vertraglichen Pflichten einen Unfall, der zur Rückstufung des Schadensfreiheitsrabatts in der Haftpflichtversicherung führt, so hat er dem Arbeitgeber den im Prämienmehraufwand liegenden Vermögensschaden zu ersetzen[1868]. Zur Einschränkung der Arbeitnehmerhaftung s. Rdn. 329 ff.

740 bb) **Haftung des Arbeitgebers auf Schadenersatz.** Bei schuldhafter Verletzung einer Schutz-, Fürsorge- oder Obhutspflicht kommt eine Haftung aus positiver Vertragsverletzung in Betracht, so z. B. wenn der Arbeitgeber seinem Fahrer ein mit technischen Mängeln behaftetes und daher einen Unfall verursachendes oder ein nicht ausreichend versichertes Fahrzeug zur Verfügung stellt. Beruht ein Unfall auf einem Mangel des Fahrzeugs, von dem der Fahrer keine Kenntnis hatte, und wäre der Mangel bei Durchführung des vom Hersteller vorgeschlagenen Wartungsdienstes entdeckt worden, so beruht der Unfall auf dem pflichtwidrigen Unterlassen[1869]. Aus dem Arbeitsvertrag ergibt sich keine Pflicht des Arbeitgebers, für die Fahrzeuge eine Schadensversicherung abzuschließen, die Arbeitnehmer auf dem ihnen hierfür zur Verfügung gestellten Parkplatz abstellen[1870]; zu Haftungsverzichtserklärungen in solchen Fällen s. Rdn. 310.

741 Eine **schuldlose** Haftung des Arbeitgebers (hergeleitet aus entsprechender Anwendung des § 670 BGB) kommt in Betracht, wenn der Arbeitnehmer sein eigenes Fahrzeug mit Einwilligung und im Interesse des Arbeitgebers ohne besondere Vergütung in dessen Betätigungsbereich verwendet und das Fahrzeug hierbei beschädigt wird[1871]; der Ersatzanspruch umfaßt außer dem reinen Sach- auch den Nutzungsausfallschaden[1872]. Um einen Einsatz im Betätigungsbereich des Arbeitgebers handelt es sich, wenn der Arbeitgeber anderenfalls ein eigenes Fahrzeug einsetzen müßte; auch eine Beschädigung während des Bereithaltens des Fahrzeugs zwischen zwei Dienstfahrten in der Nähe des Betriebs kann darunter fallen[1873]. Erhält der Arbeitnehmer lediglich eine der steuerrechtlichen Kilometerpauschale entsprechende Vergütung, so schließt dies den Anspruch nicht aus[1874]; ein durch Rückstufung in der Haftpflichtversicherung verursach-

---

1864 BGH VersR 1969, 49.
1865 BGH NJW 1963, 252.
1866 Z. B. zwischen einem Verein und seinem ehrenamtlichen Jugendleiter, BGH JZ 1984, 620 m. Anm. *Löwisch/Arnold*.
1867 BGH MDR 1985, 310.
1868 BAG VersR 1982, 480.
1869 BGH VersR 1966, 564.
1870 BGH NJW 1966, 1534.
1871 BAG NJW 1981, 702; mit Einschränkungen bereits BAG NJW 1979, 1423.
1872 BAG NZV 1996, 144.
1873 BAG NJW 1996, 1301.
1874 *Schiefer* NJW 1993, 969.

ter Vermögensschaden ist dadurch jedoch abgegolten[1875]. Ein etwaiges Mitverschulden des Arbeitnehmers an dem Unfall schließt seinen Schadensersatzanspruch nicht von vornherein aus, denn der Arbeitnehmer hat sich in den vorbezeichneten Fällen im Tätigkeitsbereich des Arbeitgebers in eine Situation begeben, in der auch verschuldete Unfälle oft vorkommen. Es müssen deshalb die Grundsätze über die beschränkte Haftung des Arbeitnehmers (Rdn. 329 ff) auch hier eingreifen, mit der Folge, daß ein geringes Mitverschulden den Ersatzanspruch nicht mindert[1876]. Zur entsprechenden Problematik bei Beamten vgl. OVG Koblenz NJW 1986, 1830.

cc) **Verpflichtung des Arbeitgebers zur Freistellung des Arbeitnehmers von Haftung gegenüber Dritten.** Schädigt der Arbeitnehmer in Ausführung seiner Arbeit einen Dritten, so kann er im gleichen Maße, wie er bei einer Schädigung des Arbeitgebers diesem gegenüber von der Haftung frei würde (s. Rdn. 329 ff), von diesem die Freistellung von seiner Haftung gegenüber dem Dritten verlangen[1877]. Auch die im Betrieb ihres Ehemannes als Kraftfahrerin tätige Frau hat gegen ihren Mann einen Befreiungsanspruch, wenn sie einen Dritten im Straßenverkehr verletzt[1878]. Der Befreiungsanspruch des Arbeitnehmers geht nicht dadurch verloren, daß er wegen Obliegenheitsverletzung seinen Versicherungsschutz verliert[1879]. **742**

Aufgrund seiner Fürsorgepflicht hat der Arbeitgeber den Arbeitnehmer auch von Rückgriffsansprüchen des leistungsfreien Haftpflichtversicherers freizustellen, wenn er ihm ein nicht versichertes[1880] oder nicht verkehrssicheres Kraftfahrzeug zur Benutzung im öffentlichen Verkehr überlassen oder wenn er ihn als Kraftfahrer im öffentlichen Verkehr eingesetzt hat, obwohl er wußte, daß er nicht die erforderliche Fahrerlaubnis besitzt[1881]. Dieser Freistellungsanspruch wird nicht dadurch eingeschränkt, daß der Arbeitnehmer den Unfall grob fahrlässig verursacht hat[1882]. **743**

m) **Fahrgemeinschaft.** Soweit zwischen den Teilnehmern einer Fahrgemeinschaft (etwa zwischen Arbeitskollegen) überhaupt eine rechtsgeschäftliche Bindung besteht (s. hierzu Rdn. 708 ff), haftet der **Fahrer** für die Schädigung eines Mitfahrers aus positiver Vertragsverletzung des (je nach Ausgestaltung der Gemeinschaft) Gesellschafts-, Beförderungs- oder Geschäftsbesorgungsvertrages[1883]. Auf die Haftungsbeschränkung des § 708 BGB („Sorgfalt wie in eigenen Angelegenheiten") kann sich der Fahrer auch bei Vorliegen eines Gesellschaftsvertrages nicht berufen (Rdn. 79). Eine Eintrittspflicht des **Teilnehmers** für von ihm nicht verschuldete Schäden am benutzten Fahrzeug kommt nur nach gesellschaftsrechtlichen Grundsätzen in Betracht, wenn das Fahrzeug gemeinschaftliches Vermögen darstellt. Bei den anderen Vertragsgestaltungen verbleibt es beim Grundsatz „casum sentit dominus"[1884]. **744**

4. Verjährung

a) **Allgemeines.** Vertragliche Ansprüche verjähren im allgemeinen erst nach dreißig Jahren (§ 195 BGB); vielfach gelten jedoch Sondervorschriften (s. unten). Beim Zusammentreffen mit Ansprüchen aus unerlaubter Handlung oder Gefährdungshaftung folgt grundsätzlich jeder Anspruch seinen eigenen Verjährungsregeln (§ 14, 119; zur Ausnahme bei Miete und Leihe s. Rdn. 748 ff). **745**

1875 BAG NZV 1993, 148; *Schiefer* NJW 1993, 968.
1876 BAG NJW 1981, 702.
1877 BAG NJW 1958, 964.
1878 BGH VersR 1967, 504.
1879 OLG Düsseldorf VersR 1968, 82.
1880 BAG NJW 1958, 964.
1881 BAG NJW 1989, 854.
1882 BAG NJW 1989, 854.
1883 Vgl. hierzu *Mädrich* NJW 1982, 860.
1884 Offengelassen von BGH NJW 1992, 498.

b) **Einzelfälle**

746 aa) **Beförderungsvertrag.** Die Vorschrift in § 638 Abs. 1 BGB, daß Schadenersatzansprüche aus Werkvertrag in sechs Monaten verjähren, gilt für die Ansprüche des Insassen aus einem Verkehrsunfall nicht, da ihre Rechtsgrundlage die positive Vertragsverletzung ist[1885]. Besonderheiten gelten für die Beschädigung oder Vernichtung entgeltlich beförderter Güter im Geltungsbereich der KVO (s. dort § 40). Diese Verjährungsvorschriften gelten auch, wenn die Parteien die Anwendung der Allgemeinen Spediteurbedingungen (ADSp) vereinbart haben[1886].

747 bb) **Reparaturvertrag.** Die kürzere Verjährungsfrist des § 638 Abs. 1 BGB tritt nur ein, wenn es sich um Schäden handelt, die durch die Reparatur selbst hervorgerufen wurden, nicht aber für die anläßlich der Reparatur (z. B. durch einen Unfall bei der Probefahrt) entstandenen Schäden oder für Mangelfolgeschäden.

748 cc) **Miete, Leihe.** Mietet oder leiht jemand einen Kraftwagen und verursacht er auf der Fahrt schuldhaft einen Unfall, so verjähren die Ansprüche des Vermieters (Verleihers) in sechs Monaten (§ 558 Abs. 1 BGB)[1887]. Diese kurze Frist gilt auch, soweit die Ansprüche auf unerlaubte Handlung gestützt werden[1888]. Sie wirkt sich auch zugunsten des Fahrers aus, den der Mieter mit dem Führen des Kraftfahrzeugs beauftragt hat, obwohl es an einer unmittelbaren Vertragsbeziehung zu diesem fehlt[1889]. Die Frist beginnt grundsätzlich mit dem Zeitpunkt, in dem der Vermieter das Kraftfahrzeug zurückerhält (§ 558 Abs. 2 BGB); dies gilt auch dann, wenn der Vermieter schon vorher von dem Unfall erfahren hatte[1890]. Liegt Totalschaden vor und wird das Wrack nicht zum Vermieter zurückgebracht, so beginnt die Verjährung, sobald der Vermieter in die Lage versetzt wird, über das Wrack tatsächlich zu verfügen. Ist vereinbart, daß Schadensersatzansprüche gegen den Mieter erst fällig werden sollen, wenn der Vermieter die polizeilichen Ermittlungsakten einsehen konnte, beginnt die Verjährung erst mit diesem Zeitpunkt[1891]. Mit § 9 AGBG ist eine solche Regelung aber nur vereinbar, wenn zugleich eine angemessene zeitliche Obergrenze bestimmt wird[1892] und wenn eine unverzügliche Benachrichtigung des Mieters über den Zeitpunkt der Akteneinsicht vorgesehen ist[1893].

749 Der Bundesgerichtshof vertritt die Ansicht, bei **Überlassung zur Probefahrt** besitze der Kaufinteressent den Wagen aufgrund eines der Leihe ähnlichen Verhältnisses; dies habe zur Folge, daß die Ansprüche des Verkäufers wegen eines am Kraftfahrzeug durch den Kaufinteressenten verursachten Schadens ebenfalls schon nach sechs Monaten verjähren[1894]. Die Sechsmonatsfrist beginnt spätestens mit der Rückgabe des Wagens zu laufen, auch wenn der Wagen gar nicht als Kaufgegenstand in Aussicht genommen war[1895]. Die kurze Verjährungsfrist gilt nicht, wenn das Fahrzeug durch den Unfall so völlig vernichtet ist, daß eine Reparatur nicht nur aus wirtschaftlichen, sondern darüber hinaus auch aus technischen Gründen nicht mehr in Frage kommt[1896]. Beschädigt ein Kaufinteressent bei einer Probefahrt den Pkw, von dem er annahm, er gehöre dem

---

1885 BGHZ 35, 132; 37, 345; BGH BB 1964, 1398; BAG BB 1961, 826.

1886 BGH VRS 22, 103.

1887 BGH VersR 1958, 513.

1888 RGZ 66, 364; 75, 117; 142, 262; BGHZ 55, 392; BGH NJW 1957, 1136; 1964, 545; 1964, 1225; 1968, 278; 1994, 1788; OLG Schleswig NJW 1974, 1712.

1889 BGHZ 49, 278.

1890 OLG Köln VersR 1960, 860.

1891 BGH NJW 1984, 290; OLGR Düsseldorf 1995, 39.

1892 BGH NJW 1994, 1788.

1893 BGH NJW 1986, 1609.

1894 BGH NJW 1964, 1225.

1895 BGH VersR 1968, 777.

1896 BGH NJW 1968, 694.

Händler, während er einem Dritten gehörte, so verjähren die Ansprüche des Händlers gegen den Fahrer, auch wenn er aus abgetretenem Recht klagt, nach §§ 558, 606 BGB[1897].

Nach Ansicht des Bundesgerichtshofs geht die Vorschrift des § 558 BGB sogar so weit, daß sich ein **Minderjähriger**, der aufgrund eines von seinen Eltern ausdrücklich mißbilligten und daher nichtigen Mietvertrags ein Kraftfahrzeug in Besitz genommen hatte, sich gegenüber den Ansprüchen des Vermieters wegen schuldhafter Beschädigung des Kraftfahrzeugs auf die kurze Verjährung von sechs Monaten berufen kann[1898]. **750**

dd) **Arbeitsvertrag.** Auf den Schadensersatzanspruch des Arbeitgebers wegen Beschädigung eines dem Arbeitnehmer auch zum privaten Gebrauch überlassenen Kraftfahrzeugs sind die Verjährungsvorschriften der §§ 558, 606 BGB nicht entsprechend anwendbar[1899]. **751**

5. Beweislast

Will der Geschädigte Ansprüche aus positiver Vertragsverletzung geltend machen, so muß er beweisen, daß sein Schaden durch eine objektive Pflichtverletzung des Vertragspartners oder seines Erfüllungsgehilfen verursacht worden ist. Für den Kausalitätsbeweis gelten die allgemein zu beachtenden Erleichterungen (s. Rdn. 365). Das Verschulden (Fahrlässigkeit) des Schädigers braucht der Geschädigte nicht zu beweisen, wenn die Schadensursache aus dem Gefahrenkreis des Schädigers hervorgegangen ist; insoweit trifft nach h. M. in entsprechender Anwendung des § 282 BGB die Beweislast den Schädiger[1900]. Auf die Haftung des Arbeitnehmers (Kraftfahrers) gegenüber seinem Arbeitgeber ist § 282 BGB nicht anzuwenden, weil die Fahrt mit dem Kraftfahrzeug zum Gefahrenkreis des Arbeitgebers gehört[1901]. **752**

VIII. Haftung aus Schuldanerkenntnis

1. Abstrakter Anerkenntnisvertrag

Die Haftung für die Folgen eines Verkehrsunfalls kann sich nicht nur aus dem Unfall als solchem (in Verbindung mit §§ 823 BGB, 7 StVG, positiver Vertragsverletzung u. a.), sondern auch aus einem hiervon unabhängigen, abstrakten, mithin konstitutiv wirkenden Schuldanerkenntnisvertrag (§ 781 BGB) ergeben. Liegt ein solcher vor, gründet sich die Verbindlichkeit des Erklärenden allein auf ihn; auf die haftungsrechtliche Beurteilung des Unfalls kommt es nicht mehr an. Ein derartiges abstraktes Anerkenntnis ist bei Verkehrsunfällen jedoch die Ausnahme (zu anderweitigen Erscheinungsformen von Anerkenntniserklärungen s. Rdn. 755 f). Nicht als abstraktes Schuldversprechen ist auch die schriftliche Erklärung des Haftpflichtversicherers anzusehen, er verpflichte sich, als Versicherer des Haftpflichtigen alle aus Anlaß des tödlichen Unfalls entstandenen Aufwendungen zu ersetzen[1902]. Eine Erklärung, die die Haftung unabhängig vom **753**

1897 BGHZ 54, 264.

1898 BGH NJW 1967, 980, 1320 m. krit. Anm. *Berg*; a. A. OLG München VersR 1966, 1062.

1899 BAG NJW 1985, 759; a. A. LAG Baden-Württemberg Betrieb 1978, 703; LG Stuttgart VersR 1991, 667 (für beendigtes Arbeitsverhältnis).

1900 RGZ 150, 139; BGHZ 8, 241; 23, 290; 27, 238.

1901 BAG VersR 1967, 169; BGH NJW 1973, 2020.

1902 BGH VersR 1965, 1153; a. A. RG JW 1929, 579.

Unfallverlauf begründen soll, bedarf der Schriftform (§§ 780, 781 BGB). Es muß aus ihr hervorgehen, daß eine selbständige, vom Schuldgrund unabhängige Verpflichtung begründet werden soll[1903]. Sie muß vom anderen Teil angenommen worden sein, was allerdings auch stillschweigend erfolgen kann. Es ist möglich, auch eine solche Erklärung auf den Grund des Anspruchs zu beschränken oder dahin einzuschränken, daß nur im Rahmen der vom StVG (oder HaftpflichtG) gesetzten Grenzen gehaftet werde[1904].

754 Das abstrakte Schuldanerkenntnis setzt, auch wenn es sich nur auf den Grund des Anspruchs, nicht aber auf seine Höhe bezieht, eine dreißigjährige Verjährungsfrist in Lauf[1905]. Es kann gemäß § 812 Abs. 2 BGB im Wege des Bereicherungsanspruchs zurückgefordert, d. h. unwirksam gemacht werden, wenn der Erklärende das Anerkenntnis in einem Irrtum über die Rechtlage abgegeben hat[1906], es sei denn, das Anerkenntnis wurde nach dem Willen der Parteien gerade zu dem Zweck abgeschlossen, ohne Rücksicht auf das Bestehen oder Nichtbestehen der Schuld für die Zukunft eine klare Rechtslage zu schaffen[1907]. Daneben bleibt selbstverständlich die Möglichkeit bestehen, das Anerkenntnis wegen Willensmängeln anzufechten, also mit der Behauptung, der Erklärende habe kein Anerkenntnis abgeben wollen (§ 119 BGB) oder er sei durch Täuschung oder Drohung zur Abgabe gezwungen worden (§ 123 BGB). Die Anfechtungsfrist (§ 124 BGB), die bei der Täuschung oder Drohung ein Jahr (rechnend ab Wegfall der Zwangslage oder dem Erkennen der Täuschung) beträgt, muß freilich dann gewahrt sein (bei Irrtum ist unverzüglich anzufechten).

2. Deklaratorischer Anerkenntnisvertrag

755 Durch die Erklärung eines Unfallbeteiligten, er erkenne seine Haftung für die Unfallfolgen an, kann ein schuldbestätigender Anerkenntnisvertrag zustande kommen, wenn der Verletzte sie entgegennimmt, ohne ihr zu widersprechen. Der Unterschied zum abstrakten Schuldanerkenntnis (Rdn. 753) liegt darin, daß dort nach dem Willen der Parteien eine selbständige Verbindlichkeit begründet werden soll, während es ihnen hier nur darum geht, ein anderweitig entstandenes Rechtsverhältnis dem Streit oder der Ungewißheit zu entziehen und endgültig festzulegen[1908]. Dies ist aber auch erforderlich, um überhaupt das Zustandekommen eines schuldbestätigenden Anerkenntnisvertrages annehmen zu können; fehlt ein entsprechender Wille der Parteien, so liegt lediglich eine einseitige Erklärung (mit den in Rdn. 759 geschilderten Folgen) vor[1909]. Die Annahme eines entsprechenden Willens setzt insbesondere voraus, daß die genannte Rechtsfolge der Interessenlage der Beteiligten, dem mit der Erklärung erkennbar verfolgten Zweck und der allgemeinen Verkehrsauffassung über die Bedeutung eines solchen Anerkenntnisses entspricht[1910]. Ob dies der Fall ist, unterliegt der tatrichterlichen Würdigung[1911]. Die Reparaturkostenübernahmeerklärung des Haftpflichtversicherers gegenüber einer Reparaturwerkstatt stellt jedenfalls kein Schuldanerkenntnis gegenüber dem Geschädigten dar[1912]. Läßt sich der Unfallgegner (z. B. ein Verkehrsunternehmen) eine formularmäßige „Schuldanerkenntnis- und Verzichtserklärung“ unmittelbar nach dem Unfall und verbunden mit der Erklärung, daß dann auf die Zuziehung

1903 OLG Zweibrücken OLGZ 1966, 20.
1904 RGZ 75, 7.
1905 BGH VersR 1970, 177; OLG Frankfurt VersR 1954, 279.
1906 RG JW 1929, 579.
1907 BGH NJW 1963, 2316.
1908 BGH VersR 1984, 383.
1909 BGH NJW 1982, 998.
1910 BGH VersR 1984, 384.
1911 BGH NJW-RR 1987, 43.
1912 KG NZV 1989, 232; OLG Hamm NZV 1997, 42.

der Polizei verzichtet werde, unterschreiben, so kann dieser Vertrag schon nach § 9 AGBG unwirksam sein[1913].

Der Vertrag ist formlos gültig, kann also auch mündlich abgeschlossen werden. Er ist dahin auszulegen, daß der Anerkennende auf alle Einwendungen[1914] gegen den Anspruch des Verletzten verzichtet, die er zur Zeit des Abschlusses des Vertrages kannte oder mit denen er zumindest rechnete[1915]. Dieser Verzicht ist rechtswirksam und kann nicht kondiziert[1916], sondern allenfalls nach den Vorschriften des BGB über Willensmängel (§§ 119, 123) angefochten werden. Insbesondere kann der Anerkennende auch nicht mehr einwenden, es bestehe zwischen den Parteien überhaupt kein Schuldverhältnis, weil es schon an den Voraussetzungen für eine Haftung des Beklagten fehle[1917]. Das Anerkenntnis kann dahin eingeschränkt werden, daß es sich nur auf die Haftung aus dem StVG oder nur auf den Grund des Anspruchs beziehen soll[1918]. Es kann auch in anderer Weise eingeschränkt werden (z. B. auf den Ersatz des am Kraftfahrzeug entstandenen Schadens oder auf die Haftung für ein Drittel des Schadens). Die Erklärung, die Haftung werde anerkannt, unterbricht in jedem Fall die Verjährung (§ 14, 75). **756**

Der Fahrzeugeigentümer wird durch ein vom Fahrer abgegebenes Anerkenntnis nicht gebunden[1919]. Auch für den Direktanspruch des Geschädigten gegen den Haftpflichtversicherer hat es keine Wirkung, es sei denn, der Versicherungsnehmer konnte das Anerkenntnis nach den Umständen nicht ohne offenbare Unbilligkeit verweigern (§ 3 Nr. 7 S. 3 PflVG, §§ 158e Abs. 2, 154 Abs. 2 VVG). In beiden Fällen kann das Anerkenntnis aber beweisrechtlich ein starkes Indiz für das Bestehen einer Haftungslage sein[1920]. **757**

Kann dem Anerkenntnis entnommen werden, daß es wie ein rechtskräftiges Feststellungsurteil wirken soll (**urteilsersetzendes Anerkenntnis**), so setzt dieses, auch wenn es nicht abstrakt im Sinne von Rdn. 753 ist, eine dreißigjährige Verjährungsfrist in Lauf (vgl. § 14, 9). Eine später dennoch erhobene Feststellungsklage ist mangels Feststellungsinteresses unzulässig[1921]. **758**

3. Nicht rechtsgeschäftliches Anerkenntnis

In aller Regel werden Erklärungen, die nach einem Unfall von Beteiligten zur Schuldfrage abgegeben werden, nicht von dem Bewußtsein und dem Willen getragen, eine rechtsgeschäftliche Bindung in Form eines schuldbestätigenden oder gar schuldbegründenden Vertrages einzugehen. Läßt sich ein derartiger Verpflichtungswille nicht ausnahmsweise feststellen – wofür im übrigen der Anspruchsteller die Beweislast trägt – so kann einer die Schuld am Unfall anerkennenden Erklärung nur im Rahmen der Beweiswürdigung Bedeutung zukommen[1922]. Rückt der Anerkennende später von seiner Erklärung ab, so wird er, falls nicht auch das übrige Beweisergebnis gegen seine **759**

1913 OLG Karlsruhe NZV 1991, 30.

1914 Darunter ist hier auch das Fehlen anspruchsbegründender Tatsachen zu verstehen; vgl. *Staudinger/Marburger* § 781, 11.

1915 RG JW 1916, 960; 1932, 2025 m. abl. Anm. *Lurje*; BGHZ 66, 255; BGH WM 1962, 742; 1974, 411; VersR 1966, 1174; 1981, 1160; 1984, 383; OLG München VersR 1968, 34; KG NJW 1971, 1219; VersR 1973, 927; *Wilckens* AcP 163, 147.

1916 RG JW 1916, 960.

1917 OLG Düsseldorf VersR 1961, 551; LG Mönchengladbach VersR 1968, 56.

1918 BGH NJW 1973, 620.

1919 LG Freiburg NJW 1982, 862.

1920 BGH VersR 1981, 1159; LG Freiburg VersR 1982, 809.

1921 OLG Karlsruhe NZV 1990, 428.

1922 BGH NJW 1976, 1259; 1982, 996; 1984, 383; OLG Bamberg VersR 1987, 1246.

Schuld spricht, dem Richter plausibel machen müssen, weshalb er sich zu dem objektiv falschen Anerkenntnis hat bewegen lassen. Dies wird ihm um so schwerer fallen, je konkreter seine Erklärung war (z. B. wenn er zugab, ohne Licht gefahren zu sein oder das Rotlicht mißachtet zu haben). All dies spielt sich jedoch im Rahmen der richterlichen Beweiswürdigung ab; eine Beweislastumkehr tritt infolge des Anerkenntnisses nicht ein[1923]. Dies gilt auch, wenn das Anerkenntnis zu einer Beeinträchtigung der Beweismöglichkeiten des Gegners geführt hat, z. B. weil er im Hinblick hierauf auf die Zuziehung der Polizei verzichtet hat. Die Gründe für schuldanerkennende Erklärungen durch eine Unfallbeteiligten können so mannigfach sein, daß sich sachgerechte Lösungen nur mittels des flexiblen Instruments der Beweiswürdigung erzielen lassen.

760 Die Erklärung eines Unfallbeteiligten, er sei schuld an dem Unfall, besagt im übrigen nichts darüber, ob nicht auch den anderen Beteiligten ein Verschulden trifft[1924]. Keinerlei Wirkung hat in der Regel die Erklärung, der Unfall werde der Versicherung gemeldet, der Schaden sei durch die Versicherung gedeckt oder eine ähnliche Redewendung[1925].

IX. Ansprüche aus Vergleich

1. Allgemeines

761 Nicht ein Rechtsstreit, sondern ein Abfindungsvergleich beendet in den weitaus meisten Fällen die Meinungsverschiedenheiten zwischen dem Schädiger und dem Verletzten über Grund und Höhe der Ansprüche. Es macht im Ergebnis keinen Unterschied, ob der Vergleich vor Gericht oder außergerichtlich geschlossen wird. Zwar ist im Falle gerichtlicher Protokollierung eine Zwangsvollstreckung möglich; hierauf kommt es aber in der Regel nicht an, weil es der für den Schädiger zumeist eintretende Haftpflichtversicherer nicht auf eine Zwangsvollstreckung ankommen lassen kann. In der Regel schließt der Versicherer den Abfindungsvergleich mit Wirkung für und gegen den Versicherten aufgrund seiner auf § 10 Abs. 5 AKB beruhenden Vollmacht, während der Versicherungsnehmer nach den Versicherungsbedingungen einen Vergleich nicht selbst abschließen darf. Zumeist lautet der Vergleich auf Zahlung einer bestimmten Geldsumme; selbstverständlich können aber auch fortlaufende Zahlungen vereinbart werden (Rentenvergleich). Eingehend zu allen Fragen im Zusammenhang mit dem Vergleichsabschluß aus praktischer Sicht *Jahnke* VersR 1995, 1145 ff.

2. Abschluß

762 Der Vergleich ist ein gegenseitiger Vertrag. Er kommt zustande durch Annahme eines entsprechenden Angebots. Die Einigung über eine Abfindungserklärung wird nicht dadurch ausgeschlossen, daß hinsichtlich einer Nebenforderung[1926], z. B. hinsichtlich der Anwaltskosten[1927], Meinungsverschiedenheiten verbleiben. Die Annahme eines Vergleichsvorschlags kann auch stillschweigend durch schlüssige Handlung erklärt werden. Dies ist der Fall, wenn der Haftpflichtversicherer des Schädigers jahrelang die

[1923] A. A. *Künnell* VersR 1984, 711; beiläufig BGHZ 66, 254; dahingestellt in BGH VersR 1984, 384.

[1924] OLG Karlsruhe VersR 1958, 112; OLG Frankfurt VersR 1974, 92.

[1925] RG JW 1914, 34; BayZ 1919, 163; JRPrV 1935, 24; OLG Karlsruhe VersR 1965, 1183.

[1926] BGH VersR 1963, 1206.

[1927] LG Mainz VersR 1965, 1059.

vom Verletzten vorgeschlagene Rente zahlt[1928]. In der widerspruchslos erfolgten Einlösung eines Schecks ist regelmäßig die Annahme eines Abfindungsangebots zu sehen, wenn der Scheck mit der Bestimmung übergeben wurde, daß er nur bei Annahme des Angebots eingelöst werden darf, und auf eine ausdrückliche Annahmeerklärung verzichtet wurde[1929]. Macht das Gericht einen Vergleichsvorschlag und erklären beide Parteien in Schriftsätzen, die ausgetauscht werden, daß sie den Vorschlag annehmen, so kommt der Vergleich mit Zugang des letzten Schriftsatzes beim Gegner bindend zustande.

Ein Rechtsanwalt darf einen bindenden Abfindungsvergleich mit nicht unerheblicher **763**
Tragweite in der Regel nur schließen, wenn sein Mandant hierüber belehrt ist und zugestimmt hat; andernfalls haftet der Anwalt dem Mandanten auf Ersatz eines durch den Vergleich entstandenen Schadens[1930].

3. Wirkung

In der Regel läßt der Vergleich das ursprüngliche Rechtsverhältnis bestehen und **764**
gestaltet lediglich die hieraus sich ergebenden Rechtsfolgen. Beim Abfindungsvergleich verpflichtet sich der Schädiger zu einer bestimmten Schadensersatzzahlung, während der Geschädigte auf evt. weitergehende Ansprüche verzichtet. Ob sich der Verzicht auf unvorhersehbare Spätfolgen des Unfalls erstreckt, hängt von der Auslegung des Vergleichs ab, die sich an den Vorstellungen der Parteien bei Vergleichsabschluß orientieren muß[1931]; in krassen Fällen kommt auch der Einwand unzulässiger Rechtsausübung in Betracht (vgl. Rdn. 770). Im Zweifel umfaßt der Abfindungsvergleich auch künftige Lohnfortzahlungsansprüche wegen unfallbedingter Krankheiten[1932].

a) **Zugunsten anderer Gesamtschuldner** wirkt der Abfindungsvergleich nur dann, **765**
wenn dies ausdrücklich vereinbart ist (§ 423 BGB). Fehlt es an einer solchen Vereinbarung, so bleiben die Ausgleichsansprüche der anderen Gesamtschuldner, an die sich der Verletzte wegen seines Ausfalls gehalten hat, bestehen (§ 426 Abs. 1 BGB). Der Umstand, daß es zu keinem Forderungsübergang nach § 426 Abs. 2 BGB kommt, weil der Verletzte gegen den Schädiger, der ihn abgefunden hat, keine Forderungen mehr hat, steht dem nicht entgegen. Der formularmäßige Verzicht auf „weitergehende Ansprüche gegen jeden Dritten" in einem Abfindungsvergleich benachteiligt den Geschädigten entgegen Treu und Glauben unangemessen[1933].

b) **Auf die Ansprüche dritter Personen** kann sich der Vergleich nur erstrecken, wenn **766**
diese dem Vergleich beitreten oder ihm zustimmen. Hieraus folgt, daß dann, wenn der Verletzte sich auch wegen der Ansprüche seiner Angehörigen für abgefunden erklärt, deren Ansprüche aus § 844 Abs. 2, § 845 BGB und § 10 StVG bestehen bleiben, sofern sie nicht in einer Erklärung gegenüber dem Schädiger diesem Verzicht zustimmen oder dem Vergleich beitreten.

c) Bei **Gesamtgläubigerschaft**, wie sie z. B. beim Regreß zweier nebeneinander lei- **767**
stungspflichtiger Sozialversicherungsträger bestehen kann, betrifft der von einem der

[1928] BGH VersR 1965, 886.
[1929] BGH NJW-RR 1986, 415; NJW 1990, 1656; OLG Düsseldorf MDR 1990, 920; einschr. BGH NJW 1990, 1655 für den Fall, daß sonstige Umstände das Fehlen eines wirklichen Annahmewillens ergeben.
[1930] BGH NZV 1994, 311.
[1931] Vgl. OLG Frankfurt VersR 1993, 1147; OLG Oldenburg VRS 79, 161; OLG Hamm NZV 1994, 435.
[1932] OLG Saarbrücken VersR 1985, 298.
[1933] BGH VersR 1986, 467.

Gläubiger abgeschlossene Abfindungsvergleich in der Regel nur den ihm im Innenverhältnis zum anderen zustehenden Anteil. Der andere Gesamtgläubiger kann dann nur noch das verlangen, was im Innenverhältnis ihm zusteht[1934].

4. Abänderung

768 Entsteht später bei beiden Vergleichsparteien der Wunsch, den Vergleich abzuändern, so ist dies ohne weiteres durch einen Vertrag möglich. Erstrebt dagegen nur eine der beiden Parteien eine Abänderung und widerspricht die andere, so bestehen folgende Möglichkeiten:

769 a) **Wegfall der Geschäftsgrundlage.** Gemeinsame irrige Erwartungen der Vergleichschließenden, z. B. ein künftiges Ereignis werde eintreten oder ausbleiben, führen nicht zur Nichtigkeit des Vergleichs[1935]. Auch wenn beide Parteien davon ausgingen, der Sachverhalt rechtfertige nur Ansprüche aus unerlaubter Handlung, während in Wirklichkeit auch vertragliche Ansprüche gegeben waren, beeinflußt dieser Irrtum den Abfindungsvergleich nicht[1936]. Auf einen Wegfall der Geschäftsgrundlage (mit dem Ziel einer Anpassung des Vergleichs an die veränderten Umstände) können sich die Parteien nur berufen, wenn es sich um Änderungen handelt, die so überraschend sind, daß sie von ihnen bei Vergleichsabschluß weder ihrer Art noch ihrem Umfang nach als möglich hätten erwartet werden können. Dies kann z. B. der Fall sein bei einer überraschenden Änderung der Rechtsprechung[1937] oder einer grundlegenden Gesetzesänderung[1938]. Dagegen kann bei einem Abfindungsvergleich über zukünftigen Erwerbsschaden ein Abänderungsverlangen nicht auf eine unvorhergesehene strukturelle Besoldungsverbesserung gestützt werden[1939]. Es gehört zum Wesen eines Abfindungsvergleichs, daß beide Parteien gewisse Unsicherheiten der zukünftigen Entwicklung in Kauf nehmen. Daher kommt ein Wegfall der Geschäftsgrundlage nur in außergewöhnlichen Fällen in Betracht. Unter Umständen können die beiderseits irrigen Vorstellungen jedoch bei der Auslegung des Vergleichs zu beachten sein, falls der Wortlaut in dieser Hinsicht eine dem Verletzten günstige Auslegung zulassen sollte. An den Nachweis, daß dem Verletzten die Möglichkeit offengelassen werden sollte, Nachforderungen geltend zu machen, sind freilich strenge Anforderungen zu stellen[1940].

770 b) **Einwand unzulässiger Rechtsausübung.** Gegenüber einem Abfindungsvergleich kann der Verletzte den Einwand unzulässiger Rechtsausübung erheben, wenn sich nach dem Auftreten unvorhergesehener, die Schadenshöhe betreffender Umstände ein so krasses Mißverhältnis zwischen der Vergleichssumme und dem Schaden ergibt, daß der Schädiger gegen Treu und Glauben verstieße, wenn er am Vergleich festhalten wollte[1941]. Zu beachten ist, daß ein bloßes Mißverhältnis oder das Entstehen einer Härte für den Verletzten nicht genügt. Es muß sich vielmehr um ein ganz ungewöhnliches, für den Geschädigten unerträgliches Mißverhältnis handeln[1942]. Fallen die einge-

---

1934 BGH VersR 1986, 810.
1935 BGH VersR 1961, 808.
1936 BGH Betrieb 1961, 944.
1937 BGHZ 58, 362: Rückgriff des Sozialversicherungsträgers gegen Zweitschädiger.
1938 Zum Gesundheitsreformgesetz bejahend OLG München ZfS 1992, 263, verneinend OLG Koblenz VersR 1996, 232, wobei im letztgenannten Fall die Besonderheiten der Legalzession nach SGB-X zu berücksichtigen waren, vgl. *Gerner*, VersR 1996, 1080 und Schlußanhang II, Rdn. 136.
1939 BGH VersR 1983, 1034.
1940 OLG Nürnberg VersR 1965, 626.
1941 BGH VersR 1961, 382; 1967, 804; 1968, 1165; OLG Hamm VersR 1987, 389; OLG Köln MDR 1988, 230.
1942 BGH VersR 1983, 1035; OLG Hamm VersR 1966, 371; 1987, 509.

tretenen Veränderungen in den vom Geschädigten übernommenen Risikobereich, so muß dieser grundsätzlich auch bei erheblichen Opfern die Folgen tragen[1943].

c) **Anpassung eines Rentenvergleichs.** Verträgen, die die Entschädigung für entgangenen Unterhalt durch Festsetzung einer laufenden Rente regeln, wohnt regelmäßig die sog. clausula rebus sic stantibus inne: das heißt, daß bei einer wesentlichen Veränderung der bei Vergleichsabschluß bestehenden wirtschaftlichen Verhältnisse nach §§ 157, 242 BGB eine Anpassung der Leistungen stattzufinden hat, wenn sie erforderlich ist, um den mit dem Vertrag verfolgten Zweck zu erreichen[1944]. Im Hinblick auf den Versorgungszweck von Rentenvergleichen ist dies bei wesentlichen Veränderungen im Wirtschafts- und Preisgefüge regelmäßig zu bejahen[1945]. Ein Ausschluß der Anpassung müßte ausdrücklich vereinbart sein[1946]. Hierfür genügt es nicht, wenn nur die laufende Anpassung durch ein Gleitklausel ausgeschlossen oder die formularmäßige Klausel „zur Abgeltung aller Unterhaltsansprüche aus § 844 Abs. 2 BGB" in den Vergleich aufgenommen wurde[1947]. 771

d) Eine **Anfechtung** des Vergleichs wegen arglistiger Täuschung oder wegen Drohung (§ 123 BGB) führt ebenso zu seiner Nichtigkeit wie die Anfechtung wegen Irrtums (§ 119 BGB); Voraussetzung ist allerdings, daß die gesetzlichen Anfechtungsfristen gewahrt sind und ein die Anfechtung rechtfertigender Sachverhalt nachgewiesen wird. Geht der Haftpflichtversicherer irrig von der Annahme aus, es bestehe eine Schadensersatzpflicht des Versicherten, so kann er den Vergleich nicht anfechten, wenn er später bemerkt, daß eine Schadenersatzpflicht überhaupt nicht in Betracht kam[1948]. Glaubt der Verletzte, sein Gesundheitszustand werde sich in Zukunft nicht verschlechtern, und stellt sich dies später als irrig heraus, so ist eine Anfechtung des Vergleichs nicht möglich; denn der Verletzte war nicht im Irrtum über den Inhalt des Vergleichs. Zu beachten ist, daß der Anfechtende dem Vergleichspartner denjenigen Schaden zu ersetzen hat, den er dadurch erleidet, daß er auf die Gültigkeit des Vergleichs vertraut (§ 122 Abs. 1 BGB); die Ersatzpflicht entfällt, wenn der Geschädigte den Grund der Anfechtbarkeit kannte oder fahrlässig nicht kannte (§ 122 Abs. 2 BGB). Liegen die Voraussetzungen des § 122 Abs. 2 BGB nicht vor, hat aber der Geschädigte den Irrtum des Anfechtenden schuldlos mitveranlaßt, so findet auf seinen Schadenersatzanspruch § 254 Abs. 1 BGB Anwendung[1949]. 772

5. Besonderheiten des Prozeßvergleichs

Der zur gänzlichen oder teilweisen Beilegung eines Rechtsstreits vor einem deutschen Gericht formgerecht, d. h. durch ordnungsgemäße Protokollierung abgeschlossene Vergleich ist zugleich privatrechtlicher Vertrag und Prozeßvertrag[1950]. Er kann daher sowohl aus materiellrechtlichen als auch aus prozeßrechtlichen Gründen unwirksam sein, doch kann er im letzteren Fall u. U. als außergerichtlicher Vergleich aufrechterhalten werden[1951]. Für einen Dritten, der dem Prozeßvergleich beitritt, besteht kein Anwalts- 773

[1943] BGH VersR 1957, 508; 1983, 1035; 1990, 984; OLG Düsseldorf NZV 1995, 482.
[1944] RGZ 106, 233; BGH VersR 1962, 806; 1966, 37; 1968, 451; NJW 1986, 2054; 1989, 289.
[1945] Eingehend zur Frage der Wesentlichkeit BGH NJW 1989, 289.
[1946] BGH VersR 1968, 451.
[1947] BGH NJW 1989, 289.
[1948] BGH VersR 1965, 449.
[1949] BGH VersR 1969, 613 LS.
[1950] BGHZ 28, 171; *Rosenberg/Schwab/Gottwald* § 131 III 1.
[1951] BAG NJW 1960, 1364; BGH NJW 1985, 1962.

zwang[1952]. Ein Widerrufsvorbehalt stellt in der Regel eine aufschiebende Bedingung für die Wirksamkeit des Vergleichs dar[1953].

774 Die Frage, ob ein gerichtlicher Vergleich nichtig (und somit der Prozeß nicht beendigt) ist, ist durch Fortsetzung des bisherigen Rechtsstreits zu klären[1954]. Wird wegen behaupteten Wegfalls der Geschäftsgrundlage die Abänderung des Vergleichs begehrt, so ist dies in einem neuen Prozeß geltend zu machen[1955]. Auch der Streit über die Auslegung eines Prozeßvergleichs ist in einem neuen Prozeß auszutragen.

775 Ist im Prozeßvergleich eine laufende Rente vereinbart, so ist bei wesentlicher Veränderung der Verhältnisse eine Ermäßigung oder Erhöhung der Rentenzahlungen im Verfahren nach § 323 ZPO möglich, und zwar grundsätzlich auch für die Zeit bis zur Erhebung der Klage[1956]. Bei Vergleichen, die vor der Währungsreform vom 21. 6. 1948 geschlossen wurden, kann unter Umständen im Wege des § 323 ZPO eine Anpassung der Rente an die geschrumpfte Kaufkraft des Geldes erfolgen[1957].

X. Haftung aus Abwehr eines Notstands

776 Ein Verkehrsteilnehmer kann einem anderen unter dem Aspekt des **Notstands** haftpflichtig werden, wenn er diesen geschädigt hat, um die gegenwärtige Gefahr eines unverhältnismäßig größeren Schadens abzuwenden (§ 904 S. 2 BGB). Dies kommt z. B. in Betracht, wenn er sein Kraftfahrzeug bei Bremsversagen vor einer Gefällstrecke gegen ein Hindernis lenkt. Voraussetzung ist jedoch, daß die Einwirkung auf die fremde Sache **bewußt und gewollt** geschieht. Der Handelnde muß sich die Schädigung der Sache zumindest als mögliche Folge seines Eingriffs in den fremden Rechtskreis vorgestellt und sie billigend in Kauf genommen haben[1958]. Daher haftet z. B. ein Motorradfahrer nicht aus § 904 S. 2 BGB, der, um einen Frontalzusammenstoß mit einem seine Fahrbahn unvermutet kreuzenden Pkw zu vermeiden, nach links ausweicht und ein anderes Fahrzeug streift, an dem er vorbeizukommen gehofft hat[1959].

777 Auf **Verschulden oder Unabwendbarkeit** kommt es nicht an. Ging jedoch die Gefahr lediglich von der Sache aus, die vermittels des Kraftfahrzeugs beschädigt wurde, so entfällt nach § 228 Satz 2 BGB die Schadenersatzpflicht, wenn der Handelnde die Gefahr nicht verschuldet hatte (§ 228 Satz 2 BGB). Das LG Darmstadt[1960] geht wohl zu weit, wenn es einen Ersatzanspruch nach § 904 BGB schon dann als unbegründet ansieht, wenn der Fahrer des geschädigten Wagens selbst eine für die Entstehung des Unfalls wesentliche Handlung vorgenommen hat. Es war der Fall zu entscheiden, daß während der Durchführung eines Überholvorgangs auf der Autobahn ein Wagen auf der falschen Fahrbahn entgegenkam und sich der Überholende durch scharfes Bremsen hinter den Wagen, den er überholen wollte, setzen mußte. Der Umstand allein, daß auch der Fahrer des überholten Wagens bremste und auf diese Weise einen Auffahrunfall herbeiführte, genügte dem Landgericht, ihm den Anspruch aus § 904 BGB abzusprechen.

1952 BGH NJW 1983, 1433 = JR 1983, 369 m. Anm. *Bergerfurth*.
1953 BGHZ 46, 279; BGH JZ 1984, 342.
1954 BGHZ 14, 386; 28, 171.
1955 BGH NJW 1966, 1658; *Stötter* NJW 1967, 1111.
1956 BGH (GS) VersR 1983, 147.
1957 BGH VersR 1966, 37.
1958 RGZ 88, 213; 113, 302; BGHZ 6, 107; BGH VersR 1955, 11; 1985, 66 = 335 m. Anm. *Dunz* = JZ 1985, 179 m. abl. Anm. *Konzen*.
1959 BGH VersR 1985, 66 = 335 m. Anm. *Dunz* = JZ 1985, 179 m. abl. Anm. *Konzen*; s. auch LG Aachen VersR 1990, 101.
1960 VersR 1965, 1144.

Die Ersatzpflicht aus § 904 Satz 2 BGB gilt nur für Sachschäden. Ersatzpflichtig ist stets der Begünstigte[1961]. Für den Ersatzanspruch gilt nicht die dreijährige Verjährung nach § 852 BGB[1962], vielmehr verjährt der Ersatzanspruch in dreißig Jahren (§ 195 BGB). 778

XI. Ansprüche aus Geschäftsführung ohne Auftrag

1. Aufopferung zur Gefahrenabwehr von anderem Verkehrsteilnehmer

a) **Anspruchsvoraussetzungen.** Schädigt sich ein Verkehrsteilnehmer selbst, um in einer Gefahrensituation einen anderen vor Schaden zu bewahren (z. B. er lenkt sein Fahrzeug in den Straßengraben, weil ein Kind auf die Fahrbahn springt), so kann er Ersatz seines Schadens unter dem Gesichtspunkt der Geschäftsführung ohne Auftrag (§§ 677 ff BGB) verlangen, denn er hat ein „Geschäft" (hierzu zählen auch rein tatsächliche Handlungen) im Interesse des anderen besorgt. Zwar handelt es sich bei den Schäden, die der opferbereite Verkehrsteilnehmer, um den anderen zu retten, sich selbst und seinem Fahrzeug zufügt, streng genommen nicht um Aufwendungen im Sinne des § 683 BGB. Bei interessengerechter Auslegung gelangt man aber zu dem Ergebnis, daß dem Retter ein Anspruch gegen den Geretteten auf Ersatz des erlittenen Schadens zusteht[1963]. Als innerer Tatbestand genügt das Bewußtsein, das „Geschäft" als fremdes zu besorgen. Es genügt also der Gedanke, daß die Maßnahme erforderlich sei, um den anderen Verkehrsteilnehmer zu retten. Darauf, ob dies die alleinige Triebfeder des Handelns ist, kommt es nicht an. 779

b) **Ausschluß bei eigenem Verschulden.** Bei eigenem Verschulden muß der sich selbst schädigende Verkehrsteilnehmer den ihm erwachsenen Schaden selbst tragen, und zwar auch dann, wenn es in der gegebenen Gefahrenlage keine andere Möglichkeit mehr gegeben hat, den anderen zu retten, als das eigene Fahrzeug von der Fahrbahn weg oder gegen einen ruhenden Gegenstand (Baum, Hauswand) zu lenken. Dies gilt stets dann, wenn der Verkehrsteilnehmer die Gefahrenlage verkehrswidrig – durch Unaufmerksamkeit, zu schnelles Fahren oder auf andere Weise – herbeigeführt hat, aber auch dann, wenn er zu der Rettungshandlung nach den Grundsätzen der Güterabwägung verpflichtet war, d. h. bei ihrem Unterlassen haftpflichtig geworden wäre[1964]. Für eine Anwendung des § 254 BGB ist kein Raum. 780

c) **Ausschluß bei mitwirkender Betriebsgefahr.** Entsprechendes gilt, wenn der Geschädigte ein Kraftfahrzeughalter ist, den die Gefährdungshaftung nach § 7 StVG trifft. Kann der Halter des bei der Rettung eines anderen Verkehrsteilnehmers aus plötzlich entstandener Gefahr beschädigten Kraftfahrzeugs den Entlastungsbeweis nach § 7 Abs. 2 nicht führen, so kann er keinen Anspruch aus Geschäftsführung ohne Auftrag gegen den Geretteten oder die Eltern des Kindes geltend machen[1965]. Dies soll nach Ansicht des Bundesgerichtshofs unbeschränkt gelten, auch soweit den Halter des geschädigten Kraftfahrzeugs hierdurch Aufwendungen treffen, die über die in § 12 bestimmten Höchstbeträge hinausgehen[1966]. Werden Schadensersatzansprüche vom Fah- 781

1961 *Kraffert* AcP 165, 453.
1962 BGHZ 19, 84.
1963 Ebenso BGHZ 38, 270 = JZ 1963, 547 m. Anm. *Lange*.
1964 A. A. *Frank* JZ 1982, 737.
1965 BGHZ 38, 273 = JZ 1963, 547 m. Anm. *Lange*; BGH VersR 1957, 340; 1958, 168; 1958, 646; OLG Köln ZfS 1994, 8; *Hagen* NJW 1966, 1893.
1966 Vgl. auch RGZ 149, 213; BGH VRS 11, 107 entgegen OLG Neustadt VRS 8, 25; abl. auch *Helm* VersR 1968, 209.

rer gestellt, so gilt für den Haftungsausschluß nicht der Maßstab des § 7 Abs. 2, sondern der des § 18[1967].

782 d) **Umfang der Ansprüche.** Liegt keiner der vorstehenden Fälle vor, so kann der Halter den Ersatz des vollen Schadens vom Geretteten verlangen. Die in BGHZ 38, 278 f vertretene Ansicht, der Kraftfahrer müsse seine Ansprüche auch dann wegen der mitwirkenden Betriebsgefahr seines Kraftfahrzeugs um 50% kürzen lassen, wenn er den Unabwendbarkeitsbeweis führen kann, ist abzulehnen[1968]. Schmerzensgeld kann, da von §§ 670, 683 BGB nicht umfaßt, nicht beansprucht werden[1969]. Abzuziehen sind die Schäden, die der Retter ohne die Rettungshandlung hätte hinnehmen müssen[1970], sowie die Leistungen, die die Berufsgenossenschaft dem bei der Rettung geschädigten Halter aus Anlaß des Unfalls nach § 539 Abs. 1 Nr. 9 a RVO a. F. bzw. § 2 Abs. 1 Nr. 13 a SGB-VII erbracht hat (siehe hierzu und zur Frage des Haftungsausschlusses nach § 636 RVO a. F. Schlußanh. II, 63).

783 e) Ein **Forderungsübergang** auf den Sozialversicherungsträger, der Leistungen nach § 539 Abs. 1 Nr. 9 a RVO a. F. bzw. § 2 Abs. 1 Nr. 13 a SGB-VII erbracht hat, findet grundsätzlich nicht statt[1971], denn es handelt sich nicht um einen Schadensersatzanspruch i. S. d. § 1542 RVO a. F., § 116 SGB-X. Eine Ausnahme gilt nach § 765 a Abs. 2 RVO a. F. bzw. § 13 SGB-VII für in die Leistungspflicht des Unfallversicherers einbezogene Sachschäden. Ob ein Regreß des Sozialversicherungsträgers auch dann ausgeschlossen ist, wenn sich das Unfallopfer durch nachweislich schuldhaftes Verhalten in die Notlage gebracht hat, hat der BGH offengelassen, das OLG Karlsruhe[1972] bejaht. Ein solcher Regreß erschiene zwar nicht unbillig, jedoch ist eine gesetzliche Grundlage hierfür nicht ersichtlich.

784 f) **Schuldner des Ersatzes** ist der Gerettete. Ist dieser ein Kind, welches altersmäßig der dauernden Obhut seiner Eltern im Straßenverkehr noch nicht entwachsen war, so besorgt der Retter auch eine Angelegenheit der beiden Elternteile und kann daher von jedem von ihnen den Ersatz des vollen Schadens verlangen[1973]. Das Kind und beide Elternteile sind Gesamtschuldner, doch hat im Innenverhältnis das Kind den Schaden zu tragen. Entsprechendes gilt ggf. für den Vormund.

2. Tätigwerden zur Schadensminderung

785 Wer nach einem Unfall als nicht selbst Geschädigter[1974] dazu beiträgt, den Schaden zu beseitigen oder zu mindern, führt auch ein Geschäft des für den Unfall Verantwortlichen. Daß er zugleich in Erfüllung einer eigenen z. B. öffentlich-rechtlichen Verpflichtung handelt, steht dem nicht entgegen. Um Geschäftsführung ohne Auftrag handelt es sich daher z. B., wenn die Feuerwehr einen umgestürzten Tankwagen birgt[1975]. Abzulehnen ist dagegen die Rechtsprechung[1976], wonach Angehörige eines Verletzten unter dem Gesichtspunkt der Geschäftsführung ohne Auftrag die Aufwendungen vom

---

1967 *Frank* JZ 1982, 739.

1968 Ebenso *Hagen* NJW 1966, 1893; *Frank* JZ 1982, 742.

1969 BGHZ 52, 115.

1970 OLG Oldenburg VersR 1972, 1179; *Frank* JZ 1982, 742.

1971 BGH NJW 1985, 492 = JZ 1985, 390 m. zust. Anm. *Gitter*; *v. Caemmerer* DAR 1970, 291; *Frank* JZ 1982, 743; **a. A.** die frühere Rspr., vgl. RGZ 167, 85; BGHZ 33, 257; 38, 281.

1972 VersR 1988, 1081.

1973 BGH VersR 1958, 168; OLG Oldenburg VersR 1972, 1178; *Frank* JZ 1982, 742; **a. A.** *Canaris* JZ 1963, 660.

1974 Zu dessen Anspruch auf Ersatz der Schadensminderungskosten s. § 9, 73 ff.

1975 BGHZ 63, 167.

1976 RGZ 138, 1; BGH VersR 1979, 350.

Schädiger erstattet verlangen können, die ihnen für Besuche des Verletzten entstanden sind, denn in diesen Fällen wird weder objektiv noch subjektiv ein fremdes Geschäft geführt[1977]; derartige Aufwendungen können nur vom Verletzten selbst als Heilungskosten liquidiert werden (§ 11, 9 f). Der Haftpflichtversicherer hat zu dem Unfallschaden nur eine mittelbare Beziehung. Die Behebung der Unfallfolgen ist nicht sein „Geschäft". Daher hat die Behörde, die Unfallschäden (z. B. ausgelaufenes Öl) beseitigt hat, gegen ihn keinen Anspruch aus Geschäftsführung ohne Auftrag[1978].

3. Rettungskosten

Inwieweit das Unfallopfer die Kosten von Rettungsdienst, Notarzt, Feuerwehr u. dgl. **786**
zu ersetzen hat, richtet sich nach den entsprechenden Vorschriften des Landesrechts. Bei privaten Rettungsdiensten oder Notarztleistungen kommen auch Ansprüche aus Vertrag oder Geschäftsführung ohne Auftrag in Betracht[1979]. Verletzt sich ein Helfer bei der Abwehr einer einem anderen drohenden Gefahr, so steht ihm ein Aufwendungsersatzanspruch aus Geschäfsführung ohne Auftrag nur zu, wenn sich die Verletzung gerade aus der mit der Geschäftsführung verbundenen, tätigkeitsspezifisch gesteigerten Gefahr ergeben hat[1980].

XII. Gefährdungshaftung bei Gewässerverunreinigung

1. Anwendungsgebiet und Voraussetzungen

Wird bei einem Tankwagenunfall das Grundwasser[1981] oder ein oberirdisches Ge- **787**
wässer durch auslaufendes Transportgut verunreinigt, so kommt auch eine Haftung des Halters nach § 22 Abs. 2 Satz 1 WHG in Betracht. Der Tankkraftwagen ist eine Anlage im Sinne dieser Vorschrift[1982], nicht aber jedes Kraftfahrzeug wegen des mitgeführten Treibstofftanks oder ein als Ladegut transportiertes ölhaltiges Gerät[1983]. Inhaber ist (ähnlich wie der Halter im Sinne des StVG), wer die Anlage für eigene Rechnung in Gebrauch hat und die Verfügungsgewalt besitzt, die ein solcher Gebrauch voraussetzt; dies kann auf mehrere Beteiligte zugleich zutreffen[1984]. Der Inhaber haftet auch ohne Verschulden und ohne Höhenbegrenzung (vgl. jedoch zum Einwand des Rechtsmißbrauchs Rdn. 327).

2. Ausschluß

Die Ersatzpflicht ist jedoch ausgeschlossen, wenn der Schaden durch **höhere Gewalt** **788**
verursacht ist (§ 22 Abs. 2 Satz 2 WHG). Höhere Gewalt ist ein von außen kommendes außergewöhnliches Ereignis, das unter den gegebenen Umständen auch durch die äußerste, nach Lage der Sache vom Halter zu erwartende Sorgfalt nicht abgewendet werden konnte[1985] (s. auch § 1 HaftpflG, 36 ff). Das Eingreifen höherer Gewalt muß der Halter beweisen. Dieser Beweis stellt höhere Anforderungen als der Beweis der

---

1977 *Seidel* VersR 1991, 1323; a. A. Voraufl.

1978 BGHZ 54, 157.

1979 Näher *Heinze* NZV 1994, 49, auch zu den sozialrechtlichen Erstattungsregelungen. Zur Erstattung der Kosten eines objektiv nicht erforderlichen Hubschraubereinsatzes LG Köln NZV 1991, 197.

1980 BGH VersR 1993, 844.

1981 Vgl. hierzu BGH NJW 1988, 1593 = JZ 1988, 560 m. Anm. *Marburger*.

1982 BGHZ 47, 1; 57, 259.

1983 OLG Hamm NJW-RR 1993, 915.

1984 BGHZ 80, 1; eingehend – auch rechtsvergleichend – hierzu *Hübner* 25 Jahre KF 126.

1985 RGZ 101, 95; 158, 361.

Unabwendbarkeit nach § 7 Abs. 2 StVG; der Halter ist daher noch nicht entlastet, wenn er lediglich die Unabwendbarkeit des Unfalls im Sinne des § 7 Abs. 2 StVG (vgl. § 7, 339 ff) bewiesen hat.

3. Ersatzberechtigung

789 Ersatzberechtigt ist außer dem Grundstückseigentümer, wer sonst durch die Verunreinigung des Wassers **unmittelbar betroffen** ist. So kann z. B. der Betreiber des Wasserwerks, in dessen Einzugsbereich das verschmutzte Grundwasser liegt, vom Halter des Tankwagens alle Aufwendungen verlangen, die im Zeitpunkt der Verunreinigung zur Behebung der Verunreinigung geboten erschienen[1986].

4. Umfang

790 **Vorsorgeaufwendungen** (z. B. Ausbaggern des Erdreichs, um Verunreinigung des Grundwassers zu verhindern) werden vom Wortlaut des § 22 Abs. 2 WHG nicht erfaßt, weil zum Zeitpunkt ihres Entstehens noch keine Verunreinigung des Wassers vorliegt. Nach Sinn und Zweck der Vorschrift ist die Gefährdungshaftung jedoch auf solche Aufwendungen zu erstrecken, die zur Abwendung eines sicher bevorstehenden Gewässerschadens erforderlich waren[1987].

XIII. Gefährdungshaftung für Luftfahrzeuge

791 Auch durch Luftfahrzeuge können Unfälle im Straßenverkehr verursacht werden, sei es durch unmittelbare oder durch mittelbare Einwirkung (Beispiele: Kollision mit notlandendem Flugzeug, Unfall durch herabfallende Teile, Unfall durch Erschrecken über Fluglärm). Die Haftung für Unfälle durch Luftfahrzeuge ist durch §§ 33 ff LuftVG als Gefährdungshaftung ähnlich jener nach dem StVG ausgestaltet; der Halter des Luftfahrzeugs kann sich jedoch nicht durch den Beweis der Unabwendbarkeit des Unfalls entlasten.

1. Haftungsvoraussetzungen

792 Es muß sich um einen Unfall (zum Begriff § 7, 127 ff) beim Betrieb eines Luftfahrzeugs handeln. Der Begriff des Luftfahrzeugs ist in § 1 Abs. 2 LuftVG definiert; Modellflugzeuge, die als Kinderspielzeug anzusehen sind, fallen nicht darunter[1988]. Für das Tatbestandsmerkmal „beim Betrieb" gilt das unter § 7, 32 ff Ausgeführte entsprechend. Es kommt also nicht darauf an, ob sich das Luftfahrzeug im Zeitpunkt des Unfalls in der Luft oder wenigstens in Bewegung befand; entscheidend ist vielmehr allein, ob sich bei dem Unfall gerade die Gefahren ausgewirkt haben, die typischerweise von Luftfahrzeugen ausgehen und hinsichtlich derer der Verkehr daher nach dem Sinn der Haftungsvorschrift schadlos gehalten werden soll[1989]. Daher ist auch ein Unfall, der durch die Turbulenzen bei der Landung eines Hubschraubers[1990] oder durch Erschrekken über den Lärm eines tieffliegenden Düsenflugzeugs oder einen Überschallknall hervorgerufen wird, dem Betrieb des Flugzeugs zuzurechnen[1991]; die ursächliche Zurechnung wäre allerdings dann zu verneinen, wenn eine bei objektiver Betrachtung ungefährliche Geräuschentwicklung nur infolge einer außergewöhnlichen Empfindlichkeit

[1986] BGH NJW 1967, 1131.
[1987] BGHZ 80, 1; BGH VersR 1983, 184.
[1988] OLG Düsseldorf VersR 1973, 826.
[1989] BGHZ 79, 263; BGH VersR 1982, 243.
[1990] Österr. OGH ZVR 1992, 225: Sturz eines Radfahrers.
[1991] BGH VersR 1982, 243.

des Geschädigten zu einer Schädigung geführt hätte[1992]. Da auch der ruhende Verkehr nach obiger Begriffsbestimmung noch zum Betrieb des Luftfahrzeugs gehören kann, greift die Haftung nach § 33 LuftVG z. B. auch ein, wenn ein notgelandetes oder über die Landebahn hinausgeratenes Flugzeug oder ein Rettungshubschrauber[1993] im Verkehrsraum einer Straße abgestellt ist und hierdurch ein Verkehrsunfall hervorgerufen wird; dagegen würde es an jedem Zusammenhang mit den für ein Luftfahrzeug typischen Gefahren fehlen, wenn etwa ein zusammengelegter Hängegleiter oder Flugdrachen beim Abtransport in den Verkehrsraum gelangen würde.

2. Ersatzpflichtiger

Die Ersatzpflicht nach § 33 LuftVG trifft den **Halter** des Luftfahrzeugs. Der Halter- **793**
begriff deckt sich mit dem des StVG (vgl. § 7, 231 ff). Für den Fall der unbefugten Benutzung eines Luftfahrzeugs („Schwarzflug") trifft § 33 Abs. 2 LuftVG eine dem § 7 Abs. 3 StVG entsprechende Regelung. Für Stoßwellen- oder Lärmschäden, die von Militärflugzeugen auf dem Gebiet der Bundesrepublik Deutschland verursacht werden, haften die Vertragsparteien des NATO-Truppenstatuts gesamtschuldnerisch, wenn als Verursacher nur Streitkräfte der Vertragsparteien in Betracht kommen, jedoch ein bestimmter Verursacher nicht zu ermitteln ist (vgl. Art. VIII Abs. 5 e (ii) und (iii) NTS)[1994].

3. Haftungsumfang

Wie bei § 7 StVG bezieht sich die Gefährdungshaftung nach § 33 LuftVG auf den **794**
Fall der Tötung, der Körper- oder Gesundheitsverletzung und der Sachbeschädigung. Die Vorschriften über den Umfang und die nähere Ausgestaltung der Ersatzpflicht (§§ 34 bis 41 LuftVG) entsprechen ebenfalls denen des StVG. Wie dort ist auch hier die Gefährdungshaftung der Höhe nach begrenzt (§ 37 LuftVG) und ist klargestellt, daß Ansprüche aus anderen Rechtsgrundlagen unberührt bleiben (§ 42 LuftVG). Für Halter militärischer Luftfahrzeuge ist die Haftpflicht in § 53 LuftVG durch Angleichung an die deliktische Haftung erweitert.

XIV. Gefährdungshaftung für Schienenbahnen, Schwebebahnen, Stromleitungsanlagen und Rohrleitungsanlagen

In diesen Fällen ergibt sich eine Gefährdungshaftung des Betriebsunternehmers bzw. **795**
Inhabers der Anlage aus §§ 1, 2 HaftpflG. Diese Vorschriften sind im Anschluß an das StVG gesondert erläutert.

XV. Haftung des Haftpflichtversicherers

1. Übersicht

Die Neufassung des PflVG durch Gesetz vom 5. 4. 1965 (BGBl. 1965 I 213) schuf **796**
für den Geschädigten die Möglichkeit, den Haftpflichtversicherer des Ersatzpflichtigen im Wege eines Direktanspruchs unmittelbar in Anspruch zu nehmen. Bis zu dieser Neuregelung war der Geschädigte bei Scheitern außergerichtlicher Regulierungsver-

---

1992 RGZ 158, 34.

1993 Zur Kollision zwischen Rettungshubschrauber und Feuerwehrfahrzeug auf wegen Unfalls gesperrter Landstraße s. OLG Frankfurt TranspR 1993, 301.

1994 BGH VersR 1976, 276; 1982, 243.

handlungen mit dem Versicherer gezwungen, zunächst den Schädiger zu verklagen. Zahlte der Versicherer trotz dessen Verurteilung nicht, so mußte der Geschädigte nach Pfändung und Überweisung des Deckungsanspruchs des Schädigers gegen den Versicherer einen weiteren Prozeß, nämlich gegen den Versicherer führen. Dieser Weg steht dem Geschädigten zwar nach wie vor offen. Er hat für ihn jedoch neben der Unannehmlichkeit, u. U. zwei Prozesse führen zu müssen, den Nachteil, daß bei etwaiger Leistungsfreiheit des Versicherers gegenüber dem Ersatzpflichtigen ein Pfändungs- und Überweisungsbeschluß gegenüber dem Versicherer ins Leere ginge[1995]. Geht der Geschädigte im Wege der Direktklage (§ 3 Nr. 1 PflVG; näher hierzu Rdn. 797 ff) vor, so kann ihm der Versicherer ein gegenüber dem Versicherungsnehmer bestehendes Leistungsverweigerungsrecht grundsätzlich nicht entgegenhalten (§ 3 Nr. 4 PflVG; Einschränkungen in § 3 Nr. 6 PflVG; Einzelheiten Rdn. 830 ff). Wegen der Probleme, die das Nebeneinander von Direktanspruch und Anspruch gegen den oder die Ersatzpflichtigen aufwirft, vgl. Rdn. 811 ff. Fragen, die den Umfang des Anspruchs betreffen, sind in Rdn. 807 ff behandelt, der Einfluß von Teilungsabkommen mit Sozialversicherern auf die Haftung des Haftpflichtversicherers in Rdn. 841. Zur Inanspruchnahme des Versicherers bei Unfällen mit Ausländern oder im Ausland s. Rdn. 855 ff, beim Erwecken des Anscheins seiner Regulierungszuständigkeit Rdn. 830; zur Möglichkeit der Inanspruchnahme des Entschädigungsfonds nach § 12 PflVG, durch die gewisse Lücken zum Schutz der Verkehrsopfer durch die Haftpflichtversicherung geschlossen werden, Rdn. 859 ff. Fragen, die ausschließlich das Deckungsverhältnis zwischen Versicherer und Versicherungsnehmer oder den Ausgleich zwischen mehreren Kfz-Versicherern betreffen, bleiben, da nicht zum Haftungsrecht gehörend, außer Betracht. Insoweit ist auf die Kommentare zum VVG und zu den AKB zu verweisen[1996].

2. Wesen des Direktanspruchs

797 Der Direktanspruch nach § 3 Nr. 1 PflVG ist kein vertraglicher Anspruch, wenngleich der Versicherungsvertrag für sein Bestehen und für seinen Umfang von entscheidender Bedeutung ist. Es handelt sich vielmehr um einen gesetzlich angeordneten Schuldbeitritt, der den Schadensersatzanspruch gegen den Schädiger lediglich zu seiner leichteren und sichereren Durchsetzung verstärken soll, indem er dem Geschädigten in der Person des Versicherers einen weiteren Schuldner gibt[1997]. Er ist somit als bloßer Annex zum Haftpflichtanspruch überwiegend deliktischer Natur. Aus seiner Anbindung an den Haftpflichtanspruch folgt, daß der oder die Versicherer mehrerer Schädiger nicht aus dem Rechtsgedanken des § 830 Abs. 1 S. 2 BGB heraus deliktisch in Anspruch genommen werden können, wenn einer der aus § 7 Haftenden schuldhaft gehandelt haben muß, aber ungeklärt bleibt, welcher dies ist[1998]. Trotz der Akzessorietät ist aber nicht erforderlich, daß der Versicherungsnehmer im Zeitpunkt des Schadenseintritts noch lebt; es genügt, daß er die im Haftpflichttatbestand vorausgesetzte Handlung noch zu Lebzeiten zurechenbar verwirklicht hat[1999]. Der Direktanspruch geht auch nicht durch Konfusion unter, wenn der Geschädigte Alleinerbe des Versicherungs-

---

[1995] Vgl. BGHZ 68, 153.

[1996] Insbesondere *Bruck/Möller/Johannsen*, *Prölss/Martin*, *Stiefel/Hofmann*.

[1997] BGHZ 57, 269; 69, 157; 72, 153; BGH VersR 1979, 30; 1979, 838.

[1998] *Dunz* VersR 1985, 820 u. *Weber* VersR 1985, 1004 gegen *Fuchs-Wissemann* VersR 1985, 219.

[1999] OLG Hamm NZV 1995, 276 (die Soziusfahrerin war möglicherweise Sekundenbruchteile nach dem Tod des verkehrswidrig fahrenden Rollerfahrers verletzt worden).

nehmers geworden ist[2000]. Zurücktreten soll der Akzessorietätsgedanke nach neuer Rechtsprechung des BGH[2001] auch dann, wenn dem Rückgriff eines Sozialhilfeträgers gegen den Schädiger das Angehörigenprivileg nach § 116 Abs. 6 SGB-X entgegensteht (vgl. Schlußanh. II, 154).

3. Anwendungsbereich

a) **Sachlicher Geltungsbereich.** § 3 PflVG gilt nur im Bereich der Pflichtversicherung für Kraftfahrzeughalter. Bei einer freiwillig abgeschlossenen Haftpflichtversicherung muß sich der Eigentümer zunächst an den Schädiger halten und dann, notfalls mittels Pfändung und Überweisung dessen Deckungsanspruchs, gegen den Versicherer vorgehen. Die nach § 2 Abs. 1 Nr. 1 bis 5 PflVG von der Versicherungspflicht befreiten Gebietskörperschaften und juristischen Personen haften selbst wie ein Haftpflichtversicherer (§ 2 Abs. 2 PflVG). Machen sie aber von der nach § 2 Abs. 2 S. 2 PflVG eingeräumten Möglichkeiten Gebrauch, eine Haftpflichtversicherung abzuschließen, so kann ein Geschädigter diese auch im Wege der Direktklage in Anspruch nehmen[2002]. **798**

Die Direktklage tritt nur neben solche **Schadensersatzansprüche**, die nach § 10 AKB von der Kraftfahrzeug-Haftpflichtversicherung umfaßt werden. Der Schaden muß nach dieser Vorschrift durch den Gebrauch des versicherten Fahrzeugs entstanden sein. Der Begriff des „Gebrauchs" geht über den des „Betriebs" im Sinne von § 7 StVG hinaus; so ist z. B. das Entladen eines Tanklastzugs mittels einer auf ihm befindlichen Pumpe noch dem Gebrauch des Fahrzeugs zuzurechnen[2003]. Nach § 10 AKB gedeckt sind jedoch nur solche Gefahren, die unmittelbar vom Kraftfahrzeug selbst ausgehen, also z. B. nicht der Unfall des ausgestiegenen Pkw-Fahrers beim Überschreiten der Straße, wenn der eigentliche Aussteigevorgang beendet war und der Gang über die Straße nicht in Zusammenhang mit den Pflichten eines Kraftfahrers stand[2004] oder der Unfall eines Fußgängers, der über eine breite Straße einem wartenden Taxi zustrebt[2005]. **799**

Bei dem Ersatzanspruch muß es sich nicht um einen solchen aus Delikt oder Gefährdungshaftung handeln; auch vertragliche Schadensersatzansprüche kommen in Betracht[2006]. Ansprüche aus Geschäftsführung ohne Auftrag eröffnen die Direktklage nur dann, wenn es sich um Aufwendungsersatz mit schadensähnlichem Charakter handelt. Dies ist z. B. der Fall, wenn sich jemand im Interesse des Verunglückten aufopfert und dabei selbst zu Schaden kommt[2007]; vgl. Rdn. 779 ff. Dagegen kommt § 3 PflVG nicht demjenigen zugute, der reinen Aufwendungsersatz für ein Geschäft verlangt, das er für den Verunglückten geführt hat[2008]. **800**

Auch **Rückgriffsansprüche** fallen grundsätzlich unter den Geltungsbereich des § 3 PflVG, wie z. B. der Anspruch des Sozialversicherungsträgers nach § 640 RVO[2009]. Anders verhält es sich jedoch mit dem (an sich nach § 10 AKB deckungsfähigen) Ausgleichsanspruch eines in Anspruch genommenen Mitschädigers, denn die über die im Innenverhältnis zu tragende Haftungsquote hinausgehende Belastung mit dem Anspruch des Geschädigten ist kein Schaden im Sinne des § 3 PflVG[2010]. **801**

2000 OLG Hamm NZV 1995, 276.
2001 NZV 1996, 445.
2002 BGH VersR 1987, 1036.
2003 BGHZ 75, 45.
2004 BGHZ 78, 52.
2005 BGH VersR 1982, 281.
2006 BGH VersR 1972, 166.
2007 OLG Koblenz VersR 1971, 359.
2008 BGHZ 72, 151: Ölschadendienst beseitigt übergelaufenes Öl.
2009 BGH VersR 1969, 757; 1972, 271; OLG Nürnberg VersR 1993, 1425.
2010 KG VersR 1978, 435; *Prölss/Martin/Knappmann* § 3 Nr. 1, 2 PflVG 1; a. A. (bei intaktem Versicherungsverhältnis) OLG Köln VersR 1972, 651; (auch bei gestörtem) *Bruck/Möller/Johannsen* Bd. V B 57; *Steffen* VersR 1987, 530 Fn. 14.

802 **Kosten eines Vorprozesses gegen den Schädiger** werden vom Anspruch gegen den Versicherer nicht umfaßt[2011].

803 b) **Persönlicher Geltungsbereich.** Die Vorschriften über die Direktklage gelten nach § 3 Abs. 1 Nr. 1 PflVG für geschädigte „Dritte". Keinen Direktanspruch gegen den Versicherer hat daher (entgegen der den Gesetzeswortlaut vernachlässigenden h. M.) der vom mitversicherten Fahrer geschädigte Versicherungsnehmer[2012] (wobei der Fahrer seinerseits aber nach der seit 1. 1. 1977 geltenden Fassung von § 11 Nr. 2 AKB Versicherungsschutz für Personenschäden des Halters genießt) oder der versicherte Fahrer wegen eines Rückgriffs- oder Freistellungsanspruchs gegen den Versicherungsnehmer[2013]. Dagegen kann der mitversicherte Fahrer bezüglich eines Schadensersatzanspruchs gegen den Versicherungsnehmer Dritter im Sinne der genannten Vorschrift sein[2014]. Auch der Arbeitgeber, der durch das Führen eines Kraftfahrzeugs geschädigt wird, ohne dessen Halter zu sein, kann vom Versicherer des Fahrzeugs Deckung verlangen[2015] (zum Ausschluß der Haftungsprivilegierung des Arbeitnehmers in diesen Fällen s. Rdn. 335). Der Eigentümer eines Fahrzeugs, das beim Abschleppen beschädigt worden ist, kann den Haftpflichtversicherer des schleppenden Fahrzeugs dann nicht direkt in Anspruch nehmen, wenn schleppendes und abgeschlepptes Fahrzeug (ausnahmsweise; s. § 7, 92) eine Betriebseinheit bilden[2016]. Dasselbe gilt, wenn ein Anhänger durch Verschulden des Fahrers des ziehenden Fahrzeugs beschädigt wird[2017].

804 c) **Zeitlicher Geltungsbereich.** Die Vorschriften über die Direktklage sind am 1. 10. 1965 in Kraft getreten. Für die Abwicklung von Unfällen vor diesem Zeitpunkt können sie nicht herangezogen werden[2018]. Zur Nachhaftung des Versicherers nach Beendigung des Versicherungsverhältnisses vgl. § 3 Nr. 5 PflVG.

805 d) **Internationaler Geltungsbereich.** Der Versicherungsschutz ist nach § 2 Abs. 1 AKB auf Unfälle beschränkt, die sich in Europa ereignen. Er kann durch Aushändigung einer weitere Gebiete umfassenden „Grünen Versicherungskarte" vertraglich erweitert werden. Maßgeblich für die Zuordnung zu den Erdteilen ist die geographische Sicht[2019]; für die Erstreckung auf den asiatischen Teil der Türkei bedarf es daher einer besonderen Vereinbarung[2020], die wiederum Unfälle in der Türkischen Republik Nord-Zypern nicht umfaßt[2021]. Bei einem Unfall außerhalb des räumlichen Geltungsbereichs des Versicherungsschutzes kann es jedoch dann zu einem Direktanspruch des Geschädigten gegen den Haftpflichtversicherer kommen, wenn das Fehlen des Versicherungsschutzes auf eine fehlerhafte oder pflichtwidrig unterlassene Aufklärung des Versicherungsnehmers durch den Versicherungsagenten zurückzuführen ist. In diesem Fall kann

---

2011 BGHZ 68, 153.

2012 *Stiefel/Hofmann* § 11 AKB 13; *Heidel/Wulfert* VersR 1978, 197; für Sachschaden an einem anderen Kraftfahrzeug des Versicherungsnehmers auch OLG Hamm NZV 1990, 155; **a. A.** BGH VersR 1986, 1010 m. Anm. *Bauer* u. OLG Stuttgart NZV 1995, 31 (mit Zubilligung der Arglisteinrede bei gestörtem Versicherungsverhältnis); OLG Frankfurt NZV 1995, 25; *Bruck/Möller/Johannsen* Bd. V B 12 u. G 68; *Prölss/Martin/Knappmann* § 3 Nr. 1, 2 PflVG, 1; BGH NZV 1996, 29 (wonach sogar der geschäftsplanmäßige Regreßverzicht zugunsten des verletzten Halters wirken soll, der sein Fahrzeug vorsätzlich einem Fahrer ohne Fahrerlaubnis überließ); *Langheid* VersR 1986, 15; *Küppersbusch* NZV 1996, 138.

2013 BGHZ 55, 281.

2014 *Prölss/Martin/Knappmann* § 3 Nr. 1, 2 PflVG 1; **a. A.** unter irriger Heranziehung von § 149 VVG LG Paderborn NZV 1988, 108 m. abl. Anm. *Greger.*

2015 BGHZ 116, 200.

2016 BGH VersR 1978, 1070.

2017 BGH VersR 1981, 322.

2018 Vgl. BGHZ 49, 130.

2019 BGHZ 40, 24; 108, 200.

2020 Einzelheiten BGH NZV 1993, 105.

2021 BGHZ 108, 200.

der Versicherer aufgrund einer (verschuldensunabhängigen) Erfüllungshaftung als verpflichtet angesehen werden, den Versicherungsnehmer so zu stellen, wie er bei einem Versicherungsvertrag mit dem von ihm gewünschten Inhalt stehen würde; nach Ansicht des BGH führt dies dazu, daß auch der Geschädigte seinen dann bestehenden Direktanspruch geltend machen kann[2022]. Zum Direktanspruch bei Unfällen mit Ausländerbeteiligung s. Rdn. 855 ff.

e) **Risikoausschlüsse.** Ein Direktanspruch besteht nicht, soweit ein Risikoausschluß nach dem VVG oder den AKB eingreift. Dies ist insbesondere der Fall, wenn der Unfall durch den Versicherungsnehmer bzw. den mitversicherten Fahrer **vorsätzlich herbeigeführt** worden ist (§§ 152, 79 Abs. 1 VVG)[2023]. Bedingter Vorsatz reicht aus[2024]. Beruft sich der Geschädigte auf eine den Vorsatz ausschließende tiefgreifende Bewußtseinsstörung, trägt er hierfür die Beweislast[2025]. Hat nur der Fahrer vorsätzlich gehandelt, so bleibt die Direkthaftung des Versicherers für gegen den Halter gerichtete Ansprüche (etwa aus der Halterhaftung oder schuldhaft unterlassener Sicherung des Kraftfahrzeugs gegen unbefugte Benutzung) unberührt[2026]. Ausgeschlossen ist ferner die Haftung für Schäden bei **Rennveranstaltungen** und dazugehörigen Übungsfahrten (§ 2 Abs. 3 b AKB). § 11 AKB enthält Ausschlüsse insbesondere für **Ansprüche des Halters gegen den Fahrer** (hierzu Rdn. 803) und für **Schäden am versicherten Fahrzeug** sowie an **beförderten Sachen.** Wegen der Risikoausschlüsse für **außereuropäische Unfälle** s. Rdn. 805. 806

4. Umfang des Anspruchs

a) **Begrenzung auf die Versicherungssumme.** Der Direktanspruch ist einmal durch die Höhe des Ersatzanspruchs, zum anderen durch die Höhe der **Versicherungssumme** (§ 10 Abs. 6 AKB) begrenzt. Für die Frage, wann die Deckungssumme überschritten wird, kommt es bei Rentenschulden nicht auf die Summe der gezahlten Renten, sondern auf den Kapitalwert[2027] der Renten an (§ 155 Abs. 1 VVG, § 10 Abs. 7 AKB). Der Versicherer hat also von jeder Rate den Teil zu decken, der zur vollen Rate im selben Verhältnis steht wie die Versicherungssumme zum Kapitalwert der Rente. Hatte er mehr gezahlt, so kann er den überschießenden Teil nicht mit künftigen Raten verrechnen; es kommt insofern allenfalls eine Rückforderung wegen ungerechtfertigter Bereicherung in Betracht. Keinesfalls kann er zu einem bestimmten Zeitpunkt seine Rentenzahlungen mit der Begründung einstellen, daß die Versicherungssumme erschöpft sei. Hat der Versicherer die verbindliche Zusage einer die Deckungssumme ausschöpfenden Schadensersatzrente erteilt, so kann der Geschädigte nicht die Erfüllung nachgeschobener Kapitalforderungen wegen weiteren Schadens verlangen[2028]. 807

Reicht die Versicherungssumme bei **mehreren Geschädigten** nicht aus, um alle Ersatzansprüche zu decken, so sind diese nach Maßgabe von §§ 155, 156 VVG[2029] ver- 808

2022 BGHZ 108, 200; zust. *Spickhoff* IPRax 1990, 166.

2023 OLG München VersR 1990, 484; OLG Düsseldorf NJW-RR 1993, 1375.

2024 BGHZ 7, 311; BGH VersR 1971, 239.

2025 BGHZ 111, 372.

2026 BGH VersR 1971, 239; 1981, 40; OLG Köln VersR 1982, 383.

2027 Zur Berechnung des Kapitalwerts BGH VersR 1980, 132 (berichtigt 279); 1980, 817; NJW-RR 1986, 650. Für Schadensfälle nach dem 1. 1. 1969 vgl. § 10 Nr. 7 S. 2 AKB und die dort in Bezug genommene geschäftsplanmäßige Erklärung, abgedruckt und erläutert bei *Stiefel/Hofmann* § 10 AKB 152 ff; kritisch hierzu *Deppe-Hilgenberg* 17 ff.

2028 OLG Düsseldorf VersR 1988, 485.

2029 Wegen der Einzelheiten, insbesondere der schwierigen Fragen bei nachträglicher Anmeldung von Forderungen, muß auf die einschlägigen Erläuterungswerke verwiesen werden. S. ferner *Huber* VersR 1986, 851; *Sprung* VersR 1992, 657.

hältnismäßig zu kürzen, und zwar auf entsprechendes Vorbringen des Versicherers bereits im Erkenntnis-, nicht erst im Vollstreckungsverfahren[2030]. Fortlaufende Renten müssen in dem Verhältnis herabgesetzt werden, in dem die Summe ihrer Kapitalwerte zur Versicherungssumme steht[2031].

809 Die Beschränkung wird im Zivilprozeß nicht von Amts wegen, sondern **nur auf Einwendung** beachtet[2032]; im Vollstreckungsverfahren kann sie nicht mehr geltend gemacht werden[2033]. Ein Anerkenntnis des Versicherers ist auch ohne ausdrückliche Beschränkung dahin zu verstehen, daß es nur im Rahmen der Leistungspflicht abgegeben wird[2034]. In einem **Feststellungsurteil** empfiehlt es sich, die Beschränkung der Haftung auf die Deckungssumme in den Tenor aufzunehmen[2035]. Sie kann sich jedoch auch aus den Entscheidungsgründen ergeben; deshalb ist ein Versicherer nicht allein deshalb beschwert, weil die Beschränkung nicht im Tenor ausgesprochen wurde[2036]. Er kann aber Urteilsergänzung gemäß § 321 ZPO beantragen[2037].

810 b) Bei **krankem Versicherungsverhältnis** (§ 3 Nr. 4 PflVG) ist die Haftung des Versicherers auf die Mindestversicherungssumme nach § 158 c Abs. 3 VVG beschränkt (§ 3 Nr. 6 PflVG; s. Rdn. 834). Ist in einem solchen Fall in einem rechtskräftigen Feststellungsurteil die Haftung des Versicherers nicht ausdrücklich, d. h. im Tenor, auf die Mindestversicherungssumme beschränkt, so kann er sich auf diese Einschränkung nicht mehr berufen, sondern muß ggf. über diese Summe hinaus leisten[2038].

5. Verhältnis zum Anspruch gegen den Versicherungsnehmer bzw. Versicherten

811 a) **Gesamtschuld.** Versicherer, Versicherungsnehmer und Versicherter haften als Gesamtschuldner (§ 3 Nr. 2 PflVG). Der Geschädigte hat also die Wahl, ob er nur einen von ihnen oder alle gemeinsam in Anspruch nimmt. Da Kosten eines Vorprozesses gegen den Schädiger vom Versicherer nicht ersetzt werden (Rdn. 802), wird es in der Regel angezeigt sein, sogleich den Versicherer in Anspruch zu nehmen. Häufig wird der Schädiger zugleich mitverklagt, um nicht als Zeuge zur Verfügung zu stehen (zu den beweisrechtlichen Konsequenzen dieses Vorgehens s. Rdn. 357). Auf das Gesamtschuldverhältnis sind die §§ 421 ff BGB anzuwenden, soweit sich nicht aus VVG und PflVG Besonderheiten ergeben (s. nachstehende Erl.). Wegen des Regresses des Haftpflichtversicherers gegen Versicherungsnehmer oder Versicherten ist auf das versicherungsrechtliche Schrifttum zu verweisen[2039].

812 b) **Beschränkung auf Geldersatz.** Auch wenn der Geschädigte vom Schädiger Naturalrestitution verlangt, haftet der Versicherer nur auf Geldersatz (§ 3 Nr. 1 Satz 2 PflVG).

813 c) **Verjährung des Haftpflichtanspruchs.** Für den Anspruch des Dritten gegen den Versicherer gilt dieselbe Verjährungsfrist und derselbe Verjährungsbeginn wie für den Anspruch des Dritten gegen den Versicherungsnehmer (§ 3 Nr. 3 Satz 1, 2 PflVG). Abweichend hiervon endet die Verjährungsfrist für den Direktanspruch jedoch spätestens in zehn Jahren von dem Schadensereignis an (§ 3 Nr. 3 Satz 2 Halbs. 2 PflVG). Die Hemmung oder Unterbrechung der Verjährung des Direktanspruchs wirkt auch für den Haftpflichtanspruch und umgekehrt (§ 3 Nr. 3 Satz 4 PflVG). Auch die Zehn-Jah-

---

2030 BGH VersR 1982, 791.
2031 BGH VersR 1980, 132 u. *Wenke* VersR 1983, 900 mit Einzelheiten zur Berechnung.
2032 BGH VersR 1986, 565.
2033 BGHZ 84, 154.
2034 BGH NZV 1996, 409.
2035 BGH VersR 1981, 1180; NZV 1996, 409.
2036 BGH VersR 1986, 565.
2037 BGH NZV 1996, 408.
2038 BGH VersR 1979, 272.
2039 Z. B. *Stiefel/Hofmann* Anh. zu §§ 10–13 AKB.

res-Frist unterliegt der Hemmung bzw. Unterbrechung[2040]. Zur Verjährungshemmung durch Anmeldung des Direktanspruchs beim Versicherer (§ 3 Nr. 3 Satz 3 PflVG) s. § 14, 49 ff.

d) Ein **Erlaß der Forderung gegen den Schädiger** wirkt entgegen OLG Köln VersR 1969, 1027 nicht in jedem Falle auch zugunsten des Versicherers, sondern nur dann, wenn dies dem Willen der Vertragsschließenden entsprach (§ 423 BGB). **814**

e) Erlischt der Haftpflichtanspruch durch **Konfusion**, weil der Geschädigte Alleinerbe des Schädigers wird, bleibt der Direktanspruch gegen den Haftpflichtversicherer unberührt[2041]. **815**

f) **Rechtskrafterstreckung**

aa) § 3 Nr. 8 PflVG sieht – in Abweichung von § 425 Abs. 2 BGB – eine Rechtskrafterstreckung vor, allerdings nur für ein die Klage des Geschädigten **abweisendes Urteil**. Hierbei muß es sich um eine Abweisung aus sachlichen, nicht nur prozessualen Gründen handeln. Die Rechtskrafterstreckung hat zur Folge, daß dann, wenn auf die Direktklage des Geschädigten hin das Bestehen eines Ersatzanspruchs verneint worden ist, derselbe Anspruch auch gegen den Versicherungsnehmer nicht mehr geltend gemacht werden kann. Dasselbe gilt umgekehrt, wenn zunächst über den Haftpflichtanspruch entschieden worden ist. Hieran ändert auch ein Geständnis des Beklagten nichts[2042]. **816**

Zu beachten ist jedoch, daß es sich um **denselben Ersatzanspruch** handeln muß: wurde bisher z. B. lediglich über den Anspruch gegen den versicherten Fahrer entschieden, so steht die Rechtskrafterstreckung des klageabweisenden Urteils einer Direktklage nicht entgegen, die auf den Ersatzanspruch gegen den Halter (Versicherungsnehmer) gestützt wird[2043]. Auch wenn **besondere Umstände** vorliegen, die nur im Verhältnis zu einem der Beklagten Rechtsfolgen auslösen, greift die Bindungswirkung nicht ein. So hindert es z. B. die Verurteilung des Versicherungsnehmers nicht, wenn die Direktklage rechtskräftig abgewiesen wurde, weil sich der Versicherer auf einen Risikoausschluß § 152 VVG[2044] oder auf subsidiare Haftung im kranken Versicherungsverhältnis (§ 3 Nr. 6 PflVG i. V. m. § 158 c VVG) berufen konnte, oder wenn die Haftung aus einem (sei es auch nur deklaratorischen) Schuldanerkenntnis hergeleitet wird, welches bei fehlender Einwilligung des Versicherers nach § 3 Nr. 7 Satz 3 PflVG, § 154 Abs. 2, § 158 e Abs. 2 VVG grundsätzlich nicht gegen diesen wirkt[2045] (vgl. Rdn. 757). Aus demselben Grund ist es z. B. auch möglich, gegen den Versicherungsnehmer ein Anerkenntnisurteil zu erlassen und die Klage gegen den Versicherer als unbegründet abzuweisen oder den einen Streitgenossen zu verurteilen, obwohl die Klage gegen den anderen als unzulässig abzuweisen ist[2046]. **817**

Für **teilabweisende Urteile** gilt die Rechtskrafterstreckung ebenfalls. **818**

Sie greift auch dann ein, wenn Versicherer und Versicherungsnehmer **in einem Verfahren** verklagt werden und das erstinstanzliche klageabweisende Urteil nur von einem Beklagten angefochten, gegen den anderen hingegen rechtskräftig wird[2047]. Wird über **819**

2040 OLG Düsseldorf NZV 1990, 191.
2041 OLG Hamm NZV 1995, 276.
2042 BGH VersR 1978, 865; 1981, 1156.
2043 BGH VersR 1986, 153.
2044 Vgl. KG VersR 1989, 1188.
2045 BGH VersR 1981, 1156.
2046 *Liebscher* NZV 1994, 217.
2047 BGH VersR 1981, 1156; 1981, 1158; OLG Stuttgart VersR 1979, 562; *Haarmann* VersR 1989, 684; zu einem Sonderfall, in dem die Klageabweisung eindeutig gesetzwidrig war und die Ausnutzung der Rechtskrafterstreckung durch den Versicherer daher mißbräuchlich wäre, vgl. BGH VersR 1979, 841.

die Klagen gegen Versicherungsnehmer und Versicherer in einem Urteil zugleich entschieden, so kann das Gericht im Hinblick auf § 3 Nr. 8 PflVG nicht den Anspruch gegen den Versicherungsnehmer zusprechen und die Direktklage gegen den Versicherer wegen Nichtbestehens des Anspruchs abweisen. Zu solchen Konstellationen kann es kommen bei fingierten Unfällen (vgl. Rdn. 96 sowie § 7, 131 u. 510), wenn der zur Ausschaltung des Zeugniszwangs ebenfalls verklagte Versicherungsnehmer das behauptete Unfallgeschehen wahrheitswidrig – und damit für den Versicherer nicht bindend – zugesteht; in diesem Fall müssen beide Klagen abgewiesen werden[2048]. Der BGH hat dies aaO nur für den Fall des sofort rechtskräftig werdenden Revisionsurteils entschieden; für andere Urteile kann aber wegen der ansonsten drohenden, § 3 Nr. 8 PflVG widersprechenden Rechtskraftkollision nichts anderes gelten[2049]. Dieser Konflikt kann nicht dadurch vermieden werden, daß das Verfahren gegen den Versicherungsnehmer wegen Vorgreiflichkeit des Verfahrens gegen den Haftpflichtversicherer gem. § 148 ZPO abgetrennt und ausgesetzt wird[2050].

820 bb) Ein der Klage des Geschädigten **stattgebendes Urteil** gegen einen der Gesamtschuldner hat keine Rechtskraftwirkung gegenüber dem anderen[2051]. Für eine solche besteht im Regelfall auch kein Bedürfnis. Hat der Geschädigte eine Verurteilung des Versicherers erstritten, so hat er an einer nachträglichen Inanspruchnahme des Versicherungsnehmers kein Interesse mehr. Wurde der Versicherungsnehmer verurteilt, so ist der Versicherer hieran (selbst bei einem Versäumnisurteil[2052] grundsätzlich aufgrund des Versicherungsvertrags gebunden[2053]. Lediglich bei Leistungsfreiheit des Versicherers gegenüber dem Versicherungsnehmer kann die fehlende Bindungswirkung der Verurteilung des Versicherungsnehmers für den Geschädigten nachteilige Folgen haben. § 3 Nr. 8 PflVG hindert den Versicherungsnehmer auch nicht, trotz Verurteilung und Erfüllung seitens des Versicherers den Prozeß durch ein Rechtsmittel weiterzubetreiben[2054].

g) Prozeßführung

821 aa) **Prozeßführungsrecht und Vollmacht des Versicherers.** Nach § 7 II Abs. 5 AKB ist der Versicherungsnehmer verpflichtet, dem Haftpflichtversicherer die Führung eines gegen ihn angestrengten Haftpflichtprozesses zu überlassen; dasselbe gilt nach § 3 Abs. 1 AKB für mitversicherte Personen. Der Versicherer führt den Prozeß im Namen des Haftpflichtigen, aber auf eigene Kosten; soweit er nach § 3 Nr. 1 PflVG mitverklagt ist, führt er ihn zugleich im eigenen Namen. Aufgrund § 10 Abs. 5 AKB ist er bevollmächtigt, alle Prozeßhandlungen und Willenserklärungen für den Versicherungsnehmer und die Mitversicherten[2055] abzugeben. Er kann also auch einen Vergleich mit Wirkung für und gegen den Versicherungsnehmer abschließen und durch ein tatsächliches Ver-

2048 BGH VersR 1978, 862; einschr. OLG Oldenburg NZV 1993, 1094 m. Anm. *Höher.*

2049 Vgl. OLG Köln VersR 1992, 1275 für nicht revisible Berufungsurteile; a. A. *Reiff* VersR 1990, 116 f.

2050 OLG Karlsruhe VersR 1991, 539; OLG Koblenz VersR 1992, 1536; *Reiff* VersR 1990, 117; *Freyberger* NZV 1992, 391 f; **a. A.** OLG Celle NZV 1988, 182; *Geyer* VersR 1989, 889.

2051 BGH VersR 1985, 849; *Liebscher* NZV 1994, 217.

2052 Vgl. BGH VersR 1978, 1105; OLG Koblenz VersR 1995, 1298.

2053 BGHZ 28, 139; 38, 82. Eingehend hierzu *W. Peters*, Die Bindungswirkung von Haftpflichtansprüchen im Deckungsverhältnis (1985); *Gottwald* in Festschrift Mitsopoulos (1994), 487; *Gottwald/Adolphsen* NZV 1995, 130.

2054 OLG Frankfurt MDR 1985, 60.

2055 Vgl. hierzu BGHZ 28, 244; BGH VersR 1987, 924.

halten diesem ungünstige Rechtsfolgen, z. B. eine Verjährungsunterbrechung, auslösen[2056]. Dies gilt auch, wenn der Versicherungsvertrag zwischenzeitlich aufgelöst wurde[2057]. Auch bei Überschreitung der Versicherungssumme bleibt der Versicherer bevollmächtigt[2058], jedoch bestehen hier im Innenverhältnis besondere Abstimmungspflichten[2059]. Bei Leistungsfreiheit ist der Haftpflichtversicherer dagegen seit Einführung der Direktklage durch das PflVG 1965 nicht mehr als vertretungsberechtigt anzusehen[2060]. Auf die **Aktivvertretung** des Versicherungsnehmers, d. h. die Geltendmachung eigener Ansprüche aus dem Unfall, erstreckt sich die Vollmacht jedoch nicht[2061]. Der Haftpflichtversicherer ist also ohne gesonderte Ermächtigung nicht berechtigt, eine Widerklage zu erheben oder Ansprüche des Versicherungsnehmers zur Aufrechnung zu stellen[2062].

bb) Anwaltliche Vertretung. Kraft seiner umfassenden Regulierungsvollmacht (Rdn. 821) kann der Haftpflichtversicherer den Prozeßbevollmächtigten auch im Namen des Versicherungsnehmers und des Mitversicherten bestellen[2063]. Dies gilt auch, wenn gegen den Versicherungsnehmer, der zuerst seine eigenen Ansprüche eingeklagt hat, Widerklage wegen der gegenläufigen Ansprüche erhoben wird; der hierfür eintrittspflichtige Haftpflichtversicherer kann dann also – was freilich unüblich ist – einen eigenen Anwalt bestellen. Für den Umfang der Prozeßvollmacht gelten §§ 81, 83 Abs. 1 ZPO; d. h. sie gilt ggfs. für Klage und Widerklage[2064]. Dies kann dann, wenn im Einzelfall auf beiden Seiten derselbe Haftpflichtversicherer einzutreten hat, zur Gefahr von Interessenkollisionen führen. In einem solchen Fall beziehen sich die Prozeßvollmachten daher ausnahmsweise nur auf die Klage bzw. die Widerklage[2065]. **822**

Der Haftpflichtversicherer ist nicht verpflichtet, auch für den Versicherungsnehmer einen Anwalt zu bestellen. Er kann sein Recht und seine Pflicht zur Prozeßführung auch dadurch ausüben, daß er dem mitverklagten Versicherungsnehmer als **Nebenintervenient** beitritt[2066]: es kann dann ein Versäumnisurteil gegen den Versicherungsnehmer nicht ergehen und der Haftpflichtversicherer kann alle Prozeßhandlungen wirksam für ihn vornehmen. Dieses Vorgehen empfiehlt sich insbesondere bei Interessenkonflikten, wie sie beim Verdacht eines fingierten Unfalls auftreten. Eine Vertretung durch ein und denselben Anwalt ist in diesen Fällen aus straf- und standesrechtlichen Gründen ohnehin nicht möglich; will der Versicherer nicht von der Möglichkeit der Nebenintervention Gebrauch machen, muß er also neben dem eigenen Prozeßbevollmächtigten einen weiteren für den Versicherungsnehmer beauftragen[2067]. **823**

Der Versicherungsnehmer darf einen eigenen Anwalt nach dem Versicherungsvertrag (§ 7 II Nr. 5 AKB) nicht mandatieren[2068]. Tut er es dennoch, ist die Vollmacht aller- **824**

2056 BGHZ 24, 317; BGH VersR 1978, 533.
2057 BGH VersR 1987, 925.
2058 BGH VersR 1970, 549; 1978, 533.
2059 BGH VersR 1957, 502; 1970, 549.
2060 BGH VersR 1987, 924; zur früheren Rechtslage BGHZ 24, 317; BGH VersR 1967, 149.
2061 *Keilbar* NZV 1991, 335 f.
2062 A. A. zu letzterem *Keilbar* NZV 1991, 336; wie hier *Hofmann* Der Schadensersatzprozeß 169.
2063 BGHZ 112, 348.
2064 BGHZ 112, 348; a. A. *Keilbar* NZV 1991, 336.
2065 BGHZ 112, 345.
2066 *Gottwald/Adolphsen* NZV 1995, 131; *Freyberger* VersR 1991, 843 ff u. NZV 1992, 393; OLG Frankfurt VersR 1996, 212 m. Anm. *Draschka*; LG Köln VersR 1993, 1095; a. A. OLGR Frankfurt 1994, 191.
2067 *Freyberger* VersR 1991, 843; a. A. *Geyer* VersR 1989, 888; *Keilbar* NZV 1991, 339.
2068 *Stiefel/Hofmann* § 7 AKB 194; *Keilbar* NZV 1991, 336; a. A. *Geigel/Schlegelmilch* 13. Kap. 6; *Liebscher* NZV 1994, 216.

dings im Außenverhältnis wirksam[2069]. Hat der Haftpflichtversicherer für ihn ebenfalls einen Anwalt bestellt, besteht eine Mehrheit von Prozeßbevollmächtigen im Sinne von § 84 ZPO[2070]. Da eine sachgerechte Prozeßführung in diesem Fall nicht möglich ist[2071], wird der vom Haftpflichtversicherer bestellte Anwalt allerdings das Mandat insoweit niederlegen müssen; der Versicherer kann dann seine Rechte aus der Verletzung der Obliegenheit nach § 7 II Abs. 5, V AKB geltend machen.

825 cc) **Streitgenossenschaft.** Wegen der begrenzten Rechtskrafterstreckung (vgl. Rdn. 816 ff) sind Versicherungsnehmer und Versicherer, wenn sie gemeinsam verklagt werden, keine notwendigen, sondern einfache Streitgenossen[2072].

826 dd) **Nebenintervention.** Tritt der Versicherer dem Versicherungsnehmer als Nebenintervenient bei (vgl. Rdn. 823), ist er kein streitgenössischer Nebenintervenient im Sinne von § 69 ZPO[2073]. Er kann sich also nicht in Widerspruch zu Prozeßhandlungen und Erklärungen des Versicherungsnehmers setzen (§ 67 ZPO)[2074]. Erkennt z. B. der Versicherungsnehmer den Klageanspruch an, muß gegen ihn Anerkenntnisurteil ergehen (wodurch er freilich die Leistungsfreiheit des Versicherers nach § 7 II Abs. 1, V AKB herbeiführt).

6. Verhältnis zum Anspruch gegen Mitschädiger und deren Versicherer

827 a) **Mitschädiger.** Zu einem für den Unfall Mitverantwortlichen, für den er nicht kraft Versicherungsvertrags oder nach § 3 Nr. 4, 5 PflVG einzutreten verpflichtet ist, steht der Versicherer nicht in einem Gesamtschuldverhältnis, denn der Direktanspruch ist lediglich ein Annex zum Haftpflichtanspruch gegen den Versicherungsnehmer bzw. Versicherten[2075]. Dies hat für den Mitverantwortlichen zur Folge, daß er im Falle seiner Inanspruchnahme keinen Ausgleichsanspruch nach § 426 BGB gegen den Versicherer des anderen Schädigers hat; er ist auf den Ausgleichsanspruch gegen den anderen Schädiger selbst verwiesen, der auch nicht durch einen Direktanspruch gegen dessen Versicherer verstärkt wird (s. Rdn. 801).

828 Umgekehrt kann auch der in Anspruch genommene **Versicherer** einen Mitschädiger nicht nach § 426 BGB, sondern nur im Wege eines nach § 67 VVG auf ihn übergegangenen Ausgleichsanspruch seines Versicherungsnehmers belangen[2076]. Dieser Forderungsübergang findet auch statt, wenn der Versicherer wegen eines Leistungsverweigerungsrechts und der Haftung des Haftpflichtversicherers des Mitschädigers nicht zur Zahlung an den Geschädigten verpflichtet war (§ 3 Nr. 6 PflVG); ein Rückgriff gegen den Mitschädiger nach Bereicherungsrecht wird durch § 67 VVG ausgeschlossen[2077]. Der Haftpflichtversicherer kann jedoch dann nicht gemäß § 67 VVG gegen den Dritten vorgehen, wenn dieser im Umfang seiner Inanspruchnahme einen Rückgriffsanspruch gegen den Versicherten hat, für den der Versicherer einstehen muß[2078]. Dies gilt auch

---

2069 A. A. *Stiefel/Hofmann* § 7 AKB 195.

2070 *Keilbar* NZV 1991, 335 f.

2071 Vgl. zu den Folgen einander widersprechender Handlungen oder Erklärungen *Zöller/Vollkommer* § 84, 1.

2072 BGHZ 63, 51; a. A. *Gerhardt* Festschrift für *Henckel* (1995) 282 ff mit umfassendem Nachweis des Meinungsstandes.

2073 *Gottwald/Adolphsen* NZV 1995, 131 f; a. A. beiläufig BGH VersR 1993, 626.

2074 Näher *Freyberger* NZV 1992, 393; *Lemcke* VersR 1995, 989 f.

2075 BGH VersR 1979, 838; 1981, 134: NZV 1992, 277; KG VersR 1978, 435; OLG Karlsruhe VersR 1986, 155.

2076 BGH VersR 1981, 134; NZV 1992, 277; OLG Hamm VersR 1992, 249; a. A. OLG Celle VersR 1973, 1031; 1980, 562.

2077 BGH VersR 1963, 1193.

2078 BGH NJW 1972, 440: unzulässige Rechtsausübung, da der Versicherer das aus dem Regreß Erlangte durch seine Leistung an den Versicherten mittelbar wieder an den Regreßgegner zurückgewähren müsse.

beim gestörten Versicherungsverhältnis in dem Umfang, in dem der Versicherer durch eine geschäftsplanmäßige Erklärung auf einen Rückgriff gegen den Mitversicherten verzichtet hat, denn das Ziel des Verzichts würde verfehlt, wenn der Versicherer bei einem Dritten Regreß nehmen könnte, der seinerseits gegen den durch die Erklärung Begünstigten Regreß nehmen kann[2079]. All dies gilt aber nur insoweit, als der Regreßgegner tatsächlich einen Rückgriffsanspruch gegen den Versicherten hat. In Höhe einer im Innenverhältnis von ihm selbst zu tragenden Quote steht ihm der Einwand unzulässiger Rechtsausübung nicht zu[2080].

b) **Versicherer anderer Schädiger.** Nach BGH VersR 1978, 843 besteht zwischen den Versicherern mehrerer Schädiger ein Gesamtschuldverhältnis. Dies ist nach dem oben (Rdn. 827) Ausgeführten problematisch. *Knappmann*[2081] bejaht jedoch aus Praktikabilitätserwägungen einen Ausgleichsanspruch zwischen den Versicherern mehrerer Schädiger analog §§ 426, 254 BGB. **829**

7. Fehlende Eintrittspflicht gegenüber dem Versicherungsnehmer

a) **Übersicht.** Das Verkehrsopfer wird durch § 3 Nr. 4, 5 PflVG insofern geschützt, als es den Haftpflichtversicherer auch dann, wenn er gegenüber seinem ersatzpflichtigen Versicherungsnehmer oder einem Mitversicherten von der Verpflichtung zur Deckung frei ist, mit der Direktklage in Anspruch nehmen kann (s. Rdn. 832). Dies gilt allerdings nicht in allen Fällen von Leistungsfreiheit (s. Rdn. 831). Auch ist der Direktanspruch in den Fällen von Leistungsfreiheit in zweifacher Hinsicht (Mindestversicherungssumme als Höchstgrenze, Subsidiarität bei Bestehen bestimmter anderweitiger Ansprüche) begrenzt (§ 3 Nr. 6 PflVG), wobei hinsichtlich der unter der Geltung der KfzPflVV vom 29. 7. 1994 abgeschlossenen Versicherungsverträge allerdings Unklarheit darüber entstanden ist, in welchem Umfang diese Beschränkungen fortbestehen (s. Rdn. 833 ff). Die in § 3 Nr. 4, 5 PflVG geregelte Vergünstigung für den Geschädigten greift nur ein, wenn er im Wege der Direktklage vorgeht. Der Weg über die Klage gegen den Ersatzpflichtigen und die Pfändung dessen Deckungsanspruchs gegen den Versicherer ist in den Fällen von Leistungsfreiheit nicht gangbar, weil die Pfändung ins Leere gehen würde und § 158 c Abs. 1 und 2 VVG für den Bereich der Haftpflichtversicherung für Kraftfahrzeughalter durch § 3 PflVG derogiert werden[2082]. Hat der leistungsfreie Versicherer geleistet, so kann er beim Versicherungsnehmer (§ 3 Nr. 9 Satz 2 PflVG) und unter Umständen auch beim mitversicherten Fahrer (§ 158 i VVG) Rückgriff nehmen. Wegen der Einzelheiten hierzu ist auf das versicherungsrechtliche Schrifttum zu verweisen[2083]. Wegen der Wirkung eines geschäftsplanmäßig erklärten Regreßverzichts s. auch BGHZ 105, 140. Auch ohne bestehendes Versicherungsverhältnis zum Schädiger kann ein Haftpflichtversicherer, der beim Geschädigten in vorwerfbarer Weise den Eindruck erweckt und aufrechterhält, er sei für die Schadensregulierung zuständig, zum Ersatz des Schadens verpflichtet sein, der dem Geschädigten dadurch entsteht, daß er seinen Anspruch gegen den richtigen Versicherer verjähren läßt[2084]. **830**

b) **Erstreckung auf den Direktanspruch.** Ist der Versicherer aufgrund eines Risikoausschlusses dem Versicherungsnehmer bzw. Versicherten gegenüber von der Lei- **831**

2079 BGHZ 117, 151 = NZV 1992, 276.
2080 BGH NZV 1992, 277.
2081 In: *Prölss/Martin* § 3 Nr. 1, 2 PflVG, 3.
2082 BGHZ 68, 153.
2083 *Stiefel/Hofmann* Anh. zu §§ 10–13 AKB 63 ff; zur Neuregelung aufgrund der KfzPflVV *Knappmann* VersR 1996, 401.
2084 BGH NZV 1996, 401.

stungspflicht befreit, so schließt dies auch den Direktanspruch des Geschädigten aus. Dies ist insbesondere der Fall bei vorsätzlicher Schadensherbeiführung (§ 152 VVG; näher hierzu Rdn. 806). Zum Anspruch gegen den Verein Verkehrsopferhilfe e. V. vgl. Rdn. 859 ff.

832 c) **Keine Auswirkung auf das Bestehen des Direktanspruchs** hat der Ausschluß der Eintrittspflicht des Versicherers gegenüber dem Versicherungsnehmer bzw. Versicherten in den Fällen des § 3 Nr. 4, 5 PflVG. Hierunter fallen insbesondere

- Leistungsfreiheit wegen **Obliegenheitsverletzung**, z. B. unberechtigte Fahrzeugbenutzung (§ 2b Abs. 1 Satz 1 Buchst. b AKB)[2085], Fahren ohne Fahrerlaubnis (aaO Buchst. c)[2086] oder im Zustand alkoholbedingter Fahrunsicherheit (aaO Buchst. e), Verletzung der Aufklärungspflicht (§ 7 I 2, V AKB);
- Leistungsfreiheit wegen **Gefahrerhöhung** (§§ 23 ff VVG; z. B. unerlaubter Umbau des Fahrzeugs);
- Leistungsfreiheit wegen **Nichtzahlung der Erstprämie** (§ 38 Abs. 2 VVG);
- Leistungsfreiheit durch **Fristablauf** nach Bescheid gemäß § 12 Abs. 3 VVG[2087];
- **Nichtbestehen oder Beendigung des Versicherungsverhältnisses**, wenn das Schadensereignis innerhalb eines Monats nach Anzeige des Versicherers an die Zulassungsstelle gemäß § 29 c Abs. 1 StVZO eintritt (§ 3 Nr. 5 PflVG)[2088].

833 d) **Begrenzungen des isoliert bestehenden Direktanspruchs.** Der trotz fehlender Eintrittspflicht des Versicherers nach § 3 Nr. 4 und 5 PflVG bestehende Direktanspruch des Geschädigten wird durch § 3 Nr. 6 PflVG allerdings der Höhe nach beschränkt und bei Bestehen anderweitigen Versicherungsschutzes versagt. Inwieweit diese Beschränkungen auch bei Versicherungsverträgen gelten, die nach dem Inkrafttreten der KfzPflVV vom 29. 7. 1994[2089] abgeschlossen wurden, ist ungeklärt, da die Verordnung teilweise für nichtig gehalten wird und abweichende Versicherungsbedingungen verwendet werden[2090]. Die Verordnung sieht vor, daß die Leistungsfreiheit bei Verletzung von Obliegenheiten vor Eintritt des Versicherungsfalls gegenüber dem Versicherungsnehmer und den mitversicherten Personen auf höchstens 10 000,– DM beschränkt ist. Damit kann in diesen Fällen die Beschränkung auf die Mindestversicherungssumme nicht mehr zum Tragen kommen[2091]; die Subsidiarität gegenüber der Eintrittspflicht anderer Schadensversicherer und Sozialversicherungsträger beschränkt sich auf Beträge bis zu 10 000,– DM. Ob eine so weit gehende Lastenverschiebung zwischen den verschiedenen Versicherungssystemen von der Verordnungsermächtigung gedeckt ist, erscheint in der Tat fraglich[2092]. Die nachfolgenden Erläuterungen zu den beiden Begrenzungen behalten aber jedenfalls für die vor dem 1. 7. 1994 abgeschlossenen Versicherungsverträge ihre Bedeutung[2093].

2085 Vgl. BGH VersR 1981, 323.
2086 Vgl. BGH VersR 1979, 1120.
2087 BGH VersR 1981, 323.
2088 Näher hierzu *Hofmann* NZV 1991, 410.
2089 BGBl. I 1837. Nach § 11 trat sie am 4. 8. 1994 in Kraft.
2090 Vgl. *Wandt* VersR 1995, 494.
2091 Nach Ansicht des Arbeitskreises VI des VGT 1996 (NZV 1996, 102) kann sie aber vertraglich vereinbart werden.
2092 Verneinend *Wandt* VersR 1995, 494; bejahend *Johannsen* VersR 1995, 888; *Knappmann* VersR 1996, 401; *Hofmann* NZV 1996, 12; vorsichtig bejahend auch Arbeitskreis VI des VGT 1996, NZV 1996, 102.
2093 Vgl. Art. 16 §§ 4, 10 des Dritten Durchführungsgesetzes/EWG zum VAG vom 21. 7. 1994, BGBl. I 1667. Zur Problematik der zwischen 1. 7. und 4. 8. 1994 abgeschlossenen Versicherungsverträge s. *Knappmann* VersR 1996, 404.

aa) **Begrenzung auf Mindestversicherungssumme** (§ 3 Nr. 6 PflVG, § 158 c Abs. 3 VVG); zu deren Höhe s. § 4 Abs. 2 PflVG. Diese Beschränkung gilt auch für einen etwaigen Anspruch gegen den Versicherer aus § 823 Abs. 2 BGB wegen Unterlassens der Anzeige nach § 29 c StVZO[2094]. Sie greift nicht ein, wenn sich die Leistungsfreiheit des Versicherers allein aus dem formellen Grund des § 12 Abs. 3 VVG ergibt[2095] oder wenn bei teilweiser Leistungsfreiheit (z. B. nach § 7 V AKB) der Deckungsanspruch nicht unter die Mindestversicherungssumme absinkt[2096]. **834**

bb) **Subsidiarität.** Wenn der Geschädigte Ersatz seines Schadens von einem anderen Schadensversicherer (nicht Summenversicherer[2097]) oder von einem Sozialversicherungsträger oder von einem Selbstversicherer nach § 2 Abs. 1 Nr. 1 bis 5 PflVG erlangen kann, ist der Direktanspruch ausgeschlossen (§ 3 Nr. 6 PflVG, § 158 c Abs. 4 VVG). Dies gilt jedoch infolge des am 1. 7. 1988 in Kraft getretenen 1. Gesetzes zur Änderung des PflVG nicht mehr, soweit die Leistungsfreiheit darauf beruht, daß das Fahrzeug den Bau- und Betriebsvorschriften der StVZO nicht entsprach (vgl. §§ 23 ff VVG) oder von einem Fahrer ohne die vorgeschriebene Fahrerlaubnis geführt wurde[2098]. Die Subsidiaritätsklausel greift nicht nur dann ein, wenn der Schädiger doppelt gegen Haftpflicht versichert[2099] und nur eines dieser Versicherungsverhältnisse notleidend war, sondern auch dann, wenn neben dem Schädiger noch ein anderer haftet, der einen gültigen Versicherungsschutz genießt[2100]. Dem steht nicht entgegen, daß der Geschädigte diesen anderen Versicherer nicht mit der Direktklage, sondern nur mittelbar über den anderen Schädiger in Anspruch nehmen kann[2101]. **835**

Ist der Geschädigte in der österreichischen gesetzlichen Krankenversicherung versichert und erhält er Lohnfortzahlung nach § 2 des österreichischen Entgeltfortzahlungsgesetzes, so ist er i. S. d. § 158 c Abs. 4 VVG in der Lage, Ersatz von einem Sozialversicherungsträger zu erlangen, da der Träger der gesetzlichen Krankenversicherung verpflichtet ist, dem Arbeitgeber das fortgezahlte Entgelt in voller Höhe zu erstatten[2102]. Auch die Bundesanstalt für Arbeit ist, soweit sie Rehabilitationsleistungen erbringt, Sozialversicherungsträger im Sinne des § 158 c Abs. 4 VVG[2103]. Auf den Lohnfortzahlung leistenden Arbeitgeber ist die Vorschrift dagegen nicht (entsprechend) anzuwenden[2104]. **836**

Aufgrund der Subsidiaritätsklausel können auch auf einen leistungspflichtigen Sozialversicherungsträger **übergegangene Ansprüche** des Geschädigten nicht gegen den Haftpflichtversicherer erhoben werden; dies gilt jedoch nicht, wenn die Leistungsfreiheit allein auf § 12 Abs. 3 VVG beruht[2105]. **837**

Zu der Frage, inwieweit der Sozialversicherungsträger in diesen Fällen beim Schädiger Regreß nehmen kann, s. Schlußanh. II, 156 ff, zum Zusammentreffen mit einem seinerseits subsidiären Amtshaftungsanspruch *Backhaus* VersR 1984, 16 und *Steffen* VersR 1986, 104, zum Zusammentreffen mit der Haftung der Bundesrepublik Deutschland als Repräsentantin eines ausländischen Staates nach dem NTS OLG Zweibrücken VersR 1987, 656, zum Beitragsrückgriff nach § 119 SGB-X *Küppersbusch* VersR 1983, 211; *Denck* VersR 1984, 607. **838**

cc) **Zusammentreffen beider Begrenzungen.** Hat der Geschädigte von einem Sozialversicherungsträger Leistungen erhalten, welche die Mindestversicherungssumme über- **839**

2094 BGH VersR 1978, 609.
2095 BGHZ 79, 170.
2096 BGH VersR 1983, 688.
2097 Vgl. BGH VersR 1979, 1120.
2098 Einzelheiten bei *Küppersbusch* NZV 1988, 51. Kritisch zu dieser Differenzierung und ihren Auswirkungen *Deppe-Hilgenberg* 54 ff, 403 ff.
2099 Z. B. im Ausland; OLGR München 1995, 230.
2100 BGHZ 25, 327; BGH VersR 1978, 609.
2101 BGH VersR 1978, 609.
2102 BGH VersR 1986, 1231.
2103 OLG Frankfurt VersR 1991, 686.
2104 *Schmidt* WzS 1988, 266 ff.
2105 BGHZ 65, 1.

steigen, so hindert dies allein die Haftung des Haftpflichtversicherers für andere Ansprüche nicht. Andererseits können die Sozialleistungen aber auch nicht etwa mit der Konsequenz außer Betracht gelassen werden, daß der Geschädigte die Mindestversicherungssumme noch voll für die anderweitigen Ansprüche ausschöpfen kann. Diese Summe steht ihm vielmehr nur in dem Umfang zur Verfügung, wie es bei uneingeschränkter Eintrittspflicht des Versicherers der Fall wäre. Der beim kranken Versicherungsverhältnis entstehende Vorteil, daß die Deckungssumme durch den Ausschluß des Sozialversicherungsträgerregresses geschont wird, soll nicht dem Geschädigten zugutekommen. Die Mindestversicherungssumme ist daher nach dem Schlüssel aufzuteilen (vgl. §§ 155 f VVG), der auch im Fall eines ungestörten Versicherungsverhältnisses gelten würde[2106].

840 e) **Beweislast.** Kommt es für den Direktanspruch auf die Frage der Leistungsfreiheit an (z. B. wegen der Subsidiarität), so ist der Geschädigte in gleicher Weise beweispflichtig wie es im Deckungsprozeß der Versicherungsnehmer wäre. Er hat also z. B. gem. § 25 Abs. 3 VVG zu beweisen, daß die Gefahrerhöhung keinen Einfluß auf den Eintritt des Versicherungsfalles und den Umfang der Leistung des Versicherers gehabt hat[2107].

8. Beeinflussung des Ersatzanspruchs durch Teilungsabkommen

841 a) **Wesen der Teilungsabkommen.** Der Rückgriff eines Sozialversicherungsträgers nach § 116 SGB-X oder eines Privatversicherers nach § 67 VVG, der sich nach § 3 Nr. 1 PflVG ebenfalls gegen den Haftpflichtversicherer richtet, wird häufig durch Teilungsabkommen, die zwischen den Versicherern abgeschlossen wurden, beeinflußt[2108]. Es handelt sich hierbei um Rahmenverträge zur vergleichsweisen Erledigung künftiger Schadensfälle, in denen sich der Haftpflichtversicherer verpflichtet, die Aufwendungen des anderen durch Zahlung einer bestimmten Quote auszugleichen, während sich der Vertragspartner verpflichtet, sich der Geltendmachung des Anspruchs gegenüber dem Versicherungsnehmer sowie der weitergehenden Geltendmachung des Anspruchs gegenüber dem Haftpflichtversicherer zu enthalten[2109]. Sinn solcher Abkommen ist es, die Kosten einer gerichtlichen oder außergerichtlichen Prüfung der Haftpflicht zu vermeiden, indem allen zwischen den Beteiligten vorzunehmenden Schadensregulierungen eine einheitliche, der Erfahrung nach als Durchschnittswert anzusehende Quote zugrundegelegt wird. Dies führt dazu, daß der Rückgriff nehmende Versicherer auch in solchen Fällen nur die Quote (z. B. 50%) erhält, in denen ganz klar volle Haftung des gegnerischen Versicherungsnehmers gegeben ist, während umgekehrt der Haftpflichtversicherer auch dann eintreten muß, wenn seinen Versicherungsnehmer an sich keine Schadenshaftung treffen würde[2110]. § 116 Abs. 9 SGB-X läßt solche Pauschalierungen ausdrücklich zu.

842 b) **Geltungsbereich.** Die Regulierung entsprechend dem Teilungsabkommen greift stets dann ein, wenn der Schadensfall mit dem Gefahrenbereich in ursächlichem Zusammenhang steht, für den der Versicherte und mutmaßliche Schädiger Haftpflichtver-

---

2106 BGH VersR 1975, 558.

2107 BGH VersR 1986, 1233; 1987, 39.

2108 Zu der erheblichen Verbreitung dieses Regulierungsverfahrens s. *Deichl* VersR 1985, 409.

2109 BGH VersR 1951, 65; 1960, 988; 1962, 19; 1969, 641; 1970, 837; 1973, 164; 1974, 175; 1976, 923; 1978, 278.

2110 Zur Auslegung eines Teilungsabkommens, in dem nur auf die Prüfung der „Schuldfrage" verzichtet worden war, s. BGH VersR 1980, 1170; 1984, 225.

sicherungsschutz genommen hat[2111]. Der ursächliche Zusammenhang liegt vor, wenn sich der Unfall im öffentlichen Straßenverkehr in unmittelbarer Beziehung zum Gebrauch des versicherten Fahrzeugs ereignet hat[2112]; daß er für den Versicherungsnehmer ein unabwendbares Ereignis war, hindert die Inanspruchnahme des Haftpflichtversicherers aus dem Teilungsabkommen nicht[2113]. Eine Berührung zwischen den Fahrzeugen des Geschädigten und des Versicherungsnehmers braucht nicht stattgefunden zu haben[2114].

Nach § 242 BGB sind von der Anwendung des Teilungsabkommens aber solche Fälle **843**
(sog. **Groteskfälle**) ausgenommen, in denen schon aufgrund des unstreitigen Sachverhalts unzweifelhaft und offensichtlich eine Schadensersatzpflicht des Versicherungsnehmers nicht in Frage kommt[2115]. Der Haftpflichtversicherer des Halters eines erst einige Zeit nach einem Begegnungszusammenstoß an die Unfallstelle kommenden Lastzugs braucht auch dann nicht für die Folgen einer bei jenem Zusammenstoß hervorgerufenen Körperverletzung eines der Fahrer aufzukommen, wenn der später eintreffende Lastzug auf die beiden Unfallfahrzeuge auffährt und neue Sachschäden verursacht; er ist nur verpflichtet, sich anteilsmäßig am gesamten Sachschaden zu beteiligen[2116]. Ebensowenig kann aus Teilungsabkommen der Haftpflichtversicherer eines ordnungsgemäß auf einem Seitenstreifen außerhalb der Fahrbahn abgestellten Pkw in Anspruch genommen werden, wenn ein Mopedfahrer 20 m entfernt in Fahrbahnmitte mit einem anderen Fahrzeug zusammenstößt und dadurch gegen den Pkw geschleudert wird[2117].

Voraussetzung für die Anwendung des Teilungsabkommens ist weiterhin, daß der **844**
Haftpflichtversicherer dem Versicherungsnehmer bzw. Versicherten – nicht nur dem Geschädigten – gegenüber **deckungspflichtig** ist[2118]. Leistungsfreiheit allein aufgrund § 12 Abs. 3 VVG genügt allerdings nicht, um die Anwendung auszuschließen[2119].

Zur Frage, inwieweit bei der **Vereinigung von zwei Sozialversicherungsträgern** (Krankenkassen) **845**
das von der aufnehmenden Kasse abgeschlossene Teilungsabkommen auch auf Schäden eines Mitglieds der aufgenommenen Kasse vor der Vereinigung anzuwenden ist s. BGH VersR 1982, 1073, zur Geltung eines Teilungsabkommens bei Kassenwechsel *Wussow* WJ 1990, 105.

c) **Wirkung gegenüber dem Haftpflichtversicherer.** Der Haftpflichtversicherer ist **846**
verpflichtet, die im Teilungsabkommen vereinbarte Schadensquote ohne Prüfung der Sach- und Rechtslage zu ersetzen. Auf die Frage der Unabwendbarkeit des Unfalls (§ 7 Abs. 2 StVG) kommt es hierbei ebensowenig an wie auf ein etwaiges Mitverschulden des Geschädigten[2120], die Haftungsbegrenzung nach § 12[2121] oder eine Haftungsfreistellung des Versicherungsnehmers nach §§ 636, 637 RVO a. F.[2122]. Andererseits ist der

---

[2111] BGHZ 20, 386; BGH VersR 1966, 817; 1979, 1093.

[2112] OLG Hamburg VersR 1967, 74; OLG Köln VersR 1967, 165; 1967, 655 = 1070 m. Anm. *Schmalzl*.

[2113] BGH VersR 1963, 1066; 1969, 641.

[2114] BGH VersR 1979, 1093.

[2115] BGHZ 20, 390; BGH VersR 1966, 817; 1979, 1093; 1984, 889; OLG Celle NZV 1992, 316. Weitere Nachweise bei *Geigel/Plagemann* 30. Kap. 99.

[2116] OLG Köln VersR 1966, 372 = 856 m. Anm. *Ebenhöch*.

[2117] BGH VersR 1983, 771 = NJW 1984, 41 m. Anm. *Tschernitschek*.

[2118] BGH VersR 1960, 988; 1971, 117; *Schmidt* WzS 1988, 268.

[2119] BGH VersR 1974, 175.

[2120] LG Köln VersR 1972, 147.

[2121] *Wussow* WJ 1990, 129.

[2122] BGH VersR 1978, 153; zur Auslegung eines Abkommens, welches hierzu Sonderregelungen enthält, s. BGH NZV 1993, 309.

Haftpflichtversicherer berechtigt – ebenfalls ohne Prüfung der Sach- und Rechtslage – die Zahlung eines höheren als des sich aus dem Abkommen ergebenden Betrages zu verweigern. Ist das Teilungsabkommen **betragsmäßig limitiert**, so regelt sich die Ersatzpflicht hinsichtlich des überschießenden Teils nach der konkreten Sach- und Rechtslage. Auf den Höchstbetrag nach § 12 ist die abkommensmäßig geleistete Summe nicht anzurechnen[2123]. Ist vereinbart, daß Ansprüche des Sozialversicherungsträgers gegen den Haftpflichtversicherer und dessen Versicherte nur innerhalb einer **Ausschlußfrist** geltendgemacht werden können, so erfaßt der Ausschluß bei Fehlen abweichender Bestimmungen die Regreßforderung auch insoweit, als sie das Abkommenslimit überschreitet; die Geltendmachung der Regreßforderung bei einem Haftpflichtversicherer wahrt die Ausschlußfrist gegenüber anderen am Schadensfall beteiligten Haftpflichtversicherern nicht[2124]. Haben die Abkommenspartner vereinbart, daß die Frist auch gewahrt ist, wenn der Haftpflichtversicherer von den Ansprüchen „in anderer Weise Kenntnis erlangt", so genügt auch die Anmeldung von Ansprüchen (z. B. Schmerzensgeld) durch den Geschädigten selbst[2125].

847 Bei **Erschöpfung der Versicherungssumme** nimmt der Sozialversicherungsträger an dem Verteilungsverfahren nach § 156 Abs. 3 VVG (vgl. Rdn. 808) teil[2126]. Bei der Prüfung, ob und mit welchen Folgen Forderungen aus Teilungsabkommen die Erschöpfung der Versicherungssumme entgegengehalten werden kann, sind alle Ansprüche, die sich berechtigterweise gegen den Schädiger richten, und alle Forderungen, die ihre Grundlage im Teilungsabkommen haben, nach Maßgabe von § 156 Abs. 3 S. 1 VVG zusammenzurechnen und ggf. zueinander ins Verhältnis setzen; die Kürzung der Forderungen aus Teilungsabkommen geschieht dann entsprechend den ermittelten Wertverhältnissen[2127].

848 d) **Wirkung gegenüber dem Versicherungsnehmer (Versicherten).** Das Teilungsabkommen begründet eine Stillhaltepflicht des Regreß nehmenden Versicherungsträgers auch gegenüber dem Schädiger. Er kann daher entsprechende Ersatzleistungen verweigern. Ist das Teilungsabkommen betragsmäßig limitiert, so erfaßt die Stillhaltepflicht auch den das Limit übersteigenden Schaden, solange die Aufwendungen des Sozialversicherungsträgers das Limit nicht erreicht haben; bis dahin ist deshalb die Verjährung eines Regreßanspruchs gegen den Versicherungsnehmer nach § 202 Abs. 1 BGB gehemmt[2128]. Dasselbe gilt bei unlimitierten Teilungsabkommen hinsichtlich der die Dekkungssumme des Haftpflichtversicherungsvertrags übersteigenden Beträge[2129]. Kann sich der Haftpflichtversicherer auf Leistungsfreiheit berufen und ist er daher gemäß § 3 Nr. 4, 6 PflVG, § 158 c Abs. 4 VVG insoweit dem Sozialversicherungsträger nicht ersatzpflichtig, so kann dieser den entsprechenden Teil der Schadensersatzforderung vom Schädiger ersetzt verlangen; dieser Anspruch ist nicht entsprechend einer etwaigen Haftungsquote zu kürzen[2130]. Ist der Versicherungsnehmer, z. B. nach §§ 636, 637 RVO

2123 *Wussow* WJ 1990, 129.
2124 BGH VersR 1984, 1143.
2125 *Plagemann/Schafhausen* NZV 1991, 53.
2126 BGH VersR 1983, 26.
2127 BGH VersR 1985, 1054; näher hierzu, auch zur Berücksichtigung eines Befriedigungsvorrechts des Geschädigten nach § 116 Abs. 4 SGB-X *Plagemann/Schafhausen* NZV 1991, 52.
2128 BGH VersR 1973, 759; 1974, 175; OLG Hamm VersR 1986, 900.
2129 BGH VersR 1978, 278.
2130 BGH VersR 1984, 526; OLG Köln RuS 1993, 342; *Plagemann/Schafhausen* NZV 1991, 54.

a. F., von der Haftung freigestellt, so ändert die Leistungspflicht des Haftpflichtversicherers aufgrund des Teilungsabkommens hieran nichts[2131]. Ist in einem Teilungsabkommen zwischen Haftpflicht- und Fahrzeugversicherer vorgesehen, daß letzterer in Fällen, in denen sich die in einen Unfall verwickelten Fahrzeuge nicht berührt haben, trotz Übergangs der Schadensersatzforderung gemäß § 67 VVG auf Regreßnahme verzichtet, so liegt hierin ein (vorweg vereinbarter) Erlaß der Schadensersatzforderung, der nicht nur gegenüber dem Haftpflichtversicherer, sondern nach § 423 BGB auch zugunsten des Schädigers wirkt und zur Folge hat, daß eine Rückabtretung der Schadensersatzforderung vom Fahrzeugversicherer auf den Geschädigten nicht mehr wirksam erfolgen kann[2132].

Seinen **Schadensfreiheitsrabatt** verliert der Versicherungsnehmer allein wegen der Re- **849**
gulierung nach dem Teilungsabkommen nicht; entscheidend hierfür ist vielmehr, ob er tatsächlich haftpflichtig war[2133].

e) **Wirkung bei Mehrheit von Schädigern.** Hat der Haftpflichtversicherer eines von **850**
mehreren Schädigern ein Teilungsabkommen mit dem Regreß nehmenden Sozialversicherungsträger abgeschlossen, so fragt sich, inwieweit dies den Rückgriff des Sozialversicherungsträgers gegen andere Ersatzpflichtige sowie den Innenausgleich zwischen den Schädigern tangiert.

aa) **Ansprüche des Sozialversicherungsträgers.** Sind mehrere Versicherungsnehmer **851**
des Haftpflichtversicherers an dem Unfall beteiligt, so erhält der Sozialversicherungsträger die im Abkommen vorgesehene Quote nur einmal[2134]. Gegen andere Schädiger und deren Versicherer kann der Sozialversicherungsträger grundsätzlich ohne Rücksicht auf das Teilungsabkommen Rückgriff nehmen. Es kann aber vereinbart werden, daß er nicht gegen Dritte vorgehen darf, die dann ihrerseits vom Abkommenspartner oder dessen Versicherungsnehmer Ausgleich verlangen können; hierauf kann sich auch der in Anspruch genommene Dritte berufen[2135].

bb) **Innenausgleich.** Hat der Sozialversicherungsträger den Versicherer des nach **852**
Haftpflichtrecht nicht ersatzpflichtigen Unfallbeteiligten A aufgrund Teilungsabkommens in Anspruch genommen, so kann dieser vom ersatzpflichtigen Unfallbeteiligten B und dessen Haftpflichtversicherer Erstattung aus dem Gesichtspunkt der ungerechtfertigten Bereicherung (§§ 812 ff BGB) verlangen[2136]. Schulden beide Haftpflichtversicherer, weil mit dem Sozialversicherungsträger durch Teilungsabkommen verbunden, dasselbe, so richtet sich der Innenausgleich nach § 426 BGB i. V. m. § 17 StVG[2137]. Sind A und B nebeneinander für den Schaden verantwortlich, so gilt für den Innenausgleich das in Rdn. 828 f Gesagte[2138].

f) **Wirkung gegenüber dem Geschädigten** hat das Teilungsabkommen nicht. Er ist **853**
nicht etwa verpflichtet, dem Haftpflichtversicherer dadurch die abkommensmäßigen Vorteile zu verschaffen, daß er die Heilbehandlungskosten über die Krankenkasse abrechnet (vgl. § 11, 28). Die Verfolgung der Ansprüche aus dem Teilungsabkommen durch den Sozialversicherungsträger und hierauf geleistete Zahlungen des Haftpflicht-

---

2131 BGH VersR 1978, 153.
2132 BGH NZV 1993, 385.
2133 *Plagemann/Schafhausen* NZV 1991, 54.
2134 BGH VersR 1974, 546.
2135 BGH VersR 1976, 923; näher *Plagemann/Schafhausen* NZV 1991, 53.
2136 BGH VersR 1969, 641; 1978, 843; 1981, 76.
2137 BGH VersR 1978, 843.
2138 Näher hierzu OLG Stuttgart NZV 1989, 112.

versicherers bewirken auch keine Hemmung oder Unterbrechung der Verjährung hinsichtlich der eigenen Ersatzansprüche des Geschädigten[2139]. Zur Verjährungshemmung durch die Stillhaltepflicht des Sozialversicherungsträgers s. Rdn. 848.

9. Beweislast

854 Für die Verteilung der Beweislast gelten hinsichtlich des Direktanspruchs dieselben Grundsätze wie für den Haftpflichtanspruch gegen den Schädiger[2140]. Wegen der Beweisproblematik beim Verdacht eines zum Zweck des Versicherungsbetrugs fingierten Unfalls s. § 7, 510, zur Situation bei Leistungsfreiheit Rdn. 840.

10. Unfälle mit Ausländerbeteiligung

855 a) Für **Unfälle im Inland**, an denen Ausländer beteiligt sind, gilt deutsches Haftungsrecht. Infolge seiner akzessorischen Natur wird hierdurch auch der Direktanspruch gegen den ausländischen Haftpflichtversicherer begründet (§ 6 AuslPflVG i. V. m. mit § 3 Nr. 1 PflVG[2141]. Ist der Ausländer im Besitz einer Versicherungsbescheinigung im Sinne von § 1 Abs. 2 AuslPflVG (Grüne Karte) oder ist er gemäß § 8 a AuslPflVG i. V. m. mit VO vom 8. 5. 1974 (BGBl. I 1062) von diesem Erfordernis befreit, so hat der Geschädigte, auch wenn er ebenfalls Ausländer ist, einen Direktanspruch gegen das Deutsche Büro Grüne Karte e. V. (früher HUK-Verband)[2142]. Dieses hat gemäß Abkommen zwischen den Haftpflichtversicherern der beteiligten Länder den Schaden so zu regulieren, als wäre er von einem pflichtversicherten Inländer verursacht worden. Auch dieser Direktanspruch richtet sich nach § 6 AuslPflVG, demzufolge § 3 PflVG – mit Ausnahme von Nr. 5 – entsprechend gilt. An die Stelle von § 3 Nr. 5 PflVG (Direktanspruch bei Nichtbestehen oder Beendigung des Versicherungsverhältnisses) gilt § 6 Abs. 2 AuslPflVG, der wiederum bei Befreiung vom Erfordernis der Versicherungsbescheinigung durch § 8 a Abs. 2 AuslPflVG ersetzt wird.

856 Mitglieder der **Stationierungsstreitkräfte**, des zivilen Gefolges und deren Angehörige dürfen Privatfahrzeuge im Bundesgebiet nur gebrauchen, wenn die Risiken aus dem Gebrauch durch eine Haftpflichtversicherung nach Maßgabe des deutschen Rechts gedeckt sind (Art. 11 Abs. 1, 12 Abs. 2 ZA). Bei Schadensfällen aus solchem Gebrauch ist daher der HUK-Verband nicht passivlegitimiert[2143].

857 b) Da bei **Unfällen im Ausland** wegen der deliktischen Natur des Direktanspruchs ebenso wie für den Haftpflichtanspruch grundsätzlich Tatortrecht gilt (vgl. Vorb. 16 ff), ist ein Direktanspruch dann nicht gegeben, wenn das betreffende ausländische Recht ihn nicht vorsieht[2144]. Dies gilt auch für den Direktanspruch gegen einen deutschen Versicherer (zur Subsidiarität bei krankem Versicherungsverhältnis s. aber Rdn. 835). Bei Unfällen zwischen deutschen Staatsbürgern greift jedoch nach § 1 der VO vom 7. 12. 1942 (RGBl. I 706) deutsches Haftungsrecht ein (vgl. Vorb. 17). Vgl. wegen Unfällen in

Bulgarien: *Jessel* VersR 1979, 701;
Griechenland: *Rokas* VersR 1978, 900;
Jugoslawien (ehem.): OLG Celle VersR 1977, 1056 = 1978, 185 m. Anm. *Hübner*; *Peuster* VersR 1977, 795;

2139 BGH VersR 1978, 278; *Plagemann/Schafhausen* NZV 1991, 51.

2140 BGHZ 71, 339; BGH VersR 1978, 865; 1979, 514; a. A. OLG Köln VersR 1975, 1128.

2141 Vgl. BGHZ 57, 265; KG NJW-RR 1995, 1116.

2142 Zu Einzelheiten der Abwicklung s. *Neidhart* DAR 1993, 365.

2143 LG Konstanz VersR 1981, 370; AG Siegburg VersR 1984, 432.

2144 BGH VersR 1974, 254; 1977, 56.

Niederlande: AG Köln VersR 1978, 56; LG Köln VersR 1978, 957; OLG Köln VersR 1984, 527 m. Anm. *Brück*;
Polen: OLGR München 1995, 230; *Lammich* VersR 1976, 520;
Portugal: *Buján* VersR 1978, 307;
Spanien: *Mittelmeier* VersR 1979, 1085; *Buján* VersR 1983, 305;
Türkei: OLG Hamm VersR 1979, 926; *Krüger* VersR 1975, 680; *Dural* VersR 1993, 1202.

11. Unfälle mit Beteiligung von DDR-Bürgern

In der DDR gab es keinen Direktanspruch; ein solcher kann daher bei Unfällen **858** zwischen DDR-Bürgern vor dem 3. 10. 1990 auch nicht gegen die Rechtsnachfolgerin der Staatlichen Versicherung geltend gemacht werden[2145]. Bei Unfällen zwischen Bewohnern der DDR und solchen der Bundesrepublik richtete sich die Regulierung nach der „Vereinbarung zwischen dem Verband der Haftpflicht-, Unfall- und Kraftverkehrsversicherer e. V. (HUK-Verband) in der Bundesrepublik Deutschland und der Staatlichen Versicherung der Deutschen Demokratischen Republik über den Ausgleich von Schäden aus Kraftfahrzeugunfällen und zur Finanzierung von Leistungen der Ersten Hilfe bei Kraftfahrzeugunfällen" vom 10. Mai 1973[2146]. Für Unfälle ab 10. April 1990 einigten sich die Staatliche Versicherung der DDR und der HUK-Verband darauf, daß DDR-Bürger, deren Fahrzeug in der Bundesrepublik oder Westberlin durch ein dort zugelassenes Fahrzeug beschädigt wird, ihren Schaden wahlweise unmittelbar beim Versicherer des Schädigers oder bei der Staatlichen Versicherung geltend machen können, während bei solchen Unfällen in der DDR die Regulierung über die Staatliche Versicherung erfolgen mußte. Bundesbürger konnten ihre Schäden aus Unfällen mit Bewohnern der DDR wahlweise über die Staatliche Versicherung oder den HUK-Verband regulieren[2147]. Mit Wirkung vom 1. Juli 1990 übernahm die Deutsche Versicherungs-AG die Verpflichtungen der Staatlichen Versicherung der DDR aus der Vereinbarung vom 10. Mai 1973. Für Unfälle ab 1. Juli 1990 wurde die Regulierung durch Änderungsvereinbarung vom 2. Juli 1990 geregelt, mit Wirkung ab 10. August 1990 wurde für alle deutsch-deutschen Verkehrsunfälle in ganz Europa die Direktregulierung durch die haftende Versicherungseinrichtung eingeführt[2148].

12. Anspruch gegen die Verkehrsopferhilfe

a) **Allgemeines.** Trotz des umfassenden Schutzes durch das PflVG verbleiben Fälle, **859** in denen der bei einem Verkehrsunfall Geschädigte seinen Schaden nicht von einem Haftpflichtversicherer ersetzt verlangen kann, so z. B. wenn das schädigende Fahrzeug wegen Unfallflucht nicht ermittelt werden kann, wenn es nicht versichert ist (und nicht § 3 Nr. 5 PflVG eingreift) oder wenn der Schaden vorsätzlich und widerrechtlich herbeigeführt wurde. Die in solchen Fällen bestehende Lücke im Schutz des Verkehrsopfers schließt § 12 PflVG, indem er unter bestimmten Voraussetzungen einen Anspruch gegen einen Entschädigungsfonds gewährt. Die Aufgaben dieses Entschädigungsfonds nimmt der Verein Verkehrsopferhilfe e. V. wahr (§ 13 Abs. 2 PflVG i. V. m.

2145 OLG Naumburg, NZV 1996, 363.

2146 Veröffentlicht im Bundesanzeiger Nr. 124 v. 7. 7. 1973 S. 1 ff. Vgl. hierzu KG VersR 1990, 394 m. Anm. *Lorenz* u. *Rupf*; *Wandt* IPRax 1990, 166; *Bauer* DtZ 1990, 16; *Kittke* DAR 1976, 281; *Böhm* DAR 1990, 36.

2147 Vereinbarung vom 10. 5. 1990, abgedruckt in DtZ 1990, 123.

2148 Bekanntmachung vom 24. 8. 1990, Bundesanzeiger Nr. 162 v. 30. 8. 1980. Diese und die vorhergehenden Vereinbarungen sind auch abgedruckt in VersR 1990, 1094. Weitere Einzelheiten bei *Bauer* DtZ 1991, 85 ff.

§ 1 der VO vom 14. 12. 1965, BGBl. 1965 I 2093). Die Einzelheiten des Verfahrens sind in der Verordnung sowie in der Satzung des Vereins geregelt[2149]. Zur Verjährung des Anspruchs s. § 12 Abs. 3 PflVG und *Weber* DAR 1987, 362 f. An Ausländer leistet der Fonds nur bei Verbürgung der Gegenseitigkeit (§ 11 der VO)[2150], bei Unfällen Deutscher im Ausland nach § 10 der VO nur subsidiär[2151].

860 b) **Voraussetzungen.** Der Anspruch gegen den Fonds ist – ähnlich dem Direktanspruch nach § 3 PflVG – akzessorisch zum Anspruch gegen den Schädiger. Grundvoraussetzung ist daher, daß dem Anspruchsteller ein Ersatzanspruch gegen den Schädiger zusteht. Der Geschädigte hat dies darzutun und zu beweisen (bei Erhebung eines Schmerzensgeldanspruchs also z. B. auch das Verschulden des Schädigers). Sodann muß einer der in § 12 Abs. 1 S. 1 PflVG genannten Umstände vorliegen, der den Geschädigten hindert, diesen Anspruch durchzusetzen[2152]. Eine besondere Bedürftigkeit setzt die Inanspruchnahme des Entschädigungsfonds nicht voraus.

861 c) **Ausschluß.** Der Anspruch besteht nur, wenn der Geschädigte weder vom Halter, Eigentümer oder Fahrer des schädigenden Fahrzeugs noch von einem Schadensversicherer Ersatz verlangen kann und soweit sein Schaden auch nicht durch Leistungen von dritter Seite (Sozialversicherungsträger, Lohnfortzahlung, Amtshaftung) ausgeglichen wird (§ 12 Abs. 1 Satz 2 bis 4 PflVG)[2153]. Ausgeschlossen sind ferner Ansprüche des Bundes, der Länder, der Gemeinden und Gemeindeverbände als Baulastträger (aaO Satz 5), so daß diese für die Beschädigung von Verkehrszeichen, Leitplanken u. dgl. keinen Ersatz verlangen können. Der Zweck des Entschädigungsfonds gebietet es, über den zu engen Wortlaut des § 12 Abs. 1 Satz 5 PflVG hinaus z. B. auch die Beschädigung eines Brückenbauwerks auszunehmen[2154]. BGHZ 69, 315 folgert aus der Regelung ferner, daß auch private Bauunternehmer Schäden an Baustellensicherungseinrichtungen (wegen der möglichen Abwälzung auf den Baulastträger) nicht nach § 12 PflVG ersetzt verlangen können.

862 d) **Umfang.** Zu ersetzen sind Personen- und Sachschäden, letztere allerdings nur, soweit sie 1000 DM übersteigen (§ 12 Abs. 2 Satz 3 PflVG). Sachschäden am Fahrzeug des Geschädigten sind von der Ersatzpflicht ausgenommen in den Fällen des nicht ermittelbaren Schädigers (Unfallfluchtfälle), nicht aber – was BGH VersR 1980, 457 übersieht – in den sonstigen Fällen des § 12 Abs. 1 PflVG (§ 12 Abs. 2 Satz 2 PflVG). Schmerzensgeldansprüche können in den Unfallfluchtfällen nur geltend gemacht werden, wenn und soweit dies wegen der besonderen Schwere der Verletzung zur Vermeidung grober Unbilligkeit erforderlich ist (§ 12 Abs. 2 Satz 1 PflVG)[2155]. Im übrigen bestimmen sich die Ansprüche des Geschädigten nach den Vorschriften, die bei Bestehen einer Versicherung nach dem PflVG und Leistungsfreiheit des Versicherers gegenüber dem Versicherungsnehmer gelten (§ 12 Abs. 4 PflVG; vgl. hierzu Rdn. 830 ff). Wegen weiterer Einzelheiten s. *Weber* DAR 1987, 357 ff.

863 e) **Anspruchsübergang.** Die Ansprüche des Ersatzberechtigten gehen mit der Zahlung durch die Verkehrsopferhilfe auf diese über (§ 12 Abs. 6 PflVG). Außerdem kann sie wie ein Beauftragter Ersatz der Regulierungskosten fordern (§ 12 Abs. 5 PflVG).

[2149] Vgl. hierzu *Weber* DAR 1987, 335 f.
[2150] *Weber* DAR 1987, 363.
[2151] *Weber* DAR 1987, 364.
[2152] Wegen der Einzelheiten vgl. die eingehende Darstellung von *Weber* DAR 1987, 336 ff.
[2153] Eingehend *Weber* DAR 1987, 344 ff.
[2154] BGH VersR 1985, 185.
[2155] Vgl. OLG Koblenz VersR 1985, 1165.

XVI. Haftung aus enteignungsgleichem Eingriff

1. Anwendungsbereich

Ein Anspruch gegen den Staat aus enteignungsgleichem Eingriff kommt in Betracht, wenn ein Bürger durch eine rechtswidrige Maßnahme des Staates unmittelbar geschädigt worden ist, ohne daß ein Verschulden eines Amtsträgers vorliegt. Dies kann im Bereich der Haftung im Straßenverkehr vor allem beim Versagen technischer Einrichtungen zur Verkehrsregelung der Fall sein. Der BGH hat in der Entscheidung BGHZ 99, 249 – in Abkehr von seiner früheren Rechtsprechung[2156] – eine solche verschuldensunabhängige Haftung für den Fall einer „feindliches Grün" zeigenden Verkehrsampel bejaht und aus § 39 Abs. 1 lit. b NRWOBG hergeleitet. Die genannte landesrechtliche Vorschrift ist eine spezialgesetzliche Ausprägung des allgemeinen Rechtsgedankens des enteignungsgleichen Eingriffs[2157]. Die Haftung für unverschuldete Störungen verkehrsregelnder Anlagen ergibt sich daher in den Bundesländern, die eine entsprechende gesetzliche Vorschrift kennen[2158], aus dieser, in den anderen Bundesländern aus dem Gesichtspunkt des enteignungsgleichen Eingriffs[2159]. Der österr. OGH lehnt eine verschuldensunabhängige Haftung in Übereinstimmung mit der früheren Rechtsprechung des BGH ab[2160]. **864**

2. Voraussetzungen

a) **Staatliche Maßnahme.** Als solche gelten auch die von einer Verkehrsampel ausgestrahlten Signale, denn diese gehen auf ein zweckgerichtetes Verwaltungshandeln zurück. Im Grunde sind Ampeln nur besondere Einrichtungen zur Bekanntgabe von Verwaltungsakten[2161]. **865**

b) **Rechtswidrigkeit.** Entscheidend ist die objektive Rechtswidrigkeit, wie sie z. B. gegeben ist, wenn einander widersprechende Lichtzeichen ausgestrahlt werden; nicht von Bedeutung ist, ob eine für die Behörde tätige Person sich rechtswidrig verhalten hat[2162]. **866**

c) **Unmittelbarkeit.** Kommen Verkehrsteilnehmer dadurch zu Schaden, daß sie bei „feindlichem Grün" in eine Kreuzung einfahren, so ist der Schaden als durch die rechtswidrige Verkehrsregelungsmaßnahme unmittelbar verursacht anzusehen[2163]. Eine etwa hinzutretende Unachtsamkeit der Verkehrsteilnehmer ist allenfalls im Rahmen der Mitverschuldensabwägung zu berücksichtigen. Nicht von einem unmittelbaren Eingriff kann dagegen die Rede sein, wenn die Ampel in der Weise gestört ist, daß sie in der einen Richtung Wechsellichtzeichen, in der anderen aber Dauerrot oder rot-gelbes Dauerlicht zeigt[2164]. **867**

d) **Sonderopfer.** Muß in Ermangelung spezialgesetzlicher Regelungen auf die allgemeinen Grundsätze über den enteignungsgleichen Eingriff zurückgegriffen werden (s. o. Rdn. 864), so muß auch das nach diesen vorausgesetzte Merkmal des (enteignungsähn- **868**

2156 Vgl. BGHZ 54, 332.

2157 BGHZ 99, 255; *Schäfer* VersR 1988, 470; *Jox* NZV 1989, 134.

2158 Berlin, Bremen, Hessen (hierzu LG Hanau ZfS 1990, 256), Niedersachsen, Rheinland-Pfalz (hierzu OLG Zweibrücken NZV 1989, 311); eingeschränkt Bayern und Schleswig-Holstein (Nachweise bei *Jox* NZV 1989, 133, Fn. 4).

2159 *Jox* NZV 1989, 136; OLG Karlsruhe NZV 1993, 187; LG Heidelberg VersR 1989, 153.

2160 ZVR 1989, 150 u. bei *Greger* NZV 1990, 59.

2161 BGHZ 99, 252.

2162 BGHZ 99, 253.

2163 BGHZ 99, 254.

2164 OLG Düsseldorf VersR 1989, 58.

lichen) Sonderopfers erfüllt sein. Dies ist in den Ampelstörungsfällen zu bejahen, denn die Lichtzeichenanlagen werden im Interesse der Sicherheit und Leichtigkeit des Verkehrs, also im Allgemeininteresse betrieben und der von einer Störung dieser Anlagen betroffene Bürger wird in Verfolgung dieses Zwecks über das von ihm hinzunehmende Maß hinaus in Anspruch genommen[2165].

3. Haftende Körperschaft

869 Die Pflicht, eine Lichtzeichenanlage ordnungsgemäß zu unterhalten und vor Funktionsstörungen zu bewahren, gehört zwar zur Verkehrssicherungspflicht und damit zur Verantwortung des Straßenbaulastträgers. Das Ausstrahlen der Lichtzeichen – ein Verwaltungsakt – stellt aber eine Maßnahme der Verkehrsregelung dar, die in den Zuständigkeitsbereich der Straßenverkehrsbehörde fällt und dieser zuzurechnen ist[2166].

XVII. Rückgriffsansprüche

870 Wurde einer von mehreren für einen Unfall Verantwortlichen in Anspruch genommen oder hat ein an sich nicht Haftpflichtiger aufgrund eines Unfalls Leistungen an den Geschädigten erbracht, so können gegenüber den (anderen) Ersatzpflichtigen Regreßansprüche bestehen. Diese sind hinsichtlich des Rückgriffs zwischen mehreren Ersatzpflichtigen in § 17, 3 ff, im übrigen im Zusammenhang mit den zugrundeliegenden Haftpflichtansprüchen erläutert (vgl. für den Rückgriff des Sozialversicherungsträgers bei Tötung § 10, 19 ff u. 70 ff, bei Verletzung § 11, 37 ff u. 189 ff; des Kaskoversicherers § 7, 220 ff; des Privatversicherers bei Tötung § 10, 24, bei Verletzung § 11, 30 ff u. 197; des Dienstherrn eines Beamten bei Tötung § 10, 22 u. 70 ff, bei Verletzung § 11, 35 u. 198; des Arbeitgebers bei Lohnfortzahlung § 11, 180; des Sozialversicherungsträgers bei Arbeitsunfall Schlußanh. II, 65 ff; des Haftpflichtversicherers gegen Mitschädiger Rdn. 828 f). Wegen des Rückgriffs zwischen Haftpflichtversicherer und Versicherungsnehmer oder Versichertem ist auf die Erläuterungswerke zum VVG und zu den AKB zu verweisen, wegen des Rückgriffs zwischen Dienstherrn und Beamten auf die beamtenrechtlichen Regelungen.

Anhang zu § 16
Verhaltenspflichten des Kraftfahrers im Straßenverkehr

Die nachstehende Zusammenstellung soll den Zugang zu der kasuistischen und kaum mehr überschaubaren Rechtsprechung zu den Verkehrspflichten im Straßenverkehr erleichtern. Sie gibt die wichtigsten Konkretisierungen der „im Verkehr erforderlichen Sorgfalt" (§ 276 Abs. 1 S. 2 BGB) inhaltlich wieder und weist wegen der Einzelheiten die einschlägigen Entscheidungen nach. Wegen des Verhältnisses der hier behandelten Sorgfaltsanforderungen zu denjenigen des Unabwendbarkeitsbeweises nach § 7 Abs. 2 StVG (Übersicht in § 7, 372 ff) vgl. § 16, 228, wegen des zur Haftungsbegründung erforderlichen Zurechnungszusammenhangs § 16, 230.

Die Zusammenstellung ist systematisch nach Art und Umständen der Verkehrsbeteiligung geordnet. Die Übersicht vor Rdn. 1 und das Stichwortverzeichnis können das Auffinden einzelner Probleme erleichtern.

Die Verkehrspflichten von Straßenbahnführern sind in § 12 HaftpflG, 5 ff dargestellt.

[2165] *Jox* NZV 1989, 136.

[2166] BGHZ 99, 255; OLG Zweibrücken NZV 1989, 311.

Übersicht

I. Pflichten gegenüber dem gleichgerichteten Verkehr

Anfahren

Wer vom Fahrbahnrand aus anfahren will, darf dies nur tun, wenn hierdurch der fließende Verkehr nicht beeinträchtigt wird (§ 10 StVO; zur Bedeutung der dortigen Formulierung, eine Gefährdung anderer Verkehrsteilnehmer müsse **ausgeschlossen** sein, s. Rdn. 36 u. § 16, 80). Dies gilt auch beim Einordnen in den fließenden Verkehr auf einem Tankstellengelände[1]. Der Anfahrende muß damit rechnen, daß ein neben seinem Fahrzeug in zweiter Reihe zum Zwecke des Beladens haltender Müllwagen seine Fahrt fortsetzt[2] oder daß ein Teilnehmer des fließenden Verkehrs vor seinem Fahrzeug einscheren will[3]. **1**

Der **Teilnehmer des fließenden Verkehrs** braucht sich ohne besondere Anzeichen nicht darauf einzustellen, daß ein Fahrzeug plötzlich vom Fahrbahnrand anfährt. Dies gilt auch für das unvermittelte Einfahren eines Fahrzeugs vom Seitenstreifen einer Autobahn[4]. **2**

---

[1] OLG Hamm VersR 1978, 261.
[2] KG VM 1983, Nr. 64.
[3] OLG Zweibrücken VRS 51, 144; *Haarmann* VersR 1989, 1162.
[4] OLG Frankfurt VM 1975, Nr. 134.

3 **Linienbussen** ist zwar das Abfahren von Haltestellen zu ermöglichen (§ 20 Abs. 5 [Abs. 2 a. F.] StVO), dies ändert aber nichts daran, daß der Busfahrer erst anfahren darf, wenn er absehen kann, daß der fließende Verkehr nicht gefährdet wird[5]. Nicht in Rechnung zu stellen braucht er hierbei nach BGHSt 28, 218, daß es zwischen Fahrzeugen des fließenden Verkehrs zu einem Auffahrunfall kommen könnte, weil er durch sein Herausfahren den Verkehrsfluß behindert. Die in derselben Entscheidung getroffene Aussage, der Busfahrer dürfe sich „im Zweifel darauf verlassen", daß der fließende Verkehr ihm den Vorrang einräumt, erscheint allerdings als zu weitgehend, ebenso die Erweiterung seines Vorrangs auf den Fall, daß der Busfahrer wegen eines Hindernisses auf seinem Fahrstreifen ausscheren will[6]. Besonders sorgfältig muß der Busfahrer auf den nachfolgenden Verkehr achten, wenn er sogleich nach dem Ausfahren aus einer Haltebucht nach links in eine andere Straße einbiegen will[7].

4 Bei **Müllfahrzeugen** muß damit gerechnet werden, daß sie beim Wiederanfahren etwas nach links ausscheren[8].

Abstand

5 Bei der **Bemessung** des Sicherheitsabstandes zum Vorausfahrenden (§ 4 Abs. 1 Satz 1 StVO) **muß mit folgenden Situationen gerechnet werden**:

- plötzliche Vollbremsung des Vorausfahrenden[9];
- erneutes Anhalten des Vorausfahrenden nach dem Anfahren an einer Einmündung oder Ampel[10]; s. auch Rdn. 7 a. E.

6 Dagegen **braucht nicht damit gerechnet zu werden,**

- daß das vorausfahrende Fahrzeug ruckartig, d. h. unter erheblicher Verkürzung des Bremsweges, zum Stehen kommt[11], außer bei Annäherung an eine erkennbare Unfallstelle mit liegengebliebenen Fahrzeugen[12];
- daß es ohne Aufleuchten der Bremsleuchten plötzlich zum Stillstand abbremst[13];
- daß es ohne zu bremsen unmittelbar vor einem zuvor verdeckten Hinweis die Fahrspur wechselt[14].

7 Im allgemeinen muß der Abstand etwa der in 1,5 Sekunden zurückgelegten Strecke entsprechen[15]. Im geballten und kanalisierten Stadtverkehr kann er etwas kürzer bemessen werden, wenn auch die vor dem Vorausfahrenden liegende Fahrbahn als hindernisfrei erkannt werden kann und der verkürzte Abstand durch erhöhte Bremsbereitschaft kompensiert wird[16]. Entsprechendes (kürzerer Abstand, aber stetige Bremsbereitschaft) gilt beim Anfahren in einer Kolonne nach dem Anhalten an einer Ampel[17].

---

[5] OLG Düsseldorf VRS 65, 156; OLG Hamm VRS 53, 377; OLG Hamburg VersR 1976, 1138.

[6] So aber OLG Düsseldorf VersR 1993, 68.

[7] OLG Düsseldorf VM 1979, Nr. 16.

[8] KG VM 1996, Nr. 21.

[9] BGH NJW 1987, 1075; OLG Düsseldorf VersR 1978, 331.

[10] OLG Bremen VersR 1977, 158; KG VersR 1979, 234; OLG Koblenz VersR 1980, 753; OLG Stuttgart VRS 70, 466; LG Nürnberg-Fürth VersR 1990, 286 m. Anm. *Große-Streine.*

[11] BGH VersR 1968, 51; 1975, 373; NJW 1987, 1075; OLG Frankfurt VRS 49, 452; OLG Hamm VRS 71, 212; OLG Köln VRS 87, 172.

[12] BGH VersR 1975, 373.

[13] BayObLG VRS 62, 380.

[14] BGH NJW 1987, 1075; KG NZV 1988, 23.

[15] OLG Frankfurt VRS 52, 143.

[16] OLG Bremen VersR 1977, 158.

[17] OLG Karlsruhe VRS 73, 334; KG VM 1993, Nr. 35; LG Nürnberg-Fürth VersR 1990, 286 m. Anm. *Große-Streine.*

Bremsen

Zwingender Grund für ein starkes Bremsen im Sinne des § 4 Abs. 1 Satz 2 StVO liegt nur bei plötzlicher ernster Gefahr für Leib oder Leben von Menschen oder für bedeutende Sachwerte vor[18]. 8

Kein zwingender Grund ist: 9

- das Hereinlaufen eines Kleintiers[19];
- die kurzzeitige Sichtbehinderung durch Spritzwasser[20];
- das Umschalten einer Ampel von Grün auf Gelb, wenn mit einer normalen Betriebsbremsung nicht mehr vor der Haltelinie angehalten werden kann[21];
- die beabsichtigte Aufnahme eines Fahrgasts in ein Taxi[22].

Wird der bevorstehende Lichtzeichenwechsel von Grün auf Gelb durch eine **Vorampel** angekündigt, ist es nicht verkehrsgerecht, bereits eine Bremsung einzuleiten[23]. 10

Unzulässig ist es, einen zu dicht Auffahrenden durch kurzes **Antippen der Bremse** auf sein Fehlverhalten aufmerksam zu machen, denn dies kann zu einer Fehlreaktion des anderen mit schweren Unfallfolgen führen[24]. 11

Überholen

Absehen vom Überholen muß der Kraftfahrer, wenn eine **unklare Verkehrslage** besteht (§ 5 Abs. 3 Nr. 1 StVO). Dies ist insbesondere dann der Fall, wenn nach den Umständen damit gerechnet werden muß, daß der zu Überholende seinerseits überholen, ausscheren oder nach links abbiegen wird, also z. B. 12

- wenn sich der Vorausfahrende kurz vor einer links befindlichen Einmündung ohne Blinkzeichen zur Straßenmitte eingeordnet und seine Geschwindigkeit herabgesetzt hat[25];
- wenn der Vorausfahrende ungewöhnlich langsam fährt und sein linker Fahrtrichtungsanzeiger durch ein nachfolgendes Kraftfahrzeug verdeckt ist[26];
- wenn ein Fahrzeug am rechten Fahrbahnrand hält, links blinkt, und auf dem Mittelstreifen Parkflächen markiert sind[27];
- wenn der zu Überholende schon so nahe an ein Hindernis herangefahren ist, daß er genötigt ist, entweder nach links auszuweichen oder scharf abzubremsen[28];
- wenn der Vorausfahrende schon so nahe auf Radfahrer aufgeschlossen hat, daß mit Ausscheren zu rechnen ist[29];
- wenn ein Pkw in unübersichtlicher Kurve hinter einem Mähdrescher herfährt[30];
- wenn sich hinter einem Langsamfahrer eine Kolonne gebildet hat, eine Überholmöglichkeit entsteht und Vorausfahrer nicht durch ihr Verhalten deutlich machen, daß sie hinter dem langsamen Kraftfahrzeug bleiben wollen[31]; s. aber auch Rdn. 14.

Keine unklare Verkehrslage besteht dagegen allein deshalb, weil 13

- der Vorausfahrende ungewöhnlich langsam fährt[32] bzw. seine Geschwindigkeit wesentlich herabsetzt[33], auch wenn er sich einer Abzweigung nähert[34];

---

18 OLG Düsseldorf VM 1975, Nr. 9.

19 OLG München DAR 1974, 19; OLG Karlsruhe VersR 1988, 138; OLG Köln VersR 1993, 1168; OLG Hamm NZV 1994, 28; einschränkend OLG Frankfurt DAR 1984, 157.

20 KG VM 1979, Nr. 83.

21 OLG Düsseldorf DAR 1975, 303; KG VM 1983, Nr. 15.

22 KG NZV 1993, 478.

23 A. A. OLG Hamm NZV 1995, 25.

24 OLG Köln VersR 1982, 558; a. A. OLG Karlsruhe NZV 1991, 234.

25 OLG Hamm VRS 53, 211.

26 OLG Hamm VRS 48, 461.

27 A. A. OLG Stuttgart VRS 65, 66.

28 KG VRS 53, 271.

29 OLG München NZV 1993, 232.

30 LG Kassel NZV 1990, 76.

31 OLG Celle VRS 56, 125.

32 OLG Karlsruhe VRS 54, 68; BayObLG VRS 61, 63; OLG Köln VRS 65, 392.

33 BayObLG VRS 61, 61.

34 BayObLG VRS 59, 295; OLG Koblenz VRS 70, 467; strenger OLG Schleswig NZV 1994, 30.

- ein Motorradfahrer auf der rechten Spur der BAB relativ weit links fährt[35];
- der Vorausfahrende ohne zu blinken etwas zur Straßenmitte hin versetzt fährt, auch wenn er zugleich verlangsamt[36], sich links eine Einfahrt befindet[37] oder ihn ein nachfolgendes Kraftfahrzeug nicht überholt[38];
- am Ende einer Überholverbotsstrecke der Vordermann mit gleichbleibender Geschwindigkeit und ohne zu blinken hinter einem Lkw herfährt[39];
- der Vorausfahrende sich einem noch langsameren Vordermann nähert[40];
- der zu Überholende soeben vom Fahrbahnrand angefahren oder dort zurückgestoßen ist und sich links gegenüber eine Einfahrt befindet[41].

14 Das **Überholen mehrerer Fahrzeuge** in einem Zug ist nicht generell verboten[42]. Der in einer Kolonne Fahrende muß daher nicht das Überholen zurückstellen, bis die Vorausfahrenden überholt haben (Ausnahme: Entstehen einer Überholmöglichkeit bei Schlangenbildung hinter Langsamfahrer, s. Rdn. 12 a. E.). Er muß aber, insbesondere bei verdecktem Fahrtrichtungsanzeiger weiter vorne fahrender Kraftfahrzeuge, die Aufmerksamkeit und die Geschwindigkeit so einrichten, daß er bei Erkennbarwerden einer beabsichtigten Fahrtrichtungsänderung noch rechtzeitig reagieren kann[43]; ggf. ist der Blinkende zu warnen[44]. Auf das unvermittelte Ausscheren eines Fahrzeugs aus einer Kolonne auf der Autobahn braucht der Überholende seine Geschwindigkeit nicht einzustellen[45].

15 Beim **Anschließen an einen anderen Überholer** muß ein so großer Abstand eingehalten werden, daß Sicht auf das Verkehrsgeschehen auf der vorausliegenden Strecke gewährleistet ist[46].

16 Die **Beachtung des nachfolgenden Verkehrs** vor dem Ausscheren (§ 5 Abs. 4 Satz 1 StVO) erfordert, daß durch Blick in den Rückspiegel geprüft wird, ob ein Überholwilliger bereits so nahe herangekommen ist, daß er durch das Ausscheren gefährdet oder behindert würde[47]; hierbei ist auch eine hohe Geschwindigkeit des Nachfolgenden in Betracht zu ziehen[48]. Hat ein Nachfolgender bereits seinerseits den Überholvorgang begonnen, muß vom Überholen Abstand genommen werden[49]. Zum Vertrauen auf Einhaltung eines Überholverbots s. Rdn. 28.

17 **Rechtsüberholen** ist auch dann nicht ohne weiteres zulässig, wenn der andere (z. B. ein Radfahrer) verbotswidrig links fährt; hier ist zumindest ein Warnzeichen veranlaßt[50]. Ein zur Straßenmitte hin eingeordneter Lastzug darf nicht rechts überholt werden, wenn er nicht links blinkt und somit nicht ausgeschlossen werden kann, daß er rechts abbiegen will[51].

18 Beim **Einfahren in eine Autobahn** oder Schnellstraße darf nicht in einem Zug von der Beschleunigungsspur auf die Überholspur gefahren werden; zunächst muß sich der Einfahrende in den Verkehrsfluß auf der Normalspur einfügen und sich vergewissern,

---

35 OLG Hamm NZV 1995, 194.
36 KG VRS 73, 336.
37 OLG Hamm VRS 53, 138.
38 OLG Zweibrücken VRS 48, 127; BayObLG VRS 72, 295.
39 BayObLG VRS 71, 382.
40 BayObLG VRS 64, 55.
41 OLG Zweibrücken VRS 57, 135; BayObLG VRS 59, 225; 70, 40.
42 KG NZV 1995, 359; s. auch BGH NJW 1987, 322.
43 OLG Celle VersR 1980, 195.
44 OLG Karlsruhe VRS 49, 210.
45 KG VersR 1978, 1072.
46 OLG Braunschweig NZV 1993, 480.
47 OLG Düsseldorf VersR 1978, 429; KG VersR 1978, 1072; OLG Hamm VersR 1986, 1196.
48 OLG Köln VersR 1978, 143.
49 KG NZV 1995, 359; OLGR Hamm 1995, 135.
50 OLG München NZV 1992, 235.
51 OLG Köln NZV 1995, 74.

daß er durch den Wechsel auf die Überholspur niemanden gefährdet oder behindert[52]. In einem Einmündungstrichter darf nicht überholt werden, wenn der Überholvorgang nicht deutlich vor dem Übergang in die Schnellstraße abgeschlossen werden kann[53].

Der beim **Einscheren nach dem Überholen** einzuhaltende Abstand zum Überholten (§ 5 Abs. 4 Satz 4 StVO) ist mit weniger als 20 m bei ca. 80 km/h nicht gewahrt[54]. **19**

Der einzuhaltende **Seitenabstand** zum Überholten (§ 5 Abs. 4 Satz 2 StVO) richtet sich nach den konkreten Umständen, insbesondere den Straßenverhältnissen sowie Art und Geschwindigkeit der beteiligten Fahrzeuge[55]. Ein Überholen auf schmaler Straße mit einem deutlich unter 1 m liegenden Seitenabstand setzt Ankündigung und Verständigung voraus[56]; der andere hat sich dann auf das Überholmanöver einzustellen[57]. Beim Überholen eines großen Fahrzeugs vor einer Kurve ist dessen zu erwartendes Ausscheren zu berücksichtigen und das Überholen ggf. zurückzustellen[58]. Gegenüber Radfahrern ist ein größerer Sicherheitsabstand (ca. 1,5 bis 2 m) einzuhalten[59], insbesondere an Steigungen, bei Kindern oder Jugendlichen[60] (s. auch Rdn. 222), und beim Überholen mit Schwerfahrzeugen[61]. Das gilt auch, wenn das Rad geschoben wird[62]. Bei Mofafahrern muß nicht ohne weiteres mit größeren Schwankungen gerechnet werden[63]; hier reicht in der Regel 1 m[64]. **20**

Pflichten des zu Überholenden: Er darf bereits ab Beginn des Überholvorgangs nicht mehr beschleunigen[65] (s. § 5 Abs. 6 Satz 1 StVO). Bei besonderer Gefahrenlage, nicht aber generell beim Auftauchen von Gegenverkehr, muß er dem Überholer, ggf. durch Vermindern seiner Geschwindigkeit, ein Einscheren ermöglichen[66]. Das Gebot, möglichst weit rechts zu fahren (§ 2 Abs. 2 StVO), verpflichtet den in einer langsamen Kolonne auf einer Bundesstraße fahrenden Pkw-Fahrer nicht, zur Ermöglichung eines vorschriftswidrigen Überholmanövers den äußerst rechten Rand einzuhalten, wenn die anderen Fahrzeuge der Kolonne sich auf der Mitte der rechten Fahrbahnhälfte bewegen[67]. Muß der zu Überholende wegen einer Straßenbiegung und besonderer Größe seines Fahrzeugs die vom Überholer benutzte Fahrspur mitbenutzen, so muß er dem anderen ein gefahrloses Beenden des Überholvorgangs, z. B. durch Vermindern der Geschwindigkeit, ermöglichen[68]. Zum Ausscheren s. o. Rdn. 16. **21**

Nebeneinanderfahren

Es ist nach § 7 Abs. 1 StVO auf Fahrbahnen mit mehreren Fahrstreifen zulässig, auch wenn keine Fahrstreifenmarkierung besteht; entscheidend ist, daß Raum für mindestens zwei mehrspurige Fahrzeuge vorhanden ist. Hierbei muß ein ausreichender Sicherheitsabstand (ca. 50 cm zu beiden Seiten jedes Fahrzeugs) gewahrt sein[69]. **22**

---

52 BGH NJW 1986, 1044; OLG Hamm NZV 1992, 320.
53 *Haag* in Anm. zu OLG München NZV 1990, 25.
54 OLG Düsseldorf VRS 64, 9.
55 OLG Karlsruhe VersR 1978, 749.
56 OLG Saarbrücken VM 1981, Nr. 111.
57 OLG Bamberg VersR 1978, 351.
58 KG VM 1987, Nr. 25; OLG Hamm RuS 1995, 56.
59 OLG Saarbrücken VM 1980, Nr. 104; OLG Karlsruhe VersR 1989, 1309.
60 OLG Frankfurt DAR 1981, 18.
61 BGH VRS 31, 407.
62 BGH VRS 18, 205.
63 OLG Düsseldorf VM 1975, Nr. 109.
64 BayObLG MDR 1987, 784.
65 BayObLG VRS 55, 142.
66 BGH VersR 1960, 925.
67 BGH VersR 1980, 849.
68 KG VM 1987, Nr. 25.
69 *Haarmann* DAR 1987, 140.

Fahrstreifenwechsel

23 Im **mehrspurigen Verkehr** darf darauf vertraut werden, daß ein im benachbarten Fahrstreifen Fahrender nicht plötzlich ausschert[70]. Auch der dortige Verkehr ist aber ständig zu beobachten[71]. Zeigt der Benutzer eines benachbarten Fahrstreifens die Absicht des Spurwechsels rechtzeitig an, muß sich der Nachfolgende darauf einstellen[72].

24 Bei **bogenförmigem Parallelfahren** dürfen die Benutzer des inneren Fahrstreifens darauf vertrauen, daß die Fahrzeuge auf der äußeren Spur den Bogen so weit nehmen, daß sie ihnen den Weg nicht abschneiden[73]. Anders verhält es sich bei großen Fahrzeugen, die hierzu nicht in der Lage sind[74]. Auch bei verschwenkter Fahrbahn darf darauf vertraut werden, daß der Parallelverkehr die Spur hält[75].

25 **Fahrstreifenwechsel** ist nur nach **Setzen des Fahrtrichtungsanzeigers** und **Rückschau** zulässig[76]. Dies gilt auch bei nur teilweisem Hinüberfahren[77]. Ggf. ist auch der Verkehr auf dem übernächsten Fahrstreifen zu beobachten[78]. Bei Sichtbehinderung (z. B. toter Winkel durch Lkw-Aufbau) muß gewartet werden, bis im Außenspiegel erkennbar ist, daß der Verkehr im anderen Fahrstreifen sich auf den beabsichtigten Wechsel eingestellt hat[79]. Der Abstand zwischen den Fahrzeugen auf dem anderen Fahrstreifen darf nicht in gefährlicher Weise verkürzt werden[80]. Daß ein Zweiradfahrer zwischen den voll besetzten Fahrstreifen hindurchfahren würde, braucht der Spurwechsler nur in Betracht zu ziehen, wenn dies bereits zu Beginn des Fahrstreifenwechsels erkennbar war[81]. Bei Wechsel auf einen gesperrten Fahrstreifen (z. B. um an einer BAB-Baustelle auf den Seitenstreifen zu gelangen) muß der Fahrer sich vergewissern, daß auf dem gesperrten Fahrstreifen kein anderes Fahrzeug naht[82].

26 Bei **Fahrbahnverengung** ist das sog. Reißverschlußprinzip (§ 7 Abs. 4 StVO) in der Weise zu beachten, daß der Verkehr auf dem weiterführenden Fahrstreifen zunächst den Vorrang hat[83]. Dort nachfolgende Fahrer müssen zwar den weiter vorn befindlichen Fahrzeugen der wartepflichtigen Reihe das Einfädeln ermöglichen; deren Fahrer dürfen jedoch nicht ohne weiteres auf die Einräumung dieses Vortritts vertrauen, sondern müssen nach Rückschau und Abgabe von Richtungszeichen vorsichtig hinübersetzen[84].

Linksabbiegen

27 Rechtzeitiges **Ankündigen** der Abbiegeabsicht (§ 9 Abs. 1 Satz 1 StVO) setzt voraus, daß mit dem Einordnen und Blinken zu einem Zeitpunkt begonnen wird, zu dem sich der nachfolgende Verkehr gefahrlos auf das Abbiegen einstellen kann; dieser ist von den örtlichen Verhältnissen und der gefahrenen Geschwindigkeit abhängig[85], auch vom Vorhandensein weiterer Einmündungen[86]. Soll zweimal hintereinander links abgebogen werden, ist das Blinken zur Vermeidung von Irritationen deutlich zu unterbrechen[87]. Auf deutliches Ankündigen der Abbiegeabsicht ist besonders zu achten, wenn aus einem Überholvorgang heraus nach links abgebogen werden soll[88].

---

70 BayObLG VRS 67, 461.
71 KG VRS 29, 46.
72 BayObLG VRS 44, 453.
73 OLG Oldenburg DAR 1962, 338.
74 KG VM 1987, Nr. 25.
75 OLG Hamm VRS 25, 259.
76 KG VRS 29, 44; OLG Hamm VRS 81, 342.
77 OLG Düsseldorf VM 1987, Nr. 92.
78 BayObLG VRS 40, 466.
79 OLG Schleswig DAR 1991, 26.
80 OLG Hamm VersR 1992, 624.
81 OLG Schleswig VRS 60, 306.
82 **A. A.** OLG Schleswig NZV 1993, 109.
83 KG VRS 57, 321; VM 1984, Nr. 25; 1987, Nr. 82.
84 KG VRS 57, 321.
85 Vgl. BGH VRS 25, 264.
86 BayObLG DAR 1969, 53.
87 KG VM 1979, Nr. 35.
88 BayObLG VRS 71, 380.

Durch eine **zweite Rückschau** unmittelbar vor dem Beginn des Abbiegens[89] hat sich der Abbiegende zu vergewissern, daß kein nachfolgender, evtl. zum Überholen ansetzender Verkehrsteilnehmer gefährdet werden kann (§ 9 Abs. 1 Satz 4 StVO). Nicht erforderlich ist die zweite Rückschau, wenn dem Weg einer abknickenden Vorfahrtstraße gefolgt werden soll[90] oder wenn mit einem Überholen nicht gerechnet zu werden braucht. Das Bestehen eines Überholverbotes reicht zur Begründung eines solchen Vertrauens nicht aus[91], bei Vorhandensein einer Fahrstreifenbegrenzung oder einer Sperrfläche (Zeichen 295, 298 der StVO) soll sich der Kraftfahrer nach BGH VersR 1987, 906 jedoch grundsätzlich darauf verlassen können, daß er nicht unter Mißachtung dieser Markierungen überholt wird. Zu Recht wird dieser Vertrauensgrundsatz aber für den Fall eingeschränkt, daß besondere Umstände eine Mißachtung befürchten lassen, z. B. das Aufschließen eines schnellen Motorradfahrers[92], ein Verkehrsstau[93]. Ein etwaiger toter Winkel ist durch Blick durch das Seitenfenster zu überwinden[94]. **28**

Bemerkt der Abbiegewillige, daß ihn ein anderes Fahrzeug noch verbotswidrig links überholen will, so muß er das **Abbiegen zurückstellen**[95]; dies kann schon dann der Fall sein, wenn ein nachfolgendes Fahrzeug noch nicht nach links ausgeschert ist, aber sehr schnell aufschließt[96]. **29**

Unter besonderen Umständen kann Anlaß bestehen, auch noch **nach Beginn des Abbiegevorgangs** den rückwärtigen Verkehr zu beobachten, etwa wenn mit einem Trekkergespann in einen schwer erkennbaren Feldweg abgebogen werden soll[97]. **30**

Auf **rechts überholende** Fahrzeuge braucht der eingeordnete Linksabbieger nur dann Bedacht zu nehmen, wenn wegen der Länge seines Fahrzeugs oder überstehender Ladung mit einem Ausschwenken in deren Fahrraum zu rechnen ist[98], ansonsten ist die Einhaltung des erforderlichen Seitenabstandes Sache des Überholenden[99]. **31**

Rechtsabbiegen

Die Pflicht zur **zweiten Rückschau** unmittelbar vor dem Abbiegen (s. Rdn. 28) gilt auch für den Rechtsabbieger, sofern er nicht wegen seines geringen Abstands zum Fahrbahnrand ein Rechtsüberholtwerden ausschließen kann[100], insbesondere also wenn er vor dem Abbiegen nach links ausholen muß[101]. Zu den besonderen Verhaltenspflichten gegenüber Radfahrern s. Rdn. 189 ff. **32**

Beabsichtigt der Kraftfahrer ein **paarweises Rechtsabbiegen** (d. h. links neben einem anderen Fahrzeug), so muß er sich vergewissern, daß das andere Fahrzeug tatsächlich nach rechts abbiegt, selbst wenn es den rechten Blinker gesetzt hat[102]. Zur Fortsetzung der Fahrt nach dem Abbiegen muß er erforderlichenfalls dem rechts von ihm Fahrenden den Vortritt lassen[103]. **33**

---

89 Näher zum Zeitpunkt OLG Celle VersR 1986, 349.
90 OLG Koblenz VRS 55, 294.
91 OLG Stuttgart VRS 55, 224; OLG Düsseldorf VRS 64, 409; BayObLG VRS 47, 462 [„zumindest außerorts"].
92 BayObLG VRS 58, 451.
93 BayObLG VRS 61, 382; krit. *Janiszewski* NStZ 1981, 473.
94 OLG Frankfurt VM 1978, Nr. 107.
95 BayObLG VRS 21, 224.
96 OLG Frankfurt VM 1978, Nr. 107.
97 OLG Hamm NZV 1993, 396.
98 BayObLG VRS 39, 230.
99 Vgl. OLG Köln VRS 63, 142.
100 OLG Bremen VM 1976, Nr. 33; OLG Hamm VRS 38, 123; BayObLG VRS 60, 308.
101 OLG Oldenburg NZV 1993, 233; OLG Köln NZV 1995, 74.
102 KG VRS 69, 305.
103 KG NZV 1991, 194.

34 Der Fahrer eines längeren Fahrzeugs muß den Abbiegevorgang abbrechen, wenn es durch das **Ausschwenken des Hecks** zur Gefährdung eines Verkehrsteilnehmers in der daneben liegenden Fahrspur kommen kann[104]. Allerdings muß sich auch der andere im Rahmen des Möglichen auf diese Gefahr einstellen und ggf. zurückstehen[105].

Kreisverkehr

35 Hier gilt grundsätzlich das Rechtsfahrgebot[106], doch ist im Interesse des Verkehrsflusses ein mehrspuriges Fahren, bei dem sich der länger im Kreisel bleibende Verkehr nach links orientiert, nicht zu beanstanden[107]. Vor der Ausfahrt ist rechts zu blinken und auf Benutzer der rechten Spur Rücksicht zu nehmen[108]. Rückschau nach rechts ist unbedingt geboten; kein Vertrauensschutz in bezug auf Rechtsüberholer[109].

Einbiegen in Grundstück

36 § 9 Abs. 5 StVO, der vom Einbiegenden ein Verhalten verlangt, bei dem „eine **Gefährdung anderer Verkehrsteilnehmer ausgeschlossen** ist", begründet für sich genommen keine erhöhten Sorgfaltsanforderungen, denn die StVO kann als Rechtsverordnung den Sorgfaltsmaßstab des § 276 Abs. 1 BGB nicht abändern (§ 16, 80); Entscheidungen, die vom Einbiegenden das „äußerste Maß an Sorgfalt" verlangen und ihm „die Verantwortung nahezu allein" auferlegen[110], sind daher vom rechtlichen Ansatz her unzutreffend[111]. Die Vorschrift kann vielmehr nur als Hinweis auf die besondere Gefährlichkeit des betreffenden Verkehrsvorgangs gewertet werden; konkrete Verhaltenspflichten sind nicht aus ihr, sondern wie sonst auch aus dem Begriff der im Verkehr erforderlichen Sorgfalt (§ 276 Abs. 1 BGB) abzuleiten, wobei lediglich zur Bestimmung des Erforderlichen auf die besondere Gefährlichkeit des Verkehrsvorgangs abzustellen ist[112].

37 Dies bedeutet, daß der Einbiegende noch stärker als ein normaler Abbieger dafür Sorge tragen und sich vergewissern muß, daß der nachfolgende Verkehr seine Absicht erkennt und sich darauf einstellt. Da der Verkehr, insbesondere außerorts, mit einem Abbiegen außerhalb von Kreuzungen und Straßeneinmündungen im allgemeinen nicht rechnet, muß der Grundstückseinfahrer noch zeitiger und deutlicher seine Absicht durch Blinken, Verlangsamen[113] und ggf. Einordnen anzeigen[114]. Einbiegen darf er erst, wenn er sich durch zweite Rückschau vergewissert hat, daß der nachfolgende Verkehr sich hierauf eingestellt hat[115]. Dies gilt auch beim Einbiegen nach rechts[116], ganz besonders, wenn der Einbiegende hierzu nach links ausholt[117] oder vom linken Fahrstreifen aus einbiegen will[118]. Kann der Einbieger nicht sicher sein, daß sich die Nachfolger auf sein Vorhaben eingestellt haben, muß er notfalls warten, bis alle Nachfolgenden ihn passiert haben[119].

---

[104] KG NZV 1991, 193; OLG Hamm NZV 1994, 399.
[105] OLG Hamm NZV 1994, 399.
[106] OLG Celle VersR 1980, 562.
[107] OLG Celle VM 1966, Nr. 83.
[108] OLG Düsseldorf VRS 37, 303.
[109] **A. A.** OLG Celle VM 1966, Nr. 83.
[110] Z. B. OLG Hamm VersR 1979, 266.
[111] *Greger* NJW 1992, 3270.
[112] Ebenso OLG Schleswig VersR 1979, 1036.
[113] „Stotterbremse", OLG Hamm NZV 1991, 268.
[114] OLG Düsseldorf VersR 1983, 40.
[115] KG VersR 1982, 374.
[116] BayObLG NZV 1991, 162.
[117] OLG Saarbrücken VM 1978, Nr. 109; **a. A.** OLG Düsseldorf VRS 59, 49.
[118] KG VM 1985, Nr. 73.
[119] OLG Düsseldorf VersR 1983, 40; OLG Oldenburg VersR 1978, 1027.

II. Pflichten gegenüber dem Gegenverkehr

Fahrbahnbenutzung

Durch **Einhalten der rechten Fahrbahnseite** ist dem Gegenverkehr Raum zum gefahrlosen Begegnen zu verschaffen. Das Rechtsfahrgebot des § 2 Abs. 2 StVO verlangt aber nicht in jedem Falle, äußerst rechts zu fahren. Es kommt auf die konkrete Verkehrssituation an[120]. Hierbei ist außer dem Sicherheitsabstand zum rechten Fahrbahnrand auch von Bedeutung, ob der Kraftfahrer mit einer Inanspruchnahme seiner Fahrbahn durch Fahrzeuge des Gegenverkehrs rechnen muß, etwa wegen des Vorhandenseins von Hindernissen oder bei Kolonnenverkehr[121]. Ist die Straße breit genug für die Begegnung zweier Fahrzeuge (insbesondere bei Vorhandensein einer Leitlinie), reicht es im Regelfall aus, einen Abstand von 50 cm zur Fahrbahnmitte einzuhalten[122]. Ist dagegen wegen geringerer Fahrbahnbreite oder aufgrund der konkreten Verkehrssituation mit Gegenverkehr auf der eigenen Fahrbahnseite zu rechnen, muß möglichst weit rechts gefahren werden, auch unter Verringerung des Sicherheitsabstands zum Fahrbahnrand, die ggf. durch Reduzierung der Geschwindigkeit auszugleichen ist. Bei Unübersichtlichkeit ist auch das Sichtfahrgebot zu beachten (vgl. Rdn. 129), auf schmaler Straße das Gebot des Fahrens auf halbe Sicht (Rdn. 130). Das Rechtsfahrgebot behält aber auch in diesen Fällen seine Geltung[123]. **38**

Ist eine **Inanspruchnahme der linken Fahrbahnseite** unerläßlich, so muß sichergestellt werden, daß kein entgegenkommendes Fahrzeug gefährdet wird[124]. Nötigenfalls ist ein Warnposten aufzustellen[125]; zumindest muß „auf halbe Sicht" gefahren werden[126]. **39**

Wenn eine gefahrlose Begegnung anders nicht möglich ist, ist nach rechts **auszuweichen**, auch auf ein als tragfähig erkennbares Bankett[127]. Von der Tragfähigkeit darf insbesondere der Führer eines schwereren Fahrzeugs nicht ohne weiteres ausgehen[128]. Auch einem verkehrswidrig auf der falschen Fahrbahn Entgegenkommenden ist grundsätzlich nach rechts auszuweichen, nach links nur, wenn nur so Kollision vermieden werden kann[129] (Fehlreaktion ist in dieser Situation allerdings oft nicht vorwerfbar). **40**

Verhalten an Engstelle

An einer **dauernden Fahrbahnverengung** hat derjenige, der die Engstelle deutlich später erreicht, dem anderen den Vorrang zu gewähren[130]. Bei Unübersichtlichkeit ist beiderseits besondere Vorsicht geboten[131]. **41**

Bei einem **vorübergehenden Hindernis** (abgestelltes Fahrzeug; Absperrung; Schneeverwehung)[132] muß derjenige, der die Gegenfahrbahn benutzen muß, entgegenkommende Fahrzeug durchfahren lassen (§ 6 StVO). Das gilt auch, wenn diese die Fahr- **42**

---

120 BGH NZV 1990, 229.
121 BGH NZV 1990, 229.
122 BayObLG VRS 61, 55; OLG Karlsruhe VersR 1987, 694.
123 BGH NZV 1996, 444; a. A. BayObLG NZV 1990, 122.
124 Zu den Anforderungen bei nächtlicher Fahrt mit überbreitem Panzer BGH NZV 1990, 112; vgl. auch BayObLG VRS 61, 141: Omnibus in Spitzkehre; BayObLG VRS 58, 450: Vorbeifahren an haltendem Fahrzeug.
125 BGH VersR 1968, 847: langes Fahrzeug in unübersichtlicher Kurve; OLG Schleswig NZV 1993, 113: Panzer in unübersichtlicher, enger Kurve.
126 OLG Hamburg VRS 84, 169.
127 OLG München VersR 1976, 1143.
128 OLG Saarbrücken VM 1975, Nr. 46: Omnibus.
129 Vgl. BayObLG VRS 62, 211.
130 BayObLG NJW 1961, 281.
131 OLG Hamm VRS 30, 376.
132 OLG Schleswig MDR 1985, 327.

bahnhälfte des Behinderten in Anspruch nehmen[133]. Bei Unübersichtlichkeit ist besonderes Einstellen auf möglichen Gegenverkehr erforderlich (Schrittgeschwindigkeit, sofortiges Anhalten[134]; ggf. Warnzeichen[135]). Der Versuch, bei Auftauchen von Gegenverkehr noch an dem Hindernis vorbeizukommen, ist in der Regel nicht sachgerecht, da er auch dem Entgegenkommenden den Anhalteweg verkürzt[136]. Ist in einer unübersichtlichen Kurve die Fahrbahn auf einer Seite durch parkende Fahrzeuge verengt, muß auch derjenige, dessen Fahrbahnhälfte frei ist, damit rechnen, daß ihm in seiner Hälfte Fahrzeuge entgegenkommen, und sich durch Herabsetzen der Geschwindigkeit darauf einstellen[137]. Bei einer beidseitig beparkten Straße müssen die Führer entgegenkommender Fahrzeuge sich darauf einrichten, daß jedes der Fahrzeuge die Fahrbahn mindestens bis zur Mitte ausnutzen werde[138]. Die Einhaltung eines ausreichenden Seitenabstands zu stehenden Fahrzeugen ist auch auf schmalen Straßen, für sich genommen, nicht verkehrswidrig[139].

43 Wer sich bereits in der Engstelle befindet, muß sie für entgegenkommenden Verkehr möglichst rasch **räumen**; hierauf darf der Entgegenkommende aber nicht ohne weiteres vertrauen[140].

Überholen

44 **Trotz Gegenverkehrs** darf überholt werden, wenn für diesen genügend Platz bleibt und kein Anzeichen für verkehrsordnungswidriges Verhalten erkennbar ist[141]. Dies gilt insbesondere auf dreispurigen Straßen; erkennt aber ein Kraftfahrer, der zuerst auf dem mittleren Fahrstreifen überholt, daß ein entgegenkommender Fahrer sein aus der Priorität abzuleitendes Vorrecht mißachtet, muß er den Überholvorgang, wenn möglich, abbrechen[142]. Darauf, daß der Entgegenkommende auf den Mehrzweckstreifen ausweichen werde, darf der Überholer nicht vertrauen[143].

45 **Vor einer Straßeneinmündung oder Kreuzung** darf nicht überholt werden, wenn mit einem auf die Gegenfahrbahn einbiegenden Fahrzeug gerechnet werden muß (unklare Verkehrslage im Sinne des § 5 Abs. 3 Nr. 1 StVO[144]; s. auch Rdn. 93).

46 Bei der Bemessung der **übersehbaren Strecke** (§ 5 Abs. 2 Satz 1 StVO) ist auch die Strecke zu berücksichtigen, die ein potentieller Entgegenkommer bis zur Begegnung zurücklegen würde[145]. Hierbei muß auch mit Geschwindigkeitsüberschreitungen, allerdings nicht mit grob unvernünftig überhöhter Geschwindigkeit, gerechnet werden[146].

47 Mit dem Entgegenkommen eines **unbeleuchteten Fahrzeugs** braucht bei Dunkelheit nicht gerechnet zu werden; anders in der Dämmerung[147].

Linksabbiegen

48 Auf **verkehrswidriges Verhalten des Entgegenkommenden** muß sich der Abbieger grundsätzlich einstellen, z. B. auf überhöhte Geschwindigkeit, solange nicht grob un-

---

133 OLG Celle VersR 1980, 772.
134 OLG Bamberg VersR 1982, 583.
135 OLG Hamm DAR 1971, 111.
136 Fragwürdig daher OLG Schleswig VM 1996, Nr. 20.
137 OLG Hamm NZV 1995, 27.
138 KG VM 1978, Nr. 74.
139 OLG Hamburg VRS 84, 169.
140 OLG Koblenz NZV 1993, 195.
141 OLG Düsseldorf VM 1974, 123.
142 OLG Koblenz VRS 66, 219.
143 OLGR Hamm 1994, 86.
144 BGH NZV 1996, 27; OLG Hamm VRS 51, 68.
145 OLG Hamm VM 1966, 142.
146 BGHSt 8, 200.
147 OLG Hamm VRS 62, 214.

vernünftig[148]; Überfahren einer der Kreuzung vorgelagerten Fußgängerampel[149]; zum Einfahren in die Kreuzung bei Rot s. Rdn. 51. Er darf aber darauf vertrauen, daß ein Entgegenkommender, der eine durch ununterbrochene Linie markierte Linksabbiegespur benutzt, nicht geradeaus weiterfahren wird, sofern hierfür keinerlei Anzeichen bestehen[150].

Bei **fehlender Sicht** auf den Gegenverkehr darf nicht abgebogen werden, z. B. bei Sichtbehinderung durch entgegenkommende Linksabbieger[151]. Hier muß der Abbieger warten; allenfalls darf er sich behutsam zur Sichtgewinnung vortasten[152]. Vorsichtiges Hineintasten in den nicht einsehbaren Teil der Gegenfahrbahn ist auch geboten bei Sichtbehinderung aus baulichen Gründen[153] und bei Passieren einer von stehenden Fahrzeugen des Gegenverkehrs freigelassenen Lücke[154]. Einer polizeilichen Weisung zum Räumen der Kreuzung darf auch dann Folge geleistet werden, wenn nicht voll übersehen werden kann, ob noch Gegenverkehr kommt[155]. **49**

Auf einer **mehrspurigen Straße** darf der Abbieger nicht bis auf den linken Fahrstreifen des Gegenverkehrs vorfahren und dort den Gegenverkehr abwarten[156]. Zur Situation bei **breitem Mittelstreifen** s. Rdn. 69. **50**

An **ampelgeregelten Kreuzungen** gelten, sofern **kein besonderes Signal** für den Linksabbieger vorhanden ist, die allgemeinen Grundsätze, d. h. es darf nur abgebogen werden, wenn feststeht, daß kein Gegenverkehr naht oder daß dieser vor der Ampel zum Stehen gekommen ist. Bei mehrspuriger Gegenfahrbahn darf aus dem Anhalten eines Fahrzeugs nicht darauf geschlossen werden, daß auch auf einem anderen Fahrstreifen kein Entgegenkommer mehr einfahren wird[157]. Mit Rotlichtverstößen kurz nach Umschalten der Ampel muß gerechnet werden[158]. Ist die Gegenrichtung dagegen schon längere Zeit gesperrt (erkennbar z. B. aus der Freigabe des Querverkehrs), muß nur noch bei besonderen Umständen mit einer Rotlichtmißachtung gerechnet werden[159]. **51**

Bei **gesondertem Signal** für den Linksabbieger (grüner Pfeil vor oder hinter der Kreuzung, früheres Diagonalgelb) darf dieser auf die Sperrung des Gegenverkehrs vertrauen, d. h. auch bei fehlender Sicht auf diesen mit dem Abbiegen beginnen[160]; nur bei konkretem Anlaß, z. B. Vorhandensein von Nachzüglern in der Kreuzung, muß er auf Gegenverkehr Bedacht nehmen[161]. **52**

Ist der Linksabbieger bis zur Freigabe des Gegenverkehrs in der Kreuzung festgehalten worden, so muß ihm der Gegenverkehr zwar nach den Grundsätzen über den **Vorrang des Nachzüglers** (vgl. Rdn. 107) das Räumen der Kreuzung ermöglichen; der Abbieger darf auf die Beachtung dieses Vorrangs jedoch nicht vertrauen, sondern muß sich mit dem Entgegenkommenden verständigen[162]. **53**

Der Linksabbieger muß auch dann, wenn für ihn kein Zeichen 237 zu sehen ist, darauf achten, ob nicht zwischen Fahrbahn und Gehweg ein **Radweg** verläuft[163]. **54**

---

148 BGH VRS 67, 96.
149 **A. A.** BGH VersR 1982, 701.
150 OLG Hamm VRS 48, 144.
151 OLG Karlsruhe VRS 51, 376.
152 OLG Celle NZV 1994, 193.
153 KG VM 1985, 21.
154 OLG Düsseldorf VersR 1980, 634.
155 KG VM 1976, 128.
156 OLG Hamm NZV 1995, 29.
157 OLG Hamm VersR 1992, 1016.
158 BGH VRS 55, 226; OLG Düsseldorf VRS 72, 125; OLG Zweibrücken VRS 66, 150; **a. A.** OLG Hamburg VRS 58, 58.
159 OLG Hamm VersR 1980, 722.
160 BGH NZV 1992, 108; OLG Karlsruhe VRS 47, 464; KG NJW 1975, 695.
161 BGH NZV 1992, 108; s. auch KG VRS 59, 367.
162 OLG Hamm NZV 1991, 31; *Hentschel* NJW 1992, 1079.
163 BayObLG VRS 56, 48.

55 Vor dem Abbiegen muß er sich vergewissern, ob er nicht durch **Fußgänger** gehindert wird, die Gegenfahrbahn rechtzeitig zu räumen[164].

56 Beim Einbiegen in ein **Grundstück** gelten gegenüber dem Gegenverkehr dieselben Sorgfaltsanforderungen wie für das Linksabbiegen (vgl. zur Bedeutung des § 9 Abs. 5 StVO Rdn. 36). Zum **Queren einer Lücke** in stehender Kolonne s. z. B. BGH DAR 1966, 166.

57 Ein **geschlossener Verband** ist auch beim Linksabbiegen nicht wartepflichtig[165]. Näher Rdn. 126.

58 Zum Verhalten bei Vorhandensein eines durch Verkehrsinsel abgetrennten Abbiegestreifens s. Rdn. 70.

III. Pflichten gegenüber dem Querverkehr

Allgemeines

59 Besondere Verhaltenspflichten stellt das Verkehrsrecht für den Fall auf, daß ein Fahrzeug sich von der Seite her in den Fahrweg eines anderen Fahrzeugs (querend oder einbiegend) hineinbewegen will. Hierbei sind folgende Fälle zu unterscheiden:

– Straßenkreuzungen oder Einmündungen
– – mit Lichtsignalanlage (§ 37 Abs. 1 StVO)
– – mit Vorfahrtbeschilderung (§ 8 Abs. 1 Satz 1 StVO)
– – ohne Vorfahrtbeschilderung (§ 8 Abs. 1 Satz 1 StVO)
– Feld- oder Waldwege (§ 8 Abs. 1 Satz 2 Nr. 2 StVO)
– Ausfahrten von Grundstücken u. ä. (§ 10 StVO)
– Sonderfälle (z. B. Einsatzfahrzeuge, geschlossene Verbände).

Im Einzelfall kann die Zuordnung zu diesen Fallgruppen sowie die Abgrenzung von anderen Regelungsbereichen unklar sein. Daher wird im folgenden zunächst das Verhalten in solchen Zweifelsfällen behandelt. Sodann werden die allgemeinen Verhaltenspflichten des Wartepflichtigen und des Vorfahrtberechtigten dargestellt, abschließend die besonderen Verhaltenspflichten in den einzelnen Fallgruppen.

Unklare Vorfahrtsituation

60 Ob ein einmündender Weg ein **Feld- oder Waldweg** im Sinne von § 8 Abs. 1 Nr. 2 StVO ist (mit der Folge, daß die Pflicht zur Vorfahrtgewährung entfällt), richtet sich nicht nach seiner äußeren Beschaffenheit, sondern nach seiner Verkehrsbedeutung, d. h. der Weg muß (zumindest überwiegend) land- oder forstwirtschaftlichen Zwecken dienen und darf keine überörtliche Bedeutung haben[166]. Der äußere Eindruck ist aber entscheidend für die Anforderungen an das Verhalten der Verkehrsteilnehmer. Ist nämlich nicht zuverlässig zu erkennen, ob ein von rechts auf eine nicht als bevorrechtigt gekennzeichnete Straße einmündender Weg ein Feld- oder Waldweg ist, hat jeder der beteiligten Verkehrsteilnehmer seine Fahrweise auf die Möglichkeit einzustellen, daß er selbst wartepflichtig ist[167].

---

[164] KG VM 1976, 27.

[165] LG Rottweil VersR 1986, 1246.

[166] BGH VersR 1976, 365 m. abl. Anm. *Booß*; OLG München VersR 1981, 561; OLG Köln VRS 66, 378; OLG Düsseldorf VersR 1981, 862; a. A. OLG Hamm VRS 49, 147; *Jagusch/Hentschel* § 8 StVO, 46.

[167] BayObLG VRS 49, 139; OLG Düsseldorf VRS 73, 301; OLG Koblenz VersR 1986, 1197.

Für **unbedeutende Nebenwege**, die keine Feld- oder Waldwege sind, gilt im Prinzip die Vorfahrtregel „rechts vor links“[168]. Sie gilt also z. B. auch für schmale Verbindungswege[169], Zufahrten zu Einzelgehöften[170], Altstadtgäßchen[171], allgemeinen Verkehrszwecken dienende Privatstraßen[172], doch muß sich der Benutzer des Nebenwegs darauf einstellen, daß der andere sein Vorfahrtrecht nicht erkennt, insbesondere bei fehlender Einsehbarkeit[173]. **61**

Ob eine **Grundstücksausfahrt** oder eine Straßeneinmündung vorliegt, entscheidet sich nach dem Gesamtbild der äußerlich erkennbaren Merkmale, wobei ein wesentlicher Gesichtspunkt die Verkehrsbedeutung (fließender Verkehr oder Zugang zu Grundstück) ist[174]. Ist die Einordnung mangels eindeutiger Kriterien zweifelhaft, muß der Verkehrsteilnehmer besondere Vorsicht walten lassen[175]; u. U. ist Verständigung geboten[176]. Stellt sich eine Einmündung für den Betrachter wie eine Grundstücksausfahrt dar, muß der von dort Kommende sein Vorfahrtrecht zurücktreten lassen[177]. Für den Fall der **überführten** (d. h. über einen abgesenkten Bordstein geführten) Einmündung ergibt sich das fehlende Vorfahrtrecht jetzt aus § 10 StVO[178]. **62**

Eine von einer durchgehenden Straße abzweigende **gemeinsame Zufahrt** zu mehreren neben der Straße gelegenen Häusern ist nicht als Einmündung, sondern als anderer Straßenteil im Sinne des § 10 StVO zu betrachten[179]. – Eine **Parkplatzausfahrt** steht einer Grundstücksausfahrt gleich[180], desgleichen die Ausfahrt aus einem **verkehrsberuhigten Bereich** (§ 10 i. V. m. Zeichen 325/326 der StVO). Steht das genannte Zeichen nicht unmittelbar an der Einmündung, so gilt dies aber nur, wenn sich diese nach dem äußeren Erscheinungsbild als derartige Ausfahrt darstellt[181]. **63**

Im Verhältnis zwischen einem Grundstücksausfahrer, der die am Grundstück entlangführende Straße überquert, **um in eine gegenüber der Ausfahrt einmündende Straße zu gelangen**, und einem Fahrzeugführer, der aus dieser Straße kommt und nach links einbiegen will, gelten die Regeln der Grundstücksausfahrt – nicht des Linksabbiegens – auch dann, wenn der Ausfahrer schon teilweise auf die zu überquerende Straße aufgefahren ist[182]. **64**

Einem aus einem selbständigen **Fußweg** Einfahrenden steht selbst dann kein Vorfahrtrecht zu, wenn auf dem Fußweg beschränkter Fahrzeugverkehr zugelassen ist[183]. **65**

Ein neben der Fahrbahn verlaufender **Radweg** nimmt grundsätzlich an deren Vorfahrt teil[184]; für den Fall der Benutzung in falscher Richtung s. aber Rdn. 84. **66**

Radfahrer, die – verbotswidrig oder erlaubtermaßen (§ 2 Abs. 5 Satz 1 StVO) – den **Gehweg** benutzen, haben kein Vorfahrtrecht. **67**

---

168 **A. A.** für Parzellenweg aus einem Kleingartengebiet OLG Bremen NZV 1991, 472; für nur dem Lieferverkehr offenstehende Zufahrtsstraße zu BAB-Raststätte OLG Schleswig NZV 1993, 233; für noch nicht dem öffentlichen Verkehr freigegebene Erschließungsstraße in Baugebiet OLG Frankfurt NZV 1994, 280.

169 OLG Düsseldorf VersR 1981, 862.

170 OLG Düsseldorf VRS 73, 299.

171 OLG Frankfurt VersR 1981, 579.

172 OLG Koblenz VersR 1979, 1156.

173 OLG Düsseldorf VRS 73, 299; vgl. auch OLG Stuttgart VRS 69, 390.

174 BGH VersR 1987, 306; 88, 79; OLG Köln NZV 1994, 279.

175 BGH VersR 1988, 79.

176 OLG Köln VRS 85, 15.

177 OLG Köln DAR 1987, 21.

178 S. hierzu OLG Karlsruhe VersR 1994, 362 m. Anm. *Frh. v. Rosenberg*; zur Rechtslage vor der Änderungsverordnung vom 22. 3. 1988 vgl. BGH NJW 1987, 435.

179 BayObLG VRS 65, 223.

180 OLG Hamm VersR 1975, 1033; 1985, 1052 LS.

181 Vgl. LG Gießen NZV 1996, 456.

182 OLG Hamm VRS 56, 62.

183 BayObLG VRS 71, 304.

184 BGHSt 34, 127; OLG Oldenburg VRS 37, 390.

68 Auf **platzartigen Verkehrsflächen** (Parkplätze, Tankstellengelände usw.) gelten die Vorfahrtregeln nicht[185]. Eine „Kreuzung" oder „Einmündung" im Sinne von § 8 Abs. 1 StVO liegt auch dann nicht vor, wenn auf dem Platz Fahrspuren markiert sind; hier ist vielmehr Verständigung zwischen den Verkehrsteilnehmern nötig[186]. Zum Verhalten beim Verlassen einer Parklücke s. Rdn. 121. – Auf einem **Privatparkplatz** kann der Eigentümer durch eine allen Benutzern bekanntgemachte Anordnung eine andere Regelung (z. B. „grundsätzlich rechts vor links") treffen[187].

69 Sind Richtungsfahrbahnen durch einen **breiten Mittelstreifen** getrennt, so gelten für das Kreuzen des Gegenverkehrs die Vorfahrt-, nicht die Abbiegeregeln, sofern der Mittelstreifen so breit ist, daß der Linksabbieger für den Entgegenkommenden wie ein Benutzer der bevorrechtigten Querstraße erscheint[188].

70 Sind Vorfahrtstraße und untergeordnete Straße durch **Abbiegestreifen** miteinander verbunden (durch Verkehrsinseln abgetrennte Verbindungsäste), so gelten für das Verhältnis zwischen einem aus der Vorfahrtstraße nach links und einem Entgegenkommenden, auf dem Abbiegestreifen nach rechts Abbiegenden die Vorfahrtregeln, nicht die Regeln des Linksabbiegens[189]. Dasselbe gilt, wenn ein Wartepflichtiger nach links in die Vorfahrtstraße einbiegt und ein Fahrzeug aus dem Gegenverkehr nach rechts über einen Abbiegestreifen in diese einbiegen will[190].

71 An einer **Straßengabel**, an der die Vorfahrt nicht geregelt und keine durchgehende Straßenführung erkennbar ist, gelten nur zwischen den Benutzern der Gabeläste die Vorfahrtregeln, im Verhältnis zu einem entgegenkommenden Benutzer des gemeinsamen Straßenstücks dagegen die Grundsätze des Begegnungsverkehrs[191].

72 Laufen zwei **baulich getrennte Richtungsfahrbahnen** einer Straße zusammen, so handelt es sich nur dann um einen Vorfahrtfall, wenn sich die bisherigen Fahrbahnen nicht als Fahrstreifen fortsetzen; ansonsten greifen die Regeln über den Fahrstreifenwechsel (§ 7 Abs. 5 StVO) ein.

73 In einem **gemeinsamen Einmündungsbereich mehrerer Nebenstraßen** gilt zwischen deren Benutzern „rechts vor links"[192], nicht aber, wenn die Einmündungen mehrere Meter voneinander entfernt sind[193].

74 Das Einfahren von einem **Beschleunigungsstreifen** ist ein Vorfahrtfall, kein Fahrstreifenwechsel. Das gilt auch im Verhältnis zwischen zwei Einfahrenden, von denen der hintere zügiger als der vordere auf die durchgehende Fahrbahn gewechselt ist; allerdings ist der nunmehr Bevorrechtigte zu besonderer Rücksichtnahme verpflichtet[194]; muß er in dieser Situation bremsen, trifft ihn das Verschulden an einem Auffahrunfall[195].

75 Im Verhältnis zwischen dem Einfahrenden und einem Teilnehmer des durchgehenden Verkehrs, der verbotenermaßen den Beschleunigungsstreifen benützt (z. B. in Fortset-

---

185 OLG Köln NZV 1994, 438; OLG Frankfurt ZfS 1994, 5.

186 BGH NJW 1963, 152; OLG Koblenz VRS 48, 133; OLG Düsseldorf NZV 1988, 231; *Jagusch/Hentschel* § 8, 31a; **a. A.** OLG Hamm RuS 1994, 52, OLG Köln VRS 48, 453 und OLG Düsseldorf VRS 56, 294 für den Fall, daß die Markierung einen „Straßencharakter" hervorruft.

187 OLG Köln VersR 1993, 589.

188 BGH DAR 1960, 139; 1961, 178; *Mühlhaus/Janiszewski* § 9, 27; **a. A.** *Kullik* DAR 1985, 336.

189 BayObLG VM 1978, Nr. 87.

190 OLG Düsseldorf VM 1977, Nr. 6; für beide Fälle **a. A.** *Kullik* DAR 1985, 337.

191 BayObLG VRS 38, 220; **a. A.** BGH VRS 27, 74; OLG Koblenz VRS 62, 464.

192 OLG Köln VersR 1992, 249; OLG Stuttgart NZV 1994, 440.

193 OLG Bremen DAR 1965, 179.

194 OLG Koblenz VRS 73, 65.

195 OLG Koblenz NZV 1993, 28.

zung einer Fahrt auf dem Seitenstreifen), gelten ebenfalls Vorfahrtregeln, d. h. grundsätzlich ist der Einfahrende untergeordnet (zum Vertrauensschutz s. Rdn. 84). Für Autobahnen und Kraftfahrstraßen ist das Vorfahrtrecht dagegen ausdrücklich auf die durchgehende Fahrbahn beschränkt (§ 18 Abs. 3 StVO): hier gilt also „rechts vor links".

Kein Vorfahrtfall liegt vor, wenn das Fahrzeug aus der untergeordneten Straße zu **76** einem Zeitpunkt eingebogen ist, zu dem das andere noch so weit entfernt war, daß es nicht behindert oder gefährdet worden ist[196]. Kommt es in einem solchen Fall zu einer **Kollision außerhalb des Einmündungsbereichs**, so gelten für die Beurteilung des Verhaltens der Beteiligten ausschließlich die Regeln für den gleichgerichteten Verkehr. Ist die eingangs genannte Voraussetzung aber nicht erfüllt, so handelt es sich auch dann um einen Vorfahrtunfall, wenn der Kollisionsort außerhalb des sog. Einmündungsvierecks liegt[197]. In solchen Fällen wird vom Einbiegenden häufig geltend gemacht, es handle sich um einen vom Vorfahrtberechtigten zu vertretenden Auffahrunfall. Hierfür ist er jedoch ebenso beweispflichtig wie der Gegner für die Vorfahrtverletzung; für einen Anscheinsbeweis ist hier weder in der einen noch in der anderen Richtung Raum[198]. Fragwürdig ist es auch, mit OLG Köln NZV 1989, 437 bei einem Streifzusammenstoß zwischen einem einbiegenden Kradfahrer und einem entgegenkommenden Mofa 30 m außerhalb des Einmündungsbereichs einen Vorfahrtunfall deswegen anzunehmen, weil der Kradfahrer sich noch nicht in stabiler Geradeausfahrt befand: dies hat nichts mit Vorfahrt zu tun, sondern betrifft das Verhalten gegenüber dem Gegenverkehr.

Kein Vorfahrtunfall liegt weiterhin vor, wenn sich die Kollision **in der untergeordneten Straße** außerhalb des Schnittfeldes der beiden Straßen ereignet (z. B. durch Kurven- **77** schneiden des linkseinbiegenden Vorfahrtberechtigten)[199].

Ist die Vorfahrtregelung infolge einer **Sichtbehinderung** nicht erkennbar, so darf der **78** Verkehrsteilnehmer nicht einfach darauf vertrauen, daß die bisherige Vorfahrtregelung weitergilt[200].

Wegen **fehlerhafter Beschilderung** s. Rdn. 104 f. **79**

Grundsatzliches zum Verhalten des Wartepflichtigen

Beim **Heranfahren** an die Einmündung muß der Wartepflichtige seine Geschwindig- **80** keit so rechtzeitig und allmählich herabsetzen, daß er den Vorfahrtberechtigten nicht verwirrt und zu Schreck- oder Abwehrreaktionen herausfordert[201]. Das **Abbrechen** eines bereits begonnenen Einbiegevorgangs ist nicht in jedem Fall verkehrswidrig.

Einfahren darf er nur, wenn er keinen Bevorrechtigten gefährdet oder wesentlich **81** behindert (§ 8 Abs. 2 Satz 2 StVO). Keine wesentliche Behinderung liegt vor, wenn der andere noch so weit entfernt ist, daß er sich auf die Fahrweise des Einbiegers rechtzeitig und gefahrlos einstellen kann[202]. War an einer – an sich übersichtlichen (sonst Rdn. 85) – Einmündung der Bevorrechtigte zum Zeitpunkt des Einfahrens noch nicht sichtbar, liegt keine Vorfahrtverletzung vor[203].

Wie die Beteiligten sich zu verhalten haben, wenn **nach Beginn des Einfahrens** ein **82** an sich Vorfahrtberechtigter sichtbar wird, richtet sich nach der jeweiligen Situation.

---

196 OLG Braunschweig VersR 1992, 841: langsam einbiegendes Treckergespann.

197 OLG Karlsruhe VRS 77, 98; KG DAR 1976, 240.

198 Entgegen OLG München NZV 1989, 438.

199 OLG Düsseldorf VRS 58, 269; KG StVE § 8 Nr. 69.

200 KG VM 1977, Nr. 88: Müllfahrzeug.

201 OLG Düsseldorf NZV 1988, 111.

202 OLG Hamm DAR 1974, 108; OLG Braunschweig VersR 1992, 841.

203 BGH VRS 63, 252; NZV 1994, 184; OLG Celle VersR 1979, 380; OLGR Hamm 1995, 3.

Kann der Einfahrende die Fahrbahn für den Herannahenden noch rechtzeitig freimachen, muß er den Einbiegevorgang so schnell wie möglich fortsetzen; ist dies (z. B. wegen der Länge oder Schwerfälligkeit seines Fahrzeugs) nicht möglich, muß er auch dann anhalten, wenn er dadurch die Straße ganz versperrt, denn dies vermindert die Gefahr von Fehlreaktionen des Vorfahrtberechtigten[204]. Anhalten ist also nur dann fehlerhaft, wenn dadurch die Durchfahrt versperrt wird, obwohl ein Räumen noch möglich wäre[205].

83 **Vertrauen** darf der Wartepflichtige darauf,

- daß aus einer für jeden Fahrverkehr (nicht nur für bestimmte Fahrzeuge oder Verkehrsarten!) **gesperrten Straße** oder aus der **falschen Fahrtrichtung** einer Einbahnstraße oder Richtungsfahrbahn[206] kein Fahrzeug kommt, auch kein rückwärts fahrendes[207]; zur Situation bei Radwegen und bei erkennbar vorübergehender, z. B. baustellenbedingter Sperrung Rdn. 84;
- daß kein (bisher nicht sichtbarer) Vorfahrtberechtigter unter Einhaltung einer **völlig überhöhten Geschwindigkeit** herannaht (welche Überschreitung noch in Rechnung zu stellen ist, richtet sich nach den konkreten Gegebenheiten[208]; auf einen erkennbaren Geschwindigkeitsverstoß muß er sich einstellen[209]);
- daß keines der von rechts herankommenden Fahrzeuge die **Fahrbahnseite wechseln** werde, so daß er seinerseits nach rechts einbiegen kann[210], außer es bestünden hierfür Anzeichen wie Betätigung des linken Blinkers, geringe, zum Überholen herausfordernde Geschwindigkeit eines Vorausfahrenden, Hindernis wie geparktes Fahrzeug oder Fußgänger[211]; daß ein – bisher nicht sichtbares – Fahrzeug hinter zwei von rechts herankommenden Lastzügen zum Überholen ausscheren könnte, braucht der Einbiegende nicht in Rechnung zu stellen[212];
- daß ein von links auf dem linken Fahrstreifen herannahender Vorfahrtberechtigter nicht auf den rechten **Fahrstreifen wechseln** wird, so daß der Wartepflichtige nach rechts auf diesen einbiegen kann[213];
- daß dann, wenn ein vorfahrtberechtigter Fahrer bei Stocken des Verkehrs für ihn eine Lücke freiläßt, ein für ihn nicht sichtbarer, die stehende Kolonne überholender Kraftfahrer ihm die Möglichkeit gibt, sich aus der Lücke heraus bis zur Sichtgewinnung vorzutasten[214] (vgl. Rdn. 95);
- daß in der vorgenannten Situation ein in der Fahrbahnmitte liegender, durch Markierung abgetrennter **Straßenbahngleisbereich** nicht von anderen Fahrzeugen als Straßenbahnen befahren wird[215];
- daß ein Vorfahrtberechtigter, der **kein Richtungszeichen** gibt, geradeaus weiterfährt[216]; zur Situation bei fälschlich gesetztem Richtungsanzeiger s. Rdn. 84.

84 **Nicht vertrauen** darf er darauf,

- daß der Berechtigte die **zulässige Höchstgeschwindigkeit** einhält[217] oder bei schlechten Sichtverhältnissen „auf Sicht" fährt[218]; zur Situation bei erheblicher Überschreitung s. Rdn. 83;

---

204 BGH NZV 1994, 184.

205 OLGR Hamm 1995, 3.

206 BGH VersR 1982, 95: außer bei besonderen Umständen.

207 KGR Berlin 1994, 98.

208 Vgl. BGH VersR 1984, 440; OLG Nürnberg NZV 1991, 353.

209 OLG Schleswig NZV 1993, 113.

210 BGH VersR 1982, 903; OLG Karlsruhe VRS 53, 375; OLG Köln VersR 1994, 191; *Hentschel* NJW 1991, 1272; a. A. OLG Düsseldorf VRS 60, 416; OLG Oldenburg VRS 78, 25.

211 BGH VersR 1982, 903; OLG Köln VRS 60, 61.

212 BayObLG DAR 1976, 108; a. A. BGH NZV 1996, 27 für den Fall, daß ein infolge Straßenkrümmung nicht sichtbarer Pkw einen mit 70–80 km/h fahrenden Bus trotz fehlender Sicht auf die Kreuzung überholt.

213 BayObLG VRS 56, 114; OLG Hamm VRS 60, 141: außer bei entgegenstehenden Anzeichen, z. B. Blockierung der linken Spur durch längere Kolonne vor einer Ampel.

214 BayObLG NZV 1988, 78.

215 BayObLG VM 1974, Nr. 45.

216 BayObLG VRS 63, 289; anders bei abknickender Vorfahrt: BayObLG VRS 47, 210.

217 OLG Frankfurt VRS 49, 68; OLG Karlsruhe VRS 72, 420.

218 OLG Koblenz VersR 1989, 1310.

– daß aus einer erkennbar nur **vorübergehend**, z. B. aus Anlaß einer Baustelle, für den Verkehr **gesperrten Straße** kein Fahrzeug einfahren werde[219], außer wenn dies z. B. wegen des Vorhandenseins von Absperrschranken, -baken o. ä. überhaupt nicht zu erwarten ist[220];
– daß kein Teilnehmer des durchgehenden Verkehrs einen nicht durch bauliche Einrichtungen abgeschirmten **Beschleunigungsstreifen** befährt (z. B. wenn sich an einer Einfahrt der Seitenstreifen in nur durch Markierungen kenntlich gemachter Weise als Beschleunigungsstreifen fortsetzt)[221]; zur besonderen Vorfahrtsituation bei Autobahnen und Kraftfahrstraßen s. oben Rdn. 75;
– daß ein parallel zur Vorfahrtstraße verlaufender **Radweg nicht in unzulässiger Richtung** (§ 2 Abs. 4 Satz 2 StVO) benutzt wird[222];
– daß sich beim **Einbiegen nach rechts** von dort kein Fahrzeug auf der für dieses linken Fahrbahnseite nähern werde, selbst bei Bestehen eines Überholverbots[223]; zum Vertrauen auf das Rechts*bleiben* herankommender Fahrzeuge s. Rdn. 83;
– daß das bevorrechtigte Fahrzeug entsprechend dem **gesetzten Fahrtrichtungsanzeiger** abbiegen wird, sofern keine zusätzlichen Anzeichen (z. B. Einordnen, Verringerung der Geschwindigkeit, Änderung der Fahrtrichtung) hierauf hindeuten[224] (die häufig gebrauchte Formulierung, der Wartepflichtige dürfe auf den Fahrtrichtungsanzeiger vertrauen, solange die Fahrweise des Bevorrechtigten keinen Anlaß zu Zweifeln gebe[225], läuft wohl auf dasselbe hinaus[226]); jedoch besteht selbst bei Vorliegen solcher Anzeichen kein Vertrauensschutz, wenn im unmittelbaren Kreuzungsbereich mehrere Abbiegemöglichkeiten bestehen[227], sowie bezüglich richtiger Zeichengebung bei abknickender Vorfahrt[228];
– daß ein von links kommendes, nach rechts abbiegendes Fahrzeug nicht von einem verdeckten Fahrzeug überholt wird;
– daß ein Vorfahrtberechtigter, der vor der Kreuzung oder Einmündung wartet oder Blinkzeichen mit der Lichthupe gibt, auf sein Vorrecht **verzichtet**; nur bei eindeutiger Verständigung darf auf den Vorfahrtverzicht vertraut werden[229]; auch bei eindeutigem Verzicht darf der Wartepflichtige nicht darauf vertrauen, daß andere Vorfahrtberechtigte gleichfalls verzichten[230];
– daß der Bevorrechtigte an einer vor der Kreuzung liegenden **Fußgängerampel** anhalten wird[231];
– daß an einer **abknickenden Vorfahrt** der aus der anderen untergeordneten Straße, aber von rechts Kommende vor dem dort aufgestellten Stop-Schild anhalten werde[232].

---

219 BGH VRS 24, 175; BayObLG VRS 65, 154; OLG Karlsruhe VRS 35, 154; OLG Köln VRS 66, 51.
220 BayObLG VRS 65, 154.
221 Abw. OLG Köln VRS 62, 303 und *Jagusch/Hentschel* § 8 StVO, 34a, wonach „in der Regel" auf Freihaltung vertraut werden dürfe.
222 BGH VersR 1982, 94 (sogar in Einbahnstraße); OLG Hamm NZV 1992, 364; im Ergebnis ebenso BGHSt 34, 127, wo dem falsch fahrenden Radfahrer sogar ein Vorfahrtrecht zugebilligt wird, während die vorgenannte Entscheidung des VI. Zivilsenats nur auf die allgemeine Vorsichtspflicht abhebt; **a. A.** österr. OGH ZVR 1992, 327.
223 *Jagusch/Hentschel* § 8 StVO, 53, 54a („unter Umständen").
224 OLG Hamm VersR 1975, 161; OLG Düsseldorf VersR 1976, 546; OLG Saarbrücken VM 1982, Nr. 44; KG NZV 1990, 155.
225 Vgl. OLG Hamm VRS 56, 378 u. DAR 1991, 270; KG VersR 1975, 52 u. NZV 1990, 155; *Jagusch/Hentschel* § 8 StVO, 54.
226 Weitergehend aber BGH VM 1974, Nr. 89.
227 OLG Köln DAR 1978, 138.
228 OLG Zweibrücken MDR 1975, 77; OLG Düsseldorf VersR 1977, 841; **a. A.** OLG Zweibrücken DAR 1991, 68 m. abl. Anm. *Berr* und wohl auch *Jagusch/Hentschel* § 8 StVO, 43.
229 KG VM 1980, Nr. 113; OLG Saarbrücken VM 1982, Nr. 4; OLG Koblenz NZV 1991, 428; 1993, 273.
230 Vgl. BGH VRS 11, 171.
231 OLG Hamburg VRS 49, 394; BayObLG VRS 58, 150; OLG Stuttgart VRS 69, 304; OLG Hamm NZV 1992, 409; *Jagusch/Hentschel* § 8 StVO, 30 („in der Regel"); **a. A.** BayObLG VRS 64, 184 und OLG Celle VersR 1986, 919 (LS) im Anschluß an die abzulehnende Entscheidung BGH VersR 1982, 701 zur vergleichbaren Situation beim Linksabbiegen (Rdn. 48).
232 BayObLG VRS 55, 222.

85 An einer **unübersichtlichen Einmündung** muß sich der Wartepflichtige langsam in die bevorrechtigte Straße vortasten, um die erforderliche Sicht in einer Weise zu gewinnen, die es einem herannahenden Kraftfahrer ermöglicht, noch rechtzeitig zu reagieren oder auf sich aufmerksam zu machen[233]. Er darf darauf vertrauen, daß ein bevorrechtigtes Fahrzeug den hierzu erforderlichen Sicherheitsabstand einhält[234] (vgl. Rdn. 92). Hat er den einsehbaren Teil als frei von bevorrechtigtem Verkehr erkannt, muß er möglichst zügig weiterfahren[235]. Nur wenn auf diese Weise ein gefahrloses Einfahren nicht gewährleistet werden kann, muß sich der Wartepflichtige einweisen lassen[236] oder Warnposten aufstellen[237]. Unzulässig ist das Hineintasten, wenn der Wartepflichtige die Annäherung eines bevorrechtigten Fahrzeugs am Scheinwerferkegel erkennen kann[238], oder neben einem Fahrzeug, das sich seinerseits bereits vortastet[239] (Ausnahme: Rdn. 87).

86 Bei **bauartbedingter Sichtbehinderung** (z. B. Sonderfahrzeug, Omnibus an spitzwinkliger Einmündung) muß der Fahrer sich, soweit diese nicht durch anderweitige Maßnahmen behebbar ist, einer zuverlässigen Person als Ausguck oder Einweiser bedienen; auf einen bloßen Zuruf aus dem Fahrgastraum darf er sich nicht ohne weiteres verlassen[240].

87 Bei **sonstigen Sichtbehinderungen** muß, wenn diese vorübergehender Art sind, abgewartet werden[241]. Dagegen ist es z. B. bei Nebel Sache des Vorfahrtberechtigten, auf Sicht zu fahren[242]. Neben einem sichtbehindernden Fahrzeug darf nur eingefahren werden, wenn eine Abschirmung während der gesamten Dauer des Überquerens der Vorfahrtstraße gewährleistet ist[243].

88 Bei übermäßig langer **Blockierung der Vorfahrtstraße** ist u. U. besondere Absicherung erforderlich[244]. Dies gilt aber nicht, wenn die Vorfahrtstraße ausreichend weit einsehbar ist[245].

89 Im **mehrspurigen Verkehr** ist Rechtseinbiegen trotz von links herannahenden Verkehrs zulässig, wenn dieser die linke Fahrspur einhält und der Wartepflichtige so auf die rechte Fahrspur einfährt, daß er dem Bevorrechtigten keinen Anlaß gibt, eine Behinderung zu befürchten[246]. Das Linkseinbiegen auf die linke Fahrspur ist dagegen ein so ungewöhnlicher Vorgang, daß grundsätzlich mit einer Irritation des von rechts auf der rechten Spur herannahenden Kraftfahrers gerechnet werden muß. Zum Wechsel des Fahrstreifens darf der Vorfahrtberechtigte (auch an Autobahneinfahrten) nicht genötigt werden; der Einfahrende darf hierauf auch nicht vertrauen (s. Rdn. 90). Zum Vertrauen auf die Beibehaltung der Fahrspur s. Rdn. 83.

90 Beim **Einfädeln auf die Autobahn** oder eine andere mehrspurige Straße darf sich der Kraftfahrer nicht darauf verlassen, daß der durchgehende Verkehr auf die Überholspur ausweicht, auch wenn diese frei ist[247] oder daß er ihm durch Abbremsen das Einfädeln

---

233 OLG Düsseldorf VersR 1976, 1179; OLG Saarbrücken VersR 1981, 580; OLG Hamm VRS 56, 200.
234 OLG Saarbrücken VM 1976, Nr. 62.
235 OLG Hamm NZV 1994, 277; OLG Frankfurt VM 1977, Nr. 41.
236 OLG Düsseldorf VRS 60, 224.
237 BGH VersR 1984, 1147: Lastzug bei Dunkelheit vor Straßenkuppe.
238 BayObLG VM 1976, Nr. 48.
239 KG VM 1982, Nr. 68.
240 BayObLG VRS 60, 305.
241 BayObLG VRS 19, 312: haltendes Fahrzeug; OLG Celle VersR 1979, 190: heftiger Schauer.
242 OLG Schleswig NZV 1994, 439.
243 BayObLG VRS 70, 33.
244 OLG Karlsruhe VersR 1992, 332: überlanger Sondertransport; OLG Koblenz VersR 1989, 1310: Traktorgespann im Nebel.
245 BGH NZV 1994, 184.
246 OLG Hamm VRS 55, 144.
247 OLG Koblenz VersR 1994, 361; OLG Köln VRS 28, 143.

ermöglicht[248]. Selbst aus dem Setzen des linken Blinkers darf nicht die Erwartung abgeleitet werden, der Blinkende werde auf jeden Fall ein Einfahren ermöglichen[249].

Auf eine vorfahrtändernde **Verkehrsregelung durch Polizeibeamte** kann sich der Kraftfahrer verlassen; er darf aber, wenn er vor der Kreuzung durch einen Verkehrsposten angehalten und dann zur Weiterfahrt aufgefordert wurde, nicht darauf vertrauen, daß die Kreuzung frei ist[250]. **91**

Grundsätzliches zum Verhalten des Vorfahrtberechtigten

Er kann grundsätzlich auf die Beachtung seines Vorfahrtrechts **vertrauen**, und zwar auch dann, wenn er (z. B. wegen Überholens) nicht die rechte Fahrbahnseite einhält[251] oder wenn er die untergeordnete Straße nicht einsehen kann[252]. Wenn allerdings konkrete Umstände Anlaß zu der Befürchtung einer Vorfahrtverletzung geben, muß er sich hierauf einstellen[253]. An unübersichtlichen Einmündungen muß er sich darauf einstellen, daß sich ein Wartepflichtiger langsam vortastet, und einen entsprechenden Seitenabstand einhalten[254]. **92**

Er darf **nicht überholen**, wenn die Sicht auf die Kreuzung oder Einmündung durch ein vorausfahrendes Fahrzeug und wegen einer Straßenkrümmung verdeckt ist, so daß er den Verkehrsraum vor sich nicht voll übersehen kann, denn er darf sich nicht darauf verlassen, daß wartepflichtige Verkehrsteilnehmer, die auf einer untergeordneten Straße herannahen, während des Überholvorganges nicht in die bevorrechtigte Straße einbiegen[255]. **93**

Bei **eigener Verkehrswidrigkeit** kann er sich nicht ohne weiteres auf den Vertrauensgrundsatz berufen, insbesondere bei überhöhter Geschwindigkeit[256]. Erweckt er durch Blinken und Verlangsamen den Eindruck, rechts abbiegen zu wollen, so muß er bei Fortsetzung der Geradeausfahrt besonders auf das Verhalten Wartepflichtiger achten[257]. **94**

Beim Überholen (auch rechts[258]) einer zum Stillstand gekommenen Kolonne muß damit gerechnet werden, daß **Lücken in der Kolonne** dazu dienen sollen, dem Querverkehr eine Durchfahrt zu ermöglichen. Die Fahrweise (Geschwindigkeit, Seitenabstand) ist also so einzurichten, daß auf querende Fahrzeuge rechtzeitig reagiert werden kann[259]. Dies gilt an Kreuzungen und Einmündungen ebenso wie an Grundstücksausfahrten (vgl. Rdn. 117); bei entsprechend großen Lücken an Kreuzungen ist jedoch auch mit zügig einfahrenden Fahrzeugen, ansonsten nur mit sich langsam vortastenden zu rechnen. Daß der genannte Grundsatz an lichtzeichengeregelten Kreuzungen nicht gelten soll[260], überzeugt nicht, da dort – gerade bei Verkehrsstockungen – mit Nachzüglern gerechnet werden muß. Auch Benutzer von Sonderfahrstreifen für Busse und Taxis müssen ihn beachten[261]. **95**

---

[248] OLG Hamm VersR 1994, 952.
[249] OLG Hamm VersR 1994, 952.
[250] KG VM 1980, Nr. 9.
[251] BGH VersR 1975, 37; 1977, 524.
[252] BGHSt 7, 118; BGH NJW 1985, 2757.
[253] OLG Düsseldorf DAR 1975, 330; OLG Celle VersR 1976, 345; KG VM 1983, Nr. 45; OLG Köln VersR 1984, 645.
[254] *Deutscher* NZV 1989, 361; *Haarmann* NZV 1993, 378 m. w. Nachw.
[255] BGH NZV 1996, 27.
[256] OLG Oldenburg VersR 1985, 1096.
[257] KG VRS 57, 173; OLG Düsseldorf VRS 60, 417.
[258] KG VersR 1975, 524.
[259] KG VersR 1977, 157; OLG Nürnberg VersR 1978, 1046; OLG Düsseldorf VersR 1980, 634; MDR 1980, 406; BayObLG NZV 1988, 78.
[260] So KG VM 1975, Nr. 43; *Mühlhaus/Janiszewski* § 6 StVO, 8.
[261] KG VM 1992, Nr. 75; *Jagusch/Hentschel* § 8 StVO, 47; a. A. OLG Saarbrücken NZV 1992, 234.

96 Der vorfahrtberechtigte **Linksabbieger** muß den Bogen so weit nehmen, daß er die Fahrlinie eines aus der untergeordneten Straße Kommenden nicht berührt[262].

97 **Rückwärtsfahren** ändert nichts an der Vorfahrt, verpflichtet aber zu besonderer Umsicht[263].

98 Befindet sich der Wartepflichtige **bereits auf der Vorfahrtstraße**, muß sich der Berechtigte im Rahmen des ihm Möglichen hierauf sachgerecht einstellen; er darf nicht versuchen, seinen Vorrang zu erzwingen[264] (s. auch § 11 Abs. 3 StVO) oder im Vertrauen auf ein Anhalten des anderen noch vor diesem durchzufahren[265]. Ebensowenig darf er ohne weiteres davon ausgehen, der andere werde zügig weiterfahren, und hinter diesem vorbeizufahren versuchen[266]. Auch bei Anhalten und Wiederanfahren des anderen Fahrzeugs darf er nicht damit rechnen, es werde die Kreuzung nun in einem Zuge räumen[267]. Bei Einbiegen eines Lkw aus der untergeordneten Straße muß der herannahende Vorfahrtberechtigte damit rechnen, daß es sich um einen Zug handelt[268].

99 Erweckt der Vorfahrtberechtigte durch Anhalten den Eindruck eines **Vorfahrtverzichts**, muß er sich auf ein entsprechendes Verhalten des anderen einstellen[269]. Bloßes Betätigen der Lichthupe genügt hierfür allerdings nicht (vgl. Rdn. 84). Der Vorfahrtberechtigte ist grundsätzlich nicht verpflichtet, sicherzustellen, daß auch andere Verkehrsteilnehmer ein gefahrloses Einfahren des Wartepflichtigen ermöglichen; einen möglicherweise gefährdenden Verzicht, insbesondere gegenüber Kindern, hat er aber zu unterlassen[270]. Hat er gegenüber einem Wartepflichtigen verzichtet, muß er auf das Verhalten nachfolgender Wartepflichtiger achten[271].

Besonderheiten bei Vorfahrt „rechts vor links"

100 Auch an einer nicht durch Verkehrszeichen geregelten Kreuzung gilt der **Vertrauensgrundsatz**, d. h. der in sie Einfahrende darf sich grundsätzlich darauf verlassen, daß ein etwa von links Kommender, auch wenn er für ihn noch nicht sichtbar ist, seine Vorfahrt beachten werde.[272]

101 Da der Einfahrende jedoch gegenüber einem (etwa) von rechts Kommenden seinerseits wartepflichtig ist, darf er sich der Kreuzung – entsprechend den Sichtverhältnissen – nur mit so **mäßiger Geschwindigkeit** nähern, daß er ggf. anhalten kann; auf solcherart angepaßte Fahrweise darf auch der von links Kommende vertrauen[273].

102 An einer **T-förmigen Einmündung** können die örtlichen Verhältnisse im Einzelfall Anlaß geben, damit zu rechnen, daß ein die durchgehende Straße Benützender seine Wartepflicht nicht erkennt, insbesondere wenn der von rechts Kommende durch Anhalten an der Einmündung den falschen Eindruck noch verstärkt hat[274].

103 Ist der rechte Straßenrand sehr **zugewachsen** (Büsche, hohes Gras), muß die Fahrweise darauf eingerichtet werden, daß einmündende Straßen erst kurz vor Erreichen der Einmündung erkennbar werden[275].

---

262 OLG Düsseldorf VersR 1976, 1181; 1979, 381; KG VersR 1994, 1085.
263 BGH VRS 14, 346; OLG Hamm VRS 52, 299; OLG Karlsruhe VRS 55, 246; OLG Düsseldorf VRS 66, 376.
264 BGH VersR 1963, 282.
265 BGH NZV 1994, 184.
266 OLGR Hamm 1995, 3.
267 OLG Köln DAR 1976, 17.
268 A. A. OLG Köln VersR 1980, 685.
269 OLG Saarbrücken VM 1982, Nr. 4.
270 OLG Düsseldorf VRS 70, 334.
271 OLG Köln NZV 1994, 110 LS.
272 BGH NJW 1985, 2757.
273 BGH VersR 1977, 917; OLG Nürnberg VersR 1976, 1147; OLG Saarbrücken VersR 1981, 580.
274 OLG Hamm VRS 58, 382 f.
275 OLG Frankfurt NZV 1990, 472.

Besonderheiten bei Regelung durch Verkehrszeichen

Ist nur die Vorfahrtstraße beschildert, während **negative Vorfahrtzeichen fehlen**, so kann dem an sich Wartepflichtigen kein Vorwurf gemacht werden, wenn er sich so verhalten hat, wie dies bei fehlender Vorfahrtregelung geboten gewesen wäre[276]. Etwas anderes mag gelten, wenn sich die Bevorrechtigung der anderen Straße nach den Umständen (Ausbau, Verkehrsdichte) förmlich aufdrängte. Eine generelle Pflicht, nach vorfahrtregelnden Zeichen an der anderen Straße Ausschau zu halten, besteht jedenfalls nicht; auch mit einem ausschließlich auf der linken Fahrbahnseite angebrachten Zeichen braucht der Verkehrsteilnehmer grundsätzlich nicht zu rechnen[277]. 104

Beim **Fehlen eines vorfahrtgewährenden Zeichens** muß von fehlendem Vorfahrtrecht ausgegangen werden; dies gilt grundsätzlich auch, wenn ein für den Gegen- oder Querverkehr geltendes Zeichen (an seiner Form) erkennbar ist[278]; insbesondere darf aus einem an der Verlängerung der benutzten Straße in Gegenrichtung aufgestellten Stop-Schild nicht auf abknickende Vorfahrt nach links geschlossen werden[279]. 105

Vorfahrtzeichen auf einem **Privatgelände** sind auch dann zu beachten, wenn sie ohne behördliche Anordnung vom Eigentümer aufgestellt wurden[280]. 106

Besonderheiten bei Lichtzeichenanlagen

Bei **Grünlicht** darf darauf vertraut werden, daß die Fahrtrichtung des Querverkehrs gesperrt ist[281], nicht aber, daß die Kreuzung von Nachzüglern frei ist. Mit solchen muß besonders gerechnet werden, wenn mit fliegendem Start eingefahren wird[282]. Bei Sichtbehinderung (insbesondere mehrspurigem Verkehr) ist daher entsprechende Herabsetzung der Geschwindigkeit geboten[283]. Nachzüglern, d. h. in der Kreuzung steckengebliebenen Fahrzeugen des Querverkehrs, muß der Vorrang eingeräumt werden, auch bei Vorhandensein eines Mittelstreifens[284]. 107

Auf mögliches **Umschalten von Grün auf Gelb** muß der Verkehrsteilnehmer seine Geschwindigkeit nicht einrichten[285] (in der Regel bestehen vor Ampeln ohnehin Geschwindigkeitsbeschränkungen, vgl. VwV zu § 37 Abs. 2 Nrn. 1 und 2 StVO Nr. II); anders bei witterungs- oder ladungsbedingter Bremswegverlängerung[286]. Anhalten muß er nur, wenn dies mit einer normalen Betriebsbremsung (nicht über 4 m/sek^2) möglich ist[287]. 108

Bei **Umschalten vor Räumen der Kreuzung** darf weitergefahren werden, jedoch unter besonderer Beachtung des einsetzenden Querverkehrs[288]. Solange allerdings durch Grünpfeil die Sperrung des Gegenverkehrs angezeigt wird, darf auch darauf vertraut werden, daß der Querverkehr noch nicht freigegeben ist[289]. 109

Bei **Dauerrot** wegen eines Ampeldefekts darf nach angemessener Wartezeit mit äußerster Vorsicht und möglichst nach Verständigung mit dem Querverkehr in die Kreuzung eingefahren werden[290]; auch bei entsprechender Weisung durch einen Polizeibeamten[291]. 110

---

276 BGH VersR 1977, 426 = 1052 m. Anm. *Booß*, auch zur Verantwortlichkeit der Behörde.

277 KG VersR 1975, 452; VM 1977, Nr. 88.

278 BayObLG VRS 28, 117; *Mühlhaus/Janiszewski* § 8 StVO, 57.

279 LG Nürnberg-Fürth DAR 1993, 436 m. Anm. *Grußendorf*.

280 OLG Köln VRS 86, 9.

281 BGH VersR 1967, 602; NZV 1992, 208.

282 OLG Karlsruhe VersR 1976, 96; OLG Düsseldorf VersR 1978, 1173.

283 BGH VRS 34, 358.

284 BGH NJW 1977, 1394.

285 OLG Celle VRS 15, 219.

286 OLG Düsseldorf DAR 1992, 109.

287 BayObLG VRS 70, 384.

288 OLG Hamm VRS 49, 455; OLG Köln VRS 54, 101; Düsseldorf VersR 1978, 1173.

289 BayObLG VRS 58, 147.

290 OLG Köln VRS 59, 454.

291 OLG Köln VersR 1966, 1060.

Besonderheiten bei Grundstücksausfahrten

111 Zu den **Verhaltenspflichten bei Zweifeln** über das Vorliegen einer Ausfahrt oder einer Einmündung vgl. o. Rdn. 62.

112 Nach § 10 StVO muß sich der Grundstücksausfahrer so verhalten, „daß eine **Gefährdung anderer Verkehrsteilnehmer ausgeschlossen** ist". Diese verfehlte Formulierung (vgl. hierzu oben Rdn. 36 u. § 16, 80) verleitet dazu, aus der Tatsache eines Unfalls auf eine Verkehrswidrigkeit des Ausfahrers zu schließen. Die StVO kann jedoch auch von ihm keine höhere als die im Verkehr erforderliche Sorgfalt (§ 276 BGB) verlangen. Bei normalen Ausfahrvorgängen wird sich diese mit der Sorgfalt eines an einer Straßeneinmündung Wartepflichtigen decken. Ein Mehr an Umsicht kann von dem Ausfahrenden im Grunde nur dann gefordert werden, wenn sich gerade aus der Tatsache, daß er aus einem Grundstück und nicht aus einer anderen Straße einfährt, besondere Verkehrsgefahren ergeben, also z. B. daraus, daß er an einer Stelle in den fließenden Verkehr einbiegen will, an der dieser auf Querverkehr überhaupt nicht eingestellt ist[292].

113 Zumindest mißverständlich ist daher die in der Rechtsprechung viel gebrauchte Formel von der „gesteigerten", „höchstmöglichen" oder „äußersten" Sorgfalt des Ausfahrenden[293]. Für den Regelfall kann vielmehr auf die allgemeinen Verhaltenspflichten eines Wartepflichtigen (Rdn. 80ff) Bezug genommen werden. Im selben Umfang wie für diesen greift auch hier der Vertrauensgrundsatz ein[294].

Besonderheiten gelten für folgende Situationen:

114 Das (an unübersichtlichen Einmündungen gestattete) **Hineintasten** in die bevorrechtigte Straße (vgl. Rdn. 85) darf nur praktiziert werden, wenn der Ausfahrende nach den örtlichen Gegebenheiten damit rechnen kann, daß die Teilnehmer des fließenden Verkehrs sich rechtzeitig darauf einstellen, insbesondere nicht zu nahe am Straßenrand fahren[295].

115 Eines **Einweisers** muß sich der Ausfahrende nur bedienen, wenn nach Vorstehendem ein Hineintasten nicht in Betracht kommt[296], oder bei einem Fahrzeug mit vorspringenden Teilen und erschwerter Manövrierbarkeit[297].

116 Die besondere Warnpflicht bei **langen Fahrzeugen** (Rdn. 88) mag bei Grundstücksausfahrten schon etwas eher eingreifen als an Einmündungen, wenn davon auszugehen ist, daß der Durchgangsverkehr noch weniger als dort mit solchen Hindernissen rechnet[298].

117 Ob die Rechtsprechung zu den **Lückenfällen** (Rdn. 95) auch an Grundstücksausfahrten gilt, ist umstritten[299]. Die Frage ist zu bejahen (d. h. der Ausfahrende darf sich

---

292 OLG Zweibrücken VRS 71, 220.

293 Z. B. OLG Koblenz VRS 48, 350; OLG Düsseldorf VersR 1981, 754; OLG München NZV 1990, 274.

294 Vgl. bezüglich Geschwindigkeitsüberschreitung OLG Celle VRS 51, 305 u. OLG Karlsruhe DAR 1977, 109 (bejahend); OLG Saarbrücken VM 1976, Nr. 132 und BayObLG bei *Bär* DAR 1992, 361 (verneinend); bezüglich Überfahren der Haltelinie vor einer Ampel OLG Hamburg VersR 1977, 1033 (verneinend).

295 OLG Stuttgart VersR 1978, 977; generell verneinend dagegen OLG Celle NZV 1991, 195.

296 BayObLG PersVerk 1979, 96; VRS 61, 384; OLG Celle VRS 51, 305; OLG Zweibrücken VRS 71, 220; OLG Frankfurt VM 1976, Nr. 70; KG VM 1987, Nr. 53.

297 BGH NZV 1991, 187: Radlader.

298 Vgl. OLG Bamberg VersR 1977, 821; OLG Saarbrücken VM 1980, Nr. 116.

299 Bejahend OLG Düsseldorf MDR 1980, 406; OLG Hamm NZV 1992, 238; **a. A.** KG VersR 1977, 138; LG Berlin VersR 1976, 76; *Mühlhaus/Janiszewski* § 6 StVO, 8.

vorsichtig hindurchtasten; der Überholende muß auf die Lücken achten). Entscheidend ist allein, daß der Vorbeifahrende die Lücke als solche erkennen konnte; ob sich die Lücke vor einer Ausfahrt oder vor einer Einmündung befindet, ist für ihn oft gar nicht erkennbar, für die Gefahrenträchtigkeit der Situation aber auch unerheblich.

Zu den Anforderungen beim **Überqueren eines Geh- oder Radwegs** vgl. Rdn. 192 **118**
bzw. 199.

Rückwärtsausfahren aus einem Grundstück ist zulässig, wenn der Ausfahrende die **119**
bevorrechtigte Straße in beiden Richtungen voll überblicken kann; nur wenn dies nicht der Fall ist, bedarf es eines Einweisers[300]. Die Verzögerung, die dadurch entsteht, daß der rückwärts Ausfahrende auf der Fahrbahn die Fahrtrichtung ändern muß, ist bei der Beurteilung der Sichtverhältnisse in Rechnung zu stellen.

Im Verhältnis zwischen einem **Ausfahrenden und einem in dasselbe Grundstück Ein-** **120**
biegenden kann nicht generell von einem Vorrang des letzteren ausgegangen werden[301]. Auch wenn dieser bis kurz vor dem Zusammenstoß in der Ausfahrt noch zum fließenden Verkehr gehörte, durfte er doch erst einbiegen, wenn er die Ausfahrt als frei erkannt hat.

Beim Herausfahren aus einem quer zur Fahrbahn liegenden **Abstellplatz** (Parklücke) **121**
treffen den Kraftfahrer dieselben Pflichten gegenüber dem fließenden Verkehr wie bei einer Grundstücksausfahrt. Auf einem **Parkplatz** gilt dies jedoch für das Verhältnis zwischen einem ausparkenden und einem zwischen den Parkreihen hindurchfahrenden Fahrzeug nur eingeschränkt, denn dort muß jeder Verkehrsteilnehmer mit rangierenden Fahrzeugen rechnen. Der Ausparkende muß daher zwar den Vorrang des anderen beachten, darf aber darauf vertrauen, daß durchgehender Verkehr Geschwindigkeit und Aufmerksamkeit auf derartige Fahrmanöver einrichtet[302]. Daher ist z. B. auch bei Sichtbehinderung kein Einweisen erforderlich, sondern Hineintasten zulässig. Handelt es sich nicht um das Herausfahren aus einer einzelnen Parklücke, sondern aus einer Zufahrt zu mehreren Abstellplätzen[303], gilt das Vorstehende nicht (vgl. auch Rdn. 68).

Besonderheiten bei Wegerechtsfahrzeugen

Voraussetzung für die Inanspruchnahme des Wegerechts nach § 38 Abs. 1 StVO ist **122**
der **ordnungsgemäße Einsatz sämtlicher Warneinrichtungen**, d. h. blaues Blinklicht und Martinshorn müssen zusammen und rechtzeitig eingesetzt werden[304], und zwar nicht nur vor der Kreuzung, sondern auch während des Überquerens[305]. Setzt das Einsatzhorn vor dem Einfahren in die Kreuzung vorübergehend aus, während das blaue Blinklicht in Betrieb bleibt, dann muß der Führer des Einsatzfahrzeugs damit rechnen, daß ein anderer Verkehrsteilnehmer irrtümlich glaubt, er wolle kein Vorrecht mehr in Anspruch nehmen[306].

Die **übrigen Verkehrsteilnehmer** haben sofort freie Bahn zu schaffen, Vorfahrtberech- **123**
tigte müssen also auf ihren Vorrang verzichten. In eine Kreuzung darf nicht eingefahren werden, wenn unklar ist, aus welcher Richtung das Wegerechtsfahrzeug heran-

---

300 OLG Koblenz VRS 67, 286; BayObLG VRS 68, 295; OLG Zweibrücken VRS 71, 220; KG VM 1987, Nr. 53.

301 So aber KG VersR 1989, 925.

302 OLG Stuttgart NJW-RR 1990, 670; OLG Düsseldorf VRS 61, 455; OLG Oldenburg VRS 63, 99; VersR 1993, 496.

303 Z. B. Parkharfe in einem Parkhaus, KG VM 1984, Nr. 36.

304 KG VRS 70, 432.

305 BGH VersR 1962, 836; KG VM 1985, Nr. 5.

306 KG VM 1981, Nr. 119.

kommt[307]. Ob das Wegerecht berechtigt in Anspruch genommen wurde, ist für diese Verhaltenspflichten – schon mangels Erkennbarkeit – unerheblich, kann aber die Haftungsquote beeinflussen (§ 17, 116).

124 Jeder Verkehrsteilnehmer muß sicherstellen, daß er die Einsatzsignale **rechtzeitig wahrnehmen** kann[308]. Ist dies, z. B. wegen lauten Motorengeräuschs, nicht gewährleistet, muß er die Beeinträchtigung durch besonders aufmerksame Beobachtung des Verkehrs ausgleichen[309].

125 Der **Führer des Einsatzfahrzeugs** darf grundsätzlich nur dann bei Rotlicht in eine Kreuzung einfahren, wenn er sicher beurteilen kann, daß sämtliche bevorrechtigten Verkehrsteilnehmer ihn bemerkt haben und freie Fahrt gewähren[310]. Kann er sich dessen nicht sicher sein, muß er eine Geschwindigkeit einhalten, die ihm ein sofortiges Anhalten gestattet[311]. Sorgfaltswidrig ist ein Einfahren mit 40 km/h bei Glatteis[312].

Besonderheiten bei geschlossenen Verbänden

126 Für sie gelten die allgemeinen Verkehrsregeln so, als handle es sich um *ein* Fahrzeug (vgl. § 27 Abs. 1 StVO). Ist daher das erste Fahrzeug berechtigt in eine Kreuzung oder Einmündung eingefahren, dürfen die weiteren folgen, auch wenn sie als Einzelfahrzeuge wartepflichtig wären[313]. Voraussetzung ist jedoch, daß der Verband für die anderen Verkehrsteilnehmer als solcher erkennbar ist (näher § 27 Abs. 3 StVO); größere Lücken heben das Vorrecht auf[314]. Das Vorrecht darf auch nicht ohne Rücksicht auf den übrigen Verkehr ausgeübt werden, insbesondere dann nicht, wenn damit gerechnet werden muß, daß andere Verkehrsteilnehmer es nicht erkennen oder nicht beachten[315].

IV. Allgemeine Verhaltenspflichten

Geschwindigkeit

127 **Fahrzeugbeherrschung** muß stets gewährleistet sein. Auch bei plötzlich erforderlich werdender Notbremsung darf das Fahrzeug nicht ins Schleudern kommen oder auf die Gegenfahrbahn geraten[316]. Auf technisches Versagen seines Fahrzeugs braucht sich der Fahrer allerdings nicht einzustellen, wenn er es in ordnungsgemäßem Zustand gehalten hat. Auf Besonderheiten seines Fahrzeugs (schwere Ladung[317]; Anhänger mit Pferden[318]; Linienbus, der wegen der Fahrgäste nicht scharf gebremst werden darf[319]) oder seiner Fahrweise (Motorrad auf einem Rad[320]) muß er sich einstellen, ebenso auf seine persönlichen Fähigkeiten.

128 Die **Straßenverhältnisse** sind stets zu berücksichtigen. Auch bei regennasser Fahrbahn muß sicheres Bremsen gewährleistet sein[321]. Nach starkem Regen ist mit **Aqua-**

---

307 OLG Düsseldorf NZV 1992, 489.
308 OLG Düsseldorf VersR 1985, 669.
309 OLG Nürnberg VersR 1977, 64.
310 KG NZV 1992, 456; OLG Düsseldorf NZV 1992, 489; OLG Hamm DAR 1996, 93.
311 OLG Braunschweig NZV 1990, 198; KG VM 1982, Nr. 41.
312 KG VM 1985, Nr. 84.
313 OLG Karlsruhe NZV 1991, 155.
314 OLG Schleswig NZV 1992, 321.
315 OLG Karlsruhe NZV 1991, 154; OLG München VRS 72, 170.
316 OLG Celle DAR 1976, 130.
317 OLG Düsseldorf JMBlNRW 1983, 104.
318 OLG Düsseldorf NZV 1993, 312.
319 KG VRS 52, 298.
320 BayObLG NJW 1985, 2841.
321 OLG Düsseldorf VM 1975, Nr. 110; 1976, Nr. 86.

planing zu rechnen[322]; 100 km/h sind dann auch auf autobahnmäßig ausgebauter Straße zu hoch[323]. – Bei Temperaturen um den Gefrierpunkt muß bei feuchter Fahrbahn mit plötzlichem Auftreten von **Eisglätte** gerechnet werden[324], auf trockener Fahrbahn nur bei besonderen Anzeichen[325]. Dann ist so langsam zu fahren, daß gefahrloses Lenken und Anhalten möglich bleibt[326]. – Mit **Ölflecken** auf der Fahrbahn braucht der Kraftfahrer nicht zu rechnen[327].

Unbedingtes Gebot ist das **Fahren auf Sicht**: Der Fahrer muß stets innerhalb der überschaubaren Strecke anhalten können (§ 3 Abs. 1 Satz 4 StVO). Entscheidend ist hierbei die Übersicht über den in Anspruch genommenen Fahrstreifen; auf die ganze Fahrbahn braucht sie sich nicht zu erstrecken[328]. Das Sichtfahrgebot gilt auf allen Straßen, auch Autobahnen[329], sowie bei allen Beleuchtungs- und Witterungsverhältnissen (für Nebel, Schneefall und Regen gilt die spezielle Regelung in § 3 Abs. 1 Satz 3 StVO). Die Sichtfahrgeschwindigkeit darf er grundsätzlich voll ausnützen; auf ein Hindernis, das ihm auf seiner Fahrbahnhälfte entgegenkommt, braucht er sich nicht einzustellen[330], auch nicht in einer unübersichtlichen Rechtskurve[331]. **129**

Auf **schmalen Straßen**, die kein gefahrloses Begegnen ermöglichen, muß dagegen die Bremswegverkürzung durch einen Entgegenkommer berücksichtigt und auf **halbe Sicht** gefahren werden (§ 3 Abs. 1 Satz 5 StVO). Auch wer mit seinem Fahrzeug selbst die Fahrbahnmitte nicht überschreitet, muß auf halbe Sicht fahren, wenn für den Gegenverkehr unter Berücksichtigung gebotener Sicherheitsabstände kein ausreichender Raum bleibt; mit dem Entgegenkommen bis zu 2,50 m breiter Fahrzeuge muß hierbei stets gerechnet werden[332]. **130**

Wird dem Fahrer die Sicht durch **Blendung** genommen, muß er die Geschwindigkeit sofort so herabsetzen, daß er in dem vorher noch nicht überblickten Bereich wieder auf Sicht fährt oder zuvor zum Stehen kommt[333]. Bei Sonnenblendung Annäherung an Fußgängerübergang erforderlichenfalls nur mit Schrittgeschwindigkeit[334]. **131**

Bei **Dunkelheit** wird der Sichtbereich in der Regel durch die Reichweite der Scheinwerfer bestimmt, bei asymmetrischem Licht durch die kürzere des linken[335]. Bei Fahren mit Abblendlicht können 60 km/h bereits zuviel sein, auch auf der Autobahn, wenn die Voraussetzungen des § 18 Abs. 4 StVO nicht vorliegen[336]. Allgemeingültige Werte können nicht angegeben werden; es kommt auf die Sicht- und Lichtverhältnisse im Einzelfall an (Einstellung der Scheinwerfer, andere Lichtquellen, Straßenmarkierung, Blendung, Witterung[337]). Zu berücksichtigen ist auch die verkürzte Ausleuchtung bei **132**

---

322 OLG Düsseldorf VersR 1975, 160; VM 1975, Nr. 115.

323 OLG Nürnberg VM 1982, Nr. 14.

324 BGH VersR 1970, 672; OLG Celle DAR 1979, 305.

325 BGH VersR 1976, 995: niedrig über der Autobahn schwebender Polizeihubschrauber; OLG Hamm NZV 1989, 233: Unfall.

326 BGH VersR 1966, 1077; OLG Nürnberg NZV 1993, 149.

327 OLG Frankfurt VM 1975, Nr. 136.

328 BGH NJW 1985, 1950.

329 BGH VersR 1984, 741: § 18 Abs. 4 StVO paßt es lediglich den dort bestehenden Besonderheiten an.

330 BGH VersR 1983, 153; OLG Karlsruhe VersR 1987, 694.

331 BayObLG VRS 58, 366.

332 OLG Schleswig NZV 1991, 431.

333 BGH VersR 1976, 729 und 189; dort auch zu den Grenzen der Anforderungen.

334 OLG Frankfurt VM 1975, Nr. 95.

335 BayObLG DAR 1962, 184; OLG Oldenburg VRS 32, 270.

336 OLG Frankfurt NZV 1990, 154.

337 Vgl. OLG Hamm DAR 1977, 23 (maximal 45 km/h auf nicht markierter Straße bei Regen); OLG Schleswig VersR 1983, 691 (45 km/h zu schnell).

Kurvenfahrt[338]. Nach dem Abblenden muß für die noch nicht überblickte Strecke auf Sichtfahrgeschwindigkeit verlangsamt werden[339].

133 Aus dem Sichtfahrgebot folgt, daß dem Kraftfahrer das **Auffahren auf ein Hindernis** auf der Fahrbahn (Gegenstand oder Person) in aller Regel zum Verschulden gereicht, auch wenn es ungewöhnlicher Art und schwer zu erkennen ist[340]. Dies gilt jedoch nicht für außergewöhnlich schwer erkennbare Hindernisse[341] sowie für Hindernisse, die unvermittelt von der Seite oder von oben her auf die Fahrbahn geraten[342]. Von einem unvermittelten Auftauchen, auf dessen Möglichkeit der Fahrer seine Geschwindigkeit nicht einzurichten braucht, kann aber nicht die Rede sein, wenn der Fahrer sich bei gehöriger Beobachtung des neben der Fahrbahn liegenden Raums rechtzeitig auf die Gefahr hätte einstellen können (s. Rdn. 148), wenn er vor ihr gewarnt wurde (Rdn. 134 f) oder wenn er aus sonstigen Gründen mit ihr hätte rechnen müssen (Rdn. 136). Ragt z. B. ein Lkw von der Seite her in die Straße, muß mit einer als Einweiser fungierenden Person auf der Fahrbahn gerechnet werden[343].

134 Reduzieren muß der Kraftfahrer daher ggf. seine Geschwindigkeit bei **Warnung vor einer Gefahrenstelle.** Das Gefahrenzeichen „Kinder" (Zeichen 136 der StVO) weist den Kraftfahrer darauf hin, daß er mit dem plötzlichen Betreten der Fahrbahn durch Kinder zu rechnen hat; er muß daher, sofern Bremsbereitschaft nicht ausreicht, durch Reduzierung der Geschwindigkeit dafür sorgen, daß er stets anhaltebereit ist[344], und zwar grundsätzlich ohne Beschränkung auf bestimmte Tageszeiten[345]. Entsprechendes gilt für die Gefahrenzeichen 142 „Wildwechsel"[346] und 138 „Radfahrer kreuzen"[347].

135 In einem gekennzeichneten **Baustellenbereich** muß mit Hindernissen[348] und plötzlich auf die Fahrbahn tretenden Personen[349] gerechnet werden.

136 Auch ohne Warnzeichen kann für den Kraftfahrer Anlaß bestehen, seine Geschwindigkeit so einzurichten, daß er auf eine **plötzliche Gefahrensituation** rechtzeitig reagieren kann.

137 Dies gilt insbesondere, wenn er unbeaufsichtigte **Kinder** am Straßenrand wahrnimmt (näher Rdn. 215 ff) oder sich einem in der Fahrbahnmitte stehenden **älteren Menschen** nähert[350] (allgemein zu den Verhaltenspflichten gegenüber Fußgängern Rdn. 194 ff).

138 Bei der Annäherung an eine **Unfallstelle** muß mit Personen, Fahrzeugteilen u. ä. auf der Fahrbahn gerechnet werden[351], bei einem querstehenden Pkw auf der Autobahn damit, daß er in die andere Fahrspur bewegt wird[352], bei Rauchentwicklung mit einem Pannenfahrzeug[353]. Eine eingeschaltete **Warnblinkanlage** muß dem herannahenden

[338] OLG Saarbrücken VM 1978, Nr. 60.

[339] BGH VRS 24, 205; OLG München DAR 1966, 132.

[340] BGH VersR 1976, 729 u. KG NZV 1996, 235 (auf der Fahrbahn liegende Person); BGH NJW-RR 1987, 1235 (liegengebliebener unbeleuchteter Panzer).

[341] BGH VersR 1984, 741 (Reserverad auf Autobahn bei Nacht und Regen); OLG Hamm NZV 1990, 231 (flaches Metallteil).

[342] BGH VersR 1982, 854; BayObLG VRS 60, 131; OLG Stuttgart DAR 1991, 179.

[343] OLG Schleswig NZV 1995, 445.

[344] BGH NZV 1994, 149; OLG Hamburg VRS 59, 145; KG VRS 56, 131; OLG Koblenz VRS 48, 465; 62, 335; OLG München VersR 1984, 395.

[345] BGH NZV 1994, 149; **a. A.** OLG Frankfurt VersR 1982, 152: nicht bei Dunkelheit im Winter.

[346] OLG Köln DAR 1976, 48.

[347] OLG Düsseldorf VRS 60, 265.

[348] OLG Stuttgart VersR 1989, 1160.

[349] OLG Hamm VRS 58, 257.

[350] OLG Karlsruhe VersR 1988, 59.

[351] OLG Hamm NZV 1992, 407.

[352] OLG Karlsruhe MDR 1991, 543.

[353] KG VM 1974, Nr. 125.

Fahrzeugführer Anlaß geben, sich auch auf eine nicht von dem blinkenden Fahrzeug allein ausgehende Gefahr einzustellen[354].

Überholt der Kraftfahrer eine **stehende Kolonne unter Benutzung der Gegenfahrbahn**, so muß er seine Geschwindigkeit der Erfahrungstatsache anpassen, daß querende Fußgänger ihr Augenmerk bei Erreichen der Fahrbahnmitte in erster Linie dem von rechts kommenden Verkehr zuwenden[355]. Dies gilt erst recht, wenn er unter Mißachtung einer ununterbrochenen Linie oder einer Sperrfläche überholt[356]. **139**

Grundsätzlich gilt aber, daß auf verkehrsgerechtes Verhalten anderer Verkehrsteilnehmer **vertraut** werden darf. **140**

Auf einer anderen Fahrspur des gleichgerichteten Verkehrs oder im Gegenverkehr darf deshalb an einer **stehenden Kolonne** vorbeigefahren werden, ohne daß die Geschwindigkeit auf ein plötzliches Ausscheren oder Queren anderer Verkehrsteilnehmer eingerichtet werden muß[357] (zur Ausnahme bei den sog. Lückenfällen s. Rdn. 95, 203). **141**

Beim Vorbeifahren an einem **haltenden Linienbus** muß nicht generell damit gerechnet werden, daß ausgestiegene Fahrgäste hinter dem Bus über die Fahrbahn laufen (anders bei Schulbus, s. Rdn. 218); es genügt, sich vorsichtig (§ 20 Abs. 1 StVO) darauf einzustellen, daß sie zur Gewinnung der Übersicht ein wenig hinter dem Bus hervortreten[358]; kann wegen beengter Verhältnisse kein hierfür ausreichender Seitenabstand (ca. 2 m)[359] eingehalten werden, muß die Geschwindigkeit so weit herabgesetzt werden, daß sofortiges Anhalten möglich ist[360]. Dies gilt auch bei Bussen, die in Gegenrichtung halten oder gerade wieder anfahren[361] sowie – zum Schutze der Arbeiter – entsprechend bei **Müllfahrzeugen**[362] und anderen Arbeitsfahrzeugen. **142**

Näher zu den Verhaltenspflichten gegenüber Fußgängern Rdn. 202 ff. **143**

Wo sich **ruhender und fließender Verkehr vermengen**, muß wegen des Rangier- und Fußgängerverkehrs so langsam gefahren werden, daß jederzeit sofort angehalten werden kann[363]. **144**

Wo mit **verkehrsbedingtem Anhalten** zu rechnen ist, muß die Geschwindigkeit zur Vermeidung von Gefährdungen und Irritationen anderer Verkehrsteilnehmer so rechtzeitig reduziert werden, daß mit einer normalen, nicht zu scharfen Betriebsbremsung angehalten werden kann, also z. B. vor Einmündungen in bevorrechtigte Straßen, Engstellen, Fußgängerüberwegen. Vor Verkehrsampeln muß dagegen grundsätzlich nur die zugelassene Höchstgeschwindigkeit beachtet werden, weil die Dauer der Gelbphase auf diese abgestimmt ist[364] (s. auch Rdn. 108); Ausnahmen gelten für Fahrzeuge mit anormalem Bremsverhalten[365]. **145**

---

354 OLG Köln VRS 68, 354; einschränkend für den Fall, daß das blinkende Fahrzeug auf dem Seitenstreifen der Autobahn steht und der Verkehr offenbar unbehindert daran vorbeifließt BayObLG VRS 70, 139.

355 KG DAR 1978, 107.

356 OLG München NZV 1996, 115.

357 BGH NJW 1985, 1950; KG VM 1985, Nr. 69; **a. A.** (wenn Gegenverkehr zugleich stehenden Omnibus passiert) OLG Hamm NZV 1991, 467.

358 BGH VM 1967, Nr. 69; VersR 1972, 951; KG VM 1987, Nr. 101.

359 BGH VM 1968, Nr. 93; VersR 1972, 952; OLG Düsseldorf DAR 1976, 190.

360 OLG Karlsruhe NZV 1989, 393.

361 OLG Köln VRS 64, 434.

362 OLG Hamm NJW-RR 1988, 866; OLG Zweibrücken VRS 62, 213.

363 Vgl. OLG Frankfurt VersR 1982, 1204 (Autobahntankstelle); OLG Celle VersR 1975, 265 (Parkplatz); KG VM 1984, Nr. 36 (Parkhaus).

364 OLG Karlsruhe VRS 49, 142.

365 KG VRS 52, 298 (Linienbus); OLG Düsseldorf JMBlNRW 1983, 104 (Schwerlaster).

146 Auch **zu geringe Geschwindigkeit** kann verkehrswidrig sein, insbesondere auf der Autobahn. Bei Unvermeidbarkeit ist der nachfolgende Verkehr, z. B. durch Warnblinken, zu warnen[366].

Fahrbahnbeobachtung

147 Der Kraftfahrer muß seine Aufmerksamkeit während der Fahrt stets dem Verkehrsgeschehen zuwenden. Er darf sich **nicht ablenken** lassen, z. B. durch Neckereien der Beifahrerin[367], oder aus anderen Gründen den Blick von der Fahrbahn abwenden, z. B. indem er sich nach herabgefallenen Gegenständen bückt, sich zu Personen im Fond umdreht oder sich mit dem Kassettenrecorder, dem Autotelefon o. ä. beschäftigt (Rechtsprechung hierzu in Schlußanh. II, 76.

148 Auch der **neben der Fahrbahn liegende Raum** ist auf evtl. Gefahrenquellen (z. B. Kinder, Tiere) zu kontrollieren[368]. Dies bedeutet jedoch nicht, daß der Fahrer nach solchen Gefahrenquellen eigens Ausschau halten und dazu z. B. seine an sich zulässige Geschwindigkeit reduzieren müßte. Er darf vielmehr grundsätzlich auf das Nichtvorhandensein ihm nicht erkennbarer Gefahren vertrauen, bei Nacht also auch solcher, die außerhalb seines Lichtkegels liegen. Ausnahmen gelten bei Anhaltspunkten für die Möglichkeit einer aus dem Seitenbereich auftauchenden Gefahr. So ist z. B. nach dem Zeichen 142 der StVO (Wildwechsel) dem Bereich neben der Fahrbahn gesteigerte Aufmerksamkeit zu widmen[369]. Zu der Verpflichtung, die Geschwindigkeit nach der einsehbaren Strecke einzurichten, s. Rdn. 129 ff.

Reaktion auf plötzliche Ereignisse

149 Der Kraftfahrer ist verpflichtet, stets seine **volle Aufmerksamkeit** dem Führen des Kraftfahrzeugs zu widmen, um sofort auf plötzliche Gefahrenlagen reagieren zu können (zur hierbei zuzubilligenden Reaktionszeit s. § 7, 365).

150 Auf **gewöhnliche Verkehrsvorgänge** muß er so gefaßt sein, daß er nicht durch Erschrecken an einer sofortigen und sachgerechten Reaktion gehindert wird, z. B. bei Umschalten einer Lichtzeichenanlage[370], bei einer Vorfahrtverletzung[371], wenn ein entgegenkommendes Fahrzeug in einer Kurve über die Fahrbahnmitte gerät[372]; bei Wildwechsel in gekennzeichnetem Bereich[373].

151 Bei **ungewöhnlichen Ereignissen**, d. h. einem Verhalten, auf dessen Unterbleiben vertraut werden darf, ist zwar eine Schreckzeit zuzubilligen[374], jedoch muß auch hier in der Regel eine sachgerechte Reaktion gefordert werden, denn der Kraftfahrer schuldet Geistesgegenwart und ständige Reaktionsbereitschaft[375]. Er darf deshalb bei Auftauchen von Kleinwild nicht auszuweichen versuchen[376], bei Platzen eines Reifens nicht bremsen[377]. U. U. kann in solchen Fällen aber eine Verantwortlichkeit daran scheitern, daß statt einer willensgesteuerten Handlung ein bloßer Reflex abläuft oder die subjektive Vorwerfbarkeit fehlt[378] (vgl. auch § 16, 77).

---

366 OLG Frankfurt NJW 1985, 1353; OLG Celle VersR 1977, 454 (Militärkolonne).
367 OLG Hamm NZV 1995, 481.
368 OLG Düsseldorf VM 1966, Nr. 153.
369 BGH NZV 1989, 390.
370 OLG Köln VRS 45, 358.
371 BGH VRS 27, 73; BayObLGSt 1964, 186.
372 BGH VRS 35, 177.
373 Vgl. OLG Köln VM 1976, Nr. 26 m. Anm. *Booß*.
374 BGH VRS 23, 375.
375 *Mühlhaus/Janiszewski* § 1 StVO, 61.
376 LG Verden VRS 55, 421.
377 OLG Hamm VersR 1976, 667.
378 BGH VRS 51, 4 (Revisionsurteil zu OLG Hamm VersR 1976, 667).

Verwirklicht sich eine **selbstverschuldete Gefahr** (z. B. Auftauchen von Gegenverkehr bei riskantem Überholmanöver, Störung durch betrunkenen Beifahrer), kann sich der Kraftfahrer nicht auf eine unverschuldete Fehlreaktion berufen. Hier liegt die haftungsbegründende Verkehrspflichtverletzung bereits im Hervorrufen der Gefahr. **152**

Kommt es wegen eines **Fahrzeugdefekts** zu einem Unfall, so ist dieser verschuldet, wenn der Fahrer auf erste Anzeichen der Störung nicht richtig reagiert hat[379]. **153**

Fahrbahnbenutzung

Zum Rechtsfahrgebot s. Rdn. 38 ff. Im übrigen darf die Fahrbahn grundsätzlich in ihrer ganzen Breite benutzt werden, jedoch ist ein **Sicherheitsabstand** nach rechts je nach den örtlichen Verhältnissen und der eingehaltenen Geschwindigkeit erforderlich, wenn sonst andere Verkehrsteilnehmer gefährdet werden könnten (im allgemeinen 0,5 bis 1 m; zum Abstand von Fußgängern auf dem Gehweg s. Rdn. 213). Dieser darf jedoch dann unterschritten werden, wenn ansonsten an unübersichtlicher Stelle die Fahrbahnmitte überschritten werden müßte[380]. Auch zu geparkten Fahrzeugen ist ein situationsabhängiger Abstand einzuhalten; in der Regel etwa 1 m[381]; bei beengten Verhältnissen kann er geringer sein[382]. **154**

Fahrer **hoher Fahrzeuge** müssen auf evtl. Hindernisse im Luftraum über der Straße achten[383], ganz besonders bei Überschreiten der Beladungsgrenze[384]. **155**

Benutzungsverbote sind einzuhalten, weil sich andere Verkehrsteilnehmer auf sie einstellen. So darf z. B. der Seitenstreifen der Autobahn nur in Notfällen befahren werden, desgleichen die Beschleunigungsspur an einer Autobahneinfahrt durch Fahrzeuge des durchgehenden Verkehrs[385] oder der durch eine Fahrbahnbegrenzung (Zeichen 295) abgetrennte Straßenraum nach Maßgabe von § 41 Abs. 3 Nr. 3 Buchst. b StVO. Auch die Benutzung einer Sperrfläche (Zeichen 298) verletzt das schutzwürdige Vertrauen anderer Verkehrsteilnehmer[386]. **156**

Rückwärtsfahren

Das **Rechtsfahrgebot** gilt auch hier, d. h. das Rückwärtsfahren hat auf der Fahrbahnseite zu geschehen, die bei Vorwärtsfahrt einzuhalten wäre, und zwar möglichst weit am Fahrbahnrand[387]. **157**

Herannahende Verkehrsteilnehmer, die das Manöver möglicherweise nicht rechtzeitig erkennen können, sind zu **warnen** (z. B. Warnblinklicht); wo dies nicht möglich ist, muß das Rückwärtsfahren unterbleiben. Der Rückwärtsfahrer muß in Rechnung stellen, daß andere Verkehrsteilnehmer, insbesondere solche des Querverkehrs und Fußgänger, oft nicht mit Verkehr aus der „falschen" Richtung rechnen und daher auch den Bereich neben der Fahrbahn ständig **beobachten**[388]; ggf. muß er warten, bis eine Verständigung stattgefunden hat. Dies gilt ganz besonders in Einbahnstraßen[389] und auf Richtungsfahrbahnen[390]. **158**

---

379 KG VM 1974, Nr. 125.
380 OLG München VRS 65, 331.
381 KG VM 1985, Nr. 83.
382 OLG München VRS 75, 249; OLG Hamm NZV 1993, 27.
383 OLG Hamm VersR 1993, 712; OLG Schleswig VersR 1977, 1037; OLG Köln VRS 59, 222.
384 OLG Hamm VersR 1993, 712.
385 OLG Frankfurt VRS 72, 40.
386 BGH NZV 1992, 149 f; OLG Köln NZV 1990, 72.
387 BayObLG VRS 31, 374.
388 Vgl. BayObLG VM 1977, Nr. 20.
389 OLG Düsseldorf VRS 55, 412.
390 KG VersR 1993, 711.

159 Das (auch in diesem Fall bestehende) **Vorfahrtrecht** darf nur mit größter Vorsicht ausgeübt werden[391]. Das **Einfahren in eine Vorfahrtstraße** erfordert, sofern die Einmündung nicht völlig übersichtlich ist, einen Einweiser[392].

160 Der **beschränkten Sicht** nach rückwärts muß der Rückwärtsfahrer durch Langsamfahren und besondere Umsicht Rechnung tragen. Kann er sich nicht selbst davon überzeugen, daß der Raum hinter seinem Fahrzeug frei ist und für die gesamte Dauer der Rückwärtsfahrt frei bleiben wird, muß er sich einweisen lassen[393]; dies gilt grundsätzlich auch auf Baustellen[394] und in privaten Hofräumen[395]. Die bloße Benutzung der Rückspiegel reicht wegen des toten Winkels nicht[396]. Zur Sorgfaltspflicht gegenüber dem Einweiser s. OLG Koblenz VRS 58, 256.

Wenden

161 Das Wenden greift als außergewöhnlicher Betriebsvorgang in den fließenden Verkehr ein und ist daher nur zulässig, wenn sichergestellt wurde, daß andere Verkehrsteilnehmer nicht durch ihn tangiert werden oder sich auf ihn eingestellt haben[397]. Unzulässig ist das Wenden daher an unübersichtlichen Stellen[398] oder auf stark befahrenen Bundesstraßen[399]. Ist es im Einzelfall unumgänglich, so ist der Durchgangsverkehr durch Warnposten zu sichern[400], bei außergewöhnlicher Gefahr ganz zu sperren[401].

162 Wer auf einer Vorfahrtstraße unter Benutzung eines **Mittelstreifendurchbruchs** wendet, ist gegenüber einem Verkehrsteilnehmer, der aus einer dem Durchbruch gegenüberliegenden, untergeordneten Straße nach rechts einbiegen will, wartepflichtig[402]. Zur (eingeschränkten) Geltung der „Lückenrechtsprechung" (Rdn. 95) in solchen Fällen s. KG VersR 1982, 583.

163 Das **Vorbeifahren hinter einem wendenden Fahrzeug** ist nur zulässig, wenn sichergestellt ist, daß der Wendende sich hierauf einstellt[403].

Absichern liegengebliebener Fahrzeuge

164 Kommt ein Fahrzeug unfreiwillig und nicht durch die Verkehrslage bedingt auf der Fahrbahn zum Halten, so ist sofort **Warnblinklicht** einzuschalten, sofern das Fahrzeug nicht rechtzeitig als stehendes Hindernis erkannt werden kann (§ 15 Satz 1 StVO). Bei einem Liegenbleiben auf dem Seitenstreifen der Autobahn wird dies am Tage nur in Ausnahmefällen erforderlich sein[404], bei Dunkelheit stets.

165 Ist eine Fortsetzung der Fahrt kurzfristig nicht möglich (wovon sich der Fahrer zunächst überzeugen darf[405]), so ist zusätzlich ein **Warnzeichen** (Warndreieck, Warnleuchte) in ausreichender Entfernung aufzustellen. Das Warnzeichen ist nicht auf der Fahrbahn, sondern an deren rechtem Rand aufzustellen[406]. Vor dem Einholen des Warnzeichens nach Behebung der Fahrstörung muß der Fahrer prüfen, ob einer beson-

---

391 BGH VRS 14, 346.
392 KG VRS 69, 457.
393 OLG Düsseldorf VM 1994, Nr. 82; OLG Celle NdsRpfl 1975, 250.
394 OLG Karlsruhe VRS 48, 194.
395 OLG Düsseldorf VRS 54, 219.
396 OLG Nürnberg NZV 1991, 67.
397 Vgl. OLG Stuttgart VersR 1976, 73.
398 Vgl. OLG Saarbrücken VM 1978, Nr. 60.
399 OLG Koblenz VRS 49, 31.
400 OLG Koblenz VRS 49, 31.
401 OLG Frankfurt VersR 1995, 796: Wenden eines Bergepanzers auf nächtlicher Landstraße.
402 OLG Hamburg DAR 1981, 327.
403 KG VM 1992, Nr. 51.
404 OLG Hamm VRS 47, 65; OLG Düsseldorf VRS 58, 281.
405 BayObLG VRS 70, 461; OLG Schleswig NZV 1992, 488.
406 OLG Saarbrücken VM 1980, Nr. 51.

deren Verkehrsgefahr (Fahrzeug unmittelbar hinter Kurve) dadurch begegnet werden kann, daß er den Standort des Fahrzeugs etwas verändert[407].

Besteht noch eine Möglichkeit, das Fahrzeug in eine **weniger verkehrsgefährdende** 166
Position zu bringen, so muß diese wahrgenommen werden. Die Verkehrssicherheit geht einer Schadensminderung oder Beweissicherung vor. Ein Fahrzeug mit Reifenschaden muß daher noch so weit wie möglich von der Fahrbahn gefahren werden[408], desgleichen ein noch fahrfähiges Fahrzeug nach einer Kollision auf der Autobahn[409].

Fahrzeugzustand, Besetzung, Beladung

Der Fahrzeugführer ist für den **vorschriftsmäßigen Zustand** seines Fahrzeugs verant- 167
wortlich (§ 23 Abs. 1, 2 StVO). Dazu gehört nicht nur, daß es den Ausrüstungsvorschriften der StVZO genügt, sondern auch, daß alle Ausrüstungen mangelfrei und benutzbar sind und bauartbedingte Beschränkungen, insbesondere der Geschwindigkeit, beachtet werden. Der gelegentliche Benutzer eines Kraftfahrzeugs genügt seiner Verpflichtung durch eine äußerliche Kontrolle (Reifen, Beleuchtung, Blinker usw.) und eine Prüfung der wichtigsten Funktionen (insbesondere Bremsen, Lenkung), während derjenige, dem die laufende Pflege des Kraftfahrzeugs obliegt, auch für die rechtzeitige Entdeckung solcher Mängel verantwortlich ist, die nur bei eingehenderer Untersuchung erkannt werden können[410].

In der Regel genügt hierfür die Durchführung der werkseitig vorgeschriebenen **In-** 168
spektionen[411] oder die **ständige Wartung** durch einen Kraftfahrzeugmeister in einer Betriebswerkstätte[412]. Weiß der Fahrer, daß der Wartungsdienst schon seit längerer Zeit unterlassen wurde, muß er dafür sorgen, daß auch nicht ohne weiteres erkennbare Mängel behoben werden[413]. Bei einem ordnungsgemäß gewarteten Fahrzeug ist der Fahrer nicht verpflichtet, Schrauben auf ihren festen Sitz hin zu überprüfen[414]. Allein auf die Versicherung des Halters, es sei alles in Ordnung, darf sich der Fahrer nicht verlassen[415]. Bei einem noch unbekannten Fahrzeug muß der Fahrer extreme Beanspruchungen, z. B. scharfes Bremsen, nach Möglichkeit vermeiden[416]. Nach einem Eingriff in die Bremsanlage ist eine Bremsprobe durchzuführen[417]. Eine Überprüfung des Fahrzeugs während der Fahrt ist nur bei besonderem Anlaß (z. B. nach extremer Beanspruchung, bei Funktionsstörungen oder sonstigen Auffälligkeiten, Anblinken durch andere Verkehrsteilnehmer) geboten.

Besonderes Augenmerk ist der **Bereifung** zu widmen. Längeres Fahren mit zu gerin- 169
gem Reifendruck ist zu vermeiden. Ohne besonderen Anlaß ist es jedoch nicht erforderlich, eine Druckprüfung vor jeder Fahrt vorzunehmen; regelmäßige Prüfung beim Tanken oder in der Werkstatt reicht aus[418]. Mit überalterten Reifen darf nicht gefahren werden; vom Fahrer kann jedoch nicht verlangt werden, das Alter anhand der verschlüsselten Angaben auf dem Reifen zu ermitteln[419]. Nach einer ungewöhnlichen Beanspruchung, z. B. Überfahren einer Kante, ist der Reifen auf Beschädigung zu untersuchen.

---

407 OLG Hamm VersR 1984, 245.
408 OLG Bamberg VersR 1978, 256.
409 Einschränkend BGH VersR 1977, 36.
410 *Mühlhaus/Janiszewski* § 23 StVO, 6.
411 BGH VM 1965, Nr. 31: nicht die TÜV-Untersuchung.
412 OLG Oldenburg VM 1958, Nr. 10.
413 BGH VersR 1966, 564.
414 AG Berlin-Tiergarten NZV 1990, 243.
415 BGHSt 17, 277.
416 BGH NJW 1967, 211.
417 BGH VRS 65, 140.
418 BGH VersR 1983, 399.
419 OLG Stuttgart NZV 1991, 68.

170 Auch **dem Insassen gegenüber** ist der Fahrer für den vorschriftsmäßigen Zustand des Fahrzeugs verantwortlich, ebenso für das Vorhandensein der vorgeschriebenen Sicherheitseinrichtungen zum Schutze des Mitfahrers. Er ist aber einem erwachsenen Beifahrer gegenüber grundsätzlich nicht dafür verantwortlich, daß dieser sich anschnallt[420]. Ausnahmen: Fahrtantritt mit schlafendem Beifahrer[421]; stark alkoholisierter Ehegatte[422]. Zu weitgehend verlangt dagegen OLG Hamm DAR 1996, 24 von einem alkoholisierten Fahrer, dafür zu sorgen, daß sich die gleichfalls alkoholisierte Beifahrerin anschnallt.

171 Anders verhält es sich bei den nach § 21 Abs. 1 a StVO vorgeschriebenen **Kinderrückhalteeinrichtungen**[423]. Die Vorschrift verbietet die *Mitnahme* ohne solche Einrichtungen, richtet sich also gerade an den Fahrer. Er haftet dem beförderten Kind daher für Verletzungen, die es wegen der unterbliebenen Benutzung solcher Einrichtungen erleidet[424]. Das Mitnahmeverbot gilt – abgesehen von den ausdrücklich normierten Ausnahmen[425] – für jede Beförderung eines Kindes unter 12 Jahren und 150 cm Körpergröße, auch für reine Gelegenheits-, Spontan- und Gefälligkeitsfahrten[426]. Zur Mithaftung der Eltern s. § 16, 287.

172 Die Verkehrssicherheit des Fahrzeugs darf nicht durch seine **Besetzung** beeinträchtigt werden. Dies ist insbesondere der Fall, wenn der Fahrer durch die Zahl oder das Verhalten der Mitfahrer behindert wird. In einem solchen Fall muß er die Fahrt verweigern bzw. abbrechen. Die Mitnahme eines erkennbar stark Betrunkenen auf dem Beifahrersitz kann verkehrsgefährdend sein[427]; desgleichen die eines ungesicherten Hundes im Fußraum neben dem Fahrer[428]. Der Fahrer darf nicht zulassen, daß ein Beifahrer im Auto befindliche Feuerwerkskörper entzündet; er haftet sonst auch diesem gegenüber[429]. Einem Beifahrer, der ihm während der Fahrt ins Lenkrad greift, haftet der Fahrer jedoch dann nicht, wenn dieser trotz Alkoholisierung keine Auffälligkeiten zeigte, die mit einem solchen Verhalten rechnen ließen[430]. Mit einem ungeübten oder ungeschickten Sozius darf ein Kradfahrer Kurven nur langsam durchfahren[431].

173 Beim **Verstauen der Ladung** (§ 22 StVO) muß auch auf eine mögliche Notbremsung Bedacht genommen werden[432]. Bei Ladung, die verweht werden kann, ist Abdeckung erforderlich[433]. Hohe und schwere Lasten, bei denen Kippgefahr besteht, dürfen nur auf Tiefladern transportiert werden[434]. Bei gegebenem Anlaß, z. B. nach Durchfahren schlechter Wegstrecken, ist auch während der Fahrt die Befestigung zu kontrollieren[435]. Auf Gewichtsangaben des Verladers darf sich der Fahrer – außer bei konkretem Anlaß zu Zweifeln – grundsätzlich verlassen[436].

174 **Herausragende Ladung** (zu den zulässigen Maßen s. § 22 Abs. 4, 5 StVO) muß entsprechend den genannten Vorschriften kenntlich gemacht werden, solange sich das

420 *Jagusch/Hentschel* § 21 a StVO, 7.
421 OLG Karlsruhe VersR 1985, 788; hierzu *Möllhoff* MedR 1986, 313.
422 OLG Frankfurt FamRZ 1987, 384.
423 Vgl. hierzu *Bormuth* DAR 1993, 121 (auch zur Rechtslage vor dem 1. 4. 1993); LG Tübingen VersR 1991, 707.
424 *Etzel* DAR 1994, 303.
425 Eingehend hierzu *Bormuth* DAR 1993, 122 f.
426 *Etzel* DAR 1993, 302.
427 OLG Köln VRS 32, 268; OLG Hamm VRS 54, 197.
428 OLG Nürnberg NZV 1990, 315; VersR 1994, 1291.
429 OLG Karlsruhe NZV 1991, 28 für den Fall eines jugendlichen Beifahrers.
430 AG Lübeck NZV 1993, 316.
431 BGH VM 1963, Nr. 67.
432 OLG Düsseldorf MDR 1984, 945.
433 OLG Köln NZV 1994, 484 LS.
434 BGH VRS 16, 192.
435 BGH VRS 29, 26.
436 BayObLG VRS 38, 226.

Fahrzeug mit ihr im Verkehr befindet[437]. Der Fahrer muß bedenken, daß die Kennzeichnung eine ausreichende Wirkung nur nach rückwärts entfaltet und daß es zu einer erheblichen Gefährdung des Verkehrs durch schwer erkennbare Ladungsteile kommen kann, wenn das Fahrzeug, etwa nach einer Abbiegung, in der Weise zum Stehen kommt, daß die Teile quer in die Fahrbahn ragen; er muß dann, wenn die Fahrt nicht sogleich fortgesetzt werden kann, für sofortige Absicherung sorgen[438].

Ruhender Verkehr

Halten und Parken darf ein Fahrzeugführer grundsätzlich überall, wo dies nicht **175**
durch § 12 StVO verboten ist; nur wenn es ausnahmsweise wegen besonderer Umstände zu einer unzumutbaren Behinderung des Durchgangsverkehrs käme, ist davon abzusehen[439]. Ein breites Fahrzeug darf auch dann auf einem Parkstreifen abgestellt werden, wenn es noch einen Teil der Fahrbahn in Anspruch nimmt[440]. Der Fahrer eines Müllfahrzeugs verhält sich nicht verkehrswidrig, wenn er einsatzbedingt im absoluten Haltverbot stehenbleibt und hierbei ein Vorfahrtzeichen verdeckt[441]. Zu den Sonderrechten von Postfahrzeugen: OLGR Hamm 1995, 15.

Von haltenden Fahrzeugen dürfen keine **unerwarteten Zusatzgefahren** ausgehen, **176**
ohne daß ausreichend vor ihnen gewarnt wird. Dies gilt insbesondere bei der Verwendung von Ladebordwänden (Hubladebühnen), die wegen ihrer extremen Gefährlichkeit im Straßenverkehr nur eingesetzt werden dürfen, wenn sie deutlich kenntlich gemacht sind[442]. § 53 b Abs. 5 StVZO i. V. m. AusnahmeVO vom 22. 12. 1992 (BGBl. I, 2479) regelt nur die technische Ausrüstung; die Verkehrssicherungspflicht kann darüber hinausgehen und bei beengten oder unübersichtlichen Verkehrsverhältnissen ein zusätzliches Absichern durch Posten oder Warnzeichen auf der Fahrbahn erfordern[443].

Zur **Beleuchtung** haltender Fahrzeuge vgl. die eingehende Regelung in § 17 Abs. 4 **177**
StVO. Ob eine Eigenbeleuchtung nach Abs. 4 Satz 2 Halbs. 2 entbehrlich ist, richtet sich nicht nur nach der Art der Straßenbeleuchtung, sondern auch nach den zu erwartenden Witterungsverhältnissen und der Geschwindigkeit des durchgehenden Verkehrs[444].

Vor dem **Aussteigen** muß sich der Fahrer durch Blick in den Rückspiegel und durch **178**
das Fenster vergewissern, daß er keinen von rückwärts oder von vorne kommenden Verkehrsteilnehmer gefährdet. Auch ein geringfügiges Öffnen der Tür ist nur zulässig, wenn er zuvor dieser Pflicht genügt hat und eine letzte Gewißheit nur durch einen Blick durch den Türspalt gewonnen werden kann[445]. Verzögert sich der Aussteigevorgang (z. B. weil noch Sachen aus dem Auto geholt werden), so ist weiter darauf zu achten, ob der durchgehende Verkehr durch die geöffnete Tür gefährdet werden kann; ggfs. ist sie kurzfristig wieder heranzuziehen[446].

Auch wer **einsteigen** will, darf die der Fahrbahn zugewandte Tür nicht öffnen, wenn **179**
ein anderes Fahrzeug mit geringem Abstand vorbeifährt[447].

---

437 BayObLG VRS 4, 146.
438 Österr. OGH ZVR 1994, 302.
439 BGH VersR 1986, 489.
440 OLG Saarbrücken VM 1975, Nr. 80.
441 KG VersR 1977, 722.
442 OLG Hamm NZV 1992, 115 m. Anm. *Greger*.
443 *Greger* aaO.
444 Vgl. OLG Saarbrücken VM 1975, Nr. 80; OLG Celle VRS 63, 72.
445 BGH VersR 1981, 533; OLG Düsseldorf DAR 1976, 215.
446 BayObLG DAR 1990, 31; OLGR Düsseldorf 1995, 38.
447 KG VersR 1986, 1123.

180 Den **Beifahrer** an vorschriftswidrigem Aussteigen zu hindern, ist der Fahrzeugführer grundsätzlich nicht verpflichtet[448]. Ausnahmen sind denkbar z. B. bei Kindern[449] oder Taxis[450]. Zur eigenen Verantwortlichkeit des Insassen s. § 16, 236.

181 Der Fahrer muß alle erforderlichen Maßnahmen ergreifen, daß das Fahrzeug sich nicht selbsttätig in Bewegung setzen kann. Dazu gehört bei einem Lkw mit Dieselmotor das Anziehen der Feststellbremse, weil es durch das Auffahren eines anderen Lkw zum Anspringen des Motors kommen kann[451]. Auf abschüssiger Straße muß ein Anhänger auch bei nur kurzfristigem Abstellen besonders gegen Wegrollen gesichert werden[452].

V. Pflichten gegenüber Schienenfahrzeugen

182 Ein **Linksabbieger** darf sich auf Straßenbahngleise nur einordnen, wenn sich keine Straßenbahn nähert (§ 9 Abs. 1 Satz 3 StVO). Andernfalls muß er rechts neben den Schienen bleiben (mit ausreichendem Abstand[453]), ggf. den Gleisbereich nach rechts verlassen oder seine Abbiegeabsicht aufgeben[454]. Ist er zunächst berechtigt auf die Gleise gefahren, muß er diese bei Annäherung einer Straßenbahn nicht räumen[455].

183 Auch sonst ist vom **Befahren des Gleisbereichs** abzusehen, wenn damit gerechnet werden muß, daß er vor einer sich nähernden Straßenbahn nicht rechtzeitig geräumt werden kann, z. B. beim Abbiegen in ein Grundstück[456] oder bei Kolonnenverkehr[457]. Der Vorrang der Schienenbahn (§ 2 Abs. 3 StVO) gilt auch gegenüber dem Gegenverkehr[458].

184 Vorrang hat die Straßenbahn auch dort, wo es durch die Gleisführung zu einem **Hinüberwechseln** in den vom Kraftfahrer benutzten Fahrbahnbereich kommt. Der Verlauf der Gleise ist daher genau zu beachten[459]. Dies gilt aber nicht, wenn die Straßenbahn von einem besonderen Gleiskörper aus in den Straßenraum einfährt[460].

185 Im **kreuzenden Verkehr** hängt der Vorrang davon ab, ob es sich um einen Bahnübergang handelt (dann Vorrang der Bahn nach § 19 StVO) oder um eine Kreuzung mit in der Fahrbahn verlegten Schienen (dann gelten die allgemeinen Vorfahrtregeln)[461].

186 Vor **ungesicherten Bahnübergängen** muß der Kraftfahrer seine Geschwindigkeit so herabsetzen, daß er vor dem Warnkreuz anhalten kann, solange er nicht die Bahnstrecke nach beiden Seiten als frei erkannt hat[462]. Ist das während der Fahrt nicht möglich (z. B. wegen Nebels, Unübersichtlichkeit), muß er anhalten und sich vergewissern[463], ggfs. akustisch oder durch einen Posten[464]. Steht vor dem Übergang ein abfahrbereiter Zug, darf er sich nicht darauf verlassen, daß die Abfahrt durch einen Warnposten angezeigt wird[465]. Ein schwerfälliges Fahrzeug, das den Übergang für längere

---

448 KG VM 1986, Nr. 24.
449 OLG Hamm DAR 1963, 306.
450 BayObLG VM 1961, Nr. 25.
451 OLG Köln NZV 1995, 30.
452 **A. A.** LG Nürnberg-Fürth NZV 1995, 284: nur bei Anzeichen dafür, daß jemand die Feststellbremse lösen könnte.
453 BGH VersR 1976, 932.
454 OLG Hamm VersR 1981, 961.
455 OLG München VRS 31, 344.
456 OLG Düsseldorf NZV 1992, 190.
457 OLG Düsseldorf DAR 1976, 191.
458 OLG Düsseldorf VRS 63, 250.
459 OLG Hamm VersR 1981, 389.
460 LG Bochum VM 1984, Nr. 98; *Filthaut* NZV 1992, 397; **a. A.** *Maur* NZV 1990, 220.
461 Zu Einzelheiten der Abgrenzung *Kürschner* NZV 1992, 215; *Filthaut* NZV 1992, 395; zur Situation bei Ausfahrt aus einem Fußgängerbereich LG Karlsruhe NZV 1992, 241.
462 OLG Oldenburg VRS 23, 150.
463 BayObLG VRS 5, 51.
464 OLG Schleswig VM 1957, Nr. 67.
465 OLG Hamm VRS 41, 122.

Zeit blockieren würde, darf ihn u. U. erst nach Abstimmung mit den Bahndienststellen überqueren[466]. Wenden auf dem Übergang ist unzulässig[467]. Ist ein zügiges Verlassen des Übergangs nicht gewährleistet, etwa bei einem Stau, darf er nicht befahren werden (§ 19 Abs. 4 StVO).

Bei **gesicherten Bahnübergängen** darf der Kraftfahrer, wenn die Schranken geöffnet sind bzw. das Warnlicht nicht leuchtet, darauf vertrauen, daß kein Zug kommt[468]. Er muß sich aber mit so mäßiger Geschwindigkeit nähern, daß er bei einem Senken der Schranke noch vor dieser anhalten kann; dies wird unter normalen Bedingungen bei ca. 50 bis 60 km/h der Fall sein[469]. **187**

Zu den **Pflichten des Schienenfahrzeugführers** s. § 12 HaftpflG, 5 ff. **188**

VI. Pflichten gegenüber Radfahrern

Allgemeines

Zunächst gelten die allgemein gegenüber dem Fahrzeugverkehr bestehenden Verkehrspflichten auch ihnen gegenüber. Die besondere Art ihrer Verkehrsteilnahme und der verminderte Schutz bei Kollisionen erfordern jedoch zusätzliche Verhaltensmaßregeln, die im folgenden dargestellt werden[470]. Die Erfahrungstatsache, daß Radfahrer häufig besonders undiszipliniert am Straßenverkehr teilnehmen, braucht der Kraftfahrer nur dann in Rechnung zu stellen, wenn er konkreten Anlaß hat, mit einem Fehlverhalten zu rechnen (zu Kindern s. Rdn. 222 f). Ansonsten gilt auch Radfahrern gegenüber der Vertrauensgrundsatz (§ 16, 227); der Umstand, daß Radfahrer ohne Fahrschulunterricht am Verkehr teilnehmen, ändert hieran nichts[471]. **189**

Besonderheiten

Kommt ein Radfahrer **auf der falschen Fahrbahnseite** entgegen und ist seinem Verhalten nicht eindeutig zu entnehmen, daß er am (für ihn) linken Fahrbahnrand bleiben will, so muß der Kraftfahrer, soweit noch möglich, seine Geschwindigkeit so herabsetzen, daß er eine Kollision auch dann noch vermeiden kann, wenn der Radfahrer auf die für ihn rechte Fahrbahnseite zu gelangen versucht[472]. **190**

Mit unbedachtem **Queren der Fahrbahn** durch den Radfahrer braucht der Kraftfahrer ohne besondere Anhaltspunkte nicht zu rechnen, auch nicht an einer ausgeschalteten Fußgängerampel[473] oder einem Fußgängerüberweg[474]. Das Zeichen 138 der StVO („Radfahrer kreuzen") gebietet aber besondere Aufmerksamkeit[475]. **191**

Wegen des **Vorfahrtrechts** (insbesondere bei falscher Radwegbenutzung) s. Rdn. 66 und 84; zum **Linksabbiegen** Rdn. 54. **Grundstücksausfahrer** müssen damit rechnen, daß ein zu querender Gehweg auch von Radfahrern[476], ein zu querender Radweg in **192**

---

466 Vgl. OLG Hamm VRS 7, 204.

467 OLG Köln MDR 1954, 38.

468 BayObLG NJW 1975, 840 LS; 1985, 1568.

469 OLG Celle VRS 17, 281; OLG Köln VRS 36, 453; *Mühlhaus/Janiszewski* § 19 StVO, 14; strenger OLG Köln VRS 58, 455; *Jagusch/Hentschel* § 19 StVO, 17: 40 km/h.

470 Vgl. auch die ausführliche Zusammenstellung bei *Blumberg* NZV 1994, 254 ff.

471 A. A. *Blumberg* NZV 1994, 254.

472 BayObLG VRS 67, 136.

473 OLG Oldenburg VRS 69, 252.

474 OLG Hamm NZV 1993, 66; im konkreten Fall wurden allerdings Anhaltspunkte für die bevorstehende Verkehrswidrigkeit angenommen.

475 OLG Oldenburg VersR 1987, 56.

476 OLG Düsseldorf VRS 63, 66.

beiden Richtungen benützt wird[477]. Auf einem Gehweg braucht er aber nicht mit Radfahrern zu rechnen, die sich mit erheblich höherer als der bei Fußgängern üblichen Geschwindigkeit nähern[478].

193 Eine besonders gefährliche Situation ergibt sich beim Zusammentreffen eines **Rechtsabbiegers** mit einem geradeaus fahrenden (und nach § 9 Abs. 3 Satz 1 StVO bevorrechtigten) Radfahrer. Auf sie muß sich jeder Rechtsabbieger einstellen. Die zweite Rückschaupflicht (§ 9 Abs. 1 Satz 4 StVO) gilt auch hier[479]. Hat der Kraftfahrer kurz vor dem Abbiegen einen Radfahrer überholt, so muß er sich vergewissern, daß er gefahrlos vor ihm abbiegen kann. Mußte er vor dem Abbiegen anhalten, so muß er damit rechnen, daß ein Radfahrer am rechten Fahrbahnrand oder auf einem dort verlaufenden Radweg aufgeschlossen hat und gleichzeitig mit ihm anfährt. Er muß diesen Bereich daher ständig im Auge behalten[480]. Kann er den Raum rechts neben seinem Fahrzeug nicht einsehen (etwa bei einem Lkw trotz Anfahrspiegels nach § 56 Abs. 3 Nr. 2 StVZO), so muß er sich so langsam vortasten, daß ein etwa vorhandener Radfahrer sich auf sein Fahrmanöver einrichten und das abbiegende Fahrzeug notfalls auf der Stelle angehalten werden kann[481].

VII. Pflichten gegenüber Fußgängern

Fußgängerüberwege

194 An markierten Fußgängerüberwegen hat der Kraftfahrer Fußgängern, die erkennbar die Fahrbahn überschreiten wollen, **Vorrang zu gewähren** (§ 26 Abs. 1 StVO). Er muß zu diesem Zweck mit so **mäßiger Geschwindigkeit** an den Überweg heranfahren, daß er sich auf entsprechendes Verhalten eines Fußgängers noch einstellen kann. Wie hoch die Geschwindigkeit sein darf, hängt von den konkreten Umständen ab; 40 km/h können zu hoch sein[482], 20–30 km/h können angemessen sein[483]. Kann der Fahrer wegen Sonnenblendung einen Teil des Überwegs nicht übersehen, so darf er sich nur mit Schrittgeschwindigkeit herantasten[484].

195 Damit der Kraftfahrer seiner Pflicht zur Vorranggewährung nachkommen kann, muß er den Bereich des Überwegs und der angrenzenden Gehwege sorgfältig **beobachten**. Geht ein Fußgänger auf den Überweg zu, muß mit Überquerungsabsicht gerechnet werden; solange er parallel zur Fahrbahn geht aber nur bei besonderen Anzeichen, z. B. Umdrehen[485]. Stehen am rechten Fahrbahnrand Fußgänger, so darf der Kraftfahrer nicht darauf vertrauen, daß diese den Überweg – z. B. wegen durchfahrender Autos im Gegenverkehr – nicht betreten werden[486]. Bei schlechten Sichtverhältnissen muß er sich auch auf plötzlich auftauchende Fußgänger einstellen[487]. Er braucht jedoch nicht damit zu rechnen, daß jemand im Laufschritt aus einer Seitenstraße kommend den Überweg benutzen will[488].

196 Auch wenn am Überweg wartende Fußgänger durch Zeichen auf ihren **Vorrang verzichten**, muß der Kraftfahrer den Überweg mit Anhaltegeschwindigkeit passieren,

---

477 KG VRS 68, 284.
478 OLG Karlsruhe NZV 1991, 154.
479 OLG Düsseldorf VRS 49, 29.
480 OLG Hamm VRS 73, 280.
481 OLG München NZV 1989, 394; OLG Bremen NZV 1992, 35.
482 KG VersR 1977, 1008.
483 OLG Schleswig VM 1976, Nr. 56; OLG Hamm VRS 51, 310.
484 OLG Frankfurt VM 1977, Nr. 95.
485 OLG Karlsruhe NZV 1992, 330.
486 OLG Hamm VRS 49, 397.
487 OLG Karlsruhe VRS 44, 370.
488 OLG Celle VRS 49, 217.

wenn er die an den Überweg angrenzenden Gehsteigflächen nicht voll einsehen kann[489]. Der Verzicht gilt nur für den betreffenden Fußgänger und allenfalls ein von ihm beeinflußtes Kind[490]. Das kurze Verharren eines Fußgängers am Fahrbahnrand oder auf einer Verkehrsinsel in der Fahrbahnmitte berechtigt den Kraftfahrer nicht zu der Annahme, der Fußgänger werde auf sein Vorrecht verzichten[491], ebenso ein Zurücktreten nach Beginn der Fahrbahnüberquerung[492].

Der Kraftfahrer darf nicht darauf vertrauen, daß Fußgänger einen Überweg nur ex- **197**
akt an der markierten Stelle benützen; der **Schutzbereich** erstreckt sich einige Meter über den Zebrastreifen hinaus[493]. Der Kraftfahrer muß daher seine Fahrweise auch darauf einstellen, daß ein Fußgänger wenige Meter hinter dem Überweg in einer nicht ausgeleuchteten „Dunkelzone" die Fahrbahn überquert, und seine Geschwindigkeit so einrichten, daß er vor einem plötzlich ins Scheinwerferlicht kommenden Hindernis anhalten kann[494].

Abbiegen

Fußgänger, die im Bereich einer Kreuzung oder Einmündung die Fahrbahn überque- **198**
ren wollen, haben gegenüber Fahrzeugen, die in die betreffende Straße abbiegen, Vorrang (§ 9 Abs. 3 Satz 3 StVO). Die Verhaltensanforderungen an Fußgängerüberwegen gelten daher hier entsprechend. Der Abbiegende muß sich vergewissern, ob ein Fußgänger die Fahrbahn überqueren will, ggfs. anhalten. Bei Sichtbeeinträchtigung muß er so langsam abbiegen, daß er sich jederzeit auf einen mit üblicher Geschwindigkeit herankommenden Fußgänger einstellen kann[495]. Bleiben Fußgänger am Fahrbahnrand stehen, obwohl die Ampel für sie bereits längere Zeit Grün zeigt, so darf ein Linksabbieger u. U. davon ausgehen, daß sie die Fahrbahn erst hinter ihm überqueren wollen[496]. Zeigt die Fußgängerampel bereits Rot, braucht der Linksabbieger sich grundsätzlich nicht darauf einzustellen, daß Fußgänger noch mit dem Überqueren der Fahrbahn beginnen[497].

Überfahren eines Gehwegs

Hierzu kann es z. B. kommen an Grundstücksausfahrten, Zufahrten zu „anderen **199**
Straßenteilen" und an Einmündungen, an denen die Fahrbahn mittels Bordsteinabsenkung über einen Gehweg geführt wird[498]. An diesen Stellen besteht die Verpflichtung, dem fließenden Verkehr Vorrang einzuräumen (§ 10 StVO) auch gegenüber Fußgängern auf dem Gehweg. Der Kraftfahrer muß diese daher im Auge behalten und mit Schrittgeschwindigkeit fahren. Mußte er wegen des fließenden Verkehrs quer zum Bürgersteig anhalten, so muß er damit rechnen, daß Fußgänger vorne um sein Fahrzeug herumgehen, und sicherstellen, daß sich niemand in einem etwaigen „toten Winkel" befindet[499].

Anfahren vom Straßenrand

Der Kraftfahrer muß sich vor dem Anfahren davon überzeugen, daß sich kein Fuß- **200**
gänger vor seinem Fahrzeug aufhält oder im Begriffe ist, sich dorthin zu begeben. Dies

489 OLG Hamm VRS 54, 223.
490 OLG Düsseldorf DAR 1982, 407.
491 OLG Köln DAR 1975, 17; OLG Hamm VRS 51, 309.
492 BayObLG VRS 62, 466.
493 OLG Hamm VRS 54, 223: 4 m.
494 BGH VersR 1977, 337, sehr weitgehend.
495 BayObLG NZV 1989, 281.
496 BayObLG, DAR 1978, 203 (bei *Rüth*).
497 BayObLG DAR 1980, 259 (bei *Rüth*).
498 Zu letzterem OLG Karlsruhe VersR 1994, 362 m. Anm. *Frh. v. Rosenberg*.
499 OLG Düsseldorf VRS 54, 298.

gilt auch, wenn seine Sicht fahrzeugbedingt beeinträchtigt ist; hier muß er sich entweder selbst den Überblick verschaffen oder sich einweisen lassen[500]; wenn dies nicht möglich ist, muß er zumindest ein Warnzeichen geben[501]. Mit einer vor seinem Fahrzeug liegenden Person braucht er jedoch grundsätzlich nicht zu rechnen[502]. Ist mit einem Zurückrollen seines Fahrzeugs zu rechnen (Lkw an Steigung), muß er sich auch nach rückwärts vergewissern[503].

Annäherung an Haltestelle

201 An öffentlichen Verkehrsmitteln darf rechts nur unter Beachtung des Vorrangs der ein- und aussteigenden Fahrgäste nach § 20 Abs. 2 (Abs. 1 Satz 2 a. F.) StVO vorbeigefahren werden. Dies gilt auch, wenn zwar eine Haltestelleninsel vorhanden ist, wegen starken Andrangs aber damit gerechnet werden muß, daß Fußgänger unachtsam auf die Fahrbahn treten[504]. Ein aus der Gegenrichtung kommender Kraftfahrer braucht jedoch nur bei besonderen Anzeichen damit zu rechnen, daß ein um die Straßenbahn Herumgehender die Fahrbahn ohne Beachtung seines Vorrangs überschreiten wird[505]. Auch wenn sich das Verkehrsmittel der Haltestelle erst nähert, kann Anlaß bestehen, auf das Verhalten am Straßenrand wartender Personen besonders zu achten[506]. Zur einzuhaltenden Geschwindigkeit und zum Überholverbot bei Einschalten des Warnblinklichts durch den Busfahrer s. § 20 Abs. 3, 4 StVO n. F.).

Unachtsames Betreten der Fahrbahn

202 Von den in Rdn. 194 ff behandelten Fällen abgesehen braucht der Kraftfahrer seine Fahrweise grundsätzlich nicht auf die Möglichkeit einzurichten, daß ein Fußgänger vor ihm auf die Fahrbahn treten wird[507]. Es genügt, daß er die geltenden Geschwindigkeitsvorschriften einschließlich des Sichtfahrgebots (Rdn. 129) sowie einen ausreichenden Sicherheitsabstand zum Fahrbahnrand (Rdn. 154) einhält. Dies gilt auch beim Vorbeifahren an parkenden oder sonst stehenden Fahrzeugen oder wenn von der Seite ein Fußweg einmündet[508]. Selbst wenn ein Fußgänger in einer Parkbucht steht oder geht, braucht der Kraftfahrer nicht damit zu rechnen, daß er blindlings die Fahrbahn überqueren werde[509]. Auch beim Einbiegen aus einem Grundstück darf der Kraftfahrer darauf vertrauen, daß ein Fußgänger, der außerhalb einer Kreuzung oder Einmündung die Straße überqueren will, seinen Vorrang beachtet[510].

203 Nur wenn **triftige Umstände** im Einzelfall die Annahme nahelegen, daß ein Fußgänger verkehrswidrig die Fahrbahn überqueren wird, muß der Kraftfahrer seine Fahrweise (insbesondere durch Ermäßigung der Geschwindigkeit) hierauf einstellen. Solche Umstände hat die Rechtsprechung z. B. bejaht,

- wenn ein Kraftfahrer bei Schichtwechsel und eingeschränkter Sicht an einem Werksausgang vorbeifährt, während auf der gegenüberliegenden Straßenseite ein Linienbus wartet[511];
- wenn sich im Bereich einer Haltestelle auf beiden Seiten der Fahrbahn Schüler befinden und in der Gegenrichtung gerade ein Bus einfährt[512];

---

500 OLG Düsseldorf VM 1978, Nr. 69 (Müllfahrzeug); OLG München NZV 1991, 390 (Bagger).
501 OLG München NZV 1991, 389 (Linienbus).
502 OLG Saarbrücken NZV 1992, 75.
503 OLG Saarbrücken VM 1979, Nr. 15.
504 BGH VRS 32, 252.
505 OLG Hamm NZV 1995, 75.
506 OLG Hamm MDR 1974, 1018.
507 OLG Düsseldorf DAR 1975, 331.
508 BGH NJW 1985, 1950.
509 OLG Köln VRS 56, 29.
510 OLG Hamm NZV 1995, 72.
511 BGH VersR 1972, 951; KG VM 1985, Nr. 74.
512 OLG Celle NZV 1991, 228.

- wenn ein Kraftfahrer an einer haltenden Kolonne vorbeifährt, in der eine Lücke für Querverkehr freigelassen wurde[513] oder wenn er eine solche Kolonne auf der Gegenfahrbahn überholt[514]; ansonsten braucht er aber nicht generell, d. h. auch bei Fehlen einer Lücke, mit unvermittelt zwischen den haltenden Fahrzeugen auftauchenden Fußgängern zu rechnen[515];
- bei Annäherung an eine ausgefallene Fußgängerampel, wenn andere Fahrzeuge bereits anhalten, um einem Fußgänger das Überqueren zu ermöglichen[516];
- wenn ein Kraftfahrer schon vor Erreichen des Ortsendeschildes mit höherer als der innerorts zugelassenen Geschwindigkeit fährt und ein Fußgänger hinter dem Ortsende am Fahrbahnrand steht[517];
- wenn ein Fußgänger neben der Fahrbahn auf dem Bankett geht: Hier soll der Kraftfahrer nach zu weit gehender Ansicht des BGH[518] nicht darauf vertrauen dürfen, daß der Fußgänger nicht, etwa an zum Gehen weniger geeigneten Stellen, zur Seite auf die Fahrbahn tritt.

Eingeschränkt ist der Grundsatz, daß auf verkehrsgerechtes Verhalten von Fußgängern vertraut werden darf, weiterhin gegenüber Kindern (hierzu Rdn. 215 ff), Hochbetagten und Hilfsbedürftigen (vgl. § 3 Abs. 2 a StVO). Der Kraftfahrer darf daher nicht erwarten, daß ein erkennbar betagter Fußgänger in der Fahrbahnmitte stehenbleiben und ihn passieren lassen werde[519]. Wann er ansonsten mit unachtsamem Betreten der Fahrbahn durch einen älteren Fußgänger rechnen muß, hängt von den Umständen des Falles, insbesondere der konkreten Verkehrssituation, ab[520]; konkreter Anhaltspunkte für eine Verkehrsunsicherheit bedarf es jedoch nicht[521]. Kann der Kraftfahrer erkennen, daß er einen Betrunkenen vor sich hat, so muß er sich auf unbesonnenes Verhalten einrichten[522]. In der Nähe von Volksfesten u. ä. kann dies Anlaß zu besonderer Vorsicht bieten[523]. **204**

Überhöhte Geschwindigkeit begründet dann keinen Schuldvorwurf gegen den Kraftfahrer, wenn der Fußgänger so kurz vor ihm auf die Fahrbahn trat, daß der Unfall auch bei Einhaltung des zulässigen Tempos nicht mehr vermeidbar gewesen wäre[524] (zu den bei der Vermeidbarkeitsbetrachtung anzustellenden Erwägungen s. § 7, 45; zu den zuzubilligenden Reaktionszeiten § 7, 365). Nach dem allgemeinen Gebot des Fahrens auf Sicht (§ 3 Abs. 1 Satz 3 StVO) haftet der Kraftfahrer jedoch auch einem verkehrswidrig die Fahrbahn betretenden – und sogar einem auf der Fahrbahn liegenden[525] – Fußgänger dann, wenn er bei Einhaltung der so bestimmten Geschwindigkeit noch rechtzeitig hätte anhalten oder ausweichen können[526]. Dabei muß der Fahrer die gesamte Breite der Fahrbahn (insbesondere bei beabsichtigtem Fahrspurwechsel[527]) und, soweit dies möglich ist, auch den Bereich neben der Fahrbahn, insbesonders den Bürgersteig, beobachten[528]. Bei gefahrdrohenden Vorgängen (z. B. Menschenansammlung nach Ende einer Veranstaltung) muß er die Geschwindigkeit herabsetzen[529], ebenso bei unklarer Verkehrslage[530]. Bei Blendung durch ein entgegenkommendes Fahrzeug darf er nur so schnell weiterfahren, daß er am Ende der Fahrstrecke, die er vor der Blendung noch als hindernisfrei erkannt hatte, zum Stehen kommen kann[531]. **205**

---

513 KG VRS 70, 116.
514 KG VRS 49, 262.
515 OLG Hamm NZV 1993, 314.
516 LG Hannover NZV 1989, 238.
517 BayObLG VRS 58, 221.
518 NZV 1989, 265 m. abl. Anm. *Kääb*.
519 OLG Hamburg VRS 57, 187; OLG Karlsruhe VersR 1988, 59.
520 BGH NZV 1994, 273; BayObLG VRS 65, 461.
521 BGH NZV 1994, 273.
522 OLG Köln StVE § 1 StVO Nr. 39.
523 BGH NZV 1989, 265 m. Anm. *Kääb*.
524 OLG Hamm VersR 1989, 1057.
525 BGH NJW 1976, 897.
526 BGH NJW 1984, 50.
527 OLGR Hamm 1994, 160.
528 BGH NJW 1987, 2377; OLG Düsseldorf VersR 1978, 768.
529 OLG Saarbrücken VM 1980, Nr. 41.
530 BGH NZV 1994, 183 f: Fußgänger bleibt auf der Fahrbahn stehen.
531 BGH NJW 1976, 897.

In einem Sonderfall – der Kraftfahrer war durch ein einbiegendes und blendendes Kraftfahrzeug zum Ausweichen genötigt worden, als ihm auf der Fahrbahn ein Fußgänger entgegenkam – hat der BGH allerdings von einem Schuldvorwurf abgesehen[532].

206 Schließlich kann sich eine Haftung gegenüber dem unachtsamen Fußgänger auch daraus ergeben, daß der Kraftfahrer auf dessen Auftauchen **nicht sofort und sachgerecht reagiert** hat[533]. Tritt der Fußgänger von rechts auf die Fahrbahn und kann nicht damit gerechnet werden, daß er das Fahrzeug passieren läßt (z. B. bei Sichtkontakt mit dem Fahrer oder Betreten der Fahrbahn zwischen stehenden Fahrzeugen zur Sichtgewinnung[534]), muß der Kraftfahrer sofort unfallverhütende Maßnahmen ergreifen, zumindest hupen. Kommt der Fußgänger von links, gilt dies ebenso, wenn die Straße schmal ist[535] oder wenn damit gerechnet werden muß, daß der Fußgänger das Fahrzeug nicht bemerkt hat und nicht in der Fahrbahnmitte stehenbleiben wird[536]. Auszuweichen ist nach Möglichkeit so, daß das Kraftfahrzeug hinter dem Fußgänger vorbeifährt[537]. Es ist aber auch zu bedenken, daß ein von links kommender Fußgänger irritiert und zum Zurücklaufen veranlaßt werden kann, wenn ein Kraftfahrzeug beim Versuch des Linksausweichens aus der Sicht des Fußgängers auf diesen zufährt[538]. Bei einer Notreaktion auf verkehrswidriges Verhalten kann es am Schuldvorwurf fehlen[539].

207 An **Verkehrsampeln** darf der Kraftfahrer grundsätzlich darauf vertrauen, daß kein Fußgänger unter Mißachtung des Rotlichts die Fahrbahn betritt[540]. Dies entbindet ihn aber nicht von der Pflicht, die vor ihm liegende Fahrbahn zu beobachten und sich auf Personen einzustellen, die sich, für ihn erkennbar, trotz der ihn bevorrechtigenden Ampelstellung auf der Fahrbahn befinden[541]. Bei Einfahren kurz nach dem Umschalten auf Grün muß mit Nachzüglern gerechnet werden[542].

Vorbeifahren an Fußgängern

208 Bei einem **in der Fahrbahnmitte stehenbleibenden Fußgänger**, der erkennbar ein Überqueren der Fahrbahn in Etappen berücksichtigt, muß nicht damit gerechnet werden, daß er seinen Weg ohne Rücksicht auf den Fahrverkehr fortsetzen werde[543].

209 Ob der Kraftfahrer ohne weitere Sicherheitsvorkehrungen **hinter einem die Fahrbahn überquerenden Fußgänger** vorbeifahren darf oder ob er sich auf ein Umkehren oder Zurücktreten einstellen muß, hängt von den Umständen des Einzelfalles ab[544]. Fährt er mit überhöhter Geschwindigkeit, muß er mit einer solchen Reaktion rechnen[545], nicht dagegen, wenn er mit 40 km/h und einem Abstand von 1,50 m hinter einem Fußgänger vorbeifährt, der bereits die andere Fahrbahnhälfte erreicht hat[546].

210 Das Betätigen der **Lichthupe** gegenüber einem Fußgänger, der auf der Fahrbahnmitte stehengeblieben ist, kann von diesem, da als Warnsignal überflüssig, als Aufforderung zum Weitergehen mißverstanden werden und ist daher fahrlässig[547].

211 Auch bei einem **auf der Fahrbahn stehenden Fußgänger** (z. B. an einem haltenden Fahrzeug) muß nicht ohne weiteres mit einem unachtsamen Zurücktreten gerechnet

---

532 VersR 1976, 189.
533 KG VersR 1986, 870.
534 BayObLG VRS 40, 214.
535 BGH VM 1968, Nr. 94.
536 BGH VRS 26, 28.
537 BGH VersR 1980, 868; NJW 1987, 2377.
538 OLG Düsseldorf VersR 1979, 649.
539 OLG Karlsruhe VRS 51, 433; OLG Hamm NZV 1995, 357.
540 LG Aachen VersR 1975, 1036.
541 KG VM 1977, Nr. 49.
542 OLG Saarbrücken VM 1980, Nr. 35.
543 OLG Düsseldorf VM 1976, Nr. 91; OLG Karlsruhe VersR 1982, 450; OLG Stuttgart VersR 1984, 271.
544 KG VM 1982, Nr. 40 (dreispurige Straße); 1985, Nr. 74.
545 OLG Hamm VRS 59, 114.
546 OLG Hamm VRS 56, 27.
547 BGH NJW 1977, 1057.

werden; die Einhaltung eines Seitenabstandes von 1,30 m reicht in einer solchen Situation aus[548].

Gegenüber einem **entgegenkommenden Fußgänger** muß der Kraftfahrer, um dem Gebot des § 1 Abs. 2 StVO Rechnung zu tragen, einen Seitenabstand von 1 m einhalten[549], sofern dies von der Fahrbahnbreite her möglich ist[550]. Ist es nicht möglich, muß er ggfs. die Geschwindigkeit herabsetzen. Entsprechendes gilt beim Überholen. **212**

Auch gegenüber Fußgängern auf einem **Gehweg** ist in der Regel der genannte Sicherheitsabstand einzuhalten[551], bei besonders lebhaftem Fußgängerverkehr sogar ein größerer[552]. Beim Heranfahren an eine **Haltestelle** muß der Fahrer eines Omnibusses darauf achten, ob wartende Fahrgäste so nahe an der Bordsteinkante stehen, daß sie von dem Fahrzeug erfaßt oder verunsichert werden könnten; ggfs. muß er Warnzeichen geben oder mit Schrittgeschwindigkeit heranfahren[553]. Glätte erfordert besondere Vorsicht[554]. Wegen Schulbus s. Rdn. 216. **213**

Ruhender Verkehr

Das (eingeschränkte oder absolute) Haltverbot dient auch dem Schutz der Fußgänger, die die Fahrbahn überqueren wollen, denn es soll auch eine bessere Übersicht über den Verkehrsablauf ermöglichen[555]. Werden zwei durch Abschleppseil miteinander verbundene Fahrzeuge an einer Stelle abgestellt, an der mit querenden Fußgängern zu rechnen ist, so sind besondere Vorkehrungen nötig, um zu verhindern, daß ein Fußgänger über das Seil stolpert[556]. **214**

VIII. Pflichten gegenüber Kindern

Auch gegenüber Kindern gilt grundsätzlich der **Vertrauensgrundsatz** (§ 16, 227); nur wenn das Verhalten der Kinder oder die Situation, in der sie sich befinden, Auffälligkeiten aufweist, die zu Gefährdungen führen können, werden vom Kraftfahrer besondere Vorkehrungen (wie Warnzeichen, Bremsbereitschaft, Verringerung der Geschwindigkeit) verlangt[557]. Dies wird bei kleinen Kindern eher der Fall sein als bei älteren[558]; feste Altersgrenzen lassen sich aber nicht ziehen, da es jeweils auf die Gesamtumstände ankommt. Entscheidend ist stets, wie sich die Situation dem Kraftfahrer erkennbar darstellt, nicht wie alt, verkehrserfahren usw. das Kind tatsächlich ist[559]. **215**

Eine **Gefahrensituation** im vorstehenden Sinn hat die Rechtsprechung z. B. **angenommen,** **216**

- wenn vierjährige Kinder unbeaufsichtigt am Rand einer Dorfstraße stehen[560];
- wenn ein vierjähriges Kind mit dem Rücken zur Fahrbahn am Fahrbahnrand steht, auch wenn ein Erwachsener in der Nähe ist[561];

---

548 OLG Bamberg VersR 1979, 475; OLG Saarbrücken VM 1979, Nr. 104: mindestens 1 m; OLG Düsseldorf VM 1978, Nr. 42: 1,20 m Abstand von Begrenzungslinie bei unruhigen Personen auf dem Seitenstreifen einer Autobahn.

549 BayObLG VRS 58, 445.

550 OLG Köln VRS 50, 193.

551 OLG Düsseldorf NZV 1992, 232.

552 OLG Düsseldorf VM 1975, Nr. 108: Rosenmontag.

553 Vgl. OLG Saarbrücken VM 1980, Nr. 115.

554 OLG Düsseldorf DAR 1993, 151.

555 BGH NJW 1983, 1326; OLG München NJW 1985, 981.

556 KG VM 1979, Nr. 103: an Tankstelle.

557 BGH VersR 1985, 1088; NZV 1992, 360; OLG Köln VersR 1983, 188 u. 1996, 210; OLG Karlsruhe VersR 1986, 770.

558 Vgl. OLG Stuttgart NZV 1992, 196.

559 OLG Schleswig VersR 1987, 825.

560 OLG Karlsruhe VRS 48, 90.

561 KG VersR 1979, 137.

- wenn ein etwa fünf Jahre altes Kind sich auf dem Bürgersteig von seiner Aufsichtsperson entfernt[562];
- wenn sich am Straßenrand eine Gruppe von Kindergartenkindern sammelt, die offensichtlich noch nicht voll unter Kontrolle der Begleitpersonen ist[563];
- wenn Vorschulkinder auf dem Bürgersteig spielen[564] oder zu beiden Seiten der Fahrbahn miteinander sprechen und gestikulieren[565];
- wenn ein solches Kind eine seitliche Böschung hinunter in Richtung Fahrbahn läuft[566];
- wenn ein siebenjähriges Kind an einem Zaun neben der Fahrbahn steht und in einen Vorgang hinter dem Zaun vertieft ist[567];
- wenn ein achtjähriges Kind in der Fahrbahnmitte stehenbleibt[568];
- wenn ein 10jähriger startbereit auf dem Sattel seines quer zur Fahrbahn stehenden Fahrrads sitzt und nur geradeaus schaut[569];
- wenn ein Schulbus sich einer Haltestelle mit undisziplinierten, drängelnden Schülern nähert[570];
- wenn auf schmaler Straße ohne Gehsteig mit einem breiten Fahrzeug an einer wandernden Schulklasse von 11jährigen vorbeigefahren werden muß[571];
- wenn eine 12jährige zusammen mit einem anderen Mädchen unterwegs ist, das kurz vor einem anderen Kraftfahrzeug die Straße überquert[572];
- wenn eine Gruppe fast 14jähriger Mädchen sich am Rand einer Bundesstraße aufhält[573].

217 Dagegen braucht **nicht** mit einem unachtsamen Betreten der Fahrbahn gerechnet zu werden:

- bei einem 8jährigen Kind, das zusammen mit anderen an der Schulbushaltestelle wartet und in Richtung des herannahenden Pkw blickt[574];
- bei einem 8jährigen, der mit dem Rücken zur Fahrbahn auf dem Bürgersteig steht[575];
- beim Vorbeifahren an einem 9jährigen Kind, das auf dem Gehweg geht[576];
- bei der Annäherung eines Linienomnibusses an eine Haltestelle, wo ein 10jähriger in vorderster Reihe der Wartenden steht[577];
- bei einem 13jährigen, der mit normaler Gehgeschwindigkeit vom Bürgersteig auf den Mehrzweckstreifen tritt, dort stehenbleibt und den Verkehr beobachtet[578].

218 Voraussetzung für besondere Sorgfaltsanforderungen ist stets, daß der Kraftfahrer das gefährdete Kind **rechtzeitig wahrnehmen** konnte. Es muß nicht jederzeit und an jedem Ort mit dem plötzlichen Auftreten von Kindern gerechnet werden[579], auch nicht in ausgesprochenen Wohngebieten[580] oder einem Gartengelände[581]. Anders verhält es sich, wenn das Zeichen 136 („Kinder") aufgestellt ist (vgl. Rdn. 134). Auch kann die konkrete Situation Anlaß geben, mit dem Auftauchen eines Kindes zu rechnen, etwa im Gefolge eines bereits sichtbaren anderen Kindes. Beim Vorbeifahren an einem haltenden **Schulbus** muß die Fahrweise darauf abgestellt werden, daß Kinder hinter dem Bus unachtsam auf die Fahrbahn laufen könnten (vgl. § 20 Abs. 4 StVO: bei Warnblink-

---

562 BGH NZV 1992, 360.
563 OLG Schleswig NZV 1995, 24.
564 OLG Saarbrücken VersR 1986, 927.
565 OLG Koblenz VRS 48, 202.
566 OLG Köln VRS 70, 373.
567 OLG München VersR 1975, 672.
568 OLG Hamm VRS 59, 260.
569 OLG Hamm VersR 1996, 906.
570 BGH VersR 1982, 270; OLG Köln VersR 1990, 434: Schrittgeschwindigkeit geboten.
571 LG Nürnberg-Fürth NZV 1991, 276.
572 OLG Hamburg NZV 1990, 71: „unkontrollierter Nachlaufsog".
573 OLG Hamm NZV 1993, 397; zu streng.
574 OLG Hamm VP 1975, 21.
575 OLG Hamm VM 1986, Nr. 26.
576 OLG Karlsruhe VersR 1986, 770; ebenso für Zwölfjährigen OLG Hamm VersR 1992, 204.
577 OLG Bamberg NZV 1993, 268.
578 OLG Hamm NZV 1996, 70.
579 OLG Köln VersR 1982, 154; OLG Hamm NZV 1990, 473; OLG Oldenburg NZV 1990, 153.
580 BGH NZV 1990, 227; OLG Düsseldorf NZV 1992, 188; OLG Köln VersR 1989, 1059.
581 OLG Stuttgart VRS 66, 470.

licht Schrittgeschwindigkeit); dies muß auch bei einem anderen Bus gelten, der erkennbar der Beförderung von Kindern dient[582].

Das **Wiederanfahren eines Schulbusses**, der kurz vor der Haltestelle angehalten hatte und an dessen Türen sich bereits Kinder drängelten, ist nicht schuldhaft, wenn es sich um ein langsames Vorwärtsrollen handelt[583]. **219**

Ein **Vorrangverzicht** gegenüber Kindern (z. B. durch Herüberwinken) darf nur vorgenommen werden, wenn sichergestellt ist, daß es nicht zu einer Gefährdung durch andere Verkehrsteilnehmer kommen kann[584]. **220**

Vor dem **Wegfahren** von einem Ort, an dem sich ein unbeaufsichtigtes Kleinkind aufhielt (z. B. privates Hofgelände), muß der Kraftfahrer sicherstellen, daß es sich nicht im Gefahrenbereich, etwa unter dem Lkw, befindet[585]. **221**

Auch gegenüber **radfahrenden Kindern** darf grundsätzlich auf verkehrsgerechtes Verhalten vertraut werden. Beim Überholen ist besonders auf ausreichenden Sicherheitsabstand zu achten[586]. Von einem unauffällig am rechten Fahrbahnrand radelnden 9- oder 10jährigen muß nicht befürchtet werden, daß er plötzlich nach links schwenkt[587]. Zumindest ein Warnzeichen, ggfs. Bremsbereitschaft und Herabsetzung der Geschwindigkeit, ist dagegen veranlaßt, wenn das Kind sich verkehrswidrig verhält oder ersichtlich abgelenkt ist[588], wenn bei kleineren Kindern wegen geringer Straßenbreite ein knappes Überholen erforderlich wird[589], wenn auf einer Wohnstraße eine Gruppe von Kindern überholt werden soll, unter denen sich auch ein 3jähriges mit Dreirad befindet[590] oder wenn ein (auch älteres) Kind auf dem nur 0,5 m breiten Befestigungsstreifen zwischen der linken Fahrbahnbegrenzung und der Leitplanke fährt[591]. Zu beachten ist auch, daß Kinder in bedrängenden Situationen eher als Erwachsene zu Fehlreaktionen neigen[592]. **222**

Der Kraftfahrer muß auch auf radfahrende Kinder **auf dem Gehweg** achten. Wenn aufgrund der besonderen Verkehrssituation damit zu rechnen ist, daß sie auf die Fahrbahn geraten, muß er sich auf diese Gefahr einstellen, so z. B. wenn sie auf schmalem Gehweg einem Passanten[593] oder einer Mülltonne[594] ausweichen müssen. **223**

IX. Pflichten gegenüber Tieren

Der Kraftfahrer darf im allgemeinen darauf vertrauen, daß Zugtiere, die im Straßenverkehr verwendet werden, an Kraftfahrzeuge gewöhnt sind[595]. Er hat aber, soweit möglich, alles zu unterlassen, was zum Scheuen oder anderen Panikreaktionen führen kann. Bemerkt er eine sich in Fahrbahnnähe bewegende Viehherde, muß er damit rechnen, daß Tiere die Fahrbahn betreten[596]. **224**

---

582 OLG Oldenburg NZV 1991, 468.
583 OLG Saarbrücken NZV 1996, 198.
584 OLG Düsseldorf VersR 1986, 471.
585 OLG Hamm NZV 1989, 473.
586 OLG Frankfurt DAR 1981, 18.
587 BayObLG NJW 1982, 346; OLG Hamm VRS 48, 95; 48, 268; OLG Bamberg VersR 1986, 791.
588 BayObLG NJW 1982, 346.
589 OLG Oldenburg VRS 57, 118.
590 OLG Oldenburg VersR 1994, 116.
591 OLG Koblenz VRS 58, 27.
592 Vgl. OLG Hamm NZV 1989, 270: dichtes Auffahren mit dem Pkw während der Begegnung mit anderem Pkw auf schmaler Straße.
593 BGH VersR 1985, 1088.
594 OLG Hamm NZV 1991, 152.
595 OLG Celle DAR 1951, 141.
596 OLG München (Augsburg) NZV 1993, 230 LS.

§ 17
Ausgleichung unter Schädigern

(1) Wird ein Schaden durch mehrere Kraftfahrzeuge verursacht und sind die beteiligten Fahrzeughalter einem Dritten kraft Gesetzes zum Ersatz des Schadens verpflichtet, so hängt im Verhältnis der Fahrzeughalter zueinander die Verpflichtung zum Ersatz sowie der Umfang des zu leistenden Ersatzes von den Umständen, insbesondere davon ab, inwieweit der Schaden vorwiegend von dem einen oder dem anderen Teil verursacht worden ist. Das gleiche gilt, wenn der Schaden einem der beteiligten Fahrzeughalter entstanden ist, von der Haftpflicht, die für einen anderen von ihnen eintritt.

(2) Die Vorschriften des Absatzes 1 finden entsprechende Anwendung, wenn der Schaden durch ein Kraftfahrzeug und ein Tier oder durch ein Kraftfahrzeug und eine Eisenbahn verursacht wird.

Übersicht

Schrifttum

Berr Mithaftung des Falschparkers DAR 1993, 418; *Blumberg* Verkehrsunfälle zwischen Kraftfahrzeugen und Radfahrern NZV 1994, 249; *Böhmer* Anrechnung der durch Verschulden des Fahrers erhöhten Betriebsgefahr, MDR 1965, 878; *Deichmann* Rechtsprechung zur Haftungsquote (1965); *Dubischar* Haftungseinheit zwischen Halter und Fahrer desselben Kraftfahrzeugs, NJW 1967, 608; *Dunz* Haftungseinheiten bei Schadensaufteilung, NJW 1968, 679; *Greger* Aufgeschoben ist nicht aufgefahren – Haftungsfragen beim Serienunfall, NZV 1989, 58; *Grüneberg* Haftungsquoten bei Verkehrsunfällen[3] (1996); *Herkner* Gefährdungshaftung und Ausgleichspflicht, VW 1972, 263; *Koch* Abwägung bei mehreren Verursachern des Schadens, NJW 1967, 181; *Krumbholz/Paul/Brüseken* Haftungsquoten bei typischen Verkehrsunfällen, NZV 1988, 168; *Medicus* Haftungsbefreiung und Gesamtschuldnerausgleich, JZ 1967, 398; *Muscheler* Die Störung der Gesamtschuld: Lösung zu Lasten des Zweitschädigers? JR 1994, 441; *Scheffen* in: Schadensersatz bei Beteiligung von Kindern und Jugendlichen an Verkehrsunfällen (hrsg. von der Arbeitsgemeinschaft der Verkehrsrechtsanwälte des DAV, 1987); *Schirmer* Mithaftung im Straßenverkehr, AnwBl 1987, 457; *Weitnauer* Innenausgleich unter Schadensgesamtschuldnern in: Festschrift für Klingmüller (1974) 499.

I. Bedeutung der Vorschrift

1 § 17 Abs. 1 regelt in Satz 1 die Frage des Ausgleichs zwischen mehreren an einem Unfall beteiligten Kraftfahrzeughaltern bei Inanspruchnahme durch einen Unfallgeschädigten; er ergänzt somit § 426 BGB. Satz 2 betrifft hingegen die Haftung zwischen mehreren beteiligten Haltern für den ihnen selbst entstandenen Schaden. Gemeinsamer Grundgedanke, der in Abs. 2 auf das Verhältnis zwischen Kraftfahrzeughalter und Tierhalter oder Eisenbahnunternehmer und in § 18 Abs. 3 auf den Kraftfahrzeugführer erstreckt wird, ist, daß die Haftungsverteilung von der Ursächlichkeit der mitwirkenden Betriebsgefahren abhängig sein soll. Damit gibt § 17 im Grunde nur die Regelung wieder, zu der die Rechtsprechung bereits durch die erweiternde Auslegung des § 254 BGB (Einbeziehung der mitwirkenden Betriebsgefahr) gelangt ist (vgl. § 9, 5), und zwar nicht nur für die in § 17 geregelten Rechtsbeziehungen, sondern für alle Fälle, in denen der Halter eines Kraftfahrzeugs Ausgleichs- oder Ersatzansprüche gegen andere Unfallbeteiligte geltend macht, also z. B. auch gegenüber nur deliktisch haftenden Radfahrern oder Fußgängern[1].

2 Eigenständige Bedeutung hat § 17 Abs. 1 Satz 1 jedoch, indem er bewirkt, daß die Regelung des § 840 Abs. 3 BGB, d. h. die Privilegierung des schuldlos Haftenden im

[1] BGHZ 6, 323.

Innenausgleich, für die Halterhaftung nicht gilt. Bei Zusammentreffen mit der Tierhalter- oder Tierhüterhaftung (§§ 833, 834 BGB) setzt § 17 Abs. 2 damit den dort an sich eingreifenden § 840 Abs. 3 BGB außer Kraft[2].

II. Der Ausgleich zwischen mehreren Ersatzpflichtigen

1. Überblick

3 Wenn für einen Unfallschaden mehrere verantwortlich sind, haften sie dem Geschädigten als **Gesamtschuldner** (§ 840 Abs. 1 BGB, der für die Gefährdungshaftung entsprechend gilt, vgl. § 7, 323). Wurde einer dieser Gesamtschuldner in Anspruch genommen, so kann er von den Mitschädigern Ausgleich verlangen. Für diesen Ausgleich hat die Rechtsprechung § 254 BGB entsprechend herangezogen, d. h. der Schaden wird abweichend von der Regelvorschrift des § 426 Abs. 1 Satz 1 BGB nicht nach gleichen Anteilen, sondern nach dem Maß der Verursachung (und den übrigen zu § 254 BGB entwickelten Kriterien, vgl. § 9, 99 ff) verteilt[3]. Für das Zusammentreffen deliktischer Verschuldenshaftung mit der Haftung für Verrichtungsgehilfen, Aufsichtsbedürftige, Tiere oder Gebäude (§§ 831–838 BGB) trifft § 840 Abs. 2 u. 3 BGB besondere Regelungen.

4 Da die Rechtsprechung des weiteren aus § 254 BGB auch die Anrechnung einer **mitwirkenden Betriebsgefahr** abgeleitet hat (§ 9, 5), bedeutet dies, daß dann, wenn (mindestens) einer der Gesamtschuldner ein Kraftfahrzeughalter ist, die aus § 7 sich ergebende Verantwortlichkeit für die Betriebsgefahr des Kraftfahrzeugs in die Abwägung einzubeziehen ist. Dies ordnet § 17 Abs. 1 Satz 1, Abs. 2 ausdrücklich für die Fälle an, in denen neben dem Kraftfahrzeughalter ein weiterer Kraftfahrzeughalter, ein Tierhalter/Tierhüter oder ein Eisenbahnunternehmer haftet. Wie sich aus Vorstehendem ergibt, folgt dasselbe aber schon aus der entsprechenden Anwendung von § 254 BGB, so daß auch beim Zusammentreffen mit deliktischer Haftung (z. B. eines Verkehrssicherungspflichtigen, Radfahrers, Fußgängers) die Betriebsgefahr zu Lasten des Halters zu berücksichtigen ist[4]. Aus § 17 Abs. 1 Satz 1 darf also kein Umkehrschluß für die von ihm nicht erfaßten Fälle gezogen werden; er ist vielmehr als partielle Positivierung eines ungeschriebenen allgemeinen Rechtsgedankens anzusehen. Dies bestätigt im übrigen auch die weitere Fassung des § 17 Abs. 2 entsprechenden § 13 Abs. 2 HaftpflG.

5 Abgesehen vom Zusammentreffen von Halterhaftung und Tierhaftung, wo § 17 Abs. 1 Satz 1 die Privilegierung des Tierhalters/Tierhüters aufhebt (Rdn. 2), ist die Frage nach der Anwendbarkeit von § 17 Abs. 1 Satz 1 auf den Innenausgleich also im wesentlichen nur eine Frage des richtigen Zitats.

6 Auf den **Eigentümer** des Kraftfahrzeugs, der nicht zugleich sein Halter ist (wie z. B. der Leasinggeber), ist § 17 nicht anwendbar[5]. Zur Frage einer Zurechnung der Betriebsgefahr über § 9 vgl. § 9, 18.

7 Der **Kraftfahrzeugführer** ist durch § 18 Abs. 3 in den Anwendungsbereich des § 17 Abs. 1 Satz 1 einbezogen, aber nicht im Verhältnis zum Halter des von ihm geführten Kraftfahrzeugs (vgl. hierzu § 18, 30 ff).

---

[2] OLG Hamm NJW 1958, 316; offenbar übersehen in BGH NZV 1995, 20.

[3] RGZ 75, 256; 84, 430; 92, 147; BGHZ 17, 214; BGH NJW 1972, 1803.

[4] BGHZ 6, 322.

[5] BGH VersR 1983, 657; OLG Hamm NZV 1995, 233 u. 320; a. A. *Schmitz* NJW 1994, 302.

Auf den **Insassen** des Kraftfahrzeugs erstreckt sich § 17 Abs. 1 Satz 1 nicht. Er braucht sich die Betriebsgefahr des benützten Kraftfahrzeugs nicht entgegenhalten zu lassen, sondern lediglich ein eigenes Verschulden nach § 254 BGB[6]. 8

2. Mitwirkende Gefährdungshaftung

Wie sich aus Vorstehendem ergibt, ist beim Ausgleich zwischen Mitschädigern nach § 17 Abs. 1 Satz 1, Abs. 2 (außerhalb dessen Anwendungsbereichs nach § 254 BGB) eine mitwirkende Betriebsgefahr zu berücksichtigen. Derjenige, der als Kraftfahrzeughalter, Eisenbahnunternehmer oder Tierhalter usw. dem Geschädigten gegenüber ohne Verschulden haftet, soll auch im Innenverhältnis zu weiteren Ersatzpflichtigen für die von ihm beherrschten Gefahrenquellen einstehen müssen, und zwar unabhängig davon, ob die anderen auch nur aus Gefährdung oder aus Verschulden haften (s. Rdn. 4). Es muß daher im Rahmen des Innenausgleichs geprüft werden, ob der Gesamtschuldner nach außen aus Betriebsgefahr einstandspflichtig wäre. Vgl. hierzu für den Kraftfahrzeughalter die folgenden Anm., für den Kraftfahrzeugführer § 18, 28 f. 9

a) **Betrieb des Kraftfahrzeugs.** Die Anrechnung einer Betriebsgefahr kommt nur in Betracht, wenn sich die beteiligten Kraftfahrzeuge im Zeitpunkt des Unfalls in Betrieb (§ 7, 32 ff) befanden[7]. 10

b) **Langsame Kraftfahrzeuge.** Fällt das Kraftfahrzeug des in Anspruch zu nehmenden Halters unter den Ausschluß der Gefährdungshaftung nach § 8 StVG (langsame Kraftfahrzeuge), so ist auch § 17 Abs. 1 Satz 1 nicht anwendbar, da es in diesem Fall keine anzurechnende Betriebsgefahr gibt[8]. Hier richtet sich der Ausgleich allein nach §§ 426, 254 BGB, die Haftung nach §§ 823 ff BGB. 11

c) **Verletzung eines Fahrgastes.** Erhebt ein Insasse Schadensersatzansprüche gegen den Halter oder Führer eines anderen am Unfall beteiligten Kraftfahrzeugs, so kann, wenn die Beförderung unentgeltlich erfolgte, der Schadensersatzpflichtige den am Unfall schuldlosen Halter des Kraftfahrzeugs, in dem der Insasse saß, wegen § 8a nicht mit der Begründung zum Ausgleich heranziehen, die Betriebsgefahr seines Kraftfahrzeugs habe den Unfall mitverursacht[9]. Anders liegt der Fall, wenn den Halter des Kraftfahrzeugs, in dem sich der Insasse befand, ein Verschulden am Unfall trifft[10] (dann allerdings Ausgleichspflicht nach § 426 Abs. 1 BGB) oder wenn der Insasse gegen Entgelt und geschäftsmäßig befördert wurde (§ 8a) und dem Halter der Entlastungsbeweis nach § 7 Abs. 2 mißlungen ist. 12

d) **Anhänger, abgeschleppte Fahrzeuge.** Da zwischen ziehendem und gezogenem Fahrzeug eine Betriebseinheit besteht (§ 7, 90), kommt zwischen den beteiligten Haltern ein Ausgleich nach § 17 Abs. 1 Satz 1 nicht in Betracht[11]. 13

e) Die **betragsmäßige Begrenzung** der Gefährdungshaftung nach § 12 gilt auch für die Anrechnung der Betriebsgefahr im Rahmen des Gesamtschuldnerausgleichs (vgl. § 12, 3). 14

---

[6] RGZ 160, 152; RG VR 1931, 486; RG VAE 1938, 299; BGH VersR 1953, 148.

[7] RGZ 123, 165; RG DAR 1929, 88; OLG Bremen DAR 1952, 57.

[8] *Böhmer* MDR 1960, 732; a. A. RG JW 1937, 1769; BGH VRS 12, 172; OLG Königsberg VAE 1939, 11; OLG Celle HRR 1939, Nr. 767; OLG Dresden VAE 1941, 14; *Busse* MDR 1961, 660.

[9] RGZ 146, 102; RG VAE 1937, 114; BGH NJW 1955, 178; OLG Frankfurt DAR 1935, 58; KG VAE 1936, 429; 1937, 114; OLG Dresden VAE 1941, 73.

[10] OLG Stuttgart VAE 1937, 397.

[11] Vgl. BGH VersR 1963, 47; 1971, 611; 1978, 1071.

3. Ausgestaltung des Anspruchs

15 a) Beim Anspruch nach § 17 Abs. 1 Satz 1 handelt es sich um den **Ausgleichsanspruch zwischen Gesamtschuldnern.** Er setzt also voraus, daß der bei dem Unfall geschädigte Dritte einen gesetzlichen Schadensersatzanspruch (gleich ob nach StVG oder anderen Vorschriften) sowohl gegen denjenigen hat (bzw. hatte), der Ausgleichung verlangt, als auch gegen denjenigen, von dem Ausgleichung verlangt wird[12]. Seine Rechtsgrundlage ist, wenn es sich nicht um den Ausgleich zwischen Kraftfahrzeughaltern (oder den nach § 17 Abs. 2, § 18 Abs. 3 Gleichgestellten) handelt, § 426 Abs. 1 i. V. m. § 254 Abs. 1 BGB[13]. § 17 ist Sondervorschrift gegenüber der allgemeinen Regelung im BGB[14]. Da die Rechtsfolgen die gleichen sind, ist dies jedoch nur eine Frage des richtigen Zitats (vgl. Rdn. 4 f).

16 b) Der **Forderungsübergang** nach § 426 Abs. 2 BGB findet auch bei der Ausgleichung nach § 17 Abs. 1 Satz 1 statt. Der Schädiger, der dem Geschädigten den Schaden ersetzt hat, kann mithin dessen Forderung gegen die anderen Schädiger geltend machen, soweit er von diesen Ausgleichung verlangen kann. Eine praktische Bedeutung hat dies jedoch nicht, weil die Forderung des Gläubigers in der Regel nicht gesichert sein wird und im übrigen einer kürzeren Verjährung unterliegt als die Ausgleichsforderung selbst (Rdn. 21).

17 c) **Mehrere Ausgleichspflichtige** stehen dem Regreßnehmenden grundsätzlich nicht als Gesamtschuldner gegenüber, d. h. er kann im Regelfall von jedem nur den auf ihn treffenden Bruchteil verlangen (s. Rdn. 33 ff). Anders verhält es sich lediglich, wenn mehrere Gesamtschuldner eine Haftungseinheit bilden (z. B. Halter und Fahrer desselben Kraftfahrzeugs; vgl. Rdn. 37 f).

18 d) **Abschließende Zuweisung der Haftungsquote.** Ein Mitschädiger kann nur insoweit Ausgleich von den anderen Gesamtschuldnern verlangen, als er über die auf ihn entfallende Haftungsquote hinaus in Anspruch genommen wurde; er kann auch nicht etwa über die Deliktsvorschriften Erstattung der ihm zugewiesenen Quote von einem Mitschädiger verlangen[15] oder aufgrund rechtsgeschäftlicher Abtretung des Ersatzanspruchs des Geschädigten in voller Höhe gegen einen anderen Gesamtschuldner vorgehen[16].

19 e) **Verhältnis zu eigenem Schadensersatzanspruch.** Auch der selbst beim Unfall verletzte oder geschädigte Verkehrsteilnehmer ist denjenigen Unfallbeteiligten ausgleichspflichtig, die von dritten Unfallbeteiligten zum Schadensersatz herangezogen werden. Das gilt auch dann, wenn der Verletzte Halter oder Führer eines unfallbeteiligten Kraftfahrzeugs war. Er hat allerdings die Möglichkeit, mit seinen Schadensersatzansprüchen aufzurechnen. Desgleichen hat ein Verletzter ein von seinem eigenen Schadensersatzanspruch unabhängiges Recht auf Ausgleich, wenn er Dritten ihren Schaden bezahlt hat oder ersetzen muß.

20 f) **Entstehung des Anspruchs.** Die Ausgleichspflicht ist eine selbständige Verpflichtung und entsteht in dem Augenblick, in dem die Gesamtschuld entsteht. Dies ist der Fall bei der Entstehung des Schadens, in der Regel also schon beim Unfall, nicht erst durch die Befriedigung des Gläubigers[17]. Der Anspruch kann mithin als Befreiungsanspruch geltend gemacht werden, ehe der Gläubiger befriedigt worden ist[18].

---

[12] BGH DAR 1954, 39.
[13] Vgl. RGZ 75, 256; 84, 430; 92, 147; 136, 286; 159, 89; RG JW 1913, 919; 1914, 922; BGHZ 17, 222.
[14] RGZ 84, 429.
[15] Vgl. BGH VersR 1978, 465.
[16] BAG NJW 1990, 3230.
[17] RGZ 160, 151.
[18] BGH NJW 1958, 497.

g) **Unabhängigkeit von der Außenhaftung des Mitschädigers.** Da der Ausgleichsanspruch als selbständiger Anspruch im Zeitpunkt des Unfalls entsteht, ist sein Bestand nicht vom weiteren Schicksal des Ersatzanspruchs des Geschädigten gegen den ausgleichspflichtigen Mitschädiger abhängig (zur Frage der Auswirkungen eines rechtskräftigen Urteils s. Rdn. 39). Dem Ausgleichsanspruch steht daher z. B. nicht entgegen, daß der zum Ausgleich Herangezogene dem Geschädigten gegenüber Verjährung einwenden könnte, wenn dieser unmittelbar an ihn heranträte[19]. Zu den Auswirkungen eines nachträglichen Erlasses der Schadensersatzforderung s. Rdn. 24. 21

h) **Verjährung.** Der Ausgleichsanspruch nach Abs. 1 Satz 1 verjährt erst in 30 Jahren[20]. 22

4. Einfluß von Haftungsfreistellungen

Ist ein Gesamtschuldner gegenüber dem Geschädigten durch Vertrag oder kraft Gesetzes von der Haftung befreit, so stellt sich die Frage, ob der auf Schadensersatz in Anspruch genommene Mitschädiger bei ihm Rückgriff nehmen und dadurch die Haftungsfreistellung obsolet werden lassen kann. Andere Lösungen könnten so aussehen, daß der Mitschädiger den Schadensanteil des Freigestellten mitzuübernehmen oder daß der Geschädigte eine Kürzung seines Ersatzanspruchs um den betreffenden Anteil hinzunehmen hat. Diese umstrittene Frage ist für die verschiedenen Fälle der Haftungsfreistellung jeweils nach deren Sinn und Zweck zu entscheiden (s. Rdn. 24 ff). Zusätzliche Komplikationen ergeben sich, wenn zwischen den Schädigern vertragliche Regelungen über die Schadensverantwortlichkeit bestehen (s. hierzu Schlußanh. II, 11). 23

a) **Nach dem Unfall vereinbarter Erlaß.** Ein derartiger Vertrag (§ 397 BGB) wirkt zugunsten aller Gesamtschuldner, wenn dies von den Vertragschließenden gewollt ist, ansonsten nur gegenüber dem Vertragspartner (§ 423 BGB). In diesem Falle entscheidet ebenfalls die am Willen der Parteien orientierte Auslegung darüber, ob eine volle Inanspruchnahme der Mitschuldner möglich sein soll (dann auch interne Ausgleichspflicht des Begünstigten) oder ob der Anspruch gegen diese nur in Höhe ihres Schadensanteils bestehen bleiben soll. Wer aus dem Erlaß eine Vergünstigung für sich herleiten will, hat den entsprechenden Willen zu beweisen. 24

b) **Haftungsverzicht vor dem Unfall.** Hat der Geschädigte mit dem Halter einen Haftungsverzicht vereinbart (§ 16, 303 ff; zur Gefälligkeitsfahrt vgl. § 16, 318 ff), so ist er nach der Rechtsprechung des BGH nicht gehindert, einen mitverantwortlichen Halter eines anderen Kraftfahrzeugs auf Ersatz seines vollen Schadens in Anspruch zu nehmen. Der in Anspruch Genommene kann vom anderen sodann in Höhe dessen Schadensbeitrags Ausgleich verlangen[21]. Dies ist jedoch insofern unbefriedigend, als die Haftungsbefreiung im Ergebnis gegenstandslos wird, und zwar nur wegen des (mehr oder weniger zufälligen) Umstands, daß neben dem Freigestellten noch ein Mitschädiger haftet. Das billige Ergebnis, daß der auf den Freigestellten entfallende Schadensbetrag letztlich vom Geschädigten selbst zu tragen ist, ließe sich – bei entsprechendem Willen der Parteien – so erreichen, daß in dem Verzichtsvertrag zugleich ein Vertrag zugunsten Dritter gesehen wird mit dem Inhalt, daß ein Mitschädiger nur in Höhe dessen Haftungsquote in Anspruch genommen werden kann. Hierbei ergibt sich allerdings das Problem, daß der Zweitschädiger von dem Verzicht oftmals keine Kenntnis haben und daher voll zahlen oder verurteilt werden wird[22]. Daher bleibt letztlich 25

---

[19] RGZ 77, 322; 146, 101.
[20] BGH DAR 1954, 39; VersR 1960, 996.
[21] BGHZ 12, 213; 58, 220.
[22] *Schirmer* AnwBl 1987, 465.

nur die Lösung, daß dem Freigestellten aufgrund der Vereinbarung über den Verzicht ein Anspruch gegen den Verzichtenden auf Befreiung von der Ausgleichspflicht zuerkannt wird. Der freigestellte Halter könnte dann, wenn er von dem Mitschädiger auf Ausgleich in Anspruch genommen wird, beim Geschädigten Rückgriff nehmen (sog. Regreßkreisel).

26 c) **Unfallversicherungs- bzw. Versorgungsrecht** (§§ 636, 637 RVO a. F., §§ 104 ff SGB-VII und entsprechende beamtenrechtliche Vorschriften). Hier gilt allgemein, daß der Mitschädiger nicht beim Arbeitgeber bzw. Kollegen des Geschädigten Rückgriff nehmen kann[23] und sich der Ersatzanspruch gegen den Mitschädiger um den Verantwortungsanteil des Arbeitgebers bzw. Kollegen, Mitschülers usw. mindert[24]. Dies gilt auch für den Schmerzensgeldanspruch[25]. Näher hierzu Schlußanh. II, 10 ff.

27 d) **Arbeitsrecht.** Um die Privilegierung des Arbeitnehmers (s. hierzu § 16, 329 ff) nicht durch den Rückgriff eines Mitschädigers illusorisch werden zu lassen, muß der Ersatzanspruch des Arbeitgebers um den Verantwortungsanteil des nicht haftenden Arbeitnehmers gemindert werden[26].

28 e) **Angehörigenprivileg** (§ 67 Abs. 2 VVG, § 116 Abs. 6 SGB-X). Kann ein Versicherer oder Sozialversicherungsträger bei einem mitverantwortlichen Familienangehörigen des Verletzten keinen Regreß nehmen, so ist sein Rückgriffsanspruch gegen einen Zweitschädiger insoweit ausgeschlossen, als dieser Ausgleichsansprüche gegen den Erstschädiger haben würde, wenn das Gesetz diesen nicht von seiner Haftung verschont hätte[27]; s. a. Schlußanh. II, 155.

29 f) **Sonstige Haftungsprivilegierungen.** Die Frage, inwieweit Haftungsprivilegierungen für Angehörige (§§ 1359, 1664 BGB)[28], Gesellschafter (§ 708 BGB) oder bei der Amtshaftung (§ 839 Abs. 1 Satz 2 BGB; vgl. § 16, 482) die Haftung eines Mitschädigers bzw. dessen Rückgriff beeinflussen, hat für den Bereich des Verkehrshaftpflichtrechts durch die neuere Rechtsprechung, derzufolge sie hier nicht anzuwenden sind (vgl. § 16, 79, 483 u. 534), an Bedeutung verloren[29]. Die aus § 1353 BGB entspringende Verpflichtung, bestimmte Schadensersatzansprüche gegen den Ehepartner nicht geltend zu machen (s. § 16, 326), berührt das Verhältnis zum Zweitschädiger ohnehin nicht. Dieser haftet dem Geschädigten voll als Gesamtschuldner und kann nach § 426 BGB bei dessen Ehepartner Regreß nehmen; es bleibt dann der internen Regelung durch die Eheleute überlassen, ob und in welcher Weise sie sich entsprechend dem Sinn des § 1353 BGB untereinander ausgleichen[30].

5. Bemessung des Ausgleichsanspruchs

30 a) **Allgemeines.** Entscheidend für die interne Haftungsverteilung ist das Gewicht des jeweiligen Verursachungsbeitrags. In diesen fließt auch die Betriebsgefahr des beteiligten Kraft- oder Bahnfahrzeugs bzw. die Tiergefahr ein. Sie kann durch besondere Umstände, vor allem durch Verschulden des Halters bzw. Fahrers, erhöht sein. Hierbei muß es sich, wenn eine Erhöhung der Betriebsgefahr geltend gemacht werden soll, um

---

23 RGZ 153, 38; BGHZ 19, 120.
24 BGHZ 61, 51; 110, 114; BGH VersR 1974, 889; 1982, 270.
25 BGH VersR 1981, 260; OLG München VRS 65, 326.
26 OLG Karlsruhe OLGZ 1969, 158.
27 BGH VersR 1980, 938.
28 Vgl. hierzu BGHZ 103, 338 = JR 1989, 60 m. Anm. *Dunz* = JZ 1989, 45 m. Anm. *Lange* (mit Aufgabe der früheren Rspr. in BGHZ 35, 317) sowie § 16, 288.
29 Vgl. hierzu *Palandt/Heinrichs* § 426, 23; *Muscheler* JR 1994, 441 ff; *Bern* NZV 1991, 453.
30 BGH VersR 1983, 134 = JR 1983, 240 m. zust. Anm. *Hohloch*.

erwiesenes Verschulden, nicht um lediglich nach § 18 vermutetes handeln[31]. Bei der Abwägung kann sich auch ergeben, daß der Verursachungsbeitrag eines Schädigers ganz zurücktritt, dieser also keinen Ausgleich zu leisten braucht bzw. (wenn er selbst in Anspruch genommen wurde) vollen Ausgleich erlangen kann. Näher zur Abwägung § 9, 99 ff sowie unten Rdn. 57 ff.

b) **Abhängigkeit von der Ersatzpflicht gegenüber dem Geschädigten.** Außerhalb der Gesamtschuld liegende, d. h. einen Schädiger allein treffende Verpflichtungen werden nicht ausgeglichen[32]. Schuldete der Gesamtschuldner, der dem Verletzten das Schmerzensgeld bezahlt hat, dieses allein, so kann er von den anderen Unfallbeteiligten hierfür keinen Ausgleich verlangen. Schuldeten alle Schädiger zusammen dem Verletzten nur Ersatz eines bestimmten Teils seines Schadens, so berechnen sich die von den Ausgleichspflichtigen zu zahlenden Anteile als Teile dieser Schadensquote[33]. 31

c) **Einfluß der tatsächlichen Zahlung an den Geschädigten.** Zahlt einer der Schädiger dem Geschädigten nur einen Teil des Schadens, der unter dem Betrag liegt, der bei der Ausgleichung auf ihn entfiele, so kann er nicht etwa von den anderen Schädigern verlangen, daß sie quotenmäßig ihm den Teilbetrag teilweise vergüten; der Ausgleichsanspruch bezieht sich nur auf den Teil des Schadens, der die selbst zu tragende Quote übersteigt. Zahlt ein Schädiger mehr, als er (als Gesamtschuldner) schuldete, so erwirbt er insoweit keinen Ausgleichsanspruch nach § 17 Abs. 1 Satz 1[34]. Auch ein Ausgleich unter dem Gesichtspunkt der Geschäftsführung ohne Auftrag oder der ungerechtfertigten Bereicherung kommt jedenfalls dann nicht in Betracht, wenn mit der Zahlung an den Geschädigten eine eigene Verbindlichkeit (z. B. aus Vergleich) erfüllt wurde[35]. Anders kann es sich insoweit allerdings verhalten, wenn ein Schädiger aus freien Stücken mehr als geschuldet (z. B. über die Grenze des § 12 hinaus) gezahlt hat, auf Bereicherungsansprüche gegen den Zahlungsempfänger verzichtet und erklärt, daß die erbrachten Zahlungen, soweit sie über die eigene Schuld hinausgehen, als Zahlungen für den Mitverantwortlichen gelten sollen; in diesem Falle kommt ein Bereicherungsausgleich in Betracht[36]. 32

6. Mehrheit von Mitschädigern

a) **Grundsatz des Teilregresses.** Kann der in Anspruch genommene Schädiger von mehreren Mitschädigern Ausgleich fordern, so haften ihm diese grundsätzlich (Ausnahme: Rdn. 36) nicht als Gesamtschuldner, sondern jeweils nur in Höhe des auf sie entfallenden Schadensanteils[37]. Dieser ist aufgrund einer Gesamtabwägung zu ermitteln. Zu beachten ist hierbei, daß möglicherweise nicht mit jedem Mitschädiger eine Gesamtschuld in gleicher Höhe besteht. Zu den Problemen, die sich bei Nebentäterschaft und Mitverschulden des Geschädigten ergeben s. § 9, 112 ff. 33

Kann der in Anspruch genommene Schädiger vollen Ausgleich verlangen, weil sein Verursachungsbeitrag völlig zurücktritt, so sollen ihm nach h. M. die Mitschädiger gesamtschuldnerisch zum Ausgleich verpflichtet sein[38]. Dies ist abzulehnen. Der Umstand, daß der betreffende Schädiger hundertprozentigen Ausgleich verlangen kann, ändert nichts daran, daß sein Anspruch ein Regreß- und nicht ein Ersatzanspruch ist. Es besteht auch kein Anlaß, dem Schädiger, der nach außen immerhin mithaften 34

[31] *Schirmer* AnwBl 1987, 459.
[32] OLG Neustadt NJW 1953, 1264.
[33] BGHZ 12, 220.
[34] BGH VersR 1966, 664.
[35] BGH VersR 1964, 1147.
[36] BGH VersR 1964, 1147.
[37] BGHZ 11, 172.
[38] RGZ 87, 68; 136, 287; BGHZ 17, 222; *Lange* § 11 A IV 2.

mußte, im Innenverhältnis die Vergünstigungen einer gesamtschuldnerischen Regreßhaftung zuzugestehen. Daß dies verfehlt ist, zeigt sich z. B. dann, wenn ein anderer Mitschädiger nur auf eine ganz geringe Quote haftet; der „privilegierte" Schädiger könnte dann ihn voll in Anspruch nehmen und damit die Last des Teilregresses ohne rechtfertigenden Grund ihm zuschieben.

35 b) Bei **Insolvenz eines Mitschädigers** ist der Ausfall von den übrigen zur Ausgleichung Verpflichteten, einschließlich des Regreßnehmenden, anteilsmäßig zu tragen (§ 426 Abs. 1 Satz 2 BGB).

36 c) Bei **Beteiligung mehrerer Ausgleichspflichtiger an einer einheitlichen Schadensursache** bilden diese eine sog. Haftungseinheit, d. h. sie haften dem Ausgleichsberechtigten gesamtschuldnerisch auf eine einheitliche Haftungsquote (vgl. die Erl. zur entsprechenden Situation bei der Mitverschuldensabwägung, § 9, 116). Eine solche Haftungseinheit besteht z. B. zwischen Halter und Fahrer eines Kraftfahrzeugs[39], zwischen Geschäftsherr und Verrichtungsgehilfe[40], aber auch zwischen sonstigen Schädigern, deren Verhalten sich in einem einheitlichen Ursachenbeitrag ausgewirkt hat[41]. Der Ausgleichsberechtigte kann den auf eine solche Haftungseinheit entfallenden Schadensanteil von jedem Mitglied der Haftungseinheit, aber nur einmal fordern. Der **Ausgleich innerhalb der Haftungseinheit** richtet sich sodann nach den entsprechenden Regelungen; vgl. für das Verhältnis Halter – Fahrer § 18, 30, für das Verhältnis Geschäftsherr – Verrichtungsgehilfe § 840 Abs. 2 BGB.

37 d) **Beteiligung eines oder mehrerer Schädiger und des Geschädigten an einer einheitlichen Schadensursache.** In diesen Fällen der sog. Zurechnungseinheit (vgl. § 9, 117) findet nach der Rechtsprechung zwischen dem oder den Schädiger(n), die mit dem Geschädigten für denselben Ursachenbeitrag verantwortlich sind, und dem oder den „außenstehenden" Schädiger(n) kein Ausgleich statt, weil die jeweiligen Schadensanteile hier bereits bei der Haftung gegenüber dem Geschädigten voneinander geschieden sind[42]. Es kann dann allenfalls zu einem Bereicherungsausgleich (§ 812 BGB) kommen, wenn der Außenstehende im Vorprozeß in Verkennung der Zurechnungseinheit mit einer zu hohen Quote belastet worden ist[43]. Diese Rechtsprechung ist jedoch abzulehnen; auch in diesen Fällen besteht ein ausgleichungspflichtiges Gesamtschuldverhältnis (vgl. § 9, 117).

38 Eine solche Zurechnungseinheit bejaht der BGH z. B. für den Fahrer eines Kraftfahrzeugs und dessen mitfahrenden Halter, so daß es zwischen dem Halter eines anderen am Unfall beteiligten Kraftfahrzeugs und dem Fahrer nicht zu einer Ausgleichung bezüglich der dem mitfahrenden Halter entstandenen Schäden kommen kann[44]. Weitere Beispiele § 9, 118.

7. Bindung an Urteil im Haftungsprozeß

39 Liegt eine rechtskräftige Verurteilung desjenigen, der Ausgleichung begehrt, zur Zahlung von Schadensersatz an den Verletzten vor, so ist der Richter, der über den Ausgleich zu befinden hat, hieran nicht gebunden. Zu einer Bindungswirkung kann es allenfalls nach § 68 ZPO kommen, wenn sich der Mitschädiger an dem Rechtsstreit als Nebenintervenient beteiligt oder wenn der Beklagte des damaligen Prozesses dem jetzigen Beklagten rechtzeitig den Streit verkündet hatte. Ist dies nicht der Fall, so kann das Gericht zu dem Ergebnis kommen, daß es an einem Ausgleichsanspruch schon

---

[39] BGH NJW 1966, 1262; VersR 1970, 64; OLG Celle NZV 1990, 391.
[40] BGH NZV 1989, 351.
[41] BGHZ 61, 218.
[42] BGHZ 61, 219.
[43] BGH VersR 1978, 735.
[44] BGH NJW 1966, 1262 = 1810 m. Anm. *Dunz*.

deshalb fehlt, weil der jetzige Kläger zu Unrecht zur Zahlung an den Verletzten verurteilt wurde. Ist die Klage des Verletzten gegen den einen der Gesamtschuldner abgewiesen worden, so kann er einem anderen Gesamtschuldner gleichwohl ausgleichspflichtig sein[45].

III. Der Ersatzanspruch des geschädigten Halters

1. Inhalt und Anwendungsbereich der Vorschrift

§ 17 Abs. 1 Satz 2 begründet keinen Schadensersatzanspruch des Halters, sondern **40**
setzt einen solchen aus § 7 gegen einen anderen Halter oder aus einem der in Abs. 2 genannten Haftpflichttatbestände voraus. Seine Wirkung besteht darin, diesen Ersatzanspruch um den eigenen Verursachungsanteil (einschl. Betriebsgefahr) zu mindern. Dies ergibt sich im Grunde schon aus § 254 BGB (vgl. Rdn. 1) und gilt daher ebenso, wenn der Halter einen deliktischen Anspruch geltend macht und wenn es sich beim Anspruchsgegner nicht um eine von § 17 erfaßte Person handelt[46]. § 17 Abs. 1 Satz 2 ist somit anzusehen als eine Sondervorschrift für Kraftfahrzeughalter, die lediglich einen allgemeinen Rechtsgedanken zum Ausdruck bringt (s. a. § 9, 1).

Der **Kraftfahrzeugführer** muß sich auf seine Schadensersatzansprüche unter Umstän- **41**
den ebenfalls die Betriebsgefahr des von ihm geführten Kraftfahrzeugs anrechnen lassen, jedoch nicht im Verhältnis zum Halter dieses Kraftfahrzeugs (s. § 18, 30 ff).

Ein sonstiger **Insasse** braucht sich weder vom Halter des benützten Kraftfahrzeugs[47] **42**
noch von dem eines anderen Kraftfahrzeugs[48] die Betriebsgefahr entgegenhalten zu lassen, desgleichen die Hinterbliebenen des Insassen in bezug auf ihre Ansprüche nach § 10[49]. In Betracht kommt allenfalls die Anrechnung eines eigenen Mitverschuldens nach § 254 BGB[50]. Auch wenn sich der Halter den Schadensersatzanspruch des Insassen abtreten läßt, eröffnet dies nicht eine Anrechenbarkeit der Betriebsgefahr[51]. Wird aber der Halter als Insasse seines eigenen Kraftfahrzeugs verletzt, muß er sich die Betriebsgefahr entgegenhalten lassen[52] (zur Ausnahme bei Ansprüchen gegenüber dem Fahrer oder Insassen des eigenen Kraftfahrzeugs s. Rdn. 44).

Gegen den **Eigentümer** des Kraftfahrzeugs, der nicht zugleich sein Halter ist (z. B. **43**
den Leasinggeber), wirkt die Betriebsgefahr nicht anspruchsmindernd. Die Gegenansicht[53] ist mit dem Wortlaut von § 17 Abs. 1 Satz 2 StVG nicht vereinbar. Für eine analoge Anwendung besteht keine Notwendigkeit. Gegenüber einem Anspruch aus Gefährdungshaftung wegen Beschädigung des Fahrzeugs kommt eine Anrechnung über § 9 in Betracht (s. § 9, 18). Ansonsten (z. B. bei Verletzung des mitfahrenden Eigentümers oder bei Verschuldenshaftung) kann der in Anspruch genommene Schädiger sie im Regreßwege nach § 17 Abs. 1 Satz 1 dem Leasingnehmer als Halter in Rechnung stellen[54]. Zu dessen Haftung gegenüber dem Eigentümer s. § 7, 218.

[45] RGZ 69, 426; BGH VersR 1969, 1039.
[46] BGHZ 6, 322; a. A. die ältere Rspr., vgl. RGZ 164, 269; RG JW 1937, 2648, 1938, 3052.
[47] OLG Celle JW 1937, 1074 m. Anm. *Müller*.
[48] RGZ 160, 152; RG VR 1931, 486; VAE 1938, 299; OLG Celle NZV 1996, 114.
[49] BGH VersR 1962, 759.
[50] BGH VersR 1953, 148.
[51] A. A. RG JW 1930, 1954.
[52] BGHZ 6, 323; *Schirmer* AnwBl 1987, 459.
[53] *Schmitz* NJW 1994, 301 f.
[54] BGH VersR 1983, 657.

2. Hypothetische Haftung des Geschädigten als Voraussetzung der Anspruchsminderung

44 a) **Gefährdungshaftung.** Die Betriebsgefahr des eigenen Kraftfahrzeugs kann dem geschädigten Halter nur dann anspruchsmindernd entgegengehalten werden, wenn er (bei gedachter Schädigung des Anspruchsgegners) diesem gegenüber aus § 7 ersatzpflichtig wäre[55], also z. B. nicht, wenn sein Kraftfahrzeug nicht in **Betrieb** oder wegen **geringer Geschwindigkeit** nach § 8 von der Gefährdungshaftung ausgenommen war (vgl. Rdn. 10ff). Ebenso braucht er sich infolge des Haftungsausschlusses nach §§ 8, 8a Abs. 1 gegenüber einer **beim Betrieb des Kraftfahrzeugs tätigen Person** (z. B. dem Fahrer) oder gegenüber einem unentgeltlich beförderten Insassen seines Kraftfahrzeugs die Betriebsgefahr nicht anrechnen zu lassen[56]. Unberührt bleibt aber die Möglichkeit einer Anspruchsminderung nach § 254 BGB bei deliktischem Verschulden, z. B. wegen Übergabe eines verkehrsunsicheren Fahrzeugs[57].

45 b) **Einheit des Schadensereignisses.** § 17 Abs. 1 regelt nur den Fall, daß die mehreren Kraftfahrzeuge an einem einheitlichen Schadensereignis beteiligt waren. Er greift daher z. B. nicht ein, wenn der Halter einem Fußgänger haftet, der dann bei einem Zweitunfall mit seinem Kraftfahrzeug infolge der beim ersten Unfall erlittenen Verletzungen weitergehende Schäden erleidet[58]. Zur Anwendbarkeit des § 254 BGB in solchen Fällen s. § 9, 4f.

46 c) **Nicht aus dem StVG hergeleitete Ansprüche.** Eine Mithaftung nach § 17 Abs. 1 Satz 2 kommt – entgegen der Rechtsprechung des BGH – des weiteren dann nicht in Betracht, wenn der am Unfall schuldlose Halter Ansprüche geltend macht, die dem StVG nicht unterliegen, z. B. einen Anspruch auf Schmerzensgeld[59]. Kann die bloße Gefährdungshaftung keine Haftung für Schmerzensgeld begründen, so ist es inkonsequent, aus dem gleichen rechtlichen Gesichtspunkt die Minderung eines entsprechenden Anspruchs herzuleiten. Auch den Ansprüchen aus § 845 BGB kann daher die Betriebsgefahr des Kraftfahrzeugs nicht entgegengehalten werden, wenn den getöteten oder verletzten Halter kein Verschulden am Unfall getroffen hat[60]. Es darf nicht außer acht gelassen werden, daß das schuldlose Einstehen für die Betriebsgefahr des Kraftfahrzeugs einen Ausnahmefall darstellt, der nicht durch erweiternde Auslegung auf andere Fälle erstreckt werden kann.

47 d) **Haftungsbegrenzung nach § 12.** Aus demselben Grund braucht – ebenfalls entgegen der Ansicht des BGH – der Halter in keinem Fall von dem seinem Kraftfahrzeug zugefügten Schaden, an dem er selbst keine Schuld trägt, mehr als die in § 12 bestimmten Haftungsbeträge zu tragen[61]. Es mag zwar zutreffen, daß § 12 des früheren KFG vom Gesetzgeber geschaffen wurde, um dem Halter den Abschluß einer Haftpflichtversicherung zu erleichtern; der BGH beruft sich aber zu Unrecht auf diesen seinerzeitigen Gesetzeszweck. Dieser vermag eine ausdehnende Auslegung der Sonderregelung über

---

55 RGZ 96, 68; 123, 165; 130, 130; 138, 4; BGHZ 11, 174; BGH VersR 1959, 455.

56 BGH VersR 1972, 960; OLG Frankfurt NZV 1995, 25; *Lepa* Schmerzensgeld, Mitverschulden 62.

57 BGH VersR 1955, 55; 1962, 757; 1972, 960; *Böhmer* MDR 1960, 732.

58 OLG Hamm NZV 1995, 282.

59 OLG Dresden VAE 1939, 70; OLG Oldenburg JRPrV 1942, 88; OLG Neustadt JZ 1957, 546 m. abl. Anm. *Böhmer*; **a. A.** BGHZ 20, 259 = JZ 1956, 491 m. Anm. *Böhmer* = LM Nr. 9 zu § 17 StVG m. Anm. *Hauß*; BGH NJW 1958, 341; *Böhmer* NJW 1956, 1665.

60 **A. A.** OLG Celle MDR 1956, 354.

61 OLG Neustadt VRS 8, 25; **a. A.** RGZ 149, 213; BGH NJW 1956, 1068; VRS 11, 108; VersR 1964, 1147. S. auch § 12, 4.

eine Haftung ohne Verschulden nicht zu rechtfertigen. Die Gefährdungshaftung, also das Einstehenmüssen für eine bloße Betriebsgefahr, ist nicht der Regelfall, wie der BGH annimmt, sondern ein ungewöhnlicher Ausnahmefall.

e) **Amtshaftung.** Nimmt ein Beamter, der bei einem auf Dienstfahrt erlittenen Unfall 48 geschädigt oder verletzt wurde, denjenigen auf Schadensersatz in Anspruch, der für den Schaden einzustehen hat, so kann dieser von dem Beamten Anrechnung der Betriebsgefahr verlangen. Hier fehlt es zwar an der hypothetischen Haftung des Verletzten, weil die öffentlich-rechtliche Körperschaft haften würde (Art. 34 GG), wenn der Beamte eine andere Person verletzt hätte. Da aber der vom Beamten in Anspruch Genommene keine Möglichkeit hätte, den auf den Beamten treffenden Schadensanteil gegen dessen Dienstherrn geltend zu machen, wird ihm von der Rechtsprechung aus Billigkeitsgründen der Einwand der Ausgleichung gegenüber der Forderung des Beamten gewährt[62].

3. Mehrheit von Beteiligten

Wurden bei dem Unfall mehrere geschädigt, so ist nicht etwa, wie noch das Reichsgericht[63] meinte, zunächst der Gesamtschaden aller Beteiligten zu berechnen und dann 49 nach Quoten aufzuteilen, vielmehr stehen sich die Ansprüche der an einem Unfall Beteiligten selbständig gegenüber und sind einzeln nach der jeweils anzuwendenden Vorschrift (§ 254 BGB, § 9 oder § 17 StVG) zu berechnen[64]. Bei Mehrheit von Ersatzpflichtigen richtet sich die Abwägung nach den in § 9, 112 ff dargestellten Grundsätzen. Abzulehnen ist die Ansicht des Kammergerichts[65] und des OLG Naumburg[66], keiner von zwei beteiligten Haltern könne vom anderen dann einen Ersatz seines Schadens verlangen, wenn das Verschulden (oder bei reiner Gefährdungshaftung: die Verursachung) der beiden Gegner gleich hoch sei.

4. Berechnung des Mithaftungsanteils

Für die Haftungsverteilung gelten die in § 9, 99 ff dargestellten Grundsätze entsprechend. Einzelheiten der Berechnung sind in Rdn. 57 ff dargestellt. 50

5. Auswirkungen auf Ansprüche der Erben und Unterhaltsberechtigten

a) **Beerdigungskosten, Unterhalt.** Ist der Halter bei dem Unfall getötet worden, so 51 müssen sich die Erben bei der Geltendmachung der Beerdigungskosten (§ 10 Abs. 1) die Betriebsgefahr des Kraftfahrzeugs, in dem der Verstorbene als Führer oder Halter fuhr (gesetzt den Fall, der Entlastungsbeweis sei nicht zu führen) entgegenhalten lassen. Dasselbe gilt, wenn Unterhaltsberechtigte (§ 10 Abs. 2) von dem Schädiger Ersatz für den entgangenen und in Zukunft entgehenden Unterhalt verlangen[67], denn diese Ansprüche sind von denen des Verstorbenen abgeleitet.

b) **Erbe als verletzter Insasse.** War der Erbe des beim Unfall ums Leben gekommenen 52 Kraftfahrzeugführers bei diesem Unfall als Insasse verletzt worden und macht er eigene Schadensersatzansprüche gegen den Schädiger (anderen Unfallbeteiligten) geltend, so

---

[62] BGH NJW 1959, 985 = JZ 1960, 174 m. Anm. *Schröer*; OLG Köln VersR 1957, 417.

[63] RGZ 160, 151; RG HRR 1935, Nr. 1159.

[64] BGHZ 15, 133; BGH VRS 11, 107; OLG Karlsruhe JW 1933, 1667; OLG Oldenburg NJW 1953, 1514 m. abl. Anm. *Goltermann*; *Levis* RdK 1933, 120; *Gelhaar* DAR 1954, 265.

[65] DAR 1930, 104 m. abl. Anm. *Hencke*.

[66] VR 1935, 337.

[67] RG JW 1931, 1956; BGH VersR 1957, 198.

kann dieser einwenden, der Verstorbene habe den Unfall schuldhaft herbeigeführt, wäre daher dem Erben ebenfalls ersatzpflichtig (falls er noch leben würde) und der Erbe müsse diese Ausgleichspflicht im Rahmen seiner Erbenhaftung gegen sich gelten lassen[68].

53 c) **Ansprüche bei beschränkter Erbenhaftung.** Macht ein anderer beim Unfall Verletzter Ersatzansprüche gegen die Erben geltend, so können diese, falls sie beschränkbar haften (§ 2013 BGB) und nachweisen können, daß die Anordnung der Nachlaßverwaltung oder die Eröffnung des Nachlaßkonkurses mangels einer den Kosten entsprechenden Masse untunlich ist, die Beschränkung der Haftung auf den Nachlaß geltend machen (§ 1990 BGB, § 780 ZPO). In diesen Falle können die Erben eigene Ansprüche gegen den anderen Unfallbeteiligten in der Höhe geltend machen, in der sie den Wert des Nachlasses übersteigen. Dieser Fall tritt vor allem ein, wenn die Witwe des beim Unfall Getöteten nach § 10 von einem anderen beim Unfall Verletzten Ersatz des entgangenen Unterhalts verlangt. Dieses Recht steht, falls die Voraussetzungen vorliegen, sogar dem Träger der Sozialversicherung zu, auf den die Ansprüche aus § 844 Abs. 2 BGB übergegangen sind[69].

IV. Beweisfragen

1. Beweislast

54 Wer von einer Person auf Schadenersatz aus einem Unfall in Anspruch genommen wird und einwendet, den Kläger treffe ein Mitverschulden, hat dieses zu beweisen (§ 9, 122); behauptet er, den Kläger treffe zwar kein Mitverschulden, aber die Betriebsgefahr seines Kraftfahrzeugs, so hat er zu beweisen, daß der Kläger Halter eines am Unfall beteiligten Kraftfahrzeugs war, daß sich dieses im Augenblick des Unfalls in Betrieb befand und daß der Unfall sich „bei dem Betriebe“ (§ 7, 32 ff) dieses Kraftfahrzeugs ereignet hat[70]. Hat der Schädiger dies bewiesen, so hat der Kläger die Gelegenheit, den Ausgleich durch den Nachweis zu Fall zu bringen, daß der Unfall für ihn und seinen Kraftfahrzeugführer und die beim Betriebe Beschäftigten ein unabwendbares Ereignis gewesen sei[71]. Dieselbe Beweislast, die im obigen Beispiel den Beklagten traf, trifft den Kläger, der von einem anderen Unfallbeteiligten Ausgleich für Beträge fordert, die er einem bei einem Unfall Verletzten oder Geschädigten als Schadensersatz bezahlt hat, oder der zwar noch nichts bezahlt hat, aber von einem anderen Unfallbeteiligten teilweise Freistellung von den Ansprüchen begehrt, die der Verletzte gegen ihn erhebt[72].

55 Die Tatsachen, aus denen eine **Erhöhung der Betriebsgefahr** hergeleitet werden soll, müssen feststehen, d. h. unstreitig oder bewiesen sein[73], desgleichen ihre Ursächlichkeit für den Unfall[74]. Ist der Unfallhergang ungeklärt, hätte sich ein erhöhender Faktor (z. B. Verkehrsunsicherheit des Kraftfahrzeugs, Alkoholisierung des Fahrers) aber nur bei einer der möglichen Varianten ausgewirkt, so kann er nicht berücksichtigt wer-

---

68 RGZ 138, 4; 160, 151; BGHZ 6, 319; BGH VersR 1957, 198.

69 BGH NJW 1961, 1966; OLG Stuttgart VkBl. 1959, 87.

70 RGZ 114, 76; 162, 4; RG RdK 1940, 135; OLG Hamburg HRR 1940, Nr. 1016; OLG München HRR 1940, Nr. 1432; teilw. a. A. OLG Stuttgart MDR 1962, 651; krit. hierzu *Böhmer* MDR 1962, 713; VersR 1962, 597.

71 OLG Koblenz VkBl. 1952, 78.

72 RG DAR 1931, 314.

73 BGH VersR 1966, 165; 1978, 769; NJW 1971, 2030; KG VRS 54, 253; 64, 101; OLG Frankfurt VersR 1974, 472.

74 BGH NZV 1995, 145 m. w. Nachw.

den[75]. Auch ein lediglich vermutetes Verschulden (z. B. § 831 BGB, § 18) reicht nicht[76], wohl aber das durch Anscheinsbeweis (§ 16, 362 ff) erwiesene Verschulden. Die Darlegungs- und Beweislast für diese Umstände trägt der jeweilige Unfallgegner, gleich ob er in der Position des Anspruchstellers oder des in Anspruch genommenen ist[77].

2. Beweismaß

Während der Beweis für Umstände, die dem Verletzten nach § 17 oder nach § 254 BGB angelastet werden, der Vorschrift des § 286 ZPO unterliegt, hat das Gericht unter Anwendung des § 287 ZPO zu entscheiden, ob und in welchem Maße solche nach § 286 ZPO festgestellten Umstände das Entstehen des Schadens beeinflußt haben[78]. **56**

V. Einzelheiten zur Haftungsverteilung

1. Bedeutung und Bewertung der Betriebsgefahr

a) **Allgemeines.** Hinsichtlich der Bedeutung, die der Betriebsgefahr des Kraftfahrzeugs im Rahmen der Haftungsabwägung zukommt, wird auf die Ausführungen in § 9, 103 ff Bezug genommen. Besonders hervorgehoben sei nochmals, daß nur die im Einzelfall erwiesenermaßen **ursächlich** gewordenen Umstände zu einer für die Verteilung der Haftung relevanten Erhöhung der Betriebsgefahr führen können. Das Ausmaß der einem Kraftfahrzeug anhaftenden Betriebsgefahr ist also nicht abstrakt-generell, sondern nur situationsbezogen bestimmbar. Der Schwerlastkraftwagen mag im fließenden Verkehr eine größere Betriebsgefahr haben als ein Pkw; ist er aber ordnungsgemäß abgestellt, so geht von ihm eine geringere Gefahr aus als von einem bei Nacht unbeleuchtet auf einer Schnellstraße abgestellten Pkw. Auch alkoholbedingte Fahruntüchtigkeit des Fahrers führt nur dann zur Erhöhung der Betriebsgefahr, wenn sie zu einem unfallursächlichen Fahrfehler geführt hat[79]. **57**

b) **Einzelne Bemessungsfaktoren.** Die normale, allein durch die Beteiligung an einem Unfall und das Nichtgelingen des Entlastungsbeweises zum Tragen kommende Betriebsgefahr kann im Einzelfall insbesondere durch folgende Faktoren (Unfallursächlichkeit stets vorausgesetzt) erhöht sein: **58**

- nachweisbar verkehrswidriges Verhalten des Kraftfahrzeugführers (es genügt nicht, daß ein solches lediglich nach § 18 vermutet wird, s. Rdn. 55);
- Fehlverhalten eines bei dem Betrieb des Kraftfahrzeugs Beschäftigten Dritten (zu diesem Begriff § 7, 466 ff; Beispiel: unvorsichtiges Türöffnen);
- technische Mängel des Kraftfahrzeugs;
- Eignungsmängel beim Fahrer, z. B. fehlende Fahrerlaubnis[80];
- Beschaffenheit des Kraftfahrzeugs (z. B. Breite, Masse, Erkennbarkeit, gefährliche Anbauten);

---

75 A. A. OLG Celle VersR 1988, 608.

76 BGH VersR 1966, 732; OLG Frankfurt VersR 1982, 1079; OLG Düsseldorf VersR 1976, 152; OLG Koblenz VRS 68, 32. A. A. *Belling/Riesenhuber* ZZP 108 (1995) 455 ff: Ersatzpflichtiger muß sich auch hinsichtlich des Gewichts seines Beitrags (graduell) entlasten.

77 BGH VersR 1967, 132; OLG Frankfurt VersR 1981, 841; OLG Celle VersR 1982, 960.

78 BGH VersR 1968, 646.

79 BGH NZV 1995, 145; OLG Saarbrücken NZV 1995, 23; OLG Hamm NZV 1994, 319; *Berger* VersR 1992, 169; a. A. OLG Celle VersR 1988, 608; NZV 1990, 393; zur Beweisproblematik s. Rdn. 55.

80 BGH VersR 1985, 965.

– Geschwindigkeit des Kraftfahrzeugs (sowohl hohe als auch extrem niedrige, die das Fahrzeug zu einem unerwarteten Verkehrshindernis macht);
– langer Bremsweg (vor allem bei Schienenfahrzeugen);
– gefahrenträchtiges Fahrmanöver (z. B. Wenden an unübersichtlicher Stelle).

59 c) **Verhältnis zu anderen Abwägungskriterien.** Die (ggfs. erhöhte) mitwirkende Betriebsgefahr ist nur eines von mehreren Abwägungskriterien. Insbesondere ist sie in Bezug zu setzen zu den Aspekten, die den Verursachungsbeitrag des Unfallkontrahenten kennzeichnen. Diese Abwägung kann nur einzelfallbezogen vorgenommen werden. Gewisse Richtwerte lassen sich aber anhand der Rechtsprechungspraxis gleichwohl feststellen:

60 Ist der Unfallhergang **ungeklärt,** läßt sich also keinem Beteiligten ein Verschulden nachweisen und kann auch kein Beteiligter den Unabwendbarkeitsbeweis führen, so ergibt sich im Normalfal – d. h. bei etwa gleich großer Betriebsgefahr der Unfallfahrzeuge – eine Haftungsquote von 50% zu Lasten jedes Beteiligten.

61 Kann einem Beteiligten **Fahrlässigkeit** nachgewiesen werden, während der andere sich lediglich nicht von der Halterhaftung entlasten kann, so wird dem letzteren in der Regel eine Mithaftung von 20% auferlegt.

62 Bei **schwerwiegendem Verschulden** auf der einen und bloßer Betriebsgefahr auf der anderen Seite haftet im allgemeinen der schuldhaft Handelnde voll; die Betriebsgefahr „tritt zurück“. Ob ein schwerwiegendes Fehlverhalten vorliegt, bestimmt sich bei einem Unfall im Ausland nach den dort geltenden Verkehrsvorschriften und fällt daher in den irrevisiblen Bereich der Anwendung ausländischen Rechts[81].

63 Bei **nachgewiesenem Verschulden** beider Beteiligter oder bei sonstigen Unterschieden im Ausmaß der Betriebsgefahr mmuß individuell gequotelt werden. Die Praxis versucht sich zunehmend mit Quotentabellen für bestimmte Unfallsituationen zu behelfen[82], doch sind solche Zusammenstellungen nur mit Vorbehalten zu gebrauchen, weil sie nicht die Bewertung der individuellen Gegebenheiten des Einzelfalles vereiteln dürfen[83]. Immerhin liefern solche Tabellen doch nützliche Anhaltspunkte für die Regulierungs- und Spruchpraxis und können zur Vereinheitlichung und zur Vermeidung von Rechtsstreitigkeiten beitragen. Aus diesem Grund werden im folgenden auch die in bestimmten Fällen von der Rechtsprechung ausgeworfenen Haftungsquoten wiedergegeben.

64 d) **Verhältnis zur Fahrerhaftung.** Besteht neben der Gefährdungshaftung des Halters auch eine deliktische Haftung des Fahrers, so bilden die unterschiedlichen Haftungsgrundlagen in der Regel keinen Anlaß, bei der Haftungsquote zu differenzieren[84].

65 e) **Bestimmung der Quote.** Üblicherweise wird die Haftungsquote in einem Prozentwert oder als Bruchzahl ausgedrückt. Allzu feine Abstufungen sollten hierbei nicht vorgenommen werden. Durch sie würde das Wesen der Quotelung als Ermessensentscheidung verschleiert und eine unerreichbare mathematische Präzision vorgetäuscht. Quoten unter 20% sollten nicht ausgesprochen werden. Wenn der Verursachungsbeitrag eines Beteiligten in so hohem Maße überwiegt, entspricht es einem gerechten Ausgleich eher, ihm die volle Haftung aufzuerlegen. Überhaupt sollte von der in § 17 Abs. 1 ausdrücklich angesprochenen Möglichkeit, nicht nur den Umfang des zu leistenden

---

[81] BGH NZV 1996, 272.

[82] Vgl. *Grüneberg* Haftungsquoten bei Verkehrsunfällen[3] (1996); *Splitter* Schadensverteilung bei Verkehrsunfällen[3] (1995); *Schweitzer* 7. VGT (1969) 141 ff; *Bursch/Jordan* VersR 1985, 512; *Krumbholz/Paul/Brüseken* NZV 1988, 168; ferner *Füchsel* VersR 1962, 1128 und hierzu *Berger* VersR 1987, 542.

[83] Vgl. das Mehrheitsvotum des Arbeitskreises V beim 23. VGT 1985; hierzu *Bursch/Jordan* VersR 1985, 519.

[84] BGH VersR 1962, 758.

Ersatzes, sondern schon die Ersatzpflicht als solche von der Abwägung der beiderseitigen Verursachungsbeiträge abhängig zu machen, extensiv Gebrauch gemacht werden. Bei gravierenden Verkehrsverstößen des Unfallgegners sollte der Geschädigte auch dann vollen Schadensersatz erhalten und nicht zu einer Leistung an den Schuldigen verpflichtet sein, wenn er seinerseits keinen Unabwendbarkeitsbeweis führen kann. Es ist nicht Sinn der Gefährdungshaftung nach § 7, einem grob verkehrswidrig Handelnden haftungsrechtlichen Schutz davor zu gewähren, daß ein anderer Verkehrsteilnehmer auf sein Verhalten möglicherweise nicht optimal reagiert.

2. Einzelfälle

In der nachstehenden Übersicht sind Gerichtsentscheidungen zur Haftungsquotie- **66**
rung in den Fällen zusammengestellt, in denen eine mitwirkende Betriebsgefahr zu berücksichtigen war, und zwar entweder auf Seite des Geschädigten und des Ersatzpflichtigen (eigentlicher Fall des § 17 Abs. 1 Satz 2), nur auf Seite des Geschädigten (vgl. Rdn. 40) oder nur auf Seite des Ersatzpflichtigen (§ 9; § 254 Abs. 1 BGB analog; vgl. § 9, 2). Diese Fälle können nicht gesondert betrachtet werden, weil bei den meisten Unfällen der Schädiger zugleich auch Geschädigter ist und die Haftungsquote somit spiegelbildlich sowohl für seine Verpflichtung als auch für seine Berechtigung maßgeblich ist. Nicht erfaßt sind die Fälle von Mithaftung, in denen es nicht um die Berücksichtigung der Betriebsgefahr eines Kraftfahrzeugs geht, also etwa Unfälle zwischen Fußgängern und Radfahrern (hierzu § 16, 294 ff) sowie Unfälle infolge der Verletzung von Verkehrssicherungspflichten (hierzu § 16, 679 f).

Es sei nochmals betont, daß die Zusammenstellung nur Anhaltspunkte liefern und die individuelle Abwägung im konkreten Fall nicht ersetzen kann. Der Aufbau der Zusammenstellung ist aus der Inhaltsübersicht vor Rdn. 1 ersichtlich; das Stichwortverzeichnis kann den Zugang weiter erleichtern.

a) Unfälle zwischen Kraftfahrzeugen

aa) Gleichgerichteter Verkehr

Anfahren vom Straßenrand

Aufgrund der aus § 10 StVO abgeleiteten Sorgfaltsanforderungen gewährt die Recht- **67**
sprechung dem Teilnehmer des fließenden Verkehrs, der mit einem vom Straßenrand Anfahrenden kollidiert, häufig volle Entschädigung[85]. Eine Mithaftung wird aber z. B. dann bejaht, wenn ihm wesentlich überhöhte Geschwindigkeit nachgewiesen werden kann[86]. Der Fahrstreifenwechsel eines herankommenden Lastzugs kann zwar auch eine Mithaftung begründen; zu weit geht es aber, dem aus einem Parkstreifen heraus Anfahrenden in einem solchen Fall ⅔ seines Schadens zuzusprechen, zumal wenn er vor dem Anfahren nicht geblinkt hat[87].

Kommt es zum Zusammenstoß mit einem **Linienomnibus**, der von einer gekenn- **68**
zeichneten Haltestelle anfährt, so ist in der Regel eine Schadensteilung vorzunehmen,

---

[85] BGH VersR 1963, 358 (rückwärtsausfahrender Pkw gegen Moped); LG Weiden VersR 1972, 1036 (ohne Blinken); LG Darmstadt VersR 1984, 994 LS (rückwärtsfahrender Pkw gegen Kleinbus).

[86] KG VersR 1985, 478 LS (50% bei 50% Überschreitung); s. a. OLG Düsseldorf VersR 1987, 909 (anfahrender und wendender Pkw gegen Kleinkraftrad).

[87] So aber OLG Köln VersR 1986, 666 m. abl. Anm. *Haarmann*. Vgl. dagegen LG Köln VersR 1989, 1161: nur 30% für geradeaus anfahrendes Taxi bei Kollision mit hinter dem Taxenstand einscherendem Pkw.

weil der Busfahrer trotz seines Vorrechts nach § 20 Abs. 5 StVO (Abs. 2 a. F.) auf den fließenden Verkehr zu achten hat[88]. Fährt der Omnibus an, ohne zu blinken, kann ihn die volle Haftung treffen[89]. Ist ungeklärt, ob der Vorbeifahrende den Vorrang mißachtet oder ob der Busfahrer ohne zu blinken oder unachtsam angefahren ist, trifft wegen der höheren Betriebsgefahr des anfahrenden Busses dessen Halter der höhere Haftungsanteil (z. B. ⅔).

Auffahren auf vorausfahrendes Fahrzeug

69 Fährt der Nachfolgende auf, ohne daß der Vorausfahrende durch starkes Abbremsen hierzu Veranlassung gegeben hat, trifft den Auffahrenden in der Regel die volle Haftung[90]. Eine Mithaftung kommt aber z. B. in Betracht, wenn der andere – schlecht erkennbar – extrem langsam fuhr, insbesondere auf der Autobahn[91], wenn er unerwartet und ohne dies hinreichend deutlich zu machen anhielt[92], auf Glatteis ins Schleudern kam[93] oder ruckartig, d. h. mit ungewöhnlich verkürztem Bremsweg, zum Stehen kam[94]. Überhöhte Geschwindigkeit oder besondere Unaufmerksamkeit kann aber auch in solchen Fällen zur Alleinhaftung des Auffahrennden führen[95]. Ebenso wurde auf volle Haftung erkannt beim ungebremsten Auffahren auf ein auf innerstädtischer Straße geschobenes Kraftfahrzeug[96].

70 Auch bei starkem, **verkehrsbedingtem Abbremsen** des Vorausfahrenden haftet in der Regel der Auffahrende allein[97].

71 Bremst der Vorausfahrende hingegen **ohne ausreichenden Grund**[98] – hierzu rechnet die Rechtsprechung teilweise auch das Bremsen wegen eines kleineren Tieres[99] – oder

---

88 OLG Düsseldorf VRS 65, 336 (überhöhte Geschwindigkeit, 1 : 1); DAR 1990, 462 (Bus nur 20%, da Pkw sich bei nasser Fahrbahn mit 100 km/ und ohne Bremsreaktion näherte; war bei Anfahren des Busses noch 195 m entfernt).

89 KG NJW 1980, 1856.

90 Vgl. OLG Karlsruhe VersR 1975, 668; RuS 1979, 142; OLG Zweibrücken VersR 1973, 166; LG Bad Kreuznach VersR 1979, 631.

91 BGH VersR 1966, 148; OLG München VersR 1967, 691 (⅓); OLG Celle VersR 1973, 352 (55%); 1976, 50 (⅓); OLG Stuttgart NZV 1992, 34 (⅓); LG Gießen NZV 1993, 115 (mit 60 km/h und unbeleuchtet: 80%).

92 BGH VersR 1986, 489 (Mokick auf anhaltenden Lkw, 25%); OLG Hamm NZV 1994, 28 (50% bei Anhalten wegen einer Taube; sehr hoch); LG Nürnberg-Fürth VersR 1990, 286 m. Anm. *Große-Streine* (⅓ bei Absterben des Motors beim Anfahren in Kolonne).

93 OLG Karlsruhe VRS 76, 414.

94 Vgl. OLG Hamm VRS 71, 212 und zum doppelten Auffahrunfall Rdn. 74.

95 OLG Oldenburg VersR 1990, 1406 u. OLG Frankfurt NZV 1994, 108 LS (schlecht beleuchteter Militär-Lkw in Kolonnenfahrt auf nächtlicher BAB).

96 KG VersR 1972, 279.

97 OLG Köln VersR 1985, 372 (wegen Unfalls auf der Autobahn); OLG Frankfurt VersR 1987, 1140; OLG Düsseldorf VersR 1988, 1034; LG Regensburg VersR 1985, 172 LS; LG Landau NZV 1989, 76; **a. A.** OLG Düsseldorf VersR 1977, 160 (Stau auf Autobahn: 20%); OLG Hamm NZV 1993, 435 (25%, da starkes Bremsen Betriebsgefahr erhöhe). Ausnahme z. B. bei schadhaften Bremsleuchten: OLG Karlsruhe VersR 1982, 1205.

98 KG DAR 1976, 16; VersR 1976, 370 (⅓); OLG Koblenz VRS 68, 251 (auf Überholspur der Autobahn, mindestens 60% Mithaftung); LG Itzehoe VersR 1980, 436 (bei Grünlicht, 50%; LG Heidelberg VersR 1974, 504 (ausgeschaltete Ampel, 25%); LG Hannover VersR 1982, 201 (nach Anfahren an Ampel, 50%); **a. A.** OLG Karlsruhe VRS 73, 334 (nach Anfahren an Ampel).

99 OLG München DAR 1974, 19 (Igel, ⅓); OLG Stuttgart NJW-RR 1986, 1286 (Katze, ⅓); OLG Karlsruhe VersR 1988, 138 (Wildente, 40%); OLG Saarbrücken DAR 1988, 382 m. Anm. *Berr* (Wildente, ⅓); OLG Köln VersR 1993, 1168 (Taube: 40%). **A. A.** BGH

wegen eines Defekts[100], so trifft ihn eine Mithaftung, bei Bremsen in Nötigungsabsicht u. U. sogar die alleinige Haftung[101]. Beweisen muß das nicht gerechtfertigte Bremsen der Auffahrende[102].

Zum Auffahren wegen **Spurwechsels** vgl. Rdn. 83 f. **72**

Auffahren auf stehendes Fahrzeug

Die grundsätzlich anzunehmende Alleinhaftung des Auffahrenden[103] kann insbesondere ermäßigt sein, wenn das stehende Fahrzeug bei Dunkelheit nicht ausreichend beleuchtet[104] oder abgesichert[105], verbotswidrig abgestellt[106], seinerseits durch einen Unfall oder eine Panne in eine gefahrträchtige Lage gebracht worden[107] oder wenn seine Betriebsgefahr sonst erhöht war[108]. **73**

Mehrfaches Auffahren

Sind an einem Auffahrunfall mehrere Fahrzeuge beteiligt, so gelten zwischen den unmittelbar Kollisionsbeteiligten die in Rdn. 69 ff dargestellten Grundsätze. Diese führen aber oft nicht zu voller Schadloshaltung. Schon auf der Primärstufe, erst recht aber für den Regreß, ist daher von Bedeutung, daß Ansprüche gegen die Halter aller Kraftfahrzeuge in Betracht kommen, deren Betrieb sich auf den Schaden des Anspruchstellers ausgewirkt hat (§ 7, 104). Diese Voraussetzung muß nachgewiesen werden. Die bloße Beteiligung an einem Serienunfall reicht hierfür nicht[109]. Es können aber Ansprüche gegen mehrere Beteiligte bestehen, was zu schwierigen Abwägungsfragen führt[110]. Dies wird im folgenden für unterschiedliche Fallkonstellationen bei Auffahrunfällen mit drei Beteiligten dargestellt, wobei V für den Halter des vorderen, M für den des mittleren und H für den des hinteren Kraftfahrzeugs steht. Die dabei aufgezeigten Grundsätze lassen sich aber auch auf Serienunfälle mit einer größeren Zahl von Beteiligten übertragen[111]. **74**

VersR 1966, 143; OLG Nürnberg VersR 1960, 956; LG Hildesheim VersR 1985, 460 LS; AG Ulm VersR 1988, 726 (Dackel).

100 OLG Frankfurt VersR 1986, 1086 (schadhafter Reifen, 50%).

101 OLG Celle VersR 1973, 280; vgl. auch OLG Köln VersR 1982, 558 (Betätigen der Bremsleuchten nach vorheriger Nötigung durch Auffahrenden: ⅓).

102 Unklar OLG Hamm NZV 1993, 435.

103 BGH VersR 1965, 362; 1969, 713 (in Kurve gut erkennbar abgestellter Lkw); OLG Koblenz NZV 1992, 408 m. Anm. *Greger* (trotz durch vorausfahrendes Gespann verdeckter Sicht); LG Koblenz DAR 1977, 325 (verbotswidriges Abstellen zwecks Hilfeleistung, ordnungsgemäße Beleuchtung).

104 BGH VersR 1987, 1242 (liegengebliebener Panzer mit Tarnanstrich: deutlich unter 50%); OLG Schleswig VersR 1967, 717 (innerorts, auf ca. 50 m zu erkennen, 25%); OLG Karlsruhe VersR 1983, 90 (in Fahrbahn ragender Anhänger, Auffahrender alkoholisiert, ⅓); OLG Hamm VersR 1987, 491 (Moped gegen in Fahrbahn ragenden Anhänger: ⅓).

105 OLG Karlsruhe VersR 1992, 67 (Sattelschlepper auf BAB-Seitenstreifen, kein Warndreieck: ⅓); OLG Nürnberg VersR 1994, 1083 (liegengebliebener Panzer auf BAB bei Nacht: 25%).

106 BGH VersR 1971, 953 (Autobahn); OLG Braunschweig VersR 1976, 448 (Haltverbot, 50%).

107 OLG Köln NZV 1993, 271 (Auffahren auf verunfalltes Fahrzzeug auf BAB bei Dunkelheit infolge überhöhter Geschwindigkeit: 60%).

108 OLG Celle NJW-RR 1986, 1476 (geparkter Lkw außerorts bei Dunkelheit und Regen: 50%); OLG Stuttgart VersR 1988, 1159 (erlaubt in zweiter Reihe haltendes Postfahrzeug: Mithaftung ⅓); NZV 1993, 436 (auf BAB-Parkplatz außerhalb markierter Parkflächen abgestellter Lkw: Mithaftung ⅓).

109 OLG Frankfurt VRS 75, 258.

110 Näher hierzu *Greger* NZV 1989, 58.

111 Zur versicherungsrechtlichen Abwicklung von Massenunfällen s. *Deichl* DAR 1989, 48 ff.

75 (1) **M kommt noch rechtzeitig zum Stehen, wird aber von H auf V aufgeschoben.** Kann M diesen Unfallhergang beweisen, so trifft ihn keine Haftung, denn der Unfall war für ihn unabwendbar. H haftet dem M in voller Höhe, desgleichen dem V, es sei denn dieser müsse sich eine Mitverantwortung (etwa wegen unnötigen Abbremsens im Kolonnenverkehr) entgegenhalten lassen. In diesem Fall ist auch V dem M (gesamtschuldnerisch mit H) verantwortlich. Für die Quotelung im Verhältnis V–H gilt das in Rdn. 69 ff Gesagte entsprechend.

76 (2) **Sowohl M als auch H fahren auf.** Kann V nachweisen, daß der Unfall für ihn unabwendbar war, so haftet ihm M auf vollen Ersatz, denn auch der Zweitunfall ist dem Betrieb seines Kraftfahrzeugs zurechenbar. Zusätzlich kann V den H hinsichtlich eines etwaigen erst durch den zweiten Aufprall entstandenen Zusatzschadens voll in Anspruch nehmen, sofern H sich nicht (etwa durch den Nachweis einer außergewöhnlichen Bremswegverkürzung durch den Erstunfall) entlasten kann. M und H wären insoweit Gesamtschuldner. Im Verhältnis zwischen ihnen wäre eine Quotelung[112] vorzunehmen, nach welcher sich der Ersatzanspruch des H, der Anspruch des M auf Ersatz der erst durch den Zweitunfall entstandenen Schäden sowie der Gesamtschuldnerausgleich bezüglich der Entschädigung des V richten. Die Feststellung, welcher zusätzliche Schaden durch das Auffahren des H auf das bereits entwertete Fahrzeug des M entstanden ist, ist nach § 287 ZPO notfalls im Wege der Schätzung zu treffen[113].

77 Kann V sich hingegen nicht entlasten, so muß er sich gegenüber M und (hinsichtlich des Zusatzschadens) H eine Mithaftung (vgl. Rdn. 71) anrechnen lassen. Da hier aber jeder Beteiligte zugleich Schädiger und Geschädigter ist und zwischen V und M nach der Rechtsprechung des BGH eine „Zurechnungseinheit" (vgl. § 9, 117 u. Rdn. 37) besteht (denn sie schufen gemeinsam die erste Bedingung für das Entstehen des Zusatzschadens, bevor der Verursachungsbeitrag des H hinzutrat), kommt aber keine Gesamtschuld zwischen M und H, sondern nur eine Einzelabwägung in Betracht. Das heißt, daß für die aus dem zweiten Unfallereignis herrührenden Schäden von V und M eine einheitliche Quote gegenüber H festzulegen[114] und hiervon gesondert der Schadensausgleich zwischen V und M vorzunehmen ist.

78 Ist z. B. den Pkw-Fahrern V und M ein etwa gleich großes, je für sich nur leichtes Verschulden anzulasten, während der Schwerlastzug des H infolge überhöhter Geschwindigkeit und grober Unachtsamkeit auffuhr, so könnte die Haftungsverteilung wie folgt aussehen:

V kann von M 50% seines beim Erstunfall entstandenen Schadens verlangen, desgleichen M von V.

Ihre Zusatzschäden können V und M je zu 70% von H beanspruchen, während sie die restlichen 30% je zur Hälfte, also zu je 15%, untereinander ausgleichen müssen.

H schließlich kann von V und M als Gesamtschuldner 30% seines Schadens ersetzt verlangen; diese haben sich dann im Innenverhältnis hälftig auszugleichen.

79 Trifft den H hingegen nur die mit 20% zu bewertende Betriebsgefahr, während V und M für den Erstunfall wiederum zu gleichen Teilen haften, so ergibt sich für die Zweitschäden folgende Verteilung:

H haftet gegenüber V und M jeweils zu 20%, während Letztere gegenseitig je 40% auszugleichen haben. Insgesamt erhalten V und M also je 60% ihrer beim Zweitunfall erlittenen Schäden

---

[112] Vgl. hierzu OLG Hamburg VersR 1967, 478 (50%); OLG Frankfurt VersR 1972, 261 (50%); OLG Celle VersR 1974, 669 (20% zu Lasten des M); LG Köln VersR 1981, 990 (volle Haftung des H bei zu dichtem Auffahren auf Autobahn); LG Oldenburg VersR 1989, 1311 (50%).

[113] BGH NJW 1973, 1283; OLG Karlsruhe VersR 1981, 739; 1982, 1150; OLG Schleswig NZV 1988, 228. Näher *Greger* NZV 1989, 59.

[114] **A. A.** OLG Hamm NZV 1994, 109.

ersetzt, davon 20% von H, der seinerseits von ihnen Schadensersatz auf der Basis von 80% beanspruchen kann[115].

Hat V den Erstunfall durch abruptes, nicht verkehrsbedingtes Bremsen verschuldet, so haftet er dem infolge Bremswegverkürzung auffahrenden H auf vollen Schadensersatz[116]. **80**

(3) **Es ist nicht aufklärbar, ob M aufgefahren ist oder erst von H aufgeschoben wurde.** Kann sich V entlasten, so haftet M ihm, da der Unfall ungeachtet seines genauen Hergangs jedenfalls beim Betrieb seines Kraftfahrzeugs geschehen ist, voll auf Ersatz des gesamten Schadens. Um auch H in Anspruch nehmen zu können, müßte ihm V die Schadensursächlichkeit des Betriebs seines Kraftfahrzeugs nachweisen. Dies bereitet Schwierigkeiten, da ja nach Beweislage nicht auszuschließen ist, daß die Fahrzeuge von V und M bereits vorher kollidiert waren. Da aber die Unfallschädigung als solche außer Frage steht und nur das Schadensausmaß festzustellen ist, kommt dem Geschädigten die Beweiserleichterung des § 287 ZPO zugute[117]. Für die auf diese Weise festgestellten Zusatzschäden haftet H dem (entlasteten) V in voller Höhe und als Gesamtschuldner neben M. Entlasten kann sich H nicht, da er wegen der Unaufklärbarkeit des Unfallhergangs den Beweis nach § 7 Abs. 2 nicht führen kann. **81**

Auch M kann von H die Schäden ersetzt verlangen, die dem Auffahren des H zuzuordnen sind, vor allem also den Heckschaden und etwaige *Zusatz*beschädigungen im Frontbereich (festzustellen wiederum nach § 287 ZPO). Anders als V wird M diese Schäden allerdings nicht zur Gänze ersetzt verlangen können, denn angesichts der Unaufklärbarkeit des Unfallhergangs wird es ihm nicht gelingen, den Unabwendbarkeitsbeweis zu führen. Dann aber muß er sich nach § 17 Abs. 1 Satz 2 die Betriebsgefahr des eigenen Kraftfahrzeugs anrechnen lassen[118]. Wird M von V wegen der (dem Fahrzeug des H zuzuordnenden) Zusatzschäden in die Haftung genommen, so kann er insoweit ebenfalls unter Abzug des eigenen Verursachungsanteils bei H Rückgriff nehmen (§ 17 Abs. 1 Satz 1). Nach der gleichen Quote kann auch H den M wegen seiner Unfallschäden bzw. im Rahmen des Gesamtschuldnerregresses in Anspruch nehmen.

Trifft V hingegen eine Mithaftung für den Unfall, so ist hinsichtlich des Schadensteiles, der der Beteiligung des H zuzurechnen ist, wiederum nach den Grundsätzen der Zurechnungseinheit abzurechnen (vgl. Rdn. 77 f), denn M haftet für diesen Schadensteil auch bei geklärtem Unfallhergang maximal in dieser Höhe[119]. Die anderen, nicht dem H zurechenbaren Schäden sind zwischen V und M auf der Grundlage der jeweiligen Betriebsgefahr zu verteilen. H schließlich kann seinen Schaden unter Anrechnung der eigenen Betriebsgefahr gegenüber M und V als Gesamtschuldner geltend machen[120]. **82**

Spurwechsel, Ausscheren

Wer die Fahrspur wechselt, obwohl sich von hinten ein anderes Fahrzeug nähert, haftet für den sich daraus ergebenden Zusammenstoß grundsätzlich allein[121]. Eine erhöhte Betriebsgefahr beim Überholer, z. B. erheblich zu hohe Geschwindigkeit[122] oder **83**

115 Vgl. OLG Düsseldorf DAR 1977, 188.

116 OLG Hamm NZV 1993, 68.

117 BGH NJW 1973, 1283; *Lehr* VGT 1986, 150 ff.

118 Vgl. OLG Stuttgart VersR 1980, 391 (25%); OLG Karlsruhe VersR 1981, 739 (20%). **A. A.** (Betriebsgefahr tritt zurück) OLG Düsseldorf NZV 1995, 485 m. abl. Anm. *Greger*.

119 Näher *Greger* NZV 1989, 61.

120 Die Klageabweisung in OLG Köln NZV 1993, 194 beruht offenbar auf Besonderheiten des dortigen Tatsachenvortrags.

121 OLG Celle VersR 1972, 1145; OLG Schleswig VersR 1986, 977; OLG Karlsruhe VersR 1987, 1020 LS; OLG Düsseldorf DAR 1988, 163; VersR 1988, 813 (Spurwechsel vor Einsatzfahrzeug); OLG Hamm NZV 1994, 229 (Wechsel von BAB-Auffahrt auf linken Fahrstreifen).

122 KG VM 1993, Nr. 111 (⅔; sehr hoch); OLG Nürnberg RuS 1993, 373 LS m. Anm.

verspätete Reaktion[123], kann jedoch zu Buche schlagen. Schon die (unfallkausale) Überschreitung der Richtgeschwindigkeit auf Autobahnen kann zur Mithaftung führen (vgl. § 7, 391); sie muß allerdings erheblich sein, um neben einem groben Verschulden des Spurwechslers zum Tragen zu kommen[124]. Eine Schadensteilung kommt auch in Betracht, wenn der Fahrstreifenwechsel auf einer Verengung oder Blockierung einer Fahrspur beruht und wenn der nach dem Reißverschlußprinzip an sich bevorrechtigte Fahrer seine Geschwindigkeit nicht vermindert hat oder gleichzeitig mit dem anderen angefahren ist, obwohl er mit dem Ausscheren des anderen rechnen mußte[125]. Dasselbe gilt, wenn nach den Umständen damit gerechnet werden muß, daß ein vorausfahrendes Fahrzeug seinerseits zum Überholen ansetzt[126]. Voll zurücktreten kann die Betriebsgefahr des Spurwechslers, wenn er mit einem zwischen stehenden Kolonnen hindurchfahrenden Krad kollidiert[127].

84 Zwingt der Spurwechsler einen anderen zu abruptem Bremsen und fährt ein **Dritter** infolgedessen auf diesen auf, so trifft ihn gegenüber dem Dritten die überwiegende Haftung[128].

Mehrspuriger Verkehr

85 Kommt es zur Kollision zwischen nebeneinanderfahrenden Fahrzeugen, weil eines von ihnen, z. B. in einer Kurve, wegen seiner Länge teilweise auf den benachbarten Fahrstreifen gelangt, so ist in der Regel Schadensteilung angezeigt[129].

Überholen

86 Kommt es infolge nicht ausreichenden **Seitenabstands** zu einem Unfall, so haftet grundsätzlich der Überholende allein[130]. Eine Mithaftung des Überholten kommt aber

---

Lemcke (30% bei 234–260 km/h bei Geschwindigkeit des Ausscherenden von 130 km/h); OLG Köln VersR 1991, 1188 (25%: 200 km/h bei Dunkelheit); OLG Stuttgart VersR 1982, 1155 (Überholen einer Lkw-Kolonne auf Steigungsstrecke der Autobahn mit 170 km/h: ¼); OLG Hamm NZV 1994, 484 (unvorsichtige Annäherung an Stau auf BAB: ¼); OLG Köln VersR 1991, 1301 (Mißachtung der Beschränkung an BAB-Baustelle: ½).

[123] OLG Stuttgart NZV 1989, 437 (20%).

[124] OLG Hamm NZV 1994, 193 (25% bei 180 km/h); NZV 1995, 194 (20% bei 190 km/h); OLG Schleswig NZV 1993, 153 (75% bei 210 km/h gegenüber 110 km/h des Spurwechslers; sehr streng); zu weitgehend OLG Köln VersR 1992, 1366 m. abl. Anm. *Reif* (20% bei 140 km/h); Mithaftung verneinend OLG Nürnberg ZfS 1991, 78 (170 km/h); OLG Celle ZfS 1991, 150 (160–180 km/h); OLG Hamm NZV 1990, 269 m. abl. Anm. *Greger* (200 km/h). S. auch *Gebhardt* DAR 1992, 297: Mithaftung ab Überschreitung um 20%.

[125] KG VersR 1986, 60 (50%); VM 1987, Nr. 82 (¾ zu Lasten des Spurwechslers); 1996 Nr. 21 (gleichzeitiges Anfahren von Müllfahrzeug und danebenstehendem Pkw: ⅔ zu Lasten des ausscherenden Müllfahrzeugs); OLG Düsseldorf VRS 63, 339 (Autobahn, ⅔ zu Lasten des Spurwechslers); OLG Frankfurt VRS 72, 40 (Autobahn, Wechsel auf Beschleunigungsstreifen wegen Unfalls auf der Überholspur: 50%).

[126] LG Kassel NZV 1990, 76 (Pkw hinter langsamem Mähdrescher; überholender Kradfahrer haftet mit mindestens 30%). OLGR Hamm 1995, 135 läßt den Nachfolgenden aus reiner Betriebsgefahr mit ⅓ haften (fragwürdig).

[127] OLG Hamm NZV 1988, 105 (Krad fuhr mit 50 km/h).

[128] KG NZV 1990, 187 (¾); VM 1993, Nr. 35 (100% bei Unfall kurz nach Anfahren an Ampel); LG Karlsruhe NZV 1992, 323 (80% bei Unfall kurz nach Anfahren an Ampel).

[129] OLG Hamm NZV 1994, 399; KG VM 1987, Nr. 25 (Linkskurve, Bus trägt ¾); LG Berlin VersR 1981, 643 (Rechtsabbiegen, Bus trägt ⅓); LG Frankfurt/M. NZV 1994, 235.

[130] OLG Köln VersR 1988, 277 (Kräder).

in Betracht, wenn er nicht unerheblich von seiner Fahrspur abgewichen ist[131]. Ein leichtes Ausscheren kann indes vernachlässigt werden, wenn der andere grob verkehrswidrig eine Kolonne überholt hat[132]. Beim Überholen eines erkennbar instabil gewordenen Wohnwagengespanns auf der BAB haftet der Überholer zu 20% mit[133]. Zum Ausscheren beim Überholvorgang s. auch Rdn. 83.

Bei verbotswidrigem **Rechtsüberholen** haftet der Überholende, der (z. B. infolge Schleuderns) mit dem anderen Fahrzeug kollidiert, in der Regel alleine. Dies gilt auch, wenn es sich um ein (nur) mit Blaulicht fahrendes Einsatzfahrzeug handelt, welches an einem auf der linken Fahrspur der Autobahn fahrenden Kraftfahrzeug ohne zwingenden Grund, insbesondere ohne sich ausreichend bemerkbar gemacht zu haben, vorbeifahren wollte[134]. Ist der andere, ohne dies anzuzeigen, nach rechts abgebogen, haftet er aber überwiegend[135], erst recht, wenn er zunächst nach links geblinkt hat und ausgeschert ist[136]. Fällt ihm lediglich ein Verstoß gegen die Rückschaupflicht nach § 9 Abs. 1 Satz 4 StVO zur Last, kann eine Haftung von ⅓ angemessen sein[137]. 87

Überholen und Linksabbiegen[138]

Volle Haftung des Linksabbiegers greift ein, wenn er unerwartet, z. B. ohne zu blinken oder sich einzuordnen, oder unter Verstoß gegen die Pflicht zur erneuten Rückschau abgebogen ist, obwohl ein anderer zum Überholen angesetzt hatte[139]. Dies gilt in besonderem Maße beim Linkseinbiegen in eine Grundstückseinfahrt, weil der nachfolgende Verkehr dort noch weniger als sonst mit einem Abbiegen rechnet[140]. Der Überholende haftet aber mit, wenn er trotz erkennbarer Abbiegeabsicht oder unklarer Lage überholt hat[141] oder wenn der Hergang ungeklärt ist[142]. Bei besonderer Verkehrswidrigkeit kommt sogar seine alleinige Haftung in Betracht[143]. Auch bei Überholen im Überholverbot haftet der Linksabbieger aber mit, wenn er nicht geblinkt hat[144]. 88

bb) Begegnungsverkehr

Verstoß gegen Rechtsfahrgebot

Das Verschulden des Fahrers, der die Fahrbahnmitte erheblich überschritten hat, überwiegt in der Regel so stark, daß die Betriebsgefahr des Entgegenkommenden voll zurücktritt[145]. Daher haftet z. B. auch derjenige, der eine Kurve schneidet, in voller 89

---

131 OLG Hamm VersR 1987, 692 (1 m: ⅓).

132 OLG Köln VRS 72, 13.

133 OLG Köln DAR 1995, 484.

134 OLG Karlsruhe VersR 1987, 790.

135 OLG Frankfurt VersR 1990, 912: 60%.

136 OLG Oldenburg NZV 1993, 233.

137 OLG Köln NZV 1995, 74.

138 Zu Regulierungsverhalten und Rechtsprechung bei diesem Unfalltyp s. die empirische Untersuchung von *Bärnhof* VersR 1996, 948.

139 BGH VersR 1967, 903; OLG Düsseldorf DAR 1974, 217; OLG Frankfurt VersR 1977, 772 (auch bei geringfügiger Geschwindigkeitsüberschreitung); **a. A.** OLG Nürnberg VersR 1981, 288 (nur ¾).

140 OLG Düsseldorf VersR 1983, 40; KG VRS 73, 336.

141 OLG Köln VersR 1977, 262 (60%); OLG Hamm VersR 1981, 340 u. NZV 1993, 313 (⅔); OLG Karlsruhe NZV 1988, 64 (50%); KG NZV 1993, 272 (50%); OLG Braunschweig NZV 1993, 479 (40%); OLG Düsseldorf VersR 1995, 1504 (⅓); OLG Schleswig NZV 1994, 30 (25%).

142 OLG Koblenz VersR 1978, 676 (überwiegende Haftung des Abbiegers).

143 OLG Frankfurt NZV 1989, 155 (Überholen von sechs hinter einem Linksabbieger fast zum Stehen gekommenen Fahrzeugen).

144 OLG Nürnberg DAR 1995, 330 (50%).

145 BGH VersR 1966, 776; 1969, 738; OLG Oldenburg VersR 1974, 40; OLG Celle VersR 1979, 264; OLG Nürnberg VersR 1981, 790; OLG Stuttgart VersR 1982, 861; NZV 1991, 393 (30 cm über Mittellinie ragender Lkw-Aufbau); OLG Düsseldorf VersR 1983, 348; OLGR Hamm 1995, 161.

Höhe, selbst wenn der andere auf seiner Fahrbahnseite nicht äußerst rechts fuhr[146] oder nicht gut erkennbar war[147]. Bei geringfügigem Überschreiten der Mittellinie, das auf verständlichen Gründen beruht (z. B. schwer manövrierbarer Lastzug), kann eine Mithaftung des Entgegenkommenden in Betracht kommen, der durch Abbremsen und Ausbrechen seines Fahrzeugs eine Kollision herbeiführt[148].

90 Haben beide Kraftfahrzeuge die Fahrbahnmitte überschritten oder läßt sich nicht klären, auf wessen Fahrbahnhälfte der Zusammenstoß geschah, so ist grundsätzlich im Verhältnis 50 : 50 zu quoteln. Bei stark unterschiedlicher Betriebsgefahr kann auch ein anderes Verhältnis angemessen sein[149]. Kann bei ungeklärtem Unfallhergang nicht festgestellt werden, ob das andere Fahrzeug links fuhr oder (verbotswidrig) stand, so haftet dessen Halter mit der höheren Quote, da auf seiner Seite in jedem Fall eine Verkehrswidrigkeit vorliegt; daß er dort in der anderen Fahrtrichtung hätte stehen dürfen, entlastet ihn nicht[150].

91 Muß ein Fahrzeug wegen Überbreite die Gegenfahrbahn in Anspruch nehmen und kommt es wegen zu hoher Geschwindigkeit eines Entgegenkommenden an unübersichtlicher Stelle zur Kollision, so muß bei mangelnder Absicherung des überbreiten Fahrzeugs dessen Halter mindestens zur Hälfte haften[151].

Geschwindigkeit auf schmaler Fahrbahn

92 Sind beide Beteiligte nicht „auf halbe Sicht" gefahren (§ 16 Anh., 130), ist die Haftung in der Regel hälftig zu verteilen. Hat jedoch einer der Fahrer unnötig die Fahrbahnmitte überschritten, während dem anderen nur zur Last liegt, „auf Sicht" statt „auf halbe Sicht" gefahren zu sein, trägt ersterer den überwiegenden Anteil[152].

Schleudern

93 Gegenüber einem durch Schleudern auf die falsche Fahrbahnseite geratenden Kraftfahrzeug kommt eine Mithaftung des Entgegenkommenden in Betracht, wenn er trotz Erkennens der Gefahr nicht sofort bremst[153] oder wenn er für die gegebenen Verhältnisse (z. B. Glätte) ebenfalls zu schnell gefahren war[154]. Die reine Betriebsgefahr tritt dagegen voll zurück[155].

Vorbeifahren am Hindernis

94 Wer vor einem Hindernis (z. B. Baustelle, stehendes Fahrzeug, Pfütze) auf die Gegenfahrbahn ausweicht, trägt bei Kollision mit einem Entgegenkommenden grundsätzlich die volle Haftung[156]. Eine Mithaftung des anderen kommt insbesondere bei unangepaßter Geschwindigkeit (z. B. wegen Unübersichtlichkeit) in Betracht[157].

---

[146] BGH VersR 1968, 698; OLG Nürnberg VersR 1972, 76. Zu streng OLG Hamm VRS 72, 423 (25% Mithaftung).

[147] LG Münster VersR 1988, 47 (schwaches Licht eines Mofa).

[148] OLG Karlsruhe VersR 1987, 695 (20%, Mokickfahrer).

[149] OLG Oldenburg VersR 1978, 1148 (4 : 1 bei Pkw gegen Mofa).

[150] OLG Karlsruhe NZV 1990, 189: 70%.

[151] **A. A.** OLG Schleswig NZV 1993, 114: ⅓ bei Kollision zwischen Panzer und Lkw.

[152] OLG Hamburg VRS 84, 169; OLG Schleswig NZV 1991, 431: 60%.

[153] OLG München VersR 1976, 1096 (25%).

[154] OLG Oldenburg DAR 1988, 273 (⅓).

[155] OLG Hamm NZV 1994, 277.

[156] OLG Nürnberg VersR 1960, 912; OLG Düsseldorf VersR 1988, 1190.

[157] OLG Bamberg VersR 1982, 583 (25%); OLG Hamm NZV 1995, 28 (25%).

Hat der Entgegenkommende angehalten, um das Durchfahren zu ermöglichen, so soll er nach OLG Bremen VersR 1979, 1059 zu ¼ mithaften, wenn er nicht äußerst rechts herangefahren ist und der Ausweichende ihn aus Unachtsamkeit anfährt (zw.). Hat der Vorbeifahrende wegen des nahenden Gegenverkehrs angehalten, statt die Engstelle zu räumen, läßt OLG Koblenz NZV 1993, 195 ihn überwiegend (⅔) für die Kollision haften; m. E. trifft jedoch den in die versperrte Engstelle Einfahrenden die größere Verantwortung. 95

Vorrang an Engstelle

Grundsätzlich trifft den Fahrer, der den Vorrang des Gegenverkehrs mißachtet hat, die volle Haftung. Befindet sich ein Fahrzeug bereits in der Engstelle und kann das andere infolge zu hoher Geschwindigkeit oder Unaufmerksamkeit nicht mehr rechtzeitig anhalten, so trifft dessen Fahrer die überwiegende Verantwortung[158]. Handelt es sich um eine besondere Verkehrslage im Sinne des § 11 Abs. 2 StVO, so trifft den an sich bevorrechtigten Gegenverkehr auch eine ins Gewicht fallende Mithaftung[159]. 96

Überholen

Beim Zusammenstoß mit einem entgegenkommenden Kraftfahrzeug tritt dessen Betriebsgefahr in der Regel völlig zurück[160]. Zu einer Schadensteilung kann es kommen, wenn der Entgegenkommende schwer erkennbar war[161] oder seine Geschwindigkeit trotz Erkennens der Gefahr nicht herabgesetzt hat[162]. Überholt ein Motorradfahrer unter Benutzung der Linksabbiegerspur mit überhöhter Geschwindigkeit an einer Ampel anfahrende Kraftfahrzeuge und kollidiert er mit einem in Gegenrichtung vom linken Gehsteig aus auf die Straße einfahrenden und diese überquerenden Lkw, trifft ihn eine Mithaftung von ⅓[163]. 97

Linksabbiegen

In der Regel tritt die Betriebsgefahr des entgegenkommenden Kraftfahrzeugs hinter dem Verschulden des sein Vorrecht mißachtenden Linksabbiegers zurück[164]. Eine Mithaftung kommt aber vor allem bei überhöhter Geschwindigkeit[165], irreführendem Blinken[166] oder mangelhafter Beleuchtung[167] in Betracht. Bremst der Entgegenkommende, 98

---

158 OLG Bamberg VersR 1983, 958 (Pkw gegen Schneepflug in enger, unübersichtlicher, aber mit Spiegel versehener Kurve: 3:1). Für Halbteilung dagegen OLG Düsseldorf VersR 1970, 1160; desgleichen OLG Karlsruhe DAR 1989, 106 trotz erheblicher Verkehrswidrigkeit des später Kommenden.

159 AG Siegburg VersR 1984, 432 (polizeiliche Absperrung an Unfallstelle: 40%).

160 OLG München NJW 1966, 1270; VersR 1978, 285; OLG Celle NZV 1993, 437 (auch bei überhöhter Geschwindigkeit).

161 OLG München VRS 55, 409 (unzureichend beleuchtetes Moped: 25%).

162 BGH VersR 1968, 577 (25%).

163 OLG München NZV 1990, 394.

164 BGH VersR 1964, 514; 1965, 899; 1969, 75; OLG Stuttgart VersR 1980, 383; OLG Schleswig VersR 1981, 89; OLG Düsseldorf VersR 1983, 1164 LS (auch bei vermeintlichem Verzicht auf das Vorrecht); KG VM 1982, Nr. 69 (auch bei „fliegendem Start"); OLGR Köln 1995, 164; OLG Hamm NZV 1995, 29.

165 BGH VersR 1984, 441 (⅔); OLG Bamberg VersR 1975, 813 (25%); KG VersR 1978, 872 (25%); OLG Schleswig NZV 1988, 179 (20%); OLG Hamm VRS 1976, 253 (Krad, 87 statt 50 km/h: ⅔); NZV 1994, 318 (Krad, 95 statt 50 km/h: ¾); LG Karlsruhe VersR 1987, 290 (Krad, innerorts mindestens 70 km/h: 40%). Zu weitgehend OLG Karlsruhe VersR 1980, 1148 (Alleinhaftung des Gegenverkehrs bei innerorts um 30 km/h überhöhter Geschwindigkeit).

166 OLG Celle ZfS 1995, 86.

167 OLG Köln VersR 1988, 751 (unbeleuchtetes Mofa: 70%).

obwohl der Abbieger rechtzeitig anhält[168], oder streift er letzteren, weil er zu weit links fährt[169], trifft ihn die weit überwiegende Haftung. Tastet sich der Abbieger langsam vor, weil ihm durch einen linksabbiegenden Lkw im Gegenverkehr die Sicht genommen ist, trägt ein den Lkw rechts überholender Kradfahrer ⅔ der Haftung[170].

99 War dem Linksabbieger durch eine Ampel (Grünpfeil) Vorrang eingeräumt, so ist er gegenüber einem bei Rot durchfahrenden Fahrzeug des Gegenverkehrs grundsätzlich haftungsfrei[171]. Wartete der Abbieger das Aufleuchten des Grünpfeils nicht ab oder war ein solcher überhaupt nicht vorhanden, so trifft ihn auch gegenüber einem noch bei spätem Gelb Entgegenkommenden die volle Haftung[172], während der Entgegenkommende überwiegend haftet, wenn die Ampel für ihn bereits Rot zeigte[173]. Volle Haftung des Linksabbiegers greift auch dann ein, wenn er sich beim Umschalten der Lichtzeichen bereits in der Kreuzung befindet und vor einem entgegenkommenden Fahrzeug abbiegt, das im fliegenden Start (aber mit mäßiger Geschwindigkeit) einfährt[174]. Weist die Ampel ein eigenes Lichtzeichen (Grünpfeil) für Linksabbieger auf, läßt sich aber die Stellung zum Unfallzeitpunkt nicht ermitteln, so ist die Haftung grundsätzlich hälftig zu verteilen[175]. Ein höherer Haftungsanteil des abbiegenden Kraftfahrzeugs, wie er teilweise befürwortet wird[176], läßt sich nicht mit dessen gesteigerter Betriebsgefahr begründen, denn bei Abschirmung des Abbiegevorgangs durch eine eigene Grünphase unterscheidet er sich hinsichtlich seiner Gefährlichkeit nicht mehr vom Kreuzungsverkehr, für den bei Unaufklärbarkeit der Ampelstellung allgemein eine Haftung zu gleichen Teilen zugrundegelegt wird.

100 Beim Linksabbiegen durch eine **Lücke im stehenden Gegenverkehr** kommt hälftige Schadensteilung in Betracht, wenn der Unfallgegner mit überhöhter Geschwindigkeit den rechten Fahrstreifen des Gegenverkehrs befuhr[177].

Sonderrechtsfahrzeug

101 Beim Zusammenstoß mit einer auf der falschen Fahrbahnseite entgegenkommenden, ordnungsgemäß gekennzeichneten Kehrmaschine trifft den unachtsamen Pkw-Fahrer die volle Haftung[178].

cc) **Kreuzender Verkehr**

Regelung durch Lichtzeichen

102 Wer das Rotlicht einer Verkehrsampel mißachtet, haftet grundsätzlich allein für den daraus erwachsenden Schaden[179]. Dies muß auch gelten, wenn die Ampel unmittelbar

---

168 OLG Nürnberg NJW-RR 1986, 1153 (80%).
169 OLG Nürnberg VRS 76, 260 (80%).
170 OLG Celle NZV 1994, 193.
171 KG NZV 1991, 271.
172 **A. A.** *Himmelreich/Klimke/Bücken* 4998 a: ⅓.
173 *Himmelreich/Klimke/Bücken* 5000: 75%; **a. A.** für die „erste Rotsekunde" OLG Hamm NZV 1989, 191 u. KGR Berlin 1995, 85 (50%).
174 OLG Düsseldorf VRS 59, 408; KG VM 1982, Nr. 69; vgl. auch OLG Hamm NZV 1991, 31 (nicht unter 50%).
175 BGH NZV 1992, 108; 1996, 231; OLG Schleswig VersR 1984, 1098; SchlHA 1993, 67; OLG München DAR 1985, 382; OLG Hamm NZV 1990, 189; OLG Düsseldorf NZV 1995, 311; *Menken* DAR 1989, 55.
176 KG VM 1979, Nr. 65; NZV 1991, 271; 1994, 31; 1995, 312; DAR 1994, 153 sowie *Klimke* DAR 1987, 321 (⅔ zu Lasten des Linksabbiegers); KG VM 1987, Nr. 41 (Alleinhaftung des Linksabbiegers).
177 OLG Karlsruhe NZV 1989, 473.
178 OLGR Hamm 1995, 219.
179 OLG München DAR 1968, 268; OLG Hamm VersR 1984, 195 LS.

nach dem Umschalten von Gelb auf Rot passiert wird. Demgegenüber wird teilweise eine Mithaftung des kreuzenden Verkehrsteilnehmers angenommen, wenn er mit fliegendem Start in die Kreuzung eingefahren ist und infolgedessen mit dem Rotlichtsünder kollidiert[180]. Erst recht muß derjenige allein haften, der vorzeitig in die Kreuzung einfährt und deshalb mit einem Fahrzeug zusammenstößt, welches die Ampel noch bei Gelblicht passiert hat[181]. Es besteht angesichts ausreichend langer Gelbphasen keinerlei Anlaß, Rotlichtsünder zu begünstigen. Fuhr das eine Fahrzeug bei Rot, das andere bei Rot-Gelb ein, so erscheint eine Haftungsverteilung im Verhältnis 3 : 1 zu Lasten des ersteren vertretbar[182].

Läßt sich die Ampelstellung nicht mehr aufklären, so haften die Unfallbeteiligten grundsätzlich im Verhältnis 1 : 1[183]. **103**

Kollidiert der bei Grün (mit fliegendem Start) Einfahrende mit Nachzüglern des Querverkehrs, die bei Grün eingefahren waren, aber die Kreuzung noch nicht verlassen konnten, so trifft ihn die überwiegende Haftung[184]. **104**

Regelung durch Vorfahrtzeichen

Grundsätzlich trifft den die alleinige Haftung, der das Vorfahrtrecht mißachtet hat[185]. Das gilt (wegen des andersgearteten Schutzzwecks; vgl. § 16, 102) auch dann, wenn der andere nicht die rechte Seite der Vorfahrtstraße eingehalten hat[186]. Eine Mithaftung des Bevorrechtigten ist jedoch anzunehmen, wenn er durch eigenes Verschulden zu dem Unfall beigetragen hat, insbesondere wenn er erheblich zu schnell gefahren ist. **105**

Bei einer Überschreitung der zulässigen Höchstgeschwindigkeit um weniger als 20% wird dies in der Regel nicht in Betracht kommen[187]. Dagegen wird z. B. in der Rechtsprechung eine Mithaftung von ¼ bis ⅓ bejaht, wenn der Vorfahrtberechtigte die zulässige Geschwindigkeit um ca. 20 bis 40% überschritten hat[188]. Bei darüberliegenden Geschwindigkeitsüberschreitungen werden Haftungsquoten bis hin zur alleinigen Haftung des Vorfahrtberechtigten vertreten[189]. Für die richtige Bemessung der Quote kann nicht allein auf den Prozentsatz der Geschwindigkeitsüberschreitung abgestellt **106**

---

180 OLG Schleswig VersR 1975, 674; *Himmelreich/Klimke/Bücken* 5020 f.

181 A. A. *Himmelreich/Klimke/Bücken* 5011.

182 KG VersR 1979, 356; OLG München VersR 1975, 268.

183 KG DAR 1974, 225.

184 *Himmelreich/Klimke/Bücken* 4994; a. A. OLG Zweibrücken VersR 1981, 581 u. KG VersR 1981, 42 (25%).

185 KG VersR 1970, 909; 1971, 648; 1972, 466; 1973, 749; OLG München NJW-RR 1986, 1154; OLG Köln VersR 1992, 977.

186 BGH VersR 1963, 163; a. A. OLG Köln NZV 1989, 437 (80%); 1991, 429 (75%); KG VersR 1975, 1143 (75%).

187 KG VM 1985, Nr. 97; OLG Köln VersR 1992, 110; zu weitgehend OLG Stuttgart VersR 1982, 782 (25% Mithaftung bei Überschreitung der Höchstgeschwindigkeit von 100 km/h um 5 km/h) u. OLG Hamm NZV 1994, 277 (40% bei 115 statt 100 km/h, obwohl Wartepflichtiger für Sichtverhältnisse zu langsam anfuhr).

188 Vgl. OLG Koblenz VersR 1974, 671; OLG Zweibrücken VersR 1977, 1059; OLG Köln VersR 1978, 830; VersR 1991, 1416; NZV 1994, 320; KG VersR 1978, 872; OLG Karlsruhe VRS 72, 420. Für hälftige Mithaftung bei 23% OLG Oldenburg DAR 1994, 29, bei 20% OLGR Hamm 1995, 3.

189 Vgl. KG VM 1982, Nr. 99 (50%); OLG Stuttgart DAR 1989, 387 (50%); OLG Köln VersR 1995, 676 (50% bei Überschreitung der 50 km/h um 100%, aber zusätzlichem Fahrfehler des Wartepflichtigen); LG Frankenthal VersR 1987, 1121 LS (70%); OLG Celle VersR 1973, 1147 (75%); OLG Karlsruhe VersR 1980, 1148 (100%); KG DAR 1992, 433 (100%); OLGR Hamm 1994, 147 (100%).

werden[190]. Entscheidend sind vielmehr auch die Art der beteiligten Kraftfahrzeuge, die Lage der Unfallstelle (innerorts, Schnellstraße), die Sichtverhältnisse[191] usw.

107 Zu vollem Schadensersatz kann der Vorfahrtberechtigte auch dann verpflichtet sein, wenn er durch **Setzen des Fahrtrichtungsanzeigers** und Verlangsamen den Anschein erweckt hat, nach rechts in die untergeordnete Straße abbiegen zu wollen[192]. Des weiteren kommt volle Haftung bei **Fahren ohne Licht** zur Nachtzeit in Betracht[193].

108 Kommt es nach dem Rechtseinbiegen in die bevorrechtigte Straße zum Zusammenstoß mit einem von dort entgegenkommenden Kraftfahrzeug, das zum Überholen auf die linke Fahrbahnhälfte ausgeschert ist, so trifft die überwiegende Haftung den Überholer, wenn es für den Einbiegenden kein Anzeichen für einen bevorstehenden Überholvorgang gab[194], ansonsten den Einbiegenden[195].

109 Hälftige Schadensteilung hat BGH NZV 1994, 184 in einem Fall angenommen, in dem der Fahrer eines Traktorengespanns berechtigt in die Vorfahrtsstraße einfuhr, weil auf ausreichende Entfernung kein Bevorrechtigter sichtbar war, nach Auftauchen eines solchen aber trotz Unmöglichkeit rechtzeitigen Räumens der Straße nicht stehenblieb und dadurch den Motorradfahrer zu Fehlreaktionen veranlaßte.

Rechts vor links

110 Bei Zusammenstößen an Kreuzungen und Einmündungen ohne besondere Vorfahrtregelung rechnet die Rechtsprechung im allgemeinen auch dem nach dem Grundsatz „rechts vor links" bevorrechtigten Fahrer eine Mithaftung an[196]. Der Grund hierfür wird in einer besonderen Ausprägung des Vertrauensgrundsatzes gesehen: der wartepflichtige Verkehrsteilnehmer dürfe grundsätzlich davon ausgehen, daß der an sich Vorfahrtberechtigte seine Geschwindigkeit herabsetzt, um ggfs. seiner Wartepflicht gegenüber einem für ihn von rechts kommenden Kraftfahrzeug zu genügen (vgl. § 7, 460). Folgerichtig wird dem Vorfahrtberechtigten voller Schadensersatz zugebilligt, wenn für ihn eine solche Wartepflicht nach Sachlage nicht in Frage kam, etwa weil es sich um eine einseitige Einmündung oder eine nach rechts wegführende Einbahnstraße handelte[197].

111 Diese im Ansatz richtige Betrachtungsweise darf jedoch nicht zu einer schematischen Mithaftung des von rechts Kommenden führen. Grundsätzlich muß vielmehr auch hier die Betriebsgefahr des bevorrechtigten Kraftfahrzeugs hinter dem Verschulden des wartepflichtigen Fahrers zurücktreten. Nur bei erhöhter Betriebsgefahr, insbesondere unangepaßter Geschwindigkeit, sollte auf eine Mithaftung des Vorfahrtberechtigten erkannt werden[198].

---

190 Zu schematisch daher *Böhm* DAR 1988, 34.

191 OLG Schleswig NZV 1994, 439: 70% Mithaftung des Vorfahrtberechtigten wegen Verstoßes gegen Sichtfahrgebot bei Nebel.

192 Vgl. KG VersR 1975, 52; NZV 1990, 155; OLG Düsseldorf DAR 1977, 161; 1977, 270; für Verteilung 70 : 30 zum Nachteil des Vorfahrtberechtigten OLG Dresden VersR 1995, 234; für hälftige Quotelung LG Münster VRS 72, 166.

193 KG VersR 1983, 839.

194 BGH VersR 1982, 903: mindestens 50%.

195 KG VersR 1975, 909 u. KGR 1994, 257 (75%); OLG Hamburg VersR 1976, 893 (100%); OLG Karlsruhe VersR 1977, 673 m. Anm. *Haertlein* (100%); OLG Oldenburg VRS 78, 25 (80%).

196 BGH VersR 1977, 917 (¼); OLG Zweibrücken VersR 1977, 1059 (¼); OLG Saarbrücken VersR 1981, 580 (versetzte Kreuzung, ⅓); OLG Oldenburg VersR 1982, 1154 (unübersichtliche Kreuzung, ¼).

197 Vgl. *Krumbholz/Paul/Brüseken* NZV 1988, 170. Ebenso BGH VersR 1988, 80 für den Fall, daß der von rechts Kommende die für ihn rechte Straße gut einsehen kann.

198 KG DAR 1984, 85 u. NZV 1988, 65 (Linksfahren, zu hohe Geschwindigkeit auf Parkplatz: ⅔); OLG Karlsruhe DAR 1988, 26 (zu schnell in verkehrsberuhigtem Bereich: 30%); DAR 1996, 56 (zu schnell an unübersichtlicher Kreuzung: 25%).

Bis zur Änderung des § 10 Satz 1 StVO durch die Verordnung vom 22.3.1988 (in Kraft seit 1.10.1988) galt auch für eine über **abgesenkte Bordsteine** geführte Straßeneinmündung der Grundsatz „rechts vor links" (vgl. § 7, 454). Wegen der gesteigerten Sorgfaltspflicht des eine solche Zufahrt benützenden Vorfahrtberechtigten hielt der BGH aber eine Haftungsverteilung im Verhältnis 2 : 1 zu Lasten des Bevorrechtigten für angemessen[199]. **112**

Bei Einmündungen von **Feld- oder Waldwegen** kommt eine Mithaftung des (ungeachtet der Rechts-vor-Links-Regel vorfahrtberechtigten) Straßenbenutzers nur in Betracht, wenn er die zulässige Höchstgeschwindigkeit erheblich überschritten und dem Einbiegenden dadurch ein rechtzeitiges Erkennen unmöglich gemacht[200] oder sich nicht auf eine nach den Umständen zu erwartende Verletzung seines Vorfahrtrechtes eingestellt hat. Sie wird im letzteren Fall angesichts des Verschuldens des anderen Fahrers kaum über 20% hinausgehen[201]. **113**

Grundstücksausfahrten

Die gesteigerte Gefahrabwendungspflicht des Ausfahrenden (§ 10 StVO) rechtfertigt es oftmals, diesem die alleinige Haftung aufzuerlegen, wenn es zu einer Kollision mit durchgehendem Verkehr kommt[202]. Dies gilt insbesondere bei Rückwärtsausfahren[203]. Bei überhöhter Geschwindigkeit oder anderer Verkehrswidrigkeit des Bevorrechtigten kommt aber – wie in den Vorfahrtfällen – eine Mithaftung in Betracht[204]. Alleinhaftung ist vertretbar bei Befahren der Straße in gesperrter Richtung[205]. Bei Kollision zwischen Aus- und Einfahrer wird häufig hälftige Haftung angezeigt sein[206]. Zum Rückwärtsausfahren s. Rdn. 127. **114**

Sonderrechtsfahrzeuge

Konnte der an sich bevorrechtigte Kraftfahrzeugführer das mit Blaulicht und Martinshorn in die Kreuzung eingefahrene **Einsatzfahrzeug** rechtzeitig erkennen, so kann im Falle einer Kollision seine Alleinhaftung angemessen sein[207]. Beachtete jedoch der Fahrer des Sonderrechtsfahrzeugs beim Einfahren in die Kreuzung – insbesondere bei Rotlicht – nicht die erforderliche Sorgfalt, kommt eine erhebliche bis überwiegende Mithaftung in Betracht[208]. Alleinhaftung des Sonderrechtsfahrzeugs ist angezeigt, wenn es wegen nicht ordnungsgemäßen Betätigens der Signaleinrichtungen oder aus sonsti- **115**

---

199 VersR 1987, 308.

200 OLG Nürnberg NZV 1991, 353.

201 Zu streng OLG Koblenz VersR 1986, 1197: 40%.

202 OLG Hamm VRS 72, 344; OLG Bamberg VersR 1987, 1137 (obwohl der bevorrechtigte Kradfahrer auf der Fahrbahnmitte fuhr); LG Düsseldorf VersR 1981, 290 (obwohl der andere wegen eines Hindernisses links fuhr); LG Aachen NZV 1989, 118 (obwohl der andere seinerseits in dasselbe Grundstück einbiegen wollte).

203 OLGR Hamm 1996, 50.

204 OLG Karlsruhe VersR 1982, 807 (25% bei 20%iger Überschreitung); NZV 1989, 116 (50 statt 30 km/h auf Parkplatzerschließungsstraße: 50%); KG VM 1987, Nr. 53 (50% trotz Rückwärtsausfahrens des anderen, da zu schnell und zu dicht an geparkten Fahrzeugen); OLG Hamm NZV 1994, 230 (Überfahren einer Sperrfläche: 25%); LG Kassel VersR 1980, 394 (50% bei Überschreitung um mehr als 50%).

205 OLG Oldenburg NZV 1992, 487; AG Neuwied VersR 1983, 1164.

206 So OLG Düsseldorf NZV 1991, 392; OLG Hamm NZV 1994, 154.

207 KG VersR 1976, 193; OLG Köln DAR 1977, 324.

208 OLG Frankfurt VersR 1979, 1127 (Rotlicht: 40%); OLG Köln VersR 1985, 372 (Rotlicht: 80%); OLG Düsseldorf VersR 1985, 669 u. NZV 1992, 489 (Rotlicht: ⅔); KG VRS 88, 321 (70 km/h in später Rotphase: 75%); AG Wilhelmshaven DAR 1988, 171 (Rotlicht, Mißbrauch des Blaulichts: 75%).

gen Gründen für den nach den allgemeinen Regeln bevorrechtigten Verkehr nicht rechtzeitig erkennbar war[209].

116 Wurde das Wegerecht unberechtigt in Anspruch genommen, so ist das darin liegende Verschulden haftungserhöhend zu berücksichtigen[210]. Für die Voraussetzungen des § 38 Abs. 1 StVO ist darlegungspflichtig, wer sich auf das Sonderrecht beruft[211].

117 Beim Zusammenstoß mit einem Panzer, der im geschlossenen Verband eine bevorrechtigte Straße kreuzt, kann Schadenshalbteilung angemessen sein[212].

Sonderfälle

118 Fährt der Vorfahrtberechtigte an einer unübersichtlichen Einmündung so nahe am Fahrbahnrand, daß dem Wartepflichtigen die Möglichkeit des vorsichtigen Hineintastens genommen wird, so kann ihn eine Mithaftung treffen[213].

119 Unterläßt es der Fahrer eines langen Lastzugs, vor dem Einbiegen in die Vorfahrtstraße an einer sehr unübersichtlichen Stelle einen **Warnposten** aufzustellen (vgl. § 7, 455), so haftet er gegenüber einem Benutzer der Vorfahrtstraße im Verhältnis 7 : 3[214].

120 Bei der Kollision eines Kraftfahrzeugs, welches durch eine vom bevorrechtigten, aber ins Stocken geratenen Verkehr freigelassene **Lücke** in die Vorfahrtstraße einfährt, mit einem die stehende Kolonne überholenden Kraftfahrzeug trifft das letztere trotz seines Vorfahrtrechts eine ins Gewicht fallende Mithaftung[215]. Sogar die überwiegende Haftung kann denjenigen treffen, der zunächst den Anschein eines Verzichts auf die Vorfahrt erweckt, dann aber gleichwohl in die Kreuzung einfährt[216], oder der einen Sonderfahrstreifen unbefugt benutzt[217] oder eine Sperrfläche überfährt[218]. Alleinhaftung des Vorfahrtberechtigten kommt in Betracht, wenn er einen Vorausfahrenden überholt, der verlangsamt, um an einer unübersichtlichen Einmündung einem anderen das Einbiegen zu ermöglichen, und beim Versuch, auch noch das einbiegende Fahrzeug zu überholen, mit diesem kollidiert[219]; desgleichen bei exorbitanter Geschwindigkeitsüberschreitung[220].

121 Der **auf eine Autobahn unter Nichtbeachtung des durchgehenden Verkehrs Einfahrende** haftet in der Regel voll; eine Mithaftung desjenigen, der es unterlassen hat, durch kurze Verzögerung ein Einfädeln zu ermöglichen, kommt nur in Ausnahmefällen in Betracht[221].

122 Auf **Parkplätzen** ist im Verhältnis zu Kraftfahrzeugen, die aus Parkboxen herausfahren, auch der zwischen den Parkreihen Hindurchfahrende zu besonderer Rücksicht-

---

209 KG VersR 1987, 822 u. OLG Köln NZV 1996, 237 (Rotlicht, kein Martinshorn); NZV 1989, 192 (Rotlicht, 70 km/h, Signale nicht rechtzeitig wahrnehmbar); OLG Hamm DAR 1996, 93 (Rotlicht, 65 km/h, nicht rechtzeitig wahrnehmbar).

210 A. A. KG VM 1982, Nr. 41.

211 BGH VersR 1962, 836; OLG Düsseldorf NZV 1992, 489.

212 OLG München VRS 72, 170.

213 OLGR Frankfurt 1994, 99 (25%).

214 BGH VersR 1984, 1147.

215 KG VersR 1974, 370 (25%); OLG Koblenz VersR 1981, 1136 (Kasernenausfahrt, Kradfahrer bei Überholverbot: ⅔); OLG Köln VersR 1989, 98 LS (Überholverbot und überhöhte Geschwindigkeit: ⅔).

216 OLG Hamm NZV 1988, 24 (Freilassen einer Lücke, Lichthupe: ⅔).

217 KG NZV 1992, 486 (⅔).

218 OLG Hamm NZV 1992, 238 (75%); LG Aachen VersR 1992, 333 (⅔). S. auch OLG Schleswig NZV 1993, 398 LS: 100%.

219 OLG Hamm VersR 1982, 250 LS.

220 OLG Stuttgart NZV 1994, 194 (88 statt 50 km/h).

221 So OLG Hamm NZV 1993, 436: 20%; **a. A.** (volle Haftung des Bevorrechtigten) OLG Karlsruhe NZV 1996, 319.

nahme, insbesondere zu mäßiger Geschwindigkeit, verpflichtet (§ 16 Anh., 121) und haftet daher bei einer Kollision mit[222].

Erweckt der Bevorrechtigte den falschen Eindruck eines **Vorfahrtverzichts**, bleibt die Haftung zwar im wesentlichen beim Wartepflichtigen, da dieser nur auf eindeutigen Verzicht vertrauen darf; den anderen trifft aber eine Mithaftung[223] (vgl. Rdn. 120 zu „Lückenunfall"). **123**

Gerät der vorfahrtberechtigte Linksabbieger, weil er in **zu flachem Bogen** fährt, außerhalb des engeren Kreuzungsbereichs in die Fahrlinie eines auf der untergeordneten Straße Herankommenden, trägt er in der Regel die alleinige Haftung[224]. **124**

dd) Rückwärtsfahren, Wenden

Beim Zusammenstoß eines **rückwärtsfahrenden** Kraftfahrzeugs mit einem Teilnehmer des durchgehenden Verkehrs greift in der Regel Alleinhaftung des ersteren ein[225]. Eine Quotelung kann jedoch bei überhöhter Geschwindigkeit oder grober Unachtsamkeit des anderen angezeigt sein[226]. Dies gilt insbesondere dort, wo mit rangierenden Fahrzeugen gerechnet werden muß (Parkfläche, Parkhaus)[227]; hier kommt sogar Alleinhaftung des zu schnell Gefahrenen in Betracht[228]. **125**

Auch beim **Wenden** trifft im allgemeinen denjenigen, der das gefahrenträchtige Fahrmanöver vornimmt, die volle Haftung[229]. Mithaftung des Unfallgegners kommt in Betracht, wenn diesen ebenfalls ein unfallursächliches Verschulden oder zumindest eine deutlich erhöhte Betriebsgefahr trifft[230]. Wer einen anderen durch ein unzulässiges Wendemanöver zum Bremsen zwingt, haftet einem Dritten, der infolge Unaufmerksamkeit auf diesen auffährt, im Verhältnis 2 : 1[231]. **126**

Sonderfälle: In Einbahnstraße bzw. auf Richtungsfahrbahn rückwärts Fahrender trägt ¾[232] bis 100%[233] bei Kollision mit Grundstücksausfahrer, 100% bei Kollision mit Wendendem[234]. Rückwärts aus Grundstück Ausfahrender trägt ⅗ bei Zusammenstoß mit auf der Straße rückwärts Fahrendem[235], ⅔ bei Zusammenstoß mit einem innerorts mit überhöhter Geschwindigkeit Überholenden[236], ⅓, wenn der andere über eine Sperrfläche fuhr[237]. Rückwärts bei Dunkelheit und Regen in Grundstückseinfahrt rangierenden Lastzug trifft volle Haftung gegenüber mit nicht zu beanstandender Geschwindigkeit von 70 km/h herankommendem Pkw[238]. OLG München NZV **127**

---

222 OLG Oldenburg VersR 1983, 1043 (⅕); 1993, 496 (50%); OLG Stuttgart NJW-RR 1990, 670 (⅓).

223 OLG Koblenz 1991, 428 (Lichthupe, 20%).

224 KG VersR 1994, 1085 (ausnahmsweise 75%).

225 BGH VersR 1963, 358; KG VM 1988, Nr. 30 LS.

226 OLG Frankfurt VersR 1973, 968 (7 : 3 zu Lasten eines mit überhöhter Geschwindigkeit auf einen Einparkenden auffahrenden Pkw).

227 LG Nürnberg-Fürth NZV 1991, 357 (60% zu Lasten des Zurückstoßenden).

228 KG VersR 1983, 250 LS (Parkhaus).

229 OLG Düsseldorf VersR 1973, 770; 1980, 633; 1982, 553; OLG Köln VersR 1979, 41; NZV 1995, 400; KG VersR 1982, 583; OLG Koblenz NZV 1992, 406.

230 OLG München VersR 1982, 173 (Vorbeifahrt an stehender Doppelkolonne, aus der heraus der andere durch eine Lücke wendet: 20%); KG VM 1992, Nr. 51 (Versuch hinter dem querstehenden Wendenden durchzufahren: 25%); OLGR Hamm 1994, 65 (Geschwindigkeitsüberschreitung und verspätete Reaktion: 50%); OLG Hamm MDR 1994, 781 (75 km/h mit Abblendlicht: 25%); OLG Köln MDR 1995, 475 (75 km/h innerorts: 40%); OLG Schleswig VersR 1995, 1329 (Rettungswagen, dem der Wendende freie Fahrt schaffen wollte: 25%).

231 OLGR Hamm 1994, 100.

232 OLG Köln VersR 1992, 332.

233 KGR Berlin 1994, 98.

234 KG VersR 1993, 711.

235 OLG Köln NZV 1994, 321.

236 OLG Hamm ZfS 1993, 261.

237 OLG Köln NZV 1990, 72.

238 OLG Hamm VersR 1994, 1252.

1994, 106 sprach Leichtkraftradfahrer in ähnlichem Fall nur ⅔ zu, weil er bei Nebel zu unaufmerksam fuhr, OLG Karlsruhe VersR 1989, 1058 einem nicht auf Sicht fahrenden Pkw-Fahrer ¾. Vorbeifahren mit unverminderter Geschwindigkeit hinter einem auf der Überholspur querstehenden, rangierenden Fahrzeug: ⅓[239].

ee) Ruhender Verkehr

128 Hat ein **verkehrswidrig abgestelltes Kraftfahrzeug** zu einem Verkehrsunfall beigetragen, so haftet dessen Halter je nach Höhe seines Verursachungsbeitrags und nach dem Maß des Verschuldens der anderen Verkehrsteilnehmer mit[240].

Zum **Auffahren** auf ein abgestelltes oder liegengebliebenes Kraftfahrzeug s. Rdn. 73.

129 Bei einem Unfall, der auf **unvorsichtiges Türöffnen** und einen deutlich zu geringen Seitenabstand des anderen Kraftfahrzeugs zurückzuführen ist, kann eine Haftungsquote von 50% als Richtwert dienen[241].

129a Fährt ein Pkw gegen die ohne Absicherung 2 m weit in den Verkehrsraum ragende, waagerecht angehobene **Ladebordwand** eines in zweiter Reihe parkenden Lkw, so tritt die Betriebsgefahr des Pkw vollständig hinter die erhöhte Betriebsgefahr des Lkw zurück[242].

ff) Unfälle durch Ladung, Fahrzeugteile o. ä.

130 In diesen Fällen ist die Quotierung ganz besonders von den Umständen des Einzelfalls abhängig.

131 Alleinhaftung des Verursacherfahrzeugs hat die Rechtsprechung z. B. angenommen, wenn ein anderes Kraftfahrzeug auf eine verlorene Warntafel[243] oder eine abgelöste Reifenlauffläche[244] aufgefahren oder wenn ein Krad auf einer Ölspur ausgerutscht ist[245]. Dagegen wurde dem Kraftfahrer eine Mithaftung auferlegt, der bei Nacht auf einen Lkw-Anhänger aufgefahren war, der sich vom Zugfahrzeug gelöst hatte und unbeleuchtet die Autobahn blockierte[246], der auf einen nachts auf der BAB liegenden Reifen auffuhr[247] oder der infolge nicht angepaßter Geschwindigkeit gegen einen von einem Holzrückfahrzeug gezogenen Baumstamm[248] oder gegen das über die Fahrbahn gespannte Seil eines Bergungsfahrzeugs prallte[249]. Schadenshalbteilung wurde bejaht, wenn ein zum Überholen eines mit Bauschutt beladenen Lkw ansetzendes Kraftfahrzeug durch herabfal-

---

239 OLG Karlsruhe MDR 1991, 543.

240 Umfassende Zusammenstellung bei *Berr* DAR 1993, 418 ff. Beispiele: OLG Schleswig VersR 1975, 384 (in enger Kurve geparktes Kraftfahrzeug verursacht Begegnungszusammenstoß: ⅓); KG VersR 1978, 140 (zu nahe an Einmündung geparkter Pkw wird von rechtsabbiegendem Omnibus angefahren: ⅓); OLG Köln VersR 1988, 725 (im absoluten Haltverbot gegenüber einer Grundstücksausfahrt abgestelltes Kraftfahrzeug wird von anderem angefahren, welches wegen der Verengung einem ausfahrenden Kraftfahrzeug nicht ausweichen kann: 25% gegenüber dem Ausfahrenden); OLG Köln VersR 1990, 100 (geparkter Pkw verdeckt Vorfahrtzeichen: 40%); OLG Karlsruhe NZV 1992, 408 (40%) u. LG Gießen ZfS 1989, 224 (25%) bei Vorfahrtunfall wegen sichtbehindernden Parkens an Einmündung; AG Heilbronn VersR 1991, 1072 (sichtbehinderndes und fahrbahnverengendes Parken eines Lkw vor Tankstellenausfahrt: 50%).

241 KG VersR 1986, 1123; vgl. auch LG Mainz VersR 1983, 789: ⅔ zu Lasten des stehenden Kraftfahrzeugs; LG Hannover NZV 1991, 36: nur 20%, wenn leicht geöffnete Tür von Sogwirkung eines vorbeifahrenden Lkw mitgerissen wird.

242 OLG Hamm NZV 1992, 115 m. Anm. *Greger.*

243 OLG Hamm NZV 1988, 64.

244 KG NZV 1988, 23.

245 OLG Bamberg VersR 1987, 465.

246 OLG Braunschweig VersR 1983, 157: 20%.

247 OLG Frankfurt NZV 1991, 270: 20%.

248 OLG Zweibrücken NZV 1993, 153: ⅓.

249 BGH NZV 1993, 224: ⅓ nicht beanstandet.

lende Steine beschädigt wird[250], sogar volle Haftung des Geschädigten, wenn er nach einer Baustelle keinen ausreichenden Abstand zum Vordermann einhält und sein Fahrzeug daher von Steinen getroffen wird, die an dessen Reifen haftengeblieben waren[251].

b) Unfälle zwischen Kraftfahrzeug und Schienenbahn

Die Betriebsgefahr der Schienenbahn ist infolge ihres fehlenden Ausweichvermögens, ihrer großen Bewegungsenergie und der begrenzten Bremsfähigkeit generell höher zu bewerten als die eines Kraftfahrzeugs[252]. Dies schlägt auf die Haftungsverteilung aber nur dann durch, wenn sich diese besonderen Umstände auf das konkrete Unfallgeschehen auch tatsächlich ausgewirkt haben. Außerdem kann sich der a priori höhere Haftungsanteil der Schienenbahn dadurch (u. U. bis auf null) verringern, daß den Kraftfahrer ein unfallursächliches Verschulden trifft. Wegen Einzelheiten vgl. nachstehende Rechtsprechungsübersicht. 132

aa) Gleichgerichteter Verkehr

Auffahren der Straßenbahn auf Kraftfahrzeug

Beim Auffahren auf ein im Gleisbereich anhaltendes Kraftfahrzeug kommt eine Schadensaufteilung im Verhältnis 2:1 zu Lasten der Straßenbahn in Betracht[253], doch ist, insbesondere wenn dem Straßenbahnführer mangelnde Aufmerksamkeit vorgeworfen werden kann oder besondere Gründe für das Anhalten des Kraftfahrers im Gleisbereich vorlagen, der Anteil des Straßenbahnunternehmers zu erhöhen[254]. Umgekehrt trifft den Kraftfahrer ein höherer Anteil, wenn er erst kurz vor der Straßenbahn[255] oder zum Zwecke verbotswidrigen Abbiegens[256] auf das Gleis gewechselt ist. In solchen Fällen kann die Betriebsgefahr der Tram auch ganz zurücktreten[257]. 133

Linksabbiegendes Kraftfahrzeug

Biegt ein Kraftfahrzeug unmittelbar vor der von hinten herannahenden Straßenbahn nach links ab, so trifft in der Regel den Kraftfahrer die alleinige Haftung[258]. 134

Seitliche Berührung

Hat der Kraftfahrzeugführer seinen Wagen zu nahe am Straßenbahngleis abgestellt und verschätzt sich der Straßenbahnfahrer im Abstand, so trifft letzteren eine ins Gewicht fallende Mitverantwortung. Die Quotelung im Einzelfal hängt dann davon ab, welcher Vorwurf dem Kraftfahrer zu machen ist[259]. 135

---

250 AG Köln VersR 1986, 1130.

251 LG Kiel VersR 1982, 275.

252 OLG Düsseldorf DAR 1975, 330.

253 BGH VersR 1970, 1049; OLG Hamm VersR 1967, 984; VRS 80, 258; OLG Düsseldorf VersR 1969, 429; 1981, 784; OLG Hamburg VersR 1980, 172; für 50% bei ungeklärtem Auffahrunfall dagegen OLG Hamm NZV 1991, 313.

254 Vgl. OLG Hamburg VersR 1967, 563 (60%); 1974, 38 (70%); OLG Düsseldorf VersR 1975, 243 (75%).

255 BGH VersR 1964, 1241 (50%); OLG Hamburg VersR 1965, 1182 (50%); OLG Celle VersR 1974, 980 (50%); OLG Koblenz VersR 1979, 1035 (⅔); OLG Hamm VersR 1981, 961 (50%).

256 OLG Hamm VersR 1992, 108 (⅔).

257 OLG Düsseldorf VersR 1970, 91; 1988, 90; NZV 1994, 30; OLG Hamm VRS 73, 338; VersR 1988, 1250; LG Leipzig NZV 1994, 35.

258 OLG Düsseldorf VersR 1965, 1158; 1976, 171; 1976, 499; 1981, 785; OLG Koblenz NZV 1993, 476 (Kreuzung durch Andreaskreuz und Lichtsignalanlage gesichert, Lichtsignal aber ausgefallen).

259 Vgl. OLG Düsseldorf VersR 1974, 390 (Straßenbahn 80%); VRS 66, 333 (⅔); LG Düsseldorf VersR 1976, 101 LS (50%); KG

bb) **Gegenverkehr**

136 Fährt ein entgegenkommender Linksabbieger kurz vor der Straßenbahn in deren Gleisbereich ein, so tritt ihre Betriebsgefahr zurück[260].

cc) **Kreuzender Verkehr**

Regelung durch Lichtzeichen

137 Bei der Kollision zwischen einer Straßenbahn, die schon vor dem Umschalten des Sperrsignals in die Kreuzung einfuhr, und einem noch bei später Gelbphase einfahrenden Kraftfahrzeug hat OLG Hamm VersR 1988, 1054 die Haftung im Verhältnis 3 : 1 zu Lasten der Straßenbahn verteilt. Stößt ein unaufmerksam bei Grün in die Kreuzung einfahrender Kraftfahrer mit einer Straßenbahn zusammen, die als Nachzüglerin vorsichtig die Kreuzung räumen will, so ist es gerechtfertigt, dem Kraftfahrer die volle Haftung aufzuerlegen.

Regelung durch Vorfahrtzeichen

138 Gegenüber dem schweren Verschulden eines die Gleise trotz Wartepflicht kreuzenden Kraftfahrers bleibt die Betriebsgefahr der Straßenbahn außer Ansatz[261]. Wäre der Straßenbahnfahrer aber auf der ihm als gefährlich bekannten Kreuzung zu rechtzeitigem Anhalten in der Lage gewesen, soll ihn nach der (zu streng erscheinenden) Auffassung des OLG Bremen[262] die hälftige Mithaftung treffen.

Grundstücksein- und -ausfahrt

139 Beim Zusammenstoß eines ausfahrenden Kraftfahrzeugs mit einer rechtzeitig erkennbaren Straßenbahn haftet der Halter des Kraftfahrzeugs voll[263]. Der BGH hat bei einem im einzelnen ungeklärten Unfallhergang dem Halter eines Lkw, der beim Versuch, rückwärts in eine Baustelle einzufahren, die Gleise der Straßenbahn versperrte, 70% der Haftung auferlegt[264].

Bahnübergang

140 Beruht der Zusammenstoß zwischen einem Kraftfahrzeug und einem Eisenbahnzug auf einem unbeschränkten Bahnübergang auf grober Unachtsamkeit des Kraftfahrers, so läßt die Rechtsprechung zu Recht die Gefährdungshaftung der Bahn weithin völlig zurücktreten[265]. Dies gilt natürlich erst recht, wenn der Kraftfahrer das rote Blinklicht mißachtet hat[266] oder wenn er den Bahnübergang verschuldetermaßen nicht zügig räumt[267]. Hat das Verschulden des Kraftfahrers geringeres Gewicht (hatte er z. B. zu-

VersR 1995, 978 LS (100% bei ausscherendem Heck).

260 BGH VersR 1969, 82. A. A. OLG Braunschweig VersR 1972, 493 (25% Mithaftung); OLG Köln VersR 1971, 1069 (⅓).

261 OLG Düsseldorf VersR 1987, 823.

262 VersR 1967, 1161.

263 OLG Celle VersR 1982, 1200.

264 VersR 1967, 1158.

265 BGH VersR 1964, 870; 1964, 1024; OLG Hamburg VersR 1979, 549; OLG Celle VersR 1984, 790 LS; OLG Nürnberg VersR 1985, 891; OLG Frankfurt VersR 1985, 94; 1986, 998 LS; OLG München VersR 1993, 242; OLG Stuttgart VRS 80, 410.

266 OLG Celle VersR 1966, 833; OLG Frankfurt VersR 1986, 707; OLG Hamm NZV 1993, 70; OLG Hamburg VersR 1979, 549; LG Kleve VersR 1962, 579. A. A. OLG Hamm VersR 1983, 465 (Bahn 20% wegen möglicher Sonnenblendung).

267 OLG Celle NZV 1988, 22. OLG Frankfurt VersR 1988, 295 erlegte der Bahn in einem solchen Fall – nicht überzeugend – 25% Mithaftung auf, OLG Köln NZV 1990, 152 sogar ⅔, weil die Anlage des Bahnüber-

nächst angehalten und die Lage lediglich falsch eingeschätzt), so kommt eine Schadensteilung bis zur Hälftelung in Betracht[268]. Überwiegende Haftung der Bahn ist anzunehmen, wenn nicht festgestellt werden kann, ob das Blinklicht in Betrieb war[269] oder wenn der Zustand von Bahneinrichtungen zu dem Unfall beigetragen hat[270]. Wurden Schranken nicht geschlossen oder vorzeitig geöffnet, ist grundsätzlich volle Haftung der Bahn zugrundezulegen[271].

dd) Sonstige Fälle

Bei der Kollision mit einem Kraftfahrzeug, welches durch Verschulden des Fahrers von der Straße abgekommen und auf den Bahnkörper geraten ist, tritt die Bahnbetriebsgefahr in der Regel zurück[272]. Ragt die Schaufel eines manövrierunfähig gewordenen Baggers in den Gleisbereich, haftet die Bahn bei Kollision mit Eilzug zu ⅓[273]. Volle Haftung der Bahn greift dagegen ein, wenn ein Rangierzug, der in einem Betriebsgelände zunächst vor einem im Gleisbereich abgestellten Autokran angehalten hatte, sich infolge eines Fehlverhaltens ihres Personals wieder in Bewegung setzt und mit dem Kraftfahrzeug kollidiert[274]. **141**

c) Kraftfahrzeugunfälle mit Beteiligung von Tieren

aa) Unbeaufsichtigte Tiere

Trifft bei einem Unfall die Tierhalterhaftung (§ 833 BGB; näher § 16, 190 ff) mit der Gefährdungshaftung des Kraftfahrzeughalters zusammen, so ist erstere keineswegs von vornherein geringer zu veranschlagen. Von einem Tier auf der Fahrbahn kann vielmehr eine erhebliche Gefahr ausgehen, die, insbesondere wenn noch ein Verschulden des Tierhalters hinzukommt, dessen überwiegende oder sogar alleinige Haftung rechtfertigen kann[275]. **142**

Einzelfälle

In der nachstehenden alphabetisch nach Tiergattungen geordneten Rechtsprechungsübersicht bezeichnet die Angabe in der Klammer den Haftungsanteil des Tierhalters. **143**

Hund: OLG Hamm VM 1985, Nr. 108 (Schäferhund auf Autobahn: 100%); OLG Bamberg NZV 1991, 30 (frei laufender Jagdhund: 100%); KG VM 1993, Nr. 119 (Hund gegen Krad auf Straßenabschnitt mit 10 km/h Höchstgeschwindigkeit: 50%); LG Freiburg VersR 1980, 392 (Pudel wird auf Straße überfahren: 100%); LG Köln NJW-RR 1986, 1152 (Auffahrunfall wegen Hund: ⅓ im Verhältnis zum Auffahrenden); LG Münster NZV 1989, 156 (auf stark befahrener Straße: 100%).

Kuh: OLG Oldenburg NZV 1991, 115 (auf BAB: 100%); OLG Hamm NZV 1989, 234 (auf BAB: 75%); OLG Düsseldorf NZV 1988, 21 u. LG Flensburg VersR 1987, 826 (Zusammenstoß

---

gangs auf einer Kreuzung besonders gefahrenträchtig sei.

268 BGH VersR 1966, 291 (Bahn 25%); s. a. BGH VersR 1967, 1197 (50%); OLG Saarbrücken NZV 1993, 31 (Sichtbehinderung 25%).

269 OLG Stuttgart VersR 1979, 1129 (60%); OLG Hamburg VersR 1983, 740 (60%).

270 Vgl. BGH VersR 1966, 65 (verschneite Warnbaken); BGH VersR 1967, 132 (unbeleuchtete Schranke; allerdings ⅔-Haftung des Kradfahrers); OLG Hamm NZV 1994, 437 (Bahnübergang erst aus 30 m Entfernung erkennbar, keine Warnbaken, aber Rotlicht: maximal 75% für Kraftfahrer).

271 S. aber BGH VersR 1961, 950 (Zusammenstoß von Mopedfahrer mit deutlich sichtbarem Zug: 3 : 1 zu Lasten des Mopedfahrers).

272 Vgl. OLG Hamm VersR 1985, 843.

273 OLG Hamm VersR 1995, 1457.

274 OLG Düsseldorf NZV 1989, 114.

275 Vgl. OLG Frankfurt VersR 1982, 908.

mit Krad: ⅔); OLG Düsseldorf VersR 1995, 232 (nach Unfall von Polizei in Nebenstraße getrieben, dort Kollision mit Pkw: ⅔); OLG Koblenz NZV 1991, 471 (Zusammenstoß mit Pkw auf nächtlicher Landesstraße: ⅔).

Pferd: BGH VersR 1966, 186 (frei umherlaufend auf Bundesstraße bei Dunkelheit: 100%); OLG Koblenz VersR 1995, 928 (bei Dunkelheit und Regen auf Landesstraße: 100%).

bb) Tiere unter menschlicher Leitung

144 In diesen Fällen kommt nur eine deliktische Mithaftung des für das Tier Verantwortlichen in Betracht[276], sofern nicht ein selbsttätiges Tierverhalten den Unfall herbeigeführt hat (§ 16, 190). Führt die verkehrswidrige Fahrweise eines Kraftfahrers zu einem solchen Tierverhalten, ist in der Regel dessen überwiegende Haftung angezeigt[277].

d) Unfälle zwischen Kraftfahrzeug und Radfahrer

145 Eine Schadensquotelung kommt hier nur in Betracht, wenn dem Radfahrer eine schuldhafte Mitverursachung des Unfalls nachgewiesen werden kann. Ob die Betriebsgefahr des Kraftfahrzeugs demgegenüber völlig zurücktritt, hängt vom Grad dieses Verschuldens und vom Maß der konkreten Betriebsgefahr ab. Zu Radfahrunfällen mit Kindern s. Rdn. 155.

Einzelfälle

146 In der nachstehenden Rechtsprechungsübersicht bezeichnet die Angabe in der Klammer den Haftungsanteil des Kraftfahrzeughalters. Vgl. auch die umfassende Zusammenstellung bei *Blumberg* NZV 1994, 249.

Abgestelltes Kraftfahrzeug: OLG Hamm NZV 1990, 312 (½) u. 1992, 445 (⅔; betreffen denselben Unfall: Radfahrer fährt nachts bei Regen gegen unbeleuchtet abgestellten Lkw).

Ausweichen: AG Darmstadt NZV 1992, 369 (Radfahrer weicht auf dem Radweg abgestelltem Pkw auf den Gehweg aus und stürzt wegen des Höhenunterschiedes: 0 [fragwürdig]).

Gehwegbenutzung durch Radfahrer: OLG Hamm VersR 1987, 1246 (Kollision mit Kfz aus untergeordneter Straße: 0). S. auch Grundstücksausfahrt.

Grundstücksausfahrt: *Radfahrer auf Gehweg*: OLG Karlsruhe NZV 1991, 154 (0); OLG Hamburg NZV 1992, 281 m. Anm. *Grüneberg* (nicht mehr als 70%); OLG Hamm NZV 1995, 152 (0).

Radwegbenutzung in falscher Richtung: KG DAR 1993, 257 (¾); OLG Köln NZV 1994, 279 (70%).

Linksabbiegen des Kraftfahrzeugs: OLG Oldenburg VersR 1965, 909 (Krad: 75%).

Linksabbiegen des Radfahrers: BGH VersR 1955, 57 (Überholen trotz kurzen Armausstreckens: ⅔); BGH VersR 1963, 438 (von Gehweg aus: 0); OLG Hamm NZV 1991, 466 (kein Handzeichen, Kollision mit überholendem Krad: 0).

Radwegbenutzung an Vorfahrtstraße in falscher Richtung: BGH VersR 1982, 94 (Radweg an Einbahnstraße; aus untergeordneter Straße kommender Pkw kollidiert mit Moped: ¼); OLG Hamm NZV 1992, 364 (Vorfahrtunfall; Radweg an Straße mit geteilten Richtungsfahrbahnen: mindestens 50%); OLG Hamm DAR 1996, 321 LS (75%); LG Hannover DAR 1988, 166 (⅔); LG Nürnberg-Fürth NZV 1993, 442 (Sichtbehinderung für den aus der untergeordneten Straße kommenden Pkw-Fahrer: 0). S. auch Grundstücksausfahrt.

Sturz: BGH VersR 1966, 39 (beim Aufsteigen infolge Alkohols: 0).

Türöffnen: LG Mönchengladbach NZV 1990, 195 m. Anm. *Greger* (jugendlicher Radfahrer fuhr vor Inkrafttreten des § 5 Abs. 8 StVO an wartendem Fahrzeug rechts vorbei: 50%).

---

[276] Von OLG Frankfurt NZV 1989, 149 verneint bei Reiten auf der linken Straßenseite und Kollision mit nicht auf Sicht fahrendem Kraftfahrer.

[277] OLG Hamm NZV 1994, 190 (zu dichtes Vorbeifahren an Reitpferd: ⅔); OLG Köln NZV 1992, 487 (vorwerfbare Notbremsung in Nähe von Reitpferd: 80%).

Überholen: BGH VersR 1967, 880 (Radfahrer zu weit links: 80%); OLG München (Augsburg) NZV 1992, 234 (Rechtsüberholen eines verkehrswidrig links fahrenden Radfahrers durch Krad: 75%); OLG Stuttgart VersR 1992, 205 (Versuchtes Rechtsüberholen eines Lkw auf abschüssiger Straße: 0); OLG Hamm NZV 1995, 26 (zu geringer Seitenabstand, Mitverschulden des Radfahrers wegen Nichtbenutzen des Radwegs: 75%); LG Stuttgart VersR 1978, 1151 (Radfahrer schert aus: 20%).

Überqueren der Straße: BGH VersR 1965, 294 (mit geschobenem Rad: 30%); NZV 1990, 385 (beim Verlassen eines linken Radwegs Kollision mit Kradfahrer, der aus derselben Richtung mit überhöhter Geschwindigkeit auf der linken Fahrbahnseite herankommt: Zurückverweisung zu neuer Abwägung); OLG Köln VRS 78, 348 (Radfahrer wie vorstehend, aber Kollision mit zu schnell entgegenkommendem Pkw: ¾); OLG Oldenburg NZV 1994, 74 (unbesonnenes Verhalten eines Jugendlichen: ⅓).

Vorfahrtverletzung durch Radfahrer: BGH VersR 1958, 612 (Lkw zu weit links: 25%); VersR 1969, 571 (0); OLG Düsseldorf VersR 1971, 650 (0); OLG Frankfurt VersR 1973, 844 (Pkw von rechts: 25%); LG Bochum VersR 1991, 1189 LS (Fahrrad unbeleuchtet: 0).

Wenden: BGH VersR 1968, 369 (Radweg versperrt: ⅓).

e) Unfälle zwischen Kraftfahrzeug und Fußgänger

Bei grob verkehrswidrigem Verhalten des (erwachsenen) Fußgängers, der auf der Straße angefahren wird, sollte den Kraftfahrer auch dann keine anteilige Haftung treffen, wenn er den Unabwendbarkeitsbeweis nicht führen kann (zur abweichenden Beurteilung bei Kinderunfällen s. Rdn. 152). Kann der Unfall dagegen auch auf eine bloße Unaufmerksamkeit oder Fehleinschätzung seitens des Fußgängers zurückzuführen sein, so erscheint eine je nach den Umständen des Einzelfalles abgestufte Haftungsverteilung angezeigt. Bei grobem Verschulden des Kraftfahrers kommt auch dessen volle Haftung in Betracht. 147

Die Kasuistik ist bei diesem Unfalltypus nahezu unübersehbar. Im folgenden wird versucht, durch Bildung bestimmter Fallgruppen und Aufgliederung nach Haftungsquoten mit Angabe von Besonderheiten des Einzelfalles einen gewissen Überblick zu geben[278]. Mehr noch als bei den anderen Unfallarten ist aber angesichts der Vielgestaltigkeit der Fußgängerunfälle vor einer schematischen Übernahme der Quoten zu warnen. Zu Unfällen mit Kindern s. Rdn. 153. 148

aa) Gehen auf der Straße

Die meisten (veröffentlichten) Urteile in dieser Fallgruppe gelangen zu einer vollen oder deutlich überwiegenden Haftung des Kraftfahrzeughalters. Dies findet seinen berechtigten Grund darin, daß der Aufenthalt des Fußgängers auf der Straße bei diesen Unfällen zumeist nicht zu beanstanden ist (etwa beim Fehlen eines Gehsteigs). Die Rechtsprechung bietet folgendes Bild (angegeben ist der Haftungsanteil des Kraftfahrzeugs): 149

100%: BGH VersR 1968, 1093 (alkoholisierter Kraftfahrer fährt nachts innerorts in Fußgängergruppe)
OLG Celle VersR 1979, 451 (Gehweg nicht begehbar)
OLG Celle DAR 1984, 124 (Kraftfahrer überholt, obwohl Fußgänger auf linker Fahrbahn)
OLG Köln VersR 1983, 929 (Kleinkrad gegen Läufer am linken Fahrbahnrand)
OLG Frankfurt VersR 1992, 509 (Fußgänger wird auf Seitenstreifen angefahren)
OLG Karlsruhe VRS 76, 248 (betrunkener Kraftfahrer; Fußgänger benutzt Gehweg wegen Hilfeleistung für einen anderen nicht)

---

278 S. auch *Greger* NZV 1990, 413 ff.

80%: OLG Oldenburg VersR 1987, 1150 (Fußgänger auf linker Fahrbahn, beide alkoholisiert)
75%: OLG Düsseldorf VersR 1975, 1052 (entgegenkommender Fußgänger, äußerst links, schmale Straße, Blendung)
OLG Hamm NZV 1995, 483 (schmale Landstraße ohne Seitenstreifen bei Dunkelheit)
⅔: BGH VersR 1968, 1092 (Fußgänger alkoholisiert und gehbehindert, Gehweg vorhanden)
OLG Hamm VersR 1985, 357 (schmale Straße, Dunkelheit, Schnee, Fußgänger weicht nicht nach links aus)
60%: BGH VersR 1964, 1203 (Fußgänger benützt linken Gehweg nicht)
50%: BGH VersR 1967, 862 (Kraftfahrer weicht geblendet aus)
⅓: BGH VersR 1965, 712 (in gleiche Richtung gehender Fußgänger)
0: OLG Karlsruhe VersR 1989, 302 (auf Mitte der rechten Fahrbahnseite gehender, betrunkener Fußgänger)

bb) Überqueren der Straße

150 In dieser Fallgruppe kommt es zu sehr unterschiedlichen Haftungssituationen. Den Haftungsanteil des Fußgängers vergrößernde Umstände sieht die Rechtsprechung insbesondere im Überqueren besonders verkehrsreicher Straßen an nicht hierfür geeigneten Stellen (z. B. in der Nähe von Überwegen), im Hervortreten zwischen parkenden Fahrzeugen, im Zurücklaufen auf der Fahrbahn und in Trunkenheit des Fußgängers. Dem Kraftfahrer wird vor allem erschwerend angerechnet: zu hohe Geschwindigkeit, Überholen stehender Kolonnen, Alkoholisierung. Im einzelnen vgl. nachstehende Entscheidungen (angegeben ist die Haftungsquote zu Lasten des Kraftfahrzeughalters).

100%: BGH VersR 1966, 660 (Überweg bei Rot überfahren)
BGH VersR 1969, 1115 (Kfz fährt auf Fußgänger in Straßenmitte zu, Schreckreaktion)
KG VersR 1969, 1047 (beleuchteter Überweg, Kfz ohne Licht)
KG VersR 1976, 1047 (Überweg bei Rot überfahren)
KG VersR 1980, 284 (Fußgänger zwischen haltenden Fahrzeugen, Krad überholt)
KG DAR 1981, 322 (Bus biegt links ein, Grün für Fußgänger)
KG VRS 74, 257 (Motorrad gegen Fußgänger auf Fußgängerfurt)
OLG Düsseldorf VersR 1976, 1049 (obwohl Fußgänger leicht schräg überquert)
OLG Frankfurt VersR 1982, 1204 (Bereich einer Autobahntankstelle)
OLG Düsseldorf VRS 83, 100 (Fußgänger hatte schon fast gegenüberliegenden Gehweg erreicht)
OLG München NZV 1994, 399 (Kraftfahrzeug befährt wegen Staus Seitenstreifen der BAB und kollidiert mit Pkw-Insassen, der zu Notrufsäule will)
OLG Hamm NZV 1995, 234 (stark befahrene Bundesstraße, Überweg 16 m neben der Unfallstelle; auf seiten des Kraftfahrers aber erhebliche Alkoholisierung, überhöhte Geschwindigkeit und Verstoß gegen Überholverbot)
OLGR Hamm 1996, 51 (Fußgänger überquert in Kurve bei Rauhreif, wird von schleuderndem Fahrzeug erfaßt)
OLG München NZV 1996, 115 (Pkw überholt vor Ampel wartende Kolonne unter Mißachtung der durchgezogenen Linie auf der Gegenfahrbahn, Fußgänger betritt diese durch die stehenden Autos)
80%: OLG Hamm VersR 1969, 139 (Fußgänger beachtet an Überweg herannahendes Kfz nicht)
LG Essen VersR 1984, 994 (Fußgänger verursacht durch Betreten der Fahrbahn Auffahrunfall)
75%: OLG Karlsruhe VersR 1971, 1177 (Fußgänger im Umfeld eines Überwegs angefahren)
KG VersR 1977, 1008 (Fußgänger beachtet an Überweg herannahendes Kfz nicht)
KG DAR 1977, 70 (schlechte Sicht, Überweg in der Nähe)
KG VersR 1979, 1031 (Kfz fährt trotz Rechtsblinkens geradeaus)
70%: BGH VersR 1983, 667 (Fußgänger beachtet an Überweg herannahendes Kfz nicht)
OLG Hamburg VersR 1972, 867 (Fußgänger unachtsam)
OLG Frankfurt VersR 1979, 920 (20 m neben Überweg, beide alkoholisiert)

OLG Braunschweig VersR 1983, 667 (Fußgänger beachtet an Überweg herannahendes Kfz nicht)
OLG Karlsruhe VersR 1982, 1149 (Kraftfahrer alkoholisiert und zu schnell)
OLG München NZV 1991, 390 (anfahrender Bagger erfaßt unmittelbar davor stehenden Fußgänger)
OLGR München 1995, 3 (Kraftfahrer fährt innerorts in Kurve mit stark überhöhter Geschwindigkeit, gerät beim Abbremsen auf rechte Fahrbahnseite und erfaßt dort von rechts in die Fahrbahn laufenden, alkoholisierten Fußgänger)

⅔: KG DAR 1978, 107 (Fußgänger quert haltende Kolonne, Kfz überholt, Überweg in der Nähe)
KG VersR 1982, 978 (Kfz überholt vor Fußgänger haltende Fahrzeuge, Fußgänger schaut nicht nach links)
KG VM 1987, Nr. 100 (Kfz zu schnell, Fußgänger alkoholisiert)
OLG Stuttgart VRS 66, 92 (Fußgänger bleibt in Fahrbahnmitte stehen, läuft dann weiter)
OLG Frankfurt VersR 1982, 1008 (Bus überholt Kolonne vor Ampel)
OLG Hamm VersR 1989, 268 (Fußgänger gegen gut erkennbaren, nicht zu schnell fahrenden Motorroller; Quote erscheint sehr hoch)
OLG Köln ZfS 1993, 258 (innerörtliche Straße bei Dunkelheit, Überqueren von links nach rechts)
OLG Celle NZV 1991, 228 (Pkw nähert sich Haltestellenbereich an Schule; auf beiden Seiten der Fahrbahn sind Schülergruppen; geistig behinderter Jugendlicher überquert Fahrbahn, als in Gegenrichtung Bus einfährt)

60%: OLG Hamburg VRS 64, 257 (Fußgänger will vor abfahrbereitem Linienbus überqueren)
OLG Karlsruhe VersR 1988, 59 (Motorrad gegen Fußgänger)
LG München I VersR 1977, 51 (Kfz zu schnell, Fußgänger alkoholisiert)

50%: BGH VersR 1965, 958 (Fußgänger hinter abgestelltem Pkw)
KG VersR 1968, 259 (Fußgänger schaut nicht)
KG VersR 1975, 140 (Kfz zu schnell, Fußgänger alkoholisiert)
KG VersR 1981, 263 (Fußgänger überquert bei Dunkelheit, kurz vor Pkw)
KG VersR 1986, 659 LS (Kfz überholt Kolonne mit Lücke)
KG VRS 69, 417 (Fußgänger zwischen parkenden Fahrzeugen, verspätete Reaktion des Kraftfahrers)
OLG Hamm VersR 1972, 1060 (beleuchteter Übergang in der Nähe)
OLG Celle VersR 1977, 1131 (Fußgänger unachtsam)
OLG Celle VersR 1985, 1072 LS (Fußgänger achtet nicht auf Rechtsabbieger)
OLG Düsseldorf VRS 56, 2 (Fußgänger unachtsam)
OLG Karlsruhe VersR 1979, 384 (Fußgänger unachtsam)
OLG Hamm VRS 78, 6 (Fußgänger will stark befahrene, nasse und künstlich beleuchtete Straße in Etappen überqueren; Busfahrer übersieht den in der Fahrbahnmitte Stehenden)
OLG Saarbrücken DAR 1989, 185 (Fußgänger alkoholisiert und unachtsam)
LG Hannover NZV 1989, 238 (ausgefallene Ampel an Fußgängerfurt an vierspuriger Straße; andere Kraftfahrer halten an, um älterer Fußgängerin Überqueren zu ermöglichen)
KGR Berlin 1995, 50 (Motorradfahrer gegen von links kommende Fußgängerin bei Dunkelheit)
KG VM 1992, Nr. 30 (Fußgänger quert unachtsam bei starkem Verkehr, 22 m von Ampel entfernt)

40%: BGH VersR 1965, 816 (Fußgänger unachtsam)
OLG Oldenburg NZV 1994, 26 (unachtsames Überschreiten bei Dunkelheit an breitester Stelle der Fahrbahn)

35%: OLG München NZV 1991, 389 (anfahrender Bus erfaßt besonders kleine Fußgängerin)

⅓: BGH VersR 1967, 608 (Fußgänger bei Dunkelheit unachtsam)
OLG München VersR 1968, 480 (gehbehinderter Fußgänger, Ampel in der Nähe)
OLG München VersR 1978, 928 (alte Frau quert trotz Unterführung breite Ausfallstraße, kehrt um)

OLG Karlsruhe VersR 1982, 657 (Kfz fährt an stehender Kolonne vorbei, Fußgänger quert 20 m neben Überweg)
OLG Stuttgart VRS 66, 92 (breite Straße, 20 m neben Überweg)
OLG Koblenz VRS 64, 250 (Fußgänger quert bei schlechter Sicht kurz vor Kfz)
OLG Köln VersR 1987, 513 (Fußgänger alkoholisiert, schlechte Sicht)
KG VM 1986, Nr. 40 (Krad fährt zulässigerweise ganz links)
OLG Celle VersR 1990, 911 (Überqueren einer dreispurigen Straße bei starkem Verkehr, Dunkelheit und Nässe 60 m von Ampelübergang entfernt)
OLG Hamm NZV 1994, 276 (Rotlichtverstoß eines betrunkenen Fußgängers, unfallkausale Überschreitung der zulässigen Geschwindigkeit von 50 km/h um 10 km/h)
OLGR Köln 1995, 21 (Fußgänger läuft unachtsam bei Dunkelheit aus Wald auf Fahrbahn)
LG Stuttgart VersR 1980, 1033 (Fußgänger quert breite Ausfallstraße an ungeeigneter Stelle)

30%: BGH VersR 1965, 294 (Fußgänger schiebt Rad bei Dunkelheit unaufmerksam über Straße)
BGH VersR 1975, 858 (Fußgänger bei Rot)

25%: OLG Koblenz VersR 1975, 286 (Fußgänger bei Dunkelheit unaufmerksam)
OLG Karlsruhe VersR 1978, 160 (Fußgänger wegen Trunkenheit gestürzt)
OLG Hamm NZV 1995, 72 (Fußgänger achtet beim Überqueren der Fahrbahn nicht auf Kraftfahrzeug, das aus Grundstücksausfahrt einbiegt)

20%: OLG Bremen VersR 1966, 962 (Fußgänger quert schräg)
OLG Hamm VersR 1983, 643 (Fußgänger zwischen parkenden Autos)
OLG Hamm VersR 1989, 97 (breite innerstädtische Straße)

0: BGH VersR 1960, 183 (Fußgänger im Laufschritt, unmittelbar vor Begegnung zweier Kfz)
BGH VersR 1961, 357 (unmittelbare Nähe einer gerade umschaltenden Ampel)
BGH VersR 1961, 592 (Fußgänger erheblich alkoholisiert auf Großstadtstraße)
BGH VersR 1964, 168 (unachtsames Betreten der Fahrbahn)
BGH VersR 1964, 1069 (Fußgänger tritt kurz vor Kfz auf Fahrbahn)
BGH VersR 1966, 877 (Fußgänger zwischen parkenden Kfz)
BGH VersR 1975, 1121 (Fußgänger tritt plötzlich auf Fahrbahn)
OLG Hamm VersR 1971, 1177 LS (Fußgänger erheblich alkoholisiert, stößt von links gegen Kfz)
KG VersR 1972, 104 (Fußgänger grob unaufmerksam, Kraftfahrer alkoholisiert)
KG VersR 1979, 355 (Nähe eines Überwegs, Dunkelheit, lebhafter Verkehr)
KG DAR 1986, 323 (Fußgänger läuft auf Fahrbahn zurück)
OLG Düsseldorf VersR 1973, 40 (Fußgänger tritt unaufmerksam auf Fahrbahn)
OLG Düsseldorf VersR 1976, 152 (Fußgänger tritt plötzlich auf Großstadtstraße)
OLG Köln VersR 1976, 1095 (Fußgänger bei Rot, Regen und lebhaftem Verkehr)
OLG Stuttgart VersR 1980, 243 (unmittelbare Nähe von Überweg mit Rotlicht)
OLG Hamm VersR 1989, 1057 (Fußgänger tritt plötzlich aus Gebüsch auf die Straße)
OLG Hamm VersR 1991, 1187 (unachtsames Überqueren innerstädtischer Straße bei diffusen Lichtverhältnissen)
OLG Bamberg VersR 1992, 1531 (unachtsames Betreten stark befahrener Straße zwischen geparkten Fahrzeugen)
OLG Hamm NZV 1993, 314 (Vorbeifahrt mit 47 km/h an gestauter Kolonne, aus der Fußgänger unvermittelt hervortritt)
KG VersR 1993, 201 (völlig unbedachtes Überqueren ca. 35 m von Ampelüberweg entfernt)
OLG Düsseldorf NZV 1994, 70 (53 km/h innerorts)

cc) Sonstige Unfälle mit Personen auf der Fahrbahn

151 Berührung eines Linienbusses mit Fußgänger, der an einer Haltestelle nur 20 cm von der Gehwegkante entfernt steht: Haftung für Bus nur 25% (OLG Hamm VersR 1978, 876).

Einfahren in Busbahnhof bei winterlichen Verhältnissen mit 12 bis 15 km/h; auf Bus zulaufender Jugendlicher rutscht aus (OLG Schleswig VRS 82, 278: 50%).

Fußgänger, der sich in Gefahrenbereich eines kippenden Lkw begibt, trägt volle Haftung (KG VRS 73, 175).

Anfahren von Fußgängern, die an einer Unfallstelle auf der Fahrbahn stehen: Alleinhaftung des Kraftfahrzeugs (OLG Frankfurt NZV 1989, 149).

Anfahren einer an der Fahrertür ihres Wagens stehenden Person infolge zu geringen Seitenabstands (OLG Karlsruhe VersR 1989, 269: volle Haftung).

Anfahren eines Fußgängers, der rechts neben einem mit geöffneter Beifahrertür auf dem mittleren Fahrstreifen stehenden Pkw steht, durch alkoholisierten Kraftfahrer (OLG München NZV 1994, 107: volle Haftung).

Fahrer geht nach Ausladevorgang um seinen Transporter herum zurück zur Fahrertür und wird von entgegenkommendem Pkw erfaßt; Transporter verengte unnötig die Fahrbahn; Entgegenkommenden traf trotz 1,3‰ kein unfallursächliches Verschulden (OLG Zweibrücken VersR 1995, 429).

Arbeiter kniet auf Betriebsgelände vor Lieferwagen; dieser fährt an: Mithaftung des Verletzten 30% (OLG Schleswig NZV 1996, 68).

Soldat steht bei Dunkelheit ungesichert auf Fahrbahn, um Lkw in Einfahrt zu dirigieren; wird von nicht auf Sicht fahrendem Pkw erfaßt: Mithaftung von ⅔ (OLG Schleswig NZV 1995, 445).

f) Unfälle mit Kindern

Bei Unfällen zwischen Kraftfahrzeugen und Kindern ist dem Kraftfahrzeughalter, **152** der den Unabwendbarkeitsbeweis nicht führen kann, in der Regel eine Mithaftung aufzuerlegen. Der Grundsatz, daß bei einem grob verkehrswidrigen Verhalten des Geschädigten die Betriebsgefahr des Kraftfahrzeugs voll zurücktritt, ist hier nicht anzuwenden, wenn das Verhalten des Kindes auf seine fehlende Eingewöhnung und Erfahrung im Straßenverkehr zurückzuführen ist. Der BGH hat aus dem Zweck der Gefährdungshaftung abgeleitet, daß die hieraus erwachsenden Gefahren und Schadenslasten dem Kraftfahrzeugbetrieb zuzurechnen sind[279]. Bei gerade erst deliktsfähig gewordenen Kindern komme daher eine Haftungsfreistellung nur in Ausnahmefällen in Betracht, z. B. wenn – gemessen an dem altersspezifischen Verhalten von Kindern – auch subjektiv ein besonders vorwerfbarer Sorgfaltsverstoß vorliege. Das objektive Gewicht des Unfallbeitrags des Kindes gewinne dagegen in der Abwägung mit der Betriebsgefahr immer mehr an Bedeutung, je stärker Kinder vom Alter her in den Straßenverkehr integriert sein müssen. Ist das Kind unter 7 Jahre alt und damit deliktisch noch nicht verantwortlich, so haftet der (nicht entlastete) Kraftfahrer voll; eine Anwendung des § 829 BGB lehnt die Rechtsprechung in diesen Fällen durchwegs ab[280]. In Betracht kommt hier allenfalls eine Mithaftung des Aufsichtspflichtigen[281].

Rechtsprechungsübersicht zur Haftungsabwägung zwischen Kind und Kraftfahr- **153** zeughalter (in Klammern dessen Haftungsquote):

Kind als Fußgänger

100%: BGH VersR 1967, 1157 (Kind auf Randstreifen von Außenspiegel getroffen) **154**
OLG Düsseldorf VersR 1986, 471 (Kraftfahrer gibt Handzeichen, obwohl zweite Fahrspur nicht frei)
OLG Oldenburg DAR 1989, 186 (Kraftfahrer erfaßt bei verbotswidrigem Überholen nach Warnzeichen „Kinder" auf linker Fahrbahnseite gehenden 12jährigen)

85%: OLG Köln VersR 1989, 206 (Verkehrszeichen „Kinder", knapp 8jähriges Kind quert Fahrbahn)

---

279 NZV 1990, 227.

280 Vgl. *Scheffen* 33.

281 Vgl. OLG Karlsruhe VersR 1982, 450 (Mutter mit Kind bleibt in Fahrbahnmitte stehen, Kind läuft weiter: ⅓).

80%: OLG Frankfurt VersR 1984, 1093 (11jähriger mit Rollschuhen, Kfz mit überhöhter Geschwindigkeit)
75%: BGH VersR 1959, 615 (Lastzug nicht sofort gebremst, als ¾jähriges Kind loslief)
BGH VersR 1968, 475 (7¾jähriges Kind allein auf Gehweg, Kfz gibt kein Warnzeichen)
OLG Hamm NZV 1991, 467 (schmale Durchfahrt zwischen Omnibus an Haltestelle und in Gegenrichtung stehender Kolonne; Pkw fährt mit 55 km/h erheblich zu schnell; 8jähriger läuft durch Lücke in der Kolonne)
⅔: OLG Karlsruhe VersR 1979, 478 (7jähriges Kind hüpft vor Pkw auf Fahrbahn)
OLG Hamm NZV 1988, 102 u. 1990, 473 (spielendes Kind in Wohnstraße)
50% OLG Karlsruhe VersR 1983, 252 (7jähriges Kind, Hergang ungeklärt)
OLG München VersR 1984, 395 (12jähriger läuft im Schutzbereich des Zeichens „Kinder" vor Pkw)
OLG München VersR 1985, 869 (7jähriges Kind, Kfz steht sichtbehindernd im Haltverbot)
OLG Saarbrücken VersR 1991, 707 (7jähriges Kind; kein Verschulden des Kraftfahrers bewiesen)
⅓: OLG Nürnberg VRS 66, 3 (12jähriges Mädchen)
30%: OLG Celle VersR 1987, 360 (8jähriger rennt zwischen parkenden Fahrzeugen auf Fahrbahn)
25%: OLG Frankfurt VersR 1981, 240 (9jähriger, für Pkw-Fahrer verdeckt)
OLG Hamm VersR 1986, 557 LS (plötzlich über die Fahrbahn laufendes Kind)
OLG Karlsruhe VersR 1986, 770 (9jähriges Kind läuft unachtsam auf Fahrbahn)
OLG Düsseldorf NZV 1992, 188 (9jähriges Kind läuft beim Spiel auf die Fahrbahn; von langsam fahrendem Reinigungsfahrzeug für überholenden Kraftfahrer verdeckt)
OLG Hamm NZV 1996, 70 (unachtsamer 13jähriger; kein Verschulden des Führers)
OLG Saarbrücken ZfS 1995, 406 (unachtsamer 14jähriger; kein Verschulden des Führers)

Kind als Radfahrer[282]

155 100%: OLG Frankfurt VersR 1984, 1047 (Begegnung mit Bus an Engstelle)
LG Bonn NZV 1991, 74 (Kradfahrer nähert sich innerorts mit 78 km/h einer Gruppe von Kindern, von denen eines bereits die Fahrbahn überquert hat; 8jähriger folgt diesem und wird erfaßt)
80%: OLG München NZV 1989, 154 (durch Hindernis verdecktes Kind quert Fahrbahn)
OLG Braunschweig DAR 1994, 277 (Vorfahrtverletzung durch 8jährigen; Pkw innerorts 68 km/h)
75%: OLG Köln NZV 1992, 233 (8½jähriger fährt aus schwer einsehbarem Wirtschaftsweg auf Landesstraße; 100 km/h für Örtlichkeit zu schnell)
⅔: OLG Düsseldorf VRS 63, 257 (Kind von 7¾ Jahren überquert außerorts Fahrbahn; Pkw ca. 100 km/h)
50%: OLG Bamberg VersR 1980, 285 (Vorfahrtverletzung durch 9jährigen Jungen)
⅓: OLG Nürnberg VersR 1992, 1533 (Vorfahrtverletzung durch 8jähriges Kind; Pkw etwas zu schnell)
OLG Hamm NZV 1991, 69 (12jähriger fährt von Gehweg auf Fahrbahn)
40%: LG Osnabrück VersR 1992, 466 (Vorfahrtverletzung durch 9jährigen)
30%: OLG Oldenburg VersR 1984, 590 (Kind fährt beim Linksabbiegen gegen Pkw des Gegenverkehrs)
20%: OLG Bremen DAR 1989, 305 (Kind fährt von Gehweg auf Straße)
0: OLG Köln NZV 1992, 320 (10jähriger fährt blindlings aus verkehrsberuhigtem Bereich heraus)

---

282 Eingehende Erwägungen zur Haftungsquotierung bei Radfahrunfällen mit Kindern enthält LG Osnabrück VersR 1992, 466.

g) Sonstige Kraftfahrzeugunfälle

Zum Zusammentreffen mit einer Haftung aus Verletzung der Verkehrssicherungs- 156
pflicht vgl. § 16, 679, zur Amtshaftung § 16, 491, zum Zusammentreffen mit Mitverschulden eines Fahrgastes § 16, 300 f, zur Kollision zwischen Kraftfahrzeug und Kranausleger in Hafenbereich OLG Düsseldorf VersR 1983, 785, zum Mitverschulden eines zur Verkehrsregelung eingesetzten, alkoholisierten Feuerwehrmannes OLG Nürnberg VersR 1984, 948, zur Alleinhaftung gegenüber einem auf der linken Fahrbahnseite entgegenkommenden Reiter OLG Frankfurt (Kassel) NZV 1989, 149.

§ 18
Haftung des Fahrzeugführers

(1) In den Fällen des § 7 Abs. 1 ist auch der Führer des Kraftfahrzeugs zum Ersatz des Schadens nach den Vorschriften der §§ 8 bis 15 verpflichtet. Die Ersatzpflicht ist ausgeschlossen, wenn der Schaden nicht durch ein Verschulden des Führers verursacht ist.

(2) Die Vorschrift des § 16 findet entsprechende Anwendung.

(3) Ist in den Fällen des § 17 auch der Führer eines Fahrzeugs zum Ersatz des Schadens verpflichtet, so finden auf diese Verpflichtung in seinem Verhältnis zu den Haltern und Führern der anderen beteiligten Fahrzeuge, zu dem Tierhalter oder Eisenbahnunternehmer die Vorschriften des § 17 entsprechende Anwendung.

Übersicht

Schrifttum

Meier-Scherling Schadensersatzpflicht des angestellten Fahrers, DAR 1961, 125; *Meilicke* Wann haftet der Kraftfahrzeugführer aus Gefährdung? VersR 1971, 603.

Entstehungsgeschichte

Der Entwurf 1906, der sich in der grundsätzlichen Regelung der Haftpflicht eng an die Bestimmungen des RHaftpflG anlehnte und insbesondere als schadenersatzpflichtig den „Betriebsunternehmer" ansehen wollte, kannte keine Haftung des Führers.

In das KFG fand die Führerhaftung Eingang auf Grund des Gegenentwurfs. § 12 des Entwurfs 1908, mit dem, von einer geringfügigen sprachlichen Abweichung abgesehen, die noch jetzt gültige Fassung übereinstimmt, folgte dem Gegenentwurf.

Die Begründung zu § 12 führte u. a. aus:

Neben dem Halter des Kraftfahrzeugs haftet schon nach allgemeinen Rechtsgrundsätzen zugleich der Führer des Fahrzeugs, sofern ihm ein Verschulden zur Last fällt. Die Durchführung des Ersatzanspruchs ist jedoch infolge der von der Eigenart des Automobilbetriebs unzertrennlichen Beweisschwierigkeiten dem Führer gegenüber ebenfalls wesentlich erschwert. Deshalb verschärft der Entwurf auch die Haftung des Führers insofern, als er ihm die Beweislast dafür auferlegt, daß der Schaden nicht durch sein Verschulden entstanden ist (Abs. 1).

§ 12 des RegEntwurfs entsprach mit seinen Vorschriften über den Haftungsausschluß („wenn der Schaden nicht durch ein Verschulden des Führers entstanden – in der Reichstagsvorlage: ‚verursacht' – ist") dem damaligen § 1, wonach die Haftung des Halters ausgeschlossen sein sollte, „wenn der Schaden weder durch ein Verschulden des Fahrzeughalters ... verursacht worden ist". Die RTK änderte zwar die Bestimmung über den Haftungsausschluß beim Halter in der aus dem jetzigen Abs. 2 des § 7 ersichtlichen Weise (unabwendbares Ereignis, Beobachtung jeder gebotenen Sorgfalt), paßte jedoch nicht die Vorschrift über den Ausschluß der Führerhaftung der geänderten Fassung des Grundsatzes der Halterhaftung (Beobachtung jeder gebotenen Sorgfalt) an. Der Kommissionsbericht (S. 9) enthält nur den Vermerk, daß § 12 ohne Debatte zur Annahme gelangt ist.

I. Bedeutung der Vorschrift

1 § 18 wird verschiedentlich nicht als eigenständige Haftungsnorm, sondern als bloße Beweisregel angesehen[1]. Dies ist nicht zutreffend. § 18 knüpft wie § 7 eine von sonstigen Anspruchsgrundlagen losgelöste Haftung an die Betriebsgefahr des Kraftfahrzeugs an; es ist nur eine Frage des Ausdrucks, ob auch insoweit von einer „Gefährdungshaftung" gesprochen werden soll. Der Unterschied zur Haftung nach § 7 liegt allein in den Anforderungen an den Entlastungsbeweis: Während vom Halter der Nachweis eines unabwendbaren Ereignisses, also der Beachtung äußerster Sorgfalt (§ 7, 350 ff) verlangt wird, kann sich der Führer bereits dadurch entlasten, daß er die Beachtung der im Verkehr erforderlichen Sorgfalt (§ 276 BGB) beweist. In der Praxis kommt dieser Unterschied allerdings selten zum Tragen.

2 § 18 wirkt somit wie eine **Beweislastumkehr** oder Vermutung hinsichtlich der Fahrlässigkeit bei § 823 BGB. Ereignet sich bei dem Betrieb von Kraftfahrzeugen ein Personen- oder Sachschaden, so wird zugunsten jedes bei dem Unfall Beteiligten oder Geschädigten vermutet, daß alle Führer der am Unfall beteiligten in Betrieb befindlichen Kraftfahrzeuge mit Ausnahme desjenigen, in dessen Kraftfahrzeug sich der Verletzte als Insasse befand, die Verletzung oder Schädigung durch schuldhaft verkehrswidriges Verhalten herbeigeführt haben. Der Führer des Kraftfahrzeugs, in dem sich der Verletzte als Insasse befand, tritt zu dem Personenkreis, gegen den die Vermutung wirkt, dann hinzu, wenn der Insasse entgeltlich und geschäftsmäßig befördert wurde (§ 8 a). Die Vermutung führt nicht zur unbegrenzten Haftung des Führers aus unerlaubter Handlung, sondern nur zur Haftung in den Grenzen, welche die §§ 10, 11 hinsichtlich des sachlichen Umfangs und der § 12 hinsichtlich der Höhe setzen. Wie beim Halter die Gefährdungshaftung von der rechtzeigen Anzeige des Geschädigten (§ 15) abhängt, so wirkt auch die Vermutung zuungunsten des Führers nur, wenn der Geschädigte ihm

[1] Vgl. RGZ 152, 48 = VAE 1936, 508 m. Anm. *Müller*; RG JW 1931, 854 = 863 m. Anm. *Müller*; RG VAE 1938, 96; BGH VRS 10, 12.

den Schaden rechtzeitig anzeigt. Auch die Verjährung (§ 14) ist dieselbe. Die Fristen nach §§ 14 und 15 laufen für den Führer des Kraftfahrzeugs besonders, beginnen und enden mithin nicht ohne weiteres gleichzeitig mit den für den Halter desselben Kraftfahrzeugs laufenden Fristen. Zur Bedeutung der Vorschrift bei der Mitverschuldensabwägung s. Rdn. 26.

§ 18 hindert den Verletzten nicht, einen über die im StVG gezogenen Grenzen hinausgehenden Schaden geltend zu machen, wenn er die Voraussetzungen anderer Anspruchsgrundlagen, insbesondere § 823 BGB, nachweist. Er muß dann auch den vollen Nachweis des Verschuldens des Führers erbringen; es genügt nicht, daß er darauf hinweist, dieser habe keinen Entlastungsbeweis geführt. Allenfalls der Anscheinsbeweis (§ 16, 362 ff) kann ihm u. U. die Beweisführung erleichtern. 3

II. Haftungsvoraussetzungen

Die Voraussetzungen der Haftung nach § 18 sind dieselben wie bei der Haftung nach § 7. Auf die dortigen Erl. (insbesondere zum Merkmal „bei dem Betrieb") kann daher verwiesen werden. 4

III. Führer des Kraftfahrzeugs

Nur zuungunsten des Führers eines am Unfall beteiligten Kraftfahrzeugs wirkt die Vermutung, ohne Rücksicht darauf, ob er gleichzeitig Halter des Kraftfahrzeugs war oder nicht. Die Haftung aus § 7 geht als die umfassendere der Haftung aus § 18 freilich vor. Zuungunsten des Führers wirkt die Vermutung auch dann, wenn er zur Führung nicht befugt war[2]. Gegen den Führer eines Kraftfahrzeugs, dessen Höchstgeschwindigkeit 20 km/h beträgt, wirkt die Vermutung nicht (§ 8)[3]. 5

1. Begriff

Führer eines Kraftfahrzeugs ist, wer es in eigener Verantwortlichkeit bewegt. Ein bewegungsunfähiges (z. B. auf einem Sockel aufsitzendes) Kraftfahrzeug wird nicht „geführt"[4], ebensowenig ein (mit laufendem Motor) abfahrbereites, aber noch nicht in Bewegung gesetztes[5]. Der Führer des Kraftfahrzeugs behält diese Eigenschaft bis zu dem Zeitpunkt, in dem er es wieder außer Betrieb setzt[6], oder in dem ein anderer den Betrieb übernimmt. Vorübergehender Stillstand des Fahrzeugs ist ohne Belang. Wechseln sich mehrere Personen bei einer Fahrt ab, so ist Führer des Kraftfahrzeugs nur, wer das Kraftfahrzeug augenblicklich (also z. B. bei § 18 im Zeitpunkt des Unfalls) führt[7]. Daher haftet der Führer eines Kraftfahrzeugs nicht nach § 18, wenn er fahrlässig einen Diebstahl ermöglicht und der Dieb einen Unfall verursacht[8]. Im einzelnen ergibt sich aus dieser Definition: 6

a) **Tatsächliche Herrschaft.** Führer eines Kraftfahrzeugs kann nur sein, wer die tatsächliche Herrschaft über das Kraftfahrzeug innehat[9]. Die tatsächliche Herrschaft übt auch aus, wer diese aufgrund eines Dienstverhältnisses nur nach bestimmten Weisun- 7

---

2 BGH DAR 1954, 298.
3 OLG Dresden VAE 1936, 135.
4 BayObLG NJW 1986, 1822.
5 BGH NZV 1989, 32.
6 OLG Dresden DAR 1930, 298.
7 RGZ 138, 326.
8 RGZ 138, 326.
9 OLG Braunschweig VRS 11, 451.

gen ausübt oder wer die Tätigkeit nur aus Gefälligkeit übernommen hat[10] oder schließlich, wer zur Führung des Kraftfahrzeugs nicht berechtigt ist. Überläßt der vom Halter bestellte Führer die Durchführung einem anderen, so ist der andere der Führer geworden, auch wenn der bestellte Führer sich etwa innerlich vorbehalten hat, erforderlichenfalls einzugreifen und die Führung wieder an sich zu nehmen[11]. Hiervon gibt es eine gesetzliche Ausnahme: Nach § 3 Abs. 2 StVG ist der Fahrschüler nicht Führer, solange er von einem als Fahrlehrer zugelassenen Begleiter beaufsichtigt wird. In diesem Falle ist der Begleiter Führer des Kraftfahrzeugs, der Fahrschüler allenfalls aus unerlaubter Handlung haftbar (näher zur Haftung des Fahrlehrers Rdn. 22 f, des Fahrschülers Rdn. 24).

8 b) **Art der Bewegung.** Auf den Einsatz der Motorkraft kommt es nicht an. Es genügt daher, wenn das Kraftfahrzeug auf einer Gefällstrecke abwärts rollt[12]. Darauf, ob durch das Abrollenlassen der Motor in Gang gebracht werden soll, kommt es nicht an[13]. Ein abgeschlepptes Fahrzeug wird hingegen nicht „geführt"[14].

9 c) **Hilfsdienste.** Führer ist nicht, wer dem Führer lediglich Hilfsdienste leistet[15], also vor allem nicht der Lotse (der Wegweiser durch eine Stadt), solange er das Kraftfahrzeug nicht selbst lenkt. Führer ist nicht, wer in Anwesenheit des Führers einen Bremskeil unterlegt, einen Anhänger ankuppelt[16], die Sonnenblende einstellt, einen Gang einlegt[17], den Wagen schiebt, die Tür des Kraftwagens öffnet, die Handbremse anzieht, die Hupe bedient, den Scheibenwischer in Gang setzt, das Licht einschaltet oder Öl nachfüllt. Das Lenken des Kraftfahrzeugs ist nicht allein ausschlaggebendes Merkmal für die Abgrenzung des Führens von bloßen Hilfsdiensten[18]. Einerseits ist Führer, wer den Anlasser bedient, um das Kraftfahrzeug in Gang zu setzen, andererseits ist nicht Führer, wer ein abgeschlepptes, betriebsunfähiges Kraftfahrzeug lenkt (Rdn. 8). Wer ein Kraftfahrzeug lenkt, das bei Versagen des Anlassers angeschoben wird, um den Motor in Gang zu setzen, führt das Kraftfahrzeug, da es sich in diesem Stadium bereits in Betrieb befindet. Folgt er jedoch bedingungslos den Anweisungen des sein stehengebliebenes Fahrzeug schiebenden Fahrers hinsichtlich des Einschlagens des Steuerrads, so ist er nur „Werkzeug" des Führers und führt selbst nicht[19].

10 d) **Überlassung an einen Dritten.** Führer ist nicht, wer zwar vom Halter die Erlaubnis hat, das Kraftfahrzeug zu führen, von dieser Erlaubnis aber keinen Gebrauch macht, sondern die Führung einer dritten Person überläßt[20].

2. Mehrere Führer eines Kraftfahrzeugs

11 Setzen zwei Personen in bewußtem Zusammenwirken ein Kraftfahrzeug in Betrieb und teilen sie sich (nicht etwa zeitlich getrennt, sondern gleichzeitig) die Betätigung der Bedienungsgriffe (Lenkrad, Gaspedal, Kupplung, Bremse), so sind beide gemeinschaftlich Führer des Kraftfahrzeugs[21]. Das OLG Köln[22] will dies allerdings für die

---

10 RG VAE 1939, 267 für ein Fuhrwerk.
11 RGZ 90, 158.
12 BGHSt 14, 185; OLG Dresden JW 1932, 812; OLG Köln VRS 15, 334; BayObLG NJW 1959, 111; VRS 67, 373.
13 A. A. OLG Hamm VRS 15, 134.
14 OLG Hamm BB 1963, 116; OLG Frankfurt NJW 1985, 2961.
15 LG Hamburg MDR 1949, 698.
16 A. A. OLG Köln DAR 1957, 53.
17 KG VRS 12, 110.
18 OLG Braunschweig VRS 11, 451.
19 BGH VersR 1977, 624.
20 RGZ 90, 158.
21 OLG Hamm VRS 37, 281; offengelassen in RGZ 90, 157; **a. A.** OLG Königsberg DJZ 1925, 899; BayObLG HRR 1929, 1194; *Wille* JW 1926, 2201.
22 VM 1956, 75.

Lenkung nicht anerkennen. Auf die Leistung von Hilfsdiensten (Rdn. 9) darf freilich nicht abgestellt werden. Sitzt ein des Fahrens Unkundiger am Lenkrad und betätigt der neben ihm sitzende des Fahrens Kundige nicht nur die Handbremse, sondern – wenigstens zeitweise – auch das Lenkrad, so sind beide Personen Führer des Kraftfahrzeugs. Die frühere Rechtsprechung, die in solchen Fällen nur den am Lenkrad Sitzenden[23] oder nur den daneben Sitzenden[24] als Führer ansah, wurde dem Sachverhalt nicht gerecht. Das kurze Eingreifen des Beifahrers in die Lenkung ist allerdings kein Führen[25].

3. Dauer der Verantwortlichkeit

Sie beginnt, sobald das Kraftfahrzeug in Bewegung gesetzt wird, und endet mit dem Betrieb oder mit der Übernahme der Führung durch einen anderen. Zur Dauer des Betriebes vgl. § 7, 28 ff. Auch Nachwirkungen der Führereigenschaft sind denkbar: So kann der Führer auch für einen Unfall haftbar sein, der sich lange nach Beendigung der Fahrt aufgrund unterwegs verlorener Ladung ereignet. **12**

IV. Entlastungsbeweis

1. Gegenstand des Beweises

Die Vermutung spricht für eine Fahrlässigkeit des Führers nach § 276 BGB. Dieser hat mithin, um die Vermutung zu widerlegen, nur zu beweisen, daß ihn kein Verschulden trifft; er muß nicht etwa beweisen, daß ein unabwendbares Ereignis vorliegt[26]. Seine Haftung entfällt daher – anders als die des Halters – auch dann, wenn der Unfall durch einen Fehler in der Beschaffenheit des Kraftfahrzeugs oder durch ein Versagen seiner Verrichtungen entstanden ist, es sei denn, es treffe ihn gerade hieran ein Verschulden. Der Beweis für das Fehlen eines Verschuldens wird dadurch geführt, daß der wahre Ablauf der zum Unfall führenden Umstände und Ereignisse bewiesen wird. Ergibt sich sodann, daß entweder keine schuldhafte Pflichtwidrigkeit (also kein schuldhaft verkehrswidriges Verhalten) des Führers vorliegt oder daß zwar eine solche vorliegt, der eingetretene Schaden aber nicht hierdurch verursacht wurde[27], so entfällt die Haftung des Führers. Dieser wird von der Haftung für den Schaden nach § 18 nur frei, wenn keine Unklarheit über die wesentlichen Umstände des Unfalls verblieben ist und wenn feststeht, daß er alles einem ordentlichen Kraftfahrer Zumutbare getan hat, den Unfall zu vermeiden[28]. Bleibt unklar, wie sich der Unfall ereignet hat, so hat der Führer zu beweisen, daß ihn bei keinem der möglichen Geschehnisabläufe ein Verschulden träfe[29]. Kann der Führer nicht aufklären oder nicht beweisen, wie es zum Unfall gekommen ist, so bleibt die Vermutung zu seinen Ungunsten bestehen. Ergibt sich, daß der Unfall auf Mängeln in der Beschaffenheit des Kraftfahrzeugs oder auf dem Versagen seiner Verrichtungen beruht, so ist die Schuldvermutung erst widerlegt, wenn erwiesen ist, daß den Führer kein Verschulden daran trifft, daß die Mängel nicht vor dem Unfall erkannt und behoben wurden. **13**

---

23 OLG Hamburg DAR 1931, 47; KG VRS 8, 140.

24 OLG Braunschweig VRS 11, 451.

25 OLG Hamm NJW 1969, 1976.

26 RGZ 125, 100; RG DAR 1938, 265; BGH VersR 1957, 519; 1961, 423.

27 OLG Dresden JRPrV 1942, 55; OLG Neustadt VRS 2, 366.

28 BGH VersR 1972, 459.

29 BGH VersR 1974, 1030.

2. Anforderungen an den Beweis

14 Der Führer kann sich gelegentlich zur Führung des Beweises auf den sog. Beweis des ersten Anscheins (§ 16, 362 ff) berufen. Bei der Beweiswürdigung ist darauf Rücksicht zu nehmen, daß es bei der Beschränkung der Mittel menschlichen Erkennens schwierig ist, das Fehlen eines Verschuldens zu beweisen.

3. Maß der Sorgfalt

15 Der Führer des Kraftfahrzeugs hat die Schuldvermutung des § 18 widerlegt, wenn er bewiesen hat, daß er sich so verhalten hat, wie dies jeder andere ordentliche Kraftfahrzeugführer unter den gegebenen Umständen auch gemacht hätte[30]. Er muß diejenige Sorgfalt beachtet haben, die man auch dann, wenn man die vom Straßenverkehr ausgehenden erheblichen Gefahren im Auge behält, bei einer Verkehrslage, wie sie vor dem Unfall vorgelegen hat, allgemein für ausreichend erachtet. Maßgebend ist das Maß an Umsicht und Sorgfalt, das nach dem Urteil besonnener und gewissenhafter Verkehrsteilnehmer zu fordern ist[31]. Mithin ist der Umstand, daß der Führer eine ungewöhnliche Verkehrssituation nicht meistern konnte, noch kein Anzeichen für mangelnde Sorgfalt[32]. Reagiert er unrichtig auf das verkehrswidrige Verhalten eines anderen, so ist das nicht schuldhaft, wenn er ohne eigenes Verschulden in die Gefahrenlage gekommen ist und keine Zeit mehr zu ruhiger Überlegung hatte[33]. Für die Haftung kommt es nicht darauf an, ob der Schädiger nach seinen persönlichen Kenntnissen und Fähigkeiten in der Lage war, die Gefahr richtig abzuschätzen. Maßgebend ist vielmehr, was von ihm objektiv an Sorgfalt erwartet werden konnte; die Beobachtung der üblichen Sorgfalt reicht nicht. Andererseits wird nicht die für den Entlastungsbeweis nach § 7 Abs. 2 erforderliche äußerste Sorgfalt verlangt. Zu den Anforderungen bei Autorennen s. Rdn. 21.

4. Einzelfälle

16 a) **Verstöße gegen StVO und StVZO.** Der Führer muß beweisen, daß er nicht gegen Vorschriften der StVO und der StVZO verstoßen hat, d. h. er muß Beweis für einen Unfallhergang erbringen, bei dem ihn kein entsprechender Vorwurf trifft. Wegen der Auslegung der einzelnen Vorschriften dieser Verordnungen ist auf die einschlägigen Erläuterungswerke zu verweisen.

17 b) **Alkohol.** Eine Blutalkoholkonzentration von weniger als 1,1‰ berechtigt nicht ohne weiteres zu der Argumentation, schon die kleinste Menge Alkohol könne die Fahrweise beeinflussen und der Fahrer könne nicht beweisen, daß eine solche Beeinflussung nicht stattgefunden habe[34]. Der Fahrer hat vielmehr, wenn er die geringe Höhe der Blutalkoholkonzentration beweist, den Entlastungsbeweis nach § 18 dann geführt, wenn feststeht, daß ihm auch in anderer Hinsicht ein Vorwurf an der Entstehung des Unfalls nicht zu machen ist.

18 c) **Erkennbarkeit der Gefahr.** Ist ein Kind seitlich in einen Lkw gelaufen und besteht die Möglichkeit, daß der Fahrer es eher hätte sehen und durch rechtzeitige Reaktion den Unfall verhindern können, so ist der Entlastungsbeweis nicht geführt[35], wohl aber dann, wenn ein Reh hinter einem Busch hervor in den Wagen springt[36].

---

[30] RGZ 152, 52; BGH VersR 1957, 519.
[31] BGH VersR 1971, 964.
[32] OLG Nürnberg VRS 15, 327; vgl. auch *Mierke* NJW 1960, 1380.
[33] BGH VersR 1971, 909; anders, wenn ausreichend Zeit für ein richtiges Handeln war: BGH VersR 1968, 944.
[34] Vgl. OLG Braunschweig VersR 1967, 813.
[35] BGH VersR 1968, 581.
[36] BGH VersR 1969, 161.

d) **Unbefugte Benutzung des Kraftfahrzeugs.** Kommt es bei unberechtigter Benutzung eines Kraftfahrzeugs zu einem Unfall, so kann nicht nach § 18 vermutet werden, der letzte berechtigte Führer habe die Schwarzfahrt schuldhaft ermöglicht[37]. § 18 soll seinem Sinn und Zweck nach nur für solche Pflichtwidrigkeiten die Beweislast umkehren, die mit dem Führen des Kraftfahrzeugs in unmittelbarem Zusammenhang stehen. Der Führer würde sonst bei Schwarzfahrt wesentlich schärfer haften als der Halter (vgl. § 7 Abs. 3 Satz 1). 19

e) **Technische Mängel.** Ist der Unfall auf unzureichende Wirkung der Bremsen zurückzuführen, so ist der Führer nicht entlastet, wenn er diese kannte[38]. Ist ein Auffahrunfall auf das Liegenbleiben eines Kraftfahrzeugs infolge Treibstoffmangels zurückzuführen, so ist vom Verschulden des Führers auszugehen. Das gilt auch für einen Motorradfahrer, der sein Motorrad schieben muß, weil Treibstoff fehlt[39]. Stellt der Fahrer eines Lastzugs das Lastreglerventil des Anhängers, der nur zu 9% beladen ist, auf „halb" statt auf „leer" und verursacht der zu starke Bremsdruck des Anhängers einen Unfall, so ist dieser schuldhaft herbeigeführt[40]. Fährt auf der Autobahn ein Pkw auf einen langsam fahrenden Lastzug auf, so trifft den Fahrer des Lastzugs ein Verschulden, wenn die geringe Geschwindigkeit auf dem Platzen eines abgefahrenen Anhängerreifens beruht[41]. Nicht schuldhaft handelt ein belgischer Lastzugfahrer, der mit Dieselkraftstoff in die Bundesrepublik einfährt, welcher sich wegen der hier herrschenden Kälte so verdickt, daß die Brennstoffzufuhr ausfällt und der Lastzug auf der Autobahn liegen bleibt[42]. 20

f) **Autorennen.** Bei Rennen auf geschlossener Bahn ist auf die unter Rennfahrern übliche Sorgfalt abzustellen[43]. Die Rennfahrer dürfen aber nicht solche Risiken eingehen, die für sie ersichtlich zu einer Schädigung von Zuschauern führen können[44]. Bei einer Zuverlässigkeitsfahrt können die Teilnehmer auf freie Fahrbahn vertrauen[45]. 21

V. Haftung bei Fahrschulfahrten

1. Haftung des Fahrlehrers

Nach § 3 Abs. 2 haftet bei Übungs- und Prüfungsfahrten, bei denen alle Voraussetzungen des § 3 Abs. 1 objektiv gegeben sind, nicht der tatsächliche Führer des Kraftfahrzeugs nach § 18, sondern dessen Begleiter, also der Fahrlehrer. Dies gilt auch bei der Motorradausbildung durch einen vorausfahrenden Lehrer: dieser ist also im haftungsrechtlichen Sinn gleichzeitig Führer zweier Fahrzeuge[46]. 22

Beim Fahrlehrer liegt der haftungsbegründende Verstoß nicht im eigenen verkehrswidrigen Verhalten beim Lenken des Fahrzeugs, sondern nur im pflichtwidrigen Nichtverhindern entsprechender Fahrfehler des Übenden. An die Stelle der Unaufmerksamkeit als Fahrer tritt beim Fahrlehrer die Unaufmerksamkeit als Begleiter und Überwacher des Fahrschülers[47]. Der Fahrlehrer muß den Schüler ständig im Auge behalten 23

---

[37] A. A. *Full* 32.
[38] OLG Düsseldorf VersR 1970, 67.
[39] BGH VersR 1968, 450.
[40] BGH VersR 1968, 395.
[41] BGH bei *Bode-Weber* DAR 1969, 115.
[42] BGH VersR 1968, 646.
[43] BGH VRS 4, 332.
[44] BGH DAR 1991, 172.
[45] BGH DAR 1955, 194.
[46] Vgl., auch zur versicherungsrechtlichen Situation, OLG Köln NZV 1990, 313.
[47] RG DR 1941, 800.

und seine Fahrweise sorgfältig überwachen. Er muß in der Lage sein, sofort einzugreifen[48]. Bei einem Fahrschüler, der erstmals am Lenkrad sitzt, muß der Lehrer damit rechnen, daß er das Lenkrad zu weit einschlägt[49].

2. Haftung des Fahrschülers

24 Der Übende ist nicht „Führer" im Sinne des § 18; die Gefährdungshaftung des StVG trifft ihn also nicht. Allerdings kann er bei schuldhaftem Verhalten nach allgemeinen Verschuldensgrundsätzen haftpflichtig werden, auch zusammen mit dem Halter (und dem Begleiter, d. h. dem „Führer") mitverantwortlich und im Innenverhältnis diesem allein verantwortlich sein. Verschulden ist dem Übenden nur zuzurechnen, wenn er richtige Maßnahmen unterlassen hat, obwohl er zu ihnen nach dem Grade seiner Ausbildung schon befähigt war und ihm eine geistige Hemmung, hervorgerufen durch die begründete Befürchtung, die erforderliche Maßnahme nicht richtig ausführen zu können, nicht mehr zuzurechnen sein wird. Wer durch ein Kraftfahrzeug verletzt wurde, das von einem Fahrschüler gelenkt wurde, kann diesen also nur dann nach § 823 BGB in Anspruch nehmen, wenn er beweist, daß der für den Unfall ursächliche Fahrfehler nicht auf mangelhaftem Wissen oder Können beruht[50]. Dasselbe gilt für Ansprüche des Eigentümers des Kraftfahrzeugs gegen den Fahrschüler.

VI. Umfang der Haftung

25 Er entspricht der Haftung des Halters; auf die Erl. zu §§ 8 bis 15 kann daher verwiesen werden. Wegen weitergehender Ansprüche s. Rdn. 27, wegen Einschränkungen und Ausschlüssen der Haftung s. § 7, 498 ff u. § 16, 302 ff.

26 Bei der **Mitverschuldensabwägung** greift die Beweislastumkehr nach § 18 nicht ein: Die für die Abwägung entscheidenden Umstände müssen vielmehr von demjenigen bewiesen werden, der sich auf sie beruft (vgl. § 17, 55). Dies kann dazu führen, daß ein Kraftfahrzeugführer der Haftung nach § 18 entgeht, wenn er dem Anspruchsteller ein unfallursächliches Mitverschulden nachweisen kann und diesem der Beweis eines schuldhaften Verhaltens des Führers nicht gelingt; daß der Führer sich nicht entlasten kann, kann allenfalls zu Ansprüchen gegen den Halter aus § 7 führen.

VII. Haftung aus sonstigen Rechtsgründen

27 Durch die Verweisung des Abs. 2 auf § 16 ist klargestellt, daß weder die Haftung des Führers aus anderen Rechtsgründen durch § 18 ausgeschlossen wird, noch die Haftung anderer Personen aus anderen Rechtsgründen. Dies bedeutet vor allem, daß die weitergehende Haftung des Führers aus unerlaubter Handlung eingreift, wenn der Verletzte den hierfür erforderlichen Beweis geführt hat, und daß auch die Haftung aus Amtspflichtverletzung mit der Folge des Eintritts der Körperschaft des öffentlichen Rechts (Art. 34 GG) bestehen bleibt[51]. Letztere schließt allerdings eine unmittelbare Inanspruchnahme des Führers (auch unter dem Gesichtspunkt des § 18 aus[52]; vgl. § 16, 432. Wegen der in Betracht kommenden anderweitigen Haftungsvorschriften s. die Erl. zu § 16.

---

48 BGH VersR 1969, 1037; 1972, 455.
49 BGH VersR 1969, 1037.
50 OLG Düsseldorf NJW 1966, 736.
51 RGZ 139, 153; BGH VRS 14, 334.
52 RGZ 125, 99; BGH VRS 14, 334.

VIII. Anrechnung der Betriebsgefahr

Die Verweisung des Abs. 3 auf § 17 stellt klar, daß dann, wenn der Führer eines Kraftfahrzeugs ein Recht auf Ausgleich hat, weil er den Verletzten entschädigt hat (oder von diesem in Anspruch genommen wird), oder wenn er einem anderen Mitschädiger gegenüber ausgleichspflichtig ist, die Betriebsgefahr des von ihm gefahrenen Kraftfahrzeugs gegen sich gelten lassen muß. Das muß er auch dann, wenn er selbst bei einem Unfall verletzt worden ist und einen anderen Verkehrsteilnehmer oder den Verkehrssicherungspflichtigen, gleich auf welcher Rechtsgrundlage, auf Schadenersatz in Anspruch nimmt[53] (vgl. § 17, 40 ff) oder wenn er vom Halter des von ihm geführten Kraftfahrzeugs Ersatz für die Beschädigung einer eigenen Sache begehrt[54] (s. a. § 8, 5). **28**

Der Führer eines Kraftfahrzeugs muß sich bei all diesen Gelegenheiten die Betriebsgefahr des von ihm gefahrenen Kraftfahrzeugs aber nur dann bei der Abwägung entgegenhalten lassen, wenn es ihm nicht geglückt ist, die Vermutung des § 18 zu widerlegen[55]. Hat er sie widerlegt, so bekommt er, falls er selbst verletzt ist, seinen Schadenersatz in vollem Umfang und kann er, wenn er einen anderen Verletzten entschädigt hat, von den anderen für den Unfall Verantwortlichen vollen Ausgleich verlangen. Den Beweis, daß ihn kein Verschulden an dem Unfall treffe, kann der Führer des Kraftfahrzeugs aber nicht etwa allein dadurch führen, daß er nachweist, daß einen anderen Unfallbeteiligten ein Verschulden trifft oder daß der Führer eines anderen am Unfall beteiligten Kraftfahrzeugs die gegen ihn sprechende Schuldvermutung nicht hat widerlegen können[56]. Erleidet der Führer eines Kraftfahrzeugs auf einer in Ausübung hoheitlicher Gewalt ausgeführten Fahrt einen Unfall und wird er dabei verletzt, so muß er sich, wenn er von dem Führer oder Halter eines anderen am Unfall beteiligten Kraftfahrzeugs Schadenersatz fordert, die Betriebsgefahr des eigenen Kraftfahrzeugs bei der Abwägung entgegenhalten lassen, obwohl er seinerseits wegen Art. 34 GG nicht schadenersatzpflichtig ist[57]. **29**

IX. Verhältnis zum Halter des geführten Kraftfahrzeugs

1. Haftung gegenüber Dritten und Regreß

Führer und Halter desselben Fahrzeugs haften, da sich der Halter das Verschulden des Führers im Rahmen der §§ 7, 17 zurechnen lassen muß, in der Regel auf die gleiche Quote, und zwar gesamtschuldnerisch im Rahmen einer Haftungseinheit (s. § 17, 36). Der **Innenausgleich** zwischen Halter und Führer fällt nicht unter § 17. Er richtet sich vielmehr nach § 426 BGB, sofern zwischen ihnen keine vertraglichen Beziehungen mit anderweitiger Regelung bestehen[58]. Ist der Führer Arbeitnehmer des Halters und wurde die Fahrt im Rahmen des Arbeits- (Angestellten-)Verhältnisses ausgeführt, so gelten die arbeitsrechtlichen Sondervorschriften (§ 16, 329 ff). Der Arbeitsgeber ist mithin in der Regel verpflichtet, den Arbeitnehmer von Schadenersatzansprüchen aus einem Unfall, der durch dessen verkehrswidriges Verhalten entstanden ist, ganz oder teilweise freizu- **30**

---

[53] BGH DAR 1953, 156; OLG Kiel HRR 1930, Nr. 630.

[54] *Greger* NZV 1988, 108; a. A. *Kunschert* NZV 1989, 62. Vgl. auch OLG München VRS 57, 5.

[55] BGH DAR 1953, 156; OLG Kiel HRR 1936, Nr. 618.

[56] BGH NJW 1962, 796.

[57] BGH JZ 1960, 174 m. Anm. *Schröer*.

[58] OLG Frankfurt VersR 1983, 926; LAG Düsseldorf DAR 1952, 16; *Gelhaar* DAR 1954, 270.

stellen. Beruht allerdings der Unfall darauf, daß der Arbeitnehmer seine Pflichten aus dem Dienstvertrag gröblich dadurch verletzt hat, daß er die Pflege des Wagens vernachlässigt oder Reparaturen, die er hätte durchführen müssen, nicht oder mangelhaft ausgeführt hat, so hat im Innenverhältnis der Arbeitnehmer den Schaden zu tragen. Ist der Führer Beamter und der Halter sein Dienstherr, so schließt die Haftung der Körperschaft nach Art. 34 GG eine Haftung des Beamten nach § 18 aus (Rdn. 27); der Rückgriff richtet sich nach den beamtenrechtlichen Vorschriften. Bestehen zwischen dem Halter und dem Führer keinerlei vertragliche Beziehungen und auch keine solchen aus einem öffentlich-rechtlichen Dienstverhältnis, so hat — im Rahmen der Haftung nach dem StVG — im Innenverhältnis jeder die Hälfte des Schadens zu tragen (§ 426 BGB). Soweit Schadenersatzansprüche des Verletzten aus unerlaubter Handlung die Grenzen der im StVG gesetzten Regelung überschreiten, ist insoweit der schuldhaft handelnde Führer alleiniger Schuldner.

2. Haftung für Schäden des Halters

31 Für solche Schäden haftet der Führer nicht nach § 18. Dies folgt aus der Bezugnahme auf § 7, der dem Halter auch keinen entsprechenden Anspruch gewährt (§ 7, 216). In Betracht kommen jedoch deliktische Ansprüche. Auf diese braucht sich der Halter wegen der spiegelbildlichen Anwendung des § 8 die Betriebsgefahr des eigenen Kraftfahrzeugs nicht anrechnen zu lassen (§ 17, 44), sofern es sich nicht um die Beschädigung einer zufällig in den Gefahrenkreis des Kraftfahrzeugs gelangten anderen Sache des Halters handelt (vgl. § 8, 5). Zu der umstrittenen Frage, ob der Halter einen Direktanspruch gegen seinen Haftpflichtversicherer hat, s. § 16, 803.

X. Verhältnis zum Eigentümer des geleasten Kraftfahrzeugs

32 Ist der Eigentümer nicht mit dem Halter identisch (z. B. bei einem Leasingfahrzeug), so haftet der Führer dem Eigentümer aus § 18 (vgl. zur entsprechenden Frage bei der Halterhaftung § 7, 218).

§ 19
Revision

Die Vorschrift wurde gestrichen durch Art. II Nr. 6 des Gesetzes v. 7.11.1939 (RGBl. I 2223).

§ 20
Örtliche Zuständigkeit

Für Klagen, die auf Grund dieses Gesetzes erhoben werden, ist auch das Gericht zuständig, in dessen Bezirk das schädigende Ereignis stattgefunden hat.

1. In Betracht kommende Gerichtsstände

1 Der Kläger kann für Klagen aufgrund dieses Gesetzes sowie für die Direktklage gegen den Haftpflichtversicherer des Ersatzpflichtigen[1] den in § 20 zugelassenen Ge-

[1] BGH VersR 1983, 586.

richtsstand anstelle des besonderen Gerichtsstands des Begehungsorts der unerlaubten Handlung nach § 32 ZPO oder des allgemeinen Gerichtsstands des Beklagten für die Klageerhebung wählen. Allgemeiner Gerichtsstand ist nach § 13 ZPO in der Regel der Wohnsitz des Beklagten. Bei Ausländern bestimmt das deutsche Recht den Ort ihres Wohnsitzes. Hat der Beklagte keinen Wohnsitz, so ist sein inländischer Aufenthaltsort maßgebend (§ 16 ZPO), und wenn ein solcher nicht bekannt ist, sein letzter Wohnsitz. Daneben kann ein Ausländer, der im Inland keinen Wohnsitz hat, auch dort verklagt werden, wo sich ein ihm gehörender Vermögensgegenstand befindet (§ 23 ZPO). Bei juristischen Personen bestimmt ihr Sitz den allgemeinen Gerichtsstand (§ 17 ZPO).

Sollen mehrere Personen mit unterschiedlichem allgemeinen Gerichtsstand als Streit- **2**
genossen verklagt werden, so kann dies am gemeinsamen besonderen Gerichtsstand (z. B. des § 20) geschehen. Nur wenn auch ein solcher nicht besteht, kommt eine gerichtliche Zuständigkeitsbestimmung nach § 36 Nr. 3 ZPO in Betracht. Ein im Ausland gelegener Gerichtsstand des Unfallorts bleibt hierbei aber unberücksichtigt[2].

II. Bestimmung des nach § 20 maßgebenden Gerichtsstands

Der Gerichtsstand stimmt wohl in allen Fällen mit dem der unerlaubten Handlung **3**
überein (§ 32 ZPO); denn die Tatbestände der Gefährdungshaftung werden bei der Anwendung des § 32 ZPO den unerlaubten Handlungen gleich erachtet[3]. Maßgebend ist nach § 32 ZPO der Ort, an dem eine der zum Schaden führenden Ausführungshandlungen begangen wurde. In diesem Sinn muß auch das in § 20 verwendete Wort „Ereignis" verstanden werden. Das Ereignis ist also nicht der Unfall, sondern der Begriff umfaßt alle für den Unfall ursächlichen Handlungen und Unterlassungen. Zu dem Ereignis im Sinne des § 32 ZPO und des § 20 StVG gehört allerdings auch der Unfallort selbst, also der Ort der schädigenden Einwirkung. Wo dagegen nur Schadensfolgen eingetreten sind, ist weder der Gerichtsstand aus § 32 ZPO[4] gegeben, noch der aus § 20 StVG.

---

[2] BayObLG VersR 1985, 841; 1986, 299; NZV 1988, 27.

[3] RGZ 60, 305.

[4] BGH NJW 1977, 1590; OLG Karlsruhe MDR 1960, 56.

Haftpflichtgesetz

i. d. F. der Bekanntmachung vom 4. Januar 1978
(BGBl. I 145)

Vorbemerkungen

I. Geschichtliche Entwicklung

Das Gesetz betr. die Verbindlichkeit zum Schadenersatz für die bei dem Betriebe von Eisenbahnen, Bergwerken etc. herbeigeführten Tötungen und Körperverletzungen v. 7. 6. 1871 (RGBl. S. 207, RHaftpflG) betraf zunächst nur Personenschäden. Es wurde durch Art. 42 EGBGB v. 18. 8. 1896 (RGBl. S. 616) und durch das G zur Änderung des RHaftpflG v. 15. 8. 1943 (RGBl. S. 489) geändert, ferner durch das G zur Änderung schadensersatzrechtlicher Vorschriften v. 16. 8. 1977 (BGBl. I, 1577). Diese letzte Änderung erweiterte die Regelung auf Sachschäden durch Einbeziehung der Vorschriften, die bis zum 1. 1. 1978 aufgrund des G über die Haftpflicht der Eisenbahnen und Straßenbahnen für Sachschaden (SHG) v. 29. 4. 1940 (RGBl. I, 691) i. d. F. v. 16. 7. 1957 (BGBl. I, 710) gegolten hatten. Bis 1940 war gemäß Art. 105 EGBGB auf dem Gebiet der Haftung von Eisenbahnen und Straßenbahnen für Sachschäden das Landesrecht auch für die Zeit nach dem 1. 1. 1900 maßgebend gewesen, während auf dem Gebiet der Haftung dieser Unternehmen für Personenschäden seit 1871 Reichsrecht galt. § 1 Abs. 1 der V zur Ergänzung des SHG v. 6. 5. 1941 (RGBl. I, 252) stellte klar, daß die Haftung des Sachschadenhaftpflichtgesetzes auch für Sachen gilt, die ein Fahrgast an sich trägt oder mit sich führt (Handgepäck). Die Vorschrift erweiterte den Geltungsbereich des § 21 Abs. 5 Satz 2 EVO auch auf solche Straßenbahnen und auf Eisenbahnen, für die die EVO nicht anzuwenden ist, weil sie nicht dem öffentlichen Verkehr dienen. Diese Vorschrift wurde 1977 in das neue Haftpflichtgesetz übernommen, das nun die gesamte Regelung der Haftung für Straßenbahnen (auch U-Bahnen) und Eisenbahnen bei Verkehrsunfällen enthält. 1

Die bis 1978 geltenden Vorschriften wurden insofern geändert, als die dem § 15 StVG entsprechende Pflicht zur Schadensanzeige (bisher § 5 SHG) und der Haftungsausschluß für Funkenflug (§ 9 SHG) gestrichen wurden. Die Sonderregelung der Verjährung wurde durch eine Verweisung auf die Verjährung von Ansprüchen aus unerlaubter Handlung ersetzt, die Bestimmungen über das Verhältnis mehrerer Verursacher eines Schadens zueinander (§ 8 Abs. 1 und Abs. 2) auf Personenschäden erweitert und die Haftungshöchstsummen (nun §§ 9 und 10) heraufgesetzt. Die Unwirksamkeit eines Haftungsausschlusses bei Sachschäden (nun § 7) gilt seit 1977, soweit sie auf § 2 gestützt wird, nicht für die Personen des öffentlichen Rechts, die öffentlich-rechtlichen Sondervermögen und die Kaufleute im Rahmen ihres Handelsgewerbes. Der Entlastungsbeweis bei Straßenbahnen im Verkehrsraum öffentlicher Straßen wurde dahingehend vereinheitlicht, daß die nach dem SHG nur für Sachschäden geltende Regelung (Unabwendbarkeitsbeweis) auf Personenschäden übertragen wurde. 2

II. Inhalt des Gesetzes

Das Gesetz legt dem Unternehmer einer Eisenbahn oder Straßenbahn eine von der Verschuldenshaftung unabhängige Gefährdungshaftung für Personen- und Sachschäden 3 auf, die derjenigen des Halters eines Kraftfahrzeugs ähnelt. Im Gegensatz zur Haftung bei Kraftfahrzeugunfällen gibt es aber keine besonderen Vorschriften für die Haftung des Fahrzeugführers (vgl. § 18 StVG). Darüber hinaus betrifft das Haftpflichtgesetz die Haftung des Unternehmers einer Schwebebahn und des Inhabers einer Anlage, die durch Wirkungen von Elektrizität, Gasen, Dämpfen oder Flüssigkeiten („Wirkungshaftung") oder auf andere Weise im Zusammenhang mit einer derartigen Anlage („Zustandshaftung") einen Schaden verursacht. Diese Bereiche des Haftpflichtgesetzes, zu denen jetzt auch die Rohre der Fernheizung und die Ölleitungen gehören, werden in diesem Kommentar, der sich auf die Haftung im Straßenverkehr beschränkt, nur am Rande behandelt; dies gilt ebenso für die Verantwortlichkeit für Schäden, die beim Betrieb eines Bergwerks, eines Steinbruchs, einer Gräberei (Grube) oder einer Fabrik hervorgerufen werden, für die ebenfalls das Haftpflichtgesetz eine Regelung der Haftung bringt.

§ 1
Gefährdungshaftung des Bahnunternehmers

(1) Wird bei dem Betrieb einer Schienenbahn oder einer Schwebebahn ein Mensch getötet, der Körper oder die Gesundheit eines Menschen verletzt oder eine Sache beschädigt, so ist der Betriebsunternehmer dem Geschädigten zum Ersatz des daraus entstehenden Schadens verpflichtet.

(2) Die Ersatzpflicht ist ausgeschlossen, wenn der Unfall durch höhere Gewalt verursacht ist. Soweit jedoch die Schienenbahn innerhalb des Verkehrsraumes einer öffentlichen Straße betrieben wird, ist die Ersatzpflicht ausgeschlossen, wenn der Unfall durch ein unabwendbares Ereignis verursacht ist, das weder auf einem Fehler in der Beschaffenheit der Fahrzeuge oder Anlagen der Schienenbahn noch auf einem Versagen ihrer Verrichtungen beruht. Als unabwendbar gilt ein Ereignis insbesondere dann, wenn es auf das Verhalten des Geschädigten oder eines nicht bei dem Betrieb beschäftigten Dritten oder eines Tieres zurückzuführen ist und sowohl der Betriebsunternehmer als auch die beim Betrieb tätigen Personen jede nach den Umständen des Falles gebotene Sorgfalt beobachtet haben.

(3) Die Ersatzpflicht ist ferner ausgeschlossen, wenn eine
1. zur Aufbewahrung angenommene Sache beschädigt wird;
2. beförderte Sache beschädigt wird, es sei denn, daß ein Fahrgast sie an sich trägt oder mit sich führt.

Übersicht

Schrifttum

Böhmer Eisenbahnhaftung nach § 1 RHaftpflG und unabwendbares Ereignis, JR 1959, 91; *Böhmer* Zum Begriff der höheren Gewalt i. S. d. § 1 RHaftpflG, MDR 1959, 350; *Böhmer* Unfälle durch Eisenbahnschranken, VersR 1960, 197; *Böhmer* Zum Begriff der Bahnen innerhalb des Verkehrsraums einer öffentlichen Straße im Sinne des § 2 SHG, MDR 1961, 473; *Böhmer* Unzulässige Ausweitung des Begriffs der Eisenbahnbetriebsgefahr, MDR 1965, 266 u. JR 1966, 18; *Weimar* Wann liegt eine Bahn innerhalb des Verkehrsraums einer öffentlichen Straße? VersR 1956, 79; *Weimar* Unzulässige Ausweitung des Begriffs der Eisenbahnbetriebsgefahr, MDR 1965, 540; *Weimar* Verletzungen durch Tiere als Betriebsunfälle der Eisenbahn, JR 1965, 14; *Weimar* Höhere Gewalt und unabwendbares Ereignis als Entlastungsmöglichkeiten im Haftpflichtrecht, DAR 1972, 150.

Zur **Entstehungsgeschichte** s. Vor § 1.

I. Überblick

§ 1 begründet eine an den Betrieb einer Schienen- oder Schwebebahn anknüpfende, nicht von einem Verschulden abhängige Gefährdungshaftung des Unternehmers für Unfälle, durch die ein Mensch getötet, der Körper oder die Gesundheit eines Menschen verletzt oder eine Sache beschädigt wurde. Für beförderte Sachen, soweit sie nicht ein Fahrgast an sich trägt oder mit sich führt, ist die Haftung ausgeschlossen. Im übrigen ist sie nur ausgeschlossen, wenn der Unternehmer beweist, daß der Unfall durch höhere Gewalt – bei Bahnen im Verkehrsraum einer öffentlichen Straße durch ein unabwendbares Ereignis – verursacht wurde. **1**

II. Begriff der Schienen- oder Schwebebahnen

1. Schienenbahn

a) Grundlegendes Merkmal ist die **Bindung an eine Schiene**, gleich aus welchem Material (Eisen, Beton). Nicht unter § 1 fallen daher Kraftfahrzeuge von Eisenbahnunternehmern (auch wenn sie als Ersatz für eine unterbrochene Eisenbahnlinie verkehren[1]) oder Obusse[2] (vgl. § 7 StVG, 16). Spurgebundene Busse (Dual-Mode-Busse) sind, solange sie in der Spur fahren, als Schienenbahnen, nach Verlassen der Spur als Kraftfahrzeuge anzusehen[3]. Rolltreppen und Rollsteige fallen nicht unter § 1[4]. **2**

---

[1] OLG Naumburg EE 52, 287.
[2] *Filthaut* NZV 1995, 53.
[3] *Filthaut* 24.
[4] LG Hamburg VersR 1979, 922 m. zust. Anm. *Klimke*; *Kunz* MDR 1982, 186; *Filthaut* 8.

3 b) Weitere Voraussetzung ist, daß die Bahn der **Beförderung von Personen oder Sachen über längere Strecken** dient; schienengeführte Kräne[5] oder Bahnen, die auf Vergnügungsplätzen im Kreise fahren, fallen daher nicht unter § 1, wohl aber sog. Museumsbahnen, Kleinbahnen in Ausstellungsgeländen u. ä., denen neben der Unterhaltungs- auch eine Transportfunktion zukommt[6]. Auch Bahnen in einem Industriewerk sind Schienenbahnen. Wodurch der Antrieb erfolgt, ist ohne Belang; es reicht daher auch das Schieben von Wagen durch Menschenkraft[7] oder die Bewegung durch Ausnutzung der Schwerkraft[8].

2. Schwebebahn

4 Für sie gelten die vorstehenden Kriterien entsprechend mit dem einzigen Unterschied, daß die Fahrzeuge sich nicht auf erdgebundenen Schienen, sondern an Schienen oder Seilen schwebend fortbewegen. Auch Sessellifte fallen darunter[9], nicht aber Schlepplifte[10] sowie Kleinseilbahnen auf Spielplätzen[11].

III. Haftungsvoraussetzungen

1. Das Merkmal „bei dem Betrieb“

5 a) **Betrieb.** Der Begriff „Betrieb“ im Sinne des HaftpflG hat eine andere Bedeutung als derselbe Begriff des StVG (vgl. § 7 StVG, 28 ff). Er erfaßt alle technischen Betriebsvorgänge, die unmittelbar zur Beförderung von Personen oder Sachen dienen einschließlich der sie unmittelbar vorbereitenden oder abschließenden Handlungen[12]. „Betrieb“ ist mithin nicht nur die einzelne Fahrt eines Zuges, sondern z. B. auch das Rangieren, das Ein- und Aussteigen, das Betätigen der Bahnschranken, das Vorhalten der elektrischen Energie in der Fahrleitung[13]. Alle ausschließlich durch die Verkehrswege der Bahn hervorgerufenen Gefahren führen dagegen nicht zur Haftung nach dem HaftpflG, vor allem Gefahren aus dem Zustand der Gleisanlage oder von Bahnübergängen. Bei Anlagen, die der Stromzuführung dienen, kommt u. U. Haftung aus § 2 in Betracht.

6 b) **Beendigung des Betriebs.** Wie sich aus Vorstehendem ergibt, endet der Betrieb eines Schienenfahrzeugs nicht schon bei der Beendigung der Fortbewegung. Unter Zugrundelegung der gleichen normativen Wertungen wie beim Betriebsbegriff des § 7 StVG (dort Rdn. 28 ff) ist vielmehr nur das endgültig außerhalb des öffentlichen Verkehrsraums abgestellte Schienenfahrzeug als nicht mehr in Betrieb befindlich anzusehen[14]; dagegen bleibt die Haftung nach § 1 bestehen, wenn etwa ein Straßenbahnwagen während der nächtlichen Betriebsruhe auf einer Straße abgestellt wird[15]. Setzt sich ein abgestelltes Schienenfahrzeug von selbst in Bewegung, so fällt ein hierdurch verursachter Unfall unter § 1, weil er auf die Vorhaltung von Fahrzeug und Fahrweg und die typische Verkehrsgefahr der Bahn zurückzuführen ist.

---

[5] OLG Düsseldorf NZV 1995, 149.
[6] *Filthaut* 12.
[7] RGZ 14, 27.
[8] RGZ 1, 252.
[9] *Filthaut* 20; *Goltermann* MDR 1957, 20; a. A. OLG Zweibrücken VersR 1975, 1013.
[10] BGH NJW 1960, 1345; *Filthaut* 19.
[11] OLG Hamm VersR 1985, 294.
[12] BGHZ 1, 17; BGH VRS 4, 506; 8, 177; 24, 173; 24, 414.
[13] *Filthaut* NZV 1995, 54 m. w. Nachw.
[14] BGH VersR 1976, 963.
[15] OLG Düsseldorf VkBl. 1952, 195.

c) **Kausalität des Betriebs.** Verursachung „bei dem Betrieb" bedeutet adäquate Kausalität eines Betriebsvorgangs für den Unfall (vgl. § 7 StVG, 40 ff, auch zur Bedeutung des örtlichen und zeitlichen Zusammenhanges). Durch Verschulden des Geschädigten oder eines Dritten wird der Kausalzusammenhang nicht unterbrochen[16]. 7

d) **Keine Beschränkung auf typische Bahngefahren.** Die Zurückführung eines Unfalls auf den Betrieb einer Bahn kann nicht mit dem Argument ausgeschlossen werden, daß sich der Unfall in gleicher Weise mit einem anderen Fahrzeug (z. B. Omnibus) hätte ereignen können. Ebenso wie sich die Haftung aus dem StVG nicht auf Gefahren beschränkt, die im allgemeinen nur durch Kraftfahrzeuge hervorgerufen werden, beschränkt sich diejenige aus dem HaftpflG nicht auf Gefahren, die im allgemeinen nur durch Schienenbahnen verursacht werden[17]. 8

e) **Einzelfälle** (mit Beziehung zum Straßenverkehr) 9

aa) **Beim Betrieb entstanden** sind z. B.

- Zusammenstöße zwischen Eisenbahn und Straßenfahrzeugen[18];
- Auffahren auf ein am Bahnübergang stehengebliebenes Fahrzeug[19];
- Unfälle durch Scheuen von Tieren vor dem fahrenden Zug[20];
- Unfälle durch Erschrecken über das rasche Herannahen eines Bahnfahrzeugs[21];
- Unfälle wegen Sichtbeeinträchtigung durch Dampf einer Lokomotive[22];
- Erfassen oder Überfahren von Fußgängern[23];
- Sturz eines Fußgängers, der wegen herannahenden Zuges zum eiligen Überschreiten des Bahnübergangs veranlaßt wurde[24];
- Unfälle beim Öffnen oder Schließen von Bahnschranken[25];
- Hineinfahren in geschlossene Bahnschranke[26];
- Unfälle durch aus dem fahrenden Zug geworfene Gegenstände[27];
- die Verletzung eines Verkehrsteilnehmers durch die herabgefallene, Strom führende Oberleitung der Straßenbahn[28];
- die Verletzung eines Verkehrsteilnehmers durch das Herabfallen eines Teils eines Oberleitungsmasten, das auf das Schwingen der Drähte beim Vorbeifahren der Straßenbahn zurückzuführen ist[29].

bb) **Nicht beim Betrieb entstanden** sind z. B. 10

- Hängenbleiben mit Kraftfahrzeug oder Fahrrad in Bahngleisen, die auf öffentlicher Straße verlaufen[30];
- Stürze beim Überschreiten von Gleisen, ohne daß sich ein Zug nähert[31];
- Zusammenstoß eines Kraftfahrzeugs mit Fußgänger auf dem Weg von der oder zur Straßenbahn[32];
- Verletzung durch herabstürzende Bahnschranke, die nicht in Betrieb war[33].

---

16 *Filthaut* 86.
17 RG EE 2, 12; *Filthaut* 62.
18 RGZ 61, 56; RG EE 43, 230; BGH VersR 1968, 852; OLG Neustadt VRS 7, 336; OLG Celle VersR 1982, 1200; OLG Schleswig VersR 1983, 65.
19 OLG Nürnberg VersR 1964, 1181.
20 RGZ 53, 115; 62, 145.
21 RGZ 75, 284; RG EE 37, 69.
22 BGH VersR 1954, 60.
23 BGH VersR 1967, 138; OLG Düsseldorf VersR 1968, 652; OLG Frankfurt VersR 1976, 1135; OLG Karlsruhe VersR 1978, 876 u. 1984, 339.
24 OLG Frankfurt JW 1928, 3192.
25 RGZ 46, 23; BGH VersR 1963, 583; OLG Oldenburg MDR 1954, 38.
26 BGH VersR 1967, 132; OLG Köln EE 43, 221; **a. A.** RG EE 26, 178; OLG Neustadt NJW 1953, 387 m. zust. Anm. *Goltermann.*
27 RG JW 1938, 2357; BGH VersR 1987, 781.
28 RG JW 1900, 158.
29 RG EE 21, 351.
30 BGH VRS 7, 20.
31 RG EE 17, 244.
32 RG EE 23, 381; BGH VRS 8, 117.
33 BGH VersR 1963, 583; OLG Frankfurt EE 54, 353; OLG Neustadt NJW 1953, 387 m. zust. Anm. *Goltermann.*

2. Unfall

11 Der Schaden muß auf einem Unfall beruhen; schädigende Dauereinwirkungen reichen nicht[34]. Näher hierzu § 7 StVG, 127 ff.

3. Tötung, Verletzung, Sachbeschädigung

12 Vgl. § 7 StVG, 132 ff.

IV. Ersatzpflichtige

13 Die Ersatzpflicht nach § 1 trifft den Betriebsunternehmer. Betriebsunternehmer ist, wer die tatsächliche Verfügungsgewalt über den Bahnbetrieb hat und die Bahn für eigene Rechnung betreibt[35]. Daß die Bahnanlagen und Betriebsmittel im Eigentum des Betreffenden stehen, ist nicht erforderlich[36]. Entscheidend ist, daß er die Herrschaft über die Bahnstrecke mit allem Zubehör und das Dispositionsrecht über das Personal und den Fahrplan hat, ohne diese Befugnis für einen anderen auszuüben[37]. Keine Betriebsunternehmer sind also die Eigentümer von Privatwagen, die im Betrieb eines anderen Unternehmens befördert werden[38]. Haben mehrere Personen gemeinsam die Verfügungsbefugnis, so sind bei jeder Fahrt alle Personen Unternehmer[39]. Doch ist es auch möglich, daß ein Gleisnetz und ein Wagenpark nach einem vereinbarten Plan zwei voneinander unabhängigen Unternehmen zur Verfügung stehen. Ereignet sich ein Unfall, so ist verantwortlicher Unternehmer nur das für die betreffende Fahrt nach dem Plan zuständige Unternehmen[40]. Bei Industrieanschlußgleisen kommt es für die Frage der Verfügungsgewalt auf den Inhalt des Gleisanschlußvertrages an[41].

V. Art des Schadensersatzes, Ersatzberechtigung

14 Insoweit kann auf § 7 StVG, 146 ff, 210 ff Bezug genommen werden.

VI. Der Entlastungsbeweis

1. Überblick

15 Die Ersatzpflicht nach § 1 tritt ein, wenn der Geschädigte nachweist, daß derjenige, den er in Anspruch nimmt, Unternehmer einer Bahn ist, bei deren Betrieb durch Unfall ein Personen- oder Sachschaden entstanden ist, und daß die geltend gemachten Ersatzansprüche Schadensfolgen betreffen, die mit diesem Schaden zusammenhängen. Ist dieser Nachweis geführt, so ist es Sache des Unternehmers, den Entlastungsbeweis zu führen.

16 § 1 Abs. 2 nennt zwei Arten des Entlastungsbeweises, einen sehr schwer zu führenden (Nachweis höherer Gewalt) und einen nicht mit solch extremen Schwierigkeiten verbundenen (Nachweis des unabwendbaren Ereignisses). Im Regelfall ist die Haftung nur beim Nachweis höherer Gewalt ausgeschlossen (Rdn. 36 ff). Der erleichterte Ent-

---

[34] *Filthaut* 123 ff.

[35] RGZ 66, 378; 96, 209; 146, 341; BGH VersR 1963, 747; 1985, 765; *Filthaut* 32 ff.

[36] *Filthaut* 30.

[37] BGH VRS 3, 217.

[38] *Filthaut* 40.

[39] RG DR 1944, 36 m. Anm. *Wussow*.

[40] BGH VRS 25, 102; *Filthaut* 45.

[41] Vgl. BGH VersR 1963, 745; 1985, 765.

lastungsbeweis genügt nur dann, wenn sich der Unfall an einer Stelle ereignet hat, an der die Gleise innerhalb des Verkehrsraums einer öffentlichen Straße liegen (Rdn. 18 ff). Der Nachweis, daß der Unfall auf einem unabwendbaren Ereignis beruht, ähnelt dem nach § 7 Abs. 2 StVG zu führenden gleichlautenden Entlastungsbeweis. Gewisse Besonderheiten ergeben sich aber daraus, daß der Betrieb einer Bahn nicht nur die Fahrzeuge, sondern auch die Anlagen umfaßt (Rdn. 5). Der Entlastungsbeweis kann nicht gelingen, wenn ein Fehler in der Beschaffenheit der Fahrzeuge oder Anlagen oder das Versagen von Verrichtungen, die zum Bahnbetrieb gehören, den Unfall herbeigeführt hat (Rdn. 24).

Im übrigen ist zu beachten, daß die Haftung des Unternehmers nicht nur entfällt, **17** wenn der Entlastungsbeweis geführt ist, sondern auch, wenn dieser zwar mißlungen ist, die Verursachung des Unfalls durch den Geschädigten wegen dessen schweren Verschuldens aber so erheblich überwiegt, daß bei der nach § 17 StVG oder § 13 Abs. 1 Satz 2 HaftpflG vorzunehmenden Abwägung kein Ersatzanspruch mehr übrigbleibt. Die Beweislast hierfür trifft den Unternehmer.

2. Bahnbetrieb innerhalb des Verkehrsraums einer öffentlichen Straße

a) **Sinn der Regelung.** Die Erleichterung des Entlastungsbeweises für Schienenbah- **18** nen, die innerhalb des Verkehrsraums öffentlicher Straßen betrieben werden, beruht auf der Erwägung, daß diese Bahnen (vornehmlich Straßenbahnen) wie Kraftfahrzeuge am Straßenverkehr teilnehmen und daher auch dessen Haftungsregeln unterworfen werden sollten. Für die in der Regel mit höheren Geschwindigkeiten fahrenden Bahnen mit eigenem Gleiskörper soll hingegen verschärft gehaftet werden[42]. Die Unterscheidung vermag indes nicht recht zu überzeugen; die Schadensträchtigkeit dürfte bei Bahnen, die in den Straßenverkehr einbezogen sind, eher höher liegen. Schwebebahnen, für die immer verschärft gehaftet wird, sind demgegenüber besonders sichere Verkehrsmittel.

b) **Abgrenzung.** Entscheidend sind die Verhältnisse am Unfallort, denn eine Bahn **19** kann streckenweise innerhalb, streckenweise außerhalb des Straßenraumes liegen. Die Bahn wird nur dann innerhalb des Verkehrsraums einer öffentlichen Straße betrieben, wenn ihr Gleiskörper seiner baulichen Gestaltung nach von Straßenverkehrsteilnehmern mitbenutzt werden kann.

Ein eigener Bahnkörper ist dagegen vorhanden, wenn die Gleise von der Fahrbahn **20** durch Randsteine, Geländer oder sonstige bauliche Einrichtungen wirksam so völlig getrennt sind, daß den anderen Verkehrsteilnehmern ein Befahren oder Begehen des von den Gleisen eingenommenen Raums nicht nur untersagt, sondern auch faktisch erheblich erschwert ist (§ 68 Abs. 1, § 16 Abs. 6 Satz 1 BOStrab). Das Vorhandensein weißer nicht unterbrochener Linien zwischen Fahrbahn und Gleis oder einer Schwelle von geringer Höhe, die (z. B. bei Ausweichmanövern) leicht überfahren werden kann, reicht nicht aus. Ist der Gleiskörper zum Befahren durch Fahrzeuge bestimmter Art (z. B. Omnibusse) freigegeben, so gehört er zum Verkehrsraum der Straße. Die Bahn liegt auch dann nicht außerhalb desselben, wenn sie zwar vom Kraftfahrzeugverkehr, nicht aber vom Fußgänger- oder Radfahrverkehr baulich abgesondert ist. Allein die Abschotterung des in der Straßenmitte verlaufenden Gleiskörpers oder seine Abtrennung durch eine Hecke oder ein häufig unterbrochenes Geländer[43] reicht hierfür nicht aus.

An **Kreuzungen** zwischen Gleiskörper und Straße ist entscheidend, ob es sich der **21** baulichen Gestaltung nach um einen Bahnübergang handelt oder ob die Bahn am Ver-

[42] Vgl. BGH VRS 8, 438.

[43] BGH VersR 1985, 86.

kehr auf der Kreuzung wie ein Straßenfahrzeug teilnimmt. Straßenbahnen, die auf eigenem Gleiskörper in der Straßenmitte verlaufen, erhalten in der Regel an Straßenkreuzungen keine Andreaskreuze (vgl. VwV IX zu Zeichen 201 der StVO); damit wird klargestellt, daß sie auf der Kreuzung am allgemeinen Straßenverkehr teilnehmen. Dasselbe gilt, wenn im Kreuzungsbereich abbiegende Kraftfahrzeuge den Gleisbereich mitbenutzen. In solchen Fällen liegt das Gleis auf der Kreuzung im Verkehrsraum der öffentlichen Straße. Verlaufen die Gleise jenseits der Kreuzung nicht mehr auf eigenem Bahnkörper, so kann durch Aufstellung von Andreaskreuzen der Raum, auf dem das Gleis im Kreuzungsbereich verläuft, wirksam als noch zum Bahnkörper gehörig bezeichnet werden[44]. Das Verkehrszeichen 205 (Vorfahrt gewähren!) reicht hierfür nicht aus.

22 Einzelne Fußgängerüberwege über eine ansonsten auf abgesonderter Trasse verlaufende Bahnstrecke ändern nichts an deren Lage außerhalb des Straßenraums. Anders kann es sich hingegen verhalten, wenn der Bahnkörper kurz hintereinander so viele Überwege und Überfahrten (z. B. zu Grundstücken) aufweist, daß die Eigenständigkeit gegenüber dem Straßenverkehr völlig zurücktritt[45].

c) **Anforderungen an den Entlastungsbeweis**

23 **aa)** Der Unternehmer muß – wie der Kraftfahrzeughalter nach § 7 Abs. 2 StVG – beweisen, daß der Unfall durch ein **unabwendbares Ereignis** verursacht wurde (§ 1 Abs. 2 Satz 2). Die Rechtsprechung zu § 7 Abs. 2 StVG kann mithin herangezogen werden[46]; auf die Erl. zu § 7 StVG, 339 ff wird verwiesen.

24 **bb) Fehler in der Beschaffenheit von Fahrzeugen oder Anlagen oder Versagen ihrer Verrichtungen** führen, wenn hierauf der Unfall beruht, stets zur Haftung des Unternehmers (§ 1 Abs. 2 Satz 2). Auch dies entspricht der Regelung in § 7 Abs. 2 StVG (hierzu § 7 StVG, 473 ff), geht jedoch insofern weiter, als nicht nur ein Versagen von Teilen der Fahrzeuge hierher zu rechnen ist, sondern auch ein Versagen der Stromzufuhr, der Signalanlagen oder der Gleise und Weichen. Das Gleis versagt auch dann in den ihm zukommenden Verrichtungen, wenn ein darin liegender Metallbolzen einen Straßenbahnwagen zum Entgleisen bringt[47]. Eine typische Unfallquelle, die zu dem Versagen von Verrichtungen zu zählen ist, ist auch das Reißen des Fahrdrahts oder eines den Fahrdraht tragenden Drahtes[48] oder das Umstürzen eines Mastes, an dem der Fahrdraht befestigt ist. Ist das Versagen von Verrichtungen auf Einwirkungen von außen zurückzuführen (z. B. es stürzt ein Felsbrocken, ein Baum oder ein Ast auf das Gleis oder den Fahrdraht und entsteht hierdurch ein Unfall), so greift der Ausschluß der Entlastungsmöglichkeit nicht ein[49]. Abzulehnen ist die Ansicht des BGH[50], eine Bewußtseinsstörung des Führers eines Straßenbahnzugs sei ein innerbetriebliches Ereignis und einem Versagen der Verrichtungen gleichzustellen (vgl. § 7 StVG, 345 f).

d) **Einzelfälle** (s. auch § 12 HaftpflG, 5 ff)

25 **aa) Gefährdung der Fahrgäste.** Beim Straßenbahnbetrieb ist es gelegentlich unvermeidbar, daß ein Ruck entsteht, der stehende Fahrgäste zu Fall bringt. Das ist vor allem beim Durchfahren von Kurven der Fall[51]. Beim Anfahren braucht der Fahrer nicht zu

---

[44] BGH DAR 1960, 137.

[45] Vgl. BGH VersR 1962, 48 = 133 m. Anm. *Böhmer; Filthaut* 201.

[46] BGH VersR 1955, 346; VRS 9, 419.

[47] BGH VersR 1963, 1050.

[48] RG JW 1900, 158.

[49] Vgl. OLG Wien VAE 1938, 388.

[50] BGHZ 23, 90.

[51] OLG Düsseldorf VkBl. 1954, 228; VersR 1983, 760.

warten, bis alle Fahrgäste einen festen Halt gefunden haben[52]. Er darf aber nicht mit einem unnötig scharfen Ruck anfahren[53]. Dagegen läßt sich ein Bremsen mit scharfem Ruck gelegentlich nicht vermeiden, da die Rechtsprechung fordert, daß der Fahrer auch beim Auftauchen unvorhergesehener Hindernisse ohne Rücksicht auf die hierdurch für die Fahrgäste entstehende Gefahr eine Schnellbremsung einleitet[54].

bb) **Zusammenstoß mit auf das Gleis geratendem Kraftfahrzeug.** Fährt die Straßenbahn am rechten Straßenrand, so liegt ein unabwendbares Ereignis vor, wenn ein Lkw, der unter Betätigung des rechten Blinkers links vor der Straßenbahn fuhr, ohne Rücksicht auf diese nach rechts über das Gleis in ein Grundstück einbiegt[55]. Dasselbe gilt für den im Straßenverkehr häufigen Vorgang, daß sich ein Kraftwagen unter Betätigung des linken Blinkers unmittelbar vor eine links hinter ihm fahrende Straßenbahn setzt[56]. Der Straßenbahnführer muß in einem solchen Fall zwar bremsen, um einen Sicherheitsabstand herzustellen; keinesfalls aber ist er gehalten, eine Schnellbremsung herbeizuführen, ehe der nun vor ihm auf den Gleisen fahrende Kraftwagen bremst[57]. Dies gilt auch dann, wenn die Möglichkeit, daß der Kraftwagen vor der nächsten Kreuzung halten muß, nicht fernliegt. Denn eine Schnellbremsung gefährdet die Fahrgäste der Straßenbahn stets und ist daher nur berechtigt, wenn die Gefahr, daß die Straßenbahn auf einen Kraftwagen auffährt, schon handgreiflich geworden ist. Der Führer der Straßenbahn muß die Schnellbremsung erst einleiten, wenn der Kraftwagen vor der Kreuzung bremst oder die Signalampel auf Gelb schaltet, ehe der Kraftwagen die Kreuzung erreicht hat. Hat der Straßenbahnführer durch Verlangsamen den Anschein erweckt, er werde an einer Haltestelle vor der Kreuzung anhalten, so muß er, falls er doch durchfährt, berücksichtigen, daß sich andere Verkehrsteilnehmer bereits auf sein Verhalten eingerichtet haben könnten[58]. 26

Ist die Fahrbahn durch abgestellte Fahrzeuge oder andere Hindernisse so verengt, daß der Kraftfahrzeugverkehr beim Ausweichen den Schienenraum benutzen muß, so muß der Straßenbahnfahrer sich auf eine mögliche Mitachtung seines Vorrechts einstellen[59]. 27

Ein Straßenbahnführer beobachtet nicht die äußerste ihm zuzumutende Sorgfalt, wenn er bei einer Lichtsignalanlage, von der er weiß, daß sie eine kurze für Kraftfahrzeuge und die Straßenbahn gemeinsame Grünphase aufweist, in die Kreuzung einfährt, ohne dem in den Schienenbereich einfahrenden Kraftfahrzeugverkehr Aufmerksamkeit zuzuwenden[60]. Dasselbe gilt, wenn eine links einbiegende Straßenbahn auf der Kreuzung halten muß, weil entgegenkommende Kraftwagen auf dem Gleis zum Halten gekommen sind; wird das Gleis wieder frei, so muß der Führer der Straßenbahn damit rechnen, daß neuerdings Kraftwagen, die bei Grün in die Kreuzung eingefahren sind, auf das Gleis geraten[61]. 28

cc) **Auffahrunfälle.** Grundsätzlich muß die Straßenbahn zu vorausfahrenden Fahrzeugen einen so großen Sicherheitsabstand einhalten, daß auch bei plötzlichem Anhal- 29

---

52 BGH VersR 1972, 152.

53 RG JW 1928, 3170 m. Anm. *Seligsohn*.

54 BGH VersR 1961, 234; 1965, 885; NJW 1962, 860 m. Anm. *Hohenester*; VRS 28, 11; OLG Düsseldorf VersR 1966, 764; 1966, 765.

55 BGH VersR 1962, 48 = 133 m. Anm. *Böhmer*.

56 OLG Braunschweig VersR 1969, 1048; 1972, 493; OLG München VersR 1967, 167; LG Hannover VersR 1966, 861.

57 OLG Düsseldorf, VersR 1988, 90; a. A. OLG Düsseldorf VersR 1965, 1158.

58 OLG Stuttgart VRS 15, 273.

59 OLG Düsseldorf VersR 1966, 764; 1969, 1026; VRS 68, 35; 71, 264; OLG Hamburg VersR 1966, 741; OLG Hamm VersR 1973, 282; a. A. OLG Frankfurt VRS 15, 294; OLG Karlsruhe VRS 33, 380; OLG Braunschweig VersR 1969, 1048; *Filthaut* 226.

60 OLG Celle VersR 1967, 289.

61 OLG Hamburg VersR 1967, 814.

ten ein Auffahren vermieden werden kann. Bei besonderen Verkehrslagen (dichter Großstadtverkehr, einsehbare Strecke) darf der Abstand geringfügig verringert werden; kommt durch einen nicht vorhergesehenen Verkehrsvorgang (betrunkener Fußgänger) die Fahrzeugkolonne überraschend zum Stehen und fährt daher die Straßenbahn auf den Kraftwagen auf, so hat der Straßenbahnunternehmer den Entlastungsbeweis geführt[62]. Ist der Führer der Straßenbahn, obwohl vor ihm Fahrzeuge auf dem Gleis fuhren, ohne zu bremsen (allerdings unter Wegnahme des Fahrstroms) auf eine durch einen parkenden Lkw verursachte Engstelle zugefahren, so ist der Entlastungsbeweis nicht geführt, wenn an der Engstelle die Fahrzeuge wegen eines Radfahrers anhalten müssen und die Straßenbahn auffährt[63].

30 dd) **Auffahren auf Hindernisse.** Der Fahrer einer Schienenbahn, die innerhalb des Verkehrsraums einer öffentlichen Straße verkehrt, darf nicht darauf vertrauen, daß nicht einsehbare Gleisstrecken frei von Hindernissen sind; er muß auf Sicht fahren und mit unvermuteten, auch unbeleuchteten Hindernissen rechnen[64].

31 ee) **Fußgänger.** Der Umstand, daß Fußgänger sich vor ihm in angemessener Entfernung im Gleisbereich bewegen, zwingt den Führer der Straßenbahn noch nicht ohne weiteres zu bremsen. Auch der vorsichtigste und gewissenhafteste Fahrer darf sich zunächst auf ein Warnsignal beschränken und darauf vertrauen, daß die Fußgänger hierauf die Gleise freimachen[65]. Wollte man dies dem Fahrer nicht zugestehen, so wäre ein geregelter Straßenbahnbetrieb in belebten Straßen unmöglich, in denen fortgesetzt Fußgänger die Gleise überschreiten. Der Fahrer braucht sich auch nicht darauf einzustellen, daß ein erwachsener Passant kurz vor Herannahen seines Zuges in den Gleisbereich tritt[66].

32 Zu einem Herabsetzen der Geschwindigkeit und einem Warnsignal ist der Fahrer hingegen verpflichtet, wenn er sich einem nicht voll einsehbaren oder wegen unklarer Verkehrsregelung (z. B. Vorrang nur gegenüber Straßenverkehr) gefährlichen Fußgängerüberweg nähert[67]. Dasselbe gilt, wenn Kinder an einem Überweg stehen und Erwachsene noch den Bahnkörper überqueren[68] oder wenn Schulkinder in Scharen in Richtung Gleiskörper strömen[69].

33 Der Straßenbahnfahrer braucht nicht damit zu rechnen, daß sich während des kurzen Aufenthalts an einer Ampel ein Fußgänger zwischen Triebwagen und Anhänger begibt; vor dem Anfahren von einer Haltestelle ist er jedoch zur Rückschau verpflichtet[70].

34 ff) **Ausscheren.** Ein Straßenbahnführer muß in Rechnung stellen, daß sein Wagen beim Einfahren in eine Kurve hinten nach rechts ausschert und hierdurch einen neben dem Gleis stehenden Kraftwagen beschädigen kann[71].

3. Bahnbetrieb außerhalb des Verkehrsraums einer öffentlichen Straße

35 Ereignet sich der Unfall an einer Stelle, an der das Gleis nicht im Verkehrsraum einer öffentlichen Straße liegt (Rdn. 19 ff), so haftet der Unternehmer bis zur Grenze der höheren Gewalt (§ 1 Abs. 2 Satz 1).

---

[62] OLG Frankfurt VersR 1967, 851.
[63] BGH VRS 9, 417.
[64] BGH VersR 1975, 258; OLG Düsseldorf VersR 1968, 675.
[65] BGH VersR 1961, 475; 1963, 874; 1972, 152; vgl. auch RG JW 1936, 452; HRR 1941 Nr. 465; VAE 1941, 81; 1942, 159.
[66] OLG Frankfurt VersR 1976, 1135; OLG Düsseldorf VersR 1983, 861.
[67] BGH VersR 1976, 960; OLG Hamm VersR 1983, 669; OLG Düsseldorf VersR 1983, 861.
[68] OLG Hamm VersR 1983, 669.
[69] BGH VersR 1961, 908.
[70] BGH VersR 1985, 86.
[71] OLG München VersR 1966, 786; KG VersR 1995, 978 LS.

a) **Begriff der höheren Gewalt.** Höhere Gewalt ist ein von außen (durch Naturereignisse oder durch Handlungen betriebsfremder Personen) auf den Betrieb einwirkendes Ereignis, das so außergewöhnlich ist, daß der Eisenbahnunternehmer mit seinem Eintritt nicht zu rechnen braucht, und das weder durch wirtschaftlich tragbare Einrichtungen noch durch die äußerste nach der Sachlage vernünftigerweise zu erwartende Sorgfalt verhütet oder unschädlich gemacht werden kann[72]. Der wesentliche Unterschied zum Entlastungsbeweis nach Abs. 2 Satz 2 liegt darin, daß zur Unabwendbarkeit des Ereignisses die Außergewöhnlichkeit hinzutreten muß. 36

aa) **Einwirkung von außen.** Nur ein betriebsfremdes, außerhalb des Bahnbetriebs und seiner Einrichtungen liegendes Ereignis kann die Haftung des Bahnunternehmers ausschließen. Daß ein Betriebsvorgang der Bahn zu dem Unfall mit beigetragen hat, ist unerheblich, solange das äußere Ereignis die auslösende Ursache bildet[73]. In Betracht kommen insbesondere Naturereignisse, aber auch menschliche Handlungen, die von außen in den Bahnbetrieb eingreifen. Dies können auch Handlungen des Geschädigten selbst sein[74]. Dagegen scheiden Handlungen des Bahnpersonals ebenso wie technische Mängel von Bahneinrichtungen aus. Auch das plötzliche körperliche oder geistige Versagen eines Triebfahrzeugführers begründet daher keine höhere Gewalt[75], sofern es nicht seinerseits durch ein äußeres Ereignis hervorgerufen wurde. Außerdienstliche Handlungen von Bahnbediensteten sind ebenso zu bewerten wie solche dritter Personen[76]. 37

bb) **Außergewöhnlichkeit.** Ereignisse, die im Bahnbetrieb nicht ungewöhnlich sind, führen zur Haftung des Bahnunternehmers auch dann, wenn sie von außen her einwirken. Höhere Gewalt liegt nämlich nicht vor, wenn es sich um ein Ereignis handelt, welches häufiger vorkommt und auf welches sich der Unternehmer daher einrichten kann[77]. Das Ereignis muß so ungewöhnlich sein, daß es in seinem Ausnahmecharakter einem elementaren Ereignis gleichkommt[78]. Der Gesichtspunkt, daß derjenige den Schaden zu tragen hat, der den gefährlichen Betrieb einer Eisenbahn unterhält, steht hier im Vordergrund. Letztlich entscheidet daher die wertende Betrachtung, ob das fragliche Risiko noch dem Bahnbetrieb zugerechnet werden kann. Auch ein von vielen Zufälligkeiten geprägter Unfallablauf beruht folglich nicht auf höherer Gewalt, wenn sich in ihm letztlich ein bahntypisches Risiko verwirklicht hat[79]. Zusammenstöße zwischen Schienen- und Straßenfahrzeugen beruhen demnach so gut wie nie auf höherer Gewalt, auch dann nicht, wenn das Straßenfahrzeug eine ordnungsgemäß geschlossene und beleuchtete Schranke durchbricht (vgl. Rdn. 41). Zu einem Haftungsausschluß für den Unternehmer kann es in solchen Fällen mithin nur noch über die Mitverschuldensabwägung kommen (vgl. § 4). 38

cc) **Unabwendbarkeit.** Daß der Betriebsunternehmer und seine Bediensteten die im Verkehr erforderliche Sorgfalt beachten, reicht nicht. Gefordert wird die Aufbietung der äußersten Sorgfalt (vgl. § 7 StVG, 342 ff). Handelt es sich bei dem zum Unfall 39

[72] RGZ 64, 404; 101, 94; 104, 150; 109, 172; RG JW 1911, 595; 1920, 710 m. Anm. *v. der Leyen*; 1931, 865 m. Anm. *Seligsohn*; LZ 1919, 375; BGH VersR 1953, 27; 1955, 346; 1967, 139; 1976, 963; NZV 1988, 100.

[73] RGZ 109, 172.

[74] RGZ 21, 13; 54, 404.

[75] RGZ 114, 12 = JW 1927, 2201 m. zust. Anm. *Matthiessen*; BGH NJW 1957, 674; OLG Stuttgart VersR 1977, 383.

[76] OLG Hamm EE 45, 93; *Filthaut* 177.

[77] BGH VersR 1953, 27; 1957, 433; 1987, 781; OLG Stuttgart VersR 1959, 117; OLG Hamburg VersR 1979, 549; OLG Schleswig VersR 1983, 163.

[78] *Filthaut* 178.

[79] BGH NZV 1988, 100: Nähe der Bahnstrecke zu einer Bundesstraße.

führenden Ereignis um eine außergewöhnliche Witterungseinwirkung oder eine sonstige Naturkatastrophe, so kann sich der Unternehmer nur entlasten, wenn die Abwendung der Folgen unmöglich oder wirtschaftlich nicht tragbar war[80]. Dies ist z. B. nicht der Fall, wenn eine vorübergehende Einstellung des Betriebs möglich und geboten gewesen wäre[81].

40 b) **Einzelfälle.** Höhere Gewalt liegt bei der Entstehung eines Schadens vor allem dann vor, wenn Naturereignisse einen Unfall verursacht haben. In Frage kommen Erdbeben, außergewöhnliche Stürme, Blitzschlag, Bergrutsch, Vermurung, Lawinen, Überschwemmung. Treffen herabstürzende Felsen trotz ordnungsgemäßer Verbauung der Hänge einen vorüberfahrenden Zug, so liegt höhere Gewalt vor. Nicht gebilligt werden kann die Ansicht des Reichsgerichts[82], daß dies nicht gelten soll, wenn trotz ordnungsgemäßer Verbauung herabstürzende Felsenmassen das Gleis unbefahrbar machen, ehe ein Zug eintrifft, wenn also der Zug in die bereits auf dem Gleis liegenden Massen hineinfahre[83]. Wirft ein außergewöhnlich starker Schneesturm vereiste Schneemassen unvorhergesehen auf die Gleise, so daß ein Zug hierdurch zum Entgleisen gebracht wird, so liegt höhere Gewalt vor[84]. Gleiches gilt bei Beschädigung des Gleisunterbaus durch einen Wolkenbruch. In jedem Fall müssen aber alle Maßnahmen ergriffen sein, die nach dem Stand der bisher gewonnenen Erkenntnisse zur Abwehr von Unfällen als zumutbar erachtet werden. In Überschwemmungsgebieten muß den durch das Hochwasser entstehenden Gefahren begegnet werden[85]; zur Bekämpfung der durch starken Schneefall entstehenden Behinderungen müssen die modernsten Geräte eingesetzt und die Weichen aufgetaut werden. Starkes Schneegestöber ist, wenn sich hierdurch ein Zusammenstoß ereignet, keine höhere Gewalt[86]. Auch außergewöhnliche menschliche Handlungen (z. B. Sabotageakte) können, Unabwendbarkeit vorausgesetzt, höhere Gewalt darstellen[87].

41 Keine höhere Gewalt liegt – mangels Außergewöhnlichkeit – im allgemeinen in folgenden Fällen vor: bei Zusammenstößen mit anderen Fahrzeugen oder Fußgängern[88], auch nach Durchbrechen der Bahnschranke[89]; bei verbotswidrigem Betreten des Gleiskörpers[90]; bei Zusammenstößen mit Weidevieh[91]; bei Hinauswerfen von Gegenständen aus fahrenden Zügen[92]; bei Verursachung durch körperliche Störungen[93]; bei Fehlreaktionen von Kindern[94]; bei Verletzung eines Fahrgastes, der infolge einer Notbremsung gegen den nicht abgepolsterten Zahltisch geschleudert wird[95].

VII. Haftungsausschluß für beförderte Sachen

42 Der Haftungsausschluß entspricht § 8 a Abs. 1 Satz 2 StVG; wegen Einzelheiten kann daher auf die dortige Rdn. 26 Bezug genommen werden. Er bezieht sich lediglich auf die Gefährdungshaftung; andere Ansprüche (z. B. Delikt, Vertrag) bleiben unberührt.

---

[80] RGZ 64, 404; 95, 65; 112, 284 = JW 1926, 1436 m. zust. Anm. *v. der Leyen*; BGH VersR 1955, 346; 1957, 533.
[81] Vgl. RGZ 101, 94; RG JW 1905, 321; 1921, 343.
[82] RGZ 93, 306.
[83] Ebenso *Filthaut* 166.
[84] RGZ 101, 94.
[85] RG EE 52, 170.
[86] RG LZ 1916, 742.
[87] RG JW 1904, 577; EE 6, 222; 47, 383.
[88] RG JW 1911, 192; 1911, 596; BGH VRS 4, 503; VersR 1959, 49.
[89] RG 93, 66; LG Breslau EE 53, 192; a. A. OLG München EE 53, 193.
[90] RGZ 95, 65.
[91] BGH VersR 1955, 346.
[92] RGZ 1, 253; 75, 185; BGH VersR 1987, 781.
[93] RG EE 23, 305; 23, 398; 32, 32; 34, 144; 38, 69.
[94] RG JW 1924, 51.
[95] OLG Köln NZV 1989, 73.

§ 2
Gefährdungshaftung des Inhabers anderer im Gesetz bestimmter Anlagen

(1) Wird durch die Wirkungen von Elektrizität, Gasen, Dämpfen oder Flüssigkeiten, die von einer Stromleitungs- oder Rohrleitungsanlage oder einer Anlage zur Abgabe der bezeichneten Energien oder Stoffe ausgehen, ein Mensch getötet, der Körper oder die Gesundheit eines Menschen verletzt oder eine Sache beschädigt, so ist der Inhaber der Anlage verpflichtet, den daraus entstehenden Schaden zu ersetzen. Das gleiche gilt, wenn der Schaden, ohne auf den Wirkungen der Elektrizität, der Gase, Dämpfe oder Flüssigkeiten zu beruhen, auf das Vorhandensein einer solchen Anlage zurückzuführen ist, es sei denn, daß sich diese zur Zeit der Schadensverursachung in ordnungsmäßigem Zustand befand. Ordnungsmäßig ist eine Anlage, solange sie den anerkannten Regeln der Technik entspricht und unversehrt ist.

(2) Absatz 1 gilt nicht für Anlagen, die lediglich der Übertragung von Zeichen oder Lauten dienen.

(3) Die Ersatzpflicht nach Absatz 1 ist ausgeschlossen,

1. wenn der Schaden innerhalb eines Gebäudes entstanden und auf eine darin befindliche Anlage (Absatz 1) zurückzuführen oder wenn er innerhalb eines im Besitz des Inhabers der Anlage stehenden befriedeten Grundstücks entstanden ist;

2. wenn ein Energieverbrauchgerät oder eine sonstige Einrichtung zum Verbrauch oder zur Abnahme der in Absatz 1 bezeichneten Stoffe beschädigt oder durch eine solche Einrichtung ein Schaden verursacht worden ist;

3. wenn der Schaden durch höhere Gewalt verursacht worden ist, es sei denn, daß er auf das Herabfallen von Leitungsdrähten zurückzuführen ist.

Schrifttum

Filthaut Straßenverkehr und gefährliche Anlagen im Sinne von § 2 HaftpflG, NZV 1989, 460.

I. Inhalt der Vorschrift

Die Vorschrift begründet eine Gefährdungshaftung des Inhabers bestimmter Anlagen zur Übermittlung und Abgabe von Energien oder Stoffen. Nach Satz 1 des § 2 Abs. 1 haftet der Inhaber, wenn durch die **Wirkungen** von Elektrizität, Gasen, Dämpfen oder Flüssigkeiten, die von der Anlage ausgehen, ein Schaden entsteht. Satz 2 läßt ihn darüber hinausgehend haften für Schäden, die durch das **Vorhandensein** der Anlage hervorgerufen werden. Im letzteren Fall kann sich der Inhaber durch den Nachweis entlasten, daß die Anlage sich in ordnungsgemäßem Zustand befand, in jedem Fall – außer beim Herabfallen von Leitungsdrähten – auch durch den Nachweis höherer Gewalt (Abs. 3 Nr. 3). **1**

II. Bedeutung für den Straßenverkehr

Die Vorschrift hat für die Haftung im Straßenverkehr nur begrenzte Bedeutung. Von einer vollständigen Kommentierung wird daher abgesehen. Im folgenden werden nur die Fallgestaltungen behandelt, in denen eine Anwendung des § 2 auf Schadensereignisse im Straßenverkehr in Betracht kommt. **2**

III. Schäden durch Stromleitungen

3 Ein Fall der Wirkungshaftung nach Abs. 1 Satz 1 ist gegeben, wenn ein Verkehrsteilnehmer mit einer stromführenden Leitung in Berührung kommt und hierdurch einen elektrischen Schlag erhält. Dagegen handelt es sich um einen Fall der Zustandshaftung nach Abs. 1 Satz 2, wenn eine heruntergefallene oder herabhängende Leitung nicht durch die Wirkung der Elektrizität, sondern durch mechanische Wirkung oder infolge eines Ausweichversuchs einen Unfall verursacht[1]. Auch Schäden durch umstürzende Leitungsmasten fallen unter Satz 2, selbst wenn durch einen kriminellen Anschlag verursacht[2]. Es muß sich jedoch um Stromübertragungsleitungen handeln; Fernmeldeleitungen und Antennenanlagen sind durch Abs. 2 ausgenommen. Auch der Fahrdraht einer elektrisch betriebenen Bahn ist eine Stromleitungsanlage im Sinne des § 2 Abs. 1. Der Ansicht, daß es sich hierbei nicht um eine Anlage zur Abgabe der Energie, sondern bereits um einen Teil der Verbrauchseinrichtungen handelt, ist nicht zuzustimmen[3].

4 Ein **Haftungsausschluß wegen höherer Gewalt** (zu diesem Begriff s. § 1, 36 ff) kommt nach Abs. 3 Nr. 3 nicht in Betracht, wenn der Schaden auf das Herabfallen von Leitungsdrähten zurückzuführen ist. Ein Herabfallen liegt hierbei nicht nur bei Berührung des Bodens, sondern auch dann vor, wenn der Draht infolge eines Defekts der Aufhängevorrichtung zu tief hängt[4]. Fällt nicht nur der Draht herab, sondern stürzt zugleich der Mast um, so kann es für die Haftung keinen Unterschied machen, ob der Schaden durch den Draht oder durch den Mast verursacht wurde.

Ein **ordnungsgemäßer Zustand** (dessen Nachweis zur Entlastung von der Zustandshaftung führt; Rdn. 1) muß im Zeitpunkt der Schadensverursachung bestehen. Daran fehlt es auch dann, wenn ein Stromleitungsmast durch ein Kraftfahrzeug zum Umstürzen gebracht wird und auf ein anderes Kraftfahrzeug fällt[5].

IV. Schäden durch Wasserleitungen

1. Wirkungshaftung

5 Verkehrsunfälle, die durch den Austritt von Wasser aus Wasserleitungen oder aus der Kanalisation[6] hervorgerufen werden (z. B. durch Schleudern wegen Überflutung, Einsinken wegen Unterspülung), werden grundsätzlich von § 2 Abs. 1 Satz 1 erfaßt. Es muß sich jedoch um den Austritt aus einer *Rohr*leitung handeln. Offene Gräben oder Kanäle sind nicht erfaßt, teilweise offene Leitungen nur dann, wenn die schadensursächliche Stelle verrohrt ist[7]. Entsteht ein Überschwemmungsschaden oder ein Glätteunfall dadurch, daß Wasser nicht in ein Rohr gelangen kann, weil dieses oder sein Einlauf verstopft ist oder die Kapazität nicht ausreicht, greift die Haftung nach § 2 nicht ein[8].

---

1 *Filthaut* NZV 1989, 462; *Däubler* DJ 1943, 414.

2 BGH VersR 1988, 1150.

3 So jetzt auch *Filthaut* 18 u. NZV 1995, 54 m. Nachw. aus dem energierechtlichen Schrifttum.

4 Vgl. OLG Oldenburg VersR 1960, 1126.

5 **A. A.** *Filthaut* NZV 1989, 462: nur wenn Kraftfahrzeug gegen den schon einige Zeit auf der Fahrbahn liegenden Masten fährt.

6 Vgl. hierzu BGH VersR 1984, 38.

7 *Filthaut* 11; s. a. BGH VersR 1988, 1041: mit dem Kanalnetz verbundener Rohrdurchlaß unter einer Straße.

8 Vgl. BGHZ 109, 8; 114, 380; OLG Bamberg ZfS 1990, 335; **a. A.** *Filthaut* 28.

Einzelfälle aus der Rechtsprechung

Einbrechen eines Kraftfahrzeugs in unterspülte Fahrbahn: OLG Naumburg NZV 1995, 362; LG Bielefeld NJW-RR 1988, 860; 6
Eisbildung infolge Wasserrohrbruchs: OLG Frankfurt VersR 1983, 786; OLG Hamm NJW-RR 1989, 1505;
Erdlawine infolge ausgetretener Wassermassen: LG Karlsruhe VersR 1988, 694;
Abheben eines Kanaldeckels infolge starken Regens: OLG Schleswig VRS 72, 426.

2. Zustandshaftung

Wird ein Unfall durch eine Vertiefung in der Fahrbahnoberfläche hervorgerufen, die 7 auf das Einstürzen einer baufälligen Rohrleitungsanlage zurückzuführen ist, so greift Abs. 1 Satz 2 ein. Dasselbe gilt für den Unfall infolge eines fehlenden[9] (vgl. aber Rdn. 8), schadhaften[10] oder gefährlich herausragenden Kanaldeckels[11]. Dagegen wird der Sturz eines Fußgängers über einen wegen Wartungsarbeiten zur Seite gelegten Kanaldeckel vom Schutzumfang des § 2 nicht erfaßt[12]. Das Regenfallrohr einer Autobahnbrücke ist keine Rohrleitungsanlage i. S. des § 2[13].

3. Haftungsausschluß

In allen vorgenannten Fällen kommt ein Haftungsausschluß bei Nachweis höherer 8 Gewalt (vgl. § 1, 36) oder bei weit überwiegendem Eigenverschulden des Geschädigten (§ 4) in Betracht, im Fall der Zustandshaftung auch beim Nachweis des ordnungsgemäßen Zustands zur Zeit der Schadensverursachung. Auch ein außergewöhnlich starker Regen begründet nicht ohne weiteres höhere Gewalt[14]. Dagegen liegt in der Regel höhere Gewalt vor, wenn Unbefugte einen Kanaldeckel abheben[15].

V. Sonstige Fälle

Als Fall einer Wirkungshaftung nach Abs. 1 Satz 1 kommt noch in Betracht, daß die 9 Explosion einer Gasleitung oder eines Dampfkessels schädigende Auswirkungen auf den Straßenverkehr hat. Nicht von § 2 erfaßt werden Unfälle mit Fahrzeugen, in denen Gase oder Flüssigkeiten befördert werden, sowie Unfälle infolge des Niederschlags aus Kraftwerkskühltürmen[16]. In diesen Fällen handelt es sich nicht um *Leitungs*anlagen.

§ 3
Gefährdungshaftung auf anderen Gebieten

Wer ein Bergwerk, einen Steinbruch, eine Gräberei (Grube) oder eine Fabrik betreibt, haftet, wenn ein Bevollmächtigter oder ein Repräsentant oder eine zur Leitung oder Beaufsichtigung des Betriebes oder der Arbeiter angenommene Person durch ein Verschulden in Ausführung der Dienstverrichtungen den Tod oder die Körperverletzung eines Menschen herbeigeführt hat, für den dadurch entstandenen Schaden.

---

9 OLG Celle NZV 1992, 239.
10 OLG Celle VersR 1992, 189.
11 LG München II NJW-RR 1987, 865.
12 *Filthaut* NZV 1989, 462.
13 BGH VersR 1991, 72.
14 BGH NJW 1990, 1168.
15 OLG Celle NZV 1992, 239.
16 BGH VersR 1985, 641.

Die Vorschrift kann für den Straßenverkehr kaum Bedeutung erlangen. Denkbar wäre allenfalls, daß sich Sprengarbeiten in einem Steinbruch, Vertiefungen durch ein Bergwerk oder die Explosion in einer Fabrik auf die Benutzer benachbarter Straßen auswirken. In solchen Fällen haftet der Betreiber ohne Entlastungsmöglichkeit für das Verschulden seiner Aufsichtspersonen.

§ 4
Mitverschulden des Geschädigten

Hat bei der Entstehung des Schadens ein Verschulden des Geschädigten mitgewirkt, so gilt § 254 des Bürgerlichen Gesetzbuchs; bei Beschädigung einer Sache steht das Verschulden desjenigen, der die tatsächliche Gewalt über die Sache ausübt, dem Verschulden des Geschädigten gleich.

Übersicht

Schrifttum

Böhmer Erhöht das Fehlen von Bahnschranken stets die Eisenbahnbetriebsgefahr? MDR 1964, 633; *Himer* Unbeschrankter Bahnübergang und erhöhte Betriebsgefahr, MDR 1960, 557; *Klimke* Haftung für Unfälle nicht deliktsfähiger Kinder beim Betrieb von Schienenfahrzeugen, DB 1976, 2385.

I. Bedeutung der Vorschrift

1 Die Vorschrift gibt den Inhalt des § 9 StVG mit anderen Worten wieder und erstreckt die dort getroffene Regelung auf Unfälle, die durch eine Straßenbahn oder Eisenbahn verursacht werden. Auf die Erläuterungen zu § 9 StVG kann daher verwiesen werden. Zu beachten ist, daß die Vorschrift – ebenso wie § 9 StVG – in bestimmten Fällen durch Sonderregelungen verdrängt wird. War der beim Unfall Verletzte Halter oder Fahrer eines Kraftfahrzeugs, gilt § 17 Abs. 2 StVG[1]. Ist der Verletzte ein Straßenbahn- oder Eisenbahnunternehmer und ereignete sich der Unfall beim Zusammenstoß mit einer anderen Schienenbahn, so greift § 13 Abs. 1 ein. Sämtliche Vorschriften bringen folgenden aus § 254 BGB entwickelten allgemeinen Grundsatz zum Ausdruck: Jeder, der aus einem Verkehrsunfall Schadenersatz begehrt, muß sich wegen der auch von ihm gesetzten Ursache des Unfalls eine Minderung seiner Ansprüche gefallen lassen, sofern er aus Verschulden oder Gefährdungshaftung für unfallbedingte Schäden des anderen einstehen müßte. Dieser Grundsatz gilt auch für Schadenersatzansprüche eines Tierhalters, wenn das Tier von einer Straßen- oder Eisenbahn verletzt worden ist und er nicht beweisen kann, daß ihn kein Verschulden trifft; § 840 Abs. 3 BGB steht dem

[1] OLG Nürnberg VersR 1964, 1181.

nicht entgegen[2]; für Ansprüche des Bahnunternehmers gegen den Tierhalter gilt § 13. Der Führer einer Straßenbahn muß sich mangels einer § 18 StVG entsprechenden Vorschrift nur Verschulden anrechnen lassen.

II. Abwägungsmaßstäbe

1. Grundsätze

Die Abwägungsmaßstäbe sind grundsätzlich dieselben wie bei § 9 StVG (s. dort Rdn. 99 ff). Auch hier müssen bei der Schadensabwägung alle Umstände außer Betracht bleiben, von denen nicht feststeht, daß sie sich auf das Zustandekommen oder das Ausmaß des Unfalls ausgewirkt haben[3]. Vor allem wirkt sich ein Verschulden des Führers der Straßenbahn zuungunsten des Unternehmers der Straßenbahn aus, auch wenn dieser nur nach dem HaftpflG haftet[4]. Dasselbe gilt, wenn eine Straßenbahn bei einem Unfall beschädigt wurde und der Unternehmer den Entlastungsbeweis nicht zu führen vermag. 2

2. Berücksichtigung der Betriebsgefahr

Konnte der Unternehmer den Entlastungsbeweis nicht führen, so ist bei der Abwägung die Betriebsgefahr seiner Bahn zu berücksichtigen. Wie bei § 9 StVG kommt es auch hier auf die konkrete, für Art und Schwere des Unfallschadens ursächliche Betriebsgefahr an (vgl. § 9 StVG, 104). Schon die allgemeine Betriebsgefahr ist bei einer Bahn aufgrund des größeren Gefährdungspotentials (erhebliche Masse, langer Bremsweg, Gleisgebundenheit[5]) in der Regel höher zu bewerten als bei einem Kraftfahrzeug; sie kann zudem durch besondere Umstände, insbesondere Verschulden des Führers, erhöht sein. Auch bei Unfällen, die von einer Straßenbahn oder Eisenbahn verursacht wurden, spielt also der Begriff der „erhöhten Betriebsgefahr" (§ 9 StVG, 105) eine Rolle[6]. 3

Beispiele aus der Rechtsprechung. Straßenbahnen werden im Regelfall zweigleisig betrieben. Der zweigleisige Betrieb erhöht daher die Betriebsgefahr nicht; dies gilt auch dann, wenn ein Fußgänger zwischen zwei sich begegnende Züge gerät[7]. Dagegen erhöht die Eingleisigkeit eines Streckenabschnitts die Betriebsgefahr[8]. Noch größer ist die Gefahr für Fußgänger, wenn bei eingleisiger Strecke die Schienen nahe dem Gehsteig liegen[9]. Die Betriebsgefahr ist ferner erhöht, wenn bei zweigleisiger Anlage einer Strecke die Straßenbahn in einer Einbahnstraße auch in der Gegenrichtung fährt[10]. Auch hier vergrößert sich die Gefahr noch mehr, wenn eines der Gleise nahe dem Gehsteig verläuft. Dunkelheit und Regen vergrößern die Betriebsgefahr der Straßenbahn nicht[11]. Ein Mast, der an einer Haltestelle so nahe am Gleis steht, daß ein Fahrgast dagegenstößt, der sich beim Aussteigen verspätet hat und von der Abfahrt der Bahn überrascht wird[12], 4

---

[2] OLG Hamm VersR 1982, 1010; *Filthaut* 51; **a. A.** RGZ 53, 117; 58, 337.

[3] BGH VersR 1961, 234.

[4] BGH VersR 1961, 910.

[5] BGH NJW 1962, 860 m. Anm. *Hohenester*; OLG Düsseldorf VersR 1966, 764; OLG Hamburg VersR 1966, 196; VRS 29, 330; OLG München VersR 1967, 167; LG Essen VersR 1966, 375.

[6] OGH NJW 1949, 669 LS; BGH VkBl. 1951, 158; VRS 4, 503; VersR 1953, 26; 1954, 11; OLG Braunschweig NdsRpfl. 1952, 69; OLG Karlsruhe VersR 1953, 368; OLG Köln MDR 1953, 616.

[7] BGH VersR 1963, 874 = 1964, 88 m. Anm. *Böhmer*.

[8] *Guelde* in Anm. zu OLG Düsseldorf DRW 1940, 207; *Böhmer* in Anm. zu BGH VersR 1964, 88.

[9] BGH VersR 1961, 908.

[10] BGH VersR 1966, 1142.

[11] BGH VersR 1967, 138.

[12] BGH VersR 1961, 1020.

vergrößert die Gefahr, dagegen nicht ein Mast, der in vorschriftsmäßigem Abstand vom Gleis an einer Stelle steht, an der sich keine Haltestelle befindet[13]. Das Offenstehen der Türen einer Straßenbahn nach Abfahrt des Wagens erhöht die Gefahr für die Fahrgäste[14], nicht aber für eine Person, die verbotswidrig noch aufspringen möchte[15]. Die Betriebsgefahr der Straßenbahn ist erhöht, wenn der Zug auf der Straßenkreuzung anhält, aber wieder anfährt, obwohl noch ein Kraftwagen auf das Gleis zufährt[16], ferner wenn die Bremsen versagen oder wegen der Feuchtigkeit der Schienen schlecht greifen[17], ferner wenn ein Gleis am rechten Fahrbahnrand so in der Fahrbahn liegt, daß ein Kraftfahrer, der die Gefährlichkeit der Stelle nicht kennt, nachts mit der entgegenkommenden Straßenbahn frontal zusammenprallt[18], ferner wenn die Straßenbahn den Mittelpunkt eines Kreisverkehrs durchquert und durch Verkehrszeichen die Vorfahrt vor dem Kreisverkehr erhalten hat[19]. Erhöht wird die Betriebsgefahr der Straßenbahn auch durch Gefälle oder durch Schlüpfrigkeit der Schienen[20] sowie durch den Einsatz einer unerprobten Person als Fahrer[21].

5 Bei **Eisenbahnen** wirken Bahnübergänge ohne Sicherung (Schranken, Blinklicht) oder Beleuchtung gefahrerhöhend[22]; dies gilt jedoch dann nicht, wenn sich der Mangel im konkreten Fall tatsächlich nicht ausgewirkt hat[23]. Weitere Beispiele: Sichthindernisse an einem ungesicherten Bahnübergang[24]; Versagen des der Beleuchtung der geschlossenen Schranke dienenden Tiefstrahlers[25]; Nichtschließen einer Bahnschranke[26]; verspätetes Schließen der Schranken, so daß das durchfahrende Kraftfahrzeug vom Zug erfaßt wird[27]; Öffnen der Schranke durch den Blockwärter, obwohl das Signal für den Zug schon auf freie Fahrt steht[28]; Lokomotive unterläßt die vorgeschriebenen Läut- und Pfeifsignale[29]; zu schwache Warnzeichen[30]; der Lokführer bemerkt, daß eine Schranke nicht geschlossen ist und bremst trotzdem den Zug nicht ab[31]; hohe Hecke am Bahndamm[32]; die Bahnstrecke läuft ungesichert am Rand einer Straße[33]; sehr starker Verkehr auf der die Bahn kreuzenden Straße[34]. Fahren in einen Bahnhof von entgegengesetzten Richtungen gleichzeitig zwei Züge ein, so ist die Betriebsgefahr gegenüber einem die Gleise überschreitenden Fußgänger erhöht[35].

3. Verschulden des Straßenbahnführers

6 Bei der Abwägung entsteht häufig die Frage, ob auch den Führer der Straßenbahn ein Verschulden trifft, das sich (wegen Erhöhung der Betriebsgefahr) zuungunsten des Straßenbahnunternehmers auswirkt[36]. Grundsätzlich haben Straßenbahnführer in gleicher Weise wie andere Verkehrsteilnehmer die Vorschriften der StVO zu beachten[37]. Daher hat der Führer in gleicher Weise wie ein Kraftfahrer besondere Vorsichtsmaßnahmen zu ergreifen, wenn einem anderen Verkehrsteilnehmer Gefahr droht, z. B. ein Läutesignal zu geben[38].

---

[13] BGH VersR 1956, 238.
[14] RG JW 1935, 2354 m. Anm. *Abitz-Schultze*; RG DR 1939, 183; BGH VersR 1961, 1020.
[15] BGH VersR 1962, 375.
[16] BGH DAR 1960, 137.
[17] BGH VersR 1960, 609.
[18] BGH VersR 1961, 234.
[19] A. A. OLG Hamburg VersR 1967, 411; s. a. BGH VersR 1967, 138.
[20] OLG Hamburg VersR 1968, 975.
[21] KG VAE 1936, 334.
[22] RG VAE 1938, 186; BGH VRS 5, 38; VkBl. 1958, 24; OLG Braunschweig VRS 7, 255; LG Tübingen DAR 1951, 193.
[23] BGH VersR 1956, 490; 1957, 166.
[24] RG VAE 1936, 561.
[25] RG VR 1935, 325; OLG Stuttgart DAR 1929, 136.
[26] BGH VRS 3, 217.
[27] RG DAR 1930, 256.
[28] BGH VRS 4, 503.
[29] RG DAR 1931, 330; BGH VkBl. 1958, 214.
[30] RG VAE 1936, 133.
[31] BGH VRS 3, 217.
[32] RG VAE 1938, 195.
[33] RG DAR 1930, 255.
[34] RG DAR 1929, 396.
[35] BGH VersR 1971, 1018.
[36] BGH VersR 1961, 908.
[37] BGH VersR 1975, 258.
[38] BGH VersR 1975, 1007.

4. Rechtsprechungsübersicht zur Schadensverteilung

Die nachfolgende Übersicht beschränkt sich auf die von § 4 erfaßten Fälle (s. Rdn. 1). 7
Die Haftungsverteilung zwischen Unternehmern von Schienenbahnen ist bei § 13, die zwischen Unternehmer und Kraftfahrzeughalter in § 17 StVG, 132 ff behandelt. Angeführt sind nur Entscheidungen, die für die Haftung im Straßenverkehr Bedeutung haben können (in Klammern die Haftungsquote der Bahn).

a) Fahrgäste

BGH VersR 1962, 375: Aufspringen auf Straßenbahn (0); 8
OLG Karlsruhe VersR 1978, 876: kein ausreichender Abstand zur Bahnsteigkante durch betrunkenen Fahrgast (0);
OLG Celle VersR 1981, 1059: Verfehlen der Trittstufen beim Aussteigen (0);
OLG Stuttgart VersR 1995, 477: vorzeitiges Anfahren, während gehbehinderter Fahrgast einsteigen will (100%).

b) Fußgänger

BGH VersR 1961, 475: Überschreiten der Schienen kurz vor Zug (0); 9
BGH VersR 1961, 908: 11jähriger Schüler, Verschulden des Straßenbahnfahrers (⅔);
BGH VersR 1963, 874: Überschreiten der Gleise kurz vor Zug (0);
BGH VersR 1966, 1142: Überschreiten der Gleise, Straßenbahnverkehr entgegen der Einbahnstraße (50%);
BGH VersR 1976, 960: Mitverschulden des Straßenbahnfahrers (50%);
OLG München VersR 1967, 236: rechtsabbiegende Straßenbahn beachtet Fußgängerverkehr nicht (50%);
OLG Düsseldorf VersR 1968, 652: Dreizehnjährige läuft vor Straßenbahn über das Gleis (0);
OLG Frankfurt VersR 1976, 1135: auf Fußgängerinsel stehende Passantin wird während der Vorbeifahrt einer Straßenbahn von dieser erfaßt (0);
OLG Hamm VersR 1983, 669: 11jähriges Kind, unklare Regelung (100%);
OLG Düsseldorf VersR 1983, 861: Überschreiten der Gleise auf Überweg trotz Umlaufschranke und Warnschild (30%);
OLG Düsseldorf VRS 67, 1: Fußgänger zu nahe am Gleis (0);
OLG Naumburg VersR 1996, 732: Unaufmerksame Jugendliche auf Bahnübergang, Straßenbahnführer gibt nur Warnzeichen, statt sogleich zu verlangsamen (50%).

c) Radfahrer

BGH VersR 1957, 296: wartepflichtiger Radfahrer, Straßenbahn fährt an Haltestelle vor Kreuzung ohne Warnsignal durch (⅓); 10
BGH VersR 1967, 138: Verschulden des Radfahrers, Dunkelheit und Regen (20%);
OLG Nürnberg VersR 1967, 815: rangierende Eisenbahn gegen Radfahrer auf unbeschranktem Übergang (50%);
BGH VersR 1968, 582: Straßenbahn überholt Radfahrer mit zu geringem Seitenabstand (100%);
BGH VersR 1975, 258: 12jähriger Radfahrer, Unfall auf Überweg (50%);
OLG Hamm VersR 1992, 510: übersichtlicher und durch Springlicht gesicherter Übergang über Straßenbahngleise (0).

d) Sonstige Fahrzeuge

OLG Hamm VersR 1983, 465: landwirtschaftliche Zugmaschine gegen Zug auf blinklichtgesichertem Bahnübergang (20%). 11

e) Tiere

OLG Hamm NJW 1958, 346: scheuendes Pferd wirft seinen Führer vor entgegenkommende Straßenbahn (100%); 12
OLG Celle VersR 1976, 763: Kuh auf ungesichertem Bahnübergang (⅓).

§ 5
Ersatzansprüche bei Tötung

(1) Im Fall der Tötung ist der Schadensersatz (§§ 1, 2 und 3) durch Ersatz der Kosten einer versuchten Heilung sowie des Vermögensnachteils zu leisten, den der Getötete dadurch erlitten hat, daß während der Krankheit seine Erwerbsfähigkeit aufgehoben oder gemindert oder eine Vermehrung seiner Bedürfnisse eingetreten war. Der Ersatzpflichtige hat außerdem die Kosten der Beerdigung demjenigen zu ersetzen, dem die Verpflichtung obliegt, diese Kosten zu tragen.

(2) Stand der Getötete zur Zeit der Verletzung zu einem Dritten in einem Verhältnisse, vermöge dessen er diesem gegenüber kraft Gesetzes unterhaltspflichtig war oder unterhaltspflichtig werden konnte, und ist dem Dritten infolge der Tötung das Recht auf den Unterhalt entzogen, so hat der Ersatzpflichtige dem Dritten insoweit Schadensersatz zu leisten, als der Getötete während der mutmaßlichen Dauer seines Lebens zur Gewährung des Unterhalts verpflichtet gewesen sein würde. Die Ersatzpflicht tritt auch dann ein, wenn der Dritte zur Zeit der Verletzung erzeugt, aber noch nicht geboren war.

Die Vorschrift stimmt inhaltlich mit der Regelung für Kraftfahrzeugunfälle in § 10 StVG überein. Auf die dort gegebenen Erläuterungen wird verwiesen.

§ 6
Ersatzansprüche bei Körperverletzung

Im Falle einer Körperverletzung ist der Schadensersatz (§§ 1, 2 und 3) durch Ersatz der Kosten der Heilung sowie des Vermögensnachteils zu leisten, den der Verletzte dadurch erleidet, daß infolge der Verletzung zeitweise oder dauernd seine Erwerbsfähigkeit aufgehoben oder gemindert oder eine Vermehrung seiner Bedürfnisse eingetreten ist.

Die Vorschrift stimmt inhaltlich mit der Regelung für Kraftfahrzeugunfälle in § 11 StVG überein. Auf die dort gegebenen Erläuterungen wird verwiesen.

§ 7
Unabdingbarkeit

Die Ersatzpflicht nach den §§ 1 bis 3 dieses Gesetzes darf, soweit es sich um Personenschäden handelt, im voraus weder ausgeschlossen noch beschränkt werden. Das gleiche gilt für die Ersatzpflicht nach § 2 dieses Gesetzes wegen Sachschäden, es sei denn, daß der Haftungsausschluß oder die Haftungsbeschränkung zwischen dem Inhaber der Anlage und einer juristischen Person des öffentlichen Rechts, einem öffentlich-rechtlichen Sondervermögen oder einem Kaufmann im Rahmen eines zum Betriebe seines Handelsgewerbes gehörenden Vertrages vereinbart worden ist. Entgegenstehende Bestimmungen und Vereinbarungen sind nichtig.

Nach dieser Vorschrift ist die Haftung nach dem HaftpflG für Personenschäden nicht abdingbar. Ansprüche aus anderen Rechtsgrundlagen werden hiervon nicht erfaßt[1]. Satz 2 enthält darüber hinaus ein Verbot des Haftungsausschlusses für Sachschäden. Dieses bezieht sich jedoch nur auf die Ansprüche aus § 2 und nicht auf die Ansprüche

[1] RGZ 117, 110.

aus § 1, und ist überdies bei Kaufleuten und bei juristischen Personen des öffentlichen Rechts gelockert. Im Hinblick auf die beschränkte Bedeutung des § 2 für die Haftung im Straßenverkehr wird von einer näheren Erläuterung abgesehen.

§ 8
Verpflichtung zur Entrichtung einer Rente

(1) Der Schadensersatz wegen Aufhebung oder Minderung der Erwerbsfähigkeit und wegen Vermehrung der Bedürfnisse des Verletzten sowie der nach § 5 Abs. 2 einem Dritten zu gewährende Schadensersatz ist für die Zukunft durch Entrichtung einer Geldrente zu leisten.

(2) Die Vorschriften des § 843 Abs. 2 bis 4 des Bürgerlichen Gesetzbuches finden entsprechende Anwendung.

(3) Ist bei der Verurteilung des Verpflichteten zur Entrichtung einer Geldrente nicht auf Sicherheitsleistung erkannt worden, so kann der Berechtigte gleichwohl Sicherheitsleistung verlangen, wenn die Vermögensverhältnisse des Verpflichteten sich erheblich verschlechtert haben; unter der gleichen Voraussetzung kann er eine Erhöhung der in dem Urteile bestimmten Sicherheit verlangen.

Die Vorschrift ist § 13 StVG nachgebildet. Auf die dort gegebenen Erläuterungen wird deshalb verwiesen. Da das HaftpflG bei Personenschäden eine dem § 12 StVG entsprechende Vorschrift über Höchstbeträge nicht enthält, übernimmt § 8 in Verbindung mit § 9 teilweise diese Funktion.

§ 9
Haftungshöchstbetrag bei Renten

Der Unternehmer oder der in § 2 bezeichnete Inhaber der Anlage haftet im Falle des § 8 Abs. 1 nur bis zu einer Jahresrente von dreißigtausend Deutsche Mark für jede getötete oder verletzte Person.

Nach § 7a RHaftpflG betrug bei Personenschäden der Haftungshöchstbetrag 15 000 DM Jahresrente. Der Betrag wurde im Gesetz vom 16. 8. 1977 (BGBl. I S. 1577) verdoppelt. Die Haftungsbegrenzung gilt nicht für Ansprüche aus anderen Rechtsgrundlagen. Ein von der Jahresrente unabhängiger Höchstbetrag für Personenschäden, wie ihn § 12 StVG kennt, ist dem HaftpflG fremd. Insbesondere gibt es auch keine dem § 2 Abs. 2 Satz 2 entsprechende Einschränkung für den Fall, daß bei einem Unfall mehrere Personen verletzt werden. Hinsichtlich weiterer Einzelfragen, vor allem bei der Berücksichtigung von Mitverschulden des Verletzten, wird auf die Erläuterungen zu § 12 StVG verwiesen. Dies gilt auch für die Übergangsregelung in bezug auf Unfälle vor dem 1. 1. 1978.

§ 10
Haftungshöchstbetrag bei Sachschäden

(1) Der Unternehmer oder der in § 2 bezeichnete Inhaber der Anlage haftet für Sachschäden nur bis zum Betrag von einhunderttausend Deutsche Mark, auch wenn durch dasselbe Ereignis mehrere Sachen beschädigt werden.

(2) Sind auf Grund desselben Ereignisses an mehrere Personen Entschädigungen zu leisten, die insgesamt den Höchstbetrag von einhunderttausend Deutsche Mark über-

steigen, so verringern sich die einzelnen Entschädigungen in dem Verhältnis, in dem ihr Gesamtbetrag zu dem Höchstbetrag steht.

(3) **Die Absätze 1 und 2 gelten nicht für die Beschädigung von Grundstücken.**

Bis zum 19. 7. 1957 betrug der Haftungshöchstbetrag 15 000,– DM, von da bis zum 1. 1. 1978 25 000,– DM, und zwar auch wenn mehrere Sachen betroffen waren (§ 4 SHG; wegen der Übergangsregelung für Altunfälle s. § 12 StVG, 28 ff). Die jetzige Regelung stimmt im Fall der Beschädigung oder Zerstörung beweglicher Sachen mit § 12 StVG überein. Auf die Erläuterungen zu dieser Vorschrift wird verwiesen. Wird dagegen ein Grundstück beschädigt, so haftet der Unternehmer der Eisen- oder Straßenbahn in unbegrenzter Höhe. Zum Grundstück gehören auch seine wesentlichen Bestandteile (§ 94 BGB). In Betracht kommt vor allem die Beschädigung oder Zerstörung von Gebäuden oder Gebäudeteilen, Einfriedungen und Pflanzen, vor allem auch Nutzpflanzen (Getreide auf dem Halm, nicht aber geschnittenes Getreide, auch wenn es noch auf dem Feld liegt[1]. Werden außer einem Grundstück durch denselben Unfall auch bewegliche Sachen beschädigt, so sind die Ersatzansprüche für die Beschädigung des Grundstücks nicht auf den Höchstbetrag von 100 000,– DM anzurechnen. Die Beschädigung von Grundstückszubehör (§ 97 BGB) ist keine Beschädigung des Grundstücks, sondern eine solche beweglicher Sachen[2].

§ 11
Verjährung

Auf die Verjährung finden die für unerlaubte Handlungen geltenden Verjährungsvorschriften des Bürgerlichen Gesetzbuchs entsprechende Anwendung.

Auf die Erläuterungen zum gleichlautenden § 14 StVG wird verwiesen. Eine dem § 15 StVG entsprechende Pflicht zur „Anzeige" des Schadens an den Ersatzpflichtigen, wie sie in § 5 SHG enthalten war, gibt es seit 1. 1. 1978 nicht mehr.

§ 12
Haftung nach anderen Vorschriften

Unberührt bleiben gesetzliche Vorschriften, nach denen ein Ersatzpflichtiger in weiterem Umfang als nach den Vorschriften dieses Gesetzes haftet oder nach denen ein anderer für den Schaden verantwortlich ist.

Übersicht

I. Inhalt der Vorschrift

1 Die Vorschrift stellt klar, daß die Bestimmungen des HaftpflG eine Haftung aus anderem Rechtsgrund weder für den Unternehmer noch für andere Personen ausschlie-

[1] BGHZ 20, 87.
[2] BGHZ 20, 85.

ßen. Dies gilt sowohl dann, wenn eine Haftung aus dem HaftpflG im Einzelfall ausscheidet, als auch dann, wenn aus dem HaftpflG gehaftet wird. In letzterem Fall besteht die Haftung aus dem anderen Gesetz neben derjenigen aus dem HaftpflG mit der Maßgabe, daß der Betrag, hinsichtlich dessen beide Vorschriften eine Rechtsgrundlage abgeben, nur einmal geschuldet ist. In diesem Fall darf der Tatrichter nicht Teilurteil über die Ansprüche aus dem HaftpflG erlassen und sich die Entscheidung über Ansprüche aus unerlaubter Handlung vorbehalten[1]. Schulden mehrere Personen den Ersatz des entstandenen Schadens, so haften sie als Gesamtschuldner in Höhe der Schuld dessen, der den geringsten Betrag schuldet.

II. Einzelfälle

Hinsichtlich der Einzelheiten wird auf die Erläuterungen zu § 16 StVG verwiesen. Denn mit dieser Vorschrift stimmt § 12 HaftpflG trotz seines kürzer gefaßten Textes inhaltlich überein. Daß dort das Verhältnis der Haftung aus dem HaftpflG zu anderen gesetzlichen Vorschriften geregelt ist, bedeutet dasselbe wie „bundesrechtlich" in § 16 StVG. In Betracht kommt vor allem die Haftung aus Beförderungsvertrag oder aus unerlaubter Handlung. Im folgenden werden lediglich ergänzende Hinweise gegeben. **2**

1. Vertragliche Ansprüche

Mit dem Besteigen einer Straßenbahn kommt ein Beförderungsvertrag (durch schlüssiges Verhalten) auch dann zustande, wenn der Fahrgast das Entgelt nicht bezahlen will. Will jemand aber nach Abfahrt der Straßenbahn aufspringen und mißlingt ihm dies, so kommt kein Beförderungsvertrag zustande[2]. **3**

2. Deliktische Haftung des Triebwagenführers

a) **Verhältnis zur Gefährdungshaftung des Bahnunternehmers.** Die Haftung des Unternehmers nach § 1 HaftpflG schließt die persönliche Inanspruchnahme des Triebwagenführers nach § 823 BGB nicht aus, wenn dieser schuldhaft einen Unfall herbeiführt, d. h. (zumindest) fahrlässig gegen eine dem Geschädigten gegenüber bestehende Verkehrspflicht verstößt. Der schuldhafte Verstoß muß dem Fahrzeugführer nachgewiesen werden; eine dem § 18 StVG entsprechende Beweislastnorm kennt das HaftpflG nicht. Bei Unfällen innerhalb des Verkehrsraums einer Straße ist die Frage nach der Eigenhaftung des Straßenbahnführers daher deutlich zu trennen von der Frage, ob der Bahnunternehmer den Beweis der Unabwendbarkeit des Unfalls nach § 1 Abs. 2 Satz 2 HaftpflG, d. h. die Beachtung der größtmöglichen Sorgfalt durch den Führer, erbringen kann (vgl. hierzu § 1 HaftpflG, 23 ff). **4**

b) **Einzelfälle** (s. auch § 1 HaftpflG, 25 ff zum Unabwendbarkeitsbeweis)

aa) **Pflichten gegenüber dem Kraftfahrzeugverkehr.** Die Vorschriften über das Fahren mit einer den Verkehrs- und Sichtverhältnissen angepaßten Geschwindigkeit (§ 3 Abs. 1 Satz 2 StVO)[3]; sowie über die Einhaltung eines ausreichenden Sicherheitsabstands von vorausfahrenden Fahrzeugen (§ 4 Abs. 1 Satz 1 StVO) gelten auch für den Führer einer am Straßenverkehr teilnehmenden Straßenbahn. Wegen des ihm in § 2 Abs. 3 StVO eingeräumten Vorrangs darf er aber im allgemeinen darauf vertrauen, daß **5**

---

[1] BGH VersR 1964, 164.
[2] BGH VersR 1962, 375.
[3] BGH VersR 1975, 258; NZV 1991, 114.

ein Verkehrsteilnehmer, den er vor sich auf den Gleisen in einem Abstand sieht, der dem Bremsweg der Bahn nahekommt, diese rechtzeitig vor der herannahenden Straßenbahn verläßt, so daß er seinetwegen noch nicht sogleich die Fahrgeschwindigkeit zu verringern oder anzuhalten braucht[4]. Etwas anderes kann aber gelten, wenn der Straßenbahnführer erkennen kann, daß es im Kreuzungsbereich zu einem Rückstau gekommen ist[5]. Zur Rechtslage beim Hinüberwechseln der Gleise in den Verkehrsraum von Kraftfahrzeugen vgl. Anh. § 16, 184.

6 bb) **Pflichten gegenüber Radfahrern und Fußgängern an Überwegen.** Sobald der Gleiskörper einer Straßenbahn einen öffentlichen Verkehrsweg kreuzt, ist ihr Fahrer in gleicher Weise wie bei sonstiger Benutzung des Verkehrsraums öffentlicher Straßen an die Vorschriften der StVO gebunden, also auch an jene über die angepaßte Geschwindigkeit (§ 3 Abs. 1 StVO). Führer von Straßenbahnwagen dürfen daher auch dann, wenn sie einen besonderen Bahnkörper innerhalb des Verkehrsraums der öffentlichen Straße benutzen, bei Annäherung an Wegübergänge nur so schnell fahren, daß die Sichtweite stets größer ist als der Notbremsweg[6]. Auf die Beachtung ihres Vorrangs, der auch an gekennzeichneten Fußgängerüberwegen besteht (§ 26 Abs. 1 StVO), dürfen Straßenbahnführer grundsätzlich vertrauen. Jedoch müssen sie an Überwegen, an denen den Fußgängern der Vorrang vor dem übrigen Verkehr zusteht, damit rechnen, daß diese Fußgänger den Vorrang der Schienenfahrzeuge übersehen oder nicht unbedingt beachten. Ist ein solcher Überweg für den Straßenbahnfahrer nicht voll einsehbar, gebietet § 1 StVO, zumindest entweder rechtzeitig vor Erreichen des Fußgängerüberwegs unter geringfügiger Ermäßigung der Geschwindigkeit ein Läutesignal zu geben oder die Geschwindigkeit deutlich herabzusetzen[7]. Darauf, daß ein auf einer Fußgängerinsel an einem ampelgesicherten Übergang stehender Passant sich plötzlich in gefährliche Nähe zu dem herannahenden Zug begeben würde, braucht sich der Führer nicht einzustellen[8]. Er kann auch darauf vertrauen, daß ein den Bahnübergang querender Fußgänger den Gleisbereich rechtzeitig vor der herannahenden Straßenbahn verläßt, und braucht daher nicht vorsorglich zu verlangsamen[9]. Erkennt der Straßenbahnführer jedoch, daß der Fußgänger in einen Engpaß zwischen den Gleisen und dem parallel dazu fließenden Kraftfahrzeugverkehr zu geraten droht, muß er abbremsen[10]; ebenso wenn sich offensichtlich unaufmerksame Jugendliche auf den Gleisen aufhalten[11]. Eine Verpflichtung zur Abgabe von Warnzeichen besteht nur bei konkreten Anzeichen für die Gefährdung eines Fußgängers[12].

7 Gegenüber **Kindern** ist das Vertrauen auf verkehrsrichtiges Verhalten nach Maßgabe des § 3 Abs. 2a StVO nur mit Einschränkungen gerechtfertigt; entscheidend sind die konkreten Umstände wie Alter des Kindes und Schwierigkeit der Verkehrssituation[13]. Mit völlig unbesonnenem Verhalten, z. B. plötzlichem Losrennen trotz Klingelzeichens, muß bei einem Schulkind nicht gerechnet werden[14]. Erst recht braucht das Fahrverhalten an einem Überweg nicht auf die Möglichkeit des Auftauchens eines für den Fahrer nicht sichtbaren Kindes abgestellt zu werden[15].

8 cc) **Pflichten an Haltestellen.** Der Straßenbahnfahrer braucht sich bei Annäherung an eine Haltestelle nicht auf jede mögliche Unvorsichtigkeit von Fußgängern einzustel-

---

[4] BGH VersR 1955, 714; OLG Düsseldorf VersR 1976, 499.
[5] OLG Karlsruhe VRS 79, 252.
[6] BGH VersR 1975, 258.
[7] BGH VersR 1976, 960.
[8] OLG Frankfurt VersR 1976, 1135.
[9] BGH VersR 1975, 259.
[10] BGH NZV 1991, 114.
[11] OLG Naumburg VersR 1996, 733.
[12] OLG Köln NZV 1992, 32.
[13] Vgl. OLG Hamm VersR 1983, 670; NZV 1993, 112.
[14] OLG Stuttgart NZV 1992, 196.
[15] BayObLG NZV 1991, 78.

len, die sich unauffällig am Bahnsteig aufhalten; er darf vielmehr beim Fehlen von Anzeichen für eine Gefahr grundsätzlich auf deren verkehrsgerechtes Verhalten vertrauen[16]. Vor dem Anfahren muß er sich durch einen Blick in den rechten Außenspiegel vergewissern, daß sich niemand in gefährlicher Nähe zur Straßenbahn befindet[17]. Er braucht aber nicht damit zu rechnen, daß sich eine Person in den Zwischenraum zwischen Triebwagen und Anhänger begeben haben könnte[18]. Fährt ein Straßenbahnführer an einer in der Gegenrichtung haltenden Straßenbahn vorbei und befindet sich unmittelbar hinter dieser ein Übergang über die Gleise, so muß er ein Klingelzeichen geben; weitergehende Anforderungen, insbesondere die Geschwindigkeit herabzusetzen, bestehen nicht[19]. Der Straßenbahnführer darf nicht so anhalten, daß er mit einem Teil des Zuges auf dem Überweg zu stehen kommt[20].

3. Deliktische Haftung des Bahnunternehmers

Er haftet für Verschulden seiner Bediensteten nach § 831 BGB mit der Möglichkeit, 9
den Entlastungsbeweis zu führen. Hat der Fahrer einer Straßenbahn jemand angefahren, so muß der Straßenbahnunternehmer, um der Haftung zu entgehen, nicht nur nachweisen, daß ihn kein Auswahlverschulden trifft, sondern auch, daß er den Fahrer belehrt hat, wie er sich in der Verkehrssituation, in der sich der Unfall ereignet hat, zu verhalten habe. Hat er unrichtige Anweisungen gegeben, haftet er nach § 831 BGB[21].

Eine Haftung des Unternehmers aus § 823 BGB (ggf. i. V. m. §§ 31, 89 BGB) kommt 10
in Betracht, wenn er Fehler bei der Organisation gemacht hat. Er bzw. seine Organe müssen diejenigen Sicherheitsvorkehrungen treffen, die sie nach dem jeweiligen Stand der Technik als verständige, umsichtige, vorsichtige und gewissenhafte Fachleute für das Eisenbahnwesen für ausreichend halten dürfen und die den Umständen nach zumutbar sind[22]. Auf besondere Gefahrenstellen, etwa die unklare Verkehrsregelung an einem Fußgängerüberweg, muß der Unternehmer seine Fahrer hinweisen, sofern er nicht bei der Straßenverkehrsbehörde eine Beseitigung erreichen kann[23].

4. Verletzung der Verkehrssicherungspflicht

Vgl. hierzu § 16 StVG, 528 ff. 11

5. Staatshaftung

Da die Personen- und Güterbeförderung seitens der Deutschen Bundesbahn nicht in 12
hoheitlicher, sondern in privatrechtlicher Form vorgenommen wurde, schied bereits vor der Privatisierung eine Haftungsverlagerung auf den Staat nach Art. 34 GG i. V. m. § 839 BGB aus[24].

§ 13
Ausgleich unter Ersatzpflichtigen

(1) Sind nach den §§ 1, 2 mehrere einem Dritten zum Schadensersatz verpflichtet, so hängt im Verhältnis der Ersatzpflichtigen untereinander Pflicht und Umfang zum

16 OLG Koblenz VersR 1993, 1545.
17 BGH VersR 1985, 87.
18 BGH VersR 1985, 87.
19 Offengelassen in BGH VersR 1975, 1007.
20 BGH VersR 1975, 1007 mit allerdings bedenklichen Ausführungen zum Verschulden und zum Anscheinsbeweis der Kausalität.
21 BGH VersR 1975, 258.
22 BGH VersR 1978, 1163.
23 OLG Hamm VersR 1983, 669.
24 BGH LM § 839 (Fa) Nr. 3.

Ersatz von den Umständen, insbesondere davon ab, wie weit der Schaden überwiegend von dem einen oder dem anderen verursacht worden ist. Dasselbe gilt, wenn der Schaden einem der Ersatzpflichtigen entstanden ist, von der Haftpflicht, die einen anderen von ihnen trifft.

(2) Absatz 1 gilt entsprechend, wenn neben den nach den §§ 1, 2 Ersatzpflichtigen ein anderer für den Schaden kraft Gesetzes verantwortlich ist.

I. Verursachung des Unfalls durch zwei Bahnen bzw. Anlagen

1 Absatz 1 ist dem § 17 Abs. 1 StVG nachgebildet und stimmt mit ihm inhaltlich überein. Die Regelung, die dort für das Zusammenwirken zweier Kraftfahrzeuge bei einem Unfall getroffen wurde, ist in § 13 Abs. 1 HaftpflG für anwendbar erklärt, wenn zwei Bahnen oder Anlagen nach §§ 1, 2 gemeinsam einen Unfall herbeiführen[1]. Dieser Fall wird nur selten eintreten. Hinsichtlich der Einzelheiten wird auf die Kommentierung von § 17 StVG verwiesen. Wie dort entscheidet bei § 13 in erster Linie das Ausmaß der Betriebsgefahr der beteiligten Fahrzeuge.

II. Mitverursachung des Unfalls durch andere Verkehrsteilnehmer

2 Die Verweisung in Absatz 2 auf Absatz 1 macht dessen Regelung anwendbar, wenn eine Straßenbahn mit einem **Fußgänger, Radfahrer, Pferdefuhrwerk oder Tier** bei der Entstehung eines Unfalls zusammenwirkt, bei dem der Unternehmer oder eine dritte Person geschädigt wird, die nunmehr Ansprüche geltend macht. Wird dagegen ein Fußgänger, ein Radfahrer oder der Besitzer eines Pferdefuhrwerks durch einen von der Straßenbahn verursachten Unfall geschädigt oder wird bei einem solchen Unfall ein Tier verletzt, so ist nicht § 13 Abs. 2 anzuwenden, wenn der Geschädigte den Unfall mitverursacht hat, sondern § 4. Andernfalls wäre § 4 gegenstandslos. Wegen der Haftungsverteilung im Einzelfall vgl. die Rechtsprechungsübersicht in § 4, 7 ff.

3 Wirkt die Straßenbahn bei der Verursachung eines Unfalls im Straßenverkehr mit einem **Kraftfahrzeug** zusammen, so ist § 17 StVG anzuwenden; § 17 Abs. 2 StVG geht als Spezialvorschrift dem § 13 Abs. 2 HaftpflG vor[2]. Dies gilt nach § 18 StVG auch für das Verhältnis zwischen dem Führer eines Kraftfahrzeugs und dem Unternehmer einer Straßenbahn. Wird dagegen vom Halter eines Kraftfahrzeugs der Führer der Straßenbahn persönlich in Anspruch genommen, so ist § 254 BGB unmittelbar anzuwenden, da weder das HaftpflG noch das StVG eine Regelung für dessen Haftung aus unerlaubter Handlung trifft.

§ 14
Gerichtsstand

Für Klagen, die auf Grund dieses Gesetzes erhoben werden, ist auch das Gericht zuständig, in dessen Bezirk das schädigende Ereignis stattgefunden hat.

Die Vorschrift ist inhaltsgleich mit § 20 StVG (vgl. dort).

---

[1] BGH VersR 1953, 26.
[2] OLG München VersR 1966, 786; *Weber* DAR 1984, 65; a. A. OLG Hamburg VersR 1952, 405.

Schlußanhang I

Schadensberechnung bei Sachschäden

Übersicht

Schrifttum

Berger Abkehr von der konkreten Schadensberechnung? VersR 1985, 403; *Berger* Vergleichende Erkenntnisse bei der Berechnung des merkantilen Minderwerts von Kraftfahrzeugen, VW 1993, 762 u. 828; *Beuthien* Nutzungsausfallschaden trotz eigener Betriebsreserve? NJW 1966, 1996; *Böhmer* Haftung des Verletzten für Fehler der Kraftfahrzeug-Reparaturwerkstätte, JR 1971, 239; *Bötticher* Schadenersatz für entgangene Gebrauchsvorteile, VersR 1966, 301; *Born* Mietwagenkosten, VersR 1978, 777; *Born* Schadensersatz bei Ausfall gewerblich genutzter Kraftfahrzeuge, NZV 1993, 1; *Breloer* Der Schadensersatzanspruch bei Zerstörung von Straßenbäumen, VersR 1985, 322; *von Caemmerer* Aufwendungen für eine Haftungsfreistellung bei der Anmietung von Ersatzwagen, VersR 1971, 973; *Darkow* Der Minderwert von Kraftfahrzeugen nach Unfällen und seine Ermittlung, VersR 1975, 207; *Darkow* Der merkantile Minderwert von Kraftfahrzeugen nach der Beseitigung von Unfallschäden, DAR 1977, 62; *Detlefsen* Schadensersatz für entgangene Gebrauchsvorteile (1969); *Dörner* Taxi statt Mietwagen? VersR 1973, 702; *Dörner* Schadensersatzprobleme beim Kraftfahrzeug-Leasing, VersR 1978, 884; *Dunz* Schadensersatz für entgangene Sachnutzung, JZ 1984, 1010; *Eggert* Schadensminderung als Rechenexempel – zur Pflicht des Geschädigten, ein sog. Interimsfahrzeug zu erwerben, NZV 1988, 121; *Etzel/Wagner* Anspruch auf Mietwagenkosten bei Straßenverkehrsunfällen, VersR 1993, 1192; *Etzel/Wagner* Aktuelle Tendenzen zum Ersatz von Mietwagenkosten bei Straßenverkehrsunfällen, DAR 1995, 17; *Frössler* Nutzungsausfall auch bei unfallbedingter Vereitelung der Nutzungsmöglichkeit, NJW 1972, 1795; *Giesberts* Ersatz der bei der Instandsetzung des Unfallwagens anfallenden Mehrwertsteuer, NJW 1973, 181; *Giesen* Der große Preis oder über den Anreiz zu großzügigem Umgang mit Schadensposten aus entgangenem Gewinn bei Kraftfahrzeug-Totalschäden, VersR 1979, 389; *Görk* Zur Höhe der ersparten Eigenbetriebskosten bei Benutzung eines Ersatzmietfahrzeugs, VersR 1971, 801; *Gotthardt* Zum Herstellungsaufwand des verständigen Mannes, VersR 1975, 977; *Greger* Rechtliche Grundlagen des Mietwagenkostenersatzes, NZV 1994, 337; *Grunsky* Entgangener Urlaub als Vermögensschaden, NJW 1975, 609; *Grunsky* Der Ersatz fiktiver Kosten bei der Unfallschadensregulierung, NJW 1983, 2465; *Grunsky* Wert des verletzten Rechtsguts und Begrenzung der Wiederherstellungskosten, 25 Jahre Karlsruher Forum 1983, 101; *Grunsky* Zum Umfang des Ersatzanspruchs bei einer nicht in der Werkstatt durchgeführten Kfz-Reparatur, DAR 1984, 268; *Hagen* Entgangene Gebrauchsvorteile als Vermögensschaden? JZ 1983, 833; *Halbgewachs* Der merkantile Minderwert[11] (1992); *Hamann* Methoden und Problematik der Schadensberechnung

(1972); *Hartung* Ersatz von Kreditkosten, VersR 1974, 147; *Heldrich* Vergeudung von Freizeit ist kein Vermögensschaden, NJW 1967, 1737; *Hermann* Schadensersatz für Reservehaltung, VersR 1964, 991; *Himmelreich* Unfallschäden und ihre Regulierung, NJW 1973, 673; *Himmelreich* Finanzierungskosten – ein Alptraum der Kraftfahrzeug-Haftpflichtversicherer, NJW 1973, 978; *Himmelreich* Ersatz von Kreditkosten, NJW 1974, 1897; *Högenauer* Mehrwertsteuer bei Haftpflichtschäden, VersR 1971, 800; *Hörl* Hinweise zur Ermittlung der merkantilen Wertminderung bei der Unfallschadenregulierung, ZfS 1991, 145; *Hörstel* Keine Haftung des Verletzten für Fehler bei Reparaturwerkstatt, VersR 1967, 16; *Hofmann* Der Umfang des Ersatzanspruchs nach § 249 Satz 2 BGB im Reparaturfall und der vertraglichen Reparaturkostenentschädigung in der Fahrzeugvollversicherung, DAR 1983, 374; *Honsell/Harrer* Entwicklungstendenzen im Schadensersatzrecht, JuS 1985, 161; *Honsell/Harrer* Schaden und Schadensberechnung, JuS 1991, 441; *Ikinger* Berechnung des Schadenersatzes für die Aufwendungen bei der Inanspruchnahme eines Selbstfahrermietwagens, VersR 1971, 6; *Jahr* Schadensersatz wegen deliktischer Nutzungsentziehung, AcP 183 (1983) 725; *Jung* Zur Anrechnung des Restwerterlöses im Kfz-Schadensrecht, VersR 1984, 1121; *Kallfelz* Schadensersatzanspruch eines Fahrlehrers wegen Beschädigung seines Schulwagens durch einen Dritten, Fahrschule 1963 Heft 6; *Kappus* Der Schadensersatzanspruch bei Zerstörung von Straßenbäumen, VersR 1984, 1021; *Karakatsanes* Zur Zweckgebundenheit des Anspruchs aus § 249 S. 2 BGB bei noch nicht durchgeführter Herstellung, AcP 189 (1989) 19; *Kirchner* Die fiktive Schadensberechnung bei unfallgeschädigten Kraftfahrzeugen, NJW 1971, 1541; *Klimke* Probleme der Berechnung von Sachschäden unter besonderer Berücksichtigung der Differenztheorie, ZfV 1972, 187; *Klimke* Ersatzansprüche eines Taxiunternehmers bei Sachschaden, VersR 1972, 903; *Klimke* Ersatz von Finanzierungskosten aus Anlaß eines Haftpflichtschadens, VersR 1973, 880; *Klimke* Ersatz der Aufwendungen für eine Schadensabteilung des Geschädigten, NJW 1974, 81; *Klimke* Vorteilsausgleich bei Anmietung eines kleineren Ersatzfahrzeugs, VersR 1975, 794; *Klimke* Oldtimer in der Schadensregulierung, ZfV 1975, 44; *Klimke* Mißbräuchliche Rechtsausübung beim konstruktiven Totalschaden, VersR 1974, 1063; *Klimke* Erstattungsfähigkeit von Kosten für Vorprozesse, VersR 1981, 17; *Klink* Erstattung von Kosten für Privatgutachten, ZfV 1972, 214; *Klunzinger* Verlust versicherungsvertraglicher Vergünstigungen, NJW 1969, 2113; *Koch* Aktualisierte Gehölzwerttabellen[2] (1984); *Koch* Das Sachwertverfahren für Bäume in der Rechtsprechung, VersR 1984, 110 und 1986, 1160; *Koch* Der Schadensersatzanspruch bei Zerstörung von Straßenbäumen, VersR 1985, 213; *Köhler* Abstrakte oder konkrete Berechnung des Geldersatzes nach § 249 Satz 2 BGB? Festschrift für *Larenz* (1983) 349; *Kullmann* Schadensersatz und Steuern, VersR 1993, 385; *Larenz* Entgangener Gebrauchsvorteil, Festschrift für *Nipperdey* (1965) Bd. I 489; *Lipp* Eigene Mühewaltung bei außergerichtlicher Rechtsverfolgung, NJW 1992, 1913; *Lipp* Der Ausgleich des Integritätsinteresses im Kfz-Schadensrecht, NZV 1996, 7; *Löwe* Schadensersatz bei Nutzungsentgang von Kraftfahrzeugen, VersR 1963, 307; *Maase* Über die Berechtigung und die Höhe der Abzüge für Ersparnisse bei Mietwagenkosten, NJW 1961, 253; *Maase* Die Abrechnung von Totalschäden im Rahmen der Kraftfahrzeug-Haftpflicht, VersR 1968, 527; *Medicus* Schadensersatz und Billigkeit, VersR 1981, 593; *Medicus* Gründe und Grenzen des Ersatzes „fiktiver Schäden", DAR 1982, 352; *Meinig* Erstellung eines Modells zur Berechnung des Eigenersparnisanteils im Unfallersatzwagengeschäft DAR 1993, 281; *Möller/Durst* Probleme des Mietwagenkostenersatzes im Haftpflichtschadenfall, VersR 1993, 1070; *Müller* Grundprobleme der Mietwagenkosten im Rahmen der Unfallregulierung, JuS 1985, 279; *Nixdorf* Kostenerstattung für außergerichtliche Rechtsverfolgungskosten im Zusammenhang mit Verkehrshaftpflichtschäden, VersR 1995, 257; *Notthoff* Die Entwicklung des Mietwagenkostenersatzrechts im Jahre 1994, VersR 1995, 1015; *Notthoff* Nebenkosten im Rahmen der Unfallschadensregulierung, VersR 1995, 1399; *Oetker* Unverhältnismäßige Herstellungskosten und das Affektionsinteresse im Schadensersatzrecht, NJW 1985, 345; *Oswald* Ersatz der Mehrwertsteuer in Schadensfällen, WM 1973, 686; *Preußner* Der Anspruch auf Schadensersatz wegen Verlustes des Schadensfreiheitsrabatts in der Haftpflicht- und Kaskoversicherung, VersR 1967, 1029; *Rixecker* Die Markterkundungsobliegenheiten bei der Kraftfahrzeugersatzmiete NZV 1991, 369; *Reiff* Die Unverhältnismäßigkeit als Grenze der Naturalrestitution, NZV 1996, 425; *Ruhkopf* Um den Abzug des ersparten Verschleisses bei der Benutzung von Mietwagen nach Straßenverkehrsunfällen, VersR 1961, 10; *Ruhkopf* Kein Risikozuschlag beim Erwerb eines Gebrauchtwagens, VersR 1965, 1033; *Ruhkopf* Der Ersatz der Anwaltsgebühren, VersR 1968, 21; *Ruhkopf/Sahm* Über die Bemessung des merkantilen Minderwerts, VersR 1962, 593; *Ruhwedel* Vorhaltekosten und ihre Ersetzbarkeit, JuS 1982, 27;

Sanden/Danner Die „Nutzungsentschädigung“ nach den Urteilen des BGH, VersR 1966, 697; *Scheinert* Ersatzansprüche bei Anmietung eines billigeren Fahrzeugs, VP 1967, 102; *Schiemann* Argumente und Prinzipien bei der Fortbildung des Schadensrechts (1981); *Schiemann* Perspektiven des Rechts der Verkehrsunfallschäden, NZV 1996, 1; *Schlund* Zum Umfang des merkantilen Minderwerts als Schaden, VersR 1976, 908; *Schmid* Der entgangene Gewinn bei Kraftfahrzeug-Totalschäden, VersR 1980, 123; *Schmidt* Ersatz von Mietwagenkosten, DAR 1961, 156; *Schmidt* Erwerb eines anderen Kraftfahrzeugs, DAR 1965, 2; *Schmidt* Kein Abzug „neu für alt“ bei Teillakkierung, VersR 1965, 746; *Schmidt* Ersatz von Nebenklagekosten, Büro 1965, 781; *Schmidt* Merkantiler Minderwert, DAR 1966, 230; *Schmidt* Ersatz von Vorsorgekosten, JZ 1974, 73; *Schütz* Mietwagenkosten, Nutzungsentgang, VersR 1968, 124; *Schwerdtner* Ersatz des Verlusts des Schadensfreiheitsrabatts in der Haftpflichtversicherung, NJW 1971, 1673; *Spengler* Reparaturkosten- oder Totalschadenabrechnung bei nicht neuwertigen Wagen, VersR 1972, 426; *Spengler* Erstattung von Schadensbearbeitungskosten, VersR 1973, 115; *Spindler* in: Schadensersatz und Steuern (hrsg. von der Arbeitsgemeinschaft Verkehrsrecht im Deutschen Anwaltverein, 1993) S. 7; *Steffen* Ausfall eines Linienomnibusses, DRiZ 1966, 51; *Steffen* Die Rechtsprechung des BGH zur fiktiven Berechnung des Fahrzeugschadens, NZV 1991, 1; *Steffen* Der normative Verkehrsunfallschaden, NJW 1995, 2057; *Streck* Schadenersatz, Mehrwertsteuer, Vorsteuerabzug, BB 1971, 1085; *Weber* „Dispositionsfreiheit“ des Geschädigten und fiktive Reparaturkosten, VersR 1990, 934; *Weber* § 249 S. 2 BGB: Erstattung der Reparaturkosten oder Ersatz des Schadens an der Sache? VersR 1992, 527; *Weimar* Erwerb eines fabrikneuen Kraftfahrzeugs, VP 1965, 5; *Werber* Nutzungsausfall und persönliche Nutzungsbereitschaft, AcP 173, 905; *Winter* Gegliederter Schadensbegriff, Vorteilsausgleichung, Nutzungsausfall, VersR 1967, 334; *Wolf* Die Unhaltbarkeit der Rechtsprechung des Bundesgerichtshofs zum Schadensersatz bei Totalschäden an Kraftfahrzeugen (1984).

I. Totalschaden

1. Wesen

1 Ein Totalschaden im eigentlichen Sinn (technischer Totalschaden) liegt vor, wenn eine Sache vollständig zerstört ist (d. h. so, daß eine Wiederherstellung objektiv unmöglich ist) oder wenn sie abhandengekommen ist (zum hiervon zu unterscheidenden wirtschaftlichen Totalschaden – Wiederherstellung möglich, aber nicht wirtschaftlich – s. Rdn. 29). Ob Wiederherstellung möglich ist, entscheidet nicht allein der Geschädigte, sondern die – ggfs. vom Richter festzustellende – allgemein bewährte technische und wirtschaftliche Verkehrsanschauung[1]. Bei der Zerstörung eines Gebäudes ist für die Frage der Wiederherstellbarkeit nicht allein auf dieses, sondern auf das bebaute Grundstück insgesamt abzustellen (vgl. Rdn. 81).

2 Zeigt sich erst nach Reparaturversuchen, daß eine Wiederherstellung nicht gelingt, so hat der Ersatzpflichtige neben dem Totalschaden auch die Kosten der fehlgeschlagenen, aus ursprünglicher Sicht aber sinnvollen Reparatur zu tragen[2].

Kommt es erst durch das Zusammenwirken mehrerer aufeinanderfolgender Schädigungen, die für sich genommen nur einen reparablen Schaden hervorgerufen hätten, zum Totalschaden, so haftet, falls keine gesamtschuldnerische Haftung eingreift, der frühere Schädiger auf die gedachten Reparaturkosten, während der letzte Schädiger zwar Totalschadensersatz schuldet, jedoch nur auf der Basis des Wertes, den die beschädigte Sache zum Zeitpunkt seines Schadensbeitrags noch hatte (vgl. zu dieser hauptsächlich beim wirtschaftlichen Totalschaden auftretenden Situation Rdn. 65).

---

[1] BGH VersR 1977, 743.

[2] BGH VersR 1976, 389; 1978, 838.

2. Allgemeine Grundsätze

a) Bei **neuen oder neuwertigen Sachen** muß der Ersatzpflichtige entweder einen gleichwertigen Ersatz liefern oder den Geldbetrag bezahlen, der zur Beschaffung einer neuen Sache erforderlich ist (§ 249 BGB). Ist die Beschaffung eines Ersatzes nicht möglich, so ist nach § 251 Abs. 1 BGB Ersatz in Geld zu leisten. Über dessen Höhe sagt das Gesetz nichts. Sie ist nach § 287 ZPO in freier Schätzung zu ermitteln, wobei als Schätzungsgrundlage z. B. der zur Beschaffung einer vergleichbaren Sache erforderliche Betrag[3], der realistischerweise, also nicht nur unter ganz außergewöhnlichen Bedingungen, erzielbare Verkaufserlös und der Wert, den die Sache (unter Ausschluß immaterieller Werte) für den Geschädigten hatte, dienen können. **3**

b) Bei **gebrauchten Sachen** muß der Ersatzpflichtige eine gebrauchte Sache der gleichen Art und Beschaffenheit liefern bzw. den hierfür erforderlichen Geldbetrag zahlen (Wiederbeschaffungswert). Dies ist wegen des bestehenden Gebrauchtwagenmarktes die übliche Restitutionsform bei Beschädigung von Kraftfahrzeugen (s. Rdn. 14 ff). Ist eine Ersatzbeschaffung nicht möglich, so kann die Lieferung bzw. Bezahlung einer neuen Sache verlangt werden, doch muß der Verletzte für den Mehrwert (nicht die Mehrkosten) aufkommen (Abzug „neu für alt"), sofern nicht seine wirtschaftliche Lage so ungünstig ist, daß ihm die Bezahlung des Unterschiedsbetrags nicht zuzumuten ist[4], oder sofern bei wertender Betrachtung nicht von einer ins Gewicht fallenden Vermögensmehrung auszugehen ist[5]. Bei Zerstörung eines gebrauchten Wirtschaftsgutes, für welches kein oder nur ein begrenzter Gebrauchtwarenmarkt besteht, kann der erstattungsfähige „Zeitwert" nach folgender Formel berechnet werden[6]: **4**

$$\frac{\text{Neupreis} - \text{Restwert}}{\text{vorgesehene Nutzungsdauer}} \times \text{Restnutzungszeit} + \text{Restwert}$$

Ist weder die Beschaffung eines gebrauchten noch eines neuen Ersatzgegenstandes möglich, so gilt das zum Verlust unersetzbarer neuer Sachen Gesagte entsprechend. Ein Affektionswert für die mit der Sache (Schmuckstück) verbundenen persönlichen Erinnerungen (z. B. bei unersetzlichen Familienfotos) braucht nicht ersetzt zu werden[7].

Bei der Zerstörung eines **Baumes** oder sonstigen Gehölzes besteht grundsätzlich kein Anspruch auf Naturalrestitution, sondern nur auf Ersatz der Wertminderung des Grundstücks, dessen wesentlicher Bestandteil der Baum war[8]. Zur Berechnung des Schadensersatzes hat sich das sog. Sachwertverfahren durchgesetzt[9]. **5**

---

[3] BGHZ 92, 85 = JZ 1985, 39 m. Anm. *Medicus* für die Zerstörung eines einmaligen Bastlerstücks; hierzu krit. *E. Schmidt* JuS 1986, 517.

[4] BGHZ 30, 33; OLG Schleswig MDR 1952, 747.

[5] Beispiel: Ersatz einer Kieferprothese (AG Landshut NJW 1990, 1537). Dagegen wurde Abzug bejaht für Brille (LG Freiburg VersR 1989, 636 LS) und Kleidung (AG Ludwigshafen ZfS 1985, 75).

[6] Vgl. OLG Koblenz VersR 1991, 1188 zum Zeitwert eines Straßenbahnzugs.

[7] OLG Köln OLGZ 1973, 7.

[8] BGH VersR 1975, 1047 = 1102 m. Anm. *Koch*; KG VersR 1976, 735 m. Anm. *Koch*; KG VersR 1979, 139 = 378 m. Anm. *Koch*; OLG Celle VersR 1984, 69 m. Anm. *Koch*; 1986, 973; OLG Oldenburg VersR 1986, 1004 m. Anm. *Koch*; LG Kassel VersR 1984, 92; LG Osnabrück VersR 1986, 398 m. Anm. *Koch*; *Koch* NJW 1979, 2601; VersR 1984, 110; 1986, 1160; *Breloer* VersR 1985, 322; a. A. *Kappus* VersR 1984, 1021.

[9] Vgl. *Koch* Aktualisierte Gehölzwerttabellen; *Breloer* Was ist mein Baum wert?[3]; *Koch* VersR 1984, 110; 1985, 213; 1986, 1160; 1990, 573; OLG München VersR 1990, 670 m. Anm. *Breloer*. Gegen Ausschließlichkeit dieses Verfahrens *Fleckenstein* VersR 1987, 236; krit. hierzu *Breloer* VersR 1987, 436.

6 c) **Steuerliche Nachteile** können sich für den Geschädigten daraus ergeben, daß er anstelle eines bereits (weitgehend) abgeschriebenen Wirtschaftsguts eine Schadensersatzleistung erhält, die als steuerpflichtiger Gewinn zu Buche schlägt[10]. Dieser Nachteil dürfte allerdings kaum ausgleichbar und daher vom Geschädigten hinzunehmen sein[11].

7 Die **Umsatzsteuer** (Mehrwertsteuer) gehört nach h. M. zu den Wiederbeschaffungskosten. Sie ist demnach auch dann zu ersetzen, wenn der Geschädigte von einem Ersatzkauf abgesehen hat[12]. Ist der Geschädigte aber zum **Vorsteuerabzug** berechtigt (§ 15 UStG) und gehört die beschädigte Sache zum Betriebsvermögen, so soll der Geschädigte die Umsatzsteuer, da er sie im Ergebnis nicht zu tragen hat, nicht beanspruchen können[13], und zwar auch dann, wenn er die Ersatzsache aus Privathand, also ohne die Möglichkeit zum Vorsteuerabzug erwirbt[14].

8 Wird die Sache auch privat genutzt, so erhält der Geschädigte die Mehrwertsteuer insoweit ersetzt, als sie auf den privaten Nutzungsanteil entfällt[15]. Ein Landwirt, bei dem die Vorsteuer pauschaliert wird, hat Anspruch auf Ersatz des vollen Mehrwertsteuerbetrags[16]. Zur Frage der Mehrwertsteuerbefreiung von US-Armee-Angehörigen s. LG Mannheim NJW-RR 1989, 418 u. AG Bitburg VersR 1990, 984. Zu Besonderheiten bei Totalschäden von Kraftfahrzeugen s. Rdn. 17.

9 Gegen die Differenzierung zwischen Vorsteuerabzugsberechtigten und nicht dazu Berechtigten sind Bedenken erhoben worden, denn es sei widersprüchlich, die Mehrwertsteuer im einen Fall als echte Steuer, im anderen als reinen Kostenbestandteil zu behandeln[17]. Die h. L. (und ständige Praxis) ist jedoch durch schadensrechtliche Besonderheiten gerechtfertigt. Es geht bei der fiktiven Abrechnung um den zur Wiederherstellung „erforderlichen" Geldbetrag, d. h. die Zahlung dient dazu, dem Geschädigten eine Restitution nach seiner Wahl zu ermöglichen. Dem nicht zum Vorsteuerabzug berechtigten Geschädigten stehen aber, sofern er nicht auf Wiederherstellung verzichtet oder zur Selbsthilfe greift, anders als dem Abzugsberechtigten nur Wege offen, bei denen von ihm zu tragende Mehrwertsteuer anfällt. Die „fiktive Mehrwertsteuer" ist also – in beiden Fällen – kein Steuerbetrag[18], sondern ein Posten der Erforderlichkeitsrechnung.

10 d) Ein etwaiger **Restwert** der beschädigten Sache (Erlös bei Inzahlunggabe, Schrottwert) ist in Abzug zu bringen[19], sofern nicht – wozu der Geschädigte jedenfalls bei

---

[10] Vgl. hierzu *Lange* § 6 XIII 6.

[11] *Kullmann* VersR 1993, 387 f. Zur Frage der Anwendbarkeit der Grundsätze über eine Rücklage für Ersatzbeschaffung s. *Spindler* 14.

[12] BGH VersR 1982, 758 = 1074 m. abl. Anm. *Martin*; OLG Köln VersR 1977, 939; OLG Bamberg NJW 1979, 2316; OLG München DAR 1980, 246; KG NZV 1994, 225; 16. VGT (1978) 10; *Offerhaus* DAR 1988, 374; *Kullmann* VersR 1993, 390 f; a. A. OLG Hamm VersR 1979, 613; *Koch* DAR 1980, 355; *Kääb/Grube* NZV 1989, 342.

[13] BGH (VI. Senat) NJW 1972, 1460; OLG Düsseldorf VersR 1973, 373 u. NJW-RR 1996, 498; OLG Celle VersR 1973, 669; KG VersR 1976, 391; *Giesberts* NJW 1973, 181; *Mayer* NJW 1973, 1674; *Offerhaus* DAR 1988, 374; *Kullmann* VersR 1993, 390; zweifelnd BGH (X. Senat) NJW-RR 1990, 33.

[14] LG Kiel NZV 1995, 75.

[15] OLG Stuttgart BB 1971, 634; LG Wiesbaden NJW 1969, 1670.

[16] OLG Hamburg NJW 1991, 849; LG Koblenz ZfS 1990, 303; eingehend *Kullmann* VersR 1993, 390 f.

[17] *Kääb/Grube* NZV 1989, 344; *Hofmann* DAR 1983, 374. S. auch BGH NJW-RR 1990, 33. Der BFH (NJW 1991, 1702) hat die Praxis bei der Schadensabrechnung hingegen (beiläufig) gebilligt.

[18] Und damit auch nicht, was *Kääb/Grube* (NZV 1989, 344) erwägen, vom Geschädigten nach § 14 Abs. 3 Satz 2 UStG an das Finanzamt abzuführen.

[19] BGH VersR 1985, 595; 1985, 737.

voller Haftung[20] auch dem Haftpflichtversicherer gegenüber berechtigt[21], aber nicht verpflichtet ist[22] – die Restteile dem Schädiger zur Verfügung gestellt werden[23].

Für die **Bemessung des Restwerts** kann grundsätzlich vom Gutachten eines Sachverständigen ausgegangen werden[24]. Anderes gilt nur dann, wenn dem Geschädigten bei der Beauftragung des Sachverständigen ein (Auswahl-)Verschulden zur Last fällt oder für ihn aus sonstigen Gründen Anlaß zu Mißtrauen gegenüber dem Gutachten bestand[25]. **11**

Wenn der Geschädigte infolge besonderer Anstrengungen einen **über dem objektiven Restwert liegenden Erlös** erzielt, kommt dies folglich nicht dem Schädiger zugute[26]. Kann der Schädiger aber den Nachweis führen, daß der Geschädigte ohne überobligationsmäßige Anstrengungen einen höheren als den von Sachverständigen geschätzten Erlös erzielt hat, so kann er ihn an dem tatsächlichen Erlös festhalten[27]. Einen **höheren als den tatsächlich erzielten Restwert** kann der Schädiger nur in Abzug bringen, wenn er einen Verstoß gegen die Schadensminderungspflicht beweist. Hierbei dürfen die Anforderungen an den Geschädigten nicht überspannt werden. Zu den Besonderheiten beim Totalschaden eines Kraftfahrzeugs s. Rdn. 23. **12**

Ist der Geschädigte umsatzsteuerpflichtig (vgl. Rdn. 7 f), so ist auch der Restwert netto anzusetzen[28]. **13**

3. Besonderheiten bei Kraftfahrzeugen

a) **Wiederbeschaffungskosten.** Dem Totalgeschädigten stehen grundsätzlich die Kosten zu, die er aufwenden muß, um ein gebrauchtes Kraftfahrzeug gleicher Art und Güte zu erwerben[29]. Diese sind höher als der Zeitwert des beschädigten Kraftfahrzeugs, weil in ihnen auch die Unkosten und die Gewinnspanne des Gebrauchtwagenhändlers enthalten sind[30]. Demgegenüber soll nach a. A.[31] der Schaden auf der Grundlage des Neupreises berechnet werden, der um einen dem Grad der Abnutzung entsprechenden Betrag zu mindern sei. Hierbei handelt es sich lediglich um eine andere Methode, die nach § 287 ZPO vorzunehmende Schadensschätzung zu objektivieren. Sie wird im Regelfall zu ähnlichen Ergebnissen führen, kann in Extremfällen, in denen die Bemessung nach dem Wiederbeschaffungswert zu unbilligen Ergebnissen führt, aber zur Korrektur herangezogen werden (z. B. bei fast neuwertigen Fahrzeugen, bei denen die Rechtsprechung ohnehin anderen Grundsätzen folgt, s. Rdn. 21). **14**

b) **Art der Wiederbeschaffung.** Der Geschädigte kann beanspruchen, daß ihm die Wiederbeschaffungskosten beim Kauf eines werkstattgeprüften Wagens vom **Fachhänd-** **15**

---

20 Nach OLG Köln NZV 1993, 188 nicht bei Mithaftung.

21 BGH VersR 1983, 758; OLG Karlsruhe DAR 1994, 28; zweifelnd *Fleischmann* ZfS 1989, 4.

22 KG NJW-RR 1987, 16; LG Gießen DAR 1988, 424; *Fleischmann* ZfS 1989, 4.

23 BGH NJW 1965, 1756; OLG Nürnberg DAR 1959, 45; KG NJW 1972, 496.

24 BGH NZV 1992, 147.

25 BGH NZV 1993, 305.

26 BGH VersR 1985, 595; NZV 1992, 147; LG Bad Kreuznach NJW-RR 1988, 860; LG Münster NZV 1990, 194; *Müller-Laube* JZ 1991, 168. Zum „versteckten Rabatt" bei Inzahlungnahme s. OLG Köln VersR 1993, 1290.

27 BGH NZV 1992, 147.

28 BGH NZV 1993, 306.

29 BGH NJW 1966, 1454 m. Anm. *Schmidt* 2159 u. *Allway* 1807; OLG Hamm VersR 1962, 1017; OLG Stuttgart NJW 1967, 252 m. Anm. *Hohenester.*

30 BGHZ 30, 29; OLG Stuttgart NJW 1967, 252; VersR 1970, 263; OLG Oldenburg VersR 1967, 566; *Henrichs* NJW 1967, 1940; *Halbgewachs* NZV 1993, 380.

31 *Wolf* 37 ff.

ler erstattet werden[32]; er braucht sich nicht auf den evtl. preisgünstigeren Kauf von Privat verweisen zu lassen. Anhaltspunkte für die aktuellen Händlerpreise liefern die publizierten Markterhebungen (z. B. DAT-Tabellen, Schwacke-Bericht). Hat der Ersatzkauf eines gleichwertigen Fahrzeugs bereits stattgefunden, so ist allerdings von den tatsächlichen Aufwendungen (soweit sie nicht überhöht sind) auszugehen (vgl. zur entsprechenden Problematik bei den Reparaturkosten Rdn. 49 ff; zur Berücksichtigung von Preisnachlässen vgl. Rdn. 32).

16 c) **Maßgeblicher Zeitpunkt** für die Bemessung des Wiederbeschaffungswerts ist der der letzten mündlichen Verhandlung; Preissteigerungen seit dem Unfall gehen folglich zu Lasten des Schädigers[33].

17 d) Die **Umsatzsteuer** ist auch dann zu erstatten, wenn der nicht zum Vorsteuerabzug berechtigte Geschädigte von einem Ersatzkauf abgesehen hat (Rdn. 7 m. Nachw.). Hieran hat die im gewerbsmäßigen Gebrauchtwagenhandel weit verbreitete Übung, Gebrauchtwagen im Namen und für Rechnung des Vorbesitzers (und somit umsatzsteuerfrei) zu verkaufen, nichts geändert. Der (umsatzsteuerpflichtige) Kauf von einem Gebrauchtwagenhändler ist nach wie vor als normaler Weg der Ersatzbeschaffung anzusehen, auf dem der Geschädigte bestehen kann. Ihm ist nicht zuzumuten, nach Wagen zu suchen, die von Privaten oder im Auftrag Privater angeboten werden. Im übrigen sind bei steuerpflichtigen Verkäufen die Preise schon aus Wettbewerbsgründen häufig niedriger kalkuliert, so daß der Unterschied zum steuerfreien Erwerb meist nicht sehr zu Buche schlägt. Die gleichen Grundsätze gelten, wenn der Geschädigte einen gleichwertigen Wagen aus privater Hand, also umsatzsteuerfrei, gekauft hat[34]. Zu beachten ist hierbei aber, daß der Geschädigte nicht etwa den tatsächlich bezahlten Kaufpreis plus fiktiver Mehrwertsteuer, sondern (nur) den fiktiven Händlerpreis inkl. Mehrwertsteuer verlangen kann, ferner, daß seit 1. 7. 1990 die Differenzbesteuerung nach § 25 a UStG gilt, d. h. Mehrwertsteuer nur noch auf die Marge des Händlers zu entrichten ist[35].

18 Wird ein betriebliches Fahrzeug eines **Vorsteuerabzugsberechtigten** beschädigt, kann dieser Mehrwertsteuer nicht beanspruchen (näher Rdn. 7 ff).

19 e) Auf einen **Risiko- oder Zweithandzuschlag** hat der Geschädigte keinen Anspruch[36], ebensowenig auf die (fiktiven) Kosten einer **Begutachtung**[37] oder Werkstattgarantie[38]. Seine Interessen sind dadurch ausreichend gewahrt, daß er die Kosten für einen werkstattgeprüften Gebrauchtwagen verlangen kann.

---

32 BGH VersR 1966, 830; 1978, 664.

33 OLG Hamm NZV 1990, 269; OLG Köln NZV 1993, 188.

34 BGH VersR 1982, 758 = 1074 m. Abl. Anm. *Martin*; KG VersR 1973, 60; OLG Bamberg NJW 1979, 2316; OLG Köln VersR 1977, 939; LG Düsseldorf NJW 1973, 332; LG München I NJW 1973, 660; a. A. *Lange* § 6 XIII 5 c ee.

35 Näher hierzu *Greger* NZV 1991, 18; *Freikamp* BB 1990, 898; *Widmann* Betrieb 1990, 1057; Auswirkungen auf das Haftungsrecht verneinend *Reinking* DAR 1991, 160 u. KG NZV 1994, 226.

36 BGH NJW 1966, 1454 m. Anm. *Schmidt* NJW 1966, 2159 u. *Allway* NJW 1966, 1807; BGH VersR 1978, 664; OLG Frankfurt VersR 1972, 53; OLG Celle VersR 1975, 143; OLG Düsseldorf NJW 1977, 719; OLG Koblenz ZfS 1990, 83; 16. VGT (1978) 10; *Halbgewachs* NZV 1993, 381.

37 OLG Bamberg VersR 1977, 724; OLG Düsseldorf NJW 1977, 719; OLG Frankfurt VersR 1979, 452; OLG Saarbrücken NZV 1990, 186; *Halbgewachs* NZV 1993, 381; *Jahnke* VersR 1987, 645; a. A. OLG Frankfurt ZfS 1990, 48; OLG Stuttgart NJW 1960, 1463; 1967, 252 m. Anm. *Hohenester*; OLG Celle VersR 1964, 519; OLG Frankfurt VersR 1967, 411; 1968, 179.

38 *Halbgewachs* NZV 1993, 382.

f) Bei **nicht marktgängigen Fahrzeugen** entscheidet der Gebrauchswert[39], bei Fahrzeugen, die nicht mehr erhältlich sind, der Wiederbeschaffungswert eines gleichwertigen Fahrzeugs[40]. **20**

g) Bei **fast fabrikneuen Fahrzeugen** (Grenze ca. 1000 km Fahrleistung) kann der Geschädigte den Kaufpreis eines neuen Wagens beanspruchen (vgl. hierzu Rdn. 32 ff). **21**

h) Auch bei sehr **langer Lieferfrist** kann der Geschädigte nicht mit der Begründung die Kosten für ein höherwertiges Fahrzeug berechnen, daß dieses in kürzerer Frist als ein gleichwertiges lieferbar ist und dem Ersatzpflichtigen somit höhere Mietwagenkosten erspart würden[41]. Der Geschädigte würde sonst auf Kosten des Schädigers eine Vermögensmehrung erfahren, was den Grundgedanken des Schadensersatzrechts widerspräche. Etwas anderes mag in Extremfällen gelten, wo sich besonders lange Lieferfristen und nicht allzu erhebliche Wertüberschreitung gegenüberstehen; ansonsten ist an die Anschaffung eines Interimsfahrzeugs zu denken (Rdn. 109). **22**

i) Als **Restwert** des Unfallfahrzeugs ist grundsätzlich der Betrag vom Wiederbeschaffungswert abzuziehen, den der Sachverständige im Schätzgutachten ermittelt hat (vgl. hierzu und zu den Ausnahmen Rdn. 10 ff). Veräußert der Geschädigte das Unfallfahrzeug zu diesem Preis, kann ihm grundsätzlich kein Verstoß gegen die Schadensminderungspflicht vorgeworfen werden[42], etwa weil er bei einem sog. Restwerteaufkäufer einen höheren Preis hätte erzielen können[43]. Nur der ihm zugängliche Markt kann den Maßstab liefern[44]. Unter diesem Marktpreis darf er allerdings nicht ohne Grund verkaufen[45]. Eine Verpflichtung, das beschädigte Fahrzeug zu zerlegen, um die unbeschädigten Teile einzeln günstiger verkaufen zu können, besteht für ihn nicht[46], ebensowenig eine Pflicht, den gegnerischen Haftpflichtversicherer in die Verwertung einzuschalten[47]. Es geht zu weit, generell zu verlangen, daß der Geschädigte vor einer Veräußerung des Unfallfahrzeugs dem Versicherer Gelegenheit geben muß, zur Höhe des Restwerts Stellung zu nehmen und ggf. ein höheres Angebot zu unterbreiten[48]. Er darf vielmehr das Fahrzeug sogleich zu dem vom Sachverständigen ermittelten Restwert veräußern. Lediglich ein konkretes Besichtigungsverlangen darf er – wie auch sonst[49] – nicht grundlos vereiteln. Hat der Haftpflichtversicherer bereits ein konkretes Ankaufsangebot vermittelt, darf der Geschädigte es nicht ohne Grund ausschlagen[50]. Ferner kann es die Schadensminderungspflicht verletzen, wenn z. B. die Bundeswehr die Veräußerung – zu einem niedrigeren Erlös – einer Verwertungsgesellschaft überträgt[51]. **23**

---

39 OLG Stuttgart NJW 1967, 252.

40 OLG Nürnberg VersR 1976, 1167.

41 A. A. OLG Celle VersR 1962, 187.

42 BGH NZV 1992, 147; 1993, 305; OLG Düsseldorf ZfS 1993, 338; OLG Oldenburg NZV 1993, 233; OLG Karlsruhe NZV 1994, 275.

43 BGH NZV 1993, 305 = VersR 1993, 769 m. abl. Anm. *Dornwald* 1075; OLG Nürnberg NJW 1993, 404; *Harneit* DAR 1994, 93 ff.

44 BGH NZV 1992, 147; *Steffen* NZV 1991, 4.

45 OLG Zweibrücken ZfS 1991, 263.

46 BGH VersR 1985, 736.

47 LG Bielefeld NZV 1990, 195; LG Hanau NJW-RR 1992, 92; *Fleischmann* ZfS 1989, 4; *Kempgens* NZV 1992, 307; *Harneit* DAR 1994, 93; a. A. LG Hagen ZfS 1990, 155; LG Aachen ZfS 1990, 7; AG München NZV 1993, 116.

48 BGH NZV 1993, 306 = VersR 1993, 769 m. abl. Anm. *Dornwald* 1075; OLG München NZV 1992, 362; OLG Hamm NZV 1992, 440; OLG Köln VersR 1993, 1418; a. A. OLG Zweibrücken ZfS 1991, 263; OLG Hamm NZV 1992, 363; OLG Oldenburg RuS 1991, 128; OLG Frankfurt VersR 1992, 620; *Kääb* NZV 1993, 467 f.

49 Vgl. BGH VersR 1984, 80 u. Rdn. 141.

50 OLG Celle VersR 1993, 987; OLG Frankfurt VersR 1992, 620; *Marcelli* NZV 1992, 433.

51 LG Limburg NZV 1989, 194.

24 j) Bei **Leasingfahrzeugen** kann der **Leasinggeber** an sich den Substanzwert ersetzt verlangen, denn er ist Eigentümer des Fahrzeugs geblieben. Zu berücksichtigen ist aber, daß in den Leasingverträgen die Sach- und Gegenleistungsgefahr üblicherweise auf den Leasingnehmer abgewälzt wird[52]. Leistet der Leasingnehmer die vertraglich vereinbarte Entschädigung an den Leasinggeber, steht diesem kein Anspruch auf Ersatz der Wiederbeschaffungskosten mehr gegen den Schädiger zu[53]. Das bloße Bestehen des Entschädigungsanspruchs hindert die Inanspruchnahme des Schädigers durch den Leasinggeber dagegen nicht[54]. Zum Anspruch auf Ersatz entgangenen Gewinns, wenn die Fortzahlung der Leasingraten abbedungen ist, vgl. Rdn. 91.

25 Der **Leasingnehmer** hat keinen eigenen Anspruch auf Ersatz des Substanzwertes oder auf Finanzierung eines Ersatz-Leasingfahrzeugs[55]. Je nach Vertragsgestaltung kann jedoch der Anspruch des Leasinggebers auf ihn übergehen. Haftet er dem Leasinggeber gegenüber auf Ersatz des Wiederbeschaffungswertes, so kann er diesen als Haftungsschaden vom Schädiger ersetzt verlangen (s. Rdn. 172). Der Anspruch auf Ersatz der Mehrwertsteuer ist im letzteren Fall zu verneinen, wenn er selbst vorsteuerabzugsberechtigt ist; bei übergegangenen Ansprüchen kommt es auf die Situation beim Leasinggeber an[56] (vgl. Rdn. 7, 172 m. Nachw.). Zum Ersatz für die entgangene Gebrauchsmöglichkeit vgl. Rdn. 126, 131.

26 k) **Nebenkosten** des Fahrzeugwechsels, insbesondere die Gebühren für An- und Abmeldung, sind dem Geschädigten zu ersetzen; allerdings nur, wenn sie tatsächlich angefallen und konkret dargelegt sind[57]. Dies gilt auch für das Umlackieren auf Taxi-Farbe[58]. Ebenso sind zu erstatten etwaige Aufwendungen für die Bergung, Beseitigung und Verwahrung des Wracks. Zubehör ist, soweit möglich und wirtschaftlich sinnvoll, aus dem Altfahrzeug zu übernehmen. Die Aufwendungen hierfür (z. B. Radioumbau) sind zu ersetzen, bei Eigenleistung gilt Rdn. 57[59].

II. Reparabler Sachschaden

1. Mögliche Restitutionsformen

27 Bei behebbaren Schäden besteht die Restitution darin, daß der Schädiger die Instandsetzung veranlaßt oder – nach Wahl des Geschädigten (§ 249 Satz 2 BGB) – deren Kosten übernimmt. Wurde eine **vertretbare Sache** beschädigt, so kommt jedoch eine weitere Form der Restitution in Betracht, nämlich der Austausch der beschädigten Sache gegen eine gleichartige Sache in unbeschädigtem Zustand. Nach der Rechtsprechung des BGH[60] sind beide Wege grundsätzlich gleichwertige Restitutionsformen. Der Geschädigte, der in der Regel die Restitution selbst in die Hand nimmt und den Ersatz der Kosten nach § 249 Satz 2 BGB verlangt[61], kann daher innerhalb der nachstehend

---

[52] Vgl. BGH VersR 1977, 227.

[53] BGH NZV 1991, 108.

[54] *Hohloch* NZV 1992, 7.

[55] BGHZ 116, 22 = NZV 1992, 227 m. Anm. *Hohloch* NZV 1992, 227; *Schnauder* JuS 1992, 825.

[56] *Lange* § 6 XIV 5 g.

[57] OLG Köln NZV 1991, 429; LG Fulda NZV 1989, 397; *Halbgewachs* NZV 1993, 382; OLG Hamm NJW-RR 1995, 224 läßt Schätzung auf 100 DM zu.

[58] OLG Frankfurt DAR 1986, 227: kein Ersatz bei Erwerb eines neuen Taxis; a. A. OLG Karlsruhe NZV 1994, 393.

[59] A. A. OLG München ZfS 1988, 264: Berücksichtigung beim Wiederbeschaffungswert.

[60] NJW 1985, 2414; NZV 1992, 67 m. Anm. *Lipp* = JZ 1992, 477 m. Anm. *Lange*.

[61] Ausnahmefall: OLG Düsseldorf ZfS 1995, 456 (Schädiger übernimmt Reparatur des beschädigten Lkw). Wegen Einzelheiten zur Ersetzungsbefugnis des Geschädigten s. § 7, 182 ff.

zu erörternden Grenzen frei wählen, welchen Weg er für seine Schadensabrechnung – die reale Schadensbeseitigung ist ohnehin nicht Voraussetzung seines Ersatzanspruchs – beschreitet: die Abrechnung auf Reparaturkostenbasis oder die Berechnung der Wiederbeschaffungskosten abzüglich Restwert.

Dieser Rechtsprechung ist jedenfalls im Ausgangspunkt zuzustimmen. Zu Recht wird **28** allerdings kritisiert, daß der BGH sie auch auf **gebrauchte Kraftfahrzeuge** anwendet[62]. Bei diesen handelt es sich nicht um vertretbare Sachen im Sinne des § 91 BGB. Ihre Gleichstellung mit solchen Sachen entspricht weder der allgemeinen Anschauung noch läßt sie sich mit der Rechtsprechung des BGH zum sog. Integritätsinteresse (s. hierzu Rdn. 37 ff) vereinbaren: Gebrauchtfahrzeuge können nicht gleichzeitig als (gleich vertretbaren Sachen) austauschbare, einander gleichwertige Wirtschaftsgüter und als individuelle Gegenstände behandelt werden, an deren Erhaltung der Geschädigte ein auch unwirtschaftliche Reparaturen rechtfertigendes Interesse haben kann. Bei gebrauchten Kraftfahrzeugen ist deshalb wie bei anderen unvertretbaren Sachen allein die Instandsetzung als gesetzlich vorgesehene Restitutionsform anzuerkennen; die Geltendmachung von Reparaturkosten, die den Wert des Fahrzeugs unverhältnismäßig übersteigen, scheitert an § 251 Abs. 2 BGB (s. hierzu Rdn. 43 u. § 7, 189).

2. Verpflichtung zur Wahl des wirtschaftlicheren Wegs

Der BGH schränkt das von ihm grundsätzlich anerkannte Recht des Geschädigten, **29** bei vertretbaren Sachen und gebrauchten Kraftfahrzeugen zwischen den Restitutionsformen der Instandsetzung und der Ersatzbeschaffung zu wählen (Rdn. 27 f), dadurch ein, daß er aus dem Tatbestandsmerkmal der Erforderlichkeit nach § 249 Satz 2 BGB ein Wirtschaftlichkeitspostulat[63] ableitet. Hieraus – nicht erst aus der Verhältnismäßigkeitsgrenze nach § 251 Abs. 2 BGB – soll sich ergeben, daß der Geschädigte von den beiden Wegen zur Naturalrestitution (s. Rdn. 27) denjenigen zu wählen hat, der den geringeren Aufwand erfordert[64]. Für die (wenigen) Fälle, in denen ein solches Wahlrecht des Geschädigten anzuerkennen ist, d. h. bei Beschädigung vertretbarer Sachen, kann dem zugestimmt werden. So ist es z. B. bei sehr hohen Reparaturkosten ein Gebot wirtschaftlicher Vernunft und damit aus dem Tatbestandsmerkmal der Erforderlichkeit in § 249 Satz 2 BGB abzuleiten, daß von einer Reparatur abzusehen und auf Ersatzbeschaffungsbasis abzurechnen ist, wenn der letztere Weg geringeren Aufwand verursacht (sog. wirtschaftlicher Totalschaden; es gelten dann die in Rdn. 3 ff. dargestellten Grundsätze). Aufgrund ihres verfehlten Ausgangspunktes (s. Rdn. 28) wendet die Rechtsprechung diese Grundsätze aber auch auf gebrauchte Kraftfahrzeuge an, wobei sie dann inkonsequenterweise unter Anerkennung eines sog. „Integritätsinteresses" des Geschädigten u. U. eine bis zu 30% teurere Reparatur zuläßt (s. hierzu und zu anderen Fragen des Kostenvergleichs bei Beschädigung von Kraftfahrzeugen Rdn. 37 ff), während höhere Ersatzbeschaffungskosten nur unter engen Voraussetzungen zugesprochen werden können (vgl. Rdn. 30 ff); eine allgemeine Toleranzgrenze gibt es hier nicht[65]. Besonderheiten bestehen auch bei Verletzung eines Tieres (s. Rdn. 46) und bei Beschädigung eines Gebäudes (Rdn. 81 f) sowie bei Bäumen und anderen Pflanzen (Rdn. 83).

---

62 BGHZ 66, 247; VersR 1972, 1025; NZV 1992, 67 u. 69 m. Anm. *Lipp*. Abl. *Lange* § 5 II 1, § 6 XIV 5 f cc; *Schiemann* NZV 1996, 5; *Reiff* NZV 1996, 426 f je m. w. Nachw.

63 Kritisch zu diesem Begriff *A. Roth* JZ 1994, 1093 f.

64 BGH NZV 1992, 67 m. Anm. *Lipp* = JZ 1992, 477 m. Anm. *Lange*; NZV 1992, 273.

65 Offenlassend OLG Hamm NZV 1995, 27.

3. **Ausnahmen vom Wirtschaftlichkeitspostulat**

30 a) **Höhere Ersatzbeschaffungskosten** kann der Geschädigte beanspruchen bei **Unzumutbarkeit der Reparatur,** d. h. wenn die Instandsetzung der beschädigten Sache zwar technisch möglich und auch wirtschaftlich vertretbar wäre, dem Geschädigten aber aus besonderen Gründen nicht zuzumuten ist. Er kann dann ausnahmsweise wie bei einem Totalschaden abrechnen, d. h. vom Ersatzpflichtigen den Wiederbeschaffungswert abzüglich Restwert der Sache verlangen. Es handelt sich hierbei um folgende Fälle:

31 aa) Ein **Kraftfahrzeughändler,** dessen zum Verkauf bestimmter **Neuwagen** beschädigt wird, kann nicht auf eine Reparatur desselben verwiesen werden; er kann vielmehr den Händlerpreis unter Anrechnung des Restwerts bzw. Zurverfügungstellen des beschädigten Wagens beanspruchen[66].

32 bb) Bei **erheblicher Beschädigung eines neuwertigen Kraftfahrzeugs** kann eine Schadensregulierung auf Neukaufbasis vertretbar sein[67], d. h. der Geschädigte erhält den Betrag, den er zum Kauf eines gleichartigen Neuwagens aufwenden muß. Hieran wird er nicht deswegen gehindert, weil die Neubeschaffung zu einem längeren Nutzungsausfall und damit höheren Aufwendungen des Haftpflichtigen führt[68]. Hat er günstige Bezugsmöglichkeiten, etwa als Großkunde oder Werksangehöriger, kann er nur die entsprechend ermäßigten Preise berechnen[69], denn es handelt sich hierbei nicht um eine freiwillige Zuwendung von dritter Seite aus Anlaß des Unfalls im Sinne von § 7, 202. Der Restwert des Unfallwagens ist abzuziehen, sofern das Fahrzeug nicht dem Schädiger zur Verfügung gestellt wird (vgl. hierzu Rdn. 10). Ein **Abzug „neu für alt"** erscheint bei neuwertigen Fahrzeugen, die weniger als 1000 km gefahren wurden, nicht gerechtfertigt[70]; ansonsten ist ein pauschaler Abzug für die bisherige Nutzung vorzunehmen[71].

33 Als **erheblich** kann eine Beschädigung hierbei in der Regel nur angesehen werden, wenn die Reparaturkosten mindestens 30% des Neupreises betragen[72]. Reine Blechschäden scheiden aus[73]; bei Schäden an tragenden Teilen ist eine großzügigere Betrachtung vertretbar[74].

---

[66] BGH NJW 1965, 1756; KG NJW 1972, 496.

[67] BGH NJW 1976, 1203; KG VersR 1970, 471; 1977, 155; OLG München VersR 1966, 1083; 1970, 67; 1974, 65; OLG Schleswig VersR 1971, 455; OLG Karlsruhe VersR 1973, 471; 1973, 1169; 1974, 671; DAR 1982, 230; 1986, 225; OLG Düsseldorf VersR 1974, 604; 1976, 69; OLG Nürnberg VersR 1975, 960; NJW 1972, 2042; OLG Bremen VersR 1978, 236; OLG Frankfurt VersR 1980, 235; OLG Stuttgart DAR 1981, 266; OLG Köln VersR 1989, 60 (Erheblichkeit verneint); *H. W. Schmidt* DAR 1965, 2; *Maase* VersR 1968, 527; Rechtsprechungsübersicht: *Berr* DAR 1990, 313.

[68] OLG Karlsruhe DAR 1994, 26.

[69] OLG München NJW 1975, 170; OLG Karlsruhe VersR 1989, 1276; AG Bünde NZV 1993, 482; *Lange* § 6 XIV 5 f dd m. w. Nachw.; s. auch BGH VersR 1975, 127 (zur Neupreisentschädigung in der Kaskoversicherung); a. A. OLG Celle VersR 1993, 624; OLG Frankfurt NZV 1994, 478.

[70] BGH VersR 1983, 759; a. A. KG NJW 1972, 769; OLG Schleswig VersR 1985, 373; *Himmelreich/Klimke/Bücken* 974 e; *Klimke* VersR 1984, 1125.

[71] Vgl. BGH NJW 1983, 2194 (0,67% vom Kaufpreis je 1000 km); OLG Frankfurt DAR 1981, 219 (0,75%); OLG Hamm NJW 1970, 2256; OLG München DAR 1983, 79; OLG Zweibrücken DAR 1985, 59 (1%).

[72] Vgl. OLG Frankfurt VersR 1980, 235; OLG München DAR 1982, 70.

[73] OLG Schleswig VersR 1981, 562; OLG Köln NZV 1990, 311; *Himmelreich/Klimke/Bükken* 973 b.

[74] OLG Zweibrücken NZV 1989, 355; OLG Hamm DAR 1989, 188.

Die Grenze der **Neuwertigkeit** wird im allgemeinen bei ca. 1000 km Fahrleistung und einer Nutzungsdauer von etwa einem Monat gezogen[75]. Der BGH hat aber darauf hingewiesen, daß es sich hierbei nur um eine Faustregel handelt: entscheidend sei, ob bei objektiver Beurteilung der frühere Zustand durch eine Reparatur auch nicht annähernd wiederhergestellt werden kann[76]. Dies kann nach zutreffender Ansicht des BGH nicht nur bei Beschädigung sicherheitsrelevanter Teile, sondern auch bei Zurückbleiben erheblicher Schönheitsfehler der Fall sein. **34**

Bei Nutzfahrzeugen scheidet eine Abrechnung auf Neupreisbasis aus[77], bei Beschädigung eines Wohnwagens ist sie nicht ohne weiteres anwendbar[78], bei einem nur wenige Tage alten Fahrrad kommt sie in Betracht[79]. **35**

cc) **Sonstige Fälle von Unzumutbarkeit**. Ein „unechter Totalschaden" ist ferner auch dann anzuerkennen, wenn aufgrund der konkreten Beschädigung das **Risiko verborgener Mängel** so groß ist, daß auch unter Berücksichtigung des Alters des Fahrzeugs die Weiterbenutzung nicht zumutbar ist[80]. Dagegen reicht bei der heutigen Perfektion der Reparaturtechnik die Berufung auf einen **besonderen Verwendungszweck** eines Kraftfahrzeugs (z. B. als Taxi, Fahrschulwagen) in der Regel nicht aus, um einem Geschädigten diesen Abrechnungsmodus zuzugestehen[81]. **36**

b) **Höhere Wiederherstellungskosten** billigt die Rechtsprechung zu, wenn der Geschädigte ein schutzwürdiges, die finanziellen Interessen des Ersatzpflichtigen überwiegendes Interesse daran hat, daß seine beschädigte Sache wiederhergestellt und nicht durch eine andere ersetzt wird (sog. Integritätsinteresse). So besteht z. B. bei einer stark auf seine individuellen Bedürfnisse abgestimmten Sache ein höheres Reparaturinteresse[82] als bei einer Massenware. Auch immaterielle Interessen des Geschädigten können in begrenztem Umfang berücksichtigt werden[83]. **37**

aa) Für den praktisch bedeutsamsten Fall der **Beschädigung eines Kraftfahrzeugs** läßt es die Rechtsprechung in Anerkennung eines solchen Integritätsinteresses und im Rahmen des Ermessens nach § 287 ZPO zu, die Kosten einer tatsächlich ausgeführten Reparatur auch dann noch in Rechnung zu stellen, wenn sie einschließlich eines etwaigen Minderwerts den Wiederbeschaffungswert um **nicht mehr als 30%** übersteigen[84]. Diese den Verhältnismäßigkeitsaspekt von § 251 Abs. 2 BGB auf § 249 BGB verlagernde Rechtsprechung erscheint zumindest in ihrer Begründung (zum richtigen Lösungsansatz s. Rdn. 43) fragwürdig[85]. Wenn der BGH ein Interesse des Geschädigten an der Erhaltung des ihm vertrauten Fahrzeugs anerkennt, so steht dies zum einen in Widerspruch **38**

---

[75] OLG Celle VersR 1981, 67; OLG Hamm VersR 1981, 788; 1995, 930; KG VersR 1981, 553; NZV 1991, 389; OLG Nürnberg 1994, 1253.

[76] VersR 1982, 163; 1983, 658; ebenso OLG München DAR 1983, 79.

[77] OLG Stuttgart VersR 1983, 92.

[78] OLG Köln DAR 1989, 228; OLG Hamm NJW-RR 1989, 1433; OLG Bremen VersR 1990, 1403.

[79] LG Frankenthal NJW-RR 1991, 352; weitergehend AG Warendorf NJW-RR 1991, 669: 1 Monat, 100 km.

[80] OLG Bremen VersR 1970, 1159; 1971, 912; OLG Karlsruhe VersR 1973, 471; OLG München VersR 1975, 163; OLG Stuttgart VersR 1976, 73; weitergehend KG DAR 1971, 184.

[81] **A. A.** OLG München VersR 1960, 671 für das Fahrzeug eines Kraftfahrzeughändlers oder -vertreters.

[82] Vgl. AG Lahr NZV 1990, 356: Fahrzeug mit Sondereinrichtung für Behinderten.

[83] *Lange* § 5 VII 1.

[84] BGH VersR 1972, 1024; NZV 1992, 66; OLG Celle VersR 1964, 519; OLG München VersR 1964, 1138; OLG Nürnberg VersR 1969, 289; KG DAR 1970, 157; VersR 1976, 391; OLG Stuttgart VersR 1977, 88.

[85] Ablehnend auch *Schiemann* NZV 1996, 5; *Grunsky* JZ 1992, 807.

zu der von ihm in anderem Zusammenhang vorgenommenen Gleichstellung gebrauchter Fahrzeuge mit vertretbaren Sachen (vgl. Rdn. 28). Zum anderen gerät diese Rechtsprechung durch Anerkennung eines beim heutigen Stand der Autotechnik und der verbreiteten Gepflogenheit häufigen Modellwechsels kaum noch zeitgemäßen, angesichts der Bemakelung des Unfallwagens auch zweifelhaften, jedenfalls rein immateriellen Interesses an der Erhaltung des vertrauten Fahrzeugs in Konflikt mit § 253 BGB[86] und führt zu einer auch unter Gleichheitsgesichtspunkten nicht zu rechtfertigenden Sonderbehandlung von Kraftfahrzeugen. Zudem belastet sie die Solidargemeinschaft der Versicherten, reizt zu manipulativem Verhalten bei der Schadensbeseitigung an und trägt als systemwidriger Fremdkörper prozeßvermehrende Unsicherheiten in die Regulierungspraxis.

39 So wurde erst nach jahrelangen Kontroversen in der instanzgerichtlichen Rechtsprechung[87] vom BGH[88] entschieden, daß der **Restwert** des beschädigten Fahrzeugs bei dem Vergleich zwischen Wiederherstellungs- und Ersatzbeschaffungskosten außer Betracht bleiben kann; andere Positionen (z. B. Mietwagenkosten; Zollgebühren[89]) können berücksichtigt werden, wenn sie bei den beiden Restitutionsarten in krassem Mißverhältnis zueinander stehen. Gegen die Ausklammerung des Restwerts ist aus Rechtsgründen nichts zu erinnern, und dem BGH ist auch zuzugeben, daß Praktikabilitätserwägungen für sie sprechen. Gleichwohl ist die Frage zu stellen, ob mit dieser Rechtsprechung dem „Integritätsinteresse" des Geschädigten – sofern man ein solches überhaupt anerkennen will – nicht doch ein zu hoher Stellenwert beigemessen wurde. Wie der BGH[90] selbst formuliert hat, führt der durch die Ausklammerung des Restwerts bewirkte „Integritätszuschlag" zu einer „Anhebung der Opfergrenze", d. h. einer noch stärkeren Belastung des Schädigers mit an sich unwirtschaftlichen Reparaturkosten. Dies hätte Anlaß zu Überlegungen geben können, ob im Gegenzug zu der Aufbesserung um den Restwert die – im internationalen Vergleich[91] ohnehin sehr hohe – 30%-Marge etwas herabgesetzt werden sollte, z. B. auf 15 oder 20%, oder ob dem Interesse des Geschädigten nicht schon dadurch ausreichend Rechnung getragen ist, daß er im Reparaturfall den vollen Wiederbeschaffungswert – ohne Abzug des Restwerts – ersetzt bekommt[92]. Der BGH hat sich jedoch auf den Hinweis beschränkt, daß es sich bei den 30% nicht um eine starre Grenze, sondern nur um einen Richtwert handelt, der je nach den Besonderheiten des Einzelfalles auch über- oder unterschritten werden kann[93]. Mit dieser Aufweichung geht freilich für die Regulierungspraxis wieder viel von jener Praktikabilität verloren, die der BGH durch die Ausklammerung des Restwerts bewirken wollte.

40 Weitere Fragen im Zusammenhang mit dem Integritätszuschlag sind in der Rechtsprechung teilweise geklärt, teilweise noch kontrovers. Als gesichert kann gelten, daß der Geschädigte den Toleranzbereich von 30% nur in Anspruch nehmen kann, wenn er

---

[86] *Grunsky* JZ 1992, 807. Vgl. auch *Sanden/Völtz* 78 ff.

[87] Für Berücksichtigung des Restwerts z. B. OLG Hamm NZV 1991, 229, OLG München DAR 1989, 419, OLG Stuttgart NZV 1991, 309 m. Anm. *Efrém*, OLG Celle ZfS 1991, 232, LG Münster DAR 1991, 187; dagegen OLG Hamm VersR 1988, 738, NZV 1991, 351. Aus dem Schrifttum vgl. *Weber* DAR 1991, 11 ff; *Gebhardt* DAR 1991, 373 ff; *Helmkamp* NZV 1991, 462.

[88] NZV 1992, 66 m. Anm. *Lipp* = JZ 1992, 477 m. Anm. *Lange*.

[89] OLG Hamm NZV 1995, 27 (bei Neuwagenkauf durch Ausländer).

[90] NZV 1992, 68 li. Spalte.

[91] Dem österr. OGH z. B. sind 15% schon zu hoch (ZVR 1975, 163; hierzu *Steiner/Witt-Dörring* ZVR 1991, 359).

[92] Dafür *Schiemann* NZV 1996, 5 f.

[93] BGH NZV 1992, 68 li. Sp.; ebenso *Weber* DAR 1991, 12; *Gebhardt* DAR 1991, 377.

die Sache **tatsächlich reparieren** läßt[94], also nicht, wenn er sie verkauft[95], verschenkt[96], weggeworfen oder unrepariert gelassen hat (vgl. Rdn. 69). Nach Sinn und Zweck des Integritätszuschlags ist er nur bei einer **vollständigen Wiederherstellung** des ursprünglichen Zustands und anschließender Eigennutzung gerechtfertigt, also nicht bei einer bloßen Teil-, Not- oder Behelfsreparatur[97], erst recht, wenn das Fahrzeug gleich danach veräußert wird[98]. Dagegen wird man bei einer vollwertigen[99] Reparatur in eigener Regie (Rdn. 57) den Zuschlag, so man ihn überhaupt zuläßt (zur Kritik Rdn. 38), konsequenterweise nicht versagen können[100]; der Geschädigte kann in diesem Fall also die vom Sachverständigen ermittelten Reparaturkosten beanspruchen, ohne ihre Entstehung im einzelnen belegen zu müssen[101].

Außerdem müssen nach der Rechtsprechung die tatsächlichen Reparaturkosten **in dem genannten Toleranzbereich** liegen; der Geschädigte könne nicht etwa eine noch unwirtschaftlichere Reparatur durchführen und sich dann 130% des bei Totalschadensabrechnung aufzuwendenden Betrags erstatten lassen; in solchem Fall könne er vielmehr nur die Wiederbeschaffungskosten verlangen[102]. Dies ist inkonsequent und vermengt den Gesichtspunkt der Wirtschaftlichkeit oder Verhältnismäßigkeit mit dem des Integritätsinteresses: Man kann letzteres nicht bei Mehrkosten bis zu 30% anerkennen und bei höheren Kosten plötzlich auf Null herabsetzen[103]. Liegen die Reparaturkosten laut Gutachten über der 130%-Grenze, gelingt es dem Geschädigten aber, die Kosten der in Eigenregie durchgeführten, gleichwohl vollständigen Reparatur unterhalb dieser Marge zu halten, so müßte man ihm nach den vom BGH aufgestellten Kriterien wegen objektiver Unwirtschaftlichkeit der Reparatur den Ersatz dieser Kosten verweigern, während bei Abstellen auf das Verhältnis zwischen Integritätsinteresse und Belastung des Schädigers das gegenteilige Ergebnis gerechtfertigt wäre[104]. 41

Hat der Geschädigte in **Fehleinschätzung** der entstehenden Kosten die Sache reparieren lassen und werden hierdurch die Kosten, die bei einer Ersatzbeschaffung angefallen wären, erheblich (auch über 30%) überschritten, so kann er gleichwohl Ersatz der Reparaturkosten verlangen, wenn ihn an der Fehleinschätzung kein Verschulden trifft[105]. Die vom BGH[106] gemachte Einschränkung, daß das Prognoserisiko in Anwen- 42

---

94 BGH NZV 1992, 68 li. Sp. Zum Nachweis OLG Köln VersR 1993, 898.

95 OLG Hamm NZV 1993, 432; NJW-RR 1993, 1436 (Aufgabe der Reparaturabsicht); OLGR Celle 1995, 24.

96 LG Bielefeld NZV 1994, 234 (auch an Verwandten).

97 OLG Düsseldorf NZV 1994, 479; OLG Hamm NZV 1993, 432 u. RuS 1996, 100; OLG Koblenz NZV 1995, 356 (mit Feststellungsausspruch bezüglich weiterer Kosten, wenn Vollreparatur noch beabsichtigt); *Lipp* NZV 1996, 11.

98 OLGR Düsseldorf 1996, 100.

99 Vgl. hierzu OLG Düsseldorf NZV 1995, 232 u. OLGR Düsseldorf 1996, 100.

100 BGH NZV 1992, 273 = JZ 1992, 806 m. Anm. *Grunsky*; OLG München NZV 1990, 69; OLG Dresden DAR 1996, 54; LG München I DAR 1987, 57; LG Saarbrücken NJW-RR 1988, 1304; LG Gießen DAR 1996, 95 (auch zum Nachweis); ebenso *Röttgering* NZV 1990, 418; **a. A.** OLG Düsseldorf NJW 1989, 1041; LG Nürnberg-Fürth ZfS 1989, 410; *Pielemeier* NZV 1989, 222; *Lipp* NJW 1990, 104 u. NZV 1996, 11; *Krumbholz* NZV 1990, 219 f; *Imbach* VersR 1996, 425.

101 BGH NZV 1992, 273 f = JZ 1992, 806 m. Anm. *Grunsky*.

102 BGH NZV 1992, 68 m. Anm. *Lipp*; VersR 1972, 1025; KG VersR 1976, 391; OLG Hamm ZfS 1989, 229; OLG Stuttgart NZV 1991, 309 m. Anm. *Efrém*; OLG Koblenz VRS 76, 401; OLG Köln VersR 1991, 322; *Darkow* VersR 1972, 616; **a. A.** OLG Nürnberg VersR 1969, 289; OLG Hamburg VersR 1971, 944; *A. Roth* JZ 1994, 1094.

103 *A. Roth* JZ 1994, 1094 f.

104 *A. Roth* JZ 1994, 1095.

105 BGH VersR 1972, 1025; 1978, 374; NZV 1992, 67.

106 VersR 1972, 1024.

dung des Rechtsgedankens des § 251 Abs. 2 BGB dann vom Geschädigten zu tragen ist, wenn die Kosten bereits nach dem Voranschlag über den Wert des Fahrzeugs hinausgingen, erscheint inkonsequent. Solange sich die veranschlagten Kosten innerhalb des Toleranzbereichs von 30% halten, „darf" der Geschädigte bei Zugrundlegung der BGH-Rechtsprechung reparieren lassen; das Prognoserisiko muß daher wie im Regelfall den Schädiger treffen[107].

43 Nicht nur wegen der vorstehend dargestellten Zweifelsfragen und Unstimmigkeiten, sondern schon aus dogmatischen Gründen (s. Rdn. 38) ist die Rechtsprechung zum Integritätszuschlag bei Kraftfahrzeugen abzulehnen. Bei gebrauchten Kraftfahrzeugen ist der Reparaturkostenersatz ohnehin die einzig mögliche Form der Restitution (Rdn. 28). Einer Erweiterung dieses Anspruchs durch einen Integritätszuschlag bedarf es nicht. Bei Reparaturkosten, die den Wert des Unfallwagens erheblich übersteigen (hierbei mag aus Vereinfachungsgründen auf den Wiederbeschaffungswert abgestellt werden), kann der Ersatzpflichtige jedoch den Einwand der Unverhältnismäßigkeit nach § 251 Abs. 2 BGB erheben[108]. Wann eine Wertüberschreitung in diesem Sinne erheblich ist, sollte zur Erleichterung der Schadensregulierung durch einen pauschalen Regelsatz (§ 287 ZPO) festgelegt werden. Dieser sollte aus den in Rdn. 39 angestellten Erwägungen jedenfalls unterhalb der vom BGH gebilligten 30%-Grenze liegen[109]; vertretbar erscheint aber auch, bereits den Brutto-Wiederbeschaffungswert (also ohne Abzug des Restwerts) als Obergrenze zu nehmen[110], denn dem Geschädigten verbleibt in diesem Fall immer noch ein „Zuschlag" in Höhe des Restwerts.

44 Ging der Geschädigte in nicht vorwerfbarer Weise (z. B. aufgrund eines Sachverständigengutachtens) zu Unrecht davon aus, daß die beschädigte Sache nicht mehr reparaturwürdig ist und entschied er sich daher für Ersatzbeschaffung, so kann er dementsprechend abrechnen[111].

45 Wird ein Schaden, der sich aus mehreren Positionen zusammensetzt, in **Teilschritten** abgewickelt, so kommt eine Befugnis des Schädigers zur Entschädigung in Geld nicht in Betracht, solange die vom Geschädigten geltend gemachten Teilbeträge die Grenze der Unverhältnismäßigkeit, bezogen auf den Gesamtschaden, noch nicht überschreiten[112].

46 bb) Bei **Verletzung eines Tieres** ist der Verhältnismäßigkeitsgrundsatz seit Inkrafttreten des Gesetzes zur Verbesserung der Rechtsstellung des Tieres im bürgerlichen Recht (1. 9. 1990) besonders ausgestaltet. Nach dem durch dieses Gesetz eingefügten § 251 Abs. 2 BGB sind Heilaufwendungen nicht schon deswegen als unverhältnismäßig anzusehen, weil sie den (materiellen) Wert des Tieres erheblich übersteigen. Die Rechtsprechung ist indessen auch bereits vor dieser Gesetzesänderung über § 242 BGB zu entsprechenden Ergebnissen gelangt und hat eine Überschreitung der 30%-Grenze nach den Umständen des Einzelfalles zugelassen[113]. Nach der Fassung der Vorschrift („nicht be-

---

107 Ebenso — jedenfalls für neuere Fahrzeuge — OLG München NZV 1991, 267.

108 Ebenso *MünchKomm/Grunsky* § 251, 16; *Palandt/Heinrichs* § 251, 7; *Lange* § 6 XIV 5c; *Reiff* NZV 1996, 426 ff; früher auch der BGH (s. z. B. VersR 1962, 138) sowie die ständige Rechtsprechung der Instanzgerichte (s. z. B. KG VersR 1976, 391 sowie die Nachweise bei *Lange* aaO).

109 Für Angemessenheit dieser Grenze auch unter dem Aspekt des § 251 Abs. 2 BGB aber *Reiff* NZV 1996, 430.

110 So *Schiemann* NZV 1996, 5 f.

111 BGH VersR 1966, 490; OLG Karlsruhe VersR 1975, 335; LG Siegen NZV 1996, 153.

112 BGH VersR 1990, 982.

113 Vgl. LG München I NJW 1978, 1862; NZV 1989, 238; LG Lüneburg NJW 1984, 1243; AG Waldshut-Tiengen VersR 1987, 1202; AG Hersbruck ZfS 1990, 265. Zu pauschal (50% nach § 242 BGB) LG Traunstein NJW 1984, 1244.

reits dann ...") ist der Verhältnismäßigkeitsgrundsatz durch sie allerdings nicht vollständig aufgehoben. Sie bringt vielmehr nur zum Ausdruck, daß an die Stelle einer starren Wertgrenze die nach den jeweiligen Umständen zu treffende Entscheidung zu treten hat, ob der Heilungsaufwand jeder wirtschaftlichen Vernunft entbehrt und nur durch ein – nach wie vor nicht ersatzfähiges – Affektionsinteresse gerechtfertigt sein kann[114]. Läßt der Eigentümer des Tieres eine auch unter diesem Aspekt unverhältnismäßige Heilung (oder einen entsprechenden Versuch) durchführen, so hat er die den Wiederbeschaffungswert übersteigenden Kosten selbst zu tragen.

4. Schadensberechnung bei Durchführung der Reparatur

a) **Allgemeines.** Der Ersatzpflichtige hat grundsätzlich die **Kosten der vollwertigen Wiederherstellung** der Sache zu ersetzen (zum Nachweis dieser Kosten s. Rdn. 52 ff). Sind diese höher als der Aufwand bei einer Ersatzbeschaffung, gelten die unter Rdn. 37 ff dargestellten Grundsätze (dort auch zu den Besonderheiten bei Beschädigung von Kraftfahrzeugen). Bleibt trotz der Wiederherstellung ein Minderwert, ist dieser auszugleichen (Rdn. 71 ff). **47**

b) **Einzelheiten, insbesondere zum Kraftfahrzeugschaden** **48**

aa) **Art und Umfang der Reparatur.** Hat der Geschädigte die Sache in einem **Fachbetrieb** reparieren lassen, so sind die hierfür angefallenen Kosten in der Regel als der zur Herstellung erforderliche Geldbetrag i. S. d. § 249 Satz 2 BGB anzusehen. Der Geschädigte braucht sich – vom Fall eines Auswahlverschuldens abgesehen – nicht entgegenhalten zu lassen, daß eine andere Werkstatt die Reparatur billiger ausgeführt hätte. Er ist auch, soweit nicht Treu und Glauben ausnahmsweise anderes gebieten, nicht verpflichtet, die Reparatur in einer vom Schädiger bezeichneten Werkstatt vornehmen zu lassen[115]. Liegen die in Rechnung gestellten Kosten aber exorbitant über den von Sachverständigen prognostizierten[116], so muß der Geschädigte die Diskrepanz nachvollziehbar erklären[117] (entgegen der Ansicht des OLG Oldenburg[118] ist dies aber keine Frage der Schlüssigkeit der Klage, sondern der Beweisführung). **49**

Begrenzt wird die Ersatzpflicht – außer durch das Merkmal der Erforderlichkeit nach § 249 Satz 2 BGB und durch die Schadensminderungspflicht nach § 254 Abs. 2 BGB – aber durch den Grundsatz, daß der Schädiger nur für solche Maßnahmen aufzukommen hat, die ein verständiger Eigentümer in der Lage des Geschädigten zur Beseitigung des Schadens treffen würde[119]. Bei Lackschäden an Pkw kann daher grundsätzlich nur Teillackierung verlangt werden, auch wenn geringfügige Farbabweichungen verbleiben[120]. Für die nach einem Unfall gebotene Auswechslung der Sicherheitsgurte hat der Schädiger aufzukommen[121]. **50**

bb) Mehrkosten durch **Werkstattverschulden** (z. B. unwirtschaftliche oder unsachgemäße Maßnahmen) hat der Schädiger zu tragen, sofern und soweit den Geschädigten hieran kein eigenes Verschulden – z. B. bei der Auswahl der Werkstatt – trifft: Die **51**

---

114 Vgl. hierzu für das frühere Recht AG Hamburg VersR 1988, 700. Zum Übergangsrecht *Greger* NZV 1991, 18.

115 A. A. LG Karlsruhe DAR 1981, 357.

116 Vgl. OLG Oldenburg NZV 1989, 148: 21 000 statt 16 000 DM.

117 Zu großzügig LG Itzehoe ZfS 1990, 49: 32% teurere Reparatur in Tankstellenwerkstatt.

118 NZV 1989, 148.

119 BGHZ 54, 85; BGH VersR 1962, 137; 1978, 838; NJW 1975, 160; AG Ibbenbüren NZV 1991, 316 (Kratzer an der Stoßstange).

120 OLG München VersR 1974, 65; 1975, 960; OLG Köln VersR 1972, 547; OLG Düsseldorf DAR 1974, 71; VersR 1985, 69; KG Betrieb 1978, 1541.

121 AG Goslar DAR 1984, 295.

Werkstatt ist nicht Erfüllungsgehilfe des Geschädigten bezüglich dessen Schadensminderungspflicht[122]. Etwaige Ansprüche gegen die Werkstatt, z. B. aus positiver Vertragsverletzung, muß der Geschädigte dem Ersatzpflichtigen abtreten[123]. Für betrügerische Machenschaften des Reparateurs (Abrechnung gar nicht durchgeführter Arbeiten) braucht der Ersatzpflichtige jedoch nicht einzustehen; der dadurch verursachte Schaden ist dem Unfall nicht mehr zuzurechnen[124].

52 cc) **Nachweis der Reparaturkosten.** Streitig ist, ob der Geschädigte die tatsächlich entstandenen Reparaturkosten nachweisen muß, oder ob er auch auf der Basis eines vor der Reparatur erstellten **Schätzgutachtens** abrechnen kann. Zu letzterem besteht, wenn tatsächlich repariert wurde (zum Fall der unterbliebenen Reparatur s. Rdn. 66 ff) an sich kein Anlaß: Die Rechnung der Werkstatt bietet noch immer den sichereren Beleg für den tatsächlich erforderlichen Aufwand. Gleichwohl läßt der BGH[125], ausgehend davon, daß der Geschädigte dank seiner Dispositionsfreiheit überhaupt nicht reparieren zu lassen brauche und die fiktiven Kosten beanspruchen könne (s. § 7, 203), auch bei durchgeführter Reparatur die Abrechnung auf der Grundlage des Schätzgutachtens eines „anerkannten Kraftfahrzeug-Sachverständigen" zu. Dieses Schätzgutachten lege zwar keineswegs den Schadensersatzbetrag bindend fest; es stehe dem Schädiger vielmehr frei, hiergegen substantiierte Einwände zu erheben, denen der Richter im Rahmen seines Schätzungsermessens nach § 287 ZPO auch durch pauschale Abzüge Rechnung tragen könne (hierzu Rdn. 56). Vom Geschädigten dürfe aber keinesfalls der Nachweis verlangt werden, daß er seinen Unfallwagen hat reparieren lassen, noch die Darlegung, auf welche Weise, in welchem Umfang und zu welchem Preis; die Vorlage einer Reparaturkostenrechnung dürfe nicht zur Voraussetzung einer Schadensersatzleistung gemacht werden.

53 Richtig an dieser Rechtsprechung ist der Ausgangspunkt, daß im Rahmen der Schadensbemessung nach § 287 ZPO das Schätzgutachten ein wesentlicher – und in geeigneten Fällen durchaus auch der einzige – Anknüpfungspunkt sein kann. Über der Ermunterung des Ersatzpflichtigen, substantiierte Einwendungen zu erheben, und der Ermächtigung des Richters zu pauschalen Abschlägen sollte aber nicht übersehen werden, daß es primär Sache des Anspruchstellers ist, dem Gericht die nötigen Schätzungsgrundlagen zu verschaffen (s. § 16, 360). Ein Grund, weshalb der Geschädigte dem Gericht nähere Aufschlüsse zur tatsächlichen Schadensbehebung und eine existierende Reparaturrechnung – auch nach BGH NZV 1989, 465 immerhin ein aussagekräftiges Indiz – soll vorenthalten dürfen, ist indessen nicht ersichtlich[126]. Mit der Dispositionsfreiheit des Geschädigten hat dies nichts zu tun. Es überzeugt daher nicht, wenn zur Rechtfertigung dieser Rechtsprechung ausgeführt wird, es sei das „gute Recht" des Geschädigten, aufgrund des Kostenvoranschlags eines Kraftfahrzeug-Sachverständigen abzurechnen, und dieses Recht dürfe der Richter nicht durch Anforderungen an den Nachweis der tatsächlichen Kosten unterlaufen[127]. Zudem hat diese Judikatur allein die Situation im Schadensersatzprozeß im Blick. Für den Regelfall der außergerichtlichen Schadensregulierung hilft sie nicht weiter. Nimmt der Haftpflichtversicherer „Abschläge" vor, kommt es unweigerlich zum Streit und meistens zum Prozeß, so daß

[122] BGHZ 63, 182; BGH VersR 1978, 374; OLG Hamburg MDR 1968, 239.

[123] BGH NJW 1975, 160.

[124] **A. A.** OLG Hamm NZV 1995, 442.

[125] NZV 1989, 465 m. Anm. *Hofmann*. Ebenso LG Aachen NZV 1993, 274.

[126] Ähnlich *Hofmann* NZV 1989, 467; LG Berlin NZV 1990, 119.

[127] So aber *Steffen* NZV 1991, 3.

die BGH-Rechtsprechung zur Abrechnung auf Gutachtensbasis auch den Bestrebungen zur Prozeßvermeidung zuwiderläuft.

Es ist daher an der in der Vorauflage (§ 7, 207) vertretenen Auffassung festzuhalten, daß der Geschädigte bei durchgeführter Reparatur nur dann den höheren Schätzbetrag eines Gutachtens verlangen kann, wenn er – etwa bei einer Behelfsreparatur – plausibel machen kann, daß diese prognostizierten Kosten tatsächlich zu einer Vollrestitution erforderlich gewesen wären. Läßt er nur einen Teil der Schäden reparieren, so muß er insoweit konkret, im übrigen nach den in Rdn. 66 ff dargestellten Grundsätzen liquidieren (zur Eigenreparatur s. Rdn. 57 ff). Diese Pflicht des Geschädigten zur konkreten Abrechnung folgt aus seiner allgemeinen Darlegungslast; eines Rückgriffs auf § 158 d Abs. 3 VVG (Auskunftspflicht gegenüber dem Haftpflichtversicherer)[128] bedarf es hierzu nicht. Legt der Geschädigte nicht dar, welchen Weg der Restitution er gewählt hat und wie hoch im Falle durchgeführter Reparatur seine tatsächlichen Aufwendungen waren, so kann sich das Gericht im Rahmen des § 287 ZPO auf die Zuerkennung eines Mindestschadens beschränken (die Klage allerdings nicht, wie es das Berufungsgericht in dem von BGH NZV 1989, 465 entschiedenen Fall getan hatte, ganz abweisen). 54

An dem einmal gewählten und zugebilligten Weg der Schadensabrechnung muß sich der Geschädigte grundsätzlich festhalten lassen. Läßt er z. B. nach einer Behelfsreparatur und fiktiver Abrechnung doch noch voll reparieren, so kann er etwaige Mehrkosten nur dann nachfordern, wenn er nachweist, daß diese auf einen zusätzlichen, vom Sachverständigen nicht berücksichtigten Unfallschaden zurückzuführen sind[129]. Umgekehrt ist er aber auch nicht verpflichtet, einen etwaigen Minderbetrag herauszugeben[130]. 55

Einwendungen gegen das Schätzgutachten, die auch nach der Rechtsprechung zu Abschlägen von dem dort festgestellten Schadensbetrag führen können, lassen sich vor allem daraus ableiten, daß das Gebot wirtschaftlicher Reparatur (Rdn. 50) nicht genügend beachtet wird. So verhält es sich etwa, wenn das Gutachten eine Ganzlackierung vorsieht, wo sich der Geschädigte mit einer Teillackierung zufrieden geben müßte, oder wenn wegen geringfügiger Schönheitsfehler der Austausch ganzer Fahrzeugteile berechnet wird. Auch die Grundsätze der Vorteilsausgleichung müssen im Gutachten berücksichtigt sein, also insbesondere der Abzug „neu für alt" (Rdn. 63), desgleichen etwaige Vorbeschädigungen des Kraftfahrzeugs (Rdn. 65). Bei schon stark abgenutzten Fahrzeugen, ganz besonders bei Nutzfahrzeugen, muß in Erwägung gezogen werden, daß ein verständiger Eigentümer sich bei nicht sicherheitsrelevanten Schäden mit Ausbesserungen oder der Verwendung von Gebrauchtteilen einverstanden erklären würde. Nicht notwendig anfallende Kosten des Reparaturmanagements (z. B. Verbringung in eine Lackierwerkstatt) sollten, da sie von der tatsächlich gewählten Art der Reparaturdurchführung abhängen, nicht fiktiv berechnet werden können[131]. Das Gutachten darf schließlich auch nicht von den höchsten Werkstattsätzen ausgehen, sondern muß sich an den durchschnittlichen Sätzen der Vertragswerkstätten am Wohnort des Geschädigten orientieren[132]. Ist bei diesen Werkstätten die Berechnung von Ersatzteilzuschlägen üblich, kann auch der Sachverständige solche einstellen[133]. 56

---

128 So LG Bochum NJW-RR 1990, 859.

129 Offenlassend, aber in der Tendenz wohl anders *Steffen* NZV 1991, 4 f.

130 Ebenso *Birkmann* DAR 1990, 5.

131 AG Überlingen DAR 1995, 296; *Himmelreich/Klimke/Bücken* 721 a m. Nachw. unveröffentlichter Urteile; a. A. AG Hamburg ZfS 1995, 294.

132 Weitergehend *Himmelreich/Klimke/Bücken* 721: billigste Werkstatt.

133 AG Überlingen DAR 1995, 296; AG Staufen ZfS 1995, 373; AG Essen NZV 1996, 154; AG Mainz DAR 1996, 322.

57 dd) Bei **Reparatur in eigener Regie,** z. B. durch Heimarbeit oder Hilfe von Bekannten, kann der Geschädigte entsprechend vorstehenden Grundsätzen die fiktiven Kosten einer Werkstattreparatur (einschließlich Umsatzsteuer) ersetzt verlangen[134] (zur Frage des Integritätszuschlags in diesen Fällen s. Rdn. 40).

58 Kann der Geschädigte die Sache im **eigenen Betrieb** instandsetzen, so sind nach der Rechtsprechung folgende Fälle zu unterscheiden:

- War der Betrieb ausgelastet, so daß der Geschädigte während der Instandsetzungszeit Fremdaufträge hätte ausführen können, so kann er die Kosten ersetzt verlangen, die bei Fremdreparatur entstanden wären[135];
- War der Betrieb nicht durch Fremdaufträge ausgelastet, so können neben den Materialkosten nur die anteiligen Gemeinkosten für die Unterhaltung der Werkstatt (Selbstkosten) beansprucht werden[136];
- Ist der Betrieb ohnehin nur zu Reparaturen für das eigene Unternehmen bestimmt (z. B. Betriebswerkstätten von Verkehrsunternehmen), so können ebenfalls lediglich die Selbstkosten berechnet werden[137];
- War im letztgenannten Fall die eigene Werkstatt jedoch so ausgelastet, daß sie bei Instandsetzung der beschädigten Sache andere Arbeiten an fremde Firmen abgeben müßte, so kann der Geschädigte die Kosten einer Fremdreparatur ersetzt verlangen[138].

59 Diese Grundsätze gehen auf die Erwägung zurück, daß der Geschädigte zu der kostengünstigeren Reparatur im eigenen Betrieb dann verpflichtet ist, wenn sie ihm zumutbar ist. Die Beteiligung des Schädigers an den Gemeinkosten des Betriebs (die dem Geschädigten auch ohne den Unfall erwachsen wären) läßt sich ebenfalls nur mit Zumutbarkeitserwägungen rechtfertigen: Niemand soll gehalten sein, kostensparende eigene Reparaturleistungen ohne eine angemessene Beteiligung des Ersatzpflichtigen an den Gemeinkosten zur Verfügung zu stellen[139].

60 ee) **Nebenpositionen.** Zu den Reparaturkosten gehört auch die **Umsatzsteuer.** Sie ist vom Schädiger daher auch dann zu ersetzen, wenn der Geschädigte zulässigerweise (vgl. Rdn. 52 ff) auf der Basis der fiktiven Reparaturkosten abrechnet[140]. Etwas anderes gilt nur, wenn im konkreten Fall die übliche und zumutbare Form der Wiederherstellung in der Eigenreparatur besteht[141]. Zum Vorsteuerabzug vgl. Rdn. 7 ff.

61 Die **Abschleppkosten** zur Werkstatt gehören in dem notwendigen Umfang ebenfalls zum erstattungspflichtigen Schaden. Läßt der Geschädigte das Fahrzeug nicht in die nächste, sondern in eine weiter entfernte Werkstatt schleppen, so sind die Mehrkosten nur zu ersetzen, wenn sie nicht allzu erheblich sind und der Geschädigte vernünftige Gründe hierfür hat (z. B. Vertragswerkstatt, die das Fahrzeug ständig wartet)[142].

---

134 BGHZ 54, 87; 61, 58 = JR 1974, 103 m. Anm. *Gitter*; OLG München VersR 1966, 836; 1967, 483; KG VersR 1970, 164; AG Straubing DAR 1983, 94; AG Tecklenburg DAR 1983, 95; *Klimke* VersR 1968, 537; a. A. *Schulz* VersR 1967, 383; *Köhler* Festschrift für *Larenz* 352; 20. VGT (1982) 10.

135 BGHZ 54, 87; BGHZ VersR 1978, 243; OLG München VersR 1966, 668; OLG Düsseldorf NJW-RR 1994, 1375; LG Bochum NJW-RR 1989, 1195.

136 BGHZ 76, 216.

137 BGHZ 54, 88; BGH VersR 1961, 358 = JZ 1961, 420 m. Anm. *Niederländer*; RGZ 74, 364; OLG Hamm VRS 5, 569; OLG Celle VersR 1978, 257; **a. A.** bei Kraftfahrzeugen LG Bochum DAR 1986, 295.

138 OLG München VersR 1966, 668.

139 *Lange* § 6 VIII 5.

140 BGHZ 61, 56; BGH VersR 1977, 134; OLG Koblenz NJW 1975, 58; *Kullmann* VersR 1993, 391; **a. A.** OLG Hamburg VersR 1971, 236; OLG München VersR 1971, 1025; *Kääb/Grube* NZV 1989, 342.

141 BGHZ 61, 58.

142 OLG Hamm VersR 1970, 43; OLG Köln NZV 1991, 429.

Bei der **Überführung eines beschädigten Schienenfahrzeugs** in das Ausbesserungswerk gehören zu den erstattungspflichtigen Herstellungskosten auch die für die Überführungsfahrt und die Rückführung zum Einsatzort anfallenden Kosten für Personal, Beförderung und Fahrwegbenutzung (soweit hierfür ausscheidbare Kosten entstanden sind) sowie diesbezüglich aufgewendete Verwaltungskosten, nicht aber die fiktiven Fahrtkosten für Personal, welches mit eigenen planmäßigen Transportmitteln zur Unfallstelle befördert wurde[143]. 62

ff) Ein **Abzug für Werterhöhung** der Sache durch die Reparatur („neu für alt") ist geboten, wenn der Gesamtwert der Sache erheblich erhöht wurde und es unbillig erschiene, diesen Vorteil dem Geschädigten auf Kosten des Schädigers zukommen zu lassen[144]. Der Einbau neuer Teile in ein Kraftfahrzeug rechtfertigt einen Abzug in der Regel nicht, wenn es sich um Teile handelt, die normalerweise die Lebensdauer des Kraftfahrzeugs erreichen[145]. War das ausgetauschte Teil dagegen zum Unfallzeitpunkt schon erheblich abgenutzt, so tritt durch den Einbau des neuen eine anzurechnende Wertsteigerung ein[146]. Der rechtfertigende Grund für diesen Abzug liegt darin, daß der Schädiger an sich nur Wiederherstellung des vorigen Zustands schuldet. Wird nunmehr ein neues Teil eingebaut, weil der Einbau eines entsprechend abgenutzten Gebrauchtteils nicht möglich oder nicht wirtschaftlich wäre, so leistet der Schädiger bei voller Kostentragung mehr als er schuldet. Führt dies zu einem Vermögensvorteil für den Geschädigten – was insbesondere dann der Fall ist, wenn er das betreffende Teil in absehbarer Zeit ohnehin austauschen müßte –, so muß es schon nach der Differenzhypothese zu dessen Anrechnung kommen. Beim Austausch langlebiger Teile hingegen wird dem Geschädigten der Austausch gleichsam aufgedrängt, so daß – bei normativer Wertung – nicht von einem auszugleichenden Vermögensvorteil gesprochen werden kann. 63

gg) Zum Ausgleich reparaturbedingter **Wertminderung** s. Rdn. 71 ff. 64

hh) Berücksichtigung von Vorschäden. Bei Beschädigung vorbeschädigter Sachen schuldet der Ersatzpflichtige in der Regel nicht die vollen Wiederherstellungskosten. Der Geschädigte trägt die Darlegungs- und Beweislast für die Unfallbedingtheit des geltend gemachten Schadens[147]. War die Sache bereits so beschädigt, daß durch den neuen Unfall keine zusätzliche Vermögenseinbuße mehr entstehen konnte oder läßt sich ein solcher Zusatzschaden nicht hinreichend sicher feststellen[148], so entfällt eine Ersatzpflicht völlig. Dies kommt auch bei unmittelbar aufeinanderfolgenden Schadensereignissen (etwa beim Serienunfall) in Betracht[149]. § 287 ZPO ermöglicht in Zweifelsfällen eine Schätzung des Zusatzschadens (s. hierzu § 16, 360 f). Handelt es sich um einen ganz geringfügigen Vorschaden, der den Wert der Sache nicht merkbar beeinträchtigte und vom Geschädigten als nicht behebungsbedürftig hingenommen worden war, so ist vom Zweitbeschädiger voller Kostenersatz zu verlangen, wenn durch seinen Schadensbeitrag nunmehr die Reparatur erforderlich wurde; ggfs. kommt ein Abzug „neu für alt" in Betracht (vgl. Rdn. 63; 81 f für Schäden an Bauwerken). Ist (etwa beim Serienunfall) ein Schädiger nur für einen Teil des Schadens verantwortlich, führt dies aber zusammen mit vorangegangenen Schädigungen zum wirtschaftlichen Totalscha- 65

---

143 BGH VersR 1983, 755; zur Schadensberechnung OLG München VersR 1987, 361 m. Anm. *Kunz*.

144 S. *Lange* § 6 V 3,4.

145 KG NJW 1971, 144; OLG Karlsruhe VersR 1989, 925 (Batterie).

146 BGHZ 30, 29; OLG Nürnberg VersR 1964, 835.

147 OLG Köln NZV 1996, 241.

148 OLG Düsseldorf VersR 1988, 1191; KG NZV 1989, 232; OLG Köln NZV 1996, 241.

149 Vgl. *Greger* NZV 1989, 59.

den (Rdn. 29), so ist zwar nach Totalschadensgrundsätzen abzurechnen; als Wiederbeschaffungswert ist aber der des vorbeschädigten Unfallfahrzeugs (in der Regel Marktwert abzüglich Reparaturkosten *vor* der letzten Schädigung) anzusetzen[150]. Eine je nach den Umständen entsprechend der Billigkeit zu bemessende Teilerstattung ist schließlich in den Fällen vorzunehmen, in denen der Unfall an einer vorbeschädigten Sache einen weiteren Schaden verursacht, dessen Behebung nur zusammen mit dem Vorschaden möglich oder sinnvoll ist. Zu einer gesamtschuldnerischen Haftung kann es in diesen Fällen nicht kommen[151].

5. Schadensberechnung bei Reparaturverzicht

66 a) **Fallgruppen.** Da § 249 Satz 2 BGB auf den zur Wiederherstellung „erforderlichen" Geldbetrag abstellt, geht die ganz h. M. dahin, daß der Geschädigte die Reparaturkosten auch dann ersetzt verlangen kann, wenn er die Sache nicht reparieren läßt, sondern sie aufgibt oder in beschädigtem Zustand weiterbenutzt[152]; er kann dann „fiktiv" auf der Basis eines Schätzgutachtens abrechnen (zu der weitergehenden Zulassung einer Abrechnung auf Gutachtensbasis sogar bei durchgeführter Reparatur s. Rdn. 52 ff).

67 Umstritten ist, ob der Geschädigte die fiktiven Reparaturkosten auch dann beanspruchen kann, wenn er die Sache **in beschädigtem Zustand verkauft**, z. B. den unfallbeschädigten Pkw beim Kauf eines Neuwagens in Zahlung gegeben hat[153]. Die Haltung des BGH hierzu ist uneinheitlich. Während er bei Beschädigung eines Kraftfahrzeugs einen Anspruch auf Ersatz fiktiver Reparaturkosten bejaht[154], hat er im Fall der Beschädigung eines Hausgrundstücks, ohne den Vorwurf der Inkonsequenz überzeugend ausräumen zu können, abweichend entschieden[155].

68 Gegen eine derartige fiktive Schadensberechnung bestehen Bedenken (vgl. § 7, 204 f). Die Dispositionsfreiheit des Geschädigten wird nicht dadurch eingeschränkt, daß man ihm ansinnt, seinen Schaden nach dem tatsächlich gewählten (und nicht nach dem für ihn lukrativsten) Restitutionsweg (s. Rdn. 27) zu liquidieren. Die Anschaffung einer Ersatzsache unter Veräußerung der beschädigten ist ein gegenüber der Reparatur vollkommen gleichwertiger, oft sogar günstigerer Weg der Restitution[156]. Es ist nicht ersichtlich, weshalb der Geschädigte, der diesen Weg wählt, trotzdem fiktive Reparaturkosten beanspruchen können soll: diese sind im konkreten Fall gerade nicht zur Restitution erforderlich.

---

150 *Greger* NZV 1995, 489; unklar OLG Düsseldorf NZV 1995, 487 f.

151 So aber *Schopp* VersR 1990, 835; dagegen *Klimke* VersR 1990, 1333.

152 BGHZ 61, 58; 61, 347; 66, 241; BGH NZV 1989, 465 m. Anm. *Hofmann; Grunsky* NJW 1983, 2468 u. DAR 1984, 268; **a. A.** *Honsell/Harrer* JuS 1985, 162 ff u. 1991, 445: nur Minderung des Verkehrswerts zu ersetzen. Zum Meinungsstreit über die fiktive Schadensabrechnung näher § 7, 203 ff.

153 **Verneinend** z. B. OLG Celle NJW 1968, 1478; KG VersR 1974, 576; OLG Nürnberg VersR 1974, 677; OLG München VersR 1975, 144; OLG Karlsruhe/Freiburg NJW 1975, 1285; LG München I VersR 1983, 592; 20. VGT 1982, 10; *Larenz* § 28 I; *Klimke* VersR 1974, 1063; *Leonhard* VersR 1983, 415; *Köhler* Festschrift für *Larenz* 360; *Schwarz/Esser* NJW 1983, 1409; **bejahend** BGHZ 66, 239; BGH VersR 1978, 182; 1978, 235; 1985, 593; 1985, 865; 1985, 963; OLG Hamm VersR 1975, 573; LG Hamburg VersR 1964, 1175; *MünchKomm/Grunsky* § 249, 15; *Medicus* DAR 1982, 355; *Grunsky* NJW 1983, 2468; *Weber* VersR 1990, 944.

154 Vgl. die Nachw. in vorstehender Fußn.

155 BGH VersR 1982, 72; NJW 1993, 1794; kritisch hierzu auch *Larenz* § 28 I; *MünchKomm/Grunsky* § 249, 15a; *Schirmer* AnwBl 1988, 87.

156 Dies hebt auch *Steffen* NZV 1991, 3 hervor.

Im Ergebnis nähert sich der BGH dieser Auffassung an, weil er dem Geschädigten die fiktiven Reparaturkosten dann nicht zuerkennt, wenn sie die Kosten einer Wiederbeschaffung[157] überschreiten[158]. Die Toleranzgrenze von ca. 30% (vgl. Rdn. 38) kommt dem Geschädigten hierbei nicht zugute, denn durch den Reparaturverzicht hat er gezeigt, daß das hierfür maßgebliche Integritätsinteresse (Behaltendürfen des ihm vertrauten Fahrzeugs) bei ihm nicht besteht[159]. Zur Kontrolle, ob der Reparaturkostenansatz und der Ansatz für die Ersatzbeschaffung realistisch sind, ist laut BGH eine Vergleichsrechnung durchzuführen: Bis zur Schwelle des wirtschaftlichen Totalschadens müßten die Kosten der Ersatzbeschaffung abzüglich Restwert[160] etwa gleich hoch sein wie die Reparaturkosten zuzüglich Wertminderung. Gehe die Gleichung nicht auf, so müßten die Ansätze auf beiden Seiten überprüft werden, z. B. auf eine überobligationsmäßig besonders vorteilhafte Verwertung des Unfallwagens, auf Verzerrungen infolge der Anschaffung eines Neuwagens, auf vergessene Abzüge „neu für alt" bei der Reparatur. Lasse sich die Diskrepanz nicht aufklären, so müsse sich der Geschädigte auf den geringeren Betrag verweisen lassen[161]. **69**

Im Rahmen fiktiver Abrechnung billigt die h. M. dem (nicht Vorsteuerabzugsberechtigten) Geschädigten auch die fiktive Mehrwertsteuer[162] zu. Auch ein etwaiger merkantiler Minderwert (Rdn. 72 ff) wird zugesprochen, nicht aber eine abstrakte Nutzungsausfallentschädigung (s. Rdn. 134). **70**

Da sich die Rechtsprechung zur fiktiven Schadensabrechnung im Ergebnis kaum von der dogmatisch überzeugenderen Methode unterscheidet, von vornherein nur die Kosten einer vom Geschädigten tatsächlich gewählten wirtschaftlicheren Restitution und bei Unterbleiben einer solchen nur die Wertminderung der beschädigten Sache zu ersetzen (s. § 7, 205), ist es wenig sinnvoll, dieser eingeführten Praxis die Gefolgschaft zu versagen. Bedenklich wird die fiktive Schadensabrechnung jedoch dann, wenn sie mit der Zulassung des Schadensnachweises durch Gutachten auch bei tatsächlich durchgeführter Reparatur verknüpft wird (s. hierzu Rdn. 52 ff) und wenn bei der Begutachtung das Gebot wirtschaftlicher Reparatur und die Grundsätze der Vorteilsausgleichung nicht beachtet werden (s. Rdn. 56). **70a**

6. Ausgleich reparaturbedingter Wertminderungen

a) **Technischer Minderwert.** Aus § 254 Abs. 2 BGB kann sich im Einzelfall die Verpflichtung des Geschädigten ergeben, sich mit einer mangelhaften Reparatur zufriedenzugeben, weil eine einwandfreie Reparatur unverhältnismäßig mehr kosten würde; insbesondere kann, wenn nur ein Teil der Karosserie beschädigt worden ist, eine Ganzlackierung des Kraftfahrzeugs nur in Ausnahmefällen verlangt werden. Da es technisch **71**

---

157 Dies ist nach OLG Hamm NJW-RR 1990, 468 beim Fahrzeug eines Autohändlers der Händlereinkaufspreis.

158 BGHZ 66, 247; BGH VersR 1978, 235; 1985, 594; OLG Stuttgart VersR 1982, 885; OLG Köln VersR 1993, 1290; *Grunsky* NJW 1983, 2468; *Weber* VersR 1990, 944 ff; a. A. OLG Koblenz VersR 1982, 1150.

159 BGH NZV 1992, 68 li. Sp. m. Anm. *Lipp*; OLG Köln VersR 1993, 898; *Steffen* NZV 1991, 4.

160 Gegen die Berücksichtigung des Restwerts *Gebhardt* AnwBl 1985, 559; OLG Köln VersR 1993, 898; dafür auch OLG Köln VersR 1993, 1290.

161 Eingehend *Steffen* NZV 1991, 4. Der 28. VGT 1990 hat empfohlen, die Vergleichsrechnung nur anzustellen, wenn die Reparaturkosten 70% des Wiederbeschaffungswerts erreichen (vgl. NZV 1990, 103). Zur Berechnung bei fehlerhaftem Gutachten s. OLG Karlsruhe NZV 1994, 275.

162 BGHZ 66, 239; BGH VersR 1985, 354; *Grunsky* DAR 1984, 268; a. A. 20. VGT 1982, 10; *Hofmann* DAR 1983, 374. Vgl. auch Rdn. 7.

schwierig ist, den Original-Lack eines Kraftfahrzeugs durch nachträgliches Lackieren nachzuahmen, kann eine durch die erkennbare Ungleichmäßigkeit des Äußeren verursachte Wertminderung verbleiben[163]. Nach § 249 BGB hat der Verletzte aber ein Recht auf völlige Wiederherstellung, so daß er in solchen Fällen wenigstens die verbliebene Wertminderung, die auch im gesunkenen Verkaufswert des Kraftfahrzeugs ihren Niederschlag findet, ersetzt verlangen kann[164]. Beim heutigen Stand der Reparaturtechnik wird eine Entschädigung für technischen Minderwert nur mehr selten erforderlich sein[165]. KG NJW 1979, 1167 will bei Beschädigung eines Baumes u. U. einen „technischen Minderwert" anerkennen.

72 b) **Merkantiler Minderwert.** Bei Kraftfahrzeugen schlägt sich der Umstand, daß sie bei einem Unfall erheblich beschädigt worden waren, selbst bei einwandfreier Reparatur wertmindernd nieder. Dies zeigt sich beim Verkauf des Kraftfahrzeugs, wo der Umstand des früheren Unfalls ggf. zu offenbaren ist[166] und in der Regel zu einer niedrigeren Bewertung des Fahrzeugs führt. Als durch die Sachbeschädigung hervorgerufener Vermögensnachteil ist diese Wertminderung vom Schädiger zu ersetzen, und zwar auch dann, wenn die Unfallreparatur sich auf die Benutzung des Kraftfahrzeugs nicht risikoerhöhend ausgewirkt hat[167] und unabhängig davon, ob sich der Minderwert tatsächlich bei einem Verkauf realisiert oder der Geschädigte etwa das Kraftfahrzeug bis zur Schrottreife behält. Der Geschädigte kann daher sogleich vollen Ersatz der Wertminderung verlangen und ist nicht etwa auf die Erhebung einer Feststellungsklage beschränkt[168].

73 Die **Höhe** des Minderwerts ist aufgrund Zeitwert des Kraftfahrzeugs einerseits, Art und Ausmaß der Reparatur andererseits zu ermitteln[169]. **Maßgeblicher Zeitpunkt** für die Berechnung des Minderwerts ist der des Unfalls[170]. Dies ist logische Konsequenz der Festlegung, daß der Geschädigte den Minderwert sofort und nicht erst bei einem etwaigen Verkauf liquidieren kann.

74 War der Unfallwagen zum Zeitpunkt des Unfalls **bereits verkauft**, so kann merkantiler Minderwert neben dem Anspruch auf Ersatz eines besonderen Veräußerungsgewinns (Rdn. 173) verlangt werden[171]. Wurde er nach der Reparatur veräußert, kann der Verkaufserlös einen Anhaltspunkt für die Höhe der Wertminderung bieten; er legt sie aber nicht bindend fest, da es nicht auf den tatsächlich erzielten, sondern auf den

---

163 Nicht anzuerkennen bei älteren Fahrzeugen; OLG Frankfurt VersR 1978, 378.

164 OLG Stuttgart VersR 1961, 912.

165 *Berger* VW 1993, 762 u. 828.

166 Vgl. hierzu BGH NJW 1982, 1386 m. w. Nachw.

167 A. A. BGH VersR 1980, 46.

168 BGHZ 35, 396; BGH VersR 1980, 46; 1981, 655; a. A. noch BGHZ 27, 181.

169 Vgl. zu den verschiedenen Berechnungsmethoden *Himmelreich/Klimke/Bücken* 810 ff. Im einzelnen *Halbgewachs* Der merkantile Minderwert[11]; *Hörl* ZfS 1991, 145; 13. VGT (1975) 8; *Nölke/Nölke* DAR 1972, 321; *Ruhkopf/Sahm* VersR 1962, 593; *H. W. Schmidt* DAR 1966, 230; *Schlund* BB 1976, 908; BGH VersR 1980, 46; OLG Stuttgart VersR 1969, 838; 1973, 165; 1986, 773; KG DAR 1970, 158; VersR 1974, 786; NZV 1995, 314 (fast neuwertiger Pkw); OLG Köln DAR 1973, 71; VersR 1992, 973 (Luxusfahrzeug); OLG Frankfurt VersR 1978, 1044; OLG Hamburg VersR 1981, 1186; OLG Celle VersR 1981, 934 (Luxusfahrzeug); ZfS 1989, 230; für Motorrad LG Aschaffenburg VersR 1991, 355; LG Braunschweig DAR 1992, 306. Zur österr. Judikatur eingehend *Apathy* ZVR 1988, 289.

170 *Halbgewachs* Der merkantile Minderwert 10 f; a. A. BGH VersR 1967, 183; *MünchKomm/Grunsky* vor § 249, 15 (Beendigung der Reparatur); OLG Stuttgart VersR 1961, 912 (letzte mündliche Verhandlung).

171 OLG Saarbrücken NZV 1992, 317 m. zust. Anm. *Lange*.

erzielbaren Erlös ankommt[172]. Rechnet der Geschädigte **fiktive Reparaturkosten** ab (z. B. weil er das beschädigte Fahrzeug in Zahlung gegeben hat), so ist der Minderwert bei der gebotenen Wirtschaftlichkeitsberechnung zu berücksichtigen (vgl. Rdn. 69).

Bei **geringfügigen Reparaturen** (unter ca. 10% des Zeitwerts des Kraftfahrzeugs[173]) **75**
und **älteren Fahrzeugen** (Zeitwert unter ca. 40% des Neuwerts) kommt ein merkantiler Minderwert grundsätzlich nicht in Betracht[174]. Bei sehr teuren Fahrzeugen ist aber nicht starr an der 10%-Grenze für Reparaturkosten festzuhalten[175]).

Ein bereits erheblich **vorgeschädigtes Kraftfahrzeug** wird durch einen weiteren Scha- **76**
den in der Regel nicht weiter in seinem merkantilen Wert gemindert[176].

Auch bei **Nutzfahrzeugen** (z. B. Lkw) ist eine merkantile Wertminderung anzuerken- **77**
nen; allerdings wird das Vorliegen eines reparierten Unfallschadens dort in der Regel nicht so sehr ins Gewicht fallen und die Berechnung sich noch weniger als bei Pkw schematisieren lassen[177]. Bei Spezialfahrzeugen, für die praktisch kein Gebrauchtwagenmarkt besteht (z. B. Militär- oder Polizeifahrzeuge) scheidet eine merkantile Wertminderung aus[178], ebenso bei sonstigen Sachen, die gebraucht nicht gehandelt werden[179].

Steuerersparnisse durch die Möglichkeit, die Wertminderung eines betrieblich ge- **78**
nutzten Kraftfahrzeugs gem. § 7 EStG abzuschreiben[180], mindern den Anspruch auf Ersatz des merkantilen Minderwerts nicht[181]. Bei Beschädigung des Privat-Pkw eines Arbeitnehmers auf einer beruflichen Fahrt kann der merkantile Minderwert nicht als Werbungskosten bei den Einkünften aus nichtselbständiger Arbeit berücksichtigt werden[182].

7. Besonderheiten bei Leasingfahrzeugen

a) Bei **wirtschaftlichem Totalschaden** gelten die in Rdn. 24, 91, 126 dargestellten **79**
Grundsätze. Da bei Leasingfahrzeugen ein Integritätsinteresse nicht anerkannt werden kann, ist auf Totalschadensbasis immer dann abzurechnen, wenn der Reparaturaufwand den Wiederbeschaffungsaufwand übersteigt.

b) bei **Teilbeschädigung** steht der Anspruch auf Ersatz der Reparaturkosten im **80**
Grundsatz dem Leasinggeber als Eigentümer zu. Im Leasingvertrag übernimmt jedoch üblicherweise der Leasingnehmer die Pflicht zur Behebung von Schäden am Kraftfahrzeug. Er kann die hierfür erforderlichen Kosten dann aufgrund der Verletzung seines

---

172 *Lange* NZV 1992, 318; OLG Karlsruhe VersR 1981, 886.

173 OLG Stuttgart VersR 1968, 908; OLG Köln DAR 1973, 71; KG VersR 1975, 664.

174 Vgl. BGH VersR 1980, 46; OLG Karlsruhe NZV 1990, 387; *Schlund* BB 1976, 910; *Darkow* DAR 1977, 64; **a. A.** OLG Düsseldorf MDR 1987, 1023; LG Koblenz ZfS 1990, 49; LG Oldenburg NZV 1990, 76.

175 AG Essen NZV 1988, 229.

176 OLG Celle VersR 1973, 717; *Schlund* BB 1976, 908.

177 BGH VersR 1980, 46. Zur Berechnung s. BGH VersR 1959, 949 (Reisebus); OLG Stuttgart VersR 1969, 838 u. KG 1974, 786 (Lkw); KG VersR 1973, 749 (Postfahrzeug); KG DAR 1974, 270 (VW-Bus); KG VersR 1982, 45 (Fahrschulwagen). S. a. *Himmelreich/Klimke/Bücken* 829 ff; *Darkow* DAR 1977, 62; *Schlund* BB 1976, 910; *Lange* NZV 1995, 318; *Halbgewachs* Der merkantile Minderwert 16 ff.

178 OLG Köln VersR 1974, 761 (Straßenbahn); KG VersR 1979, 260 (Krankenwagen); OLG Schleswig VersR 1979, 1037 (Militärfahrzeug, hierzu *Riecker* VersR 1981, 517); offengelassen von BGH VersR 1980, 46.

179 KG VersR 1978, 524: Straßenbaum.

180 Dagegen *Seitrich* BB 1990, 1748 mit umfassender Wiedergabe des Meinungsstands.

181 BGH VersR 1980, 46.

182 BFH NJW 1992, 1910.

Besitzrechts als sog. Haftungsschaden (Rdn. 172) vom Schädiger ersetzt verlangen[183]. Ist er nicht zum Vorsteuerabzug berechtigt, hat ihm der Schädiger auch die Mehrwertsteuer zu ersetzen[184]. Den Ersatz des merkantilen Minderwerts kann entweder der Leasinggeber oder der Leasingnehmer beanspruchen[185]. Zu den Ansprüchen auf Mietwagenkosten bzw. Nutzungsausfallentschädigung s. Rdn. 126, 131.

8. Besonderheiten bei Gebäuden, Gebäudeteilen, Anpflanzungen, Grundstücken

81 a) **Gebäude** sind für die schadensrechtliche Abwicklung zusammen mit dem Grundstück als Einheit zu betrachten. Auch bei vollständiger Zerstörung eines Hauses kann daher grundsätzlich Wiederherstellung beansprucht werden[186], d. h. Ersatz des zum Wiederaufbau erforderlichen Betrags (§ 249 Satz 2 BGB) minus Abzug „neu für alt"[187]. Nur wenn diese im Einzelfall als unmöglich angesehen werden muß, z. B. weil ein Neubau im Hinblick auf das hohe Alter des zerstörten Hauses in technischer und wirtschaftlicher Hinsicht als aliud erschiene, kann Unmöglichkeit angenommen werden mit der Folge, daß gemäß § 251 Abs. 1 BGB nach dem Verkehrswert abzurechnen ist[188]. Hierbei kommt es für die Unmöglichkeit auf die Verhältnisse im Zeitpunkt des Schadenseintritts an. Für die Frage, ob die Wiederherstellung unverhältnismäßige Aufwendungen im Sinne des § 251 Abs. 2 Satz 2 BGB erfordert, ist dem Verkehrswert der um einen (bei Neubauten wohl regelmäßig vorzunehmenden) Abzug „neu für alt" gekürzte Zahlungsanspruch gegenüberzustellen; dieser ist nicht nach der Wertminderung des alten Gebäudes, sondern nach der Wertsteigerung durch das neue Bauwerk zu bemessen[189]. Die für Kraftfahrzeugschäden entwickelte Rechtsprechung zum Integritätsinteresse (30%-Toleranz; s. Rdn. 38) ist auf diese Verhältnismäßigkeitsprüfung nicht anwendbar[190]. Ist der Wert des Grundstücks nach dem Schadensereignis höher als zuvor (etwa durch Wegfall von Baubeschränkungen infolge Denkmalschutzes), so fehlt es insoweit an einem Vermögensschaden[191]. Andererseits kann aber der Umstand, daß ein beschädigtes Haus unter Denkmalschutz steht, nicht zu einem Ausschluß der Ersetzungsbefugnis des Schädigers nach § 251 Abs. 2 BGB führen[192].

82 b) Bei Beschädigung von **Gebäudeteilen, Mauern, Brücken** und ähnlichen Bauwerken ist die wirtschaftlich vernünftigste Lösung zu wählen, also z. B. Ausbesserung (und merkantiler Minderwert) statt Erneuerung auch bei geringfügigen Beeinträchtigungen des Erscheinungsbildes[193]. Bei Neuherstellung ist in der Regel ein Abzug „neu für alt" vorzunehmen[194].

83 c) **Anpflanzungen.** Bei Beschädigung eines Baumes oder anderen Gehölzes scheidet Naturalrestitution aus; hier ist grundsätzlich die Wertminderung des Grundstücks zu errechnen[195].

---

183 *Hohloch* NZV 1992, 7; *Lange* § 6 XIV 5 g.
184 *Lange* aaO.
185 *Hohloch* NZV 1992, 7.
186 BGH NJW 1988, 1836.
187 OLG Stuttgart VersR 1995, 424 m. Nichtannahmebeschluß des BGH 425.
188 BGH NJW 1988, 1836.
189 BGH NJW 1988, 1835.
190 OLG Naumburg NJW-RR 1995, 1041.
191 BGH NJW 1988, 1837.
192 BGH VersR 1990, 982.
193 OLG Hamm NJW-RR 1994, 17: Aluminiumfassade; OLG Hamm NZV 1995, 355: Verblendmauerwerk einer Scheune.
194 OLG Düsseldorf NJW-RR 1993, 664: Mauer; OLG Hamm NJW-RR 1994, 345: Wiederherstellung der Sicherheitsreserven einer vorgeschädigten Brücke.
195 KG VersR 1979, 36 = 330 m. Anm. *Koch*; OLG Schleswig bei *Koch* VersR 1986, 1165; OLG Düsseldorf NZV 1992, 30; LG Hannover VersR 1979, 678; LG Berlin VersR 1995, 107; zur Methode *Koch* NJW 1979, 2601; VersR 1984, 110; 1986, 1160; 1990, 573. Zu Besonderheiten s. OLGR München 1994, 146 (wildwachsende Uferbegrünung); OLG Düsseldorf NVwZ-RR 1992, 216 (Ziergehölze in Privatgarten); OLG Hamm

d) **Straßen, Grundstücke.** Bei Beschädigung der Fahrbahnoberfläche kann keine Totalerneuerung, sondern nur ordnungsgemäße Ausbesserung, ggf. zusätzlich ein technischer Minderwert, beansprucht werden. Zu Reinigungs- und Entsorgungskosten s. Rdn. 180. 83a

III. Beeinträchtigung der Nutzungsmöglichkeit

1. Allgemeines

Infolge der Beschädigung einer Sache kann es dadurch zu Vermögensnachteilen kommen, daß der Geschädigte vorübergehend (nämlich für die Zeit der Reparatur oder der Ersatzbeschaffung) am Gebrauch der Sache gehindert wird. Derartige Einbußen sind als mittelbare Folgen der Sachbeschädigung grundsätzlich zu ersetzen. Insbesondere hat der Geschädigte Anspruch auf Ersatz eines durch die Vereitelung der Gebrauchsmöglichkeit hervorgerufenen Vermögensschadens (vgl. Rdn. 85) oder entgangenen Gewinns (vgl. Rdn. 86 ff). Kann der Ausfall durch Inanspruchnahme einer Ersatzsache (z. B. Mietwagen; Interimsfahrzeug[196]) ausgeglichen werden, so schuldet der Schädiger im Rahmen seiner Verpflichtung zur Naturalrestitution (§ 249 BGB) den hierfür erforderlichen Geldbetrag (vgl. Rdn. 93 ff). Problematisch ist, ob auch ohne Inanspruchnahme einer Ersatzsache eine Entschädigung für den Ausfall der Nutzungsmöglichkeit verlangt werden kann (vgl. Rdn. 127 ff). 84

2. Vermögensfolgeschäden

Solche können durch die Vereitelung der Gebrauchsmöglichkeit z. B. dann entstehen, wenn sich der Geschädigte vertraglich verpflichtet hatte, mit der beschädigten Sache bestimmte Leistungen zu erbringen und im Falle der Nichterfüllung eine Vertragsstrafe zu schulden. Derartige Schäden sind zu ersetzen. 85

3. Entgangener Gewinn

a) **Allgemeines.** Soweit durch die Sachbeschädigung eine gewinnbringende Nutzung der Sache verhindert wurde, ist der Ausfall vom Schädiger zu ersetzen[197]. Verwarnungs- und Bußgelder, die einer Kommune durch fahrlässige Beschädigung ihrer Geschwindigkeitsüberwachungsanlage entgehen, stellen keinen Gewinnausfall dar[198]. 86

Rechtswidrige Gewinne, d. h. solche, die nur unter Verstoß gegen ein gesetzliches Verbot hätten erzielt werden können, sind nicht zu ersetzen, weil die Rechtsordnung dem Geschädigten keine Vorteile zusprechen kann, die er gegen ihren Willen erlangt hätte[199] (Einzelheiten s. § 11, 122 ff). Auch für **sittenwidrige Gewinne**, d. h. solche, deren Erzielung nach § 138 BGB nicht rechtlich durchgesetzt werden könnte, besteht keine Entschädigungspflicht[200].

b) **Einzelfälle.** Bei Beschädigung eines zu **Erwerbszwecken benutzten Kraftfahrzeugs** kann der Geschädigte einen während der Reparatur- bzw. Wiederbeschaffungszeit ent- 87

NJW-RR 1992, 1438 (Weihnachtsbaumkultur).

196 Eingehend hierzu *Eggert* NZV 1988, 121 ff.

197 Zum Gewinnentgang bei Beschädigung eines Gebäudes vgl. BGHZ 72, 31.

198 AG Stuttgart VersR 1992, 974.

199 *Lange* § 6 X 6.

200 *Born* VersR 1977, 118; a. A. OLG Düsseldorf NJW 1970, 1852 und mit Einschränkungen BGHZ 67, 119 sowie *Stürner* VersR 1976, 1016.

gangenen Gewinn ersetzt verlangen[201]. Für dessen Nachweis gilt die Beweiserleichterung des § 252 Satz 2 BGB; ausreichende Anknüpfungstatsachen für die Ermittlung des wahrscheinlich erzielten Gewinns muß der Geschädigte allerdings darlegen[202]. Statt dessen kann er aber auch Ersatz von Aufwendungen beanspruchen, die er zur Überbrückung des Ausfalls, etwa durch Einschaltung eines Fuhrunternehmers oder Anmieten eines Ersatzfahrzeugs, getätigt hat (vgl. Rdn. 93 ff). Läßt sich durch derartige Aufwendungen ein höherer Verdienstausfall vermeiden, so kann der Geschädigte nach § 254 Abs. 2 BGB sogar gehalten sein, diesen Weg des Schadensausgleichs zu wählen[203]. Er kann daher einen entgangenen Gewinn nur bis zur Höhe der fiktiven Kosten für ein Mietfahrzeug (abzüglich der Kostenersparnis; vgl. Rdn. 124) ersetzt verlangen, wenn eine Anmietung möglich und zumutbar und der andernfalls zu gewärtigende Gewinnausfall vorhersehbar war. Der Ersatz der Mietkosten wird demgegenüber nicht durch den hypothetischen Gewinnentgang begrenzt (s. Rdn. 102).

88 Nimmt die Wiederbeschaffung eines typgleichen Taxis erhebliche Zeit in Anspruch, so kann der Geschädigte gehalten sein, ein gewöhnliches Fahrzeug zu einem Taxi umrüsten zu lassen; die Kosten hierfür hat der Schädiger zu tragen[204].

89 Ein Ersatz des (vollen) Gewinnausfalls scheidet auch dann aus, wenn der Geschädigte diesen wenigstens teilweise durch zumutbaren Einsatz eines ihm zur Verfügung stehenden **Ersatzfahrzeugs** hätte vermeiden können, wie dies bei Großbetrieben, insbesondere Verkehrsbetrieben, häufig der Fall sein wird. In diesen Fällen können auch nicht die Vorhaltekosten für das Reservefahrzeug anteilig beansprucht werden (hierzu und zur abweichenden Rechtsprechung des BGH vgl. § 7, 199 f). Auch eine abstrakte Nutzungsausfallentschädigung scheidet aus (vgl. Rdn. 129, 135). Zu ersetzen sind lediglich tatsächlich entstandene Aufwendungen (z. B. für betriebliche Umdispositionen). Zu der Frage, ob die Vorhaltekosten für das **ausgefallene** Fahrzeug zu ersetzen sind, vgl. § 7, 197.

90 Ist durch den Unfall nicht nur das Nutzfahrzeug (z. B. Taxi) ausgefallen, sondern **auch der Fahrer arbeitsunfähig** geworden, so ist zu beachten, daß der Unternehmer den fortzuzahlenden Lohn vom Schädiger ersetzt verlangen kann (§§ 3, 6 EFZG) und daß er, wenn nur der Fahrer verletzt, das Fahrzeug aber nicht beschädigt worden wäre, keinen Anspruch auf Ersatz der Mehraufwendungen für einen Ersatzfahrer hätte (vgl. § 7, 129): Der Unternehmer muß daher in solchen Fällen vom Bruttoertrag seines Fahrzeugs außer den ersparten Unkosten für Unterhalt und Betrieb auch den Betrag abziehen lassen, den er als Lohn für einen Aushilfsfahrer aufzubringen gehabt hätte[205].

91 Bei Totalbeschädigung eines **Leasingfahrzeugs** kann der Leasinggeber, wenn er (entgegen der für das Leasing typischen Rechtslage; vgl. Rdn. 24) nach der besonderen Ausgestaltung des Vertrags seinen Zahlungsanspruch gegen den Vertragspartner verliert, Ausgleich für die entgangenen Leasingraten verlangen. Hierbei ist allerdings zu berücksichtigen, daß der Leasinggeber den Zeitwert seines Fahrzeugs infolge des Schadensereignisses sogleich ersetzt bekommt, während er bei ungestörter Fortsetzung des Leasingverhältnisses das Fahrzeug erst nach dessen Beendigung und folglich mit geringerem Zeitwert zurückerhielte. Der Gewinnausfall errechnet sich daher aus den für die

---

201 BGH VersR 1977, 331; OLG Karlsruhe VersR 1992, 67 (Ertragsminderung eines Fuhrunternehmers). Zur Berechnung des Gewinnausfalls bei einem Taxi vgl. *Berger* VersR 1963, 514 sowie die Rechtsprechungsnachw. bei *Born* NZV 1993, 4 Fn. 49.

202 OLGR Brandenburg 1996, 76.

203 BGH VersR 1977, 331; OLG Hamburg VersR 1960, 450.

204 OLG Karlsruhe NZV 96, 113.

205 BGH VersR 1979, 936.

restliche Laufzeit des Leasingvertrages ausstehenden Leasingraten abzüglich der für diesen Zeitraum kalkulierten Minderung des Nutzungswerts. Der dem Leasinggeber als Ausgleich für den Zeitwert seines Fahrzeugs und den entgangenen Gewinn zustehende Gesamtbetrag läßt sich einfacher auch durch Addition der ausstehenden Leasingraten und des für den Zeitpunkt der Vertragsbeendigung kalkulierten Restwertes des Fahrzeugs ermitteln. In jedem Falle noch abzuziehen sind aber im Rahmen der Vorteilsausgleichung die durch den vorzeitigen Kapitalrückfluß und die vorzeitige Gewinnrealisierung entstehenden Vermögensvorteile wie Zinsgewinne oder ersparte Refinanzierungskosten[206].

Hat der Eigentümer eines Kraftfahrzeugs dieses gegen Erbringung kostenloser Inspektionen einem Autohaus als Werbeträger zur Verfügung gestellt, so kann er bei Zerstörung des Kraftfahrzeugs vom Schädiger die Erstattung des Wertes der nicht mehr ausführbaren Inspektionen verlangen, falls es ihm nicht möglich ist, ein Ersatzfahrzeug unter gleichen Konditionen zu erwerben[207]. **92**

4. Aufwendungen zur Überbrückung des Ausfalls

a) **Überblick.** Macht der Geschädigte Aufwendungen, um den Verlust der Nutzungsmöglichkeit auszugleichen (z. B. durch Anmietung einer anderen Wohnung bei Beschädigung eines Wohngebäudes[208], für einen Mietwagen oder für Taxibenutzung bei Beschädigung eines Kraftfahrzeugs), so sind diese vom Schädiger grundsätzlich zu ersetzen, sofern der Geschädigte durch den Ausfall wirtschaftlich beeinträchtigt ist. Nach heutiger Rechtsprechung[209] handelt es sich hierbei nicht um Aufwendungen zur Schadensminderung (im Sinne von § 9, 73), sondern um Kosten der Naturalrestitution (§ 249 S. 2 BGB), denn sie dienen dazu, die wirtschaftliche Lage des Geschädigten, die ohne den Unfall bestehen würde, herzustellen. Seine Grenze findet der Ersatzanspruch daher am Merkmal der Erforderlichkeit sowie an der Verhältnismäßigkeitsschranke des § 251 Abs. 2 BGB[210]. Im Rahmen der Erforderlichkeitsprüfung ist auch der Rechtsgedanke des § 254 Abs. 2 BGB zu beachten: Unter mehreren möglichen Wegen des Schadensausgleichs hat der Geschädigte im Rahmen des ihm Zumutbaren den wirtschaftlicheren zu wählen[211]. Einen allgemeinen Grundsatz, daß die Mietwagenkosten den Wert des beschädigten Fahrzeugs nicht erheblich übersteigen dürfen, gibt es aber nicht[212]. Die Erforderlichkeit hat der Geschädigte zu beweisen. Zur Ersatzfähigkeit von Vorsorgeaufwendungen s. § 7, 199 f; zur Anspruchsberechtigung des Leasingnehmers § 7, 211. **93**

b) Grundsätze zum Ersatz von Mietwagenkosten

aa) **Allgemeines.** Die deutschen Haftpflichtversicherer haben im Jahre 1994 rund 1,5 Mrd. DM für Mietwagenkosten aufgewendet; das sind ca. 6% ihres Gesamtaufwandes[213]. In der Regel bilden die Mietwagenkosten nach dem eigentlichen Fahrzeugschaden die zweitgrößte Position in der Schadensabrechnung; nicht selten übertreffen **94**

---

206 Vgl. zum Ganzen *Dörner* VersR 1978, 884.
207 LG Krefeld NZV 1992, 323.
208 BGHZ 46, 238.
209 Ebenso schon RGZ 171, 295; anders noch RGZ 71, 216 (Schadensminderungskosten). S. auch *Greger* NZV 1994, 337; BGH VersR 1985, 284, 1090 u. 1092; NZV 1996, 357 = JZ 1996, 1076 m. Anm. *Schiemann*, der diese dogmatische Einordnung für unvereinbar mit der Rechtsprechung zur Nutzungsausfallentschädigung hält (vgl. Rdn. 99).
210 BGH VersR 1985, 283.
211 BGHZ 54, 85; BGH VersR 1985, 284; 1985, 1090; 1985, 1092; *Born* VersR 1978, 783; *Köhnken* VersR 1979, 790.
212 LG Karlsruhe VersR 1989, 61; einschränkend LG Köln VersR 1977, 48; 1987, 210.
213 *Geier* VersR 1996, 1458.

sie sogar den Wert des beschädigten Fahrzeugs. Die enorme wirtschaftliche Bedeutung dieser Aufwendungen steht in einem auffälligen Kontrast zu der Bedenkenlosigkeit, mit der sie häufig getätigt werden. Immer wieder sehen sich Versicherer und Gerichte mit Rechnungen in vierstelliger Höhe konfrontiert, denen nur ganz geringe Fahrleistungen gegenüberstehen. Die im Ausgangspunkt völlig zutreffende Rechtsprechung zum Ersatz von Mietwagenkosten hat offensichtlich im Verein mit einer regen Akquisitionstätigkeit der Autovermietungsbranche zu einer Anspruchshaltung geführt, die weithin nur als überzogen bezeichnet werden kann. Es fällt jedenfalls auf, daß in Österreich, wo ein Mietwagenanspruch nur bei Zahlung einer erhöhten Prämie in der Haftpflichtversicherung besteht, weniger als 1% der Kraftfahrzeughalter Wert auf diese Leistung legen[214]. In den meisten anderen europäischen Ländern werden Mietwagenkosten ohnehin nur bei gewerblicher oder beruflicher Nutzung gezahlt[215]. Das Bemühen der Versicherungsbranche, die Mietwagenaufwendungen gering zu halten, und das gegenläufige Interesse der Autovermieter haben in den letzten Jahren zu massiven Konflikten bei der Schadensregulierung geführt, die teilweise auf dem Rücken der Unfallgeschädigten ausgetragen wurden. Die Rechtsprechung der Instanzgerichte zeigte sich infolge völlig unterschiedlicher Interessengewichtungen außerstande, diesen Konflikt zu lösen. Dadurch geriet der Konflikt um die Mietwagenkosten auch noch zu einem immensen Arbeitsbeschaffungsprogramm für die Justiz. Nur ein Teil der Fragen konnte bisher einer Entscheidung durch den BGH zugeführt werden. In dieser Situation erscheint es besonders wichtig, die Frage nach der Erstattungsfähigkeit der Mietwagenkosten nicht interessenorientiert, sondern von den rechtlichen Grundlagen her zu beurteilen.

95 bb) **Wirtschaftliche Beeinträchtigung als Anspruchsvoraussetzung**. Nach der ständigen Rechtsprechung des BGH rechnen die Mietwagenkosten zu den Herstellungskosten, d. h. sie sind Teil der Aufwendungen, die der Schädiger dem Geschädigten nach § 249 S. 2 BGB ersetzen muß, um die wirtschaftliche Lage herzustellen, in der sich der Geschädigte ohne den Schadensfall befände[216] (vgl. Rdn. 93). Voraussetzung des Anspruchs auf Ersatz dieser Aufwendungen ist also, daß dem Geschädigten durch den Ausfall der ständigen Verfügbarkeit seines Kraftfahrzeugs tatsächlich eine wirtschaftliche Einbuße erwachsen ist. Bei gewerblich genutzten Kraftfahrzeugen wird dies keine besonderen Probleme bereiten (näher hierzu Rdn. 102). Im privaten Bereich aber kommt es vor, daß Kraftfahrzeuge nicht wegen eines wirklichen Bedarfs, sondern aus Liebhaberei, Darstellungsbedürfnis, Gewohnheit, Bequemlichkeit u. ä. Motiven gehalten werden. In solchen Fällen kann die zeitweise entzogene Nutzungsmöglichkeit nur dann als Schaden angesehen werden, wenn man schon der allzeitigen Verfügbarkeit eines Fahrzeugs als solcher einen im Schadensfall ausgleichspflichtigen Wert beimißt. Dies erscheint im Hinblick auf die hohen Kosten, die ein Mietwagen durch bloßes Herumstehen verursacht, bei wertender Betrachtung nicht vertretbar. Grundvoraussetzung für die Zubilligung eines Anspruchs auf Mietwagenkosten sollte daher (wie in den meisten ausländischen Rechtsordnungen; vgl. Rdn. 94) sein, daß der Geschädigte ein wirtschaftliches Interesse an der ständigen Verfügbarkeit eines Kraftfahrzeugs im Ausfallzeitraum darlegt[217]. Besteht ein solches Bedürfnis nur zeitweise (z. B. nur am Wochenende oder nur für Fahrten zum Arbeitsplatz), so kann auch nur insoweit ein ausgleichspflichtiger Schaden bejaht werden[218]. Hätte das Unfallfahrzeug aus Rechtsgründen (z. B. wegen fehlender Haftpflichtversicherung) ohnehin nicht benutzt werden

---

[214] *Geier* VersR 1996, 1458.
[215] Vgl. z. B. die Übersicht bei *Schwarz* NJW 1991, 2058.
[216] BGH VersR 1985, 284 m. w. Nachw.
[217] *Greger* NZV 1994, 338; *Etzel/Wagner* DAR 1995, 18; a. A. *MünchKomm/Grunsky* § 249, 28.
[218] *Greger* NZV 1994, 337 f.

dürfen, so kann seinem Eigentümer auch kein Schaden entstanden sein[219]; ebenso wenn er aus tatsächlichen Gründen, z. B. Krankheit, verhindert war, das Fahrzeug zu nutzen (näher Rdn. 103).

cc) **Erforderlichkeit der Aufwendungen.** Nach § 249 Satz 2 BGB muß der Anspruch- **96**
steller darlegen und beweisen, daß die von ihm veranlaßten Mietwagenkosten zur Schadensbeseitigung erforderlich waren[220]. Als Maßstab für die Erforderlichkeit von Aufwendungen zieht der BGH das Verhalten eines „verständigen, wirtschaftlich denkenden Fahrzeugeigentümers in der Lage des Geschädigten" heran[221]. Der Geschädigte muß also dartun, daß die Dispositionen, die zu den geltend gemachten Aufwendungen führten, wirtschaftlicher Vernunft entsprachen. Hierbei kommt es auf seine damaligen Erkenntnismöglichkeiten an; das Prognoserisiko trägt der Schädiger[222]. Bei der „Vergleichsrechnung" kann auch eine gewisse Toleranzzone anerkannt werden[223]. Kann der Geschädigte aber absehen, daß er nur sehr geringen Fahrbedarf und der Mietwagen damit lange Standzeiten haben wird, so ist die Anmietung eines Ersatzfahrzeugs zweifellos unwirtschaftlich. Hier bietet sich, zumindest in städtischen Bereichen, das Taxi als günstigster Auto-Ersatz an; es sind dann nur die (fiktiven) Taxikosten zu ersetzen (näher Rdn. 105; zur Nutzungsausfallentschädigung in diesen Fällen Rdn. 135). Ein Umsteigen auf Fahrrad oder öffentliche Verkehrsmittel braucht der Geschädigte sich dagegen nicht ansinnen zu lassen[224], weil er seine Lebensgewohnheiten nicht zugunsten des Schädigers zu ändern braucht. Dagegen ist u. U. die verstärkte Nutzung eines Zweitwagens, eines Firmenwagens oder des Fahrzeugs eines Angehörigen[225] – gegen eine billige Entschädigung[226] – vorübergehend zumutbar. Bei nur temporärem Fahrbedarf – etwa am Wochenende – könnte das „Erforderliche" in der kurzzeitigen Anmietung eines Ersatzwagens, z. B. im Rahmen einer Wochenendpauschale, liegen[227].

dd) **Schadensminderungspflicht.** Unter diesem in § 254 Abs. 2 BGB normierten Ge- **97**
sichtspunkt wird vielfach auch die Frage erörtert, ob der Geschädigte (z. B. wegen geringen oder nur zeitweiligen Fahrbedarfs) überhaupt einen Mietwagen nehmen darf[228]. Hierbei geht es jedoch, wie in Rdn. 95 f ausgeführt wurde, schon um das Vorliegen eines Schadens, jedenfalls aber um die Erforderlichkeit der Anmietung eines Ersatzwagens, so daß die Darlegungslast insoweit den Geschädigten trifft[229]. Wie auch sonst strahlt der Rechtsgedanke des § 254 Abs. 2 BGB auf das Merkmal der Erforderlichkeit aus, so daß der Geschädigte bereits unter diesem Aspekt keine hohen Mietwagenkosten auflaufen lassen darf, wenn ihm andere zumutbare Möglichkeiten zur Deckung seines Fahrbedarf zu Gebote stehen, also z. B. ein Zweitfahrzeug. Daß der Geschädigte kein komfortableres Fahrzeug und keine Reisen, die er mit dem eigenen Wagen nicht durchgeführt hätte, in Rechnung stellen darf, folgt schon aus der Natur des Herstellungsanspruchs (weitere Einzelheiten in Rdn. 115 f). Ist absehbar, daß das eigene Kraftfahrzeug für lange Zeit ausfallen und erheblicher Fahrbedarf bestehen wird, so kann der Erwerb eines **Interimsfahrzeugs**[230] das durch die Schadensminde-

---

219 OLG Karlsruhe VersR 1989, 58; LG Frankfurt VersR 1985, 1099.
220 BGH VersR 1985, 284; *Rixecker* NZV 1991, 369.
221 BGH VersR 1985, 285 m. w. Nachw.
222 BGH VersR 1985, 285.
223 *Möller/Durst* VersR 1993, 1072: 30% (m. E. zu hoch).
224 Strenger BGHZ 45, 219 f.
225 OLG Karlsruhe (Freiburg) NZV 1994, 316.
226 Vgl. hierzu BGH VersR 1975, 261 u. Rdn. 121.
227 Zum ganzen auch *Greger* NZV 1994, 338 f; *Etzel/Wagner* DAR 1995, 18 f.
228 Vgl. *Notthoff* VersR 1995, 1017.
229 BGH VersR 1985, 284; *Rixecker* NZV 1991, 369; *Greger* NZV 1994, 338; *Etzel/Wagner* DAR 1995, 18.
230 Vgl. hierzu *Eggert* NZV 1988, 121.

rungspflicht Gebotene sein. In einem solchen Fall kann der Geschädigte gehalten sein, den gegnerischen Versicherer zu informieren (§ 254 Abs. 2 Satz 1 BGB), damit wirtschaftliche Lösungen gefunden werden können[231]. Zu den Anforderungen an die Auswahl des Vermieters und des Miettarifs s. Rdn. 118 f).

98 ee) **Höhe des Aufwendungsersatzes.** Die erheblichen Preisunterschiede auf dem Mietwagenmarkt und die unübersichtliche, teilweise gegen das Kartellrecht[232] und das Verbot unlauteren Wettbewerbs[233] verstoßende Tarifgestaltung der Autovermieter erschweren die Feststellung des im Einzelfall zu leistenden Schadensersatzbetrages. Auch bei anderen Schadenspositionen ist die vom Geschädigten vorgelegte Rechnung, wie der BGH wiederholt ausgesprochen hat, zwar ein Indiz für den „erforderlichen Geldbetrag" i. S. des § 249 S. 2 BGB[234], aber auch nicht mehr, d. h. sie legt den Finanzbedarf nicht automatisch fest[235]. Daher muß, wer bei der Restitution überzogenen Aufwand treibt oder völlig unwirtschaftliche Methoden wählt, eine Kürzung seiner Ansprüche auf ein nach objektiven, wenngleich auf seine Situation abgestellten Kriterien angemessenes Niveau hinnehmen. Auf den Mietwagenkostenersatz übertragen heißt dies, daß der Geschädigte, der unter Erfüllung der vorgenannten Voraussetzungen einen Ersatzwagen bei einem gewerblichen Autovermietee angemietet hat, zwar grundsätzlich den in dessen Rechnung ausgewiesenen Betrag ersetzt verlangen kann[236]. Der Schädiger kann die Indizwirkung der Rechnung aber erschüttern, insbesondere indem er darlegt, daß die Kosten das übliche Niveau deutlich übersteigen oder gar – was vorkommen soll – nur zum Schein (für die Geltendmachung gegenüber dem Versicherer) berechnet werden. Es ist dann Sache des Anspruchstellers, darzulegen und ggf. unter Beweis zu stellen, daß er bei Zugrundelegung seiner konkreten Situation und seiner Erkenntnismöglichkeiten keine unangemessenen Aufwendungen verursacht hat[237]. Gelingt ihm dieser Nachweis nicht, so muß er sich mit einem gemäß § 287 ZPO zu schätzenden Betrag zufrieden geben. Der Vorschlag des OLG München[238], die „erforderlichen" Mietwagenaufwendungen nach dem dreifachen Nutzungswert der Tabelle von *Sanden/Danner/Küppersbusch*[239] zu bemessen, ist dagegen mit den vom BGH aufgestellten Grundsätzen der Schadensbemessung nicht vereinbar[240].

99 ff) **Keine fiktive Abrechnung.** Würde der vom BGH für die Reparaturkosten entwickelte Grundsatz, daß auch bei unterbliebener oder besonders kostengünstiger Reparatur der an sich erforderliche Betrag beansprucht werden kann (Rdn. 52, 66), auf den Ersatz des Nutzungsschadens übertragen, was angesichts der identischen Anspruchsgrundlage naheläge, so könnte auch der Geschädigte, der geringere als die objektiv erforderlichen Kosten verursacht (z. B. weil er persönliche Beziehungen zu dem Vermieter hat oder einen kleineren Wagen nimmt), oder der auf einen Ersatzwagen ganz verzichtet (und den Fahrbedarf z. B. durch Radfahren oder Mitfahren bei Kollegen befriedigt) die (Mehr)Kosten einer normalen Anmietung ersetzt verlangen. Eine solche Übertragung der fiktiven Schadensberechnung auf die Mietwagenkosten lehnt der BGH jedoch ab[241]. An ihre Stelle treten – beim Verzicht auf einen Mietwagen – die Grund-

231 *Etzel/Wagner* VersR 1993, 1194.
232 Vgl. BKartA NZV 1995, 346 ff.
233 BGH NZV 1995, 395: unzulässige Differenzierung zwischen Unfallersatz- und gewöhnlichem Mietwagengeschäft.
234 BGH NZV 1989, 465; *Steffen* NZV 1991, 3.
235 BGHZ 54, 85; 61, 347 f; VersR 1974, 332; 1975, 262.
236 *Greger* NZV 1994, 339.
237 *Greger* NZV 1994, 339; näher zu den hierbei zu stellenden Anforderungen Rdn. 118 f.
238 NZV 1994, 359; DAR 1995, 254.
239 NJW 1997, 700.
240 BGH NZV 1996, 357.
241 BGHZ 45, 220 f; 56, 215; 98, 225 (GSZ); VersR 1975, 262.

sätze über die abstrakte Nutzungsausfallentschädigung (Rdn. 127 ff), die zu einer wesentlich geringeren Ersatzleistung führen. Sind dem Geschädigten Kosten entstanden, die über diesen Sätzen, aber unterhalb der gewöhnlichen Mietwagenkosten liegen, so kann er den tatsächlich aufgewendeten Betrag berechnen (zum Sonderfall der Anmietung von Privat s. Rdn. 121). *Schiemann* hat die Ungleichbehandlung von Mietwagenkostenersatz und abstrakter Nutzungsausfallentschädigung zu Recht als willkürlich bezeichnet[242]. Sie läßt sich dogmatisch weder erklären noch rechtfertigen, sondern resultiert offenbar aus dem Bestreben des BGH, gerufene Geister (restitutionsunabhängige Schadensabrechnung und Kommerzialisierung abstrakter Nutzungsmöglichkeit) nicht im Zusammenwirken übermächtig werden zu lassen.

gg) **Vorteilsausgleich**. Solange der Geschädigte den Mietwagen nutzt, erspart er Betriebskosten für das eigene Fahrzeug. Diese muß er sich anrechnen lassen[243]. Auch über die Höhe dieses Abzugs herrscht in Regulierungspraxis und Rechtsprechung Unsicherheit, seit der früher übliche Pauschalabzug von 15 bis 20% der Mietwagenkosten durch Kostenuntersuchungen in Frage gestellt wurde (näher hierzu Rdn. 124 f). 100

hh) **Anspruchsberechtigung**. Der Anspruch auf Ersatz der Mietwagenkosten steht dem Geschädigten zu. Der Vermieter kann ihn nur geltend machen, wenn er ihm vom Geschädigten abgetreten wurde. Zu den Voraussetzungen einer wirksamen, insbesondere nicht gegen das RBerG verstoßenden Abtretung s. § 7, 229. 101

c) **Besonderheiten bei gewerblich genutzten Fahrzeugen**. Auch bei Beschädigung von solchen Fahrzeugen (z. B. Taxis) kann grundsätzlich Restitution durch Inanspruchnahme eines Mietfahrzeugs verlangt werden. Der Anspruch wird nicht durch die Höhe des zu erwartenden Gewinnentgangs begrenzt, solange nicht die Grenze des § 251 Abs. 2 BGB, d. h. des aus unternehmerischer Sicht ex ante geradezu Unvertretbaren, überschritten ist[244]. Ob dies der Fall ist, läßt sich nicht nach einer starren Regel, sondern nur aufgrund einer Gesamtbetrachtung aller Umstände des Einzelfalles bestimmen[245]. Unter mehrerer Möglichkeiten der Restitution (Mietwagen, Reservefahrzeug, Ausschöpfung der betrieblichen Restkapazität) hat der Geschädigte aber die wirtschaftlichste zu wählen, wobei ebenfalls eine Betrachtung ex ante anzustellen ist[246] und der Schädiger das Prognoserisiko trägt[247]. Daß das beschädigte Fahrzeug noch fahrfähig ist, hindert die Inanspruchnahme eines Mietwagens dann nicht, wenn das äußere Erscheinungsbild für den gewerblichen Einsatz, etwa als Taxi oder Omnibus, von Bedeutung ist[248]. Zur Berechnung des angemessenen Mietzinses für einen Reisebus s. OLG Hamm NZV 1994, 356. 102

d) **Einzelheiten zum Mietwagenkostenersatz**

aa) **Ausschluß**. Keinen Mietwagen kann der Geschädigte in Anspruch nehmen, der 103

– vorhersehbar nur geringen Fahrbedarf hat, so daß ihm unter Berücksichtigung der persönlichen und örtlichen Verhältnisse die Benutzung eines Taxis zugemutet werden kann[249];

---

242 JZ 1996, 1079.

243 BGH NJW 1963, 1399; VersR 1969, 828.

244 BGH VersR 1985, 284; 1994, 64; OLG Karlsruhe NZV 1989, 71; OLG Nürnberg NJW-RR 1990, 984; LG Frankfurt DAR 1988, 425; LG Hamburg VersR 1989, 926; LG Nürnberg-Fürth VersR 1961, 1260; *Etzel/Wagner* DAR 1995, 18; *Born* NZV 1993, 3.

245 BGH VersR 1994, 64; OLG Hamm NZV 1993, 392; OLG Köln NZV 1993, 150; OLGR Frankfurt 1996, 86; enger 31. VGT 1993 (NZV 1993, 104): nicht über 200% des Gewinnausfalls. Einzelheiten zur Verhältnismäßigkeitsprüfung bei *Grüneberg* NZV 1994, 135 ff.

246 BGHZ 61, 347.

247 BGH VersR 1972, 1025.

248 OLG Hamm NZV 1994, 356.

249 BGHZ 45, 219; BGH NJW 1967, 552; 1969, 1477; OLG Frankfurt VersR 1992, 621; OLG München NZV 1992, 362; OLG

– die zu erwartenden Fahrleistungen mit einem (in etwa gleichwertigen[250]) Zweit- oder Reservefahrzeug, dem Fahrzeug eines Familienangehörigen oder des Lebensgefährten[251] ausführen kann;
– verletzungs- oder krankheitsbedingt an der Benutzung des Kraftfahrzeugs gehindert ist[252];
– für das Unfallfahrzeug keinen Haftpflichtversicherungsvertrag abgeschlossen hatte[253].

104 Der Ausschluß wegen des Fehlens eigener Nutzungsabsicht oder -fähigkeit greift aber nicht ein, wenn der Geschädigte das Fahrzeug für die Nutzung durch eine andere Person angeschafft hatte und diese das Fahrzeug genutzt hätte[254].

105 Ist ein Mietwagenkostenersatz nach Vorstehendem ausgeschlossen, so kann u. U. abstrakte Nutzungsausfallentschädigung beansprucht werden (s. Rdn. 135). Nutzungswille und Nutzungsfähigkeit sind allerdings auch dort vorausgesetzt (Rdn. 134). Auf jeden Fall ersetzt verlangen kann er die Kosten der notwendigen Benutzung ersatzweise benutzter anderer Verkehrsmittel. Zu den Vorhaltekosten für Reservefahrzeuge s. § 7, 199 f. Zur Leistung eines angemessenen Ersatzes bei Überlassung eines Fahrzeugs durch Dritten s. Rdn. 121.

106 bb) Bei der **Gleichwertigkeit** von beschädigtem und gemietetem Fahrzeug ist nicht allein auf den Fahrzeugtyp abzustellen. War das beschädigte Fahrzeug schon alt und abgenutzt, kann der Geschädigte nicht die Kosten eines in einwandfreiem Zustand befindlichen Mietfahrzeugs verlangen; hier kann er vielmehr gehalten sein, zum Ausgleich ein Fahrzeug einer niedrigeren Preisklasse zu nehmen[255]. Ebenso verhält es sich, wenn ein dem beschädigten Kraftfahrzeug typgleiches Kraftfahrzeug auf dem Mietwagenmarkt nur unter unverhältnismäßigen Aufwendungen erhältlich ist[256]. Hier können auch gesteigerte Erkundigungspflichten bestehen[257]. Jedoch darf auch der Eigentümer eines besonders komfortablen und repräsentativen Wagens der höheren Preisklasse einen Ersatzwagen mieten, der in etwa denselben Komfort aufweist[258], desgleichen der Eigentümer eines Luxuswagens mit sportlicher Note[259]. Bloße Zusatzausrüstungen des Unfallwagens rechtfertigen jedoch nicht die Anmietung eines Wagens einer höheren Preisklasse[260].

107 cc) Die **Mietzeit**, für welche Ersatz verlangt werden kann, richtet sich nach der notwendigen Dauer der Reparatur bzw. Ersatzbeschaffung. Hierbei ist ggf. die Zeit für die Erstellung eines Schadensgutachtens und für Verhandlungen mit dem Haftpflichtversicherer des Schädigers, die unumgängliche Wartezeit auf einen Reparaturtermin, eine angemessene Überlegungsfrist für die Entscheidung, ob der Schaden durch Repara-

---

Hamm NZV 1995, 356; OLG Düsseldorf VersR 1965, 770; 1970, 42; LG München I VersR 1967, 591; LG Düsseldorf VersR 1970, 357; LG Bochum VersR 1976, 299; LG Wiesbaden VersR 1983, 671; LG Deggendorf ZfS 1995, 454 (Unzumutbarkeit wegen entlegenen Wohnorts); AG Opladen NJW 1972, 2306; *Born* VersR 1978, 786; *Dörner* VersR 1973, 702.

250 Zu weitgehend daher AG Kenzingen NZV 1990, 480 für Pkw und Motorrad.

251 OLG Karlsruhe NZV 1994, 316.

252 Nach OLG Hamm NJW-RR 1994, 793 nicht in jedem Fall bei ärztlich verordneter Bettruhe.

253 OLG Frankfurt NZV 1995, 68: rückwirkende Auflösung aber unschädlich.

254 OLG Frankfurt DAR 1995, 23.

255 Vgl. LG Heilbronn VersR 1982, 784; LG Köln VersR 1987, 210; LG Freiburg VersR 1989, 1277; VRS 88, 87; *Born* VersR 1978, 788.

256 BGH VersR 1967, 183; vgl. auch den Fall OLG Nürnberg NZV 1994, 357, wo bei Anmietung eines typgleichen Wagens Mietkosten von 278 000 DM entstanden wären.

257 OLG Düsseldorf NZV 1996, 496.

258 BGH VersR 1982, 548; *Koller* NJW 1983, 16; a. A. OLG Celle VersR 1981, 934.

259 OLG Düsseldorf NZV 1996, 496.

260 OLG Nürnberg DAR 1981, 14; LG Traunstein NZV 1993, 156 (Autotelefon).

tur oder Ersatzbeschaffung ausgeglichen werden soll, sowie eine angemessene Frist für die Suche nach einem Ersatzfahrzeug einzurechnen.

Welche Zeiträume angemessen sind, hängt sehr von den Umständen des Einzelfalls ab[261]. Der **108** Versuch, eine vorherige Kostenübernahmeerklärung des Haftpflichtversicherers zu erlangen, rechtfertigt eine Verzögerung in der Regel nicht[262]. Fehlt dem Geschädigten aber nachweislich die Möglichkeit zur Vorfinanzierung eines Ersatzkaufes oder einer Reparatur sowie zur Aufnahme eines Kredites, so sind die Mietwagenkosten bis zur Auszahlung der Entschädigungssumme erstattungsfähig[263]. Dies wird allerdings nur in Ausnahmefällen in Betracht kommen und setzt eine Information des Ersatzpflichtigen zur Schadensabwendung (Vorschuß) voraus[264].

Alleine die **Erwartung einer längeren Mietdauer** nötigt den Geschädigten nicht, sich mit einem **109** kleineren Mietwagen zu begnügen[265]; er muß aber ggfs. von einem Pauschalpreisangebot oder Langzeittarif Gebrauch machen[266] oder eine zumutbare Behelfsreparatur vornehmen lassen[267]. Bei einer voraussichtlichen Reparaturzeit von ca. drei Monaten gebietet die Schadensminderungspflicht grundsätzlich die Beschaffung eines Interimsfahrzeugs[268]

Bei **Verzögerungen**, die vom Geschädigten zu vertreten sind, mindert sich sein Anspruch nach **110** § 254 Abs. 2 BGB. Verzögerungen aus dem Verantwortungsbereich von Werkstatt[269] oder Gutachter[270] sind ihm nicht ohne weiteres zuzurechnen, sondern nur dann, wenn ihm selbst ein Vorwurf gemacht werden kann. Hierbei dürfen keine allzu hohen Anforderungen gestellt werden. Der Geschädigte ist z. B. nicht verpflichtet, eigens nach einer besonders schnellen Werkstätte zu suchen. Er braucht sich auch, wenn sich kein Anhalt für eine unverhältnismäßig lange Reparaturdauer ergibt, nicht nach der voraussichtlichen Reparaturzeit zu erkundigen[271]. Zu weit geht es auch, von ihm zu verlangen, daß er durch tägliche Vorsprachen und Anrufe auf eine zügige Reparatur drängt[272]. Allerdings kann verlangt werden, daß er dann, wenn er von einer Werkstatt auf eine besonders lange Wartezeit hingewiesen wird, eine andere sucht; ebenso daß er bei unangemessen langer Reparaturdauer auf Fertigstellung dringt[273]. Bei unvermeidbaren Verzögerungen muß er den Ersatzpflichtigen auf die Gefahr eines ungewöhnlich hohen Schadens infolge Auflaufens von Mietwagenkosten aufmerksam machen[274]. Geht die Verzögerung zu Lasten des Schädigers, so kann er die Abtretung etwaiger vertraglicher Ansprüche des Geschädigten gegen die Werkstatt verlangen (vgl. auch Rdn. 51).

Bei einer **Verzögerung der Schadensregulierung** durch den Haftpflichtversicherer kann der Ge- **111** schädigte den Mietwagen weiterbenutzen, wenn er selbst weder mit Eigenmitteln noch mit Hilfe eines Kredits zur Vorfinanzierung in der Lage ist[275]; auf die Gefahr eines besonders hohen Schadens muß er den Ersatzpflichtigen jedoch hinweisen[276].

Läßt der Geschädigte zusammen mit den Unfallschäden auch **unfallunabhängige Schäden** repa- **112** rieren, so kann er nur für den Teil der Reparaturzeit einen Mietwagen beanspruchen, der für die reine Unfallreparatur angefallen wäre[277].

Kauft der Geschädigte einen **Neuwagen**, obwohl er nach den Grundsätzen des Schadensrechts **113** nur Anspruch auf Reparatur oder Bezahlung eines Gebrauchtwagens hat, so kann er die Miet-

---

261 Vgl. OLG Celle VersR 1963, 567; OLG Düsseldorf VersR 1963, 1085; OLG Hamm NJW 1964, 406; OLG München VersR 1964, 442; 1974, 1186; OLG Oldenburg VersR 1967, 362; OLG Stuttgart VersR 1972, 448; OLG Nürnberg VersR 1976, 373.

262 OLG Hamm VersR 1986, 43.

263 LG Gießen VersR 1988, 1044 m. Anm. *Zwerenz*; LG Frankfurt/M. NJW-RR 1992, 1183.

264 KG VM 1994, Nr. 7.

265 **A. A.** AG Karlsruhe VersR 1984, 1179.

266 OLG Köln NZV 1990, 429; LG Frankenthal VersR 1986, 248.

267 OLG Köln NZV 1990, 429.

268 OLG Oldenburg VersR 1982, 1154; OLG Hamm ZfS 1991, 234.

269 BGH VersR 1975, 184.

270 LG Hanau ZfS 1990, 124.

271 OLG München VersR 1966, 786; anders u. U. in der Ferienzeit, vgl. OLG Stuttgart VersR 1981, 1061.

272 So OLG Jena OLG-NL 1995, 223.

273 LG Detmold VersR 1967, 510.

274 LG Karlsruhe VersR 1982, 562.

275 OLG München VersR 1969, 1098; OLG Köln Betrieb 1973, 177.

276 OLG Schleswig VersR 1967, 68.

277 BGH VersR 1960, 902; vgl. auch BGH VRS 52, Nr. 39.

wagenkosten nur bis zu dem Zeitpunkt beanspruchen, bis zu dem die Reparatur oder Ersatzbeschaffung möglich gewesen wäre[278]. Etwas anderes kann aber u. U. dann gelten, wenn der Geschädigte bereits vor dem Unfall einen Neuwagen bestellt hatte, denn hier ist es – abgesehen von den Fällen besonders langer Lieferfristen – in der Regel nicht zumutbar, zwischendurch noch einen Gebrauchtwagen zu erwerben[279]. Keinen ausreichenden Grund, Mietwagenkosten bis zur Lieferung eines Neuwagens zuzubilligen, stellt es dagegen dar, wenn der Geschädigte aus beruflichen Gründen stets nur Neuwagen kauft[280]. Ist er aber zur Abrechnung auf Neuwagenbasis berechtigt (Rdn. 32 ff), so kann er nach den für Totalschäden geltenden Grundsätzen für den Beschaffungszeitraum einen Mietwagen in Anspruch nehmen[281].

114 Die Schadensminderungspflicht kann gebieten, die Mietzeit durch **Weiterbenutzung des Unfallfahrzeugs** bis zum Beginn der Reparatur abzukürzen, sofern es nur geringfügig beschädigt und in seiner Verkehrssicherheit nicht beeinträchtigt ist. Läßt sich z. B. die Inanspruchnahme eines Mietwagens zunächst dadurch vermeiden, daß der Geschädigte mit einer provisorischen Stoßstange fährt, so ist er – auch bei teuren Wagen – hierzu verpflichtet[282]. Im übrigen hängt die Zumutbarkeit von den Umständen des Einzelfalles ab. Sie kann fehlen bei einem Fahrzeug, das zu Repräsentations- oder Erwerbszwecken (z. B. Taxi) gebraucht wird. U. U. – etwa bei Bevorstehen einer größeren Reise oder wegen Reparaturverzögerung durch die Ferienzeit – kann es sogar geboten sein, die Reparatur zurückzustellen und das Fahrzeug zunächst in beschädigtem Zustand weiterzubenutzen, wenn auf diese Weise unverhältnismäßig hohe Mietwagenkosten vermieden werden können[283].

115 dd) Hinsichtlich des **Umfangs der Nutzung** braucht sich der Geschädigte keine besondere Beschränkung aufzuerlegen. Er kann den Mietwagen im gleichen Umfang – aber auch nur in diesem – nutzen, wie er sein eigenes Fahrzeug genutzt hätte[284], also z. B. auch für eine weitere Reise[285]. Bei krassem Mißverhältnis zwischen dem Fahrzeugwert und den zu erwartenden Mietkosten kann allerdings, soweit nach den Umständen zumutbar, der Kauf eines Interimsfahrzeugs geboten sein[286].

116 Bei Beschädigung des Kraftfahrzeugs während einer **Reise** ist grundsätzlich für die Inanspruchnahme eines Mietwagens aufzukommen, wenn diese zur Fortsetzung der Reise notwendig war[287]. Auf die Benutzung der Bahn[288] oder die Beschaffung eines Interimsfahrzeugs[289] braucht sich der Geschädigte allenfalls in Ausnahmefällen verweisen zu lassen; daß die Mietwagenkosten den Wert des Fahrzeugs übersteigen, reicht hierfür alleine noch nicht aus (vgl. auch Rdn. 93). Zu Recht hat der BGH[290] einem Geschädigten, der mit Familie zu einem fünfwöchigen Urlaub in der Türkei unterwegs war, nicht zugemutet, sich unter Aufopferung einiger Urlaubstage[291] bei ungeklärter Finanzierung und an fremdem Ort um einen Ersatz für sein sechs Jahre altes Auto zu bemühen, sondern die Mietwagenkosten zugesprochen, obwohl sie um das Doppelte höher waren als die Wiederbeschaffungskosten. Bei geringfügiger Beschädigung des Kraftfahrzeugs kann der Geschä-

---

278 OLG Hamm VersR 1962, 1017; 1993, 766.
279 OLG München DAR 1976, 157.
280 A. A. *Walter* 65; OLG Hamburg VersR 1960, 450 m. abl. Anm. *Ruhkopf* 719; OLG Celle VersR 1962, 187.
281 OLG Karlsruhe DAR 1994, 26.
282 OLG München VersR 1968, 605.
283 OLG Stuttgart VersR 1981, 1061.
284 KG OLGZ 1976, 193.
285 LG Nürnberg-Fürth VersR 1974, 507.
286 Näher hierzu *Eggert* NZV 1988, 121 ff.
287 BGH VersR 1985, 1090; KG DAR 1977, 185; OLG Karlsruhe VersR 1981, 885; OLG München VersR 1983, 1064.
288 Vgl. OLG Stuttgart VersR 1977, 44; OLG Köln VersR 1979, 965.
289 OLG Frankfurt VersR 1982, 859.
290 VersR 1985, 1090.
291 Vgl. hierzu auch OLG Nürnberg VersR 1974, 677; OLG Köln VersR 1979, 965 (Zumutbarkeit bejahend); KG DAR 1977, 185; OLG München VersR 1983, 1064 (verneinend).

digte u. U. gehalten sein, die Reise nach notdürftiger Ausbesserung fortzusetzen. Dasselbe gilt bei Beschädigung unmittelbar vor Antritt einer unaufschiebbaren Reise[292].

ee) Die zu ersetzende **Höhe der Mietkosten** richtet sich im Grundsatz nach dem tatsächlich angefallenen Betrag (Rdn. 98). Die (früheren) HUK-Empfehlungen[293] sind hierfür ohne Bedeutung[294], ebenso der objektive Nutzungswert[295] (vgl. Rdn. 98 a. E.). Wurde zwischen Autovermieter und Geschädigtem kein bestimmter Mietpreis vereinbart, sondern nur besprochen, daß die Kosten ausschließlich den Haftpflichtversicherer treffen sollen, so ist der günstigste Tarif als vereinbart anzusehen[296]. **117**

Der Geschädigte verletzt aber seine **Schadensminderungspflicht**, wenn er sich zur Bezahlung einer täglichen Mindestfahrtstrecke verpflichtet, die er üblicherweise nicht erreicht[297] oder wenn er von der ihm angebotenen Möglichkeit eines Sondertarifs oder Pauschalpreises keinen Gebrauch macht. Die Anforderungen an den Geschädigten beim Ausfindigmachen von Sonderkonditionen und Tarifvorteilen dürfen aber angesichts des wenig transparenten Marktverhaltens der Autovermieter nicht überspannt werden[298]. Wurde ihm, wie in der Praxis fast ausschließlich üblich[299], nur der (scheinbar auf seine Bedürfnisse zugeschnittene, in Wirklichkeit aber in der Regel unwirtschaftlichere) Unfallersatztarif[300] angeboten, so handelt er grundsätzlich nicht schuldhaft, wenn er zu diesem Tarif abschließt[301]. In der Rechtsprechung der Instanzgerichte wurden hier in der Vergangenheit vielfach zu weitgehende Anforderungen gestellt[302]. Das Risiko, daß der Geschädigte vom Vermieter nicht über den günstigsten Tarif unterrichtet wird, trägt der Schädiger[303]. Er kann aber verlangen, daß der Geschädigte ihm seinen Schadensersatzanspruch aus falscher oder unterlassener Aufklärung über die **118**

---

292 OLG Stuttgart VersR 1982, 559; OLG Hamm NJW-RR 1989, 730.

293 Vgl. hierzu *Heitmann* VersR 1993, 24; *Möller/Durst* VersR 1993, 1070; BKartA NZV 1995, 346; *Köhler* NJW 1995, 2019 (auch zur Kartellrechtswidrigkeit der an ihre Stelle getretenen bilateralen Regulierungsabkommen zwischen Versicherern und Autovermietern).

294 OLG Stuttgart NZV 1994, 314 m. Anm. *Buchholz-Duffner*, OLG Frankfurt NZV 1995, 108; LG Essen NZV 1993, 356.

295 A. A. OLG München NZV 1994, 359; DAR 1995, 254.

296 OLG Naumburg NZV 1996, 233; *Greger* NZV 1996, 431.

297 OLG Düsseldorf NJW 1969, 2051; LG München I VersR 1967, 591; LG Nürnberg-Fürth VersR 1965, 913; LG Bochum VersR 1973, 381; a. A. LG Krefeld DAR 1968, 114.

298 OLG Nürnberg NZV 1994, 479; OLG Stuttgart NZV 1994, 314 m. Anm. *Buchholz-Duffner*; OLG Frankfurt NZV 1995, 108; OLG Karlsruhe DAR 1993, 229; LG Hagen ZfS 1995, 215; *Rixecker* NZV 1991, 372; *Greger* NZV 1994, 339 f; *Notthoff* VersR 1995, 1019.

299 Vgl. *Rixecker* NZV 1991, 370; *Etzel/Wagner* DAR 1995, 20.

300 Zur wettbewerbsrechtlichen Unzulässigkeit besonderer Tarife für Unfallgeschädigte s. BGH NZV 1995, 395 u. *Greger* NZV 1996, 431. Zu den kalkulatorischen Grundlagen solcher Tarife *Albrecht* NZV 1996, 49.

301 BGH NZV 1996, 357 = JZ 1996, 1076 m. zust. Anm. *Schiemann*; OLG Karlsruhe DAR 1996, 58; *Greger* NZV 1994, 340.

302 Z. B. OLG Celle ZfS 1990, 190; OLG Hamm NZV 1993, 189; 1994, 358; VersR 1994, 1441; ZfS 1993, 10; OLG München NZV 1994, 359; OLG Nürnberg NJW-RR 1990, 1502; NZV 1994, 24; OLG Karlsruhe ZfS 1992, 197; OLG Köln VersR 1996, 121; OLGR Düsseldorf 1995, 108; ebenso *Möller/Durst* VersR 1993, 1072; *Etzel/Wagner* VersR 1993, 1195 u. DAR 1995, 19. Differenzierend OLG Düsseldorf NZV 1995, 191.

303 OLG Koblenz NZV 1988, 224; OLG Köln NZV 1990, 68; KG NZV 1995, 314; a. A. OLG Karlsruhe DAR 1993, 229; OLG Düsseldorf NZV 1995, 190; *Möller/Durst* VersR 1993, 1074; *Etzel/Wagner* DAR 1995, 20.

Tarifgestaltung[304] abtritt[305]; da er hierauf einen Anspruch hat, liegt in der Geltendmachung des fremden Anspruchs keine unerlaubte Rechtsbesorgung[306]. Außerdem kann der Versicherer auch durch rechtzeitige Aufklärung des Geschädigten und ggf. Leistung eines vom Vermieter geforderten Vorschusses darauf hinwirken, daß der Geschädigte in die Lage versetzt wird, zu einem günstigeren Tarif abzuschließen[307]. Die Darlegungs- und Beweislast dafür, daß der Geschädigte unter Verstoß gegen die Schadensminderungspflicht zu einem zu teuren Tarif abgeschlossen hat, trägt der Schädiger[308]. Hat dieser jedoch substantiiert dargelegt, daß die vom Geschädigten verursachten Kosten deutlich außerhalb des im Unfallersatzgeschäft üblichen Rahmens liegen, muß der Geschädigte darlegen und unter Beweis stellen, daß er bei Zugrundelegung seiner konkreten Situation keine Möglichkeit hatte, die Kosten niedriger zu halten (s. hierzu Rdn. 119).

119 Auch bei der **Wahl des Vermieters** dürfen die Anforderungen an den Geschädigten nicht überspannt werden. Unter mehreren ihm vorliegenden Angeboten muß er zwar grundsätzlich das günstigste wählen[309], doch dürfen von ihm keine besonderen Bemühungen verlangt werden, das günstigste herauszufinden[310]. Er ist entgegen der (vor allem in der Rechtsprechung) herrschenden Ansicht[311] nicht verpflichtet, vor der Anmietung Preisvergleiche anzustellen und braucht, wenn er solche unterläßt, keine Kürzung seiner Ansprüche auf die Sätze eines preisgünstigeren Unternehmens hinzunehmen. Nur für den Fall, daß er deutlich aus dem üblichen Rahmen fallende Kosten geltend macht[312], muß er dartun, daß ihm dies nach seinen Kenntnissen und Möglichkeiten nicht erkennbar war und daß auch ein oder zwei Kontrollanrufe bei Konkurrenzunternehmen ihm dies nicht aufgezeigt hätten[313]. Wenn besonders hohe Mietkosten zu erwarten sind (z. B. wegen längerer Reise[314] oder mehrwöchiger Anmietung eines besonders aufwendigen Fahrzeugs[315]) sowie im gewerblichen Bereich[316] können höhere Anforderungen an die Erkundigungspflicht gestellt werden.

---

304 S. hierzu OLG Koblenz NZV 1992, 236; OLG Karlsruhe DAR 1993, 229; OLG Nürnberg NZV 1994, 25; LG Bückeburg ZfS 1995, 176; *Notthoff* VersR 1995, 1019; *Etzel/Wagner* VersR 1993, 1195 u. DAR 1995, 20; *Möller/Durst* VersR 1993, 1073. Zurückhaltend *Rixecker* NZV 1991, 371.

305 BGH NZV 1996, 358; OLG Stuttgart NZV 1994, 315 m. Anm. *Buchholz-Duffner;* OLG Frankfurt NZV 1995, 109; *Notthoff* VersR 1995, 1019; *Etzel/Wagner* VersR 1993, 1196 (anders aber *dies.* in DAR 1995, 20).

306 BGH NZV 1996, 274.

307 Vgl. OLG Stuttgart VersR 1992, 1485; *Etzel/Wagner* VersR 1993, 1195; wettbewerbswidrig ist allerdings nach OLG Düsseldorf NZV 1995, 450 das Hinlenken auf eine versicherungseigene Vermietungsgesellschaft.

308 A. A. OLG Karlsruhe VersR 1993, 767.

309 OLG Düsseldorf VersR 1970, 42.

310 BGH VersR 1985, 285; OLG Saarbrücken ZfS 1994, 289; OLG Frankfurt NZV 1995, 108; *Notthoff* VersR 1995, 1018; *Greger* NZV 1994, 339.

311 OLG Hamm NZV 1994, 358; OLG Nürnberg NZV 1994, 24; OLG Düsseldorf NZV 1991, 465; OLG Köln VersR 1990, 280; 1993, 767; 1996, 121; OLG Naumburg OLG-NL 1994, 272; OLGR Jena 1995, 231; LG Offenburg NZV 1990, 156; *Rixecker* NZV 1991, 372; *Etzel/Wagner* VersR 1994, 1194 f; *Möller/Durst* VersR 1993, 1072.

312 Nur auf diesen Fall beziehen sich die von der vorzitierten Rechtsprechung herangezogenen Ausführungen zur Erkundigungspflicht in BGH VersR 1985, 285 u. 1092.

313 OLG Stuttgart NZV 1994, 314 m. Anm. *Buchholz-Duffner*; OLG Frankfurt NZV 1995, 108; *Greger* NZV 1994, 339; im Ergebnis auch BGH VersR 1985, 1092, LG Hagen ZfS 1995, 215.

314 OLG Stuttgart VersR 1982, 560; OLG Nürnberg NJW-RR 1990, 1502.

315 OLG Düsseldorf NZV 1996, 496.

316 OLG Karlsruhe VRS 78, 322: Miettaxi; OLG Hamm VersR 1996, 773: Lkw.

Auch bei **Anmietung eines billigeren Ersatzfahrzeugs** richtet sich der zu ersetzende Betrag nach den tatsächlichen, nicht den ihm an sich „zustehenden" Kosten[317] (zum Abzug der Eigenersparnis in diesen Fällen s. Rdn. 125). Für die Differenz der Nutzungswerte kann grundsätzlich auch keine abstrakte Entschädigung verlangt werden (vgl. Rdn. 135). 120

Mietet er ein Fahrzeug **von Privat**, insbesondere von einem Angehörigen, so darf er nicht die bei gewerblichen Vermietern üblichen Sätze vereinbaren, da diese, nachdem der Gewinn und die spezifischen Unkosten eines Unternehmers hier nicht anfallen, als überhöht anzusehen wären[318]. Die Zubilligung eines angemessenen Mietzinses kann aber nicht mit der Erwägung abgelehnt werden, daß unter Angehörigen eine unentgeltliche Gebrauchsüberlassung zu erwarten sei. Dem steht der Grundsatz entgegen, daß freiwillige Leistungen Dritter den Schädiger nicht entlasten sollen (vgl. § 7, 202). Abzulehnen ist daher auch die Ansicht des OLG Karlsruhe[319], der Mietzins sei nicht zu erstatten, wenn der Vermieter eine OHG ist, deren Gesellschafter auch Gesellschafter der geschädigten OHG sind. 121

ff) Bei der Anmietung eines Kraftfahrzeugs wird üblicherweise eine **Haftungsfreistellung** für evtl. Beschädigungen des Mietfahrzeugs vereinbart, für die der Mieter eine Prämie zu entrichten hat. Diese Prämie kann er nach dem Grundsatz des vollen Schadensausgleichs dann vom Schädiger ersetzt verlangen, wenn er für das geschädigte Kraftfahrzeug eine Vollkaskoversicherung – mit entsprechender Selbstbeteiligung[320] – abgeschlossen hatte[321]. Fehlt es hieran, so erscheint die Abwälzung der Freistellungskosten auf den Ersatzpflichtigen nicht gerechtfertigt, da der Geschädigte durch die Befreiung von dem – auch bei Benutzung des eigenen Fahrzeugs ihn treffenden – Schadensrisiko einen über den Schadensausgleich hinausgehenden Vorteil erlangen würde[322]. Die h. M. billigt dem Geschädigten jedoch, zumindest bei Pkw, einen Anspruch auf 50% der Freistellungskosten zu, weil er bei Benutzung des Mietwagens ein entsprechend zu bemessendes Sonderrisiko zu tragen habe[323]. 122

gg) Die Kosten einer **Rechtsschutzversicherung** für das gemietete Kraftfahrzeug kann der Geschädigte nur beanspruchen, wenn er eine solche auch für sein eigenes Fahrzeug abgeschlossen hatte und diese keinen Versicherungsschutz beim Benutzen fremder Fahrzeuge gewährt[324]. Ebenso hat der Geschädigte Anspruch auf Ersatz der Beiträge zu einer Insassen-Unfallversicherung nur, wenn eine solche auch für das eigene Kraftfahrzeug bestand[325]. 123

---

317 BGH NJW 1967, 552; VersR 1983, 759; OLG Köln NJW 1967, 570; OLG Frankfurt RuS 1982, 237; *Born* VersR 1978, 777; **a. A.** *MünchKomm/Grunsky* § 249, 29b.

318 BGH NJW 1975, 255 m. Anm. *Fenn* 684; OLG Hamm NJW-RR 1993, 1053; LG Mainz NJW 1975, 1421 m. Anm. *Eggert* 2018; LG Karlsruhe NJW-RR 1989, 732. **A. A.** *MünchKomm/Grunsky* § 249, 28. Für fiktive Berechnung der üblichen Sätze *Müller* JuS 1985, 286.

319 Justiz 1967, 51.

320 **A. A.** OLG Hamm NZV 1994, 188.

321 BGHZ 61, 331; OLG Nürnberg DAR 1964, 103; VersR 1965, 247; OLG Oldenburg VersR 1983, 470; OLG Hamm NJW-RR 1994, 793; *von Caemmerer* VersR 1971, 973; *Born* VersR 1978, 781.

322 Ebenso OLG Karlsruhe VersR 1972, 567; 1973, 66; *von Caemmerer* VersR 1971, 973; *Sanden/Völtz* 288.

323 BGHZ 61, 325; BGH VersR 1974, 657; OLG Schleswig VersR 1975, 268; OLG Hamburg VersR 1976, 371; OLG München VersR 1976, 1145; LG Baden-Baden VersR 1983, 592; LG Hagen ZfS 1995, 215; für stärkere Differenzierung im Einzelfall *MünchKomm/Grunsky* § 249, 31; *Wadle* JuS 1975, 365.

324 OLG Hamm VersR 1972, 1033.

325 LG Bielefeld VersR 1973, 776; *Born* VersR 1978, 780.

124 hh) Von den Mietwagen- bzw. Taxikosten abzuziehen sind die **ersparten Eigenbetriebskosten** des Geschädigten. Dieser hat durch die Nutzung des fremden anstatt des eigenen Fahrzeugs einen Vorteil in Form geringeren Verschleißes, anteiliger Inspektions- und Reparaturkosten sowie ersparten Verbrauchs von Öl und (bei Taxinutzung) Treibstoff erhalten, der nach den allgemeinen Grundsätzen (vgl. § 7, 202) auszugleichen ist[326]. In der Regulierungspraxis wurden bisher üblicherweise pauschal 15–20% von den Mietwagenkosten für Eigenersparnis abgezogen[327]. In jüngerer Zeit gehen die Gerichte aber im Anschluß an ein Gutachten von *Meinig*[328], in dem ein Abzug von 3% als vertretbar angesehen wurde, zunehmend zu geringeren Abzügen über[329]. All diese Pauschalierungen sind im Grunde nicht ganz unbedenklich, weil die Ersparnis im Einzelfall von zahlreichen individuellen Faktoren (insbesondere Alter des Fahrzeugs, Ausmaß der Nutzung) abhängig ist[330], erscheinen jedoch im Hinblick auf § 287 ZPO hinnehmbar, weil sich ohnehin nur Näherungswerte ermitteln lassen. Dies gilt zwar auch für die von BGH VersR 1969, 828 befürwortete Berechnung anhand von Betriebskostentabellen[331]; gleichwohl verdient diese, da näher an der Realität, den Vorzug[332]. Jedenfalls wird das Gericht einem nachvollziehbar konkret abrechnenden Geschädigten kaum noch mit einem Pauschalabzug von 15% begegnen können. Von einer bestimmten Nutzungsdauer oder Kilometerleistung sollte der – ohnehin pauschalierte – Abzug für Kostenersparnis nicht abhängig gemacht werden[333]. Frage des Einzelfalles ist, ob bei außergewöhnlich starker, z. B. gewerbsmäßiger, Nutzung ein höherer Abzug gerechtfertigt ist[334].

125 Auch bei **Anmietung eines billigeren Ersatzfahrzeugs** ist der Abzug für ersparte Eigenbetriebskosten vorzunehmen[335]. An dem auszugleichenden Vorteil der Kostenersparnis ändert sich dadurch nichts, daß der Geschädigte auf einen wertgleichen Mietwagen verzichtet. Allerdings haben die meisten Haftpflichtversicherer sich freiwillig

---

326 BGH NJW 1963, 1399.

327 OLG Nürnberg VersR 1960, 956; OLG Hamm VersR 1961, 118; NJW 1964, 406; OLG Köln VersR 1967, 1081; OLG München VersR 1970, 67; KG VersR 1977, 82; LG Freiburg NZV 1990, 235 (10%). S. auch *Etzel/Wagner* VersR 1993, 1194 u. *Notthoff* VersR 1994, 909 m. w. Nachw.

328 DAR 1993, 281.

329 OLG Stuttgart NZV 1994, 315 (3,5%); OLG Karlsruhe DAR 1996, 56 (3%); LG Freiburg VRS 88, 87 (5%). Vgl. auch OLG Düsseldorf VersR 1996, 987 mit Aufgabe der bisherigen Rechtsprechung: nicht über 10%. Dafür auch *Notthoff* VersR 1995, 1016 f m. w. Nachw.; für 10% als Richtwert *Greger* NZV 1996, 432.

330 Vgl. *Müller* JuS 1985, 286.

331 Z. B. im ADAC-Handbuch Auto, Kosten und Steuern; für Nutzfahrzeuge s. *Danner/Echtler* VersR 1990, 1066.

332 Für konkrete Berechnung auch OLG Karlsruhe NZV 1990, 116; VRS 78, 402; OLG Düsseldorf NZV 1996, 498; AG Oberhausen NZV 1993, 275; hilfsweise *Notthoff* VersR 1995, 1017; *Melzer* DAR 1994, 44.

333 *Born* VersR 1978, 779; **a. A.** OLG Düsseldorf DAR 1961, 306; OLG Hamm MDR 1960, 226; 1962, 305; LG Duisburg MDR 1970, 505; LG Bonn DAR 1962, 149; LG Köln VersR 1974, 1231.

334 So OLG Koblenz NZV 1988, 224: 25%; **a. A.** OLG Nürnberg NZV 1994, 106; weitere Nachw. bei *Born* NZV 1993, 3 f.

335 BGH NJW 1967, 552; OLG Düsseldorf VersR 1969, 429; KG DAR 1976, 155; 1976, 241; OLG Celle DAR 1976, 130; OLG Karlsruhe VersR 1976, 790; 1980, 390; OLG Nürnberg MDR 1978, 491; KG NZV 1988, 23; OLG Frankfurt DAR 1990, 144; **a. A.** OLG Frankfurt VersR 1982, 556 LS; 1984, 667; NZV 1995, 109; OLG Celle VersR 1994, 741; OLG Nürnberg NZV 1994, 357 (für einen Fall besonders deutlicher Senkung der Mietwagenkosten, die für typgleichen Luxuswagen angefallen wären); OLG Hamm NZV 1994, 316 LS; LG Mannheim VersR 1976, 1185; LG Aachen DAR 1981, 321; LG Berlin NJW-RR 1991, 151; *Notthoff* VersR 1995, 1017; *Born* NZV 1993, 2.

bereit erklärt, ersparte Eigenbetriebskosten nicht abzuziehen, wenn der Geschädigte ein mindestens um 15% des Mietpreises billigeres Ersatzfahrzeug wählt[336]. Hat der Versicherer eine entsprechende Erklärung, z. B. gegenüber dem ADAC, abgegeben, so ist er hieran auch dem Geschädigten gegenüber gebunden[337].

ii) Bei **Totalschaden eines Leasingfahrzeugs** kann der Leasingnehmer (zu seiner An- **126**
spruchsberechtigung vgl. Rdn. 25 u. § 7, 211) keinen über den Wiederbeschaffungswert hinausgehenden Nutzungsschaden für die vereinbarte Restlaufzeit des Leasingvertrages beanspruchen, sondern nur Gewinnausfall bzw. Mietwagenkosten für den Zeitraum der Wiederbeschaffung[338]. Der Abzug wegen Eigenersparnis (Rdn. 124) ist zu ermäßigen, wenn die Leasingraten weiterbezahlt werden müssen[339]. Zum Haftungsschaden s. Rdn. 172.

5. Abstrakte Nutzungsausfallentschädigung

a) **Rechtliche Grundlagen.** Seit der Entscheidung des Großen Senats in Zivilsachen **127**
vom 9. 7. 1986[340] ist die durch BGHZ 40, 345 begründete Rechtsprechung endgültig festgeschrieben, wonach der Geschädigte auch dann, wenn er keine Aufwendungen zur Überbrückung des Ausfalls der beschädigten Sache gemacht, also z. B. auf einen Mietwagen verzichtet hat, u. U. eine Entschädigung beanspruchen kann. Diese ohne dogmatische Fundierung aus reinen Billigkeitserwägungen hergeleitete[341] und von fragwürdigen Rechtfertigungsversuchen[342] gestützte, hinsichtlich ihres Anwendungsbereiches zersplitterte[343] und im Schrifttum überwiegend abgelehnte[344] Judikatur, die auch in anderen Rechtsordnungen kaum Parallelen hat[345], wurde vom Großen Senat wie folgt begründet:

---

336 Vgl. *Heitmann* VersR 1986, 408 m. Wortlaut der Empfehlungen; zur Neufassung 1990 ZfS 1990, 325 u. NZV 1990, 423 (Auszug); zur Neufassung 1991 NZV 1991, 463.

337 AG Köln VersR 1982, 276.

338 BGHZ 116, 22 = NZV 1992, 227 m. Anm. *Hohloch; Schnauder* JuS 1992, 823; **a. A.** *Köndgen* AcP 177, 21 ff.

339 AG Wiesbaden VersR 1987, 320; **a. A.** OLG Hamm NZV 1993, 189.

340 BGHZ 98, 212 = NJW 1987, 50 m. Anm. *Rauscher* = JR 1987, 103 m. Anm. *Hohloch*.

341 Vgl. BGHZ 45, 216 (Freistellung von Ersatzpflicht wäre unerfreuliches Ergebnis); 56, 216 (Verzicht dürfte nicht dem Schädiger zugute kommen).

342 Vgl. BGHZ 40, 349 (Kommerzialisierung von Annehmlichkeiten); BGHZ 45, 215; 55, 149; 56, 216; 89, 63 (Vermögensschaden kraft Verkehrsanschauung).

343 Z. B. hinsichtlich der Nutzungsbeeinträchtigung von unbeweglichen Sachen verneinend BGHZ 66, 277; 71, 234; 75, 370; 76, 179; BGH VersR 1986, 192; bejahend BGH NJW 1967, 1803; VersR 1986, 41.

344 *Esser/Schmidt* § 31 II 2 dβ; *Larenz* § 29 II c; *Lange* § 6 VII 4; *Löwe* VersR 1963, 307; *Bötticher* VersR 1966, 301; *Schütz* VersR 1968, 124; *Böhmer* JZ 1969, 141; *Keuk* VersR 1976, 401; *Hagen* JZ 1983, 835; *Honsell/Harrer* JuS 1991, 447. Zum Teil folgt die Literatur dem BGH aber mit abweichenden Begründungen, z. B. richterlicher Rechtsfortbildung (vgl. *Palandt/Heinrichs* vor § 249, 20; *Lange* aaO; *Schiemann* 298 ff; *Hagen* JZ 1983, 837), fehlgeschlagenen Aufwendungen (vgl. *Esser/Schmidt* § 31 III; *Mertens* 159 ff; *Dunz* JZ 1984, 1010), Gebrauchsverlust als Vermögensschaden (*MünchKomm/Grunsky* vor § 249, 17 ff; *Jahr* AcP 183, 725). Vgl. auch den Vorlagebeschluß des V. Zivilsenats des BGH (VersR 1986, 189); ferner österr. OGH VersR 1969, 528.

345 Nach *Neidhart* Unfall im Ausland[4] (vgl. die jeweiligen Länderteile) gibt es abstrakte Nutzungsausfallentschädigung z. B. nicht in Österreich, Schweiz, Niederlande, Norwegen, Dänemark, Spanien, Tschechien, während derartige Ansprüche, z. T. aber in geringerer Höhe, anerkannt sind z. B. in Belgien, Großbritannien, Frankreich, Italien.

Die auf den Ausgleich von Vermögensschäden ausgerichtete Differenzrechnung könne bei wertender Betrachtung nicht außer acht lassen, daß Wesen und Bedeutung des Vermögens sich nicht in dessen Bestand erschöpfen, sondern daß sie auch die im Vermögen verkörperten Möglichkeiten für den Vermögensträger umfassen, es zur Verwirklichung seiner Lebensziele zu nutzen. Diese funktionale Zuweisung sei im vermögenswerten Recht mitgeschützt. Sie umfasse nicht nur den (in § 252 BGB geschützten) erwerbswirtschaftlichen Einsatz des Vermögens, sondern auch die Aktivierung zu eigenwirtschaftlichen Zwecken. Die Einsatzfähigkeit seines Kraftfahrzeugs oder die Nutzbarkeit seines Eigenheims sei für den Privatmann **die** Grundlage für die Wirtschaftlichkeit seiner hierauf zugeschnittenen Lebenshaltung. Die Nichtberücksichtigung dieser der eigenwirtschaftlichen Sphäre verhafteten Verwendungsplanung müsse als unangemessene Benachteiligung gegenüber einem auf Gewinnerzielung gerichteten Vermögenseinsatz angesehen werden[346].

Die abstrakte Nutzungsausfallentschädigung erscheint damit endgültig als durch Rechtsfortbildung etabliert[347]. Sie wird deshalb trotz fortbestehender Vorbehalte, die sich aus dem Fehlen einer § 252 BGB entsprechenden Regelung für den nicht produktiven Einsatz von Vermögenswerten ergeben, der folgenden Kommentierung zugrunde gelegt.

128 b) Der **Anwendungsbereich** der Nutzungsausfallentschädigung war bisher infolge des fehlenden dogmatischen Unterbaus der Rechtsprechung unklar und strittig. Der Große Zivilsenat hat sie, von seiner Herleitung ausgehend, auf solche Sachen beschränkt, auf deren ständige Verfügbarkeit die eigenwirtschaftliche Lebenshaltung typischerweise angewiesen ist, auf „Wirtschaftsgüter von allgemeiner, zentraler Bedeutung für die Lebenshaltung"[348]. Ob dadurch viel an Klarheit gewonnen wurde, erscheint fraglich[349]. Sicher gehört dazu das vom Eigentümer selbst bewohnte **Haus** bzw. die selbst bewohnte **Wohnung**[350], während dies bei einem Ferienhaus sehr zu bezweifeln ist[351]. Verneint wird die genannte Voraussetzung bei einer nur zeitweise von Besuchern genutzten Einliegerwohnung[352] sowie bei Garage, Terrasse und Garten[353]. Auch bei Haus und Wohnung läßt der BGH die kurzfristige, durch zumutbare Umdispositionen auffangbare Beeinträchtigung des Gebrauchs im übrigen nicht genügen[354]. Die Störung müsse so nachhaltig sein, daß sie einem Entzug der Nutzung nahe komme; es genüge nicht, wenn nur einzelne Räume in Mitleidenschaft gezogen würden[355]. Weiterhin kann der Entscheidung des Großen Senats[356] eine Bestätigung der Rechtsprechung zum Nutzungsausfall bei **privat genutzten Pkw**[357] entnommen werden, wenngleich dieser sich – der Vorlagefrage entsprechend – hierzu nicht näher festzulegen brauchte. Seine einzige Aussage zur Nutzungsausfallentschädigung für Kraftfahrzeuge geht dahin, daß

---

346 Zur ökonomischen Rechtfertigung der abstrakten Nutzungsausfallentschädigung s. *Brinkmann* BB 1987, 1828.

347 Auch das BAG hat sie anerkannt (NZV 1996, 144).

348 Kritisch hierzu *Medicus* NJW 1989, 1891 ff.

349 *Grunewald* LM § 249 (A) BGB Nr. 95.

350 BGHZ 98, 224; daran anschließend BGH VersR 1987, 765; JZ 1987, 578 (verneint, da keine Eigennutzung); OLG Koblenz NJW 1989, 1808.

351 BGHZ 101, 333 f bejaht aber Entschädigungspflicht bei Verlust des vertraglichen Nutzungsrechts an einem solchen.

352 BGHZ 117, 260 = LM § 249 (A) BGB Nr. 95 m. Anm. *Grunewald*.

353 BGH NJW 1993, 1794.

354 BGHZ 98, 224 (GSZ); BGH NJW 1993, 1794.

355 BGH NJW 1993, 1794. S. auch OLG Köln NJW-RR 1992, 526.

356 BGHZ 98, 224.

357 BGHZ 40, 345; 45, 212; 56, 214; 76, 179; BGH NJW 1974, 33; OLG München VersR 1962, 1214; OLG Celle NJW 1965, 1534.

hier wegen der Besonderheiten einer Regulierung von Massenschäden die Schwankungsbreiten in der Bedeutung des Sachgebrauchs für den konkret Betroffenen eher vernachlässigt werden können. Dies wird wohl dahin zu verstehen sein, daß vom Geschädigten nicht der Nachweis verlangt werden soll, der Pkw sei für ihn tatsächlich von „zentraler Bedeutung für die Lebenshaltung", und stellt damit eine weitere Stufe der Rechtsfortbildung dar. Die Rechtsprechung verfährt bei privaten Pkw jedenfalls weiterhin nach den Grundsätzen über die Nutzungsausfallentschädigung (Einzelheiten in Rdn. 134 ff). Folgt man dem, wird man diese Grundsätze konsequenterweise auch auf den Ausfall eines entsprechend genutzten Motorrads[358], Wohnmobils[359] oder Fahrrads[360] übertragen müssen. Unbestreitbar dürfte die „zentrale Bedeutung" sein bei einem Elektro-Rollstuhl[361] und einem Blindenhund[362].

Dagegen dürfte die Rechtsprechung, die – jedenfalls teilweise – auch bei **Nutzkraftfahrzeugen** von Gewerbebetrieben oder Behörden eine abstrakte Entschädigung für den **129**
Gebrauchsverlust gewährte[363], nicht mehr aufrechtzuerhalten sein[364]. In diesen Fällen geht es gerade nicht um die eigenwirtschaftliche Lebenshaltung, sondern um den erwerbsorientierten oder einer öffentlichen Aufgabe dienenden Einsatz von Wirtschaftsgütern. Der Geschädigte kann daher in diesen Fällen nicht mehr abstrakte Entschädigung verlangen, sondern muß entgangenen Gewinn oder Aufwendungen für ein Ersatzfahrzeug nachweisen (Rdn. 87 f, 102). Bei **gemischtgenutzten Fahrzeugen** kann, jedenfalls wenn der private Anteil überwiegt, eine anteilige Ausfallentschädigung in Betracht kommen[365].

Abweichend von den nachfolgend zitierten älteren Entscheidungen kann auch keine Nutzungs- **130**
ausfallentschädigung mehr beanspruchen der Eigentümer eines Privatflugzeugs[366], eines Binnenschiffs[367], einer Segeljacht[368] oder eines Tonbandgeräts[369], während es bei der bisher schon ablehnenden Judikatur bleiben kann bei entgangener Nutzung eines Pelzmantels[370], eines Wohnwagens[371], eines Motorbootes[372], eines Reitpferdes[373], einer Autofunkanlage[374] und eines Fernsehge-

[358] So schon bisher OLG Hamm MDR 1983, 932; einschränkend OLG Saarbrücken NZV 1990, 312; **a. A.** für Motorroller LG Bremen VersR 1968, 907.

[359] OLG Hamm NZV 1989, 230.

[360] KG NZV 1994, 393; AG Frankfurt/M. NZV 1990, 237; **a. A.** LG Hamburg NZV 1993, 33.

[361] LG Hildesheim NJW-RR 1991, 798.

[362] AG Marburg NJW-RR 1989, 931.

[363] BGH NJW 1966, 590; VersR 1985, 736; KG MDR 1972, 50; LG Köln VersR 1967, 986; LG Nürnberg-Fürth VersR 1982, 885; **a. A.** BGHZ 70, 199; OLG Frankfurt VersR 1979, 745; für Bundeswehrfahrzeuge OLG Koblenz VersR 1982, 808; AG Ulm VersR 1982, 587. Übersicht: *Berr* DAR 1990, 475.

[364] Zu Recht verneinend daher OLG Düsseldorf VersR 1995, 1321; OLG Schleswig VersR 1996, 866. **A. A.** für Behördenfahrzeuge OLG München (Augsburg) NZV 1990, 348 m. zust. Anm. *Zeuner*; unkritisch auf die frühere Rechtsprechung abstellend OLG Hamm NZV 1993, 65, LG Berlin DAR 1992, 264 u. *Born* NZV 1993, 6; ebenso (im Ergebnis aber zutr.) OLG Köln NZV 1995, 402; OLG Hamm NZV 1994, 228. Für Nutzungsausfallentschädigung unter einschr. Voraussetzungen 31. VGT 1993, NZV 1993, 104, *Reitenspiess* DAR 1993, 144 f.

[365] OLG Frankfurt NJW 1985, 2955; OLGR Brandenburg 1996, 76; OLG Düsseldorf ZfS 1993, 338; zur Bemessung OLG Hamm NJW-RR 1989, 1194, KG NZV 1992, 29 m. Anm. *Völtz, Born* NZV 1993, 7.

[366] OLG Karlsruhe MDR 1983, 575; wie hier OLG Oldenburg MDR 1993, 1067.

[367] KG VersR 1976, 463.

[368] LG Kiel SchlHA 1973, 34.

[369] AG Iserlohn VersR 1965, 1212.

[370] BGHZ 63, 393.

[371] BGHZ 86, 128.

[372] BGHZ 89, 60; KG NJW 1972, 1427.

[373] OLG Hamburg VersR 1984, 242 LS; LG München I VersR 1979, 384.

[374] LG Hamburg VersR 1978, 1049.

räts[375]. Bei einem Wohnmobil kommt eine Entschädigung nur insoweit in Betracht, als es wie ein Pkw genutzt wird[376].

131 Bei Beschädigung eines **Leasing-Fahrzeugs** kann der **Leasinggeber** schon deswegen keine Nutzungsausfallentschädigung beanspruchen, weil er das Fahrzeug ohnehin nicht genutzt hätte[377]. Er hat außerdem – je nach Vertragsgestaltung – Anspruch auf Fortzahlung der Leasingraten gegen den Vertragspartner oder auf Ersatz des Gewinnausfalls gegen den Schädiger (vgl. Rdn. 91). Dem **Leasingnehmer**, der auch nach § 7 anspruchsberechtigt ist (vgl. § 7, 211), sollte eine abstrakte Nutzungsentschädigung jedenfalls dann nicht zuerkannt werden, wenn er laut Vertrag von der Fortzahlung der Leasingraten frei wird, denn dann kann der vereitelten Gebrauchsmöglichkeit selbst bei Anerkennung des Kommerzialisierungsgedankens kein Vermögenswert beigemessen werden. Bleibt er aber zur Zahlung verpflichtet, so müßte ihm bei Zugrundelegung der Rechtsprechung zum Nutzungsausfall eine Entschädigung zugesprochen werden[378]. Zu deren Höhenbegrenzung s. Rdn. 137.

132 c) **Bemessung der Entschädigung.** Für sie ist es nach den vom Großen Senat[379] aufgestellten Grundsätzen entscheidend, „was die Einsatzfähigkeit der Sache für den Eigengebrauch dem Verkehr wert" sei. Nicht maßgebend seien also die fiktiven Kosten der Anmietung einer Ersatzsache oder einer Gebrauchsüberlassung an den Schädiger. Die Wertmaßstäbe des Verkehrs für eine entgeltliche Gebrauchsüberlassung könnten der Schadensbemessung jedoch zugrunde gelegt werden, sofern diese von den spezifisch die erwerbswirtschaftliche Nutzung betreffenden Wertfaktoren zuverlässig bereinigt würden. Auch die anteiligen Vorhaltekosten für den entzogenen Gebrauch (angemessene Verzinsung des für die Beschaffung der Sache eingesetzten Kapitals, weiterlaufende Aufwendungen für die Einsatzfähigkeit der Sache, Alterungsminderwert für die gebrauchsunabhängige Entwertung der Sache in der Zeit ihres Ausfalls) könnten eine geeignete Grundlage für die Schadenbemessung sein. Es sei auch nicht unzulässig, durch einen maßvollen Aufschlag auf die vom Markt regelmäßig als Untergrenze für den Gebrauchswert angesehenen Gemeinkosten dem Umstand Rechnung zu tragen, daß die Ausstrahlungen des Ausfalls derartiger Wirtschaftsgüter auf das mit ihnen verflochtene Gesamtvermögen in ihren Vereinzelungen sich einer genauen Feststellung entziehen. Für besonders wichtig erklärt der Große Senat, daß die Schadensbemessung die Aufgaben des Schadensersatzes, insbesondere seine durch § 253 BGB vorgeschriebene Ausrichtung an objektiven Bewertungsmaßstäben, nicht verfehlen und eine gleichmäßige Schadensregulierung nicht unmöglich machen darf.

133 Es verwundert nicht, daß die Schadensbemessung im Einzelfall[380] bei derart unbestimmten Vorgaben erhebliche Schwierigkeiten bereitet. Für den praktisch wichtigsten Bereich der Kraftfahrzeug-Nutzungsausfallentschädigung bedient sich die Praxis in langjähriger Übung eingeführter Tabellenwerke, die den genannten Vorgaben Rechnung tragen (s. hierzu und zu weiteren Bemessungskriterien Rdn. 137).

d) Besonderheiten beim Nutzungsausfall von Kraftfahrzeugen

134 aa) **Tatsächliche Gebrauchsvereitelung.** Die abstrakte Nutzungsausfallentschädigung wird nur zuerkannt, wenn der Geschädigte die Gebrauchsmöglichkeit tatsächlich

---

375 LG Berlin VersR 1980, 830.
376 OLG Hamm NZV 1989, 230; LG Kiel VersR 1988, 47.
377 *Dörner* VersR 1978, 886.
378 So auch OLG Hamm NZV 1993, 66.
379 BGHZ 98, 225.
380 Vgl. zu Ferienhaus BGHZ 101, 335 f; Fahrrad: KG NJW-RR 1993, 1438, AG Frankfurt/M. NZV 1990, 237; Wohnmobil OLG Hamm NZV 1989, 230; Rollstuhl LG Hildesheim NJW-RR 1991, 798; Blindenhund AG Marburg NJW-RR 1989, 931.

verloren hat. Daher kann nach der Rechtsprechung der Geschädigte, der das Fahrzeug nicht reparieren ließ, sondern auf der Basis fiktiver Reparaturkosten (vgl. Rdn. 66 ff, § 7, 203 ff) abrechnet, keine Entschädigung für den Zeitraum der fiktiven Reparatur, sondern nur für den eines (etwaigen) tatsächlichen Ausfalls verlangen[381]. Weiterhin scheidet ein Entschädigungsanspruch dann aus, wenn und soweit der Geschädigte ohnehin keine Nutzungsmöglichkeit oder keinen Nutzungswillen gehabt hätte[382], also z. B. für Werktage, wenn der Geschädigte nur sonntags zu fahren pflegt. Auch dann, wenn der Geschädigte infolge seiner bei dem Unfall erlittenen Verletzungen nicht in der Lage gewesen wäre, das Fahrzeug zu nutzen, soll der Anspruch entfallen[383], es sei denn es wäre eine Nutzung des Fahrzeugs durch Angehörige während der Ausfallzeit beabsichtigt[384]. Vom letzteren, schwerlich überzeugend begründbaren Ausnahmefall abgesehen kommt es dem Schädiger also zugute, daß er bei dem Unfall zusätzlich zu der Beschädigung des Pkw auch noch eine schwere Verletzung des Geschädigten herbeigeführt hat: eine Konsequenz, die die Unrichtigkeit der Lehre von der abstrakten Nutzungsausfallentschädigung deutlich vor Augen führt.

bb) Keine Ausweichmöglichkeit. Kann der Geschädigte den Ausfall in zumutbarer **135**
Weise mittels eines Ersatzfahrzeugs (z. B. Zweitwagen, Betriebsreserve) überbrücken, so wird ihm eine Nutzungsausfallentschädigung versagt[385], es sei denn, der Ausfall wäre für ihn gleichwohl „fühlbar" gewesen[386]. Entstanden ihm für die Benutzung des Ersatzfahrzeugs höhere Aufwendungen (z. B. weil größeres Fahrzeug), so kann er diese ersetzt verlangen[387]. Eine abstrakte Nutzungsausfallentschädigung wird ferner gewährt, wenn ein Dritter dem Geschädigten ein Fahrzeug unentgeltlich zur Verfügung gestellt hat[388]. Hat er zur Überbrückung einen billigeren Ersatzwagen gemietet, so kann er nach der Rechtsprechung statt der Mietwagenkosten abstrakte Nutzungsausfallentschädigung verlangen[389]. Dagegen wird ihm nicht gestattet, die konkreten Mietwagenkosten und zusätzlich eine abstrakte Entschädigung für die „Nutzungsdifferenz" zu berechnen[390], es sei denn, durch die Benutzung des kleineren Fahrzeugs wäre ausnahmsweise ein greifbarer wirtschaftlicher Nachteil entstanden[391]. Hat der Geschädigte einen Mietwagen genommen, obwohl er nur einen ganz geringen, auch durch Taxi abdeckbaren Fahrbedarf hatte, und bekommt er daher die Mietwagenkosten nicht ersetzt (o. Rdn. 96), so billigt ihm die Rechtsprechung teilweise abstrakte Nutzungsausfallentschädigung zu[392]. Dies erscheint inkonsequent, denn hier bestand ein Nutzungs-

---

381 BGHZ 66, 249; 75, 366; KG VersR 1981, 553; LG Berlin VersR 1977, 581; LG Köln VersR 1978, 878; LG Kassel VersR 1981, 939; LG Hanau VersR 1982, 200; *Fuchs-Wissemann* DAR 1982, 213; a. A. AG Köln VersR 1977, 70; 1982, 353; hierzu *Weber* VersR 1983, 405.

382 BGHZ 45, 219; 56, 216; 66, 249; BGH VersR 1985, 736; *Gruber* NZV 1991, 303 (erloschene Betriebserlaubnis); a. A. *Münch-Komm/Grunsky* vor § 249, 19b.

383 BGH VersR 1968, 803; 1975, 37; 1982, 384; OLG Hamm VersR 1970, 43.

384 BGH NJW 1974, 33; 1975, 922 (Verlobte); OLG Köln VersR 1977, 937.

385 BGH VersR 1976, 170; 1978, 375; AG Rosenheim NJW 1985, 2954; a. A. OLG Oldenburg DAR 1983, 358 LS.

386 BGH VersR 1966, 192; nicht überzeugend.

387 OLG Stuttgart VersR 1967, 611.

388 BGH NJW 1970, 1120; OLG Frankfurt MDR 1968, 757; OLG Celle VersR 1973, 281.

389 BGH NJW 1970, 1120.

390 BGH VersR 1967, 183; OLG Düsseldorf DAR 1976, 184; OLG Karlsruhe NZV 1989, 231; a. A. KG DAR 1965, 298; *Palandt/Heinrichs* vor § 249, 23; *MünchKomm/Grunsky* vor § 249, 19b.

391 OLG Köln NJW 1967, 570; VersR 1967, 1081.

392 OLG Frankfurt VersR 1992, 621; offenlassend OLG Hamm NZV 1995, 356.

wille nur in dem geringem Umfang, der durch Erstattung der fiktiven Taxikosten voll abgedeckt werden kann.

136 cc) Für die **Dauer** der Entschädigungspflicht[393] gelten die gleichen Grundsätze wie bei Inanspruchnahme eines Mietwagens (Rdn. 107 ff). Wären die Kosten eines **Interimsfahrzeugs** voraussehbar wesentlich geringer, besteht der Anspruch nur bis zu deren Höhe[394].

137 dd) Die **Höhe** der Nutzungsausfallentschädigung bemißt die Praxis bei Pkw und Motorrädern nach den Tabellen von *Sanden/Danner/Küppersbusch*[395], die von den durchschnittlichen Mietkosten der einzelnen Typen ausgehen und diese um den Betrag mindern, der nur infolge der gewerblichen Vermietung anfällt[396]. Analog wird der Nutzungswert anderer Fahrzeuge zu ermitteln sein[397], wobei die Beschränkung der Entschädigung auf „zentrale" Nutzungen (Rdn. 128) zu beachten ist. Die Sonderausstattung eines Campingbusses ist daher nicht werterhöhend zu berücksichtigen[398], ein „Liebhaberzuschlag" für einen Oldtimer nicht zu gewähren[399]. Ein Luxus-Motorradgespann ist nach den allgemein gültigen Sätzen zu entschädigen[400]. Der Wert der Sache bildet für die Bemessung der Entschädigung keine absolute Obergrenze[401], bei sehr langen Entschädigungszeiträumen kann jedoch eine Orientierung an den Vorhaltekosten angezeigt sein[402]. Das Alter des Fahrzeugs spielt für die Bemessung seines Nutzungswerts in der Regel keine Rolle[403], jedoch kann bei einem alten, mit erheblichen Mängeln behafteten Fahrzeug der Nutzungswert von dem eines neueren derart abweichen, daß es verfehlt wäre, hierauf die Sätze der Tabellen ungekürzt anzuwenden[404]. Lebt der Geschädigte im Ausland, sind für die Bemessung die dortigen wirtschaftlichen Verhältnisse maßgebend[405].

138 ee) **Ersparte Eigenkosten** (vgl. Rdn. 124) sind auch auf die abstrakte Nutzungsausfallentschädigung anzurechnen[406]. Sie sind in den vorerwähnten Tabellen bereits berücksichtigt.

---

393 Zu einem Extremfall (523 Tage) s. OLG Saarbrücken NZV 1990, 388.

394 OLG Schleswig NZV 1990, 150.

395 *Pkw, Geländewagen und Transporter*: NJW 1997, 700 (Stand Januar 1997; frühere Tabellen: VersR 1966, 697; 1969, 483; 1973, 97; 1975, 972; 1978, 1092; 1980, 19; 1982, 527; 1983, 806; 1985, 417; 1987, 852; 1991, 19; NJW 1994, 1111; Beil. zu NJW Heft 22/95 u. NZV Heft 6/95; DAR 1996, 254). *Motorräder*: NZV 1996, 310 (zuvor VersR 1989, 573; 1982, 837; 1976, 513). Erhöhung bei Motorrad mit Beiwagen: LG Kaiserslautern VersR 1989, 271 (20%). *Rechtsprechung zur Anwendbarkeit der Tabellen*: BGHZ 56, 219; BGH VersR 1969, 828; OLG Schleswig VersR 1967, 68; OLG Bamberg VersR 1967, 1005; OLG Frankfurt VersR 1968, 653; OLG Karlsruhe VersR 1968, 1196; OLG Nürnberg VersR 1971, 260; OLG Stuttgart VersR 1980, 392.

396 Gegen diese Minderung *Müller* JuS 1985, 282.

397 Vgl. für Wohnmobil OLG Hamm NZV 1989, 230.

398 **A. A.** LG Kiel DAR 1988, 169.

399 OLGR Düsseldorf 1995, 82.

400 AG Hamm VersR 1993, 987.

401 BGH NJW 1988, 486; **a. A.** bei Beschädigung eines Leasingfahrzeugs BGH VersR 1976, 944 u. einschränkend BGH VersR 1977, 228.

402 OLG Saarbrücken NZV 1990, 388.

403 OLG Celle VersR 1973, 281; KG VersR 1981, 536; NZV 1993, 478; OLG Naumburg ZfS 1995, 254; OLG Frankfurt DAR 1983, 165; 1984, 318; LG Bad Kreuznach NJW-RR 1988, 1303; **a. A.** OLG Frankfurt DAR 1985, 58; OLG Schleswig NJW-RR 1986, 775; OLG Stuttgart VersR 1988, 851; OLG Karlsruhe VersR 1989, 58; DAR 1989, 67; LG Memmingen ZfS 1990, 192; *Danner/Küppersbusch* NZV 1989, 12 (ab 5 Jahren nächstniedrigere Gruppe der Tabelle).

404 BGH NJW 1988, 486; *Danner/Küppersbusch* NZV 1989, 13.

405 AG Göppingen VersR 1985, 748.

406 BGH DAR 1963, 270; VersR 1980, 455.

6. Entgangene Annehmlichkeiten

Kann der Geschädigte infolge des Ausfalls seines Fahrzeugs einen Urlaub nicht wie geplant verbringen oder muß er auf eine beabsichtigte Freizeitgestaltung verzichten, so kommt es für das Bestehen eines Ersatzanspruchs darauf an, ob er lediglich in immaterieller Hinsicht beeinträchtigt wurde (dann kein Anspruch, § 253 BGB), oder ob sich die Beeinträchtigung als Vermögensnachteil niederschlägt. Nach h. M. stellt die bloße Einbuße von Freizeit (z. B. das verspätete Nachhausekommen) keinen Vermögensschaden dar[407], ebenso die Beeinträchtigung des Urlaubsgenusses oder die Vereitelung einer bestimmten Urlaubsgestaltung[408]. Hatte der Geschädigte hingegen bereits Aufwendungen für eine konkrete Urlaubs- oder Freizeitgestaltung gemacht, die dann infolge des Unfalls undurchführbar wurde, so kann er verlangen, so gestellt zu werden, daß er sich einen gleichen oder wenigstens gleichwertigen Genuß nachträglich verschaffen kann (vgl. hierzu § 7, 197). Zur Urlaubs- oder Freizeitbeeinträchtigung durch die Schadensregulierung vgl. Rdn. 164. **139**

IV. Kosten der Rechtsverfolgung

1. Allgemeines

Im Rahmen des Notwendigen kann der Geschädigte auch die Aufwendungen ersetzt verlangen, die er gemacht hat, um seine Ansprüche gegen den Schädiger durchsetzen zu können. Soweit diese Kosten auch im Kostenfestsetzungsverfahren nach §§ 103 ff ZPO geltend gemacht werden können, ist vorrangig dieser Weg als der weniger aufwendige zu beschreiten; für eine entsprechende Klage wäre das Rechtsschutzinteresse – soweit die Klage nicht ausnahmsweise durch besondere Gründe gerechtfertigt ist – zu verneinen[409]. Wurde ein Erstattungsanspruch im Kostenfestsetzungsbeschluß aber rechtskräftig verneint, so schließt dies eine klageweise Geltendmachung derselben Aufwendungen nicht aus, weil die materiellrechtliche Erstattungspflicht einen andersartigen Streitgegenstand darstellt[410]. Dasselbe gilt im umgekehrten Fall[411]. Verneint man eine verjährungsunterbrechende Wirkung der Anmeldung im Kostenfestsetzungsverfahren[412], so wird man einer Klage die Zulässigkeit nicht absprechen können. **140**

2. Feststellungen zur Schadenshöhe

a) Die Kosten eines **Sachverständigengutachtens** über die Schadenshöhe zählen nach der Rechtsprechung bei der Beschädigung von Kraftfahrzeugen grundsätzlich zum erstattungspflichtigen Folgeschaden[413]. Die Einholung eines solchen Gutachtens ist in der Tat bei solchen Schäden oftmals angezeigt, da sie dem Geschädigten die Beweisführung hinsichtlich des Umfangs des unfallbedingten Schadens, des Wiederbeschaffungswerts **141**

---

407 BAG NJW 1968, 221; OLG Celle DAR 1964, 191; OLG Köln MDR 1971, 215; *Larenz* § 29 II d; a. A. OLG Frankfurt NJW 1976, 1320; *MünchKomm/Grunsky* vor § 249, 30.

408 BGHZ 60, 214; BGH VersR 1983, 392 = JR 1983, 494 m. Anm. *Gitter*; KG VersR 1972, 354; OLG Celle VersR 1977, 1104; OLG Karlsruhe VersR 1981, 755; LG Wiesbaden VersR 1982, 862.

409 BGHZ 75, 235; BGH NJW 1990, 2061.

410 BGH NJW 1990, 2060.

411 OLG Koblenz NZV 1992, 284 LS.

412 So LG Bonn NZV 1995, 403.

413 BGHZ 61, 346; OLG Karlsruhe VersR 1969, 191; OLG Bremen VersR 1974, 371; OLG Stuttgart NJW 1974, 951; KG OLGZ 1977, 315.

und einer etwaigen Wertminderung ermöglicht. In Grenzfällen kann auch nur aufgrund eines Gutachtens entschieden werden, ob eine Instandsetzung des beschädigten Fahrzeugs vertretbar oder ob auf Totalschadenbasis abzurechnen ist. Der Geschädigte kann verlangen, daß eine nach Vorstehendem erforderliche Begutachtung von einem unabhängigen Sachverständigen vorgenommen wird; auf die Besichtigung durch einen Beauftragten des gegnerischen Haftpflichtversicherers braucht er sich nicht verweisen zu lassen. Eine solche Besichtigung darf er allerdings auch nicht grundlos verwehren; für hierdurch entstehende Mehrkosten der Schadensregulierung haftet er dem Versicherer[414]. Außerdem kann solches Verhalten als Beweisvereitelung gewürdigt werden (vgl. § 16, 357). Kann aufgrund dieses Verhaltens das von ihm vorgelegte Gutachten nicht mehr als neutrale Abrechnungsbasis angesehen werden, hat er auch keinen Anspruch auf Ersatz der Sachverständigenkosten[415].

142 Die Gesichtspunkte der **Erforderlichkeit** und der **Schadensminderungspflicht** sind jedoch auch bei den Sachverständigenkosten zu beachten. Gegenwärtig zahlen die Haftpflichtversicherer im Durchschnitt knapp 10% des Fahrzeugschadens zusätzlich für eine Begutachtung; 1994 entfielen 3,4% des Gesamtschadensaufwands auf diese Position, das sind 820 Mio. DM[416]. In vielen Fällen werden Schadensgutachten routinemäßig und ohne wirkliche Notwendigkeit eingeholt[417]. Nur wenn aus der Sicht des Geschädigten ein vernünftiger Grund hierzu besteht, insbesondere auch Verhältnismäßigkeit in bezug auf die zu erwartenden Reparaturkosten, sind die Gutachterkosten als erstattungsfähig anzusehen. Eine starre Wertgrenze kann hierfür nicht angegeben werden, da nicht die sich tatsächlich ergebenden, sondern die aus Sicht des Geschädigten zu erwartenden Reparaturkosten maßgeblich sind[418]. Die in der Praxis[419] vielfach angewandte, seit Jahren unverändert gebliebene Grenze von 1000 DM ist angesichts des heutigen Reparaturkostenniveaus ohnehin viel zu niedrig. Von wesentlicher Bedeutung kann auch die Art des Schadens sowie das Verhalten des Versicherers sein. Ergeben sich Reparaturkosten unterhalb des Bereichs von 2500 bis 3000 DM, wird der Geschädigte besonders darzulegen haben, weshalb er die Einholung eines Gutachtens (statt einer einfachen Kostenkalkulation oder eines Kostenvoranschlags) für erforderlich halten durfte; auch bei höheren Schäden wird er bzw. der Sachverständige verpflichtet sein, sich auf ein Kurzgutachten zu beschränken[420].

143 Nur **tatsächlich entstandene** Sachverständigenkosten sind erstattungspflichtig; daß ein Gutachten hätte erholt werden dürfen, ist ohne Bedeutung[421].

144 **Mangelhaftigkeit des Gutachtens**[422] hindert den Erstattungsanspruch nicht, sofern sie nicht vom Geschädigten zu vertreten ist[423]. Das ist, abgesehen von Auswahlverschulden, insbesondere dann der Fall, wenn er durch Falschangaben oder Verschweigen

---

414 BGH VersR 1984, 80.

415 OLG Düsseldorf VersR 1995, 107.

416 *Geier* VersR 1996, 1459.

417 *Himmelreich/Klimke/Bücken* 1879.

418 *Himmelreich/Klimke/Bücken* 1885.

419 Vgl. hierzu OLG Hamm NZV 1994, 188 LS; LG Dortmund VersR 1975, 1133; AG Hagen VersR 1983, 379 = 963 m. Anm. *Klimke*; AG Fürth DAR 1984, 28; AG Lebach NZV 1989, 196; AG Berlin-Mitte VersR 1995, 1322 (1400 DM); *Klimke* DAR 1984, 42. Eingehende Rechtsprechungsnachweise bei *Himmelreich/Klimke/Bücken* 1885.

420 Ähnlich *Geier* VersR 1996, 1459.

421 *Berger* VersR 1985, 408.

422 Zu Mißständen auf dem Gebiet des Sachverständigenwesens s. *Etzel* VersR 1993, 406 unter Bezugnahme auf eine Untersuchung der Stiftung Warentest.

423 OLG Hamm NZV 1994, 393; LG Bochum NZV 1993, 196 u. ZfS 1994, 406; *Kääb/Jandel* NZV 1992, 17 f; a. A. AG Neuwied NZV 1989, 196; AG Eltville ZfS 1989, 233.

wesentlicher Umstände die Unbrauchbarkeit bewirkt hat[424]. Der Erstattungspflichtige kann vom Geschädigten aber Abtretung seiner Ansprüche aus dem Sachverständigenvertrag verlangen[425].

Hat der Geschädigte eine **Zweitbegutachtung** veranlaßt, so kommt ein Kostenersatz nur in Frage, wenn er deren Erforderlichkeit nachweisen kann, z. B. weil das Erstgutachten vom Unfallgegner oder seinem Haftpflichtversicherer in Auftrag gegeben war und aus der Sicht des Geschädigten begründete Zweifel an seiner Richtigkeit bestanden[426]. **145**

b) Die Gebühr für einen **Kostenvoranschlag**, den der Geschädigte anstelle eines Gutachtens erstellen ließ (z. B. um die vorgenannten Verhältnismäßigkeitsgesichtspunkte zu wahren), hat der Schädiger zu ersetzen, wenn der Voranschlag (zur Ermittlung oder Dokumentation des Schadensumfangs) erforderlich war, also insbesondere bei Abrechnung auf Gutachtensbasis[427]. Wurde die Gebühr auf die Kosten der anschließend durchgeführten Reparatur angerechnet, fehlt es insoweit an einem ersatzpflichtigen Schaden[428]. **146**

3. Feststellungen zur Ersatzpflicht

Ermittlungsaufwand hinsichtlich des Haftungsgrundes oder der Person des Ersatzpflichtigen[429] kann der Geschädigte, soweit erforderlich, ebenfalls ersetzt verlangen, so z. B. wenn er nach Bestreiten des Unfallhergangs durch den Gegner ein unfallanalytisches Gutachten hat anfertigen lassen, welches die gegnerische Darstellung widerlegt, oder wenn er durch Zeitungsinserat Zeugen[430] oder per Detektiv den unfallflüchtigen Gegner oder ein bestimmtes Beweismittel gesucht hat[431]. **147**

4. Rechtsanwaltskosten

a) Wenn es zum **Prozeß** kommt, werden Anwaltskosten, die durch die Verfolgung des Schadensersatzanspruchs entstehen, im Kostenfestsetzungsverfahren (§§ 103 ff ZPO) geltend gemacht. Für die Geltendmachung eines materiellrechtlichen Erstattungsanspruchs besteht dann in der Regel kein Rechtsschutzbedürfnis[432]. Dies gilt grundsätzlich auch für vorprozessuale Aufwendungen, außer sie waren primär nicht zur Vorbereitung des Prozesses, sondern zu seiner Abwendung bestimmt[433]. **148**

b) Bei **außergerichtlicher Schadensregulierung** hat die Rechtsprechung die Rechtsanwaltsgebühren dann als erstattungspflichtigen Folgeschaden anerkannt, wenn die Beauftragung eines Rechtsanwalts verständiger Interessenwahrnehmung entsprach, also immer dann, wenn die Regulierung sich dem Geschädigten als nicht problemlos darstellte oder wenn es um erhebliche Schadensbeträge ging[434]. Der BGH hat diesen **149**

---

424 OLG Hamm NZV 1993, 149 u. 228.

425 *Kääb/Jandel* NZV 1992, 18, die darüber hinaus einen Direktanspruch des Erstattungspflichtigen gegen den Sachverständigen aufgrund Schutzwirkung des Gutachtervertrags bejahen. Vgl. hierzu *Gerber* NZV 1991, 297 f; *Etzel* VersR 1993, 408.

426 OLG Stuttgart NJW 1974, 951; KG OLGZ 1977, 317.

427 *Notthoff* DAR 1994, 418; VersR 1995, 1400 f.

428 *Himmelreich/Klimke/Bücken* 1937d; *Notthoff* VersR 1995, 1401.

429 Zur Verwaltungsgebühr für eine Halteranfrage s. LG Berlin NZV 1991, 74.

430 AG München DAR 1980, 372.

431 OLG Hamm VersR 1983, 498.

432 BGHZ 75, 235.

433 BGH WM 1987, 247.

434 BGHZ 30, 157; 39, 73; 127, 348 m. zust. Bespr. *Hildenbrand* NJW 1995, 1994; BGH VersR 1960, 176; 1960, 1046; OLG Köln VersR 1975, 1106; für generelle Erstattungsfähigkeit *Notthoff* VersR 1995, 1401.

Grundsatz dahingehend konkretisiert, daß der Geschädigte in einem einfach gelagerten Fall für die erste Geltendmachung des Schadens gegenüber dem Schädiger bzw. seiner Versicherung Anwaltskosten nur beanspruchen kann, wenn er mangels geschäftlicher Gewandtheit hierzu nicht selbst in der Lage ist; werde aber nicht sogleich auf erste Anmeldung reguliert, so dürfe der Geschädigte mit der weiteren Geltendmachung einen Anwalt betrauen[435]. Dies gelte für einen privaten Geschädigten ebenso wie für eine Behörde. In BGHZ 127, 348 wurde daher Anwaltskostenersatz verneint für erstmalige Geltendmachung klarer Ansprüche wegen Beschädigung von Autobahneinrichtungen, zugleich aber klargestellt, daß auch eine Behörde sogleich einen Anwalt mit der weiteren Geltendmachung beauftragen darf, wenn nicht bereits aufgrund der ersten Anmeldung reguliert wird. Auf Geschäftsgewandtheit kommt es dann also nicht mehr an[436].

150 Die in BGH NJW 1968, 1964 vertretene Ansicht, die Rechtsanwaltskosten seien im Rahmen der Halterhaftung nicht zu berücksichtigen, weil es sich nicht um einen Sachfolgeschaden handle, steht im Widerspruch zur sonstigen Rechtsprechung des BGH und erscheint nicht zutreffend[437].

151 Wurde ein Anwalt nicht in Anspruch genommen, obwohl die Kosten nach obigen Grundsätzen erstattungsfähig wären, so können nicht etwa die **fiktiven Kosten** beansprucht werden[438].

152 Im Fall der **Abtretung** des Schadensersatzanspruchs (z. B. an die Reparaturwerkstätte) kann der Zessionar Anwaltskosten nur unter den Voraussetzungen der §§ 284 ff BGB als Verzugsschaden geltend machen[439].

153 Anwaltskosten für die Verhandlungen mit dem **Kaskoversicherer** sind im Regelfall ebenfalls adäquat kausal durch den Unfall veranlaßt und folglich zu erstatten[440]. Begrenzt wird dieser Anspruch jedoch durch die Höhe der Gebühren, die entstanden wären, wenn der Geschädigte den Gesamtschaden gegenüber dem Haftpflichtversicherer geltend gemacht hätte[441].

154 Wenn ein **Anwalt** einen **eigenen Schaden** außergerichtlich reguliert, ist ihm in der Regel kein Ersatz von Anwaltskosten zuzubilligen[442]. Ebenso wie der Ersatzpflichtige für einen außergewöhnlich hohen Schaden aufzukommen hat, der seinen Grund in besonderen Umständen in der Person des Geschädigten findet, müssen ihm besondere Umstände, die sich schadensmindernd auswirken (hier: eigene Rechtskunde) zugutekommen. Auch hier muß gelten, daß fiktive Kosten nicht erstattungsfähig sind (Rdn. 151). Handelt es sich um schwierige Regulierungsfragen, für die der geschädigte Anwalt nicht die nötige Sachkunde und Erfahrung hat, ist es ihm aber unbenommen, einen spezialisierten Kollegen in Anspruch zu nehmen und dessen Kosten abzurechnen.

---

435 BGHZ 127, 348 m. zust. Bespr. *Hildenbrand* NJW 1995, 1944; *Meiendresch/Heinke* RuS 1995, 281.

436 *Nixdorf* VersR 1995, 259 f.

437 BGH VersR 1960, 176; 1969, 1042. Für korrigierende Auslegung der Entscheidung *Nixdorf* VersR 1995, 257. Vgl. auch OLG Nürnberg OLGZ 1969, 140; *Palandt/Heinrichs* § 249, 21; *MünchKomm/Grunsky* vor § 249, 66.

438 *Grunsky* NJW 1983, 2470; *Berger* VersR 1985, 407.

439 *Palandt/Heinrichs* § 249, 21; *Sanden/Völtz* 401; *Riedl* VersR 1994, 151 m. Rechtsprechungsnachweisen; a. A. *Himmelreich/Klimke/Bücken* 2020 ff.

440 OLG Karlsruhe NZV 1989, 231; *Sanden/Völtz* 379.

441 OLG Karlsruhe NZV 1990, 431; *Böhm* DAR 1988, 214.

442 *Geigel/Rixecker* 4. Kap. 73; a. A. LG Mainz NJW 1972, 161; LG Mannheim AnwBl. 1975, 68; *Palandt/Heinrichs* § 249, 21; *MünchKomm/Grunsky* vor § 249, 66; *Himmelreich/Klimke/Bücken* 2109.

c) **Umfang der Erstattungsfähigkeit bei außergerichtlicher Regulierung**

aa) Zu erstatten sind die Anwaltsgebühren nur in **gesetzlicher Höhe**; für vereinbarte höhere Honorare braucht der Schädiger nicht aufzukommen[443]. 155

bb) Eine **Besprechungsgebühr** (§ 118 Abs. 1 Nr. 2 BRAGO) kann nur in Rechnung gestellt werden, wenn der Rechtsanwalt im Einverständnis mit dem Auftraggeber mündlich, auch fernmündlich, über rechtliche oder tatsächliche Fragen der Angelegenheit verhandelt oder zumindest ein sachförderndes Gespräch geführt hat, also z. B. nicht bei bloßen Erinnerungen oder Sachstandsanfragen gegenüber der Haftpflichtversicherung[444]. Nicht ausreichend ist auch die Anfrage beim Zentralruf der Autoversicherer zur Feststellung des gegnerischen Haftpflichtversicherers[445]. Die Besprechung muß mit dem Gegner oder einem Dritten geführt werden. Dritter kann auch ein Sachverständiger oder Zeuge sein[446]; Voraussetzung ist aber auch hier, daß das Gespräch sachfördernd war, also z. B. nicht nur der Nachfrage nach dem Stand der Begutachtung oder der Anschrift des Zeugen diente. Eine streitige Erörterung ist für den Anfall der Besprechungsgebühr nicht erforderlich. 156

cc) Auch eine bei der außergerichtlichen Regulierung anfallende **Vergleichsgebühr** (§ 23 BRAGO) ist zu ersetzen[447]. Voraussetzung hierfür ist, daß die Angelegenheit durch gegenseitiges Nachgeben erledigt wurde[448]. 157

dd) Der für die Bemessung der erstattungsfähigen Anwaltsgebühren maßgebliche **Gegenstandswert** richtet sich nach dem Wert der Hauptforderung, soweit sie begründet ist, nicht etwa nach dem Betrag, den der Geschädigte beansprucht hat oder jenen, den er aus seiner Sicht für berechtigt halten durfte[449]. Geleistete Vorauszahlungen sind abzuziehen, sofern sie nicht unter dem Vorbehalt beliebiger Verrechnung oder der Rückforderung erbracht wurden[450]. Einige Versicherer haben sich gegenüber dem Deutschen Anwaltverein zu einer Pauschalabrechnung der Anwaltsgebühren bei außergerichtlicher Schadensregulierung bereiterklärt[451]. 158

5. **Aufwand für andere Verfahren**

a) **Kosten vorangegangener Prozesse** (z. B. Straf- oder Bußgeldverfahren gegen den Geschädigten aus Anlaß des Unfalls; Nebenklage des Geschädigten; Inanspruchnahme eines falschen Beklagten im Zivilprozeß) sind nicht nach § 7 zu ersetzen, weil sie nicht adäquate Folge der Sachbeschädigung sind[452]. Die Kostenerstattungspflicht regelt sich ausschließlich nach den Vorschriften der StPO bzw. des OWiG. Daran ändert auch nichts die Absicht des Geschädigten, das Strafverfahren zur Vorbereitung seiner Zivilklage zu benutzen[453]. 159

---

443 BGH VersR 1968, 1145.

444 *Sanden/Völtz* 370 m. Rechtsprechungsnachweisen.

445 OLG München DAR 1983, 267; *Sanden/Völtz* 370 m.w. Rechtsprechungsnachweisen.

446 A. A. zum Zeugen *Sanden/Völtz* 371.

447 BGH NJW 1970, 1122.

448 Näher hierzu BGH NJW 1970, 1122; *Sanden/Völtz* 375 ff.

449 BGHZ 39, 73; BGH NJW 1970, 1122; *Sanden/Völtz* 383; a. A. *MünchKomm/Grunsky* vor § 249, 66; *Ruhkopf* VersR 1968, 22; *Kubisch* NJW 1970, 1456.

450 *Sanden/Völtz* 385.

451 Einzelheiten in AnwBl 1993, 474; NZV 1996, 352 u. 442; vgl. auch *Enders* Büro 1997, 65; 1996, 574; 1995, 337; *Mümmler* Büro 1995, 229; *Deichl* NZV 1991, 171; *Sanden/Völtz* 399.

452 *Straf- oder Bußgeldverfahren*: BGHZ 24, 267; 27, 137; BGH NJW 1975, 2341; OLG München VersR 1964, 932; OLG Schleswig VersR 1994, 831 (Nebenklage); *Klimke* VersR 1981, 18. *Zivilprozeß*: BGH VersR 1961, 162; 1969, 441; *Klimke* aaO 19.

453 A. A. KG Büro 1983, 1251.

160 b) Einbußen durch die **polizeilichen Ermittlungen** (z. B. Zeitverlust durch die Unfallaufnahme, Unkosten des Geschädigten für die Fahrt zu seiner Zeugenvernehmung) sind nicht erstattungsfähig[454]. Sie sind nicht dem Sachschaden zuzurechnen, sondern dem Bereich der im öffentlichen Interesse liegenden Strafverfolgung, die dem Staatsbürger auch sonst oftmals entschädigungslose Opfer abverlangt.

161 c) Die Kosten für ein **Verwaltungsverfahren nach dem NATO-Truppenstatut** hat der für den zugrundeliegenden Sachschaden Ersatzpflichtige zu erstatten; sie sind nicht in die Höchstbeträge nach § 12 StVG einzurechnen[455].

6. Inkassokosten

162 Kosten für die **Einschaltung eines Inkassoinstituts** können ersetzt verlangt werden, wenn der Schädiger hierzu Veranlassung gegeben hat, jedoch höchstens bis zu dem Betrag, der bei Beauftragung eines Rechtsanwalts angefallen wäre[456].

7. Aufwand für die Abwicklung des Schadens

163 Derartiger Aufwand (z. B. Zeitverlust, Spesen) wird von der Rechtsprechung als grundsätzlich nicht erstattungspflichtig angesehen[457]; sogar dann, wenn der Geschädigte (etwa ein Großbetrieb oder eine Behörde) für die Bearbeitung von Schadensfällen eigenes Personal eingesetzt hat, muß er diesen Aufwand – jedenfalls soweit er den üblichen Rahmen nicht überschreitet – selbst tragen[458]. Der BGH vertritt die Ansicht, dieser Aufwand sei an sich zwar als Folgeschaden anzusehen, infolge einer an Verantwortungsbereichen und Praktikabilität orientierten Wertung aber nicht dem Schädiger zuzurechnen; nur wenn die Einschaltung eines Rechtsanwalts erforderlich sei (Rdn. 149), seien deren Kosten erstattungsfähig[459].

164 Gegen diese Auffassung sind zu Recht Bedenken erhoben worden[460]. Nach dem Grundsatz der Totalreparation ist voller Ausgleich für die durch den Sachschaden hervorgerufenen Vermögensnachteile zu leisten. Zu normativen Wertungen, die eine andere Beurteilung erforderlich machen könnten, ist kein Anlaß ersichtlich. Allerdings besteht eine Ausgleichspflicht nur für echte Vermögensbeeinträchtigungen, also z. B. für Porto-, Telefon- oder Fahrtkosten sowie – bei Ausländern – die Kosten notwendiger Übersetzungen[461], nicht für bloße Einbußen an Freizeit[462] oder die eigene Mühewaltung[463]. Erleidet der Geschädigte durch die Inanspruchnahme seiner Arbeitskraft für die Schadensabwicklung einen Verdienstausfall, so ist für diesen – nicht schon

---

[454] OLG München VersR 1964, 932; LG Dortmund VersR 1962, 246; *Klimke* VersR 1981, 18; a. A. LG Darmstadt ZfS 1994, 357.

[455] BGH VersR 1969, 1042.

[456] OLG Köln OLGZ 1972, 411.

[457] BGHZ 127, 352; OLG Köln VersR 1982, 585; ebenso 20. VGT (1982) 10.

[458] BGHZ 66, 112; 75, 230; 76, 216; BGH VersR 1961, 358; KG VersR 1973, 749.

[459] BGHZ 127, 353.

[460] *Lange* § 6 XIII 3; *Spengler* VersR 1973, 115; *Klimke* NJW 1974, 85; *J. Schmidt* NJW 1976, 1932; *Wilhelm* WM 1988, 281; LG Braunschweig NJW 1976, 1640.

[461] OLG Hamm NZV 1994, 188; AG Osnabrück NZV 1988, 187.

[462] BGHZ 69, 36; 106, 31; *Lange* § 6 XIV 2; a. A. *Grunsky* Aktuelle Probleme zum Begriff des Vermögensschadens (1968) 76 ff; *MünchKomm/Grunsky* vor § 249, 29 f; *Lipp* NJW 1992, 1918 ff, der in einer über das zumutbare Maß hinausgehenden Freizeiteinbuße eine ersatzpflichtige Verletzung des allgemeinen Persönlichkeitsrechts sieht.

[463] *Lipp* NJW 1992, 1917; a. A. *Weimar* NJW 1989, 3246 ff.

für den bloßen Arbeitsaufwand[464] – Ersatz zu leisten. Mußte er zum Zwecke der Schadensabwicklung (z. B. Ersatzbeschaffung eines Kraftfahrzeugs) Urlaub nehmen oder seinen Erholungsurlaub abbrechen, so ist ihm der Verdienstausfall für die entsprechende Zeit unbezahlten Urlaubs zu ersetzen[465]. Bei Einsatz eigenen Personals kommt es darauf an, ob die geltendgemachten Personalkosten auch ohne den Unfall angefallen wären (dann fehlt die Kausalität) oder ob sie erst durch den Unfall hervorgerufen wurden (z. B. Überstundenvergütung). Eine anteilsmäßige Überbürdung der Vorhaltekosten für Personal, welches nur oder auch zur Schadensbearbeitung eingesetzt wird, ist abzulehnen (vgl. § 7, 199).

Die Praxis[466] gelangt durch die Zubilligung einer **Auslagenpauschale** trotz der ableh- **165**
nenden Haltung des BGH gegenüber den Schadensbearbeitungskosten zu einer Entschädigung in dem auch hier für richtig gehaltenen Umfang. Die Pauschalierung (gemeinhin werden Beträge zwischen 20 und 50 DM zuerkannt) erscheint im Hinblick auf § 287 ZPO unbedenklich, jedoch sollten vom Anspruchsteller wenigstens Anhaltspunkte für den Umfang seiner Aufwendungen verlangt werden. Grundsätzlich, d. h. ohne Besonderheiten des Einzelfalles, 50 DM zuzusprechen, erscheint nicht gerechtfertigt[467]. Hat der Geschädigte sogleich einen Anwalt mit der Gesamtregulierung beauftragt, werden ihm in der Regel keine erstattungsfähigen Auslagen erwachsen sein[468].

V. Sonstige Vermögensnachteile

1. Finanzierungskosten

a) **Voraussetzungen der Erstattungsfähigkeit.** Leistet der Ersatzpflichtige oder sein **166**
Haftpflichtversicherer keinen Vorschuß, so muß der Geschädigte die Kosten der Schadensbehebung zunächst selbst aufbringen, wenn er auf die baldige Restitution Wert legt oder diese zur Vermeidung größerer Folgeschäden geboten ist. Nur wenn ihm dies nicht möglich oder nicht zumutbar ist (z. B. weil sonst sein Lebensbedarf gefährdet oder seine Rücklage für Notfälle anzugreifen wäre), kann er einen Kredit aufnehmen und die Kosten hierfür als Unfallschaden nach § 249 Satz 2 BGB, nicht etwa nur als Verzugsschaden nach Mahnung, ersetzt verlangen[469]. Auf die Notwendigkeit einer Kreditaufnahme wird er den Ersatzpflichtigen allerdings hinweisen müssen[470]. Zum gebotenen Einsatz eigener Mittel kann auch die Verpfändung eines Wertpapierguthabens gehören[471]. Zu der Frage, ob der Geschädigte anstelle eines Kredits seine **Kaskoversicherung** in Anspruch nehmen muß, vgl. § 9, 81.

b) **Umfang.** Selbstverständlich sind die Finanzierungskosten nur für den Betrag zu **167**
erstatten, den der Schädiger **tatsächlich schuldet**, und nur für solche Schadensposten, für die der Geschädigte **tatsächlich Ausgaben** hatte, also z. B. nicht für fiktive Reparaturkosten, Wertminderung und Nutzungsausfall.

---

464 BGHZ 66, 114; 75, 234; *Lange* § 6 XIV 3; a. A. *MünchKomm/Grunsky* vor § 249, 25; *Weimar* NJW 1989, 3246 ff.

465 A. A. OLG Celle VersR 1977, 1104.

466 Vgl. OLG Köln DAR 1965, 270; NZV 1991, 429; LG Köln VersR 1983, 403; LG Oldenburg DAR 1984, 30; *Notthoff* VersR 1995, 1402 m. w. Nachw.

467 So aber LG Köln VersR 1989, 636; AG Augsburg ZfS 1989, 410; wie hier OLG Köln NZV 1991, 429. OLGR Hamm 1996, 99 hält jedenfalls 50 DM für übersetzt.

468 Vgl. OLG Karlsruhe NZV 1989, 433.

469 BGHZ 61, 346; BGH NJW 1966, 1454. Vgl. auch *Klimke* VersR 1973, 880; *Himmelreich* NJW 1973, 978; 1974, 1897; zu restriktiv *Sanden/Völtz* 242.

470 OLG Schleswig VersR 1967, 68; OLG Düsseldorf NJW 1969, 2051.

471 OLG Düsseldorf VersR 1983, 991.

168 Die Finanzierungskosten sind **möglichst niedrig** zu halten[472]. Kann der Geschädigte ein günstiges Darlehen von seiner Bank erhalten (z. B. Dispositionskredit), so darf er nicht die Dienste eines teuren Kreditinstituts oder sog. Unfallhelfers in Anspruch nehmen. Die von vielen Seiten (meist zu überhöhten Kosten) angebotenen Unfallfinanzierungshilfen können keineswegs als übliche Maßnahmen der Schadensbeseitigung angesehen werden[473].

169 **Zinsverluste** durch Inanspruchnahme eigener Mittel des Geschädigten sind kein erstattungsfähiger Unfallschaden. Diese Verluste werden sich aber in Grenzen halten, wenn der Geschädigte den Ersatzpflichtigen alsbald in Verzug setzt.

170 Stellt ein **Dritter** die Mittel zur Verfügung, so werden dem Geschädigten hierfür die für Privatdarlehen üblichen Zinsen zuzubilligen sein, auch wenn der Dritte solche nicht berechnet (vgl. § 7, 202).

2. Folgeschäden

171 § 7 StVG und § 823 Abs. 1 BGB schützen zwar nicht das Vermögen als solches; vermögensrechtliche Beeinträchtigungen sind aber dann zu ersetzen, wenn es sich um (adäquate) Folgen der Sachbeschädigung handelt. In Betracht kommen folgende Positionen:

172 a) **Haftungsschaden** eines Mieters oder Leasingnehmers. Ihm ist nach der Rechtsprechung der Betrag zu ersetzen, den er infolge der Beschädigung des Miet- oder Leasingobjekts kraft Gesetzes oder gemäß vertraglicher Vereinbarung an seinen Vertragspartner leisten muß[474], insbesondere also die Reparatur- oder Wiederbeschaffungskosten[475] einschließlich Mehrwertsteuer[476]. Hierzu zählen aber nicht die ggf. aufgrund gesetzlicher (§ 324 Abs. 1 BGB) oder vertraglicher Verpflichtung weiterzuzahlenden Miet- oder Leasingraten, da diese auch ohne das Schadensereignis zu zahlen gewesen wären; der Geschädigte kann nur Ersatz für die entgangene Nutzung verlangen[477] (zur Berechnung s. Rdn. 131). Wird der Vertrag infolge des Schadensereignisses vorzeitig durch Kündigung beendet, so kommt ein vom Schädiger über die Wiederbeschaffungskosten hinaus zu übernehmender Haftungsschaden nur insoweit in Betracht, als durch die Kündigung die Pflicht zur Zahlung der Leasingraten und des Restwertes sofort ausgelöst wird und damit gegenüber der ursprünglichen Verpflichtung Mehrkosten (etwa infolge der Notwendigkeit einer Kreditaufnahme zur vorzeitigen Ablösung) verbunden sind[478].

173 b) Ein **entgangener Veräußerungsgewinn** kann erstattungspflichtig sein, wenn der Geschädigte die beim Unfall beschädigte Sache bereits zu einem den tatsächlichen Wert übersteigenden Preis verkauft hatte[479]. Ein etwaiger merkantiler Minderwert (Rdn. 72 ff) kann ggf. daneben geltend gemacht werden[480]. Das Erzielen eines Über-

---

472 BGHZ 61, 350; OLG Nürnberg VersR 1965, 247.

473 OLG Karlsruhe NZV 1989, 24.

474 BGH VersR 1976, 943; 1981, 161; OLG Köln NJW 1986, 1816.

475 BGHZ 116, 22 = NZV 1992, 227 m. Anm. *Hohloch; Schnauder* JuS 1992, 824.

476 LG Stade DAR 1987, 123; LG Arnsberg NZV 1994, 444; AG Schorndorf DAR 1987, 123; AG Freiburg NJW-RR 1987, 345; *Bethäuser* DAR 1987, 109.

477 BGHZ 116, 22 = NZV 1992, 227 m. Anm. *Hohloch*. BGH VersR 1976, 943; 1977, 227; *Dörner* VersR 1978, 892; *Schnauder* JuS 1992, 822 f.

478 BGHZ 116, 22 = NZV 1992, 227 m. Anm. *Hohloch*.

479 BGH VersR 1982, 597 = JR 1982, 457 m. Anm. *Giesen*; OLG Karlsruhe VersR 1980, 75; OLG Stuttgart VersR 1980, 363; OLG Frankfurt NJW-RR 1991, 919; OLG Celle SP 1992, 71; *Schmid* VersR 1980, 123; a. A. *Giesen* VersR 1979, 389.

480 OLG Saarbrücken NZV 1992, 317 m. zust. Anm. *Lange*.

preises bei Inzahlunggeben eines Fahrzeugs gegen Erwerb eines neuen kann aber gegen das Rabattgesetz verstoßen mit der Folge, daß für den rechtswidrigen Gewinn kein Ersatz zu leisten ist[481].

c) Der **Verlust einer Vergünstigung**, die an eine bestimmte, wegen der Zerstörung des Wirtschaftsguts nicht mehr erreichbare Nutzungsdauer anknüpft, ist als Folgeschaden der Eigentumsverletzung zu ersetzen. Dies kommt z. B. bei der Steuer- und Sozialversicherungsfreiheit des in der Überlassung eines Jahreswagens liegenden Geldwertvorteils[482] oder bei einer staatlichen Investitionshilfe[483] in Betracht. Bei Beschädigung eines Leasingfahrzeugs kann u. U. der Wegfall der mit dem Leasinggeschäft verbundenen Steuervorteile eine Ersatzpflicht begründen[484]. Ebenso ist erstattungsfähig der Verlust, den ein britischer Armeeangehöriger dadurch erleidet, daß er die ihm sonst zustehende Möglichkeit zum Bezug steuerfreien Benzins bei dem angemieteten Ersatzfahrzeug nicht ausüben kann[485]. **174**

d) Verluste durch **Zurückstufung in der Beitragsklasse** (geringerer Schadensfreiheitsrabatt) sind zu ersetzen, wenn der Geschädigte seine Kaskoversicherung in Anspruch genommen hat, um höhere Finanzierungskosten zu vermeiden[486] (vgl. § 9, 81). Ging es ihm dagegen nur darum, einen höheren als den vom Schädiger zu beanspruchenden Ersatz zu erlangen (z. B. im Hinblick auf die frühere Neuwertklausel bei der Kaskoversicherung), so ist der Rabattverlust nicht erstattungspflichtig[487]. Soweit erstattungsfähig kann der Rabattverlust für die Zukunft nur durch Feststellungsklage geltend gemacht werden[488]. **175**

Entsprechende Nachteile in der **Haftpflichtversicherung** sind dagegen nach § 7 StVG nicht ausgleichspflichtig, da sie nicht auf dem Sachschaden des Geschädigten, sondern darauf beruhen, daß der Geschädigte seinerseits für Unfallfolgen beim Gegner einzustehen hat[489]. **176**

e) **Inspektionskosten.** Wird ein Kraftfahrzeug auf einer von der Werkstatt im Rahmen einer Inspektion vorgenommenen Probefahrt zerstört, so kann der Eigentümer des Kraftfahrzeugs die Kosten für die bereits erbrachten Inspektionsarbeiten vom Schädiger verlangen. Hierbei handelt es sich, da der Eigentümer gegenüber der Werkstatt von der Vergütungspflicht frei ist, um einen Fall von Drittschadensliquidation[490]. **177**

f) Zu den **Betriebserschwerniskosten**, die sich bei der Störung des Bahnbetriebs durch einen Unfall ergeben können, vgl. *Kunz* VersR 1982, 25 m. w. Nachw. **178**

g) Zur Frage, inwieweit Nachteile durch **Zeitverluste** bei der Unfallaufnahme, der Rechtsverfolgung oder durch andere unfallbedingte Verfahren ersatzfähig sind, s. **179**

---

481 OLG Stuttgart VersR 1973, 773; *Sanden/Völtz* 67 f; einschränkend LG Freiburg VersR 1982, 455.

482 LG Braunschweig DAR 1988, 167.

483 A. A. OLG Hamm VersR 1984, 1051.

484 BGH NZV 1992, 228.

485 OLG Hamm NZV 1989, 231.

486 BGHZ 44, 387; OLG München VersR 1967, 573; OLG Celle VersR 1968, 1070; *Klunzinger* NJW 1969, 2113.

487 OLG Saarbrücken NJW-RR 1986, 194; OLG Stuttgart VersR 1987, 65; OLG Karlsruhe NZV 1990, 431; LG Trier VersR 1983, 791.

488 BGH NZV 1992, 107; OLG Düsseldorf NZV 1991, 309.

489 BGHZ 66, 398; BGH VersR 1977, 767; 1978, 235; BAG NZV 1993, 148; OLG Stuttgart VersR 1970, 846; *Preußner* VersR 1967, 1029; *Klunzinger* NJW 1969, 2116. A. A. *MünchKomm/Grunsky* § 249, 32. Zu der Frage, in welchen Fällen der Rückstufungsschaden aus anderen rechtlichen Gesichtspunkten zu ersetzen ist, vgl. *Schwerdtner* NJW 1971, 1673.

490 LG Limburg DAR 1983, 327 = VersR 1985, 171 m. Anm. *Klimke*.

Rdn. 160, 163 ff. Das OLG Frankfurt hat den Zinsverlust zugesprochen, der dem Geschädigten dadurch entstanden ist, daß er infolge der von ihm selbst veranlaßten Unfallaufnahme Schecks nicht mehr termingerecht einreichen konnte[491].

180 h) **Reinigungs- und Entsorgungskosten**, die dem Eigentümer eines Straßen- oder Anliegergrundstücks durch unfallbedingte Verschmutzung entstehen, sind vom Schädiger im Rahmen des Erforderlichen[492] zu ersetzen (s. auch § 16, 785 zu Geschäftsführung ohne Auftrag, § 9, 73 ff zu Schadensminderungskosten). Wird der Geschädigte infolge des Unfalls zu einer **Sonderabfallabgabe** herangezogen (z. B. weil umweltgefährdende Ladung entsorgt werden muß), so hat hierfür ebenfalls der Unfallverantwortliche aufzukommen[493].

VI. Zinsen

181 Ein allgemeiner Rechtsgrundsatz, daß ein Schadensersatzanspruch aus unerlaubter Handlung oder Gefährdungshaftung mit dem gesetzlichen Zinssatz zu verzinsen ist, besteht nicht[494]. Ein Zinsanspruch kann sich aber – außer aus allgemeinen Gesichtspunkten wie Verzug oder Rechtshängigkeit oder im Rahmen der Finanzierungskosten (s. Rdn. 166) – auch aus § 849 BGB ergeben. Die Vorschrift ist trotz Fehlens einer ausdrücklichen Verweisung auch auf die Gefährdungshaftung anwendbar[495]. Sie gewährt einen Zinsanspruch bei Ansprüchen wegen Wertminderung sowie wegen Entziehung einer Sache, z. B. bei Totalschaden eines Kraftfahrzeugs. Hierbei handelt es sich um eine pauschalierte Entschädigung für Nutzungsausfall; abstrakte Nutzungsausfallentschädigung (Rdn. 127 ff) und Zinsen nach § 849 BGB können daher nicht für denselben Zeitraum, wohl aber für aufeinanderfolgende Zeitabschnitte beansprucht werden[496].

[491] WM 1995, 661; zw.

[492] Vgl. hierzu *Vogel/Kitsch* VersR 1996, 1476.

[493] Zur Frage, inwieweit die Sonderabfallabgabengesetze der Länder bei Verkehrsunfällen anwendbar sind, s. *Schwab* VersR 1995, 1031.

[494] BGH NVwZ 1994, 409.

[495] BGH VersR 1983, 555; OLG Celle VersR 1977, 1104; a. A. OLG Nürnberg OLGZ 69, 139.

[496] BGH VersR 1983, 555.

Schlußanhang II

Einflüsse des Sozialversicherungs-, Dienst- und Versorgungsrechts auf die zivilrechtliche Haftung im Straßenverkehr

Übersicht

Schrifttum

Ahrens Die Beschränkung des Regresses der Sozialversicherungsträger gegen deliktische Schädiger, AcP 189 (1989), 526; *Deinhardt* Der gesetzliche Forderungsübergang nach den §§ 116–119 SGB-X, VersR 1984, 697; *Eichenhofer* Internationales Sozialrecht (1994); *v. Einem* Nochmals: Änderungen zum Beitragsregreß nach § 119 SGB-X durch das RRG 1992, VersR 1991, 381; *Fuchs* Zivilrecht und Sozialrecht (1992); *ders* Arbeitgeber- und Arbeitnehmerhaftung für Personenschäden, Festschrift für Gitter (1995) 253; *Gitter* Schadensausgleich im Arbeitsunfallrecht (1969); *Hartung* Anmerkungen zur „Teilnahme am allgemeinen Verkehr" i. S. des Gesetzes vom 7. 12. 1943 und des § 636 RVO, in: 25 Jahre Karlsruher Forum (1983) 105; *von der Heide* Der Beitragsregreß nach dem RRG 1992, VersR 1994, 274; *Hessert* Regreß durch Sozialleistungsträger nach Inkrafttreten des RRG 1992, VersR 1991, 165; *Krasney* Der Verkehrsunfall als Arbeitsunfall, NZV 1989, 369; *Kohte* Familienschutz für Lebensgemeinschaften beim Forderungsübergang nach § 67 II VVG, § 116 VI SGB-X; *Küppersbusch* Die Ablösung der §§ 1542, 1543 RVO durch die §§ 116 bis 119 SGB-X, VersR 1983, 193; *Küppersbusch* Beitragsregreß nach §§ 116, 119 SGB-X, NZV 1992, 58; *Lepa* Die Haftungsersetzung gemäß §§ 636, 637 RVO in der Rechtsprechung des Bundesgerichtshofs, VersR 1985, 8; *Lepa* Die Haftung des Arbeitnehmers im Straßenverkehr, NZV 1997, 137; *Otto* Ablösung der §§ 636 bis 642 RVO durch das neue Unfallversicherungsrecht, NZV 1996, 473; *Ritze* Änderungen zum Beitragsregreß nach § 119 SGB-X durch das RRG 1992, VersR 1990, 947; *Schuler* Das Internationale Sozialrecht der Bundesrepublik Deutschland (1988); *Waltermann* Forderungsübergang auf Sozialleistungsträger, NJW 1996, 1644; *Wandt* Regreßstatut bei deutschem Verkehrsunfall und ausländischer Drittleistung, NZV 1993, 56.

I. Einführung

1 Das auf den individuellen Schadensausgleich gerichtete Haftungsrecht wird in weiten Bereichen durch ein **sozialstaatliches Versorgungssystem** überlagert[1]. Dieses soll sicher-

[1] Zur Funktionseinheit von Zivilrecht und Sozialrecht s. *Fuchs* 178 ff.

stellen, daß das Unfallopfer vollständig, kurzfristig und ohne den Aufwand und die Risiken einer Haftbarmachung des Unfallverantwortlichen von den bei Körperschäden oft existenzbedrohenden Unfallfolgen entlastet wird. Die Sozialleistungen sollen jedoch weder dem Geschädigten eine doppelte Entschädigung[2] noch dem Schädiger eine ungerechtfertigte Entlastung verschaffen[3]. Eine Lösung dieses Problems über den Rechtsgedanken des Vorteilsausgleichs wäre wenig systemgerecht, da die teilweise durch Beiträge des Geschädigten oder seines Arbeitgebers finanzierten Sozialleistungen nicht der Entlastung des Schädigers zu dienen bestimmt sind. Der Gesetzgeber hat die Konkurrenz der beiden Entschädigungssysteme daher durch eine **Umformung des Haftungsrechts** geregelt, und zwar zum Teil in der Form einer Verdrängung des Haftungsrechts durch Haftungsausschlüsse oder -beschränkungen (unten Rdn. 6 ff, 176 ff), zum Teil durch einen gesetzlichen Übergang der Schadensersatzforderung auf den Leistungsträger (unten Rdn. 100 ff, 182 ff). Gerade im Bereich der Straßenverkehrshaftung kommt diesen Besonderheiten erhebliche Bedeutung zu:

Die Teilnahme am Straßenverkehr steht in weitem Umfang unter dem Schutz der **2**
gesetzlichen Unfallversicherung: nicht nur beruflich bedingte Fahrten, sondern z. B. auch solche zum Blutspenden oder zu Selbsthilfearbeiten am Familienheimbau, und ebenso die Pannenhilfe zwischen Autofahrern fallen darunter[4]. Jeder Unfallverletzte (im Fall der Unfallhilfe sogar der nur an Sachwerten Geschädigte[5]) muß sich daher die Frage stellen, ob er nicht wegen des besonderen Anlasses des Unfallereignisses Ansprüche gegen die gesetzliche Unfallversicherung erworben hat. Diese sind meist leichter zu realisieren und verschaffen oft eine höhere Entschädigung als das Vorgehen gegen einen anderen Unfallbeteiligten. Zudem kann sich ergeben, daß sich der Unfallgegner nach Aufdeckung des Unfallversicherungsschutzes auf den gesetzlichen Ausschluß seiner Haftung (Rdn. 6 ff) beruft. Die unterlassene Prüfung von Ansprüchen gegen die gesetzliche Unfallversicherung führt nicht selten auch zu deren Verjährung (§ 45 SGB-I), so daß sich die Frage eines Regresses gegen den schadenregulierenden Rechtsanwalt stellt.

Noch größere Bedeutung kommt den Leistungen zu, die nach einem Verkehrsunfall **3**
mit Personenschaden von **Sozialversicherungs- und ähnlichen Leistungsträgern** (insbesondere Renten- und Krankenversicherung, Bundesanstalt für Arbeit, Sozialhilfe, Versorgungsverwaltung, öffentlichrechtliche Dienstherren) zu erbringen sind. Sie bewirken einen gesetzlichen Übergang der Schadensersatzansprüche auf den Leistungsträger, der bei der Schadensregulierung beachtet werden muß, denn der Geschädigte verliert durch ihn in der Regel bereits im Zeitpunkt des Unfalls das Recht, die betreffenden Schadenspositionen gegen den Schädiger geltend zu machen.

Mit dem Forderungsübergang auf der Seite des Verletzten korrespondiert im moder- **4**
nen Unfallhaftungsrecht auf der Seite des Schädigers regelmäßig die Abnahme des Haftungsrisikos durch eine **Haftpflichtversicherung**. Die Schadensregulierung bei Unfällen mit Personenschaden findet daher weitgehend zwischen Sozialversicherungsträgern und Haftpflichtversicherern statt und ist dort vielfach, z. B. durch Teilungsabkommen, pauschaliert. Durch diese Überlagerung des Individualhaftungsrechts seitens kollektiver

---

[2] Zum Überentschädigungsverbot als allgemeinem Rechtsgrundsatz des deutschen Schadensrechts s. Einl. 20.

[3] BGHZ 9, 179 mit eingehender Dokumentation der Gesetzesmaterialien.

[4] Vgl. § 539 Abs. 1 RVO a. F. bzw. ab 1. 1. 1997 § 2 Abs. 1 SGB-VII. Eingehend hierzu *Krasney* NZV 1989, 369; zur Reichweite der gesetzlichen Unfallversicherung *Jahnke* NZV 1996, 297; zur Unfall- und Pannenhilfe *Dornwald* DAR 1992, 54.

[5] § 765a RVO a. F.; seit 1. 1. 1997: § 13 SGB-VII.

Ausgleichssysteme wird nicht nur die praktische Abwicklung des Schadensersatzrechts, sondern auch dessen Funktion verändert: die präventive Funktion des Haftungsrechts tritt zurück und in den Mittelpunkt rückt die Frage, ob der Schaden von dem Kollektiv potentieller Verletzter (Sozialversicherungsträger) oder dem Kollektiv potentieller Schädiger (Haftpflichtversicherer) getragen werden soll[6]. Hierbei wird dann häufig gar nicht mehr der Ausgleich des konkreten Einzelschadens, sondern die Aufteilung eines ganzen Schadenspotentials vorgenommen.

5 Nachstehend werden zunächst die Besonderheiten (Haftungsausschlüsse und Regreß) im Bereich der gesetzlichen Unfallversicherung und sodann der gesetzliche Forderungsübergang auf Sozialversicherungs- und Sozialhilfeträger dargestellt. Anschließend werden die Haftungsbesonderheiten (Ausschlüsse und Regreß) im Beamten- und Soldaten(versorgungs)recht erläutert.

II. Haftungsausschluß und Regreß im Bereich der gesetzlichen Unfallversicherung

1. Einschlägige Vorschriften

6 Die unfallversicherungsrechtliche Haftungsersetzung war bisher in der RVO geregelt. Durch Art. 1 des Gesetzes zur Einordnung des Rechts der gesetzlichen Unfallversicherung in das Sozialgesetzbuch (UVEG) vom 7. August 1996 (BGBl. I S. 1254 ff) wurde die RVO für diesen Versicherungszweig aber durch ein siebtes Buch des Sozialgesetzbuchs abgelöst. Haftungsausschluß (§§ 636 ff RVO a. F.) und Regreß (§§ 640 ff RVO a. F.) sind nunmehr in §§ 104 ff bzw. 110 ff SGB-VII geregelt, wobei die Neufassung in Einzelfragen auch inhaltliche Korrekturen bewirkt[7]. Die Änderung gilt **für alle Schadensfälle ab Inkrafttreten des Gesetzes am 1. Januar 1997** (Art. 36 UVEG, § 212 SGB-VII)[8]. Für davorliegende Schadensfälle bleibt es bei der Anwendung der §§ 636 ff RVO a. F.

Die maßgeblichen Vorschriften lauten:

Reichsversicherungsordnung

§ 636

(1) Der Unternehmer ist den in seinem Unternehmen tätigen Versicherten, deren Angehörigen und Hinterbliebenen, auch wenn sie keinen Anspruch auf Rente haben, nach anderen gesetzlichen Vorschriften zum Ersatz des Personenschadens, den ein Arbeitsunfall verursacht hat, nur dann verpflichtet, wenn er den Arbeitsunfall vorsätzlich herbeigeführt hat oder wenn der Arbeitsunfall bei der Teilnahme am allgemeinen Verkehr eingetreten ist. Der Schadensersatzanspruch des Versicherten, seiner Angehörigen und seiner Hinterbliebenen vermindert sich jedoch um die Leistungen, die sie nach Gesetz oder Satzung infolge des Arbeitsunfalls von Trägern der Sozialversicherung erhalten.

---

[6] Vgl. *Kötz* Sozialer Wandel im Unfallrecht 28 ff; *Fuchs* 188.

[7] Einen ersten Gesamtüberblick zum SGB-VII geben *Graeff*, SGb 1996, 297 ff, *Langguth* DStR 1996, 1944 ff, *Plagemann* NJW 1996, 3173 ff u. *Niemeyer/Freund* NZS 1996, 497 ff; insbesondere zum Haftungsrecht *Marschner* BB 1996, 2090 ff, *Otto* NZV 1996, 473 ff, *Rolfs* NJW 1996, 3177 ff.

[8] Soweit § 214 Abs. 4 SGB-VII eine Rückbeziehung auf frühere Versicherungsfälle anordnet, bezieht sich dies trotz des unklaren Wortlauts nicht auf den Regreß nach § 110.

(2) Das gleiche gilt für Ersatzansprüche Versicherter, die Beschäftigte eines weiteren Unternehmers sind, sowie deren Angehörigen und Hinterbliebenen gegen diesen Unternehmer.

(3) ...

§ 637

(1) § 636 gilt bei Arbeitsunfällen entsprechend für die Ersatzansprüche eines Versicherten, dessen Angehörigen und Hinterbliebenen gegen einen in demselben Betrieb tätigen Betriebsangehörigen, wenn dieser den Arbeitsunfall durch eine betriebliche Tätigkeit verursacht.

(2) § 636 gilt bei Arbeitsunfällen in Unternehmen der Feuerwehren ferner entsprechend für Ersatzansprüche Versicherter, deren Angehörigen und Hinterbliebenen gegen Feuerwehrvereine und ihre Vorstände, die Mitglieder von Pflicht- und freiwilligen Feuerwehren, die beigezogenen Löschpflichtigen, die freiwillig beim Feuerwehrdienst helfenden Personen sowie gegen alle beim Tätigwerden der Feuerwehr mit Befehlsgewalt ausgestatteten Personen.

(3) Bei Arbeitsunfällen in sonstigen Unternehmen zur Hilfe bei Unglücksfällen einschließlich des zivilen Bevölkerungsschutzes gilt Absatz 2 entsprechend.

(4) § 636 gilt bei Arbeitsunfällen in den in § 539 Abs. 1 Nr. 14 genannten Unternehmen ferner entsprechend für Ersatzansprüche eines Kindes oder eines Lernenden, deren Angehörigen und Hinterbliebenen gegen den Unternehmer sowie in Verbindung mit Absatz 1 für Ersatzansprüche dieser Versicherten untereinander. Satz 1 gilt entsprechend in den Fällen des § 539 Abs. 1 Nr. 18.

(5) § 636 gilt ferner bei Arbeitsunfällen von nach § 539 Abs. 1 Nr. 19 versicherten Pflegepersonen entsprechend für Ersatzansprüche einer Pflegeperson, deren Angehörigen und Hinterbliebenen gegen den Pflegebedürftigen wie auch für Ersatzansprüche von Pflegepersonen desselben Pflegebedürftigen untereinander.

§ 638

(1) Hat ein Gericht über Ersatzansprüche der in den §§ 636 und 637 genannten Art zu erkennen, so ist es an die endgültige Entscheidung gebunden, die in einem Verfahren nach diesem oder dem Sozialgerichtsgesetz darüber ergeht,

1. *ob ein Arbeitsunfall vorliegt,*
2. *in welchem Umfang und von welchem Träger der Unfallversicherung die Leistungen zu gewähren sind.*

(2) ...

§ 639

Personen, deren Ersatzpflicht durch § 636 oder § 637 beschränkt ist und von denen der Verletzte, seine Angehörigen oder seine Hinterbliebenen Schadensersatz fordern, können statt des Berechtigten die Feststellungen nach § 638 Abs. 1 beantragen oder das entsprechende Verfahren nach dem Sozialgerichtsgesetz betreiben. Der Ablauf von Fristen, die ohne ihr Verschulden verstrichen sind, wirkt nicht gegen sie, dies gilt nicht, soweit diese Personen das Verfahren selbst betreiben.

§ 640

(1) Haben Personen, deren Ersatzpflicht durch § 636 oder § 637 beschränkt ist, den Arbeitsunfall vorsätzlich oder grob fahrlässig herbeigeführt, so haften sie für alles, was

die Träger der Sozialversicherung nach Gesetz oder Satzung infolge des Arbeitsunfalls aufwenden müssen. Statt der Rente kann der Kapitalwert gefordert werden.

(2) Die Träger der Sozialversicherung können nach billigem Ermessen insbesondere unter Berücksichtigung der wirtschaftlichen Verhältnisse des Schädigers auf den Ersatzanspruch verzichten.

Sozialgesetzbuch VII. Buch

§ 104

Beschränkung der Haftung der Unternehmer

(1) Unternehmer sind den Versicherten, die für ihre Unternehmen tätig sind oder zu ihren Unternehmen in einer sonstigen die Versicherung begründenden Beziehung stehen, sowie deren Angehörigen und Hinterbliebenen nach anderen gesetzlichen Vorschriften zum Ersatz des Personenschadens, den ein Versicherungsfall verursacht hat, nur verpflichtet, wenn sie den Versicherungsfall vorsätzlich oder auf einem nach § 8 Abs. 2 Nr. 1 bis 4 versicherten Weg herbeigeführt haben. Ein Forderungsübergang nach § 116 des Zehnten Buches findet nicht statt.

(2) Absatz 1 gilt entsprechend für Personen, die als Leibesfrucht durch einen Versicherungsfall im Sinne des § 12 geschädigt worden sind.

(3) Die nach Absatz 1 oder 2 verbleibenden Ersatzansprüche vermindern sich um die Leistungen, die Berechtigte nach Gesetz oder Satzung infolge des Versicherungsfalls erhalten.

§ 105

Beschränkung der Haftung anderer im Betrieb tätiger Personen

(1) Personen, die durch eine betriebliche Tätigkeit einen Versicherungsfall von Versicherten desselben Betriebs verursachen, sind diesen sowie deren Angehörigen und Hinterbliebenen nach anderen gesetzlichen Vorschriften zum Ersatz des Personenschadens nur verpflichtet, wenn sie den Versicherungsfall vorsätzlich oder auf einem nach § 8 Abs. 2 Nr. 1 bis 4 versicherten Weg herbeigeführt haben. Satz 1 gilt entsprechend bei der Schädigung von Personen, die für denselben Betrieb tätig und nach § 4 Abs. 1 Nr. 1 versicherungsfrei sind. § 104 Abs. 1 Satz 2, Abs. 2 und 3 gilt entsprechend.

(2) Absatz 1 gilt entsprechend, wenn nicht versicherte Unternehmer geschädigt worden sind. Soweit nach Satz 1 eine Haftung ausgeschlossen ist, werden die Unternehmer wie Versicherte, die einen Versicherungsfall erlitten haben, behandelt, es sei denn, eine Ersatzpflicht des Schädigers gegenüber dem Unternehmer ist zivilrechtlich ausgeschlossen. Für die Berechnung von Geldleistungen gilt der Mindestjahresarbeitsverdienst als Jahresarbeitsverdienst. Geldleistungen werden jedoch nur bis zur Höhe eines zivilrechtlichen Schadenersatzanspruchs erbracht.

§ 106

Beschränkung der Haftung anderer Personen

(1) In den in § 2 Abs. 1, Nr. 2, 3 und 8 genannten Unternehmen gelten die §§ 104 und 105 entsprechend für die Ersatzpflicht

1. *der in § 2 Abs. 1 Nr. 2, 3 und 8 genannten Versicherten untereinander,*
2. *der in § 2 Abs. 1 Nr. 2, 3 und 8 genannten Versicherten gegenüber den Betriebsangehörigen desselben Unternehmens,*
3. *der Betriebsangehörigen desselben Unternehmens gegenüber den in § 2 Abs. 1 Nr. 2, 3 und 8 genannten Versicherten.*

(2) Im Fall des § 2 Abs. 1 Nr. 17 gelten die §§ 104 und 105 entsprechend für die Ersatzpflicht
1. *der Pflegebedürftigen gegenüber den Pflegepersonen,*
2. *der Pflegepersonen gegenüber den Pflegebedürftigen,*
3. *der Pflegepersonen desselben Pflegebedürftigen untereinander.*

(3) Wirken Unternehmen zur Hilfe bei Unglücksfällen oder Unternehmen des Zivilschutzes zusammen oder verrichten Versicherte mehrerer Unternehmen vorübergehend betriebliche Tätigkeiten auf einer gemeinsamen Betriebsstätte, gelten die §§ 104 und 105 für die Ersatzpflicht der für die beteiligten Unternehmen Tätigen untereinander.

(4) Die §§ 104 und 105 gelten ferner für die Ersatzpflicht von Betriebsangehörigen gegenüber den nach § 3 Abs. 1 Nr. 2 Versicherten.

§ 107
Besonderheiten in der Seefahrt
(vom Abdruck wird abgesehen)

§ 108
Bindung der Gerichte

(1) Hat ein Gericht über Ersatzansprüche der in den §§ 104 bis 107 genannten Art zu entscheiden, ist es an eine unanfechtbare Entscheidung nach diesem Buch oder nach dem Sozialgerichtsgesetz in der jeweils geltenden Fassung gebunden, ob ein Versicherungsfall vorliegt, in welchem Umfang Leistungen zu erbringen sind und ob der Unfallversicherungsträger zuständig ist.

(2) Das Gericht hat sein Verfahren auszusetzen, bis eine Entscheidung nach Absatz 1 ergangen ist. Falls ein solches Verfahren noch nicht eingeleitet ist, bestimmt das Gericht dafür eine Frist, nach deren Ablauf die Aufnahme des ausgesetzten Verfahrens zulässig ist.

§ 109
Feststellungsberechtigung von in der Haftung beschränkten Personen

Personen, deren Haftung nach den §§ 104 bis 107 beschränkt ist und gegen die Versicherte, ihre Angehörigen und Hinterbliebene Schadenersatzforderungen erheben, können statt der Berechtigten die Feststellungen nach § 108 beantragen oder das entsprechende Verfahren nach dem Sozialgerichtsgesetz betreiben. Der Ablauf von Fristen, die ohne ihr Verschulden verstrichen sind, wirkt nicht gegen sie; dies gilt nicht, soweit diese Personen das Verfahren selbst betreiben.

§ 110
Haftung gegenüber den Sozialversicherungsträgern

(1) Haben Personen, deren Haftung nach den §§ 104 bis 107 beschränkt ist, den Versicherungsfall vorsätzlich oder grob fahrlässig herbeigeführt, haften sie den Sozialversicherungsträgern für die infolge des Versicherungsfalls entstandenen Aufwendungen, jedoch nur bis zur Höhe des zivilrechtlichen Schadenersatzanspruchs. Statt der Rente kann der Kapitalwert gefordert werden. Das Verschulden braucht sich nur auf das den Versicherungsfall verursachende Handeln oder Unterlassen zu beziehen.

(2) Die Sozialversicherungsträger können nach billigem Ermessen, insbesondere unter Berücksichtigung der wirtschaftlichen Verhältnisse des Schädigers, auf den Ersatzanspruch ganz oder teilweise verzichten.

§ 111
Haftung des Unternehmens

Haben ein Mitglied eines vertretungsberechtigten Organs, Abwickler oder Liquidatoren juristischer Personen, vertretungsberechtigte Gesellschafter oder Liquidatoren einer Personengesellschaft des Handelsrechts oder gesetzliche Vertreter der Unternehmer in Ausführung ihnen zustehender Verrichtungen den Versicherungsfall vorsätzlich oder grob fahrlässig verursacht, haften nach Maßgabe des § 110 auch die Vertretenen. Eine nach § 110 bestehende Haftung derjenigen, die den Versicherungsfall verursacht haben, bleibt unberührt. Das gleiche gilt für Mitglieder des Vorstandes eines nicht rechtsfähigen Vereins oder für vertretungsberechtigte Gesellschafter einer Personengesellschaft des bürgerlichen Rechts mit der Maßgabe, daß sich die Haftung auf das Vereins- oder das Gesellschaftsvermögen beschränkt.

§ 112
Bindung der Gerichte

§ 108 über die Bindung der Gerichte gilt auch für die Ansprüche nach den §§ 110 und 111.

§ 113
Verjährung

Für die Verjährung der Ansprüche nach den §§ 110 und 111 gilt § 852 Abs. 1 und 2 des Bürgerlichen Gesetzbuchs entsprechend mit der Maßgabe, daß die Frist von dem Tag an gerechnet wird, an dem die Leistungspflicht für den Unfallversicherungsträger bindend festgestellt oder ein entsprechendes Urteil rechtskräftig geworden ist.

2. Haftungsausschluß zugunsten des Arbeitgebers bei Arbeitsunfall

7 a) **Überblick.** § 636 Abs. 1 RVO a. F. bzw. § 104 Abs. 1 SGB-VII schließt die Haftung des Unternehmers (Arbeitgebers) für die bei einem Arbeitsunfall erlittenen Personenschäden aus. Derartige Schäden sollen allein durch die gesetzliche Unfallversicherung abgedeckt werden. Wenngleich hinter dieser Regelung das gesetzgeberische Motiv steht, die Arbeitnehmer gegen die wirtschaftlichen Folgen von Arbeitsunfällen zu sichern[9], wirkt diese Haftungsersetzung doch auch zu deren Lasten, z. B. indem sie auch dann eingreift, wenn kein Anspruch auf Rente aus der gesetzlichen Unfallversicherung besteht oder wenn der Arbeitnehmer einen – dem Unfallversicherungsrecht unbekannten – Anspruch auf Schmerzensgeld hätte. Die Regelung wird daher auch mit dem Zweck gerechtfertigt, Streitigkeiten zwischen Arbeitnehmern und Arbeitgebern zu verhindern. Zusätzlich wird auf die Erwägung abgestellt, daß die Arbeitgeber durch ihre alleinige Beitragspflicht die gesetzliche Unfallversicherung finanzieren und damit kollektiv für einen Schadensausgleich sorgen[10]. Ob diese weithin Unverständnis auslösende Regelung, die häufig unnötige, weil nur um die Passivlegitimation des Schädigers geführte Prozesse verursacht, noch zeitgemäß ist, darf bezweifelt werden[11]. Ihre Verfassungsmä-

[9] *Lepa* VersR 1985, 9 m. Nachw. der Gesetzesmaterialien. Eingehend zur Entstehungsgeschichte *Hartung*, in: 25 Jahre KF 105.

[10] BTDrucks. IV/120, 62.

[11] Für Abschaffung *Fuchs* Festschrift für Gitter 256.

ßigkeit wurde vom BVerfG bejaht[12]. Nach Ansicht des BGH[13] kommt ihr so großes Gewicht zu, daß ein den Haftungsausschluß übergehendes ausländisches Urteil wegen Verstoßes gegen den ordre public nicht anerkennungsfähig ist. Mit der Neuregelung des § 105 Abs. 2 SGB-VII wird sie in bezug auf Schäden des Arbeitgebers noch ausgeweitet.

Eingeschränkt ist der Haftungsausschluß, wenn der Unternehmer den Arbeitsunfall vorsätzlich herbeigeführt hat sowie bei bestimmten Wegeunfällen (§ 636 Abs. 1 Satz 1 RVO a. F. bzw. § 104 Abs. 1 Satz 1 SGB-VII; s. hierzu Rdn. 35 ff); in diesen Fällen ist die Haftung lediglich in der Höhe ausgeschlossen, in der die Sozialversicherung dem Verletzten (oder seinen Angehörigen oder Hinterbliebenen) Ersatz leistet (§ 636 Abs. 1 Satz 2 RVO bzw. § 104 Abs. 3 SGB-VII); für den darüber hinausgehenden Schaden, insbesondere für das Schmerzensgeld haftet der Unternehmer dem Verletzten und den übrigen nach BGB Berechtigten. Bei Vorsatz und grober Fahrlässigkeit ist der Schädiger dem Rückgriff des Sozialversicherers nach § 640 RVO a. F. bzw. § 110 SGB-VII ausgesetzt (vgl. Rdn. 65 ff). **8**

b) **Umfang des Haftungsausschlusses.** Der (unbeschränkte) Haftungsausschluß erfaßt alle aus dem Arbeitsunfall erwachsenen Ansprüche des Verletzten sowie seiner Angehörigen und Hinterbliebenen aus Personenschaden, z. B. auch Beerdigungskosten[14] sowie Ansprüche aus ausländischem Recht[15]. Es ist gleich, ob sie auf Delikt, Vertrag oder Gefährdungshaftung beruhen. Daher sind auch Schmerzensgeldansprüche ausgeschlossen[16]; desgleichen auch Ansprüche für Zeiträume, für die eine Rente noch nicht gewährt wird. Der Haftungsausschluß greift sogar dann ein, wenn der Verletzte keine Rente erhält, z. B. weil seine Erwerbsfähigkeit um weniger als 20% gemindert ist (§ 581 Abs. 1 Nr. 2 RVO a. F. bzw. § 56 Abs. 1 Satz 1 SGB-VII)[17]. Lediglich solche Ansprüche sind nicht ausgeschlossen, die sich auf Schäden oder Schadensgruppen beziehen, die das Recht der gesetzlichen Unfallversicherung überhaupt nicht regeln will[18]. Insbesondere kann der Versicherte seinen Sachschaden gegen den Unternehmer geltend machen[19]. Ausgenommen sind Schadenersatzansprüche wegen einer Beschädigung von Körperersatzstücken und größeren orthopädischen Hilfsmitteln (Gebiß, Prothese u. a.), weil insoweit der Sozialversicherungsträger aufzukommen hat[20]. **9**

c) **Wirkung im Gesamtschuldverhältnis.** Ist neben dem Unternehmer ein weiterer Schädiger gesamtschuldnerisch für den Schaden verantwortlich, so darf die Privilegierung nicht dadurch hinfällig gemacht werden, daß der Geschädigte sich beim Zweitschädiger schadlos hält und dieser anteilig Regreß nach § 426 BGB beim Arbeitgeber nimmt. In der Rechtsprechung ist daher seit langem anerkannt, daß die Haftungsfreistellung auch dem Regreß des Mitschädigers entgegengehalten werden kann[21] (vgl. § 17, 26). Die Konsequenz dieser Rechtsprechung war jedoch, daß der Zweitschädiger, obwohl nur Gesamtschuldner, den Schaden endgültig voll tragen mußte. Der BGH beseitigte sie zunächst für den Fall, daß der Ersatzanspruch des Verletzten auf einen Sozialversicherungsträger übergegangen war, indem er dessen Anspruch entsprechend kürzte[22]. Nunmehr gilt allgemein, daß der Zweitschädiger dem Geschädigten nur auf **10**

---

12 BVerfGE 34, 118; NJW 1995, 1607.

13 VersR 1994, 243. Ablehnend hierzu *Haas* ZZP 108 (1995) 224 ff.

14 BAG NJW 1989, 2838.

15 BGH VersR 1994, 245.

16 BGHZ 3, 298; 12, 278; 64, 203; BGH VersR 1961, 126; BAG NJW 1967, 25 LS; VersR 1971, 528; LAG Düsseldorf VersR 1963, 354; LAG Hamm VersR 1965, 375; *Voss* VersR 1954, 7; a. A. *Böhmer* MDR 1964, 185. Zur Verfassungsmäßigkeit dieser Regelung BVerfG VersR 1973, 269.

17 RAG DR 1944, 783.

18 BGH VersR 1959, 108.

19 BGHZ 52, 115.

20 Vgl. *Wussow* WJ 1990, 11.

21 BGHZ 19, 114; BGH VersR 1967, 250.

22 BGHZ 51, 37; 55, 16; 58, 356.

den Betrag haftet, der im Verhältnis zum privilegierten Erstschädiger auf ihn entfiele, wenn der Ausgleich nach § 426 BGB nicht durch das Haftungsprivileg verhindert würde (gestörter Gesamtschuldnerausgleich)[23]. Jedoch ist zu beachten, daß die Grundsätze über den gestörten Gesamtschuldnerausgleich dann nicht zur Anwendung kommen können, wenn Geschädigter und privilegierter Erstschädiger für denselben Verursachungsbeitrag verantwortlich sind[24] (näher zur Rechtsfigur der Zurechnungseinheit § 9, 117).

11 Besteht zwischen den Gesamtschuldnern eine vertragliche Abrede, wonach der privilegierte Teil den anderen von einer etwaigen Haftung freizustellen hat, so kann dies nach vorstehenden Grundsätzen dazu führen, daß der Geschädigte völlig leer ausgeht[25]. Dies hält der BGH indessen zu Recht nur dann für hinnehmbar, wenn die vertragliche Haftungsverteilung „Ausdruck der nach den Verhältnissen gegebenen Haftungszuständigkeiten der Beteiligten ist", es sich also um eine Vereinbarung handelt, „durch die die Rollen der Beteiligten in bezug auf die Schadensverhütung und damit die Gewichte ihres **Beitrags an der Schadensentstehung** verteilt" werden[26], etwa in einem Fall zulässiger Übertragung der Verkehrssicherungspflicht. Fehlt es an einer solchen Konkordanz mit der tatsächlichen Pflichtenstellung, soll also der Zweitschädiger ausschließlich von den **Folgen seiner Haftung** freigestellt werden, so muß einer solchen Freistellungsabsprache eine Wirkung gegenüber dem Geschädigten im gestörten Gesamtschuldverhältnis abgesprochen werden[27].

12 Geht die Abrede zwischen den Schädigern hingegen dahin, daß der (nicht privilegierte) Zweitschädiger allein haften soll, so kann er nicht unter Berufung auf die Privilegierung des anderen eine Kürzung seiner Schadensersatzpflicht gegenüber dem Geschädigten geltend machen, denn seine volle Haftung beruht hier nicht auf den Besonderheiten des gestörten Gesamtschuldverhältnisses, sondern auf der von ihm eingegangenen Absprache[28].

13 d) **Einfluß der Haftpflichtversicherung.** Der Haftungsausschluß gilt auch dann, wenn der Ersatzpflichtige haftpflichtversichert ist[29]. Die gegenteilige Ansicht[30] beachtet nicht, daß es den Unternehmern nicht zuzumuten ist, höhere Versicherungsprämien zur Haftpflichtversicherung zu zahlen, um dadurch in Fällen dem Arbeitnehmer einen zusätzlichen Vorteil zu verschaffen, für die die Unternehmer schon Beiträge zur Berufsgenossenschaft leisten. Haben Haftpflichtversicherer ein Schadenteilungsabkommen geschlossen und ist darin vereinbart, daß die Teilung ohne Prüfung der Haftungsfrage zu erfolgen hat, so ist auch nicht zu prüfen, ob §§ 636 f RVO a. F. bzw. §§ 104 f SGB-VII anzuwenden sind[31].

14 e) **Begriff des Unternehmers.** Unternehmer im Sinne des (für Schadensfälle vor 1. 1. 1997 fortgeltenden) **§ 636 RVO a. F.** ist derjenige, auf dessen Rechnung der Betrieb oder die Arbeit, bei der sich der Unfall ereignet hat, ging (§ 658 Abs. 2 Nr. 1 RVO

---

[23] BGHZ 61, 51; 94, 173; BGH VersR 1974, 889; 1974, 1129; 1976, 991; 1988, 1278; OLG Schleswig NZV 1995, 24. Für volle Haftung des Zweitschädigers ohne Regreßmöglichkeit dagegen das schweizerische Bundesgericht; s. *Greger* NZV 1990, 263 f.

[24] BGH NZV 1996, 360.

[25] Vgl. BGH NJW 1987, 2669.

[26] BGHZ 110, 114 = JZ 1990, 384 m. Anm. *Selb*.

[27] S. a. *Denck* NZA 1988, 266 ff.

[28] BGHZ 110, 114 = JZ 1990, 384 m. Anm. *Selb*; BGH VersR 1976, 992.

[29] BGH VersR 1959, 754; 1963, 1025; 1973, 736; NJW 1963, 654 m. Anm. *Seydel; Schmalzl* VersR 1962, 771; *Asanger* VersR 1963, 149.

[30] OLG München VersR 1962, 673; *Böhmer* MDR 1962, 958; JR 1963, 215; JR 1964, 56.

[31] LG Frankfurt VersR 1961, 501.

a. F.)[32]. Es braucht sich nicht um ein Wirtschaftsunternehmen zu handeln, vielmehr kann auch eine Privatperson „Unternehmer" sein. Nach § 658 Abs. 2 Nr. 2 RVO a. F. ist auch der nicht gewerbsmäßige Halter eines Fahrzeugs oder Reittiers Unternehmer im Sinn des Unfallversicherungsrechts. Die (arbeitnehmerähnliche, vgl. Rdn. 30) Hilfeleistung zugunsten des Halters eines privaten Kraftfahrzeugs begründet für den Helfer den Versicherungsschutz der Berufsgenossenschaft für Fahrzeughaltungen, zugleich aber den Anspruchsverlust nach § 636 RVO a. F.

Nach **§ 136 Abs. 3 Nr. 1 SGB-VII** ist im neuen Recht (s. Rdn. 6) Unternehmer derjenige, dem das Ergebnis des Unternehmens (worunter gemäß § 121 Abs. 1 SGB-VII sowohl ein Betrieb, eine Verwaltung oder Einrichtung wie auch eine Tätigkeit zu verstehen ist) unmittelbar zum Vor- oder Nachteil gereicht. Damit wird die längst erfolgte Ausweitung der gesetzlichen Unfallversicherung über die Absicherung erwerbswirtschaftlicher Tätigkeiten hinaus auch an dieser Stelle im Gesetzeswortlaut nachvollzogen. Der besondere Unternehmerbegriff der privaten Fahrzeug- oder Reittierhaltung (Rdn. 14) entfällt. Dennoch bleibt es beim Versicherungsschutz und Haftungsausschluß, solange nur die schadensbringende Tätigkeit als arbeitnehmerähnlich versichert ist (dazu Rdn. 30). Unternehmer ist dann der Privathaushalt des Fahrzeugnutzers, die Zuständigkeit verlagert sich allerdings auf die Unfallversicherungsträger im Landesbereich, § 128 Abs. 1 Nr. 9 SGB-VII[33]. 15

Mehrere Personen sind nur dann Unternehmer, wenn sie am Gewinn und Verlust teilnehmen; bei Kommanditgesellschaften sind dies nur die persönlich haftenden Gesellschafter. Die **juristische Person** ist selbst Unternehmer, nicht ihr gesetzlicher Vertreter, jedoch kann ein Gesellschafter-Geschäftsführer einer GmbH wie ein Unternehmer tätig sein[34]. Ist der Betrieb **verpachtet**, so ist der Pächter Unternehmer. Beruht ein Unfall auf einer Pflichtwidrigkeit des Unternehmers, der sein Unternehmen schon vor dem Unfall **veräußert** hatte, so tritt der Haftungsausschluß nicht ein[35]. Im übrigen wird auch über die Frage, wer Unternehmer ist, im Bescheid des Versicherungsträgers bzw. im Urteil des Sozialgerichts nach § 638 Abs. 1 RVO a. F. bzw. § 108 SGB-VII mit Bindungswirkung für den Schadensersatzprozeß entschieden (vgl. Rdn. 34). 16

Daß der Unfallbetrieb und der Beschäftigungsbetrieb **selbständige organisatorische Einheiten** sind, spielt keine Rolle, wenn sie sich in der Hand eines Unternehmers befinden. Dies war z. B. bei der Bundesrepublik Deutschland hinsichtlich Bundesbahn und Bundeswehr der Fall[36]. Die Deutsche Bahn AG ist dagegen ein eigenes Unternehmen. 17

f) Vom Haftungsausschluß erfaßte Verletzte sind die nach der RVO Versicherten (vgl. Rdn. 19 ff) und diejenigen, auf die die Satzung der Berufsgenossenschaft die Versicherungspflicht ausgedehnt hat, ferner auch die freiwillig Versicherten (§ 545 RVO a. F. bzw. § 6 SGB-VII). Die versicherungsfreien Personen (§§ 541, 542 RVO a. F. bzw. §§ 4, 5 SGB-VII) gehören nicht dazu. Hinterbliebene sind die Witwe bzw. der Witwer (§ 590 RVO a. F. bzw. § 65 SGB-VII), die frühere Ehefrau (§ 592 RVO a. F. bzw. § 66 SGB-VII), die Waisen (§ 595 RVO a. F. bzw. § 67 SGB-VII) und die Eltern (§ 596 RVO a. F. bzw. § 69 SGB-VII). Mit „Angehörigen" sind vor allem die nach § 845 BGB Dienstberechtigten gemeint. 18

---

32 RGZ 98, 253; 99, 228; 144, 40; BGHZ 93, 295.

33 Kritisch zur damit verbundenen Kostentragung durch den Steuerzahler (§ 185 Abs. 2 SGB-VII) *Leube*, NZS 1996, 14. Fallgruppen zur „Unternehmung Kraftfahrzeughaltung" bei *Otto* NZV 1996, 476.

34 BSG NJW 1973, 167.

35 BGH NJW 1966, 653.

36 BGHZ 63, 295.

19 aa) Gegen Arbeitsunfall versichert sind nach § 539 Abs. 1 RVO a. F. bzw. § 2 Abs. 1 SGB-VII in erster Linie die **Arbeitnehmer** des schädigenden Unternehmers, einschließlich Auszubildender, Heimarbeiter, mitarbeitender Angehöriger u. ä.

20 bb) **Personen, die wie ein Arbeitnehmer tätig werden,** sind durch § 539 Abs. 2 RVO a. F. bzw. § 2 Abs. 2 SGB-VII in den Sozialversicherungsschutz und damit auch den Haftungsausschluß einbezogen. Dies bezieht sich auf jede ernstliche, dem Unternehmen dienende Tätigkeit von wirtschaftlicher Bedeutung[37], die dem wirklichen oder mutmaßlichen Willen[38] des Unternehmers entspricht und in einem inneren oder ursächlichen Zusammenhang mit dem Unternehmen steht[39]. Ein Verhältnis persönlicher oder wirtschaftlicher Abhängigkeit braucht nicht zu bestehen[40], so daß auch ein anderer Unternehmer erfaßt sein kann[41] (vgl. Rdn 28); auch braucht kein objektiver Nutzen aus der Arbeit entstanden zu sein[42]. Der Unternehmer des Unfallbetriebs braucht von ihr keine Kenntnis zu haben[43].

21 Unter die Vorschrift fällt z. B. auch der Ehemann einer Heimarbeiterin, der ihre Produkte zum Arbeitgeber fährt[44], sowie ein Freigänger[45]; nicht aber ein Schüler im Rahmen eines Betriebspraktikums[46] (s. aber Rdn. 56) und nicht ein frei praktizierender Arzt, der sich im Rahmen eines unabhängigen Dienstvertrags zu Einsätzen im Rettungsdienst verpflichtet hat[47]. Die Vorschrift schließt auch Ansprüche verbotswidrig Beschäftigter aus, z. B. eines Jugendlichen[48]. Dies gilt sogar dann, wenn der Unternehmer von der Mithilfe des Jugendlichen in seinem Betrieb nichts wußte, dieser aber vorübergehend in den Betrieb eingegliedert war[49].

22 Es genügen bereits vorübergehende, selbst spontane **Hilfeleistungen**[50], sofern sie für das betreffende Unternehmen typisch sind und sich nicht etwa im Bereich allgemeiner Nothilfe bewegen[51] oder aus rein eigenwirtschaftlichem Interesse erbracht werden[52]. Der Verletzte muß sich dem Unfallbetrieb aber in gewisser Weise **eingegliedert** haben, damit er „wie" dessen Arbeitnehmer im Sinne des § 539 Abs. 2 RVO a. F. bzw. § 2 Abs. 2 SGB-VII behandelt werden kann. Es reicht nicht, wenn er sich nur in loser Form in dessen Arbeitsvorgänge einschaltet, z. B. als zuschauender oder minimale Handreichungen leistender Kunde[53], oder wenn er eine Gefälligkeitsbehandlung von ganz untergeordneter Bedeutung vornimmt[54].

23 An der Eingliederung fehlt es auch, wenn ein Arbeitnehmer nur **im Rahmen der Tätigkeit für einen anderen Arbeitgeber** mit dem Unfallbetrieb in Berührung gekommen ist[55]. Es genügt daher für den Haftungsausschluß nicht, wenn der Verletzte nur deshalb von dem Unfallereignis betroffen wird, weil seine (einem anderen Unternehmen zuzurechnende) Arbeitsstelle im Einflußbereich des Unfallbetriebs liegt, mag dies auch auf gemeinsame Aufgaben zurückzuführen sein, wie z. B. bei Beteiligung mehrerer

---

[37] BGH VersR 1955, 40.
[38] BSG VersR 1958, 337; LSG Celle VersR 1958, 136; LSG Stuttgart VersR 1961, 795; LG Oldenburg VersR 1958, 795.
[39] BGH VersR 1969, 757; 1971, 735; 1977, 959; 1978, 150.
[40] BSG VersR 1958, 337; NJW 1973, 1821; BGH VersR 1959, 109; 1966, 182; 1978, 150; 1982, 41; 1983, 156; 1983, 687; 1983, 728; 1983, 855; 1984, 736; OLG Schleswig VersR 1987, 79; OLG Oldenburg VersR 1988, 1253.
[41] OLG München VersR 1995, 940.
[42] BGH VersR 1959, 109.
[43] BGH VersR 1966, 182.
[44] OLG Hamm RuS 1993, 381.
[45] BGH VersR 1983, 261.
[46] BGH VersR 1984, 652.
[47] BGH NZV 1991, 347.
[48] BGH NJW 1952, 462.
[49] Vgl. OLG Schleswig VersR 1968, 147 u. 828 m. Anm. *Boller.*
[50] BGH VersR 1983, 856; 1985, 1083; 1987, 385; NZV 1989, 70; 1990, 345.
[51] BGHZ 52, 121; BGH NJW 1981, 626.
[52] BGH NZV 1994, 225.
[53] BGH NZV 1994, 225.
[54] BGH NZV 1990, 345.
[55] BGH VersR 1978, 150.

Unternehmer an einem Bauvorhaben[56]. Dies gilt auch dann, wenn der Stammbetrieb des Verunglückten für den Unfallbetrieb tätig wird, der Verunglückte aber nur eigene Aufgaben seines Betriebs besorgt[57].

Dagegen kommt es zum Haftungsausschluß, wenn der Verunglückte von seinem **24**
Stammbetrieb als „Leiharbeiter" **in den Unfallbetrieb entsandt** worden ist[58]. Die hierfür erforderliche Einordnung in den fremden Betrieb ist anzunehmen, wenn die Arbeitskraft sich mit dem Betriebsunternehmer (oder dessen Bevollmächtigten) und anderen Arbeitnehmern des Betriebs derart zu einer Arbeitsgemeinschaft zusammenschließt, daß sie unter der den Arbeitsgang bestimmenden Leitung des Unternehmers (oder der von ihm Beauftragten) tätig wird sowie nach dessen Anordnungen handelt und damit diesem auch einen Teil der Verantwortung für die Durchführung der Arbeiten überläßt[59]. Der BGH hat dies z. B. auch für einen Krankenhausarzt bejaht, der einem Rettungsdienstträger als Notarzt zur Verfügung gestellt wurde[60]. Entsprechendes gilt, wenn der aushelfende Arbeitnehmer nicht durch sein Stammunternehmen entsandt worden ist, sondern **aufgrund eigenen Entschlusses dem Unfallbetrieb Hilfe leistet**, weil er gerade zur Stelle war, etwa beim Beladen eines Fahrzeugs[61] oder beim Ankuppeln eines Anhängers an den Lastwagen eines Lieferanten[62]. Hierbei ist allerdings sorgfältig zu prüfen, ob sich die Tätigkeit für den fremden Betrieb tatsächlich wie ein Ausleihen der Arbeitskraft darstellt oder ob die Arbeitskraft nicht doch für eigene Aufgaben des Stammunternehmens eingesetzt wird[63]. Die Rechtsprechung hat dies z. B. angenommen, wenn ein Revierförster nur deshalb im Lkw des Holzfuhrunternehmens mitfährt, um die abzufahrenden Baumstämme zu bezeichnen[64] oder wenn ein Arbeitnehmer des Verkäufers den Wagen des Kunden vereinbarungsgemäß mit der gekauften Ware belädt[65]. War der fremde Betrieb dagegen dem Stammbetrieb gegenüber zum Be- oder Entladen verpflichtet, so hat sich der helfende Arbeitnehmer dem fremden Betrieb eingegliedert[66]. Handelt es sich um ein Tätigwerden in der Sphäre des Unfallbetriebs, so scheitert die Annahme einer Eingliederung in diesen nicht daran, daß die Tätigkeit zugleich für den Stammbetrieb nützlich war[67]. Bei einer objektiv mehreren Betrieben nützlichen Tätigkeit wird aber dem Arbeitnehmer in der Regel unterstellt, daß er subjektiv die Interessen des Beschäftigungsbetriebs verfolgt[68]. Die Abgrenzung ist in diesen Fällen äußerst schwierig, denn die Übergänge sind fließend. Zweifel am Sinngehalt der bestehenden Regelung sind durchaus angebracht[69]. Bei nur vorübergehenden Hilfeleistungen ist zu prüfen, ob die Eingliederung in den Unfallbetrieb zum Zeitpunkt des Unfalls nicht schon beendet war[70].

---

56 BGH VersR 1957, 615; 1958, 377; 1966, 387; OLG Köln VersR 1987, 791; ebenso für Subunternehmer BGH NZV 1988, 217; BAG JZ 1984, 286 m. Anm. *Hanau*.

57 BGH VersR 1960, 427; 1960, 800; 1961, 358; 1963, 252; 1965, 457; 1986, 868.

58 BGH VersR 1978, 150.

59 BGH VersR 1957, 245; 1959, 827; 1959, 602; 1960, 426; 1962, 540; OLG München VersR 1959, 817.

60 VersR 1987, 1135 LS.

61 BGH VersR 1977, 959; 1983, 855.

62 BGH VersR 1959, 109; 1978, 150.

63 BGH VersR 1990, 994.

64 BGH VersR 1955, 457.

65 BGH VersR 1957, 102.

66 BGH VersR 1983, 728.

67 BGH VersR 1978, 150; BAG VersR 1991, 902; OLG Frankfurt NJW-RR 1990, 39; OLG Oldenburg VersR 1988, 1253; vgl. auch (mit abweichender Lösung des vom BAG entschiedenen Falles) LAG Baden-Württemberg VersR 1990, 109 u. OLG Karlsruhe VersR 1989, 110 m. abl. Anm. *Bayer*.

68 BGH NZV 1996, 405; *Otto* NZV 1996, 476 m. w. Nachw.

69 Vgl. Entschließung des VGT 1989, Arbeitskreis IV, NZV 1989, 103; *Deutschländer* VersR 1989, 345. Gegen die Rechtsprechung auch *Fuchs* Festschrift für Gitter 262.

70 Vgl. z. B. BGH VersR 1983, 855.

25 Ein Arbeitnehmer kann somit durchaus **mehreren Betrieben** (im Sinne der gesetzlichen Unfallversicherung) angehören und damit auch mehrfachen Unfallversicherungsschutz (mit der Folge entsprechenden Haftungsausschlusses) genießen[71]. Hat die für seinen Stammbetrieb zuständige Berufsgenossenschaft den Unfall als Arbeitsunfall anerkannt, so hindert dies den Haftungsausschluß für den anderen Unternehmer, in dessen Betrieb sich der Unfall ereignet hat, nicht (vgl. Rdn. 34).

26 Die für **Versicherungsfälle ab 1. 1. 1997** geltende Neuregelung erfaßt den „weiteren" Unternehmer (§ 636 Abs. 2 RVO a. F.) nunmehr direkt in der Ausgangsnorm § 104 Abs. 1 SGB-VII, indem neben der Tätigkeit „im Unternehmen" schon eine sonstige versicherungsbegründende Beziehung „zum Unternehmen" genügt. § 106 Abs. 3 SGB-VII bezieht ausdrücklich die vorübergehende Tätigkeit auf der gemeinsamen Betriebsstätte mehrerer Unternehmer (Arbeitsgemeinschaften im Bauwesen) ein. Eine über den dargestellten Stand der Rechtsprechung hinausgehende Erweiterung dürfte damit nicht ausgesprochen sein, denn die gemeinsame Aufgabe (s. Rdn. 23) begründet noch keine gemeinsame Betriebsstätte.

27 Dient die Hilfeleistung nicht den Belangen des Unfallbetriebs, sondern handelt der Helfer **zur Abwehr von Gefahren für die Allgemeinheit**, so ist er zwar auch gesetzlich versichert (§ 539 Abs. 1 Nr. 9a RVO a. F. bzw. § 2 Abs. 1 Nr. 13a SGB-VII), verliert aber nicht etwaige Schadensersatzansprüche gegen den Betrieb, von dem die Gefahr ausgeht[72] (vgl. Rdn. 63). Entscheidend ist nicht, ob tatsächlich eine solche Gefahr bestand, sondern wie sich die Situation für den Helfer darstellte und welche Absicht er mit seinem Eingreifen verfolgte[73]. Eine arbeitnehmerähnliche Tätigkeit scheidet auch dann aus, wenn die betriebsbezogenen Motive von so untergeordneter Bedeutung sind, daß die Beseitigung gemeiner Gefahr im Sinne des § 539 Abs. 1 Nr. 9a RVO a. F. bzw. § 2 Abs. 1 Nr. 13a SGB-VII ganz im Vordergrund stand[74].

28 Ein **selbständiger Unternehmer** wird nur dann für einen anderen Unternehmer im Rahmen des § 539 Abs. 2 RVO a. F. bzw. § 2 Abs. 2 SGB-VII tätig, wenn die Tätigkeit nicht auch zu dem Kreis der Arbeiten gehört, die den Gegenstand seines eigenen Unternehmens bilden[75]. Im Regelfall ist davon auszugehen, daß die Hilfeleistung allein der Förderung der Belange des eigenen Unternehmens gedient hat; der Versicherungsschutz im Unfallbetrieb wird in einem solchen Fall auch dann nicht ausgelöst, wenn die Tätigkeit des Verletzten dem Unfallbetrieb nützlich war[76].

29 Die **Mitarbeit von Familienangehörigen** im Unternehmen gehört nicht hierher, wenn familienrechtliche oder ethische Verpflichtungen die alleinige Grundlage bilden. Insbesondere ist die dadurch geprägte Mitarbeit auf landwirtschaftlichen Anwesen keine versicherungspflichtige Tätigkeit und schließt daher die Haftung des Schädigers aus unerlaubter Handlung nicht aus. Anders ist es, wenn betriebliche Interessen im Vordergrund stehen[77].

30 **Im Verhältnis zu Privatpersonen, die als Unternehmen gelten**, also insbesondere Kraftfahrzeug-Haltern (s. Rdn. 14), bereitet die Beurteilung der Arbeitnehmerähnlichkeit besondere Probleme. Sie ist zu bejahen bei der Pannenhilfe durch einen anderen

---

71 BGH VersR 1981, 350; **a. A.** LAG Baden-Württemberg VersR 1990, 109.

72 BGHZ 52, 122; BGH VersR 1979, 668; NJW 1981, 626; NZV 1990, 345; OLG Düsseldorf NJW-RR 1992, 1443.

73 BGH NZV 1990, 345.

74 BSG NJW 1993, 1030.

75 BGH VersR 1959, 429; 1962, 540; 1964, 237; NZV 1989, 70; OLG Hamm VersR 1986, 974.

76 BGH VersR 1987, 384.

77 OLG München ZfS 1990, 404.

Kraftfahrer[78]. Hilfsdienste, die der Abwehr einer gemeinen Gefahr im Sinne von § 539 Abs. 1 Nr. 9a RVO a. F. dienen, scheiden jedoch auch hier aus (vgl. Rdn. 27). Das gleiche gilt für den (ebenfalls von § 539 Abs. 1 Nr. 9a RVO a. F. erfaßten) Fall, daß die Hilfeleistung in der Rettung eines Verunglückten, gleich ob aus eigenem Antrieb oder auf dessen Bitte hin, besteht[79], sowie für das Aufspringen eines Passanten auf einen führerlos anrollenden Lkw[80]. Auch bei weitester Auslegung kann man diese Tätigkeit nicht mehr als arbeitnehmerähnlich, den Verunglückten nicht als Unternehmer betrachten. Im neuen Recht (Versicherung des Hilfeleistenden nach § 2 Abs. 1 Nr. 13 SGB-VII) könnten sich wegen des modifizierten Unternehmerbegriffs (Rdn. 15) hier (wegen des Unmittelbarkeitserfordernisses in § 136 Abs. 3 Nr. 1 SGB-VII aber eher kleinere) Verschiebungen ergeben.

g) **Arbeitsunfall** ist ein plötzliches, im Rahmen der Tätigkeit für einen Unternehmer verursachtes Ereignis, durch das ein Versicherter eine Körperverletzung oder eine Gesundheitsschädigung erleidet (vgl. auch die den Stand der Rechtsprechung übernehmende Legaldefinition in § 8 Abs. 1 SGB-VII). Der Unfall muß sich bei einer versicherten Tätigkeit (§§ 539, 540, 543–545 RVO a. F. bzw. §§ 2, 3, 6 SGB-VII: ereignen (§ 548 Abs. 1 Satz 1 RVO a. F. bzw. § 8 Abs. 1 Satz 1 SGB-VII). Ausgeweitet wird dies auf die Verwahrung, Beförderung, Instandhaltung und Erneuerung (SGB-VII: auch Erstbeschaffung) von Arbeitsgerät und Schutzausrüstung, auch wenn sie vom Arbeitnehmer gestellt sind (§ 549 RVO a. F. bzw. § 8 Abs. 2 Nr. 5 SGB-VII), weiterhin Unfälle auf Wegen nach und von dem Tätigkeitsort (§ 550 RVO a. F.; § 8 Abs. 2 Nr. 1–4 SGB-VII). Soweit § 548 Abs. 1 Satz 2 RVO a. F. bestimmte Unfälle beim Lohnabheben einbezieht, wurde dies im SGB-VII nicht übernommen. Der Haftungsausschluß nach § 636 RVO a. F. entfällt bei Wegeunfällen allerdings häufig deshalb, weil es sich um „Teilnahme am allgemeinen Verkehr" handelt (Rdn. 35 ff). § 104 Abs. 1 SGB-VII nimmt die Fälle des § 8 Abs. 2 Nr. 1–4 SGB-VII nunmehr ausdrücklich aus. Bei Einfluß von Trunkenheit kann das Vorliegen eines Arbeitsunfalls zu verneinen sein[81]. Ob im Einzelfall ein Arbeitsunfall vorliegt, dürfen die ordentlichen Gerichte nicht selbst prüfen (vgl. Rdn. 32 ff). **31**

h) Feststellung des Arbeitsunfalls

aa) **Vorrang des Versicherungsverfahrens.** Die Feststellung, ob ein Arbeitsunfall vorliegt, obliegt primär den Versicherungsträgern und den Sozialgerichten (vgl. § 638 RVO a. F., § 108 SGB-VII). Das Zivilgericht muß daher, wenn gewichtige Anhaltspunkte dafür vorhanden sind, daß der Unfall, auf den die Ansprüche gestützt werden, ein Arbeitsunfall war, sein Verfahren so lange nach § 148 ZPO **aussetzen**, bis die Entscheidung in dem Verfahren nach der RVO bzw. dem SGB oder dem SGG ergangen ist (§ 108 Abs. 2 SGB-VII). Dies gilt nicht für Arreste und einstweilige Verfügungen. Das Verfahren über die auf Schadenersatz gerichtete Klage darf erst fortgesetzt werden, wenn ein bestandskräftiger Bescheid des Versicherungsträgers (§ 77 SGG) vorliegt oder das Verfahren vor dem Sozialgericht rechtskräftig entscheiden ist. Die Bestandskraft fehlt, wenn der Unternehmer an dem Rentenverfahren nicht in der gebotenen Weise **32**

---

[78] BGH VersR 1987, 202; BSGE 35, 140; 46, 233; OLG Bamberg VersR 1976, 890.

[79] BGH VersR 1981, 260 m. Anm. *Denck* SGb 1981, 238.

[80] OLG Köln VersR 1982, 1098; **a. A.** LG Bonn VersR 1982, 658.

[81] Vgl. BGH VersR 1968, 353; BSG NZV 1990, 45; 1993, 267; *Krasney* NZV 1989, 375 f; *Fuchs* NZV 1993, 422.

beteiligt worden ist[82]; dies ist, ggf. nach erneuter Aussetzung, nachzuholen. Was für die Frage gilt, ob ein Arbeitsunfall vorliegt, gilt grundsätzlich auch für die Frage, in welchem Umfang und von welchem Träger der Unfallversicherung die Leistungen zu gewähren sind (s. aber Rdn. 34). **Ausnahmen:** Liegt ganz offensichtlich ein Arbeitsunfall vor und wird dies von den Prozeßparteien nicht in Zweifel gezogen, so ist das Verfahren vor dem ordentlichen Gericht oder Arbeitsgericht nicht auszusetzen[83]. Dasselbe gilt, wenn mit Sicherheit ausgeschlossen werden kann, daß ein Arbeitsunfall vorliegt, und wenn daher mit einer Entscheidung des Sozialversicherungsträgers nicht zu rechnen ist.

33 bb) **Bindungswirkung.** Bei der Prüfung, ob die Haftung durch RVO/SGB-VII ausgeschlossen ist, sind die Gerichte an eine bestandskräftige (s. Rdn. 32) Entscheidung des Sozialversicherungsträgers (oder des Sozialgerichts) darüber, ob ein Arbeitsunfall vorliegt und in welchem Umfang ein Träger der Unfallversicherung Leistungen zu erbringen hat (und welcher), gebunden (selbst wenn die Entscheidung erst nach Einlegung der Revision im Zivilverfahren ergeht)[84]. Wurde ein Arbeitsunfall verneint, so kann das Gericht den Unternehmer nicht nach § 636 RVO a. F. bzw. § 104 SGB-VII von der Haftung freistellen; hat dagegen der Sozialversicherungsträger oder das Sozialgericht für einen bestimmten Unternehmer den Arbeitsunfall bejaht, so muß diesem Haftungsfreistellung gewährt werden[85].

34 Ist im Bescheid des Versicherungsträgers oder im Urteil des Sozialgerichts festgestellt, **in welchem Betrieb** sich der Arbeitsunfall ereignet hat, wer im Augenblick des Unfalls Unternehmer war oder ob der Verletzte zu den versicherten Personen gehört, so nehmen diese Feststellungen an der Bindungswirkung des § 638 RVO bzw. § 108 Abs. 1 SGB-VII teil[86]. Fehlt eine solche Feststellung, so hat das ordentliche Gericht oder Arbeitsgericht nicht etwa nach § 108 Abs. 2 SGB-VII sein Verfahren auszusetzen, sondern es hat diese Fragen selbst zu entscheiden. In keinem Fall ist das ordentliche Gericht an der Feststellung gehindert, daß neben dem im Bescheid oder im Urteil des Sozialgerichts genannten Unternehmer **noch ein anderer Unternehmer** den Schutz der Haftungsfreistellung genießt[87]. Die Zivilgerichte können also im Schadensersatzprozeß zu dem Ergebnis kommen, daß die Haftungsablösung zugunsten des für den Verletzten fremden Unfallbetriebes eingreift, selbst wenn die Berufsgenossenschaft den Unfall als Arbeitsunfall im Stammbetrieb des Verletzten anerkannt hat[88]. Dies gilt aber nicht bei Anerkennung als Versicherungsfall nach § 539 Abs. 1 Nr. 9 Buchst. a RVO a. F. (Unfallhilfe), da dieser Versicherungsschutz gegenüber dem nach § 539 Abs. 1 Nr. 1 oder Abs. 2 RVO a. F. subsidiär ist (§ 655 Abs. 3 RVO a. F.; künftig § 135 SGB-VII); eine Berufsgenossenschaft, die ihre Einstandspflicht nach § 539 Abs. 1 Nr. 9 Buchst. a RVO a. F. bejaht, verneint damit zugleich die Zuordnung des Unfalls zu einer nach den anderen Vorschriften versicherten Tätigkeit[89].

---

[82] BGH NZV 1995, 274 = VersR 1995, 682 (ber. 812) m. Anm. *Frahm* 1004 u. *H. Müller* 1209.

[83] BAG NJW 1967, 1925 LS.

[84] BGH NJW-RR 1994, 90.

[85] BGH NJW 1972, 1990.

[86] BGH VersR 1958, 288; 1968, 372 u. 768 m. Anm. *Schmalzl*; LAG Frankfurt NJW 1966, 2330.

[87] BGHZ 24, 248 ff; BGH VersR 1983, 31; NJW 1972, 1990; OLG Nürnberg VersR 1958, 464; OLG Koblenz VersR 1959, 38; *Möring* VersR 1955, 489; *Boller* VersR 1968, 828.

[88] *Lepa* VersR 1985, 11.

[89] BGH NZV 1995, 274 = VersR 1995, 682 (ber. 812) m. Anm. *H. Müller* 1209.

i) Ausnahmen vom Haftungsprivileg bei Wegeunfällen

aa) Bei **Arbeitsunfällen vor dem 1. 1. 1997**, die sich bei **Teilnahme am allgemeinen Verkehr** ereigneten, ist die Haftung des Unternehmers, der den Unfall fahrlässig herbeigeführt hat, nicht ausgeschlossen (§ 636 Abs. 1 Satz 1 letzte Alt. RVO a. F.). Soweit Ansprüche gegen einen Sozialversicherungsträger bestehen, haftet der Unternehmer jedoch nicht (§ 636 Abs. 1 Satz 2 RVO a. F.) Es kommt in diesem Fall also auch nicht zu einem Forderungsübergang auf den Sozialversicherungsträger; diesem steht vielmehr der Regreßanspruch nach § 640 Abs. 1 RVO a. F. zu (s. Rdn. 95). 35

Der **Begriff „allgemeiner" Verkehr** ist nicht inhaltsgleich mit dem Begriff „öffentlicher Verkehr"[90]; auch ein Unfall im Straßenverkehr kann ein haftungsprivilegierter Arbeitsunfall sein. Maßgeblich ist, ob der Arbeitnehmer den Unfall als gewöhnlicher Verkehrsteilnehmer oder gerade als Betriebsangehöriger, bei einem innerbetrieblichen Vorgang, erlitten hat, ob sich im Unfall das betriebliche Verhältnis zwischen Schädiger und Geschädigtem manifestiert oder ob dieses Verhältnis zum Unfall keinen oder nur einen äußeren Zusammenhang hat[91]. Dabei rechtfertigt allein der betriebliche Zweck einer Fahrt noch nicht die Verneinung einer Teilnahme am allgemeinen Verkehr[92]; vielmehr muß hinzukommen, daß sie selbst als Teil der betrieblichen Organisation erscheint[93]. 36

Dienstbezogener Verkehr ist insbesondere die Beförderung von einem Arbeitsplatz zum anderen oder im Rahmen eines Betriebsausflugs[94]. Außerdem liegt selbstverständlich ein „besonderer Verkehr" für die Lenker von Fahrzeugen und für die beim Betrieb der Fahrzeuge Beschäftigten (vor allem für die Schaffner und das sonstige Begleitpersonal) dann vor, wenn die berufliche Tätigkeit in der Lenkung des Fahrzeugs, in der Mitfahrt als Begleitpersonal oder in der Mitarbeit beim Beladen oder Entladen besteht[95]. 37

Auch ein Unfall, der sich bei einer Beförderung im Rahmen des betrieblichen Verkehrs ereignet, ist aber dann dem allgemeinen Verkehr zuzuordnen, wenn die Haftung des Unternehmers ihren Grund nicht in dieser Beförderung hat, sondern wenn sich ein anderer Verkehrsvorgang mehr oder weniger zufällig auf die betrieblich veranlaßte Fahrt ausgewirkt hat. Schadensersatzansprüche gegen den Arbeitgeber sind daher nicht ausgeschlossen, wenn der Arbeitnehmer auf einer betrieblich veranlaßten Fahrt im öffentlichen Verkehr durch ein anderes Fahrzeug des Arbeitgebers geschädigt wurde[96]. Hiervon mag eine Ausnahme dann gemacht werden, wenn die Unfallfahrzeuge einander nicht zufällig begegneten, sondern aufgrund eines einheitlichen Auftrags unterwegs waren[97]; zu weit geht es aber, wenn BGH VersR 1979, 32 den Haftungsausschluß schon dann eingreifen läßt, wenn zwischen den Fahrzeugen nur dienstliche Berührungspunkte bestehen[98]. Umgekehrt wird eine betriebsbezogene Fahrt nicht dadurch zur Teilnahme am allgemeinen Verkehr, daß die Mitfahrt letztlich auf privaten Motiven beruhte[99]. 38

Der **Weg zur Arbeitsstätte und zurück** ist im Normalfall allgemeiner Verkehr[100]. Sobald sich der Arbeitnehmer jedoch in den zur Organisationsaufgabe seines Unternehmens gehörenden Gefahrenkreis begibt (z. B. das abgeschlossene Werksgelände, auch den nicht durch besondere Vorkehrungen abgesperrten Behördenparkplatz[101]), erleidet er einen Verkehrsunfall innerhalb dieses 39

---

[90] BGHZ 3, 298; BGH VersR 1981, 252; *Bülow* DJ 1944, 28.

[91] BGH VersR 1953, 134; 1956, 36; 1968, 355; 1973, 736; 1981, 252; NZV 1988, 18; 1995, 187.

[92] **A. A.** *Lepa* NZV 1997, 138.

[93] BGHZ 116, 30.

[94] BGH VersR 1956, 36.

[95] BGHZ 3, 304; BGH VersR 1953, 256; 1958, 46; 1959, 52; 1987, 1135 LS (Notarzt im Rettungswagen); LG Berlin VersR 1956, 719.

[96] BGH NJW-RR 1989, 473; NZV 1990, 115; OLG Nürnberg VersR 1958, 253; *Hartung* 25 Jahre KF 113 f.

[97] So BAG VersR 1967, 656.

[98] *Hartung 25 Jahre KF 114.*

[99] **A. A.** OLG Hamm NZV 1991, 72.

[100] BGH VersR 1976, 539.

[101] BGH NZV 1995, 186.

Gefahrenkreises nicht mehr als „normaler Verkehrsteilnehmer", sondern im Rahmen der betrieblichen Bindung zu dem Unternehmer[102]. Außerdem ist die Fahrt zur Arbeit dann dem innerbetrieblichen Verkehr zuzuordnen, wenn sie sich im Rahmen des sog. **Werksverkehrs** abspielt, d. h. wenn ausschließlich[103] Betriebsangehörige auf Anordnung des Unternehmers in dessen eigenen oder angemieteten Fahrzeugen befördert werden[104]. Die Beförderung Betriebsangehöriger im firmeneigenen Kraftfahrzeug zur Arbeitsstelle und zurück ist betriebliche Tätigkeit[105], und zwar auch dann, wenn der Unternehmer nur einen Teil der Beförderungskosten trägt und gelegentlich – anstelle des nicht betriebsfähigen firmeneigenen Kraftfahrzeugs – der Fahrer seinen eigenen Wagen einsetzt[106]. Daß die Fahrt durch eine private oder familienrechtliche Beziehung zum Unternehmer mitveranlaßt ist, ändert nichts an der Betriebsbezogenheit[107], desgleichen ein kleiner Umweg, den der Unternehmer im Rahmen der betriebsbezogenen Fahrt macht[108] oder die Mitnahme eines Angehörigen in der Absicht, die betriebsbezogene Fahrt später als Privatreise fortzusetzen[109]. Keine Teilnahme am allgemeinen Verkehr liegt auch vor, wenn eine Versicherte mit Duldung ihres für den Heimtransport vertraglich verantwortlichen Betriebsinhabers nach Betriebsschluß vom Ehegatten des Inhabers nach Hause gefahren wird[110].

40 bb) Für **Versicherungsfälle ab 1. 1. 1997** ist an die Stelle des Merkmals der Teilnahme am allgemeinen Verkehr die Bezugnahme auf die Fälle des Wegeunfalls (§ 8 Abs. 2 Nr. 1–4 SGB-VII) getreten (§ 104 Abs. 1 Satz 1 a. E. SGB-VII). Die „zufällige" Begegnung im allgemeinen Straßenverkehr bleibt schon mangels versicherter Tätigkeit ausgenommen. Die geschilderten Abgrenzungsprobleme verlagern sich insoweit auf den inneren Zusammenhang von Tätigkeit und Unfall.

3. Haftungsausschluß bei Verletzung eines Arbeitskollegen

41 a) **Überblick.** § 637 Abs. 1 RVO a. F. erweitert den Ausschluß oder die Beschränkung der Haftung für Personenschäden (zu den Einzelheiten dieser Haftungsmilderung vgl. Rdn. 7 ff), im Interesse der Wahrung des Betriebsfriedens auf gegenseitige Ersatzansprüche der in demselben Betrieb tätigen Betriebsangehörigen. Die Haftungsprivilegierung gilt zugunsten der Arbeitskollegen (zur Abgrenzung Rdn. 45 ff) dann, wenn diese den Arbeitsunfall (vgl. hierzu Rdn. 31) durch eine betriebliche Tätigkeit (Rdn. 42 ff) außerhalb des allgemeinen Verkehrs (Rdn. 50) verursacht haben. Haftpflichtversicherung des Schädigers läßt den Haftungsausschluß nicht entfallen[111] (vgl. Rdn. 13). Der **für Schadensfälle ab 1. 1. 1997** geltende § 105 SGB-VII erweitert den Anwendungsbereich des Haftungsprivilegs sowohl hinsichtlich der potentiellen Schädiger wie auch der Geschädigten. In den Geschädigtenkreis werden insbesondere der Unternehmer selbst (näher Rdn. 48) und der Unfallfürsorge nach Beamtenrecht unterliegende, selbst also versicherungsfreie Personen (§§ 105 Abs. 1 Satz 2, 4 Abs. 1 Satz 1 SGB-VII; bislang str., vgl. Rdn. 55) einbezogen.

42 b) **Begriff der betrieblichen Tätigkeit.** Auch wenn die Tätigkeit nicht zum eigentlichen Aufgabenbereich des Arbeitskollegen gehörte, tritt der Haftungsausschluß ein, wenn die Arbeit betriebsbezogen war, also im betrieblichen Interesse ausgeführt wurde[112].

---

102 BGH NZV 1988, 18.

103 OGHZ 1, 248; BGHZ 8, 330; 19, 114 = VersR 1956, 36 und 126 m. Anm. *Böhmer*; BGHZ 33, 339; BGH VersR 1956, 388; 1956, 589; OLG Köln ZfV 1955, 730; OLG Karlsruhe VersR 1956, 199; 1958, 100.

104 BGH VersR 1968, 1193; 1973, 736; OLG Frankfurt VersR 1983, 955; OLG Köln NZV 1992, 116.

105 OLG Nürnberg VersR 1996, 216.

106 BGH VersR 1968, 1193.

107 OLG Frankfurt VersR 1983, 955.

108 OLG Hamm VersR 1984, 183.

109 OLG Karlsruhe NJW-RR 1988, 158.

110 BGH NJW 1976, 673.

111 BGH VersR 1971, 564.

112 BGH VersR 1971, 565; BAG NJW 1967, 220.

Betriebliche Tätigkeit ist z. B. die Mitnahme auf einer Dienstfahrt zur Erledigung von Dienstgeschäften[113], die Mitnahme von und zur Arbeitsstelle im firmeneigenen Fahrzeug[114] oder aufgrund einer vom Arbeitgeber finanzierten und organisierten Fahrgemeinschaft mit Arbeitnehmerfahrzeugen[115], u. U. auch wenn sie auf Anweisung eines weisungsbefugten Mitarbeiters im Privat-Pkw erfolgte[116]. Kann ein Betriebsangehöriger die auswärtigen Dienstgeschäfte nicht an einem Tag erledigen und fährt er, statt unterwegs zu übernachten, abends nach Hause zurück, so fällt diese Fahrt unter die betriebliche Tätigkeit[117]. Betriebsbezogen ist der Verkehr innerhalb des Betriebsgeländes, so daß bei einem Unfall zwischen Betriebsangehörigen auf dem Weg zwischen Werkstor und Arbeitsplatz oder zwischen Arbeitsplatz und Kantine der Haftungsausschluß eingreift[118]. Eine betriebliche Tätigkeit im Sinn der Vorschrift liegt auch dann vor, wenn der Schädiger bei der Verrichtung der ihm aufgetragenen Arbeit fehlerhaft und leichtsinnig verfährt[119]. Auch Trunkenheit des schädigenden Kollegen schließt die Bejahung einer betrieblichen Tätigkeit nicht aus[120]. **43**

Keine betriebliche Tätigkeit ist die gemeinsame Fahrt zur Arbeitsstelle oder von dort nach Hause (von den oben genannten Sonderfällen abgesehen); sie fällt daher, obwohl es sich bei einem Unfall auf einer solchen Fahrt um einen „Wegeunfall" (§ 550 RVO a. F.) handelt, nicht unter den Haftungsausschluß[121]. Auch die gemeinsame Fahrt zu oder von einer Betriebsversammlung ist keine betriebliche Tätigkeit[122], desgleichen die Heimfahrt von einem Richtfest (außer wenn der Mitgenommene volltrunken ist oder wegen einer Erkrankung nicht allein nach Hause gelangen kann[123], oder die Mitnahme von Spielern und Trainer einer Sportmannschaft nach einem auswärtigen Turnier durch den Betreuer[124]. **44**

c) Zugehörigkeit zu demselben Betrieb

aa) Im Geltungsbereich der RVO (s. Rdn. 6) muß der Schädiger, um sich auf den Haftungsausschluß nach § 637 Abs. 1 RVO a. F. berufen zu können, demselben Betrieb angehören, in dem auch der Verletzte tätig war. Der Begriff des Betriebes ist enger als der des Unternehmens i. S. d. § 636 Abs. 1 RVO a. F.[125]; er meint die „organisatorisch verfestigte Einheit, in der durch sachliche und räumliche Verbindung faktisch eine Betriebsgemeinschaft besteht"[126]. Zugehörigkeit zum selben Konzern, zu einer Tochterfirma desselben Unternehmens, zur selben Stadtverwaltung usw. genügt nicht[127], wohl aber die Zugehörigkeit zu verschiedenen Abteilungen eines Betriebes[128]. Nach BGHZ 64, 203 ist die Bundesrepublik allerdings einheitlicher Unternehmer, wenn ein Soldat den Arbeitsunfall eines bei der Bundeswehrverwaltung beschäftigten Arbeiters verursacht[129]. **45**

Für die Bejahung einer **Eingliederung** in den betreffenden Betrieb gelten bezüglich Schädiger und Geschädigtem unterschiedliche Anforderungen. Das in Rdn. 22 ff Ausgeführte gilt nur für den verletzten Arbeitskollegen. An die Eingliederung des Schädigers werden von der Rechtsprechung strengere Anforderungen gestellt. Er muß in den Unfallbetrieb in einer Art und Weise eingegliedert sein, die ihn – wenn auch nur vorüber- **46**

---

113 BGH VersR 1971, 564; 1972, 146.
114 BGH VersR 1973, 736.
115 BGH VersR 1978, 625.
116 OLG Frankfurt VersR 1985, 277.
117 BGH VersR 1972, 145.
118 BAG VersR 1974, 1044; OLG Hamm NZV 1994, 233.
119 BAG NJW 1967, 1925 LS.
120 BGH VersR 1968, 353.
121 BGH VersR 1956, 589; 1967, 1201; 1971, 564; 1978, 625; 1981, 251; LAG Düsseldorf Betrieb 1966, 386; KG VersR 1983, 175; OLG Celle VersR 1990, 681.
122 BGH VersR 1994, 332; OLG München VersR 1988, 197.
123 BGH VersR 1966, 665.
124 OLG Stuttgart VersR 1992, 855.
125 Vgl. *RGRKomm/Steffen* vor § 823, 94.
126 BGH VersR 1988, 167.
127 BGH VersR 1975, 1002; OLG Saarbrücken, VersR 1983, 263.
128 OLG Hamm NZV 1994, 233.
129 S. auch OLG Hamm VersR 1993, 1173.

gehend – einem Angehörigen dieses Betriebes gleichstellte[130]. Diese Differenzierung wird aus dem gesetzlichen Begriff des „in demselben Betrieb tätigen Betriebsangehörigen" und den ihm zugrundeliegenden Erwägungen des Gesetzgebers hergeleitet[131]. Sie führt dazu, daß nicht alle Personen, die nur vorübergehend im Sinne des § 539 Abs. 2 RVO a. F. wie ein aufgrund von Abs. 1 dieser Vorschrift Versicherter in einem Betrieb tätig werden und daher als Verletzte die Haftungseinschränkung des Unternehmers und dessen Arbeitnehmers hinnehmen müssen, den rechtlichen Vorteil der Haftungsfreistellung genießen, wenn sie während der Zeit dieser Einordnung selbst in Ausübung einer betriebsbezogenen Tätigkeit einem im selben Betrieb Tätigen Schaden zufügen. Ein wesentliches Merkmal für die Eigenschaft als Betriebsangehöriger ist das Bestehen einer Weisungsgebundenheit[132]. Auch ein Heimarbeiter ist Betriebsangehöriger in diesem Sinne[133], der Betreuer der Jugendmannschaft eines Sportvereins nur dann, wenn er diese Funktion nicht schon aufgrund seiner Vereinsmitgliedschaft ausübte[134].

47 bb) Das für **Unfälle ab 1. 1. 1997** geltende SGB-VII verzichtet auf das Kriterium der „Betriebsangehörigkeit" und stellt allein auf die „betriebliche Tätigkeit" im selben Betrieb ab, § 105 Abs. 1 Satz 1 SGB-VII. Durch diese vom Gesetzgeber ausdrücklich gewollte[135] Erweiterung sind nunmehr insbesondere die kurzfristig wie Beschäftigte nach § 2 Abs. 1 SGB-VII Tätigen (§ 2 Abs. 2 SGB-VII) nicht nur in der potentiellen Geschädigteneigenschaft, sondern auch als Schädiger den übrigen Versicherten gleichgestellt. Die gemeinsame betriebliche Tätigkeit von Schädiger und Geschädigtem kann sich gemäß § 106 Abs. 3 letzte Variante SGB-VII auch lediglich auf die vorübergehende Tätigkeit auf derselben Betriebsstätte verschiedener Unternehmen beschränken. Tätigkeit für dasselbe Unternehmen bei verschiedenen Betrieben reicht jedoch weiterhin nicht[136].

48 d) Bei **Verletzung des Unternehmers** durch seinen Arbeitnehmer griff § 637 Abs. 1 RVO a. F. nicht ein, gleich ob er gesetzlich unfallversichert war[137] oder ob er sich bei seiner Berufsgenossenschaft freiwillig gegen Arbeitsunfall versichert hatte[138]. Anders für **Versicherungsfälle ab 1. 1. 1997:** § 105 Abs. 2 Satz 1 SGB-VII führt das Haftungsprivileg auch gegenüber dem nichtversicherten Unternehmer ein. Der Verlust seiner Ersatzansprüche wird in diesen Fällen durch annähernde leistungsrechtliche Gleichstellung des nichtversicherten Unternehmers mit einem Versicherten kompensiert, § 105 Abs. 2 Satz 2 und 3 SGB-VII[139]. Höchstgrenze für Leistungen der Versicherungsgemeinschaft ist dabei der durch § 105 Abs. 2 SGB-VII ausgeschlossene zivilrechtliche Schadensersatz, § 105 Abs. 2 Satz 4 SGB-VII. Implizit ist damit erst recht auch der (freiwillig oder pflichtmäßig) versicherte Unternehmer in den Geschädigtenkreis getreten. Die reduzierte Haftung des Arbeitnehmers gegenüber dem Unternehmer war laut Regierungsentwurf[140] ein Hauptziel der Neukodifikation. U. U. greift in solchen Fällen auch das Haftungsprivileg des Arbeitnehmers gem. § 16, 329 ff ein.

---

130 BGH VersR 1956, 553; 1971, 224; 1976, 473; 1978, 152; 1979, 935; 1983, 31; 1983, 687; 1996, 405 m. w. Nachw.; VRS 72, 173; OLG Hamm VersR 1988, 475.

131 BT-Drucks. IV/938 neu S. 18.

132 BGH VersR 1959, 603; 1962, 541; 1979, 935; 1983, 687.

133 OLG Hamm RuS 1993, 380.

134 OLG Stuttgart VersR 1992, 855.

135 Vgl. Regierungsentwurf BTDrucks. 13/2204, S. 100.

136 *Rolfs* NJW 1996, 3180.

137 BGH VersR 1990, 1161; **a. A.** *Fuchs* Festschrift für Gitter 258.

138 BGH NJW 1981, 53 m. abl. Anm. *Plagemann* VersR 1981, 632 u. *Sieg* SGb 1981, 366; a. A. OLG Hamm VersR 1978, 510.

139 Kritisch hierzu *Otto* NZV 1996, 475 f.

140 BTDrucks. 13/2204, S. 73.

e) **Feststellung der Voraussetzungen.** Für die Entscheidung darüber, ob der auf Schadenersatz vor dem ordentlichen Gericht in Anspruch Genommene ein Arbeitskollege des Klägers war, gelten die für die Feststellung des Unternehmers oben Rdn. 34 aufgestellten Regeln. Die Bindung nach § 638 RVO a. F. bzw. § 108 SGB-VII besteht mithin nur in dem dort angegebenen Umfang. **49**

f) **Ausschluß des Haftungsprivilegs.** Der Arbeitskollege kann sich bei **Unfällen vor dem 1. 1. 1997** (ebenso wie nach § 636 RVO a. F. der Arbeitgeber) bei **vorsätzlicher Schädigung** sowie dann nicht auf den vollen Haftungsausschluß berufen, wenn der Arbeitsunfall bei der **Teilnahme am allgemeinen Verkehr** eingetreten ist. Maßgebend hierfür ist, ob der Versicherte den Unfall als normaler Verkehrsteilnehmer oder als Betriebsangehöriger erlitten hat, ob die Durchführung der Unglücksfahrt durch die betriebliche Organisation geprägt ist (vgl. hierzu Rdn. 35 ff). **50**

Letzteres ist z. B. der Fall, wenn zwei Testwagenfahrer desselben Autoherstellers bei einer Testfahrt im öffentlichen Straßenverkehr zusammenstoßen[141]. **51**

Die **Mitnahme eines Arbeitskollegen im Privatfahrzeug** ist grundsätzlich kein innerbetrieblicher Vorgang, sondern Teilnahme am allgemeinen Verkehr, weil die Fahrt zur Arbeitsstelle und zurück dem privaten Bereich zuzuordnen ist[142]. Dasselbe gilt in der Regel für die Fahrt zum auswärtigen Beschäftigungsort[143] oder einem Lehrgangsort[144]. Anders verhält es sich nur, wenn der Arbeitgeber die Mitnahme angeordnet und damit zur betrieblichen Aufgabe erklärt hat (vgl. Rdn. 39 zum sog. Werksverkehr); die Zahlung einer Mitnahmevergütung reicht hierfür nicht[145]. **52**

Das Kriterium des „allgemeinen Verkehrs" entfällt unter der **Geltung von § 105 SGB-VII.** Ausgenommen bleibt nunmehr der **Wegeunfall** nach § 8 Abs. 2 Nr. 1–4 SGB-VII (vgl. Rdn. 40). Soweit eine Tätigkeit wesentlich dem Privatbereich zugehört, in den unter „allgemeiner Verkehr" gefaßten Fällen also letztlich schon der Bezug zur versicherten Tätigkeit fehlt, ändert sich im Ergebnis dadurch nichts[146].

4. Haftungsausschluß zwischen Mitarbeitern von Hilfsdiensten

Für Unfälle im Rahmen von Feuerwehr, Katastrophenschutz und zivilem Bevölkerungsschutz gilt ebenfalls der in Rdn. 41 ff geschilderte Haftungsausschluß (§ 637 Abs. 2, 3 RVO a. F.). Hierunter fallen nicht nur Unfälle bei Einsätzen, sondern z. B. auch solche bei Übungen. Die Fahrt zum Einsatzort ist, auch wenn sie mit dem Privat-Pkw geschieht, betriebliche Tätigkeit und keine Teilnahme am allgemeinen Verkehr[147]. Dagegen greift der Haftungsausschluß nicht ein, wenn ein Hilfeleistender einen anderen nach dem Einsatz gefälligkeitshalber nach Hause bringt[148]. Der für **Unfälle ab 1. 1. 1997** geltende § 106 Abs. 3 SGB-VII geht über die Einzelaufzählung einzelner Hilfsunternehmen hinaus und bezieht jegliches Zusammenwirken mehrerer Unternehmen zur Hilfe bei Unglücksfällen ein. **53**

5. Haftungsausschluß für Unfälle in Kindergärten, Schulen, Ausbildungsstätten

Auch für den pädagogischen Bereich ist, aufgrund der Einbeziehung in die gesetzliche Unfallversicherung, ein Haftungsausschluß normiert worden (§ 637 Abs. 4 i. V. m. § 539 Abs. 1 Nr. 14 RVO a. F.). Er kann auch für den Bereich des Straßenverkehrsrechts **54**

---

[141] AG Bad Mergentheim NZV 1992, 413.
[142] BGH VersR 1956, 590; 1976, 539; 1981, 252.
[143] BGH VersR 1978, 625.
[144] BGHZ 116, 30.
[145] BGHZ 116, 30.
[146] *Marschner* BB 1996, 2091; *Otto* NZV 1996, 447 f mit Fallgruppen; für weiter reichende Bedeutung *Rolfs* NJW 1996, 3178 ff.
[147] OLG Celle VersR 1988, 68; LG Trier ZfS 1991, 120.
[148] OLG Karlsruhe VersR 1987, 110.

Bedeutung erlangen, insbesondere beim Transport von Schülern in Kraftfahrzeugen. Für Unfälle ab 1. 1. 1997 gilt insoweit § 106 Abs. 1 i. V. m. § 2 Abs. 1 Nrn. 2, 3, 8 SGB-VII.

55 a) **Persönlicher Geltungsbereich.** Ausgeschlossen ist die Haftung

- des Unternehmers (z. B. Schulträgers) gegenüber im Unternehmen Beschäftigten (z. B. Lehrer) schon nach § 636 Abs. 1 RVO bzw. den beamtenrechtlichen Vorschriften,
- der in den Unternehmen Beschäftigten untereinander nach § 637 Abs. 1 RVO bzw. den beamtenrechtlichen Vorschriften,
- der Beschäftigten gegenüber den Kindern bzw. Lernenden nach § 637 Abs. 1 RVO[149],
- des Unternehmers gegenüber den Kindern bzw. Lernenden (§ 637 Abs. 4 1. Alt. i. V. m. § 636 Abs. 1 RVO),
- der Kinder bzw. Lernenden untereinander (§ 637 Abs.4 2. Alt i. V. m. Abs. 1 RVO), sofern sie (räumlich, nicht unbedingt organisatorisch gesehen) derselben Einrichtung angehören[150],
- der Kinder bzw. Lernenden gegenüber den Beschäftigten. Dies war für Schadensfälle vor 1. 1. 1997 nicht ausdrücklich geregelt, aber aus Sinn und Zweck des § 637 Abs. 1 und 4 RVO a. F. zu schließen[151]. § 106 Abs. 1 Nr. 2 SGB-VII schließt diesen Fall künftig ausdrücklich ein. Hierbei kommt es entgegen der Auffassung des BGH[152] nicht darauf an, ob der Geschädigte Beamter oder Arbeitnehmer ist. Sinn und Zweck der Regelung erfassen, wie *Vollmar*[153] anhand der Gesetzesmaterialien nachgewiesen hat, über den Wortlaut hinaus auch Ansprüche eines beamteten Betriebsangehörigen[154]. § 105 Abs. 1 Satz 2, § 106 Abs. 1 i. V. m. § 4 Abs. 1 Nr. 1 SGB-VII treffen diese Anordnung nunmehr ausdrücklich[155].

56 Andere als die genannten Personen können dann von dem Haftungsausschluß erfaßt sein, wenn sie sich, sei es auch nur vorübergehend, in die Organisation der Schule usw. eingliedern (vgl. hierzu Rdn. 22). Dies kann z. B. bei Eltern eines Schülers der Fall sein[156] sowie beim Inhaber und den Mitarbeitern eines Betriebs, dem Schüler im Rahmen eines sog. Betriebspraktikums zugewiesen sind[157]. Der Busunternehmer, der aufgrund vertraglicher Abmachung Schulbusfahrten durchführt sowie sein Fahrer sind nicht in den Schulbetrieb eingegliedert[158]; der Busunternehmer kann auch nicht etwa als „Mitunternehmer" hinsichtlich der Schule angesehen werden[159].

57 Die Haftungsfreistellung einer Gemeinde als Schulträger greift auch ein, soweit sie wegen eines Schulunfalls aus Verletzung der Verkehrssicherungspflicht für Gemeindestraßen in Anspruch genommen wird[160].

58 b) **Betriebsunfall.** Der Haftungsausschluß greift (wie auch sonst im Unfallversicherungsrecht) nur ein, wenn es sich um einen betriebsbezogenen Unfall handelt, d. h. wenn es zu dem Unfall nicht nur bei Gelegenheit des Besuchs der pädagogischen Einrichtung, sondern im Zusammenhang mit einer schulbezogenen Tätigkeit kommt. Dies

149 BGH VersR 1994, 245.
150 BGH VersR 1988, 167.
151 Vgl. *Schloën/Steinfeltz* 290.
152 BGH VersR 1986, 484 = 681 m. Anm. *Vollmar* = JR 1986, 287 m. Anm. *Gitter* = SGb 1986, 520 m. Anm. *Müller*.
153 VersR 1986, 681.
154 S. a. OLG Düsseldorf VersR 1986, 440.
155 Näher *Rolfs* NJW 1996, 3180.
156 Vgl. BGH NJW 1980, 289 = SGb 1980, 127 m. Anm. *Sieg*.
157 BGH VersR 1984, 652.
158 BGH VersR 1982, 270; *Gitter* VGT 1987, 297.
159 BGH VersR 1982, 270.
160 BGH VersR 1983, 637.

ist z. B. zu bejahen bei der gemeinsamen Motorradfahrt von Studenten zu einer Universitätsexkursion[161] oder bei einer Klassenfahrt[162]; auch bei einem von der Schule organisierten Auslandsaufenthalt[163]. Neckereien, Raufereien und Verfolgungsjagden unter Mitschülern sind nach BGHZ 67, 279 noch schulbezogen, weil durch die typische Schulsituation bedingt. Bei Verkehrsunfällen auf dem Schulweg fehlt hingegen im allgemeinen die Schulbezogenheit[164].

c) **Teilnahme am allgemeinen Verkehr.** Wie sich aus § 636 Abs. 1 RVO a. F. (gültig für Unfälle vor 1. 1. 1997) ergibt, greift der Haftungsausschluß nicht ein, wenn sich der Betriebsunfall bei Teilnahme am allgemeinen Verkehr ereignet hat (vgl. hierzu Rdn. 35). 59

Entscheidend hierfür ist nicht, ob sich der Unfall auf öffentlicher Straße ereignet hat, sondern ob der Verletzte ihn als normaler Verkehrsteilnehmer oder gerade als Schulangehöriger erlitten hat, d. h. in dem Gefahrenkreis, für den seine Zugehörigkeit zum Organisationsbereich der Schule im Vordergrund steht. Hierbei ist maßgeblich auf die Beziehung zu dem in Anspruch genommenen Schädiger abzustellen[165]. 60

Teilnahme am allgemeinen Verkehr ist vom BGH[166] z. B. verneint worden beim Unfall eines Schülers an der Schulbushaltestelle, der auf eine infolge mangelnder Aufsicht entstandene Drängelei zurückzuführen war. Bejaht hat der BGH[167] eine Teilnahme am allgemeinen Verkehr und damit die Haftung des Schulträgers jedoch bei einem gleichartigen Unfall, der auf eine Verletzung der Straßenverkehrssicherungspflicht durch die (mit dem Schulträger identische) Gemeinde zurückging. Verhaltensweisen, die in der gemeinsamen Schulbusfahrt ihren Grund finden (z. B. Rangelei beim Aussteigen), rechnet der BGH ebenfalls dem allgemeinen Verkehr zu[168]. 61

Für **Versicherungsfälle ab 1. 1. 1997** entfällt diese Ausnahme (vgl. § 105 Abs. 1 SGB-VII). Die verbleibende Ausnahme für Wegeunfälle dürfte kaum Bedeutung haben, da bei diesen schon die Schulbezogenheit fehlt (vgl. Rdn. 58). 62

6. Haftungsausschluß für Unfälle bei Hilfeleistungen

a) **Unfallhilfe.** Bei privater Hilfeleistung in Unglücksfällen genießt jedermann den Schutz der gesetzlichen Unfallversicherung (§ 539 Abs. 1 Nr. 9a RVO bzw. § 2 Abs. 1 Nr. 13a SGB-VII), sogar für Sachschäden (§ 765a Abs. 1 RVO bzw. § 13 SGB-VII)[169]. Dies gilt z. B. auch für das Ausweichmanöver eines Kraftfahrers, das wesentlich von der Absicht mitbestimmt und objektiv geeignet ist, eine andere Person aus erheblicher gegenwärtiger Gefahr für Körper oder Gesundheit zu retten[170]. Ein Haftungsausschluß nach § 636 RVO greift im Verhältnis zwischen Retter und Gerettetem jedoch grundsätzlich nicht ein; der Gerettete kann auch bei weitester Auslegung nicht als „Unternehmer" angesehen werden und kann daher z. B. aus Geschäftsführung ohne Auftrag (s. § 16, 779 ff) verpflichtet sein[171]. Anders verhält es sich nur, wenn es sich bei der Hilfeleistung um eine einem Unternehmer dienende Tätigkeit handelt und der Helfer sich diesem Unternehmen eingliedert (s. hierzu Rdn. 22 ff). Hier folgt der Unfallversicherungsschutz aus § 539 Abs. 2 RVO a. F., der Haftungsausschluß aus § 636 Abs. 1 RVO a. F.[172]. Leistungen der Unfallversicherung muß sich der Helfer anrechnen lassen. Ein 63

---

161 OLG Braunschweig NJW 1988, 920.
162 BGH VersR 1987, 781.
163 BGH VersR 1994, 245; BSG NJW 1993, 2006.
164 OLG Oldenburg VersR 1986, 57.
165 BGHZ 17, 65; VersR 1981, 849; 1990, 404.
166 VersR 1981, 849.
167 VersR 1983, 636.
168 VersR 1992, 854; zw.
169 Einzelheiten zu den versicherungs- und zivilrechtlichen Ansprüchen in diesen Fällen bei *Dornwald* DAR 1992, 54. Für einen weitergehenden Aufopferungsanspruch *Stukenberg* DAR 1993, 17.
170 BSG VersR 1983, 368; 1989, 718.
171 BGHZ 52, 122.
172 Vgl. BGHZ 52, 121.

Forderungsübergang auf den Versicherer findet nur beim Sachschadenersatz statt[173] (s. a. § 16, 783).

64 b) **Pannenhilfe.** Hier kommt es, da Kraftfahrzeughalter nach § 658 Abs. 2 Nr. 2 RVO a. F. als Unternehmer im Sinne des § 636 Abs. 1 RVO a. F. gelten, nach dieser Vorschrift in der Regel zu einem Ausschluß der Haftung des Hilfsbedürftigen gegenüber dem Helfer für Personenschäden[174]. Dies gilt aber nicht, wenn die Hilfe zur Abwehr gemeiner Gefahr geleistet wird (z. B. Wegschieben eines Pannenfahrzeugs von der Autobahn; vgl. Rdn. 27). Zum neuen Recht nach SGB-VII vgl. Rdn. 15 und 30 sowie *Leube* NZS 1996, 15.

7. Rückgriff des Sozialversicherers

65 a) **Grundzüge der Regelung.** § 640 RVO bzw. der am 1. 1. 1997 an seine Stelle getretene § 110 SGB-VII gibt dem Sozialversicherer, der aufgrund eines Arbeitsunfalls Leistungen zu erbringen hatte (ggfs. also auch einem Rentenversicherer), einen Anspruch, sich bei dem nach §§ 636, 637 RVO bzw. §§ 104 ff SGB-VII von der Haftung gegenüber dem verletzten Beschäftigten bzw. Arbeitskollegen befreiten Schädiger dann schadlos zu halten, wenn der Schädiger den Unfall vorsätzlich oder grob fahrlässig verursacht hat. Es handelt sich um einen **Erstattungsanspruch eigener Art** mit präventiv-erzieherischer Zweckbestimmung[175]. Er beruht mithin **nicht auf einem Forderungsübergang,** sondern entsteht in der Hand des Sozialversicherers neu und ist auf den Ersatz der gesamten, diesem entstehenden Aufwendungen gerichtet (wegen des Verhältnisses zum Regreßanspruch nach § 1542 RVO a. F. bzw. § 116 SGB-X vgl. Rdn. 95). Für das neue Recht schließen § 104 Abs. 1 Satz 2, § 105 Abs. 1 Satz 3 SGB-VII die Anwendung von § 116 SGB-X explizit aus. § 110 Abs. 1 Satz 1 SGB-VII bestimmt den (fiktiven) zivilrechtlichen Schadensersatzanspruch als Höhenbegrenzung. Das **Mitverschulden** des Verletzten blieb nach § 640 RVO a. F. bei der Berechnung des Anspruchs ebenso außer Betracht wie die Höhe des dem Verletzten tatsächlich entstandenen Schadens[176]. Der in Anspruch Genommene konnte einwenden, daß der Sozialversicherer von einem bestimmten Zeitpunkt an auch ohne den Unfall Leistungen hätte erbringen müssen[177]. Für Versicherungsfälle ab 1. 1. 1997 findet nunmehr infolge der Haftungsobergrenze nach § 110 Abs. 1 Satz 1 SGB-VII das Mitverschulden volle Berücksichtigung[178]. Das **Familienprivileg** des § 67 Abs. 2 VVG ist nicht entsprechend anwendbar[179](vgl. aber Rdn. 94). Von der Kraftfahrthaftpflichtversicherung wird der Anspruch umfaßt (vgl. § 16, 801).

66 b) **Rechtsnatur.** Der Anspruch aus § 640 RVO a. F., § 110 SGB-VII gehört dem **bürgerlichen Recht** an[180] und gehört nicht vor das Sozialgericht[181] oder vor das Arbeitsgericht[182]. Da der Anspruch bürgerlich-rechtlicher Natur ist, kann er gegen den Erben des Unternehmers oder gegen den Erben des Arbeitnehmers geltend gemacht werden, der den Unfall eines Arbeitskollegen grob fahrlässig verursacht hat und beim Unfall

[173] BGH NJW 1985, 492 = JZ 1985, 390 m. zust. Anm. *Gitter.*

[174] S. hierzu Rdn. 30; *Dornwald* DAR 1992, 56.

[175] BGHZ 75, 330; BGH VersR 1985, 238.

[176] BGH VersR 1972, 171; *Weber* VersR 1995, 878 m. w. Nachw.; a. A. *Kühne* VersR 1973, 207. Verfassungsrechtliche Bedenken bei *Lepa* NZV 1997, 139.

[177] BGHZ 57, 314.

[178] *Otto* NZV 1996, 478.

[179] BGHZ 69, 354.

[180] BGH VersR 1968, 373; 1968, 455; 1968, 641.

[181] BGH VersR 1968, 64; 1968, 668.

[182] BGH VersR 1968, 455; 1968, 641.

oder danach gestorben ist[183]. Er kann auch gegen einen Beamten persönlich erhoben werden; Art. 34 GG steht dem nicht entgegen[184].

c) **Verjährung.** Der Anspruch des Sozialversicherungsträgers nach § 640 RVO a. F. verjährt nach § 642 RVO a. F. in einem Jahr nach dem Tag, an dem die Leistungspflicht bindend festgestellt wurde, spätestens fünf Jahre nach dem Arbeitsunfall. Nach § 113 SGB-VII gilt künftig § 852 BGB und die dort angeordnete dreijährige Verjährungsfrist. Der Fristbeginn wird wie bisher bestimmt, die fünfjährige Obergrenze entfällt. **67**

d) **Gesteigertes Verschulden als Voraussetzung.** Der Rückgriff setzt **Vorsatz oder grobe Fahrlässigkeit**[185] des Schädigers voraus. Sie müssen sich bei Versicherungsfällen vor 1. 1. 1997 auf Eintritt und Umfang des Schadens beziehen[186], künftig nach § 110 Abs. 1 Satz 3 SGB-VII nur noch auf das den Versicherungsfall verursachende Handeln oder Unterlassen. **68**

aa) Wegen **Vorsatz** vgl. § 16, 75. **69**

bb) Unter **grober Fahrlässigkeit** ist zu verstehen ein **objektiv besonders schwerer und subjektiv nicht entschuldbarer Verstoß** gegen die Anforderungen der verkehrserforderlichen Sorgfalt[187]. Er ist zu bejahen, wenn sich der Kraftfahrer im konkreten Fall über die Bedenken hinweggesetzt hat, die sich jedem anderen in gleicher Lage aufdrängen mußten[188]. Da es auch auf die subjektive Vorwerfbarkeit ankommt, können objektiv gleich schwere Pflichtverstöße verschiedener Personen zu unterschiedlichen Ergebnissen bei der Beurteilung als grobe Fahrlässigkeit führen[189]. Auch berufsspezifische Nachlässigkeiten („Schlendrian") können hierbei eine Rolle spielen[190]. **70**

Beispielsweise wurde grobe Fahrlässigkeit in einem Fall verneint, wo ein Landwirt eine Erntehelferin, deren Wunsch entsprechend, auf einem 3,70 m hoch mit ungesicherten Strohballen beladenen Anhänger befördert hatte[191]. Dem Mieter eines Lkw wurde fehlende Übung beim Führen eines solchen Fahrzeugs zugute gehalten[192]. Dagegen wurde einem Führerscheinneuling die riskante Fahrweise mit einem ungewohnten Fahrzeug als erschwerend angerechnet[193]. **71**

Ein **Verstoß gegen Unfallverhütungsvorschriften** beruht durchaus nicht immer auf grober Fahrlässigkeit[194], eine augenblickliche Fehlreaktion („Augenblicksversagen") in aller Regel nicht[195]. Allerdings kann der **Verstoß gegen elementare Sicherheitsvorschriften**, die vor tödlichen Gefahren schützen sollen, den Schluß auf ein auch subjektiv gesteigertes Verschulden nahelegen[196]. Dies gilt insbesondere bei Trunkenheitsfahrt, und zwar u. U. trotz erheblich eingeschränkter Einsichts- und Hemmungsfähigkeit[197]. Auch wenn nur relative Fahruntauglichkeit (selbst unter 0,8‰) vorliegt, kann grobe Fahrlässigkeit bejaht werden, wenn der Kraftfahrer über die Trinkmenge hinaus weitere ernsthafte Anzeichen für eine Fahruntauglichkeit mißachtet hat[198]. Zur Anwend- **72**

---

183 BGH VersR 1969, 848.
184 BGH VersR 1985, 237.
185 Krit. hierzu *Fuchs* Festschrift für Gitter 256.
186 BGH VersR 1980, 164.
187 BGHZ 10, 14; BGH VersR 1967, 909; 1972, 944; 1973, 565; 1976, 649; 1977, 465; 1985, 440; BAG BB 1968, 912.
188 BGH VersR 1964, 1024; 1978, 541.
189 BGH VersR 1978, 541; 1985, 440.
190 BGH NZV 1988, 19.
191 BGH NZV 1988, 19.
192 OLG Hamm NJW-RR 1993, 536.
193 OLGR Düsseldorf 1994, 148.
194 BGH VersR 1969, 39; 1981, 75; 1984, 776; NZV 1988, 19; OLG Köln VersR 1962, 648; 1963, 621; OLG Frankfurt VersR 1970, 808; *Marschall v. Bieberstein* VersR 1968, 509.
195 BGH NJW 1989, 1354; OLG Karlsruhe NJW-RR 1988, 29.
196 BGH VersR 1989, 109.
197 BGH NZV 1989, 228; OLG Hamm NZV 1992, 153.
198 OLG Hamm VersR 1981, 924; OLG Köln VersR 1983, 293; ZfS 1990, 61, 62; KG NZV 1996, 200 (z. B. Müdigkeit).

barkeit des (neuen) Grenzwerts für absolute Fahruntauglichkeit s. BGH NZV 1992, 27.

73 Ein sog. **Augenblicksversagen,** d. h. eine Fehlhandlung, wie sie infolge der menschlichen Unzulänglichkeit auch einem im Grunde vorsichtigen und sorgfältigen Verkehrsteilnehmer durch momentanes Versagen jederzeit unterlaufen kann, wird häufig ein Gesichtspunkt sein, der das subjektive Merkmal der groben Fahrlässigkeit (Unentschuldbarkeit des Verstoßes) ausschließt[199]. Fehlerhaft wäre es jedoch, in den Fällen eines solchen Augenblicksversagens grobe Fahrlässigkeit stets zu verneinen; es müssen vielmehr besondere entschuldigende Umstände hinzutreten und es darf sich nicht um ein besonders gefahrenträchtiges Verhalten handeln[200]. Von demjenigen, der eine besondere Gefahr schafft, muß nämlich auch eine gesteigerte Konzentration verlangt werden. So kann sich z. B. ein Kraftfahrer, der das Rotlicht einer Ampel überfahren hat, nicht auf ein Augenblicksversagen berufen, weil beim Heranfahren an eine Kreuzung ein Mindestmaß an Konzentration verlangt werden muß, welches die Wahrnehmung und Beachtung einer Signalanlage sicherstellt[201].

74 cc) **Einzelfälle zur groben Fahrlässigkeit.** Da es stets auf die besonderen Umstände des Einzelfalles ankommt, sind Entscheidungen, in denen grobe Fahrlässigkeit bejaht oder verneint wurde, nur bedingt verallgemeinerungsfähig. Die nachstehende Übersicht ist daher nur als Hilfsmittel zum Auffinden einschlägiger Judikatur zu verstehen[202]. Für Versicherungsfälle nach dem 1. 1. 1997 ist zudem die Neufassung in § 110 Abs. 1 Satz 3 SGB-VII zu beachten (s. Rdn. 68).

Abkommen von der Fahrbahn(seite)

75 **Bejahend:** OLG München VersR 1959, 74; 1965, 1089; OLG Köln VersR 1967, 273 u. 371 m. Anm. *Ruhkopf*; OLG Saarbrücken DAR 1989, 348; OLG München NZV 1994, 401; LG Stuttgart VersR 1967, 59; LG Coburg VersR 1966, 1089.

Verneinend: OLG Stuttgart VersR 1970, 765; 1972, 290; OLG Karlsruhe Justiz 1967, 143; OLG Celle NZV 1993, 187.

Ablenkung des Fahrers

76 **Bejahend:** OLG Frankfurt VersR 1996, 446 (Anzünden einer Zigarette; s. auch unter „verneinend");

OLG Frankfurt VersR 1973, 610; OLG Hamm VersR 1987, 353; NJW-RR 1990, 929; LG Hannover VersR 1984, 349 LS; LG Bayreuth VersR 1984, 528; LG Aachen VersR 1986, 282; LG Ansbach ZfS 1990, 422 (Bücken nach heruntergefallenem Gegenstand während der Fahrt);

OLG Frankfurt ZfS 1990, 352 (Körperstreckung, um nach Gegenstand zu greifen);

OLG Celle VersR 1994, 1221 (Griff nach Gegenständen am Beifahrersitz);

OLG Köln VersR 1983, 575; LG Coburg NZV 1994, 236 (Umdrehen zu Person auf Rücksitz);

OLG Saarbrücken VersR 1974, 183; LG Dortmund VersR 1982, 155 (Abwenden des Blicks wegen heruntergefallenen Gegenstands);

LAG Düsseldorf ZfS 1989, 418; OLG Karlsruhe NZV 1992, 367 (Herabfallen von Zigarette oder Asche);

OLG Nürnberg NJW-RR 1992, 360 (Kassettenwechsel);

LG Saarbrücken, VersR 1989, 257 (Einstellen des Außenspiegels);

OLG Karlsruhe VersR 1991, 181 (Betätigen des Gurtschlosses).

Verneinend: OLG Saarbrücken VersR 1984, 1185 (Anlegen des Sicherheitsgurtes während der Fahrt);

KG VersR 1983, 494; OLG Stuttgart VersR 1986, 1119 (Rauchen, Zigarette anzünden);

---

[199] BGH VersR 1989, 582; 1989, 840; OLG Karlsruhe NJW-RR 1988, 29.

[200] Eingehend hierzu *Römer* VersR 1992, 1187.

[201] BGHZ 119, 147. Weitere Nachweise hierzu in nachstehender Rechtsprechungsübersicht.

[202] S. a. *Riedmaier* VersR 1981, 10.

OLG Hamm VersR 1982, 796; NZV 1991, 234; OLG Bamberg DAR 1984, 22; LG Arnsberg NJW-RR 1989, 1304; österr. OGH VersR 1983, 356 (Suchen, Greifen nach Gegenständen);
OLG München NJW-RR 1992, 538 (Kassettenwechsel);
LG Köln VersR 1983, 1069 (Umdrehen bei 120 km/h);
OLG Bamberg NZV 1991, 473 (Verscheuchen eines Insekts).

Auffahren

Bejahend: OLG München NZV 1994, 113 (abgesicherte Unfallstelle); OLG Nürnberg DAR **77**
1994, 454 (auf Autobahn stehender Lkw); LG Tübingen VersR 1966, 726.

Bahnübergang

Bejahend: OLG Oldenburg DAR 1964, 111; ZfS 1990, 135; OLG Hamm VersR 1990, 379 LS; **78**
OLG Frankfurt VersR 1985, 94 LS; LG Ansbach ZfS 1990, 422.
Verneinend: OLG Hamm NZV 1994, 437.

Fahruntauglichkeit (s. auch Rdn. 72)

Bejahend: BGH VersR 1972, 277; 1974, 853; 1985, 440; 1989, 470; NZV 1992, 27; OLG Olden- **79**
burg VersR 1982, 968; OLG Hamm VersR 1983, 527; 1990, 846; NZV 1990, 437; 1992, 153. OLG Karlsruhe VersR 1983, 627; OLG Frankfurt VersR 1984, 130; OLG Hamburg VersR 1984, 929 LS; OLG Celle VersR 1989, 179 LS (absolute Fahruntauglichkeit);
OLG Köln VersR 1983, 50; 1983, 293; 1989, 139; OLG Karlsruhe VersR 1983, 292; 1991, 181; ZfS 1993, 160; RuS 1993, 330; OLG Hamm VersR 1987, 89; NZV 1994, 112; OLG Nürnberg NZV 1988, 144; OLG Stuttgart ZfS 1990, 61; OLG Köln ZfS 1990, 61 u. 62; KG NZV 1996, 200 (unter 0,8‰); LG Kiel VersR 1983, 123 (relative Fahruntauglichkeit).
Verneinend: BGH VersR 1972, 277 (Übernahme des Steuers, um noch betrunkeneren Fahrer am Weiterfahren zu hindern);
OLG München VersR 1985, 71 (ca. 1,1‰);
OLG Köln VM 1985 Nr. 106 (0,8‰);
OLG Hamm VersR 1988, 126 (Einnahme von Medikamenten ohne Warnung auf Beipackzettel).

Fahrzeugmängel

Bejahend: österr. OGH VersR 1985, 74. **80**

Geschwindigkeitsüberschreitung

Bejahend: OLG München DAR 1983, 78; OLG Nürnberg VersR 1989, 284 (Nebel); 1983, 603; **81**
OLG Karlsruhe NZV 1994, 443.
Verneinend: BGH VRS 65, 349; OLG Karlsruhe VersR 1984, 836; OLG Hamm VersR 1985, 678; 1987, 1206; NZV 1993, 437.

Liegenbleiben

Bejahend: OLG Hamm NVZ 1994, 75 (Treibstoffmangel auf Autobahn). **82**

Reparaturarbeiten

Bejahend: OLG Hamm VersR 1984, 726 (Schweißarbeiten in der Nähe der Benzinleitung eines **83**
Kfz).

Rotlichtverstoß (s. auch Rdn. 73)

Bejahend: BGHZ 119, 147; BAG NZV 1990, 66; OLG Hamm VersR 1982, 1046; 1988, 370; **84**
1995, 92; RuS 1994, 46; NVZ 1995, 452; NJW-RR 1988, 861; OLG Karlsruhe VersR 1983, 76; 1994, 211; RuS 1994, 46; OLG Hamburg VersR 1984, 377; 1994, 211; OLG Köln VersR 1989, 952; 1990, 848; OLG Düsseldorf VersR 1993, 432; OLG Stuttgart NZV 1992, 322; OLGR Frankfurt 1994, 101; OLG Nürnberg ZfS 1994, 216; OLG Oldenburg RuS 1994, 47; OLG Dresden VersR 1996, 577 (Blendung); OLG Celle NZV 1995, 363; LAG Niedersachsen VersR 1982, 968; LG Köln VersR 1983, 478; 1984, 929 LS; LG Aachen VersR 1985, 30; LG Frankfurt VersR 1982, 1162 (Einfahren bei Grün, aber zögerliches Räumen der Kreuzung; zu weitgehend).
Verneinend: OLG Hamm VersR 1983, 465; 1984, 727; NZV 1990, 30; 1991, 394; 1993, 438; OLG Frankfurt VersR 1992, 230 LS; 1993, 432; 1993, 826 LS; OLG Düsseldorf VersR 1992, 1086;

OLG Karlsruhe ZfS 1990, 134; OLG Saarbrücken VersR 1983, 28; OLG Hamburg DAR 1986, 328; OLG München DAR 1984, 18, NJW-RR 1996, 407 u. NZV 1196, 116 (versehentliches Anfahren wegen Verwechslung von Lichtzeichen); LG Oldenburg VersR 1982, 1069; LG München I DAR 1986, 120.

Rückwärtsfahren

85 **Bejahend:** OLG Karlsruhe NZV 1988, 185 (mit Lkw ohne Einweiser trotz Uneinsehbarkeit und Fußgängerverkehr).

Überholen

86 **Bejahend:** BGH VersR 1982, 892; OLG Stuttgart VersR 1986, 1235 LS; OLG Köln VersR 1987, 1207; OLG Hamm VersR 1991, 294; VersR 1996, 181; OLG Karlsruhe VersR 1992, 1507; OLG Frankfurt NZV 1995, 363; OLG Nürnberg VersR 1995, 331; LG Nürnberg-Fürth ZfS 1989, 313; LG Arnsberg ZfS 1989, 314.

Verneinend: OLG Hamm VersR 1982, 1138; VersR 1990, 43; LG Landau ZfS 1990, 276.

Übermüdung

87 **Bejahend:** OLG München VersR 1963, 1044; OLG Köln VersR 1966, 530; 1988, 1078; OLG Frankfurt NZV 1993, 32; LG Stuttgart NZV 1993, 442.

Verneinend: BGH VersR 1977, 619; OLG München DAR 1994, 201; OLGR Oldenburg 1996, 52.

Vollbremsung

88 **Bejahend:** OLG Hamm DAR 1991, 455 (wegen zu dichten Auffahrens mit 180 km/h); VersR 1994, 43 LS (wegen Kaninchen); OLG Nürnberg VersR 1993, 1425 (wegen Radargerät).

Verneinend: OLGR Oldenburg 1996, 3 (Schreckreaktion bei Auftauchen von Haarwild).

Vorfahrtverletzung

89 **Bejahend:** OLG Zweibrücken NZV 1992, 76; OLG Hamm NZV 1993, 480; OLG Oldenburg RuS 1995, 42 (Stoppschild).

Verneinend: BGH VersR 1972, 944; OLG Hamm VersR 1993, 826 (Stoppschild).

Wenden

90 **Bejahend:** OLG Hamm NZV 1992, 321 (Autobahnzufahrt).

Zulassen unbefugten Fahrens

91 **Verneinend:** OLG Hamm VersR 1982, 1069; OLG Karlsruhe NZV 1988, 67.

Sonstige Fälle

92 Ungesichertes Abstellen an Gefällestrecke: OLGR Köln 1994, 306 (bejahend);

Nichtbeachten der Durchfahrtshöhe einer Unterführung o. ä.: OLG Köln VersR 1982, 1151, OLG Celle DAR 1984, 123, OLG Frankfurt DAR 1989, 27, OLG Düsseldorf NZV 1991, 394, OLG Hamm NJW-RR 1993, 95 (sämtlich verneinend); OLG Düsseldorf MDR 1995, 1122 (bejahend);

gefährliche Personenbeförderung auf landwirtschaftlichem Anhänger: BGH NZV 1988, 19 (verneinend).

Ungesichertes Mitführen von Tieren im Pkw: OLG Nürnberg NZV 1990, 315; VersR 1994, 1291.

Unterlassen von Feststellung zum Alkoholkonsum des Ehegatten, der sich bereit erklärt hat, nach einer gemeinsam besuchten Feier die Heimfahrt zu übernehmen: OLG Hamm NZV 1989, 27 (verneinend).

93 dd) Den **Beweis** grober Fahrlässigkeit muß der Versicherungsträger führen. Ein Anscheinsbeweis ist wegen des subjektiven Elements nicht möglich (vgl. § 16, 373). Das Gericht kann aber, da ein strikter Nachweis innerer Vorgänge ohnehin nicht möglich ist, im Rahmen der freien Beweiswürdigung aus dem äußeren Geschehensablauf und dem Ausmaß des objektiven Pflichtverstoßes Schlüsse auf die gesteigerte Vorwerfbar-

keit ziehen[203]. Es sind aber auch umgekehrte Schlüsse möglich. So hat BGH NJW 1972, 944 die Verneinung grober Fahrlässigkeit durch den Tatrichter bei einem Kraftfahrer gebilligt, der an einer erkennbar gefährlichen Kreuzung weder die gelb blinkende Warnlampe beachtete, noch das Halteschild, noch den sichtbaren vorfahrtsberechtigten Lastzug, denn gerade diese Häufung lasse bei dem beim Unfall getöteten Fahrer vermuten, daß sein Fehlverhalten auf einer außergewöhnlichen Ursache beruhte, zumal er sich früher nicht verkehrswidrig verhalten hatte.

e) **Verzicht auf den Rückgriff.** Die Träger der Sozialversicherung können nach billigem Ermessen, insbesondere unter Berücksichtigung der wirtschaftlichen Verhältnisse des Schädigers, auf den Ersatzanspruch verzichten (§ 640 Abs. 2 RVO a. F., § 110 Abs. 2 SGB-VII). Sie haben in jedem Fall den Präventionszweck des Rückgriffs und die wirtschaftlichen Belange der Versichertengemeinschaft gegen die wirtschaftlichen und sozialen Verhältnisse des Schädigers abzuwägen[204]. Ob die Billigkeit einen Regreßverzicht gebietet, unterliegt der Prüfung durch die Zivilgerichte[205]. Das Bestehen einer Haftpflichtversicherung kann bei der Ermessensentscheidung berücksichtigt werden[206] (zur Geltung des § 3 PflVG für den Rückgriffsanspruch nach § 640 RVO vgl. § 16, 801). Solange aber nicht rechtskräftig feststeht, ob und ggfs. in welcher Höhe der Haftpflichtversicherer für den Schaden aufkommen muß, besteht zu einem Verzicht kein Anlaß; dieser kann auch noch im Zwangsvollstreckungsverfahren nachgeholt werden[207]. Sind Schädiger und Verletzter Angehörige in häuslicher Gemeinschaft, so hat der Sozialversicherungsträger auch die Wahrung des Familienfriedens zu berücksichtigen[208]. **94**

f) **Verhältnis zum Rückgriff nach § 1542 RVO a. F., § 116 SGB-X.** Ein Forderungsübergang auf Sozialversicherungsträger, die dem Verletzten Zahlungen geleistet haben, findet nicht statt, wenn ein Arbeitsunfall vorliegt und lediglich der Unternehmer oder ein Kollege bei betrieblicher Tätigkeit[209] den Unfall schuldhaft verursacht hat. Da keine Forderung des Verletzten gegen den Unternehmer besteht, kann auch keine Forderung übergehen. Bei vorsätzlicher Unfallverursachung und bei Unfällen, die bei Teilnahme am allgemeinen Verkehr (seit 1. 1. 1997: Unfällen nach § 8 Abs. 2 Nr. 1–4 SGB-VII) entstanden sind, ergibt sich dasselbe aus § 636 Abs. 1 Satz 2 RVO a. F. bzw. § 104 Abs. 3 SGB-VII. Der Rückgriff richtet sich in diesem Fall also ausschließlich nach § 640 Abs. 1 RVO bzw. § 110 SGB-VII[210]. **95**

Haftet dagegen für einen Arbeitsunfall eine Person mit, die nicht Unternehmer oder Betriebsangehöriger ist, so gehen die Schadenersatzansprüche gegen diese gem. § 116 SGB-X auf den Sozialversicherungsträger über. Dieser kann wählen, wen er in Anspruch nimmt[211]. Der Anspruch gegen den außenstehenden Schädiger ist aber um den Mitverantwortungsanteil des an der Unfallversicherung Beteiligten zu kürzen (vgl. Rdn. 10). Hat der aufgrund von § 640 Abs. 1 RVO bzw. § 110 SGB-VII in Regreß genommene Unternehmer bzw. Betriebsangehörige Ersatzpflichten des Mitschädigers miterledigt, so kann er mangels Gesamtschuldverhältnisses nicht nach § 426 BGB, son- **96**

203 BGHZ 119, 147; BGH VersR 1984, 480; 1989, 109; 1989, 582; *Römer* VersR 1992, 1191.

204 BGH VersR 1971, 1167.

205 BGH VersR 1971, 1167; BSG VersR 1974, 801; *Benz* VersR 1970, 109; a. A. *Brox* Betrieb 1969, 490.

206 BGH VersR 1971, 1167; 1978, 35; OLG Frankfurt VersR 1972, 1123.

207 OLG Nürnberg VersR 1993, 1425.

208 BGHZ 69, 354.

209 Vgl. BGH VersR 1981, 251.

210 *Weber* VersR 1995, 879 ff.

211 BGH VersR 1972, 171.

dern nur nach Bereicherungsrecht Ausgleich verlangen[212]. Selbstverständlich kann der Sozialversicherungsträger denselben Betrag nur einmal fordern. In der Regel ist für ihn der Rückgriff nach § 640 RVO bzw. § 110 SGB-VII günstiger, weil er dort alle Aufwendungen (nicht nur kongruente; vgl. Rdn. 117) geltend machen kann[213] und sich (bei Unfällen vor 1. 1. 1997) ein Mitverschulden des Verletzten nicht anrechnen lassen muß (Rdn. 65).

8. Internationales Recht

97 Nach § 3 SGB-IV gelten die Vorschriften über die Versicherungspflicht und die Versicherungsberechtigung, soweit sie eine Beschäftigung voraussetzen, für alle Personen, die im Inland beschäftigt sind. Diese Sonderanknüpfung erfaßt grundsätzlich auch den Haftungsausschluß wegen Bestehens einer gesetzlichen Unfallversicherung[214], d. h. die Vorschriften über den Haftungsausschluß gelten auch für ausländische Arbeitnehmer, die in Deutschland beschäftigt sind. Durch die §§ 5 und 6 SGB-IV und etwa bestehende Abkommen wird diese Regelung ggf. modifiziert[215].

9. Neue Bundesländer

98 Auf Arbeitsunfälle im Gebiet der ehemaligen DDR fanden die §§ 636 ff RVO ab 1. 1. 1991 Anwendung (Anl. I Kap. VIII Sachgeb. I Abschn. III Nr. 1 zum Einigungsvertrag). Auch nach diesem Zeitpunkt entstandene Schäden aus früheren Arbeitsunfällen können nur noch nach Maßgabe der jetzt geltenden Vorschriften liquidiert werden[216].

III. Gesetzlicher Forderungsübergang auf Sozialversicherungsträger und Sozialhilfeträger

1. Einschlägige Vorschriften

Sozialgesetzbuch X. Buch

§ 116

99 *(1) Ein auf anderen gesetzlichen Vorschriften beruhender Anspruch auf Ersatz eines Schadens geht auf den Versicherungsträger oder Träger der Sozialhilfe über, soweit dieser auf Grund des Schadensereignisses Sozialleistungen zu erbringen hat, die der Behebung eines Schadens der gleichen Art dienen und sich auf denselben Zeitraum wie der vom Schädiger zu leistende Schadensersatz beziehen. Dazu gehören auch die Beiträge, die von Sozialleistungen zu zahlen sind.*

(2) Ist der Anspruch auf Ersatz eines Schadens durch Gesetz der Höhe nach begrenzt, geht er auf den Versicherungsträger oder Träger der Sozialhilfe über, soweit er nicht zum Ausgleich des Schadens des Geschädigten oder seiner Hinterbliebenen erforderlich ist.

(3) Ist der Anspruch auf Ersatz eines Schadens durch ein mitwirkendes Verschulden oder eine mitwirkende Verantwortlichkeit des Geschädigten begrenzt, geht auf den Versicherungsträger oder Träger der Sozialhilfe von dem nach Absatz 1 bei unbegrenz-

---

212 BGH VersR 1981, 649.

213 Vgl. BGH VersR 1983, 854 (Kinderzulage).

214 OLG Schleswig VersR 1987, 79; *Mummenhoff* IPRax 1988, 215.

215 Vgl. *Mummenhoff* IPRax 1988, 216 ff zum deutsch-schwedischen Abkommen.

216 BAG DtZ 1996, 188; näher *Himmelreich* DtZ 1996, 167.

ter Haftung übergehenden Ersatzanspruch der Anteil über, welcher dem Vomhundertsatz entspricht, für den der Schädiger ersatzpflichtig ist. Dies gilt auch, wenn der Ersatzanspruch durch Gesetz der Höhe nach begrenzt ist. Der Anspruchsübergang ist ausgeschlossen, soweit der Geschädigte oder seine Hinterbliebenen dadurch hilfebedürftig im Sinne der Vorschriften des Bundessozialhilfegesetzes werden.

(4) Stehen der Durchsetzung der Ansprüche auf Ersatz eines Schadens tatsächliche Hindernisse entgegen, hat die Durchsetzung der Ansprüche des Geschädigten und seiner Hinterbliebenen Vorrang vor den übergegangenen Ansprüchen nach Absatz 1.

(5) Hat ein Versicherungsträger oder Träger der Sozialhilfe auf Grund des Schadensereignisses dem Geschädigten oder seinen Hinterbliebenen keine höheren Sozialleistungen zu erbringen als vor diesem Ereignis, geht in den Fällen des Absatzes 3 Satz 1 und 2 der Schadensersatzanspruch nur insoweit über, als der geschuldete Schadensersatz nicht zur vollen Deckung des eigenen Schadens des Geschädigten oder seiner Hinterbliebenen erforderlich ist.

(6) Ein Übergang nach Absatz 1 ist bei nicht vorsätzlichen Schädigungen durch Familienangehörige, die im Zeitpunkt des Schadensereignisses mit dem Geschädigten oder seinen Hinterbliebenen in häuslicher Gemeinschaft leben, ausgeschlossen. Ein Ersatzanspruch nach Absatz 1 kann dann nicht geltend gemacht werden, wenn der Schädiger mit dem Geschädigten oder einem Hinterbliebenen nach Eintritt des Schadensereignisses die Ehe geschlossen hat und in häuslicher Gemeinschaft lebt.

(7) Haben der Geschädigte oder seine Hinterbliebenen von dem zum Schadensersatz Verpflichteten auf einen übergegangenen Anspruch mit befreiender Wirkung gegenüber dem Versicherungsträger oder Träger der Sozialhilfe Leistungen erhalten, haben sie insoweit dem Versicherungsträger oder Träger der Sozialhilfe die erbrachten Leistungen zu erstatten. Haben die Leistungen gegenüber dem Versicherungsträger oder Träger der Sozialhilfe keine befreiende Wirkung, haften der zum Schadensersatz verpflichtete und der Geschädigte oder dessen Hinterbliebene dem Versicherungsträger oder Träger der Sozialhilfe als Gesamtschuldner.

(8) Weist der Versicherungsträger oder Träger der Sozialhilfe nicht höhere Leistungen nach, sind vorbehaltlich der Absätze 2 und 3 je Schadensfall für nicht stationäre ärztliche Behandlung und Versorgung mit Arznei- und Verbandmitteln fünf vom Hundert der monatlichen Bezugsgröße nach § 18 des Vierten Buches zu ersetzen.

(9) Die Vereinbarung einer Pauschalierung der Ersatzansprüche ist zulässig.

*(10) Die Bundesanstalt für Arbeit gilt als Versicherungsträger im Sinne dieser Vorschrift.**

§ 117

Haben im Einzelfall mehrere Leistungsträger Sozialleistungen erbracht und ist in den Fällen des § 116 Abs. 2 und 3 der übergegangene Anspruch auf Ersatz des Schadens begrenzt, sind die Leistungsträger Gesamtgläubiger. Untereinander sind sie im Verhältnis der von ihnen erbrachten Sozialleistungen zum Ausgleich verpflichtet. Soweit jedoch eine Sozialleistung allein von einem Leistungsträger erbracht ist, steht der Ersatzanspruch im Innenverhältnis nur diesem zu. Die Leistungsträger können ein anderes Ausgleichsverhältnis vereinbaren.

---

* Eingefügt mit Wirkung v. 1. 1. 1998 durch Gesetz v. 24. 3. 1997 (BGBl. I 594).

§ 118

Hat ein Gericht über einen nach § 116 übergegangenen Anspruch zu entscheiden, ist es an eine unanfechtbare Entscheidung gebunden, daß und in welchem Umfang der Leistungsträger zur Leistung verpflichtet ist.

§ 119

(1) Soweit der Schadensersatzanspruch eines Sozialversicherten, der der Versicherungspflicht unterliegt, den Anspruch auf Ersatz von Beiträgen zur Sozialversicherung umfaßt, geht dieser auf den Versicherungsträger über, dies gilt nicht, wenn und soweit der Arbeitgeber das Arbeitsentgelt fortzahlt oder sonstige der Beitragspflicht unterliegende Leistungen erbringt. Der Übergang des Anspruchs auf Ersatz von Beiträgen nach § 116 geht dem Übergang nach dieser Vorschrift vor.

(2) Der Versicherungsträger, auf den ein Teil des Anspruchs auf Ersatz von Beiträgen zur Rentenversicherung nach § 116 übergeht, hat den von ihm festgestellten Sachverhalt dem Träger der Rentensicherung auf einem einheitlichen Meldevordruck zu übermitteln. Das Nähere über den Inhalt des Meldevordrucks und das Mitteilungsverfahren haben die Spitzenverbände der Sozialversicherungsträger zu bestimmen.

(3) Die eingegangenen Beiträge oder Beitragsanteile gelten in der Rentenversicherung als Pflichtbeiträge, wenn der Geschädigte im Zeitpunkt des Schadensereignisses pflichtversichert war. Durch den Übergang des Anspruchs auf Ersatz von Beiträgen darf der Sozialversicherte nicht schlechter gestellt werden, als er ohne den Schadensersatzanspruch gestanden hätte.

2. Allgemeiner Überblick

100 **a) Zweck und Grundkonzept der Regelung:** Sozialleistungen, die einem Unfallgeschädigten gewährt werden, sollen weder den Schädiger entlasten noch zu einer Doppelentschädigung des Geschädigten führen. Ihr Zweck ist es lediglich, eine schnelle, einfache, sichere und vollständige Versorgung des Unfallopfers zu gewährleisten. Wo ein für den Unfall Verantwortlicher haftbar gemacht werden kann, soll die Sozialleistung jedoch nur transitorischen Charakter haben, nur eine Zwischenfinanzierung darstellen[217]. Die Haftungsverteilung nach den Grundsätzen des Zivilrechts soll hierdurch nicht verändert werden. Aus diesem Grund ordnet § 116 SGB-X an, daß der Schadensersatzanspruch des Leistungsempfängers in Höhe der Leistung auf den Leistungsträger übergeht. Dies führt dazu, daß der Leistungsträger den Anspruch des Geschädigten gegen den Schädiger geltend machen kann, während der Geschädigte selbst hieran durch das Fehlen der Aktivlegitimation gehindert ist.

101 Anders als beim Regreß nach § 640 Abs. 1 RVO a. F., § 110 SGB-VII (vgl. Rdn. 65 ff) steht dem Sozialversicherungsträger hier also kein originär eigener Anspruch zu. Daher kann er, wenn der Schadensersatzanspruch des Geschädigten – z. B. wegen Mitverschuldens – gemindert ist, auch nur in der entsprechenden Höhe Rückgriff nehmen, selbst wenn seine Aufwendungen wesentlich höher liegen. Umgekehrt braucht er sich nicht entgegenhalten zu lassen, ihm sei letztlich kein Schaden entstanden, z. B. weil er bei Tötung eines Rentners andere Leistungen erspart habe[218]. Der Rückgriffsanspruch ist also in zweifacher Weise höhenmäßig begrenzt: durch die Höhe der eigenen Leistung (denn nur insoweit findet überhaupt ein Übergang statt) und durch die Höhe des Schadensersatzanspruchs.

---

[217] BGHZ 79, 29; *Fuchs* 183; a. A. *Gärtner* JZ 1988, 582.

[218] BGHZ 9, 179; 70, 67.

Ein anderes Konzept liegt dem Übergang von Beitragsansprüchen auf den Sozialversicherungsträger nach § 119 SGB-X zugrunde (vgl. hierzu Rdn. 170 ff). **102**

b) **Anwendungsbereich:** § 116 SGB-X gilt bei allen Sozialleistungen, die der Behebung eines Schadens der gleichen Art dienen (zu diesem Erfordernis der Kongruenz s. Rdn. 117). In Betracht kommen insbesondere Leistungen der Renten-, Kranken- und Arbeitslosenversicherung sowie der Sozialhilfe. Für den Bereich der gesetzlichen Unfallversicherung wird er, soweit es um den Rückgriff gegen den Unternehmer oder einen Betriebsangehörigen geht, durch § 640 Abs. 1 RVO a. F. bzw. § 110 SGB-VII verdrängt (vgl. Rdn. 95). Für private Versicherer kommt nur der Rückgriff nach § 67 Abs. 1 VVG in Betracht; zum Rückgriff des öffentlichrechtlichen Dienstherrn vgl. Rdn. 182 ff. **103**

c) **Gesetzliche Grundlagen:** Für alle Schadensfälle ab 1. Juli 1983 gelten §§ 116 ff SGB-X, für frühere Schadensfälle bleibt das alte Recht maßgeblich (Art. II § 22 SGB-X), d. h. § 1542 Abs. 1 Satz 1 RVO für die Sozialversicherungsträger nach diesem Gesetz, § 77 Abs. 2 AVG für die Angestelltenversicherung, § 109 RKnappschG für die Knappschaftsversicherung, § 32 GAL für die landwirtschaftliche Altershilfe und § 90 Abs. 1 Satz 1 BSHG für die Sozialhilfe. **104**

d) **Gang der Darstellung:** Zunächst werden die Voraussetzungen des Forderungsübergangs behandelt: regressierbare Leistung (Rdn. 106 ff), übergangsfähiger Anspruch (Rdn. 115 f) und Kongruenz zwischen beiden in sachlicher und zeitlicher Hinsicht (Rdn. 117 ff). Sodann wird erläutert, zu welchem Zeitpunkt der Forderungsübergang stattfindet (Rdn. 120 ff), welches Ausmaß er hat (Rdn. 131 ff) und wie sich die Rangfolge gegenüber dem Geschädigten bei nicht ausreichender Ersatzleistung gestaltet (Rdn. 140 ff). Im weiteren wird auf den Ausschluß des Regresses gegenüber Angehörigen (Rdn. 150 ff) und Fragen, die sich bei notleidendem Haftpflichtversicherungsverhältnis (Rdn. 156 ff), beim Zusammentreffen mehrerer Zessionen (Rdn. 161 f), beim Wechsel des Sozialversicherungsträgers (Rdn. 163) und beim internationalen Regreß (Rdn. 166 ff) ergeben, eingegangen. Ein Überblick über den Beitragsregreß nach § 119 SGB-X (Rdn. 170 ff) schließt die Darstellung ab. **105**

3. Regreßauslösende Leistungen

Ein Forderungsübergang findet nur statt, wenn dem Geschädigten Sozialleistungen (z. B. nach dem SGB, der RVO, dem AFG oder dem BSHG) tatsächlich gewährt werden, also z. B. nicht, wenn sich ein Verletzter auf eigene Kosten privat behandeln ließ. Es kann sich auch um Leistungen aufgrund einer freiwilligen Versicherung handeln[219]. **106**

Auch die **Beiträge zur Krankenversicherung**, die ein Sozialversicherungsträger (z. B. als Beitragsanteil zur Rentnerkrankenversicherung oder im Rahmen einer Rehabilitation) erbringt, begründen einen Forderungsübergang, jedoch nur, wenn sie der Erhaltung des versicherungsrechtlichen Status des Geschädigten dienen, nicht wenn sie kraft gesetzlicher Regelung dem zum Unfallzeitpunkt nicht versicherten Geschädigten eine zusätzliche Sozialvorsorge verschaffen oder dem internen Lastenausgleich zwischen den Leistungsträgern dienen sollen[220]. Für einen Geschädigten, der während des Bezugs von Krankengeld beitragsfrei krankenversichert ist (§ 383 RVO; jetzt §§ 224, 192 SGB-V) konnte die Krankenkasse bisher keine Beiträge erstattet verlangen[221]. Aufgrund der Neuregelung in § 224 Abs. 2 SGB-V greift nunmehr jedoch der auf Unfälle nach dem 30. Juni 1983 anzuwendende § 119 SGB-X (Rdn. 170 ff) ein[222]. **107**

Beiträge zur Rentenversicherung, die seit 1. Januar 1992 beim Bezug von Kranken-, Verletzten-, Übergangs- und Arbeitslosengeld sowie Arbeitslosenhilfe von den Sozialversicherungsträgern zu **108**

---

219 BGH VersR 1977, 768; 1983, 686; 1986, 698.

220 BGH VersR 1984, 237.

221 BGH VersR 1970, 40; 1981, 477.

222 *Geigel/Plagemann* 4. Kap. 129 u. 30. Kap. 134; *Küppersbusch* NZV 1992, 62.

zahlen sind, sind – anders als die bis 31. Dezember 1991 zu zahlenden Finanzierungsbeiträge nach § 1385b RVO[223] „echte" Rentenversicherungsbeiträge (§§ 166, 276 SGB-VI), die jetzt beim Schädiger regressiert werden können (§ 116 Abs. 1 Satz 2 SGB-X); soweit sie den Beitragsschaden nicht voll abdecken, besteht ein Regreßanspruch des Rentenversicherungsträgers nach § 119 SGB-X[224]. Hinsichtlich des eigenen Anteils des Versicherten an den Rentenversicherungsbeiträgen findet ein Forderungsübergang weder nach § 116 noch nach § 119 SGB-X statt, da es sich insoweit nicht um eine Sozialleistung handelt[225]. Das Nebeneinander verschiedener Anspruchsberechtigungen führt zu Schwierigkeiten insbesondere bei einer Mithaftung des Verletzten[226].

109 Wegen der Beiträge zur **Pflegeversicherung** s. *Wiesner* VersR 1995, 143.

110 **Beiträge zur Arbeitslosenversicherung**, die die Träger der gesetzlichen Krankenversicherung nach § 186 Abs. 1 AFG (ab 1998: § 347 SGB-III) zahlen, gehen nach § 116 Abs. 1 Satz 2 SGB-X auf diese über[227]. Das gilt jedoch nicht, wenn der Verletzte im Unfallzeitpunkt arbeitslos gewesen ist[228].

111 Tatsache und Höhe der Leistung muß grundsätzlich der Sozialversicherungsträger darlegen und ggf. beweisen. § 116 Abs. 8 SGB-X läßt für die Kosten nichtstationärer Behandlung jedoch eine **Pauschalierung** zu. Da auf den Schadensfall und nicht auf den Versicherungsfall im Sinne des Sozialversicherungsrechts abgestellt ist, kann bei wiederholter Erkrankung aufgrund der Unfallverletzungen die einmal geltend gemachte und erhaltene Pauschale nicht noch einmal gefordert werden[229]. Ebensowenig ist es möglich, nach Erhalt der Pauschale noch konkrete Abrechnung zu verlangen, und zwar selbst dann, wenn eine Nachforderung vorbehalten wurde[230]. Zu der bei Schadensfällen vor dem 1. Juli 1983 möglichen, weitergehenden Pauschalierung nach § 1542 Abs. 2 RVO a. F. vgl. Voraufl. § 11, 39 f.

112 **Sozialhilfeleistungen** lösten bis 30. Juni 1983 alleine den Forderungsübergang noch nicht aus; erforderlich war zusätzlich die Zustellung einer Überleitungsanzeige nach § 90 Abs. 1 Satz 1 BSHG a. F. (s. Rdn. 127).

113 Bei Gewährung von **Arbeitslosenhilfe** findet – anders als beim Arbeitslosengeld – kein Forderungsübergang nach § 127 AFG i. V. m. § 116 SGB-X statt; er kann nur durch Überleitungsanzeige ex nunc in den Fällen der sog. Gleichwohlgewährung gemäß § 140 Abs. 1 AFG bewirkt werden[231]. Wegen der Subsidiarität der Arbeitslosenhilfe ändert daran auch der ab 1. 1. 1998 eingefügte § 116 Abs. 10 SGB-X nichts.

114 Bei öffentlich-rechtlichen Versorgungsleistungen, für die ein **Regreß gesetzlich nicht vorgesehen** ist (z. B. Blindengeld), kann der Leistungsträger, da die Vorschriften über den gesetzlichen Forderungsübergang eine abschließende Regelung darstellen, nicht unter Berufung auf allgemeine Regeln des Verwaltungsrechts oder im Wege bürgerlichrechtlicher Abtretung weitergehende Erstattungsmöglichkeiten suchen. Eine gleichwohl erklärte Abtretung ist nach §§ 400, 134 BGB, § 850b Abs. 1 Nr. 1 ZPO nichtig[232].

---

223 Vgl. hierzu BGH VersR 1986, 485; *v. Einem* NJW 1987, 480.

224 Wegen Einzelheiten zur Neuregelung vgl. *Küppersbusch* NZV 1992, 58 ff; *von der Heide* VersR 1994, 274; *Hessert* VersR 1991, 165 ff; *Scheithauer* VersR 1992, 1047. Kritisch mit Vorschlägen de lege ferenda *v. Einem* VersR 1991, 383 ff.

225 *Küppersbusch* NZV 1992, 60; *v. Einem* VersR 1991, 382; **a. A.** (zum früheren Recht) BGHZ 109, 291.

226 Zu den verschiedenen Lösungsvorschlägen s. *Küppersbusch* NZV 1992, 60 ff; *von der Heide* VersR 1994, 274; *Ritze* VersR 1990, 947; *Mörsch* VersR 1991, 39; *Hessert* VersR 1991, 166 f.

227 BGH NZV 1990, 310.

228 BGH VersR 1986, 487.

229 *Küppersbusch* VersR 1983, 204; *Deinhardt* VersR 1984, 702.

230 *Geigel/Plagemann* 30. Kap. 91; LG München I ZfS 1990, 45; **a. A.** für den letztgenannten Fall *Wussow/Küppersbusch* 479.

231 BGHZ 108, 296. S. auch *Waltermann* NJW 1996, 1645.

232 BGH VersR 1988, 182.

4. Übergangsfähige Ansprüche

Auf den Sozialversicherungsträger **übergehen können** alle Schadensersatzansprüche aus unerlaubter Handlung, Amtshaftung einschließlich Haftung für Stationierungsschäden, Gefährdungshaftung und positiver Vertragsverletzung[233]. Der Übergang von Amtshaftungsansprüchen scheitert nicht an § 839 Abs. 1 Satz 2 BGB, denn die Sozialleistungen sind kein anderweitiger Ersatz im Sinne dieser Vorschrift (§ 16, 486 f). Der Direktanspruch gegen den Haftpflichtversicherer geht ebenfalls über, doch greifen hier häufig Teilungsabkommen ein (vgl. § 16, 841; zum kranken Versicherungsverhältnis § 16, 835 ff). **115**

Nicht übergangsfähig sind grundsätzlich Aufwendungsersatzansprüche, z. B. aus Geschäftsführung ohne Auftrag[234] oder aus einem Arbeitsverhältnis, sowie Ansprüche aus einem privaten Versicherungsvertrag. Wegen des Anspruchs gegen die Verkehrsopferhilfe vgl. § 16, 861. Schmerzensgeldansprüche verbleiben wegen fehlender Kongruenz mit Sozialleistungen stets dem Verletzten. **116**

5. Kongruenz

a) **Bedeutung:** Ein Forderungsübergang auf Sozialversicherungsträger und Dienstherrn findet nur statt, wenn und soweit sich deren Leistungen sachlich und zeitlich mit den betreffenden Ersatzansprüchen decken, d. h. den gleichen Zweck verfolgen und den gleichen Entschädigungszeitraum betreffen[235]. Nach der Rechtsprechung des BGH soll es allerdings genügen, wenn der Versicherungsschutz der Art nach den Schaden umfaßt, für den der Schädiger einzustehen hat; ob auch der einzelne Schadensposten vom Versicherer gedeckt wird, soll für den Rechtsübergang ohne Belang sein[236]. Dies kann zu dem unbilligen Ergebnis führen, daß der Geschädigte, wenn für ihn ein Versicherer eintritt, trotz vollen Ersatzanspruchs gegen den Schädiger dann keine volle Schadensdeckung erreicht, wenn die Leistungen seines Versicherers sich zwar der Art nach auf seinen Schaden beziehen, diesen aber nur zu einem Teil abdecken. **117**

b) **Sachliche Kongruenz.** Welche Sozialleistungen den einzelnen Schadensarten entsprechen, ist jeweils im Zusammenhang mit diesen erläutert. Vgl. zu **118**

- Beerdigungskosten § 10, 19 ff;
- Unterhaltsschaden § 10, 74 ff;
- Heilungskosten § 11, 29;
- vermehrten Bedürfnissen § 11, 59;
- Erwerbsschaden § 11, 190 ff;
- entgangenen Diensten § 16, 18.

c) **Zeitliche Kongruenz.** Der Übergang der Schadenersatzforderung findet stets nur in der Höhe statt, in der der Versicherungsträger für denselben Zeitraum Leistungen erbracht hat. Hat der Versicherungsträger in einem Zeitraum Leistungen erbracht, die den Schadenersatzanspruch des Verletzten für diesen Zeitraum überschreiten, so kann nicht wegen des Ausfalls ein Übergang von Forderungen für andere Zeiträume verlangt werden[237]. **119**

---

233 BGH VersR 1969, 954 u. 1038.

234 BGH VersR 1984, 1191; *Geigel/Plagemann* 30. Kap. 15; *Waltermann* NJW 1996, 1648.

235 BGHZ 25, 343; 44, 387; 47, 311; BGH VersR 1968, 786; 1973, 566; 1977, 427; 1979, 640; 1979, 737.

236 Zu § 1542 RVO: BGH VersR 1973, 566 m. krit. Anm. *Wussow* WJ 1973, 90, 138; zu § 67 VVG: BGH VersR 1958, 15, 1958, 161; offengelassen in BGH VersR 1979, 641.

237 OLG München VersR 1966, 927.

6. Zeitpunkt des Übergangs

120 a) **Bedeutung:** Mit dem Übergang der Schadensersatzforderung auf den Sozialversicherungsträger verliert der Geschädigte die Aktivlegitimation. Er kann den Anspruch nicht mehr geltend machen, über ihn nicht mehr verfügen und keinen wirksamen Vergleich über ihn abschließen. Der Sozialversicherungsträger erwirbt den Anspruch so, wie er im Moment des Übergangs dem Geschädigten zustand. Ein bereits vorher abgeschlossener Vergleich wirkt also auch gegen ihn, ebenso eine etwa bereits in Lauf gesetzte Verjährungsfrist (näher Rdn. 136 ff).

121 b) **Grundsatz:** Der Ersatzanspruch geht nach der Rechtsprechung – bei bereits bestehendem Versicherungsverhältnis (sonst Rdn. 125) – **im Zeitpunkt des Schadensereignisses** über, also nicht etwa erst mit der Antragstellung oder Leistungserbringung. Ob zu diesem Zeitpunkt überhaupt Leistungen zu erbringen sind, ist unerheblich; es genügt die ernsthaft in Betracht zu ziehende Möglichkeit, daß der Träger irgendwann einmal wegen des Unfalls leistungspflichtig wird[238]. Diese Rechtsauffassung führt zu Schwierigkeiten, wenn der Geschädigte – was ihm freisteht (vgl. § 46 Abs. 1 SGB-I) – die ihm zustehenden Sozialleistungen nicht in Anspruch nimmt (hierzu unten Rdn. 130). Sie ist aber hinsichtlich des Übergangs auf **Renten-, Kranken- und Unfallversicherungsträger** allgemein anerkannt.

122 Für die **Arbeitslosenversicherung** hatte der BGH zu § 127 AFG a. F. die Auffassung vertreten, daß der Ersatzanspruch des Geschädigten frühestens im Zeitpunkt der Bewilligung von Leistungen auf die Bundesanstalt für Arbeit übergeht[239]. Seit 1. 7. 1983 verweist § 127 AFG, ab 1. 1. 1998 der ihn ersetzende § 116 Abs. 10 SGB-X, jedoch auf § 116 Abs. 1 SGB-X, so daß hinsichtlich des Zeitpunkts jetzt kein Unterschied mehr gemacht werden kann, soweit es um Arbeitslosengeld[240] oder Rehabilitationsleistungen[241] geht (wegen Arbeitslosenhilfe vgl. dagegen oben Rdn. 113).

123 Für den Übergang auf **Sozialhilfeträger** bestehen Besonderheiten (s. Rdn. 127 ff).

124 c) **Ausnahmen:** Zu einem späteren Forderungsübergang auf den Sozialversicherungsträger kommt es in folgenden Fällen:

125 aa) Bestand zum Zeitpunkt des Schadenseintritts **noch kein Sozialversicherungsverhältnis**, so erwirbt der Sozialversicherungsträger die Forderung erst mit dessen Beginn[242]. Familienversicherung nach § 205 RVO reicht für den sofortigen Forderungsübergang aus, sofern sie mit dem späteren Krankenversicherungsverhältnis eine Einheit bildet[243]. – Zum **Wechsel des Sozialversicherungsträgers** s. Rdn. 163.

126 bb) Waren die später erbrachten Sozialleistungen **gesetzlich noch nicht vorgesehen**, so kann der Übergang erst mit dem Inkrafttreten der Neuregelung stattfinden[244]. Dieser Fall liegt aber nur bei sog. **Systemänderungen** vor, d. h. wenn völlig neue Leistungsarten geschaffen werden[245], nicht bei bloßer Verbesserung bestehender Berechtigungen[246]. Eine Systemänderung stellt insbesondere die Einführung der gesetzlichen Pflege-

---

[238] BGHZ 48, 184; BGH VersR 1983, 536; NZV 1990, 308; VersR 1990, 438; NJW 1994, 3097.

[239] BGHZ 83, 245; BGH VersR 1984, 482. S. auch *Plagemann* VersR 1982, 218.

[240] BGHZ 108, 296.

[241] BGH NJW 1994, 3097; *Waltermann* NJW 1996, 1646.

[242] OLG Nürnberg VersR 1980, 1069.

[243] BGH VersR 1990, 437; NZV 1990, 308.

[244] BGH VersR 1954, 537; 1955, 393; 1966, 233; 1984, 36.

[245] Vgl. BGH NZV 1990, 308: Verpflichtung des Krankenversicherungsträgers zur Erbringung von Beiträgen an die Arbeitslosenversicherung.

[246] Vgl. BGHZ 19, 183; BGH VersR 1960, 830; 1962, 19; 1962, 467; 1984, 35.

versicherung (SGB-XI) dar[247], deren Leistungspflichten zum 1. 4. 1995 für den ambulanten Bereich in Kraft gesetzt und zum 1. 7. 1996 auf den stationären Bereich erweitert wurden[248]. Dasselbe muß für die zwischenzeitlich (1. 1. 1991 bis 31. 3.1995) eingeführten Pflegeleistungen der gesetzlichen Krankenversicherung nach §§ 53 ff SGB-V angenommen werden[249], nicht aber für die in Nachfolge zu § 185 Abs. 3 RVO geregelte häusliche Krankenpflege nach § 37 SGB-V[250].

d) Besonderheiten beim Übergang auf den Sozialhilfeträger

aa) Bei **Schadensfällen bis zum 30. Juni 1983** war der Forderungserwerb des Sozialhilfeträgers abhängig von dessen Überleitungserklärung (§ 90 Abs. 1 Satz 1 BSHG). Solange diese noch nicht abgegeben war, stand der Ersatzanspruch also dem Hilfeempfänger selbst zu[251]. Ob die Sozialhilfeleistung anzurechnen war, richtete sich nach den Grundsätzen der Vorteilsausgleichung (vgl. § 10, 95; § 11, 93). Die Überleitungserklärung wirkte allerdings auch für künftig fällig werdende Raten der Ersatzleistung. Sie konnte auch an den allgemein bevollmächtigten Haftpflichtversicherer des Schädigers gerichtet werden, soweit sie sich ausschließlich auf von diesem zu regulierende Ansprüche bezog[252]. Sofern das Landesrecht nicht die förmliche Zustellung der Überleitungsanzeige vorschrieb, konnte ein wirksamer Zugang auch durch Übersendung einer Kopie herbeigeführt werden[253]. **127**

bb) Bei **Schadensfällen ab dem 1. Juli 1983** besteht diese Besonderheit infolge der Gleichstellung mit dem Forderungsübergang auf Sozialversicherungsträger nach § 116 Abs. 1 SGB-X nicht mehr. Der Stichtag ergibt sich aus Art. II § 22 SGB-X. Bei Unterhaltsersatzansprüchen nach § 10 Abs. 2 StVG bzw. § 844 Abs. 2 BGB verbleibt es bei der Anwendung von § 90 BSHG a. F., wenn die Verletzung des Unterhaltsverpflichteten vor dem 1. 7. 1983 erfolgt, sein Tod aber erst nach diesem Zeitpunkt eingetreten ist[254]. **128**

Auch unter der Geltung von § 116 SGB-X bestehen jedoch trotz der dort vorgenommenen Gleichbehandlung von Sozialversicherungsträger und Sozialhilfeträger bei der Bestimmung des Übergangszeitpunkts Unterschiede. Diese ergeben sich daraus, daß zwischen Geschädigtem und Sozialhilfeträger im Zeitpunkt des Unfalls in der Regel noch keine Leistungsbeziehung besteht. Im Hinblick hierauf läge es nahe, auf den Zeitpunkt des konkreten Eintritts der Bedürftigkeit[255] oder den des Erbringens von Leistungen[256] abzustellen. In dem Bestreben, einen möglichst frühzeitigen Forderungsübergang herbeizuführen, läßt die Rechtsprechung den Übergang aber stattfinden, sobald **mit einer Leistungspflicht des Sozialhilfeträgers** gegenüber dem Geschädigten **ernsthaft zu rechnen** ist[257], ggf. also bereits im Zeitpunkt des zu Pflegebedürftigkeit führenden Unfalls eines Mittellosen[258]. Hieran sieht sich der BGH durch den Grundsatz des Nachrangs der Sozialhilfe (§ 2 BSHG) nicht gehindert; er entnimmt ihm jedoch, daß der Geschädigte ermächtigt bleibt, den Schädiger im eigenen Namen auf die Ersatz- **129**

---

247 *Wegmann* VersR 1995, 1289; *Jahnke* VersR 1996, 932.

248 Zur Historie der Pflegeversicherung s. *Jahnke* VersR 1996, 926 ff.

249 *Wegmann* VersR 1995, 1288 ff; *Jahnke* VersR 1996, 928 ff; **a. A.** OLG München VersR 1995, 726.

250 *Jahnke* VersR 1996, 928.

251 BGH VersR 1976, 291.

252 BGH VersR 1973, 711.

253 BGH NZV 1996, 230 m. w. Nachw.

254 BGH NZV 1996, 229 = JR 1996, 505 m. abl. Anm. *Fuchs*.

255 *Küppersbusch* VersR 1983, 195; *Müller* NZS 1994, 13 ff.

256 *Geigel/Plagemann* 30. Kap. 38.

257 BGHZ 127, 120; NZV 1996, 110; 1996, 229; 1996, 402; *André* NZS 1994, 307 ff; *Waltermann* NJW 1996, 1646.

258 So BGH NZV 1996, 403.

leistung in Anspruch zu nehmen (Einziehungsermächtigung wie im Falle einer Sicherungszession)[259]. Diese Einziehungsermächtigung hat auf den Lauf der Verjährungsfrist (§ 14, 20) keinen Einfluß[260].

130 e) **Wegfall des Übergangs.** Erbringt der Sozialversicherungsträger keine Leistungen (etwa weil der Geschädigte hierauf verzichtet [§ 46 Abs. 1 SGB-I] oder sich privatärztlich behandeln läßt), so besteht kein Grund, den Geschädigten an der Geltendmachung seines Schadensersatzanspruchs gegen den Schädiger zu hindern. Dem steht jedoch der Übergang der Forderung im Zeitpunkt des Schadensereignisses entgegen. Der BGH hilft hier mit der Annahme einer auflösenden Bedingung: Sobald feststeht, daß der Versorgungsträger nichts mehr zu leisten hat, soll der Forderungsübergang entfallen[261]. Diese Lösung ist von Konstruktion und Praktikabilität her nicht unangreifbar (vgl. z. B. § 46 Abs. 1 Halbsatz 2 SGB-I, wonach der Verzicht auf die Sozialleistung widerruflich ist), aber wohl unumgänglich, solange an der Lehre vom Rechtsübergang im Zeitpunkt des Schadensfalles festgehalten wird[262].

7. Ausmaß des Rechtsübergangs

131 a) **Allgemeines.** Der Forderungsübergang ist in zweifacher Hinsicht begrenzt: zum einen (selbstverständlich) durch die Höhe des Ersatzanspruchs des Geschädigten, zum anderen durch die Höhe der Leistung des Zessionars. Die §§ 399–404, 406–410 BGB finden entsprechende Anwendung (§ 412 BGB). Der Ersatzpflichtige kann dem Sozialversicherungsträger dabei alle Einwendungen entgegenhalten, die ihm zur Zeit des Forderungsübergangs dem Geschädigten gegenüber zustanden (§ 404 BGB). Zur Bedeutung eines Abfindungsvergleichs zwischen Schädiger und Geschädigtem vgl. Rdn. 136 f.

132 b) **Anrechnung eines Mitverschuldens.** Trifft den **Verletzten** am Unfall oder an der Höhe des Schadens eine Mitverantwortung (§ 9 StVG, § 254 BGB), so kann der Schädiger dies auch dem Zessionar entgegenhalten (§§ 404, 412 BGB). Dies gilt auch bei Verletzung der Schadensminderungspflicht durch den Verletzten[263].

133 Die Berufsgenossenschaft muß sich u. U. aber auch ein mitwirkendes Verschulden des **Arbeitgebers** des Verletzten entgegenhalten lassen. Die Bestimmungen der RVO über den Versicherungsschutz der bei einem Arbeitsunfall Verletzten bewirken im Ergebnis, daß die Berufsgenossenschaft an Stelle des Unternehmers für den Personenschaden einzustehen hat. Sie tritt gewissermaßen an die Stelle des nach bürgerlichem Recht an sich haftpflichtigen Unternehmers und kann daher von einem außerhalb des Sozialversicherungsverhältnisses stehenden Zweitschädiger nur soviel beanspruchen, wie der Unternehmer fordern könnte, wenn er selbst die Leistungen an den Verletzten hätte erbringen müssen[264].

134 Auch den **Sozialversicherungsträger** selbst kann ein anrechenbares Mitverschulden treffen. So verstößt er z. B. gegen die Schadensminderungspflicht nach § 254 Abs. 2 BGB, wenn er gebotene Hilfen zur Rehabilitation unterläßt, durch die die Erwerbsfähigkeit des Verletzten hätte wiederhergestellt werden können[265]. Auch in diesem Fall hat er eine Kürzung seiner Rückgriffsforderung bzw. (wenn der gesamte geltendge-

---

259 BGH NZV 1996, 110.

260 BGH NZV 1996, 402.

261 BGHZ 48, 191; *Wussow/Küppersbusch* 450.

262 Vgl. hierzu *Fuchs* 185 ff.

263 BGH VersR 1983, 488; *Wussow/Küppersbusch* 442.

264 BGHZ 51, 37.

265 Vgl. §§ 9 ff SGB-VI, §§ 567 ff RVO, § 7 Abs. 1 RehaAnglG und zur Verpflichtung zur Rehabilitation BVerfGE 9, 147; 14, 114.

machte Erwerbsschaden auf die unterlassene Rehabilitation zurückzuführen ist) deren Ausschluß hinzunehmen[266].

Reicht infolge der Anrechnung des Mitverschuldens der Schadensersatzanspruch **135**
nicht aus, um die Leistungen des Sozialversicherungsträgers voll abzudecken, so richtet sich die Frage, zu wessen Lasten der Fehlbetrag geht, nach den Grundsätzen über das **Quotenvorrecht** (Rdn. 140 ff).

c) **Abfindungsvergleich.** Einen **vor dem Rechtsübergang** abgeschlossenen Vergleich **136**
zwischen Schädiger und Geschädigtem muß der Sozialversicherungsträger gegen sich gelten lassen; da der Forderungsübergang sich aber in den meisten Fällen bereits im Unfallzeitpunkt vollzieht (Rdn. 121), kam dem bisher nur geringe Bedeutung zu[267]. Erhebliche Auswirkungen ergeben sich jedoch nunmehr im Bereich der gesetzlichen Pflegeversicherung (SGB-XI). Da es sich bei deren Einführung um eine Systemänderung (s. Rdn. 126) handelt, konnten die kongruenten Ansprüche gegen den Schädiger auf Ersatz der vermehrten Bedürfnisse erst mit dem Inkrafttreten der entsprechenden Leistungsbestimmungen (1. 4. 1995 für den ambulanten, 1. 7. 1996 für den stationären Bereich) auf die Pflegekasse übergehen[268]. Wurde vor diesem Zeitpunkt ein Abfindungsvergleich geschlossen, aus dem die Ansprüche wegen vermehrter Bedürfnisse nicht ausdrücklich ausgenommen wurden, so konnte ein Übergang auf den Träger der Pflegeversicherung nicht mehr stattfinden[269]. Umgekehrt kann ein Abfindungsvergleich nicht solche Schadenspositionen umfassen, die nach der Gesetzeslage bei Vergleichsschluß wegen § 116 Abs. 1 SGB-X vollständig der Verfügung des Geschädigten entzogen waren und ihm erst nach nicht absehbarer späterer Reduzierung des Leistungsumfangs der Sozialversicherung (z. B. aufgrund des Gesundheitsreformgesetzes) wieder entstehen[270].

Hat sich der Geschädigte **nach dem Rechtsübergang** mit dem Ersatzpflichtigen ver- **137**
glichen, so ist der Vergleich grundsätzlich unwirksam, denn der Geschädigte war nicht mehr berechtigt, über den Ersatzanspruch zu verfügen. In Betracht kommt aber eine Wirksamkeit infolge Gutgläubigkeit des Schuldners nach §§ 412, 407 Abs. 1 BGB. An den guten Glauben werden von der Rechtsprechung jedoch strenge Anforderungen gestellt: Bereits die Kenntnis von Umständen, von denen allgemein bekannt ist, daß sie eine Sozialversicherungspflicht begründen, hindert den Ersatzpflichtigen, sich darauf zu berufen, er habe von dem Forderungsübergang nichts gewußt[271]; beim Forderungsübergang außerhalb eines bestehenden Sozialversicherungsverhältnisses (z. B. bei Sozialhilfe oder bei Rehabilitationsleistungen der Bundesanstalt für Arbeit) genügt das Wissen von Tatsachen, die solche Leistungen nahelegten, insbesondere die Kenntnis vom Ausmaß der Verletzungen[272]. Ohne Bedeutung ist daher auch, ob dem Schädiger bzw. seinem Haftpflichtversicherer die gesetzlichen Vorschriften bekannt sind, auf denen die Leistungspflicht des Sozialversicherungsträgers beruht[273]. Beim Forderungs-

---

[266] BGH VersR 1981, 347 = 1075 m. Anm. *Klimke*.

[267] Vgl. aber nunmehr BGH NZV 1997, 36: Abfindungsvergleich zwischen Haftpflichtversicherer und gesetzlichem Unfallversicherungsträger hindert Überleitung auf Sozialhilfeträger nach § 90 BSHG a. F.

[268] *Jahnke* VersR 1996, 933 stellt auf den Zeitpunkt der Institutionalisierung der Pflegeversicherung (1. 1. 1995) ab.

[269] *Jahnke* VersR 1996, 933, auch für den Fall eines Abfindungsvergleichs mit dem Krankenversicherer des Verletzten.

[270] *Gerner* VersR 1996, 1080 m. abl. Anm. zu OLG Koblenz VersR 1996, 232.

[271] BGH VersR 1968, 771; 1975, 446; 1984, 35; NZV 1990, 310.

[272] BGH NZV 1996, 112.

[273] BGH NJW 1994, 3099 (betr. Rehabilitationsleistungen der Bundesanstalt für Arbeit).

übergang infolge einer gesetzlichen Systemänderung (Rdn. 126) entfällt der gute Glaube spätestens mit der Verkündung im BGBl.[274].

138 d) Zur **Verjährung** § 14, 20 ff.

139 e) Zum **Übergang auf einen ausländischen Sozialversicherer** vgl. Rdn. 168 f.

8. Rangfolge bei nicht ausreichender Ersatzleistung

140 a) **Problemstellung.** Verbleibt dem Ersatzberechtigten nach Abzug der vom Sozialversicherungsträger bzw. Träger der Sozialhilfe empfangenen Leistungen noch ein restlicher Schaden, weil diese Leistungen ihn nicht ganz decken, so entsteht dann, wenn der Schädiger wegen der Mitverantwortung des Geschädigten für den Unfall oder aus anderen Gründen nicht verpflichtet ist, Schadenersatz in der vollen Höhe zu leisten, die Frage, ob die Schadenersatzforderung in erster Linie dem Geschädigten zugutekommt, damit dieser hieraus seinen restlichen Schaden abdecken kann, oder ob sie in erster Linie dem Leistungsträger zugutekommt, damit dieser für die von ihm erbrachten Leistungen Ersatz erhält. Eine dritte Möglichkeit wäre die, den Schadenersatzanspruch nach Quoten, die an der Höhe der Forderung gemessen werden, zum Teil dem Leistungsträger, zum anderen Teil aber dem Geschädigten zukommen zu lassen.

141 b) Die **Rechtslage** hat sich durch das Inkrafttreten des § 116 SGB-X am 1. Juli 1983 geändert. Nach Art. II § 22 SGB-X ergeben sich daher teilweise unterschiedliche Rechtsfolgen für Unfälle vor und nach diesem Zeitpunkt. Da sich die Regulierung von Personenschäden über lange Zeit hinzieht, werden nachstehend beide Rechtslagen dargestellt.

aa) Schadensfälle vor 1. Juli 1983

142 **Quotenvorrecht des Sozialversicherungsträgers.** Nach der ständigen Rechtsprechung des BGH steht dem Sozialversicherungsträger dann, wenn der übergehende Anspruch des Geschädigten aus rechtlichen Gründen geringer ist als der entsprechende Schaden (z. B. wegen Mitverschuldens oder Haftungsbegrenzung nach § 12 StVG), das Quotenvorrecht zu[275]. Dies bedeutet, daß der Ersatzanspruch auf den Sozialversicherungsträger übergeht, bis dieser befriedigt ist; der Geschädigte erhält nur den Rest der unzureichenden Ersatzforderung oder hat den nicht durch die Versicherungsleistung gedeckten Schaden selbst zu tragen. Belaufen sich z. B. der entgehende Unterhalt auf 1000 DM monatlich, der Unterhaltsersatzanspruch wegen einer Mitverantwortung des Getöteten von 20% nur auf 800 DM und die Hinterbliebenenrente des Sozialversicherungsträgers auf 500 DM, so geht der Ersatzanspruch in Höhe von 500 DM auf den Sozialversicherungsträger über und verbleibt nunmehr in Höhe von 300 DM dem Geschädigten. Da sich der Geschädigte somit durch den – immerhin mit Beiträgen erkauften – Versicherungsschutz nicht besser stellt als ohne einen solchen, ist die Rechtsprechung zum Quotenvorrecht heftigen Angriffen ausgesetzt[276]. Sie entspricht indes dem Gesetz,

[274] BGH VersR 1984, 35. Weitergehend *Jahnke* VersR 1996, 931: sobald nach Pressemitteilungen mit Verabschiedung des Gesetzes zu rechnen ist.

[275] BGH VersR 1956, 85; 1968, 1182; 1976, 190; s. a. RG Recht 1911, Nr. 3749; RGZ 123, 40; 148, 19; OLG München NJW 1955, 267; OLG Köln VersR 1956, 667.

[276] Vgl. LG Berlin VersR 1968, 249; *Reinicke* NJW 1954, 1103; *G. Schmidt* VersR 1958, 278; *Clauss* VersR 1959, 589; *Breithaupt* NJW 1961, 203; *Schmidt* VersR 1968, 809; *Sieg* JuS 1968, 357; *Marschall v. Bieberstein* VersR 1978, 485.

läßt sich mit der Erwägung rechtfertigen, daß an der Finanzierung der Sozialversicherungsleistungen auch die Allgemeinheit beteiligt ist und ist daher auch nicht wegen Verstoßes gegen Art. 3 Abs. 1 GG verfassungswidrig[277]. Abhilfe konnte hier nur der Gesetzgeber schaffen: Durch den am 1.7.1983 in Kraft getretenen § 116 Abs. 3 SGB-X wurde eine vermittelnde Lösung (sog. relative Theorie) eingeführt, deren Geltung jedoch auf Schadensfälle nach dem Inkrafttreten beschränkt (s. Rdn. 145 ff). Unerfreulich an der bisherigen Rechtslage ist insbesondere die Diskrepanz zur Rechtsprechung zu § 67 VVG und § 87a BBG (vgl. Rdn. 184 u. § 11, 33).

Quotenvorrecht des Sozialversicherten. In Durchbrechung des vorgenannten Grundsatzes hat der BGH das Quotenvorrecht dem Sozialversicherten bzw. seinem Hinterbliebenen dann zuerkannt, wenn aufgrund des Unfalls keine finanzielle Mehrbelastung für den Versicherungsträger entsteht, wie dies z. B. bei der Tötung eines Rentners wegen des Wegfalls der diesem zu zahlenden Rente der Fall ist[278]. Hier soll dem Hinterbliebenen der Unterhaltsanspruch insoweit verbleiben, als dies zum Ausgleich der Differenz zwischen Rente und Schaden erforderlich ist. Diese Rechtsprechung erscheint inkonsequent. **143**

Befriedigungsvorrecht des Sozialversicherten. Nicht um ein Problem des Quotenvorrechts handelt es sich, wenn der Ersatzanspruch nur aus **tatsächlichen** Gründen nicht voll realisiert werden kann, z. B. weil der Ersatzschuldner hierzu wirtschaftlich nicht in der Lage ist; teilweise geleisteter Ersatz tilgt zunächst den verbliebenen Restanspruch des Geschädigten[279]. Dies gilt auch, wenn der Ersatzanspruch wegen Überschreitens der Deckungssumme aus dem Haftpflichtversicherungsvertrag nicht voll realisiert werden kann, denn der Direktanspruch gegen den Haftpflichtversicherer des Schädigers nach § 3 Nr. 1 PflVG ist lediglich ein Annex des Haftpflichtanspruchs gegen den Schädiger[280]. Das Befriedigungsvorrecht wirkt sich dann beim Verteilungsverfahren nach §§ 155, 156 Abs. 3 VVG aus. Auf ein etwaiges Überschreiten der Deckungssumme sollte der Geschädigte möglichst frühzeitig hinweisen, um Nachteile aus dem für den Haftpflichtversicherer abschließenden Charakter des Verteilungsverfahrens zu vermeiden[281]. **144**

bb) Schadensfälle nach 30. Juni 1983

Mitverantwortlichkeit des Geschädigten. Durch § 116 Abs. 3 Satz 1 SGB-X wurde die Rechtsprechung zum Quotenvorrecht des Sozialversicherungsträgers (Rdn. 142 ff) für Schadensfälle ab seinem Inkrafttreten (Art. II §§ 22, 25 SGB-X) ersetzt durch eine Regelung, die keiner Seite ein Vorrecht einräumt, sondern durch **Quotelung** des Schadensersatzanspruchs den Ausfall gleichmäßig verteilt (sog. relative Theorie). Auf den Sozialversicherungsträger geht also der Teil des Ersatzanspruchs über, der im selben Verhältnis zu seiner Leistung steht wie die Haftungsquote des Schädigers. Im obigen Beispiel (Rdn. 142) erhält der Sozialversicherungsträger also 80% von 500 DM = 400 DM, der Verletzte ebenfalls 400 DM. Nach demselben Prinzip errechnen sich die Ansprüche, wenn der Ersatzanspruch des mitverantwortlichen Geschädigten zudem durch Gesetz der Höhe nach begrenzt ist (§ 116 Abs. 3 Satz 2 SGB-X); die wegen der Höhenbegrenzung erforderliche Kürzung der Ansprüche ist erst nach dieser Quotelung vorzuneh- **145**

277 Vgl. BGHZ 70, 67; BGH VersR 1968, 1182.
278 BGHZ 70, 67; s. a. BGH VersR 1981, 335.
279 BGH VersR 1968, 170; 1968, 1182.
280 BGH VersR 1975, 558; 1979, 30.
281 Zur Berücksichtigung des § 116 SGB-X im Verteilungsverfahren nach VVG vgl. *Hessert* VersR 1997, 39.

men; hierbei ist das Quotenvorrecht des Versicherten nach § 116 Abs. 2 SGB-X (Rdn. 147) zu berücksichtigen[282].

146 In zwei Fällen hat der mitverantwortliche Verletzte abweichend von § 116 Abs. 3 Satz 1 SGB-X ein **Quotenvorrecht:**

- Wenn und soweit der Verletzte oder seine Hinterbliebenen durch den Forderungsübergang auf den Sozialversicherungsträger[283] sozialhilfebedürftig würden (§ 116 Abs. 3 Satz 3 SGB-X)[284];
- wenn aufgrund des Unfalls keine finanzielle Mehrbelastung für den Sozialversicherungsträger entsteht, insbesondere also bei Tötung eines Sozialrentners (§ 116 Abs. 5 SGB-X); dies entspricht der bisherigen Rechtslage (vgl. Rdn. 143).

147 **Gesetzliche Höhenbegrenzung des Anspruchs** (insbesondere nach § 12 StVG): In diesen Fällen steht nach § 116 Abs. 2 SGB-X das Quotenvorrecht anstatt wie bisher dem Sozialversicherungsträger (vgl. Rdn. 142) jetzt dem Versicherten zu. Der (gekürzte) Ersatzanspruch geht nur insoweit auf den Sozialversicherungsträger über, als er nicht zum Ausgleich des Schadens des Geschädigten oder seiner Hinterbliebenen erforderlich ist. Dabei sind entgegen OLG Düsseldorf NZV 1996, 238 nur kongruente Schäden bevorrechtigt[285]; für andere Schadenspositionen gelten die in § 12, 14 dargestellten Konkurrenzregeln. Maßgeblich für die im Wortlaut des § 116 Abs. 2 SGB-X offen gelassene Frage ist die allgemeine schadensrechtliche Wirkung einer höhenbegrenzten Haftung. Sie beläßt dem Geschädigten ein allgemeines Vermögensrisiko, das sich gleichmäßig über alle Ersatzforderungen verteilt[286] (vgl. § 12, 7). Nur im Bereich der jeweils versicherten Risiken bzw. der Anspruchstatbestände nach dem BSHG kann das Sozialrecht dieses Restrisiko abnehmen[287]. Da die inkongruenten Forderungen gerade nicht dem Aufgabenfeld des Sozialrechts entstammen, verstößt der aus der hier vertretenen Ansicht folgende – und im Gesetzgebungsverfahren durchaus erkannte[288] – Gleichlauf mit dem Privatversicherungs- und Beamtenrecht (§ 67 VVG, § 87a BBG)[289] auch nicht gegen besondere Schutzprinzipien[290].

148 Das **Befriedigungsvorrecht des Versicherten** (vgl. Rdn. 144) ist nunmehr gesetzlich geregelt (§ 116 Abs. 4 SGB-X).

149 Für den **Forderungsübergang auf einen Sozialhilfeträger** gelten die vorstehenden Grundsätze nach § 116 SGB-X in gleicher Weise.

9. Ausschluß des Übergangs bei Belastung Angehöriger

150 a) **Wesen und Regelung des Angehörigenprivilegs.** Ist der Ersatzpflichtige ein mit dem Hinterbliebenen in häuslicher Gemeinschaft lebender Angehöriger, so ist nach

---

[282] *Drees* 85; *Waltermann* NJW 1996, 1647; *Küppersbusch* VersR 1983, 203; s. a. *v. Olshausen* VersR 1983, 1108.

[283] Zum Erfordernis der Kausalität zwischen Anspruchsübergang und Sozialhilfebedürftigkeit BGH NZV 1996, 402.

[284] Einzelheiten hierzu bei *Küppersbusch* VersR 1983, 198.

[285] Wie hier *Küppersbusch* VersR 1983, 193; *Denck* VersR 1987, 630 f; *Sieg* BB 1987 Beil. 13 S. 8; **a. A.** *Geigel/Plagemann* 30. Kap. 61; *Wussow/Schloën* 2462; *Deinhardt* VersR 1984, 697. Weitere Nachw., insb. zum sozialversicherungsrechtlichen Schrifttum, bei OLG Düsseldorf aaO.

[286] BGHZ 50, 276; *Heitmann* NJW 1968, 437.

[287] *Sieg* BB 1987 Beil. 13 S. 9; zur Bedeutung des Versicherungsprinzips für die Legalzession vgl. *Fuchs* Zivilrecht und Sozialrecht 134, ferner BGH VersR 1968, 1185.

[288] Vgl. BRDrucks. 526/80 S. 29; ferner BTDrucks. 9/1753 S. 44.

[289] S. hierzu BGHZ 25, 343; BGH VersR 1967, 505; *Küppersbusch* VersR 1983, 193.

[290] So aber wohl OLG Düsseldorf NZV 1996, 238; *Geigel/Plagemann* 30. Kap. 61.

§ 116 Abs. 6 Satz 1 SGB-X der Übergang des Ersatzanspruchs auf Sozialversicherungs- und Sozialhilfeträger ausgeschlossen, sofern der Schädiger die Schadensfolge, auf die der Versicherer Leistungen erbringt, nicht vorsätzlich herbeigeführt hat[291]. Die Rechtsprechung hat diesen Rechtsgedanken, der auf der Erwägung basiert, daß die wirtschaftlich gesehen eine Einheit bildenden Angehörigen nicht zugleich entschädigt und belastet werden sollen und daß der Familienfriede nicht durch Auseinandersetzungen über die Unfallverantwortung gestört werden soll, in analoger Anwendung des § 67 Abs. 2 VVG bereits vor Inkrafttreten des § 116 SGB-X auf den Forderungsübergang im Sozialversicherungsrecht[292] und im Beamtenrecht (s. Rdn. 185) entsprechend angewendet, nicht jedoch auf den Übergang nach § 90 BSHG[293] (hier aber u. U. Einschränkungen durch den Grundsatz von Treu und Glauben). Auf den Rückgriff gegen den Erben des Schädigers ist das Familienprivileg entsprechend anzuwenden, wenn der Geschädigte sowohl im Zeitpunkt des Schadensereignisses als auch bei Geltendmachung des Rückgriffs mit dem Erben in häuslicher Familiengemeinschaft lebte[294]. Das Privileg kann nicht abbedungen werden (§ 68a VVG analog) und greift daher auch im Falle einer ausdrücklichen Abtretung an den Sozialversicherungsträger ein[295].

b) **Angehörige** im Sinne des § 116 Abs. 6 SGB-X bzw. des § 67 Abs. 2 VVG sind **151**
neben den Verwandten aufsteigender und absteigender Linie insbesondere Ehegatten, aber auch Stief-, Adoptiv- und Pflegekinder[296] bzw. -eltern, nicht aber unverheiratete Lebensgefährten[297].

c) **Häusliche Gemeinschaft** liegt vor bei einem auf gewisse Dauer beabsichtigten **152**
Zusammenleben mit überwiegend gemeinschaftlicher Haushaltsführung[298]. Erforderlich sind eine gewisse wirtschaftliche Einheit, die sich jedoch nicht auf die gesamte Wirtschaftsführung zu erstrecken braucht[299], sowie ein im Kern gemeinsames Familienleben[300]. Diese Voraussetzungen können auch beim Zusammenleben von Eltern und verheiratetem Sohn bestehen[301]. Sie fehlen hingegen zwischen einem in der Bundesrepublik Deutschland lebenden ausländischen Arbeitnehmer und seinen nur im Urlaub besuchten Angehörigen im Heimatland[302]. Vorübergehende Trennung hebt sie nicht auf, wie z. B. bei Kindern, die nur zu Ausbildungszwecken zeitweise außerhalb wohnen.

d) Einen festen **Zeitpunkt** für das Vorliegen der genannten Voraussetzungen hat die **153**
Rechtsprechung nicht bestimmt. Es genügt für den Ausschluß des Übergangs jedenfalls, daß die Angehörigeneigenschaft und die häusliche Gemeinschaft im Zeitpunkt des Unfalls bestanden haben (vgl. § 116 Abs. 6 Satz 1 SGB-X), auch wenn sie später weggefal-

---

291 BGH VersR 1961, 1077; 1986, 233.

292 BGHZ 41, 79; 54, 256; 66, 111; BGH VersR 1979, 256.

293 BGH VRS 66, 116.

294 BGH VersR 1985, 471.

295 OLG Frankfurt 1984, 254; OLG Saarbrükken VersR 1988, 1038; *Geigel/Plagemann* 30. Kap. 84; *Wussow/Küppersbusch* 488; a. A. OLG Köln VersR 1960, 894; *Bayer* VersR 1989, 1123.

296 BGH VersR 1980, 526; OLG Stuttgart NZV 1993, 353.

297 BGH NJW 1988, 1091 m. abl. Anm. *Striewe* u. *Schirmer* DAR 1988, 289; OLG Schleswig VersR 1979, 669; OLG München NJW-RR 1988, 34; OLG Hamm NJW-RR 1993, 1443 (homophile Lebensgemeinschaft); *Geigel/Plagemann* 30. Kap. 78; *Jahnke* NZV 1995, 378; *Becker* VersR 1985, 205; *Weber* DAR 1985, 1; a. A. österr. OGH VersR 1989, 830 = 1327 m. Anm. *Bosch*; LG Saarbrücken VersR 1995, 158; AG München DAR 1981, 358; *Schulin* SGb 1989, 1; *Kohte* NZV 1991, 89; vgl. auch BGH VersR 1980, 526.

298 Vgl. BGH VersR 1980, 644.

299 BGHZ 41, 81.

300 BGH VersR 1961, 1077; 1980, 645.

301 BGH VersR 1986, 334.

302 OLG Nürnberg NZV 1988, 228 LS.

len sind[303]. Ebenso genügt es aber auch, wenn die genannten Voraussetzungen erst später entstanden sind[304]. Es besteht dann ein Durchsetzungshindernis. Für Unfälle nach dem 30. Juni 1983 ist dies – für den Fall späterer Eheschließung – ausdrücklich in § 116 Abs. 6 Satz 2 SGB-X geregelt. Diese Regelung schließt es jedoch nicht aus, den vorbezeichneten Rechtsgedanken auf Fälle, in denen sonstige Voraussetzungen des Familienprivilegs nachträglich entstehen, analog anzuwenden[305]. Die spätere Änderung ist auch hier ohne Bedeutung[306].

154 e) Genießt der Angehörige den Schutz einer **Haftpflichtversicherung**, so ändert dies nach bisheriger Rechtsprechung und h. L. am Ausschluß des Forderungsübergangs nichts[307]. Für den Regreß des *Sozialhilfeträgers* hat der BGH jedoch neuerdings anders entschieden, um dem Grundsatz des Nachrangs der Sozialhilfe (§ 2 BSHG) zu entsprechen[308]. Ob er an seiner Rechtsprechung zum Forderungsübergang auf *Sozialversicherungsträger* festhält, hat er in der vorgenannten Entscheidung offengelassen; seine Ausführungen zur Auflockerung der Akzessorietät des Direktanspruchs könnten jedoch darauf hindeuten, daß er das Angehörigenprivileg bei Eintrittspflicht eines Haftpflichtversicherers generell zurücktreten lassen wird. Da in solchen Fällen nicht der Angehörige mit dem Familienvermögen aufzukommen hat und wegen der ansonsten möglichen Doppelentschädigung des Verletzten, die nicht nach den Regeln des Vorteilsausgleichs vermieden werden kann (vgl. § 10, 95), erscheint dies im Wege einer teleologischen Reduktion des § 116 VI SGB-X vertretbar[309].

155 f) Haftet dem Geschädigten außer dem Angehörigen noch ein **Zweitschädiger**, so geht nur der Ersatzanspruch gegen den Zweitschädiger über. Trotz der an sich gegebenen gesamtschuldnerischen Haftung haftet der Zweitschädiger gegenüber dem Zessionar nur auf den Anteil, den er im Verhältnis zum Erstschädiger an sich zu tragen haben würde[310] („gestörtes Gesamtschuldverhältnis"; vgl. § 17, 28).

10. Begrenzung des Rückgriffs bei notleidendem Haftpflichtversicherungsverhältnis des Schädigers

156 a) **Problemstellung:** Der Rückgriff des Sozialversicherungsträgers gegen den Schädiger führt in den Fällen, in denen dessen Haftpflichtversicherung (z. B. wegen Gefahrerhöhung oder einer vor dem Versicherungsfall begangenen Obliegenheitsverletzung) ihm gegenüber leistungsfrei ist, zu Ergebnissen, die den Anschein willkürlicher Ungleichbehandlung erwecken können. Wäre der Verletzte nicht sozialversichert, so könnte der diesem gegenüber gleichwohl haftende Haftpflichtversicherer (§ 3 Nr. 4 PflVG) beim Schädiger in der Regel nur bis zum Betrag von DM 10 000 Rückgriff nehmen[311]. Soweit

---

303 BGHZ 54, 256; BGH VersR 1971, 901; 1980, 644.

304 BGH VersR 1972, 764; 1976, 289; 1977, 149.

305 *Geigel/Plagemann* 30. Kap. 82; **a. A.** OLG Nürnberg NZV 1988, 228 LS. Zur analogen Anwendung bei § 67 Abs. 2 VVG (s. § 7, 220) OLG Köln NZV 1991, 395.

306 *Geigel/Plagemann* 30. Kap. 82; *Breuer* NJW 1984, 276 u. VersR 1984, 512; **a. A.** *Fenn* ZBlSozVers 1983, 113.

307 BGHZ 41, 84; BGH VersR 1968, 248; 1977, 149; 1979, 256; 1980, 644; *Gitter* JR 1979, 288; *Jahnke* NZV 1995, 379; **a. A.** *Wussow* NJW 1979, 54.

308 BGH NZV 1996, 445.

309 *Deinhardt* VersR 1984, 702 schlägt eine Gesetzesänderung vor.

310 BGHZ 54, 256; 73, 195; OLG Frankfurt ZfS 1993, 116; *Jahnke* NZV 1995, 381 f mit Beispielen.

311 § 5 Abs. 3 Satz 1 KfzPflVV, § 2b Abs. 2 AKB 1995. Zuvor war der Regreß nach der geschäftsplanmäßigen Erklärung der Kraftfahrzeughaftpflichtversicherer vom März 1973 (Veröffentlichungen des Aufsichtsamts 1973, 103) auf 5000 DM begrenzt.

der Verletzte aber Sozialversicherungsschutz genießt, kann er sich bei notleidendem Haftpflichtversicherungsverhältnis des Schädigers in bestimmten Fällen (vgl. § 16, 835) und jedenfalls außerhalb des zeitlichen Geltungsbereichs der KfzPflVV (§ 16, 833) nur an den Sozialversicherungsträger halten (§ 3 Nr. 6 PflVG i. V. m. § 158c Abs. 4 VVG), der in voller Höhe beim Schädiger Rückgriff nehmen kann.

b) **Lösung:** Entgegen der früheren Rechtsprechung des BGH[312], wonach der Regreß des Sozialversicherungsträgers in entsprechender Anwendung der für die Haftpflichtversicherer geltenden Regelung ebenfalls höhenmäßig begrenzt sei, ist das vorstehend beschriebene Ergebnis de lege lata hinzunehmen. Auch der BGH ist inzwischen von seiner früheren Rechtsprechung abgerückt[313]. Anlaß hierzu war, daß sich der Ausschuß für Arbeit und Sozialordnung des Deutschen Bundestags im Gesetzgebungsverfahren zu § 116 SGB-X gegen die vom BGH vorgenommene Regreßbegrenzung ausgesprochen und die Auffassung vertreten hat, Sozialversicherungsträger sollten von der Geltendmachung eines Schadensersatzanspruchs nur bei Vorliegen der Voraussetzungen des § 31 Abs. 2 HGrG oder des § 76 Abs. 2 SGB-IV absehen dürfen[314]. Der BGH sah darin, daß der Bundestag § 116 SGB-X in Kenntnis dieser Rechtsauffassung verabschiedete, ohne eine weitergehende Beschränkung des Rückgriffsrechts zu normieren, eine authentische Interpretation des geltenden Rechts durch den Gesetzgeber, an die er sich gebunden fühlte. 157

Der Rückgriff des Sozialversicherers gegen den **Versicherungsnehmer** bei notleidendem Haftpflichtversicherungsverhältnis ist somit nunmehr auch nach Ansicht des BGH nicht mehr generell, sondern nur unter den Voraussetzungen des § 31 Abs. 2 HGrG oder des § 76 Abs. 2 SGB-IV beschränkt[315]. Ob diese Voraussetzungen vorliegen, können die Zivilgerichte nicht überprüfen. Der Erlaß der Regreßforderung setzt einen Verwaltungsakt des Sozialversicherungsträgers voraus. Auf diese Entscheidung hat der Schuldner einen öffentlich-rechtlichen Anspruch; § 76 Abs. 2 SGB-IV räumt nicht etwa nur eine verwaltungsinterne Befugnis ein[316]. Die Überprüfung ihrer Rechtmäßigkeit ist eine Streitigkeit öffentlich-rechtlicher Natur[317], für die der Rechtsweg zu den Gerichten der Sozialgerichtsbarkeit gegeben ist[318]. Entgegen *Hüffer*[319] kann die Zivilverhandlung nicht nach § 148 ZPO zur Durchführung des Verwaltungs(streit)verfahrens ausgesetzt werden, da es nicht um ein präjudizielles Rechtsverhältnis geht[320]. 158

Gegen den Schädiger, der als **Mitversicherter** den Deckungsschutz ohne eigene Schuld durch die Obliegenheitsverletzung des Versicherungsnehmers verloren hat und der vom Regreß des Haftpflichtversicherers nach § 158i VVG ganz frei gestellt ist, kann aber auch der Sozialversicherungsträger nicht Rückgriff nehmen[321]. Die in § 158i VVG zum Ausdruck kommende Interessenbewertung verlangt eine entsprechende Anwendung der Vorschrift. Eine entsprechende Anwendung auf den Fall der Leistungsfreiheit wegen Prämienverzugs war indessen nach früherer Gesetzeslage nicht möglich[322]. Seit 159

---

312 BGHZ 80, 332; BGH VersR 1982, 850; 1983, 234; s. a. 19. VGT (1981) 12; **a. A.** OLG München VersR 1980, 618.

313 BGH VersR 1983, 1133; 1984, 137; ebenso OLG Frankfurt VersR 1988, 506.

314 Schriftlicher Bericht vom 17. 6. 1982, BTDrucks. 9/1753 S. 44.

315 Hierzu *Hüffer* VersR 1984, 199; *Ahrens* AcP 189, 540 ff; *Plagemann* NZV 1993, 178.

316 BSG NJW 1990, 342.

317 BGH VersR 1983, 1133.

318 BSG NJW 1990, 342; *Kitzhöfer* NZV 1990, 456; **a. A.** LSG Niedersachsen NJW 1989, 1759.

319 VersR 1984, 200.

320 Ebenso LG Wiesbaden VersR 1987, 365; *Plumeyer* 159.

321 BGHZ 67, 138.

322 BGHZ 55, 284; BGH NZV 1988, 219 = JZ 1988, 769 m. Anm. *Prölss*; **a. A.** OLG Celle VersR 1987, 943; *Schirmer* VersR 1987, 29. S. auch – mit Vorschlägen de lege ferenda – *Steffen* VersR 1987, 532; *Keilbar* NZV 1988, 213; *Schirmer* ZfS 1988, 194.

der Änderung des § 158i VVG durch Gesetz vom 17. 12. 1990 (BGBl. I 2864) ist die darin liegende Unbilligkeit aber dadurch behoben, daß § 158c Abs. 4 VVG in § 158i Satz 3 VVG für unanwendbar erklärt wurde. Diese zum 1. 1. 1991 in Kraft getretene Regelung ist auf davor liegende Unfälle nicht anwendbar, denn nach den Grundsätzen des intertemporalen Versicherungsrechts sind, wenn – wie hier – keine Übergangsregelung getroffen ist, die Rechtsfolgen eines vor der Änderung liegenden Versicherungsfalls ausschließlich nach dem alten Recht zu beurteilen[323]. Für den Regreß des Sozialversicherungsträgers muß somit jetzt in diesen Fällen der Haftpflichtversicherer anstelle des Versicherten aufkommen, mit der Möglichkeit, gegen den Versicherungsnehmer Rückgriff zu nehmen, falls dieser ebenfalls haftet[324]. Für den Fall des Nicht(mehr)bestehens eines Versicherungsvertrags bleibt es jedoch beim (nur nach Maßgabe von Rdn. 158 beschränkten) Rückgriff gegen den Versicherten[325].

160 Zum Einfluß von **Teilungsabkommen** vgl. § 16, 848.

11. Zusammentreffen mehrerer Zessionen

161 a) Das Zusammentreffen **mehrerer Sozialversicherungsträger** ist in § 117 SGB-X insoweit geregelt, als es um die Konkurrenzsituation bei nicht ausreichendem Ersatzanspruch geht. Löst z. B. ein Unfall die Leistungspflicht der Rentenversicherung und der Berufsgenossenschaft (gesetzliche Unfallversicherung) nebeneinander aus und reicht der Ersatzanspruch des Hinterbliebenen gegen den Schädiger nicht aus, um beide Sozialversicherungsträger völlig schadlos zu stellen, so entscheidet für den Innenausgleich zwischen beiden die Höhe der erbrachten Leistungen[326], und zwar über den Wortlaut des § 117 SGB-X hinaus auch außerhalb der Fälle des § 116 Abs. 2 und 3 SGB-X[327]. Es findet also eine Aufteilung nach Quoten statt. Diese wirkt aber nicht gegenüber dem Schädiger. Ihm gegenüber sind die Sozialversicherungsträger in Höhe des Betrages desjenigen von beiden, der die geringere Leistung zu erbringen hat, Gesamtgläubiger nach § 428 BGB[328]; der Schuldner kann mithin nach seinem Belieben an jeden Gläubiger leisten, auch wenn einer von beiden gegen ihn schon Klage auf Zahlung erhoben hat. Zur Wirkung eines Abfindungsvergleichs zwischen Schädiger und einem der Gesamtgläubiger s. § 16, 767. Keine Gesamtgläubigerschaft besteht – wegen des unterschiedlichen Zeitpunkts des Rechtsübergangs – zwischen einem Sozialversicherungsträger und einem Schadensversicherer[329]. Ficht einer der Gesamtgläubiger den Bescheid des Amtes für Verteidigungslasten, der seinen Anspruch abgelehnt hat, nicht innerhalb der Klagefrist nach Art. 12 Abs. 3 NTS-AG an, so berührt der hierdurch eintretende Verlust seines Ersatzanspruchs den Anspruch des konkurrierenden Sozialversicherungsträgers nicht; dieser kann vielmehr in voller Höhe Regreß nehmen[330].

162 b) Beim Zusammentreffen eines **Sozialversicherungsträgers mit einem Dienstherrn oder Versorgungsträger** ist § 117 SGB-X nicht unmittelbar anwendbar[331]. Hier kommt eine Gesamtgläubigerschaft zwischen Sozialversicherungsträger und öffentlich-rechtli-

---

[323] *Bruck* VVG 7. Aufl. (1932) Art. 3 EGGVG 5; i. Erg. ebenso *Prölss/Martin/Knappmann* § 158 i VVG 1 a. E.; *Biela* VersR 1993, 1391; a. A. (o. Begr.) AG Köln VersR 1993, 825.

[324] *Johannsen* VersR 1991, 504.

[325] *Geigel/Schlegelmilch* 13. Kap. 63; *Biela* VersR 1993, 1392.

[326] BGHZ 28, 68; BGH VersR 1964, 376; 1979, 741; NZV 1989, 306 m. Anm. *Fuchs*, speziell zum Krankenversicherungsbeitrag der Rentner; wegen Einzelheiten der Berechnung s. *Nagel* VersR 1988, 545.

[327] Vgl. *Küppersbusch* VersR 1983, 205.

[328] BGHZ 28, 73; BGH VersR 1960, 1122; 1969, 898; 1979, 741.

[329] BGH VersR 1980, 1072.

[330] BGH VersR 1979, 741.

[331] BGH NZV 1989, 269.

chem Dienstherrn bzw. Versorgungsträger nur in Betracht, wenn beide im Verhältnis zum Schädiger zurücktreten müssen, also im Falle des § 116 Abs. 2 SGB-X[332]. Die Quotenregelung des § 116 Abs. 3 SGB-X (für vom Geschädigten mitverursachte Unfälle nach dem 30. Juni 1983; Rdn. 145), die im Versorgungsrecht keine Entsprechung findet, bewirkt hingegen, daß beide Zessionare nur Inhaber eines bestimmten Teils des Schadensersatzanspruchs, mithin Teilgläubiger, sind[333]. Sie begründet hinsichtlich des dem Geschädigten verbleibenden Teils des Schadensersatzanspruchs kein Vorrecht des Sozialversicherungsträgers gegenüber dem Dienstherrn; im Innenverhältnis Beamter – Dienstherr ist das Quotenvorrecht des Beamten zu beachten[334]. Hat für eine Heilbehandlung sowohl eine Krankenkasse als auch ein Versorgungsträger aufzukommen, so geht der Schadensersatzanspruch gegen den Schädiger auch dann im Unfallzeitpunkt auf beide über, wenn der Versorgungsträger seine Leistungen nicht unmittelbar dem Verletzten erbringt, sondern der Krankenkasse die erbrachten Leistungen zu erstatten hat[335]. Erhält ein ehemaliger Beamter neben seinen Versorgungsbezügen eine Erwerbsunfähigkeitsrente aus der gesetzlichen Rentenversicherung, die gemäß § 55 BeamtVG teilweise auf die Versorgungsbezüge angerechnet wird, so geht der Ersatzanspruch in Höhe der gekürzten Versorgungsbezüge auf den Versorgungsträger, in Höhe der Rente auf den Sozialversicherungsträger über[336].

12. Wechsel des Sozialversicherungsträgers

Geht die unfallbedingte Leistungspflicht auf einen anderen Sozialversicherungsträger **163**
über (z. B. andere Krankenkasse infolge Wechsels des Arbeitsplatzes), so tritt Rechtsnachfolge ein. Der Ersatzanspruch geht über in dem Zustand, in dem er sich zum Zeitpunkt des Wechsels befand[337]. Verjährungsfristen laufen also weiter. Dies galt im Grundsatz auch beim Übergang der Leistungspflicht nach § 565 RVO a. F.[338] sowie beim Übergang der Leistungspflicht von der Krankenkasse auf einen öffentlichen Dienstherrn[339]. Wegen der bloßen Möglichkeit, daß eine Krankenkasse nach dem Ausscheiden des Verletzten bei einer anderen Kasse leistungspflichtig wird (z. B. weil bereits der Ehegatte des Verletzten bei ihr versichert ist), kann sie keine zulässige Feststellungsklage gegen den Schädiger erheben[340]. Die Verfügungsbefugnis des zunächst leistungspflichtigen Versicherungsträgers ist auch nicht wegen der Möglichkeit eines späteren Rechtsübergangs beschränkt. Er kann daher einen Abfindungsvergleich bezüglich künftiger Schäden mit dem Ersatzpflichtigen abschließen und ist mangels anderslautender besonderer Abmachung grundsätzlich nicht verpflichtet, die nachfolgende Kasse an der Abfindungssumme zu beteiligen[341].

13. Prozeßrechtliches

a) Die **Darlegungs- und Beweislast** für die Aktivlegitimation trägt der Anspruchsteller. **164**
Wendet daher gegenüber einer Klage des Geschädigten der Ersatzpflichtige ein, der Schadensersatzanspruch sei auf einen Sozialversicherungsträger übergegangen, so muß der Kläger darlegen, daß kein Forderungsübergang stattgefunden hat.

---

332 BGH NZV 1989, 270.
333 BGH NZV 1989, 269 f.
334 BGH NZV 1989, 269; vgl. *Drees* 87 f mit Berechnungsbeispiel.
335 BGH VersR 1995, 600.
336 BGH NJW-RR 1991, 1177.
337 BGH VersR 1958, 153; 1974, 863.
338 BGH VersR 1978, 660; 1985, 733.
339 BGH VersR 1983, 724.
340 BGH VersR 1983, 724; 1985, 733.
341 BGH VersR 1985, 1083.

165 b) **Bindung der Gerichte.** Das über einen übergegangenen Schadensersatzanspruch erkennende Gericht ist an die Entscheidung gebunden, die in einem Verfahren nach den sozialrechtlichen Bestimmungen darüber ergeht, ob und in welchem Umfang der Versicherungsträger verpflichtet ist (§ 118 SGB-X; für Schadensfälle vor dem 1. Juli 1983 § 1543 Abs. 1 RVO). Das Gericht setzt ein Verfahren von Amts wegen so lange aus, bis die Entscheidung ergangen ist (§ 148 ZPO).

14. Internationales Recht

166 a) **Grundlagen.** Wird ein Sozialversicherter im Ausland geschädigt, so richten sich seine Schadensersatzansprüche nach dem Recht des Schädigungsortes (s. Vorbem. 16), während die Leistungspflicht des Sozialversicherungsträgers selbstverständlich dem Versicherungsstatut folgt. Ob der Schädiger sich auf die Sozialleistung – als haftungsausschließenden Umstand (vgl. §§ 636 f RVO a. F., §§ 104 f SGB-VII) oder im Rahmen der Vorteilsausgleichung – berufen kann, ist eine Frage des Schadensersatzrechts und folglich nach dem Deliktsstatut zu beantworten[342]. Der Eintritt eines Forderungsübergangs auf den Sozialversicherungsträger beurteilt sich dagegen nach dem für dessen Leistungspflicht geltenden Recht (in der Regel dem des Beschäftigungsorts). Inwieweit der Zessionar die erworbene Forderung gegenüber dem ausländischen Schuldner geltend machen kann, richtet sich nach den Grundsätzen des internationalen Sozialrechts. Soweit ausdrückliche Regelungen bestehen (vgl. Rdn. 167), entsprechen diese zumeist dem für privatrechtliche Zessionen geltenden Art. 33 Abs. 3 Satz 1 EGBGB, wonach das Forderungsstatut auch für die Rechtsbeziehung zwischen Zessionar und Schuldner maßgeblich ist.

167 b) Ein **deutscher Sozialversicherungsträger** kann folglich wegen seiner Leistungen an ein im Ausland verunglücktes Mitglied bei dem ausländischen Schädiger bzw. seinem Haftpflichtversicherer insoweit Regreß nehmen, als nach dem Tatortrecht Schadensersatzansprüche des Mitglieds bestehen, diese nach § 116 SGB-X auf ihn übergegangen sind und der Übergang nach dem einschlägigen Kollisionsrecht im Ausland geltend gemacht werden kann. Letzteres ist im Bereich der EU durch Art. 93 der Verordnung 1408/71 gewährleistet; ein in einem Mitgliedsstaat bestehendes Regreßverbot kann also dem regreßberechtigten Sozialversicherungsträger eines anderen Mitgliedsstaates nicht entgegengehalten werden[343]. Im Verhältnis zu zahlreichen anderen Staaten bestehen zweiseitige Abkommen[344]. Scheitert die Anwendung von § 116 SGB-X, so kann der Sozialversicherungsträger vom Geschädigten die Abtretung des kongruenten Schadensersatzanspruchs verlangen[345]. Auch soweit der Forderungsübergang demnach im Ausland anzuerkennen ist, unterliegt die übergegangene Schadensersatzforderung selbst weiterhin den materiellen Bestimmungen des Tatortrechts[346], also z. B. auch dessen Verjährungsregelung[347].

168 c) Ein **ausländischer Sozialversicherungsträger** kann dann gegen den deutschen Schädiger und seinen Haftpflichtversicherer Rückgriff nehmen, wenn die Schadensersatzforderung nach dem maßgeblichen Deliktsrecht übergangsfähig (also insbesondere kongruent) und nach dem für die Sozialleistungspflicht maßgeblichen Recht übergegan-

---

342 BGH NZV 1989, 106; *Thümmel* VersR 1986, 415.

343 EuGH JZ 1994, 1113 m. Anm. *Fuchs*; BGH VersR 1978, 231.

344 Nachweise bei *Eichenhofer* 635 u. *Schuler* 473 f (die dort erwähnte Abweichung im Verhältnis zur Schweiz ist inzwischen durch das 2. Zusatzabkommen vom 2. 3. 1989 [BGBl. II 892] beseitigt).

345 *Schuler* 473.

346 EuGH JZ 1994, 1114.

347 Vgl. österr. OGH ZVR 1994, 244.

gen ist[348]. Auch bei fehlender Übergangsfähigkeit kann es zu einem beachtlichen Rechtsübergang jedoch durch eine Abtretung seitens des Geschädigten gekommen sein; es gilt dann Art. 33 Abs. 2 EGBGB[349]. Ein im ausländischen Recht etwa bestehendes Abtretungsverbot (z. B. zum Zwecke eines sonst unzulässigen Regresses gegen Angehörige) wäre aber zu beachten[350].

d) **Reichweite des Sozialleistungsstatuts.** Es entscheidet auch über das Bestehen eines Quotenvorrechts bei unvollständiger Schadensabdeckung[351], über die Konkurrenz von mehreren leistungspflichtigen Sozialversicherungsträgern[352], sowie über das Bestehen eines Angehörigenprivilegs[353]. **169**

15. Beitragsregreß nach § 119 SGB-X

a) **Normzweck.** Durch den am 1. Juli 1983 in Kraft getretenen § 119 SGB-X sollte sichergestellt werden, daß einem unfallbedingt arbeitsunfähig gewordenen Arbeitnehmer infolge des Ausfalls von Beiträgen zur Rentenversicherung keine Nachteile bei der Altersversorgung entstehen: Zwar konnte der Geschädigte, jedenfalls soweit er noch keine „unfallfeste Position" in der Rentenversicherung erlangt hatte, auch bisher schon die Beiträge für eine freiwillige Weiterversicherung beanspruchen, ob er diese Geldbeträge jedoch für den genannten Zweck verwendete, war ihm selbst überlassen (vgl. § 11, 173). § 119 SGB-X leitet den Beitragsanspruch nunmehr auf den Rentenversicherungsträger über, so daß dieser ihn unmittelbar gegenüber dem Schädiger geltend machen kann und dem Geschädigten auf seinem Rentenkonto gutschreibt (§ 119 Abs. 3 SGB-X)[354]. Da es sich um einen Forderungsübergang handelt, wird hierbei vorausgesetzt, daß zunächst in der Person des Geschädigten selbst ein Schadensersatzanspruch entstanden ist[355]. Der BGH hat daher zunächst einen Beitragsregreß nach § 119 SGB-X dann versagt, wenn der Verletzte infolge einer „unfallfesten Position" keinen Rentennachteil zu gewärtigen hat[356]. Seit der Rentenreform 1992 bestimmt jedoch § 62 SGB-VI, daß durch die Berücksichtigung rentenrechtlicher Zeiten ein Schadensersatz wegen verminderter Erwerbsfähigkeit nicht ausgeschlossen oder gemindert wird. Die vorgenannte Rechtsprechung wurde daher vom BGH aufgegeben: Der Übergang der Beitragsforderung wird jetzt auch für den Fall bejaht, daß der Verletzte bereits eine „unfallfeste Position" erlangt hat[357] oder neben der Erwerbsunfähigkeitsrente aus der gesetzlichen Rentenversicherung auch eine Verletztenrente aus der gesetzlichen Unfallversicherung erhält[358]. § 119 SGB-X hat dadurch eine neue Zweckrichtung erhalten: Er will jetzt auch sicherstellen, daß sozialversicherungsrechtliche Regelungen, die den Verletzten begünstigen sollen, nicht zur Entlastung des Schädigers bzw. seines Haftpflichtversicherers führen. § 62 SGB-VI ändert also nichts an der Rechtsnatur des übergehenden Anspruchs als Schadensersatzanspruch, er gestaltet lediglich den Schadensbegriff – im Sinne eines versagten Vorteilsausgleichs – um[359]. **170**

b) **Geltungsbereich.** § 119 SGB-X gilt in erster Linie im Bereich der gesetzlichen Rentenversicherung. Sein Anwendungsbereich ist jedoch in den Fällen, in denen der **171**

---

348 Vgl. *Schuler* 472.
349 Vgl. *Eichenhofer* 636.
350 *Wandt* NZV 1993, 57 f.
351 *Schuler* 471; *Eichenhofer* 636.
352 In einigen Abkommen ausdrücklich geregelt; vgl. *Schuler* 474.
353 *Wandt* NZV 1993, 57.
354 Zu Beteiligungsrechten des Geschädigten im Regreßverfahren *Furtmayr* VersR 1997, 38.
355 BGHZ 97, 333; 101, 214.
356 BGHZ 101, 213 = VersR 1987, 1048 m. Anm. *Hartung* = JR 1989, 18 m. Anm. *v. Einem*; BGH NZV 1989, 227.
357 BGHZ 116, 260.
358 BGH NZV 1995, 352.
359 *Nixdorf* NZV 1995, 337; *Ritze* VersR 1990, 948.

Geschädigte Krankengeld oder eine andere Lohnersatzleistung bezieht, seit 1. Januar 1992 dadurch erheblich eingeschränkt, daß die vom Lohnersatzleistungsträger zu erbringenden Beiträge von diesem nach § 116 Abs. 1 Satz 2 SGB-X regressiert werden können (vgl. Rdn. 108). – Infolge der Neuregelung in § 224 SGB-V zum 1. Januar 1992 kann § 119 SGB-X nunmehr auch für Krankenversicherungsbeiträge (während des Bezugs von Krankengeld) Bedeutung erlangen[360]. Keine Anwendung findet er im Bereich der Unfall- und der Arbeitslosenversicherung.

172 c) **Voraussetzung** ist ein zum Unfallzeitpunkt bestehendes Pflichtversicherungsverhältnis[361], jedoch reicht es aus, wenn der Geschädigte später nachversichert wird[362]. Zahlungen des Arbeitgebers schließen den Regreß aus (§ 119 Abs. 1 Satz 1 Halbs. 2 SGB-X), ebenso der Haftungsausschluß bei Arbeitsunfällen nach §§ 636, 637 RVO a. F. bzw. §§ 104 ff SGB-VII.

173 d) **Umfang.** Die Höhe des übergegangenen Beitragsanspruchs bemißt sich nach dem Bruttoeinkommen, das der Verletzte ohne den Unfall erzielt hätte. Zu den schwierigen und teilweise noch nicht gelösten Fragen, die sich ergeben, wenn der Beitragsregreß mit dem Regreß eines Lohnersatzleistungsträgers nach § 116 SGB-X konkurriert und/oder wenn den Verletzten ein Mithaftungsanteil trifft, vgl. Rdn. 108 m. w. Nachw.

174 e) **Zeitpunkt des Übergangs** ist – wie in den Fällen des § 116 SGB-X – der des Schadensereignisses, auch wenn es – z. B. wegen Lohnfortzahlung durch den Arbeitgeber – nicht sogleich zu einem Beitragsregreß kommt[363].

175 f) Ein **Familienprivileg** (vgl. § 116 Abs. 6 SGB-X) gibt es beim Regreß nach § 119 SGB-X nicht[364], etwaige Haftungsbeschränkungen materiellrechtlicher Art (z. B. §§ 1359, 1664, 242 BGB) muß sich jedoch ggfs. auch der Zessionar entgegenhalten lassen[365].

IV. Haftungsbesonderheiten bei Verletzung von Beamten, Soldaten und Versorgungsberechtigten

1. Einschlägige Vorschriften

176 **Beamtenversorgungsgesetz**

§ 46

(1) Der verletzte Beamte und seine Hinterbliebenen haben aus Anlaß eines Dienstunfalles gegen den Dienstherrn nur die in den §§ 30 bis 43 geregelten Ansprüche. Ist der Beamte nach dem Dienstunfall in den Dienstbereich eines anderen öffentlich-rechtlichen Dienstherrn versetzt worden, so richten sich die Ansprüche gegen diesen; das gleiche gilt in den Fällen des gesetzlichen Übertritts oder der Übernahme bei der Umbildung von Körperschaften.

(2) Weitergehende Ansprüche auf Grund allgemeiner gesetzlicher Vorschriften können gegen einen öffentlich-rechtlichen Dienstherrn im Geltungsbereich dieses Gesetzes oder gegen die in seinem Dienst stehenden Personen nur dann geltend gemacht werden,

---

360 Vgl. hierzu *Geigel/Plagemann* 30. Kap. 134; *Küppersbusch* NZV 1992, 62. Zu Pflegeversicherungsbeiträgen s. *Wiesner* VersR 1995, 143.

361 Näher *Geigel/Plagemann* 30. Kap. 138 ff.

362 *Geigel/Plagemann* 30. Kap. 141; a. A. OLG Karlsruhe NZV 1992, 156; LG Mannheim VersR 1991, 899.

363 *Geigel/Plagemann* 30. Kap. 144.

364 BGH NZV 1989, 225 m. Nachw. zum Meinungsstand.

365 BGH NZV 1989, 227.

wenn der Dienstunfall durch eine vorsätzliche unerlaubte Handlung einer solchen Person verursacht worden ist. Jedoch findet das Gesetz über die erweiterte Zulassung von Schadenersatzansprüchen bei Dienst- und Arbeitsunfällen vom 7. Dezember 1943 (RGBl. I S. 674) Anwendung.

(3) Ersatzansprüche gegen andere Personen bleiben unberührt.

(4) Auf laufende und einmalige Geldleistungen, die nach diesem Gesetz wegen eines Körper-, Sach- oder Vermögensschadens im Rahmen einer besonderen Verwendung im Sinne des § 58a Abs. 1 und 2 des Bundesbesoldungsgesetzes gewährt werden, sind solche Geldleistungen anzurechnen, die wegen desselben Schadens von anderer Seite erbracht werden. Hierzu gehören insbesondere Geldleistungen, die von Drittstaaten oder von zwischenstaatlichen oder überstaatlichen Einrichtungen gewährt oder veranlaßt werden; ausgeschlossen ist die Anrechnung der Leistungen privater Schadensversicherungen, die auf Beiträgen der Beamten beruhen.

Soldatenversorgungsgesetz

§ 91 a

(1) Die nach diesem Gesetz versorgungsberechtigten Personen haben aus Anlaß einer Wehrdienstbeschädigung oder einer gesundheitlichen Schädigung im Sinne der §§ 81a bis 81d gegen den Bund nur die auf diesem Gesetz beruhenden Ansprüche. Sie können Ansprüche nach allgemeinen gesetzlichen Vorschriften, die weitergehende Leistungen als nach diesem Gesetz begründen, gegen den Bund, einen anderen öffentlich-rechtlichen Dienstherrn im Bundesgebiet oder gegen die in deren Dienst stehenden Personen nur dann geltend machen, wenn die Wehrdienstbeschädigung oder die gesundheitliche Schädigung im Sinne der §§ 81a bis § 81d durch eine vorsätzliche unerlaubte Handlung einer solchen Person verursacht worden ist.

(2) Das Gesetz über die erweiterte Zulassung von Schadenersatzansprüchen bei Dienst- und Arbeitsunfällen in der im Bundesgesetzblatt Teil III, Gliederungsnummer 2030-2-19, veröffentlichten bereinigten Fassung ist anzuwenden.

(3) Ersatzansprüche gegen andere Personen bleiben unberührt.

Bundesbeamtengesetz

§ 87 a

Wird ein Beamter oder Versorgungsberechtigter oder einer ihrer Angehörigen körperlich verletzt oder getötet, so geht ein gesetzlicher Schadenersatzanspruch, der diesen Personen infolge der Körperverletzung oder der Tötung gegen einen Dritten zusteht, insoweit auf den Dienstherrn über, als dieser während einer auf der Körperverletzung beruhenden Aufhebung der Dienstfähigkeit oder infolge der Körperverletzung oder der Tötung zur Gewährung von Leistungen verpflichtet ist. Der Übergang des Anspruchs kann nicht zum Nachteil des Verletzten oder der Hinterbliebenen geltend gemacht werden.

Bundesversorgungsgesetz

§ 81 a

(1) Soweit den Versorgungsberechtigten ein gesetzlicher Anspruch auf Ersatz des ihnen durch die Schädigung verursachten Schadens gegen Dritte zusteht, geht dieser Anspruch im Umfang der durch dieses Gesetz begründeten Pflicht zur Gewährung von Leistungen auf den Bund über. Das gilt nicht bei Ansprüchen, die aus Schwangerschaft

und Niederkunft erwachsen sind. Der Übergang des Anspruchs kann nicht zum Nachteil des Berechtigten geltend gemacht werden.

(2) Absatz 1 gilt entsprechend, soweit es sich um Ansprüche nach diesem Gesetz handelt, die nicht auf einer Schädigung beruhen.

(3) Die Krankenkasse teilt der Verwaltungsbehörde Tatsachen mit, aus denen zu entnehmen ist, daß ein Dritter den Schaden verursacht hat. Auf Anfrage macht sie der Verwaltungsbehörde Angaben darüber, in welcher Höhe sie Heil- oder Krankenbehandlung erbracht hat; dies gilt nicht für nichtstationäre ärztliche Behandlung und Versorgung mit Arznei- und Verbandmitteln.

(4) § 116 Abs. 8 des Zehnten Buches Sozialgesetzbuch gilt entsprechend.

Gesetz über die erweiterte Zulassung von Schadensersatzansprüchen bei Dienst- und Arbeitsunfällen

§ 1

(1) Ist ein Dienstunfall bei der Teilnahme am allgemeinen Verkehr eingetreten, so können der Verletzte und seine Hinterbliebenen Schadenersatzansprüche gegen eine öffentliche Verwaltung oder ihre Dienstkräfte auch dann geltend machen, wenn die Ansprüche nach den Vorschriften des Versorgungsrechts bisher ausgeschlossen waren.

(2) ...

§ 4

(1) Die öffentliche Verwaltung, die nach den Vorschriften des Versorgungsrechts Leistungen gewährt, hat keinen Anspruch auf Ersatz dieser Leistungen gegen die öffentliche Verwaltung, die zum Schadenersatz verpflichtet ist.

(2) ...

2. Haftungsausschluß zugunsten öffentlichrechtlicher Dienstherren und ihrer Bediensteten

177 **a) Überblick.** Der bei einem Dienstunfall verletzte Beamte oder Soldat sowie deren Hinterbliebene haben gegen den Dienstherrn Ansprüche nur in Höhe der in §§ 30 ff BeamtVG bzw. im SVG vorgesehenen Ansprüche, insbesondere also – da im Versorgungsrecht nicht vorgesehen – keinen Schmerzensgeldanspruch. Weitergehende Ansprüche gegen einen öffentlich-rechtlichen Dienstherrn im Geltungsbereich dieser Gesetze (sowohl gegen den eigenen als auch gegen einen anderen) und gegen Bedienstete eines solchen Dienstherrn bestehen nur, wenn der Schädiger vorsätzlich gehandelt hat[366] oder der Dienstunfall bei Teilnahme am allgemeinen Verkehr (Rdn. 35) eingetreten ist (§ 46 BeamtVG, § 91a SVG, § 1 ErwG). Die Regelung ist verfassungsgemäß[367], auch wenn sie im Einzelfall dazu führt, daß dem Geschädigten überhaupt kein Anspruch verbleibt[368].

178 **b) Dienstbezogenheit des Unfalls.** Der Haftungsausschluß gilt nur, wenn der Schädiger in seiner Eigenschaft als öffentlich-rechtlicher Bediensteter, d. h. in **ursächlichem Zusammenhang mit dem Dienstverhältnis**, gehandelt hat[369]. Beim Soldaten muß die Schädigung durch eine **Wehrdienstverrichtung**, einen während des Wehrdienstes erlittenen Unfall oder durch die dem Wehrdienst eigentümlichen Verhältnisse herbeigeführt

---

366 Vgl. hierzu BGH NJW 1993, 1530.
367 BVerfGE 31, 212; 85, 176.
368 BGH NJW 1993, 1529.
369 Vgl. BGH VersR 1977, 649.

worden sein. Dies ist nur der Fall, wenn der Unfall eng mit den besonderen Gegebenheiten des Dienstes verknüpft ist[370]. Für einen Verkehrsunfall auf dem Kasernengelände bei der Rückkehr von einer privat veranlaßten Fahrt ist dies, sofern keine wehrdiensttypischen Besonderheiten hinzutreten, zu verneinen[371]. Eine **Bindung an Verwaltungsakte** oder Gerichtsentscheidungen zum Vorliegen eines Dienstunfalls bzw. einer Wehrdienstbeschädigung ist – anders als nach § 638 RVO a. F., § 108 SGB-VII – nicht gesetzlich vorgesehen[372]; dessen Rechtsgedanke ist jedoch entsprechend anzuwenden und ein zivilgerichtliches Verfahren ggfs. nach § 148 ZPO auszusetzen[373].

c) **Teilnahme am allgemeinen Verkehr**, welche die Haftungsbeschränkung entfallen **179**
läßt, liegt vor, wenn der Verletzte den Unfall nicht in dem Gefahrenkreis erlitten hat, für den seine Zugehörigkeit zum Organisationsbereich des für den Unfall verantwortlichen Dienstherrn im Vordergrund steht, sondern wenn der Unfall nur in einem losen, äußerlichen Zusammenhang mit dem dienstlichen Organisationsbereich steht, der Verletzte also „wie ein normaler Verkehrsteilnehmer" verunglückt ist[374] (vgl. auch Rdn. 36). Der dienstliche Zweck einer Fahrt genügt für sich alleine nicht zur Verneinung einer Teilnahme am allgemeinen Verkehr; sie muß vielmehr als Teil des Dienstbetriebs erscheinen[375].

Zum allgemeinen Verkehr zählt z. B. die gemeinsame Fahrt von aus dem Urlaub zurückkehren- **180**
den Soldaten zum Dienst[376]. Nicht bei der Teilnahme am allgemeinen Verkehr eignet sich dagegen ein Unfall, bei dem ein Soldat einen anderen, im Dienst befindlichen auf dem Kasernengelände bei Rückkehr vom Urlaub mit dem Kraftwagen verletzt[377], nach OLG München NZV 1989, 26 auch ein Unfall auf Kasernengelände bei gemeinsamer Heimfahrt von Diskothekenbesuch (sehr weitgehend; zudem fehlt hier schon die Dienstbezogenheit, s. oben). Waren Schädiger und Geschädigter aus unterschiedlichen dienstlichen Anlässen unterwegs, also nur mehr oder weniger zufällig zusammengetroffen, so greift der Haftungsausschluß nicht ein[378].

d) **Wirkung des Haftungsausschlusses.** Anders als §§ 636, 637 RVO a. F., §§ 104 f **181**
SGB-VII führen die beamtenrechtlichen Haftungsbeschränkungen nicht zu einer vollständigen Aufhebung der materiellen Ersatzansprüche gegen den Dienstherrn oder gegen öffentliche Bedienstete, sondern nur zu einer Beschränkung auf die in den einschlägigen Vorschriften genannten Versorgungsansprüche. Daher können Ersatzansprüche, soweit sie die Fürsorgeleistungen nicht übersteigen, nach § 87a BBG auf den Dienstherrn[379] oder nach § 116 SGB-X auf einen Sozialversicherungsträger[380] übergehen. Der haftpflichtige Kollege eines Beamten ist also anders als der durch § 637 RVO a. F. privilegierte Kollege eines Arbeitnehmers nicht endgültig haftungsfrei gestellt, sondern u. U. einem Rückgriff des versorgungspflichtigen Dienstherrn ausgesetzt.

3. Regreß des Dienstherrn oder Versorgungsträgers

a) **Überblick.** Hat der Dienstherr einem Beamten oder einem Versorgungsberechtig- **182**
ten oder dem Hinterbliebenen eines solchen Leistungen zu erbringen, so geht dessen

---

370 Bejaht von OLG Naumburg VersR 1995, 1333 bei Beschaffung von Verpflegung durch Soldaten in Wachbereitschaft.

371 BGH NZV 1993, 227 in Abgrenzung von VersR 1972, 491; a. A. OLG München NZV 1992, 155 (Berufungsurteil).

372 OLG Naumburg VersR 1995, 1333.

373 BGH NJW 1993, 1790; a. A. OLG München NZV 1989, 26 = VersR 1989, 379 m. abl. Anm. *Riecker*.

374 BGH NJW 1993, 1791 m. w. Nachw.

375 BGHZ 116, 30.

376 BGH VersR 1977, 649.

377 BGH VersR 1972, 491.

378 BGH NZV 1990, 115; *Hartung* 25 Jahre KF 114; a. A. OLG Frankfurt VersR 1982, 778 für Verletzung eines marschierenden Soldaten durch Bundeswehrbus; s. a. Rdn. 38.

379 BGHZ 6, 3; BGH VersR 1974, 784; 1977, 649; OLG Karlsruhe VersR 1991, 1186.

380 BGH NZV 1988, 176 m. Anm. *Drees*; VersR 1989, 495.

Schadensersatzanspruch gegen den Schädiger auf ihn über. Dies ergibt sich für **Beamte** aus § 87a Satz 1 BBG bzw. den entsprechenden Vorschriften der Landesbeamtengesetze (vgl. § 52 BRRG), für **Soldaten** aus § 30 Abs. 3 SoldG i. V. m. § 87a BBG, für **Versorgungsberechtigte** aus § 81a BVG. Für den Forderungsübergang gilt weitgehend dasselbe wie beim Regreß des Sozialversicherungsträgers (Rdn. 100 ff). Insbesondere gilt auch hier das Erfordernis der **Kongruenz** zwischen Leistung und Ersatzanspruch (vgl. Rdn. 117).

183 b) **Maßgeblicher Zeitpunkt** für den Rechtsübergang ist auch hier der des Unfalls (Rdn. 121), bei Eintritt in das Beamtenverhältnis erst nach dem Unfall dieser Zeitpunkt[381].

184 c) **Quotenvorrecht und Befriedigungsvorrecht des Beamten.** Für den Forderungsübergang nach § 87a BBG hat die Rechtsprechung das Quotenvorrecht bei aus rechtlichen Gründen nicht ausreichendem Ersatzanspruch sowie das Befriedigungsvorrecht bei Nichtrealisierbarkeit des Anspruchs aus tatsächlichen Gründen abweichend von der Rechtslage bei Sozialversicherten (vgl. Rdn. 142 ff) dem Beamten zuerkannt[382]. Dies ergibt sich zwar nur für den letztgenannten Fall aus § 87 a Satz 2 BBG, wonach der Übergang nicht zum Nachteil des Beamten geltend gemacht werden kann, doch soll nach Sinn und Zweck des Gesetzes die Frage des Quotenvorrechts (bei der es nicht um die Geltendmachung des Übergangs, sondern bereits um den Übergang als solchen geht) in gleicher Weise geklärt werden. Im Ergebnis bedeutet dies, daß ein Mitverschulden des Beamten oder dessen Verstoß gegen die Pflicht zur Schadensminderung zu Lasten des Dienstherrn geht[383]. Hier wird dem Gesichtspunkt, daß der Beamte sich die Versorgung durch seine Dienstleistung gewissermaßen erdient hat (anders als beim Forderungsübergang auf den Sozialversicherungsträger nach § 1542 RVO a. F.; vgl. Rdn. 142), entscheidende Bedeutung beigemessen. Wegen des gleichlautenden § 81a Abs. 1 Satz 3 BVG muß für den Regreß des Versorgungsträgers dasselbe gelten[384]. Die Neuregelung in § 116 SGB-X (Rdn. 145) hat an dieser Rechtslage nichts geändert[385]. *Plagemann*[386] befürwortet jedoch eine Übertragung der dortigen Lösung (relative Theorie) auf den Schadensregreß im Beamtenrecht. Nach Ansicht des OLG Schleswig[387] steht dem Dienstherrn das Quotenvorrecht jedenfalls dann zu, wenn der dem Beamten verbleibende Schaden durch eine private Versicherung gedeckt ist.

185 d) **Angehörigenprivileg.** Der Ausschluß eines Forderungsübergangs zu Lasten Angehöriger (Rdn. 150) gilt nach der Rechtsprechung trotz Fehlens einer gesetzlichen Regelung auch im Beamten- und Versorgungsrecht[388].

186 e) Zum **Zusammentreffen mehrerer Zessionen** vgl. Rdn. 161 f.

187 f) Zum **Übergang von Ersatzansprüchen gegen eine andere öffentliche Verwaltung oder einen öffentlichen Bediensteten** vgl. Rdn. 181. Wenn der Dienstunfall sich bei Teilnahme am allgemeinen Verkehr ereignete (§ 1 ErwG), ist der Regreß des Dienstherrn gegen eine andere öffentliche Verwaltung nach § 4 ErwG ausgeschlossen[389].

---

381 BayObLGZ 1986 Nr. 80.

382 BGHZ 22, 136; BGH VRS 12, 163; VersR 1967, 902.

383 BGH VersR 1983, 489; **a. A.** *Drees* VersR 1987, 744.

384 BGH NZV 1989, 269; *Geigel/Plagemann* 30. Kap. 153.

385 Vgl. BGH NZV 1989, 269.

386 NZV 1993, 179.

387 NZV 1997, 79. Über die zugelassene Revision ist bei Drucklegung noch nicht entschieden.

388 BGHZ 43, 72.

389 Vgl. BGH VersR 1973, 467; 1974, 784.

4. Internationales Recht

Ist ein Beamter oder Soldat eines ausländischen Staates verletzt worden und auf die Schädigung deutsches Recht anzuwenden, so ergibt sich zwar auch der Umfang des Schadensersatzes aus dem Deliktsstatut. Ob der Ersatzanspruch auf den Dienstherrn übergeht, richtet sich dagegen nach dem Recht des Heimatstaates[390], desgleichen die Ausgestaltung des Regresses, also z. B. auch das Bestehen eines Angehörigenprivilegs[391]. Sieht das ausländische Recht keinen Regreß vor[392], so stellt sich die Frage, ob die Leistung des Dienstherrn als auszugleichender Vorteil dem Schädiger gutzubringen ist. Für die Vorteilsausgleichung ist zwar das Deliktsstatut maßgeblich[393]. Nach den Grundsätzen des deutschen Schadensrechts kommt es aber für die Anrechnung von Leistungen Dritter darauf an, ob sie nach ihrer Zweckbestimmung eine Zusatzleistung für das Unfallopfer darstellen oder ob sie den Ersatzpflichtigen entlasten sollen. Diese Zweckbestimmung läßt sich bei Leistungen, die auf gesetzlichen Vorschriften beruhen, nur diesen selbst entnehmen. In diesen Fällen ist also letztlich das Drittleistungsstatut für die Frage der Anrechnung der regreßlosen Drittleistung maßgeblich. In BGH NZV 1989, 106 hätte daher die Zweckbestimmung der Leistung des ausländischen Dienstherrn nicht dahingestellt bleiben dürfen[394]. Ergibt sich nach vorstehenden Grundsätzen, daß der Ersatzanspruch des Geschädigten trotz der Leistung des Dienstherrn bestehen bleibt, und hat der Geschädigte ihn an diesen abgetreten, so entscheidet das Drittleistungsstatut auch darüber, ob eine rechtsgeschäftliche Zession, die an die Stelle einer gesetzlich nicht vorgesehenen Legalzession treten würde, generell oder unter bestimmten Voraussetzungen, etwa gegenüber Angehörigen, unzulässig ist[395]. 188

[390] BGH NZV 1989, 106 = VersR 1989, 54 m. Anm. *Wandt* 266.

[391] *Wandt* NZV 1993, 57.

[392] So z. B. das englische Recht; vgl. *Wandt* NZV 1993, 58.

[393] BGH NZV 1989, 106 = VersR 1989, 54 m. Anm. *Wandt* 265; *Thümmel* VersR 1986, 415.

[394] Ebenso *Wandt* VersR 1989, 267 u. NZV 1993, 58 f.

[395] *Wandt* NZV 1993, 56f gegen OLG Hamburg NZV 1993, 71.

Sachregister

Fette Zahl = §, magere Zahl = Randnummer, A = Anhang, E = Einleitung, H = HaftpflG, SA = Schlußanhang, V = Vorbemerkungen

Kolibri 360 GmbH
Ferdinand-Jühlke-Straße 7
99095 Erfurt, Deutschland
produktsicherheit@kolibri360.de